1510年代 國語의 同義語 硏究

南星祐 著

지식과교양

序文

이 저서는 1510년대 국어에서 확인되는 同義語를 순수히 共時的인 관점에서 研究한 것이다. 이 저서는 2006년에 刊行된 나의 저서『16세기 국어의 동의어 연구』의 제1편 1510年代 國語의 同義語 研究를 대폭 補完한 것이다.

이 저서에서는 1510년대 국어의 同義가 크게 셋으로 즉 固有語간의 同義, 固有語와 漢字語 간의 同義 및 漢字語간의 同義로 나뉘어 고찰되는데 固有語와 漢字語 간의 同義가 제일 많다.

固有語와 漢字語 간의 同義 중 名詞類에서의 同義에서 고유어가 單一語 名詞인 경우에는 [棚] 즉 '시렁, 선반'의 뜻을 가진 '가개'와 '凉棚'을 비롯하여 1870여 항목이 있다. 동사류에서의 동의에서 고유어가 動作動詞인 경우에는 [幸] 즉 '임금이 궁궐 밖으로 거동하다'의 뜻을 가진 '가다'와 '힝힝ᄒ다'를 비롯하여 340여 항목이 있다.

이 저서는 나의 八旬과 滿八十歲를 기념하기 위해 저술한 것이다.

지금까지 나의 건강을 잘 지켜 준 八旬의 아내 李英男 교수가 너무 고맙다.

이 저서를 만드는 데 큰 도움을 준 사람들이 있다. 한국외국어대학교에서 강의를 하고 있는 공혜란 박사와 子婦 지미라가 이 저서의 원고를 컴퓨터 작업으로 정리해 주었고 한국외국어대학교 다문화교육원에서 연구원으로 근무하는 鄭曙賢 석사가 '同義語 찾아보기'를 잘 정리해 주었다.

어려운 出版 사정에도 불구하고 이 저서를 흔쾌히 刊行해 주신 尹사장님께 그리고 편집을 훌륭하고 멋지게 해 주신 李貞愛 과장님께 謝意를 표한다.

2022년 5월
한국외국어대학교 명예교수실에서
著者 씀

차 례

제**1**장

序 論

제1절
研究 目的과 範圍

이 著書는 1510年代 국어의 同義語를 순수히 共時的인 관점에서 研究하는 데 그 목적이 있다. 語彙의 연구에서 時代의 細分化는 절대적으로 필요하다. 李崇寧(1967:265)에서 語彙史의 시대 구분이 細分化되어야 한다는 것을 力說하고 있다. 어휘는 音韻과 形態의 安定性에 비하면 아주 가변적이므로 音韻史와 形態史의 시대 구분이 그대로 語彙史의 시대 구분에 적용될 수 없다. 이 저서에서 연구 시기를 1510년대로 제한한 것은 語彙의 可變性을 고려하였기 때문이다.

국어의 語彙 體系를 역사적으로 고찰해 보면 기존의 固有 要素에 외국어에서 유입된 外來 要素가 추가된다. 1510년대까지 국어에 轉入된 外來要素로 漢字語, 梵語, 몽고어 등을 들 수 있는데 이 저서에서는 한자어만을 논의의 대상으로 삼고 있다.

1510년대 국어에서 同義 關係는 系列을 달리하는 두 요소 즉 고유 요소인 固有語와 외래 요소인 漢字語 사이에 형성된다. 첫째는 고유어간의 동의 관계이고 둘째는 고유어와 한자어 간의 동의 관계이고 셋째는 한자어간의 동의 관계이다.

제2장에서는 固有語간의 同義가 논의된다. 이 동의는 크게 넷으로 나누어질 수 있다. 첫째는 名詞類에서의 同義이고 둘째는 動詞類에서의 동의이고 셋째는 副詞類에서의 동의이고 넷째는 冠形詞類에서의 동의이다.

제3장에서는 고유어와 漢字語 간의 동의가 논의된다. 이 동의는 크게 넷으로 나누어질 수 있다. 첫째는 名詞類에서의 동의이고 둘째는 動詞類에서의 동의이고 셋째는 副詞類에서의 동의이고 넷째는

冠形詞에서의 동의이다.

　제4장에서는 漢字語간의 동의가 논의된다. 이 동의는 크게 셋으로 나누어질 수 있다. 첫째는 名詞에서의 동의이고 둘째는 動詞類에서의 동의이고 셋째는 副詞에서의 동의이다.

제2절
研究 方法

同義는 Ullmann(1957:108) 에 의하면 '여러 개의 이름을 가진 하나의 뜻'이고 Lyons(1968:466) 에 의하면 '두 語辭가 같은 뜻을 가지는 경우'이다. 동의는 包攝關係에 의해서도 정의될 수 있다. Lyons(1977:466) 에서 동의는 '兩面的 또는 對稱的 포섭 관계'라고 정의된다. 다시 말하면 x가 y의 포섭어이고 y가 x의 포섭어이면 x와 y는 동의이다.

동의 관계는 크게 두 개의 관점에서 논의될 수 있다. 첫째는 形式的 觀點이고 둘째는 內容的 觀點이다. 형식적 관점에서 동의 관계에 있는 단어들이 相異한지 아니면 相似한지를 判別할 수 있고 내용적 관점에서 동의어들이 完全 同義인지 部分 同義인지를 확인할 수 있다.

형식적 관점에서 동의어들은 크게 相異型과 相似型으로 나눌 수 있다. 상사형은 音韻論的 관점과 形態論的 관점에서 분류될 수 있는데 음운론적 관점에 따르면 音韻 交替와 音韻 脫落과 音韻 添加가 있고 형태론적 관점에 따르면 合成과 派生이 있다.

내용적 관점에서 동의 관계에 있는 단어들이 완전 동의일 수도 있고 부분 동의일 수도 있다.

자연어에 완전 동의가 극히 드물게 존재한다는 것은 하나의 公理처럼 되어 있지만 동의 관계에 있는 단어들의 의미 범위가 완전히 일치할 때는 완전 동의이다. 다시 말하면 주어진 문맥에서 認識的 또는 感情的 의미를 조금도 변화시키지 않고 서로 교체 가능한 단어들이 존재할 수 있는데 이런 경우가 완전 동의이다. 따라서 완전 동의는 두 개의 基準을 완전히 충족시켜야 한다. 첫째 기준은 인식적 및 감정적 의미의 동의성이고 둘째 기준은 모든 문맥에서의 交替 可能性이다. Lyons(1968:448) 는 첫째

기준을 complete synonymy라 하고 둘째 기준을 total synonymy라 한다.

부분 동의는 동의 관계에 있는 단어들의 의미 범위가 부분적으로 일치하는 경우이다. 다시 말하면 부분 동의는 위에 언급된 완전 동의의 두 기준을 완전히 충족시키지 못하는 경우이다. 부분 동의에는 包含(inclusion)과 重疊(overlapping)이 있다. 포함은 동의 관계에 있는 단어들 중의 하나가 다른 것에 포함되는 것이다. 중첩은 동의 관계에 있는 단어들의 의미 범위의 일부분이 중첩되는 것이다. 이론상 중첩 관계는 중첩의 정도에 따라 여러 경우가 가능하다. 아주 많은 부분의 중첩과 아주 적은 부분의 중첩 사이에 細分化가 이론상 가능하다. 그러나 실제에 있어서 중첩 정도를 판별하기란 쉬운 일이 아니다. Nida(1975:15-17)에 의하면 두 동의어 A와 B의 포함 관계는 <그림 1>과 같이 나타낼 수 있고, 그것들의 중첩 관계는 <그림 2>와 같이 나타낼 수 있다.

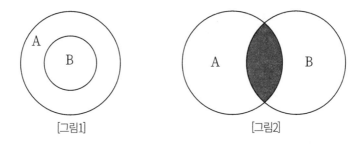

[그림1] [그림2]

완전 동의 관계에 있는 명사류로 [塵] 즉 '티끌'의 뜻을 가진 '드틀'과 '듣글'이 있다.

동사류에서 완전 동의를 보여 주는 것으로 [至] 즉 '이르다'의 뜻을 가진 '니를다'와 '니르다'가 있다. 완전 동의 관계에 있는 부사류로 [卽] '즉시, 곧'의 뜻을 가진 '즉재'와 '즉제' 그리고 [方] 즉 '바야흐로, 이제 막'의 뜻을 가진 '보야호로'와 '뵈야호로'가 있다.

동의어 분석법은 Ullmann(1957 : 109-110)과 Ullmann(1962 : 143-144)에 의하면 代置檢査(substitution test), 反義語 사용법 및 羅列法이 있다.

최선의 방법은 대치 검사이다. 주어진 문맥에서의 교체 가능성 여부에 의해 두 단어의 同義性이 확인된다. 그리고 두 단어의 대치에서 생기는 인시적 및 감정적 차이가 명백해진다.

대치 검사의 보완적 절차로 반의어 사용법이 있다. 둘 또는 그 이상의 단어가 한 단어와 반의 관계를 가질 때 그것들은 동의어라고 판정될 수 있다.

동의 관계를 확인하는 방법으로 羅列法이 있다. 동의어들을 일렬로 나열하면 그것들의 의미 차이가 뚜렷이 드러난다.

이 저서에 援用된 동의어 분석법은 대치 검사이다. 동일한 原文이 두 문헌에서 어떻게 번역되는가를 고찰해 보면 두 단어가 同義 관계를 가지는지를 명백히 확인할 수 있다. 두 문헌의 번역을 통해 확인되는 동의어들은 서로 交替 가능한 것이다.

두 명사 '말슴'과 '말솜'이 [言] 즉 '말'의 뜻을 가지고 동의 관계에 있다는 것은 동일 원문의 번역인 다음 예문들에서 잘 확인된다. 원문 중 '常言'이 '샹녯 말슴'으로도 번역되고 '샹녯 말솜'으로도 번역되므로 '말슴'과 '말솜'의 동의성은 명백히 입증된다.

> (1) a. 샹녯 말ㅅ매 닐오딕(常言道) <번朴上 35a> <번老下 43a>
>   b. 샹녯 말소매 닐오딕(常言道) <번朴上 24a> <번老下 34a>

두 명사 '무저비'와 '무더기'가 [頓] 즉 '무더기'의 뜻을 가지고 동의 관계에 있다는 것은 동일 원문의 번역인 다음 예문들에서 잘 확인된다. 원문 중 '一頓'이 '흔 무저비'로도 번역되고 '흔 무더기'로더 번역되므로 '무저비'와 '무더기'의 동의성은 명백히 입증된다.

> (2) a. 일쳔 뜬 것 흔 무저비만 ᄀᄐ니 업스니라(千零不如一頓) <번朴上 13a>
>   b. 즈믄 뜬 것 흔 무들기만 굳디 몯ᄒ니(千零不如一頓) <번老下 8a>

명사구 '아니완흔 사름'과 명사 '잡사름'이 [歹人] 즉 '나쁜 사람'의 뜻을 가지고 동의 관계에 있다는 것은 동일 원문의 번역인 다음 예문들에서 잘 확인된다. 원문 중 '面生歹人'이 '눗션 아니완흔 사름'으로도 번역되고 '눗션 잡사름'으로도 번역되므로 '아니완흔 사름'과 '잡사름'의 동의성은 명백히 입증된다.

> (3) a. 눗션 아니완흔 사ᄅᆞᆷ 브티니 몯ᄒ게 ᄒᄂᆞ딕 (不得安下面生歹人) <번老上 49b>
>   b. 눗션 잡사ᄅᆞᆷ 브리워 두디 몯홀 거시니(不得安下面生歹人) <번老上 47b>

두 명사 '플'과 '여믈'이 [草] 즉 '풀, 여물'의 뜻을 가지고 동의 관계에 있다는 것은 동일 원문의 번역인 다음 예문들에서 잘 확인된다. 원문 중 '夜草'가 '밤 플'로도 번역되고 '밤 여믈'로도 번역되므로 '플'과 '여믈'의 동의성은 명백히 입증된다.

> (4) a. ᄆᆞ리 밤 플 몯 머그면 술지디 아니ᄒ고(馬 不得夜草不肥) <번老上 32b>
>   b. ᄆᆞᆯ도 밤 여믈 몯 어드면 지디 몯ᄒᄂ니라(馬不得夜草不肥) <번朴上 22b>

고유어 '즈믄'과 한자어 '일쳔'(一千) 이 [千] 즉 '일쳔, 천'의 뜻을 가지고 동의 관계에 있다는 것은 동일 원문의 번역인 다음 예문들에서 잘 확인된다. 원문 중 '千零'이 '즈믄 뜬 것'으로도 번역되고 '일쳔 뜬 것'으로도 번역되므로 '즈믄'과 '일쳔'의 동의성은 명백히 입증된다.

(5) a. 즈믄 뜬 것 훈 무들기만 근디 몯호니(千零不如一頓) <번老下 8a>
　　 b. 일쳔 뜬 것 훈 무저비만 ᄀ토니 업스니라(千零不如一頓) <번朴上 13a>

고유어 '몯다'와 한자어 '회집(會集) 호다'가 [會集] 즉 '모이다'의 뜻을 가지고 동의 관계에 있다는 것은 동일 원문의 번역인 다음 예문들에서 잘 확인된다. 원문 중 '會集之日'이 '모든 날로도 번역되고 '회집홀 날'로도 번역되므로 '몯다'와 '회집호다'의 동의성은 명백히 입증된다.

(6) a. 모든 나래(會集之日厓) <呂約 9b>
　　 b. 회집홀 나래(會集之日厓) <呂約 5a>

두 부사 '됴히'와 '이대'가 [好] 즉 '좋게'의 뜻을 가지고 동의 관계에 있다는 것은 동일 원문의 번역인 다음 예문들에서 잘 확인된다. 원문 중 '好去'가 '됴히 가다'로도 번역되고 '이대 가다'로 번역되므로 '됴히'와 '이대'의 동의성은 명백히 입증된다.

(7) a. 됴히 가라(好去着) <번老上 59a>
　　 b. 이대 가쇼셔(好去着) <번老上 38b>

두 부사 '보야호로'와 '뵈야호로'가 [方] 즉 '바야흐로, 이제 막'의 뜻을 가지고 동의 관계에 있다는 것은 동일 원문의 번역인 다음 예문들에서 잘 확인된다. 원문 중 '方熾'가 '보야호로 퍼디다'로도 번역되고 '뵈야호로 셩호다'로도 번역되므로 '보야호로'와 '뵈야호로'의 동의성은 명백히 입증된다.

(8) a. 병긔 보야호로 퍼디여(癘氣方熾) <二倫 11a>
　　 b. 벗 긔운이 뵈야호로 셩홀시(癘氣ㅣ 方熾홀시) <번小九 73a>

두 부사 '아직'과 '안직'이 [且] 즉 '잠시, 당분간, 아직'의 뜻을 가지고 동의 관계에 있다는 것은 동일 원문의 번역인 다음 예문들에서 잘 확인된다. 원문 중 '且停'이 '아직 머믈다'로도 번역되고 '안직 머추우다'로도 번역되므로 '아직'과 '안직'의 동의성은 명백히 입증된다.

(9) a. 아직 머므러든 (且停些時) <번老下 6b>
　　 b. 안직 머추워 두어든(且停些時) <번老上 70b>

제3절
先行 硏究

　　1510년대 국어의 어휘에 대한 先行 硏究로 李基文(1959) , 李崇寧(1973) , 李英愛(1986) , 林旿奎 (1987) , 南星祐(1996) 그리고 南星祐(2006) 가 있다.

　　李基文(1959 : 62-67) 은 15세기 국어와 1510년대 국어에서의 어휘의 交替를 논하고 있다. 15세기 국 어에 쓰이던 부사 'ᄒᆞ다가'와 '반ᄃᆞ기'가 1510년대 국어에서 각각 '만이레'와 '반ᄃᆞ시'로 대체된다는 것 이다.

　　李崇寧(1973) , 李英愛(1986) 및 林旿奎(1987) 에서는 16세기 국어의 동의어에 대한 단편적인 언급 이 있다. 李崇寧(1973 : 83-88) 은 『飜譯小學』(1518) 과 『小學諺解』(1588) 의 비교를 통해 어휘의 交替를 고찰하고 있다. 李英愛(1986 : 58-76) 는 『번역소학』과 『소학언해』의 비교를 통해 어휘의 交替와 變化를 고찰하고 있다. 林旿奎(1987 : 57-65) 는 『번역소학』과 『소학언해』의 비교를 통해 固有語의 漢字語로의 代替와 어휘의 변천을 고찰하고 있다.

　　南星祐(1996) 에서는 1510년대 국어의 동의어에 대한 전반적이고 本格的인 논의가 행해지고 있다. 南星祐(1996) 는 1510년대 국어의 동의어를 순수히 共時的인 관점에서 固有語간의 동의, 고유어와 漢 字語간의 동의 그리고 한자어간의 동의로 나누어 고찰하고 있다.

　　南星祐(2006) 는 제1편에서 1510年代 國語의 同義語를 순수히 共時的인 관점에서 固有語간의 同 義, 고유어와 漢字語 간의 동의 그리고 한자어간의 동의로 나누어 고찰하고 있다.

　　이 저서에서 사용된 문헌들은 다음과 같다. 1520년대 문헌인 『訓蒙字會』(1527) 를 연구 자료로

삼은 것은 그것이 그 당시까지 존재했던 最古의 字釋 자료이기 때문이다. 字釋은 保守性이 강하기 때문에 어휘 연구의 자료로서는 적합하지 않다.

略號 文獻名

<속三> 續三綱行實圖(1514) : 『朝鮮學報』 105집 영인본(1982) .

<四解> 四聲通解(1517) : 弘文閣 영인본(1998) .

<瘡疹> 瘡疹方撮要(1517) .

<번小> 飜譯小學(1518) .

　　　卷 3 4 :

　　　卷 6 7 : 弘文閣 영인본(1984) .

　　　卷 8 9 10 : 弘文閣 영인본(1984) .

<呂約> 呂氏鄕約諺解(1518) : 檀國大學校 東洋學硏究所(1976) .

<二倫> 二倫行實圖(1518) : 檀國大學校 東洋學硏究所(1978) .

<正俗> 正俗諺解(1518) : 弘文閣 영인본(1984) .

<번老> 飜譯老乞大(1510년대) .

　　　上 : 中央大學校 出版局(1972) .

　　　下 : 仁荷大學校 人文科學硏究所(1975) .

<번朴> 飜譯朴通事(1510년대) : 慶北大學校大學院 國語國文學科 硏究室(1959) .

<老朴> 老朴集覽(1510년대) : 李丙疇 編校(1966) , 『老朴集覽考』, 進修堂.

<字會> 訓蒙字會 叡山本(1527) : 檀國大學校 東洋學硏究所(1971) .

<字會東中本> 訓蒙字會 東京大學中央圖書館本 (1527) : 檀國大學校 東洋學硏究所(1971) .

제 2 장

固有語간의 同義

1510년대 국어에서 고유어들이 어떤 양상의 동의 관계를 형성하고 있는지를
名詞類, 動詞類, 副詞類 및 冠形詞類에서 고찰해 보고자 한다.

제1절
名詞類에서의 同義

固有語의 名詞類에서 성립되는 동의 관계는 크게 두 개의 관점에서 고찰할 수 있다. 첫째는 形式的 觀點이고 둘째는 內容的 觀點이다. 形式的 관점에서 동의 관계를 가지는 고유어들이 相異한지 아니면 相似한지를 판별할 수 있고 內容的 관점에서 동의 관계에 있는 고유어들이 完全 同義인지 部分 同義인지를 확인할 수 있다.

形式的 관점에서 동의어들은 크게 相異型과 相似型으로 나누어지는데 음운론적 관점에 따르면 音韻 交替, 音韻 脫落 및 音韻 添加가 있고 형태론적 관점에 의하면 合成과 派生이 있다. 명사류에서의 동의는 서술의 편의상 다음과 같이 네 개의 유형으로 분류하여 고찰하려고 한다 : 第Ⅰ型 相異型, 第Ⅱ型 音韻 交替型, 第Ⅲ型 音韻 脫落型 및 音韻 添加型 그리고 第Ⅳ型 合成型 및 派生型.

1. 相異型

서로 다른 形式을 가진 둘 또는 그 이상의 名詞類들이 동의 관계를 가질 수 있다. 이 경우가 곧 相異型이다.

相異型에는 [五明馬] 즉 '五明馬'의 뜻을 가진 '가라간쟈ᄉ죡빅'과 '가라간쟈ᄉ죡빅앳ᄆᆞᆯ'을 비롯하여 [櫟]과 [柞] 즉 '상수리나무, 떡갈나무'의 뜻을 가진 '가랍나모'와 '덥갈나모', [黃布] 즉 '누른 빛깔의

布木의 뜻을 가진 '가믄뵈'와 '황뵈', [中] 즉 '가운데'의 뜻을 가진 '가온뒤'와 '안ㅎ', [妻] 즉 '아내'의 뜻을 가진 '겨집'과 '안해', [鼻]과 [涕] 즉 '콧물'의 뜻을 가진 '고'와 '곳믈', [勺]과 [杓] 즉 '구기, 술 따위 뜨는 기구'의 뜻을 가진 '구기'와 '나므쥭', [官], [官司], [官府] 및 [司] 즉 '관청'의 뜻을 가진 '그위'와 '마슬', [帛] 즉 '비단'의 뜻을 가진 '깁'과 '비단', [客人]과 [客] 즉 '나그네'의 뜻을 가진 '나그내'와 '손', [菜]와 [蔬] 즉 '나물'의 뜻을 가진 'ᄂᆞ물'과 'ᄂᆞ무새', [繼母]와 [後母] 즉 '계모'의 뜻을 가진 '다습어미'와 '훗어미', [橡]와 [橡] 즉 '도토리, 상수리'의 뜻을 가진 '도토리'와 '당아리', [菹] 즉 '절인 채소, 김치'의 뜻을 가진 '디히'와 '딤ᄎᆡ', [羅] 즉 '얇은 비단'의 뜻을 가진 '로'와 '솔기', [髮] 즉 '머리털'의 뜻을 가진 '마리'와 '머리터리', [代] 즉 '대신'의 뜻을 가진 '목'과 '값', [海] 즉 '바다, 바닷물'의 뜻을 가진 '바다'와 '바룻믈', [宦] 즉 '벼슬'의 뜻을 가진 '벼슬'과 '구실', [人]과 [夫] 즉 '사람'의 뜻을 가진 '사ᄅᆞᆷ'과 '놈', [階]와 [級] 즉 '섬돌, 층계'의 뜻을 가진 '섬'과 '서흐레', [聲] 즉 '소리, 목소리'의 뜻을 가진 '소릭'와 '목소리', [林]과 [林子] 즉 '수풀'의 뜻을 가진 '수ㅎ'와 '수플', [鄕] 즉 '시골'의 뜻을 가진 '스골'과 'ᄀᆞ올', [間] 즉 '사이'의 뜻을 가진 'ᄉᆞᅀᅵ'와 '슷', [裳] 즉 '치마, 아랫도리에 입는 옷'의 뜻을 가진 '아랫옷'과 '츄마', [形]과 [像] 즉 '形體, 모습'의 뜻을 가진 '얼굴'과 '양ᄌᆞ', [今日] 즉 '오늘'의 뜻을 가진 '오늘날'과 '이제', [豺] 즉 '이리, 승냥이'의 뜻을 가진 '일히'와 '승냥이', [栢]과 [果松] 즉 '잣나무'의 뜻을 가진 '잣'과 '잣나모', [粟] 즉 '조'의 뜻을 가진 '조'와 '것조', [接]과 [接絡] 즉 '고삐, 말고삐'의 뜻을 가진 '쥬리올'과 '셕', [貌] 즉 '모양'의 뜻을 가진 '즛'과 '골', [寢] 즉 '잠'의 뜻을 가진 '줌'과 '잠', [茶飯], [飯], [饌] 및 [饍] 즉 '반찬'의 뜻을 가진 '챠반'과 '반찬', [財]와 [財物] 즉 '財物'의 뜻을 가진 '쳔량'과 '셰간', [潦]과 [洪] 즉 '큰물, 홍수'의 뜻을 가진 '큰믈'과 '시위', [毛] 즉 '털'의 뜻을 가진 '터럭'과 '털', [叢] 즉 '떨기, 풀·나무 등의 무더기'의 뜻을 가진 '퍼기'와 '뻘기', [脚] 즉 '다리, 정강이'의 뜻을 가진 '허튀'와 '발' 등 310여 항목이 있다.

<1> 가라간쟈ᄉᆞ죡빅 對 가라간쟈ᄉᆞ죡빅앳ᄆᆞᆯ

두 명사가 [五明馬] 즉 '五明馬'의 뜻을 가지고 동의 관계에 있다는 것은 다음 예문들에서 잘 확인된다. 원문 중 '五明馬'가 '가라간쟈ᄉᆞ죡빅'으로 번역된다. 그리고 '黑五明馬'가 '거믄 가라간져ᄉᆞ죡빅앳ᄆᆞᆯ'로 번역된다. 따라서 '가라간쟈ᄉᆞ죡빅'과 '가라간쟈ᄉᆞ죡빅앳ᄆᆞᆯ'의 동의성은 명백히 입증된다. '가라간쟈ᄉᆞ죡빅앳ᄆᆞᆯ'은 '합성명사'로 '가라간쟈ᄉᆞ죡빅'과 명사 'ᄆᆞᆯ'의 合成이다.

⑴ a. 가라간쟈ᄉᆞ죡빅(五明馬) <번老下 9a>
 b. ᄒᆞᆫ 먹뎡 ᄀᆞ티 거믄 가라간쟈ᄉᆞ죡빅앳ᄆᆞᆯ 탓고(騎着一箇墨丁也似黑五明馬) <번朴上 27b>

<2> 가랍나모 對 덥갈나모

두 명사가 [櫟]과 [柞] 즉 '상수리나무, 떡갈나무'의 뜻을 가지고 동의 관계에 있다는 것은 다음 예문들에서 잘 확인된다. '櫟'이 '고유어 '가랍나모'를 뜻하고 '櫟'의 자석이 '덥갈나모'이다. '柞'이 한자 '櫟'과 同義이고 고유어 '가랍나모'를 뜻한다. 그리고 '柞'의 자석이 '가랍나모'이다. 따라서 '가랍나모'와 '덥갈나모'의 동의성은 명백히 입증된다.

> (2) a. 櫟 : 木名 가랍나모 今俗呼撥櫟樹 <四解下 57b>
>   b. 櫟 : 덥갈나모 륵 <字會上 6a>

> (2) c. 柞 : 櫟也 가랍나모 <四解下 38b>
>   d. 柞 : 가랍나모 작 <字會上 6a>

<3> 가믄뵈 對 황뵈

두 합성명사가 [黃布] 즉 '누른 빛갈의 布木'의 뜻을 가지고 동의 관계에 있다는 것은 다음 예문들에서 잘 확인된다. 원문 중 '這黃布'가 '이 가믄뵈'로도 번역되고 '이 황뵈'로도 번역된다. 따라서 '가믄뵈'와 '황뵈'의 동의성은 명백히 입증된다. '가믄뵈'는 [黃] 즉 '누르다'의 뜻을 가진 상태동사 '감다'의 관형사형과 명사 '뵈'[布]의 合成으로 '감+은#뵈'로 분석될 수 있다. 그리고 '황뵈'는 '황'(黃) 과 '뵈'[布]의 合成이다.

> (3) a. 가믄뵈예(這黃布) <번老下 39b>
>   b. 이 황뵈 됴ᄒᆞ니는 아홉 돈이오(這黃布高的九錢) <번老下 60a>

<4> 가온ᄃᆡ 對 안ㅎ

두 명사가 [中] 즉 '가운데'의 뜻을 가지고 동의 관계에 있다는 것은 다음 예문들에서 잘 확인된다. 원문 중 '竹筒中'이 '대통 가온ᄃᆡ'로 번역되고 '房舍之中'이 '방 싸온ᄃᆡ'로 번역된다. '園中'이 '동산 안ㅎ'으로 번역되고 '帷中'이 '댱 안ㅎ'으로 번역된다. '內志'가 '안햇 ᄆᆞ슴'으로 번역된다. 그리고 '中'의 자석이 '가온ᄃᆡ'이다. 따라서 '가온ᄃᆡ'와 '안ㅎ'의 동의성은 명백히 입증된다.

> (4) a. 대통 가온ᄃᆡ 녀허(置竹筒中ᄒᆞ야) <번小七 14b>
>   b. 방 싸옹ᄃᆡ 안자(坐於房舍之中ᄒᆞ야) <번小六 12a>
>   c. 셔ᄃᆡ 믌 가온ᄃᆡ 아니ᄒᆞ시며(立不中門ᄒᆞ시며) <번小三 4a>
>   d. 만실에 능(32a)히 論語 孟子ㅅ 가온ᄃᆡ 기피 구ᄒᆞ고 맛드려(若能於論孟中에 深求玩味ᄒᆞ야) <번小

八 32b>

(4) e. 빗난 동산 안해 고존(灼灼園中花ᄂᆞᆫ) <번小六 28a>

　　f. 댱 안해 피ᄒᆞ야 드러(避帷中ᄒᆞ야) <번小九 42a>

　　g. 사ᄅᆞ미 사로미 빅연 안해 病이 이시며(人之生也애 百歲之中에 有疾病焉ᄒᆞ며) <번小三 45b>

　　h. 안햇 ᄆᆞᅀᆞ미 졍ᄒᆞ며 밧긔 얼구리 고즉ᄒᆞᆫ 후에ᅀᅡ(內志正ᄒᆞ고 外體直然後에) <번小四 21b>

(4) i. 中 : …內也 半也 中央也 <四解上 8a>

　　j. 中 : 가온딧 듕 <字會下 15a>

(4) k. 內 : 中也 <四解上 49b>

　　l. 內 : 안 ᄂᆡ <字會下 15a>

<5> 가지 對 볼

두 명사가 [件兒]와 [件] 즉 '건, 가지'의 뜻을 가지고 동의 관계에 있다는 것은 다음 예문들에서 잘 확인된다. 원문 중 '五件兒'가 '다ᄉᆞᆺ 가지'로도 번역되고 '다ᄉᆞᆺ 볼'로도 번역된다. 그리고 '六件兒'가 '여슷 가지'로 번역되고 '一件'이 '혼 가지'로 번역된다. 그리고 '幾件兒'가 '몃 볼'로 번역된다. 따라서 '가지'와 '볼'의 동의성은 명백히 입증된다.

(5) a. 네 이 다ᄉᆞᆺ 가짓 갈히(你這五件兒刀子) <번朴上 16b>

　　b. 이 여슷 가지예 드리면 쉰 량 은이니(這六件兒僧的五十兩銀子) <번朴上 20b>

　　c. 오직 혼 가짓 놋가온 은으란(只是一件低銀子) <번老下 14a>

(5) d. 이 다ᄉᆞᆺ 넚 갈홀(這五件兒刀子) <번朴上 17a>

　　e. 네 몃 ᄇᆞ룰 밍굴일다(你打幾件兒) <번朴上 16a>

<6> 간 對 감토

두 명사가 [帽子]와 [帽] 즉 '모자, 頭巾'의 뜻을 가지고 동의 관계에 있다는 것은 다음 예문들에서 잘 확인된다. 원문 중 '一箇帽子'가 '혼 간'으로 번역되고 '帽子靴子'가 '감토 훠'로 번역된다. 그리고 '帽'의 자석이 '갇'이고 고유어 '갇'은 고유어 '감토'와 동의 관계에 있다. 따라서 '갇'과 '감토'의 동의성은 명백히 입증된다.

(6) a. 이 혼 가디(這一箇帽子) <번老下 52a>

b. 이 흔 갇은(這一箇帽子) <번老下 52a>

c. 됴흔 춍나못 실로 밋고 금 뎡ᄌ 브틴 갇이니(好纏椶金頂犬帽子) <번老下 52a>

⑹ d. 옷 고의 감토 휘 둘 ᄒ란(衣裳帽子靴子) <번朴上 52b>

⑹ e. 帽 : 頭衣 <四解下 21a>

f. 帽 : 갇 모 又 감토曰小帽 <字會中 11a>

<7> 갈모 對 술윗통 구뭇 시울게 바근 쇠

명사 '갈모'와 명사구 '술윗통 구뭇 시울게 바근 쇠'가 [輨]과 [車釧] 즉 '줏대, 바퀴통의 바깥 끈을 덮어싸는 휘갑쇠'의 뜻을 가지고 동의 관계에 있다는 것은 다음 예문들에서 잘 확인된다. '輨'의 자석이 '갈모'이고 고유어 '갈모'는 한자어 '車釧'과 동의 관계에 있다. 그리고 '車釧'이 고유어 '술윗통 구뭇 시울게 바근 쇠'와 동의 관계에 있다. 따라서 '갈모'와 '술윗통 구뭇 시울게 바근 쇠'의 동의성은 명백히 입증된다.

⑺ a. 輨 : 轂耑冒鐵 <四解上 72a>

b. 輨 : 갈모 관 俗呼車釧 <字會中 13a>

⑺ c. 釧 : 臂環…今俗呼車釧 술윗통 구뭇 시울게 바근 쇠 <四解下 11a>

d. 釧 : 풀쇠 쳔 俗呼臂釧 <字會上 12b>

<8> 값 對 삯

두 명사가 [錢] 즉 '값'의 뜻을 가지고 동의 관계에 있다는 것은 다음 예문들에서 잘 확인된다. 원문 중 '房錢'이 '집 값'으로도 번역되고 '집 삯'으로도 번역된다. 따라서 '값'과 '삯'의 동의성은 명백히 입증된다.

⑻ a. 민 흔 사ᄅᆞ미게 집 갑 븘 갑시 돈 열히니(每人打火房錢十箇錢) <번老上 23a>

⑻ b. 우리 집 삯시며 밥 지슨 갑들 혜져(咱們算了房錢火錢着) <번老上 22b>

c. 집 삭 무러 속졀업시 허비ᄒᆞ리랏다(納房錢空費了) <번朴上 54a>

<9> 거름 對 거름거리

두 명사가 [步] 즉 '걸음, 걸음걸이'의 뜻을 가지고 동의 관계에 있다는 것은 다음 예문들에서 잘 확인된다. 원문 중 '蹉步'가 '뵈앗본 거름'으로 번역되고 '幾步'가 '여러 거름'으로 번역된다. '步履'가 '거름 거리 넓드듸기'로 번역된다. 그리고 '步'의 자석이 '거름'이다. 따라서 '거름'과 '거름거리'의 동의성은 명백히 입증된다.

    (9) a. 뵈앗본 거르미 업스며(無蹉步ᄒ며) <번小十 23a>

        b. 그리어니 여러 거름곰 즈늑즈늑ᄒ되 재니라(可知有幾步慢慢竄) <번老上 12b>

        c. 일빅 거르미도록 에디 아니ᄒ며(不枉百步ᄒ며) <번小八 2b>

        d. 반 거름도 ᄃ니디 몯ᄒ리라(半步也行不得) <번朴上 43b>

    (9) e. 거름거리며 넓드듸기를 모로매 안셔히 샹심ᄒ야 ᄒ며(步履를 必安詳ᄒ며) <번小八 16b>

    (9) f. 步 : 擧足行 <四解上 38a>

        g. 步 : 거름 보 <字會上 11b>

<10> 것 對 바

    두 명사가 [所] 즉 '것, 바'의 뜻을 가지고 동의 관계에 있다는 것은 다음 예문들에서 잘 확인된다. 원문 중 '所盜'가 '도죽ᄒ 것'으로 번역되고 '所學'이 '비호는 바'로 번역된다. 따라서 두 명사 '것'과 '바'의 동의성은 명백히 입증된다. 두 명사는 의존명사이다.

    (10) a. 아젼의 도죽ᄒ 거슨 젹디 아니ᄒ니(吏人所盜ㅣ 不貲矣니) <번小七 28b>

        b. 나랏 글월이 다 崔浩의 ᄒ 것가(國書ㅣ 皆浩所爲乎아) <번小九 45b>

        c. 불운 거시(4a) 녜루셔 세 부리나 더으니라(所增三倍於前) <二倫 4b>

    (10) d. 顔淵의 비호는 바를 내 비호면(學顔淵之所學ᄒ면) <번小八 3b>

        e. 몯 미츤 배 잇거든 관ㅅ 관원이 블러 ᄀᄅ치고(有所未至則學官이 召而敎之ᄒ고) <번小九 19b>

<11> 것 對 이

    두 명사가 [者] 즉 '것'의 뜻을 가지고 동의 관계에 있다는 것은 다음 예문들에서 잘 확인된다. 원문 중 '朽敗者'가 '석고 히여딘 것'으로 번역되고 '荒頓者'가 '사오나오니와 기우러디니'로 번역된다. 따라서 '것'과 '이'의 동의성은 명백히 입증된다. '頓者'의 번역인 '기우러디니'는 '기울-+-어#디-+-ㄴ#이'로 분석되는데 여기서 [者]의 뜻을 가진 의존명사 '이'를 발견할 수 있다.

    (11) a. 器物을 석고 히여딘 거슬 가지며 닐오듸(器物을 取其朽敗者曰) <번小九 23a>

b. 모미과 혼 거슨 어버싀게 가지 ㄱ툰 거시니(身也者ᄂᆞᆫ 親之枝也ㅣ니) <번小四 1b>

(11) c. 받과 집과ᄅᆞᆯ 사오나오니와 기우러디니ᄅᆞᆯ 가지며 닐오듸(田廬ᄅᆞᆯ 取荒頓者曰) <번小九 23a>

<12> 것 對 하 對 치

세 명사가 [的] 즉 '것, 해, 물건'의 뜻을 가지고 동의 관계에 있다는 것은 다음 예문들에서 잘 확인된다. 원문 중 '主兒的'이 '님자읫 것'으로 번역되고 '你的'이 '네 하'로 번역되고 '各自的'이 '각각 치'로 번역된다. 따라서 '것'과 '하'와 '치'의 동의성은 명백히 입증된다.

(12) a. 이 ᄆᆞ리 네 남자읫 거시니(這馬是四箇主兒的) <번老上 15b>
　　b. 다ᄅᆞᆫ 사ᄅᆞ미 거슬 ᄉᆞ랑티 말며(別人東西休愛) <번老下 43a>
　　c. 쥬신 짓 거스란 그르 자바 가디 말라(主人家的東西 休錯拿了去) <번老上 58b>
　　d. 사ᄅᆞᆷ 머글 것도 업슨듸(人喫的野沒) <번老上 56a>

(12) e. 세 돈애 ᄒᆞ나식 네 하ᄅᆞᆯ 사리라(三錢一箇家買你的) <번朴上 32b>
　　f. 그 샹ᄌᆞ리젼이 네 하가(那雜貨鋪兒是你的那) <번老上 48b>

(12) g. 녜 이(15a) ᄆᆞ리 ᄒᆞᆫ 님자가 이 각각 치가(你這馬是一箇主兒的那是各自的) <번老下 15b>
　　h. 나그내여 네 南京 치를 과ᄒᆞᄂᆞ녀 杭州 치를 과ᄒᆞᄂᆞ녀 蘇州 치를 과ᄒᆞᄂᆞ녀(客人你要南京的那杭州的那蘇州的那) <번老下 25a>

<13> 겨집 對 갓나히

두 명사가 [女孩兒] 즉 '여자'의 뜻을 가지고 동의 관계에 있다는 것은 다음 예문들에서 잘 확인된다. 원문 중 '女孩兒'가 '겨집'으로도 번역되고 '갓나히'와 '숟간나히'로도 번역된다. 따라서 두 명사 '겨집'과 '갓나히'의 동의성은 명백히 입증된다. 여기서 '숟간나히'는 '숫처녀'를 뜻하는데 前後의 文脈으로 보아 16세 된 여자이다.

(13) a. 겨지븨 집 아ᅀᆞᆷ 들토 다 가 아ᅀᆞᆷ 보기 ᄒᆞᄂᆞ니라(女孩兒家親戚們 都去會親) <번朴上 46a>

(13) b. 그 갓나히도 양직 ㄱ장 고와(那女孩兒 生的十分可喜) <번朴上 45b>
　　c. 숟간나 히가 니믈리기가 올히 곳 열여스신 숟간나히라(女孩兒那後婚 今年纔十六歲的女孩兒) <번朴上 45a>

명사 '겨집'이 [女] 즉 '여자'의 뜻도 가진다는 것은 다음 예문들에서 잘 확인된다. 원문 중 '男女'가 '남진 겨집'으로 번역된다. 그리고 『訓蒙字會』에서 '女'의 자석이 '겨집'이다.

(13) d. 혼 집 안해 남진 겨집 아오라 일빅이나(一家之內예 男女百口) <번小九 77a>
　　　e. 女 : 겨집 녀 <字會上 16a>

한편 '童女聲'의 번역인 『釋譜詳節』(1447) 의 '갓나히 소리' <十九 14b>에서 [童女] 즉 '계집 아이'의 뜻을 가진 '갓나히'의 後身形인 '간나히'가 [女孩兒] 즉 '여자 아기'의 뜻을 가지고 있다는 것은 다음 예문들에서 알 수 있다. 원문 중 '女孩兒'가 '간나히'로 번역되고 '孩兒'가 '아기'로 번역된다. 그리고 『훈몽자회』에서 '女孩兒'의 자석이 '간나히'이다.

(13) f. ᄉᆞ나히가 간나히가 혼 고은 ᄉᆞ나히라(小廝兒那女孩兒 一箇俊小廝) <번朴上 55b>
　　　g. 굿 아기 싯기기 ᄆᆞᆺ고(纔只洗了孩兒) <번朴上 56a>
　　　h. 孩 : 아히 히 俗呼兒孩兒 ᄉᆞ나히 女孩兒 간나히 <字會上 17a>

15세기 국어에서 '갓나히'는 [童女] 즉 '계집아이'만을 뜻하였는데 1510년대 국어에 와서는 '갓나히/간나히'가 [女孩兒] 즉 '여자 아기'의 뜻뿐만 아니라 '겨집'의 뜻도 가지게 된다. 따라서 '갓나히'가 1510년대 국어에서 '겨집'을 뜻하는 경우는 意味의 擴大이다.

<14> 겨집 對 안해

두 명사가 [妻] 즉 '아내'의 뜻을 가지고 동의 관계에 있다는 것은 『續三綱行實圖』와 『飜譯小學』의 다음 예문들에서 잘 확인된다. 원문 중 '徐得安妻'가 '徐得安의 겨집'으로 번역되고 '鄭季亨妻'가 '鄭季亨의 안해'로 번역된다. '妻 盧氏'가 '겨집 盧氏'로 번역되고 '妻 韓氏'가 '안해 韓氏'로 번역된다. 그리고 '妻'의 자석이 '겨집'이다. 따라서 두 명사 '겨집'과 '안해'의 동의성은 명백히 입증된다. 여기서 주목할 만한 사실은 [妻]의 뜻을 가진 '안해'가 1510년대 국어에 처음으로 등장한다는 것이다. 그런데 『二倫行實圖』에는 [妻]를 뜻하는 단어로 '겨집'만이 발견된다. 예를 들면, 왕람의 겨집도(覽妻亦) <10a>, 각각 겨집 어든 후에(及各娶妻) <7a>. 두 명사 '겨집'과 '안해'의 빈도수를 조사해 보면 '겨집'이 '안해'보다 압도적으로 우위에 있다.

(14) a. 陳氏는…徐得安의 겨지비라(陳氏…徐得安妻) <속三烈 3a>
　　　b. 藥哥는…趙乙生의 겨지비라(藥哥…趙乙生妻也) <속三烈 9a>
　　　c. 姜氏는…崔自江의 겨지비라(姜氏…崔自江妻) <속三烈 23a>

d. 唐鄭義宗의 겨집 盧氏(唐鄭義宗의 妻 盧氏ㅣ) <번小九 64a>

e. 겨지비 닐오디 엇디 내 남지늬 淸白을 더리이료 ᄒᆞ고(妻曰何敢累吾夫淸德) <속三孝 26b>

(14) f. 李氏ᄂᆞᆫ…鄭季亨의 안해라(李氏…鄭季亨妻) <속三烈 28a>

g. 鄭氏ᄂᆞᆫ…權達手의 안해라(鄭氏…適安東權達手) <속三烈 27a>

h. 公緽의 안해 韓氏ᄂᆞᆫ(公緽의 妻 韓氏ᄂᆞᆫ) <번小九 106b>

(14) i. 妻:以女嫁人 <四解上 26b>

j. 妻:겨집 쳐 <字會上 16a>

'겨집'의 ㅣ 모음 역행동화형인 '계집'도 [妻]의 뜻을 가진다. 예를 들면, 계집과 쳡을 ᄃᆡ졉ᄒᆞ고(待妻妾爲古) <呂約 4b>.

그리고 '겨집'은 1510년대 국어에서 [妻]의 뜻뿐만 아니라 [女]의 뜻도 가지는데 [女]가 原義이고 [妻]는 特殊化된 뜻이다. [女]의 뜻을 가진 '겨집'의 예는 다음과 같다 : ᄒᆞᆫ 집 안해 남진 겨집 아오라 일빅이나(一家之內예 男女百口) <번小九 77a>, 모든 겨지비며 며느리들도 ᄒᆞᆫᄃᆡ 모다셔 일ᄒᆞ여(使諸女婦各聚一室爲女工) <二倫 32a>, 모든 어딘 남진과 어딘 겨지비(一切善男善女) <번朴上 75a>.

<15> 고 對 곳믈

명사 '고'와 합성명사 '곳믈'이 [齈]과 [涕] 즉 '콧물'의 뜻을 가지고 동의 관계에 있다는 것은 다음 예문들에서 잘 확인된다. 원문 중 '流齈'이 '고 흐르다'로 번역된다. '齈'이 한자어 '齈帶'를 뜻하고 '齈帶'는 고유어 '고'와 동의 관계에 있다. '齈'의 자석이 '곳믈'이고 고유어 '곳믈'은 한자어 '齈帶'와 동의 관계에 있다. 그리고 '涕'의 자석이 '곳믈'이다. 따라서 '고'와 '곳믈'의 동의성은 명백히 입증된다. '곳믈'은 명사 '고'[鼻]와 명사 '믈'의 合成으로 '고+ㅅ#믈'로 분석될 수 있다.

(15) a. 뎌 고해 고 흐르ᄂᆞ니(那鼻子裏流齈) <번老下 19a>

(15) b. 齈:多涕鼻病今俗呼齈帶 고 <四解上 2b>

c. 齈:곳믈 뇽 俗稱齈帶 <字會東中本上 29b>

(15) d. 涕:…鼻液也 <四解上 25a>

e. 涕:고믈 톄 俗稱鼻涕 <字會上 15b> <字會東中本上 29b>

<16> 고롬믈 對 고롬

합성명사 '고롬믈'과 명사 '고롬'이 [膿水] 즉 '고름물'의 뜻을 가지고 동의 관계에 있다는 것은 다음 예문들에서 잘 확인된다. 원문 중 '膿水'가 '고롬믈'로 번역된다. 그리고 '膿'의 자석이 '곪다'이고 한자어 '膿水'가 고유어 '고롬'과 동의 관계에 있다. 따라서 '고롬믈'과 '고롬'의 동의성은 명백히 입증된다. 합성명사 '고롬믈'은 명사 '고롬'[膿]과 명사 '믈'[水]의 合成이다.

(16) a. 고롬므리 긋디 아니ᄒᄂ닐 고티ᄂ니(治…膿水不絶) <瘡疹 49b>

(16) b. 膿 : 膿血 <四解上 2b>
　　　c. 膿 : 골믈 ᄂ 俗稱膿水 고롬 <字會上 15b>

<17> 고롬믈 對 곰름믈

두 합성명사가 [膿水] 즉 '고름, 고름물'의 뜻을 가지고 동의 관계에 있다는 것은 다음 예문들에서 잘 확인된다. '膿水'가 '고롬믈'로도 번역되고 '곰름믈'로도 번역된다. 따라서 '고롬믈'과 '곰름믈'의 동의성은 명백히 입증된다. '고롬믈'은 명사 '고롬'[膿]과 명사 '믈'[水]의 合成이고 '곰름믈'은 명사 '곰름'[膿]과 명사 '믈'[水]의 合成이다.

(17) a. 고롬므리 긋디 아니ᄒᄂ닐 고티ᄂ니(治…膿水不絶) <瘡疹 49b>
　　　b. 곰름므리 긋디 아니ᄒ야 오새 브터(膿水不絶粘沾衣服) <瘡疹 49a>

<18> 고싀 對 고싀대

두 명사가 [胡荽]와 [荽] 즉 '고수풀, 호수(胡荽)'의 뜻을 가지고 동의 관계에 있다는 것은 다음 예문들에서 잘 확인된다. 원문 중 '令有胡荽'가 '고싀를 잇게 ᄒ다'로 번역된다. '荽'가 한자어 '胡荽'를 뜻하고 '胡荽'는 고유어 '고싀'와 동의 관계에 있다. 그리고 원문 중 '胡荽 三兩'이 '고싀대 석 량'으로 번역되고 '沃胡荽'가 '고싀대예 븟다'로 번역된다. 그리고 '荽'가 한자어 '胡荽'를 뜻하고 '胡荽'는 고유어 '고싀'와 동의 관계에 있다. 따라서 '고싀'와 '고싀대'의 동의성은 명백히 입증된다.

(18) a. 병신의 겨틔 샹녜 고싀를 잇게 ᄒ면(病人左右令有胡荽) <瘡疹 30b>

(18) b. 고싀대 석 량을 ᄀ늘에 사호오(胡荽三兩右細切) <瘡疹 30b>
　　　c. 고싀대예 브서(沃胡荽) <瘡疹 30b>
　　　d. 고싀대 달힌 술로 모매 ᄇ르면 즉재 내븟ᄂ니라(以胡荽煎酒傅其身卽發起) <瘡疹 38b>

(18) e. 葫荽 今俗呼芫荽 고싀 <四解上 51b>

f. 荽 : 고싀 슈 俗呼芫荽 <字會上 7b>

<19> 고의 對 우틔

두 명사가 [裳] 즉 '치마'의 뜻을 가지고 동의 관계에 있다는 것은 다음 예문들에서 잘 확인된다. 원문 중 '衣裳'이 '옷 고의'로 번역되고 '布裳'이 '뵈 우틔'로 번역된다. 따라서 '고의'와 '우틔'의 동의성은 명백히 입증된다.

(19) a. 남진 겨지비 옷 고의를 섯디 마롤디니라(男女ㅣ 不通衣裳이니라) <번小三 19a>

b. 옷 고의 감토 훠 둘 ᄒ란(衣裳帽子靴子) <번朴上 52b>

(19) c. 다른 뵈 우틔를 ᄀ라 닙고(更着短布裳ᄒ야) <번小九 59b>

<20> 고의 對 츄마

두 명사가 [裳] 즉 '치마, 아랫도리에 입는 옷'의 뜻을 가지고 동의 관계에 있다는 것은 다음 예문들에서 잘 확인된다. 원문 중 '衣裳'이 '옷 고의'로 번역된다. 그리고 '裳'이 한자어 '衣裳'을 뜻하고 '裳'의 자석이 '츄마'이다. 따라서 '고의'와 '츄마'의 동의성은 명백히 입증된다.

(20) a. 남진 겨지비 옷 고의를 섯디 마롤디니라(男女ㅣ 不通衣裳이니라) <번小三 19a>

b. 옷 고의 감토 훠 둘 ᄒ란(衣裳帽子靴子) <번朴上 52b>

(20) c. 裳 : …衣裳 <四解下 43a>

d. 裳 : 츄마 샹 男服 <字會中 11b>

<21> 고올ㅎ 對 마슬

두 명사가 [府] 즉 '관청'의 뜻을 가지고 동의 관계에 있다는 것은 다음 예문들에서 잘 확인된다. 원문 중 '理藩府'가 '외방 ᄀ올홀 다스리다'로 번역된다. 그리고 '府'가 한자어 '官府'를 뜻하고 '府'의 자석이 '마슬'이다. 따라서 '고올ㅎ'과 '마슬'의 동의성은 명백히 입증된다.

(21) a. 믈읫 외방 ᄀ올홀 다ᄉ료디 가난ᄒ니를 제도ᄒ며 어버싀 업슨 사롬 에엿비 너규믈 시급히 ᄒ며
(凡理藩府호디 急於濟貧邱孤ᄒ며) <번小十 14b>

(21) b. 府 : … 又官府 <四解上 39a>

　　c. 府 : 마을 부 在京在外大邑 <字會中 4b>

<22> 곡도숑 對 곡도손

　두 명사가 [蒨]과 [茜]즉 '꼭두서니'의 뜻을 가지고 동의 관계에 있다는 것은 다음 예문들에서 잘 확인된다. '茜'이 한자어 '茜草'를 뜻하고 '茜草'는 고유어 '곡도숑'과 동의 관계에 있다. '蒨'의 자석이 '곡도숑'이고 고유어 '곡도숑'은 한자어 '蒨草'와 동의 관계에 있다. 그리고 '蒨'의 자석이 '곡도손'이고 고유어 '곡도손'은 한자어 '蒨草'와 동의 관계에 있다. 따라서 '곡도숑'과 '곡도손'의 동의성은 명백히 입증된다. '蒨'과 '茜'은 同字이다.

(22) a. 蒨 : … 又 同下 <四解下 4b>

　　b. 茜 : 茅蒐 今俗呼茜草 곡도숑 <四解下 4b>

(22) c. 蒨 : 곡도숑 쳔 亦作茜…俗呼蒨草 <字會東中本上 9b>

　　d. 蒨 : 곡도손 쳔 亦作茜…俗呼蒨草 <字會上 5a>

<23> 곤이 對 고해

　두 명사가 [鵠] 즉 '고니'의 뜻을 가지고 동의 관계에 있다는 것은 다음 예문들에서 잘 확인된다. 원문 중 '刻鵠'이 '곤이를 사기다'로 번역된다. 그리고 '鵠'의 자석이 '고해'이다. 따라서 '곤이'와 '고해'의 동의성은 명백히 입증된다.

(23) a. 녜 닐온 곤이를 사기다가 이디 몯ᄒᆞ야도(所謂刻鵠不成이라두) <번小六 15a>

(23) b. 鵠 : 水鳥 <四解上 6a>

　　c. 鵠 : 고해 곡 水鳥 黃鵠 <字會上 8b>

<24> 곧 對 듸

　두 명사가 [處]와 [所] 즉 '곳, 데'의 뜻을 가지고 동의 관계에 있다는 것은 다음 예문들에서 잘 확인된다. 원문 중 '難處'가 '어려운 곧'으로 번역된다. 그리고 '睡處'가 '잘 듸'로 번역되고 '別處'가 '다른 듸'로 번역된다. 따라서 '곧'과 '듸'의 동의성은 명백히 입증된다. 여기서 '곧'은 실질명사이고 '듸'는 의존명사이다.

(24) a. 므슴 어려운 고디 이시리오(有甚麼難處) <번老上 21b>

(24) b. 우리 잘 듸 서러 보아지라(我整理睡處) <번老上 25a>

　　c. 잘 듸 어더지이다(尋箇宿處) <번老上 47a>

　　d. 네 다른 듸 잘 듸 어드라 가라(你別處尋宿處去) <번老上 47a>

　　e. 흔 듸셔 글 빅호니(一處學文書來) <번老上 6b>

　　f. 제 어미 依據홀 듸 업스니(其母無所依) <속三烈 2a>

<25> 골 對 거리

두 명사가 [衢] 즉 '네거리, 길'의 뜻을 가지고 동의 관계에 있다는 것은 다음 예문들에서 잘 확인된다. 원문 중 '上下衢'가 '아라웃 골'로 번역되고 '衢'의 자석이 '거리'이다. 따라서 '골'과 '거리'의 동의성은 명백히 입증된다.

(25) a. 아라웃 고리 다 업다(上下衢都沒有) <번老下 8b>

(25) b. 衢 : 街衢 <四解上 30a>

　　c. 衢 : 거리 구 <字會上 3b>

<26> 골홈 對 긴흘

두 명사가 [帶子] 즉 '고름, 끈'의 뜻을 가지고 동의 관계에 있다는 것은 다음 예문들에서 잘 확인된다. 고유어 '골홈'과 '긴흘'이 한자어 '帶子'와 동의 관계에 있다. 따라서 '골홈'과 '긴흘'의 동의성은 명백히 입증된다.

(26) a. 帶 : 紳也 <四解上 43a>

　　b. 帶 : 씌 디 又 골홈 及 긴흘 皆曰帶子 <字會中 11b>

<27> 곳갈 對 관디

두 명사가 [冠] 즉 '갓, 관'의 뜻을 가지고 동의 관계에 있다는 것은 다음 예문들에서 잘 확인된다. '冠'의 자석이 '곳갈'이다. 그리고 원문 중 '衣冠'이 '오시며 관디'로 번역된다. 따라서 '곳갈'과 '관디'의 동의성은 명백히 입증된다.

(27) a. 冠 : 冕弁 惣名 <四解上 72a>

b. 冠 : 곳갈 관 <字會中 11a>

(27) c. 오시며 관딕롤 모로매 싁싁고 정제히 ᄒ며(衣冠을 必肅整ᄒ며) <번小八 16b>

<28> 구기 對 나므죽

두 명사가 [勺]과 [杓] 즉 '구기, 술 따위 뜨는 기구'의 뜻을 가지고 동의 관계에 있다는 것은 다음 예문들에서 잘 확인된다. '勺'이 '飮器'를 뜻하고 '勺'의 자석이 '구기'이다. 그리고 '杓'이 '挹器'를 뜻하고 '杓'의 자석이 '나므죽'이다. 따라서 '구기'와 '나므죽'의 동의성은 명백히 입증된다.

(28) a. 勺 : 飮器 <四解下 43b>
     b. 勺 : 구기 쟉 <字會中 7a>

(28) c. 杓 : 挹器 杯杓 通作勺 <四解下 43b>
     d. 杓 : 나므죽 쟉 俗呼木日檋杓 <字會中 9b>

<29> 구리 對 놋

두 명사가 [銅] 즉 '구리'의 뜻을 가지고 동의 관계에 있다는 것은 다음 예문들에서 잘 확인된다. '銅'의 자석이 '구리'이다. 그리고 '銅匙'가 '놋술'로 번역된다. 따라서 '구리'와 '놋'의 동의성은 명백히 입증된다.

(29) a. 銅 : 赤金 <四解上 2a>
     b. 銅(15a) : 구리 동 <字會中 15b>

(29) c. 놋술(銅匙) <번老下 33a>

<30> 구모 對 굳

두 명사가 [壙] 즉 '광, 송장을 묻기 위해 판 구덩이'의 뜻을 가지고 동의 관계에 있다는 것은 다음 예문들에서 잘 확인된다. '壙'이 한자어 '墓穴'을 뜻한다. 그리고 '壙'의 자석이 '구모'와 '굳'이다. 따라서 '구모'와 '굳'의 동의성은 명백히 입증된다.

(30) a. 壙 : 墓穴也 <四解下 45b>

(30) b. 壙 : 구모 광 穴也 <字會中 17a>

c. 壙 : 굳 광 穴也 <字會東中本中 35b>

<31> 구슬 對 보비

두 명사가 [珍]과 [寶] 즉 '보배'의 뜻을 가지고 동의 관계에 있다는 것은 다음 예문들에서 잘 확인된다. '珍'이 한자어 '寶'를 뜻하고 '珍'의 자석이 '구슬'이다. 그리고 '寶'가 한자 '珍'과 同義이고 '寶'의 자석이 '보비'이다. 따라서 '구슬'과 '보비'의 동의성은 명백히 입증된다.

(31) a. 珍 : 寶也 <四解上 58b>
　　　b. 珍 : 구슬 딘 寶也 <字會中 15a>

(31) c. 寶 : 珍也 <四解下 20a>
　　　d. 寶 : 보빗 보 <字會中 15a>

<32> 구의 對 마술

두 명사가 [官司], [官] 및 [司] 즉 '관청'의 뜻을 가지고 동의 관계에 있다는 것은 다음 예문들에서 잘 확인된다. 원문 중 '官司檢了'가 '구의 검시ᄒᆞ다'로 번역되고 '別處官司'가 '다ᄅᆞᆫ 딧 마술'로 번역된다. '官'이 한자어 '官司'를 뜻하고 '官'의 자석이 '구의'이다. '司'가 한자어 '官司'를 뜻한다. 그리고 '司'의 자석이 '마술'이고 고유어 '마술'은 한자어 '官司'와 동의 관계에 있다. 따라서 '구의'와 '마술'의 동의성은 명백히 입증된다.

(32) a. 구의 屍身을 검시ᄒᆞ고(官司檢了屍) <번老上 28b>
　　　b. 구의 이제 저 ᄒᆞ야 도망ᄒᆞ니를 츄심ᄒᆞ라 ᄒᆞᄂᆞ니(官司見着落跟尋逃亡的) <번老上 50b>
　　　c. 이제 구의 ᄀᆞ장 嚴謹ᄒᆞ야(如今官司好生嚴謹) <번老上 49b>
　　　d. 이제 그 도즈기 구윗 옥에 이셔 가텻ᄂᆞ니라(如今那賊現在官司牢裏禁着) <번老上 30b>
　　　e. 구의로 므ᄅᆞ 집 문마다 브ᄅᆞ매 분칠ᄒᆞ고 써쇼딕 가ᄂᆡ예 잡사ᄅᆞᆷ 없다 ᄒᆞ야 잇ᄂᆞᆫ 거긔(官司排門粉壁) <번老 47b>

(32) f. 官 : …吏也 又官司 <四解上 72a>
　　　g. 官 : 구의 관 又有職者曰官人 <字會中 4b>

(32) h. 후에 다ᄅᆞᆫ 딧 마ᄉᆞ리 ᄯᅩ 그 도즈글 자바(後頭別處官司 却捉住那賊) <번老上 28b>

(32) i. 司 : 主守也 又官司 <四解上 13b>

j. 司 : 마을 亽 俗呼官司 <字會中 4b>

<33> 국슈 對 ᄀ로엇 對 진ᄀ로엇

　　세 명사가 [麵] 즉 '국수'의 뜻을 가지고 동의 관계에 있다는 것은 다음 예문들에서 잘 확인된다. 원문 중 '濕麵'이 '즌 국슈'로 번역되고 '油麵'이 '기름진 ᄀ로엇'으로 번역되고 '酒麵'이 '술와 진ᄀ로엇'으로 번역된다. 따라서 '국슈'와 'ᄀ로엇'과 '진ᄀ로엇'의 동의성은 명백히 입증된다.

　　(33) a. 우리 고렷 사ᄅ몬 즌 국슈 머기 닉디 몯ᄒᆞ얘라(我高麗人 不慣喫濕麵) <번老上 60b>

　　(33) b. 기름진 ᄀ로엇 놀즘ᄉᆡᆼ의 알(油麵白卵) <瘡疹 64a>

　　(33) c. 술와 진ᄀ로엇과 독ᄒᆞᆫ 거슬 머기고셔(酒麵毒物以充其腹) <瘡疹 13b>
　　　　d. 술와 진ᄀ로어스로(13a) 병을 도오면(酒麵助虐則) <瘡疹 14a>

<34> 굴근 링금 對 큰 림금

　　두 명사구가 [蘋婆果]와 [檳樓果]즉 '큰 능금'의 뜻을 가지고 동의 관계에 있다는 것은 다음 예문들에서 잘 확인된다. 원문 중 '蘋樓果'가 '굴근 링금'으로 번역된다. 그리고 '樓'의 자석이 '큰 림금'이고 '큰 림금'은 한자어 '檳樓果'와 동의 관계에 있다. 따라서 '굴근 링금'과 '큰 림금'의 동의성은 명백히 입증된다. 명사구 '굴근 링금'은 상태동사 '굵다'의 관형사형 '굴근'과 명사 '링금'의 결합이고 명사구 '큰 림금'은 상태동사 '크다'의 관형사형 '큰'과 명사 '림금'의 결합이다.

　　(34) a. 굴근 링금 유황ᄉᆞᆯ고(蘋婆果 玉黃子) <번朴上 4b>

　　(34) b. 檳 : 檳檳 果名 似林檎而大 <四解下 28a>
　　　　c. 樓 : 큰 림금 파 俗呼檳樓果 似林檎而大 <字會上 6b>

　　(34) d. 檳 : 檳樓 果名 <四解上 57a>
　　　　e. 檳 : 큰 림금 빈 <字會上 6b>

<35> 굴에 對 셕

　　두 명사가 [轡頭]와 [轡] 즉 '재갈, 굴레'의 뜻을 가지고 동의 관계에 있다는 것은 다음 예문들에서 잘 확인된다. 원문 중 '轡頭'가 '굴에'로 번역된다. 그리고 '轡'의 자석이 '셕'이고 고유어 '셕'은 한자어 '轡

頭와 동의 관계에 있다. 따라서 '굴에'와 '셕'의 동의성은 명백히 입증된다.

    (35) a. 굴에 고둘개(轡頭 鞦) <번老下 30a>

        b. ᄌᆞ셔피로 다하 두 빡 어울운 굴에예(大紅斜皮雙條轡頭) <번朴上 28b>

    (35) c. 轡 : 馬韁 <四解上 15b>

        d. 轡 : 셕 비 俗呼轡頭 굴에 <字會中 13b>

<36> 굽 對 발

    두 명사가 [蹄] 즉 '굽, 동물의 굽'의 뜻을 가지고 동의 관계에 있다는 것은 다음 예문들에서 잘 확인된다. 원문 중 '蹄歪'가 '굽 기울다'로 번역된다. '羊雙腸…蹄'가 '양의 챵ᄌᆞ…발'로 번역된다. 그리고 '蹄'가 '足'을 뜻하고 '蹄'의 자석이 '굽'이다. 따라서 '굽'과 '발'의 동의성은 명백히 입증된다.

    (36) a. ᄒᆞ나흔 굽 기울오(一箇蹄歪) <번老下 9b>

        b. 또 져기 굽 ᄀᆞ리기 ᄒᆞ더라(也有些撒蹄) <번朴上 63b>

        c. 양의 챵ᄌᆞ…발(羊雙腸…蹄) <번老下 38a>

    (36) d. 蹄 : 足也 <四解上 25a>

        e. 蹄 : 굽 뎨 <字會下 5b>

<37> 귀돌와미 對 귓도라미

    두 명사가 [蟋], [蟀] 및 [蟀] 즉 '귀뚜라미'의 뜻을 가지고 동의 관계에 있다는 것은 다음 예문들에서 잘 확인된다. '蟋'이 한자어 '蜻蛚'을 뜻하고 '蜻蛚'은 고유어 '귀돌와미'와 동의 관계에 있다. '蜻'이 한자어 '蜻蛚'을 뜻하고 '蜻蛚'은 고유어 '귓도라미'와 동의 관계에 있다. 그리고 '蟀'의 자석이 '귓도라미'이다. 따라서 '귀돌와미'와 '귓도라미'의 동의성은 명백히 입증된다.

    (37) a. 蟋 : 蚟蟋 蜻蛚也 귀돌와미 <四解上 66a>

        b. 蚟 : 蚟孫 蜻蛚 卽今促織 <四解下 46b>

    (37) c. 蜻 : 蜻蛚 今俗呼促織兒 귓도라미 <四解下 51b>

        d. 蛚 : 蜻蛚 蟋蟀 <四解下 8b>

    (37) e. 蟀 : 蟋蟀 <四解上 66b>

f. 蟀 : 귓도라미 솔 俗呼促織兒 詩蟋蟀 <字會上 12b>

명사 '귀돌와미'의 先代形 '귓돌와미'가 『楞嚴經諺解』(1461) 와 『杜詩諺解』(1481) 의 다음 예문들에서 잘 확인된다. 원문 중 '蟋蟀類'가 '귓돌와미 類'로 번역된다.

(37) g. 곧 社앳 져비와 치윗 그려기와 귓돌와미 類라(卽社鷰寒鷹蟋蟀類也라) <楞八 121b>
　　 h. 흘러 가는 히예 귓돌와미 우로매 긋노니(流年疲蟋蟀) <杜二十 47b>

<38> 그우일 對 귀실

두 명사가 [役] 즉 '賦役'의 뜻을 가지고 동의 관계에 있다는 것은 다음 예문들에서 잘 확인된다. 원문 중 '主之憂役'이 '받 님재 그우일 근심ᄒᆞ다'로 번역되고 '主役'이 '님자히 귀실'로 번역되므로 '그우일'과 '귀실'의 동의성은 명백히 입증된다.

(38) a. 받 님재 그우일 근심호미 곧 어우리의 공세 근심호미라(主之憂役伊 卽佃之憂租伊羅) <正俗 23a>
　　 b. 받 님자는 그우일리 하될 근심ᄒᆞ고(爲主者隱 憂其役之繁爲古) <正俗 23a>
　　 c. 공세옷 이시면 그우일리 잇고(夫有租則有役爲古) <正俗 23a>

(38) d. 받 갈 사ᄅᆞ미 조셰와 님자히 귀시리 정ᄉᆞ애 관계(23a) 호미 이러니(佃租主役伊 有關於時政伊 如此伊尼) <正俗 23b>

<39> 그위 對 마ᅀᆞᆯ

두 명사가 [官], [官司], [官府] 및 [司] 즉 '관청'의 뜻을 가지고 동의 관계에 있다는 것은 다음 예문들에서 잘 확인된다. 원문 중 '告官'이 '그위예 가 고ᄒᆞ다'로 번역되고 '居官'이 '마ᅀᆞ래 거ᄒᆞ다'로 번역된다. '聞于官司'가 '그위예 알외다'로 번역되고 '別處官司'가 '다른 딧 마ᅀᆞᆯ'로 번역된다. '言之官府'가 '그위예 니르다'로 번역된다. 그리고 '司'의 자석이 '마ᅀᆞᆯ'이다. 따라서 '그위'와 '마ᅀᆞᆯ'의 동의성은 명백히 입증된다.

(39) a. 셔력 잇는 사ᄅᆞᆷ은 그위예 가 고ᄒᆞ야 자보ᄃᆡ(有力者爲告之官司: 有勢力者爲之告官使追捕) <呂約 35a>
　　 b. 혹 그위예 알외며(或聞于官司) <呂約 35a>
　　 c. 내 힘이 가히 그위예 가 닐엄직ᄒᆞ거든 니르고(勢可以聞於官府則爲言之) <呂約 35b>
　　 d. 그위예 닐어 머리 내티더라(言之官府 屛之遠方焉) <二倫 30b>

(39) e. 마ᅀᅳ래 거ᄒᆞ야셔 그 직싐을 잘 거힝ᄒᆞ미오(能居官擧職ᅟᅵ五) <呂約 4b>

　　f. 녜 님구미 몸소 어딘 일 ᄒᆞ시고 ᄯᅩ 마ᄋᆞᆯ 밍ᄀᆞ라 ᄀᆞᄅᆞ칠 스승을 두시니(先王ᅟᅵ 躬行仁義爲時古 又建
　　官置師爲舍) <正俗 11b>

　　g. 후에 다ᄅᆞᆫ 딋 마ᅀᆞ리 ᄯᅩ 그 도즈글 자바(後頭別處官司却捉住那賊) <번老上 28b>

(39) h. 司 : 主守也 又官司 <四解上 13b>

　　i. 司 : 마ᄉᆞᆯ 스 俗呼官司 <字會中 4b>

명사 '그위'는 [官]의 뜻뿐만 아니라 [公]의 뜻도 가진다. 예를 들면, 집 안히 싁싁ᄒᆞ여 그윗 곧 ᄀᆞᆮ더라 (家中凜如公府) <二倫 31a>

<40> 그지 對 긋

두 명사가 [極]과 [窮] 즉 '한계'의 뜻을 가지고 동의 관계에 있다는 것은 다음 예문들에서 잘 확인된다. 원문 중 '有極'이 '그지 잇다'로 번역되고 '罔極'이 '긋 업다'로 번역되고 '無窮'이 '긋 업다'로 번역된다. 따라서 '그지'와 '긋'의 동의성은 명백히 입증된다.

(40) a. 엇디 그지 이시료(庸有極乎이리오) <번小七 33a>

(40) b. 덕분늘 갑포려 ᄒᆞ면 하늘 ᄀᆞᆮ티 긋 업도다(欲報之德ᅟᅵ᷃大 昊天罔極ᅟᅵ舍多爲尼) <正俗 2a>
　　c. 어딘 일후미 긋 업더니(令名이 無窮焉ᄒᆞ더니) <번小八 4b>
　　d. 진실로 마시 긋 업스리니(儘無窮ᄒᆞ리니) <번小八 33a>

<41> 글웘값 對 글월 벗긼 값

합성명사 '글웘값'과 명사구 '글월 벗긼 값'이 [稅錢]와 [稅] 즉 '계약서 쓴 값'의 뜻을 가지고 동의 관계에 있다는 것은 다음 예문들에서 잘 확인된다. 원문 중 '牙稅錢'이 '즈름갑과 글웘값'으로도 번역되고 '즈름삽과 글월 벗긼 값'으로도 번역된다. 그리고 '管稅'가 '글월 벗긼 갑슬 ᄀᆞᅀᆞ말다'로 번역된다. 따라서 '글웘값'과 '글월 벗긼 값'의 동의성은 명백히 입증된다.

(41) a. 네 각각 즈름갑과 글웘갑들 혜라(你各自筭將牙稅錢來) <번老下 18a>

(41) b. 우리 즈름삽과 글월 벗긼 갑들 혜져(咱們筭了牙稅錢着) <번老下 17b>
　　c. 舊例예는 살 님재 글월 벗긼 갑슬 ᄀᆞᅀᆞ말오(舊例買主管稅) <번老下 17b>

<42> 기름 對 곱

두 명사가 [脂]와 [膏]즉 '기름'의 뜻을 가지고 동의 관계에 있다는 것은 다음 예문들에서 잘 확인된다. '脂'가 한자어 '脂膏'를 뜻하고 '脂'의 자석이 '기름'이다. 그리고 '膏'가 한자어 '脂膏'를 뜻하고 '膏'의 자석이 '곱'이다. 따라서 '기름'과 '곱'의 동의성은 명백히 입증된다.

(42) a. 脂 : 脂膏 <四解上 18a>
　　 b. 脂 : 기름 지 <字會中 12b>

(42) c. 膏 : 脂膏 <四解下 18b>
　　 d. 膏 : 곱 고 <字會中 12b>

<43> 깁 對 비단

두 명사가 [帛] 즉 '비단'의 뜻을 가지고 동의 관계에 있다는 것은 다음 예문들에서 잘 확인된다. 원문 중 '尺帛'이 '훈 잣 깁'으로 번역되고 '裁帛'이 '조각 비단'으로 번역된다. 그리고 '帛'의 자석이 '비단'이다. 따라서 '깁'과 '비단'의 동의성은 명백히 입증된다.

(43) a. 집 안해 훈 말 뿔 훈 잣 깁블 아름뎌 아니ᄒ더라(門內斗粟尺帛無所私) <二倫 26a>

(43) b. 내 조각 비단이 업세라(我沒裁帛) <번朴上 47a>
　　 c. 帛 : 비단 빅 <字會中 15a>

<44> 깃 對 보로기

두 명사가 [褓子], [襁], [褓] 및 [繃子] 즉 '포대기, 강보(襁褓)'의 뜻을 가지고 동의 관계에 있다는 것은 다음 예문들에서 잘 확인된다. 원문 중 '兩三褓子'가 '두서 깃'으로 번역되고 '繃子'가 '보로기'로 번역된다. '襁'의 자석이 '깃'이다. '褓'가 한자어 '繃子'를 뜻하고 '繃子'는 고유어 '깃'과 동의 관계에 있다. 그리고 '褓'의 자석이 '깃'이다. 따라서 '깃'과 '보로기'의 동의성은 명백히 입증된다.

(44) a. 우희 두서 깃 실오(上頭鋪兩三箇褓子) <번朴上 56b>
　　 b. 보로기로 동이고(着繃子絟了) <번朴上 56b>

(44) c. 褓 : 小兒被 卽今繃子 깃 <四解下 20a>
　　 d. 褓 : 보로기 보 <字會中 12a>

(44) e. 襁 : 今俗語襁子 아기 깃 <四解下 32b>

    f. 襁 : 깃 쟈 俗呼襁子 <字會中 12a>

(44) g. 繃 : 束小兒衣…今俗語繃子 <四解下 59a>

    h. 繃 : 보로기 붕 俗呼繃子 <字會中 12a>

<45> 깃 對 아기 깃

    명사 '깃'과 명사구 '아기 깃'이 [襁]와 [襁子] 즉 '포대기, 강보(襁褓)'의 뜻을 가지고 동의 관계에 있다는 것은 다음 예문들에서 잘 확인된다. '襁'가 한자어 '襁子'를 뜻하고 '襁子'는 고유어 '아기 깃'과 동의 관계에 있다. 그리고 '襁'의 자석이 '깃'이고 고유어 '깃'은 한자어 '襁子'와 동의 관계에 있다. 따라서 '깃'과 '아기 깃'의 동의성은 명백히 입증된다. 명사구 '아기 깃'은 명사 '아기'와 명사 '깃'의 결합이다.

(45) a. 襁 : 今俗語襁子 아기 깃 <四解下 32b>

    b. 襁 : 깃 쟈 俗呼襁子 <字會中 12b>

<46> 깃 對 목

    두 명사가 [分] 즉 '몫'의 뜻을 가지고 동의 관계에 있다는 것은 다음 예문들에서 잘 확인된다. 원문 중 '三分'이 '세 깃'으로 번역되고 '五分兒'가 '다숫 목'으로 번역된다. 따라서 '깃'과 '목'의 동의성은 명백히 입증된다.

(46) a. 세간늘 세 기제 논화(共割財産 以爲三分) <二倫 4a>

(46) b. 이 삼을 다숫 모긔 눈호와(這蔘做了五分兒分了) <번老下 58b>

    c. 叔咸이 다 사오나온 받과 늘근 죵을 제 모긔 내오(叔咸皆占嶢薄老衰者) <속三孝 22a>

<47> ᄀᆞᄂᆞᆫ 깁 對 깁

    명사구 'ᄀᆞᄂᆞᆫ 깁'과 명사 '깁'이 [繒]과 [絹] 즉 '비단, 명주'의 뜻을 가지고 동의 관계에 있다는 것은 다음 예문들에서 잘 확인된다. '繒'의 자석이 'ᄀᆞᄂᆞᆫ 깁'이다. 그리고 '絹'이 한자 '繒'과 同義이고 '絹'의 자석이 '깁'이다. 따라서 'ᄀᆞᄂᆞ 깁'과 '깁'의 동의성은 명백히 입증된다. 명사구 'ᄀᆞᄂᆞᆫ 깁'은 상태동사 'ᄀᆞᄂᆞᆯ다'의 관형사형 'ᄀᆞᄂᆞᆫ'과 명사 '깁'의 결합이다.

(47) a. 繒 : 帛也 <四解下 60b>

b. 繪 : ㄱ는 깁 증 <字會中 15a>

(47) c. 絹 : 繒也 <四解下 9a>
d. 絹 : 깁 견 <字會中 15a>

<48> ㄱ른엇 對 진ㄱ른엇

두 명사가 [麵] 즉 '국수'의 뜻을 가지고 동의 관계에 있다는 것은 다음 예문들에서 잘 확인된다. 원문 중 '油麵'이 '기름진 ㄱ른엇'으로 번역되고 '酒麵'이 '술와 진ㄱ른엇'으로 번역된다. 따라서 'ㄱ른엇'과 '진ㄱ른엇'의 동의성은 명백히 입증된다.

(48) a. 기름진 ㄱ른엇 놀즘싱의 알(油麵白卵) <瘡疹 64a>

(48) b. 술와 진ㄱ른엇과 독훈 거슬 머기고셔(酒麵毒物以充其腹) <瘡疹 13b>
c. 술와 진ㄱ른어스로(13b) 병을 도오면(酒麵助虐則) <瘡疹 14a>

<49> ㄱ룸 對 묻믈

두 명사가 [河] 즉 '강'의 뜻을 가지고 동의 관계에 있다는 것은 다음 예문들에서 잘 확인된다. '河'의 자석이 'ㄱ룸'이다. 그리고 '河海'가 '묻믈 바룻믈'로 번역된다. 따라서 'ㄱ룸'과 '묻믈'의 동의성은 명백히 입증된다. '묻믈'은 명사 '묻'[陸]과 명사 '믈'[水]의 合成이다.

(49) a. 河 : …又北方人總稱流水曰河 <四解下 27a>
b. 河 : ㄱ룸 하…又北方流水通稱 <字會上 2b>

(49) c. 묻믈 바룻믌 고기와(河海虫魚) <瘡疹 64a>

<50> 긋 對 ㄱ재

두 명사가 [極]과 [窮] 즉 '한계'의 뜻을 가지고 동의 관계에 있다는 것은 다음 예문들에서 잘 확인된다. 원문 중 '罔極'이 '긋 없다'로 번역되고 '無窮'이 '긋 없다'로 번역된다. 그리고 '極'이 한자 '窮'과 同義이고 '極'의 자석이 'ㄱ재'이다. 따라서 '긋'과 'ㄱ재'의 동의성은 명백히 입증된다.

(50) a. 덕분늘 갑포려 ᄒ면 하늘 ᄀᆞ티 긋 업도다(欲報之德伊隱大昊天罔極伊舍多爲尼) <正俗 2a>
b. 어딘 일후미 긋 업더니(令名이 無窮焉ᄒ더니) <번小八 4b>

c. 진실로 마시 긋 업스리니(儘無窮ᄒ리니) <번小八 33a>

(50) d. 極: … 窮也 <四解下 48a>

　　 e. 極: ᄀ재 극 <字會下 15b>

<51> ᄀ 對 시울 對 젼

세 명사가 [邊兒] 즉 '가, 가장자리'의 뜻을 가지고 동의 관계에 있다는 것은 다음 예문들에서 잘 확인된다. 원문 중 '河邊兒'가 '믓ᄀ'으로 번역되고 '細邊兒'가 'ᄀ는 시울 도르다'로 번역되고 '犀角邊兒'가 '셔각으로 젼 ᄒ다'로 번역된다. 따라서 'ᄀ'과 '시울'과 '젼'의 동의성은 명백히 입증된다.

(51) a. 믓 ᄀᄉ애 고기 엿ᄂ니(70a) 는(河邊兒窺魚的) <번朴上 70a>

　　 b. ᄀᄉ애 셔셔 놀며 보는 사ᄅ미 닐오듸(邊頭立地閑看的人說) <번朴下 13b>

　　 c. 뎌 紅橋ㅅ ᄀᄉ애(那紅橋邊) <번朴上 42b>

(51) d. 쳥셔피로 ᄀ는 시울 도르고(藍斜皮細邊兒) <번朴上 28a>

(51) e. 기르마는 이 ᄒ 거믄 셔각으로 젼 ᄒ고(鞍子是一箇烏犀角邊兒) <번朴上 28a>

　　 f. 釦: 젼 메울 구 <字會下 7b>

<52> 나그내 對 손

두 명사가 [客人]과 [客] 즉 '나그네'의 뜻을 가지고 동의 관계에 있다는 것은 다음 예문들에서 잘 확인된다. 원문 중 '高麗客人'이 '高麗人 나그내'로 번역되고 '三箇客人'이 '세 나그내'로 번역된다. 그리고 '客'의 자석이 '손'이고 고유어 '손'은 한자어 '客人'과 동의 관계에 있다. 따라서 '나그내'와 '손'의 동의성은 명백히 입증된다.

(52) a. 이 뎜에 모시뵈 풀 高麗人 나그내 李개 잇ᄂ녀(這店裏賣毛施布的高麗客人李舍有麼) <번老下 1a>

　　 b. 店主人과 세 나그내 셔셔 ᄆᆯ 보더니(店主人和三箇客人立地看馬) <번老下 7b>

　　 c. 우리는 길 녀는 나그내어니(我是行路的客人) <번老上 42b>

　　 d. 둘흔 ᄆᆯ 살 나그내오(兩箇是買馬的客人) <번老下 7b>

　　 e. ᄆᆯ읫 遼東으로셔 간 나그내ᄃᆯ하(但是遼東去的客人們) <번老上 11b>

　　 f. 나그내네 쉬라(客人們歇息) <번老上 26a>

(52) g. 客 : 賓客 <四解下 58a>

    h.손 긱 俗呼客人 <字會中 2a>

<53> 나기 對 던기 對 더니

세 명사가 [賭]와 [博] 즉 '내기'의 뜻을 가지고 동의 관계에 있다는 것은 다음 예문들에서 잘 확인된다. 원문 중 '賭博'이 '나기 쟝긔 샹륙'으로도 번역되고 '샹륙 쟝긔 두어…던기'로도 번역된다. 그리고 '賭甚麼'가 '므슴 나기 ᄒ다'로 번역되고 '博錢'이 '돈 더니 ᄒ다'로 번역된다. 따라서 '나기'와 '던기' 및 '더니'의 동의성은 명백히 입증된다.

(53) a. 나기 쟝긔 샹륙을 비호디 말며(無學賭博ᄒ며) <번小六 36b>

    b. 우리 므슴 나기 ᄒ료(咱賭甚麼) <번朴上 23a> <번朴上 54b>

(53) c. 샹륙 쟝긔 두어 ᄂᆞ미 것 던기 즐기며(博謂賭博財物 : 雙陸象碁賭取財物) <呂約 6b>

    d. 혹식 돈 더니 ᄒ며(或是博錢) <번朴上 18a>

<54> 낛밥 對 고기 낫ᄂᆞᆫ 밥

합성명사 '낛밥'과 명사구 '고기 낫ᄂᆞᆫ 밥'이 [餌] 즉 '낚싯밥, 고기 낚는 밥'의 뜻을 가지고 동의 관계에 있다는 것은 다음 예문들에서 잘 확인된다. '餌'가 고유어 '낛밥'을 뜻한다. 그리고 '所餌'가 '고기 낫ᄂᆞᆫ 밥'으로 번역된다. 따라서 '낛밥'와 '고기 낫ᄂᆞᆫ 밥'의 동의성은 명백히 입증된다. '낛밥'은 명사 '낛'과 명사 '밥'의 合成이고 '고기 낫ᄂᆞᆫ 밥'은 명사 '고기'와 동작동사 '낛다'의 관형사형 '낫ᄂᆞᆫ'과 명사 '밥'의 결합이다.

(54) a. 餌 : …又釣啗魚者 <四解上 23a>

    b. 餌 : …又낛밥 曰釣餌 <字會中 10b>

(54) c. 간활ᄒᆞᆫ 아져ᄂᆡ게 고기 낫ᄂᆞᆫ 바비 두외여(多爲猾吏의 所餌ᄒᆞ야) <번小七 28a>

<55> 남진 對 남님

두 명사가 [男兒] 즉 '남자'의 뜻을 가지고 동의 관계에 있다는 것은 다음 예문들에서 잘 확인된다. 원문 중 '好男兒'가 '어딘 남진'으로 번역되고 '做男兒'가 '남님 두외다'로 번역된다. 따라서 '남진'과 '남님'의 동의성은 명백히 입증된다.

(55) a. 진짓 어딘 남지니러라(眞箇是好男兒) <번朴上 30b>

   b. 우리 남지니 형뎨 도의여셔(咱男兒漢做弟兄) <번朴上 72b>

(55) c. 남님 두외여 돈닐딘댄(做男兒行時) <번老下 48a>

<56> 남진 對 샤옹

두 명사가 [夫] 즉 '남편'의 뜻을 가지고 동의 관계에 있다는 것은 다음 예문들에서 잘 확인된다. 원문 중 '吾夫'가 '내 남진'으로 번역되고 '夫婦'가 '남진과 겨집'으로 번역된다. '二夫'가 '두 샤옹'으로 번역된다. 그리고 '夫'의 자석이 '샤옹'이다. 따라서 '남진'과 '샤옹'의 동의성은 명백히 입증된다. 두 명사의 빈도수를 비교해 보면 '남진'이 절대적으로 우세하다.

(56) a. 겨지비 닐오디 엇디 내 남지늬 淸白을 더러이료 ᄒ고(妻曰 何敢累吾夫淸德) <續三孝 26b>

   b. 어미와 남진의 墳土애 親히 祭ᄒ몰(親祭母及夫墳) <續三孝 34b>

   c. 남지니 죽고 子息이 업스니(夫死無子) <續三烈 8a>

   d. 사ᄅ미게 가는 남진을 좃고 남진이 죽거든 아ᄃ를 조차(適人從夫ᄒ며 夫死從子ᄒ야) <번小三 20b>

   e. 이 우흔 남진과 계집이 별히 호믈 불기니라(右는 明夫婦之別이라) <번小三 23b>

(56) f. 烈女는 두 샤옹을 고텨 ᄒ디 아니ᄒᄂ니라(烈女는 不更二夫ㅣ니라) <번小三 10b>

(56) g. 夫 : 妻之配 又丈夫 <四解上 38b>

   h. 夫 : 샤옹 부 妻呼丈夫 <字會上 16a>

<57> 남진 對 집아비

두 명사가 [主翁] 즉 '남편'의 뜻을 가지고 동의 관계에 있다는 것은 다음 예문들에서 잘 확인된다. 원문 중 '主翁'이 '남진'으로도 번역되고 '집아비'로도 번역된다. 따라서 두 명사 '남진'과 '집아비'의 동의성은 명백히 입증된다. '집아비'는 명사 '집'과 명사 '아비'의 合成이다.

(57) a. ᄒ룻날 남진니 그르 도외면 ᄇ리고 다ᄅ닐 셤기ᄂ니(一旦厓 主翁伊 失勢則舍之而事他人矣里尼) <正俗 6b>

(57) b. 죵첩들흔(6a) ᄒ갓 집아븨게 ᄉ랑히오져 괴이면 아니 홀 일 업시 ᄒ다가(婢妾之徒隱 苟利主翁矢 一時之愛爲也 妬寵怙勢爲也 無所不爲爲飛尼) <正俗 6b>

<58> 넛할미 對 할미

두 명사가 [尊姑] 즉 '대고모'의 뜻을 가지고 동의 관계에 있다는 것은 다음 예문들에서 잘 확인된다. 원문 중 '尊姑之夫'가 '넛할미 남진'으로 번역되고 '尊姑夫'가 '할미 남진'으로 번역된다. 따라서 '넛할미'와 '할미'의 동의성은 명백히 입증된다.

(58) a. 아즈미며 넛할미 남(80b) 진으란 반드시 닐오듸 아모 셩 아줌의 남진이며 아모 셩 할미 남진이라 ᄒ야(諸姑尊姑之夫란 必曰某姓姑夫某姓尊姑夫ㅣ라 ᄒ고) <번小九 81a>

(58) b. 姑 : …又父(35b) 之姉妹 <四解上 36a>

　　c. 姑 : …國語 할미 고 <字會上 16b>

<59> 녓곳 對 년곳

두 합성명사가 [荷花]와 [芙] 즉 '연꽃'의 뜻을 가지고 동의 관계에 있다는 것은 다음 예문들에서 잘 확인된다. 원문 중 '紅白荷花'가 '紅白 녓곳'으로 번역된다. 그리고 '芙'의 자석이 '년곳'이고 '년곳'은 한자어 '荷花'와 동의 관계에 있다. 따라서 '녓곳'과 '년곳'의 동의성은 명백히 입증된다. '녓곳'은 한자어 '년'(蓮)과 고유어 '곳'[花]의 合成으로 '년+ㅅ#곳'으로 분석될 수 있다. '년곳'은 한자어 '년'(蓮)과 고유어 '곳'[花]의 合成이다.

(59) a. 이 紅白 녓고지러라(是紅白荷花) <번朴上 70b>

(59) b. 芙 : 芙蓉 <四解上 39b>

　　c. 芙 : 년곳 부 荷花 又呼藕花 <字會上 4a>

<60> 노 對 바

두 명사가 [繩索]과 [索] 즉 '줄, 새끼'의 뜻을 가지고 동의 관계에 있다는 것은 다음 예문들에서 잘 확인된다. 원문 중 '繩索…好'가 '바들…됴ᄒ야 잇다'로 번역된다. 그리고 '索'의 자석이 '노'이고 고유어 '노'는 한자어 '繩索'과 동의 관계에 있다. 따라서 '노'와 '바'의 동의성은 명백히 입증된다.

(60) a. 바들 다 됴ᄒ야 잇다(繩索都好) <번老下 36a>

(60) b. 索 : 繩也 <四解下 38b>

　　c. 索 : 노 삭 繩索 <字會中 8a>

<61> 누 對 누구

두 명사가 [誰] 즉 '누구, 어떤 사람'의 뜻을 가지고 동의 관계에 있다는 것은 다음 예문들에서 잘 확인된다. 원문 중 '誰任'이 '뉘 맏다'로 번역되고 '誰爲'가 '누를 위ᄒᆞ다'로 번역된다. 그리고 '誰是…孩兒'가 '누구는 ᄌᆞ식고'로 번역된다. 따라서 '누'와 '누구'의 동의성은 명백히 입증된다.

(61) a. 쟝ᄎᆞ 뉘 ᄣᅡ기 ᄃᆞ욀고(誰將與儔오) <번小九 100b>

b. 요조ᅀᅳᆷ 이른 뉘 그 허믈 맏ᄃᆞᆯ고 ᄒᆞ여ᄂᆞᆯ(近日之事ᄂᆞᆫ 誰任其咎ㅣ오) <번小九 26a>

c. 누를 위ᄒᆞ야 효도ᄒᆞ며(誰爲孝ㅣ며) <번小三 46a>

d. 누를 ᄒᆞ야 가 어드라 ᄒᆞ료(着誰去討) <번朴上 3a>

e. 이 버든 누고(這火伴是誰) <번老下 6a>

f. 네 뉘손ᄃᆡ 글 ᄇᆡ혼다(你誰根底學文書來) <번老上 2b>

(61) g. 누구는 아븨 누의게 난 ᄌᆞ식고(誰是姑姑上孩兒) <번老上 16a>

h. 누구는 어믜 오라븨게 난 ᄌᆞ식(誰是舅舅上孩兒) <번老上 16a>

<62> 누의님 對 동ᄉᆡᆼ묻누의

두 명사가 [姐] 즉 '누나, 손위 누이'의 뜻을 가지고 동의 관계에 있다는 것은 다음 예문들에서 잘 확인된다. 원문 중 '你姐姐'가 '네 누의님'으로 번역되고 '好姐姐'가 '므ᅀᅳᆷ 됴ᄒᆞ신 누의님'으로 번역된다. 그리고 '姐姐'가 '동ᄉᆡᆼ묻누의'로 번역된다. 따라서 '누의님'과 '동ᄉᆡᆼ묻누의'의 동의성은 명백히 입증된다.

(62) a. 네 누의니미 일즉 언제우터 쥭 먹ᄂᆞ뇨(你姐姐 曾幾時喫粥來) <번朴上 55a>

b. 네 누의님ᄃᆞ려 닐어(說與你姐姐) <번朴上 55a>

c. 누의님 니ᄅᆞ디 말라 나도 아노라(姐姐不要說 我也知道) <번朴上 48a>

d. 므ᅀᅳᆷ 됴ᄒᆞ신 누의님하(好姐姐) <번朴上 47a>

e. 만히 깃게이다 누의님하(多謝姐姐) <번朴上 48b>

(62) f. 동ᄉᆡᆼ묻누의 동ᄉᆡᆼ아ᅀᆞ누의 <姐姐 妹子> <번老下 34a>

<63> 눈ᄌᆞᅀᆞ 對 눈망올

두 명사가 [睛] 즉 '눈동자, 눈알의 수정체'의 뜻을 가지고 동의 관계에 있다는 것은 다음 예문들에서

잘 확인된다. '睛'이 한자어 '目珠子'를 뜻하고 '睛'의 자석이 '눈ᄌᆞᅀᆞ'이다. 그리고 '睛'이 '눈망올'로 번역된다. 따라서 '눈ᄌᆞᅀᆞ'와 '눈망올'의 동의성은 명백히 입증된다. '눈ᄌᆞᅀᆞ'는 합성명사로 명사 '눈'과 명사 'ᄌᆞᅀᆞ'의 合成이다.

(63) a. 睛 : 目珠子 今俗呼眼睛 <四解下 51b>
　　 b. 睛 : 눈ᄌᆞᅀᆞ 청 <字會東中本上 25a>

(63) c. 양 눈망올(眍兒 睛) <번老下 38a>

<64> 눈ᄌᆞᅀᆞ 對 눈엥엊

두 합성명사가 [睛]과 [眼眶] 즉 '눈자위, 눈알의 언저리'의 뜻을 가지고 동의 관계에 있다는 것은 다음 예문들에서 잘 확인된다. '睛'의 자석이 '눈ᄌᆞᅀᆞ'이고 '眼眶四'가 '눈엥엊 ᄉᆞ면'로 번역된다. 따라서 두 '눈ᄌᆞᅀᆞ'와 '눈엥엊'의 동의성은 명백히 입증된다. '눈ᄌᆞᅀᆞ'는 명사 '눈'과 명사 'ᄌᆞᅀᆞ'의 合成이고 '눈엥엊'은 명사 '눈'과 [眶] 즉 '눈자위'의 뜻을 가진 명사 '엥엊'의 合成이다.

(64) a. 睛 : 目珠子 今俗呼眼睛 <四解下 51b>
　　 b. 睛 : 눈ᄌᆞᅀᆞ 청 <字會東中本上 25a>

(64) c. 눈엥엊 ᄉᆞ면의 두루 열이 ᄇᆞ르라(薄塗眼眶四圍) <瘡疹 43a>

<65> 눈ᄌᆞᅀᆞ 對 눈ᄌᆞᅀᅵ

두 명사가 [眼睛]과 [睛] 즉 '눈동자'의 뜻을 가지고 동의 관계에 있다는 것은 다음 예문들에서 잘 확인된다. 원문 중 '眼睛黃'이 '눈ᄌᆞᅀᅵ 누르다'로 번역된다. 그리고 '睛'이 한자어 '眼睛'을 뜻하고 '睛'의 자석이 '눈ᄌᆞᅀᆞ'와 '눈ᄌᆞᅀᅵ'이다. 따라서 '눈ᄌᆞᅀᆞ'와 '눈ᄌᆞᅀᅵ'의 동의성은 명백히 입증된다. '눈ᄌᆞᅀᆞ'는 명사 '눈'[眼]과 명사 'ᄌᆞᅀᆞ'의 合成이다.

(65) a. 눈ᄌᆞᅀᅵ 누르며 눈두에 블그며(眼睛黃目胞赤) <瘡疹 9b>

(65) b. 睛 : 目珠子 今俗呼眼睛 <四解下 51b>
　　 c. 睛 : 눈ᄌᆞᅀᆞ 청 <字會東中本上 25a>
　　 d. 睛 : 눈ᄌᆞᅀᅵ 청 <字會上 13a>

명사 '눈ᄌᆞᅀᆞ'의 先代形인 '눖ᄌᆞᅀᆞ'는 15세기의 『月印釋譜』(1459)와 『杜詩諺解』(1481)의 다음 예문

들에서 잘 확인된다. 원문 중 '雙瞳'이 '두 눖 ㅈㅅ'로 번역된다.

(65) e. 눖ㅈ쉬 감파르며 <月二 41a>

　　 f. 누넨 블근 븘고지 잇고 두 눖 ㅈㅅ는 너모나도다(眼有紫焰雙瞳方) <杜十六 40b>

<66> 눈ㅈㅅ 對 눖망올

두 명사가 [睛]과 [眸] 즉 '눈동자'의 뜻을 가지고 동의 관계에 있다는 것은 다음 예문들에서 잘 확인된다. '睛'이 한자어 '目珠子'를 뜻하고 '睛'의 자석이 '눈ㅈㅅ'이다. 그리고 '眸'가 한자어 '目珠子'를 뜻하고 '眸'의 자석이 '눖망올'이다. 따라서 '눈ㅈㅅ'와 '눖망올'의 동의성은 명백히 입증된다.

(66) a. 睛 : 目珠子 今俗呼眼睛 <四解下 51b>
　　 b. 睛 : 눈ㅈㅅ 청 <字會東中本上 25a>

(66) c. 眸 : 目珠子 <四解下 66a>
　　 d. 眸 : 눖망올 모 <字會上 13a>

<67> 늘그니 對 하나비

명사구 '늘그니'와 합성명사 '하나비'가 [老者]와 [長老] 즉 '늙은이'의 뜻을 가지고 동의 관계에 있다는 것은 다음 예문들에서 잘 확인된다. 원문 중 '引其老者'가 '늘그니를 가지다'로 번역된다. '翁'의 자석이 '하나비'이고 한자어 '老者'를 가리킨다. '里中長老'가 'ᄆ솔 늘그니들ㅎ'로 번역된다. 그리고 '叟'의 자석이 '하나비'이고 한자어 '長老'를 가리킨다. 따라서 '늘그니'와 '하나비'의 동의성은 명백히 입증된다. 명사구 '늘그니'는 상태동사 '늙다'[老]의 관형사형 '늘근'과 의존명사 '이'[者]의 결합이다. 합성명사 '하나비'는 상태동사 '하다'의 관형사형 '한'과 명사 '아비'의 合成이다.

(67) a. 늘그니를 가지며 닐오ᄃᆡ 날와 ᄒᆞᆫ딩일 ᄒᆞ연 디 오라니(引其老者曰與我共事ㅣ 久ㅣ라) <번小九 23a>

　　 b. ᄆ솔 늘그니들히 다 ᄃᆞ라 드러 숨거든(里中長老ㅣ 皆走匿이어늘) <번小九 87a>

(67) c. 翁 : 老稱 又父也 <四解上 5b>
　　 d. 翁 : 하나비옹 汎稱老者 <字會上 17a>

(67) e. 叟 : 長老之稱 <四解下 66b>
　　 f. 叟 : 하나비 수 汎稱 <字會上 17a>

<68> 니뿔 對 뫼뿔

두 명사가 [粳]과 [籼] 즉 '입쌀, 멥쌀'의 뜻을 가지고 동의 관계에 있다는 것은 다음 예문들에서 잘 확인된다. '粳'이 한자어 '粳米'를 뜻하고 '粳米'는 고유어 '니뿔'과 동의 관계에 있다. '粳'의 자석이 '뫼뿔'이다. 그리고 '籼'의 자석이 '뫼뿔'이다. 따라서 '니뿔'과 '뫼뿔'의 동의성은 명백히 입증된다.

(68) a. 粳 : 今俗呼 粳米…니뿔 <四解下 57b>
　　 b. 粳 : 뫼뿔 경 <字會上 7a>

(68) c. 籼 : 稻不粘者 <四解下 5a>
　　 d. 籼 : 뫼뿔 션 <字會上 7a>

명사 '니뿔'은 15세기의 『杜詩諺解』(1481) 와 『救急簡易方』(1489) 의 다음 예문들에서 잘 확인된다. 원문 중 '稻米'와 '大米'가 '니뿔'로 번역된다.

(68) e. 니뿌론 기르미 흐르는 돗ㅎ고 조뿌론　히니(稻米流脂粟米白) <杜三 61b>
　　 f. 니뿌리 밥 지스니 能히 히니(稻米炊能白) <杜七 38a>
　　 g. 니뿌롤 봇가 덥게 ㅎ야 모숨뿍을 울ㅎ며(用大米炒熱熨心上) <救간一 86b>

<69> 님굼 對 님

두 명사가 [主] 즉 '임금'의 뜻을 가지고 동의 관계에 있다는 것은 다음 예문들에서 잘 확인된다. 원문 중 '少主'가 '져믄 님굼'으로 번역된다. 그리고 '主'의 자석이 '님'이다. 따라서 '님굼'과 '님'의 동의성은 명백히 입증된다.

(69) a. 져믄 님굼 도아 인 그릇 맛다슈믄(然至其輔少主守成ㅎ얀) <번小九 40b>

(69) b. 主 : 君也 <四解上 32a>
　　 c. 主 : 님 쥬 <字會中 1a>

<70> 님금 몰 對 님금 술위 메는 몰

두 명사구가 [路馬] 즉 '임금의 수레를 메는 말'의 뜻을 가지고 동의 관계에 있다는 것은 다음 예문들에서 잘 확인된다. 원문 중 '軾路馬'가 '님금 므롤 보고 구버 디내다'로 번역된다. 그리고 '見路馬'가 '님금 술위 메는 므롤 보다'로 번역된다. 따라서 '님금 믈'과 '님금 술위 메는 믈'의 동의성은 명백히 입증

된다. 명사구 '님금 물'은 명사 '님금'과 명사 '물'의 결합이고 명사구 '님금 술위 메는 물'은 명사 '님금'과 명사 '술위'와 동작동사 '메다'의 관형사형 '메는'과 명사 '물'의 결합이다.

(70) a. 禮예 구윗 문의 디나갈 제 브리며 님금 모를 보고 구버 디나라 ᄒᆞ엿고(禮예 下公門ᄒᆞ고 軾路馬ᄒᆞ며)〈번小十 4b〉

b. 님금 술위 메는 모를 보와든 반드시 술위 우희셔 구버 디내더라(見路馬ᄒᆞ고 必軾焉ᄒᆞ더라)〈번小九 83a〉

<71> ᄂᆞ물 對 ᄂᆞ모새

두 명사가 [菜]와 [蔬] 즉 '나물'의 뜻을 가지고 동의 관계에 있다는 것은 다음 예문들에서 잘 확인된다. 원문 중 '菜菓'가 'ᄂᆞ물와 果實'로 번역되고 '別箇菜'가 '녀느 ᄂᆞ모새'로 된다. 그리고 '菜'와 '蔬'의 자석이 'ᄂᆞ물'이다. 따라서 두 명사 'ᄂᆞ물'과 'ᄂᆞ모새'의 동의성은 명백히 입증된다. 주목할 것은 명사 'ᄂᆞ모새'가 1510년대 국어에 처음으로 등장한다는 것이다.

(71) a. 소곰이며 ᄂᆞ물흘 먹디 아니터라(不食塩菜)〈속三孝 16a〉

b. ᄂᆞ물와 果實도 먹디 아니ᄒᆞ여(不食菜菓)〈속三孝 8a〉

(71) c. 녀느 ᄂᆞ모새는 다 업거니와(別箇菜都沒)〈번老上 41a〉

d. 모든 ᄌᆞ식이 다 ᄂᆞ모새 ᄒᆞ여 음식을 먹더니(諸子ㅣ 皆蔬食ᄒᆞ더니)〈번小九 103a〉

(71) e. 菜:菜蔬〈四解上 44b〉

f. 菜:ᄂᆞ물 치 草可食者皆曰菜〈字會下 2a〉

(71) g. 蔬:草菜可食通名爲蔬〈四解上 40b〉

h. 蔬:ᄂᆞ물 소 百菜總名〈字會下 2a〉

<72> ᄂᆞ못 對 쟈르

두 명사가 [囊]과 [袋] 즉 '주머니, 자루'의 뜻을 가지고 동의 관계에 있다는 것은 다음 예문들에서 잘 확인된다. '囊'이 한자 '帒'와 同義이고 '囊'의 자석이 'ᄂᆞ못'이다. 그리고 '袋'가 한자 '囊'과 同義이고 '袋'의 자석이 '쟈르'이다. 따라서 'ᄂᆞ못'과 '쟈르'의 동의성은 명백히 입증된다. 한자 '袋'와 '帒'는 同字이다.

(72) a. 囊:帒也〈四解下 35b〉

b. 囊:ᄂᆞ못 낭 有底〈字會中 7b〉

(72) c. 袋 : 囊也 <四解上 43b>

　　　d. 袋 : 쟈르 디 俗呼口袋 亦作帒 <字會中 7b>

<73> 놀씨 對 놀와 씨

합성명사 '놀씨'와 명사구 '놀와 씨'가 [經緯] 즉 '날실과 씨실, 직물의 날과 씨'의 뜻을 가지고 동의 관계에 있다는 것은 다음 예문들에서 잘 확인된다. 원문 중 '經緯'가 '놀씨'로도 번역되고 '놀와 씨'로도 번역된다. 따라서 '놀씨'와 '놀와 씨'의 동의성은 명백히 입증된다. '놀씨'는 명사 '놀'[經]과 명사 '씨'[緯]의 合成이다. 그리고 '놀와 씨'는 명사 '놀'과 명사 '씨'의 결합이다.

(73) a. 杭州 치는 놀씨 흔가지오(杭州的經緯相等) <번老下 25b>

　　　b. 놀와 씨를 실어 울워 짜시니(經緯合線結織) <번朴上 14b>

(73) c. 經 : …機樓 縱曰經 橫曰緯 <四解下 47a>

　　　d. 緯 : 織橫絲 緯在杼 經在柚 <四解上 55a>

<74> 놈 對 다른 사름

명사 '놈'과 명사구 '다른 사름'이 [他人]과 [別人] 즉 '남, 다른 사람'의 뜻을 가지고 동의 관계에 있다는 것은 다음 예문들에서 잘 확인된다. 원문 중 '仰他人'이 '누믜게 미더 울얼다'로 번역되고 '點檢他人'이 '다른 사름 혜아려 검찰한다'로 번역되므로 '놈'과 '다른 사름'의 동의성은 명백히 입증된다.

(74) a. 누믜게 미더 울어로미 어려오니라(難仰他人矣니라) <번小八 36a>

　　　b. 놈 헐쓰리고(破別人) <번朴上 25a>

(74) c. 엇디 다른 사름 혜아려 검찰홀 공뷔 이시리오(豈有工夫ㅣ 點檢他人ㅣ리오) <번小八 15a>

<75> 놋빛 對 놋곶

두 명사가 [色]과 [顔色] 즉 '안색, 얼굴빛'의 뜻을 가지고 동의 관계에 있다는 것은 다음 예문들에서 잘 확인된다. 원문 중 '和色'이 '놋비츨 화히 한다'로 번역되고 '色容'이 '놋비쳐 양'으로 번역된다. '正顔色'이 '놋비츨 단정히 한다'로 번역된다. 그리고 '無疾言遽色'이 '샌른 말와 과ㄱ른 놋곶츨 아니한다'로 번역된다. 따라서 '놋빛'과 '놋곶'의 동의성은 명백히 입증된다. 명사 '놋빛'은 [顔] 즉 '낯'의 뜻을 가진 '낯'과 [色] 즉 '빛'의 뜻을 가진 '빛'의 합성이고 명사 '놋곶'은 [顔]의 뜻을 가진 '낯'과 [花]의 뜻을 가진

'곶'의 합성이다.

(75) a. 눗비츨 화히 ᄒ며 목소리ᄅᆞᆯ 부드러이 햐(和色柔聲햐야) <번小七 2a>

　　b. 눗비츨 고텨 가지시며(色勃如也ᄒ시며) <번小三 4b>

　　c. 눗비치 양ᄋ란 싁싁기 홀디니라(色容莊이니라) <번小四 13a>

　　d. 先生이 그제ᅀᅡ 말ᄉᆞᆷ며 눗빗츨 잠깐 ᄂᆞ즈기 ᄒᆞ더시다(先生이 方略降辭色ᄒᆞ더시다) <번小九 4b>

　　e. 눗빗ᄎ란 온화히 호ᄆᆞᆯ 싱각ᄒᆞ며(色思溫) <번小四 6a>

　　f. 눗비츨 단정히 호매(正顔色애) <번小四 7a>

　　g. 눗비치 ᄀᆞ죽ᄒᆞ며(顔色齊ᄒᆞ며) <번小四 10a>

　　h. 눗빗츨 온화히 ᄒᆞ며(且溫顔色ᄒᆞ며) <번小九 93a>

(75) i. 正獻公 呂公著ㅣ …샐ᄅᆞᆫ 말와 과ᄀᆞ른 눗곳츨 아니ᄒᆞ며(呂正獻公이…無疾言遽色ᄒᆞ며) <번小十 23a>

　　j. 劉寬이…말ᄉᆞ믈 샐리 아니ᄒᆞ며 과ᄀᆞ른 눗곳츨 아니ᄒᆞ더니(劉寬이…未嘗疾言遽色ᄒᆞ더니) <번小十 2b>

<76> 다슴어미 對 훗어미

두 명사가 [繼母]와 [後母] 즉 '계모'의 뜻을 가지고 동의 관계에 있다는 것은 다음 예문들에서 잘 확인된다. (a) 의 원문에서 '母'는 전후 문맥으로 보아 예문 (b) 의 '繼母朱氏'를 지칭하므로 '다슴어미'로 번역된다. 그리고 '繼母朱氏'가 '훗어미 朱氏'로 번역되고 '父及後母'가 '아비와 훗어미'로 번역된다. 따라서 '다슴어미'와 '훗어미'의 동의성은 명백히 입증된다. '훗어미'는 한자어 '후'(後) 와 명사 '어미'[母] 의 合成이지만 이 저서에서는 고유어로 다루었다.

(76) a. 다슴어미 싱션을 먹고겨 ᄒᆞ더니(母ㅣ 嘗欲生魚ㅣ 더니) <번小九 24b>

(76) b. 훗어미 朱氏 ᄉᆞ랑티 아니ᄒᆞ야(繼母朱氏不慈ᄒᆞ야) <번小九 24b>

　　c. 아비와 훗어미 셤교ᄃᆡ ᄀᆞ장 효도ᄒᆞ더니(事父及後母盡孝) <속三孝 21a>

명사 '다슴어미'의 先代形 '다ᄉᆞᆷ어미'가 [繼母]의 뜻을 가진다는 것은 『三綱行實圖』(1481) 의 다음 예문들에서 잘 확인된다. 원문 중 '繼母朱氏'가 '다ᄉᆞᆷ어미 朱氏'로 번역된다.

(76) d. 다ᄉᆞᆷ어미 샹녜 서근 사모로 오새 두어 주거든(繼母卜氏遇之無道 恒以蒲穰及敗麻頭與延貯衣)

<三강孝 19a>

e. 다숨어미 朱氏(繼母朱氏) <三강孝 17a>

f. 다숨어미 죽거늘(繼母亡) <三강孝 27b>

g. 繼母ᄂᆞᆫ 다숨어미라 <三강烈 7a>

<77> ᄢᅢ 對 적 對 ᄢᅳ 對 ᄢᅵ니

네 명사가 [時] 즉 '때, 적'의 뜻을 가지고 동의 관계에 있다는 것은 다음 예문들에서 잘 확인된다. 원문 중 '年月日時'가 'ᄒᆡ 들 날 ᄢᅢ'로 번역되고 '不拘時'가 'ᄢᅢ 혜디 말다'로 번역된다. '父生時'가 '아비 사라 이실 적'으로 번역되고 '來時'가 '올 적'으로 번역된다. '幾時'가 '어느 ᄢᅳ'로 번역되고 '某時'가 '아모 ᄢᅳ'로 번역된다. 그리고 '時'의 자석이 'ᄢᅵ니'이다. 따라서 'ᄢᅢ', '적', 'ᄢᅳ' 및 'ᄢᅵ니'의 동의성은 명백히 입증된다. 네 명사 중 'ᄢᅢ'와 'ᄢᅵ니'는 實質名詞이고 '적'과 'ᄢᅳ'는 의존명사이다.

(77) a. 네 난 히 들 날 ᄢᅢ 니ᄅᆞ라(你說將年月日時來) <번老下 71a>

　　b. 됴ᄒᆞᆫ 들 됴ᄒᆞᆫ ᄢᅢ예(吉月令辰에) <번小四 22b>

(77) c. 바타 잠깐 더우닐 ᄢᅢ 혜디 말오 머기라(去滓微熱服不拘時) <瘡疹 34a>

　　d. ᄢᅢ 혜디 말오 머기라(不拘時服) <瘡疹 52a>

　　e. ᄢᅢ 혜디 말라(不拘時) <瘡疹 60a> <瘡疹 44b> <瘡疹 61a>

　　f. 므ᄅᆞ닐 브툐ᄃᆡ ᄢᅢ 업시 ᄒᆞ라(乾貼無時) <瘡疹 49a>

(77) g. 셤교ᄃᆡ 아비 사라 이실 적 ᄀᆞ티 ᄒᆞ더니(事之如父生時) <속三孝 10a>

　　h. 부뫼 사라 겨신 저긔(父母在生時) <번老下 48a>

　　i. 네 올 저긔(你來時) <번老下 3b>

　　j. 공슌도 몯홀 저기 잇다 ᄒᆞ니(悌有不時니) <번小三 46a>

　　k. 내 벼슬 몯ᄒᆞᆫ 저긔(方布衣時) <二倫 39a>

(77) l. 누른 더데 지슬 저긔(成黃痂時) <瘡疹 68b>

　　m. 납향날 히 아니 도다신 저긔(至臘入日未出時) <瘡疹 33a>

　　n. 힝(46a) 역이 됴힐 저긔(患欲退時) <瘡疹 46b>

(77) o. 어느 ᄢᅳ 婚書 보낼고(幾時下紅定) <번朴上 46a>

　　p. 내 아모 날 주거 아모 ᄢᅳ 송장ᄒᆞᄂᆞ니(吾以某日死 某時葬) <二倫 33b>

(77) q. 時 : … 四時 <四解上 20a>

  r. 時 : 삐니 <字會上 1b>

명사 '삐'가 [時] 즉 '때'의 뜻을 가지고 있다는 것은 『二倫行實圖』의 예문 '미양 명일 삐어든(每歲時)' <31a>에서 잘 확인된다. '삐'는 15세기 국어의 '쁴'의 後身形으로 1510년대 국어에 처음으로 등장한다. 명사 '삐'는 '쁴'의 어두 자음군 '鬥'에서 'ㅅ'이 탈락하여 생긴 것이다.

<78> 대 對 줄기

두 명사가 [竿] 즉 '대, 장대'의 뜻을 가지고 동의 관계에 있다는 것은 다음 예문들에서 잘 확인된다. 원문 중 '秤竿'이 '저울대'로 번역된다. 한자어 '釣竿'이 고유어 '낙째'와 동의 관계에 있다. 그리고 '竿'이 한자어 '竹竿'을 뜻하고 '竿'의 자석이 '댓줄기'이다. 따라서 '대'와 '줄기'의 동의성은 명백히 입증된다. '저울대'는 명사 '저울'[秤]과 명사 '대'[竿]의 합성이고 '낙째'는 명사 '낛'[釣]과 명사 '대'[竿]의 합성이다. 그리고 '댓 줄기'는 명사 '대'[竹]와 명사 '줄기'[竿]의 合成이다.

(78) a. 저울대(秤竿) <번老下 69a>

(78) b. 竿 : 竹竿 <四解上 71a>

  c. 竿 : 댓줄기 간 釣竿 낙째 <字會下 3a>

<79> 댓무수 對 무수

두 명사가 [蘿蔔]과 [蔔] 즉 '무'의 뜻을 가지고 동의 관계에 있다는 것은 다음 예문들에서 잘 확인된다. 원문 중 '蘿蔔生葱'이 '댓무수와 파'로 번역되고 '蔔匏'가 '무수와 박'으로 번역된다. 그리고 '蔔'의 자석이 '댓무수'이고 '댓무수'는 한자어 '蘿蔔'과 동의 관계에 있다. 따라서 '댓무수'와 '무수'의 동의성은 명백히 입증된다.

(79) a. 댓무수와 파와 가지 잇거든 가져오라(有蘿蔔生葱茄子將來) <번老上 41a>

  b. 댓무수 동화(蘿蔔 冬瓜) <번老下 38a>

(79) c. 나죄 쌔븨는 무수와 박만 ᄒᆞ야 먹더라(夕食엔 盬蔔匏而已러라) <번小十 28a>

(79) d. 菔 : … 今俗呼蘿蔔 댓무수 <四解上 4b>

  e. 蔔 : 댓무수 복 俗呼蘿蔔 <字會上 7b>

<80> 댱방올 對 댱

두 명사가 [毬]와 [毬兒] 즉 '공, 둥글게 만들어 그 속을 털로 채운 운동구'의 뜻을 가지고 동의 관계에 있다는 것은 다음 예문들에서 잘 확인된다. '毬'의 자석이 '댱방올'이다. 그리고 원문 중 '打毬兒'가 '댱치다'로 번역된다. 따라서 '댱방올'와 '댱'의 동의성은 명백히 입증된다.

(80) a. 毬 : 댱방올 구 俗呼…踢毬 <字會中 10a>
　　b. 打毬兒 : 今按質問畵成毬兒卽如本國 댱방올 注云以木刷圓 <老朴 朴下7a>

(80) c. 봄내 둗거든 댱치기ᄒ며(開春時打毬兒) <번朴上 18a>

<81> 댱혀 對 도리

두 명사가 [桁] 즉 '도리, 건너지른 가름대나무'의 뜻을 가지고 동의 관계에 있다는 것은 다음 예문들에서 잘 확인된다. '桁'은 '桁條'를 뜻하고 한자어 '桁條'는 고유어 '댱혀'와 동의 관계에 있다. 그리고 '桁'의 자석이 '도리'이고 고유어 '도리'는 한자어 '桁條'와 동의 관계에 있다. 따라서 '댱혀'와 '도리'의 동의성은 명백히 입증된다.

(81) a. 桁 : 屋橫木 今俗呼桁條 댱혀 <四解下 55b>
　　b. 桁 : 도리 힝 俗呼桁條 又與同 <字會中 3b>

<82> 뎌기 對 아히 ᄎ는 뎌기

명사 '뎌기'와 명사구 '아히 ᄎ는 뎌기'가 [建子]와 [毽] 즉 '제기'의 뜻을 가지고 동의 관계에 있다는 것은 다음 예문들에서 잘 확인된다. 원문 중 '踢建子'가 '져기 ᄎ다'로 번역된다. '毽'의 자석이 '뎌기'이다. 그리고 '建子'의 자석이 '아히 ᄎ는 뎌기'이다. 따라서 '뎌기'와 '아히 ᄎ는 뎌기'의 동의성은 명백히 입증된다.

(82) a. 겨슬내 뎌기 ᄎ며(一冬裏踢建子) <번朴上 18a>
　　b. 毽 : 뎌기 견 小兒踢者 俗呼踢毽子 <字會中 10a>

(82) c. 建子 : 아히 ᄎ는 뎌기 <老朴 朴上 6b>

<83> 도마비얌 對 혀후

두 명사가 [蝘]과 [蝘] 즉 '도마뱀'의 뜻을 가지고 동의 관계에 있다는 것은 다음 예문들에서 잘 확인된다. '蝘'의 자석이 '도마븨얌'이고 고유어 '도마븨얌'은 한자어 '蝘蜓'과 동의 관계에 있다. 그리고 '蝘'은 '蝘蜓'을 뜻하고 한자어 '蝘蜓'은 고유어 '혀후'와 동의 관계에 있다. 따라서 '도마븨얌'과 '혀후'의 동의성은 명백히 입증된다.

(83) a. 蚖 : 蠑蚖 도마븨얌 <四解下 12b>
　　　b. 蚖 : 도마븨얌 원 在草曰蠑蚖 <字會上 12a>

(83) c. 蠑 : 蠑螈 도마븨얌 <四解下 64a>
　　　d. 蠑 : 도마븨얌 영 在壁曰蝘蜓 <字會上 12a>

(83) e. 蝘 : 蝘蜓 守宮 혀후 <四解下 7a>
　　　f. 蜓 : 蝘蜓 守宮 혀후 <四解下 2b>

<84> 도토리 對 당아리

두 명사가 [捄]와 [橡] 즉 '도토리, 상수리'의 뜻을 가지고 동의 관계에 있다는 것은 다음 예문들에서 잘 확인된다. '捄'가 한자어 '櫟實'을 뜻하고 '櫟實'은 고유어 '도토리'와 동의 관계에 있다. '捄'의 자석이 '당아리'이다. 그리고 '橡'이 한자어 '櫟實'을 뜻하고 '橡'의 자석이 '당아리'이다. 따라서 '도토리'와 '당아리'의 동의성은 명백히 입증된다.

(84) a. 捄 : 櫟實 도토리 <四解下 68a>
　　　b. 捄 : 당아리 구 俗呼皂斗 <字會上 6a>

(84) c. 橡 : 櫟實 <四解下 42a>
　　　d. 橡 : 도토리 샹 <字會上 6a>

<85> 도틱 삿기 對 삿기

명사구 '도틱 삿기'와 명사 '삿기'가 [豚] 즉 '돼지 새끼'의 뜻을 가지고 동의 관계에 있다는 것은 다음 예문들에서 잘 확인된다. '豚'이 한자어 '猪豚'을 뜻하고 '猪豚'은 고유어 '도틱 삿기'와 동의 관계에 있다. 그리고 '豚'의 자석이 '삿기'이고 고유어 '삿기'는 한자어 '猪之子'와 동의 관계에 있다. 따라서 '도틱 삿기'와 '삿기'의 동의성은 명백히 입증된다. 고유어 '도틱 삿기'는 명사구로 명사 '돝'[猪]과 명사 '삿기'[子]의 결합으로 '돝+익#삿기'로 분석된다.

(85) a. 豚 : 小豕 今俗語 猪豚 도틱 삿기 <四解上 63b>

　　　b. 豚 : 삿기 돈 猪之子 <字會上 10a>

<86> 돈 對 쳔 對 쳔량

　세 명사가 [錢], [錢本] 및 [錢物] 즉 '돈'의 뜻을 가지고 동의 관계에 있다는 것은 다음 예문들에서 잘 확인된다. 원문 중 '換錢'이 '돈 밧고오다'로 번역되고 '有錢'이 '쳔 잇다'로 번역되고 '使錢'이 '쳔량 내여 쓰다'로 번역된다. 그리고 '錢'의 자석이 '돈'이다. 따라서 '돈'과 '쳔'과 '쳔량'의 동의성은 명백히 입증된다.

(86) a. 오직 구윗 치시 나날 와 곡식을 믈이며 쏘 돈을 내라 ᄒ놋다(惟有ㅣ 日來徵租ᄒ며 更索錢ᄒ놋다)
　　　　<번小九 98a>

　　　b. 돈 밧고와도 믿디디 아니면 홀 거시니(換錢不折本) <번老上 65a>

　　　c. 짐메 다믄 돈니 뉵빅기 잇거늘(箱中只有錢六百) <二倫 41a>

　　　d. 차되 제 쟐읫 돈늘 다 내여 주고(道傾囊中錢悉與之) <二倫 40a>

(86) e. 도즉들히 네의 쳔 이시며 쳔 업슨 주를 엇디 알리오(賊們怎知你有錢沒錢) <번老上 27b>

　　　f. 언멋 쳔에 볼모 드릴고(僧的多少錢) <번朴上 20a>

　　　g. 쏘 아ᄆ 론 쳔도 업스니(又沒甚麼錢本) <번老上 27a>

　　　h. 그 쳔이 뎌 노릇ᄒᄂ 노미 무 숨대로 쓰거든(那錢物只由那幫閑的人支使) <번老下 54b>

　　　i. 닐오딕 허리옛 젼대예 쳐나라 ᄒ고(只道是腰裏纏帶裏是錢物) <번老上 28a>

(86) j. 일즈시 손 여러 쳔량 내여 쓰쇼셔 ᄒ야든(早開手使錢也) <번老下 54b>

(86) k. 錢(4b) : 貨泉 <四解下 5a>

　　　l. 錢 : 돈 젼 俗呼銅錢 <字會中 15a>

<87> 동개 對 뎝개

　두 명사가 [鞬] 즉 '전통(箭筒)', 화살통'의 뜻을 가지고 동의 관계에 있다는 것은 다음 예문들에서 잘 확인된다. '鞬'의 자석이 '동개'이고 고유어 '동개'는 고유어 '뎝개'와 동의 관계에 있다. 따라서 '동개'와 '뎝개'의 동의성은 명백히 입증된다.

(87) a. 鞁 : 輔鞁 箭室 <四解下 29b>

b. 䩨 : 동개 차 俗呼뎝개曰箭䩨 <字會中 14b>

<88> 두던 對 받두듥

명사 '두던'과 합성명사 '받두듥'이 [壟]과 [畛] 즉 '밭두둑, 밭이랑'의 뜻을 가지고 동의 관계에 있다는 것은 다음 예문들에서 잘 확인된다. 원문 중 '壟上'이 '두던 우ㅎ'로 번역된다. 그리고 '壟'과 '畛'의 자석이 '받두듥'이다. 따라서 '두던'과 '받두듥'의 동의성은 명백히 입증된다. '받두듥'은 명사 '밭'과 '두듥'의 合成이다.

(88) a. 龐公이 받가리를 그치고 두던 우희 잇거늘(龐公이 釋耕於壟上이어늘) <번小九 91a>

(88) b. 壟 : 丘壟 <四解上 11b>
   c. 壟 : 받두듥 롱 <字會上 4a>

(88) d. 畛 : 田界 <四解上 58b>
   e. 畛 : 받두듥 딘 田間道 <字會上 4a>

<89> 두드러기 對 여ㅈ자기

두 명사가 [疹] 즉 '두드러기'의 뜻을 가지고 동의 관계에 있다는 것은 다음 예문들에서 잘 확인된다. '疹'이 한자 '癥'과 同字이고 '癥'의 자석이 '두드러기'이다. 그리고 원문 중 '癍疹'이 '도야기와 여ㅈ자기'로 번역된다. 따라서 '두드러기'와 '여ㅈ자기'의 동의성은 명백히 입증된다.

(89) a. 疹 : …又(58b) 癮疹 皮外小起 <四解上 59b>
   b. 癥 : 同上 <四解上 59a>
   c. 癥(16a) : 두드러기 딘 <字會中 16b>

(89) d. 도(4a) 야기와 여ㅈ자기와는 다 효ㄱ니라(癍疹皆小) <瘡疹 4b>

<90> 두듥 對 두던

두 명사가 [丘陵], [陵] 및 [丘] 즉 '언덕'의 뜻을 가지고 동의 관계에 있다는 것은 다음 예문들에서 잘 확인된다. 원문 중 '上丘陵'이 '두들게 오르다'로 번역된다. '陵'의 자석이 '두듥'이다. 그리고 '丘'가 한자어 '丘陵'을 뜻하고 '丘'의 자석이 '두던'이다. 따라서 '두듥'과 '두던'의 동의성은 명백히 입증된다.

(90) a. 얼누늘 조차 두들게 오르거든 모로매 얼운 보시는 싸홀 향ᄒᆞ야 볼디니라(從長者而上丘陵則必鄕
長者而視니라) <번小三 26a>

(90) b. 陵 : 大阜 <四解下 57a>
c. 陵 : 두듥 룽 大阜曰陵 <字會上 2a>

(90) d. 丘 : 丘陵 <四解下 68a>
e. 丘 : 두던 구 <字會上 2a>

<91> 두터비 對 둗거비

두 명사가 [蟾]과 [蜍] 즉 '두꺼비'의 뜻을 가지고 동의 관계에 있다는 것은 다음 예문들에서 잘 확인
된다. '蟾'의 자석이 '두터비'이다. '蜍'의 자석이 '두터비'이고 고유어 '두터비'는 한자어 '蟾蜍'와 동의 관
계에 있다. 그리고 '蜍'가 한자어 '蟾蜍'를 뜻하고 '蟾蜍'는 고유어 '둗거비'와 동의 관계에 있다. 따라서
'두터비'와 '둗거비'의 동의성은 명백히 입증된다. 명사 '두터비'는 상태동사 '두텁다'의 어간 '두텁-'과
명사 형성 접미사 '-이'의 결합이다. 명사 '둗거비'는 상태동사 '둗겁다'의 어간 '둗겁-'과 명사 형성 접미
사 '-이'의 결합이다.

(91) a. 蟾 : 蟾蜍 <四解下 84a>
b. 蟾 : 두터비 셤 <字會上 12a>b>

(91) c. 蜍 : 蟾蜍 둗거비 <四解上 32
d. 蜍 : 두터비 여 俗呼蟾蜍 <字會上 12b>

<92> 뚝삼 對 어저귀

두 명사가 [檾] 즉 '어저귀'의 뜻을 가지고 동의 관계에 있다는 것은 다음 예문들에서 잘 확인된다.
'檾'이 한자어 '檾麻'를 뜻하고 '檾麻'는 고유어 '뚝삼'과 동의 관계에 있다. 그리고 '檾'의 자석이 '어저
귀'이고 고유어 '어저귀'는 한자어 '白麻'와 동의 관계에 있다. 따라서 '뚝삼'과 '어저귀'의 동의성은 명
백히 입증된다.

(92) a. 檾 : 今俗呼檾麻 뚝삼 <四解下 63b>
b. 檾 : 어저귀 경 俗又呼白麻 <字會上 4b>

<93> 둥주리 對 드라치

두 명사가 [籃]과 [篗] 즉 '바구니'의 뜻을 가지고 동의 관계에 있다는 것은 다음 예문들에서 잘 확인된다. 한자어 '提籃'이 고유어 '드는 즁주리'와 동의 관계에 있고 '籃'의 자석이 'ᄃᆞ라치'이다. 그리고 '篗'의 자석이 '듕주리'이다. 따라서 '듕주리'와 'ᄃᆞ라치'의 동의성은 명백히 입증된다.

(93) a. 籃 : 大篝…今俗呼提籃 드ᄂᆞᆫ 듕주리 <四解下 79b>

　　 b. 籃 : ᄃᆞ라치 람 <字會中 7b>

(93) c. 篗 : 籠也 <四解下 67b>

　　 d. 篗 : 듕주리 루 <字會中 7a>

<94> 들ㅎ 對 미

두 명사가 [野] 즉 '들'의 뜻을 가지고 동의 관계에 있다는 것은 다음 예문들에서 잘 확인된다. 원문 중 '適野'가 '들헤 나가다'로 번역된다. 그리고 '野'의 자석이 '미'이다. 따라서 두 명사 '들ㅎ'과 '미'의 동의성은 명백히 입증된다.

(94) a. 강굉이 계강과 들헤 나갓다가(嘗與季江適野) <二倫 9a>

　　 b. 도종이 들헤셔 우노라 ᄒᆞ니(道琮慟諸野) <二倫 36a>

(94) c. 野 : 郊野 <四解下 33b>

　　 d. 野 : 미 야 郊外曰野 <字會上 2b>

<95> 둥 對 둥ᄆᆞᄅᆞ

명사 '둥'과 합성명사 '둥ᄆᆞᄅᆞ'가 [脊梁], [脊] 및 [背] 즉 '둥, 둥마루'의 뜻을 가지고 동의 관계에 있다는 것은 다음 예문들에서 잘 확인된다. 원문 중 '打破脊梁'이 '둥 헐다'로 번역된다. '脊'이 한자어 '脊背'를 뜻하고 '脊背'는 고유어 '둥'과 동의 관계에 있다. '脊'의 자석이 '둥ᄆᆞᄅᆞ'이고 고유어 '둥ᄆᆞᄅᆞ'는 한자어 '脊梁'과 동의 관계에 있다. 그리고 '背'의 자석이 '둥'이다. 따라서 '둥'과 '둥ᄆᆞᄅᆞ'의 동의성은 명백히 입증된다. '둥ᄆᆞᄅᆞ'는 명사 '둥'[背]과 명사 'ᄆᆞᄅᆞ'[梁]의 合成이다.

(95) a. ᄒᆞ나흔 둥 헌 믈(一箇打破脊梁) <번老下 9b>

(95) b. 脊 : …今俗呼脊背 둥 <四解下 52a>

　　 c. 脊 : 둥ᄆᆞᄅᆞ 쳑 俗呼脊梁 <字會上 14a>

(95) d. 背 : 身北曰背 <四解上 50a>

　　 e. 背 : 등 비 俗呼背子 又脊背 <字會上 14a>

<96> 디위 對 번

　두 명사가 [會], [遍] 및 [番] 즉 '번'의 뜻을 가지고 동의 관계에 있다는 것은 다음 예문들에서 잘 확인된다. 원문 중 '一會'가 '흔 디위'로 번역되고 '一遍也'가 '흔 번도'로 번역되고 '先番'이 '몬젓 번'으로 번역된다. 따라서 '디위'와 '번'의 동의성은 명백히 입증된다.

　(96) a. 흔 디위 외오다가(念一會) <번朴上 50a>

　　 b. 흔 디위 쉬오(歇一會兒) <번朴上 53a>

　　 c. 쏘 이 흔 디위 마조믈 니버도 올토다(却喫這一頓打也是) <번朴上 36b>

　(96) d. 흔 번도 므슴 아논 말ᄉᆞ믈 니르디 몯ᄒᆞ야 이시니(一遍也不曾說知心腹的話) <번朴上 72a>

　　 e. 싀삼빅 번을 닐거(讀取二三百遍ᄒᆞ야) <번小八 35a>

　　 f. 내 몬젓 버늬 北京의 녀러올 제(我先番北京來時) <번老上 26a>

<97> 디위 對 주슴 ᄉᆞ싀

　명사 '디위'와 명사구 '주슴 ᄉᆞ싀'가 [霎兒] 즉 '잠시'의 뜻을 가지고 동의 관계에 있다는 것은 다음 예문들에서 잘 확인된다. 원문 중 '一霎兒'가 '흔 디위'로 번역된다. 그리고 '一霎兒'의 자석이 '흔 주슴 ᄉᆞ싀'이다. 따라서 '디위'와 '주슴 ᄉᆞ싀'의 동의성은 명백히 입증된다.

　(97) a. 霎 : … 又片時也 <四解下 78b>

　　 b. 흔 디위 무(33a) 리 이 버므린 딥 머거든 믈 머기라 가져(一霎兒馬喫了這和草飲水去) <번老上 33b>

　(97) c. 一霎兒 : 흔 주슴 ᄉᆞ싀 <老朴 累字解 9b>

<98> 디위 對 즈슴

　두 명사가 [會兒]와 [會] 즉 '번'의 뜻을 가지고 동의 관계에 있다는 것은 다음 예문들에서 잘 확인된다. 원문 중 '一會兒'가 '흔 디위'로 번역되고 '一會'가 '흔 디위'로 번역된다. 그리고 '幾會'의 자석이 '여러 즈슴'이다. 따라서 '디위'와 '즈슴'의 동의성은 명백히 입증된다.

(98) a. 會 : 時見曰會 <四解上 54b>

　　b. 흔 디위 금고(洗了一會兒) <번朴上 52b>

　　c. 흔 디위 기들워 여믈 주워 머기라(等一會兒饋些草喫) <번朴上 21a>

　　d. 무리 흔 디위 ᄀ장 쉬어든 기들워(等馬大控一會) <번老上 24a>

(98) e. 幾會 : 여러 즈슴 <老朴集 累字解 2b>

<99> 디히 對 딤치

　　두 명사가 [菹] 즉 '절인 채소, 김치'의 뜻을 가지고 동의 관계에 있다는 것은 다음 예문들에서 잘 확인된다. 원문 중 '瓜菹'가 '외디히'로 번역된다. 그리고 '菹'의 자석이 '딤치'이고 고유어 '딤치'는 '醃菜'와 동의 관계에 있다. 따라서 '디히'와 '딤치'의 동의성은 명백히 입증된다.

(99) a. 마와 외디히와 당츄ᄌ왜라(薯蕷 瓜菹 胡桃) <瘡疹 62b>

　　b. 다믄 됴흔 쟝앳디히 밥 ᄒ야 먹다가(只着些好醬瓜兒就飯喫) <번朴上 55b>

(99) c. 菹 : …醃菜 <四解上 31a>

　　d. 菹 : 딤치 조 醃菜爲菹 亦作葅 <字會中 11a>

<100> 딕누리 對 쳥널

　　두 명사가 [檻]과 [楯] 즉 '난간(欄干)'의 뜻을 가지고 동의 관계에 있다는 것은 다음 예문들에서 잘 확인된다. '檻'이 한자어 '闌檻'을 뜻하고 '檻'의 자석이 '딕누리'이다. '楯'이 한자어 '闌檻'을 뜻하고 '楯'의 자석이 '쳥널'이다. 그리고 '闌'과 '欄'은 同義이고 '欄'의 자석이 '란간'이다. 따라서 '딕누리'와 '쳥널'의 동의성은 명백히 입증된다.

(100) a. 檻 : 闌檻 <四解下 80b>

　　b. 檻 : 딕누리 함 欄也 <字會中 3b>

(100) c. 楯 : 欄檻 <四解上 69a>

　　d. 楯 : 쳥널 슌 <字會中 3b>

(100) e. 闌 : …同下 <四解上 79b>

　　f. 欄 : 階除木 句欄 <四解上 79b>

　　g. 欄 : 란간 란 <字會中 3b>

<101> 딮 對 쐴

두 명사가 [草] 즉 '짚, 꼴'의 뜻을 가지고 동의 관계에 있다는 것은 다음 예문들에서 잘 확인된다. 원문 중 '許多草'가 '하나한 딮'으로 번역되고 '草料'가 '딮과 콩'으로 번역되고 '草料'가 '콩딮'으로 번역된다. 그리고 '草料'가 '쐴와 콩'으로 번역된다. 따라서 '딮'과 '쐴'의 동의성은 명백히 입증된다.

(101) a. 하나한 디플 어느 제 사홀료(許多草幾時切得了) <번老上 19a>
　　　b. 밤마다 먹논 딮과 콩이(每夜喫的草料) <번老上 11b>
　　　c. 콩딮 논 듼(草料貴處) <번老上 12a>

(101) d. 물 머깄 쐴와 콩 쌉샛 돈을 흐러 주라(散饋喂馬的草料錢) <번朴上 66a>

<102> 딕골 對 골치

두 명사가 [腦]와 [腦漿] 즉 '뇌, 머리통'의 뜻을 가지고 동의 관계에 있다는 것은 다음 예문들에서 잘 확인된다. 원문 중 '腦痛'이 '딕고리 앓프다'로 번역되고 '打出腦漿'이 '골치 내다'로 번역된다. 그리고 '腦'의 자석이 '골치'이다. 따라서 '딕골'과 '골치'의 동의성은 명백히 입증된다.

(102) a. 내 져기 딕고리 앓프며 머리도 어즐ᄒ예라(我有些腦痛頭眩) <번老下 39b>
　　　b. 딕고리 앓프고 머리 어즐ᄒ고(腦痛頭眩) <번老下 40a>

(102) c. 그 사르미 머리 우희다가 ᄒᆞᆫ 번 텨 골치 내여 죽거늘(把那人頭上 打了一下 打出腦漿來死了)
　　　　　<번老上 28a>

(102) d. 腦 : 頭髓 <四解下 20a>
　　　e. 腦 : 골치 노 俗稱頭腦 呼곡뒤曰後腦 <字會上 14b>

<103> 로 對 솔기

두 명사가 [羅] 즉 '얇은 비단'의 뜻을 가지고 동의 관계에 있다는 것은 다음 예문들에서 잘 확인된다. 원문 중 '白羅'가 '흰 로'로 번역되고 '織金羅'가 '금 드려 쁜 로'로 번역된다. 그리고 '羅錦繡'가 '솔기며 금슈'로 번역된다. 따라서 '로'와 '솔기'의 동의성은 명백히 입증된다.

(103) a. 흰 로 큰 더그레예(白羅大塔胡) <번老下 50a>
　　　b. ᄀᆞ술히 다돈거든 로 오시오(到秋間是羅衣裳) <번老下 50b>

c. 야청 비체 亽화문 슈질ᄒᆞ고 금 드려 ᄯᆞᆫ 로 더그(27a) 레예(鴉靑綉四花織金羅塔護) <번朴上 27b>

(103) d. 고뢰며 솔기며 금슈ᄅᆞᆯ 쓰디 아니ᄒᆞ며(不用綾羅錦繡ᄒᆞ며) <번小九 106a>

명사 '로'의 先代形 '노'가 15세기의 『月印釋譜』(1459) 와 『杜詩諺解』(1481) 의 다음 예문들에서 잘 확인된다. 원문 중 '香羅'가 '곳다온 노'로 번역되고 '羅衣裳'이 '노 옷 고외'로 번역된다.

(103) e. 錦(72a) 과 비단과 노와 깁과 眞珠ㅣ 庫애 ᄀᆞ둑ᄒᆞ고 <月十三 72b>

f. 곳다온 노ᄂᆞᆫ 疊疊ᄒᆞᆫ 누니 가ᄇᆡ야온 ᄃᆞᆺ도다(香羅疊雪□) <杜十一 23a>

g. 繡혼 노 옷 고외 暮春에 비취옛ᄂᆞ니(繡羅衣裳照暮春) <杜十一 17a>

<104> 마리 對 머리터리

두 명사가 [髮] 즉 '머리털'의 뜻을 가지고 동의 관계에 있다는 것은 다음 예문들에서 잘 확인된다. 원문 중 '歛髮'이 '마리를 거두다'로 번역되고 '斷髮'이 '머리터리를 버히다'로 번역되므로 '마리'와 '머리터리'의 동의성은 명백히 입증된다. '머리터리'는 명사 '머리'와 명사 '터리'의 合成이다.

(104) a. 마리를 거두오ᄃᆡ 들외 드리딘 ᄃᆞᆺ게 말며(歛髮毋髢ᄒᆞ며) <번小四 11a>

b. 머리터리를 버혀 밍셔를 삼더니(乃斷髮爲信ᄒᆞ더니) <번小九 60b>

<105> 마리터리 對 터럭

합성명사 '마리터리'와 명사 '터럭'이 [頭髮]과 [髮] 즉 '머리털'의 뜻을 가지고 동의 관계에 있다는 것은 다음 예문들에서 잘 확인된다. 원문 중 '頭髮'이 '마리터리'로 번역된다. 그리고 '髮'의 자석이 '터럭'이고 고유어 '터럭'은 한자어 '頭髮'과 동의 관계에 있다. 따라서 '마리터리'와 '터럭'의 동의성은 명백히 입증된다. '마리터리'는 명사 '마리'[頭]와 '터리'[髮]의 合成이다.

(105) a. 마리터리나 고기쎠 ᄉᆞᆯ온 내와(誤燒頭髮氣幷魚骨諸臭氣) <瘡疹 63b>

(105) b. 髮 : 頭毛 <四解上 80b>

c. 髮 : 터럭 발 俗稱頭髮 <字會上 14b>

<106> 마치 對 방마치

두 명사가 [椎] 즉 '방망이'의 뜻을 가지고 동의 관계에 있다는 것은 다음 예문들에서 잘 확인된다.

'椎'의 자석이 '마치'이고 고유어 '마치'가 한자어 '棒椎'와 동의 관계에 있고 '棒椎'는 고유어 '방마치'와 동의 관계에 있다. 따라서 '마치'와 '방마치'의 동의성은 명백히 입증된다.

(106) a. 椎 : 棒椎 木曰椎 <四解上 52b>
　　　b. 椎 : 마치 퇴 棒椎 방마치 <字會中 9b>

<107> 막대 對 딥는 막대

명사 '막대'와 명사구 '딥는 막대'가 [筇]과 [拄杖] 즉 '지팡이, 짚고 의지하는 막대기'의 뜻을 가지고 동의 관계에 있다는 것은 다음 예문들에서 잘 확인된다. '筇'의 자석이 '막대'이고 고유어 '막대'는 한자어 '拄杖'과 동의 관계에 있다. 그리고 '拄杖'이 고유어 '딥는 막대'와 동의 관계에 있다. 따라서 '막대'와 '딥는 막대'의 동의성은 명백히 입증된다.

(107) a. 筇 : 竹可爲杖 <四解上 7a>
　　　b. 筇 : 막대 공 俗呼拄杖 <字會東中本中 19a>

(107) c. 拄 : 바틸 듀 俗稱拄杖 딥는 막대 <字會下 8a>

<108> 막새 對 마고리

두 명사가 [花頭] 즉 '막새'의 뜻을 가지고 동의 관계에 있다는 것은 다음 예문들에서 잘 확인된다. 원문 중 '花頭筒瓦'가 '막새 수디새'로 번역된다. 그리고 고유어 '마고리'가 花頭와 동의 관계에 있다. 따라서 '막새'와 '마고리'의 동의성은 명백히 입증된다.

(108) a. 니여 잇는 거시 다 룡봉 도틴 막새 두디새 암디새(蓋的都是龍鳳凹面花頭筒瓦和仰瓦) <번朴上 68b>

(108) b. 瓦 : …土器已燒之總名 <四解下 31b>
　　　c. 瓦 : 디새 와…猫頭 마고리 又花頭 <字會上 9b>

<109> 만두 對 변시

두 명사 [餛] 즉 '찐만두, 빵'의 뜻을 가지고 동의 관계에 있다는 것은 다음 예문들에서 잘 확인된다. '餛'의 자석이 '만두'이고 고유어 '만두'는 한자어 '餛飩' 및 고유어 '변시'와 동의 관계에 있다. 따라서 '만두'와 '변시'의 동의성은 명백히 입증된다.

(109) a. 飩 : 餛飩 <四解上 63b>

　　　b. 飩 : 만두 둔 餛飩卽 변시 <字會中 10a>

<110> 만화 對 말화

두 명사가 [脾] 즉 '지라, 비장'의 뜻을 가지고 동의 관계에 있다는 것은 다음 예문들에서 잘 확인된다. '脾'는 '土臟'을 뜻하고 '土臟'은 고유어 '만화'와 동의 관계에 있다. 그리고 '脾'의 자석이 '말화'이다. 따라서 '만화'와 '말화'의 동의성은 명백히 입증된다.

(110) a. 脾 : 土臟 만화 一名 혀다기 <四解上 16a>

　　　b. 脾 : 말화 비 又稱 혀다기 <字會上 14a>

<111> 만화 對 혀다기

두 명사가 [脾] 즉 '자라, 비장'의 뜻을 가지고 동의 관계에 있다는 것은 다음 예문들에서 잘 확인된다. '脾'가 한자어 '土臟'을 뜻하고 '土臟'은 고유어 '만화' 및 고유어 '혀다기'와 동의 관계에 있다. 따라서 '만화'와 '혀다기'의 동의성은 명백히 입증된다.

(111) a. 脾 : 土臟 만화 一名 혀다기 <四解上 16a>

　　　b. 脾 : 말하 비 又稱 혀다기 <字會上 14a>

<112> 매 對 밀돌

두 명사가 [碾子]와 [碾] 즉 '맷돌'의 뜻을 가지고 동의 관계에 있다는 것은 다음 예문들에서 잘 확인된다. 원문 중 '碾子'가 '매'로 번역된다. 그리고 '碾'의 자석이 '밀돌'이고 고유어 '밀돌'은 한자어 '碾子'와 동의 관계에 있다. 따라서 '매'와 '밀돌'의 동의성은 명백히 입증된다.

(112) a. 이는 매(這箇是碾子) <번朴上 41a>

(112) b. 碾 : 轢物器 <四解下 3a>

　　　c. 碾 : 밀돌 년 又碾子 卽磨也 <字會中 6b>

<113> 머굼 對 치기

두 명사형이 [喂] 즉 '먹임, 기름'의 뜻을 가지고 동의 관계에 있다는 것은 다음 예문들에서 잘 확인된다. 원문 중 '喂不到'가 '머규믈 ㄱ장 몯ᄒ다'로도 번역되고 '치기를 ㄱ장 몯ᄒ다'로도 번역된다. 그리고 '喂的'이 '머굼'으로 번역되고 '喂到'가 '치기를 ᄒ다'로 번역된다. 따라서 '머굼'과 '치기'의 동의성은 명백히 입증된다. '머굼'은 동작동사 '머기다'의 명사형으로 '머기+움'으로 분석되고 '치기'는 동작동사 '치다'의 명사형으로 '치+기'로 분석된다.

(113) a. 머규(69b)믈 ㄱ장 몯ᄒ야 이시니(喂不到) <번老上 70a>
　　　b. 머규믈 됴히 ᄒ라(喂的好着) <번朴上 43b>

(113) c. 치기를 ㄱ장 몯ᄒᄂ니(喂不到) <번朴上 21b>
　　　d. ᄒᄅᆺ 바믜 치기를 닐굽 여듧 번식 ᄒ야(一夜裏喂到七八遍家) <번朴上 22a>

<114> 머리 對 마리터리

명사 '머리'와 합성명사 '마리터리'가 [頭髮]과 [髮] 즉 '머리털'의 뜻을 가지고 동의 관계에 있다는 것은 다음 예문들에서 잘 확인된다. 원문 중 '頭髮'이 '머리'로도 번역되고 '마리터리'로도 번역된다. 그리고 '斷髮'이 '머리 버히다'로 번역된다. 따라서 '머리'와 '마리터리'의 동의성은 명백히 입증된다. '마리터리'는 명사 '마리'[頭]와 '터리'[髮]의 合成이다.

(114) a. 머리를 조지라(綰起頭髮來) <번朴上 44b>
　　　b. 白氏 머리 버히고(白氏斷髮) <속三烈 1a>

(114) c. 마리터리나 고기ᄶᅥ나 ᄉ론 내와(誤燒頭髮氣幷魚骨諸臭氣) <瘡疹 63b>

<115> 머리 對 머리터리

명사 '머리'와 합성명사 '머러터리'가 [髮] 즉 '머리털'의 뜻을 가지고 동의 관계에 있다는 것은 다음 예문들에서 잘 확인된다. 원문 중 '斷髮'이 '머리 버히다'로도 번역되고 '머리터리를 버히다'로도 번역된다. 따라서 '머리'와 '머리터리'의 동의성은 명백히 입증된다. '머리터리'는 명사 '머리'[頭]와 명사 '터리'[毛]의 合成이다.

(115) a. 白氏 머리 버히고(白氏斷髮) <속三烈 1a>
　　　b. 머리 버히고(斷髮) <속三烈 14a>
　　　c. 즉재 귀와 머리와ᄅᆯ 버혀 盟誓ᄒ고(卽割耳剪髮爲信) <속三烈 3a>

(115) d. 머리터리를 버혀 밍셔를 삼더니(乃斷髮爲信ᄒ더니) <번小九 60a>

<116> 머리 對 터럭

두 명사가 [髮]과 [頭髮] 즉 '머리털'의 뜻을 가지고 동의 관계에 있다는 것은 다음 예문들에서 잘 확인된다. '斷髮'이 '머리 버히다'로 번역되고 '縮起頭髮'이 '머리를 조지다'로 번역된다. 그리고 '髮'이 한자어 '頭毛'를 뜻하고 '髮'의 자석이 '터럭'이고 고유어 '터럭'은 한자어 '頭髮'과 동의 관계에 있다. 따라서 '머리'와 '터럭'의 동의성은 명백히 입증된다.

(116) a. 白氏 머리 버히고(白氏斷髮) <속三烈 1a>

b. 머리 버히고(斷髮) <속三烈 14a>

c. 즉채 귀와 머리와를 버혀 盟誓ᄒ고(卽割耳剪髮爲信) <속三烈 3a>

d. 머리를 조지라(縮起頭髮來) <번朴上 44b>

(116) e. 髮 : …頭毛 <四解上 80b>

f. 髮 : 터럭 발 俗稱頭髮 <字會上 14b>

<117> 목 對 값

두 명사가 [代] 즉 '대신'의 뜻을 가지고 동의 관계에 있다는 것은 다음 예문들에서 잘 확인된다. 원문 중 '代…死'가 '모긔 죽다'로 번역되고 '以身代'가 '갑새 죽다'로 번역되므로 두 명사 '목'과 '값'의 동의성은 명백히 입증된다.

(117) a. 제 모긔 주근 주를 슬허(痛壽代己之死) <二倫 1a>

b. 살리 극귀 목긔 가다가(薩代棘行) <二倫 14a>

c. 아쇠 모긔 죽거지라 ᄒ대(請代弟) <二倫 24a>

(117) d. 향 퓌오고 하ᄂᆞᆯ씌 비로ᄃᆡ 갑새 죽거지라 ᄒ더라(焚香禱天請以身代) <속三孝 29a>

15세기 국어에서 명사 '값'이 [代] 즉 '대신'의 뜻을 가진다는 것은 『三綱行實圖』(1481)의 다음 예문 '法度ㅣ 져려 무루듸 아비 갑새 주기라 ᄒᆞ시니 正히 주긇다(法度…厲色問曰 爾來代父死 勅已相許)' <孝 23a>에서 잘 확인된다. 원문 중 '代父死'가 '아비 갑새 죽다'로 번역되므로 '값'이 [代] 즉 '대신'의 뜻을 가진다.

<118> 목 對 목쿠무

　명사 '목'과 합성명사 '목쿠무'가 [咽喉], [咽] 및 [喉] 즉 '목구멍'의 뜻을 가지고 동의 관계에 있다는 것은 다음 예문들에서 잘 확인된다. 원문 중 '舌咽喉'가 '혀와 목'으로 번역된다. '咽'이 한자어 '咽喉'를 뜻하고 '咽'의 자석이 '목쿠무'이다. '喉'가 한자어 '咽喉'를 뜻한다. 그리고 '喉'의 자석이 '목쿠무'이고 고유어 '목쿠무'는 한자어 '咽喉'와 동의 관계에 있다. 따라서 '목'과 '목쿠무'의 동의성은 명백히 입증된다. '목쿠무'는 명사 '목'과 명사 '구무'의 合成으로 '목+ㅅ#구무'로 분석된다.

　　(118) a. 입과 혀와 목과 비 알프거나(爲口舌咽喉腹肚疼痛之狀) <瘡疹 8b>

　　(118) b. 咽 : 咽喉 <四解下 7a>
　　　　　c. 咽 : 목쿠무 연 <字會上 13b>

　　(118) d. 喉 : 咽喉 <四解下 67b>
　　　　　e. 喉 : 목쿠무 후 咽喉 <字會上 13b>

<119> 목긴항 對 대항

　합성명사 '목긴항'과 명사 '대항'이 [缸]과 [罌] 즉 '목이 긴 항아리'의 뜻을 가지고 동의 관계에 있다는 것은 다음 예문들에서 잘 확인된다. '缸'이 한자어 '罌缸'을 뜻하고 '罌缸' 중 '長頸'이 고유어 '목긴항'이다. 그리고 '罌'이 한자어 '備火長頸瓶'를 뜻하고 '罌'의 자석이 '대항'이다. 따라서 '목긴항'과 '대항'의 동의성은 명백히 입증된다. 합성명사 '목긴항'은 명사 '목'과 상태동사 '길다'의 관형사형 '긴'과 명사 '항'의 合成이다.

　　(119) a. 缸 : 今俗語罌缸…목긴항 長頸 <四解下 34a>
　　　　　b. 缸 : 항 항 <字會中 7a>

　　(119) c. 罌 : 備火長頸瓶 今俗呼罌缸 <四解下 55a>
　　　　　d. 罌 : 대항 영 <字會中 7a>

<120> 묏샇 對 쑤지나모

　두 명사가 [檿] 즉 '산뽕나무, 꾸지뽕나무'의 뜻을 가지고 동의 관계에 있다는 것은 다음 예문들에서 잘 확인된다. '檿'의 자석이 '묏샇'이고 '묏샇'은 '쑤지나모'와 동의 관계에 있다. 따라서 '묏샇'과 '쑤지나모'의 동의성은 명백히 입증된다. '묏'은 [山]의 뜻을 가진 명사 '뫼'와 [桑] 즉 '뽕나무'의 뜻을 가진 명사 '뽕'의 合成이다.

(120) a. 檿 : 山桑 <四解下 84b>
　　　b. 檿 : 묏뽕 염 本國俗呼 쑤지나모 <字會上 5b>

<121> 묏이〻랏나모 對 산미즈

두 명사가 [梛] 즉 '산이〻랏나무, 산앵도나무'의 뜻을 가지고 동의 관계에 있다는 것은 다음 예문들에서 잘 확인된다. '梛'이 한자어 '梛李樹'를 뜻하고 '梛李樹'는 고유어 '묏이〻랏나모'와 동의 관계에 있다. 그리고 '梛'의 자석이 '산미즈'이고 '산미즈'는 한자어 '梛李樹'와 동의 관계에 있다. 따라서 '묏이〻랏나모'와 '산미즈'의 동의성은 명백히 입증된다.

(121) a. 梛 : 今俗呼梛李樹 묏이〻랏나모 俗通作郁 <四解上 10a>
　　　b. 梛 : 산미즈 욱 俗呼梛李樹 實曰郁李 <字會上 6a>

<122> 무당 對 스숭

두 명사가 [巫] 즉 '여자 무당'의 뜻을 가지고 동의 관계에 있다는 것은 다음 예문들에서 잘 확인된다. 원문 중 '巫祝'이 '무당과 화랑이'로 번역되고 '巫覡'이 '스숭이며 화랑'으로 번역된다. 그리고 '巫'의 자석이 '무당'이다. 따라서 '무당'과 '스숭'의 동의성은 명백히 입증된다.

(122) a. 무당과 화랑이와 숭과 〻이〻눈 할미 〻티니롤(巫祝尼媼之類를) <번小七 27b>

(122) b. 우리 지븨 스숭이며 화랑이며 부작〻기를(吾家애 巫覡符章을) <번小七 23a>
　　　c. 셰쇼개 스숭이 간대로 비셰원호미(世俗巫禱伊) <正俗 20a>

(122) d. 巫 : 巫覡 <四解上 39b>
　　　e. 巫 : 무당 무 女曰巫 <字會中 2b>

<123> 무룹 對 오곰

두 명사가 [膕]와 [膕] 즉 '오금, 무릎의 오그라지는 안쪽의 오목한 부분'의 뜻을 가지고 동의 관계에 있다는 것은 다음 예문들에서 잘 확인된다. '膕'가 '曲膝'을 뜻하고 한자어 '曲膝'은 고유어 '무룹'과 동의 관계에 있다. '膕'의 자석이 '무룹'이고 고유어 '무룹'은 한자어 '曲膝'과 동의 관계에 있다. 그리고 '膕'

의 자석이 '오곰'이다. 따라서 '무릎'과 '오곰'의 동의성은 명백히 입증된다.

(123) a. 胘 : 股脛間 今俗呼曲膝曰胘 무릎 <四解下 69a>
　　　b. 膕 : 曲膝中 <四解下 62b>
　　　c. 膕 : 무릎 귁 俗呼曲膝 <字會上 14b>

(123) d. 胘 : 오곰 츄 俗呼腤胘 <字會上 14b>
　　　e. 腤 : 오금 곡 <字會上 14b>

<124> 무저비 對 무들기

　두 명사가 [頓] 즉 '무더기'의 뜻을 가지고 동의 관계에 있다는 것은 동일 원문의 번역인 다음 예문들에서 잘 확인된다. 원문 중 '一頓'이 '흔 무저비'로도 번역되고 '흔 무들기'로도 번역되므로 두 명사 '무저비'와 '무들기'의 동의성은 명백히 입증된다.

(124) a. 일쳔 뜬 거시 흔 무저비만 ㄱㅌ니 업스니라(千零不如一頓) <번朴上 13a>
　　　b. 즈믄 뜬 거시 흔 무들기만 굳디 몯ᄒ니(千零不如一頓) <번老下 8a>

<125> 무적 對 덩이

　두 명사가 [塊] 즉 '덩어리, 덩이'의 뜻을 가지고 동의 관계에 있다는 것은 다음 예문들에서 잘 확인된다. 원문 중 '一塊大石頭'가 '흔 무적 큰 돌'로 번역되고 '一塊土'가 '흔 무적 흙'으로 번역된다. 그리고 '一塊氷'이 '흔 덩잇 어름'으로 번역된다. 따라서 '무적'과 '덩이'의 동의성은 명백히 입증된다.

(125) a. 즉재 게셔 흔 무적 큰 돌 가져다가(就那裏拿起一塊大石頭) <번老上 28a>
　　　b. 담 우희 흔 무적 흙기(墻上一塊土) <번朴上 40b>

(125) c. 뎌 어름 담는 그릇 우희 흔 덩잇 어름 노코(那氷盤上 放一塊氷) <번朴上 5b>

<126> 무적 對 뭇

　두 명사가 [塊] 즉 '덩어리, 덩이'의 뜻을 가지고 동의 관계에 있다는 것은 다음 예문들에서 잘 확인된다. 원문 중 '一塊大石頭'가 '흔 무적 큰 돌'로 번역되고 '一塊土'가 '흔 무적 흙'으로 번역된다. 그리고 '一塊塼頭'가 '흔 무식 벽'으로 번역된다. 따라서 '무적'과 '뭇'의 동의성은 명백히 입증된다.

(126) a. 즉재 게셔 호 무적 큰 돌 가져다가(就那裏拿起一塊大石頭) <번老上 28a>

　　　b. 담 우희 호 무적 흙기(墻上一塊土) <번朴上 40b>

(126) c. 드레 우희 호 무식 벽을 미라(洒子上絟着一塊塼頭着) <번老上 32a>

<127> 문허리예 ㄱ로디른 나모 對 쟝군목

명사구 '문허리예 ㄱ로디른 나모'와 명사 '쟝군목'이 [扃] 즉 '빗장, 문빗장'의 뜻을 가지고 동의 관계에 있다는 것은 다음 예문들에서 잘 확인된다. 원문 중 '奉扃'이 '문허리예 ㄱ로디른 남글 받들다'로 번역된다. 그리고 '扃'이 한자어 '關戶之木'를 뜻하고 '扃'의 자석이 '쟝군목'이다. 따라서 '문허리예 ㄱ로디른 나모'와 '쟝군목'의 동의성은 명백히 입증된다. 명사구 '문허리예 ㄱ로디른 나모'는 명사 '문허리'와 동작동사 'ㄱ로디르다'의 관형사영 'ㄱ로디른'과 명사 '나모'의 결합이다.

(127) a. 무늬 드러 문허리예 ㄱ로디른 남글 반드시 ᄒ며(入戶奉扃ᄒ며) <번小四 11b>

(127) b. 扃 : …又關戶之木…又車前橫木 <四解下 63a>
　　　c. 扃 : 쟝군목 경 <字會中 4a>

<128> 물 對 동뉴엣 사롬

명사 '물'과 명사구 '동뉴엣 사롬'이 [輩]와 [等輩] 즉 '무리, 同類'의 뜻을 가지고 동의 관계에 있다는 것은 다음 예문들에서 잘 확인된다. '輩'가 한자어 '等輩'를 뜻하고 '輩'의 자석이 '물'이다. 그리고 원문 중 '等輩'가 '동뉴엣 사롬'으로 번역된다. 따라서 '물'과 '동뉴엣 사롬'의 동의성은 명백히 입증된다. 명사구 '동뉴엣 사롬'은 한자어 '동뉴'(同類)와 고유어 '사롬'의 결합이지만 이 저서에서는 고유어로 다루었다.

(128) a. 輩 : 等輩 <四解上 50a>
　　　b. 輩 : 물 비 <字會下 11a>

(128) c. 芙蓉이 동뉴엣 사롬과 비롤 피ᄒ야 나못 아래 드럿더니(芙蓉이 與等輩로 避雨樹下ᄒ실) <번小
　　　 十 6a>

<129> 므스것 對 므슥

두 대명사가 [何]와 [甚麼] 즉 '무엇'의 뜻을 가지고 동의 관계에 있다는 것은 다음 예문들에서 잘 확인된다. 원문 중 '何有'가 '므스거시 어렵다'로 번역되고 '何憾'이 '므스기 뉘웃브다'로 번역된다. 그리고 '何先'이 '므스거슬 몬져 ᄒ다'로 번역되고 '嫌甚麼'가 '므스글 썰이다'로 번역된다. 따라서 '므스것'과 '므슥'의 동의성은 명백히 입증된다.

(129) a. 졍ᄉᆞᄒᆞ요매 므스거시 어려우료(則於爲政也애 何有ㅣ리오) <번小九 53b>

b. 劉公이 무로듸 힝호매 므스거슬 몬져 ᄒᆞ료(劉公이 問行之何先고) <번小十 24b>

c. 구하면 므스거슬 얻디 몯ᄒᆞ며(亦何求不得이며) <번小八 20a>

d. 주근 후에 므스거스로 ᄌᆞ손을 주리오(後世예 何以遺子孫乎오) <번小九 91b>

(129) e. 주근ᄃᆞᆯ 므스기 뉘웃브료(死復何憾) <二倫 14a>

f. 므스기 저프리오(怕甚麼) <번老上 31a>

g. 이 은을 므스글 썰이ᄂᆞᆫ다(這銀子嫌甚麼) <번老上 65a>

h. 셩이 므스기신고(姓甚麼) <번老下 15b>

그리고 '므슴'이 [何] 즉 '무엇'의 뜻을 가진 대명사라는 것은 『속삼강행실도』의 다음 예문에서 잘 확인된다 : 혼자 사라셔 므슴 ᄒᆞ료(獨生何爲) <속三烈 8a>.

<130> 믈자쇄 對 믈 기를 자쇄

합성명사 '믈자쇄'와 명사구 '믈 기를 자쇄'가 [轆]와 [轆轤] 즉 '도로래'의 뜻을 가지고 동의 관계에 있다는 것은 다음 예문들에서 잘 확인된다. '轤'의 자석이 '믈자쇄'이고 고유어 '믈자쇄'는 한자어 '轆轤'와 동의 관계에 있다. 그리고 원문 중 '有轆轤'가 '믈 기를 자쇄 잇다'로 번역된다. 따라서 '믈자쇄'와 '믈 기를 자쇄'의 동의성은 명백히 입증된다. '믈자쇄'는 명사 '믈'과 명사 '자쇄'의 合成이다.

(130) a. 轤 : 轆轤 井上圜轉汲水機 或從木 <四解上 42a>

b. 轤 : 믈자쇄 로 轆轤用於井 <字會中 8a>

(130) c. 믈 기를 자쇄 잇ᄂᆞ녀 업스녀(有轆轤那沒) <번老上 31a>

<131> 믓듥 對 듬부기

두 명사가 [鸊] 즉 '비오리, 뜸부기'의 뜻을 가지고 동의 관계에 있다는 것은 다음 예문들에서 잘 확인된다. '鸊'가 한자어 '鸊鷉'을 뜻하고 '鸊鷉'은 고유어 '믓듥'과 동의 관계에 있다. 그리고 '鷉'의 자석이 '믓듥'이기도 하고 '듬부기'이기도 한다. 따라서 '믓듥'과 '듬부기'의 동의성은 명백히 입증된다.

(131) a. 鸕 : 鸕鶿 믓둙 <四解上 24a>

　　b. 鸕 : 믓둙 계 本國又呼 듬부기 계 <字會上 9b>

<132> 믿 對 오미뇌

　　두 명사가 [臀]과 [脽] 즉 '엉덩이, 꽁무니'의 뜻을 가지고 동의 관계에 있다는 것은 다음 예문들에서 잘 확인된다. '臀'이 한자 '脽'와 동의 관계에 있고 '臀'의 자석이 '믿'이다. 그리고 '脽'의 자석이 '오미뇌'이다. 따라서 '믿'과 '오미뇌'의 동의성은 명백히 입증된다.

(132) a. 臀 : 脽也 <四解上 63b>

　　b. 臀 : 믿 둔 <字會上 14b>

(132) c. 脽 : 尻也 <四解上 53a>

　　d. 脽 : 오미뇌 슈 <字會上 14b>

<133> 밑 對 믿쳔

　　명사 '밑'과 합성명사 '믿쳔'이 [本]과 [本錢] 즉 '밑천'의 뜻을 가지고 동의 관계에 있다는 것은 다음 예문들에서 잘 확인된다. 원문 중 '本利'가 '믿과 길ㅎ'로 번역되고 '我本錢'이 '내 믿쳔'으로 번역된다. 따라서 '밑'과 '믿쳔'의 동의성은 명백히 입증된다. 합성명사 '믿쳔'은 고유어 '밑'[本]과 한자어 '쳔'[錢]의 合成이지만 이 저서에서는 고유어 범주에 넣었다.

(133) a. 믿과 길헤 여듧 량 은에(本利八兩銀子) <번朴上 34a>

　　b. 다믄 내 믿쳔만 갑고(只還我本錢) <번朴上 32b>

<134> 무슬 샹해 사룸 對 鄕黨앳 사룸

　　두 명사구가 [鄕人] 즉 '시골 사람'의 뜻을 가지고 동의 관계에 있다는 것은 다음 예문들에서 잘 확인된다. 원문 중 '自鄕人'이 '무슬 샹해 사룸으로브터'로 번역된다. '鄕人飮酒'가 '鄕黨앳 사룸 술 먹다'로 번역된다. 그리고 '鄕'이 한자어 '鄕黨'을 뜻하고 '鄕'의 자석이 '스굴'이다. 따라서 '무슬 샹해 사룸'과 '鄕黨앳 사룸'의 동의성은 명백히 입증된다.

(134) a. 무슬 샹해 사룸으로브터 가히 聖人 도리예 니를 거시니라(自鄕人而可至於聖人之道ㅣ니라)

　　　　<번小七 14a>

b. 鄕黨앳 사룸 술 머고매 막대 디픈 사루미 나거든 날디니라(鄕人飮酒에 杖者ㅣ 出이어든 斯出 矣니라) <번小三 33b>

(134) c. 鄕 : 鄕黨 <四解下 44a>
　　　 d. 鄕 : 스굴 향 <字會中 5a>

<135> ᄆᆞᄎᆞᆷ 對 내죵

두 명사가 [終] 즉 '마지막, 나중'의 뜻을 가지고 동의 관계에 있다는 것은 다음 예문들에서 잘 확인된다. 원문 중 '有終'이 'ᄆᆞ츠미 잇다'로 번역되고 '月終'이 '그 ᄃᆞᆯ ᄆᆞᄎᆞᆷ'으로 번역된다. '終始'가 '내죵과 ᄆᆞᄎᆞᆷ'으로 번역되고 '愼終'이 '내죵을 삼가ᄒᆞ다'로 번역되고 '終…和'가 '내죵애 화동ᄒᆞ다'로 번역된다. 그리고 '終'의 자석이 'ᄆᆞᄎᆞᆷ'이다. 따라서 두 명사 'ᄆᆞᄎᆞᆷ'과 '내죵'의 동의성은 명백히 입증된다. 'ᄆᆞᄎᆞᆷ'은 동작동사 'ᄆᆞᆾ다'의 어간 'ᄆᆞᆾ-'와 명사 형성 접미사 '-ᄋᆞᆷ'의 결합으로 만들어진 전성명사이다. 두 명사는 [初]와 [始] 즉 '처음'의 뜻을 가진 명사 '처엄'과 의미상 대립 관계에 있다.

(135) a. 毛詩예 ᄀᆞ로ᄃᆡ 처서미ᅀᅡ 아니 이시리 업스나 능히 ᄆᆞ츠미 이시리 져그니라 ᄒᆞ도다(詩曰靡不有 初ㅣ나 鮮克有終이라ᄒᆞ도다 <번小三 46b>
　　　 b. 그 ᄃᆞᆯ ᄆᆞ츠매 약졍의손ᄃᆡ 고ᄒᆞ야 그 버근 딕월 맛디라(月終則以告于約正而授其次爲羅) <呂約 2a>

(135) c. 내죵과 처ᅀᅡ미 ᄒᆞᆫ 가짓 ᄠᅳ디면 (終始一意則) <번小六 10a>
　　　 d. 내죵을 삼가호ᄃᆡ 처엄 ᄀᆞ티 홀디니 (愼終如始니) <번小三 46b>
　　　 e. 처엄믜 거슯뼈도 내죵애 의식 화동ᄒᆞ며(始雖乖也而終必和爲旀) <正俗 4a>

(135) f. 終 : …終始 <四解上 8a>
　　　 g. 終 : ᄆᆞᄎᆞᆷ 죵 <字會下 15b>

<136> 묻아자비 對 아비 동ᄉᆡᆼ묻형

합성명사 '묻아자비'와 명사구 '아비 동ᄉᆡᆼ묻형'이 [伯] 즉 '큰아버지, 伯父'의 뜻을 가지고 동의 관계에 있다는 것은 다음 예문들에서 잘 확인된다. '伯'의 자석이 '묻아자비'이고 고유어 '묻아자비'는 한자어 '伯伯'과 동의 관계에 있다. 그리고 원문 중 '伯伯'이 '아비 동ᄉᆡᆼ묻형'으로 번역된다. 따라서 '묻아자비'와 '아비 동ᄉᆡᆼ묻형'의 동의성은 명백히 입증된다. 합성명사 '묻아자비'는 명사 '묻'과 명사 '아자비'의 合成이다. 명사구 '아비 동ᄉᆡᆼ묻형'은 명사 '아비'와 명사 '동ᄉᆡᆼ묻형'의 결합으로 '아비+이#동ᄉᆡᆼ묻형'으로 분석될 수 있다.

(136) a. 伯 : 長也 侯伯 又兄曰伯氏 <四解下 59a>

　　　b. 伯 : 몯아자비 빅 俗呼伯父 又云伯伯 <字會上 16b>

(136) c. 아븨 동싱믿형 아븨 동싱아ᄉ(伯伯 叔叔) <번老下 34a>

<137> 믈보기 對 즈츼윰

명사 '믈보기'와 명사형 '즈츼윰'이 [痢疾]과 [泄痢] 즉 '이질, 설사'의 뜻을 가지고 동의 관계에 있다는 것은 다음 예문들에서 잘 확인된다. 원문 중 '害痢疾'이 '믈보기 얻다'로 번역되고 '得泄痢'가 '즈츼윰 얻다'로 번역된다. 따라서 '믈보기'와 '즈츼윰'의 동의성은 명백히 입증된다. '즈츼윰'은 [痢] 즉 '설사하다'의 뜻을 가진 동사 '즈츼다'의 명사형이다.

(137) a. 내 요ᄉ이 믈보기 어더셔(我這幾日害痢疾) <번朴上 37b>

　　　b. 나히 아홉 서래 아비 즈츼윰 어더늘 漢老ㅣ 大便을 맛보더니(年九歲 父得泄痢 漢老嘗糞) <속三孝 16a>

<138> 믈셕 對 쥬리울

합성명사 '믈셕'과 명사 '쥬리울'이 [韁]과 [韁繩] 즉 '말고삐'의 뜻을 가지고 동의 관계에 있다는 것은 다음 예문들에서 잘 확인된다. '韁'이 고유어 '믈셕'을 뜻하고 '믈셕'은 한자어 '韁繩'과 동의 관계에 있다. 그리고 '韁'의 자석이 '쥬리울'이고 고유어 '쥬리울'은 한자어 '韁繩'과 동의 관계에 있다. 따라서 '믈셕'과 '쥬리울'의 동의성은 명백히 입증된다.

(138) a. 韁 : 馬紲 믈셕 又俗呼韁繩 쥬리울 <四解下 40b>

　　　b. 韁 : 쥬리울 강 俗呼韁繩 <字會中 13b>

<139> 믈ᄉᆞᆨ 對 믈숨

두 명사가 [柚] 즉 '바디, 베틀 기구의 한 가지'의 뜻을 가지고 동의 관계에 있다는 것은 다음 예문들에서 잘 확인된다. '柚'이 한자어 '柚頭'를 뜻하고 '柚頭'는 고유어 '믈ᄉᆞᆨ'과 동의 관계에 있다. 그리고 '柚'의 자석이 '믈숨'이다. 따라서 '믈ᄉᆞᆨ'과 '믈숨'의 동의성은 명백히 입증된다.

(139) a. 柚 : 織具…今俗呼柚頭 믈ᄉᆞᆨ <四解上 9b>

b. 柚 : 믈슯 튝 <字會中 9b>

<140> 미듭 對 ᄆ듭

두 명사가 [緒] 즉 '매듭, 마디'의 뜻을 가지고 동의 관계에 있다는 것은 다음 예문들에서 잘 확인된다. '紇緒'의 자석이 '실 미듭'이기도 하고 '실 ᄆ듭'이기도 하다. 따라서 '미듭'과 'ᄆ듭'의 동의성은 명백히 입증된다.

(140) a. 緒 : 紇緒 실 미듭 <四解下 76a>
　　　b. 紇 : 紇緒 실 ᄆ듭 <四解上 61b>

<141> 바다 對 바룻믈

명사 '바다'와 합성명사 '바룻믈'이 [海] 즉 '바다, 바닷물'의 뜻을 가지고 동의 관계에 있다는 것은 다음 예문들에서 잘 확인된다. 원문 중 '過海'가 '바다 건너다'로 번역된다. '河海'가 '묻믈 바룻믈'로 번역된다. 그리고 '海'의 자석이 '바다'이다. 따라서 '바다'와 '바룻믈'의 동의성은 명백히 입증된다. '바룻믈'의 先代形은 '바룴믈'이고 '바룴믈'은 명사 '바룰'과 명사 '믈'의 合成으로 '바룰+ㅅ#믈'로 분석된다.

(141) a. 直沽애 가 뵈 타 바다 건너(到直沽裏上船過海) <번老上 15a>
　　　b. 묻믈 바룻믌 고기와(河海虫魚) <瘡疹 64a>

(141) c. 海 : 大池 <四解上 45b>
　　　d. 海 : 바다 히 大海 <字會上 2b>

<142> 바ᄃ리벌 對 바ᄃ리

합성명사 '바ᄃ리벌'과 명사 '바ᄃ리'가 [蠮]과 [螉] 즉 '나나니벌'의 뜻을 가지고 동의 관계에 있다는 것은 다음 예문들에서 잘 확인된다. '蠮'이 한자어 '蠮螉'을 뜻하고 '蠮螉'은 고유어 '바ᄃ리벌'과 동의 관계에 있다. '蠮'의 자석이 '바ᄃ리'이고 고유어 '바ᄃ리'는 한자어 '蠮螉兒'와 동의 관계에 있다. 그리고 '螉'이 한자어 '細腰蜂'을 뜻하고 고유어 '바ᄃ리벌'과 동의 관계에 있고 '螉'의 자석이 '바ᄃ리'이고 고유어 '바ᄃ리'는 한자어 '細腰蜂'과 동의 관계에 있다. 따라서 '바ᄃ리벌'과 '바ᄃ리'의 동의성은 명백히 입증된다. '바ᄃ리벌'은 명사 '바ᄃ리'와 명사 '벌'[蜂]의 合成이다.

(142) a. 蠮 : 蠮螉 細腰蜂 바ᄃ리벌 <四解上 5b>

b. 蜦 : 바드리옹…俗呼蠮螉兒 <字會上 12b>

(142) c. 蠮 : 蠮螉 土蜂 <四解下 7a>

d. 蠮 : 바드리 예 卽細腰蜂 <字會上 12b>

<143> 박 對 죠롱

두 명사가 [葫蘆]와 [瓢] 즉 '표주박, 바가지'의 뜻을 가지고 동의 관계에 있다는 것은 다음 예문들에서 잘 확인된다. 원문 중 '葫蘆'가 '박'으로 번역된다. 그리고 '瓢'의 자석이 '죠롱'이고 고유어 '죠롱'은 한자어 '瓠瓢' 및 '葫蘆'와 동의 관계에 있다. 따라서 '박'과 '죠롱'의 동의성은 명백히 입증된다.

(143) a. 동화 박(多瓜 葫蘆) <번老下 38a>

(143) b. 瓢 : 葫瓢 <四解上 41b>

c. 瓢 : 죠롱 로 俗呼瓠瓢 書作…葫蘆 <字會上 4b>

<144> 번 對 믈

두 명사가 [次] 즉 '번'의 뜻을 가지고 동의 관계에 있다는 것은 다음 예문들에서 잘 확인된다. 원문 중 '一次通'이 '혼 번곰 보다'로 번역되고 '作三次'가 '세 믈 저즈리다'로 번역된다. 따라서 '번'과 '믈'의 동의성은 명백히 입증된다.

(144) a. 대변이 샹시 ᄀᆞ트니 혹 대변이 ᄒᆞ르 혼 번이며 이트레 혼 번 곰 보ᄂᆞ닌(若…大便如常或一日一次或兩日一次通者) <瘡疹 53a>

b. 두서 번 머교ᄃᆡ(與服之數次) <瘡疹 53b>

c. 흰 숨뎌근 우희 두세 번 디거(點白丁上二三次) <瘡疹 47a>

d. ᄒᆞ르 여닐굽 번곰 ᄒᆞ라(一日六七次) <瘡疹 47a>

(144) e. 즁이 경ᄒᆞ니는 세 믈 저즈려 도ᄃᆡ며(輕者 作三次出) <瘡疹 22a>

<145> 번 對 홰

두 명사가 [遍] 즉 '번, 홰'의 뜻을 가지고 동의 관계에 있다는 것은 다음 예문들에서 잘 확인된다. 원문 중 '一遍也'가 '혼 번도'로 번역되고 '二三百遍'이 '싀삼빅 번'으로 번역된다. '一遍'의 자석이 '혼 번'이다. 그리고 '第三遍'이 '세 홰'로 번역된다. 따라서 '번'과 '홰'의 동의성은 명백히 입증된다.

(145) a. 호 번도 무슴 아는 말ᄉᆞᆯ 니르디 몯ᄒᆞ야 이시니(一遍也不曾說知心服的話) <번朴上 72a>

　　　b. 쇠삼빅 번을 닐거(讀取二三百遍ᄒᆞ야) <번小八 35a>

　　　c. 遍: 次也 一遍 호 번 <老朴 單字解 3-1>

(145) d. 둘기 우런 디 세 홰어다(雞兒叫第三遍了) <번老上 38a>

<146> 벋 對 동모

　두 명사가 [火伴]과 [伴] 즉 '벗, 동무'의 뜻을 가지고 동의 관계에 있다는 것은 다음 예문들에서 잘 확인된다. 원문 중 '漢兒火伴'이 '되 벋'으로도 번역되고 '강남 동모'로도 번역된다. '做火伴'이 '벋 짓다'로 번역되고 '做了…火伴'이 '동모 짓다'로 번역된다. 그리고 '伴'의 자석이 '벋'이고 고유어 '벋'은 한자어 '火伴' 및 고유어 '동모'와 동의 관계에 있다. 따라서 '벋'과 '동모'의 동의성은 명백히 입증된다. 명사 '동모'는 1510년대 국어에 처음으로 등장한다.

　　(146) a. 되 벋 조차(跟着漢兒火伴) <번老上 13a>

　　　b. 벋 지어 北京으로 가노라(做火伴北京去) <번老上 17b>

　　　c. 이 버다 네 사ᄒᆞ논 딥피 너므 굵다(這火伴你切的草苨麤) <번老上 19b>

　　　d. 내 호 버디 뻐디여 올ᄉᆡ(我有一箇火伴 落後了來 <번老上 1b>

　　　e. 이 버든 누고(這火伴是誰) <번老下 6a>

　　　f. 뎌 버(42b) 들 주져(與那箇火伴) <번老上 43a>

　　(146) g. 뎌 강남 동모의게 하딕ᄒᆞ져(辭別那漢兒火伴) <번老下 72b>

　　　h. 우리 이러트시 두어 둘 동모 지서셔(咱們這般做了數月火伴) <번老下 73a>

　　　i. 동모야 너는 뻐디여셔 됴히 안잣거라(火伴你落後好坐的着) <번老下 56a>

　　　j. 호 동모 ᄒᆞ야 보ᅀᆞ펴디 후ᄒᆞ게 ᄒᆞ라(教一箇火伴伺候着) <번老下 46a>

　　(146) k. 伴 : 侶也 <四解上 74b>

　　　l. 伴 : 벋 반 俗呼火伴 동모 <字會中 2a>

<147> 벋 對 벋븨

　두 명사가 [朋友], [朋] 및 [友] 즉 '벗, 붕우'의 뜻을 가지고 동의 관계에 있다는 것은 다음 예문들에서 잘 확인된다. 원문 중 '臣朋友'가 '신하와 벋'으로 번역되고 '接朋友'가 '버들 딕졉ᄒᆞ다'로 번역되고 '朋友之際'가 '버듸 ᄉᆞ이'로 번역되고 '朋友們'이 '벋들ᄒᆞ'로 번역된다. '朋友的面皮'가 '벋븨의 ᄂᆞᆺ갓'으로 번역된다. 그리고 '朋'과 '友'의 자석이 '벋'이다. 따라서 '벋'과 '벋븨'의 동의성은 명백히 입증된다.

(147) a. 버디 ㅎ다가 됴티 몯ㅎ야(朋友若不幸) <번老下 46b>

b. 님금과 신하와 벗괘(君臣朋友ㅣ) <번小七 45a>

c. 버들 디졉호디 버듸게 능히 ᄂ죽디 아니ㅎ고(接朋友則不能下朋友ㅎ고) <번小六 3b>

d. 버들 디졉ㅎ며(接朋友爲彌) <呂約 4b>

e. 버듸 ᄉ이예(朋友之際예) <번小七 46a>

f. 죵용히 고티며 경계ㅎᄂ니는 버듸 소임이니(從容規戒者는 朋友之任也ㅣ니) <번小八 36a>

g. 모든 벋들히 나ᅀᅡ가 구졔ㅎ라(衆朋友們 向前救濟着) <번老下 47a>

h. 우리 여러 무슴 됴히 너기논 벋들히(咱幾箇好朋友們) <번朴上 24b>

i. 벋들홀 주워 쓰게 ᄒ라(接濟朋友們使着) <번老下 46b>

j. 벋들하(朋友們) <번老下 46b>

(147) k. 벋븨의 ᄂᆞᆺ갓 붓그리게 말라(朋友的面皮 休敎羞了) <번老下 46a>

(147) l. 朋 : …又同門 <四解下 59b>

m. 朋 : 벋 붕 俗呼朋友 <字會中 2a>

(147) n. 友 : 同志爲友 <四解下 71a>

o. 友 : 벋 우 <字會中 2a>

<148> 벌에 對 벌어지

두 명사가 [蟲] 즉 '벌레'의 뜻을 가지고 동의 관계에 있다는 것은 다음 예문들에서 잘 확인된다. 원문 중 '蟲蟻'가 '벌에며 개야미'로 번역되고 '蟲鼠'가 '벌어지며 쥐'로 번역된다. 그리고 '蟲'의 자석이 '벌에'이다. 따라서 '벌에'와 '벌어지'의 동의성은 명백히 입증된다.

(148) a. 뜰흘 딕조ᅀᅡ 벌에며 개야미를 주어(啄啄庭中拾蟲蟻ㅎ야) <번小七 100a>

b. ᄇᆞ룸 비며 벌어지며 쥐의 ㅎ여ᄇᆞ류미 두외면(爲…風雨蟲鼠의 所毁傷ㅎ면) <번小八 39b>

(148) c. 蟲(9a) : …有足曰蟲 <四解上 9b>

d. 蟲 : 벌에 튱 有足曰蟲 <字會下 2a>

<149> 벼슬 對 구실

두 명사가 [宦] 즉 '벼슬'의 뜻을 가지고 동의 관계에 있다는 것은 다음 예문들에서 잘 확인된다. 원문 중 '宦成'이 '벼슬 일다'로 번역된다. 그리고 '名宦'이 '명리 구실'로 번역된다. 따라서 '벼슬'과 '구실'의 동의성은 명백히 입증된다. (c) 의 원문이 『內訓』(1475) 에서는 '名利 그우시레 時急히 ᄒᆞ야 <一 33b>로 번역되므로 [宦]의 뜻을 가진 '그우실'이 『飜譯小學』(1518) 에서 '구실'로 변했다는 것을 알 수 있다.

(149) a. 구시른 벼슬 이로매 게으르며(官怠於宦成ᄒᆞ며) <번小三 46b>

　　　b. 宦 : 仕宦又官也 <四解下 81b>

(149) c. 명리 구시레 시급히 ᄒᆞ야(急於名宦ᄒᆞ야) <번小六 19b>

<150> 벼슬 對 구의

두 명사가 [官] 즉 '벼슬, 관직'의 뜻을 가지고 동의 관계에 있다는 것은 다음 예문들에서 잘 확인된다. 원문 중 '己官'이 '내 벼슬'로 번역되고 '棄官'이 '벼슬을 ᄇᆞ리다'로 번역된다. 그리고 '官'의 자석이 '구의'이다. 따라서 '벼슬'과 '구의'의 동의성은 명백히 입증된다.

(150) a. 내 벼슬이 비록 우희 이시나(己官이 雖在上이나) <번小七 47a>

　　　b. 仲郢이 내죵내 벼슬 노포라 ᄒᆞ야 죠고매도 고티디 아니ᄒᆞ니라(仲郢이 終不以官達로 有小改ᄒᆞ니라) <번小九 105a>

　　　c. 벼슬을 ᄇᆞ리고 秦ㅅ 싸해 드러갈 제(棄官入秦홀ᄉᆡ) <번小九 34b>

　　　d. 廉이 벼슬 ᄇᆞ리고 侍病ᄒᆞ야(廉棄官侍疾) <속三孝 5a>

　　　e. 海虞ㅅ 고올 원 何子平이 어믜 거상애 벼슬 더디고(海虞令何子平이 母喪애 去官ᄒᆞ고) <번小九 32b>

　　　f. 壽昌을 제 벼슬을 도로 ᄒᆞ라 ᄒᆞ시니(詔壽昌還就官ᄒᆞ니) <번小九 35a>

　　　g. 제 벼스를 주니라(讓以官) <二倫 37b>

　　　h. 큰 벼슬 ᄒᆞ니(得至大官ᄒᆞ니) <번小七 49a>

(150) i. 官 : …吏也 又官司 <四解上 72a>

　　　j. 官 : 구의 관 又有職者曰官人 <字會中 4b>

<151> 보 對 들보

두 명사가 [梁]과 [欈] 즉 '들보, 대들보'의 뜻을 가지고 동의 관계에 있다는 것은 다음 예문들에서 잘 확인된다. 원문 중 '橋梁'이 'ᄃᆞ릿 보'로 번역된다. 그리고 '欈'의 자석이 '보'이고 고유어 '보'는 한자어

'過樑' 및 고유어 '들보'와 동의 관계에 있다. 따라서 '보'와 '들보'의 동의성은 명백히 입증된다. '梁'과 '樑'은 同字이다.

(151) a. 이 ᄃ·릿 보와 기동들히(這橋梁橋柱) <번老上 39a>

(151) b. 梁 : 棟梁 <四解下 45a>
    c. 樑 : 보 량 俗呼過樑 들보 與梁同 <字會中 4a>

<152> 보션 對 쳥

두 명사가 [襪]과 [襪子] 즉 '버선'의 뜻을 가지고 동의 관계에 있다는 것은 다음 예문들에서 잘 확인된다. 원문 중 '巾襪'이 '곳갈과 보션'으로 번역된다. '氈襪'이 '시욱쳥'으로 번역되고 '毛襪子'가 '터리로 미론 쳥'으로 번역된다. 그리고 '襪'의 자석이 '보션'이다. 따라서 '보션'과 '쳥'의 동의성은 명백히 입증된다.

(152) a. 곳갈과 보션과 힝뎐을 밧디 아니ᄒ·야(不得去巾襪縛袴ᄒ·야) <번小九 2b>

(152) b. 흰 ᄀ·ᄂ·는 시욱쳥에(白絨氈襪上) <번朴上 26b>
    c. 시욱쳥은 됴흔 ᄀ·ᄂ·ᆯ오 보ᄃ·라온 터리로 미론 쳥 시너 시쇼ᄃ·(氈襪穿好絨毛襪子) <번老下 53a>

(152) d. 襪 : 足衣 <四解上 81a>
    e. 襪 : 보션 말 <字會中 11b>

<153> 보션 對 휘쳥

두 명사가 [韈] 즉 '버선'의 뜻을 가지고 동의 관계에 있다는 것은 다음 예문들에서 잘 확인된다. 원문 중 '巾韈'이 '곳갈과 보션'으로 번역된다. '韈'의 자석이 '보션'이고 고유어 '보션'은 고유어 '휘쳥'과 동의 관계에 있다. 그리고 '韈'은 한자어 '足衣'를 뜻하고 '足衣'는 고유어 '휘쳥'과 동의 관계에 있다. 따라서 '보션'과 '휘쳥'의 동의성은 명백히 입증된다.

(153) a. 곳갈과 보션과 힝뎐을 밧디 아니ᄒ·야(不得去巾韈縛袴ᄒ·야) <번小九 2b>

(153) b. 韈 : 足衣…今俗呼韈子 휘쳥 <四解上 81a>
    c. 韈 : 보션 말 又呼휘쳥 <字會中 11b>

<154> 보십 對 보례

두 명사가 [犁] 즉 '보습, 쟁기'의 뜻을 가지고 동의 관계에 있다는 것은 다음 예문들에서 잘 확인된다. '犁'가 '犁頭'를 뜻하고 한자어 '犁頭'는 고유어 '보십'과 동의 관계에 있다. 그리고 '犁'의 자석이 '보례'이고 고유어 '보례'는 한자어 '犁頭'와 동의 관계에 있다. 따라서 '보십'과 '보례'의 동의성은 명백히 입증된다.

　　(154) a. 犁 : …又今俗語(28a) 犁兒 보…又犁頭 보십 <四解上 28b>
　　　　　b. 犁 : 보례 又稱보십日犁頭

<155> 북 對 ᄇ디집

두 명사가 [杼]와 [筬] 즉 '베틀의 북, 바디집'의 뜻을 가지고 동의 관계에 있다는 것은 다음 예문들에서 잘 확인된다. '杼'의 자석이 '북'이고 고유어 '북'은 고유어 'ᄇ디집'과 동의 관계에 있다. 그리고 '筬'이 한자어 '筬筐'을 뜻하고 '筬筐'은 고유어 'ᄇ디집'과 동의 관계에 있다. 따라서 '북'과 'ᄇ디집'의 동의성은 명백히 입증된다. 'ᄇ디집'은 [筬] 즉 '바디'의 뜻을 가진 명사 'ᄇ디'와 [筐]의 뜻을 가진 명사 '집'의 合成이다.

　　(155) a. 杼 : 機之持緯者 북 <四解上 32b>
　　　　　b. 杼 : 북 뎌(9a) 譯語指南云ᄇ디집 <字解中 9b>

　　(155) c. 筬 : 筬筐 織具 ᄇ디집 <四解下 54a>
　　　　　d. 筬 : ᄇ디 셩 俗呼ᄇ디집日筬筐 <字解中 9a>

<156> 뷘밥 對 민밥

합성명사 '뷘밥'과 명사 '민밥'이 [淡飯] 즉 '맨밥, 반찬이 없는 밥'의 뜻을 가지고 동의 관계에 있다는 것은 다음 예문들에서 잘 확인된다. 원문 중 '淡飯'이 '뷘밥'으로도 번역되고 '민밥'으로도 번역된다. 따라서 '뷘밥'과 '민밥'의 동의성은 명백히 입증된다. '뷘밥'은 합성명사로 상태동사 '뷔다'의 관형사형 '뷘'과 명사 '밥'의 合成이다. 그리고 '민밥'은 정두사 '민-'과 명사 '밥'의 결합이다.

　　(156) a. 뷘밥 먹고 ᄯᅩ 아무란 됴흔 차반 업더니(喫了些淡飯 又沒甚麼好茶飯) <번老上 43b>
　　　　　b. 혜어든 아맛감 뷘바비(量這些淡飯) <번老上 41b>

(156) c. 믠바블 간대로 머그라(淡飯胡亂喫些箇) <번老上 40b>

<157> 브석 對 노곳자리

두 명사가 [竈] 즉 '부엌, 노구솥'의 뜻을 가지고 동의 관계에 있다는 것은 다음 예문들에서 잘 확인된다. '竈'가 한자어 '爨堗'을 뜻하고 '竈'의 자석이 '브석'이다. 그리고 원문 중 '鍋竈'가 '가마와 노곳자리'로 번역된다. 따라서 '브석'과 '노곳자리'의 동의성은 명백히 입증된다.

(157) a. 竈: 爨堗 <四解下 21a>
　　　b. 竈: 부석 조 <字會中 5b>

(157) c. 가마와 노곳자리와 사발와 뎝시왜 다 잇ᄂ녀(鍋竈椀楪都有麼) <번老上 68a>

<158> 브석 對 붓

두 명사가 [廚] 즉 '부엌'의 뜻을 가지고 동의 관계에 있다는 것은 다음 예문들에서 잘 확인된다. 『훈몽자회』에서 '廚'의 자석이 '브석'이고 원문 중 '入廚'가 '브세 들다'로 번역된다. 따라서 '브석'과 '붓'의 동의성은 명백히 입증된다. '브석'은 15세기 국어에 등장한다. 예를 들면, 브서긧 더운 ᄌᆞᄅᆞᆯ(竈中熱灰) <구급간이방六 42b>. 명사 '붓'은 1510년대 국어에 처음으로 등장한다.

(158) a. 廚: 브석 쥬 小曰廚 <字會中 5b>
　　　b. 庖: 브석 포 烹炰之所大曰庖 <字會中 5b>
　　　c. 竈: 브석 조 <字會中 5b>

(158) d. 혹 므레 가 고기 자바 브세 드러 차반을 맛나게 ᄆᆞ들오(或水而漁ᄒᆞ야 入廚具甘旨ᄒᆞ고) <번小九 99a>

<159> 비갸옷 對 돕지털릭

두 명사가 [比甲] 즉 '승마복'의 뜻을 가지고 동의 관계에 있다는 것은 다음 예문들에서 잘 확인된다. 원문 중 '比甲'이 '비갸옷'으로 번역된다. 그리고 한자어 '比甲'이 고유어 '돕지털릭'과 동의 관계에 있다. 따라서 '비갸옷'과 '돕지털릭'의 동의성은 명백히 입증된다.

(159) a. 명록 비쳇 비단애 니근 실로 흉븨 도텨 쁜 비갸오새(明綠抹絨胸背的比甲) <번朴上 27a>
　　　b. 比甲: …比甲卽本國 돕지털릭 <老朴 朴上 8b>

<160> 비갸옷 對 비게

두 명사가 [比甲] 즉 '승마복'의 뜻을 가지고 동의 관계에 있다는 것은 다음 예문들에서 잘 확인된다. 원문 중 '比甲'이 '비갸옷'으로 번역된다. 그리고 '紵絲比甲'이 '비단 비게'로 번역된다. 따라서 '비갸옷'과 '비게'의 동의성은 명백히 입증된다.

(160) a. 명록 비쳇 비단애 니근 실로 흉븨 도텨 뽄 비갸오새(明綠抹絨胸背的比甲) <번朴上 27a>
　　 b. 희무로 비단 비게와 ᄒᆞ야(黑綠紵絲比甲) <번老上 51a>

<161> 비두리 對 비두로기

두 명사가 [鳩] 즉 '비둘기'의 뜻을 가지고 동의 관계에 있다는 것은 다음 예문들에서 잘 확인된다. 원문 중 '鳩卵'이 '비두릐 알'로 번역되고 '鳩'의 자석이 '비두리'이다. 그리고 '비두로기 새'의 '비두로기'는 '維鳩曲'의 '鳩'를 뜻한다. 따라서 '비두리'와 '비두로기'의 동의성은 명백히 입증된다. '維鳩曲'이 수록되어 있는 『時用鄕樂譜』는 반치음 'ㅿ'가 사용되므로 中宗朝의 자료로 推定된다.

(161) a. 쿠미 비두릐 알 ᄀᆞᆺ투야(大如鳩卵) <瘡疹 68b>
　　 b. 鳩 : 鳥名 <四解下 68a>
　　 c. 鳩 : 비두리 구 總稱 <字會上 8b>

(161) d. 비두로기 새ᄂᆞᆫ 비두로기 새ᄂᆞᆫ 우루믈 우르듸 <鄕樂. 維鳩曲>

<162> 비히 對 큰믈

두 명사가 [霖潦]와 [洚] 즉 '장마, 큰물'의 뜻을 가지고 동의 관계에 있다는 것은 다음 예문들에서 잘 확인된다. 원문 중 '霖潦'가 '비히 오다'로 번역되고 『훈몽자회』에서 '洚'의 자석이 큰믈'이다. 따라서 '비히'와 '큰믈'의 동의성은 명백히 입증된다. 명사 '큰믈'은 상태동사 '크다'의 관형사형인 '큰'과 명사 '믈'의 합성이다. '큰믈'의 용례는 『월인석보』권8(1459)에서 발견된다 : 큰믈에 다ᄃᆞ라<85a> <月印千江之曲 239>.

(162) a. 비히와 믈리 만커늘(霖潦積水) <二倫 36a>
　　 b. 洚 : 큰믈 강 水不遵道 <字會下 15a>

<163> 빈혀 對 동곳

두 명사가 [釵] 즉 '비녀'의 뜻을 가지고 동의 관계에 있다는 것은 다음 예문들에서 잘 확인된다. 원문 중 '一釵'가 '흔 빈혀'로 번역된다. 그리고 '釵'가 한자어 '婦笄'를 뜻하고 '釵'의 자석이 '동곳'이다. 따라서 '빈혀'와 '동곳'의 동의성은 명백히 입증된다.

(163) a. 옥바치 흔 빈혀를 포느니(玉工이라 貨一釵ㅎ느니) <번小十 15b>
    b. 흔 빈혀에 돈 칠십만이 ᄉ니 이는 요괴로온 거시라(但一釵七十萬이 此ㅣ 妖物也ㅣ라) <번小十 16a>
    c. 아래 니ᄅ던 그 빈혜(前時釵ㅣ) <번小十 17a>

(163) d. 釵 : 婦笄 <四解下 29b>
    e. 釵 : 동곳 차 <字會中 12a>

<164> 빗 對 얼에빗

두 명사가 [櫛] 즉 '빗, 얼레빗'의 뜻을 가지고 동의 관계에 있다는 것은 다음 예문들에서 잘 확인된다. 원문 중 '巾櫛'이 '슈건이며 빗'으로 번역된다. 그리고 '櫛'의 자석이 '얼에빗'이다. 따라서 '빗'과 '얼에빗'의 동의성은 명백히 입증된다.

(164) a. 겨집이 닐오ᄃᆡ…날로 ᄒ여곰 뫼소와셔 슈건이며 빗슬 맛다시라 ᄒ시니(妻ㅣ 日…使賤妾으로 侍執巾櫛ᄒ시니) <번小九 59a>

(164) b. 櫛 : 梳篦 總名 <四解上 61b>
    c. 櫛(7b) : 얼에빗 즐 <字會中 8a>

<165> 빗믈 對 비므슬ㅎ

두 합성명사가 [潦]와 [雨水] 즉 '큰비, 장마'의 뜻을 가지고 동의 관계에 있다는 것은 다음 예문들에서 잘 확인된다. '潦'의 자석이 '빗믈'이고 고유어 '빗믈'은 한자어 '雨水'와 동의 관계에 있다. 그리고 원문 중 '今年雨水'가 '올히 비므슬ㅎ'로 번역된다. 따라서 '빗믈'과 '비므슬ㅎ'의 동의성은 명백히 입증된다. '빗믈'은 명사 '비'[雨]와 명사 '믈'[水]의 合成이고 '비므슬ㅎ'는 명사 '비'와 명사 '므슬ㅎ'의 합성이다.

(165) a. 潦 : 雨水 <四解下 23a>
    b. 潦 : 빗믈 雨水 <字會上 3a>

(165) c. 올히 비므슬히 ㄱ장 하니(今年雨水十分大) <번朴上 9a>

명사 '므슬ㅎ'은 『瘡疹方撮要』(1517) 의 다음 예문에서 잘 확인된다. 원문 중 '血穢'가 '피므슬ㅎ'로 번역된다.

(165) d. 아히 열 둘을 틱예 이셔 어믜 오장앳 피므슬흘 머겟다가(小兒在胎十月食母五臟血穢) <瘡疹 3b>

<166> 비 對 양

두 명사가 [肚]와 [胃] 즉 '위장(胃腸) '의 뜻을 가지고 동의 관계에 있다는 것은 다음 예문들에서 잘 확인된다. 원문 중 '肚脹'이 '비 턍만ㅎ다'로 번역되고 '肚兒'가 '양'으로 번역된다. '肚'의 자석이 '비'이고 한자어 '胃'를 뜻한다. 그리고 '胃'의 자석이 '양'이다. 따라서 '비'와 '양'의 동의성은 명백히 입증된다.

(166) a. 비 턍만ㅎ고(肚脹) <瘡疹 27a>
  b. 비 ㄱ장 곪프다(肚裏好生飢了) <번老上 39b>
  c. 양(肚兒) <번老下 38a>

(166) d. 肚 : 腹肚 <四解上 37a>
  e. 肚 : 비 두 卽胃也 <字會上 14b>

(166) f. 胃 : 殼府 <四解上 54b>
  g. 胃 : 양 위 俗呼肚子 <字會上 14a>

<167> 비 對 챵ㅈ

두 명사가 [肚] 즉 '배, 창자'의 뜻을 가지고 동의 관계에 있다는 것은 다음 예문들에서 잘 확인된다. 원문 중 '肚脹'이 '비 턍만ㅎ다'로 번역된다. '猪肚'가 '도틱 챵ㅈ'로 번역된다. 그리고 '肚'가 한자어 '腹肚'를 뜻하고 '肚'의 자석이 '비'이다. 따라서 '비'와 '챵ㅈ'의 동의성은 명백히 입증된다.

(167) a. 비 턍만ㅎ고(肚脹) <瘡疹 27a>
  b. 비 ㄱ장 곪프다(肚裏好生飢了) <번老上 39b>

(167) c. 도틱 챵ㅈ 봇그니와(炮炒猪肚) <번朴上 5a>

(167) d. 肚 : 腹肚 <四解上 37a>

e. 肚 : 비 두 <字會上 14b>

<168> 비홋 對 비홈

명사 '비홋'과 '비호다'의 명사형 '비홈'이 [習] 즉 '익힘'의 뜻을 가지고 동의 관계에 있다는 것은 『飜譯小學』의 다음 예문들에서 잘 확인된다. 원문 중 '習'이 '비홋'으로도 번역되고 '비홈'으로도 번역되므로 명사 '비홋'과 명사형 '비홈'의 동의성은 명백히 입증된다.

(168) a. 비호시 수이 거츠러(習之易荒ㅣ라) <번小六 19b>
b. 비호미 본셩 ᄀ티 도외면(習與性成ᄒ면) <번小八 11b>

<169> 빗 對 부츨나모

두 명사가 [檕] 즉 '상삿대'의 뜻을 가지고 동의 관계에 있다는 것은 다음 예문들에서 잘 확인된다. 한자어 '犁檕'이 고유어 '봇 부츨나모'와 동의 관계에 있다. 그리고 '檕'의 자석이 '빗'이다. 따라서 '빗'과 '부츨나모'의 동의성은 명백히 입증된다.

(169) a. 犁 : …又今俗語(28a) 犁兒 보 又犁檕 봇 부츨나모 <四解上 28b>

(169) b. 檕 : 所以隱棹 <四解下 41b>
c. 檕 : 빗 쟝 <字會中 13a>

<170> 빗 對 빗대

두 명사가 [棹]와 [楫] 즉 '노, 배 젓는 도구'의 뜻을 가지고 동의 관계에 있다는 것은 다음 예문들에서 잘 확인된다. '棹'가 고유어 '빗대'를 뜻하고 '棹'의 자석이 '빗'이다. 그리고 '楫'이 고유어 '빗'을 뜻하고 '楫'의 자석이 '빗'이다. 따라서 '빗'과 '빗대'의 동의성은 명백히 입증된다.

(170) a. 棹 : 檝也 빗대 <四解下 22a>
b. 棹(12b) : 빗 도 亦作櫂 <字會中 13a>

(170) c. 楫 : 櫂也 빗 <四解下 83a>
d. 楫 : 빗 즙 <字會中 12b>

<171> 사름 對 놈

두 명사가 [人]과 [夫] 즉 '사람'의 뜻을 가지고 동의 관계에 있다는 것은 있다는 것은 다음 예문들에서 잘 확인된다. 원문 중 '里人'이 '제 모술 사람'으로도 번역되고 '그 놈'으로도 번역된다. 그리고 '役夫'가 '역소ᄒᆞᄂᆞᆫ 사람'으로 번역되고 '愚夫'가 '어린 놈'으로 번역된다. 따라서 두 명사 '사람'과 '놈'의 동의성은 명백히 입증된다. 두 명사는 문맥상 사람 중에서도 '남자'를 뜻한다. 따라서 '사람'이 '남자'의 뜻을 가지는 것은 의미 범위의 축소 즉 의미의 特殊化이다. '사람'은 실질명사이고 '놈'은 의존명사이다.

(171) a. 제 모술 사르미 길헤 맛보아 어루려커늘(路遇里人 欲汚之) <속三烈 25a>

　　　 b. 혹 수울과 밥과 가지고 그 역스ᄒᆞᄂᆞᆫ 사람을 이바드며(或以酒食犒其役夫) <呂約 28a>

(171) c. 그 노미 다조차 무늬 오나ᄂᆞᆯ(里人逼之至門) <속三烈 25a>

　　　 d. 어린 놈 알에 홈 어려오미(愚夫之難曉ㅣ) <번小七 17b>

명사 '놈'이 '남자의 汎稱'으로 사용된다는 것은 '那廝'의 번역인 '뎌 놈, 그 놈'의 '놈' 그리고 '强暴'의 번역인 '强暴ᄒᆞᆫ 놈'의 '놈'에서 잘 확인된다.

(171) e. 뎌 류가는 엇더ᄒᆞ뇨 뎌 노믄 블셩신엣 거시라(那箇劉三舍如何 那廝不成) <번朴上 25a>

　　　 f. 그 노미 언제 즐겨 날 주리오(那廝那裏肯饋) <번朴上 65b>

　　　 g. 샹녜 强暴ᄒᆞᆫ 노미 더러일가 저허(常恐有强暴之汚) <속三烈 21a>

<172> 사람 對 놈

두 명사가 [人] 즉 '남'의 뜻을 가지고 동의 관계에 있다는 것은 다음 예문들에서 잘 확인된다. 원문 중 '人…知'가 '사르미 알다'로 번역되고 '人言'이 'ᄂᆞ미 니르다'로 번역된다. 따라서 두 명사 '사람'과 '놈'의 동의성은 명백히 입증된다.

(172) a. 사르미 날 어딘 줄 아디 몯호ᄆᆞ란 분별 마오(不患人不知ᄒᆞ고) <번小六 22a>

(172) b. 누(17b)미 닐올 주를 분별 아니홀 시라(不恤人言ㅣ 니라) <번小六 18a>

　　　 c. 제 모ᄆᆞ란 ᄂᆞᆺ가이 ᄒᆞ고 ᄂᆞ 뫌 尊히 ᄒᆞ며(自卑而尊人ᄒᆞ고) <번小六 18a>

　　　 d. ᄂᆞᆷ과 사화(抵忤於人) <二倫 17a>

<173> 사람 對 아모

명사 '사람'과 대명사 '아모'가 [或] 즉 '어떤 사람, 어떤 이'의 뜻을 가지고 동의 관계에 있다는 것은 다음 예문들에서 잘 확인된다. 원문 중 '或言'이 '사루미 니루다'로 번역되고 '或有'가 '아뫼나 잇다'로 번역된다. 따라서 '사룸'과 '아모'의 동의성은 명백히 입증된다.

(173) a. 사루미 닐우듸 너무 좁다 ᄒᆞ야ᄂᆞᆯ(或言其太隘ᄒᆞᆫ대) <번小十 29a>
b. 아뫼나 ᄀᆞ마니 도오리 잇거든(或有密助之者ㅣ 어든) <번小九 28a>

<174> 사룸 對 이

두 명사가 [者] 즉 '사람'의 뜻을 가지고 동의 관계에 있다는 것은 다음 예문들에서 잘 확인된다. 원문 중 '甚者'는 '심흔 사룸'으로도 번역되고 '심ᄒᆞ니'로도 번역된다. 그리고 '未知…者'가 '모루는 사룸'으로 번역되고 '勝欲者'가 '욕심을 이긔ᄂᆞ니'로 번역된다. 따라서 '사룸'과 '이'의 동의성은 명백히 입증된다. '심ᄒᆞ니'는 '심ᄒᆞ+ㄴ#이'로 분석되고 '이'는 [者]의 뜻을 가진 의존명사이다.

(174) a. 심흔 사루믄(甚者ᄂᆞᆫ) <번小七 43b>
b. 어딘 사루믄(賢者ᄂᆞᆫ) <번小四 3a>
c. 본듸 교만ᄒᆞ고 샤치흔 사루믄(素驕奢者ᄂᆞᆫ) <번小八 26b>
d. 님금 셤규믈 모루는 사루믄(未知事君者ᄂᆞᆫ) <번小八 26a>
e. 내(36a) 빅셩 두외옛ᄂᆞᆫ 사루믄(爲吾民者ᄂᆞᆫ) <번小六 36b>

(174) f. 심ᄒᆞ니는 초상애 풍류ᄒᆞ야 주거믈 즐기게 ᄒᆞ고(甚者ᄂᆞᆫ 初喪애 作樂以娛尸ᄒᆞ고) <번小七 17a>
g. 올흔 이리 욕심을 이긔ᄂᆞ니는 슌ᄒᆞ고 욕심이 올흔 이를 이긔ᄂᆞ니는 흉ᄒᆞᄂᆞ니라 (義勝欲者ᄂᆞᆫ 從ᄒᆞ고 欲勝義者ᄂᆞᆫ 凶이니라) <번小四 2b>
h. 그 거상애 풍류 드르며 혼인ᄒᆞᄂᆞ니는(其居喪애 聽樂及嫁娶者ᄂᆞᆫ) <번小七 19a>
i. 子弟이 경박ᄒᆞ며 늘라니를 분별ᄒᆞ리는(憂子弟之輕俊者ᄂᆞᆫ) <번小六 6a>
j. 모로매 술고기를 머게ᅀᅡ 살리는 구틔여 그리 마라도 ᄒᆞ리라(必資 酒肉扶養者則不必然耳니라) <번小七 18b>

<175> 사흘 對 사흗날

두 명사가 [三日] 즉 '사흘, 사흗날'의 뜻을 가지고 동의 관계에 있다는 것은 다음 예문들에서 잘 확인된다. 원문 중 '恰三日'이 '긋 사흘'로 번역되고 '至三日'이 '사흗날재'로 번역된다. 따라서 '사흘'과 '사흗날'의 동의성은 명백히 입증된다.

(175) a. 긋 사(55a) ᄒᆞ리어다(恰三日也) <번朴上 55b>

b. 金氏 제 남진의 墳土애 ᄃ라가 플 헤혀고 사ᄒᆞᆯ 쌔믈 자니라(金走至夫墳 披草宿三夜) <속三烈 15a>

　　c. 밥 머기고 잡것 머기디 아니호ᄃᆡ 열 읻사ᄒᆞᆯ만 ᄒᆞ야(飼之以飯勿令雜食過十數日) <瘡疹 33a>

(175) d. 하ᄂᆞᆯ 브르고 목숨을 빈대 사ᄒᆞᆫ날재 다시 사라(號天乞命 至三日乃甦.) <속三孝 12a>

<176> 삿갇 對 대갇

　두 명사가 [笠]과 [箬笠] 즉 '대삿갓, 대나무의 겉껍질로 결어 만든 삿갓'의 뜻을 가지고 동의 관계에 있다는 것은 다음 예문들에서 잘 확인된다. '笠'이 한자어 '篛笠'을 뜻하고 '篛笠'은 고유어 '삿갇'과 동의 관계에 있다. 그리고 원문 중 '箬笠瓦鉢'은 '대갇과 딜바리'로 번역된다. 따라서 '삿갇'과 '대갇'의 동의성은 명백히 입증된다. 한자 '篛'과 '箬'은 同字이다.

　　(176) a. 笠 : 簀笠 <四解下 74b>
　　　　 b. 笠 : 갇 립 俗呼篛笠 삿갇 <字會中 8a>

　　(176) c. 내 오늘브터 대갇과 딜바리 쟝망ᄒᆞ야(小僧從今日准備箬笠瓦鉢) <번朴上 37a>

<177> 삷 對 늘가래

　두 명사가 [鐵枚] 즉 '가래'의 뜻을 가지고 동의 관계에 있다는 것은 다음 예문들에서 잘 확인된다. 한자어 '鐵枚'이 고유어 '삷'과 동의 관계에 있다. 그리고 '枚'의 자석이 '가래'이고 한자어 '鐵枚'은 고유어 '늘가래'와 동의 관계에 있다. 따라서 '삷'과 '늘가래'의 동의성은 명백히 입증된다.

　　(177) a. 枚 : …鐵枚 삷 木枚 가래 <四解下 85a>
　　　　 b. 枚 : 가래 흠 俗呼木枚 又鐵枚 늘가래 <字會中 9a>

　명사 '삷'은 15세기의 『金剛經三家解』(1482) 의 다음 예문에서 발견된다. 원문 중 '鈍鍫'가 '무된 삷'으로 번역된다.

　　(177) c. 무된 살부로 ᄒᆞᆫ 번 눌로미 곧디 몯ᄒᆞᄂᆞ니라(不如鈍鍫一捺ᄒᆞ니라) <金삼四 49b>

<178> 삿기 對 ᄆᆞ야지

　두 명사가 [駒] 즉 '망아지, 새끼말'의 뜻을 가지고 동의 관계에 있다는 것은 다음 예문들에서 잘 확인된다. 원문 중 '懷駒'가 '삿기 비다'로 번역된다. 그리고 '駒'의 자석이 '무야지'이다. 따라서 '삿기'와 '무야지'의 동의성은 명백히 입증된다.

(178) a. 삿기 빈 물(懷駒馬) <번老上 9a>

(178) b. 駒 : 馬二歲 <四解上 29a>
　　　c. 駒 : 무야지 구 <字會上 10a>

<179> 샹자리 對 잡효근것

두 명사가 [雜貨] 즉 '잡다한 여러 가지 일용품'의 뜻을 가지고 동의 관계에 있다는 것은 『번역노걸대』의 다음 예문들에서 잘 확인된다. 원문 중 '雜貨鋪兒'가 '샹자리전'으로도 번역되고 '잡효근것전'으로도 번역되므로 두 명사 '샹자리'와 '잡효근것'의 동의성은 명백히 입증된다. '잡효근것'은 '잡'과 '효근'과 '것'의 결합으로 생긴 合成語이다.

(179) a. 그 샹자리전이 네하가(那雜貨鋪兒是你的那) <번老上 48b>
　　　b. 잡효근것전 나는 딕 곧 긔라(開雜貨鋪兒便是) <번老上 48b>

<180> 새요 對 사유

두 명사가 [蝦] 즉 '새우'의 뜻을 가지고 동의 관계에 있다는 것은 다음 예문들에서 잘 확인된다. 원문 중 '魚蝦'가 '고기와 새요'로 번역된다. '蝦'가 한자어 '蝦兒'를 뜻하고 '蝦兒'는 고유어 '새요'와 동의 관계에 있다. 그리고 원문 중 '蝦蟹'가 '사유 게'로 번역된다. 따라서 '새요'와 '사유'의 동의성은 명백히 입증된다. 두 명사 '새요'와 '사유'의 先代形은 『訓民正音解例本』(1446)의 '사비 爲蝦' <用字例>이다.

(180) a. 이 주글 듸 얻는 고기와 새요왜요(是覓死的魚蝦) <번朴上 70b>
　　　b. 蝦 : ⋯又蝦兒 새요 <四解下 31a>
　　　c. 鰕 : 새요 하 通作蝦 <字會上 10b>

(180) d. 거유 올히 사유 게 쟈래와(鵝鴨蝦蟹鱉) <瘡疹 63b>

<181> 샤라부루 對 싀화

두 명사가 [蕒]와 [苦苣] 즉 '싀화'의 뜻을 가지고 동의 관계에 있다는 것은 다음 예문들에서 잘 확인된다. '蕒'의 자석이 '샤라부루'이고 고유어 '샤라부루'는 한자어 '苦苣'와 동의 관계에 있다. 그리고 한자어

'苦莒'가 고유어 '싀화'와 동의 관계에 있다. 따라서 '샤라부루'와 '싀화'의 동의성은 명백히 입증된다.

(181) a. 蕒 : 今俗呼苦蕒菜 샤라부루 <四解上 44a>

　　　b. 蕒 : 샤라부루 미 一名苦莒 俗呼苦蕒菜 <字會上 8a>

(181) c. 莒 : …又菜名 苦莒 싀화 <四解上 30b>

<182> 섬 對 서흐레

　　두 명사가 [階]와 [級] 즉 '섬돌, 층계'의 뜻을 가지고 동의 관계에 있다는 것은 다음 예문들에서 잘 확인된다. 원문 중 '階下'가 '섬 아래'로 번역된다. '階'의 자석이 '섬'이고 고유어 '섬'은 한자어 '階級' 및 고유어 '서흐레'와 동의 관계에 있다. 그리고 '級'의 자석이 '서흐레'이고 '서흐레'는 한자어 '階級'과 동의 관계에 있다. 따라서 '섬'과 '서흐레'의 동의성은 명백히 입증된다.

(182) a. 아들와 아촌아들 들히 섬 아래 버러 셔더니(子姪이 羅列階下ㅣ러니) <번小九 75b>

(182) b. 階: 砌也 又階級 <四解上 46a>

　　　c. 階: 섬 계 俗呼階級 서흐(3b) 레 <字會中 4a>

(182) d. 級: 階級 <四解下 72a>

　　　e. 級: 서흐레 급 階級 <字會下 13b>

<183> 세ㅎ 對 세 사룸

　　수사 '세ㅎ'와 명사구 '세 사룸'이 [三人] 즉 '세 사람'의 뜻을 가지고 동의 관계에 있다는 것은 다음 예문들에서 잘 확인된다. 원문 중 '兄弟三人'이 '형뎨 세ㅎ'로 번역된다. 그리고 '爭臣三人'이 '간홀 신해 세 사룸'으로 번역된다. 따라서 '세ㅎ'와 '세 사룸'의 동의성은 병백히 입증된다. 명사구 '세 사룸'은 관형사 '세'[三]와 명사 '사룸'[人]의 결합이다.

(183) a. 高侍郎 형뎨 세히 다 조흔 벼슬 ᄒ야 이쇼ᄃᆡ(高侍郎兄弟三人이 俱居淸列호ᄃᆡ) <번小十 28a>

　　　b. 세히 ᄒᆞᆫᄃᆡ 길 녀매(三人同行) <번老上 34b>

(183) c. 大夫ㅣ 간홀 신해 세 사ᄅᆞᄆᆞᆯ 두면(大夫ㅣ 有爭臣三人이면) <번小三 40b>

　　　d. 人: 天地人爲三才 最靈者也 <四解上 61b>

　　　e. 人: 사룸 신 <字會下 1b>

<184> 셕 對 쥬리울

두 명사가 [繮]과 [韁]즉 '고삐, 말고삐'의 뜻을 가지고 동의 관계에 있다는 것은 다음 예문들에서 잘 확인된다. 원문 중 '編繮'이 '다혼 셕'으로 번역되고 '垂繮'이 '쥬리울 드리우다'로 번역된다. 그리고 '韁'이 한자어 '馬紲'을 뜻하고 '馬紲'은 고유어 '몰 셕'과 동의 관계에 있다. 그리고 '韁'의 자석이 '쥬리울'이다. 따라서 '셕'과 '쥬리울'의 동의성은 명백히 입증된다.

(184) a. 다혼 셕 쥬리울(編繮 繮紲) <번老下 30a>
　　　 b. 무른 쥬리울 드리워 갑던 이리 잇ᄂᆞ니라(馬有垂繮之報) <번朴上 43b>

(184) c. 韁 : 馬紲 몰 셕 <四解下 40b>
　　　 d. 韁 : 쥬리울 강 <字會中 13b>

<185> 소리 對 목소리

두 명사가 [聲] 즉 '소리, 목소리'의 뜻을 가지고 동의 관계에 있다는 것은 다음 예문들에서 잘 확인된다. 원문 중 '怡聲'이 '소리를 ᄂᆞᆺ가이 ᄒᆞ다'로 번역되고 '聲容'이 '소리이 양'으로 번역된다. 그리고 '柔聲'이 '목소리를 부드러이 ᄒᆞ다'로 번역된다. 따라서 '소리'와 '목소리'의 동의성은 명백히 입증된다. '목소리'는 합성명사로 명사 '목'과 명사 '소리'의 合成이다.

(185) a. 소리를 ᄂᆞᆺ가이 ᄒᆞ며 긔운을 ᄂᆞᄌᆞ기 ᄒᆞ야(怡聲下氣ᄒᆞ야) <번小八 25b>
　　　 b. 소리이 양으란 안정케 ᄒᆞ며(聲容靜ᄒᆞ며) <번小四 13a>
　　　 c. 머기니 먹디 아니ᄒᆞ고 우는 소리 슬프거늘(哺之不食鳴聲悲커늘) <번小九 100a>

(185) d. 或 시기신 이리 ᄒᆞ요매 올티 아니ᄒᆞ거든 ᄂᆞᆺ비출 화히 ᄒᆞ며 목소리를 부드러이 ᄒᆞ야(或所命이 有不可行者ㅣ 어든 則和色柔聲ᄒᆞ야) <번小七 2a>

<186> 솔옺 對 쇠약

두 명사가 [錐兒]와 [錐] 즉 '송곳'의 뜻을 가지고 동의 관계에 있다는 것은 다음 예문들에서 잘 확인된다. 원문 중 '錐兒細'가 '솔오즌 ᄀᆞ롤다'로 번역되고 '鑽天錐'가 '하ᄂᆞᆯ 듧는 솔옺'으로 번역된다. 그리고 '錐兒一箇'가 '쇠약 ᄒᆞ나'로 번역된다. 따라서 '솔옺'과 '쇠약'의 동의성은 명백히 입증된다.

(186) a. 솔오즌 ᄀᆞ롤오 노혼 굴그니(錐兒細線麤) <번老下 53a>

b. 하늘 듧는 솔오재 아래는 큰 므려(鑽天錐不大水) <번朴上 42a>

c. 錐 : 솔옷 쵸 俗呼錐兒 <字會中 7b>

(186) d. 첨주 호나 쇠약 호나(又兒一箇 錐兒一箇) <번朴上 16a>

e. 룡두 슷믓 사곤 쇠약과(玲瓏龍頭解錐兒) <번朴上 27a>

<187> 솽불쥐기 對 돈쯔기

두 명사가 [拿錢] 즉 '먹국놀이, 제비 뽑기'의 뜻을 가지고 동의 관계에 있다는 것은 다음 예문들에서 잘 확인된다. 원문 중 '拿錢'이 '솽불쥐기 호다'로 번역된다. 그리고 '拿錢'이 고유어 '솽불쥐기'를 뜻하고 '솽불쥐기'는 고유어 '돈쯔기'와 동의 관계에 있다. 따라서 '솽불쥐기'와 '돈쯔기'의 동의성은 명백히 입증된다.

(187) a. 혹식 돈더니 호며 솽불쥐기 호며(或是博錢 拿錢) <번朴上 18a>

b. 拿錢 : 卽猜拳也 솽불쥐기…質問之釋若本國 돈쯔기 <老朴 朴上 6a>

<188> 쇠로기 對 새매

두 명사가 [鴟]와 [鷂] 즉 '솔개, 새매'의 뜻을 가지고 동의 관계에 있다는 것은 다음 예문들에서 잘 확인된다. '鴟'가 고유어 '쇠로기'를 뜻하고 '쇠로기'는 한자어 '鷂鷹'과 동의 관계에 있다. 그리고 '鷂'의 자석이 '새매'이고 고유어 '새매'는 한자어 '鷂鷹'과 동의 관계에 있다. 따라서 '쇠로기'과 '새매'의 동의성은 명백히 입증된다.

(188) a. 鴟 : 鳶也 쇠로기 今俗呼鵝老 又呼鷂鷹 <四解上 18b>

b. 鴟 : 쇠로기 치 <字會上 9b>

(188) c. 鷂 : 鷙鳥 <四解下 17b>

d. 鷂 : 새매 요 俗呼鷂子 鷂鷹 <字會上 8b>

<189> 수ㅎ 對 수플

두 명사가 [林]과 [林子] 즉 '수풀'의 뜻을 가지고 동의 관계에 있다는 것은 다음 예문들에서 잘 확인된다. 원문 중 '竹林'이 '댓 수ㅎ'로 번역되고 '黑林子'가 '어득흔 수플'로 번역된다. 그리고 '林'의 자석이 '수플'이다. 따라서 '수ㅎ'와 '수플'의 동의성은 명백히 입증된다.

(189) a. 미양 집 뒷 댓 수헤 가 대룰 안고셔 우더니(常日就堂後竹林 抱竹號泣) <속三烈 12a>

b. 孫氏 フ마니 댓 수헤 가(孫氏潛入園中竹林) <속三烈 3a>

(189) c. 뎌 브라논 어득훈 수프리(那望着的黑林子) <번老上 60a>

(189) d. 林: 木多爲林 <四解下 74b>

e. 林: 수플 림 <字會上 3b>

<190> 수스 對 셰툐

두 명사가 [絛兒] 즉 '끈, 실을 땋은 납작한 끈'의 뜻을 가지고 동의 관계에 있다는 것은 다음 예문들에서 잘 확인된다. 원문 중 '買將絛兒'가 '수스 사다'로 번역되고 '紫絛兒'가 'フ디 셰툐'로 번역된다. 따라서 '수스'와 '셰툐'의 동의성은 명백히 입증된다.

(190) a. 수스 사다가 초리라(買將絛兒帶他) <번朴上 16b>

b. フ디 셰툐 일빅 됴(紫絛兒一百絛) <번老下 69a>

<191> 숟간나히 對 갓나히

두 명사가 [女孩兒] 즉 '숫처녀, 처녀'의 뜻을 가지고 동의 관계에 있다는 것은 다음 예문들에서 잘 확인된다. 원문 중 '女孩兒'가 '숟간나히'로 번역되고 '十六歲的女孩兒'가 '열여스신 숟간나히'로 번역된다. 그리고 '那女孩兒'가 '그 갓나히'로 번역된다. 따라서 '숟간나히'와 '갓나히'의 동의성은 명백히 입증된다.

(191) a. 숟간나히가 니믈리기가(女孩兒那後婚) <번朴上 45a>

b. 올히 굿 열여스신 숟간나히라(今年纔十六歲的女孩兒) <번朴上 45a>

(191) c. 그 갓나히도 양지 フ장 고와(那女孩兒 生的十分可喜) <번朴上 45b>

<192> 숟간나히 對 겨집

두 명사가 [女孩兒] 즉 '숫처녀, 처녀'의 뜻을 가지고 동의 관계에 있다는 것은 다음 예문들에서 잘 확인된다. 원문 중 '女孩兒'가 '숟간나히'로 번역되고 '十六歲的女孩兒'가 '열여스신 숟간나히'로 번역된다. 그리고 '女孩兒家'가 '겨지븨 집'으로 번역된다. 따라서 '숟간나히'와 '겨집'의 동의성은 명백히 입증된다.

(192) a. 숟간나히가 니믈리기가(女孩兒那後婚) <번朴上 45a>

　　　　b. 올히 굿 열여스신 숟간나히라(今年纔十六歲的女孩兒) <번朴上 45a>

(192) c. 겨지븨 집 아숨들토 다 가 아숨 보기 ᄒᆞᄂᆞ니라(女孩兒家親戚們 都去會親) <번朴上 46a>

<193> 술윗ᄂᆞ롯 對 ᄂᆞ롯머리

　　두 합성명사가 [車轅]과 [輈] 즉 '수레의 끌채'의 뜻을 가지고 동의 관계에 있다는 것은 다음 예문들에서 잘 확인된다. 원문 중 '車轅'이 '술윗ᄂᆞ롯'으로 번역된다. 그리고 '輈'가 한자어 '車轅'을 뜻하고 '輈'의 자석이 'ᄂᆞ롯머리'이다. 따라서 '술윗ᄂᆞ롯'과 'ᄂᆞ롯머리'의 동의성은 명백히 입증된다. '술윗ᄂᆞ롯'은 명사 '술위'[車]와 명사 'ᄂᆞ롯'[轅]의 合成이고 'ᄂᆞ롯머리'는 명사 'ᄂᆞ롯'과 명사 '머리'의 合成이다.

　　(193) a. 술윗 두 녁 란간 술윗ᄂᆞ롯(車廂 車轅) <번老下 36b>

　　(193) b. 輈 : 車轅 <四解下 69a>

　　　　　　c. 輈 : ᄂᆞ롯머리 듀…又轅也 <字會中 13a>

<194> 숨 對 숨껼

　　두 명사가 [氣] 즉 '숨, 숨결'의 뜻을 가지고 동의 관계에 있다는 것은 다음 예문들에서 잘 확인된다. 원문 중 '氣促'이 '수미 ᄌᆞᆽ다'로도 번역되고 '숨껼 ᄌᆞᆽ다'로도 번역된다. 따라서 '숨'과 '숨글'의 동의성은 명백히 입증된다.

　　(194) a. 수미 ᄌᆞᄌᆞ며(氣促) <瘡疹 26a>

　　(194) b. 숨껼 ᄌᆞ조믈 닐오ᄃᆡ 안히 허타 ᄒᆞᄂᆞ니(氣促謂之裏虛) <瘡疹 19b>

　　　　　　c. 숨껼 ᄌᆞ조면(氣促) <瘡疹 20a>

　　　　　　d. 숨쪄리 되오(氣急) <瘡疹 26b>

<195> 스골 對 ᄀᆞ올

　　두 명사가 [鄕] 즉 '시골'의 뜻을 가지고 동의 관계에 있다는 것은 다음 예문들에서 잘 확인된다. 원문 중 '鄕田'이 '스골 밭'으로 번역된다. 그리고 '鄕人'이 'ᄀᆞ올 사람'으로 번역된다. 따라서 '스골'과 'ᄀᆞ올'의 동의성은 명백히 입증된다.

(195) a. 스골 바톨 혼 들헤 ᄒᆞ야 나며 들 제 서르 벋ᄒᆞ야(鄕田同井伊 出入相友爲於) <正俗 12b>

　　　 b. 스골 가셔(歸鄕里ᄒᆞ야) <번小九 87a>

(195) c. 혼 ᄀᆞ올 사ᄅᆞ미(鄕人) <二倫 4a>

<196> 싀어미 對 아ᅀᆞ미

두 명사가 [姑] 즉 '시어머니, 남편의 어머니'의 뜻을 가지고 동의 관계에 있다는 것은 다음 예문들에서 잘 확인된다. 원문 중 '養姑'가 '싀어미 효양ᄒᆞ다'로 번역된다. 그리고 '姑'의 자석이 '아ᅀᆞ미'이고 '夫之母'(남편의 어머니)가 '姑'이다. 따라서 '싀어미'와 '아ᅀᆞ미'의 동의성은 명백히 입증된다.

(196) a. 孝婦ㅣ 싀어미 효양호믈 데ᄒᆞ디 아니ᄒᆞ야(婦ㅣ 養姑不衰ᄒᆞ야) <번小九 55b>

　　　 b. 싀어미를 효양케 ᄒᆞ니 스믈 여듧 힛 만애 싀어미 여든 나ᄆᆞ(遂使養其姑ᄒᆞ고 二十八年에 姑ㅣ 八十餘ㅣ라) <번小九 57a>

　　　 c. 山南의 할마님 唐夫人이 싀어미 셤고믈 효도로이 하야…텽의 올아 싀어마니믈 졋 머기더니(祖母唐夫人이 事姑孝ᄒᆞ야 卽升堂乳其姑ᄒᆞ더니) <번小九 29b>

(196) d. 姑：婦稱夫母 <四解上 35b>

　　　 e. 姑：아ᅀᆞ미 고…夫之母曰姑 國語 할미 고 <字會上 16b>

<197> 쉰다리 對 다리

두 명사가 [腿], [髀] 및 [股] 즉 '넙젹다리'의 뜻을 가지고 동의 관계에 있다는 것은 다음 예문들에서 잘 확인된다. 원문 중 '腿'가 '쉰다리'로 번역되고 '後腿'가 '뒷 다리'로 번역된다. '腿'가 고유어 '쉰다리'를 뜻하고 '腿'의 자석이 '쉰다리'이다. '髀'가 고유어 '쉰다리'를 뜻하고 '髀'의 자석이 '다리'이다. 그리고 '股'가 고유어 '쉰다리'를 뜻하고 '股'의 자석이 '다리'이다. 따라서 '쉰다리'와 '다리'의 동의성은 명백히 입증된다.

(197) a. 다믄 쉰다리예 ᄀᆞ장 힘 업세라(只是腿上十分無氣力) <번朴上 39a>

　　　 b. ᄯᅩ 엇디 혼 뒷 다리 업스뇨(却怎麽不見 一箇後腿) <번老下 39a>

(197) c. 腿：股也 쉰다리 <四解上 49b>

　　　 d. 腿：쉰다리 퇴 俗呼腿子 又腿肚 허릿비 <字會上 14a>

(197) e. 髀：股也 쉰다리 <四解上 16a>

f. 髀 : 다리 비 又股骨 <字會上 14b>

(197) g. 股 : 髀也 쉰다리 <四解上 36a>

h. 股 : 다리 고 髀幹也 <字會上 14b>

<198> 쉰다리 對 허튀

두 명사가 [腿]와 [腓] 즉 '정강이'의 뜻을 가지고 동의 관계에 있다는 것은 다음 예문들에서 잘 확인
된다. 원문 중 '是腿上…無氣力'이 '쉰다리예 힘 없다'로 번역된다. '腿'가 고유어 '쉰다리'를 뜻하고 '腿'
의 자석이 '쉰다리'이다. 한자어 '腿肚'가 고유어 '허튓비'와 동의 관계에 있다. 그리고 '腓'의 자석이 '허
튀'이다. 따라서 '쉰다리'와 '허튀'의 동의성은 명백히 입증된다.

(198) a. 다믄 쉰다리예 ㄱ장 힘 업세라(只是腿上十分無氣力) <번朴上 39a>

(198) b. 腿 : 股也 쉰다리 <四解上 49b>

c. 腿 : 쉰다리 퇴 俗呼腿子 又腿肚 허튓비 <字會上 14a>

(198) d. 腓 : 足肚 허튓비 <四解上 17b>

e. 腓 : 허튀 비 <字會上 13b>

<199> 쉰대초 對 가시

두 명사가 [樲]와 [棘] 즉 '멧대추나무'의 뜻을 가지고 동의 관계에 있다는 것은 다음 예문들에서 잘
확인된다. '樲'가 한자어 '酸棗'를 뜻하고 '樲'의 자석이 '쉰대초'이다. 그리고 '棘'의 자석이 '가시'이고 고
유어 '가시'는 한자어 '酸棗'와 동의 관계에 있다. 따라서 '쉰대초'와 '가시'의 동의성은 명백히 입증된
다. '쉰대초'는 합성명사로 상태동사 '싀다'[酸]의 관형사형 '쉰'과 명사 '대초'[棗]의 合成이다.

(199) a. 樲 : 酸棗 <四解上 23a>

b. 樲 : 쉰대초 싀 俗呼實曰酸棗 <字會上 6a>

(199) c. 棘 : 小棗 <四解下 47a>

d. 棘 : 가시 극 卽酸棗也 一名樲 <字會上 5b>

<200> 시욱청 對 훠청

두 합성명사가 [氈襪]과 [氈鞾] 즉 '毛氈制의 버선'의 뜻을 가지고 동의 관계에 있다는 것은 다음 예

문들에서 잘 확인된다. 원문 중 '氈襪'이 '시욱쳔'으로 번역된다. 그리고 '韈'의 자석이 '보션'이고 '훠쳥'이 한자어 '氈韈'과 동의 관계에 있다. 따라서 '시욱쳥'과 '훠쳥'의 동의성은 명백히 입증된다. '시욱쳥'은 합성명사로 명사 '시욱'과 '쳥'의 合成이고 '훠쳥'은 합성명사로 명사 '훠'와 명사 '쳥'의 합성이다. 한자 '襪'과 '韈'은 同字이다. 한자 '氈'은 '氊'의 속자이다.

(200) a. 시욱쳥은 됴흔 ᄀᆞ늘오 보ᄃᆞ라온 터리로 미론 쳥 시너 이쇼ᄃᆡ(氈襪穿好絨毛襪子) <번老下 53a>

b. 흰 ᄀᆞ는 시욱쳥에(白絨氈襪上) <번朴上 26b>

(200) c. 襪 : 足衣 <四解上 81a>

d. 韈 : 보션 말 又俗呼훠쳥 氈韈 <字會中 11b>

<201> 실ᄆᆡ듭 對 실ᄆᆞ딥

두 명사가 [緒]과 [紇] 즉 '실매듭, 실마디'의 뜻을 가지고 동의 관계에 있다는 것은 다음 예문들에서 잘 확인된다. '緒'이 한자어 '紇緒'을 뜻하고 '紇緒'은 고유어 '실ᄆᆡ듭'과 동의 관계에 있다. 그리고 '紇'이 한자어 '紇緒'을 뜻하고 '紇緒'은 고유어 '실ᄆᆞ딥'과 동의 관계에 있다. 따라서 '실ᄆᆡ듭'과 '실ᄆᆞ딥'의 동의성은 명백히 입증된다.

(201) a. 緒 : 紇緒 실ᄆᆡ듭 <四解下 76a>

b. 紇 : 紇緒 실ᄆᆞ딥 <四解上 61b>

<202> ᄲᅳ리 對 댓ᄲᅳ리

두 명사가 [荊條] 즉 '싸리, 댑싸리'의 뜻을 가지고 동의 관계에 있다는 것은 다음 예문들에서 잘 확인된다. 한자어 '荊條'가 고유어 'ᄲᅳ리'와 동의 관계에 있다. 그리고 한자어 '荊條'가 고유어 '댓ᄲᅳ리'와 동의 관계에 있다. 따라서 'ᄲᅳ리'와 '댓ᄲᅳ리'의 동의성은 명백히 입증된다.

(202) a. 荊 : …今俗呼荊條 ᄲᅳ리 <四解下 47a>

b. 荊 : 가시 형 …又荊條 댓ᄲᅳ리 <字會上 5b>

<203> ᄉᆞᅀᅵ 對 슻

두 명사가 [間] 즉 '사이'의 뜻을 가지고 동의 관계에 있다는 것은 다음 예문들에서 잘 확인된다. 원문 중 '間言'이 'ᄉᆞᅀᅵᆺ 말'로 번역된다. 그리고 '間'의 자석이 '슻'이다. 따라서 'ᄉᆞᅀᅵ'와 '슻'의 동의성은 명백히 입증된다.

> (203) a. 집 안히 ᄉᆞᆺ 말이 업더라(庭無間言ᄒᆞ더라) <번小九 77a>

> (203) b. 間: 隙也 中也 <四解上 79b>
>   c. 間: 俗 <四解上 79b>
>   d. 間: ᄉᆞᆺ 간 <字會下 15a>

<204> ᄉᆞ이ᄒᆞᄂᆞᆫ 할미 對 할미

명사구 'ᄉᆞ이ᄒᆞᄂᆞᆫ 할미'와 명사 '할미'가 [媼] 즉 '仲媒하는 할멈'의 뜻을 가지고 동의 관계에 있다는 것은 다음 예문들에서 잘 확인된다. 원문 중 '尼媼'이 '승과 ᄉᆞ이ᄒᆞᄂᆞᆫ 할미'로 번역된다. 그리고 '媼'의 자석이 '할미'이다. 따라서 'ᄉᆞ이ᄒᆞᄂᆞᆫ 할미'와 '할미'의 동의성은 명백히 입증된다.

> (204) a. 무당과 화랑이와 승과 ᄉᆞ이ᄒᆞᄂᆞᆫ 할미 ᄀᆞᆮᄐᆞ니를(巫祝尼媼之類를) <번小七 27b>

> (204) b. 媼: 女老之稱 <四解下 22a>
>   c. 媼: 할미 오 汎稱老女 <字會上 17a>

<205> 아니완ᄒᆞᆫ 사ᄅᆞᆷ 對 잡사ᄅᆞᆷ

명사구 '아니완ᄒᆞᆫ 사ᄅᆞᆷ'과 명사 '잡사ᄅᆞᆷ'이 [歹人] 즉 '나쁜 사람'의 뜻을 가지고 동의 관계에 있다는 것은 다음 예문들에서 잘 확인된다. 원문 중 '面生歹人'이 'ᄂᆞᆺ선 아니완ᄒᆞᆫ 사ᄅᆞᆷ'으로도 번역되고 'ᄂᆞᆺ선 잡사ᄅᆞᆷ'으로도 번역된다. '不是歹人'이 '아니완ᄒᆞᆫ 사ᄅᆞ미 아니다'로도 번역되고 '잡사ᄅᆞᆷ 아니다'로도 번역된다. 그리고 '好人歹人'이 '됴ᄒᆞᆫ 사ᄅᆞᆷ 아니완ᄒᆞᆫ 사ᄅᆞᆷ'으로 번역되고 '歹人'이 '잡사ᄅᆞᆷ'으로 번역된다. 따라서 '아니완ᄒᆞᆫ 사ᄅᆞᆷ'과 '잡사ᄅᆞᆷ'의 동의성은 명백히 입증된다. 명사구 '아니완ᄒᆞᆫ 사ᄅᆞᆷ'은 상태동사 '아니완ᄒᆞ다'[歹]의 관형사형 '아니완ᄒᆞᆫ'과 명사 '사ᄅᆞᆷ'[人]의 결합이고 명사 '잡사ᄅᆞᆷ'은 접두사 '잡-'과 명사 '사ᄅᆞᆷ'의 결합이다.

> (205) a. ᄂᆞᆺ선 아니완ᄒᆞᆫ 사ᄅᆞ믈 브티디 몯ᄒᆞ게 ᄒᆞᄂᆞ딘(不得安下面生歹人) <번老上 49b>
>   b. 우리 아니완ᄒᆞᆫ 사ᄅᆞ미 아니라(我不是歹人) <번老上 48a>
>   c. 됴ᄒᆞᆫ 사ᄅᆞᆷ 아니완ᄒᆞᆫ 사ᄅᆞᆷ을 엇디 모ᄅᆞ리오 (好人歹人怎麼不認的) <번老上 51a>
>   d. 엇디 됴ᄒᆞᆫ 사ᄅᆞᆷ 아니완ᄒᆞᆫ 사ᄅᆞᆷ 알리오(怎知是好人歹人) <번老上 48a>

(205) e. 눗선 잡사루믈 브리워 두디 몯홀 거시니(不得安下面生歹人) <번老上 47b>

    f. 진실로 잡사룸 아니라(委實不是歹人) <번老上 52a>

    g. 제 만이레 잡사루미며(他們若是歹人) <번老上 51b>

<206> 아랫옷 對 츄마

합성명사 '아랫옷'과 명사 '츄마'가 [裳] 즉 '치마, 아랫도리에 입는 옷'의 뜻을 가지고 동의 관계에 있다는 것은 다음 예문들에서 잘 확인된다. 원문 중 '褰裳'이 '아랫오슬 거두들다'로 번역된다. 그리고 '裳'이 한자어 '衣裳'을 뜻하고 '裳'의 자석이 '츄마'이다. 따라서 '아랫옷'과 '츄마'의 동의성은 명백히 입증된다. '아랫옷'은 명사 '아래'와 명사 '옷'의 合成이다.

(206) a. 더워도 아랫오슬 거두드지 마롤디니라(暑毋褰裳이니라) <번小四 11a>

(206) b. 裳 : … 衣裳 <四解下 43a>

    c. 裳 : 츄마 샹 男服 <字會中 11b>

<207> 아ᅀᆞ아자비 對 아비 동ᄉᆡᆼ아ᅀᆞ

합성명사 '아ᅀᆞ아자비'와 명사구 '아비 동ᄉᆡᆼ아ᅀᆞ'가 [叔]과 [叔叔] 즉 '작은아버지, 숙부'의 뜻을 가지고 동의 관계에 있다는 것은 다음 예문들에서 잘 확인된다. '叔'의 자석이 '아ᅀᆞ아자비'이고 고유어 '아ᅀᆞ아자비'는 한자어 '叔叔'과 동의 관계에 있다. 그리고 원문 중 '叔叔'이 '아비 동ᄉᆡᆼ아ᅀᆞ'로 번역된다. 따라서 '아ᅀᆞ아자비'와 '아비 동ᄉᆡᆼ아ᅀᆞ'의 동의성은 명백히 입증된다. 합성명사 '아ᅀᆞ아자비'는 명사 '아ᅀᆞ'와 명사 '아자비'의 合成이다. 명사구 '아비 동ᄉᆡᆼ아ᅀᆞ'는 명사 '아비'와 명사 '동ᄉᆡᆼ아ᅀᆞ'의 결합으로 '아비+이#동ᄉᆡᆼ아ᅀᆞ'로 분석될 수 있다.

(207) a. 叔 : … 季父 <四解上 9b>

    b. 叔 : 아ᅀᆞ아자비 슉 俗呼叔父 又稱叔叔 <字會上 16b>

(207) c. 아비 동셩묻형 아비 동셩아ᅀᆞ(伯伯 叔叔) <번老下 34a>

<208> 아자비 對 어믜오라비

명사 '아자비'와 합성명사 '어믜오라비'가 [舅]와 [舅舅] 즉 '외삼촌, 외숙'의 뜻을 가지고 동의 관계에 있다는 것은 다음 예문들에서 잘 확인된다. '舅'의 자석이 '아자비'이고 고유어 '아자비'는 한자어 '舅舅'

와 동의 관계에 있다. 그리고 원문 중 '舅舅'가 '어믜오라비'로 번역된다. 따라서 '아자비'와 '어믜오라비'의 동의성은 명백히 입증된다. 합성명사 '어믜오라비'는 명사 '어미'와 명사 '오라비'의 합성으로 '어미+의# 오라비'로 분석된다.

(208) a. 舅 : 母之兄弟 <四解下 68b>

　　　b. 舅 : 아자비 구 母之兄弟曰舅舅 <字會上 16b>

(208) c. 어믜오라비(舅舅) <번老下 34a>

　　　d. 사돈짓 어믜오라비(親家舅舅) <번老下 34b>

　　　e. 뎌는 어믜오라븨게 나니이다(他是舅舅生的) <번老上 16a>

　　　f. 누구는 어믜오라븨게 난 ᄌᆞ식(誰是舅舅上孩兒) <번老上 16a>

<209> 아ᄌᆞ미 對 아븨누의

명사 '아ᄌᆞ미'와 합성명사 '아븨누의'가 [姑]와 [姑姑] 즉 '고모'의 뜻을 가지고 동의 관계에 있다는 것은 다음 예문들에서 잘 확인된다. 원문 중 '姑姊'가 '아ᄌᆞ미며 ᄆᆞᆮ누의'로 번역되고 '姑'가 '아븨누의'로 번역된다. '姑姑生的'이 '아븨누의게 나니'로 번역된다. 그리고 '姑'의 자석이 '아ᄌᆞ미'이고 고유어 '아ᄌᆞ미'는 한자어 '姑姑'와 동의 관계에 있다. 따라서 '아ᄌᆞ미'와 '아븨누의'의 동의성은 명백히 입증된다. 합성명사 '아븨누의'는 명사 '아비'[父]와 명사 '누의'[姊妹]의 합성으로 '아비+의# 누의'로 분석된다.

(209) a. 아ᄌᆞ미며 ᄆᆞᆮ누의며 아ᅀᆞ누의며 아ᄎᆞᆫᄯᆞ리(姑姊妹姪이) <번小九 103b>

(209) b. 피 두서 되 나 흐르거늘 아븨누의 숨겨 내여(出血數升其姑匿之) <二倫 19a>

　　　c. 小人은 아븨누의게 나니오(小人是姑姑生的) <번老上 16a>

　　　d. 누구는 아븨누의게 난 ᄌᆞ식고(誰是姑姑上孩兒) <번老上 16a>

(209) e. 姑 : 婦稱夫母 又父(35b) 之姊妹 <四解上 36a>

　　　f. 姑 : 아ᄌᆞ미 고 父之姊妹曰姑姑 <字會上 16b>

<210> 아ᄌᆞ미 對 어믜 겨집동ᄉᆡᆼ

명사 '아ᄌᆞ미'와 명사구 '어믜 겨집동ᄉᆡᆼ'이 [姨]와 [兩姨] 즉 '이모'의 뜻을 가지고 동의 관계에 있다는 것은 다음 예문들에서 잘 확인된다. '姨'의 자석이 '아ᄌᆞ미'이고 고유어 '아ᄌᆞ미'는 한자어 '兩姨'와 동의 관계에 있다. 그리고 원문 중 '兩姨'가 '어믜 겨집동ᄉᆡᆼ'으로 번역된다. 따라서 '아ᄌᆞ미'와 '어믜 겨집동싱'의 동의성은 명백히 입증된다.

(210) a. 姨 : …又母之姉妹 <四解上 21b>
　　　 b. 姨 : 아즈미 이 母之姉妹 俗呼兩姨 <字會上 16b>

(210) c. ㅎ나흔 어믜 겨집동싱의게 난 아ᅀᅳ(一箇是兩姨兄弟) <번老下 5b>
　　　 d. 어믜 겨집동싱의게셔 난 형뎨(兩姨哥哥兄弟) <번老下 34b>

<211> 아즈미 對 어믜오라비겨집

　명사 '아즈미'와 합성명사 '어믜오라비겨집'이 [妗] 즉 '외숙모, 어머니 형제의 아내'의 뜻을 가지고 동의 관계에 있다는 것은 다음 예문들에서 잘 확인된다. '妗'이 한자어 '妗母'를 뜻하고 '妗母'는 고유어 '어믜오라비겨집'과 동의 관계에 있다. 그리고 '妗'의 자석이 '아즈미'이고 고유어 '아즈미'는 한자어 '妗母'와 동의 관계에 있다. 따라서 '아즈미'와 '어믜오라비겨집'의 동의성은 명백히 입증된다. 합성명사 '어믜오라비겨집'은 [舅] 즉 '외삼촌'의 뜻을 가진 명사 '어믜오라비'와 명사 '겨집'[妻]의 合成으로 '어믜오라비+이#겨집'으로 분석될 수 있다. 명사 '어믜오라비'는 합성명사로 명사 '어미'와 명사 '오라비'의 合成으로 '어미+의#겨집'으로 분석된다.

(211) a. 妗 : 俗謂舅母曰妗母 어믜오라비겨집 亦曰妗子 <四解下 72b>
　　　 b. 妗 : 아즈미 금 兄弟之妻曰妗母 <字會上 16a>

　그리고 합성명사 '어믜오라비겨집'이 [妗子] 즉 '외숙모'의 뜻을 가지고 있다는 것은 다음 예문에서 잘 확인된다.

(211) c. 어믜오라비겨집(妗子) <번老下 34a>

<212> 아즈미 對 할미

　두 명사가 [姑] 즉 '시어미, 남편의 어머니'의 뜻을 가지고 동의 관계에 있다는 것은 다음 예문들에서 잘 확인된다. '姑'가 한자어 '夫母'를 뜻하고 '姑'의 자석이 '아즈미'이다. 그리고 '夫之母'가 '姑'이고 '姑'의 자석이 '할미'이다. 따라서 '아즈미'와 '할미'의 동의성은 명백히 입증된다.

(212) a. 姑 : 婦稱夫母 <四解上 35b>
　　　 b. 姑 : 아즈미 고…又夫之母曰姑 國語 할미 고 <字會上 16b>

<213> 아즈미 對 형의 겨집

명사 '아즈미'와 명사구 '형의 겨집'이 [嫂]와 [嫂子] 즉 '형수'의 뜻을 가지고 동의 관계에 있다는 것은 다음 예문들에서 잘 확인된다. 嫂의 자석이 '아즈미'이고 고유어 '아즈미'는 한자어 '嫂子'와 동의 관계에 있다. 그리고 원문 중 '嫂子'가 '형의 겨집'으로 번역된다. 따라서 '아즈미'와 '형의 겨집'의 동의성은 명백히 입증된다. '형의 겨집'은 명사구로서 한자어 '兄'(兄)과 명사 '겨집'의 결합이다.

(213) a. 嫂 : 兄妻 <四解下 21b>
　　　 b. 嫂 : 아즈미 수 兄之妻曰嫂子 <字會上 16b>

(213) c. 형의 겨집 아ᅀᆞ누의(嫂子 妹子) <번老下 4a>

<214> 아즈미/아줌이 對 아ᅀᆞ아자비겨집

명사 '아즈미/아줌이'와 합성명사 '아ᅀᆞ아자비겨집'이 [叔母], [嬸子] 및 [嬸] 즉 '작은어머니, 숙모'의 뜻을 가지고 동의 관계에 있다는 것은 다음 예문들에서 잘 확인된다. 원문 중 '叔母李氏'가 '아줌이 李氏'로 번역되고 '嬸子'가 '아ᅀᆞ아자비겨집'으로 번역된다. 그리고 '嬸'의 자석이 '아즈미'이고 고유어 '아즈미'는 한자어 '嬸子'와 동의 관계에 있다. 따라서 '아즈미/아줌이'와 '아ᅀᆞ아자비겨집'의 동의성은 명백히 입증된다. '아ᅀᆞ아자비겨집'은 명사 '아ᅀᆞ아자비'[叔]와 명사 '겨집'[妻]의 合成으로 '아ᅀᆞ아자비+이#겨집'으로 분석될 수 있다.

(214) a. 孝芬이들히 아줌이 李氏를 위와도ᄃᆡ(孝芬等이 承奉叔母李氏호ᄃᆡ) <번小九 94a>
　　　 b. 아ᅀᆞ아자비겨집(嬸子) <번老下 4a>

(214) c. 嬸 : 　今俗謂叔母曰嬸娘 又曰嬸嬸 <四解下 73b>
　　　 d. 嬸 : 아즈미 심 叔之妻曰嬸娘 又嬸子 <字會上 16b>

<215> 아촌나ᄃᆞᆯ 對 누의게 난 아ᄃᆞᆯ

명사 '아촌나ᄃᆞᆯ'과 명사구 '누의게 난 아ᄃᆞᆯ'이 [甥]과 [外甥] 즉 '생질, 자매의 아들'의 뜻을 가지고 동의 관계에 있다는 것은 다음 예문들에서 잘 확인된다. '甥'이 한자어 '外甥'을 뜻하고 '甥'의 자석이 '아촌나ᄃᆞᆯ'이다. 그리고 원문 중 '外甥'이 '누의게 난 아ᄃᆞᆯ'로 번역된다. 따라서 '아촌나ᄃᆞᆯ'과 '누의게 난 아ᄃᆞᆯ'의 동의성은 명백히 입증된다.

(215) a. 甥 : 今俗呼姊妹之子曰外甥 <四解下 61b>

　　　 b. 甥 : 아촌나돌 싱 <字會東中本上 32a>

(215) c. 누의게 난아돌 동싱 형뎨의 난아돌(外甥 姪兒) <번老下 34a>

<216> 아촌나돌 對 동싱 형뎨의 난아돌

　명사 '아촌나돌'과 명사구 '동싱 형뎨의 난 아돌'이 [姪]과 [姪兒] 즉 '조카'의 뜻을 가지고 동의 관계에 있다는 것은 다음 예문들에서 잘 확인된다. '姪'이 '兄弟之子'를 뜻한다. '姪'의 자석이 '아촌나돌'이고 고유어 '아촌나돌'은 한자어 '姪兒'와 동의 관계에 있다. 그리고 원문 중 '姪兒'가 '동싱 형뎨의 난 아돌'로 번역된다. 따라서 '아촌나돌'과 '동싱 형뎨의 난 아돌'의 동의성은 명백히 입증된다.

(216) a. 姪 : 兄弟之子曰姪 從子 <四解上 59b>

　　　 b. 姪 : 아촌나돌 딜 同姓俗呼姪兒 <字會東中本上 32a>

(216) c. 누의게 난아돌 동싱 형뎨의 난아돌(外甥 姪兒) <번老下 34a>

<217> 아촌아돌 對 앗보치

　두 명사가 [從子] 즉 '조카, 어머니 姉妹의 아들, 兄弟의 아들'의 뜻을 가지고 동의 관계에 있다는 것은 다음 예문들에서 잘 확인된다. 원문 중 '從子'가 '아촌아돌'로 번역되고 '群從子'가 '모든 앗보치'로 번역되므로 두 명사 '아촌아돌'과 '앗보치'의 동의성은 명백히 입증된다.

(217) a. 아촌아돌 뫃 l (從子 뫃 l) <번小六 21a>

　　　 b. 나죵애 아촌아돌 맛디니(卒以付軌) <二倫 32b>

(217) c. 모든 앗보치들히 미믓고(群從子 皆盛衣冠) <二倫 31a>

<218> 아히 對 아기

　두 명사가 [幼兒]와 [兒] 즉 '아기'의 뜻을 가지고 동의 관계에 있다는 것은 다음 예문들에서 잘 확인된다. 『二倫行實圖』의 元伯同爨에서 원문 중 '幼兒'가 '아히'로 번역되고 '兒'가 '아기'로 번역된다. 그리고 '兒'의 자석이 '아히'이다. 따라서 '아히'와 '아기'의 동의성은 명백히 입증된다.

(218) a. 아히 울어든(幼兒啼泣) <二倫 32a>

b. 아기도 아뫼 제 어민 줄 모르더라(兒亦不可孰爲己母也) <二倫 32a>

(218) c. 兒 : …嬰兒 <四解上 22b>
　　　 d. 兒 : 아히 ᅀᆞ <字會上 16b>

<219> 악대 對 악대양

명사 '악대'와 합성명사 '악대양'이 [羯]과 [羯的] 즉 '불간 흑양'의 뜻을 가지고 동의 관계에 있다는 것은 다음 예문들에서 잘 확인된다. 원문 중 '都要羯的'이 '다 악대로 ᄒᆞ다'로 번역된다. 그리고 '羯'의 자석이 '악대양'이다. 따라서 '악대'와 '악대양'의 동의성은 명백히 입증된다. '악대양'은 명사 '악대'와 한자어 '양'[羊]의 合成이지만 고유어로 다루었다.

(219) a. 암흐란 사디 말오 다 악대로 ᄒᆞ라(休買母的 都要羯的) <번朴上 2a>

(219) b. 羯 : 羊羖犗也 <四解下 1b>
　　　 c. 羯 : 악대양 갈 <字會下 4a>

<220> 악대 對 악대 한쇼

명사 '악대'와 명사구 '악대 한쇼'가 [犍] 즉 '불을 깐 소, 去勢한 소'의 뜻을 가지고 동의 관계에 있다는 것은 다음 예문들에서 잘 확인된다. '犍'의 자석이 '악대'이고 고유어 '악대'는 한자어 '犍牛' 및 고유어 '악대 한쇼'와 동의 관계에 있다. 따라서 '악대'와 '악대 한쇼'의 동의성은 명백히 입증된다. 고유어 '악대 한쇼'는 명사구로서 명사 '악대'와 명사 '한쇼'의 결합이다.

(220) a. 犍 : 犗牛 今俗呼犍牛 <四解下 1a>
　　　 b. 犍 : 악대 건 俗稱犍牛 악대 한쇼 <字會下 4a>

<221> 악대돝 對 션흔 돝

합성명사 '악대돝'과 명사구 '션흔 돝'이 [豶]과 [豶猪] 즉 '불을 깐 돼지, 去勢한 돼지'의 뜻을 가지고 동의 관계에 있다는 것은 다음 예문들에서 잘 확인된다. 원문 중 '豶猪肝'이 '션흔 도틱 간'으로 번역된다. 그리고 '豶'이 한자어 '去勢猪'를 뜻하고 '豶'의 자석이 '악대돝'이다. 따라서 '악대돝'과 '션흔 돝'의 동의성은 명백히 입증된다. '악대돝'은 명사 '악대'와 명사 '돝'[猪]의 合成이다. '션흔 돝'은 [騸] 즉 '去勢하다'의 뜻을 가진 한자어 동작동사 '션(騸) ᄒᆞ다'의 관사형사형 '션흔'과 명사 '돝'[猪]의 결합이지만 이 저서에서는 고유어로 다루었다.

(221) a. 션혼 도(44a) 틔 간 혼 니플 대갈로 빼혀고(豶猪肝一葉用竹刀批作片子) <瘡疹 44b>

(221) b. 豶: 去勢猪 <四解上 65a>
　　　 c. 豶: 악대돋 분 <字會下 4a>

<222> 안ㅎ 對 솝

두 명사가 [裏]와 [中] 즉 '안, 속'의 뜻을 가지고 동의 관계에 있다는 것은 다음 예문들에서 잘 확인된다. 원문 중 '裏虛'가 '안히 허ᄒ다'로 번역되고 '園中'이 '동산 안ㅎ'으로 번역된다. 그리고 '無裏'가 '소배 없다'로 번역되고 '中裙厠牏'가 '솝 우틔'로 번역된다. 그리고 '裏'의 자석이 '솝'이다. 따라서 '안ㅎ'과 '솝'의 동의성은 명백히 입증된다.

(222) a. 밧근 실ᄒ고 안히 허ᄒ닌(如表實裏虛者) <瘡疹 19a>
　　　 b. 혹 숨셜 ᄌ조믈 닐오듸 안히 허타 ᄒᄂ니(或氣促謂之裏虛) <瘡疹 19b>
　　　 c. 힝역 독이 안호로 드러(瘡毒入於裏) <瘡疹 22a>
　　　 d. 이는 안밧기 다 허ᄒ니(是表裏俱虛也) <瘡疹 20a>
　　　 e. 안밧(4b) 씨 염글오 블그니도 경ᄒ고(裏外肥紅者輕) <瘡疹 5a>
　　　 f. 만이레 대도혼 중이 이시며 대변이 구드면(若有一切裏證及大便結者) <瘡疹 18b>
　　　 g. 안팟기 서르 마자(表裏相應ᄒ야) <번小十 25b>
　　　 h. 므ᅀ믄 모로매 내 몸 얼굴 안히 이실 거시니라(心은 要在腔子裏니라) <번小八 5b>
　　　 i. 빗난 동산 안햇 고즌(灼灼園中花) <번小六 28a>
　　　 j. 댱 안해 피ᄒ야 드러(避帷中ᄒ야) <번小九 42a>

(222) k. 이는 믹과 중괘 밧긔 잇고 소배 업수모로(此脉證有表而無裏故) <瘡疹 17a>
　　　 l. 힝역 근 소배 거믄 뎜이 바ᄂᆯ 구무 ᄀᆞ트닌(瘡端裏黑點如針孔者) <瘡疹 5a>
　　　 m. 어버싀 솝 우틔를 가져다가 친히 제 ᄲᅡ라(取親中裙厠牏ᄒ야 身自浣滌ᄒ야) <번小九 85b>

(222) n. 裏: 中也 <四解上 28b>
　　　 o. 裏: 솝 리 <字會下 15a>

<223> 양 對 양ᄌ

두 명사가 [容] 즉 '모양'의 뜻을 가지고 동의 관계에 있다는 것은 다음 예문들에서 잘 확인된다. 원문 중 '頭容'이 '머리의 양'으로 번역되고 '容貌'가 '양ᄌᆞᆺ 골'로 번역된다. 따라서 '양'과 '양ᄌᆞᆺ'의 동의성은 명백히 입증된다.

　　(223) a. 머리의 양으란 곧게 ᄒᆞ며(頭容直ᄒᆞ며) <번小四 13a>
　　　　　 b. 눗비치 양으란 싁싁기 홀디니라(色容莊이니라) <번小四 13a>
　　　　　 c. 긔우늬 양으란 嚴肅히 ᄒᆞ며(氣容肅ᄒᆞ며) <번小四 13a>

　　(223) d. 양ᄌᆞᆺ 고를 모로매 단정ᄒᆞ고 엄정히 ᄒᆞ며(容貌를 必端莊ᄒᆞ며) <번小八 16b>

<224> 양 對 줏

　　두 명사가 [容]과 [貌] 즉 '모양, 모습'의 뜻을 가지고 동의 관계에 있다는 것은 다음 예문들에서 잘 확인된다. 원문 중 '手容'이 '소ᄂᆡ 양'으로 번역되고 '頭容'이 '머리의 양'으로 번역된다. 그리고 '容'과 '貌'의 자석이 '줏'이다. 따라서 '양'과 '줏'의 동의성은 명백히 입증된다.

　　(224) a. 소ᄂᆡ 양으란 공경히 ᄒᆞ며(手容恭ᄒᆞ며) <번小四 13a>
　　　　　 b. 머리의 양으란 곧게 ᄒᆞ며(頭容直ᄒᆞ며) <번小四 13a>
　　　　　 c. 눗비치 양으란 싁싁기 홀디니라(色容莊이니라) <번小四 13a>
　　　　　 d. 긔우늬 양으란 嚴肅히 ᄒᆞ며(氣容肅ᄒᆞ며) <번小四 13a>

　　(224) e. 容 : 貌也 <四解上 10b>
　　　　　 f. 容 : 줏 용 <字會上 13a>

　　(224) g. 貌 : 容貌 <四解下 21a>
　　　　　 h. 貌 : 줏 모 <字會上 12b>

<225> 양ᄌᆞ 對 줏

　　두 명사가 [貌], [容] 및 [模㨾] 즉 '모양, 모습'의 뜻을 가지고 동의 관계에 있다는 것은 다음 예문들에서 잘 확인된다. 원문 중 '貌'가 '양ᄌᆞ'로 번역되고 '容貌'가 '양ᄌᆞᆺ 골'로 번역된다. '幾箇火伴的模㨾'이 '여러 번들 히 양ᄌᆞ'로 번역된다. '貌'의 자석이 '줏'이고 고유어 '줏'이 한자어 '模㨾'과 동의 관계에 있다. 그리고 '容'이 한자 '貌'와 同義이고 '容'의 자석이 '줏'이다. 따라서 '양ᄌᆞ'와 '줏'의 동의성은 명백히 입증된다.

　　(225) a. 양ᄌᆞ란 공경호ᄆᆞᆯ 싱각ᄒᆞ며(貌思恭ᄒᆞ며) <번小四 6a>

b. 양ᄌᆞᆺ 고ᄅᆞᆯ 모로매 단정ᄒᆞ고 엄정히 ᄒᆞ며(容貌를 必端莊ᄒᆞ며) <번小八 16b>

c. 게으른 양지 업스며(無惰容ᄒᆞ며) <번小十 23a>

d. 네 이 여러 벋들히 양지(你這幾箇火伴的模樣) <번老上 50a>

(225) e. 貌 : 容貌 <四解下 21a>

f. 貌 : 同 <四解下 21a>

g. 貌 : 즛 모 俗稱模樣 <字會上 12b>

(225) h. 容 : …貌也 <四解上 10b>

i. 容 : 즛 용 <字會上 10b>

<226> 어드러 對 어듸

두 대명사가 [那裏] 즉 '어디'의 뜻을 가지고 동의 관계에 있다는 것은 『번역노걸대』의 다음 예문들에서 잘 확인된다. 원문 중 '從那裏來'가 '어드러로셔브터 오다'로도 번역되고 '어듸브터셔 오다'로도 번역되므로 두 대명사 '어드러'와 '어듸'의 동의성은 명백히 입증된다.

(226) a. 네 어드러로셔브터 온다(你從那裏來) <번老上 1a>

b. 너희 이 여러 벋들히 어듸브터셔 모다 오뇨(你這幾個火伴 從那裏合將來) <번老上 17b>

<227> 어ᄆᆡ겨집동ᄉᆡᆼ 對 어ᄆᆡ동ᄉᆡᆼ

두 합성명사가 [兩姨] 즉 '이모'의 뜻을 가지고 동의 관계에 있다는 것은 다음 예문들에서 잘 확인된다. 원문 중 '兩姨兄弟'가 '어ᄆᆡ 겨집 동ᄉᆡᆼ의게 난 아ᅀᆞ'로도 번역되고 '어ᄆᆡ 동ᄉᆡᆼ의게 난 아ᅀᆞ'로도 번역된다. 따라서 '어ᄆᆡ겨집동ᄉᆡᆼ'과 '어ᄆᆡ동ᄉᆡᆼ'의 동의성은 명백히 입증된다. 합성명사 '어ᄆᆡ겨집동ᄉᆡᆼ'은 명사 '어미'와 명사 '겨집동ᄉᆡᆼ'의 合成이고 합성명사 '어ᄆᆡ동ᄉᆡᆼ'은 명사 '어미'와 명사 '동ᄉᆡᆼ'의 합성이다.

(227) a. ᄒᆞ나ᄒᆞᆫ 어ᄆᆡ겨집동ᄉᆡᆼ의게 난 아ᅀᆞ(一箇是兩姨兄弟) <번老下 5b>

b. 어ᄆᆡ겨집동ᄉᆡᆼ의게셔 난 형뎨(兩姨哥哥兄弟) <번老下 34b>

(227) c. 이ᄂᆞᆫ 우리 어ᄆᆡ동ᄉᆡᆼ의게 난 아ᅀᆡ오(是小人兩姨兄弟) <번老上 16a>

<228> 어우리 對 받 갈 사ᄅᆞᆷ

명사 '어우리'와 명사구 '받 갈 사룹'이 [佃] 즉 '소작인'의 뜻을 가지고 동의 관계에 있다는 것은 다음 예문들에서 잘 확인된다. 원문 중 '佃之憂租'가 '어우리의 공셰 근심ᄒ다'로 번역되고 '佃租'가 '받 갈 사ᄅᆞ미 조셰'로 번역된다. 따라서 '어우리'와 '받 갈 사룹'의 동의성은 명백히 입증된다. 명사 '어우리'는 '받 님자'와 의미상 대립 관계에 있고 '받 갈 사람'은 '님자ᄒ'와 의미상 대립 관계에 있다.

(228) a. 받 님재 그우일 근심ᄒ미 곧 어우리의 공셰 근심ᄒ미리(主之憂役伊 卽佃之憂租伊羅) <正俗 23a>

b. 받 갈 사ᄅᆞ미 조셰와 님자히 귀시리(佃租主役伊) <正俗 23a>

<229> 어치 對 ᄯᅡᆷ어치 갓어치

명사 '어치'와 명사구 'ᄯᅡᆷ어치 갓어치'가 [皮汗替], [汗替 皮替] 및 [替子] 즉 '언치, 땀받이 언치 가죽 언치'의 뜻을 가지고 동의 관계에 있다는 것은 다음 예문들에서 잘 확인된다. 원문 중 '皮汗替'가 '언치'로 번역되고 '汗替 皮替'가 'ᄯᅡᆷ어치 갓어치'로 번역된다. '替'의 자석이 '어치'이고 고유어 '어치'는 한자어 '替子'와 동의 관계에 있다. 그리고 '替子'는 '汗替皮替'의 '總名'이다. 따라서 '어치'와 'ᄯᅡᆷ어치 갓어치'의 동의성은 명백히 입증된다. 명사구 'ᄯᅡᆷ어치 갓어치'는 명사 'ᄯᅡᆷ어치'[汗替]와 명사 '갓어치'[皮替]의 결합이다.

(229) a. 쳥셔피 변ᄉᆞ앳 어치오(藍斜皮邊兒的皮汗替) <번朴上 28b>

b. ᄯᅡᆷ어치 갓어치 할어치(汗替 皮替 替子) <번老下 30b>

(229) c. 羅 : 馬汗羅 通作替 <四解上 25a>

d. 靵 : 어치 톄 俗呼靵子 通作替 <字會中 13b>

(229) e. 替子 : 音義云汗替之總名 <老朴 老下2b>

<230> 언 對 믈언덕

명사 '언'과 합성명사 '믈언덕'이 [岸]과 [堤] 즉 '언덕, 강기슭'의 뜻을 가지고 동의 관계에 있다는 것은 다음 예문들에서 잘 확인된다. 원문 중 '北岸'이 '븍녁 언'으로 번역된다. '堤'의 자석이 '언'이다. 그리고 '岸'이 한자어 '水涯'를 뜻하고 '岸'의 자석이 '믈언덕'이다. 따라서 '언'과 '믈언덕'의 동의성은 명백히 입증된다. 합성명사 '믈언덕'은 명사 '믈'과 명사 '언덕'의 合成이다.

(230) a. 븍녁 언 우희 ᄒᆞᆫ 큰 뎔 ᄒᆞᆫ 좨 잇ᄂᆞ니(北岸上有一座大寺) <번朴上 69b>

b. 堤 : 언 데 岸也 <字會上 3b>

(230) c. 岸 : 水涯 <四解上 71b>

d. 岸 : 믈언덕 안 <字會上 2a>

<231> 얼굴 對 구레

두 명사가 [腔子], [腔] 및 [胜] 즉 '몸통'의 뜻을 가지고 동의 관계에 있다는 것은 다음 예문들에서 잘 확인된다. 원문 중 '羊腔子'가 '양의 얼굴'로 번역되고 '羊腔子'는 '屠羊之體'이다. 그리고 '腔'의 자석이 '구레'이다. 그리고 '胜'이 한자 '腔'과 同義이고 '胜'의 자석이 '구레'이다. 따라서 '얼굴'과 '구레'의 동의 성은 명백히 입증된다.

(231) a. 훈 양의 얼굴 사다가(買一箇羊腔子) <번朴上 67a>

(231) b. 腔 : 骨體 又今俗謂屠羊之體曰羊腔子 <四解下 41a>
    c. 腔 : 구레 강 <字會上 14b>

(231) d. 胜 : 腔也 <四解下 45b>
    e. 胜 : 구레 광 <字會上 14b>

<232> 얼굴 對 양즈

두 명사가 [形]과 [像] 즉 '形體, 모습'의 뜻을 가지고 동의 관계에 있다는 것은 다음 예문들에서 잘 확인된다. 원문 중 '形…朽'가 '얼구리 석다'로 번역되고 '父母形'이 '어버의 양즈'로 번역된다. '姑像'이 '싀 어믜 양즈'로 번역된다. 그리고 '形'이 한자 '像'과 同義이고 '形'의 자석이 '얼굴'이다. 따라서 '얼굴'과 '양즈'의 동의성은 명백히 입증된다.

(232) a. 주근 사르미 얼구리 서거 업서디고(死者ㅣ 形既朽滅ᄒ며) <번小七 22a>
    b. 얼굴 가죠매 아니(6b) 완츨ᄒ며 헤펄러호ᄃᆞᆯ 머리 ᄒ며(動容貌애 斯遠暴慢矣며) <번小四 7a>

(232) c. 어버의 양즈를 그려 두고(圖父母形) <속三孝 23a>
    d. 싀어믜 양즈를 그려 두고(畫姑像) <속三烈 1a>

(232) e. 形 : 像也 <四解下 55b>
    f. 形 : 얼굴 형 <字會上 13a>

명사 '양ᄌ'가 [模樣] 즉 '외형적 모양'의 뜻을 가진다는 것은 다음 예문들에서 잘 확인된다. 원문 중 '幾箇火伴的模樣'이 '여러 벋들히 양ᄌ'로 번역된다.

(232) g. 네 이 여러 벋들 히 양지(你這幾箇火伴的模樣) <번老上 50a>
　　　 h. 그 갓나히도 양지 ᄀ장 고와(那女孩兒生的十分可喜) <번朴上 45b>

<233> 엄 對 움

두 명사가 [芽]와 [萌] 즉 '싹, 새싹'의 뜻을 가지고 동의 관계에 있다는 것은 다음 예문들에서 잘 확인된다. '芽'가 한자어 '萌芽'를 뜻하고 '芽'의 자석이 '엄'이다. 그리고 '萌'의 자석이 '움'이고 '單初生'은 한자어 '萌芽'이다. 따라서 '엄'과 '움'의 동의성은 명백히 입증된다.

(233) a. 芽 : 萌芽 <四解下 30b>
　　　 b. 芽 : 엄 아 <字會下 2b>

(233) c. 萌 : 草芽 <四解下 60a>
　　　 d. 萌 : 움 밍 單初生 萌芽 <字會下 2b>

<234> 오늘날 對 이제

두 명사가 [今日] 즉 '오늘'의 뜻을 가지고 동의 관계에 있다는 것은 다음 예문들에서 잘 확인된다. 원문 중 '今日記'가 '오늘나래 긔디ᄒ다'로 번역되고 '今日之俸'이 '이젯 록'으로 번역되므로 '오늘날'과 '이제'의 동의성은 명백히 입증된다. '오늘날'은 '오늘'과 '날'의 合成이다.

(234) a. 오늘나래 ᄒᆞᆫ 이를 긔디ᄒ고(今日에 記一事ᄒ고) <번小八 36b>
　　　 b. 오늘나래(今日簡頭) <번朴上 7a>

(234) c. 내의 이젯 록이(吾今日之俸이) <번小十 31a>
　　　 d. 이제와 달이 도외면(異於今日이면) <번小十 31a>

<235> 오ᄉ리 對 우슭

두 명사가 [貉] 즉 '담비'의 뜻을 가지고 동의 관계에 있다는 것은 다음 예문들에서 잘 확인된다. '貉'이 고유어 '오ᄉ리'를 뜻한다. 그리고 '貉'의 자석이 '우슭'이고 고유어 '우슭'은 한자어 '山獺'과 동의 관계에 있다. 따라서 '오ᄉ리'와 '우슭'의 동의성은 명백히 입증된다.

(235) a. 貂(39b) : 獸似狐 善睡 오슈리 <四解下 40a>

　　 b. 貂 : 우슭 학…俗呼山獺 <字會上 10a>

<236> 올미 對 조싀

두 명사가 [茈], [薢], [荸] 및 [薺] 즉 '올방개'의 뜻을 가지고 동의 관계에 있다는 것은 다음 예문들에서 잘 확인된다. '茈'가 한자어 '荸薺'를 뜻하고 '荸薺'는 고유어 '올미'와 동의 관계에 있다. '薢'의 자석이 '올미'이고 '올미'는 한자어 '荸薺'와 동의 관계에 있다. 그리고 '荸'과 '薺'가 한자어 '荸薺'를 뜻하고 '荸薺'는 고유어 '조싀'와 동의 관계에 있다. 따라서 '올미'와 '조싀'의 동의성은 명백히 입증된다.

(236) a. 茈 : …一名荸薺 올미 <四解上 13a>

　　 b. 薢 : 올미 볼 <字會上 8a>

　　 c. 薢 : 올미 제…方書薢薢 亦作荸薺 <字會上 8a>

(236) d. 荸 : 荸薺 藥草 조싀 <四解上 64b>

　　 e. 薺 : 荸薺 조싀 <四解上 27a>

<237> 옷 對 우뤼

두 명사가 [衣], [衣服] 및 [衣被] 즉 '옷'의 뜻을 가지고 동의 관계에 있다는 것은 다음 예문들에서 잘 확인된다. 원문 중 '一衣'가 '흔 옷'으로 번역되고 '粘沾衣服'이 '오새 븥다'로 번역된다. '衣被…週'가 '우뤼를 두루룹ᄒ다'로 번역된다. 그리고 '衣'의 자석이 '옷'이다. 따라서 '옷'과 '우뤼'의 동의성은 명백히 입증된다.

(237) a. 흔 오ᄉᆞᆯ 어드면(得一衣ᄒ면) <번小七 43a>

　　 b. 곰름므리 긋디 아니ᄒ야 오새 브터(膿水不絶粘沾衣服) <瘡疹 49a>

(237) c. 혹 우뤼를 두루룹티 아니ᄒ야(或衣被不週) <瘡疹 11b>

(237) d. 衣 : 衣裳 <四解上 20b>

　　 e. 衣 : 옷 의 <字會下 8b>

<238> 옷고홈 對 빈툐

두 명사가 [襻]과 [裸] 즉 '옷ᄭᅳᆫ'의 뜻을 가지고 동의 관계에 있다는 것은 다음 예문들에서 잘 확인된다. '襻'이 고유어 '옷고홈'을 뜻한다. 그리고 '襑'가 한자어 '衣襻'을 뜻하고 '衣襻'이 고유어 '빈툐'와 동의 관계에 있다. 따라서 '옷고홈'과 '빈툐'의 동의성은 명백히 입증된다.

(238) a. 襻 : 衣系 옷고홈 <四解上 77b>
b. 襑 : 衣襻 빈툐 <四解下 16b>

<239> 옷쟈락 對 기슭

두 명사가 [襟兒]와 [襟] 즉 '옷쟈락'의 뜻을 가지고 동의 관계에 있다는 것은 다음 예문들에서 잘 확인된다. 원문 중 '布衫襟兒'가 '뵈 오쟈락'으로 번역된다. 그리고 '襟'의 자석이 '기슭'이다. 따라서 '옷쟈락'과 '기슭'의 동의성은 명백히 입증된다.

(239) a. 안직 뵈 옷쟈락으로 딥 가져가라(且着布衫襟兒 抱些草去) <번老上 33a>

(239) b. 襟 : 袵也 <四解下 72a>
c. 襟 : … 又 기슭 금 <字會中 12a>

<240> 요향 對 골

두 명사가 [莞]과 [菅] 즉 '골품, 왕골'의 뜻을 가지고 동의 관계에 있다는 것은 다음 예문들에서 잘 확인된다. '莞'과 '菅'이 한자어 '葱蒲'를 뜻한다. '莞'의 자석이 '요향'이고 고유어 '요향'은 한자어 '葱蒲'와 동의 관계에 있다. 그리고 '菅'의 자석이 '골'이다. 따라서 '요향'과 '골'의 동의성은 명백히 입증된다.

(240) a. 莞 : 小蒲可爲席 一名葱蒲 <四解上 72a>
b. 菅 : 同 <四解上 72a>

(240) c. 莞 : 요향 관 莞(4a)蒲 一名葱蒲 <字會上 4b>
d. 菅 : 골 관 通作莞 <字會上 5a>

<241> 우ㅎ 對 마딕

두 명사가 [上] 즉 '위, 꼭대기'의 뜻을 가지고 동의 관계에 있다는 것은 다음 예문들에서 잘 확인된다. 원문 중 '上下'가 '우콰 아래'로 번역된다. '城上'이 '셩 우ㅎ'로 번역되고 '氷盤上'이 '어름 담는 그릇 우ㅎ'로 번역된다. 그리고 '上'의 자석이 '마딕'이다. 따라서 '우ㅎ'와 '마딕'의 동의성은 명백히 입증된다.

(241) a. 우콰 아래왜 能히 서르 親ᄒᆞᄂᆞ니라(上下ㅣ 能相親也ㅣ라) <번小三 8a>

　　　b. 셩 우희셔 브르지지디 말며(城上不呼ᄒᆞ며) <번小四 11a>

　　　c. 龐公이 받 가로ᄅᆞᆯ 그치고 두던 우희 잇거ᄂᆞᆯ(龐公이 釋耕於壟上이어늘) <번小九 91a>

　　　d. 뎌 어름 담ᄂᆞᆫ 그릇 우희(那氷盤上) <번朴上 5b>

　　　e. 스스로 능히 우후로 츳자 가 쉬운 일브터 비화셔 우후로 노ᄑᆞᆫ 리예 통달홀 거시니라(自能尋向上
　　　　去ᄒᆞ야 下學而上達也ㅣ리라) <번小八 5b>

(241) f. 上 : 君上也 在上之上 <四解下 43b>

　　　g. 上 : 마디 샹 <字會下 15a>

<242> 우틔 對 아랫옷

　　명사 '우틔'와 합성명사 '아랫옷'이 [裳] 즉 '치마'의 뜻을 가지고 동의 관계에 있다는 것은 다음 예문들에서 잘 확인된다. 원문 중 '布裳'이 '뵈 우틔'로 번역되고 '褰裳'이 '아랫오ᄉᆞᆯ' 거두들다'로 번역된다. 따라서 '우틔'와 '아랫옷'의 동의성은 명백히 입증된다. 합성명사 '아랫옷'은 명사 '아래'[下]와 명사 '옷'의 合成이다.

(242) a. 댜ᄅᆞᆫ 뵈 우틔를 ᄀᆞ라 닙고(更著短布裳ᄒᆞ야) <번小九 59b>

　　　b. 어버싀 솝 우틔를 가져다가(取親中裙厠牏ᄒᆞ야) <번小九 85b>

(242) c. 더워도 아랫오ᄉᆞᆯ 거두드디 마롤디니라(暑毋褰裳이니라) <번小四 11a>

<243> 우틔 對 츄마

　　두 명사가 [裳] 즉 '치마'의 뜻을 가지고 동의 관계에 있다는 것은 다음 예문들에서 잘 확인된다. 원문 중 '布裳'이 '뵈 우틔'로 번역된다. 그리고 '裳'의 자석이 '츄마'이다. 따라서 '우틔'와 '츄마'의 동의성은 명백히 입증된다.

(243) a. 댜ᄅᆞᆫ 뵈 우틔를 ᄀᆞ라 닙고(更著短布裳ᄒᆞ야) <번小九 59b>

　　　b. 어버싀 솝 우틔를 가져다가(取親中裙厠牏ᄒᆞ야) <번小九 85b>

(243) c. 裳 : 衣裳 <四解下 43a>

　　　d. 裳 : 츄마 샹 男服 <字會中 11b>

<244> 울 對 바조

두 명사가 [藩]과 [籬] 즉 '울타리'의 뜻을 가지고 동의 관계에 있다는 것은 다음 예문들에서 잘 확인된다. '藩'이 한자어 '藩籬'를 뜻하고 '藩'의 자석이 '울'이다. 그리고 '籬'가 '藩'과 同義이고 '籬'의 자석이 '바조'이다. 따라서 '울'과 '바조'의 동의성은 명백히 입증된다.

(244) a. 藩 : 藩籬 <四解上 80b>
　　　b. 藩 : 울 번 <字會中 4a>

(244) c. 籬 : 藩也 <四解上 28b>
　　　d. 籬 : 바조 리 <字會中 4a>

15세기 국어에서 [籬] 즉 '울타리'의 뜻을 가진 명사 '울'을 다음 예문들에서 발견할 수 있다. 원문 중 '籬邊'이 '욼ᄀᆞ'으로 번역된다.

(244) e. 울為籬 <訓民正音解例本 用字例>
　　　f. 울히 여리니 門을 어드러 向ᄒᆞ리오(籬弱門何向) <杜詩諺解十五 11b>
　　　g. 욼 ᄀᆞ쉬 므른 城으로 向ᄒᆞ야 흐르ᄂᆞ다(籬邊水向城) <杜詩諺解十 2a>
　　　h. 늘난 매는 욼 ᄀᆞ샛 톳기를 티디 아니ᄒᆞᄂᆞ니라(俊鷹은 不打籬邊兔ᄒᆞᄂᆞ니라) <南明集上 11a>

<245> 유무 對 글ᄌ

두 명사가 [書信], [書] 및 [札] 즉 '편지'의 뜻을 가지고 동의 관계에 있다는 것은 다음 예문들에서 잘 확인된다. 원문 중 '有書信'이 '유무 잇다'로 번역되고 '還書'가 '유무를 보내다'로 번역되며 '書札'이 '글ᄌ 스다'로 번역된다. 따라서 '유무'와 '글ᄌ'의 동의성은 명백히 입증된다. 그리고 (d)의 원문이 『小學諺解』(1588)에서 '글시며 유무에 니르러는' <五 6a>으로 번역되므로 '札'에 상당하는 고유어가 '유무'임을 알 수 있다.

(245) a. 우리 지븨 유무 잇ᄂᆞ녀(我家裏有書信麼) <번老下 3b>
　　　b. ᄯᅩ 유뮈 오나다(又有書信) <번老下 4b>
　　　c. 유무를 보내야 경계ᄒᆞ야 ᄀᆞ로듸(還書誡之曰) <번小六 12b>

(245) d. 글ᄌ 수매 니르러는(至於書札ᄒᆞ야는) <번小六 6b>

<246> 이바디 對 잔치

두 명사가 [宴], [燕] 및 [禮] 즉 '잔치'의 뜻을 가지고 동의 관계에 있다는 것은 다음 예문들에서 잘 확인된다. 원문 중 '宴集'이 '이바디 회집ᄒ다'로 번역되고 '燕集'이 '이바디예 몯다'로 번역된다. 그리고 '禮薄'이 '갺간 ᄒᄂ 이바디'로 번역되고 '昏禮'가 '사돈 잔치'로 번역된다. 따라서 '이바디'와 '잔치'의 동의성은 명백히 입증된다. 명사 '이바디'는 동작동사 '이받다'의 어간 '이받'과 명사 형성 접미사 '-이'의 결합으로 생긴 파생 명사이다. 주목할 만한 사실은 명사 '잔치'가 1510년대 국어에 처음으로 등장한다는 것이다.

(246) a. 쪼 서르 조차 이바디 회집ᄒ야(又相從宴集ᄒ야) <번小七 16a>

　　　 b. 믈읫 이바디예 모다 처엄 안조매(凡燕集初坐厓) <呂約 24b>

　　　 c. 풍뤼며 이바디며 바독 쟝긔 됴훈 구경 도인 거세(於…聲伎游宴ᄋ로 以至博奕奇玩애) <번小十 23a>

　　　 d. 잠깐 ᄒᄂ 이바디어든 단즈 아니ᄒ야두 ᄒ리라(禮薄則不必書 : 書今從俗代以單字禮薄則不必具單字) <呂約 23b>

(246) e. 사돈 잔치어든 사돈짓 사룸으로 위두 손을 사모듸 (如昏禮則姻家奴 爲上客乎代.) <呂約 24b>

　　　 f. 만이레 사돈 잔치예(若婚會厓) <呂約 25b>

　　　 g. 손이 오나든 일즉 잔치 아니ᄒ신 저기 업수듸(客至어든 未嘗不置酒호듸) <번小十 32a>

<247> 이제 對 오늘

두 명사가 [今] 즉 '이제, 지금'의 뜻을 가지고 동의 관계에 있다는 것은 다음 예문들에서 잘 확인된다. 원문 중 '今人'이 '이젯 사룸'으로 번역되고 '今之害'가 '이젯 해'로 번역되며 '今旣晚'이 '오늘리 졈글다'로 번역된다. 따라서 '이제'와 '오늘'의 동의성은 명백히 입증된다.

(247) a. 이젯 사르미 쉬 아디 몯ᄒᄂ니(今人이 未易曉ㅣ니) <번小六 7b>

　　　 b. 이젯 션비들히(今之儒者ㅣ) <번小八 24b>

　　　 c. 이젯 해ᄂ 기퍼 글ᄒ요미 어렵도다(今之害는 深而難辨이로다) <번小八 41a>

　　　 d. 이제 사르믄 허믈이 잇거든(今人은 有過ㅣ어든) <번小八 4b>

(247) e. 오늘리 졈그니 가 쉬어져(今旣晚 且休矣) <二倫 47a>

<248> 이틋날 對 늬실날

두 합성명사가 '明日' 즉 '이튿날, 내일'의 뜻을 가지고 동의 관계에 있다는 것은 다음 예문들에서 잘 확인된다. 원문 중 '明日…來問'이 '이틋날 와 묻다'로 번역된다. 그리고 '明日辨'이 '늬실나래…글히집다'로 번역된다. 따라서 '이틋날'과 '늬실날'의 동의성은 명백히 입증된다. 합성명사 '이틋날'은 '이틀+ㅅ#날'로 분석될 수 있고 명사 '이틀'과 명사 '날'의 合成이다. 그리고 '늬실날'은 합성명사로 한자어 '늬실'(來日)과 고유어 '날'의 合成이다.

(248) a. 이틋날 의원이 와 무로딕(明日醫來問) <번老下 41a>

b. 이틋날 陽城 더브러 하딕ᄒ고 도라가 효양ᄒ리(明日에 謁城ᄒ고 還養者ㅣ) <번小九 8a>

c. 이틋날 드듸여 게셔 분토애 졔ᄒ시고 이바디 자시고(明日就那上了墳喫筵席 <번朴上 65a>

(248) d. 오ᄂᆞᆯ나래 ᄒᆞᆫ 스리를 굴히지버 ᄒᆞ고 늬실나래 ᄒᆞᆫ 스리를굴히지버 ᄒᆞ면(今日에 辨一理ᄒ고 明日에 辨一理ᄒ면) <번小八 36b>

<249> 인절미 對 츠썩

두 명사가 [養] 즉 '인절미, 찰떡'의 뜻을 가지고 동의 관계에 있다는 것은 다음 예문들에서 잘 확인된다. '養'가 한자어 '養餻'를 뜻하고 '養餻'는 고유어 '인절미'와 동의 관계에 있다. 그리고 '養'의 자석이 '츠썩'이다. 따라서 '인절미'와 '츠썩'의 동의성은 명백히 입증된다.

(249) a. 養: 飯餅 今俗呼養餻 인절미 <四解上 13a>

b. 養: 츠썩 ᄌ <字會中 10b>

명사 '츠썩'의 先代形인 '츨썩'은 『金剛經三家解』(1482)의 '胡餅은 츨썩이오' <권3 51a>에서 확인된다.

<250> 일히 對 승량이

두 명사가 [豺] 즉 '이리, 승냥이'의 뜻을 가지고 동의 관계에 있다는 것은 다음 예문들에서 잘 확인된다. 원문 중 '豺'가 '일히란 거슨'으로 의역된다. 그리고 '豺'의 자석이 '승량이'이다. 따라서 '일히'와 '승량이'의 동의성은 명백히 입증된다.

(250) a. 일히란 거슨 즘승을 자바 졔ᄒ고 슈달이란 거슨 고기를 자바 졔ᄒᆞ야딕(豺獺이) <번小七 6b>

b. 일희 쇼리로 밍근 간다개러라(野狗尾子罕荅哈) <번朴上 30b>

(250) c. 豺: 狼屬 <四解上 45a>

d. 豺: 승량이 싀 俗呼豺狗 <字會上 10a>

<251> 입거웆 對 날웆

두 명사가 [鬚] 즉 '턱수염'의 뜻을 가지고 동의 관계에 있다는 것은 다음 예문들에서 잘 확인된다. 『훈몽자회』에서 '鬚'의 자석이 '입거웆'이고 원문 중 '焚其鬚'가 '날오지 블다'로 번역된다. 그리고 '焚其鬚'가 『內訓』(1475)에서 '그 입거우제 블거늘' <三 46a>로 번역된다. 따라서 '입거웆'과 '날웆'의 동의성은 명백히 입증된다. 명사 '날웆'은 1510년대 국어에 처음으로 등장한다.

(251) a. 鬚 : 毛在脣下曰鬚 <四解上 31b>
　　　 b. 鬚 : 입거웆 슈在頤 <字會上 14b>

(251) c. 브레 날오지 블거늘(火焚其鬚ㅣ 어늘) <번小九 79a>

<252> 잇 對 검화

두 명사가 [蘚]과 [苔] 즉 '이끼'의 뜻을 가지고 동의 관계에 있다는 것은 다음 예문들에서 잘 확인된다. '蘚'은 한자어 '苔蘚'을 뜻하고 '苔蘚'은 고유어 '검화'와 동의 관계에 있다. 그리고 '蘚'과 '苔'의 자석이 '잇'이다. 따라서 '잇'과 '검화'의 동의성은 명백히 입증된다.

(252) a. 蘚 : 苔蘚 又白蘚 검화 <四解下 5a>
　　　 b. 蘚 : 잇 션 <字會上 4b>

(252) c. 苔 : 水衣 <四解上 43a>
　　　 d. 苔 : 잇 틱 <字會上 4b>

<253> 잡효근것전 對 상자리젼

두 합성명사가 [雜貨鋪兒] 즉 '잡화점(雜貨店), 여러 가지 물품을 파는 상점'의 뜻을 가지고 동의 관계에 있다는 것은 다음 예문들에서 잘 확인된다. 원문 중 '雜貨鋪兒'가 '잡효근것전'으로 번역되고 '那雜貨鋪兒'가 '그 상자리젼'으로 번역된다. 따라서 '잡효근것전'와 '상자리젼'의 동의성은 명백히 입증된다. 합성명사 '잡효근것'은 접두사 '잡'과 상태동사 '횩다'의 관형사형 '효근'과 의존명사 '것'의 合成이다.

(253) a. 븍녁 고래 거리 향향야 잡효근것전 나는 딕 곧 그라(北巷裏向街開雜貨鋪兒便是) <번老上 48b>
　　　 b. 그 상자리젼이 네 하가(那雜貨鋪兒是你的那) <번老上 48b>

<254> 잣 對 잣나모

두 명사가 [栢]과 [果松] 즉 '잣나무'의 뜻을 가지고 동의 관계에 있다는 것은 다음 예문들에서 잘 확인된다. 원문 중 '松栢'이 '솔와 잣 닙ㅍ'으로 의역되고 '攀栢'이 '잣남글 집다'로 번역된다. 그리고 '松'의 자석이 '솔'이고 고유어 '잣나모'가 한자어 '果松'과 동의 관계에 있다. 따라서 '잣'과 '잣나모'의 동의성은 명백히 입증된다. '잣나모'는 명사 '잣'과 명사 '나모'의 合成이다.

(254) a. 솔와 잣 닙피 후에 디ᄂᆞᆫ 주를 아ᄂᆞ니(知松栢之後凋ㅣ니) <번小九 74a>
    b. 잣남글 집고 슬피 우러(攀栢悲號ᄒᆞ야) <번小九 27a>

(254) c. 栢 : 木名 <四解下 59a>
    d. 松 : 솔 숑…又呼 잣나모曰果松 <字會上 6a>

<255> 쟈리군 對 비름

두 명사가 [莧] 즉 '자리공, 商陸'의 뜻을 가지고 동의 관계에 있다는 것은 다음 예문들에서 잘 확인된다. '莧'이 한자어 '商陸'을 뜻하고 '商陸'은 고유어 '쟈리군'과 동의 관계에 있다. 따라서 '쟈리군'과 '비름'의 동의성은 명백히 입증된다.

(255) a. 莧 : 商陸 易莧陸 쟈리군 <四解下 7b>
    b. 莧 : 비름 현 俗呼莧菜 <字會上 7b>

<256> 저울 對 큰 저울

명사 '저울'과 명사구 '큰 저울'이 [秤] 즉 '저울'의 뜻을 가지고 동의 관계에 있다는 것은 다음 예문들에서 잘 확인된다. 원문 중 '秤鉤子'가 '저우렛 갈궁쇠'로 번역되고 '秤三十連'이 '큰 저울 셜흔 무ᄅᆞ'로 번역된다. 그리고 '秤'의 자석이 '저울'이다. 따라서 '저울'과 '큰 저울'의 동의성은 명백히 입증된다.

(256) a. 저우렛 갈궁쇠 다 잇다(秤鉤子 都有) <번老下 64b>
    b. 이ᄂᆞᆫ 저울(這箇是秤) <번朴上 42a>
    c. 저욹ᄃᆞ림(秤錘) <번老下 69b>

(256) d. 큰 저울 셜흔 무ᄅᆞ(秤三十連) <번老下 69a>
    e. 뎌 큰 저울 져근 저울들히 다 구의예셔 밍ᄀᆞ니오(那秤等子都是官做的) <번老下 69a>

(256) f. 秤 : 衡也 <四解下 53b>

　　　g. 秤 : 저울 칭 <字會中 6b>

<257> 저욼대 對 저울

합성명사 '저욼대'와 명사 '저울'이 [衡] 즉 '저울대'의 뜻을 가지고 동의 관계에 있다는 것은 다음 예문들에서 잘 확인된다. 원문 중 '秤竿'이 '저욼대'로 번역된다. '衡'의 자석이 '저욼대'이고 고유어 '저욼대'는 한자어 '衡兒'와 동의 관계에 있다. 그리고 '衡'이 '衡子'를 뜻하고 한자어 '衡子'는 고유어 '저울'과 동의 관계에 있다. 따라서 '저욼대'와 '저울'의 동의성은 명백히 입증된다. '저욼대'는 명사 '저울'[秤]과 명사 '대'[竿]의 合成으로 '저울+ㅅ#대'로 분석될 수 있다.

(257) a. 저욼대(69a) 저욼ᄃ림(秤竿 秤錘) <번老下 69b>

(257) b. 衡 : 저욼대 형 俗呼秤子曰衡兒 <字會中 6b>

　　　c. 衡 : …今俗語衡子 저울 <四解下 55b>

<258> 적 對 제

두 명사가 [時] 즉 '때, 적'의 뜻을 가지고 동의 관계에 있다는 것은 다음 예문들에서 잘 확인된다. 원문 중 '生時'가 '산 적'으로 번역되고 '來時'가 '올 적'과 '올 제'로 번역된다. 그리고 '飢渴時'가 '비골프고 목물라 이신 적'으로 번역되고 '飢時'가 '골픈 제'로 번역된다. 따라서 '적'과 '제'의 동의성은 명백히 입증된다.

(258) a. 아춤 나죄 飯祭ᄒᆞᄆᆞᆯ 산 적 ᄀᆞ티 ᄒᆞ야(朝夕上食 一如生時) <속三孝 35a>

　　　b. 제 올 저긔(他來時) <번老上 9a>

　　　c. 우리 졍히 비골프고 목물라 이신 저긔(我正飢渴時) <번老上 43b>

　　　d. 공순도 몯홀 저기 잇다 ᄒᆞ니(悌有不時) <번小三 46a>

　　　e. 내 벼슬 몯ᄒᆞᆫ 저긔(方布衣時) <二倫 39a>

(258) f. 나 올 제 다 됴ᄒᆞ야 암그럿더라(我來時都完痊疴了) <번老下 4b>

　　　g. 골픈 제 ᄒᆞᆫ 입 어더 머구미(飢時得一口) <번老上 43b>

　　　h. 氣象이 됴ᄒᆞᆫ 제ᄂᆞᆫ(氣象好時예ᄂᆞᆫ) <번小八 14a>

　　　i. 曹氏 알픽 셩ᄒᆞ여 이실 제도(曹氏前盛之時예도) <번小九 63a>

　　　j. 급뎨 몯ᄒᆞᆫ 제 다 가난터니(未第時皆貧) <二倫 41a>

명사 '쟉'이 [時] 즉 '때, 적'의 뜻을 가지고 동의 관계에 있다는 것은 『번역노걸대』의 예문 '내 말 좃디 몯홀 쟈기면 내 아니 ㅍ로리라(依不得我時 我不賣)' <下 61a>에서 잘 확인된다. 명사 '쟉'은 1510년대 국어에 처음으로 등장한다.

<259> 젓국 對 젓

두 명사가 [醢] 즉 '젓갈'의 뜻을 가지고 동의 관계에 있다는 것은 다음 예문들에서 잘 확인된다. 원문 중 '歠醢'가 '젓구를 마시다'로 번역된다. 그리고 '醢'의 자석이 '젓'이다. 따라서 '젓국'과 '젓'의 동의성은 명백히 입증된다.

(259) a. 소니 젓구글 마시거든(客이 歠醢어든) <번小四 26b>
    b. 젓국 마시지 마롤디니(毋歠醢니) <번小四 26b>

(259) c. 醢 : 肉醬也 <四解上 45b>
    d. 醢 : 젓 히 肉醬 <字會中 10b>

<260> 져제 對 계져

두 명사가 [市] 즉 '저자, 市場'의 뜻을 가지고 동의 관계에 있다는 것은 다음 예문들에서 잘 확인된다. 원문 중 '市童'이 '져젯 아히들ㅎ'로 번역되고 '馬市裏'가 '몰 계져'로 번역된다. 따라서 '져제'와 '계져'의 동의성은 명백히 입증된다.

(260) a. 비록 져젯 아히들히 과ᄒᆞ야 ᄒᆞ나(雖得市童憐이나) <번小六 26a>
    b. 져제 가매 마죰 ᄀᆞ티 너기고(若撻于市ᄒᆞ고) <번小八 3a>
    c. 져제 됴ᄒᆞᆫ 물 몯 어드리라(市裏尋不着好馬) <번朴上 63a>
    d. 져제 가도 쏘 ᄒᆞᆫ가지니(便到市上 也只一般) <번老下 8a>
    e. 쏘 굿 네 가져 져제 가디 말오(也不須你將往市上去) <번老上 69b>

(260) f. 네 손조 물 계져 글ᄒᆞ야 사라 가ᄃᆡ여(你自馬市裏揀着買去) <번朴上 63a>

<261> 젼술 對 디몰긴술

두 명사가 [醴] 즉 '젼내기, 거르지 않은 술'의 뜻을 가지고 동의 관계에 있다는 것은 다음 예문들에서 잘 확인된다. '醴'의 자석이 '젼술'이고 고유어 '젼술'은 한자어 '醴酒' 및 고유어 '디몰긴술'과 동의 관계에 있다. 따라서 '젼술'과 '디믈긴술'의 동의성은 명백히 입증된다.

(261) a. 醨 : 酒未漉 <四解上 50a>

b. 醨 : 젼술 빅 俗稱醨(10b) 酒 디믈긴술 酒未漉 <字會中 11a>

<262> 조 對 것조

두 명사가 [粟] 즉 '조'의 뜻을 가지고 동의 관계에 있다는 것은 다음 예문들에서 잘 확인된다. '粟'이 한자어 '穀子'를 뜻하고 '穀子'는 고유어 '것조'와 동의 관계에 있다. 그리고 '粟'의 자석이 '조'이고 고유어 '조'는 한자어 '穀子'와 동의 관계에 있다. 따라서 '조'와 '것조'의 동의성은 명백히 입증된다.

(262) a. 粟 : 今俗呼穀子 것조 米曰小米 <四解上 8a>

b. 粟 : 조 속 俗呼穀子 呼米曰小米 <字會上 7a>

(262) c. 穀 : 낟 곡 … 俗呼穀子 조 亦作穀 <字會下 2a>

<263> 조발 對 조

합성명사 '조발'과 명사 '조'가 [小米] 즉 '좁쌀'의 뜻을 가지고 동의 관계에 있다는 것은 다음 예문들에서 잘 확인된다. 원문 중 '一斗小米'가 '흔 말 조발'로 번역된다. 그리고 '粟'의 자석이 '조'이고 고유어 '조'는 한자어 '小米'와 동의 관계에 있다. 따라서 '조발'과 '조'의 동의성은 명백히 입증된다. 합성명사 '조발'은 명사 '조'와 명사 '발'의 合成이다.

(263) a. 닷 분에 흔 말 조뿌리오(五分一斗小米) <번老上 9b>

(263) b. 粟 : 今俗呼穀子 것조 米曰小米 <四解上 8a>

c. 粟 : 조 속 俗呼穀子 呼米曰小米 <字會上 7a>

<264> 좀 對 쥘동

두 명사가 [弣] 즉 '줌통, 활의 한가운데의 손으로 쥐는 부분'의 뜻을 가지고 동의 관계에 있다는 것은 다음 예문들에서 잘 확인된다. '弣'가 한자어 '弓弣'를 뜻하고 '弣'의 자석이 '좀'이다. 그리고 원문 중 '弣裏軟'이 '쥘동이 므르다'로 번역된다. 따라서 '좀'과 '쥘동'의 동의성은 명백히 입증된다.

(264) a. 弣 : 弓弣 <四解下 29a>

b. 弝 : 좀 파 <字會中 14a>

(264) c. 이 화리 쥘동이 므르니(這弓弝裏軟) <번老下 31a>

<265> 줄 對 바

두 의존명사가 [所] 즉 '것, 바'의 뜻을 가지고 동의 관계에 있다는 것은 다음 예문들에서 잘 확인된다. 원문 중 '所…異'가 '달온 줄'로 번역되고 '所…無'가 '업슨 줄'로 번역된다. 그리고 '所…重'이 '重히 ᄒᆞ시논 바'로 번역되고 '所未至'가 '몯 미츤 바'로 번역된다. 따라서 '줄'과 '바'의 동의성은 명백히 입증된다.

(265) a. 사ᄅᆞ미 즘(64b) 승에 달온 주른 仁와 義와 이실ᄉᆡ니(人所以異於禽b獸者ᄂᆞᆫ 以其有仁義也ㅣ니) <번小九 65a>
   b. 가비야이 제 몸을 쿠라 ᄒᆞ야 내죵애 어든 거슨 업슨 주를 병도이 너기시더라(病…所以輕自大而卒無得ㅣ러시다) <번小九 19b>
   c. 놈 다스릴 주를 니르더라(言其所…治乎人者ᄒᆞ더라) <번小九 9b>

(265) d. 聖人이 남진 겨지븨 ᄉᆞ이를 順케 ᄒᆞ시며 婚姻의 비르수믈 重히 ᄒᆞ시논 배라(聖人이 所以順男女之際ᄒᆞ며 重婚姻之始也ㅣ니라) <번小三 23a>
   e. 겨지븨 德을 正히오논 배니라(所以正婦德也ㅣ니라) <번小三 21a>
   f. 몯 미츤 배 잇거든 관ㅅ 관원이 블러 ᄀᆞᄅᆞ치고(有所未至則學官이 召而敎之ᄒᆞ고) <번小九 16b>
   g. 顏淵의 ᄇᆡ호ᄂᆞᆫ 바를 내 ᄇᆡ호면(學顏淵之所學ᄒᆞ면) <번小八 3b>

<266> 줄 對 앛

두 명사가 [所] 즉 '것, 바'의 뜻을 가지고 동의 관계에 있다는 것은 다음 예문들에서 잘 확인된다. 원문 중 '所…異'가 '달온 줄'로 번역되고 '所…無'가 '업슨 줄'로 번역된다. 그리고 '所…爲'가 'ᄃᆞ외옛논 앛'으로 번역된다. 따라서 '줄'과 '앛'의 동의성은 명백히 입증된다.

(266) a. 사ᄅᆞ미 즘(64b) 승에 달온 주른 仁와 義와 이실ᄉᆡ니(人所以異於禽獸者ᄂᆞᆫ 以其有仁義也ㅣ니) <번小九 65a>
   b. 가비야이 제 몸을 쿠라 ᄒᆞ야 내죵애 어든 거슨 업슨 주를 병도이 너기시더라(病…所以輕自大而卒無得ㅣ러시다) <번小九 19b>

(266) c. 믈읫 사ᄅᆞ미 ᄃᆞ외옛ᄂᆞᆫ 아ᄎᆞᆫ 禮와 義 이실ᄉᆡ니(凡人之所以爲人者ᄂᆞᆫ 禮義也ㅣ니) <번小四 9b>

<267> 쥬리올 對 셕

두 명사가 [接絡]과 [接絡] 즉 '고삐, 말고삐'의 뜻을 가지고 동의 관계에 있다는 것은 다음 예문들에서 잘 확인된다. 한자어 '接'이 고유어 '쥬리올'과 동의 관계에 있다. 그리고 원문 중 '接絡'이 '셕'으로 번역된다. 따라서 '쥬리올'과 '셕'의 동의성은 명백히 입증된다. '絡'락과 '絡'은 同字이다.

(267) a. 絡 : … 接 <四解下 40b>

　　　 b. 絡 : 聯絡 絡絲 脈絡 <四解下 40b>

(267) c. 셕 바굴에(接絡 籠頭) <번老下 30a>

<268> 즈름 對 즈름아비

명사 '즈름'과 합성명사 '즈름아비'가 [牙子]와 [牙家] 즉 '거간꾼, 중개인'의 뜻을 가지고 동의 관계에 있다는 것은 다음 예문들에서 잘 확인된다. 원문 중 '牙子說'이 '즈르미 니르다'로 번역되고 '做牙子'가 '즈름아비 도의다'로 번역된다. 그리고 '我…牙家'가 '나는 즈름'으로 번역되고 '牙家去'가 '즈름아비 ᄃᆞ니다'로 번역된다. 따라서 '즈름'과 '즈름아비'의 동의성은 명백히 입증된다. 고유어 '즈름아비'는 명사 '즈름'과 명사 '아비'의 合成이다.

(268) a. 즈르미 닐오ᄃᆡ(牙子說) <번老下 10b>

　　　 b. 니는 즈르미니(我是箇牙家) <번老下 11a>

(268) c. 뎌 노미 고려 ᄯᅡ해셔 온 ᄌᆡ샹네손ᄃᆡ 가 즈름아비 도의엿ᄂᆞ니(那廝高麗地面來的宰相們上 做牙子) <번朴上 33b>

　　　 d. 동녁 져젯 즈름아비 ᄃᆞ니ᄂᆞᆫ ᄃᆡ 하니 아ᄂᆞᆫ ᄃᆞᆺᄒᆞ니라(東角頭牙家去處廣敢知道) <번朴上 62a>

<269> 즘슝 對 ᄆᆞ쇼

명사 '짐슝'과 합성명사 'ᄆᆞ쇼'가 [頭口] 즉 '짐승, 마소'의 뜻을 가지고 동의 관계에 있다는 것은 다음 예문들에서 잘 확인된다. 원문 중 '頭口們'이 '즘슝들ㅎ'로 번역되고 '歇頭口'가 '즘슝 쉬우다'로 번역된다. 그리고 '幾箇頭口'가 '여러 ᄆᆞ쇼들ㅎ'로 번역되고 '歇息頭口'가 'ᄆᆞ쇼 쉬우다'로 번역된다. 따라서 '즘슝'과 'ᄆᆞ쇼'의 동의성은 명백히 입증된다. 합성명사 'ᄆᆞ쇼'는 명사 'ᄆᆞᆯ'과 명사 '쇼'의 合成이다.

(269) a. 이 즘숭들히 먹디 아니ᄒᆞ리 만ᄒᆞ니라(這頭口們多有不喫的) <번老上 18a>

   b. 즘숭들히 엇디 머그료(頭口們怎生喫的) <번老上 19b>

   c. 즘숭 쉬우져(歇頭口着) <번老上 17a>

   d. 즘숭 쉬오ᄃᆡ(歇住頭口着) <번老上 62b>

   e. 둘ᄒᆞ란 ᄒᆞ여 뒤헤 즘숭 모라 오게 ᄒᆞ고(着兩箇後頭赶將頭口來) <번老上 66a>

(269) f. 네 이 여러 ᄆᆞ쇼들히(你這幾箇頭口) <번老上 11b>

   g. 우리 ᄆᆞ쇼 쉬워(咱們歇息頭口) <번老上 10b>

   h. 뎨 ᄆᆞ쇼 고티기 잘ᄒᆞᄂᆞ니라(他快醫頭口) <번老上 42b>

(269) i. 頭口 : 汎指馬牛猪羊之稱 <老朴 朴上 8-1>

<270> 즛 對 골

두 명사가 [貌] 즉 '모양'의 뜻을 가지고 동의 관계에 있다는 것은 다음 예문들에서 잘 확인된다. '貌'의 자석이 '즛'이다. 그리고 원문 중 '容貌'가 '양즛ㅅ 골'로 번역된다. 따라서 '즛'과 '골'의 동의성은 명백히 입증된다.

(270) a. 貥 : 容貥 <四解下 21a>

   b. 貌 : 同 <四解下 21a>

   c. 貌 : 즛 모 俗稱模樣 <字會上 12b>

(270) d. 양즛ㅅ 고를 모로매 단정ᄒᆞ고 엄정히 ᄒᆞ며(容貌를 必端莊ᄒᆞ며) <번小八 16a>

<271> 지도리 對 문잇 지도리

명사 '지도리'와 명사구 '문잇 지도리'가 [樞] 즉 '지도리, 문지도리'의 뜻을 가지고 동의 관계에 있다는 것은 다음 예문들에서 잘 확인된다. '樞'가 한자어 '戶樞'를 뜻하고 '樞'의 자석이 '지도리'이다. 그리고 원문 중 '樞機'가 '문잇 지도리와 소니옛 술'로 번역된다. 따라서 '지도리'와 '문잇 지도리'의 동의성은 명백히 입증된다. 명사구 '문잇 지도리'는 명사 '문'(門)과 명사 '지도리'의 결합이다.

(271) a. 樞 : 戶樞 <四解上 32a>

   b. 樞 : 지도리 츄 <字會中 4a>

(271) c. ᄒᆞᄆᆞᆯ며 이ᄂᆞᆫ 문잇 지도리와 소니옛 술 ᄀᆞᄐᆞᆫ 거시라 사홈도 닐와ᄃᆞ며 됴ᄒᆞᆫ 일도 내요미ᄯᆞ녀(矧是

樞機興戎出好ㅣ쓰녀) <번小八 10b>

<272> 짐 對 자븐것

명사 '짐'과 합성명사 '자븐것'이 [行李] 즉 '짐, 여행할 때 쓰는 제구'의 뜻을 가지고 동의 관계에 있다는 것은 다음 예문들에서 잘 확인된다. 원문 중 '卸下行李'가 '짐 브리우다'로 번역되고 '收拾了行李'가 '짐들 설엊다'로도 번역되고 '짐들 설다'로도 번역된다. 그리고 '收拾行李'가 '자븐것 설엊다'로 번역된다. 따라서 '짐'과 '자븐것'의 동의성은 명백히 입증된다. 합성명사 '자븐것'은 동작동사 '잡다'의 관형사형 '자븐'과 명사 '것'의 합성이다.

(272) a. 이 물들 짐 브리우고(這馬都卸下行李) <번老上 39b>

　　　b. 지므란 안직 옴겨 드리디 말오(行李且休搬入去) <번老上 69b>

　　　c. 우리 샐리 짐들 설어즈라(咱急急的收拾了行李) <번老上 38a>

　　　d. 짐들 설엇노라 ᄒ면(收拾了行李時) <번老上 58b>

(272) e. 자븐것 설어저 짐시리 ᄒ라(收拾行李打駞馱) <번老上 58b>

(272) f. 行李 : …註云使人也 今遠行結束次第謂之行李 <老朴 累字解> 8a>

<273> 집 對 하ᄉ

두 명사가 [匣] 즉 '갑, 물건을 담는 작은 상자'의 뜻을 가지고 동의 관계에 있다는 것은 다음 예문들에서 잘 확인된다. '匣'의 자석이 '집'이고 고유어 '집'은 한자어 '匣兒'와 동의 관계에 있다. 그리고 원문 중 '一百匣'이 '일빅 하ᄉ'로 번역된다. 따라서 '집'과 '하ᄉ'의 동의성은 명백히 입증된다.

(273) a. 匣 : 匱也 <四解下 80b>

　　　b. 匣 : 집 갑 俗呼匣兒 <字會中 7b>

(273) c. 분 일빅 하ᄉ(面粉一百匣) <번老下 68a>

<274> 집기슭 對 집

합성명사 '집기슭'과 명사 '집'이 [廡] 즉 '처마'의 뜻을 가지고 동의 관계에 있다는 것은 다음 예문들에서 잘 확인된다. 원문 중 '廡下'가 '집기슭 아래'로 번역된다. '墙廡之間'이 '집 담 ᄉ이'로 번역된다. 그리고 '廡'의 자석이 '집'이다. 따라서 '집기슭'과 '집'의 동의성은 명백히 입증된다. 합성명사 '집기슭'은 명사 '집'과 명사 '기슭'의 합성이다.

(274) a. 믈러가거든 쥬신이 집기슭 아래 가 보내욜디니(退則主人送于廡下伊尼) <呂約 21a>

　　b. 집기슭 아래어나 혹 텽 ᄀᆞ싀어나 셔셔 기들올디니(俟于廡下於那或廳側伊尼) <呂約 21b>

　　c. 손이 돋주우려 집기슬게(20b) 드러셔고(客趨入至廡間爲古) <呂約 21a>

(274) d. 지븨 드나ᄃᆞᄂᆞᆫ 손을 집 담 ᄉᆞᅀᅵ예셔 주규디(書門客于墻廡之間호디) <번小十 19a>

(274) e. 廡 : 堂下周廊 <四解上 39b>

　　f. 廡 : 집 무 堂下周廊 <字會中 3a>

<275> 짓아비 對 웃듬ᄒᆞ니

합성명사 '짓아비'와 명사구 '웃듬ᄒᆞ니'가 [家長]의 뜻을 가지고 동의 관계에 있다는 것은 다음 예문 들에서 잘 확인된다. 다음 예문들은 『二倫行實圖』의 '宗族'편 중 '陸氏義居'에서 뽑은 것이다. 원문 중 '家長'이 '짓아비'로도 번역되고 '웃듬ᄒᆞ니'로도 번역되므로 '짓아비'와 '웃듬ᄒᆞ니'의 동의성은 명백히 입증된다. '짓아비'는 '집+ㅅ#아비'로 분석되고 따라서 '집'과 '아비'의 合成이다. 그리고 '웃듬ᄒᆞ니'는 명 사구로 '웃듬ᄒᆞ+ㄴ#이'로 분석된다.

(275) a. ᄒᆞ나 민 얼운니 짓아비 도이여셔(一人最長者爲家長) <二倫 30a>

(275) b. 웃듬ᄒᆞ니 모든 ᄌᆞ뎨 두리고(家長率衆弟子) <二倫 30a>

　　c. 웃듬ᄒᆞ니 모든 ᄌᆞ뎨를 모도오고(家長 會衆子弟) <二倫 30a>

<276> 줌 對 잠

명사 '줌'과 명사형 '잠'이 [寢] 즉 '잠'의 뜻을 가지고 동의 관계에 있다는 것은 다음 예문들에서 잘 확 인된다. 원문 중 '安寢'이 'ᄌᆞ물 편히 자다'로 번역된다. 그리고 '寢毋伏'이 '자물 굿브러 말다'로 번역된 다. 따라서 '줌'과 '잠'의 동의성은 명백히 입증된다. '잠'은 上聲으로 동작동사 '자다'의 명사형이다. '잠' 은 '자+암'으로 분석될 수 있다.

(276) a. 믈러와ᄂᆞᆫ ᄌᆞ몰 편히 자고(退而安寢ᄒᆞ고) <번小十 2a>

　　b. 자몰(10b) 굿브러 말며(寢毋伏ᄒᆞ며) <번小四 11a>

(276) c. 寢 : 臥也 居室也 <四解下 73a>

d. 寢 : … 又臥也 國語 잘 침 <字會中 3a>

<277> 징 對 소라

두 명사가 [鑼] 즉 '징'의 뜻을 가지고 동의 관계에 있다는 것은 다음 예문들에서 잘 확인된다. '鑼'의 자석이 '징'이고 고유어 '징'은 한자어 '銅鑼'와 동의 관계에 있다. 그리고 '鑼'가 고유어 '소라'를 뜻하고 '소라'는 한자어 '銅鑼'와 동의 관계에 있다. 따라서 '징'과 '소라'의 동의성은 명백히 입증된다.

(277) a. 鑼 : 鈔鑼銅器 소라 又銅鑼 <四解下 27a>
　　　b. 鑼 : 징 라 大曰鑼 俗呼銅鑼 <字會中 14b>
　　　c. 鉦 : 징 정 小曰鉦 <字會中 14b>

<278> 차반 對 반찬

두 명사가 [茶飯], [飯], [饌] 및 [饍] 즉 '반찬'의 뜻을 가지고 동의 관계에 있다는 것은 다음 예문들에서 잘 확인된다. 원문 중 '好茶飯'이 '됴흔 차반'으로 번역되고 '買下飯'이 '차반 사다'로 번역되고 '酒饌'이 '술와 차반'으로 번역된다. 그리고 '饌'의 자석이 '반찬'이고 '饍'의 자석이 '반찬'이다. 따라서 '차반'과 '반찬'의 동의성은 명백히 입증된다.

(278) a. 뷘밥 먹고 또 아모란 됴흔 차반 업더니(喫了些淡飯 又沒甚麼好茶飯) <번老上 43b>
　　　b. 나는 차반 사라 가마(我自買下飯去) <번老上 20b>
　　　c. 너 차반 사라 가거든(你買下飯去時) <번老上 20b>
　　　d. 쥬신도 또 술와 차반 ㄱ초와(主人이 亦自備酒饌ᄒ야) <번小七 16b>
　　　e. 아ᅀ미며 소니 술와 차반 가져(親賓則齋酒饌ᄒ야) <번小七 16b>

(278) f. 饌 : 具食 <四解上 79a>
　　　g. 饌 : 반찬 찬 饌饍 <字會中 10a>

(278) h. 饍 : 具食 <四解下 6b>
　　　i. 饍 : 반찬 션 <字會中 10a>

<279> 챵 對 챵ㅅㄱ르

두 명사가 [底] 즉 '신발의 창, 신장의 밑'의 뜻을 가지고 동의 관계에 있다는 것은 다음 예문들에서 잘 확인된다. 원문 중 '淨底'가 '조흔 챵'으로 번역되고 '靴底'가 '훠챵'으로 번역된다. 그리고 '底'가 '챵스르'로 번역된다. 따라서 '챵'과 '챵스르'의 동의성은 명백히 입증된다.

(279) a. 뎌 훠챵이 다 두 층 조흔 챵애(那靴底都是兩層淨底) <번老下 53a>

　　　b. 챵스르 분칠ᄒ얏는 듸(粉底) <번朴上 26b>

(279) c. 底 : … 又下也 <四解上 24b>

<280> 챵ᄌ 對 애

두 명사가 [腸] 즉 '창자'의 뜻을 가지고 동의 관계에 있다는 것은 다음 예문들에서 잘 확인된다. 원문 중 '別腸'이 '각별흔 챵ᄌ'로 번역된다. 그리고 '腸'의 자석이 '애'이다. 따라서 '챵ᄌ'와 '애'의 동의성은 명백히 입증된다.

(280) a. 술 머기는 각별흔 챵지 잇ᄂ니라(飲酒有別腸) <번朴上 55a>

　　　b. 양의 챵ᄌ(羊雙腸) <번老下 38a>

(280) c. 腸 : 水穀二道 大小腸 <四解下 43a>

　　　d. 腸 : 애 댱 <字會上 14a>

<281> 쳔량 對 셰간

두 명사가 [財]와 [財物] 즉 '財物'의 뜻을 가지고 동의 관계에 있다는 것은 다음 예문들에서 잘 확인된다. 원문 중 '婦財'가 '겨지븨 쳔량'으로 번역되고 '多財'가 '쳔량이 하다'로 번역되며 '分財'가 '셰간 ᄂ호다'로 번역된다. 따라서 '쳔량'과 '셰간'의 동의성은 명백히 입증된다. '셰간'은 1510년대 국어에 처음으로 등장한다.

(281) a. 가령 겨지븨 쳔량을 가져셔 가ᅀᆞ멸며(借使因婦財ᄒ야 以致富ᄒ며) <번小七 33b>

　　　b. 쳔량으로 례를 ᄒ디 아니ᄒ더니라(不以財로 爲禮니라) <번小七 31a>

　　　c. 어딜오 쳔량이 하면 그 ᄠᅳ들 해케 ᄒ고 어리고 쳔량이 하면 그 허 므를 더으ᄂ니(賢而多財則損其志ᄒ고 愚而多財則益其過ᄒᄂ니) <번小九 90a>

　　　d. 제 쳔량을 해자홀 거시면(費己之財인댄) <번小六 32b>

　　　e. 그 받티며 집이며 쳘량을 다 프라(盡賣其田宅財物ᄒ야) <번小九 57a>

(281) f. 아ᅀᆞ와 동ᄉᆡᆼ의 ᄌᆞ식들히 셰간 ᄂ화 닫(22b) 사라지라 ᄒ거ᄂᆞᆯ(弟子ㅣ 求分財異居어늘) <번小九 23a>

g. 包ㅣ 말이디 몯ᄒᆞ야 셰간ᄂᆞᆯ 골오 ᄂᆞᆫ호아 주듸(包不能止ᄒᆞ야 乃中分其財ᄒᆞ니) <번小九 23a>

<282> 쳥 對 휘쳥

두 명사가 [襪子] 즉 '버선'의 뜻을 가지고 동의 관계에 있다는 것은 다음 예문들에서 잘 확인된다. 원문 중 '絨毛襪子'가 'ᄀᆞᄂᆞᆯ오 보ᄃᆞ라온 터리로 미론 쳥'으로 번역된다. 그리고 '襪'이 한자어 '襪子'를 뜻하고 '襪子'는 고유어 '휘쳥'과 동의 관계에 있다. 따라서 '쳥'과 '휘쳥'의 동의성은 명백히 입증된다.

(282) a. 시욱쳥은 됴ᄒᆞᆫ ᄀᆞᄂᆞᆯ오 보ᄃᆞ라온 터리로 미론 쳥 시너 이쇼듸(氈襪穿好絨毛襪子) <번老下 53a>

(282) b. 襪 : …今俗呼襪子 휘쳥 <四解上 81a>
　　　 c. 襪 : 보션 말 又俗呼 휘쳥 氈襪 <字會中 11b>

<283> 치 對 밋

두 명사가 [舵] 즉 '키, 배의 키'의 뜻을 가지고 동의 관계에 있다는 것은 다음 예문들에서 잘 확인된다. '舵'가 한자어 '止船木'을 뜻하고 '止船木'은 고유어 '치'와 동의 관계에 있다. 그리고 '舵'의 자석이 '밋'이고 고유어 '밋'은 고유어 '치'와 동의 관계에 있다. 따라서 '치'와 '밋'의 동의성은 명백히 입증된다.

(283) a. 舵 : 止船木 치 <四解下 25b>
　　　 b. 舵 : 밋 타 國語又呼치 亦作柁 <字會中 12b>

<284> 츌콩 對 강남콩

두 명사가 [豌] 즉 '완두, 강낭콩'의 뜻을 가지고 동의 관계에 있다는 것은 다음 예문들에서 잘 확인된다. '豌'의 자석이 '츌콩'이고 고유어 '츌콩'은 공유어 '강남콩'과 동의 관계에 있다. 따라서 '츌콩'과 '강남콩'의 동의성은 명백히 입증된다.

(284) a. 豌 : 豆名 <四解上 75b>
　　　 b. 豌 : 츌콩 완 一云 강남콩 완 <字會上 7a>

<285> 춤새 對 새

두 명사가 [黃雀] 즉 '참새'의 뜻을 가지고 동의 관계에 있다는 것은 다음 예문들에서 잘 확인된다. 원문 중 '黃雀炙'가 '춤새 구우니'로 번역된다. 그리고 '雀'의 자석이 '새'이고 고유어 '새'는 한자어 '黃雀'과 동의 관계에 있다. 따라서 '춤새'와 '새'의 동의성은 명백히 입증된다.

(285) a. 그 어미 쏘 춤새 구우니를 먹고져 ᄒ더니(母ㅣ 又思黃雀炙ㅣ러니) <번小九 25a>

(285) b. 雀 : …鳥雀 <四解下 41b>
    c. 雀 : 새 쟉 俗呼黃雀 <字會上 9a>

<286> 콩딥 對 딥콩

두 합성명사가 [草料] 즉 '짚과 콩, 마소에 주는 꼴'의 뜻을 가지고 동의 관계에 있다는 것은 다음 예문들에서 잘 확인된다. 원문 중 '馬 的草料'가 '말 머글 콩딥'으로 번역되고 '草料都有'가 '콩딥 다 잇다'로 번역된다. 그리고 '捨着草料'가 '딥콩 ᄇ리다'로 번역된다. 따라서 '콩딥'과 '딥콩'의 동의성은 명백히 입증된다. 합성명사 '콩딥'은 명사 '콩'[料]과 명사 '딥'[草]의 合成이고 합성명사 '딥콩'은 명사 '딥'[草]과 명사 '콩'[料]의 合成이다.

(286) a. 쏘 어듸 가 ᄆᆯ 머글 콩딥 가져 오료(又那裏將馬的草料來) <번老上 56a>
    b. 구틔여 콩딥 밧고디(56a) 말 거시어니ᄯ나(不須糴草料) <번老上 56b>
    c. 네 이 뎜에 콩딥 다 잇ᄂ가 업슨가(你這店裏草料都有阿沒) <번老上 17b>
    d. 콩딥 다 잇다(草料都有) <번老上 18a>
    e. 콩딥 논 듸(草料貴處) <번老上 12a>
    f. 콩딥 흔ᄒ 듸(草料賤處) <번老上 12a>

(286) g. 우리 딥콩 ᄇ려(咱們捨着草料) <번老上 70a>

<287> 콩믈 對 콩 슬믄 믈

합성명사 '콩믈'과 명사구 '콩 슬믄 믈'이 [料水] 즉 '콩물, 공 삶은 물'의 뜻을 가지고 동의 관계에 있다는 것은 다음 예문들에서 잘 확인된다. 원문 중 '將料水拌'이 '콩므를 다가 버므리다'로 번역된다. 그리고 '將料水'가 '콩 슬믄 믈 가지다'로 번역된다. 따라서 '콩믈'과 '콩 슬믄 믈'의 동의성은 명백히 입증된다. 합성명사 '콩믈'은 '콩'[料]과 명사 '믈'[水]의 合成이다.

(287) a. 다믄(24a) 콩므를 다가 버므려 주고(只將料水拌與他) <번老上 24b>
    b. 콩므를 버므려 주워 머기고(拌饋他些料水喫) <번朴上 22a>

(287) c. 내 콩 슬믄 믈 가져 가마(我將料水去) <번老上 33a>

<288> 큰 씌 對 씌

명사구 '큰 씌'와 명사 '씌'가 [紳] 즉 '큰 띠'의 뜻을 가지고 동의 관계에 있다는 것은 다음 예문들에서 잘 확인된다. 원문 중 '拖紳'이 '큰 씌롤 걸티다'로 번역된다. 그리고 '紳'이 한자어 '大帶'를 뜻하고 '紳'의 자석이 '씌'이다. 따라서 '큰 씌'와 '씌'의 동의성은 명백히 입증된다. 명사구 '큰 씌'는 상태동사 '크다'의 관형사형 '큰'과 명사 '씌'의 결합이다

(288) a. 朝服을 몸 우희 덥고 큰 씌롤 걸티더시(7a) 다(加朝服拖紳이러시다) <번小三 7b>

(288) b. 紳 : 大帶 <四解上 59b>
　　　c. 紳 : 씌 신 公服用 <字會中 11b>

<289> 큰믈 對 시위

합성명사 '큰믈'과 명사 '시위'가 [淯]과 [洪] 즉 '큰물, 홍수'의 뜻을 가지고 동의 관계에 있다는 것은 다음 예문들에서 잘 확인된다. '淯'의 자석이 '큰믈'이다. 그리고 '洪'이 한자어 '淯水'를 뜻하고 '㶁' 즉 '洪'의 자석이 '시위'이다. 따라서 '큰믈'과 '시위'의 동의성은 명백히 입증된다. 합성명사 '큰믈'은 상태동사 '크다'의 관형사형 '큰'과 명사 '믈'의 合成이다.

(289) a. 淯 : 큰믈 강 水不遵道 <字會下 15a>

(289) b. 洪 : 淯水…今俗呼語發洪 시위 나다 <四解上 6a>
　　　c. 㶁 : 시위 홍 俗作洪發㶁 시위 나다 <字會上 3a>

<290> 터럭 對 털

두 명사가 [毛] 즉 '털'의 뜻을 가지고 동의 관계에 있다는 것은 다음 예문들에서 잘 확인된다. 원문 중 '燎毛'가 '터럭 솔다'로 번역된다. '毛'의 자석이 '터럭'이다. 그리고 한자어 '扌闓毛'가 고유어 '털 뜯다'와 동의 관계에 있다. 따라서 '터럭'과 '털'의 동의성은 명백히 입증된다.

(290) a. 업더디유미 쉬오믄 터럭 스롬 ᄀ툰디라(覆墮之易ᄂ 如燎毛ㅣ라) <번小六 20b>
　　　b. 毛 : 毛髮 <四解下 21a>
　　　c. 毛 : 터럭 모 毫毛 <字會下 2a>

(290) d. 扌闓 : 쁘들 졈 俗稱扌 闓毛 털 뜯다 <字會下 6a>

<291> 터리 對 터럭

두 명사가 [毛]와 [毫毛] 즉 '털'의 뜻을 가지고 동의 관계에 있다는 것은 다음 예문들에서 잘 확인된다. 원문 중 '駝毛'가 '약대 터리'로 번역되고 '鼻孔的毫毛'가 '곳 굼긧 터리'로 번역된다. '燎毛'가 '터럭 슬다'로 번역된다. 그리고 '毛'의 자석이 '터럭'이고 고유어 '터럭'은 한자어 '毫毛'와 동의 관계에 있다. 따라서 '터리'와 '터럭'의 동의성은 명백히 입증된다.

(291) a. 시욱과 약대 터리와는 내게 다 잇다(氈子駝毛 我都有) <번朴上 48a>

　　　 b. 시욱쳥은 됴흔 ᄀ느오 보ᄃ라온 터리로 미론 쳥 시너 이쇼딕(氈襪穿好絨毛襪子) <번老下 53a>

　　　 c. 곳 굼긧 터리 쏩고(摘了那鼻孔的毫毛) <번朴上 44b>

(291) d. 업더디유미 쉬오ᄆ 터럭 ᄉ롬 ᄀ톤디라(覆墮之易ᄂ 如燎毛ㅣ라) <번小六 20b>

(291) e. 毛 : 毛髮 <四解下 21a>

　　　 f. 毛 : 터럭 모 毫毛 <字會下 2a>

<292> 틀 對 소니옛 술

명사 '틀'과 명사구 '소니옛 술'이 [機] 즉 '쇠뇌의 방아쇠'의 뜻을 가지고 동의 관계에 있다는 것은 다음 예문들에서 잘 확인된다. '機'의 자석이 '틀'이다. 그리고 원문 중 '樞機'가 '문읫 지도리와 소니옛 술'로 번역된다. 따라서 '틀'과 '소니옛 술'의 동의성은 명백히 입증된다. '소니옛 술'은 명사 '소니'와 명사 '술'의 결합으로 '소니+예+ㅅ#술'로 분석된다.

(292) a. 機 : 樞機 <四解上 23b>

　　　 b. 機 : 틀 긔 俗呼機張 <字會中 9a>

(292) c. 흐믈며 이ᄂ 문읫 지도리와 소니옛 술 ᄀ톤 거시라 사홈도 닐와ᄃ며 됴흔 일도 내요미ᄯ녀(矧是 樞機興戎出好ㅣᄯ녀) <번小八 10b>

<293> 퍼기 對 떨기

두 명사가 [叢] 즉 '떨기, 풀·나무 등의 무더기'의 뜻을 가지고 동의 관계에 있다는 것은 다음 예문들에서 잘 확인된다. 원문 중 '白竹三叢'이 '흰 대 세 퍼기'로 번역되고 '七八叢'이 '닐여듧 퍼기'로 번역된다. 그리고 '叢'의 자석이 '떨기'이다. 따라서 '퍼기'와 '떨기'의 동의성은 명백히 입증된다.

(293) a. 호론 흰 대 세 퍼기 나 三年재 닐여듧 퍼기 도외니라(忽一日生白 竹三叢三年至七八叢) <續三烈 12a>

(293) b. 叢 : 草叢生皃 <四解上 5a>
c. 叢 : 뜰기 총 <字會下 2b>

<294> 플 對 새

두 명사가 [草] 즉 '풀, 이엉'의 뜻을 가지고 동의 관계에 있다는 것은 다음 예문들에서 잘 확인된다. 원문 중 '弱草'가 '보ᄃ라온 플'로 번역되고 '草'의 자석이 '플'이다. 그리고 '爛草'가 '서근 새'로 번역되고 '蓋墻草'가 '담 니엿던 새'로 번역된다. 따라서 '플'과 '새'의 동의성은 명백히 입증된다.

(294) a. 가븨야온 듣틀이 보ᄃ라온 플에 븓터슘 ᄀᆞ투니(如輕塵이 接弱草ㅣ니) <번小九 63a>
b. 草 : 플 초 <字會下 2a>

(293) c. 여러 힝 집 니엿던 서근 새어나 담 니엿던 새를 하나 져그나 벼틔 ᄆᆞᆯ외여(用多年蓋屋爛草或蓋墻草不以多少曬乾) <瘡疹 44a>
d. 苫 : 새 닐 셤 <字會下 8a>

<295> 플 對 여믈

두 명사가 [草] 즉 '풀, 여믈'의 뜻을 가지고 동의 관계에 있다는 것은 다음 예문들에서 잘 확인된다. 원문 중 '夜草'가 '밤 플'로 번역된다. '夜草'가 '밤 여믈'로 번역되고 '饋草'가 '여믈 주다'로 번역된다. 그리고 '草'의 자석이 '플'이다. 따라서 '플'과 '여믈'의 동의성은 명백히 입증된다.

(295) a. ᄆᆞ리 밤 플 몯 머그면 ᄉᆞᆯ지디 아니ᄒᆞ고(馬不得夜草不肥) <번老上 32b>

(295) b. ᄆᆞᆯ도 밤 여믈 몯 어드면 지디 몯ᄒᆞᄂᆞ니라(馬不得夜草不肥) <번朴上 22b>
c. ᄒᆞᆷᄯᅴ 구ᄉᆡ예 ᄀᆞᄃᆞ기 여믈 주고(一發滿槽子饋草) <번朴上 21b>

(295) d. 草 : 百卉 <四解下 21a>
e. 草 : 플 초 百卉 <字會下 2a>

<296> 풀독 對 풀구브렁

두 명사가 [肱肘]와 [肘] 즉 '팔꿈치'의 뜻을 가지고 동의 관에 있다는 것은 다음 예문들에서 잘 확인된다. 고유어 '폴독'이 한자어 '肐肘'와 동의 관계에 있다. 그리고 '肘'의 자석이 '폴구브렁'이고 고유어 '폴구브렁'은 한자어 '肐肘'와 동의 관계에 있다. 따라서 '폴독'과 '폴구브렁'의 동의성은 명백히 입증된다.

(296) a. 肐: 今俗肐膊 폴독 又曰肐肘 <四解上 61b>
      b. 肘: 폴구브렁 듀 俗呼肐肘 <字會上 13b>

<297> 한삼너출 對 한삼

두 명사가 [葎] 즉 '한삼덩굴'의 뜻을 가지고 동의 관계에 있다는 것은 다음 예문들에서 잘 확인된다. '葎'의 자석이 '한삼너출'이고 또 '한삼'이다. 따라서 '한삼너출'과 '한삼'의 동의성은 명백히 입증된다.

(297) a. 葎…한삼너출 <四解上 70b>
      b. 葎: 한삼 률 <字會上 4b>

<298> 허믈 對 왼 일

명사 '허믈'과 명사구 '왼 일'이 [過失] 즉 '과실, 잘못'의 뜻을 가지고 동의 관계에 있다는 것은 다음 예문들에서 잘 확인된다. 원문 중 '人過失'이 '사르미 허믈'로 번역되고 '有過失'이 '왼 일이 잇다'로 번역된다. 따라서 '허믈'과 '왼 일'의 동의성은 명백히 입증된다.

(298) a. 사르미 허므를 듣고(聞人過失ᄒ고) <번小六 12b>
      b. 허므를 서르 경계호미오(過失相規伊五) <呂約 1b>
      c. 허므른 닐온 례의 맛디 아니혼 허믈이 여슷 가지니(過失隱 謂犯義之過伊 六伊尼) <呂約 6b>

(298) d. ᄌ손이 왼 일 잇거든(子孫이 有過失이어든) <번小九 83b>

<299> 허튀 對 발

두 명사가 [脚] 즉 '다리, 정강이'의 뜻을 가지고 동의 관계에 있다는 것은 다음 예문들에서 잘 확인된다. 원문 중 '兩脚'이 '두 허튀'로 번역되고 '脚冷…者'가 '바리 ᄎ니'로 번역된다. 따라서 '허튀'와 '발'의 동의성은 명백히 입증된다.

(299) a. 목 아래로셔 등과 두 허튀와 가슴 비예 두로 젹젹 쑴고(微微從項已下噴背臂及兩脚胸腹令徧)
        <瘡疹 30b>

b. 바리 무룹 지히 추니와(脚冷至膝者) <瘡疹 16b>

<300> 허튓뼈 對 허튓무르

두 합성명사가 [脛骨]과 [脛] 즉 '정강이'의 뜻을 가지고 동의 관계에 있다는 것은 다음 예문들에서 잘 확인된다. '骭'이 한자어 '脛骨'을 뜻하고 '骭'의 자석이 '허튓뼈'이다. '骹'가 한자어 '脛骨'을 뜻하고 '骹'의 자석이 '허튓뼈'이다. '胻'이 한자 '脛'과 同義이고 '胻'의 자석이 '허튓뼈'이다. '脛'이 한자어 '脚脛'과 '腓腸前骨'을 뜻하고 '脚脛'과 '腓腸前骨'은 고유어 '허튓무르'와 동의 관계에 있다. 그리고 '脛'의 자석이 '허튓뼈'이다. 따라서 '허튓뼈'와 '허튓무르'의 동의성은 명백히 입증된다. '허튓뼈'는 명사 '허튀'[脚]와 명사 '뼈'[骨]의 合成이고 '허튓무르'는 명사 '허튀'[脚]와 명사 '무르'[棟]의 合成이다.

(300) a. 骭 : 脛骨 <四解上 81b>
　　　b. 骭 : 허튓뼈 한 <字會上 13b>

(300) c. 骹 : 脛骨 <四解下 23b>
　　　d. 骹 : 허튓뼈 교 <字會上 13b>

(300) e. 胻 : 脛也 <四解下 39b>
　　　f. 胻 : 허튓뼈 힝 <字會上 13b>

(300) g. 脛 : 脚輕 허튓무르 <四解下 56b>
　　　h. 脛 : 腓腸前骨 허튓무르 <四解下 56a>
　　　i. 脛 : 허튓뼈 형 <字會上 13b>

<301> 헌 허므렛 무딥 對 무딥

명사구 '헌 허므렛 무딥'과 명사 '무딥'이 [疙]과 [疸] 즉 '쥐부스럼, 머리 종기'의 뜻을 가지고 동의 관계에 있다는 것은 다음 예문들에서 잘 확인된다. '疙'이 한자어 '疙疸'을 뜻하고 '疙疸'은 고유어 '헌 허므렛 무딥'과 동의 관계에 있다. 그리고 '疸'이 한자어 '疙疸'을 뜻하고 '疙疸'은 고유어 '무딥'과 동의 관계에 있다. 따라서 '헌 허므렛 무딥'과 '헌무딥'의 동의성은 명백히 입증된다. 명사구 '헌 허므렛 무딥'은 동작동사 '헐다'의 관형사형 '헌'과 명사 '허믈'과 명사 '무딥'의 결합으로 '허+ㄴ#허믈+에+ㅅ# 무딥'으로 분석될 수 있다.

(301) a. 疙 : 疙疸 헌 허므렛 무딥 <四解上 61b>

(301) b. 疸 : 헌 허믈 ᄆᆞ딥 今俗語疙疸 <四解上 76b>

    c. 疸 : …又俗稱疙疸 ᄆᆞ딥 <字會中 16a>

<302> 헌 허므렛 ᄆᆞ딥 對 헌 허믈 ᄆᆞ딥

두 명사구가 [疙]과 [疸] 즉 '쥐부스럼, 머리 종기'의 뜻을 가지고 동의 관계에 있다는 것은 다음 예문들에서 잘 확인된다. '疙'이 한자어 '疙疸'을 뜻하고 '疙疸'은 고유어 '헌 허므렛 ᄆᆞ딥'과 동의 관계에 있다. 그리고 '疸'이 고유어 '헌 허믈 ᄆᆞ딥'을 뜻하고 '헌 허믈 ᄆᆞ딥'은 한자어 '疙疸'과 동의 관계에 있다. 따라서 '헌 허므렛 ᄆᆞ딥'과 '헌 허믈 ᄆᆞ딥'의 동의성은 명백히 입증된다. 명사구 '헌 허므렛 ᄆᆞ딥'은 동작동사 '헐다'의 관형사형 '헌'과 명사 '허믈'과 명사 'ᄆᆞ딥'의 결합이고 '허+ㄴ#허믈+에+ㅅ# ᄆᆞ딥'으로 분석될 수 있다. 명사구 '헌 허믈 ᄆᆞ딥'은 동작동사 '헐다'의 관형사형 '헌'과 명사 '허믈'과 명사 'ᄆᆞ딥'의 결합이다.

(302) a. 疙 : 疙疸 헌 허므렛 ᄆᆞ딥 <四解上 61b>

(302) b. 疸 : 헌 허믈 ᄆᆞ딥 今俗語疙疸 <四解上 76b>

    c. 疸 : …又俗稱疙疸 ᄆᆞ딥 <字會中 16a>

<303> 헐겁지 對 혈거피

두 명사가 [包指] 즉 '깍지, 활을 쏠 때 엄지손가락에 끼워 시위를 당기는 기구'의 뜻을 가지고 동의 관계에 있다는 것은 다음 예문들에서 잘 확인된다. 원문 중 '借饋…包指'가 '헐겁지 빌이다'로 번역된다. 그리고 '包指'가 고유어 '혈거피'를 뜻한다. 따라서 '헐겁지'와 '혈거피'의 동의성은 명백히 입증된다.

(303) a. 네 나를 헐겁지 빌이고려(你借饋我包指麼) <번朴上 54b>

    b. 包指 : 音義云 혈거피 <老朴 朴上 13a>

<304> 호을어미 對 남진 업스니

명사 '호을어미'와 명사구 '남진 업스니'가 [嫠] 즉 '과부, 홀어미'의 뜻을 가지고 동의 관계에 있다는 것은 다음 예문들에서 잘 확인된다. '嫠'가 한자어 '寡婦'를 뜻하고 '嫠'의 자석이 '호을어미'이다. 그리고 원문 중 '有…嫠者'가 '남진 업스니 잇다'로 번역된다. 따라서 '호을어미'와 '남진 업스니'의 동의성은 명백히 입증된다. 명사구 '남진 업스니'는 명사 '남진'과 상태동사 '없다'의 관형사형 '업슨'과 의존명사 '이'의 결합으로 '남진# 없+은#이'로 분석된다.

(304) a. 嫠 : 寡婦 <四解上 28a>

　　b. 嫠 : 호올어미 리 汎稱 <字會上 17a>

(304) c. 아비 업스니왜 남진 업스니 잇거든(有孤嫠者ㅣ어든) <번小九 103b>

<305> 화살 對 살

두 명사가 [弓矢]와 [矢]의 뜻을 가지고 동의 관계에 있다는 것은 다음 예문들에서 잘 확인된다. 원문 중 '持弓矢'가 '화살 잡다'로 번역된다. 그리고 '矢'가 한자어 '弓矢'를 뜻하고 '矢'의 자석이 '살'이다. 따라서 '화살'과 '살'의 동의성은 명백히 입증된다.

(305) a. 화살 자보믈 슬펴 구디 ㅎ며(持弓矢審固ㅎ며) <번小四 21b>

　　b. 화살 자보믈 슬펴 구디 혼 후에(持弓矢審固然後에) <번小四 21b>

(305) c. 矢 : 弓矢 <四解上 19b>

　　d. 矢 : 살 시 <字會中 14b>

명사 '화살'의 先代形인 '활살'이 『月印釋譜』(1459)와 『圓覺經諺解』(1465)의 다음 예문들에서 잘 확인된다. 원문 중 '把弓矢'가 '활살 잡다'로 번역된다.

(305) e. 甲 니브시고 활살 츠시고 槍 자브시고 <月十 27b>

　　f. 쏘 활소기 비호리 처섬 활살 자바 곧 소래 뜨들 보내오(又如學射初把弓矢便註意在的) <圓上一之一 113a>

<306> 황병피나모 對 황벽피

두 명사가 [蘗] 즉 '황벽나무'의 뜻을 가지고 동의 관계에 있다는 것은 다음 예문들에서 잘 확인된다. '蘗'은 '黃蘗木'과 '暖木'을 뜻하고 한자어 '暖木'은 고유어 '황병피나모'와 동의 관계에 있다. '蘗'의 자석이 '황벽피'이고 고유어 '황벽피'는 한자어 '暖木'과 동의 관계에 있다. 따라서 '황병피나모'와 '황벽피'의 동의성은 명백히 입증된다.

(306) a. 蘗 : 今俗呼黃蘗木 又曰暖木 황병피나모 <四解下 59a>

　　b. 蘗 : 황벽피 벽 俗呼暖木 <字會上 5b>

<307> 해 對 걸말

두 명사가 [楎椸]와 [楎] 즉 '옷걸이, 횃대, 휘이(楎椸)'의 뜻을 가지고 동의 관계에 있다는 것은 다음 예문들에서 잘 확인된다. 원문 중 '夫之楎椸'가 '남진의 홰'로 번역된다. 그리고 '楎'가 한자어 '楎椸'를 뜻하고 '楎'의 자석이 '걸말'이다. 따라서 '홰'와 '걸말'의 동의성은 명백히 입증된다.

(307) a. 값간도 남진의 홰예 두디 아니ᄒ며(不敢縣於夫之楎椸ᄒ며) <번小三 17b>

(307) b. 楎 : 楎椸 衣架植曰楎 <四解上 53b>
     c. 楎 : 걸말 휘 植壁曰楎 <字會中 7b>

<308> 훳돈 對 훳울

두 명사가 [靿]와 [鞾] 즉 '長靴의 몸통'의 뜻을 가지고 동의 관계에 있다는 것은 다음 예문들에서 잘 확인된다. '靿'가 '靴靿'를 뜻하고 한자어 '靴靿'는 고유어 '훳돈'과 동의 관계에 있다. 그리고 '鞾'의 자석이 '훳울'이고 고유어 '훳울'은 한자어 '靴靿'와 동의 관계에 있다. 따라서 '훳돈'과 '훳울'의 동의성은 명백히 입증된다.

(308) a. 靿 : 今俗語靴靿 훳돈 <四解下 23b>
     b. 鞾 : 운혜옹 又 훳울 亦曰俗呼靴靿 <字會中 11b>

<309> 훙졍ᄀ숨 對 쳔 對 쳔량

세 명사가 [貨物] 즉 '상품, 훙졍감'의 뜻을 가지고 동의 관계에 있다는 것은 『번역노걸대』의 다음 예문들에서 잘 확인된다. 원문 중 '甚麼貨物'이 '므슴 훙졍ᄀ숨'으로도 번역되고 '므슴 쳔'으로도 번역되며 '賣了貨物'이 '쳔량 풀다'로 번역된다. 따라서 '훙졍ᄀ숨', '쳔' 및 '쳔량'의 동의성은 명백히 입증된다. 고유어 '훙졍ᄀ숨'은 [買賣]와 [交易] 즉 '장사'의 뜻을 가진 '훙졍'과 '감, 재료'의 뜻을 가진 'ᄀ숨'의 合成이다. '훙졍ᄀ숨'은 1510년대 국어에 처음으로 등장한다.

(309) a. 또 므슴 훙졍ᄀ숨 사(却買些甚麼貨物) <번老上 12b>
     b. 우리 다티 살 훙졍ᄀ수믈 의논호ᄃ 엇더ᄒ니오(咱們商量別買貨物如何) <번老下 21a>

(309) c. 또 므슴 쳔 잇ᄂ뇨(再有甚麼貨物) <번老下 2a>
     d. 네 므슴 쳔 가져 온다(你將甚麼貨物來) <번老下 5a>

(309) e. 쳔량 푸라(賣了貨物) <번老上 15a>

<310> 힝그럭 對 셔보조

두 명사가 [鈚]와 [鈚子] 즉 '화살의 촉'의 뜻을 가지고 동의 관계에 있다는 것은 다음 예문들에서 잘 확인된다. '鈚'의 자석이 '힝그럭'이고 한자어 '鈚子箭'과 동의 관계에 있다. 그리고 원문 중 '這鈚子'가 '이 셔보조'로 번역된다. 따라서 '힝그럭'과 '셔보조'의 동의성은 명백히 입증된다.

(310) a. 鈚 : 箭鏃 廣長者 <四解上 15b>
    b. 鈚 : 힝그럭 피 箭名 俗呼鈚子箭 <字會中 14b>

(310) c. 이 셔보조 거리살(這鈚子 虎爪) <번老上 32b>

<311> 히 對 나

두 명사가 [日]과 [日頭] 즉 '해, 태양'의 뜻을 가지고 동의 관계에 있다는 것은 다음 예문들에서 잘 확인된다. 원문 중 '日斜'가 '히 기울다'로 번역되고 '日頭落'이 '히 디다'로 번역된다. 그리고 '日'의 자석이 '나'이다. 따라서 '히'와 '나'의 동의성은 명백히 입증된다.

(311) a. 혹 히 기우도록 오디 아니ᄒᆞ엿거든(或日斜不至어든) <번小九 76b>
    b. 히도 디ᄂᆞ다(日頭落也) <번老上 49b>
    c. 히 ᄯᅩ 이리도록 늦도다(日頭又這早晩了) <번老上 60a>

(311) d. 日 : 大陽精 <四解上 61b>
    e. 日 : 나 싈 衆陽之宗 <字會上 1a>

<312> 힝역 對 헌듸

두 명사가 [瘡] 즉 '종기, 상처'의 뜻을 가지고 동의 관계에 있다는 것은 다음 예문들에서 잘 확인된다. 원문 중 '其瘡'이 '그 힝역'으로 번역되고 '瘡小'가 '힝역이 횩다'로 번역되고 '瘡毒'이 '힝역 독'으로 번역된다. 그리고 '甚麼瘡'이 '므슴 헌듸'로 번역된다. 따라서 '힝역'과 '헌듸'의 동의성은 명백히 입증된다.

(312) a. 그 힝역이 수이 나도(其 瘡易出) <瘡疹 19a>
    b. 그 힝역이 염그러 븕고 빗나닌(其瘡肥紅光澤者) <瘡疹 26a>
    c. 그 힝역 나미 다숫 가지 일후미 잇ᄂᆞ니(其瘡出有五名) <瘡疹 3a>

d. 힝역이 효가 검고(瘡小黑) <瘡疹 16b>

e. 힝역이 릉히 내붗디 몯ᄒᆞᄂᆞ니(瘡又不能發也) <瘡疹 11a>

f. 힝역 독이 안호로 드러(瘡毒入於裏) <瘡疹 22a>

(312) g. 므슴 헌듸오(甚麽瘡) <번朴上 13a>

h. 아ᄆᆞ론 헌듸 동 몰래라(不知甚麽瘡) <번朴上 13a>

i. 瘡 : 瘍也 <四解下 38b>

j. 瘡 : 헐므슬 창 <字會中 16b>

2. 音韻 交替型

音韻의 교체를 보여 주는 명사들이 동의 관계를 가질 수 있다. 이 경우가 음운 교체형이다. 음운 교체에는 母音 交替와 子音 交替가 있다. 통계상 모음 교체가 자음 교체보다 많다.

2.1. 母音 交替型

동의 관계가 모음 교체를 보여 주는 명사들 사이에 성립된다. 모음 교체에는 陽母音과 陰母音 간의 교체가 있고 陰母音과 陽母音 간의 교체가 있고 양모음간의 교체와 음모음간의 교체가 있다. 그리고 中立 母音이 양모음과 교체되기도 하고 음모음과 교체되기도 하고 중립 모음과 교체되기도 한다.

陽母音과 陰母音 간의 교체에는 'ᄋᆞ~으'의 교체, '아~어'의 교체 및 '오~우'의 교체가 있다.

모음 'ᄋᆞ~으'의 교체를 보여 주는 명사에는 [鞘兒]와 [鞘] 즉 '칼집'의 뜻을 가진 '가폴'과 '가플'을 비롯하여 [郡]과 [縣] 즉 '고을'의 뜻을 가진 '고올ㅎ'과 '고을ㅎ', [鞍子]와 [鞍] 즉 '길마, 鞍裝'의 뜻을 가진 '기르마'와 '기르마', [客人]과 [旅] 즉 '나그네'의 뜻을 가진 '나그내'와 '나그내', [賊] 즉 '도둑'의 뜻을 가진 '도ᄌᆞᆨ'과 '도즉', [處]와 [所] 즉 '곳, 데'의 뜻을 가진 'ᄃᆡ'와 '듸', [府]와 [衙] 즉 '관청'의 뜻을 가진 '마ᄉᆞᆯ'과 '마슬', [儒]와 [生] 즉 '선비'의 뜻을 가진 '션ᄇᆡ'와 '션븨', [學生]과 [生] 즉 '학생'의 뜻을 가진 '션ᄇᆡ'와 '션븨', [縧兒]와 [條兒] 즉 '끈'의 뜻을 가진 '수ᅀᆞ'와 '수스', [宗族] 즉 '친척, 일가'의 뜻을 가진 '아ᅀᆞᆷ'과 '아슴' 그리고 [狐] 즉 '여우'의 뜻을 가진 '여ᅀᆞ'와 '여스'가 있다.

모음 '아~어'의 교체를 보여 주는 명사에는 [皮] 즉 '껍질'의 뜻을 가진 '갓'과 '겇'을 비롯하여 [閽]과 [閽寺] 즉 '문지기'의 뜻을 가진 '고쟈'와 '고져', [髮] 즉 '머리털'의 뜻을 가진 '마리'와 '머리', [父] 즉 '아버지'의 뜻을 가진 '아비'와 '어비' 그리고 [多少] 즉 '얼마'의 뜻을 가진 '언마'와 '언머'가 있다.

모음 '오~우'의 교체를 보여 주는 명사에는 [耳墜兒]와 [珥] 즉 '귀고리, 귀걸이'의 뜻을 가진 '귀엿골회'와 '귀엿골휘'를 비롯하여 [驢] 즉 '나귀, 당나귀'의 뜻을 가진 '나괴'와 '나귀', [硯] 즉 '벼루'의 뜻을 가진 '벼로'와 '벼루', [槽疥] 즉 '비루, 비루병'의 뜻을 가진 '비로'와 '비루', [鄕], [鄕里] 및 [草野] 즉 '시골'의 뜻을 가진 '스골'과 '스굴' 그리고 [大薊] 즉 '엉겅퀴'의 뜻을 가진 '항것괴'와 '항것귀'가 있다.

陰母音과 陽母音 간의 교체에는 '으~ᄋ'의 교체, '어~아'의 교체, '우~오' 교체 및 '우~ᄋ'의 교체가 있다.

모음 '으~ᄋ'의 교체를 보여 주는 명사에는 [胡荽]와 [荽] 즉 '고수, 고수풀'의 뜻을 가진 '고싀'와 '고시'를 비롯하여 [農] 즉 '농사'의 뜻을 가진 '녀름'과 '녀름'과 [位] 즉 '벼슬, 직위'의 뜻을 가진 '벼슬'과 '벼슬'이 있다.

모음 '어~아'의 교체를 보여 주는 명사에는 [壑谷], [溝壑] 및 [壑] 즉 '골짜기'의 뜻을 가진 '굴헝'과 '굴항'을 비롯하여 [首]와 [頭] 즉 '머리'의 뜻을 가진 '머리'와 '마리' 그리고 [始]와 [初] 즉 '처음'의 뜻을 가진 '처섬'과 '처삼'이 있다.

모음 '우~오'의 교체를 보여 주는 명사에는 [鏡] 즉 '거울'의 뜻을 가진 '거우루'와 '거우로'를 비롯하여 [奩]과 [粧奩] 즉 '경대, 거울을 넣어 두는 그릇'의 뜻을 가진 '거우룻집'과 '거우로집', [鶬鴰], [鶬] 및 [鴰] 즉 '두루미'의 뜻을 가진 '두루미'와 '두로미', [根] 즉 '뿌리'의 뜻을 가진 '불휘'와 '불회', [名] 즉 '이름'의 뜻을 가진 '일훔'과 '일홈', [繮繩]과 [韁] 즉 '후릿고삐'의 뜻을 가진 '쥬리울'과 '쥬리올', [鐋] 즉 '대패, 자귀'의 뜻을 가진 '항귀'와 '항괴' 그리고 [腓]와 [腨] 즉 '장딴지'의 뜻을 가진 '허튓비'와 '허튓비'가 있다.

모음 '우~ᄋ'의 교체를 보여 주는 명사에는 [泡]와 [漚] 즉 '거품'의 뜻을 가진 '거품'과 '거픔' 그리고 [雲] 즉 '구름'의 뜻을 가진 '구룸'과 '구름'이 있다.

陽母音간의 교체에는 'ᄋ~아'의 교체, 'ᄋ~오'의 교체, '오~ᄋ'의 교체 및 '오~외'의 교체가 있다.

모음 'ᄋ~아'의 교체를 보여 주는 명사에는 [中] 즉 '가운데'의 뜻을 가진 '가온ᄃᆡ'와 '가온대'가 있다.

모음 'ᄋ~오'의 교체를 보여 주는 명사에는 [郡]과 [郡邑] 즉 '고을'의 뜻을 가진 'ᄀᆞ올ㅎ'과 '고올ㅎ'을 비롯하여 [裳] 즉 '치마'의 뜻을 가진 'ᄀᆞ외'와 '고외' 그리고 [言], [語] 및 [言語] 즉 '말'의 뜻을 가진 '말솜'과 '말솜'이 있다.

모음 '오~ᄋ'의 교체를 보여 주는 명사에는 [獐] 즉 '노루'의 뜻을 가진 '노로'와 '노ᄅᆞ'가 있다.

모음 '오~외'의 교체를 보여 주는 명사에는 [夕], [暮] 및 [哺] 즉 '저녁'의 뜻을 가진 '나조ㅎ'와 '나죄/나죄ㅎ'가 있다.

陰母音간의 교체에는 '으~우'의 교체, '으~어'의 교체, '우~으'의 교체 및 '유~으'의 교체가 있다.

모음 '으~우'의 교체를 보여 주는 명사에는 [官]과 [官司] 즉 '관청'의 뜻을 가진 '그위'와 '구위'를 비롯하여 [君]과 [至尊] 즉 '임금'의 뜻을 가진 '님금'과 '님굼', [帝] 즉 '임금'의 뜻을 가진 '님금'과 '님굼', [生]과 [儒] 즉 '선비'의 뜻을 가진 '션븨'와 '션븨' 그리고 [酒] 즉 '술'의 뜻을 가진 '수을'과 '수울'이 있다.

모음 '으~어'의 교체를 보여 주는 명사에는 [疽]와 [癘] 즉 '부스럼'의 뜻을 가진 '브스름'과 '브스럼'이 있다.

모음 '우~으'의 교체를 보여 주는 명사에는 [官]과 [官司] 즉 '관청'의 뜻을 가진 '구위'와 '구의'를 비롯하여 [官司] 즉 '송사'의 뜻을 가진 '구위종'과 '구의종', [酒] 즉 '술'의 뜻을 가진 '수울'과 '스울' 그리고 [車] 즉 '수레'의 뜻을 가진 '술위'와 '술의'가 있다.

모음 '우~어'의 교체를 보여 주는 명사에는 [盖]와 [盖兒] 즉 '덮개'의 뜻을 가진 '둡게'와 '덥게'가 있다.

모음 '유~으'의 교체를 보여 주는 명사에는 [生], [畜] 및 [獸] 즉 '짐승'의 뜻을 가진 '즁싱', '즁싱' 및 '즘숭'이 있다.

中立 母音간의 교체에는 모음 '이~이'의 교체와 '요~이'의 교체가 있다. 中立 母音과 陰母音 간의 교체에는 '이~으'의 교체가 있다.

모음 '이~이'의 교체를 보여 주는 명사에는 [聲]과 [音] 즉 '소리'의 뜻을 가진 '소리'와 '소릐'가 있다.

모음 '요~이'의 교체를 보여 주는 명사에는 [[嚔], [嚔] 및 [嚔嚔] 즉 '재채기'의 뜻을 가진 'ᄌ쳐욤'과 'ᄌ쳐임'이 있다.

모음 '이~으'의 교체를 보여 주는 명사에는 [頭口] 즉 '짐승'의 뜻을 가진 '즘싱'과 '즘승'이 있다.

<1> 가폴 對 가플

두 명사가 [鞘兒]와 [鞘] 즉 '칼집'의 뜻을 가지고 동의 관계에 있다는 것은 다음 예문들에서 잘 확인된다. 원문 중 '鞘兒'가 '가폴'로도 번역되고 '가플'로도 번역된다. 그리고 '鞘'가 한자어 '刀室'을 뜻하고 '鞘'의 자석이 '가플'이다. 따라서 두 명사 '가폴'과 '가플'의 동의성은 명백히 입증된다. 두 명사는 제2 음절에서 모음 'ㅇ~으'의 교체를 보여 준다.

(1) a. 가푸리 다 ᄀ자 잇고(鞘兒都全) <번朴上 27a>
 b. 쌍가폴ᄒᆞᆫ 갈 열 ᄌᆞ루(雙鞘刀子十把) <번老下 68b>
 c. 화류 가프레(花梨木鞘兒) <번朴上 15b>

(1) d. 鞘 : 刀室 亦作鞘 <四解下 16a>
 e. 鞘 : 가플 쇼 <字會中 9b>

<2> 고올ㅎ 對 고을ㅎ

두 명사가 [郡]과 [縣] 즉 '고을'의 뜻을 가지고 동의 관계에 있다는 것은 다음 예문들에서 잘 확인된다. 원문 중 '郡國'이 '고올ㅎ며 나라ㅎ'로 번역되고 '縣吏'가 '고올 원'으로 번역된다. '郡'이 '고을희셔'로 번역된다. 그리고 '郡'과 '縣'의 자석이 '고을'이다. 따라서 두 명사 '고올ㅎ'과 '고을ㅎ'의 동의성은 명백히 입증된다. 두 명사는 제2 음절에서 모음 'ㅇ~으'의 교체를 보여 준다.

(2) a. 고올ㅎ며 나라해 소리 나(聞乎郡國이라) <번小九 84b>
　　 b. 형이 고올 워니 도이여셔(兄爲縣吏) <二倫 5a>

(2) c. 고을희셔 주붓 벼스를 ㅎ여늘(郡命爲主簿) <二倫 16a>

(2) d. 郡 : 郡縣 <四解上 67b>
　　 e. 郡 : 고을 군 <字會中 4b>

(2) f. 縣 : 郡縣 <四解下 7b>
　　 g. 縣 : 고을 현 <字會中 4b>

<3> 기르마 對 기르마

두 명사가 [鞍子]와 [鞍] 즉 '길마, 안장(鞍裝)'의 뜻을 가지고 동의 관계에 있다는 것은 다음 예문들에서 잘 확인된다. 원문 중 '鞍子'가 '기르마'로 번역되고 '鞍橋子'가 '기르맛 가지'로 번역된다. 그리고 '摘了鞍子'가 '기르마 벗기다'로 번역되고 '鞍'의 자석이 '기르마'이다. 따라서 두 명사 '기르마'와 '기르마'의 동의성은 명백히 입증된다. 두 명사는 제2 음절에서 모음 'ㅇ~으'의 교체를 보여 준다.

(3) a. 기르마는 이 훈 거믄 셔각으로 젼 ㅎ고(鞍子是一箇烏犀角邊兒) <번朴上 28a>
　　 b. 유심홍 블근 비체 슈파 그린 면엣 기르맛 가지예(油心紅畫水波面兒的鞍橋子) <번朴上 28a>
　　 c. 기르맛 가지(鞍橋子) <번朴下 30a>

(3) d. 믈 둘(68b) 다 오랑 서우니 ㅎ고 안직 기르마 벗기디 말라(把馬們都鬆了 且休摘了鞍子) <번老上 69a>
　　 e. 여윈 믈란 기르마 밧기고(瘦馬鞍子摘了) <번老下 45a>

(3) f. 鞍 : 馬鞍具 <四解上 71b>
　　 g. 鞍 : 기르마 안 俗呼鞍子 <字會中 13b>

<4> 나그내 對 나그내

두 명사가 [客人]과 [旅] 즉 '나그네'의 뜻을 가지고 동의 관계에 있다는 것은 다음 예문들에서 잘 확인된다. 원문 중 '買毛施布的客人'이 '모시뵈 살 나그내'로 번역된다. '買馬的客人'이 '물 살 나그내'로 번역되고 '行路的客人'이 '길 녀는 나그내'로 번역된다. 그리고 '旅'의 자석이 '나그내'이다. 따라서 두 명사 '나그내'와 '나그내'의 동의성은 명백히 입증된다. 두 명사는 제2 음절에서 모음 '♀~으'의 교체를 보여 준다.

(4) a. 여러 모시뵈 살 나그내 혀 오라(引將幾箇買毛施布的客人來) <번老下 59a>

(4) b. 둘흔 물 살 나그내오(兩箇是買馬的客人) <번老下 7b>
    c. 우리는 길 녀는 나그내어니(我是行路的客人) <번老上 42b>
    d. 나그내네 쉬라(客人們歇息) <번老上 26a>

(4) e. 旅 : … 羇旅 <四解上 35a>
    f. 旅 : 나그내 려 <字會中 2a>

<5> 도죽 對 도즉

두 명사가 [賊] 즉 '도둑'의 뜻을 가지고 동의 관계에 있다는 것은 다음 예문들에서 잘 확인된다. 원문 중 '那賊'이 '그 도죽'으로도 번역되고 '그 도즉'으로도 번역된다. 그리고 '群賊'이 '모든 도죽'으로 번역되고 '正賊'이 '진짓 도즉'으로 번역된다. 따라서 두 명사 '도죽'과 '도즉'의 동의성은 명백히 입증된다. 두 명사는 제2 음절에서 모음 '♀~으'의 교체를 보여 준다.

(5) a. 그 도즈기 그 사르믹 젼대 가져다가(那賊將那人的纏帶) <번老上 28a>
    b. 그 도즈기 셧녁으로 물 들여 니거늘(那賊往西走馬去了) <번老上 30a>
    c. 모든 도죽이 브리고 가니라(群賊ㅣ 乃捨之而去ㅎ니라) <번小九 66b>
    d. 뒤헤 흔 물 툰 도즈기(後頭有一箇騎馬的賊) <번老上 29a>
    e. 그 도즈글 미처(29b) 가(赶上那賊) <번老上 30a>
    f. ᄌᆞ조 도죽을 만나(數遇賊ㅎ야) <번小九 20b>
    g. 아쳐려 호믈 도죽(41b) 원슈 ᄀᆞ티 너기ᄂᆞ니(患若賊讎ㅎᄂᆞ니) <번小七 42a>

(5) h. 그 도즈기 그 나그내의 등의 흔 사를 쏘니(那賊將那客人脊背上射了一箭) <번老上 29a>
    i. 그 도즈기 닐오(29a) 디 주그니라 ᄒᆞ고(那賊只道是死了) <번老上 29b>

j. 쪼그 도즈글 자바(却捉住那賊) <번老上 28b>

k. 진짓 도즈그란 잡디 몯ᄒ고(正賊捉不住) <번老上 28b>

l. 도즉들히 네의 쳔 이시며 쳔 업슨 주를 엇디 알리오(賊們怎知你有錢沒錢) <번老上 27b>

<6> 듸 對 디

두 명사가 [處]와 [所] 즉 '곳, 데'의 뜻을 가지고 동의 관계에 있다는 것은 다음 예문들에서 잘 확인된다. 원문 중 '他處'가 '다른 듸'로도 번역되고 '다른 디'로도 번역된다. 그리고 원문 중 '所依'가 '依據홀 듸'로 번역되고 '所資須'가 '쁠 디'로 번역된다. 따라서 두 명사 '듸'와 '디'의 동의성은 명백히 입증된다. 두 명사는 모음 'ᄋ~으'의 교체를 보여 준다.

(6) a. 일즉 다른 듸 가 술 취ᄒ여 도라 오나ᄂᆞᆯ(曾他處醉歸어늘) <번小九 75a>

　 b. 우리 잘 듸 서러 보아지라(我整理睡處) <번老上 25a>

　 c. ᄒᆞᆫ 듸셔 글 비호니(一處學文書來) <번老上 6b>

　 d. 제 어미 依據홀 듸 업스니(其母無所依) <속三烈 2a>

(6) e. 다른 디 가 취ᄒ여 오거든(曾他處醉歸) <二倫 15a>

　 f. 쪼 어들 디 업스니라(也沒處尋裏) <번老下 2b>

　 g. 쁠 디 잇거든(有所資須) <二倫 13a>

<7> 마ᅀᆞᆯ 對 마을

두 명사가 [府]와 [衙] 즉 '관청'의 뜻을 가지고 동의 관계에 있다는 것은 다음 예문들에서 잘 확인된다. 원문 중 '城府'가 '셩 안히며 마ᅀᆞᆯ'로 번역된다. '衙'가 한자어 '官府'를 뜻하고 '衙'의 자석이 '마ᅀᆞᆯ'이다. 그리고 '府'가 한자어 '官府'를 뜻하고 '府'의 자석이 '마을'이다. 따라서 두 명사 '마ᅀᆞᆯ'과 '마을'의 동의성은 명백히 입증된다. 두 명사는 제2 음절에서 모음 'ᄋ~으'의 교체를 보여 준다.

(7) a. 龐公이 일즛 셩 안히며 마ᅀᆞᆯ애 드러가디 아니ᄒ고(龐公이 未嘗入城府ᄒ고) <번小九 91a>

(7) b. 衙 : 官府 今俗呼衙門 <四解下 30b>

　 c. 衙 : 마ᅀᆞᆯ 아 俗呼衙門 <字會中 4b>

(7) d. 府 : …又官府 <四解上 39a>

　 e. 府 : 마을 부 <字會中 4b>

<8> 션비 對 션븨

두 명사가 [儒]와 [生] 즉 '선비'의 뜻을 가지고 동의 관계에 있다는 것은 다음 예문들에서 잘 확인된다. 원문 중 '諸儒'가 '션비들ㅎ'로 번역되고 '儒術'이 '션비이 일'로 번역된다. '諸生'이 '션비들ㅎ'과 '모든 션비들ㅎ'로 번역된다. 그리고 '引諸生'이 '모든 션비들홀 브르다'로 번역되고 '儒'의 자석이 '션비'이다. 따라서 두 명사 '션비'와 '션븨'의 동의성은 명백히 입증된다. 두 명사는 제2 음절에서 모음 'ㅇ~으'의 교체를 보여 준다.

(8) a. 비록 齊며 魯 나랏 션비돌히라도(雖齊魯諸儒ㅣ라두) <번小九 84b>

b. 그 둘흔 션비이 이룰 아디 몯ᄒ며(其二ᄂᆞᆫ 不知儒術ᄒ며) <번小六 18a>

c. 샹위 뵈야호로 글ᄒᆞᄂᆞᆫ 션비룰 블러 쓰시더니(上이 方招文學儒者ㅣ러시니) <번小九 38b>

d. 션비이 이레 ᄀᆞ장 갓갑건마른(於儒者事애 最近ㅣ언마ᄂᆞᆫ) <번小六 6b>

e. ᄀᆞ절히 션비돌홀 위ᄒᆞ야(爲諸生ᄒᆞ야) <번小九 9b>

f. 모든 션비돌히 오래 어머싀룰 아니 가 뵈니 잇ᄂᆞ냐 ᄒᆞ여늘(諸生ᄋᆞᆫ 有久不省親者乎아 ᄒᆞ야ᄂᆞᆯ) <번小九 8a>

(8) g. 모든 션비돌홀 블러 닐오디 믈읫 글 비호ᄆᆞᆫ 님금의 튱셩ᄒᆞ며 어버이룰 효도호ᄃᆞᆯ 비호ᄂᆞᆫ 이리니 (引諸生告之曰凡學者ᄂᆞᆫ 所以學爲忠與孝也ㅣ니) <번小九 8a>

(8) h. 儒: 術士之稱 <四解上 35b>

i. 儒: 션븨 슈 守道攻學曰儒 俗稱秀才 <字會上 18a>

<9> 션비 對 션븨

두 명사가 [學生]과 [生] 즉 '학생'의 뜻을 가지고 동의 관계에 있다는 것은 다음 예문들에서 잘 확인된다. 원문 중 '漢兒學生們'이 '漢兒션비들'로 번역되고 '當直的學生'이 '딕실 션비'로 번역된다. 그리고 '諸生'이 '모든 션비들ㅎ'로도 번역되고 '모든 션븨들ㅎ'로도 번역된다. 따라서 두 명사 '션비'와 '션븨'의 동의성은 명백히 입증된다. 두 명사는 제2 음절에서 모음 'ㅇ~으'의 교체를 보여 준다.

(9) a. 미실 漢兒 션비들과 ᄒᆞ야(6a) ᄒᆞᆫᄃᆞ셔 글 비호니(每日和漢兒學生們一處學文書來) <번老上 6b>

b. 네 모든 션비 듕에 엄네나 漢兒人이며 언메나 高麗ㅅ 사룸고(你那衆學生內中書來) <번老上 6b>

c. 너희 며치나 ᄒᆞᆫ 션비오 우리 혹당 위두ᄒᆞ야 만ᄒᆞᆫ 다숫 션비라(你幾個學生 咱長學爲頭兒四十五箇學生) <번朴上 49a>

d. 모든 션븨들히 오래 어버시를 아니 가 뵈니 잇ᄂ냐 ᄒᆞ야ᄂᆞᆯ(諸生은 有久不省親者乎아ᄒᆞ야ᄂᆞᆯ) <번小九 8a>

(9) e. 딕실 션븨 ᄒᆞ야 어피고(教當直的學生背起) <번老下 3b>

f. 모든 션븨들ᄒᆞᆯ 블러 닐오ᄃᆡ(引諸生告之曰) <번小九 8a>

<10> 수ᄉᆞ 對 수스

두 명사가 [緩]와 [條兒] 즉 '끈'의 뜻을 가지고 동의 관계에 있다는 것은 다음 예문들에서 잘 확인된다. '緩'의 자석이 '수ᄉᆞ'이고 고유어 '수ᄉᆞ'는 한자어 '緩兒'와 동의 관계에 있다. 그리고 원문 중 '條兒'가 '수스'로 번역된다. 따라서 두 명사 '수ᄉᆞ'와 '수스'의 동의성은 명백히 입증된다. 두 명사는 제2 음절에서 모음 'ᄋᆞ~으'의 교체를 보여 준다.

(10) a. 緩 : 佩玉組 <四解上 52a>

b. 緩 : 수ᄉᆞ 슈 俗呼緩兒 <字會中 11b>

(10) c. 수스 사다가 초리라(買將條兒來帶他) <번朴上 16b>

<11> 아ᅀᆞᆷ 對 아ᅀᆞᆷ

두 명사가 [宗族] 즉 '친족, 일가'의 뜻을 가지고 동의 관계에 있다는 것은 다음 예문들에서 잘 확인된다. 원문 중 '吳中宗族'이 '吳中 ᄯᅡ해 아ᅀᆞᆷ'으로 번역되고 '會宗族'이 '아ᅀᆞᆷ 모도다'로 번역된다. 따라서 두 명사 '아ᅀᆞᆷ'과 '아ᅀᆞᆷ'의 동의성은 명백히 입증된다. 두 명사는 제2 음절에서 모음 'ᄋᆞ~으'의 교체를 보여 준다.

(11) a. 내 吳中 ᄯᅡ해 아ᅀᆞ미 ᄀᆞ장 만ᄒᆞ니(吾ㅣ 吳中에 宗族이 甚衆ᄒᆞ니) <번小七 49a>

b. 아ᅀᆞᆷ믜 화동티 아니호ᄆᆞᆫ(宗族所以不恊) <二倫 27a>

(11) c. 그 훼 허무 아ᅀᆞᆷ들 모도고 울며 닐우ᄃᆡ(武乃會宗族泣曰) <二倫 4a>

d. 아ᅀᆞᆷ 모도아(會宗族) <二倫 25a>

<12> 여ᅀᅮ 對 여스

두 명사가 [狐] 즉 '여우'의 뜻을 가지고 동의 관계에 있다는 것은 다음 예문들에서 잘 확인된다. 원문 중 '狐朋'이 '여스 벗 짓다'로 번역된다. '狐'가 한자어 '狐狸'를 뜻하고 '狐狸'는 고유어 '여ᅀᅮ'와 동의 관계에 있다. 그리고 '狐'의 자석이 '여스'이고 고유어 '여스'는 한자어 '狐狸'와 동의 관계에 있다. 따라서 두 명사 '여슷'와 '여스'의 동의성은 명백히 입증된다. 두 명사는 제2 음절에서 모음 '으~으'의 교체를 보여 준다.

(12) a. 여스 벋 지스며 가히와 물 지어(狐朋狗黨) <번老下 48b>

(12) b. 狐 : 今俗呼狐狸 여슷 <四解上 41b>
    c. 狐 : 여스 호 俗呼狐狸 <字會東中本上 19a>

<13> 갓 對 겇

두 명사가 [皮] 즉 '껍질'의 뜻을 가지고 동의 관계에 있다는 것은 다음 예문들에서 잘 확인된다. 원문 중 '皮肉'이 '갓과 술ㅎ'로 번역되고 '皮厚'가 '거치 두텁다'로 번역된다. 따라서 두 명사 '갓'과 '겇'의 동의성은 명백히 입증된다. 두 명사는 모음 '아~어'의 교체를 보여 준다.

(13) a. 져믄 아히는 갓과 술쾌 연약호므로(小兒皮肉嫩弱) <瘡疹 1b>

(13) b. 힝역이 거치 두텁고 비치 툽툽ㅎ닌(瘡皮厚色頑濁者) <瘡疹 14b>
    c. 거치 엷고 비치 물ㄱ닌(瘡皮薄內色精明者) <瘡疹 14b>

<14> 고쟈 對 고져

두 명사가 [閽]과 [閽寺] 즉 '문지기'의 뜻을 가지고 동의 관계에 있다는 것은 다음 예문들에서 잘 확인된다. '閽'이 한자어 '守門人'을 뜻하고 '閽'의 자석이 '고쟈'이다. 그리고 원문 중 '閽寺守'가 '고져로 딕희우다'로 번역된다. 따라서 두 명사 '고쟈'와 '고져'의 동의성은 명백히 입증된다. 두 명사는 제2 음절에서 모음 '아~어'의 교체를 보여 준다.

(14) a. 閽 : 守門人 <四解上 66b>
    b. 閽 : 고쟈 혼 又守門者 亦曰閽人 <字會中 1b>

(14) c. 집을 기피 ㅎ며 문을 구디 ㅎ야 고져로 딕희워(深宮固門ㅎ야 閽寺守之ㅎ야) <번小三 17a>

<15> 마리 對 머리

두 명사가 [髮] 즉 '머리털'의 뜻을 가지고 동의 관계에 있다는 것은 다음 예문들에서 잘 확인된다. 원문 중 '歛髮'이 '마리롤 거두다'로 번역되고 '斷髮'이 '머리 버히다'로 번역된다. 따라서 두 명사 '마리'와 '머리'의 동의성은 명백히 입증된다. 두 명사는 첫 음절에서 모음 '아~어'의 교체를 보여 준다.

(15) a. 마리롤 거두오듸 들외 드리딘 돗게 말며(歛髮毋髢ᄒ며) <번小四 11a>

(15) b. 白氏 머리 버히고(白氏斷髮) <속三烈 1a>
　　c. 머리 버히고(斷髮) <속三烈 14a>
　　d. 즉재 귀와 머리와롤 버혀 盟誓ᄒ고(卽割耳剪髮爲誓) <속三烈 3a>

<16> 아비 對 어비

두 명사가 [父] 즉 '아버지'의 뜻을 가지고 동의 관계에 있다는 것은 다음 예문들에서 잘 확인된다. 원문 중 '父子'가 '아비 ᄌ식'으로도 번역되고 '어비 아돌'로도 번역된다. 그리고 '父'의 자석이 '아비'이다. 따라서 두 명사 '아비'와 '어비'의 동의성은 명백히 입증된다. 두 명사는 첫 음절에서 '아~어'의 모음 교체를 보여 준다. 어비'는 '어비 아돌'이란 合成形에서 '아돌'과 共起한다. 두 명사의 빈도수를 비교해 보면 '아비'가 '어비'보다 절대 우위에 있다.

(16) a. 형뎨 서르 셤규믈 아비 ᄌ식 ᄉ이 ᄀ티 ᄒ더니(昆季相事ᄒ되 有如父子ᄒ더니) <번小九 74b>
　　b. 아비 죽거늘(父亡) <속三孝 6a>
　　c. 아비는 싁싁고 법다이 ᄒ며 어미는 어엿비 너기며(父義ᄒ며 母慈ᄒ며) <번小六 36b>
　　d. 이러호모로 아븨게 ᄉ랑ᄒ이디 몯ᄒ야(由是失愛於父ᄒ야) <번小九 24b>

(16) e. 乙時 브레 ᄃ라드러 아비 어버 내다가 어비 아ᄃ리 브레 다 주그니라(乙時直入火焰 負父而出 父子觸火俱死) <속三孝 18a>

(16) f. 父 : 父母 <四解上 39b>
　　g. 父 : 아비 부 <字會上 16a>

<17> 언마 對 언머

두 명사가 [多少] 즉 '얼마'의 뜻을 가지고 동의 관계에 있다는 것은 다음 예문들에서 잘 확인된다. 원문 중 '通該多少'가 '모도와 언맨고'로도 번역되고 '대되 언머고'로 번역되므로 두 명사 '언마'와 '언머'의 동의성은 명백히 입증된다. 두 명사는 제2 음절에서 모음 '아~어'의 교체를 보여 준다.

(17) a. 쓴 거시 모도와 언맨고(盤纏通該多少) <번老上 22b>

b. 우리 오늜 이바디예 언맛 수를 머기뇨(咱們今日筵席 喫了多少酒) <번老下 39a>

(17) c. 대되 언머고(通該多少) <번老上 62a>

　　　d. 이 춍이ᄆ리 나히 언멘고(這箇靑馬多少歲數) <번老下 8a>

　　　e. 언메나 漢兒人이며 언메나 高麗ㅅ 사ᄅᆷ고(多少漢兒人 多少高麗人) <번老下 7a>

<18> 귀엿골회 對 귀엿골휘

두 명사가 [耳墜兒]와 [珥] 즉 '귀고리, 귀걸이'의 뜻을 가지고 동의 관계에 있다는 것은 다음 예문들에서 잘 확인된다. 원문 중 '一對耳墜兒'가 '귀엿골회 ᄒᆞᆫ 솽'으로 번역된다. 그리고 '珥'의 자석이 '귀엿골회'와 '귀엿골휘'이다. 따라서 두 명사 '귀엿골회'과 '귀엿골휘'의 동의성은 명백히 입증된다. 두 명사는 마지막 음절에서 모음 '오~우'의 교체를 보여 준다. '귀엿골회'는 명사 '귀'[耳]와 명사 '골회'[環]의 合成이다.

(18) a. 내 ᄯᅩ……귀엿골회 ᄒᆞᆫ 솽과 날 바근 금가락지 ᄒᆞᆫ 솽과를 다가 ᄒᆡ야(我再把……一對耳墜兒 一對窟嵌的金戒指兒) <번朴上 20b>

　　　b. ᄒᆞᆫ 솽 귀엿골회와 ᄒᆞᆫ 솽 풀쇠 다가 ᄒᆞ오리라(把一對八珠環兒一對釧兒) <번朴上 20a>

(18) c. 珥 : 瑱也 <四解上 23a>

　　　d. 珥 : 귀엿골회 싀 <字會中 12a>

　　　e. 珥 : 귀엿골휘 싀 <字會東中本中 24b>

<19> 나괴 對 나귀

두 명사가 [驢] 즉 '나귀, 당나귀'의 뜻을 가지고 동의 관계에 있다는 것은 다음 예문들에서 잘 확인된다. 원문 중 '那驢'가 '그 나괴'로 번역되고 '驢騾'가 '나귀 노새'로 번역된다. 그리고 '驢'의 자석이 '나귀'이다. 따라서 두 명사 '나괴'와 '나귀'의 동의성은 명백히 입증된다. 두 명사는 제2 음절에서 모음 '오~우'의 교체를 보여 준다.

(19) a. 곧 그 나괴를 모라(便赶着那驢) <번老上 29b>

　　　b. 뎌 나괴 어러 나흔 노미(那驢養下來的) <번朴上 34b>

(19) c. 나귀 노새 메우ᄂᆞᆫ 큰 술위(驢騾大車) <번老下 36b>

(19) d. 驢 : 似馬長耳 <四解上 35a>

e. 驢 : 나귀 려 <字會上 10b>

<20> 벼로 對 벼루

두 명사가 [硯] 즉 '벼루'의 뜻을 가지고 동의 관계에 있다는 것은 다음 예문들에서 잘 확인된다. '硯'의 자석이 '벼로'이다. 그리고 원문 중 '筆硯'이 '붇 벼루'로 번역된다. 따라서 두 명사 '벼로'와 '벼루'의 동의성은 명백히 입증된다. 두 명사는 제2 음절에서 모음 '오~우'의 교체를 보여 준다.

(20) a. 硯 : 墨池 <四解下 8a>

　　b. 硯 : 벼로 연 <字會上 18a>

(20) c. 죠히 먹 붇 벼루 가져오라(拿紙墨筆硯) <번朴上 60b>

명사 '벼로'는 15세기 국어에서 『訓民正音解例本』(1446)의 用字例에 처음으로 등장한다.

(20) d. 벼로 爲硯 <解例 用字>

<21> 비로 對 비루

두 명사가 [槽疥] 즉 '비루, 비루병'의 뜻을 가지고 동의 관계에 있다는 것은 다음 예문들에서 잘 확인된다. 원문 중 '有…槽疥'가 '비로 잇다'로 번역된다. 그리고 '槽疥有'가 '비뤼…잇다'로 번역된다. 따라서 두 명사 '비로'와 '비루'의 동의성은 명백히 입증된다. 두 명사는 제2 음절에서 모음 '오~우'의 교체를 보여 준다.

(21) a. 져기 비로 잇고(有些槽疥) <번朴上 63b>

　　b. 흐나흔 비로 오른 몰(一箇疥) <번老下 10a>

(21) c. 비뤼 므슴 어려운 고디 이시리오(槽疥有甚難處) <번朴上 63b>

<22> 스골 對 스굴

두 명사가 [鄕], [鄕里] 및 [草野] 즉 '시골'의 뜻을 가지고 동의 관계에 있다는 것은 다음 예문들에서 잘 확인된다. 원문 중 '鄕田'이 '스골 밭'으로 번역되고 '歸鄕里'가 '스골 가다'로 번역된다. '生長草野'가 '스굴셔 기러 나다'로 번역된다. 그리고 '鄕'의 자석이 '스굴'이다. 따라서 두 명사 '스골'과 '스굴'의 동의성은 명백히 입증된다. 두 명사는 제2 음절에서 모음 '오~우'의 교체를 보여 준다.

(22) a. 스골 바톨 혼 들혜 ㅎ야 나며 들 제 서르 벋ㅎ야(鄕田同井伊 出入相友爲旅) <正俗 12b>

    b. 스골 가셔 나날 집사룸으로 ㅎ여 음식 차반을 ㄱ초와(歸鄕里ㅎ야 日令家로 供具設酒食ㅎ야) <번小九 87b>

    c. 鄭氏 스골셔 奇別 듣고(時鄭氏在咸昌村舍 聞之) <속三烈 27a>

(22) d. 두 뚤리 스굴셔 기러 나딕(二女ㅣ 生長草野ㅎ딕) <번小九 66a>

(22) e. 鄕 : 鄕黨 <四解下 44a>

    f. 鄕 : 스굴 향 <字會中 5a>

명사 '스골'의 先代形은 『龍飛御天歌』(1447) 의 '스ᄀᆞᆯ'과 『金剛經三家解』(1482) 의 '스ᄀᆞᆯ'이다. 원문 중 '鄕兵'이 '스ᄀᆞᆳ 軍馬'로 번역되고 '鄕客'이 '스ᄀᆞᆯ 손'으로 번역된다.

(22) g. 스ᄀᆞᆳ 軍馬룰 이길씨(克彼鄕兵) <龍 35>

    h. 겨틔 먼 스ᄀᆞᆯ 소니 ꞏ꿈믈 ꞏ꾸엣거늘(傍有遠鄕客作夢이어늘) <金삼三 37a>

<23> 항것괴 對 항것귀

두 명사가 [大薊] 즉 '엉경퀴'의 뜻을 가지고 동의 관계에 있다는 것은 다음 예문들에서 잘 확인된다. 한자어 '大薊'가 고유어 '항것괴'와 동의 관계에 있다. 그리고 한자어 '大薊'가 고유어 '항것귀'와 동의 관계에 있다. 따라서 두 명사 '항것괴'와 '항것귀'의 동의성은 명백히 입증된다. 두 명사는 제3 음절에서 모음 '오~우'의 교체를 보여 준다.

(23) a. 薊 : 草名 大薊 항것괴 <四解上 23b>

    b. 薊 : 조방이 계 卽小薊 又大薊 항것귀 <字會上 4b>

<24> 고싀 對 고시

두 명사가 [胡荽]와 [荽] 즉 '고수, 고수풀'의 뜻을 가지고 동의 관계에 있다는 것은 다음 예문들에서 잘 확인된다. 원문 중 '令有胡荽'가 '고싀를 잇게 ㅎ다'로 번역된다. '荽'가 한자어 '芫荽'를 뜻하고 '芫荽'는 고유어 '고싀'와 동의 관계에 있다. 그리고 '荽'의 자석이 '고시'이고 고유어 '고시'는 한자어 '芫荽'와 동의 관계에 있다. 따라서 두 명사 '고싀'와 '고시'의 동의성은 명백히 입증된다. 두 명사는 제2 음절에서 모음 '으~ㅇ'의 교체를 보여 준다.

(24) a. 병신의 겨틔 샹해 고싀를 잇게 ᄒ면(病人左右常令有胡荽) <瘡疹 30b>

(24) b. 荽 : 胡荽 今俗呼芫荽 고싀 <四解上 51b>

　　　c. 荽 : 고싀 슈 俗呼芫荽 <字會上 7b>

<25> 녀름 對 녀룸

두 명사가 [農] 즉 '농사'의 뜻을 가지고 동의 관계에 있다는 것은 다음 예문들에서 잘 확인된다. 원문 '士農'이 '냥반과 녀름지스리'로 번역되고 '農'이 '녀룸지이 ᄒ다'로 번역되므로 '녀름'과 '녀룸'의 동의성은 명백히 입증된다. 두 명사는 제2 음절에서 모음 '으~ᄋ'의 교체를 보여 준다.

(25) a. 냥반과 녀름지스리와 공쟝와치와 흥졍와치라(士農工商伊 是也羅) <正俗 21b>
　　　b. 녀름지싀 즁성 치길 ᄒ더니(以田畜爲事) <二倫 2a>

(25) c. 지비 녀룸지이 ᄒ고(家業農) <속三孝 1a>
　　　d. 마초와 녀룸 사오나와(値年飢) <속三孝 24a>

<26> 벼슬 對 벼슬

두 명사가 [位] 즉 '벼슬, 직위'의 뜻을 가지고 동의 관계에 있다는 것은 다음 예문들에서 잘 확인된다. 원문 중 '位尊'이 '벼스리 높다'로 번역되고 '勢位'가 '유셔ᄒ 벼슬'로 번역된다. '位重'이 '벼스른 높다'로 번역된다. 그리고 '位'의 자석이 '벼슬'이다. 따라서 두 명사 '벼슬'과 '벼슬'의 동의성은 명백히 입증된다. 두 명사는 첫 음절에서 모음 '으~ᄋ'의 교체를 보여 준다.

(26) a. 明府ᄂ 벼스리 놉고 덕이 듕ᄒ시니(明府ᄂ 位尊德重ᄒ니) <번小十 4a>
　　　b. 유션ᄒ 벼스른 오래 이쇼미 어려오니(勢位難久居ㅣ니) <번小六 27a>
　　　c. 馮球ᄂ 놋가온 벼슬 ᄒ야셔 보븨옛 거슬 탐ᄒ야(馮이 以卑位로 貪寶貨ᄒ야) <번小九 18b>

(26) d. 벼스른 놉고 지죄 맛디 몯ᄒ야(位重才不充ᄒ야) <번小六 27a>

(26) e. 位 : … 位列也 <四解上 55a>
　　　f. 位 : 벼슬 위 列也 <字會下 1a>

<27> 굴형 對 굴항

두 명사가 [壑谷], [溝壑] 및 [壑] 즉 '골짜기'의 뜻을 가지고 동의 관계에 있다는 것은 다음 예문들에서 잘 확인된다. 원문 중 '壑谷深'이 '굴헝 깊다'로 번역되고 '顚擠溝壑'이 '굴헝애 업드러 잇다'로 번역
된다. 그리고 '壑'의 자석이 '굴헝'이다. 따라서 두 명사 '굴헝'과 '굴헝'의 동의성은 명백히 입증된다. 두
명사는 제2 음절에서 모음 '어~아'의 교체를 보여 준다.

(27) a. 굴헝 기푸미 이삼빅 자히나 흔 싸히 디러셔(臨壑谷深數百尺ᄒ야) <번小九 66a>

　　 b. 굴헝애 업드러 잇ᄂᆞ니 가이 구완ᄒ얌즉거든 구완ᄒ며(顚擠溝壑伊 可援則援之爲於) <正俗 29b>

(27) c. 壑 : 谷也 <四解下 39b>

　　 d. 壑 : 굴헝 학 俗稱山壑 <字會上 2a>

<28> 머리 對 마리

두 명사가 [首]와 [頭] 즉 '머리'의 뜻을 가지고 동의 관계에 있다는 것은 다음 예문들에서 잘 확인된
다. 원문 중 '稽首'가 '머리를 싸해 두드리다'로 번역되고 '馬首'가 'ᄆᆞᆯ 머리'로 번역된다. '叩頭'가 '머리
를 싸해 두드리다'로 번역되고 '頭容'이 '머리의 양'으로 번역된다. '梳頭'가 '마리 빗다'로 번역된다. 그
리고 '頭'의 자석이 '머리'이고 '首'의 자석이 '마리'이다. 따라서 두 명사 '머리'와 '마리'의 동의성은 명백
히 입증된다. 두 명사는 첫 음절에서 모음 '어~아'의 교체를 보여 준다.

(28) a. 반드시 머리를 싸해 두드리고 업더여셔 머구믈 샹위 알픽 이숨 ᄀᆞ티 ᄒ며(必稽首俯伏而食ᄒ야
　　　 如在上前ᄒ며) <번小九 84b>

　　 b. 머리 움치고 명리며 유셔를 피ᄒ라(縮首避名勢ᄒ라) <번小六 36b>

　　 c. 반ᄃᆞ시 씌 쓰여 ᄆᆞᆯ 머리예 마조 기들우더니(必束帶ᄒ야 迎候於馬首ᄒ더니) <번小九 105a>

　　 d. 普明兄弟 머리를 싸해 두드리고 밧긔 가 다시 싱각ᄒ여지라 빌오(普明兄弟ㅣ 叩頭乞外更思ᄒ
　　　 야) <번小九 69a>

　　 e. 다 머리를 싸해 두드리고 그르 호라 샤죄ᄒ야(悉叩頭謝罪ᄒ야) <번小九 68a>

　　 f. 머리의 양으란 곧게 ᄒ며(頭容直之ᄒ며) <번小四 13a>

(28) g. 뒷가니 나 드롬과 마리 비슴괘라(出厠梳頭) <瘡疹 63b>

　　 h. 마리터리나 고기뼈나 ᄉ론 내와(誤燒頭髮氣幷魚骨諸臭氣) <瘡疹 63b>

(28) i. 頭 : 首也 <四解下 65a>

　　 j. 頭 : 머리 두 <字會上 13a>

(28) k. 首 : 頭 <四解下 70a>

l. 首 : 마리 슈 <字會上 13a>

<29> 처엄 對 처삼

두 명사가 [始]와 [初] 즉 '처음'의 뜻을 가지고 동의 관계에 있다는 것은 다음 예문들에서 잘 확인된다. 원문 중 '如始'가 '처엄 ᄀ티 ᄒ다'로 번역되고 '有初'가 '처어미ᅀᅡ 잇다'로 번역된다. 그리고 '終始'가 '내종과 처삼'으로 번역된다. 따라서 두 명사 '처엄'과 '처삼'의 동의성은 명백히 입증된다. 두 명사는 제 2 음절에서 모음 '어~아'의 교체를 보여 준다. 두 명사는 [終] 즉 '마지막, 나중'의 뜻을 가진 명사 '내종'과 의미상 대립 관계에 있다.

(29) a. 이 네 가짓 이를 슬펴 내종을 삼가호ᄃᆡ 처엄 ᄀ티 홀디니(察此四者ᄒ야 愼終如始니) <번小三 46b>

b. 처섬의 거슯뼈도 내죵애 의식 화동ᄒ며(始雖乖也而終必和爲弥) <正俗 4a>

c. 모로매 처어믜 ᄀ장 싱각ᄒ며(必謀始ᄒ며) <번小八 17a>

d. 毛詩예 ᄀ로ᄃᆡ 처어미ᅀᅡ 아니 이시리 업스나 능히 ᄆᆞᄎ미 이시리 져그니라 ᄒ도다(詩曰靡不有初ㅣ나 鮮克有終이라 ᄒ도다) <번小三 46b>

(29) e. 내죵과 처ᅀᅡ미 ᄒᆞᆫ가짓 ᄡᅳ디면(終始一意則) <번小六 10a>

<30> 거우루 對 거우로

두 명사가 [鏡] 즉 '거울'의 뜻을 가지고 동의 관계에 있다는 것은 다음 예문들에서 잘 확인된다. '匳'이 한자어 '鏡匳'을 뜻하고 '鏡匳'은 고유어 '거우룻집'과 동의 관계에 있다. '거우룻집'은 명사 '거우루'[鏡]와 명사 '집'의 合成으로 '거우루+ㅅ#집'으로 분석된다. 그리고 '鏡'의 자석이 '거우로'이다. 따라서 두 명사 '거우루'와 '거우로'의 동의성은 명백히 입증된다. 두 명사는 제3 음절에서 모음 '우~오'의 교체를 보여 준다.

(30) a. 匳 : 今俗呼鏡匳…거우룻집 <四解下 86a>

(30) b. 鏡 : 鑑也 <四解下 47b>

c. 鏡 : 거우로 경 <字會中 7b>

<31> 거우룻집 對 거우로집

두 합성명사가 [奩]과 [粧奩] 즉 '경대, 거울을 넣어 두는 그릇'의 뜻을 가지고 동의 관계에 있다는 것은 다음 예문들에서 잘 확인된다. '奩'이 한자어 '鏡奩'을 뜻하고 '鏡奩'은 고유어 '거우룻집'과 동의 관계에 있다. 그리고 원문 중 '刻木粧奩'이 '남그로 사긴 거우로집'으로 번역된다. 따라서 두 합성명사 '거우룻집'과 '거우로집'의 동의성은 명백히 입증된다. 두 합성명사는 제3 음절에서 모음 '우~오'의 교체를 보여 준다. '거우룻집'은 명사 '거우루'[鏡]와 명사 '집'의 合成으로 '거우루+ㅅ#집'으로 분석된다. '거우로집'은 명사 '거우로'[鏡]와 명사 '집'의 합성으로 '거우로#집'으로 분석된다.

(31) a. 奩 : 今俗呼鏡奩…거우룻집 <四解下 86a>
　　 b. 다(103b) 남그로 사긴 거우로집과(皆用刻木粧奩ᄒ며) <번小九 103b>

<32> 두루미 對 두로미

두 명사가 [鶬鶊], [鶬] 및 [鶊] 즉 '두루미'의 뜻을 가지고 동의 관계에 있다는 것은 다음 예문들에서 잘 확인된다. 원문 중 '鶬鶊翎兒'가 '두루미 짗'으로 번역된다. '鶬'가 한자어 '鶬鶊'를 뜻하고 '鶬鶊'는 고유어 '두루미'와 동의 관계에 있다. '鶬'의 자석이 '두루미'이다. '鶊'가 한자어 '鶬鶊'를 뜻하고 '鶬鶊'는 고유어 '두로미'와 동의 관계에 있다. 그리고 '鶊'의 자석이 '두로미'이고 고유어 '두로미'는 한자어 '鶬鶊'와 동의 관계에 있다. 따라서 두 명사 '두루미'와 '두로미'의 동의성은 명백히 입증된다. 두 명사는 제2 음절에서 모음 '우~오'의 교체를 보여 준다.

(32) a. 쏘 두루미 지초로 살픠 고잣고(又是箇鶬鶊翎兒) <번朴上 27b>

(32) b. 鶬 : …又鶬鶊 두루미 <四解上 13a>
　　 c. 鶬 : 두루미 ᄎ <字會上 9a>

(32) d. 鶊 : 鶬鶊 두로미 <四解下 23a>
　　 e. 鶊 : 두루미 로 俗呼鶬鶊 <字會上 9a>

<33> 불휘 對 불회

두 명사가 [根] 즉 '뿌리'의 뜻을 가지고 동의 관계에 있다는 것은 다음 예문들에서 잘 확인된다. 원문 중 '茱根'이 'ᄂᆞ물 뿔휘'로 번역되고 '無根'이 '불회 없다'로 번역된다. 그리고 '根'의 자석이 '불휘'이다.

따라서 두 명사 '불휘'와 '불회'의 동의성은 명백히 입증된다. 두 명사는 제2 음절에서 모음 '우~오'의 교체를 보여 준다.

(33) a. 汪信民이 닐오딕 사ᄅ미 ᄆ양 ᄂ믈 뿔휘만 머그며도 편안히 너기면 잡ᄆ ᄉ미 업서 온 가짓 이를 다 닐오리라 ᄒ야ᄂᆯ(汪信民이 嘗言호딕 人이 常咬得菜根則百事를 不做ㅣ라ᄒ여ᄂᆯ) <번小十 35a>

    b. 그 볈 불휘 ᄆ양이셔(病根常在ᄒ야) <번小六 3a>

(33) c. 이런 사ᄅ믄 불회 업슨 남기며(此等之民隱 如無根之木伊쯘) <正俗 22a>

    d. ᄒᆞᆫ 불회도 업다(無一根兒) <번朴上 9b>

(33) e. 根 : 根柢 <四解上 61b>

    c. 根 : 불휘 근 木之入土曰根 <字會下 2a>

<34> 일훔 對 일홈

두 명사가 [名] 즉 '이름'의 뜻을 가지고 동의 관계에 있다는 것은 다음 예문들에서 잘 확인된다. 원문 중 '슈名'이 '어딘 일훔'으로 번역되고 '揚名'이 '일홈 베퍼 내다'로 번역된다. 그리고 '名'과 '號'의 자석이 '일훔'이다. 따라서 두 명사 '일훔'과 '일홈'의 동의성은 명백히 입증된다. 두 명사는 제2 음절에서 모음 '우~오'의 교체를 보여 준다. 명사 '일홈'은 1510년대 국어에 처음으로 등장한다.

(34) a. 어딘 일후미 ᄀ 업더니(슈名이 無窮焉ᄒ더니) <번小八 4b>

    b. 주희의 일후믈 듣고(聞朱熹名) <二倫 48a>

    c. 만리예 일후믈 옴골디니라(萬里要傳名) <번老上 44a>

    d. 즁의 일후믈 블로딕 보혜라 ᄒᄂ니(法名喚步虛) <번朴上 74b>

(34) e. ᄒᆞᆫ 뎜이 이쇼딕 일호믈 瓦店이라 ᄒ야 브르ᄂ니(有箇店子 名喚瓦店) <번老上 10a>

    f. 후세예 일홈 베퍼 내여(揚名於後世) <번朴上 50b>

    g. ᄌ뎨를 브려 내 일홈 슨 명함 가지고 ᄀᄅ차 가 답례ᄒ라(令子弟以己名榜子奴 代行爲羅) <呂約 20a>

(34) h. 名 : 號也 <四解下 51b>

    i. 名 : 일훔 명 俗稱名字 <字會上 17a>

(34) j. 號 : … 名號 <四解下 22b>

k. 號 : 일훔 호 <字會上 17a>

원문 중 '號'와 '姓名'이 '일훔'으로 번역된다는 것은 다음 예문들에서 잘 확인된다. 원문 중 '官號'가 '벼슬 일훔'으로 번역되고 '學生的 姓名'이 '션비 일훔'으로 번역된다.

(34) l. 벼슬 일훔 마초고 (對官號) <번老上 12b>

　　m. 흔 션븨 일훔 쓰고(寫着一箇學生的姓名) <번老上 4a>

<35> 쥬리울 對 쥬리올

두 명사가 [編繩]과 [韁] 즉 '후릿고삐'의 뜻을 가지고 동의 관계에 있다는 것은 다음 예문들에서 잘 확인된다. 원문 중 '編繩'이 '쥬리울'로 번역된다. '韁'이 한자어 '韁繩'을 뜻하고 '韁繩'은 고유어 '쥬리올'과 동의 관계에 있다. 그리고 '韁'의 자석이 '쥬리올'이고 고유어 '쥬리올'은 한자어 '韁繩'과 동의 관계에 있다. 따라서 두 명사 '쥬리울'과 '쥬리올'의 동의성은 명백히 입증된다. 두 명사는 제3 음절에서 모음 '우~오'의 교체를 보여 준다. 한자 '韁'과 '繮'은 同字이다.

(35) a. 다흔 셕 쥬리울 즈가미…다 사다(編繮 繮繩 兜頦…都買了) <번老下 30a>

(35) b. 韁 : …又俗呼韁繩 쥬리오 <四解下 40b>

　　c. 韁 : 쥬리울 강 俗呼韁繩 <字會中 13b>

<36> 항귀 對 항괴

두 명사가 [鏟] 즉 '대패, 자귀'의 뜻을 가지고 동의 관계에 있다는 것은 다음 예문들에서 잘 확인된다. '鏟'이 平木器로 고유어 '항귀'를 뜻한다. 그리고 '鏟'의 자석이 '항괴'이다. 따라서 두 명사 '항귀'과 '항괴'의 동의성은 명백히 입증된다. 두 명사는 제2 음절에서 모음 '우~오'의 교체를 보여 준다.

(36) a. 鏟 : 平木器 항귀 <四解上 63b>

　　b. 鏟 : 항괴 분 俗呼鏟子 <字會中 8b>

<37> 허튓비 對 허튓비

두 합성명사가 [腓]와 [膞] 즉 '장딴지'의 뜻을 가지고 동의 관계에 있다는 것은 다음 예문들에서 잘 확인된다. '腓'가 한자어 '足肚'를 뜻하고 '足肚'는 고유어 '허튓비'와 동의 관계에 있다. '膞'의 자석이 '허튓비'이고 고유어 '허튓비'는 한자어 '足肚'와 동의 관계에 있다. 그리고 '膞'이 한자어 '腓腸'을 뜻하고 '腓腸'은 고유어 '허튓비'와 동의 관계에 있다. 따라서 두 합성명사 '허튓비'과 '허튓비'의 동의성은 명백히 입증된다. 두 합성명사는 제2 음절에서 모음 '우~오'의 교체를 보여 준다. '허튓비'는 명사 '허튀'[脚]와 '비'[肚]의 合成이고 '허튓비'는 명사 '허퇴'와 명사 '비'의 合成이다.

(37) a. 腓 : 足肚 허튓비 <四解上 17b>
　　 b. 腓 : 허튀 비 <字會上 13b>

(37) c. 腨 : 腓腸 허튓비 <四解下 11a>
　　 d. 腨 : 허튓비 쳔 俗呼足肚 <字會上 13b>

<38> 거품 對 거폼

두 명사가 [泡]와 [漚] 즉 '거품, 물거품'의 뜻을 가지고 동의 관계에 있다는 것은 다음 예문들에서 잘 확인된다. '泡'가 한자어 '浮漚'를 뜻하고 '泡'의 자석이 '거품'이다. 그리고 '漚'의 자석이 '거폼'이고 고유어 '거폼'은 한자어 '浮漚'와 동의 관계에 있다. 따라서 두 명사 '거품'과 '거폼'의 동의성은 명백히 입증된다. 두 명사는 제2 음절에서 모음 '우~ᄋ'의 교체를 보여 준다.

(38) a. 泡 : 浮漚 <四解下 20b>
　　 b. 泡 : 거품 포 俗稱水泡 <字會上 3a>

(38) c. 漚 : 水上泡 <四解下 67a>
　　 d. 漚 : 거폼 구 俗稱浮漚 <字會上 3a>

<39> 구룸 對 구롬

두 명사가 [雲] 즉 '구름'의 뜻을 가지고 동의 관계에 있다는 것은 다음 예문들에서 잘 확인된다. '雲'의 자석이 '구룸'이다. 그리고 원문 중 '靑雲'이 '프른 구룸 ᄀ티 노픈 벼슬'로 번역된다. 따라서 두 명사 '구룸'과 '구롬'의 동의성은 명백히 입증된다. 두 명사는 제2 음절에서 모음 '우~ᄋ'의 교체를 보여 준다.

(39) a. 雲 : 山川之氣 <四解上 70a>
　　 b. 雲 : 구룸 운 <字會上 2b>

(39) c. 프른 구룸 ᄀ티 노픈 벼스른 히모로 닐위유미 어려우니(靑雲難力致라) <번小六 28a>

<40> 가온ᄃᆡ 對 가온대

두 명사가 [中] 즉 '가운데'의 뜻을 가지고 동의 관계에 있다는 것은 다음 예문들에서 잘 확인된다. 원문 중 '竹筒中'이 '대통 가온듸'로 번역되고 '論孟中'이 '論語 孟子ㅅ 가온듸'로 번역된다. '波中'이 '믓결 가온대'로 번역되고 '其中'이 '그 가온대'로 번역된다. 그리고 '中'의 자석이 '가온듸'이다. 따라서 두 명사 '가온듸'와 '가온대'의 동의성은 명백히 입증된다. 두 명사의 제3 음절 '듸'와 '대'는 모음 'ㅇ~아'의 교체를 보여 준다.

(40) a. 대통 가온듸 녀허(置竹筒中ᄒᆞ야) <번小七 14b>

　　 b. 방 싸온듸 안자(坐於房舍之中ᄒᆞ야) <번小六 12a>

　　 c. 셔듸 믌 가온듸 아니ᄒᆞ시며(立不中門ᄒᆞ시며) <번小三 4a>

　　 d. 만실에 눙(32a) 히 論語 孟子ㅅ 가온듸 기피 구ᄒᆞ고 맛드려(若能於論孟中에 深求玩味ᄒᆞ야) <번小八 32b>

(40) e. 믓결 가온대셔 봄노는 ᄃᆞᆺᄒᆞ거늘(波中若溢沸者) <二倫 36a>

　　 f. ᄌᆞ손으로 ᄒᆡ여곰 그 가온대 이셔 브즈러니 힘뻐 ᄒᆞ면(令子孫으로 勤力其中이면) <번小九 89a>

　　 g. 벼슬 아니코 이셔 어딘 이를 그 가온대셔 ᄒᆞ더니(隱居行義於其中ᄒᆞ더니) <번小九 98b>

(40) h. 中 : …內也 半也 中央也 <四解上 8a>

　　 i. 中 : 가온듓 듕 <字會下 15a>

명사 '가온듸'의 先代形이 '가ᄫᆞᆫ듸'라는 것은 동일 원문의 번역 『月印釋譜』 권14(1459) 와 『法華經諺解』(1463) 의 다음 예문들에서 잘 확인된다. 원문 중 '於中道'가 『月印釋譜』 권14에서 '긼 가ᄫᆞᆫ듸'로 번역된다.

(40) j. 方便力으로 긼 가ᄫᆞᆫ듸 쉬우믈 爲ᄒᆞ야 <月十四 80a>

　　 k. 方便力으로 中道애 쉬우믈 爲혼 젼ᄎᆞ로(以方便力으로 而於中道　애 爲止息故로) <法華三 181a>

<41> ᄀᆞ올ㅎ 對 고올ㅎ

두 명사가 [郡], [邑] 및 [郡邑] 즉 '고을'의 뜻을 가지고 동의 관계에 있다는 것은 『飜譯小學』의 다음 예문들에서 잘 확인된다. 원문 중 '數郡'이 '두서 ᄀᆞ올ㅎ'로 번역되고 '邑之長'이 'ᄀᆞ올 위두 관원'으로 번역된다. '郡邑'이 '각 고올ㅎ'로 번역된다. 따라서 두 명사 'ᄀᆞ올ㅎ'과 '고올ㅎ'의 동의성은 명백히 입증된다. 두 명사는 첫 음절에서 모음 'ㅇ~오'의 교체를 보여 준다.

(41) a. 두서 그올히 다 오니(數郡이 畢至ᄒᆞ니) <번小六 14b>

b. 縣令은 그올 위두 관워니니(令은 是邑之長이니) <번小七 25b>

(41) c. 각 고올히 아디 몯ᄒᆞ더니(郡邑이 未嘗知ᄒᆞ더니) <번小十 12b>

<42> 그외 對 고의

두 명사가 [裳] 즉 '치마'의 뜻을 가지고 동의 관계에 있다는 것은 다음 예문들에서 잘 확인된다. 원문 중 '衣服'이 '옷 그외'로 번역되고 '衣裳'이 '옷 고의'로 번역된다. 따라서 '그외'와 '고의'의 동의성은 명백히 입증된다. 15세기 국어에서 '그외'가 [裳] 즉 '치마'의 뜻을 가진다는 것은 『杜詩諺解』의 '옷 그외 니부믈 게을이 ᄒᆞ노라(嬾衣裳)' <七 5a>에서 잘 확인된다. 두 명사 '그외'와 '고의'는 첫 음절에서 모음 'ᄋ~오'의 교체를 보여 주고 제2 음절에서 모음 '외~의'의 교체를 보여 준다. 두 명사의 빈도수를 비교해 보면 '고의'가 '그외'보다 절대 우위에 있다.

(42) a. 믈읫 몽상 니븐 집은 수울 밥과 옷 그외 ᄀ초와 됴문ᄒᆞ라 온 손을 ᄃᆡ졉디 몯홀 거시며(凡喪家隱不可具酒食衣服爲也 以待弔客伊彌) <呂約 28a>

(42) b. 남진 겨지비 옷 고의ᄅᆞᆯ 섯디 마롤디니라(男女ㅣ 不通衣裳이니라) <번小三 19a>

c. 옷 고의 감토 휘돌 ᄒᆞ란(衣裳帽子靴子) <번朴上 52b>

<43> 말슴 對 말솜

두 명사가 [言], [語] 및 [言語] 즉 '말'의 뜻을 가지고 동의 관계에 있다는 것은 다음 예문들에서 잘 확인된다. 원문 중 '常言'이 '샹녯 말슴'으로도 번역되고 '샹녯 말솜'으로도 번역된다. '寄語'가 '말ᄉᆞᆯ 브티다'로 번역되고 '穢語'가 '더러운 말솜'으로 번역된다. 그리고 '聖人之言語'가 '셩신의 말슴'으로 번역되고 '牙家的言語'가 '즈르믜 말솜'으로 번역된다. 따라서 두 명사 '말슴'과 '말솜'의 동의성은 명백히 입증된다. 두 명사는 제2 음절에서 모음 'ᄋ~오'의 교체를 보여 준다.

(43) a. 샹녯 말ᄉᆞ매 닐오ᄃᆡ(常言道) <번朴上 35a> <번老下 43a>

b. 말ᄉᆞᆯ 브텨 여러 아기네ᄃᆞ려 니ᄅᆞ노니(寄語謝諸郞ᄒᆞ노니) <번小六 28a>

c. 셩신의 말ᄉᆞᄆᆞᆯ 가져셔 내 모매 졀당케 ᄒᆞ고(將聖人之言語切己오) <번小八 31b>

(43) d. 샹녯 말소매 닐오ᄃᆡ(常言道) <번朴上 24a> <번老下 34a>

e. 엇디 길 조차셔 더러운 말소믈 회피티 아니ᄒᆞᄂᆞᆫ다(怎麼沿路穢語不回避) <번老上 16b>

f. 우리 그저 즈르미 말소믈 드러 ᄆᆞ초ᄃᆡ 므던ᄒᆞ다(依牙家的言語成了罷) <번老下 14a>

<44> 노로 對 노루

두 명사가 [獐] 즉 '노루'의 뜻을 가지고 동의 관계에 있다는 것은 다음 예문들에서 잘 확인된다. 원문 중 '獐兔'가 '노로 톳기'로 번역된다. 그리고 '獐'의 자석이 '노루'이다. 따라서 두 명사 '노로'과 '노루'의 동의성은 명백히 입증된다. 두 명사는 제2 음절에서 모음 '오~ᄋᆞ'의 교체를 보여 준다. 명사 '노로'는 『訓民正音解例本』(1446) '用字例'에 '노로 爲獐'으로 처음으로 등장한다.

(44) a. 노로 톳기 둙 가히(獐兔雞犬) <瘡疹 64a>
b. 忽然히 놀이 제 지븨 드러 오나늘(忽有獐入其室) <續三孝 2a>
c. 어미 ᄯᅩ 놀이 고기 먹고자 커늘(母又思獐六) <續三孝 2a>

(44) d. 獐 : 麇屬 <四解下 42b>
e. 獐 : 노루 쟝 <字會上 10a>

<45> 나조ㅎ 對 나죄/나죄ㅎ

두 명사가 [夕], [暮] 및 [哺] 즉 '저녁'의 뜻을 가지고 동의 관계에 있다는 것은 다음 예문들에서 잘 확인된다. 원문 중 '朝夕'이 『飜譯小學』에서 '아춤 나조ㅎ'와 '아춤 나죄'로 번역되고 동일 원문의 번역인 (c)와 (j)에서 '旦暮'가 '아춤 나조ㅎ'와 '아춤 나죄'로 번역된다. '至哺'가 '나조히 니를다'로 번역되고 '至夕'이 '나죄히다'로 번역된다. 그리고 '夕'과 '哺'의 자석이 '나죄'이다. 따라서 두 명사 '나조ㅎ'와 '나죄/나죄ㅎ'의 동의성은 명백히 입증된다. 두 명사는 제2 음절에서 '오~외'의 모음 교체를 보여 준다.

(45) a. 아춤 나조호로 서르 正ᄒᆞᆫ 學業을 講論ᄒᆞ야 붓골디니라(朝夕애 相與講明正學이니라) <번小九 13a>
b. 아춤 나조호(7b)로 놀애 사마 브르면(欲…令朝夕歌之면) <번小六 8a>
c. 津이 샹해 아춤 나조호로 가 문안ᄒᆞ거든(津常旦暮애 參問ㅣ 어든) <번小九 75b>
d. 나조히 니르러사 믈러가라(至哺乃退爲羅) <呂約 41b>

(45) e. 아춤 나죄로 보와 경계ᄒᆞ노라(朝夕애 視爲警ᄒᆞ노라) <번小八 17b>
f. 미일 아춤 나죄 祭ᄒᆞ고(每朝夕奠訖) <속三孝 6a>
g. 아춤 나죄로 미양 무덤의 가(旦夕애 常至墓所ᄒᆞ야) <번小九 27a>
h. 아춤 나죄 울오 祭ᄒᆞ며(旦夕哭奠) <속三孝 1a>

i. 아춤 나죄 의식 절ᄒ고(晨夕必拜) <속三孝 6b>

j. 나죄히어든(至夕ᄒᆞ야) <번小九 31b>

k. 진니 오히려 아춤 나죄 문(15a) 안커든(津尙旦暮參問) <二倫 15b>

(45) l. 夕 : 暮也 <四解下 53a>

m. 夕 : 나죄 셕 <字會上 1b>

(45) n. 晡 : 日加申時 <四解上 37b>

o. 晡 : 나죄 포 日加申時 <字會下 1b>

<46> 그위 對 구위

두 명사가 [官]과 [官司] 즉 '관청'의 뜻을 가지고 동의 관계에 있다는 것은 다음 예문들에서 잘 확인된다. 원문 중 '告官'이 '그위예 가 고ᄒ다'로 번역되고 '聞于官司'가 '그위예 알외다'로 번역된다. 그리고 '移於官'이 '구위예 옴기다'로 번역되고 '官稱'이 '구윗 저울'로 번역된다. 따라서 두 명사 '그위'와 '구위'의 동의성은 명백히 입증된다. 두 명사는 첫 음절에서 모음 '으~우'의 교체를 보여 준다.

(46) a. 셔력 잇는 사ᄅᆞᆷ은 그위예 가 고ᄒᆞ야 자보ᄃᆡ(有力者爲告之官司: 有勢力者爲之告官使追捕) <呂約 35a>

b. 혹 그위예 알외며(或聞于官司) <呂約 35a>

(46) c. 지븨 사ᄅᆞ미 다ᄉᆞ리모로 다ᄉᆞ료미 可히 구위예 옴기ᄂᆞ니(民家ㅣ 理故로 治可移於官이니) <번小三 39b>

d. 내해 구윗 저우리라(我的是官稱) <번老下 57b>

<47> 님금 對 님굼

두 명사가 [君]과 [至尊] 즉 '임금'의 뜻을 가지고 동의 관계에 있다는 것은 다음 예문들에서 잘 확인된다. 원문 중 '與君'이 '님금 모시다'로 번역되고 '事君'이 '님금 셤기다'로 번역된다. '見至尊'이 '님금의 뵈ᅌᆞᆸ다'로 번역되고 '至尊有問'이 '님금이 무르시다'로 번역된다. '忠君'이 '님굼의 진심ᄒᆞ야 셤기다'로 번역된다. 그리고 '君'이 한자어 '至尊'을 뜻하고 '君'의 자석이 '님굼'이다. 따라서 두 명사 '님금'과 '님굼'의 동의성은 명백히 입증된다. 두 명사는 제2 음절에서 모음 '으~우'의 교체를 보여 준다.

(47) a. 님금 모셔 말솜훌 졔ᄂᆞᆫ 신하 브룔 이룰 니ᄅᆞ며(與君言에 言使臣ᄒᆞ며) <번小四 16b>

b. 벼슬 노픈 사룸두려 말솜홀 저긔는 님금 셤굘 이룰 니르며(與大人言엔 言事君ᄒ며) <번小四 16b>

c. 太子ㅣ 高允 더브러 닐오디 드러가 님금씌 뵈소아 내 그디룰 ᄀᆞᄅ쵸리니 만일에 님금이 무르시거든 안즉 내 닐온 대로 ᄒ(44a)라(太子ㅣ 謂允曰入見至尊ᄒ야 吾自尊卿호리니 脫至尊이 有問이어시든 但依吾語ᄒ라) <번小九 44b>

(47) d. 나라 돕ᄉ와 님굼씌 진심ᄒ야 셤기ᄉ오며(輔國忠君) <번朴上 50b>

(47) e. 君 : 至尊 <四解上 67b>

f. 君 : 님굼 군 <字會中 1a>

<48> 님금 對 님굼

두 명사가 [帝] 즉 '임금'의 뜻을 가지고 동의 관계에 있다는 것은 다음 예문들에서 잘 확인된다. 원문 중 '帝怒'가 '님금이 로ᄒ다'로도 번역되고 '님굼이 로ᄒ다'로도 번역된다. 그리고 '帝顧'가 '님금이 도라 보다'로 번역되고 '帝'의 자석이 '님굼'이다. 따라서 두 명사 '님금'과 '님굼'의 동의성은 명백히 입증된다. 두 명사는 제2 음절에서 모음 '으~우'의 교체를 보여 준다.

(48) a. 님금이 로ᄒ샤 니르샤디 高允의 죄 崔浩두곤 더으도소니 엇디 살리오(帝怒曰允罪ㅣ 甚於浩ᄒ도소니 何以得生이리오) <번小九 46a>

b. 님금이 太子를 도라보시고 니르샤디 고ᄃᆞᆯ셔(帝顧謂太子曰直哉라) <번小九 47a>

c. 님금이 高允두려 무르샤디 진실로 太(46a)子의 니르논 말와 ᄀᆞᆮᄒᆞ녀(帝問允ᄒ샤디 信如東宮所言乎아) <번小九 46b>

d. 님금이 高允을 블러(帝召允ᄒ야) <번小九 45b>

(48) e. 黑子ㅣ …드러가 님굼씌 뵈소아 올ᄒᆞᆫ 대로 디답 아니ᄒᆞᆫ대 님굼이 로ᄒ야 주기시다(黑子ㅣ …入見 帝ᄒ야 不以實對ᄒ대 帝怒ᄒ야 殺之ᄒ시다) <번小九 43b>

f. 님굼이 高允으로 ᄒᆞ여 太子를 글 ᄀᆞ르치라 ᄒ더니(帝使允으로 授太子經ᄒ더시니) <번小九 44a>

(48) g. 帝 : 君也 <四解上 24b>

h. 帝 : 님굼 뎨 <字會中 1a>

<49> 션븨 對 션뷔

두 명사가 [生]과 [儒] 즉 '선비'의 뜻을 가지고 동의 관계에 있다는 것은 다음 예문들에서 잘 확인된다. 원문 중 '引諸生'이 '모둔 션븨돌홀 브로다'로 변역된다. '見諸生'이 '모둔 션뷔롤 보다'로 번역된다. 그리고 '儒'의 자석이 '션븨'이다. 따라서 두 명사 '션븨'과 '션뷔'의 동의성은 명백히 입증된다. 두 명사는 제2 음절에서 모음 '으~우'의 교체를 보여 준다.

(49) a. 모둔 션븨돌홀 블러 닐오듸 믈읫 글 비호모 님금의 튱셩ᄒ며 어버이롤 효도ᄒ오ᄆᆞᆯ 비호는 이리니
(引諸生告之曰凡學者는 所以學爲忠與孝也ㅣ니) <번小九 8a>

b. 모둔 션뷔롤 보와 스승 뎨ᄌ의 례도롤 엄졍히 ᄒ며(以見諸生ᄒ야 嚴師弟子之禮ᄒ며) <번小九 9b>

(49) c. 儒 : 術士之稱 <四解上 35a>

d. 儒 : 션븨 슈 <字會上 18a>

<50> 수을 對 수울

두 명사가 [酒] 즉 '술'의 뜻을 가지고 동의 관계에 있다는 것은 다음 예문들에서 잘 확인된다. 원문 중 '嗜酒'가 '수을 즐기다'로도 번역되고 '수울 즐기다'로도 번역된다. 그리고 '置酒'가 '수을 이받다'로 번역되고 '獻酒'가 '수을 받줍다'로 번역된다. 따라서 두 명사 '수을'과 '수울'의 동의성은 명백히 입증된다. 두 명사는 제2 음절에서 모음 '으~우'의 교체를 보여 준다.

(50) a. 세 아ᅀᅵ 수을 즐겨 먹고(三弟 嗜酒縱佚) <二倫 17a>

b. 수을 이바드며(置酒) <二倫 21a>

(50) c. 너희 수울 즐기디 마로믈 警戒ᄒ노니(戒爾勿嗜酒ᄒ노니) <번小六 23b>

d. ᄒᆞᆫ 잔 수울 먹져(喫一盞酒) <번老上 64b>

e. 오직 수울 받ᄌᆞ올 제는(唯獻酒匜) <呂約 25b>

f. 수울 고기와 ᄡᆞᆯ 주시니라(特賜酒肉米) <속三孝 6a>

g. 오직 수우를 그슴 아니ᄒ샤듸(唯酒無量ᄒ며) <번小四 28b>

<51> 브ᅀᅳ름 對 브ᅀᅳ럼

두 명사가 [疽]와 [癰] 즉 '부스럼'의 뜻을 가지고 동의 관계에 있다는 것은 다음 예문들에서 잘 확인된다. 원문 중 '吮疽'가 '브ᅀᅳ름 섈다'로 번역되고 '患癰'이 '브ᅀᅳ럼 내다'로 번역된다. 그리고 '疽'와 '癰'의 자석이 '브ᅀᅳ름'이다. 따라서 두 명사 '브ᅀᅳ름'과 '브ᅀᅳ럼'의 동의성은 명백히 입증된다. 두 명사는 제3 음절에서 모음 '으~어'의 교체를 보여 준다.

(51) a. 어미 위ᄒᆞ야 브ᄉᆞ름 ᄲᆞ며(爲母吮疽) <속三孝 10a>

　　 b. 쏘 아비 브ᄉᆞ럼 내엿거늘(父又患癰) <속三孝 5a>

(51) c. 疽 : 癰疽 <四解上 31a>

　　 d. 疽 : 브ᄉᆞ름 져 <字會中 16a>

(51) e. 癰 : 癰疽 <四解上 10a>

　　 f. 癰 : 브ᄉᆞ름 옹 <字會中 16b>

<52> 구위 對 구의

　두 명사가 [官]과 [官司] 즉 '관청'의 뜻을 가지고 동의 관계에 있다는 것은 다음 예문들에서 잘 확인된다. 원문 중 '移於官'이 '구위예 옴기다'로 번역되고 '官稱'이 '구윗 저울'로 번역된다. 그리고 '官司檢了'가 '구의 검시ᄒᆞ다'로 번역되고 '官司牢'가 '구윗 옥'으로 번역된다. 따라서 두 명사 '구위'와 '구의'의 동의성은 명백히 입증된다. 두 명사는 제2 음절에서 모음 '우~으'의 교체를 보여 준다.

(52) a. 지븨 사로미 다ᄉᆞ리모로 다ᄉᆞ료미 可히 구위예 옴기ᄂᆞ니(民家ㅣ 理故로 治可移於官이니) <번小三 39b>

　　 b. 내해 구윗 저우리라(我的是官稱) <번老下 57b>

(52) c. 구의 屍身을 검시ᄒᆞ고(官司檢了屍) <번老上 28b>

　　 d. 이제 구의 ᄀᆞ장 嚴謹ᄒᆞ야(如今官司好生嚴謹) <번老上 49b>

　　 e. 구의 이제 저ᄒᆞ야 도망ᄒᆞ니를 츄심ᄒᆞ라 ᄒᆞᄂᆞ니(官司見着落跟尋逃走的) <번老上 50b>

　　 f. 이제 그 도ᄌᆞ기 구윗 옥애 이셔 가텻ᄂᆞ니라(如今那賊現在官司牢裏禁着) <번老上 30b>

<53> 구위죵 對 구의죵

　두 명사가 [官司] 즉 '송사'의 뜻을 가지고 동의 관계에 있다는 것은 다음 예문들에서 잘 확인된다. 원문 중 '官司口舌'이 '구위죵과 구셔뤳 익'으로 번역되고 '官司災難'이 '구의죵 어려온 일'로 번역된다. 따라서 두 명사 '구위죵'과 '구의죵'의 동의성은 명백히 입증된다. 두 명사는 제2 음절에서 모음 '우~으'의 교체를 보여 준다.

(53) a. 구위죵과 구셔뤳 이글 맛나 잇거든(遭着官司口舌時) <번老下 47a>

(53) b. 구의죵 어려운 일 잇거든(有官司災難) <번朴上 25b>

c. 구의죵 닐와다 지믈 후려 아이ᄂᆞ니(起滅詞訟爲旀 脫賺錢物爲飛尼) <正俗 22a>

<54> 수울 對 스울

두 명사가 [酒] 즉 '술'의 뜻을 가지고 동의 관계에 있다는 것은 다음 예문들에서 잘 확인된다. 원문 중 '嗜酒'가 '수울 즐기다'로 번역되고 '喫…酒'가 '수울 먹다'로 번역된다. 그리고 '醞酒'가 '스울 빚다'로 번역된다. 따라서 두 명사 '수울'과 '스울'의 동의성은 명백히 입증된다. 두 명사는 첫 음절에서 모음 '우~으'의 교체를 보여 준다.

(54) a. 너희 수울 즐기디 마로믈 警戒ᄒᆞ노니(戒爾勿嗜酒ᄒᆞ노니) <번小六 23b>
b. ᄒᆞᆫ 잔 수울 먹져(喫一盞酒) <번老上 64b>
c. 오직 수울 받ᄌᆞ올 제ᄂᆞᆫ(唯獻酒厓) <呂約 25b>
d. 수울 고기와 ᄲᆞᆯ 주시니라(特賜酒肉米) <속三孝 6a>
e. 오직 수우를 그슴 아니ᄒᆞ샤ᄃᆡ(唯酒無量ᄒᆞ며) <번小四 28b>

(54) f. 니츙이 거즛 ᄃᆡ답호ᄃᆡ 스울 비ᄌᆞ라(充僞酬之 日當醞酒) <二倫 8a>

<55> 술위 對 술의

두 명사가 [車] 즉 '수레'의 뜻을 가지고 동의 관계에 있다는 것은 다음 예문들에서 잘 확인된다. 원문 중 '下車'가 '술위를 브리다'로 번역되고 '鹿車'가 '쟈근 술의'로 번역된다. 따라서 두 명사 '술위'와 '술의'의 동의성은 명백히 입증된다. 두 명사는 제2 음절에서 모음 '우~으'의 교체를 보여 준다.

(55) a. 內史慶이…술위를 브르디 아니ᄒᆞᆫ대(內史慶이…不下車ᄒᆞᆫ대) <번小九 86b>
b. 萬石君 石奮이…술위를 브려 ᄲᆞᆯ리 디나가며(萬石君石奮이…必下車趨ᄒᆞ며) <번小九 83a>
c. 弘의 술위 메ᄂᆞᆫ 소를 쏘아 주겻더니(射殺弘의 駕車牛ㅣ러니) <번小九 77b>

(55) d. 宣과 쟈근 술의를 ᄀᆞᆯ와 ᄢᅳ어(興宣으로 共挽鹿車ᄒᆞ야) <번小九 59b>

<56> 둡게 對 덥게

두 명사가 [盖]와 [盖兒] 즉 '덮개'의 뜻을 가지고 동의 관계에 있다는 것은 다음 예문들에서 잘 확인된다. 원문 중 '圓盖'가 '둡게란 두렫게 ᄒᆞ다'로 번역되고 '盖兒'가 '덥게'로 번역된다. 따라서 두 명사 '둡게'와 '덥게'의 동의성은 명백히 입증된다. 두 명사는 첫음절에서 모음 '우~어'의 교체를 보여 준다. 명사 '둪게'는 동작동사 '둪다'[蓋]의 어간 '둪'과 명사 형성 접미사 '-게'의 결합이다.

(56) a. 그르슬 아래란 모나게 ᄒ고 둪게란 두렵게 홈 ᄀ튼디라(猶方底而圓盖也) <번小七 40a>

　　　 b. 구슬로 ᄆ자 희욘 덥게예(珠結子的盖兒) <번朴上 30b>

(56) c. 蓋 : 覆也 <四解上 42b>

　　　 d. 蓋 : … 又 두플 개 <字會中 7b>

<57> 즁ᄉᆡᆼ 對 중ᄉᆡᆼ 對 즘ᄉᆡᆼ

세 명사가 [生], [畜] 및 [獸] 즉 '짐승'의 뜻을 가지고 동의 관계에 있다는 것은 다음 예문들에서 잘 확인된다. 원문 중 '象生'의 '生'이 '즁ᄉᆡᆼ'으로 번역되고 '田畜'이 '녀름지시 중ᄉᆡᆼ 치기'로 번역되며 '家畜'이 '집 즘ᄉᆡᆼ'으로 번역된다. 그리고 '獸'의 자석이 '즘ᄉᆡᆼ'이다. 따라서 세 명사 '즁ᄉᆡᆼ', '중ᄉᆡᆼ' 및 '즘ᄉᆡᆼ'의 동의성은 명백히 입증된다. '象生'은 『老朴集覽』에 '象生者像生物之形而爲之也' <朴上 2b>라고 解說되어 있으므로 '生'의 뜻이 '生物之形'이라는 것을 알 수 있다. 두 명사 '즁ᄉᆡᆼ'과 '중ᄉᆡᆼ'은 첫 음절에서 모음 '유~으'의 교체를 보여 주고 '중ᄉᆡᆼ'과 '즘ᄉᆡᆼ'은 첫 음절에서 자음 'ㅇ~ㅁ'의 교체를 보여 준다.

(57) a. 사탕오로 즁ᄉᆡᆼ의 얼굴 ᄆᆞᆫᆼᄀᆞ로니 노커나(放象生纏糖) <번朴上 4b>

(57) b. 녀름지시 중ᄉᆡᆼ 치길 ᄒᆞ더니(以田畜爲事) <二倫 2a>

(57) c. 집 즘ᄉᆡᆼ 치ᄃᆞ시 ᄒᆞ더라(如養家畜) <속三孝 10a>

　　　 d. 기ᄅᆞ논 효곤 즘ᄉᆡᆼ과 굴근 즘ᄉᆡᆼ도 이시며(孶畜頭口有來) <번老下 48b>

(57) e. 獸 : 四足物 <四解下 70a>

　　　 f. 獸 : 즘ᄉᆡᆼ 슈 四足有毛曰獸 <字會下 2a>

두 명사 '즘승'과 '줌승'이 [禽獸]와 [獸] 즉 '짐승'의 뜻을 가지고 동의 관계에 있다는 것은 다음 예문들에서 잘 확인된다. 원문 중 '禽獸之行'이 '즘승의 힝뎍'으로 번역되고 '蟲獸'가 '벌에 줌승'으로 번역되므로 두 명사 '즘승'과 '줌승'의 동의성은 명백히 입증된다. 두 명사 '즘ᄉᆡᆼ'과 '즘승'은 제2 음절에서 모음 '이~으'의 교체를 보여 주고 '즘승'과 '줌승'은 첫 음절에서 모음 '으~우'의 교체를 보여 준다.

(57) g. 즘승의 힝뎍을 내 엇디 ᄒᆞ리오(禽獸之行을 吾豈爲乎ㅣ리오) <번小九 63b>

　　　 h. 즘승ᄃᆞᆯ히 엇디 머그료(頭口們怎生喫的) <번老上 19b>

(57) i. 내 주구믄 벌에 즘슝 근ᄒᆞ야 앗갑디 아니커니와(奴死 有同蟲獸 不足惜) <속三忠 5b>

<58> 소리 對 소릐

두 명사가 [聲]과 [音] 즉 '소리'의 뜻을 가지고 동의 관계에 있다는 것은 다음 예문들에서 잘 확인된다. 원문 중 '厲聲'이 '소리를 ᄆᆡ이 ᄒᆞ다'로 번역되고 '怡聲'이 '소릐를 ᄂᆞᆺ가이 ᄒᆞ다'로 번역된다. '姦聲'이 '간샤ᄒᆞᆫ 소리'로 번역되고 '鳴聲'이 '우는 소리'로 번역된다. 그리고 '聲'과 '音'의 자석이 '소리'이다. 따라서 두 명사 '소리'와 '소릐'의 동의성은 명백히 입증된다. 두 명사는 제2 음절에서 모음 '이~의'의 交替를 보여 준다.

(58) a. 先生이 믄득 소리를 ᄆᆡ이 ᄒᆞ야 니르샤ᄃᆡ(安定이 忽厲聲云) <번小十 27a>

　　　b. 귀예 禮 아닌 소리를 듣디 아니ᄒᆞ며(耳不聽非禮之聲ᄒᆞ며) <번小六 30a>

　　　c. 君子는 간샤ᄒᆞᆫ 소리(7b) 와 雜亂ᄒᆞᆫ 비츨 드르며 보ᄆᆞᆯ ᄆᆞᅀᆞ매 두디 말며(君子는 姦聲亂色을 不留聰明ᄒᆞ며) <번小四 8a>

　　　d. 술위예 이시면 방올 소(20) 릐를 듣고(在車則聞鸞和之聲ᄒᆞ고) <번小四 21a>

(58) e. 소릐를 ᄂᆞᆺ가이 ᄒᆞ며 긔운을 ᄂᆞ즈기 ᄒᆞ야(怡聲下氣ᄒᆞ야) <번小八 25b>

　　　f. 소릐ㅅ 양으란 안졍케 ᄒᆞ며(聲容靜ᄒᆞ며) <번小四 13a>

　　　g. 울에 ᄀᆞᆮᄐᆞᆫ 소릐 잇거늘(有聲如雷) <속三孝 11a>

　　　h. 머기니 먹디 아니ᄒᆞ고 우는 소릐 슯프거늘(哺之不食鳴聲悲커늘) <번小九 100a>

　　　i. ᄒᆞᆫ 소ᄂᆞᆯ 티면 소릐 나디 아니ᄒᆞ고(一箇手打時響不得) <번老下 44a>

(58) j. 聲 : 聲音 <四解下 54a>

　　　k. 聲 : 소릐 셩 <字會上 15a>

(58) l. 音 : 聲也 <四解下 74a>

　　　m. 音 : 소릐 음 <字會上 15a>

<59> ᄌᆞ치욤 對 ᄌᆞ치임

두 명사가 [嚔], [嚔] 및 [嚔嚔] 즉 '재채기'의 뜻을 가지고 동의 관계에 있다는 것은 다음 예문들에서 잘 확인된다. '嚔'이 한자어 '嚔嚔'을 뜻하고 '嚔'의 자석이 'ᄌᆞ치욤'이다. '嚔'의 자석이 'ᄌᆞ치욤'이다. 그리고 원문 중 '嚔嚔'이 'ᄌᆞ치임'으로 번역된다. 따라서 두 명사 'ᄌᆞ치욤'과 'ᄌᆞ치임'의 동의성은 명백히 입증된다. 두 명사는 제3 음절에서 모음 '요~이'의 교체를 보여 준다.

(59) a. 噴 : 嚔噴 <四解上 64a>

　　 b. 噴 : ᄌ치욤 분 <字會上 15a>

(59) c. 嚔 : 悟解氣也 <四解上 24b>

　　 d. 嚔 : ᄌ치욤 톄 俗稱打嚔噴 <字會上 15a>

(59) e. ᄯ쏘 ᄌ치임 ᄒ다니(又有嚔噴來) <번老下 5b>

<60> 즘ᄉᆡᆼ 對 즘승

두 명사가 [頭口] 즉 '짐승'의 뜻을 가지고 동의 관계에 있다는 것은 다음 예문들에서 잘 확인된다. 원문 중 '頭口們'이 '즘ᄉᆡᆼ들ㅎ'로도 번역되고 '즘승들ㅎ'로도 번역된다. 따라서 두 명사 '즘ᄉᆡᆼ'과 '즘승'의 동의성은 명백히 입증된다. 두 명사는 모음 '이~으'의 교체를 보여 준다.

(60) a. 에엿븐 뎌 말 모로ᄂᆞᆫ 즘ᄉᆡᆼ들히(可憐見那不會說話的頭口們) <번朴上 21b>

　　 b. 기ᄅᆞᄂᆞᆫ 효근 즘ᄉᆡᆼ과 굴근 즘ᄉᆡᆼ도 이시며(孳畜頭口有來) <번老下 48b>

(60) c. 이 즘승ᄃᆞᆯ히 먹디 아니ᄒ리 만ᄒ니라(這頭口們多有不喫的) <번老上 18a>

　　 d. 즘승들히 엇디 머그료(頭口們怎生喫的) <번老上 19b>

　　 e. 즘승 쉬우져(歇頭口着) <번老上 17a>

　　 f. 즘승 쉬오ᄃᆡ(歇住頭口着) <번老上 62b>

　　 g. 둘흐란 ᄒᆞ여 뒤헤 즘승 모라 오게 ᄒ고(着兩箇後頭赶將頭口來) <번老上 66a>

2.2. 子音 交替型

동의 관계가 자음 교체를 보여 주는 명사들 사이에 성립된다. 자음 교체에는 'ㄱ~ㅇ'의 교체, 'ㄱ~ㅋ'의 교체, 'ㄱㅅ~ㄱ'의 교체, 'ㄷ~ㅈ'의 교체, 'ㅂ~ㄱ'의 교체, 'ㅂ~ㅍ'의 교체, 'ㅅ~ㅈ'의 교체, 'ㅅ~ㄴ'의 교체, 'ㅿ~ㅅ'의 교체, 'ㄹ~ㄴ'의 교체, 'ㅄ~ㅅ'의 교체 그리고 'ㅅ~ㅄ'의 교체가 있다.

자음 'ㄱ~ㅇ'의 교체를 보여 주는 명사에는 [鸒], [鴉] 및 [鷗] 즉 '갈가마귀'의 뜻을 가진 '굴가마괴'와 '굴아마괴' 그리고 [扮罾] 즉 '삼태 그물'의 뜻을 가진 '들그믈'과 '들으믈'이 있다.

자음 'ㄱ~ㅋ'의 교체를 보여 주는 명사에는 [齈] 즉 '콧물'의 뜻을 가진 '곳믈'과 '콧믈'이 있다.

자음 'ㄱㅅ~ㄱ'의 교체를 보여 주는 명사에는 [䩢] 즉 '고삐'의 뜻을 가진 '셨'과 '셕'이 있다.

자음 'ㄷ~ㅈ'의 교체를 보여 주는 명사에는 [痔] 즉 '치질(痔疾)'의 뜻을 가진 '디딜'과 '디질'이 있다.

자음 'ㅂ~ㄱ'의 교체를 보여 주는 명사에는 [瘧], [痁] 및 [痎] 즉 '고곰, 학질'의 뜻을 가진 '고봄'과 '고곰' 그리고 [中]과 [裏] 즉 '속'의 뜻을 가진 '솝'과 '속'이 있다.

자음 'ㅂ~ㅍ'의 교체를 보여 주는 명사에는 [膊], [肐] 및 [肐膊] 즉 '팔뚝'의 뜻을 가진 '볼독'과 '폴독'이 있다.

자음 'ㅅ~ㅈ'의 교체를 보여 주는 명사에는 [錐]와 [錐兒] 즉 '송곳'의 뜻을 가진 '솔옷'과 '솔옺'이 있다.

자음 'ㅅ~ㄴ'의 교체를 보여 주는 명사에는 [女孩兒] 즉 '계집 아이'의 뜻을 가진 '갓나히'와 '간나히' 그리고 [明日] 즉 '이튿날'의 뜻을 가진 '이틋날'과 '이튼날'이 있다.

자음 'ㅿ~ㅅ'의 교체를 보여 주는 명사에는 [邊]과 [邊頭] 즉 '가, 가장자리'의 뜻을 가진 '굿'과 '굿' 그리고 [間] 즉 '사이'의 뜻을 가진 '스쉬'와 '스시'가 있다.

자음 'ㄹ~ㄴ'의 교체를 보여 주는 명사에는 [驢] 즉 '나귀, 당나귀'의 뜻을 가진 '라귀'와 '나괴' 그리고 [蕖]와 [芙] 즉 '연꽃'의 뜻을 가진 '련곳'과 '년곳'이 있다.

자음군 'ㅄ~ㅅ'의 교체를 보여 주는 명사에는 [蜜] 즉 '꿀, 벌꿀'의 뜻을 가진 '뿔'과 '술'이 있다.

자음군 'ㅅㄱ~ㅄ'의 교체를 보여 주는 명사에는 [荏]과 [苣] 즉 '깨'의 뜻을 가진 '쌔'와 '뻬'를 비롯하여 [荏]과 [蘇] 즉 '들깨'의 뜻을 가진 '듧쌔'와 '듧뻬' 그리고 [荏]과 [苣] 즉 '참깨'의 뜻을 가진 '춤쌔'와 '춤뻬' 가 있다.

<1> 굴가마괴 對 굴아마괴

두 명사가 [鸒], [鴉] 및 [鵶] 즉 '갈가마귀'의 뜻을 가지고 동의 관계에 있다는 것은 다음 예문들에서 잘 확인된다. '鸒'가 한자어 '鴉鸒'를 뜻하고 '鸒'의 자석이 '굴가마괴'이다. '鴉'의 자석이 '굴가마괴'이고 고유어 '굴가마괴'는 한자어 '寒鴉'와 동의 관계에 있다. '鴉'가 한자어 '寒鴉'를 뜻하고 '寒鴉'는 고유어 '굴아마괴'와 동의 관계에 있다. 그리고 '鵶'가 한자어 '寒鴉'를 뜻하고 '寒鴉'는 고유어 '굴아마괴'와 동의 관계에 있다. 따라서 두 명사 '굴가마괴'와 '굴아마괴'의 동의성은 명백히 입증된다. 두 명사는 제2음절에서 자음 'ㄱ~ㅇ'의 교체를 보여 준다.

(1) a. 鸒：鸒 鴉鳥也 <四解上 13a
　　 b. 鸒：굴가마괴 ᄉ 詩鸒斯 <字會上 9a>

(1) c. 鴉：…寒鴉 亦曰環鴉 굴아마괴 <四解下 31a>
　　 d. 鴉：굴가마괴 아 俗呼寒鴉 <字會上 9a>

(1) e. 鶂 : …今俗呼寒鴉 글아마괴 <四解上 29a>

<2> 들그믈 對 들으믈

두 명사가 [扮罾] 즉 '삼태 그믈'의 뜻을 가지고 동의 관계에 있다는 것은 다음 예문들에서 잘 확인된다. '罾'의 자석이 '그믈'이고 '打扮罾'의 자석이 '들그믈 타다'이다. 그리고 한자어 '扮罾'이 고유어 '들으믈'과 동의 관계에 있다. 따라서 두 명사 '들그믈'과 '들으믈'의 동의성은 명백히 입증된다. 두 명사는 제2음절에서 자음 'ㄱ~ㅇ'의 교체를 보여 준다. 명사 '들그믈'은 동작동사 '들다'의 관형사형 '들'과 명사 '그믈'의 合成이다.

(2) a. 罾 : 魚網 有機者 今俗呼扮罾 들으믈 <四解下 60b>
   b. 罾(8b) : 그믈 중 俗稱打扮罾 들그믈 타다 <字會中 9a>

<3> 곳믈 對 콧믈

두 명사가 [齈] 즉 '콧물'의 뜻을 가지고 동의 관계에 있다는 것은 다음 예문들에서 잘 확인된다. '齈'의 자석이 '곳믈'이고 고유어 '곳믈'은 한자어 '齈帶'와 동의 관계에 있다. 그리고 '齈'의 자석이 '콧믈'이고 고유어 '콧믈'은 한자어 '齈帶'와 동의 관계에 있다. 따라서 두 명사 '곳믈'과 '콧믈'의 동의성은 명백히 입증된다. 두 명사는 첫 음절에서 자음 'ㄱ~ㅋ'의 교체를 보여 준다. '곳믈'은 명사 '고'와 명사 '믈'의 合成이고 '콧믈'은 명사 '코'와 명사 '믈'의 合成이다.

(3) a. 齈 : 多涕鼻病 今俗呼齈帶 고 <四解上 2b>
   b. 齈 : 곳믈 농 俗稱齈帶 <字會東中本上 29b>
   c. 齈 : 콧믈 농 俗稱齈(15a)帶 <字會上 15b>

<4> 셧 對 셕

두 명사가 [轡] 즉 '고삐'의 뜻을 가지고 동의 관계에 있다는 것은 다음 예문들에서 잘 확인된다. 원문 중 '裹鞍轡'가 '기르마와 셕술 ᄡᅡ다'로 번역된다. 그리고 '轡'가 한자어 '馬韁'을 뜻하고 '轡'의 자석이 '셕'이다. 따라서 두 명사 '셧'과 '셕'의 동의성은 명백히 입증된다. 두 명사는 어말에서 자음 'ㄱㅅ~ㄱ'의 교체를 보여 준다.

(4) a. 뵈로 기르마와 셕술 ᄲᅩᆯ디니라(布裹鞍轡니라) <번小七 21a>

(4) b. 轡 : 馬韁 <四解上 15b>

　　 c. 轡 : 셕 비 <字會中 13b>

<5> 디딜 對 디질

　두 명사가 [痔] 즉 '치질(痔疾)'의 뜻을 가지고 동의 관계에 있다는 것은 다음 예문들에서 잘 확인된다. '痔'의 자석이 '디딜'이고 고유어 '디딜'은 한자어 '痔瘡'과 동의 관계에 있다. 그리고 '痔'의 자석이 '디질'이고 고유어 '디질'은 한자어 '痔瘡'과 동의 관계에 있다. 따라서 두 명사 '디딜'과 '디질'의 동의성은 명백히 입증된다. 두 명사는 제2 음절 어두에서 자음 'ㄷ~ㅈ'의 교체를 보여 준다.

　(5) a. 痔 : 後病 <四解上 19a>

　　 b. 痔 : 디딜 티 俗稱痔瘡 <字會中 16b>

　　 c. 痔 : 디질 티 俗稱痔瘡 <字會東中本中 34a>

<6> 고봄 對 고곰

　두 명사가 [瘧], [痁] 및 [痎] 즉 '고곰, 학질'의 뜻을 가지고 동의 관계에 있다는 것은 다음 예문들에서 잘 확인된다. '瘧'이 한자어 '痁瘧'을 뜻하고 '瘧'의 자석이 '고봄'과 '고곰'이다. '痁'이 한자어 '瘧疾'을 뜻하고 '痁'의 자석이 '고봄'과 '고곰'이다. 그리고 '痎'가 한자어 '二日發瘧'을 뜻하고 '痎'의 자석이 '고봄'과 '고곰'이다. 따라서 두 명사 '고봄'과 '고곰'의 동의성은 명백히 입증된다. 두 명사는 제2 음절에서 자음 'ㅂ~ㄱ'의 교체를 보여 준다.

　(6) a. 瘧 : 痁瘧 <四解下 44b>

　　 b. 瘧 : 고봄 학 <字會東中本中 34b>

　　 c. 瘧 : 고곰 학 <字會中 16b>

　(6) d. 痁 : 瘧疾 <四解下 84b>

　　 e. 痁 : 고봄 겸 <字會東中本中 34b>

　　 f. 痁 : 고곰 겸 <字會中 16b>

　(6) g. 痎 : 二日一發瘧 <四解上 46a>

　　 h. 痎 : 고봄 히 <字會東中本中 34b>

　　 i. 痎 : 고곰 히 <字會中 16b>

명사 '고봄'은 15세기의 『楞嚴經諺解』(1462) 와 『杜詩諺解』(1481) 의 다음 예문들에서 잘 확인된다. 원문 중 '隔日瘧'이 '나를 隔흔 고봄'으로 번역되고 '瘧痢'가 '고봄과 痢疾'로 번역된다.

(6) j. 나를 隔흔 고봄 곧ᄒᆞ니(如隔日瘧ᄒᆞ니) <楞五 2b>

　　 k. 고봄과 痢疾로 巴水를 먹고(瘧痢湌巴水) <杜二十四 60a>

　　 l. 세 ᄒᆡ를 오히려 고고ᇝ 病을 ᄒᆞ니(三年猶瘧疾) <杜二十 37a>

<7> 솝 對 속

두 명사가 [中]과 [裏] 즉 '속'의 뜻을 가지고 동의 관계에 있다는 것은 다음 예문들에서 잘 확인된다. 원문 중 '中裙厠牏'가 '솝 우틔'로 번역되고 '裏黑點'이 '소배 거믄 뎜'으로 번역된다. '裏衣'가 '속옷'으로 번역되고 '裏黑者'가 '속 거므니'로 번역된다. 그리고 '裏'의 자석이 '솝'이다. 따라서 두 명사 '솝'과 '속'의 동의성은 명백히 입증된다. 두 명사는 음절말에서 子音 'ㅂ~ㄱ'의 교체를 보여 준다.

(7) a. 어버싀 솝 우틔를 가져다가 친히 제 ᄲᅥ라(取親中裙厠牏ᄒᆞ야 身自浣滌ᄒᆞ야) <번小九 85b>

　　 b. 힝역 긑 소배 거믄 뎜이 바ᄂᆞᆯ 구무 ᄀᆞ트닌(瘡端裏黑點如針孔者) <瘡疹 5a>

　　 c. 이ᄂᆞᆫ 믹과 중괘 밧씌 잇고 소배 업수모로(此脉證有表而無裏故) <瘡疹 17a>

(7) d. 고두류엣 속오스란 안직 니르디 마져(裏肚等裏衣 且休說) <번朴上 26b>

　　 e. 밧ᄀᆞᆫ 검고 속 블그닌 져기 듕ᄒᆞ고 밧ᄀᆞᆫ 희오 속 거므닌 ᄀᆞ장 듕코(外黑裏赤者微重外白裏黑者太重) <瘡疹 5a>

(7) f. 裏: 中也 <四解上 28b>

　　 g. 裏: 솝 리 <字會下 15a>

<8> 볼독 對 풀독

두 명사가 [膊], [肐] 및 [肐膊] 즉 '팔뚝'의 뜻을 가지고 동의 관계에 있다는 것은 다음 예문들에서 잘 확인된다. '膊'이 한자어 '肐膊'을 뜻하고 '肐膊'은 고유어 '볼독'과 동의 관계에 있다. '膊'의 자석이 '풀독'이고 고유어 '풀독'은 한자어 '肐膊'과 동의 관계에 있다. '肐'이 한자어 '肐膊'을 뜻하고 '肐膊'은 고유어 '풀독'과 동의 관계에 있다. 그리고 원문 중 '左肐膊'이 '왼 풀독'으로 번역된다. 따라서 두 명사 '볼독'과 '풀독'의 동의성은 명백히 입증된다. 두 명사는 첫 음절에서 자음 'ㅂ~ㅍ'의 교체를 보여 준다.

(8) a. 膊: ⋯今俗呼肐膊 볼독 <四解下 36a>

b. 膊 : 同 <四解下 36a>

c. 膊 : 풀독 박 俗呼肐膊 <字會上 13b>

(8) d. 肐 : 今俗呼肐膊 풀독 <四解上 61b>

(8) e. 그 사루미 왼 풀독애 살 마자 샹ᄒ얏고(那人左肐膊上射傷) <번老上 30b>

<9> 솔옷 對 솔옺

두 명사가 [錐]와 [錐兒] 즉 '송곳'의 뜻을 가지고 동의 관계에 있다는 것은 다음 예문들에서 잘 확인된다. '錐'의 자석이 '솔옷'이고 고유어 '솔옷'은 한자어 '錐兒'와 동의 관계에 있다. 그리고 '鑽天錐'가 '하늘 듧는 솔옷'으로 번역되고 '錐兒細'가 '솔오즌 ᄀ롤다'로 번역된다. 따라서 두 명사 '솔옷'과 '솔옺'의 동의성은 명백히 입증된다. 두 명사는 제2 음절말에서 자음 'ㅅ~ㅈ'의 교체를 보여 준다.

(9) a. 錐 : 器如鑽者 <四解上 52a>

b. 錐 : 솔옷 쵸 俗呼錐兒 <字會中 7a>

(9) c. 하늘 듧는 솔오재 아래는 큰므려(鑽天錐下大水) <번朴上 42a>

d. 솔오즌 ᄀ로ᄅ오 노ᄒ 굴그니(錐兒細線麤) <번老下 53a>

<10> 갓나히 對 간나히

두 명사가 [女孩兒] 즉 '계집 아이'의 뜻을 가지고 동의 관계에 있다는 것은 다음 예문들에서 잘 확인된다. 원문 중 '那女孩兒'가 '그 갓나히'로 번역되고 '女孩兒'가 '간나히'로 번역된다. 따라서 두 명사 '갓나히'와 '간나히'의 동의성은 명백히 입증된다. 두 명사는 첫 음절에서 자음 'ㅅ~ㄴ'의 교체를 보여 준다.

(10) a. 그 갓나히도 양직 ᄀ장 고와(那女孩兒 生的十分可喜) <번朴上 45b>

b. 丫…今俗語丫頭 갓나히 <四解下 31a>

(10) c. ᄉ나히가 간나히가 ᄒ 고은 ᄉ나히라(小廝兒那女孩兒 一箇俊小廝) <번朴上 55b>

d. 孩 : 아히 히 俗呼兒孩兒 ᄉ나히 女孩兒 간나히 <字會上 17a>

<11> 이틋날 對 이튼날

두 명사가 [明日] 즉 '이튼날'의 뜻을 가지고 동의 관계에 있다는 것은 다음 예문들에서 잘 확인된다.

원문 중 '明日…來問'이 '이틋날 와 묻다'로 번역되고 '明日…往'이 '이튼날 가다'로 번역된다. 따라서 두 명사 '이틋날'과 '이튼날'의 동의성은 명백히 입증된다. 두 명사는 제2 음절에서 자음 'ㅅ~ㄴ'의 교체를 보여 준다. 명사 '이틋날'은 '이틀+ㅅ#날'로 분석될 수 있고 '이틀'과 '날'의 合成이다.

    (11) a. 이틋날 의원이 와 무로듸(明日太醫來問) <번老下 41a>

       b. 이틋날 陽城 더브러 하딕ᄒ고 도라가 효양ᄒ리(明日에 謁城ᄒ고 還養者ㅣ) <번小九 8a>

       c. 이틋날 드듸여 게셔 분토애 졔ᄒ시고 이바디 자시고(明日就那裏上 了墳喫筵席) <번朴上 65a>

    (11) d. 이튼날 친히 가 사례ᄒ라(明日親往謝之爲羅) <呂約 23b>

<12> ᄀᆞ 對 ᄀᆞᆺ

    두 명사가 [邊]과 [邊頭] 즉 '가, 가장자리'의 뜻을 가지고 동의 관계에 있다는 것은 다음 예문들에서 잘 확인된다. 원문 중 '紅橋邊'이 '紅橋ㅅ ᄀᆞ'으로 번역된다. '井邊頭'가 '우믌ᄀᆞ'으로 번역된다. 그리고 '邊'의 자석이 'ᄀᆞᆺ'이다. 따라서 두 명사 'ᄀᆞ'과 'ᄀᆞᆺ'의 동의성은 명백히 입증된다. 두 명사는 어말에서 자음 'ㅿ~ㅅ'의 교체를 보여 준다.

    (12) a. 뎌 紅 橋 ㅅ ᄀᆞ새(那紅橋邊) <번朴上 42b>

       b. 우믌 ᄀᆞ새 ᄆᆞᆯ 믈 머기는 돌구쇠 잇ᄂᆞ니라(井邊頭有飮馬的石槽兒) <번老上 31b>

    (12) c. 邊 : 邊陲 <四解下 3a>

       d. 邊 : ᄀᆞᆺ 변 又邊塞 <字會中 4b>

<13> ᄉᆞᅀᅵ 對 ᄉᆞ시

    두 명사가 [間] 즉 '사이'의 뜻을 가지고 동의 관계에 있다는 것은 다음 예문들에서 잘 확인된다. 원문 중 '無間言'이 'ᄉᆞᅀᅵᆺ 말이 없다'로도 번역되고 'ᄉᆞ싯 마리 없다'로도 번역된다. 따라서 두 명사 'ᄉᆞᅀᅵ'와 'ᄉᆞ시'의 동의성은 명백히 입증된다. 두 명사는 제2 음절에서 'ㅿ~ㅅ'의 자음 교체를 보여 준다.

    (13) a. 집 안히 ᄉᆞᅀᅵᆺ 말이 업더라(庭無間言ᄒ더라) <번小九 77a>

       b. 외니 올ᄒ니 ᄒ며 할아며 기리논 ᄉᆞᅀᅵ예(是非毀譽間애) <번小六 24a>

    (13) c. 지빗 사ᄅᆞ미 일빅기 나모듸 ᄉᆞ싯 마리 업더라(家人百餘口 無間言) <二倫 32a>

<14> 라괴 對 나괴

두 명사가 [驢] 즉 '나귀, 당나귀'의 뜻을 가지고 동의 관계에 있다는 것은 다음 예문들에서 잘 확인된다. 원문 중 '驢馬'가 '라괴와 물'로 번역된다. 그리고 '那驢'가 '그 나괴'로 번역된다. 따라서 두 명사 '라괴'와 '나괴'의 동의성은 명백히 입증된다. 두 명사는 첫 음절에서 자음 'ㄹ~ㄴ'의 교체를 보여 준다.

(14) a. 라괴와 물 둘 흘 삭 주고 브릴 시라(雇用驢馬舟車之類曰賃) <老朴 單字解 6a>

(14) b. 곧 그 나괴를 모라(便赶着那驢) <번老上 29b>
　　 c. 뎌 나괴 어러 나흔 노미(那驢養下來的) <번朴上 34b>

<15> 련곳 對 년곳

두 합성명사가 [菡]와 [芙] 즉 '연꽃'의 뜻을 가지고 동의 관계에 있다는 것은 다음 예문들에서 잘 확인된다. '荷'의 자석이 '련곳'이고 '련곳'은 한자어 '荷花'와 동의 관계에 있가. 그리고 '芙'의 자석이 '년곳'이고 '년곳'은 한자어 '荷花'와 동의 관계에 있다. 따라서 두 명사 '련곳'과 '년곳'의 동의성은 명백히 입증된다. 두 명사는 첫 음절 어두에서 자음 'ㄹ~ㄴ'의 교체를 보여 준다. '련곳'은 한자어 '련'(蓮)과 고유어 '곳'[花]의 合成이고 '년곳'은 한자어 '년'(蓮)과 고유어 '곳'[花]의 合成이지만 이 저서에서는 '련곳'과 년곳'을 고유어로 다루었다.

(15) a. 菡 : 芙菡 荷華 <四解上 30a>
　　 b. 菡 : 련곳 거 芙菡 荷花 <字會上 4a>

(15) c. 芙 : 芙蓉 <四解上 39a>
　　 d. 芙 : 년곳 부 荷花 <字會上 4a>

명사 '련곳'의 先代形인 '蓮ㅅ곳'과 '蓮ㅅ곳'이 15세기의 『釋譜詳節』(1447)과 『月印千江之曲』(1449)의 다음 예문들에서 잘 확인된다. 원문 중 '蓮華上'이 '蓮ㅅ곳 우ㅎ'로 번역된다.

(15) e. 이 經이 더러브ᄂ 거긔 微妙한 이를 나토오미 蓮ㅅ고지 더러브ᄂ 므레 이쇼딕 조호미 곧고 <釋十三 33b>
　　 f. 그 구디 蓮 모시 두외야 蓮ㅅ고지 모몰 바다늘 <釋三 37a>
　　 g. 그 比丘ㅣ 蓮ㅅ곳 우희 안자 잇거늘(彼比丘…蓮華上坐) <釋二十四 16a>
　　 h. 한 종宗친親ㅅ 알픠 련蓮ㅅ고지 안자 뵈실씨 <月曲 137>

<16> 꿀 對 쑬

두 명사가 [蜜] 즉 '꿀, 벌꿀'의 뜻을 가지고 동의 관계에 있다는 것은 다음 예문들에서 잘 확인된다. 원문 중 '入蜜'이 '꿀 넣다'로 번역되고 '蜜和'가 '꿀에 들다'로 번역되고 '蜜水'가 '꿀믈'로 번역된다. 그리고 '蜜'의 자석이 '꿀'이고 고유어 '꿀'은 한자어 '蜂蜜'과 동의 관계에 있다. 따라서 두 명사 '꿀'과 '꿀'의 동의성은 명백히 입증된다. 두 명사는 어두에서 자음군 'ㅄ~ㅅ'의 교체를 보여 준다.

(16) a. 믈 흔 사바래 꿀 져기 녀허(水一盞入蜜少許) <瘡疹 45a>

　　　b. 꿀레 무라(蜜和) <瘡疹 47a>

　　　c. 꿀와 홍시ᄌ와(蜜及紅柿) <瘡疹 21a>

　　　d. 꿀므레 프러(蜜水調) <瘡疹 62a>

　　　e. 꿀레 조린 밤(蜜栗子) <번老下 38a>

(16) f. 蜜 : 蜂飴 <四解上 57b>

　　　g. 蜜 : 꿀 밀 俗呼蜂蜜 <字會中 11a>

<17> 깨 對 뺴

두 명사가 [荏]과 [苣] 즉 '깨'의 뜻을 가지고 동의 관계에 있다는 것은 다음 예문들에서 잘 확인된다. 고유어 '춤깨'가 한자어 '白荏' 및 한자어 '脂麻'와 동의 관계에 있다. 그리고 한자어 '苣藤'과 한자어 '胡麻'가 고유어 '춤뺴'와 동의 관계에 있다. '춤깨'는 명사 '춤'과 명사 '깨'의 合成이고 '춤뺴'는 명사 '춤'과 명사 '뺴'의 合成이다. 따라서 두 명사 '깨'와 '뺴'의 동의성은 명백히 입증된다. 두 명사는 자음군 'ㅅ~ㅄ'의 교체를 보여 준다.

(17) a. 荏 : 菜名 白蘇曰荏 <四解下 74b>

　　　b. 荏 : 듥깨 심 或呼蘇子…又춤깨曰白荏 又曰脂麻 <字會上 7a>

(17) c. 苣 : …又苣藤 胡麻 춤뺴 <四解上 30b>

　　　d. 苣 : 부루 거 俗呼萵苣 <字會上 8a>

<18> 듥깨 對 듥뺴

두 명사가 [荏]과 [蘇] 즉 '들깨'의 뜻을 가지고 동의 관계에 있다는 것은 다음 예문들에서 잘 확인된다. '荏'의 자석이 '듥깨'이고 고유어 '듥깨'는 한자어 '蘇子'와 동의 관계에 있다. 그리고 '蘇'가 한자 '荏'과 同義이고 한자어 '蘇子'를 뜻하고 '蘇子'는 고유어 '듥뺴'와 동의 관계에 있다. 따라서 두 명사 '듥깨'

와 '듧쩨'의 동의성은 명백히 입증된다. 두 명사는 제2음절에서 자음군 'ㅅ기~ㅽ'의 교체를 보여 준다.

(18) a. 荏 : 菜名 白蘇曰荏 <四解下 74b>
    b. 荏 : 듧쌔 심 或呼蘇子 <字會上 7a>

(18) c. 蘇 : 荏也 今俗呼蘇子 듧쩨 <四解上 40a>
    d. 蘇 : ⋯又듧쩨曰蘇子 <字會上 8a>

<19> 춤쌔 對 춤쩨

두 명사가 [荏]과 [苣] 즉 '참깨'의 뜻을 가지고 동의 관계에 있다는 것은 다음 예문들에서 잘 확인된다. '荏'의 자석이 '춤쌔'이고 고유어 '춤 쌔'는 한자어 '白荏'과 동의 관계에 있다. 그리고 '苣'가 한자어 '胡麻'를 뜻하고 '胡麻'는 고유어 '춤쩨'와 동의 관계에 있다. 따라서 두 명사 '춤쌔'와 '춤쩨'의 동의성은 명백히 입증된다. 두 명사는 제2 음절에서 자음군 'ㅅ기~ㅽ'의 교체를 보여 준다. '춤쌔'는 명사 '춤'과 명사 '쌔'의 合成이고 '춤쩨'는 명사 '춤'과 명사 '쩨'의 合成이다.

(19) a. 荏 : 菜名 白蘇曰荏 <四解下 74b>
    b. 荏 : ⋯又춤쌔曰白荏 又曰脂麻 <字會上 7a>

(19) c. 苣 : ⋯又苣藤 胡麻 춤쩨 <四解上 30b>
    d. 苣 : 부루 거 俗呼萵苣 <字會上 8a>

3. 音韻 脫落型 및 音韻 添加型

3.1. 音韻 脫落型

어떤 명사가 그것 중의 한 음운의 탈락으로 생긴 명사와 동의 관계를 가질 수 있다. 이 경우가 音韻 脫落型이다. 음운 탈락에는 모음 탈락과 자음 탈락이 있다.

3.1.1. 母音 脫落

母音 脫落에는 'ㅇ' 탈락, 'ㅡ' 탈락, '우' 탈락, '이' 탈락 그리고 半 母音 [y] 탈락이 있다.

모음 'ㅇ'의 탈락을 보며 주는 명사에는 [州] 즉 '고을'의 뜻을 가진 '고올'과 '골ㅎ'이 있다.

모음 '으'의 탈락을 보여 주는 명사에는 [酒] 즉 '술'의 뜻을 가진 '수을'과 '술'을 비롯하여 [昏] 즉 '어스름'의 뜻을 가진 '어스름'과 '어슬' 그리고 [孀], [孀婦], [寡] 및 [寡婦] 즉 '홀어미, 과부'의 뜻을 가진 '호올어미'와 '홀어미'가 있다.

모음 '우'의 탈락을 보여 주는 명사에는 [官] 즉 '관청'의 뜻을 가진 '구위'와 '귀'가 있다.

모음 '이' 탈락을 보여 주는 명사에는 [婦] 즉 '며느리'의 뜻을 가진 '며느리'와 '며늘'이 있다.

半母音 [y]의 탈락을 보여 주는 명사에는 [蟻] 즉 '개미'의 뜻을 가진 '개야미'와 '가야미'를 비롯하여 [茜]과 [蒲] 즉 '꼭두서니'의 뜻을 가진 '곡도송'과 '곡도손', [終], [卒] 및 [晩] 즉 '나중'의 뜻을 가진 '내죵'과 '나죵', [鷸] 즉 '도요새'의 뜻을 가진 '되요'와 '도요', [籔] 즉 '용수'의 뜻을 가진 '룡수'와 '룽수', [鮎魚]와 [鮎] 즉 '메기'의 뜻을 가진 '메유기'와 '머유기', [摴]와 [蒱] 즉 '노름, 도박'의 뜻을 가진 '슛'과 '숫' 그리고 [褌] 즉 '잠방이, 가랑이가 짧은 홑고의'의 뜻을 가진 '쟘방이'와 '잠방이'가 있다.

<1> 고올 對 골ㅎ

두 명사가 [州] 즉 '고을'의 뜻을 가지고 동의 관계에 있다는 것은 다음 예문들에서 잘 확인된다. 원문 중 '三州'가 '두 고올'로 번역된다. 그리고 '在州'가 '골히 잇다'로 번역된다. 따라서 두 명사 '고올'과 '골ㅎ'의 동의성은 명백히 입증된다. '골ㅎ'은 명사 '고올'의 모음 'ㅇ'가 탈락되어 생긴 어형이다.

(1) a. 蘇州ㅣ 湖州ㅣ 두 고올 敎授ㅅ 벼슬 ᄒᆞ야셔는(及爲蘇湖 二州敎授ᄒᆞ야는) <번小九 9b>

   b. 고옰 관원의 어딜며 사오나오며 잘 혼(21a) 이리며 그르 혼 이를 니르디 말며(不言州縣官員長短得失이오) <번小八 21b>

(1) c. 골히 이셔 일 업슨 저기어든(在州無事ㅣ 어든) <번小十 7a>

<2> 수을 對 술

두 명사가 [酒] 즉 '술'의 뜻을 가지고 동의 관계에 있다는 것은 다음 예문들에서 잘 확인된다. 원문 중 '嗜酒'가 '수을 즐기다'로 번역되고 '置酒'가 '수을 이받다'로 번역된다. '喫…酒'가 '수를 먹다'로 번역되고 '酒至'가 '수리 오다'로 번역된다. 그리고 '酒'의 자석이 '술'이다. 따라서 '수을'과 '술'의 동의성은 명백히 입증된다. 명사 '술'은 '수을'의 축약형이다. 즉 '수을'의 제2 음절의 모음 '으'가 탈락하여 생긴 것이다.

(2) a. 세 아싀 수을 즐겨 먹고(三弟 嗜酒縱佚) <二倫 17a>

   b. 수을 이바두며(置酒) <二倫 21a>

(2) c. 어미 닐우듸 그러면 술 비조리라(母曰若然 當醖酒) <二倫 33a>

   d. 우리 두서 잔 수를 머거(咱們喫幾盞酒) <번老上 62b>

   e. 두서(62b) 잔 술 먹고(喫幾盞酒) <번老上 63a>

   f. 수리 오나눌(酒ㅣ 至커늘) <번小七 14a>

   g. 사루미 술 머겨눌(人有飮之酒) <속三忠 5b>

(2) h. 酒 : 酒醴 <四解下 68b>

   i. 酒 : 술 쥬 <字會中 10b>

<3> 어스름 對 어슬

　두 명사가 [昏] 즉 '어스름'의 뜻을 가지고 동의 관계에 있다는 것은 다음 예문들에서 잘 확인된다. 원문 중 '昏'이 '어스름'으로 번역되고 '晨昏'이 '새배며 어슬'으로 번역된다. 그리고 '昏'의 자석이 '어스름'이다. 따라서 두 명사 '어스름'과 '어슬'의 동의성은 명백히 입증된다. 두 명사가 [晨] 즉 '새벽'을 뜻하는 '새배'와 의미상 대립 관계에 있기 때문에 두 명사의 동의 관계는 克明하게 확인된다. '어스름'의 제3 음절에 있는 모음 '으'의 탈락으로 생긴 어형이 '어슬'이다. 명사 '어슬'은 1510년대 국어에 처음으로 등장한다.

(3) a. 어스름에 가 보아 줌 재숩고 새배 가 닐어시든 뵈ㅅ오며(昏定晨省爲 旅) <正俗 2a>

   b. 새배며 어슬메 어버싀게 문안훔을 마디 아니ᄒᆞ더니(晨昏不廢ᄒᆞ더니) <번小九 22a>

(3) c. 昏 : 日冥也 暗也 <四解上 60b>

   d. 昏 : 어스름 혼 <字會上 1a>

<4> 호을어미 對 홀어미

　두 명사가 [孀], [孀婦], [寡] 및 [寡婦] 즉 '홀어미, 과부'의 뜻을 가지고 동의 관계에 있다는 것은 다음 예문들에서 잘 확인된다. '孀'이 한자어 '寡婦'를 뜻하고 '孀'의 자석이 '호을어미'이다. '寡'의 자석이 '호을어미'이다. 그리고 원문 중 '孀婦'가 '홀어미'로 번역되고 '寡婦之子'가 홀어미 ᄌᆞ식'으로 번역된다. 따라서 '호을어미'와 '홀어미'의 동의성은 명백히 입증된다. 명사 '홀어미'는 '호을어미'의 제2 음절의 모음 '으'가 탈락된 것이다.

(4) a. 孀 : 寡婦 <四解下 39a>

    b. 孀 : 흐을어미 상 <字會上 17a>

(4) c. 寡 : …又老而無夫曰寡 <四解下 31b>

    d. 寡 : 호을어미 과 老而無夫曰寡 <字會上 17a>

(4) e. 호기 무루딕 홀어미룰 겨집 사모미 올티 아니흔 둣흐니 엇더흐고(或이 問孀婦룰 於理예 似不可取니 如何오) <번小七 34b>

    f. 홀어믜 ᄌ식이 나타난 어딘 이리 잇디 아니커든(寡婦之子ㅣ 非有見焉이어든) <번小三 23b>

<5> 구위 對 귀

두 명사가 [官] 즉 '관청'의 뜻을 가지고 동의 관계에 있다는 것은 다음 예문들에서 잘 확인된다. 원문 중 '移於官'이 '구위예 옴기다'로 번역되고 '官稱'이 '구윗 저울'로 번역된다. 그리고 '官事'가 '귓 일'로 번역된다. 따라서 '구위'와 '귀'의 동의성은 명백히 입증된다. 명사 '귀'는 '구위'의 제2 음절의 모음 '우'의 탈락으로 생긴 것이다.

(5) a. 지븨 사로미 다ᄉ리모로 다ᄉ료미 可히 구위예 옴기ᄂ니(民家ㅣ 理故로 治可移於官이니) <번小三 39b>

    b. 내해 구윗 저우리라(我的是官稱) <번老下 57b>

(5) c. 귓 일 호믈 집 일 ᄀ티 흔 후에사(處官事如家事然後에사) <번小七 24a>

<6> 며느리 對 며늘

두 명사가 [婦] 즉 '며느리'의 뜻을 가지고 동의 관계에 있다는 것은 다음 예문들에서 잘 확인된다. 원문 중 '婦道'가 '며느리의 도리'로도 번역되고 '며늘의 도'로도 번역된다. 그리고 '婦'의 자석이 '며느리'이다. 따라서 '며느리'와 '며늘'의 동의성은 명백히 입증된다. 명사 '며늘'은 '며느리'의 제3 음절의 모음 '이'가 탈락되어 생긴 것이다.

(6) a. 며느리는 둣ᄌ와 부드러이 호미(婦聽而婉이) <번小三 44b>

    b. 반ᄃ시 며느리의 도리로 ᄒ리라(必執婦道ᄒ리라) <번小七 34b>

    c. 며느리 어두믈(娶婦룰) <번小七 34a>

(6) d. 며늘의 도룰 닷ᄀ대(脩行婦道ᄒ대) <번小九 59b>

e. ᄀᆞ장 며느릐 도를 올히 ᄒᆞ더니(甚得婦道ᄒᆞ더니) <번小九 64a>

(6) f. 婦 : 夫婦 <四解上 39b>

g. 婦 : 며느리 부 又呼子之妻曰媳婦 <字會上 16a>

<7> 개야미 對 가야미

두 명사가 [蟻] 즉 '개미'의 뜻을 가지고 동의 관계에 있다는 것은 다음 예문들에서 잘 확인된다. 원문 중 '蟲蟻'가 '벌에며 개야미'로 번역된다. 그리고 '蟻'의 자석이 '가야미'이다. 따라서 '개야미'와 '가야미'의 동의성은 명백히 입증된다. 명사 '가야미'는 '개야미'의 첫 음절 '애'의 半母音 [y]가 탈락된 것이다.

(7) a. 뜰흘 딕조사 벌에며 개야미를 주어(啄啄庭中拾蟲蟻ᄒᆞ야) <번小九 100a>

(7) b. 蟻 : …蚍蜉 <四解上 22a>

c. 蟻 : 가야미 의 <字會上 12b>

<8> 곡도숑 對 곡도손

두 명사가 [茜]과 [蒨] 즉 '꼭두서니'의 뜻을 가지고 동의 관계에 있다는 것은 다음 예문들에서 잘 확인된다. '茜'이 '茜草'를 뜻하고 한자어 '茜草'가 고유어 '곡도숑'과 동의 관계에 있다. 그리고 '蒨'의 자석이 '곡도숑'과 '곡도손'이다. 따라서 두 명사 '곡도숑'과 '곡도손'의 동의성은 명백히 입증된다. 두 명사는 제3 음절에서 자음 'ㅇ~ㄴ'의 교체를 보여 주고 반모음 [y]의 탈락을 보여 준다.

(8) a. 茜 : 茅蒐今俗呼茜草 곡도숑 <四解下 4b>

b. 蒨 : 곡도숑 쳔 亦作茜 一名茅蒐 <字會東中本上 9b>

c. 蒨 : 곡도손 쳔 亦作茜 一名茅蒐 <字會上 5a>

<9> 내죵 對 나죵

두 명사가 [終], [卒], 및 [晚] 즉 '나중'의 뜻을 가지고 동의 관계에 있다는 것은 다음 예문들에서 잘 확인된다. 원문 중 '終始'가 '내죵과 처엄'으로 번역되고 '愼終'이 '내죵을 삼가ᄒᆞ다'로 번역된다. '終必和'가 '내죵애 의식 화동ᄒᆞ다'로 번역되고 '卒無得'이 '내죵애 어든 거슨 업다'로 번역된다. 그리고 '卒…付'가 '나죵애 맛디다'로 번역되고 '臨晚'이 '나죵애 다둗다'로 번역된다. 따라서 '내죵'과 '나죵'의 동의성은 명백히 입증된다. 명사 '나죵'은 '내죵'의 첫 음절의 半母音 [y]가 탈락된 것이다.

(9) a. 내죵과 처ᅀᅥ미 ᄒᆞᆫ가짓 ᄠᅳ디면(終始一意則) <번小六 10a>

　　b. 내죵을 삼가호ᄃᆡ 처섬 ᄀᆞ티 홀디니(愼終如始니) <번小三 46b>

　　c. 처섬믜 거슬뼈도 내죵애 의식 화동ᄒᆞ며(始雖乖也而終必和爲ᅌᅥ) <正俗 4a>

　　d. 가ᄇᆡ야이 제 몸을 쿠라 ᄒᆞ야 내죵애 어든 거슨 업슨 주를 병도이 너기시더라(病…所以輕自大而卒
　　　無得ㅣ러시다) <번小九 19b>

(9) e. 나죵애 아ᄎᆞᆫ아들 맛디니(卒以付軌) <三倫 32b>

　　f. 나죵애 다ᄃᆞ라 내 네손ᄃᆡ 디우 ᄑᆞ라 주마(臨晚也 我濫賤賣與你) <번老下 23a>

<10> 되요 對 도요

두 명사가 [鸏] 즉 '도요새'의 뜻을 가지고 동의 관계에 있다는 것은 다음 예문들에서 잘 확인된다. '鸏'은 鳥名으로 '되요'를 뜻하고 고유어 '되요'는 한자어 '水扎子'와 동의 관계에 있다. 그리고 '鸏'의 자석이 '도요'이고 고유어 '도요'는 한자어 '水扎子'와 동의 관계에 있다. 따라서 '되요'와 '도요'의 동의성은 명백히 입증된다. 명사 '도요'는 명사 '되요'의 첫 음절의 반모음 [y]가 탈락된 것이다.

(10) a. 鸏 : 鳥名 되요 今俗呼水扎子 <四解上 70b>

　　b. 鸏 : 도요 룰 俗呼水扎子 <字會上 8b>

(10) c. 水扎子 : 되요 <字會 凡例 1a>

<11> 룡ᄉᆞ 對 롱ᄉᆞ

두 명사가 [篘] 즉 '용수'의 뜻을 가지고 동의 관계에 있다는 것은 다음 예문들에서 잘 확인된다. '篘' 가 한자어 漉取酒를 뜻하고 고유어 '룡ᄉᆞ'와 동의 관계에 있다. '篘'의 자석이 '롱ᄉᆞ'이다. 따라서 '룡ᄉᆞ' 와 '롱ᄉᆞ'의 동의성은 명백히 입증된다. 명사 '롱ᄉᆞ'는 '룡ᄉᆞ'의 첫 음절의 반모음 [y]가 탈락된 것이다.

(11) a. 篘 : 漉取酒 룡ᄉᆞ <四解下 67a>

　　b. 篘 : 롱ᄉᆞ 추 俗呼酒篘 <字會中 7a>

<12> 메유기 對 머유기

두 명사가 [鮎魚]와 [鮎] 즉 '메기'의 뜻을 가지고 동의 관계에 있다는 것은 다음 예문들에서 잘 확인된다. 원문 중 '鮎魚鶴兒'가 '메유기 ᄀᆞ툰 연'으로 번역된다. '鮎'의 자석이 '메유기'이고 고유어 '메유기'는 한자어 '鮎魚'와 동의 관계에 있다. 그리고 '鮎'이 한자어 '鮎魚'를 뜻하고 '鮎魚'는 고유어 '머유기'와 동의 관계에 있다. 따라서 두 명사 '메유기'와 '머유기'의 동의성은 명백히 입증된다. '머유기'는 명사 '메유기'의 첫 음절의 반모음 [y]가 탈락된 것이다.

(12) a. 메유기 ᄀᆞᄐᆞᆫ 연 여듧 모 난 연(鮎魚鶴兒 八角鶴兒) <번朴上 17b>

(12) b. 鮎 : 今俗呼鮎魚 머유기 <四解下 82b>
　　　c. 鮎 : 메유기 념 俗呼鮎魚 <字會上 11a>

<13> 슛 對 슈

두 명사가 [摴]와 [蒱] 즉 '노름, 도박'의 뜻을 가지고 동의 관계에 있다는 것은 다음 예문들에서 잘 확인된다. '摴'가 한자어 '摴蒱'를 뜻하고 '摴'의 자석이 '슛'과 '슈'이다. 그리고 '蒱'가 한자어 '摴蒱'를 뜻하고 '蒱'의 자석이 '슛'과 '슈'이다. 따라서 '슛'과 '슈'의 동의성은 명백히 입증된다. 명사 '슛'은 '슈'의 반모음 [y]가 탈락된 것이다.

(13) a. 摴 : 摴蒱 <四解上 32a>
　　　b. 摴 : 슛 뎌 樗蒲 四數 賭博 <字會下 10a>
　　　c. 摴 : 슛 뎌 樗蒲 四數 賭博 <字會東中本下 22a>

(13) d. 蒱 : 摴蒱 <四解上 38a>
　　　e. 蒱 : 슛 포 初學字會 摴蒱 슈 <字會下 10a>
　　　f. 蒱 : 슛 포 初學字會 摴蒱 슈 <字會東中本下 22a>

<14> 쟘방이 對 잠방이

두 명사가 [裩] 즉 '잠방이, 가랑이가 짧은 홑고의'의 뜻을 가지고 동의 관계에 있다는 것은 다음 예문들에서 잘 확인된다. '裩'이 한자어 '犢鼻裩'을 뜻하고 '犢鼻裩'은 고유어 '쟘방이'와도 동의 관계에 있고 고유어 '잠방이'와도 동의 관계에 있다. 따라서 '쟘방이'와 '잠방이'의 동의성은 명백히 입증된다. 명사 '잠방이'는 '쟘방이'의 첫 음절의 半母音 [y]가 탈락된 것이다.

(14) a. 裩 : 衣 <四解上 62b>
　　　b. 裩 : 고의 군 短者 犢鼻裩 쟘방이 一名窮袴 <字會中 11b>
　　　c. 裩 : 고의 군 短者 犢鼻裩 잠방이 一名窮袴 <字會東中本中 23a>

3.1.2. 子音 脫落

子音 脫落에는 'ㄴ' 탈락, 'ㄹ' 탈락, 'ㅂ' 탈락, 'ㅅ' 탈락, 'ㅿ' 탈락 그리고 'ㅎ' 탈락이 있다.

자음 'ㄴ'의 탈락을 보여 주는 명사에는 [醅] 즉 '거르지 않은 술, 전내기'의 뜻을 가진 '디믈긴술'과 '디믈기술' 그리고 [姪]과 [從子] 즉 '조카, 형제의 아들'의 뜻을 가진 '아촌아들'과 '아추아들'이 있다.

자음 'ㄹ'의 탈락을 보여 주는 명사에는 [冬] 즉 '겨울'의 뜻을 가진 '겨슬'과 '겨스'를 비롯하여 [帶子] 즉 '띠'의 뜻을 가진 '골홈'과 '고홈', [八珠環兒], [璫] 및 [珥] 즉 '귀고리, 귓불에 장식으로 다는 고리'의 뜻을 가진 '귀엸골회'와 '귀엿골회', [水波浪], [波] 및 [浪] 즉 '물결'의 뜻을 가진 '믈껼'과 '뭇결', [魚] 즉 '물고기'의 뜻을 가진 '믌고기'와 '뭇고기' 그리고 [簳], [笴] 및 [箭簳] 즉 '화살대, 살대'의 뜻을 가진 '삸대'와 '삿대'가 있다.

자음 'ㅂ'의 탈락을 보여 주는 명사에는 [蘇]와 [蘇子] 즉 '들깨'의 뜻을 가진 '듧빼'와 '들빼' 그리고 [毛施布] 즉 '모시베'의 뜻을 가진 '모시뵈'와 '모시외'가 있다.

자음 'ㅅ'의 탈락을 보여 주는 명사에는 [謊] 즉 '거짓말'의 뜻을 가진 '거즛말'과 '거즈말'을 비롯하여 [窮]과 [邊] 즉 '가, 가장자리'의 뜻을 가진 'ㄱ'과 'ㄱ', [井繩]과 [綆] 즉 '두레박줄'의 뜻을 가진 '드렛줄'과 '드레줄', [闃]과 [閾] 즉 '문지방'의 뜻을 가진 '문ㅅ젼'과 '문젼', [牙錢] 즉 '중계료, 口文'의 뜻을 가진 '즈룺값'과 '즈름값' 그리고 [徑] 즉 '지름길'의 뜻을 가진 '즈름낄'과 '즈름길'이 있다.

자음 'ㅿ'의 탈락을 보여 주는 명사에는 [邊] 즉 '가, 가장자리'의 뜻을 가진 'ㄱ'과 'ㄱ'가 있다.

자음 'ㅎ'의 탈락을 보여 주는 명사에는 [狗]와 [犬] 즉 '개'의 뜻을 가진 '가히'와 '개' 그리고 [瓶瓦], [筒瓦] 및 [童瓦] 즉 '수키와'의 뜻을 가진 '수티새'와 '수디새'가 있다.

<1> 디믈긴술 對 디믈기술

두 명사가 [醅] 즉 '거르지 않은 술, 전내기'의 뜻을 가지고 동의 관계에 있다는 것은 다음 예문들에서 잘 확인된다. 醅의 자석이 '젼술'이고 고유어 '젼술'은 한자어 醅酒 및 '디믈긴술'과 동의 관계에 있다. 그리고 醅의 자석이 '젼술'이고 고유어 '젼술'은 한자어 醅酒 및 '디믈기술'과 동의 관계에 있다. 따라서 '디믈긴술'과 '디믈기술'의 동의성은 명백히 입증된다. '디믈기술'은 '디믈긴술'의 제3 음절의 자음 'ㄴ'이 탈락된 것이다.

⑴ a. 醅 : 酒未漉 <四解上 50a>
　　b. 醅 : 젼술 빙 俗稱醅(10b) 酒 디믈긴술 <字會中 11a>

c. 醏 : 젼술 비 俗稱醏酒 디믈기술 <字會東中本中 21b>

<2> 아촌아둘 對 아츳아둘

두 명사가 [姪]과 [從子] 즉 '조카, 형제의 아들'의 뜻을 가지고 동의 관계에 있다는 것은 다음 예문들에서 잘 확인된다. 원문 중 '從子'가 '아촌아둘'로 번역된다. 그리고 '姪'이 한자어 '從子'를 뜻하고 '姪'의 자석이 '아츳아둘'이다. 따라서 '아촌아둘'과 '아츳아둘'의 동의성은 명백히 입증된다. 명사 '아츳아둘'은 '아촌아둘'의 제2 음절의 말음 'ㄴ'이 탈락된 것이다.

(2) a. 아촌아둘 뭿ㅣ (從子뭿ㅣ) <번小六 21a>
    b. 나죵애 아촌아둘 맛디니(卒以付軌) <二倫 32b>

(2) c. 姪 : 兄弟之子曰姪 從子 <四解上 59b>
    d. 姪 : 아츳아둘 딜 同姓俗呼姪兒 <字會上 16b>

<3> 겨슬 對 겨스

두 명사가 [冬] 즉 '겨울'의 뜻을 가지고 동의 관계에 있다는 것은 다음 예문들에서 잘 확인된다. 원문 중 '冬'이 '겨슬'로 번역되고 '一冬裏'가 '겨슬내'로 번역된다. 그리고 '冬'의 자석이 '겨스'이다. 따라서 '겨슬'과 '겨스'의 동의성은 명백히 입증된다. 명사 '겨스'는 '겨슬'의 제2 음절에서 자음 'ㄹ'이 탈락된 것이다.

(3) a. 겨슬이어든 제 몸으로 니블을 덥게 ᄒᆞ며(冬則以身溫被ᄒᆞ며) <번小九 28b>
    b. 겨슬내 뎌기 츠며(一冬裏踢建子) <번朴上 18a>

(3) c. 冬 : 四時之末 <四解上 1b>
    d. 冬 : 겨스 동 <字會上 1a>

<4> 골홈 對 고홈

두 명사가 [帶子] 즉 '띠'의 뜻을 가지고 동의 관계에 있다는 것은 다음 예문들에서 잘 확인된다. 고유어 '골홈'이 한자어 '帶子'와 동의 관계에 있다. 그리고 고유어 '고홈'이 한자어 '帶子'와 동의 관계에 있다. 따라서 두 명사 '골홈'과 '고홈'의 동의성은 명백히 입증된다. 명사 '고홈'은 '골홈'의 첫 음절의 자음 'ㄹ'이 탈락된 것이다.

(4) a. 帶 : 紳也 <四解上 43a>

　　b. 帶 : 씌 딕 又골홈 及 긴흘 皆曰帶子 <字會中 11b>

　　c. 帶 : 씌 딕 又고홈 及 긴흘 皆曰帶子 <字會東中本中 23b>

<5> 귀엷골회 對 귀엿골회

　두 명사가 [八珠環兒], [瑞] 및 [珥] 즉 '귀고리, 귓불에 장식으로 다는 고리'의 뜻을 가지고 동의 관계에 있다는 것은 다음 예문들에서 잘 확인된다. 원문 중 '八珠環兒'가 '귀엷골회'로도 번역되고 '귀엿골회'로도 번역된다. 그리고 '瑞'과 '珥'의 자석이 '귀엿골회'이다. 따라서 '귀엷골회'와 '귀엿골회'의 동의성은 명백히 입증된다. '귀엿골회'는 '귀엷골회'의 제2 음절의 자음 'ㄹ'이 탈락된 것이다.

　　(5) a. 진쥬 네콤 드려 밍ᄀ론 귀엷골회와(八珠環兒) <번朴上 45b>

　　　b. 흔 쌍 귀엿골회와 흔 쌍 풀쇠다가 호리라(把一對八珠環兒 一對釧兒) <번朴上 20a>

　　(5) c. 瑞 : 充耳珠 <四解下 34b>

　　　d. 瑞 : 귀엿골회 당 <字會中 12b>

　　(5) e. 珥 : 瑱也 <四解上 23a>

　　　f. 珥 : 귀엿골회 싀 <字會中 12b>

<6> 믈셜 對 믓결

　두 명사가 [水波浪], [波] 및 [浪] 즉 '물결'의 뜻을 가지고 동의 관계에 있다는 것은 다음 예문들에서 잘 확인된다. 원문 중 '水波浪地兒'가 '믈셜 바탕'으로 번역된다. 그리고 '波'와 '浪'의 자석이 '믓결'이고 고유어 '믓결'은 한자어 '波浪兒'와 동의 관계에 있다. 따라서 '믈셜'과 '믓결'의 동의성은 명백히 입증된다. '믈셜'은 명사 '믈'[水]과 명사 '결'[波浪]의 合成으로 '믈+ㅅ#결'로 분석된다. '믓결'은 '믈셜'의 자음 'ㄹ'이 탈락된 것이다.

　　(6) a. 감차할 믈셜 바탕애(茶褐水波浪地兒) <번老下 50b>

　　(6) b. 波 : 浪也 <四解下 28a>

　　　c. 波 : 믓결 파 俗稱波浪兒 <字會上 2b>

　　(6) d. 浪 : 滄浪 <四解下 40a>

　　　e. 浪 : 믓결 랑 大波曰浪 <字會上 2b>

<7> 믌고기 對 믓고기

두 명사가 [魚] 즉 '물고기'의 뜻을 가지고 동의 관계에 있다는 것은 다음 예문들에서 잘 확인된다. 원문 중 '魚鮓'가 '믌고기 젓'으로 번역된다. 그리고 '魚餒'가 '믓고기 므르니'로 번역되고 '食魚'가 '믓고기 먹다'로 번역된다. 따라서 '믌고기'와 '믓고기'의 동의성은 명백히 입증된다. '믌고기'는 명사 '믈'과 명사 '고기'의 合成으로 '믈+ㅅ#고기'로 분석된다. '믓고기'는 '믌고기'의 자음 'ㄹ'이 탈락된 것이다.

(7) a. 믌고기 젓(魚鮓) <瘡疹 64a>

(7) b. 바비 즛믈어 쉬니와 믓고기 므르니와 묻고기 서그니를 먹디 아니ᄒ시며(食饐而餲와 魚餒而肉敗를 不食ᄒ며) <번小四 28a>
    c. 아비 病 어더셔 믓고기 먹고져 ᄒ니(父嘗得疾欲食魚) <속三孝 徐萬得魚>
    d. 이 안쥬는 믓고기 젼ᄒ니(這按酒煎魚) <번老下 38a>

<8> 삸대 對 삿대

두 명사가 [簳], [笴] 및 [箭簳] 즉 '화살대, 살대'의 뜻을 가지고 동의 관계에 있다는 것은 다음 예문들에서 잘 확인된다. '簳'이 한자어 '箭簳'을 뜻하고 '箭簳'은 고유어 '삿대'와 동의 관계에 있다. '笴'의 자석이 '삸대'이다. 그리고 원문 중 '箭簳'이 '삿대'로 번역된다. 따라서 '삸대'와 '삿대'의 동의성은 명백히 입증된다. '삸대'는 명사 '살'[箭]과 명사 '대'의 合成으로 '살+ㅅ#대'로 분석된다. '삿대'는 '삸대'의 첫 음절의 자음 'ㄹ'이 탈락된 것이다.

(8) a. 簳 : 箭簳 삿대 <四解上 71a>
    b. 笴 : 삸대 간 亦作簳 <字會中 14b>

(8) c. 이 삿대는 대오(這箭簳是竹子) <번老下 32b>

<9> 듧빼 對 들빼

두 명사가 [蘇]와 [蘇子] 즉 '들깨'의 뜻을 가지고 동의 관계에 있다는 것은 다음 예문들에서 잘 확인된다. '蘇'가 한자어 '蘇子'를 뜻하고 '蘇子'는 고유어 '듧빼'와 동의 관계에 있다. 그리고 '蘇'의 자석이 '들빼'이고 고유어 '들빼'는 한자어 '蘇子'와 동의 관계에 있다. 따라서 '듧빼'와 '들빼'의 동의성은 명백히 입증된다. '들빼'는 명사 '듧빼'의 첫 음절의 자음 'ㅂ'이 탈락된 것이다.

(9) a. 蘇 : 荏也今俗呼蘇子 듧뻬 <四解上 40a>

　　b. 蘇 : …들뻬曰蘇子 <字會上 8a>

<10> 모시뵈 對 모시외

두 명사가 [毛施布] 즉 '모시베'의 뜻을 가지고 동의 관계에 있다는 것은 다음 예문들에서 잘 확인된다. 원문 중 '這毛施布'가 '이 모시뵈'로 번역되고 '白毛施布'가 '빅모시뵈'로 번역된다. 그리고 '黃毛施布'가 '누른 모시외'로 번역된다. 따라서 '모시뵈'와 '모시외'의 동의성은 명백히 입증된다. 명사 '모시외'는 '모시뵈'의 제3 음절에서 자음 'ㅂ'이 탈락된 것이다.

(10) a. 이 모시뵈 됴ᄒᆞ니는 ᄒᆞᆫ 량이오(這毛施布高的一兩) <번老下 60a>

　　b. 내 ᄯᅩ 人蔘과 모시뵈 이셰(70a) 라(我又有人蔘毛施布) <번老上 70b>

　　c. 샹둥엣 모시뵈 일빅 피룬(上等毛施布一白疋) <번老下 63a>

　　d. 여러 모시뵈 살 나ᄀᆞ내 혀 오라(引將幾箇買毛施布的客人來) <번老下 59a>

　　e. 그딋 안해 브틴 빅모시뵈 열 필와(貴眷稍的十箇白毛施布) <번朴上 51b>

(10) f. 누른 모시외 다ᄉᆞᆺ과(五箇黃毛施布) <번朴上 51b>

<11> 거즛말 對 거즈말

두 명사가 [謊] 즉 '거짓말'의 뜻을 가지고 동의 관계에 있다는 것은 다음 예문들에서 잘 확인된다. 謊의 자석이 '거즛말'이다. 그리고 '說謊'이 '거즈말 니르다'로 번역된다. 따라서 '거즛말'과 '거즈말'의 동의성은 명백히 입증된다. '거즛말'은 명사 '거즛'과 명사 '말'의 合成이다. '거즛말'의 제2 음절의 자음 'ㅅ'이 탈락되면 '거즈말'이 된다.

(11) a. 謊 : 거즛말 황 <字會下 12b>

(11) b. 도즉(43a) ᄒᆞ기와 거즈말 니르기 말며(休做賊說謊) <번老下 43b>

　　c. 다ᄆᆞᆫ 거즈마ᄅᆞᆯ 잘 니르ᄂᆞ니(只是快說謊) <번朴上 35a>

<12> ᄀᆞᆺ 對 ᄀᆞ

두 명사가 [窮]과 [邊] 즉 '가, 가장자리'의 뜻을 가지고 동의 관계에 있다는 것은 다음 예문들에서 잘 확인된다. 원문 중 '無窮'이 'ᄀᆞᆺ 없다'로 번역되고 '井邊頭'가 '우믌 ᄀᆞ'로 번역된다. 그리고 '邊'의 자석이

'굿'이다. 따라서 두 명사 '굿'과 '구'의 동의성은 명백히 입증된다. 명사 '구'는 '굿'의 어말 자음 'ㅅ'이 탈락된 어형이다.

(12) a. 어딘 일후미 궁 업더니(令名이 無窮焉ᄒ더니) <번小八 4b>

　　b. 우믌 구애 드레와 줄 다 잇ᄂ니라(井邊頭洒子井繩都有) <번老上 32a>

(12) c. 邊: 畔也 邊陲 <四解下 3a>

　　d. 邊: 굿 변 <字會中 4b>

<13> 드렛줄 對 드레줄

두 명사가 [井繩]과 [綆] 즉 '두레박줄'의 뜻을 가지고 동의 관계에 있다는 것은 다음 예문들에서 잘 확인된다. 원문 중 '井繩'이 '드렛줄'로 번역된다. 그리고 '綆'의 자석이 '드레줄'이고 고유어 '드레줄'은 한자어 '井繩'과 동의 관계에 있다. 따라서 '드렛줄'과 '드레줄'의 동의성은 명백히 입증된다. '드렛줄'은 명사 '드레'와 명사 '줄'의 合成으로 '드레+ㅅ#줄'로 분석된다. 그리고 '드레줄'은 '드렛줄'의 제2 음절의 자음 'ㅅ'이 탈락된 것이다.

(13) a. 샹녯 말ᄉ매 닐오ᄃᆡ(37a) …삼년이도록 드렛줄도 저프다 ᄒᄂ니라(常言道…三年怕井繩) <번朴 上 37b>

(13) b. 綆: 汲井索 <四解下 58a>

　　c. 綆: 드레줄 경 俗呼井繩 <字會中 9b>

<14> 문ㅅ젼 對 문젼

두 합성명사가 [閾]과 [闑] 즉 '문지방'의 뜻을 가지고 동의 관계에 있다는 것은 다음 예문들에서 잘 확인된다. 원문 중 '履閾'이 '문ㅅ젼을 넓다'로 번역된다. '閾'이 한자어 '門限'을 뜻하고 '閾'의 자석이 '문젼'이다. 그리고 '闑'의 자석이 '문젼'이고 '문젼'은 한자어 '門限'과 동의 관계에 있다. 따라서 '문ㅅ젼' 과 '문젼'의 동의성은 명백히 입증된다. 두 합성명사는 한자어 '문'(門) 과 고유어 '젼'의 합성이지만 이 저서에서는 고유어로 다루었다.

(14) a. 녀디 문ㅅ젼을 넓디 아니ᄒ더시다(行不履閾이러시다) <번小三 4a>

(14) b. 閾: …門限 <四解下 63b>

c. 閾 : 문젼 역 <字會中 4a>

(14) d. 閫 : 挾門短限 <四解上 62b>

e. 閫 : 문젼 곤 俗呼門限 <字會中 4a>

명사 '문ㅅ젼'의 先代形 '門ㅅ젼'이 『圓覺經諺解』(1465)의 다음 예문들에서 잘 확인된다. '閾'의 자석이 '門ㅅ젼'이다.

(14) f. 休ㅣ 샹녜 禪師ㅅ 閫域에 든녀(休ㅣ 遊禪師之閫域ᄒᆞ야) <圓序 14a>

g. 閫ᄋᆞᆫ 門ㅅ젼이오 域ᄋᆞᆫ ᄀᆞ싀라 <圓序 14a>

<15> 즈륮값 對 즈름값

두 명사가 [牙錢] 즉 '중개료, 口文'의 뜻을 가지고 동의 관계에 있다는 것은 다음 예문들에서 잘 확인된다. 원문 중 '管牙錢'이 '즈륮갑슬 ᄀᆞᅀᆞ말다'로 번역된다. 그리고 '牙稅錢'이 '즈름갑과 글읽갑'으로 번역된다. 따라서 '즈륮값'과 '즈름값'의 동의성은 명백히 입증된다. '즈륮값'은 명사 '즈름'[牙]과 명사 '값'[錢]의 合成으로 '즈름+ㅅ#값'으로 분석될 수 있다. '즈름값'은 '즈륮값'의 자음 'ㅅ'이 탈락된 것이다. '즈름값'은 '즈륮값'의 連綴形이다.

(15) a. 풀 님재 즈륮갑슬 ᄀᆞᅀᆞ마ᄂᆞ니(賣主管牙錢) <번老下 17b>

b. 즈륮갑과 세 무논 것들 마몰와 혜니 말오 그 외예(除了牙稅纈計外) <번老上 14b>

c. 우리 즈름깝 글월 벗깊 갑들 예겨(咱們筭了牙稅錢着) <번老下 17b>

(15) d. 네 각각 즈름갑과 글읽갑들 예라(你各自筭將牙稅錢來) <번老下 18a>

<16> 즈름낄 對 즈름길

두 명사가 [徑] 즉 '지름길'의 뜻을 가지고 동의 관계에 있다는 것은 다음 예문들에서 잘 확인된다. '徑'이 한자어 '抄路'를 뜻하고 '抄路'는 고유어 '즈름낄'과 동의 관계에 있다. 그리고 '徑'이 한자어 '抄路'를 뜻하고 '抄路'는 고유어 '즈름길'과 동의 관계에 있다. 따라서 '즈름낄'과 '즈름길'의 동의성은 명백히 입증된다. '즈름낄'은 명사 '즈름'과 명사 '길'[路]의 合成으로 '즈름+ㅅ#길'로 분석된다. '즈름길'은 '즈름낄'의 자음 'ㅅ'이 탈락된 것이다.

(16) a. 徑 : 小路 今俗呼抄路 즈름길 <四解下 47b>

b. 徑 : 길 경 俗呼抄路 즈름낄 <字會上 3b>

명사 '즈름낄'의 先代形인 '즈릆길ㅎ'이 [徑]과 [捷徑]의 뜻을 가진다는 것은 『釋譜詳節』(1447), 『月印釋譜』(1459) 및 『杜詩諺解』(1481)의 다음 예문들에서 잘 확인된다. '즈릆길ㅎ'은 명사 '즈름'과 명사 '길ㅎ'의 合成이다.

> (16) c. 이 戒ᄂᆫ 諸佛菩薩이 修行ᄒ시논 즈릆길히라 <釋九 6a>
>
>> d. 이 戒(17a)ᄂᆫ 諸佛菩薩ㅅ 修行ᄒ시논 즈릆길히라 <月九 17b>
>>
>> e. 經은 즈릆길히니 經 비화 부텨 ᄃᆞ외(66a)욤 샐로미 먼 길헤 즈릆길 ᄀᆞ틀씨 經이라 ᄒᆞᄂᆞ니 <月二 66b>
>>
>> f. 즈릆길ㅎ로 ᄃᆞ뇨ᄆᆞᆯ 당당이 ᄎᆞᆷ디 몯ᄒᆞ놋다(捷徑應未忍) <杜十九 41b>

<17> ᄀᆞᇫ 對 ᄀᆞ

두 명사가 [邊] 즉 '가, 가장자리'의 뜻을 가지고 동의 관계에 있다는 것은 다음 예문들에서 잘 확인된다. 원문 중 '井邊'이 '우믌ᄀᆞᇫ'으로도 번역되고 '우믌 ᄀᆞ'로도 번역된다. 따라서 'ᄀᆞᇫ'과 'ᄀᆞ'의 동의성은 명백히 입증된다. 명사 'ᄀᆞ'는 명사 'ᄀᆞᇫ'의 어말 자음 'ㅿ'이 탈락된 것이다.

> (17) a. 우믌 ᄀᆞ새 ᄆᆞᆯ 믈 머기는 돌구싀 잇ᄂᆞ니라(井邊頭有飲馬的石槽兒) <번老上 31b>
>
>> b. 우믌 ᄀᆞ애 드레와 줄 다 잇ᄂᆞ니라(井邊頭洒子井繩都有) <번老上 32a>

<18> 가히 對 개

두 명사가 [狗]와 [犬] 즉 '개'의 뜻을 가지고 동의 관계에 있다는 것은 다음 예문들에서 잘 확인된다. 원문 중 '狗有…恩'이 '가히 은혜 잇다'로 번역되고 '這狗子'가 '이 가히'로 번역되고 '犬馬'가 '가히와 ᄆᆞᆯ'로 번역된다. '哺其兒'가 '그 개 삿기를 머기다'로 번역된다. 그리고 '狗'와 '犬'의 자석이 '가히'이다. 따라서 '가히'와 '개'의 동의성은 명백히 입증된다. 명사 '개'는 '가히'의 제2 음절의 자음 'ㅎ'이 탈락된 것이다.

> (18) a. 가히ᄂᆞᆫ 프레 ᄆᆞᆯ 쓰리던 은혜 잇고(狗有濺草只恩) <번朴上 43b>
>
>> b. 여스 번 지스며 가히와 ᄆᆞᆯ 지서(狐朋狗黨) <번老下 48b>
>>
>> c. 도르혀 가히 ᄀᆞᆮᄒᆞ리라(反類狗者ㅣ 니라) <번小六 15a>
>>
>> d. 네 이 가히 모디니(你這狗子利害) <번老上 55a>
>>
>> e. 어버싀 가히와 ᄆᆞᆯ 디졉호ᄆᆞᆯ 반ᄃᆞ시 내 가히와 ᄆᆞᆯ와애 달이 호ᄃᆡ(待父母之犬馬를 必異乎己之犬馬也호ᄃᆡ) <번小七 43b>

f. 가히며 물게 니르러도(至於犬馬ᄒᆞ야두) <번小七 43a>

(18) g. 집의 가히 삿기 나코 밥 어더 먹으라 나갓거늘 둘기 와 그 개 삿기ᄅᆞᆯ 머규딕(家有狗乳ㅣ 出求食이어늘 雞來哺其兒호딕) <번小九 100a>

(18) h. 狗 : 犬也 <四解下 64b>
i. 狗 : 가히 구 俗呼狗兒 <字會上 10b>

(18) j. 犬 : 狗也 <四解下 9a>
k. 犬 : 가히 견 <字會上 10b>

<19> 수티새 對 수디새

두 명사가 [甋瓦], [筒瓦] 및 [童瓦] 즉 '수키와'의 뜻을 가지고 동의 관계에 있다는 것은 다음 예문들에서 잘 확인된다. '甋'이 한자어 '甋瓦'를 뜻하고 '甋瓦'는 고유어 '수티새'와 동의 관계에 있다. '筒瓦和仰瓦'가 '수디새 암디새'로 번역된다. 그리고 '瓦'의 자석이 '디새'이고 '童瓦'가 '수디새'와 동의 관계에 있다. 따라서 '수티새'와 '수디새'의 동의성은 명백히 입증된다. '수티새'는 명사 '수ᄒᆞ'[牡]와 명사 '디새'[瓦]의 合成이고 '수디새'는 명사 '수'[牡]와 명사 '디새'[瓦]의 合成이다. '수디새'는 '수티새'의 제2 음절의 자음 'ㅎ'가 탈락된 것이다.

(19) a. 甋 : 今俗呼甋瓦 수티새 <四解上 2a>

(19) b. 니여 잇는 거시 다 룡봉 도틴 막새 수디새 암디새(蓋的都是龍鳳 凹面花頭筒瓦和仰瓦) <번朴上 68b>

(19) c. 瓦 : …土器已燒之總名 又屋瓦 <四解下 31b>
d. 瓦 : 디새 와 仰瓦 암 童瓦 수 <字會上 9b>

3.2. 音韻 添加型

어떤 명사가 그것 중에 한 음운이 첨가되어 만들어진 명사와 동의 관계를 가질 수 있다. 이 경우가 음운 첨가형이다. 음운 첨가에는 母音 첨가와 子音 첨가가 있다.

3.2.1. 母音 添加

母音 添加에는 '으' 첨가, '이' 첨가, 半母音 [y] 첨가 그리고 半母音 [w] 첨가가 있다.

모음 '으'의 첨가를 보여 주는 수사에는 [二]와 [第二] 즉 '둘째'의 뜻을 가진 '둘재'와 '두을재'가 있다.

모음 '이'의 첨가를 보여 주는 명사에는 [條] 즉 '올, 실의 가닥'의 뜻을 가진 '올'과 '오리'가 있다.

半母音 [y]의 첨가를 보여 주는 명사에는 [鵝] 즉 '거위'의 뜻을 가진 '거유'와 '게유'를 비롯하여 [女]와 [女子] 즉 '계집, 여자'의 뜻을 가진 '겨집'과 '계집'. [妻]와 [婦] 즉 '아내'의 뜻을 가진 '겨집'과 '계집', [蟒] 즉 '구렁이'의 뜻을 가진 '구렁이'와 '구렁이', [鞍子] 즉 '길마, 안장(鞍裝)'의 뜻을 가진 '기르마'와 '기르매', [誰] 즉 '누구'의 뜻을 가진 '누'와 '뉘', [棗]와 [棗兒] 즉 '대추'의 뜻을 가진 '대초'와 '대쵸', [痱] 즉 '땀띠'의 뜻을 가진 '쯤도야기'와 '쯤되야기' 그리고 [多少] 즉 '얼마'의 뜻을 가진 '언머'와 '언메'가 있다.

半母音 [w]의 첨가를 보여 주는 명사에는 [春鳥] 즉 '백로(白鷺)'의 뜻을 가진 '오가리'와 '오과리'가 있다.

<1> 둘재 對 두을재

두 수사가 [二]와 [第二] 즉 '둘째'의 뜻을 가지고 동의 관계에 있다는 것은 다음 예문들에서 잘 확인된다. 원문 중 '二曰'이 '둘재 ᄀ론'으로도 번역되고 '두을재는 ᄀ론'으로도 번역된다. 따라서 '둘재'와 '두을재'의 동의성은 명백히 입증된다. 수사 '두을재'는 '둘재'의 첫 음절 '둘'에 모음 '으'가 첨가되어 두 개의 음절로 분화되어 생긴 어형이다.

(1) a. 둘재 ᄀ론 가 쳥ᄒ며 졀ᄒ며 읍호미 믈읫 세 됴건이니(二日造請拜揖伊 凡三條伊尼) <呂約 19a>
  b. 둘잿 줄 열여슷 졉시옌(第二遭十六楪) <번朴上 4a>

(1) c. 두을재는 ᄀ론 허므를 서ᄅ 경계호미오(二日過失相規伊五) <呂約 1b>

<2> 올 對 오리

두 명사가 [條] 즉 '올, 실의 가닥'의 뜻을 가지고 동의 관계에 있다는 것은 다음 예문들에서 잘 확인된다. 원문 중 '三條'가 '세 올'로 번역되고 '一條'가 'ᄒᆞᆫ 오리'로 번역된다. 따라서 '올'과 '오리'의 동의성은 명백히 입증된다. 명사 '오리'는 上聲의 명사 '올'에 모음 '이'가 첨가된 것이다.

(2) a. 세 올 노히(三條繩子) <번朴上 42a>
  b. ᄒᆞᆫ 오릿 ᄀᆞ는 노흘 미얏ᄂᆞ니(絟着一條細繩子) <번老上 36b>

15세기 국어에서 [條] 즉 '올, 실의 가닥'의 뜻을 가진 명사 '올'의 존재를 『杜詩諺解』(1481), 『南明

集』(1482) 및 『金剛經三家解』(1482) 의 다음 예문들에서 확인할 수 있다. 원문 중 '千條'가 '즈믄 올'로 번역된다.

    (2) c. 즈믄 옰 보ᄃ라온 버드를 靑璅門에 드리옛고(千條弱柳垂靑璅) <杜六 3b>

       d. ᄒᆞᆫ 옰 구룸 누비(一條雲衲이) <南明上 59a>

       e. ᄒᆞᆫ 옰 허믈와 ᄒᆞᆫ 즂 피(一條痕一握血이) <金삼三 47a>

<3> 거유 對 게유

    두 명사가 [鵝] 즉 '거위'의 뜻을 가지고 동의 관계에 있다는 것은 다음 예문들에서 잘 확인된다. 원문 중 '鵝鴨'이 '거유 올히'로 번역된다. '燒鵝'가 '게유 구으니'로 번역된다. 그리고 '鵝'의 자석이 '거유'이다. 따라서 '거유'와 '게유'의 동의성은 명백히 입증된다. 명사 '게유'는 '거유'의 첫 음절에 반모음 [y]가 첨가된 것이다.

    (3) a. 거유 올히 사유 게 쟈래와(鵝鴨蝦蟹鱉) <瘡疹 63b>

       b. 게유 구으니와(4b) 므레 숣믄 돍과(燒鵝 白煠雞) <번朴上 5a>

    (3) c. 鵝 : 鵝 <四解下 24b>

       d. 鵝 : 거유 아 <字會上 9a>

<4> 겨집 對 계집

    두 명사가 [女]와 [女子] 즉 '계집, 여자'의 뜻을 가지고 동의 관계에 있다는 것은 다음 예문들에서 잘 확인된다. 원문 중 '女不出'이 '겨지비 나디 아니ᄒᆞ다'로 번역되고 '女不言'이 '계지비 니르디 아니ᄒᆞ다'로 번역된다. 그리고 '女子由左'가 '겨지븐 왼 겨트로 가다'로 번역되고 '女子出門'이 '계지비 門의 나다'로 번역된다. 따라서 '겨집'과 '계집'의 동의성은 명백히 입증된다. 명사 '계집'은 '겨집'의 첫 음절에 반모음 [y]가 첨가된 것이다.

    (4) a. 남진이 드디 아니ᄒᆞ며 겨지비 나디 아니홀디니라(男不入ᄒᆞ고 女不出이니라) <번小三 16b>

       b. 남진 겨지비 옷홰며 옷거리를 ᄒᆞᆫ디 아니ᄒᆞ야(男女ㅣ 不同椸枷ᄒᆞ야) <번小三 17b>

       c. 남진 겨지비 굴히요미 이시며(男女ㅣ 有別ᄒᆞ며) <번小六 36b>

       d. 모ᄃᆞᆫ 어딘 남진과 어딘 겨지비(一切善男善女) <번朴上 75a>

       e. 모ᄃᆞᆫ 겨지비며 며ᄂᆞ리들도 ᄒᆞᆫ디 모다셔 일ᄒᆞ여(使諸女婦各聚一室爲女工) <二倫 32a>

       f. 겨집을 다ᄉᆞᆺ 가짓 取티 아니호미 잇ᄂᆞ니(女有五不取ᄒᆞ니) <번小三 21b>

g. 겨지븨 양ㅈ 됴ᄒ니 사오나오니 ᄒᄂᆞᆫ 마ᄅᆞᆯ 니ᄅᆞ디 말며(不言 … 評論女色이오) <번小三 19b>

h. 남지ᄂᆞᆫ 올ᄒᆞᆫ녀그로 가고 겨지븐 왼 겨트로 갈디니라(男子ᄂᆞᆫ 由右ᄒᆞ고 女子ᄂᆞᆫ 由左ㅣ 니라) <번小三 19b>

(4) i. 겨지븨 밧 이ᄅᆞᆯ 니ᄅᆞ디 아니ᄒᆞ며(女不言外ᄒᆞ며) <번小三 18b>

j. 겨지븐 듕문 안해셔 나ᄅᆞᆯ 져믈오며(女ㅣ 及日乎閨門之ᄒᆞ며) <번小三 21a>

k. 남지니 겨지븨게 몬져 가ᄆᆞᆫ(男先於女ᄂᆞᆫ) <번小三 15a>

l. 겨지비 門의 나(女子ㅣ 出門ᄒᆞ야) <번小三 19a>

<5> 겨집 對 계집

두 명사가 [妻]와 [婦] 즉 '아내'의 뜻을 가지고 동의 관계에 있다는 것은 다음 예문들에서 잘 확인된다. 원문 중 '妻柔'가 '겨지비 유화ᄒᆞ다'로도 번역되고 '계집은 유화ᄒᆞ다'로도 번역된다. '其妻'가 '제 겨집'으로 번역되고 '妻不在'가 '계지비 잇디 아니ᄒᆞ다'로 번역된다. '夫婦'가 '남진 겨집'으로도 번역되고 '남진과 계집'으로도 번역된다. 그리고 '婦財'가 '겨지븨 쳔량'으로 번역되고 '婦德'이 '계집의 德'으로 번역된다. 따라서 '겨집'과 '계집'의 동의성은 명백히 입증된다. 명사 '계집'은 '겨집'의 첫 음절에 반모음 [y]가 첨가된 것이다.

(5) a. 남진이 和悅호ᄃᆡ 어딘 일로 ᄒᆞ며 겨지비 유화호ᄃᆡ 正大히 ᄒᆞ며(夫和而義ᄒᆞ며 妻柔而正ᄒᆞ며) <번小三 44b>

b. 겨지비 닐오ᄃᆡ 엇디 내 남지늬 淸白을 더러이료 ᄒᆞ고(妻曰何敢累吾夫淸德) <속三孝 26b>

c. 각각 제 겨지블 겨집 사ᄆᆞ며(各妻其妻ᄒᆞ며) <번小七 39b>

d. 남진 겨지비 잇고 남진 겨집 이신 후에(有夫婦ᄒᆞ고 有夫婦而後에) <번小七 38a>

e. 가령 겨지븨 쳔량을 가져셔 가ᅀᆞ멸며 겨지븨 셔를 의거ᄒᆞ야 귀히 도욀디라도(借使因婦財ᄒᆞ야 以致富ᄒᆞ며 依婦勢ᄒᆞ야 以取貴라도) <번小七 33b>

f. 陳氏ᄂᆞᆫ … 徐得安의 겨지비라(陳氏 … 徐得安妻) <속三烈 3a>

(5) g. 남진은 和悅커든 계집은 유화(43b) ᄒᆞ며(夫和妻柔ᄒᆞ며) <번小三 44a>

h. 계지비 잇디 아니커든(妻ㅣ 不在어든) <번小三 18a>

i. 계집을 어두ᄃᆡ(取妻호ᄃᆡ) <번小三 12a>

j. 계집과 쳡을 ᄃᆡ졉ᄒᆞ고(待妻妾爲古) <呂約 4b>

k. 남진과 계집이 별히 호ᄆᆞᆯ 불기니라(明夫婦之別이라) <번小三 23b>

l. 계지븨 德을 正히오논 배니라(所以正婦德也ㅣ 니라) <번小三 21a>

<6> 구렁이 對 구렁이

두 명사가 [蟒] 즉 '구렁이'의 뜻을 가지고 동의 관계에 있다는 것은 다음 예문들에서 잘 확인된다. '蟒'이 한자어 '大蛇'를 뜻하고 '大蛇'는 고유어 '구렁이'와 동의 관계에 있다. 그리고 '蟒'의 자석이 '구렁이'이고 고유어 '구렁이'는 한자어 '大蛇'와 동의 관계에 있다. 따라서 '구렁이'와 '구렁이'의 동의성은 명백히 입증된다. 명사 '구렁이'는 '구렁이'의 제2 음절에 반모음 [y]가 첨가된 것이다.

(6) a. 蟒 : 大蛇 구렁이 <四解下 37a>
    b. 蟒 : 구렁이 망 俗呼大蛇 <字會上 11b>

<7> 기르마 對 기르매

두 명사가 [鞍子] 즉 '길마, 안장(鞍裝)'의 뜻을 가지고 동의 관계에 있다는 것은 다음 예문들에서 잘 확인된다. 원문 중 '鞍子'가 '기르마'로도 번역되고 '기르매'로도 번역된다. 따라서 '기르마'과 '기르매'의 동의성은 명백히 입증된다. 명사 '기르매'는 '기르마'의 제3 음절에 半母音 [y]가 첨가된 것이다.

(7) a. 기르마는 이 혼 거믄 셔각으로 젼 호고(鞍子是一箇烏犀角邊兒) <번朴上 28a>
    b. 유심홍 블근 비체 슈파 그린 면엣 기르맛 가지예(油心紅畫水波面兒的鞍橋子) <번朴上 28a>
    c. 믈 기르마 진노라 ᄒᆞ(38a) 면(鞍了馬時) <번老上 38b>

(7) d. 네 기르매 굴에(你這鞍子 轡頭) <번老下 30a>

<8> 누 對 뉘

두 명사가 [誰] 즉 '누구'의 뜻을 가지고 동의 관계에 있다는 것은 다음 예문들에서 잘 확인된다. 원문 중 '誰…與儔'가 '뉘 짜기 두외다'로 번역되고 '誰爲'가 '누를 위ᄒᆞ다'로 번역된다. 그리고 '誰'의 자석이 '뉘'이다. 따라서 '누'와 '뉘'의 동의성은 명백히 입증된다. 명사 '뉘'는 명사 '누'에 半母音 [y]가 첨가된 것이다.

(8) a. 쟝ᄎᆞᆺ 뉘 짜기 두욀고(誰將與儔오) <번小九 100b>
    b. 누를 위ᄒᆞ야 공슌ᄒᆞ리오(誰爲悌리오) <번小三 46a>
    c. 글워를 눌 ᄒᆞ야 쓰이료(文契着誰寫) <번老下 15a>
    d. 이 버든 누고(這火伴是誰) <번老下 6a>

(8) e. 誰 : 何也 孰也 <四解上 53a>

　　f. 誰 : 뉘 슈 <字會下 10b>

<9> 대초 對 대쵸

　　두 명사가 [棗]와 [棗兒] 즉 '대추'의 뜻을 가지고 동의 관계에 있다는 것은 다음 예문들에서 잘 확인된다. 원문 중 '棗柿'가 '대초와 감'으로 번역되고 '棗兒 乾柿'가 '대초 무른감'으로 번역된다. '棗'의 자석이 '대초'이다. 그리고 원문 중 '棗木'이 '대쵸나모'로 번역된다. 따라서 '대초'와 '대쵸'의 동의성은 명백히 입증된다. 명사 '대쵸'는 '대초'의 제2 음절에 半母音 [y]가 첨가된 것이다.

　　(9) a. 과시를 븨와 밤과 대초와 감과쏜 ᄒ고(果止梨栗棗柿ᄒ며) <번小十 32a>

　　　　b. 대초 다마(盛着棗兒) <번老上 29a>

　　　　c. 대초 마른감 당츄ᄌ(棗兒 乾柿 核桃) <번老下 38b>

　　(9) d. 棗 : 果名 <四解下 21a>

　　　　e. 棗 : 대초 조 <字會上 6a>

　　(9) f. 대쵸나모 얼에빗 일빅 낫(棗木梳子一百箇) <번老下 68b>

<10> 쏨도야기 對 쏨되야기

　　두 명사가 [痱] 즉 '땀띠'의 뜻을 가지고 동의 관계에 있다는 것은 다음 예문들에서 잘 확인된다. '痱'가 한자어 '熱生小瘡'를 뜻하고 '熱生小瘡'은 고유어 '쏨도야기'와 동의 관계에 있다. 그리고 '痱'의 자석이 '쏨되야기'이다. 따라서 '쏨도야기'과 '쏨되야기'의 동의성은 명백히 입증된다. '쏨되야기'는 명사 '쏨도야기'의 제2 음절에 半母音 [y]가 첨가된 것이다.

　　(10) a. 痱 : 熱生小瘡 쏨도야기 <四解上 17a>

　　　　b. 痱 : 쏨되야기 블 俗呼痱子 <字會中 16b>

<11> 언머 對 언메

　　두 명사가 [多少] 즉 '얼마'의 뜻을 가지고 동의 관계에 있다는 것은 다음 예문들에서 잘 확인된다. 원문 중 '與多少'가 '언머를 주다'로 번역되고 '賣的多少'가 '언머의 풀다'로 번역되고 '多少歲數'가 '나히 언메다'로 번역된다. 그리고 '賣多少'가 '언메예 풀다'로 번역된다. 따라서 '언머'와 '언메'의 동의성은 명백히 입증된다. 명사 '언메'는 '언머'에 반모음 [y]가 첨가된 것이다.

(11) a. 네 언머를 줄다(你與多少) <번老下 27b>
　　 b. 이제 언머의 풀고(如今賣的多少) <번老下 2b>
　　 c. 언머의 혼 판식 홀다(多少一板) <번朴上 10a>
　　 d. 이 총이ᄆ리 나히 언멘고(這箇靑馬多少歲數) <번老下 8a>

(11) e. 또 언메예 풀다(却賣多少) <번老下 27b>

<12> 오가리 對 오과리

　두 명사가 [春鳥] 즉 '백로(白鷺)'의 뜻을 가지고 동의 관계에 있다는 것은 다음 예문들에서 잘 확인된다. '春鳥'이 한자어 '靑春鳥'을 뜻하고 '靑

春鳥'은 고유어 '오가리'와 동의 관계에 있다. 그리고 '春鳥'의 자석이 '오과리'이고 고유어 '오과리'는 한자어 '靑春鳥'와 동의 관계에 있다. 따라서 '오가리'와 '오과리'의 동의성은 명백히 입증된다. 명사 '오과리'는 '오가리'의 제2 음절에 半母音 [w]가 첨가된 것이다.

(12) a. 春鳥 : 今俗呼靑春鳥 오가리 <四解下 38b>
　　 b. 春鳥 : 오과리 좌 。俗呼靑春鳥 亦作 <字會上 8b>

3.2.2. 子音 添加

　子音 添加에는 'ㄱ' 첨가, 'ㄴ' 첨가, 'ㅂ' 첨가, 'ㅅ' 첨가 그리고 'ㅎ' 첨가가 있다.

　자음 'ㄱ'의 첨가를 보여 주는 명사에는 [塵]과 [坌] 즉 '티끌'의 뜻을 가진 '드틀/듣틀'과 '듣글'이 있다.

　자음 'ㄴ'의 첨가를 보여 주는 명사에는 [一箇] 즉 '하나'의 뜻을 가진 'ᄒ나ᄒ'와 '혼나ᄒ'가 있다.

　자음 'ㅂ'의 첨가를 보여 주는 명사에는 [蘇] 즉 '들깨'의 뜻을 가진 '들뺴'와 '듧뺴'가 있다.

　자음 'ㅅ'의 첨가를 보여 주는 명사에는 [綆]과 [井繩] 즉 '드레줄'과 '드렛줄'이 있다.

　자음 'ㅎ'의 첨가를 보여 주는 명사에는 [膊], [肮] 및 [肮膊] 즉 '팔뚝'의 뜻을 가진 '볼둑'과 '폴독'이 있다.

<1> 드틀/듣틀 對 듣글

　두 명사가 [塵]과 [坌] 즉 '티끌'의 뜻을 가지고 동의 관계에 있다는 것은 다음 예문들에서 잘 확인된다. 원문 중 '其塵'이 '그 드틀'로 번역되고 '輕塵'이 '가븨야온 듣틀'로 번역된다. 그리고 '塵'과 '坌'의 字釋이 '듣글'이다. 따라서 두 명사 '드틀/듣틀'과 '듣글'의 동의성은 명백히 입증된다. 명사 '듣틀'은 '드틀'의 重綴形이다. 명사 '듣글'은 '드틀'에 자음 'ㄱ'이 첨가된 어형이다.

(1) a. 그 드트리 얼우늬게 미처 가디 아니케 ᄒᆞ고(其塵이 不及長者ᄒᆞ고) <번小三 27a>
    b. 가븨야온 듣틀이 보드라온 플에 븓터슘 ᄀᆞ트니(如輕塵이 棲弱草耳니) <번小九 63a>

(1) c. 塵 : 塵埃 <四解上 59b>
    d. 塵 : 듣글 딘 <字會下 8b>

(1) e. 坌 : 塵也 <四解上 64a>
    f. 坌 : 듣글 분 <字會下 8b>

<2> ᄒᆞ나ㅎ 對 ᄒᆞ나ㅎ

두 명사가 [一箇] 즉 '하나'의 뜻을 가지고 동의 관계에 있다는 것은 다음 예문들에서 잘 확인된다. 원문 중 '一箇瞎'이 'ᄒᆞ나ㅎ 눈 멀다'로 번역되고 '一箇坐'가 'ᄒᆞ나ㅎ 앉다'로 번역된다. 따라서 'ᄒᆞ나ㅎ'와 'ᄒᆞ나ㅎ'의 동의성은 명백히 입증된다. 명사 'ᄒᆞ나ㅎ'의 첫 음절에 자음 'ㄴ'이 첨가된 것이다.

(2) a. 이 ᄆᆞᆯ들 듕에 사오나오니 열히로소니 ᄒᆞ나ᄒᆞᆫ 눈 멀오 ᄒᆞ나ᄒᆞᆫ 발 절오(這些馬裏頭 歹的十箇 一箇瞎 一箇跛) <번老下 9b>
    b. ᄒᆞ나ᄒᆞᆫ 이셩 스촌 형이오(一箇是姑舅哥哥) <번老下 5b>
    c. ᄒᆞ나흔 즈름이러라(一箇是牙子) <번老下 7b>
    d. ᄒᆞ나콤 갑슬 내ᄅᆞ라(一箇家說了價錢) <번老下 10a>
    e. 콩 버므릴 막대 ᄒᆞ나토 업다(攪料棒也沒一箇) <번老上 33a>

(2) f. 듀 션싱이 약 지서 ᄑᆞ노라 ᄒᆞ야 ᄒᆞ나ᄒᆞᆫ 안잣거든 ᄒᆞ나ᄒᆞᆫ 봅노는 거셔(兩箇先生 合賣藥 一箇坐 一箇跳) <번朴上 42a>

<3> 들빼 對 듧빼

두 명사가 [蘇] 즉 '들깨'의 뜻을 가지고 동의 관계에 있다는 것은 다음 예문들에서 잘 확인된다. '蘇'의 자석이 '들빼'이고 고유어 '들빼'는 한자어 '蘇子'와 동의 관계에 있다. 그리고 '蘇'가 한자어 '蘇子'를 뜻하고 '蘇子'는 고유어 '듧빼'와 동의 관계에 있다. 따라서 '들빼'와 '듧빼'의 동의성은 명백히 입증된다. '듦뻬'는 '들뻬'의 'ㅂ' 重綴形이다.

(3) a. 蘇 : 츳소기 소…又들뻬曰蘇子 <字會上 8a>
    b. 蘇 : 荏也 今俗呼蘇子 듦뻬 <四解上 40a>

명사 '들뻬'의 分綴形 '듦쌔'가 [荏] 즉 '들깨'의 뜻을 가지고 한자어 '蘇子'와 동의 관계에 있다는 것은 다음 예문들에서 잘 확인된다.

(3) c. 荏 : 듦깨 심 或呼蘇子 <字會上 7a>

<4> 드레줄 對 드렛줄

두 명사가 [綆]과 [井繩] 즉 '두레박줄'의 뜻을 가지고 동의 관계에 있다는 것은 다음 예문들에서 잘 확인된다. '綆'의 자석이 '드레줄'이고 고유어 '드레줄'은 한자어 '井繩'과 동의 관계에 있다. 그리고 원문 중 '怕井繩'이 '드렛줄도 저프다'로 번역된다. 따라서 '드레줄'과 '드렛줄'의 동의성은 명백히 입증된다. '드렛줄'은 '드레줄'에 속격 '-ㅅ'이 첨가된 것으로 '드레+ㅅ#줄'로 분석된다.

(4) a. 綆 : 汲井索 <四解下 58a>
    b. 綆 : 드레줄 경 俗呼井繩 <字會中 9b>

(4) c. 샹녯 말ㅅ매 닐오듸 흔 히옷 비얌 믈리기 디내면 삼년이도록 드렛줄도 저프다(常言道一年綆蛇蛟 三年怕井繩) <번朴上 37b>

4. 合成型 및 派生型

4.1. 合成

單一語인 명사가 合成에 의한 명사와 동의 관계를 가질 수 있다. 이 경우가 合成이다.

合成에는 [輨]과 [車釧] 즉 '줏대, 바퀴 통의 바깥 끝을 덮어 싸는 휘갑쇠'의 뜻을 가진 '갈모'와 '술윗 갈모'를 비롯하여 [奩] 즉 '화장 상자, 부인들의 화장용 제구를 담는 그릇'의 뜻을 가진 '거우룻집'과 '집', [婢] 즉 '여자 종'의 뜻을 가진 '겨집종'과 '종', [屐] 즉 '나막신'의 뜻을 가진 '격지'와 '나모격지', [肉] 즉 '고기, 뭍짐승의 고기'의 뜻을 가진 '고기'와 '묻고기', [姉]와 [姐姐] 즉 '누나'의 뜻을 가진 '누의'와 '몯누의', [妹]와 [妹子] 즉 '누이동생'의 뜻을 가진 '누의'와 '아ᅀᅡ누의', [餡]와 [餡兒] 즉 '떡의 소'의 뜻을 가진 '떡소'와 '소ᇰ', [石橋]와 [矼] 즉 '돌다리'의 뜻을 가진 '돌ᄃᆞ리'와 'ᄃᆞ리', [綆]과 [井繩] 즉 '두레박줄'의 뜻을 가진 '드레줄'과 '줄', [身材] 즉 '몸통, 체격'의 뜻을 가진 '몸얼굴'과 '얼굴', [塊] 즉 '덩어리, 흙덩이'의 뜻을 가진 '무적'과 '흙무적' 그리고 [財]와 [財物] 즉 '재물'의 뜻을 가진 '쳔'과 '쳔량' 등 30여 항목이 있다.

<1> 갈모 對 술윗갈모

명사 '갈모'와 합성명사 '술윗갈모'가 [輨]과 [車釧] 즉 '줏대, 바퀴 통의 바깥 끝을 덮어 싸는 휘갑쇠'의 뜻을 가지고 동의 관계에 있다는 것은 다음 예문들에서 잘 확인된다. '輨'의 자석이 '갈모'이고 고유어 '갈모'는 한자어 '車釧'과 동의 관계에 있다. 그리고 '車釧'의 자석이 '술윗갈모'이다. 따라서 '갈모'와 '술윗갈모'의 동의성은 명백히 입증된다. 합성명사 '술윗갈모'는 명사 '술위'와 명사 '갈모'의 合成이다.

(1) a. 輨 : 轂耑冒鐵 <四解上 72a>
  b. 輨 : 갈모 관 俗呼車釧 轂端鐵 <字會中 13a>

(1) c. 車釧 : 用鐵爲環以冒轂空外端者 술윗갈모 <老朴 老下 3-1>

<2> 거우룻집 對 집

합성명사 '거우룻집'과 명사 '집'이 [奩] 즉 '화장 상자, 부인들의 화장용 제구를 담는 그릇'의 뜻을 가지고 동의 관계에 있다는 것은 다음 예문들에서 잘 확인된다. '奩'이 한자어 '鏡奩'을 뜻하고 '鏡奩'은 고유어 '거우룻집'과 동의 관계에 있다. 그리고 '奩'의 자석이 '집'이고 고유어 '집'은 한자어 '鏡奩'과 동의 관계에 있다. 따라서 '거우룻집'과 '집'의 동의성은 명백히 입증된다. '거우룻집'은 [鏡] 즉 '거울'을 뜻하는 명사 '거우루'[鏡]와 명사 '집'의 合成으로 '거우루+ㅅ#집'으로 분석될 수 있다.

(2) a. 奩 : 今俗呼鏡奩 亦作籢 거우룻집 <四解下 86a>
  b. 奩 : 집 렴 俗呼鏡奩 <字會中 7b>

<3> 겨집죵 對 죵

합성명사 '겨집죵'과 명사 '죵'이 [婢] 즉 '여자 종'의 뜻을 가지고 동의 관계에 있다는 것은 다음 예문들에서 잘 확인된다. 원문 중 '侍婢'가 '뫼션는 겨집죵'으로 번역되고 '婢妾'이 '죵 고마'로 번역된다. 그리고 '婢'의 자석이 '겨집죵'이다. 따라서 '겨집죵'과 '죵'의 동의성은 명백히 입증된다. 합성명사 '겨집죵'은 명사 '겨집'과 명사 '죵'의 合成이다.

(3) a. 뫼션는 겨집죵으로 ᄒ여 고깃 羹을 드러 가다가(使侍婢로 奉肉羹ᄒ야) <번小十 2b>
   b. 겨집죵 ᄒ야 약 비븨더니(使婢로 丸藥이러니) <번小七 20b>

(3) c. 비록 죵 고매라도(雖婢妾이라두) <번小三 18a>
   d. 만히 아히며 죵의 더러이미 도이며(多爲童幼婢妾의 所點汚ᄒ며) <번小八 39b>

(3) e. 婢 : 女奴 <四解上 16a>
   f. 婢 : 겨집죵 비 尊人之婢曰女使 <字會上 17a>

<4> 격지 對 나모격지

명사 '격지'와 합성명사 '나모격지'가 [屐] 즉 '나막신'의 뜻을 가지고 동의 관계에 있다는 것은 다음 예문들에서 잘 확인된다. '屐'의 자석이 '격지'이고 고유어 '격지'는 한자어 '木屐'과 동의 관계에 있다. 그리고 '屐'이 '木屐'을 뜻하고 한자어 '木屐'은 고유어 '나모격지'와 동의 관계에 있다. 따라서 '격지'와 '나모격지'의 동의성은 명백히 입증된다. '나모격지'는 명사 '나모'[木]와 명사 '격지'[屐]의 合成이다.

(4) a. 屐 : 履屐也 木屐 나모격지 <四解下 48a>
   b. 屐 : 격지 극 木屐 <字會中 11b>

그리고 [屐] 즉 '나막신'의 뜻을 가진 '격지'는 15세기의 『杜詩諺解』(1481) 의 다음 예문들에서 발견된다. 원문 중 '幾屐'이 '몃 격지'로 번역된다.

(4) c. 더위자바 녀매 몃 격지를 들워 ᄇ리가뇨(扶行幾屐穿) <杜二十 2b>
   d. 謝靈運의 뫼흘 ᄎᆞᆺ던 격지오(謝氏尋山屐) <杜十六 22a>
   e. 격지를 머믈워 殘微ᄒᆞᆫ 香氣를 갓가이 호라(駐屐近微香) <杜十 32a>

<5> 고기 對 묻고기

명사 '고기'와 합성명사 '묻고기'가 [肉] 즉 '고기, 뭍짐승의 고기'의 뜻을 가지고 동의 관계에 있다는 것은 다음 예문들에서 잘 확인된다. 원문 중 '肉…多'가 '고기 하다'로 번역되고 '食肉'이 '고기 먹다'로 번역되고 '乾肉'이 'ᄆᆞ론 고기'로 번역된다. '肉敗'가 '묻고기 서그니'로 번역된다. 그리고 '肉'의 자석이

'고기'이다. 따라서 '고기'와 '묻고기'의 동의성은 명백히 입증된다.

(5) a. 고기 비록 하도(肉雖多ㅣ나) <번小四 28b>

　　b. 이 고기 다 술마 닉거다(這肉都煮熟了) <번老下 38b>

　　c. 처엄 고기 머글 제 몬져 무른 고기를 머글디니(始食肉者ㅣ 先食乾肉이니) <번小七 11b>

　　d. 고기 몯 먹게 ᄒᆞ더시니(不聽食肉ᄒᆞ더시니) <번小九 103a>

　　e. 고기 봇가 먹고(炒些肉喫了) <번老上 61b>

　　f. 져즌 고기란 니로 버혀 먹고 무른 고기란 니로 버혀 먹디 말며(濡肉으란 齒決ᄒᆞ고 乾肉으란 不齒決ᄒᆞ며) <번小四 27a>

(5) g. 바비 줏믈어 쉬니와 믓고기 므르니와 묻고기 서그니를 먹디 아니ᄒᆞ시며(食饐而餲와 魚餒而肉敗를 不食ᄒᆞ며) <번小四 28a>

(5) h. 肉 : …肌肉 <四解上 6b>

　　i. 肉 : 고기 ᅀᅲᆨ <字會中 11a>

<6> 고기 對 믓고기

명사 '고기'와 합성명사 '믓고기'가 [魚] 즉 '물고기'의 뜻을 가지고 동의 관계에 있다는 것은 다음 예문들에서 잘 확인된다. 원문 중 '魚骨'이 '고기 뼈'로 번역된다. '魚餒'가 '믓고기 므르니'로 번역되고 '食魚'가 '믓고기 먹다'로 번역된다. 그리고 '魚'가 한자어 '水中鱗物'을 뜻하고 '魚'의 자석이 '고기'이다. 따라서 '고기'와 '믓고기'의 동의성은 명백히 입증된다. '믓고기'는 15세기 국어 '믌고기'의 後代形으로 '믌고기'는 명사 '믈'과 명사 '고기'의 合成으로 '믈+ㅅ#고기'로 분석된다.

(6) a. 마리터리나 고기 뼈나 ᄉᆞ론 내와(燒頭髮氣幷魚骨諸臭氣) <瘡疹 49b>

　　b. 믈믈 바릿믌 고기와(河海虫魚) <瘡疹 64a>

(6) c. 바비 줏믈어 쉬니와 믓고기 므르니와 묻고기 서그니를 먹디 아니ᄒᆞ시며(食饐而餲와 魚餒而肉敗를 不食ᄒᆞ며) <번小四 28a>

　　d. 아비 病 어더셔 믓고기 먹고져 ᄒᆞ니(父嘗得疾欲食魚) <속三孝 徐萬得魚>

　　e. 이 안쥬는 믓고기 젼ᄒᆞ니(這按酒煎魚) <번老下 38a>

　　(6) f. 魚 : 水中鱗物 <四解上 30b>

　　g. 魚 : 고기 어 水虫有鱗者 <字會下 2a>

<7> 고재 對 활고재

명사 '고재'와 합성명사 '활고재'가 [弰兒], [弭] 및 [弰] 즉 '활고자, 활의 양머리로 시위를 메는 곳'의 뜻을 가지고 동의 관계에 있다는 것은 다음 예문들에서 잘 확인된다. 원문 중 '弰兒'가 '고재'로 번역된다. '弭'가 한자어 '弓末'을 뜻한다. '弭'의 자석이 '고재'이고 고유어 '고재'는 한자어 '弓末'과 동의 관계에 있다. 그리고 '弰'가 한자어 '弓末'을 뜻하고 '弰'의 자석이 '활고재'이다. 따라서 '고재'와 '활고재'의 동의성은 명백히 입증된다. '활고재'는 명사 '활'[弓]과 명사 '고재'의 合成이다.

(7) a. 고재 뎌르다(弰兒短) <번老下 31b>

(7) b. 弭 : 弓末 <四解上 26a>
   c. 弭 : 고재 미 弓末 <字會中 14a>

(7) d. 弰 : 弓末 <四解下 22a>
   e. 활고재 쇼 <字會中 14a>

<8> 고조주머니 對 주머니

합성명사 '고조주머니'와 명사 '주머니'가 [帘]과 [酒帘] 즉 '酒幕 旗'의 뜻을 가지고 동의 관계에 있다는 것은 다음 예문들에서 잘 확인된다. '帘'이 酒旗와 酒帘을 뜻하고 고유어 '고조주머니'와 동의 관계에 있다. 그리고 '帘'의 자석이 '주머니'이고 고유어 '주머니'는 한자어 '酒帘'과 酒旗와 동의 관계에 있다. 따라서 '고조주머니'와 '주머니'의 동의성은 명백히 입증된다. 합성명사 '고조주머니'는 명사 '고조'[榨]와 명사 '주머니'의 合成이다.

(8) a. 帘 : 靑帘…卽酒旗也 今俗語酒帘 고조주머니 <四解下 86a>
   b. 帘 : 주머니 렴 俗呼酒帘 又酒旗 亦曰靑帘 <字會中 7a>

<9> 곳구무 對 구무

합성명사 '곳구무'와 명사 '구무'가 [鼻孔]과 [鼻凹] 즉 '콧구멍'의 뜻을 가지고 동의 관계에 있다는 것은 다음 예문들에서 잘 확인된다. 원문 중 '鼻孔的毫毛'가 '곳굼긧 터리'로 번역된다. 그리고 '鼻'의 자석이 '고'이고 고유어 '구무'는 한자어 '鼻凹'와 동의 관계에 있다. 따라서 '곳구무'와 '구무'의 동의성은 명백히 입증된다. '곳구무'는 명사 '고'[鼻]와 명사 '구무'[孔]의 合成이다.

(9) a. 곳굼긧 터리 쏍고(摘了那鼻孔的毫毛) <번朴上 44b>

(9) b. 鼻 : 面之中岳 <四解上 16b>

    c. 鼻 : 고 비⋯呼구무曰鼻凹 <字會上 13b>

<10> 놋술 對 술

합성명사 '놋술'과 명사 '술'이 [銅匙]와 [匙] 즉 '놋숟가락, 숟가락'의 뜻을 가지고 동의 관계에 있다는 것은 다음 예문들에서 잘 확인된다. 원문 중 '銅匙'가 '놋술'로 번역된다. 그리고 '匙'의 자석이 '술'이고 고유어 '술'은 한자어 '銅匙'와 동의 관계에 있다. 따라서 '놋술'과 '술'의 동의성은 명백히 입증된다. '놋술'은 명사 '놋'[銅]과 명사 '술'[匙]의 合成이다.

(10) a. 놋술(銅匙) <번老下 33a>

(10) b. 匙 : 匕也 <四解上 20a>

    c. 匙 : 술 시 俗稱銅匙 <字會中 6a>

<11> 누의 對 몯누의

명사 '누의'와 합성명사 '몯누의'가 [姉]와 [姐姐] 즉 '누나'의 뜻을 가지고 동의 관계에 있다는 것은 다음 예문들에서 잘 확인된다. 원문 중 '姉年老'가 '누의 나히 늙다'로 번역되고 '其姉'가 '그 몯노의'로 번역된다. '姐姐⋯說'이 '누의님 니르다'로 번역되고 '姐姐'가 '몯누의'로 번역된다. 그리고 '姉'의 자석이 '몯누의'이다. 따라서 '누의'와 '몯누의'의 동의성은 명백히 입증된다. '몯누의'는 명사 '몯'[兄]과 명사 '누의'의 合成이다.

(11) a. 이제 누의 나히 늙고(今姉ㅣ 年老ᄒ며) <번小九 79a>

    b. 누의 닐오ᄃᆡ(姉ㅣ 曰) <번小九 79a>

    c. 비록 ᄌᆞ조 누의 위ᄒᆞ야 쥭을 글히고져 ᄒᆞᆫ들(雖欲數爲姉煮粥인들) <번小九 79a>

    d. 누의님 니르디 말라(姐姐不要說) <번朴上 48a>

    e. 므슴 됴ᄒᆞ신 누의님하(好姐姐) <번朴上 47a>

    f. 만히 깃게이다 누의님하(多謝姐姐) <번朴上 48b>

    g. 네 누의니미(你姐姐) <번朴上 55a>

(11) h. 그 몯누의 병ᄒᆞ엿거(78b) 든(其姉ㅣ 病이어든) <번小九 79a>

i. 아ᄌ미며 묻누의며 아ᅀ누의며 아춘ᄯ리(姑姉妹姪이) <번小九 103b>

j. 묻누의 묻누의 남진(姐姐 姐夫) <번老下 4a>

k. 동ᄉᆡᆼ 묻누의(姐姐) <번老下 34a>

l. 묻누의 남진(姐夫) <번老下 34b>

(11) m. 姉 : 姉妹 <四解上 12b>

n. 姉 : 묻누의 ᄌ <字會上 16b>

<12> 누의 對 아ᅀ누의

명사 '누의'와 합성명사 '아ᅀ누의'가 [妹]와 [妹子] 즉 '누이동생'의 뜻을 가지고 동의 관계에 있다는 것은 다음 예문들에서 잘 확인된다. 원문 중 '弟妹'가 '아ᅀᅵ며 누의'로 번역되고 '姉妹'가 '묻누의며 아ᅀ누의'로 번역된다. '妹子'가 '아ᅀ누의'로 번역된다. 그리고 '妹'의 자석이 '아ᅀ누의'이다. 따라서 '누의'와 '아ᅀ누의'의 동의성은 명백히 입증된다. '아ᅀ누의'는 명사 '아ᅀ'[弟]와 명사 '누의'의 合成이다.

(12) a. 제 어미 ᄒᆞ가진 아ᅀᅵ며 누의를 더브러 와(迎其同母弟妹以歸ᄒᆞ야) <번小九 36a>

(12) b. 아ᄌ미며 묻누의며 아ᅀ누의며 아춘ᄯ리(姑姉妹姪이) <번小九 103b>

c. 아ᅀ누의 남진(妹夫) <번老下 34b>

d. 아ᅀ누의(妹子) <번老下 4a>

e. 동ᄉᆡᆼ 아ᅀ누의(妹子) <번老下 34a>

(12) f. 妹 : 姉妹 <四解上 51a>

g. 妹 : 아ᅀ누의 미 俗呼妹子夫曰妹夫 <字會上 16b>

<13> ᄯᅥᆨ소 對 솧

합성명사 'ᄯᅥᆨ소'와 명사 '솧'가 [餡]와 [餡兒] 즉 '떡의 소'의 뜻을 가지고 동의 관계에 있다는 것은 다음 예문들에서 잘 확인된다. '餡'의 자석이 'ᄯᅥᆨ소'이고 고유어 'ᄯᅥᆨ소'는 한자어 '餡兒'와 동의 관계에 있다. 그리고 '饅頭餡兒'가 '상홧 솧'로 번역된다. 따라서 'ᄯᅥᆨ소'와 '솧'의 동의성은 명백히 입증된다. 'ᄯᅥᆨ소'는 명사 'ᄯᅥᆨ'[餅]과 '솧'[餡]의 合成이다.

(13) a. 餡 : 今俗呼餕餡 ᄯᅥᆨ소 <四解下 80b>

b. 餡 : ᄯᅥᆨ소 함 俗呼餕餡 又餡兒 <字會中 10b>

(13) c. 샹황 소해 쓰다(饅頭餡兒裏使了) <번老下 39a>

<14> 돌ᄃ리 對 ᄃ리

합성명사 '돌ᄃ리'와 명사 'ᄃ리'가 [石橋]와 [矼] 즉 '돌다리'의 뜻을 가지고 동의 관계에 있다는 것은 다음 예문들에서 잘 확인된다. 원문 중 '石橋'가 '돌ᄃ리'로 번역된다. 그리고 '矼'이 한자어 '石橋'를 뜻하고 '矼'의 자석이 'ᄃ리'이다. 따라서 '돌ᄃ리'와 'ᄃ리'의 동의성은 명백히 입증된다. '돌ᄃ리'는 명사 '돌'[石]과 'ᄃ리'[橋]의 合成이다.

(14) a. 세 가ᄅ 돌ᄃ리 잇ᄂ니(有三叉石橋) <번朴上 68b>

(14) b. 矼 : 石橋 <四解下 34a>
　　　c. 矼 : ᄃ리 강 <字會中 4a>

<15> 드레줄 對 줄

합성명사 '드레줄'과 명사 '줄'이 [綆]과 [井繩] 즉 '두레박줄'의 뜻을 가지고 동의 관계에 있다는 것은 다음 예문들에서 잘 확인된다. '綆'의 자석이 '드레줄'이고 고유어 '드레줄'은 한자어 '井繩'과 동의 관계에 있다. 그리고 원문 중 '洒子井繩'이 '드레와 줄'로 번역된다. 따라서 '드레줄'과 '줄'의 동의성은 명백히 입증된다. '드레줄'은 명사 '드레'와 '줄'의 合成이다.

(15) a. 綆 : 汲井索 <四解下 58a>
　　　b. 綆 : 드레줄 경 俗呼井繩 <字會中 9b>

(15) c. 네 드레와 줄 서러 내여 오고려(你收拾洒子井繩出來) <번老上 31b>
　　　d. 우믌 ᄀ애 드레와 줄 다 잇ᄂ니라(井邊頭洒子井繩都有) <번老上 32a>

<16> 드렛줄 對 줄

합성명사 '드렛줄'과 명사 '줄'이 [井繩] 즉 '두레박줄'의 뜻을 가지고 동의 관계에 있다는 것은 다음 예문들에서 잘 확인된다. 원문 중 '怕井繩'이 '드렛줄도 저프다'로 번역된다. 그리고 '洒子井繩'이 '드레와 줄'로 번역된다. 따라서 '드렛줄'과 '줄'의 동의성은 명백히 입증된다. '드렛줄'은 명사 '드레'와 '줄'의 合成이다.

(16) a. 샹녯 말ᄉ매 닐오ᄃ(37a) …삼년이도록 드렛줄도 저프다 ᄒᄂ니라(常 言都…三年怕井繩) <번

朴上 37b>

(16) b. 우묾 ㄱ새 드레와 줄 다 잇ᄂ니라(井邊頭洒子井繩都有) <번老上 31b>

　　 c. 네 드레와 줄 서러 내여 오고려(你收拾洒子井繩出來) <번老上 31b>

<17> 몸얼굴 對 얼굴

합성명사 '몸얼굴'과 명사 '얼굴'이 [身材] 즉 '몸통, 체격'의 뜻을 가지고 동의 관계에 있다는 것은 다음 예문들에서 잘 확인된다. 원문 중 '一般身材'가 '한 가짓 몸얼굴'로 번역된다. 그리고 '身'의 자석이 '몸'이고 한자어 '身材'는 고유어 '얼굴'과 동의 관계에 있다. 따라서 '몸얼굴'과 '얼굴'의 동의성은 명백히 입증된다. '몸얼굴'은 명사 '몸'[身]과 명사 '얼굴'의 合成이다.

(17) a. 너희 혼 가짓 몸얼구레ᄂ(你一般身材) <번老下 28b>

(17) b. 身 : 躬也 親也 <四解上 59b>

　　 c. 身 : 몸 신 俗呼身材 얼굴 <字會上 12b>

<18> 무적 對 흙무적

명사 '무적'과 합성명사 '흙무적'이 [塊] 즉 '덩어리, 흙덩이'의 뜻을 가지고 동의 관계에 있다는 것은 다음 예문들에서 잘 확인된다. 원문 중 '一塊土'가 '한 무적 흙'으로 번역된다. 그리고 '塊'가 한자어 '土塊'를 뜻하고 '塊'의 자석이 '흙무적'이다. 따라서 '무적'과 '흙무적'의 동의성은 명백히 입증된다. '흙무적'은 명사 '흙'[土]과 '무적'[塊]의 合成이다.

(18) a. 담 우희 혼 무적 흙기(墻上一塊土) <번朴上 40b>

(18) b. 塊 : 土塊 <四解上 47b>

　　 c. 塊 : 흙무적 괴 <字會下 8b>

<19> 믓결 對 결

합성명사 '믓결'과 명사 '결'이 [波] 즉 '물결'의 뜻을 가지고 동의 관계에 있다는 것은 다음 예문들에서 잘 확인된다. 원문 중 '風波'가 'ᄇᄅ맷 믓결'로 번역되고 '穿波'가 '결 ᄉᄆ차 ᄃ니다'로 번역된다. 그리고 '波'의 자석이 '믓결'이다. 따라서 '믓결'과 '결'의 동의성은 명백히 입증된다. '믓결'은 '믌결'의 첫 음절의 자음 'ㄹ'이 탈락된 것이다. '믌결'은 명사 '믈'과 명사 '결'의 合成으로 '믈+ㅅ#결'로 분석된다.

(19) a. ᄇᆞ르맹 믓겨리 ᄀᆞ토야 즉시(24b) 예 니러나ᄂᆞ니(風波當時起라) <번小六 25a>

b. 믈 놀이며 결 ᄉᆞ무차 ᄃᆞ니ᄂᆞᆫ 거슨(弄水穿波的) <번朴上 70b>

(19) c. 波 : 浪也 <四解下 28a>

d. 波 : 믓결 파 俗稱波浪兒 <字會上 2b>

<20> 믈구쉬 對 구쉬

합성명사 '믈구쉬'와 명사 '구쉬'가 [槽], [馬槽] 및 [櫪] 즉 '말구유'의 뜻을 가지고 동의 관계에 있다는 것은 다음 예문들에서 잘 확인된다. '槽'가 한자어 '馬槽'를 뜻하고 '馬槽'는 고유어 '믈구쉬'와 동의 관계에 있다. 그리고 '櫪'의 자석이 '구쉬'이고 고유어 '구쉬'는 한자어 '馬槽'와 동의 관계에 있다. 따라서 '믈구쉬'와 '구쉬'의 동의성은 명백히 입증된다. '믈구쉬'는 명사 '믈'[馬]과 '구쉬'[槽]의 合成이다.

(20) a. 槽 : …又馬槽 <四解下 21b>

b. 槽 : 고조 조…又馬槽 믈구쉬 <字會中 7a>

(20) c. 櫪 : 馬皁 <四解下 57a>

d. 櫪 : 구쉬 력 俗呼馬槽 <字會中 10a>

<21> 믈굴에 對 굴에

합성명사 '믈굴에'와 명사 '굴에'가 [鞽]과 [勒] 즉 '굴레, 말굴레'의 뜻을 가지고 동의 관계에 있다는 것은 다음 예문들에서 잘 확인된다. '鞽'이 한자어 '鞽頭'를 뜻하고 '鞽頭'는 고유어 '믈굴에'와 동의 관계에 있다. '鞽'의 자석이 '굴에'이고 고유어 '굴에'는 한자어 '鞽頭'와 동의 관계에 있다. 그리고 '勒'의 자석이 '굴에'이고 '굴에'는 한자어 '鞽頭'와 동의 관계에 있다. 따라서 '굴에'와 '믈굴에'의 동의성은 명백히 입증된다. '믈굴에'는 명사 '믈'과 명사 '굴에'의 合成이다.

(21) a. 鞽 : 今俗呼鞽頭 믈굴에 <四解上 11b>

b. 鞽 : 굴에 롱 俗呼鞽頭 <字會中 13b>

(21) c. 勒 : 馬勒 <四解下 62a>

d. 勒 : 굴에 륵 俗呼鞽頭 <字會中 13b>

<22> 믈셕 對 셕

합성명사 '믈셕'과 명사 '셕'이 [繮] 즉 '고삐, 말고삐'의 뜻을 가지고 동의 관계에 있다는 것은 다음 예 문들에서 잘 확인된다. '繮'이 한자어 '馬繼' 및 고유어 '믈셕'을 뜻한다. 그리고 '원문 중 '編繮'이 '다혼 셕'으로 번역된다. 따라서 '믈셕'와 '셕'의 동의성은 명백히 입증된다. '믈셕'은 명사 '믈'과 명사 '셕'의 合 成이다.

(22) a. 繮: 馬繼 믈셕 <四解下 40b>
　　　 b. 다혼 셕 쥬리올(編繮 繮繩) <번老下 30a>

<23> 블 對 둥잔쌜

명사 '블'과 합성명사 '둥잔쌜'이 [筒燈] 즉 '등잔불'의 뜻을 가지고 동의 관계에 있다는 것은 다음 예 문들에서 잘 확인된다. 원문 중 '點筒燈'이 '블 혀다'로 번역되고 '拿筒燈'이 '둥잔쌜 가지다'로 번역 된다. 따라서 '블'과 '둥잔쌜'의 동의성은 명백히 입증된다. '둥잔쌜'은 한자어 '둥잔'(燈盞) 과 고유어 '블'[火]의 合成으로 '둥잔+ㅅ#블'로 분석될 수 있다. 이 저서에서는 '둥잔쌜'을 고유어로 다루었다.

(23) a. 블 혀 가져 오고려(點筒燈來) <번老上 25a>
　　　 b. 둥잔쌜 가져 오게 ᄒ고라(拿筒燈來) <번老上 56b>

<24> 비두리 對 집비두리

명사 '비두리'와 합성명사 '집비두리'가 [鴿子]와 [鴿] 즉 '집비둘기'의 뜻을 가지고 동의 관계에 있다 는 것은 다음 예문들에서 잘 확인된다. 원문 중 '爐鴿子'가 '비두리를 굽다'로 번역된다. '鴿'이 한자어 '鴿子'를 뜻하고 '鴿子'는 고유어 '집비두리'와 동의 관계에 있다. 그리고 '鴿'의 자석이 '집비두리'이고 고유어 '집비두리'는 한자어 '鴿子'와 동의 관계에 있다. 따라서 '비두리'와 '집비두리'의 동의성은 명백 히 입증된다. 합성명사 '집비두리'는 명사 '집'과 명사 '비두리'의 合成이다.

(24) a. 비두리를 구워 사ᄒ니롸(爐鴿子彈) <번朴上 5a>

(24) b. 鴿: ⋯今俗呼鴿子 又鵓鴿 집비두리 <四解下 75a>
　　　 c. 鴿: 집비두리 합 俗呼鴿子 又曰鵓鴿 <字會上 8b>

<25> 새부리 對 부리

합성명사 '새부리'와 명사 '부리'가 [嘴] 즉 '새의 주둥이, 부리'의 뜻을 가지고 동의 관계에 있다는 것은 다음 예문들에서 잘 확인된다. '嘴'의 자석이 '새부리'이고 한자어 '鳥口'와 동의 관계에 있다. 그리고 '尖嘴'가 '부리 쏘론 ᄒ다'로 번역된다. 따라서 '새부리'와 '부리'의 동의성은 명백히 입증된다. '새부리'는 명사 '새'[鳥]와 '부리'[口]의 合成이다.

(25) a. 觜 : 喙也 亦作嘴 <四解上 51a>
　　b. 嘴 : 새부리 췌 鳥口 俗稱這尖嘴 이 부리 쏘론ᄒ 놈 <字會下 3b>

<26> 술윗통 對 통

합성명사 '술윗통'과 명사 '통'이 [車軸]과 [軸] 즉 '수레의 굴대, 양 바퀴를 꿰뚫는 가로나무'의 뜻을 가지고 동의 관계에 있다는 것은 다음 예문들에서 잘 확인된다. 원문 중 '車軸'이 '술윗통'으로 번역된다. 그리고 '軸'의 자석이 '통'이고 고유어 '통'은 한자어 '車軸'과 동의 관계에 있다. 따라서 '술윗통'과 '통'의 동의성은 명백히 입증된다. '술윗통'은 합성명사로 명사 '술위'[車]와 명사 '통'[軸]의 合成이다.

(26) a. 술윗통(車軸) <번老下 36a>

(26) b. 軸 : 轂也 <四解上 9b>
　　c. 軸 : 통 튝 俗呼車軸 <字會中 13a>

<27> 시울 對 활시울

명사 '시울'과 합성명사 '활시울'이 [弦]과 [弓弦] 즉 '시위, 활시위'의 뜻을 가지고 동의 관계에 있다는 것은 다음 예문들에서 잘 확인된다. 원문 중 '弦有'가 '시울 잇다'로 번역되고 '上弦'이 '시울 엿다'로 번역된다. '賣的弓弦'이 '폴 활시울'로 번역된다. 그리고 '弦'이 한자어 '弓弦'을 뜻하고 '弦'의 자석이 '시울'이다. 따라서 '시울'과 '활시울'의 동의성은 명백히 입증된다. 합성명사 '활시울'은 명사 '활'[弓]과 '시울'[弦]의 合成이다.

(27) a. 시울 잇다(弦有) <번老下 32a>
　　b. 네 이 누른 붓 니핀 활 ᄒ 댱 가져다가 시울 연즈라(你將這一張樺弓上弦着) <번老下 30b>
　　c. 폴 활시울 잇거든 가져오라(有賣的弓弦時將來) <번老下 32a>

(27) d. 弦 : 弓弦 <四解下 7b>
　　e. 弦 : 시울 현 <字會中 14a>

<28> 아자비 對 아ᅀᅡ아자비

명사 '아자비'와 합성명사 '아ᅀᅡ아자비'가 [叔父]와 [叔] 즉 '작은아버지, 숙부'의 뜻을 가지고 동의 관계에 있다는 것은 다음 예문들에서 잘 확인된다. 원문 중 '令女叔父'가 '令女의 아자비'로 번역되고 '孝芬叔'이 '孝芬의 아자비'로 번역된다. 그리고 '叔'의 자석이 '아ᅀᅡ아자비'이고 고유어 '아ᅀᅡ아자비'는 한자어 '叔父'와 동의 관계에 있다. 따라서 '아자비'와 '아ᅀᅡ아자비'의 동의성은 명백히 입증된다. 합성명사 '아ᅀᅡ아자비'는 명사 '아ᅀᅡ'와 명사 '아자비'의 合成이다.

(28) a. 令女의 아자비 샹언ᄒᆞ여(令女叔父ㅣ 上書ᄒᆞ야) <번小九 60b>

　　　b. 孝芬의 아자비 振이 주근 後에(孝芬叔振이 旣亡後애) <번小九 94a>

　　　c. 그 겨집이 마조 내ᄃᆞ라 弘 더브러 닐오ᄃᆡ 아자비 이 쇼ᄅᆞᆯ ᄡᅩ와 주계라 ᄒᆞᄃᆡ(其妻ㅣ 迎謂弘曰叔이 射殺牛ㅣ라 ᄒᆞ야ᄂᆞᆯ) <번小九 78a>

　　　d. 아자비 쇼ᄅᆞᆯ ᄡᅩ아 주기니(叔이 射殺牛ᄒᆞ니) <번小九 78a>

(28) e. 叔 : … 季父 <四解上 9b>

　　　f. 叔 : 아ᅀᅡ아자비 슉 俗呼叔父 <字會上 16b>

<29> 아ᄒᆡ 對 사나히

명사 '아ᄒᆡ'와 합성명사 '사나히'가 [童子]와 [小廝] 즉 '사내아이'의 뜻을 가지고 동의 관계에 있다는 것은 다음 예문들에서 잘 확인된다. 원문 중 '童子不裘'가 '아ᄒᆡᄂᆞᆫ 갓옷 아니 닙다'로 번역되고 '九歲以下童子'가 '아홉 설 아랫 사나히'로 번역된다. '俊小廝'가 '고은 사나히'로 번역된다. 그리고 한자어 '小廝'가 고유어 '아ᄒᆡ'와 동의 관계에 있다. 따라서 '아ᄒᆡ'와 '사나히'의 동의성은 명백히 입증된다. 합성명사 '사나히'는 명사 '산'[丁]과 명사 '아ᄒᆡ'[兒]의 合成이다.

(29) a. 아ᄒᆡᄂᆞᆫ 갓옷 아니 니브며(24b) 깁것 아니 니브며(童子ᄂᆞᆫ 不裘不帛ᄒᆞ며) <번小四 25a>

　　　b. 아ᄒᆡ의 ᄲᅳ리고 ᄡᅳᆯ며 ᄃᆡ답ᄒᆞ며 얼운 셤골 절ᄎᆞ ᄀᆞᄅᆞ횰 일 대개로 닐이(略言敎童子灑掃應對事長之節ᄒᆞ야) <번小六 7b>

(29) c. 사ᄅᆞᆷᄋᆞ란 병 업슨 아홉 설 아랫 사나히로 ᄡᅳ고(人用無疾九歲以下童子) <瘡疹 33a>

　　　d. ᄒᆞᆫ 고은 사나히라(一箇俊小廝) <번朴上 55b>

　　　e. 사나히가 간나히가(小廝兒那女孩兒) <번朴上 55b>

(29) f. 廝 : … 又呼小兒曰小廝 <四解上 13a>

g. 廁 : 브릴 싀 俗稱小廁 아히 <字會下 11a>

합성명사 '亽나히'의 先代形은 [童子] '사내아이'의 뜻을 가진 '亽아히'이다. '亽아히'는 『救急簡易方』(1489) 의 다음 예문들에서 잘 확인된다. 원문 중 '童子小便'이 '亽아히 오좀'으로 번역된다.

(29) h. 亽아히 오좀 반 되룰 글혀(童子小便半升煮) <救간二 117b>
    i. 亽아히 더운 오좀애 프러 머그라(溫童子小便調下) <救간七 23b>

<30> 암사슴 對 사슴

합성명사 '암사슴'과 명사 '사슴'이 [麋鹿]과 [麀] 즉 '암사슴'의 뜻을 가지고 동의 관계에 있다는 것은 다음 예문들에서 잘 확인된다. '鹿'의 자석이 '사슴'이고 한자어 '麋鹿'이 고유어 '암사슴'과 동의 관계에 있다. 그리고 '麀'가 한자어 '牝鹿'을 뜻하고 '麀'의 자석이 '사슴'이다. 따라서 '암사슴'과 '사슴'의 동의성은 명백히 입증된다. '암사슴'은 명사 '암'[牝]과 명사 '사슴'[鹿]의 合成이다.

(30) a. 鹿 : 山獸 <四解上 6b>
    b. 鹿 : 사슴 록 角鹿 수 麋鹿 암 <字會上 10a>

(30) c. 麀 : 牝鹿 <四解下 70a>
    d. 麀 : 사슴 우 牝曰麀 <字會上 10a>

<31> 오늘날 對 오늘

두 명사가 [今日] 즉 '오늘'의 뜻을 가지고 동의 관계에 있다는 것은 다음 예문들에서 잘 확인된다. 원문 중 '今日'이 '오늘날'로 번역되고 '今日筵席'이 '오늜 이바디'로 번역되므로 두 명사 '오늘날'과 '오늘'의 동의성은 명백히 입증된다. '오늘날'은 '오늘'과 '날'의 合成이다.

(31) a. 오늘나래 훈 이를 긔디ᄒ고(今日에 記一事ᄒ고) <번小八 36b>
    b. 오늘나래(今日箇頭) <번朴上 7a>

(31) c. 오ᄂ리 스므 이트리로소니(今日是二十二) <번老上 25a>
    d. 오ᄂ리 밧브니 ᄅ릴실 다시 서르 보와(今日忙 明日再廝見) <번老下 6b>
    e. 우리 오늜 이바디예 언맛 수를 머거뇨(咱們今日筵席 喫了多少酒) <번老下 39a>
    f. 오늘브터 모뢰 싀장 ᄒ고 파ᄒ리라(從今日起後日罷散) <번朴上 75a>
    g. 내 오늘브터 대간과 딜바리 쟝망ᄒ야(小僧從今日准備箸笠瓦鉢) <번朴上 37a>

<32> 욋어월 對 어월

합성명사 '욋어월'과 명사 '어월'이 [瓝] 즉 '오이의 씨'의 뜻을 가지고 동의 관계에 있다는 것은 다음 예문들에서 잘 확인된다. '瓝'이 한자어 '瓜瓝'을 뜻하고 '瓜瓝'은 고유어 '욋어월'과 동의 관계에 있다. 그리고 '瓝'의 자석이 '어월'이다. 따라서 '욋어월'과 '어월'의 동의성은 명백히 입증된다. '욋어월'은 명사 '외'[瓜]와 명사 '어월'[瓝]의 合成으로 '외+ㅅ#어월'로 분석될 수 있다.

(32) a. 瓝 : …今俗呼瓜瓝 욋어월 <四解下 45b>

b. 瓝 : 어월 양 又瓜子也 <字會下 3a>

<33> 저욼ᄃ림 對 ᄃ림

합성명사 '저욼ᄃ림'과 명사 'ᄃ림'이 [秤錘], [錘] 및 [權] 즉 '저울추'의 뜻을 가지고 동의 관계에 있다는 것은 다음 예문들에서 잘 확인된다. 원문 중 '秤錘'가 '저욼ᄃ림'으로 번역된다. '錘'가 한자어 '秤錘'를 뜻하고 '錘'의 자석이 'ᄃ림'이다. 그리고 '權'이 한자어 '秤錘'를 뜻하고 '權'의 자석이 'ᄃ림'이다. 따라서 '저욼ᄃ림'과 'ᄃ림'의 동의성은 명백히 입증된다. '저욼ᄃ림'은 명사 '저울'[秤]과 명사 'ᄃ림'[錘]의 合成이다.

(33) a. 저욼대(69a) 저욼ᄃ림(秤竿秤錘) <번老下 69b>

(33) b. 錘 : 秤錘 <四解上 52b>

c. 錘 : ᄃ림 튜 <字會中 6b>

(33) d. 權 : …又秤錘 <四解下 9b>

e. 權 : ᄃ림 권 <字會中 6b>

<34> 지즑 對 딥지즑

명사 '지즑'과 합성명사 '딥지즑'이 [藁薦] 즉 '깔것'의 뜻을 가지고 동의 관계에 있다는 것은 다음 예문들에서 잘 확인된다. 원문 중 '藁薦席子'가 '지즑과 돗'으로 번역되고 '席子藁薦'이 '돗과 지즑'으로 번역된다. '甚麽藁薦'이 '아므란 딥지즑'으로 번역된다. '薦'이 한자어 '藁薦'을 뜻하고 '藁薦'은 고유어 '지즑'과 동의 관계에 있다. 그리고 '薦'의 자석이 '지즑'이고 '지즑'은 한자어 '藁薦' 및 고유어 '딥지즑'과 동의 관계에 있다. 따라서 '지즑'과 '딥지즑'의 동의성은 명백히 입증된다. 합성명사 '딥지즑'은 명사 '딥'[草]과 명사 '지즑'의 合成이다.

(34) a. 지즑과 돗 가져다가(將藁薦席子來) <번老上 25b>

　　 b. 여러 돗과 지즑 달라 ᄒ야 가져오라(要幾箇席子藁薦來) <번老上 69a>

　　 c. 이 세 지즑을 너 주어든 ᄭ라스라(這的三箇藁薦與你鋪) <번老上 25b>

(34) d. 아ᄆ란 딥지즑 잇거든(有甚麽藁薦) <번老上 25b>

(34) e. 薦 : …今俗呼藁薦 지즑 <四解下 4b>

　　 f. 薦 : 지즑 쳔 俗呼藁薦 집지즑 <字會中 6b>

<35> 쳔 對 쳔량

두 명사가 [財]와 [財物] 즉 '재물'의 뜻을 가지고 동의 관계에 있다는 것은 다음 예문들에서 잘 확인된다. 원문 중 '橫財'가 '딴 쳔'으로 번역되고 '婦財'가 '겨지븨 쳔량'으로 번역된다. 따라서 '쳔'과 '쳔량'의 동의성은 명백히 입증된다. 두 명사 '쳔'과 '쳔량'은 南豊鉉(1968 : 72~73) 에 의하면 近世中國語 '錢'과 '錢糧'에서의 직접 차용 어사이지만, 그것들의 漢字 표기는 발견되지 않고 正音 표기만 있으므로 이 저서에서는 두 명사를 고유어의 범주에 넣어 다루었다. '쳔량'은 '쳔'과 '량'의 合成이다.

(35) a. 사르미 ᄯᆞᆫ 쳔곳 몯 어드면 가ᅀᆞ며디 몯ᄒᆞᄂᆞ니라(人不得橫財不富) <번老上 32b>

　　 b. 사름도 공훈 쳔 몯 어드면 가ᅀᆞ며디 몯ᄒ고(人不得橫財不富) <번朴上 22b>

(35) c. 가령 겨지븨 쳔량을 가져셔 가ᅀᆞ멸며(借使因婦財ᄒ야 以致富ᄒ며) <번小七 33b>

　　 d. 쳔량 쁠 이를 존졀ᄒ야(制財用之節ᄒ야) <번小七 50a>

　　 e. 그 받티며 집이며 쳘량올 다 ᄑ라(盡賣其田宅財物ᄒ야) <번小九 57a>

　　 f. 수 업슨 쳔량이러라(無計算的錢粮) <번朴上 46b>

<36> 홰 對 옷홰

명사 '홰'와 합성명사 '옷홰'가 [椸] 즉 '횃대, 옷걸이'의 뜻을 가지고 동의 관계에 있다는 것은 다음 예문들에서 잘 확인된다. 원문 중 '夫之楎椸'가 '남진의 홰로' 번역되고 '椸枷'가 '옷홰며 옷거리'로 번역된다. 그리고 '椸'가 한자어 '衣架'를 뜻하고 '椸'의 자석이 '홰'이다. 따라서 '홰'와 '옷홰'의 동의성은 명백히 입증된다. 합성명사 '옷홰'는 명사 '옷'[衣]과 명사 '홰'의 合成이다.

(36) a. 잢간도 남진의 홰예 두디 아니ᄒ며(不敢縣於夫之楎椸ᄒ며) <번小三 17b>

　　 b. 남진 겨자비 옷홰며 옷거리를 ᄒ듸 아니ᄒ야(男女ㅣ 不同椸枷ᄒ야) <번小三 17b>

(36) c. 槦 : …又衣架 <四解上 21b>

    d. 槦 : 홰 이 衣架 <字會中 7b>

<37> 흥졍와치/흥졍바치 對 흥졍ᄒ리

명사 '흥졍와치/흥졍바치'와 명사구 '흥졍ᄒ리'가 [商] 즉 '상인, 장수'의 뜻을 가지고 동의 관계에 있다는 것은 다음 예문들에서 잘 확인된다. 원문 중 '工商'이 '공쟝와치와 흥졍와치'로 번역되고 '商勤'이 '흥졍ᄒ리…브즈러니 ᄒ다'로 번역되므로 '흥졍와치'와 '흥졍ᄒ리'의 동의성은 명백히 입증된다. '흥졍와치'는 명사 '흥졍'과 접미사 '-와치'의 결합이고 '흥졍바치'는 명사 '흥졍'과 접미사 '바치'의 결합이다. '흥졍ᄒ리'는 '흥졍ᄒ+ㄹ#이'로 분석될 수 있다.

(37) a. 녜 빅셩 도외리 네 가지니 냥반과 녀름지ᅀ리와 공쟝와치와 흥졍와치라(古之爲民伊 四尼 士農工商伊 是也羅) <正俗 21b>

    b. 내 흥졍바치 아니라도(我不是利家) <번老下 27a>

(37) c. 흥졍ᄒ리 ᄃ니기를 브즈러니 ᄒ면 가이 지보ᄅᆞᆯ 사하 두어 이신 것업슨 것 샹통ᄒ리니(商勤於懋遷則可以積貨財通有無尼) <正俗 21b>

4.2. 派生型

基語인 명사가 그것에서 파생된 명사와 동의 관계를 가질 수 있다. 이 경우가 派生이다.

파생에는 [書] 즉 '책, 文書'의 뜻을 가진 '글'과 '글월' 그리고 [言], [語] 및 [話] 즉 '말'의 뜻을 가진 '말'과 '말ᄊᆞᆷ'이 있다.

<1> 글 對 글월

두 명사가 [書] 즉 '책, 文書'의 뜻을 가지고 동의 관계에 있다는 것은 다음 예문들에서 잘 확인된다. 원문 중 '戒書'가 '경계ᄒᆞ욘 글'로 번역되고 '著書'가 '글워를 밍글다'로 번역된다. 그리고 '書'의 자석이 '글월'이다. 따라서 '글'과 '글월'의 동의성은 명백히 입증된다. '글월'은 '글'에서 파생된 명사이다.

(1) a. 諸葛武侯ㅣ 아ᄃᆞᆯ 경계ᄒᆞ욘 그레 ᄀᆞ로ᄃᆡ(諸葛武侯ㅣ 戒子書曰) <번小六 16a>

    b. 이런 ᄃᆞ로 馬援이 그리 브즈러니 모ᄃᆞᆫ ᄌᆞ(25b) 뎨를 驚戒ᄒᆞ니라(所以馬援書ㅣ 殷勤戒諸子ᄒᆞ니라) <번小六 26b>

(1) c. 大學은 孔子의 기티신 글워리라 처엄 비호는 사루믜 덕의 드는 문이니(大學은 孔氏之遺書而初學
入德之門也ㅣ니) <번小八 31a>

d. 聖人늬 글월와 공복과 졔긔룰 서르 비디 아니ᄒ며(聖人之書及公服禮器를 不假ᄒ며) <번小九
95b>

e. 내 미양 셩신 글워를 닐글 제(吾ㅣ 每讀聖人書홀ᄉᆡ) <번小八 39b>

f. 柳玭이 일즉 글워를 밍ᄀ라(柳玭이 嘗著書ᄒ야) <번小六 17a>

g. 아리 논혼 글월 브레 녀코(卽取分書付之火) <二倫 21b>

(1) h. 書 : 寫其言如意 著於紙求不滅 <四解上 33a>

i. 書 : 글월 셔 尙書 俗稱書經 <字會上 17b>

<2> 말 對 말ᄊᆞᆷ

두 명사가 [言], [語] 및 [話] 즉 '말'의 뜻을 가지고 동의 관계에 있다는 것은 다음 예문들에서 잘 확인
된다. 원문 중 '勿多言'이 '말 해 말다'로 번역되고 '言不忠信'이 '말ᄉᆞ믈 졍셩되오 유신히 아니ᄒ다'로
번역된다. '古語'가 '녯 말'로 번역되고 '語…忠信'이 '말ᄉᆞ믈 튱후코 믿비 ᄒ다'로 번역된다. '多話'가 '말
하다'로 번역되고 '話不說'이 '말ᄉᆞ믈 아니 니ᄅᆞ다'로 번역된다. 그리고 '言', '語' 및 '話'의 자석이 '말ᄊᆞᆷ'
이다. 따라서 두 명사 '말과 '말ᄊᆞᆷ'의 동의성은 명백히 입증된다. '말ᄊᆞᆷ'은 '말'에서 파생된 명사이다.

(2) a. 너희 말 해 마로믈 警戒ᄒ노니(戒爾勿多言ᄒ노니) <번小六 24a>

b. 녯 마리 닐오ᄃᆡ(古語에 云) <번小六 2a>

c. 므스므려 말 한 양 ᄒ리오(要甚麼多話) <번朴上 74a>

(2) d. 말ᄉᆞᆷ믈 졍셩되오 유신히 아니호미(言不忠信이) <번小六 11a>

e. 믈읫 말ᄉᆞ믈 모로매 튱후코 믿비 ᄒ며(凡語를 必忠信ᄒ며) <번小八 16a>

f. 말ᄉᆞ믈 아니 니ᄅᆞ면 아디 몯ᄒ고(話不說不知) <번朴上 14a>

두 명사 '말'과 '말ᄊᆞᆷ'이 [言語] 즉 '언어'의 뜻을 가지고 동의 관계에 있다는 것은 『번역노걸대』의 다
음 예문들에서 잘 확인된다. 원문 중 '漢兒言語'가 '漢人의 말'로 번역되고 '高麗言語'가 '高麗ㅅ 말ᄊᆞᆷ'
으로 번역되므로 '말'과 '말ᄊᆞᆷ'의 동의성은 명백히 입증된다.

(2) g. 셰간애 쓰노니 漢人의 마리니(世間用着的是漢兒言語) <번老上 5b>

h. 나는 漢兒의 마를 모르모로(我漢兒言語 不理會的) <번老下 6a>

  i. 우리 이 高麗ㅅ 말소믄(我這高麗言語) <번老上 5b>

(2) j. 言 : 言語 <四解下 7b>

  k. 言 : 말솜 言 直言曰言 <字會下 12b>

(2) l. 語 : 相應答曰語 <四解上 30b>

  m. 語 : 말솜 어 論難曰語 <字會下 12b>

(2) n. 話 : 語話 <四解下 32a>

  o. 話 : 말솜 화 <字會下 12b>

제2절
動詞類에서의 同義

고유어의 動詞類에서 확인되는 동의 관계에는 動作動詞간의 同義와 狀態動詞간의 同義 그리고 動作動詞와 狀態動詞 간의 同義가 있다.

① 動作動詞간의 同義

固有語의 動作動詞에서 확인되는 同義 關係는 크게 두 개의 觀點에서 고찰될 수 있다. 첫째는 形式的 觀點이고 둘째는 內容的 觀點이다. 形式的 觀點에서 동의 관계에 있는 動作動詞들이 相異한지 아니면 相似한지를 判別할 수 있고 內容的 觀點에서 동의 관계를 가지는 동작동사들이 完全 同義인지 部分 同義인지 확인할 수 있다.

形式的 觀點에서 동의 관계를 가지는 動作動詞들은 크게 相異型과 相似型으로 나누어질 수 있다. 相似型은 音韻論的 觀點과 形式論的 觀點으로 分類될 수 있는데 음운론적 관점에 따르면 音韻 交替, 音韻 脫落 및 音韻 添加가 있고 형태론적 관점에 따르면 合成과 派生이 있다. 論述의 편의상 다음과 같이 네 유형으로 나누고자 한다: 第Ⅰ型 相異型, 第Ⅱ型 音韻 交替型, 第Ⅲ型 音韻 脫落型 및 音韻 添加型 그리고 第Ⅳ型 合成型 및 派生型.

1. 相異型

서로 다른 形式을 가진 둘 또는 그 이상의 動作動詞들이 동의 관계를 가질 수 있다. 이 경우가 곧 相異型이다.

相異型에는 [行] 즉 '가다'의 뜻을 가진 '가다'와 '녀다'를 비롯하여 [藏] 즉 '간직하다, 넣다'의 뜻을 가진 '간슈ᄒ다'와 '넣다', [率]과 [帥] 즉 '거느리다'의 뜻을 가진 '거느리다'와 'ᄃ리다', [釃]와 [盪] 즉 '거르다, 술을 거르다'의 뜻을 가진 '거르다'와 '밭다', [易] 즉 '고치다, 바꾸다'의 뜻을 가진 '곧티다'와 '밧ᄭ다', [令]과 [命] 즉 '명하다, 명령하다'의 뜻을 가진 '긔걸ᄒ다'와 '시기다', [悅] 즉 '기뻐하다'의 뜻을 가진 '깄다'와 '즐기다', [發]과 [出] 즉 '나다'의 뜻을 가진 '나다'와 '돋다', [齧]과 [齦] 즉 '물다, 깨물다'의 뜻을 가진 '너흐다'와 '믈다', [言] 즉 '이르다, 말하다'의 뜻을 가진 '니르다'와 '말ᄉᆷᄒ다', [盡] 즉 '다하다'의 뜻을 가진 '다ᄒ다'와 '다ᄋ다', [覆]와 [蓋] 즉 '덮다, 이다'의 뜻을 가진 '듶다'와 '이다', [凋] '시들어 떨어지다'의 뜻을 가진 '디다'와 '뻐러디다', [飮] 즉 '마시다, 먹다'의 뜻을 가진 '마시다'와 '먹다', [喂] 즉 '먹이다, 기르다'의 뜻을 가진 '머기다'와 '치다', [會] 즉 '모으다'의 뜻을 가진 '모도다'와 '뫼호다', [成], [爲], [營], [作] 및 [制] 즉 '만들다'의 뜻을 가진 '밍글다'와 '민들다', [受] 즉 '받다'의 뜻을 가진 '받다'와 '맞다', [仕]와 [仕官] 즉 '벼슬하다'의 뜻을 가진 '벼슬ᄒ다'와 '구실ᄒ다', [攻] 즉 '괴롭히다, 들이닫다'의 뜻을 가진 '보차다'와 '드리돋다', [使] 즉 '부리다, 시키다'의 뜻을 가진 '브리다'와 '시기다', [刻]과 [鏤] 즉 '새기다, 파다'의 뜻을 가진 '사기다'와 '외ᄑ다', [收拾] 즉 '치우다, 정리하다'의 뜻을 가진 '설엊다'와 '간슈ᄒ다', [愛], [慕], [寵] 및 [僾] 즉 '사랑하다'의 뜻을 가진 'ᄉ랑ᄒ다'와 '둧다', [奪] 즉 '빼앗다'의 뜻을 가진 '앗다'와 '애혀이다', [得] 즉 '얻다'의 뜻을 가진 '얻다'와 '싣다', [鳴]과 [噪] 즉 '(새가) 울다, 우짖다'의 뜻을 가진 '울다'와 '우지다', [獻] 즉 '음식을 권하다'의 뜻을 가진 '이받다'와 '받줍다', [睡] 즉 '자다, 졸다'의 뜻을 가진 '자다'와 '조으다', [殺] 즉 '죽이다'의 뜻을 가진 '주기다'와 '잡다', [終]과 [卒] 즉 '죽다'의 뜻을 가진 '죽다'와 '없다', [養] 즉 '봉양하다, 받들어 모시다'의 뜻을 가진 '치다'와 '셤기다'와 '이받다', [攤] 즉 '펴다, 펼치다'의 뜻을 가진 '펴다'와 '혜다' 그리고 [毁], [譖] 및 [破別] 즉 '헐뜯다'의 뜻을 가진 '할아다'와 '할와티다'와 '헐쓰리다' 등 170여 항목이 있다.

<1> 가다 對 녀다

두 동작동사가 [行] 즉 '가다'의 뜻을 가지고 동의 관계에 있다는 것은 다음 예문들에서 잘 확인된다. 원문 중 '便行'이 '즉재 가다'로도 번역되고 '즉재 녀다'로도 번역된다. '早行'이 '일 가다'로도 번역되고 '일 녀다'로도 번역된다. 그리고 '行'의 자석이 '녀다'이다. 따라서 '가다'와 '녀다'의 동의성은 명백히 입증된다.

(1) a. 니러 즉재 가져(起來便行) <번老上 25a>
   b. 내 닉실 오경두에 일 가리라(我明日五更頭早行) <번老上 22b>
   c. 믄득 갈 사룸 호여 브텨 보내더니(輒因使次호야 附之호고) <번小九 77a>

(1) d. 우리 즉재 길 녀져(咱們便行) <번老上 45b>
   e. 므스므려 일 녀리오(要甚麼早行) <번老上 30b>
   f. 날희여 녀 얼우늬 뒤헤 가물(你行後長者를) <번小三 24b>

(1) g. 行 : …步也 往也 <四解下 55b>
   h. 行 : 녈 힝 <字會下 11a>

<2> 가다 對 녈다

두 동작동사가 [到] 즉 '가다, 이르다'의 뜻을 가지고 동의 관계에 있다는 것은 『번역박통사』의 다음 예문들에서 잘 확인된다. 원문 중 '到來'가 '가다'로 번역되고 '到…來'가 '녀러 오다'로 번역되므로 '가다'와 '녈다'의 동의성은 명백히 확인된다.

(2) a. 내 아릭 가디 아니호얏다니(我不曾到來) <번朴上 67b>
   b. 네 아릭 西湖ㅅ 경에 녀러 왓는다(你曾到西湖景來麼) <번朴上 67a>

<3> 가다 對 니다

두 동작동사가 [去]와 [行] 즉 '가다'의 뜻을 가지고 동의 관계에 있다는 것은 다음 예문들에서 잘 확인된다. 원문 중 '樹而去'가 '나모 심므고 가다'로 번역되고 '搶去'가 '자피여 니다'로 번역되므로 '가다'와 '니다'의 동의성은 명백히 입증된다.

(3) a. 묻고 나모 심므로 가니라(爲脩墳樹而去) <二倫 33b>
   b. 모든 도족이 브리고 가니라(群盜ㅣ 乃捨之而去호니라) <번小九 66b>
   c. 아비 버믜게 자피여 가거늘(其父爲虎所攬) <속三孝 9a>

(3) d. 乙生이 예게 자피여 니거늘(乙生爲倭寇搶去) <속三烈 9a>
   e. 즈름낄로 수머 니거늘(從間道逸去) <二倫 22a>
   f. 닐우듸 니거라 원빅가(言曰行矣元伯) <二倫 33b>

g. 티장ᄒ여 니거ᄂᆞᆯ(卽治行) <二倫 22a>

h. 잘 ᄃᆡ 니거든(歸寢이어든) <번小九 10b>

<4> 간슈ᄒ다 對 넣다

두 동작동사가 [藏] 즉 '간직하다, 넣다'의 뜻을 가지고 동의 관계에 있다는 것은 다음 예문들에서 잘 확인된다. 원문 중 '器而藏之'가 '둏히 간슈ᄒ다'로 번역되고 '藏於…篋笥'가 '설긔 넣다'로 번역되므로 '간슈ᄒ다'와 '넣다'의 동의성은 명백히 입증된다.

(4) a. 삳과 돗과ᄅᆞᆯ 집펴 둏히 간슈홀디니(簞席襡ᄒ야 器而藏之니) <번小三 17b>

b. 다 모로매 ᄉᆞ랑ᄒ며 간슈ᄒ고(皆須愛護ᄒ고) <번小八 38b>

c. 간슈호ᄆᆞᆯ 아ᄒᆡ ᄀᆞ티 ᄒ야(保之호ᄃᆡ 如嬰兒ᄒ야) <번小九 79b>

(4) d. 죠곰도 남진의 설긔 녀티 아니ᄒ며(不敢藏於夫之篋笥ᄒ며) <번小三 17b>

<5> 갈다 對 어우리ᄒ다

두 동작동사가 [佃] 즉 '小作하다'의 뜻을 가지고 동의 관계에 있다는 것은 다음 예문들에서 잘 확인된다. 원문 중 '佃租'의 '佃'이 '받 갈 사ᄅᆞᆷ'으로 번역되고 '有佃'의 '佃'이 '받 어우리ᄒ리'로 번역되므로 '갈다'와 '어우리ᄒ다'의 동의성은 명백히 입증된다.

(5) a. 받 갈 사ᄅᆞ미 조셰와 님자ᄒᆡ 귀시리(佃租主役伊) <正俗 23a>

(5) b. 받 님재 이시면 받 어우리ᄒ리 잇ᄂᆞᆫ 거시니(有主則有佃爲飛尼) <正俗 23a>

c. 어우리ᄒ린(爲佃者) <正俗 23a>

<6> 갊다 對 간슈ᄒ다

두 동작동사가 [藏] 즉 '감추다, 저장하다'의 뜻을 가지고 동의 관계에 있다는 것은 다음 예문들에서 잘 확인된다. 원문 중 '掩藏'이 'ᄢ려 갊다'로 번역된다. 그리고 '器而藏'이 '둏히 간슈ᄒ다'로 번역된다. 따라서 '갊다'와 간슈ᄒ다'의 동의성은 명백히 입증된다.

(6) a. 사ᄅᆞ미 사오나온 고ᄃᆡ 잇거든 ᄢ려 갈몰디니라(人有歹處掩藏着) <번老下 44b>

b. 삳과 돗과ᄅᆞᆯ 집펴 둏히 간슈홀디니(簞席襡ᄒ야 器而藏之니) <번小 三 17b>

<7> 값 받다 對 삯 받다

두 동작동사구가 [傭]과 [雇] 즉 '품삯 받다'의 뜻을 가지고 동의 관계에 있다는 것은 다음 예문들에서 잘 확인된다. 원문 중 '傭書'가 '글서 갑 받다'로 번역된다. 그리고 '傭'과 '雇'의 자석이 '삯 받다'이다. 따라서 '값 받다'와 '삯 받다'의 동의성은 명백히 입증된다.

(7) a. 지극 가난ᄒ여 글 서 갑 바다(貧傭書) <二倫 19a>

　　 b. 뎡균니 나가 ᄂ미 일 ᄒ고 갑 바다(卽脫身爲傭) <二倫 5a>

　　 c. ᄂ미 고공 드러 갑 바다 어미를 닙피며 머규듸(行傭而供母ᄒ듸) <번小九 21a>

(7) d. 傭 : … 役賃 <四解上 10b>

　　 e. 傭 : 삯 바ᄃᆯ 용 役賃謂雇作者 <字會中 1b>

(7) f. 雇 : 傭也 <四解下 36a>

　　 g. 雇 : 삯 바ᄃᆯ 고 客作者 <字會中 1b>

<8> 거느리다 對 ᄃ리다

두 동작동사가 [率]과 [帥] 즉 '거느리다'의 뜻을 가지고 동의 관계에 있다는 것은 다음 예문들에서 잘 확인된다. 원문 중 '率…者'가 '사ᄅ을 거느리다'로 번역되고 '率人'이 '사ᄅ ᄃ리다'로 번역되므로 '거느리다'와 'ᄃ리다'의 동의성은 명백히 입증된다.

(8) a. 그 사ᄅ이 몽상옷 몯 미처 니벳거든 혼 긔약잇 사ᄅ을 거느려(未易服則率同約者爲也) <呂約 27a>

　　 b. 힘뻐 공경오롭서 거느려(勖帥以敬ᄒ야) <번小三 12b>

(8) c. 큰 이리어든 친히 사ᄅ 만히 ᄃ리고 가(甚則親往多率人) <呂約 35a>

<9> 거느리치다 對 거느리다

두 동작동사가 [濟] 즉 '구제하다'의 뜻을 가지고 동의 관계에 있다는 것은 다음 예문들에서 잘 확인된다. 원문 중 '財濟之'가 '주워 거느리치다'로 번역된다. 그리고 '濟'가 한자어 '賙救'를 뜻하고 '濟'의 자석이 '거느리다'이다. 따라서 '거느리치다'와 '거느리다'의 동의성은 명백히 입증된다.

(9) a. 그 지비 인ᄒ야 실소ᄒ거든 모든 사ᄅ이 주워 거느리치라(其家因而失所者衆共以財濟之) <呂約

35a>

　　b. 문득 다시 주어 거느리치더라(輒復賑給ᄒᆞ니라) <번小八 23b>

(9) c. 濟 : … 賙救也 <四解上 26b>

　　d. 濟 : 거느릴 졔 <字會下 14a>

<10> 거두다 對 갇다 對 가도혀다

　세 동작동사가 [斂] 즉 '거두다'의 뜻을 가지고 동의 관계에 있다는 것은 다음 예문들에서 잘 확인된다. 원문 중 '斂髮'이 '마리를 거두다'로 번역되고 '斂蹤迹'이 '자최를 갇다'로 번역되고 '斂容'이 '양ᄌᆞ를 가도혀다'로 번역된다. 따라서 '거두다', '갇다' 및 '가도혀다'의 동의성은 명백히 입증된다.

(10) a. 마리를 거두오ᄃᆡ 둘외 드리딘 ᄃᆞᆺ게 말며(斂髮毋髢ᄒᆞ며) <번小四 11a>

　　b. 남진이 잇디 아니커든 샹ᄌᆞ애 벼개를 거두워 녀코(夫不在어든 斂枕簟ᄒᆞ며) <번小三 17b>

(10) c. 믄 닫고 자최를 갇다(閉門斂蹤迹ᄒᆞ야) <번小六 27a>

(10) d. 양ᄌᆞ를 가도혀 ᄠᅳ들 누르과ᄃᆞ녀라(斂容抑志也ㅣ니라) <번小八 27a>

　　e. 스스로 ᄆᆞ슴ᄆᆞᆯ 가도혀 ᄒᆞ면 나날 법다오매 나ᅀᅡ가ᄂᆞ니라(自檢束則日就規矩ㅣ니라) <번小八 6b>

<11> 뻐디다 對 ᄢᅴ듣다

　두 동작동사가 [陷] 즉 '꺼지다, 빠지다'의 뜻을 가지고 동의 관계에 있다는 것은 다음 예문들에서 잘 확인된다. 원문 중 '黑陷'이 '거머 뻐디다'로도 번역되고 '검고 ᄢᅴ듣다'로도 번역된다. 그리고 '乾紫陷'이 'ᄆᆞᄅᆞ며 싁프러ᄒᆞ고 뻐디다'로 번역되고 '紫乾陷'이 '싁프러ᄒᆞ거나 ᄆᆞᄅᆞ거나 ᄢᅴ듣다'로 번역된다. 따라서 '뻐디다'와 'ᄢᅴ듣다'의 동의성은 명백히 입증된다.

(11) a. ᄒᆡᆼ역이 프르러 ᄆᆞᄅᆞ며 거머 뻐(58b) 디고(斑疹青乾黑陷) <瘡疹 59a>

　　b. ᄒᆡᆼ역이 열아ᄒᆞ랫 마니 거머 뻐디고(瘡疹八九日黑陷) <瘡疹 64b>

　　c. 안ᄒᆞᆫ 거머 뻐디여 드리혀거늘(內黑陷入) <瘡疹 66b>

　　d. 그 거머 뻐딘 거시 도로 내븟고(其黑陷還透) <瘡疹 64b>

　　e. 거머 뻐디여 소이 답답(67a) ᄒᆞ야 ᄒᆞ거늘(黑陷痛悶) <瘡疹 67b>

　　f. ᄒᆡᆼ역이 뻐디여 드리혀(瘡疹陷入) <瘡疹 39a>

g. 아히 힝역이 뻐디여 드리혀느(37a) 닐 고티느니라(能治小兒痘瘡陷入) <瘡疹 37b>

h. 고히 뻐디며(鼻陷) <瘡疹 16b>

i. 프르러 무르며 싁프러ᄒ고 뻐디여(靑乾紫陷) <瘡疹 5a>

(11) j. 힝역이 검고 쯰듣거나(痘瘡黑陷) <瘡疹 27b>

k. 쏘 거머 쯰듣느니(亦或爲之黑陷) <瘡疹 14a>

l. ᄒ다가 검거나 싁프러ᄒ거나 무르거나 쯰듣느니란 빅샹환으로 즈칙오(若黑紫乾陷者百祥丸下之) <瘡疹 5b>

m. 빅빅기 뵈오 쯰듣고(稠密陷) <瘡疹 25b>

n. 쯰듣느니롤 고티느니(治…陷伏) <瘡疹 36b>

<12> 뻐디다 對 드리혀다

두 동작동사가 [陷] 즉 '꺼지다'의 뜻을 가지고 동의 관계에 있다는 것은 다음 예문들에서 잘 확인된다. 원문 중 '黑陷'이 '거머 뻐디다'로도 번역되고 '거머 드리혀다'로도 번역된다. 그리고 '陷'의 자석이 '뻐디다'이다. 따라서 '뻐디다'와 '드리혀다'의 동의성은 명백히 입증된다.

(12) a. 힝역이 프르러 무르며 거머 뻐(58b) 디고(斑疹靑乾黑陷) <瘡疹 59a>

b. 힝역이 엳아ᄒ랫 마닉 거머 뻐디고(瘡疹八九日黑陷) <瘡疹 64b>

c. 거머 뻐디여 소이 답답(67a) ᄒ야 ᄒ거늘(黑陷痛悶) <瘡疹 67b>

(12) d. 아히 힝역이 거머 드리혀거든(小兒瘢黑陷) <瘡疹 39a>

e. 힝역 긔운이 도로 드리혀모로(瘢氣逆陷故) <瘡疹 17b>

(12) d. 陷 : 入地頮 <四解下 80b>

e. 陷 : 뻐딜 함 <字會下 8a>

<13> 거르다 對 밭다

두 동작동사가 [釃]와 [盞] 즉 '거르다, 술을 거르다'의 뜻을 가지고 동의 관계에 있다는 것은 다음 예문들에서 잘 확인된다. '釃'가 한자어 '盞酒'를 뜻하고 '釃'의 자석이 '거르다'이다. 그리고 '盞'이 한자어 '盞酒'를 뜻하고 '盞'의 자석이 '밭다'이다. 따라서 '거르다'와 '밭다'의 동의성은 명백히 입증된다.

(13) a. 釃 : …盞酒 <四解上 19b>

b. 釃 : 거를 싀 <字會下 7a>

(13) c. 盝 : … 盝酒 <四解上 6b>

　　 d. 盝 : 바톨 록 <字會下 7a>

<14> 꺼리다 對 긔다

　두 동작동사가 [忌]와 [憚] 즉 '꺼리다'의 뜻을 가지고 동의 관계에 있다는 것은 다음 예문들에서 잘 확인된다. 원문 중 '所忌'가 '꺼리는 것'으로 번역되고 '忌醫'가 '의원을 긔다'로 번역된다. 그리고 '憚改'가 '고툐믈 꺼리다'로 번역된다. 따라서 '꺼리다'와 '긔다'의 동의성은 명백히 입증된다.

(14) a. 말 하미 모든 사롬의 꺼리는 거시라(多言衆所忌라) <번小六 24a>

　　 b. 고툐믈 꺼리디 아니호면 顏子이 왼 일 다시 아니호몰 졈졈 가히 비호리라(不憚改則顏子之不貳
　　　 믈 漸可矣리라) <번小六 9b>

　　 c. 잇부믈 꺼리디 아니호야(不憚劬勞호야) <번小八 25b>

(14) d. 병을 앗겨 의원을 긔여…긔돋디 몯히욤 구토(4b) 니(如護疾而忌醫호야…無悟也호노니) <번小
　　　 八 5a>

(14) e. 忌 : 忌諱 <四解上 14b>

　　 f. 憚 : 忌也 <四解上 77a>

<15> 거티다 對 거텨디다

　두 동작동사가 [蹶]과 [跌] 즉 '넘어지다'의 뜻을 가지고 동의 관계에 있다는 것은 다음 예문들에서 잘 확인된다. '蹶'이 한자 '跌'과 同義이고 '蹶'의 자석이 '거티다'이다. 그리고 '跌'의 자석이 '거텨디다'이다. 따라서 '거티다'와 '거텨디다'의 동의성은 명백히 입증된다.

(15) a. 蹶 : 跌也 <四解下 9a>

　　 b. 蹶 : 거틸 궐 <字會下 12a>

(15) c. 跌 : 거텨딜 딜 <字會下 12a>

<16> 건디다 對 거니다

　두 동작동사가 [拯]과 [援] 즉 '건지다, 구조하다'의 뜻을 가지고 동의 관계에 있다는 것은 다음 예문에서 잘 확인된다. 원문 중 '拯出'이 '건뎌 내다'로 번역되고 '援出'이 '거녀 내다'로 번역되므로 '건디다'와 '거니다'의 동의성은 명백히 입증된다.

(16) a. 무솔 사루미 보고 제 집 사룸 블러 건뎌 내여늘(里人適見之 呼其家人拯出) <속三烈 28a>
　　　b. 梁氏 문득 뛰여 들어늘 제 오라비 거녀 내니라(梁氏遽投入 其兄援出) <속三烈 18a>

<17> 고티다/곧티다 對 가시다

두 동작동사가 [改] 즉 '고치다'의 뜻을 가지고 동의 관계에 있다는 것은 『번역소학』의 다음 예문들에서 잘 확인된다. 원문 중 '追改'가 '미조차 고티다'로 번역되고 '不改'가 '곧티디 아니ᄒᆞ다'와 '가시디 아니ᄒᆞ다'로 번역되므로 '고티다/곧티다'와 '가시다'의 동의성은 명백히 확인된다.

(17) a. 나ᄃᆞ롤 미조차 고티며(追改日月ᄒᆞ며) <번小七 29b>
　　　b. 가문이 셩ᄒᆞ며 쇠호모로 절개를 곧티디 아니ᄒᆞ고(不以盛衰로 改節ᄒᆞ고) <번小九 63a>

(17) c. 아쳐티 아니ᄒᆞ며 가시디 아니ᄒᆞ야(不厭不改ᄒᆞ야) <번小六 10a>

<18> 곧티다 對 밧ᄭᆞ다

두 동작동사가 [易] 즉 '고치다, 바꾸다'의 뜻을 가지고 동의 관계에 있다는 것은 다음 예문들에서 잘 확인된다. 원문 중 '易辭'가 '말ᄉᆞᆷ을 곧티다'로 번역되고 '易心'이 'ᄆᆞᅀᆞᆷ을 곧티다'로 번역된다. 그리고 '易'의 자석이 '밧ᄭᆞ다'이다. 따라서 '곧티다'와 '밧ᄭᆞ다'의 동의성은 명백히 입증된다.

(18) a. 주구매 다ᄃᆞ라셔 말ᄉᆞᆷ을 곧티디 아니호ᄆᆞᆫ(臨死不易辭ᄂᆞᆫ) <번小九 47a>
　　　b. 義ᄒᆞᄂᆞᆫ 사룸은 사라시며 주구모로 ᄆᆞᅀᆞᆷ을 곧티디 아니ᄒᆞᄂᆞ니(義者ᄂᆞᆫ 不以存亡으로 易心이니)
　　　　　<번小九 63a>

(18) c. 易 : 變也 改也 <四解下 56b>
　　　d. 易 : 밧쑬 역 <字會上 18a>

<19> 곱돌다 對 두려디 돌다

동작동사 '곱돌다'와 동작동사구 '두려디 돌다'가 [周還] 즉 '둥글게 돌다'의 뜻을 가지고 동의 관계에 있다는 것은 다음 예문들에서 잘 확인된다. 원문 중 '周還'이 '곱돌다'로도 번역되고 '두려디 돌다'로도 번역되므로 '곱돌다'와 '두려디 돌다'의 동의성은 명백히 입증된다. 동작동사 '곱돌다'는 어간 '곱'과 동사 '돌다'의 合成이다. '두려디'는 [圓] 즉 '둥글다'의 뜻을 가진 상태동사 '두렫다'에서 파생된 부사로 '두
렫+이'로 분석될 수 있다.

(19) a. 나ᅀᅡ며 므르며 곱도로ᄃᆞᆯ(進退周還을) <번小四 21b>

　　b. 두려디 도로ᄃᆡ 規에 맛게 ᄒᆞ고(周還中規ᄒᆞ며) <번小四 20b>

<20> 쑤러 앉다 對 졍다이 앉다

두 동작동사구가 [危坐] 즉 '굻어 앉다, 바르게 앉다'의 뜻을 가지고 동의 관계에 있다는 것은 다음 예
문들에서 잘 확인된다. 원문 중 '危坐'가 '쑤러 앉다'로도 번역되고 '졍다이 앉다'로도 번역된다. 따라서
'쑤러 앉다'와 '졍다이 앉다'의 동의성은 명백히 입증된다.

(20) a. 져므도록 무루플 뎝수겨 쑤러 안자셔(終日斂膝危坐ᄒᆞ야) <번小十 8b>

　　b. 容이ᄂᆞ 혼자 쑤러 안자 더욱 조심ᄒᆞ더니(容이 獨危坐ᄒᆞ야 愈恭ᄒᆞ더니) <번小十 6b>

(20) c. 모로매 괴오ᄒᆞᆫ 지븨 졍다이 안자(須靜室危坐ᄒᆞ야) <번小八 35a>

<21> 구버 디내다 對 술위 우희셔 구버 디내다

두 동작동사구가 [軾] 즉 '몸을 굽히며 절하다'의 뜻을 가지고 동의 관계에 있다는 것은 다음 예문들
에서 잘 확인된다. 원문 중 '軾路馬'가 '님금 ᄆᆞᄅᆞᆯ 보고 구버 디내다'로 번역된다. 그리고 '必軾'이 '반ᄃᆞ
시 술위 우희셔 구버 디내다'로 번역된다. 따라서 '구버 디내다'와 '술위 우희셔 구버 디내다'의 동의성
은 명백히 입증된다. 동작동사구 '구버 디내다'는 동작동사 '굽다'의 부사형 '구버'와 동작동사 '디내다'
의 결합이다.

(21) a. 禮예 구읫 문의 디나갈 제 ᄇᆞ리며 님금 ᄆᆞᄅᆞᆯ 보고 구버 디내라 ᄒᆞ엿고(禮예 下公門ᄒᆞ고 軾路馬ᄒ
　　며) <번小十 4b>

　　b. 님금 굴위 메ᄂᆞᆫ ᄆᆞᄅᆞᆯ 보와든 반ᄃᆞ시 술위 우희셔 구버 디내더라(見路馬ᄒᆞ고 必軾焉ᄒᆞ더라) <번
　　小九 83a>

(21) c. 軾 : 車前橫木 <四解下 54b>

<22> 구짖다 對 구슝ᄒᆞ다

두 동작동사가 [叱], [詬] 및 [罵] 즉 '꾸짖다'의 뜻을 가지고 동의 관계에 있다는 것은 다음 예문들에

서 잘 확인된다. 원문 중 '叱狗'가 '가히도 구짖다'로 번역되고 '詬…其母'가 '어미 구숑ᄒ다'로 번역된다. 그리고 '罵'의 자석이 '구짖다'이다. 따라서 '구짖다'와 '구숑ᄒ다'의 동의성은 명백히 입증된다.

(22) a. 고마온 손 앏ᄑᆡᄂᆞᆫ 가히도 구짓디 말며(尊客之前에 不叱狗ᄒ며) <번小三 29a>
　　　b. 어미 조쳐 구숑ᄒ거늘(詬及其母) <二倫 17a>

(22) c. 罵 : ᄠᅳᆯ也 <四解下 29b>
　　　d. 罵 : 구지즐 마 正斥曰罵 <字會下 7a>

두 동작동사 '구짖다'와 '구숑ᄒ다'가 [叱], [罵] 및 [呵叱] 즉 '꾸짖다'의 뜻을 가지고 동의 관계에 있다는 것은 다음 예문들에서 잘 확인된다. 원문 중 '叱解衣'가 '옷 바ᄉ라 구짖다'로 번역되고 '呵叱'이 '구숑ᄒ다'로 번역된다.

(22) e. 도ᄌᆞ기 노ᄒᆞ야 갈 ᄲᅡ야 옷 바ᄉ라 구지즌대(賊怒拔刀叱解衣) <속三忠 1a>
　　　f. 忠이 … 도ᄌᆞᄀᆡ게 자펴 구짓고 항티(3a) 아니ᄒᆞ야 죽거늘(忠…遇伏被執罵賊不屈死) <속三忠 3b>
　　　g. 죵 츄겨 나ᄅᆞᆯ 구지제라(嗾奴罵妾) <속三忠 5a>

(22) h. 구숑하여 문늬 나가라 ᄒᆞ대(便呵叱其婦 遂令出門) <二倫 8a>

<23> 구짖다 對 허믈ᄒ다

두 동작동사가 [誚]와 [譴] 즉 '꾸짖다, 책망하다'의 뜻을 가지고 동의 관계에 있다는 것은 다음 예문들에서 잘 확인된다. '誚'가 한자 '責'과 同義이고 '誚'의 자석이 '구짖다'이다. 그리고 '譴'이 한자어 '責'과 同義이고 '譴'의 자석이 '허믈ᄒ다'이다. 따라서 '구짖다'와 '허믈ᄒ다'의 동의성은 명백히 입증된다.

(23) a. 誚 : 責也 <四解下 15b>
　　　b. 誚 : 구지즐 쵸 <字會下 12b>

(23) c. 譴 : 責也 <四解下 1b>
　　　d. 譴 : 허믈홀 견 <字會下 12b>

<24> ᄢᅱ이다 對 빌다

두 동작동사가 [假貸], [貸] 및 [借] 즉 '빌리다'의 뜻을 가지고 동의 관계에 있다는 것은 다음 예문들에서 잘 확인된다. 원문 중 '假貸'가 'ᄢᅱ이다'로 번역된다. '貸'가 한자 '借'와 同義이고 '貸'의 자석이 'ᄢᅱ

이다'이다. 그리고 '借'가 한자 '貸'와 同義이고 '借'의 자석이 '빌다'이다. 따라서 '뛰이다'와 '빌다'의 동의성은 명백히 입증된다.

(24) a. 미리 빅셩의게 머글 거슬 뛰이며(必先期假貸ᄒ며) <번小十 14b>

    b. 혹 뛰여 사롤 이롤 ᄒ고(或爲之假貸置産) <呂約 35b>

(24) c. 貸 : …借也 <四解上 43a>

    d. 貸 : 뛰일 디 <字會下 10a>

(24) e. 借 : …又貸也 <四解下 32a>

    f. 借 : 빌 챠 <字會下 10a>

<25> 쯔스다 對 잇그다

두 동작동사가 [挽], [曳] 및 [牽] 즉 '끌다'의 뜻을 가지고 동의 관계에 있다는 것은 다음 예문들에서 잘 확인된다. 원문 중 '挽鹿車'가 '쟈근 술의를 쯔스다'로 번역되고 '牽馬'가 'ᄆᆞᆯ 잇그다'로 번역되므로 '쯔스다'와 '잇그다'의 동의성은 명백히 입증된다.

(25) a. 宣과 쟈근 술의를 굴와 쯔서(與宣으로 共挽鹿車ᄒ야) <번小九 59b>

    b. 바횟 굼긔 수멋거늘 쯔서 내여(匿巖穴間이어를 曳出之ᄒ야) <번小九 66a>

(25) c. 우리 둘히 ᄆᆞᆯ 잇거 가마(我兩箇牽馬去) <번老上 34b>

    d. 네 이 ᄆᆞᆯ 잇거 도라가(你牽迴這馬去) <번老上 37a>

<26> 쯔싀다 對 믈쯔이다

두 동작동사가 [澇] 즉 '물에 잠기다'의 뜻을 가지고 동의 관계에 있다는 것은 다음 예문들에서 잘 확인된다. 원문 중 '澇了'가 '다 쯔싀다'로 번역된다. 그리고 '澇'의 자석이 '믈쯔이다'이다. 따라서 '쯔싀다'와 '믈쯔이다'의 동의성은 명백히 입증된다.

(26) a. 뎐회 다 쯔셔(澇了田禾) <번朴上 9b>

(26) b. 澇 : 淹沒也 <四解下 23a>

    c. 澇 : 믈쯔일 로 俗稱水澇 <字會上 2a>

<27> 쯔싀다 對 채다

두 동작동사가 [澇] 즉 '물에 잠기다'의 뜻을 가지고 동의 관계에 있다는 것은 다음 예문들에서 잘 확인된다. 원문 중 '澇了田禾'가 '뎐회 다 쯔싀다'로 번역되고 '水澇了'가 '므리 채다'로 번역된다. 따라서 '쯔싀다'와 '채다'의 동의성은 명백히 입증된다.

(27) a. 뎐회 다 쯔셔훈 불회도 업다(澇了田禾 無一根兒) <번朴上 9b>
　　　b. ᄀᆞ슬히눈 므리 채여 뎐회 거두디 몯ᄒᆞ니(秋裏水澇了 田禾不收的) <번老上 53a>

<28> 그위죵ᄒᆞ다 對 구의ᄒᆞ다

두 동작동사가 [訟] 즉 '송사하다, 소송하다'의 뜻을 가지고 동의 관계에 있다는 것은 다음 예문들에서 잘 확인된다. 원문 중 '至鬪訟'이 '사화 그위죵ᄒᆞ다'로 번역된다. 그리고 '訟'의 자석이 '구의ᄒᆞ다'이다. 따라서 '그위죵ᄒᆞ다'와 '구의ᄒᆞ다'의 동의성은 명백히 입증된다.

(28) a. 시혹 지보로 서르 섯거셔 사화 그위죵ᄒᆞ며(或因財物相交而至鬪訟爲旀) <正俗 13a>
　　　b. 그위죵ᄒᆞ여(訴訟於官爲旀) <正俗 26b>

(28) c. 訟 : 爭訟 <四解上 8a>
　　　d. 訟 : 구의홀 숑 爭財爲訟 <字會下 14a>

<29> 긇다 對 것긇다

두 동작동사가 [滾] 즉 '긇다'의 뜻을 가지고 동의 관계에 있다는 것은 『번역노걸대』의 다음 예문들에서 잘 확인된다. 원문 중 '滾時'가 'ᄀᆞ장 글커든'으로 번역되고 '滾的'이 'ᄀᆞ장 것글훔'으로 번역된다. 그리고 '滾'의 자석이 '긇다'이다. 따라서 '긇다'와 '것긇다'의 동의성은 명백히 입증된다.

(29) a. 네 가마의 블 디더 ᄀᆞ장 글커든(你燒的鍋滾時) <번老上 19b>
　　　b. 믈읫 ᄀᆞ장 것글후미 ᄒᆞᆫ 디위만 ᄒᆞ거든(但滾的一霎兒) <번老上 20a>

(29) c. 滾 : 大水流兒 <四解上 62b>
　　　d. 滾 : 글흘 곤 熱湯涌花 <字會下 5b>

<30> 긔걸ᄒᆞ다 對 시기다

두 동작동사가 [令]과 [命] 즉 '명하다, 명령하다'의 뜻을 가지고 동의 관계에 있다는 것은 다음 예문들에서 잘 확인된다. 원문 중 '令其子弟'가 '그 ᄌᆞ뎨롤 긔걸ᄒᆞ다'로 번역되고 '君令'이 '님그믄 시기시다'로 번역된다. '常命'이 '샹해 긔걸ᄒ다'로 번역되고 '命子弟'가 'ᄌ뎨를 시기다'로 번역된다. 그리고 '令'의 자석이 '긔걸ᄒ다'이다. 따라서 '긔걸ᄒ다'와 '시기다'의 동의성은 명백히 입증된다.

(30) a. 부형이 글 ᄌ조로 그 ᄌ뎨를 긔걸ᄒ고(父兄이 以文藝로 令其子弟ᄒ고) <번小八 24b>

b. 샹해 긔걸ᄒ야 苦參과 黃連과 熊膽과를 ᄀ라(常命粉苦參黃連熊膽ᄒ야) <번小九 106b>

c. 혼 짓 이를 긔걸ᄒ더라(一家之事 聽命焉) <二倫 30a>

(30) d. 님그믄 시기시거든 臣下ᄂ 조심ᄒ야 ᄒ며(君令臣共ᄒ며) <번小三 43b>

e. 님그믄 시교믈 그르 아니ᄒ시며(君令而不違ᄒ며) <번小三 44a>

f. ᄌ뎨를 논화 시겨(分命子弟ᄒ야) <번小九 108a>

g. 或 시기신 이리 ᄒ요매 올티 아니ᄒ거든(或所命이 有不可行者ㅣ어든) <번小七 2a>

(30) h. 令: 使也 使令 <四解下 56b>

i. 令: 긔걸홀 령 號令 <字會上 18b>

<31> ᄢ다 對 ᄢ우다

두 동작동사가 [嵌] 즉 '끼우다, 끼워 넣다'의 뜻을 가지고 동의 관계에 있다는 것은 다음 예문들에서 잘 확인된다. 원문 중 '嵌…條子'가 '갸품 ᄢ다'로 번역된다. 그리고 '嵌'의 자석이 'ᄢ우다'이다. 따라서 'ᄢ다'와 'ᄢ우다'의 동의성은 명백히 입증된다.

(31) a. 금션람 비단 갸품 ᄢ고(嵌金線藍條子) <번朴上 26a>

b. 겨ᅀ렌 람 비단 갸품에 금션 조쳐 ᄲᆡᆨ 기ᄌ피 휘 시노ᄃᆡ(到冬間穿嵌金線藍條子白麂皮靴) <번老下 52b>

(31) c. 嵌: 嵌巖山險貌 <四解下 80a>

d. 嵌: ᄢ울 감 俗稱窟嵌 <字會下 9a>

<32> ᄢ다 對 ᄢᄒ다

두 동작동사가 [嵌] 즉 '끼우다, 끼워 넣다'의 뜻을 가지고 동의 관계에 있다는 것은 다음 예문들에서 잘 확인된다. 원문 중 '嵌…條子'가 '갸품 ᄢ다'로 번역되고 '嵌八寶'가 '팔보 ᄢᄒ다'로 번역된다. 따라서 'ᄢ다'와 'ᄢᄒ다'의 동의성은 명백히 입증된다.

(32) a. 금션람 비단 갸품 ᄢ고(嵌金線藍條子) <번朴上 26a>

b. 겨스렌 람 비단 가품에 금션 조쳐 빅 기즈피 휘 시노딕(到冬間穿嵌金線藍條子白麂皮靴) <번老
下 52b>

(32) c. 연야두루 비체 텬화의 팔보 삐흔 문앳 비단(黑綠天花嵌八寶) <번老下 24a>

<33> 삐들다 對 추들다

두 동작동사가 [扶持]와 [掖] 즉 '부축하다'의 뜻을 가지고 동의 관계에 있다는 것은 다음 예문들에서
잘 확인된다. 원문 중 '扶持起'가 '삐드러 닐다'로 번역되고 '誘掖激勵'가 '달애며 추들며 닐와드며 힘식
우다'로 번역된다. 따라서 '삐들다'와 '추들다'의 동의성은 명백히 입증된다.

(33) a. 錦이 겨틔 나디 아니ᄒ야셔 삐드러 닐며 누이며 ᄒ고(錦不離側 扶持起臥) <속三孝 27a>
b. 나며 들 제 미양 삐들며(出入常扶持) <속三孝 31a>

(33) c. 그 달애며 추들(13b)며 닐와드며 힘식우며 저지ᄃᆺ ᄒ며 ᄀ둣 ᄒ야 어디리 도이게 ᄒᄂ 도리 다 졀
치 잇ᄂ니라(其所以誘掖激勵ᄒ야 漸摩成就之道ㅣ 皆有節序ᄒᄂ니라) <번小九 14a>

<34> 기르마짛다 對 기르마짓다

두 합성동작동사가 [鞁]과 [鞁了] 즉 '말 수레에 메우다'의 뜻을 가지고 동의 관계에 있다는 것은 다
음 예문들에서 잘 확인된다. '鞁'의 자석이 '기르마짛다'이다. 그리고 '鞁了馬'가 '몰 기르마짓다'로 번역
된다. 따라서 '기르마짛다'와 '기르마짓다'의 동의성은 명백히 입증된다. 합성동작동사 '기르마짛다'는
명사 '기르마'와 동작동사 '짛다'의 合成이고 합성동작동사 '기르마짓다'는 명사 '기르마'와 동작동사
'짓다'의 合成이다.

(34) a. 鞁 : …今俗謂以鞍裝馬曰鞁馬鞁鞍子 <四解上 16a>
b. 鞁 : 기르마지홀 피 俗稱鞁馬鞁鞍子 <字會下 9a>

(34) c. 몰 기르마진노라 ᄒ(38a)면(鞁了馬時) <번老上 38b>

<35> 깃다 對 즐기다

두 동작동사가 [悅] 즉 '기뻐하다'의 뜻을 가지고 동의 관계에 있다는 것은 다음 예문들에서 잘 확인
된다. 원문 중 '不悅'이 '깃디 아니ᄒ다'로도 번역되고 '즐기디 아니ᄒ다'로도 번역되므로 '깃다'와 '즐기
다'의 동의성은 명백히 입증된다.

(35) a. 저를 아당ᄒᆞᄂᆞ니를 깃거(佞己者를 悅之ᄒᆞ야) <번小六 18b>

　　 b. 宣이 깃디 아니ᄒᆞ야(宣이 不悅ᄒᆞ야) <번小九 59a>

(35) c. 녯 도를 즐기디 아니ᄒᆞ야(不悅古道ᄒᆞ야) <번小六 18a>

　　 d. 사ᄅᆞ미 경계호ᄆᆞᆯ 즐겨 아니호ᄆᆡ(不喜人規ᄒᆞᄂᆞ디) <번小八 4b>

<36> ᄀᆞᄅᆞ치다 對 ᄀᆞᆮ다

　두 동작동사가 [敎] 즉 '가르치다'의 뜻을 가지고 동의 관계에 있다는 것은 다음 예문들에서 잘 확인된다. 원문 중 '耐繁敎'가 '즐겨 ᄀᆞᄅᆞ치다'로도 번역되고 '즐겨 ᄀᆞᆮ다'로도 번역된다. 그리고 '敎'의 자석이 'ᄀᆞᄅᆞ치다'이다. 따라서 'ᄀᆞᄅᆞ치다'와 'ᄀᆞᆮ다'의 동의성은 명백히 입증된다.

(36) a. ᄀᆞ장 즐겨 ᄀᆞᄅᆞ치ᄂᆞ다(好生耐繁敎) <번老上 6b>

　　 b. 즐겨 ᄀᆞᆮᄂᆞ녀 즐겨 ᄀᆞᄅᆞ치디 아닛ᄂᆞ녀(耐繁敎那 不耐繁敎) <번老上 6b>

(36) c. 敎 : 使之爲之 <四解上 23a>

　　 d. 敎 : ᄀᆞᄅᆞ칠 교 <字會下 14a>

<37> ᄀᆞ초다 對 ᄆᆡᆼᄀᆞᆯ다 對 쟝만ᄒᆞ다

　세 동작동사가 [具] 즉 '갖추다, 장만하다'의 뜻을 가지고 동의 관계에 있다는 것은 다음 예문들에서 잘 확인된다. 원문 중 '具食'이 '머글 거슬 ᄀᆞ초다'로 번역되고 '具奠饌'이 '祭를 ᄆᆡᆼᄀᆞᆯ다'로 번역되고 '具酒饌'이 '수울과 차반 쟝만ᄒᆞ다'로 번역된다. 따라서 'ᄀᆞ초다', 'ᄆᆡᆼᄀᆞᆯ다' 및 '쟝만ᄒᆞ다'의 동의성은 명백히 입증된다.

(37) a. 딕월이 돈ᄋᆞᆯ 모도와 머글 거슬 ᄀᆞ초올디니(直月伊 率錢具食伊尼) <呂約 37b>

　　 b. 손소 祭를 ᄆᆡᆼᄀᆞ오(躬具奠饌) <속三孝 28a>

　　 c. 의식 수울와 차반 쟝만ᄒᆞ야 이받더라(必具酒饌以奉) <속三孝 28a>

<38> 글희다 對 골오다

　두 동작동사가 [擇] 즉 '가리다, 고르다'의 뜻을 가지고 동의 관계에 있다는 것은 다음 예문들에서 잘 확인된다. 원문 중 '擇士'가 '士를 글희다'로 번역되고 '擇婿'가 '사회를 골오다'로 번역되므로 '글희다'와 '골오다'의 동의성은 명백히 입증된다.

(38) a. 士를 글히여 學애 드료딕(擇士入學호딕) <번小九 15a>

　　b.그 듕에 비혼 이리 불그며 덕이 노푸니늘 글히여(擇其學明德尊者ᄒᆞ야) <번小九 14b>

　　c. 다 사회를 글히오(皆爲選婿ᄒᆞ야) <번小十 15a>

(38) d. 반ᄉᆞ시 위ᄒᆞ야 사회를 골와 얼요딕(必爲擇婿ᄒᆞ야 嫁之호딕) <번小九 103b>

　　e. 다믄 쳔흔 거슬(66b) 골와 사ᄂᆞ니(只揀賤的買) <번老下 67a>

<39> 글히다 對 글히집다

두 동작동사가 [辨] 즉 '분별하다'의 뜻을 가지고 동의 관계에 있다는 것은 다음 예문들에서 잘 확인된다. 원문 중 '辨是非'가 '올ᄒᆞ며 외요믈 글히다'로 번역되고 '辨一理'가 '흔 스리를 글히집다'로 번역되므로 '글히다'와 '글히집다'의 동의성은 명백히 입증된다.

(39) a. 올ᄒᆞ며 외요믈 글히욜디니라(辨是非니라) <번小六 34b>

　　b. 증후를 글히리 힁역즁이 이쇼딕(辨證候有瘡疹證) <瘡疹 28b>

　　c. 이믜 ᄌᆞ라난 글히여 ᄎᆞ리믈 더욱 졍히 ᄒᆞ야(旣長 辨析益精) <二倫 48a>

(39) d. 오늘 나래 흔 스리를 글히지버 ᄒᆞ고 ᄂᆡ실 나래 흔 스리를 글히지버ᄒᆞ면(今日에 辨一理ᄒᆞ고 明日에 辨一理ᄒᆞ면) <번小八 36b>

<40> 나기ᄒᆞ다 對 던다

두 동작동사가 [賭] 즉 '내기하다'의 뜻을 가지고 동의 관계에 있다는 것은 다음 예문들에서 잘 확인된다. 원문 중 '賭一箇羊着'과 '賭一箇筵席着'의 '賭'가 '나기ᄒᆞ다'로도 번역되고 '던다'로도 번역된다. 그리고 '賭'의 자석이 '나기ᄒᆞ다'이다. 따라서 '나기ᄒᆞ다'와 '던다'의 동의성은 명백히 입증된다.

(40) a. 우리 므슴 나기 ᄒᆞ료 흔 양을 나기ᄒᆞ져(咱賭甚麼 咱賭一箇羊着) <번朴上 23a>

　　b. 우리 므슴 나기 ᄒᆞ료 우리 흔 이바디 던져(咱賭甚麼 咱賭一箇筵席着) <번朴上 54b>

(40) c. 賭 : 博奕取材 <四解上 37a>

　　d. 賭 : 나기홀 도 <字會下 10a>

<41> 나다 對 내붇다

두 동작동사가 [發] 즉 '나다'의 뜻을 가지고 동의 관계에 있다는 것은 다음 예문들에서 잘 확인된다.

원문 중 '發瘡'이 '힝역이 나다'로 번역되고 '瘡…發'이 '힝역이 내붗다'로 번역된다. 따라서 '나다'와 '내 붗다'의 동의성은 명백히 입증된다. 동작동사 '내붗다'는 『창진방촬요』(1517)에 처음으로 등장한다.

(41) a. 힝역이 난 아흐래 열흘 마닉(發瘡至九日十日) <瘡疹 68a>

　　　b. 힝역이 난 열나흘 마닉(發瘡疹至十四日) <瘡疹 69a>

　　　c. 힝역이 난 열사나흘 마닉(發瘡疹至十三四日) <瘡疹 69b>

(41) d. 힝역이…내붓디 아(16a) 니ᄒ며(瘡…不發) <瘡疹 16b>

　　　e. 힝역이 릉히 내붓디 몯ᄒᄂ니(瘡又不能發) <瘡疹 11a>

　　　f. 이믜 내붓거나 몯 내부처신 저긔(已發未發) <瘡疹 11a>

　　　g. 그 힝역이 반듸시 빗나며 내부츠며(其瘡必光澤必起發) <瘡疹 20b>

　　　h. 그 힝역이 빗나디 아니ᄒ며 내붓디 아니ᄒ며(其瘡不光澤不起發) <瘡疹 19b> <瘡疹 20a>

　　　i. 發出 : 내부처 나게 ᄒᄂ 약 <瘡疹 目錄 1a>

<42> 나다 對 돋다

두 동작동사가 [發]과 [出] 즉 '나다'의 뜻을 가지고 동의 관계에 있다는 것은 다음 예문들에서 잘 확 인된다. 원문 중 '發瘡疹'이 '힝역이 나다'로도 번역되고 '힝역이 돋다'로도 번역된다. '瘡出'이 '힝역이 나다'로도 번역되고 '힝역이 돋다'로도 번역된다. 그리고 '已出'이 '이믜 나다'로도 번역되고 '이믜 돋다' 로도 번역된다. 따라서 '나다'와 '돋다'의 동의성은 명백히 입증된다.

(42) a. 힝역이 난 열나흘 마닉(發瘡疹至十四日) <瘡疹 69a>

　　　b. 힝역이 난 열사나흘 마닉(發瘡疹至十三四日) <瘡疹 69b>

　　　c. 힝역이 난 아흐래 열흘 마닉(發瘡疹至九日十日) <瘡疹 68a>

　　　d. 목 올ᄒ녀긔 브스르미 나듸(項右邊發腫) <瘡疹 68a>

　　　e. 간대로 닐오듸 힝역이 샐리 나게 콰라 ᄒᄂ니(猥曰使瘡出快) <瘡疹 13b>

　　　f. 그 힝역 나미(其瘡出) <瘡疹 3b>

　　　g. 아히 힝역이 이믜 낫거나 나디 몯ᄒ 스싀예(小兒瘡疹已出未出之間) <瘡疹 19b>

(42) h. 힝역이 도다셔(發瘡疹) <瘡疹 55a>

　　　i. 힝역이 도다(發瘡疹) <瘡疹 67a>

　　　j. 힝역이 도든 닐웨 여드래예 염그럿다가(發瘡七八日肥滿) <瘡疹 65b>

　　　k. 됴히 힝역은 닐웨예 덥다라 돋고(聖瘡七日熱而發) <瘡疹 15b>

l. 힝역 도도미 더욱 어려오며(瘡出愈難) <瘡疹 14a>

m. 힝역 도돔이 ㄱ장 쉬우니라(瘡出爲甚易) <瘡疹 15b>

n. 이믜 도다셔 됴티 몯흔 스싀예(已出未愈之間) <瘡疹 19b>

o. 힝역이 비록 돋디 몯ㅎ야도(瘢雖未出) <瘡疹 18b>

<43> 나들다 對 드나들다

두 동작동사가 [出入] 즉 '나들다, 드나들다'의 뜻을 가지고 동의 관계에 있다는 것은 다음 예문들에서 잘 확인된다. 원문 중 '每出入'이 '미양 나들다'로도 번역되고 '미양 드나들다'로도 번역된다. 따라서 '나들다'와 '드나들다'의 동의성은 명백히 입증된다. '나들다'는 동작동사 '나다'[出]의 어간 '나'와 동작동사 '들다'[入]의 비통사적 합성이다.

(43) a. 미양 나들 저긔 살문 밧긔셔 ᄆᆞᆯ 브리며(每出入에 常於戟門外예 下馬ᄒᆞ며) <번小十 12b>

b. 미양 드나ᄃᆞ라 殿門에 ᄂᆞ릴 제(每出入下殿門에) <번小九 37a>

<44> 남진 얼다 對 셔방ᄒᆞ다

동작동사구 '남진 얼다'와 동작동사 '셔방ᄒᆞ다'가 [嫁] 즉 '시집가다'의 뜻을 가지고 동의 관계에 있다는 것은 다음 예문들에서 잘 확인된다. 원문 중 '孝婦…嫁'가 '흔 효도로온 며느리…남진 얼다'로 번역되고 '爲資裝嫁之'가 '결속ᄒᆞ야 셔방ᄒᆞ게 ᄒᆞ다'로 번역된다. 따라서 '남진 얼다'와 '셔방ᄒᆞ다'의 동의성은 명백히 입증된다. 동작동사 '셔방ᄒᆞ다'는 『번역소학』에 처음으로 등장한다.

(44) a. 漢 시졀 陳州 ᄯᅡ히 흔 효도로운 며느리 나히 열 여스신 제 남진 어러 ᄌᆞ식 업더니(漢陳孝婦ㅣ 年 十六而嫁ᄒᆞ야 未有子ᄒᆞ더니) <번小九 55a>

b. 내죵내 다른 남진 어를 ᄠᅳ디 업더라(終無嫁意ᄒᆞ더라) <번小九 55b>

(44) c. 녹 튼 그믈 주어 결속ᄒᆞ야 셔방ᄒᆞ게 ᄒᆞ더라(出俸金ᄒᆞ야 爲資裝ᄒᆞ야 嫁之ᄒᆞ더라) <번小十 15a>

<45> 너흐다 對 믈다

두 동작동사가 [齧]과 [齦] 즉 '믈다, 깨믈다'의 뜻을 가지고 동의 관계에 있다는 것은 다음 예문들에서 잘 확인된다. 원문 중 '齧骨'이 '쎠를 너흐다'로 번역된다. '齦'이 한자 '齧'과 同義이고 고유어 '너흐다'를 뜻하고 '齦'의 자석이 '너흐다'이다. 그리고 '齧'과 同字인 '嚙'의 자석이 '믈다'이다. 따라서 '너흐다'와 '믈다'의 동의성은 명백히 입증된다.

(45) a. 뼈를 너흐디 말며(毋齧骨ᄒ며) <번小四 26a>

(45) b. 齦 : 齧也 今俗語 너흐다 <四解上 61b>

　　 c. 齦 : 너흘 근 <字會下 6b>

(45) d. 齧 : 噬也 <四解下 2a>

　　 e. 嚙 : 믈 혈 <字會下 4b>

<46> 널이다 對 해자널이다

두 동작동사가 [定害] 즉 '폐를 끼치다'의 뜻을 가지고 동의 관계에 있다는 것은 다음 예문들에서 잘 확인된다. 원문 중 '定害處'가 '널인 곧'으로도 번역되고 '해자널인 곧'으로도 번역된다. 따라서 '널이다' 와 '해자널이다'의 동의성은 명백히 입증된다.

(46) a. 너희 므슴 널인 고디 이시리오(你有甚麼定害處) <번老上 59a>

　　 b. 여긔 널이괘이다(這裏定害了) <번老上 59a>

(46) c. 므슴 해자널인 고디 이실고(有甚麼定害處) <번老上 43b>

<47> 녛다 對 드리다

두 동작동사가 [入] 즉 '넣다, 들이다'의 뜻을 가지고 동의 관계에 있다는 것은 다음 예문들에서 잘 확인된다. 원문 중 '入密'이 '뿔 녛다'로 번역되고 '入生地黃'이 '싱디황을 드리다'로 번역된다. 따라서 '녛다'와 '드리다'의 동의성은 명백히 입증된다.

(47) a. 뿔 져기 녀허(入密少許) <瘡疹 44b>

　　 b. 산 도틱 소리옛 피롤 녀허(入生猪尾血) <瘡疹 14a>

(47) c. 싱디황을 져기 드료딕(入生地黃少許) <瘡疹 45b>

<48> 노기다 對 딤질ᄒ다

두 동작동사가 [鎔], [鑄] 및 [鎔鑄] 즉 '쇠를 녹이다, 주조(鑄造) 하다'의 뜻을 가지고 동의 관계에 있다는 것은 다음 예문들에서 잘 확인된다. '鎔'이 한자어 '鎔鑄'를 뜻하고 '鎔'의 자석이 '노기다'이다. 그리고 '鑄'가 한자어 '鎔鑄'를 뜻하고 '鑄'의 자석이 '딤질ᄒ다'이다. 따라서 '노기다'와 '딤질ᄒ다'의 동의성은 명백히 입증된다.

(48) a. 鎔 : 銷也 鎔鑄 <四解上 10b>

b. 鎔 : 노길 용 <字會下 7b>

(48) c. 鑄 : 鎔鑄 <四解上 32a>

d. 鑄 : 딤질홀 주 <字會下 7b>

<49> 느추다 對 서우니 ᄒ다

동작동사 '느추다'와 동작동사구 '서우니 ᄒ다'가 [鬆] 즉 '늦추다, 느슨히 하다'의 뜻을 가지고 동의 관계에 있다는 것은 다음 예문들에서 잘 확인된다. 원문 중 '鬆了肚帶'가 '오랑 느추다'로 번역되고 '鬆了'가 '오랑 서우니 ᄒ다'로 번역된다. 따라서 '느추다'와 '서우니 ᄒ다'의 동의성은 명백히 입증된다. 동작동사구 '서우니 ᄒ다'는 부사 '서우니'와 동작동사 'ᄒ다'의 결합이다.

(49) a. 오랑 느추고(鬆了肚帶) <번老上 39b>

b. ᄆᆞᆯ 들(68b) 다 오랑 서우니 ᄒ고(把馬們都鬆了) <번老上 69a>

<50> 니를다 對 다ᄃᆞᆮ다

두 동작동사가 [至] 즉 '이르다, 다다르다'의 뜻을 가지고 동의 관계에 있다는 것은 다음 예문들에서 잘 확인된다. 원문 중 '至死'가 '주구매 니를다'로 번역되고 '至於著述'이 '글 지수메 다ᄃᆞᆮ다'로 변역되므로 '니를다'와 '다ᄃᆞᆮ다'의 동의성은 명백히 입증된다.

(50) a. 주구매 니르러도 ᄒᆞᆫ가지라(至死只依舊ㅣ니라) <번小六 3a>

b. ᄉᆞ리ᄅᆞᆯ 궁구ᄒᆞ며 텬셩다이 다ᄒᆞ매 니르러(至於窮理盡性ᄒᆞ샤) <번小九 19a>

c. ᄌᆞ라매 니르러(至于成童ᄒᆞ야) <번小九 70a>

(50) d. 글 지수메 다ᄃᆞ라ᄂᆞᆫ(至於著述ᄒᆞ야) <번小九 46a>

e. 요광도인 ᄠᅳᆮ 잇ᄂᆞᆫ 디 다ᄃᆞ라ᄂᆞᆫ(至有要義ᄒᆞ야ᄂᆞ) <번小九 9b>

f. 비호다가 비록 다ᄃᆞᆮ디 몯ᄒᆞ야도(學之雖未至ᄒᆞ나) <번小六 9a>

<51> 니ᄅᆞ다 對 ᄀᆞᆯ다

두 동작동사가 [曰] 즉 '이르다, 말하다'의 뜻을 가지고 동의 관계에 있다는 것은 다음 예문들에서 잘 확인된다. 원문 중 '陳先生…曰'이 '陳先生이 니르다'로 번역되고 '詩曰'이 '毛詩예 굴다'로 번역된다. 그리고 '三曰'이 '셋재 니르다'로도 번역되고 '셋재 굴다'로도 번역된다. 따라서 '니르다'와 '굴다'의 동의성은 명백히 입증된다.

(51) a. 古靈 짯 陳先生이……그 빅셩을 フ르쳐 닐오듸(古靈陳先生이……敎其民曰) <번小六 36a>

　　 b. 橫渠先生이 니르샤듸(橫渠先生이 曰) <번小七 3a>

　　 c. 셋재 닐온 병호미오(三曰疾病伊五) <呂約 35a>

(51) d. 毛詩예 フ로듸(詩曰) <번小六 1b>

　　 e. 孔子ㅣ フ르샤듸(孔子ㅣ 曰) <번小六 1b>

　　 f. 셋재 フ론 손을 쳥ᄒᆞ며 마ᄌᆞ며 보내요미(三曰請召迎送伊) <呂約 23b>

<52> 니르다 對 말ᄊᆞ호다

두 동작동사가 [言] 즉 '이르다, 말하다'의 뜻을 가지고 동의 관계에 있다는 것은 다음 예문들에서 잘 확인된다. 원문 중 '與居官者言'이 '벼슬ᄒᆞ얏는 사ᄅᆞᆷᄃᆞ려 니르다'로 번역되고 '與下大夫言'이 '아랫 태우 벼슬ᄒᆞᆫ 사ᄅᆞᆷᄃᆞ려 말ᄊᆞ호다'로 번역된다. 따라서 '니르다'와 '말ᄊᆞ호다'의 동의성은 명백히 입증된다.

(52) a. 벼슬ᄒᆞ얏는 사ᄅᆞᆷᄃᆞ려 니롤제는(與居官者言엔) <번小四 17a>

　　 b. 신하 브료를 이롤 니르며(言使臣ᄒᆞ며) <번小四 16b>

　　 c. 남진이 안 이롤 니르디 아니ᄒᆞ고 계지비 밧 이롤 니르디 아니ᄒᆞ며(男不言內ᄒᆞ며 女不言外ᄒᆞ며) <번小三 18b>

(52) d. 朝廷에 아랫 태우 벼슬ᄒᆞᆫ 사ᄅᆞᆷᄃᆞ려 말ᄊᆞ호샤듸(朝與下大夫로 言에) <번小四 16a>

　　 e. 웃 태우 벼슬ᄒᆞᆫ 사ᄅᆞᆷᄃᆞ려 말ᄊᆞ호샤듸(與上大夫로 言에) <번小四 16a>

　　 f. 모든 사ᄅᆞᆷᄃᆞ려 말ᄊᆞ할 젠(與衆言엔) <번小四 17a>

그리고 [言談] 즉 '말하다'의 뜻을 가진 동작동사 '말ᄊᆞᆷᄒᆞ다'의 존재를 『번역소학』에서 발견할 수 있다. 예를 들면, 그 말ᄊᆞᆷᄒᆞ며 거동ᄒᆞ요매(其言談擧止를) <번小九 11b>. 두 동작동사 '말ᄊᆞ호다'와 '말ᄊᆞᆷᄒᆞ다'는 제2음절에서 모음 'ᄋᆞ~오'의 교체를 보여 준다.

<53> 닐뮈다 對 ᄒᆞ다

합성동작동사 '닐뮈다'와 동작동사 'ᄒᆞ다'가 [動] 즉 '움직이다'의 뜻을 가지고 동의 관계에 있다는 것은 다음 예문들에서 잘 확인된다. 원문 중 '勿動'이 '닐뮈디 말다'로도 번역되고 'ᄒᆞ디 말다'로도 번역된다. 따라서 '닐뮈다'와 'ᄒᆞ다'의 동의성은 명백히 입증된다. 합성동작동사 '닐뮈다'는 동작동사 '닐다'의 어간 '닐-'과 동작동사 '뮈다'의 비통사적 합성이다.

(53) a. 례 아니어든 닐뮈디 말라(非禮勿動이라) <번小八 7b>
　　　b. 그 닐뮐 일 경계혼 그레 닐오듸(其動箴애 曰) <번小八 11b>

(53) c. 올혼 이리 아니어든 ᄒᆞ디 마롤디니라(非禮勿動이니라) <번小四 4b>

<54> ᄂᆞ솟다 對 봄놀다

두 동작동사가 [踊], [湧] 및 [沸] 즉 '솟아오르다, 샘솟다'의 뜻을 가지고 동의 관계에 있다는 것은 다음 예문들에서 잘 확인된다. 원문 중 '哭踊'이 '울오 ᄂᆞ솟다'로 번역되고 '水…湧'이 '므리 ᄂᆞ솟다'로 번역된다. '屍在…沸'가 '주검곳 잇거든 봄놀다'로 번역된다. 그리고 '踊'의 자석이 '봄놀다'이다. 따라서 'ᄂᆞ솟다'와 '봄놀다'의 동의성은 명백히 입증된다.

(54) a. 미양 울오 ᄂᆞ소솜애 믄득 주겟다가 ᄭᆡ더니(每哭踊애 頓絶方蘇ᄒᆞ더니) <번小九 32b>
　　　b. 므리 또 ᄂᆞ솟거늘(水復湧) <二倫 36b>

(54) c. 도종이 닐우듸 주검곳 잇거든 다시 봄놀오라(道琮曰若屍在可再沸) <二倫 36b>
　　　d. 믓결 가온대셔 봄노ᄂᆞᆫ 둧ᄒᆞ거늘(波中忽若溢沸者) <二倫 36a>

(54) e. 踊 : 擗踊 跳也 <四解上 11a>
　　　f. 踊 : 봄놀 용 <字會下 12a>

<55> ᄂᆞ솟다 對 솟다

두 동작동사가 [湧]과 [涌] 즉 '샘솟다, 물이 솟구치다'의 뜻을 가지고 동의 관계에 있다는 것은 다음 예문들에서 잘 확인된다. 원문 중 '水…湧'이 '므리…ᄂᆞ솟다'로 번역된다. 그리고 '涌'이 한자어 '泉溢'을 뜻하고 '涌'의 자석이 '솟다'이다. 따라서 'ᄂᆞ솟다'와 '솟다'의 동의성은 명백히 입증된다. '湧'은 '涌'의 속자이다.

(55) a. 므리 또 ᄂᆞ솟거늘(水復湧) <二倫 36b>

(55) b. 涌 : 泉溢 <四解上 10b>

  c. 涌 : 소슬 용 泉上溢 <字會下 5b>

<56> 다왈다 對 다좇다

두 동작동사가 [逼] 즉 '닥치다, 가까이 다가오다'의 뜻을 가지고 동의 관계에 있다는 것은 다음 예문들에서 잘 확인된다. 원문 중 '强逼'이 '구틔여 다왈다'로 번역되고 '逼之'가 '다좇다'로 번역되므로 '다왈다'와 '다좇다'의 동의성은 명백히 입증된다.

  (56) a. 구틔여 다와다 어류려 홀 사루미 잇거늘(人有强逼婚者) <속三烈 5a>

   b. 그 노미 다조차 무늬 오나늘(里人逼之至門) <속三烈 25a>

<57> 다ᄒᆞ다 對 ᄀᆞ장ᄒᆞ다

두 동작동사가 [盡]과 [竭] 즉 '다하다'의 뜻을 가지고 동의 관계에 있다는 것은 다음 예문들에서 잘 확인된다. 원문 중 '盡心'이 'ᄆᆞᅀᆞᄆᆞᆯ 다ᄒᆞ다'로 번역되고 '盡禮'가 '례도ᄅᆞᆯ ᄀᆞ장ᄒᆞ다'로 번역된다. 그리고 '竭力'이 '힘ᄭᆞ장 다ᄒᆞ다'로 번역되고 '竭人之忠'이 '정셩도이 호ᄆᆞᆯ ᄀᆞ장ᄒᆞ다'로 번역된다. 따라서 '다ᄒᆞ다'와 'ᄀᆞ장ᄒᆞ다'의 동의성은 명백히 입증된다.

  (57) a. ᄆᆞᅀᆞᄆᆞᆯ 다ᄒᆞ며 몸 가져 ᄒᆞ뇨매 조ᅀᆞ로온 이리(盡心行己之要ㅣ) <번小十 24b>

   b. 모로매 그 모해 이를 다ᄒᆞ고(必盡其方ᄒᆞ고) <번小十 21b>

   c. ᄉᆞ리ᄅᆞᆯ 궁구ᄒᆞ며 텬셩도이 다ᄒᆞ매 니르러(至於窮理盡性ᄒᆞ샤) <번小九 19a>

   d. 힘ᄭᆞ장 다ᄒᆞ야 조출 거시니라(竭力從之니라) <번小八 35b>

  (57) e. 父母 사ᄅᆞ시던 나라히ᄂᆞᆫ 례도ᄅᆞᆯ ᄀᆞ장호미 맛당ᄒᆞ니(父母之國에ᄂᆞᆫ 所宜盡禮ㅣ니) <번小十 4b>

   f. 어딘 사ᄅᆞᆷ 사ᄅᆞ미 날 향ᄒᆞ야 깃븐 이를 ᄀᆞ장ᄒᆞ과뎌 아니ᄒᆞ며 졍셩도이 호ᄆᆞᆯ ᄀᆞ장ᄒᆞ과뎌 아니ᄒᆞᄂᆞ니(君子ᄂᆞᆫ 不盡人之歡ᄒᆞ며 不竭人之忠ᄒᆞ야) <번小三 36b>

<58> 다ᄒᆞ다 對 다ᄋᆞ다

두 동작동사가 [盡] 즉 '다하다'의 뜻을 가지고 동의 관계에 있다는 것은 다음 예문들에서 잘 확인된다. 원문 중 '盡心'이 'ᄆᆞᅀᆞᄆᆞᆯ 다ᄒᆞ다'로 번역되고 '絲毫…盡'이 '실올 매나 터럭 귿 매나 다ᄋᆞ다'로 번역된다. 따라서 '다ᄒᆞ다'와 '다ᄋᆞ다'의 동의성은 명백히 입증된다.

(58) a. 무수믈 다ᄒᆞ며 몸 가져 ᄒᆞ뇨매 조ᅀᅩ로온 이리(盡心行己之要ㅣ) <번小十 24b>

　　b. 모로매 그 모해 이를 다ᄒᆞ고(必盡其方ᄒᆞ고) <번小十 21b>

　　c. ᄉᆞ리를 궁구ᄒᆞ며 텬셩도이 다호매 니르러(至於窮理盡性ᄒᆞ샤) <번小九 19a>

(58) d. 실올 매나 터럭 귿 매나 다으디 몯호미 이시면 내 ᄆᆞᅀᆞ미 붓그럽거니(絲毫不盡則慊於必矣ᄒᆞᄂᆞ니) <번小八 15a>

　　e. 내 나ᄆᆞᆫ 나를 다ᄋᆞ게 호미 올티 아니ᄒᆞ냐(以盡吾餘日이 不亦可乎아) <번小九 90b>

<59> 뼈나다 對 측측ᄒᆞ다

　두 동작동사가 [離] 즉 '떠나다, 멀어지다'의 뜻을 가지고 동의 관계에 있다는 것은 다음 예문들에서 잘 확인된다. 원문 중 '離小齋'가 '그 별실의 떠나다'로 번역되고 '離間'이 'ᄉᆞ이를 측측게 ᄒᆞ다'로 번역된다. 따라서 '떠나다'와 '측측ᄒᆞ다'의 동의성은 명백히 입증된다. 동작동사 '측측ᄒᆞ다'는 『二倫行實圖』(1518)에 처음으로 등장한다.

(59) a. 公綽이(102a) …그 별실의 뼈나디 아니ᄒᆞ더니(公綽이…不離小齋ᄒᆞ더니) <번小九 102b>

　　b. 士ㅣ 간ᄒᆞᆯ 버들 두면 모미 됴ᄒᆞᆫ 일후메 뼈나디 아니ᄒᆞ며(士有爭友則身不離於令名ᄒᆞ고) <번小三 40b>

(59) c. 이 겨집비 사오나와 날 ᄀᆞᄅᆞ쳐 어미 형뎻 ᄉᆞ이를 측측게 ᄒᆞᄂᆞ니(此婦無狀 而教充離間母子兄弟) <二倫 8a>

<60> 뼈디다 對 뜯들다

　두 동작동사가 [墜]와 [落] 즉 '떨어지다'의 뜻을 가지고 동의 관계에 있다는 것은 『번역소학』의 다음 예문들에서 잘 확인된다. 원문 중 '恐墜'가 '뼈딜가 졑다'로 번역되고 '枯落'이 '이우러 뜯들다'로 번역되므로 '뼈디다'와 '뜯들다'의 동의성은 명백히 입증된다.

(60) a. 볼오ᄃᆡ 뼈딜가 저홈 ᄀᆞ티 ᄒᆞ노니(蹈之唯恐墜ᄒᆞ노니) <번小六 27a>

　　b. 그 아ᅀᅵ 미조차 뼈뎌 바리 것거디고(其妹繼之ᄒᆞ야 自投折足ᄒᆞ며) <번小九 66b>

(60) c. 이우러 뜯드로미 되어ᅀᅡ(遂成枯落이어ᅀᅡ) <번小六 17a>

<61> 뻐러디다 對 뼈디다

두 동작동사가 [落] 즉 '떨어지다'의 뜻을 가지고 동의 관계에 있다는 것은 다음 예문들에서 잘 확인 된다. 원문 중 '瘡痂…落'이 '힝역 더데 뼈러디다'로 번역되고 '瘡痂落'이 '더데 뼈디다'로 번역된다. 따라서 '뼈러디다'와 '뼈디다'의 동의성은 명백히 입증된다.

(61) a. 힝역 더데 이믜 뼈러듀뒤(瘡痂已落) <瘡疹 24a>

    b. 힝역 더데 수이 뼈러디여(使瘡痂易落) <瘡疹 22a>

    c. 더데 더듸 뼈러디며(其痂遲落) <瘡疹 25a>

    d. 더데 뼈러딘 후에(痂落後) <瘡疹 68b>

(61) e. 더데 뼈(51a) 디고(瘡痂落) <瘡疹 51b>

<62> 더블다 對 드리다

두 동작동사가 [與] 즉 '더블다'의 뜻을 가지고 동의 관계에 있다는 것은 다음 예문들에서 잘 확인된 다. 원문 중 '與…言'이 '더브러 말ᄒ다'로도 번역되고 '드려 말ᄒ다'로도 번역되므로 '더블다'와 '드리다' 의 동의성은 명백히 입증된다.

(62) a. 先生이 더브러 말ᄒ거시든 對答하고(先生이 與之言則對ᄒ고) <번小三 26a>

    b. 길 건너가 다른 사ᄅᆞᆷ 드려 말ᄒ디 말며(不越路而與人言ᄒ며) <번小三 26a>

<63> 더으다 對 더ᄒ다

두 동작동사가 [添]과 [加] 즉 '더하다'의 뜻을 가지고 동의 관계에 있다는 것은 다음 예문들에서 잘 확인된다. 원문 중 '添五兩'이 '닷 량만 더으다'로 번역되고 '加減'이 '더으며 덜다'로 번역된다. 그리고 '添五錢'이 '닷 돈만 더ᄒ다'로 번역되고 '加半錢'이 '반 돈을 더ᄒ다'로 번역된다. 그리고 '添'의 자석이 '더으다'이다. 따라서 '더으다'와 '더ᄒ다'의 동의성은 명백히 입증된다.

(63) a. 다시 닷 량만 더으면(再添五兩) <번老下 13a>

    b. 사리 져기 더으고(買的添些箇) <번老下 13a>

    c. 아히 ᄌᆞ라며 져무믈 쟉량ᄒ야 더으며 덜며 ᄒ야 (量兒大小加減) <瘡疹 57b>

(63) d. 네 쏘 닷 돈만 더ᄒ야든(你再添五錢) <번老下 23a>

    e. 만이레 통티 아니ᄒ거든 반 돈을 더ᄒ라(若未通漸加半錢) <瘡疹 54a>

    f. 부ᄌᆞ를 져기 더ᄒ라(附子更略加) <瘡疹 55a>

g. 통티 아니커든 져기 더ᄒ라(若未通更略加之) <瘡疹 54a>

(63) h. 添 : 益也 <四解下 82b>

　　　i. 添 : 더을 텸 <字會下 6a>

<64> 둏다 對 위션ᄒ다/위연ᄒ다

두 동작동사가 [愈], [療] 및 [得差] 즉 '(병이) 낫다'의 뜻을 가지고 동의 관계에 있다는 것은 다음 예문들에서 잘 확인된다. 원문 중 '病愈'가 '病이 둏다'로 번역되고 '病加於…愈'가 '병은 우션호매 더으다'로 번역된다. 그리고 '病得差'가 '병ᄒ니 둏다'로도 번역되고 '병도 위연ᄒ다'로도 번역된다. 따라서 '둏다'와 '위션ᄒ다/위연ᄒ다'의 동의성은 명백히 입증된다.

(64) a. 아비 病이 즉제 됴ᄒ(父病則愈) <속三孝 5b>

　　　b. 藥애 섯거 머기니 病이 됴ᄒ니라(和藥以進病愈) <속三孝 17a>

　　　c. 아비 病이 됴ᄒ니라(父疾乃療) <속三孝 30a>

　　　d. 병ᄒ니도 다 됴ᄒ(毘病得差) <二倫 11a>

(64) e. 병은 져기 우션호매 더으며(病加於小愈) <번小三 46b>

　　　f. 毗의 병도 위연ᄒ며(毗病得差ᄒ며) <번小九 73b>

　　　g. 위연ᄒ며 되요믈 아로려 홀딘댄(欲知差劇ㄴ대) <번小九 31b>

<65> 두루 ᄒ니다 對 옮다

동작동사구 '두루 ᄒ니다'와 동작동사 '옮다'가 [轉] 즉 '옮다, 두루 움직이다'의 뜻을 가지고 동의 관계에 있다는 것은 다음 예문들에서 잘 확인된다. 원문 중 '轉客'이 '두루 ᄒ녀 나ᄀ내 두외다'로 번역된다. 그리고 '轉'의 자석이 '옮다'이다. 따라서 '두루 ᄒ니다'와 '옮다'의 동의성은 명백히 입증된다.

(65) a. 두루 ᄒ녀 下邳랏 싸애 나ᄀ내 두외여(轉客下邳ᄒ야) <번小九 21a>

(65) b. 轉 : 遷轉 <四解下 10b>

　　　c. 轉 : 올믈 뎐 <字會下 1a>

<66> 둪다 對 니다

두 동작동사가 [覆]와 [蓋] 즉 '덮다, 이다'의 뜻을 가지고 동의 관계에 있다는 것은 다음 예문들에서 잘 확인된다. 원문 중 '來覆'가 '와 듮다'로 번역되고 '屋…覆'가 '집을 니다'로 번역된다. 그리고 '覆'가 한자 '盖'와 同義이고 '蓋'의 자석이 '듮다'이다. 따라서 '듮다'와 '니다'의 동의성은 명백히 입증된다. '盖' 와 '蓋'는 同字이다.

(66) a. 늘개로 와 두퍼셔 가히 도라오믈 기들오더라(以翼來覆待狗歸ᄒ더라) <번小九 100a>

　　　 b. 콩 우희 듮고(豆子上蓋覆了) <번老上 20a>

(66) c. 하늘 싸 스이예 ᄒᆞᆫ 죄인이어니 집을 니유미 엇디 맛당ᄒ료(天地一罪人耳어니 屋何宜覆이리오)
　　　　　 <번小九 33a>

(66) d. 覆 : 盖也 <四解下 66a>

　　　 e. 蓋 : 覆也 <四解上 42b>

　　　 f. 蓋 : …又두플 개 <字會中 7b>

<67> 뛰놀다 對 봄놀다

　두 동작동사가 [跳] 즉 '뛰다, 도약하다'의 뜻을 가지고 동의 관계에 있다는 것은 다음 예문들에서 잘 확인된다. '跳'의 자석이 '뛰놀다'이다. 그리고 원문 중 '跳'가 '봄놀다'로 번역된다. 따라서 '뛰놀다'와 '봄 놀다'의 동의성은 명백히 입증된다.

(67) a. 跳 : 蹶也 躍也 <四解下 14a>

　　　 b. 跳 : 뛰놀 됴 <字會下 12a>

(67) c. ᄒᆞ나ᄒᆞᆫ 봄노는 거셔(一箇跳) <번朴上 42a>

<68> 뛰다 對 봄놀다

　두 동작동사가 [躍] 즉 '뛰다, 뛰어오르다'의 뜻을 가지고 동의 관계에 있다는 것은 다음 예문들에서 잘 확인된다. 원문 중 '躍出'이 '뛰여 나다'로 번역된다. 그리고 '躍'의 자석이 '봄놀다'이다. 따라서 '뛰다' 와 '봄놀다'의 동의성은 명백히 입증된다.

(68) a. 萬이 어름 두드리고 하늘ᄭᅴ 비니 고기 네히 뛰여 나거늘(萬叩氷祝天 有四魚躍出) <속三孝 28a>

(68) b. 躍 : 跳也 <四解下 44b>

　　　 c. 躍 : 봄놀 약 <字會下 12a>

<70> 뒤보다 對 뒤 돈니다

합성동작동사 '뒤보다'와 동작동사구 '뒤 돈니다'가 [淨手] 즉 '뒤보다, 대변보다, 뒤보러 다니다'의 뜻을 가지고 동의 관계에 있다는 것은 다음 예문들에서 잘 확인된다. 원문 중 '淨手去'가 '뒤보라 가다'로 번역되고 '淨水'가 '뒤 돈니다'로 번역된다. 따라서 '뒤보다'와 '뒤 돈니다'의 동의성은 명백히 입증된다.

(69) a. 네 뒤보라 가라(你淨水去) <번老上 37b>
　　　b. 길 신새셔 뒤보기 말라(休在路邊淨水) <번老上 37b>
　　　c. 나는 뒤보기 마다(我不要淨水) <번老上 37b>

(69) d. 뒤 돈뇨미 아니 됴ᄒᆞ녀(淨水不好那) <번老上 37b>

<70> 드나돌다 對 나드리ᄒᆞ다

두 동작동사가 [出入] 즉 '나가고 들어가다, 나들이하다'의 뜻을 가지고 동의 관계에 있다는 것은 다음 예문들에서 잘 확인된다. 원문 중 '出入'이 '드나돌다'로도 번역되고 '나드리ᄒᆞ다'로도 번역된다. 따라서 '드나돌다'와 '나드리ᄒᆞ다'의 동의성은 명백히 입증된다.

(70) a. 미양 드나ᄃᆞ라 殿門에 누릴 제(每出入下殿門에) <번小九 37a>

(70) b. 거름 거러 나드리홀 제(行步出入애) <번小九 3a>
　　　c. 나드(71a) 리홈도 훤츨타(出入通達) <번老下 71b>

동작동사 '드나돌다'는 15세기의 『圓覺經諺解』(1465) 와 『杜詩諺解』(1481) 의 다음 예문들에서 잘 확인된다. 원문 중 '出入'이 '드나돌다'로 번역된다.

(70) d. 後에 서르 미더 드나ᄃᆞ로몰 어려이 아니ᄒᆞ나(後相體信出入無難) <圓序 47b>
　　　e. 드나ᄃᆞ로미 中原과 다ᄅᆞ도다(出入異中原) <杜十九 38a>
　　　f. 紫極에 드나돌 제 黃金印을 찻도다(紫極出入黃金印) <杜二十五 48a>

<71> 들다 對 잡숩다

두 동작동사가 [擡] 즉 '들다'의 뜻을 가지고 동의 관계에 있다는 것은 『번역박통사』의 다음 예문들에서 잘 확인된다. 원문 중 '擡卓兒'가 '상 들다'로도 번역되고 '상 잡숩다'로도 번역되므로 '들다'와 '잡숩다'의 동의성은 명백히 입증된다.

(71) a. 이제 상 들라(如今擡卓兒) <번朴上 6a>
   b. 후에 상 잡소으라(後頭擡卓兒) <번朴上 6a>

<72> 듧다 對 돌오다

두 동작동사가 [鑽]과 [穿] 즉 '뚫다'의 뜻을 가지고 동의 관계에 있다는 것은 다음 예문들에서 잘 확인된다. 원문 중 '鑽天'이 '하늘 듧다'로도 번역되고 '木…鑽'이 '남글 듧다'로 번역된다. 그리고 '鑽'이 한자 '穿'과 同義이고 '穿'의 자석이 '돌오다'이다. 따라서 '듧다'와 '돌오다'의 동의성은 명백히 입증된다.

(72) a. 하늘 듧는 솔오재 아래는 큰므려(鑽穿錐下大水) <번朴上 42a>
   b. 남글 듧디 아니면 ᄉ뭇디 몯ᄒᄂ니라(木不鑽不透) <번朴上 14a>

(72) c. 鑽 : 穿也 <四解上 75a>

(72) d. 穿 : 鑽也 <四解下 11a>
   e. 穿 : 돌올 쳔 <字會下 9a>

<73> 디다 對 ᄠ러디다

두 동작동사가 [凋] '시들어 떨어지다'의 뜻을 가지고 동의 관계에 있다는 것은 동일 원문의 번역인 다음 예문들에서 잘 확인된다. 원문 중 '後凋'가 '후에 디다'로도 번역되고 '후에 ᄠ러디다'로도 번역되므로 '디다'와 'ᄠ러디다'의 동의성은 명백히 입증된다.

(73) a. 솔와 잣닙피 후에 디는 주를 아ᄂ니(知松柏之後凋ㅣ니) <번小九 73b>
   b. 소남기 후에 ᄠ러디ᄆ 알리라(知松柏之後凋) <二倫 11b>

<74> 디다 對 ᄠ듣다

두 동작동사가 [落]과 [零] 즉 '떨어지다. 영락(零落) 하다'의 뜻을 가지고 동의 관계에 있다는 것은 다음 예문들에서 잘 확인된다. '落'이 한자 '零'과 同義이고 '落'의 자석이 '디다'이다. 그리고 '零'이 한자 '落'과 同義이고 '零'의 자석이 'ᄠ듣다'이다. 따라서 '디다'와 'ᄠ듣다'의 동의성은 명백히 입증된다.

(74) a. 落 : 零也 <四解下 40b>
   b. 落 : 딜 락 <字會下 3a>

(74) c. 零 : 落也 <四解下 56b>

d. 零 : 뜯드를 령 <字會下 3a>

<75> 디다 對 이울다

두 동작동사가 [菱]와 [枯] 즉 '시들다'의 뜻을 가지고 동의 관계에 있다는 것은 『번역소학』의 다음 예문들에서 잘 확인된다. 원문 중 '先菱'가 '몬져 디다'로 번역되고 '枯落'이 '이우러 뜯듣다'로 번역된다. 그리고 '枯'의 자석이 '이울다'이다. 따라서 '디다'와 '이울다'의 동의성은 명백히 입증된다.

(75) a. 빗난 동산 안햇 고준 일 퍼 몬져 디고(灼灼園中花ᄂᆞᆫ 早發還先菱오) <번小六 28a>

b. 이우러 뜯드로미 되어사(遂成枯落이어사) <번小六 17a>

(75) c. 枯 : 槁也 <四解上 36b>

d. 枯 : 이울 고 <字會下 2b>

<76> ᄃᆞ라들다 對 돋주우리다

두 동작동사가 [趨] 즉 '달려들다, 달려가다'의 뜻을 가지고 동의 관계에 있다는 것은 다음 예문들에서 잘 확인된다. 원문 중 '客趨'다 '손이 ᄃᆞ라들다'로도 번역되고 '손이 돋주우리다'로도 번역되므로 'ᄃᆞ라들다'와 '돋주우리다'의 동의성은 명백히 입증된다.

(76) a. 손이 ᄃᆞ라드러 나사가고(客趨進爲古) <呂約 21a>

b. 손이 돋주우려 집 기슬게(20b) 드러셔고(客趨入至廡間爲古) <呂約 21a>

『번역소학』에서 '븓듣다'로 번역되는 '赴'가 『小學諺解』(1588) 에서 'ᄃᆞ라들다'로 번역된다는 사실에서 '븓듣다'와 'ᄃᆞ라들다'가 [赴] 즉 '달려가다'의 뜻을 가지고 동의 관계에 있다는 것을 확인 할 수 있다.

(76) c. 눔 위ᄒᆞ야 시급히 어려운 이레 븓ᄃᆞ라(爲人赴急難ᄒᆞ야) <번小六 25b>

d. 사룸을 위(23b) ᄒᆞ야 급ᄒᆞ고 어려운 ᄃᆡ ᄃᆞ라들어(爲人赴急難ᄒᆞ야) <小言五 24a>

<77> ᄃᆞ토다 對 싯구다

두 동작동사가 [爭] 즉 '다투다'의 뜻을 가지고 동의 관계에 있다는 것은 다음 예문들에서 잘 확인된다. 원문 중 '爭田'이 '받틀 ᄃᆞ토다'로 번역되고 '爲乖爭'이 '거슬저 ᄃᆞ토게 도이다'로 번역되고 '休爭'이 '싯구디 말다'로 번역된다. 따라서 'ᄃᆞ토다'와 '싯구다'의 동의성은 명백히 입증된다.

(77) a. 빅셩 乙普明 형뎨 받툴 ᄃ토아(有百姓乙普明兄弟ㅣ 爭田ᄒ딕) <번小九 68b>

   b. ᄃ토아 숑ᄉᄅᆯ 즐기디 말며(無好爭訟ᄒ며) <번小六 36b>

   c. 인ᄒ야 거슯저 ᄃ토게 도이ᄂᆞ니(遂爲乖爭ᄒᄂᆞ니) <번小九 97a>

   d. 다ᄆᆞᆫ 아롬뎌 ᄡᄃᆞ로 ᄃ톨ᄉᆞ니라(只是爭私意니라) <번小七 25a>

(77) e. 너희 둘히 싯구디 말오(你兩家休爭) <번老下 58a>

   f. 이리도록 만흔 흥졍애 므스므려 싯구ᄂᆞ뇨(這偌多交易 要甚麼爭競) <번老下 64a>

<78> 마시다 對 먹다

두 동작동사가 [飮] 즉 '마시다, 먹다'의 뜻을 가지고 동의 관계에 있다는 것은 다음 예문들에서 잘 확인된다. '飮'의 자석이 '마시다'이다. 그리고 원문 중 '飮水'가 '믈 먹다'로 번역되고 '飮酒'가 '술 먹다'로 번역된다. 따라서 '마시다'와 '먹다'의 동의성은 명백히 입증된다.

(78) a. 飮 : 歠也 飮食 <四解下 74a>

   b. 飮 : 마실 음 <字會下 7a>

(78) c. 우리 이 ᄆᆞᆯ 들히 믈 아니 머것더니(我這馬們不曾飮水裏) <번老上 31a>

   d. 이제 士大夫ㅣ 거상애 고기와 술 머고ᄆᆞᆯ 샹해와 달이 아니ᄒ고(今之士大夫ㅣ 居喪ᄒ야 食肉飮酒ᄅᆞᆯ 無異平日ᄒ고) <번小七 16a>

<79> 말굳다 對 말구디ᄒ다

두 합성동작동사가 [訒]과 [訥] 즉 '말을 더듬다'의 뜻을 가지고 동의 관계에 있다는 것은 다음 예문들에서 잘 확인된다. '訒'이 한자어 '言難'을 뜻하고 '訒'의 자석이 '말굳다'이다. '訥'이 한자어 '言難'을 뜻한다. 그리고 '訥'의 자석이 '말구디ᄒ다'이고 고유어 '말구디ᄒ다'는 한자어 '言難'과 동의 관계에 있다. 따라서 '말굳다'와 '말구디ᄒ다'의 동의성은 명백히 입증된다. 합성동작동사 '말굳다'는 명사 '말'과 동작동사 '굳다'의 合成이고 합성동작동사 '말구디ᄒ다'는 명사 '말'과 동작동사 '구디ᄒ다'의 합성이다.

(79) a. 訒 : 言難 <四解上 61b>

   b. 訒 : 말구들 신 <字會下 12b>

(79) c. 訥 : 言難 <四解上 63b>

   d. 訥 : 말구디홀 눌 言難 <字會下 12b>

<80> 말미삼다 對 잇기이다

두 동작동사가 [由] 즉 '말미암다, 인연하다'의 뜻을 가지고 동의 관계에 있다는 것은 다음 예문들에서 잘 확인된다. 원문 중 '由是'가 '이를 말미삼다'로 번역되고 '由崔浩'가 '崔浩의게 잇기이다'로 번역되므로 '말미삼다'와 '잇기이다'의 동의성은 명백히 입증된다.

(80) a. 반두시 이를 말미사마 비호면 거싀 그르디 아니ᄒ리라(必由是而學焉則庶乎其不差矣리라) <번小八 31a>

b. 스긔 밍ᄀ로ᄆ 崔浩의게 잇기인 거시니(制由崔浩ㅣ로소니) <번小九 45b>

<81> 맛나다 對 맛보다

두 동작동사가 [遇]와 [遭] 즉 '만나다'의 뜻을 가지고 동의 관계에 있다는 것은 다음 예문들에서 잘 확인된다. 원문 중 '遇賊'이 '도죽을 맛나다'로 번역되고 '遇公權'이 '公權늘 맛보다'로 번역된다. 그리고 '遇於道'가 '길헤 맛나다'로 번역되고 '路遇'가 '길헤 맛보다'로 번역된다. 따라서 '맛나다'와 '맛보다'의 동의성은 명백히 입증된다.

(81) a. ᄌ조 도죽을 맛나(數遇賊ᄒ야) <번小九 20b>

b. ᄯ도 도죽을 맛나(又遇賊ᄒ야) <번小九 71a>

c. 길헤 맛(31b) 나(遇於道ᄒ야) <번小三 32a>

d. 맛난 일마다 훤츨히 유여ᄒ더라(遇事坦然ᄒ야 常有餘裕ᄒ더라) <번小十 25b>

e. 先生을 길헤 맛나(遭先生於道ᄒ야) <번小三 26a>

(81) f. 나가다가 公權늘 한길희 맛보아(出遇公權於通衢ᄒ야) <번小九 105a>

g. 므슬 사르미 길헤 맛보아 어우려 커늘(路遇里人 欲汚之) <속三烈 25a>

h. 그 말솜ᄒ며 거동ᄒ요매 사름이 맛보면(其言談擧止를 遇之ᄒ면) <번小九 11b>

<82> 맞다 對 마지ᄒ다

두 동작동사가 [迎] 즉 '맞다, 맞이하다'의 뜻을 가지고 동의 관계에 있다는 것은 다음 예문들에서 잘 확인된다. 원문 중 '迎送'이 '마ᄌ며 보내다'로 번역되고 '送迎'이 '젼송ᄒ며 마지ᄒ다'로 번역되므로 '맞다'와 '마지ᄒ다'의 동의성은 명백히 입증된다.

(82) a. 셋재 ᄀ론 손을 쳥ᄒ며 마ᄌ며 보내요미(三曰請召迎送伊) <呂約 23b>

b. 믈읫 머리 나(25b) 가며 머리셔 도라온 사름이 잇거든 젼송ᄒ며 마지호ᄃᆡ(凡有遠出遠歸者則送迎之乎代) <呂約 26a>

<83> 머기다 對 치다

두 동작동사가 [喂] 즉 '먹이다, 기르다'의 뜻을 가지고 동의 관계에 있다는 것은 다음 예문들에서 잘 확인된다. 원문 중 '初喂'가 '처엄 머기다'로 번역되고 '勤勤的喂'가 '브즈러니 머기다'로 번역되고 '喂不到'가 '머규믈 ᄀ장 몯ᄒ다'로 번역된다. '喂'가 한자어 '以草飼畜'을 뜻하고 '喂'의 자석이 '머기다'이다. 그리고 '輪着喂'가 '돌여 치다'로 번역되고 '用心喂'가 '용심ᄒ야 치다'로 번역되고 '喂不到'가 '치기를 ᄀ장 몯ᄒ다'로 번역된다. 따라서 '머기다'와 '치다'의 동의성은 명백히 입증된다.

(83) a. 처엄 머길 저긘(初喂時) <번老上 70a>

　　 b. 미실 이러ᄐ시 브즈러니 머기면(每日這般勤勤的喂時) <번朴上 22a>

　　 c. 날회여 머기라(慢慢的喂着) <번老上 24a>

　　 d. 머규(69b) 믈 ᄀ장 몯ᄒ야 이시니(喂不到) <번老上 70a>

　　 e. 머규믈 됴히 ᄒ라(喂的好着) <번朴上 43b>

(83) f. 餧 : 以草飼畜 <四解上 53b>

　　 g. 喂 : 同上 <四解上 53b>

　　 h. 餵 : 머길 위…俗作喂 <字會下 4b>

(83) i. ᄒᆫ 숨곰 돌여 치라(一宿家輪着喂) <번朴上 21b>

　　 j. 바믜 ᄀ장(21a) 용심ᄒ야 치라(黑夜好生用心喂他) <번朴上 21b>

　　 k. 치기를 ᄀ장 몯ᄒ노니(喂不到) <번朴上 21b>

　　 l. ᄒᆞᄅᆞᆺ 바믜 치기를 닐굽 여듧 번식 ᄒ야(一夜裏喂到七八遍家) <번朴上 22a>

<84> 먹다 對 자시다

두 동작동사가 [喫] 즉 '먹다, 음식을 먹다'의 뜻을 가지고 동의 관계에 있다는 것은 다음 예문들에서 잘 확인된다. 원문 중 '喫着'이 '머그며 닙다'로 번역되고 '喫我的飯'이 '내 밥곳 먹다'로 번역된다. 그리고 '喫筵席'이 '이바디 자시다'로 번역되고 '喫…湯'이 '탕 자시다'로 번역된다. 그리고 '喫'의 자석이 '먹다'이다. 따라서 '먹다'와 '자시다'의 동의성은 명백히 입증된다. 동작동사 '자시다'는 동작동사 '먹다'의 [+존칭]이다.

(84) a. 一生(19b) 애 머그며 니블 이른 니를 ᄒᆞ디 몯ᄒᆞ리로다 ᄒᆞ야ᄂᆞᆯ(一生喫着이 不盡이로다) <번小十 20a>

　　b. 내 밥곳 머그면(喫我的飯時) <번朴上 10a>

　　c. 지븨 와 밥 머기 뭇고(到家裏喫飯罷) <번老上 3a>

(84) d. 이틋날 드듸여 게셔 분토애 졔ᄒᆞ시고 이바디 자시고(明日就那裏上了墳喫筵席) <번朴上 65a>

　　e. ᄒᆞᆫ 디위 탕 자시기 뭇고(一會兒喫罷湯) <번朴上 64b>

(84) f. 喫 : …飮也 唸也 <四解下 48a>

　　g. 喫 : 머글 긱 <字會下 7a>

동작동사 '자시다'의 先代形 '좌시다'는 15세기의 『釋譜詳節』(1447) 과 『法華經諺解』(1463) 에서 발견된다. 원문 중 '服諸香'이 '여러 香을 좌시다'로 번역된다.

(84) h. 香 좌시고 <釋二十 11b>

　　i. 여러 가짓 香 먹고 <月十八 31b>

　　j. 즉재 여러 香을 좌시고(卽服諸香ᄒᆞ시고) <法華六 144a>

<85> 모도다 對 뫼호다

두 동작동사가 [會] 즉 '모으다'의 뜻을 가지고 동의 관계에 있다는 것은 다음 예문들에서 잘 확인된다. 원문 중 '會宗族'이 '아ᅀᅡᆷ 모도다'로 번역되고 '會賓友'가 '손을 뫼호다'로 번역되므로 '모도다'와 '뫼호다'의 동의성은 명백히 입증된다. 두 동작동사는 [+인간]인 '아ᅀᅡᆷ'과 '손'을 목적어로 취한다.

(85) a. 그 훼 허뮈 아ᅀᅡᆷ들 모도고(武乃會宗族) <二倫 4a>

　　b. 아ᅀᅡᆷ 모도아(會宗族) <二倫 25a>

　　c. 아ᅀᆞᆷ 들히 돈 삼만ᄂᆞᆯ 모도아 주니(親族 哀錢三萬遺之) <二倫 40a>

(85) d. 손을 뫼호디 아니ᄒᆞ고(不敢賓友ᅵ오) <번小十 33a>

<86> 몯ᄒᆞ다 對 아니ᄒᆞ다

두 동작동사가 [不] 즉 '못하다, 아니하다'의 뜻을 가지고 동의 관계에 있다는 것은 다음 예문들에서 잘 확인된다. 원문 중 '不利'가 '훤츨티 몯ᄒᆞ다'로도 번역되고 '훤츨티 아니ᄒᆞ다'로도 번역된다. 그리고 '不能發'이 '룽히 내봇디 몯ᄒᆞ다'로 번역되고 '不發'이 '내봇디 아니ᄒᆞ다'로 번역된다. 따라서 '몯ᄒᆞ다'와

'아니ᄒ다'의 동의성은 명백히 입증된다.

> (86) a. 쇼변이 훤츨티 몯ᄒᆞ닐 고티ᄂᆞ니라(治…小便不利) <瘡疹 31b>
>
>   b. 힝역이 롱히 내붓디 몯ᄒᆞᄂᆞ니(瘡又不能發) <瘡疹 11a>
>
> (86) c. 쇼변이 훤츨티 아니ᄒ니를 고티ᄂᆞ니라(治…小便不利) <瘡疹 61a>
>
>   d. 힝역이…내붓디 아(16a) 니ᄒ며(瘡…不發) <瘡疹 16b>

<87> 뮈다 對 닐뮈다 對 움즈기다

세 동작동사가 [動]과 [擧動] 즉 '움직이다'의 뜻을 가진 自動詞로 동의 관계에 있다는 것은 『번역소학』의 다음 예문들에서 잘 확인된다. 원문 중 '心之動'이 'ᄆᆞ᠌ᄋ 뮈다'로 번역되고 '勿動'이 '닐뮈디 말다'로 번역되고 '不…擧動'이 '움즈기디 몯ᄒ다'로 번역된다. 그리고 '動'의 자석이 '뮈다'이다. 따라서 '뮈다'와 '닐뮈다'와 '움즈기다'의 동의성은 명백히 입증된다.

> (87) a. 사ᄅᆞ믜 ᄆᆞ᠌ᄋ 뮈유미(人心之動이) <번小八 10b>
>
> (87) b. 례 아니어든 닐뮈디 말라(非禮勿動이라) <번小八 7b>
>
>   c. 그 닐뮐 일 경계ᄒ 그레 닐오ᄃᆡ(其動箴애 曰) <번小八 11b>
>
> (87) d. 다시 움즈기디 몯ᄒᆞᄂᆞ니(不復敢擧動ᄒᆞᄂᆞ니) <번小七 28b>
>
> (87) e. 動(2a) : 動靜 凡物自動也 <四解上 2b>
>
>   f. 動 : 뮐 동 <字會下 2a>

<88> 뮈우다 對 흔들다

두 동작동사가 [搖動]과 [撼] 즉 '흔들다'의 뜻을 가지고 동의 관계에 있다는 것은 다음 예문들에서 잘 확인된다. 원문 중 '簽筒…搖動'이 '사술 통…흔들다'로 번역된다. 그리고 '撼'의 자석이 '뮈우다'이고 고유어 '뮈우다'는 한자어 '搖動'과 동의 관계에 있다. 따라서 '뮈우다'와 '흔들다'의 동의성은 명백히 입증된다.

> (88) a. 사술 통 가져다가 흔드러(簽筒來搖動) <번老上 4a>
>
> (88) b. 撼 : 搖也 <四解下 79a>
>
>   c. 撼 : 뮈울 함 搖動 <字會下 8a>

<89> 믈쓰이다 對 므리 채다

합성동작동사 '믈쓰이다'와 절 '므리 채다'가 [水澇] 즉 '물에 잠기다'의 뜻을 가지고 동의 관계에 있다는 것은 다음 예문들에서 잘 확인된다. '澇'의 자석이 '믈쓰이다'이고 고유어 '믈쓰이다'는 한자어 '水澇'와 동의 관계에 있다. 그리고 원문 중 '水澇'가 '므리 채다'로 번역된다. 따라서 '믈쓰이다'와 '므리 채다'의 동의성은 명백히 입증된다. 합성동작동사 '믈쓰이다'는 명사 '믈'과 동작동사 '쓰이다'의 合成이다.

(89) a. 澇 : 淹沒也 <四解下 23a>
     b. 澇 : 믈쓰일 로 俗稱水澇 <字會上 2b>

(89) c. ᄀᆞ술희ᄂᆞᆫ 므리 채여 뎐회 거두니 몯ᄒᆞ니(秋裏水澇了 田禾不收的) <번老上 53a>

<90> 믈어디다 對 믈허디다

두 동작동사가 [崩] 즉 '죽다, 天子가 죽다'의 뜻을 가지고 동의 관계에 있다는 것은 다음 예문들에서 잘 확인된다. '崩'의 자석이 '믈어디다'이고 고유어 '믈어디다'는 한자어 '帝殂'과 동의 관계에 있다. 그리고 '崩'의 자석이 '믈허디다'이고 고유어 '믈허디다'는 한자어 '帝殂'과 동의 관계에 있다. 따라서 두 동작동사 '믈어디다'와 '믈허디다'의 동의성은 명백히 입증된다. 두 동작동사 중 '믈어디다'가 先代形이다.

(90) a. 崩 : …又王者死曰崩 <四解下 59a>
     b. 崩 : 믈어딜 붕 帝殂曰崩 <字會東中本中 35a>
     c. 崩 : 믈허딜 붕 帝殂曰崩 <字會中 17a>

<91> 미좇다 對 ᄹᅩ오다

두 동작동사가 [追] 즉 '뒤좇다, 따르다'의 뜻을 가지고 동의 관계에 있다는 것은 다음 예문들에서 잘 확인된다. 원문 중 '追曳'가 '미조차 ᅴ이다'로 번역되고 '追至'가 'ᄹᅩ와 가다'로 번역되므로 '미좇다'와 'ᄹᅩ오다'의 동의성은 명백히 입증된다. 'ᄹᅩ오다'는 1510년대 국어에 처음으로 등장하는 동사이다.

(91) a. 버믈 저리고 미조차 ᅴ이여 二三百步ㅣ나 가(劫虎追曳 數百步許) <속三孝 9a>

(91) b. 朴云이 쟈근 도치 가지고 云山이와 ᄹᅩ와 셜ᄒᆞ나믄 거르미나 가며(云持小斧 與云山追至三十餘步) <속三孝 19a>

c. 덕쟝이 뽈와 길헤 가(德璋 追至道中) <二倫 22a>

d. 덕쟝이 또 뽈와 가니(德璋 復追至廣陵) <二倫 22a>

<92> 믿드되다 對 믿불휘ᄒ다

두 동작동사가 [本] 즉 '근거하다, 근본으로 삼다'의 뜻을 가지고 동의 관계에 있다는 것은 다음 예문들에서 잘 확인된다. 원문 중 '本於三親'이 '이 세 가짓 친훈 되 믿드되다'로 번역되고 '本於人倫'이 '人倫에 믿불휘ᄒ다'로 번역되므로 '믿드되다'와 '믿불휘ᄒ다'의 동의성은 명백히 입증된다.

(92) a. 훈 집 안해 친훈 거슨(38a) …다 이 세 가짓 친훈 되 믿드되엿ᄂ니(一家之親은…皆本於三親焉ᄒ니) <번小七 38b>

b. 그 道논 반드시 人倫에 믿불휘ᄒ예셔(其道논 必本於人倫ᄒ야) <번小九 13b>

<93> 믄지다 對 딮다

두 동작동사가 [撫]와 [拊] 즉 '어루만지다'의 뜻을 가지고 동의 관계에 있다는 것은 다음 예문들에서 잘 확인된다. 원문 중 '撫柩'가 '곽글 믄지다'로 번역되고 '其母撫'가 '그 어미 딮다'로 번역된다. 그리고 '撫'의 자석이 '믄지다'이다. 따라서 '믄지다'와 '딮다'의 동의성은 명백히 입증된다.

(93) a. 곽글 믄져 보며(復撫柩) <二倫 11a>

b. 쏘 주근 형의 곽을 믄지며(復撫柩ᄒ야) <번小九 72b>

(93) c. 그 어미 디퍼 곽글 머물워 두고(其母撫之遂停柩移時) <二倫 33b>

d. 후개 미처 와 손ᄂ로 디프니 눈 ᄀᄆ니라(可至拊之乃瞑) <二倫 43a>

(93) e. 撫 : 安存也 慰勉也 持也 按也 循也 <四解上 39a>

f. 撫 : 믄질 무 按也 安慰也 <字會下 14a>

<94> 밍굴다 對 믠둘다

두 동작동사가 [成], [爲], [營], [作] 및 [制] 즉 '만들다'의 뜻을 가지고 동의 관계에 있다는 것은 다음 예문들에서 잘 확인된다. 원문 중 '成墳'이 '무덤 밍굴다'로 번역되고 '營塚壙'이 '무덤을 믠둘다'로 번역된다. 또 '制'가 '스긔 밍굴다'로 의역되고 '所制'가 '믠ᄃ론 되'로 번역된다. 따라서 '밍굴다'와 '믠둘다'의 동의성은 명백히 입증된다. '믠둘다'는 1510년대 국어에 처음으로 등장하는 동사이다.

(94) a. 홀기며 돌홀 지여 무덤 밍그더니(擔土石 成墳) <속三孝 20a>

　　 b. 샹녯 오슬 밍그디 아니ᄒᆞ더시다(不以爲褻服이러시다) <번小四 24a>

　　 c. 小學外篇을 밍그노라(爲小學外篇ᄒᆞ노라) <번小六 2a>

　　 d. 이 편을 밍그라(述此篇ᄒᆞ야) <번小四 2a>

　　 e. 스긔 밍그로ᄆᆞᆫ 崔浩의게 잇기인 거시니(制由崔浩ㅣ로소니) <번小九 45b>

(94) f. 위ᄒᆞ야 무덤을 ᄆᆡᆫᄃᆞ라 주니라(爲營塚壙ᄒᆞ니라) <번小九 33b>

　　 g. 오직 되답ᄒᆞ야 닐오디 포육 ᄆᆡᆫᄃᆞᆯ라 ᄒᆞ고(直答曰作脯ᄒᆞ라) <번小九 78a>

　　 h. 그 법은 대뎌ᄒᆞ디 翰林學士 벼슬 ᄒᆞ엿던 宗諤의 ᄆᆡᆫᄃᆞ론 되셔 나니라 (其規模ᄂᆞᆫ 大抵ᄒᆞ디 出於 翰林學士宗諤의 所制也ㅣ니라) <번小九 108b>

<95> 밍글다 對 짓다

두 동작동사가 [作]과 [爲] 즉 '만들다'의 뜻을 가지고 동의 관계에 있다는 것은 다음 예문들에서 잘 확인된다. 원문 중 '作十二圓'이 '열두 환식 밍글다'로 번역되고 '作…丸'이 '환 짓다'로 번역된다. 따라서 '밍글다'와 '짓다'의 동의성은 명백히 입증된다.

(95) a. 미 ᄒᆞᆫ 량의 열두 환식 밍그라(每兩作十二圓) <瘡疹 41a>

　　 b. ᄒᆞᆫ 복애 밍그라(作一服) <瘡疹 52a>

(95) c. 므즈기 환 지ᅀᅥ(作大丸) <瘡疹 35b>

　　 d. 기장ᄡᆞᆯ마곰 환 지ᅀᅥ(爲丸黍米大) <瘡疹 60a>

<96> 받다 對 맏다

두 동작동사가 [受] 즉 '받다'의 뜻을 가지고 동의 관계에 있다는 것은 다음 예문들에서 잘 확인된다. 원문 중 '受…快樂'이 'ᄀᆞ장 즐거운 이ᄅᆞᆯ 받다'로 번역되고 '同受'가 'ᄒᆞᆫ가지로 맏다'로 번역되고 '受'의 자석이 '받다'이다. 따라서 '받다'와 '맏다'의 동의성은 명백히 입증된다.

(96) a. 여러 가짓 ᄀᆞ장 즐거운 이ᄅᆞᆯ 받게 ᄒᆞ고(受諸快樂이라 ᄒᆞ고) <번小七 22a>

　　 b. 뵈 일쳔 필 받고(受布千疋ᄒᆞ고) <번小九 43b>

(96) c. 슈고ᄅᆞ왼 일 잇거든 ᄒᆞᆫ가지로 맏다 ᄒᆞ고(有苦時同受) <번朴上 72b>

(96) d. 受 : 承也 得也 容納也 領也 取也 繼也 <四解下 70a>

e. 受 : 바들 슈 <字會下 1b>

<97> 밥 짓다 對 블딛다

동작동사구 '밥 짓다'와 합성동작동사 '블딛다'가 [炊]와 [爨] 즉 '밥을 짓다'의 뜻을 가지고 동의 관계에 있다는 것은 다음 예문들에서 잘 확인된다. '炊'가 한자 '爨'과 同義이고 '炊'의 자석이 '밥 짓다'이다. 그리고 '爨'이 한자어 '炊爨'을 뜻하고 '爨'의 자석이 '블딛다'이다. 따라서 '밥 짓다'와 '블딛다'의 동의성은 명백히 입증된다. '블딛다'는 명사 '블'[火]과 동작동사 '딛다'의 合成이다.

(97) a. 炊 : 爨也 <四解上 52b>
　　b. 炊 : 밥 지슬 취 <字會下 6a>
　　c. 炊 : 밥 지슬 츄 <字會東中本下 12a>

(97) d. 爨 : 炊爨 <四解上 75a>
　　e. 爨 : 블디들 찬 <字會下 6a>

<98> 밧괴다 對 뿔 풀다

동작동사 '밧괴다'와 동작동사구 '뿔 풀다'가 [糶] 즉 '쌀을 내어 팔다'의 뜻을 가지고 동의 관계에 있다는 것은 다음 예문들에서 잘 확인된다. 원문 중 '糶與'가 '밧괴여 주다'로 번역된다. 그리고 '糶'의 자석이 '뿔 풀다'이다. 따라서 '밧괴다'와 '뿔 풀다'의 동의성은 명백히 입증된다. 동작동사구 '뿔 풀다'는 명사 '뿔'과 동작동사 '풀다'의 결합이다.

(98) a. 나를 밧괴여 주디 아니ᄒ고(不肯糶與我) <번老上 45a>
　　b. 아므려나 져기 ᄡ를 밧괴여 주어든 밥 지서 머거지라(怎生糶與些米做飯喫) <번老上 40a>

(98) c. 糶 : 賣米穀 <四解下 14a>
　　d. 糶 : 뿔 풀 됴 <字會下 9b>

<99> 밭다 對 거리다

두 동작동사가 [去] 즉 '제거하다, 없애다'의 뜻을 가지고 동의 관계에 있다는 것은 다음 예문들에서 잘 확인된다. 원문 중 '去滓'가 '즈싀 밭다'로 번역되고 '去大戟'이 '대극란 거려 내다'로 번역된다. 따라서 '밭다'와 '거리다'의 동의성은 명백히 입증된다.

(99) a. 츠거든 즈싀 바타(候冷去滓) <瘡疹 30b>

    b. 바타 져기 더우닐 머교딕(去滓稍熱服) <瘡疹 60b>

    c. 바타 잠깐 더우닐 뻬 혜디 말오 머기라(去滓微熱服不拘時) <瘡疹 34a>

    d. 바타 ᄃᆞ스닐 머교딕(去滓溫服) <瘡疹 57a>

(99) e. 대극으란 거려 내야 쓰디 말오(去大戟不用) <瘡疹 59a>

<100> 배다 對 배아다

두 동작동사가 [破]와 [喪] 즉 '망치다, 없애다'의 뜻을 가지고 동의 관계에 있다는 것은 다음 예문들에서 잘 확인된다. 원문 중 '破産'이 '셰간늘 배다'로 번역되고 '破蕩家産'이 '셰간 배아다'로 번역된다. 또 '喪産'이 '셰간늘 배다'로 번역되고 '喪家'가 '지블 배아다'로 번역된다. 따라서 '배다'와 '배아다'의 동의성은 명백히 입증된다.

(100) a. ᄌᆞ조 셰간을 배아ᄂᆞᆯ(數破其産이어ᄂᆞᆯ) <번小九 23b>

    b. 그 아ᄉᆞᆫ 셰간늘 다 배오 잇거늘(弟盡破其産) <二倫 2a>

    c. 여러히 셰간늘 배오 이시니(今多破産) <二倫 25a>

    d. 일로 셰간늘 배여(因此傾貲喪産爲也) <正俗 17b>

(100) e. 셰간 배아고(破蕩家産爲㫆) <正俗 26a>

    f. 셰간늘 거의 배아 가딕(生業壞已逾半) <二倫 21a>

    g. 주근 어버이를 욕도이 ᄒᆞ며 지블 배아미(辱先喪家ㅣ) <번小六 17b>

<101> 벼슬ᄒᆞ다 對 구실ᄒᆞ다

두 동작동사가 [仕]와 [作官] 즉 '벼슬하다'의 뜻을 가지고 동의 관계에 있다는 것은 다음 예문들에서 잘 확인된다. 원문 중 '以仕進相招'가 '벼슬ᄒᆞ기로 서르 브르다'로 번역되고 '優則仕'가 '유여커든 구실ᄒᆞ다'로 번역된다. 따라서 '벼슬ᄒᆞ다'와 '구실ᄒᆞ다'의 동의성은 명백히 입증된다.

(101) a. 벋이 벼슬ᄒᆞ기로 서르 블러(朋友ㅣ 以仕進으로 上招ᄒᆞ야) <번小八 24b>

    b. 벼슬ᄒᆞ옛ᄂᆞᆫ 사ᄅᆞᆷᄃᆞᆯ히 쳔량읫 거슬 가져다가(仕宦者ㅣ 將錢物ᄒᆞ야) <번小九 51b>

    c. 대뎌ᄒᆞᆫ디 벼슬ᄒᆞ여셔 모매 리ᄒᆞᆫ 일 즐겨오매(大抵作官嗜利예) <번小七 28b>

    d. 벼슬ᄒᆞ니 여러히러니(補官者 數人) <二倫 19a>

    e. 다ᄅᆞᆫ 손이 벼슬ᄒᆞᆫ 사ᄅᆞᆷ이 왓거든 벼슬로 안치고(若有他客有爵者則坐以爵爲古) <呂約 24a>

(101) f. 비호미 유여커든 구실홀디니(學而優則仕ㅣ니) <번소六 22a>

<102> 보차다 對 드리둗다

두 동작동사가 [攻] 즉 '괴롭히다, 들이닫다'의 뜻을 가지고 동의 관계에 있다는 것은 다음 예문들에서 잘 확인된다. 원문 중 '攻於肝臟'이 '간장올 보차다'로 번역되고 '攻心'이 'ᄆᆞᅀᆞ매 드리둗다'로 번역된다. 따라서 '보차다'와 '드리둗다'의 동의성은 명백히 입증된다.

(102) a. 알히던 셜흔 긔운이 머므러셔 간킥을 보차(遂停敗熱攻於肝臟) <瘡疹 3a>

b. 독긔 ᄆᆞᅀᆞ매 드리둗디 아니ᄒᆞᄂᆞ니라(毒氣不能攻心) <瘡疹 37b>

<103> 분별ᄒᆞ다 對 시름ᄒᆞ다 對 근심ᄒᆞ다

세 동작동사가 [憂] 즉 '근심하다, 걱정하다'의 뜻을 가지고 동의 관계에 있다는 것은 다음 예문들에서 잘 확인된다. 원문 중 '憂…者'가 '분별ᄒᆞ리'로 번역되고 '先…憂'가 '몬져 시름ᄒᆞ다'로 번역되고 '憂人之憂'의 '憂'가 '근심ᄒᆞ다'로 번역된다. 따라서 '분별ᄒᆞ다'와 '시름ᄒᆞ다' 그리고 '근심ᄒᆞ다'의 동의성은 명백히 입증된다.

(103) a. 子弟이 경박ᄒᆞ며 늘라니롤 분별ᄒᆞ리ᄂᆞᆫ(憂子弟之輕俊者ᄂᆞᆫ) <번소六 6a>

(103) b. 士ᄂᆞᆫ 시름도인 일란 天下앳 사ᄅᆞ미게셔 몬져 시름ᄒᆞ고(士ᄂᆞᆫ 當先天下之憂而憂ᄒᆞ고) <번소十 20b>

c. 형뎨 원슈 되여 님금 녹을 먹고 부모로 히여곰 시름케 ᄒᆞᄂᆞ니(兄弟爲讎ᄒᆞ야 食君之祿而令父母愁ᄒᆞᄂᆞ니) <번소九 100b>

(103) d. 사ᄅᆞ미 근심두윈 이롤 조(14a) 차 근심ᄒᆞ며(憂人之憂ᄒᆞ며) <번소六 14b>

<104> 분별ᄒᆞ다 對 알하 ᄒᆞ다

동작동사 '분별ᄒᆞ다'와 동작동사구 '알하 ᄒᆞ다'가 [患] 즉 '근심하다, 걱정하다'의 뜻을 가지고 동의 관계에 있다는 것은 다음 예문들에서 잘 확인된다. 원문 중 '患不能'이 '몯홀가 분별ᄒᆞ다'로 번역되고 '患失之'가 '일흘가 알하 ᄒᆞ다'로 번역되므로 '분별ᄒᆞ다'와 '알하 ᄒᆞ다'의 동의성은 명백히 입증된다.

(104) a. 오직 내 비호미 지극디 몯호몰 분별ᄒᆞ라(唯患學不至ᄒᆞ라) <번소六 22a>

b. 엇디 몯홀가 분별ᄒᆞ리오 마ᄅᆞᆫ(何患不能이리오마ᄂᆞᆫ) <번소十 30b>

(104) c. 그 벼슬 득디 몯ㅎ야셔는 得디 몯홀가 알하 ㅎ고(其未得之也앤 患得之ㅎ고) <번小三 9b>

　　　　d. 진실로 일흘가 알하 ㅎ며(苟患失之면) <번小三 9b>

　　　　e. ㅎ마 득ㅎ얀 일흘가 ㅎ야 알하 ㅎㄴ니라(旣得之ㅎ얀 患失之니라) <번小三 9b>

<105> 브르다 對 놀애 브르다

　동작동사 '브르다'와 동작동사구 '놀애 브르다'가 [唱] 즉 '부르다, 노래를 부르다'의 뜻을 가지고 동의 관계에 있다는 것은 다음 예문들에서 잘 확인된다. 원문 중 '唱…曲兒'가 '놀애 브르다' 번역된다. '唱的 人'이 '놀애 브르는 사룸'으로 번역된다. 그리고 '唱'의 자석이 '브르다'이다. 따라서 '브르다'와 '놀애 브르다'의 동의성은 명백히 입증된다. 동작동사구 '놀애 브르다'는 명사 '놀애'와 동작동사 '브르다'의 결합이다.

　　(105) a. 이제 다대 놀애 브르며(如今唱達達曲兒) <번朴上 7a>

　　　　b. 놀애 브르는 사룸의 지븨 가(唱的人家裏去) <번老下 54a>

　　　　c. 놀애 브르리란 블러 앞픠 나ᅀ아오라 ㅎ야(叫將唱的根前來) <번朴上 6a>

　　(105) d. 唱 : 發歌 <四解下 43a>

　　　　e. 唱 : 브를 챵 發歌 <字會下 7a>

<106> 브리다 對 브리우다

　두 동작동사가 [下]와 [安下] 즉 '부리다, 내리다'의 뜻을 가지고 동의 관계에 있다는 것은 다음 예문들에서 잘 확인된다. 원문 중 '別處…下'가 '년 듸 브리다'로 번역되고 '下馬'가 '물 브리다'로 번역된다. '在那裏安下'가 '데 가 브리다'로 번역되고 '那裏安下'가 '어듸 브리다'로 번역된다. 그리고 '下的我'가 '우리를 브리우다'로 번역된다. 따라서 '브리다'와 '브리우다'의 동의성은 명백히 입증된다.

　　(106) a. 년 듸 브리디 아녀 다 데 가 브리ㄴ니(別處不下 都在那裏安下) <번老上 11b>

　　　　b. 어듸 브리여 잇ㄴ고(在那裏下) <번老下 5b>

　　　　c. 우리 그저 여긔 브리져(咱們只這裏下去來) <번老上 17b>

　　　　d. 구윗문의 디나갈 제 브리며(下公門ㅎ고) <번小十 4b>

　　　　e. 뎨 거러 가다가 몯(23a) 미처 피ㅎ야든 물 브려 읍ㅎ라(彼徒行不及避則下馬抱之爲羅) <呂約 23b>

　　　　f. 어듸 브리여ᅀ아 됴홀고(那裏安下好) <번老上 11a>

(106) g. 네 이 지븨 우리를 브리우거니와(你這房兒也下的我) <번老上 68a>

<107> 브르지지다 對 짓글히다

두 동작동사가 [叫喚]과 [叫] 즉 '부르짖다'의 뜻을 가지고 동의 관계에 있다는 것은 다음 예문들에서 잘 확인된다. 원문 중 '叫喚'이 '브르지지다'로 번역되고 '叫幾聲'이 '여러 적 브르지지다'로 번역된다. 그리고 '叫喚大了'가 '짓글휴믈 크게 ᄒ다'로 번역된다. 따라서 '브르지지다'와 '짓글하다'의 동의성은 명백히 입증된다.

(107) a. 브르지져 달라 ᄒ야도(叫喚着討時) <번朴上 34b>
　　　b. 거즛 여러 적 브르지죠ᄃᆡ(假意兒叫幾聲) <번老下 54b>

(107) c. 사ᄅ미 짓글휴믈 크(36b)게 ᄒᄂ다(人叫喚大了) <번老下 37a>

(107) d. 叫 : 呼也 <四解下 13a>
　　　e. 叫 : 울 교 <字會下 4b>

<108> 브리다 對 시기다

두 동작동사가 [使] 즉 '부리다, 시키다'의 뜻을 가지고 동의 관계에 있다는 것은 다음 예문들에서 잘 확인된다. 원문 중 '使祥'이 '왕샹을 브리다'로도 번역되고 '祥을 시기다'로도 번역되므로 '브리다'와 '시기다'의 동의성은 명백히 입증된다.

(108) a. 님금이 臣下를 브리샤ᄃᆡ 禮로 ᄒ며(君使臣以禮ᄒ며) <번小三 8b>
　　　b. ᄉ쟈를 브려(使使者ᄒ야) <번小九 57b>
　　　c. 쏘 祥의 겨집을 보채여 브리거늘(又虐使祥妻ㅣ어를) <번小九 70a>
　　　d. 그 어미 ᄌᄌᆞ 몯홀 일로 왕샹일 브리거든(朱屢以非理使祥) <二倫 10a>
　　　e. 쏘 몯홀 일로 왕샹의 겨집블 브리거든(又虐使祥妻) <二倫 10a>

(108) f. 朱氏 ᄌᄌᆞ 올티 아니ᄒ 일로 祥을 시기거든(朱ㅣ 屢以非理로 使祥이어늘) <번小九 70a>

<109> 븓들다 對 삐들다 對 잡들다

세 동작동사가 [扶持] 즉 '붙들다, 부축하다'의 뜻을 가지고 동의 관계에 있다는 것은 다음 예문들에서 잘 확인된다. 원문 중 '扶持'가 '븓들다'로도 번역되고 '삐들다'로도 번역되며 '잡들다'로도 번역된다.

따라서 '븓들다'와 '쯰들다' 그리고 '잡들다'의 동의성은 명백히 입증된다. '븓들다'는 어간 '븓'과 동사 '들다'의 合成이고 '쯰들다'는 어간 '쯰-'와 '들다'의 합성이며 '잡들다'는 어간 '잡'과 '들다'의 합성이다.

(109) a. 津이 븓드러 방의 드리고(津이 扶持還室ᄒᆞ야) <번小九 75a>

b. 진니 븓드러 집븨 드리고(津 扶持還室) <二倫 15a>

c. 어버이 븓드러 ᄃᆞ려 오더니(父母持以歸) <속三烈 18a>

(109) d. 쯰드러 닐며 누이며 ᄒᆞ고(扶持起臥) <속三孝 27a>

e. 나며 들 제 미양 쯰들며(出入常扶持) <속三孝 31a>

(109) f. 친히 잡드러(逐親自扶持) <二倫 11a>

<110> 븓들다 對 더위잡다

두 합성동작동사가 [扶] 즉 '붙들다, 부축하다'의 뜻을 가지고 동의 관계에 있다는 것은 다음 예문들에서 잘 확인된다. 원문 중 '父母扶'가 '어버이 븓들다'로 번역되고 '扶之'가 '더위잡다'로 번역된다. 따라서 '븓들다'와 '더위잡다'의 동의성은 명백히 입증된다. '븓들다'는 어간 '븓'과 동작동사 '들다'의 合成이고 '더위잡다'는 어간 '더위-'와 동작동사 '잡다'의 합성이다.

(110) a. 어버이 븓드러 ᄃᆞ려 오더니(父母扶以歸) <속三烈 18a>

b. 져믄 사ᄅᆞ미어든 더위자ᄇᆞ라(少者以下則扶之 : 少者乃主人) <呂約 27b>

<111> 블딛다 對 밥짓다 對 동자ᄒᆞ다

세 동작동사가 [爨] 즉 '불 때다, 밥을 짓다'의 뜻을 가지고 동의 관계에 있다는 것은 다음 예문들에서 잘 확인된다. 원문 중 '躬執爨'이 '손소 블딛다'로 번역되고 '躬爨'이 '親히 밥짓다'로 번역되며 '異爨'이 '다티 동자ᄒᆞ다'로 번역된다. 그리고 '爨'의 자석이 '블딛다'이다. 따라서 '블딛다', '밥짓다' 및 '동자ᄒᆞ다'의 동의성은 명백히 입증된다.

(111) a. 손소 블디더 반봉ᄒᆞ야도 내 어버이 돌오 맛난 거슬 비브르 몯 자시더니(躬執爨而吾ㅣ 親甘旨를 未嘗充也ㅣ러시니) <번小七 47b>

b. 반ᄃᆞ시 친히 블디더 죽을 글히더니(必親爲然火ᄒᆞ야 煮粥ᄒᆞ더니) <번小九 79a>

(111) c. 親히 밥지서 이바ᄃᆞ며(必躬爨以供) <속三孝 33a>

d. ᄒᆞᆫ딕 밥지서 머고딕(同爨호딕) <번小九 77a>

(111) e. 다티 동자ᄒᆞ여 먹디 아니ᄒᆞ여(不異爨) <二倫 32a>

　　　 f. 로조ᄅᆞᆯ ᄀᆞᄉᆞ마라 동자ᄒᆞ여(命操 常執勤主炊) <二倫 17a>

(111) g. 爨 : 炊爨 <四解上 75a>

　　　 h. 爨 : 블디들 찬 <字會下 6a>

<112> 블븥다 對 븥다

　합성동작동사 '블븥다'와 동작동사 '븥다'가 [爀]와 [焚] 즉 '불이 붙다, 타다'의 뜻을 가지고 동의 관계에 있다는 것은 다음 예문들에서 잘 확인된다. '爀'가 한자 '焚'과 同義이고 '爀'의 자석이 '블븥다'이다. 그리고 '焚'의 자석이 '븥다'이다. 따라서 '블븥다'와 '븥다'의 동의성은 명백히 입증된다. '블븥다'는 명사 '블'과 동작동사 '븥다'의 合成이다.

(112) a. 爀 : 火也 焚也 <四解上 54a>

　　　 b. 爀 : 블브틀 훼 <字會下 15a>

(112) c. 焚 : 燒也 <四解上 65a>

　　　 d. 焚 : 브틀 분 <字會下 15a>

<113> 비졉나다 對 밧긔 나 의졉ᄒᆞ다

　동작동사 '비졉나다'와 동작동사구 '밧긔 나 의졉ᄒᆞ다'가 [出次于外] 즉 '나가서 밖에 있다'의 뜻을 가지고 동의 관계에 있다는 것은 동일 원문의 번역인 다음 예문들에서 잘 확인된다. 원문 중 '出次于外'가 '비졉나다'로도 번역되고 '밧긔 나 의졉ᄒᆞ다'로도 번역된다. 따라서 '비졉나다'와 '밧긔 나 의졉ᄒᆞ다'의 동의성은 명백히 입증된다. 동일 원문이 『소학언해』 권6(1588)에서는 '모든 아ᄋᆞ 들히 다 나가 밧긔 이쇼ᄃᆡ(諸弟ㅣ 皆出次于外호ᄃᆡ)' <67b>로 번역되어 있어서 크게 참고가 된다.

(113) a. 아ᅀᆞ 들히 다 비졉나거ᄂᆞᆯ(諸弟 皆出次于外) <二倫 11a>

　　　 b. 모든 아ᅀᆞᆯ 다 밧긔 나 의졉ᄒᆞ엿거ᄂᆞᆯ(諸弟ㅣ 皆出次于外ㅣ 커ᄂᆞᆯ) <번小九 73a>

<114> 볼뎡 곳다 對 곳다

　동작동사구 '볼뎡 곳다'와 동작동사 '곳다'가 [拱手]와 [拱] 즉 '두 손을 맞잡다'의 뜻을 가지고 동의 관계에 있다는 것은 다음 예문들에서 잘 확인된다. 원문 중 '正立拱手'가 '졍다이 셔셔 볼뎡 곳다'로 번역된다. 그리고 '拱'의 자석이 '곳다'이고 고유어 '곳다'는 한자어 '拱手'와 동의 관계에 있다. 따라서 '볼뎡 곳다'와 '곳다'의 동의성은 명백히 입증된다. 동작동사구 '볼뎡 곳다'는 명사 '볼뎡'과 동작동사 '곳다'의 결합이다.

(114) a. 졍다이 셔셔 볼뎡 고자(正立拱手ㅎ야) <번小三 26a>

　　 b. 일 업슨 제도 졍다이 안자 볼뎡 곳고 (無事ㅣ라두 亦端坐拱手ㅎ며) <번小十 13a>

(114) c. 拱 : 手抱 <四解上 1a>

　　 d. 拱 : 고줄 공 兩手合持爲禮曰拱手 <字會下 11b>

<115> 볿다 對 볿드듸다

　동작동사 '볿다'와 합성동작동사 '볿드듸다'가 [履] 즉 '밟다'의 뜻을 가지고 동의 관계에 있다는 것은 다음 예문들에서 잘 확인된다. 원문 중 '履閾'이 '문ㅅ젼을 볿다'로 번역된다. 그리고 '步履'가 '거름거리며 볿드듸기'로 번역된다. 따라서 '볿다'와 '볿드듸다'의 동의성은 명백히 입증된다. '볿드듸다'는 동작동사 '볿다'의 어간 '볿-'가 동작동사 '드듸다'의 비통사적 合成이다.

(115) a. 녀딕 문ㅅ젼을 볿디 아니ㅎ더시다(行不履閾이러시다) <번小三 4a>

　　 b. 거름거리며 볿드듸기를 모로매 안셔히 샹심ㅎ야 ㅎ며(步履룰 必安詳ㅎ며) <번小八 16b>

(115) c. 履 : 踐也 <四解上 28a>

<116> 볿다 對 즐볿다

　두 동작동사가 [踐], [踏] 및 [跐] 즉 '밟다, 디디다'의 뜻을 가지고 동의 관계에 있다는 것은 다음 예문 들에서 잘 확인된다. 원문 중 '踐履'가 'ㄴ미 시늘 볿다'로 번역되고 '踐…地'가 '짜홀 볿다'로 번역된다. '踐'이 한자 '踏'과 同義이고 '踐'의 자석이 '볿다'이다. '踏'이 한자 '踐'과 同義이고 '踏'의 자석이 '볿다'이다. 그리고 '跐'가 한자 '踏'과 同義이고 '跐'의 자석이 '즐볿다'이다. 따라서 '볿다'와 '즐볿다'의 동의성은 명백히 입증된다.

(116) a. ㄴ미 시늘 볿디 말며(毋踐履ㅎ며) <번小四 12b>

　　 b. 바래 禮 아닌 짜홀 볿디 아니ㅎ야(足不踐非禮之地ㅎ야) <번小六 29b>

(116) c. 踐 : 踏也 <四解下 5a>

d. 踐 : 불올 쳔 <字會下 12a>

(116) e. 踏 : 踐也 <四解下 76a>

f. 踏 : 불올 답 <字會下 12a>

(116) g. 跐 : 踏也 <四解上 45a>

h. 跐 : 즐볼올 채 <字會下 12a>

<117> 비호다 對 곹다

두 동작동사가 [學] 즉 '배우다'의 뜻을 가지고 동의 관계에 있다는 것은 다음 예문들에서 잘 확인된다. 원문 중 '不要相學'이 '서르 비호디 말다'로도 번역되고 '서르 ᄀᆞ토려 말다'로도 번역된다. 따라서 '비호다'와 '곹다'의 동의성은 명백히 입증된다. 'ᄀᆞ토려'는 '곹+오려'로 분석될 수 있다.

(117) a. 형뎨 서르 ᄉᆞ랑호미 맛당ᄒᆞ고 사오나온 일란 서르 비호디 마로ᇙ니ᄅᆞ니(言兄弟宜相好ㅣ오 不要相學이니) <번小七 44a>

b. 반ᄃᆞ시 비호(7a)ᄆᆞᆯ 즐기디 아니ᄒᆞ리니(必不樂學士이니) <번小六 7b>

(117) c. 서르 ᄀᆞ토려 말오 됴ᄒᆞᆫ 이ᄅᆞᆯ 내 베플 ᄯᆞ로미니라(不要相學이오 己施之而已니라) <번小七 44b>

<118> 사기다 對 외ᄑᆞ다

두 동작동사가 [刻]과 [鏤] 즉 '새기다, 파다'의 뜻을 가지고 동의 관계에 있다는 것은 다음 예문들에서 잘 확인된다. 원문 중 '刻鵠'이 '곤이를 사기다'로 번역되고 '刻木'이 '남그로 사기다'로 번역된다. '鏤'가 한자어 '雕鏤'를 뜻하고 '鏤'의 자석이 '사기다'이다. 그리고 '刻'이 한자어 '雕鏤'를 뜻하고 '刻'의 자석이 '외ᄑᆞ다'이다. 따라서 '사기다'와 '외ᄑᆞ다'의 동의성은 명백히 입증된다.

(118) a. 녜 닐온 곤이ᄅᆞᆯ 사기다가 이디 몯ᄒᆞ야도(所謂刻鵠不成이라두) <번小六 15a>

b. 다(103b) 남그로 사긴 거우로집과 사오나이 믈들 깁으로 결속ᄒᆞ더니(皆用刻木粧奩ᄒᆞ며 繡文絹으로 爲資裝ᄒᆞ더니) <번小九 104a>

c. 너희 ᄲᅧ에 사겨 두어 맛당ᄒᆞ니라(爾宜刻骨이니라) <번小六 20b>

(118) d. 鏤 : 雕鏤 <四解下 68a>

e. 鏤 : 사길 루 <字會下 7b>

(118) f. 刻 : 雕鏤也 <四解下 58a>

　　　g. 刻 : 외풀 극 <字會上 1b>

<119> 삼가다 對 조심ᄒ다

　두 동작동사가 [謹], [愼] 및 [謹愼] 즉 '삼가다, 조심하다'의 뜻을 가지고 동의 관계에 있다는 것은 다음 예문들에서 잘 확인된다. 원문 중 '謹守禮法'이 '례법을 삼가 가지다'로 번역되고 '孝謹'이 '효도코 삼가다'로 번역되고 '小心謹愼'이 '조심ᄒ고 삼가다'로 번역된다. '恭謹'이 '조심ᄒ야 공순히 ᄒ다'로 번역되고 '淸謹'과 '淸愼'이 '청렴ᄒ며 조심ᄒ다'로 번역되고 '謹愼行'이 '조심ᄒ야 ᄃ니다'로 번역된다. 그리고 '謹'의 자석이 '삼가다'이다. 따라서 '삼가다'와 '조심ᄒ다'의 동의성은 명백히 입증된다.

(119) a. 네 몸을 닷고 ᄒᆡᆼ뎍을 삼가(汝ᄂᆞᆫ 修身謹行ᄒ야) <번小九 67b>

　　　b. 반ᄃᆞ시 례법을 삼가 가져서(必謹守禮法ᄒ야) <번小七 50a>

　　　c. ᄯᅩ 나랏 법을 삼가(又謹三尺ᄒ야) <번小六 35a>

　　　d. ᄌᆞ손니 다 효도코 삼가더라(子孫從化皆孝謹) <二倫 31b>

　　　e. 브즈런홈과 삼감과 온화홈과 날회여홈괘라(勤謹和緩이니라) <번小九 53a>

　　　f. 음식을 모로매 삼가고 존졀ᄒ며(飮食을 必愼節ᄒ며) <번小八 16a>

　　　g. 혐의ᄅᆞ온 ᄯᅡ흔 삼가디 아니티 몯홀 거시라(嫌疑之際ᄂᆞᆫ 不可不愼이니라) <번小七 20b>

　　　h. 진실로 문 지두리 굳ᄒ며 소니옛 술 ᄀᆞ튼 거슬 삼가디 아니ᄒ면(苟不愼樞機면) <번小六 24a>

　　　i. 긔운이 두터오며 쥬밀ᄒ야 삼가(敦厚周愼ᄒ야) <번小六 13b>

　　　j. 조심ᄒ고 삼가(小心謹愼ᄒ야) <번小九 37a>

(119) k. 王祥이 더욱 조심ᄒ야 공순히 ᄒ며 (祥이 愈恭謹ᄒ며) <번小九 24b>

　　　l. 청렴ᄒ며 조심혼다 호모로(以淸謹으로) <번小九 52a>

　　　m. 衣服ᄒ고 조심ᄒ야 겨시더라(衣服唯謹ᄒ더시다) <번小九 24b>

　　　n. 오직 조심ᄒ야 ᄒ더시다(唯謹爾러시다) <번小四 15b>

　　　o. 오히려 조심ᄒᄂᆞᆫ 사ᄅᆞᆷ이 ᄃᆞ외리니(猶爲謹敕之士ㅣ니) <번小六 15a>

　　　p. 모로매 말ᄉᆞᆷ 되답호ᄆᆞᆯ 조심ᄒ야 홀디니라(必愼唯諾이니라) <번小四 12b>

　　　q. 단졍ᄒ며 싁싁ᄒ며 청렴ᄒ며 조심호ᄆᆞ로ᄡᅥ(以端莊淸愼으로) <번小六 34b>

　　　r. 만이레 이리 조심ᄒ야 ᄃ니면(若這般謹愼行時) <번老下 46a>

(119) s. 謹 : 愼也 <四解上 55b>

　　　t. 謹 : 삼갈 신 <字會下 11b>

\<120\> 설엊다 對 간슈ᄒ다

두 동작동사가 [收拾] 즉 '치우다, 정리하다'의 뜻을 가지고 동의 관계에 있다는 것은 다음 예문들에서 잘 확인된다. 원문 중 '收拾椀楪'이 '사발 뎝시 설엊다'로 번역되고 '收拾家事'가 '그릇 둘 설엊다'로 번역된다. '椀子家具收拾了'가 '사발와 그릇 벼룰 간슈ᄒ다'로 번역된다. 그리고 '收拾'의 자석이 '간슈ᄒ다'이다. 따라서 '설엊다'와 '간슈ᄒ다'의 동의성은 명백히 입증된다.

(120) a. 사발 뎝시 설어즈라(收拾椀楪) \<번老上 43a\>

　　 b. 우리 ᄲᆯ리 짐둘 설어즈라(咱急急的收拾了行李) \<번老上 38a\>

　　 c. ᄯ오 그릇둘 설어져 오라(却收拾家事來) \<번老上 43a\>

　　 d. 짐둘 설엇노라 ᄒ면(收拾了行李時) \<번老上 58b\>

(120) e. 사발(45b) 와 그릇 벼룰 간슈ᄒ고(椀子家具收拾了) \<번老下 46a\>

　　 f. 우리 신슘 갑도 다 간슈ᄒ져(咱們人蔘價錢也收拾了) \<번老下 65b\>

(120) g. 收拾 : 간슈ᄒ다 又설엇다 \<老朴 累字解 8a\>

\<121\> 설엊다 對 설다

두 동작동사가 [收拾] 즉 '치우다, 정리하다, 챙기다'의 뜻을 가지고 동의 관계에 있다는 것은 다음 예문들에서 잘 확인된다. 원문 중 '收拾椀楪'이 '사발 뎝시 설엊다'로 번역되고 '收拾行李'가 '자븐것 설엊다'로 번역된다. '收拾酒子繩'이 '드레와 줄 설다'로 번역된다. 그리고 '整理睡處'가 '잘 딕 설다'로 번역된다. 따라서 '설엊다'와 '설다'의 동의성은 명백히 입증된다.

(121) a. 사발 뎝시 설어즈라(收拾椀楪) \<번老上 43a\>

　　 b. ᄯ오 그릇둘 설어져 오라(却收拾家事來) \<번老上 43a\>

　　 c. 자븐것 설어져 짐시리 ᄒ라(收拾行李打駞駄) \<번老上 58b\>

　　 d. 우리 ᄲᆯ리 짐둘 설어즈라(咱急急的收拾了行李) \<번老上 38a\>

　　 e. 짐둘 설엇노라 ᄒ면(收拾了行李時) \<번老上 58b\>

(121) f. 네 드레와 줄 서러 내여 오고려(你收拾酒子繩出來) \<번老上 31b\>

　　 g. 설어 주믈 지그기 ᄒ고(收拾到着) \<번老上 58b\>

　　 h. 우리 잘 딕 서러 보아지라(我整理睡處) \<번老上 25a\>

<122> 쓰설다 對 쓰리고 쓸다

동작동사 '쓰설다'와 동작동사구 '쓰리고 쓸다'가 [灑掃] 즉 '물 뿌리고 쓸다'의 뜻을 가지고 동의 관계에 있다는 것은 다음 예문들에서 잘 확인된다. 원문 중 '入而灑掃'가 '드러가 쓰설다'로 번역되고 '童子灑掃'가 '아히의 쓰리고 쓸다'로 번역된다. 따라서 '쓰설다'와 '쓰리고 쓸다'의 동의성은 명백히 입증된다.

(122) a. 아츠미어든 드러가 쓰설어늘(且入而灑掃ㅣ어늘) <번小九 22a>
      b. 오래 뜰 쓰서르믈 게을이 호미오(門庭不潔者 : 不掃除門庭) <呂約 9a>

(122) c. 아히의 쓰리고 쓸며 듸답ᄒ며 얼운 셤골 졀츠 ᄀᆞ른쵤 일 대개로 닐어(略言敎童子灑掃應對事長之節ᄒ야) <번小六 7b>
      d. 져머셔 비호ᄂᆞᆫ 쓰리고 쓸며 듸답호모로 븟터(自小學灑掃應對以往ᄋᆞ로) <번小九 13b>

<123> 슷다 對 쓸다

두 동작동사가 [揩], [抹], [拂] 및 [拭] 즉 '닦다, 씻다'의 뜻을 가지고 동의 관계에 있다는 것은 다음 예문들에서 잘 확인된다. '揩'가 한자어 '摩拭'을 뜻하고 '揩'의 자석이 '슷다'이다. '抹'의 자석이 '슷다'이다. '拂'의 자석이 '쓸다'이다. 그리고 '拭'이 한자 '揩'와 同義이고 '拭'의 자석이 '쓸다'이다. 따라서 '슷다'와 '쓸다'의 동의성은 명백히 입증된다.

(123) a. 揩 : …摩拭也 <四解上 46b>
      b. 揩 : 스슬 기 <字會東中本下 23b>

(123) c. 抹 : 摩也 <四解上 75a>
      d. 抹 : 스슬 말 <字會下 9a> <字會東中本下 20a>

(123) e. 拂 : …拭也 <四解上 64b>
      f. 拂 : 쓸 블 <字會下 10b>

(123) h. 拭 : 揩也 <四解下 54b>
      i. 拭 : 쓸 식 <字會下 10b>

<124> 슷다 對 에우다

두 동작동사가 [抹]과 [抹了] 즉 '지우다'의 뜻을 가지고 동의 관계에 있다는 것은 다음 예문들에서 잘 확인된다. '抹'의 자석이 '슷다'이다. 그리고 '抹了'가 '에우다'로 번역된다. 따라서 '슷다'와 '에우다'의 동의성은 명백히 입증된다.

(124) a. 抹 : 摩也 <四解上 75a>
　　　 b. 抹 : 스슬 말 <字會下 9a>

(124) c. 붇 가져다가 에우라(將筆來抹了着) <번朴上 25a>

<125> 십다 對 십두드리다

두 동작동사가 [嘘]와 [嚼] 즉 '씹다'의 뜻을 가지고 동의 관계에 있다는 것은 다음 예문들에서 잘 확인된다. 원문 중 '數嘘'가 'ᄌ조 십다'로 번역된다. '嘘'가 한자 '嚼'과 同義이다. 그리고 '嚼'의 자석이 '십두드리다'이고 고유어 '십두드리다'는 한자어 '咀嚼'과 동의 관계에 있다. 따라서 '십다'와 '십두드리다'의 동의성은 명백히 입증된다.

(125) a. ᄌ조 시버 입노릇ᄒ디 마롤디니라(數嘘ᄒ야 毋爲口容이니라) <번小四 27b>
　　　 b. 嘘 : 齧也亦作嚼 <四解下 16a>

(125) c. 嚼 : 咀嚼 <四解下 42a>
　　　 d. 嚼 : 십두드릴 쟉 咀嚼 <字會下 7a>

<126> 싯다 對 곰다

두 동작동사가 [洗] 즉 '씻다'의 뜻을 가지고 동의 관계에 있다는 것은 다음 예문들에서 잘 확인된다. 원문 중 '洗面'이 'ᄂ 싯다'로 번역된다. '入去洗'가 '드러가 곰다'로 번역된다. 그리고 '洗'의 자석이 '싯다'이다. 따라서 '싯다'와 '곰다'의 동의성은 명백히 입증된다.

(126) a. 내 ᄂ 시서지라(我洗面) <번老上 61a>
　　　 b. 나그내네 ᄂ 시서다(客人們洗面了) <번老上 61a>
　　　 c. 머리 빗고 ᄂ 싯고(梳頭洗面了) <번老下 33b>

(126) d. ᄯ 드러가 곰고(又入去洗一洗) <번朴上 53a>
　　　 e. 혼 디위 곰고(洗了一會兒) <번朴上 52b>

(126) f. 洗 : 滌也 <四解上 27a>

　　　g. 洗 : 시슬 셰 <字會下 5b>

<127> 亽랑ᄒ다 對 ᄃᆞ다

　　두 동작동사가 [愛], [慕], [寵] 및 [偎] 즉 '사랑하다'의 뜻을 가지고 동의 관계에 있다는 것은 다음 예문들에서 잘 확인된다. 원문 중 '人情…愛其子'가 '인정이 ᄌᆞ식글 亽랑ᄒ다'로 번역되고 '畏愛'가 '저코 亽랑ᄒ다'로 번역된다. '慕父母'가 '어버싈 ᄃᆞ다'로 번역된다. '寵'의 자석이 '亽랑ᄒ다'고 '愛'의 자석이 'ᄃᆞ다'이다. 그리고 '偎'가 한자 '愛'와 同義이고 '偎'의 자석이 '亽랑ᄒ다'이다. 따라서 '亽랑ᄒ다'와 'ᄃᆞ다'의 동의성은 명백히 입증된다.

　　(127) a. 鄕吏며 百姓이 저코 亽랑ᄒ더니(吏民畏愛) <속三孝 26b>

　　　　　b. 인정이 다 ᄌᆞ식글 亽랑컨마른(人情自當皆愛其子) <二倫 12a>

　　　　　c. 兄은 亽랑커든 아ᅀᆞᄂᆞᆫ 공경ᄒ며(兄愛弟敬ᄒ며) <번小三 43b>

　　　　　d. 큰 효도ᄂᆞᆫ 모미 못ᄃᆞ록 어버싈 ᄃᆞᅀᅡ ᄒᆞᄂᆞ니(大孝隱 終身慕父母爲飛尼) <正俗 17a>

　　(127) e. 寵 : 愛也 <四解上 9a>

　　　　　f. 寵 : 亽랑홀 툐。 <字會下 14a>

　　(127) g. 愛 : 憐也 慕也 寵也 <四解上 45b>

　　　　　h. 愛 : ᄃᆞ슬 이 <字會下 14b>

　　(127) i. 偎 : 愛也 <四解上 53a>

　　　　　j. 偎 : 亽랑홀 외 <字會下 14a>

<128> 亽랑ᄒ다 對 싱각ᄒ다

　　두 동작동사가 [思] 즉 '생각하다'의 뜻을 가지고 동의 관계에 있다는 것은 다음 예문들에서 잘 확인된다. 원문 중 '思古道'가 '녯 도리 亽랑ᄒ다'로 번역되고 '思其不可復者'가 '可히 다시 몯호ᄃᆞᆯ 亽랑ᄒ다'로 번역되며 '思盡忠'이 '忠誠싀장 홀 이를 싱각ᄒ다'로 번역된다. 따라서 '亽랑ᄒ다'와 '싱각ᄒ다'의 동의성은 명백히 입증된다.

　　(128) a. 녯 도리 亽랑호ᄃᆞᆯ 아니ᄒ야(莫思古道ᄒ야) <번小六 19a>

　　　　　b. 어딘 이ᄅᆞᆯ 亽랑ᄒ고(思其所善ᄒ야) <번小六 33b>

c. 어딘 사루믄 可히 다시 몯호믈 스랑ᄒ야 몬져 行(45b) ᄒᄂ니(君子ㅣ 思其不可復者而先施焉ᄒᄂ니) <번小三 45b>

d. 곧 밥 먹고져 ᄒ야 스랑ᄒ리라(便思量飯喫) <번老下 41a>

e. 숨쩔 되니와 갈ᄒ야 믈 스랑ᄒᄂ니와ᄅᆞᆯ 보고(見⋯氣急者渴思飲者) <瘡疹 28a>

(128) f. 나ᅀᅡ가는 忠誠시장 홀 이ᄅᆞᆯ 싱각ᄒ고(進思盡忠ᄒ며) <번小三 8a>

g. 믈러와는 허믈 깁ᄉᆞ올 이ᄅᆞᆯ 싱각ᄒ야(退思補過ᄒ야) <번小三 8a>

h. 보ᄆ란 ᄇᆞᆰ기 호ᄆᆞᆯ 싱각ᄒ며 드로ᄆ란 ᄌᆞ셰히 호ᄆᆞᆯ 싱각ᄒ며(視思明ᄒ며 聽思聰ᄒ며) <번小四 6a>

i. 의심도왼 일란 무로ᄆᆞᆯ 싱각ᄒ며(疑思問ᄒ며) <번小四 6b>

j. 내 얏가 싱각호니(我恰尋思來) <번老下 23b>

<129> 슬다 對 블븥다

동작동사 '슬다'와 합성동작동사 '블븥다'가 [燒]와 [爇] 즉 '사르다, 불사르다'의 뜻을 가지고 동의 관계에 있다는 것은 다음 예문들에서 잘 확인된다. 원문 중 '剉燒'가 '사ᄒ며 슬다'로 번역되고 '燒舂'이 '슬며 딯다'로 번역된다. '燒'가 한자 '爇'과 同義이고 '燒'의 자석이 '슬다'이다. 그리고 '爇'이 한자 '燒'와 同義이고 '爇'의 자석이 '블븥다'이다. 따라서 '슬다'와 '블븥다'의 동의성은 명백히 입증된다. 합성동작동사 '블븥다'는 명사 '블'과 동작동사 '븥다'의 合成이다.

(129) a. 地獄애 드러 사ᄒ며 슬며 딯흐며 ᄀᆞᆯ며(必入地獄ᄒ야 剉燒舂磨ᄒ야) <번小七 22a>

b. 비록 사ᄒ며 슬며 딯흐며 ᄀᆞ(22a)ᄂ 이리 이셔도(雖有剉燒舂磨ㅣ라두) <번小七 22b>

(129) c. 燒 : 爇也 <四解下 16b>

d. 燒 : 슬 쇼 爇也 <字會下 15a>

(129) e. 爇 : 燒也 <四解下 13a>

f. 爇 : 블브틀 셜 <字會下 15a>

<130> 뿔 사다 對 뿔 밧고다

두 동작동사구가 [糴]과 [糴米] 즉 '쌀을 사들이다'의 뜻을 가지고 동의 관계에 있다는 것은 다음 예문들에서 잘 확인된다. '糴'이 한자어 '買米'를 뜻하고 '糴'의 자석이 '뿔 사다'이다. 원문 중 '糴米'가 '뿔 밧고다'와 '뿌를 밧고다'로 번역된다. 그리고 '糴來的米'가 '밧고아 왓는 뿔'로 번역된다. 따라서 '뿔 사다'와 '뿔 밧고다'의 동의성은 명백히 입증된다. 동작동사구 '뿔 사다'는 명사 '뿔'[米]과 동작동사 '사다'의 결합이고 '뿔 밧고다'는 명사 '뿔'과 동작동사 '밧고다'의 결합이다.

(130) a. 糴 : 買米 <四解下 49b>
　　　 b. 糴 : 뿔 살 뎍 <字會下 9b>

(130) c. 내 앗가 굿 뿔 밧고라 갓다니(我恰纔糴米去來) <번老上 45a>
　　　 d. 므스므려 뿌를 밧고려 ᄒᆞᄂᆞ뇨(要甚麼糴米) <번老上 40a>
　　　 e. 우리 그저 뎌 신가의 가 뿔 밧고와(咱們只投那人家糴些米) <번老上 39a>
　　　 f. 네 밧고아 왓ᄂᆞᆫ 뿌래셔 나를 져기 논힐훠 다고려(你糴來的米裏頭 那與我些箇) <번老上 53b>

<131> 술지다 對 지다

합성동작동사 '술지다'와 동작동사 '지다'가 [肥] 즉 '살찌다, 살지다'의 뜻을 가지고 동의 관계에 있다는 것은 다음 예문들에서 잘 확인된다. 원문 중 '馬…不肥'가 '므리…술지디 아니ᄒᆞ다'로 번역되고 '肥馬'가 '술진 ᄆᆞᆯ'로 번역된다. '馬…不肥'가 'ᄆᆞᆯ도 지디 몯ᄒᆞ다'로 번역된다. 그리고 '肥'의 자석이 '술지다'이다. 따라서 '술지다'와 '지다'의 동의성은 명백히 입증된다. '술지다'는 명사 '술'과 동작동사 '지다'의 合成이다.

(131) a. 므리 밤ᄑᆞᆯ 몯 머그면 술지디 아니ᄒᆞ고(馬不得夜草不肥) <번老上 32b>
　　　 b. 술진 ᄆᆞᆯ란 서늘케 ᄒᆞ고(肥馬涼着) <번老下 45a>
　　　 c. 술진 ᄆᆞᆯ 투고 가벼야온 오ᄉᆞᆯ 니버(肥馬衣輕裘ᄒᆞ야) <번小六 26a>

(131) d. ᄆᆞᆯ도 밤 여믈 몯 어드면 지디 몯ᄒᆞᄂᆞ니라(馬不得夜草不肥) <번朴上 22b>

(131) e. 肥 : 膓也 多肉也 <四解上 17b>
　　　 f. 肥 : 술질 비 <字會下 4a>

<132> 뿔 폴다 對 뿌를 밧괴이다

두 동작동사구가 [糶]와 [糶米] 즉 '쌀을 내어 팔다'의 뜻을 가지고 동의 관계에 있다는 것은 다음 예문들에서 잘 확인된다. '糶'가 한자어 '賣米穀'을 뜻하고 '糶'의 자석이 '뿔 폴다'이다. 원문 중 '糶…米'가 '뿌를 밧괴이다'로 번역된다. 그리고 '糶的米'가 '밧괴일 뿔'로 번역된다. 따라서 '뿔 폴다'와 '뿌를 밧괴이다'의 동의성은 명백히 입증된다. '뿔 폴다'는 명사 '뿔'[米穀]과 동작동사 '폴다'[賣]의 결합이고 '뿌를 밧괴이다'는 명사 '뿔'과 동작동사 '밧괴이다'의 결합이다.

(132) a. 糴 : 賣米穀 <四解下 14a>
　　　b. 糴 : 뿔 풀 됴 <字會下 9b>

(132) c. 아무려나 져기 뿌룰 밧괴여 주어든 밥 지어 머거지라(怎生糴與些米做飯喫) <번老上 40a>
　　　d. 어듸 밧괴일 뿌리 이시리오(那裏有糴的米) <번老上 53a>

<133> 숢다 對 글히다

　두 동작동사가 [煮] 즉 '삶다, 끓이다'의 뜻을 가지고 동의 관계에 있다는 것은 다음 예문들에서 잘 확인된다. 원문 중 '煮料'가 '콩 숢다'로 번역되고 '煮粥'이 '죽을 글히다'로 번역된다. 그리고 '煮'의 자석이 '삶다'이다. 따라서 '숢다'와 '글히다'의 동의성은 명백히 입증된다.

(133) a. 이 버다 네 콩 숢기 아디 몯ᄒᄂ 돗ᄒ고나(這火伴你敢不會煮料) <번老上 19b>
　　　b. 이 고기 다 솔마 닉거다(這肉都煮熟了) <번老下 38b>
　　　c. 煮 : 솔믈 쟈 <字會下 6a>

(133) d. 블 디더 죽을 글히더니(然火煮粥ᄒ더니) <번小九 79a>
　　　e. 비록 ᄌᄌ 누의 위ᄒ야 죽을 글히고져 ᄒᆫ들 다시 시러곰 ᄒ려(雖欲數爲姉煮粥인들 復可得乎아) <번小九 79a>

<134> 솜씨다 對 머굼다

　두 동작동사가 [嚥]과 [呑] 즉 '삼키다, 목구멍으로 넘기다'의 뜻을 가지고 동의 관계에 있다는 것은 다음 예문들에서 잘 확인된다. '嚥'이 한자 '呑'과 同義이고 '嚥'의 자석이 '솜씨다'이다. 그리고 '呑'이 한자 '咽'과 同義이고 '呑'의 자석이 '머굼다'이다. 따라서 '솜씨다'와 '머굼다'의 동의성은 명백히 입증된다. 한자 '嚥'과 '咽'은 同字이다.

(134) a. 嚥 : 呑也 <四解下 7a>
　　　b. 咽 : 同上 <四解下 7a>
　　　c. 嚥 : 솜씰 연 亦作咽 <字會下 6b>

(134) d. 呑 : 咽也 <四解上 63a>
　　　e. 呑 : 머구물 톤 <字會下 6b>

<135> 알외다 對 유무 드리다

동작동사 '알외다'와 동작동사구 '유무 드리다'가 [通名] 즉 '이름을 알려 주다, 명함을 전하다'의 뜻을 가지고 동의 관계에 있다는 것은 다음 예문들에서 잘 확인된다. 원문 중 '遣人通名'이 '사룸 보내야 알외다'로 번역되고 '使人通名'이 '사룸으로 유무 드리다'로 번역된다. 따라서 '알외다'와 '유무 드리다'의 동의성은 명백히 입증된다.

(135) a. 몬져 사룸 보내야 알외욜디니(先遣人通名乎里尼) <呂約 22a>

(135) b. 사룸으로 유무 드리고(使人通名爲古) <呂約 21b>
　　　 c. 유무 드리라(乃通名爲羅) <呂約 20b>

<136> 앗다 對 애혀이다

두 동작동사가 [奪] 즉 '빼앗다'의 뜻을 가지고 동의 관계에 있다는 것은 다음 예문들에서 잘 확인된다. 원문 중 '能奪'이 '잘 앗다'로 번역되고 '奪志'가 '쁘들 애혀이다'로 번역된다. 그리고 '奪'의 자석이 '앗다'이다. 따라서 '앗다'와 '애혀이다'의 동의성은 명백히 입증된다.

(136) a. 비록 賁育 근티 힘(40b) 세유라 ᄒ여도 잘 앗디 몯ᄒ리이다(雖自謂賁育이라도 弗能奪也ㅣ리이다) <번小九 41a>
　　　 b. ᄌ데이 믈윗 온가짓 맛드(6a)러 ᄒ논 이리 다 쁘들 애혀이ᄂ니(子弟凡百玩好ㅣ 皆奪志ᄒᄂ니) <번小六 6b>

(136) c. 奪：攘取 <四解上 73b>
　　　 d. 奪：아ᄉᆞᆯ 탈 <字會下 10a>

<137> 어루다 對 더러이다

두 동작동사가 [汚] 즉 '性交하다'의 뜻을 가지고 동의 관계에 있다는 것은 다음 예문들에서 잘 확인된다. 원문 중 '欲汚之'가 '어루려 ᄒ다'로 번역되고 '恐…汚'가 '더러일가 젛다'로 번역되므로 '어루다'와 '더러이다'의 동의성은 명백히 입증된다.

(137) a. 므술 사루미 길헤 맛보아 어루려 커늘(路遇里人 欲汚之) <속三烈 25a>
　　　 b. 구틔여 다와다 어루려 홀 사루미 잇거늘(人有强逼婚者) <속三烈 5a>

c. 다룬 사루미 어루려 호대(人欲娶之) <속三烈 15a>

(137) d. 샹녜 强暴호 노미 더러일가 저허(常恐有强暴之汚) <속三烈 21a>

　　　e. 必然 드려갈 사룸의게 더러요미 드외리니(必爲押去者所汚) <속三烈 13a>

<138> 얻다 對 싣다

두 동작동사가 [得] 즉 '얻다'의 뜻을 가지고 동의 관계에 있다는 것은 다음 예문들에서 잘 확인된다. 원문 중 '得一食'이 '훈 바볼 얻다'로 번역되고 '復⋯得'이 '다시 싣다'로 번역된다. 따라서 '얻다'와 '싣다'의 동의성은 명백히 입증된다. 『번역소학』 권9의 '復可得乎아'가 『小學諺解』 권6에서는 '다시 可히 어드랴'로 번역된다.

(138) a. 훈 바볼 어드면(得一食호면) <번小七 43a>

　　　b. 제곰 사롤 쳐소롤 얻디 몯호엿거든(不得其所ㅣ 어든) <번小八 3a>

　　　c. 구호면 므스거슬 얻디 몯호며(亦何求不得이며) <번小八 20a>

　　　d. 훈 가지나 반 드리나 비록 어더도(一資半級을 雖或得之라두) <번小六 20a>

(138) e. 다시 시러곰 호려(復可得乎아) <번小七 79a>

<139> 얻다 對 얼다

두 동작동사가 [取], [娶] 및 [嫁] 즉 '장가들다, 아내를 맞다'의 뜻을 가지고 동의 관계에 있다는 것은 다음 예문들에서 잘 확인된다. 원문 중 '取妻'가 '겨집 얻다'로도 번역되고 '겨집 얼다'로도 번역된다. 그리고 '嫁'의 자석이 '얼다'이다. 따라서 '얻다'와 '얼다'의 동의성은 명백히 입증된다.

(139) a. 계집을 어두듸(取妻호듸) <번小三 12a>

　　　b. 각각 겨집 어든 후에(及各娶妻) <二倫 7a>

　　　c. 제 아비 훗겨지블 얻고 薛包롤 믜여(父娶後妻而憎包호야) <번小　九 21b>

(139) d. 각각 겨집 어러두(及各取妻) <二倫 9a>

(139) e. 嫁 : 嫁觜 星名 又少也 <四解上 31a>

　　　f. 嫁 : 어를 취 男曰嫁 <字會上 17b>

<140> 얼이다 對 남진 얼이다

동작동사 '얼이다'와 동작동사구 '남진 얼이다'가 [嫁] 즉 '시집 보내다'의 뜻을 가지고 동의 관계에 있다는 것은 다음 예문들에서 잘 확인된다. 원문 중 '欲嫁'가 '얼이고져 ᄒᆞ다'로 번역되고 '不敢嫁'가 '구틔여 얼이디 아니ᄒᆞ다'로 번역된다. '嫁己'가 '저를 남진 얼이다'로 번역되고 '嫁…孤女二人'이 'ᄯᆞᆯ 둘흘 남진 얼이다'로 번역된다. 그리고 '嫁'의 자석이 '얼이다'이다. 따라서 '얼이다'와 '남진 얼이다'의 동의성은 명백히 입증된다.

(140) a. 제 집이 과연 얼이고져 ᄒᆞᆫ대(家ㅣ 果欲嫁之ᄒᆞᆫ대) <번小九 60b>

　　　　b. 그 어버ᅀᅵ 저허 구틔여 얼이디 아니ᄒᆞ야(其父母ㅣ 懼而不敢嫁之ᄒᆞ야) <번小九 57a>

(140) c. 제 집의셔 저를 남진 얼일가 저허(恐家ㅣ 必嫁己ᄒᆞ야) <번小九 60b>

　　　　d. 쟝ᄎᆞᆺ 드려다가 다른 남진 얼유려 ᄒᆞ더니(將取嫁之ᄒᆞ더니) <번小九 56b>

　　　　e. 주근 형이며 아ᅀᅵ ᄯᆞᆯ 둘흘 남진 얼이며(嫁兄弟之孤女二人ᄒᆞ며) <번小九 36a>

(140) f. 嫁 : 女適人也 <四解下 30b>

　　　　g. 嫁 : 얼일 가 女曰嫁 <字會上 17b>

<141> 업티다 對 ᄲᅩ티다

두 동작동사가 [飜]과 [覆] 즉 '뒤집다, 엎지르다'의 뜻을 가지고 동의 관계에 있다는 것은 다음 예문들에서 잘 확인된다. 원문 중 '飜汚'가 '업텨 더리이다'로 번역되고 '奪覆'이 '아ᅀᅡ ᄲᅩ티다'로 번역된다. 따라서 '업티다'와 'ᄲᅩ티다'의 동의성은 명백히 입증된다. 동작동사 '업티다'의 목적어는 '수을'(酒) 이고 'ᄲᅩ티다'의 목적어는 '고깃 羹'이다. 예문 (b) 에 해당되는 詩 부분 '母取翻'에서 한자 '覆'과 '翻'의 동의성을 발견할 수 있다. 동작동사 'ᄲᅩ티다'는 『이륜행실도』(1518) 에 처음으로 등장한다.

(141) a. 뫼셧는 겨집죵으로 ᄒᆞ여 고깃 羹을 드러 가다가 관딧 옷새 업텨 더러이고(使侍婢로 奉肉羹ᄒᆞ야 飜汚朝衣ᄒᆞ고) <번小十 2b>

　　　　b. 그 어미 제 가 아ᅀᅡ ᄲᅩ텨 ᄇᆞ리니라(朱遽奪覆之) <二倫 10b>

<142> 옮다 對 옮다

두 동작동사가 [遷] 즉 '옮다'의 뜻을 가지고 동의 관계에 있다는 것은 다음 예문들에서 잘 확인된다. 원문 중 '至於三遷'이 '세 고대 니르히 옮다'로 번역된다. 그리고 '能遷'이 '외어든 능히 옮다'로 번역된다. 따라서 '옮다'와 '옮다'의 동의성은 명백히 입증된다.

(142) a. 세 고대 니르히 올므시던 주를 싱각ᄒ야(念…至於三遷ᄒ야) <번小六 10b>

　　　 b. 그 안 므ᅀᅮ미 조차 옮ᄂᆞ니(其中則遷ᄒᆞᄂᆞ니) <번小八 9a>

(142) c. 편안혼 이를 편안히 너교ᄃᆡ 외어든 능히 옮ᄂᆞ니라(安安而能遷ᄒᆞᄂᆞ니라) <번小四 3b>

<143> 울다 對 우지지다

　두 동작동사가 [鳴]과 [噪] 즉 ‘(새가) 울다, 우짖다’의 뜻을 가지고 동의 관계에 있다는 것은 다음 예문들에서 잘 확인된다. 원문 중 ‘雞鳴’이 ‘닭 울다’로 번역되고 ‘鬪且鳴’이 ‘사화 우지지다’로 번역된다. 그리고 ‘噪’의 자석이 ‘우지지다’이다. 따라서 ‘울다’와 ‘우지지다’의 동의성은 명백히 입증된다.

(143) a. 닭 울어든 니러(雞鳴而起ᄒ야) <번小九 93a>

　　　 b. 반ᄃᆞ시 암톨기 새배 우러 지화ᄅᆞᆯ 닐위유미 업스리라(必無牝雞鳴ᄒ야 而致禍也ㅣ리라) <번小七 36b>

　　　 c. 머기니 먹디 아니ᄒ고 우는 소ᄅᆡ 슬프거늘(哺之不食鳴聲悲커늘) <번小九 100a>

(143) d. ᄠᅳᆯ헷 남긧 새 삿길 자리 밧고아 노하 사화 우지지거늘(乃易置庭樹烏雛 令鬪且鳴) <二倫 26a>

(143) e. 鳴 : 鳥聲 <四解下 51b>

　　　 f. 鳴 : 우룸 명 禽獸通稱 <字會下 4a>

(143) g. 噪 : 鳥群鳴 <四解下 21b>

　　　 h. 噪 : 우지질 조 鳥群鳴 <字會下 4a>

<144> 움즈기다 對 움즉ᄒ다

　두 동작동사가 [動] 즉 ‘움직이다’의 뜻을 가지고 동의 관계에 있다는 것은 다음 예문들에서 잘 확인된다. 원문 중 ‘身…動’이 ‘모ᄆᆞᆯ 움즈기다’로 번역되고 ‘動其心’이 ‘ᄆᆞᅀᆞᄆᆞᆯ 움즉ᄒ다’로 번역되므로 두 동작동사 ‘움즈기다’와 ‘움즉ᄒ다’의 동의성은 명백히 입증된다. 두 동작동사는 他動詞이다.

(144) a. 모ᄆᆞᆯ 죠고매도 움즈기디 아니ᄒ며(身不少動ᄒ며) <번小十 26a>

　　　 b. 흔 일도 ᄆᆞᅀᆞᄆᆞᆯ 움즉디 아니ᄒ야(不一動其心) <번小十 20b>

<145> 위왇다 對 셤기다

　두 동작동사가 [奉]과 [承奉] 즉 ‘바치다, 섬기다, 봉양하다’의 뜻을 가지고 동의 관계에 있다는 것은 다음 예문들에서 잘 확인된다. 원문 중 '奉孝芬'이 '孝芬을 위왇다'로 번역되고 '承奉叔母李氏'가 '아줌이 李氏를 위왇다'로 번역되고 '奉親長'이 '어버싀며 얼우늘 셤기다'로 번역된다. 따라서 '위왇다'와 '셤기다'의 동의성은 명백히 입증된다.

(145) a. 孝芬을 위와도딕(奉孝芬호딕) <번小九 93a>

　　　b. 公이 위와도믈 아비 ᄀᆞ티 ᄒᆞ며(公이 奉之호딕 如嚴父ᄒᆞ며) <번小九 79b>

　　　c. 孝芬이ᄃᆞᆯ히 아줌이 李氏를 위와도딕(孝芬等이 承奉叔母李氏호딕) <번小九 94a>

　　　d. 위와들 사ᄅᆞ미 너를 희롱ᄒᆞ는 줄 아디 몯ᄒᆞ놋다(不知承奉者ㅣ 以爾爲玩戲니라) <번小六 25a>

(145) e. 어버싀며 얼우늘 화열히 셤겨(怡怡奉親長ᄒᆞ야) <번小六 21b>

<146> 이받다 對 머기다

두 동작동사가 [犒] 즉 '호궤하다, 음식을 보내어 군사를 위로하다'의 뜻을 가지고 동의 관계에 있다는 것은 다음 예문들에서 잘 확인된다. 원문 중 '犒其役夫'가 '그 역사ᄒᆞ는 사름을 이받다'로 번역된다. '犒'의 자석이 '이받다'이다. 그리고 '犒軍'이 '군ᄉᆞ 머기다'로 번역된다. 따라서 '이받다'와 '머기다'의 동의성은 명백히 입증된다.

(146) a. 혹 수울와 밥과 가지고 그 역ᄉᆞᄒᆞ는 사름을 이바ᄃᆞ며(或以酒食犒其役夫) <呂約 28a>
　　　b. 犒 : 이바들 고 <字會下 5b>

(146) c. 손 이바ᄃᆞ며 군ᄉᆞ 머규믈(宴賓犒軍을) <번小十 14b>

<147> 이받다 對 받줍다

두 동작동사가 [獻] 즉 '음식을 권하다'의 뜻을 가지고 동의 관계에 있다는 것은 다음 예문들에서 잘 확인된다. 원문 중 '獻衆賓'이 '모든 손을 이받다'로 번역되고 '獻上客'이 '위두 숀긔 받줍다'로 번역된다. 그리고 '獻'의 자석이 '받줍다'이다. 따라서 '이받다'와 '받줍다'의 동의성은 명백히 입증된다.

(147) a. 쥬신이 모든 손을 이바도딕(主人乃獻衆賓乎代) <呂約 25b>

　　　b. 혹 수울과 밥과 가지고 그 역ᄉᆞᄒᆞ는 사름을 이바ᄃᆞ며(或以酒食犒其役夫) <呂約 28a>

(147) c. 그 잔을 자바 위두 손끠 받ᄌᆞ와든(遂執杯爲也 以獻上客爲也等) <呂約 25a>

　　　d. 특별이 받ᄌᆞ오믈 위두 손끠 받ᄌᆞᄲᅵ시 호딕(特獻如上客之儀) <呂約 25b>

　　　e. 오직 수울 받ᄌᆞ올 제는(唯獻酒匡) <呂約 25b>

(147) f. 獻：進也 賢也 <四解下 7a>

g. 獻：받즈올 헌 <字會下 7a>

<148> 입힐후다 對 입힐훔ᄒ다

두 동작동사가 [合口] 즉 '말다툼하다'의 뜻을 가지고 동의 관계에 있다는 것은 다음 예문들에서 잘 확인된다. 원문 중 '合口'가 '입힐후다'로도 번역되고 '입힐훔ᄒ다'로도 번역된다. 따라서 '입힐후다'와 '입힐훔ᄒ다'의 동의성은 명백히 입증된다.

(148) a. 므스므라 입힐후리오(要甚麼合口) <번老上 65b>

b. 므슴호려 입힐훔ᄒ료(要甚麼合口) <번朴上 22b>

<149> 자다 對 조으다

두 동작동사가 [睡] 즉 '자다, 졸다'의 뜻을 가지고 동의 관계에 있다는 것은 다음 예문들에서 잘 확인된다. 원문 중 '好睡'가 '됴히 자다'로 번역되고 '睡些箇'가 '져그나 자다'로 번역된다. '裏頭睡'가 '안해셔 조으다'로 번역된다. 그리고 '睡'의 자석이 '자다'이다. 따라서 '자다'와 '조으다'의 동의성은 명백히 입증된다.

(149) a. 나그내네 됴히 자쇼셔(客人們好睡着) <번老上 31a>

b. 우리 각각 져그나 자고(咱們各自睡些箇) <번老上 25a>

c. 노인들히 자거든(官人們睡了時) <번老下 46a>

d. 벙귄 할미 안해셔 조으는 거셔(乞皮皺娘娘 裏頭睡) <번朴上 40a>

(149) e. 睡：坐眠今俗睡眠同稱 <四解上 53a>

f. 睡：잘 슈 <字會上 15b>

<150> 자다 對 졸다

두 동작동사가 [眠] 즉 '자다, 졸다'의 뜻을 가지고 동의 관계에 있다는 것은 다음 예문들에서 잘 확인된다. 원문 중 '不眠'이 '자디 아니ᄒ다'로도 번역되고 '조디 아니ᄒ다'로도 번역되므로 '자다'와 '졸다'의 동의성은 명백히 입증된다. '졸다'는 1510년대 국어에 처음으로 등장하는 동작동사로서 15세기 국어 'ᄌ올다'의 後身形이다.

(150) a. 나져 밤며 자디 아니ᄒᆞ고(晝夜不眠) <二倫 11a>

　　　 b. 새도록 자디 몯호니(而竟夕不眠ᄒᆞ니) <번小十 2a>

(150) c. 밤야 나쟈 조디 아니ᄒᆞ며(晝夜不眠ᄒᆞ며) <번小九 73a>

<151> 자시다 對 머그시다

두 동작동사가 [喫]과 [食] 즉 '자시다'의 뜻을 가지고 동의 관계에 있다는 것은 다음 예문들에서 잘 확인된다. 원문 중 '喫筵席'이 '거이바디 자시다'로 번역되고 '喫…湯'이 '탕 자시다'로 번역된다. 그리고 '侍食'이 '뫼셔 밥 머그시다'로 번역된다. 따라서 '자시다'와 '머그시다'의 동의성은 명백히 입증된다.

(151) a. 이틋날 드드여 게셔 분토애 졔ᄒᆞ시고 이바디 자시고(明日就那裏上了墳喫筵席) <번朴上 65a>

　　　 b. ᄒᆞᆫ 디위 탕 자시기 못고(一會兒喫罷湯) <번朴上 64b>

(151) c. 님금씌 뫼셔 밥 머그실 저긔 님금이 祭ᄒᆞ거시든 몬져 먹더시다(侍食於君에 君祭어시든 先飯이러시다) <번小三 7a>

<152> 잡들다 對 븓티잡다

두 동작동사가 [扶持] 즉 '붙들다, 부축하다'의 뜻을 가지고 동의 관계에 있다는 것은 동일 원문의 번역인 다음 예문들에서 잘 확인된다. 원문 중 '親自扶持'가 '친히 잡들다'로도 번역되고 '친히 븓티잡다'로도 번역되므로 '잡들다'와 '븓티잡다'의 동의성은 명백히 입증된다. '잡들다'는 어간 '잡-'과 동작동사 '들다'의 合成이고 '븓티잡다'는 어간 '븓티-'와 동작동사 '잡다'의 합성이다.

(152) a. 친히 잡드러(遂親自扶持) <二倫 11a>

　　　 b. 병ᄒᆞᆫ 형을 친히 븓티자바(遂親自扶持ᄒᆞ야) <번小九 73a>

<153> 저리다 對 근 티다

동작동사 '저리다'와 동작동사구 '근 티다'가 [塩] 즉 '절이다, 소금에 담그다'의 뜻을 가지고 동의 관계에 있다는 것은 다음 예문들에서 잘 확인된다. 원문 중 '塩瓜兒'가 '저린 외'로도 번역되고 '근 틴 외'로도 번역된다. 따라서 '저리다'와 '근 티다'의 동의성은 명백히 입증된다. 동작동사구 '근 티다'는 명사 '근'과 동작동사 '티다'의 결합이다.

(153) a. 다믄 저린 외옷 잇다(只有塩瓜兒) <번老上 41a>

b. 근 틴 외 잇ᄂ니(有塩瓜兒) <번老上 63b>

<154> 젛다 對 두리다

두 동작동사가 [懼], [畏] 및 [恐] 즉 '두려워하다'의 뜻을 가지고 동의 관계에 있다는 것은 다음 예문들에서 잘 확인된다. 원문 중 '不懼'가 '저티 아니ᄒ다'로 번역되고 '懼曰'이 '두려 니ᄅ다'로 번역된다. 그리고 '畏病'이 '병을 젛다'로 번역되고 '恐…汚'가 '더러일가 젛다'로 번역된다. 따라서 '젛다'와 '두리다'의 동의성은 명백히 입증된다.

(154) a. 엇디 혼자 저티 아니ᄒ더뇨(何獨不懼오) <번小九 64b>

　　　b. 놀라이 붓그리며 저허(惕然慙懼ᄒ야) <번小八 25b>

　　　c. 鄕吏며 百姓이 저코 ᄉ랑ᄒ더니(吏民畏愛) <속三孝 26b>

　　　d. 유곤니 내 셩이 병을 저티 아니ᄒ노라 ᄒ고(乃曰袞性不畏病) <二倫 11a>

　　　e. 법령을 저흐며(畏法令爲彌) <呂約 5a>

　　　f. 하ᄂᆞᆯ 위엄을 저호ᄃᆡ 병 ᄀᆞ티 ᄒᆞᄂᆞ닌(畏威如疾은) <번小四 9a>

　　　g. ᄉᆞᆼ네 强暴ᄒᆞᆫ 노미 더러일가 저허(常恐有强暴之汚) <속三烈 21a>

　　　h. 닐우ᄃᆡ 고ᄋᆞᆯ 사ᄅᆞ미 올가 저헤라 ᄒ고(曰恐縣吏來) <二倫 41a>

　　　i. 후에 의거 업슬가 저허(恐後無憑) <번朴上 61b> (154)

　　　j. 므레 드러 주구려 ᄒ대 어버이 두려 아니 얼이니라(欲投江 父母懼而止) <속三烈 20a>

　　　k. 太子ㅣ 두려 닐오ᄃᆡ(太子ㅣ 懼曰) <번小九 46a>

<155> 좇다 對 미좇다 對 뒤좇다

세 동작동사가 [隨] 즉 '뒤좇다, 좇다'의 뜻을 가지고 동의 관계에 있다는 것은 다음 예문들에서 잘 확인된다. 원문 중 '號泣隨之'가 '우러 조차 가다'로 번역되고 '執以隨'가 '도처 가지고 미좇다'로 번역되고 '隨行'이 '뒤조차 ᄃᆞ니다'로 번역된다. 따라서 세 동작동사 '좇다', '미좇다' 및 '뒤좇다'의 동의성은 명백히 입증된다.

(155) a. 남지니 죽거늘 싀어버이 조차 사더니(夫死 隨舅姑而居) <속三烈 25a>

　　　b. 무드라 갈 제도 샹옛 알ᄑᆡ 풍류ᄒ고 우러 조차 가며(及殯葬則以樂으로 導輀車而號泣隨之ᄒ며)
　　　　　<번小七 17a>

　　　c. 견퇴 조차 가글 ᄆᆞᄌ 비호더니(招隨卒業) <二倫 46a>

(155) d. 云山이는 도치 가지고 미조차 오니(云山執以隨) <속三孝 19a>

　　　 e. 다솟 히 무디어든 엇게 골와 가딕 져기 미조차 갈디니라(五年以長則 肩隨之니라) <번小三 25a>

　　　 f. 프른 옷 니븐 즁 둘히 거러 미조차 가더라(二靑衣步屜以隨ᄒ더라) <번小九 106b>

(155) g. 아비 나와 ᄀᆞ툰 니란 뒤조(32b) 차 든니며(父之齒를 隨行ᄒ며) <번小三 33a>

<156> 주기다 對 잡다

두 동작동사가 [殺] 즉 '죽이다'의 뜻을 가지고 동의 관계에 있다는 것은 다음 예문들에서 잘 확인된다. 원문 중 '射殺牛'가 '쇼를 뽀아 주기다'로 번역되고 '殺雞'가 '둘글 잡다'로 번역된다. 그리고 '殺'의 자석이 '주기다'이다. 따라서 '주기다'와 '잡다'의 동의성은 명백히 입증된다. 두 동작동사 '주기다'와 '잡다'는 각각 [+유정물]인 '쇼'와 '둙'을 목적어로 취한다.

(156) a. 아자비 쇼를 뽀아 주기니(叔이 射殺牛ᄒ니) <번小九 78a>

　　　 b. 弘의 술위 메는 쇼를 뽀아 주겻더니(射殺弘의 駕車牛ㅣ러니) <번小九 77b>

　　　 c. 님굼이 로ᄒ샤 주기시다(帝怒ᄒ야 殺之ᄒ시다) <번小九 43b>

(156) d. 容이 둘글 자바 차바ᄂᆞᆯ ᄆᆞᆫ들어늘(容이 殺雞爲饌이어늘) <번小十 6b>

(156) e. 殺 : 戮也 <四解上 79a>

　　　 f. 殺 : 주길 살 <字會下 6a>

<157> 주다 對 달다

두 동작동사가 [與] 즉 '주다'의 뜻을 가지고 동의 관계에 있다는 것은 『번역노걸대』의 다음 예문들에서 잘 확인된다. 원문 중 '與我'가 '날 주다'로도 번역되고 '날 달다'로도 번역된다. 그리고 '那與'가 '논힐훠 주다'로도 번역되고 '논힐훠 달다'로도 번역된다. 따라서 '주다'와 '달다'의 동의성은 명백히 입증된다.

(157) a. 오직 ᄒᆞᆫ 가짓 눗가온 은으란 날 주지 말오(只是一件低銀子 不要與我) <번老下 14a>

　　　 b. 아래 나를 됴ᄒᆞᆫ ᄆᆞ를 줄 사ᄅᆞ미 잇거늘(昔에 人이 有與吾千里馬者ㅣ어늘) <번小十 1b>

　　　 c. 너를 서 되만 논힐훠 주리니(那與你三升) <번老上 54a>

(157) d. 됴ᄒᆞᆫ 은을 날 다고려(好銀子與我些) <번老下 14b>

e. 나를 뎌기 논힐휘 다고려(那與我些箇) <번老上 53b>

f. 네 무슴 조초 져그나 다고려(隨你意與些箇) <번老上 53b>

<158> 죽다 對 없다

두 동작동사가 [終]과 [卒] 즉 '죽다'의 뜻을 가지고 동의 관계에 있다는 것은 다음 예문들에서 잘 확인된다. 원문 중 '姑…終'이 '싀어미…죽다'롤 번역되고 '漢昭烈…終'이 '漢 나랏 昭烈이란 님금이 없으시다'로 번역된다. 그리고 '少孤'가 '졈어셔 어버시 죽다'로도 번역되고 '져머셔 아비 없다'로도 번역된다. 따라서 '죽다'와 '없다'의 동의성은 명백히 입증된다.

(158) a. 싀어미 여돈 나마 삼긴 나호로 죽거늘(姑ㅣ 八十餘ㅣ라 以天年으로 終커늘) <번小九 57a>

b. 徐積의 즈는 仲車ㅣ니(26b) …죽(27a) 거시놀 시호를 節孝先生이라 ㅎ니라(徐積仲車ㅣ …卒커늘 諡節孝先生ㅎ니라) <번小十 27b>

c. 어미 죽거늘(母卒거늘) <번小九 36a>

d. 繆肜이 졈어셔 어버시 죽거늘(繆肜이 少孤ㅎ야) <번小九 67b>

(158) e. 漢 나랏 昭烈이란 님금이 업스실 제(漢昭烈이 將終ㅎ실시) <번小六 15b>

f. 繆肜이 져머셔 아비 업고(繆肜 小孤) <二倫 7a>

<159> 즐어죽다 對 일 죽다

합성동작동사 '즐어죽다'와 동작동사구 '일 죽다'가 [夭] 즉 '젊어서 죽다'의 뜻을 가지고 동의 관계에 있다는 것은 다음 예문들에서 잘 확인된다. 원문 중 '多夭'가 '즐어주그리 만ㅎ다'로 번역된다. 그리고 '夭壽'가 '일 주그며 오래 살다'로 번역된다. 따라서 '즐어죽다'와 '일 죽다'의 동의성은 명백히 입증된다. '즐어죽다'는 동작동사 '즈르다'의 부사형 '즐어'와 동작동사 '죽다'의 合成이고 '일 죽다'는 부사 '일'과 동작동사 '죽다'의 결합이다.

(159) a. 사루미 즐어주그리 만ㅎ니라(民多夭ㅎㄴ니라) <번小七 30b>

b. 일 주그며 오래 사롤(30a) 밑되니(夭壽之萌也ㅣ라) <번小七 30b>

<160> 집찌다 對 갊다

두 동작동사가 [襡]과 [藏] 즉 '자루에 넣다, 간직하다'의 뜻을 가지고 동의 관계에 있다는 것은 다음 예문들에서 잘 확인된다. 원문 중 '簟席襡'이 '삳과 돗과를 집찌다'로 번역되고 '掩藏'이 '쁴려 갊다'로 번역된다. 그리고 '襱'이 한자 '藏'과 同義이다. 따라서 '집쎄다'와 '갊다'의 동의성은 명백히 입증된다.

(160) a. 삿과 돗과룰 집쎠 둥히 간슈홀디니(簟席襱ᄒ야 器而藏之니) <번小三 17b>

　　　 b. 사르미 사오나온 고디 잇거든 쁘려 갈몰디니라(人有歹處掩藏着) <번老下 44b>

(160) c. 襱 : 藏也 <四解上 2b>

<161> 집 니다 對 새 니다

두 동작동사구가 [蓋屋]과 [苫] 즉 '지붕 이다, 이엉 이다'의 뜻을 가지고 동의 관계에 있다는 것은 다음 예문들에서 잘 확인된다. 원문 중 '蓋屋'이 '집 니다'로 번역된다. 그리고 '苫'이 한자어 '蓋屋'을 뜻하고 '苫'의 자석이 '새 니다'이다. 따라서 '집 니다'와 '새 니다'의 동의성은 명백히 입증된다. '집 니다'는 명사 '집'과 동작동사 '니다'의 결합이고 '새 니다'는 명사 '새'와 동작동사 '니다'의 결합이다.

(161) a. 여러 히 집 니엿던 서근 새어나 담 니엿던 새룰 하나 져그나 벼틔 물외야(用多年蓋屋爛草或蓋墻草不以多少曬乾)

　　　 b. 집을 니유미 엇디 맛당ᄒ료(屋何宜覆이리오) <번小九 33a>

(161) c. 苫 : 蓋屋 <四解下 84a>

　　　 d. 苫 : 새 닐 셤 <字會下 8a>

<162> 줌다 對 둠다

두 동작동사가 [沉] 즉 [淹] 즉 '가라앉다, 잠기다'의 뜻을 가지고 동의 관계에 있다는 것은 다음 예문들에서 잘 확인된다. 원문 중 '沉水'가 '믈 줌다'로도 번역되고 '믈 둠다'로도 번역된다. 그리고 '淹'의 자석이 '줌다'이다. 따라서 '줌다'와 '둠다'의 동의성은 명백히 입증된다.

(162) a. 그 드레 믈 줌디 아니ᄒᆞᄂ다(那洒子不沉水) <번老上 32a>

　　　 b. 이 드레 믈 둠디 아니ᄒᆞᄂ다(這洒子是不沉水) <번老上 35b>

(162) c. 淹 : 沒也今俗語水淹了 믈 줌다 <四解下 84b>

　　　 d. 淹 : 즈물 엄 <字會下 15a>

<163> 치다 對 셤기다 對 이받다

세 동작동사가 [養] 즉 '봉양하다, 받들어 모시다'의 뜻을 가지고 동의 관계에 있다는 것은 다음 예문들에서 잘 확인된다. 원문 중 '養···母'가 '어미를 치다'로 번역되고 '養姑'가 '싀어미를 셤기다'와 '싀어미 이받다'로 번역된다. 따라서 세 동작동사 '치다', '셤기다' 및 '이받다'의 동의성은 명백히 입증된다.

(163) a. 사룸의 늘근(56b) 어미를 치다가 내죵내 아니ᄒᆞ며(夫養人老母而不能卒ᄒᆞ며) <번小九 57a>
　　　b. 죽도록 싀어미를 셤기더니(終身養姑) <속三烈 2b>
　　　c. 白氏 이셔 싀어미 이받고(白氏留養姑) <속三烈 1a>

<164> 토샹 밍ᄀᆞᆯ다 對 흙 빚다

두 동작동사구가 [塑] 즉 '흙을 이겨서 물건의 형체를 만들다'의 뜻을 가지고 동의 관계에 있다는 것은 다음 예문들에서 잘 확인된다. '塑'가 한자어 '埏土象物'을 뜻하고 '埏土象物'은 고유어 '토샹 밍ᄀᆞᆯ 다'와 동의 관계에 있다. 그리고 '塑'의 자석이 '흙 빚다'이고 고유어 '흙 빚다'는 '埏土象物'과 동의 관계에 있다. 따라서 '토샹 밍ᄀᆞᆯ다'와 '흙 빚다'의 동의성은 명백히 입증된다. '토샹 밍ᄀᆞᆯ다'는 명사 '토샹'과 동작동사 '밍ᄀᆞᆯ다'의 결합이고 '흙 빚다'는 명사 '흙'과 동작동사 '빚다'의 결합이다.

(164) a. 塑 : 埏土象物謂捏土容 토샹 밍ᄀ다 <四解上 40a>
　　　b. 塑 : 흙 비즐 소 埏土象物 <字會下 9a>

<165> 펴다 對 혜다

두 동작동사가 [攤] 즉 '펴다, 펼치다'의 뜻을 가지고 동의 관계에 있다는 것은 다음 예문들에서 잘 확인된다. 원문 중 '攤於席上'이 '돗 우희 혜다'로 번역되고 '攤'의 자석이 '펴다'이다. 따라서 '펴다'와 '혜다'의 동의성은 명백히 입증된다.

(165) a. 두서 되만 돗 우희 혜오(用二三升攤於席上) <瘡疹 49a>

(165) b. 攤 : 手布也 按也 用也 <四解上 76b>
　　　c. 攤 : 펼 탄 <字會下 6a>

<166> 할아다 對 나므라다

두 동작동사가 [毀] 즉 '헐뜯다, 비방하다'의 뜻을 가지고 동의 관계에 있다는 것은 다음 예문들에서 잘 확인된다. 원문 중 '毀譽'가 '할아며 기리다'로다 번역되고 '나므라며 기리다'로도 번역된다. 따라서 '할아다'와 '나므라다'의 동의성은 명백히 입증된다. 두 동작동사 '할아다'와 '나므라다'는 意味上 [譽]

즉 '기리다, 칭찬하다'의 뜻을 가진 동작동사 '기리다'와 對立 관계에 있다.

(166) a. 외니 올ᄒ니 ᄒ며 할아며 기리논 ᄉᆞ이예(是非毀譽間애) <번小六 24a>

b. 나므라며 기리며 깃븐 이리며 측ᄒᆞ 이레(毀譽歡戚애) <번小十 20b>

<167> 할아다 對 할와티다 對 헐쓰리다

세 동작동사가 [毀], [讟] 및 [破別] 즉 '헐뜯다'의 뜻을 가지고 동의 관계에 있다는 것은 다음 예문들에서 잘 확인된다. 원문 중 '毀譽'가 '할아며 기리다'로 번역되고 '數讟'이 'ᄌᆞ조 할아티다'로 번역되며 '破別人'이 '놈 헐쓰리다'로 번역된다. 그리고 '毀'의 자석이 '헐쓰리다'이다. 따라서 '할아다'와 '할와티다'와 '헐쓰리다'의 동의성은 명백히 입증된다.

(167) a. 외니 올ᄒ니 ᄒ며 할아며 기리논 ᄉᆞ이예(是非毀譽間애) <번小六 24a>

(167) b. 훗어미 朱氏 ᄉᆞ랑티 아니ᄒᆞ야 ᄌᆞ조 할와틸ᄉᆡ(繼母朱氏不慈ᄒᆞ야 數讟之홀ᄉᆡ) <번小九 24b>

c. 셩 다ᄅᆞᆫ 사ᄅᆞ미 서르 모다셔 올ᄒ니 외니ᄒᆞ야 서르 ᄃᆞ토와 할와티는 마리 날로 들여(異姓이 相聚ᄒᆞ야 爭長競短ᄒᆞ야 漸漬日聞ᄒᆞ야) <번小七 41b>

(167) d. 간 듸마다 놈 헐쓰리고 제 몸 쟈랑ᄒᆞ며(到處裏 破別人 誇自己) <번朴上 25a>

(167) e. 毀 : …缺也 物自壞也 一曰壞他也 <四解上 54a>

f. 毀 : 헐쓰릴 훼 又 헐 훼 <字會下 12b>

<168> 해자널이다 對 해자ᄒ고 널이다

동작동사 '해자널이다'와 동작동사구 '해자ᄒ고 널이다'가 [定害] 즉 '폐를 끼치고 성가시게 하다'의 뜻을 가지고 동의 관계에 있다는 것은 다음 예문들에서 잘 확인된다. 원문 중 '定害處'가 '해자널인 곧'으로 번역된다. 그리고 '定害'가 '해자ᄒ고 널이다'로 번역된다. 따라서 '해자널이다'와 '해자ᄒ고 널이다'의 동의성은 명백히 입증된다. 동작동사구 '해자ᄒ고 널이다'는 동작동사 '해자ᄒ다'의 부사형 '해자ᄒ고'와 동작동사 '널이다'의 결합이다.

(168) a. 므슴 해자널인 고디 이실고(有甚麼定害處) <번老上 43b>

b. 예와 해자ᄒ고 널이과이다(這裏定害) <번老上 43b>

<169> 해자널이다 對 해자ᄒ다

두 동작동사가 [定害] 즉 '폐를 끼치다'의 뜻을 가지고 동의 관계에 있다는 것은 다음 예문들에서 잘 확인된다. 원문 중 '定害處'가 '해자 널인 곧'으로 번역된다. 그리고 '定害你'가 '네거긔 해자히다'로 번역되고 '定害'의 자석이 '해자ᄒ이다'이다. 따라서 '해자널이다'와 '해자히다'의 동의성은 명백히 입증된다.

(169) a. 므슴 해자널인 고디 이실고(有甚麼定害處) <번老上 43b>

(169) b. 우리 네거긔 만히 해자히와라(我多多的定害你) <번老下 72b>
    c. 定害 : …又해자ᄒ이과라 <老朴 累字解 8-2>

<170> 혀다 對 활짇다

동작동사 '혀다'와 합성동작동사 '활짇다'가 [張]과 [引] 즉 '활시위를 잡아당기다'의 뜻을 가지고 동의 관계에 있다는 것은 다음 예문들에서 잘 확인된다. 원문 중 '張弓'이 '활 혀다'로 번역된다. '引'이 한자어 '開弓'을 뜻하고 '引'의 자석이 '혀다'이다. 그리고 '張'의 한자어 '張弦'을 뜻하고 '張'의 자석이 '활짇다'이다. 따라서 '혀다'와 '활짇다'의 동의성은 명백히 입증된다. '활짇다'는 명사 '활'과 동작동사 '짇다'의 合成이다.

(170) a. 활 혀기는 각별ᄒᆞᆫ 히미 잇고(張弓有別力) <번朴上 55a>

(170) b. 引 : 開弓也 <四解上 60b>
    c. 引 : 혈 인 <字會上 18b>

(170) d. 張 : …又張弦曰張 <四解下 42b>
    e. 張 : 활지훌 댱 <字會下 5b>

<171> 혀더틀다 對 말굳다

두 합성동작동사가 [吃]과 [謇] 즉 '말을 더듬다, 말을 떠듬떠듬하다'의 뜻을 가지고 동의 관계에 있다는 것은 다음 예문들에서 잘 확인된다. '吃'이 한자어 '口不便言'을 뜻하고 '吃'의 자석이 '혀더틀다'이다. 그리고 '謇'이 한자 '吃'과 同義이고 '謇'의 자석이 '말굳다'이다. 따라서 '혀더틀다'와 '말굳다'의 동의성은 명백히 입증된다. 합성동작동사 '혀더틀다'는 명사 '혀'와 동작동사 '더틀다'의 合成이고 합성동작동사 '말굳다'는 명사 '말'과 동작동사 '굳다'의 합성이다.

(171) a. 吃 : 口不便言 <四解上 56a>

　　　b. 吃 : 혀더틀 걸 口不便言 <字會下 12b>

(171) c. 謇 : 吃也 <四解下 1a>

　　　d. 謇 : 말구들 건 <字會下 12b>

<172> 혜다 對 혜아리다

두 동작동사가 [量] 즉 '혜아리다'의 뜻을 가지고 동의 관계에 있다는 것은 다음 예문들에서 잘 확인된다. 원문 중 '量…打甚麼緊'이 '혜어든…므스거시 긴홀고'로 번역되고 '量兒犬小'가 '아히 크니 져그니 혜아리다'로 번역된다. 따라서 '혜다'와 '혜아리다'의 동의성은 명백히 입증된다.

(172) a. 혜어든 이맛감 뷘 바비 므스거시 긴홀고(量這些淡飯 打甚麼緊) <번老上 41b>

　　　b. 혜어든 우리 두세 나그내를 또 엇디 브리디 몯ᄒ리라 니르ᄂ다(量我兩三箇客人 却怎麼說下不得) <번老上 47a>

　　　c. 혜어든 엿 맔 콩과 열흔 뭇 디피로다(量着六斗科與十一束草着) <번老上 19a>

(172) d. 아히 크니 져그니 혜아려 두 스니 반 홉 흔 홉곰 머기면(量兒大小溫服半合至一合) <瘡疹 29a>

<173> 혜아리다 對 되다

두 동작동사가 [量] 즉 '혜아리다'의 뜻을 가지고 동의 관계에 있다는 것은 다음 예문들에서 잘 확인된다. 원문 중 '量兒大小'가 '아히 크니 져그니 혜아리다'로 번역되고 '長短…量'이 '기니 댜르니 되다'로 번역된다. 따라서 '혜아리다'와 '되다'의 동의성은 명백히 입증된다.

(173) a. 아히 크니 져그니 혜아려 두 스니 반 홉 흔 홉곰 머기면(量兒大小溫服半合至一合) <瘡疹 29a>

(173) b. 기픠 여틔 기니 댜르니 되디 몯ᄒ리라(深淺長短不可量) <번朴上 67b>

　　　c. 말로 되면 브쥭ᄒ리라(斗量不勾) <번朴上 12a>

<174> 훤츠리 보다 對 훤훤케 ᄒ다

두 동작동사구가 [利] 즉 '시원하게 보다'의 뜻을 가지고 동의 관계에 있다는 것은 다음 예문들에서 잘 확인된다. 원문 중 '利小便'이 '쇼변을 훤츠리 보다'로도 번역되고 '쇼변을 훤훤케 ᄒ다'로도 번역된다. 따라서 '훤츠리 보다'와 '훤훤케 ᄒ다'의 동의성은 명백히 입증된다.

(174) a. 이는 쇼변을 훤츠리 보게 홀 거시니(此當利小便) <瘡疹 7a>

   b. ᄀ장 설ᄒ니란 쇼변을 훤훤케 하고(有大熱者當利小便) <瘡疹 5b>

<175> 흔들다 對 이아다

두 동작동사가 [搖動]과 [搖] 즉 '흔들다'의 뜻을 가지고 동의 관계에 있다는 것은 다음 예문들에서 잘 확인된다. 원문 중 '簽筒…搖動'이 '사술 통…흔들다'로 번역된다. 그리고 '把搖車搖'가 '둘고지를 이아다'로 번역된다. 따라서 '흔들다'와 '이아다'의 동의성은 명백히 입증된다.

(175) a. 사슬 통 가져다가 흔드러(簽筒來搖動) <번老上 4a>

   b. 둘고지를(56b) 이아면 믄득 그치ᄂ니라(把搖車搖一搖便住了) <번朴上 57a>

<176> 흩다 對 흐르다

두 동작동사가 [散] 즉 '흩다, 나누어 주다'의 뜻을 가지고 동의 관계에 있다는 것은 다음 예문들에서 잘 확인된다. 원문 중 '積而能散'을 '자븐 거슬 사하 두듸 능히 흐터 주다'로 번역되고 '散…草料錢'이 '꼴와 콩깝샛 돈을 흐러 주다'로 번역된다. 따라서 '흩다'와 '흐르다'의 동의성은 명백히 입증된다.

(176) a. 자븐 거슬 사하 두듸 능히 흐터 주며(積而能散ᄒ며) <번小四 3b>

   b. 만히 사하 둣는 거슬 능히 흩과ᄃ녜니라(積而能散也ㅣ니라) <번小八 27b>

(176) c. 관원들히 번신손듸 몰 머깄 꼴와 콩깝샛 돈을 흐러 주라(官人們伴當處 散饋喂馬的草料錢) <번朴上 66a>

   d. 칙을 권권이 흐러 ᄇ려(分散部秩ᄒ야) <번小八 39b>

<177> 힐후다 對 갇힐후다

두 동작동사가 [搐] 즉 '경련하다, 쥐가 나다'의 뜻을 가지고 동의 관계에 있다는 것은 다음 예문들에서 잘 확인된다. 원문 중 '風搐'이 '풍긔로 힐후다'로 번역되고 '搐跳'의 '搐'이 '두 활기 갇힐후다'로 번역된다. 따라서 '힐후다'와 '갇힐후다'의 동의성은 명백히 입증된다.

(177) a. 년일ᄒ야 풍긔로 힐(34b) 후ᄂ닐 고티ᄂ니라(治…連日風搐) <瘡疹 35a>

   b. 셜흔 약을 그르 머겨 셜ᄒ야 힐후고(誤服熱藥搐熱) <瘡疹 36a>

(177) c. 두 활기 갇힐휘도 들라디며(搐跳) <瘡疹 9b>

d. 몬져 활기 간힐훈 후에(先發搐) <瘡疹 12b>

e. 놀라 두 활기를 간힐훠 풍중이 긷거나(驚搐如風之證) <瘡疹 8b>

<178> 힐후다 對 자리다

두 동작동사가 [搐]과 [痲] 즉 '경련하다, 저리다'의 뜻을 가지고 동의 관계에 있다는 것은 다음 예문들에서 잘 확인된다. 원문 중 '風搐'이 '풍긔로 힐후다'로 번역되고 '痲'가 '자리다'를 뜻한다. 따라서 '힐후다'와 '자리다'의 동의성은 명백히 입증된다.

(178) a. 년일ᄒᆞ야 풍긔로 힐(34b) 후ᄂᆞ닐 고티ᄂᆞ니라(治…連日風搐) <瘡疹 35a>

b. 셜흔 약을 그르 머겨 셜ᄒᆞ야 힐후고(誤服熱藥搐熱) <瘡疹 36a>

(178) c. 痲 : 風熱病 자리다 <四解下 29b>

<179> ᄒᆞ야ᄇᆞ리다 對 헐다

두 동작동사가 [壞]와 [敗] 즉 '헐다, 헐어 버리다'의 뜻을 가지고 동의 관계에 있다는 것은 다음 예문들에서 잘 확인된다. 원문 중 '壞名'이 '일후믈 ᄒᆞ야ᄇᆞ리다'로 번역되고 '敗俗'이 '풍쇽을 허러 ᄇᆞ리다'로 번역된다. 따라서 'ᄒᆞ야ᄇᆞ리다'와 '헐다'의 동의성은 명백히 입증된다.

(179) a. 일후믈 ᄒᆞ야ᄇᆞ리며 모믈 해ᄒᆞ며(壞名災己ᄒᆞ며) <번小六 17b>

b. 누믜 것 ᄒᆞ야ᄇᆞ리디 말라(休壞了他的) <번老上 19b>

(179) c. 그듸ᄂᆞᆫ 풍쇽을 허러 ᄇᆞ리는 사ᄅᆞ미라(卿은 敗俗之人이라) <번小七 12b>

2. 音韻 交替型

音韻의 교체를 보여 주는 동작동사들이 동의 관계를 가질 수 있다. 이 경우가 음운 교체형이다. 음운 교체에는 母音 交替와 子音 交替가 있다.

2.1. 母音 交替

동의 관계가 모음 교체를 보여 주는 동작동사들 사이에 성립된다. 모음 교체에는 陽母音과 陰母音

간의 교체, 陰母音과 陽母音 간의 교체, 양모음간의 교체 및 음모음간의 교체가 있다. 그리고 中立 母音이 양모음과 교체되기도 하고 음모음과 교체되기도 한다.

陽母音과 陰母音 간의 교체에는 '오~으'의 교체, '아~어'의 교체 및 '오~으'의 교체가 있다.

모음 '오~으'의 교체를 보여 주는 동작동사에는 [爲] 즉 '되다'의 뜻을 가진 '도이다'와 '도으다' 그리고 [盜]와 [做賊] 즉 '도둑질하다'의 뜻을 가진 '도족ㅎ다'와 '도즉ㅎ다'가 있다.

모음 '아~어'의 교체를 보여 주는 동작동사에는 [過] 즉 '넘다'의 뜻을 가진 '남다'와 '넘다', [摘] 즉 '벗기다'의 뜻을 가진 '밧기다'와 '벗기다' 그리고 [壞], [破] 및 [敗] 즉 '해어지다, 파괴되다'의 뜻을 가진 '히야다다'와 '히여디다'가 있다.

모음 '오~으'의 교체를 보여 주는 동작동사에는 [成] 즉 '되다'의 뜻을 가진 '도외다'와 '도의다'가 있다.

陰母音과 陽母音 간의 교체에는 '어~아'의 교체, '우~오'의 교체 및 '으~오'의 교체가 있다.

모음 '어~아'의 교체를 보여 주는 동작동사에는 [收]와 [收] 즉 '거두다, 거두어들이다'의 뜻을 가진 '거두다'와 '가두다'가 있다.

모음 우~오'의 교체를 보여 주는 동작동사에는 [卸下]와 [卸] 즉 '부리다, 내리다'의 뜻을 가진 '브리우다'와 '브리오다' 그리고 [纏]과 [爭] 즉 '다투다, 시끄럽게 굴다'의 뜻을 가진 '싯구다'와 '싯고다'가 있다.

모음 '으~오'의 교체를 보여 주는 동작동사에는 [始] 즉 '비롯하다, 시작되다'의 뜻을 가진 '비릇다'와 '비롯다'가 있다.

陽母音간의 교체에는 '오~오'의 교체가 있다. 모음 '오~오'의 교체를 보여 주는 동작동사에는 [分] 즉 '나누다'의 뜻을 가진 '논호다'와 '논호다' 그리고 [爲] 즉 '되다'의 뜻을 가진 '두외다'와 '도외다'가 있다.

陰母音간의 교체에는 '우~으'의 교체가 있다. 모음 '우~으'의 교체를 보여 주는 동작동사에는 [趨] 즉 '달려들다, 달려가다'의 뜻을 가진 '둗주우리다'와 '둗즈우리다', [追陪]와 [陪] 즉 '물리다, 배상하다'의 뜻을 가진 '물이다'와 '믈이다' 그리고 [踞]와 [蹲] 즉 '웅크리고 앉다'의 뜻을 가진 '줏구리다'와 '줏그리다'가 있다.

中立 母音이 양모음과 음모음과 교체되는 것에는 '이~오~우'의 교체가 있다. 모음 '이~오~우'의 교체를 보여 주는 동작동사에는 [俟]와 [待] 즉 '기다리다'의 뜻을 가진 '기드리다'와 '기들오다'와 '기들우다'가 있다.

<1> 도이다 對 도의다

두 동작동사가 [爲] 즉 '되다'의 뜻을 가지고 동의 관계에 있다는 것은 다음 예문들에서 잘 확인된다.

원문 중 '爲堯舜'이 '堯舜 ᄀ티 도이다'로 번역되고 '爲小人'이 '小人 도의다'로 번역되므로 두 동작동사 '도이다'와 '도의다'의 동의성은 명백히 입증된다. 두 동작동사는 제2 음절에서 모음 'ᄋ~으'의 교체를 보여 준다.

　(1) a. 伊尹는 제 님그미 堯舜 ᄀ티 도이디 몯호믈 붓그려 ᄒᆞ며(伊尹은 恥其君不爲堯舜ᄒᆞ며) <번小八 3a>

　　　b. 밧긔 힝ᄒᆞᄂᆞ는 거시 事業이 도이ᄂᆞ니(行之爲事業이니) <번小八 4a>

　　　c. 형이 고을 워니 도이여셔(兄爲縣吏) <二倫 5a>

　(1) d. 小人 도의디 아니ᄒᆞ리 잇디 아니ᄒᆞ니라(如此而不爲小人이 未之有也ㅣ니라) <번小六 33b>

　　　e. 니르리 님자 도의여(永遠爲主) <번老下 16b>

<2> 도죽ᄒᆞ다 對 도즉ᄒᆞ다

　두 동작동사가 [盜]와 [做賊] 즉 '도둑질하다'의 뜻을 가지고 동의 관계에 있다는 것은 다음 예문들에서 잘 확인된다. 원문 중 '所盜'가 '도죽ᄒᆞᆫ 것'으로 번역되고 '做賊'이 '도즉ᄒᆞ다'로 번역된다. 따라서 '도죽ᄒᆞ다'와 '도즉ᄒᆞ다'의 동의성은 명백히 입증된다. 두 동작동사는 제2 음절에서 모음 'ᄋ~으'의 교체를 보여 준다.

　(2) a. 아젼의 도죽ᄒᆞᆫ 거슨 젹디 아니ᄒᆞ니(吏人所盜ㅣ 不貲矣니) <번小七 28b>

　　　b. 도즉(43a) ᄒᆞ기와 거즈말 니르기 말며(休做賊說謊) <번老下 43b>

<3> 남다 對 넘다

　두 동작동사가 [過] 즉 '넘다'의 뜻을 가지고 동의 관계에 있다는 것은 다음 예문들에서 잘 확인된다. 원문 중 '過十歲'가 '열 설 남다'로 번역되고 '過則聖'이 '너므면 곧 셩신이 되다'로 번역되므로 두 동작동사 '남다'와 '넘다'의 동의성은 명백히 입증된다. 두 동작동사는 첫 음절에서 모음 '아~어'의 교체를 보여 준다.

　(3) a. 열 설 남도록 오히려 아히 머리 ᄒᆞ니 져그니(過十歲猶總角者ㅣ 蓋鮮矣니) <번小七 9b>

　　　b. 너므면 곧 셩신이 되오(過則聖이오) <번小八 3b>

<4> 밧기다 對 벗기다

두 동작동사가 [摘] 즉 '벗기다'의 뜻을 가지고 동의 관계에 있다는 것은 다음 예문들에서 잘 확인된다. 원문 중 '鞍子摘了'가 '기르마 밧기다'로 번역되고 '摘了鞍子'가 '기르마 벗기다'로 번역된다. 따라서 두 동작동사 '밧기다'와 '벗기다'의 동의성은 명백히 입증된다. 두 동작동사는 첫 음절에서 모음 '아~어'의 교체를 보여 준다.

(4) a. 여윈 몰란 기르마 밧기고(瘦馬鞍子摘了) <번老下 45a>

(4) b. 안직 기르마 벗기디 말라(且休摘了鞍子) <번老上 69a>

　　 c. 마함 벗기고(取了嚼子) <번老上 39b>

<5> 히야디다 對 히여디다

두 동작동사가 [壞], [破] 및 [敗] 즉 '해어지다, 파괴되다'의 뜻을 가지고 동의 관계에 있다는 것은 다음 예문들에서 잘 확인된다. 원문 중 '染的壞了'가 '뎐셤ᄒᆞ야 히야디다'로 번역된다. 그리고 '破面'이 'ᄂᆞᆺ치 히여디다'로 번역되고 '朽敗者'가 '석고 히여딘 것'으로 번역된다. 따라서 두 동작동사 '히야디다'와 '히여디다'의 동의성은 명백히 입증된다. 두 동작동사는 제2 음절에서 모음 '아~어'의 교체를 보여 준다.

(5) a. 다른 몰 조차 다 뎐셤ᄒᆞ야 히야디리로다(連其餘的馬 都染的壞了) <번老下 19a>
　　 b. 이 거시…히야디디 아니ᄒᆞ리로다(這的…壞不得) <번老上 39a>
　　 c. 바리 것거디고 ᄂᆞᆺ치 히여디여 피 흐르거늘(折足ᄒᆞ며 破面流血이어늘) <번小九 66b>
　　 d. 器物을 석고 히여딘 거슬 가지며 닐오ᄃᆡ(器物을 取其朽敗者曰) <번小九 23a>
　　 e. 히여듀미 업서(無損敗ᄒᆞ야) <번小八 39a>
　　 f. 구든 니는 히여디고 부드러운 혀는 이시며(齒弊舌存ᄒᆞ며) <번小八 28a>

<6> 도외다 對 도의다

두 동작동사가 [成] 즉 '되다'의 뜻을 가지고 동의 관계에 있다는 것은 다음 예문들에서 잘 확인된다. 원문 중 '成此疾'이 '이 병이 도외다'로도 번역되고 '이 병이 도의다'로도 번역된다. 따라서 두 동작동사 '도외다'와 '도의다'의 동의성은 명백히 입증된다. 두 동작동사는 제2 음절에서 모음 '오~으'의 교체를 보여 준다.

(6) a. 해 이 병이 도외ᄂᆞ니(多成此疾) <瘡疹 1b>

b. 힝역이 도외여(成疹痘) <瘡疹 2a>

c. 반두시 허므리 도외느니라(必成瘢痕) <瘡疹 48a>

(6) d. 이 병이 도의느니(成此疾) <瘡疹 1b>

e. 그리씬 병이 도의에 ᄒᆞ느니라(令…成障翳) <瘡疹 3a>

f. 침ᄒᆞ면 감식창이 도의여(鍼之成疳蝕瘡) <瘡疹 25a>

g. 아히 죵신 병이 도의느니(爲兒子終之患) <瘡疹 24b>

h. 닉 그처 힌 비치 도의어든(令焰盡白色爲) <瘡疹 33a>

<7> 거두다 對 가두다

두 동작동사가 [收]와 [収] 즉 '거두다, 거두어들이다'의 뜻을 가지고 동의 관계에 있다는 것은 다음 예문들에서 잘 확인된다. 원문 중 '不收'가 '거두디 돋ᄒᆞ다'로 번역된다. 그리고 '收'의 자석이 '거두다' 이고 '収'의 자석이 '가두다'이다. 따라서 두 동작동사 '거두다'와 '가두다'의 동의성은 명백히 입증된다. 두 동작동사는 첫 음절에서 모음 '어~아'의 교체를 보여 준다. '收'와 '収'는 同字이다.

(7) a. 뎐회 거두디 몯ᄒᆞ니(田禾不收的) <번老上 53a>

(7) b. 收 : 獲多也 又歛之也 <四解下 70a>

c. 收 : 거둘 슈 俗稱 收割 <字會下 3a>

d. 収 : 가둘 슈 俗稱 收割 <字會東中本下 5b>

<8> 브리우다 對 브리오다

두 동작동사가 [卸下]와 [卸] 즉 '부리다, 내리다'의 뜻을 가지고 동의 관계에 있다는 것은 다음 예문들에서 잘 확인된다. 원문 중 '卸下行李'가 '짐 브리우다'로도 번역되고 '짐 브리오다'로도 번역된다. 그리고 '卸'의 자석이 '브리우다'이다. 따라서 두 동작동사 '브리우다'와 '브리오다'의 동의성은 명백히 입증된다. 두 동작동사는 제3 음절에서 모음 '우~오'의 교체를 보여 준다.

(8) a. 이 ᄆᆞᆯ들 짐 브리우고(這馬都卸下行李) <번老上 39b>

b. 이 활 브리우라(這弓卸下) <번老下 31b>

(8) c. 짐 브리왓다가(卸下行李來) <번老上 62b>

(8) d. 卸 : 今俗謂舟車出載 解馬去鞍皆曰卸 <四解下 32b>

e. 卸 : 브리울 샤 俗稱卸下 <字會下 9a>

<9> 싯구다 對 싯고다

두 동작동사가 [纏]과 [爭] 즉 '다투다, 시끄럽게 굴다'의 뜻을 가지고 동의 관계에 있다는 것은 다음 예문들에서 잘 확인된다. 원문 중 '纏'이 '싯구기'로 번역되고 '歪廝纏'이 '간대로 싯고다'로 번역된다. 그리고 원문 중 '休爭'이 '싯구디 말다'로 번역된다. 따라서 두 동작동사 '싯구다'와 '싯고다'의 동의성은 명백히 입증된다. 두 동작동사는 제2 음절에서 모음 '우~오'의 교체를 보여 준다.

(9) a. 싯구기 잘 ㅎᄂ다(也快纏) <번老上 65b>

　　b. 너희 둘히 싯구디 말오(你兩家休爭) <번老下 58a>

　　c. 이리도록 만흔 흥졍애 므스므려 싯구ᄂ뇨(這偌多交易要甚麼爭競) <번老下 64a>

(9) d. 이 나그내 엇디 이리 간대로 싯고ᄂ뇨(這客人 怎麼這般歪廝纏) <번老上 49b>

<10> 비릇다 對 비롯다

두 동작동사가 [始] 즉 '비롯하다, 시작되다'의 뜻을 가지고 동의 관계에 있다는 것은 다음 예문들에서 잘 확인된다. 원문 중 '始於謹'이 '삼가호매 비릇다'로 번역되고 '從此始'가 '일로브터 비릇다'로 번역된다. 그리고 '萬世之始'가 '萬世의 비르솜'으로 번역되고 '禮義之始'가 '禮義 비로솜'으로 번역된다. 따라서 두 동작동사 '비릇다'와 '비롯다'의 동의성은 명백히 입증된다. 두 동작동사는 제2 음절에서 모음 '으~오'의 교체를 보여 준다.

(10) a. 禮ᄂᆫ 夫婦 ᄉ이예 삼가호매 비릇ᄂ니(禮始於謹夫婦ㅣ니) <번小三 16b>

　　b. 災厄이 일로브터 비릇ᄂ니라(災厄從此始라) <번小六 24a>

　　c. 溫公이 니르샤ᄃᆡ 거즛말 아니호모로브터 비르서 홀 거시라(公이 曰自不妄語로 始니라) <번小十 25a>

　　d. 혼인ᄒᆞᄂᆫ 례ᄂᆫ 萬世의 비르소미니(夫昏禮ᄂᆫ 萬世之始也ㅣ니) <번小三 14a>

(10) e. 禮義 비로(9b) 소ᄆᆞᆯ 모ᄆᆞᆯ 졍히 ᄒᆞ며 ᄂᆞᆺ비츨 ᄀᆞᄌᆞ기 ᄒᆞ며 말ᄉᆞᆷ 순히 호매 잇ᄂ니(禮義之始ᄂᆫ 在於正容體ᄒᆞ며 齊顔色ᄒᆞ며 順辭令이니) <번小四 10a>

<11> ᄂ호다 對 논호다

두 동작동사가 [分] 즉 '나누다'의 뜻을 가지고 동의 관계에 있다는 것은 다음 예문들에서 잘 확인된다. 원문 중 '分與'가 '는호아 주다'로도 번역되고 '논화 주다'로도 번역된다. '求分異'가 '논화 닫 살다'로도 번역되고 '논화 닫티 살다'로 번역된다. 그리고 '分'의 자석이 '는호다'이다. 따라서 두 동작동사 '는호다'와 '논호다'의 동의성은 명백히 입증된다. 두 동작동사는 첫 음절에서 모음 '♀~오'의 교체를 보여준다.

(11) a. 아비 子息의게 田地 奴婢를 는호아 주려 혼대(父欲分與子女土田臧獲) <속三孝 22a>

　　 b. 모든 겨집들히 셰간 는화 닫 살오쟈 ᄒ며(諸婦ㅣ 遂求分異ᄒ며) <번小九 67b>

　　 c. 각각 는화 다티 사쟈 커늘(各求分財居) <二倫 24a>

　　 d. 셰간 는화 닫(22b) 사라지라 ᄒ거를(求分財異居어늘) <번小九 23a>

(11) e. 다시 논화 주니라(式輒復分與) <二倫 2a>

　　 f. 모든 며느리들히 논화 닫티 사져 ᄒ고(諸婦遂求分異) <二倫 7a>

　　 g. 아릐 셰간 논호련 므슴미 아니러니(向者 初無分䕺意) <二倫 21a>

(11) h. 分 : 別也 散也 均也 <四解上 65a>

　　 i. 分 : 는홀 분 判也 半也 <字會下 14b>

<12> ᄃᆞ외다 對 도외다

두 동작동사가 [爲] 즉 '되다'의 뜻을 가지고 동의 관계에 있다는 것은 다음 예문들에서 잘 확인된다. 원문 중 '爲賢人'이 '賢人이 ᄃᆞ외다'로 번역되고 '爲僧'이 '즁 도외다'로 번역되므로 두 동작동사 'ᄃᆞ외다'와 '도외다'의 동의 관계는 명백히 입증된다. 두 동작동사는 첫 음절에서 모음 '♀~오'의 교체를 보여준다.

(12) a. ᄒ마 그딋 겨지비 ᄃᆞ외여시니(既爲君婦) <속三烈 3a>

　　 b. ᄯᅩ 가히 賢人이 ᄃᆞ외리니(亦可爲賢人이니) <번小六 9a>

　　 c. 서르 죵이 ᄃᆞ외더라(更爲僕) <二倫 41a>

　　 d. 우리 사ᄅᆞ미 ᄃᆞ외여셔(咱們爲人) <번老下 72b>

(12) e. 남지니 집 부리고 즁 도외여늘(夫棄家爲僧) <속三烈 1a>

　　 f. 子弟 도외여셔 灑掃應待를 편안히 너기디 아니ᄒ고(爲子弟則不能安灑掃應待ᄒ고) <번小六 3b>

<13> 듣즈우리다 對 듣ᄌᆞ우리다

두 동작동사가 [趨] 즉 '달려들다, 달려가다'의 뜻을 가지고 동의 관계에 있다는 것은 다음 예문들에서 잘 확인된다. 원문 중 '趨入'이 '돋주우려 드러셔다'로 번역되고 '趨出'이 '돋즈우려 나오다'로 번역되므로 두 동작동사 '돋주우리다'와 '돋즈우리다'의 동의성은 명백히 입증된다. 두 동작동사는 제2 음절에서 모음 '우~으'의 교체를 보여 준다. 安秉禧(1978 : 5)에서 동작동사 '돋즈우리다'를 共通語 '드라나 오다'에 상당하는 경상도 방언의 露頭로 보고 있다.

(13) a. 손이 돋주우려 집 기슬게(20b) 드러셔고(客趨入至廡間爲古) <呂約 21a>

b. 웃녀ㄱ로 돋즈우(31a)려 나오니(自右趨出) <二倫 31b>

<14> 물이다 對 믈이다

두 동작동사가 [追陪]와 [陪] 즉 '물리다, 배상하다'의 뜻을 가지고 동의 관계에 있다는 것은 다음 예문들에서 잘 확인된다. 한자어 '追陪'가 고유어 '물이다'와 동의 관계에 있고 고유어 '믈이다'와 동의 관계에 있다. 그리고 '陪'의 자석이 '물이다'이다. 따라서 두 동작동사 '물이다'와 '믈이다'의 동의성은 명백히 입증된다. 두 동작동사는 첫 음절에서 모음 '우~으'의 교체를 보여 준다.

(14) a. 陪 : …今俗謂償還官私欠負之物曰陪 물이다 吏語曰(50a) 追陪 <四解上 50b>

b. 陪 : 물일 비 <字會下 10a>

(14) c. 追 : …今俗謂償還官私欠負之物曰追 吏語曰追陪 믈이다 <四解上 52a>

<15> 줏구리다 對 줏그리다

두 동작동사가 [踞]와 [蹲] 즉 '웅크리고 앉다'의 뜻을 가지고 동의 관계에 있다는 것은 다음 예문들에서 잘 확인된다. '踞'의 자석이 '줏구리다'이다. 그리고 '蹲'이 한자 '踞'와 同義이고 '蹲'의 자석이 '줏구리다'이기도 하고 '줏그리다'이기도 한다. 따라서 두 동사 '줏구리다'와 '줏그리다'의 동의성은 명백히 입증된다. 두 동사는 제2 음절에서 모음 '우~으'의 교체를 보여 준다.

(15) a. 踞 : 蹲踞 <四解上 29b>

b. 踞 : 줏구릴 거 <字會東中本下 27a> <字會下 12a>

(15) c. 蹲 : 踞也 <四解上 66a>

d. 蹲 : 줏구릴 준 <字會東中本下 27a>

e. 蹲 : 줏그릴 준 <字會下 12a>

<16> 믈ᄉᆞ이다 對 믈ᄢᅵ이다

두 동작동사가 [潦] 즉 '물에 잠기다'의 뜻을 가지고 동의 관계에 있다는 것은 다음 예문들에서 잘 확인된다. '潦'의 자석이 '믈ᄉᆞ이다'이다. 그리고 원문 중 '爲旱潦'가 'ᄀᆞ믈락 믈ᄢᅵ이락 ᄒᆞ다'로 번역된다. 따라서 두 동작동사 '믈ᄉᆞ이다'와 '믈ᄢᅵ이다'의 동의성은 명백히 입증된다. 두 동작동사는 제2 음절에서 모음 '으~이'의 교체를 보여 준다.

(16) a. 潦 : 淹沒也 <四解下 23a>
　　　 b. 潦 : 믈ᄉᆞ일 로 俗稱 水潦 <字會上 2a>

(16) c. 올히 ᄀᆞ믈락 믈ᄢᅵ이락 ᄒᆞ야 거두디 몯혼 젼ᄎᆞ로(今年爲旱潦不收) <번老上 54a>

<17> 기드리다 對 기들오다 對 기들우다

세 동작동사가 [俟]와 [待] 즉 '기다리다'의 뜻을 가지고 동의 관계에 있다는 것은 다음 예문들에서 잘 확인된다. 원문 중 '俟於外次'가 '밧긔셔 기드리다'와 '밧긔셔 기들오다'로 번역되고 '具衣冠以俟'가 '관딕ᄒᆞ고 기들우다'로 번역된다. 그리고 '待⋯狗歸'가 '가히 도라오믈 기들오다'로 번역되고 '待父母之許'가 '어버의 그리 ᄒᆞ라 호믈 기들우다'로 번역된다. 따라서 '기드리다', '기들오다' 그리고 '기들우다'의 동의성은 명백히 입증된다. 세 동작동사는 제3 음절에서 모음 '이~오~우'의 교체를 보여 준다. 세 동작동사 중 '기드리다'가 15세기에 『용비어천가』에 가장 먼저 등장한다. 예컨대, 一夫ㅣ 流毒ᄒᆞᆯ씨 我后를 기드리ᅀᆞᄫᅵ(一夫流毒 爰俟我后) <龍 10>.

(17) a. 밧긔셔 기드리다가(俟於外次爲多可) <呂約 38b>
　　　 b. 술위를 기드리디 아니하야 녀더시다(不俟駕行矣러시다) <번小三 7b>

(17) c. 밧긔셔 기들오고(俟於外次爲古) <呂約 20b>
　　　 d. 늘개로 와 두퍼셔 가히 도라오믈 기들오더라(以翼來覆待狗歸ᄒᆞ더라) <번小九 100a>

(17) e. 쥬신이 관딕ᄒᆞ고 기들우거든(主人具衣冠以俟於等) <呂約 22a>
　　　 f. 어버의 그리(2a) ᄒᆞ라 호믈 기들운 후에사 고티고(待父母之許然後에 改之ᄒᆞ고) <번小七 2b>

『번역소학』에서는 위의 세 동작동사 외에 '기들오다'와 '기들우다'가 [待]와 [候] 즉 '기다리다'의 뜻을 가지고 동의 관계에 있다. 두 동작동사는 제3 음절에서 모음 '오~우'의 교체를 보여 준다.

(17) g. 샹해 닐오딕 구틔여 결속을 됴히 쟝만호믈 기들오모론(常言必待資裝豊備론) <번小九 104a>

　　h. 반드시 씌 씌여 몰 머리예 마조 기들우더니(必束帶호야 迎候於馬首호더니) <번小九 105a>

2.2. 子音 交替

子音 交替에는 'ㄷ~ㅅ'의 교체, 'ㅅ~ㅆ'의 교체 및 'ㅅ~ㅄ'의 교체가 있다.

자음 'ㄷ~ㅅ'의 교체를 보여 주는 동작동사에는 [奏] 즉 '여쭈다, 임금께 여쭈다'의 뜻을 가진 '엳줍다'와 '엿줍다'가 있다.

자음 'ㅅ~ㅆ'의 교체를 보여 주는 동작동사에는 [揩]와 [搵] 즉 '닦다, 문지르다'의 뜻을 가진 '슷다'와 '쏫다'가 있다.

자음 'ㅅ~ㅄ'의 교체를 보여 주는 동작동사에는 [拿錢]과 [圖] 즉 '먹국하다, 주먹 속에 쥔 물건의 수효를 알아 맞추다'의 뜻을 가진 '샹불쥐다'와 '쌍불쥐다'가 있다.

<1> 엳줍다 對 엿줍다

두 동작동사가 [奏] 즉 '여쭈다, 임금께 여쭈다'의 뜻을 가지고 동의 관계에 있다는 것은 다음 예문들에서 잘 확인된다. 원문 중 '奏事'가 '공ᄉᆞ를 엳줍다'로 번역되고 '奏祥瑞'가 '祥瑞로온 거슬 님금끠 엳줍다'로 번역된다. '奏之'가 '나라희 엿줍다'로 번역된다. 그리고 '奏'의 자석이 '엳줍다'이다. 따라서 두 동작동사 '엳줍다'와 '엿줍다'의 동의성은 명백히 입증된다. 두 동작동사는 첫 음절말에서 자음 'ㄷ~ㅅ'의 교체를 보여 준다.

(1) a. 黯이 나ᅀᅡ가 공ᄉᆞ를 엳ᄌᆞ오려 ᄒᆞ더니(黯ㅣ 前奏事ㅣ러니) <번小八 41b>

　　b. 祥瑞로온 거슬 님금끠 엳줍디 말며(不奏祥瑞ᄒᆞ며) <번小十 14a>

　　c. 京兆尹 벼슬 ᄒᆞ엿는 第五琦 그 뎡졀을 아름다이 너겨 나라희 엿ᄌᆞ온대(京兆尹第五琦ㅣ 嘉其貞烈ᄒᆞ야 奏之ᄒᆞ야ᄂᆞᆯ) <번小九 66b>

(1) d. 奏 : 進也 凡進言於君曰奏 <四解下 66b>

　　e. 奏 : 엳ᄌᆞ올 주 皇帝前奏事 <字會上 18b>

<2> 슷다 對 쏫다

두 동작동사가 [揩]와 [搵] 즉 '닦다, 문지르다'의 뜻을 가지고 동의 관계에 있다는 것은 다음 예문들에서 잘 확인된다. '揩'가 한자어 '摩拭'을 뜻하고 '揩'의 자석이 '슷다'와 '쓷다'이다. 그리고 '搵'의 자석이 '슷다'와 '쓷다'이다. 따라서 두 동작동사 '슷다'와 '쓷다'의 동의성은 명백히 입증된다. 두 동작동사는 첫 음절 어두에서 자음 'ㅅ~ㅆ'의 교체를 보여 준다.

(2) a. 揩 : …摩拭也 <四解上 46b>

    b. 揩 : 스슬 기 <字會東中本下 23b>

    c. 揩 : 쓰슬 기 <字會下 10b>

(2) d. 搵 : 扗也 <四解上 69b>

    e. 搵 : 스슬 온 <字會東中本下 23b>

    f. 搵 : 쓰슬 온 <字會下 10b>

<3> 솽불쥐다 對 쌍불쥐다

두 동작동사가 [拿錢]과 [䁗] 즉 '먹국하다, 주먹 속에 쥔 물건의 수효를 알아 맞추다'의 뜻을 가지고 동의 관계에 있다는 것은 다음 예문들에서 잘 확인된다. 원문 중 '拿錢'이 '솽불쥐다'로 번역된다. 그리고 '䁗'의 자석이 '쌍불쥐다'이다. 따라서 두 동작동사 '솽불쥐다'와 '쌍불쥐다'의 동의성은 명백히 입증된다. 두 동작동사는 첫 음절에서 자음 'ㅅ~ㅆ'의 교체를 보여 준다.

(3) a. 혹시 돈더니 ᄒ며 솽불쥐기 ᄒ며(或是博錢 拿錢) <번朴上 18a>

(3) b. 䁗 : 閤取 <四解下 68a>

    c. 䁗 : 쌍불쥘 구 俗稱拈䁗 <字會下 10a>

3. 音韻 脫落型 및 音韻 添加型

3.1. 音韻 脫落型

어떤 동작동사가 그것 중의 한 音韻의 탈락에 의해 생긴 동작동사와 동의 관계를 가질 수 있다. 이 경우가 음운 탈락형이다. 음운 탈락에는 母音 탈락과 子音 탈락이 있다.

3.1.1. 母音 脫落

모음 탈락에는 '으' 탈락과 반모음 [y] 탈락이 있다. 모음 '으' 탈락을 보여 주는 동작동사에는 [饑], [飢] 및 [餓] 즉 '주리다, 굶주리다'의 뜻을 가진 '주으리다'와 '주리다'가 있다. 반모음 [y]의 탈락을 보여 주는 동작동사에는 [擇]과 [辨] 즉 '가리다, 고르다'의 뜻을 가진 '글히다'와 '글ᄒ다', [侍]와 [與] 즉 '모시다'의 뜻을 가진 '뫼시다'와 '모시다' 그리고 [作], [營], [制], [爲] 및 [修] 즉 '만들다'의 뜻을 가진 '민들다'와 '믄들다'가 있다.

<1> 주으리다 對 주리다

두 동작동사가 [饑], [飢] 및 [餓] 즉 '주리다, 굶주리다'의 뜻을 가지고 동의 관계에 있다는 것은 다음 예문들에서 잘 확인된다. 원문 중 '俱有饑寒之憂'가 '모다 주으리다'로 번역되고 '飢食齎'가 '주으려서 누룰 먹다'로 번역된다. '饑寒者'가 '주리며 치워ᄒ느니'로 번역되고 '餓死'가 '주려 죽다'로 번역된다. 그리고 '餓'의 자석이 '주리다'이다. 따라서 '주으리다'와 '주리다'의 동의성은 명백히 입증된다. 동작동사 '주리다'는 '주으리다'의 모음 '으'가 탈락된 것이다.

(1) a. 형이 ᄡ기를 너므 ᄒ여 셰간니 다 배아면 모다 주으릴가 너겨 ᄒ니(以兄用度不節 恐皆蕩盡俱有
饑寒之憂) <二倫 21a>
  b. 산늬 올아 주으려서 누룰 먹고 글 니르더니(登西山絶頂 忍飢食齎讀書) <二倫 48a>

(1) c. 친ᄒ며 소호미 업스면 주리며 치워ᄒ느니룰 내 엇디 어엿비 아니 너기료(無親疏則餓寒者를 吾ㅣ
安得不恤也ㅣ리오) <번小七 49a>
  d. 치우며 주려 주그믈 저허호모로 이 마리 잇ᄂ니(怕寒餓死故로 有是說ᄒ니) <번小七 35b>
  e. 주려 주글 이른 ᄀ장 젹고(餓死事ᄂ 極小ᄒ고) <번小七 35b>

(1) f. 飢:餓也 <四解上 23a>
  g. 餓:飢也 <四解下 24b>
  h. 餓:주릴 아 <字會下 8b>

<2> 글히다 對 글ᄒ다

두 동작동사가 [擇]과 [辨] 즉 '가리다, 고르다'의 뜻을 가지고 동의 관계에 있다는 것은 다음 예문들에서 잘 확인된다. 원문 중 '擇士'가 '士를 글히다'로 번역되고 '擇人'이 '사름을 글ᄒ다'로 번역된다. '擇…德尊者'가 '덕이 노ᄑ니놀 글히다'로 번역되고 '擇…有器局者'가 '器量이 어위큰 사름을 글ᄒ다'로 번역된다. 그리고 '辨是非'가 '올ᄒ며 외요믈 글히다'로 번역되고 '難辨'이 '글ᄒ요미 어렵다'로 번역된다. 따라서 두 동사 '글히다'와 '글ㅎ다'의 동의성은 명백히 입증된다. 동사 '글ㅎ다'는 '글히다'의 제2음절의 이중모음 '이'에서 반모음 [y]가 탈락한 것이다.

(2) a. 士를 글히여 學애 드료디(擇士入學호디) <번小九 15a>

　　b. 그 듕에 비혼 이리 볼그며 덕이 노프니늘 글히여(擇其學明德尊者ᄒ야) <번小九 14b>

　　c. 아ᅀᆞᆷ 듕에 나 하고 어디니 ᄒᆞ나홀 글히여(擇族人長而賢者一人) <二倫 29a>

　　d. 각각 어딘 덕을 글히오(各擇德焉이오) <번小七 31a>

　　e. 이베 글히욜 마리 업스며(口無擇言ᄒ며) <번小六 13b>

　　f. 이제 붕위 그 아당 잘ᄒᆞ니로 글히여 뻐 서르 사괴여(今之朋友ㅣ 擇其善柔以相與ᄒ야) <번小七 45b>

　　g. 스싀로 편안코 리흔 디를 글히요미 올티 아니ᄒ니라(不可自擇使利니라) <번小八 23a>

　　h. 올ᄒᆞ며 외요믈 글히욜디니라(辨是非니라) <번小六 34b>

　　i. 이믜 ᄌᆞ라난 글히여 ᄎᆞ리믈 더욱 졍히 ᄒ여(旣長 辨析益精) <二倫 48a>

(2) j. 혹 사ᄅᆞᆷ(35a) 을 글ㅎ야 ᄀᆞ르치게 ᄒ며(或擇人敎之) <呂約 35b>

　　k. 氣質이 기명ᄒ고 器量이 어위큰 사ᄅᆞᆷ을 글ㅎ야 살이고(擇疏通有器局者ᄒ야 居之ᄒ고) <번小九 10b>

　　l. 어버이 ᄀᆞ장 ᄉᆞ랑ᄒ야 사회를 글ㅎ야(父母鍾愛擇婿) <속三烈 7a>

　　m. 이젯 해ᄂᆞᆫ 기퍼 글ㅎ요미 어렵도다(今之害ᄂᆞᆫ 深而難辨이로다) <번 小八 41a>

<3> 뫼시다 對 모시다

두 동작동사가 [侍]와 [與] 즉 '모시다'의 뜻을 가지고 동의 관계에 있다는 것은 다음 예문들에서 잘 확인된다. 원문 중 '侍婢'가 '뫼션ᄂᆞᆫ 겨집죵'으로 번역된다. '疾侍'가 '病ᄒᆞ얏거늘 모셔 잇다'로 번역된다. 그리고 '與君'이 '님금 모시다'로 번역된다. 따라서 '뫼시다'와 '모시다'의 동의성은 명백히 입증된다. 동작동사 '모시다'는 '뫼시다'의 첫 음절의 반모음 [y]가 탈락된 것이다.

(3) a. 뫼션ᄂᆞᆫ 겨집죵으로 ᄒᆞ여 고깃 羹을 드러 가다가 관딧 옷새 업텨 더러이고(使侍婢로 奉肉羹ᄒ야 飜汚朝衣ᄒ고) <번小十 2b>

　　b. 侍 : 從也近也 <四解上 20a>

(3) c. 싀어미 病ᄒᆞ얏거늘 모셔 이셔 藥 더이믈 게을이 아니ᄒ니(姑疾侍湯藥不懈) <속三烈 8a>

　　d. 님금 모셔 말ᄉᆞᆷ홀 졔ᄂᆞᆫ 신하 브툐ᄆᆞᆯ 니ᄅᆞ며(與君言에 言使臣ᄒ며) <번小四 16b>

<4> 민둘다 對 문둘다

두 동작동사가 [作], [營], [制], [爲] 및 [修] 즉 '만들다'의 뜻을 가지고 동의 관계에 있다는 것은 다음 예문들에서 잘 확인된다. 원문 중 '作脯'가 '포육 민둘다'로 번역되고 '爲饌'이 '차바늘 문둘다'로 번역 되므로 '민둘다'와 '문둘다'의 동의성은 명백히 입증된다. 두 동작동사는 1510년대 국어에 처음으로 등 장한다. 동작동사 '문둘다'는 '민둘다'의 첫 음절의 이중모음 '의'에서 반모음 [y]가 탈락하여 생긴 것이 다.

(4) a. 오직 딕답ᄒᆞ야 닐오딕 포육 민둘라 ᄒᆞ고(直答曰作脯ᄒᆞ라) <번小九 78a>

b. 위ᄒᆞ야 무덤을 민ᄃᆞ라 주니라(爲營塚壙ᄒᆞ니라) <번小九 33b>

c. 그 법은 대뎐ᄒᆞ디 翰林學士 벼슬ᄒᆞ엿던 宗諤의 민ᄃᆞ론   딕셔 나니라 (其規模ᄂᆞᆫ 大抵ᄒᆞ디 出於 翰林學士宗諤의 所制也ㅣ니라) <번小九 108b>

(4) d. 아롭뎟 飮食을 문ᄃᆞ라 먹게 ᄒᆞ야(私作飮食ᄒᆞ야) <번小九 7a>

e. 容이 ᄃᆞᆯ 굴 자바 차반늘 문둘어늘(容이 殺雞爲饌이어늘) <번小十 6b>

f. 일즉 여슷 가짓 례도의 대개ᄅᆞᆯ 문ᄃᆞ로딕(嘗修六禮大略ᄒᆞ딕) <번小七 7a>

g. 天下ᄂᆞᆯ 어딀에 문ᄃᆞ로매 잇ᄂᆞ니(在…至於化成天下니) <번小九 14a>

3.1.1. 子音 脫落

자음 탈락에는 'ㄹ' 탈락이 있다. 자음 'ㄹ'의 탈락을 보여 주는 동작동사에는 [至] 즉 '이르다'의 뜻을 가진 '니를다'와 '니르다' 그리고 [移], [遷] 및 [運] 즉 '옮기다'의 뜻을 가진 '옮기다'와 '옴기다'가 있다.

<1> 니를다 對 니르다

두 동작동사가 [至] 즉 '이르다'의 뜻을 가지고 동의 관계에 있다는 것은 다음 예문들에서 잘 확인된 다. 원문 중 '至死'가 '주구매 니를다'로 번역되고 '至寢門'이 '안문에 니르다'로 번역되므로 '니를다'와 '니르다'의 동의성은 명백히 입증된다. '니르다'는 '니를다'의 제2 음절의 자음 'ㄹ'의 탈락으로 생긴 것 이다.

(1) a. 주구매 니르러도 ᄒᆞᆫ가지라(至死只依舊ㅣ니라) <번小六 3a>

b. ᄉᆞ리ᄅᆞᆯ 궁구ᄒᆞ며 텬셩다이 다ᄒᆞ매 니르러(至於窮理盡性ᄒᆞ샤) <번小九 19a>

c. 주라매 니르러(至于成童ᄒ야) <번小九 70a>

(1) d. 소니 안문에 니르거든(客至寢門이어든) <번小三 37a>

   e. 致和로브터 知止예 니르며(自致和로 至於知止ᄒ며) <번小九 18b>

   f. ᄒᆡᆼᄒᆞ요매(35b) 니르디 몯ᄒᆞᆫ ᄃᆡ 잇거든 (行有不至어든) <번小八 36a>

<2> 옮기다 對 옴기다

두 동작동사가 [移], [遷] 및 [運] 즉 '옮기다'의 뜻을 가지고 동의 관계에 있다는 것은 다음 예문들에서 잘 확인된다. 원문 중 '移…厚性'이 '어딘 性을 옮기다'로 번역되고 '移…干仕進之心'이 '벼슬ᄒᆞ기 구ᄒᆞᄂᆞᆫ ᄆᆞᅀᆞᆷᄅᆞᆯ 옴기다'로 번역된다. 그리고 '遷主'가 '신쥬를 옴기다'로 번역되고 '運百甓'이 '벽 일뷕을 옴기다'로 번역된다. 따라서 '옮기다'와 '옴기다'의 동의성은 명백히 입증된다. 동작동사 '옴기다'는 '옮기다'의 첫 음절말 자음 'ㄹ'이 탈락한 것이다. 동작동사 '옴기다'는 1510년대 국어에 처음으로 등장한다.

(2) a. 어딘 性을 옮겨 고텨(能移謹厚性ᄒ야) <번小六 23b>

   b. 누어 겨시거든 안자셔 니르시ᄂᆞᆫ 마ᄅᆞᆯ 옮귤디니라(寢則坐而將命이니라) <번小三 32a>

(2) c. 이젯 션븨ᄃᆞᆯ히 글 지조를 빈화 벼슬ᄒᆞ기 구ᄒᆞᄂᆞᆫ ᄆᆞᅀᆞᆷ믈 옴겨 가져다가(今之儒者ㅣ 移學文藝干仕進之心ᄒ야) <번小八 24b>

   d. 튱심을 可히 님금ᄭᅴ 옴기고…공순호ᄆᆞᆯ 可히 얼운의게 옴기며…다ᄉᆞ료미 可히 구위예 옴기ᄂᆞ니(忠可移於君이오…順可移於長이오…治可移於官이니) <번小三 39b>

   e. 손발도 옴기디 아니ᄒᆞ더라(至手足ᄒ야도 亦不移ᄒ더라) <번小十 26a>

   f. 顔淵은 노ᄒᆞᆫ ᄆᆞᅀᆞᆷ믈 옴기디 아니ᄒᆞ며(顔淵은 不遷怒ᄒ며) <번小八 3a>

   g. 긔일에 신쥬를 옴겨(忌日앤 遷主ᄒ야) <번小七 7b>

   h. 아ᄎᆞ미 벽 일뷕을 손소 드러 집 밧긔 옴기고 나조히 도로 드려 집 안해 옴기더니(朝運百甓於齋外ᄒ고 莫運於齋內ᄒ더니) <번小十 7b>

   i. 지므란 안직 옴겨 드리디 말오(行李且休搬入去) <번老上 69a>

   j. 만리예 일후믈 옴골디니라(萬里要傳名) <번老上 44a>

3.2. 音韻 添加型

어떤 동작동사가 그것 중에 한 음운이 첨가되어 만들어진 동작동사와 동의 관계를 가질 수 있다. 이 경우가 음운 첨가형이다. 음운 첨가에는 母音 첨가와 子音 첨가가 있다.

3.2.1 母音 添加

모음 첨가에는 '오' 첨가와 반모음 [y] 첨가가 있다. 모음 '오'의 첨가를 보여 주는 동작동사에는 [會] 즉 '모으다'의 뜻을 가진 '모도다'와 '모도오다'가 있다. 반모음 [y]의 첨가를 보여 주는 동작동사에는 [剖] 즉 '베다'의 뜻을 가진 '버히다'와 '베히다', [壞]와 [破] 즉 '무너뜨리다, 헐어 버리다'의 뜻을 가진 'ᄒ 야ᄇ리다'와 '히야ᄇ리다' 그리고 [缺壞], [破] 및 [敗] 즉 '해지다, 파괴되다'의 뜻을 가진 'ᄒ여디다'와 '히여디다'가 있다.

<1> 모도다 對 모도오다

두 동작동사가 [會] 즉 '모으다'의 뜻을 가지고 동의 관계에 있다는 것은 다음 예문들에서 잘 확인된 다. 원문 중 '會宗族'이 '아ᅀᆷ 모도다'로 번역되고 '會子弟'가 'ᄌ뎨를 모도오다'로 번역되므로 두 동작 동사 '모도다'와 '모도오다'의 동의성은 명백히 입증된다. 두 동작동사는 [+인간]인 '아ᅀᆷ'과 'ᄌ뎨'를 목 적어로 취한다. 동작동사 '모도오다'는 '모도다'에 모음 '오'가 첨가된 것이다.

    (1) a. 그 휘 허뮈 아ᅀᆷ들 모도고(武乃會宗族) <二倫 4a>

        b. 아ᅀᆷ 모도아(會宗族) <二倫 25a>

        c. 아ᅀᆷ 둘히 돈 삼만늘 모도아 주니(親族 哀錢三萬遺之) <二倫 40a>

    (1) d. 웃듬ᄒ니 모ᄃᆫ ᄌ뎨를 모도오고(家長 會衆子弟) <二倫 30a>

        e. 만이레 족친 모도오ᄆ란 말오(若會族乙良 罷爲古) <呂約 38a>

        f. 딕월이 돈을 모도와 머글 거슬 ᄀ초올디니(直月伊 率錢具食伊尼) <呂約 37b>

그리고 '몯토다'와 '모토오다'가 [糾集]과 [聚] 즉 '모으다'의 뜻을 가지고 있다는 것은 다음 예문들에 서 잘 확인된다.

    (1) g. 대혹관이 몯토아셔 ᄀᄅ쳐(大學이 聚而敎之ᄒ야) <번小九 15a>

        h. 모토올 이리 잇거든(當糾集者於等) <呂約 28b>

<2> 버히다 對 베히다

두 동작동사가 [割] 즉 '베다'의 뜻을 가지고 동의 관계에 있다는 것은 다음 예문들에서 잘 확인된다. 원문 중 '割耳'가 '귀 버히다'로 번역되고 '割山河'가 '뫼콰 믈을 베히다'로 번역된다. 그리고 '割'의 자석이 '버히다'이다. 따라서 '버히다'와 '베히다'의 동의성은 명백히 입증된다. '베히다'는 '버히다'의 첫 음절 '버'에 반모음 [y]가 첨가된 것이다.

    ⑵ a. 즉재 귀와 머리와를 버혀 盟誓ᄒ고(卽割耳剪髮爲誓) <속三烈 3a>

        b. 버효미 방졍티 아니커든(割不正이어든) <번小四 28b>

    ⑵ c. 뫼콰 믈을 베혀 天下를 세해 ᄂ호아(宰割山河ᄒ야 三分天下ᄒ야) <번小八 19b>

    ⑵ d. 割 : 剝也 截也 <四解上 71a>

        e. 割 : 버힐 할 俗呼割田 바틧곡식 뷔다 <字會下 3a>

<3> ᄒ야ᄇ리다 對 ᄒ야ᄇ리다

두 동작동사가 [壞]와 [破] 즉 '무너뜨리다, 헐어 버리다'의 뜻을 가지고 동의 관계에 있다는 것은 다음 예문들에서 잘 확인된다. 원문 중 '壞了他的'이 'ᄂ미 것 ᄒ야ᄇ리다'로 번역되고 '水門…壞了'가 '쉬문을 ᄒ야ᄇ리다'로 번역된다. 따라서 'ᄒ야ᄇ리다'와 'ᄒ야ᄇ리다'의 동의성은 명백히 입증된다. 동작동사 'ᄒ야ᄇ리다'는 'ᄒ야ᄇ리다'의 첫 음절에 반모음 [y]가 첨가된 것이다.

    ⑶ a. ᄂ미 것 ᄒ야ᄇ리디 말라(休壞了他的) <번老上 19b>

        b. 일후믈 ᄒ야ᄇ리며 모믈 해ᄒ며(壞名災己ᄒ며) <번小六 17b>

    ⑶ c. 쉬문을 다가 다 다딜어 ᄒ야ᄇ리고(把水門都衝壞了) <번朴上 9a>

        d. 내 두 쌍 새 훠를 다가 다 ᄃ녀 ᄒ야ᄇ리과라(把我的兩對新革化子 都走破了) <번朴上 35a>

<4> ᄒ여디다 對 ᄒ여디다

두 동작동사가 [缺壞], [破] 및 [敗] 즉 '해어지다, 파괴되다'의 뜻을 가지고 동의 관계에 있다는 것은 다음 예문들에서 잘 확인된다. 원문 중 '有缺壞'가 'ᄒ여딘 ᄃ 잇다'로 번역되고 '破面'이 'ᄂ치 ᄒ여디다'로 번역된다. 따라서 'ᄒ여디다'와 'ᄒ여디다'의 동의성은 명백히 입증된다. 동작동사 'ᄒ여디다'는 'ᄒ여디다'의 첫 음절 'ᄒ'에 반모음 [y]가 첨가된 것이다.

    ⑷ a. 몬져 ᄒ여딘 ᄃ 잇거든 즉시예 슈보ᄒ야 고틸 거시니(先有缺壞어든 就爲補治니) <번小八 38b>

(4) b. 바리 것거디고 눗치 히여디여 피 흐르거늘(折足ᄒ며 破面流血이어를) <번小九 66b>

　　c. 器物을 석고 히여딘 거슬 가지며 닐오ᄃᆡ(器物을 取其朽敗者曰) <번小九 23a>

　　d. 히여듀미 업서(無損敗ᄒ야) <번小八 39a>

　　e. 구든 니는 히여디고 부드러운 혀는 이시며(齒弊舌存ᄒ며) <번小八 28a>

3.2.2 子音 添加

자음 첨가에는 'ㄱ' 첨가, 'ㄴ' 첨가, 'ㄹ' 첨가 및 유기음화가 있다. 자음 'ㄱ'의 첨가를 보여 주는 동작동사에는 [守] 즉 '지키다'의 뜻을 가진 '디킈다', '딕킈다' 그리고 [終日] 즉 '저물다'의 뜻을 가진 '져믈다'와 '졈글다'가 있다. 자음 'ㄴ'의 첨가를 보여 주는 동작동사에는 [盛衣冠]과 [裝嚴] 즉 '옷차림을 엄정하게 하다'의 뜻을 가진 '미뭇다'와 '민뭇다'가 있다. 자음 'ㄹ'의 첨가를 보여 주는 동작동사에는 [牽] 즉 '끌다'의 뜻을 가진 '잇그다'와 '잇글다'가 있다. 유기음화를 보여 주는 동작동사에는 [明] 즉 '밝히다'의 뜻을 가진 '불기다'와 '붉키다'가 있다.

<1> 디킈다 對 딕킈다

두 동작동사가 [守] 즉 '지키다'의 뜻을 가지고 동의 관계에 있다는 것은 다음 예문들에서 잘 확인된다. 원문 중 '命守'가 '디킈여 이시라 ᄒ다'로 번역되고 '固守'가 '구디 딕킈다'로 번역된다. 따라서 '디킈다'와 '딕킈다'의 동의성은 명백히 입증된다. '딕킈다'는 '디킈다'의 重綴表記이다.

(1) a. 어미 디킈여 이시라 ᄒᆞᆫ대(母 l 命守之ᄒᆞᆫ대) <번小九 25a>

(1) b. 先이…셩을 구디 딕킈엿다가(先…嬰城固守) <속三忠 2a>

　　c. 기동 딕킈여 안잣ᄂᆞᆫ 거셔(守着停柱坐) <번朴上 42a>

<2> 져믈다 對 졈글다

두 동작동사가 [晚]과 [終日] 즉 '저물다'의 뜻을 가지고 동의 관계에 있다는 것은 다음 예문들에서 잘 확인된다. 원문 중 '終日'이 '져믈다'로도 번역되고 '졈글다'로도 번역된다. 그리고 '盡晚'이 'ᄀᆞ장 졈글다'로 번역된다. 따라서 '져믈다'와 '졈글다'의 동의성은 명백히 입증된다. '졈글다'는 '져믈다'의 제2음절에 자음 'ㄱ'이 첨가된 것이다.

(2) a. 先生이 단졍히 안자 블러 더브러 마조 안자셔 져믈며 새도록 이셔도(先生이 端坐ᄒᆞ야 召與相對ᄒ

야 終日竟夕이도록) <번小九 4b>

    b. 졈므도록 흔듸셔(終日相對) <二倫 15a>

    c. 져므도록 아니 오거든(或日斜不至) <二倫 15b>

(2) d. 오늘 졈그러(今日晩了) <번老上 47a>

    e. ᄀ장 졈글어사 자새 드러 오시리라(盡晩入城來) <번朴上 65a>

    f. 오늘리 졈그니 가 쉬어샤(今旣晩 且休矣) <二倫 47a>

    g. 졈그도록 서르 마조 안자(終日相對ᄒ야) <번小九 74b>

<3> 미뭇다 對 민뭇다

두 동작동사가 [盛衣冠]과 [裝嚴] 즉 '옷차림을 엄정하게 하다'의 뜻을 가지고 동의 관계에 있다는 것은 다음 예문들에서 잘 확인된다. 원문 중 '盛衣冠'이 '미뭇다'로 번역되고 '裝嚴'이 '관듸 민뭇다'로 번역되므로 '미뭇다'와 '민뭇다'의 동의성은 명백히 입증된다. '민뭇다'는 '미뭇다'의 첫 음절에 자음 'ㄴ'이 첨가된 것이다.

(3) a. 모돈 앗보치들히 미뭇고(群從子 皆盛衣冠) <二倫 31a>

    b. 朝會홀 저글 기들워 관듸 민무수믈 다ᄒ여 잇거늘(伺當朝會ᄒ야 裝嚴已訖이어늘) <번小十 2b>

<4> 잇그다 對 잇글다

두 동작동사가 [牽] 즉 '끌다'의 뜻을 가지고 동의 관계에 있다는 것은 다음 예문들에서 잘 확인된다. 원문 중 '牽馬'가 '믈 잇그다'로도 번역되고 '믈 잇글다'로도 번역되므로 '잇그다'와 '잇글다'의 동의성은 명백히 입증된다. 동작동사 '잇글다'는 '잇그다'의 제2 음절에 자음 'ㄹ'이 첨가된 것이다.

(4) a. 우리 둘히 믈 잇거 가마(我兩箇牽馬去) <번老上 34b>

    b. 네 이 믈 잇거 도라가(你牽廻這馬去) <번老上 37a>

(4) c. 다ᄅ니 믈 잇그러 가라 ᄒ져(別箇的牽馬去來) <번老上 33b>

<5> 블기다 對 볽키다

두 동작동사가 [明] 즉 '밝히다'의 뜻을 가지고 동의 관계에 있다는 것은 다음 예문들에서 잘 확인된다. 원문 중 '明其道'가 '도리롤 블기다'로 번역되고 '明乎物理'가 '物理룰 볽키다'로 번역된다. 따라서 '블기다'와 '볽키다'의 동의성은 명백히 입증된다. 동작동사 '볽키다'는 '블기다'의 제2 음절의 'ㄱ'이 유기음화되어 생긴 '불키다'의 重綴形이다. 두 동작동사의 빈도수를 비교해 보면 '불기다'가 절대적으로 우세하다.

(5) a. 仁ᄒᆞᄂᆞᆫ 사ᄅᆞᄆᆞᆫ…도리ᄅᆞᆯ 불기고 공효ᄅᆞᆯ 혜아리디 아니ᄒᆞᄂᆞ니라(仁人者ᄂᆞᆫ…明其道不計其功이니라) <번小八 1a>

   b. 서ᄅᆞ 正ᄒᆞᆫ 學業을 講論ᄒᆞ야 불골디니라(相與講明正學이니라) <번小九 13a>

   c. 이 우ᄒᆞᆫ 일륜 불규믈 너비 니ᄅᆞ니라(右ᄂᆞᆫ 廣明倫이라) <번小七 50b>

   d. 본딕 ᄆᆞᅀᆞᆷ믈 열며 눈을 불겨 힝ᄒᆞ요매 리콰댜 ᄒᆞ예니라(本欲開心明目ᄒᆞ야 利於行耳니라) <번小八 25a>

   e. 이 우ᄒᆞᆫ 남진과 계집이 별히 호ᄆᆞᆯ 불기나라(右ᄂᆞᆫ 明夫婦之別이라) <번小三 23b>

(5) f. 物理ᄅᆞᆯ 붉키고(明乎物理오) <번小九 13b>

4. 合成型 및 派生型

4.1. 合成型

단일어인 動作動詞가 合成에 의한 동작동사 및 동작동사구와 동의 관계를 가질 수 있다. 이 경우가 合成이다. 합성에는 統辭的 합성과 非統辭的 합성이 있고 名詞와 동작동사의 합성이 있다.

통사적 합성에는 [起] 즉 '일어나다'의 뜻을 가진 '닐다'와 '니러나다' 그리고 [散] 즉 '흩어지다'의 뜻을 가진 '흐르다'와 '흐러디다'가 있다.

비통사적 합성에는 [進] 즉 '나아가다'의 뜻을 가진 '낫다'와 '낫듣다', [摳] 즉 '추어올리다'의 뜻을 가진 '들다'와 '거두들다', [閉], [閑] 및 [防] 즉 '막다'의 뜻을 가진 '막다'와 '막ᄌᆞᄅᆞ다' 그리고 [窺] 즉 '엿보다'의 뜻을 가진 '엿다'와 '엿보다'가 있다.

명사와 동작동사의 합성에는 [肥] 즉 '(살이) 찌다'의 뜻을 가진 '지다'와 '살지다'가 있다.

동작동사구에는 [銹] 즉 '녹슬다'의 뜻을 가진 '보믜다'와 '쇠 보믜다'가 있다.

<1> 낫다 對 낫듣다

두 동작동사가 [進] 즉 '나아가다'의 뜻을 가지고 동의 관계에 있다는 것은 다음 예문들에서 잘 확인된다. 원문 중 '進止'가 '나ᅀᆞ며 그치다'로 번역된다. 그리고 '進曰'이 '낫드라 니ᄅᆞ다'로 번역된다. 따라서 '낫다'와 '낫듣다'의 동의성은 명백히 입증된다. '낫듣다'는 동작동사 '낫다'의 어간 '낫-'과 동작동사 '듣다'의 비통사적 합성이다.

(1) a. 나ᅀᆞ며 그츄믈 일뎡ᄒᆞᆫ 싸히 잇더니(進止有常處ᄒᆞ더니) <번小九 37a>
   b. 主簿ㅣ 낫드라 닐오ᄃᆡ(主簿ㅣ 進曰) <번小十 4a>

<2> 닐다 對 니러나다

두 동작동사가 [起] 즉 '일어나다'의 뜻을 가지고 동의 관계에 있다는 것은 다음 예문들에서 잘 확인된다. 원문 중 '林宗起'가 '林宗이 닐다'로 번역되고 '湛起'가 '湛이 니러나다'로 번역된다. 그리고 '酒進則起'가 '수리 나ᅀᅡ오나든 닐다'로 번역되고 '請業則起'가 '비홀 이를 묻ᄌᆞ오ᄃᆡ 니러나다'로 번역된다. 따라서 '닐다'와 '니러나다'의 동의성은 명백히 입증된다. '니러나다'는 동작동사 '닐다'의 부사형인 '니러'와 동작동사 '나다'의 합성으로 '닐-+-어#나-+-다'로 분석될 수 있다.

(2) a. 林宗이 니러(林宗이 起ᄒᆞ야) <번小十 6b>
   b. 수리 나ᅀᅡ오나든 니러(酒進則起ᄒᆞ야) <번小三 30b>
   c. 둙 울어든 니러(雞鳴而起ᄒᆞ야) <번小九 93a>

(2) d. 湛이 니러나며 닐오ᄃᆡ(湛이 起曰) <번小七 14a>
   e. 도ᄌᆞᆨ들히 모다 니러나거늘(盜賊이 並起어늘) <번小九 20a>
   f. 비홀 이를 묻ᄌᆞ오ᄃᆡ 니러나 ᄒᆞ고 더 비홀 이를 묻ᄌᆞ오ᄃᆡ 니러나(28b) ᄒᆞᆯ디니라(請業則起ᄒᆞ고 請益則起니라) <번小三 29a>
   g. ᄇᆞ롬앳 믓겨리 ᄀᆞ티야 즉시(24b) 예 니러나ᄂᆞ니(風波當時起라) <번小六 25a>
   h. 샤특ᄒᆞ며 허탄ᄒᆞ며 요괴로이며 망녕도인 말ᄉᆞ미 ᄃᆞ토와 니러나(邪誕妖妄之說이 競起ᄒᆞ야) <번小八 42b>

<3> 들다 對 거두들다

동작동사 '들다'와 합성동작동사 '거두들다'가 [摳] 즉 '추어올리다'의 뜻을 가지고 동의 관계에 있다는 것은 다음 예문들에서 잘 확인된다. 원문 중 '摳衣'가 '오슬 들다'로 번역된다. 그리고 '摳'의 자석이 '거두들다'이다. 따라서 '들다'와 '거두들다'의 동의성은 명백히 입증된다. 합성동작동사 '거두들다'는 동작동사 '거두다'의 어간 '거두-'와 동작동사 '들다'의 비통사적 合成이다.

(3) a. 오슬 들오 ᄃᆞᆺ 모호로 낫드라 안자(摳衣趨隅ᄒᆞ야) <번小四 12b>

(3) b. 摳 : 挈衣使不躓 <四解下 64b>

　　c. 摳 : 거두들 구 <字會下 9a>

<4> 막다 對 막즈릭다

　　두 동작동사가 [閉], [閑] 및 [防] 즉 '막다'의 뜻을 가지고 동의 관계에 있다는 것은 다음 예문들에서
잘 확인된다. 원문 중 '閉邪'가 '샤곡흔 ᄆᆞᅀᆞᆷ 막다'로 번역되고 '預防'이 '미리 막다'로 번역된다. 그리고
'閑邪'가 '샤특흔 이를 막즈릭다'로 번역되고 '預防'의 자석이 '미리 막즈릭다'이다. 따라서 '막다'와 '막
즈릭다'의 동의성은 명백히 입증된다. '막즈릭다'는 동작동사 '막다'의 어간 '막-'과 [絞] 즉 '조르다'의 뜻
을 가진 동작동사 'ᄌᆞ릭다'의 비통사적 合成이다.

　　(4) a. 어딘 이를 베퍼 엳ᄌᆞ와 샤곡흔 ᄆᆞᅀᆞᆷ 마고ᄆᆞᆯ 닐오ᄃᆡ 敬이라 ᄒᆞ고 (陳善閉邪를 謂之敬이오) <번소
　　　　三 10a>

　　　b. 미리 마ᄀᆞ면 뎐염티 아니ᄒᆞᄂᆞ니라(預防之則不染) <瘡疹 29b>

　　　c. 숫브레 초를 세텨 마ᄀᆞ라(打醋炭以防之) <瘡疹 63b>

　　(4) d. 샤특흔 이를 막즈릭고 셩실흔 이를 두어(閑邪存誠ᄒᆞ야) <번소八 10a>

　　　e. 집 사름이 미더 막즐오ᄆᆞᆯ 져기 게을이 ᄒᆞ여늘(家ㅣ 以爲信ᄒᆞ야 防之少懈ᄒᆞᆫ대) <번소九 62a>

　　(4) f. 預防 : 미리 막즈릭ᄂᆞᆫ 약 <瘡疹 日錄 1a> <瘡疹 28a>

<5> 보믜다 對 쇠 보믜다

　　동작동사 '보믜다'와 동작동사구 '쇠 보믜다'가 [銹] 즉 '녹슬다'의 뜻을 가지고 동의 관계에 있다는 것
은 다음 예문들에서 잘 확인된다. '銹'가 한자어 '上銹'를 뜻하고 '上銹'는 고유어 '보믜다'와 동의 관계
에 있다. 그리고 '銹'의 자석이 '쇠 보믜다'이고 고유어 '쇠 보믜다'는 한자어 '上銹'와 동의 관계에 있다.
따라서 '보믜다'와 '쇠 보믜다'의 동의성은 명백히 입증된다. 동작동사구 '쇠 모믜다'는 명사 '쇠'와 동작
동사 '보믜다'의 결합이다.

　　(5) a. 銹 : 鐵上生衣 今俗語上銹 보믜다 <四解下 69a>

　　　b. 銹 : 쇠 보밀 슈 俗稱上銹 <字會下 7b>

<6> 삼가다 對 삼가ᄒᆞ다

동작동사 '삼가다'와 합성동작동사 '삼가ᄒᆞ다'가 [謹]과 [愼] 즉 '삼가다'의 뜻을 가지고 동의 관계에 있다는 것은 다음 예문들에서 잘 확인된다. 원문 중 '謹行'이 '힝뎍을 삼가다'로 번역되고 '愼節'이 '삼가고 존절ᄒᆞ다'로 번역된다. 그리고 '謹租賦'가 '조세와 공부를 삼가ᄒᆞ다'로 번역되고 '愼爾德'이 '네 덕을 삼가ᄒᆞ다'로 번역된다. 따라서 '삼가다'와 '삼가ᄒᆞ다'의 동의성은 명백히 입증된다. '삼가ᄒᆞ다'는 동작동사 '삼가다'의 부사형과 동작동사 'ᄒᆞ다'의 合成으로 '삼가—+∅(부사형어미) #ᄒᆞ—+—다'로 분석될 수 있다.

(6) a. 네 몸을 닷고 힝뎍을 삼가(汝ᄂᆞᆫ 修身謹行ᄒᆞ야) <번小九 67b>

 b. 반ᄃᆞ시 례법을 삼가 가져서 (必謹守禮法ᄒᆞ야) <번小七 50a>

 c. ᄯᅩ 나랏 법을 삼가(又謹三尺ᄒᆞ야) <번小六 35a>

 d. ᄌᆞ손니 다 효도코 삼가더라(子孫從化皆孝謹) <二倫 31b>

 e. 브즈런홈과 삼감과 온화홈과 날회여홈괘라(勤謹和緩이니라) <번小九 53a>

 f. 음식을 모로매 삼가고 존졀ᄒᆞ며(飮食을 必愼節ᄒᆞ며) <번小八 16a>

 g. 혐의로온 ᄯᅡ흔 삼가디 아니티 몯홀 거시라(嫌疑之際ᄂᆞᆫ 不可不愼이니라) <번小七 20b>

 h. 진실로 문 지두리 굳ᄒᆞ며 소니옛 술 ᄀᆞ튼 거슬 삼가디 아니ᄒᆞ면(苟不愼樞機면) <번小六 24a>

 i. ᄀᆞ운이 두터오며 쥬밀ᄒᆞ야 삼가(敦厚周愼ᄒᆞ야) <번小六 13b>

 j. 謹 : 愼也 <四解上 55b>

 k. 謹 : 삼갈 신 <字會下 11b>

(6) l. 조셰(4b)와 공부를 삼가ᄒᆞ며(謹租賦爲彌) <呂約 5a>

 m. 죵돌 히게ᄂᆞᆫ 화열히 ᄒᆞ디 삼가ᄒᆞ더라(僮僕앤 訴訴如也ᄒᆞ디 唯謹ᄒᆞ더라) <번小九 84a>

 n. 禮ᄂᆞᆫ 夫婦 ᄉᆞ이예 삼가호매 비릇ᄂᆞ니(禮始於謹夫婦ㅣ니) <번小三 16b>

 o. 네 덕을 잘 삼가ᄒᆞ면(淑愼爾德이면) <번小四 22b>

 p. 내죵을 삼가호ᄃᆡ 처섬 ᄀᆞ티 홀디니(愼終如始니) <번小三 46b>

 q. 일란 ᄲᆞᆯ리 ᄒᆞ고 말ᄉᆞ므란 삼가ᄒᆞ야(敏於事而愼於言이오) <번小四 8b>

<7> 술지다 對 지다

합성동작동사 '술지다'와 동작동사 '지다'가 [肥] 즉 '살찌다, 살지다'의 뜻을 가지고 동의 관계에 있다는 것은 다음 예문들에서 잘 확인된다. 원문 중 '馬…不肥'가 '무리…술지디 아니ᄒᆞ다'로 번역되고 '肥馬'가 '술진 ᄆᆞᆯ'로 번역된다. '馬…不肥'가 'ᄆᆞᆯ도 지디 몯ᄒᆞ다'로 번역된다. 그리고 '肥'의 자석이 '술지다'이다. 따라서 '술지다'와 '지다'의 동의성은 명백히 입증된다. '술지다'는 명사 '술'과 동작동사 '지다'의

合成이다.

(7) a. 무리 밤플 몯 머그면 슬지디 아니ᄒ고(馬不得夜草不肥) <번老上 32b>

b. 슬진 ᄆ란 서늘케 ᄒ고(肥馬涼着) <번老下 45a>

c. 슬진 ᄆ 투고 가ᄇ야온 오ᄉ 니버(肥馬衣輕裘ᄒ야) <번小六 26a>

(7) d. ᄀ장 슬지니란 말오(休要十分肥的) <번老上 21a>

e. 쏘 쳔량이 만히 잇고 오시 됴ᄒ며 무리 슬지다 ᄒ야 드르면(若聞貨貨ㅣ 充足ᄒ며 衣馬ㅣ 輕肥라 ᄒ면) <번小九 50b>

f. 슬지고 믄믄ᄒ 도틱 기름진 고기 ᄒ 무저글(可用肥嫩猪膝 一塊) <瘡疹 21b>

(7) g. ᄆ도 밤 여믈 몯 어드면 지디 몯ᄒᄂ니라(馬不得夜草不肥) <번朴上 22b>

(7) h. 肥 : 腯也 多肉也 <四解上 17b>

i. 肥 : 슬질 비 <字會下 4a>

<8> 엿다 對 엿보다

동작동사 '엿다'와 합성동작동사 '엿보다'가 [窺] 즉 '엿보다'의 뜻을 가지고 동의 관계에 있다는 것은 다음 예문들에서 잘 확인된다. 원문 중 '窺魚'가 '고기 엿다'로 번역된다. '窺密'이 'ᄂ믹 그윽한 이를 엿보다'로 번역된다. 그리고 '窺'의 자석이 '엿보다'이다. 따라서 '엿다'와 '엿보다'의 동의성은 명백히 입증된다. '엿보다'는 동작동사 '엿다'의 어간 '엿-'과 동작동사 '보다'의 비통사적 合成이다.

(8) a. 뭇ᄀ쇄 고기 엿ᄂ니(70a) 눈(河邊兒窺魚的) <번朴上 70b>

b. ᄂ믹 그윽한 이를 엿보디 말며(不窺密ᄒ며) <번小四 13b>

(8) c. 窺 : …小視也 <四解上 48b>

d. 窺 : 엿볼 규 <字會下 12a>

<9> 흐르다 對 흐러디다

두 동작동사가 [散] 즉 '흩어지다'의 뜻을 가지고 동의 관계에 있다는 것은 다음 예문들에서 잘 확인된다. 원문 중 '弟子散在'가 '弟子ㅣ 흐러 잇다'로 번역되고 '神…散'이 '졍시니 흐러디다'로 번역된다. 따라서 '흐르다'와 '흐러디다'의 동의성은 명백히 입증된다. 동작동사 '흐러디다'는 '흐르다'의 부사형 '흐러'와 동작동사 '디다'의 合成이다.

(9) a. 그 弟子ㅣ ᄉ방이 흐러 이셔(其弟子ㅣ 散在四方ᄒ야) <번小九 11b>

  b. 或 궤며 셔안의 흐러 이시며(或有狼籍几案ᄒ며) <번小八 39b>

(9) c. 졍시니 흐러디여(神亦飄散ᄒ야) <번小七 22a>

4.2. 派生型

基語인 동작동사가 그것에서 파생된 동작동사와 동의 관계를 가질 수도 있고 파생된 동작동사들이 동의 관계를 가질 수도 있다. 이 경우가 파생이다.

[入] 즉 '들이다, 들게 하다'의 뜻을 가진 동작동사 '드리다'와 동작동사구 '들에 ᄒ다'가 동의 관계에 있다.

<1> 드리다 對 들에 ᄒ다

동작동사 '드리다'와 동작동사구 '들에 ᄒ다'가 [入] 즉 '들이다, 들게 하다'의 뜻을 가지고 동의 관계에 있다는 것은 다음 예문들에서 잘 확인된다. 원문 중 '入生地黃'이 '싱디황을 드리다'로 번역되고 '血…入'이 '피를…들에 ᄒ다'로 번역된다. 따라서 '드리다'와 '들에 ᄒ다'의 동의성은 명백히 입증된다. '드리다'는 동작동사 '들다'의 短形 使動으로 '들―+―이(사동 접사)+―다'로 분석된다. '들에 ᄒ다'는 동작동사 '들다'의 長形 使動으로 '들―+―에#ᄒ―+―다'로 분석된다.

(1) a. 싱디황을 져기 드료ᄃᆡ(入生地黃少許) <瘡疹 45b>

  b. 거믄 가히 귀예 피를 눈 안해 쳐디여 들에 ᄒ면(用黑狗耳血滴入眼 內) <瘡疹 47a>

② 狀態動詞간의 同義

固有語의 狀態動詞에서 확인되는 同義 關係는 크게 네 유형으로 나누어 고찰할 수 있다: 第Ⅰ型 相異型, 第Ⅱ型 音韻 交替型, 第Ⅲ型 音韻 脫落型 및 音韻 添加型 그리고 第Ⅳ型 合成型 및 派生型.

1. 相異型

서로 다른 形式을 가진 둘 또는 그 이상의 狀態動詞들이 동의 관계를 가질 수 있다. 이 경우가 相異型이다.

相異型에는 [毅] 즉 '굳세다, 의지가 강하다'의 뜻을 가진 '거엽다'와 '질긔웉다'를 비롯하여 [老實] 즉 '실제의, 적절하다'의 뜻을 가진 '곧다, 고디식다', [硬] 즉 '굳다, 단단하다'의 뜻을 가진 '굳다'와 '돈돈ᄒ다', [惡]과 [歹] 즉 '나쁘다'의 뜻을 가진 '궂다'와 '모딜다'와 '사오납다'와 '뫕쓰다', [寬] 즉 '넓다'의 뜻을 가진 '넙다'와 '너르다', [黃] 즉 '누르다'의 뜻을 가진 '누르다'와 '감다', [熱] 즉 '뜨겁다'의 뜻을 가진 '덥다'와 '덥달다', [溫] 즉 '따뜻하다'의 뜻을 가진 '덥다'와 'ᄃᆞᆺ다', [暴]와 [猛] 즉 '사납다'의 뜻을 가진 '모딜다'와 '밉다', [等閑] 즉 '부질없다, 쓸데없고 공연하다'의 뜻을 가진 '부질업다'와 '간대롭다', [涼快]와 [涼] 즉 '서늘하다'의 뜻을 가진 '서늘ᄒ다'와 '서느럽다', [善] 즉 '착하다, 언행이 바르고 어질다'의 뜻을 가진 '어딜다'와 '둏다', [淸] 즉 '맑고 깨끗하다'의 뜻을 가진 '좋다'와 'ᄀᆞᆺᄀᆞᆺᄒ다', [大] 즉 '크다'의 뜻을 가진 '크다'와 '굵다' 그리고 [多]와 [衆] 즉 '많다'의 뜻을 가진 '하다'와 '만ᄒ다' 등 30여 항목이 있다.

<1> 거엽다 對 질긔웉다

두 상태동사가 [毅] 즉 '굳세다, 의지가 강하다'의 뜻을 가지고 동의 관계에 있다는 것은 다음 예문들에서 잘 확인된다. 원문 중 '嚴毅'가 '싁싁고 거엽다'로 번역되고 '强毅'가 '강강ᄒ고 질긔웉다'로 번역되므로 '거엽다'와 '질긔웉다'의 동의성은 명백히 입증된다. '질긔웉다'는 15세기 국어의 '질긔굳다'의 後身形으로 제3 음절의 '굳'의 'ㄱ'이 유성 후두 마찰음 'ㅇ'으로 변하여 생긴 것이다. '질긔굳다'의 용례는 『內訓』(1475)의 예문 '싁싁ᄒ며 질긔구드며 方正ᄒᆞᆯ시(嚴毅方正ᄒᆞᆯ시)' <內三 17b>에서 발견된다.

(1) a. 싁싁고 거여우며 方正ᄒᆞ거늘(嚴毅方正이어시ᄂᆞᆯ) <번小九 4a>
　　b. 강강ᄒ고 질긔우더 올코 고다(强毅正直ᄒᆞ야) <번小八 28b>

<2> 곧다 對 고디식다

두 상태동사가 [老實] 즉 '실제의, 적절하다'의 뜻을 가지고 동의 관계에 있다는 것은 『번역노걸대』의 다음 예문들에서 잘 확인된다. 원문 중 '老實價錢'이 '고든 값'으로 번역되고 '老實的價錢'이 '고디시근 값'으로 번역된다. 따라서 '곧다'와 '고디식다'의 동의성은 명백히 입증된다.

(2) a. 고든 갑슨 넉 량이니(老實價錢四兩) <번老下 29b>

(2) b. 이제 고디시근 갑슬 너ᄃᆞ려 닐오마(如今老實的價錢 說與你) <번老下 11b>

c. 고디시그니는 댱샹 잇고(老實常在) <번老下 43a>

<3> 곧다 對 고족ᄒ다

두 상태동사가 [直] 즉 '곧다'의 뜻을 가지고 동의 관계에 있다는 것은 다음 예문들에서 잘 확인된다. 원문 중 '正直'이 '올코 곧다'로 번역되고 '外體直'이 '밧긔 얼구리 고족ᄒ다'로 번역된다. 그리고 '直'의 자석이 '곧다'이다. 따라서 '곧다'와 '고족ᄒ다'의 동의성은 명백히 입증된다.

(3) a. 강강ᄒ고 질긔우더 올코 고다(强毅正直ᄒ야 <번小八 28b>

　　 b. ᄌ조 고돈 말 ᄒ요모로(以數直諫으로) <번小九 38a>

(3) c. 안햇 ᄆᆞᅀᆞ미 졍ᄒ며 밧긔 얼구리 고족ᄒ 후에ᅀᅡ(內志正ᄒ고 外體直然後에ᅀᅡ) <번小四 21b>

(3) d. 直 : 不曲 <四解下 54a>

　　 e. 直 : 고들 딕 <字會下 12b>

<4> 굳다 對 돈돈ᄒ다

두 상태동사가 [硬] 즉 '굳다, 단단하다'의 뜻을 가지고 동의 관계에 있다는 것은 다음 예문들에서 잘 확인된다. 원문 중 '乾硬'이 '몰라 굳다'로 번역되고 '腫硬'이 '브ᅀᅥ 돈돈하다'로 번역된다. 따라서 '굳다'와 '돈돈하다'의 동의성은 명백히 입증된다.

(4) a. ᄒ다가 몰라 구더 오라면(若乾硬已久) <瘡疹 48a>

　　 b. 브ᅀᅥ 돈돈ᄒ며(腫硬) <瘡疹 16b>

<5> 궂다 對 모딜다 對 사오납다 對 몹쓰다

네 상태동사가 [惡]과 [歹] 즉 '나쁘다'의 뜻을 가지고 동의 관계에 있다는 것은 다음 예문들에서 잘 확인된다. 원문 중 '惡衣惡食'이 '구즌 옷과 구즌 밥'으로 번역되고 '惡疾'이 '모딘 病'으로 번역되고 '人之惡'이 '사ᄅᆞ미 사오나온 일'로 번역되고 '背惡'이 '몹쁠 일란 브리다'로 번역된다. 그리고 '好歹'가 '됴홈 구줌'으로 번역되고 '歹心'이 '모딘 ᄆᆞ슴'으로 번역되고 '好的歹的'이 '됴ᄒ니 사오나오니'로 번역된다. 그리고 '惡'의 자석이 '모딜다'이고 '歹'의 자석이 '사오납다'이다. 따라서 '궂다'와 '모딜다'와 '사오납다' 그리고 '몹쓰다'의 동의성은 명백히 입증된다.

'궂다'와 '사오납다'는 [好]의 뜻을 가진 '둏다'와 대립 관계에 있고 '모딜다'와 '몹쓰다'는 [善]의 뜻을 가진 '어딜다'와 대립 관계에 있다.

(5) a. 士ㅣ 道理예 뜯 두고 구즌 옷과 구즌 바블 붓그리ᄂᆞ니ᄂᆞᆫ(士ㅣ 志於道恥惡衣惡食者ᄂᆞᆫ) <번小四 25a>

  b. 비치 굿거든 먹디 아니ᄒᆞ시며 내 굿거든 먹디 아니ᄒᆞ시며(色惡不食ᄒᆞ시며 臭惡不食ᄒᆞ시며) <번小四 28a>

  c. ᄒᆞ다가 ᄆᆞ리 됴홈 구주므란(如馬好歹) <번老下 17a>

(5) d. 아비 모딘 病 어더(父得惡疾) <속三孝 17a>

  e. 모디로ᄆᆞ로(36b) 뻐 어디니를 므더니 너기디 말며(無以惡으로 陵善ᄒᆞ며) <번小九 37a>

  f. ᄒᆞᆫ 긔약잇 사ᄅᆞᆷ이 거즛 모딘 득명을 시러 잘 발명 몯ᄒᆞ거든(有爲人誣枉過惡不能伸者) <呂約 35b>

  g. 그 어미 져기 모디로믈 그치니라(其母少止凶惡) <二倫 10a>

  h. 모딘 ᄆᆞᅀᆞᆷ 내여(生起歹心來) <번老上 28a>

(5) i. 이ᄂᆞᆫ 사오나온(50b) 긔별이라 ᄒᆞ니(此ᄂᆞᆫ 惡消息이라 ᄒᆞ니) <번小九 51a>

  j. 사ᄅᆞ미 사오나온 일란 듣고(聞人之惡ᄒᆞ고) <번小六 19a>

  k. 다ᄅᆞᆫ 사ᄅᆞᆷ의 허믈ᄒᆞ며 사오나온 이ᄅᆞᆯ 니ᄅᆞ디 말라(揚人過惡) <呂約 42a>

  l. 이 됴ᄒᆞ니 사오나오니 다 ᄒᆞᆫᄃᆡ 혜아리져(這好的歹的都一發商量) <번老下 8a>

  m. 됴ᄒᆞ니 사오나오니 크니 쟈그니(好的歹的 大的小的) <번老下 10a>

(5) n. 어딘 이레 향ᄒᆞ고 모ᄲᆞᆯ 일란 부려(向善背惡ᄒᆞ야) <번小六 8b>

(5) o. 惡 : 不善 <四解下 37b>

  p. 惡 : 모딜 악 <字會下 13b>

(5) q. 歹 : 不俊 <四解上 43a>

  r. 歹 : 사오나올 대 好歹謂必順之辭 <字會下 13b>

<6> ᄀᆞᄂᆞᆯ다 對 감다

두 상태동사가 [細] 즉 '가늘다'의 뜻을 가지고 동의 관계에 있다는 것은 다음 예문들에서 잘 확인된다. 원문 중 '細的…布'가 'ᄀᆞᄂᆞᆫ 뵈'로 번역되고 '細麻布'가 '가ᄆᆞᆫ 뵈'로 번역되므로 'ᄀᆞᄂᆞᆯ다'와 '감다'의 동의성은 명백히 입증된다.

(6) a. ㄱ는 샹둥엣 됴훈 뵈눈(細的上等好布) <번老下 59a>

　　b. ㄱ장 ㄱ는 모시뵈 젹삼애(好極細的毛施布布衫) <번老下 51a>

　　c. 내해 다 실 ㄱ는 구의나깃 은이라(我的都是細絲官銀) <번老下 14a>

(6) d. 가문 뵈 두 피레 ᄑ라(賣細麻布兩匹) <번老上 14b>

　　e. 細…小也 密也 <四解上 27b>

<7> 넙다 對 너르다

두 상태동사가 [寬] 즉 '넓다'의 뜻을 가지고 동의 관계에 있다는 것은 다음 예문들에서 잘 확인된다. 원문 중 '寬時'의 '寬'이 '넙다'로 번역된다. 그리고 '已寬'이 '너므 너르다'로 번역된다. 따라서 '넙다'와 '너르다'의 동의성은 명백히 입증된다.

(7) a. 너브면 옷 지소매 유여ᄒ며(寬時做衣裳有餘剩) <번老下 62b>

　　b. 너브니 됴타커니와(寬時好) <번老下 62b>

(7) c. 大祝奉禮 만훈 사르믜 대텽이 도이면 너므 너르니라(爲大祝奉禮廳事則已寬矣니라) <번小十 29a>

<8> 넙다 對 어위다

두 상태동사가 [廣], [博], [闊] 및 [寬] 즉 '넓다'의 뜻을 가지고 동의 관계에 있다는 것은 다음 예문들에서 잘 확인된다. 원문 중 '廣席'이 '너븐 돍'으로 번역된다. '博'이 한자 '廣'과 同義이고 '博'의 자석이 '넙다'이다. '闊'이 한자 '廣'과 同義이고 원문 중 '闊三尺'이 '세 자히 어위다'로 번역된다. 그리고 원문 중 '寬時'의 '寬'이 '넙다'로 번역되고 '好生寬'이 'ㄱ장 어위다'로 번역된다. 따라서 '넙다'와 '어위다'의 동의성은 명백히 입증된다.

(8) a. 廣 : 闊也 <四解下 45b>

　　b. 미양 밥 머글 제 너븐 돍 실오(每食애 設廣席) <번小七 107a>

(8) c. 博 : 廣也 <四解下 36a>

　　d. 博 : …又너블 박 溥博 <字會下 9a>

(8) e. 闊 : …廣也 <四解上 72b>

　　f. 석 자히 어위오(闊三尺) <번老上 26b>

(8) g. 寬: …裕也 <四解上 72b>

　　 h. 너브면 옷 지소매 유여ᄒ며(寬時做衣裳有餘剩) <번老下 62b>

　　 i. 너브니 됴타커니와(寬時好) <번老下 62b>

　　 j. 이 구싓 터히 ᄀ장 어위다(這槽道好生寬) <번朴上 37b>

<9> 누르다 對 감다

두 상태동사가 [黃] 즉 '누르다'의 뜻을 가지고 동의 관계에 있다는 것은 다음 예문들에서 잘 확인된다. 원문 중 '黃毛施布'가 '누른 모시외'로 번역되고 '黃白'이 '누른 것과 흰 것'으로 번역된다. '黃布'가 '가믄뵈'로 번역된다. 그리고 '黃'의 자석이 '누르다'이다. 따라서 '누르다'와 '감다'의 동의성은 명백히 입증된다. '가믄뵈'는 [黃] 즉 '누르다'의 뜻을 가진 '감다'의 관형사형과 명사 '뵈'[布]의 合成으로 '감+은#뵈'로 분석될 수 있다.

(9) a. 누른 모시외 다ᄉ과(五箇黃毛施布) <번朴上 51b>

　　 b. 君子ᄂ 누른 것과 흰 것과 아니어든 닙디 아니홀디니(君子ᄂ 非黃白이어든 不御ㅣ니) <번小十 28a>

(9) c. 이 가믄뵈예(這黃布) <번小下 59b>

(9) d. 黃: 中央色 <四解下 46b>

　　 e. 黃: 누를 황 <字會中 15a>

<10> 누르다 對 누러ᄒ다

두 상태동사가 [黃] 즉 '누르다'의 뜻을 가지고 동의 관계에 있다는 것은 다음 예문들에서 잘 확인된다. 원문 중 '糞黃'이 '쏭이 누르다'로 번역되고 '色赤黃'이 '비치 블거 누러ᄒ다'로 번역된다. 따라서 '누르다'와 '누러ᄒ다'의 동의성은 명백히 입증된다.

(10) a. 쏭이 누르고(糞黃) <瘡疹 38b>

　　 b. 다변이 누르고 되면(大便黃稠) <瘡疹 20b>

　　 c. 눈ᄌᅀᅵ 누르며(眼睛黃) <瘡疹 9b>

　　 d. 누른 믈 흐르다가(黃水流出) <瘡疹 68b>

　　 e. 누른 더데 지슬 저긔(成黃痂時) <瘡疹 68b>

　　 f. 천산갑을 누르게 봇가(穿山甲湯洗炒黃) <瘡疹 39b>

(10) g. 비치 블거 누러호ᄃᆡ 엳ᄐ니라(色赤黃而淺) <瘡疹 4a>

　　 h. 혹 ᄌ츼(59b) 눈 비치 히며 혹 잠싼 비치 누러ᄒ니ᄅᆞᆯ 고티ᄂ니라(治…或瀉白色或瀉淡黃色) <瘡
　　　　疹 60a>

<11> 누르다 對 누르르다

　두 상태동사가 [黃] 즉 '누르다'의 뜻을 가지고 동의 관계에 있다는 것은 다음 예문들에서 잘 확인된
다. 원문 중 '眼睛黃'이 '눈ᄌᆞ쉬 누르다'로 번역되고 '身黃'이 '모미 누르르다'로 번역된다. 따라서 '누르
다'와 '누르르다'의 동의성은 명백히 입증된다.

　(11) a. 눈ᄌᆞ쉬 누르며(眼睛黃) <瘡疹 9b>

　　 b. 똥이 누르고(糞黃) <瘡疹 38b>

　　 c. 다변이 누르고 되면(大便黃稠) <瘡疹 20b>

　　 d. 누른 믈 흐르다가(黃水流出) <瘡疹 68b>

　　 e. 누른 더데 지슬 저긔(成黃痂時) <瘡疹 68b>

　　 f. 쳔산갑을 누르게 봇가(穿山甲湯洗炒黃) <瘡疹 39b>

　(11) g. 모미 누르러 붓고 비치 싀프러ᄒᆞ니(身黃腫紫) <瘡疹 6b>

<12> 답답ᄒ다 對 ᄆᆞᅀᆞ미 어즈럽다

　상태동사 '답답ᄒ다'와 절 'ᄆᆞᅀᆞ미 어즈럽다'가 [煩] 즉 '답답하다'의 뜻을 가지고 동의 관계에 있다는
것은 다음 예문들에서 잘 확인된다. 원문 중 '煩渴'이 '답답ᄒ고 갈ᄒ다'로도 번역되고 'ᄆᆞᅀᆞ미 어즈럽
고 갈ᄒ다'로도 번역된다. 따라서 '답답ᄒ다'와 'ᄆᆞᅀᆞ미 어즈럽다'의 동의성은 명백히 입증된다.

　(12) a. 답답ᄒ고 갈커든(煩渴) <瘡疹 27a>

　　 b. 답답고 갈호미 긋디 아니ᄒᆞ닌(煩渴不止者) <瘡疹 21a>

　　 c. 답답고 갈ᄒ며(煩渴) <瘡疹 7a>

　　 d. 답답고 목ᄆᆞ르며(煩渴) <瘡疹 40b>

　(12) e. ᄆᆞᅀᆞ미 어즈럽고 갈ᄒ며(煩渴) <瘡疹 26b>

　　 f. ᄆᆞᅀᆞ미 어즈러우며 갈ᄒ고(煩渴) <瘡疹 23b>

<13> 더듸다 對 랄ᄒ다

두 상태동사가 [徐] 즉 '천천하다, 느리다'의 뜻을 가지고 동의 관계에 있다는 것은 다음 예문들에서 잘 확인된다. 원문 중 '疾徐'가 '샌ᄅ며 더듸다'로도 번역되고 '샌ᄅ며 랄ᄒ다'로도 번역된다. 따라서 '더듸다'와 '랄ᄒ다'의 동의성은 명백히 입증된다. 두 상태동사는 [疾] 즉 '빠르다'의 뜻을 가진 상태동사 '샌ᄅ다'와 反義 관계에 있다.

(13) a. 명을 타 나미 샌ᄅ며 더듸요미 잇ᄂ니(賦命有疾徐ᄒ니) <번小六　28a>

b. 말ᄉᆷ과 거동이 가ᄇ얍ᄋ며 므거우며 샌ᄅ며(14a) 랄ᄒ여 호매(辭令容止輕重疾徐예) <번小八 14b>

(13) c. 徐 : 緩也 <四解上 31b>

<14> 덥다 對 덥달다

두 상태동사가 [熱] 즉 '뜨겁다'의 뜻을 가지고 동의 관계에 있다는 것은 다음 예문들에서 잘 확인되다. 원문 중 '身熱'이 '모미 덥다'로 번역되고 '其身熱'이 '몸이 덥달다'로 번역된다. 그리고 '壯熱'이 'ᄀ장 덥다'로 번역되고 '熱渴'이 '덥다라 갈ᄒ다'로 번역된다. 따라서 '덥다'와 '덥달다'의 동의성은 명백히 입증된다.

(14) a. 모미 덥고 긔운이 덧ᄒ야 믈 먹고져 ᄒᄂ닌 고티리라(身熱氣溫欲飮水者可治) <瘡疹 7a>

b. 모미 덥고(身熱) <瘡疹 18a> <瘡疹 41b> <瘡疹 55a>

c. 모미 혹 더우며 아니 덥고(身或熱或不熱) <瘡疹 27a>

d. 온 모미 ᄀ장 덥고(渾身壯熱) <瘡疹 20b>

e. 모미 ᄀ장 덥디 아니ᄒ며(其身不壯熱) <瘡疹 23b>

f. 더운 져즐 머겨(飮啜熱乳) <瘡疹 1b>

g. 잠ᄭᆞᆫ 치우락 잠ᄭᆞᆫ 더우락 ᄒ야(乍寒乍熱) <瘡疹 9b>

h. 도ᄅ혀 더우닌(6b) 죽고(反熱者死) <瘡疹 7a>

(14) i. 몸이 ᄇ야ᄒᆞ(9b)로 덥단 저긔ᄂ(方其身熱) <瘡疹 10a>

j. 답답ᄒ고 덥다라 갈ᄒ며(煩燥熱渴) <瘡疹 5a>

k. 됴히 홀 힝역ᄋᆫ 닐웨예 덥다라 돋고(聖瘡九日熱而發) <瘡疹 15a>

l. 힝역이…ᄀ장 덥다라 ᄒᄂ닐 고티ᄂ니라(治瘡疹…熱盛者) <瘡疹 34a>

<15> 덥다 對 ᄃᄉ다

두 상태동사가 [溫] 즉 '따뜻하다'의 뜻을 가지고 동의 관계에 있다는 것은 다음 예문들에서 잘 확인된다. 원문 중 '溫被'가 '니블을 덥게 ᄒ다'로 번역되고 '溫淸'이 '겨슬이어든 ᄃᆞᆺ게 ᄒᆞ며 녀름이어든 서ᄅᆞᆯ케 ᄒ다'로 번역된다. 그리고 '頭溫'이 '머리 덥다'로도 번역되고 '머리 ᄃᆞᆺ다'로도 번역된다. 따라서 '덥다'와 'ᄃᆞᆺ다'의 동의성은 명백히 입증된다.

(15) a. 겨슬이어든 제 몸으로 니블을 덥게 ᄒ며(冬則以身溫被ᄒ며) <번小九 28b>

b. 몸 덥고⋯머리 덥고(身溫⋯頭溫) <瘡疹 22b>

c. 모미 덥고(身溫) <瘡疹 26a>

(15) d. 아ᄎᆞᆷ 나죄로 뵈며 겨슬이어든 ᄃᆞᆺ게 ᄒᆞ며 녀름이어든 서ᄅᆞᆷ케 ᄒᆞ며(旦夕溫淸ᄒ며) <번小九 94a>

(15) e. 머리 ᄃᆞᆺ고(頭溫) <瘡疹 56a>

f. ᄃᆞᆺ 므레 프러(溫水調) <瘡疹 64b> <瘡疹 65a> <瘡疹 66b>

<16> 덥다 對 ᄃᆞᆺᄒ다

두 상태동사가 [溫] 즉 '따뜻하다'의 뜻을 가지고 동의 관계에 있다는 것은 다음 예문들에 확인된다. 원문 중 '身溫'이 '모미 덥다'로 번역되고 '氣溫'이 '기운이 ᄃᆞᆺ ᄒ 다'로 번역된다. 따라서 '덥다'와 'ᄃᆞᆺᄒ다'의 동의성은 명백히 입증된다.

(16) a. 모미 덥고(身溫) <瘡疹 26a>

b. 몸 덥고⋯머리 덥고(身溫⋯頭溫) <瘡疹 22b>

c. 덥게 더퍼(溫煖蓋覆) <瘡疹 18a> <瘡疹 18a>

d. 덥게 ᄒ야(溫煖) <瘡疹 18b>

(16) e. 모미 덥고 긔운이 ᄃᆞᆺᄒ야(身熱氣溫) <瘡疹 7a>

<17> 되다 對 딭다

두 상태동사가 [篤], [劇] 및 [甚] 즉 '병이 위중하다'의 뜻을 가지고 동의 관계에 있다는 것은 다음 예문들에서 잘 확인된다. 원문 중 '疾篤'이 '病 되다'로 번역되고 '病甚'이 '病이 딭다'로 번역되므로 '되다'와 '딭다'의 동의성은 명백히 입증된다. 두 상태동사는 '病'을 主語로 共有한다.

(17) a. 어미 病 되어늘(母疾篤) <속三孝 22a>

b. 후에 원빅기 병 되어서(後元伯疾篤) <二倫 33a>

c. 위연ᄒ며 되요믈 아오려 홀딘댄(欲知差劇ᆫ대) <번小九 31b>

(17) d. 어미 病이 딛거늘(母嘗病甚) <속三孝 2a>

<18> 둏다 對 아룹답다

두 상태동사가 [嘉] 즉 '좋다, 아름답다'의 뜻을 가지고 동의 관계에 있다는 것은 『번역소학』의 다음 예문들에서 잘 확인된다. 원문 중 '嘉言'이 '됴ᄒᆫ 말ᄉᆞᆷ'으로도 번역되고 '아룹다온 말ᄉᆞᆷ'으로도 번역되므로 '둏다'와 '아룹답다'의 동의성은 명백히 입증된다.

(18) a. 됴ᄒᆫ 말ᄉᆞᆷ을 올이며(述嘉言ᄒ며) <번小六 2a>
      b. 아룹다온 말ᄉᆞᆷ 긔록ᄒᆫ 다ᄉᆞᆺ잿 편이라(嘉言第五) <번小六 2a>

<19> 둣ᄒ다 對 ᄃᆞᄉᆞ다

두 상태동사가 [溫] 즉 '따뜻하다'의 뜻을 가지고 동의 관계에 있다는 것은 다음 예문들에서 잘 확인된다. 원문 중 '氣溫'이 '긔운이 둣ᄒ다'로 번역되고 '頭溫'이 '머리 ᄃᆞᄉᆞ다'로 번역된다. 따라서 '둣ᄒ다'와 'ᄃᆞᄉᆞ다'의 동의성은 명백히 입증된다.

(19) a. 모미 덥고 긔운이 둣ᄒ야(身熱氣溫) <瘡疹 7a>

(19) b. 머리 ᄃᆞᄉᆞ고(頭溫) <瘡疹 56a>
      c. ᄃᆞᄉᆞᆫ 므레 프러(溫水調) <瘡疹 64b> <瘡疹 65a> <瘡疹 66b>
      d. ᄃᆞᄉᆞᆫ 수릐 프러 식후에 머기라(食後溫酒化下) <瘡疹 36a>

<20> 모딜다 對 밉다

두 상태동사가 [暴]와 [猛] 즉 '사납다'의 뜻을 가지고 동의 관계에 있다는 것은 다음 예문들에서 잘 확인된다. '暴'의 자석이 '모딜다'이다. 그리고 '猛'이 한자 '暴'와 同義이고 '猛'의 자석이 '밉다'이다. 따라서 '모딜다'와 '밉다'의 동의성은 명백히 입증된다.

(20) a. 虣 : ⋯猛也 虐也 通作暴 <四解下 20b>
      b. 暴 : 모딜 포 <字會下 11b>

(20) c. 猛 : ⋯暴也 <四解下 60a>

d. 猛 : 미올 밍 <字會 下 11b>

<21> 므던ᄒ다 對 올ᄒ다

두 상태동사가 [可] 즉 '가하다, 괜찮다'의 뜻을 가지고 동의 관계에 있다는 것은 다음 예문들에서 잘 확인된다. 원문 중 '不…下可'가 '믈 브리디 아니ᄒ야두 므던ᄒ다'로 번역되고 '不可'가 '올티 아니ᄒ다'로 번역되므로 '므던ᄒ다'와 '올ᄒ다'의 동의성은 명백히 입증된다.

(21) a. ᄀ장 져믄 사ᄅᆞᆷ이어든 굿드리 믈 브리디 아니ᄒ야두 므던ᄒ니라(於幼者則不必下可也) <呂約 23b>

　　b. 시쇽을 조차 저를 ᄒᆞᆫ 번 ᄒᆞ야두 므던ᄒ니라(今從俗一拜似可) <呂約 21b>

(21) c. 골히여 ᄇᆞ리며 머그며 호미 올티 아니ᄒ니라(不可揀擇去取니라) <번小八 23a>

　　d. 스싀로 편안코 리ᄒᆞᆫ 듸를 골히요미 올티 아니ᄒ니라(不可自擇便利니라) <번小八 23a>

　　e. ᄀ장 올티 아니ᄒ니라(甚不可也ㅣ니라) <번小七 6b>

<22> 밉다 對 ᄆᆞ싀엽다

두 상태동사가 [利害] 즉 '좋다, 심하다'의 뜻을 가지고 동의 관계에 있다는 것은 다음 예문들에서 잘 확인된다. 원문 중 '好利害'가 'ᄀ장 밉다'로 번역된다. 그리고 '利害'의 자석이 'ᄆᆞ싀엽다'이다. 따라서 '밉다'와 'ᄆᆞ싀엽다'의 동의성은 명백히 입증된다.

(22) a. 이 ᄒᆞᆫ 손 두미 ᄀ장 밉다(這一着好利害) <번朴上 23b>

　　b. 利害 : ᄆᆞ싀엽다 <老朴 累子解 8b>

<23> 부졀업다 對 간대롭다

두 상태동사가 [等閑] 즉 '부질없다, 쓸데없고 공연하다'의 뜻을 가지고 동의 관계에 있다는 것은 다음 예문들에서 잘 확인된다. 한자어 '等閑'이 고유어 '부졀업다'와 동의 관계에 있다. 그리고 '等閑'의 자석이 '간대롭다'이다. 따라서 '부졀업다'와 '간대롭다'의 동의성은 명백히 입증된다.

(23) a. 閑 : 防也 止也 大也 <四解上 80a>

　　b. 閑 : … 又等閑 부졀업다 <字會 下 4b>

(23) c. 閑 : … 又等閑 부질업시 又힘히미 又간대롭다 <老朴 單字解 7b>

<24> 붉다 對 블거ᄒ다

두 상태동사가 [紅] 즉 '붉다, 벌겋다'의 뜻을 가지고 동의 관계에 있다는 것은 다음 예문들에서 잘 확인된다. 원문 중 '色…紅'이 '비치 붉다'로 번역되고 '其色…紅'이 '그 비치 블거ᄒ다'로 번역된다. 따라서 '붉다'와 '블거ᄒ다'의 동의성은 명백히 입증된다.

(24) a. 비치 도로 블거(色復紅) <瘡疹 65a>
b. 입시울 붉고(脣紅) <瘡疹 9a>
c. 터히 블그며(根窠紅) <瘡疹 22a>
d. 그 힝역이 염그러 붉고 빗나닌(其瘡肥紅先澤者) <瘡疹 26a>

(24) e. 그 비치 프러 블거ᄒ야 셜워ᄒ거늘(其色靑紅苦瘡) <瘡疹 69a>

<25> 사오납다 對 아니완ᄒ다

두 상태동사가 [歹] 즉 '나쁘다'의 뜻을 가지고 동의 관계에 있다는 것은 다음 예문들에서 잘 확인된다. 원문 중 '好的歹的'이 '됴ᄒ니 사오나오니'로 번역된다. '好的歹的'이 '됴ᄒᆫ 사ᄅᆞᆷ 아니완ᄒᆫ 사ᄅᆞᆷ'으로 번역된다. 그리고 '歹'의 자석이 '사오납다'이다. 따라서 '사오납다'와 '아니완ᄒ다'의 동의성은 명백히 입증된다.

(25) a. 이 됴ᄒ니 사오나오니 다 ᄒᆞᆫ딕 혜아리져(這好的歹的 都一發商量) <번老下 8b>
b. 됴ᄒ니 사오나오니 크니 쟈그니(好的歹的 大的小的) <번老下 10a>

(25) c. 엇디 됴ᄒᆫ 사ᄅᆞᆷ 아니완ᄒᆫ 사ᄅᆞᆷ 알리오(怎知是好人歹人) <번老下 48a>
d. 됴ᄒᆫ 사ᄅᆞᆷ 아니완ᄒᆫ 사ᄅᆞᆷ을 엇디 모ᄅᆞ리오(好人歹人怎麽不認的) <번老上 48a>
e. 우리 아니완ᄒᆫ 사ᄅᆞ미 아니라(我不是歹人) <번老上 48a>
f. 눗선 아니완ᄒᆫ 사ᄅᆞ믈 브티디 몯ᄒ게 ᄒᆞᄂᆞᆫ딕(不得安下面生歹人) <번老下 49b>

(25) g. 歹 : 不俊 <四解上 43a>
h. 歹 : 사오나올 대 <字會下 13b>

<26> 서늘ᄒ다 對 서느럽다

두 상태동사가 [涼快]와 [涼] 즉 '서늘하다'의 뜻을 가지고 동의 관계에 있다는 것은 다음 예문들에서 잘 확인된다. 원문 중 '趂涼快'가 '서늘ᄒᆫ 적 및다'로 번역되고 '涼處'가 '서느러운 듸'로 번역된다. 따라

서 '서늘ᄒ다'와 '서느럽다'의 동의성은 명백히 입증된다.

(26) a. 우리 믄그스디 말오 서늘ᄒ 적 미처(咱們休麼拖 趂涼快) <번老上 60a>
　　b. 녀르메도 서늘ᄒ 듸 가디 아니ᄒ며(夏不就淸涼ᄒ며) <번小九 33a>

(26) c. 그늘 서느러운 듸 ᄆ이여 두고(絟在陰涼處) <번朴上 21a>

<27> 슬프다 對 애왈브다

두 상태동사가 [噫] 즉 '슬프다'의 뜻을 가지고 동의 관계에 있다는 것은 다음 예문들에서 잘 확인된다. 원문 중 '噫'가 '슬프다'로도 번역되고 '애왈브다'로도 번역되므로 '슬프다'와 '애왈브다'의 동의성은 명백히 입증된다.

(27) a. 王涯와 賈餗이 다 화란 만나 주그니라 슬프다(王賈ㅣ 皆遘禍ᄒ니라 噫라) <번小十 18b>
　　b. 쏘 상듕에 혼인ᄒ리 잇ᄂ(17a) 니 애왈브다(亦有乘喪卽嫁娶者ᄒ니 噫라) <번小七 17b>

<28> 슴겁다 對 뷔다

두 상태동사가 [淡] 즉 '싱겁다'의 뜻을 가지고 동의 관계에 있다는 것은 다음 예문들에서 잘 확인된다. 원문 중 '湯淡'이 '탕이 슴겁다'로 번역되고 '淡飯'이 '뷘 밥'으로 번역된다. 그리고 '淡'의 자석이 '슴겁다'이다. 따라서 '슴겁다'와 '뷔다'의 동의성은 명백히 입증된다.

(28) a. 이 탕이 슴겁다(這湯淡) <번老上 61b>
　　b. 뿌녀 슴거우녀 엇더ᄒ고(醎淡如何) <번老上 22a>
　　c. 져기 슴거운 주리 잇다(微微的有些淡) <번老上 22a>

(28) d. 혜어든 이맛감 뷘 바비 므스거시 긴ᄒ고(量這些淡飯 打甚麼緊) <번老上 41b>
　　e. 뷘 밥 먹고 쏘 아ᄆ란 됴ᄒ 차반도 업더니(喫了些淡飯 又沒甚麼好茶飯) <번老上 43b>

(28) f. 淡 : 薄也 濃淡之對 <四解下 76b>
　　g. 淡 : 슴거울 담 <字會下 61b>

<29> 싀프러ᄒ다 對 븕다

두 상태동사가 [紫] 즉 '자주빛이다'의 뜻을 가지고 동의 관계에 있다는 것은 다음 예문들에서 잘 확인된다. 원문 중 '黑紫'가 '검거나 싀프러ᄒ다'로 번역되고 '紫黑'이 '븕고 검다'로 번역된다. 따라서 '싀프러ᄒ다'와 '붉다'의 동의성은 명백히 입증된다.

(29) a. ᄒ다가 검거나 싀프러ᄒ거나 ᄆᆞ르거나 ᄢ듣ᄂᆞ니란(若黑紫乾陷者) <瘡疹 5b>

b. 병이 딛고 프러러 ᄆᆞ르며 싀프러ᄒ고(勢劇靑乾紫) <瘡疹 5a>

(29) c. 비치 붉고 검고 소의 답답ᄒ거늘(色紫黑痛悶) <瘡疹 68a>

<30> 아니완ᄒ다 對 아니완출ᄒ다

두 상태동사가 [歹] 즉 '나쁘다'의 뜻을 가지고 동의 관계에 있다는 것은 다음 예문들에서 잘 확인된다. 원문 중 '歹人'이 '아니완ᄒ 사름'으로 번역되고 '這般歹'가 '이리 아니완출ᄒ다'로 번역된다. 따라서 두 상태동사 '아니완ᄒ다'와 '아니완출ᄒ다'의 동의성은 명백히 입증된다. 상태동사 '아니완출ᄒ다'는 1510년대 국어에 처음으로 등장한다.

(30) a. 엇디 됴ᄒ 사름 아니완ᄒ 사름 알리오(怎知是好人歹人) <번老上 48a>

b. 됴ᄒ 사름 아니완ᄒ 사름을 엇디 모르리오(好人歹人怎麽不認的) <번老上 48a>

c. 우리 아니완ᄒ 사르미 아니라(我不是歹人) <번老上 48a>

d. 놋선 아니완ᄒ 사ᄅᆞᆯ 브티디 몯ᄒ게 ᄒᄂᆞ듸(不得安下面生歹人) <번老下 49b>

(30) e. ᄒ마 이리 아니완출ᄒ거든(旣這般歹時) <번老上 45b>

f. 아니(6b) 완출ᄒ며 헤펄러 호ᄆᆞᆯ 머리 ᄒ며(斯遠暴慢矣며) <번小四 7a>

상태동사 '아니완ᄒ다'는 15세기 국어에서 [惡] 즉 '나쁘다'의 뜻을 가진 '아니환ᄒ다'의 後身形이다. 상태동사 '아니환ᄒ다'의 용례는 『楞嚴經諺解』(1462) 와 『救急簡易方』(1489) 에서 발견된다. 원문 중 '惡聲'이 '아니환ᄒ 소리 ᄒ다'로 번역된다.

(30) g. 伊蘭은 내 아니환ᄒ 남기라 <楞三 45b>

h. 졍신이 업서 가고 누니 붉디 아니ᄒ며 모미 뷔트러 아니환ᄒ 소리 ᄒ고(精神不足眼目不明瘀瘲惡聲) <救간一 94b>

<31> 어딜다 對 둏다

두 상태동사가 [善] 즉 '착하다, 언행이 바르고 어딜다'의 뜻을 가지고 동의 관계에 있다는 것은 다음 예문들에서 잘 확인된다. 원문 중 '不敎而善'이 'ᄀᆞ르치디 아니ᄒ야도 어딜다'로 번역되고 '敎亦不善'이 'ᄀᆞ르쳐도 어디디 몯ᄒ다'로 번역된다. '修善'이 '됴ᄒ 일 닷다'로 번역된다. 그리고 '善'의 자석이 '됴다'이다. 따라서 '어딜다'와 '둏다'의 동의성은 명백히 입증된다.

(31) a. 上品엣 사ᄅ모 ᄀᄅ치디 아니ᄒ야도 어딜오(上品之人은 不敎而善ᄒ고) <번小六 28b>

b. 下品엣 사ᄅ모 ᄀᄅ쳐도 어디디 몯ᄒᄂ니(下品之人은 敎亦不善ᄒᄂ니) <번小六 29a>

(31) c. 이 다 젼ᄉᆡᆼ애 됴ᄒᆫ 일(30b) 닷고 복을 무서 나오니(這的都是前生裏修善積福來) <번老上 31a>

d. 샹녯 말ᄊᆞ매 닐오ᄃᆡ 사오나온 일란 그시고 됴ᄒᆫ 일란 펴낼 거시라 ᄒᄂ니라(常言道 隱惡陽善)
<번老下 44b>

(31) e. 善 : 良也 <四解下 6b>

f. 善 : 됴ᄒᆞᆯ 션 <字會下 13b>

<32> 둏다 對 긋긋ᄒ다

두 상태동사가 [淨] 즉 '깨끗하다'의 뜻을 가지고 동의 관계에 있다는 것은 다음 예문들에서 잘 확인된다. 원문 중 '淨底'가 '조ᄒᆫ 창'으로 번역되고 '勻淨'이 '고ᄅ고 긋긋다'로 번역되므로 '둏다'와 '긋긋ᄒ다'의 동의성은 명백히 입증된다.

(32) a. 다 두 층 조ᄒᆫ 창애(都是兩層淨底) <번老下 53a>

b. 조ᄒᆫ 뎜 ᄀᆯ히여 브려셔(尋箇好乾淨店裏下去來) <번老上 17a>

(32) c. 곧 고기알 ᄀᆞ티 고ᄅ고 긋긋다 커니와(便是魚子兒也似勻淨的) <번老下 62a>

<33> 둏다 對 ᄌᆞᆺᄌᆞᆺᄒ다

두 상태동사가 [淸] 즉 '맑고 깨끗하다'의 뜻을 가지고 동의 관계에 있다는 것은 다음 예문들에서 잘 확인된다. 원문 중 '淸列'이 '조ᄒᆫ 벼슬'로 번역되고 '淸濁'이 '사ᄅ미 ᄌᆞᆺᄌᆞᆺᄒ나 흐리다'로 의역되므로 '둏다'와 'ᄌᆞᆺᄌᆞᆺᄒ다'의 동의성은 명백히 입증된다. 'ᄌᆞᆺᄌᆞᆺᄒ다'는 [濁]의 뜻을 가진 '흐리다'와 대립 관계에 있다.

(33) a. 다 조ᄒᆫ 벼슬 ᄒ야 이쇼ᄃᆡ(俱居淸列호ᄃᆡ) <번小十 28a>

b. 아비 그 무ᄉᆞᆷ 조코 勤苦ᄒᆫ 주를 긔이히 너겨(父ㅣ 奇其淸苦故로) <번小九 58b>

c. 무ᄉᆞᆯ 조케 ᄒ며 속졀업슨 이를 젹게 호모로 읏듬을 사ᄆᆞᆯ 거시라(要以淸心省事로 爲本이니라)
<번小七 27a>

(33) d. 사르미 곳곳ᄒᆞ나 흐리나 다 일티 아녀(淸濁無所失ᄒᆞ야) <번小六 14b>

한편 '곳곳ᄒᆞ다'가 [明] 즉 '분명하다'의 뜻을 가진 상태동사라는 사실은 『번역노걸대』의 다음 예문에서 잘 확인된다: 릭려기 곳곳디 아니ᄒᆞ면(來歷不明時) <번老上 51b>.

<34> 칙칙ᄒᆞ다 對 비다

두 상태동사가 [密] 즉 '빽빽하다, 촘촘하다'의 뜻을 가지고 동의 관계에 있다는 것은 다음 예문들에서 잘 확인된다. 원문 중 '密箆子'가 '칙칙ᄒᆞᆫ 춈빗'으로 번역되고 '密的箆子'가 '빈 춈빗'으로 번역된다. 따라서 '칙칙ᄒᆞ다'와 '비다'의 동의성은 명백히 입증된다.

(34) a. 굴근 춈빗 일빅 낫 칙칙ᄒᆞᆫ 춈빗 이빅 낫(大箆子一百箇 密箆子一百箇) <번老下 68b>
　　　 b. 빈 춈비소로 써 ᄀᆞ장 빗겨(用那密的箆子好生着) <번朴上 44b>

<35> 크다 對 굵다

두 상태동사가 [大] 즉 '크다'의 뜻을 가지고 동의 관계에 있다는 것은 다음 예문들에서 잘 확인된다. 원문 중 '大車'가 '큰 술위'로도 번역되고 '굴근 술위'로도 번역된다. 그리고 '大刀'가 '큰 갈'로 번역되고 '大小刀子'가 '굴근 ᄒᆞ근 갈'로 번역된다. 따라서 '크다'와 '굵다'의 동의성은 명백히 입증된다. '크다'는 '秤…等子'의 번역인 '큰 저울…ᄒᆞ근 저울'에서 '햑다'와 의미상 대립 관계에 있고 '굵다'는 '大小刀子'의 번역인 '굴근 ᄒᆞ근 갈'에서 [小]의 뜻을 가진 '햑다'와 의미상 대립 관계에 있다.

(35) a. 나귀 노새 메우는 큰 술위(驢騾大車) <번老下 36b>
　　　 b. 큰 갈 ᄒᆞᆫ ᄌᆞ루(大刀子一把) <번朴上 16a>
　　　 c. 큰 저울 셜흔 ᄆᆞᄅᆞ ᄒᆞ근 저울 열 ᄆᆞᄅᆞ(秤三十連 等子十連) <번老下 69a>
　　　 d. 뎌 큰 저울 져근 저울둘히 다 구의예셔 밍ᄀᆞ니오(那秤等子都是官做的) <번老下 69a>
　　　 e. 아히 크니 져그니 혜아려(量兒大小) <瘡疹 29a>
　　　 f. 쿠미 비두릐 알 ᄀᆞ토야(大如鳩卵) <瘡疹 68b>

(35) g. 굴근 술위예 시러 가져(只着大車上裝去) <번朴上 13a>
　　　 h. 굴근 ᄒᆞ근 갈 뫼화 일빅 불(大小刀子共一百副) <번老下 68b>
　　　 i. 그 힝역이 굴그며 효고미 ᄒᆞᆫ 둥이 아니오(其瘡大小不一等) <瘡疹 25b>
　　　 j. 굴굼 효고미 ᄒᆞᆫ가지 아니며(大小不一等) <瘡疹 22a>
　　　 k. 비치 희오 굴그니라(色而白大) <瘡疹 4a>

l. 굴근 콩과(大豆) <瘡疹 62b>

한편 '굵다'가 [麤] 즉 '거칠다'의 뜻을 가지고 [細] 즉 '가늘다'를 뜻하는 'ㄱ눌다'와 반의 관계에 있다는 것은 다음 예문들에서 잘 확인된다.

(35) m. 이는 너므 ㄱ눌오 이는 쏘 굵고 둔박ᄒ다(這的忒細這的却又麤ᅵ 奔) <번老下 32a>
　　　n. 내 굴그며 ㄱ는 이를 모르는 거셔(不知道我的麤和細) <번朴上 41a>

<36> 프르다 對 프르르다

두 상태동사가 [靑] 즉 '푸르다'의 뜻을 가지고 동의 관계에 있다는 것은 다음 예문들에서 잘 확인된다. 원문 중 '靑紅'이 '프러 블거ᄒ다'로 번역되고 '靑乾'이 '프르러 ᄆ르다'로 번역된다. 따라서 '프르다'와 '프르르다'의 동의성은 명백히 입증된다.

(36) a. 브스르미 나ᄃᆡ(68b) …그(68b) 비치 프러 블거ᄒ야 셜워ᄒ거늘(發腫…其色靑紅苦痛) <瘡疹 69a>
　　　b. 프른 구룸 ㄱ티 노픈 벼스론(靑雲) <번小六 28a>
　　　c. 부ᄉᆫ곳 프른 거슬 닙ᄂ니라(婦人則有靑碧이니라) <번小十 28a>
　　　d. 그 비치 프(3b)르고 효ㄱ니라(其色靑而小) <瘡疹 4a>
　　　e. 비치 져기 프르고(色微靑) <瘡疹 65a>

(36) f. 병이 딛고 프르러 ᄆ르며 쉬프르러ᄒ고(勢劇靑乾紫) <瘡疹 5a>
　　　g. 힝역이 프르러 ᄆ르며 거머 ᄲᅢ(58b) 디고(瘢疹靑乾黑陷) <瘡疹 59a>

<37> 하다 對 만ᄒ다

두 상태동사가 [多]와 [衆] 즉 '많다'의 뜻을 가지고 동의 관계에 있다는 것은 다음 예문들에서 잘 확인된다. 원문 중 '殺子多'가 '주글 ᄆ리 하다'로 번역되고 '老少又多'가 '아히 겨집들 만ᄒ다'로 번역된다. 그리고 '衆人'이 '한 사름'으로 번역되고 '宗族甚衆'이 '아ᅀᆞ미 ㄱ장 만ᄒ다'로 번역된다. 따라서 '하다'와 '만ᄒ다'의 동의성은 명백히 입증된다.

(37) a. 네 주글 ᄆ리 하다(你的殺子多) <번朴上 24a>
　　　b. 수리 셔욿 술집들해 비록 하나(酒京城槽房雖多) <번朴上 2a>
　　　c. 므스므려 말한 양 ᄒ리오(要甚麼多話) <번朴上 74a>

d. 혼팀ᄒ야 ᄌ움이 하며(昏昏多睡) <瘡疹 9b>

e. 나미 하모로(出多故) <瘡疹 4a>

f. ᄲᆞᆯ리 ᄃᆞᄅᆞ면 업드로미 하ᄂᆞ니라(亟走多顚蹶ᄂ니라) <번小六 28a>

g. 군문에 하나한 쳔만 가짓 이를 遺漏티 아니ᄒ며(閫外多事千緖萬 端을 罔有遺漏ᄒ며) <번小十 8b>

h. 너ᄃ려 사례ᄒ노라 하나한 뵈를 가져올셔(謝你將偌多布匹來) <번朴上 51b>

i. 한 사ᄅᆞᆷ ᄃᆞᆯ히 다시 즁ᄃᆞ려 무로ᄃᆡ(衆人再問和尙) <번朴上 37a>

(37) j. 아히 겨집들 만ᄒ고(老少又多) <번老上 52a>

k. 사ᄅᆞ미 즐어 주그리 만ᄒ니라(民多夭ᄒᄂᆞ니라) <번小七 30b>

l. 황뎃 앒픠 버들 것거 곳고 활 ᄡᅩ리 만ᄒ니(官裏前面 柳射弓的多有) <번朴上 59b>

m. 이 즘슘ᄃᆞᆯ히 먹디 아니ᄒ리 만ᄒ니라(這頭口們多有不喫的) <번老上 18a>

n. 浩ᄂ 읏듬으로 보(45b)아 ᄒᄂᆞ 일이 만혼디라(浩ᄂ 所領事ㅣ 多ㅣ라) <번小九 46a>

o. 아슴미 ᄀᆞ장 만ᄒ니(宗族ㅣ 甚衆ᄒ니) <번小七 49a>

p. 이제ᄂᆞᆫ(47b) 만흔 록을 트니(今而得厚祿ᄒ야) <번小七 48a>

q. 비히 와 믈리 만커ᄂᆞᆯ(霖潦積水) <二倫 36a>

<38> 횩다 對 젹다

두 상태동사가 [小] 즉 '작다'의 뜻을 가지고 동의 관계에 있다는 것은 다음 예문들에서 잘 확인된다. 원문 중 '大小'가 '굴굼 효곰'으로도 번역되고 '크니 져그니'로도 번역된다. 따라서 '횩다'와 '젹다'의 동의성은 명백히 입증된다.

(38) a. 굴굼 효고미 ᄒᆞᆫ가지 아니며(大小不一等) <瘡疹 22a>

b. 힝역이 효가 검고 므ᄅᆞ며(瘡小黑而焦) <瘡疹 16b>

c. 도(4a) 야기와 여ᄌᆞ자기와ᄂ 다 효ᄀᆞ니라(瘑疹皆小) <瘡疹 4b>

d. 그 비치 프(3b)ᄅᆞ고 효ᄀᆞ니라(其色靑而小) <瘡疹 4a>

e. 비치 븕고 효고미 ᄯᅴ리예셔 버그니라(色赤而小次於水疱) <瘡疹 4a>

f. 효고미 도야기예셔 벅고(小次於瘑瘡) <瘡疹 4a>

(38) g. 아히 크니 져그니 혜아려(量兒大小) <瘡疹 29a>

<39> 횐츨ᄒ다 對 훤훤ᄒ다

두 상태동사가 [利] 즉 '시원하다'의 뜻을 가지고 동의 관계에 있다는 것은 다음 예문들에서 잘 확인된다. 원문 중 '小便不利'가 '쇼변이 훤츨티 몯ᄒ다'로 번역되고 '利小便'이 '쇼변을 훤훤케 ᄒ다'로 번역된다. 따라서 '훤츨ᄒ다'와 '훤훤ᄒ다'의 동의성은 명백히 입증된다.

> (39) a. 쇼변이 훤츨티 몯ᄒ닐 고티ᄂ니라(治…小便不利) <瘡疹 31b>
> b. 쇼변이 훤츨티 아니ᄒ니를 고티ᄂ니라(治…小便不利) <瘡疹 61a>
> c. 쇼변을 훤츨케 ᄒ면 셜흔 긔운이 스믜여 나ᄂ니라(分利小便則熱氣有所滲而出) <瘡疹 11a>
> d. 오장륙뷔 훤츨ᄒ야(方利臟腑) <瘡疹 2b>
> e. 가ᄉ미 훤츨ᄒ리라(寬利胸膈) <瘡疹 52a>

> (39) f. ᄀ장 셜ᄒ니란 쇼변을 훤훤케 ᄒ고(有大熱者當利小便) <瘡疹 5b>
> g. 목소리 뎔라 훤훤티 아니ᄒ니와(其聲焦啞者) <瘡疹 16b>

2. 音韻 交替型

音韻의 交替를 보여 주는 상태동사들이 동의 관계를 가질 수 있다. 이 경우가 音韻 交替型이다. 음운 교체에는 母音 交替가 있다.

2.1. 母音 교체

동의 관계가 모음 교체를 보여 주는 상태동사들 사이에 성립된다. 모음 교체에는 陽母音과 陰母音 간의 교체, 陰母音과 陽母音 간의 교체 그리고 陽母音간의 교체가 있다.

陽母音과 陰母音 간의 교체에는 'ᄋ~으'의 교체, '아~어'의 교체 그리고 '오~어~아'의 교체가 있다.

모음 'ᄋ~으'의 교체를 보여 주는 상태동사에는 [輕] 즉 '가볍다'의 뜻을 가진 '가ᄇ얍다'와 '가븨얍다' 그리고 [忙] 즉 '바쁘다'의 뜻을 가진 '밧ᄇ다'와 '밧브다'가 있다.

모음 '아~어'의 교체를 보여 주는 상태동사에는 [小] 즉 '작다'의 뜻을 가진 '작다'와 '젹다'가 있다.

모음 '오~어~아'의 교체를 보여 주는 상태동사에는 [小]와 [細] 즉 '작다'의 뜻을 가진 '혹다'와 '혁다'와 '확다'가 있다.

陰母音과 陽母音 간의 교체에는 '어~아'의 교체 그리고 '우~오'의 교체가 있다.

모음 '어~아'의 교체를 보여 주는 상태동사에는 [短] 즉 '짧다'의 뜻을 가진 '뎌르다'와 '댜ᄅ다'가 있다.

모음 '우~오'의 교체를 보여 주는 상태동사에는 [黃] 즉 '누르다'의 뜻을 가진 '누르다'와 '노르다'가 있다.

陽母音간의 교체에는 '오~ᄋ'의 교체가 있다. 모음 '오~ᄋ'의 교체를 보여 주는 상태동사에는 [尖] 즉 '뾰족하다, 끝이 날카롭다'의 뜻을 가진 '쏘론ᄒ다'와 '쏘ᄅ ᄒ다'가 있다.

<1> 가븨얍다 對 가븨얍다

두 상태동사가 [輕] 즉 '가볍다'의 뜻을 가지고 동의 관계에 있다는 것은 다음 예문들에서 잘 확인된다. 원문 중 '輕裘'가 '가비야온 옷'으로 번역되고 '輕塵'이 '가븨야온 듣틀'로 번역된다. 따라서 두 상태동사 '가븨얍다'와 '가븨얍다'의 동의성은 명백히 입증된다. 두 상태동사는 제2 음절에서 모음 'ᄋ~으'의 교체를 보여 준다.

(1) a. 슬진 ᄆᆯ 트고 가비야온 오슬 니버(肥馬衣輕裘ᄒ야) <번小六 26a>
   b. 말ᄉᆞᆷ과 거동이 가비야오며 므거우며 ᄲᆞᆯ르며 (14a) 랄호여 호매(辭令容止輕重疾徐에) <번小八 14b>

(1) c. 사ᄅᆞᆷ이 셰샹의 나슈미 가븨야온 듣틀이 보ᄃᆞ라온 플에 븓터슘 ᄀᆞ투니(人生世間이 如輕塵이 棲弱草耳니) <번小九 63a>

<2> 밧부다 對 밧브다

두 상태동사가 [忙] 즉 '바쁘다'의 뜻을 가지고 동의 관계에 있다는 것은 다음 예문들에서 잘 확인된다. 원문 중 '我忙'이 '내 밧부다'로 번역되고 '忙句當'이 '밧븐 일'로 번역된다. 그리고 '今日忙'이 '오ᄂᆞ리 밧브다'로 번역된다. 따라서 두 상태동사 '밧붓다'와 '밧브다'의 동의성은 명백히 입증된다. 두 상태동사는 제2 음절에서 모음 'ᄋ~으'의 교체를 보여 준다.

(2) a. 내 밧바 겨를 어더 가디 몯ᄒ리로다(我忙沒功夫去) <번老上 67b>
   b. 우리 아ᄆᆞ란 밧븐 일 업거니(咱們又沒甚麼忙句當) <번老上 30b>

(2) c. 오ᄂᆞ리 밧브니(今日忙) <번老上 6b>

<3> 쟉다 對 젹다

두 상태동사가 [小] 즉 '작다'의 뜻을 가지고 동의 관계에 있다는 것은 다음 예문들에서 잘 확인된다.

원문 중 '小斧'가 '쟈근 도치'로 번역되고 '小齋'가 '져근 별실'로 번역된다. 그리고 '傳以小者近者'가 '쟈그며 갓가온 이를 ㄱ르치다'로 번역되고 '傳以近小'가 '갓가오며 져그니를 ㄱ르치다'로 번역된다. '쟉다'는 '大小'의 번역인 '크며 쟈그닐'에서 '크다'와 의미상 대립 관계에 있고 '젹다'는 '秤等子'의 번역인 '큰 저울 져근 저울'에서 '크다'와 의미상 대립 관계에 있다. 따라서 두 상태동사 '쟉다'와 '젹다'의 동의성은 명백히 입증된다. 두 상태동사는 첫 음절에서 모음 '아~어'의 교체를 보여 준다.

(3) a. 朴云이 쟈근 도치 가지고(云持小斧) <속三孝 19a>

　　b. 쟈근 술위 말오(不要小車) <번朴上 13a>

　　c. 몬져 쟈그며 갓가온 이를 ㄱ르칠 거(40a) 시니(先傳以小者近者而後에 敎以大者遠者ㅣ라) <번小八 40b>

　　d. 오니 쟉고(獾子小些) <번老下 31b>

　　e. 지빗 일 크며 쟈그닐 다 무러 ᄒᆞ더니(家事大小 皆諮而後行) <二倫 13a>

　　f. 셔리(29a) ᄒᆞ여 아ᅀᆞᆷ과 ᄆᆞ술희 아는 사ᄅᆞᆷ 크나 쟈그나 다 려록ᄒᆞ야(令掌吏 錄親戚及閭里知舊 自大及小) <二倫 29b>

(3) g. 져근 별실이 이시니(有小齋ᄒᆞ니) <번小九 102a>

　　h. 몬져 갓가오며 져그니를 ㄱ르치고 후에 멀며 크니를 ㄱ르치디 아니홀 거시 아니니라(非是先傳以近小而後에 不敎以遠大也ㅣ니라) <번小八 40b>

　　i. 뎌 큰 저울 져근 저울들히 다 구의예셔 밍ㄱ니오(那秤等子都是官做的) <번老下 69a>

　　그리고 두 상태동사 '쟉다'와 '젹다'가 [少] 즉 '젹다'의 뜻을 가지고 동의 관계에 있다는 것은 다음 예문들에서 잘 확인된다. 원문 중 '喫水少'가 '믈 머기 쟉다'로 번역되고 '少私'가 '아룸뎟 이리 젹다'로 번역되므로 '쟉다'와 '젹다'의 동의성은 명백히 입증된다.

(3) j. 이 ᄆᆞᄅᆞᆫ 믈 머기 쟉다(這箇馬喫水少) <번老上 35a>

　　k. 네 밥이 쟈글 둣ᄒᆞ고나(敢少了你飯) <번老上 40b>

(3) l. 아룸뎟 이리 젹고 욕심이 져그며(少私寡欲ᄒᆞ며) <번小八 27b>

<4> 쟉다 對 혁다 對 햑다

　　세 상태동사가 [小]와 [細] 즉 '쟉다'의 뜻을 가지고 동의 관계에 있다는 것은 다음 예문들에서 잘 확인된다. 원문 중 '小人'이 '혁근 사ᄅᆞᆷ'으로 번역되고 '小兒'가 '혁근 아히'로 번역되고 '小車兒'가 '햑근 술위'로 번역된다. 따라서 세 상태동사 '횩다', '혁다', 및 '햑다'의 동의성은 명백히 입증된다. 세 상태동사는 첫 음절에서 모음 '오~어~아'의 교체를 보여 준다.

    (4) a. 쏘 ᄆᆞ술히 횩은 사ᄅᆞ미 ᄒᆞᆫ 바볼 어ᄃᆞ면(且如閭閻小人이 得一食ᄒᆞ면) <번小七 43a>

        b. 횩은 방올 일빅 낫과(小鈴兒一百箇) <번老下 69b>

        c. ᄌᆞ손이 횩은 벼(83a) 슬 ᄒᆞ여서(子孫이 爲小吏ᄒᆞ야) <번小九 83b>

        d. 횩은 풍류와 굴근 풍류돌 다 히이시며(動細樂大樂) <번朴上 13a>

    (4) e. 혁은 아히를 ᄀᆞᄅᆞ쵸ᄃᆡ(敎小兒호ᄃᆡ) <번小六 2b>

        f. 혁은 이를 슬피디 몯ᄒᆞ얏거든(小者를 不審이어든) <번小三 45a>

    (4) g. 뎌긔 네 햑은 술위 잇더라(那的有四箇小車兒) <번朴上 12b>

        h. 굴근 햑은 갈 뫼화 일빅 볼(大小刀子共一百副) <번老下 68b>

        i. 샹해 ᄀᆞ장 햑은 이리라도(居常애 至微細事히) <번小九 6a>

        j. 샹녜 사ᄅᆞ미 햑은 복제 모를 ᄲᅳ니 아니라(世之人伊 非惟不知期功之服伊羅) <正俗 17b>

<5> 뎌르다 對 댜ᄅᆞ다

  두 상태동사가 [短] 즉 '짧다'의 뜻을 가지고 동의 관계에 있다는 것은 다음 예문들에서 잘 확인된다. 원문 중 '短襖子'가 '뎌른 할져구리'로 번역되고 '長的短的'이 '기니 뎌르니'로 번역된다. 그리고 '短布裳'이 '댜른 뵈우틔'로 번역되고 '長短'이 '기니 댜ᄅᆞ니'로 번역된다. 따라서 두 상태동사 '뎌르다'와 '댜ᄅᆞ다'의 동의성은 명백히 입증된다. 두 상태동사는 첫 음절에서 모음 '어~아'의 교체를 보여 주고 제2 음절에서 모음 '으~ᄋᆞ'의 교체를 보여 준다.

    (5) a. 뎌른 할져구리와(短襖子) <번老下 51a>

        b. 열 숫가락도 쏘 기니 뎌르니 잇ᄂᆞ니(十箇指頭 也有長的短的) <번朴上 32a>

        c. 네 나를 나소와 뎌르게 ᄒᆞ야 다고려(你饋我趲短些) <번朴上 18b>

    (5) d. 댜른 뵈우틔를 ᄀᆞ라 닙고(更著短布裳ᄒᆞ야) <번小九 59b>

        e. 기픠 여틔 기니 댜ᄅᆞ니 되디 몯ᄒᆞ리라(深淺長短不可量) <번朴上 67b>

        f. 고재 댜ᄅᆞ다(稍兒短) <번老下 31b>

        g. 趲短些 : 조려 댜ᄅᆞ게 ᄒᆞ다 <老朴 單字解 6b>

<6> 누르다 對 노ᄅᆞ다

두 상태동사가 [黃] 즉 '누르다'의 뜻을 가지고 동의 관계에 있다는 것은 다음 예문들에서 잘 확인된다. '黃瘦'가 '누르고 여위다'로 번역되고 '黃毛施布'가 '누른 모시뵈'로 번역된다. '柳黃穿花鳳'이 '노론 비체 천화봉'으로 번역된다. 그리고 '黃'의 자석이 '누르다'이다. 따라서 '누르다'와 '노루다'의 동의성은 명백히 입증된다. 두 상태동사는 첫 음절에 모음 '우~오'의 교체를 보여 주고 제2 음절에서 모음 '으~오'의 교체를 보여 준다.

(6) a. 엇디 이리 누르고 여위뇨(怎麼這般黃瘦) <번朴上 37b>

b. 누른 모시외 다숫과(五箇黃毛施布) <번朴上 51b>

c. 누른 뎐피로 션좌ᄉ애(黃猠皮軟座兒) <번朴上 28a>

(6) d. 노론 비체 쳔화봉 문ᄒᆞ욘 비단(柳黃穿花鳳) <번老下 24b>

(6) e. 黃 : 中央色 <四解下 46b>

f. 黃 : 누를 황 <字會中 15a>

<7> ᄲᆜ론ᄒᆞ다 對 ᄲᅩ른ᄒᆞ다

두 상태동사가 [尖] 즉 '뾰족하다, 끝이 날카롭다'의 뜻을 가지고 동의 관계에 있다는 것은 다음 예문들에서 잘 확인된다. 원문 중 '尖骨'이 'ᄲᆜ론ᄒᆞᆫ 뼈'로 번역된다. 그리고 '尖嘴'가 '부리 ᄲᅩ른ᄒᆞ다'로 번역된다. 따라서 두 상태동사 'ᄲᆜ론ᄒᆞ다'와 'ᄲᅩ른ᄒᆞ다'의 동의성은 명백히 입증된다. 두 상태동사는 제2 음절에서 모음 '오~오'의 교체를 보여 준다.

(7) a. 발앳 귀머리 ᄲᆜ론ᄒᆞᆫ 뼈 우희 노코(放在脚內踝尖骨頭上) <번朴上 38b>

b. ᄲᆜ론ᄒᆞᆫ 총갇 일빅 낫(桃尖欏帽兒一百箇) <번老下 67b>

c. 尖 : 末銳 <四解下 83a>

(7) d. 觜 : 喙也亦作嘴 <四解上 51a>

e. 嘴 : 새부리 췌 鳥口俗稱這尖嘴 이 부리 ᄲᅩ른ᄒᆞᆫ 놈 <字會下 3b>

3. 音韻 脫落型 및 音韻 添加型

3.1. 音韻 脫落型

어떤 상태동사가 그것 중의 한 音韻의 탈락에 의해 생긴 상태동사와 동의 관계를 가질 수 있다. 음운 탈락에는 母音 脫落이 있다.

모음 탈락에는 'ᄋ' 탈락이 있다. 모음 'ᄋ'의 탈락을 보여 주는 상태동사에는 [如] 즉 '같다'의 뜻을 가진 '곧ᄒᆞ다'와 '곹다'가 있다.

<1> 곧ᄒᆞ다 對 곹다

두 상태동사가 [如] 즉 '같다'의 뜻을 가지고 동의 관계에 있다는 것은 다음 예문들에서 잘 확인된다. 원문 중 '如落地魚足'이 '락딧 바리 곧ᄒᆞ다'로 번역되고 '如蠶種'이 '누에삐 곹다'로 번역된다. 따라서 '곧ᄒᆞ다'와 '곹다'의 동의성은 명백히 입증된다. '곹다'는 '곧ᄒᆞ다'의 제2 음절의 모음 'ᄋ'가 탈락한 것이다.

(1) a. 락딧 바리 곧다가(如落地魚足) <瘡疹 68b>

    b. 기르메 ᄆᆞ론 진ᄀᆞ루 곧고(如油調眞末) <瘡疹 68b>

    c. 풍증이 곧거나(如風之證) <瘡疹 8b>

(1) d. 대변이 샹시 ᄀᆞᄐᆞ니 혹 대변이 ᄒᆞ로 ᄒᆞᆫ 번이며 이트레 ᄒᆞᆫ 번 곰 보ᄂᆞᆫ(大便如常或一日一次或兩日二次通者) <瘡疹 53a>

    e. 누에삐 ᄀᆞᄐᆞ며(如蠶種) <瘡疹 22b>

    f. 조뿔 ᄀᆞᄐᆞ며 기장뿔 ᄀᆞᄐᆞ며(如粟米如黍米) <瘡疹 25a>

    g. 후루루ᄒᆞᆫ 엿 ᄀᆞᄐᆞ닐(如稀餳) <瘡疹 51a>

    h. 바ᄂᆞᆯ 구무 ᄀᆞᄐᆞᆫ(如針孔者) <瘡疹 5a>

3.2. 音韻 添加型

어떤 상태동사가 그것 중에 한 음운이 첨가되어 만들어진 상태동사와 동의 관계를 가질 수 있다. 이 경우가 음운 첨가형이다. 음운 첨가에는 母音 添加와 子音 添加가 있다.

모음 첨가에는 半母音 [y] 첨가가 있다. 반모음 [y]의 첨가를 보여 주는 상태동사에는 [如] 즉 '같다'의 뜻을 가진 'ᄀᆞᄐᆞ다'와 'ᄀᆞ틔다' 그리고 [恤], [憐] 및 [矜] 즉 '불쌍하다, 가엾다'의 뜻을 가진 '어엿브다'와 '에엿브다'가 있다.

자음 첨가에는 'ㄹ' 첨가가 있다. 자음 'ㄹ'의 첨가를 보여 주는 상태동사에는 [少] 즉 '젊다'와 [幼] 즉

'어리다'의 뜻을 가진 '졈다'와 '졂다'가 있다.

<1> ᄀᆞ투다 對 ᄀᆞ튀다

두 상태동사가 [如] 즉 '같다'의 뜻을 가지고 동의 관계에 있다는 것은 다음 예문들에서 잘 확인된다. 원문 중 '如鳩卵'이 '비두리 알 ᄀᆞ투다'로 번역되고 '如半熟櫻桃'이 '반만 니근 이ᄉᆞ랏 ᄀᆞ튀다'로 번역된다. 따라서 'ᄀᆞ투다'와 'ᄀᆞ튀다'의 동의성은 명백히 입증된다. 상태동사 'ᄀᆞ튀다'는 'ᄀᆞ투다'의 제2 음절에 半母音 [y]가 첨가된 것이다.

(1) a. 쿠미 비두리 알 ᄀᆞ투야(大如鳩卵) <瘡疹 68b>

    b. 눈믈 나미 믈 ᄀᆞ투요모로(以淚出如水) <瘡疹 3b>

(1) c. 힝역이 반만 니근 이ᄉᆞ랏 ᄀᆞ튀야(瘡勢如半熟櫻桃) <瘡疹 66b>

<2> 어엿브다 對 에엿브다

두 상태동사가 [恤], [憐] 및 [矜] 즉 '불쌍하다, 가엾다'의 뜻을 가지고 동의 관계에 있다는 것은 다음 예문들에서 잘 확인된다. '恤'의 자석이 '어엿브다'이다. 그리고 '憐'의 자석이 '에엿브다'이고 '矜'의 자석이 '에엿브다'이다. 따라서 두 상태동사 '어엿브다'와 '에엿브다'의 동의성은 명백히 입증된다. 상태동사 '에엿브다'는 '어엿브다'의 첫 음절에 반모음 [y]가 첨가된 것이다.

(2) a. 恤 : 愍也 <四解上 68a>

    b. 恤 : 어엿블 휼 … 愍也 憐也 <字會下 14a>

(2) c. 憐 : 愛也 哀也 <四解下 8a>

    d. 憐 : 에엿블 련 <字會下 14b>

(2) e. 矜 : … 愍也 <四解下 47a>

    f. 矜 : 에엿블 긍 <字會下 14b>

상태동사 '에엿브다'는 『飜譯朴通事』(1510년대)에 처음으로 등장한다.

(2) g. 에엿븐 뎌 말 모로ᄂᆞᆫ 즘ᄉᆞᆼ둘히(可憐見那不會說話的頭口們) <번朴上 21b>

<3> 졈다 對 졂다

두 상태동사가 [少] 즉 '졈다'와 [幼] 즉 '어리다'의 뜻을 가지고 동의 관계에 있다는 것은 다음 예문들에서 잘 확인된다. 원문 중 '少孤'가 '져머셔 아비 없다'로 번역되고 '時尙少'가 '나히 졈다'로 번역된다. 그리고 '幼者'가 'ᄀ장 졈다'로 번역되고 '皆幼'가 '다 졈다'로 번역된다. 따라서 '졈다'와 '졂다'의 동의성은 명백히 입증된다. 상태동사 '졂다'는 '졈다'의 첫 음절에 자음 'ㄹ'이 첨가된 것이다.

(3) a. 져머셔 아비 없고(少孤) <二倫 7a>

　　 b. 져믄 아ᅀᆡ 잇더니(有少弟) <二倫 2a>

　　 c. 져믄 사ᄅᆞᆷ을 ᄀᆞ르치며(敎後生爲彌) <呂約 4b>

　　 d. 닐온 믈읫 져기 져믄 사ᄅᆞᆷ과 ᄀᆞ장 져믄 사ᄅᆞᆷ이(日凡少者幼者伊) <呂約 19a>

(3) e. 순인니 나히 졀멋더니(純仁時尙少) <二倫 42a>

　　 f. 다 졀멋거든(皆幼) <二倫 24a>

4. 合成型 및 派生型

4.1. 合成

단일어인 狀態動詞가 合成에 의한 상태동사와 동의 관계를 가질 수 있다. 이 경우가 合成이다.
合成을 보여 주는 상태동사에는 [直] 즉 '비싸다'의 뜻을 가진 'ᄊᆞ다'와 '빋ᄊᆞ다/빋ᄉᆞ다'가 있다.

<1> ᄊᆞ다 對 빋ᄊᆞ다/빋ᄉᆞ다

두 상태동사가 [直] 즉 '비싸다'의 뜻을 가지고 동의 관계에 있다는 것은 다음 예문들에서 잘 확인된다. 원문 중 '直萬金'이 '일만량 금이 ᄊᆞ다'로 번역되고 '直錢物'이 '빋ᄊᆞᆫ 것'으로 번역되며 '直錢多'가 '빋ᄉᆞ미 하다'로 번역된다. 따라서 'ᄊᆞ다'와 '빋ᄊᆞ다/빋ᄉᆞ다'의 동의성은 명백히 입증된다. '빋ᄊᆞ다'는 '값'을 뜻하는 '빋'과 '값이 있다'를 뜻하는 'ᄊᆞ다'의 合成이고 '빋ᄉᆞ다'는 '값'을 뜻하는 명사 '빋'과 '값이 있다'를 뜻하는 'ᄉᆞ다'의 合成이다.

(1) a. 집 유무 일만량 금이 ᄊᆞ다 ᄒᆞᄂᆞ니라(家書直萬金) <번老下 4b>

　　 b. 뵛 갑슨 ᄊᆞ던가 디던가(布價高低麽) <번老上 9a>

(1) c. 빋낸 사ᄅᆞ(61a) ᄆᆡ 지븨 믈읫 잇ᄂᆞᆫ 빋ᄊᆞᆫ 거시라도(將借錢人在家麽有直錢物) <번朴上 61b>

d. 편안호미사 빋소미 하니라(安樂直錢多) <번老下 4a>

4.2. 派生

基語인 동사가 그것에서 파생된 동사와 동의 관계를 가질 수도 있고 파생된 동사들이 동의 관계를 가질 수 있다. 이 경우가 파생이다. 파생된 두 상태동사 '엳갑다'와 '엳탑다'는 [淺] 즉 '얕다'의 뜻을 가진 동의어이다.

<1> 엳갑다 對 엳탑다

두 상태동사가 [淺] 즉 '얕다'의 뜻을 가지고 동의 관계에 있다는 것은 다음 예문들에서 잘 확인된다. 원문 중 '淺見'이 '보미 엳갑다'로 번역되고 '躁淺'이 '샏르고 엳탑다'로 번역된다. 따라서 '엳갑다'와 '엳탑다'의 동의성은 명백히 입증된다. 상태동사 '엳탑다'는 『번역소학』에 처음으로 등장한다. '엳갑다'는 상태동사 '엳다'의 어간 '엳-'과 파생 접미사 '-갑-'의 결합이고 '엳탑다'는 상태동사 '엳다'의 어간 '엳-'과 파생 접미사 '-압-'의 결합이다(구본관 1998 : 210~211) .

> (1) a. 너 흔 가짓 보미 엳갑고 아논 일 져근 사로미(你一般淺見薄識的人) <번朴上 23a>
>   b. 엳가온 우므레(淺淺的井兒) <번老上 31b>

> (1) c. 비록 글ㅎᄂᆞᆫ 직죄 이셔도 그량이 샏르고 엳타오(11a) 니(雖有文才ᄒᆞ나 而浮躁淺露ᄒᆞ니) <번小十 11b>

그리고 '엳다'가 [淺] 즉 '얕다'의 뜻을 가진 상태동사라는 것은 『번역박통사』의 예문 '기픠 여틔 기니 댜르니 되디 몯ᄒᆞ리라(深淺長短不可量)' <번朴上 67b>에서 알 수 있다. '여틔'가 상태동사 '엳다'에서 파생된 명사이므로 '엳다'의 존재는 명백히 확인된다.

③ 動作動詞와 狀態動詞 간의 同義

동작동사와 상태동사가 동의 관계를 가질 수 있다. [暮]와 [晚] 즉 '저물다, 늦다'의 뜻을 가진 동작동사 '져믈다'와 상태동사 '늦다'가 동의 관계에 있다. 그리고 [滿]과 [瀰] 즉 '가득하다, 차다'의 뜻을 가진 상태동사 'ᄀᆞ득ᄒᆞ다'와 동작동사 '추다'가 동의 관계에 있다.

<1> 져믈다 對 늦다

동작동사 '져믈다'와 상태동사 '늦다'가 [暮]와 [晩] 즉 '저물다, 늦다'의 뜻을 가지고 동의 관계에 있다는 것은 다음 예문들에서 잘 확인된다. '暮'가 한자 '晩'과 同義이고 '暮'의 자석이 '져믈다'이다. '晩'이 한자 '暮'와 同義이고 '晩'의 자석이 '늦다'이다. 그리고 원문 중 '或晩'이 '혹 늦다'로 번역된다. 따라서 '져믈다'와 '늦다'의 동의성은 명백히 입증된다.

(1) a. 暮 : 晩也 <四解上 38b>
   b. 暮 : 져믈 모 <字會上 1a>

(1) c. 晩 : …暮也 <四解上 81a>
   d. 晩 : 느즐 만 <字會上 1a>

(1) e. 혹 이르거나 혹 늦거나 듕에(或早或晩) <번老上 10a>

<2> ᄀᆞᄃᆞᆨᄒᆞ다 對 ᄎᆞ다

상태동사 'ᄀᆞᄃᆞᆨᄒᆞ다'와 동작동사 'ᄎᆞ다'가 [滿]과 [瀰] 즉 '가득하다, 차다'의 뜻을 가지고 동의 관계에 있다는 것은 다음 예문들에서 잘 확인된다. 원문 중 '惡滿'이 'ᄀᆞᄃᆞᆨᄒᆞᆫ 일을 앗쳐러 ᄒᆞ다'로 번역되고 '滿月'이 'ᄎᆞᆫ ᄃᆞᆯ'로 번역된다. 그리고 '瀰'가 한자 '滿'과 同義이고 '瀰'의 자석이 'ᄀᆞᄃᆞᆨᄒᆞ다'이다. 따라서 'ᄀᆞᄃᆞᆨᄒᆞ다'와 'ᄎᆞ다'의 동의성은 명백히 입증된다.

(2) a. ᄎᆞᆫ 이를 ᄡᅥ려 ᄒᆞ며 ᄀᆞᄃᆞᆨᄒᆞᆫ 일을 앗쳐러 ᄒᆞ며(忌盈惡滿ᄒᆞ며) <번小八 27b>
   b. ᄃᆞᆯ ᄎᆞᆫ 날 디나거든(滿月過了時) <번朴上 55b>

(2) c. 瀰 : 滿也 <四解上 26b>
   d. 瀰 : ᄀᆞᄃᆞᆨ홀 미 <字會下 15a>

제3절
副詞類에서의 同義

固有語의 부사류에서 발견되는 동의 관계는 크게 두 개의 觀點에서 고찰될 수 있다. 첫째는 形式的 관점이고 둘째는 內容的 관점이다. 形式的 관점에서 동의 관계에 있는 副詞類가 相異한지 아니면 相似한지를 판별할 수 있고 內容的 觀點에서 동의 관계에 있는 부사류가 完全 同義인지 部分 同義인지를 확인할 수 있다.

형식적 관점에서 同義 관계에 있는 副詞類들은 相異型과 相似型으로 크게 나누어질 수 있다. 相似型은 音韻論的 觀點과 形態論的 관점에서 분류될 수 있는데 음운론적 관점에 따르면 音韻 交替, 音韻 脫落 및 音韻 添加가 있고 형태론적 관점에 따르면 派生이 있다. 서술의 편의상 다음과 같이 네 유형으로 나누고자 한다 : 第Ⅰ型 相異型, 第Ⅱ型 音韻 交替型, 第Ⅲ型 音韻 脫落型 및 音韻 添加型 그리고 第Ⅳ型 派生型.

1. 相異型

서로 다른 形式을 가진 둘 또 그 이상의 副詞類들이 동의 관계를 가질 수 있다. 이 경우가 곧 相異型이다.

相異型에는 [便] 즉 '곧, 즉시'의 뜻을 가진 '곧'과 '즉재'를 비롯하여 [最] 즉 '가장'의 뜻을 가진 'ㄱ장'

과 '믓', [日] 즉 '나날이, 날마다'의 뜻을 가진 '나날'과 '날마다', [再]와 [更] 즉 '다시'의 뜻을 가진 '노의여'와 '옐', [並]과 [咸] 즉 '다, 모두'의 뜻을 가진 '다'와 '모다', [但], [唯] 및 [只] 즉 '다만, 오직'의 뜻을 가진 '다믄'과 '오직', [好] 즉 '좋게'의 뜻을 가진 '됴히'와 '이대', [共] 즉 '함께'의 뜻을 가진 '모다'와 '혼가지로', [必] 즉 '반드시'의 뜻을 가진 '모로매'와 '반두시'와 '의식'과 '긋드리', [速]과 [疾快] 즉 '빨리, 어서'의 뜻을 가진 '샐리'와 '어서', [常] 즉 '항상, 늘'의 뜻을 가진 '샹녜'와 '샹해', [自]와 [躬] 즉 '스스로'의 뜻을 가진 '손소'와 '몸소', [嘗]과 [曾] 즉 '예전에, 일찍이'의 뜻을 가진 '아리'외 '일즉', [專] 즉 '오로지'의 뜻을 가진 '오로'와 '젼혀', [多] 즉 '많이'의 뜻을 가진 '해'와 '만히' 그리고 [獨] 즉 '혼자'의 뜻을 가진 '호샤'와 '홀로' 등 40여 항목이 있다.

<1> 곧 對 즉재

두 부사가 [便] 즉 '곧, 즉시'의 뜻을 가지고 동의 관계에 있다는 사실은 다음 예문들에서 잘 확인된다. 원문 중 '便尋'이 '곧 츳다'로 번역되고 '便行'이 '즉재 가다'로 번역되므로 '곧'과 '즉재'의 동의성은 명백히 입증된다.

(1) a. 힝혀 유여히 갈 시져리면 곧 네 집 츠자 가마(若能句去時節 便尋你家裏去) <번老上 45a>
　　 b. 곧 그 나괴를 모라(便赶着那驢) <번老上 29b>

(1) c. 니러 즉재 가져(起來便行) <번老上 25a>
　　 d. 즉재 믈 먹ᄂᆞ니라(便喫水也) <번老上 35b>
　　 e. 우리 둘흔 자새 가 즉재 오리라(我兩箇到城裏去便來) <번老上 71a>
　　 f. 그 도즈기 즉재 혼 弓手를 살펴 노하 쏘니(那賊便将一箇弓手 放箭射) <번老上 30a>

<2> ᄀᆞ장 對 믓

두 부사가 [最] 즉 '가장'의 뜻을 가지고 동의 관계에 있다는 것은 다음 예문들에서 잘 확인된다. 원문 중 '最好'가 'ᄀᆞ장 됴타'로 번역되고 '最後'가 '믓 후에'로 번역되므로 'ᄀᆞ장'과 '믓'의 동의성은 명백히 입증된다.

(2) a. 그러ᄒᆞ면 ᄀᆞ장 됴토다(那般時最好) <번老上 8a>
　　 b. ᄀᆞ장 사오나와ᅀᅡ 츼옥이오 ᄀᆞ장 노프니는 양지옥이오(最低的是菜玉 最高的是羊脂玉) <번老下 51b>
　　 c. ᄀᆞ장 츄명 잘ᄒᆞᄂᆞ니(最算的好) <번老下 70b>

(2) d. 믓 후에 嚴助ㅣ 위ᄒᆞ여 말미를 형ᄒᆞᆫ대(最後에 嚴助ㅣ 爲請告ᄒᆞᆫ대) <번小九 40b>

　　e. 믓 밧 ᄒᆞᆫ 줄란(外手一遭兒) <번朴上 4a>

<3> ᄀᆞ장 對 크게

부사 'ᄀᆞ장'과 부사어 '크게'가 [大] 즉 '매우, 크게'의 뜻을 가지고 동의 관계에 있다는 것은 다음 예문들에서 잘 확인된다. 원문 중 '大…樂'이 'ᄀᆞ장 즐기다'로 번역되고 '腫大'가 '크게 붓다'로 번역된다. 그리고 '大熱'이 'ᄀᆞ장 셜ᄒᆞ다'로 번역되고 '大有'가 '크게 잇다'로 번역된다. 따라서 'ᄀᆞ장'과 '크게'의 동의성은 명백히 입증된다.

(3) a. ᄀᆞ장 즐기디 아니ᄒᆞ여(大不樂ᄒᆞ야) <번小九 7a>

　　b. ᄀᆞ장 토ᄒᆞ거든(大吐) <瘡疹 7a>

　　c. ᄀᆞ장 셜ᄒᆞ니란 쇼변을 훤훤케 ᄒᆞ고(有大熱者當利小便) <瘡疹 5b>

(3) d. 머리와 ᄂᆞᆺ과 크게 브ᄉᆞ며(頭面腫大) <瘡疹 16b>

　　e. 크게 해로오미 이실ᄉᆡ(大有所害ᆯ시) <번小八 24a>

<4> ᄀᆞ장 對 하

두 부사가 [大] 즉 '크게'의 뜻을 가지고 동의 관계에 있다는 것은 다음 예문들에서 잘 확인된다. 원문 중 '大哭'이 'ᄀᆞ장 울다'로도 번역되고 '하 울다'로도 번역되므로 'ᄀᆞ장'과 '하'의 동의성은 명백히 입증된다.

(4) a. 서르 잡고 ᄀᆞ장 울오 가니(相持大哭而去) <二倫 41a>

　　b. ᄀᆞ장 놀라 닐우듸(大驚曰) <二倫 48a>

(4) c. 하늘 브르며 하 운대(呼天大哭) <속三孝 19a>

<5> ᄀᆞᆺ 對 앗가ᅀᅡ

두 부사가 [纔] 즉 '갓, 겨우'의 뜻을 가지고 동의 관계에 있다는 것은 『번역노걸대』와 『번역박통사』의 다음 예문들에서 잘 확인된다. 원문 중 '纔到'가 'ᄀᆞᆺ 오다'로도 번역되고 '앗가ᅀᅡ 오다'로도 번역된다. 그리고 '纔來'가 'ᄀᆞᆺ 오다'로도 번역되고 '앗가ᅀᅡ 오다'로도 번역된다. 따라서 'ᄀᆞᆺ'과 '앗가ᅀᅡ'의 동의성은 명백히 입증된다.

(5) a. 우리 굿 예 오라(我纔到這裏) <번老上 68b>

   b. 그를 되졉ᄒᆞ야 보내오 굿(64a) 오라(打發他去了纔來) <번朴上 64b>

(5) c. 엇디 앗가ᅀᅡ 예 오뇨(怎麼纔到的這裏) <번老上 1b>

   d. 네 엇디 앗가ᅀᅡ 온다(你怎麼纔來) <번朴上 64a>

그리고 '게우'와 '계우'가 [纔]와 [僅] 즉 '겨우'의 뜻을 가진 부사라는 사실은 다음 예문들에서 잘 확인된다.

(5) e. 게우 두서 나ᄅᆞᆯ ᄒᆞ야 죽거늘(纔數日 近死) <속三烈 17a>

   f. 아븨 누의 숨겨 내여 계우 사라 나니라(其姑匿之 僅而得免) <二倫 19a>

   g. 계우 ᄆᆞᆯ 도라 셜 만ᄒᆞ더니(僅容旋馬ㅣ러니) <번小十 29a>

<6> 나날 對 날마다

두 부사가 [日] 즉 '나날이, 날마다'의 뜻을 가지고 동의 관계에 있다는 것은 다음 예문들에서 잘 확인된다. 원문 중 '日就'가 '나날 나ᅀᅡ가다'로 번역되고 '日記'가 '날마다 긔디ᄒᆞ다'로 번역된다. 그리고 '日令家…設'이 '나날 집 사ᄅᆞᆷ으로 ᄒᆞ여 ᄀᆞ초오다'로 번역되고 '日使人聞'이 '날마다 사ᄅᆞᆷ로 듣게 ᄒᆞ다'로 번역된다. 따라서 '나날'과 '날마다'의 동의성은 명백히 입증된다.

(6) a. 나날 허탕호매 나ᅀᅡ가고(日就曠蕩ᄒᆞ고) <번小八 6b>

   b. 君子ㅣ 싁싁ᄒᆞ고 공경ᄒᆞ면 나날 어디러 가(6a) 고(君子莊敬日彊ᄒᆞ고) <번小八 6b>

   c. 나날 와 곡식을 믈이며(日來徵租ᄒᆞ며) <번小九 98b>

   d. 나날 집 사ᄅᆞᆷ으로 ᄒᆞ여 음식 차반을 ᄀᆞ초와(日令家로 供具設酒食ᄒᆞ야) <번小九 87b>

   e. 나날 粥 머그며(日食飦粥) <속三孝 1a>

(6) f. 날마다 녯 이ᄅᆞᆯ 긔디ᄒᆞ야(日記故事ᄒᆞ야) <번小六 5a>

   g. 날마다 의론ᄒᆞ며 비화 ᄇᆞ리디 마롤디니라(日切磋而不舍也ㅣ니라) <번小三 47b>

   h. 날마다 사ᄅᆞᆷ로 듣게 ᄒᆞ더니(日使人聞之ᄒᆞ더니) <번小七 7b>

두 부사 '날로'와 '나날이'가 [日] 즉 '날로, 나날이'의 뜻을 가지고 있다는 것은 다음 예문들에서 잘 확인된다. 원문 중 '日…親'이 '날로 친ᄒᆞ다'로 번역되고 '日給'이 '나날이 주다'로 번역된다.

(6) i. 날로 서르 친ᄒᆞ야(日相親與ᄒᆞ야) <번小七 46a>

j. 사루믈 혀여 나날이 바돌 거슬 주며(計口日給餉ᄒ며) <번小九 108a>

<7> 날회여 對 즈늑즈느기

두 부사가 [徐]와 [慢慢的] 즉 '천천히'의 뜻을 가지고 동의 관계에 있다는 것은 다음 예문들에서 잘 확인된다. 원문 중 '徐行'이 '날회여 녀다'로 번역되고 '慢慢的去'가 '날회여 가다'로 번역되고 '花塔步'가 '즈늑즈느기 걷다'로 번역된다. 따라서 '날회여'와 '즈늑즈느기'의 동의성은 명백히 입증된다. '날회여'는 상태동사 '날회다'에서 파생된 부사이고 '즈늑즈느기'는 상태동사 '즈늑즈늑ᄒ다'에서 파생된 부사이다.

(7) a. 날회여 녀 얼우늬 뒤에 가몰(徐行後長者를) <번小三 24b>

b. 날회여 닐오딕 羹애 네 소니 데어냐 ᄒ니(乃徐言曰羹爛汝手乎아 ᄒ니) <번小十 3a>

c. 날회여 간둘(慢慢的去) <번老上 31a>

d. 내 길 조차 날회여 오라(我沿路慢慢的來) <번老下 3b>

(7) e. 이 무리 쇠거름 ᄀ티 즈늑즈느기 건는 무리로다(這馬牛行花塔步) <번老下 9a>

<8> 노의여 對 녈

두 부사가 [再]와 [更] 즉 '다시'의 뜻을 가지고 동의 관계에 있다는 것은 다음 예문들에서 잘 확인된다. 원문 중 '再⋯勸'이 '노의여 말이다'로 번역되고 '再着'이 '녈 두다'로 번역되므로 '노의여'와 '녈'의 동의성은 명백히 입증된다. 부사 '노의여'는 15세기 국어의 'ᄂ외야'의 後身形이다.

(8) a. 모든 사루미 노의여 말이디 아니ᄒ(49a)니(衆人再不曾勸他) <번老下 49b>

b. 그 즁이 닐오딕 노의여 아니호리이다(那和尙說 再也不敢) <번朴上 37a>

c. 노의여 ᄒ나토 긔수ᄒ리 업서(更沒一箇肯僦保的) <번老下 55b>

(8) d. 녈 닷쇄만 두면 가리라(再着五箇日頭到了) <번老上 11a>

<9> 다 對 모다

두 부사가 [並]과 [咸] 즉 '다, 모두'의 뜻을 가지고 동의 관계에 있다는 것은 다음 예문들에서 잘 확인된다. 원문 중 '並喜'가 '다 즐기다'로 번역되고 '並起'가 '모다 니러나다'로 번역된다. 그리고 '咸萃'가 '다 몯다'로 번역되고 '咸曰'이 '모다 니르다'로 번역된다. 따라서 '다'와 '모다'의 동의성은 명백히 입증

된다.

(9) a. 馬援이 兄의 아들 嚴과 敦이 다 눕 긔롱ᄒ며 의론ᄒ기를 즐겨(馬援의 兄子嚴敦이 並喜譏議) <번小六 12b>

b. 글 ᄇᆡ홀 뎨ᄌᆞ들히 다 蓼莪篇을(27a) 닑디 아니ᄒ니라(門人受業者ㅣ 並廢蓼莪之篇ᄒ니라) <번小九 27b>

c. 楊播의 가문이…다 올ᄒᆞᆫ 일로 ᄉᆞ양홈을 두터이 ᄒ야(楊播의 家…並敦義讓ᄒ야) <번小九 74a>

d. 얼운과 아ᄒᆡ 다 모닷거늘(長幼ㅣ 咸萃어늘) <번小九 30a>

e. 눗가오니 貴ᄒ니 셤교믈 다 이리 홀디니라(賤事貴예 咸如之니라) <번小三 17b>

(9) f. 도죽들히 모다 니러나거늘(盜賊이 並起어늘) <번小九 20a>

g. ᄆᆞᆶ 늘그니들히 모다 닐오ᄃᆡ(父老ㅣ 咸曰) <번小九 73b>

<10> 다 對 죄

두 부사가 [悉]과 [皆] 즉 '다, 모두'의 뜻을 가지고 동의 관계에 있다는 것은 다음 예문들에서 잘 확인된다. 원문 중 '悉與'가 '다 내여 주다'로 번역되고 '悉推與'가 '죄 주다'로 번역되므로 '다'와 '죄'의 동의성은 명백히 입증된다.

(10) a. 차되 제 쟐읫 돈늘 다 내여 주고(道 傾囊中錢悉與之) <二倫 40a>

b. 집빗 일 다 맛디니라(管籥之屬 悉以付焉) <二倫 21b>

c. 지빗 일 크며 쟈그닐 다 무러 ᄒ더니(家事大小 皆諮而後行) <二倫 13a>

d. 셰간니 다 배아면(皆蕩盡) <二倫 21a>

e. ᄉᆞ로들흔 다 니돋고(路等皆悉散走) <二倫 46a>

f. 집 뎐디 지믈를 다 아ᅀᆞ 주고(田宅財物 盡與弟) <二倫 2a>

(10) g. 죄 두 아ᅀᆞᆯ 주고(悉推與二弟) <二倫 4b>

h. 그 깁블 흗터 죄 주라(散之皆盡) <二倫 29b>

i. 형의 셰간니 죄 업고(兄之生計蕩然矣) <二倫 21a>

<11> 다ᄆᆞᆫ 對 오직

두 부사가 [但], [唯] 및 [只] 즉 '다만, 오직'의 뜻을 가지고 동의 관계에 있다는 것은 다음 예문들에서 잘 확인된다. 원문 중 '但知'가 '다ᄆᆞᆫ 알다'로 번역되고 '但…爲'가 '오직 ᄒ다'로 번역된다. '唯有'가 '다믄 잇다'로 번역되고 '唯有天翁'이 '오직 하늘 ㅎ'로 번역된다. 그리고 '只怕'이 '다믄 저프다'로 번역되고 '只敎'가 '오직 ㄱ르치다'로 번역된다. 따라서 '다믄'과 '오직'의 동의성은 명백히 입증된다.

(11) a. 父母ㅣ 다믄 깃븐 줄만 알오(父母ㅣ 但知喜悅ㅎ고) <번小九 51b>

　　　b. 다믄 ㅎ 즈식이 이시니(唯有一息ㅎ니) <번小九 71b>

　　　c. 쏘 닐오듸 글 닐구믄 다믄 츳자 싱각(37b) ㅎ는 사르미 저프니(又云讀書는 只怕尋思ㅣ니) <번小八 38a>

　　　d. 그 므리 다믄 콩만 굴ㅎ히야 먹고(那馬只揀了料喫) <번老上 24b>

(11) e. 오직 平生애 ㅎ욘 이리(但平生所爲ㅣ) <번小十 22a>

　　　f. 오직 이 아ᅀᆞᆫ 나디 아니ㅎ여셔(但此弟未生) <二倫 12a>

　　　g. 오직 하늘히 아라(唯有天翁이 知ㅎ야) <번小九 100a>

　　　h. 오직 실흑으로 ㄱ르쳐 글 닐기를 즘탹게 ㅎ고(只敎以經學念書ㅣ 언뎡) <번小六 6a>

　　　i. 오직 檳榔丸 ㅎ 복만 머글거시니(只喫一服檳榔丸) <번老上 40b>

　　그리고 두 부사 '다믄'과 '다함'이 [但]과 [只] 즉 '다만'의 뜻을 가지고 있다는 것은 다음 예문들에서 잘 확인된다. 원문 중 '只揀'이 '다믄 골오다'로 번역디고 '只…怕'이 '다함 졉다'로 번역된다.

(11) j. 다믄 내 셩에 마즐만 ㅎ노라(但順吾性而已로라) <번小十 35a>

　　　k. 다믄 쳔혼 거슬 골와 사ᄂᆞ니(只揀賤的買) <번老下 66b>

　　　l. 다함 저티 아닌ᄂᆞ니라(只是不怕) <번老上 7a>

<12> 다시 對 쏘

　　두 부사가 [復], [更] 및 [再] 즉 '다시, 또'의 뜻을 가지고 동의 관계에 있다는 것은 다음 예문들에서 잘 확인된다. 원문 중 '復就'가 '다시 나아가다'로 번역되고 '復兢兢'이 '쏘 삼가다'로 번역된다. '更爲'가 '다시 ㅎ다'로 번역되고 '更…爲樂'이 '쏘 즐겨 ㅎ다'로 번역된다. 그리고 '再嫁'가 '다시 남진 어르다'로 번역되고 '再打上'이 '쏘 긷다'로 번역된다. 따라서 '다시'와 '쏘'의 동의성은 명백히 입증된다.

(12) a. 다시 西階로 나아갈디니라(復就西階ㅣ라) <번小四 37b>

　　　b. 즉재 다시 갈호로 두 귀를 버히고(卽復以刀로 截兩耳ㅎ고) <번小九 60b>

　　　c. 다시 도즉긔게 가 니르고(復往報賊) <二倫 6a>

　　　d. 다시 화동혼 힝뎍을 ㅎ니라(遂更爲敦睦之行ㅎ니라) <번小九 68a>

e. 닐우듸 가 다시 뿔 미시 어더 오라 ᄒᆞᆫ대(曰可歸 更持米糒) <二倫 6a>

f. 다시 남진 어루미 올ᄒᆞᆯ가 만가(可再嫁否아) <번小七 35b>

g. 다시 져기 소곰 두라(再着上些鹽着) <번老上 22a>

h. 한 사ᄅᆞᆷ들히 다시 즁ᄃᆞ려 무로듸(衆人再問和尙) <번朴上 37a>

(12) i. 저흐며 ᄯᅩ 삼가(戰戰復兢兢ᄒᆞ야) <번小六 21b>

j. ᄯᅩ 엇디 ᄎᆞ마 술 먹고 퓨ᅟᅵᆼ류ᄒᆞ야 즐겨 ᄒᆞ료(更安忍置酒樂ᄒᆞ야 以爲樂이리오) <번小七 23b>

k. ᄯᅩ ᄒᆞᆫ 드레만 기르라(再打上一洒子着) <번老上 35a>

<13> 닫 對 다티

두 부사가 [異]와 [別] 즉 '달리, 따로'의 뜻을 가지고 동의 관계에 있다는 것은 다음 예문들에서 잘 확인된다. 원문 중 '異居'가 '닫 살다'로도 번역되고 '다티 살다'로도 번역되므로 '닫'과 '다티'의 동의성은 명백히 입증된다. 부사 '다티'는 1510년대 국어에 처음으로 등장한다.

(13) a. 네 항것과 닫 살어니(汝與主異居) <속三忠 5a>

b. 셰간 논화 닫(22a) 사라지라 ᄒᆞ거ᄂᆞᆯ(求分財異居어늘) <번小九 23a>

c. 모든 겨집들히 셰간 논화 닫 살오쟈 ᄒᆞ며(諸婦ㅣ 遂求分異ᄒᆞ며) <번小九 67b>

d. 닫 나건 디 열ᄒᆡᆺ 만애 도로 ᄒᆞᆫ듸 사ᄂᆞ니라(分異十年애 遂還同住ᄒᆞ니라) <번小九 69a>

(13) e. 각각 논화 다티 사쟈 커ᄂᆞᆯ(各求分財異居) <二倫 24a>

f. 겨지비 다티 살라 권ᄒᆞ며(妻勸其異居) <二倫 26a>

g. 다티 동자ᄒᆞ여 먹디 아니ᄒᆞ여(不異爨) <二倫 32a>

h. 우리 형뎨 다티 사란 디 여나믄 ᄒᆡ니(吾兄弟別處 十餘年矣) <二倫 25a>

'다티'의 중철형인 '닫티'도 [異]와 [別] 즉 '달리, 따로'의 뜻을 가진 부사라는 것은 다음 예문들에서 잘 확인된다.

(13) i. 모든 며느리들히 논화 닫티 사져 ᄒᆞ고(諸婦 遂求分異) <二倫 7a>

j. 집 닫티 살 거시라(家有別居之道) <二倫 4a>

k. 형뎨 각각 닫티 사니(卽與兄弟別處) <二倫 26a>

<14> 도로 對 도ᄅᆞ혀

두 부사가 [還]과 [反] 즉 '도로, 도리어'의 뜻을 가지고 동의 관계에 있다는 것은 다음 예문들에서 잘 확인된다. 원문 중 '還有'가 '도로 잇다'로 번역되고 '還爲'가 '도르혀 두외다'로 번역된다. 따라서 '도로'와 '도르혀'의 동의성은 명백히 입증된다.

> (14) a. 니러나미 이시(27b) 면 도로 믈어듀미 이시며(有隆還有替니) <번小六 28a>
>
>   b. 일 퍼 도로 몬져 디고(早發還先萎오) <번小六 28a>
>
>   c. 도로 흔 디 사니라(遂還同住ㅎ니라) <번小九 69a>
>
>   d. 도로 모다 말ㅎ더라(還共談笑) <번小九 75a>

> (14) e. 도르혀 일 아는 사르미 더러이 너교미 두외ㄴ니라(還爲識者鄙니라) <번小六 26b>
>
>   f. 도르혀 가히 곧ㅎ리라(反類狗子也ㅣ니라) <번小六 15a>

<15> 됴히 對 이대

두 부사가 [好] 즉 '좋게'의 뜻을 가지고 동의 관계에 있다는 것은 『번역노걸대』의 동일 원문의 번역인 다음 예문들에서 잘 확인된다. 원문 중 '好去'가 '됴히 가다'로도 번역되고 '이대 가다'로도 번역되므로 두 부사 '됴히'와 '이대'의 동의성은 명백히 입증된다. 두 부사 '됴히'와 '이대'는 [好] 즉 '좋다'의 뜻을 가진 상태동사 '둏다'와 '읻다'에서 각각 파생된 것이다.

> (15) a. 됴히 가라(好去着) <번老上 59a>
>
>   b. 네 됴히 니거라(你好去着) <번老下 56a>
>
>   c. 나그내네 됴히 자쇼셔(客人們好睡着) <번老上 31a>
>
>   d. 쳔리옛 나그내 됴히 보와 보내여(好看千里客) <번老上 44a>
>
>   e. 그리 젼년 ㄱ티 됴히 거두면(若是似往年好收時) <번老上 54b>

> (15) f. 이대 가쇼셔(好去着) <번老上 38b>
>
>   g. 이대 이대(好麽好麽) <번老上 17b>

<16> 두터이 對 둗거이

두 부사가 [篤] 즉 '두터이'의 뜻을 가지고 동의 관계에 있다는 것은 다음 예문들에서 잘 확인된다. 원문 중 '行篤'이 '힝뎍을 두터이 ㅎ다'로도 번역되고 '힝뎍을 둗거이 ㅎ다'로도 번역되므로 '두터이'와 '둗거이'의 동의성은 명백히 입증된다.

> (16) a. 힝뎍을 두터이 ㅎ고 공경ㅎ면(行篤敬이면) <번小四 5b>

b. 힝뎍을 둗거이 ᄒ며 공경히 아니ᄒ면(行不篤敬이면) <번小四 5b>

<17> 만히 對 마니

두 부사가 [多] 즉 '많이'의 뜻을 가지고 동의 관계에 있다는 것은 다음 예문들에서 잘 확인된다. 원문 중 '多有欺瞞'이 '만히 소기다'로 번역되고 '僧…多'가 '너므 만히 드리다'로 번역된다. 그리고 '多要些'가 '마니 ᄒ고져 ᄒ다'로 번역되고 '多僧'이 '마니 드리다'로 번역된다. 따라서 '만히'와 '마니'의 동의성은 명백히 입증된다.

(17) a. 만히 소기ᄂ니(多有欺瞞) <번老下 65a>

　　 b. 그리도록 너므 만히 드려 므슴 ᄒ다(僧那偌多做甚麼) <번朴上 20a>

(17) c. 내 마니 ᄒ고져 ᄒ노라(我多要些) <번老下 26a>

　　 d. 마니 드리면 마니 갑고(多僧多贖) <번朴上 20a>

<18> 모다 對 ᄒ가지로

두 부사가 [共] 즉 '함께'의 뜻을 가지고 동의 관계에 있다는 것은 다음 예문들에서 잘 확인된다. 원문 중 '共食'이 '모다 먹다'로 번역되고 '共談笑'가 '모다 말ᄒ다'로 번역되며 '共爲'가 'ᄒ가지로 ᄒ다'로 번역된다. 따라서 '모다'와 'ᄒ가지로'의 동의성은 명백히 입증된다.

(18) a. 치ᄂ 가히 일빅이 나모디 ᄒ 그르시 모다 먹더니(有畜犬百餘호디 共一牢食이러니) <번小九 107a>

　　 b. 모다 차반 머글 저긔 비브르게 말며 모다 밥 머글 저긔 손 밧처 씸 나게 말며(共食不飽ᄒ며 共飯不澤手ᄒ며) <번小四 25b>

　　 c. ᄒ바니며 용쇽ᄒ 사ᄅ미 모다 우스며 하패케 호미(武人俗吏의 所共嗤詆ᄂ) <번小八 29b>

　　 d. 도로 모다 말ᄒ더라(還共談笑ᄒ더라) <번小九 75a>

(18) e. 내 崔浩와로 ᄒ가지로 ᄒᄉ오니(臣與浩로 共爲之ᄒ소니) <번小九 45b>

　　 f. 이신 거시며 업슨 거슬 ᄒ가지로 ᄒ더라(有無를 共之ᄒ더라) <번小九 93b>

<19> 모로매 對 반ᄃ시 對 의식 對 굿드리

네 부사가 [必] 즉 '반드시'의 뜻을 가지고 동의 관계에 있다는 것은 다음 예문들에서 잘 확인된다. 원문 중 '必正'이 '모로매 바ᄅ ᄒ다'로 번역되고 '必冠'이 '반ᄃ시 관디ᄒ다'로 번역되고 '必讀'이 '의식 닑다'로 번역되고 '必下'가 '긋드리 몰 브리다'로 번역된다. 따라서 네 부사 '모로매', '반드시', '의식' 그리고 '긋드리'의 동의성은 명백히 입증된다. 두 부사 '의식'과 '긋드리'는 1510년대 국어에 처음으로 등장하는 단어들이다.

(19) a. 모로매 맛난 거시 잇게 ᄒ더니(必有甘旨) <속三孝 27a>

    b. 모로매 돗굴 바루 ᄒ고 몬져 맛 보시며(必正席先嘗之ᄒ시고) <번小三 6b>

    c. 만믈이 셩ᄒ면 모로매 쇠ᄒ고(物盛則必衰ᄒ고) <번小六 27b>

    d. 오시며 관ᄃᆡ를 모로매 싁싁고 정졔히 ᄒ며(衣冠을 必肅整ᄒ며) <번小八 16b>

    e. 슴소음 신슴 강활산 류를 모로매 샹시예 머기라(參蘇飮人參羌活散輩常須與之) <瘡疹 15a>

(19) f. 반드시 비호(7a) 몰 즐기디 아니ᄒ리니(必不樂學이니) <번小六 7b>

    g. 반드시 관ᄃᆡᄒ야 유화로이 ᄒ며(必冠ᄒ야 申申如也ᄒ며) <번小九 84a>

    h. 닐온 어딘 이를 보고 반드시 힝ᄒ며(謂見善必行爲彌) <呂約 3b>

    i. 이ᄂᆞᆫ 반드시 쇼변을 훤츠리 보게 홀 거시니(此當利小便) <瘡疹 7a>

    j. 반드시 더데 지스리라(必着痂矣) <瘡疹 7b>

    k. 반드시 신쟝이 가(必歸腎) <瘡疹 5b>

    l. 반드시 듕ᄒ고(必重也) <瘡疹 4b>

    m. 그 힝역이 반드시 빗나며(其瘡必先澤) <瘡疹 20b>

    n. 반드시 허므리 도외ᄂᆞ니라(必成瘢瘡) <瘡疹 48a>

(19) o. 의식 무덤 알픠 가 울오(必哭于墳前) <속三孝 6b>

    p. 아ᄎᆞᆷ 나죄 의식 졀ᄒ고(晨夕必拜) <속三孝 6b>

    q. 의식 그를 닐거(必讀書ᄒ야) <번小十 13b>

    r. 의식 쥬ᄌ가례 다히로 ᄒ더니(必稽朱子家禮而行) <二倫 31b>

(19) s. ᄀᆞ장 졈은 사ᄅᆞᆷ이어든 긋드리 몰 브리디 아니ᄒ야두 므던ᄒ니라(於幼者則不必下可也) <呂約 23b>

<20> 믄득 對 과굴이

두 부사가 [忽] 즉 '문득, 갑자기'의 뜻을 가지고 동의 관계에 있다는 것은 다음 예문들에서 잘 확인된다. 원문 중 '忽厲聲'이 '믄득 소리를 모이 ᄒ다'로 번역되고 '忽至'가 '과굴이 오다'로 번역되고 '과굴이 오다'로 번역되므로 '믄득'과 '과굴이'의 동의성은 명백히 입증된다.

(20) a. 先生이 믄득 소리를 무이 ㅎ야 니ᄅ샤티(安定이 忽厲聲云) <번小 十 27a>

　　b. 黔婁ㅣ (30b) 믄득 ᄆᄉᆞ미 놀라와(黔婁ㅣ 忽心驚ㅎ야) <번小九 31a>

　　c. 어름이 믄득 절로 헤여뎌(冰忽自解ㅎ야) <번小九 25a>

(20) d. 집 사ᄅᆞ미 다 과ᄀᆞ리 온 주를 놀라 ㅎ더라(家人이 悉驚其忽至ㅎ더 라) <번小九 31a>

<21> 부질업시 對 힘히미

두 부사가 [等閑], [無賴] 및 [閑] 즉 '부질없이, 공연히'의 뜻을 가지고 동의 관계에 있다는 것은 다음 예문들에서 잘 확인된다. 한자어 '等閑'이 고유어 '부질없이' 및 '힘히미'와 동의 관계에 있다. 한자어 '無賴'가 고유어 '힘히미' 및 '부질업시'와 동의 관계에 있다. 그리고 원문 중 '閑放着'이 '힘히미 두다'로 번역된다. 따라서 '부질업시'와 '힘히미'의 동의성은 명백히 입증된다.

(21) a. 閑 : … 又等閑 부절업다 <字會下 4b>

　　b. 閑 : … 又等閑 부질업시 又 힘히미 <老朴 單字解 7b>

(21) c. 賴 : … 詩詞用無賴字謂 부질업시 <四解上 46a>

　　d. 無賴 : 힘히미 又 부질업시 <老朴 累字解 9b>

(21) e. 힘히미 두워 므슴ㅎ료(閑放着怎麽) <번老下 23b>

<22> 샐리 對 어셔

두 부사가 [速]과 [疾快] 즉 '빨리, 어서'의 뜻을 가지고 동의 관계에 있다는 것은 다음 예문들에서 잘 확인된다. 원문 중 '速成'이 '샐리 일다'로 번역되고 '速死'가 '어셔 죽다'로 번역되므로 '샐리'와 '어셔'의 동의성은 명백히 입증된다. '샐리'는 상태동사 'ᄲᆞᄅᆞ다'에서 파생된 것이다.

(22) a. 샐리 일면 굳디 몯ㅎ고(速成不堅牢오) <번小六 28a>
　　b. 시시예 ᄎᆞ려 샐리 힝ㅎ고(時省而速行之ㅎ고) <번小七 1b>
　　c. 우리 샐리 녀겨(咱們疾快行動着) <번老上 66b>

(22) d. ᄯᅩ ᄉᆞᆼ녜 어셔 주구리라 ㅎ고(且冀速死) <속三烈 16a>

<23> ᄉᆞᆼ녜 對 ᄉᆞᆼ해

두 부사가 [常] 즉 '항상, 늘'의 뜻을 가지고 동의 관계에 있다는 것은 다음 예문들에서 잘 확인된다.

원문 중 '常…暖'이 '샹녜 덥게 ㅎ다'로 번역되고 '常令有'가 '샹해 잇게 ㅎ다'로 번역된다. 따라서 '샹녜'와 '샹해'의 동의성은 명백히 입증된다. 부사 '샹해'는 1510년대 국어에 처음으로 등장한다.

    (23) a. 샹녜 强暴훈 노미 더러일가 저허(常恐有强暴之汚) <속三烈 21a>

        b. 샹녜 ᄂᆞ미 일 ㅎ여 먹고셔(常客傭以自給) <二倫 45a>

        c. 샹녜 온화히 덥게 ㅎ며(常和暖) <瘡疹 23a>

    (23) d. 샹해 그 올티 아니훈 고둘 보모로 브테니라(常始於見其有不是處耳　니라) <번小七 5a>

        e. 병신의 겨틔 샹해 고싀를 잇게 ㅎ면(病人左右常令有胡荽) <瘡疹 30b>

        f. 샹해 약 마시 가슴애 잇게 ㅎ면(常要藥味胸膈間則) <瘡疹 37b>

<24> 손소 對 몸소

    두 부사가 [自]와 [躬] 즉 '스스로'의 뜻을 가지고 동의 관계에 있다는 것은 다음 예문들에서 잘 확인된다. 원문 죽 '自殺'이 '손소 죽다'로 번역되고 '自給'이 '몸소 든니다'로 번역된다. 그리고 '躬執'이 '손소 밍굴다'로 번역되고 '躬耕'이 '몸소 받갈다'로 번역된다. 따라서 '손소'와 '몸소'의 동의성은 명백히 확인된다.

    (24) a. 저도 손소 주그니라(自殺) <二倫 1b>

        b. 다 손소 뒤답호ᄃᆡ(莫不手答호ᄃᆡ) <번小十 8b>

        c. 손소 祭奠의 차반 밍굴며(躬執奠饌) <속三孝 7a>

        d. 손소 분지 받내믈 네 ᄒᆡ도록 그치디 아니ᄒᆞ야(手奉溷器四年不輟) <속三孝 5a>

    (24) e. 몸소 든뉴미(自給이) <번小九 92a>

        f. 몸소 南陽 ᄯᅡ해셔 받가라(躬耕南陽ᄒᆞ야) <번小八 19b>

        g. 녜 님구미 몸소 어딘 일을 ㅎ시고(先王伊 躬行仁義爲時古) <正俗 11b>

<25> 스싀로 對 제 對 자내

    세 부사가 [自] 즉 '스스로'의 뜻을 가지고 동의 관계에 있다는 것은 다음 예문들에서 잘 확인된다. 원문 중 '自警'이 '스싀로 경계ᄒᆞ다'로 번역되고 '自攻'이 '제 고티다'로 번역되고 '自奉'이 '자내 몸 받티다'로 번역된다. 또 '自言'이 '제 니ᄅᆞ다'로도 번역되고 '자내 니ᄅᆞ다'로도 번역된다. 따라서 세 부사 '스싀로', '제' 및 '자내'의 동의성은 명백히 입증된다. '제'의 성조는 上聲이고 '자내'의 '자'는 上聲이고 '내'는 去聲이다.

(25) a. 스싀로 ᄠᅳ들 일ᄂᆞ니라(自喪志니라) <번小六 6b>

b. 인ᄒᆞ야 그를 지ᅀᅥ 스싀로 경계ᄒᆞ노라(因箴以自警ᄒᆞ노라) <번小八 8b>

c. 스싀로 ᄭᆡ돋디 몯ᄒᆞᄂᆞ니라(不自覺也ㅣ니라) <번小八 42b>

d. 스싀로 편안코 리ᄒᆞᆫ ᄃᆡᄅᆞᆯ ᄀᆞᆯᄒᆡ요미 올티 아니ᄒᆞ니라(不可自擇便利ᄒᆞ니라) <번小八 23a>

e. 오라면 스싀로 득ᄒᆞᆯ 거시라(久自得之라) <번小八 37a>

f. 반ᄃᆞ시 스싀로 모믈 닷가(必自修整ᄒᆞ며) <번小十 3b>

(25) g. 제 사오나온 이를 고텨(蓋自攻其惡ᄒᆞ야) <번小八 15a>

h. ᄇᆡᆨ셩이 제 닐오ᄃᆡ(民有自言호ᄃᆡ) <번小九 81b>

i. 彤이…문 닫고 제 저늘 티며(彤이…乃掩戶自撾) <번小九 67b>

j. 왕림미 제 ᄆᆡ이여 도ᄌᆞ긔게 가(琳自縛詣) <二倫 3a>

k. 친히 제 ᄲᅡ라(身自浣滌ᄒᆞ야) <번小九 85b>

(25) l. 자내 닐오ᄃᆡ 처ᅀᅥᆷ 胡先生 뵈ᅀᆞᆸ고(自言初見安定先生ᄒᆞ고) <번小十 27a>

m. 자내 몸 받티유믈 아래 하양 고올 掌書記ㅅ 벼슬 ᄒᆞ여 이신 적 ᄀᆞ티 ᄒᆞ더니(自奉이 如河陽掌書記時러니) <번小十 30a>

<26> 아ᄅᆡ 對 일즉

두 부사가 [嘗]과 [曾] 즉 '예전에, 일찍이'의 뜻을 가지고 동의 관계에 있다는 것은 다음 예문들에서 잘 확인된다. 원문 중 '嘗聞'이 '아ᄅᆡ 듣다'로 번역되고 '嘗誨'가 '일즉 ᄀᆞᄅᆞ치다'로 번역된다. 또 '曾打聽'이 '아ᄅᆡ 듣다'로 번역되고 '曾…歸'가 '일즉…도라오다'로 번역된다. 따라서 '아ᄅᆡ'와 '일즉'의 동의성은 명백히 입증된다.

(26) a. 아ᄅᆡ 지극ᄒᆞᆫ 마ᄅᆞᆯ 드로니(嘗聞諸格言호니) <번小六 22a>

b. 내 아ᄅᆡ 드로디(我曾打聽得) <번老下 66b>

c. 아ᄅᆡ 셰간 논호련 ᄆᆞᅀᆞ미 아니러니(向者 初無分爨意) <二倫 21a>

(26) d. 柳玭이 일즉 글워ᄅᆞᆯ ᄆᆡᇰᄀᆞ라(柳玭이 嘗著書ᄒᆞ야) <번小六 17a>

e. 일즉 ᄌᆞ뎨를 ᄀᆞᄅᆞ쳐(嘗誨弟子) <번小八 2a>

f. 일즉 다ᄅᆞᆫ ᄃᆡ 가 술 취ᄒᆞ여 도라오나ᄂᆞᆯ(曾他處醉歸어늘) <번小九 75a>

g. 일즉 아ᄂᆞ니(曾知得) <번老上 8b>

<27> 언머 對 언메나

두 부사가 [多少] 즉 '얼마, 얼마나'의 뜻을 가지고 동의 관계에 있다는 것은 다음 예문들에서 잘 확인된다. 원문 중 '要多少'가 '언머옴 받다'로 번역되고 '多少時節'이 '언머 오라다'로 번역된다. 그리고 '要多少'가 '언메나 받다'로 번역되고 '與多少'가 '언메나 주다'로 번역되고 '多少漢兒人'이 '언메나 漢兒人이다'로 번역된다. 따라서 '언머'와 '언메나'의 동의성은 명백히 입증된다.

(27) a. 제 슈공을 언머옴 받는고(他要多少功錢) <번朴上 43a>
　　 b. 네 비환 디 언머 오라뇨(你學了多少時節) <번老上 6a>

(27) c. 제 슈공을 언메나 받더뇨(他要多少工錢) <번朴上 19b>
　　 d. 네 삭슬 언메나 줄다(你與多少脚錢) <번朴上 11b>
　　 e. 은 언메나 바도려 ᄒ더뇨(討多少銀子) <번朴上 63b>
　　 f. 언메나 漢兒人이며 언메나 高麗ㅅ 사름고(多少漢兒人多少高麗人) <번老上 7a>
　　 g. 혹당의 드리는 쳔이 언메나 ᄒ뇨(多少學課錢) <번朴上 49a>

<28> 언메나 對 그믄뎌믄

두 부사가 [多少] 즉 '얼마나, 얼마큼'의 뜻을 가지고 동의 관계에 있다는 것은 다음 예문들에서 잘 확인된다. 원문 중 '與多少'가 '언메나 주다'로 번역되고 '要多少'가 '언메나 받다'로 번역된다. 그리고 '多少包彈'이 '그믄뎌믄 흐나므라다'로 번역되고 '省多少'가 '그믄뎌믄 모ᄃ다'로 번역된다. 따라서 '언메나'와 '그믄뎌믄'의 동의성은 명백히 입증된다.

(28) a. 네 삭슬 언메나 줄다(你與多少脚錢) <번朴上 11b>
　　 b. 제 슈공을 언메나 받더뇨(他要多少工錢) <번朴上 19b>
　　 c. 은 언메나 바도려 ᄒ더뇨(討多少銀子) <번朴上 63b>
　　 d. 언메나 漢兒人이며 언메나 高麗ㅅ 사름고(多少漢兒人多少高麗人) <번老上 7a>
　　 e. 혹당의 드리는 쳔이 언메나 ᄒ뇨(多少學課錢) <번朴上 49a>

(28) f. 살 사름이ᅀᅡ 그믄뎌믄 흐나므라려(買的人 多少包彈) <번老下 62a>
　　 g. 길헤 쓸 거시 그믄뎌믄 모ᄃ려녀(省多少盤纏) <번朴上 54a>

<29> 엇디 對 어듸쫀 對 어느

세 부사가 [怎麼]와 [那裏] 즉 '어찌'의 뜻을 가지고 동의 관계에 있다는 것은 다음 예문들에서 잘 확인된다. 원문 중 '怎麼…看'이 '엇디…보다'로 번역되고 '怎麼敢胡說'이 '어듸쫀 간대옛 말 ᄒ다'로 번역되고 '怎麼…受禮'가 '어느 슈례ᄒᆞ다'로 번역된다. 따라서 세 부사 '엇디', '엇듸쏜' 및 '어느'의 동의성은 명백히 입증된다. 『번역노걸대』에서 세 부사의 빈도수를 조사해 보면 '엇디'가 40여 회 등장하고 '어듸쏜'과 '어느'는 1회만 나타난다.

(29) a. 또 엇디 그리 믈 긷ᄂᆞ뇨(却怎麼那般打水) <번老上 37a>

　　b. 엇디 듕품으로 보ᄂᆞᆫ다(怎麼做着中的看) <번老下 57a>

　　c. 엇디 모르리오(怎麼不認的) <번老上 49a>

　　d. 엇디 나ᄅᆞᆯ 이긜다(那裏抵當的我) <번朴上 23a>

(29) e. 내 어듸쏜 간대옛 말 ᄒᆞ리오(我怎麼敢胡說) <번老上 18b>

　　f. 어듸쏜 샹급ᄒᆞ시기를 ᄇᆞ라리잇가(豈可望賞) <번朴上 60a>

(29) g. 小人이 비록 나히 하나 어느 슈례ᄒᆞᆯ고(小人雖年紀大 怎麼便受禮) <번老上 64a>

그리고 '어느'와 '어딋든'이 [怎麼]와 [那裏] 즉 '어찌'의 뜻을 가지고 있다는 것은 다음 예문들에서 잘 확인된다. '어느'와 '어느'는 제2 음절에서 모음 'ᄋᆞ~으'의 교체를 보여 주고 '어딋든'과 '어듸쏜'은 제3 음절에서 모음 '으~ᄋᆞ'의 교체를 보여 준다.

(29) h. 네 나히 한 둧ᄒᆞ니 어느 내 슈례ᄒᆞᆯ고(你敢年紀大 怎麼受禮) <번老上 63b>

　　i. 네 어듸쏜 나를 이긜다(你那裏嬴的我) <번朴上 22b>

<30> 오로 對 젼혀

두 부사가 [專] 즉 '오로지'의 뜻을 가지고 동의 관계에 있다는 것은 다음 예문들에서 잘 확인된다. 원문 중 '專制'가 '오로 졔단ᄒᆞ다'로 번역되고 '專以婦'가 '젼혀 겨지브로'로 번역된다. 따라서 '오로'와 '젼혀'의 동의성은 명백히 입증된다.

(30) a. 오로 졔단ᄒᆞᄂᆞᆫ 뜨디 업(20a) 고(無專制之義ᄒᆞ고) <번小三 20b>

　　b. 젼혀 겨지브로 가문을 디녯게 ᄒᆞ야(專以婦로 持門戶ᄒᆞ야) <번小七 37b>

<31> 오직 對 ᄒᆞᆫ갓

두 부사가 [但], [惟] 및 [只] 즉 '오직'의 뜻을 가지고 동의 관계에 있다는 것은 다음 예문들에서 잘 확인된다. 원문 중 '但…爲'가 '오직 ᄒᆞ다'로 번역되고 '但…言'이 'ᄒᆞᆫ갓 니ᄅᆞ다'로 번역된다. '惟讀'이 '오직 늙다'로 번역되고 '惟…分'이 '흔갓 갈아나다'로 번역된다. 그리고 '只敎'가 '오직 ᄀᆞᄅ치다'로 번역되고 '只…怕'이 '흔갓 젓다'로 번역된다. 따라서 '오직'과 '흔갓'의 동의성은 명백히 입증된다.

(31) a. 오직 平生애 ᄒᆞ욘 이리(但平生所爲ㅣ) <번小十 22a>

　　b. 오직 글 닐구매 초자 ᄉᆡᆼ각ᄒᆞ야 궁구ᄒᆞᄂᆞ니ᅀᅡ 저프니라(惟讀書尋思推究者ᄂᆞᆫ 爲可畏耳니라) <번小八 37b>

　　c. 오직 실흑오로 ᄀᆞᄅ쳐 글 닐기ᄅᆞᆯ 줌탁ᄒᆞ게 ᄒᆞ고(只敎以經學念書ㅣ 언뎡) <번小六 6a>

(31) d. 흔갓 잘 니ᄅᆞᆯ 만ᄒᆞ고(但能言之ᄒᆞ고) <번小八 29b>

　　e. 흔갓 君子 小人이 이에 와 갈아날 ᄲᅮᆫ이 아니라(不惟君子小人이 於此焉分이라) <번小八 14b>

　　f. 흔갓 후셰예 치우며 주려 주그믈 저허호모로(只是後世예 怕寒餓死故로) <번小七 35b>

<32> 일 對 즐어

부사 '일'과 동작동사 '즐다'의 부사형 '즐어'가 [夭] 즉 '졂어서'의 뜻을 가지고 동의 관계에 있다는 것은 다음 예문들에서 잘 확인된다. 원문 중 '夭壽'가 '일 주그며 오래 살다'로 번역되고 '多夭'가 '즐어 주그리 만ᄒᆞ다'로 번역되므로 '일'과 '즐어'의 동의성은 명백히 입증된다. 두 어사는 동작동사 '죽다'와 共起 관계에 있다.

(32) a. 일 주그며 오래 사롤(30a) 밍됴니(夭壽之萌也ㅣ라) <번小七 30b>

　　b. 사ᄅᆞ미 즐어 주그리 만ᄒᆞ니라(民多夭ᄒᆞᄂᆞ니라) <번小七 30b>

<33> 잇다감 對 더더러

두 부사가 [往往] 즉 '이따금'의 뜻을 가지고 동의 관계에 있다는 것은 다음 예문들에서 잘 확인된다. 원문 중 '往往…隔障'이 '잇다감 ᄀᆞ리오다'로 번역되고 '往往知'가 '더더러…알다'로 번역된다. 따라서 '잇다감'과 '더더러'의 동의성은 명백히 입증된다. 부사 '더더러'는 1510년대 국어에 처음으로 등장한다.

(33) a. 잇다감 져머셔븓터 얼운 ᄃᆞ외도록(往往애 自幼至長히) <번小七 9b>

　　b. 잇다감 댱으로 ᄀᆞ리와(往往幃幔隔障ᄒᆞ야) <번小九 75a>

　　c. 잇다감 가도이매 ᄲᅥ디ᄂᆞ니(往往陷囚繫ᄒᆞᄂᆞ니) <번小六 25b>

(33) d. 安定 션ᄉᆡᆼ의 뎨ᄌᆞ들히 더더러 녯 일을 샹고ᄒᆞ며 ᄇᆡᆨ셩 어엿비 너규믈 알어니(安定之門人이 往往

애 知稽古愛民矣) <번小九 53b>

<34> 처엄 對 비르소

두 부사가 [始] 즉 '처음으로, 비로소'의 뜻을 가지고 동의 관계에 있다는 것은 다음 예문들에서 잘 확인된다. 원문 중 '始加'가 '처엄 布冠을 스이다'로 번역되고 '始食'이 '처엄 먹다'로 번역된다. 그리고 '始加元服'이 '비르소 머리예 슬 거슬 엿다'로 번역된다. 따라서 '처 엄'과 '비르소'의 동의성은 명백히 입증된다. 부사 '비르소'는 [始] 즉 '비롯하다'의 뜻을 가진 동작동사 '비릇다'에서 파생된 부사로 '비릇 +오 (부사 형성 접미사)'로 분석된다.

(34) a. 士ㅣ 처삼 곳갈 스는 례예 처엄 布冠을 스이고(士冠禮예 始加홀식) <번小四 22a>
　　　b. 처엄 고기 머글 제(始食肉者ㅣ) <번小七 11b>
　　　c. 처엄 술 머글 제(始食酒者ㅣ) <번小七 11b>

(34) d. 됴흔 둘 됴흔 나래 비르소 머리예 슬 거슬 엿노니(令月吉日에 始加元服ᄒᆞ노니) <번小四 22a>
　　　e. 始 : 初也 <四解上 19b>

<35> 크게 對 므즐기

부사어 '크게'와 부사 '므즐기'가 [大] 즉 '크게'의 뜻을 가지고 동의 관계에 있다는 것은 다음 예문들에서 잘 확인된다. 원문 중 '腫大'가 '크게 븟다'로 번역되고 '作大丸'이 '므즐기 환 짓다'로 번역된다. 따라서 '크게'와 '므즐기'의 동의성은 명백히 입증된다.

(35) a. 머리와 ᄂᆞᆺ과 크게 브ᅀᅳ며(頭面腫大) <瘡疹 16b>
　　　b. 크게 해로오미 이실식(大有所害ㅣ실식) <번小八 24a>

(35) c. 굿 자븐 도ᄑᆡ 념통잇 피로 ᄒᆞᆫ듸 ᄀᆞ라 므즐기 환 지ᅀᅥ(新殺猪心血同研作大丸) <瘡疹 36b>

<36> 해 對 만히

두 부사가 [多] 즉 '많이'의 뜻을 가지고 동의 관계에 있다는 것은 다음 예문들에서 잘 확인된다. 원문 중 '多服'이 '해 머기다'로도 번역되고 '만히 머기다'로도 번역된다. 따라서 '해'와 '만히'의 동의성은 명백히 입증된다. 부사 '해'는 상태동사 '하다'에서 파생된 것으로 '하— [多]+—ㅣ (부사 형성 접미사)'로 분석된다. 부사 '만히'는 상태동사 '만ᄒᆞ다'에서 파생된 것으로 '만ᄒᆞ—[多]+—ㅣ'로 분석된다.

(36) a. 만이레 해 머교틱 즈최유미 긋다 아니ᄒᆞ거든(若多服而瀉不止者) <瘡疹 54b>

　　 b. 입과 혀왜 해 헐어든(口舌瘡多) <瘡疹 59a>

　　 c. 대쇼변이 해 구더 통티 아니ᄒᆞᄂᆞ니(大小便多秘不通) <瘡疹 2b>

　　 d. 해 이 병이 도외ᄂᆞ니(多成此疾) <瘡疹 1b>

　　 e. 병이 해 신장이 가(病多歸腎) <瘡疹 6b>

　　 f. 창죵이 해 나며(多生瘡癤) <瘡疹 41a>

　　 g. 누네 해 ᄀᆞ리씬 거시 나ᄂᆞ니(眼目多生翳障) <瘡疹 24b>

　　 h. 너희 말 해 마로믈 警戒ᄒᆞ노니(戒爾勿多言ᄒᆞ노니) <번小六 24a>

(36) i. 혹 즈초음을 만히 머겨도(或紫草飮多服) <瘡疹 10b>

　　 j. 만히 아히며 죵의 더러이미 도이며(多爲童幼婢妾의 所點汚ᄒᆞ며) <번小八 39b>

　　 k. 사람 만히 드리고 가(往多率人) <呂約 35a>

　　 l. 내 어제 춘 수울 만히 머고라(我昨日冷酒多喫了) <번老上 40a>

<37> 호ᅀᅡ 對 호온자 對 혼자

세 부사가 [獨] 즉 '혼자'의 뜻을 가지고 동의 관계에 있다는 것은 다음 예문들에서 잘 확인된다. 원문 중 '獨侍藥'이 '호ᅀᅡ셔 侍病ᄒᆞ다'로 번역되고 '獨留'가 '호온자 잇다'로도 번역되고 '혼자 머믈다'로도 번역된다. 또 '獨生'이 '혼자 살다'로 번역된다. 따라서 세 부사 '호ᅀᅡ', '호온자' 및 '혼자'의 동의성은 명백히 입증된다. '호ᅀᅡ'는 15세기 국어의 'ᄒᆞ오ᅀᅡ'의 後身形으로 'ᄒᆞ오ᅀᅡ'의 첫 음절 모음 'ᄋᆞ'의 탈락으로 생긴 것이다. '호온자'는 15세기 국어의 'ᄒᆞ온ᅀᅡ'의 後身形으로 'ᄒᆞ온ᅀᅡ'의 첫 음절 모음 'ᄋᆞ'가 '오'로 변하고 제3 음절의 'ᅀᅡ'가 'ㅈ'으로 변하여 생긴 것이다. '혼자'는 15세기 국어의 'ᄒᆞ온ᅀᅡ'의 후신형으로 'ᄒᆞ온ᅀᅡ'의 첫 음절 모음 'ᄋᆞ'의 탈락으로 생긴 것이다.

(37) a. 有文이 호ᅀᅡ 거상을 禮로 ᄀᆞ장 삼가ᄒᆞ더니(有文獨守喪執禮謹) <속三孝 34a>

　　 b. 叔咸이 호ᅀᅡ셔 侍病ᄒᆞ며(叔咸獨侍藥) <속三孝 22a>

(37) c. 유곤니 호온자 이셔 나가디 아니커늘(袞獨留不去) <二倫 11a>

　　 d. 내죵내 그듸로 호온자 예 잇게 아니호리라(終不使君獨留此) <二倫 36a>

　　 e. 호온자 ᄂᆞ믜 ᄯᅡ해 ᄲᅧ를 더디런뎌(獨委異壤耶) <二倫 36a>

(37) f. 袞이 혼자 머므러 나가디 아니ᄒᆞ거늘(袞이 獨留不去ᄒᆞ더니) <번小九 73a>

　　 g. 容이ᄂᆞᆫ 혼자 ᅀᅮ러 안자 더욱 조심ᄒᆞ더니(容이 獨危坐ᄒᆞ야 愈恭ᄒᆞ더니) <번小十 6b>

h. ㄱ장 울오 닐오딕 남지니 죽고 子息이 업스니 혼자 사라셔 므슴 ㅎ료 ㅎ고(因大哭曰 夫死無子 獨
　　生何爲) <속三烈 8a>

i. 엇디 혼자 사라 이시료(豈宜獨生이리오) <번小九 65a>

j. 엇디 혼자 저티 아니ㅎ더뇨(何獨不懼오) <번小九 64b>

<38> 호ᅀᅡ 對 홀로

　　두 부사가 [獨] 즉 '혼자'의 뜻을 가지고 동의 관계에 있다는 것은 다음 예문들에서 잘 확인된다. 원문
중 '獨侍藥'이 '호ᅀᅡ셔 侍病ㅎ다'로 번역되고 '獨何心'이 '홀로 엇던 ᄆᆞ슴고'로 번역되므로 '호ᅀᅡ'와 '홀
로'의 동의성은 명백히 입증된다. 부사 '호ᅀᅡ'는 15세기 국어의 'ㅎ오ᅀᅡ'의 後身形이고 '홀로'는 15세기
국어의 'ㅎ올로'의 後身形이다

　　(38) a. 有文이 호ᅀᅡ 거상을 禮로 ㄱ장 삼가ㅎ더니(有文獨守喪執禮謹) <속三孝 34a>

　　　　b. 叔咸이 호ᅀᅡ셔 侍病ㅎ며(叔咸獨侍藥) <속三孝 22a>

　　(38) c. 쏘 홀로 엇던 ᄆᆞ슴고(亦獨何心고) <번小九 100b>

<39> ㅎ마 對 볼셔 對 이믜

　　세 부사가 [已]와 [旣] 즉 '벌써, 이미'의 뜻을 가지고 동의 관계에 있다는 것은 다음 예문들에서 잘 확
인된다. 원문 중 '已死'가 'ㅎ마 죽다'로 번역되고 '已…不好'가 '볼셔 사오납다'로 번역된다. 또 '旣耆父'
가 'ㅎ마 늙다'로 번역되고 '旣沒'이 '볼셔 죽다'로 번역되고 '旣長'이 '이믜 ᄌᆞ라다'로 번역된다. 따라서
세 부사 'ㅎ마', '볼셔' 및 '이믜'의 동의성은 명백히 입증된다.

　　(39) a. 아비 寃讐를 ㅎ마 갑ㅎ니(父讐已報) <속三孝 3a>

　　　　b. 긔우니 ㅎ마 업스니(氣力已盡) <속三烈 27b>

　　　　c. 아라도 ㅎ마 뉘우조미 어려오니라(覺已難悔니라) <번小六 19b>

　　　　d. 덕규 ㅎ마 옥개 드(22a) 러 죽돗더라(德珪 已死於獄) <二倫 22b>

　　　　e. 나히 ㅎ마 늘그면(年旣耆父면) <번小三 46a>

　　　　f. ㅎ마 이러ㅎ면(旣這般的時) <번老上 52a>

　　(39) g. 도로혀 제 몸과 ᄆᆞ슴미 볼셔 스스로 몬져 사오나왯ᄂᆞᆫ 주를 아디 몯ㅎ니라 (却不知道自家身與心
　　　　이 已自先不好了也ㅣ 니라) <번小八 7b>

　　　　h. 어버ᅀᅵ며 아ᅀᆞ미 볼셔 주그면(親戚이 旣沒이면) <번小三 46a>

(39) i. 이믜 ᄌ라난 글 히여 추리믈 더욱 졍히 ᄒ여(旣長 辨析益精) <二倫 48a>

     j. 이믜 이러면(旣這般時) <번老上 23b>

<40> ᄒ가지로 對 어우러 對 글와

부사 'ᄒ가지로' 그리고 부사어 '어우러'와 '글와'가 [共] 즉 '함께'의 뜻을 가지고 동의 관계에 있다는 것은 다음 예문들에서 잘 확인된다. 원문 중 '共爲'가 'ᄒ가지로 ᄒ다'로 번역되고 '共享'이 '어우러 먹다'로 번역되며 '共挽'이 '글와 ᄡᅳ다'로 번역된다. 따라서 'ᄒ가지로', '어우러' 및 '글와'의 동의성은 명백히 입증된다. '어우러'는 동사 '어울다'의 부사형이고 '글와'는 동사 '글오다'의 부사형이다.

(40) a. 내 崔浩와로 ᄒ가지로 ᄒᄉ오니(臣與浩로 共爲之ᄒ소니) <번小九 45b>

     b. 이신 거시며 업슨 거슬 ᄒ가지로 ᄒ더라(有無를 共之ᄒ더라) <번小九 93b>

(40) c. 그 주(90b) 신 거슬 어우러 머거(共享其賜ᄒ야) <번小九 90b>

     d. 宣과 쟈근 술의를 글와 ᄡᅥ(與宣오로 共挽鹿車ᄒ야) <번小九 59b>

<41> ᄒ가지로 對 ᄒᄃᆡ 對 홈ᄭᅴ

세 부사가 [同]과 [共] 즉 '함께'의 뜻을 가지고 동의 관계에 있다는 것은 다음 예문들에서 잘 확인된다. 원문 중 '同約'이 'ᄒ가지로 언약하다'로 번역되고 '同歸'가 'ᄒᄃᆡ 가다'로 번역되며 '同去'가 '홈ᄭᅴ 가다'로 번역된다. 그리고 '共爲'가 'ᄒ가지로 ᄒ다'로 번역되고 '共事'가 'ᄒᄃᆡ 일ᄒ다'로 번역되며 '共食'이 '홈ᄭᅴ 먹다'로 번역된다. 따라서 'ᄒ가지로', 'ᄒᄃᆡ' 및 '홈ᄭᅴ'의 동의성은 명백히 입증된다. 부사 '홈ᄭᅴ'는 1510년대 국어에 처음으로 등장한다.

(41) a. 믈읫 우리 ᄒ가지로 언약ᄒ 사ᄅᆷ 들ᄒ(凡同約者ᄂ) <번小九 18a>

     b. 즐거운 일 잇거든 ᄒ가지로 즐골디니(有樂時同樂) <번朴上 72b>

     c. 슈고ᄅᆞ왼 일 잇거든 ᄒ가지로 맛다 ᄒ고(有苦時同受) <번朴上 72b>

     d. 내 崔浩와로 ᄒ가지로 ᄒᄉ오니(臣與浩로 共爲之ᄒ소니) <번小九 45b>

     e. 이신 거시며 업슨 거슬 ᄒ가지로 ᄒ더라(有無를 共之ᄒ더라) <번小九 93b>

(41) f. 셩신과 현신과로 ᄒᄃᆡ 가리라(聖賢同歸ᄒ리라) <번小八 11b>

     g. 세히 ᄒᄃᆡ 길 녀매(三人同行) <번老上 34b>

     h. ᄒᄃᆡ 살며 음식글 ᄒ가지로 ᄒ야(猶同居共爨ᄒ야) <번小九 108a>

     i. 얼우신ᄭᅴ ᄒᄃᆡ 이실 저기어든(御同於長者ᄒᆯ시) <번小三 31a>

j. 날와 ᄒᆞᆫ딕 일ᄒᆞ연 디 오라니(與我共事ㅣ 久ㅣ라) <번小九 23a>

(41) k. ᄂᆡ실 우리 홈쯰 가져(到明日咱們同去) <번老上 70b>

l. 세 사ᄅᆞᆷ이 홈쯰 니러(三人이 同起身ᄒᆞ야) <번小九 52b>

m. 홈쯰 구향가며 사괴ᄂᆞ니(有同斥相善者) <二倫 36a>

n. 얼운과 아히 ᄎᆞ례로 안자 홈쯰 먹더라(長幼ㅣ 以次坐而共食之ᄒᆞ더라) <번小九 107a>

o. 츈니 온 훼사 홈쯰 먹더라(椿還然後共食) <二倫 15b>

<42> ᄒᆞᆫ글ᄋᆞ티 對 미오로시

두 부사가 [一] 즉 '한결같이'의 뜻을 가지고 동의 관계에 있다는 것은 다음 예문들에서 잘 확인된다. 원문 중 '一遵'이 'ᄒᆞᆫ글ᄋᆞ티 좇다'로 번역되고 '一剗'이 '미오로시 사기다'로 번역된다. 따라서 'ᄒᆞᆫ글ᄋᆞ티'와 '미오로시'의 동의성은 명백히 입증된다.

(42) a. 仲郢이(104b) ᄒᆞᆫ글ᄋᆞ티 그 버블 조차(仲郢이 一遵其法ᄒᆞ야) <번小九 105a>

b. 사ᄅᆞᆷ미 모로매 이 ᄒᆞᆫ글ᄋᆞ티 셰ᄉᆞ애 마슬 담박호미 보야호로 됴ᄒᆞ니(人니 須是一切世味를 淡薄이 方好ᄒᆞ니) <번小八 18a>

(42) c. 그 殿은 미오로시 룡(68a) 사겨 얽키고 금 올ᄋᆞᆫ 木香 기동이요(那殿一剗是纏金龍木香停柱) <번朴上 68b>

예문 (42) c의 '一剗是纏金龍'이 『朴通事諺解』(1677)에는 'ᄒᆞᆫ글ᄀᆞᆺ티 金龍이 얼거딘'으로 번역되어 있다.

(42) d. 뎌 殿에 ᄒᆞᆫ글ᄀᆞᆺ티 金龍이 얼거딘 木香 기동이오(那殿一剗是纏金龍木香停柱) <朴解上 60b>

<43> ᄒᆞᆫ딕 對 모도와

부사 'ᄒᆞᆫ딕'와 부사어 '모도와'가 [總] 즉 '모두, 모아'의 뜻을 가지고 동의 관계에 있다는 것은 다음 예문들에서 잘 확인된다. 원문 중 '總寫'가 'ᄒᆞᆫ딕 쓰다'로도 번역되고 '모도와 쓰다'로도 번역된다. 따라서 'ᄒᆞᆫ딕'와 '모도와'의 동의성은 명백히 입증된다. 부사어 '모도와'는 [總] 즉 '모으다'의 뜻을 가진 동작동사 '모도오다'의 부사형이다.

(43) a. ᄒᆞᆫ딕 쓸가(總寫麽) <번老下 15a>

b. ᄒᆞᆫ딕 쓰면(總寫時) <번老下 15a>

(43) c. 모도와 쓰디 말라(休總寫) <번老下 15a>

2. 音韻 交替型

音韻의 교체를 보여 주는 부사들이 동의 관계를 가질 수 있다. 이 경우가 음운 교체형이다. 음운 교체에는 母音 交替와 子音 交替가 있다.

2.1. 母音 交替

동의 관계가 모음 교체를 보여 주는 부사들 사이에 성립된다. 모음 교체에는 陽母音과 陰母音 간의 교체가 있고 陰母音과 陽母音 간의 교체가 있다. 그리고 양모음간의 교체와 음모음간의 교체가 있다.

양모음과 음모음 간의 교체에는 '으~으'의 교체와 '아~어'의 교체가 있다.

모음 '으~으'의 교체를 보여 주는 부사에는 [必] 즉 '반드시'의 뜻을 가진 '반드시'와 '반드시', [痛] 즉 '몹시'의 뜻을 가진 '소이'와 '소의' 그리고 [如此] 즉 '이와 같이'의 뜻을 가진 '이러트시'와 '이러트시'가 있다.

모음 '아~어'의 교체를 보여 주는 부사에는 [輕] 즉 '가벼이, 가볍게'의 뜻을 가진 '가비야이 對 가비여이', [多少] 즉 '얼마나'의 뜻을 가진 '언매나'와 '언메나' 그리고 [卽] 즉 '곧, 즉시'의 뜻을 가진 '즉재'와 '즉제'가 있다.

음모음과 양모음 간의 교체에는 '으~으'의 교체와 '우~오'의 교체가 있다.

모음 '으~으'의 교체를 보여 주는 부사에는 [相] 즉 '서로'의 뜻을 가진 '서르'와 '서르'가 있다. 모음 '우~오'의 교체를 보여 주는 부사에는 [可] 즉 '가히'의 뜻을 가진 '어루'와 '어로'가 있다.

양모음간의 교체에는 '으~오'의 교체가 있다. 모음 '으~오'의 교체를 보여 주는 부사에는 [反] 즉 '도리어'의 뜻을 가진 '도르혀'와 '도로혀'가 있다.

음모음간의 교체에는 '으~우'의 교체가 있다. 모음 '으~우'의 교체를 보여 주는 부사에는 [始] 즉 '비로소, 처음으로'의 뜻을 가진 '비르소'와 '비루소'가 있다.

<1> 반드시 對 반드시

두 부사가 [必] 즉 '반드시'의 뜻을 가지고 동의 관계에 있다는 것은 다음 예문들에서 잘 확인된다. 원

문 중 '必束帶'가 '반드시 띄 쓰이다'로 번역되고 '必有'가 '반드시 잇다'로 번역되고 '必行'이 '반드시 힝 ᄒᆞ다'로 번역된다. 그리고 '必稽首'가 '반드시 머리를 싸해 두드리다'로 번역된다. 따라서 두 부사 '반드 시'와 '반드시'의 동의성은 명백히 입증된다. 두 부사는 제2 음절에서 모음 'ᄋᆞ~으'의 교체를 보여준다.

(1) a. 반ᄃᆞ시 비호(7a) 믈 즐기디 아니ᄒᆞ리니(必不樂學이니) <번小六 7b>

    b. 반ᄃᆞ시 관ᄃᆡᄒᆞ야 유화로이 ᄒᆞ며(必冠ᄒᆞ야 申申如也ᄒᆞ며) <번小九 84a>

    c. 반ᄃᆞ시 띄 쓰여 ᄆᆞᆯ 머리예 마조 기들우더니(必束帶ᄒᆞ야 迎候於馬首ᄒᆞ더니) <번小九 105a>

    d. 반ᄃᆞ시 스싀로 모믈 닷가 정제히 ᄒᆞ며(必自修整ᄒᆞ며) <번小十 3b>

    e. 반ᄃᆞ시 기틴 경ᄉᆡ 잇ᄂᆞ니라(必有餘慶) <번朴上 31a>

    f. 닐온 어딘 이ᄅᆞᆯ 보고 반ᄃᆞ시 힝ᄒᆞ며(謂見善必行爲彌) <呂約 3b>

(1) g. 반드시 머리를 싸해 두드리고 업더여서 머구믈 샹위 알픠 이슘 ᄀᆞ티 ᄒᆞ며(必稽首俯伏而食ᄒᆞ야 如在上前ᄒᆞ며) <번小九 84b>

<2> 소이 對 소의

두 부사가 [痛] 즉 '몹시'의 뜻을 가지고 동의 관계에 있다는 것은 다음 예문들에서 잘 확인된다. 원문 중 '痛悶'이 '소이 답답ᄒᆞ다'로도 번역되고 '소의 답답ᄒᆞ다'로도 번역된다. 따라서 두 부사 '소이'와 '소 의'의 동의성은 명백히 입증된다. 두 부사는 제2 음절에서 모음 'ᄋᆞ~으'의 교체를 보여 준다.

(2) a. 거머 뻐디여 소이 답답(67a) ᄒᆞ야 ᄒᆞ거늘(黑陷痛悶) <瘡疹 67b>

(2) b. 비치 븕고 검고 소의 답답ᄒᆞ거늘(色紫黑痛悶) <瘡疹 68a>

    c. 소의 답답ᄒᆞ야 거싀 주글 ᄃᆞᆺ거늘(痛悶幾死) <瘡疹 67b>

<3> 이러ᄐᆞ시 對 이러트시

두 부사가 [如此] 즉 '이와 같이'의 뜻을 가지고 동의 관계에 있다는 것은 다음 예문들에서 잘 확인된 다. 원문 중 '如此之嚴'이 '이러ᄐᆞ시 엄정ᄒᆞ다'로 번역된다. 그리고 '如此之篤'이 '이러트시 두텁다'로 번역된다. 따라서 두 부사 '이러ᄐᆞ시'와 '이러트시'의 동의성은 명백히 입증된다. 두 부사는 제3 음절에 서 모음 'ᄋᆞ~으'의 교체를 보여 준다.

(3) a. 正獻公과 申國夫人괘 ᄀᆞᄅᆞ쵸미 이러ᄐᆞ시 엄정ᄒᆞ고(正獻公與申國夫人敎訓이 如此之嚴ᄒᆞ고) <번小九 5a>

b. 이러투시 서르 간슈ᄒ면(若這般相看時) <번老下 47b>

(3) c. 焦先生이 어딘 일로 혀 가미 이(5a) 러트시 두터우모로(焦先生化導ㅣ如此之篤故로) <번小九 5b>

<4> 가비야이 對 가비여이 對 가부야이

세 부사가 [輕] 즉 '가벼이, 가볍게'의 뜻을 가지고 동의 관계에 있다는 것은 다음 예문들에서 잘 확인된다. 원문 중 '輕自大'가 '가비야이 제 몸을 쿠라 ᄒ다'로 번역되고 '何…輕'이 '엇디 가비여이 ᄒ다'로 번역되고 '輕其夫'가 '그 남지를 가부야이 너기다'로 변역된다. 따라서 세 부사 '가비야이', '가비여이' 및 '가부야이'의 동의성은 명백히 입증된다. 두 부사 '가비야이'와 '가비여이'는 제3 음절에서 모음 '아~어'의 교체를 보여 주고 두 부사 '가비야이'와 '가부야이'는 제2 음절에서 반모음 [y]의 탈락을 보여 준다.

(4) a. 가비야이 제 몸을 쿠라 ᄒ야 내죵애 어든 거슨 업슨 주를 병도이 너기시더라(病…所以輕自大而卒無得也ㅣ러시다 <번小九 19b>

b. 천량을 가비야이 너기며(輕財ᄒ며) <번小八 27b>

(4) c. 모ᄆᆞᆯ 가비여이 몯홀 거시이다 ᄒ(4a)여ᄂᆞᆯ(不宜自輕이니이다) <번小十 4b>

d. 엇디 가비여이 ᄒ다 니ᄅᆞᄂᆞ뇨(何謂輕哉오) <번小十 4b>

(4) e. 그 남지를 가부야이 너기며 그 싀어버싀를 므더니 너기디 아니리 져거(鮮有不輕其夫而傲其舅姑ᄒ야) <번小七 33a>

<5> 언매나 對 언메나

두 부사가 [多少] 즉 '얼마나'의 뜻을 가지고 동의 관계에 있다는 것은 다음 예문들에서 잘 확인된다. 원문 중 '下多少'가 '언매나 보내다'로 번역된다. 그리고 '與多少'가 '언메나 주다'로 번역되고 '要多少'가 '언메나 받다'로 번역되고 '多少漢兒人'이 '언메나 漢兒人이다'로 번역된다. 따라서 두 부사 '언매나'와 '언메나'의 동의성은 명백히 입증된다. 두 부사는 제2 음절에서 모음 '아~어'의 교체를 보여 준다.

(5) a. 천량을 언매나 보낼고(下多少財錢) <번朴上 45a>

(5) b. 네 삭슬 언메나 줄다(你與多少脚錢) <번朴上 11b>

c. 제 슈공을 언메나 받더뇨(他要多少工錢) <번朴上 19b>

d. 은 언메나 바도려 ᄒ더뇨(討多少銀子) <번朴上 63b>

e. 언메나 漢兒人이며 언메나 高麗ㅅ 사름고(多少漢兒人多少高麗人) <번老上 7a>

f. 혹당의 드리는 쳔이 언메나 ᄒᆞᆫ뇨(多少學課錢) <번朴上 49a>

<6> 즉재 對 즉제

두 부사가 [卽] 즉 '곧, 즉시'의 뜻을 가지고 동의 관계에 있다는 것은 다음 예문들에서 잘 확인된다. 원문 중 '卽愈'가 '즉재 둏다'로도 번역되고 '즉제 둏다'로도 번역되므로 '즉재'와 '즉제'의 동의성은 명백히 입증된다. 두 부사는 제2 음절에서 모음 '아~어'의 교체를 보여 준다.

(6) a. 病이 즉재 됴ᄒᆞ니라(父病卽愈) <속三孝 28a>

b. 잢간도 즉재 ᄐᆞ며 닙디 마롤디니라(弗敢卽乘服也ㅣ니라) <번小三 5b>

c. 즉재 다시 갈호로 두 귀를 버히고(卽復以刀로 截兩耳ᄒᆞ고) <번小九 60b>

d. 즉재 빙애 아래 ᄠᅥ디여 죽거늘(卽投崖下而死커늘) <번小九 66b>

e. 존댱이 바ᄉᆞ라 커든 즉재 바ᄉᆞ라(尊長令免卽去之) <呂約 19b>

(6) f. 아비 病이 즉제 됴하(父病卽愈) <속三孝 5a>

g. 그 나그내 즉제 고ᄒᆞ니(那客人就告了) <번老上 29b>

<7> 서르 對 서ᄅᆞ

두 부사가 [相] 즉 '서로'의 뜻을 가지고 동의 관계에 있다는 것은 다음 예문들에서 잘 확인된다. 원문 중 '相勸'이 '서르 권ᄒᆞ다'로도 번역되고 '서ᄅᆞ 권ᄒᆞ다'로도 번역된다. '相交'가 '서르 사괴다'로도 번역되고 '서ᄅᆞ 사괴다'로도 번역된다. 그리고 '相愛'가 '서르 ᄉᆞ랑ᄒᆞ다'로도 번역되고 '서ᄅᆞ ᄉᆞ랑하다'로도 번역된다. 따라서 두 부사 '서르'와 '서ᄅᆞ'의 동의성은 명백히 입증된다. 두 부사는 제2 음절에서 모음 '으~ᄋᆞ'의 교체를 보여 준다. 부사 '서ᄅᆞ'는 1510년대 국어에 처음으로 등장한다.

(7) a. 서르 권ᄒᆞ며…서르 경계ᄒᆞ며…서르 사괴며…서르 구훌디니(相勸ᄒᆞ며…相規ᄒᆞ며…相交ᄒᆞ며…相恤이니) <번小九 18a>

b. 서르 ᄉᆞ랑티 아니리 업스니라(不能不相愛也ㅣ니라) <번小七 39a>

c. 벼슬 노ᄑᆞ니와 ᄂᆞᆽ가오니 서르 보매(大夫士ㅣ 相見에) <번小三 38b>

d. 남진 겨지비…서르 일훔믈 아디 아니ᄒᆞ며(男女ㅣ…不相知名ᄒᆞ며 <번小三 11a>

e. 다 서르 ᄃᆡ졉호미 맛당티 아니ᄒᆞ니(皆不宜與之相接이니) <번小七 27b>

f. 모ᄃᆞᆫ 사ᄅᆞᄆᆞᆫ 다 ᄌᆞᆺ구려 서르 마조 안자 잇거늘(衆皆夷踞相對어늘) <번小十 6a>

g. 안팟기 서르 마자(表裏相應ᄒᆞ야) <번小十 25b>

h. 서르 여희여 나니라(相別散了) <번老下 20b>

(7) i. 서ᄅᆞ 권호미오…서ᄅᆞ 경계호미오…서ᄅᆞ 사괴요미오…서로 구휼호미라(相勸伊五…相規伊五…相交伊五…相恤伊羅) <呂約 1b>

j. 서ᄅᆞ 즐겨 친압히 호ᄆᆞ로 서ᄅᆞ 사괴며…서ᄅᆞ ᄉᆞ랑ᄒᆞᄂᆞ니(以相歡狎으로 爲相與ᄒᆞ며…爲相歡愛ᄒᆞᄂᆞ니) <번小七 45a>

k. 모ᄃᆞᆫ 며ᄂᆞ리 ᄯᅩ 서ᄅᆞ 친히 너기고 ᄉᆞ랑ᄒᆞ야(諸婦ㅣ 亦相親愛ᄒᆞ야) <번小九 93b>

l. 우콰 아래왜 能히 서ᄅᆞ 親ᄒᆞᄂᆞ니라(上下ㅣ 能相親也ㅣ니라) <번小三 8a>

m. ᄯᅩ 서ᄅᆞ 조차 이바디 회집ᄒᆞ야(又相從宴集ᄒᆞ야) <번小七 16a>

n. 뫼토 서ᄅᆞ 맛볼 나리 잇ᄂᆞ니(山也有相逢的日頭) <번老下 73a>

<8> 어루 對 어로

두 부사가 [可] 즉 '가히'의 뜻을 가지고 동의 관계에 있다는 것은 다음 예문들에서 잘 확인된다. 원문 중 '可措'가 '어루 딯다'로 번역되고 '可扶'가 '어로 돕다'로 번역된다. 따라서 두 부사 '어루'와 '어로'의 동의성은 명백히 입증된다. 두 부사는 제2 음절에서 모음 '우~오'의 교체를 보여 준다.

(8) a. 어루 손을 디호려니와(猶可措手) <瘡疹 14a>

b. 어로 도와 병이 업스려니와(猶可扶之而無恙) <瘡疹 13b>

<9> 도ᄅᆞ혀 對 도로혀

두 부사가 [反] 즉 '도리어'의 뜻을 가지고 동의 관계에 있다는 것은 다음 예문들에서 잘 확인된다. 원문 중 '反類'가 '도ᄅᆞ혀 ᄀᆞᆮᄒᆞ다'로 번역되고 '反自損'이 '도로혀 스싀로 해ᄒᆞ다'로 번역된다. 따라서 두 부사 '도ᄅᆞ혀'와 '도로혀'의 동의성은 명백히 입증된다. 두 부사는 제2 음절에서 모음 'ᄋᆞ~오'의 교체를 보여 준다.

(9) a. 도ᄅᆞ혀 가히 ᄀᆞᆮᄒᆞ리라(反類狗子也ㅣ니라) <번小六 15a>

b. 귀와 귀 뒤헷 ᄢᅦ 도ᄅᆞ혀 더우닌(6b) 죽고(耳骫反熱者死) <瘡疹 7a>

c. 도ᄅᆞ혀 일 아ᄂᆞᆫ 사ᄅᆞᄆᆡ 더러이 너교미 ᄃᆞ외ᄂᆞ니라(還爲識者鄙니라) <번小六 26b>

(9) d. 이제 도로혀 스싀로 해ᄒᆞ논디라(今反自損이라) <번小八 30a>

e. 죄 니부믈 도로혀 크게 ᄒᆞᄂᆞ니(得罪反重ᄒᆞᄂᆞ니) <번小七 29b>

<10> 비르소 對 비루소

두 부사가 [始] 즉 '비로소, 처음으로'의 뜻을 가지고 동의 관계에 있다는 것은 다음 예문들에서 잘 확인된다. 원문 중 '始加'가 '비르소 엿다'로 번역된다. 그리고 '始荒'이 '비루소 거츨다'로 번역된다. 따라서 두 부사 '비르소'와 '비루소'의 동의성은 명백히 입증된다. 두 부사는 제2 음절에서 모음 '으~우'의 교체를 보여 준다.

(10) a. 비르소 머리예 슬 거슬 엿ᄂᆞ니(始加元服ᄒᆞ노니) <번小四 22a>
　　 b. 거긔 가 도라오디 아니ᄒᆞ면 ᄆᆞᅀᆞ미 비루소 거츠러 다ᄉᆞ리디 몯ᄒᆞ며(往而不返則心始荒而不治ᄒᆞ야) <번小八 24b>

2.2. 子音 交替

동의 관계가 자음 교체를 보여 주는 부사들 사이에 성립된다. 자음 교체에는 'ㄱ~ㅅ'의 교체, 'ㅲ~ㅅ'의 교체 'ㅿ~ㅈ'의 교체 그리고 'ㅇ~ㄱ'의 교체가 있다.
자음 'ㄱ~ㅅ'의 교체를 보여 주는 부사에는 [嘗] 즉 '일찍이'의 뜻을 가진 '일즉'과 '일즛'이 있다.
자음군 'ㅲ~ㅅ'의 교체를 보여 주는 부사에는 [同] 즉 '함께'의 뜻을 가진 '홈ᄢᅴ'와 '홈ᄭᅴ'가 있다.
자음 'ㅿ~ㅈ'의 교체를 보여 주는 부사에는 [自] 즉 '스스로, 몸소'의 뜻을 가진 '손소'와 '손조'가 있다.
자음 'ㅂ~ㄱ'의 교체를 보여 주는 부사에는 [一] 즉 '한결같이'의 뜻을 가진 '흔ᄀᆞᆯᄋᆞ티'와 '흔ᄀᆞᆯᄀᆞ티'가 있다.

<1> 일즉 對 일즛

두 부사가 [嘗] 즉 '일찍이'의 뜻을 가지고 동의 관계에 있다는 것은 다음 예문들에서 잘 확인된다. 원문 중 '嘗修'가 '일즉 ᄆᆞᆫ들다'로 번역되고 '嘗坐'가 '일즛 앉다'로 번역되므로 '일즉'과 '일즛'의 동의성은 명백히 입증된다. 두 부사는 제2 음절에서 자음 'ㄱ~ㅅ'의 교체를 보여 준다. 부사 '일즛'은 1510년대 국어에 처음으로 등장한다.

(1) a. 柳玭이 일즉 글월를 밍ᄀᆞ라(柳玭이 嘗著書ᄒᆞ야) <번小六 17a>
　 b. 일즉 여슷 가짓 례도의 대개를 ᄆᆞᆫᄃᆞ로ᄃᆡ(嘗修六禮大略호ᄃᆡ) <번小七 7a>
　 c. 일즉 ᄌᆞ뎨를 ᄀᆞᄅᆞ쳐(嘗誨子弟) <번小八 2a>
　 d. 일즉 다ᄅᆞᆫ ᄃᆡ 가 술 취ᄒᆞ여 도라오나ᄂᆞᆯ(曾他處醉歸어ᄂᆞᆯ) <번小九 75a>

(1) e. 샹위 일즛 武帳 안해 안자 겨시거늘(上이 嘗坐武帳이어시늘) <번小九 41b>

    f. 일즛 죠간도 주룰 브르디 아니ᄒᆞ더니(亦未嘗敢呼字也ᄒᆞ니) <번小九 81a>

    g. 일즛 바믜 强盜 스므나ᄆᆞ니(嘗夜애 有强盜數十이) <번小九 64a>

<2> 홈ᄢᅴ 對 홈ᄭᅴ

두 부사가 [同] 즉 '함께'의 뜻을 가지고 동의 관계에 있다는 것은 다음 예문들에서 잘 확인된다. 원문 중 '同死'가 '홈ᄢᅴ 죽다'로 번역되고 '同去'가 '홈ᄭᅴ 가다'로 번역되므로 두 부사 '홈ᄢᅴ'와 '홈ᄭᅴ'의 동의성은 명백히 입증된다. 두 부사는 1510년대 국어에 처음으로 등장하며 제2 음절에서 자음군 'ᄢ~ᄭ'의 교체를 보여 준다. 부사 '홈ᄢᅴ'는 15세기 국어 'ᄒᆞᆫᄢᅴ'의 後身形으로 'ㄴ+ㅂ→ㅁ+ㅂ'의 자음 동화에 의해 생긴 것이다.

(2) a. 집 사름과 다 홈ᄢᅴ 주그니라(闔家同死) <속三忠 2a>

    b. 제 兄弟 세히 홈ᄢᅴ 病ᄒᆞ여 죽거늘(娥兄弟三人同時病死) <속三孝 3a>

    c. 홈ᄢᅴ 너를 됴ᄒᆞᆫ 은 주니라(一頓兒還你好銀子) <번老上 60b>

(2) d. ᄂᆡ실 우리 홈ᄭᅴ 가져(到明日咱們同去) <번老上 70b>

    e. 홈ᄭᅴ 구향가며 사괴ᄂᆞ니(有同斥相善者) <二倫 36a>

    f. 椿이 도라온 후에ᅀᅡ 홈ᄭᅴ 먹더니(椿이 還然後에ᅀᅡ 共食ᄒᆞ더니) <번小九 76b>

    g. 우리 모다 홈ᄭᅴ 가새이다(咱會同着一時行) <번朴上 9a>

그리고 '홈콰'가 [一同] 즉 '함께'의 뜻을 가진 부사라는 사실은 다음 예문에서 잘 확인된다. '홈콰'와 '홈ᄭᅴ'는 동의 관계를 가진다.

(2) h. 우리 홈콰 가져(咱們一同去來) <번老上 8a>

<3> 손소 對 손조

두 부사가 [自] 즉 '스스로, 몸소'의 뜻을 가지고 동의 관계에 있다는 것은 다음 예문들에서 잘 확인된다. 원문 중 '自殺'이 '손소 죽다'로 번역되고 '自做飯'이 '손조 밥 짓다'로 번역된다. 따라서 두 부사 '손소'와 '손조'의 동의성은 명백히 입증된다. 두 부사는 제2 음절에서 자음 'ㅿ~ㅈ'의 교체를 보여 준다.

(3) a. 저도 손소 주그니라(自殺) <二倫 1b>

    b. 다 손소 되답호ᄃᆡ(莫不手答호ᄃᆡ) <번小十 8b>

c. 손소 분지 받내물 네 히도록 그치디 아니ᄒᆞ야(手奉溷器四年不輟) <속三孝 5a>

(3) d. 우리 손조 밥 지서 머그면(我們自做飯喫時) <번老上 68a>

e. 너희 나그내네 손조 밥 지서 머그라(你客人們自做飯喫) <번老上 68a>

f. 손조 밥 지서 머고 가져(自做飯喫去來) <번老上 39b>

g. 내 손조 섯거 머거지라(我自調和喫) <번老上 61b>

h. 네 손조 ᄆᆞᆯ 졔져 ᄀᆞᆯ히야 사라 가디여(你自馬市裏揀着買去) <번朴上 63a>

<4> ᄒᆞᆫᄀᆞᆯ♀티 對 ᄒᆞᆫᄀᆞᆯ♀티

두 명사가 [一] 즉 '한결같이'의 뜻을 가지고 동의 관계에 있다는 것은 다음 예문들에서 잘 확인된다. 원문 중 '一遵'이 'ᄒᆞᆫᄀᆞᆯ♀티 좇다'로 번역되고 '一…信'이 'ᄒᆞᆫᄀᆞᆯ♀티 믿비 ᄒᆞ다'로 번역된다. 따라서 두 부사 'ᄒᆞᆫᄀᆞᆯ♀티'와 'ᄒᆞᆫᄀᆞᆯᄀ티'의 동의성은 명백히 입증된다. 두 부사는 제3 음절에서 자음 'ㅇ~ㄱ'의 교체를 보여 준다.

(4) a. 仲郢이(104b) ᄒᆞᆫᄀᆞᆯ♀티 그 버블 조차(仲郢이 一遵其法ᄒᆞ야) <번小九 105a>

b. 사ᄅᆞᆷ미 모로매 이 ᄒᆞᆫᄀᆞᆯ♀티 셰ᄉᆞ애 마ᄉᆞᆯ 담박호미 보야호로 됴ᄒᆞ니(人니 須是一切世味ᄅᆞᆯ 淡薄이 方好ᄒᆞ니) <번小八 18a>

(4) c. 우횟 사ᄅᆞᆷ 셤기며 사ᄅᆞᆷ 디졉ᄒᆞ기ᄅᆞᆯ ᄒᆞᆫᄀᆞᆯᄀ티(21a) 믿비 ᄒᆞ야(其事上遇人애 一以自信ᄒᆞ야) <번小十 21b>

d. ᄒᆞᆫᄀᆞᆯᄀ티 향ᄒᆞ야 맛들면(一向好著ᄒᆞ면) <번小六 6a>

3. 音韻 脫落型 및 音韻 添加型

3.1. 音韻 脫落型

어떤 부사가 그것 중의 한 음운의 탈락으로 생긴 부사와 동의 관계를 가질 수 있는데 이 경우가 音韻 脫落型이다. 음운 탈락에는 모음 탈락과 자음 탈락이 있다.

母音 脫落에는 '여' 탈락과 반모음 [y] 탈락이 있다. 모음 '여'의 탈락을 보여 주는 부사에는 [何]와 [豈] 즉 '어찌, 어째서'의 뜻을 가진 '엇뎨'와 '엇디'가 있다. 반모음 [y]의 탈락을 보여 주는 부사에는 [自] 즉 '스스로'의 뜻을 가진 '스싀로'와 '스스로'가 있다.

子音 脫落에는 'ㅎ' 탈락이 있다. 자음 'ㅎ'의 탈락을 보여 주는 부사에는 [共通]과 [通該] 즉 '모두, 통틀어'의 뜻을 가진 '대도히'와 '대되'가 있다.

<1> 엇뎨 對 엇디

두 부사가 [何]와 [豈] 즉 '어찌, 어째서'의 뜻을 가지고 동의 관계에 있다는 것은 다음 예문들에서 잘 확인된다. 두 부사는 理由와 原因을 뜻할 뿐만 아니라 手段과 方法을 뜻하기도 한다. 원문 중 '何…爲'가 '엇뎨…도의다'로 번역되고 '何…懼'가 '엇디 젛다'로 번역된다. 또 '豈…死'이 '엇뎨…죽다'로 번역되고 '豈…生'이 '엇디…살다'로 번역된다. 따라서 '엇뎨'와 '엇디'의 동의성은 명백히 입증된다. 두 부사의 빈도수를 조사해 보면 '엇디'가 압도적으로 우세하다. 부사 '엇디'는 '엇뎨'의 제2 음절의 모음 '여'가 탈락된 것이다.

(1) a. 그듸내 엇뎨 어딘 사르미 도의디 아니ᄒᆞ뇨(諸君은 何不爲君子오) <번小六 33a>

　　b. 엇뎨 남지늘 싸 아래 가 보료 ᄒᆞ더니(將何以見亡人於地下) <속三烈 24a>

　　c. 내 엇뎨 즉재 죽디 아니ᄒᆞ리오ᄆᆞ른(我豈不能卽死) <속三烈 27a>

　　d. 엇뎨 감히 顔孟올 ᄇᆡ호료 ᄒᆞ리니(豈敢學顔孟哉오 ᄒᆞ리니) <번小六 11b>

(1) e. 엇디 혼자 저티 아니ᄒᆞ더뇨(何獨不懼오) <번小九 64b>

　　f. 겨지비 닐오ᄃᆡ 엇디 내 남지늬 淸白을 더러이료 ᄒᆞ고(妻日 何敢累吾夫淸德) <속三孝 26b>

　　g. 죵과 엇디 다르리오(廝養何殊ㅣ리오) <번小六 19a>

　　h. 엇디 잘 알료(豈能知之리오) <번小七 9b>

　　i. ᄒᆞ다가 만일에 바드라온 활란이 이시면 엇디 혼자 사라 이시료(若萬一危禍ㅣ 면 豈宜獨生이리오) <번小九 65a>

　　j. 엇디 졈믄 아ᅀᅵ게 죄를 밀리오(豈何委罪小郞) <二倫 14a>

　　k. 엇디 그 집도 졍히 몯ᄒᆞᄂᆞᆫ다(奈何不能正其家) <二倫 7a>

<2> 스싀로 對 스스로

두 부사가 [自] 즉 '스스로'의 뜻을 가지고 동의 관계에 있다는 것은 다음 예문들에서 잘 확인된다. 원문 중 '自喪'이 '스싀로 잃다'로 번역되고 '自省察'이 '스스로 솔피다'로 번역되므로 두 부사 '스싀로'와 '스스로'의 동의성은 명백히 입증된다. 두 부사는 제2 음절에서 半母音 [y]의 탈락을 보여 준다. 다시 말하면 '스스로'는 '스싀로'의 제2 음절의 반모음 [y]가 탈락함으로써 생긴 것이다.

(2) a. 스싀로 뜨들 일ᄂ리나(自喪志니라) <번小六 6b>

　　b. 인ᄒ야 서 스싀로 씨ᄃᆞᆮ게 ᄒ노라(因書以自警ᄒ노라) <번小八 24a>

　　c. 감동ᄒ야 스싀로 혜아려(惻然自念ᄒ야) <번小八 26b>

　　d. 이졔 도로혀 스싀로 해ᄒ논디라(今反自損이라) <번小八 30a>

　　e. 반드시 스싀로 모믈 닷가 졍졔히 ᄒ며(必自修整ᄒ며) <번小十 3b>

(2) f. 스스로(28a) 슬피디 몯ᄒ야(不自省察ᄒ야) <번小七 28b>

　　g. 스스로 능히 우후로 추자가(自能尋向上去ᄒ야) <번小八 5b>

　　h. 스스로 ᄆᆞᅀᆞᆯ 가도혀 ᄒ면 나날 법다오매 나ᅀᅡ가ᄂᆞ니라(自檢束則日就規矩ㅣ니라) <번小八 6b>

<3> 대도히 對 대되

　두 부사가 [共通]과 [通該] 즉 '모두, 통틀어'의 뜻을 가지고 동의 관계에 있다는 것은 다음 예문들에서 잘 확인된다. 원문 중 '共通三千箇'가 '대도히 삼쳔 낯'으로 번역되고 '共通十一箇'가 '대되 열흔 낫'으로 번역되고 '通該五百箇'가 '대되 五百 낯'으로 번역된다. 따라서 '대도히'와 '대되'의 동의성은 명백히 입증된다. 부사 '대되'는 '대도히'의 제3 음절의 자음 'ㅎ' 탈락으로 생긴 것이다.

(3) a. 대도히 돈이 삼쳔 나치로소니(共通三千箇銅錢) <번朴上 1b>

(3) b. 우리 대되 네 사ᄅᆞ매 열 ᄆᆞ리라(我共通四箇人 十箇馬) <번老上 67a>

　　c. 우리 대되 열흔(18b) 낫 ᄆᆞ리니(我共通十一箇馬) <번老上 19a>

　　d. 대되 돈 五百 나치로다(通該五百箇錢) <번老上 23b>

　　e. 대되 혜니 쉰 량이로다(通計五十兩) <번老下 59a>

3.2. 音韻 添加型

　어떤 부사가 그것 중에 한 음운을 첨가하여 만들어진 부사와 동의 관계를 가질 수 있다. 이 경우가 음운 첨가형이다. 음운 첨가에는 모음 첨가와 자음 첨가가 있다.

　모음 첨가에는 반모음 [y] 첨가가 있다. 반모음 [y]의 첨가를 보여 주는 부사에는 [方] 즉 '바야흐로, 이제 막'의 뜻을 가진 '보야호로'와 '뵈야호로', [易]와 [容易] 즉 '쉬이, 쉽게'의 뜻을 가진 '수이'와 '쉬이' 그리고 [今] 즉 '이제, 지금'의 뜻을 가진 '이제'와 '이졔'가 있다.

　자음 첨가에는 'ㄴ' 첨가가 있다. 자음 'ㄴ'의 첨가를 보여 주는 부사에는 [且] 즉 '잠시, 당분간, 아직'

의 뜻을 가진 '아직'과 '안직'이 있다.

<1> 보야호로 對 뵈야호로

두 부사가 [方] 즉 '바야흐로, 이제 막'의 뜻을 가지고 동의 관계에 있다는 것은 다음 예문들에서 잘 확인된다. 원문 중 '方熾'가 '보야호로 퍼디다'로도 번역되고 '뵈야호로 셩ᄒ다'로도 번역된다. 그리고 '方寒'이 '보야호로 칩다'로도 번역되고 '뵈야호로 칩다'로도 번역된다. 따라서 '보야호로'와 '뵈야호로'의 동의성은 명백히 입증된다. '뵈야호로'는 '보야호로'의 첫 음절의 모음 '오'에 半母音 [y]가 첨가된 것이다.

(1) a. 병긔 보야호로 퍼디여(癘氣方熾) <二倫 11a>
  b. 그제 보야호로 칩더니(時方寒沍) <속三烈 5a>
  c. 보야호로 치운 저기어늘(時方寒沍) <속三烈 28a>

(1) d. 볈 긔운이 뵈야호로 셩홀시(癘氣ㅣ 方熾홀시) <번小九 73a>
  e. 뵈야호로 치온 제 ᄒ옷옷 닙고 잇다 ᄒ여(方天寒單衣以居) <二倫 43a>

<2> 수이 對 쉬이

두 부사가 [易]와 [容易] 즉 '쉬이, 쉽게'의 뜻을 가지고 동의 관계에 있다는 것은 다음 예문들에서 잘 확인된다. 원문 중 '易落'이 '수이 뻐러디다'로 번역되고 '易求'가 '쉬이 구ᄒ다'로 번역된다. 그리고 '容易賣'가 '수이 풀다'로 번역되고 '容易醫'가 '쉬이 고티다'로 번역된다. 따라서 '수이'와 '쉬이'의 동의성은 명백히 입증된다. 부사 '쉬이'는 '수이'의 첫 음절에 반모음 [y]가 첨가된 것이다.

(2) a. 힝역 더데 수이 뻐러디어(使瘡痂易落) <瘡疹 21b>
  b. ᄯ오 수이 풀 거시어니와(又容易賣) <번老下 62b>
  c. 수이 보ᄉ필 거시라(容易照管) <번老上 58a>

(2) d. 얻디 어려온 거슨 형뎨오 쉬이 구홀 거슨 뎐디라(難得者ᄂ 兄弟오 易求者ᄂ 田地니) <번小九 49a>
  e. 劉公이 처서믜 뎌 말ᄉ믈 듣고 ᄀ장 쉬이 너겨 ᄒ더니(劉公이 初甚易之ᄒ더니) <번小十 25b>
  f. 쉬이 저를 고틸 거시니(容易醫他) <번朴上 13b>

그리고 부사 '수이'의 축약형 '쉬'가 [易] 즉 '쉬이, 쉽게'의 뜻을 가지고 동의 관계에 있다는 것은 다음 예문들에서 잘 확인된다. 원문 중 '易曉'가 '쉬 알다'로 번역된다.

(2) g. 이젯 사르미 쉬 아디 몯ᄒᆞᄂᆞ니(今人이 未易曉ㅣ니) <번小六 7b>

　　h. 녯 해는 갓가와 쉬 알리러니(昔之害는 近而易知러니) <번小八 41a>

<3> 이제 對 이졔

두 부사가 [今] 즉 '이제, 지금'의 뜻을 가지고 동의 관계에 있다는 것은 다음 예문들에서 잘 확인된다. 원문 중 '今學'이 '이제 비호다'로 번역되고 '今…損'이 '이졔 해ᄒᆞ다'로 번역된다. 따라서 '이제'와 '이졔'의 동의성은 명백히 입증된다. 부사 '이졔'는 '이제'의 제2 음절에 半母音 [y]가 첨가된 것이다.

(3) a. 이제 비홀 사르미(今學者ㅣ) <번小六 9a>

　　b. 이제 縣令이 主簿와로 화동티 몯호믄(今令與簿ㅣ 不和ᄂᆞᆫ) <번小七 25a>

　　c. 이제 어느(49a) 느ᄎᆞ로 ᄉᆞ당이 드러 가리오 ᄒᆞ고(今何顏入家廟乎ㅣ리오) <번小七 49b>

　　d. ᄒᆞ믈며 이제 쇠망ᄒᆞ엿거니 엇디 ᄇᆞ리리오(況今衰亡이어니 何忍棄之리오) <번小九 63b>

　　e. 이제 나는 혼자 편안호모로 주노니(今獨遺之以安ᄒᆞ노니) <번小九 91b>

　　f. 이제 비록 가난ᄒᆞ고 미쳔ᄒᆞ야도(今雖貧賤ᄒᆞ나) <번小七 32b>

(3) g. 이졔 도로혀 스싀로 해ᄒᆞ논디라(今反自損이라) <번小八 30a>

<4> 아직 對 안직

두 부사가 [且] 즉 '잠시, 당분간, 아직'의 뜻을 가지고 동의 관계에 있다는 것은 다음 예문들에서 잘 확인된다. 원문 중 '且停'이 '아직 머믈다'로도 번역되고 '안직 머추우다'로도 번역되고 '안직 날회다'로도 번역된다. 따라서 두 부사 '아직'과 '안직'의 동의성은 명백히 입증된다. '안직'은 '아직'의 첫 음절에 자음 'ㄴ'이 첨가된 것이다.

(4) a. 아직 머므러든(且停些時) <번老下 6b>

　　b. 아직 아므려나 옷 덥고져 밥 비브르고져 ᄒᆞᄂᆞ니라(且得暖衣飽飯) <번老下 55b>

(4) c. 안직 머추워 두어든(且停些時) <번老上 70b>

　　d. 네 안직 날회라(你且停一停) <번朴上 75b>

　　e. 안직 방의 안자시라 가져(且房子裏 坐的去來) <번老上 33a>

　　f. 안직 가디 마르쇼셔(且休去) <번老上 31a>

g. 믈읫 論語와 孟子 보매 안직 모로매 니기 읽고 맛드려(凡看語孟애 且須熟讀玩味ᄒ야) <번小八 31b>

4. 派生型

동일한 語根에서 파생된 두 부사가 동의 관계를 가질 수 있다. 이 경우가 파생형이다. 파생에는 [私] 와 [燕] 즉 '사사로이, 사사롭게'의 뜻을 가진 '아롬뎌'와 '아롬도이' 그리고 [薄] 즉 '엷게'의 뜻을 가진 '열 이'와 '엷게'가 있다.

<1> 아롬뎌 對 아롬도이

두 부사가 [私]와 [燕] 즉 '사사로이, 사사롭게'의 뜻을 가지고 동의 관계에 있다는 것은 다음 예문들 에서 잘 확인된다. 원문 중 '私令外'의 '私'가 '아롬뎌'로 번역되고 '私藏'이 '제 둣는 거슬 아롬도이 ᄒ다' 로 의역된다. 또 '侍燕'이 '아롬뎌 뫼시다'로 번역되고 '燕居'가 '아롬도이 겨시다'로 번역된다. 따라서 '아롬뎌'와 '아롬도이'의 동의성은 명백히 입증된다.

부사 '아롬뎌'는 [私]의 뜻을 가진 명사 '아롬'과 부사 파생 접미사 '-뎌'의 결합이다. 박진호(2003) 에 의하면 중세국어의 부사 '아롬뎌'와 '새려'에 보이는 '-뎌/려'는 부사 파생 접미사이다.

부사 '아롬도이'는 상태동사 '아롬ᄃ외다'에서 파생된 부사이다. '아롬ᄃ외다'의 용례는 『두시언 해』(1481)의 '깃거ᄒᄂᆫ 萬物은 제여곰 아롬ᄃ외도다(欣欣物自私)' <杜十四 38b>에서 발견된다. '아롬 ᄃ외다'는 '아롬ᄃ외다>아롬도외다>아롬되다'의 변화를 거쳐 '아롬되다'가 될 수 있고 '아롬되다'에서 부사 '아롬되이'가 파생될 수 있다. 부사 '아롬도이'는 '아롬되이'에서 제3 음절 '되'의 반모음 [y]가 탈락 된 것이다.

(1) a. 아롬뎌 밧고로 슬진 고기와 보육과 젓과를 어드라 ᄒ야(私令外로 取肥肉脯鮓ᄒ야) <번小七 14b>

　　b. 君子를 아롬뎌 뫼셔(27a) 밥 머글 저기어든 몬져 먹고 무출 젠 후에 홀디니 (侍燕於君子則先飯而 後已니) <번小四 27b>

(1) c. 각각 제 ᄉ랑ᄒᄂ니를 일편도이 ᄒ며 각각 제 둣는 거슬 아롬도이 ᄒ야(偏愛私藏ᄒ야) <번小七 41b>

　　d. 孔子ㅣ 아롬도이 겨실 저긔는(子之燕居애) <번小四 19a>

그리고 부사 '아름뎌'도 [私] 즉 '사사로이, 사사롭게'의 뜻을 가진다는 것은 다음 예문들에서 잘 확인된다. '아룸뎌'와 '아름뎌'는 제2 음절에서 모음 'ㅇ~ㅇ'의 교체를 보여 준다.

(1) e. 집안해 혼 말 뿔 혼잣 깁블 아름뎌 아니ᄒ더라(門內斗粟尺帛無私) <二倫 26a>
    f. 혼 고애 녀허 두고 아름뎌 간ᄉ 아니터라(畢斂貯一庫 室無私藏) <二倫 32a>

<2> 열이 對 엷게

부사 '열이'와 부사어 '엷게'가 [薄] 즉 '엷게'의 뜻을 가지고 동의 관계에 있다는 것은 다음 예문들에서 잘 확인된다. 원문 중 '薄塗'가 '열이 ᄇᄅ다'로도 번역되고 '엷게 ᄇᄅ다'로도 번역된다. 따라서 '열이'와 '엷게'의 동의성은 명백히 입증된다. 부사 '열이'는 '엷+이'로 분석될 수 있고 이것이 '열븨>열이'의 변화를 거쳐 '열이'가 된다.

(2) a. 눈 엥엇 ᄉ면의 두루 열이 ᄇᄅ라(薄塗眼眶四圍) <瘡疹 43a>
    b. 골(50a) ᄀ티 ᄒ야 허믈 우희 밤마다 엷게 볼라(如膏薄塗瘢上每夜塗之) <瘡疹 50b>

제4절
冠形詞類에서의 同義

고유어의 관형사류에서 확인되는 동의 관계는 크게 둘로 나누어 고찰할 수 있다. 첫째는 冠形詞간의 동의이고 둘째는 冠形詞와 冠形語 간의 동의이다.

1. 冠形詞간의 同義

고유어 관형사 사이에 성립되는 동의에는 [何], [甚] 및 [甚麼] 즉 '무슨'의 뜻을 가진 '므스'와 '므슴', [幾] 즉 '어느, 아무'의 뜻을 가진 '어느'와 '아모' 그리고 [幾] 즉 '몇'의 뜻을 가진 '현'과 '몃'이 있다.

<1> 므스 對 므슴

두 관형사가 [何], [甚] 및 [甚麼] 즉 '무슨'의 뜻을 가지고 동의 관계에 있다는 것은 다음 예문들에서 잘 확인된다. 원문 중 '何事'와 '甚事'가 '므스 일'로 번역되고 '甚麼事'가 '므슴 일'로 번역되므로 '므스'와 '므슴'의 동의성은 명백히 입증된다.

(1) a. 몬져 모로매 쎠곰 비호는 거시 므스 이린고 ᄒ여 궁구ᄒ여 아라(先須理會所以爲學者ㅣ 何事오 ᄒ야) <번小八 33b>
　　 b. 쏘 니ᄅ건댄 셰간이 므스 일이(且道世間甚事ㅣ) <번小九 53a>

(1) c. 므슴 이리 잇ᄂᆞᆫ고(有甚麽事) <번老上 52b>

　　d. 므슴 사ᄅᆞᆯ 사마 보리오(做甚麽人看) <번老上 5b>

<2> 어느 對 아모

두 관형사가 [幾] 즉 '어느, 아무'의 뜻을 가지고 동의 관계에 있다는 것은 다음 예문들에서 잘 확인된다. 원문 중 '幾時'가 '어느 제'로도 번역되고 '아모 제'로도 번역된다. 또 '幾時'가 '어느 ᄢᅴ'로 번역되고 '某時'가 '아모 ᄢᅴ'로 번역된다. 따라서 두 관형사 '어느'와 '아모'의 동의성은 명백히 입증된다.

(2) a. 하나한 디플 어느 제 사홀료(許多草幾時切得了) <번老上 19a>

　　b. 우리 이 둘 글워를(18a) 어느 제 벗기려뇨(幾時稅了) <번老下 18b>

　　c. 어느 ᄢᅴ 婚書 보낼고(幾時下紅定) <번朴上 46a>

(2) d. 아모 제라 업시 밧고리라(不揀幾時要換) <번老下 15a>

　　e. 아모 제라 업시 사ᄅᆞᆷ 도의리라(不揀幾時 成得人了) <번老下 43a>

　　f. 아모 나리라 업시(不揀幾日) <번老下 56a>

　　g. 아모 ᄢᅴ 송장ᄒᆞᄂᆞ니(某時葬) <二倫 33b>

<3> 현 對 몃

두 관형사가 [幾] 즉 '몇'의 뜻을 가지고 동의 관계에 있다는 것은 다음 예문들에서 잘 확인된다. 원문 중 '幾分'이 '현 분'으로 번역되고 '幾人'이 '몃 사름'으로 번역된다. 따라서 두 관형사 '현'과 '몃'의 동의성은 명백히 입증된다. 두 관형사의 빈도수를 비교해 보면 '몇'의 빈도수가 훨씬 많다.

(3) a. 미 ᄒᆞᆫ 량의 워리를 현 분식 ᄒᆞ야(每兩月利幾分) <번朴上 61a>

(3) b. 남지니 므슴 구드니 몃 사ᄅᆞ미 겨지븨 마릐 혹디 아니ᄒᆞ료(男子剛腸者幾人이 能不爲婦人言의 所惑고) <번小七 42a>

　　c. 몃 즘겟 길히 잇ᄂᆞᆫ고(有幾程地) <번老上 10b>

　　d. 금 나ᄆᆞ니 몃 근이나 잇ᄂᆞ뇨(金餘ㅣ 尙有幾斤고) <번小九 88a>

　　e. 네 몃 버디 왓ᄂᆞ뇨(你有幾個火伴) <번老下 5b>

2. 冠形詞와 冠形語 간의 同義

고유어 관형사와 관형어 사이에서 확인되는 동의에는 [他] 즉 '다른'의 뜻을 가진 '녀느'와 '다른', [別] 즉 '다른, 딴'의 뜻을 가진 '다른'과 '딴', [五] 즉 '다섯, 닷'의 뜻을 가진 '닷'과 '다숫' 그리고 [甚麼] 즉 '무슨'의 뜻을 가진 '므슴'과 '아므란'이 있다.

<1> 녀느 對 다른

관형사 '녀느'와 상태동사 '다르다'의 관형사형 '다른'이 [他] 즉 '다른'의 뜻을 가지고 동의 관계에 있다는 것은 다음 예문들에서 잘 확인된다. 원문 중 '他子'가 '녀느 子息'으로 번역되고 '他人'이 '다른 사람'으로 번역된다. 그리고 '其他'가 '녀느 일'로 번역되고 '他用'이 '다른 딕 쓰다'로 번역된다. 따라서 '녀느'와 '다른'의 동의성은 명백히 입증된다.

> (1) a. 녀느 子息 업스니(無他子) <속三烈 10a>
>   b. 녀느 동싱이 효양흐리 업스니(無他兄弟備養흐니) <번小九 55a>
>   c. 녀느 일도 조심 아니티 몯흐노니(其他도 不敢不愼흐노니) <번小九 54b>
>   d. 녀느 사르마란 다 당샹관 追贈흐시니라(餘幷贈堂上官) <속三忠 4b>

> (1) e. 엇디 다른 사룸 혜아려 검찰홀 공뷔 이시리오(豈有工夫ㅣ 點檢他人也ㅣ리오) <번小八 15a>
>   f. 일즉 다른 딕 가 술 취흐여 도라 오나늘(曾他處醉歸어늘) <번小九 75a>
>   g. 다른 딕 쓰기를 아니흐(39b) 노라(不敢他用也흐노라) <번小八 40a>

그리고 관형사 '녀느'와 '년'이 상태동사 '다르다'의 관형사형 '다른'과 [別]과 [別樣] 즉 '다른'의 뜻을 가지고 동의 관계에 있다는 것은 다음 예문들에서 잘 확인된다. 원문 중 '別處'가 '년 딕'와 '다른 딕'로 번역되고 '別樣鐵'이 '녀느 쇠'로 번역된다. 따라서 '녀느', '년' 및 '다른'의 동의성은 명백히 입증된다.

> (1) h. 녀느 쇠 말오(不要別樣鐵) <번朴上 16a>
>   i. 년 딕 브리디 아녀(別處不下) <번老上 11b>
>   j. 다른 딕 드는 쟉도 흐나 비러 오고려(別處 刀借一箇來) <번老上 19a>

<2> 다른 對 딴

상태동사 '다르다'의 관형사형 '다른'과 관형사 '딴'이 [別] 즉 '다른, 딴'의 뜻을 가지고 동의 관계에 있다는 것은 다음 예문들에서 잘 확인된다. 원문 중 '別人'이 '다른 사람'으로도 번역되고 '딴 사람'으로도 번역된다. 따라서 '다른'과 '딴'의 동의성은 명백히 입증된다.

(2) a. 다른 사ᄅᆞ미 우리를 다가(別人將咱們) <번老上 5b>

 b. 다른 사ᄅᆞᆷ 가져 가게 말라(休敎別人將去了) <번老下 35b>

 c. 다른 사ᄅᆞ미 거슬 ᄉᆞ랑티 말며(別人東西休愛) <번老下 43a>

 d. 후에 다른 딧 마ᅀᆞ리(後頭別處官司) <번老下 28b>

(2) e. 우리 ᄒᆞᆫ 짓 사ᄅᆞ미며 ᄯᅩ ᄠᆞᆫ 사ᄅᆞᆷ 아니어니ᄯᆞ나(咱們一家人 又不是別人) <번老下 7b>

<3> 닷 對 다ᄉᆞᆺ

관형사 '닷'과 수사 '다ᄉᆞᆺ'이 [五] 즉 '다섯, 닷'의 뜻을 가지고 동의 관계에 있다는 것은 다음 예문들에서 잘 확인된다. 원문 중 '五分'이 '닷 분'으로 번역되고 '五錢'이 '닷 돈'으로 번역된다. 그리고 '五桶'이 '다ᄉᆞᆺ 통'으로 번역되고 '五'의 자석이 '다ᄉᆞᆺ'이다. 따라서 '닷'과 '다ᄉᆞᆺ'의 동의성은 명백히 입증된다.

(3) a. 닷 분에 ᄒᆞᆫ 말 조ᄣᆞ리오(五分一斗小末) <번老上 9b>

 b. 닷 돈애 ᄒᆞᆫ 근시기라도(五錢一斤家) <번老下 2b>

(3) c. 竹葉淸酒 열 다ᄉᆞᆺ 병과 腦兒酒 다ᄉᆞᆺ 통을 틱 오더라(支與竹葉淸酒十五瓶腦兒酒五桶) <번朴上 3b>

(3) d. 五 : 中數 <四解上 36b>

 e. 五 : 다ᄉᆞᆺ 오 <字會下 14b>

<4> 므슴 對 아ᄆᆞ란

관형사 '므슴'과 상태동사 '아ᄆᆞᆯ다'의 관형사형 '아ᄆᆞ란'이 [甚麽] 즉 '무슨'의 뜻을 가지고 동의 관계에 있다는 것은 다음 예문들에서 잘 확인된다. 원문 중 '甚麽茶飯'이 '므슴 음식'으로 번역되고 '甚麽好茶飯'이 '아ᄆᆞ란 됴ᄒᆞᆫ 차반'으로 번역된다. 그리고 '甚麽瘡'이 '므슴 헌듸'로도 번역되고 '아ᄆᆞ란 헌듸'로도 번역된다. 따라서 '므슴'과 '아ᄆᆞ란'의 동의성은 명백히 입증된다.

(4) a. 우리 므슴 음식을 머거ᅀᅡ 됴홀고(咱們喫些甚麽茶飯好) <번老上 60b>

 b. 네 므슴 황호 사려 ᄒᆞᄂᆞᆫ다(你要買甚麽貨物) <번老下 66a>

 c. 므슴 헌듸오(甚麽瘡) <번朴上 13a>

 d. 므슴 이리 잇ᄂᆞᆫ고(有甚麽事) <번老上 52b>

 e. 이 형님 므슴 말오(這大哥甚麽言語) <번老上 18b>

f. 네 므슴 마를 니르는다(你說甚麼話) <번老下 56b>

(4) g. 또 아모란 됴ᄒᆞᆫ 차반도 업더니(又沒甚麼好茶飯) <번老上 43b>

h. 앏픠는 또 아모란 뎜도 업슬싀(前頭又沒甚麼店子) <번老下 40a>

i. 또 아모란 쳔도 업스니(又沒甚麼錢本) <번老下 27a>

j. 아모란 헌딘 둥 몰래라(不知甚麼瘡) <번朴上 13a>

k. 셔울도 아모란 흥졍이 업더라(京都也沒甚麼買賣) <번朴上 53b>

l. 다 아모란 술진 주리 업스니(都沒甚麼膁) <번老上 70a>

제3장

固有語와 漢字語 간의 同義

1510년대 국어에서 固有語와 漢字語가 어떤 양상의 동의 관계를 형성하고 있
는지를 名詞類, 動詞類, 副詞類 및 冠形詞에서 고찰해 보고자 한다.

제1절
名詞類에서의 同義

명사류에서 확인되는 고유어와 한자어 간의 동의에서 고유어가 첫째로 單一語 명사이고 둘째로 合成名詞와 名詞句이고 셋째로 派生名詞이다.

1. 固有語가 單一語인 경우

명사류에서 확인되는 고유어와 한자어 간의 동의에서 고유어가 單一語 명사인 경우에는 [棚] 즉 '시렁, 선반'의 뜻을 가진 '가개'와 '凉棚'을 비롯하여 [驪] 즉 '가라말, 털빛이 검은 말'의 뜻을 가진 '가라ᄆᆞᆯ'과 '黑馬', [指環] 즉 '가락지'의 뜻을 가진 '가락지'와 '指環', [枚] 즉 '가래, 農具의 한 가지'의 뜻을 가진 '가래'와 '木枚', [鍋], [鍋兒] 및 [釜] 즉 '가마, 가마솥'의 뜻을 가진 '가마'와 '鍋兒', [烏]와 [鴉] 즉 '까마귀'의 뜻을 가진 '가마괴'와 '老鴉', [膈]과 [胸] 즉 '흉격(胸膈), 심장과 비장 사이의 가슴 부분'의 뜻을 가진 '가슴'과 '胸膈' [莿] 즉 '풀의 가시'의 뜻을 가진 '가싀'와 '芒莿', [茄子]와 [茄] 즉 '가지'의 뜻을 가진 '가지'와 '茄子', [狗]와 [犬] 즉 '개'의 뜻을 가진 '가히'와 '狗兒', [女孩兒] 즉 '계집아이'의 뜻을 가진 '간나히'와 '女孩兒', [帽], [帽兒] 및 [帽子] 즉 '모자, 頭巾'의 뜻을 가진 '갇'과 '頭衣', [汊] 즉 '물 갈래지는 곳'의 뜻을 가진 '개'와 '水岐流', [衢]와 [街] 즉 '네거리, 大路'의 뜻을 가진 '거리'와 '街衢', [蛭] 즉 '거머리, 水蛭'의 뜻을 가진 '거머리'와 '水蛭', [龜] 즉 '거북'의 뜻을 가진 '거붑'와 '甲虫', [漚]와 [泡] 즉 '거품, 물거품'의 뜻을 가진 '거픔'과 '浮漚', [娘]과 [娘子] 즉 '아내'의 뜻을 가진 '겨집'과 '娘子', [鼻子]와 [鼻] 즉 '코'의 뜻을 가진 '고ㅎ'와 '鼻子', [峴] 즉 '고개'의 뜻을 가진 '고개'와 '峻嶺', [鯨]과 [鯢] 즉 '고래'의 뜻을 가진 '고래'와 '鯨鯢', [妾]의 뜻을 가진 '고마'와 '妾', [鵠] 즉 '고니'의 뜻을 가진 '곤이'와 '水鳥', [谷] 즉 '골, 골짜기'의 뜻을 가진 '골'과 '水谷', [冠] 즉 '갓, 관'의 뜻을 가진 '곳갈'과 '冠', [傀]와 [儡] 즉 '꼭두서니, 傀儡, 꼭두각시 놀음에 나오는 여러 가지 人形'의 뜻을 가진 '광대'와 '傀儡', [炕] 즉 '구들, 방구들'의 뜻을 가진 '구들'과 '土炕', [官]과 [官司] 즉 '관청'의 뜻을 가진 '구위'와 '官司', [卒] 즉 '군사, 병졸'의 뜻을 가진 '군ㅅ'와 '兵卒', [鞦]과 [勒] 즉 '재갈, 굴레'의 뜻을 가진 '굴에'와 '馬勒', [耳] 즉 '귀, 청각 기관'의 뜻을 가진 '귀'와 '聽官', [器皿], [皿] 및 [器] 즉 '그릇'의 뜻을 가진 '그릇'와 '器皿', [網] 즉 '그물'의 뜻을 가진 '그믈'과 '網', [梢] 즉 '나무 끝, 나무 가지의 끝'의 뜻을 가진 '귿'과 '枝末', [典]과 [經] 즉 '유교의 교리를 적은 책, 불교의 교리를 적은 책'의 뜻을 가진 '글월'과 '經典', [時]와 [刻] 즉 '때, 時刻'의 뜻을 가진 '삐니'와 '時刻', [鞍] 즉 '鞍裝'의 뜻을 가진 '기르마'와 '馬鞍具', [纓] 즉 '갓끈'의 뜻을 가진 '긴'과 '冠系', [路]와 [道] 즉 '길, 도로'의 뜻을 가진 '길'과 '道路', [巢] 즉 '새의 보금자리'의 뜻을 가진 '깃'과 '鳥棲', [河] 즉 '강'의 뜻을 가진 'ᄀᆞ롬'과 '流水', [徼]와 [界] 즉 '가, 경계'의 뜻을 가진 'ᄀᆞᆺ'과 '境界', [小人] 즉 '나, 저'의 뜻을 가진 '나'와 '小人', [客人]과 [客] 즉 '나그네'의 뜻을 가진 '나그내'와 '客人', [蛺]과 [蝶] 즉 '나비, 호랑나비'의 뜻을 가진 '나비'와 '蛺蝶', [鉤] 즉 '갈고랑이, 낚싯바늘'의 뜻을 가진 '낛'과 '釣鉤', [男子] 즉 '남자, 사나이'의 뜻을 가진 '남진'과 '男子', [魂]과 [魄] 즉 '넋'의 뜻을 가진 '넋'과 '魂魄' 그리고 [板] 즉 '널빤지'의 뜻을 가진 '널'과 '木片' 등 1870여 항목이 있다.

<1> 가개 對 涼棚

고유어 '가개'와 한자어 '涼棚'이 [棚] 즉 '시렁, 선반'의 뜻을 가지고 동의 관계에 있다는 것은 다음 예문들에서 잘 확인된다. 원문 중 '這棚'이 '이 가개'로 번역된다. '棚'이 한자어 '涼棚'을 뜻하고 '涼棚'은 고유어 '가개'와 동의 관계에 있다. 그리고 '棚'의 자석이 '가개'이다. 따라서 '가개'와 '涼棚'의 동의성은 명백히 입증된다.

(1) a. 나그내들 ᄒᆞ야 그저 이 가개 아래 안자셔 밥 먹게 ᄒᆞ져(敎客人們只這棚底下坐的喫飯) <번老上 40b>

(1) b. 棚 : …今俗語涼棚 가개 亦曰平房 <四解下 59b>
   c. 棚 : 가개 붕 <字會中 3b>

<2> 가라몰 對 黑馬

고유어 '가라몰'과 한자어 '黑馬'가 [驪] 즉 '가라말, 털빛이 검은 말'의 뜻을 가지고 동의 관계에 있다는 것은 다음 예문들에서 잘 확인된다. 원문 중 '黑馬'가 '가라몰'로 번역된다. 그리고 '驪'가 한자어 '馬深黑色'을 뜻한다. 따라서 '가라몰'과 '黑馬'의 동의성은 명백히 입증된다.

(2) a. 셜아몰 가라몰(白馬 黑馬) <번老下 9a>
 b. 驪 : 馬深黑色 <四解上 28a>

<3> 가락지 對 戒指兒

고유어 '가락지'와 한자어 '戒指兒'가 [戒指兒] 즉 '가락지'의 뜻을 가지고 동의 관계에 있다는 것은 다음 예문들에서 잘 확인된다. 원문 중 '金戒指兒'가 '금가락지'로 번역된다. 그리고 고유어 '가락지'는 한자어 '戒指兒'와 동의 관계에 있다. 따라서 '가락지'와 '戒指兒'의 동의성은 명백히 입증된다.

(3) a. 내 또 곳갈 흔 볼와…날 바근 금가락지 흔 쌍과를 다가 흐야(我再把一副頭面…一對窟嵌的金戒指兒) <번朴上 20b>

(3) b. 環 : 璧也 環佩 <四解上 81b>
 c. 環 : 골회 환…俗呼指環 가락지 又曰戒指兒 <字會中 12b>

<4> 가락지 對 指環

고유어 '가락지'와 한자어 '指環'이 [指環] 즉 '가락지'의 뜻을 가지고 동의 관계에 있다는 것은 다음 예문들에서 잘 확인된다. 한자어 '指環'이 고유어 '가락지'와 동의 관계에 있다. 따라서 '가락지'와 '指環'의 동의성은 명백히 입증된다.

(4) a. 環 : 璧也 環佩 <四解上 81b>
 b. 環 : 골회 환…俗呼指環 <字會中 12b>

<5> 가랍나모 對 撥欏樹

고유어 '가랍나모'와 한자어 '撥欏樹'가 [櫟]과 [柞] 즉 '상수리나무'의 뜻을 가지고 동의 관계에 있다는 것은 다음 예문들에서 잘 확인된다. '櫟'이 고유어 '가랍나모'를 뜻하고 '가랍나모'는 한자어 '撥欏樹'와 동의 관계에 있다. '柞'이 한자 '櫟'과 同義이고 고유어 '가랍나모'를 뜻한다. 그리고 '柞'의 자석이 '가

랍나모'이고 고유어 '가랍나모'는 한자어 '撥櫟樹'와 동의 관계에 있다. 따라서 '가랍나모'와 '撥櫟樹'의 동의성은 명백히 입증된다.

(5) a. 櫟 : 木名 가랍나모 今俗呼撥櫟樹 <四解下 57b>

(5) b. 柞 : 櫟也 가랍나모 <四解下 38b>
　　c. 柞 : 가랍나모 작 俗呼撥櫟樹 <字會上 6a>

<6> 가랍나모 對 柞木

고유어 '가랍나모'와 한자어 '柞木'이 [栩]와 [柞] 즉 '상수리나무'의 뜻을 가지고 동의 관계에 있다는 것은 다음 예문들에서 잘 확인된다. '栩'가 한자어 '柞木'을 뜻하고 '柞木'은 고유어 '가랍나모'와 동의 관계에 있다. 그리고 '栩'와 '柞'의 자석이 '가랍나모'이다. 따라서 '가랍나모'와 '柞木'의 동의성은 명백히 입증된다.

(6) a. 栩 : 柞木 가랍나모 <四解上 34a>
　　b. 栩 : 가랍나모 우 <字會上 6a>

(6) c. 柞 : 櫟也 가랍나모 <四解下 38b>
　　d. 柞 : 가랍나모 작 <字會上 6a>

<7> 가래 對 木枚

고유어 '가래'와 한자어 '木枚'이 [枚] 즉 '가래, 農具의 한 가지'의 뜻을 가지고 동의 관계에 있다는 것은 다음 예문들에서 잘 확인된다. '枚'이 한자어 '木枚'을 뜻하고 '木枚'은 고유어 '가래'와 동의 관계에 있다. 그리고 '枚'의 자석이 '가래'이고 고유어 '가래'는 한자어 '木枚'과 동의 관계에 있다. 따라서 '가래'와 '木枚'의 동의성은 명백히 입증된다.

(7) a. 枚 : 鍫屬…木枚 가래 <四解下 85a>
　　b. 枚 : 가래 흠 俗呼木枚

<8> 가리맏 對 蟶腸

고유어 '가리맏'과 한자어 '蟶腸'이 [蟶] 즉 '긴맛, 馬刀貝'의 뜻을 가지고 동의 관계에 있다는 것은 다음 예문들에서 잘 확인된다. '蟶'이 한자어 '蟶腸'을 뜻하고 '蟶腸'은 고유어 '가리맏'과 동의 관계에 있다. 그리고 '蜌'의 자석이 '가리맏'이고 고유어 '가리맏'은 한자어 '蜌腸'과 동의 관계에 있다. 따라서 '가리맏'과 '蜌腸'의 동의성은 명백히 입증된다.

(8) a. 蜌 : 蚌屬 今俗語蜌腸 가리맏 <四解下 53b>
　　 b. 蜌 : 가리맏 뎡 俗呼蜌腸 <字會上 10b>

<9> 가마 對 鍋兒

고유어 '가마'와 한자어 '鍋兒'가 [鍋], [鍋兒] 및 [釜] 즉 '가마, 가마솥'의 뜻을 가지고 동의 관계에 있다는 것은 다음 예문들에서 잘 확인된다. 원문 중 '鍋竈'가 '가마와 노곳자리'로 번역되고 '鍋兒'가 '가마'로 번역된다. '釜'가 한자어 '鍋兒'를 뜻하고 '釜'의 자석이 '가마'이다. 그리고 '鍋'의 자석이 '가마'이다. 따라서 '가마'와 '鍋兒'의 동의성은 명백히 입증된다.

(9) a. 가마와 노곳자리와 사발와 뎝시왜 다 잇ᄂ녀(鍋竈椀楪都有麼) <번老上 68a>
　　 b. 네 가마의 블 디더 ᄀ장 글커든(你燒的鍋滾時) <번老上 19b>
　　 c. 가마 노고 너르쎤 가마(鍋兒 鑼鍋 荷葉鍋) <번老下 33a>

(9) d. 釜 : 今俗呼鍋兒 <四解上 39a>
　　 e. 釜 : 가마 부 <字會中 6a>

(9) f. 鍋 : 溫器 <四解下 27b>
　　 g. 鍋 : 가마 과 <字會中 6a>

<10> 가마 對 頂門

고유어 '가마'와 한자어 '頂門'이 [頧] 즉 '가마, 정수리에 소용돌이 모양으로 난 머리털'의 뜻을 가지고 동의 관계에 있다는 것은 다음 예문들에서 잘 확인된다. '頧'의 자석이 '가마'이고 고유어 '가마'는 한자어 '頂門'과 동의 관계에 있다. 따라서 '가마'와 '頂門'의 동의성은 명백히 입증된다.

(10) a. 頧 : 頭會 腦蓋 <四解上 58b>
　　 b. 頧 : 가마 신 頂門 俗呼頂心 <字會上 13a>

<11> 가마 對 三足釜

고유어 '가마'와 한자어 '三足釜'가 [錡] 즉 '세 발 솥'의 뜻을 가지고 동의 관계에 있다는 것은 다음 예문들에서 잘 확인된다. '錡'가 한자어 '三足釜'를 뜻한다. 그리고 '錡'의 자석이 '가마'이다. 따라서 '가마'와 '三足釜'의 동의성은 명백히 입증된다.

(11) a. 錡 : 三足釜 <四解上 14b> <四解上 22a>
　　 b. 錡 : 釜屬 <四解上 14a>
　　 c. 錡 : 가마 긔 <字會中 6a>

<12> 가마 對 溫器

고유어 '가마'와 한자어 '溫器'가 [鍋] 즉 '노구솥, 냄비'의 뜻을 가지고 동의 관계에 있다는 것은 다음 예문들에서 잘 확인된다. '鍋'가 한자어 '溫器'를 뜻하고 '鍋'의 자석이 '가마'이다. 따라서 '가마'와 '溫器'의 동의성은 명백히 입증된다.

(12) a. 鍋 : 溫器 <四解下 27a>
　　 b. 鍋 : 가마 과 <字會中 6a>

<13> 가마괴 對 老鴉

고유어 '가마괴'와 한자어 '老鴉'가 [烏]와 [鴉] 즉 '까마귀'의 뜻을 가지고 동의 관계에 있다는 것은 다음 예문들에서 잘 확인된다. '烏'가 한자어 '老鴉'를 뜻하고 '老鴉'는 고유어 '가마괴'와 동의 관계에 있다. '烏'의 자석이 '가마괴'이고 고유어 '가마괴'는 한자어 '老鴉'와 동의 관계에 있다. 그리고 '鴉'가 한자어 '老鴉'를 뜻하고 '老鴉'는 고유어 '가마괴'와 동의 관계에 있다. 따라서 '가마괴'와 '老鴉'의 동의성은 명백히 입증된다.

(13) a. 烏 : 孝鳥 今俗呼老鴉 가마괴 <四解上 40b>
　　 b. 烏 : 가마괴 오…俗呼老鴉 <字會上 9a>

(13) c. 鴉 : 今俗語老鴉 가마괴 <四解下 31a>

<14> 가마괴 對 孝鳥

고유어 '가마괴'와 한자어 '孝鳥'가 [烏] 즉 '까마귀'의 뜻을 가지고 동의 관계에 있다는 것은 다음 예문들에서 잘 확인된다. '烏'가 한자어 '孝鳥'를 뜻하고 '孝鳥'는 고유어 '가마괴'와 동의 관계에 있다. 그리고 '烏'의 자석이 '가마괴'이다. 따라서 '가마괴'와 '孝鳥'의 동의성은 명백히 입증된다.

(14) a. 烏 : 孝鳥…가마괴 <四解上 40b>

　　 b. 烏 : 가마괴 오 <字會上 9a>

<15> 가마오디 對 鸕鷀

고유어 '가마오디'와 한자어 '鸕鷀'가 [鷀]와 [鸕] 즉 '가마우지'의 뜻을 가지고 동의 관계에 있다는 것은 다음 예문들에서 잘 확인된다. '鷀'가 한자어 '鸕鷀'를 뜻하고 '鸕鷀'는 고유어 '가마우디'와 동의 관계에 있다. '鷀'의 자석이 '가마우디'이고 고유어 '가마우디'는 한자어 '鸕鷀'와 동의 관계에 있다. 그리고 '鸕'가 한자어 '鸕鷀'를 뜻하고 '鸕'의 자석이 '가마오디'이다. 따라서 '가마우디'와 '鸕鷀'의 동의성은 명백히 입증된다.

(15) a. 鷀 : 鸕鷀 水鳥…가마우디 <四解上 13a>

　　 b. 鷀 : 가마오디 조…亦呼鸕鷀 <字會上 9b>

(15) a. 鸕 : 鸕鷀 <四解上 42a>

　　 d. 鸕 : 가마오디 로 <字會上 9b>

<16> 가마오디 對 水老鴉

고유어 '가마오디'와 한자어 '水老鴉'가 [水老鴉]와 [鷀] 즉 '가마우지'의 뜻을 가지고 동의 관계에 있다는 것은 다음 예문들에서 잘 확인된다. 원문 중 '無數目的水老鴉'가 '수업슨 가마오디'로 번역된다. 그리고 '鷀'의 자석이 '가마오디'이고 고유어 '가마우디'는 한자어 '水老鴉'와 동의 관계에 있다. 따라서 '가마오디'와 '水老鴉'의 동의성은 명백히 입증된다.

(16) a. 믓 ᄀ쇄 고기 엿ᄂ니(70a) 는 수업슨 가마오디오(河邊兒窺魚的是無數目的水老鴉) <번朴上 70b>

(16) b. 鷀 : 鸕鷀 水鳥 <四解上 13a>

　　 c. 鷀 : 가마오디 조 俗呼水老鴉 亦呼鸕鷀 <字會上 9b>

<17> 가막죠개 對 黑色小蛤

고유어 '가막죠개'와 한자어 '黑色小蛤'이 [蟹] 즉 '가막조개, 바지라기'의 뜻을 가지고 동의 관계에 있다는 것은 다음 예문들에서 잘 확인된다. '蟹'이 한자어 '黑色小蛤'을 뜻한다. 그리고 '蟹'의 자석이 '가막죠개'이다. 따라서 '가막죠개'와 '黑色小蛤'의 동의성은 명백히 입증된다.

(17) a. 蠯 : 黑色小蛤 <四解下 7a>

　　 b. 蠯 : 가막죠개 현 俗呼□子 <字會上 10b> 현

<18> 가모티 對 火頭魚

고유어 '가모티'와 한자어 '火頭魚'가 [鱧] 즉 '가물치'의 뜻을 가지고 동의 관계에 있다는 것은 다음 예문들에서 잘 확인된다. '鱧'가 한자어 '火頭魚'를 뜻하고 '火頭魚'는 고유어 '가모티'와 동의 관계에 있다. 그리고 '鱧'의 자석이 '가모티'이고 '가모티'는 한자어 '火頭魚'와 동의 관계에 있다. 따라서 '가모티' 와 '火頭魚'의 동의성은 명백히 입증된다.

(18) a. 鱧 : 今黑鯉魚…今俗呼火頭魚 가모티 <四解上 28b>

　　 b. 鱧 : 가모티 례…俗呼烏魚又呼火頭魚 <字會上 11a>

<19> 가모티 對 黑鯉魚

고유어 '가모티'와 한자어 '黑鯉魚'이 [鱧] 즉 '가물치'의 뜻을 가지고 동의 관계에 있다는 것은 다음 예문들에서 잘 확인된다. '鱧'가 한자어 '黑鯉魚'를 뜻하고 '黑鯉魚'는 고유어 '가모티'와 동의 관계에 있 다. 그리고 '鱧'의 자석이 '가모티'이다. 따라서 '가모티'와 '黑鯉魚'의 동의성은 명백히 입증된다.

(19) a. 鱧 : 今黑鯉魚…가모티 <四解上 28b>

　　 b. 鱧 : 가모티 례…俗呼烏魚 <字會上 11a>

<20> 가슴 對 胸膈

고유어 '가슴'과 한자어 '胸膈'이 [膈]과 [胸] 즉 '흉격(胸膈) , 심장과 비장 사이의 가슴 부분'의 뜻을 가지고 동의 관계에 있다는 것은 다음 예문들에서 잘 확인된다. '膈'이 한자어 '胸膈'을 뜻하고 '膈'의 자 석이 '가슴'이다. 그리고 '胸'의 자석이 '가슴'이다. 따라서 '가슴'과 '胸膈'의 동의성은 명백히 입증된다.

(20) a. 膈 : 胸膈 <四解下 53b>

　　 b. 膈 : 가슴 격 <字會上 14a>

(20) c. 胸 : 膺也 <四解上 10a>

　　 d. 胸 : 가슴 흉 <字會上 14a>

<21> 가슴 對 胸膛

고유어 '가슴'과 한자어 '胸膛'이 [膛]과 [胸] 즉 '가슴'의 뜻을 가지고 동의 관계에 있다는 것은 다음 예문들에서 잘 확인된다. '膛'의 자석이 '가슴'이고 고유어 '가슴'은 한자어 '胸膛'과 동의 관계에 있다. 그리고 '胸'의 자석이 '가슴'이다. 따라서 '가슴'과 '胸膛'의 동의성은 명백히 입증된다.

(21) a. 膛 : 가슴 당 俗稱胸膛 <字會上 14a>

(21) b. 胸 : 膺也 <四解上 10a>
　　　c. 胸 : 가슴 흉 <字會上 14a>

<22> 가슴 對 胸臆

고유어 '가슴'과 한자어 '胸臆'이 [臆]과 [胸] 즉 '가슴'의 뜻을 가지고 동의 관계에 있다는 것은 다음 예문들에서 잘 확인된다. '臆'이 한자어 '胸臆'을 뜻하고 '臆'의 자석이 '가슴'이다. 그리고 '胸'의 자석이 '가슴'이다. 따라서 '가슴'과 '胸臆'의 동의성은 명백히 입증된다.

(22) a. 臆 : 胸臆 <四解下 55b>
　　　b. 臆 : 가슴 억 <字會上 14a>

(22) c. 胸 : 膺也 <四解上 10a>
　　　d. 胸 : 가슴 흉 <字會上 14a>

<23> 가슴거리 對 駕牛馬具在胸

고유어 '가슴거리'와 한자어 '駕牛馬具在胸'이 [攀胸]과 [靮] 즉 '가슴걸이, 마소의 가슴에 걸어 매는 가죽끈'의 뜻을 가지고 동의 관계에 있다는 것은 다음 예문들에서 잘 확인된다. 원문 중 '攀胸'이 '가슴거리'로 번역된다. 그리고 '靮'이 '駕牛馬具在胸'을 뜻한다. 따라서 '가슴거리'와 '駕牛馬具在胸'의 동의성은 명백히 입증된다.

(23) a. 가슴(28b) 거리예 아래 흔 구슬로 망 미자 씬 간다개 드리웟고(攀胸下滴留着一箇珠兒網蓋兒罕荅哈) <번朴上 29a>
　　　b. 가슴거리 둘애(攀胸 鞋) <번老下 30a>

(23) c. 靮 : 駕牛馬具在胸曰靮 <四解上 60b>
　　　d. 靳 : …駕牛具當膺曰靳 <四解上 56b>

<24> 가시 對 芒莿

고유어 '가시'와 한자어 '芒莿'가 [莿] 즉 '풀의 가시'의 뜻을 가지고 동의 관계에 있다는 것은 다음 예문들에서 잘 확인된다. '莿'가 한자어 '芒莿'를 뜻한다. 그리고 '莿'의 자석이 '가시'이다. 따라서 '가시'와 '芒莿'의 동의성은 명백히 입증된다.

(24) a. 莿 : 芒莿 <四解上 13a>
　　 b. 莿 : 가시 ᄌᆞ 棘芒 <字會下 2b>

(24) c. 芒 : 草耑 <四解下 37b>

<25> 가시 對 小棗

고유어 '가시'와 한자어 '小棗'가 [棘] 즉 '멧대추나무'의 뜻을 가지고 동의 관계에 있다는 것은 다음 예문들에서 잘 확인된다. '棘'이 한자어 '小棗'를 뜻한다. 그리고 '棘'의 자석이 '가시'이다. 따라서 '가시'와 '小棗'의 동의성은 명백히 입증된다.

(25) a. 棘 : 小棗 <四解下 47b>
　　 b. 棘 : 가시 극 卽酸棗也 <字會上 5b>

<26> 가시 對 荊楚

고유어 '가시'와 한자어 '荊楚'가 [荊]과 [楚] 즉 '가시나무'의 뜻을 가지고 동의 관계에 있다는 것은 다음 예문들에서 잘 확인된다. '荊'이 한자어 '荊楚'를 뜻하고 '荊'의 자석이 '가시'이다. 그리고 '楚'가 한자어 '荊'과 同義이다. 따라서 '가시'와 '荊楚'의 동의성은 명백히 입증된다.

(26) a. 荊 : 荊楚 <四解下 47a>
　　 b. 荊 : 가시 형 又名紫荊 <字會上 5b>

(26) c. 楚 : 荊也 <四解上 40b>

<27> 가야미 對 蚍蜉

고유어 '가야미'와 한자어 '蚍蜉'가 [蟻] 즉 '개미, 왕개미'의 뜻을 가지고 동의 관계에 있다는 것은 다음 예문들에서 잘 확인된다. '蟻'가 한자어 '蚍蜉'를 뜻한다. 그리고 '蟻'의 자석이 '가야미'이다. 따라서

‘가야미’와 ‘虼蜉’의 동의성은 명백히 입증된다.

(27) a. 蟻 : 虼蜉 <四解上 22a>

　　b. 蟻 : 가야미 의 <字會上 12b>

<28> 가온딕 對 듕

고유어 ‘가온딕’와 한자어 ‘듕’(中) 이 [中] 즉 ‘가운데’의 뜻을 가지고 동의 관계에 있다는 것은 다음 예문들에서 잘 확인된다. 원문 중 ‘竹筒中’이 ‘대통 가온딕’로 번역되고 ‘論孟中’이 ‘論語 孟子ㅅ 가온딕’로 번역된다. ‘親表中’이 ‘권당 동성 이성 쭝’으로 번역된다. 그리고 ‘中’의 자석이 ‘가온딕’이다. 따라서 ‘가온딕’와 ‘듕’의 동의성은 명백히 입증된다.

(28) a. 대통 가온딕 녀허(置竹筒中ᄒ야) <번小七 14b>

　　b. 방 싸온딕 안자(坐於房舍之中ᄒ야) <번小六 12a>

　　c. 셔딕 믌 가온딕 아니ᄒ시며(立不中門ᄒ시며) <번小三 4a>

　　d. 만실에 능(32a) 히 論語 孟子ㅅ 가온딕 기피 구ᄒ고 맛드려(若能於論孟中에 深求玩味ᄒ야) <번小八 32b>

(28) e. 요ᄉᆞᆡ예 보니 권당 동성 이성 쭝에 벼슬ᄒ옌는 사름 돌히(比見親表中에 仕宦者ㅣ) <번小九 51b>

　　f. 그 듕에 ᄒ나 싸혀(內中撒一箇) <번老上 43b>

(28) g. 中 : …內也 半也 中央也 <四解上 8a>

　　h. 中 : 가온딧 듕 <字會下 15a>

<29> 가온딕 對 中央

고유어 ‘가온딕’와 한자어 ‘中央’이 [中間]과 [中] 즉 ‘가운데’의 뜻을 가지고 동의 관계에 있다는 것은 다음 예문들에서 잘 확인된다. 원문 중 ‘中間裏’가 ‘가온딕’로 번역된다. 그리고 ‘中’이 한자어 ‘中央’을 뜻하고 ‘中’의 자석이 ‘가온딕’이다. 따라서 ‘가온딕’와 ‘中央’의 동의성은 명백히 입증된다.

(29) a. 세 가룻 길혜 가온딕 ᄃᆞ닐 거시라(三條路兒 中間裏行着) <번老下 43a>

　　b. 가온딕는(當中間裏) <번朴上 9b>

(29) c. 中 : …中央也 <四解上 8a>

d. 中 : 가온딧 듕 <字會下 15a>

<30> 가재 對 石蟹

고유어 '가재'와 한자어 '石蟹'가 [蟹] 즉 '가재'의 뜻을 가지고 동의 관계에 있다는 것은 다음 예문들에서 잘 확인된다. '蟹'가 한자어 '石蟹'를 뜻하고 '石蟹'는 고유어 '가재'와 동의 관계에 있다. 그리고 '蟹'의 자석이 '가재'이고 고유어 '가재'는 한자어 '石蟹'와 동의 관계에 있다. 따라서 '가재'와 '石蟹'의 동의성은 명백히 입증된다.

(30) a. 蟹 : …倒行者 今俗呼石蟹 가재 <四解下 19a>
　　 b. 蟹 : 가재 오 俗呼石蟹…又呼倒虫 <字會上 11b>

<31> 가지 對 茄子

고유어 '가지'와 한자어 '茄子'가 [茄子]와 [茄] 즉 '가지'의 뜻을 가지고 동의 관계에 있다는 것은 다음 예문들에서 잘 확인된다. 원문 중 '生葱茄子'가 '파와 가지'로 번역된다. '茄'가 한자어 '茄子'를 뜻한다. 그리고 '茄'의 자석이 '가지'이고 고유어 '가지'는 한자어 '茄子'와 동의 관계에 있다. 따라서 '가지'와 '茄子'의 동의성은 명백히 입증된다.

(31) a. 댓무수와 파와 가지 잇거든 가져 오라(有蘿蔔生葱茄子將來) <번老上 41a>
　　 b. 가지 파(茄子 生葱) <번老下 38a>

(31) c. 茄 : 菜名 今俗呼茄子 <四解下 32b>
　　 d. 茄 : 가지 가 俗呼茄子 <字會上 7a>

<32> 가지 對 條柯

고유어 '가지'와 한자어 '條柯'가 [枝] 즉 '가지, 초목의 가지'의 뜻을 가지고 동의 관계에 있다는 것은 다음 예문들에서 잘 확인된다. 원문 중 '枝從'이 '가지조차'로 번역된다. 그리고 '枝'가 한자어 '條柯'를 뜻하고 '枝'의 자석이 '가지'이다. 따라서 '가지'와 '條柯'의 동의성은 명백히 입증된다.

(32) a. 孔子ㅣ ㄱ르샤딕(1b) …그 믿불휘를 傷ᄒᆞ면 가지조차 업스리라 ᄒᆞ시니(孔子ㅣ 曰…傷其本이면 枝從而亡이라 ᄒᆞ시니) <번小四 2a>
　　 b. 모미라 혼 거슨 어버싀게 가지 ㄱ툰 거시니(身也者ᄂᆞᆫ 親之枝也ㅣ니) <번小四 1b>

(32) c. 枝:條柯 <四解上 17b>
　　　 d. 枝:가짓 지 <字會下 2b>

<33> 가지 對 둥

고유어 '가지'와 한자어 '둥'(等) 이 [等] 즉 '가지, 등급'의 뜻을 가지고 동의 관계에 있다는 것은 다음 예문들에서 잘 확인된다. 원문 중 '一等'이 '흔 가지'로도 번역되고 '흔 둥'으로도 번역된다. 따라서 '가지'와 '둥'의 동의성은 명백히 입증된다.

(33) a. 굴굼 효고미 흔 가지 아니며(大小不一等) <瘡疹 22a>
　　　 b. 굴그며 효고미 흔 둥이 아니오(大小不一等) <瘡疹 25b>

<34> 가지 對 落蘇

고유어 '가지'와 한자어 '落蘇'가 [茄] 즉 '가지'의 뜻을 가지고 동의 관계에 있다는 것은 다음 예문들에서 잘 확인된다. 원문 중 '茄'가 한자어 '落蘇'를 뜻한다. 그리고 '茄'의 자석이 '가지'이고 고유어 '가지'는 한자어 '落蘇'와 동의 관계에 있다. 따라서 '가지'와 '落蘇'의 동의성은 명백히 입증된다.

(34) a. 茄:菜名 今俗呼茄子 又呼落蘇 <四解下 32b>
　　　 b. 茄:가지 가 俗呼茄子 又呼落蘇 <字會東中本上 13a>
　　　 c. 茄:가지 가 俗呼茄子 又呼落酥 <字會上 7a>

<35> 가지 對 斧柄

고유어 '가지'와 한자어 '斧柄'이 [柯] 즉 '자루, 도낏자루'의 뜻을 가지고 동의 관계에 있다는 것은 다음 예문들에서 잘 확인된다. '柯'가 한자어 '斧柄'을 뜻한다. 그리고 '柯'의 자석이 '가지'이고 고유어 '가지'는 한자어 '斧柄'과 동의 관계에 있다. 따라서 '가지'와 '斧柄'의 동의성은 명백히 입증된다.

(35) a. 柯:…又斧柄 <四解下 24a>
　　　 b. 柯:가지 가 …又斧柄 <字會下 2b>

<36> 가지 對 小枝

고유어 '가지'와 한자어 '小枝'가 [條] 즉 '가지, 나뭇가지'의 뜻을 가지고 동의 관계에 있다는 것은 다음 예문들에서 잘 확인된다. '條'가 한자어 '小枝'를 뜻한다. 그리고 '條'의 자석이 '가지'이다. 따라서 '가지'와 '小枝'의 동의성은 명백히 입증된다.

> (36) a. 條 : 小枝 又木名 <四解下 14a>
>   b. 條 : 가지 됴 樹正生曰幹 旁生曰條 <字會下 2b>

<37> 가지 對 鞍轎

고유어 '가지'와 한자어 '鞍轎'가 [轎] 즉 '덧신, 진흙 위를 다닐 때 신 위에 신던 것'의 뜻을 가지고 동의 관계에 있다는 것은 다음 예문들에서 잘 확인된다. '轎'의 자석이 '가지'이고 고유어 '가지'는 한자어 '鞍轎'와 동의 관계에 있다. 따라서 '가지'와 '鞍轎'의 동의성은 명백히 입증된다.

> (37) a. 轎 : 禹泥行所乘 <四解下 13b>
>   b. 轎 : 가지 교 俗呼鞍轎 <字會中 13b>

<38> 가지 對 枝柯

고유어 '가지'와 한자어 '枝柯'가 [柯] 즉 '자루, 도낏자루'의 뜻을 가지고 동의 관계에 있다는 것은 다음 예문들에서 잘 확인된다. '柯'가 한자어 '枝柯'를 뜻한다. 그리고 '柯'의 자석이 '가지'이고 고유어 '가지'는 한자어 '枝柯'와 동의 관계에 있다. 따라서 '가지'와 '枝柯'의 동의성은 명백히 입증된다.

> (38) a. 柯 : 枝柯 又斧柄 <四解下 24a>
>   b. 柯 : 가지 가 枝柯 又斧柄 <字會下 2b>

<39> 가플 對 刀室

고유어 '가플'과 한자어 '刀室'이 [鞘兒]와 [鞘] 즉 '칼집'의 뜻을 가지고 동의 관계에 있다는 것은 다음 예문들에서 잘 확인된다. 원문 중 '鞘兒'가 '가플'로 번역된다. 그리고 '鞘'가 한자어 '刀室'을 뜻하고 '鞘'의 자석이 '가플'이다. 따라서 '가플'과 '刀室'의 동의성은 명백히 입증된다.

> (39) a. 화류 가프레(花梨木鞘兒) <번朴上 15b>

> (39) b. 鞘 : 刀室 亦作韒 <四解下 16a>
>   c. 鞘 : 가플 쇼 <字會中 9b>

<40> 가플 對 鞭鞘

고유어 '가플'과 한자어 '鞭鞘'가 [鞘] 즉 '말 채찍의 끝'의 뜻을 가지고 동의 관계에 있다는 것은 다음 예문들에서 잘 확인된다. '鞘'가 한자어 '鞭鞘'를 뜻한다. 그리고 '鞘'의 자석이 '가플'이고 고유어 '가플'은 한자어 '鞭鞘'와 동의 관계에 있다. 따라서 '가플'과 '鞭鞘'의 동의성은 명백히 입증된다.

(40) a. 鞘 : 鞭鞘 <四解下 22a>
　　　b. 鞘 : 가플 쇼 又音소 鞭鞘 <字會中 9b>

<41> 가희톱플 對 白蘞

고유어 '가희톱플'과 한자어 '白蘞'이 [蘞] 즉 '가위톱'의 뜻을 가지고 동의 관계에 있다는 것은 다음 예문들에서 잘 확인된다. '蘞'이 한자어 '白蘞'을 뜻하고 '白蘞'은 고유어 '가희톱플'과 동의 관계에 있다. 따라서 '가희톱플'과 '白蘞'의 동의성은 명백히 입증된다.

(41) a. 蘞 : 白蘞 藥草 가희톱플 <四解下 86a>
　　　b. 蘞 : 同 <四解下 86a>

<42> 가히 對 狗兒

고유어 '가히'와 한자어 '狗兒'이 [狗]와 [犬] 즉 '개'의 뜻을 가지고 동의 관계에 있다는 것은 다음 예문들에서 잘 확인된다. 원문 중 '狗黨'이 '가히와 물 짓다'로 번역되고 '雞犬'이 '닭 가히'로 번역된다. '狗'의 자석이 '가히'이고 고유어 '가히'는 한자어 '狗兒'와 동의 관계에 있다. 그리고 '犬'이 한자 '狗'와 同義이고 '犬'의 자석이 '가히'이다. 따라서 '가히'와 '狗兒'의 동의성은 명백히 입증된다.

(42) a. 여스 번 지스며 가히와 물 지서(狐朋狗黨) <번老下 48b>
　　　b. 가히는 프레 믈 쓰리던 은혜 잇고(狗有濺草之恩) <번朴上 43b>
　　　c. 네 이 가히 모디니(你這狗子利害) <번老下 55a>
　　　d. 노로 톳기 돍 가히(獐兎雞犬) <瘡疹 64a>

(42) e. 狗 : 犬也 <四解下 64b>
　　　f. 狗 : 가히 구 俗呼狗兒 <字會上 10b>

(42) g. 犬 : 狗也 <四解下 9a>
　　　h. 犬 : 가히 견 <字會上 10b>

<43> 간나히 對 女孩兒

고유어 '간나히'와 한자어 '女孩兒'가 [女孩兒] 즉 '계집아이'의 뜻을 가지고 동의 관계에 있다는 것은 다음 예문들에서 잘 확인된다. 원문 중 '女孩兒'가 '간나히'로 번역된다. 그리고 '孩'의 자석이 '아히'이고 한자어 '女孩兒'는 고유어 '간나히'와 동의 관계에 있다. 따라서 '간나히'와 '女孩兒'의 동의성은 명백히 입증된다. 고유어 '간나히'는 15세기 국어에서 [童女] 즉 '계집아이'의 뜻을 가진 '갓나히'의 後代形이다.

(43) a. 스나히가 간나히가(小廝兒那女孩兒) <번朴上 55b>

(43) b. 孩 : 始生小兒 <四解上 45b>
　　 c. 孩 : 아히 히 俗呼 兒孩兒 스나히 女孩兒 간나히 <字會上 17a>

<44> 갇 對 頭衣

고유어 '갇'과 한자어 '頭衣'가 [帽], [帽兒] 및 [帽子] 즉 '모자, 두건(頭巾)'의 뜻을 가지고 동의 관계에 있다는 것은 다음 예문들에서 잘 확인된다. 원문 중 '氈帽兒'가 '시욱 갇'으로 번역되고 '紵絲帽兒'가 '비단 갇'으로 번역된다. '一箇帽子'가 '흔 갇'으로 번역된다. 그리고 '帽'가 한자어 '頭衣'를 뜻하고 '帽'의 자석이 '갇'이다. 따라서 '갇'과 '頭衣'의 동의성은 명백히 입증된다.

(44) a. 시욱 갇 일빅 낫(氈帽兒一百箇) <번老下 67b>
　　 b. 운남의셔 흔 시욱 갇과(雲南氈帽兒) <번老下 52b>
　　 c. 텬졍 비쳇 비단 갇과(天靑紵絲帽兒) <번老下 52a>
　　 d. 이 흔 가디(這一箇帽子) <번老下 52a>
　　 e. 이 흔 갇은(這一箇帽子) <번老下 52a>

(44) f. 帽 : 頭衣 <四解下 21a>
　　 g. 帽 : 갇 모 <字會中 11a>

<45> 갇 對 簑笠

고유어 '갇'과 한자어 '簑笠'이 [笠] 즉 '갓'의 뜻을 가지고 동의 관계에 있다는 것은 다음 예문들에서 잘 확인된다. 원문 중 '箬笠'이 '대갇'으로 번역된다. 그리고 '笠'이 한자어 '簑笠'을 뜻하고 '笠'의 자석이 '갇'이다. 따라서 '갇'과 '簑笠'의 동의성은 명백히 입증된다.

(45) a. 내 오늘브터 대갇과 딜바리 쟝망ᄒᆞ야(小僧從今日准備箬笠瓦鉢) <번朴上 37a>

(45) b. 笠 : 簑笠 <四解下 74b>

c. 笠 : 간 립 <字會中 8a>

<46> 갈 對 囚械

고유어 '갈'과 한자어 '囚械'가 [枷] 즉 '칼, 형틀의 한 가지'의 뜻을 가지고 동의 관계에 있다는 것은 다음 예문들에서 잘 확인된다. '枷'가 한자어 '囚械'를 뜻한다. 그리고 '枷'의 자석이 '갈'이다. 따라서 '갈'과 '囚械'의 동의성은 명백히 입증된다.

(46) a. 枷 : …又囚械 <四解下 30b>

b. 枷 : 갈 가 <字會中 8a>

<47> 갈 對 環刀

고유어 '갈'과 한자어 '環刀'가 [劒] 즉 '칼'의 뜻을 가지고 동의 관계에 있다는 것은 다음 예문들에서 잘 확인된다. 원문 중 '負劍'이 '갈 추다'로 번역된다. 그리고 '劒'의 자석이 '환도'이고 '劒'이 한자어 '環刀'를 뜻한다. 따라서 '갈'과 '環刀'의 동의성은 명백히 입증된다.

(47) a. 얼우니 갈 추두시 겨틔 셰시고 볼을 기우려 말ᄒᆞ시거든 입 ᄀᆞ리오고 되답ᄒᆞᆯ디니라(負劒辟咡詔之則掩口而對니라) <번小三 26b>

(47) b. 劒 : 兵器 <四解下 81a>

c. 劒 : 환도 검…又曰環刀 <字會中 14a>

<48> 갈공막대 對 枴棒

고유어 '갈공막대'와 한자어 '枴棒'이 [枴] 즉 '지팡이, 노인이 짚는 지팡이'의 뜻을 가지고 동의 관계에 있다는 것은 다음 예문들에서 잘 확인된다. '枴'의 자석이 '갈공막대'이고 고유어 '갈공막대'는 한자어 '枴棒'과 동의 관계에 있다. 따라서 '갈공막대'와 '枴棒'의 동의성은 명백히 입증된다.

(48) a. 枴 : 老人拄杖 <四解上 47a>

b. 枴 : 갈공막대 괘 俗呼枴棒 老者所持 <字會中 9b>

<49> 갈공막대 對 老人拄杖

고유어 '갈공막대'와 한자어 '老人拄杖'이 [枴] 즉 '지팡이, 노인이 짚는 지팡이'의 뜻을 가지고 동의 관계에 있다는 것은 다음 예문들에서 잘 확인된다. '枴'가 한자어 '老人拄杖'을 뜻한다. 그리고 '枴'의 자석이 '갈공막대'이다. 따라서 '갈공막대'와 '老人拄杖'의 동의성은 명백히 입증된다.

(49) a. 枴 : 老人拄杖 <四解上 47a>
　　 b. 枴 : 갈공막대 괘 俗呼枴棒 老者所持 <字會中 9b>

<50> 갈기 對 馬領毛

고유어 '갈기'와 한자어 '馬領毛'가 [鬣] 즉 '갈기, 말갈기'의 뜻을 가지고 동의 관계에 있다는 것은 다음 예문들에서 잘 확인된다. '鬣'이 한자어 '馬領毛'를 뜻한다. 그리고 '鬣'의 자석이 '갈기'이다. 따라서 '갈기'와 '馬領毛'의 동의성은 명백히 입증된다.

(50) a. 鬣 : 馬領毛 <四解下 86a>
　　 b. 鬣 : 갈기 렵 <字會下 5a>

<51> 갈기 對 魚龍頷旁鬣

고유어 '갈기'와 한자어 '魚龍頷旁鬣'가 [鬣] 즉 '물고기의 옆지느러미'의 뜻을 가지고 동의 관계에 있다는 것은 다음 예문들에서 잘 확인된다. '鬣'이 한자어 '魚龍頷旁鬣'를 뜻한다. 그리고 '鬣'의 자석이 '갈기'이다. 따라서 '갈기'와 '魚龍頷旁鬣'의 동의성은 명백히 입증된다.

(51) a. 鬣 : 魚龍頷旁鬣 <四解下 86a>
　　 b. 鬣 : 갈기 렵 魚龍頷旁小鬣 <字會下 5a>

<52> 갈모 對 車釧

고유어 '갈모'와 한자어 '車釧'이 [輨] 즉 '줏대, 바퀴통의 바깥 끝을 덮어싸는 휘갑쇠'의 뜻을 가지고 동의 관계에 있다는 것은 다음 예문들에서 잘 확인된다. '輨'의 자석이 '갈모'이고 고유어 '갈모'는 한자어 '車釧'과 동의 관계에 있다. 따라서 '갈모'와 '車釧'의 동의성은 명백히 입증된다.

(52) a. 輨 : 轂耑冒鐵 <四解上 72a>
　　 b. 輨 : 갈모 관 俗呼車釧 轂端鐵 <字會中 13a>

<53> 갈모 對 轂耑冒鐵

고유어 '갈모'와 한자어 '轂耑冒鐵'이 [軺] 즉 '굿대, 바퀴통의 바깥 끝을 덮어싸는 휘갑쇠'의 뜻을 가지고 동의 관계에 있다는 것은 다음 예문들에서 잘 확인된다. '軺'이 한자어 '轂耑冒鐵'을 뜻한다. 그리고 '軺'의 자석이 '갈모'이다. 따라서 '갈모'와 '轂耑冒鐵'의 동의성은 명백히 입증된다.

    (53) a. 軺 : 轂耑冒鐵 <四解上 72a>
       b. 軺 : 갈모 관 俗呼車釧 轂端鐵 <字會中 13a>

<54> 갈외 對 螌蝥

고유어 '갈외'와 한자어 '螌蝥'가 [螌]과 [蝥] 즉 '가뢰, 반묘(斑猫)'의 뜻을 가지고 동의 관계에 있다는 것은 다음 예문들에서 잘 확인된다. '螌'이 한자어 '螌蝥'를 뜻하고 '螌'의 자석이 '갈외'이다. '蝥'가 한자어 '螌蝥虫'을 뜻한다. 그리고 '蝥'의 자석이 '갈외'이고 고유어 '갈외'는 한자어 '螌蝥'와 동의 관계에 있다. 따라서 '갈외'와 '螌蝥'의 동의성은 명백히 입증된다.

    (54) a. 螌 : 螌蝥 毒虫 <四解上 77b>
       b. 螌 : 갈외 반 <字會上 12b>

    (54) c. 蝥 : 螌蝥虫 <四解下 20b>
       d. 蝥 : 갈외 모 俗呼螌蝥 <字會上 12b>

<55> 갈웜 對 大蟲

고유어 '갈웜'과 한자어 '大蟲'이 [虎] 즉 '범'의 뜻을 가지고 동의 관계에 있다는 것은 다음 예문들에서 잘 확인된다. '虎'가 한자어 '大蟲'을 뜻한다. 그리고 '虎'의 자석이 '갈웜'이고 고유어 '갈웜'은 한자어 '大虫'과 동의 관계에 있다. 따라서 '갈웜'과 '大蟲'의 동의성은 명백히 입증된다. '蟲'과 '虫'은 同字이다.

    (55) a. 虎 : 今俗呼大蟲 <四解上 41a>
       b. 虎 : 갈웜 호 俗呼老虎 又呼大虫 <字會上 9b>

<56> 갈지게 對 黃鷹

고유어 '갈지게'와 한자어 '黃鷹'이 [黃鷹] 즉 '갈지게, 한 살 된 매'의 뜻을 가지고 동의 관계에 있다는 것은 다음 예문들에서 잘 확인된다. '鷹'의 자석이 '매'이고 한자어 '黃鷹'이 고유어 '갈지게'와 동의 관계에 있다. 따라서 '갈지게'와 '黃鷹'의 동의성은 명백히 입증된다.

(56) a. 鷹 : 鷲鳥 <四解下 55a>

   b. 鷹 : 매 응…黃鷹 갈지게 <字會上 8b>

<57> 감 對 시ᄌ

고유어 '감'과 한자어 '시ᄌ'(柿子)가 [柿] 즉 '감'의 뜻을 가지고 동의 관계에 있다는 것은 다음 예문들에서 잘 확인된다. 원문 중 '乾柿'가 'ᄆᆞᄅᆫ 감'으로 번역된다. '乾柿一枚'가 '건시ᄌ ᄒᆞᆫ 낫'으로 번역되고 '紅柿'가 '홍시ᄌ'로 번역된다. 그리고 '柿'의 자석이 '감'이다. 따라서 '감'와 '시ᄌ'의 동의성은 명백히 입증된다.

   (57) a. ᄆᆞᄅᆫ 감 당츄ᄌ(乾柿 核桃) <번老下 38b>

      b. 미 ᄒᆞᆫ 돈과 건시ᄌ ᄒᆞᆫ 낫과ᄅᆞᆯ…짓달케 글혀(每服一錢乾柿一枚…同前後米泔盡) <瘡疹 43b>

      c. 홍시ᄌ와 셔과와(紅柿西瓜) <瘡疹 21a>

   (57) d. 柿 : 赤實果 <四解上 20a>

      e. 柿 : 감 시 俗呼乾者曰柿餠 <字會上 6b>

<58> 감 對 赤實果

고유어 '감'과 한자어 '赤實果'가 [柹]와 [柿] 즉 '감'의 뜻을 가지고 동의 관계에 있다는 것은 다음 예문들에서 잘 확인된다. '乾柿'가 'ᄆᆞᄅᆫ 감'으로 번역된다. '柹'가 한자어 '赤實果'를 뜻한다. 그리고 '柿'의 자석이 '감'이다. 따라서 '감'과 '赤實果'의 동의성은 명백히 입증된다. '柹'와 '柿'는 同字이다.

   (58) a. ᄆᆞᄅᆫ 감 당츄ᄌ(乾柿 核桃) <번老下 38b>

   (58) b. 柹 : 赤實果 <四解上 20a>

      c. 柿 : 柹 同字 <四解上 20a>

      d. 柿 : 감 시…正作柹 <字會上 6b>

<59> 감탕 對 黐膠

고유어 '감탕'과 한자어 '黐膠'가 [黐] 즉 '끈끈이, 새를 잡는 끈끈이'의 뜻을 가지고 동의 관계에 있다는 것은 다음 예문들에서 잘 확인된다. '黐'의 자석이 '감탕'이고 고유어 '감탕'은 한자어 '黐膠'와 동의 관계에 있다. 따라서 '감탕'과 '黐膠'의 동의성은 명백히 입증된다.

(59) a. 鸇 : 所以粘鳥 <四解上 18b>

　　b. 鸇 : 감탕 치 鸇膠 所以粘鳥 <字會中 8a>

(59) c. 膠 : 粘膏也 <四解下 23a>

<60> 감토 對 小帽

　　고유어 '감토'와 한자어 '小帽'가 [帽子]와 [帽] 즉 '두건, 모자'의 뜻을 가지고 동의 관계에 있다는 것은 다음 예문들에서 잘 확인된다. 원문 중 '帽子靴子'가 '감토 훠'로 번역된다. 그리고 '帽'의 자석이 '갇'이고 고유어 '갇'은 고유어 '감토' 및 한자어 '小帽'와 동의 관계에 있다. 따라서 '감토'와 '小帽'의 동의성은 명백히 입증된다.

　　(60) a. 옷 고의 감토 훠돌 ᄒ란(衣裳帽子靴子) <번朴上 52b>

　　(60) b. 帽 : 頭衣 <四解下 21a>

　　　　c. 帽 : 갇 모 又 감토曰小帽 <字會中 11a>

<61> 갓 對 肌之表

　　고유어 '갓'과 한자어 '肌之表'가 [皮] 즉 '가죽'의 뜻을 가지고 동의 관계에 있다는 것은 다음 예문들에서 잘 확인된다. 원문 중 '面皮'가 'ᄂᆺ갓'으로 번역된다. 그리고 '皮'가 한자어 '肌之表'를 뜻하고 '皮'의 자석이 '갓'이다. 따라서 '갓'과 '肌之表'의 동의성은 명백히 입증된다.

　　(61) a. 벋븨의 ᄂᆺ갓 붓그리게 말라(朋友的面皮 休敎羞了) <번老下 46a>

　　(61) b. 皮 : …肌之表 <四解上 16a>

　　　　c. 皮 : 갓 피 生曰皮 <字會下 5a>

<62> 갓 對 萬物

　　고유어 '갓'과 한자어 '萬物'이 [物] 즉 '만물'의 뜻을 가지고 동의 관계에 있다는 것은 다음 예문들에서 잘 확인된다. 원문 중 '物盛'이 '만믈이 셩ᄒ다'로 번역된다. '物'이 한자어 '萬物'를 뜻한다. 그리고 '物'의 자석이 '갓'이고 고유어 '갓'은 한자어 '萬物'과 동의 관계에 있다. 따라서 '갓'과 '萬物'의 동의성은 명백히 입증된다.

(62) a. 만믈이 셩ᄒᆞ면 모로매 쇠ᄒᆞ고(物盛則必衰ᄒᆞ고) <번小六 27b>

(62) b. 物 : 萬物 <四解上 65b>
   c. 物 : 갓 믈 萬物 事物 <字會下 1b>

<63> 갓 對 皮去毛

고유어 '갓'과 한자어 '皮去毛'가 [鞟] 즉 '무두질한 가죽'의 뜻을 가지고 동의 관계에 있다는 것은 다음 예문들에서 잘 확인된다. '鞟'이 한자어 '皮去毛'를 뜻한다. 그리고 '鞟'의 자석이 '갓'이고 고유어 '갓'은 한자어 '皮去毛'와 동의 관계에 있다. 따라서 '갓'과 '皮去毛'의 동의성은 명백히 입증된다.

(63) a. 鞟 : 皮去毛 <四解下 45b>
   b. 鞟 : 갓 곽 皮去毛曰鞟 <字會下 5b>

<64> 갓 對 피부

고유어 '갓'과 한자어 '피부'(皮膚)가 [皮] 즉 '피부'의 뜻을 가지고 동의 관계에 있다는 것은 다음 예문들에서 잘 확인된다. 원문 중 '皮肉'이 '갓과 술ㅎ'로 번역되고 '皮表'가 '피부 밧'으로 번역된다. 따라서 '갓'과 '피부'의 동의성은 명백히 입증된다. 고유어 '갓'은 명사 '갗'의 팔종성 표기이다.

(64) a. 져믄 아히는 갓과 술쾌 연약ᄒᆞ무로(小兒皮肉嫩弱) <瘡疹 1b>
   b. 졈졈 피부 밧씌 ᄉᆞ무차(漸透於皮表) <瘡疹 2a>

<65> 갓쓸 對 粘膏

고유어 '갓쓸'과 한자어 '粘膏'가 [膠] 즉 '갖풀, 아교(阿膠)'의 뜻을 가지고 동의 관계에 있다는 것은 다음 예문들에서 잘 확인된다. '膠'가 한자어 '粘膏'를 뜻한다. 그리고 '膠'의 자석이 '갓쓸'이다. 따라서 '갓쓸'과 '粘膏'의 동의성은 명백히 입증된다.

(65) a. 膠 : 粘膏也 <四解下 23a>
   b. 膠 : 갓쓸 교 <字會中 6b>

<66> 개 對 水岐流

고유어 '개'와 한자어 '水岐流'가 [汊] 즉 '물 갈래지는 곳'의 뜻을 가지고 동의 관계에 있다는 것은 다음 예문들에서 잘 확인된다. '汊'가 한자어 '水岐流'를 뜻하고 '水岐流'는 고유어 '개'와 동의 관계에 있다. 그리고 '汊'의 자석이 '개'이고 고유어 '개'는 한자어 '水岐流'와 동의 관계에 있다. 따라서 '개'와 '水岐流'의 동의성은 명백히 입증된다.

    (66) a. 汊 : 水岐流也 港汊 개 <四解下 30a>
       b. 汊 : 개 차 水岐流 <字會上 3a>

<67> 개 對 水中行舟道

    고유어 '개'와 한자어 '水中行舟道'가 [港] 즉 '뱃길'의 뜻을 가지고 동의 관계에 있다는 것은 다음 예문들에서 잘 확인된다. '港'이 한자어 '水中行舟道'를 뜻한다. 그리고 '港'의 자석이 '개'이고 고유어 '개'는 한자어 '水中行舟道'와 동의 관계에 있다. 따라서 '개'와 '水中行舟道'의 동의성은 명백히 입증된다.

    (67) a. 港 : 水中行舟道 <四解下 40b>
       b. 港 : 개 항…又水中行舟道 <字會上 3a>

<68> 개 對 港汊

    고유어 '개'와 한자어 '港汊'가 [汊] 즉 '물 갈래지는 곳'의 뜻을 가지고 동의 관계에 있다는 것은 다음 예문들에서 잘 확인된다. '汊'가 한자어 '港汊'를 뜻하고 '港汊'는 고유어 '개'와 동의 관계에 있다. 그리고 '汊'의 자석이 '개'이다. 따라서 '개'와 '港汊'의 동의성은 명백히 입증된다.

    (68) a. 汊 : 水岐流也 港汊 개 <四解下 30a>
       b. 汊 : 개 차 水岐流 <字會上 3a>

<69> 개듕나모 對 臭椿

    고유어 '개듕나모'와 한자어 '臭椿'이 [樗] 즉 '가죽나무'의 뜻을 가지고 동의 관계에 있다는 것은 다음 예문들에서 잘 확인된다. '樗'가 고유어 '개듕나모'를 뜻하고 '개듕나모'는 한자어 '臭椿'과 동의 관계에 있다. 그리고 '樗'의 자석이 '개듕나모'이고 고유어 '개듕나모'는 한자어 '臭椿'과 동의 관계에 있다. 따라서 '개듕나모'와 '臭椿'의 동의성은 명백히 입증된다.

    (69) a. 樗 : …개듕나모 今俗呼臭椿 <四解上 32a>
       b. 樗 : 개듕나모 뎌…又曰臭椿 <字會上 5b>

<70> 개듕나모 對 虎目樹

고유어 '개듕나모'와 한자어 '虎目樹'가 [樗] 즉 '가죽나무'의 뜻을 가지고 동의 관계에 있다는 것은
다음 예문들에서 잘 확인된다. '樗'가 한자어 '虎目樹'를 뜻하고 '虎目樹'는 고유어 '개듕나모'와 동의
관계에 있다. 그리고 '樗'의 자석이 '개듕나모'이고 고유어 '개듕나모'는 한자어 '虎目樹'와 동의 관계에
있다. 따라서 '개듕나모'와 '虎目樹'의 동의성은 명백히 입증된다.

(70) a. 樗 : 北人呼山椿江東呼虎目樹 개듕나모 今俗呼臭椿 <四解上 32a>
    b. 樗 : 개듕나모 뎌 俗呼虎目樹又曰臭椿 <字會上 5b>

<71> 개옴 對 小栗

고유어 '개옴'과 한자어 '小栗'이 [榛]과 [榛子] 즉 '개암'의 뜻을 가지고 동의 관계에 있다는 것은 다음
예문들에서 잘 확인된다. 원문 중 '榛子'가 '개옴'으로 번역된다. 그리고 '榛'이 한자어 '小栗'을 뜻하고
'榛'의 자석이 '개옴'이다. 따라서 '개옴'과 '小栗'의 동의성은 명백히 입증된다.

(71) a. 개옴 잣(榛子 松子) <번朴上 4a>
    b. 잣과 개옴과 보도와 드래와(柏子 榛子 葡萄 獼猴萄) <瘡疹 62b>

(71) c. 榛 : 小栗 <四解上 61b>
    d. 榛 : 개옴 진 <字會上 6a>

<72> 거러치 對 僕隸

고유어 '거러치'와 한자어 '僕隸'가 [隸] 즉 '下人, 종'의 뜻을 가지고 동의 관계에 있다는 것은 다음 예
문들에서 잘 확인된다. '隸'가 한자어 '僕隸'를 뜻한다. 그리고 '隸'의 자석이 '거러치'이다. 따라서 '거러
치'와 '僕隸'의 동의성은 명백히 입증된다.

(72) a. 隸 : …僕隸 <四解上 28b>
    b. 隸 : 거러치 예 俗呼早隸 <字會中 1b>

<73> 거러치 對 早隸

고유어 '거러치'와 한자어 '早隸'가 [隸]와 [早] 즉 '下人, 종'의 뜻을 가지고 동의 관계에 있다는 것은
다음 예문들에서 잘 확인된다. '隸'의 자석이 '거러치'이고 고유어 '거러치'는 한자어 '早隸'와 동의 관계

에 있다. 그리고 '皁'가 한자어 '皁隸'를 뜻한다. 따라서 '거러치'와 '皁隸'의 동의성은 명백히 입증된다.

(73) a. 隸 : 附屬也 僕隸 <四解上 28b>

b. 隸 : 거러치 예 俗呼皁隸 <字會中 1b>

(73) c. 皁 : … 又皁隸 <四解下 21b>

d. 皁 : 거믈 조 … 又皁隸 <字會中 14b>

<74> 거름 對 擧足行

고유어 '거름'과 한자어 '擧足行'이 [步] 즉 '걸음'의 뜻을 가지고 동의 관계에 있다는 것은 다음 예문들에서 잘 확인된다. 원문 중 '窖步'가 '뵈앗븐 거름'으로 번역되고 '幾步'가 '여러 거름'으로 번역되고 '百步'가 '일빅 거름'으로 번역된다. 그리고 '步'가 '擧足行'을 뜻하고 '步'의 자석이 '거름'이다. 따라서 '거름'과 '擧足行'의 동의성은 명백히 입증된다.

(74) a. 뵈앗븐 거르미 업스며(無窖步ᄒᆞ며) <번小十 23a>

b. 그러어니 여러 거름곰 즈늑즈늑호디 재니라(可知有幾步慢慢窖) <번老上 12b>

c. 일빅 거르미도록 에디 아니ᄒᆞ며(不枉百步ᄒᆞ며) <번小八 2b>

(74) d. 步 : 擧足行 <四解上 38a>

e. 步 : 거름 보 <字會下 11b>

<75> 거름 對 보

고유어 '거름'과 한자어 '보'(步) 가 [步] 즉 '걸음'의 뜻을 가지고 동의 관계에 있다는 것은 다음 예문들에서 잘 확인된다. 원문 중 '百步'가 '일빅 거름'으로 번역되고 '半步'가 '반 거름'으로 번역된다. '一百步'가 '일빅보'로 번역된다. 그리고 '步'의 자석이 '거름'이다. 따라서 '거름'과 '보'의 동의성은 명백히 입증된다.

(75) a. 일빅 거르미도록 에디 아니ᄒᆞ며(不枉百步ᄒᆞ며) <번小八 2b>

b. 반 거름도 ᄃᆞ니디 몯ᄒᆞ리라(半步也行不得) <번朴上 43b>

c. 閣애셔 ᄯᅮ미 일빅보 싸만 ᄒᆞ디(離閣有一百步地) <번老上 48b>

(75) d. 步 : 擧足行 <四解上 38a>

e. 步 : 거름 보 <字會下 11b>

<76> 거리 對 街衢

고유어 '거리'와 한자어 '街衢'가 [衢]와 [街] 즉 '네거리, 大路'의 뜻을 가지고 동의 관계에 있다는 것은 다음 예문들에서 잘 확인된다. 원문 중 '向街'가 '거리 향ᄒᆞ다'로 번역된다. 衢가 한자어 '街衢'를 뜻하고 '衢'의 자석이 '거리'이다. 그리고 '街'의 자석이 '거리'이다. 따라서 '거리'와 '街衢'의 동의성은 명백히 입증된다.

(76) a. 븍녁 고래 거리 향ᄒᆞ야 잡효근것 젼 나ᄂᆞᆫ 딕 그라(北巷裏向街雜貨鋪兒便是) <번老上 48b>
    b. 거리론 동녀긔 사노라(街東住) <번老上 48b>
    c. 거리예 박핑이 틸 아히들 히 ᄀᆞ장 흔ᄒᆞ다(街上放空中的小廝們 好生廣) <번朴上 17a>

(76) d. 衢 : 街衢 <四解上 30a>
    e. 衢 : 거리 구 <字會上 3b>

(76) f. 街 : 四通(46a) 道 <四解上 46b>
    g. 街 : 거리 개 俗呼角頭 <字會中 5a>

<77> 거리 對 九達道

고유어 '거리'와 한자어 '九達道'가 [逵] 즉 '한길, 아홉 갈라진 길'의 뜻을 가지고 동의 관계에 있다는 것은 다음 예문들에서 잘 확인된다. '逵'가 한자어 '九達道'를 뜻한다. 그리고 '逵'의 자석이 '거리'이다. 따라서 '거리'와 '九達道'의 동의성은 명백히 입증된다.

(77) a. 逵 : 九達道 <四解上 48b>
    b. 逵 : 거리 규 <字會上 3b>

<78> 거리 對 路岔

고유어 '거리'와 한자어 '路岔'가 [岔] 즉 '갈림길'의 뜻을 가지고 동의 관계에 있다는 것은 다음 예문에서 잘 확인된다. '岔'의 자석이 '거리'이고 고유어 '거리'는 한자어 '路岔'와 동의 관계에 있다. 따라서 '거리'와 '路岔'의 동의성은 명백히 입증된다.

(78) a. 岔 : 거리 차 俗呼路岔 <字會上 3b>

<79> 거리 對 阡陌

고유어 '거리'와 한자어 '阡陌'이 [陌] 즉 '두렁, 논이나 밭에 낸 길'의 뜻을 가지고 동의 관계에 있다는 것은 다음 예문들에서 잘 확인된다. '陌'이 한자어 '阡陌'을 뜻한다. 그리고 '陌'의 자석이 '거리'이고 고유어 '거리'는 한자어 '阡陌'과 동의 관계에 있다. 따라서 '거리'와 '阡陌'의 동의성은 명백히 입증된다.

(79) a. 陌 : 阡陌 <四解下 60a>
　　 b. 陌 : 거리 믹 市中街又阡陌 <字會上 3b>

<80> 거머리 對 馬蟥

고유어 '거머리'와 한자어 '馬蟥'이 [蟥] 즉 '말거머리'의 뜻을 가지고 동의 관계에 있다는 것은 다음 예문들에서 잘 확인된다. '蟥'이 한자어 '馬蟥'을 뜻하고 '馬蟥'은 고유어 '거머리'와 동의 관계에 있다. 그리고 '蟥'의 자석이 '거머리'이고 고유어 '거머리'는 한자어 '馬蟥'과 동의 관계에 있다. 따라서 '거머리'와 '馬蟥'의 동의성은 명백히 입증된다.

(80) a. 蟥 : …又今俗呼馬蟥 거머리 <四解下 46b>
　　 b. 蟥 : 거머리 황 大曰蟥俗呼馬蟥 <字會上 12a>

<81> 거머리 對 水蛭

고유어 '거머리'와 한자어 '水蛭'이 [蛭] 즉 '거머리, 수질(水蛭)'의 뜻을 가지고 동의 관계에 있다는 것은 다음 예문들에서 잘 확인된다. '蛭'이 한자어 '水蛭'을 뜻하고 '水蛭'은 고유어 '거머리'와 동의 관계에 있다. 그리고 '蛭'의 자석이 '거머리'이다. 따라서 '거머리'와 '水蛭'의 동의성은 명백히 입증된다.

(81) a. 蛭 : 水蛭 今俗呼馬蟥 <四解上 59b>
　　 b. 蛭 : 거머리 딜 小曰蛭 <字會上 12a>

<82> 거믜 對 蜘蛛

고유어 '거믜'와 한자어 '蜘蛛'가 [蜘]와 [蛛] 즉 '거미'의 뜻을 가지고 동의 관계에 있다는 것은 다음 예문들에서 잘 확인된다. '蜘'가 한자어 '蜘蛛'를 뜻하고 '蜘蛛'는 고유어 '거믜'와 동의 관계에 있다. '蜘'의 자석이 '거믜'이다. '蛛'가 한자어 '蜘蛛'를 뜻한다. 그리고 '蛛'의 자석이 '거믜'이고 고유어 '거믜'는 한자어 '蜘蛛'와 동의 관계에 있다. 따라서 '거믜'와 '蜘蛛'의 동의성은 명백히 입증된다.

(82) a. 蜘 : 蜘蛛 거믜 <四解上 17b>

b. 蜘 : 거믜 디 <字會上 11a>

(82) c. 蛛 : 蜘蛛 <四解上 32a>

d. 蛛 : 거믜 듀 俗呼蜘蛛 <字會上 11a>

<83> 거붑 對 甲虫

고유어 '거붑'과 한자어 '甲虫'이 [龜] 즉 '거북'의 뜻을 가지고 동의 관계에 있다는 것은 다음 예문들에서 잘 확인된다. '龜'가 한자어 '甲虫'을 뜻한다. 그리고 '龜'의 자석이 '거붑'이다. 따라서 '거붑'과 '甲虫'의 동의성은 명백히 입증된다.

(83) a. 龜 : 甲虫 <四解上 48a>

b. 龜 : 거붑 귀 俗呼烏龜 <字會上 10b>

<84> 거붑 對 烏龜

고유어 '거붑'과 한자어 '烏龜'가 [龜] 즉 '거북'의 뜻을 가지고 동의 관계에 있다는 것은 다음 예문들에서 잘 확인된다. '龜'의 자석이 '거붑'이고 고유어 '거붑'은 한자어 '烏龜'와 동의 관계에 있다. 따라서 '거붑'과 '烏龜'의 동의성은 명백히 입증된다.

(84) a. 龜 : 甲虫 <四解上 48a>

b. 龜 : 거붑 귀 俗呼烏龜 <字會上 10b>

<85> 거쉬 對 蛐蟮

고유어 '거쉬'와 한자어 '蛐蟮'이 [蛐]과 [蟮] 즉 '지렁이'의 뜻을 가지고 동의 관계에 있다는 것은 다음 예문들에서 잘 확인된다. '蛐'이 한자어 '蛐蟮'을 뜻하고 '蛐'의 자석이 '거쉬'이다. 그리고 '蟮'이 한자어 '蛐蟮'을 뜻한다. 그리고 '蟮'의 자석이 '거쉬'이고 고유어 '거쉬'는 한자어 '蛐蟮'과 동의 관계에 있다. 따라서 '거쉬'와 '蛐蟮'의 동의성은 명백히 입증된다.

(85) a. 蛐 : 蛐蟮 蚓也 <四解上 7a>

b. 蛐 : 거쉬 곡 <字會上 11b>

(85) c. 蟮 : 蛐蟮 <四解下 6b>

d. 蟮 : 거쉬 션…蛐蟮 <字會上 11b>

<86> 거쉬 對 蚯蚓

고유어 '거쉬'와 한자어 '蚯蚓'이 [蚯]와 [蚓] 즉 '지렁이'의 뜻을 가지고 동의 관계에 있다는 것은 다음 예문들에서 잘 확인된다. '蚯'가 한자어 '蚯蚓'을 뜻하고 '蚯'의 자석이 '거쉬'이다. '蚓'이 한자어 '蚯蚓'을 뜻한다. 그리고 '蚓'의 자석이 '거쉬'이고 고유여 '거쉬'는 한자어 '蚯蚓'과 동의 관계에 있다. 따라서 '거쉬'와 '蚯蚓'의 동의성은 명백히 입증된다.

    (86) a. 蚯 : 蚯蚓 <四解下 68a>
        b. 蚯 : 거쉬 구 <字會上 11b>

    (86) c. 蚓 : 蚯蚓 <四解上 60b>
        d. 蚓 : 거쉬 인 俗呼蚯蚓 <字會上 11b>

<87> 거웃 對 口上鬚

고유어 '거웃'과 한자어 '口上鬚'가 [髭] 즉 '콧수염, 코밑의 수염'의 뜻을 가지고 동의 관계에 있다는 것은 다음 예문들에서 잘 확인된다. '髭'가 한자어 '口上鬚'를 뜻한다. 그리고 '髭'의 자석이 '거웃'이다. 따라서 '거웃'과 '口上鬚'의 동의성은 명백히 입증된다.

    (87) a. 髭 : 口上鬚 <四解上 12a>
        b. 髭 : 거웃 ᄌ 在脣 <字會上 14b>

<88> 거웃 對 髭髥

고유어 '거웃'과 한자어 '髭髥'이 [髭]와 [髥] 즉 '콧수염과 구레나룻'의 뜻을 가지고 동의 관계에 있다는 것은 다음 예문들에서 잘 확인된다. '髭'가 '口上鬚' 즉 '코밑의 수염'을 뜻하고 '髭'의 자석이 '거웃'이다. '髥'이 '頰鬚' 즉 '뺨의 수염'을 뜻한다. 그리고 '髥'의 자석이 '거웃'이고 고유어 '거웃'은 한자어 '髭髥'과 동의 관계에 있다. 따라서 '거웃'과 '髭髥'의 동의성은 명백히 입증된다.

    (88) a. 髭 : 口上鬚 <四解上 12a>
        b. 髭 : 거웃 ᄌ 在脣 <字會上 14b>

    (88) c. 髥 : 頰鬚 <四解下 86a>
        d. 髥 : 거웃 셤 在頰髭髥屬脣 <字會上 14b>

<89> 거웃 對 頰鬚

고유어 '거웃'과 한자어 '頰鬚'가 [鬐] 즉 '구레나룻'의 뜻을 가지고 동의 관계에 있다는 것은 다음 예문들에서 잘 확인된다. '鬐'이 한자어 '頰鬚'를 뜻한다. 그리고 '鬐'의 자석이 '거웃'이다. 따라서 '거웃'과 '頰鬚'의 동의성은 명백히 입증된다.

　　(89) a. 鬐 : 頰鬚 <四解下 86a>
　　　　　b. 鬐 : 거웃 셤 在頰 <字會上 14b>

<90> 거유 對 鴝鵝/駒鵝

고유어 '거유'와 한자어 '鴝鵝/駒鵝'가 [鵝]와 [駒] 즉 '거위'의 뜻을 가지고 동의 관계에 있다는 것은 다음 예문들에서 잘 확인된다. 원문 중 '鵝鴨'이 '거유 올히'로 번역된다. '鵝'가 한자어 '鴝鵝'를 뜻하고 '鵝'의 자석이 '거유'이다. 그리고 '駒'가 한자어 '駒鵝'를 뜻한다. '따라서 '거유'와 '鴝鵝/駒鵝'의 동의성은 명백히 입증된다. 한자 '鴝'는 '駒'의 속자이다.

　　(90) a. 거유 올히 사유 게 쟈래와(鵝鴨蝦蟹鼈) <瘡疹 63b>

　　(90) b. 鵝 : 鵝…家曰鵝 <四解下 24b>
　　　　　c. 鵝 : 거유 아 <字會上 9a>

　　(90) d. 駒 : 駒鵝 <四解下 24a>

<91> 거품 對 水泡

고유어 '거품'과 한자어 '水泡'가 [泡] 즉 '물거품'의 뜻을 가지고 동의 관계에 있다는 것은 다음 예문들에서 잘 확인된다. '泡'의 자석이 '거품'이고 고유어 '거품'은 한자어 '水泡'와 동의 관계에 있다. 따라서 '거품'과 '水泡'의 동의성은 명백히 입증된다.

　　(91) a. 泡 : 浮漚 <四解下 20b>
　　　　　b. 泡 : 거품 포 俗稱水泡 <字會上 3b>

<92> 거품 對 涎沫

고유어 '거품'과 한자어 '涎沫'이 [漦]와 [沫] 즉 '거품, 입 가에 내뿜어진 속이 빈 침 물방울'의 뜻을 가

지고 동의 관계에 있다는 것은 다음 예문들에서 잘 확인된다. '漿'가 한자어 '涎沫'을 뜻한다. 그리고 '沫'이 한자어 '涎沫'을 뜻하고 '沫'의 자석이 '거품'이다. 따라서 '거품'과 '涎沫'의 동의성은 명백히 입증된다.

(92) a. 漿 : 涎沫也 <四解上 20a>

(92) b. 沫 : 涎沫 <四解上 75a>
　　 c. 沫 : 거품 말 口中涎沫 <字會上 15b>

<93> 거플 對 穀皮

고유어 '거플'과 한자어 '穀皮'가 [稃] 즉 '벼의 겉껍질'의 뜻을 가지고 동의 관계에 있다는 것은 다음 예문들에서 잘 확인된다. '稃'가 한자어 '穀皮'를 뜻한다. 그리고 '稃'의 자석이 '거플'이다. 따라서 '거플'과 '穀皮'의 동의성은 명백히 입증된다.

(93) a. 稃 : 穀皮 <四解上 38b>
　　 b. 稃 : 거플 부 米(3a) 殼 <字會下 3b>

<94> 거플 對 米殼

고유어 '거플'과 한자어 '米殼'이 [稃] 즉 '벼의 겉껍질'의 뜻을 가지고 동의 관계에 있다는 것은 다음 예문들에서 잘 확인된다. '稃'의 자석이 '거플'이고 고유어 '거플'은 한자어 '米殼'과 동의 관계에 있다. 따라서 '거플'과 '米殼'의 동의성은 명백히 입증된다.

(94) a. 稃 : 穀皮 <四解上 38b>
　　 b. 稃 : 거플 부 米(3a) 殼 <字會上 3b>

<95> 거품 對 浮漚

고유어 '거품'과 한자어 '浮漚'가 [漚]와 [泡] 즉 '거품, 물거품'의 뜻을 가지고 동의 관계에 있다는 것은 다음 예문들에서 잘 확인된다. '漚'의 자석이 '거품'이고 고유어 '거품'은 한자어 '浮漚'와 동의 관계에 있다. 그리고 '泡'가 한자어 '浮漚'를 뜻한다. 따라서 '거품'과 '浮漚'의 동의성은 명백히 입증된다.

(95) a. 漚 : 水上泡 <四解下 67a>
　　 b. 漚 : 거품 구 俗稱浮漚 <字會上 3b>

(95) c. 泡 : 浮漚 <四解下 20b>

<96> 거품 對 水上泡

고유어 '거품'과 한자어 '水上泡'가 [漚] 즉 '거품, 물거품'의 뜻을 가지고 동의 관계에 있다는 것은 다음 예문들에서 잘 확인된다. '漚'가 한자어 '水上泡'를 뜻한다. 그리고 '漚'의 자석이 '거품'이다. 따라서 '거품'과 와 '水上泡'의 동의성은 명백히 입증된다.

(96) a. 漚 : 水上泡 <四解下 67a>
　　 b. 漚 : 거품 구 俗稱浮漚 <字會上 3b>

<97> 거훔한 對 平木鐵器

고유어 '거품한'과 한자어 '平木鐵器'가 [鑢] 즉 '대패'의 뜻을 가지고 동의 관계에 있다는 것은 다음 예문들에서 잘 확인된다. '鑢'이 한자어 '平木鐵器'를 뜻한다. 그리고 '鑢'의 자석이 '거품한'이다. 따라서 '거훔한'과 '平木鐵器'의 동의성은 명백히 입증된다.

(97) a. 鑢 : 平木鐵器 <四解上 78b>
　　 b. 鑢 : 거훔한 산 <字會中 8b>

<98> 걸말 對 樺椸

고유어 '걸말'과 한자어 '樺椸'가 [樺] 즉 '옷걸이, 횃대, 휘이(樺椸)'의 뜻을 가지고 동의 관계에 있다는 것은 다음 예문들에서 잘 확인된다. '樺'가 한자어 '樺椸'를 뜻한다. 그리고 '樺'의 자석이 '걸말'이다. 따라서 '걸말'과 '樺椸'의 동의성은 명백히 입증된다.

(98) a. 樺 : 樺椸 衣架 植曰樺 橫曰椸 <四解上 53b>
　　 b. 樺 : 걸말 휘 植壁曰樺 <字會中 7b>

<99> 검화 對 白蘚

고유어 '검화'와 한자어 '白蘚'이 [白蘚] 즉 '검화, 백선'의 뜻을 가지고 동의 관계에 있다는 것은 다음 예문들에서 잘 확인된다. 한자어 '白蘚'이 고유어 '검화'와 동의 관계에 있다. 따라서 '검화'와 '白蘚'의 동의성은 명백히 입증된다.

(99) a. 蘚 : 苔蘚又白蘚 검화 <四解下 5a>

　　b. 蘚 : 잇 션 <字會中 4b>

<100> 것 對 東西

고유어 '것'과 한자어 '東西'가 [東西] 즉 '것, 물건'의 뜻을 가지고 동의 관계에 있다는 것은 다음 예문들에서 잘 확인된다. 원문 중 '人東西'가 '느믜 것'으로 번역되고 '兩件東西'가 '두 가짓 것'으로 번역된다. 그리고 '東西'가 '指物之辭'를 뜻한다. 따라서 '것'과 '東西'의 동의성은 명백히 입증된다.

(100) a. 느믜 것 소겨 가지노라 ㅎ야(誆惑人東西) <번朴上 33b>

　　　b. 이 두 가짓 거슬 밍글면(這兩件東西做時) <번朴上 31b>

(100) c. 東西 : 指物之辭 未定其稱曰東西 <老朴 累字解 8b>

<101> 것 對 차반

고유어 '것'과 한자어 '차반'(茶飯)이 [物] 즉 '음식'의 뜻을 가지고 동의 관계에 있다는 것은 다음 예문들에서 잘 확인된다. 원문 중 '時節物'이 '時節 것'으로 번역되고 '時物'이 '時節 차반'으로 번역된다. 따라서 '것'과 '차반'의 동의성은 명백히 입증된다.

(101) a. 時節 거슬 의식 祭ㅎ고(時節物必薦) <속三烈 14a>

　　　b. 믈읫 時節 거시어든 의식 몬져 祭ㅎ고(凡節物必先薦) <속三孝 25a>

　　　c. 時節 것 어더든 의식 이받더니(每遇時羞 必獻) <속三孝 33a>

(101) d. 時節 차바늘 ㄱ초 쟝만ㅎ고(備時物) <속三烈 21a>

　　　e. 차반논 사오나오ᄃᆡ 졍은 후(32a) ㅎ더니(物薄而情厚ㅎ더니) <번小十 32b>

<102> 게 對 螃蟹

고유어 '게'와 한자어 '螃蟹'가 [蟹], [蠏] 및 [螃] 즉 '게'의 뜻을 가지고 동의 관계에 있다는 것은 다음 예문들에서 잘 확인된다. 원문 중 '蟹鱉'이 '게 쟈래'로 번역된다. '蟹'가 한자어 '螃蟹'를 뜻한다. '蟹'의 자석이 '게'이고 고유어 '게'는 한자어 '螃蟹'와 동의 관계에 있다. 그리고 '螃'이 한자어 '螃蟹'를 뜻하고 '螃'의 자석이 '게'이다. 따라서 '게'와 '螃蟹'의 동의성은 명백히 입증된다. 한자 '蟹'와 '蠏'는 同字이다.

(102) a. 거유 올히 사유 게 쟈래와(鵝鴨蝦蟹鱉) <瘡疹 63b>

(102) b. 蟹：水中甲虫…今俗呼爲螃蟹 <四解上 47a>

　　　c. 蟹：게 히 俗呼螃蟹 <字會上 10b>

(102) d. 螃：螃蟹 <四解下 36b>

　　　e. 螃：게 방 <字會上 10b>

<103> 게유목 對 苜蓿

고유어 '게유목'과 한자어 '苜蓿'이 [苜]과 [蓿] 즉 '거여목'의 뜻을 가지고 동의 관계에 있다는 것은 다음 예문들에서 잘 확인된다. '苜'과 '蓿'이 한자어 '苜蓿'을 뜻하고 '苜'의 자석이 '게유목'이다. '蓿'이 한자어 '苜蓿'을 뜻한다. 그리고 '蓿'의 자석이 '게유목'이고 고유어 '게유목'은 한자어 '苜蓿'과 동의 관계에 있다. 따라서 '게유목'과 '苜蓿'의 동의성은 명백히 입증된다.

(103) a. 苜：苜蓿 菜名 <四解上 3b>

　　　b. 苜：게유목 목 <字會上 7b>

(103) c. 蓿：苜蓿 <四解上 8a>

　　　d. 蓿：게유목 슉 苜蓿 <字會上 7b>

<104> 겨 對 糠麧

고유어 '겨'와 한자어 '糠麧'이 [麧] 즉 '겨'의 뜻을 가지고 동의 관계에 있다는 것은 다음 예문들에서 잘 확인된다. '麧'이 한자어 '糠麧'을 뜻한다. 그리고 '麧'의 자석이 '겨'이다. 따라서 '겨'와 '糠麧'의 동의성은 명백히 입증된다.

(104) a. 麧：…糠麧 <四解上 62a>

　　　b. 麧：겨 흘 米䴽屑 <字會下 3b>

<105> 겨 對 穀皮/糓皮

고유어 '겨'와 한자어 '穀皮/糓皮'가 [穅] 즉 '겨'의 뜻을 가지고 동의 관계에 있다는 것은 다음 예문들에서 잘 확인된다. '穅'이 한자어 '穀皮'를 뜻한다. 그리고 '穅'의 자석이 '겨'이고 고유어 '겨'는 한자어 '穀皮'와 동의 관계에 있다. 따라서 '겨'와 '穀皮/糓皮'의 동의성은 명백히 입증된다. '穀'과 '糓'은 同字이다.

(105) a. 穅 : 穀皮 <四解下 34a>

　　 b. 穅 : 겨 강 穀皮 <字會下 3b>

<106> 겨 對 米麤屑

　고유어 '　'와 한자어 '米麤屑'이 [麧] 즉 '겨, 곡식을 찧어서 벗겨 낸 껍질'의 뜻을 가지고 동의 관계에 있다는 것은 다음 예문들에서 잘 확인된다. '麧'이 '麥之磨不碎者'를 뜻한다. 그리고 '麧'의 자석이 '겨'이고 고유어 '겨'는 한자어 '米麤屑'과 동의 관계에 있다. 따라서 '겨'와 '米麤屑'의 동의성은 명백히 입증된다.

　　(106) a. 麧 : 麥之磨不碎者 <四解上 62a>

　　　　 b. 麧 : 겨 홀 米麤屑 <字會下 3b>

<107> 겨릅 對 麻骨

　고유어 '겨릅'과 한자어 '麻骨'이 [麻骨] 즉 '겨릅, 껍질을 벗겨 낸 삼대'의 뜻을 가지고 동의 관계에 있다는 것은 다음 예문들에서 잘 확인된다. 한자어 '麻骨'이 고유어 '겨릅'과 동의 관계에 있다. 따라서 '겨릅'과 '麻骨'의 동의성은 명백히 입증된다.

　　(107) a. 麻 : 枲也 <四解下 29b>

　　　　 b. 麻 : 삼 마…又麻骨 겨릅 <字會上 4a>

<108> 겨스사리 對 寄生草

　고유어 '겨스사리'와 한자어 '寄生草'가 [蔦] 즉 '겨우살이'의 뜻을 가지고 동의 관계에 있다는 것은 다음 예문들에서 잘 확인된다. '蔦'가 한자어 '寄生草'를 뜻하고 '寄生草'는 고유어 '겨스사리'와 동의 관계에 있다. 따라서 '겨스사리'와 '寄生草'의 동의성은 명백히 입증된다.

　　(108) a. 蔦 : 寄生草 겨스사리 <四解下 13b>

　　　　 b. 蔦 : 寄生草 一名免絲 <四解下 14b>

<109> 겨스사리 對 免絲

　고유어 '겨스사리'와 한자어 '免絲'가 [蔦] 즉 '겨우살이'의 뜻을 가지고 동의 관계에 있다는 것은 다음 예문들에서 잘 확인된다. '蔦'가 寄生草로서 고유어 '겨스사리'를 뜻한다. 그리고 '蔦'가 寄生草로서 한자어 '免絲'를 뜻한다. 따라서 '겨스사리'와 '免絲'의 동의성은 명백히 입증된다.

(109) a. 蔦 : 寄生草 겨스사리 <四解下 13b>
　　　b. 蔦 : 寄生草 一名免絲 <四解下 14b>

<110> 겨집 對 娘子

고유어 '겨집'과 한자어 '娘子'가 [娘]과 [娘子] 즉 '아내'의 뜻을 가지고 동의 관계에 있다는 것은 다음 예문들에서 잘 확인된다. 원문 중 '取娘子'가 '겨집 얻다'로 번역된다. 그리고 '娘'이 한자어 '娘子'를 뜻하고 '娘'의 자석이 '겨집'이다. 따라서 '겨집'과 '娘子'의 동의성은 명백히 입증된다.

(110) a. 뎌긔 흔 관원이 겨집 얻노라 ᄒᆞ야(別處一箇官人取娘子) <번朴上 45a>

(110) b. 娘 : …又今俗謂人妻室曰娘子 <四解下 41b>
　　　c. 娘 : 겨집 냥 汎稱又伯父之妻伯娘 <字會上 16B>

<111> 겨집 對 女子

고유어 '겨집'과 한자어 '女子'가 [女子] 즉 '계집, 女子'의 뜻을 가지고 동의 관계에 있다는 것은 다음 예문들에서 잘 확인된다. 원문 중 '女子 由左'가 '겨지븐 왼 겨투로 가다'로 번역된다. 그리고 '女子居內'가 '女子는 안해 살다'로 번역된다. 따라서 '겨집'과 '女子'의 동의성은 명백히 입증된다.

(111) a. 길헤 남지는 올흔녀그로 가고 겨지븐 왼 겨투로 갈디니라(道路에 男子는 由右ᄒᆞ고 女子는 由左ㅣ니라) <번小三 19b>
　　　b. 男子는 밧긔 살오 女(16b)子는 안해 사라(男子ㅣ 居外ᄒᆞ고 女子ㅣ 居內ᄒᆞ야) <번小三 16b>

<112> 겨집 對 大娘子

고유어 '겨집'과 한자어 '大娘子'가 [妻] 즉 '아내'의 뜻을 가지고 동의 관계에 있다는 것은 다음 예문들에서 잘 확인된다. '妻'의 자석이 '겨집'이고 고유어 '겨집'은 한자어 '大娘子'와 동의 관계에 있다. 따라서 '겨집'과 '大娘子'의 동의성은 명백히 입증된다.

(112) a. 妻 : 以女嫁人 <四解上 26b>
　　　b. 妻 : 겨집 쳐 俗呼大娘子 正娘子 <字會上 16a>

<113> 겨집 對 未嫁

고유어 '겨집'과 한자어 '未嫁'가 [女] 즉 '계집, 여자, 숙성한 미혼녀'의 뜻을 가지고 동의 관계에 있다는 것은 다음 예문들에서 잘 확인된다. 원문 중 '男女'가 '남진 겨집'으로 번역된다. 그리고 '女'가 한자어 '未嫁'를 뜻하고 '女'의 자석이 '겨집'이다. 따라서 '겨집'과 '未嫁'의 동의성은 명백히 입증된다.

(113) a. 혼 집 안해 남진 겨집 아오라 일빅이나(一家之內예 男女百口) <번小九 77a>

(113) b. 女 : 未嫁曰女 <四解上 31a>

　　　 c. 女 : 겨집 녀 俗呼女兒 處女 <字會上 16a>

<114> 겨집 對 婦人

고유어 '겨집'과 한자어 '婦人'이 [婦人] 즉 '아내'의 뜻을 가지고 동의 관계에 있다는 것은 다음 예문들에서 잘 확인된다. 원문 중 '婦人次'가 '겨지비 잇다'로 번역되고 '婦人打水'가 '겨지비 믈기리 ᄒᆞ다'로 번역된다. 그리고 '婦人伏'이 '婦人은 좃다'로 번역된다. 따라서 '겨집'과 '婦人'의 동의성은 명백히 입증된다.

(114) a. 겨지븐 듕문 안 별시레 이셔(婦人은 次於中門之內別室ᄒᆞ야) <번小七 19b>

　　　 b. 겨자비 남지니 거상ᄒᆞ엿ᄂᆞᆫ 듸 가디 마롤디니라(婦人이 不得輒至 男子喪次ㅣ니라) <번小七 20a>

　　　 c. 혼 됴혼 겨집 어디 졋 머기ᄂᆞ니라(尋一箇好婦人妳) <번朴上 57b>

　　　 d. 우리 거긔는 남지니 믈기리 아니ᄒᆞ고 다믄 겨지비 믈기리 ᄒᆞᄂᆞ니(我那裏男子漢 不打水 只是婦人打水) <번老下 36b>

　　　 e. 남지니 ᄆᆞᅀᆞᆷ 구드니 몃 사ᄅᆞ미 겨지븨 마ᄅᆡ 혹디 아니ᄒᆞ료(男子剛腸者幾人이 能不爲婦人言의 所惑고) <번小七 42a>

　　　 f. 겨지븨 월경 내와(婦人經候氣) <瘡疹 63a>

(114) g. 婦人은 사ᄅᆞ미게 졷는 거시니(婦人은 伏於人也ㅣ라) <번小三 20a>

　　　 h. 부신곳 프른 거슬 닙ᄂᆞ니라(婦人則有靑碧이니라) <번小十 28a>

　　　 i. 다 녀희 부신들히 소작이라(皆汝婦人所作이라) <번小七 42a>

<115> 겨집 對 少女

고유어 '겨집'과 한자어 '少女'가 [娘] 즉 '소녀, 아가씨'의 뜻을 가지고 동의 관계에 있다는 것은 다음 예문들에서 잘 확인된다. '娘'이 한자어 '少女'를 뜻한다. 그리고 '娘'의 자석이 '겨집'이다. 따라서 '겨집'과 '少女'의 동의성은 명백히 입증된다.

(115) a. 娘 : 少女之稱 <四解下 41a>
　　　b. 娘 : 겨집 냥 汎稱 <字會上 16b>

<116> 겨집 對 실가

고유어 '겨집'과 한자어 '실가'(室家)가 [室家] 즉 '아내'의 뜻을 가지고 동의 관계에 있다는 것은 다음 예문들에서 잘 확인된다. 원문 중 '和室家'가 '겨집과 화동'으로 번역되기도 하고 '실가 화동ᄒ다'로도 번역되므로 두 명사 '겨집'과 '실가'의 동의성은 명백히 입증된다.

(116) a. 겨집과 화동(和室家) <正俗 4b>
　　　b. 실가 화동호믈 버거 ᄒ노라(和室家次之) <正俗 4b>

<117> 겨집 對 쳐

고유어 '겨집'과 한자어 '쳐'(妻)가 [妻] 즉 '아내'의 뜻을 가지고 동의 관계에 있다는 것은 다음 예문들에서 잘 확인된다. 원문 중 '祥妻'가 '祥의 겨집'으로 번역되고 '妻息'이 '겨집비며 ᄌ식'으로 번역된다. '妻子'가 '쳐 ᄌ식'으로 번역된다. 그리고 '妻'의 자석이 '겨집'이다. 따라서 '겨집'과 '쳐'의 동의성은 명백히 입증된다.

(117) a. 겨집이 닐오듸(妻ㅣ曰) <번小九 59a>
　　　b. 쏘 祥의 겨집을 보채여 브리거늘(又虐使祥妻ㅣ어ᄂᆞᆯ) <번小九 70a>
　　　c. 겨지비 유화호듸 正大히 ᄒ며(妻柔而正ᄒ며) <번小三 44b>
　　　d. 각각 제 겨지블 겨집 사ᄆᆞ며(各妻其妻ᄒ며) <번小七 39b>
　　　e. 제 겨집비 슈반 머교듸(其妻饋之乎代) <正俗 5b>
　　　f. 겨집비며 ᄌ식도 업섯ᄂᆞ니(竟未有妻息) <二倫 13a>

(117) g. 빅셩 ᄉ랑호믈 쳐 ᄌ식 ᄀᆞ티 ᄒ며(愛百姓如妻子ᄒ며) <번小七 24a>
　　　h. 루회 울며 쳐 ᄌ식글 칙ᄒ여 닐우듸(護流涕責妻子曰) <二倫 34a>

(117) i. 妻 : 以女嫁人 <四解上 26b>

j. 妻 : 겨집 쳐 <字會上 16a>

<118> 경간 對 癎疾

고유어 '경간'과 한자어 '癎疾'이 [癎] 즉 '간질, 지랄병'의 뜻을 가지고 동의 관계에 있다는 것은 다음 예문들에서 잘 확인된다. '癎'의 자석이 '경간'이고 '경간'은 한자어 '癎疾'과 동의 관계에 있다. 따라서 '경간'과 '癎疾'의 동의성은 명백히 입증된다.

(118) a. 癎 : 小兒瘓癎 <四解上 80a>
　　　b. 癎 : 경갅 간 俗稱癎疾 <字會中 16b>

<119> 계로기 對 薺苨

고유어 '계로기'와 한자어 '薺苨'가 [苨]와 [薺] 즉 '게로기, 모싯대'의 뜻을 가지고 동의 관계에 있다는 것은 다음 예문들에서 잘 확인된다. '苨'가 한자어 '薺苨'를 뜻한다. 그리고 '薺'가 한자어 '薺苨'를 뜻하고 '薺苨'는 고유어 '계로기'와 동의 관계에 있다. 따라서 '계로기'와 '薺苨'의 동의성은 명백히 입증된다.

(119) a. 苨 : 薺苨 <四解上 26a>

(119) b. 薺 : 薺苨 계로기 <四解上 27a>
　　　c. 薺 : …又薺苨 계로기 <字會上 7b>

<120> 계집 對 쳐

고유어 '계집'과 한자어 '쳐'(妻) 가 [妻] 즉 '아내'의 뜻을 가지고 동의 관계에 있다는 것은 다음 예문들에서 잘 확인된다. 원문 중 '妻妾'이 '계집과 쳡'으로도 번역되고 '쳐쳡'으로도 번역된다. 따라서 '계집'과 '쳐'의 동의성은 명백히 입증된다.

(120) a. 계집과 쳡을 딕졉ᄒ고(待妻妾爲古) <呂約 4b>
　　　b. 쳐쳡븐 밧짓 사ᄅᆞ미니(妻妾 外舍人也) <二倫 20a>

<121> 계ᄌᆞ 對 芥菜

고유어 '계ᄌᆞ'와 한자어 '芥菜'가 [芥子]와 [芥] 즉 '겨자'의 뜻을 가지고 동의 관계에 있다는 것은 다음 예문들에서 잘 확인된다. 원문 중 '芥子'가 '계ᄌ'로 번역된다. 그리고 '芥'의 자석이 '계ᄌ'이고 고유어 '계ᄌ'는 한자어 '芥菜'와 동의 관계에 있다. 따라서 '계ᄌ'와 '芥菜'의 동의성은 명백히 입증된다.

(121) a. 계ᄌ 쉿무수(芥子 蔓菁) <번老下 38a>

(121) b. 芥 : 辛菜 <四解上 46b>

c. 芥 : 계ᄌㅅ 개 俗稱芥菜 <字會上 7b>

<122> 고 對 齈帶

고유어 '고'와 한자어 '齈帶'가 [齈] 즉 '콧물'의 뜻을 가지고 동의 관계에 있다는 것은 다음 예문들에서 잘 확인된다. 원문 중 '流齈'이 '고 흐르다'로 번역된다. 그리고 '齈'이 한자어 '齈帶'를 뜻하고 '齈帶'는 고유어 '고'와 동의 관계에 있다. 따라서 '고'와 '齈帶'의 동의성은 명백히 입증된다.

(122) a. 뎌 고해 고 흐르ᄂ니(那鼻子裏流齈) <번老下 19a>

(122) b. 齈 : 多涕鼻病今俗呼齈帶 고 <四解上 2b>

c. 齈 : 곳믈 농 俗稱齈帶 <字會東中本上 29b>

<123> 고ㅎ 對 面之中岳

고유어 '고ㅎ'와 한자어 '面之中岳'이 [鼻] 즉 '코'의 뜻을 가지고 동의 관계에 있다는 것은 다음 예문들에서 잘 확인된다. 원문 중 '斷鼻'가 '고홀 버히다'로 번역되고 '嚏鼻'가 '고해 품기다'로 번역된다. 그리고 '鼻'가 한자어 '面之中岳'을 뜻하고 '鼻'의 자석이 '고'이다. 따라서 '고ㅎ'와 '面之中岳'의 동의성은 명백히 입증된다.

(123) a. 갈호로 고홀 버히고(以刀斷鼻ㅎ고) <번小九 62a>

b. 고해 품기며 누네 브ᅀ와미ᄂ니(嚏鼻眼花的) <번朴上 70b>

(123) c. 鼻 : 面之中岳 <四解上 16b>

d. 鼻 : 고 비 俗呼鼻子 <字會上 14a>

<124> 고ㅎ 對 鼻子

고유어 '고ㅎ'와 한자어 '鼻子'가 [鼻子]와 [鼻] 즉 '코'의 뜻을 가지고 동의 관계에 있다는 것은 다음 예문들에서 잘 확인된다. 원문 중 '那鼻子'가 '뎌 고ㅎ'로 번역되고 '斷鼻'가 '고흘 버히다'로 번역된다. 그리고 '鼻'의 자석이 '고'이고 고유어 '고'는 한자어 '鼻子'와 동의 관계에 있다. 따라서 '고ㅎ'와 '鼻子'의 동의성은 명백히 입증된다.

(124) a. 뎌 고해 고 흐르ㄴ니(那鼻子裏流瀧) <번老下 19a>
　　　b. 갈호로 고흘 버히고(以刀斷鼻ㅎ고) <번小九 62a>

(124) c. 鼻 : 面之中岳 <四解上 16b>
　　　d. 鼻 : 고 비 俗呼鼻子 <字會上 13b>

<125> 고 對 十斗

고유어 '고'와 한자어 '十斗'가 [斛] 즉 '휘, 十斗'의 뜻을 가지고 동의 관계에 있다는 것은 다음 예문들에서 잘 확인된다. 원문 중 '斛'이 '고'로 번역되고 '斛'이 한자어 '十斗'를 뜻한다. 그리고 '斛'의 자석이 '고'이고 고유어 '고'는 한자어 '十斗'와 동의 관계에 있다. 따라서 '고'와 '十斗'의 동의성은 명백히 입증된다.

(125) a. 고로 되에 ㅎ라(着斛起) <번朴上 12a>

(125) b. 斛 : 十斗 <四解上 6a>
　　　c. 斛 : 고 곡 十斗爲斛 <字會中 6b>

<126> 고 對 舂具

고유어 '고'와 한자어 '舂具'가 [杵] 즉 '방앗공이, 디딜방아의 공이'의 뜻을 가지고 동의 관계에 있다는 것은 다음 예문들에서 잘 확인된다. '杵'가 한자어 '舂具'를 뜻하고 '杵'의 자석이 '고'이다. 따라서 '고'와 '舂具'의 동의성은 명백히 입증된다.

(126) a. 杵 : 舂具 <四解上 32b>
　　　b. 杵 : 고 져 俗稱碓觜 방핫고 <字會中 6b>

<127> 고개 對 峻嶺

고유어 '고개'와 한자어 '峻嶺'이 [峴] 즉 '고개'의 뜻을 가지고 동의 관계에 있다는 것은 다음 예문들에서 잘 확인된다. '峴'의 자석이 '고개'이고 고유어 '고개'는 한자어 '峻嶺'과 동의 관계에 있다. 따라서

‘고개’와 ‘峻嶺’의 동의성은 명백히 입증된다.

(127) a. 峴 : …一曰嶺上 <四解下 7b>
　　　b. 峴 : 고개 현 峻嶺 <字會上 2a>

<128> 고고리 對 瓜綴當

고유어 ‘고고리’와 한자어 ‘瓜綴當’이 [蔕] 즉 ‘꼭지’의 뜻을 가지고 동의 관계에 있다는 것은 다음 예문들에서 잘 확인된다. ‘蔕’의 자석이 ‘고고리’이고 고유어 ‘고고리’는 한자어 ‘瓜綴當’과 동의 관계에 있다. 따라서 ‘고고리’와 ‘瓜綴當’의 동의성은 명백히 입증된다.

(128) a. 蔕 : 草木綴實 <四解上 24b>
　　　b. 蔕 : 고고리 톄 瓜綴當也 當底也 <字會下 2b>

<129> 고곰 對 二日一發瘧

고유어 ‘고곰’과 한자어 ‘二日一發瘧’이 [痎] 즉 ‘학질, 이틀거리’의 뜻을 가지고 동의 관계에 있다는 것은 다음 예문들에서 잘 확인된다. ‘痎’가 한자어 ‘二日一發瘧’을 뜻한다. 그리고 ‘痎’의 자석이 ‘고곰’이다. 따라서 ‘고곰’과 ‘二日一發瘧’의 동의성은 명백히 입증된다.

(129) a. 痎 : 二日一發瘧 <四解上 46a>
　　　b. 痎 : 고곰 히 <字會中 16b>

<130> 고곰 對 痁瘧

고유어 ‘고곰’과 한자어 ‘痁瘧’이 [瘧]과 [痁] 즉 ‘고금, 학질’의 뜻을 가지고 동의 관계에 있다는 것은 다음 예문들에서 잘 확인된다. ‘瘧’이 한자어 ‘痁瘧’을 뜻하고 ‘瘧’의 자석이 ‘고곰’이다. 그리고 ‘痁’의 자석이 ‘고곰’이다. 따라서 ‘고곰’과 ‘痁瘧’의 동의성은 명백히 입증된다.

(130) a. 瘧 : 痁瘧 <四解下 44b>
　　　b. 瘧 : 고곰 학 <字會中 16b>

(130) c. 痁 : 瘧疾 <四解下 84b>
　　　d. 痁 : 고곰 졈 <字會中 16b>

<131> 고곰 對 痁疾

고유어 '고곰'과 한자어 '痁疾'이 [痁] 즉 '고금, 학질'의 뜻을 가지고 동의 관계에 있다는 것은 다음 예문들에서 잘 확인된다. '痁'이 한자어 '痁疾'을 뜻한다. 그리고 '痁'의 자석이 '고곰'이다. 따라서 '고곰'과 '痁疾'의 동의성은 명백히 입증된다.

(131) a. 痁 : 痁疾 <四解下 84b>
　　　 b. 痁 : 고곰 졈 <字會中 16a>

<132> 고기 對 肌肉

고유어 '고기'와 한자어 '肌肉'이 [肉] 즉 '고기'의 뜻을 가지고 동의 관계에 있다는 것은 다음 예문들에서 잘 확인된다. 원문 중 '乾肉'이 'ᄆᆞᄅᆞᆫ 고기'로 번역되고 '肥肉'이 '술진 고기'로 번역되고 '猪肉'이 '도틱 고기'로 번역된다. 그리고 '肉'이 한자어 '肌肉'을 뜻하고 '肉'의 자석이 '고기'이다. 따라서 '고기'와 '肌肉'의 동의성은 명백히 입증된다.

(132) a. 저즌 고기란 니로 버혀 먹고 ᄆᆞᄅᆞᆫ 고기란 니로 버혀 먹디 말며(濡肉으란 齒決ᄒᆞ고 乾肉으란 不齒決ᄒᆞ며) <번小四 27a>
　　　 b. 몬져 ᄆᆞᄅᆞᆫ 고기를 머굴디니(先食乾肉이니) <번小七 11b>
　　　 c. 아롬뎌 밧고로 술진 고기와 보육과 젓과를 어드라 ᄒᆞ야(私令外로 取肥肉脯鮮ᄒᆞ야) <번小七 14b>
　　　 d. 이 ᄇᆞ름 ᄉᆞᆺ짓 도마 우희 도틱 고기 사라 가라(這間壁肉案上買猪肉去) <번老上 20b>
　　　 e. 이 고기 다 술마 닉거다(這肉都煮熟了) <번老下 38b>
　　　 f. 돈 셜흔 나챗 양의 고기 봇고(炒着三十箇錢的羊肉) <번老上 61b>
　　　 g. 고기 봇가 먹고(炒些肉喫了) <번老上 61a>
　　　 h. 고기 비록 하도(肉雖多ㅣ 나) <번小四 28b>

(132) i. 肉 : …肌肉 <四解上 6b>
　　　 j. 肉 : 고기 슉 <字會中 11a>

<133> 고기 對 大臠

고유어 '고기'와 한자어 '大臠'이 [胾] 즉 '크게 썬 고기 조각'의 뜻을 가지고 동의 관계에 있다는 것은 다음 예문들에서 잘 확인된다. 원문 중 '羹胾'가 '깅과 고기'로 번역된다. 그리고 '胾'가 한자어 '大臠'을

뜻한다. 따라서 '고기'와 '大臠'의 동의성은 명백히 입증된다.

(133) a. 깅과 고기와 두 가짓 거슬 ᄀ초아 아니ᄒ고(不二羹胾ᄒ며) <번小十 28b>
　　　b. 胾 : … 大臠 <四解上 12b>

<134> 고기 對 水中鱗物

고유어 '고기'와 한자어 '水中鱗物'이 [魚] 즉 '고기, 물고기'의 뜻을 가지고 동의 관계에 있다는 것은 다음 예문들에서 잘 확인된다. '魚'가 한자어 '水中鱗物'을 뜻한다. 그리고 '魚'의 자석이 '고기'이다. 따라서 '고기'와 '水中鱗物'의 동의성은 명백히 입증된다.

(134) a. 魚 : 水中鱗物 <四解上 30b>
　　　b. 魚 : 고기 水中有鱗者 <字會下 2a>

<135> 고도리 對 髑頭

고유어 '고도리'와 한자어 '髑頭'가 [樸頭]와 [髑] 즉 '뼈 화살'의 뜻을 가지고 동의 관계에 있다는 것은 다음 예문들에서 잘 확인된다. 원문 중 '鹿角樸頭'가 '鹿角으로 밍ᄀᆫ 고도리'로 번역된다. 그리고 '髑'의 자석이 '고도리'이고 고유어 '고도리'는 한자어 '髑頭'와 동의 관계에 있다. 따라서 '고도리'와 '髑頭'의 동의성은 명백히 입증된다.

(135) a. 鹿角으로 밍ᄀᆫ 고도리 울고도리(鹿角樸頭 響樸頭) <번老下 32b>
　　　b. 髑 : 고도리 박 俗呼髑頭 <字會中 14a>

<136> 고돌개 對 馬絤

고유어 '고돌개'와 한자어 '馬絤'이 [絤], [鞽] 및 [鞦] 즉 '껑거리'의 뜻을 가지고 동의 관계에 있다는 것은 다음 예문들에서 잘 확인된다. '絤'가 한자어 '馬絤'을 뜻하고 '馬絤'은 고유어 '고돌개'와 동의 관계에 있다. '鞽'의 자석이 '고돌개'이다. 그리고 원문 중 '鞦'가 '고돌개'로 번역된다. '絤', '鞽' 및 '鞦'는 同字이다. 따라서 '고돌개'와 '馬絤'의 동의성은 명백히 입증된다.

(136) a. 絤 : 馬絤 고돌개 通作鞦鞽 <四解下 69a>
　　　b. 鞽 : 고돌개 츄…通作鞦 <字會中 13b>

(136) c. 굴에 고돌개(轡頭 鞦) <번老下 30a>

<137> 고들개 對 鞦皮

고유어 '고들개'와 한자어 '鞦皮'가 [鞦皮]와 [鞦] 즉 '밀치끈'의 뜻을 가지고 동의 관계에 있다는 것은 다음 예문들에서 잘 확인된다. 원문 중 '鞦皮'가 '고들개'로 번역된다. 그리고 '鞧'의 자석이 '고들개'이고 고유어 '고들개'는 한자어 '鞦皮'와 동의 관계에 있다. '鞧'와 '鞦'는 同字이다. 따라서 '고들개'와 '鞦皮'의 동의성은 명백히 입증된다.

(137) a. 븩셔피 고들개 굴에예(白斜皮鞦皮轡頭) <번朴上 30b>
　　　b. 고들개 딜채(鞦皮 穗兒) <번朴上 28b>
　　　c. 굴에 고들개(轡頭 鞦) <번老下 30a>

(137) d. 縐 : 馬紂 고들개 通作縐鞧 <四解下 69a>
　　　e. 鞧 : 고들개 츄 俗呼鞧皮 通作鞦 <字會中 13b>

<138> 고라니 對 麕子

고유어 '고라니'와 한자어 '麕子'가 [麕] 즉 '고라니'의 뜻을 가지고 동의 관계에 있다는 것은 다음 예문들에서 잘 확인된다. '麕'가 한자어 '麕子'를 뜻하고 '麕子'가 고유어 '고라니'와 동의 관계에 있다. 그리고 '麕'의 자석이 '고라니'이고 고유어 '고라니'는 한자어 '麕子'와 동의 관계에 있다. 따라서 '고라니'와 '麕子'의 동의성은 명백히 입증된다.

(138) a. 麕 : 麕屬 今俗呼麕子 고라니 <四解下 20b>
　　　b. 麕 : 고라니 포 俗呼麕子 <字會上 10a>

<139> 고랑 對 田中溝

고유어 '고랑'과 한자어 '田中溝'가 [畎] 즉 '밭도랑, 밭 가운데 낸 水路'의 뜻을 가지고 동의 관계에 있다는 것은 다음 예문들에서 잘 확인된다. '畎'이 한자어 '田中溝'를 뜻한다. 그리고 '畎'의 자석이 '고랑'이고 고유어 '고랑'은 한자어 '田中溝'와 동의 관계에 있다. 따라서 '고랑'과 '田中溝'의 동의성은 명백히 입증된다.

(139) a. 畎 : 田中溝 <四解下 8b>
　　　b. 畎 : 고랑 견 田中溝 <字會上 4a>

<140> 고래 對 鯨鯢

고유어 '고래'와 한자어 '鯨鯢'가 [鯨]과 [鯢] 즉 '고래'의 뜻을 가지고 동의 관계에 있다는 것은 다음 예문들에서 잘 확인된다. '鯨'이 한자어 '鯨鯢'를 뜻하고 '鯨'의 자석이 '고래'이다. 그리고 '鯢'가 한자어 "鯨鯢'를 뜻하고 '鯢'의 자석이 '고래'이다. 따라서 '고래'와 '鯨鯢'의 동의성은 명백히 입증된다.

(140) a. 鯨 : 鯨鯢 <四解下 48a>
　　　 b. 鯨(10b) : 고래 경 雄曰鯨 <字會上 11a>

(140) c. 鯢 : 鯨鯢 <四解上 27b>
　　　 d. 鯢 : 고래 예 雌曰鯢 <字會上 11a>

<141> 고래 對 大鯢

고유어 '고래'와 한자어 '大鯢'가 [鯢]와 [鰕] 즉 '암코래, 고래의 암컷'의 뜻을 가지고 동의 관계에 있다는 것은 다음 예문들에서 잘 확인된다. '鯢'의 자석이 '고래'이다. 그리고 '鰕'가 한자어 '大鯢'를 뜻한다. 따라서 '고래'와 '大鯢'의 동의성은 명백히 입증된다. 고유어 '암고래'는 『新增類合』(1576) 의 '鯢 : 암고래 예'<上 15a>에서 확인된다.

(141) a. 鯢 : 鯨鯢 <四解上 27b>
　　　 b. 鯢 : 고래 예 雌曰鯢 <字會上 11a>

(141) c. 鰕 : 大鯢 <四解下 31a>

<142> 고로 對 綾子

고유어 '고로'와 한자어 '綾子'가 [綾子]와 [綾] 즉 '무늬 있는 비단'의 뜻을 가지고 동의 관계에 있다는 것은 다음 예문들에서 잘 확인된다. 원문 중 원문 '絹子綾子'가 '깁과 고로'로 번역되고 '綾羅'가 '고뢰며 솔기'로 번역된다. 그리고 '綾'의 자석이 '고로'이고 고유어 '고로'는 한자어 '綾子'와 동의 관계에 있다. 따라서 '고로'와 '綾子'의 동의성은 명백히 입증된다.

(142) a. 깁과 고로와 소옴 둘 거두워 사(收買些絹子綾子絲子) <번老上 13a>
　　　 b. 고로 미 흔 피레 믓 갑슨(綾子每匹染錢) <번老上 14a>
　　　 c. 람 고로와로 히욘 고의예(藍綾子袴兒) <번老下 51a>

d. 고뢰며 솔기며 금슈를 쓰디 아니호며(不用綾羅錦繡호며) <번小九 106a>

e. 네 뎌 고로와 깁과 소옴 둘 홀 믯싸해셔 언맛 갑소로 사(你那綾絹緜子 就地頭多少價錢買來) <번老上 13b>

(142) f. 綾 : 綺也 고로 <四解下 57a>

g. 綾 : 고로 릉 俗呼綾子 <字會中 15a>

<143> 고롬 對 膿水

고유어 '고롬'과 한자어 '膿水'가 [膿] 즉 '고름'의 뜻을 가지고 동의 관계에 있다는 것은 다음 예문들에서 잘 확인된다. '膿'이 한자어 '膿水'를 뜻하고 '膿水'는 고유어 '고롬'과 동의 관계에 있다. 따라서 '고롬'과 '膿水'의 동의성은 명백히 입증된다.

(143) a. 膿 : 腫血 <四解上 2b>

b. 膿 : 고믈 농 俗稱膿水 고롬 <字會上 15a>

<144> 고리 對 筹筐

고유어 '고리'와 한자어 '筹筐'가 [筹]와 [筐] 즉 '대고리, 버들고리, 柳器'의 뜻을 가지고 동의 관계에 있다는 것은 다음 예문들에서 잘 확인된다. '筹'가 한자어 '筹筐'를 뜻하고 '筹筐'는 고유어 '고리'와 동의 관계에 있다. '筹'의 자석이 '고리'이다. 그리고 '筐'의 자석이 '고리'이고 고유어 '고리'는 한자어 '筹筐'와 동의 관계에 있다. 따라서 '고리'와 '筹筐'의 동의성은 명백히 입증된다.

(144) a. 筹 : 筹筐 屈柳爲器 고리 <四解下 18b>

b. 筹 : 고리 고 <字會中 7a>

(144) c. 桮 : 栲桮 柳器 고리 <四解下 23a>

d. 筐 : 고리 로 筹筐 柳器 <字會中 7a>

<145> 고마 對 妾

고유어 '고마'와 한자어 '妾'이 [妾]의 뜻을 가지고 동의 관계에 있다는 것은 다음 예문들에서 잘 확인된다. 원문 중 '妾御'가 '고매 뫼시다'로 번역되고 '買妾'이 '妾을 사다'로 번역된다. '婢妾'이 '죵 고마'로도 번역되고 '죵쳡'으로도 번역된다. '僕妾'이 '죵이며 고마'로 번역되고 '妻妾'이 '계집과 쳡'으로 번역된다. 그리고 '妾'의 자석이 '고마'이다. 따라서 '고마'와 '妾'의 동의성은 명백히 입증된다. 두 명사의 빈도수를 비교해 보면 한자어 '妾'이 고유어 '고마'보다 절대 우위에 있다.

(145) a. 고매 뫼셔슈매(妾御ㅣ) <번小三 18a>

　　　b. 고마는 비단 깁을 니벗거든 아ᄉ 믄 벌거 바삿ᄂ니(妾曳綺紈而宗族伊 赤體爲飛尼) <正俗 10a>

　　　c. 비록 죵 고매라도(雖婢妾이라두) <번小三 18a>

　　　d. 죵이며 고마를 두디 아니코(不畜僕妾) <二倫 28a>

(145) e. 妾을 사매(買妾에) <번小三 12a>

　　　f. 쳡을 수 업시 호ᄆ(妾媵無數ᄂ) <번小七 31b>

　　　g. 아비 妾 둘히 잇거늘(父有賤妾二人) <속三孝 10a>

　　　h. 계집과 쳡을 듸졉ᄒ고(待妻妾爲古) <呂約 4b>

　　　i. 쳐쳡븐 밧짓 사ᄅ미니(妻妾 外舍人也) <二倫 20a>

　　　j. 또 죵쳡블 ᄉ랑ᄒ고 졍쳐를 소박ᄒ리 잇ᄂ니(又有昵愛婢妾爲也 疏薄正妻者爲尼) <正俗 6a>

(145) k. 妾 : 女婢又女不聘而接人曰妾 <四解下 83a>

　　　l. 妾 : 고마 쳡 <字會上 16a>

<146> 고비 對 書襷

　고유어 '고비'와 한자어 '書襷'이 [書襷] 즉 '고비, 편지 같은 것을 꽂아 두는 물건'의 뜻을 가지고 동의 관계에 있다는 것은 다음 예문들에서 잘 확인된다. 한자어 '書襷'이 고유어 '고비'와 동의 관계에 있다. 따라서 '고비'와 '書襷'의 동의성은 명백히 입증된다.

(146) a. 襷 : 衣系 옷고홈 書襷 고비 <四解上 77b>

　　　b. 襷 : 衣襷 빈툐 <四解下 16b>

<147> 고사리 對 拳頭菜

　고유어 '고사리'와 한자어 '拳頭菜'이 [蕨] 즉 '고사리'의 뜻을 가지고 동의 관계에 있다는 것은 다음 예문들에서 잘 확인된다. '蕨'이 한자어 '拳頭菜'를 뜻하고 '拳頭菜'는 고유어 '고사리'와 동의 관계에 있다. 그리고 '蕨'의 자석이 '고사리'이고 고유어 '고사리'는 한자어 '拳頭菜'와 동의 관계에 있다. 그리고 '虌'이 한자 '蕨'과 同義이고 '虌'의 자석이 '고사리'이다. 따라서 '고사리'와 '拳頭菜'의 동의성은 명백히 입증된다.

(147) a. 蕨 : 菜名…今俗呼拳頭菜 고사리 <四解下 9a>

b. 蕨 : 고사리 궐 俗呼拳頭菜 <字會上 8a>

(147) c. 虌 : 蕨也 <四解下 3b>

d. 虌 : 고사리 별 <字會上 8a>

<148> 고솜돋 對 刺蝟

고유어 '고솜돋'과 한자어 '刺蝟'가 [蝟] 즉 '고슴도치'의 뜻을 가지고 동의 관계에 있다는 것은 다음 예문들에서 잘 확인된다. '蝟'가 한자어 '刺蝟'를 뜻한다. 그리고 '蝟'의 자석이 '고솜돋'이고 고유어 '고솜돋'은 한자어 '刺蝟'와 동의 관계에 있다. 따라서 '고솜돋'과 '刺蝟'의 동의성은 명백히 입증된다.

(148) a. 蝟 : 刺蝟 似豪猪而小 <四解上 55a>

b. 蝟 : 고솜돋 위 俗呼刺蝟 <字會上 10b>

<149> 고싀 對 胡荽

고유어 '고싀'와 한자어 '胡荽'가 [胡荽]와 [荽] 즉 '고수, 고수풀'의 뜻을 가지고 동의 관계에 있다는 것은 다음 예문들에서 잘 확인된다. 원문 중 '令有胡荽'가 '고싀를 잇게 ᄒ다'로 번역된다. 그리고 '荽'가 한자어 '胡荽'를 뜻하고 '胡荽'는 고유어 '고싀'의 동의 관계에 있다. 따라서 '고싀'와 '胡荽'의 동의성은 명백히 입증된다.

(149) a. 병신의 겨틔 샹해 고싀를 잇게 ᄒ면(病人左右常令有胡荽) <瘡疹 30b>

(149) b. 荽 : 胡荽 今俗呼芫荽 고싀 <四解上 51b>

c. 荽 : 고시 슈 俗呼芫荽 <字會上 7b>

<150> 고싀 對 芫荽

고유어 '고싀'와 한자어 '芫荽'가 [荽]와 [芫] 즉 '고수, 고수풀'의 뜻을 가지고 동의 관계에 있다는 것은 다음 예문들에서 잘 확인된다. '荽'가 한자어 '芫荽'를 뜻한다. '荽'의 자석이 '고싀'이고 고유어 '고싀'는 한자어 '芫荽'와 동의 관계에 있다. 그리고 '芫'이 '芫荽菜'를 뜻하고 '芫'의 자석이 '고싀'이다. 따라서 '고싀'와 '芫荽'의 동의성은 명백히 입증된다.

(150) a. 荽 : 胡荽 今俗呼芫荽 고싀 <四解上 51b>

b. 荽 : 고시 슈 俗呼芫荽 <字會上 7b>

(150) c. 芫 : …芫荽菜 <四解下 12b>

d. 芫 : 고시 원 <字會上 7b>

<151> 고욤 對 羊矢棗

고유어 '고욤'과 한자어 '羊矢棗'가 [梬] 즉 '고욤, 고욤나무'의 뜻을 가지고 동의 관계에 있다는 것은 다음 예문들에서 잘 확인된다. '梬'이 '羊矢棗'를 뜻하고 한자어 '羊矢棗'는 고유어 '고욤'과 동의 관계에 있다. 그리고 '梬'의 자석이 '고욤'이고 고유어 '고욤'은 한자어 '羊矢棗'와 동의 관계에 있다. 따라서 '고욤'과 '羊矢棗'의 동의성은 명백히 입증된다.

(151) a. 梬 : …一名羊矢棗今俗呼軟棗兒 고욤 <四解下 55a>

b. 梬 : 고욤 빙 俗呼羊矢棗 <字會上 6b>

<152> 고욤 對 梬棗

고유어 '고욤'과 한자어 '梬棗'가 [梬] 즉 '고욤, 고욤나무'의 뜻을 가지고 동의 관계에 있다는 것은 다음 예문들에서 잘 확인된다. '梬'이 한자어 '梬棗'를 뜻하고 '梬棗'는 고유어 '고욤'과 동의 관계에 있다. 그리고 '梬'의 자석이 '고욤'이다. 따라서 '고욤'과 '梬棗'의 동의성은 명백히 입증된다.

(152) a. 㮕 : …一云呼梬曰(12b) 梬棗 고욤 <四解下 13a>

b. 梬 : 고욤 빙 <字會上 6b>

<153> 고을 對 郡縣

고유어 '고을'과 한자어 '郡縣'이 [郡]과 [縣] 즉 '고을'의 뜻을 가지고 동의 관계에 있다는 것은 다음 예문들에서 잘 확인된다. 원문 중 '郡'이 '고을'로 번역된다. '郡'이 한자어 '郡縣'을 뜻하고 '郡'의 자석이 '고을'이다. 그리고 '縣'이 한자어 '郡縣'을 뜻하고 '縣'의 자석이 '고을'이다. 따라서 '고을'과 '郡縣'의 동의성은 명백히 입증된다.

(153) a. 고을희셔 주븻 벼스를 히여늘(郡命爲主簿) <二倫 16a>

(153) b. 郡 : 郡縣 <四解上 67b>

c. 郡 : 고을 군 <字會中 4b>

(153) d. 縣 : 郡縣 <四解下 7b>
　　　e. 縣 : 고을 현 <字會中 4b>

<154> 고을 對 州郡

　　고유어 '고을'과 한자어 '州郡'이 [州]와 [郡] 즉 '고을'의 뜻을 가지고 동의 관계에 있다는 것은 다음 예문들에서 잘 확인된다. '州'가 한자어 '州郡'를 뜻하고 '州'의 자석이 '고을'이다. 그리고 원문 중 '郡'이 '고을'로 번역되고 '郡'의 자석이 '고을'이다. 따라서 '고을'과 '州郡'의 동의성은 명백히 입증된다.

　　(154) a. 州 : 州郡 <四解下 69a>
　　　　　b. 州 : 고을 쥬 <字會中 4b>

　　(154) c. 고을희셔 주븟 벼스를 히여놀(郡命爲主簿) <二倫 16a>
　　　　　d. 郡 : 郡縣 <四解上 67b>
　　　　　e. 郡 : 고을 군 <字會中 4b>

<155> 고을 對 天子畿內

　　고유어 '고을'과 한자어 '天子畿內'가 [寰] 즉 '畿內, 봉건 시대에 天子가 직할하던 領地'의 뜻을 가지고 동의 관계에 있다는 것은 다음 예문들에서 잘 확인된다. '寰'이 한자어 '天子畿內'를 뜻한다. 그리고 '寰'의 자석이 '고을'이고 고유어 '고을'은 한자어 '畿內縣'과 동의 관계에 있다. 따라서 '고을'과 '天子畿內'의 동의성은 명백히 입증된다.

　　(155) a. 寰 : 天子畿內 <四解上 81b>
　　　　　b. 寰 : 고을 환 畿內縣 <字會中 4b>

<156> 고을 對 縣邑

　　고유어 '고을'과 한자어 '縣邑'이 [邑]과 [縣] 즉 '고을'의 뜻을 가지고 동의 관계에 있다는 것은 다음 예문들에서 잘 확인된다. '邑'이 한자어 '縣邑'을 뜻하고 '邑'의 자석이 '고을'이다. 그리고 '縣'의 자석이 '고을'이다. 따라서 '고을'과 '縣邑'의 동의성은 명백히 입증된다.

　　(156) a. 邑 : 縣邑 <四解下 74a>
　　　　　b. 邑 : 고을 읍 <字會中 4b>

(156) c. 縣 : 郡縣 <四解下 7b>

d. 縣 : 고을 현 <字會中 4b>

<157> 고의 對 脛衣

고유어 '고의'와 한자어 '脛衣'가 [袴兒]와 [袴] 즉 '바지, 가랑이가 있는 아랫도리 옷'의 뜻을 가지고 동의 관계에 있다는 것은 다음 예문들에서 잘 확인된다. 원문 중 '衫兒 袴兒'가 '젹삼 고의'로 번역된다. '袴'가 한자어 '脛衣'를 뜻한다. 그리고 '袴'의 자석이 '고의'이다. 따라서 '고의'와 '脛衣'의 동의성은 명백히 입증된다.

(157) a. 젹삼 고의(衫兒 袴兒) <번朴上 26b>

b. 곡도숑 믈드린 블근 비체 털조쳐 드려 쓴 비단과 람 고로와로 히욘 고의예(茜紅氈叚藍綾子袴兒) <번老下 50b>

(157) c. 袴 : 脛衣 <四解上 36b>

d. 袴 : 고의 고 <字會中 11b>

<158> 고의 對 褻衣

고유어 '고의'와 한자어 '褻衣'가 [裩] 즉 '속옷'의 뜻을 가지고 동의 관계에 있다는 것은 다음 예문들에서 잘 확인된다. '裩'이 한자어 '褻衣'를 뜻한다. 그리고 '裩'의 자석이 '고의'이다. 따라서 '고의'와 '褻衣'의 동의성은 명백히 입증된다.

(158) a. 裩 : 衣 <四解上 62b>

b. 裩 : 고의 군 <字會中 11b>

<159> 고올ㅎ 對 縣

고유어 '고올ㅎ'과 한자어 '縣'이 [縣] 즉 '고을'의 뜻을 가지고 동의 관계에 있다는 것은 다음 예문들에서 잘 확인된다. 원문 중 '到縣'이 '고올 히 가다'로 번역되고 '縣吏'가 '고올 원'으로 번역된다. 그리고 '縣人'이 '縣 사름'으로 번역된다. 따라서 '고올ㅎ'과 '縣'의 동의성은 명백히 입증된다.

(159) a. 고올 히 간 열을 몯ㅎ여셔(到縣未旬ㅎ야셔) <번小九 30b>

b. 형이 고올 워니 도이여셔(兄爲縣吏) <二倫 5a>

(159) c. 縣 사름 董召南이란 소리(縣人董生召南이) <번小九 98b>

d. 壽州ㅣ 쇠(98a) 올의 속혼 安豐이란 縣이 이시니(壽州屬縣이 有安豐ᄒ니) <번小九 98b>

<160> 고재 對 弓末

고유어 '고재'와 한자어 '弓末'이 [弭], [弰兒] 및 [弰] 즉 '활고자, 활의 양끝'의 뜻을 가지고 동의 관계에 있다는 것은 다음 예문들에서 잘 확인된다. '弭'와 '弰'가 한자어 '弓末'을 뜻한다. '弭'의 자석이 '고재'이고 고유어 '고재'는 '弓末'과 동의 관계에 있다. 원문 중 '弰兒'가 '고재'로 번역된다. 그리고 '弰'가 한자어 '弓末'을 뜻한다. 따라서 '고재'와 '弓末'의 동의성은 명백히 입증된다.

(160) a. 弭 : 弓末 <四解上 26a>

b. 弭 : 고재 미 弓末 <字會中 14a>

(160) c. 고재 뎌르다(弰兒短) <번老下 31b>

d. 弰 : 弓末 <四解下 22a>

<161> 고쟈 對 守門人/守門者

고유어 '고쟈'와 한자어 '守門人/守門者'이 [閽] 즉 '문지기'의 뜻을 가지고 동의 관계에 있다는 것은 다음 예문들에서 잘 확인된다. '閽'이 한자어 '守門人'을 뜻한다. 그리고 '閽'의 자석이 '고쟈'이고 고유어 '고쟈'는 한자어 '守門者'와 동의 관계에 있다. 따라서 '고쟈'와 '守門人/守門者'의 동의성은 명백히 입증된다.

(161) a. 閽 : 守門人 <四解上 66b>

b. 閽 : 고쟈 혼 又守門者 亦曰閽人 <字會中 1b>

<162> 고쟈 對 奄人

고유어 '고쟈'와 한자어 '奄人'이 [閹] 즉 '내시, 환관'의 뜻을 가지고 동의 관계에 있다는 것은 다음 예문들에서 잘 확인된다. '閹'가 한자어 '奄人'을 뜻한다. 그리고 '閹'의 자석이 '고쟈'이다. 따라서 '고쟈'와 '奄人'의 동의성은 명백히 입증된다.

(162) a. 閹 : 奄人 <四解上 20a>

b. 閹 : 고쟈 시 <字會中 1b>

<163> 고쟈 對 閹宦

고유어 '고쟈'와 한자어 '閹宦'이 [宦] 즉 '내시, 환관'의 뜻을 가지고 동의 관계에 있다는 것은 다음 예문들에서 잘 확인된다. '宦'이 한자어 '閹宦'을 뜻한다. 그리고 '宦'의 자석이 '고쟈'이다. 따라서 '고쟈'와 '閹宦'의 동의성은 명백히 입증된다.

(163) a. 宦 : …又閹宦 <四解上 81b>
　　　b. 宦 : 고쟈 환 或呼內官 <字會中 1b>

<164> 고쟈 對 火者

고유어 '고쟈'와 한자어 '火者'가 [閹] 즉 '고자, 去勢된 남자'의 뜻을 가지고 동의 관계에 있다는 것은 다음 예문들에서 잘 확인된다. '閹'의 자석이 '고쟈'이고 고유어 '고쟈'는 한자어 '火者'와 동의 관계에 있다. 따라서 '고쟈'와 '火者'의 동의성은 명백히 입증된다.

(164) a. 閹 : 宦人 通作奄 <四解下 84b>
　　　b. 閹 : 고쟈 엄 俗呼火者 <字會中 1b>

<165> 고쟈 對 宦人

고유어 '고쟈'와 한자어 '宦人'이 [閹] 즉 '내시, 환관, 고자, 去勢된 남자'의 뜻을 가지고 동의 관계에 있다는 것은 다음 예문들에서 잘 확인된다. '閹'이 한자어 '宦人'을 뜻한다. 그리고 '閹'의 자석이 '고쟈'이다. 따라서 '고쟈'와 '宦人'의 동의성은 명백히 입증된다.

(165) a. 閹 : 宦人 通作奄 <四解下 84b>
　　　b. 閹 : 고쟈 엄 俗呼火者 <字會中 1b>

<166> 고조 對 酒榨

고유어 '고조'와 한자어 '酒榨'가 [榨] 즉 '술주자, 주자 틀, 술을 짜는 틀'의 뜻을 가지고 동의 관계에 있다는 것은 다음 예문들에서 잘 확인된다. '榨'가 한자어 '酒榨'를 뜻하고 '酒榨'는 고유어 '고조'와 동의 관계에 있다. 그리고 '榨'의 자석이 '고조'이고 고유어 '고조'는 한자어 '酒榨'와 동의 관계에 있다. 따라서 '고조'와 '酒榨'의 동의성은 명백히 입증된다.

(166) a. 榨 : …壓酒者曰酒榨…고조 <四解下 29b>

b. 榨 : 고조 쟈 俗稱酒榨 <字會中 7a>

<167> 고조 對 酒槽

고유어 '고조'와 한자어 '酒槽'가 [槽] 즉 '술주자, 술 거르는 통'의 뜻을 가지고 동의 관계에 있다는 것
은 다음 예문들에서 잘 확인된다. '槽'가 한자어 '酒槽'를 뜻한다. 그리고 '槽'의 자석이 '고조'이고 고유
어 '고조'는 한자어 '酒槽'와 동의 관계에 있다. 따라서 '고조'와 酒槽의 동의성은 명백히 입증된다.

　　(167) a. 槽 : 酒槽 <四解下 21b>
　　　　　b. 槽 : 고조 조 俗呼酒槽 <字會中 7a>

<168> 고쵸 對 胡椒

고유어 '고쵸'와 한자어 '胡椒'가 [椒] 즉 '후추, 후추나무의 열매'의 뜻을 가지고 동의 관계에 있다는
것은 다음 예문들에서 잘 확인된다. '椒'의 자석이 '고쵸'이고 고유어 '고쵸'는 한자어 '胡椒'와 동의 관
계에 있다. 따라서 '고쵸'와 '胡椒'의 동의성은 명백히 입증된다.

　　(168) a. 椒 : 木名 <四解下 15b>
　　　　　b. 椒 : 고쵸 쵸 胡椒 <字會上 6b>

<169> 고토리 對 豆莢

고유어 '고토리'와 한자어 '豆莢'이 [莢] 즉 '콩꼬투리, 콩깍지'의 뜻을 가지고 동의 관계에 있다는 것
은 다음 예문들에서 잘 확인된다. '莢'의 자석이 '고토리'이고 고유어 '고토리'는 한자어 '豆莢'과 동의
관계에 있다. 따라서 '고토리'와 '豆莢'의 동의성은 명백히 입증된다.

　　(169) a. 莢 : 草實 <四解下 81a>
　　　　　b. 莢 : 고토리 협…俗呼豆莢曰豆角 <字會下 3b>

<170> 고티 對 蚕繭

고유어 '고티'와 한자어 '蚕繭'이 [繭] 즉 '고치, 누에고치'의 뜻을 가지고 동의 관계에 있다는 것은 다
음 예문들에서 잘 확인된다. '繭'의 자석이 '고티'이고 고유어 '고티'는 한자어 '蚕繭'과 동의 관계에 있
다. 따라서 '고티'와 '蚕繭'의 동의성은 명백히 입증된다.

(170) a. 繭 : 蚕衣 <四解下 1a>

　　　b. 繭 : 고티 견 俗呼蚕繭 <字會中 12a>

<171> 고티 對 蚕衣

고유어 '고티'와 한자어 '蚕衣'이 [繭] 즉 '고치, 누에고치'의 뜻을 가지고 동의 관계에 있다는 것은 다음 예문들에서 잘 확인된다. '繭'이 한자어 '蚕衣'를 뜻한다. 그리고 '繭'의 자석이 '고티'이다. 따라서 '고티'와 '蚕衣'의 동의성은 명백히 입증된다.

(171) a. 繭 : 蚕衣 <四解下 1a>

　　　b. 繭 : 고티 견 俗呼蚕繭 <字會中 12a>

<172> 고해 對 水鳥

고유어 '고해'와 한자어 '水鳥'가 [鵠] 즉 '고니, 황곡(黃鵠)'의 뜻을 가지고 동의 관계에 있다는 것은 다음 예문들에서 잘 확인된다. '鵠'이 한자어 '水鳥'를 뜻한다. 그리고 '鵠'의 자석이 '고해'이고 고유어 '고해'는 한자어 '水鳥'와 동의 관계에 있다. 따라서 '고해'와 '水鳥'의 동의성은 명백히 입증된다.

(172) a. 鵠 : 水鳥 <四解上 6a>

　　　b. 鵠 : 고해 곡 水鳥 黃鵠 <字會上 8b>

<173> 곡도숑 對 茅蒐

고유어 '곡도숑'과 한자어 '茅蒐'가 [茜]과 [蒨] 즉 '꼭두서니'의 뜻을 가지고 동의 관계에 있다는 것은 다음 예문들에서 잘 확인된다. '茜'이 한자어 '茅蒐'를 뜻하고 '茅蒐'는 고유어 '곡도숑'과 동의 관계에 있다. 그리고 '蒨'의 자석이 '곡도숑'이고 고유어 '곡도숑'은 한자어 '茅蒐'와 동의 관계에 있다. 따라서 '곡도숑'과 '茅蒐'의 동의성은 명백히 입증된다. '蒨'과 '茜'은 同字이다.

(173) a. 茜 : 茅蒐 今俗呼茜草 곡도숑 <四解下 4b>

　　　b. 蒐 : 茅蒐 茜草 <四解下 67a>

(173) c. 蒨 : 곡도숑 천 亦作茜一名茅蒐…俗呼蒨草 <字會東中本上 9b>

<174> 곡도숑 對 茹藘

고유어 '곡도숑'과 한자어 '茹藘'가 [藘]와 [蒨] 즉 '꼭두서니'의 뜻을 가지고 동의 관계에 있다는 것은 다음 예문들에서 잘 확인된다. '藘'가 한자어 '茹藘'를 뜻하고 '茹藘'는 고유어 '곡도숑'과 동의 관계에 있다. 그리고 '蒨'의 자석이 '곡도숑'이고 고유어 '곡도숑'은 한자어 '茹藘'와 동의 관계에 있다. 따라서 '곡도숑'과 '茹藘'의 동의성은 명백히 입증된다.

(174) a. 藘 : 茹藘 蒨草 곡도숑 <四解上 35a>

(174) b. 蒨 : 又同下 <四解下 4b>
　　　c. 茜 : 茅蒐 今俗呼 곡도숑 <四解下 4b>
　　　d. 蒨 : 곡도숑 쳔 亦作茜 一名茅蒐 又茹藘 <字會東中本上 9b>

<175> 곡도숑 對 蒨草/茜草

고유어 '곡도숑'과 한자어 '蒨草/茜草'가 [藘], [蒨] 및 [蒨] 즉 '꼭두서니'의 뜻을 가지고 동의 관계에 있다는 것은 다음 예문들에서 잘 확인된다. '藘'가 한자어 '茹藘'를 뜻하고 '茹藘'는 한자어 '蒨草' 및 고유어 '곡도숑'과 동의 관계에 있다. '茜'이 한자어 '茜草'를 뜻하고 '茜草'는 고유어 '곡도숑'과 동의 관계에 있다. 그리고 '蒨'의 자석이 '곡도숑'이고 고유어 '곡도숑'은 한자어 '蒨草'와 동의 관계에 있다. 따라서 '곡도숑'과 '蒨草/茜草'의 동의성은 명백히 입증된다. 한자 '蒨'과 '茜'은 同字이다.

(175) a. 藘 : 茹藘 蒨草 곡도숑 <四解上 35a>

(175) b. 茜 : …今俗呼茜草 곡도숑 <四解下 4b>
　　　c. 蒨 : 곡도숑 쳔 亦作茜…俗呼蒨草 <字會東中本上 9b>

<176> 곡뒤 對 後腦

고유어 '곡뒤'와 한자어 '後腦'가 [後腦] 즉 '꼭뒤, 뒤통수의 한복판'의 뜻을 가지고 동의 관계에 있다는 것은 다음 예문들에서 잘 확인된다. 고유어 '곡뒤'가 한자어 '後腦'와 동의 관계에 있다. 따라서 '곡뒤'와 '後腦'의 동의성은 명백히 입증된다.

(176) a. 腦 : 頭髓 <四解下 20a>
　　　b. 腦 : 골치 노…呼곡뒤曰後腦 <字會上 14b>

<177> 곤 對 天鵝

고유어 '곤'과 한자어 '天鵝'가 [鵝] 즉 '고니'의 뜻을 가지고 동의 관계에 있다는 것은 다음 예문들에서 잘 확인된다. '鵝'가 한자어 '天鵝'를 뜻하고 '天鵝'는 고유어 '곤'과 동의 관계에 있다. 따라서 '곤'과 '天鵝'의 동의성은 명백히 입증된다.

> (177) a. 鵾 : 鵝 <四解下 24b>
>   b. 鵾 : 거유 아 又天鵝 곤 <字會上 9a>

<178> 곤이 對 水鳥

고유어 '곤이'와 한자어 '水鳥'가 [鵠] 즉 '고니'의 뜻을 가지고 동의 관계에 있다는 것은 다음 예문들에서 잘 확인된다. 원문 중 '刻鵠'이 '곤이를 사기다'로 번역된다. 그리고 '鵠'이 한자어 '水鳥'를 뜻한다. 따라서 '곤이'와 '水鳥'의 동의성은 명백히 입증된다.

> (178) a. 네 닐온 곤이를 사기다가 이디 몯ᄒ야도(所謂刻鵠不成이라두) <번小六 15a>

> (178) b. 鵠 : 水鳥 <四解上 6a>
>   c. 鵠 : 고해 곡 水鳥 <字會上 8b>

<179> 골 對 山谷

고유어 '골'과 한자어 '山谷'이 [谷] 즉 '골, 골짜기'의 뜻을 가지고 동의 관계에 있다는 것은 다음 예문들에서 잘 확인된다. '谷'이 한자어 '山谷'을 뜻하고 '谷'의 자석이 '골'이다. 따라서 '골'과 '山谷'의 동의성은 명백히 입증된다.

> (179) a. 谷 : 山谷 <四解上 1b>
>   b. 谷 : 골 곡 <字會上 2b>

<180> 골 對 山峪

고유어 '골'과 한자어 '山峪'이 [峪]과 [谷] 즉 '골짜기, 계곡'의 뜻을 가지고 동의 관계에 있다는 것은 다음 예문들에서 잘 확인된다. 원문 중 '山峪'이 '산 골'로 번역된다. '峪'이 한자어 '山峪'을 뜻한다. 그리고 '谷'의 자석이 '골'이고 '谷'은 '峪'과 同義이다. 따라서 '골'과 '山峪'의 동의성은 명백히 입증된다.

> (180) a. 그 도ᄌ글 흔 산 고래 에워(把那賊團左一箇山峪裏) <번老上 30a>

(180) b. 峪 : ⋯今俗呼山峪 <四解上 11a>

　　　c. 谷 : 골 곡 又作峪 <字會上 2a>

<181> 쇌 對 刈草

고유어 '쇌'과 한자어 '刈草'가 [蒭] 즉 '꼴'의 뜻을 가지고 동의 관계에 있다는 것은 다음 예문들에서 잘 확인된다. '蒭'가 한자어 '刈草'를 뜻한다. 그리고 '蒭'의 자석이 '쇌'이다. 따라서 '쇌'과 '刈草'의 동의성은 명백히 입증된다.

(181) a. 蒭 : 刈草 <四解上 40b>

　　　b. 蒭 : 쇌 추 藁也 <字會下 2b>

<182> 골 對 函

고유어 '골'과 한자어 '函'이 [櫝]과 [函] 즉 '상자, 함'의 뜻을 가지고 동의 관계에 있다는 것은 다음 예문들에서 잘 확인된다. '匱'이 한자어 '函'을 뜻하고 '櫝'의 자석이 '골'이다. 그리고 '函'의 자석이 '함'이다. 따라서 '골'과 '函'의 동의성은 명백히 입증된다. 한자 '匱'과 '櫝'은 同義이다.

(182) a. 匱 : 匵也 函也 <四解上 2b>

　　　b. 櫝 : 同上 <四解上 2b>

　　　c. 櫝 : 골 독 <字會中 6a>

(182) d. 函 : 匱也 <四解下 80b>

　　　e. 函 : 함 함 <字會中 10a>

<183> 골 對 衚衕

고유어 '골'과 한자어 '衚衕'이 [衚衕]과 [衕] 즉 '거리, 한길'의 뜻을 가지고 동의 관계에 있다는 것은 다음 예문들에서 잘 확인된다. 원문 중 '這衚衕'이 '이 골'로 번역되고 '拘欄衚衕'이 '구란 쏼'로 번역된다. '衕'이 한자어 '衚衕'을 뜻하고 '衚衕'은 고유어 '골'과 동의 관계에 있다. 그리고 '衕'의 자석이 '골'이고 고유어 '골'은 한자어 '衚衕'과 동의 관계에 있다. 따라서 '골'과 '衚衕'의 동의성은 명백히 입증된다.

(183) a. 이 고리 조부니(這衚衕窄) <번老上 34b>

　　　b. 이 구란 쏼 씌와치 夏五의 메운 거시라(是拘欄衚衕裏帶匠夏五廂的) <번朴上 18b>

(183) c. 衕 : 通街 今俗呼衚衕衕 골 <四解上 2b>

　　d. 衕 : 골 동 俗稱衚衕衕 <字會上 3b>

<184> 골아지 對 白醭

고유어 '골아지'와 한자어 '白醭'이 [醭] 즉 '골마지, 술·초 등의 겉면에 생기는 흰 것'의 뜻을 가지고 동의 관계에 있다는 것은 다음 예문들에서 잘 확인된다. '醭'이 한자어 '白醭'을 뜻한다. 그리고 '醭'의 자석이 '골아지'이고 고유어 '골아지'는 한자어 '白醭'과 동의 관계에 있다. 따라서 '골아지'와 '白醭'의 동의성은 명백히 입증된다. 한자어 '白醭'은 '酒醋上白皮'이다.

(184) a. 醭 : 醋生白醭 <四解上 3a>

　　b. 醭 : 골아지 복 酒醋上白皮俗稱白醭 <字會下 6a>

<185> 골오래 對 梵蠃

고유어 '골오래'와 한자어 '梵蠃'가 [梵蠃] 즉 '나각(螺角)'의 뜻을 가지고 동의 관계에 있다는 것은 다음 예문들에서 잘 확인된다. 한자어 '梵蠃'가 고유어 '골오래'와 동의 관계에 있다. 따라서 '골오래'와 '梵蠃'의 동의성은 명백히 입증된다.

(185) a. 蠃 : 蚌屬…吹以節樂者曰梵蠃 골오래 <四解下 27b>

　　b. 螺 : 俗 <四解下 27b>

　　c. 螺 : 골왕이 라 俗呼螺螄 <字會上 12a>

<186> 골왕이 對 田螺

고유어 '골왕이'와 한자어 '田螺'가 [螺]와 [螄] 즉 '우렁이'의 뜻을 가지고 동의 관계에 있다는 것은 다음 예문들에서 잘 확인된다. '螺'가 한자어 '田螺'를 뜻하고 '田螺'는 고유어 '골왕이'와 동의 관계에 있다. 그리고 '螄'의 자석이 '골왕이'이고 고유어 '골왕이'는 한자어 '田螺'와 동의 관계에 있다. 따라서 '골왕이'와 '田螺'의 동의성은 명백히 입증된다.

(186) a. 螺 : …今俗呼螺螄 在田者曰田螺 골왕이 <四解下 27b>

　　b. 螺 : 골왕이 라 俗呼螺螄 又呼水螺子 <字會上 12a>

(186) c. 螄 : 今俗呼螺螄 골왕이 <四解上 19b>

d. 蝸 : 골왕이 스 又呼(12a) 田螺 <字會上 12b>

<187> 골왕이 對 螺蝸

고유어 '골왕이'와 한자어 '螺蝸'가 [螺]와 [蝸] 즉 '소라'의 뜻을 가지고 동의 관계에 있다는 것은 다음 예문들에서 잘 확인된다. '螺'가 한자어 '螺蝸'를 뜻하고 '螺蝸'는 고유어 '골왕이'와 동의 관계에 있다. '螺'의 자석이 '골왕이'이고 고유어 '골왕이'는 한자어 '螺蝸'와 동의 관계에 있다. '蝸'가 한자어 '螺蝸'를 뜻하고 '螺蝸'는 고유어 '골왕이'와 동의 관계에 있다. 그리고 '蝸'의 자석이 '골왕이'이다. 따라서 '골왕이'와 '螺蝸'의 동의성은 명백히 입증된다.

(187) a. 螺 : 蚌屬今俗呼螺蝸 在田者曰田螺 골왕이 <四解下 27b>
　　　b. 螺 : 골왕이 라 俗呼螺蝸 <字會上 12a>

(187) c. 蝸 : 今俗呼螺蝸 골왕이 <四解上 19b>
　　　d. 蝸 : 골왕이 스 <字會上 12a>

<188> 골치 對 骨中脂

고유어 '골치'와 한자어 '骨中脂'가 [髓] 즉 '골수, 뼈 속의 누른 汁液'의 뜻을 가지고 동의 관계에 있다는 것은 다음 예문들에서 잘 확인된다. '髓'가 한자어 '骨中脂'를 뜻한다. 그리고 '髓'의 자석이 '골치'이고 고유어 '골치'는 한자어 '骨中脂'와 동의 관계에 있다. 따라서 '골치'와 '骨中脂'의 동의성은 명백히 입증된다.

(188) a. 髓 : 骨中脂 <四解上 52a>
　　　b. 髓 : 골치 슈 骨中脂 <字會上 14b>

<189> 골치 對 頭腦

고유어 '골치'와 한자어 '頭腦'가 [腦]와 [腦漿] 즉 '머리, 머리통'의 뜻을 가지고 동의 관계에 있다는 것은 다음 예문들에서 잘 확인된다. 원문 중 '打出腦漿'이 '골치 내다'로 번역된다. 그리고 '腦'의 자석이 '골치'이고 고유어 '골치'는 한자어 '頭腦'와 동의 관계에 있다. 따라서 '골치'와 '頭腦'의 동의성은 명백히 입증된다.

(189) a. 골치 내어 죽거늘(打出腦漿來死了) <번老上 28a>

(189) b. 腦 : 頭髓 <四解下 20a>

　　　c 腦 : 골치 노 俗稱頭腦 <字會上 14b>

<190> 골홈 對 帶子

고유어 '골홈'과 한자어 '帶子'가 [帶子] 즉 '띠'의 뜻을 가지고 동의 관계에 있다는 것은 다음 예문들에서 잘 확인된다. 고유어 '골홈'이 한자어 '帶子'와 동의 관계에 있다. 따라서 '골홈'과 '帶子'의 동의성은 명백히 입증된다.

(190) a. 帶 : 紳也 <四解上 43a>

　　　b. 帶 : 씌 디 又 골홈 及 긴흘 皆曰帶子 <字會中 11b>

<191> 골회 對 環佩

고유어 '골회'와 한자어 '環佩'가 [環] 즉 '고리'의 뜻을 가지고 동의 관계에 있다는 것은 다음 예문들에서 잘 확인된다. 원문 중 '環眼馬'가 '골회눈이'로 번역된다. 그리고 '環'이 한자어 '環佩'를 뜻하고 '環'의 자석이 '골회'이다. 따라서 '골회'와 '環佩'의 동의성은 명백히 입증된다.

(191) a. 골회눈이(環眼馬) <번老下 9a>

(192) b. 環 : 環佩 <四解上 81b>

　　　c. 環 : 골회 환 <字會中 12b>

<192> 곰 對 熊羆

고유어 '곰'과 한자어 '熊羆'가 [羆]와 [熊] 즉 '곰'의 뜻을 가지고 동의 관계에 있다는 것은 다음 예문들에서 잘 확인된다. '羆'가 한자어 '熊羆'를 뜻하고 '羆'의 자석이 '곰'이다. 그리고 '熊'의 자석이 '곰'이다. 따라서 '곰'과 '熊羆'의 동의성은 명백히 입증된다.

(192) a. 羆 : 熊羆 <四解上 15b>

　　　b. 羆 : 곰 비 大曰羆 <字會上 10a>

(192) c. 熊 : 猛獸 <四解上 10b>

　　　d. 熊 : 곰 웅 小曰熊 <字會上 10a>

<193> 곰돌외 對 馬蹄菜

고유어 '돔돌외'와 한자어 '馬蹄菜'가 [馬蹄菜] 즉 '곰취'의 뜻을 가지고 동의 관계에 있다는 것은 다음 예문들에서 잘 확인된다. '薜'의 자석이 '솔옷'이고 한자어 '馬蹄菜'가 고유어 '곰돌외'와 동의 관계에 있다. 따라서 '곰돌외'와 '馬蹄菜'의 동의성은 명백히 입증된다.

(193) a. 蹄 : 足也 <四解上 25a>

b. 薜 : 솔옷 뎨 俗呼羊蹄菜 又馬蹄菜 곰돌외 <字會上 5a>

<194> 곱 對 脂膏

고유어 '곱'과 한자어 '脂膏'가 [膏] 즉 '기름'의 뜻을 가지고 동의 관계에 있다는 것은 다음 예문들에서 잘 확인된다. '膏'가 한자어 '脂膏'를 뜻한다. 그리고 '膏'의 자석이 '곱'이다. 따라서 '곱'과 '脂膏'의 동의성은 명백히 입증된다.

(194) a. 膏 : 脂膏 <四解下 18b>

b. 膏 : 以脂膏潤物 <四解下 18b>

c. 膏 : 곱 고 <字會中 12b>

<195> 곳갈 對 冠

고유어 '곳갈'과 한자어 '冠'이 [冠] 즉 '갓, 관'의 뜻을 가지고 동의 관계에 있다는 것은 다음 예문들에서 잘 확인된다. 원문 중 '鳳冠'이 '봉 밍그라 바근 冠'으로 번역된다. 그리고 '冠'의 자석이 '곳갈'이다. 따라서 '곳갈'과 '冠'의 동의성은 명백히 입증된다.

(195) a. 진쥬로 봉 밍그라 바근 冠과(珠鳳冠) <번朴上 45b>

(195) b. 冠 : 冕弁惣名 <四解上 72a>

c. 冠 : 곳갈 冠 <字會中 11a>

<196> 곳갈 對 관디

고유어 '곳갈'과 한자어 '관디'(冠帶) 가 [冠] 즉 '갓, 관'의 뜻을 가지고 동의 관계에 있다는 것은 다음 예문들에서 잘 확인된다. 원문 중 '冠衣'가 '곳갈과 옷'으로 번역되고 '衣冠'이 '옷과 관디'로 번역된다. 그리고 '不冠'이 '곳갈 스디 아니ᄒᆞ다'로도 번역되고 '관디 아니ᄒᆞ다'로도 번역된다. 따라서 '곳갈'과 '관

'딕'의 동의성은 명백히 입증된다.

(196) a. 곳갈과 옷과롤(冠衣롤) <번小四 23b>

　　　b. 곳갈을 밧디 말며(冠毋免ᄒ며) <번小四 11a>

　　　c. 곳갈 스디 아니ᄒ여셔는 보디 아니ᄒ시더라(不冠不見也ㅣ러시다) <번小九 41b>

(196) d. 오시며 관딕롤 모로매 싁싁고 졍졔히 ᄒ며(衣冠을 必肅整ᄒ며) <번小八 16b>

　　　e. 혹 잇다감 관딕 아니ᄒ더시니(或時不冠이러시니) <번小九 41b>

<197> 곳갈 對 冠冕

고유어 '곳갈'과 한자어 '冠冕'이 [冕] 즉 '면류관, 大夫 이상이 朝會나 祭禮에 쓰는 관'의 뜻을 가지고 동의 관계에 있다는 것은 다음 예문들에서 잘 확인된다. '冕'이 한자어 '冠冕'을 뜻한다. 그리고 '冕'의 자석이 '곳갈'이다. 따라서 '곳갈'과 '冠冕'의 동의성은 명백히 입증된다.

(197) a. 冕 : 冠冕 <四解下 4a>

　　　b. 冕 : 곳살 면 王冠 <字會中 11a>

<198> 곳갈 對 冠幘

고유어 '곳갈'과 한자어 '冠幘'이 [幘] 즉 '건, 머리띠'의 뜻을 가지고 동의 관계에 있다는 것은 다음 예문들에서 잘 확인된다. '幘'이 한자어 '冠幘'을 뜻하고 '幘'의 자석이 '곳갈'이다. 그리고 '帍'가 한자 '幘'과 同義이고 '帍'의 자석이 '곳갈'이다. 따라서 '곳갈'과 '冠幘'의 동의성은 명백히 입증된다.

(198) a. 幘 : 冠幘 <四解下 61a>

　　　b. 幘 : 곳갈 젹 <字會中 11b>

(198) c. 帍 : 幘也 <四解上 46b>

　　　d. 帍 : 곳갈 개 <字會中 11a>

<199> 곳갈 對 首衣

고유어 '곳갈'과 한자어 '首衣'가 [巾] 즉 '건, 두건'의 뜻을 가지고 동의 관계에 있다는 것은 다음 예문들에서 잘 확인된다. '巾'이 한자어 '首衣'를 뜻한다. 그리고 '巾'의 자석이 '곳갈'이다. 따라서 '곳갈'과 '首衣'의 동의성은 명백히 입증된다.

(199) a. 巾 : …又首衣也 <四解上 55b>
     b. 巾 : 곳갈 건 <字會中 11a>

<200> 곳갈 對 王冠

고유어 '곳갈'과 한자어 '王冠'이 [冕] 즉 '면류관(冕旒冠)'의 뜻을 가지고 동의 관계에 있다는 것은 다음 예문들에서 잘 확인된다. '冕'의 자석이 '곳갈'이고 고유어 '곳갈'은 한자어 '王冠'과 동의 관계에 있다. 따라서 '곳갈'과 '王冠'의 동의성은 명백히 입증된다.

(200) a. 冕 : 冠冕 <四解下 4a>
     b. 冕 : 곳갈 면 王冠 <字會中 11a>

<201> 곳고리 對 黃鳥

고유어 '곳고리'와 한자어 '黃鳥'가 [鶯] 즉 '꾀꼬리'의 뜻을 가지고 동의 관계에 있다는 것은 다음 예문들에서 잘 확인된다. '鶯'이 한자어 '黃鳥'를 뜻한다. 그리고 '鶯'의 자석이 '곳고리'이고 고유어 '곳고리'는 한자어 '黃鳥'와 동의 관계에 있다. 따라서 '곳고리'와 '黃鳥'의 동의성은 명백히 입증된다.

(201) a. 鶯 : 黃鳥 今俗呼黃鶯兒 <四解下 55a>
     b. 鶯 : 곳고리 잉…俗呼黃鶯 黃鳥 <字會上 9a>

<202> 곳고리 對 黃鸝

고유어 '곳고리'와 한자어 '黃鸝'가 [鸝] 즉 '꾀꼬리'의 뜻을 가지고 동의 관계에 있다는 것은 다음 예문들에서 잘 확인된다. '鸝'가 한자어 '黃鸝'를 뜻한다. 그리고 '鸝'의 자석이 '곳고리'이고 고유어 '곳고리'는 한자어 '黃鸝'와 동의 관계에 있다. 따라서 '곳고리'와 '黃鸝'의 동의성은 명백히 입증된다.

(202) a. 鸝 : 黃鸝 黃鳥 <四解上 28a>
     b. 鸝 : 곳고리 례…俗又呼黃鸝 <字會上 9a>

<203> 곳고의 對 花跗

고유어 '곳고의'와 한자어 '花跗'가 [萼]과 [蕚] 즉 '꽃받침'의 뜻을 가지고 동의 관계에 있다는 것은 다음 예문들에서 잘 확인된다. '蕚'이 한자어 '花跗'를 뜻한다. 그리고 '蕚'의 자석이 '곳고의'이고 고유어 '곳고의'는 한자어 '花跗'와 동의 관계에 있다. 따라서 '곳고의'와 '花跗'의 동의성은 명백히 입증된다.

'萼'은 '蕚'의 俗字이다.

 (203) a. 蕚 : 花跗 <四解下 40a>
  b. 萼 : 곳고의 악 花跗 <字會下 3b>

<204> 곳고의 對 華下萼足

 고유어 '곳고의'와 한자어 '華下萼足'이 [柎] 즉 '꽃받침'의 뜻을 가지고 동의 관계에 있다는 것은 다음 예문들에서 잘 확인된다. '柎'가 한자어 '華下萼足'을 뜻한다. 그리고 '柎'의 자석이 '곳고의'이고 고유어 '곳고의'는 한자어 '華下萼足'과 동의 관계에 있다. 따라서 '곳고의'와 '華下萼足'의 동의성은 명백히 입증된다.

 (204) a. 柎 : 華下萼足 <四解上 38b>
  b. 柎 : 곳고의 부 華下萼足 <字會下 3b>

<205> 공골물 對 黃馬

 고유어 '공골물'과 한자어 '黃馬'가 [黃馬]와 [騜] 즉 '공골말, 주둥이가 검은 공골말'의 뜻을 가지고 동의 관계에 있다는 것은 다음 예문들에서 잘 확인된다. 원문 중 '黃馬'가 '공골물'로 번역된다. 그리고 '騜'가 한자어 '黃馬'를 뜻한다. 따라서 '공골물'과 '黃馬'의 동의성은 명백히 입증된다.

 (205) a. 공골물(黃馬) <번老下 8b>
  b. 騜 : 黃馬黑喙 <四解下 31b>

<206> 공쟝바치/공쟝와치 對 공쟝

 고유어 '공쟝바치/공쟝와치'와 한자어 '공쟝(工匠)'이 [工] 즉 '工匠, 물품을 만드는 것을 업으로 삼는 사람'의 뜻을 가지고 동의 관계에 있다는 것은 다음 예문들에서 잘 확인된다. 원문 중 '工商'이 '공쟝와치와 흥졍와치'로 번역되고 '工勤'이 '공쟝이 브즈러니 ᄒᆞ다'로 번역된다. 그리고 '工'이 한자 '匠'과 同義이고 '工'의 자석이 '공쟝바치'이다. 따라서 '공쟝바치/공쟝와치'와 '공쟝'의 동의성은 명백히 입증된다.

 (206) a. 녜 빅셩 도의리 네 가지니 냥반과 녀름 지스리와 공쟝와치와 흥졍와치라(古之爲民伊 四尼 士農工商伊 是也羅) <正俗 21b>

b. 공쟝이 셩녕을 브즈러니 ㅎ면 가히 쓸 거슬 밍 ᄀ라 옷 바블 밧고며(工勤於技能則可以作代器 易衣食伊五) <正俗 21b>

(206) c. 工 : 善巧也 又官也 匠也 事任也 功力也 <四上 1a>

　　 d. 工 : 공쟝바치 공 俗稱作工的 又巧也 <字會中 2b>

<207> 관ᄃᆡ옷 對 朝服

고유어 '관ᄃᆡ옷'과 한자어 '朝服'이 [袍] 즉 '朝廷에 出仕할 때의 制服'의 뜻을 가지고 동의 관계에 있다는 것은 다음 예문들에서 잘 확인된다. '袍'가 '朝服'을 뜻한다. 그리고 '袍'의 자석이 '관ᄃᆡ옷'이고 고유어 '관ᄃᆡ옷'은 한자어 '朝服'과 동의 관계에 있다. 따라서 '관ᄃᆡ옷'과 '朝服'의 동의성은 명백히 입증된다.

(207) a. 袍 : 朝服 <四解下 20b>

　　 b. 袍 : 관ᄃᆡ옷 포 朝服 <자회중 11b>

<208> 광대 對 傀儡

고유어 '광대'와 한자어 '傀儡'가 [傀]와 [儡] 즉 '꼭두각시, 傀儡, 꼭두각시놀음에 나오는 여러 가지 人形'의 뜻을 가지고 동의 관계에 있다는 것은 다음 예문들에서 잘 확인된다. '傀'가 한자어 '傀儡'를 뜻하고 '傀'의 자석이 '광대'이다. '儡'가 한자어 '傀儡'를 뜻한다. 그리고 '儡'의 자석이 '광대'이고 고유어 '광대'는 한자어 '傀儡'와 동의 관계에 있다. 따라서 '광대'와 '傀儡'의 동의성은 명백히 입증된다.

(208) a. 傀 : 傀儡 <四解上 48b>

　　 b. 傀 : 광대 괴 <字會中 2a>

(208) c. 儡 : 傀儡 木偶 <四解上 55a>

　　 d. 儡 : 광대 뢰 傀儡 <字會中 2a>

<209> 광쟝이 對 豇豆

고유어 '광쟝이'와 한자어 '豇豆'가 [豇] 즉 '광저기, 강두(豇豆)'의 뜻을 가지고 동의 관계에 있다는 것은 다음 예문들에서 잘 확인된다. '豇'이 한자어 '豇豆'를 뜻하고 '豇豆'는 고유어 '광쟝이'와 동의 관계에 있다. 그리고 '豇'의 자석이 '광쟝이'이고 고유어 '광쟝이'는 한자어 '豇豆'와 동의 관계에 있다. 따라서 '광쟝이'와 '豇豆'의 동의성은 명백히 입증된다.

(209) a. 豇 : 豇豆 今俗呼長豇 광쟝이 <四解下 40b>
      b. 豇 : 광쟝이 俗呼豇豆又長豇 <字會上 7a>

<210> 광조리 對 筐筥

고유어 '광조리'와 한자어 '筐筥'가 [筐兒], [筥] 및 [筐] 즉 '광주리'의 뜻을 가지고 동의 관계에 있다는 것은 다음 예문들에서 잘 확인된다. 원문 중 '盛草的筐兒'가 '딥 다믈 광조리'로 번역된다. '筥'가 한자어 '筐筥'를 뜻하고 '筥'의 자석이 '광조리'이다. 그리고 '筐'이 한자 '筥'와 同義이고 '筐'의 자석이 '광조리'이다. 따라서 '광조리'와 '筐筥'의 동의성은 명백히 입증된다.

(210) a. 딥 다믈 광조리도 업다(盛草的筐兒也沒) <번老上 32b>
      b. 처서믜 반 광조릿 디플(爲頭兒只半筐兒草) <번朴上 22a>
      c. 묽똥이 주서 광조리 안해 다마 잇ᄂᆞ니(糞拾在筐子裏頭) <번老下 35b>

(210) d. 筥 : 䉰也 筐筥 <四解上 29b>
      e. 筥 : 광조리 게 圓曰筥 <字會中 7a>

(210) f. 筐 : 筥也 <四解下 45b>
      g. 筐 : 광조리 광 方曰筐 <字會中 7a>

<211> 광조리 對 竹器

고유어 '광조리'와 한자어 '竹器'가 [篚] 즉 '대광주리'의 뜻을 가지고 동의 관계에 있다는 것은 다음 예문들에서 잘 확인된다. '篚'가 한자어 '竹器'를 뜻하고 '篚'의 자석이 '광조리'이다. 따라서 '광조리'와 '竹器'의 동의성은 명백히 입증된다.

(211) a. 篚 : 竹器 <四解上 17a>
      b. 篚 : 광조리 비 <字會中 10a>

<212> 괴 對 戱貓

고유어 '괴'와 한자어 '戱貓'가 [貓] 즉 '고양이'의 뜻을 가지고 동의 관계에 있다는 것은 다음 예문들에서 잘 확인된다. '貓'가 한자어 '戱貓'를 뜻한다. 그리고 '貓'의 자석이 '괴'이다. 따라서 '괴'와 '戱貓'의 동의성은 명백히 입증된다.

> (212) a. 貓 : …戲貓 <四解下 15a>
> b. 貓 : 괴 묘 正音毛 <字會上 10a>

<213> 교의 對 椅子

고유어 '교의'와 한자어 '椅子'가 [椅] 즉 '걸상, 의자'의 뜻을 가지고 동의 관계에 있다는 것은 다음 예문들에서 잘 확인된다. '椅'가 한자어 '椅子'를 뜻하고 '椅子'는 고유어 '교의'의 동의 관계에 있다. 그리고 '椅'의 자석이 '교의'이고 고유어 '교의'는 한자어 '椅子'와 동의 관계에 있다. 따라서 '교의'와 '椅子'의 동의성은 명백히 입증된다. 고유어 '교의'의 '의'는 平聲이고 한자 '椅'는 上聲이다.

> (213) a. 椅 : …又今俗呼坐具曰椅子 교의 <四解上 20b>
> b. 椅 : 교의 의 俗稱椅子 <字會中 6a>

<214> 구겨내 對 黃鶯子

고유어 '구겨내'와 한자어 '黃鶯子'가 [鶯] 즉 '구지내, 새매의 하나'의 뜻을 가지고 동의 관계에 있다는 것은 다음 예문들에서 잘 확인된다. '鶯'이 한자어 '黃鶯子'를 뜻하고 '黃鶯子'는 고유어 '구겨내'와 동의 관계에 있다. 따라서 '구겨내'와 '黃鶯子'의 동의성은 명백히 입증된다.

> (214) a. 鶯 : 鷂也 <四解下 5b>
> b. 鶯 : …又黃鶯(8b)子 구겨내 <字會上 9a>

<215> 구기 對 飮器

고유어 '구기'와 한자어 '飮器'가 [勺] 즉 '구기, 술 같은 것을 뜰 때에 쓰는 기구'의 뜻을 가지고 동의 관계에 있다는 것은 다음 예문들에서 잘 확인된다. '勺'이 한자어 '飮器'를 뜻한다. 그리고 '勺'의 자석이 '구기'이다. 따라서 '구기'와 '飮器'의 동의성은 명백히 입증된다.

> (215) a. 勺 : 飮器 <四解下 43b>
> b. 勺 : 구기 쟉 <字會中 7a>

<216> 구들 對 土炕

고유어 '구들'과 한자어 '土炕'이 [炕] 즉 '구들, 방구들'의 뜻을 가지고 동의 관계에 있다는 것은 다음 예문들에서 잘 확인된다. 원문 중 '精土炕'이 '민흙 구들'로 번역된다. '炕'이 '土炕'을 뜻하고 한자어 '土炕'은 고유어 '구들'과 동의 관계에 있다. 그리고 '炕'의 자석이 '구들'이다. 따라서 '구들'과 '土炕'의 동의성은 명백히 입증된다.

(216) a. 이런 민흙 구드레 엇디 자료(這般精土炕上怎的睡) <번老上 25b>
　　　　b. 오늘 훠 바사 구들헤 오르고도(今日脫靴土炕) <번朴上 76a>

(216) c. 炕 : 乾也…又今(34a) 俗語土炕 구들 <四解下 34b>
　　　　d. 炕 : 구들 강 俗呼火炕 블 딛는 구들 <字會中 5b>

<217> 쑤리 對 纓兒

고유어 '쑤리'와 한자어 '纓兒'가 [纓] 즉 '꾸지, 兵器를 꾸민 붉은 털'의 뜻을 가지고 동의 관계에 있다는 것은 다음 예문들에서 잘 확인된다. '纓'의 자석이 '쑤리'이고 고유어 '쑤리'는 한자어 '纓兒'와 동의 관계에 있다. 따라서 '쑤리'와 '纓兒'의 동의성은 명백히 입증된다.

(217) a. 纓 : 冠系 又繁纓 組纓 <四解下 55a>
　　　　b. 纓 : 긴 영 우 쑤리曰纓兒 <字會中 12a>

<218> 구리 對 赤金

고유어 '구리'와 한자어 '赤金'이 [銅] 즉 '구리'의 뜻을 가지고 동의 관계에 있다는 것은 다음 예문들에서 잘 확인된다. '銅'이 한자어 '赤金'을 뜻한다. 그리고 '銅'의 자석이 '구리'이다. 따라서 '구리'와 '赤金'의 동의성은 명백히 입증된다.

(218) a. 銅 : 赤金 <四解上 2a>
　　　　b. 銅(15a) : 구리 동 <字會中 15a>

<219> 구리대 對 白芷

고유어 '구리대'와 한자어 '白芷'가 [芷]와 [茝] 즉 '구리때'의 뜻을 가지고 동의 관계에 있다는 것은 다음 예문들에서 잘 확인된다. '芷'가 한자어 '白芷'를 뜻하고 '白芷'는 고유어 '구리대'와 동의 관계에 있다. 그리고 '茝'이 한자어 '白芷'를 뜻한다. 따라서 '구리대'와 '白芷'의 동의성은 명백히 입증된다.

(219) a. 茞 : 白芷 藥草 구리대 <四解上 18a>

(219) b. 芷 : …又白茞 白芷也 <四解下 74b>
  c. 芷 : …又白芷 藥名 <字會下 4b>

<220> 구모 對 墓穴

고유어 '구모'와 한자어 '墓穴'이 [壙] 즉 '광, 송장을 묻기 위해 판 구덩이'의 뜻을 가지고 동의 관계에 있다는 것은 다음 예문들에서 잘 확인된다. '壙'이 한자어 '墓穴'을 뜻한다. 그리고 '壙'의 자석이 '구모' 이다. 따라서 '구모'와 '墓穴'의 동의성은 명백히 입증된다.

(220) a. 壙 : 墓穴也 <四解下 45b>
  b. 壙 : 구모 광 穴也 <字會中 17a>

<221> 구무 對 窟籠

고유어 '구무'와 한자어 '窟籠'이 [籠]과 [窟] 즉 '구멍, 굴'의 뜻을 가지고 동의 관계에 있다는 것은 다음 예문들에서 잘 확인된다. '籠'이 한자어 '窟籠'을 뜻하고 '窟籠'은 고유어 '구무'와 동의 관계에 있다. '籠'의 자석이 '구무'이고 고유어 '구무'는 한자어 '窟籠'과 동의 관계에 있다. 그리고 '窟'의 자석이 '구무' 이다. 따라서 '구무'와 '窟籠'의 동의성은 명백히 입증된다.

(221) a. 籠 : 今俗語窟籠 구무 <四解上 11b>
  b. 籠 : 구무 롱 俗稱 窟籠 <字會下 8b>

(221) c. 窟 : 窟穴 <四解上 62b>
  d. 窟 : 구무 굴 <字會下 8b>

<222> 구무 對 窟穴

고유어 '구무'와 한자어 '窟穴'이 [窟]과 [穴] 즉 '구멍'의 뜻을 가지고 동의 관계에 있다는 것은 다음 예문들에서 잘 확인된다. '窟'이 한자어 '窟穴'을 뜻하고 '窟'의 자석이 '구무'이다. 그리고 '穴'이 한자 '窟'과 同義이고 '穴'의 자석이 '구무'이다. 따라서 '구무'와 '窟穴'의 동의성은 명백히 입증된다.

(222) a. 窟 : 窟穴 <四解上 62b>
  b. 窟 : 구무 굴 <字會下 8b>

(222) c. 穴 : 窟也 <四解下 12a>

d. 穴 : 구무 혈 <字會下 8b>

<223> 구무 對 女人陰

고유어 '구무'와 한자어 '女人陰'이 [屄] 즉 '보지, 여자의 음부'의 뜻을 가지고 동의 관계에 있다는 것은 다음 예문들에서 잘 확인된다. '屄'의 자석이 '구무'이고 고유어 '구무'는 한자어 '女人陰'과 동의 관계에 있다. 따라서 '구무'와 '女人陰'의 동의성은 명백히 입증된다.

(223) a. 屄 : 麗屄 女人陰名 <四解上 31b>

b. 屄 : 구무 쥬 俗稱女人陰曰屄屄 <字會上 15b>

<224> 구무 對 鼻凹

고유어 '구무'와 한자어 '鼻凹'가 [鼻凹] 즉 '콧구멍'의 뜻을 가지고 동의 관계에 있다는 것은 다음 예문들에서 잘 확인된다. '鼻'의 자석이 '고'이고 고유어 '구무'는 한자어 '鼻凹'와 동의 관계에 있다. 따라서 '구무'와 '鼻凹'의 동의성은 명백히 입증된다.

(224) a. 鼻 : 面之中岳 <四解上 16b>

b. 鼻 : 고 비 俗呼鼻子 呼구무曰鼻凹 <字會上 13b>

<225> 구무 對 屄屄

고유어 '구무'와 한자어 '屄屄'가 [屄]와 [屄] 즉 '보지, 여자의 음부'의 뜻을 가지고 동의 관계에 있다는 것은 다음 예문들에서 잘 확인된다. '屄'가 한자어 '屄屄'를 뜻하고 '屄'의 자석이 '구무'이다. 그리고 '屄'의 자석이 '구무'이고 고유어 '구무'는 한자어 '屄屄'와 동의 관계에 있다. 따라서 '구무'와 '屄屄'의 동의성은 명백히 입증된다.

(225) a. 屄 : 屄 女人陰名 <四解上 26a>

b. 屄 : 구무 비 <字會上 15b>

(225) c. 屄 : 女人陰名 <四解上 31b>

d. 屄 : 구무 쥬 俗稱女人陰曰屄 <字會上 15b>

<226> 구슬 對 瓊琚

고유어 '구슬'과 한자어 '瓊琚'가 [琚]와 [瓊] 즉 '아름다운 패옥(佩玉)'의 뜻을 가지고 동의 관계에 있다는 것은 다음 예문들에서 잘 확인된다. '琚'가 한자어 '瓊琚'를 뜻한다. 그리고 '瓊'의 자석이 '구슬'이다. 따라서 '구슬'과 '瓊琚'의 동의성은 명백히 입증된다.

(226) a. 琚：瓊琚又佩玉 <四解上 29a>

(226) b. 瓊：玉名 <四解下 63b>
    c. 瓊：구슬 경 <字會中 15b>

<227> 구슬 對 圭璧

고유어 '구슬'과 한자어 '圭璧'이 [璧] 즉 '옥으로 만든 홀(笏)'의 뜻을 가지고 동의 관계에 있다는 것은 다음 예문들에서 잘 확인된다. '璧'이 한자어 '圭璧'을 뜻한다. 그리고 '璧'의 자석이 '구슬'이고 고유어 '구슬'은 한자어 '圭璧'과 동의 관계에 있다. 따라서 '구슬'과 '圭璧'의 동의성은 명백히 입증된다.

(227) a. 璧：圭璧 <四解下 50b>
    b. 璧：구슬 벽 圭璧 瑞玉圓者 <字會中 15b>

<228> 구슬 對 珍珠

고유어 '구슬'과 한자어 '珍珠'가 [珠兒], [珠] 및 [珍] 즉 '구슬, 진주'의 뜻을 가지고 동의 관계에 있다는 것은 다음 예문들에서 잘 확인된다. 원문 중 '那珠兒'가 '그 구슬'로 번역된다. '珠'가 한자어 '珍珠'를 뜻하고 '珠'의 자석이 '구슬'이다. 그리고 '珍'의 자석이 '구슬'이다. 따라서 '구슬'과 '珍珠'의 동의성은 명백히 입증된다.

(228) a. 그 구스리 언메나 굴근고(那珠兒多大少) <번朴上 20a>

(228) b. 珠：珍珠 <四解上 32a>
    c. 珠：구슬 쥬 俗呼珍珠兒 <字會中 15a>

(228) d. 珍：寶也 <四解上 58b>
    e. 珍：구슬 딘 寶也 <字會中 15b>

<229> 구슬 對 美玉

고유어 '구슬'과 한자어 '美玉'이 [瑤] 즉 '아름다운 옥'의 뜻을 가지고 동의 관계에 있다는 것은 다음 예문들에서 잘 확인된다. '瑤'가 한자어 '美玉'을 뜻한다. 그리고 '瑤'의 자석이 '구슬'이고 고유어 '구슬'은 한자어 '美玉'과 동의 관계에 있다. 따라서 '구슬'과 '美玉'의 동의성은 명백히 입증된다.

(229) a. 瑤 : 美玉 <四解下 17a>
　　　 b. 瑤 : 구슬 요 美玉 <字會中 15b>

<230> 구슬 對 寶

고유어 '구슬'과 한자어 '寶'가 [珍] 즉 '보배'의 뜻을 가지고 동의 관계에 있다는 것은 다음 예문들에서 잘 확인된다. '珍'이 한자어 '寶'를 뜻한다. 그리고 '珍'의 자석이 '구슬'이고 고유어 '구슬'은 한자어 '寶'와 동의 관계에 있다. 따라서 '구슬'과 '寶'의 동의성은 명백히 입증된다.

(230) a. 珍 : 寶也 <四解上 58b>
　　　 b. 珍 : 구슬 딘 寶也 <字會中 15b>

한자어 '寶'는 15세기 국어의 『法華經諺解』(1463) 에서 잘 확인된다. 원문 중 '人中之寶'가 '人中엣 寶'로 번역된다.

(230) c. 問答을 工巧히 ㅎ야 人中엣 寶 ㅣ라(巧於問答ㅎ야 人中之寶 ㅣ라) <法華五 117a>

<231> 구슬 對 瓔珞

고유어 '구슬'과 한자어 '瓔珞'이 [瓔]과 [珞] 즉 '구슬 목걸이'의 뜻을 가지고 동의 관계에 있다는 것은 다음 예문들에서 잘 확인된다. '瓔'이 한자어 '瓔珞'을 뜻하고 '瓔'의 자석이 '구슬'이다. '珞'이 한자어 '瓔珞'을 뜻한다. 그리고 '珞'의 자석이 '구슬'이고 고유어 '구슬'은 한자어 '瓔珞'과 동의 관계에 있다. 따라서 '구슬'과 '瓔珞'의 동의성은 명백히 입증된다.

(231) a. 瓔 : 瓔珞 <四解下 55a>
　　　 b. 瓔 : 구슬 영 <字會中 15b>

(231) c. 珞 : 瓔珞 <四解下 40b>
　　　 d. 珞 : 구슬 락 瓔珞 頸飾 <字會中 15b>

<232> 구슬 對 珠璣

고유어 '구슬'과 한자어 '珠璣'가 [璣]와 [珠] 즉 '구슬'의 뜻을 가지고 동의 관계에 있다는 것은 다음 예문들에서 잘 확인된다. '璣'가 한자어 '珠璣'를 뜻하고 '璣'의 자석이 '구슬'이다. 그리고 '珠'의 자석이 '구슬'이다. 따라서 '구슬'과 '珠璣'의 동의성은 명백히 입증된다.

(232) a. 璣 : 珠璣 <四解上 23b>
　　　 b. 珠 : 구슬 긔 珠不圓者 <字會中 15b>

(232) c. 珠 : 珍珠 <四解上 32a>
　　　 d. 珠 : 구슬 쥬 <字會中 15a>

<233> 구실 對 조세

고유어 '구실'과 한자어 '조세'(租稅)가 [租] 즉 '租稅'의 뜻을 가지고 동의 관계에 있다는 것은 다음 예문들에서 잘 확인된다. 원문 중 '租賦'가 고유어 '구실'로도 번역되고 '조세와 공부'로도 번역되므로 고유어 '구실'과 한자어 '조세'의 동의성은 명백히 확인된다.

(233) a. 브즈러니 질삼ᄒᆞ야 구실 ᄃᆡ답ᄒᆞ더니(勤續紝以供租賦) <속三烈1a>
　　　 b. 조세(4b)와 공부를 삼가ᄒᆞ며(謹租賦爲彌) <呂約 5a>

한편 '구실'이 [役]과 [所與] 즉 '徭役, 賦役'의 뜻을 가지고 있다는 것은 다음 예문들에서 잘 확인된다.

(233) c. 그 집 구실을 영히 덜라 ᄒᆞ시니라(永蠲其家丁役ᄒᆞ시다) <번小九 67a>
　　　 d. ᄉᆞ쟈를 브려 황금 마ᄉᆞᆫ 근을 주시고 복호ᄒᆞ야 죽도록 구실 아니케 ᄒᆞ니(使使者ᄒᆞ야 賜黃金四十斤ᄒᆞ시고 復之ᄒᆞ야 終身無所與ᄒᆞ니) <번小九 57b>

<234> 구ᄉᆡ 對 馬皁

고유어 '구ᄉᆡ'와 한자어 '馬皁'가 [櫪] 즉 '말구유, 말의 먹이를 담는 그릇'의 뜻을 가지고 동의 관계에 있다는 것은 다음 예문들에서 잘 확인된다. '櫪'이 한자어 '馬皁'를 뜻한다. 그리고 '櫪'의 자석이 '구ᄉᆡ'이다. 따라서 '구ᄉᆡ'와 '馬皁'의 동의성은 명백히 입증된다.

(234) a. 櫪 : 馬皁 <四解下 57a>
　　　 b. 櫪 : 구ᄉᆡ 력 俗呼馬槽 <字會中 10a>

<235> 구위 對 官司

고유어 '구위'와 한자어 '官司'가 [官]과 [官司] 즉 '관청'의 뜻을 가지고 동의 관계에 있다는 것은 다음 예문들에서 잘 확인된다. 원문 중 '移於官'이 '구위예 옴기다'로 번역되고 '官稱'이 '구윗 저울'로 번역 된다. '守…官司'가 'ㄱ슈마는 구의'로 번역된다. 그리고 '官'이 한자어 '官司'를 뜻하고 '官'의 자석이 '구 위'이다. 따라서 '구위'와 '官司'의 동의성은 명백히 입증된다.

(235) a. 지븨 사로미 다스리모로 다스료미 可히 구위예 옴기ᄂᆞ니(民家ㅣ 理故로 治可移於官이니) <번 小三 39b>
　　　b. 내해 구윗 저우리라(我的是官稱) <번老下 57b>
　　　c. 구즈앳 ᄂᆞᄅ ㄱ슈마는 구의(守口子渡江處的官司) <번老上 51a>

(235) d. 官 : …又官司 <四解上 72a>
　　　e. 官 : 구위 관 又有職者曰官人 <字會中 4b>

<236> 구의 對 공ᄉ

고유어 '구의'와 한자어 '공사'(公事)가 [公] 즉 '관청, 公的인 것'의 뜻을 가지고 동의 관계에 있다는 것은 『번역소학』의 다음 예문들에서 잘 확인된다. 원문 중 '公門'이 '구윗 문의 디나가다'로 의역되고 '公退'가 '공ᄉ 파ᄒ고 믈어오다'로 의역된다. 따라서 '구의'와 '공ᄉ'의 동의성은 명백히 입증된다.

(236) a. 구윗 문의 디나갈 제 ᄇ리며(下公門ᄒ고) <번小十 4b>
　　　b. 공ᄉ 파ᄒ고 믈러와(公退ᄒ야) <번小十 13b>

<237> 구의 對 官所

고유어 '구의'와 한자어 '官所'가 [公] 즉 '관청'의 뜻을 가지고 동의 관계에 있다는 것은 다음 예문들 에서 잘 확인된다. 원문 중 '公門'이 '구윗 문'으로 번역된다. '公'이 한자어 '官所'를 뜻한다. 그리고 '公' 의 자석이 '구의'이고 고유어 '구의'는 한자어 '官所'와 동의 관계에 있다. 따라서 '구의'와 '官所'의 동의 성은 명백히 입증된다.

(237) a. 구윗 문의 디나갈 제 ᄇ리며(下公門ᄒ고) <번小十 4b>

(237) b. 公 : …官所也 <四解上 1a>

c. 公 : 구의 공…又官所曰公 <字會中 1a>

<238> 구의 對 官司

고유어 '구의'와 한자어 '官司'가 [官司], [官] 및 [寺] 즉 '관청'의 뜻을 가지고 동의 관계에 있다는 것은 다음 예문들에서 잘 확인된다. 원문 중 '官司檢了'가 '구의 검시ᄒᆞ다'로 번역되고 '官司牢'가 '구읫 옥'으로 번역된다. '官'이 한자어 '官司'를 뜻하고 '官'의 자석이 '구의'이다. 그리고 '寺門'이 '구읫 문'으로 번역되고 '寺'가 한자어 '官司'를 뜻한다. 따라서 '구의'와 '官司'의 동의성은 명백히 입증된다.

(238) a. 구의 屍身을 검시ᄒᆞ고(官司檢了屍) <번老上 28b>

b. 이제 구의 ᄀᆞ장 嚴謹ᄒᆞ야(如今官司好生嚴謹) <번老上 49b>

c. 구의 이제 저 ᄒᆞ야 도망ᄒᆞ니를 츄심ᄒᆞ라 ᄒᆞᄂᆞ니(官司見着落跟尋逃走的) <번老上 50b>

d. 이제 그 도ᄌᆞ기 구읫 옥애 이셔 가텻ᄂᆞ니라(如今那賊現在官司牢裏禁着) <번老上 30b>

e. 구읫 문을 ᄇᆞ라보고 걷거ᄂᆞᆯ(望寺門而步ᄒᆞᆫ대) <번小十 4a>

(238) f. 官 : …又官司 <四解上 72a>

g. 官 : 구의 관 又有職者曰官人 <字會中 4b>

(238) h. 寺 : …官寺 <四解上 13b>

i. 寺 : …又官司亦曰寺 <字會中 5b>

<239> 구의 對 官人

고유어 '구의'와 한자어 '官人'이 [官]과 [官人] 즉 '관리, 벼슬아치'의 뜻을 가지고 동의 관계에 있다는 것은 다음 예문들에서 잘 확인된다. '官'의 자석이 '구의'이고 고유어 '구의'는 한자어 '官人'과 동의 관계에 있다. 그리고 '官人們'이 '관신들ᄒᆞ'로 번역된다. 따라서 '구의'와 '官人'의 동의성은 명백히 입증된다.

(239) a. 官 : …吏也 又官司 <四解上 72a>

b. 官 : 구의 관 又有職者曰官人 <字會中 4b>

(239) c. 관신들히 ᄒᆞ마 각산ᄒᆞ리로소니(官人們待散也) <번朴上 7a>

<240> 구의죵 對 숑ᄉᆞ

고유어 '구의종'과 한자어 '숑亽'(訟事)가 [詞訟]과 [訟] 즉 '송사'의 뜻을 가지고 동의 관계에 있다는 것은 다음 예문들에서 잘 확인된다. 원문 중 '起滅詞訟'이 '구의종 닐왇다'로 번역되고 '好爭訟'이 '드토와 숑亽를 즐기다'로 번역되므로 '구의종'과 '숑亽'의 동의성은 명백히 입증된다.

(240) a. 구의종 닐왇다 지믈 후려 아이ᄂᆞ니(起滅詞訟爲旀 脫賺錢物爲飛尼) <正俗 22a>

b. 구의종 어려운 일 잇거든(有官司災難) <번朴上 25b>

(240) c. 드토아 숑亽를 즐기디 말며(無好爭訟ᄒᆞ며) <번小六 36b>

<241> 군 對 冷鋪

고유어 '군'과 한자어 '冷鋪'가 [鋪] 즉 '乞食小屋, 乞食 등의 住居'의 뜻을 가지고 동의 관계에 있다는 것은 다음 예문들에서 잘 확인된다. '鋪'의 자석이 '군'이고 고유어 '군'은 한자어 '冷鋪'와 동의 관계에 있다. 따라서 '군'과 '冷鋪'의 동의성은 명백히 입증된다.

(241) a. 鋪 : 設也 陳也 又賈肆也 <四解上 38a>

b. 鋪 : …又 군 푸 曰冷鋪 <字會中 5b>

<242> 군亽 對 軍旅

고유어 '군亽'와 한자어 '軍旅'가 [軍] 즉 '兵士, 군대'의 뜻을 가지고 동의 관계에 있다는 것은 다음 예문들에서 잘 확인된다. 원문 중 '犒軍'이 '군亽 머기다'로 번역된다. 그리고 '軍'이 한자어 '軍旅'를 뜻하고 '軍'의 자석이 '군亽'이다. 따라서 '군亽'와 '軍旅'의 동의성은 명백히 입증된다.

(242) a. 손 이바드며 군亽 머규믈 다 됴히 호ᄃᆡ 벼슬 ᄀᆞ라 교ᄃᆡ 뎐쟝홀 저긔(宴賓犒軍을 必華盛而交代之際예) <번小十 14b>

(242) b. 軍 : 軍旅 <四解上 67b>

c. 軍 : 군亽 군 俗呼馬軍步軍 <字會中 1b>

<243> 군亽 對 兵卒

고유어 '군亽'와 한자어 '兵卒'이 [卒] 즉 '군사, 병졸'의 뜻을 가지고 동의 관계에 있다는 것은 다음 예문들에서 잘 확인된다. '卒'이 한자어 '兵卒'을 뜻한다. 그리고 '卒'의 자석이 '군亽'이다. 따라서 '군亽'와 '兵卒'의 동의성은 명백히 입증된다.

(243) a. 卒 : 兵卒 <四解上 66a>

　　　b. 卒 : 군亽 졸 <字會中 1b>

<244> 군亽 對 戎器

　고유어 '군亽'와 한자어 '戎器'가 [兵] 즉 '병기, 무기'의 뜻을 가지고 동의 관계에 있다는 것은 다음 예문들에서 잘 확인된다. 원문 중 '重兵'이 '듕한 군亽'로 번역되고 '治兵'이 '군亽 다亽리다'로 번역된다. 그리고 '兵'이 한자어 '戎器'를 뜻한다. 따라서 '군亽'와 '戎器'의 동의성은 명백히 입증된다.

　　　(244) a. 몸이 쟝쉬며 지샹 두외여 손애 듕한 군亽롤(19b) 자바시니(身都將相ㅎ야 手握重兵ㅎ니) <번小
　　　　　八 20a>

　　　　　b. 빅셩 다亽리며 군亽 다亽리며 믈 다亽려 빅셩의게 니케 ㅎᄂᆞᆫ 일이며 산 두어 혜아림 ㅎ둣 한 뉴
　　　　　엣 일이라(如治民治兵水利筭數之類ㅣ라) <번小九 11a>

　　　(244) c. 兵 : 戎器 <四解下 50a>

<245> 군亽 對 行伍

　고유어 '군亽'와 한자어 '行伍'가 [伍] 즉 '대오'의 뜻을 가지고 동의 관계에 있다는 것은 다음 예문들에서 잘 확인된다. '伍'가 한자어 '行伍'를 뜻한다. 그리고 '伍'의 자석이 '군亽'이다. 따라서 '군亽'와 '行伍'의 동의성은 명백히 입증된다.

　　　(245) a. 伍 : 行伍 <四解上 36b>

　　　　　b. 伍 : 군亽 오 五人爲伍 <字會中 1b>

<246> 굳 對 坑塹

　고유어 '굳'과 한자어 '坑塹'이 [坑] 즉 '구덩이, 참호'의 뜻을 가지고 동의 관계에 있다는 것은 다음 예문들에서 잘 확인된다. '坑'이 한자어 '坑塹'을 뜻한다. 그리고 '坑'의 자석이 '굳'이다. 따라서 '굳'과 '坑塹'의 동의성은 명백히 입증된다.

　　　(246) a. 坑 : … 坑塹 又陷也 <四解下 58a>

　　　　　b. 坑 : 굳 킹 <字會下 8a>

<247> 굳 對 地藏

고유어 '굳'과 한자어 '地藏'이 [窌] 즉 '움, 움집'의 뜻을 가지고 동의 관계에 있다는 것은 다음 예문들에서 잘 확인된다. '窌'가 한자어 '地藏'을 뜻한다. 그리고 '窌'의 자석이 '굳'이고 고유어 '굳'은 한자어 '地藏'과 동의 관계에 있다. 따라서 '굳'과 '地藏'의 동의성은 명백히 입증된다.

(247) a. 窌 : 地藏 <四解下 23b>
b. 窌 : 굳 교 地藏 <字會中 5b>

<248> 굳 對 墓穴

고유어 '굳'과 한자어 '墓穴'이 [壙] 즉 '광, 송장을 묻기 위하여 판 구덩이'의 뜻을 가지고 동의 관계에 있다는 것은 다음 예문들에서 잘 확인된다. '壙'이 한자어 '墓穴'을 뜻한다. 그리고 '壙'의 자석이 '굳'이다. 따라서 '굳'과 '墓穴'의 동의성은 명백히 입증된다.

(248) a. 壙 : 墓穴也 <四解下 45b>
b. 壙 : 굳 광 穴也 <字會東中本中 35b>

<249> 굳 對 小阱

고유어 '굳'과 한자어 '小阱'이 [坎] 즉 '구덩이, 무덤으로 판 구덩이'의 뜻을 가지고 동의 관계에 있다는 것은 다음 예문들에서 잘 확인된다. '坎'이 한자어 '小阱'을 뜻한다. 그리고 '坎'의 자석이 '굳'이다. 따라서 '굳'과 '小阱'의 동의성은 명백히 입증된다.

(249) a. 坎 : …小阱 <四解下 75b>
b. 坎 : 굳 감 <字會下 8a>

<250> 굴 對 蠣房

고유어 '굴'과 한자어 '蠣房'이 [蠣]와 [蠔] 즉 '굴, 굴조개'의 뜻을 가지고 동의 관계에 있다는 것은 다음 예문들에서 잘 확인된다. '蠣'가 한자어 '蠣房'을 뜻하고 '蠣房'은 고유어 '굴'과 동의 관계에 있다. '蠣'의 자석이 '굴'이고 고유어 '굴'은 한자어 '蠣房'과 동의 관계에 있다. 그리고 '蠔'가 한자어 '蠣房'을 뜻하고 '蠣房'은 고유어 '굴'과 동의 관계에 있다. 따라서 '굴'과 '蠣房'의 동의성은 명백히 입증된다.

(250) a. 蠣 : …今俗呼蠣房 굴 <四解上 29a>
b. 蠣 : 굴 려 蠣房 <字會上 10b>

(250) c. 蠔 : 今俗呼蠣房 굴 <四解下 22b>

<251> 굴 對 牡蠣

고유어 '굴'과 한자어 '牡蠣'가 [蠣] 즉 '굴, 굴조개'의 뜻을 가지고 동의 관계에 있다는 것은 다음 예문들에서 잘 확인된다. '蠣'가 한자어 '牡蠣'를 뜻하고 '牡蠣'는 고유어 '굴'과 동의 관계에 있다. 그리고 '蠣'의 자석이 '굴'이고 고유어 '굴'은 한자어 '牡蠣'와 동의 관계에 있다. 따라서 '굴'과 '牡蠣'의 동의성은 명백히 입증된다.

(251) a. 蠣 : 蚌屬 牡蠣 今俗呼蠣房 굴 <四解上 29a>
b. 蠣 : 굴 려 俗呼蠣房 牡蠣 <字會上 10b>

<252> 꿀 對 蜂蜜

고유어 '꿀'과 한자어 '蜂蜜'이 [蜜] 즉 '꿀, 벌꿀'의 뜻을 가지고 동의 관계에 있다는 것은 다음 예문들에서 잘 확인된다. '蜜'의 자석이 '꿀'이고 고유어 '꿀'은 한자어 '蜂蜜'과 동의 관계에 있다. 따라서 '꿀'과 '蜂蜜'의 동의성은 명백히 입증된다.

(252) a. 蜜 : 蜂飴 <四解上 57b>
b. 蜜 : 꿀 밀 俗呼蜂蜜 <字會中 11a>

<253> 뿔 對 蜂飴

고유어 '뿔'과 한자어 '蜂飴'이 [蜜] 즉 '꿀'의 뜻을 가지고 동의 관계에 있다는 것은 다음 예문들에서 잘 확인된다. 원문 중 '入蜜'이 '뿔 녛다'로 번역되고 '蜜和'가 '뿌레 믈다'로 번역되고 '蜜水'가 '믈'로 번역된다. 그리고 '蜜'이 한자어 '蜂飴'를 뜻한다. 따라서 '뿔'과 '蜂飴'의 동의성은 명백히 입증된다.

(253) a. 믈 훈 사발애 뿔 져기 녀허(水一盞入蜜少許) <瘡疹 45a>
b. 뿌레 무라(蜜和) <瘡疹 47a>
c. 뿔와 홍시 즈와(蜜及紅柿) <瘡疹 21a>
d. 뿔므레 프러(蜜水調) <瘡疹 62a>
e. 뿌레 조린 밤(蜜栗子) <번老下 38b>

(253) f. 蜜 : 蜂飴 <四解上 57b>

g. 蜜 : 꿀 밀 俗呼蜂蜜 <字會中 11a>

<254> 굴 對 烟囱

고유어 '굴'과 한자어 '烟囱'이 [堗]과 [囱] 즉 '굴뚝'의 뜻을 가지고 동의 관계에 있다는 것은 다음 예문들에서 잘 확인된다. '堗'이 한자어 '烟囱'을 뜻하고 '烟囱'은 고유어 '굴'과 동의 관계에 있다. '堗'의 자석이 '굴'이고 고유어 '굴'은 한자어 '烟囱'과 동의 관계에 있다. 그리고 '囱'의 자석이 '굴'이고 고유어 '굴'은 한자어 '烟囱'과 동의 관계에 있다. 따라서 '굴'과 '烟囱'의 동의성은 명백히 입증된다.

(254) a. 堗 : 竈突…今俗呼烟囱 굴 <四解上 63b>
b. 堗 : 굴 돌 漢書曲堗卽烟囱也 <字會中 5b>

(254) c. 囱 : 竈突 <四解上 5a>
d. 囱 : 굴 총 俗呼烟囱<字會中 5b>

<255> 굴 對 竈堗/竈突

고유어 '굴'과 한자어 '竈堗/竈突'이 [堗]과 [囱] 즉 '굴뚝'의 뜻을 가지고 동의 관계에 있다는 것은 다음 예문들에서 잘 확인된다. '堗'이 한자어 '竈堗'을 뜻하고 '竈堗'은 고유어 '돌'과 동의 관계에 있다. '堗'의 자석이 '굴'이다. 그리고 '囱'이 한자어 '竈突'을 뜻하고 '囱'의 자석이 '굴'이다. 따라서 '굴'과 '竈堗/竈突'의 동의성은 명백히 입증된다. '堗'과 '突'은 同字이다.

(255) a. 堗 : 竈堗通作突今俗呼烟囱 굴 <四解上 63b>
b. 堗 : 굴 돌 漢書曲堗卽烟囱也 <字會中 5b>

(255) c. 囱 : 竈突 <四解上 5a>
d. 囱 : 굴 총 俗呼烟囱 <字會中 5b>

<256> 굴에 對 籠頭

고유어 '굴에'와 한자어 '籠頭'가 [籠]과 [勒] 즉 '굴레'의 뜻을 가지고 동의 관계에 있다는 것은 다음 예문들에서 잘 확인된다. '籠'이 한자어 '籠頭'를 뜻한다. '籠'의 자석이 '굴에'이고 고유어 '굴에'가 한자어 '籠頭'와 동의 관계에 있다. 그리고 '勒'의 자석이 '굴에'이고 고유어 '굴에'가 한자어 '籠頭'와 동의 관계에 있다. 따라서 '굴에'와 '籠頭'의 동의성은 명백히 입증된다.

(256) a. 韁 : 今俗呼韁頭 물굴에 <四解上 11b>

　　 b. 韁 : 굴에롱 俗呼韁頭 <字會中 13b>

(256) c. 勒 : 馬勒 <字會上 1b>

　　 d. 勒 : 굴에 륵 俗呼韁頭 <字會中 13b>

<257> 굴에 對 馬絡頭

　고유어 '굴에'와 한자어 '馬絡頭'가 [韁] 즉 '굴레'의 뜻을 가지고 동의 관계에 있다는 것은 다음 예문들에서 잘 확인된다. '韁'가 한자어 '馬絡頭'를 뜻하고 '馬絡頭'는 고유어 '굴에'와 동의 관계에 있다. 그리고 '韁'의 자석이 '굴에'이고 고유어 '굴에'는 한자어 '馬絡頭'와 동의 관계에 있다. 따라서 '굴에'와 '馬絡頭'의 동의성은 명백히 입증된다.

(257) a. 韁 : 馬絡頭 굴에 <四解上 23a>

　　 b. 韁 : 굴에 긔 馬絡頭 <字會中 13b>

<258> 굴에 對 馬勒

　고유어 '굴에'와 한자어 '馬勒'이 [鞚]과 [勒] 즉 '재갈, 굴레'의 뜻을 가지고 동의 관계에 있다는 것은 다음 예문들에서 잘 확인된다. '鞚'이 한자어 '馬勒'을 뜻하고 '鞚'의 자석이 '굴에'이다. 그리고 '勒'이 한자어 '馬勒'을 뜻하고 '勒'의 자석이 '굴에'이다. 따라서 '굴에'와 '馬勒'의 동의성은 명백히 입증된다.

(258) a. 鞚 : 馬勒 <四解上 1b>

　　 b. 鞚 : 굴에 공 <字會中 13b>

(258) c. 勒 : 馬勒 <四解上 62a>

　　 d. 勒 : 굴에 륵 <字會中 13b>

<259> 굴에 對 轡頭

　고유어 '굴에'와 한자어 '轡頭'가 [轡頭] 즉 '굴레'의 뜻을 가지고 동의 관계에 있다는 것은 다음 예문들에서 잘 확인된다. 원문 중 '鞍子轡頭'가 '기르마 굴에'로 번역되고 '鞦皮轡頭'가 '고돌개 굴에'로 번역된다. 그리고 '轡頭'가 고유어 '굴에'와 동의 관계에 있다. 따라서 '굴에'와 '轡頭'의 동의성은 명백히 입증된다.

(259) a. 기르마 굴에란 내 자는 방의 노코(鞍子轡頭自己睡臥房子裏放着) <번老下 45b>

　　　b. 빅셔피 고돌개 굴에예(白斜皮鞦皮轡頭) <번朴上 30b>

　　　c. 두 짝 어울운 굴에예(雙條轡頭) <번朴上 28b>

　　　d. 굴에 고돌개(轡頭 鞦) <번老下 30a>

(259) e. 轡 : 馬韁 <四解上 15b>

　　　f. 轡 : 셕 비 俗呼轡頭 굴에 <字會中 13b>

<260> 굴헝 對 街巷

고유어 '굴헝'과 한자어 '街巷'이 [巷] 즉 '거리, 마을 안에 있는 거리'의 뜻을 가지고 동의 관계에 있다는 것은 다음 예문들에서 잘 확인된다. '巷'이 한자어 '街巷'을 뜻한다. 그리고 '巷'의 자석이 '굴헝'이다. 따라서 '굴헝'과 '街巷'의 동의성은 명백히 입증된다.

(260) a. 巷 : 街巷 <四解下 44a>

　　　b. 巷 : 굴헝 항 街上交道 <字會上 3b>

<261> 굴헝 對 山壑

고유어 '굴헝'과 한자어 '山壑'이 [壑谷]과 [壑] 즉 '구렁'의 뜻을 가지고 동의 관계에 있다는 것은 다음 예문들에서 잘 확인된다. 원문 중 '壑谷深'이 '굴헝 깊다'로 번역된다. 그리고 '壑'의 자석이 '굴헝'이고 고유어 '굴헝'은 한자어 '山壑'과 동의 관계에 있다. 따라서 '굴헝'과 '山壑'의 동의성은 명백히 입증된다.

(261) a. 굴헝 기푸미 이삼빅 자히나 흔 싸히 디러셔(臨壑谷深數百尺ᄒ야) <번小九 66a>

(251) b. 壑 : 谷也 <四解下 39b>

　　　c. 壑 : 굴헝 학 俗稱山壑 <字會上 2a>

<262> 굼벙이 對 蠐螬

고유어 '굼벙이'와 한자어 '蠐螬'가 [蠐]와 [螬] 즉 '굼벵이, 매미의 유충'의 뜻을 가지고 동의 관계에 있다는 것은 다음 예문들에서 잘 확인된다. '蠐'가 한자어 '蠐螬'를 뜻하고 '蠐螬'는 고유어 '굼벙이'와 동의 관계에 있다. '蠐'의 자석이 '굼벙이'이다. '螬'가 한자어 '蠐螬'를 뜻한다. 그리고 '螬'의 자석이 '굼

병이'이고 고유어 '굼벙이'는 한자어 '蟒螬'와 동의 관계에 있다. 따라서 '굼벙이'와 '蟒螬'의 동의성은 명백히 입증된다.

(262) a. 蟒 : 蟒螬 굼벙이 <四解上 27a>
b. 蟒 : 굼벙이 제 又呼蟒螬 <字會上 11b>

(262) c. 螬 : 蟒螬 <四解下 21b>
d. 螬 : 굼벙이 조 蟒螬 <字會上 11b>

<263> 굼벙이 對 蟠蠐

고유어 '굼벙이'와 한자어 '蟠蠐'가 [蟠], [蠐] 및 [蝎] 즉 '나무좀, 나무굼벵이'의 뜻을 가지고 동의 관계에 있다는 것은 다음 예문들에서 잘 확인된다. '蟠'가 한자어 '蟠蠐'를 뜻한다. '蟒'의 자석이 '굼벙이'이고 고유어 '굼벙이'는 한자어 '蟠蠐'와 동의 관계에 있다. 그리고 '蝎'이 한자어 '蟠蠐'를 뜻한다. 따라서 '굼벙이'와 '蟠蠐'의 동의성은 명백히 입증된다.

(263) a. 蟠 : 蟠蠐 <四解下 69a>
b. 蝎 : 蟠蠐 <四解上 72a>

(263) c. 蟒 : 蟒螬 굼벙이 <四解上 27a>
d. 蟒 : 굼벙이 제 又呼蟠蠐 <字會上 11b>

<264> 꿩 對 野雞/野鷄

고유어 '꿩'과 한자어 '野雞/野鷄'가 [雉] 즉 '꿩'의 뜻을 가지고 동의 관계에 있다는 것은 다음 예문들에서 잘 확인된다. 원문 중 '雉'가 '꿩'으로 번역된다. '雉'가 한자어 '野雞'를 뜻한다. 그리고 '雉'의 자석이 '꿩'이고 고유어 '꿩'은 한자어 '野鷄'와 동의 관계에 있다. 따라서 '꿩'와 '野雞/野鷄'의 동의성은 명백히 입증된다. 한자 '鷄'와 '雞'는 同字이다.

(264) a. 묏 수돋과 꿩과(山雄猪 雉) <瘡疹 62b>

(264) b. 雉 : 今俗呼野雞 <四解上 19a>
c. 雉 : 꿩 티 俗呼野鷄 <字會上 9a>

<265> 귀 對 聽官

고유어 '귀'와 한자어 '聽官'이 [耳] 즉 '귀, 청각 기관'의 뜻을 가지고 동의 관계에 있다는 것은 다음 예문들에서 잘 확인된다. 원문 중 '兩耳'가 '두 귀'로 번역되고 '耳目'이 '귀눈'으로 번역된다. 그리고 '耳'가 한자어 '聽官'을 뜻하고 '耳'의 자석이 '귀'이다. 따라서 '귀'와 '聽官'의 동의성은 명백히 입증된다.

(265) a. 즉재 다시 갈호로 두 귀를 버히고(卽復以刀로 截兩耳ᄒ고) <번小九 60b>

　　　 b. 빅셩의 귀눈을 마그며(塗生民之耳目ᄒ며) <번小八 32a>

　　　 c. 셩신의 도는 귀예 들며 ᄆᆞᅀᆞ매 다마(聖人之道는 入乎耳ᄒ며 存乎心ᄒ야) <번小八 4a>

　　　 d. 귀예 禮 아닌 소리를 듣디 아니ᄒ며(耳不聽非禮之聲ᄒ며) <번小六 30a>

(265) e. 耳 : 聽官 <四解上 22b>

　　　 f. 耳 : 귀 ᅀᅵ <字會上 13b>

<266> 귀대야 對 盥器

고유어 '귀대야'와 한자어 '盥器'가 [匜] 즉 '대야, 손을 씻는 그릇'의 뜻을 가지고 동의 관계에 있다는 것은 다음 예문들에서 잘 확인된다. '匜'가 한자어 '盥器'를 뜻한다. 그리고 '匜'의 자석이 '귀대야'이다. 따라서 '귀대야'와 '盥器'의 동의성은 명백히 입증된다.

(266) a. 匜 : 盥器 又杯匜 <四解上 21b>

　　　 b. 匜 : 盥器 可以沃水 <四解上 22a>

　　　 c. 匜 : 귀대야 이 柄中通水 <字會中 7a>

15세기 국어에서 한자 '匜'의 자석이 '다야'라는 것을 『解例本 訓民正音』에서 확인할 수 있다.

(266) d. 다야 爲匜 <用字例>

<267> 귀더기 對 蠅蛆

고유어 '귀더기'와 한자어 '蠅蛆'가 [蛆] 즉 '구더기, 파리의 유충(幼蟲) '의 뜻을 가지고 동의 관계에 있다는 것은 다음 예문들에서 잘 확인된다. '蛆'가 한자어 '蠅蛆'를 뜻한다. 그리고 '蛆'의 자석이 '귀더기'이다. 따라서 '귀더기'와 '蠅蛆'의 동의성은 명백히 입증된다.

(267) a. 蛆 : …蠅蛆也 귀더기 <四解上 31a>

　　　 b. 蛆 : 귀더기 져 俗呼蛆虫 <字會上 12b>

<268> 귀더기 對 蛆虫

고유어 '귀더기'와 한자어 '蛆虫'이 [蛆] 즉 '구더기'의 뜻을 가지고 동의 관계에 있다는 것은 다음 예문들에서 잘 확인된다. '蛆'의 자석이 '귀더기'이고 고유어 '귀더기'는 한자어 '蛆虫'과 동의 관계에 있다. 따라서 '귀더기'와 '蛆虫'의 동의성은 명백히 입증된다.

(268) a. 蛆 : …又音 츄 蛆□ 蠅蛆也 귀더기 <四解上 31a>
　　　 b. 蛆 : 귀더기 져 俗呼蛆虫 <字會上 12b>

<269> 귀머리 對 足踝

고유어 '귀머리'와 한자어 '足踝'가 [踝] 즉 '복사뼈'의 뜻을 가지고 동의 관계에 있다는 것은 다음 예문들에서 잘 확인된다. 원문 중 '內踝'가 '앉귀머리'로 번역된다. 그리고 '踝'가 한자어 '足踝'를 뜻하고 '踝'의 자석이 '귀머리'이다. 따라서 '귀머리'와 '足踝'의 동의성은 명백히 입증된다.

(269) a. 발 앉귀머리예 세 붓 뿌글 쓰니(脚內踝上灸了三壯艾來) <번朴上 38a>

(269) b. 踝 : 足踝 足骨也 <四解下 32a>
　　　 c. 踝 : 귀머리 과 <字會上 15a>

<270> 귀여ᅀᅮ 對 山子

고유어 '귀여ᅀᅮ'와 한자어 '山子'가 [山子] 즉 '山子'의 뜻을 가지고 동의 관계에 있다는 것은 다음 예문들에서 잘 확인된다. 원문 중 '砌山子'가 '귀여ᅀᅮ 무스다'로 번역된다. 그리고 한자어 '山子'가 고유어 '귀여ᅀᅮ'와 동의 관계에 있다. 따라서 '귀여ᅀᅮ'와 '山子'의 동의성은 명백히 입증된다.

(270) a. 귀여ᅀᅮ 무스며 진쥬 들 굴근 흰 뷔윤 실와(砌山子弔珠兒的麤白線) <번朴上 47b>
　　　 b. 砌山子 : 音義云 귀여ᅀᅮ類엣 것 今按山子 卽귀여ᅀᅮ <老朴 朴上 12b>

<271> 귀엿골회 對 耳墜兒

고유어 '귀엿골회'와 한자어 '耳墜兒'가 [耳墜兒], [璫] 및 [珥] 즉 '귀고리, 귓불에 장식으로 다는 고리'의 뜻을 가지고 동의 관계에 있다는 것은 다음 예문들에서 잘 확인된다. 원문 중 '耳墜兒'가 '귀엿골회'로 번역된다. '璫'의 자석이 '귀엿골회'이고 고유어 '귀엿골회'는 한자어 '耳墜兒'와 동의 관계에 있다. 그리고 '珥'의 자석이 '귀엿골회'이다. 따라서 '귀엿골회'와 '耳墜兒'의 동의성은 명백히 입증된다.

(271) a. 귀엿골회 흔 쌍과(一對耳墜兒) <번朴上 20b>

b. 혼 쌍 귀엿골회와 혼 쌍 폴쇠다가 호리라(把一對八珠環兒一對釧兒) <번朴上 29a>

(271) c. 瑱 : 充耳珠 <四解下 34b>

d. 瑱 : 귀엿골회 딩 俗呼耳墜兒 又呼耳環 <字會中 12b>

(271) e. 珥 : 瑱也 <字會上 22b> <四解上 23a>

f. 珥 : 귀엿골회 싀 <字會中 12b>

<272> 귓도라미 對 蟋蟀

고유어 '귓도라미'와 한자어 '蟋蟀'이 [蟀], [蟋] 및 [蛬] 즉 '귀뚜라미'의 뜻을 가지고 동의 관계에 있다는 것은 다음 예문들에서 잘 확인된다. '蟀'이 한자어 '蟋蟀'을 뜻한다. '蟀'의 자석이 '귓도라미'이고 고유어 '귓도라미'는 한자어 '蟋蟀'과 동의 관계에 있다. '蟋'이 한자어 '蟋蟀'을 뜻하고 '蟋'의 자석이 '귓도라미'이다. 그리고 '蛬'이 한자어 '蟋蟀'을 뜻하고 '蛬'의 자석이 '귓도라미'이다. 따라서 '귓도라미'와 '蟋蟀'의 동의성은 명백히 입증된다.

(272) a. 蟀 : 蟋蟀 <四解上 66b>

b. 蟀 : 귓도라미 솔…詩蟋蟀 <字會上 12b>

(272) c. 蟋 : 蟋蟀 <四解上 58b>

d. 蟋 : 귓도라미 실 <字會上 12b>

(272) e. 蛬 : 蟋蟀 <四解上 7b>

f. 蛬 : 귓도라미 공 <字會上 12b>

<273> 귓도라미 對 蜻蜊

고유어 '귓도라미'와 한자어 '蜻蜊'이 [蜻]과 [蜊] 즉 '귀뚜라미'의 뜻을 가지고 동의 관계에 있다는 것은 다음 예문들에서 잘 확인된다. '蜻'이 한자어 '蜻蜊'을 뜻하고 '蜻蜊'은 고유어 '귓도라미'와 동의 관계에 있다. 그리고 '蜊'이 한자어 '蜻蜊'을 뜻한다. 따라서 '귓도라미'와 '蜻蜊'의 동의성은 명백히 입증된다.

(273) a. 蜻 : 蜻蜊 今俗呼促織兒 귓도라미 <四解下 51b>

b. 蜻 : 쟌자리 쳥 <字會上 11a>

(273) c. 蜻: 蜻蛚 蟋蟀 <四解下 8b>

　　　d. 蜻: 존자리 렬 蟋蟀亦曰蜻蛚 <字會上 11a>

<274> 귓도라미 對 促織兒

고유어 '귓도라미'와 한자어 '促織兒'가 [蜻]과 [蟀] 즉 '귀뚜라미'의 뜻을 가지고 동의 관계에 있다는 것은 다음 예문들에서 잘 확인된다. '蜻'이 '促織兒'를 뜻하고 한자어 '促織兒'는 고유어 '귓도라미'와 동의 관계에 있다. 그리고 '蟀'의 자석이 '귓도라미'이고 고유어 '귓도라미'는 한자어 '促織兒'와 동의 관계에 있다. 따라서 '귓도라미'와 '促織兒'의 동의성은 명백히 입증된다.

(274) a. 蜻: 蜻蛚 今俗呼促織兒 귓도라미 <四解下 51b>

(274) b. 蟀: 蟋蟀 <四解上 66b>

　　　c. 蟀: 귓도라미 솔 俗呼促織兒 詩蟋蟀 <字會上 12b>

<275> 그려기 對 隨陽鳥

고유어 '그려기'와 한자어 '隨陽鳥'가 [鴈] 즉 '기러기'의 뜻을 가지고 동의 관계에 있다는 것은 다음 예문들에서 잘 확인된다. 원문 중 '鴈行'이 '그려긔 항녈 ᄀ티 ᄃ니다'로 번역된다. 그리고 '鴈'이 한자어 '隨陽鳥'를 뜻한다. 따라서 '그려기'와 '隨陽鳥'의 동의성은 명백히 입증된다.

(275) a. 형의 나와 ᄀ트니란 그려긔 항녈 ᄀ티 ᄃ니고(兄之齒를 鴈行ᄒ고) <번小三 33a>

　　　b. 그려기ᄅᆞᆯ 자바 서르 보ᄆᆞᆫ(執摯以相見은) <번小三 15a>

(275) c. 鴈: 隨陽鳥 <四解上 80a>

<276> 그르 對 斫木餘

고유어 '그르'와 한자어 '斫木餘'가 [蘖] 즉 '그루터기, 나무를 베어 낸 뒤에 남은 밑둥'의 뜻을 가지고 동의 관계에 있다는 것은 다음 예문들에서 잘 확인된다. '蘖'이 한자어 '斫木餘'를 뜻한다. 그리고 '蘖'의 자석이 '그르'이다. 따라서 '그르'와 '斫木餘'의 동의성은 명백히 입증된다.

(276) a. 蘖: … 斫木餘 <四解上 80a>

　　　b. 蘖: 斫木餘 <四解下 2a>

　　　c. 蘖: 그르 알 又斫髡復生枝 亦作櫱 <字會下 2a>

<277> 그릇 對 器量

고유어 '그릇'과 한자어 '器量'이 [器] 즉 '재능, 기량'의 뜻을 가지고 동의 관계에 있다는 것은 다음 예문들에서 잘 확인된다. 원문 중 '享爵祿之器'가 '벼스를 누릴 그릇'으로 번역된다. 그리고 '德器'가 '유덕호 器量'으로 번역된다. 따라서 '그릇'과 '器量'의 동의성은 명백히 입증된다.

(277) a. 엇디 벼스를 누릴 그르시리오(豈享爵祿之器也 | 리오) <번小十 11b>
　　　b. 公의 유덕호 器量이 이러 샹녯 사롬두곤 ᄀ장 다ᄅᆞ더시다(公의 德器成就ᄒᆞ야 大異衆人ᄒᆞ더시다) <번小九 5b>

<278> 그릇 對 器皿

고유어 '그릇'과 한자어 '器皿'이 [器皿], [皿] 및 [器] 즉 '그릇'의 뜻을 가지고 동의 관계에 있다는 것은 다음 예문들에서 잘 확인된다. 원문 중 '器皿…滿'이 '그르시…ᄀᄃ기 버리다'로 번역되고 '漆器'가 '칠호 그릇'으로 번역된다. '皿'이 한자어 '器皿'를 뜻하고 '皿'의 자석이 '그릇'이다. 그리고 '器'가 한자 '皿'과 同義이고 '器'의 자석이 '그릇'이다. 따라서 '그릇'과 '器皿'의 동의성은 명백히 입증된다.

(278) a. 그르시 상의 ᄀᄃ기 버리디 아니ᄒᆞ면(器皿이 非滿案이어든) <번小十 33a>
　　　b. 이 칠호 그릇 연장들(這漆器家火) <번老下 33a>
　　　c. 그르슨 사긔와 옷칠호 것뿐 뿌딕(器用瓷漆호딕) <번小十 32a>

(278) d. 皿 : 器皿 <四解下 51b>
　　　e. 皿 : 그릇 명 <字會下 8b>

(278) f. 器 : 皿也 <四解上 24b>
　　　g. 器 : 그릇 긔 <字會下 8b>

<279> 그림 對 圖象

고유어 '그림'과 한자어 '圖象'이 [畫]와 [繪] 즉 '그림'의 뜻을 가지고 동의 관계에 있다는 것은 다음 예문들에서 잘 확인된다. 원문 중 '書畫'가 '글들히며 그림'으로 번역된다. '畫'가 한자어 '圖象'을 뜻한다. 그리고 '繪'가 한자 '畫'와 同義이고 '繪'의 자석이 '그림'이다. 따라서 '그림'과 '圖象'의 동의성은 명백히 입증된다.

(279) a. 황뎻 앏픠 글들히며 그림 보시더라(官裏前面看書畫裏) <번朴上 64b>

    b. 畫：圖象也 <四解下 32a>

(279) c. 繪：⋯又畫也 <四解上 54b>

    d. 繪：그림 회 <字會下 9b>

<280> 그림 對 圖畫

고유어 '그림'과 한자어 '圖畫'가 [圖] 즉 '그림'의 뜻을 가지고 동의 관계에 있다는 것은 다음 예문들에서 잘 확인된다. '圖'가 한자어 '圖畫'를 뜻한다. 그리고 '圖'의 자석이 '그림'이다. 따라서 '그림'과 '圖畫'의 동의성은 명백히 입증된다.

(280) a. 圖：⋯又圖畫 <四解上 37a>

    b. 圖：그림 도 <字會下 9a>

<281> 그믈 對 網

고유어 '그믈'과 한자어 '網'이 [網] 즉 '그물'의 뜻을 가지고 동의 관계에 있다는 것은 다음 예문들에서 잘 확인된다. 원문 중 '撒網'이 '그믈 펴다'로 번역되고 '網蓋兒'가 '망 미자 씨다'로 번역된다. 그리고 '網'의 자석이 '그믈'이다. 따라서 '그믈'과 '網'의 동의성은 명백히 입증된다.

(281) a. 그믈 펴며 낛 드리워 잇ᄂᆞ니는(撒網垂鉤的) <번朴上 70b>

    b. 흔 구슬로 망 미자 씬 간다개 드리웟고(滴留着一箇珠兒網蓋兒罕苔哈) <번朴上 29a>

(281) c. 網：網罟 <四解下 38a>

    d. 網：그믈 망 <字會中 8b>

<282> 그믈 對 網罟

고유어 '그믈'과 한자어 '網罟'가 [網]과 [罟] 즉 '그물'의 뜻을 가지고 동의 관계에 있다는 것은 다음 예문들에서 잘 확인된다. '網'이 한자어 '網罟'를 뜻하고 '網'의 자석이 '그믈'이다. 그리고 '罟'의 자석이 '그믈'이다. 따라서 '그믈'과 '網罟'의 동의성은 명백히 입증된다.

(282) a. 網：網罟 <四解下 38a>

    b. 網：그믈 망 <字會中 8b>

(282) c. 罞 : 網之總名 <四解上 36a>

　　　d. 罞 : 그믈 고 <字會中 8b>

<283> 그믈 對 魚網

　　고유어 '그믈'과 한자어 '魚網'이 [罾]과 [罭] 즉 '어망'의 뜻을 가지고 동의 관계에 있다는 것은 다음 예문들에서 잘 확인된다. '罾'이 한자어 '魚網'을 뜻하고 '罾'의 자석이 '그믈'이다. 그리고 '罭'이 한자어 '魚網'을 뜻한다. 따라서 '그믈'과 '魚網'의 동의성은 명백히 입증된다.

　　(283) a. 罾 : 魚網 <四解下 60b>

　　　　b. 罾(8b) : 그믈 증 <字會中 9a>

　　(283) c. 罭 : 魚網 <四解下 63b>

<284> 그믈 對 免網

　　고유어 '그믈'과 한자어 '免網'이 [罝]와 [罞] 즉 '토끼 그물'의 뜻을 가지고 동의 관계에 있다는 것은 다음 예문들에서 잘 확인된다. '罝'가 한자어 '免網'을 뜻하고 '罝'의 자석이 '그믈'이다. 그리고 '罞'이 한자어 '免網'을 뜻한다. 따라서 '그믈'과 '免網'의 동의성은 명백히 입증된다.

　　(284) a. 罝 : 免網 <四解下 32b>

　　　　b. 罝 : 그믈 져 詩免罝 <字會中 9a>

　　(284) c. 罞 : 免網也 <四解上 71b>

<285> 그믐 對 月盡

　　고유어 '그믐'과 한자어 '月盡'이 [晦] 즉 '그믐, 음력에서 한 달의 맨 끝날'의 뜻을 가지고 동의 관계에 있다는 것은 다음 예문들에서 잘 확인된다. '晦'가 한자어 '月盡'을 뜻한다. 그리고 '晦'의 자석이 '그믐'이고 고유어 '그믐'은 한자어 '月盡'과 동의 관계에 있다. 따라서 '그믐'과 '月盡'의 동의성은 명백히 입증된다.

　　(285) a. 晦 : 月盡也 <四解上 54a>

　　　　b. 晦 : 그믐 회 俗稱月盡 <字會中 1b>

<286> 그믐 對 盡頭

고유어 '그믐'과 한자어 '盡頭'가 [盡頭]와 [晦] 즉 '그믐'의 뜻을 가지고 동의 관계에 있다는 것은 다음 예문들에서 잘 확인된다. 원문 중 '這月盡頭'가 '이 둟 그믐쯰'로 번역된다. 그리고 '晦'의 자석이 '그믐'이고 고유어 '그믐'은 한자어 '盡頭'와 동의 관계에 있다. 따라서 '그믐'과 '盡頭'의 동의성은 명백히 입증된다.

(286) a. 네 이 둟 그믐쯰 北京의 갈가(你這月盡頭 到的北京麼) <번老上 2a>

(286) b. 晦 : 月盡也 <四解上 54a>
　　　c. 晦 : 그믐 회 俗稱月盡 又盡頭 <字會上 1b>

<287> 그스름 對 炱煤

고유어 '그스름'과 한자어 '炱煤'가 [炱/焔]와 [煤] 즉 '그을음, 철매'의 뜻을 가지고 동의 관계에 있다는 것은 다음 예문들에서 잘 확인된다. '炱'가 한자어 '炱煤'를 뜻하고 '焔'의 자석이 '그스름'이다. 그리고 '煤'가 한자어 '炱煤'를 뜻한다. 따라서 '그스름'과 '炱煤'의 동의성은 명백히 입증된다.

(287) a. 炱 : 炱煤 <四解上 43a>
　　　b. 焔 : 그스름 티 <字會下 15a>

(287) c. 煤 : 炱煤 <四解上 50b>

<288> 근대 對 莙蓬菜

고유어 '근대'와 한자어 '莙蓬菜'가 [莙]과 [蓬] 즉 '근대'의 뜻을 가지고 동의 관계에 있다는 것은 다음 예문들에서 잘 확인된다. '莙'이 한자어 '莙蓬菜'를 뜻하고 '莙蓬菜'는 고유어 '근대'와 동의 관계에 있다. '莙'의 자석이 '근대'이다. '蓬'이 한자어 '莙蓬菜'를 뜻하고 '莙蓬菜'는 고유어 '근대'와 동의 관계에 있다. 그리고 '蓬'의 자석이 '근대'이고 '근대'는 한자어 '莙蓬菜'와 동의 관계에 있다. 따라서 '근대'와 '莙蓬菜'의 동의성은 명백히 입증된다.

(288) a. 莙 : 今俗呼莙蓬菜 근대 <四解上 67b>
　　　b. 莙 : 근대 군 <字會上 8a>

(288) c. 蓬 : 馬舄草 又今莙蓬菜 근대 <四解上 77a>

d.蓬 : 근댓 달 今呼若蓬莱 <字會上 8a>

<289> 귿 對 木枝末

고유어 '귿'과 한자어 '木枝末'이 [梢] 즉 '나무 끝, 나무 가지의 끝'의 뜻을 가지고 동의 관계에 있다는 것은 다음 예문들에서 잘 확인된다. '梢'가 한자어 '木枝末'을 뜻한다. 그리고 '梢'의 자석이 '귿'이다. 따라서 '귿'과 '木枝末/枝末'의 동의성은 명백히 입증된다.

(289) a. 梢 : 木枝末 <四解下 22a>
　　　b. 梢 : 귿 쵸 枝末 <字會下 2b>

<290> 귿 對 枝末

고유어 '귿'과 한자어 '枝末'이 [梢] 즉 '나무 끝, 나무 가지의 끝'의 뜻을 가지고 동의 관계에 있다는 것은 다음 예문들에서 잘 확인된다. '梢'의 자석이 '귿'이고 고유어 '귿'은 한자어 '枝末'과 동의 관계에 있다. 따라서 '귿'과 '枝末'의 동의성은 명백히 입증된다.

(290) a. 梢 : 木枝末 <四解下 22a>
　　　b. 梢 : 귿 쵸 枝末 <字會下 2b>

<291> 뜰 對 小鑿

고유어 '뜰'과 한자어 '小鑿'이 [鑿]과 [鏨] 즉 '끌, 작은 끌'의 뜻을 가지고 동의 관계에 있다는 것은 다음 예문들에서 잘 확인된다. '鏨'이 한자 '鑿'과 同義이고 '鑿'이 한자어 '小鑿'을 뜻한다. 그리고 '鑿'의 자석이 '뜰'이다. 따라서 '뜰'과 '小鑿'의 동의성은 명백히 입증된다.

(291) a. 鑿 : 鏨也 <四解下 38b>
　　　b. 鑿 : 뜰 착 俗呼鑿子 <字會中 8b>

(291) c. 鏨 : 小鑿 <四解下 77b>

<292> 글 對 詩

고유어 '글'과 한자어 '詩'가 [詩]의 뜻을 가지고 동의 관계에 있다는 것은 『번역소학』의 다음 예문들에서 잘 확인된다. 원문 중 '作詩'가 '그를 짓다'로도 번역되고 '詩를 짓다'로도 번역되므로 '글'과 '詩'의 동의성은 명백히 입증된다.

(292) a. 質이 그룰 지어 알외니라(質ㅣ 作詩曉之ᄒᆞ니라) <번小六 21a>
　　　b. 이 글지손 사르미 譏弄을 츠려보미 맛당ᄒᆞ니라(宜鑑詩人刺ᄒᆞ라) <번小六 22b>

(292) c. 詩룰 지어(作詩ᄒᆞ야) <번小六 7b>
　　　d. 이 詩 지은 사름이여(爲此詩者ㅣ여) <번小六 1b>
　　　e. 이러ᄐᆞᆺᄒᆞᆫ 詩ᄂᆞᆫ 그 말ᄉᆞ미 간략ᄒᆞ고 기퍼(此等詩ᄂᆞᆫ 其言이 簡奧ㅣ라) <번小六 7b>
　　　f. 녜 詩 三百篇ᄂᆞᆫ 다 녯 사르미 지ᅀᆞ니(如古詩三百篇ᄂᆞᆫ 皆古人作之ᄒᆞ니) <번小六 7b>

<293> 쯸 對 鑿子

고유어 '쯸'과 한자어 '鑿子'가 [鑿] 즉 '끌'의 뜻을 가지고 동의 관계에 있다는 것은 다음 예문들에서 잘 확인된다. '鑿'의 자석이 '쯸'이고 고유어 '쯸'은 한자어 '鑿子'와 동의 관계에 있다. 따라서 '쯸'과 '鑿子'의 동의성은 명백히 입증된다.

(293) a. 鑿 : 塹也 <四解下 38b>
　　　b. 鑿 : 쯸 착 俗呼鑿子 <字會中 8b>

<294> 글게 對 鉋刷

고유어 '글게'와 한자어 '鉋刷'가 [鉋] 즉 '글경이, 말의 털을 벗기는 쇠로 만든 빗 모양의 기구'의 뜻을 가지고 동의 관계에 있다는 것은 다음 예문들에서 잘 확인된다. '鉋'가 한자어 '鉋刷'를 뜻한다. 그리고 '鉋'의 자석이 '글게'이다. 따라서 '글게'와 '鉋刷'의 동의성은 명백히 입증된다.

(294) a. 鉋 : 鉋刷 <四解下 20b>
　　　b. 鉋 : 글게 포 俗呼鉋子 又딕파曰推鉋 <字會中 8b>

<295> 글게 對 鉋子

고유어 '글게'와 한자어 '鉋子'가 [鉋] 즉 '글경이, 말의 털을 벗기는 쇠로 만든 빗 모양의 기구'의 뜻을 가지고 동의 관계에 있다는 것은 다음 예문들에서 잘 확인된다. '鉋'의 자석이 '글게'이고 고유어 '글게'는 한자어 한자어 '鉋子'와 동의 관계에 있다. 따라서 '글게'와 '鉋子'의 동의성은 명백히 입증된다.

(275) a. 鉋 : 鉋刷 <四解下 20b>

b. 鉋 : 글게 포 俗呼鉋子 又되파曰推鉋 <字會中 8b>

<296> 글월 對 簡牘

고유어 '글월'과 한자어 '簡牘'이 [牘] 즉 '책, 편지'의 뜻을 가지고 동의 관계에 있다는 것은 다음 예문들에서 잘 확인된다. '牘'이 한자어 '簡牘'을 뜻한다. 그리고 '牘'의 자석이 '글월'이다. 따라서 '글월'과 '簡牘'의 동의성은 명백히 입증된다.

(296) a. 牘 : 簡牘 <四解上 2b>
　　　 b. 牘 : 글월 독 <字會上 18b>

<297> 글월 對 簡成章

고유어 '글월'과 한자어 '簡成章'이 [篇] 즉 '詞章, 詩文'의 뜻을 가지고 동의 관계에 있다는 것은 다음 예문들에서 잘 확인된다. '篇'이 한자어 '簡成章'을 뜻한다. 그리고 '篇'의 자석이 '글월'이고 고유어 '글월'은 한자어 '簡成章'과 동의 관계에 있다. 따라서 '글월'과 '簡成章'의 동의성은 명백히 입증된다.

(297) a. 篇 : 簡成章 <四解下 3b>
　　　 b. 篇 : 글월 편 簡成章 <字會上 18a>

<298> 글월 對 簡牒

고유어 '글월'과 한자어 '簡牒'이 [簡]과 [牒] 즉 '편지'의 뜻을 가지고 동의 관계에 있다는 것은 다음 예문들에서 잘 확인된다. '簡'이 한자어 '簡牒'을 뜻하고 '簡'의 자석이 '글월'이다. 그리고 '牒'이 한자어 '簡牒'을 뜻하고 '牒'의 자석이 '글월'이다. 따라서 '글월'과 '簡牒'의 동의성은 명백히 입증된다.

(298) a. 簡 : 簡牒 <四解上 79b>
　　　 b. 簡 : 글월 간 牒也 <字會上 18b>

(298) c. 牒 : 簡牒 <四解下 82a>
　　　 d. 牒 : 글월 텹 俗稱文牒 <字會上 19a>

<299> 글월 對 경

고유어 '글월'과 한자어 '경(經)'이 [經] 즉 '불전, 불교의 교리를 적은 책'의 뜻을 가지고 동의 관계에 있다는 것은 다음 예문들에서 잘 확인된다. 원문 중 '看經'이 '경도 보다'로 번역된다. 그리고 '經'의 자석이 '글월'이다. 따라서 '글월'과 '경'의 동의성은 명백히 입증된다.

(299) a. 경도 보며 념불호미 됴커닛둔(看經念佛也好) <번朴上 36b>

(299) b. 經 : …又書也 <四解下 47a>
      c. 經 : 글월 경 <字會上 18b>

<300> 글월 對 經典

고유어 '글월'과 한자어 '經典'이 [典]과 [經] 즉 '유교의 교리를 적은 책, 불교의 교리를 적은 책'의 뜻을 가지고 동의 관계에 있다는 것은 다음 예문들에서 잘 확인된다. '典'의 자석이 '글월'이고 고유어 '글월'은 한자어 '經典'과 동의 관계에 있다. 그리고 '典'이 한자어 '經'과 同義이고 '經'의 자석이 '글월'이다. 따라서 '글월'과 '經典'의 동의성은 명백히 입증된다.

(300) a. 典 : …籍也 經也 <四解下 2b>
      b. 典 : 글월 뎐 經典 <字會上 18b>

(300) c. 經 : …又書也 <四解下 47a>
      d. 經 : 글월 경 五經 <字會上 18a>

<301> 글월 對 毛詩

고유어 '글월'과 한자어 '毛詩'가 [詩] 즉 '시경(詩經)'의 뜻을 가지고 동의 관계에 있다는 것은 다음 예문들에서 잘 확인된다. 원문 중 '詩曰'이 '毛詩예 굴다'로 번역된다. 그리고 '詩'의 자석이 '글월'이고 고유어 '글월'은 한자어 '毛詩'와 동의 관계에 있다. 따라서 '글월'과 '毛詩'의 동의성은 명백히 입증된다.

(301) a. 毛詩예 フ로딕…이 어딘 德을 됴히 너겨혼다 ᄒᆞ야ᄂᆞᆯ(詩曰…好是懿德이라 ᄒᆞ야ᄂᆞᆯ) <번小六 1b>

(301) b. 詩 : 志發於言 <四解上 19b>
      c. 詩 : 글월 시 毛詩 俗稱詩經 <字會上 17b>

<302> 글월 對 文契

고유어 '글월'과 한자어 '文契'가 [契]와 [文契] 즉 '계약서'의 뜻을 가지고 동의 관계에 있다는 것은 다음 예문들에서 잘 확인된다. 원문 중 '立契'가 '글월 밍글다'로 번역되고 '馬契'가 '물 글월'로 번역된다. '立此文契'가 '이 문긔 밍글다'로 번역된다. 그리고 '契'의 자석이 '글월'이고 고유어 '글월'은 한자어 '文契'와 동의 관계에 있다. 따라서 '글월'과 '文契'의 동의성은 명백히 입증된다.

(302) a. 글월 밍근 사람 王 아뫼 일홈 두고(立契人王某押) <번老下 17b>
  b. 우리 글월 벗기라 가노라(我稅契去) <번老下 20b>
  c. 네 글월 벗겨든(你稅了契時) <번老下 20b>
  d. 우리 이 물 글워를(18a) 어느 제 벗기려뇨(我這馬契幾時稅了) <번老下 18b>
  e. 그 나믄 물 글월도 다 써다(其餘的馬契 都寫了也) <번老下 17b>
  f. 부러 이 문긔 밍그라 쓰져(故立此文契爲用者) <번老下 17b>

(302) g. 契 : 契券 又合也 符契 <四解上 24a>
  h. 契 : 글월 계 俗稱文契 <字會上 18b>

<303> 글월 對 文簿

고유어 '글월'과 한자어 '文簿'가 [案]과 [簿] 즉 '장부'의 뜻을 가지고 동의 관계에 있다는 것은 다음 예문들에서 잘 확인된다. '案'이 한자어 '文簿'를 뜻하고 '案'의 자석이 '글월'이다. 그리고 '簿'의 자석이 '글월'이고 고유어 '글월'은 한자어 '文簿'와 동의 관계에 있다. 따라서 '글월'과 '文簿'의 동의성은 명백히 입증된다.

(303) a. 案 : … 又文簿 <四解上 71b>
  b. 案 : 글월 안 文案 <字會上 18b>
  (303 c.   簿 : 籍也 <四解上 38a>
  d. 簿 : 글월 부 俗稱文(18b) 簿 <字會上 19a>

<304> 글월 對 文章

고유어 '글월'과 한자어 '文章'이 [文]과 [章] 즉 '글, 文章'의 뜻을 가지고 동의 관계에 있다는 것은 다음 예문들에서 잘 확인된다. 원문 중 '繁文'이 '어즈러온 글월'로 번역된다. '文'이 한자어 '文章'을 뜻하고 '文'의 자석이 '글월'이다. 그리고 '章'이 한자어 '文章'을 뜻하고 '章'의 자석이 '글월'이다. 따라서 '글월'과 '文章'의 동의성은 명백히 입증된다.

(304) a. 어즈러온 글월을 젹게 ᄒᆞ야(省繁文ᄒᆞ야) <번小九 17a>

(304) b. 文 : 文章 <四解上 65b>

    c. 文 : 글월 문 <字會上 18a>

(304) d. 章 : 文章 <四解下 42a>

    e. 章 : 글월 쟝 <字會上 18a>

<305> 글월 對 文字

고유어 '글월'과 한자어 '文字'가 [文字]와 [字] 즉 '글자, 문자'의 뜻을 가지고 동의 관계에 있다는 것은 다음 예문들에서 잘 확인된다. 원문 중 '人文字'가 '사ᄅᆞ믜 글월'로 번역된다. 그리고 '字'가 한자어 '文字'를 뜻하고 '字'의 자석이 '글월'이다. 따라서 '글월'과 '文字'의 동의성은 명백히 입증된다.

(305) a. 믈읫 사ᄅᆞ믜 집의 드러가 사ᄅᆞ믜 글을 보디 아니홀 거시라(凡入人家ᄒᆞ야 不可看人文字ㅣ니라)
    <번小八 22b>

(305) b. 字 : 文字 <四解上 13a>

    c. 字 : 글월 ᄌᆞ <字會上 18a>

<306> 글월 對 文牒

고유어 '글월'과 한자어 '文牒'이 [牒] 즉 '文書'의 뜻을 가지고 동의 관계에 있다는 것은 다음 예문들에서 잘 확인된다. '牒'이 한자어 '文牒'을 뜻한다. 그리고 '牒'의 자석이 '글월'이고 고유어 '글월'은 한자어 '文牒'과 동의 관계에 있다. 따라서 '글월'과 '文牒'의 동의성은 명백히 입증된다.

(306) a. 牒 : ⋯文牒 <四解下 82a>

    b. 牒 : 글월 뎝 俗呼文牒 <字會上 19a>

<307> 글월 對 簿籍

고유어 '글월'과 한자어 '簿籍'이 [籍]과 [簿] 즉 '관청에 있는 장부와 문서'의 뜻을 가지고 동의 관계에 있다는 것은 다음 예문들에서 잘 확인된다. 원문 중 '書于籍'이 '글월에 스다'로 번역된다. '籍'이 한자어 '簿籍'을 뜻하고 '籍'의 자석이 '글월'이다. 그리고 '簿'가 한자 '籍'과 同義이고 '簿'의 자석이 '글월'이다. 따라서 '글월'과 '簿籍'의 동의성은 명백히 입증된다.

(307) a. 어딘 일이 잇거든 글월에 스고(有善則書于籍ᄒ고) <번小九 18a>

(307) b. 籍 : 簿籍 <四解下 52b>

　　　c. 籍 : 글월 젹 <字會上 18a>

(307) d. 簿 : 籍也 <四解上 38a>

　　　e. 簿 : 글월 부 俗稱文(18b) 簿 <字會上 19a>

<308> 글월 對 尙書

고유어 '글월'과 한자어 '尙書'가 [書] 즉 '상서, 書經'의 뜻을 가지고 동의 관계에 있다는 것은 다음 예문들에서 잘 확인된다. '書'의 자석이 '글월'이고 고유어 '글월'은 한자어 '尙書'와 동의 관계에 있다. 따라서 '글월'과 '尙書'의 동의성은 명백히 입증된다.

(308) a. 書 : 寫言如其意 <四解上 33a>
　　　b. 書 : 글월 셔 尙書 俗(17b) 稱書經 <字會上 18a>

<309> 글월 對 詩

고유어 '글월'과 한자어 '詩'가 [詩] 즉 '詩'의 뜻을 가지고 동의 관계에 있다는 것은 다음 예문들에서 잘 확인된다. 원문 중 '作詩'가 '詩를 짓다'로 번역된다. 그리고 '詩'의 자석이 '글월'이다. 따라서 '글월'과 '詩'의 동의성은 명백히 입증된다.

(309) a. 詩를 지어(作詩ᄒ야) <번小六 7b>

(309) b. 詩 : 志發於言 <四解上 19b>

　　　c. 詩 : 글월 시 毛詩 俗稱詩經 <字會上 17b>

<310> 글월 對 箚子

고유어 '글월'과 한자어 '箚子'가 [箚] 즉 '상소문'의 뜻을 가지고 동의 관계에 있다는 것은 다음 예문들에서 잘 확인된다. '箚'가 한자어 '箚子'를 뜻한다. 그리고 '箚'의 자석이 '글월'이다. 따라서 '글월'과 '箚子'의 동의성은 명백히 입증된다.

(310) a. 箚 : … 又箚子 奏牘也 <四解下 77b>

b. 箚 : 글월 잡 奏事書名 <字會上 18b>

<311> 글위 對 鞦韆

고유어 '글위'와 한자어 '鞦韆'이 [鞦]와 [韆] 즉 '그네'의 뜻을 가지고 동의 관계에 있다는 것은 다음 예문들에서 잘 확인된다. '鞦'가 한자어 '鞦韆'을 뜻하고 '鞦'의 자석이 '글위'이다. '韆'이 한자어 '鞦韆'을 뜻한다. 그리고 '韆'의 자석이 '글위'이고 고유어 '글위'는 한자어 '鞦韆'과 동의 관계에 있다. 따라서 '글위'와 '鞦韆'의 동의성은 명백히 입증된다.

(311) a. 鞦 : 鞦韆 <四解下 68b>
    b. 鞦 : 글위 츄 <字會中 10a>

(311) c. 韆 : 鞦韆 <四解下 4b>
    d. 韆 : 글위 쳔 俗呼鞦韆 <字會中 10a>

<312> 글초 對 文草

고유어 '글초'와 한자어 '文草'가 [稾] 즉 '초고, 원고'의 뜻을 가지고 동의 관계에 있다는 것은 다음 예문들에서 잘 확인된다. '稾'가 한자어 '文草'를 뜻한다. 그리고 '稾'의 자석이 '글초'이다. 따라서 '글초'와 '文草'의 동의성은 명백히 입증된다.

(312) a. 稾 : …又文草 <四解下 18b>
    b. 稾 : 글초 고 俗稱稾本 <字會上 19a>

<313> 쁨 對 壁際孔

고유어 '쁨'과 한자어 '壁際孔'이 [隙] 즉 '틈, 벽의 틈'의 뜻을 가지고 동의 관계에 있다는 것은 다음 예문들에서 잘 확인된다. '隙'이 한자어 '壁際孔'을 뜻하고 '隙'의 자석이 '쁨'이다. 따라서 '쁨'과 '壁際孔'의 동의성은 명백히 입증된다.

(313) a. 隙 : 壁際孔 <四解下 47a>
    b. 隙 : 쁨 극 <字會下 8b>

<314> 쁨 對 拆隙

고유어 '쁨'과 한자어 '拆隙'이 [罅] 즉 '틈, 빈틈'의 뜻을 가지고 동의 관계에 있다는 것은 다음 예문들에서 잘 확인된다. '罅'가 한자어 '拆隙'을 뜻하고 '罅'의 자석이 '쁨'이다. 따라서 '쁨'과 '拆隙'의 동의성은 명백히 입증된다.

(314) a. 罅 : 拆隙 <四解下 31a>
　　　b. 罅 : 쁨 하 <字會下 8b>

<315> 쁨 對 罅釁

고유어 '쁨'과 한자어 '罅釁'이 [釁]과 [罅] 즉 '틈'의 뜻을 가지고 동의 관계에 있다는 것은 다음 예문들에서 잘 확인된다. '釁'의 자석이 '쁨'이고 고유어 '쁨'은 한자어 '罅釁'과 동의 관계에 있다. 그리고 '罅'의 자석이 '쁨'이다. 따라서 '쁨'과 '罅釁'의 동의성은 명백히 입증된다.

(315) a. 釁 : 以毒熏之前漢釁面…又同下 <四解下 60b>
　　　b. 釁 : 罪也 罅隙也 <四解上 60b>
　　　c. 釁 : 쁨 흔 罅釁 <字會下 8b>

(315) d. 罅 : 拆隙 <四解下 31a>
　　　e. 罅 : 쁨 하 <字會下 8b>

<316> 금실 對 금亽

고유어 '금실'과 한자어 '금亽'(金絲)가 [金絲] 즉 '금실'의 뜻을 가지고 동의 관계에 있다는 것은 다음 예문들에서 잘 확인된다. 원문 중 '金絲'가 '금실'로도 번역되고 '금亽'로도 번역된다. 그리고 '絲'의 자석이 '실'이다. 따라서 '금실'과 '금亽'의 동의성은 명백히 입증된다. '금실'은 '금'이 한자어 '金'이지만 고유어로 다루었다.

(316) a. 금실로 닙亽훈 亽견 바갓고(釘着金絲減鐵事件) <번朴上 28a>
　　　b. 금亽로 갸품 히욘 안좌쉬오(金絲夾縫的鞍座兒) <번朴上 28a>

(316) c. 絲 : 蠶所吐 <四解上 13b>
　　　d. 絲 : 실 亽 <字會中 12a>

<317> 긋구 對 文絶處

고유어 '긋구'와 한자어 '文絶處'가 [句] 즉 '문장의 끊어지는 곳'의 뜻을 가지고 동의 관계에 있다는 것은 다음 예문들에서 잘 확인된다. '句'의 자석이 '긋구'이고 고유어 '긋구'는 한자어 '文絶處'와 동의 관계에 있다. 따라서 '긋구'와 '文絶處'의 동의성은 명백히 입증된다.

    (317) a. 句 : 詞句 <四解上 29b>
          b. 句 : 긋굿 구 文絶處曰句 <字會上 18a>

<318> 긔려기 對 隨陽鳥

고유어 '긔려기'와 한자어 '隨陽鳥'가 [鴈] 즉 '기러기'의 뜻을 가지고 동의 관계에 있다는 것은 다음 예문들에서 잘 확인된다. '鴈'이 한자어 '隨陽鳥'를 뜻하고 '鴈'의 자석이 '긔려기'이다. 따라서 '긔려기' 와 '隨陽鳥'의 동의성은 명백히 입증된다.

    (318) a. 鴈 : 隨陽鳥 <四解上 80a>
          b. 鴈 : 긔려기 안 小曰鴈 <字會上 8b>

고유어 '긔려기'의 先代形인 '그려기'는 15세기의 『楞嚴經諺解』(1462) 와 『救急方諺解』(1466) 의 다음 예문들에서 잘 확인된다. 원문 중 '寒鴈'이 '치윗 그려기'로 번역되고 '折翅鴈'이 '날개 것근 그려기' 로 번역된다.

    (318) c. 곧 社앳 져비와 치윗 그려기와 뒷돌와미 類라(卽社燕寒鴈蟋蟀類也ㅣ라) <楞八 121b>
          d. 自然銅을 흔 사루미 늘개 것근 그려기를 머기니(自然銅有人飼折翅鴈) <救方下 23b>

<319> 긔려기 對 鴻鴈

고유어 '긔려기'와 한자어 '鴻鴈'이 [鴻]과 [鴈] 즉 '기러기'의 뜻을 가지고 동의 관계에 있다는 것은 다음 예문들에서 잘 확인된다. '鴻'이 한자어 '鴻鴈'을 뜻하고 '鴻'의 자석이 '긔려기'이다. 그리고 '鴈'의 자석이 '긔려기'이다. 따라서 '긔려기'와 '鴻鴈'의 동의성은 명백히 입증된다.

    (319) a. 鴻 : 鴻鴈 <四解上 6a>
          b. 鴻 : 긔려기 홍 大曰鴻 <字會上 8b>

    (319) c. 鴈 : 隨陽鳥 <四解上 80a>
          d. 鴈 : 긔려기 안 小曰鴈 <字會上 8b>

<320> 뻬니 對 時刻

고유어 '뻬니'와 한자어 '時刻'이 [時]와 [刻] 즉 '때, 시각(時刻)'의 뜻을 가지고 동의 관계에 있다는 것은 다음 예문들에서 잘 확인된다. '時'의 자석이 '뻬니'이다. 그리고 '刻'이 한자어 '時刻'을 뜻한다. 따라서 '뻬니'와 '時刻'의 동의성은 명백히 입증된다.

(320) a. 時 : … 四時 <四解上 20a>
     b. 時 : 뻬니 시 <字會上 1b>

(320) c. 刻 : 雕鏤也 … 又漏刻 <四解下 58a>
     d. 刻 : 외풀 극 俗稱時刻 <字會上 1b>

<321> 기르마 對 馬鞍具

고유어 '기르마'와 한자어 '馬鞍具'가 [鞍] 즉 '안장(鞍裝)'의 뜻을 가지고 동의 관계에 있다는 것은 다음 예문들에서 잘 확인된다. '鞍'이 한자어 '馬鞍具'를 뜻한다. 그리고 '鞍'의 자석이 '기르마'이다. 따라서 '기르마'와 '馬鞍具'의 동의성은 명백히 입증된다.

(321) a. 鞍 : 馬鞍具 <四解上 71b>
     b. 鞍 : 기르마 안 俗呼鞍子 <字會中 13b>

<322> 기르마 對 鞍子

고유어 '기르마'와 한자어 '鞍子'가 [鞍子]와 [鞍] 즉 '길마, 안장(鞍裝)'의 뜻을 가지고 동의 관계에 있다는 것은 다음 예문들에서 잘 확인된다. 원문 중 '摘了鞍子'가 '기르마 벗기다'로 번역된다. 그리고 '鞍'의 자석이 '기르마'이고 고유어 '기르마'는 한자어 '鞍子'와 동의 관계에 있다. 따라서 '기르마'와 '鞍子'의 동의성은 명백히 입증된다.

(322) a. 믈 들(68a) 다 오랑 서우니 흐고 안직 기르마 벗기디 말라(把馬們都鬆了 且休摘了鞍子) <번老上 69a>
     b. 여윈 물란 기르마 밧기고(瘦馬鞍子摘了) <번老下 45a>
     c. 기르마 굴에란(鞍子轡頭) <번老下 45b>

(322) d. 鞍 : 馬鞍具 <四解上 71b>

e. 鞍 : 기르마 안 俗呼鞍子 <字會中 13b>

<323> 기름 對 油脂

고유어 '기름'과 한자어 '油脂'가 [油] 즉 '기름, 가연성(可燃性) 의 액체'의 뜻을 가지고 동의 관계에 있다는 것은 다음 예문들에서 잘 확인된다. '油'가 한자어 '油脂'를 뜻한다. 그리고 '油'의 자석이 '기름' 이다. 따라서 '기름'과 '油脂'의 동의성은 명백히 입증된다.

(323) a. 油 : 油脂 <四解下 70b>
　　　 b. 油 : 기름 유 <字會中 10b>

<324> 기름 對 脂膏

고유어 '기름'과 한자어 '脂膏'가 [脂]와 [膏] 즉 '기름'의 뜻을 가지고 동의 관계에 있다는 것은 다음 예문들에서 잘 확인된다. '脂'와 '膏'가 한자어 '脂膏'를 뜻한다. 그리고 '脂'의 자석이 '기름'이다. 따라서 '기름'과 '脂膏'의 동의성은 명백히 입증된다.

(324) a. 脂 : 脂膏 <四解上 18a>
　　　 b. 膏 : 脂膏 <四解下 18b>

(324) c. 脂 : 기름 지 <字會中 12b>

<325> 기믜 對 玉病

고유어 '기믜'와 한자어 '玉病'이 [瑕]와 [玷] 즉 '옥의 티, 옥의 흠'의 뜻을 가지고 동의 관계에 있다는 것은 다음 예문들에서 잘 확인된다. '瑕'가 한자어 '玉病'을 뜻하고 '瑕'의 자석이 '기믜'이다. 그리고 '玷' 이 한자어 '玉病'을 뜻한다. 따라서 '기믜'와 '玉病'의 동의성은 명백히 입증된다.

(325) a. 瑕 : 玉病 <四解下 31a>
　　　 b. 瑕 : 기믜 하 玉玷 <字會下 7b>

(325) c. 玷 : 玉病 <四解下 82a>

<326> 기슭 對 屋棟

고유어 '기슭'과 한자어 '屋棟'이 [甍] 즉 '용마루'의 뜻을 가지고 동의 관계에 있다는 것은 다음 예문들에서 잘 확인된다. '甍'이 한자어 '屋棟'을 뜻한다. 그리고 '甍'의 자석이 '기슭'이다. 따라서 '기슭'과 '屋棟'의 동의성은 명백히 입증된다.

(326) a. 甍 : 屋棟 <四解下 60a>
　　　b. 甍 : 기슭 밍 <字會中 3b>

<327> 기슭 對 屋簷

고유어 '기슭'과 한자어 '屋簷'이 [簷] 즉 '처마, 추녀'의 뜻을 가지고 동의 관계에 있다는 것은 다음 예문들에서 잘 확인된다. '簷'이 한자어 '屋簷'을 뜻한다. 그리고 '簷'의 자석이 '기슭'이다. 따라서 '기슭'과 '屋簷'의 동의성은 명백히 입증된다.

(327) a. 簷 : 屋簷 <四解下 85a>
　　　b. 簷 : 기슭 쳠 <字會中 3b>

<328> 기슭 對 衣裣

고유어 '기슭'과 한자어 '衣裣'이 [衦]과 [襟] 즉 '옷자락'의 뜻을 가지고 동의 관계에 있다는 것은 다음 예문들에서 잘 확인된다. '衦'이 '衣裣'을 뜻하고 '衦'의 자석이 '기슭'이다. 그리고 '襟'이 한자 '衦'과 同義이고 '襟'의 자석이 '기슭'이다. 따라서 '기슭'과 '衣裣'의 동의성은 명백히 입증된다.

(328) a. 衦 : 衣裣 <四解下 75a>
　　　b. 衦 : …又衣裣也 <四解下 74b>
　　　c. 衦 : 기슭 심 <字會中 12a>

(328) d. 襟 : 衦也 <四解下 72a>
　　　e. 襟 : …又기슭 금 <字會中 9a>

<329> 기울 對 麩皮

고유어 '기울'과 한자어 '麩皮'가 [麩] 즉 '밀기울'의 뜻을 가지고 동의 관계에 있다는 것은 다음 예문들에서 잘 확인된다. '麩'가 '小麥屑皮'로 '기울'을 뜻하고 고유어 '기울'은 한자어 '麩皮'와 동의 관계에 있다. 그리고 '麩'의 자석이 '기울'이고 고유어 '기울'은 한자어 '麩皮'와 동의 관계에 있다. 따라서 '기울'과 '麩皮'의 동의성은 명백히 입증된다.

(329) a. 麩 : 小麥屑皮 기울 今俗呼麩皮 <四解上 38b>

　　　b. 麩 : 기울 부 俗呼麩皮 <字會中 11a>

<330> 기장 對 穄子

고고유어 '기장'과 한자어 '穄子'가 [穄]와 [黍] 즉 '기장'의 뜻을 가지고 동의 관계에 있다는 것은 다음 예문들에서 잘 확인된다. '穄'가 한자어 '穄子'를 뜻하고 '穄'의 자석이 '기장'이고 고유어 '기장'은 한자어 '穄子'와 동의 관계에 있다. 그리고 '黍'가 한자어 '穄子'를 뜻하고 '黍'의 자석이 '기장'이다. 따라서 '기장'과 '穄子'의 동의성은 명백히 입증된다.

(330) a. 穄 : … 今俗呼黍曰穄子 <四解上 16b>

　　　b. 穄 : 기장 미 俗呼穄子 <字會上 6b>

(330) c. 黍 : … 今俗呼黍子 又曰穄子 <四解上 33a>

　　　d. 黍 : 기장 셔 <字會上 6b>

<331> 기장 對 黍子

고유어 '기장'과 한자어 '黍子'가 [黍] 즉 '기장'의 뜻을 가지고 동의 관계에 있다는 것은 다음 예문들에서 잘 확인된다. '黍'가 한자어 '黍子'를 뜻한다. 그리고 '黍'의 자석이 '기장'이다. 따라서 '기장'과 '黍子'의 동의성은 명백히 입증된다.

(331) a. 黍 : … 不粘曰黍 今俗呼黍子 <四解上 33a>

　　　b. 黍 : 기장 셔 不粘者爲黍 <字會上 7a>

<332> 기장이 對 黃米

고유어 '기장이'와 한자어 '黃米'가 [黃米] 즉 '기장 쌀'의 뜻을 가지고 동의 관계에 있다는 것은 다음 예문들에서 잘 확인된다. '穄'가 한자어 '穄子' 즉 '기장'을 뜻하고 '其米' 즉 '그 쌀'이 '黃米'이다. '黍'가 한자어 '穄子'를 뜻한다. 그 쌀이 한자어 '黃米'이고 '黃米'는 고유어 '기장이'와 동의 관계에 있다. 그리고 '穄'의 자석이 '기장'이고 그 쌀이 '黃米'이다. 따라서 '기장이'와 '黃米'의 동의성은 명백히 입증된다.

(332) a. 穄 : … 今俗呼黍曰穄子 其米曰黃米 <四解上 16b>

　　　b. 黍 : … 今俗呼黍子 又曰穄子 秫米曰黃米 기장이 <四解上 33a>

(332) c. 穈 : 기장 미 俗呼穈子 <字會上 6b>

　　　 d. 穄 : 기장 졔 俗呼米曰黃米 <字會上 6b>

<333> 기족 對 木柤

고유어 '기족'과 한자어 '木柤'가 [柤] 즉 '문지방'의 뜻을 가지고 동의 관계에 있다는 것은 다음 예문들에서 잘 확인된다. '柤'가 한자어 '木柤'를 뜻하고 '木柤'는 고유어 '기족'과 동의 관계에 있다. 따라서 '기족'과 '木柤'의 동의성은 명백히 입증된다.

(333) a. 樻 : 模樻 명쟈 <四解下 29b>

　　　 b. 柤 : 同 又木閑 又今俗語木柤 기족 <四解下 29b>

<334> 기춤 對 欬嗽/咳嗽

고유어 '기춤'과 한자어 '欬嗽/咳嗽'가 [欬], [咳] 및 [嗽] 즉 '기침, 해수(欬嗽)'의 뜻을 가지고 동의 관계에 있다는 것은 다음 예문들에서 잘 확인된다. '欬'와 '嗽'가 한자어 '欬嗽'를 뜻한다. 그리고 '咳'와 '嗽'의 자석이 '기춤'이고 고유어 '기춤'은 한자어 '咳嗽'와 동의 관계에 있다. 따라서 '기춤'과 '欬嗽/咳嗽'의 동의성은 명백히 입증된다.

(334) a. 欬 : 逆氣 欬嗽 <四解上 42b>

　　　 b. 咳 : 同 <四解上 42b>

　　　 c. 嗽(66b) : 欬嗽 <四解下 67a>

(334) d. 咳 : 기춤 히 <字會中 16a>

　　　 e. 嗽 : 기춤 수 俗稱咳嗽 <字會中 16a>

<335> 긴 對 冠系

고유어 '긴'과 한자어 '冠系'가 [纓] 즉 '갓끈'의 뜻을 가지고 동의 관계에 있다는 것은 다음 예문들에서 잘 확인된다. '纓'이 한자어 '冠系'를 뜻한다. 그리고 '纓'의 자석이 '긴'이다. 따라서 '긴'과 '冠系'의 동의성은 명백히 입증된다.

(335) a. 纓 : 冠系 <四解下 55a>

　　　 b. 纓 : 긴 영 <字會中 12a>

<336> 긴 對 冠纓

고유어 '긴'과 한자어 '冠纓'이 [綾] 즉 '갓끈, 드리워진 갓끈'의 뜻을 가지고 동의 관계에 있다는 것은
다음 예문들에서 잘 확인된다. '綾'의 자석이 '긴'이고 고유어 '긴'은 한자어 '冠纓'과 동의 관계에 있다.
따라서 '긴'과 '冠纓'의 동의성은 명백히 입증된다.

    (336) a. 綾 : 糸冠纓 結餘下垂曰綾 <四解上 55b>
        b. 綾 : 긴 슈 冠纓 結餘下垂者 <字會中 12a>

<337> 긴 對 世系

고유어 '긴'과 한자어 '世系'가 [系] 즉 '계보'의 뜻을 가지고 동의 관계에 있다는 것은 다음 예문들에
서 잘 확인된다. '系'가 한자어 '世系'를 뜻한다. 그리고 '系'의 자석이 '긴'이다. 따라서 '긴'과 '世系'의 동
의성은 명백히 입증된다.

    (337) a. 系 : 世系 <四解上 27b>
        b. 系 : 긴 계 宗派也 <字會上 17a>

<338> 긴 對 宗派

고유어 '긴'과 한자어 '宗派'가 [系] 즉 '계보'의 뜻을 가지고 동의 관계에 있다는 것은 다음 예문들에
서 잘 확인된다. '系'의 자석이 '긴'이고 고유어 '긴'은 한자어 '宗派'와 동의 관계에 있다. 따라서 '긴'과
'宗派'의 동의성은 명백히 입증된다.

    (338) a. 系 : …世系 <四解上 27b>
        b. 系 : 긴 계 宗派也 <字會上 17a>

<339> 긴홀 對 帶子

고유어 '긴홀'과 한자어 '帶子'가 [帶子] 즉 '가는 끈'의 뜻을 가지고 동의 관계에 있다는 것은 다음 예
문들에서 잘 확인된다. 고유어 '긴홀'이 한자어 '帶子'와 동의 관계에 있다. 따라서 '긴홀'과 '帶子'의 동
의성은 명백히 입증된다.

    (339) a. 帶 : 紳也 <四解上 43a>
        b. 帶 : 씩 딕 又골홈 及긴홀 皆曰帶子 <字會中 11b>

c. 帶 : 씌 디 又고홈 及긴홀 皆曰帶子 <字會東中本 23b>

<340> 길 對 徑路

고유어 '길'과 한자어 '徑路'가 [蹊] 즉 '지름길, 좁은 길'의 뜻을 가지고 동의 관계에 있다는 것은 다음 예문들에서 잘 확인된다. '蹊'가 한자어 '徑路'를 뜻한다. 그리고 '蹊'의 자석이 '길'이다. 따라서 '길'과 '徑路'의 동의성은 명백히 입증된다.

(340) a. 蹊 : 徑路 <四解上 27b>
b. 蹊 : 길 계 <字會上 3b>

<341> 길ㅎ 對 니쳔/리쳔

고유어 '길ㅎ'과 한자어 '니쳔/리쳔'(利錢) 이 [利]와 [利錢] 즉 '이자, 이윤'의 뜻을 가지고 동의 관계에 있다는 것은 다음 예문들에서 잘 확인된다. 원문 중 '本利'가 '믿과 길ㅎ'로 번역된다. 그리고 '有…利錢'이 '니쳔 잇다'로 번역되고 '覓…利錢'이 '리쳔 얻다'로 번역된다. 따라서 '길ㅎ'와 '니쳔/리쳔'의 동의성은 명백히 입증된다.

(341) a. 믿과 길혜 여듦 량 은에(本利八兩銀子) <번朴上 34a>

(341) b. 져그나 니쳔 잇ᄂ녀(也有些利錢) <번老上 13a>
c. 져기 니쳔 어두라(也尋了些利錢) <번老上 13a>
d. 허즤우는 니쳔을 얻노라(也尋了加五利錢) <번老上 14b>
e. 흔 푼 니쳔도 갑포믈 즐겨 아니ᄒᄂ다(一分利錢也不肯還) <번朴上 34b>
f. 흔 량의 니쳔 흔 량식 바도려 ᄒ야(便一兩要一兩利錢) <번朴上 34a>
g. 리쳔 얻고져 ᄒ노라(要覓些利錢) <번老下 60a>

<342> 길 對 道路

고유어 '길'과 한자어 '道路'가 [路]와 [道] 즉 '길, 도로'의 뜻을 가지고 동의 관계에 있다는 것은 다음 예문들에서 잘 확인된다. 원문 중 '沿路'가 '길 좇다'로 번역된다. '路'가 한자어 '道路'를 뜻하고 '路'의 자석이 '길'이다. 그리고 '道'가 한자어 '道路'를 뜻하고 '道'의 자석이 '길'이다. 따라서 '길'과 '道路'의 동의성은 명백히 입증된다.

(342) a. 내 길 조차 날회여 오라(兒沿路慢慢的來) <번老下 3b>

(342) b. 路 : 道路 <四解上 42a>

　　 c. 路 : 길 로 <字會上 3b>

(342) d. 道 : 道路 <四解下 19b>

　　 e. 道 : …又길 도 <字會中 2a>

<343> 길ㅎ 對 도리

고유어 '길ㅎ'과 한자어 '도리'(道理) 가 [道] 즉 '도리'의 뜻을 가지고 동의 관계에 있다는 것은 다음 예문들에서 잘 확인된다. 원문 중 '敎養之道'가 'ᄀᆞᆺ쳐 내ᄂᆞᆫ 길ㅎ'로 번역되고 '能睦族之道'가 '잘 권당 화동ᄒᆞᄂᆞᆫ 도리'로 번역된다. 따라서 '길ㅎ'과 '도리'의 동의성은 명백히 입증된다.

(343) a. ᄃᆞᆯ마다 글 지서 ᄃᆞ토게 호미 ᄌᆞ모 ᄀᆞᄅᆞ쳐 내ᄂᆞᆫ 길히 아니니(而月使之爭이 殊非敎養之道ㅣ니)
　　　　 <번小九 16b>

(343) b. 高宗이…잘 권당 화동ᄒᆞᄂᆞᆫ 도리를 무른대(高宗이…問其所以能睦族之道ᄒᆞ신대) <번小九
　　　 97b>

　　 c. 만이레 부형 셤기ᄂᆞᆫ 도리로 셤겨(若能以事父兄之道로 事之ᄒᆞ야) <번小七 25b>

　　 d. 그 달애며 추들(13b) 며 닐와ᄃᆞ며 힘ᄡᅵ우며 저지ᄃᆞᆺ ᄒᆞ며 ᄀᆞᄃᆞᆺ ᄒᆞ야 어디리 도이게 ᄒᆞᄂᆞᆫ도리 다
　　　 졀ᄎᆞ 잇ᄂᆞ니라(其所以誘掖激勵ᄒᆞ야 漸摩成就之道ㅣ 皆有節序ᄒᆞᄂᆞ니라) <번小九 14a>

<344> 김 對 긔운

고유어 '김'과 한자어 '긔운'(氣運) 이 [氣] 즉 '기운'의 뜻을 가지고 동의 관계에 있다는 것은 다음 예문들에서 잘 확인된다. 원문 중 '紫草氣'가 '지춋 김'으로 번역되고 '艾氣'가 '뿍 김'으로 번역된다. '小兒氣'가 '아히 긔운'으로 번역되고 '陰陽氣'가 '음양 긔운'으로 번역된다. 그리고 '氣'의 자석이 '긔운'이다. 따라서 '김'과 '긔운'의 동의성은 명백히 입증된다.

(344) a. 지춋 기미 나디 아니케 ᄒᆞ야(勿令紫草氣出) <瘡疹 29a>

　　 b. 뿍 기미 ᄇᆡ예 드러가니(艾氣肚裏入去) <번朴上 39a>

　　 c. 김 나디 아니케 ᄒᆞ고(不令氣出) <瘡疹 30b>

　　 d. 김 나게 말라(休敎走了氣) <번老上 20a>

(344) e. 말ᄉᆞᆷ과 긔운 내요매(出辭氣예) <번小四 7a>

　　　f. 혹 아히 긔운이 실코(其或小兒氣實) <瘡疹 10b>

　　　g. 오장 긔운을 화케 ᄒᆞ라(和五臟之氣) <瘡疹 19b>

　　　h.오장륙부 음양 긔운이 슌티 아니ᄒᆞ야(臟腑陰陽氣逆) <瘡疹 2b>

　　　i. ᄒᆞ다가 봄 여름 ᄉᆞ이예 더운 긔운이 펴디거나 혹 아히 긔운이 본ᄃᆡ 강건ᄒᆞ거든(若春夏之間陽氣
　　　　 發越或兒氣素強) <瘡疹 13b>

　　　j. 셜흔 긔운이 졈졈 헐ᄒᆞ리라(熱氣漸解也) <瘡疹2b>

　　　k. 호유쥬ᄂᆞᆫ 모딘 긔운을 업게 ᄒᆞᄂᆞ니(胡荽酒能辟惡氣) <瘡疹 15a>

　　　l. 힝역이 샤긔와 더러운 긔운에 샹ᄒᆞ면(瘡痘爲陰邪穢氣所像) <瘡疹 15b>

(344) m. 氣: 氣息 元氣 <四解上 24b>

　　　n. 氣: 긔운 긔 <字會上 17b>

<345> 깁 對 幷絲繒

　　고유어 '깁'과 한자어 '幷絲繒'이 [縑] 즉 '합사 비단'의 뜻을 가지고 동의 관계에 있다는 것은 다음 예
문들에서 잘 확인된다. 원문 중 '縑一匹'이 '깁 ᄒᆞᆫ 필'로 번역되고 '縑七百'이 '깁 칠ᄇᆡᆨ 필'로 번역된다. 그
리고 '縑'이 한자어 '幷絲繒'을 뜻하고 '縑'의 자석이 '깁'이다. 따라서 '깁'과 '幷絲繒'의 동의성은 명백히
입증된다.

(345) a. ᄒᆞᆫ 히예 깁 ᄒᆞᆫ 필옴 니피며(歲衣縑一匹) <二倫 29a>

　　　b.깁 칠ᄇᆡᆨ 필 어더(得縑七百) <二倫 37a>

　　　c. 깁 일쳔 필 받고ᅀᅡ 노하 보내려 커늘(必求千縑乃肯贖) <二倫 37a>

(345) d. 縑: 幷絲繒 <四解下 81a>

　　　e. 縑: 깁 겸 俗呼縑絲布 <字會中 15a>

<346> 깁 對 細綾

　　고유어 '깁'과 한자어 '細綾'이 [綺] 즉 '무늬가 놓인 비단'의 뜻을 가지고 동의 관계에 있다는 것은 다
음 예문들에서 잘 확인된다. '綺'가 한자어 '細綾'을 뜻한다. 그리고 '綺'의 자석이 '깁'이고 고유어 '깁'은
한자어 '細綾'과 동의 관계에 있다. 따라서 '깁'과 '細綾'의 동의성은 명백히 입증된다.

(346) a. 綺: 細綾 <四解上 24a>

b. 綺 : 깁 긔 有紋者 又細綾也 <字會中 15a>

<347> 깁 對 生絲繒

고유어 '깁'과 한자어 '生絲繒'이 [綃] 즉 '생명주'의 뜻을 가지고 동의 관계에 있다는 것은 다음 예문들에서 잘 확인된다. '綃'가 한자어 '生絲繒'을 뜻한다. 그리고 '綃'의 자석이 '깁'이다. 따라서 '깁'과 '生絲繒'의 동의성은 명백히 입증된다.

(347) a. 綃 : 生絲繒 <四解下 16a>
b. 綃 : 깁 쵸 <字會中 15a>

<348> 깃 對 雞栖垣

고유어 '깁'과 한자어 '雞栖垣'이 [塒] 즉 '깃, 닭의 보금자리'의 뜻을 가지고 동의 관계에 있다는 것은 다음 예문들에서 잘 확인된다. '塒'가 한자어 '雞栖垣'을 뜻한다. 그리고 '塒'의 자석이 '깃'이다. 따라서 '깃'과 '雞栖垣'의 동의성은 명백히 입증된다.

(348) a. 塒 : 雞栖垣 <四解上 20a>
b. 塒 : 깃 시 鑿墻雞棲曰塒 <字會下 3b>

<349> 깃 對 鳥棲

고유어 '깃'과 한자어 '鳥棲'가 [巢] 즉 '새의 보금자리'의 뜻을 가지고 동의 관계에 있다는 것은 다음 예문들에서 잘 확인된다. '巢'가 한자어 '鳥棲'를 뜻한다. 그리고 '巢'의 자석이 '깃'이고 고유어 '깃'은 한자어 '鳥棲'와 동의 관계에 있다. 따라서 '깃'과 '鳥棲'의 동의성은 명백히 입증된다.

(349) a. 巢 : 鳥棲 <四解下 22a>
b. 巢 : 깃 소 鳥棲在樹曰巢 <字會下 4a>

<350> 깃 對 鳥巢在穴

고유어 '깃'과 한자어 '鳥巢在穴'이 [窠] 즉 '보금자리, 구멍에 있는 새 보금자리'의 뜻을 가지고 동의 관계에 있다는 것은 다음 예문들에서 잘 확인된다. '窠'가 한자어 '鳥巢在穴'을 뜻한다. 그리고 '窠'의 자석이 '깃'이고 고유어 '깃'은 한자어 '鳥巢在穴'과 동의 관계에 있다. 따라서 '깃'과 '鳥巢在穴'의 동의성은 명백히 입증된다.

(350) a. 窠 : 空也 一曰鳥巢在穴曰窠 <四解下 27b>

b. 窠 : 깃 과 鳥巢在穴曰窠 <字會下 4a>

<351> 깃 對 襰子

고유어 '깃'과 한자어 '襰子'가 [襰] 즉 '포대기'의 뜻을 가지고 동의 관계에 있다는 것은 다음 예문들에서 잘 확인된다. 원문 중 '兩三箇襰子'가 '두서 깃'으로 번역된다. 그리고 '襰'의 자석이 '깃'이고 고유어 '깃'은 한자어 '襰子'와 동의 관계에 있다. 따라서 '깃'과 '襰子'의 동의성은 명백히 입증된다.

(351) a. 우흿 두서 깃 실오(上頭鋪兩三箇襰子) <번朴上 56b>

(351) b. 襰 : 今俗語襰子 아기 깃 <四解下 32b>

c. 襰 : 깃 쟈 俗呼襰子 <字會中 12a>

<352> 깃바대 對 袡肩

고유어 '깃바대'와 한자어 '袡肩'이 [袡] 즉 '등바대'의 뜻을 가지고 동의 관계에 있다는 것은 다음 예문들에서 잘 확인된다. '袡'이 '袡肩'을 뜻하고 한자어 '袡肩'은 고유어 '깃바대'와 동의 관계에 있다. 그리고 '袡'의 자석이 '깃바대'이고 고유어 '깃바대'는 한자어 '袡肩'과 동의 관계에 있다. 따라서 '깃바대'와 '袡肩'의 동의성은 명백히 입증된다.

(352) a. 袡 : 今俗語袡肩 깃바대 <四解下 35a>

b. 袡 : 깃바대 탁 俗呼袡肩 <字會中 11b>

<353> ᄀ랏 對 稂莠

고유어 'ᄀ랏'와 한자어 '稂莠'가 [莠]와 [稂] 즉 '가라치, 곡식을 해치는 잡초'의 뜻을 가지고 동의 관계에 있다는 것은 다음 예문들에서 잘 확인된다. '莠'가 한자어 '稂莠'를 뜻하고 '莠'의 자석이 'ᄀ랏'이다. 그리고 '稂'의 자석이 'ᄀ랏'이다. 따라서 'ᄀ랏'와 '稂莠'의 동의성은 명백히 입증된다.

(353) a. 莠 : 稂莠 <四解下 71a>

b. 莠 : ᄀ랏 유 <字會上 5a>

(353) c. 稂 : 莠類 一名童梁 <四解下 40a>

d. 稂 : ᄀ랏 랑 <字會上 5a>

<354> ㄱ래나모 對 椅梓

고유어 'ㄱ래나모'와 한자어 '椅梓'가 [梓]와 [楸] 즉 '가래나무'의 뜻을 가지고 동의 관계에 있다는 것
은 다음 예문들에서 잘 확인된다. '梓'가 한자어 '椅梓'를 뜻하고 '梓'의 자석이 'ㄱ래나모'이다. 그리고
'楸'가 '梓屬'이고 '楸'의 자석이 'ㄱ래'이다. 따라서 'ㄱ래나모'와 '椅梓'의 동의성은 명백히 입증된다.

(354) a. 梓 : 椅梓 楸櫃 <四解上 12b>
　　　b. 椅 : 梓也 <四解上 20b>
　　　c. 梓 : ㄱ래나모 지 <字會上 6a>

(354) d. 楸 : 梓屬 <四解下 69a>
　　　e. 楸 : ㄱ래 츄 <字會上 6a>

<355> ㄱㄹ 對 말

고유어 'ㄱㄹ'와 한자어 '말'(末) 이 [末] 즉 '가루'의 뜻을 가지고 동의 관계에 있다는 것은 다음 예문
들에서 잘 확인된다. 원문 중 '眞末'이 '진ㄱㄹ'로 번역되고 '小豆末'이 '풋 말'로 번역된다. 따라서 'ㄱㄹ'
와 '말'의 동의성은 명백히 입증된다.

(355) a. 기르메 ᄆ론 진ㄱㄹ 곧고(如油調眞末) <瘡疹 68b>
　　　b. 블근 풋 말 ᄒ 량을(赤小豆末一兩) <瘡疹 51a>

<356> ㄱㄹ 對 米麥碎

고유어 'ㄱㄹ'와 한자어 '米麥碎'가 [糲] 즉 '싸라기'의 뜻을 가지고 동의 관계에 있다는 것은 다음 예
문들에서 잘 확인된다. '糲'이 한자어 '米麥碎'를 뜻한다. 그리고 '糲'의 자석이 'ㄱㄹ'이다. 따라서 'ㄱㄹ'
와 '米麥碎'의 동의성은 명백히 입증된다.

(356) a. 糲 : 米麥碎 <四解下 5b>
　　　b. 糲 : ㄱㄹ 셜 <字會中 11a>

<357> ㄱㄹ 對 麥末

고유어 'ㄱㄹ'와 한자어 '麥末'이 [麵]과 [麩] 즉 '밀가루, 보릿가루'의 뜻을 가지고 동의 관계에 있다는
것은 다음 예문들에서 잘 확인된다. 원문 중 '十斤麵'이 열 근 'ㄱㄹ'로 번역되고 '料麵'이 '코ᇰ과 ㄱㄹ'

로 번역된다. '麵'이 한자어 '麥末'을 뜻하고 '麵'의 자석이 'ㄱᄅ'이다. 그리고 '麩'이 한자 '麵'과 同義이고 '麩'의 자석이 'ㄱᄅ'이다. 따라서 'ㄱᄅ'와 '麥末'의 동의성은 명백히 입증된다. '麵'과 '麵'은 同字이다.

(357) a. 흔 돈 은에 열 근 ᄀᆞᆯ이오(一錢銀子十斤麵) <번老上 9b>

　　　b. 저 금 ᄀᆞᆯ이 셕 밍ᄀᆞᆯ라(打着三斤麵的餠着) <번老上 20b>

　　　c. 우리 딥과 콩과 ᄀᆞᆯ을 다 네 지븨 와 산 거시니(我草料麵 都是你家裏買來的) <번老上 23b>

(357) d. 麵 : 麥末 <四解下 4a>

　　　e. 麵 : ᄀᆞᄅ 면 <字會中 11a>

(357) f. 麩 : 麵也 <四解上 75a>

　　　g. 麩 : ᄀᆞᄅ 말 <字會中 11a>

<358> ᄀᆞ룹 對 流水

고유어 'ᄀᆞ룹'과 한자어 '流水'가 [河] 즉 '강'의 뜻을 가지고 동의 관계에 있다는 것은 다음 예문들에서 잘 확인된다. '河'가 한자어 '流水'를 뜻한다. 그리고 '河'의 자석이 'ᄀᆞ룹'이고 고유어 'ᄀᆞ룹'은 한자어 '流水'와 동의 관계에 있다. 따라서 '가룹'과 '流水'의 동의성은 명백히 입증된다.

(358) a. 河 : 水名 又北方人總稱流水曰河 <四解下 27a>

　　　b. 河 : ᄀᆞ룹 하 水名 黃河 又北方流水通稱 <字會上 2b>

<359> ᄀᆞ릇 對 稊稗

고유어 'ᄀᆞ릇'과 한자어 '稊稗'가 [稗]와 [稊] 즉 '피'의 뜻을 가지고 동의 관계에 있다는 것은 다음 예문들에서 잘 확인된다. '稗'가 한자어 '稊稗'를 뜻하고 '稗'의 자석이 'ᄀᆞ릇'이다. 그리고 '稊'의 자석이 'ᄀᆞ릇'이다. 따라서 'ᄀᆞ릇'과 '稊稗'의 동의성은 명백히 입증된다.

(359) a. 稗 : 稊稗 草似穀 <四解上 44a>

　　　b. 稗 : ᄀᆞ릇 패 <字會上 5a>

(359) c. 稊 : 似稗 <四解上 25a>

　　　d. 稊 : ᄀᆞ릇 뎨 <字會上 5a>

<360> 곳 對 織履模範

고유어 ‘곳’과 한자어 ‘織履模範’이 [楦] 즉 ‘신골, 신을 만드는 데 쓰는 골’의 뜻을 가지고 동의 관계에 있다는 것은 다음 예문들에서 잘 확인된다. ‘楦’이 한자어 ‘織履模範’을 뜻한다. 그리고 ‘楦’의 자석이 ‘곳’이다. 따라서 ‘곳’과 ‘織履模範’의 동의성은 명백히 입증된다.

(360) a. 楦 : 織履模範 亦作楥 <四解下 12a>
　　　b. 楦 : 곳 훤 俗呼楦頭 <字會中 11b>

<361> 곳 對 楦頭

고유어 ‘곳’과 한자어 ‘楦頭’가 [楦] 즉 ‘신골, 신을 만드는 데 쓰는 골’의 뜻을 가지고 동의 관계에 있다는 것은 다음 예문들에서 잘 확인된다. ‘楦’의 자석이 ‘곳’이고 고유어 ‘곳’은 한자어 ‘楦頭’와 동의 관계에 있다. 따라서 ‘곳’과 ‘楦頭’의 동의성은 명백히 입증된다.

(361) a. 楦 : 織履模範 亦作楥 <四解下 12a>
　　　b. 楦 : 곳 훤 俗呼楦頭 <字會中 11b>

<362> 가새 對 剪刀

고유어 ‘가새’와 한자어 ‘剪刀’가 [剪] 즉 ‘가위, 剪刀’의 뜻을 가지고 동의 관계에 있다는 것은 다음 예문들에서 잘 확인된다. ‘剪’이 한자어 ‘剪刀’를 뜻한다. 그리고 ‘剪’의 자석이 ‘가새’이다. 따라서 ‘가새’와 ‘剪刀’의 동의성은 명백히 입증된다.

(362) a. 剪 : …又剪刀 <四解下 4b>
　　　b. 剪 : 가새 俗呼剪子 <字會中 7b>

<363> 가새 對 剪子

고유어 ‘가새’와 한자어 ‘剪子’가 [剪子]와 [剪] 즉 ‘가위’의 뜻을 가지고 동의 관계에 있다는 것은 다음 예문들에서 잘 확인된다. 원문 중 ‘剪子’가 ‘가새’로 번역된다. 그리고 ‘剪’의 자석이 ‘가새’이고 고유어 ‘가새’는 한자어 ‘剪子’와 동의 관계에 있다. 따라서 ‘가새’와 ‘剪子’의 동의성은 명백히 입증된다.

(363) a. 세잿 형은 가새오(三哥是剪子) <번朴上 39b>
　　　b. 가새 일ᄇᆡᆨ ᄌᆞᄅᆞ(剪子一百把) <번老下 69a>

(363) c. 剪 : … 又剪刀 <四解下 4b>

  d. 剪 : ㄱ새 전 俗呼剪子 <字會中 7b>

<364> ㄱ숨 對 物料

고유어 'ㄱ숨'과 한자어 '物料'가 [料] 즉 '거리, 감, 材料'의 뜻을 가지고 동의 관계에 있다는 것은 다음 예문들에서 잘 확인된다. '料'가 고유어 'ㄱ숨'을 뜻한다. 그리고 '料'가 한자어 '物料'를 뜻한다. 따라서 'ㄱ숨'과 '物料'의 동의성은 명백히 입증된다.

(364) a. 料 : … 又今俗語 ㄱ숨 <四解下 18a>

  b. 料 : … 又該用物色雜稱曰物料 <老朴 單字解 1b>

<365> 굴 對 大葭

고유어 '굴'과 한자어 '大葭'가 [葦]와 [葭] 즉 '갈대, 長成한 갈대'의 뜻을 가지고 동의 관계에 있다는 것은 다음 예문들에서 잘 확인된다. '葦'가 고유어 '굴'을 뜻하고 長成한 것이다. 그리고 '葦'의 자석이 '굴'이고 고유어 '굴'은 한자어 '大葭'와 동의 관계에 있다. 그리고 '葭'의 자석이 '굴'이다. 따라서 '굴'과 '大葭'의 동의성은 명백히 입증된다.

(365) a. 葦 : 初生名葭…長成爲葦 굴 <四解上 53b>

  b. 葦 : 굴 위 大葭 初名葭…長成爲葦 <字會上 4b>

(365) c. 葭 : 蘆也 <四解下 30b>

  d. 葭 : 굴 가 葦未秀者 <字會上 4b>

<366> 굴 對 葦子草

고유어 '굴'과 한자어 '葦子草'가 [葦] 즉 '갈대, 長成한 갈대'의 뜻을 가지고 동의 관계에 있다는 것은 다음 예문들에서 잘 확인된다. '葦'가 고유어 '굴'을 뜻하고 '굴'은 한자어 '葦子草'와 동의 관계에 있다. 그리고 '葦'의 자석이 '굴'이고 고유어 '굴'은 한자어 '葦子草'와 동의 관계에 있다. 따라서 '굴'과 '葦子草'의 동의성은 명백히 입증된다.

(366) a. 葦 : … 長成爲葦 굴 今俗呼葦子草 <四解上 53b>

  b. 葦 : 굴 위 … 長成爲葦 俗呼葦子草 <字會上 4a>

<367> 굴가마괴 對 雅烏

고유어 '굴가마괴'와 한자어 '雅烏'가 [鷽]와 [鶃] 즉 '갈가마귀'의 뜻을 가지고 동의 관계에 있다는 것은 다음 예문들에서 잘 확인된다. '鷽'가 한자어 '雅烏'를 뜻하고 '鷽'의 자석이 '굴가마괴'이다. 그리고 '鶃'가 한자어 '雅烏'를 뜻하고 '鶃'의 자석이 '굴가마괴'이다. 따라서 '굴가마괴'와 '雅烏'의 동의성은 명백히 입증된다.

(367) a. 鷽 : 雅烏 <四解上 34a>
　　　b. 鷽 : 굴가마괴 여 <字會上 9a>

(367) c. 鶃 : …雅烏也 <四解上 13a>
　　　d. 鶃 : 굴가마괴 스 <字會上 9a>

<368> 굴가마괴 對 鷽鶃

고유어 '굴가마괴'와 한자어 '鷽鶃'가 [鶃]와 [鷽] 즉 '갈가마귀'의 뜻을 가지고 동의 관계에 있다는 것은 다음 예문들에서 잘 확인된다. '鶃'가 한자어 '鷽鶃'를 뜻하고 '鶃'의 자석이 '굴가마괴'이다. 그리고 '鷽'의 자석이 '굴가마괴'이다. 따라서 '굴가마괴'와 '鷽鶃'의 동의성은 명백히 입증된다.

(368) a. 鶃 : 鷽鶃 雅烏也 <四解上 13a>
　　　b. 鶃 : 굴가마괴 스 詩鷽斯 <字會上 9a>

(368) c. 鷽 : 雅烏 <四解上 34a>
　　　d. 鷽 : 굴가마괴 여 <字會上 9a>

<369> 굴거믜 對 蠨蛸

고유어 '굴거믜'와 한자어 '蠨蛸'가 [蠨]와 [蛸] 즉 '갈거미'의 뜻을 가지고 동의 관계에 있다는 것은 다음 예문들에서 잘 확인된다. '蠨'가 한자어 '蠨蛸'를 뜻하고 '蠨'의 자석이 '굴거믜'이다. '蛸'가 한자어 '蠨蛸'를 뜻한다. 그리고 '蛸'의 자석이 '굴거믜'이고 고유어 '굴거믜'는 한자어 '蠨蛸'와 동의 관계에 있다. 따라서 '굴거믜'와 '蠨蛸'의 동의성은 명백히 입증된다.

(369) a. 蠨 : 蠨蛸 長股蜘蛛 <四解下 16a>
　　　b. 蠨 : 굴거믜 쇼 <字會上 11a>

(369) c. 蛸 : 蠨蛸 長足蜘蛛 <四解下 22a>

　　　d. 蛸 : 굴거(11a)믜 쇼 一名長蚑 詩蠨蛸 <字會上 11a>

<370> 굴거믜 對 蠨子

고유어 '굴거믜'와 한자어 '蠨子'가 [蠨] 즉 '갈거미'의 뜻을 가지고 동의 관계에 있다는 것은 다음 예문들에서 잘 확인된다. '蠨'가 한자어 '蠨子'를 뜻한다. 그리고 '蠨'의 자석이 '굴거믜'이고 고유어 '굴거믜'는 한자어 '蠨子'와 동의 관계에 있다. 따라서 '굴거믜'와 '蠨子'의 동의성은 명백히 입증된다.

　　　(370) a. 蠨 : 蠨子 虫名 <四解上 21a>

　　　　　b. 蠨 : 굴거믜 희 俗呼蠨子 <字會上 11a>

<371> 굴며기 對 江鷹

고유어 '굴며기'와 한자어 '江鷹'이 [鷗] 즉 '갈매기'의 뜻을 가지고 동의 관계에 있다는 것은 다음 예문들에서 잘 확인된다. '鷗'가 한자어 '江鷹'을 뜻하고 '江鷹'은 고유어 '굴며기'와 동의 관계에 있다. 그리고 '鷗'의 자석이 '굴며기'이고 고유어 '굴며기'는 한자어 '江鷹'과 동의 관계에 있다. 따라서 '굴며기'와 '江鷹'의 동의성은 명백히 입증된다.

　　　(371) a. 鷗 : 水鴞 今俗呼江鷹 굴며기 <四解下 67a>

　　　　　b. 鷗 : 굴며기 구 俗呼江鷹 <字會上 9a>

<372> 굴며기 對 水鴞

고유어 '굴며기'와 한자어 '水鴞'가 [鷗] 즉 '갈매기'의 뜻을 가지고 동의 관계에 있다는 것은 다음 예문들에서 잘 확인된다. '鷗'가 한자어 '水鴞'를 뜻하고 '水鴞'는 고유어 '굴며기'와 동의 관계에 있다. 그리고 '鷗'의 자석이 '굴며기'이다. 따라서 '굴며기'와 '水鴞'의 동의성은 명백히 입증된다.

　　　(372) a. 鷗 : 水鴞 今俗呼江鷹 굴며기 <四解下 67a>

　　　　　b. 鷗 : 굴며기 구 <字會上 9a>

<373> 굴아마괴 對 鶷鷗

고유어 '굴아마괴'와 한자어 '鶷鷗'가 [鶷]와 [鷗] 즉 '갈가마귀'의 뜻을 가지고 동의 관계에 있다는 것은 다음 예문들에서 잘 확인된다. '鶷'가 한자어 '鶷鷗'를 뜻한다. 그리고 '鷗'가 한자어 '鶷鷗'를 뜻하고

'鶷鶛'는 고유어 '굴아마괴'와 동의 관계에 있다. 따라서 '굴아마괴'와 '鶷鶛'의 동의성은 명백히 입증된다.

(373) a. 鶷 : 鶷鶛 <四解上 15a>
 b. 鶛 : 鶷鶛 <四解上 57a>

(373) c. 鷗 : ···鶷鶛···굴아마괴 <四解上 29a>

<374> 굴아마괴 對 寒鴉

고유어 '굴아마괴'와 한자어 '寒鴉'가 [鴉]와 [鷗] 즉 '갈가마귀'의 뜻을 가지고 동의 관계에 있다는 것은 다음 예문들에서 잘 확인된다. '鴉'가 한자어 '寒鴉'를 뜻하고 '寒鴉'는 고유어 '굴아마괴'와 동의 관계에 있다. 그리고 '鷗'가 한자어 '寒鴉'를 뜻하고 '寒鴉'는 고유어 '굴아마괴'와 동의 관계에 있다. 따라서 '굴아마괴'와 '寒鴉'의 동의성은 명백히 입증된다.

(374) a. 鴉 : ···寒鴉亦曰環鴉 굴아마괴 <四解下 31a>
 b. 鷗 : ···今俗呼寒鴉 굴아마괴 <四解上 29a>

<375> 굴오기 對 雙生子

고유어 '굴오기'와 한자어 '雙生子'가 [孿] 즉 '쌍둥이'의 뜻을 가지고 동의 관계에 있다는 것은 다음 예문들에서 잘 확인된다. '孿'의 자석이 '굴오기'이고 고유어 '굴오기'는 한자어 '雙生子'와 동의 관계에 있다. 따라서 '굴오기'와 '雙生子'의 동의성은 명백히 입증된다.

(375) a. 孿 : 一乳兩子 <四解上 81b>
 b. 孿 : 굴오기 솬 雙生子 <字會上 17b>

<376> 긂 對 木理

고유어 '긂'과 한자어 '木理'가 [木理] 즉 '나뭇결, 나이테, 年輪'의 뜻을 가지고 동의 관계에 있다는 것은 다음 예문들에서 잘 확인된다. 한자어 '木理'가 고유어 '긂'과 동의 관계에 있다. 따라서 '긂'과 '木理'의 동의성은 명백히 입증된다.

(376) a. 理 : 治也 文也 正也 <四解上 28b>
 b. 理 : 다ᄉᆞ릴 리(13a) ···又木理 긂 <字會下 14a>

<377> 곳 對 境界

고유어 '곳'과 한자어 '境界'가 [徼]와 [界] 즉 '가, 경계'의 뜻을 가지고 동의 관계에 있다는 것은 다음 예문들에서 잘 확인된다. '徼'가 한자어 '境界'를 뜻하고 '徼'의 자석이 '곳'이다. 그리고 '界'의 자석이 '곳'이다. 따라서 '곳'과 '境界'의 동의성은 명백히 입증된다.

(377) a. 徼 : 境界 東北曰塞 西南曰徼 <四解下 13a>
　　　　 b. 徼 : 곳 교 邊也 <字會上 3b>

(377) c. 界 : 境也 <四解上 46b>
　　　　 d. 界 : 곳 계 <字會上 3b>

<378> 곳 對 邊鄙

고유어 '곳'과 한자어 '邊鄙'가 [鄙] 즉 '국토의 끝, 변경의 부락'의 뜻을 가지고 동의 관계에 있다는 것은 다음 예문들에서 잘 확인된다. '鄙'가 한자어 '邊鄙'를 뜻한다. 그리고 '鄙'의 자석이 '곳'이다. 따라서 '곳'과 '邊鄙'의 동의성은 명백히 입증된다.

(378) a. 鄙 : …又邊鄙 <四解上 15a>
　　　　 b. 鄙 : 곳 비 <字會中 4b>

<379> 곳 對 邊陲

고유어 '곳'과 한자어 '邊陲'가 [邊]과 [陲] 즉 '국토의 끝'의 뜻을 가지고 동의 관계에 있다는 것은 다음 예문들에서 잘 확인된다. '邊'과 '陲'가 한자어 '邊陲'를 뜻한다. 그리고 '邊'의 자석이 '곳'이다. 따라서 '곳'과 '邊陲'의 동의성은 명백히 입증된다.

(379) a. 邊 : 邊陲 <四解下 3a>
　　　　 b. 陲 : 邊陲 <四解上 52a>

(379) c. 邊 : 곳 변 又邊塞 <字會中 4b>

<380> 곳 對 邊塞

고유어 '곳'과 한자어 '邊塞'가 [塞]와 [邊] 즉 '가장자리, 변방'의 뜻을 가지고 동의 관계에 있다는 것

은 다음 예문들에서 잘 확인된다. '塞'가 한자어 '邊塞'를 뜻하고 '塞'의 자석이 '굿'이다. 그리고 '邊'의 자석이 '굿'이고 고유어 '굿'은 한자어 '邊塞'와 동의 관계에 있다. 따라서 '굿'과 '邊塞'의 동의성은 명백히 입증된다.

    (380) a. 塞 : 邊塞 <四解上 44b>
        b. 塞 : 굿 시 邊界 <字會上 3b>

    (380) c. 邊 : 畔也 邊陲 <四解下 3a>
        d. 邊 : 굿 변 又邊塞 <字會上 3b>

<381> 긕 對 耕畦犁

고유어 '긕'과 한자어 '耕畦犁'가 [耬] 즉 '이랑을 가는 쟁기'의 뜻을 가지고 동의 관계에 있다는 것은 다음 예문들에서 잘 확인된다. '耬'가 한자어 '耕畦犁'를 뜻한다. 그리고 '耬'의 자석이 '긕'이고 고유어 '긕'은 한자어 '耕畦犁'와 동의 관계에 있다. 따라서 '긕'과 '耕畦犁'의 동의성은 명백히 입증된다.

    (381) a. 耬 : 耕畦犁 <四解下 67b>
        b. 耬 : 긕 루 耕畦犁 <字會中 9a>

<382> 나 對 大陽精

고유어 '나'와 한자어 '大陽精'이 [日] 즉 '해, 태양'의 뜻을 가지고 동의 관계에 있다는 것은 다음 예문들에서 잘 확인된다. '日'이 한자어 '大陽精'을 뜻한다. 그리고 '日'의 자석이 '나'이다. 따라서 '나'와 '大陽精'의 동의성은 명백히 입증된다.

    (382) a. 日 : 大陽精 <四解上 61b>
        b. 日 : 나 실 衆陽之宗 <字會上 1a>

<383> 나 對 小人

고유어 '나'와 한자어 '小人'이 [小시] 즉 '나, 저'의 뜻을 가지고 동의 관계에 있다는 것은 다음 예문들에서 잘 확인된다. 원문 중 '小人姑'가 '내 아븨 동싱 누의'로 번역된다. 그리고 '小人…不曾知道'가 '小人이 일즉 아디 몯ᄒᆞ다'로 번역된다. 따라서 '나'와 '小人'의 동의성은 명백히 입증된다.

    (383) a. 이는 내 아븨 동싱 누의와 어믜 동싱 오라븨게 난 형이오(是小人姑舅哥哥) <번老上 15b>

(383) b. 小人이 진실로 일즉 아디 몯호라((小人其實不曾知道) <번朴上 66b>

　　　c. 小人은 아븨 누의게 나니오(小人是姑姑生的) <번老上 16a>

　　　d. 쇼신이 례부에 가노이다(小人到禮部裏) <번朴上 7b>

<384> 나 對 曜靈

　고유어 '나'와 한자어 '曜靈'이 [曜]와 [日] 즉 '해, 태양'의 뜻을 가지고 동의 관계에 있다는 것은 다음 예문들에서 잘 확인된다. '曜'가 한자 '日'과 同義이고 '日'이 한자어 '曜靈'을 뜻한다. 그리고 '日'의 자석이 '나'이다. 따라서 '나'와 '曜靈'의 동의성은 명백히 입증된다.

　　(384) a. 曜 : 光也 又日曰曜 <四解下 17b>

　　　　b. 曜 : 보실 요 又日曰曜靈 <字會下 1a>

　　(384) c. 日 : 大陽精 <四解上 61b>

　　　　d. 日 : 나실 衆陽之宗 <字會上 1a>

<385> 나 對 自己

　고유어 '나'와 한자어 '自己'가 [我]와 [吾] 즉 '나, 나 자신'의 뜻을 가지고 동의 관계에 있다는 것은 다음 예문들에서 잘 확인된다. '我…有子'가 '나는…조식이 잇다'로 번역되고 '我…去'가 '내…가다'로 번역되고 '我也'가 '나도'로 번역된다. '吾…受'가 '내…받다'로 번역되고 '吾弟'가 '내 아ᅀᅵ'로 번역된다. '我'가 한자어 '自己'를 뜻하고 '我'의 자석이 '나'이다. 그리고 '吾'가 한자 '我'와 同義이고 '吾'의 자석이 '나'이다. 따라서 '나'와 '自己'의 동의성은 명백히 입증된다.

　　(385) a. 나는 후에 조식이 이시려니ᄯᅡ녀(我는 後當有子어닛ᄯᅡ녀) <번小九 71b>

　　　　b. 내 北京 향ᄒᆞ야 가노라(我往北京去) <번老下 1a>

　　　　c. 해 놋가온 은이 나도 업다(咳低銀我也沒) <번老下 14a>

　　　　d. 아래 나를 됴흔 ᄆᆞᆯ 줄 사ᄅᆞ미 잇거늘 내 비록 받디 아니ᄒᆞ야도(昔에 人이 有與吾千里馬者
　　　　　ㅣ 어늘 吾雖不受호나) <번小十 1b>

　　　　e. 내 아ᅀᅵ 일 죽고(吾弟蚤亡ᄒᆞ고) <번小九 71b>

　　(385) f. 我 : 自己 <四解下 24b>

　　　　g. 我 : 나 아 <字會下 10b>

(385) h. 吾 : 我也 <四解上 36b>

    i. 吾 : 나오 <字會下 10b>

<386> 나그내 對 客人

고유어 '나그내'와 한자어 '客人'이 [客人]과 [客] 즉 '나그네'의 뜻을 가지고 동의 관계에 있다는 것은 다음 예문들에서 잘 확인된다. 원문 중 '高麗客人'이 '高麗ㅅ 나그내'로 번역되고 '三箇客人'이 '세 나그내'로 번역된다. 그리고 '客'의 자석이 '손'이고 고유어 '손'은 한자어 '客人'과 동의 관계에 있다. 따라서 '나그내'와 '客人'의 동의성은 명백히 입증된다.

(386) a. 이 뎜에 모시뵈 풀 高麗ㅅ 나그내 李개 잇ᄂ녀(這店裏賣毛施布的高麗客人李舍有麼) <번老下 1a>

    b. 店主人과 세 나그내 셔셔 ᄆᆯ 보더니(店主人和三箇客人立地看馬) <번老下 7b>

    c. 우리ᄂ 길 녀ᄂ 나그내어니(我是行路的客人) <번老上 42b>

    d. 둘흔 ᄆᆯ 살 나그내오(兩箇是買馬的客人) <번老下 7b>

    e. ᄆᆯ읫 遼東으로셔 간 나그내들하(但是遼東去的客人們) <번老上 11b>

    f. 나그내네 쉬라(客人們歇息) <번老上 26a>

(386) g. 客 : 賓客 <四解下 58a>

    h. 客 : 손 긱 俗呼客人 <字會中 2a>

<387> 나ᄀ내 對 羈旅

고유어 '나ᄀ내'와 한자어 '羈旅'가 [旅]와 [羈] 즉 '나그네'의 뜻을 가지고 동의 관계에 있다는 것은 다음 예문들에서 잘 확인된다. '旅'가 한자어 '羈旅'를 뜻하고 '旅'의 자석이 '나ᄀ내'이다. 그리고 '羈'의 자석이 '나ᄀ내'이다. 따라서 '나ᄀ내'와 '羈旅'의 동의성은 명백히 입증된다.

(387) a. 羈 : 旅寓 <四解上 23a>

    b. 旅 : 軍旅 羈旅 <四解上 35a>

(387) c. 羈 : 나ᄀ내 긔 <字會中 2a>

    d. 旅 : 나ᄀ내 려 <字會中 2a>

<388> 나라ㅎ 對 邦國

고유어 '나라ㅎ'와 한자어 '邦國'이 [邦國], [國] 및 [邦] 즉 '나라'의 뜻을 가지고 동의 관계에 있다는 것은 다음 예문들에서 잘 확인된다. 원문 중 '用之邦國'이 '나라해도 쓰다'로 번역된다. '父母之國'이 '父母 사르시던 나라ㅎ'로 번역되고 '是邦'이 '이 나라ㅎ'로 번역된다. '國'이 한자어 '邦國'을 뜻하고 '國'의 자석이 '나라'이다. 그리고 '邦'이 한자 '國'과 同義이고 '邦'의 자석이 '나라'이다. 따라서 '나라ㅎ'와 '邦國'의 동의성은 명백히 입증된다.

(388) a. 나라해도 뼈 날마다 사르모로 듣게 ᄒ더니(用之邦國ᄒ야 日使人聞之ᄒ더니) <번小六 7b>
　　　 b. 父母 사르시던 나라히논 례도를 ᄀ장호미 맛당ᄒ니(父母之國에논 所宜盡禮니) <번小十 4b>
　　　 c. 나라힌 졍ᄉ애 참예티 몯게ᄒ며(國不可使預政이며) <번小七 36a>
　　　 d. 나랏 글월이 다 崔浩의 혼 것가(國書ㅣ 皆浩所爲乎아) <번小九 45b>
　　　 e. 나라 돕ᄉ와 님금씌 진심ᄒ야 셤기ᅀᆞ오며(輔國忠君) <번朴上 50b>
　　　 f. 이 나라해 이셔(居是邦ᄒ야) <번小七 26b>

(388) g. 國 : 邦國 <四解下 62b>
　　　 h. 國 : 나라 국 大曰國 小曰邦 <字會中 1a>

(388) i. 邦 : 國也 <四解下 36a>
　　　 j. 邦 : 나라 방 <字會中 1a>

<389> 나므쥭 對 杯杓

고유어 '나므쥭'과 한자어 '杯杓'이 [杓] 즉 '구기, 술 따위 푸는 기구'의 뜻을 가지고 동의 관계에 있다는 것은 다음 예문들에서 잘 확인된다. '杓'이 한자어 '杯杓'을 뜻한다. 그리고 '杓'의 자석이 '나므쥭'이다. 따라서 '나므쥭'과 '杯杓'의 동의성은 명백히 입증된다.

(389) a. 杓 : 挹器 杯杓 通作勺 <四解下 43b>
　　　 b. 杓 : 나므쥭 쟉 俗呼木曰檋杓 <字會中 9b>

(389) c. 杯 : 飮器 <四解上 49b>
　　　 d. 杯 : 잔 비 <字會中 7a>

<390> 나비 對 蠶蛾

고유어 '나비'와 한자어 '蠶蛾'가 [蛾] 즉 '나방, 누에나방'의 뜻을 가지고 동의 관계에 있다는 것은 다음 예문들에서 잘 확인된다. '蛾'가 한자어 '蠶蛾'를 뜻한다. 그리고 '蛾'의 자석이 '나비'이고 고유어 '나비'는 한자어 '蠶蛾'와 동의 관계에 있다. 따라서 '나비'와 '蠶蛾'의 동의성은 명백히 입증된다.

(390) a. 蛾 : 蠶蛾 <四解下 24b>
b. 蛾 : 나비 아 俗呼蠶蛾 <字會上 11b>

<391> 나비 對 蛺蝶

고유어 '나비'와 한자어 '蛺蝶'이 [蛺]과 [蝶] 즉 '나비, 호랑나비'의 뜻을 가지고 동의 관계에 있다는 것은 다음 예문들에서 잘 확인된다. '蛺'이 한자어 '蛺蝶'을 뜻하고 '蛺'의 자석이 '나비'이다. '蝶'이 한자어 '蛺蝶'을 뜻한다. 그리고 '蝶'의 자석이 '나비'이고 고유어 '나비'는 한자어 '蛺蝶'과 동의 관계에 있다. 따라서 '나비'와 '蛺蝶'의 동의성은 명백히 입증된다.

(391) a. 蛺 : 蛺蝶 <四解下 81a>
b. 蛺 : 나비 협 <字會上 11b>

(391) c. 蝶 : 蛺蝶 <四解下 82a>
d. 蝶 : 나비 뎝…亦呼蛺蝶 <字會上 11b>

<392> 나비 對 蝴蝶/胡蝶

고유어 '나비'와 한자어 '蝴蝶/胡蝶'이 [蝶] 즉 '나비'의 뜻을 가지고 동의 관계에 있다는 것은 다음 예문들에서 잘 확인된다. '蝶'이 한자어 '蝴蝶'을 뜻한다. 그리고 '蝶'의 자석이 '나비'이고 고유어 '나비'는 한자어 '胡蝶'과 동의 관계에 있다. 따라서 '나비'와 '蝴蝶/胡蝶'의 동의성은 명백히 입증된다.

(392) a. 蝶 : 蛺蝶 亦曰蝴蝶 <四解下 82a>
b. 蝶 : 나비 뎝 胡蝶 <字會上 11b>

<393> 나싀 對 薺菜

고유어 '나싀'와 한자어 '薺菜'가 [薺] 즉 '냉이'의 뜻을 가지고 동의 관계에 있다는 것은 다음 예문들에서 잘 확인된다. '薺'는 한자어 '薺菜'를 뜻하고 '薺菜'는 고유어 '나싀'와 동의 관계에 있다. 그리고 '薺'의 자석이 '나싀'이고 고유어 '나싀'는 한자어 '薺菜'와 동의 관계에 있다. 따라서 '나싀'와 '薺菜'의 동의성은 명백히 입증된다.

(393) a. 薺 : 今俗語薺菜 나싀 一名靡草 <四解上 27a>

　　 b. 薺 : 나싀 졔 俗呼薺菜 <字會上 7b>

<394> 나죄 對 日加申時

고유어 '나죄'와 한자어 '日加申時'가 [晡] 즉 '저녁, 오후 4시 전후'의 뜻을 가지고 동의 관계에 있다는 것은 다음 예문들에서 잘 확인된다. '晡'가 한자어 '日加申時'를 뜻한다. 그리고 '晡'의 자석이 '나죄'이고 고유어 '나죄'는 한자어 '日加申時'와 동의 관계에 있다. 따라서 '나죄'와 '日加申時'의 동의성은 명백히 입증된다.

(394) a. 晡 : 日加申時 <四解上 37b>

　　 b. 晡 : 나죄 모 日加申時 <字會下 1b>

<395> 나친 對 鴉鶻

고유어 '나친'과 한자어 '鴉鶻'이 [鴉鶻] 즉 '난추니, 새매의 수컷'의 뜻을 가지고 동의 관계에 있다는 것은 다음 예문들에서 잘 확인된다. '鶻'의 자석이 '매'이고 고유어 '나친'이 한자어 '鴉鶻'과 동의 관계에 있다. 따라서 '나친'과 '鴉鶻'의 동의성은 명백히 입증된다.

(395) a. 鶻 : 鷹屬 <四解上 67a>

　　 b. 鶻 : 매 골…又나친曰鴉鶻 <字會上 8b>

<396> 나화 對 餺飥

고유어 '나화'와 한자어 '餺飥'이 [餺]과 [飥] 즉 '떡'의 뜻을 가지고 동의 관계에 있다는 것은 다음 예문들에서 잘 확인된다. '餺'이 한자어 '餺飥'을 뜻하고 '餺'의 자석이 '나화'이다. '飥'이 한자어 '餺飥'을 뜻한다. 그리고 '飥'의 자석이 '나화'이고 고유어 '나화'는 한자어 '餺飥'과 동의 관계에 있다. 따라서 '나화'와 '餺飥'의 동의성은 명백히 입증된다.

(396) a. 餺 : 餺飥 餅也 <四解下 36a>

　　 b. 餺 : 나화 박 <字會中 10b>

(396) c. 飥 : 餺飥 餅也 <四解下 35a>

　　 d. 飥 : 나화 탁 食療纂要 餺飥 나화 <字會中 10b>

<397> 낯 對 공셰

고유어 '낯'과 한자어 '공셰'(貢稅)가 [租] 즉 '貢稅'의 뜻을 가지고 동의 관계에 있다는 것은 다음 예문들에서 잘 확인된다. 원문 중 '田租'가 '받팃낯'으로도 번역되고 '받팃공셰' 및 '바팃공셰'로도 번역되므로 고유어 '낯'과 한자어 '공셰'의 동의성은 명백히 입증된다.

(397) a. 받팃낙손 셰간 사롤 근본니오(田租爲處家之本) <正俗 24a>
　　　 b. 또 받가릴 힘서 ᄒᆞ여 받팃낙슬 바들 거실ᄉᆡ(又當力田故) <正俗 22b>

(397) c. 받팃공셰 바도ᄆᆞᆯ 버거 ᄒᆞ노라(收田租次之) <正俗 22b>
　　　 d. 바팃공셰 날독 바돔(收田租) <正俗 22a>
　　　 e. 공셰옷 이시면 그우일리 잇고(夫有租則有役爲古) <正俗 23a>

<398> 낯 對 釣鉤

고유어 '낯'과 한자어 '釣鉤'가 [鉤] 즉 '갈고랑이, 낚싯바늘'의 뜻을 가지고 동의 관계에 있다는 것은 다음 예문들에서 잘 확인된다. 원문 중 '垂鉤'가 '낯 드리우다'로 번역된다. 그리고 '鉤'가 한자어 '釣鉤'를 뜻하고 '鉤'의 자석이 '낯'이다. 따라서 '낯'과 '釣鉤'의 동의성은 명백히 입증된다.

(398) a. 그믈 펴며 낯 드리워 잇ᄂᆞ니(撒網垂鉤的) <번朴上 70b>

(398) b. 鉤 : 曲也…釣鉤 又懸物者 <四解下 64b>
　　　 c. 鉤 : 낯 구 <字會中 8b>

<399> 낟 對 곡식

고유어 '낟'과 한자어 '穀食'이 [穀]과 [糓] 즉 '곡식'의 뜻을 가지고 동의 관계에 있다는 것은 다음 예문들에서 잘 확인된다. '穀'이 한자어 '禾穀'을 뜻하고 '穀'의 자석이 '낟'이다. 그리고 원문 중 '貸穀'이 '곡식글 ᄭᅮ이다'로 번역된다. 따라서 '낟'과 '곡식'의 동의성은 명백히 입증된다. '穀'과 '糓'은 同字이다.

(399) a. 벼 닉디 아닌 제 곡식글 ᄭᅮ이고 기리를 쟈기 바드며(禾未熟也厓 貸穀以輕其息爲古) <正俗 23b>
　　　 b. 창애 나믄 곡식이 이시며 고애 나믄 쳔량을 두어 님금을 소기디 아니호리이다 ᄒᆞ(20a)더니(不使廩有餘粟ᄒᆞ며 庫有餘財ᄒᆞ야 以負陛下ㅣ라 ᄒᆞ더니) <번小八 20b>

(399) c. 穀 : 禾穀 <四解上 1b>

　　d. 穀 : 난곡 百穀總名 五穀 九穀 <字會下 2a>

<400> 낟 對 鎌刀

　고유어 '낟'과 한자어 '鎌刀'가 [鎌] 즉 '낫, 풀을 베는 연장'의 뜻을 가지고 동의 관계에 있다는 것은 다음 예문들에서 잘 확인된다. 원문 중 '揮鎌'이 '나들 횟두르다'로 번역된다. '鎌'이 한자어 '鎌刀'를 뜻한다. 그리고 '鎌'의 자석이 '낟'이고 고유어 '낟'은 한자어 '鎌刀'와 동의 관계에 있다. 따라서 '낟'과 '鎌刀'의 동의성은 명백히 입증된다.

　　(400) a. 올흔 소노로 나들 횟두르며 버믈 저리고(右手揮鎌劫虎) <속三孝 9a>

　　(400) b. 鎌 : 鎌刀 <四解下 85b>

　　　　c. 鎌 : 낟 렴 國音 겸 俗呼鎌刀 <字會中 8b>

<401> 낟 對 大鎌

　고유어 '낟'과 한자어 '大鎌'이 [釤] 즉 '낫, 큰 낫'의 뜻을 가지고 동의 관계에 있다는 것은 다음 예문들에서 잘 확인된다. '釤'이 한자어 '大鎌'을 뜻한다. 그리고 '釤'의 자석이 '낟'이고 고유어 '낟'은 한자어 '大鎌'과 동의 관계에 있다. 따라서 '낟'과 '大鎌'의 동의성은 명백히 입증된다.

　　(401) a. 釤 : 大鎌 <四解下 78b>

　　　　b. 釤 : 낟 삼 大鎌 <字會中 8b>

<402> 낟 對 小鎌

　고유어 '낟'과 한자어 '小鎌'이 [鍥] 즉 '낫, 풀을 베는 낫'의 뜻을 가지고 동의 관계에 있다는 것은 다음 예문들에서 잘 확인된다. '鍥'의 자석이 '낟'이고 고유어 '낟'은 한자어 '小鎌'과 동의 관계에 있다. 따라서 '낟'과 '小鎌'의 동의성은 명백히 입증된다.

　　(402) a. 鍥 : 鎌也 <四解下 1b>

　　　　b. 鍥 : 낟 결 小鎌 <字會中 8b>

<403> 낟 對 刈禾短鎌

고유어 '낟'과 한자어 '刈禾短鎌'이 [鉊] 즉 '낫, 벼를 베는 짧은 낫'의 뜻을 가지고 동의 관계에 있다는 것은 다음 예문들에서 잘 확인된다. '鉊'이 한자어 '刈禾短鎌'을 뜻한다. 그리고 '鉊'의 자석이 '낟'이다. 따라서 '낟'과 '刈禾短鎌'의 동의성은 명백히 입증된다.

(403) a. 鉊 : 刈禾短鎌 <四解上 59a>
　　　b. 鉊 : 낟 딜 <字會中 8b>

<404> 낟 對 禾穀

고유어 '낟'과 한자어 '禾穀'이 [穀] 즉 '곡식'의 뜻을 가지고 동의 관계에 있다는 것은 다음 예문들에서 잘 확인된다. '穀'이 한자어 '禾穀'을 뜻하고 '穀'의 자석이 '낟'이다. 따라서 '낟'과 '禾穀'의 동의성은 명백히 입증된다.

(404) a. 穀 : 禾穀 <四解上 1b>
　　　b. 穀 : 낟 곡 <字會下 2a>

(404) c. 禾(28b) : 嘉穀 <四解下 29a>
　　　d. 禾 : 쉬 화 穀之總名 <字會下 2a>

<405> 남진 對 男子

고유어 '남진'과 한자어 '男子'가 [男子] 즉 '남자, 사나이'의 뜻을 가지고 동의 관계에 있다는 것은 다음 예문들에서 잘 확인된다. 원문 중 '男子入內'가 '남진이 안해 들다'로 번역되고 '男子剛腸者'가 '남지니 모숨 구드니'로 번역된다. 그리고 '男子親迎'이 '男子ㅣ 親迎ᄒ다'로 번역되고 '男子居外'가 '男子는 밧긔 살다'로 번역된다. 따라서 '남진'과 '男子'의 동의성은 명백히 입증된다.

(405) a. 남진이 안해 드러(男子ㅣ 入內ᄒ야) <번小三 19a>
　　　b. 남지니 므슴 구드니 몃 사루미 겨지븨 마뤼 혹디 아니ᄒ료(男子剛腸者幾人이 能不爲婦人言의 所惑고) <번小七 42a>
　　　c. 남지는 올흔녀그로 가고 겨지븐 왼 겨트로 갈디니라(男子는 由右ᄒ고 女子는 由左ㅣ니라) <번 小三 19b>
　　　d. 우리 거긔는 남지니 믈기리 아니ᄒ고 다믄 겨지비 믈기리 ᄒᄂ니(我那裏男子漢 不打水只是婦 人打水) <번老下 36b>

(405) e. 男子ㅣ 親迎홀 저긔 남지니 겨지븨게 몬져 가문(男子ㅣ 親迎홀ㅅ| 男先於女는) <번小三 15a>

　　　f. 男子는 밧긔 살오 女(16b) 는 안해 사라(男子ㅣ 居外ᄒ고 女子ㅣ 居內ᄒ야) <번小三 17a>

　　　g. 어딘 남지어니ᄯ나(卓立的男子) <번老下 48a>

<406> 납 對 獼猴

　고유어 '납'과 한자어 '獼猴'가 [獼]와 [猴] 즉 '원숭이'의 뜻을 가지고 동의 관계에 있다는 것은 다음 예문들에서 잘 확인된다. '獼'가 한자어 '獼猴'를 뜻하고 '獼'의 자석이 '납'이다. 그리고 '猴'가 한자어 '獼猴'를 뜻하고 '猴'의 자석이 자석이 '납'이다. 따라서 '납'과 '獼猴'의 동의성은 명백히 입증된다.

　　(406) a. 獼 : 獼猴 <四解上 16a>
　　　　　b. 獼 : 납 미 <字會上 10a>

　　(406) c. 猴 : 獼猴 <四解下 67b>
　　　　　d. 猴 : 납 후 俗呼猴兒 <字會上 10a>

<407> 납 對 猿猴

　고유어 '납'과 한자어 '猿猴'가 [猿]과 [猴] 즉 '원숭이'의 뜻을 가지고 동의 관계에 있다는 것은 다음 예문들에서 잘 확인된다. '猿'이 한자어 '猿猴'를 뜻한다. 그리고 '猿'의 자석이 '납'이다. 따라서 '납'과 '猿猴'의 동의성은 명백히 입증된다.

　　(407) a. 猿 : 猿猴 <四解下 12b>
　　　　　b. 猿 : 납 원 <字會上 10a>

<408> 납 對 胡孫/猢猻

　고유어 '납'과 한자어 '胡孫/猢猻'이 [猢]와 [孫] 즉 '원숭이'의 뜻을 가지고 동의 관계에 있다는 것은 다음 예문들에서 잘 확인된다. '孫'이 한자어 '胡孫'을 뜻하고 '胡孫'은 고유어 '납'과 동의 관계에 있다. '孫'의 자석이 '납'이고 고유어 '납'은 한자어 '猢猻'과 동의 관계에 있다. 그리고 '猢'의 자석이 납이다. 따라서 '납'과 '胡孫/猢猻'의 동의성은 명백히 입증된다.

　　(408) a. 孫 : 胡孫 猴也 납 <四解上 66a>
　　　　　b. 猻 : 납 손 俗又呼猢猻 <字會上 10a>

(408) c. 猢 : 납 호 <字會上 10a>

<409> 납거믜 對 壁蝨

고유어 '납거믜'와 한자어 '壁蝨'이 [壁蝨] 즉 '납거미'의 뜻을 가지고 동의 관계에 있다는 것은 다음 예문에서 잘 확인된다. '蝨'의 자석이 '머구리'이고 고유어 '납거믜'가 한자어 '壁蝨'과 동의 관계에 있다. 따라서 '납거믜'와 '壁蝨'의 동의성은 명백히 입증된다.

(409) a. 蝨 : 머구리 경(11b) 又呼납거믜曰壁蝨 <字會上 12a>

<410> 내 對 水會注海

고유어 '내'와 한자어 '水會注海'가 [川] 즉 '내, 개천'의 뜻을 가지고 동의 관계에 있다는 것은 다음 예문들에서 잘 확인된다. '川'이 한자어 '水會注海'를 뜻한다. 그리고 '川'의 자석이 '내'이다. 따라서 '내'와 '水會注海'의 동의성은 명백히 입증된다.

(410) a. 川 : 水會注海曰川
     b. 川 : 내 쳔 衆流注海爲川 <字會上 2b>

<411> 너싀 對 獨豹

고유어 '너싀'와 한자어 '獨豹'가 [鴇]와 [鴰] 즉 '너새, 능에'의 뜻을 가지고 동의 관계에 있다는 것은 다음 예문들에서 잘 확인된다. '鴇'가 한자어 '獨豹'를 뜻하고 '獨豹'는 고유어 '너싀'와 동의 관계에 있다. 그리고 '鴰'의 자석이 '너싀'이다. 따라서 '너싀'와 '獨豹'의 동의성은 명백히 입증된다.

(411) a. 鴇 : 鳥名 俗呼獨豹 今俗呼 鴰子 너싀 <四解下 20a>
     b. 鴰 : 너싀 부 一名鴇 俗呼鴰子 <字會上 8b>

<412> 너싀 對 鴰子

고유어 '너싀'와 한자어 '鴰子'가 [鴇]와 [鴰] 즉 '너새, 능에'의 뜻을 가지고 동의 관계에 있다는 것은 다음 예문들에서 잘 확인된다. '鴇'가 새 이름으로 한자어 '鴰子'를 뜻하고 '鴰子'는 고유어 '너싀'와 동의 관계에 있다. 그리고 '鴰'의 자석이 '너싀'이고 고유어 '너싀'는 한자어 '鴰子'와 동의 관계에 있다. 따라서 '너싀'와 '鴰子'의 동의성은 명백히 입증된다.

(412) a. 鴾 : 鳥名 俗呼獨豹 今俗呼鴾子 너싀 <四解下 20a>

　　b. 鵁 : 너싀 부 一名鴾 俗呼鴾子 <字會上 8b>

<413> 너출 對 葛蔓

고유어 '너출'과 한자어 '葛蔓'이 [虆] 즉 '등나무 덩굴'의 뜻을 가지고 동의 관계에 있다는 것은 다음 예문들에서 잘 확인된다. '虆'가 한자어 '葛蔓'을 뜻한다. 그리고 '虆'의 자석이 '너출'이다. 따라서 '너출'과 '葛蔓'의 동의성은 명백히 입증된다. '藟'와 '虆'는 同字이다.

(413) a. 藟 : 草名 又葛蔓 <四解上 55a>

　　b. 虆 : 同上 <四解上 55a>

　　c. 虆 : 너출 류 <字會河 2b>

<414> 너출 對 藤蔓

고유어 '너출'과 한자어 '藤蔓'이 [藤蔓]과 [藤] 즉 '덩굴'의 뜻을 가지고 동의 관계에 있다는 것은 다음 예문들에서 잘 확인된다. 한자어 '藤蔓'이 고유어 '너출'과 동의 관계에 있다. 그리고 '藤'이 한자어 '草蔓'을 뜻하고 '藤'의 자석이 '너출'이다. 따라서 '너출'과 '藤蔓'의 동의성은 명백히 입증된다.

(414) a. 蔓 : 葛屬 <四解上 81a>

　　b. 蔓 : 쉿무수 만 又去聲 藤蔓 너출 <字會上 7b>

(414) c. 藤 : …今俗總呼草蔓曰藤 <四解下 58b>

　　d. 藤 : 너출 등 俗凡稱蔓皆曰藤 <字會下 2b>

<415> 너출 對 草蔓

고유어 '너출'과 한자어 '草蔓'이 [藤] 즉 '덩굴'의 뜻을 가지고 동의 관계에 있다는 것은 다음 예문들에서 잘 확인된다. '藤'이 한자어 '草蔓'을 뜻한다. 그리고 '藤'의 자석이 '너출'이다. 따라서 '너출'과 '草蔓'의 동의성은 명백히 입증된다.

(415) a. 藤 : …今俗總呼草蔓曰藤 <四解下 58b>

　　b. 藤 : 너출 등 俗凡稱蔓皆曰藤 <字會下 2b>

<416> 넉 對 정신

고유어 '넉'과 한자어 '정신'(精神) 이 [精神]과 [魂] 즉 '넋, 정신'의 뜻을 가지고 동의 관계에 있다는 것은 다음 예문들에서 잘 확인된다. 원문 중 '精神…有'가 '정신도 잇다'로 번역되고 '無魂'이 '정신이 없다'로 번역된다. 그리고 '魂'의 자석이 '넉'이다. 따라서 '넉'과 '精神'의 동의성은 명백히 입증된다.

    (416) a. 정신이 업스니와(無魂者) <瘡疹 16b>
         b. 정신도 각벼리 잇ᄂᆞ니라(精神便別有) <번朴上 53a>

    (416) c. 魂 : 魂魄 <四解上 66b>
         d. 魂 : 넉 혼 <字會中 17a>

<417> 넋 對 魂魄

고유어 '넋'과 한자어 '魂魄'이 [魂]과 [魄] 즉 '넋'의 뜻을 가지고 동의 관계에 있다는 것은 다음 예문들에서 잘 확인된다. '魂'이 한자어 '魂魄'을 뜻한다. 그리고 '魄'이 한자어 '魂魄'을 뜻하고 '魄'의 자석이 '넋'이다. 따라서 '넋'과 '魂魄'의 동의성은 명백히 입증된다.

    (417) a. 魂 : 魂魄 <四解上 66b>
         b. 魂 : 넉 혼 <字會中 17a>

    (417) c. 魄 : 魂魄 <四解下 59b>
         d. 魄 : 넋 빅 <字會中 17a>

<418> 널 對 木片

고유어 '널'과 한자어 '木片'이 [板] 즉 '널빤지'의 뜻을 가지고 동의 관계에 있다는 것은 다음 예문들에서 잘 확인된다. 원문 중 '板門兒'가 '널 문'으로 번역된다. 그리고 '板'이 한자어 '木板'을 뜻하고 '板'의 자석이 '널'이다. 따라서 '널'과 '木板'의 동의성은 명백히 입증된다.

    (418) a. 죠고맷 널 문이 긔라(小板門兒便是) <번老下 1b>
         b. 이제는 다 널 싸라 잇고(如今都是板靿了) <번老上 39a>

    (418) c. 板 : 木片 <四解上 77b>
         d. 板 : 널 판 <字會中 8a>

<419> 넘ᄂᆞ물 對 忘憂草

고유어 '넘ᄂᆞ믈'과 한자어 '忘憂草'가 [萱] 즉 '원추리, 망우초'의 뜻을 가지고 동의 관계에 있다는 것은 다음 예문들에서 잘 확인된다. '萱'이 한자어 '忘憂草'를 뜻하고 '忘憂草'는 고유어 '넘ᄂᆞ믈'과 동의 관계에 있다. 그리고 '萱'의 자석이 '넘ᄂᆞ믈'이고 고유어 '넘ᄂᆞ믈'은 한자어 '忘憂草'와 동의 관계에 있다. 따라서 '넘나믈'과 '忘憂草'의 동의성은 명백히 입증된다.

　　(419) a. 萱 : 忘憂草…今俗呼黃花菜 一名鹿葱 넘ᄂᆞ믈 <四解下 11b>
　　　　　b. 萱 : 넘ᄂᆞ믈 훤 亦名鹿葱 俗呼黃花菜 又忘憂草 <字會上 5a>

<420> 넘ᄂᆞ믈 對 黃花菜

고유어 '넘ᄂᆞ믈'과 한자어 '黃花菜'가 [萱] 즉 '넘나물'의 뜻을 가지고 동의 관계에 있다는 것은 다음 예문들에서 잘 확인된다. '萱'이 한자어 '黃花菜'를 뜻하고 '黃花菜'는 고유어 '넘ᄂᆞ믈'과 동의 관계에 있다. 그리고 '萱'의 자석이 '넘ᄂᆞ믈'이고 고유어 '넘ᄂᆞ믈'은 한자어 '黃花菜'와 동의 관계에 있다. 따라서 '넘ᄂᆞ믈'과 '黃花菜'의 동의성은 명백히 입증된다.

　　(420) a. 萱 : …今俗呼黃花菜 一名鹿葱 넘ᄂᆞ믈 <四解下 11b>
　　　　　b. 萱 : 넘ᄂᆞ믈 훤 亦名鹿葱 俗呼黃花菜 <字會上 5a>

<421> 넝우리 對 水狗

고유어 '넝우리'와 한자어 '水狗'가 [獺] 즉 '수달'의 뜻을 가지고 동의 관계에 있다는 것은 다음 예문들에서 잘 확인된다. '獺'이 한자어 '水狗'를 뜻한다. 그리고 '獺'의 자석이 '넝우리'이다. 따라서 '넝우리'와 '水狗'의 동의성은 명백히 입증된다.

　　(421) a. 獺 : 水狗 <四解上 77a>
　　　　　b. 獺 : 넝우리 달 俗呼水狗 <字會上 10a>

고유어 '넝우리'의 先代形은 15세기 국어의 '러울'이고 '러울'은 『訓民正音 解例本』(1446)의 用字例에서 발견된다.

　　(421) c. 러울 爲獺 <解例 用字例>

<422> 넝우리 對 水獺

고유어 '넝우리'와 한자어 '水獺'이 [獺]과 [獱] 즉 '수달'의 뜻을 가지고 동의 관계에 있다는 것은 다음 예문들에서 잘 확인된다. '獺'의 자석이 '넝우리'이고 고유어 '넝우리'는 한자어 '水獺'과 동의 관계에 있다. 그리고 '獱'이 '獺之別名'이고 '獱'의 자석이 '넝우리'이다. 따라서 '넝우리'와 '水獺'의 동의성은 명백히 입증된다.

    (422) a. 獺 : 水狗 <四解上 77a>
          b. 獺 : 넝우리 달 俗呼水獺 <字會上 10a>

    (422) c. 獱 : 獺之別名 <四解上 57b>
          d. 獱 : 넝우리 빈 <字會上 10a>

<423> 녀계 對 녀기

    고유어 '녀계'와 한자어 '녀기'(女妓) 가 [妓女]와 [妓] 즉 '歌舞를 재능으로 하는 여자, 歌妓'의 뜻을 가지고 동의 관계에 있다는 것은 다음 예문들에서 잘 확인된다. 원문 중 '妓女人家'가 '녀기의 집'으로 번역된다. 그리고 '妓'가 한자어 '女樂'을 뜻하고 '妓'의 자석이 '녀계'이다. 따라서 '녀계'와 '녀기'의 동의성은 명백히 입증된다.

    (423) a. 술 프는 져제와 녀기의 지븨 드러가(入酒肆妓女人家) <번老下 48b>

    (423) b. 妓 : 女樂 <四解上 14b>
          c. 妓 : 녀계 기 俗呼作樂之妓 <字會中 2a>

<424> 녀계 對 女樂

    고유어 '녀계'와 한자어 '女樂'이 [妓]와 [娼] 즉 '歌舞를 재능으로 하는 여자, 歌妓'의 뜻을 가지고 동의 관계에 있다는 것은 다음 예문들에서 잘 확인된다. '妓'가 한자어 '女樂'을 뜻하고 '妓'의 자석이 '녀계'이다. 그리고 '娼'이 한자어 '女樂'를 뜻하고 '娼'의 자석이 '녀계'이다. 따라서 '녀계'와 '女樂'의 동의성은 명백히 입증된다.

    (424) a. 妓 : 女樂 <四解上 14b>
          b. 妓 : 녀계 기 俗呼作樂之妓 <字會中 2a>

    (424) c. 娼 : 娼優 女樂 <四解下 43a>
          d. 娼 : 녀계 창 <字會中 2a>

<425> 녀계 對 作樂之妓

고유어 '녀계'와 한자어 '作樂之妓'가 [妓] 즉 '歌舞를 재능으로 하는 여자, 歌妓'의 뜻을 가지고 동의 관계에 있다는 것은 다음 예문들에서 잘 확인된다. '妓'의 자석이 '녀계'이고 고유어 '녀계'는 한자어 '作樂之妓'와 동의 관계에 있다. 따라서 '녀계'와 '作樂之妓'의 동의성은 명백히 입증된다.

(425) a. 妓 : 女樂 <四解上 14b>
　　　b. 妓 : 녀계 기 俗呼作樂之妓 <字會中 2a>

<426> 녀계 對 術術

고유어 '녀계'와 한자어 '術術'이 [術]과 [術] 즉 '歌舞를 재능으로 하는 여자'의 뜻을 가지고 동의 관계에 있다는 것은 다음 예문들에서 잘 확인된다. '術'의 자석이 '녀계'이고 고유어 '녀계'는 한자어 '術術'과 동의 관계에 있다. 그리고 '術'의 자석이 '녀계'이다. 따라서 '녀계'와 '術術'의 동의성은 명백히 입증된다.

(426) a. 術 : 녀계 원 俗稱術術 <字會中 2a>
　　　b. 術 : 녀계 항 <字會中 2a>

<427> 녀름지시 對 田農

고유어 '녀름지시'와 한자어 '田農'이 [田]과 [農] 즉 '농사(農事)'의 뜻을 가지고 동의 관계에 있다는 것은 다음 예문들에서 잘 확인된다. 원문 중 '田畜'이 '녀름지시 즁싱치기'로 번역된다. 그리고 '農'이 한자어 '田農'을 뜻한다. 따라서 '녀름지시'와 '田農'의 동의성은 명백히 입증된다.

(427) a. 녀름지시 즁싱치기 ᄒᆞ더니(以田畜爲事) <二倫 2a>

(427) b. 農 : 田農 <四解上 2b>
　　　c. 農 : 녀름지슬 농 <字會中 2b>

<428> 년신 對 蓮根

고유어 '년신'과 한자어 '蓮根'이 [藕] 즉 '연뿌리'의 뜻을 가지고 동의 관계에 있다는 것은 다음 예문들에서 잘 확인된다. '藕'가 한자어 '蓮根'을 뜻하고 '藕'의 자석이 '년신'이다. 따라서 '년신'와 '蓮根'의 동의성은 명백히 입증된다.

(428) a. 藕 : 蓮根 <四解下 65a>

　　　b. 藕 : 년슨 우 俗呼藕菜 <字會上 8a>

<429> 념통 對 심장

　고유어 '념통'과 한자어 '심장'(心臟)이 [心] 즉 '염통, 심장'의 뜻을 가지고 동의 관계에 있다는 것은 다음 예문들에서 잘 확인된다. 원문 중 '猪心'이 '도틱 념통'으로 번역되고 '在心'이 '심장에 잇다'로 번역된다. 그리고 '心'의 자석이 '념통'이다. 따라서 '념통'과 '심장'의 동의성은 명백히 입증된다.

(429) a. 굿 자븐 도틱 념통 피로 흔틱 フ라(取新殺猪心血同硏) <瘡疹 35b>

　　　b. 도틱 념통 피를 츳들여(旋滴猪心血) <瘡疹 36b>

(429) c. 아히 셜흔 긔운이 심장애 이셔(小兒伏熱在心) <瘡疹 36a>

　　　d. 심장은 피를 フ숨알오(心主血) <瘡疹 3b>

　　　e. 심장앤 반이니(心爲瘢) <瘡疹 4a>

(429) f. 心 : 火臟神 明之舍 <四解下 73a>

　　　g. 心 : 념통 심 <字會上 14a>

<430> 녑구레 對 腋下

　고유어 '녑구레'와 한자어 '腋下'가 [脅]과 [脇] 즉 '옆구리'의 뜻을 가지고 동의 관계에 있다는 것은 다음 예문들에서 잘 확인된다. '脅'이 한자어 '腋下'를 뜻한다. 그리고 '脇'의 자석이 '녑구레'이다. 따라서 '녑구레'와 '腋下'의 동의성은 명백히 입증된다. 한자 '脅'과 '脇'은 同字이다.

(430) a. 脅 : …腋下也 或作脇 <四解下 85a>

　　　b. 脇 : 녑구레 협 <字會上 13a>

<431> 녑발치 對 肋扇

　고유어 '녑발치'와 한자어 '肋扇'이 [肋扇]과 [肋] 즉 '갈빗대'의 뜻을 가지고 동의 관계에 있다는 것은 다음 예문들에서 잘 확인된다. 원문 중 '肋扇'이 '녑발치'로 번역된다. 그리고 '肋'의 자석이 '녑발치'이고 고유어 '녑발치'는 한자어 '肋扇'과 동의 관계에 있다. 따라서 '녑발치'와 '肋扇'의 동의성은 명백히 입증된다.

(431) a. 녑발치(肋扇) <번老下 38b>

(431) b. 肋 : 脇骨 <四解下 62a>

    c. 肋 : 녑발치 륵 俗稱肋扇 <字會上 13a>

<432> 녑발치 對 脇骨

고유어 '녑발치'와 한자어 '脇骨'이 [肋] 즉 '갈빗대'의 뜻을 가지고 동의 관계에 있다는 것은 다음 예문들에서 잘 확인된다. '肋'이 한자어 '脇骨'을 뜻한다. 그리고 '肋'의 자석이 '녑발치'이다. 따라서 '녑발치'와 '脇骨'의 동의성은 명백히 입증된다.

(432) a. 肋 : 脇骨 <四解下 62a>

    b. 肋 : 녑발치 륵 俗稱肋扇 肋骨 <字會上 13a>

(432) c. 녑발치 조츤 고기를 사다가(帶肋條的肉買着) <번老上 21a>

<433> 녜 對 遠代

고유어 '녜'와 한자어 '遠代'가 [古] 즉 '예, 옛날'의 뜻을 가지고 동의 관계에 있다는 것은 다음 예문들에서 잘 확인된다. 원문 중 '古今'이 '녜며 이제'로 번역되고 '拘今古'가 '이제며 녜예 븓들이다'로 번역된다. '古'가 한자어 '遠代'로 번역된다. 그리고 '古'의 자석이 '녜'이고 고유어 '녜'는 한자어 '遠代'와 동의 관계에 있다. 따라서 '녜'와 '遠代'의 동의성은 명백히 입증된다.

(433) a. 녜며 이제 술로 敗亡흔 사름을(古今傾破者를) <번小六 23b>

    b. 이제며 녜예 븓들이디 ak라(不拘今古ᄒ야) <번小六 5a>

    c. 녜로(35a) 브터 聖人 賢人이(從古聖賢이) <번小六 35b>

(433) d. 古 : 遠代 <四解上 36a>

    e. 古 : 녯고 遠代 <字會下 1b>

<434> 노 對 羅綺

고유어 '노'와 한자어 '羅綺'가 [羅] 즉 '얇은 무늬 있는 비단'의 뜻을 가지고 동의 관계에 있다는 것은 다음 예문들에서 잘 확인된다. '羅'가 한자어 '羅綺'를 뜻한다. 그리고 '羅'의 자석이 '노'이다. 따라서 '노'와 '羅綺'의 동의성은 명백히 입증된다.

(434) a. 羅 : … 又羅綺 <四解下 27a>

　　 b. 羅 : 놋 라 <字會中 15a>

<435> 노ᅙ 對 繩索

고유어 '노ᅙ'와 한자어 '繩索'이 [繩子], [索] 및 [繩] 즉 '줄, 노끈'의 뜻을 가지고 동의 관계에 있다
는 것은 다음 예문들에서 잘 확인된다. 원문 중 '細繩子'가 'ᄀᆞᄂᆞᆫ 노ᅙ'로 번역되고 '三條繩子'가 '세 올
노ᅙ'로 번역된다. '索'의 자석이 '노'이고 고유어 '노'는 한자어 '繩索'과 동의 관계에 있다. 그리고 '繩'이
한자 '索'과 同義이고 '繩'의 자석이 '노'이다. 따라서 '노ᅙ'와 '繩索'의 동의성은 명백히 입증된다.

(435) a. ᄒᆞᆫ 오릿 ᄀᆞᄂᆞᆫ 노흘 ᄆᆡ얏ᄂᆞ니(経着一條細繩子) <번老上 36b>

　　 b. 세 올 노히(三條繩子) <번朴上 42a>

　　 c. 노호로 믈 기러 내ᄂᆞ니라(只着繩子拔水) <번老上 31b>

(435) d. 索 : 繩也 <四解下 38b>

　　 e. 索 : 노 삭 繩索 <字會中 8a>

(435) f. 繩 : 索也 <四解下 51b>

　　 g. 繩 : 노 승 <字會中 8a>

<436> 노고 對 餅鏊

고유어 '노고'와 한자어 '餅鏊'가 [鏊] 즉 '번철, 냄비'의 뜻을 가지고 동의 관계에 있다는 것은 다음 예
문들에서 잘 확인된다. '鏊'가 한자어 '餅鏊'를 뜻한다. 그리고 '鏊'의 자석이 '노고'이다. 따라서 '노고'와
'餅鏊'의 동의성은 명백히 입증된다.

(436) a. 鏊 : 餅鏊 卽烙熟燒餅器 <四解下 19a>

　　 b. 鏊 : 노고 오 俗呼鏊子 燒餅烙熟之器 <字會中 6a>

<437>노고 對 鏊子

고유어 '노고'와 한자어 '鏊子'가 [鏊] 즉 '번철, 냄비'의 뜻을 가지고 동의 관계에 있다는 것은 다음 예
문들에서 잘 확인된다. '鏊'의 자석이 '노고'이고 고유어 '노고'는 한자어 '鏊子'와 동의 관계에 있다. 따
라서 '노고'와 '鏊子'의 동의성은 명백히 입증된다.

(437) a. 鏊 : 餅鏊 <四解下 19a>

　　　b. 鏊 : 노고 오 俗呼鏊子 燒餅烙熟之器 <字會中 6a>

<438> 노릇 對 耍子

고유어 '노릇'과 한자어 '耍子'가 [耍] 즉 '남녀가 잠자리를 같이 함'의 뜻을 가지고 동의 관계에 있다는 것은 다음 예문들에서 잘 확인된다. '耍'가 한자어 '耍子'를 뜻한다. 그리고 '耍'의 자석이 '노릇'이고 고유어 '노릇'은 한자어 '耍子'와 동의 관계에 있다. 따라서 '노릇'과 '耍子'의 동의성은 명백히 입증된다.

(438) a. 耍 : 俊利也 今俗謂…行房亦曰耍子 <四解下 31b>

　　　b. 耍 : 노릇 솨 俗謂行房 耍子 <字會下 7a>

<439> 노릇 對 行房

고유어 '노릇'과 한자어 '行房'이 [耍] 즉 '남녀가 잠자리를 같이 함'의 뜻을 가지고 동의 관계에 있다는 것은 다음 예문들에서 잘 확인된다. '耍'가 한자어 '行房'을 뜻한다. 그리고 '耍'의 자석이 '노릇'이고 고유어 '노릇'은 한자어 '行房'과 동의 관계에 있다. 따라서 '노릇'과 '行房'의 동의성은 명백히 입증된다.

(439) a. 耍 : 俊利也 今俗謂…行房 <四解下 31b>

　　　b. 耍 : 노릇 솨 俗謂行房 <字會下 7a>

<440> 노릇바치 對 伶官

고유어 '노릇바치'와 한자어 '伶官'이 [伶] 즉 '音樂師, 음악을 연주하는 벼슬아치'의 뜻을 가지고 동의 관계에 있다는 것은 다음 예문들에서 잘 확인된다. '伶'이 한자어 '伶官'을 뜻한다. 그리고 '伶'의 자석이 '노릇바치'이고 고유어 '노릇바치'는 한자어 '伶官'과 동의 관계에 있다. 따라서 '노릇바치'와 '伶官'의 동의성은 명백히 입증된다.

(440) a. 伶 : 伶官 <四解下 56b>

　　　b. 伶 : 노릇바치 령…又樂官曰伶官 <字會中 2a>

<441> 노릇바치 對 俳優

고유어 '노릇바치'와 한자어 '俳優'가 [俳]와 [優] 즉 '광대, 배우'의 뜻을 가지고 동의 관계에 있다는 것은 다음 예문들에서 잘 확인된다. '俳'가 한자어 '俳優'를 뜻한다. 그리고 '優'가 한자어 '俳優'를 뜻하고 '優'의 자석이 '노릇바치'이다. 따라서 '노릇바치'와 '俳優'의 동의성은 명백히 입증된다.

(441) a. 俳 : 俳優 <四解上 44a>

(441) b. 優 : …俳優 <四解下 70b>
　　　 c. 優 : 노릇바치 우 <字會中 2a>

<442> 노연 對 官人

고유어 '노연'과 한자어 '官人'이 [官人]과 [官長] 즉 '윗사람, 官人'의 뜻을 가지고 동의 관계에 있다는 것은 다음 예문들에서 잘 확인된다. 원문 중 '官人們'이 '노연들ㅎ'과 '노연네'로 번역되고 '官人的馬'가 '노여늬 물'로 번역된다. '扶侍官長'이 '노연 셤기다'로 번역된다. 그리고 '這官人'이 '이 官人'으로 번역되고 '官人們'이 '관신들ㅎ'로 번역된다. 따라서 '노연'과 '官人'의 동의성은 명백히 입증된다.

(442) a. 노연들히 자거든(官人們睡了時) <번老下 46a>
　　　 b. 노연네 조차 도닐 제(跟着官人們行時) <번老下 45a>
　　　 c. 노여늬 ᄆᆞᄅᆞᆯ 잇거다가(將官人的馬牽着) <번老下 45a>
　　　 d. 곧 이 아랫 사ᄅᆞ미 노연 셤기는 이리어니ᄯᅡ나(便是在下人 扶侍官長的都理) <번老下 46a>

(442) e. 우리 이 官人이 ᄒᆞᆫ 붓 갈ᄒᆞᆯ 밍굴오져 ᄒᆞᄂᆞ니(咱這官人要打一副刀子) <번朴上 16b>
　　　 f. 관신들히 ᄒᆞ마 각산ᄒᆞ리로소니(官人們待散也) <번朴上 7a>

<443> 노올 對 蠱疾

고유어 '노올'과 한자어 '蠱疾'이 [蠱] 즉 '정신이 미혹되어 착란을 일으키는 병'의 뜻을 가지고 동의 관계에 있다는 것은 다음 예문들에서 잘 확인된다. '蠱'의 자석이 '노올'이고 고유어 '노올'은 한자어 '蠱疾'과 동의 관계에 있다. 따라서 '노올'과 '蠱疾'의 동의성은 명백히 입증된다.

(443) a. 蠱 : 腹中蠱毒 <四解上 36a>
　　　 b. 蠱 : …又노올 고 俗稱蠱疾 蠱毒 <字會中 16a>

<444> 노올 對 腹中蠱毒

고유어 '노올'과 한자어 '腹中蠱毒'이 [蠱] 즉 '해침, 害毒'의 뜻을 가지고 동의 관계에 있다는 것은 다음 예문들에서 잘 확인된다. '蠱'가 한자어 '腹中蠱毒'을 뜻한다. 그리고 '蠱'의 자석이 '노올'이고 고유어 '노올'은 한자어 '蠱毒'과 동의 관계에 있다. 따라서 '노올'과 '腹中蠱毒'의 동의성은 명백히 입증된다.

(444) a. 蠱 : 腹中蠱毒 <四解上 36a>
　　　 b. 蠱 : …又노올 고 俗稱…蠱毒 <字會中 16a>

<445> 노을 對 形雲

고유어 '노을'과 한자어 '形雲'이 [霞] 즉 '노을'의 뜻을 가지고 동의 관계에 있다는 것은 다음 예문들에서 잘 확인된다. '霞'가 한자어 '形雲'을 뜻한다. 그리고 '霞'의 자석이 '노을'이다. 따라서 '노을'과 '形雲'의 동의성은 명백히 입증된다.

(445) a. 霞 : 形雲 <四解下 31a>
　　　 b. 霞 : 노을 하 <字會上 1b>

<446> 노을압 對 煻煨

고유어 '노을압'과 한자어 '煻煨'가 [煨] 즉 '잿불'의 뜻을 가지고 동의 관계에 있다는 것은 다음 예문들에서 잘 확인된다. '煨'가 한자어 '煻煨'를 뜻하고 '煨'의 자석이 '노을압'이다. 따라서 '노을압'과 '煻煨'의 동의성은 명백히 입증된다.

(446) a. 煨 : …又煻煨 灰火也 <四解上 53a>
　　　 b. 煨 : 노을압 외 <字會下 15a>

<447> 노을압 對 煻煨火

고유어 '노을압'과 한자어 '煻煨火'가 [煻] 즉 '잿불'의 뜻을 가지고 동의 관계에 있다는 것은 다음 예문들에서 잘 확인된다. '煻'이 한자어 '煻煨火'를 뜻하고 '煻'의 자석이 '노을압'이다. 따라서 '노을압'과 '煻煨'의 동의성은 명백히 입증된다.

(447) a. 煻 : 煻煨火 <四解下 35a>
　　　 b. 煻 : 노을압 당 <字會下 15a>

<448> 노을압 對 煨燼

고유어 '노을압'과 한자어 '煨燼'이 [煨] 즉 '잿불'의 뜻을 가지고 동의 관계에 있다는 것은 다음 예문들에서 잘 확인된다. '煨'가 한자어 '煨燼'을 뜻한다. 그리고 '煨'의 자석이 '노을압'이다. 따라서 '노을압'과 '煨燼'의 동의성은 명백히 입증된다.

(448) a. 煨 : …又煨燼 <四解上 53a>
　　　b. 煨 : 노을압 외 <字會下 15a>

<449> 노젹 對 囤倉

고유어 '노젹'과 한자어 '囤倉'이 [囤]과 [篅] 즉 '곳집, 규모가 작은 米倉'의 뜻을 가지고 동의 관계에 있다는 것은 다음 예문들에서 잘 확인된다. '囤'의 자석이 '노젹'이고 고유어 '노젹'은 한자어 '囤倉'과 동의 관계에 있다. 그리고 '篅'의 자석이 '노젹'이고 고유어 '노젹'은 한자어 '囤倉'과 동의 관계에 있다. 따라서 '노젹'과 '囤倉'의 동의성은 명백히 입증된다.

(449) a. 囤 : 廩也 倉篅 <四解上 63b>
　　　b. 囤 : 노젹 돈…俗呼囤倉 <字會中 5b>

(449) c. 篅 : …俗呼倉篅 <四解下 11a>
　　　d. 篅 : 노젹 쳔 卽囤倉 <字會中 5b>

<450> 노젹 對 倉篅

고유어 '노젹'과 한자어 '倉篅'이 [囤]과 [篅] 즉 '소쿠리, 곡식을 담는 대그릇'의 뜻을 가지고 동의 관계에 있다는 것은 다음 예문들에서 잘 확인된다. '囤'이 한자어 '倉篅'을 뜻하고 '囤'의 자석이 '노젹'이다. '篅'이 한자어 '倉篅'을 뜻하고 '篅'의 자석이 '노젹'이다. 따라서 '노젹'과 '倉篅'의 동의성은 명백히 입증된다.

(450) a. 囤 : …倉篅 <四解上 63b>
　　　b. 囤 : 노젹 돈 <字會中 5b>

(450) c. 篅 : …俗呼倉篅 <四解下 11a>
　　　d. 篅 : 노젹 쳔 <字會中 5b>

<451> 노젹 對 圓廩

고유어 '노젹'과 한자어 '圓廩'이 [囷] 즉 '곳집, 둥근 모양의 米倉'의 뜻을 가지고 동의 관계에 있다는 것은 다음 예문들에서 잘 확인된다. '囷'이 한자어 '圓廩'을 뜻한다. 그리고 '囷'의 자석이 '노젹'이다. 따라서 '노젹'과 '圓廩'의 동의성은 명백히 입증된다.

(451) a. 囷 : 圓廩 <四解上 67b>
　　　 b. 囷 : 노젹 곤 廩之圓者 <字會中 5b>

<452> 논 對 水田

고유어 '논'과 한자어 '水田'이 [水田] 즉 '논'의 뜻을 가지고 동의 관계에 있다는 것은 다음 예문들에서 잘 확인된다. '田'의 자석이 '밭'이고 한자어 '水田'이 고유어 '논'과 동의 관계에 있다. 따라서 '논'과 '水田'의 동의성은 명백히 입증된다.

(452) a. 田 : 土已耕者 <四解下 2b>
　　　 b. 田 : 밭 뎐 水田 논 <字會上 3b>

<453> 놀애 對 謌曲

고유어 '놀애'와 한자어 '謌曲'이 [曲]과 [歌] 즉 '노래'의 뜻을 가지고 동의 관계에 있다는 것은 다음 예문들에서 잘 확인된다. 원문 중 '唱…曲兒'가 '놀애 브르다'로 번역된다. '曲'이 한자어 '謌曲'을 뜻하고 '曲'의 자석이 '놀애'이다. 그리고 '歌'의 자석이 '놀애'이다. 따라서 '놀애'와 '謌曲'의 동의성은 명백히 입증된다. 한자 '謌'와 '歌'는 同字이다.

(453) a. 이제 다대 놀애 브르며(如今唱達達曲兒) <번朴上 7a>

(453) b. 曲 : …謌曲 <四解上 7a>
　　　 c. 曲 : 놀애 곡 <字會下 7a>

(453) d. 歌 謌 : 詠也 <四解下 24a>
　　　 e. 歌 : 놀애 가 <字會下 7a>

<454> 놀애 對 徒歌

고유어 '놀애'와 한자어 '徒歌'가 [謠] 즉 '노래, 악기의 연주 없이 육성으로 하는 노래'의 뜻을 가지고 동의 관계에 있다는 것은 다음 예문들에서 잘 확인된다. '謠'가 한자어 '徒歌'를 뜻한다. 그리고 '謠'의 자석이 '놀애'이다. 따라서 '놀애'와 '徒歌'의 동의성은 명백히 입증된다.

(454) a. 謠 : 徒歌 <四解下 17a>

　　　 b. 謠 : 놀애 요 無章曲曰謠 <字會下 14a>

<455> 놀애 對 合樂

고유어 '놀애'와 한자어 '合樂'이 [歌] 즉 '노래, 樂人의 歌唱과 함께 諸樂器를 合奏하는 것'의 뜻을 가지고 동의 관계에 있다는 것은 다음 예문들에서 잘 확인된다. 원문 중 '歌舞'가 '놀애며 춤'으로 번역된다. 그리고 '歌'의 자석이 '놀애'이고 고유어 '놀애'는 한자어 '合樂'과 동의 관계에 있다. 따라서 '놀애'와 '合樂'의 동의성은 명백히 입증된다.

(455) a. 안즉 놀애며 춤과를 ㄱ르치고져 식브니라(且敎之歌舞ㅣ니라) <번小六 7b>

(455) b. 歌 : 詠也 <四解下 24a>

　　　 c. 歌 : 놀애 가 合樂曰歌 <字會下 7a>

<456> 농소 對 田廬

고유어 '농소'와 한자어 '田廬'가 [墅] 즉 '농막, 전답의 수확물을 넣어 두는 집'의 뜻을 가지고 동의 관계에 있다는 것은 다음 예문들에서 잘 확인된다. '墅'가 한자어 '田廬'를 뜻한다. 그리고 '墅'의 자석이 '농소'이고 고유어 '농소'는 한자어 '田廬'와 동의 관계에 있다. 따라서 '농소'와 '田廬'의 동의성은 명백히 입증된다.

(456) a. 墅 : 田廬 <四解上 33a>

　　　 b. 墅 : 농솟 셔 田廬 <字會中 5a>

<457> 누네노리 對 蠛蠓

고유어 '누네노리'와 한자어 '蠛蠓'이 [蠛]과 [蠓] 즉 '눈에놀이'의 뜻을 가지고 동의 관계에 있다는 것은 다음 예문들에서 잘 확인된다. '蠛'이 한자어 '蠛蠓'을 뜻하고 '蠛'의 자석이 '누네노리'이다. '蠓'이 한자어 '蠛蠓'을 뜻한다. 그리고 '蠓'의 자석이 '누네노리'이고 고유어 '누네노리'는 한자어 '蠛蠓'과 동의 관계에 있다. 따라서 '누네노리'와 '蟣蝶'의 동의성은 명백히 입증된다.

(457) a. 蟣 : 蟣蝶 細虫 <四解下 4a>
　　　b. 蟣 : 누네노리 멸 <字會上 12b>

(457) c. 蝶 : 蟣蝶 <四解上 3b>
　　　d. 蝶 : 누네노리 몽 蟣蝶 <字會上 12b>

<458> 누룩 對 酒媒

고유어 '누룩'과 한자어 '酒媒'가 [麴] 즉 '누룩'의 뜻을 가지고 동의 관계에 있다는 것은 다음 예문들에서 잘 확인된다. '麴'이 한자어 '酒媒'를 뜻하고 '麴'의 자석이 '누룩'이다. 따라서 '누룩'과 '酒媒'의 동의성은 명백히 입증된다.

(458) a. 麴 : 酒媒 <四解上 7a>
　　　b. 麴 : 누룩 국 俗呼酒麴 <字會中 11a>

<459> 누리 對 世代

고유어 '누리'와 한자어 '世代'가 [世]와 [代] 즉 '世代, 세상'의 뜻을 가지고 동의 관계에 있다는 것은 다음 예문들에서 잘 확인된다. '世'가 한자어 '世代'를 뜻하고 '世'의 자석이 '누리'이다. 그리고 '代'가 한자어 '世代'를 뜻한다. 따라서 '누리'와 '世代'의 동의성은 명백히 입증된다.

(459) a. 世 : …世代 <四解上 19b>
　　　b. 世 : 누리 셰…又父子相繼爲世 <字會中 1a>

(459) c. 代 :　世代 <四解上 43b>
　　　d. 代 : ᄀᆞ르츨 ᄃᆡ 世代 <字會中 1a>

<460> 누리 對 小積

고유어 '누리'와 한자어 '小積'이 [槩] 즉 '낟가리, 벼를 쌓은 작은 더미'의 뜻을 가지고 동의 관계에 있다는 것은 다음 예문들에서 잘 확인된다. '槩'의 자석이 '누리'이고 고유어 '누리'는 한자어 '小積'과 동의 관계에 있다. 따라서 '누리'와 '小積'의 동의성은 명백히 입증된다.

(460) a. 種 : 小積 <四解下 24b>

b. □ : 누리 타 小積 <字會下 3a>

<461> 누에 對 吐絲虫

고유어 '누에'와 한자어 '吐絲虫'이 [蠶]과 [蚕] 즉 '누에'의 뜻을 가지고 동의 관계에 있다는 것은 다음 예문들에서 잘 확인된다. '蠶'이 한자어 '吐絲虫'을 뜻하고 '蚕'의 자석이 '누에'이다. 따라서 '누에'와 '吐絲虫'의 동의성은 명백히 입증된다. '蠶'과 '蚕'은 同字이다.

(461) a. 蠶 : 吐絲虫 俗作蚕非 <四解下 77b>

b. 蚕 : 누에 줌 <字會上 12a>

<462> 누역 對 草雨衣

고유어 '누역'과 한자어 '草雨衣'가 [蓑] 즉 '도롱이'의 뜻을 가지고 동의 관계에 있다는 것은 다음 예문들에서 잘 확인된다. '蓑'가 한자어 '草雨衣'를 뜻한다. 그리고 '蓑'의 자석이 '누역'이다. 따라서 '누역'과 '草雨衣'의 동의성은 명백히 입증된다.

(462) a. 蓑 : 草雨衣 <四解下 26b>

b. 蓑 : 누역 사 俗稱蓑衣 <字會中 8a>

<463> 누의 對 姉妹

고유어 '누의'와 한자어 '姉妹'가 [姉]와 [妹] 즉 '누이'의 뜻을 가지고 동의 관계에 있다는 것은 다음 예문들에서 잘 확인된다. 원문 중 '姉年老'가 '누의 나히 늙다'로 번역되고 '弟妹'가 '아ᅀᆞ며 누의'로 번역된다. '姉'가 한자어 '姉妹'를 뜻한다. 그리고 '姉妹'가 '몬누의며 아ᅀᆞ누의'로 번역되고 '姉'의 자석이 '몬누의'이고 '妹'의 자석이 '아ᅀᆞ누의'이다. 따라서 '누의'와 '姉妹'의 동의성은 명백히 입증된다.

(463) a. 이제 누의 나히 늙고(今姉ㅣ 年老ᄒᆞ며) <번小九 79a>

b. 누의 닐오듸(姉ㅣ 曰) <번小九 79a>

c. 비록 ᄌᆞ조 누의 위ᄒᆞ야 쥭을 글히고져 혼ᄃᆞᆯ(雖欲數爲姉煮粥인ᄃᆞᆯ) <번小九 79a>

d. 제 어미 ᄒᆞᆫ가진 아ᅀᆞ며 누의를 더브러 와(迎其同母弟妹以歸ᄒᆞ야) <번小九 36a>

e. 아ᅀᆞ미며 몯누의며 아ᅀᆞ누의며 아ᄎᆞᆫᄯᆞ리(姑姉妹姪이) <번小九 103b>

(463) f. 姉 : 姉妹 <四解上 12b>

　　　g. 姉 : 몯누의 자 <字會上 16b>

　　　h. 妹 : 아ᄉ누의 미 <字會上 16b>

<464> 누의님 對 姐姐

　고유어 '누의님'과 한자어 '姐姐'가 [姐姐] 즉 '누나, 손위 누이'의 뜻을 가지고 동의 관계에 있다는 것은 다음 예문들에서 잘 확인된다. 원문 중 '你姐姐'가 '네 누의님'으로 번역되고 '好姐姐'가 'ᄆ슴 됴ᄒ신 누의님'으로 번역된다. 그리고 '姐姐'가 '姉'와 同義이다. 따라서 '누의님'과 '姐姐'의 동의성은 명백히 입증된다.

　　(464) a. 네 누의니미 일즉 언제우터 죽 먹ᄂ뇨(你姐姐 曾幾時喫粥來) <번朴上 55a>

　　　　b. 네 누의님ᄃ려 닐어(說與你姐姐) <번朴上 55a>

　　　　c. 누의님 니르디 말라 나도 아노라(姐姐不要說 我也知道) <번朴上 48a>

　　　　d. ᄆ슴 됴ᄒ신 누의님하(好姐姐) <번朴上 47a>

　　　　e. 만히 깃게이다 누의님하(多謝姐姐) <번朴上 48b>

　　(464) f. 姐姐(12-1) : 漢俗呼姉曰姐姐 <老朴 朴上 12-1>

<465> 누튀나모 對 黃楡樹

　고유어 '누튀나모'와 한자어 '黃楡樹'가 [黃楡樹] 즉 '느티나무'의 뜻을 가지고 동의 관계에 있다는 것은 다음 예문들에서 잘 확인된다. 한자어 '黃楡樹'가 고유어 '누튀나모'와 동의 관계에 있다. 따라서 '누튀나모'와 '黃楡樹'의 동의성은 명백히 입증된다.

　　(465) a. 楡 : 木名 <四解上 34a>

　　　　b. 楡 : 느름나무 유 俗呼靑楡樹又黃楡樹 누튀나모 <字會上 5b>

<466> 눈 對 雨凝

　고유어 '눈'과 한자어 '雨凝'이 [雪] 즉 '눈'의 뜻을 가지고 동의 관계에 있다는 것은 다음 예문들에서 잘 확인된다. 원문 중 '雨雪'이 '눈비'로 번역되고 '雪白'이 '눈 ᄀ티 히다'로 변역된다. 그리고 '雪'이 한자어 '雨凝'을 뜻하고 '雪'의 자석이 '눈'이다. 따라서 '눈'과 '雨凝'의 동의성은 명백히 입증된다.

(466) a. 눈비예 젓게 말라(休敎雨雪濕了) <번老下 36b>

b. 기르마는 눈 그티 흰 록각 변수앳(鞍子是雪白鹿角邊兒) <번朴上 30a>

(466) c. 雪：雨凝爲雪 <四解下 10b>

d. 雪：눈 셜 <字會上 1b>

<467> 눈굿 對 眼角

고유어 '눈굿'과 한자어 '眼角'이 [眼角] 즉 '눈초리'의 뜻을 가지고 동의 관계에 있다는 것은 다음 예문들에서 잘 확인된다. 한자어 '眼角'이 고유어 '눈굿'과 동의 관계에 있다. 따라서 '눈굿'과 '眼角'의 동의성은 명백히 입증된다.

(467) a. 目：眼也 <四解上 3b>

b. 目：눈 목 俗呼眼角 눈굿 <字會上 13a>

<468> 눈비얏 對 益母草

고유어 '눈비얏'와 한자어 '益母草'가 [萑]와 [蔚] 즉 '益母草'의 뜻을 가지고 동의 관계에 있다는 것은 다음 예문들에서 잘 확인된다. '萑'가 한자어 '益母草'를 뜻하고 '萑'의 자석이 '눈비얏'이다. 그리고 '蔚'이 한자어 '益母草'를 뜻하고 '蔚'의 자석이 '눈비얏'이다. 따라서 '눈비얏'과 '益母草'의 동의성은 명백히 입증된다.

(468) a. 萑：萑也 益母草 <四解上 49b>

b. 萑：눈비얏 퇴 <字會上 5a>

(468) c. 蔚：茺蔚 益母草 <四解上 69b>

d. 蔚：눈비얏 울 一名益母 <字會上 5a>

<469> 눈비얏 對 茺蔚

고유어 '눈비얏'과 한자어 '茺蔚'이 [茺], [蔚] 및 [萑] 즉 '益母草, 암눈비얏'의 뜻을 가지고 동의 관계에 있다는 것은 다음 예문들에서 잘 확인된다. '茺'이 한자어 '茺蔚'을 뜻하고 '茺蔚'은 고유어 '눈비얏'과 동의 관계에 있다. '茺'의 자석이 '눈비얏'이다. '蔚'이 한자어 '茺蔚'을 뜻한다. '蔚'의 자석이 '눈비얏'이고 고유어 '눈비얏'은 한자어 '茺蔚'과 동의 관계에 있다. 그리고 '萑'가 한자어 '茺蔚'을 뜻하고 '萑'의 자석이 '눈비얏'이다. 따라서 '눈비얏'과 '茺蔚'의 동의성은 명백히 입증된다.

(469) a. 茺 : 茺蔚 눈비얏 <四解上 9a>
　　　b. 茺 : 눈비얏 츙 <字會上 5a>

(469) c. 蔚 : 茺蔚 益母草 <四解上 69b>
　　　d. 蔚 : 눈비얏 울 一名益母 方書名茺蔚 <字會上 5a>

(469) e. 萑 : 茺蔚 <四解上 52a>
　　　f. 萑 : 눈비얏 츄 <字會上 5a>

<470> 눈섭 對 目上毛

고유어 '눈섭'과 한자어 '目上毛'가 [眉] 즉 '눈썹'의 뜻을 가지고 동의 관계에 있다는 것은 다음 예문들에서 잘 확인된다. 원문 중 '眉'가 '눈섭'으로 번역된다. 그리고 '眉'가 한자어 '目上毛'를 뜻하고 '眉'의 자석이 '눈섭'이다. 따라서 '눈섭'과 '目上毛'의 동의성은 명백히 입증된다.

(470) a. 눈썹이 길에 댱슈 마년ᄒᆞ야(眉壽萬年ᄒᆞ야) <번小四 22b>

(470) b. 眉 : 目上毛 <四解上 51a>
　　　c. 眉 : 눈섭 미 <字會上 13a>

<471> 눈시올 對 目傍毛

고유어 '눈시올'과 한자어 '目傍毛'가 [睫] 즉 '속눈썹'의 뜻을 가지고 동의 관계에 있다는 것은 다음 예문들에서 잘 확인된다. '睫'이 한자어 '目傍毛'를 뜻한다. 그리고 '睫'의 자석이 '눈시올'이다. 따라서 '눈시올'과 '目傍毛'의 동의성은 명백히 입증된다.

(471) a. 睫 : 目傍毛 <四解下 83a>
　　　b. 睫 : 눈시올 쳡 呼毛曰睫毛 <字會上 13a>

<472> 눈ᄌᆞᅀᅵ 對 眼睛

고유어 '눈ᄌᆞᅀᅵ'와 한자어 '眼睛'이 [睛] 즉 '눈동자'의 뜻을 가지고 동의 관계에 있다는 것은 다음 예문들에서 잘 확인된다. '睛'이 한자어 '眼睛'을 뜻한다. 그리고 '睛'의 자석이 '눈ᄌᆞᅀᅵ'이다. 따라서 '눈ᄌᆞ

쉬'와 '眼睛'의 동의성은 명백히 입증된다.

(472) a. 睛 : 目珠子 今俗呼眼睛 <四解下 51b>
　　　 b. 睛 : 눈ᄌᆞ쉬 졍 <字會上 13a>

<473> 눈망올 對 目珠子

고유어 '눈망올'과 한자어 '目珠子'가 [眸] 즉 '눈동자'의 뜻을 가지고 동의 관계에 있다는 것은 다음 예문들에서 잘 확인된다. '眸'가 한자어 '目珠子'를 뜻하고 '眸'의 자석이 '눈망올'이다. 따라서 '눈망올'과 '目珠子'의 동의성은 명백히 입증된다.

(473) a. 眸 : 目珠子 <四解下 66a>
　　　 b. 眸 : 눈망올 모 <字會上 13a>

<474> 뉘 對 誰何

고유어 '뉘'와 한자어 '誰何'가 [誰]와 [孰] 즉 '누구'의 뜻을 가지고 동의 관계에 있다는 것은 다음 예문들에서 잘 확인된다. '誰'가 한자어 '誰何'를 뜻하고 '誰'의 자석이 '뉘'이다. 그리고 '孰'이 '誰'와 同義이고 '孰'의 자석이 '뉘'이다. 따라서 '뉘'와 '誰何'의 동의성은 명백히 입증된다.

(474) a. 誰 : 何也 孰也 誰何 細詰問也 <四解上 53a>
　　　 b. 誰 : 뉘 슈 <字會下 10b>

(474) c. 孰 : 誰也 何也 <四解上 5b>
　　　 d. 孰 : 뉘 슉 <字會下 10b>

<475> 뉘누리 對 奔湍

고유어 '뉘누리'와 한자어 '奔湍'이 [瀧] 즉 '여울, 급류'의 뜻을 가지고 동의 관계에 있다는 것은 다음 예문들에서 잘 확인된다. '瀧'이 한자어 '奔湍'을 뜻한다. 그리고 '瀧'의 자석이 '뉘누리'이고 고유어 '뉘누리'는 한자어 '奔湍'과 동의 관계에 있다. 따라서 '뉘누리'와 '奔湍'의 동의성은 명백히 입증된다.

(475) a. 瀧 : 奔湍 <四解下 40a>
　　　 b. 瀧 : 뉘누리 상 又音랑 奔湍 <字會上 3a>

<476> 뉘누리 對 旋渦水

고유어 '뉘누리'와 한자어 '旋渦水'가 [渦] 즉 '소용돌이'의 뜻을 가지고 동의 관계에 있다는 것은 다음 예문들에서 잘 확인된다. '渦'의 자석이 '뉘우리'이고 고유어 '뉘누리'는 한자어 '旋渦水'와 동의 관계에 있다. 따라서 '뉘누리'와 '旋渦水'의 동의성은 명백히 입증된다.

(476) a. 渦 : 水拗回 <四解下 28b>
　　　 b. 渦 : 뉘누리 와 水回 俗呼旋渦水 <字會上 3a>

<477> 뉘누리 對 疾瀨

고유어 '뉘누리'와 한자어 '疾瀨'가 [湍] 즉 '여울, 급류(急流)'의 뜻을 가지고 동의 관계에 있다는 것은 다음 예문들에서 잘 확인된다. '湍'이 한자어 '疾瀨'를 뜻한다. 그리고 '湍'의 자석이 '뉘누리'이고 고유어 '뉘누리'는 한자어 '疾瀨'와 동의 관계에 있다. 따라서 '뉘누리'와 '疾瀨'의 동의성은 명백히 입증된다.

(477) a. 湍 : …疾瀨 <四解上 73a>
　　　 b. 湍 : 뉘누리 단 疾瀨 <字會上 3a>

(477) c. 瀨 : 湍也 疾流也 <四解上 46a>
　　　 d. 瀨 : 여을 뢰 水流沙上又湍也 <字會上 3a>

<478> 느릅나모 對 白楡

고유명사 '느릅나모'와 한자어 '白楡'가 [枌] 즉 '껍질이 흰 느릅나무'의 뜻을 가지고 동의 관계에 있다는 것은 다음 예문들에서 잘 확인된다. '枌'이 한자어 '白楡'을 뜻한다. 그리고 '枌'의 자석이 '느릅나모'이다. 따라서 '느릅나모'와 '白楡'의 동의성은 명백히 입증된다.

(478) a. 枌 : 白楡 <四解上 65a>
　　　 b. 枌 : 느릅나모 분 <字會上 5b>

<479> 느릅나모 對 靑楡樹

고유어 '느릅나모'와 한자어 '靑楡樹'가 [楡] 즉 '느릅나무'의 뜻을 가지고 동의 관계에 있다는 것은 다음 예문들에서 잘 확인된다. '楡'의 자석이 '느릅나모'이고 고유어 '느릅나모'는 한자어 '靑楡樹'와 동

의 관계에 있다. 따라서 '느릅나모'와 '靑楡樹'의 동의성은 명백히 입증된다.

> (479) a. 楡 : 木名 <四解上 34a>
>
> b. 楡 : 느릅나모 유 俗呼靑楡樹 <字會上 5b>

<480> 니 對 齧人虫

고유어 '니'와 한자어 '齧人虫'이 [蝨] 즉 '이'의 뜻을 가지고 동의 관계에 있다는 것은 다음 예문들에서 잘 확인된다. 원문 중 '蝨繁'이 '니 하다'로 번역된다. 그리고 '蝨'이 한자어 '齧人虫'을 뜻하고 '蝨'의 자석이 '니'이다. 따라서 '니'와 '齧人虫'의 동의성은 명백히 입증된다.

> (480) a. 니 하 무러 부려워 설워커늘(苦蝨繁癢悶) <속三孝 8b>
>
> b. 正命이 제 머리를 펴 어믜 머리예 대혀 그 니를 올마 오게 호더라(正命欲分癢散其髮承按母首以分其蝨) <속三孝 8b>

> (480) c. 蝨 : 齧人虫 <四解上 62a>
>
> d. 蝨 : 니 슬 俗呼蝨子 <字會上 12b>

<481> 니 對 牙齒

고유어 '니'와 한자어 '牙齒'가 [牙齒]와 [齒] 즉 '이'의 뜻을 가지고 동의 관계에 있다는 것은 다음 예문들에서 잘 확인된다. 원문 중 '拿着牙齒'가 '니 잡다'로 번역된다. '齒'가 한자어 '牙齒'를 뜻한다. 그리고 '齒'의 자석이 '니'이고 고유어 '니'는 한자어 '牙齒'와 동의 관계에 있다. 따라서 '니'와 '牙齒'의 동의성은 명백히 입증된다.

> (481) a. 네 니 자바 보라(你只拿着牙齒看) <번老下 8a>

> (481) b. 齒 : …牙齒 <四解上 18b>
>
> c. 齒 : 니 치 俗呼牙齒 <字會上 13b>

<482> 니마 對 題額

고유어 '니마'와 한자어 '題額'이 [額] 즉 '이마'의 뜻을 가지고 동의 관계에 있다는 것은 다음 예문들에서 잘 확인된다. '額'이 한자어 '題額'을 뜻한다. 그리고 '額'의 자석이 '니마'이다. 따라서 '니마'와 '題額'의 동의성은 명백히 입증된다.

(482) a. 題 : 額也 <四解上 25a>

(482) b. 頟 : 題頟 額也 <四解下 48b>
　　　c. 頟 : 니마 뎡 <字會上 13a>

<483> 니마 對 頭顱

고유어 '니마'와 한자어 '頭顱'가 [頭顱] 즉 '이마'의 뜻을 가지고 동의 관계에 있다는 것은 다음 예문들에서 잘 확인된다. '顱'가 한자어 '頭顱'를 뜻하고 '頭顱'는 고유어 '니마'와 동의 관계에 있다. 따라서 '니마'와 '頭顱'의 동의성은 명백히 입증된다.

(483) a. 顱 : 首骨 今俗語額顱 頭顱 니마 <四解上 42a>
　　　b. 顱 : 틴골 로…又曰頭顱 <字會上 13a>

<484> 니마 對 額顱

고유어 '니마'와 한자어 '額顱'가 [顱]와 [額] 즉 '이마'의 뜻을 가지고 동의 관계에 있다는 것은 다음 예문들에서 잘 확인된다. '顱'가 한자어 '額顱'를 뜻하고 '額顱'는 고유어 '니마'와 동의 관계에 있다. 그리고 '額'의 자석이 '니마'이고 고유어 '니마'는 한자어 '額顱'와 동의 관계에 있다. 따라서 '니마'와 '額顱'의 동의성은 명백히 입증된다.

(484) a. 顱 : …今俗語額顱 頭顱 니마 <四解上 42a>
　　　b. 顱 : 틴골 로…又曰頭顱 <字會上 13a>

(484) c. 額 : …顙也 <四解下 62a>
　　　d. 額 : 니마 익 俗稱額顱 <字會上 13a>

<485> 니블 對 大被

고유어 '니블'과 한자어 '大被'가 [衾] 즉 '이불'의 뜻을 가지고 동의 관계에 있다는 것은 다음 예문들에서 잘 확인된다. '衾'이 한자어 '大被'를 뜻한다. 그리고 '衾'의 자석이 '니블'이다. 따라서 '니블'과 '大被'의 동의성은 명백히 입증된다.

(485) a. 衾 : 大被 <四解下 72b>
　　　b. 衾 : 니블 금 <字會中 11b>

<486> 니블 對 寢衣

고유어 '니블'과 한자어 '寢衣'가 [被] 즉 '이불'의 뜻을 가지고 동의 관계에 있다는 것은 다음 예문들에서 잘 확인된다. 원문 중 '溫被'가 '니블을 덥게 ㅎ다'로 번역되고 '發被'가 '니블을 헤혀다'로 번역되고 '同被臥'가 'ㅎ 니블레 자다'로 번역된다. 그리고 '被'가 한자어 '寢衣'를 뜻하고 '被'의 자석이 '니블'이다. 따라서 '니블'과 '寢衣'의 동의성은 명백히 입증된다.

(486) a. 겨슬이어든 제 몸으릭 니블을 덥게 ㅎ며(冬則以身溫被ㅎ며) <번小九 28b>
b. 니블을 헤혀 보니(發被視之ㅎ니) <번小九 62a>
c. 니블에 쑤여 누엇거늘(蒙被而臥ㅣ러니) <번小九 62a>
d. 형뎨 ᄉ랑ㅎ야 샹녜 ᄒᆞᆫ 니블레 자더라(友愛天至嘗同被臥) <二倫 9a>

(486) e. 被(16a) : 寢衣 <四解上 16b>
f. 被 : 니블 피 單被曰臥單 <字會中 11b>

<487> 니뿔 對 粳米

고유어 '니뿔'과 한자어 '粳米'가 [粳米]와 [粳] 즉 '입쌀, 멥쌀'의 뜻을 가지고 동의 관계에 있다는 것은 다음 예문들에서 잘 확인된다. 원문 중 '一斗粳米'가 'ᄒᆞᆫ 말 경미'로 번역된다. 그리고 '粳'이 한자어 '粳米'를 뜻하고 '粳米'는 고유어 '니뿔'과 동의 관계에 있다. 따라서 '니뿔'과 '粳米'의 동의성은 명백히 입증된다.

(487) a. 여듧 푼 은헤 ᄒᆞᆫ 말 경미오(八分銀子一斗粳米) <번老上 9b>

(487) b. 粳 : 今俗呼粳米…니뿔 <四解下 57b>
c. 粳 : 뫼뿔 경 <字會上 7a>

<488> 님굼 對 高宗

고유어 '님굼'과 한자어 '高宗'이 [高宗] 즉 '唐高宗'의 뜻을 가지고 동의 관계에 있다는 것은 동일 원문의 번역인 다음 예문들에서 잘 확인된다. 원문 중 '高宗'이 '님굼'으로 번역되고 '高宗'으로도 번역되므로 '님굼'과 '高宗'의 동의성은 명백히 입증된다.

(488) a. 님굼미 뵈봉 나 겨시다가(高宗 封泰山) <二倫 27a>

b. 高宗이 泰山의 가 졔ᄒ시고(高宗이 封泰山ᄒ시고) <번小九 97a>

<489> 님굼 對 샹위

고유어 '님굼'과 한자어 '샹위'(上位) 가 [主]와 [主上] 즉 '임금, 主上'의 뜻을 가지고 동의 관계에 있다는 것은 다음 예문들에서 잘 확인된다. 원문 중 '少主'가 '져믄 님굼'으로 번역되고 '令…陷主'가 '님굼을 ᄲᅥ디게 ᄒ다'로 번역된다. 그리고 '主上問我'가 '샹위 날ᄃ려 묻다'로 번역된다. 따라서 '님굼'과 '샹위'의 동의성은 명백히 입증된다.

(489) a. 져믄 님굼 도아 인 그릇 맛다슈ᄆᆫ(然至其輔少主守成ᄒ야) <번小九 40b>

b. 엇디 아당ᄒ여 ᄠᅳᆮ을 받조아 님굼을 왼 일에 ᄲᅥ디게 ᄒ신 이리료(寧令從諛承意ᄒ야 陷主於不義乎리오) <번小九 39b>

(489) c. 黑子ㅣ 著作郞 高允 더브러 의론호ᄃᆡ 샹위 날ᄃ려 무러시든 올ᄒᆫ 대로 엳ᄌᆞ와ᅀᅡ ᄒ려 그셔ᅀᅡ ᄒ려(黑子ㅣ 謀於著作郞高允曰主上이 問我ㅣ 어시든 當以實告아 爲當諱之아) <번小九 43a>

<490> 님굼 對 至尊

고유어 '님굼'과 한자어 '至尊'이 [君] 즉 '임금'의 뜻을 가지고 동의 관계에 있다는 것은 다음 예문들에서 잘 확인된다. 원문 중 '忠君'이 '님굼ᄭᅴ 진심ᄒ야 셤기다'로 번역된다. 그리고 '君'이 한자어 '至尊'을 뜻하고 '君'이 자석이 '님굼'이다. 따라서 '님굼'과 '至尊'의 동의성은 명백히 입증된다.

(490) a. 나라 돕ᄉ와 님굼ᄭᅴ 진심ᄒ야 셤기ᅀᆞ오며(輔國忠君) <번朴上 50b>

(490) b. 君 : 至尊 <四解上 67b>

c. 君 : 님굼 군 <字會中 1a>

그리고 한자어 '至尊'이 고유어 '님금'으로 번역된다는 것은 다음 예문들에서 잘 확인된다. 고유어 '님금'과 한자어 '至尊'의 동의 관계가 확인된다.

(490) d. 太子ㅣ 高允 더브러 닐오ᄃᆡ 드러가 님금ᄭᅴ 뵈ᅀᅡ와 내 그듸를 ᄀᆞᄅᆞ츄리니 만일에 님금이 무르시거든 안즉 내 닐온 대로 대로 ᄒ(44a)라(太子ㅣ 謂允曰入見至尊ᄒ야 吾自導卿호리니 脫至尊이 有問이어시든 但依吾語ᄒ라) <번小九 44b>

<491> 님굼 對 황뎨

고유어 '님굼'과 한자어 '황뎨'(皇帝)가 [帝], [皇帝] 및 [皇] 즉 '임금, 황제'의 뜻을 가지고 동의 관계에 있다는 것은 다음 예문들에서 잘 확인된다. 원문 중 '帝怒'가 '님굼이 로ᄒ다'로 번역되고 '皇帝的'이 '황 뎻'으로 번역된다. 그리고 '皇'과 '帝'의 자석이 '님굼'이다. 따라서 '님굼'과 '황뎨'의 동의성은 명백히 입증된다.

(491) a. 황뎻 크신 덕부네 수울도 취ᄒ며(皇帝的大福陰裏 酒也醉了) <번朴上 7a>
　　　 b. 님굼이 로ᄒ야 주기시다(帝怒ᄒ야 殺之ᄒ시다) <번小九 43b>

(491) c. 皇 : 君也 <四解下 46b>
　　　 d. 皇 : 님굼 황 <字會中 1a>

(491) e. 帝 : 君也 <四解上 24b>
　　　 f. 帝 : 님굼 뎨 <字會中 1a>

<492> 님금 對 샹감

고유어 '님금'과 한자어 '샹감'(上監)이 [陛下] 즉 '임금'의 뜻을 가지고 동의 관계에 있다는 것은 다음 예문들에서 잘 확인된다. 원문 중 '負陛下'가 '님금을 소기다'로 번역된다. 그리고 '陛下內多欲'이 '샹감이 안호론 욕심이 하다'로 번역된다. 따라서 '님금'과 '샹감'의 동의성은 명백히 입증된다.

(492) a. 後主 ᄃ려 닐오ᄃᆡ…님금을 소기디 아니호리이다 ᄒ(20a) 더니(乃與後主로 言호ᄃᆡ…不…以負 陛下ㅣ 라 ᄒ더니) <번小八 20b>
　　　 b. 黯이 ᄃᆡ답ᄒ여 닐우ᄃᆡ 샹감이 안호론 욕심이 하시고 밧고로 仁義를 베프시ᄂ니 黯이 對曰陛下 ᄂ 內多欲而外施仁義ᄒ시ᄂ니) <번小九 39a>

<493> 님자 對 主人

고유어 '님자'와 한자어 '主人'이 [主]와 [主人] 즉 '主人'의 뜻을 가지고 동의 관계에 있다는 것은 다음 예문들에서 잘 확인된다. 원문 중 '地主'가 '짯 님자'로 번역되고 '店主人'이 '店主人'으로 번역된다. 따라서 '님자'와 '主人'의 동의성은 명백히 입증된다.

(493) a. 속절 업시 짯 님자와 겨틧 펴。신을 다가 의심ᄒ야 텨 져주니(乾把地主幷左近平人涉疑打拷) <번老上 28b>
　　　 b. 푸ᄂ 님재 혼은자 맛ᄃ리니(賣主一面承當) <번老下 17a>

c. 또 살 님자도 셔디 아니ᄒᆞ며(也不向買主) <번老下 11a>

(493) d. 店主人과 세 나그내 서셔 ᄆᆞᆯ 보더니(店主人和三箇客人立地看馬) <번老下 7b>

e. 店主人이 닐오ᄃᆡ(店主人說) <번老下 7b>

f. 쥬신 짓 거스란(主人家的東西) <번老上 38b>

g. 쥬신도 ᄯᅩ 술와 차반 ᄀᆞ초와(主人이 亦自備酒饌ᄒᆞ야) <번小七 17a>

<494> 닙 對 草木之葉

고유어 '닙'과 한자어 '草木之葉'이 [葉] 즉 '잎'의 뜻을 가지고 동의 관계에 있다는 것은 다음 예문들에서 잘 확인된다. '葉'이 한자어 '草木之葉'을 뜻한다. 그리고 '葉'의 자석이 '닙'이다. 따라서 '닙'과 '草木之葉'의 동의성은 명백히 입증된다.

(494) a. 葉 : 草木之葉 <四解下 85b>

b. 葉 : 닙 엽 <字會下 2b>

<495> 닛믜임 對 牙根

고유어 '닛믜임'과 한자어 '牙根'이 [齗] 즉 '잇몸'의 뜻을 가지고 동의 관계에 있다는 것은 다음 예문들에서 잘 확인된다. '齗'의 자석이 '닛믜임'이고 고유어 '닛믜임'은 한자어 '牙根'과 동의 관계에 있다. 따라서 '닛믜임'과 '牙根'의 동의성은 명백히 입증된다.

(495) a. 齦 : 齒根肉 <四解上 56b>

b. 齗 : 同上 <四解上 56b>

c. 齗 : 닛믜임 은 牙根 <字會上 13b>

<496> 닛믜임 對 齒根肉

고유어 '닛믜임'과 한자어 '齒根肉'이 [齦]과 [齗] 즉 '잇몸, 치은(齒齗)'의 뜻을 가지고 동의 관계에 있다는 것은 다음 예문들에서 잘 확인된다. '齦'이 한자어 '齒根肉'을 뜻한다. 그리고 '齗'의 자석이 '닛믜임'이다. 따라서 '닛믜임'과 '齒根肉'의 동의성은 명백히 입증된다. 한자 '齦'과 '齗'은 同字이다.

(496) a. 齦 : 齒根肉 <四解上 56b>

b. 齗 : 同上 <四解上 56b>

c. 齗 : 닛늬임 은 牙根 <字會上 13b>

고유어 '닛믜임'의 先代形은 '닛므윰'인데 '닛므윰'은 15세기의 『諺解本 訓民正音』에서 발견된다.

(496) d. 이 소리는 우리나랏 소리에셔 두터브니 혓 그티 아랫 닛므유메 다ᄂᆞ니라 <訓諺 15a>

<497> 누르 對 水渡

고유어 '누르'와 한자어 '水渡'가 [津] 즉 '나루'의 뜻을 가지고 동의 관계에 있다는 것은 다음 예문들에서 잘 확인된다. '津'이 한자어 '水渡'를 뜻한다. 그리고 '津'의 자석이 '누르'이고 고유어 '누르'는 한자어 '水渡'와 동의 관계에 있다. 따라서 '누르'와 '水渡'의 동의성은 명백히 입증된다.

(497) a. 津 : 水渡 <四解上 58a>
　　　 b. 津 : 누르 진 水渡 <字會上 2b>

<498> 누릇 對 車轅

고유어 '누릇'과 한자어 '車轅'이 [轅] 즉 '수레의 끌채, 큰 수레의 양쪽에 대는 두 개의 나무'의 뜻을 가지고 동의 관계에 있다는 것은 다음 예문들에서 잘 확인된다. '轅'이 한자 '輈'와 同義이고 '輈'는 한자어 '車轅'을 뜻한다. 그리고 '轅'의 자석이 '누릇'이다. 따라서 '누릇'과 '車轅'의 동의성은 명백히 입증된다.

(498) a. 轅 : 輈也 <四解下 12a>
　　　 b. 轅 : 누릇 원 左右長條 <字會中 13a>

(498) c. 輈 : 車轅 <四解下 69a>
　　　 d. 輈 : 누릇머리 듀 軛之左右餘者 又轅也 <字會中 13a>

<499> ᄂᆞ물새 對 치소

고유어 'ᄂᆞ물새'와 한자어 '치소'(菜蔬) 가 [菜蔬], [菜] 및 [蔬] 즉 '나물, 채소'의 뜻을 가지고 동의 관계에 있다는 것은 다음 예문들에서 잘 확인된다. 원문 중 '熟菜蔬'가 '니근 ᄂᆞ물새'로 번역되고 '這果子菜蔬'가 '이 과실와 치소'로 번역되므로 'ᄂᆞ물새'와 '치소'의 동의성은 명백히 입증된다.

(499) a. 아므란 니근 ᄂᆞ물새 잇거든(有甚麼熟菜蔬) <번老上 40b>
　　　 b. 녀느 ᄂᆞ물새는 다 업거니와(別簡菜都沒) <번老上 41a>
　　　 c. 다 ᄂᆞ물새 ᄒᆞ여 음식을 먹더니(皆蔬食ᄒᆞ더니) <번小九 103a>

(499) d. 우리 이 과실와 치소를 뎜고ᄒ야 보져(咱們點看這果子菜蔬) <번老下 38a>

　　　 e. 열여슷 뎝시예 치소(十六楪菜蔬) <번朴上 4a>

<500> ᄂᆞ믈 對 치소

고유어 'ᄂᆞ믈ㅎ'과 한자어 '치소(菜蔬)'가 [菜], [蔬] 및 [菜蔬] 즉 '나물, 채소'의 뜻을 가지고 동의 관계에 있다는 것은 다음 예문들에서 잘 확인된다. 원문 중 '塩菜'가 '소곰이며 ᄂᆞ믈ㅎ'로도 번역되고 '소곰과 치소'로도 번역된다. '菜'가 한자어 '菜蔬'를 뜻하고 '菜'와 '蔬'의 자석이 'ᄂᆞ믈'이다. 그리고 '這果子菜蔬'가 '이 과실와 치소'로 번역된다. 따라서 'ᄂᆞ믈ㅎ'과 '치소'의 동의성은 명백히 입증된다.

(500) a. 소곰이며 ᄂᆞ믈홀 먹디 아니터라(不食塩菜) <속三孝 16a>

　　　 b. ᄂᆞ믈와 果實도 먹디 아니ᄒ여(不食菜菓) <속三孝 8a>

(500) c. 소곰과 치소도 먹디 아니ᄒ더라(不進塩菜ᄒ더라) <번小九 33a>

　　　 d. 우리 이 과실와 치소를 뎜고ᄒ야 보져(咱們點看這果子菜蔬) <번老下 38a>

　　　 e. 열여슷 뎝시예 치소(十六楪菜蔬) <번朴上 4a>

(500) f. 菜 : 菜蔬 <四解上 44b>

　　　 g. 菜 : ᄂᆞ믈 ᄎᆡ <字會下 2a>

(500) h. 蔬 : 草菜可食通名爲蔬 <四解上 40b>

　　　 i. 蔬 : ᄂᆞ믈 소 <字會下 2a>

<501> 늘 對 劍鋒

고유어 '늘'과 한자어 '劍鋒'이 [鋒] 즉 '칼끝'의 뜻을 가지고 동의 관계에 있다는 것은 다음 예문들에서 잘 확인된다. '鋒'이 한자어 '劍鋒'을 뜻한다. 그리고 '鋒'의 자석이 '늘'이다. 따라서 '늘'과 '劍鋒'의 동의성은 명백히 입증된다.

(501) a. 鋒 : 劍鋒 <四解上 3b>

　　　 b. 鋒 : 늘 봉 <字會中 14a>

<502> 늘 對 劍鍔

고유어 '늘'과 한자어 '劍鍔'이 [鍔] 즉 '칼날, 칼끝'의 뜻을 가지고 동의 관계에 있다는 것은 다음 예문들에서 잘 확인된다. '鍔'의 자석이 '늘'이고 고유어 '늘'은 한자어 '劍鍔'과 동의 관계에 있다. 따라서 '늘'과 '劍鍔'의 동의성은 명백히 입증된다.

(502) a. 鍔 : 刀耑 <四解下 40a>
　　　 b. 鍔 : 늘 악 俗稱劍鍔 <字會中 14a>

<503> 늘 對 근

고유어 '늘'과 한자어 '근'(斤) 이 [斤] 즉 '근(斤)'의 뜻을 가지고 동의 관계에 있다는 것은 다음 예문들에서 잘 확인된다. 원문 중 '一斤'이 '흔 근'으로 번역되고 '十斤'이 '열 근'으로 번역된다. 그리고 '斤'의 자석이 '늘'이다. 따라서 '늘'과 '근'의 동의성은 명백히 입증된다.

(503) a. 일즉 닐오디(9a)…두 픈 은에 흔 근 양육이라 ᄒ더라(曾說…二分銀子一斤羊肉) <번老上 9b>
　　　 b. 아릐는 그저 세 돈애 흔 근 시기러니(往來便只是三錢一斤) <번老下 2b>
　　　 c. 이제 시개 닷 도내 흔 근시기니(如今時價五錢一斤) <번老下 57a>
　　　 d. 흔 돈 은에 열 근 골이오(一錢銀子十斤麵) <번老上 9b>
　　　 e. 도튀 고기 쉰 근만 사며(買五十斤猪肉) <번朴上 3a>

(503) f. 斤 : 十六肉 <四解上 55b>
　　　 g. 斤 : 늘 근 <字會下 14b>

<504> 늘 對 機縷

고유어 '늘'과 한자어 '機縷'가 [經] 즉 '날, 날실'의 뜻을 가지고 동의 관계에 있다는 것은 다음 예문들에서 잘 확인된다. 원문 중 '經緯'가 '늘와 씨'로도 번역되고 '늘씨'로도 번역된다. 그리고 '經'이 한자어 '機縷'를 뜻한다. 따라서 '늘'과 '機縷'의 동의성은 명백히 입증된다.

(504) a. 늘와 씨를 실 어울워 ᄶᆞ시니(經緯合線結織) <번朴上 14b>
　　　 b. 杭州 치는 늘씨 흔가지오(杭州的經緯相等) <번老下 25b>

(504) c. 經 : …機縷 縱曰經 橫曰緯 <四解下 47a>

15세기 국어에서 '經'이 '늘ㅎ'을 뜻한다는 것은 15세기의 『楞嚴經諺解』(1462) 의 다음 예문에서 잘 확인된다.

(504) d. 經은 늘히라 <楞七 59a>

<505> 늘 對 刀刃

고유어 '늘'과 한자어 '刀刃'이 [刃] 즉 '칼날'의 뜻을 가지고 동의 관계에 있다는 것은 다음 예문들에서 잘 확인된다. 원문 중 '風刃'이 '브룸눌'로 번역된다. 그리고 '刃'이 한자어 '刀刃'을 뜻하고 '刃'의 자석이 '늘'이다. 따라서 '늘'과 '刀刃'의 동의성은 명백히 입증된다.

(505) a. 브룸눌 오티 쾌ᄒ니(風刃也似快) <번老上 19b>
　　　 b. 눌ᄒ란 너므 둗겁게 말오(刃兒不要忒厚了) <번朴上 16a>

(505) c. 刃 : 刀刃 <四解上 61b>
　　　 d. 刃 : 늘 신 <字會下 7b>

<506> 늘 對 刀耑

고유어 '늘'과 한자어 '刀耑'이 [鋩]과 [鍔] 즉 '칼끝'의 뜻을 가지고 동의 관계에 있다는 것은 다음 예문들에서 잘 확인된다. '鋩'이 한자어 '刀耑'을 뜻하고 '鋩'의 자석이 '늘'이다. 그리고 '鍔'이 한자어 '刀耑'을 뜻하고 '鍔'의 자석이 '늘'이다. 따라서 '늘'과 '刀耑'의 동의성은 명백히 입증된다.

(506) a. 鋩 : 刀耑 <四解下 38a>
　　　 b. 鋩 : 늘 망 <字會下 7b>

(506) c. 鍔 : 刀耑 <四解下 40a>
　　　 d. 鍔 : 늘 악 <字會中 14a>

<507> 늘개 對 羽翼

고유어 '늘개'와 한자어 '羽翼'이 [翼]과 [翅] 즉 '날개, 새의 날개'의 뜻을 가지고 동의 관계에 있다는 것은 다음 예문들에서 잘 확인된다. '翼'이 한자어 '羽翼'을 뜻한다. '翼'의 자석이 '늘개'이고 고유어 '늘개'는 한자어 '羽翼'과 동의 관계에 있다. 그리고 '翅'의 자석이 '늘개'이다. 따라서 '늘개'와 '羽翼'의 동의성은 명백히 입증된다.

(507) a. 翼 : 羽翼 <四解下 56b>
　　　 b. 翼 : 늘개 익 羽翼 <字會下 3b>

(507) c. 翅 : 又翮也 <四解上 19b>

　　　d. 翅 : 늘개 시 <字會下 3b>

<508> 눗 對 顔前

고유어 '눗'과 한자어 '顔前'이 [面] 즉 '낯'의 뜻을 가지고 동의 관계에 있다는 것은 다음 예문들에서 잘 확인된다. 원문 중 '洗面'이 '눗 싯다'로 번역된다. 그리고 '面'이 한자어 '顔前'을 뜻하고 '面'의 자석이 '눗'이다. 따라서 '눗'과 '顔前'의 동의성은 명백히 입증된다.

(508) a. 내 눗 시서지라(我洗面) <번老上 61a>

　　　b. 나그내네 눗 시서다(客人們洗面了) <번老上 61a>

(508) c. 面 : 顔前 <四解下 4a>

　　　d. 面 : 눗 면 <字會上 13a>

<509> 눛 對 顔容

고유어 '눛'과 한자어 '顔容'이 [顔] 즉 '낯'의 뜻을 가지고 동의 관계에 있다는 것은 다음 예문들에서 잘 확인된다. 원문 중 '何顔'이 '어느 눛'으로 번역되고 '顔色'이 '눛빛'으로 번역된다. 그리고 '顔'이 한자어 '顔容'을 뜻하고 '顔'의 자석이 '눛'이다. 따라서 '눛'과 '顔容'의 동의성은 명백히 입증된다.

(509) a. 이제 어느(49a) 눛초로 ᄉ당이 드러가리오(今에 何顔入家廟乎ㅣ리오) <번小七 49b>

　　　b. 눛비치 ᄀ즉ᄒ며(顔色齊ᄒ며) <번小四 10a>

　　　c. 눛비츨 단졍히 호매(正顔色애) <번小四 7a>

(509) d. 顔 : …額角曰顔 又顔容也 <四解上 79b>

　　　e. 顔 : 눗 안 <字會上 13a>

<510> 닉 對 火氣

고유어 '닉'와 한자어 '火氣'가 [煙]과 [烟] 즉 '연기'의 뜻을 가지고 동의 관계에 있다는 것은 다음 예문들에서 잘 확인된다. 원문 중 '披煙'이 '닉 씨여 잇다'로 번역된다. 그리고 '煙'이 한자어 '火氣'를 뜻하고 '烟'의 자석이 '닉'이다. 따라서 '닉'와 '火氣'의 동의성은 명백히 입증된다. 한자 '煙'과 '烟'은 同字이다.

(510) a. 쏘 안개 가지며 닉 씨여 잇는 푸른 대와(也有帶霧披煙翠竹) <번朴上 70a>

(510) b. 烟 : 火氣 <四解下 6b>
　　　c. 烟 : 닉 연 <字會下 15a>

<511> 싸 對 地道

고유어 '싸'와 한자어 '地道'가 [坤] 즉 '땅, 大地'의 뜻을 가지고 동의 관계에 있다는 것은 다음 예문들에서 잘 확인된다. '坤'의 자석이 '싸'이고 고유어 '싸'는 한자어 '地道'와 동의 관계에 있다. 따라서 '싸'와 '地道'의 동의성은 명백히 입증된다.

(511) a. 坤 : 地也 <四解上 62b>
　　　b. 坤 : 싸 곤 地道 順也 <字會上 1a>

<512> 싸 對 柔土

고유어 '싸'와 한자어 '柔土'가 [壤] 즉 '땅, 부드러운 흙'의 뜻을 가지고 동의 관계에 있다는 것은 다음 예문들에서 잘 확인된다. '壤'이 한자어 '柔土'를 뜻한다. 그리고 '壤'의 자석이 '싸'이고 고유어 '싸'는 '柔土'와 동의 관계에 있다. 따라서 '싸'와 '柔土'의 동의성은 명백히 입증된다.

(512) a. 壤 : 柔土 <四解下 45b>
　　　b. 壤 : 싸 샹 柔土 無塊曰壤 <字會上 1a>

<513> 싸 對 土地

고유어 '싸'와 한자어 '土地'가 [地]와 [土] 즉 '땅, 토지'의 뜻을 가지고 동의 관계에 있다는 것은 다음 예문들에서 잘 확인된다. '地'가 한자어 '土地'를 뜻하고 '地'의 자석이 '싸'이다. 그리고 '土'가 한자어 '土地'를 뜻한다. 따라서 '싸'와 '土地'의 동의성은 명백히 입증된다.

(513) a. 地 : 土地 <四解上 25b>
　　　b. 地 : 싸 디 <字會上 1a>

(513) c. 土 : 土地 <四解上 47a>
　　　d. 土 : 흙 토 <字會上 2a>

<514> 다락 對 루

고유어 '다락'과 한자어 '루'(樓)가 [樓] 즉 '다락'의 뜻을 가지고 동의 관계에 있다는 것은 다음 예문들에서 잘 확인된다. 원문 중 '鍾樓'가 '쇠붑 드론 루'로 번역된다. 그리고 '樓'의 자석이 '다락'이다. 따라서 '다락'과 '루'의 동의성은 명백히 입증된다.

(514) a. 두 녀긔 쇠붑 드론 루와(兩壁鍾樓) <번朴上 69b>

(514) b. 樓 : 連屋 <四解下 67b>
    c. 樓 : 다락 루 重屋 <字會中 3a>

<515> 다리 對 兩股閒/兩股間

고유어 '다리'와 한자어 '兩股閒/兩股間'이 [胯] 즉 '사타구니'의 뜻을 가지고 동의 관계에 있다는 것은 다음 예문들에서 잘 확인된다. '胯'가 한자어 '兩股閒'을 뜻한다. 그리고 '胯'의 자석이 '다리'이고 고유어 '다리'는 한자어 '兩股間'과 동의 관계에 있다. 따라서 '다리'와 '兩股閒/兩股間'의 동의성은 명백히 입증된다. 한자 '閒'과 '間'은 同字이다.

(515) a. 股 : 兩股閒 <四解下 31b>
    b. 股 : …又兩髀閒也 <四解上 36b>
    c. 股 : 다리 과 又兩股間 <字會上 14a>

<516> 다리 對 髀幹

고유어 '다리'와 한자어 '髀幹'이 [股] 즉 '넓적다리'의 뜻을 가지고 동의 관계에 있다는 것은 다음 예문들에서 잘 확인된다. '股'의 자석이 '다리'이고 고유어 '다리'는 한자어 '髀幹'과 동의 관계에 있다. 따라서 '다리'와 '髀幹'의 동의성은 명백히 입증된다.

(516) a. 股 : 髀也 쉰다리 <四解上 36a>
    b. 股 : 다리 고 髀幹也 <字會上 14b>

<517> 다리우리 對 運斗

고유어 '다리우리'와 한자어 '運斗'가 [運斗] 즉 [熨] 즉 '다리미'의 뜻을 가지고 동의 관계에 있다는 것은 다음 예문들에서 잘 확인된다. 원문 중 '運斗'가 '다리우리'로 번역된다. 그리고 '熨'의 자석이 '다리

우리'이고 고유어 '다리우리'는 한자어 '運斗'와 동의 관계에 있다. 따라서 '다리우리'와 '運斗'의 동의성은 명백히 입증된다.

(517) a. 둘잿 형은 다리우리오(二哥是運斗) <번朴上 39b>

(517) b. 熨 : 持火展繒 又火斗 <四解上 69b>
    c. 熨 : 다리우리 울 俗呼熨斗 又曰運斗 <字會中 7b>

<518> 다리우리 對 熨斗

고유어 '다리우리'와 한자어 '熨斗'가 [熨] 즉 '다리미, 熨斗'의 뜻을 가지고 동의 관계에 있다는 것은 다음 예문들에서 잘 확인된다. '熨'이 한자어 '熨斗'를 뜻한다. 그리고 '熨'의 자석이 '다리우리'이고 고유어 '다리우리'는 한자어 '熨斗'와 동의 관계에 있다. 따라서 '다리우리'와 '熨斗'의 동의성은 명백히 입증된다.

(518) a. 熨 : …今俗呼爲熨斗 <四解上 69b>
    b. 熨 : 다리우리 울 俗呼熨斗 <字會中 7b>

<519> 다목 對 蘇木

고유어 '다목'과 한자어 '蘇木'이 [蘇木]과 [枋] 즉 '다목, 丹木'의 뜻을 가지고 동의 관계에 있다는 것은 다음 예문들에서 잘 확인된다. 원문 중 '蘇木'이 '다목'으로 번역된다. 그리고 '枋'이 '蘇枋木'과 '蘇木'을 뜻하고 한자어 '蘇木'은 고유어 '다목'과 동의 관계에 있다. 따라서 '다목'과 '蘇木'의 동의성은 명백히 입증된다.

(519) a. 다목 일빅 근(蘇木一百斤) <번老下 67b>
    b. 枋 : 蘇枋木…今俗呼蘇木 다목 <四解下 37b>

<520> 다목 對 欚木

고유어 '다목'과 한자어 '欚木'이 [欚] 즉 '다목'의 뜻을 가지고 동의 관계에 있다는 것은 다음 예문들에서 잘 확인된다. '欚'가 한자어 '欚木'을 뜻하고 '欚木'은 고유어 '다목'과 동의 관계에 있다. 그리고 '欚'의 자석이 '다목'이고 고유어 '다목'은 한자어 '欚木'과 동의 관계에 있다. 따라서 '다목'과 '欚木'의 동의성은 명백히 입증된다.

(520) a. 櫯 : 櫯木 다목⋯通作蘇 <四解上 40a>

　　　 b. 櫯 : 다목 소⋯俗稱櫯木 <字會上 6a>

<521> 싸보 對 耒耜

고유어 '싸보'와 한자어 '耒耜'가 [耒]와 [耜] 즉 '쟁기'의 뜻을 가지고 동의 관계에 있다는 것은 다음 예문들에서 잘 확인된다. '耒'가 한자어 '耒耜'를 뜻하고 '耒'의 자석이 '싸보'이다. 그리고 '耜'가 한자어 '耒耜'를 뜻하고 '耜'의 자석이 '싸보'이다. 따라서 '싸보'와 '耒耜'의 동의성은 명백히 입증된다.

(521) a. 耒 : 耒耜 <四解上 55b>

　　　 b. 耒 : 싸보 뢰 柄曲木曰耒 <字會中 9a>

(521) c. 耜 : 耒耜 <四解上 13b>

　　　 d. 耜 : 싸보 ᄉ 耒端刃曰耜 <字會中 9a>

<522> 다복뿍 對 蓬蒿

고유어 '다복뿍'과 한자어 '蓬蒿'가 [蓬], [蒿] 및 [蓬蒿] 즉 '쑥, 다북쑥'의 뜻을 가지고 동의 관계에 있다는 것은 다음 예문들에서 잘 확인된다. '蓬'의 자석이 '다복뿍'이다. '蒿'의 자석이 '다복뿍'이고 고유어 '다복뿍'은 한자어 '蓬蒿'와 동의 관계에 있다. 그리고 한자어 '蓬蒿'가 고유어 '다복뿍'과 동의 관계에 있다. 따라서 '다복뿍'과 '蓬蒿'의 동의성은 명백히 입증된다.

(522) a. 蓬 : 草名 <四解上 3a>

　　　 b. 蓬 : 다복뿍 봉 <字會上 5a>

(522) c. 蒿 : 蓬屬 <四解下 22b>

　　　 d. 蒿 : 다복뿍 호 俗呼蒿草 又蓬蒿 <字會上 5a>

(522) e. 蘩 : ⋯今俗謂蓬蒿 다복뿍 <四解上 81a>

　　　 f. 蘩 : 뿍 번 白蒿 <字會上 5a>

<523> 다복뿍 對 蒿草

고유어 '다복뿍'과 한자어 '蒿草'가 [蒿] 즉 '쑥, 다북쑥'의 뜻을 가지고 동의 관계에 있다는 것은 다음 예문들에서 잘 확인된다. '蒿'의 자석이 '다복뿍'이고 고유어 '다복뿍'은 한자어 '蒿草'와 동의 관계에 있다. 따라서 '다복뽁'과 '薔草'의 동의성은 명백히 입증된다.

(523) a. 薔 : 蓬屬 <四解下 22b>

　　　 b. 薔 : 다복뽁 호 俗呼薔草 又蓬薔 <字會上 5a>

<524> 다슴어미 對 繼母

고유어 '다슴어미'와 한자어 '繼母'가 [繼母]의 뜻을 가지고 동의 관계에 있다는 것은 다음 예문들에서 잘 확인된다. (a) 의 원문에서 '母'는 전후 문맥으로 보아 예문 (e) 의 '繼母朱氏'를 지칭하므로 '다슴어미'로 번역되었고 '省繼母'가 '繼母를 뵈다'로 번역된다. 따라서 '다슴어미'와 '繼母'의 동의성은 명백히 입증된다. 두 명사의 빈도수를 비교해 보면 한자어 '繼母'가 고유어 '다슴어미'보다 아주 우세하다.

(524) a. 다슴어미 싱션을 먹고져 ᄒ더니(母ㅣ 嘗欲生魚ㅣ러니) <번小九 24b>

(524) b. 와 繼母를 뵈오(來省繼母) <속三孝 21a>

　　　 c. 로죄 계모 댱시를 셤교딕(盧操 事繼母張氏) <二倫 17a>

　　　 d. 계뫼 세 아들 나하(繼母 生三子) <二倫 24a>

그리고 '繼母'와 '後母'의 번역인 '훗어미'가 고유어 '다슴어미'와 한자어 '繼母'와 동의 관계에 있다는 것은 다음 예문들에서 잘 확인된다. '훗어미'는 한자어 '後'와 고유어 '어미'의 合成이다.

(524) e. 훗어미 朱氏 ᄉ랑티 아니ᄒ야 ᄌᄌ 할와틸ᄉᆡ(繼母朱氏不慈ᄒ야 數譖之호ᄉᆡ) <번小九 24b>

　　　 f. 아비와 훗어미 셤교딕 ᄀ장 효도ᄒ더니(事父及後母盡孝) <속三孝 21a>

<525> 다야 對 飯器

고유어 '다야'와 한자어 '飯器'가 [盂] 즉 '밥그릇'의 뜻을 가지고 동의 관계에 있다는 것은 다음 예문들에서 잘 확인된다. '盂'가 한자어 '飯器'를 뜻한다. 그리고 '盂'의 자석이 '다야'이다. 따라서 '다야'와 '飯器'의 동의성은 명백히 입증된다.

(525) a. 盂 : 飯器 <四解上 34a>

　　　 b. 盂 : 다야 <字會中 10a>

<526> 다와기 對 紅鶴

고유어 '다와기'와 한자어 '紅鶴'이 [鷔]과 [□] 즉 '따오기'의 뜻을 가지고 동의 관계에 있다는 것은 다음 예문들에서 잘 확인된다. 원문 중 '類鷔者'가 '다와기 곧ᄒ다'로 번역된다. 그리고 '□'의 자석이 '다와기'이고 고유어 '다와기'는 한자어 '紅鶴'과 동의 관계에 있다. 따라서 '다와기'와 '紅鶴'의 동의성은 명백히 입증된다.

(526) a. 녜 닐온 곤이를 사기다가 이디 몯ᄒ야도 오히려 다외기 곧ᄒ려니와(所謂刻鵠不成이라두 尙類鷔者也ㅣ니라) <번小六 15a>

(526) b. 鷔 : 鳥也 <四解上 3b>
      c. □ : 다외기 목 俗呼紅鶴 <字會上 8b>
      d. 鷔 : 다외기 목 俗呼紅鶴 <字會東中本上 15b>

한자 '鷔'이 15세기의 『內訓』(1475)에서 명사 '올히'로 번역된다는 것은 다음 예문에서 잘 확인된다. 원문 중 '類鷔者'가 '올히 곧다'로 번역된다.

(526) e. 닐온 밧 거유를 사기다가 이디 몯ᄒ야도 오히려 올히 곧다 호미라(所謂刻鵠不成이라두 尙類鷔者也ㅣ니라) <內訓一 38b>

<527> 단디 對 권ᄌ

고유어 '단디'와 한자어 '권ᄌ'(罐子)가 [罐兒] 즉 '단지, 항아리'의 뜻을 가지고 동의 관계에 있다는 것은 다음 예문들에서 잘 확인된다. 원문 중 '金罐兒'가 '금 단디'로 번역된다. 그리고 '罐兒'가 '권ᄌ'로 번역된다. 따라서 '단디'와 '권ᄌ'의 동의성은 명백히 입증된다.

(527) a. 금 단디예 쇠 줄의(金罐兒鐵携兒) <번朴上 41b>
      b. 권ᄌ애 탕 ᄯᅥ 가져(罐兒裏將些湯) <번朴上 43a>

<528> 단디 對 汲水器

고유어 '단디'와 한자어 '汲水器'가 [罐] 즉 '두레박'의 뜻을 가지고 동의 관계에 있다는 것은 다음 예문들에서 잘 확인된다. '罐'이 한자어 '汲水器'를 뜻한다. 그리고 '罐'의 자석이 '단디'이다. 따라서 '단디'와 '汲水器'의 동의성은 명백히 입증된다.

(528) a. 罐 : 汲水器 <四解上 72b>

b. 罐 : 단디 관 <字會中 7a>

<529> 닫 對 鐵猫

고유어 '닫'과 한자어 '鐵猫'가 [碇] 즉 '닻'의 뜻을 가지고 동의 관계에 있다는 것은 다음 예문들에서 잘 확인된다. '碇'이 한자어 '鐵猫'를 뜻하고 '鐵猫'는 고유어 '닫'과 동의 관계에 있다. 그리고 '碇'의 자석이 '닫'이고 고유어 '닫'은 한자어 '鐵猫'와 동의 관계에 있다. 따라서 '닫'과 '鐵猫'의 동의성은 명백히 입증된다.

(529) a. 碇 : 錘舟石 今俗呼鐵猫…닫 <四解下 48b>
　　　b. 碇 : 닫 뎡 漢人亦曰鐵猫 <字會中 12b>

<530> 달 對 蒹葭

고유어 '달'과 한자어 '蒹葭'가 [蒹] 즉 '갈대'의 뜻을 가지고 동의 관계에 있다는 것은 다음 예문들에서 잘 확인된다. '蒹'이 한자어 '蒹葭'를 뜻한다. 그리고 '蒹'의 자석이 '달'이다. 따라서 '달'과 '蒹葭'의 동의성은 명백히 입증된다.

(530) a. 蒹 : 蒹葭 <四解下 81a>
　　　b. 蒹 : 달 겸 萑未秀者 <字會上 4b>

<531> 달 對 荻之初生者

고유어 '달'과 한자어 '荻之初生者'가 [菼] 즉 '물억새 처음 난 것'의 뜻을 가지고 동의 관계에 있다는 것은 다음 예문들에서 잘 확인된다. '菼'이 한자어 '荻之初生者'를 뜻한다. 그리고 '菼'의 자석이 '달'이고 고유어 '달'은 한자어 '荻之小者'와 동의 관계에 있다. 따라서 '달'과 '荻之初生者'의 동의성은 명백히 입증된다.

(531) a. 菼 : 荻之初生者 <四解下 76a>
　　　b. 菼 : 달 담 荻之小者 <字會上 4b>

<532> 달 對 荻子草

고유어 '달'과 한자어 '荻子草'가 [荻] 즉 '물억새'의 뜻을 가지고 동의 관계에 있다는 것은 다음 예문들에서 잘 확인된다. '荻'이 고유어 '달'을 뜻하고 '달'은 한자어 '荻子草'와 동의 관계에 있다. 그리고

'荻'의 자석이 '달'이고 고유어 '달'은 한자어 '荻子草'와 동의 관계에 있다. 따라서 '달'과 '荻子草'의 동의성은 명백히 입증된다.

(532) a. 荻 : 蘆屬 달 今俗呼爲荻子草 <四解下 49b>
　　　b. 荻 : 달 뎍 萑也俗呼荻子草 <字會上 4b>

<533> 달 對 蔦薍/烏薍

고유어 '달'과 한자어 '蔦薍/烏薍'가 [蔦]와 [薍] 즉 '물억새, 오구(蔦薍)'의 뜻을 가지고 동의 관계에 있다는 것은 다음 예문들에서 잘 확인된다. '蔦'가 한자어 '蔦薍'를 뜻하고 '蔦'의 자석이 '달'이다. 그리고 '薍'가 한자어 '烏薍'를 뜻한다. '薍'의 자석이 '달'이다. 따라서 '달'과 '蔦薍/烏薍'의 동의성은 명백히 입증된다.

(533) a. 蔦 : 蔦薍 荻也 <四解上 41a>
　　　b. 蔦 : 달 오 <字會上 4b>

(533) c. 薍 : 烏薍 荻也 <四解下 68a>
　　　d. 薍 : 달 구 <字會上 4b>

<534> 담 對 城垣

고유어 '담'과 한자어 '城垣'이 [墉]과 [垣] 즉 '담'의 뜻을 가지고 동의 관계에 있다는 것은 다음 예문들에서 잘 확인된다. '墉'이 한자어 '城垣'을 뜻하고 '墉'의 자석이 '담'이다. 그리고 '垣'의 자석이 '담'이다. 따라서 '담'과 '城垣'의 동의성은 명백히 입증된다.

(534) a. 墉 : 城垣 <四解上 10b>
　　　b. 墉 : 담 용 高曰墉 <字會中 3b>

(534) c. 垣 : 墻也 <四解下 12a>
　　　d. 垣 : 담 원 卑曰垣 <字會中 3b>

<535> 담 對 垣墻

고유어 '담'과 한자어 '垣墻'이 [墻]과 [垣] 즉 '담'의 뜻을 가지고 동의 관계에 있다는 것은 다음 예문들에서 잘 확인된다. 원문 중 '墻壁'이 '담이며 브룸'으로 번역된다. '垣屋'이 '다미며 집'으로 번역된다.

'墻'이 한자어 '垣墻'을 뜻하고 '墻'의 자석이 '담'이다. 그리고 '垣'이 한자 '墻'과 同義이고 '垣'의 자석이 '담'이다. 따라서 '담'과 '垣墻'의 동의성은 명백히 입증된다.

(535) a. ᄾ면이 다 담이며 ᄇ롭이 ᄀ트니(如…四面이 皆墻壁也ㅣ니) <번小六 12a>

　　　 b. 지비 드나ᄃ는 손을 집 담 ᄾ이예셔 주규ᄃ(害門客于墻廡之間호ᄃ) <번小十 19a>

　　　 c. 네 짓 담은 엇더ᄒ뇨(你家墻如何) <번朴上 9b>

　　　 d. 우리 짓 담도 여러 판이 믈어디돗더라(我家墻也倒了幾堵) <번朴上 9b>

　　　 e. 다미녀 지비며 쓰는 그릇슬 반ᄃ시 굳고 검벅게 ᄒ고(垣屋什物을 必堅朴ᄒ고) <번小九 95b>

　　　 f. 담 너머 들어늘(踰垣而入이어늘) <번小九 64a>

(535) g. 墻 : 垣墻 <四解下 42a>

　　　 h. 墻 : 담 쟝 <字會中 3b>

(535) i. 垣 : 墻也 <四解下 12a>

　　　 j. 垣 : 담 원 卑曰垣 <字會中 3b>

<536> 담뵈 對 狗獾

고유어 '담뵈'와 한자어 '狗獾'이 [獾] 즉 '담비'의 뜻을 가지고 동의 관계에 있다는 것은 다음 예문들에서 잘 확인된다. '獾'의 자석이 '담뵈'이고 고유어 '담뵈'는 한자어 '狗獾'과 동의 관계에 있다. 따라서 '담뵈'와 '狗獾'의 동의성은 명백히 입증된다.

(536) a. 獾 : 野豕 <四解上 75b>

　　　 b. 獾 : 담뵈 환 俗呼狗獾 <字會上 10b>

<537> 담뵈 對 野豕

고유어 '담뵈'와 한자어 '野豕'가 [獾] 즉 '담비'의 뜻을 가지고 동의 관계에 있다는 것은 다음 예문들에서 잘 확인된다. '獾'이 한자어 '野豕'를 뜻한다. 그리고 '獾'의 자석이 '담뵈'이다. 따라서 '담뵈'와 '野豕'의 동의성은 명백히 입증된다.

(537) a. 獾 : 野豕 <四解上 75b>

　　　 b. 獾 : 담뵈 환 俗呼狗獾 <字會上 10b>

<538> 담쟝이 對 薜荔

고유어 '담쟝이'와 한자어 '薜荔'가 [薜]과 [荔] 즉 '담쟝이'의 뜻을 가지고 동의 관계에 있다는 것은 다음 예문들에서 잘 확인된다. '薜'이 한자어 '薜荔'를 뜻하고 '薜'의 자석이 '담쟝이'이다. 그리고 '荔'가 한자어 '薜荔'를 뜻하고 '荔'의 자석이 '담쟝이'이다. 따라서 '담쟝이'와 '薜荔'의 동의성은 명백히 입증된다.

(538) a. 薜 : 薜荔 <四解上 16b>
　　　b. 薜 : 담쟝이 벽 <字會上 5a>

(538) c. 荔 : …又薜荔 <四解上 28b>
　　　d. 荔 : 담쟝이 례 俗呼薜荔草 <字會上 5a>

<539> 당쉬 對 水漿

고유어 '당쉬'와 한자어 '水漿'이 [漿] 즉 '오래 끓인 좁쌀 미음'의 뜻을 가지고 동의 관계에 있다는 것은 다음 예문들에서 잘 확인된다. '漿'이 한자어 '水漿'을 뜻한다. 그리고 '漿'의 자석이 '당쉬'이다. 따라서 '당쉬'와 '水漿'의 동의성은 명백히 입증된다.

(539) a. 漿 : 水漿 <四解下 41b>
　　　b. 漿 : 당쉬 쟝 熟粟米爲之 <字會中 10b>

<540> 당아리 對 甲虫

고유어 '당아리'와 한자어 '甲虫'이 [介] 즉 '단단한 껍질을 가진 動物'의 뜻을 가지고 동의 관계에 있다는 것은 다음 예문들에서 잘 확인된다. '介'의 자석이 '당아리'이고 고유어 '당아리'는 '甲虫'과 동의 관계에 있다. 따라서 '당아리'와 '甲虫'의 동의성은 명백히 입증된다.

(540) a. 介 : …甲也 <四解上 46b>
　　　b. 介 : 당아리 개 甲虫 <字會下 2a>

<541> 당아리 對 皂斗

고유어 '당아리'와 한자어 '皂斗'가 [梂] 즉 '도토리, 상수리'의 뜻을 가지고 동의 관계에 있다는 것은 다음 예문들에서 잘 확인된다. '梂'의 자석이 '당아리'이고 고유어 '당아리'는 한자어 '皂斗'와 동의 관계에 있다. 따라서 '당아리'와 '皂斗'의 동의성은 명백히 입증된다.

(541) a. 櫟 : 櫟實 도토리 <四解下 68a>

　　　b. 櫟 : 당아리 구 皂斗 <字會上 6a>

<542> 당의야지 對 螳蜋

　고유어 '당의야지'와 한자어 '螳蜋'이 [螳]과 [蜋] 즉 '사마귀, 버마제비'의 뜻을 가지고 동의 관계에 있다는 것은 다음 예문들에서 잘 확인된다. '螳'이 한자어 '螳蜋'을 뜻하고 '螳'의 자석이 '당의야지'이다. 그리고 '蜋'이 한자어 '螳蜋'을 뜻하고 '蜋'의 자석이 '당의야지'이다. 따라서 '당의야지'와 '螳蜋'의 동의성은 명백히 입증된다. 한자 '蜋'과 '蜋'은 同字이다.

　　(542) a. 螳 : 今俗呼螳蜋 <四解下 35a>

　　　　　b. 螳 : 당의야지 당 <字會上 12a>

　　(542) c. 蜋 : 螳蜋 <四解下 40a>

　　　　　d. 蜋 : 당의야지 랑 俗呼螳蜋兒 <字會上 12a>

<543> 때 對 시졀

　고유어 '때'와 한자어 '시졀'(時節)이 [時] 즉 '때, 시절'의 뜻을 가지고 동의 관계에 있다는 것은 다음 예문들에서 잘 확인된다. 원문 중 '不拘時'가 '때 혜디 말다'로 번역되고 '時應變'이 '시졀의 변홈'으로 번역된다. 따라서 '때'와 '시졀'의 동의성은 명백히 입증된다.

　　(543) a. 바타 잠깐 더우닐 때 혜디 말오 머기라(去滓微熱服不拘時) <瘡疹 34a>

　　　　　b. 때 혜디 말오 머기라(不拘時服) <瘡疹 52a>

　　　　　c. 무르닐 브툐디 때 없시 흐라(乾貼無時) <瘡疹 49a>

　　(543) d. 시졀의 변호믈 조차(隨時應變) <瘡疹 18a>

　　　　　e. 시져리 서늘치운 저글 맛나는(遇天時陰寒) <瘡疹 13b>

<544> 대공 對 梁上楹

　고유어 '대공'과 한자어 '梁上楹'이 [梲] 즉 '쪼구미, 동자기둥'의 뜻을 가지고 동의 관계에 있다는 것은 다음 예문들에서 잘 확인된다. '梲'이 한자어 '梁上楹'을 뜻하고 '梲'의 자석이 '대공'이다. 따라서 '대공'과 '梁上楹'의 동의성은 명백히 입증된다.

(544) a. 梲 : 梁上楹 <四解下 11a>

　　　b. 梲 : 대공 졀 梁上短柱 <字會中 4a>

<545> 대야 對 잔

　고유어 '대야'와 한자어 '잔'(盞) 이 [巵]와 [觴] 즉 '잔, 술잔'의 뜻을 가지고 동의 관계에 있다는 것은 다음 예문들에서 잘 확인된다. 원문 중 '半盞'이 '반 잔'으로 번역되고 '幾盞酒'가 '두서 잔 술'로 번역된다. '盞'의 자석이 '잔'이다. '巵'가 한자어 '酒巵'를 뜻하고 '巵'의 자석이 '대야'이다. 그리고 '觴'의 자석이 '잔'이고 '잔'은 한자어 '酒巵'와 동의 관계에 있다. 따라서 '대야'와 '잔'의 동의성은 명백히 입증된다.

(545) a. 반 잔만 춤기름 두워(着上半盞香酒) <번老上 21b>

　　　b. 우리 두서 잔 수를 머거(咱們喫幾盞酒) <번老上 62b>

(545) c. 盞 : 爵也 <四解上 17b>

　　　d. 盞 : 잔 잔 小杯 <字會中 7a>

(545) e. 巵 : 酒巵 <四解上 17b>

　　　f. 巵 : 대야 치 <字會中 7a>

(545) g. 觴 : 酒器 <四解下 43b>

　　　h. 觴 : 잔 샹 酒巵 總名 <字會中 7a>

<546> 대야 對 酒巵

　고유어 '대야'와 한자어 '酒巵'가 [巵] 즉 '잔, 술잔'의 뜻을 가지고 동의 관계에 있다는 것은 다음 예문에서 잘 확인된다. '巵'가 한자어 '酒巵'를 뜻한다. 그리고 '巵'의 자석이 '대야'이다. 따라서 '대야'와 '酒巵'의 동의성은 명백히 입증된다.

(546) a. 巵 : 酒巵 <四解上 17b>

　　　b. 巵 : 대야 치 <字會中 7a>

<547> 대왐플 對 白芨

　고유어 '대왐플'과 한자어 '白芨' [芨] 즉 '대왐풀, 白芨'의 뜻을 가지고 동의 관계에 있다는 것은 다음 예문에서 잘 확인된다. '芨'이 한자어 '白芨'을 뜻하고 '白芨'은 고유어 '대왐플'과 동의 관계에 있다. 따라서 '대왐플'과 '白芨'의 동의성은 명백히 입증된다.

(547) a. 芨 : 白芨 대왐플 一云 白芷也 <四解下 72b>

<548> 대쪽 對 析竹

고유어 '대쪽'과 한자어 '析竹'이 [篾] 즉 '대쪽, 대나무 조각'의 뜻을 가지고 동의 관계에 있다는 것은 다음 예문들에서 잘 확인된다. '篾'이 한자어 '析竹'을 뜻한다. 그리고 '篾'의 자석이 '대쪽'이다. 따라서 '대쪽'과 '析竹'의 동의성은 명백히 입증된다.

(548) a. 篾 : 析竹也 <四解下 4a>
     b. 篾 : 대쪽 멸 <字會下 8a>

<549> 대항 對 備火長頸瓶

고유어 '대항'과 한자어 '備火長頸瓶'가 [罌] 즉 '큰 항아리'의 뜻을 가지고 동의 관계에 있다는 것은 다음 예문들에서 잘 확인된다. '罌'이 한자어 '備火長頸瓶'를 뜻하고 '罌'의 자석이 '대항'이다. 따라서 '대항'과 '備火長頸瓶'의 동의성은 명백히 입증된다.

(549) a. 罌 : 備火長頸瓶 今俗呼罌缸 <四解下 55a>
     b. 罌 : 대항 영 <字會中 7a>

<550> 댓고의 對 竹皮

고유어 '댓고의'와 한자어 '竹皮'가 [籜] 즉 '대껍질, 죽순 껍질'의 뜻을 가지고 동의 관계에 있다는 것은 다음 예문들에서 잘 확인된다. '籜'이 한자어 '竹皮'를 뜻한다. 그리고 '籜'의 자석이 '댓고의'이다. 따라서 '댓고의'와 '竹皮'의 동의성은 명백히 입증된다.

(550) a. 籜 : 竹皮 <四解下 35a>
     b. 籜 : 댓고의 탁 <字會下 3a>

<551> 댓두러기 對 老鷹

고유어 '댓두러기'와 한자어 '老鷹'이 [老鷹] 즉 '늙은 매'의 뜻을 가지고 동의 관계에 있다는 것은 다음 예문들에서 잘 확인된다. '鷹'의 자석이 '매'이고 한자어 '老鷹'이 고유어 '댓두러기'와 동의 관계에 있다. 따라서 '댓두러기'와 '老鷹'의 동의성은 명백히 입증된다.

(551) a. 鷹 : 鷙鳥 <四解下 55a>
　　　b. 鷹 : 매 웅…老鷹 댓두러기 <字會上 8b>

<552> 댓딜위 對 海棠

고유어 '댓딜위'와 한자어 '海棠'이 [海棠] 즉 '해당화(海棠花), 때찔레꽃'의 뜻을 가지고 동의 관계에 있다는 것은 다음 예문들에서 잘 확인된다. 한자어 '海棠'이 고유어 '댓딜위'와 동의 관계에 있다. 따라서 '댓딜위'와 '海棠'의 동의성은 명백히 입증된다.

(552) a. 棠 : 棠梨 甘棠也 <四解下 35a>
　　　b. 棠 : 아가외 당…又海棠 댓딜위 <字會上 6b>

<553> 댓무수 對 蘿蔔

고유어 '댓무수'와 한자어 '蘿蔔'이 [蘿蔔], [菔] 및 [蔔] 및 [蘿] 즉 '무'의 뜻을 가지고 동의 관계에 있다는 것은 다음 예문들에서 잘 확인된다. 원문 중 '蘿蔔生葱'이 '댓무수와 파'로 번역된다. '菔'이 한자어 '蘿蔔'을 뜻하고 '蘿蔔'은 고유어 '댓무수'와 동의 관계에 있다. '蔔'의 자석이 '댓무수'이고 고유어 '댓무수'는 한자어 '蘿蔔'과 동의 관계에 있다. 그리고 '蘿'의 자석이 '댓무수'이다. 따라서 '댓무수'와 '蘿蔔'의 동의성은 명백히 입증된다.

(553) a. 댓무수와 파와 가지 잇거든 가져오라(有蘿蔔生葱茄子將來) <번老上 41a>
　　　b. 댓무수 동화(蘿蔔 冬瓜) <번老下 38a>

(553) c. 菔 : …今俗呼蘿蔔 댓무수 <四解上 4b>
　　　d. 蔔 : 蘿蔔菜亦作菔 <四解下 59b>
　　　e. 蔔 : 댓무수 복 俗呼蘿蔔 <字會上 7b>

(553) f. 蘿 : 莪蒿 又女蘿 <四解下 27a>
　　　g. 蘿 : 댓무수 라 <字會上 7b>

<554> 댓뿌리 對 地

고유어 '댓뿌리'와 한자어 '地膚'가 [膚] 즉 '댑싸리'의 뜻을 가지고 동의 관계에 있다는 것은 다음 예문들에서 잘 확인된다. '藘'가 한자어 '地藘'를 뜻하고 '地藘'는 고유어 '댓뿌리'와 동의 관계에 있다. 따라서 '댓뿌리'와 '地'의 동의성은 명백히 입증된다.

(554) a. 藘 : 地藘 藥草 댓뿌리 <四解上 38b>

(554) b. 荊 : ···今俗呼荊條 뿌리 <四解下 47a>
   c. 荊 : 가시 형···又荊條 댓뿌리 <字會上 5b>

<555> 댱방올 對 踢毬

고유어 '댱방올'과 한자어 '踢毬'가 [毬] 즉 '공, 둥글게 만들어 그 속을 털로 채운 운동구'의 뜻을 가지고 동의 관계에 있다는 것은 다음 예문들에서 잘 확인된다. '毬'의 자석이 '댱방올'이고 고유어 '댱방올'은 한자어 '踢毬'와 동의 관계에 있다. 따라서 '댱방올'과 '踢毬'의 동의성은 명백히 입증된다.

(555) a. 毬 : 댱방올 구 俗呼滾毬 踢毬 <字會中 10a>
   b. 打毬兒 : 今按質問畫成毬兒卽如本國 댱방올 注云以木刷圓 <老朴 朴下 7a>

<556> 댱숭 對 記里堡

고유어 '댱숭'과 한자어 '記里堡'가 [堠] 즉 '里程을 표시하기 위해 쌓은 돈대'의 뜻을 가지고 동의 관계에 있다는 것은 다음 예문들에서 잘 확인된다. '堠'가 한자어 '記里堡'를 뜻한다. 그리고 '堠'의 자석이 '댱숭'이다. 따라서 '댱숭'과 '記里堡'의 동의성은 명백히 입증된다.

(556) a. 堠 : 記里堡 <四解下 67b>
   b. 堠 : 댱숭 후 俗呼五里墩 <字會中 5a>

<557> 댱혀 對 桁條

고유어 '댱혀'와 한자어 '桁條'가 [桁] 즉 '도리, 석가래를 받치려고 기둥과 기술 위에 걸쳐 놓는 나무'의 뜻을 가지고 동의 관계에 있다는 것은 다음 예문들에서 잘 확인된다. '桁'이 한자어 '桁條'를 뜻하고 '桁條'는 고유어 '댱혀'와 동의 관계에 있다. 따라서 '댱혀'와 '桁條'의 동의성은 명백히 입증된다.

(557) a. 桁 : 屋橫木 今俗呼桁條 댱혀 <四解下 55b>
   b. 桁 : 도리 힝 俗呼桁條 <字會中 3a>

<558> 더그레 對 搭護

고유어 '더그레'와 한자어 '搭護'가 [搭護]와 [塔胡] 즉 '더그레, 號衣'의 뜻을 가지고 동의 관계에 있다는 것은 다음 예문들에서 잘 확인된다. 원문 중 '羅搭護'가 '로 더그레'로 번역되고 '大搭胡'가 '큰 더그레'로 번역된다. 그리고 한자어 '搭護'가 고유어 '더그레'와 동의 관계에 있다. 따라서 '더그레'와 '搭護'의 동의성은 명백히 입증된다.

(558) a. 야쳥 비쳬 스화문 슈질ᄒ고 금 드려 ᄧᆞᆫ 로 더그(27a) 레예(鴉青綉四花織金羅搭護) <번朴上 27b>

　　　b. 흰 로 큰 더그레예(白羅大搭胡) <번老下 50a>

　　　c. 우희는 졔(50a) 실로 슈질 노ᄒᆞᆫ 흰 민 紗 더그레(上頭繡銀條紗搭胡) <번老下 50b>

(558) d. 搭護 : …今俗呼搭護 더그레 <老朴 朴上 9a>

<559> 더데 對 瘡痂甲

고유어 '더데'와 한자어 '瘡痂甲'이 [瘖]와 [痂] 즉 '헌데 딱지'의 뜻을 가지고 동의 관계에 있다는 것은 다음 예문들에서 잘 확인된다. 원문 중 '瘡痂'가 '힁역 더데'로 번역된다. 그리고 '瘖'가 한자어 '瘡痂甲'을 뜻하고 '瘖'의 자석이 '더데'이다. 따라서 '더데'와 '瘡痂甲'의 동의성은 명백히 입증된다.

(559) a. 힁역 더데 이믜 ᄣᅥ러듀ᄃᆡ(瘡痂已落) <瘡疹 24a>

　　　b. 힁역 더데 수이 ᄣᅥ러디여 잢간도 톄긔티 아니ᄒ고(使瘡痂易落百無滯礙) <瘡疹 22a>

(559) c. 瘖 : 瘡痂甲 <四解下 29b>

　　　d. 瘖 : 더데 차 <字會中 17a>

<560> 더데 對 疙㾌

고유어 '더데'와 한자어 '疙㾌'가 [痂] 즉 '헌데 딱지'의 뜻을 가지고 동의 관계에 있다는 것은 다음 예문들에서 잘 확인된다. 원문 중 '痂落'이 '더데 ᄣᅥ러디다'로 번역되고 '黑痂'가 '거믄 더데'로 번역되고 '成痂'가 '더데 짓다'로 번역된다. 그리고 '痂'의 자석이 '더데'이고 고유어 '더데'는 한자어 '疙㾌'와 동의 관계에 있다. 따라서 '더데'와 '疙㾌'의 동의성은 명백히 입증된다.

(560) a. 더데 ᄣᅥ러딘 후에(痂落後) <瘡疹 68b>

b. 거믄 더데 지서 됴흐니라(成黑痂乃愈) <瘡疹 68a>

c. 누른 더데 지슬 저긔(成黃痂時) <瘡疹 68b>

d. 힝역이 더데 짓고져 홀 제(瘡疹欲成痂時) <瘡疹 69a>

e. 더데 지서 됴흐니라(成痂乃差) <瘡疹 68a>

(560) f. 痂 : 瘡生肉其所蛻乾甲爲痂 더데 <四解下 30b>

g. 痂 : 더데 가 俗稱疙瘩 <字會中 17a>

<561> 더펄가히 對 獅子狗

고유어 '더펄가히'와 한자어 '獅子狗'가 [厖] 즉 '더펄개, 털이 많은 개'의 뜻을 가지고 동의 관계에 있다는 것은 다음 예문들에서 잘 확인된다. '厖'이 '犬多毛者'를 뜻한다. 그리고 '厖'의 자석이 '더펄가히'이고 고유어 '더펄가히'는 한자어 '獅子狗'와 동의 관계에 있다. 따라서 '더펄가히'와 '獅子狗'의 동의성은 명백히 입증된다.

(561) a. 厖 : 犬多毛者 <四解下 37a>

b. 厖 : 더펄가히 방 俗呼獅子狗 <字會上 10b>

<562> 떡 對 麪餐

고유어 '떡'과 한자어 '麪餐'가 [餅] 즉 '떡, 밀 또는 보릿가루로 만든 떡'의 뜻을 가지고 동의 관계에 있다는 것은 다음 예문들에서 잘 확인된다. 원문 중 '麪的餅'이 '굴 잇 떡'으로 번역된다. 그리고 '餅'이 한자어 '麪餐'를 뜻하고 '餅'의 자석이 '떡'이다. 따라서 '떡'과 '麪餐'의 동의성은 명백히 입증된다.

(562) a. 서 근 굴 옷 떡 밍글라(打着三斤麪的餅着) <번老上 20b>

(562) b. 餅 : 麪餐 <四解下 50a>

c. 餅 : 떡 병 <字會中 10b>

<563> 떡 對 米餅

고유어 '떡'과 한자어 '米餅'이 [餌] 즉 '떡'의 뜻을 가지고 동의 관계에 있다는 것은 다음 예문들에서 잘 확인된다. '餌'가 한자어 '米餅'을 뜻한다. 그리고 '餌'의 자석이 '떡'이다. 따라서 '떡'과 '米餅'의 동의성은 명백히 입증된다.

(563) a. 餌 : 食也 又米餅 <四解上 23a>

　　　b. 餌 : 食也 又粉餅 <四解上 23a>

　　　c. 餌 : 떡 이 <字會中 10b>

<564> 떡 對 粉養

고유어 ‘떡’과 한자어 ‘粉養’가 [饌] 즉 ‘단자(團養), 경단(瓊團)’의 뜻을 가지고 동의 관계에 있다는 것은 다음 예문들에서 잘 확인된다. ‘饌’가 한자어 ‘粉養’를 뜻한다. 그리고 ‘饌’의 자석이 ‘떡’이다. 따라서 ‘떡’과 ‘粉養’의 동의성은 명백히 입증된다.

(564) a. 饌 : 粉養 <四解下 18b>

　　　b. 饌 : 떡 고 <字會中 10b>

<565> 떨기 對 草叢生皃

고유어 ‘떨기’와 한자어 ‘草叢生皃’가 [叢]과 [苞] 즉 ‘떨기, 풀·나무 등의 무더기’의 뜻을 가지고 동의 관계에 있다는 것은 다음 예문들에서 잘 확인된다. ‘叢’이 한자어 ‘草叢生皃’를 뜻하고 ‘叢’의 자석이 ‘떨기’이다. 그리고 ‘苞’의 자석이 ‘떨기’이고 고유어 ‘떨기’는 한자어 ‘草叢生’과 동의 관계에 있다. 따라서 ‘떨기’와 ‘草叢生皃’의 동의성은 명백히 입증된다. 한자 ‘叢’과 ‘叢’은 同字이다.

(565) a. 叢 : 草叢生皃 <四解上 5a>

　　　b. 叢 : 떨기 총 <字會下 2b>

(565) c. 苞 : 草名 <四解下 20a>

　　　d. 苞 : 떨기 포 草叢生 <字會下 2b>

<566> 떼 對 大桴

고유어 ‘떼’와 한자어 ‘大桴’가 [簿] 즉 ‘큰 뗏목’의 뜻을 가지고 동의 관계에 있다는 것은 다음 예문들에서 잘 확인된다. ‘簿’의 자석이 ‘떼’이고 고유어 ‘떼’는 한자어 ‘大桴’와 동의 관계에 있다. 따라서 ‘떼’와 ‘大桴’의 동의성은 명백히 입증된다.

(566) a. 簿 : 筏也 <四解上 44a>

　　　b. 簿 : 떼 패 大桴 <字會中 12b>

<567> 떼 對 桴筏

고유어 '떼'와 한자어 '桴筏'이 [筏] 즉 '뗏목, 때'의 뜻을 가지고 동의 관계에 있다는 것은 다음 예문들에서 잘 확인된다. '筏'이 한자어 '桴筏'을 뜻한다. 그리고 '筏'의 자석이 '떼'이다. 따라서 '떼'와 '桴筏'의 동의성은 명백히 입증된다.

(567) a. 筏 : 桴筏 <四解上 81a>
       b. 筏 : 떼 벌 <字會中 12b>

<568> 뎌 對 三孔笛

고유어 '뎌'와 한자어 '三孔笛'이 [籥] 즉 '세 구멍 피리'의 뜻을 가지고 동의 관계에 있다는 것은 다음 예문들에서 잘 확인된다. '籥'이 한자어 '三孔笛'을 뜻한다. 그리고 '籥'의 자석이 '뎌'이다. 따라서 '뎌'와 '三孔笛'의 동의성은 명백히 입증된다.

(568) a. 籥 : 三孔笛 <四解下 44b>
       b. 籥 : 뎌 약 如笛三孔 <字會中 16a>

<569> 뎌 對 如笛六孔

고유어 '뎌'와 한자어 '如笛六孔'이 [管] 즉 '피리'의 뜻을 가지고 동의 관계에 있다는 것은 다음 예문들에서 잘 확인된다. '管'이 '如笛'을 뜻한다. 그리고 '管'의 자석이 '뎌'이고 고유어 '뎌'는 한자어 '如笛六孔'과 동의 관계에 있다. 따라서 '뎌'와 '如笛六孔'의 동의성은 명백히 입증된다.

(569) a. 管 : …又同下 <四解上 72a>
       b. 筦 : 如笛 <四解上 72a>
       c. 管 : 뎌 관 如笛六孔 <字會中 16a>

<570> 뎌 對 七孔管

고유어 '뎌'와 한자어 '七孔管'이 [笛]와 [笛兒] 즉 '저, 일곱 구멍의 피리'의 뜻을 가지고 동의 관계에 있다는 것은 다음 예문들에서 잘 확인된다. 원문 중 '吹笛兒'가 '뎌 불다'로 번역된다. 그리고 '笛'이 한자어 '七孔管'을 뜻하고 '笛'의 자석이 '뎌'이다. 따라서 '뎌'와 '七孔管'의 동의성은 명백히 입증된다.

(570) a. 이제 다대 놀애 브르며 뎌 불라(如今唱達達曲兒 吹笛兒着) <번朴上 7a>

(570) b. 笛 : 七孔管 <四解下 49b>

      c. 笛 : 뎌 뎍 七孔 <字會中 16a>

<571> 뎌고리 對 啄木官

고유어 '뎌고리'와 한자어 '啄木官'이 [鴷] 즉 '딱따구리'의 뜻을 가지고 동의 관계에 있다는 것은 다음 예문에서 잘 확인된다. '鴷'의 자석이 '뎌고리'이고 고유어 '뎌고리'는 한자어 '啄木官'과 동의 관계에 있다. 따라서 '뎌고리'와 '啄木官'의 동의성은 명백히 입증된다.

    (571) a. 鴷 : 뎌고리 렬 啄木也 俗呼啄木官 <字會上 8b>

<572> 뎌기 對 踢氊子

고유어 '뎌기'와 한자어 '踢子'가 [氊] 즉 '제기'의 뜻을 가지고 동의 관계에 있다는 것은 다음 예문들에서 잘 확인된다. '氊'의 자석이 '뎌기'이고 고유어 '뎌기'는 한자어 '踢子'와 동의 관계에 있다. 따라서 '뎌기'와 '踢子'의 동의성은 명백히 입증된다.

    (572) a. 氊 : 뎌기 견 小兒踢者 俗呼踢子 <字會中 10a>

      b. 겨슬내 뎌기 츠며(一冬裏踢建子) <번朴上 18a>

<573> 뎔 對 佛寺

고유어 '뎔'과 한자어 '佛寺'가 [寺] 즉 '절'의 뜻을 가지고 동의 관계에 있다는 것은 다음 예문들에서 잘 확인된다. '寺'가 한자어 '佛寺'를 뜻하고 '寺'의 자석이 '뎔'이다. 따라서 '뎔'과 '佛寺'의 동의성은 명백히 입증된다.

    (573) a. 寺 : …官寺 又佛寺 <四解上 13b>

      b. 寺 : 뎔 ᄉ <字會中 5b>

<574> 뎔 對 僧寺

고유어 '뎔'과 한자어 '僧寺'가 [刹] 즉 '절'의 뜻을 가지고 동의 관계에 있다는 것은 다음 예문들에서 잘 확인된다. '刹'이 한자어 '僧寺'를 뜻한다. 그리고 '刹'의 자석이 '뎔'이고 고유어 '뎔'은 한자어 '僧寺'와 동의 관계에 있다. 따라서 '뎔'과 '僧寺'의 동의성은 명백히 입증된다.

(574) a. 刹 : 幡柱 又僧寺 <四解上 78b>

　　　b. 刹 : 뎔 찰 僧寺 又幡柱 <字會中 5b>

<575> 뎝개 對 箭靫

　　고유어 '뎝개'와 한자어 '箭靫'가 [靫] 즉 '전동(箭筒) , 화살통'의 뜻을 가지고 동의 관계에 있다는 것은 다음 예문들에서 잘 확인된다. '靫'가 고유어 '뎝개'를 뜻하고 '뎝개'는 한자어 '箭靫'와 동의 관계에 있다. 따라서 '뎝개'와 '箭靫'의 동의성은 명백히 입증된다.

　　(575) a. 靫 : 轞靫 箭室 <四解下 29b>

　　　　b. 靫 : 동개 차 俗呼 뎝개 曰箭靫 <字會中 14b>

<576> 뎡가 對 荊芥

　　고유어 '뎡가'와 한자어 '荊芥'가 [荊芥] 즉 '정가, 형개'의 뜻을 가지고 동의 관계에 있다는 것은 다음 예문들에서 잘 확인된다. '芥'가 고유어 '뎡가'를 뜻하고 '뎡가'는 한자어 '荊芥'와 동의 관계에 있다. 그리고 '升麻 荊芥'가 '승마 형개'로 번역된다. 따라서 '뎡개'와 '荊芥'의 동의성은 명백히 입증된다.

　　(576) a. 芥 : 辛菜 <四解上 46b>

　　　　b. 芥 : … 又뎡가 曰荊芥 <字會上 7b>

　　(576) c. 감초 승마 형개 (甘草 升麻 荊芥) <瘡疹 41b>

<577> 뎡바기 對 頭上

　　고유어 '뎡바기'와 한자어 '頭上'이 [頂] 즉 '정수리, 頂門'의 뜻을 가지고 동의 관계에 있다는 것은 다음 예문들에서 잘 확인된다. '頂'이 한자어 '頭上'을 뜻한다. 그리고 '頂'의 자석이 '뎡바기'이다. 따라서 '뎡바기'와 '頭上'의 동의성은 명백히 입증된다.

　　(577) a. 頂 : 頭上 <四解下 48a>

　　　　b. 頂 : 뎡바기 뎡 頭上顚 <字會上 13a>

<578> 도관 對 坩堝

　　고유어 '도관'과 한자어 '坩堝'가 [坩]과 [堝] 즉 '도가니, 쇠붙이를 녹이는 데 쓰는 그릇'의 뜻을 가지고 동의 관계에 있다는 것은 다음 예문들에서 잘 확인된다. '坩'이 한자어 '坩堝'를 뜻하고 '坩堝'는 고유어 '도관'과 동의 관계에 있다. '坩'의 자석이 '도관'이다. '堝'가 한자어 '坩堝'를 뜻한다. 그리고 '堝'의 자석이 '도관'이고 고유어 '도관'은 한자어 '坩堝'와 동의 관계에 있다. 따라서 '도관'과 '坩堝'의 동의성은 명백히 입증된다.

> (578) a. 坩 : 坩堝…도관 <四解下 75b>
>   b. 坩 : 도관 감 <字會中 8b>

> (578) c. 堝 : 坩堝 <四解下 27b>
>   d. 堝 : 도관 과 坩堝 <字會中 8b>

<579> 도랏 對 苦蕑

고유어 '도랏'과 한자어 '苦蕑'이 [苦]과 [蕑] 즉 '도라지'의 뜻을 가지고 동의 관계에 있다는 것은 다음 예문들에서 잘 확인된다. '苦'이 한자어 '苦蕑'을 뜻하고 '苦'의 자석이 '도랏'이다. '蕑'이 한자어 '苦蕑'을 뜻한다. 그리고 '蕑'의 자석이 '도랏'이고 고유어 '도랏'은 한자어 '苦蕑'과 동의 관계에 있다. 따라서 '도랏'과 '苦蕑'의 동의성은 명백히 입증된다.

> (579) a. 苦 : 苦蕑 藥草 亦作桔梗 <四解下 1b>
>   b. 苦 : 도랏 길 <字會上 7b>

> (579) c. 蕑 : 苦蕑 藥草 <四解下 57b>
>   d. 蕑 : 도랏 경 俗呼苦蕑 <字會上 7b>

<580> 도로래 對 螻蛄

고유어 '도로래'와 한자어 '螻蛄'가 [蛄]와 [螻] 즉 '땅강아지'의 뜻을 가지고 동의 관계에 있다는 것은 다음 예문들에서 잘 확인된다. '蛄'가 한자어 '螻蛄'를 뜻하고 '螻蛄'는 고유어 '도로래'와 동의 관계에 있다. 그리고 '螻'가 한자어 '螻蛄'를 뜻하고 '螻'의 자석이 '도로래'이고 고유어 '도로래'는 한자어 '螻蛄'와 동의 관계에 있다. 따라서 '도로래'와 '螻蛄'의 동의성은 명백히 입증된다.

> (580) a. 蛄 : …螻蛄 一名蛞…도로래 今俗呼土狗 <四解上 36a>
>   b. 蛄 : 도로래 고 俗呼螻蛄 又江蛄 又呼土狗 <字會上 12a>

(580) c. 螻 : 螻蛄 又螻蟻 <四解下 67b>

　　　d. 螻 : 도로래 루 <字會上 12a>

<581> 도롱태 對 鴂兒

고유어 '도롱태'와 한자어 '鴂兒'가 [鴂] 즉 '새매'의 뜻을 가지고 동의 관계에 있다는 것은 다음 예문들에서 잘 확인된다. '鴂'이 한자어 '鴂兒'를 뜻하고 '鴂兒'는 고유어 '도롱태'와 동의 관계에 있다. 그리고 '鴂'의 자석이 '도롱태'이고 고유어 '도롱태'는 한자어 '鴂兒'와 동의 관계에 있다. 따라서 '도롱태'와 '鴂兒'의 동의성은 명백히 입증된다.

(581) a. 鴂 : 似鷹而小能捕雀 今俗呼鴂兒 又曰弄鬪兒 도롱태 <四解上 8a>

　　　b. 鴂 : 도롱태 숑 俗呼鴂兒 又呼弄鬪兒 <字會上 8b>

<582> 도리 對 桁條

고유어 '도리'와 한자어 '桁條'가 [桁] 즉 '도리, 서까래를 받치기 위해 기둥과 기둥 위에 걸쳐 놓은 나무'의 뜻을 가지고 동의 관계에 있다는 것은 다음 예문들에서 잘 확인된다. '桁'의 자석이 '도리'이고 고유어 '도리'는 한자어 '桁條'와 동의 관계에 있다. 따라서 '도리'와 '桁條'의 동의성은 명백히 입증된다.

(582) a. 桁 : 掛衣竹竿 <四解下 39b>

　　　b. 桁 : 도리 힝 俗呼桁條 <字會中 7b>

<583> 도리채 對 連枷

고유어 '도리채'와 한자어 '連枷'가 [枷] 즉 '도리깨, 연가'의 뜻을 가지고 동의 관계에 있다는 것은 다음 예문들에서 잘 확인된다. '枷'가 '打穀具'로서 '連枷'를 뜻하고 한자어 '連枷'는 고유어 '도리채'와 동의 관계에 있다. 그리고 '枷'의 자석이 '도리채'이고 고유어 '도리채'는 한자어 '連枷'와 동의 관계에 있다. 따라서 '도리채'와 '連枷'의 동의성은 명백히 입증된다.

(583) a. 枷 : 打穀具 今俗呼連枷 도리채 <四解下 30b>

　　　b. 枷 : 도리채 가 俗呼連枷 <字會中 9a>

<584> 도마 對 궤

고유어 '도마'와 한자어 '궤'(几) 가 [几] 즉 '책상'의 뜻을 가지고 동의 관계에 있다는 것은 다음 예문들에서 잘 확인된다. 원문 중 '几案'이 '궤며 셔안'으로 번역된다. 그리고 '几'가 한자 '机'와 同義이고 '机'의 자석이 '도마'이다. 따라서 '도마'와 '궤'의 동의성은 명백히 입증된다.

(584) a. 或 궤며 셔안의 흐러 이시며(或有狼籍几案ᄒ며) <번小八 39b>

(584) b. 几 : 案也 <四解上 23b>
　　　c. 机 : 同 <四解上 23b>
　　　d. 机 : 도마 궤 机案 <字會中 6a>

<585> 도마 對 机案

고유어 '도마'와 한자어 '机案'이 [案]와 [机] 즉 '책상'의 뜻을 가지고 동의 관계에 있다는 것은 다음 예문들에서 잘 확인된다. 원문 중 '案上'이 '도마 우ㅎ'로 번역된다. '案'의 자석이 '글월'이고 한자어 '机案'이 고유어 '도마'와 동의 관계에 있다. 그리고 '机'의 자석이 '도마'이고 고유어 '도마'는 한자어 '机案'과 동의 관계에 있다. 따라서 '도마'와 '机案'의 동의성은 명백히 입증된다.

(585) a. 이 부릅 ᄉ싯 짓 도마 우희 도틱 고기 사라 가라(這間壁肉案上買猪肉去) <번老上 20b>

(585) b. 案 : 几屬 <四解上 71b>
　　　c. 案 : 글월 안…又机案 도마 <字會上 18b>

(585) d. 几 : 案也 <四解上 23b>
　　　e. 机 : 同 <四解上 23b>
　　　f. 机 : 도마 궤 机案 <字會中 6a>

<586> 도마비얌 對 蝘蜓

고유어 '도마비얌'과 한자어 '蝘蜓'이 [蠑] 즉 '도마뱀'의 뜻을 가지고 동의 관계에 있다는 것은 다음 예문들에서 잘 확인된다. '蠑'의 자석이 '도마비얌'이고 고유어 '도마비얌'은 한자어 '蝘蜓'과 동의 관계에 있다. 따라서 '도마비얌'과 '蝘蜓'의 동의성은 명백히 입증된다.

(586) a. 蠑 : 蠑蝘 도마비얌 <四解下 64a>
　　　b. 蠑 : 도마비얌 영 在壁曰蝘蜓 <字會上 12a>

<587> 도마비얌 對 蠑蚖

고유어 '도마비얌'과 한자어 '蠑蚖'이 [蚖]과 [蠑蚖] 즉 '도마뱀'의 뜻을 가지고 동의 관계에 있다는 것은 다음 예문들에서 잘 확인된다. '蚖'이 한자어 '蠑蚖'을 뜻하고 '蠑蚖'은 고유어 '도마비얌'과 동의 관계에 있다. 그리고 '蚖'의 자석이 '도마비얌'이고 고유어 '도마비얌'은 한자어 '蠑蚖'과 동의 관계에 있다. 따라서 '도마비얌'과 '蠑蚖'의 동의성은 명백히 입증된다.

(587) a. 蚖 : 蠑蚖 도마비얌 <四解下 12b>
b. 蚖 : 도마비얌 원 在草曰蠑蚖 <字會上 12a>

<588> 도마비얌 對 蠑螈

고유어 '도마비얌'과 한자어 '蠑螈'이 [蠑] 즉 '도마뱀'의 뜻을 가지고 동의 관계에 있다는 것은 다음 예문들에서 잘 확인된다. '蠑'이 한자어 '蠑螈'을 뜻하고 '蠑螈'은 고유어 '도마비얌'과 동의 관계에 있다. 그리고 '蠑'의 자석이 '도마비얌'이다. 따라서 '도마비얌'과 '蠑螈'의 동의성은 명백히 입증된다.

(588) a. 蠑 : 蠑螈 도마비얌 <四解下 64a>
b. 蠑 : 도마비얌 영 在壁曰蝘蜓 <字會上 12a>

<589> 도산 對 人事

고유어 '도산'과 한자어 '人事'가 [人事] 즉 '사람에게 주는 예물'의 뜻을 가지고 동의 관계에 있다는 것은 다음 예문들에서 잘 확인된다. 원문 중 '與你人事'가 '너를 도산 주다'로 번역된다. 그리고 '人事'는 고유어 '도산'을 뜻한다. 따라서 '도산'과 '人事'의 동의성은 명백히 입증된다.

(589) a. 만히 너를 도산 주마(多多的與你人事) <번朴上 48b>
b. 人事 : 土産 俗도산 <老朴 朴上 12b>

<590> 도야기 對 반

고유어 '도야기'와 한자어 '반'(瘢) 이 [瘢]의 뜻을 가지고 동의 관계에 있다는 것은 다음 예문들에서 잘 확인된다. 원문 중 '瘢疹'이 '도야기와 여즈자기'로 번역되고 '爲瘢'이 '반이다'로 번역된다. 따라서 '도야기'와 '반'의 동의성은 명백히 입증된다.

(590) a. 도(4a)야기와 여즈자기와는 다 효그니라(瘢疹皆小) <瘡疹 4b>
b. 효고미 도야기예셔 벅고(小次於瘢瘡) <瘡疹 4a>

(590) c. 심장 반이니 일후미 도야기라(心癖疹) <瘡疹 4a>

<591> 도아마늘 對 獨蒜

고유어 '도아먀늘'과 한자어 '獨蒜'이 [獨蒜] 즉 '외톨 마늘'의 뜻을 가지고 동의 관계에 있다는 것은 다음 예문들에서 잘 확인된다. '蒜'의 자석이 '마늘'이고 한자어 '獨蒜'이 고유어 '도야마늘'과 동의 관계에 있다. 따라서 '도야마늘'과 '獨蒜'의 동의성은 명백히 입증된다.

(591) a. 蒜 : 葷菜 <四解上 75b>
b. 蒜 : 마늘 숸 一名葫又…獨蒜 도아마늘 <字會上 7a>

<592> 도의 對 買賤賣貴

고유어 '도의'와 한자어 '買賤賣貴'가 [販] 즉 '물건을 사서 전매하여 이익을 얻는 일'의 뜻을 가지고 동의 관계에 있다는 것은 다음 예문들에서 잘 확인된다. '販'이 한자어 '買賤賣貴'를 뜻한다. 그리고 '販'의 자석이 '도의'이고 고유어 '도의'는 한자어 '買賤賣貴'와 동의 관계에 있다. 따라서 '도의'와 '買賤賣貴'의 동의성은 명백히 입증된다.

(592) a. 販 : 買賤賣貴 <四解上 80a>
b. 販 : 도의 판 買賤賣貴曰販 <字會東中本下 21b>

<593> 도장 對 閨閤

고유어 '도장'과 한자어 '閨閤'이 [閨]와 [閤] 즉 '궁중의 작은 문'의 뜻을 가지고 동의 관계에 있다는 것은 다음 예문들에서 잘 확인된다. '閨'가 한자어 '閨閤'을 뜻하고 '閨'의 자석이 '도장'이다. 그리고 '閤'의 자석이 '도장'이다. 따라서 '도장'과 '閨閤'의 동의성은 명백히 입증된다.

(593) a. 閨 : 閨閤 <四解上 48a>
b. 閨 : 도장 규 大曰閨 <字會中 3a>

(593) c. 閤 : 內中小門 <四解下 75a>
d. 閤 : 도장 합 小曰閤 <字會中 3a>

<594> 도지게 對 正弓努器

고유어 '도지게'와 한자어 '正弓努器'가 [檠]과 [弩] 즉 '도지개, 활을 바로잡는 틀'의 뜻을 가지고 동의 관계에 있다는 것은 다음 예문들에서 잘 확인된다. '檠'이 한자어 '正弓努器'를 뜻한다. 그리고 '弩'의 자석이 '도지게'이다. 따라서 '도지개'와 '正弓努器'의 동의성은 명백히 입증된다.

(594) a. 檠 : 正弓努器 <四解下 48a>
　　　 b. 檠 : 所以正弓 <四解下 48a>

(594) c. 弩 : 도지게 경 通作檠 <字會下 5a>

<595> 도죽 對 寇賊

고유어 '도죽'과 한자어 '寇賊'이 [賊]과 [寇] 즉 '도둑'의 뜻을 가지고 동의 관계에 있다는 것은 다음 예문들에서 잘 확인된다. 원문 중 '群賊'이 '모든 도죽'으로 번역되고 '那賊'이 '그 도죽'으로 번역되고 '賊讎'가 '도죽과 원슈'로 번역된다. '賊'이 한자어 '寇賊'을 뜻하고 '賊'의 자석이 '도죽'이다. 그리고 '寇'가 한자어 '寇賊'을 뜻하고 '寇'의 자석이 '도죽'이다. 따라서 '도죽'과 '寇賊'의 동의성은 명백히 입증된다.

(595) a. 모든 도죽이 브리고 가니라(群賊이 乃捨之餌去ᄒᆞ니라) <번小九 66b>
　　　 b. 그 도즈기 그 사ᄅᆞ민 젼대 가져다가(那賊將那人的纏帶) <번老上 28a>
　　　 c. 뒤헤 흔 ᄆᆞᆯ 튼 도즈기(後頭有一箇騎馬的賊) <번老上 29a>
　　　 d. 그 도즈글 흔 삸 고래 에워(把那賊圍在一箇山峪裏) <번老上 30a>
　　　 e. ᄌᆞ조 도죽을 맛나(數遇賊ᄒᆞ야) <번小九 20b>
　　　 f. 아쳐러 호ᄆᆞᆯ 도죽(41b)과 원슈 ᄀᆞ티 너기더니(患若賊讎ᄒᆞᄂᆞ니) <번小七 42a>

(595) g. 賊 : 寇賊 <四解下 60b>
　　　 h. 賊 : 도죽 적 <字會中 2b>

(595) i. 寇 : 寇賊 <四解下 65a>
　　　 j. 寇 : 도죽 구 <字會中 2b>

<596> 도죽 對 盜賊

고유어 '도죽'과 한자어 '盜賊'이 [盜] 즉 '도둑'의 뜻을 가지고 동의 관계에 있다는 것은 다음 예문들에서 잘 확인된다. 원문 중 '竊盜'가 'ᄀᆞ만흔 盜賊 ᄒᆞ다'로 번역된다. 그리고 '盜'가 한자어 '盜賊'을 뜻하고 '盜'의 자석이 '도즉'이다. 따라서 '도즉'과 '盜賊'의 동의성은 명백히 입증된다.

(596) a. ᄀ만ᄒᆞᆫ 盜賊 ᄒᆞ거든 내틀디니라(竊盜去ㅣ 니라) <번小三 22b>

(596) b. 盜：盜賊 <四解下 19b>
　　　c. 盜：도즉 도 <字會中 2b>

<597> 도치 對 大斧

고유어 '도치'와 한자어 '大斧'가 [鉞] 즉 '도끼, 큰 도끼'의 뜻을 가지고 동의 관계에 있다는 것은 다음 예문들에서 잘 확인된다. '鉞'이 한자어 '大斧'를 뜻한다. 그리고 '鉞'의 자석이 '도치'이다. 따라서 '도치' 와 '大斧'의 동의성은 명백히 입증된다.

(597) a. 鉞：大斧 <四解下 10a>
　　　b. 鉞：도치 월 俗呼鉞斧 <字會中 14a>

<598> 도치 對 鉞斧

고유어 '도치'와 한자어 '鉞斧'가 [鉞] 즉 '도끼, 큰 도끼'의 뜻을 가지고 동의 관계에 있다는 것은 다음 예문들에서 잘 확인된다. '鉞'의 자석이 '도치'이고 고유어 '도치'는 한자어 '鉞斧'와 동의 관계에 있다. 따라서 '도치'와 '鉞斧'의 동의성은 명백히 입증된다.

(598) a. 鉞：大斧 <四解下 10a>
　　　b. 鉞：도치 월 俗呼鉞斧 <字會中 14a>

<599> 도치 對 鐵鉞

고유어 '도치'와 한자어 '鐵鉞'이 [斧]와 [鏚] 즉 '쇠로 만든 큰 도끼'의 뜻을 가지고 동의 관계에 있다는 것은 다음 예문들에서 잘 확인된다. 원문 중 '小斧'가 '쟈근 도치'로 번역된다. '斧'가 한자어 '鐵鉞'을 뜻하고 '斧'의 자석이 '도치'이다. 그리고 '鏚'이 한자 '斧'와 同義이고 '鏚'의 자석이 '도치'이다. 따라서 '도치'와 '鐵鉞'의 동의성은 명백히 입증된다.

(599) a. 朴云이 쟈근 도치 가지고(云持小斧) <속三孝 19a>

(599) b. 斧：斫也 一名鐵鉞 <四解上 39a>

c. 斧 : 도치 부 <字會中 8b>

(599) d. 鏚 : 斧也 <四解下 52a>

　　e. 鏚 : 도치 척 <字會中 14a>

<600> 도토리 對 檪實

고유어 '도토리'와 한자어 '檪實'이 [橡]과 [梂] 즉 '도토리, 상수리, 상수리나무의 열매'의 뜻을 가지고 동의 관계에 있다는 것은 다음 예문들에서 잘 확인된다. '橡'이 한자어 '檪實'을 뜻하고 '橡'의 자석이 '도토리'이다. 그리고 '梂'가 한자어 '檪實'을 뜻하고 '檪實'은 고유어 '도토리'와 동의 관계에 있다. 따라서 '도토리'와 '檪實'의 동의성은 명백히 입증된다.

(600) a. 橡 : 檪實 <四解下 42a>

　　b. 橡 : 도토리 샹 <字會上 6a>

(600) c. 梂 : 檪實 도토리 <四解下 68a>

<601> 도토리 對 芧栗

고유어 '도토리'와 한자어 '芧栗'이 [芧] 즉 '도토리'의 뜻을 가지고 동의 관계에 있다는 것은 다음 예문들에서 잘 확인된다. '芧'가 한자어 '芧栗'을 뜻한다. 그리고 '芧'의 자석이 '도토리'이고 고유어 '도토리'는 한자어 '芧栗'과 동의 관계에 있다. 따라서 '도토리'와 '芧栗'의 동의성은 명백히 입증된다.

(601) a. 芧 : 橡實曰芧栗 <四解上 31b>

　　b. 芧 : 도토리 셔 芧栗 <字會上 6a>

<602> 도토리 對 小栗

고유어 '도토리'와 한자어 '小栗'이 [梠] 즉 '산밤나무'의 뜻을 가지고 동의 관계에 있다는 것은 다음 예문들에서 잘 확인된다. '梠'가 한자어 '小栗'을 뜻한다. 그리고 '梠'의 자석이 '도토리'이다. 따라서 '도토리'와 '小栗'의 동의성은 명백히 입증된다.

(602) a. 梠 : …又小栗 <四解上 22b>

　　b. 梠 : 도토리 싀 <字會上 6a>

<604> 도토마리 對 機頭

고유어 '도토리'와 한자어 '機頭'가 [幐] 즉 '바디, 베틀에서 날을 꿰어 씨를 치는 기구'의 뜻을 가지고 동의 관계에 있다는 것은 다음 예문에서 잘 확인된다. '幐'의 자석이 '도토마리'이고 고유어 '도토마리'는 한자어 '機頭'와 동의 관계에 있다. 따라서 '도토마리'와 '機頭'의 동의성은 명백히 입증된다.

(603) a. 幐 : 도토마리 숭 俗呼機頭 <字會中 9a>

<604> 도투랏 對 落藜草/落藜

고유어 '도투랏'과 한자어 '落藜草/落藜'가 [藜] 즉 '명아주'의 뜻을 가지고 동의 관계에 있다는 것은 다음 예문들에서 잘 확인된다. '藜'가 한자어 '落藜草'를 뜻하고 '落藜草'는 고유어 '도투랏'과 동의 관계에 있다. 그리고 '藜'의 자석이 '도투랏'이고 고유어 '도투랏'은 한자어 '落藜'와 동의 관계에 있다. 따라서 '도투랏'과 '落藜草/落藜'의 동의성은 명백히 입증된다.

(604) a. 藜 : 落藜草 도투랏 可爲杖 <四解上 28b>
　　　b. 藜 : 도투랏 례 俗呼落藜 <字會上 7b>

<605> 독 對 甕子

고유어 '독'과 한자어 '甕子'가 [甕] 즉 '큰 독, 항아리'의 뜻을 가지고 동의 관계에 있다는 것은 다음 예문들에서 잘 확인된다. '甕'이 한자어 '甕子'를 뜻하고 '甕子'는 고유어 '독'과 동의 관계에 있다. 그리고 '甕'의 자석이 '독'이고 고유어 '독'은 한자어 '甕子'와 동의 관계에 있다. 따라서 '독'과 '甕子'의 동의성은 명백히 입증된다.

(605) a. 甕 : 今俗語甕子 독 <四解下 34a>
　　　b. 甕 : 독 강 大曰甕 俗呼甕子 <字會中 7a>

<606> 돈 對 銅錢

고유어 '돈'과 한자어 '銅錢'이 [銅錢]과 [錢] 즉 '돈'의 뜻을 가지고 동의 관계에 있다는 것은 다음 예문들에서 잘 확인된다. 원문 중 '一百箇銅錢'이 '돈 일빅'으로 번역되고 '三千箇銅錢'이 '돈이 삼쳔 낯'으로 번역된다. 그리고 '錢'의 자석이 '돈'이고 고유어 '돈'은 한자어 '銅錢'과 동의 관계에 있다. 따라서 '돈'과 '銅錢'의 동의성은 명백히 입증된다.

(606) c. 錢 : 銚也 <四解下 4b>

d. 錢 : 돈 젼 俗呼銅錢 <字會下 15a>

<607> 돈 對 貨泉

고유어 '돈'과 한자어 '貨泉'이 [錢] 즉 '돈'의 뜻을 가지고 동의 관계에 있다는 것은 다음 예문들에서 잘 확인된다. 원문 중 '換錢'이 '돈 밧고오다'로 번역되고 '有錢'이 '돈니 잇다'로 번역된다. 그리고 '錢'이 한자어 '貨泉'을 뜻하고 '錢'의 자석이 '돈'이다. 따라서 '돈'과 '貨泉'의 동의성은 명백히 입증된다.

(607) a. 錢(4b) : 貨泉 <四解下 5a>

b. 錢 : 돈 젼 俗呼銅錢 <字會中 15a>

<608> 돈피 對 貂鼠

고유어 '돈피'와 한자어 '貂鼠'가 [貂鼠]와 [貂] 즉 '담비'의 뜻을 가지고 동의 관계에 있다는 것은 다음 예문들에서 잘 확인된다. 원문 중 '貂鼠皮'가 '돈피 털'로 번역된다. '貂'가 한자어 '貂鼠'를 뜻하고 '貂鼠' 는 고유어 '돈피'와 동의 관계에 있다. 그리고 '貂'의 자석이 '돈피'이고 고유어 '돈피'는 한자어 '貂鼠'와 동의 관계에 있다. 따라서 '돈피'와 '貂鼠'의 동의성은 명백히 입증된다.

(608) a. 쏘 돈피 털 간과이 우희 다 금딩ᄌ 잇더라(又有貂鼠皮狐帽 上頭都有金頂子) <번老下 52b>

(608) b. 貂 : 今俗呼貂鼠 돈피 <四解下 13b>

c. 貂 : 돈피 툐 俗呼貂鼠 <字會上 13b>

<609> 돌 對 橋梁

고유어 '돌'과 한자어 '橋梁'이 [梁] 즉 '다리, 교량'의 뜻을 가지고 동의 관계에 있다는 것은 다음 예문 들에서 잘 확인된다. '梁'이 한자어 '橋梁'을 뜻한다. 그리고 '梁'의 자석이 '돌'이다. 따라서 '돌'과 '橋梁' 의 동의성은 명백히 입증된다.

(609) a. 梁 : 橋梁 <四解下 45a>

b. 梁 : 돌 량 水橋也 <字會上 2b>

<610> 돌 對 水橋

고유어 '돌'과 한자어 '水橋'가 [梁] 즉 '다리'의 뜻을 가지고 동의 관계에 있다는 것은 다음 예문들에서 잘 확인된다. '梁'의 자석이 '돌'이고 고유어 '돌'은 한자어 '水橋'와 동의 관계에 있다. 따라서 '돌'과 '水橋'의 동의성은 명백히 입증된다.

(610) a. 梁 : 橋梁 <四解下 45a>
　　　 b. 梁 : 돌 량 水橋也 <字會上 2b>

<611> 돌 對 暗礁

고유어 '돌'과 한자어 '暗礁'가 [礁] 즉 '물에 잠긴 바위, 暗礁'의 뜻을 가지고 동의 관계에 있다는 것은 다음 예문들에서 잘 확인된다. '礁'의 자석이 '돌'이고 고유어 '돌'은 한자어 '暗礁'와 동의 관계에 있다. 따라서 '돌'과 '暗礁'의 동의성은 명백히 입증된다.

(611) a. 礁 : 海中石 <四解下 15b>
　　　 b. 礁 : 돌 쵸 水底尖石 船行所忌 俗稱暗礁 <字會上 2b>

<612> 돌 對 海中石

고유어 '돌'과 한자어 '海中石'이 [礁] 즉 '물에 잠긴 바위, 暗礁'의 뜻을 가지고 동의 관계에 있다는 것은 다음 예문들에서 잘 확인된다. '礁'가 한자어 '海中石'을 뜻하고 '礁'의 자석이 '돌'이다. 따라서 '돌'과 '海中石'의 동의성은 명백히 입증된다.

(612) a. 礁 : 海中石 <四解下 15b>
　　　 b. 礁 : 돌 쵸…俗稱暗礁 <字會上 2b>

<613> 돐 對 周年

고유어 '돐'과 한자어 '周年'이 [期], [朞] 및 [周年] 즉 '돐, 일주년'의 뜻을 가지고 동의 관계에 있다는 것은 다음 예문들에서 잘 확인된다. 원문 중 '期而小祥'이 '돐새 小祥ᄒ다'로 번역되고 '限至周年'이 'ᄒᆫ 돐새 긔ᄒᆫᄒ다'로 번역된다. 그리고 '朞'가 한자어 '周年'을 뜻한다. 따라서 '돐'과 '周年'의 동의성은 명백히 입증된다.

(613) a. 돐새 小祥ᄒ고는 ᄂᆞ믈와 과실 머그며 ᄯᅩ 돐새 大祥ᄒ고는 초와 쟝과 먹ᄂᆞ니라(期而小祥앤 食菜果ᄒ며 又期大祥앤 食醯醬이니라) <번小七 11a>

b. 흔 돌새 긔흔ᄒᆞ야(限至周年) <번朴上 34a>

(613) c. 朞(23a) : 周年 <四解上 23b>

<614> 돗 對 鋪陳

고유어 '돗'과 한자어 '鋪陳'이 [筵] 즉 '대자리, 대를 겯어 만든 자리'의 뜻을 가지고 동의 관계에 있다는 것은 다음 예문들에서 잘 확인된다. '筵'이 한자어 '鋪陳'을 뜻한다. 그리고 '筵'의 자석이 '돗'이다. 따라서 '돗'과 '鋪陳'의 동의성은 명백히 입증된다.

(614) a. 筵 : 鋪陳曰筵 <四解下 7b>
　　　 b. 돗 연 俗謂宴曰筵席 <字會中 6b>

<615> 돗바ᄂᆞᆯ 對 大鍼

고유어 '돗바ᄂᆞᆯ'과 한자어 '大鍼'이 [鈹] 즉 '大鍼, 넓직한 침'의 뜻을 가지고 동의 관계에 있다는 것은 다음 예문들에서 잘 확인된다. '鈹'가 한자어 '大鍼'을 뜻한다. 그리고 '鈹'의 자석이 '돗바ᄂᆞᆯ'이다. 따라서 '돗바ᄂᆞᆯ'와 '大鍼'의 동의성은 명백히 입증된다.

(615) a. 鈹 : 大鍼 <四解上 15b>
　　　 b. 鈹 : 돗바ᄂᆞᆯ 피 俗稱鈹針 <字會中 8b>

<616> 돗바ᄂᆞᆯ 對 鈹針

고유어 '돗바ᄂᆞᆯ'과 한자어 '鈹針'이 [鈹] 즉 '大鍼, 넓직한 침'의 뜻을 가지고 동의 관계에 있다는 것은 다음 예문들에서 잘 확인된다. '鈹'의 자석이 '돗바ᄂᆞᆯ'이고 고유어 '돗바ᄂᆞᆯ'은 한자어 '鈹針'과 동의 관계에 있다. 따라서 '돗바ᄂᆞᆯ'과 '鈹針'의 동의성은 명백히 입증된다.

(616) a. 鈹 : 大鍼 <四解上 15b>
　　　 b. 鈹 : 돗바ᄂᆞᆯ 피 俗稱鈹針 <字會中 8b>

<617> 돗 對 莞蒲

고유어 '돗'과 한자어 '莞蒲'가 [席]과 [席子] 즉 '바리, 바닥에 까는 자리'의 뜻을 가지고 동의 관계에 있다는 것은 다음 예문들에서 잘 확인된다. 원문 중 '反席'이 '돗기 도라가다'로 번역되고 '降席'이 '돗기

누리다'로 번역된다. '席薦'이 '돗과 지즑'으로 번역되고 '席子藁薦'이 '돗과 지즑'으로 번역된다. 그리고 '席'이 한자어 '莞蒲'를 뜻하고 '席'의 자석이 '돗'이다. 따라서 '돗'과 '莞蒲'의 동의성은 명백히 입증된다.

(617) a. 져믄 사루미 돗기 도라가 먹고(少者ㅣ 反席而飮ᄒ고) <번小三 30b>

　　　b. 쟝촛 돗긔 나ᅀᅡ갈 저긔(將卽席ᄒᆞᆯ시) <번小三 27b>

　　　c. 쥬신은 돗기 ᄂᆞ려…손은 ᄯᅩ 돗기 ᄂᆞ려(主人隱 降席爲也…上客隱 亦降席爲也) <呂約 24b>

　　　d. 삳과 돗과ᄅᆞᆯ 집ᄶᅧ 둠히 간슈홀디니(簟席襧ᄒᆞ야 器而藏之니) <번小三 17b>

　　　e. 돗과 지즑 ᄭᅡ라든 기들워(等鋪了席薦時) <번老上 69a>

　　　f. 여러 돗과 지즑 달라 ᄒᆞ야 가져오라(要幾箇席子藁薦來) <번老上 69a>

　　　g. 지즑과 돗 가져다가(將藁薦席子來) <번老上 25b>

(617) h. 席 : …莞蒲曰席 <四解下 53a>

　　　i. 席 : 돗 셕 俗稱涼席 <字會中 6b>

<618> 똥 對 穢物

고유어 '똥'과 한자어 '穢物'이 [糞] 즉 '똥'의 뜻을 가지고 동의 관계에 있다는 것은 다음 예문들에서 잘 확인된다. 원문 중 '糞舐苦'가 '똥을 들며 쓰다'로 번역된다. 그리고 '糞'이 한자어 '穢物'을 뜻하고 '糞'의 자석이 '똥'이다. 따라서 '똥'과 '穢物'의 동의성은 명백히 입증된다.

(618) a. 오직 똥을 들며 ᄲᅮ믈 맛볼 거시라(但嘗糞舐苦ㅣ라 ᄒᆞ여놀) <번小九 31b>

(618) b. 糞 : 穢物也 <四解上 65b>

　　　c. 糞 : 똥 분 <字會上 15b>

<619> 동개 對 竹高篋

고유어 '동개'와 한자어 '竹高篋'이 [籠] 즉 '대 상자, 운두가 높은 대나무 상자'의 뜻을 가지고 동의 관계에 있다는 것은 다음 예문들에서 잘 확인된다. '籠'이 한자어 '竹高篋'을 뜻하고 '籠'의 자석이 '동개'이다. 따라서 '동개'와 '竹高篋'의 동의성은 명백히 입증된다.

(619) a. 籠 : 竹高篋 <四解上 6b>

　　　b. 籠 : 동개 롱 <字會中 14b>

<620> 동개 對 鞴靫

고유어 '동개'와 한자어 '鞴靫'가 [鞴]와 [靫] 즉 '전동(箭筒), 화살 넣는 통'의 뜻을 가지고 동의 관계에 있다는 것은 다음 예문들에서 잘 확인된다. '鞴'가 한자어 '鞴靫'를 뜻한다. 그리고 '靫'가 한자어 '鞴靫'를 뜻하고 '靫'의 자석이 '동개'이다. 따라서 '동개'와 '鞴靫'의 동의성은 명백히 입증된다.

(620) a. 鞴 : 鞴靫 <四解上 38a>

(620) b. 靫 : 鞴靫 箭室 <四解下 29b>
     c. 靫 : 동개 차 <字會中 14b>

<621> 동개 對 撒帒

고유어 '동개'와 한자어 '撒帒'가 [撒袋]와 [鞳] 즉 '전동(箭筒), 화살 넣는 통'의 뜻을 가지고 동의 관계에 있다는 것은 다음 예문들에서 잘 확인된다. 원문 중 '撒袋'가 '동개'로 번역된다. 그리고 '鞳'의 자석이 '동개'이고 '동개'는 한자어 '撒帒'와 동의 관계에 있다. 따라서 '동개'와 '撒帒'의 동의성은 명백히 입증된다. 한자 '袋'와 '帒'는 同字이다.

(621) a. 쏘 화살 녀흘 궁딕 동개 사져(再買這弓箭撒袋) <번老下 32b>

(621) b. 鞴 : 鞴靫 盛箭器 <四解上 38a>
     c. 鞳 : 동개 보 俗呼撒帒 <字會中 14b>

<622> 동개 對 箶簏

고유어 '동개'와 한자어 '箶簏'이 [箶] 즉 '전동(箭筒), 화살 담아 두는 통'의 뜻을 가지고 동의 관계에 있다는 것은 다음 예문들에서 잘 확인된다. '箶'가 한자어 '箶簏'을 뜻한다. 그리고 '箶'의 자석이 '동개'이다. 따라서 '동개'와 '箶簏'의 동의성은 명백히 입증된다.

(622) a. 箶 : 箶簏 箭室 <四解上 41a>
     b. 箶 : 동개 호 <字會中 14b>

<623> 동곳 對 婦笄

고유어 '동곳'과 한자어 '婦笄'가 [釵] 즉 '비녀'의 뜻을 가지고 동의 관계에 있다는 것은 다음 예문들

에서 잘 확인된다. '釵'가 한자어 '婦笄'를 뜻한다. 그리고 '釵'의 자석이 '동곳'이다. 따라서 '동곳'과 '婦笄'의 동의성은 명백히 입증된다.

> (623) a. 釵 : 婦笄 <四解下 29b>
> b. 釵 : 동곳 차 <字會中 12a>

<624> 동곳 對 鎞釵

고유어 '동곳'과 한자어 '鎞釵'가 [鎞]와 [釵] 즉 '비녀'의 뜻을 가지고 동의 관계에 있다는 것은 다음 예문들에서 잘 확인된다. '鎞'가 한자어 '鎞釵'를 뜻하고 '鎞'의 자석이 '동곳'이다. 그리고 '釵'의 자석이 '동곳'이다. 따라서 '동곳'과 '鎞釵'의 동의성은 명백히 입증된다.

> (624) a. 鎞 : 鎞釵 <四解上 26a>
> b. 鎞 : 동곳 비 <字會中 12a>

> (624) c. 釵 : 婦笄 <四解下 29b>
> d. 釵 : 동곳 차 <字會中 12a>

<625> 동모 對 火伴

고유어 '동모'와 한자어 '火伴'이 [火伴]과 [伴] 즉 '짝, 동무'의 뜻을 가지고 동의 관계에 있다는 것은 다음 예문들에서 잘 확인된다. 원문 중 '一箇火伴'이 '혼 동모'로 번역되고 '漢兒火伴'이 '강남 동모'로 번역된다. 그리고 '伴'이 한자어 '火伴'을 뜻하고 '火伴'은 고유어 '동모'와 동의 관계에 있다. 따라서 '동모'와 '火伴'의 동의성은 명백히 입증된다. '동모'는 1510년대 국어에 처음으로 등장한다.

> (625) a. 혼 동모 ᄒ야 보슓펴듸 후ᄒ게 ᄒ라(敎一箇火伴伺候着) <번老下 46a>
> b. 뎌 강남 동모의게 하딕ᄒ져(辭別那漢兒火伴) <번老下 72b>
> c. 동모야 너는 뼈디여셔 됴히 안잣거라(火伴你落後好坐的着) <번老下 56a>
> d. 우리 이러투시 두어 ᄃᆞᆯ 동모 지서셔(咱們這般做了數月火伴) <번老下 73a>

> (625) e. 伴 : 侶也 <四解上 74b>
> f. 伴 : 벋 반 俗呼火伴 동모 <字會中 2a>

<626> 돝 對 데

고유어 '돝'과 한자어 '뎨'(猪)가 [猪] 즉 '돼지'의 뜻을 가지고 동의 관계에 있다는 것은 다음 예문들에서 잘 확인된다. 원문 중 '猪肉'이 '도틱 고기'와 '도틔 고기'로 번역된다. '臘月猪肉'이 '라월 뎨 고기'로 번역된다. 그리고 '猪'의 자석이 '돝'이다. 따라서 '돝'과 '뎨'의 동의성은 명백히 입증된다.

(626) a. 도틱 고기 쉰 근만 사며(買五十斤猪肉) <번朴上 2a>

   b. 제 므레 쵸흔 도틱 고기와(川炒猪肉) <번朴上 5a>

   c. 도틱 고기와 디룡즙과를 머기니(服猪肉及地龍汁) <瘡疹 66a>

   d. 이 오늘 주긴 됴흔 도틱 고기라(是今日殺的好猪肉) <번老上 20b>

   e. 도틱 고기 사라 가라(買猪肉去) <번老上 20b>

(626) f. 자월 뎨 고기를 우여니 ᄉ라(臘月猪肉燒存性) <瘡疹 67b>

   g. 혹 도틱 쇠리옛 피로 ᄆ니는 뎨미괴라 ᄒᄂ니라(或用猪尾血謂之猪尾膏) <瘡疹 37a>

(626) h. 猪 : 豕也 <四解上 32a>

   i. 猪 : 돋 뎨 <字會上 10a>

<627> 되 對 南夷

고유어 '되'와 한자어 '南夷'가 [蠻] 즉 '오랑캐, 남방의 미개 민족'의 뜻을 가지고 동의 관계에 있다는 것은 다음 예문들에서 잘 확인된다. 원문 중 '蠻貊之邦'이 '되 나라ㅎ'로 번역된다. '蠻'이 한자어 '南夷'를 뜻한다. 그리고 '蠻'의 자석이 '되'이다. 따라서 '되'와 '南夷'의 동의성은 명백히 입증된다.

(627) a. 비록 되 나라히라도 ᄃ니려니와(雖蠻貊之邦이라두 行矣어니와) <번小三 5b>

(627) b. 蠻 : 南夷 <四解上 78a>

   c. 蠻 : 되 만 南番 <字會中 2b>

<628> 되 對 北狄

고유어 '되'와 한자어 '北狄'이 [狄] 즉 '오랑캐, 북방의 오랑캐'의 뜻을 가지고 동의 관계에 있다는 것은 다음 예문들에서 잘 확인된다. '狄'이 한자어 '北狄'을 뜻한다. 그리고 '狄'의 자석이 '되'이다. 따라서 '되'와 '北狄'의 동의성은 명백히 입증된다.

(628) a. 狄 : 北狄 <四解下 49b>

   b. 狄 : 되 뎍 北番 <字會中 2b>

<629> 되 對 西夷

고유어 '되'와 한자어 '西夷'가 [戎] 즉 '서쪽 오랑캐'의 뜻을 가지고 동의 관계에 있다는 것은 다음 예문들에서 잘 확인된다. '戎'이 한자어 '西夷'를 뜻한다. 그리고 '戎'의 자석이 '되'이다. 따라서 '되'와 '西夷'의 동의성은 명백히 입증된다.

(629) a. 戎 : … 又西夷 <四解上 11b>
　　　 b. 戎 : 되 슝 <字會中 2b>

<630> 되 對 夷狄

고유어 '되'와 한자어 '夷狄'이 [夷狄]과 [夷] 즉 '오랑캐'의 뜻을 가지고 동의 관계에 있다는 것은 다음 예문들에서 잘 확인된다. 원문 중 '之夷狄'이 '뒷 다히 가다'로 번역된다. 그리고 '夷'의 자석이 '되'이고 고유어 '되'는 한자어 '夷狄'과 동의 관계에 있다. 따라서 '되'와 '夷狄'의 동의성은 명백히 입증된다.

(630) a. 비록 뒷 다히 가도 브리디 몯홀 거시라(雖之夷狄이라두 不可棄也ㅣ니라) <번小三 5a>

(630) b. 夷 : … 四夷 <四解上 21b>
　　　 c. 夷 : 되 이 東番 或汎稱夷狄 <字會中 2b>

<631> 되 對 漢兒

고유어 '되'와 한자어 '漢兒'가 [漢兒] 즉 '중국'의 뜻을 가지고 동의 관계에 있다는 것은 『번역노걸대』의 다음 예문들에서 잘 확인된다. 원문 중 '漢兒火伴'이 '되 벋'으로 번역되고 '漢兒小廝'가 '漢兒 아희'로 번역된다. 그리고 '漢兒學堂'이 '되 혹당'으로 번역되고 '漢兒言語'가 '漢兒의 말'로 번역된다. 따라서 '되'와 '漢兒'의 동의성은 명백히 입증된다.

(631) a. 되 벋 조차(跟着漢兒火伴) <번老上 13a>
　　　 b. 내 되 혹당의셔 글 비호라(我在漢兒學堂裏 學文書來) <번老上 2b>

(631) c. 漢兒 아희 둘히 ᄀ장 굴외거니와(漢兒小廝 十分頑) <번老上 7b>
　　　 d. 미실 漢兒 션비둘콰 ᄒᆞ야(6a) 흔듸셔 글 비호니(每日和漢兒學生們 一處學文書來) <번老上 6b>
　　　 e. 네 모든 션비 둥에 언메나 漢兒人이며 언메나 高麗人 사롬고 漢兒와 高麗 반이라(你那衆學生 內中 多少漢兒人多少高麗人 漢兒高麗中半) <번老上 7a>

f. 漢兒의 차반 ᄒᆞ져(咱們做漢兒茶飯着) <번老下 37b>

g. 나는 漢兒의 마를 모ᄅᆞ모로(我漢兒言語 不理會的) <번老下 6a>

한편 '되'가 [漢兒]의 뜻뿐만 아니라 [夷虜]와 [蠻] 즉 '오랑캐'의 뜻을 가지고 있다는 사실은 다음 예문들에서 잘 확인된다.

(631) h. 혼인ᄒᆞ기예 쳔량 하며 져고믈 의론호ᄆᆞᆫ 되의 이리니(婚聚而論財ᄂᆞᆫ 夷虜之道ㅣ니) <번小七 31a>

i. 듕샹이 되게 자피여 가(仲翔被執於蠻) <二倫 37a>

j. 되를 주고(即委蠻) <二倫 37a>

<632> 되 對 胡虜

고유어 '되'와 한자어 '胡虜'가 [胡]와 [虜] 즉 '오랑캐, 北方의 오랑캐'의 뜻을 가지고 동의 관계에 있다는 것은 다음 예문들에서 잘 확인된다. '虜'가 한자어 '胡虜'를 뜻한다. 그리고 '虜'의 자석이 '되'이다. 따라서 '되'와 '胡虜'의 동의성은 명백히 입증된다.

(632) a. 虜 : 胡虜 <四解上 42a>

b. 虜 : 되 로 夷狄 戎虜 外番總稱 <字會中 2b>

<633> 되롱 對 蜥蜴

고유어 '되롱'과 한자어 '蜥蜴'이 [蜥]과 [蜴] 즉 '도마뱀'의 뜻을 가지고 동의 관계에 있다는 것은 다음 예문들에서 잘 확인된다. '蜥'이 한자어 '蜥蜴'을 뜻하고 '蜥'의 자석이 '되롱'이다. 그리고 '蜴'이 한자어 '蜥蜴'을 뜻한다. 그리고 '蜴'의 자석이 '되롱'이고 고유어 '되롱'은 한자어 '蜥蜴'과 동의 관계에 있다. 따라서 '되롱'과 '蜥蜴'의 동의성은 명백히 입증된다.

(633) a. 蜥 : 蜥蜴 셕텩 <四解下 53a>

b. 蜥 : 되롱 셕 <字會上 12a>

(633) c. 蜴 : 蜥蜴 셕텩 <四解下 56b>

d. 蜴 : 되롱 텩 在水曰蜥蜴 <字會上 12a>

<634> 되요 對 水札子

고유어 '되요'와 한자어 '水札子'가 [鷸]과 [水札子] 즉 '물총새'의 뜻을 가지고 동의 관계에 있다는 것은 다음 예문들에서 잘 확인된다. '鷸'이 새 이름으로 '되요'를 뜻하고 고유어 '되요'는 한자어 '水札子'와 동의 관계에 있다. 그리고 '水札子'의 자석이 '되요'이다. 따라서 '되요'와 '水札子'의 동의성은 명백히 입증된다.

(634) a. 鷸 : 鳥名 되요 今俗呼水札子 <四解上 70b>
　　　b. 水札子 : 되요 <字會 凡例 1a>

<635> 됴ᄉ 對 士

고유어 '됴ᄉ'와 한자어 '士'가 [士] 즉 '선비, 학식·덕행·義理가 있는 사람'의 뜻을 가지고 동의 관계에 있다는 것은 다음 예문들에서 잘 확인된다. 원문 중 '士志於道'가 '士ㅣ 道理예 ᄠᅳᆮ 두다'로 번역되고 '士希賢'이 'ᄉ는 현신을 ᄇᆞ라다'로 번역된다. 그리고 '士'의 자석이 '됴ᄉ'이다. 따라서 '됴ᄉ'와 '士'의 동의성은 명백히 입증된다.

(635) a. 士ㅣ 道理예 ᄠᅳᆮ 두고 구즌 옷과 구즌 바블 붓그리ᄂᆞ니ᄂᆞᆫ(士ㅣ 志於道而恥惡衣惡食者ᄂᆞᆫ) <번小四 25a>
　　　b. 士ㅣ 간ᄒᆞᆯ 버들 두면 모미 됴ᄒᆞᆫ 일후메 ᄠᅥ나디 아니ᄒᆞ며(士有爭反則身不離於令名ᄒᆞ고) <번小三 40b>
　　　c. 士ㅣ 처ᅀᅡᆷ 곳갈 스ᄂᆞᆫ 례예 처ᅀᅥᆷ 布冠을 스이고(士冠禮예 始加홀식) <번小四 22a>
　　　d. ᄉ는 현신을 ᄇᆞ라ᄂᆞ니(士希賢이니) <번小八 2b>

(635) e. 士 : 學以居位曰士 <四解上 20a>
　　　f. 士 : 됴ᄉ ᄉ 學以居位曰士 <字會中 1b>

<636> 두던 對 廣坪之野

고유어 '두던'과 한자어 '廣坪之野'가 [原] 즉 '들, 둔덕'의 뜻을 가지고 동의 관계에 있다는 것은 다음 예문들에서 잘 확인된다. '原'이 한자어 '廣坪之野'를 뜻한다. 그리고 '原'의 자석이 '두던'이다. 따라서 '두던'과 '廣坪之野'의 동의성은 명백히 입증된다.

(636) a. 原 : 廣坪之野曰原 <四解下 12b>
　　　b. 原 : 두던 원 寬坪曰原 <字會上 2a>

<637> 두던 對 丘陵

고유어 '두던'과 한자어 '丘陵'이 [丘] 즉 '언덕'의 뜻을 가지고 동의 관계에 있다는 것은 다음 예문들에서 잘 확인된다. '丘'가 한자어 '丘陵'을 뜻하고 '丘'의 자석이 '두던'이다. 따라서 '두던'과 '丘陵'의 동의성은 명백히 입증된다.

(637) a. 丘 : 丘陵 <四解下 68a>
　　　 b. 丘 : 두던 구 <字會上 2a>

<638> 두던 對 大陸

고유어 '두던'과 한자어 '大陸'이 [阜] 즉 '언덕, 대륙'의 뜻을 가지고 동의 관계에 있다는 것은 다음 예문들에서 잘 확인된다. '阜'가 한자어 '大陸'을 뜻한다. 그리고 '阜'의 자석이 '두던'이고 고유어 '두던'은 한자어 '大陸'과 동의 관계에 있다. 따라서 '두던'과 '大陸'의 동의성은 명백히 입증된다.

(638) a. 阜 : 大陸 又土山 <四解下 66b>
　　　 b. 阜 : 두던 부 大陸曰阜 <字會上 2a>

<639> 두드러기 對 癮瘩/癮疹

고유어 '두드러기'와 한자어 '癮瘩/癮疹'이 [癮]과 [瘩] 즉 '두드러기'의 뜻을 가지고 동의 관계에 있다는 것은 다음 예문들에서 잘 확인된다. '癮'이 한자어 '癮瘩'을 뜻하고 '癮'의 자석이 '두드러기'이다. '疹'이 한자어 '癮疹'을 뜻한다. 그리고 '瘩'이 한자 '疹'과 同字이고 '瘩'의 자석이 '두드러기'이다. 따라서 '두드러기'와 '癮瘩/癮疹'의 동의성은 명백히 입증된다.

(639) a. 癮 : 癮瘩 皮外小起 <四解上 60a>
　　　 b. 癮 : 두드러기 은 <字會中 16a>

(639) c. 疹 : … 又(58b)癮疹 皮外小起 <四解上 59a>
　　　 d. 瘩 : 同上 <四解上 59a>
　　　 e. 瘩(16a) : 두드러기 딘 <字會中 16b>

<640> 두드레 對 手械

고유어 '두르레'와 한자어 '手械'가 [梏]과 [杻] 즉 '쇠고랑, 수갑'의 뜻을 가지고 동의 관계에 있다는

것은 다음 예문들에서 잘 확인된다. '梏'이 한자어 '手械'를 뜻한다. '梏'의 자석이 '두드레'이고 고유어 '두드레'는 한자어 '手械'와 동의 관계에 있다. '杻'가 한자어 '手械'를 뜻한다. 그리고 '杻'의 자석이 '두드레'이고 고유어 '두드레'는 한자어 '手械'와 동의 관계에 있다. 따라서 '두드레'와 '手械'의 동의성은 명백히 입증된다.

> (640) a. 梏 : 手械 <四解上 1b>
>   b. 梏 : 두드레 곡 手械 <字會中 8a>

> (640) c. 杻 : 手械 <四解下 69b>
>   d. 杻 : 두드레 류 手械 <字會中 8a>

<641> 두드레 對 足械

고유어 '두드레'와 한자어 '足械'가 [桎] 즉 '차꼬, 족쇄'의 뜻을 가지고 동의 관계에 있다는 것은 다음 예문들에서 잘 확인된다. '桎'이 한자어 '足械'를 뜻한다. 그리고 '桎'의 자석이 '두드레'이고 고유어 '두드레'는 한자어 '足械'와 동의 관계에 있다. 따라서 '두드레'와 '足械'의 동의성은 명백히 입증된다.

> (641) a. 桎 : 足械 <四解上 59a>
>   b. 桎 : 두드레 딜 足械 <字會中 8a>

<642> 두듥 對 高平

고유어 '두듥'과 한자어 '高平'이 [陸] 즉 '언덕, 큰 언덕'의 뜻을 가지고 동의 관계에 있다는 것은 다음 예문들에서 잘 확인된다. '陸'이 한자어 '高平'을 뜻한다. 그리고 '陸'의 자석이 '두듥'이고 고유어 '두듥'은 한자어 '高平'과 동의 관계에 있다. 따라서 '두듥'과 '高平'의 동의성은 명백히 입증된다.

> (642) a. 陸 : 高平曰陸 <四解上 6b>
>   b. 陸 : 두듥 륙 高平曰陸 <字會上 2a>

<643> 두듥 對 大阜

고유어 '두듥'과 한자어 '大阜'가 [陵] 즉 '큰 언덕'의 뜻을 가지고 동의 관계에 있다는 것은 다음 예문들에서 잘 확인된다. '陵'이 한자어 '大阜'를 뜻한다. 그리고 '陵'의 자석이 '두듥'이고 고유어 '두듥'은 한자어 '大阜'와 동의 관계에 있다. 따라서 '두듥'과 '大阜'의 동의성은 명백히 입증된다.

(643) a. 陵 : 大阜 <四解下 57a>

　　　b. 陵 : 두듥 룽 大阜曰陵 <字會上 2a>

<644> 두듥 對 山脇/山脅

고유어 '두듥'과 한자어 '山脇/山脅'이 [阪] 즉 '산골짜기'의 뜻을 가지고 동의 관계에 있다는 것은 다음 예문들에서 잘 확인된다. '阪'이 한자어 '山脇'을 뜻한다. 그리고 '阪'의 자석이 '두듥'이고 고유어 '두듥'은 한자어 '山脅'과 동의 관계에 있다. 따라서 '두듥'과 '山脇/山脅'의 동의성은 명백히 입증된다. 한자 '脇'과 '脅'은 同字이다.

(644) a. 阪 : 山脇 <四解上 80b>

　　　b. 阪 : 두듥 판…又山脅 <字會上 2a>

<645> 두듥 對 陂陁

고유어 '두듥'과 한자어 '陂陁'가 [陂]와 [坡] 즉 '비탈, 고개'의 뜻을 가지고 동의 관계에 있다는 것은 다음 예문들에서 잘 확인된다. '陂'가 한자어 '陂陁'를 뜻한다. 그리고 '坡'가 한자 '陂'와 同義이고 '坡'의 자석이 '두듥'이다. 따라서 '두듥'과 '陂陁'의 동의성은 명백히 입증된다.

(645) a. 陂 : 陂陁 不平 <四解下 28a>

　　　b. 陁 : 陂陁 不平 <四解下 25b>

(645) c. 坡 : 陂野 <四解下 28a>

　　　d. 坡 : 두듥 파 <字會上 2a>

<646> 두디쥐 對 地中行鼠

고유어 '두디쥐'와 한자어 '地中行鼠'가 [鼢] 즉 '두더지'의 뜻을 가지고 동의 관계에 있다는 것은 다음 예문들에서 잘 확인된다. '鼢'이 한자어 '地中行鼠'를 뜻한다. 그리고 '鼢'의 자석이 '두디쥐'이다. 따라서 '두디쥐'와 '地中行鼠'의 동의성은 명백히 입증된다.

(646) a. 鼢 : 地中行鼠 <四解上 65a>

　　　b. 鼢 : 두디쥐 분 <字會上 10b>

<647> 두루미 對 鵝鴣

고유어 '두루미'와 한자어 '鶬鶬'가 [鶬鶬], [鶬] 및 [鶬] 즉 '두루미'의 뜻을 가지고 동의 관계에 있다는 것은 다음 예문들에서 잘 확인된다. 원문 중 '鶬鶬翎兒'가 '두루미 짗'으로 번역된다. '鶬'가 한자어 '鶬鶬'를 뜻하고 '鶬鶬'는 고유어 '두루미'와 동의 관계에 있다. '鶬'의 자석이 '두루미'이다. '鶬'가 한자어 '鶬鶬'를 뜻한다. 그리고 '鶬'의 자석이 '두루미'이고 고유어 '두루미'는 한자어 '鶬鶬'와 동의 관계에 있다. 따라서 '두루미'와 '鶬鶬'의 동의성은 명백히 입증된다.

(647) a. 쏘 두루믜 지초로 살펴 고잣고(綴着…又是箇鶬鶬翎兒) <번朴上 27b>

(647) b. 鶬 : 鶬鶬 두루미 <四解上 13a>
     c. 鶬 : 두루미 즈 <字會上 9a>

(647) d. 鶬 : 鶬鶬 두로미 <四解下 23a>
     e. 鶬 : 두루미 로 俗呼鶬鶬 <字會上 9a>

<648> 두쌜 對 額角

고유어 '두쌜'과 한자어 '額角'이 [額角] 즉 '관자놀이'의 뜻을 가지고 동의 관계에 있다는 것은 다음 예문들에서 잘 확인된다. '頯'의 자석이 '니마'이고 한자어 '額角'이 고유어 '두쌜'과 동의 관계에 있다. 따라서 '두쌜'과 '額角'의 동의성은 명백히 입증된다.

(648) a. 頯 : 題頯 額也 <四解下 48b>
     b. 頯 : 니마 뎡 俗稱額角 두쌜 <字會上 13a>

<649> 두터비 對 蟾蜍

고유어 '두터비'와 한자어 '蟾蜍'가 [蟾]과 [蜍] 즉 '두꺼비'의 뜻을 가지고 동의 관계에 있다는 것은 다음 예문들에서 잘 확인된다. '蟾'이 한자어 '蟾蜍'를 뜻하고 '蟾'의 자석이 '두터비'이다. '蜍'가 한자어 '蟾蜍'를 뜻한다. 그리고 '蜍'의 자석이 '두터비'이고 고유어 '두터비'는 한자어 '蟾蜍'와 동의 관계에 있다. 따라서 '두터비'와 '蟾蜍'의 동의성은 명백히 입증된다.

(649) a. 蟾 : 蟾蜍 <四解下 84a>
     b. 蟾 : 두터비 셤 <字會上 12b>

(649) c. 蜍 : 蟾蜍 <四解上 32b>

d. 蜍 : 두터비 여 俗呼蟾蜍 <字會上 12b>

<650> 둑 對 羽葆幢

고유어 '둑'과 한자어 '羽葆幢'이 [纛]과 [葆] 즉 '둑, 大駕나 군대의 행렬 앞에 세우던 大將旗'의 뜻을 가지고 동의 관계에 있다는 것은 다음 예문들에서 잘 확인된다. '纛'이 한자어 '羽葆幢'을 뜻하고 '纛'의 자석이 '둑'이다. 그리고 '葆'가 한자어 '羽葆幢'을 뜻한다. 따라서 '둑'과 '羽葆幢'의 동의성은 명백히 입증된다.

(650) a. 纛 : 羽葆幢 今俗呼天子所建曰寶纛 <四解上 2b>
　　　b. 纛 : 둑 독 天子曰寶纛 <字會中 14b>

(650) c. 葆 : …羽葆幢也 <四解下 20a>

<651> 뚝삼 對 黂麻

고유어 '뚝삼'과 한자어 '黂麻'가 [黂] 즉 '어저귀'의 뜻을 가지고 동의 관계에 있다는 것은 다음 예문들에서 잘 확인된다. '黂'이 한자어 '黂麻'를 뜻하고 '黂麻'는 고유어 '뚝삼'과 동의 관계에 있다. 따라서 '뚝삼'과 '黂麻'의 동의성은 명백히 입증된다.

(651) a. 黂 : 今俗呼黂麻 뚝삼 <四解下 63b>
　　　b. 黂 : 어저귀 경 俗又白麻 <字會上 4b>

<652> 둗거비 對 蟾蜍

고유어 '둗거비'와 한자어 '蟾蜍'가 [蜍] 즉 '두꺼비'의 뜻을 가지고 동의 관계에 있다는 것은 다음 예문들에서 잘 확인된다. '蜍'가 한자어 '蟾蜍'를 뜻하고 '蟾蜍'는 고유어 '둗거비'와 동의 관계에 있다. 따라서 '둗거비'와 '蟾蜍'의 동의성은 명백히 입증된다. 고유어 '둗거비'는 상태동사 '둗겁다'의 어간 '둗겁-'과 명사 형성 접미사 '-이'의 결합이다.

(652) a. 蜍 : …蟾蜍 둗거비 今俗呼黑蟆 <四解上 32b>
　　　b. 蜍 : 두터비 여 俗呼蟾蜍 <字會上 12b>

<653> 둛게 對 개

고유어 '둛게'와 한자어 '개'(蓋) 가 [蓋] 즉 '덮개, 뚜껑'의 뜻을 가지고 동의 관계에 있다는 것은 다음 예문들에서 잘 확인된다. 원문 중 '圓蓋'가 '둛게란 두렵게 ᄒ다'로 번역된다. 그리고 '蓋'의 자석이 '개'이다. 따라서 '둛게'와 '개'의 동의성은 명백히 입증된다.

(653) a. 그르슬 아래란 모나게 ᄒ고 둛게란 두렵게 홈 ᄀ튼디라(猶方底而圓蓋라) <번小七 40a>

(653) b. 蓋 : 覆也 苫也 <四解上 42b>
　　　 c. 蓋 : 갯 개 <字會中 7b>

<654> 둥주리 對 籠

고유어 '둥주리'와 한자어 '籠'이 [簍] 즉 '대 채롱, 대 상자'의 뜻을 가지고 동의 관계에 있다는 것은 다음 예문들에서 잘 확인된다. '簍'가 한자어 '籠'을 뜻하고 '簍'의 자석이 '둥주리'이다. 따라서 '둥주리' 와 '籠'의 동의성은 명백히 입증된다.

(654) a. 簍 : 籠也 <四解下 67b>
　　　 b. 簍 : 둥주리 루 <字會中 7b>

(654) c. 籠 : 箱籠 <四解上 11b>
　　　 d. 籠 : 롱 롱 箱籠 竹器 <字會中 7a>

<655> 뛰 對 茅草

고유어 '뛰'와 한자어 '茅草'가 [茅] 즉 '띠'의 뜻을 가지고 동의 관계에 있다는 것은 다음 예문들에서 잘 확인된다. '茅蕩蘆蕩'이 '뛰와 ᄀᆯ 조차 난 듸'로 번역된다. 그리고 '茅'의 자석이 '뛰'이고 고유어 '뛰' 는 한자어 '茅草'와 동의 관계에 있다. 따라서 '뛰'와 '茅草'의 동의성은 명백히 입증된다.

(655) a. 蕩 : 大也 廣遠之稱 <四解下 35b>
　　　 b. 蕩 : 즌퍼리 탕 俗稱茅蕩蘆蕩 뛰와 ᄀᆯ 조차 난 듸 <字會上 3b>

(655) c. 茅 : 菅也 <四解下 20b>
　　　 d. 茅 : 뛰 모 俗呼茅草 <字會上 5a>

<656> 뒤ㅎ 對 북

고유어 '뒤ㅎ'와 한자어 '븍'(北) 이 [北] 즉 '북쪽'의 뜻을 가지고 동의 관계에 있다는 것은 다음 예문들에서 잘 확인된다. 원문 중 '家北'이 '집 뒤ㅎ'로 번역되고 '北面'이 '븍녁을 향ㅎ다'로 번역된다. 그리고 '北'의 자석이 '뒤'이다. 따라서 '뒤ㅎ'와 '븍'의 동의성은 명백히 입증된다.

(656) a. 親히 흙 지여 집 뒤헤다가 묻고(親自負土 葬於家北) <속三烈 19a>

   b. 새배 듕문 뒤희 가 문안ㅎ더라(晨省於中門之北ㅎ더라) <번小九 102a>

   c. 모든 아돌 돌히 쏘 듕문 뒤희 가 자실 이를 올히 ㅎ야 펴난히 자시게 ㅎ더니(諸子ㅣ 復昏定於中門之北ㅎ더니) <번小九 102b>

(656) d. 동녁으로 향ㅎ야 븍녁을 우 삼고(東向北上爲古) <呂約 38b>

   e. 븍녁을 향ㅎ야 두 번 절ㅎ고(北面皆再拜爲古) <呂約 38b>

(656) f. 北 : …南北 <四解下 59b>

   g. 北 : 뒤 븍 <字會中 2b>

한편 고유어 '뒤ㅎ'가 [後] 즉 '뒤'의 뜻을 가지고 '앒'과 대립 관계에 있다는 사실은 다음 예문들에서 잘 확인된다.

(656) h. 형은 앒프로 어버싀 옷기즐 잡고 아손 뒤호로 어버싀 옷기슬 잇드러(前襟後裾ㅎ야) <번小九 39a>

   i. 뒤헤 쏘 여러 버디(後頭還有幾個火伴) <번老上 67a>

<657> 뒤측 對 足跟

고유어 '뒤측'과 한자어 '足跟'이 [踵] 즉 '발꿈치, 발뒤꿈치'의 뜻을 가지고 동의 관계에 있다는 것은 다음 예문들에서 잘 확인된다. '踵'이 한자어 '足跟'을 뜻한다. 그리고 '踵'의 자석이 '뒤측'이다. 따라서 '뒤측'과 '足跟'의 동의성은 명백히 입증된다.

(657) a. 踵 : 足跟 <四解上 8b>

   b. 踵 : 뒤측 죵 <字會上 15a>

<658> 뒤측 對 足踵

고유어 '뒤측'과 한자어 '足踵'이 [跟] 즉 '발꿈치, 발뒤꿈치'의 뜻을 가지고 동의 관계에 있다는 것은 다음 예문들에서 잘 확인된다. '跟'이 한자어 '足踵'을 뜻한다. 그리고 '跟'의 자석이 '뒤측'이다. 따라서

'뒤측'과 '足踵'의 동의성은 명백히 입증된다.

> (658) a. 跟 : 足踵 <四解上 61b>
>   b. 跟 : 뒤측 근 <字會上 15a>

<659> 뒷간 對 東司

고유어 '뒷간'과 한자어 '東司'가 [圊] 즉 '변소, 寺院의 변소'의 뜻을 가지고 동의 관계에 있다는 것은 다음 예문들에서 잘 확인된다. '圊'의 자석이 '뒷간'이고 고유어 '뒷간'은 한자어 '東司'와 동의 관계에 있다. 따라서 '뒷간'과 '東司'의 동의성은 명백히 입증된다.

> (659) a. 圊 : 行圊 <四解下 52a>
>   b. 圊 : 뒷간 쳥 俗又呼東司 <字會中 3b>

<660> 뒷간 對 淨房

고유어 '뒷간'과 한자어 '淨房'이 [圂] 즉 '뒷간, 변소'의 뜻을 가지고 동의 관계에 있다는 것은 다음 예문들에서 잘 확인된다. '圂'의 자석이 '뒷간'이고 고유어 '뒷간'은 한자어 '淨房'과 동의 관계에 있다. 따라서 '뒷간'과 '淨房'의 동의성은 명백히 입증된다.

> (660) a. 圂 : 厠也 <四解上 67a>
>   b. 圂 : 뒷간 혼 俗呼淨房 <字會中 3b>

<661> 뒷간 對 厠屋

고유어 '뒷간'과 한자어 '厠屋'이 [厠] 즉 '뒷간, 변소'의 뜻을 가지고 동의 관계에 있다는 것은 다음 예문들에서 잘 확인된다. 원문 중 '出厠'이 '뒷가니 나 들다'로 번역된다. 그리고 '厠'의 자석이 '뒷간'이고 고유어 '뒷간'은 한자어 '厠屋'과 동의 관계에 있다. 따라서 '뒷간'과 '厠屋'의 동의성은 명백히 입증된다.

> (661) a. 뒷가니 나 드롬과 마리 비슴쾌라(出厠梳頭) <瘡疹 63b>
>   b. 뒷간의 가미 어렵다(東厠裏難去) <번老上 37a>

> (661) c. 厠 : 圊也 <四解上 14a>
>   d. 厠 : 뒷간 치 國音 측 俗呼厠屋 <字會中 3b>

<662> 뒷간 對 圂厠

　고유어 '뒷간'과 한자어 '圂厠'이 [圂], [圂] 및 [厠] 즉 '뒷간, 변소'의 뜻을 가지고 동의 관계에 있다는
것은 다음 예문들에서 잘 확인된다. '圂'이 한자어 '圂厠'을 뜻하고 '圂'의 자석이 '뒷간'이다. 그리고 '厠'
이 한자 '圂'과 同義이고 '厠'의 자석이 '뒷간'이다. 따라서 '뒷간'과 '圂厠'의 동의성은 명백히 입증된다.

　　(662) a. 圂 : …一云圂厠也 <四解下 52a>

　　(662) c. 厠 : 圂也 <四解上 14a>
　　　　　 d. 厠 : 뒷간 치 國音 측 俗呼厠屋 <字會中 3b>

<663> 뒷간 對 行圊

　고유어 '뒷간'과 한자어 '行圊'이 [圊] 즉 '뒷간, 변소'의 뜻을 가지고 동의 관계에 있다는 것은 다음 예
문들에서 잘 확인된다. '圊'이 한자어 '行圊'을 뜻한다. 그리고 '圊'의 자석이 '뒷간'이다. 따라서 '뒷간'과
'行圊'의 동의성은 명백히 입증된다.

　　(663) a. 圊 : 行圊 楲竇也 <四解下 52a>
　　　　　 b. 圊 : 뒷간 청 俗又呼東司 <字會中 3b>

<664> 듀셕 對 鍮鉐

　고유어 '듀셕'과 한자어 '鍮鉐'이 [鍮]와 [鉐] 즉 '놋쇠, 구리와 亞鉛과의 합금'의 뜻을 가지고 동의 관
계에 있다는 것은 다음 예문들에서 잘 확인된다. '鍮'가 한자어 '鍮鉐'을 뜻하고 '鍮'의 자석이 '듀셕'이
다. '鉐'이 한자어 '鍮鉐'을 뜻한다. 그리고 '鉐'의 자석이 '듀셕'이고 고유어 '듀셕'은 한자어 '鍮鉐'과 동
의 관계에 있다. 따라서 '듀셕'과 '鍮鉐'의 동의성은 명백히 입증된다.

　　(664) a. 鍮 : 鍮鉐 <四解下 65a>
　　　　　 b. 鍮 : 듀셕 듀 <字會中 15b>

　　(664) c. 鉐(54b) : 鍮鉐 <四解下 55a>
　　　　　 d. 鉐 : 듀셕 셕 鍮鉐 <字會中 15a>

<665> 듕계 對 堦道

고유어 '듕계'와 한자어 '埇道'가 [埇] 즉 '城內中道'의 뜻을 가지고 동의 관계에 있다는 것은 다음 예문들에서 잘 확인된다. '埇'이 한자어 '埇道'를 뜻한다. 그리고 '埇'의 자석이 '듕계'이고 고유어 '듕계'는 한자어 '埇道'와 동의 관계에 있다. 따라서 '듕계'와 '埇道'의 동의성은 명백히 입증된다.

(665) a. 埇 : 道上加土 今俗呼城內中道曰埇道 <四解上 10b>
    b. 埇 : 듕계 용 正路 俗呼埇道 正道 <字會中 3a>

<666> 드렁허리 對 鱓

고유어 '드렁허리'와 한자어 '鱓'이 [鱓] 즉 '드렁허리'의 뜻을 가지고 동의 관계에 있다는 것은 다음 예문들에서 잘 확인된다. '鱓'이 고유어 '드렁허리'와 동의 관계에 있다. 그리고 '鱓'의 자석이 '드렁허리'이다. 따라서 '드렁허리'와 '鱓'의 동의성은 명백히 입증된다.

(666) a. 鱓 : 魚名…드렁허리 <四解下 6b>
    b. 鱓 : 드렁허리 션 <字會上 11a>

<667> 드레 對 灑子

고유어 '드레'와 한자어 '灑子'가 [洒子]와 [灑] 즉 '두레박'의 뜻을 가지고 동의 관계에 있다는 것은 다음 예문들에서 잘 확인된다. 원문 중 '洒子井繩'이 '드레와 줄'로 번역된다. 그리고 '灑'가 한자어 '灑子'를 뜻하고 '灑子'는 고유어 '드레'와 동의 관계에 있다. 따라서 '드레'와 '灑子'의 동의성은 명백히 입증된다.

(667) a. 네 드레와 줄 서러 내여 오고려(你收拾洒子井繩出來) <번老上 31b>
    b. 우믌 ᄀ애 드레와 줄 다 잇ᄂ니라(井邊頭洒子井繩都有) <번老上 32a>
    c. 그 드레 믈 ᄌ‍ᆷ디 아니ᄒᄂ니(那洒子不沉水) <번老上 32a>
    d. 드레 우희 ᄒᆫ 무쇠 벽을 ᄆᆡ라(洒子上繋着一塊塼頭着) <번老上 32a>

(667) e. 灑 : 落也…今俗語灑子 드레 <四解下 30a>
    f. 洒 : 同 <四解下 30a>

<668> 드르 對 郊甸

고유어 '드르'와 한자어 '郊甸'이 [甸]과 [郊] 즉 '들, 郊外'의 뜻을 가지고 동의 관계에 있다는 것은 다음 예문들에서 잘 확인된다. '甸'이 한자어 '郊甸'을 뜻하고 '甸'의 자석이 '드르'이다. 그리고 '郊'의 자석이 '드르'이다. 따라서 '드르'와 '郊甸'의 동의성은 명백히 입증된다.

(668) a. 甸 : 郊甸 <四解下 2b>

b. 甸 : 드르 뎐 俗稱 野甸子 <字會上 2a>

(668) c. 郊 : 邑外 <四解下 23a>

d. 郊 : 드르 교 邑外 <字會上 2a>

<669> 드르 對 大野

고유어 '드르'와 한자어 '大野'가 [坪] 즉 '들'의 뜻을 가지고 동의 관계에 있다는 것은 다음 예문들에서 잘 확인된다. '坪'이 한자어 '大野'를 뜻한다. 그리고 '坪'의 자석이 '드르'이고 고유어 '드르'는 한자어 '大野'와 동의 관계에 있다. 따라서 '드르'와 '大野'의 동의성은 명백히 입증된다.

(669) a. 坪 : 大野 <四解下 51a>

b. 坪 : 드르 평 大野曰坪 <字會上 2b>

<670> 드르 對 邑外

고유어 '드르'와 한자어 '邑外'가 [郊] 즉 '들, 성 밖'의 뜻을 가지고 동의 관계에 있다는 것은 다음 예문들에서 잘 확인된다. '郊'가 한자어 '邑外'를 뜻한다. 그리고 '郊'의 자석이 '드르'이고 고유어 '드르'는 한자어 '邑外'와 동의 관계에 있다. 따라서 '드르'와 '邑外'의 동의성은 명백히 입증된다.

(670) a. 郊 : 邑外 <四解下 23a>

b. 郊 : 드르 교 邑外 <字會上 2a>

<671> 쁘리 對 슈포

고유어 '쁘리'와 한자어 '슈포'(水疱)가 [水疱] 즉 '물집'의 뜻을 가지고 동의 관계에 있다는 것은 다음 예문들에서 잘 확인된다. 원문 중 '膿疱水疱'가 '굴근 힝역과 쁘리'로 번역되고 '爲水疱'가 '슈포이다'로 번역된다. 따라서 '쁘리'와 '슈포'의 동의성은 명백히 입증된다.

(671) a. 곳믈와 눈므른 나미 하모로 굴근 힝역과 쁘리와ᄂᆞᆫ 다 굴고(涕溪出多故膿疱水疱皆大) <瘡疹 4a>

b. 피를 구숨알시 비치 붉고 효고미 쁘리예셔 버그니라(主血色赤而小次於水疱) <瘡疹 4a>

(671) c. 간쟝 슈포이니 일후미 쁘리라(肝爲水疱) <瘡疹 3b>

<672> 쁘리 對 疱瘡

고유어 '쁘리'와 한자어 '疱瘡'이 [水疱]와 [疱] 즉 '천연두, 마마'의 뜻을 가지고 동의 관계에 있다는 것은 다음 예문들에서 잘 확인된다. 원문 중 '膿疱水疱'가 '굴근 힁역과 쁘리'로 번역된다. 그리고 '疱'가 한자어 '疱瘡'을 뜻하고 '疱'의 자석이 '쁘리'이다. 따라서 '쁘리'와 '疱瘡'의 동의성은 명백히 입증된다.

(672) a. 굴근 힁역과 쁘리와는 다 굴고(膿疱水疱皆大) <瘡疹 4a>

(672) b. 疱 : 疱瘡 <四解下 20b>
　　c. 疱 : 쁘리 포 <字會中 16a>

<673> 쓰믈 對 米泔

고유어 '쓰믈'과 한자어 '米泔'이 [潘] 즉 '뜨믈'의 뜻을 가지고 동의 관계에 있다는 것은 다음 예문들에서 잘 확인된다. '潘'이 한자어 '米泔'을 뜻한다. 그리고 '潘'의 자석이 '쓰믈'이다. 따라서 '쓰믈'과 '米泔'의 동의성은 명백히 입증된다.

(673) a. 潘 : … 又米泔 <四解上 74a>
　　b. 潘 : 米泔 <四解上 80b>
　　c. 潘 : 쓰믈 번 <字會下 5b>

<674> 쓰믈 對 米潘

고유어 '쓰믈'과 한자어 '米潘'이 [泔] 즉 '뜨믈, 쌀뜨믈'의 뜻을 가지고 동의 관계에 있다는 것은 다음 예문들에서 잘 확인된다. '泔'이 한자어 '米潘'을 뜻한다. 그리고 '泔'의 자석이 '쓰믈'이다. 따라서 '쓰믈'과 '米潘'의 동의성은 명백히 입증된다.

(674) a. 泔 : 米潘 <四解下 75a>
　　b. 泔 : 쓰믈 감 洗米汁 <字會下 5b>

<675> 쓰믈 對 洗白米

고유어 '쓰믈'과 한자어 '洗白米'가 [瀾] 즉 '뜨물'의 뜻을 가지고 동의 관계에 있다는 것은 다음 예문들에서 잘 확인된다. '瀾'이 한자어 '洗白米'를 뜻한다. 그리고 '瀾'의 자석이 '쓰믈'이다. 따라서 '쓰믈'과 '洗白米'의 동의성은 명백히 입증된다.

(675) a. 瀾 : 洗白米 <四解上 79b>
　　　 b. 瀾 : 쓰믈 간 <字會下 5b>

<676> 쓰믈 對 汁

고유어 '쓰믈'과 한자어 '汁'이 [潘] 즉 '즙'의 뜻을 가지고 동의 관계에 있다는 것은 다음 예문들에서 잘 확인된다. '潘'이 한자어 '汁'을 뜻한다. 그리고 '潘'의 자석이 '쓰믈'이다. 따라서 '쓰믈'와 '汁'의 동의성은 명백히 입증된다.

(676) a. 潘 : 汁也 <四解下 73b>
　　　 b. 潘 : 쓰믈 심 <字會下 5b>

<677> 뜯 對 意思

고유어 '뜯'과 한자어 '意思'가 [情]과 [意] 즉 '뜻, 의사'의 뜻을 가지고 동의 관계에 있다는 것은 다음 예문들에서 잘 확인된다. '情'이 한자어 '意思'를 뜻하고 '情'의 자석이 '뜯'이다. 그리고 '意'의 자석이 '뜯'이다. 따라서 '뜯'과 '意思'의 동의성은 명백히 입증된다.

(677) a. 情 : 意思 <四解下 52a>
　　　 b. 情 : 뜯 졍 <字會上 15a>

(677) c. 意 : 志也 <四解上 20b>
　　　 d. 意 : 뜯 의 <字會上 15a>

<678> 듣글 對 塵埃

고유어 '듣글'과 한자어 '塵埃'가 [塵]과 [埃] 즉 '티끌'의 뜻을 가지고 동의 관계에 있다는 것은 다음 예문들에서 잘 확인된다. '塵'이 한자어 '塵埃'를 뜻하고 '塵'의 자석이 '듣글'이다. 그리고 '埃'가 한자어 '塵埃'를 뜻하고 '埃'의 자석이 '듣글'이다. 따라서 '듣글'과 '塵埃'의 동의성은 명백히 입증된다.

(678) a. 塵 : 塵埃 <四解上 59b>

    b. 塵 : 듣글 딘 <字會下 8b>

(678) c. 埃 : 塵埃 <四解上 45b>

    d. 埃 : 듣글 애 正音 이 <字會下 8b>

\<679\> 뜰 對 闕庭

고유어 '뜰'과 한자어 '闕庭'이 [墀] 즉 '대궐의 뜰'의 뜻을 가지고 동의 관계에 있다는 것은 다음 예문들에서 잘 확인된다. '墀'의 자석이 '뜰'이고 고유어 '뜰'은 한자어 '闕庭'과 동의 관계에 있다. 따라서 '뜰'과 '闕庭'의 동의성은 명백히 입증된다.

(679) a. 墀 : ⋯今俗呼丹墀 <四解上 19a>

    b. 墀 : 뜰 디 闕庭曰丹墀 <字會中 3b>

\<680\> 뜰 對 丹墀

고유어 '뜰'과 한자어 '丹墀'가 [墀] 즉 '대궐의 뜰'의 뜻을 가지고 동의 관계에 있다는 것은 다음 예문들에서 잘 확인된다. '墀'가 한자어 '丹墀'를 뜻한다. 그리고 '墀'의 자석이 '뜰'이고 고유어 '뜰'은 한자어 '丹墀'와 동의 관계에 있다. 따라서 '뜰'과 '丹墀'의 동의성은 명백히 입증된다.

(680) a. 墀 : 階上地 天子赤墀 今俗呼丹墀 <四解上 19a>

    b. 墀 : 뜰 디 闕庭曰丹墀 <字會中 3b>

\<681\> 뜰ㅎ 對 門內

고유어 '뜰ㅎ'과 한자어 '門內'가 [庭] 즉 '뜰, 집 안에 있는 마당'의 뜻을 가지고 동의 관계에 있다는 것은 다음 예문들에서 잘 확인된다. 원문 중 '遊庭'이 '뜰헤 나 노니다'로 번역된다. 그리고 '庭'이 한자어 '門內'를 뜻하고 '庭'의 자석이 '뜰'이다. 따라서 '뜰ㅎ'과 '門內'의 동의성은 명백히 입증된다.

(681) a. 나지 뜰헤 나 노니디 말며(晝不遊庭ᄒ며) <번小三 21a>

    b. 뜰흘 딕조사 벌에며 개야미를 주어(啄啄庭中拾蟲蟻ᄒ야) <번小九 100a>

(681) c. 庭 : 門內 <四解下 49a>

    d. 庭 : 뜰 뎡 <字會中 4a>

<682> 뜰 對 院落

고유어 '뜰'과 한자어 '院落'이 [院落] 즉 '뜰, 주택의 안뜰'의 뜻을 가지고 동의 관계에 있다는 것은 다음 예문들에서 잘 확인된다. 한자어 '院落'이 고유어 '뜰'과 동의 관계에 있다. 따라서 '뜰'과 '院落'의 동의성은 명백히 입증된다.

(682) a. 院: 宅也 垣也 <四解下 10a>
　　　b. 院: 집 원 垣墙內 又院落 뜰 <字會中 3b>

<683> 들궐 對 楢柮

고유어 '들궐'과 한자어 '楢柮'이 [楢]과 [柮] 즉 '등걸, 그루터기'의 뜻을 가지고 동의 관계에 있다는 것은 다음 예문들에서 잘 확인된다. '楢'이 한자어 '楢柮'을 뜻하고 '楢柮'은 고유어 '들궐'과 동의 관계에 있다. 그리고 '柮'이 한자어 '楢柮'을 뜻한다. 따라서 '들궐'과 '楢柮'의 동의성은 명백히 입증된다.

(683) a. 楢: … 又楢柮 木頭也 … 楢柮亦曰骨董 들궐 <四解上 62b>
　　　b. 柮: 楢柮 木頭 <四解上 63a>

<684> 들궐 對 邪斫木

고유어 '들궐'과 한자어 '邪斫木'이 [樻] 즉 '떼, 뗏목'의 뜻을 가지고 동의 관계에 있다는 것은 다음 예문들에서 잘 확인된다. '樻'가 한자어 '邪斫木'을 뜻한다. 그리고 '樻'의 자석이 '들궐'이고 고유어 '들궐'은 한자어 '邪斫木'과 동의 관계에 있다. 따라서 '들궐'과 '邪斫木'의 동의성은 명백히 입증된다.

(684) a. 樻: 邪斫木 <四解下 30a>
　　　b. 樻: 들궐 사 邪斫木 … 亦作樻 <字會下 2a>

<685> 들보 對 過樑

고유어 '들보'와 한자어 '過樑'이 [樑] 즉 '들보, 대들보'의 뜻을 가지고 동의 관계에 있다는 것은 다음 예문들에서 잘 확인된다. '樑'의 자석이 '보'이고 한자어 '過樑'이 고유어 '들보'와 동의 관계에 있다. 따라서 '들보'와 '過樑'의 동의성은 명백히 입증된다.

(685) a. 梁: 棟梁 <四解下 45a>
　　　b. 樑: 보 량 俗呼過樑 들보 與梁同 <字會中 4a>

<686> 듧빼 對 蘇子

고유어 '듧빼'와 한자어 '蘇子'가 [蘇] 즉 '들깨'의 뜻을 가지고 동의 관계에 있다는 것은 다음 예문들에서 잘 확인된다. '蘇'가 한자어 '蘇子'를 뜻하고 '蘇子'는 고유어 '듧빼'와 동의 관계에 있다. 따라서 '듧빼'와 '蘇子'의 동의성은 명백히 입증된다.

(686) a. 蘇 : 荏也 今俗呼蘇子 듧빼 <四解上 40a>
　　　 b. 蘇 : ⋯又듧빼 蘇子 <字會上 8a>

<687> 듧깨 對 蘇子

고유어 '듧깨'와 한자어 '蘇子'가 [荏] 즉 '들깨'의 뜻을 가지고 동의 관계에 있다는 것은 다음 예문들에서 잘 확인된다. '荏'의 자석이 '듧깨'이고 고유어 '듧깨'는 한자어 '蘇子'와 동의 관계에 있다. 따라서 '듧깨'와 '蘇子'의 동의성은 명백히 입증된다.

(687) a. 荏 : 菜名 白蘇曰荏 <四解下 74b>
　　　 b. 荏 : 듧깨 싐 或呼蘇子 <字會上 7a>

<688> 둥 對 身北

고유어 '둥'과 한자어 '身北'이 [背] 즉 '둥'의 뜻을 가지고 동의 관계에 있다는 것은 다음 예문들에서 잘 확인된다. '背'가 한자어 '身北'을 뜻하고 '背'의 자석이 '둥'이다. 따라서 '둥'과 '身北'의 동의성은 명백히 입증된다.

(688) a. 背 : 身北曰背 <四解上 50a>
　　　 b. 背 : 둥 비 俗呼背子 又脊背 <字會上 14a>

<689> 둥 對 脊背

고유어 '둥'과 한자어 '脊背'가 [背], [脊] 및 [脊背] 즉 '둥'의 뜻을 가지고 동의 관계에 있다는 것은 다음 예문들에서 잘 확인된다. 원문 중 '肩背'가 '엇게와 둥'으로 번역되고 '客人脊背'가 '나그내 둥'으로 번역된다. '背'의 자석이 '둥'이고 고유어 '둥'은 한자어 '脊背'와 동의 관계에 있다. 그리고 '脊'이 한자어 '脊背'를 뜻하고 '脊背'는 고유어 '둥'과 동의 관계에 있다. 따라서 '둥'과 '脊背'의 동의성은 명백히 입증된다.

(689) a. 엇게와 둥이 고즉ᄒ며(肩背竦直ᄒ며) <번小十 26a>

b.그 나그내 둥에 ᄒᆞᆫ 사를 쏘니(將那客人脊背上 射一箭) <번老上 29a>

(689) c. 背 : 身北曰背 <四解上 50a>

d. 背 : 둥 븨 俗呼背子 又脊背 <字會上 14a>

(689) e. 脊 : …今俗呼脊背 둥 <四解下 52a>

f. 脊 : 둥ᄆᆞᄅ 쳑 俗呼脊梁 <字會上 14a>

<690> 둥의 對 䖧虫/蚩虫

고유어 '둥의'와 한자어 '䖧虫/蚩虫'이 [䖧]과 [蚩] 즉 '등에'의 뜻을 가지고 동의 관계에 있다는 것은 다음 예문들에서 잘 확인된다. '䖧'이 한자어 '䖧虫'을 뜻하고 '䖧虫'은 고유어 '둥의'와 동의 관계에 있다. 그리고 '蚩'의 자석이 '둥의'이고 고유어 '둥의'는 한자어 '蚩虫'과 동의 관계에 있다. 따라서 '둥의'와 '䖧虫/蚩虫의' 동의성은 명백히 입증된다. '䖧'과 '蚩'은 同字이다.

(690) a. 䖧 : 今俗呼䖧虫 둥의 <四解下 59b>

b. 蚩 : 둥의 밍 俗呼蚩虫 <字會上 11b>

<691> 둥피 對 鐙鞦皮

고유어 '둥피'와 한자어 '鐙鞦皮'가 [鐙鞦皮]와 [鞦] 즉 '말의 등자를 매어 다는 띠'의 뜻을 가지고 동의 관계에 있다는 것은 다음 예문들에서 잘 확인된다. 원문 중 '鐙鞦皮'가 '둥피'로 번역된다. '鞦'이 한자어 '鐙鞦皮'를 뜻하고 '鐙鞦皮'는 고유어 '둥피'와 동의 관계에 있다. 그리고 '鞦'의 자석이 '둥피'이고 고유어 '둥피'는 한자어 '鐙鞦皮'와 동의 관계에 있다. 따라서 '둥피'와 '鐙鞦皮'의 동의성은 명백히 입증된다.

(691) a. 둥피 오랑(鐙鞦皮 肚帶) <번老下 30a>

(691) b. 鞦 : …今俗語鐙鞦皮 둥피 <四解下 6a>

c. 鞦 : 둥피 졀 俗呼鐙鞦皮 <字會中 13b>

<692> 씌 對 大帶

고유어 '씌'와 한자어 '大帶'가 [紳] 즉 '큰 띠, 예복에 갖추어 매는 큰 띠'의 뜻을 가지고 동의 관계에 있다는 것은 다음 예문들에서 잘 확인된다. '紳'이 한자어 '大帶'를 뜻한다. 그리고 '紳'의 자석이 '쯰'이다. 따라서 '쯰'와 '大帶'의 동의성은 명백히 입증된다.

(692) a. 紳 : 大帶 <四解上 59b>
　　　b. 紳 : 쯰 신 <字會中 11b>

<693> 쯰 對 帶子

고유어 '쯰'와 한자어 '帶子'가 [帶] 즉 '띠'의 뜻을 가지고 동의 관계에 있다는 것은 다음 예문들에서 잘 확인된다. '帶'의 자석이 '쯰'이고 고유어 '쯰'는 한자어 '帶子'와 동의 관계에 있다. 따라서 '쯰'와 '帶子'의 동의성은 명백히 입증된다.

(693) a. 帶 : 紳也 <四解上 43a>
　　　b. 帶 : 쯰 되 又골홈 及긴흘 皆曰帶子 <字會中 11b>

<694> 쯰거리 對 구ᄌ

고유어 '쯰거리'와 한자어 '구ᄌ'(鉤子)가 [鉤子] 즉 '갈고랑이'의 뜻을 가지고 동의 관계에 있다는 것은 다음 예문들에서 잘 확인된다. 원문 중 '珊瑚鉤子'가 '산호로 쯰거리'로 번역되고 '減金鉤子'가 '금으로 입ᄉ희욘 구ᄌ'로 번역된다. 따라서 '쯰거리'와 '구ᄌ'의 동의성은 명백히 입증된다.

(694) a. 산호로 쯰거리 ᄒ야거든 쯰여(珊瑚鉤子繫腰) <번朴上 27a>
　　　b. 그슬히ᄂᆞᆫ 금으로 입ᄉ희욘 구ᄌ 쯰 쯰ᄂᆞ니(秋裏繫減金鉤子) <번老下 51b>

<695> 졧돈 對 帶銙

고유어 '졧돈'과 한자어 '帶銙'가 [銙] 즉 '대구(帶鉤), 혁대의 두 끝을 마주 걸어 잠그는 자물단추'의 뜻을 가지고 동의 관계에 있다는 것은 다음 예문들에서 잘 확인된다. '銙'가 한자어 '帶銙'를 뜻하고 帶銙'는 고유어 '졧돈'과 동의 관계에 있다. 그리고 '銙'의 자석이 '졧돈'이다. 따라서 '졧돈'과 '帶銙'의 동의성은 명백히 입증된다.

(695) a. 銙 : 帶銙 졧돈 <四解下 31b>
　　　b. 銙 : 졧돈 과 俗呼板兒 <字會中 11b>

<696> 디딜 對 痔瘡

고유어 '디딜'과 한자어 '痔瘡'이 [痔] 즉 '치질(痔疾) '의 뜻을 가지고 동의 관계에 있다는 것은 다음 예문들에서 잘 확인된다. '痔'의 자석이 '디딜'이고 고유어 '디딜'은 한자어 '痔瘡'과 동의 관계에 있다. 따라서 '디딜'과 '痔瘡'의 동의성은 명백히 입증된다.

(696) a. 痔 : 後病 <四解上 19a>
　　　b. 痔 : 디딜 티 俗稱痔瘡 <字會中 16b>

<697> 디몰긴술 對 醅酒

고유어 '디몰긴술'과 한자어 '醅酒'가 [醅] 즉 '전내기, 거르지 않은 술'의 뜻을 가지고 동의 관계에 있다는 것은 다음 예문들에서 잘 확인된다. '醅'의 자석이 '전술'이고 고유어 '전술'은 한자어 '醅酒' 및 고유어 '디몰긴술'과 동의 관계에 있다. 따라서 '디몰긴술'과 '醅酒'의 동의성은 명백히 입증된다.

(697) a. 醅 : 酒未漉 <四解上 50a>
　　　b. 醅 : 전술 비 俗稱醅(10b) 酒 디몰긴술 <字會中 11a>

<698> 디새 對 屋瓦

고유어 '디새'와 한자어 '屋瓦'가 [瓦] 즉 '기와, 지붕을 인 기와'의 뜻을 가지고 동의 관계에 있다는 것은 다음 예문들에서 잘 확인된다. '瓦'가 한자어 '屋瓦'를 뜻한다. 그리고 '瓦'의 자석이 '디새'이다. 따라서 '디새'와 '屋瓦'의 동의성은 명백히 입증된다.

(698) a. 瓦 : …又屋瓦 <四解下 31b>
　　　b. 瓦 : 디새 와 <字會中 9b>

<699> 디위 對 片時

고유어 '디위'와 한자어 '片時'가 [霎兒]와 [霎] 즉 '잠시'의 뜻을 가지고 동의 관계에 있다는 것은 다음 예문들에서 잘 확인된다. 원문 중 '一霎兒'가 '혼 디위'로 번역된다. 그리고 '霎'이 한자어 '片時'를 뜻한다. 따라서 '디위'와 '片時'의 동의성은 명백히 입증된다.

(699) a. 혼 디위 무(33a) 리 이 버므린 딥 머거든 믈 머기라 가져(一霎兒馬喫了這和草飮水去) <번老上 33b>
　　　b. 믈읫 ᄀ장 것들후미 혼 디윗만 ᄒ거든(但滾的一霎兒) <번老上 20a>

(699) c. 霎 : … 又片時也 <四解下 78b>

<700> 디질 對 痔瘡

고유어 '디질'과 한자어 '痔瘡'이 [痔] 즉 '치질(痔疾)'의 뜻을 가지고 동의 관계에 있다는 것은 다음 예문들에서 잘 확인된다. '痔'의 자석이 '디질'이고 고유어 '디질'은 한자어 '痔瘡'과 동의 관계에 있다. 따라서 '디질'과 '痔瘡'의 동의성은 명백히 입증된다.

(700) a. 痔 : 後病 <四解上 19a>
　　　b. 痔 : 디질 티 俗稱痔瘡 <字會東中本中 34a>

<701> 디히 對 醃菜

고유어 '디히'와 한자어 '醃菜'가 [菹] 즉 '채소 절임, 절인 채소'의 뜻을 가지고 동의 관계에 있다는 것은 다음 예문들에서 잘 확인된다. 원문 중 '瓜菹'가 '외디히'로 번역된다. 그리고 '菹'가 한자어 '醃菜'를 뜻한다. 따라서 '디히'와 '醃菜'의 동의성은 명백히 입증된다.

(701) a. 마와 외디히와 당츄ㅅ와라(薯蕷 瓜菹 胡桃) <瘡疹 62b>
　　　b. 다믄 됴흔 쟝앳디히 밥 ᄒᆞ야 먹다가(只着些好醬瓜兒就飯喫) <번朴上 55b>

(701) c. 菹 : … 醃菜 <四解上 31a>
　　　d. 菹 : 딤치 조 醃菜爲菹 亦作葅 <字會中 11a>

고유어 '디히'는 15세기의 『杜詩諺解』(1481)의 다음 예문에서 잘 확인된다. 원문 중 '冬菹'가 '겨슰디히'로 번역된다.

(701) e. 長安앳 겨슰 디히는 싀오 ᄯᅩ 프르고(長安冬菹酸且綠) <杜三 50b>

<702> 딕누리 對 闌板

고유어 '딕누리'와 한자어 '闌板'이 [軒] 즉 '난간, 軒檻'의 뜻을 가지고 동의 관계에 있다는 것은 다음 예문들에서 잘 확인된다. '軒'의 자석이 '딕누리'이고 고유어 '딕누리'는 한자어 '闌板'과 동의 관계에 있다. 따라서 '딕누리'와 '闌板'의 동의성은 명백히 입증된다.

(702) a. 軒 : 軒車 又車廂 <四解下 7a>

b. 軒 : 딕누리 헌 闌板曰軒 又車廂也 <字會中 3b>

<703> 딕누리 對 闌檻

고유어 '딕누리'와 한자어 '闌檻'이 [檻] 즉 '난간(闌干)'의 뜻을 가지고 동의 관계에 있다는 것은 다음 예문들에서 잘 확인된다. '檻'이 한자어 '闌檻'을 뜻한다. 그리고 '檻'의 자석이 '딕누리'이다. 따라서 '딕누리'와 '闌檻'의 동의성은 명백히 입증된다.

(703) a. 檻 : 闌檻 <四解下 80b>
b. 檻 : 딕누리 함 欄也 <字會中 3b>

<704> 딛옷 對 祭服

고유어 '딛옷'과 한자어 '祭服'이 [衰麻]와 [經帶] 즉 '喪服'의 뜻을 가지고 동의 관계에 있다는 것은 『속삼강행실도』의 다음 예문들에서 잘 확인된다. 원문 중 '被衰麻'가 '딛옷 닙다'로 번역되고 '脫經帶' 가 '祭服 밧다'로 번역된다. 따라서 '딛옷'과 '祭服'의 동의성은 명백히 입증된다.

(704) a. 딛옷 닙고(身被衰麻) <속三孝 1a>
b. 祭服 밧디 아니ᄒ며(不脫經帶) <속三孝 7a>

<705> 딜 對 瓦器

고유어 '딜'과 한자어 '瓦器'가 [缶] 즉 '질그릇, 진흙으로 구워 만든 그릇'의 뜻을 가지고 동의 관계에 있다는 것은 다음 예문들에서 잘 확인된다. '缶'가 한자어 '瓦器'를 뜻한다. 그리고 '缶'의 자석이 '딜'이 다. 따라서 '딜'과 '瓦器'의 동의성은 명백히 입증된다.

(705) a. 缶 : …瓦器 <四解下 66a>
b. 缶 : 딜 부 <字會中 9b>

<706> 딜동희 對 盆

고유어 '딜동희'와 한자어 '盆'이 [盆]과 [盎] 즉 '동이'의 뜻을 가지고 동의 관계에 있다는 것은 다음 예문들에서 잘 확인된다. '盆'의 자석이 '딜동희'이다. 그리고 '盎'이 한자어 '盆'을 뜻하고 '盎'의 자석이 '딜동희'이다. 따라서 '딜동희'와 '盆'의 동의성은 명백히 입증된다.

(706) a. 盆 : …缶也 <四解上 64a>

　　b. 盆 : 딜동히 분 <字會中 7a>

(706) c. 盎 : 盆也 <四解下 39b>

　　d. 盎 : 딜동히 앙 <字會中 7a>

<707> 딤치 對 醃菜

　고유어 '딤치'와 한자어 '醃菜'가 [葅] 즉 '김치'의 뜻을 가지고 동의 관계에 있다는 것은 다음 예문들에서 잘 확인된다. '葅'가 한자어 '醃菜'를 뜻한다. 그리고 '葅'의 자석이 '딤치'이고 고유어 '딤치'는 한자어 '醃菜'와 동의 관계에 있다. 따라서 '딤치'와 '醃菜'의 동의성은 명백히 입증된다.

(707) a. 葅 : 醃菜 <四解上 31a>

　　b. 葅 : 딤치 조 醃菜爲葅 <字會中 11a>

<708> 두라미 對 飛生鼠

　고유어 '두라미'와 한자어 '飛生鼠'가 [鼺] 즉 '날다람쥐'의 뜻을 가지고 동의 관계에 있다는 것은 다음 예문들에서 잘 확인된다. '鼺'가 '두라미'를 뜻하고 고유어 '두라미'는 한자어 '飛生鼠'와 동의 관계에 있다. 따라서 '두라미'와 '飛生鼠'의 동의성은 명백히 입증된다.

(708) a. 鼺 : 似鼠 두라미 一曰飛生鼠 <四解上 36b>

　　b. 鼺 : 두라미 오 俗呼山鼠 又松鼠 <字會上 10b>

<709> 두라미 對 山鼠

　고유어 '두라미'와 한자어 '山鼠'가 [鼺] 즉 '날다람쥐, 鼺鼠'의 뜻을 가지고 동의 관계에 있다는 것은 다음 예문들에서 잘 확인된다. '鼺'의 자석이 '두라미'이고 고유어 '두라미'는 한자어 '山鼠'와 동의 관계에 있다. 따라서 '두라미'와 '山鼠'의 동의성은 명백히 입증된다.

(709) a. 鼺 : 似鼠 두라미 一名飛生鼠 <四解上 36b>

　　b. 鼺 : 두라미 오 俗呼山鼠 又松鼠 <字會上 10b>

<710> 두라미 對 鼬鼠

고유어 '두라미'와 한자어 '鼬鼠'가 [鼪] 즉 '족제비'의 뜻을 가지고 동의 관계에 있다는 것은 다음 예문들에서 잘 확인된다. '鼪'이 한자어 '鼬鼠'를 뜻한다. 그리고 '鼪'의 자석이 '두라미'이다. 따라서 '두라미'와 '鼬鼠'의 동의성은 명백히 입증된다.

(710) a. 鼪 : 鼬鼠 俗呼鼠郎 <四解下 61b>
　　　 b. 鼪 : 두라미 싱 <字會上 10b>

<711> 두라치 對 大篝

고유어 '두라치'와 한자어 '大篝'가 [籃] 즉 '바구니, 큰 바구니'의 뜻을 가지고 동의 관계에 있다는 것은 다음 예문들에서 잘 확인된다. '籃'이 한자어 '大篝'를 뜻하고 '籃'의 자석이 '두라치'이다. 따라서 '두라치'와 '大篝'의 동의성은 명백히 입증된다.

(711) a. 籃 : 大篝 <四解下 79b>
　　　 b. 籃 : 두라치 람 <字會中 7b>

<712> 두리 對 木階

고유어 '두리'와 한자어 '木階'가 [梯] 즉 '사닥다리'의 뜻을 가지고 동의 관계에 있다는 것은 다음 예문들에서 잘 확인된다. '梯'가 한자어 '木階'를 뜻한다. 그리고 '梯'의 자석이 '두리'이고 고유어 '두리'는 한자어 '木階'와 동의 관계에 있다. 따라서 '두리'와 '木階'의 동의성은 명백히 입증된다.

(712) a. 梯 : 木階 <四解上 25a>
　　　 b. 梯 : 두리 뎨…俗呼梯子卽木階 <字會中 4a>

<713> 두리 對 步渡彴

고유어 '두리'와 한자어 '步渡彴'이 [徛] 즉 '돌다리'의 뜻을 가지고 동의 관계에 있다는 것은 다음 예문들에서 잘 확인된다. '徛'가 한자어 '步渡彴'을 뜻한다. 그리고 '徛'의 자석이 '두리'이다. 따라서 '두리'와 '步渡彴'의 동의성은 명백히 입증된다.

(713) a. 徛 : 聚石水中爲步渡彴 <四解上 24a>
　　　 b. 徛 : 두리 긔 列石爲渡 <字會中 4a>

<714> 두리 對 石橋

고유어 '드리'와 한자어 '石橋'가 [矼] 즉 '징검다리'의 뜻을 가지고 동의 관계에 있다는 것은 다음 예문들에서 잘 확인된다. '矼'이 한자어 '石橋'를 뜻한다. 그리고 '矼'의 자석이 '드리'이다. 따라서 '드리'와 '石橋'의 동의성은 명백히 입증된다.

(714) a. 矼 : 石橋 <四解下 34a>
   b. 矼 : 드리 강 點石渡水者 <字會中 4a>

<715> 드리 對 水梁

고유어 '드리'와 한자어 '水梁'이 [橋] 즉 '다리, 교량'의 뜻을 가지고 동의 관계에 있다는 것은 다음 예문들에서 잘 확인된다. 원문 중 '這 橋'가 '이 드리'로 번역된다. '橋'가 한자어 '水梁'을 뜻한다. 그리고 '橋'의 자석이 '드리'이고 고유어 '드리'는 한자어 '水梁'과 동의 관계에 있다. 따라서 '드리'와 '水梁'의 동의성은 명백히 입증된다.

(715) a. 이 드리는 곧 내 어제 니르던 드리니(這橋便是我夜來說的橋) <번老上 38b>
   b. 이 드릿 보와 기동들히(這橋梁橋柱) <번老上 39a>
   c. 앏픠는 그저 흙 텨 밍근 드리러니(在先只是土塔的橋來) <번老上 39a>

(715) d. 橋 : 水梁 <四解下 13b>
   e. 橋 : 드리 교…卽水梁也 <字會中 4a>

<716> 드림 對 秤錘

고유어 '드림'과 한자어 '秤錘'가 [錘]와 [權] 즉 '저울추'의 뜻을 가지고 동의 관계에 있다는 것은 다음 예문들에서 잘 확인된다. '錘'가 한자어 '秤錘'를 뜻하고 '錘'의 자석이 '드림'이다. 그리고 '權'이 한자어 '秤錘'를 뜻하고 '權'의 자석이 '드림'이다. 따라서 '드림'과 '秤錘'의 동의성은 명백히 입증된다.

(716) a. 錘 : 秤錘 <四解上 52b>
   b. 錘 : 드림 튜 <字會中 6b>

(716) c. 權 : …又秤錘 <四解下 9b>
   d. 權 : 드림 권 <字會中 6b>

<717> 둘 對 鞁瓥

고유어 '둘'과 한자어 '皸瘃'이 [瘃]과 [皸] 즉 '동상(凍傷) , 얼어터짐'의 뜻을 가지고 동의 관계에 있다는 것은 다음 예문들에서 잘 확인된다. '瘃'이 한자어 '皸瘃'을 뜻한다. '瘃'의 자석이 '둘'이고 고유어 '둘'은 한자어 '皸瘃'과 동의 관계에 있다. 그리고 '皸'의 자석이 '둘'이다. 따라서 '둘'과 '皸瘃'의 동의성은 명백히 입증된다.

(717) a. 瘃 : ⋯ 皸瘃 <四解下 46a>
　　　 b. 瘃 : 둘 탁 皸瘃(16b) 凍瘡 <字會中 17a>

(717) c. 皸 : 手足凍裂 <社會相 67b>
　　　 d. 皸 : 둘 군 凍瘡 <字會中 16b>

<718> 둘 對 大陰之精

고유어 '둘'과 한자어 '大陰之精'이 [月] 즉 '달, 太陰'의 뜻을 가지고 동의 관계에 있다는 것은 다음 예 문들에서 잘 확인된다. 원문 중 '月黑'이 '두리 어둡다'로 번역된다. 그리고 '月'이 한자어 '大陰之精'을 뜻하고 '月'의 자석이 '둘'이다. 따라서 '둘'과 '大陰之精'의 동의성은 명백히 입증된다.

(718) a. 두리 어두으니(月黑了) <번老上 58a>

(718) b. 月 : 大陰之精 <四解下 10a>
　　　 c. 月 : 둘 월 太陰之精 <字會上 1a>

<719> 둘 對 凍瘡

고유어 '둘'과 한자어 '凍瘡'이 [皸] 즉 '얼어서 살갖이 상함'의 뜻을 가지고 동의 관계에 있다는 것은 다음 예문들에서 잘 확인된다. '皸'이 한자어 '手足凍裂'을 뜻한다. 그리고 '皸'의 자석이 '둘'이고 고유 어 '둘'은 한자어 '凍瘡'과 동의 관계에 있다. 따라서 '둘'과 '凍瘡'의 동의성은 명백히 입증된다.

(719) a. 皸 : 手足凍裂 <四解上 67b>
　　　 b. 皸 : 둘 군 凍瘡 <字會中 16b>

<720> 둘고지 對 立小乘車

고유어 '둘고지'와 한자어 '立小乘車'가 [軺] 즉 '작은 가벼운 수레'의 뜻을 가지고 동의 관계에 있다 는 것은 다음 예문들에서 잘 확인된다. '軺'가 한자어 '立小乘車'를 뜻하고 '立小乘車'는 고유어 '둘고지'와 동의 관계에 있다. 따라서 '돌고지'와 '立小乘車'의 동의성은 명백히 입증된다.

(720) a. 軺 : 立小乘車 <四解下 17b>
    b. 軺 : 돌고지 요 <字會中 13a>

<721> 둘뢰 對 小蒜

고유어 '둘뢰'와 한자어 '小蒜'이 [小蒜] 즉 '달래'의 뜻을 가지고 동의 관계에 있다는 것은 다음 예문들에서 잘 확인된다. '蒜'의 자석이 '마늘'이고 한자어 '小蒜'이 고유어 '둘뢰'와 동의 관계에 있다. 따라서 '둘뢰'와 '小蒜'의 동의성은 명백히 입증된다.

(721) a. 蒜 : 葷菜 <四解上 75b>
    b. 蒜 : 마늘 쉰 一名葫 又小蒜 둘뢰 <字會上 7a>

<722> 둘뢰 對 小葱

고유어 '둘뢰'와 한자어 '小葱'이 [小葱] 즉 '달래'의 뜻을 가지고 동의 관계에 있다는 것은 다음 예문들에서 잘 확인된다. '葱'의 자석이 '파'이고 한자어 '小葱'이 고유어 '둘뢰'와 동의 관계에 있다. 따라서 '둘뢰'와 '小葱'의 동의성은 명백히 입증된다.

(722) a. 葱 : 葷菜 <四解上 5a>
    b. 葱 : 파 총 俗稱大葱 又小葱 둘뢰 <字會上 7a>

<723> 둘마기 對 紐細

고유어 '둘마기'와 한자어 '紐細'가 [細] 즉 '단추'의 뜻을 가지고 동의 관계에 있다는 것은 다음 예문들에서 잘 확인된다. '細'가 한자어 '紐細'를 뜻하고 '紐細'는 고유어 '둘마기'와 동의 관계에 있다. 따라서 '둘마기'와 '紐細'의 동의성은 명백히 입증된다.

(723) a. 細 : 今俗語紐細 둘마기 <四解下 65a>
    b. 細 : 암둘마기 구 俗呼口兒 <字會中 12a>

<724> 둘마기 對 紐子

고유어 '둘마기'와 한자어 '紐子'가 [襆]의 [紐] 즉 '띠매듭, 매듭'의 뜻을 가지고 동의 관계에 있다는

것은 다음 예문들에서 잘 확인된다. '襸'가 한자어 '紐子'를 뜻하고 '紐子'는 고유어 '들마기'와 동의 관계에 있다. '紐'가 한자어 '紐子'를 뜻하고 '紐子'는 고유어 '들마기'와 동의 관계에 있다. 그리고 '紐'의 자석이 '수들마기'이고 고유어 '수들마기'는 한자어 '紐子'와 동의 관계에 있다. 따라서 '들마기'와 '紐子'의 동의성은 명백히 입증된다.

(724) a. 襸 : 紐子 들마기 <四解上 48b>

(724) b. 紐 : …今俗語紐子 들마기 <四解下 68b>
      c. 紐 : 수들마기 뉴 俗呼紐子 <字會中 12a>

<725> 돌애 對 馬韂

고유어 '돌애'와 한자어 '馬韂'이 [韂]과 [點] 즉 '말다래, 장니(障泥) , 땅의 흙이 튀기는 것을 막는 기구'의 뜻을 가지고 동의 관계에 있다는 것은 다음 예문들에서 잘 확인된다. 원문 중 '漆韂'이 '칠흔 돌애'로 번역되고 '點'이 '돌애'로 번역된다. '韂'이 한자어 '馬韂'을 뜻하고 '馬韂'은 고유어 '돌애'와 동의 관계에 있다. 그리고 '韂'의 자석이 '돌애'이고 고유어 '돌애'는 한자어 '馬韂'과 동의 관계에 있다. 따라서 '돌애'와 '馬韂'의 동의성은 명백히 입증된다.

(725) a. 룡단 칠흔 돌애오(羊肝漆韂) <번朴上 28b>
      b. 돌애(點) <번老下 30a>

(725) c. 韂 : 馬障泥 今俗呼馬韂 돌애 省作點 <四解下 84b>
      d. 韂 : 돌애 쳠 俗呼馬韂 <字會中 13b>

<726> 들외 對 頭髮

고유어 '들외'와 한자어 '頭髮'가 [髦] 즉 '다리, 월자(月子) , 숱이 적은 머리에 덧대는 가발'의 뜻을 가지고 동의 관계에 있다는 것은 다음 예문들에서 잘 확인된다. '髮'의 자석이 '들외'이고 고유어 '들외'는 한자어 '頭髮'와 동의 관계에 있다. 그리고 '髦'의 자석이 '들외'이다. 따라서 '들외'와 '頭髮'의 동의성은 명백히 입증된다.

(726) a. 髮 : 髦也 <四解上 16b>
      b. 髦 : 들외 피 俗呼頭髮 <字會中 12b>

<727> 둘외 對 婦人髮髢

고유어 '둘외'와 한자어 '婦人髮髢'가 [髢] 즉 '다리, 月子, 여자들의 숱이 많이 보이도록 덧넣은 딴 머리'의 뜻을 가지고 동의 관계에 있다는 것은 다음 예문들에서 잘 확인된다. '髢'가 한자어 '婦人髮髢'를 뜻하고 '髢'의 자석이 '둘외'이다. 따라서 '둘외'와 '婦人髮髢'의 동의성은 명백히 입증된다.

    (727) a. 髢:婦人髮髢 <四解上 25b>
         b. 髢:둘외 톄 <字會中 12b>

<728> 둘팡이 對 蝸牛

고유어 '둘팡이'와 한자어 '蝸牛'가 [蝸] 즉 '달팽이'의 뜻을 가지고 동의 관계에 있다는 것은 다음 예문들에서 잘 확인된다. '蝸'가 한자어 '蝸牛'를 뜻하고 '蝸牛'는 고유어 '둘팡이'와 동의 관계에 있다. 그리고 '蝸'의 자석이 '둘팡이'이고 고유어 '둘팡이'는 한자어 '蝸牛'와 동의 관계에 있다. 따라서 '둘팡이'와 '蝸牛'의 동의성은 명백히 입증된다.

    (728) a. 蝸:俗音와 今俗呼蝸牛 둘팡이 <四解下 31b>
         b. 蝸:둘팡이 과 俗呼蝸牛 <字會上 11b>

<729> 둘팡이 對 草螺子

고유어 '둘팡이'와 한자어 '草螺子'가 [蝸] 즉 '달팽이'의 뜻을 가지고 동의 관계에 있다는 것은 다음 예문들에서 잘 확인된다. '蝸'가 한자어 '蝸牛'를 뜻하고 '蝸牛'는 고유어 '달팽이' 및 한자어 '草螺子'와 동의 관계에 있다. 그리고 '蝸'의 자석이 '둘팡이'이고 고유어 '달팽이'는 한자어 '草螺子'와 동의 관계에 있다. 따라서 '둘팡이'와 '草螺子'의 동의성은 명백히 입증된다.

    (729) a. 蝸:俗音와 今俗呼蝸牛 둘팡이 亦曰草螺子 <四解下 31b>
         b. 蝸:둘팡이 과 俗呼蝸牛又呼草螺子 <字會上 11b>

<730> 닭 對 知時畜

고유어 '닭'과 한자어 '知時畜'이 [雞]와 [鷄] 즉 '닭'의 뜻을 가지고 동의 관계에 있다는 것은 다음 예문들에서 잘 확인된다. 원문 중 '雞來'가 '둘기 오다'로 번역되고 '殺雞'가 '둘 글 잡다'로 번역되고 '雞犬'이 '둙 가히'로 번역된다. 그리고 '雞'가 한자어 '知時畜'을 뜻하고 '鷄'의 자석이 '둙'이다. 따라서 '둙'과

'知時畜'의 동의성은 명백히 입증된다. 한자 '雞'와 '鷄'는 同字이다.

(730) a. 둘기 그 개 삿기롤 머규딘(雞來哺其兒호딘) <번小九 100a>

　　　b. 둙 울어든 니러(雞鳴而起ᄒ야) <번小九 93a>

　　　c. 客이 둘글 자바 차반늘 ᄆᆞ둘어늘(客이 殺雞爲饌이어늘) <번小十 6b>

　　　d. 므레 술믄 둙과(白煠雞犬) <번朴上 5a>

　　　e. 노로 톳기 둙 가히(獐兔鷄犬) <瘡疹 64a>

(730) f. 雞 : 知時畜 <四解上 23a>

　　　g. 鷄 : 둙 계 <字會上 9a>

<731> 똠 對 人液

고유어 '똠'과 한자어 '人液'이 [汗] 즉 '땀'의 뜻을 가지고 동의 관계에 있다는 것은 다음 예문들에서 잘 확인된다. 원문 중 '汗氣'가 '똠내'로 번역되고 '汗蒸濕氣'가 '똠 훈죽ᄒᆞᆫ 내'로 번역된다. 그리고 '汗'이 한자어 '人液'을 뜻하고 '汗'의 자석이 '똠'이다. 따라서 '똠'과 '人液'의 동의성은 명백히 입증된다.

(731) a. 릉히 똠내도 업스며(能辟去汗氣) <瘡疹 30b>

　　　b. 병혼 사ᄅᆞ미 똠 훈죽ᄒᆞᆫ 내와(疫汗蒸濕氣) <瘡疹 63b>

(731) c. 汗 : 人液 <四解上 72a>

　　　d. 汗 : 똠 한 心液也 <字會上 15b>

<732> 똠도야기 對 熱生小瘡

고유어 '똠도야기'와 한자어 '熱生小瘡'이 [痱] 즉 '땀띠'의 뜻을 가지고 동의 관계에 있다는 것은 다음 예문들에서 잘 확인된다. '痱'가 한자어 '熱生小瘡'을 뜻하고 '熱生小瘡'은 고유어 '똠도야기'와 동의 관계에 있다. 따라서 '똠도야기'와 '熱生小瘡'의 동의성은 명백히 입증된다.

(732) a. 痱 : 熱生小瘡 똠도야기 <四解上 17a>

　　　b. 痱 : 똠되야기 블 俗呼痱子 <字會中 16b>

<733> 똠되야기 對 痱子

고유어 '똠되야기'와 한자어 '痱子'가 [痱] 즉 '땀띠'의 뜻을 가지고 동의 관계에 있다는 것은 다음 예문들에서 잘 확인된다. '痱'의 자석이 '쏩되야기'이고 고유어 '쏩되야기'는 한자어 '痱子'와 동의 관계에 있다. 따라서 '쏩되야기'와 '痱子'의 동의성은 명백히 입증된다.

(733) a. 痱 : 熱生小瘡 <四解上 17a>
　　　 b. 痱 : 쏩되야기 블 俗呼痱子 <字會中 16b>

<734> 쎄 對 垢圿

고유어 '쎄'와 한자어 '垢圿'이 [圿]과 [垢] 즉 '때'의 뜻을 가지고 동의 관계에 있다는 것은 다음 예문들에서 잘 확인된다. '圿'이 한자어 '垢圿'을 뜻하고 '圿'의 자석이 '쎄'이다. 그리고 '垢'의 자석이 '쎄'이다. 따라서 '쎄'와 '垢圿'의 동의성은 명백히 입증된다.

(734) a. 圿 : 垢圿 <四解上 79b>
　　　 b. 圿 : 쎄 갈 <字會下 8b>

(734) c. 垢 : 濁也 <四解下 64b>
　　　 e. 垢 : 쎄 구 <字會下 8b>

<735> 딕 對 市舍

고유어 '딕'와 한자어 '市舍'가 [肆] 즉 '가게, 상점'의 뜻을 가지고 동의 관계에 있다는 것은 다음 예문들에서 잘 확인된다. 원문 중 '茶肆酒肆'가 '차 프는 딕와 술 프는 딕'로 번역된다. 그리고 '肆'가 한자어 '市舍'를 뜻한다. 따라서 '딕'와 '市舍'의 동의성은 명백히 입증된다.

(735) a. 거름 거러 나드리홀 제 차 프는 딕와 술 프는 딕 드디 아니ᄒᆞ며(行步出入애 無得入茶肆酒肆ᄒᆞ
　　　　 며) <번小九 3a>
　　　 b. 肆 : …市舍 <四解上 13b>

<736> 딕 對 處所

고유어 '딕'와 한자어 '處所'가 [處]와 [所] 즉 '곳, 처소'의 뜻을 가지고 동의 관계에 있다는 것은 다음 예문들에서 잘 확인된다. 원문 중 '別處'가 '다른 딕'로 번역되고 '所依'가 '依據홀 딕'로 번역된다. '其所'가 '제곰 사롤 쳐소'로 번역된다. 그리고 '處'가 한자어 '處所'를 뜻하고 '所'가 한자어 '處所'를 뜻한다. 따라서 '딕'와 '處所'의 동의성은 명백히 입증된다.

(736) a. 네 다룬 듸 잘 듸 어드라 가라(你別處尋宿處去) <번老上 47a>

b. 우리 잘 듸 서러 보아지라(我整理睡處) <번老上 25a>

c. 일즉 다룬 듸 가 술 취ᄒ여 도라 오나늘(曾他處醉歸어늘) <번小九 75a>

d. 제 어미 依據홀 듸 업스니(其母無所依) <속三烈 2a>

(736) e. 흔 사ᄅ미나 제곰 사롤 쳐소ᄅ 얻디 못ᄒ엿거든(一夫ㅣ나 不得其所ㅣ어든) <번小八 3a>

(736) f. 處 : 所也 <四解上 32b>

g. 處 : 살 쳐 又處所 <字會下 8b>

(736) h. 所 : 處所 <四解上 40b>

i. 所 : 바 소 <字會中 4b>

<737> 듸골 對 頭髓

고유어 '듸골'과 한자어 '頭髓'가 [腦] 즉 '머리통'의 뜻을 가지고 동의 관계에 있다는 것은 다음 예문들에서 잘 확인된다. 원문 중 '腦痛'이 '듸고리 앏프다'로 번역된다. 그리고 '腦'가 한자어 '頭髓'를 뜻한다. 따라서 '듸골'과 '頭髓'의 동의성은 명백히 입증된다.

(737) a. 내 져기 듸고리 앏프며 머리도 어즐ᄒ애라(我有些腦痛頭眩) <번老下 39b>

b. 腦 : 頭髓 <四解下 20a>

<738> 듸골 對 首骨

고유어 '듸골'과 한자어 '首骨'이 [顱] 즉 '머리뼈, 두개골'의 뜻을 가지고 동의 관계에 있다는 것은 다음 예문들에서 잘 확인된다. '顱'가 한자어 '首骨'을 뜻한다. 그리고 '顱'의 자석이 '듸골'이다. 따라서 '듸골'과 '首骨'의 동의성은 명백히 입증된다.

(738) a. 顱 : 首骨 <四解上 42a>

b. 顱 : 듸골 로 俗呼腦㿬 <字會上 13a>

<739> 듸미 對 瑇瑁

고유어 '듸미'와 한자어 '瑇瑁'가 [瑇]와 [瑁] 즉 '바다거북, 대모(瑇瑁)'의 뜻을 가지고 동의 관계에 있다는 것은 다음 예문들에서 잘 확인된다. '瑇'가 한자어 '瑇瑁'를 뜻하고 '瑇瑁'는 고유어 '듸미'와 동의 관계에 있다. 그리고 '瑂'가 한자어 '瑇瑂'를 뜻한다. 따라서 '딩미'와 '瑇瑂'의 동의성은 명백히 입증된다.

(739) a. 瑇 : 瑇瑂 딩미 <四解上 43b>
b. 瑂 : 瑇瑂 龜屬 <四解上 51a>

<740> 딩미 對 玳瑂

고유어 '딩미'와 한자어 '玳瑂'가 [玳瑂]와 [蚧] 즉 '대모(玳瑂) , 바다거북'의 뜻을 가지고 동의 관계에 있다는 것은 다음 예문들에서 잘 확인된다. 원문 중 '鞔玳瑂'가 '딩미 빠다'로 번역된다. '玳'가 한자어 '玳瑂'를 뜻하고 '玳瑂'는 고유어 '딩미'와 동의 관계에 있다. 그리고 '蚧'와 '玳'의 자석이 '딩모'이다. 따라서 '딩미'와 '玳瑂'의 동의성은 명백히 입증된다.

(740) a. 기르마는 이 혼 거믄 셔각으로 젼 호고 딩미 빠고(鞍子是一箇犀角邊兒鞔玳瑂) <번朴上 28a>

(740) b. 玳 : 玳瑂 딩미 <四解上 43b>
c. 蚧 : 딩못 딩 亦作玳 <字會上 12b>

(740) d. 瑂 : 瑇瑂 龜屬 <四解上 51a>
e. 瑂 : 딩못 모 亦作瑂 俗呼蚧蝐 <字會上 12b>

<741> 딩파 對 推鉋

고유어 '딩파'와 한자어 '推鉋'가 [推鉋] 즉 '대패'의 뜻을 가지고 동의 관계에 있다는 것은 다음 예문들에서 잘 확인된다. 고유어 '딩파'가 한자어 '推鉋'와 동의 관계에 있다. 따라서 '딩파'와 '推鉋'의 동의성은 명백히 입증된다.

(741) a. 鉋 : 鉋刀 治木器 <四解下 20b>
b. 鉋 : 글게 포 俗呼鉋子 又딩파曰推鉋 <字會中 8b>

<742> 량톄 對 竹障

고유어 '량톄'와 한자어 '竹障'이 [籬] 즉 '대 장지'의 뜻을 가지고 동의 관계에 있다는 것은 다음 예문들에서 잘 확인된다. '籬'이 한자어 '竹障'을 뜻한다. 그리고 '籬'의 자석이 '량톄'이고 고유어 '량톄'는 한자어 '竹障'과 동의 관계에 있다. 따라서 '량톄'와 '竹障'의 동의성은 명백히 입증된다.

(742) a. 篰 : 篰子 竹障 <四解下 58a>

　　　b. 篰 : 량톄 격 竹障 <字會下 8b>

<743> 로 對 羅綺

　　고유어 '로'와 한자어 '羅綺'가 [羅] 즉 '비단, 얇은 무늬 있는 비단'의 뜻을 가지고 동의 관계에 있다는 것은 다음 예문들에서 잘 확인된다. 원문 중 '白羅'가 '흰 로'로 번역되고 '羅搭護'가 '로 더그레'로 번역된다. 그리고 '羅'가 한자어 '羅綺'를 뜻한다. 따라서 '로'와 '羅綺'의 동의성은 명백히 입증된다.

　　(743) a. 흰 로 큰 더그레예(白羅大搭胡) <번老下 50a>

　　　　　b. 금 드려 똔 로 더그(27a) 레예(織金羅搭護) <번朴上 27b>

　　　　　c. 푸류 쳥로 고는 구룸 뎐릭이오(柳綠羅細褶兒) <번老下 50a>

　　(743) d. 羅 : … 又羅綺 <四解下 27a>

　　　　　e. 羅 : 놋 라 <字會中 15a>

　　고유어 '로'의 先代形 '노'가 15세기의 『月印釋譜』(1459) 와 『杜詩諺解』(1481) 의 다음 예문들에서 잘 확인된다. 원문 중 '香羅'가 '곳다온 노'로 번역되고 '繡羅'가 '繡혼 노'로 번역된다.

　　(743) f. 錦(72a) 과 비단과 노와 깁과 眞珠ㅣ 庫애 고둑ᄒᆞ고 <月二十三 72b>

　　　　　g. 곳다온 노ᄂᆞᆫ 疊疊혼 누니 가ᄇᆡ야온 둣도다(香羅疊雪輕) <杜十一 23a>

　　　　　h. 繡혼 노 옷고외 暮春에 비취엣ᄂᆞ니(繡羅衣裳照暮春) <杜十一 17a>

<744> 롱 對 箱籠

　　고유어 '롱'과 한자어 '箱籠'이 [籠] 즉 '대그릇[竹器]'의 뜻을 가지고 동의 관계에 있다는 것은 다음 예문들에서 잘 확인된다. '籠'이 한자어 '箱籠'을 뜻한다. 그리고 '籠'의 자석이 '롱'이고 '롱'은 한자어 '箱籠'과 동의 관계에 있다. 따라서 '롱'과 '箱籠'의 동의성은 명백히 입증된다.

　　(744) a. 籠 : 箱籠 <四解上 11b>

　　(744) b. 籠 : 롱 롱 箱籠 竹器 <字會中 7a>

　　　　　c. 箱(7a) : 샹즈 샹 <字會中 7b>

<745> 롱병 對 癩瘡

고유어 '룡병'과 한자어 '癩瘡'이 [癩] 즉 '문둥병'의 뜻을 가지고 동의 관계에 있다는 것은 다음 예문들에서 잘 확인된다. '癩'의 자석이 '룡병'이고 고유어 '룡병'은 한자어 '癩瘡'과 동의 관계에 있다. 따라서 '룡병'과 '癩瘡'의 동의성은 명백히 입증된다.

　　(745) a. 癩 : 惡疾如疥 <四解上 46a>
　　　　 b. 癩 : 룡병 뢰 疥之甚者 俗呼癩瘡 <字會中 16a>

<746> 링금/닝금 對 沙果

고유어 '링금/닝금'과 한자어 '沙果'가 [檎] 즉 '능금, 사과'의 뜻을 가지고 동의 관계에 있다는 것은 다음 예문들에서 잘 확인된다. '檎'의 자석이 '닝금'이고 고유어 '닝금'은 한자어 '沙果'와 동의 관계에 있다. 그리고 원문 중 '蘋婆果'가 '굴근 링금'으로 번역된다. 따라서 '링금/닝금'과 '沙果'의 동의성은 명백히 입증된다.

　　(746) a. 굴근 링금 유황술고(蘋婆果 玉黃子) <번朴上 4b>
　　　　 b. 檎 : 닝긊 금 俗呼沙果 又呼小林檎 <字會上 6a>

<747> 마 對 薯蕷

고유어 '마'와 한자어 '薯蕷'가 [薯蕷], [薯] 및 [蕷] 즉 '마, 참마'의 뜻을 가지고 동의 관계에 있다는 것은 다음 예문들에서 잘 확인된다. 원문 중 '薯蕷 瓜葅'가 '마와 외디히'로 번역된다. '薯'가 한자어 '薯蕷'를 뜻하고 '薯蕷'는 고유어 '마'와 동의 관계에 있다. '薯'의 자석이 '마'이다. '蕷'가 한자어 '薯蕷'를 뜻한다. 그리고 '蕷'의 자석이 '마'이고 고유어 '마'는 한자어 '薯蕷'와 동의 관계에 있다. 따라서 '마'와 '薯蕷'의 동의성은 명백히 입증된다.

　　(747) a. 마와 외디히와 당츄ᄌ왜라(薯蕷 瓜葅 胡桃) <瘡疹 62b>

　　(747) b. 薯 : 薯蕷 今俗呼山藥 마 <四解上 33a>
　　　　 c. 薯 : 마 셔 <字會上 7b>

　　(747) d. 蕷 : 薯蕷 <四解上 34b>
　　　　 e. 蕷 : 同 <四解上 34b>
　　　　 f. 蕷 : 마 여 薯蕷 <字會上 7b>

<748> 마고리 對 猫頭

고유어 '마고리'와 한자어 '猫頭'가 [猫頭] 즉 '막새, 처마 끝에 나온 암키와나 수키와'의 뜻을 가지고 동의 관계에 있다는 것은 다음 예문들에서 잘 확인된다. 한자어 '猫頭'가 고유어 '마고리'와 동의 관계에 있다. 따라서 '마고리'와 '猫頭'의 동의성은 명백히 입증된다.

(748) a. 瓦 : …土器已燒之總名 <四解下 31b>
　　　b. 瓦 : 디새 와…猫頭 마고리 又花頭 <字會中 9b>

<749> 마고리 對 花頭

고유어 '마고리'와 한자어 '花頭'가 [花頭] 즉 '막새, 처마 끝에 나온 암키와나 수키와'의 뜻을 가지고 동의 관계에 있다는 것은 다음 예문들에서 잘 확인된다. 고유어 '마고리'가 한자어 '花頭'와 동의 관계에 있다. 따라서 '마고리'와 '花頭'의 동의성은 명백히 입증된다.

(749) a. 瓦 : …土器已燒之總名 <四解下 31b>
　　　b. 瓦 : 디새 와…猫頭 마고리 又花頭 <字會中 9b>

<750> 마기 對 戈柄銳底

고유어 '마기'와 한자어 '戈柄銳底'가 [鐏] 즉 '창의 물미, 창대 끝에 끼워 맞추는 끝이 뾰족한 뿔 모양의 쇠'의 뜻을 가지고 동의 관계에 있다는 것은 다음 예문들에서 잘 확인된다. '鐏'이 한자어 '戈柄銳底'를 뜻한다. 그리고 '鐏'의 자석이 '마기'이다. 따라서 '마기'와 '戈柄銳底'의 동의성은 명백히 입증된다.

(750) a. 鐏 : 戈柄銳底 鐵冒 <四解上 66a>
　　　b. 鐏 : 마기 존 柄底銳金 <字會下 7b>
　　　c. 록각 부리예 약대 쎠로 마기ᄒᆞ고(鹿角口子 駝骨底子) <번朴上 15b>

<751> 마기 對 柄底銳金

고유어 '마기'와 한자어 '柄底銳金'이 [鐏] 즉 '물미, 밑마개'의 뜻을 가지고 동의 관계에 있다는 것은 다음 예문들에서 잘 확인된다. '鐏'의 자석이 '마기'이고 고유어 '마기'는 한자어 '柄底銳金'과 동의 관계에 있다. 따라서 '마기'와 '柄底銳金'의 동의성은 명백히 입증된다.

(751) a. 鐏 : 戈柄銳底鐵冒 <四解上 66b>

b.鐏 : 마기 존 柄底銳金 <字會下 7b>

<752> 마노 對 瑪瑙

고유어 '마노'와 한자어 '瑪瑙'가 [瑪瑙], [瑪] 및 [瑙] 즉 '마노'의 뜻을 가지고 동의 관계에 있다는 것은 다음 예문들에서 잘 확인된다. 원문 중 '瑪瑙珠兒'가 '마노 갇긴'으로 번역된다. '瑪'가 한자어 '瑪瑙'를 뜻하고 '瑪'의 자석이 '마노'이다. 그리고 '瑙'가 한자어 '瑪瑙'를 뜻하고 '瑙'의 자석이 '마노'이다. 따라서 '마노'와 '瑪瑙'의 동의성은 명백히 입증된다.

(752) a. 마노 갇긴 일뵉 목(瑪瑙珠兒一百串) <번老下 67a>

(752) b. 瑪 : 瑪瑙 <四解下 29b>
    c. 瑪 : 마놋 마 一字會中 15b>

(752) d. 瑙 : 瑪瑙 <四解下 20a>
    e. 瑙 : 마놋 노 <字會中 15b>

<753> 마늘 對 大蒜

고유어 '마늘'과 한자어 '大蒜'이 [葫]와 [蒜] 즉 '마늘'의 뜻을 가지고 동의 관계에 있다는 것은 다음 예문들에서 잘 확인된다. 원문 중 '葱蒜'이 '파 마늘'로 번역된다. '葫'가 한자어 '大蒜'을 뜻하고 '大蒜'은 고유어 '마늘'과 동의 관계에 있다. 그리고 '蒜'의 자석이 '마늘'이고 고유어 '마늘'은 한자 '葫'의 同義이다. 따라서 '마늘'과 '大蒜'의 동의성은 명백히 입증된다.

(753) a. 파 마늘(葱蒜) <瘡疹 63b>
    b. 외…마늘(黃瓜…蒜) <번老下 38a>

(753) c. 葫 : 大蒜 마늘 <四解上 41a>
    d. 蒜 : 葷菜 <四解上 75b>
    e. 蒜 : 마늘 쉰 一名葫 <字會上 7a>

<754> 마슬 對 官府

고유어 '마슬'과 한자어 '官府'가 [府] 즉 '관청'의 뜻을 가지고 동의 관계에 있다는 것은 다음 예문들에서 잘 확인된다. 원문 중 '開封戶籍'이 '開封府ㅣ 랏 마슬 戶籍'으로 의역된다. 그리고 '府'가 한자어

'官府'를 뜻하고 '府'의 자석이 '마슬'이다. 따라서 '마슬'와 '官府'의 동의성은 명백히 입증된다.

(754) a. 몬져 셔울 가 開封府ㅣ 랏 마슬 戶籍의 일훔 올여 둥당 보고져 ᄒ노이다(欲先至京師ᄒ야 貫開封 戶籍ᄒ야 取應ᄒ노이다) <번小九 49b>

(754) b. 府 : … 又官府 <四解上 39a>
c. 府 : 마슬 부 <字會中 4b>

<755> 마슬 對 官司

고유어 '마슬'과 한자어 '官司'가 [官司]와 [司] 즉 '관청'의 뜻을 가지고 동의 관계에 있다는 것은 다음 예문들에서 잘 확인된다. 원문 중 '別處官司'가 '다른 딧 마슬'로 번역된다. '司'가 한자어 '官司'를 뜻한다. 그리고 '司'의 자석이 '마슬'이고 고유어 '마슬'은 한자어 '官司'와 동의 관계에 있다. 따라서 '마슬'과 '官司'의 동의성은 명백히 입증된다.

(755) a. 후에 다른 딧 마ᄉ리 ᄯ 그 도즈글 자바 <後頭別處官司却捉住那賊> <번老上 28b>

(755) b. 司 : 主守也 又官司 <四解上 13b>
c. 司 : 마슬 ᄉ 俗呼官司 <字會中 4b>

<756> 마슬 對 衙門

고유어 '마슬'과 한자어 '衙門'이 [衙門]과 [衙] 즉 '관청'의 뜻을 가지고 동의 관계에 있다는 것은 다음 예문들에서 잘 확인된다. 원문 중 '那衙門'이 '그 마슬'로 번역된다. '衙'가 한자어 '衙門'을 뜻한다. 그리고 '衙'의 자석이 '마슬'이고 고유어 '마슬'은 한자어 '衙門'과 동의 관계에 있다. 따라서 '마슬'과 '衙門'의 동의성은 명백히 입증된다.

(756) a. 내 그 마ᄉ래 가(我到那衙門裏) <번朴上 3a>
b. 내 마ᄉ래 가 (我到衙門) <번老上 4b>

(756) c. 衙 : 官府 今俗呼衙門 <四解下 30b>
d. 衙 : 마슬 아 俗呼衙門 <字會中 4b>

<757> 마슬 對 曹局

고유어 '마솔'과 한자어 '曹局'이 [局]과 [曹] 즉 '관청, 관아'의 뜻을 가지고 동의 관계에 있다는 것은 다음 예문들에서 잘 확인된다. '局'이 한자어 '曹局'을 뜻하고 '局'의 자석이 '마솔'이다. 그리고 '曹'가 한자어 '局'과 同義이고 '曹'의 자석이 '마솔'이다. 따라서 '마솔'과 '曹局'의 동의성은 명백히 입증된다.

(757) a. 局 : …曹局 <四解上 7b>
b. 局 : 마솔 국 <字會中 4b>

(757) c. 曹 : 局也 <四解下 21b>
d. 曹 : 마솔 조 曹司 <字會中 4b>

<758> 마솔 對 曹司

고유어 '마솔'과 한자어 '曹司'가 [曹] 즉 '관리가 집무하는 방'의 뜻을 가지고 동의 관계에 있다는 것은 다음 예문들에서 잘 확인된다. '曹'의 자석이 '마솔'이고 고유어 '마솔'은 한자어 '曹司'와 동의 관계에 있다. 따라서 '마솔'과 '曹司'의 동의성은 명백히 입증된다.

(758) a. 曹 : 局也 <四解下 21b>
b. 曹 : 마솔 조 曹司卽子部 <字會中 4b>

<759> 마치 對 棒椎

고유어 '마치'와 한자어 '棒椎'가 [椎] 즉 '방망이'의 뜻을 가지고 동의 관계에 있다는 것은 다음 예문들에서 잘 확인된다. '椎'가 한자어 '棒椎'를 뜻한다. 그리고 '椎'의 자석이 '마치'이고 고유어 '마치'는 한자어 '棒椎'와 동의 관계에 있다. 따라서 '마치'와 '棒椎'의 동의성은 명백히 입증된다.

(759) a. 椎 : 棒椎 木曰椎 <四解上 52b>
b. 椎 : 마치 퇴 棒椎 방마치 <字會中 9b>

(759) c. 문형은 방취오(大哥是棒椎) <번朴上 39b>

<760> 마함 對 馬勒口中金

고유어 '마함'과 한자어 '馬勒口中金'이 [銜] 즉 '재갈'의 뜻을 가지고 동의 관계에 있다는 것은 다음 예문들에서 잘 확인된다. '銜'이 한자어 '馬勒口中金'을 뜻한다. 그리고 '銜'의 자석이 '마함'이다. 따라서 '마함'과 '馬勒口中金'의 동의성은 명백히 입증된다.

(760) a. 銜 : 馬勒口中金 <四解下 80b>

　　　b. 銜 : 마함 함 俗呼嚼子 <字會中 13b>

<761> 마함 對 馬銜外鐵

　고유어 '마함'과 한자어 '馬銜外鐵'이 [鑣] 즉 '재갈'의 뜻을 가지고 동의 관계에 있다는 것은 다음 예문들에서 잘 확인된다. '鑣'가 한자어 '馬銜外鐵'을 뜻한다. 그리고 '鑣'의 자석이 '마함'이다. 따라서 '마함'과 '馬銜外鐵'의 동의성은 명백히 입증된다.

(761) a. 鑣 : 馬銜外鐵 <四解下 14b>

　　　b. 鑣 : 마함 표 <字會中 13b>

<762> 마함 對 嚼子

　고유어 '마함'과 한자어 '嚼子'가 [嚼子]와 [銜] 즉 '재갈'의 뜻을 가지고 동의 관계에 있다는 것은 다음 예문들에서 잘 확인된다. 원문 중 '嚼子'가 '마함'으로 번역된다. 그리고 '銜'의 자석이 '마함'이고 고유어 '마함'은 한자어 '嚼子'와 동의 관계에 있다. 따라서 '마함'과 '嚼子'의 동의성은 명백히 입증된다.

(762) a. 마함 벗기고(取了嚼子) <번老上 39b>

　　　b. 마함(開口) <번老下 30a>

(762) c. 銜 : 馬勒口中金 <四解下 80b>

　　　d. 銜 : 마함 함 俗呼嚼子 <字會中 13b>

<763> 막대 對 棍子

　고유어 '막대'와 한자어 '棍子'가 [棍] 즉 '막대기, 몽둥이'의 뜻을 가지고 동의 관계에 있다는 것은 다음 예문들에서 잘 확인된다. 원문 중 '草棍'의 '棍'이 '막대'로 번역된다. '棍'이 한자어 '棍子'를 뜻한다. 그리고 '棍'의 자석이 '막대'이고 고유어 '막대'는 한자어 '棍子'와 동의 관계에 있다. 따라서 '막대'와 '棍子'의 동의성은 명백히 입증된다.

(763) a. 딥 버므리는 막대로(着攪草棍) <번朴上 22a>

(763) b. 棍 : … 呼棒杖曰棍子 <四解上 67a>

　　　c. 棍 : 막대 곤 俗呼棍子 <字會中 9b>

<764> 막대 對 几杖

고유어 '막대'와 한자어 '几杖'이 [杖] 즉 '지팡이'의 뜻을 가지고 동의 관계에 있다는 것은 다음 예문 들에서 잘 확인된다. 원문 중 '拄杖'이 '딥퍼 온 막대'로 번역된다. 그리고 '杖'이 한자어 '几杖'을 뜻하고 '杖'의 자석이 '막대'이다. 따라서 '막대'와 '几杖'의 동의성은 명백히 입증된다.

(764) a. 쏠리 우리 딥퍼 온 막대 가져다가(疾快取將咱們的拄杖來) <번老上 33a>

(764) b. 杖 : 几杖 <四解下 43a> <四解下 43b>
      c. 杖 : 막대 댱 <字會中 9b>

<765> 막대 對 柱杖

고유어 '막대'와 한자어 '柱杖'이 [笻] 즉 '지팡이'의 뜻을 가지고 동의 관계에 있다는 것은 다음 예문 들에서 잘 확인된다. '笻'의 자석이 '막대'이고 고유어 '막대'는 한자어 '柱杖'과 동의 관계에 있다. 따라 서 '막대'와 '柱杖'의 동의성은 명백히 입증된다.

(765) a. 笻 : 竹可爲杖 <四解上 7a>
      b. 笻 : 막대 공 俗呼柱杖 <字會中 9b>

<766> 막대 對 棒杖

고유어 '막대'와 한자어 '棒杖'이 [棍] 즉 '몽둥이'의 뜻을 가지고 동의 관계에 있다는 것은 다음 예문 들에서 잘 확인된다. '棍'이 한자어 '棒杖'을 뜻한다. 그리고 '棍'의 자석이 '막대'이다. 따라서 '막대'와 '棒杖'의 동의성은 명백히 입증된다.

(766) a. 棍 : …呼棒杖曰棍子 <四解上 67a>
      b. 棍 : 막대 곤 俗呼棍子 <字會中 9b>

<767> 막대 對 棒子

고유어 '막대'와 한자어 '棒子'가 [棒] 즉 '막대기'의 뜻을 가지고 동의 관계에 있다는 것은 다음 예문 들에서 잘 확인된다. 원문 중 '攪料棒'이 '콩 버므릴 막대'로 번역된다. 그리고 '棒'의 자석이 '막대'이고 고유어 '막대'는 한자어 '棒子'와 동의 관계에 있다. 따라서 '막대'와 '棒子'의 동의성은 명백히 입증된 다.

(767) a. 콩 버므릴 막대 ᄒ나토 업다(攪料棒也沒一箇) <번老上 33a>

(767) b. 棒 : 杖也 <四解下 36b>

    c. 棒 : 막대 방 棒子 <字會中 9b>

<768> 막대 對 방츄

고유어 '막대'와 한자어 '방츄'(棒椎)가 [棒]과 [棒椎] 즉 '막대기'의 뜻을 가지고 동의 관계에 있다는 것은 다음 예문들에서 잘 확인된다. 원문 중 '攪料棒'이 '콩 버므릴 막대'로 번역된다. '蒲棒'이 '부들 방 츄'로 번역되고 '棒椎'가 '방츄'로 번역된다. 그리고 '棒'의 자석이 '막대'이다. 따라서 '막대'와 '방츄'의 동의성은 명백히 입증된다.

(768) a. 콩 버므릴 막대 ᄒ나토 업다(攪料棒也沒一箇) <번老上 33a>

(768) b. 곳 업ᄂᆞ니는 머구릐밥과 부들 방취오(無邊無涯的 是浮萍蒲棒) <번朴上 70b>

    c. 몯형은 방취오(大哥是棒椎) <번朴上 39b>

(768) d. 棒 : 杖也 <四解下 36b>

    e. 棒 : 막대 방 俗呼棒子 <字會中 9b>

<769> 만두 對 餛飩

고유어 '만두'와 한자어 '餛飩'이 [餛]과 [飩] 즉 '찐만두, 빵'의 뜻을 가지고 동의 관계에 있다는 것은 다음 예문들에서 잘 확인된다. '餛'이 한자어 '餛飩'을 뜻하고 '餛'의 자석이 '만두'이다. '飩'이 한자어 '餛飩'을 뜻한다. 그리고 '飩'의 자석이 '만두'이고 고유어 '만두'는 한자어 '餛飩'과 동의 관계에 있다. 따라서 '만두'와 '餛飩'의 동의성은 명백히 입증된다.

(769) a. 餛 : 餛飩 <四解上 67a>

    b. 餛 : 만두 혼 <字會中 10a>

(769) c. 飩 : 餛飩 <四解上 63b>

    d. 飩 : 만두 둔 餛飩卽변시 <字會中 10a>

<770> 만화 對 비장

고유어 '만화'와 한자어 '비장'(脾臟)이 [脾] 즉 '지라, 비장'의 뜻을 가지고 동의 관계에 있다는 것은 다음 예문들에서 잘 확인된다. 원문 중 '脾肺之間'이 '비장과 폐장 스이'로 번역된다. 그리고 '脾'의 자석이 '만화'이다. 따라서 '만화'와 '비장'의 동의성은 명백히 입증된다.

(770) a. 오란 셜흔 긔운이 비장과 폐장 스이예 드러 잇닌 다시니(由積熱伏在於脾肺之間) <瘡疹 1b>

    b. 비장은 피를 쁘려 잇느니라(脾爲裏血) <瘡疹 3b>

    c. 비장앤 딘이니(脾爲疹) <瘡疹 4a>

(770) d. 脾 : 土臟 만화 一名 혀다기 <四解上 16a>

<771> 만화 對 土臟

고유어 '만화'와 한자어 '土臟'이 [脾] 즉 '지라, 비장'의 뜻을 가지고 동의 관계에 있다는 것은 다음 예문들에서 잘 확인된다. '脾'가 한자어 '土臟'을 뜻하고 '土臟'은 고유어 '만화'와 동의 관계에 있다. 따라서 '만화'와 '土臟'의 동의성은 명백히 입증된다.

(771) a. 脾 : 土臟 만화 一名 혀다기 <四解上 16a>

    b. 脾 : 말하 비 又稱 혀다기 <字會上 14a>

<772> 맏 對 場圃

고유어 '맏'과 한자어 '場圃'가 [場/塲] 즉 '밭, 집 근처에 있는 채소밭'의 뜻을 가지고 동의 관계에 있다는 것은 다음 예문들에서 잘 확인된다. '場'이 한자어 '場圃'를 뜻한다. 그리고 '塲'의 자석이 '맏'이다. 따라서 '맏'와 '場圃'의 동의성은 명백히 입증된다. '塲'과 '場'은 同字이다.

(772) a. 場 : 場圃 <四解下 43a>

    b. 塲 : 맏 댱 <字會上 3b>

<773> 맏 對 圃田

고유어 '맏'과 한자어 '圃田'이 [圃] 즉 '圃田, 채소나 과실 나무를 심어 가꾸는 밭'의 뜻을 가지고 동의 관계에 있다는 것은 다음 예문들에서 잘 확인된다. '圃'가 한자어 '圃田'을 뜻한다. 그리고 '圃'의 자석이 '맏'이다. 따라서 '맏'과 '圃田'의 동의성은 명백히 입증된다.

(773) a. 圃 : 鍾菜曰圃又圃田 <四解上 37b>

    b. 圃 : 맏 보 鍾菜爲圃俗稱菜園 <字會上 3b>

<774> 말슴 對 文詞

고유어 '말슴'과 한자어 '文詞'가 [詞] 즉 '말'의 뜻을 가지고 동의 관계에 있다는 것은 다음 예문들에서 잘 확인된다. '詞'가 한자어 '文詞'를 뜻한다. 그리고 '詞'의 자석이 '말슴'이고 고유어 '말슴'은 한자어 '文詞'와 동의 관계에 있다. 따라서 '말슴'과 '文詞'의 동의성은 명백히 입증된다.

(774) a. 詞 : 言也…又文詞 <四解上 13b>
     b. 詞 : 말슴 ㅅ 言也 又文詞 <字會下 14a>

<775> 말슴 對 語話

고유어 '말슴'과 한자어 '語話'가 [語]와 [話] 즉 '말'의 뜻을 가지고 동의 관계에 있다는 것은 다음 예문들에서 잘 확인된다. 원문 중 '凡語'가 '믈읫 말슴'으로 번역된다. '語'의 자석이 '말슴'이다. 그리고 '話'가 한자어 '語話'를 뜻하고 '話'의 자석이 '말슴'이다. 따라서 '말슴'과 '語話'의 동의성은 명백히 입증된다.

(775) a. 믈읫 말ㅅ믈 모로매 듕후코 믿비 ᄒ며(凡語를 必忠信ᄒ며) <번小八 16a>

(775) b. 語 : 相應苔曰語 <四解上 30b>
     c. 語 : 말슴 어 論難 <字會下 12b>

(775) d. 話 : 語話 <四解下 32a>
     e. 話 : 말슴 화 <字會下 12b>

<776> 말슴 對 言語

고유어 '말슴'과 한자어 '言語'가 [言]와 [語] 즉 '말, 언어'의 뜻을 가지고 동의 관계에 있다는 것은 다음 예문들에서 잘 확인된다. 원문 중 '詳言'이 '말ㅅ미 ᄌ셔ᄒ다'로 번역된다. '言'이 한자어 '言語'를 뜻하고 '言'의 자석이 '말슴'이다. 그리고 '語'의 자석이 '말슴'이다. 따라서 '말슴'과 '言語'의 동의성은 명백히 입증된다.

(776) a. 말ㅅ미 ᄌ셔ᄒ고 양ᄌ를 졍다이 ᄒ니(詳言正色ᄒ대) <번小十 3b>

(776) b. 言 : 言語 <四解下 7b>
     c. 言 : 말슴 언 直言曰言 <字會下 12b>

(776) d. 語 : 相應荅曰語 <四解上 30b>

　　　 e. 語 : 말슴 어 論難曰語 <字會下 12b>

<777> 말왐 對 菱角

　고유어 '말왐'과 한자어 '菱角'이 [菱]과 [芰] 즉 '마름, 水草의 한 가지'의 뜻을 가지고 동의 관계에 있
다는 것은 다음 예문들에서 잘 확인된다. '菱'이 한자어 '菱角'을 뜻하고 '菱角'은 고유어 '말왐'과 동의
관계에 있다. '菱'의 자석이 '말왐'이고 고유어 '말왐'은 한자어 '菱角'과 동의 관계에 있다. 그리고 '芰'가
한자 '菱'과 同義이고 '芰'의 자석이 '말왐'이다. 따라서 '말왐'과 '菱角'의 동의성은 명백히 입증된다.

(777) a. 菱 : 芰也 今俗呼菱角 말왐 <四解下 57a>

　　　 b. 菱 : 말왐 룽 俗呼菱角 又呼水栗 <字會上 6b>

(777) c. 芰 : 菱也 一名水栗 <四解上 14b>

　　　 d. 芰 : 말왐 기 <字會上 6b>

<778> 말왐 對 水栗

　고유어 '말왐'과 한자어 '水栗'이 [芰]와 [菱] 즉 '마름, 水草의 한 가지'의 뜻을 가지고 동의 관계에 있
다는 것은 다음 예문들에서 잘 확인된다. '芰'가 한자어 '水栗'을 뜻하고 '芰'의 자석이 '말왐'이다. 그리
고 '菱'의 자석이 '말왐'이고 고유어 '말왐'은 한자어 '水栗'과 동의 관계에 있다. 따라서 '말왐'과 '水栗'의
동의성은 명백히 입증된다.

(778) a. 芰 : 菱也 一名水栗 <四解上 14b>

　　　 b. 芰 : 말왐 기 <字會上 6b>

(778) c. 菱 : 芰也 <四解下 57a>

　　　 d. 菱 : 말왐 룽 俗呼菱角 又呼水栗 <字會上 6b>

<779> 맛 對 滋味

　고유어 '맛'과 한자어 '滋味'가 [味] 즉 '맛'의 뜻을 가지고 동의 관계에 있다는 것은 다음 예문들에서
잘 확인된다. '味'가 한자어 '滋味'를 뜻한다. 그리고 '味'의 자석이 '맛'이다. 따라서 '맛'과 '滋味'의 동의
성은 명백히 입증된다.

(779) a. 味 : 滋味 <四解上 17b>
　　　b. 味 : 맛 미 <字會下 6b>

<780> 매 對 石磑

　　고유어 '매'와 한자어 '石磑'이 [磨] 즉 '맷돌'의 뜻을 가지고 동의 관계에 있다는 것은 다음 예문들에서 잘 확인된다. '磨'가 한자어 '石磑'를 뜻한다. 그리고 '磨'의 자석이 '매'이다. 따라서 '매'와 '石磑'의 동의성은 명백히 입증된다.

　　(780) a. 磨 : 石磑 <四解下 28b>
　　　　　b. 磨 : 매 마 <字會中 6b>

<781> 매 對 磑子

　　고유어 '매'와 한자어 '磑子'가 [磑] 즉 '맷돌'의 뜻을 가지고 동의 관계에 있다는 것은 다음 예문들에서 잘 확인된다. '磑'의 자석이 '매'이고 고유어 '매'는 한자어 '磑子'와 동의 관계에 있다. 따라서 '매'와 '磑子'의 동의성은 명백히 입증된다.

　　(781) a. 磑 : 磨也 <四解上 49a>
　　　　　b. 磑 : 매 의 俗稱磑子 <字會中 6b>

<782> 매 對 雀鷹

　　고유어 '매'와 한자어 '雀鷹'이 [隼] 즉 '매'의 뜻을 가지고 동의 관계에 있다는 것은 다음 예문들에서 잘 확인된다. '隼'이 한자어 '雀鷹'을 뜻한다. 그리고 '隼'의 자석이 '매'이다. 따라서 '매'와 '雀鷹'의 동의성은 명백히 입증된다.

　　(782) a. 隼 : 題肩 或謂雀鷹 <四解上 68a>
　　　　　b. 隼 : 매 쥰 <字會上 8b>

<783> 매 對 鷙鳥

　　고유어 '매'와 한자어 '鷙鳥'가 [鷹] 즉 '매, 매우 사나운 새'의 뜻을 가지고 동의 관계에 있다는 것은 다음 예문들에서 잘 확인된다. 원문 중 '鷹背'가 '매 둥'으로 번역된다. 그리고 '鷹'이 한자어 '鷙鳥'를 뜻하고 '鷹'의 자석이 '매'이다. 따라서 '매'와 '鷙鳥'의 동의성은 명백히 입증된다.

(783) a. 매 등 비쳇 차할 히마 문 비단(鷹背褐海馬) <번老下 25a>

(783) b. 鷹 : 鷙鳥 <四解下 55a>

　　　 c. 鷹 : 매 웅 <字會上 8b>

<784> 머구리 對 螻蟈

고유어 '머구리'와 한자어 '螻蟈'이 [蟈] 즉 '청개구리'의 뜻을 가지고 동의 관계에 있다는 것은 다음 예문들에서 잘 확인된다. '蟈'이 한자어 '螻蟈'을 뜻한다. 그리고 '蟈'의 자석이 '머구리'이다. 따라서 '머구리'와 '螻蟈'의 동의성은 명백히 입증된다.

(784) a. 蟈 : 螻蟈…水居蝦蟆 <四解下 62b>

　　　 b. 蟈 : 머구리 국 齊魯謂蛙爲蟈 <字會上 12a>

<785> 머구리 對 蝦蟆

고유어 '머구리'와 한자어 '蝦蟆'가 [蟆]와 [蝦] 즉 '두꺼비'의 뜻을 가지고 동의 관계에 있다는 것은 다음 예문들에서 잘 확인된다. '蟆'가 한자어 '蝦蟆'를 뜻한다. '蟆'의 자석이 '머구리'이고 고유어 '머구리'는 한자어 '蝦蟆'와 동의 관계에 있다. 그리고 '蝦'의 자석이 '머구리'이다. 따라서 '머구리'와 '蝦蟆'의 동의성은 명백히 입증된다.

(785) a. 蟆 : 蝦蟆 <四解下 29b>

　　　 b. 蟆 : 머구리 마 俗呼蝦蟆 <字會上 12b>

(785) c. 蝦 : 今俗語瘶蝦蟆 옴둗거비 <四解下 31a>

　　　 d. 蝦 : 머구리 하 <字會上 12b>

<786> 머귀 對 梧桐

고유어 '머귀'와 한자어 '梧桐'이 [梧]와 [桐] 즉 '오동나무'의 뜻을 가지고 동의 관계에 있다는 것은 다음 예문들에서 잘 확인된다. '梧'가 한자어 '梧桐'을 뜻하고 '梧'의 자석이 '머귀'이다. 그리고 '桐'이 한자어 '梧桐'을 뜻하고 '桐'의 자석이 '머귀'이다. 따라서 '머귀'와 '梧桐'의 동의성은 명백히 입증된다.

(786) a. 梧 : 梧桐 <四解上 36b>

　　　 b. 梧 : 머귀 요 <字會上 5b>

c. 梧 : 머귀 오 <字會東中本上 10a>

(786) d. 桐 : 梧桐 <四解上 2a>
　　　e. 桐 : 머귀 동 <字會上 5b>

<787> 머리 對 屈髮

　　고유어 '머리'와 한자어 '屈髮'이 [鬟] 즉 '쪽진 머리'의 뜻을 가지고 동의 관계에 있다는 것은 다음 예문들에서 잘 확인된다. '鬟'이 한자어 '屈髮'을 뜻한다. 그리고 '鬟'의 자석이 '머리'이다. 따라서 '머리'와 '屈髮'의 동의성은 명백히 입증된다.

(787) a. 鬟 : 屈髮爲髻 <四解上 81b>
　　　b. 鬟 : 머리 환 女屈髮爲髻 <字會中 12b>

<788> 머리 對 女屈髮

　　고유어 '머리'와 한자어 '女屈髮'이 [鬟] 즉 '쪽진 머리'의 뜻을 가지고 동의 관계에 있다는 것은 다음 예문들에서 잘 확인된다. '鬟'의 자석이 '머리'이고 고유어 '머리'는 한자어 '女屈髮'과 동의 관계에 있다. 따라서 '머리'와 '女屈髮'의 동의성은 명백히 입증된다.

(788) a. 鬟 : 屈髮爲髻 <四解上 81b>
　　　b. 鬟 : 머리 환 女屈髮爲髻 <字會中 12b>

<789> 머유기 對 鮎魚

　　고유어 '머유기'와 한자어 '鮎魚'가 [鮎]과 [鮀] 즉 '메기, 鮎魚'의 뜻을 가지고 동의 관계에 있다는 것은 다음 예문들에서 잘 확인된다. '鮎'이 한자어 '鮎魚'를 뜻하고 '鮎魚'는 고유어 '머유기'와 동의 관계에 있다. 그리고 '鮀'가 한자어 '鮎魚'를 뜻한다. 따라서 '머유기'와 '鮎魚'의 동의성은 명백히 입증된다.

(789) a. 鮎 : 今俗呼鮎魚 머유기 <四解下 82b>
　　　b. 鮎 : 메유기 념 俗呼鮎魚 <字會上 11a>

(789) c. 鮀 : 鮎魚 <四解下 25b>

<790> 먹 對 黑墨

고유어 '먹'와 한자어 '黑墨'이 [墨] 즉 '먹'의 뜻을 가지고 동의 관계에 있다는 것은 다음 예문들에서 잘 확인된다. 원문 중 '紙墨'이 '죠히 먹'으로 번역된다. '墨'이 한자어 '黑墨'을 뜻한다. 그리고 '墨'의 자석이 '먹'이고 고유어 '먹'은 한자어 '黑墨'과 동의 관계에 있다. 따라서 '먹'와 '黑墨'의 동의성은 명백히 입증된다.

(790) a. 죠히 먹 붇 벼루 가져오라(拿紙墨筆硯) <번朴上 60b>

(790) b. 墨 : …今俗呼黑墨 <四解下 18a>
　　　c. 墨 : 먹 국 俗稱黑墨 <字會上 18a>

<791> 멀더건 對 鳥臟

고유어 '멀더건'과 한자어 '鳥臟'이 [肫] 즉 '새의 밥통'의 뜻을 가지고 동의 관계에 있다는 것은 다음 예문들에서 잘 확인된다. '肫'이 한자어 '鳥臟'을 뜻하고 '鳥臟'은 고유어 '멀더건'과 동의 관계에 있다. 그리고 '肫'의 자석이 '멀더건'이고 고유어 '멀더건'은 한자어 '鳥臟'과 동의 관계에 있다. 따라서 '멀더건'과 '鳥臟'의 동의성은 명백히 입증된다.

(791) a. 肫 : 面觀又鳥臟 멀더건 <四解上 68b>
　　　b. 肫 : 멀더건 둔 鳥臟 <字會下 3b>

<792> 멀더건 對 牛百葉

고유어 '멀더건'과 한자어 '牛百葉'이 [膍] 즉 '소의 위(胃), 처녑'의 뜻을 가지고 동의 관계에 있다는 것은 다음 예문들에서 잘 확인된다. '膍'가 한자어 '牛百葉'을 뜻한다. 그리고 '膍'의 자석이 '멀더건'이고 고유어 '멀더건'은 한자어 '牛百葉'과 동의 관계에 있다. 따라서 '멀더건'과 '牛百葉'의 동의성은 명백히 입증된다.

(792) a. 膍 : 牛百葉 <四解上 16a>
　　　b. 膍 : 멀더건 비…又牛百葉 <字會下 3b>

<793> 멀위 對 山葡萄

고유어 '멀위'와 한자어 '山葡萄'가 [萄] 즉 '산포도'의 뜻을 가지고 동의 관계에 있다는 것은 다음 예문들에서 잘 확인된다. '萄'의 자석이 '멀위'이고 고유어 '멀위'는 한자어 '山葡萄'와 동의 관계에 있다.

따라서 '멀위'와 '山葡萄'의 동의성은 명백히 입증된다.

(793) a. 萄 : 葡萄 <四解下 19b>

b. 萄 : 멀위 도 在家者曰葡萄 在山者曰山葡萄 <字會上 6b>

<794> 멀위 對 葡萄

고유어 '멀위'와 한자어 '葡萄'가 [葡]와 [萄] 즉 '포도'의 뜻을 가지고 동의 관계에 있다는 것은 다음 예문들에서 잘 확인된다. '葡'가 한자어 '葡萄'를 뜻하고 '葡'의 자석이 '멀위'이다. '萄'가 한자어 '葡萄'를 뜻한다. 그리고 '萄'의 자석이 '멀위'이고 고유어 '멀위'는 한자어 '葡萄'와 동의 관계에 있다. 따라서 '멀위'와 '葡萄'의 동의성은 명백히 입증된다.

(794) a. 葡 : 葡萄 <四解上 38a>

b. 葡 : 멀위 포 <字會上 6b>

(794) c. 萄 : 葡萄 <四解下 19b>

d. 萄 : 멀위 도 在家者曰葡萄 在山者曰山葡萄 <字會上 6b>

한자어 '葡萄'가 명사 '보도'로 번역된다는 것은 다음 예문들에서 잘 확인된다. 원문 중 '乾葡萄'가 '무른 보도'로 번역된다.

(794) e. 무른 보도(乾葡萄) <번老上 38b>

f. 무른 보도 밤(乾葡萄 栗子) <번朴上 4a>

<795> 멀험 對 馬闌

고유어 '멀험'과 한자어 '馬闌'이 [閑] 즉 '마구간'의 뜻을 가지고 동의 관계에 있다는 것은 다음 예문들에서 잘 확인된다. '閑'이 한자어 '馬闌'을 뜻한다. 그리고 '閑'의 자석이 '멀험'이고 고유어 '멀험'은 한자어 '馬闌'과 동의 관계에 있다. 따라서 '말험'과 '馬闌'의 동의성은 명백히 입증된다.

(795) a. 閑 : …又馬闌也 <四解上 80a>

b. 閑 : 멀험 한 馬闌 養馬所 <字會下 4b>

<796> 메유기 對 鮎魚

고유어 '메유기'와 한자어 '鮎魚'가 [鮎魚], [鮎] 및 [鱯] 즉 '메기'의 뜻을 가지고 동의 관계에 있다는 것은 다음 예문들에서 잘 확인된다. 원문 중 '鮎魚鶴兒'가 '메유기 ㄱ튼 연'으로 번역된다. '鮎'이 한자어 '鮎魚'를 뜻한다. '鮎'의 자석이 '메유기'이고 고유어 '메유기'는 한자어 '鮎魚'와 동의 관계에 있다. 그리고 '鱯'의 자석이 '메유기'이다. 따라서 '메유기'와 '鮎魚'의 동의성은 명백히 입증된다.

(796) a. 메유기 ㄱ튼 연 여듧 모 난 연(鮎魚鶴兒 八角鶴兒) <번朴上 17b>

(796) b. 鮎 : 今俗呼鮎魚 머유기 <四解下 82b>
　　　 c. 鮎 : 메유기 념 俗呼鮎魚 <字會上 11a>

(796) d. 鱯 : 鮎名 <四解下 7a>
　　　 e. 鱯 : 메유기 언 <字會上 11a>

<797> 며느리 對 媳婦

고유어 '며느리'와 한자어 '媳婦'가 [婦] 즉 '며느리'의 뜻을 가지고 동의 관계에 있다는 것은 다음 예문들에서 잘 확인된다. 원문 중 '婦道'가 '며느리의 도리'로 번역된다. '媳'이 한자어 '媳婦'를 뜻한다. 그리고 '婦'의 자석이 '며느리'이고 고유어 '며느리'는 한자어 '媳婦'와 동의 관계에 있다. 따라서 '며느리'와 '媳婦'의 동의성은 명백히 입증된다.

(797) a. 며느리는 듯ㅈ와 부드러이 호미(婦聽而婉이) <번小三 44b>
　　　 b. 반두시 며느리의 도리로 ㅎ리라(必執婦道ㅎ리라) <번小七 34b>
　　　 c. 며느리 어두믈(娶婦를) <번小七 34a>

(797) d. 媳 : 媳婦 <四解下 53a>
　　　 e. 婦 : 夫婦 <四解上 39b>
　　　 f. 婦 : 며느리 부…媳婦 <字會上 16a>

<798> 며느리 對 太子妃

고유어 '며느리'와 한자어 '太子妃'가 [嬪] 즉 '태자의 아내'의 뜻을 가지고 동의 관계에 있다는 것은 다음 예문들에서 잘 확인된다. '嬪'의 자석이 '며느리'이고 고유어 '며느리'는 '太子及王妃'와 동의 관계에 있다. 따라서 '며느리'와 '太子妃'의 동의성은 명백히 입증된다.

(798) a. 嬪 : 婦官 <四解上 57b>

　　 b. 嬪 : …又며느리 빙 太子及王妃皆曰嬪 <字會中 1a>

<799> 며주 對 醬麴

고유어 '며주'와 한자어 '醬麴'이 [醬麴] 즉 '메주'의 뜻을 가지고 동의 관계에 있다는 것은 다음 예문
들에서 잘 확인된다. 한자어 '醬麴'이 고유어 '며주'와 동의 관계에 있다. 따라서 '며주'와 '醬麴'의 동의
성은 명백히 입증된다.

(799) a. 麴 : 酒媒 <四解上 7a>

　　 b. 麴 : 누룩 국 俗呼酒麴 又醬麴 며주 <字會中 11a>

<800> 몃마기 對 胡鷰

고유어 '몃마기'와 한자어 '胡鷰'이 [胡鷰] 즉 '명매기, 칼새, 호연'의 뜻을 가지고 동의 관계에 있다는
것은 다음 예문들에서 잘 확인된다. 고유어 '몃마기'가 한자어 '胡鷰'과 동의 관계에 있다. 따라서 '몃마
기'와 '胡鷰'의 동의성은 명백히 입증된다.

(800) a. 鷰 : 玄鳥 <四解下 7a>

　　 b. 鷰 : 져비 연 俗呼拙燕 呼몃마기曰胡鷰 <字會上 9a>

<801> 멸 對 筆管菜

고유어 '멸'과 한자어 '筆管菜'가 [蕺] 즉 '삼백초(三百草) '의 뜻을 가지고 동의 관계에 있다는 것은
다음 예문들에서 잘 확인된다. '蕺'이 한자어 '筆管菜'을 뜻하고 '筆管菜'는 고유어 '멸'과 동의 관계에
있다. 그리고 '蕺'의 자석이 '멸'이고 고유어 '멸'은 한자어 '筆管菜'와 동의 관계에 있다. 따라서 '멸'과
'筆管菜'의 동의성은 명백히 입증된다.

(801) a. 蕺 : 今俗呼筆管菜 멸 又呼龍鬚菜 <四解下 73b>

　　 b. 蕺 : 멸 즙 俗呼筆管菜 又龍鬚菜 <字會上 7a>

<802> 명디 對 大絲繒

고유어 '명디'와 한자어 '大絲繒'이 [紬] 즉 '명주, 굵은 명주'의 뜻을 가지고 동의 관계에 있다는 것은
다음 예문들에서 잘 확인된다. '紬'가 한자어 '大絲繒'을 뜻하고 '紬'의 자석이 '명디'이다. 따라서 '명디'

와 '大絲繒'의 동의성은 명백히 입증된다.

(802) a. 紬 : 大絲繒 <四解下 69b>

　　　b. 紬 : 몡디 듀 <字會中 15a>

<803> 몡디 對 면듀

고유어 '몡디'와 한자어 '면듀'(綿紬) 가 [紬] 즉 '명주, 굵은 명주'의 뜻을 가지고 동의 관계에 있다는 것은 다음 예문들에서 잘 확인된다. '紬'의 자석이 '몡디'이다. 그리고 원문 중 '紬襖子'가 '면듀 핟옷'으로 번역된다. 따라서 '몡디'와 '면듀'의 동의성은 명백히 입증된다.

(803) a. 紬 : 大絲繒 <四解下 69b>

　　　b. 紬 : 몡디 듀 <字會下 15a>

(803) c. 초록 면듀 핟옷과(綠紬襖子) <번老下 50b>

<804> 몡쟈 對 榠樝

고유어 '몡쟈'와 한자어 '榠樝'가 [榠]과 [樝] 즉 '명사나무, 풀명자나무'의 뜻을 가지고 동의 관계에 있다는 것은 다음 예문들에서 잘 확인된다. '榠'이 한자어 '榠樝'를 뜻하고 '榠'의 자석이 '몡쟈'이다. '樝'가 한자어 '榠樝'를 뜻하고 '榠樝'는 고유어 '몡쟈'와 동의 관계에 있다. 그리고 '樝'의 자석이 '몡쟈'이다. 따라서 '몡쟈'와 '榠樝'의 동의성은 명백히 입증된다.

(804) a. 榠 : 榠樝 果名 <四解下 51b>

　　　b. 榠 : 몡쟈 몡 <字會上 6b>

(804) c. 樝 : 榠樝 몡쟈 <四解下 29b>

　　　d. 樝 : 몡쟈 쟈 <字會上 6b>

<805> 모개 對 關塞

고유어 '모개'와 한자어 '關塞'가 [關] 즉 '변경의 要塞'의 뜻을 가지고 동의 관계에 있다는 것은 다음 예문들에서 잘 확인된다. '關'이 한자어 '關塞'를 뜻한다. 그리고 '關'의 자석이 '모개'이다. 따라서 '모개'와 '關塞'의 동의성은 명백히 입증된다.

(805) a. 關 : … 關塞 要會處 <四解上 80a>

     b. 關 : 모개 관 <字會上 3b>

<806> 모과 對 木瓜

고유어 '모과'와 한자어 '木瓜'가 [楙] 즉 '모과나무'의 뜻을 가지고 동의 관계에 있다는 것은 다음 예문들에서 잘 확인된다. '楙'가 한자어 '木瓜'를 뜻한다. 그리고 '楙'의 자석이 '모과'이고 고유어 '모과'는 한자어 '木瓜'와 동의 관계에 있다. 따라서 '모과'와 '木瓜'의 동의성은 명백히 입증된다.

(806) a. 楙 : … 又木瓜 <四解下 60a>

     b. 楙 : 모괏 무 俗稱木瓜 <字會上 6a>

<807> 모긔 對 蚊蝄

고유어 '모긔'와 한자어 '蚊蝄'가 [蝄]와 [蚊] 즉 '모기'의 뜻을 가지고 동의 관계에 있다는 것은 다음 예문들에서 잘 확인된다. '蝄'가 한자어 '蚊蝄'를 뜻한다. 그리고 '蚊'의 자석이 '모긔'이다. 따라서 '모긔'와 '蚊蝄'의 동의성은 명백히 입증된다.

(807) a. 蚊 : 齧人飛虫 <四解上 65b>

     b. 蚊 : 모긔 문 俗呼蚊子 <字會上 11b>

(807) c. 蝄 : 蚊蝄 <四解上 55b>

<808> 모긔 對 蚊子

고유어 '모긔'와 한자어 '蚊子'가 [蚊] 즉 '모기'의 뜻을 가지고 동의 관계에 있다는 것은 다음 예문들에서 잘 확인된다. '蚊'의 자석이 '모긔'이고 고유어 '모긔'는 한자어 '蚊子'와 동의 관계에 있다. 따라서 '모긔'와 '蚊子'의 동의성은 명백히 입증된다.

(808) a. 蚊 : 齧人飛虫 <四解上 65a>

     b. 蚊 : 모긔 문 俗呼蚊子 <字會上 11b>

<809> 모긔 對 齧人飛虫

고유어 '모기'와 한자어 '齧人飛虫'이 [蚊] 즉 '모기'의 뜻을 가지고 동의 관계에 있다는 것은 다음 예문들에서 잘 확인된다. '蚊'이 한자어 '齧人飛虫'을 뜻한다. 그리고 '蚊'의 자석이 '모긔'이다. 따라서 '모긔'와 '齧人飛虫'의 동의성은 명백히 입증된다.

(809) a. 蚊 : 齧人飛虫 <四解上 65b>
　　　b. 蚊 : 모긔 문 <字會上 11b>

<810> 모로 對 日月旁氣

고유어 '모로'와 한자어 '日月旁氣'가 [暈] 즉 '무리, 해나 달의 주위를 두른 둥근 테 모양의 빛'의 뜻을 가지고 동의 관계에 있다는 것은 다음 예문들에서 잘 확인된다. '暈'이 한자어 '日月旁氣'를 뜻한다. 그리고 '暈'의 자석이 '모로'이고 고유어 '모로'는 한자어 '日月旁氣'와 동의 관계에 있다. 따라서 '모로'와 '日月旁氣'의 동의성은 명백히 입증된다.

(810) a. 暈 : 日月旁氣 <四解上 70a>
　　　b. 暈 : 모로 운…日月旁氣 <字會下 1a>

<811> 모밀 對 蕎麥

고유어 '모밀'과 한자어 '蕎麥'이 [蕎麥] 즉 '모밀'의 뜻을 가지고 동의 관계에 있다는 것은 다음 예문들에서 잘 확인된다. 원문 중 '蕎麥粉'이 '모밇 ᄀᆞᄅᆞ'로 번역된다. '蕎'가 한자어 '蕎麥'을 뜻하고 '蕎麥'은 고유어 '모밀'과 동의 관계에 있다. 그리고 '蕎麥'의 자석이 '모밀'이고 고유어 '모밀'은 한자어 '蕎麥'과 동의 관계에 있다. 따라서 '모밀'과 '蕎麥'의 동의성은 명백히 입증된다.

(811) a. 모밇 ᄀᆞᆯ오로 쎄홈도 됴ᄒ니라(用蕎麥粉糝瘡上亦好) <瘡疹 48b>
　　　b. 메밀 닉거든 돈 주고…이듭 히예 메밀히 돈 니거 <正俗 28a>

(811) c. 蕎 : 今俗蕎麥 메밀 <四解下 13b>
　　　d. 蕎 : 메밀 교 俗呼蕎麥 <字會上 6b>

<812> 모욕 對 洗浴

고유어 '모욕'과 한자어 '洗浴'이 [浴] 즉 '몸을 씻음'의 뜻을 가지고 동의 관계에 있다는 것은 다음 예문들에서 잘 확인된다. '浴'이 한자어 '洗浴'을 뜻하고 '浴'의 자석이 '모욕'이다. 따라서 '모욕'과 '洗浴'의 동의성은 명백히 입증된다.

(812) a. 浴 : 洗浴 <四解上 11a>

b. 浴 : 모욕 욕 澡身 <字會上 5b>

<813> 모욕 對 澡身

고유어 '모욕'과 한자어 '澡身'이 [浴] 즉 '목욕'의 뜻을 가지고 동의 관계에 있다는 것은 다음 예문들에서 잘 확인된다. '浴'의 자석이 '모욕'이고 고유어 '모욕'은 한자어 '澡身'과 동의 관계에 있다. 따라서 '보욕'과 '澡身'의 동의성은 명백히 입증된다.

(813) a. 浴 : 洗浴 <四解上 11a>

b. 浴 : 모욕 욕 澡身 <字會上 5b>

<814> 모ᄎᆞ라기 對 鵪鶉/鹌鶉

고유어 '모ᄎᆞ라기'와 한자어 '鵪鶉/鹌鶉'이 [鶉], [鵪] 및 [鹌鶉] 즉 '메추라기'의 뜻을 가지고 동의 관계에 있다는 것은 다음 예문들에서 잘 확인된다. '鶉'이 한자어 '鵪鶉'을 뜻한다. '鶉'의 자석이 '모ᄎᆞ라기'이고 고유어 '모ᄎᆞ라기'는 한자어 '鵪鶉'과 동의 관계에 있다. '鵪'이 한자어 '鵪鶉'을 뜻하고 '鵪'의 자석이 '모ᄎᆞ라기'이다. 그리고 원문 중 '鹌鶉'이 '모ᄎᆞ라기'로 번역된다. 따라서 '모ᄎᆞ라기'와 '鵪鶉/鹌鶉'의 동의성은 명백히 입증된다.

(814) a. 鶉 : 鵪鶉 <四解上 69a>

b. 鶉 : 모ᄎᆞ라기 슌 俗呼鵪鶉 <字會上 9b>

(814) c. 鵪 : 鵪鶉 <四解下 78b>

d. 鵪 : 모ᄎᆞ라기 암 俗作鹌 <字會上 9b>

(814) e. 모ᄎᆞ라기로 노ᄅᆞᆺᄒᆞ기 ᄒᆞ며(耍鹌鶉) <번朴上 18a>

<815> 목 對 頸項

고유어 '목'과 한자어 '頸項'이 [項]과 [頸] 즉 '목'의 뜻을 가지고 동의 관계에 있다는 것은 다음 예문들에서 잘 확인된다. '項'이 한자어 '頸項'을 뜻하고 '項'의 자석이 '목'이다. 그리고 '頸'의 자석이 '목'이다. 따라서 '목'과 '頸項'의 동의성은 명백히 입증된다.

(815) a. 項 : 頸項 <四解下 44a>

b. 項 : 목 항 <字會上 13a>

(815) c. 頸 : 頭莖 <四解下 47a>

d. 頸 : 목 경 前曰頸 <字會上 13a>

<816> 목 對 頭莖

고유어 '목'과 한자어 '頭莖'이 [頸] 즉 '목, 목줄기'의 뜻을 가지고 동의 관계에 있다는 것은 다음 예문들에서 잘 확인된다. '頸'이 한자어 '頭莖'을 뜻한다. 그리고 '頸'의 자석이 '목'이다. 따라서 '목'과 '頭莖'의 동의성은 명백히 입증된다.

(816) a. 頸 : 頭莖 <四解下 47a>

b. 頸 : 목 경 前曰頸 <字會上 13a>

<817> 목 對 頸項

고유어 '목'과 한자어 '頸項'이 [頸項]과 [頸] 즉 '목'의 뜻을 가지고 동의 관계에 있다는 것은 다음 예문들에서 잘 확인된다. 원문 중 '頸項骨'이 '목쌔'로 번역된다. '頸'이 한자어 '頸項'을 뜻하고 '頸項'은 고유어 '목'과 동의 관계에 있다. 그리고 '頸'의 자석이 '목'이고 고유어 '목'은 한자어 '頸項'과 동의 관계에 있다. 따라서 '목'와 '頸項'의 동의성은 명백히 입증된다.

(817) a. 목쌔 비피(頸項骨 背) <번老下 38b>

(817) b. 頸 : 今俗語頸項 목 <四解上 64a>

c. 頸 : 목 불 俗呼頸項 <字會上 13a>

<818> 목 對 咽喉

고유어 '목'과 한자어 '咽喉'이 [咽喉], [咽] 및 [喉] 즉 '목구멍'의 뜻을 가지고 동의 관계에 있다는 것은 다음 예문들에서 잘 확인된다. 원문 중 '舌咽喉'가 '혀와 목'으로 번역된다. 그리고 '咽'과 '喉'가 한자어 '咽喉'를 뜻한다. 따라서 '목'과 '咽喉'의 동의성은 명백히 입증된다.

(818) a. 입과 혀와 목과 빗 알프거나(爲口舌咽喉腹肚疼痛之狀) <瘡疹 8b>

(818) b. 咽 : 咽喉 <四解下 7a>

c. 喉 : 咽喉 <四解下 67b>

<819> 목줄뒤 對 嗓子

고유어 '목줄뒤'와 한자어 '嗓子'가 [嗓] 즉 '목구멍'의 뜻을 가지고 동의 관계에 있다는 것은 다음 예문들에서 잘 확인된다. '嗓'이 한자어 '嗓子'를 뜻하고 '嗓子'는 고유어 '목줄뒤'와 동의 관계에 있다. 그리고 '嗓'의 자석이 '목줄뒤'이고 고유어 '목줄뒤'는 한자어 '嗓子'와 동의 관계에 있다. 따라서 '목줄뒤'와 '嗓子'의 동의성은 명백히 입증된다.

(819) a. 嗓 : 喉也 今俗呼嗓子 목줄뒤 <四解下 38b>
　　　b. 嗓 : 목줄뒤 상 俗呼嗓子 <字會上 13b>

<820> 몯 對 鐵釘

고유어 '몯'과 한자어 '鐵釘'이 [釘] 즉 '못, 쇠못'의 뜻을 가지고 동의 관계에 있다는 것은 다음 예문들에서 잘 확인된다. '釘'의 자석이 '몯'이고 고유어 '몯'은 한자어 '鐵釘'과 동의 관계에 있다. 따라서 '몯'과 '鐵釘'의 동의성은 명백히 입증된다.

(820) a. 釘 : 鍊餠黃金日金釘 <四解下 48b>
　　　b. 釘 : 몯 뎡 鐵釘 <字會下 8a>

<821> 몯ㄱ지 對 회추

고유어 '몯ㄱ지'와 한자어 '회추'(會次)가 [會]와 [聚會] 즉 '모임'의 뜻을 가지고 동의 관계에 있다는 사실은 다음 예문들에서 잘 확인된다. 원문 중 '婚姻會'가 '婚姻혼 몯ㄱ지'로 번역되고 '飮食之會'가 '음식 회추'로 번역되므로 '몯ㄱ지'와 '회추'의 동의성은 명백히 입증된다.

(821) a. ㄸ리 婚姻혼 몯ㄱ지예 녀러와셔(女ㅣ 自婚姻會로 歸ㅎ야) <번小十 17a>
　　　b. 몯ㄱ지는 ㅈ조되 례도는 브즈런ㅎ고(會數而禮勤ㅎ며) <번小十 32a>

(821) c. 오직 음식 회추애 참예티 몯ㅎ게 ㅎ고(但不與飮食之會) <呂約 38b>

<822> 몰애 對 水散石

고유어 '몰애'와 한자어 '水散石'이 [沙] 즉 '모래'의 뜻을 가지고 동의 관계에 있다는 것은 다음 예문들에서 잘 확인된다. '沙'가 한자어 '水散石'을 뜻하고 '沙'의 자석이 '몰애'이다. 따라서 '몰애'와 '水散石'의 동의성은 명백히 입증된다.

(822) a. 沙 : 水散石也 <四解下 30a>
　　　 b. 沙 : 몰애 사 <字會上 2b>

<823> 몸 對 身軀

고유어 '몸'과 한자어 '身軀'가 [身]과 [軀] 즉 '몸, 신체'의 뜻을 가지고 동의 관계에 있다는 것은 다음 예문들에서 잘 확인된다. 원문 중 '身…動'이 '모믈 움즈기다'로 번역된다. '身'의 자석이 '몸'이다. 그리고 '軀'의 자석이 '몸'이고 고유어 '몸'은 한자어 '身軀'와 동의 관계에 있다. 따라서 '몸'과 '身軀'의 동의성은 명백히 입증된다.

(823) a. 모믈 죠고매도 움즈기디 아니ᄒ며(身不少動ᄒ며) <번小十 26a>
　　　 b. 몸애 다 ᄯ미 흐를시(擧身流汗홀시) <번小九 21a>
　　　 c. ᄆᆞ음 다ᄉ리며 몸 닷고미(治心修身을) <번小六 35a>
　　　 d. 다믄 내 ᄒᆞᆫ 낫 몸과 ᄆᆞᄋᆞ므란 도로혀 됴히 ᄒ고져 아니ᄒᄂ니(只有自家一箇身與心을 却不要好ᄒᄂ니) <번小八 7a>

(823) e. 身 : 躬也 <四解上 59b>
　　　 f. 身 : 몸 신 <字會上 12b>

(823) g. 軀 : 體也 <四解上 30a>
　　　 h. 軀 : 몸 구 身軀 <字會上 14a>

<824> 몸 對 身材

고유어 '몸'과 한자어 '身材'가 [身材]와 [身] 즉 '몸'의 뜻을 가지고 동의 관계에 있다는 것은 다음 예문들에서 잘 확인된다. '身材大'가 '몸 크다'로 번역된다. 그리고 '身'의 자석이 '몸'이고 고유어 '몸'은 한자어 '身材'와 동의 관계에 있다. 따라서 '몸'과 '身材'의 동의성은 명백히 입증된다.

(824) a. 네 몸 큰 사ᄅᆞ문(你身材大的人) <번老上 29a>

(824) b. 身 : 躬也 <四解上 59b>
　　　 c. 身 : 몸 신 俗呼身材 <字會上 12b>

<825> 몸 對 五體

고유어 '몸'과 한자어 '五體'가 [體] 즉 '신체의 다섯 부분, 全身'의 뜻을 가지고 동의 관계에 있다는 것은 다음 예문들에서 잘 확인된다. '體'의 자석이 '몸'이고 고유어 '몸'은 한자어 '五體'와 동의 관계에 있다. 따라서 '몸'과 '五體'의 동의성은 명백히 입증된다.

(825) a. 體 : 身也 <四解上 25a>
　　　 b. 體 : 몸 톄 五體 <字會上 12b>

<826> 몸채 對 正寢

고유어 '몸채'와 한자어 '正寢'이 [寢] 즉 '몸채, 여러 채로 된 살림집에서 주가 되는 채, 정침(正寢)'의 뜻을 가지고 동의 관계에 있다는 것은 다음 예문들에서 잘 확인된다. '寢'의 자석이 '몸채'이고 고유어 '몸채'는 한자어 '正寢'과 동의 관계에 있다. 따라서 '몸채'와 '正寢'의 동의성은 명백히 입증된다.

(826) a. 寢 : 居室也 <四解下 73a>
　　　 b. 寢 : 몸채 침 正寢 <字會中 3a>

<827> 못 對 池塘

고유어 '못'과 한자어 '池塘'이 [塘]과 [池] 즉 '못'의 뜻을 가지고 동의 관계에 있다는 것은 다음 예문들에서 잘 확인된다. '塘'이 한자어 '池塘'을 뜻한다. '塘'의 자석이 '못'이고 고유어 '못'은 한자어 '池塘'과 동의 관계에 있다. 그리고 '池'의 자석이 '못'이고 고유어 '못'은 '池塘'과 동의 관계에 있다. 따라서 '못'과 '池塘'의 동의성은 명백히 입증된다.

(827) a. 塘 : 池塘 <四解下 35a>
　　　 b. 塘 : 못 당 池塘 <字會上 3a>

(827) c. 池 : 池沼 <四解上 19a>
　　　 d. 池 : 못 디…又池塘 <字會中 5a>

<828> 못 對 池沼

고유어 '못'과 한자어 '池沼'가 [池]와 [沼] 즉 '못'의 뜻을 가지고 동의 관계에 있다는 것은 다음 예문들에서 잘 확인된다. '池'가 한자어 '池沼'를 뜻하고 '池'의 자석이 '못'이다. 그리고 '沼'가 한자 '池'와 同

義이고 '沼'의 자석이 '못'이다. 따라서 '못'과 '池沼'의 동의성은 명백히 입증된다.

> (828) a. 池 : 池沼 <四解上 19a>
> 　　　 b. 池 : 못 디 <字會中 5a>

> (828) c. 沼 : 池也 <四解下 16a>
> 　　　 d. 沼 : 못 쇼 圓曰池 曲曰沼 <字會上 3a>

<829> 못 對 止水

고유어 '못'과 한자어 '止水'가 [淵] 즉 '못, 괸 물'의 뜻을 가지고 동의 관계에 있다는 것은 다음 예문들에서 잘 확인된다. 淵이 한자어 '止水'를 뜻한다. 그리고 淵의 자석이 '못'이고 고유어 '못'은 한자어 '止水'와 동의 관계에 있다. 따라서 '못'과 '止水'의 동의성은 명백히 입증된다.

> (829) a. 淵 : 止水又深也 <四解下 11b>
> 　　　 b. 淵 : 못 연 止水而深曰淵 <字會上 2b>

<830> 못 對 壕池

고유어 '못'과 한자어 '壕池'가 [池] 즉 '해자'의 뜻을 가지고 동의 관계에 있다는 것은 다음 예문들에서 잘 확인된다. '池'의 자석이 '못'이고 고유어 '못'은 한자어 '壕池'와 동의 관계에 있다. 따라서 '못'과 '壕池'의 동의성은 명백히 입증된다.

> (830) a. 池 : 池沼 <四解上 19a>
> 　　　 b. 池 : 못 디 卽壕池 <字會中 5a>

<831> 뫼ㅎ 對 산

고유어 '뫼ㅎ'와 한자어 '산'(山)이 [山] 즉 '메, 山'의 뜻을 가지고 동의 관계에 있다는 것은 다음 예문들에서 잘 확인된다. 원문 중 '山河'가 '뫼와 믈'로 번역되고 '山嶠'이 '산ㅅ 고래'로 번역되므로 '뫼ㅎ'와 '산'의 동의성은 명백히 입증된다.

> (831) a. 뫼토 서르 맛볼 나리 잇ᄂᆞ니(山也有相逢的日頭) <번老下 73a>
> 　　　 b. 뫼과 믈을 베혀(宰割山河ᄒᆞ야) <번小八 19b>
> 　　　 c. 혹 뫼헤 가 나모 뷔며(或山而樵ᄒᆞ며) <번小九 99a>

d. 뫼해 드러가(式入山) <二倫 2a>

e. 제 어미 조차 묏 바퇴 가 기슴 미다가(從母往鋤山田) <속三孝 15a>

f. 묏 수돝과 꿩과(山雄猪 雉) <瘡疹 62b>

(831) g. 그 도ᄌ글 ᄒᆞᆫ 산ㅅ 고래 에워(把那賊圍在一箇山峪裏) <번老上 30a>

h. 기픈 산으로 향ᄒᆞ야 ᄆᆞᅀᆞᆷ 고텨 닷르라 가리이다(往深山裏懺悔去) <번朴上 37a>

<832> 뫼쌀 對 粳米

고유어 '뫼쌀'과 한자어 '粳米'가 [粳]과 [粳米] 즉 '멥쌀'의 뜻을 가지고 동의 관계에 있다는 것은 다음 예문들에서 잘 확인된다. '粳'이 한자어 '粳米'를 뜻하고 '粳'의 지석이 '뫼쌀'이다. 그리고 원문 중 '一斗 粳米'가 'ᄒᆞᆫ 말 경미'로 번역된다. 따라서 '뫼쌀'과 '粳米'의 동의성은 명백히 입증된다.

(832) a. 粳 : 稻不粘者 今俗呼粳米 <四解下 57b>

b. 粳 : 뫼쌀 경 <字會上 7a>

(832) c. 여듧 푼 은에 ᄒᆞᆫ 말 경미오(八分銀子一斗粳米) <번老上 9b>

<833> 뫼쌀 對 稻不粘者

고유어 '뫼쌀'과 한자어 '稻不粘者'가 [秈]과 [秔] 즉 '멥쌀'의 뜻을 가지고 동의 관계에 있다는 것은 다음 예문들에서 잘 확인된다. '秈'이 한자어 '稻不粘者'를 뜻하고 '秈'의 자석이 '뫼쌀'이다. '秔'이 한자어 '稻不粘者'를 뜻한다. 그리고 '粳'이 한자 '秔'과 同字이고 '粳'의 자석이 '뫼쌀'이다. 따라서 '뫼쌀'과 '稻不粘者'의 동의성은 명백히 입증된다.

(833) a. 秈 : 稻不粘者 <四解下 5a>

b. 秈 : 뫼쌀 션 <字會上 7a>

(833) c. 秔 : 稻不粘者 <四解下 57b>

d. 粳 : 同 <四解下 57a>

e. 粳 : 뫼쌀 경 通作秔 <字會上 7a>

<834> 묏도기 對 蟒蚱

고유어 '묏도기'와 한자어 '蟒蚱'이 [蚱]과 [蟒] 즉 '벼메뚜기'의 뜻을 가지고 동의 관계에 있다는 것은 다음 예문들에서 잘 확인된다. '蚱'의 자석이 '묏도기'이고 고유어 '묏도기'는 한자어 '螞蚱'과 동의 관계에 있다. 그리고 '螞'의 자석이 '묏도기'이다. 따라서 '묏도기'와 '螞蚱'의 동의성은 명백히 입증된다.

(834) a. 蚱 : 蚱蜢 <四解下 61a>
　　b. 蚱 : 묏도기 자 俗呼螞蚱 <字會上 12a>

(834) c. 螞 : 묏도기 마 <字會上 12a>

<835> 묏도기 對 蚱蜢

고유어 '묏도기'와 한자어 '蚱蜢'이 [蚱]과 [蜢] 즉 '메뚜기, 벼메뚜기'의 뜻을 가지고 동의 관계에 있다는 것은 다음 예문들에서 잘 확인된다. '蚱'이 한자어 '蚱蜢'을 뜻하고 '蚱'의 자석이 '묏도기'이다. 그리고 '蜢'이 한자어 '蚱蜢'을 뜻한다. 따라서 '묏도기'와 '蚱蜢'의 동의성은 명백히 입증된다.

(835) a. 蚱 : 蚱蜢 <四解下 61a>
　　b. 蚱 : 묏도기 자 俗呼螞蚱 <字會上 12a>

(835) c. 蜢 : 蚱蜢 <四解下 60a>

<836> 묏도기 對 螽斯

고유어 '묏도기'와 한자어 '螽斯'가 [螽] 즉 '메뚜기'의 뜻을 가지고 동의 관계에 있다는 것은 다음 예문들에서 잘 확인된다. '螽'의 자석이 '묏도기'이고 고유어 '묏도기'는 한자어 '螽斯'와 동의 관계에 있다. 따라서 '묏도기'와 '螽斯'의 동의성은 명백히 입증된다.

(836) a. 螽 : 蝗也 <四解上 8a>
　　b. 螽 : 묏도기 죵 詩螽斯 <字會上 12a>

<837> 묏도기 對 螽蝗

고유어 '묏도기'와 한자어 '螽蝗'이 [蝗]과 [螽] 즉 '누리, 벼메뚜기'의 뜻을 가지고 동의 관계에 있다는 것은 다음 예문들에서 잘 확인된다. '蝗'이 한자어 '螽蝗'을 뜻하고 '蝗'의 자석이 '묏도기'이다. 그리고 '螽'이 한자 '蝗'과 同義이고 '螽'의 자석이 '묏도기'이다. 따라서 '묏도기'와 '螽蝗'의 동의성은 명백히 입증된다.

(837) a. 蝗 : 螽蝗 <四解下 46b>

　　 b. 蝗 : 묏도기 황 食禾者 俗呼蝗虫 <字會上 12a>

(837) c. 螽 : 蝗也 <四解上 8a>

　　 d. 螽 : 묏도기 죵 詩 螽斯 <字會上 12a>

<838> 무겁 對 射埒

고유어 '무겁'과 한자어 '射埒'이 [堋] 즉 '활터, 살받이가 서 있는 곳'의 뜻을 가지고 동의 관계에 있다는 것은 다음 예문들에서 잘 확인된다. '堋'이 한자어 '射埒'을 뜻한다. 그리고 '堋'의 자석이 '무겁'이고 고유어 '무겁'은 한자어 '射埒'과 동의 관계에 있다. 따라서 '무섭'과 '射埒'의 동의성은 명백히 입증된다.

(838) a. 堋 : 射埒 <四解下 59b>

　　 b. 堋 : 무겁 붕 射埒 <字會中 14a>

<839> 무궁화 對 木槿花

고유어 '무궁화'와 한자어 '木槿花'가 [槿] 즉 '무궁화'의 뜻을 가지고 동의 관계에 있다는 것은 다음 예문들에서 잘 확인된다. '槿'이 한자어 '木槿花'를 뜻하고 '木槿花'는 고유어 '무궁화'와 동의 관계에 있다. 그리고 '槿'의 자석이 '무궁화'이고 고유어 '무궁화'는 한자어 '木槿花'와 동의 관계에 있다. 따라서 '무궁화'와 '木槿花'의 동의성은 명백히 입증된다.

(839) a. 槿 : 櫬也 今俗呼木槿花 무궁화 <四解上 55b>

　　 b. 槿 : 무궁화 근 俗呼木槿花 <字會上 4a>

(839) c. 櫬 : 木槿 <四解上 62a>

<840> 무궁화 對 蕣英

고유어 '무궁화'와 한자어 '蕣英'이 [蕣] 즉 '무궁화'의 뜻을 가지고 동의 관계에 있다는 것은 다음 예문들에서 잘 확인된다. '蕣'의 자석이 '무궁화'이고 고유어 '무궁화'는 한자어 '蕣英'과 동의 관계에 있다. 따라서 '무궁화'와 '蕣英'의 동의성은 명백히 입증된다.

(840) a. 蕣 : 木槿 <四解上 69a>

b. 蕣 : 무궁화 순 詩 蕣英 <字會上 4a>

<841> 무당 對 嬰婆

고유어 '무당'과 한자어 '嬰婆'가 [巫]와 [嬰] 즉 '무당, 여자 무당'의 뜻을 가지고 동의 관계에 있다는 것은 다음 예문들에서 잘 확인된다. 원문 중 '巫祝'이 '무당과 화랑이'로 번역된다. '巫'의 자석이 '무당'이고 고유어 '무당'은 한자어 '嬰婆'와 동의 관계에 있다. 그리고 '嬰'가 한자어 '嬰婆'를 뜻한다. 따라서 '무당'과 '嬰婆'의 동의성은 명백히 입증된다.

(841) a. 무당과 화랑이와 승과 스이ᄒᆞᄂᆞᆫ 할미 ᄀᆞ티니를(巫祝尼溫之類를) <번小七 27b>

(841) b. 巫 : 巫覡 <四解上 39b>

　　　 c. 巫 : 무당 무 女曰巫 俗呼婆 <字會中 2b>

(841) d. 嬰 : 女巫 今俗呼嬰婆 <四解上 19b>

<842> 무덤 對 窀穸

고유어 '무덤'과 한자어 '窀穸'이 [窀]과 [穸] 즉 '무덤의 구덩이'의 뜻을 가지고 동의 관계에 있다는 것은 다음 예문들에서 잘 확인된다. '窀'이 한자어 '窀穸'을 뜻하고 '窀'의 자석이 '무덤'이다. 그리고 '穸'이 한자어 '窀穸'을 뜻하고 '穸'의 자석이 '무덤'이다. 따라서 '무덤'과 '窀穸'의 동의성은 명백히 입증된다.

(842) a. 窀 : 窀穸 上棺 <四解上 68b>

　　　 b. 窀 : 무덤 둔 <字會中 17a>

(842) c. 穸 : 窀穸 墓穴 <四解下 53a>

　　　 d. 穸 : 무덤 셕 <字會中 17a>

<843> 무덤 對 墳墓

고유어 '무덤'과 한자어 '墳墓'가 [墓] 즉 '무덤'의 뜻을 가지고 동의 관계에 있다는 것은 다음 예문들에서 잘 확인된다. 원문 중 '墓側'이 '무덤 쎹'으로 번역된다. 그리고 '墓'가 한자어 '墳墓'를 뜻하고 '墓'의 자석이 '무덤'이다. 따라서 '무덤'과 '墳墓'의 동의성은 명백히 입증된다.

(843) a. 무덤 쎠틔 막 미여 아춤나죄로 미양 무덤의 가(廬于墓側ᄒᆞ야 旦夕애 常至墓所ᄒᆞ야) <번小九

27a>

  b. 무덤 겨틔 祠堂 밍그라 두고(立祠墓側) <속三孝 35a>

(843) c. 墓 : 墳墓 <四解上 38b>

  d. 墓 : 무덤 묘 平日墓 <字會中 17a>

<844> 무들기 對 蟻封

 고유어 '무들기'와 한자어 '蟻封'이 [垤] 즉 '개미둑'의 뜻을 가지고 동의 관계에 있다는 것은 다음 예 문들에서 잘 확인된다. '垤'이 한자어 '蟻封'을 뜻하고 '蟻'의 자석이 '무들기'이다. 따라서 '무들기'와 '蟻 封'의 동의성은 명백히 입증된다.

(844) a. 垤(2b) : 蟻封 <四解下 3a>

  b. 垤 : 무들기 딜 又蟻穴封 <字會上 2a>

<845> 무룹 對 脛節

 고유어 '무룹'과 한자어 '脛節'이 [膝] 즉 '무릎'의 뜻을 가지고 동의 관계에 있다는 것은 다음 예문들 에서 잘 확인된다. '膝'이 한자어 '脛節'을 뜻한다. 그리고 '膝'의 자석이 '무룹'이다. 따라서 '무룹'과 '脛 節'의 동의성은 명백히 입증된다.

(845) a. 膝 : 脛節 <四解上 58b>

  b. 膝 : 무룹 슬 <字會上 14b>

<846> 무룹 對 曲膝

 고유어 '무룹'과 한자어 '曲膝'이 [膕]과 [腃] 즉 '무릎'의 뜻을 가지고 동의 관계에 있다는 것은 다음 예문들에서 잘 확인된다. '膕'의 자석이 '무룹'이고 고유어 '무룹'은 한자어 '曲膝'과 동의 관계에 있다. 그리고 '腃'가 한자어 '曲膝'을 뜻하고 '曲膝'은 고유어 '무룹'과 동의 관계에 있다. 따라서 '무룹'과 '曲 膝'의 동의성은 명백히 입증된다.

(846) a. 膕 : 曲膝中 <四解下 62b>

  b. 膕 : 무룹 국 俗呼曲膝 <字會上 14b>

(846) c. 腃 : 股脛間 今俗呼曲膝曰曲腃 무룹 <四解下 69b>

d. 腨 : 오곰 츄 俗呼腨 <字會上 14b>

<847> 무뤼 對 羅縠

고유어 '무뤼'와 한자어 '羅縠'이 [縠] 즉 '주름 비단'의 뜻을 가지고 동의 관계에 있다는 것은 다음 예문들에서 잘 확인된다. '縠'이 한자어 '羅縠'을 뜻한다. 그리고 '縠'의 자석이 '무뤼'이다. 따라서 '무뤼'와 '羅縠'의 동의성은 명백히 입증된다.

(847) a. 縠 : 羅縠 <四解上 6a>
　　　 b. 縠 : 무뤼 곡 <字會中 15a>

<848> 무뤼 對 縐紗

고유어 '무뤼'와 한자어 '縐紗'가 [縠]과 [縐] 즉 '주름 비단'의 뜻을 가지고 동의 관계에 있다는 것은 다음 예문들에서 잘 확인된다. '縠'이 한자어 '縐紗'를 뜻하고 '縠'의 자석이 '무뤼'이다. 그리고 '縐'의 자석이 '무뤼'이고 고유어 '무뤼'는 한자어 '縐紗'와 동의 관계에 있다. 따라서 '무뤼'와 '縐紗'의 동의성은 명백히 입증된다.

(848) a. 縠 : 羅縠又縐紗 <四解上 6a>
　　　 b. 縠 : 무뤼 곡 <字會中 15a>

(848) c. 縐 : 絺之細而蹙 <四解下 67a>
　　　 d. 縐 : 무뤼 추 俗呼縐紗 <字會中 15a>

<849> 무쇠 對 生鐵

고유어 '무쇠'와 한자어 '生鐵'이 [生鐵] 즉 '무쇠, 精鍊하지 아니한 쇠'의 뜻을 가지고 동의 관계에 있다는 것은 다음 예문들에서 잘 확인된다. '鐵'의 자석이 '쇠'이고 한자어 '生鐵'이 고유어 '무쇠'와 동의 관계에 있다. 따라서 '무쇠'와 '生鐵'의 동의성은 명백히 입증된다.

(849) a. 鐵 : 黑金 <四解下 2b>
　　　 b. 鐵 : 쇠 텰 俗呼鐵頭 生鐵 무쇠 <字會中 15b>

<850> 무적 對 大塊

고유어 '무적'과 한자어 '大塊'가 [塊] 즉 '덩어리'의 뜻을 가지고 동의 관계에 있다는 것은 다음 예문들에서 잘 확인된다. 원문 중 '一塊土'가 '흔 무적 흙'으로 번역되고 '一塊大石頭'가 '흔 무적 큰 돌'로 번역된다. 그리고 '塊'가 한자어 '大塊'를 뜻한다. 따라서 '무적'과 '大塊'의 동의성은 명백히 입증된다.

(850) a. 담 우희 흔 무적 흙기(墻上一塊土) <번朴上 40b>
b. 즉재 거셔 흔 무적 큰 돌 가져다가(就那裏拿起一塊大石頭) <번老上 28b>

(850) c. 塊 : … 又大塊 <四解上 48b>
d. 塊 : 흙무적 괴 亦作凷 <字會下 8b>

<851> 무즈 對 毛段

고유어 '무즈'와 한자어 '毛段'이 [毼]와 [氀] 즉 '毛織物'의 뜻을 가지고 동의 관계에 있다는 것은 다음 예문들에서 잘 확인된다. '毼'가 한자어 '毛段'을 뜻하고 '毼'의 자석이 '무즈'이다. 그리고 '氀'의 자석이 '무즈'이다. 따라서 '무즈'와 '毛段'의 동의성은 명백히 입증된다.

(851) a. 毼 : … 毛段也 <四解上 38a>
b. 毼 : 무즈 모 俗呼毼子 <字會中 15a>

(851) c. 氀 : 毺也 <四解上 15a>
d. 氀 : 무즈 갈 <字會中 15a>

<852> 무즈 對 毼子

고유어 '무즈'와 한자어 '毼子'가 [毼] 즉 '모직물, 무늬를 넣은 모직물'의 뜻을 가지고 동의 관계에 있다는 것은 다음 예문들에서 잘 확인된다. '毼'의 자석이 '무즈'이고 고유어 '무즈'는 한자어 '毼子'와 동의 관계에 있다. 따라서 '무즈'와 '毼子'의 동의성은 명백히 입증된다.

(852) a. 毼 : … 毛段也 <四解上 38a>
b. 毼 : 무즈 모 俗呼毼子 <字會中 15a>

<853> 물 對 等輩

고유어 '물'과 한자어 '等輩'가 [輩], [每] 및 [群] 즉 무리, '동아리'의 뜻을 가지고 동의 관계에 있다는 것은 다음 예문들에서 잘 확인된다. '輩'가 한자어 '等輩'를 뜻하고 '輩'의 자석이 '물'이다. '每'가 한자어

‘等輩'를 뜻하고 ‘每'의 자석이 ‘물'이다. 그리고 ‘群'이 한자 ‘輩'와 同義이고 원문 중 ‘一群'이 ‘흔 물'로 번역된다. 따라서 ‘물'과 ‘等輩'의 동의성은 명백히 입증된다.

(853) a. 輩 : 等輩 <四解上 50a>
　　　b. 輩 : 물 비 <字會下 11a>

(853) c. 每 : …又等輩也 <四解上 50b>
　　　d. 每 : 물 미 輩也 <字會下 11a>

(853) e. 群 : 輩也 <四解上 67b>
　　　f. 흔 나그내 흔 물 양 모라 나나가더니(一箇客人赶着一群羊過來) <번老下 21b>

<854> 물 對 衆

고유어 ‘물'과 한자어 ‘衆'이 [衆] 즉 ‘무리, 많은 사람'의 뜻을 가지고 동의 관계에 있다는 것은 다음 예문들에서 잘 확인된다. ‘徒'가 한자어 ‘衆'을 뜻한다. 그리고 ‘徒'의 자석이 ‘물'이고 ‘물'은 한자어 ‘衆'과 동의 관계에 있다. 따라서 ‘물'과 ‘衆'의 동의성은 명백히 입증된다.

(854) a. 徒 : …衆也 <四解上 37a>
　　　b. 徒 : 물 도 衆也 <字會上 17b>

(854) c. 衆 : 多也 <四解上 8b>

15세기 국어에서 한자어 ‘衆'의 용례를 『內訓』(1475) 과 『六祖法寶壇經諺解』(1496) 에서 확인할 수 있다. 원문 중 ‘從衆'이 ‘衆을 좇다'로 번역되고 ‘爲衆'이 ‘衆을 爲ᄒᆞ다'로 번역된다.

(854) d. 公이 져기 衆을 조초미 맛당ᄒᆞ니이다(公이 宜少從衆이니이다) <內訓三 63b>
　　　e. 衆을 爲ᄒᆞ야 緣을 여르샤(爲衆開緣ᄒᆞ샤) <六祖上 1b>

<855> 므쇼 對 似水牛

고유어 ‘므쇼'와 한자어 ‘似水牛'가 [犀] 즉 ‘무소, 코뿔소'의 뜻을 가지고 동의 관계에 있다는 것은 다음 예문들에서 잘 확인된다. ‘犀'의 자석이 ‘므쇼'이고 고유어 ‘므쇼'는 한자어 ‘似水牛'와 동의 관계에 있다. 따라서 ‘므쇼'와 ‘似水牛'의 동의성은 명백히 입증된다.

(855) a. 犀 : 獸名 <四解上 27a>
　　　b. 犀 : 므쇼 셔 似水牛 <字會上 10a>

<856> 므수리 對 鵰鷲

고유어 '므수리'와 한자어 '鵰鷲'가 [鵰]과 [鷲] 즉 '무수리'의 뜻을 가지고 동의 관계에 있다는 것은 다음 예문들에서 잘 확인된다. '鵰'이 한자어 '鵰鷲'를 뜻하고 '鵰'의 자석이 '므수리'이다. '鷲'가 한자어 '鵰鷲'를 뜻한다. 그리고 '鷲'의 자석이 '므수리'이고 고유어 '므수리'는 한자어 '鵰鷲'와 동의 관계에 있다. 따라서 '므수리'와 '鵰鷲'의 동의성은 명백히 입증된다.

(856) a. 鵰 : 鵰鷲 <四解上 2a>
　　　b. 鵰 : 므수리 독 <字會上 8b>

(856) c. 鷲 : 鵰鷲 一名扶老 <四解下 69a>
　　　d. 鷲 : 므수리 츄 俗呼鵰鷲 <字會上 8b>

<857> 므즉 對 근쳐

고유어 '므즉'과 한자어 '근쳐'(近處)가 [近] 즉 '近處'의 뜻을 가지고 동의 관계에 있다는 것은 『번역노걸대』의 다음 예문들에서 잘 확인된다. 원문 중 '近南'이 '남녀 므즉'으로 번역되고 '東昌高唐'이 '東昌 高唐 근쳐들ㅎ'로 번역된다. 따라서 '므즉'과 '근쳐'의 동의성은 명백히 입증된다.

(857) a. 남녀 므즉 두 집 즈음ㅎ야(近南隔着兩家兒人家) <번老上 48b>
　　　b. 내 山東 濟寧府엣 東昌 高唐 근쳐들해 가(我往山東濟寧府東昌高唐) <번老上 12b>

<858> 므지게 對 蟠蝀/蝃蝀

고유어 '므지게'와 한자어 '蟠蝀/蝃蝀'이 [蟠]와 [蝀] 즉 '무지개'의 뜻을 가지고 동의 관계에 있다는 것은 다음 예문들에서 잘 확인된다. '蟠'와 '蝃'가 한자어 '蟠蝀/蝃蝀'을 뜻한다. '蝃'의 자석이 '므지게'이다. '蝀'이 한자어 '蟠蝀'을 뜻한다. 그리고 '蝀'의 자석이 '므지게'이고 고유어 '므지게'는 '蝃蝀'과 동의 관계에 있다. 따라서 '므지게'와 '蟠蝀/蝃蝀'의 동의성은 명백히 입증된다. 한자 '蟠'와 '蝃'는 同字이다.

(858) a. 蟠蝃 : 蟠蝀/蝃蝀 <四解上 25a>
　　　b. 蝃 : 므지게 톄 <字會上 1b>

(858) c. 蝀 : 螮蝀 <四解上 1b>

d. 蝀 : 螮蝀 虹也 <四解上 1b>

e. 蝀 : 므지게 동 詩螮蝀 <字會上 1b>

<859> 므지게 對 虹蜺

고유어 '므지게'와 한자어 '虹蜺'가 [虹]과 [霓] 즉 '무지개'의 뜻을 가지고 동의 관계에 있다는 것은 다음 예문들에서 잘 확인된다. '虹'이 한자어 '虹蜺'를 뜻하고 '虹'의 자석이 '므지게'이다. 그리고 '霓'의 자석이 '므지게'이다. 따라서 '므지게'와 '虹蜺'의 동의성은 명백히 입증된다. 한자 '蜺'와 '霓'는 同字이다.

(859) a. 虹 : 虹蜺 <四解上 6a>

b. 虹 : 므지게 홍 <字會上 1b>

(859) c. 霓 : 雌虹 <四解上 28a>

d. 霓 : 므지게 예 雄曰虹 雌曰霓 <字會上 1b>

<860> 므즈미 對 渂水

고유어 '므즈미'와 한자어 '渂水'가 [渂] 즉 '자맥질'의 뜻을 가지고 동의 관계에 있다는 것은 다음 예문에서 잘 확인된다. '渂'의 자석이 '므즈미'이고 고유어 '므즈미'는 한자어 '渂水'와 동의 관계에 있다. 따라서 '므즈미'와 '渂水'의 동의성은 명백히 입증된다.

(860) a. 渂 : 므즈밋 미 俗呼渂水 <字會中 1b>

<861> 므즈미 對 潛行水中

고유어 '므즈미'와 한자어 '潛行水中'이 [泳] 즉 '자맥질, 물속에 잠겨서 감'의 뜻을 가지고 동의 관계에 있다는 것은 다음 예문들에서 잘 확인된다. '泳'이 한자어 '潛行水中'을 뜻한다. 그리고 '泳'의 자석이 '므즈미'이다. 따라서 '므즈미'와 '潛行水中'의 동의성은 명백히 입증된다.

(861) a. 泳 : 潛行水中 <四解下 64a>

b. 泳 : 므즈미 영 <字會中 1b>

<862> 믈아치 對 江䲗/江豚

고유어 '믈아치'와 한자어 '江魶/江豚'이 [魶] 즉 '江의 복'의 뜻을 가지고 동의 관계에 있다는 것은 다음 예문들에서 잘 확인된다. '魶'이 한자어 '江魶'을 뜻하고 '江魶'은 고유어 '믈아치'와 동의 관계에 있다. 그리고 '魶'이 고유어 '믈아치'를 뜻하고 '믈아치'는 한자어 '江豚'과 동의 관계에 있다. 따라서 '믈아치'와 '江魶/江豚'의 동의성은 명백히 입증된다.

(862) a. 魶 : …又江魶 믈아치 通作豚 <四解上 63b>
  b. 豚 : …又 믈아치 曰江豚 <字會上 11a>

<863> 믈혹 對 瘰瘤

고유어 '믈혹'과 한자어 '瘰瘤'가 [瘤]와 [瘰] 즉 '혹'의 뜻을 가지고 동의 관계에 있다는 것은 다음 예문들에서 잘 확인된다. '瘤'의 자석이 '믈혹'이고 고유어 '믈혹'은 한자어 '瘰瘤'와 동의 관계에 있다. 그리고 '瘰'이 한자 '瘤'와 同義이고 '瘰'의 자석이 '믈혹'이다. 따라서 '믈혹'과 '瘰瘤'의 동의성은 명백히 입증된다.

(863) a. 瘤 : 腫也 肉起疾 <四解下 71a>
  b. 瘤 : 믈혹 류 俗稱瘰瘤 <字會中 16b>

(863) c. 瘰 : …瘤也 <四解下 56a>
  d. 瘰 : 믈혹 영 又呼瘰㾀 <字會中 16b>

<864> 뭉으리돌 對 礧石

고유어 '뭉으리돌'과 한자어 '礧石'이 [礧] 즉 '자갈, 조약돌'의 뜻을 가지고 동의 관계에 있다는 것은 다음 예문들에서 잘 확인된다. '礧'이 한자어 '礧石'을 뜻한다. 그리고 '礧'의 자석이 '뭉으리돌'이다. 따라서 '뭉으리돌'과 '礧石'의 동의성은 명백히 입증된다.

(864) a. 礧 : 礧石 玉篇礫石 <四解下 40b>
  b. 礧 : 뭉으리돌 강 <字會上 2b>

<865> 뭉으리돌 對 礫石

고유어 '뭉으리돌'과 한자어 '礫石'이 [礧] 즉 '자갈, 조약돌'의 뜻을 가지고 동의 관계에 있다는 것은 다음 예문들에서 잘 확인된다. '礧'이 한자어 '礫石'을 뜻한다. 그리고 '礧'의 자석이 '뭉으리돌'이다. 따라서 '뭉으리돌'와 '礫石'의 동의성은 명백히 입증된다.

(865) a. 礧 : 礧石 玉篇 礫石 <四解下 40b>
　　　 b. 礧 : 뭉으리돌 강 <字會上 2b>

<866> 뭉으리돌 對 小石

고유어 '뭉으리돌'과 한자어 '小石'이 [礫] 즉 '조약돌'의 뜻을 가지고 동의 관계에 있다는 것은 다음 예문들에서 잘 확인된다. '礫'이 한자어 '小石'을 뜻한다. 그리고 '礫'의 자석이 '뭉으리돌'이다. 따라서 '뭉으리돌'과 '小石'의 동의성은 명백히 입증된다.

(866) a. 礫 : 小石 <四解下 57b>
　　　 b. 礫 : 뭉으리돌 륵 <字會上 2b>

<867> 미나리 對 水菜

고유어 '미나리'와 한자어 '水菜'가 [芹] 즉 '미나리'의 뜻을 가지고 동의 관계에 있다는 것은 다음 예문들에서 잘 확인된다. '芹'이 한자어 '水菜'를 뜻한다. 그리고 '芹'의 자석이 '미나리'이다. 따라서 '미나리' 와 '水菜'의 동의성은 명백히 입증된다.

(867) a. 芹 : 水菜 <四解上 56a>
　　　 b. 芹 : 미나리 근 <字會上 7b>

<868> 미르 對 룡

고유어 '미르'와 한자어 '룡'(龍) 이 [龍]과 [辰] 즉 '용'의 뜻을 가지고 동의 관계에 있다는 것은 다음 예문에서 잘 확인된다. 원문 중 '蟒龍'이 '쌜 업슨 룡'으로 번역된다. 그리고 '龍'과 '辰'의 자석이 '미르'이다. 따라서 '미르'와 '룡'의 동의성은 명백히 입증된다.

(868) a. 이 다흥비체 다숫 밧ㄱ락 가진 쌜 업슨 룡을 슈질ᄒ니ᄂ(這的大紅綉五爪蟒龍) <번朴上 14b>
　　　 b. 殿은 미오로시 룡(68a) 사겨 얽키고 금 올온 木香 기동이오(那殿一剗是纏金龍木香停柱) <번朴上 68b>
　　　 c. 빅옥셕으로 룡을 설피에 사긴 챵 잇고(白玉石玲瓏龍床) <번朴上 69a>

(868) d. 龍 : ···鱗虫之長 <四解上 11a>

e. 龍 : 미르 룡 <字會上 10b>

(868) f. 辰 : 日支屬龍 <四解上 60a>

g. 辰 : …又미르 진 地支屬龍 <字會上 1a>

<869> 미수 對 도

고유어 '미수'와 한자어 '도'(道)가 [道] 즉 '요리'의 뜻을 가지고 동의 관계에 있다는 것은 다음 예문 들에서 잘 확인된다. 원문 중 '第一道'가 '첫 미수'로 번역되고 '頭一道'가 '첫 흔 도'로 번역되므로 '미수' 와 '도'의 동의성은 명백히 입증된다.

(869) a. 탕 들리 다 오라 첫 미수에 양 므르 고으니와 蒸捲 썩과(捧湯的都來 第一道爐羊蒸捲) <번朴上 6b>

b. 닐굽잿 미수엔 스면과 상화(第七道紛湯饅頭) <번朴上 6b>

(869) c. 漢兒의 차반 흐져 첫 흔 도논 團攛湯(咱們做漢兒茶飯着 頭一道團攛湯) <번老下 37b>

<870> 미시 對 乾飯屑

고유어 '미시'와 한자어 '乾飯屑'이 [糗] 즉 '미숫가루'의 뜻을 가지고 동의 관계에 있다는 것은 다음 예문들에서 잘 확인된다. '糗'의 자석이 '미시'이고 고유어 '미시'는 한자어 '乾飯屑'과 동의 관계에 있 다. 따라서 '미시'와 '乾飯屑'의 동의성은 명백히 입증된다.

(870) a. 糗 : 熬乾米麥作屑爲餌 <四解下 68a>

b. 糗 : 미시 구 乾飯屑 <字會中 10b>

<871> 미시 對 乾食

고유어 '미시'와 한자어 '乾食'이 [糇]와 [糗] 즉 '미숫가루'의 뜻을 가지고 동의 관계에 있다는 것은 다음 예문들에서 잘 확인된다. '糇'가 한자어 '乾食'을 뜻한다. '糗'의 자석이 '미시'이고 고유어 '미시'는 한 자어 '乾食'과 동의 관계에 있다. 그리고 '糇'의 자석이 '미시'이다. 따라서 '미시'와 '乾食'의 동의성은 명 백히 입증된다.

(871) a. 糇 : 乾食 <四解下 67b>

b. 糇 : 미시 후 乾食 <字會中 10b>

(871) c. 糗 : 熬乾米麥作屑爲餌 <四解下 68a>

　　　d. 糗 : 미시 구 乾飯屑 <字會中 10b>

<872> 미시 對 麨麵

　　고유어 '미시'와 한자어 '麨麵'이 [麨]와 [糗] 즉 '보리 미숫가루'의 뜻을 가지고 동의 관계에 있다는 것
은 다음 예문들에서 잘 확인된다. '麨'가 한자 '糗'와 同義이고 고유어 '미시'를 뜻한다. '麨'의 자석이 '미
시'이고 고유어 '미시'는 한자어 '麨麵'과 동의 관계에 있다. 그리고 '糗'의 자석이 '미시'이다. 따라서 '미
시'와 '麨麵'의 동의성은 명백히 입증된다.

　　(872) a. 麨 : 糗也 미시 <四解下 16b>

　　　　b. 麨 : 미시 쵸 俗呼麨麵 <字會中 10b>

　　(872) c. 糗 : 熬乾米麥作屑爲餌 <四解下 68b>

　　　　d. 糗 : 미시 구 乾飯屑 <字會中 10b>

<873> 밑 對 肛門

　　고유어 '밑'과 한자어 '肛門'이 [肛] 즉 '똥구멍, 항문(肛門)'의 뜻을 가지고 동의 관계에 있다는 것은
다음 예문들에서 잘 확인된다. '肛'이 한자어 '肛門'을 뜻한다. 그리고 '肛'의 자석이 '밑'이고 고유어 '밑'
은 한자어 '肛門'과 동의 관계에 있다. 따라서 '밑'과 '肛門'의 동의성은 명백히 입증된다.

　　(873) a. 肛 : 肛門 腸耑 <四解上 6a>

　　　　b. 肛 : 밑 항 肛門 <字會上 14b>

<874> 밀 對 小麥

　　고유어 '밀'과 한자어 '小麥'이 [麥] 즉 '밀'의 뜻을 가지고 동의 관계에 있다는 것은 다음 예문들에서
잘 확인된다. '麥'의 자석이 '밀'이고 고유어 '밀'은 한자어 '小麥'과 동의 관계에 있다. 따라서 '밀'과 '小
麥'의 동의성은 명백히 입증된다.

　　(874) a. 麥 : 來牟 <四解下 60a>

　　　　b. 麥 : 밀 믹 俗呼小麥 <字會上 6b>

<875> 밋 對 止船木

고유어 '밋'과 한자어 '止船木'이 [舵] 즉 '키, 배의 키'의 뜻을 가지고 동의 관계에 있다는 것은 다음 예문들에서 잘 확인된다. '舵'가 한자어 '止船木'을 뜻하고 '舵'의 자석이 '밋'이다. 따라서 '밋'과 '止船木'의 동의성은 명백히 입증된다.

    (875) a. 舵 : 止船木 치 <四解下 25b>
        b. 舵 : 밋 타 <字會中 12b>

<876> 밋구무 對 屁眼

고유어 '밋구무'와 한자어 '屁眼'이 [屁] 즉 '항문'의 뜻을 가지고 동의 관계에 있다는 것은 다음 예문들에서 잘 확인된다. '屁'가 한자어 '屁眼'을 뜻하고 '屁眼'은 고유어 '밋구무'와 동의 관계에 있다. 그리고 '屁'의 자석이 '밋구무'이고 고유어 '밋구무'는 한자어 '屁眼'과 동의 관계에 있다. 따라서 '밋구무'와 '屁眼'의 동의성은 명백히 입증된다.

    (876) a. 屁 : 氣下泄…又屁眼 밋구무 <四解上 16a>
        b. 屁 : 밋구무 피 俗稱屁眼 <字會上 15b>

<877> 밋뷔 對 苫箒

고유어 '밋뷔'와 한자어 '苫箒'가 [苫箒] 즉 '갈대 고갱이로 만든 비'의 뜻을 가지고 동의 관계에 있다는 것은 다음 예문들에서 잘 확인된다. 원문 중 '拿苫箒來'가 '밋뷔 조쳐 가지다'로 번역된다. 그리고 고유어 '밋뷔'가 한자어 '苫箒'와 동의 관계에 있다. 따라서 '밋뷔'와 '苫箒'의 동의성은 명백히 입증된다.

    (877) a. 이믜셔 밋뷔 조쳐 가져다가 따 쓸라(就拿苫箒來掃地) <번老上 69a>

    (877) b. 箒 : 篲也 <四解下 69b>
        c. 箒 : 뷔 츄 俗呼掃箒又稱 밋뷔 曰苫箒 <字會中 9b>

    (877) d. 苫 : 草名可爲箒 <四解下 14a>

<878> 무듸 對 竹節

고유어 '무듸'와 한자어 '竹節'이 [節] 즉 '대나무의 마디'의 뜻을 가지고 동의 관계에 있다는 것은 다음 예문들에서 잘 확인된다. '節'의 자석이 '무듸'이고 고유어 '무듸'는 한자어 '竹節'과 동의 관계에 있다. 따라서 '무듸'와 '竹節'의 동의성은 명백히 입증된다.

(878) a. 節：竹約 <四解下 4b>

　　　b. 節：무디 졀…又竹節 <字會上 1a>

<879> 무디 對 時節

고유어 '무디'와 한자어 '時節'이 [節] 즉 '때, 시기'의 뜻을 가지고 동의 관계에 있다는 것은 다음 예문들에서 잘 확인된다. '節'이 한자어 '時節'을 뜻한다. 그리고 '節'의 자석이 '무디'이다. 따라서 '무디'와 '時節'의 동의성은 명백히 입증된다.

(879) a. 節：…又…時節 <四解下 4b>

　　　b. 節：무디 졀 十二月 節氣 <字會上 1a>

<880> 무디 對 十分

고유어 '무디'와 한자어 '十分'이 [寸] 즉 '치, 길이의 단위'의 뜻을 가지고 동의 관계에 있다는 것은 다음 예문들에서 잘 확인된다. '寸'이 한자어 '十分'을 뜻한다. 그리고 '寸'의 자석이 '무디'이고 고유어 '무디'는 한자어 '十分'과 동의 관계에 있다. 따라서 '마디'와 '十分'의 동의성은 명백히 입증된다.

(880) a. 寸：十分爲寸 <四解上 66a>

　　　b. 寸：무디 촌 十分爲一寸 <字會下 14b>

<881> 무디 對 節氣

고유어 '무디'와 한자어 '節氣'가 [節] 즉 '시절의 구분'의 뜻을 가지고 동의 관계에 있다는 것은 다음 예문들에서 잘 확인된다. '節'의 자석이 '무디'이고 고유어 '무디'는 한자어 '節氣'와 동의 관계에 있다. 따라서 '무디'와 '節氣'의 동의성은 명백히 입증된다.

(881) a. 節：…又…時節 <四解下 4b>

　　　b. 節：무디 졀 十二月 節氣 <字會上 1a>

<882> 무디 對 支節

고유어 '무디'와 한자어 '支節'이 [節] 즉 '뼈의 마디, 팔다리의 뼈마디'의 뜻을 가지고 동의 관계에 있다는 것은 다음 예문들에서 잘 확인된다. '節'이 한자어 '支節'을 뜻한다. 그리고 '節'의 자석이 '무디'이다. 따라서 '무디'와 '支節'의 동의성은 명백히 입증된다.

(882) a. 節 :…又支節 <四解下 4b>

    b. 節 : ᄆᆞᄃᆡ 졀 <字會上 1a>

<883> ᄆᆞᄅᆞ 對 屋脊

고유어 'ᄆᆞᄅᆞ'와 한자어 '屋脊'이 [棟] 즉 '용마루'의 뜻을 가지고 동의 관계에 있다는 것은 다음 예문 들에서 잘 확인된다. '棟'이 한자어 '屋脊'을 뜻한다. 그리고 '棟'의 자석이 'ᄆᆞᄅᆞ'이다. 따라서 'ᄆᆞᄅᆞ'와 '屋脊'의 동의성은 명백히 입증된다.

    (883) a. 棟 : 屋脊 <四解上 1b>

        b. 棟 : ᄆᆞᄅᆞ 동 俗呼脊檁 <字會中 4a>

<884> ᄆᆞᄅᆞ 對 죵요

고유어 'ᄆᆞᄅᆞ'와 한자어 '죵요'(宗要)가 [要] 즉 '중요한 것, 근본'의 뜻을 가지고 동의 관계에 있다는 것은 다음 예문들에서 잘 확인된다. 원문 중 '其要'가 '그 ᄆᆞᄅᆞ'로 번역되고 '有要'가 '죵요ㅣ 잇다'로 번 역되므로 'ᄆᆞᄅᆞ'와 '죵요'의 동의성은 명백히 입증된다.

    (884) a. 그 ᄆᆞᆯ론(其要ᄂᆞᆫ) <번小九 14a>

        b. 남진 겨집은 人倫의 큰 ᄆᆞᆯ리오(夫婦ᄂᆞᆫ 人倫大綱이며) <번小七 30a>

    (884) c. 자바 두미 죵외 잇ᄂᆞ니(操之有要ᄒᆞ니) <번小八 9a>

        d. 이 우흔 ᄆᆞᅀᆞᆷ 자볼 죵요를 ᄇᆞᆯ기니라(右ᄂᆞᆫ 明心術之要ᄒᆞ니라) <번小四 9a>

        e. 음식과 남진 겨집 ᄉᆞ이로ᄡᅥ 죵요를 사ᄆᆞᆯ디니(以飮食男女로 爲切要ㅣ니) <번小六 35a>

<885> ᄆᆞᅀᆞᆯ 對 里門

고유어 'ᄆᆞᅀᆞᆯ'과 한자어 '里門'이 [閭閻], [閭] 및 [閻] 즉 '里門, 동네의 어귀에 세운 문'의 뜻을 가지고 동의 관계에 있다는 것은 다음 예문들에서 잘 확인된다. 원문 중 '閭閻小人'이 'ᄆᆞᅀᆞᆯ희 효근 사람'으로 번역된다. '閭'가 한자어 '里門'을 뜻하고 '閭'의 자석이 'ᄆᆞᅀᆞᆯ'이다. 그리고 '閻'의 자석이 'ᄆᆞᅀᆞᆯ'이다. 따 라서 'ᄆᆞᅀᆞᆯ'과 '里門'의 동의성은 명백히 입증된다.

    (885) a. ᄯᅩ ᄆᆞᅀᆞᆯ희 효근 사ᄅᆞ미 ᄒᆞᆫ 바ᄇᆞᆯ 어드면(且如閭閻小人이 得一食ᄒᆞ면) <번小七 43a>

    (885) b. 閭 : 里門 <四解上 35a>

c. 閭 : ᄆᆞᄉᆞᆯ 려 <字會中 5a>

(885) d. 闇 : 里中門 <四解下 85a>

e. 闇 : ᄆᆞᄉᆞᆯ 염 <字會中 5a>

<886> ᄆᆞᄉᆞᆯ 對 鄰里/隣里

고유어 'ᄆᆞᄉᆞᆯ'과 한자어 '鄰里/隣里'이 [鄰里], [里] 및 [鄰] 즉 '마을'의 뜻을 가지고 동의 관계에 있다는 것은 다음 예문들에서 잘 확인된다. 원문 중 '鄰里有'가 'ᄆᆞᄉᆞᆯ히…잇다'로 번역된다. '里'가 한자어 '隣里'를 뜻한다. '里'의 자석이 'ᄆᆞᄉᆞᆯ'이고 고유어 'ᄆᆞᄉᆞᆯ'은 한자어 '鄰里'와 동의 관계에 있다. 그리고 '鄰'의 자석이 'ᄆᆞᄉᆞᆯ'이다. 따라서 'ᄆᆞᄉᆞᆯ'과 '鄰里/隣里'의 동의성은 명백히 입증된다. 한자 '隣'은 '鄰'의 俗字이다.

(886) a. ᄆᆞᄉᆞᆯ히 급흔 이리 이셔도(鄰里有急이라두) <번小九 65a>

(886) b. 里 : …隣里 <四解上 28b>

c. 里 : ᄆᆞᄉᆞᆯ 리 俗呼鄰里 <字會中 5a>

(886) d. 鄰 : 五家爲鄰 <四解上 61a>

e. 鄰 : ᄆᆞᄉᆞᆯ 인 <字會中 5a>

<887> ᄆᆞᄉᆞᆯ 對 촌

고유어 'ᄆᆞᄉᆞᆯ'과 한자어 '촌'(村) 이 [村] 즉 '마을'의 뜻을 가지고 동의 관계에 있다는 것은 다음 예문들에서 잘 확인된다. 원문 중 '着村'이 '촌애 다둗다'로 번역된다. 그리고 '村'의 자석이 'ᄆᆞᄉᆞᆯ'이다. 따라서 'ᄆᆞᄉᆞᆯ'과 '촌'의 동의성은 명백히 입증된다.

(887) a. 앎푸로 촌애 다둗디 몯ᄒᆞ고(前不着村) <번老上 10a>

b. 촌애 가 장흔 사룸 일븩을 시겨(到箇村裏差了一百箇壯漢) <번老上 30a>

(887) c. 村 : 聚落 <四解上 66a>

d. 村 : ᄆᆞᄉᆞᆯ 촌 <字會中 5a>

<888> ᄆᆞᄉᆞᆯ 對 聚落

고유어 'ᄆᆞᄉᆞᆯ'과 한자어 '聚落'이 [村] 즉 '마을'의 뜻을 가지고 동의 관계에 있다는 것은 다음 예문들에서 잘 확인된다. '村'이 한자어 '聚落'을 뜻한다. 그리고 '村'의 자석이 'ᄆᆞᄉᆞᆯ'이다. 따라서 'ᄆᆞᄉᆞᆯ'과 '聚落'의 동의성은 명백히 입증된다.

(888) a. 村 : 聚落 <四解上 66a>
b. 村 : ᄆᆞᄉᆞᆯ 촌 <字會中 5a>

<889> ᄆᆞᄉᆞᆶ 對 鄕黨

고유어 'ᄆᆞᄉᆞᆶ'과 한자어 '鄕黨'이 [鄕]과 [鄕黨] 즉 '마을, 시골'의 뜻을 가지고 동의 관계에 있다는 것은 다음 예문들에서 잘 확인된다. 원문 중 '鄕黨僚'가 'ᄆᆞᄉᆞᆯ히며 동관'으로 번역되고 '鄕人'이 '鄕黨앳 사ᄅᆞᆷ'으로 번역된다. 그리고 '鄕'이 한자어 '鄕黨'을 뜻한다. 따라서 'ᄆᆞᄉᆞᆶ'과 '鄕黨'의 동의성은 명백히 입증된다.

(889) a. 술과 음식을 밍ᄀᆞ라 ᄆᆞᄉᆞᆯ히며 동관 번ᄫᅱᄅᆞᆯ 브르ᄂᆞ니(爲酒食以召鄕黨僚友ᄒᆞ니) <번小三 11b>
b. 孔子ㅣ ᄆᆞᄉᆞᆯ히 겨샤는 졍셩되오 공슌ᄒᆞ샤(孔子ㅣ 於鄕黨애 恂恂如也ᄒᆞ샤) <번小四 15b>
c. 鄕黨앳 사ᄅᆞᆷ 술 머고매(鄕人飮酒에) <번小三 33b>

(889) d. 鄕 : 鄕黨 <四解下 44a>
e. 鄕 : 스굴 향 <字會中 5a>

<890> ᄆᆞ야지 對 馬二歲

고유어 'ᄆᆞ야지'와 한자어 '馬二歲'가 [駒] 즉 '망아지, 새끼말, 두 살 된 말'의 뜻을 가지고 동의 관계에 있다는 것은 다음 예문들에서 잘 확인된다. '駒'가 한자어 '馬二歲'를 뜻한다. 그리고 '駒'의 자석이 'ᄆᆞ야지'이다. 따라서 'ᄆᆞ야지'와 '馬二歲'의 동의성은 명백히 입증된다.

(890) a. 駒 : 馬二歲 <四解上 29a>
b. 駒 : ᄆᆞ야지 구 <字會上 10a>

<891> ᄆᆞᆮ 對 哥哥

고유어 'ᄆᆞᆮ'과 한자어 '哥哥'가 [哥] 즉 '맏이, 兄'의 뜻을 가지고 동의 관계에 있다는 것은 다음 예문들에서 잘 확인된다. '哥'의 자석이 'ᄆᆞᆮ'이고 고유어 'ᄆᆞᆮ'은 한자어 '哥哥'와 동의 관계에 있다. 따라서 'ᄆᆞᆮ'과 '哥哥'의 동의성은 명백히 입증된다.

(891) a. 哥 : 今俗呼兄 <四解下 24a>

　　　b. 哥 : 몯 가 俗呼哥哥 大哥 <字會上 16b>

<892> 몯 對 兄

　　고유어 '몯'과 한자어 '兄'이 [兄], [哥] 및 [昆] 즉 '형, 맏이'의 뜻을 가지고 동의 관계에 있다는 것은 다음 예문들에서 잘 확인된다. 원문 중 '兄 長之言'이 '몯 도의니의 말'로 번역되고 '父兄'이 '아비와 형'으로 번역된다. '兄'의 자석이 '몯'이다. '二哥'가 '둘잿 형'으로 번역되고 '哥'의 자석이 '몯'이다. '舅'이 한자어 '兄'을 뜻한다. 그리고 '昆'의 자석이 '몯'이고 고유어 '몯'은 한자어 '兄'과 동의 관계에 있다. 따라서 '몯'과 '兄'의 동의성은 명백히 입증된다. 한자 '舅'과 '昆'은 通字이다.

　　(892) a. 우리 몯 도의니의 마를 어긔디 마져(咱休別了 兄長之言) <번朴上 25b>

　　　　　b. 아비와 형과 아ᅀᆞ들흔 다 避接 나고(父兄諸弟皆避) <속三孝 22a>

　　　　　c. 둘잿 형 세잿 형(二哥 三哥) <번老下 4a>

　　(892) d. 兄 : 兄弟 <四解上 10b>

　　　　　e. 兄 : 몯 형 <字會上 16b>

　　(892) f. 哥 : … 今俗呼兄 <四解下 24a>

　　　　　g. 哥 : 몯 가 俗呼哥哥 大哥 <字會上 16b>

　　(891) h. 舅 : 兄也 通作昆 <四解上 62b>

　　　　　i. 昆 : 몯 곤 兄也 <字會上 16b>

<893> 믈 對 水草

　　고유어 '믈'과 한자어 '水草'가 [藻] 즉 '아름다운 水草, 무늬 있는 말'의 뜻을 가지고 동의 관계에 있다는 것은 다음 예문들에서 잘 확인된다. '藻'가 한자어 '水草'를 뜻한다. 그리고 '藻'의 자석이 '믈'이고 고유어 '믈'은 한자어 '水草'와 동의 관계에 있다. 따라서 '믈'과 '水草'의 동의성은 명백히 입증된다.

　　(893) a. 藻 : 水草 俗呼爪菜 <四解下 21a>

　　　　　b. 藻 : 믈 조 海藻 又水草 <字會上 5a>

<894> 믈 對 乘畜

고유어 '물'과 한자어 '乘畜'이 [馬] 즉 '말'의 뜻을 가지고 동의 관계에 있다는 것은 다음 예문들에서 잘 확인된다. 원문 중 '一等的馬'가 '혼 둥엣 물'로 번역되고 '幾疋馬'가 '여러 필 물'로 번역되고 '馬價'가 '물 값'으로 번역된다. 그리고 '馬'가 한자어 '乘畜'을 뜻하고 '馬'의 자석이 '물'이다. 따라서 '물'과 '乘畜'의 동의성은 명백히 입증된다.

(894) a. 이 혼 둥엣 무른(這一等的馬) <번老上 9a>
　　 b. 내 여러 필 무를 가져 오라(我將的幾疋馬來) <번老下 2a>
　　 c. 나도 이 여러 물 물라 가며(我也待賣這幾箇馬去) <번老上 8b>
　　 d. 셔울 물 갑시 엇더흐고(京裏馬價如何) <번老上 8b>

(894) e. 馬：乘畜 <四解下 19b>
　　 f. 馬：물 마 <字會上 10b>

<895> 물 對 海藻

고유어 '물'과 한자어 '海藻'가 [藻] 즉 '말, 바닷말'의 뜻을 가지고 동의 관계에 있다는 것은 다음 예문들에서 잘 확인된다. '藻'의 자석이 '물'이고 고유어 '물'은 한자어 '海藻'와 동의 관계에 있다. 따라서 '물'과 '海藻'의 동의성은 명백히 입증된다.

(895) a. 藻：水草 俗呼爪菜 <四解下 21a>
　　 b. 藻：물 조 海藻 又水草 <字會上 5a>

<896> 물메 對 飼馬籠

고유어 '물메'와 한자어 '飼馬籠'이 [筤] 즉 '구유, 말에게 먹이를 담아 주는 대그릇'의 뜻을 가지고 동의 관계에 있다는 것은 다음 예문들에서 잘 확인된다. '筤'가 한자어 '飼馬籠'을 뜻한다. 그리고 '筤'의 자석이 '물메'이다. 따라서 '물메'와 '飼馬籠'의 동의성은 명백히 입증된다.

(896) a. 筤：飼馬籠 <四解下 65a>
　　 b. 筤：물메 도 <字會中 10a>

<897> 물속 對 柚頭

고유어 '물속'과 한자어 '柚頭'가 [柚] 즉 '바디, 베틀 기구의 한 가지'의 뜻을 가지고 동의 관계에 있다는 것은 다음 예문들에서 잘 확인된다. '柚'이 한자어 '柚頭'를 뜻하고 '柚頭'는 고유어 '믈속'과 동의 관계에 있다. 따라서 '믈속'과 '柚頭'의 동의성은 명백히 입증된다.

(897) a. 柚 : 織具…今俗呼柚頭 믈속 <四解上 9b>
　　　 b. 柚 : 믈숩 튝 <字會中 9b>

<898> 미 對 郊野

고유어 '미'와 한자어 '郊野'가 [野] 즉 '들, 성 밖의 들'의 뜻을 가지고 동의 관계에 있다는 것은 다음 예문들에서 잘 확인된다. '野'가 한자어 '郊野'를 뜻한다. 그리고 '野'의 자석이 '미'이다. 따라서 '미'와 '郊野'의 동의성은 명백히 입증된다.

(898) a. 野 : 郊野 <四解下 33b>
　　　 b. 野 : 미 야 <字會上 2b>

<899> 미야미 對 大蟬

고유어 '미야미'와 한자어 '大蟬'이 [蜩]와 [蟬] 즉 '매미'의 뜻을 가지고 동의 관계에 있다는 것은 다음 예문들에서 잘 확인된다. '蜩'가 한자어 '大蟬'을 뜻하고 '蜩'의 자석이 '미야미'이다. 그리고 '蟬'이 한자 '蜩'와 同義이고 '蟬'의 자석이 '미야미'이다. 따라서 '미야미'와 '大蟬'의 동의성은 명백히 입증된다.

(899) a. 蜩 : 大蟬 <四解下 14a>
　　　 b. 蜩 : 미야미 됴 俗呼秋涼兒 <字會上 12a>

(899) c. 蟬 : 蜩也 <四解下 6a>
　　　 d. 蟬 : 미야미 션 <字會上 12a>

<900> 미야미 對 蜩蟧

고유어 '미야미'와 한자어 '蜩蟧'이 [蟧]과 [蜩] 즉 '매미'의 뜻을 가지고 동의 관계에 있다는 것은 다음 예문들에서 잘 확인된다. '蟧'이 한자어 '蜩蟧'을 뜻하고 '蟧'의 자석이 '미야미'이다. 그리고 '蜩'의 자석이 '미야미'이다. 따라서 '미야미'와 '蜩蟧'의 동의성은 명백히 입증된다.

(900) a. 蟧 : 蜩蟧 <四解下 35a>
　　　 b. 蟧 : 미야미 당 <字會上 12a>

(900) c. 蜩 : 大蟬 <四解下 14a>

　　 d. 蜩 : 미야미 됴 <字會上 12a>

<901> 미야미 對 秋凉兒

　　고유어 '미야미'와 한자어 '秋凉兒'가 [蟬]과 [蜩] 즉 '매미'의 뜻을 가지고 동의 관계에 있다는 것은 다음 예문들에서 잘 확인된다. '蟬'이 한자어 '秋凉兒'를 뜻하고 '蟬'의 자석이 '미야미'이다. 그리고 '蜩'의 자석이 '미야미'이고 고유어 '미야미'는 한자어 '秋凉兒'와 동의 관계에 있다. 따라서 '미야미'와 '秋凉兒'의 동의성은 명백히 입증된다.

　　(901) a. 蟬 : 蜩也 今俗呼秋凉兒 <四解下 6a>

　　 b. 蟬 : 미야미 션 <字會上 12a>

　　(901) c. 蜩 : 大蟬 <四解下 14a>

　　 d. 蜩 : 미야미 됴 俗呼秋凉兒 <字會上 12a>

<902> 미야미 對 秋蟬/秋蟬兒

　　고유어 '미야미'와 한자어 '秋蟬/秋蟬兒'가 [蟬] 즉 '매미'의 뜻을 가지고 동의 관계에 있다는 것은 다음 예문들에서 잘 확인된다. '蟬'이 한자어 '秋蟬'을 뜻한다. 그리고 '蟬'의 자석이 '미야미'이고 고유어 '미야미'는 한자어 '秋蟬兒'와 동의 관계에 있다. 따라서 '미야미'와 '秋蟬/秋蟬兒'의 동의성은 명백히 입증된다.

　　(902) a. 蟬 : 蜩也 今俗呼秋凉兒 又曰秋蟬 <四解下 6a>

　　 b. 蟬 : 미야미 션 俗呼秋蟬兒 <字會上 12a>

<903> 미줍 對 流蘇

　　고유어 '미줍'과 한자어 '流蘇'가 [蘇]와 [勝] 즉 '매듭'의 뜻을 가지고 동의 관계에 있다는 것은 다음 예문들에서 잘 확인된다. 한자어 '流蘇'가 고유어 '미줍'과 동의 관계에 있다. 그리고 고유어 '미줍'이 한자어 '流蘇'와 동의 관계에 있다. 따라서 '미줍'과 '流蘇'의 동의성은 명백히 입증된다.

　　(903) a. 蘇 : …又流蘇 미줍 同心結也 <四解上 40a>

　　 b. 勝 : …又今(54a) 俗語方勝兒 미줍 卽流蘇 結也 <四解下 54b>

<904> 바 對 處所

고유어 '바'와 한자어 '處所'가 [所]와 [處] 즉 '곳, 處所'의 뜻을 가지고 동의 관계에 있다는 것은 다음 예문들에서 잘 확인된다. '所'가 한자어 '處所'를 뜻하고 '所'의 자석이 '바'이다. 그리고 '處'가 한자 '所' 와 同義이고 '處'가 한자어 '處所'를 뜻한다. 따라서 '바'와 '處所'의 동의성은 명백히 입증된다.

(904) a. 所 : 處所 <四解上 40b>
    b. 所 : 바 소 <字會中 4b>

(904) c. 處 : 所也 <四解上 32b>
    d. 處 : 살 쳐 又處所 <字會下 8b>

<905> 바고니 對 盛飯器

고유어 '바고니'와 한자어 '盛飯器'가 [簞] 즉 '도시락, 대오리로 둥글게 결은 그릇'의 뜻을 가지고 동 의 관계에 있다는 것은 다음 예문들에서 잘 확인된다. '簞'이 한자어 '盛飯器'를 뜻한다. 그리고 '簞'의 자석이 '바고니'이다. 따라서 '바고니'와 '盛飯器'의 동의성은 명백히 입증된다.

(905) a. 簞 : 盛飯器 <四解上 76b>
    b. 簞 : 바고니 단 <字會中 6a>

<906> 바굴에 對 草鞴頭

고유어 '바굴에'와 한자어 '草鞴頭'가 [草鞴頭]와 [籠頭] 즉 '굴레'의 뜻을 가지고 동의 관계에 있다는 것은 다음 예문들에서 잘 확인된다. '鞴'의 자석이 '굴에'이고 한자어 '草鞴頭'는 고유어 '바굴에'와 동의 관계에 있다. 그리고 원문 중 '籠頭'가 '바굴에'로 번역된다. 따라서 '바굴에'와 '草鞴頭'의 동의성은 명 백히 입증된다.

(906) a. 鞴 : 今俗呼籠頭 물굴에 <四解上 11b>
    b. 鞴 : 굴에 롱 俗呼鞴頭又草鞴頭 바굴에 <字會中 13b>

(906) c. 셕 바굴에(接絡 籠頭) <번老下 30a>

<907> 바다 對 大池

고유어 '바다'와 한자어 '大池'가 [海] 즉 '바다'의 뜻을 가지고 동의 관계에 있다는 것은 다음 예문들에서 잘 확인된다. 원문 중 '過海'가 '바다 건너다'로 번역된다. 그리고 '海'가 한자어 '大池'를 뜻하고 '海'의 자석이 '바다'이다. 따라서 '바다'와 '大池'의 동의성은 명백히 입증된다.

(907) a. 直沽애 가 비 타 바다 건너(到直沽裏上船過海) <번老上 15a>

(907) b. 海 : 大池 <四解上 45b>
　　　c. 海 : 바다 히 大池 <字會上 2b>

<908> 바다 對 大海

고유어 '바다'와 한자어 '大海'가 [海] 즉 '바다'의 뜻을 가지고 동의 관계에 있다는 것은 다음 예문들에서 잘 확인된다. 원문 중 '過海'가 '바다 건너다'로 번역된다. 그리고 '海'의 자석이 '바다'이고 고유어 '바다'는 한자어 '大海'와 동의 관계에 있다. 따라서 '바다'와 '大海'의 동의성은 명백히 입증된다.

(908) a. 비 타 바다 건너(上船過海) <번老上 15b>

(908) b. 海 : 大池 <四解上 45b>
　　　c. 海 : 바다 히 大海 <字會上 2b>

<909> 바다 對 海洋

고유어 '바다'와 한자어 '海洋'이 [海]와 [洋] 즉 '바다'의 뜻을 가지고 동의 관계에 있다는 것은 다음 예문들에서 잘 확인된다. 원문 중 '過海'가 '바다 건너다'로 번역된다. '海'의 자석이 '바다'이다. '洋'이 한자어 '海洋'을 뜻한다. 그리고 '洋'의 자석이 '바다'이고 고유어 '바다'는 한자어 '海洋'과 동의 관계에 있다. 따라서 '바다'와 '海洋'의 동의성은 명백히 입증된다.

(909) a. 直沽애 가 비 타 바다 건너(到直沽裏上船過海) <번老上 15a>

(909) b. 海 : 大池 <四解上 45b>
　　　c. 海 : 바다 히 大海 <字會上 2b>

(909) d. 洋 : 盛大也…又海洋 <四解下 44b>
　　　e. 洋 : 바다 양 俗呼海洋 <字會上 3a>

<910> 바독 對 圍棋

고유어 '바독'과 한자어 '圍棋'가 [棋]와 [棋] 즉 '바둑'의 뜻을 가지고 동의 관계에 있다는 것은 다음 예문들에서 잘 확인된다. 원문 중 '下棋'가 '바독 두다'로 번역된다. 그리고 '棋'의 자석이 '바독'이고 고유어 '바독'은 한자어 '圍棋'와 동의 관계에 있다. 따라서 '바독'과 '圍棋'의 동의성은 명백히 입증된다. '棋'와 '棋'는 同字이다.

(910) a. 正히 바독 두미 됴토다(正好下棋) <번朴上 22b>
    b. 바독 열 부(大棋十副) <번老下 68b>
    c. 바독 쟝긔 됴흔 구경 도인 거세(以至於博奕竒玩히) <번小十 23b>

(910) d. 棋 : 奕子 <四解上 14a>
    e. 棋 : 바독 긔 俗呼圍棋 <字會中 9b>

<911> 바ᄃ리 對 蠮螉

고유어 '바ᄃ리'와 한자어 '蠮螉'이 [蠮]과 [螉] 즉 '나나니벌'의 뜻을 가지고 동의 관계에 있다는 것은 다음 예문들에서 잘 확인된다. '蠮'가 한자어 '蠮螉'을 뜻하고 '蠮'의 자석이 '바ᄃ리'이다. 그리고 '螉'이 한자어 '蠮螉'을 뜻하고 '螉'의 자석이 '바ᄃ리'이다. 따라서 '바ᄃ리'와 '蠮螉'의 동의성은 명백히 입증된다.

(911) a. 蠮 : 蠮螉 土蜂 <四解下 7a>
    b. 蠮 : 바ᄃ리 예 卽細腰蜂 <字會上 12b>

(911) c. 螉 : 蠮螉 細腰蜂 바ᄃ리벌 <四解上 5b>
    d. 螉 : 바ᄃ리옹…俗呼蠮螉兒 <字會上 12b>

<912> 바ᄃ리벌 對 蠮螉

고유어 '바ᄃ리벌'과 한자어 '蠮螉'이 [螉] 즉 '나나니벌'의 뜻을 가지고 동의 관계에 있다는 것은 다음 예문들에서 잘 확인된다. '螉'이 한자어 '蠮螉'을 뜻하고 '蠮螉'은 고유어 '바ᄃ리벌'과 동의 관계에 있다. 따라서 '바ᄃ리벌'과 '蠮螉'의 동의성은 명백히 입증된다.

(912) a. 螉 : 蠮螉 細腰蜂 바ᄃ리벌 <四解上 5b>

b. 螉 : 바드리옹…俗呼蠮螉兒 <字會上 12b>

<913> 바라 對 銅鈸

고유어 '바라'와 한자어 '銅鈸'이 [鈸] 즉 '자바라, 동발(銅鈸)'의 뜻을 가지고 동의 관계에 있다는 것은 다음 예문들에서 잘 확인된다. '鈸'이 한자어 '銅鈸'을 뜻하고 '銅鈸'은 고유어 '바라'와 동의 관계에 있다. 그리고 '鈸'의 자석이 '바라'이고 고유어 '바라'는 한자어 '銅鈸'과 동의 관계에 있다. 따라서 '바라'와 '銅鈸'의 동의성은 명백히 입증된다.

(913) a. 鈸 : 銅鈸 樂器 僧家亦有之而大 바라 <四解上 74b>
b. 鈸 : 바라 발 俗呼銅鈸 <字會中 8b>

<914> 바리 對 鉢盂

고유어 '바리'와 한자어 '鉢盂'가 [鉢盂]와 [鉢] 즉 '바리때, 승려의 食器'의 뜻을 가지고 동의 관계에 있다는 것은 다음 예문들에서 잘 확인된다. 원문 중 '將着鉢盂'가 '바리 가지다'로 번역되고 '瓦鉢'이 '딜바리'로 번역된다. '鉢'이 한자어 '鉢盂'를 뜻하고 '鉢盂'는 고유어 '바리'와 동의 관계에 있다. 그리고 '鉢'의 자석이 '바리'이고 고유어 '바리'는 한자어 '鉢盂'와 동의 관계에 있다. 따라서 '바리'와 '鉢盂'의 동의성은 명백히 입증된다. '鉢盂'는 범어 pātra의 음역어인 鉢多羅의 '鉢'과 '盂'를 합친 단어이다.

(914) a. 바리 가지며 가사 닙고(將着鉢盂 披着袈裟) <번朴上 36a>
b. 내 오늘브터 대간과 딜바리 쟝망ᄒᆞ야(小僧從今日准備箬笠瓦鉢) <번朴上 37a>

(914) c. 鉢 : 今俗呼僧家食器曰鉢盂 바리 <四解上 74a>
d. 鉢 : 바리 발 俗呼僧家飯器曰鉢盂 <字會中 10a>

<915> 바리 對 法鉢

고유어 '바리'와 한자어 '法鉢'이 [鉢] 즉 '바리때, 승려의 밥그릇'의 뜻을 가지고 동의 관계에 있다는 것은 다음 예문들에서 잘 확인된다. 원문 중 '瓦鉢'이 '딜바리'로 번역되고 '衣鉢'이 '法衣 法鉢'로 번역된다. 그리고 '鉢'의 자석이 '바리'이다. 따라서 '바리'와 '法鉢'의 동의성은 명백히 입증된다.

(915) a. 내 오늘브터 대간과 딜바리 쟝망ᄒᆞ야(小僧今日准備箬笠瓦鉢) <번朴上 37a>
b. 法衣 法鉢를 뎐슈ᄒᆞ야(得傳衣鉢) <번朴上 75a>

(915) c. 鉢 : 今俗呼僧家食器曰鉢盂 바리 <四解上 74a>

　　　d. 鉢 : 바리 발 俗呼僧家食器曰鉢盂 <字會中 10b>

<916> 바조 對 籬落

고유어 '바조'와 한자어 '籬落'이 [籬]와 [落] 즉 '울타리, 바자울'의 뜻을 가지고 동의 관계에 있다는 것은 다음 예문들에서 잘 확인된다. '籬'의 자석이 '바조'이다. 그리고 '落'이 한자어 '籬落'을 뜻한다. 따라서 '바조'와 '籬落'의 동의성은 명백히 입증된다.

(916) a. 籬 : 藩也 <四解上 28b>

　　　b. 籬 : 바조 리 <字會中 4a>

(916) c. 落 : …同下 <四解下 40b>

　　　d. 落 : 籬落 <四解下 40b>

　　　e. 落 : 딜 락 又籬落 <字會下 3a>

<917> 바조 對 稈墻

고유어 '바조'와 한자어 '稈墻'이 [稈] 즉 '울타리'의 뜻을 가지고 동의 관계에 있다는 것은 다음 예문들에서 잘 확인된다. '稈'의 자석이 '바조'이고 고유어 '바조'는 한자어 '稈墻'과 동의 관계에 있다. 따라서 '바조'와 '稈墻'의 동의성은 명백히 입증된다.

(917) a. 稈 : 束稈 <四解上 68b>

　　　b. 稈 : 바조(8a) 쥰 俗稱稈墻 <字會下 8b>

<918> 바조 對 笆籬

고유어 '바조'와 한자어 '笆籬'가 [笆]와 [籬] 즉 '대나무 울타리'의 뜻을 가지고 동의 관계에 있다는 것은 다음 예문들에서 잘 확인된다. '笆'가 한자어 '笆籬'를 뜻하고 '笆'의 자석이 '바조'이다. 그리고 '籬'가 한자어 '笆籬'를 뜻하고 '籬'의 자석이 '바조'이다. 따라서 '바조'와 '笆籬'의 동의성은 명백히 입증된다.

(918) a. 笆 : 竹有刺者 今俗呼籬曰笆籬 <四解下 29a>

　　　b. 笆 : 바조 파 <字會中 4a>

(918) c. 籬 : 藩也今俗呼笆籬 <四解上 28a>

d. 簫 : 바로 리 <字會中 4a>

<919> 바회 對 車輪

고유어 '바회'와 한자어 '車輪'이 [輪] 즉 '바퀴, 수레바퀴'의 뜻을 가지고 동의 관계에 있다는 것은 다음 예문들에서 잘 확인된다. '輪'이 한자어 '車輪'을 뜻한다. 그리고 '輪'의 자석이 '바회'이다. 따라서 '바회'와 '車輪'의 동의성은 명백히 입증된다.

(919) a. 輪 : 車輪 <四解上 70b>
　　　b. 輪 : 바회 륜 俗呼輞子 <字會中 13a>

<920> 바회 對 車輞

고유어 '바회'와 한자어 '車輞'이 [輞], [轅] 및 [□] 즉 '바퀴테, 수레바퀴'의 뜻을 가지고 동의 관계에 있다는 것은 다음 예문들에서 잘 확인된다. '輞'의 자석이 '바회'이고 고유어 '바회'는 한자어 '車輞'과 동의 관계에 있다. '轅'가 한자어 '車輞'을 뜻한다. 그리고 '□'의 자석이 '바회'이다. 따라서 '바회'와 '車輞'의 동의성은 명백히 입증된다.

(920) a. 輞 : 車之牙輞 又輪外曰輞 <四解下 38a>
　　　b. 輞(13a) : 바회 망 外圍 俗呼車輞 <字會中 13b>

(920) c. 轅 : 車輞 通作渠 <四解上 30a>
　　　d. 轅 : 바회 거 外圍 <字會中 13b>

<921> 박 對 瓢勺

고유어 '박'과 한자어 '瓢勺'이 [盉]와 [瓢] 즉 '표주박, 바가지'의 뜻을 가지고 동의 관계에 있다는 것은 다음 예문들에서 잘 확인된다. '盉'가 한자어 '瓢勺'을 뜻하고 '盉'의 자석이 '박'이다. 그리고 '瓢'의 자석이 '박'이다. 따라서 '박'과 '瓢勺'의 동의성은 명백히 입증된다.

(921) a. 盉 : 瓢勺 <四解上 28a>
　　　b. 盉 : 박 례 <字會中 9b>

(921) c. 瓢 : 瓠也 <四解下 15a>
　　　d. 瓢 : 박 표 <字會中 9b>

<922> 박 對 葫蘆

고유어 '박'과 한자어 '葫蘆'가 [葫蘆]와 [瓟] 즉 '호리병박'의 뜻을 가지고 동의 관계에 있다는 것은 다음 예문들에서 잘 확인된다. 원문 중 '葫蘆'가 '박'으로 번역된다. 그리고 '瓟'가 한자어 '葫蘆'를 뜻한다. 따라서 '박'과 '葫蘆'의 동의성은 명백히 입증된다. 한자 '瓟'는 '蘆'와 同義이다.

(922) a. 박 계즈 (葫蘆 笊子) <번老下 38a>

(922) b. 蘆 : 葦之未秀者…又同下 <四解上 41b>
　　　 c. 瓟 : 葫瓟 匏之圜者 <四解上 41b>
　　　 d. 瓟 : 죠롱 로 俗呼瓟瓟 又書作…葫蘆 <字會上 4b>

<923> 박 對 瓠子

고유어 '박'과 한자어 '瓠子'가 [匏]와 [瓠] 즉 '박'의 뜻을 가지고 동의 관계에 있다는 것은 다음 예문들에서 잘 확인된다. '匏'의 자석이 '박'이고 고유어 '박'은 한자어 '瓠子'와 동의 관계에 있다. 그리고 '瓠'가 한자 '匏'와 同義이고 한자어 '瓠子'가 고유어 '박'과 동의 관계에 있다. 따라서 '박'과 '瓠子'의 동의성은 명백히 입증된다.

(923) a. 匏 : 瓠也 <四解下 20b>
　　　 b. 匏 : 박 포…瓠子 <字會上 7b>

(923) c. 瓠 : 匏也 <四解上 41b>
　　　 d. 瓠 : 죠롱 호 又瓠子 박 <字會上 4b>

<924> 박새 對 藜蘆

고유어 '박새'와 한자어 '藜蘆'가 [藜蘆] 즉 '박새, 석장포과에 속하는 다년초'의 뜻을 가지고 동의 관계에 있다는 것은 다음 예문들에서 잘 확인된다. 한자어 '藜蘆'가 고유어 '박새'와 동의 관계에 있다. 따라서 '박새'와 '藜蘆'의 동의성은 명백히 입증된다.

(924) a. 藜 : 落藜草 도토랏…又藜蘆 박새 <四解上 28b>
　　　 b. 藜 : 도토랏 례 俗呼落藜 <字會上 7b>

<925> 반도 對 螢火虫

고유어 '반도'와 한자어 '螢火虫'이 [螢] 즉 '반디, 개똥벌레'의 뜻을 가지고 동의 관계에 있다는 것은 다음 예문들에서 잘 확인된다. '螢'이 한자어 '螢火虫'을 뜻한다. 그리고 '螢'의 자석이 '반도'이고 고유어 '반도'는 한자어 '螢火虫'과 동의 관계에 있다. 따라서 '반도'와 '螢火虫'의 동의성은 명백히 입증된다.

(925) a. 螢 : 螢火虫 <四解下 64a>
　　　b. 螢 : 반도 형 俗呼螢火虫 又呼明火虫 <字會上11b>

<926> 반찬 對 饌饍

고유어 '반찬'과 한자어 '饌饍'가 [饌]과 [饍] 즉 '반찬'의 뜻을 가지고 동의 관계에 있다는 것은 다음 예문들에서 잘 확인된다. '饌'의 자석이 '반찬'이고 고유어 '반찬'은 한자어 '饌饍'와 동의 관계에 있다. 그리고 '饍'의 자석이 '반찬'이다. 따라서 '반찬'과 '饌饍'의 동의성은 명백히 입증된다.

(926) a. 饌 : 具食 <四解上 79a>
　　　b. 饌 : 반찬 찬 俗呼饌饍 <字會中 10a>

(926) c. 饍 : 具食 <四解下 6b>
　　　d. 饍 : 반찬 션 <字會中 10a>

<927> 반쵸 對 芭蕉

고유어 '반쵸'와 한자어 '芭蕉'가 [芭]와 [蕉] 즉 '芭蕉'의 뜻을 가지고 동의 관계에 있다는 것은 다음 예문들에서 잘 확인된다. '芭'가 한자어 '芭蕉'를 뜻하고 '芭'의 자석이 '반쵸'이다. '蕉'가 한자어 '芭蕉'를 뜻한다. 그리고 '蕉'의 자석이 '반쵸'이고 고유어 '반쵸'는 한자어 '芭蕉'와 동의 관계에 있다. 따라서 '반쵸'와 '芭蕉'의 동의성은 명백히 입증된다.

(927) a. 芭 : 芭蕉 <四解下 29a>
　　　b. 芭 : 반쵸 파 <字會上 4b>

(927) c. 蕉 : 芭蕉 <四解下 15b>
　　　d. 蕉 : 반쵸 쵸 俗呼芭蕉 <字會上 4b>

<928> 받 對 旱田

고유어 '받'과 한자어 '旱田'이 [田] 즉 '밭'의 뜻을 가지고 동의 관계에 있다는 것은 다음 예문들에서 잘 확인된다. 원문 중 '爲田'이 '받 밍글다'로 번역된다. 그리고 '田'의 자석이 '받'이고 고유어 '받'은 한자어 '旱田'과 동의 관계에 있다. 따라서 '받'과 '旱田'의 동의성은 명백히 입증된다.

(928) a. 나모 버히고 받 밍ᄀ더니(伐木爲田) <속三孝 9a>
　　　 b. 뽕나모 팔빅 듀와 사오나온 받티 열다엿 頃이 이시니(有桑八百株와 薄田十五頃이니) <번小八 20a>
　　　 c. 글 닐그며 받톨 다ᄉ리며(至於讀書治田爲彌) <呂約 4a>

(928) d. 田 : 土已耕者 <四解下 2b>
　　　 e. 田 : 받 뎐 水田 논 旱田 받 <字會上 3b>

<929> 받개 對 泥托

고유어 '받개'와 한자어 '泥托'이 [鏝] 즉 '흙받기'의 뜻을 가지고 동의 관계에 있다는 것은 다음 예문들에서 잘 확인된다. '鏝'이 고유어 '받개'을 뜻하고 '받개'는 한자어 '泥托'과 동의 관계에 있다. 따라서 '받개'와 '泥托'의 동의성은 명백히 입증된다.

(929) a. 鏝 : 鐵杇 今俗呼泥鏝 쇠손 <四解上 74b>
　　　 b. 鏝 : 쇠손 만 俗稱泥鏝又 받개 泥托 <字會中 8b>

<930> 발 對 脚子

고유어 '발'과 한자어 '脚子'가 [脚]과 [足] 즉 '발'의 뜻을 가지고 동의 관계에 있다는 것은 다음 예문들에서 잘 확인된다. '脚'의 자석이 '발'이고 고유어 '발'은 한자어 '脚子'와 동의 관계에 있다. 그리고 '足'의 자석이 '발'이다. 따라서 '발'과 '脚子'의 동의성은 명백히 입증된다.

(930) a. 脚 : 足也 <四解下 41a>
　　　 b. 脚 : 발 각 俗稱脚子 <字會上 15a>

(930) c. 足 : 趾也 <四解上 7b>
　　　 d. 足 : 발 죡 <字會上 15a>

<931> 발 對 簾箔

고유어 '발'과 한자어 '簾箔'이 [簾]과 [箔] 즉 '발'의 뜻을 가지고 동의 관계에 있다는 것은 다음 예문들에서 잘 확인된다. '簾'이 한자어 '簾箔'을 뜻하고 '簾'의 자석이 '발'이다. 그리고 '箔'이 한자어 '簾箔'을 뜻하고 '箔'의 자석이 '발'이다. 따라서 '발'과 '簾箔'의 동의성은 명백히 입증된다.

(931) a. 簾 : 簾箔 <四解下 86a>
　　　 b. 簾 : 발 렴 <字會中 7b>

(931) c. 箔 : 簾箔 <四解下 37a>
　　　 d. 箔 : 발 박 <字會中 7b>

<932> 발 對 足指

고유어 '발'과 한자어 '足指'가 [趾]와 [足] 즉 '발가락'의 뜻을 가지고 동의 관계에 있다는 것은 다음 예문들에서 잘 확인된다. '趾'가 한자어 '足指'를 뜻하고 '趾'의 자석이 '발'이다. 그리고 '足'이 '趾'와 同義이고 '足'의 자석이 '발'이다. 따라서 '발'과 '足指'의 동의성은 명백히 입증된다.

(932) a. 趾 : 足指 <四解上 18a>
　　　 b. 趾 : 발 지 <字會上 15a>

(932) c. 足 : 趾也 <四解上 7b>
　　　 d. 足 : 발 죡 <字會上 15a>

<933> 발외 對 把犁

고유어 '발외'와 한자어 '把犁'가 [把犁] 즉 '발구, 산간 지방에서 마소가 물건을 실어 나르는 썰매'의 뜻을 가지고 동의 관계에 있다는 것은 다음 예문들에서 잘 확인된다. '犁'의 자석이 '보'이고 '把犁'가 고유어 '발외'와 동의 관계에 있다. 따라서 '발외'와 '把犁'의 동의성은 명백히 입증된다.

(933) a. 犁 : 牛駁文 牛耕也 今俗語(28a) 犁兒 보 <四解上 28b>
　　　 b. 犁 : 보 려…牛把犁 발외 <字會中 9a>

<934> 밤 對 栗子

고유어 '밤'과 한자어 '栗子'가 [栗子]와 [栗] 즉 '밤'의 뜻을 가지고 동의 관계에 있다는 것은 다음 예문들에서 잘 확인된다. 원문 중 '栗子'가 '밤'으로 번역된다. 그리고 '栗'의 자석이 '밤'이고 고유어 '밤'은 한자어 '栗子'와 동의 관계에 있다. 따라서 '밤'과 '栗子'의 동의성은 명백히 입증된다.

(934) a. 쑤레 조린 밤(蜜栗子) <번老下 38b>
　　　b. 밤(栗子) <번朴上 4a>

(934) c. 栗 : 果名 <四解上 61a>
　　　d. 栗 : 밤 률 俗呼栗子 <字會上 6a>

<935> 쌤 對 頰骨

고유어 '쌤'과 한자어 '頰骨'이 [顴]과 [顋] 즉 '광대뼈'의 뜻을 가지고 동의 관계에 있다는 것은 다음 예문들에서 잘 확인된다. '顴'이 한자어 '頰骨'을 뜻하고 '顴'의 자석이 '쌤'이다. 그리고 '顋'의 자석이 '쌤'이다. 따라서 '쌤'과 '頰骨'의 동의성은 명백히 입증된다.

(935) a. 顴 : 頰骨 <四解下 9b>
　　　b. 顴 : 쌤 관 <字會上 13a>

(935) c. 顋 : 頷也 <四解上 44b>
　　　d. 顋 : 쌤 싀 總稱 <字會上 13a>

<936> 밥 對 熟食

고유어 '밥'과 한자어 '熟食'이 [饔] 즉 '익힌 음식'의 뜻을 가지고 동의 관계에 있다는 것은 다음 예문들에서 잘 확인된다. '饔'이 한자어 '熟食'을 뜻한다. 그리고 '饔'의 자석이 '밥'이고 고유어 '밥'은 한자어 '熟食'과 동의 관계에 있다. 따라서 '밥'과 '熟食'의 동의성은 명백히 입증된다.

(936) a. 饔 : 熟食 <四解上 10a>
　　　b. 饔 : 밥 옹 熟食 <字會中 10a>

<937> 밥 對 飮食

고유어 '밥'과 한자어 '飮食'이 [食]과 [飮食] 즉 '밥, 음식'의 뜻을 가지고 동의 관계에 있다는 것은 다음 예문들에서 잘 확인된다. 원문 중 '惡食'이 '구즌 밥'으로 번역되고 '飮食'이 '음식'으로 번역된다. '食'이 한자어 '飮食'을 뜻한다. 그리고 '食'의 자석이 '밥'이고 고유어 '밥'은 한자어 '飮食'과 동의 관계에 있다. 따라서 '밥'과 '飮食'의 동의성은 명백히 입증된다.

(937) a. 士ㅣ 道理예 ᄠᅳᆮ 두고 구즌 옷과 구즌 바블 붓그리ᄂᆞ니ᄂᆞᆫ(士ㅣ 志於道而恥惡衣惡食者ᄂᆞᆫ) <번小
四 25a>

b. 음식 ᄉᆞ랑 아니ᄒᆞ로니라(不思飲食) <번老下 40a>

(937) c. 食 : 飲食 <四解下 55a>

d. 食 : 밥 식 飲食 <字會中 10a>

<938> 밥 對 餐飯

고유어 '밥'과 한자어 '餐飯'이 [飯] 즉 '밥'의 뜻을 가지고 동의 관계에 있다는 것은 다음 예문들에서 잘 확인된다. 원문 중 '做飯'이 '밥 짓다'로 번역되고 '我的飯'이 '내 밥'으로 번역된다. 그리고 '飯'이 한자어 '餐飯'을 뜻하고 '飯'의 자석이 '밥'이다. 따라서 '밥'과 '餐飯'의 동의성은 명백히 입증된다.

(938) a. 바블 크게 ᄡᅥ 먹디 말며(毌放飯ᄒᆞ며) <번小四 27b>

b. 손조 밥 지서 먹고 가져(自做飯喫去來) <번老上 39b>

c. 내 밥곳 머그면(喫我的飯時) <번朴上 10a>

(938) d. 飯 : 餐飯也 <四解上 80b>

e. 飯 : 밥 반 <字會中 10a>

<939> 밧 對 외

고유어 '밧'과 한자어 '외'(外) 가 [外] 즉 '밝'의 뜻을 가지고 동의 관계에 있다는 것은 다음 예문들에서 잘 확인된다. 원문 중 '外也尋了'가 '그 외예 얻다'로 번역된다. 그리고 '外'의 자석이 '밧'이다. 따라서 '밧'과 '외'의 동의성은 명백히 입증된다.

(939) a. 즈룺갑과 세 무논 것들 마믈와 혜니 말오 그 외예 허직우는 니쳔을 얻노라(除了牙稅纏計外 也
尋了加五利錢) <번老上 14b>

(939) b. 外 : 表也 <四解上 47b>

c. 外 : 밧 외 <字會下 15a>

<940> 방귀 對 放糞

고유어 '방귀'와 한자어 '放糞'가 [糞] 즉 '방귀'의 뜻을 가지고 동의 관계에 있다는 것은 다음 예문들에서 잘 확인된다. '穢'의 자석이 '방긔'이고 고유어 '방귀'는 한자어 '放穢'와 동의 관계에 있다. 따라서 '방귀'와 '放穢'의 동의성은 명백히 입증된다.

(940) a. 穢 : 氣下泄 今俗語放穢 방긔ᄒᆞ다 <四解上 16a>
　　　b. 穢 : 방귀 비 俗稱放穢 <字會上 15b>

<941> 방마치 對 棒椎

고유어 '방마치'와 한자어 '棒椎'가 [椎] 즉 '방망이'의 뜻을 가지고 동의 관계에 있다는 것은 다음 예문들에서 잘 확인된다. '椎'가 한자어 '棒椎'를 뜻한다. 그리고 '棒椎'가 고유어 '방마치'와 동의 관계에 있다. 따라서 '방마치'와 '棒椎'의 동의성은 명백히 입증된다.

(941) a. 椎 : 棒椎 木曰椎 <四解上 52a>
　　　b. 椎 : 마치 퇴 棒椎 방마치 <字會中 9b>

<942> 방사오리 對 馬兀

고유어 '방사오리'와 한자어 '馬兀'이 [兀] 즉 '坐具'의 뜻을 가지고 동의 관계에 있다는 것은 다음 예문들에서 잘 확인된다. '兀'이 한자어 '馬兀'을 뜻한다. 그리고 '兀'의 자석이 '방사오리'이다. 따라서 '방사오리'와 '馬兀'의 동의성은 명백히 입증된다.

(942) a. 兀 : …又今俗語馬兀 샹마듸 又曰兀子 <四解上 63a>
　　　b. 兀 : 방사오리 올 上馬臺

<943> 방사오리 對 上馬臺

고유어 '방사오리'와 한자어 '上馬臺'가 [兀] 즉 '坐具'의 뜻을 가지고 동의 관계에 있다는 것은 다음 예문들에서 잘 확인된다. '兀'이 한자어 '馬兀'을 뜻하고 '馬兀'은 '샹마듸'와 동의 관계에 있다. 그리고 '兀'의 자석이 '방사오리'이고 고유어 '방사오리'는 한자어 '上馬臺'와 동의 관계에 있다. 따라서 '방사오리'와 '上馬臺'의 동의성은 명백히 입증된다.

(943) a. 兀 : …又今俗語馬兀 샹마듸 <四解上 63a>
　　　b. 兀 : 방사오리 올 上馬臺 <字會中 6a>

<944> 방올 對 鈴鐺

고유어 '방올'과 한자어 '鈴鐺'이 [鈴] 즉 '방울'의 뜻을 가지고 동의 관계에 있다는 것은 다음 예문들에서 잘 확인된다. '鈴'의 자석이 '방올'이고 고유어 '방올'은 한자어 '鈴鐺'과 동의 관계에 있다. 따라서 '방올'과 '鈴鐺'의 동의성은 명백히 입증된다.

>   (944) a. 鈴 : 似鍾而小有舌 <四解下 56b>
>   b. 鈴 : 방올 령 俗呼鈴鐺 <字會下 8b>

<945> 방올 對 鈇鸞

고유어 '방올'과 한자어 '鈇鸞'이 [鈇鸞]과 [鈴] 즉 '방울, 天子가 타는 수레의 말고삐에 다는 방울'의 뜻을 가지고 동의 관계에 있다는 것은 다음 예문들에서 잘 확인된다. '鈇'가 한자어 '鈇鸞'을 뜻하고 '鈇鸞'은 한자 '鈴'과 同義이다. 그리고 '鈴'의 자석이 '방올'이다. 따라서 '방올'과 '鈇鸞'의 동의성은 명백히 입증된다.

>   (945) a. 鈇 : 鈇鸞 鈴也 <四解下 28b>
>   b. 鸞 : …鳥名 又同下 <四解上 76a>
>   c. 鸞 : 鈴也 <四解上 76a>
>
>   (945) d. 鈴 : 似鍾而小有舌 <四解下 56b>
>   e. 鈴 : 방올 령 俗呼鈴鐺 <字會中 8b>

<946> 방하 對 春具

고유어 '방하'와 한자어 '春具'가 [碓] 즉 '방아, 디딜방아'의 뜻을 가지고 동의 관계에 있다는 것은 다음 예문들에서 잘 확인된다. '碓'가 한자어 '春具'를 뜻하고 '春具'는 고유어 '방하'와 동의 관계에 있다. 그리고 '碓'의 자석이 '방하'이다. 따라서 '방하'와 '春具'의 동의성은 명백히 입증된다.

>   (946) a. 碓 : 春具 방하 <四解上 49b>
>   b. 碓 : 방하 디 <字會中 6b>

<947> 밭 對 뎐디

고유어 '밭'과 한자어 '뎐디'(田地)가 [田]과 [田地] 즉 '밭'의 뜻을 가지고 동의 관계에 있다는 것은 다음 예문들에서 잘 확인된다. 원문 중 '田廬'가 '바티며 집'으로 번역되고 '田宅'이 '집 뎐디'로 번역되므로 '밭'과 '뎐디'의 동의성은 명백히 입증된다.

(947) a. 바티며 집비며 그믈을 사오나온 거슬 가지고(凡田廬器物 自取荒瘠朽敗者) <二倫 24a>

　　b. 빅셩 乙普明 형뎨 받톨 드토아((有百姓乙普明兄弟ㅣ 爭田ᄒᆞ야) <번小九 68b>

　　c. 받톨 다ᄉᆞ리며(治田爲彌) <呂約 4b>

(947) d. 집 뎐딜 쪼 사니(買田宅) <二倫 2a>

　　e. 집 뎐디 지믈를 다 아ᅀᅥ 주고(田宅財物 盡與弟) <二倫 2a>

　　f. 쉬이 구홀 거슨 뎐디라(易求者ᄂᆞᆫ 田地니) <번小九 69a>

　　g. 假令 뎐디를 어더도(假令得田地라두) <번小九 69a>

<948> 버국새 對 鳲鳩

고유어 '버국새'와 한자어 '鳲鳩'가 [鳲] 즉 '뻐꾸기'의 뜻을 가지고 동의 관계에 있다는 것은 다음 예문들에서 잘 확인된다. '鳲'가 한자어 '鳲鳩'를 뜻한다. 그리고 '鳲'의 자석이 '버국새'이고 고유어 '버국새'는 한자어 '鳲鳩'와 동의 관계에 있다. 따라서 '버국새'와 '鳲鳩'의 동의성은 명백히 입증된다.

(948) a. 鳲 : 鳲鳩 <四解上 19b>

　　b. 鳲 : 버국새 시 鳲鳩 <字會上 9a>

<949> 버국새 對 鶻鵃

고유어 '버국새'와 한자어 '鶻鵃'이 [鵃]과 [鶻] 즉 '뻐꾸기'의 뜻을 가지고 동의 관계에 있다는 것은 다음 예문들에서 잘 확인된다. '鵃'이 한자어 '鶻鵃'을 뜻한다. '鵃'의 자석이 '버국새'이고 고유어 '버국새'는 한자어 '鶻鵃'과 동의 관계에 있다. 그리고 '鶻'이 한자어 '鶻鵃'을 뜻하고 '鶻'의 자석이 '버국새'이다. 따라서 '버국새'와 '鶻鵃'의 동의성은 명백히 입증된다.

(949) a. 鵃 : 鶻鵃…卽布穀也 <四解上 7a>

　　b. 鵃 : 버국새 국…詩注鶻鵃 <字會上 9b>

(949) c. 鶻 : 鶻鵃 <四解上 79b>

　　d. 鶻 : 버국새 알 一名布穀 <字會上 9b>

<950> 버국새 對 布穀

고유어 '버국새'와 한자어 '布穀'이 [鵑]과 [鵠] 즉 '뻐꾸기'의 뜻을 가지고 동의 관계에 있다는 것은 다음 예문들에서 잘 확인된다. '鵑'이 한자어 '布穀'을 뜻하고 '鵑'의 자석이 '버국새'이다. 그리고 '鵠'의 자석이 '버국새'이고 고유어 '버국새'는 한자어 '布穀'과 동의 관계에 있다. 따라서 '버국새'와 '布穀'의 동의성은 명백히 입증된다.

(950) a. 鵑 : …卽布穀也 <四解上 7a>
    b. 鵑 : 버국새 국 <字會上 9b>

(950) c. 鵠 : 鵠鵑 <四解上 79b>
    d. 鵠 : 버국새 알 一名布穀 <字會上 9b>

<951> 버들 對 小楊

고유어 '버들'과 한자어 '小楊'이 [柳] 즉 '버들, 버드나무'의 뜻을 가지고 동의 관계에 있다는 것은 다음 예문들에서 잘 확인된다. '柳'가 한자어 '小楊'을 뜻한다. 그리고 '柳'의 자석이 '버들'이다. 따라서 '버들'과 '小楊'의 동의성은 명백히 입증된다.

(951) a. 柳 : 小楊 <四解下 71b>
    b. 柳 : 버들 류 <字會上 5b>

<952> 버들 對 楊柳

고유어 '버들'과 한자어 '楊柳'가 [楊]과 [柳] 즉 '버들, 버드나무'의 뜻을 가지고 동의 관계에 있다는 것은 다음 예문들에서 잘 확인된다. '楊'이 한자어 '楊柳'를 뜻하고 '楊'의 자석이 '버들'이다. 그리고 '柳'의 자석이 '버들'이다. 따라서 '버들'과 '楊柳'의 동의성은 명백히 입증된다.

(952) a. 楊 : 楊柳 <四解下 44b>
    b. 楊 : 버들 양 <字會上 5b>

(952) c. 柳 : 小楊 <四解下 71b>
    d. 柳 : 버들 류 <字會上 5b>

<953> 버슷 對 地蕈

고유어 '버슷'과 한자어 '地蕈'이 [菌]과 [蕈] 즉 '버섯'의 뜻을 가지고 동의 관계에 있다는 것은 다음 예문들에서 잘 확인된다. '菌'이 한자어 '地蕈'을 뜻하고 '菌'의 자석이 '버슷'이다. 그리고 '蕈'이 한자어 '菌'과 同義이고 '蕈'의 자석이 '버슷'이다. 따라서 '버슷'과 '地蕈'의 동의성은 명백히 입증된다.

(953) a. 菌 : 地蕈 似釘蓋者 <四解上 67b>
   b. 菌 : 버슷 균 在木者 <字會上 7b>

(953) c. 蕈 : 菌也 <四解下 73a>
   d. 蕈 : 버슷 심 在地者 <字會上 7b>

<954> 버슷 對 木耳

고유어 '버슷'과 한자어 '木耳'가 [蕈]과 [栭] 즉 '버섯, 나무에서 돋는 버섯'의 뜻을 가지고 동의 관계에 있다는 것은 다음 예문들에서 잘 확인된다. '蕈'이 한자어 '木耳'를 뜻하고 '蕈'의 자석이 '버슷'이다. 그리고 '栭'의 자석이 '버슷'이고 고유어 '버슷'은 한자어 '木耳'와 동의 관계에 있다. 따라서 '버슷'과 '木耳'의 동의성은 명백히 입증된다.

(954) a. 蕈 : 凡稱木耳曰蕈 <四解下 12b>
   b. 蕈 : 버슷 션 <字會上 7b>

(954) c. 栭 : 버슷 싀 在木者 俗呼木耳 <字會上 7b>

<955> 버워리 對 不能言病

고유어 '버워리'와 한자어 '不能言病'이 [瘖] 즉 '벙어리'의 뜻을 가지고 동의 관계에 있다는 것은 다음 예문들에서 잘 확인된다. '瘖'이 한자어 '不能言病'을 뜻하고 '瘖'의 자석이 '버워리'이다. 따라서 '버워리'와 '不能言病'의 동의성은 명백히 입증된다.

(955) a. 瘖 : 不能言病 <四解下 74a>
   b. 瘖 : 버워리 암 亦作喑 <字會中 16b>

<956> 버워리 對 瘂子

고유어 '버워리'와 한자어 '瘂子'가 [瘂] 즉 '벙어리'의 뜻을 가지고 동의 관계에 있다는 것은 다음 예문들에서 잘 확인된다. '瘂'의 자석이 '버워리'이고 고유어 '버워리'는 한자어 '瘂子'와 동의 관계에 있다. 따라서 '버워리'와 '瘂子'의 동의성은 명백히 입증된다.

(956) a. 啞 : 瘖也 <四解下 31a>

b. 瘂 : 同 <四解下 31a>

c. 瘂 : 버워리 아 俗稱瘂子 亦作啞 <字會中 16b>

<957> 버즘 對 乾瘍

고유어 '버즘'과 한자어 '乾瘍'이 [癬]과 [癬] 즉 '버짐'의 뜻을 가지고 동의 관계에 있다는 것은 다음 예문들에서 잘 확인된다. '癬'이 한자어 '乾瘍'을 뜻한다. 그리고 '癬'의 자석이 '버즘'이다. 따라서 '버즘'과 '乾瘍'의 동의성은 명백히 입증된다. 한자 '癬'과 '癬'은 同字이다.

(957) a. 癬 : 乾瘍 <四解下 5a>

b. 癬 : 버즘 션 <字會中 16a>

<958> 버텅 對 階陛

고유어 '버텅'과 한자어 '階陛'가 [陛] 즉 '궁전의 섬돌'의 뜻을 가지고 동의 관계에 있다는 것은 다음 예문들에서 잘 확인된다. '陛'가 한자어 '階陛'를 뜻한다. 그리고 '陛'의 자석이 '버텅'이다. 따라서 '버텅'과 '階陛'의 동의성은 명백히 입증된다.

(958) a. 陛 : 階陛 <四解上 16a>

b. 陛 : 버텅 폐 尊者升堂之階 <字會中 3b>

<959> 버텅 對 擣繒石

고유어 '버텅'과 한자어 '擣繒石'이 [砧] 즉 '다듬잇돌'의 뜻을 가지고 동의 관계에 있다는 것은 다음 예문들에서 잘 확인된다. '砧'이 한자어 '擣繒石'을 뜻한다. 그리고 '砧'의 자석이 '버텅'이다. 따라서 '버텅'과 '擣繒石'의 동의성은 명백히 입증된다.

(959) a. 砧 : 擣繒石 <四解下 73b>

b. 砧 : 버텅 팀 <字會中 6a>

<960> 버텅 對 斧楹

고유어 '버텅'과 한자어 '斧楹'이 [檟] 즉 '모탕, 나무를 패거나 쪼개거나 자를 때에 받치어 놓는 나무 토막'의 뜻을 가지고 동의 관계에 있다는 것은 다음 예문들에서 잘 확인된다. '檟'이 한자어 '斧楹'을 뜻한다. 그리고 '欘'의 자석이 '버텅'이다. 따라서 '버텅'과 '斧欘'의 동의성은 명백히 입증된다.

(960) a. 欘：鐵欘也 斧欘也 <四解下 59a>
b. 欘：…同上 <四解上 59a>
c. 欘：버텅 질 <字會中 8a>

<961> 버텅 對 斫木櫍

고유어 '버텅'과 한자어 '斫木櫍'이 [櫍] 즉 '모탕'의 뜻을 가지고 동의 관계에 있다는 것은 다음 예문들에서 잘 확인된다. '櫍'이 한자어 '斫木櫍'을 뜻한다. 그리고 '櫍'의 자석이 '버텅'이다. 따라서 '버텅'과 '斫木櫍'의 동의성은 명백히 입증된다.

(961) a. 櫍：斫木櫍 <四解下 73b>
b. 櫍：버텅 심 <字會中 8a>

<962> 번 對 복

고유어 '번'과 한자어 '복'(服) 이 [服] 즉 '번'의 뜻을 가지고 동의 관계에 있다는 것은 다음 예문들에서 잘 확인된다. 원문 중 '三服'이 '세 번'으로 번역되고 '數服'이 '두어 복'으로 번역된다. 따라서 '번'과 '복'의 동의성은 명백히 입증된다.

(962) a. ᄒᆞᄅᆞ 세 번곰 머기라(日進三服) <瘡疹 57b>
b. 믈읫 아히 허링ᄒᆞᆫ 병에 몬져 두어 복을 머겨(凡小兒虛冷病先與數 服) <瘡疹 58a>

<963> 번디 對 礑磚

고유어 '번디'와 한자어 '礑磚'이 [礑]과 [磚] 즉 '번지, 돌 고무래, 녹독(碌磚) '의 뜻을 가지고 동의 관계에 있다는 것은 다음 예문들에서 잘 확인된다. '礑'이 한자어 '礑磚'을 뜻하고 '礑'의 자석이 '번디'이다. 그리고 '磚'이 한자어 '礑磚'을 뜻하고 '磚'의 자석이 '번디'이다. 따라서 '번디'와 '礑磚'의 동의성은 명백히 입증된다.

(963) a. 礑：礑磚 平(6a) 田器 <四解上 6b>
b. 礑：번디 록 以石爲之 <字會中 9a>

(963) c. 磚：礑磚 平田器 <四解上 2b> <四解上 9b>

d. 礡 : 번디 독 以石爲之 俗呼碌礡 <字會中 9a>

<964> 벋 對 同門

고유어 '벋'과 한자어 '同門'이 [朋] 즉 '벗, 同師同門의 사람'의 뜻을 가지고 동의 관계에 있다는 것은 다음 예문들에서 잘 확인된다. '朋'이 한자어 '同門'을 뜻한다. 그리고 '朋'의 자석이 '벋'이다. 따라서 '벋'과 '同門'의 동의성은 명백히 입증된다.

(964) a. 朋 : …同門曰朋 <四解下 59b>
b. 朋 : 벋 붕 俗呼朋友 <字會中 2a>

<965> 벋 對 同志

고유어 '벋'과 한자어 '同志'가 [友] 즉 '벗, 뜻을 같이하는 벗, 同志'의 뜻을 가지고 동의 관계에 있다는 것은 다음 예문들에서 잘 확인된다. 원문 중 '師友'가 '스승과 벋'으로 번역된다. 그리고 '友'가 한자어 '同志'를 뜻하고 '友'의 자석이 '벋'이다. 따라서 '벋'과 '同志'의 동의성은 명백히 입증된다.

(965) a. 밧고론 싁싁흔 스승과 벋이 업고(外無嚴師友ㅣ오) <번小九 5b>

(965) b. 友 : 同志爲友 <四解下 71a>
c. 友 : 벋 우 <字會中 2a>

<966> 벋 對 朋友

고유어 '벋'과 한자어 '朋友'가 [朋友]와 [朋] 즉 '벗, 친구'의 뜻을 가지고 동의 관계에 있다는 것은 다음 예문들에서 잘 확인된다. 원문 중 '臣朋友'가 '신하와 벋'으로 번역되고 '朋友之際'가 '버듸 스이'로 번역되고 '朋友們'이 '벋둘ㅎ'로 번역된다. '朋友'가 '붕우'로 번역되고 '朋友之間'이 '붕우 스이'로 번역된다. 그리고 '朋'의 자석이 '벋'이고 고유어 '벋'은 한자어 '朋友'와 동의 관계에 있다. 따라서 '벋'과 '朋友'의 동의성은 명백히 입증된다.

(966) a. 님금과 신하와 벋괘(君臣朋友ㅣ) <번小七 45a>
b. 버듸 스이예(朋友之際예) <번小七 46a>
c. 모든 벋둘히 나사가 구제ᄒ라(衆朋友們向前救濟着) <번老下 47a>
d. 버들 뒤졉ᄒ며(接朋友爲彌) <呂約 4b>

e. 버들 티졉호티 버듸게 능히 ᄂ죡디 아니ᄒ고(接朋友則不能下朋友ᄒ고) <번小六 3b>

f. 죵용히 고티며 경계ᄒᄂ니ᄂ 버듸 소심이니(從容規戒者ᄂ 朋友之任也ㅣ니) <번小八 36a>

g. 버드란 서르 내걷디 마롤디니라(朋友ᄂ 不相踰ㅣ니라) <번小三 33a>

h. 버디 ᄒ다가 됴티 몯ᄒ야(朋友若不幸) <번老下 46b>

i. 모든 벋들히(衆朋友們) <번老下 47a>

j. 벋들ᄒᆞᆯ 주워 쓰게 ᄒ라(接濟朋友們使着) <번老下 46b>

k. 모든 벋들히 일후믈(衆朋友們的名字) <번朴上 24b>

(966) l. 이제 븅위(今之朋友ㅣ) <번小七 45b>

　　　　m. 븅우 ᄉ이예 그 공경을 읏듬 삼을 재(於朋友之間애 主其敬者ㅣ) <번小七 46a>

(966) n. 朋 : …朋黨又同門曰朋 <四解下 59b>

　　　　o. 朋 : 벋 븡 俗呼朋友 <字會中 2a>

<967> 벋 對 火伴

고유어 '벋'과 한자어 '火伴'이 [火伴]과 [伴] 즉 '벗'의 뜻을 가지고 동의 관계에 있다는 것은 다음 예문들에서 잘 확인된다. 원문 중 '一箇火伴'이 'ᄒᆞᆫ 벋'으로 번역되고 '做火伴'이 '벋 짓다'로 번역된다. 그리고 '伴'의 자석이 '벋'이고 고유어 '벋'은 한자어 '火伴'과 동의 관계에 있다. 따라서 '벋'과 '火伴'의 동의성은 명백히 입증된다.

(967) a. 내 ᄒᆞᆫ 버디 떠디여 올시(我有一箇火伴 落後了來) <번老上 1b>

　　　　b. 이 버든 누고(這火伴是誰) <번老下 6a>

　　　　c. 뎌 버(42b)들 주겨(與那箇火伴) <번老上 43a>

　　　　d. 되 벋 조차(跟着漢兒火伴) <번老上 13a>

　　　　e. 벋 지어 北京으로 가노라(做火伴北京去) <번老上 17b>

　　　　f. 이 버다 네 사ᄒᄂ 딥피 너므 굵다(這火伴你切的草忒麤) <번老上 19b>

(967) g. 伴 : 侶也 <四解上 74b>

　　　　h. 伴 : 벋 반 俗呼火伴 동모 <字會中 2a>

<968> 벌에 對 鱗介

고유어 '벌에'와 한자어 '鱗介'가 [蟲]과 [虫] 즉 '벌레, 곤충의 총칭'의 뜻을 가지고 동의 관계에 있다는 것은 다음 예문들에서 잘 확인된다. 원문 중 '蟲蟻'가 '벌에며 개야미'로 번역된다. 그리고 '虫'이 한 자어 '鱗介'를 뜻한다. 그리고 '蟲'의 자석이 '벌에'이다. 따라서 '벌에'와 '鱗介'의 동의성은 명백히 입증 된다. '蟲'과 '虫'은 同字이다.

(968) a. 뜰흘 디조사 벌에며 개야미를 주서 머기니(啄啄庭中拾蟲蟻ᄒ야) <번小九 100a>

(968) b. 虫 : 鱗介 總名 <四解上 54a>
    c. 蟲 : …有足曰蟲 <四解上 9b>
    d. 蟲 : 벌에 튱 有足曰蟲 <字會下 2a>

<969> 벌에 對 百虫

고유어 '벌에'와 한자어 '百虫'이 [蜫] 즉 '벌레'의 뜻을 가지고 동의 관계에 있다는 것은 다음 예문들 에서 잘 확인된다. '蜫'의 자석이 '벌에'이고 고유어 '벌에'는 한자어 '百虫'과 동의 관계에 있다. 따라서 '벌에'와 '百虫'의 동의성은 명백히 입증된다.

(969) a. 蜫 : 蟲總名 <四解上 62b>
    b. 蜫 : 벌에 곤 百虫總名 <字會下 2a>

<970> 쎠 對 骨骼

고유어 '쎠'와 한자어 '骨骼'이 [骼] 즉 '뼈대, 골격'의 뜻을 가지고 동의 관계에 있다는 것은 다음 예문 들에서 잘 확인된다. '骼'이 한자어 '骨骼'을 뜻한다. 그리고 '骼'의 자석이 '쎠'이다. 따라서 '쎠'와 '骨骼' 의 동의성은 명백히 입증된다.

(970) a. 骼 : 骨骼 <四解下 58a>
    b. 骼 : 쎠 각 <字會上 15a>

<971> 벼 對 稻利下濕者

고유어 '벼'와 한자어 '稻利下濕者'가 [稻]와 [稌] 즉 '벼, 메벼'의 뜻을 가지고 동의 관계에 있다는 것 은 다음 예문들에서 잘 확인된다. 원문 중 '稻草'가 '볏딥'으로 번역된다. 그리고 '稌'가 한자어 '稻利下 濕者'를 뜻한다. 그리고 '稻'가 한자 '稌'와 同義이고 '稻'의 자석이 '벼'이다. 따라서 '벼'와 '稻利下濕者' 의 동의성은 명백히 입증된다.

(971) a. ㅎ다가 볏딥되면(若是稲草時) <번老上 18a>

(971) b. 稈 : 稲利下濕者 <四解上 37a>

(971) c. 稲 : 稈也 <四解上 19b>
    e. 稲 : 벼 도 不粘者 <字會上 7a>

<972> 쎠 對 死人骨

고유어 '쎠'와 한자어 '死人骨'이 [骴] 즉 '肉脫이 덜 된 죽은 사람의 뼈'의 뜻을 가지고 동의 관계에 있다는 것은 다음 예문들에서 잘 확인된다. '骴'가 한자어 '死人骨'을 뜻한다. 그리고 '骴'의 자석이 '쎠'이다. 따라서 '쎠'와 '死人骨'의 동의성은 명백히 입증된다.

(972) a. 骴 : 殘骨又死人骨 <四解上 12b>
    b. 骴 : 쎠 즈 <字會上 15a>

<973> 쎠 對 肉之核

고유어 '쎠'와 한자어 '肉之核'이 [骨] 즉 '뼈, 근육 속에 있어 몸을 지탱하는 물질'의 뜻을 가지고 동의 관계에 있다는 것은 다음 예문들에서 잘 확인된다. 원문 중 '駞骨'이 '약대 쎠'로 번역된다. 그리고 '骨'이 한자어 '肉之核'을 뜻하고 '骨'의 자석이 '쎠'이다. 따라서 '쎠'와 '肉之核'의 동의성은 명백히 입증된다.

(973) a. 약대 쎠로 마기 ㅎ고(駞骨底子) <번朴上 15b>
    b. 목쎠(項骨) <번老下 38b>

(973) c. 骨 : 肉之核 <四解上 62b>
    d. 骨(14b) : 쎠 골 <字會上 15a>

<974> 쎠 對 骸骨

고유어 '쎠'와 한자어 '骸骨'이 [骸] 즉 '해골, 뼈만 남은 시신(尸身)'의 뜻을 가지고 동의 관계에 있다는 것은 다음 예문들에서 잘 확인된다. '骸'가 한자어 '骸骨'을 뜻한다. 그리고 '骸'의 자석이 '쎠'이다. 따라서 '쎠'와 '骸骨'의 동의성은 명백히 입증된다.

(974) a. 骸 : 骸骨 <四解上 47a>

b. 骸 : 뼈 히 <字會上 14b>

<975> 벼개 對 臥首據物

고유어 '벼개'와 한자어 '臥首據物'이 [枕] 즉 '베개'의 뜻을 가지고 동의 관계에 있다는 것은 다음 예문들에서 잘 확인된다. 원문 중 '枕席'이 '벼개며 돍'으로 번역되고 '斂枕'이 '벼개를 거두어 넣다'로 번역된다. 그리고 '枕'이 한자어 '臥首據物'을 뜻하고 '枕'의 자석이 '베개'이다. 따라서 '벼개'와 '臥首據物'의 동의성은 명백히 입증된다.

(975) a. 녀름이어든 벼개며 돗글 부체질ᄒ여 ᄎ게 ᄒ고(夏則扇枕席ᄒ고) <번小九 28b>

b. 샹ᄌ애 벼개를 거두어 녀코(斂枕簟ᄒ며) <번小三 17b>

c. 黃香의 어버싀 벼개 부츔과(黃香의 扇枕과) <번小六 5b>

(975) d. 枕 : 臥首據物 <四解下 73b>

e. 枕 : 벼개 침 <字會中 6b>

<976> 벼락 對 霹靂

고유어 '벼락'과 한자어 '霹靂'이 [霹]과 [靂] 즉 '벼락, 천둥'의 뜻을 가지고 동의 관계에 있다는 것은 다음 예문들에서 잘 확인된다. '霹'이 한자어 '霹靂'을 뜻하고 '霹'의 자석이 '벼락'이다. 그리고 '靂'이 한자어 '霹靂'을 뜻하고 '靂'의 자석이 '벼락'이다. 따라서 '벼락'과 '霹靂'의 동의성은 명백히 입증된다.

(976) a. 霹 : 霹靂 <四解下 50b>

b. 霹 : 벼락 벽 <字會上 1b>

(976) c. 靂 : 霹靂 <四解下 57a>

d. 靂 : 벼락 력 <字會上 1b>

<977> 벼로 對 墨池

고유어 '벼로'와 한자어 '墨池'가 [硯] 즉 '벼루'의 뜻을 가지고 동의 관계에 있다는 것은 다음 예문들에서 잘 확인된다. '硯'이 한자어 '墨池'를 뜻한다. 그리고 '硯'의 자석이 '벼로'이다. 따라서 '벼로'와 '墨池'의 동의성은 명백히 입증된다.

(977) a. 硯 : 墨池 <四解下 8a>
　　　b. 硯 : 벼로 연 <字會上 18a>

<978> 벼록 對 蚁蚤

　　고유어 '벼록'과 한자어 '蚁蚤'가 [蚤]와 [蚁] 즉 '벼룩'의 뜻을 가지고 동의 관계에 있다는 것은 다음 예문들에서 잘 확인된다. '蚤'의 자석이 '벼록'이고 고유어 '벼록'은 한자어 '蚁蚤'와 동의 관계에 있다. 그리고 '蚁'의 자석이 '벼록'이다. 따라서 '벼록'과 '蚁蚤'의 동의성은 명백히 입증된다.

　　(978) a. 蚤 : 齧人跳虫 <四解下 21a>
　　　　　b. 蚤 : 벼록 조 俗呼蚁蚤 <字會上 12b>

　　(978) c. 蚁 : 벼록 걸 <字會上 12b>

<979> 벼록 對 齧人跳虫

　　고유어 '벼록'과 한자어 '齧人跳虫'이 [蚤] 즉 '벼룩'의 뜻을 가지고 동의 관계에 있다는 것은 다음 예문들에서 잘 확인된다. '蚤'가 한자어 '齧人跳虫'을 뜻한다. 그리고 '蚤'의 자석이 '벼록'이다. 따라서 '벼록'과 '齧人跳虫'의 동의성은 명백히 입증된다.

　　(979) a. 蚤 : 齧人跳虫 <四解下 21a>
　　　　　b. 蚤 : 벼록 조 俗呼蚁蚤 <字會上 12b>

<980> 벼리 對 綱繩

　　고유어 '벼리'와 한자어 '綱繩'이 [綱] 즉 '벼리, 그물을 버티는 줄'의 뜻을 가지고 동의 관계에 있다는 것은 다음 예문들에서 잘 확인된다. '綱'의 자석이 '벼리'이고 고유어 '벼리'는 한자어 '綱繩'과 동의 관계에 있다. 따라서 '벼리'와 '綱繩'의 동의성은 명백히 입증된다.

　　(980) a. 綱 : 維紘繩 <四解下 34a>
　　　　　b. 綱 : 벼리 강 俗呼綱繩 <字會中 8a>

<981> 벼리 對 冠卷

　　고유어 '벼리'와 한자어 '冠卷'이 [紘] 즉 '갓끈'의 뜻을 가지고 동의 관계에 있다는 것은 다음 예문들에서 잘 확인된다. '紘'이 한자어 '冠卷'을 뜻한다. 그리고 '紘'의 자석이 '벼리'이다. 따라서 '벼리'와 '冠卷'의 동의성은 명백히 입증된다.

(981) a. 紘 : 冠卷又纓也 <四解下 63a>
　　　 b. 紘 : 벼리 굉 <字會中 8a>

<982> 벼리 對 紀綱

고유어 '벼리'와 한자어 '紀綱'이 [綱]과 [紀綱] 즉 '벼리, 작은 벼릿줄과 큰 벼릿줄, 나라를 다스리는 細則과 大法'의 뜻을 가지고 동의 관계에 있다는 것은 다음 예문들에서 잘 확인된다. '綱'이 한자어 '紀綱'을 뜻한다. 그리고 '綱'의 자석이 '벼리'이다. 따라서 '벼리'와 '紀綱'의 동의성은 명백히 입증된다.

(982) a. 綱 : …紀綱 <四解下 34a>
　　　 b. 綱 : 벼리 강 俗呼綱繩 <字會中 8a>

<983> 벼슬 對 公卿

고유어 '벼슬'과 한자어 '公卿'이 [卿] 즉 '執政의 大官'의 뜻을 가지고 동의 관계에 있다는 것은 다음 예문들에서 잘 확인된다. '卿'이 한자어 '公卿'을 뜻한다. 그리고 '卿'의 자석이 '벼슬'이다. 따라서 '벼슬'과 '公卿'의 동의성은 명백히 입증된다.

(983) a. 卿 : 公卿 <四解下 47b>
　　　 b. 卿 : 벼슬 경 六卿 六部堂上官 <字會中 1a>

<984> 벼슬 對 官吏

고유어 '벼슬'과 한자어 '官吏'가 [吏] 즉 '벼슬아치, 관원'의 뜻을 가지고 동의 관계에 있다는 것은 다음 예문들에서 잘 확인된다. 원문 중 '爲小吏'가 '효근 벼슬 ᄒ다'로 번역된다. 그리고 '吏'가 한자어 '官吏'를 뜻한다. 따라서 '벼슬'과 '官吏'의 동의성은 명백히 입증된다.

(984) a. ᄌᆞ손이 효근 벼(83a)슬 ᄒᆞ여셔 와 뵈여든(子孫이 爲小吏ᄒᆞ야 來歸謁이어든) <번小九 83b>

(984) b. 吏 : 受命爲官治人者 <四解上 28b>
　　　 c. 吏 : 셔릿 리…又爲官治民曰官吏 <字會中 1b>

<985> 벼슬 對 官職

고유어 '벼슬'과 한자어 '官職'이 [職] 즉 '벼슬, 관직'의 뜻을 가지고 동의 관계에 있다는 것은 다음 예
문들에서 잘 확인된다. '職'이 한자어 '官職'을 뜻한다. 그리고 '職'의 자석이 '벼슬'이다. 따라서 '벼슬'와
'官職'의 동의성은 명백히 입증된다.

(985) a. 職 : …官職 <四解下 53b>
　　　 b. 職 : 벼슬 직 <字會下 13b>

<986> 벼슬 對 六卿

고유어 '벼슬'과 한자어 '六卿'이 [卿] 즉 '執政의 大官'의 뜻을 가지고 동의 관계에 있다는 것은 다음
예문들에서 잘 확인된다. '卿'의 자석이 '벼슬'이고 고유어 '벼슬'은 '六卿'과 동의 관계에 있다. 따라서
'벼슬'과 '六卿'의 동의성은 명백히 입증된다.

(986) a. 卿 : 公卿 <四解下 47b>
　　　 b. 卿 : 벼슬 경 六卿 六部堂上官 <字會中 1a>

<987> 벼슬 對 仕宦

고유어 '벼슬'과 한자어 '仕宦'이 [仕]와 [宦] 즉 '벼슬, 관직'의 뜻을 가지고 동의 관계에 있다는 것은
다음 예문들에서 잘 확인된다. 원문 중 '仕…至'가 '벼슬…지ᄒᆞ다'로 번역되고 '宦成'이 '벼슬 일다'로 번
역된다. 그리고 '仕'와 '宦'이 한자어 '仕宦/仕宦'을 뜻한다. 따라서 '벼슬'과 '仕宦'의 동의성은 명백히 입
증된다.

(987) a. 벼슬 참정 지ᄒᆞ여(仕皆至參政) <二倫 41a>
　　　 b. 구스른 벼슬 이로매 게으르며(官怠於宦成ᄒᆞ며) <번小三 46b>

(987) c. 仕 : 仕宦 <四解上 20a>
　　　 d. 宦 : 仕宦 <四解上 81b>

<988> 벼슬 對 位列

고유어 '벼슬'과 한자어 '位列'이 [位]와 [列] 즉 '직위, 등급'의 뜻을 가지고 동의 관계에 있다는 것은
다음 예문들에서 잘 확인된다. 원문 중 '位尊'이 '벼스리 높다'로 번역되고 '勢位'가 '유셔ᄒᆞᆫ 벼슬'로 번

역된다. '淸列'이 '조흔 벼슬'로 번역된다. 그리고 '位'가 한자어 '位列'을 뜻하고 '位'의 자석이 '벼슬'이다. 따라서 '벼슬'과 '位列'의 동의성은 명백히 입증된다.

(988) a. 明府는 벼스리 놉고 덕이 듕ᄒᆞ시니(明府는 位尊德重ᄒᆞ니) <번小十 4a>
b. 유셔ᄒᆞᆫ 벼스른 오래 이쇼미 어려오니(勢位難久居ㅣ니) <번小六 27a>
c. 馮球는 ᄂᆞᆺ가온 벼슬 ᄒᆞ야셔 보ᄇᆡ옛 거슬 탐ᄒᆞ야(馮이 以卑位로 貪寶貨ᄒᆞ야) <번小九 18b>
d. 高侍郞 형뎨 세히 다 조ᄒᆞᆫ 벼슬 ᄒᆞ야 이쇼ᄃᆡ(高侍郞兄弟三人이 俱居淸列호ᄃᆡ) <번小十 28a>

(988) e. 位 : …位列也 <四解上 55a>
f. 位 : 벼슬 위 列也 <字會下 1a>

(988) g. 列 : …又 位序也 <四解下 8b>

<989> 벼슬 對 爵位

고유어 '벼슬'과 한자어 '爵位'가 [爵] 즉 '벼슬, 官爵'의 뜻을 가지고 동의 관계에 있다는 것은 다음 예문들에서 잘 확인된다. 원문 중 '爵祿'이 '벼슬와 록'으로 번역된다. 그리고 '爵'이 한자어 '爵位'를 뜻한다. 따라서 '벼슬'과 '爵位'의 동의성은 명백히 입증된다.

(989) a. 벼슬와 록괘 문의 미처 오디 몯ᄒᆞ고(爵祿이 不及門ᄒᆞ고) <번小九 98b>
b. 엇디 벼스를 누릴 그르시리오(豈享爵祿之器耶ㅣ리오) <번小十 11b>

(989) c. 爵 : …又爵位 <四解下 41b>

<990> 변시 對 만두

고유어 '변시'와 한자어 '만두'(饅頭) 가 [飩] 즉 '만두'의 뜻을 가지고 동의 관계에 있다는 것은 다음 예문들에서 잘 확인된다. '飩'의 자석이 '만두'이고 한자어 '만두'는 한자어 '餛飩' 및 고유어 '변시'와 동의 관계에 있다. 따라서 '변시'와 '만두'의 동의성은 명백히 입증된다.

(990) a. 飩 : 餛飩 <四解上 63b>
b. 飩 : 만두 둔 餛飩 卽변시 <字會中 10a>

<991> 볃 對 鏵子

고유어 '볃'과 한자어 '鏵子'가 [鏵] 즉 '쌍날 가래'의 뜻을 가지고 동의 관계에 있다는 것은 다음 예문들에서 잘 확인된다. '鑹'가 한자어 '鑹子'를 뜻하고 '鑹子'는 고유어 '볃'과 동의 관계에 있다. 그리고 '鑹'의 자석이 '볃'이고 고유어 '볃'은 한자어 '鑹子'와 동의 관계에 있다. 따라서 '볃'과 '鑹子'의 동의성은 명백히 입증된다.

(991) a. 鑹 : 兩刃臿耶…又今俗語鑹子 볃 <四解下 32a>
　　　 b. 鑹 : 볃 화 俗呼鑹子 <字會中 9a>

<992> 별 對 北辰

고유어 '별'과 한자어 '北辰'이 [北辰]과 [辰] 즉 '北辰, 北極星'의 뜻을 가지고 동의 관계에 있다는 것은 다음 예문들에서 잘 확인된다. 원문 중 '稽顙北辰'이 '하눐 北辰 향ᄒᆞ야 머리를 좃다'로 번역된다. 그리고 '辰'의 자석이 '별'이고 고유어 '별'은 한자어 '北辰'과 동의 관계에 있다. 따라서 '별'과 '北辰'의 동의성은 명백히 입증된다.

(992) a. 미양 하눐 北辰 향ᄒᆞ야 머리를 조쇠(每稽顙北辰ᄒᆞ야) <번小九 31b>

(992) b. 辰 : …又星名 <四解上 60a>
　　　 c. 辰 : 별 신…又北辰 北極也 <字會上 1a>

<993> 별 對 星宿

고유어 '별'과 한자어 '星宿'가 [星]과 [宿] 즉 '별'의 뜻을 가지고 동의 관계에 있다는 것은 다음 예문들에서 잘 확인된다. 원문 중 '官星'이 '벼슬홀 셩슈'로 번역된다. '星'이 한자어 '星宿'를 뜻하고 '星'의 자석이 '별'이다. 그리고 '宿'가 한자어 '星宿'를 뜻한다. 따라서 '별'과 '星宿'의 동의성은 명백히 입증된다.

(993) a. 벼슬홀 셩슈는 업다(官星沒有) <번老下 71a>

(993) b. 星 : 星宿 <四解下 52b>
　　　 c. 星 : 별 셩 <字會上 1a>

(993) d. 宿 : 星宿 <四解下 69a>

<994> 볍새 對 鷦鷯

고유어 '볍새'와 한자어 '鷦鷯'가 [鷦]와 [鷯] 즉 '뱁새, 巧婦鳥'의 뜻을 가지고 동의 관계에 있다는 것은 다음 예문들에서 잘 확인된다. '鷦'가 한자어 '鷦鷯'를 뜻하고 '鷦'의 자석이 '볍새'이다. '鷯'가 한자어 '鷦鷯'를 뜻한다. 그리고 '鷯'의 자석이 '볍새'이고 고유어 '볍새'는 한자어 '鷦鷯'와 동의 관계에 있다. 따라서 '볍새'와 '鷦鷯'의 동의성은 명백히 입증된다.

(994) a. 鷦 : ⋯又鷦鷯 小鳥 <四解下 15b>
　　　 b. 鷦 : 볍새 초 <字會上 9a>

(994) c. 鷯 : 鷦鷯 <四解下 17b>
　　　 d. 鷯 : 볍새 료 俗呼鷦鷯 <字會上 9a>

<995> 보 對 棟梁

고유어 '보'와 한자어 '棟梁'이 [梁]과 [樑] 즉 '들보, 대들보'의 뜻을 가지고 동의 관계에 있다는 것은 다음 예문들에서 잘 확인된다. 원문 중 '橋梁'이 '드릿 보'로 번역된다. '梁'이 한자어 '棟梁'을 뜻한다. 그리고 '樑'의 자석이 '보'이다. 따라서 '보'와 '棟梁'의 동의성은 명백히 입증된다. 한자 '樑'과 '梁'은 同字이다.

(995) a. 이 드릿 보와 기동들히(這橋梁橋柱) <번老上 39a>

(995) b. 梁 : 棟梁 <四解下 45a>
　　　 c. 樑 : 보 량⋯與梁同 <字會中 4a>

<996> 보 對 犁兒

고유어 '보'와 한자어 '犁兒'가 [犁] 즉 '쟁기'의 뜻을 가지고 동의 관계에 있다는 것은 다음 예문들에서 잘 확인된다. '犁'가 한자어 '犁兒'를 뜻하고 '犁兒'는 고유어 '보'와 동의 관계에 있다. 그리고 '犁'의 자석이 '보'이다. 따라서 '보'와 '犁兒'의 동의성은 명백히 입증된다.

(996) a. 犁 : ⋯又今俗語(28a) 犁兒 보 <四解上 28b>
　　　 b. 犁 : 보 례 <字會中 9a>

<997> 보ㅎ 對 包袱

고유어 '보ㅎ'와 한자어 '包袱'이 [襆]과 [袱] 즉 '보, 보자기'의 뜻을 가지고 동의 관계에 있다는 것은 다음 예문들에서 잘 확인된다. 원문 중 '襆裹'가 '보호로 쁘다'로 번역된다. 그리고 '袱'이 한자어 '包袱' 을 뜻하고 '包袱'은 고유어 '보'와 동의 관계에 있다. 따라서 '보ㅎ'와 '包袱'의 동의성은 명백히 입증된 다.

> (997) a. 보호로 빠 드리더라(衣襆으로 裹而納之ㅎ더라) <번小七 14b>
> b. 袱 : 帛三幅也…今俗呼包袱 보 通作襆襆 <四解上 4b>

<998> 보라매 對 秋鷹

고유어 '보라매'와 한자어 '秋鷹'이 [秋鷹] 즉 '보라매, 사냥에 사용되는 어린 매'의 뜻을 가지고 동의 관계에 있다는 것은 다음 예문들에서 잘 확인된다. '隼'의 자석이 '매'이고 한자어 '秋鷹'이 고유어 '보라 매'와 동의 관계에 있다. 따라서 '보라매'와 '秋鷹'의 동의성은 명백히 입증된다.

> (998) a. 隼 : 題肩 或謂雀鷹 <四解上 68a>
> b. 隼 : 매 쥰 又秋鷹 보라매 <字會上 8b>

<999> 보람 對 符契

고유어 '보람'과 한자어 '符契'가 [符]와 [契] 즉 '符節, 후일에 맞춰 보아서 증거로 하는 문서'의 뜻을 가지고 동의 관계에 있다는 것은 다음 예문들에서 잘 확인된다. '符'가 한자어 '符契'를 뜻하고 '符'의 자 석이 '보람'이고 고유어 '보람'은 한자어 '符契'와 동의 관계에 있다. 그리고 '契'가 한자어 '符契'를 뜻한 다. 따라서 '보람'과 '符契'의 동의성은 명백히 입증된다.

> (999) a. 符 : 符契 <四解上 39a>
> b. 符 : 보람 부 符契 符信 <字會上 18b>

> (999) c. 契 : 符契 <四解上 24a>

<1000> 보로기 對 襁褓

고유어 '보로기'와 한자어 '襁褓'가 [襁]과 [褓] 즉 '포대기, 강보(襁褓)'의 뜻을 가지고 동의 관계에 있 다는 것은 다음 예문들에서 잘 확인된다. '襁'이 한자어 '襁褓'를 뜻하고 '襁'의 자석이 '보로기'이다. 그 리고 '褓'의 자석이 '보로기'이다. 따라서 '보로기'와 '襁褓'의 동의성은 명백히 입증된다.

> (1000) a. 襁 : 襁褓 <四解下 40b>

b. 襁 : 보로기 강 <字會中 12a>

(1000) c. 褓 : 小兒被 卽今襁子 깃 <四解上 20a>

d. 褓 : 보로기 보 <字會中 12a>

<1001> 보로기 對 襁子/褓子

고유어 '보로기'와 한자어 '襁子/褓子'가 [襁子], [襁] 및 [褓] 즉 '포대기'의 뜻을 가지고 동의 관계에 있다는 것은 다음 예문들에서 잘 확인된다. 원문 중 '襁子'가 '보로기'로 번역된다. '襁'이 '襁子'를 뜻하고 한자어 '襁子'는 고유어 '보로기'와 동의 관계에 있다. 그리고 '褓'의 자석이 '보로기'이고 고유어 '보로기'는 한자어 '褓子'와 동의 관계에 있다. 따라서 '보로기'와 '襁子/褓子'의 동의성은 명백히 입증된다. 한자 '襁'와 '褓'은 同字이다.

(1001) a. 보로기로 동이고(着襁子経了) <번朴上 56b>

(1001) b. 襁 : 束小兒衣…今俗語襁子 보로기 <四解下 59a>

c. 褓 : 보로기 붕 俗呼褓子 <字會中 12a>

<1002> 보리 對 大麥

고유어 '보리'와 한자어 '大麥'이 [麰] 즉 '보리'의 뜻을 가지고 동의 관계에 있다는 것은 다음 예문들에서 잘 확인된다. '麰'가 한자어 '大麥'을 뜻한다. 그리고 '麰'의 자석이 '보리'이고 고유어 '보리'는 한자어 '大麥'과 동의 관계에 있다. 따라서 '보리'와 '大麥'의 동의성은 명백히 입증된다.

(1002) a. 麰 : 大麥 <四解下 65b>

b. 麰 : 보리 모 俗呼大麥 <字會上 6b>

<1003> 보리 對 來牟

고유어 '보리'와 한자어 '來牟'이 [麳] 즉 '보리'의 뜻을 가지고 동의 관계에 있다는 것은 다음 예문들에서 잘 확인된다. '麳'의 자석이 '보리'이고 고유어 '보리'는 한자어 '來牟'와 동의 관계에 있다. 따라서 '보리'와 '來牟'의 동의성은 명백히 입증된다.

(1003) a. 麳 : 小麥 <四解上 46a>

b. 麳 : 보리 리 詩來牟 <字會上 6b>

<1004> 보븨 對 寶

고유어 '보븨'와 한자어 '寶'가 [寶]와 [珍] 즉 '보배'의 뜻을 가지고 동의 관계에 있다는 것은 다음 예문들에서 잘 확인된다. 한자어 '寶'의 자석이 '보븨'이다. 그리고 '珍'이 한자어 '寶'를 뜻한다. 따라서 '보븨'와 '寶'의 동의성은 명백히 입증된다.

(1004) a. 寶 : 珍也 <四解下 20a>
    b. 寶 : 보빗 보 <字會中 15a>

(1004) c. 珍 : 寶也 <四解上 58b>
    d. 珍 : 구슬 딘 寶也 <字會中 15a>

한자어 '寶'는 15세기의 『法華經諺解』(1463) 에서 잘 확인된다. 원문 중 '人中之寶'가 '人中엣 寶'로 번역된다.

(1004) e. 問答을 工巧히 ᄒᆞ야 人中엣 寶ㅣ라(巧於問答ᄒᆞ야 人中之寶ㅣ라) <法華五 117a>

<1005> 보션 對 足衣

고유어 '보션'과 한자어 '足衣'이 [韈]과 [襪] 즉 '버선, 足衣'의 뜻을 가지고 동의 관계에 있다는 것은 다음 예문들에서 잘 확인된다. 원문 중 '巾襪'이 '곳갈와 보션'으로 번역된다. 그리고 '韈'이 한자어 '足衣'를 뜻하고 '韈'의 자석이 '보션'이다. 따라서 '보션'과 '足衣'의 동의성은 명백히 입증된다. 한자 '韈'과 '襪'은 同字이다.

(1005) a. 곳갈와 보션과 힝뎐을 밧디 아니ᄒᆞ야(不得去巾襪縛袴ᄒᆞ야) <번小九 2b>

(1005) b. 韈 : 足衣 <四解上 81a>
    c. 韈 : 보션 말 <字會中 11b>

<1006> 보십 對 犁頭

고유어 '보십'과 한자어 '犁頭'가 [犁頭] 즉 '보습'의 뜻을 가지고 동의 관계에 있다는 것은 다음 예문들에서 잘 확인된다. 한자어 '犁頭'가 고유어 '보십'과 동의 관계에 있다. 그리고 고유어 '보십'이 한자어 '犁頭'와 동의 관계에 있다. 따라서 '보십'과 '犁頭'의 동의성은 명백히 입증된다.

(1006) a. 犁(28a) : … 又犁頭 보십 <四解上 28b>

b. 犁 : … 又稱 보십日犁頭 <字會中 9a>

<1007> 보ᅀᅳ 對 椀小者

고유어 '보ᅀᅳ'와 한자어 '椀小者'가 [甌] 즉 '보시기'의 뜻을 가지고 동의 관계에 있다는 것은 다음 예문들에서 잘 확인된다. '甌'가 한자어 '椀小者'를 뜻한다. 그리고 '甌'의 자석이 '보ᅀᅳ'이다. 따라서 '보ᅀᅳ'와 '椀小者'의 동의성은 명백히 입증된다.

(1007) a. 甌 : 瓦器 今俗謂椀小者爲甌 <四解下 67a>

b. 甌 : 보ᅀᅳ 구 盌之小者 <字會中 7a>

<1008> 보육 對 乾肉

고유어 '보육'과 한자어 '乾肉'이 [脯] 즉 '포, 저미어 말린 고기'의 뜻을 가지고 동의 관계에 있다는 것은 다음 예문들에서 잘 확인된다. 원문 중 '脯鮓'가 '보육과 젓'으로 번역된다. 그리고 '脯'가 한자어 '乾肉'을 뜻하고 '脯'의 자석이 '보육'이다. 따라서 '보육'과 '乾肉'의 동의성은 명백히 입증된다.

(1008) a. 아롬뎌 밧고로 술진 고기와 보육과 젓과를 어드라 ᄒᆞ야(私令外로 取肥肉脯鮓ᄒᆞ야) <번小七 14b>

(1008) b. 脯 : 乾肉 <四解上 39a>

c. 脯 : 보육 포 <字會中 11a>

고유어 '보육'의 先代形 '보슉'이 15세기의 『內訓』(1475) 의 다음 예문에서 잘 확인된다. 원문 중 '脯鮓'가 '보슉과 젓'으로 번역된다.

(1008) d. 술진 고기와 보슉과 젓과를 가져다가(取肥肉脯鮓ᄒᆞ야) <內訓一 67b>

<1009> 보육 對 脯腊

고유어 '보육'과 한자어 '脯腊'이 [脯]와 [腊] 즉 '포, 저미어 말린 고기'의 뜻을 가지고 동의 관계에 있다는 것은 다음 예문들에서 잘 확인된다. 원문 중 '脯鮓'가 '보육과 젓'으로 번역된다. '脯'의 자석이 '보육'이다. 그리고 '腊'이 한자어 '脯腊'을 뜻하고 '腊'의 자석이 '보육'이다. 따라서 '보육'과 '脯腊'의 동의성은 명백히 입증된다.

(1009) a. 아롬뎌 밧고로 술진 고기와 보육과 젓과롤 어드라 ᄒᆞ야(私令外로 取肥肉脯鮓ᄒᆞ야) <번小七 14b>

(1009) b. 脯 : 乾肉 <四解上 39a>

　　　c. 脯 : 보육 포 <字會中 11a>

(1009) d. 腊(52b) : 脯腊 <四解下 53a>

　　　e. 腊 : 보육 셕 <字會中 11a>

<1010> 보육 對 포육

고유어 '보육'과 한자어 '포육'(脯肉) 이 [脯] 즉 '포, 저미어 말린 고기'의 뜻을 가지고 동의 관계에 있다는 것은 다음 예문들에서 잘 확인된다. 원문 중 '脯鮓'가 '보육과 젓'으로 번역되고 '脯醯'가 '포육과 젓'으로 번역되고 '作脯'가 '포육 민들다'로 번역된다. 그리고 '脯'의 자석이 '보육'이다. 따라서 '보육'과 '포육'의 동의성은 명백히 입증된다.

(1010) a. 아롬뎌 밧고로 술진 고기와 보육과 젓과롤 어드라 ᄒᆞ야(私令外로 取肥肉脯鮓ᄒᆞ야) <번小七 14b>

(1010) b. 안쥬를 포육과 젓과 ᄂᆞ믈호로 ᄒᆞᆫ 깅과 쑨ᄒᆞ고(肴止脯醯菜羹ᄒᆞ며) <번小十 32a>

　　　c. 오직 듸답ᄒᆞ야 닐오듸 포육 민들라 ᄒᆞ고(直答曰作脯ᄒᆞ라) <번小九 78a>

(1010) d. 脯 : 乾肉 <四解上 39a>

　　　e. 脯 : 보육 포 <字會中 11a>

<1011> 보죠개 對 臉生處

고유어 '보죠개'와 한자어 '臉生處'가 [頰] 즉 '뺨, 얼굴의 양옆'의 뜻을 가지고 동의 관계에 있다는 것은 다음 예문들에서 잘 확인된다. '頰'의 자석이 '보죠개'이고 고유어 '보죠개'는 한자어 '臉生處'와 동의 관계에 있다. 따라서 '보죠개'와 '臉生處'의 동의성은 명백히 입증된다.

(1011) a. 頰 : 面也 <四解下 81a>

　　　b. 頰 : 보죠개 협 臉生處 <字會上 13a>

<1012> 복 對 鮏魚

고유어 '복'과 한자어 '鮧魚'가 [鮧] 즉 '복, 복어'의 뜻을 가지고 동의 관계에 있다는 것은 다음 예문들에서 잘 확인된다. '鮧'이 한자어 '鮧魚'를 뜻하고 '鮧魚'는 고유어 '복'과 동의 관계에 있다. 그리고 '鮧'의 자석이 '복'이고 '복'은 한자어 '鮧魚'와 동의 관계에 있다. 따라서 '복'과 '鮧魚'의 동의성은 명백히 입증된다.

    (1012) a. 鮧 : 今俗呼鮧魚 又名河鮧 복…通作豚 <四解上 63b>
        b. 鮧 : 복 돈 俗呼鮧魚又呼鮰鮧 <字會上 11a>

<1013> 복 對 河鮧/河豚

    고유어 '복'과 한자어 '河鮧/河豚'이 [鮧]과 [鮰] 즉 '복, 복어'의 뜻을 가지고 동의 관계에 있다는 것은 다음 예문들에서 잘 확인된다. '鮧'이 한자어 '河鮧'을 뜻하고 '河鮧'은 고유어 '복'과 동의 관계에 있다. '鮧'의 자석이 '복'이고 고유어 '복'은 한자어 '河豚'과 동의 관계에 있다. 그리고 '河'의 자석이 '복'이고 고유어 '복'은 한자어 '河豚'과 동의 관계에 있다. 따라서 '복'과 '河鮧/河豚'의 동의성은 명백히 입증된다. 한자 '鮧'과 '豚'은 同字이다.

    (1013) a. 鮧 : …河鮧 복…通作豚 <四解上 63b>
        b. 鮧 : 복 돈…又呼…河豚 <字會上 11a>

    (1013) c. 鮰 : 복 하 卽河豚 <字會上 11a>

<1014> 복도 對 幞頭

    고유어 '복도'와 한자어 '幞頭'가 [幞]과 [弁] 즉 '두건'의 뜻을 가지고 동의 관계에 있다는 것은 다음 예문들에서 잘 확인된다. '幞'이 한자어 '幞頭'를 뜻한다. '幞'의 자석이 '복도'이고 고유어 '복도'는 한자어 '幞頭'와 동의 관계에 있다. 그리고 '弁'의 자석이 '복도'이다. 따라서 '복도'와 '幞頭'의 동의성은 명백히 입증된다.

    (1014) a. 幞 : 帊也…又幞頭 <四解上 3a>
        b. 幞 : 복도 복 俗呼幞頭 <字會中 11a>

    (1014) c. 弁 : 冕也 <四解下 4a>
        d. 弁 : 복도 변 <字會中 11a>

<1015> 복셩화 對 桃兒

고유어 '복셩화'와 한자어 '桃兒'가 [桃] 즉 '복숭아'의 뜻을 가지고 동의 관계에 있다는 것은 다음 예문들에서 잘 확인된다. '桃'의 자석이 '복셩화'이고 고유어 '복셩화'는 한자어 '桃兒'와 동의 관계에 있다. 따라서 '복셩화'와 '桃兒'의 동의성은 명백히 입증된다.

(1015) a. 桃 : 果名 <四解下 19b>
　　　 b. 桃 : 복셩화 도 俗呼桃兒 <字會上 6a>

<1016> 본도기 對 蠶蛹

고유어 '본도기'와 한자어 '蠶蛹'이 [蛹] 즉 '번데기'의 뜻을 가지고 동의 관계에 있다는 것은 다음 예문들에서 잘 확인된다. '蛹'의 자석이 '본도기'이고 고유어 '본도기'는 한자어 '蠶蛹'과 동의 관계에 있다. 따라서 '본도기'와 '蠶蛹'의 동의성은 명백히 입증된다.

(1016) a. 蛹 : 蚕化爲蛹 <字會上 11a>
　　　 b. 蛹 : 본도기 용 俗呼蠶蛹 <字會上 12a>

<1017> 봇 對 樺皮木

고유어 '봇'과 한자어 '樺皮木'이 [樺] 즉 '벚나무'의 뜻을 가지고 동의 관계에 있다는 것은 다음 예문들에서 잘 확인된다. 원문 중 '黃樺弓'이 '누른 봇 니핀 활'로 번역되고 '不樺'가 '봇 아니 니피다'로 번역된다. 그리고 '樺'의 자석이 '봇'이고 고유어 '봇'은 한자어 '樺皮木'과 동의 관계에 있다. 따라서 '봇'과 '樺皮木'의 동의성은 명백히 입증된다.

(1017) a. 네 이 누른 봇 니핀 활 흔 댱 가져다가 시울 연즈라(你將一張黃樺弓上弦着) <번老下 30b>
　　　 b. 이 흔 댱 화를 엇디 봇 아니 니폇ㄴ뇨(這一張弓爲甚麼不樺了) <번老下 31a>
　　　 c. 봇 니피라(樺一樺) <번朴上 60a>

(1017) d. 樺 : 木名 皮可貼弓 봇 <四解下 32a>
　　　 e. 樺 : 봇 화 俗呼樺皮木 <字會上 5b>

<1018> 봇부츨나모 對 犁轅

고유어 '봇부츨나모'와 한자어 '犁轅'이 [犁轅] 즉 '부츨나무'의 뜻을 가지고 동의 관계에 있다는 것은

다음 예문들에서 잘 확인된다. 한자어 '犁槳'이 고유어 '봇부츨나모'와 동의 관계에 있다. 따라서 '봇부츨나모'와 '犁槳'의 동의성은 명백히 입증된다.

(1018) a. 犁 : …今俗語(28a) 犁兒 보 又犁槳 봇부츨나모 <四解上 28b>
b. 犁 : 보 례 又稱보십曰犁頭 <字會中 9a>

(1018) c. 槳 : 所以隱棹 <四解下 41b>
d. 槳 : 빗 쟝 又所以隱棹者 <字會中 13a>

<1019> 봉호 對 烽燧

고유어 '봉호'와 한자어 '烽燧'가 [烽]과 [燧] 즉 '봉화(烽火)'의 뜻을 가지고 동의 관계에 있다는 것은 다음 예문들에서 잘 확인된다. '烽'이 한자어 '烽燧'를 뜻하고 '烽'의 자석이 '봉호'이다. 그리고 '燧'가 한자어 '蜂燧'를 뜻하고 '燧'의 자석이 '봉호'이다. 따라서 '봉호'와 '烽燧'의 동의성은 명백히 입증된다.

(1019) a. 烽(3b) : 烽燧 <四解上 4a>
b. 烽 : 봉호 봉 <字會中 5a>

(1019) c. 燧 : 烽燧 <四解上 52a>
d. 燧 : 봉호 슈 <字會中 5a>

<1020> 뵈 對 布子

고유어 '뵈'와 한자어 '布子'가 [布] 즉 '베'의 뜻을 가지고 동의 관계에 있다는 것은 다음 예문들에서 잘 확인된다. 원문 중 '布一匹'이 '뵈 흔 필'로 번역되고 '布六匹'이 '뵈 엿 빌'로 번역된다. 그리고 '布'의 자석이 '뵈'이고 고유어 '뵈'는 한자어 '布子'와 동의 관계에 있다. 따라서 '뵈'와 '布子'의 동의성은 명백히 입증된다.

(1020) a. 뵈 흔 피레 푸라(賣布一匹) <번老上 14b>
b. 야청의는 뵈 엿 비레 푸라(雅靑的賣布六匹) <번老上 14a>
c. 쇼흥앤 뵈 닷 비레 푸라(小紅的賣布五匹) <번老上 14a>
d. 거믄 텰릭 뵈 닷 비를(五箇黑帖裏布) <번朴上 51b>

(1020) e. 布 : 麻苧葛織者皆曰布 <四解上 37b>
f. 布 : 베 포 布子 <字會中 15a>

<1021> 뵈땅이 對 茉苢

고유어 '뵈땅이'와 한자어 '茉苢'가 [茉]와 [苢] 즉 '질경이'의 뜻을 가지고 동의 관계에 있다는 것은 다음 예문들에서 잘 확인된다. '茉'가 한자어 '茉苢'를 뜻하고 '茉'의 자석이 '뵈땅이'이다. '苢'가 한자어 '茉苢'를 뜻한다. 그리고 '苢'의 자석이 '뵈땅이'이고 고유어 '뵈땅이'는 한자어 '茉苢'와 동의 관계에 있다. 따라서 '뵈땅이'와 '茉苢'의 동의성은 명백히 입증된다.

(1021) a. 茉 : 茉苢 <四解下 66b>
　　　　b. 茉 : 뵈땅이 부 <字會上 8a>

(1021) c. 苢 : 茉苢 車前草 <四解上 22a>
　　　　d. 苢 : 뵈땅이 이…詩茉苢 <字會上 8a>

<1022> 부들 對 蓀草

고유어 '부들'과 한자어 '蓀草'가 [蓀] 즉 '부들, 창포'의 뜻을 가지고 동의 관계에 있다는 것은 다음 예문들에서 잘 확인된다. '蓀'의 자석이 '부들'이고 고유어 '부들'은 한자어 '蓀草'와 동의 관계에 있다. 따라서 '부들'과 '蓀草'의 동의성은 명백히 입증된다.

(1022) a. 蓀 : 香草 <四解上 66a>
　　　　b. 蓀 : 부들 손 一名蓀草 <字會上 4b>

<1023> 부들 對 菖蒲

고유어 '부들'과 한자어 '菖蒲'가 [菖]과 [蒲] 즉 '부들, 창포'의 뜻을 가지고 동의 관계에 있다는 것은 다음 예문들에서 잘 확인된다. '菖'이 한자어 '菖蒲'를 뜻한다. '菖'이 고유어 '부들'을 뜻하고 '부들'은 한자어 '菖蒲'와 동의 관계에 있다. 그리고 '蒲'가 한자어 '菖蒲'를 뜻한다. 따라서 '부들'과 '菖蒲'의 동의성은 명백히 입증된다.

(1023) a. 菖 : 菖蒲 <四解下 43a>
　　　　b. 菖 : 챵포 챵 又부들 亦曰菖蒲 <字會上 4b>

(1023) c. 蒲 : 水草 蒲蒻 菖蒲 <四解上 38a>
　　　　d. 蒲 : 챵포 포 石菖蒲 <字會上 4b>

<1024> 부들 對 香草

고유어 '부들'과 한자어 '香草'가 [蓀]과 [荃] 즉 '창포'의 뜻을 가지고 동의 관계에 있다는 것은 다음 예문들에서 잘 확인된다. '蓀'이 한자어 '香草'를 뜻하고 '蓀'의 자석이 '부들'이다. 그리고 '荃'이 한자어 '香草'를 뜻한다. 따라서 '부들'과 '香草'의 동의성은 명백히 입증된다.

(1024) a. 蓀 : 香草 亦作荃 <四解上 66a>
　　　　b. 蓀 : 부들 손 一名菖草 <字會上 4b>

(1024) c. 荃 : 香草 <四解下 10a>

<1025> 부레 對 魚鰾

고유어 '부레'와 한자어 '魚鰾'가 [鰾] 즉 '부레'의 뜻을 가지고 동의 관계에 있다는 것은 다음 예문들에서 잘 확인된다. '鰾'가 한자어 '魚鰾'를 뜻한다. 그리고 '鰾'의 자석이 '부레'이고 고유어 '부레'는 한자어 '魚鰾'와 동의 관계에 있다. 따라서 '부레'와 '魚鰾'의 동의성은 명백히 입증된다.

(1025) a. 鰾 : 魚鰾 可作膠 <四解下 15a>
　　　　b. 鰾 : 부레 표 俗呼魚鰾 <字會下 5a>

(1025) c. 膠 : 粘膏 <四解下 23a>
　　　　d. 膠 : 갓쓸 교 俗呼부레曰魚鰾 <字會中 6b>

<1026> 부루 對 萵苣

고유어 '부루'와 한자어 '萵苣'가 [萵]와 [苣] 즉 '상추'의 뜻을 가지고 동의 관계에 있다는 것은 다음 예문들에서 잘 확인된다. '萵'가 한자어 '萵苣'를 뜻하고 '萵苣'는 고유어 '부루'와 동의 관계에 있다. '萵'의 자석이 '부루'이다. '苣'가 한자어 '萵苣'를 뜻하고 '萵苣'는 고유어 '부루'와 동의 관계에 있다. 그리고 '苣'의 자석이 '부루'이고 고유어 '부루'는 한자어 '萵苣'와 동의 관계에 있다. 따라서 '부루'와 '萵苣'의 동의성은 명백히 입증된다.

(1026) a. 萵 : 今俗呼萵苣 부루 <四解下 28b>
　　　　b. 萵 : 부루 와 <字會上 8a>

(1026) c. 苣 : …萵苣 부루 <四解上 30b>

d. 苣 : 부루 거 俗呼萵苣 <字會上 8a>

<1027> 부리 對 獸口

고유어 '부리'와 한자어 '獸口'가 [喙] 즉 '짐승의 입'의 뜻을 가지고 동의 관계에 있다는 것은 다음 예
문들에서 잘 확인된다. '喙'가 한자어 '獸口'를 뜻한다. 그리고 '喙'의 자석이 '부리'이고 고유어 '부리'는
한자어 '獸口'와 동의 관계에 있다. 따라서 '부리'와 '獸口'의 동의성은 명백히 입증된다.

(1027) a. 喙 : 獸口 <四解上 54a>
b. 喙 : 부리 훼 獸口 <字會下 3b>

<1028> 부체 對 翣扇

고유어 '부체'와 한자어 '翣扇'이 [翣], [箑] 및 [扇] 즉 '부채'의 뜻을 가지고 동의 관계에 있다는 것은
다음 예문들에서 잘 확인된다. '翣'이 한자어 '翣扇'을 뜻한다. '箑'이 한자어 '扇'과 同義이고 '箑'의 자석
이 '부체'이다. 그리고 '扇'이 한자어 '箑'과 同義이고 '扇'의 자석이 '부체'이다. 따라서 '부체'와 '翣扇'의
동의성은 명백히 입증된다.

(1028) a. 翣 : 翣扇 <四解下 78b>
b. 箑 : 扇也 <四解下 78b>
c. 箑 : 부체 삽 <字會中 8a>

(1028) d. 扇 : 箑也 <四解下 6b>
e. 扇 : 부체 션 <字會中 8a>

(1028) f. 부체 붓디 말며(不翣也ᄒ며) <번小三 32a>

<1029> 부치 對 薤菜

고유어 '부치'와 한자어 '薤菜'가 [薤] 즉 '부추'의 뜻을 가지고 동의 관계에 있다는 것은 다음 예문들
에서 잘 확인된다. '薤'가 한자어 '薤菜'를 뜻하고 '薤菜'는 고유어 '부치'와 동의 관계에 있다. 그리고
'薤'의 자석이 '부치'이다. 따라서 '부치'와 '薤菜'의 동의성은 명백히 입증된다.

(1029) a. 薤 : 今俗呼薤菜 부치 <四解上 47a>
b. 薤 : 부치 혜 <字會上 7a>

<1030> 부텨 對 佛子

고유어 '부텨'와 한자어 '佛子'가 [佛] 즉 '부처'의 뜻을 가지고 동의 관계에 있다는 것은 다음 예문들에서 잘 확인된다. '佛'의 자석이 '부텨'이고 고유어 '부텨'는 한자어 '佛子'와 동의 관계에 있다. 따라서 '부텨'와 '佛子'의 동의성은 명백히 입증된다.

(1030) a. 佛 : 西方神名 <四解上 65b>
     b. 佛 : 부텨 불 俗稱佛子 <字會中 2a>

<1031> 부화 對 金臟

고유어 '부화'와 한자어 '金臟'이 [肺] 즉 '허파, 폐장'의 뜻을 가지고 동의 관계에 있다는 것은 다음 예문들에서 잘 확인된다. '肺'가 한자어 '金臟'을 뜻하고 '金臟'은 고유어 '부화'와 동의 관계에 있다. 그리고 '肺'의 자석이 '부화'이다. 따라서 '부화'와 '金臟'의 동의성은 명백히 입증된다.

(1031) a. 肺 : 金臟 부화 <四解上 17a>
     b. 肺 : 부화 폐 <字會上 14a>

<1032> 부화 對 폐장

고유어 '부화'와 한자어 '폐장'(肺臟)이 [肺] 즉 '허파, 부아, 폐장'의 뜻을 가지고 동의 관계에 있다는 것은 다음 예문들에서 잘 확인된다. '肺'가 고유어 '부화'를 뜻하고 '肺'의 자석이 '부화'이다. 그리고 원문 중 '脾肺'가 '비장과 폐장'으로 번역되고 '肺主'가 '폐장은 ᄀᆞ숨알다'로 번역된다. 따라서 '부화'와 '폐장'의 동의성은 명백히 입증된다.

(1032) a. 肺 : 金臟 부화 <四解上 17a>
     b. 肺 : 부화 폐 <字會上 14a>

(1032) c. 폐장은 곳므를 ᄀᆞ숨알오(肺主涕) <瘡疹 3b>
     d. 폐장앤 롱포이니(肺爲膿疱) <瘡疹 4a>
     e. 오란 셜흔 긔운이 비장과 폐장 ᄉᆞ이예 드러 잇ᄂᆞᆫ 다시니(由積熱伏在於脾肺之間) <瘡疹 1b>

<1033> 부훵이 對 鴟鴞

고유어 '부훵이'와 한자어 '鴟鴞'가 [鴟]와 [鵬] 즉 '부엉이'의 뜻을 가지고 동의 관계에 있다는 것은 다

음 예문들에서 잘 확인된다. '鵶'가 한자어 '鴟鵶'를 뜻한다. '鵶'의 자석이 '부훵이'이고 고유어 '부훵이'는 한자어 '鴟鵶'와 동의 관계에 있다. 그리고 '鵩'의 자석이 '부훵이'이다. 따라서 '부훵이'와 '鴟鵶'의 동의성은 명백히 입증된다.

(1033) a. 鵶 : 鴟鵶 <四解下 17a>
    b. 鵶 : 부훵이 효 又鴟鵶 <字會上 8b>

(1033) c. 鵩 : 鵶屬 <四解上 4b>
    d. 鵩 : 부훵이 복 <字會上 8b>

<1034> 부훵이 對 鵂鶹

고유어 '부훵이'와 한자어 '鵂鶹'가 [鵂]와 [鶹] 즉 '수리부엉이'의 뜻을 가지고 동의 관계에 있다는 것은 다음 예문들에서 잘 확인된다. '鵂'가 한자어 '鵂鶹'를 뜻하고 '鵂鶹'는 고유어 '부훵이'와 동의 관계에 있다. '鵂'의 자서이 '부훵이'이다. '鶹'가 한자어 '鵂鶹'를 뜻한다. 그리고 '鶹'의 자석이 '부훵이'이고 고유어 '부훵이'는 한자어 '鵂鶹'와 동의 관계에 있다. 따라서 '부훵이'와 '鵂鶹'의 동의성은 명백히 입증된다.

(1034) a. 鵂 : 鵂鶹 부훵이 <四解下 70b>
    b. 鵂 : 부훵이 휴 <字會上 8b>

(1034) c. 鶹 : 鵂鶹 角鴟 <四解下 71a>
    d. 鶹 : 부훵이 류 方書鵂鶹 <字會上 8b>

<1035> 북 對 梭兒

고유어 '북'과 한자어 '梭兒'가 [梭] 즉 '북, 베짜는 북'의 뜻을 가지고 동의 관계에 있다는 것은 다음 예문들에서 잘 확인된다. '梭'의 자석이 '북'이고 고유어 '북'은 한자어 '梭兒'와 동의 관계에 있다. 따라서 '북'과 '梭兒'의 동의성은 명백히 입증된다.

(1035) a. 梭 : 織具 북 <四解下 26b>
    b. 梭 : 북 사 今呼梭兒 <字會中 9a>

<1036> 북 對 織具

고유어 '북'과 한자어 '織具'가 [梭]와 [莩] 즉 '북, 베짜는 북'의 뜻을 가지고 동의 관계에 있다는 것은 다음 예문들에서 잘 확인된다. '梭'가 한자어 '織具'를 뜻하고 '織具'는 '북'과 동의 관계에 있다. 그리고 '梭'와 '莩'의 자석이 '북'이다. 따라서 '북'과 '織具'의 동의성은 명백히 입증된다.

(1036) a. 梭 : 織具 북 <四解下 26b>
  b. 梭 : 북 사 俗呼梭兒 <字會中 9a>

(1036) c. 莩 : 織緯者 북 俗呼梭 <四解上 38b>
  d. 莩 : 북 부 <字會中 9a>

<1037> 분디 對 山椒

고유어 '분디'와 한자어 '山椒'가 [山椒] 즉 '분디, 산초, 산초나무의 열매'의 뜻을 가지고 동의 관계에 있다는 것은 다음 예문들에서 잘 확인된다. '椒'의 자석이 '고쵸'이고 고유어 '분디'가 한자어 '山椒'와 동의 관계에 있다. 따라서 '분디'와 '山椒'의 동의성은 명백히 입증된다.

(1037) a. 椒 : 木名 <四解下 15b>
  b. 椒 : 고쵸 쵸 胡椒…又분디曰山椒 <字會上 6b>

<1038> 붇 對 筆子

고유어 '붇'과 한자어 '筆子'가 [筆] 즉 '붓'의 뜻을 가지고 동의 관계에 있다는 것은 다음 예문들에서 잘 확인된다. 원문 중 '紙筆'이 '죠히와 붇'으로 번역되고 '將筆來'가 '붇 가지다'로 번역된다. 그리고 '筆'의 자석이 '붇'이고 고유어 '붇'은 한자어 '筆子'와 동의 관계에 있다. 따라서 '붇'과 '筆子'의 동의성은 명백히 입증된다.

(1038) a. 公藝 죠히와 붇과 주슈셔 ᄒ야 디답호디(公藝請紙筆ᄒ야以對호디) <번小九 97a>
  b. 붇 근티 흐르는 드시 ᄒ야(筆翰如流ᄒ야) <번小十 8b>
  c. 붇 가져다가 에우라(將筆來抹了着) <번朴上 25a>

(1038) d. 筆 : …所以染墨成字之具 <四解上 57a>
  e. 筆 : 붇 필 俗稱筆子 <字會上 18a>

<1039> 불 對 外腎

고유어 '불'과 한자어 '外腎'이 [勢]와 [畜勢] 즉 '불알'의 뜻을 가지고 동의 관계에 있다는 것은 다음 예문들에서 잘 확인된다. '骸'이 한자어 '去畜勢'를 뜻하고 '骸'의 자석이 '불 앗다'이다. '騸'이 한자어 '去畜勢'를 뜻하고 '騸'의 자서이 '불 앗다'이다. 그리고 '勢'가 한자어 '外腎'을 뜻한다. 따라서 '불'과 '外腎'의 동의성은 명백히 입증된다.

(1039) a. 骸 : 去畜勢 <四解上 63a>
　　　 b. 骸 : 불 아슬 돈 <字會下 4a>

(1039) c. 騸 : 去畜勢 <四解下 6b>
　　　 d. 騸 : 불 아슬 션 <字會下 4a>

(1039) e. 勢 : … 又外腎 <四解上 19b>

<1040> 불무 對 爐冶

고유어 '불무'와 한자어 '爐冶'가 [冶]와 [爐] 즉 '풀무'의 뜻을 가지고 동의 관계에 있다는 것은 다음 예문들에서 잘 확인된다. '冶'의 자석이 '불무'이다. 그리고 '爐'가 한자어 '爐冶'를 뜻한다. 따라서 '불무'와 '爐冶'의 동의성은 명백히 입증된다.

(1040) a. 冶 : 爐鑄 <四解下 33b>
　　　 b. 冶 : 불무 야 鑄也 <字會下 7b>

(1040) c. 爐 : … 又爐冶 <四解上 41b>
　　　 d. 爐 : 화롯 로 … 又爐冶 <字會中 8a>

<1041> 불휘 對 根柢

고유어 '불휘'와 한자어 '根柢'가 [根] 즉 '뿌리'의 뜻을 가지고 동의 관계에 있다는 것은 다음 예문들에서 잘 확인된다. '根'이 한자어 '根柢'를 뜻한다. 그리고 '根'의 자석이 '불휘'이다. 그리고 '柢'가 한자 '根'과 同義이다. 따라서 '불휘'와 '根柢'의 동의성은 명백히 입증된다.

(1041) a. 根 : 根柢 <四解上 61b>
　　　 b. 根 : 불휘 근 <字會下 2a>

(1041) c. 柢 : 根也 <四解上 24b>

d. 柢 : 根也 本也 <四解上 24b>

<1042> 불휘 對 草根

고유어 '불휘'와 한자어 '草根'이 [荄] 즉 '뿌리, 풀뿌리'의 뜻을 가지고 동의 관계에 있다는 것은 다음 예문들에서 잘 확인된다. '荄'가 한자어 '草根'을 뜻한다. 그리고 '荄'의 자석이 '불휘'이다. 따라서 '불휘' 와 '草根'의 동의성은 명백히 입증된다.

(1042) a. 荄 : 草根 <四解上 42b>
b. 荄 : 불휘 히 草木總稱 <字會下 2a>

<1043> 붑 對 騎鼓

고유어 '붑'과 한자어 '騎鼓'가 [鼙] 즉 '馬上鼓, 騎兵이 馬上에서 공격의 신호로 울리던 북'의 뜻을 가지고 동의 관계에 있다는 것은 다음 예문들에서 잘 확인된다. '鼙'가 한자어 '騎鼓'를 뜻한다. 그리고 '鼙'의 자석이 '붑'이다. 따라서 '붑'과 '騎鼓'의 동의성은 명백히 입증된다.

(1043) a. 鼙 : 騎鼓 <四解上 16a>
b. 鼙 : 붑 비 馬上鼓 <字會中 14a>

<1044> 붑 對 댱고

고유어 '붑'과 한자어 '댱고'(杖鼓) 가 [鼓]와 [瓵] 즉 '북, 장구'의 뜻을 가지고 동의 관계에 있다는 것 은 다음 예문들에서 잘 확인된다. '鼓'의 자석이 '붑'이다. 한자어 '擂鼓'가 고유어 '붑 티다'와 동의 관계 에 있다. 그리고 한자어 '瓵'이 고유어 '댱곳 구레'와 동의 관계에 있다. 따라서 '붑'과 '댱고'의 동의성은 명백히 입증된다. 한자 '鼓'와 '皷'는 同字이다.

(1044) a. 鼓 : 八音革曰鼓 <四解上 36a>
b. 鼓 : 붑 고 <字會中 14a>

(1044) c. 擂 : 擂鼓 <四解上 55b>
d. 擂 : 同上 <四解上 55b>
e. 擂 : 굴 외 又去聲 俗稱擂鼓 붑 티다 <字會下 6a>

(1044) f. 瓵 : 瓦盆底 又皷瓵 댱곳 구레 <四解下 34a>

<1045> 붕어 對 鯽魚

고유어 '붕어'와 한자어 '鯽魚'가 [鯽]과 [鮒] 즉 '붕어'의 뜻을 가지고 동의 관계에 있다는 것은 다음 예문들에서 잘 확인된다. '鯽'이 한자어 '鯽魚'를 뜻하고 '鯽魚'는 공유어 '붕어'와 동의 관계에 있다. 그리고 '鮒'가 한자어 '鯽魚'를 뜻한다. 따라서 '붕어'와 '鯽魚'의 동의성은 명백히 입증된다.

(1045) a. 鯽 : 鮒也 今俗呼鯽魚 붕어 <四解下 52a>·
　　　b. 鯽 : 부어 즉 <字會上 11a>

(1045) c. 鮒 : 부어 今俗(39a) 呼鯽魚 <四解上 39b>
　　　d. 鮒 : 부어 부 鮒魚 <字會上 11a>

<1046> 뷔 對 掃帚/掃箒

고유어 '뷔'와 한자어 '掃帚/掃箒'가 [帚], [篲] 및 [箒] 즉 '비, 쓰는 비'의 뜻을 가지고 동의 관계에 있다는 것은 다음 예문들에서 잘 확인된다. 원문 중 '加帚'가 '뷔를 연저 가다'로 번역된다. '篲'가 한자어 '掃帚'를 뜻하고 '篲'의 자석이 '뷔'이다. 그리고 '箒'의 자석이 '뷔'이고 고유어 '뷔'는 한자어 '掃箒'와 동의 관계에 있다. 따라서 '뷔'와 '掃帚/掃箒'의 동의성은 명백히 입증된다. 한자 '帚'와 '箒'는 同字이다.

(1046) a. 모로매 뷔를 키 우희 연저 가(必加帚於箕上ᄒᆞ야) <번小三 27a>

(1046) b. 篲 : 掃帚 <四解上 52a>
　　　c. 篲 : 뷔 슈 <字會中 9b>

(1046) d. 箒 : 篲也 <四解下 69a>
　　　e. 箒 : 뷔 츄 俗呼掃箒…本作帚 <字會中 9b>

<1047> 브석 對 爨埃

고유어 '브석'과 한자어 '爨埃'이 [竈] 즉 '부엌'의 뜻을 가지고 동의 관계에 있다는 것은 다음 예문들에서 잘 확인된다. '竈'가 한자어 '爨埃'을 뜻하고 '竈'의 자석이 '브석'이다. 따라서 '브석'과 '爨埃'의 동의성은 명백히 입증된다.

(1047) a. 竈 : 爨埃 <四解下 21a>
　　　b. 竈 : 브석 조 <字會中 5b>

<1048> 브석 對 庖廚

고유어 '브석'과 한자어 '庖廚'이 [庖]와 [廚] 즉 '부엌'의 뜻을 가지고 동의 관계에 있다는 것은 다음 예문들에서 잘 확인된다. '廚'가 한자어 '庖廚'를 뜻하고 '廚'의 자석이 '브석'이다. 그리고 '庖'가 한자 '廚'와 同義이고 '庖'의 자석이 '브석'이다. 따라서 '브석'과 '庖廚'의 동의성은 명백히 입증된다.

(1048) a. 廚 : 庖廚 <四解上 32b>
　　　 b. 廚 : 브석 듀 小曰廚 <字會中 5b>

(1048) c. 庖 : 廚也 <四解下 20a>
　　　 d. 庖 : 브석 포…大曰庖 <字會中 5b>

<1049> 브스름 對 癰疽

고유어 '브스름'과 한자어 '癰疽'가 [癰]과 [疽] 즉 '부스럼'의 뜻을 가지고 동의 관계에 있다는 것은 다음 예문들에서 잘 확인된다. 원문 중 '吮疽'가 '브스름 샐다'로 번역된다. '癰'이 한자어 '癰疽'를 뜻하고 '癰'의 자석이 '브스름'이다. 그리고 '疽'가 한자어 '癰疽'를 뜻하고 '癰'과 '疽'의 자석이 '브스름'이다. 따라서 '브스름'와 '癰疽'의 동의성은 명백히 입증된다. 한자 '癰'과 '癰'은 同字이다.

(1049) a. 어미 위ᄒᆞ야 브스름 샐며(爲母吮疽) <속三孝 10a>

(1049) b. 癰 : 癰疽 <四解上 10a>
　　　 c. 癰 : 브스름옹 <字會中 16b>

(1049) d. 疽 : 癰疽 <四解上 31a>
　　　 e. 疽 : 브스름 져 <字會中 16b>

<1050> 브스름 對 죵긔

고유어 '브스름'과 한자어 '죵긔'(腫氣)가 [腫] 즉 '부스럼'의 뜻을 가지고 동의 관계에 있다는 것은 다음 예문들에서 잘 확인된다. 원문 중 '其腫'이 '그 브스름'으로 번역되고 '發腫'이 '브스르미 나다'로 번역된다. 그리고 '患腫'이 '죵긔를 내다'로 번역된다. 따라서 '브스름'과 '죵긔'의 동의성은 명백히 입증된다.

(1050) a. 그 브스르미 절로 쇼산ᄒᆞ니라(其腫自消) <瘡疹 68b>

b. 브스르미 나디 (發腫) <瘡疹 68b>

(1050) c. 아비 죵긔를 내여 ㄱ장 셜워커늘(父嘗患腫其苦) <속三孝 21a>

(1050) d. 腫 : 癰也 脹也 <四解上 8b>
　　　　e. 腫 : 브슬 죵 <字會中 8b>

<1051> 브스름 對 瘡癤

고유어 '브스름'과 한자어 '瘡癤'이 [癤] 즉 '부스럼'의 뜻을 가지고 동의 관계에 있다는 것은 다음 예문들에서 잘 확인된다. '癤'이 한자어 '瘡癤'을 뜻하고 '瘡癤'은 고유어 '브스름'과 동의 관계에 있다. 그리고 '癤'의 자석이 '브스름'이다. 따라서 '브스름'과 '瘡癤'의 동의성은 명백히 입증된다.

(1051) a. 癤 : 瘡癤 브스름 <四解下 4b>
　　　　b. 癤 : 브스름 졀 <字會中 16b>

<1052> 쓸 對 獸角

고유어 '쓸'과 한자어 '獸角'이 [角] 즉 '뿔, 짐승의 뿔'의 뜻을 가지고 동의 관계에 있다는 것은 다음 예문들에서 잘 확인된다. 원문 중 '面子上的角'이 '面에 올인 쓸'로 번역된다. 그리고 '角'이 한자어 '獸角'을 뜻하고 '角'의 자석이 '쓸'이다. 따라서 '쓸'과 '獸角'의 동의성은 명백히 입증된다.

(1052) a. 사ᄅ모로 ᄒᆞ야 面에 올인 쓸와 둥 우희 시론 힘 뵈오(敎人看了面子上的角背子上鋪的힘) <번老下 31b>

(1052) b. 角 : 獸角 <四解下 41a>
　　　　c. 角 : 쓸 각 <字會下 5a>

<1053> 블님글 對 火餘

고유어 '블님글'과 한자어 '火餘'가 [燼] 즉 '깜부기불, 타다가 남은 것'의 뜻을 가지고 동의 관계에 있다는 것은 다음 예문들에서 잘 확인된다. '燼'이 한자어 '火餘'를 뜻한다. 그리고 '燼'의 자석이 '블님글'이다. 따라서 '블님글'과 '火餘'의 동의성은 명백히 입증된다.

(1053) a. 燼 : 火餘 <四解上 58b>

b. 燼 : 블닙글 신 <字會下 15a>

<1054> 비 對 水從雲下

고유어 '비'와 한자어 '水從雲下'가 [雨] 즉 '비'의 뜻을 가지고 동의 관계에 있다는 것은 다음 예문들에서 잘 확인된다. 원문 중 '雨順'이 '비도 슌ᄒᆞ다'로 번역되고 '避雨'가 '비를 피ᄒᆞ다'로 번역된다. 그리고 '雨'가 한자어 '水從雲下'를 뜻하고 '雨'의 자석이 '비'이다. 따라서 '비'와 '水從雲下'의 동의성은 명백히 입증된다.

(1054) a. ᄇᆞᄅᆞᆷ도 고르며 비도 슌ᄒᆞ야(風調雨順) <번朴上 1a>
b. 비를 비ᄒᆞ야 나못 아래 드럿더니(避雨樹下ᄒᆞᆯ시) <번小十 6a>
c. 눈비예 젓게 말라(休敎雨雪濕了) <번老下 36b>
d. 미양 ᄇᆞᄅᆞᆷ비 틸 저긔(每風雨애) <번小九 25a>

(1054) e. 雨 : 水從雲下 <四解上 34b>
f. 雨 : 비 우 <字會上 1b>

<1055> 비늘 對 魚甲

고유어 '비늘'과 한자어 '魚甲'이 [鱗] 즉 '비늘'의 뜻을 가지고 동의 관계에 있다는 것은 다음 예문들에서 잘 확인된다. '鱗'이 한자어 '魚甲'을 뜻한다. 그리고 '鱗'의 자석이 '비늘'이고 고유어 '비늘'은 한자어 '魚甲'과 동의 관계에 있다. 따라서 '비늘'과 '魚甲'의 동의성은 명백히 입증된다.

(1055) a. 鱗 : 魚甲 <四解上 61a>
b. 鱗 : 비늘 린 魚甲 <字會下 2a>

<1056> 비단 對 叚子

고유어 '비단'과 한자어 '叚子'가 [叚子]와 [紵] 즉 '비단'의 뜻을 가지고 동의 관계에 있다는 것은 다음 예문들에서 잘 확인된다. 원문 중 '這叚子'가 '이 비단'으로 번역되고 '買叚子'가 '비단 사다'로 번역되고 '諸王叚子'가 '졔왕네 쓰실 비단'으로 번역된다. 그리고 '紵'가 한자어 '叚子'를 뜻한다. 따라서 '비단'과 '叚子'의 동의성은 명백히 입증된다.

(1056) a. 이 비단은 南京 치오(這叚子是南京的) <번老下 29b>

b. 이 비단 갑슬 뉘 모ㄹ료(這段子價錢 誰不知道) <번老下 29b>

c. 비단 사라 녀러 오노이다(買段子去來) <번朴上 14a>

d. 이믜셔 비단 사 가지고 가쟈(一發買段子將去) <번老下 23b>

e. 졔왕네 쓰실 비단도 아니며(不是諸王段子) <번朴上 14b>

(1056) f. 紵 : 麻屬⋯今俗呼段子曰紵絲 <四解上 32b>

<1057> 비단 對 紵絲

고유어 '비단'과 한자어 '紵絲'가 [紵絲]와 [段] 즉 '비단'의 뜻을 가지고 동의 관계에 있다는 것은 다음 예문들에서 잘 확인된다. 원문 중 '明綠紵絲'가 '명록 비쳇 비단'으로 번역되고 '紵絲和紗羅'가 '비단과 사와 로'로 번역된다. 그리고 '段'의 자석이 '비단'이고 고유어 '비단'은 한자어 '紵絲'와 동의 관계에 있다. 따라서 '비단'과 '紵絲'의 동의성은 명백히 입증된다.

(1057) a. 내 명록 비쳇 비단이 잇다(我有明綠紵絲) <번朴上 47a>

b. 이런 비단과 사와 로왜 다 잇ᄂ녀(這們的紵絲和紗羅都有麼) <번老下 25a>

(1057) c. 段 : 片段 分段 體段 <四解上 73a>

d. 段 : 비단 단 俗呼紵絲又體段 片段 <字會中 15a>

<1058> 비단 對 體段

고유어 '비단'과 한자어 '體段'이 [段] 즉 '비단'의 뜻을 가지고 동의 관계에 있다는 것은 다음 예문들에서 잘 확인된다. '段'이 한자어 '體段'을 뜻한다. 그리고 '段'의 자석이 '비단'이고 고유어 '비단'은 한자어 '體段'과 동의 관계에 있다. 따라서 '비단'과 '體段'의 동의성은 명백히 입증된다.

(1058) a. 段 : ⋯體段 <四解上 73a>

b. 段 : 비단 단 俗呼紵絲 又體段 <字會中 15a>

<1059> 비단 對 幣帛

고유어 '비단'과 한자어 '幣帛'이 [帛]과 [幣帛] 즉 '비단, 예물로 보내는 비단'의 뜻을 가지고 동의 관계에 있다는 것은 다음 예문들에서 잘 확인된다. 원문 중 '裁帛'이 '조각 비단'으로 번역되고 '幣帛酒食'이 '비단이어나 수울 밥'으로 번역된다. 그리고 '帛'이 한자어 '幣帛'을 뜻하고 '帛'의 자석이 '비단'이다.

따라서 '비단'과 '幣帛'의 동의성은 명백히 입증된다.

(1059) a. 내 조각 비단 업세라(我沒裁帛) <번朴上 47a>

b. 비단이어나 수울 바비어나 과실이어나(26b) 흐라(用幣帛酒食果實之屬) <呂約 27a>

(1059) c. 帛 : 幣帛 <四解下 59b>

d. 帛 : 비단 빅 <字會中 15a>

<1060> 비름 對 莧菜

고유어 '비름'과 한자어 '莧菜'가 [莧] 즉 '비름'의 뜻을 가지고 동의 관계에 있다는 것은 다음 예문들에서 잘 확인된다. '莧'의 자석이 '비름'이고 고유어 '비름'은 한자어 '莧菜'와 동의 관계에 있다. 따라서 '비름'과 '莧菜'의 동의성은 명백히 입증된다.

(1060) a. 莧 : 商陸 易莧陸 쟈리군 <四解下 7b>

b. 莧 : 비름 현 俗呼莧菜 <字會上 7b>

<1061> 비므슬ㅎ 對 雨水

고유어 '비므슬ㅎ'과 한자어 '雨水'가 [雨水] 및 [潦] 즉 '빗물'의 뜻을 가지고 동의 관계에 있다는 것은 다음 예문들에서 잘 확인된다. 원문 중 '雨水…大'가 '비믈슬히…하다'로 번역된다. 그리고 '潦'가 한자어 '雨水'를 뜻한다. 따라서 '비므슬ㅎ'과 '雨水'의 동의성은 명백히 입증된다.

(1061) a. 올히 비므슬히 ᄀ장 하니(今年雨水十分大) <번朴上 9a>

(1061) b. 潦 : 雨水 <四解下 23a>

c. 雨 : 水從雲下 <四解上 34b>

d. 雨 : 비 우 <字會上 1b>

<1062> 비븨 對 鐵鑽

고유어 '비븨'와 한자어 '鐵鑽'이 [鑽] 즉 '비비송곳, 자루를 두 손바닥으로 비벼서 구멍을 뚫는 송곳'의 뜻을 가지고 동의 관계에 있다는 것은 다음 예문들에서 잘 확인된다. '鑽'의 자석이 '비븨'이고 고유어 '비븨'는 한자어 '鐵鑽'과 동의 관계에 있다. 따라서 '비븨'와 '鐵鑽'의 동의성은 명백히 입증된다.

(1062) a. 鑽 : 錐也 <四解上 75a>

　　　b. 鑽 : 비븨 찬 俗呼鐵鑽 <字會中 7b>

<1063> 쎄유기 對 茅始生

고유어 '쎄유기'와 한자어 '茅始生'이 [芛] 즉 '삘기, 띠의 어린싹'의 뜻을 가지고 동의 관계에 있다는 것은 다음 예문들에서 잘 확인된다. '芛'가 '茅始生'을 뜻한다. 그리고 '芛'의 자석이 '쎄유기'이다. 따라서 '쎄유기'와 '茅始生'의 동의성은 명백히 입증된다.

(1063) a. 芛 : 茅始生 <四解上 25b>

　　　b. 芛 : 쎄유기 뎨 <字會上 5a>

<1064> 비지 對 豆渣

고유어 '비지'와 한자어 '豆渣'가 [豆渣] 즉 '비지, 두부의 찌꺼기'의 뜻을 가지고 동의 관계에 있다는 것은 다음 예문들에서 잘 확인된다. 한자어 '豆渣'가 고유어 '비지'와 동의 관계에 있다. 따라서 '비지'와 '豆渣'의 동의성은 명백히 입증된다.

(1064) a. 渣 : 藥煎滓 又豆渣 비지 <四解下 29b>

　　　b. 渣 : 즈싀 사 <字會下 5b>

<1065> 비지 對 皰鼻

고유어 '비지'와 한자어 '皰鼻'가 [皶] 즉 '주부코, 酒毒이 오른 코, 비사증(鼻齄症)이 있는 코'의 뜻을 가지고 동의 관계에 있다는 것은 다음 예문들에서 잘 확인된다. '皶'가 한자어 '皰鼻'를 뜻한다. 그리고 '皶'의 자석이 '비지'이다. 따라서 '비지'와 '皰鼻'의 동의성은 명백히 입증된다.

(1065) a. 皶 : 皰鼻 <四解下 29b>

　　　b. 皶 : 비지 자 <字會中 11a>

<1066> 비탕 對 鑢錫

고유어 '비탕'과 한자어 '鑢錫'가 [錫] 즉 '대패, 변탕'의 뜻을 가지고 동의 관계에 있다는 것은 다음 예문들에서 잘 확인된다. '錫'이 한자어 '鑢錫'을 뜻하고 '錫'의 자석이 '비탕'이다. 따라서 '비탕'과 '鑢錫'의 동의성은 명백히 입증된다. 고유어 '비탕'의 '탕'은 去聲이고 한자어 '탕'은 上聲이다.

(1066) a. 錫 : 鑪錫 <四解下 35a>

b. 錫 : 비탕 탕 <字會中 8b>

<1067> 비화 對 琵琶

고유어 '비화'와 한자어 '琵琶'가 [琵琶], [琵] 및 [琶] 즉 '비파'의 뜻을 가지고 동의 관계에 있다는 것은 다음 예문들에서 잘 확인된다. 원문 중 '一箇琵琶'가 '혼 비화'로 번역된다. '琵'가 한자어 '琵琶'를 뜻하고 '琵'의 자석이 '비화'이다. '琶'가 한자어 '琵琶'를 뜻한다. 그리고 '琶'의 자석이 '비화'이고 고유어 '비화'는 한자어 '琵琶'와 동의 관계에 있다. 따라서 '비화'와 '琵琶'의 동의성은 명백히 입증된다.

(1067) a. 담 우희 혼 비화를 아모도 잡디 몯ᄒᆞᄂᆞ 거셔(墻上一箇琵琶 任誰不敢拿他) <번朴上 41a>

(1067) b. 琵 : 琵琶 <四解上 16a>

c. 琵 : 비홧 비 <字會中 15b>

(1067) d. 琶 : 琵琶 <四解下 29b>

e. 琶 : 비홧 파 琵琶 <字會中 15b>

<1068> 빈툐 對 衣襻

고유어 '빈툐'와 한자어 '衣襻'이 [襫] 즉 '옷고름, 옷끈'의 뜻을 가지고 동의 관계에 있다는 것은 다음 예문들에서 잘 확인된다. '襫'가 한자어 '衣襻'을 뜻하고 '衣襻'은 고유어 '빈툐'와 동의 관계에 있다. 따라서 '빈툐'와 '衣襻'의 동의성은 명백히 입증된다.

(1068) a. 襫 : 衣襻 빈툐 <四解下 16b>

b. 襻 : 衣系 옷고홈 <四解上 77b>

<1069> 빈혀 對 首笄

고유어 '빈혀'와 한자어 '首笄'가 [簪]과 [笄] 즉 '비녀'의 뜻을 가지고 동의 관계에 있다는 것은 다음 예문들에서 잘 확인된다. 원문 중 '金簪兒'가 '금빈혀'로 번역된다. '簪'이 한자어 '首笄'를 뜻하고 '簪'의 자석이 '빈혀'이다. 그리고 '笄'가 한자 '簪'과 同義이고 '笄'의 자석이 '빈혀'이다. 따라서 '빈혀'와 '首笄'의 동의성은 명백히 입증된다.

(1069) a. 칠보 금빈혀 ᄒᆞ나콰(一箇七寶金簪兒) <번朴上 20b>

(1069) b. 笄 : 首笄 <四解下 77a>

　　　 c. 簪 : 빈혀 줌 禮服用 <字會中 12a>

(1069) d. 笄 : 簪也 <四解上 23a>

　　　 e. 笄 : 빈혀 계 女用 <字會中 12a>

<1070> 빋 對 貸錢生子

고유어 '빋'과 한자어 '貸錢生子'가 [債] 즉 '빚, 빌린 돈'의 뜻을 가지고 동의 관계에 있다는 것은 다음 예문들에서 잘 확인된다. '債'가 한자어 '貸錢生子'를 뜻한다. 그리고 '債'의 자석이 '빋'이다. 따라서 '빋'과 '貸錢生子'의 동의성은 명백히 입증된다.

(1070) a. 債 : 貸錢生子 <四解上 44b>

　　　 b. 債 : 빋 채 逋財 <字會下 10a>

<1071> 빌 對 필

고유어 '빌'과 한자어 '필'(匹) 이 [匹] 즉 '필, 피륙의 단위'의 뜻을 가지고 동의 관계에 있다는 것은 다음 예문들에서 잘 확인된다. 원문 중 '布六匹'이 '뵈 엿 빌'로 번역되고 '布一匹'이 '뵈 흔 필'로 번역된다. 그리고 '匹'의 자석이 '흔 필'이다. 따라서 '빌'과 '필'의 동의성은 명백히 입증된다.

(1071) a. 야쳥의는 뵈 엿 비레 푸라(雅靑的賣布六匹) <번老上 14a>

　　　 b. 쇼홍앤 뵈 닷 비레 푸라(小紅的賣布五匹) <번老上 14b>

(1071) c. 뵈 흔 피레 푸라(賣布一匹) <번老上 14b>

　　　 d. 깁 흔 피레는(絹子一匹) <번老上 14a>

　　　 e. 고로 흔 피렌(綾子一匹) <번老上 14a>

　　　 f. 느죽ᄒ니 셜흔 피른(低的三十匹) <번老下 63a>

(1071) g. 匹 : 帛長 四丈爲一匹 <四解上 57a>

　　　 h. 匹 : 흔 필 필 <字會中 9a>

<1072> 빛 對 光明

고유어 '빛'과 한자어 '光明'이 [光] 즉 '빛'의 뜻을 가지고 동의 관계에 있다는 것은 다음 예문들에서 잘 확인된다. '光'이 한자어 '光明'을 뜻한다. 그리고 '光'의 자석이 '빗'이다. 따라서 '빗'과 '光明'의 동의성은 명백히 입증된다.

(1072) a. 光 : 光明 <四解下 45b>
  b. 光 : 빗 광 <字會下 1a>

(1072) c. 明 : 光也 <四解下 51a>
  d. 明 : 블굴 명 <字會下 1a>

<1073> 빙애 對 山岸

고유어 '빙애'와 한자어 '山岸'이 [崖] 즉 '벼랑, 낭떠러지'의 뜻을 가지고 동의 관계에 있다는 것은 다음 예문들에서 잘 확인된다. 원문 중 '崖下'가 '빙애 아래'로 번역된다. 그리고 '崖'가 한자어 '山岸'을 뜻한다. 따라서 '빙애'와 '山岸'의 동의성은 명백히 입증된다.

(1073) a. 즉재 빙애 아래 뻐디여 죽거늘(卽投崖下而死커늘) <번小九 66b>

(1073) b. 崖 : 山岸 <四解上 47a>
  c. 崖 : 묏언덕 애 <字會上 2a>

<1074> 부듸 對 篦兒

고유어 '부듸'와 한자어 '篦兒'가 [篦]와 [筬] 즉 '바디'의 뜻을 가지고 동의 관계에 있다는 것은 다음 예문들에서 잘 확인된다. '篦'의 자석이 '부듸'이고 고유어 '부듸'는 한자어 '篦兒'와 동의 관계에 있다. 그리고 '筬'의 자석이 '부듸'이다. 따라서 '부듸'와 '篦兒'의 동의성은 명백히 입증된다.

(1074) a. 篦 : 織具 부듸 <四解下 65a>
  b. 篦 : 부듸 구 俗呼篦兒 <字會中 9a>

(1074) c. 筬 : 부듸 셩 <字會中 9a>

<1075> 부룹 對 墻壁

고유어 '부룹'과 한자어 '墻壁'이 [壁] 즉 '벽, 바람벽'의 뜻을 가지고 동의 관계에 있다는 것은 다음 예문들에서 잘 확인된다. 원문 중 '掛壁'이 '부루매 걸다'로 번역된다. 그리고 '壁'이 한자어 '墻壁'을 뜻하고 '壁'의 자석이 'ᄇᆞ롬'이다. 따라서 'ᄇᆞ롬'과 '壁'의 동의성은 명백히 입증된다.

(1075) a. 남진의 진양 그려 ᄇᆞ르매 걸오(適寫夫眞掛壁) <속三烈 14a>

b. 수면이 다 담이며 ᄇᆞ롬이 ᄀᆞ투니(如…四面이 皆墻壁也ㅣ니) <번小六 12a>

c. 구의로 므슬 집 문마다 ᄇᆞ르매 분칠ᄒᆞ고 써쇼ᄃᆡ(官司排門粉壁) <번老上 47b>

d. ᄇᆞ르매 걸라(壁子上掛着) <번老上 25a>

e. 믈러 북녁 ᄇᆞ롬 아래 가(退北壁下爲也) <呂約 39b>

(1075) f. 壁 : 墻壁 <四解下 50b>

g. 壁 : ᄇᆞ롬 벽 <字會中 3b>

<1076> 불 對 부

고유어 '불'과 한자어 '부'(副) 가 [副] 즉 '벌, 옷·그릇 따위를 세는 단위'의 뜻을 가지고 동의 관계에 있다는 것은 다음 예문들에서 잘 확인된다. 원문 중 '大小刀子…一百副'가 '굴근 ᄒᆞ근 갈 일빅 불'로 번역되고 '一副頭面'이 '곳갈 ᄒᆞᆫ 불'로 번역된다. 그리고 '一副刀子'가 'ᄒᆞᆫ 붓 갈ᄒᆞ'로 번역되고 '象棊十副'가 '쟝긔 열 부'로 번역된다. 따라서 '불'과 '부'의 동의성은 명백히 입증된다.

(1076) a. 굴근 ᄒᆞ근 갈 뫼하 일빅 불(大小刀共一百副) <번老下 68b>

b. 호박 딩ᄌᆞ 일빅 불(琥珀頂子一百副) <번老下 67b>

c. 내 쏘 곳갈 ᄒᆞᆫ 불와…날 바근 금가락지 ᄒᆞᆫ 쌍과를 다가 ᄒᆞ야(我再把一副頭面…一對窟嵌的金戒指兒) <번朴上 20b>

(1076) d. 우리 이 官人이 ᄒᆞᆫ 붓 갈흘 밍글오져 ᄒᆞᄂᆞ니(咱這官人 要打一副刀子) <번朴上 16b>

e. 쟝긔 열 부 바독 열 부(象棊十副 大碁十副) <번老上 68b>

f. 쌍륙 열 부(雙六十副) <번老上69a>

<1077> 붉쥐 對 蝙蝠

고유어 '붉쥐'와 한자어 '蝙蝠'이 [蝙]과 [蝠] 즉 '박쥐'의 뜻을 가지고 동의 관계에 있다는 것은 다음 예문들에서 잘 확인된다. '蝙'이 한자어 '蝙蝠'을 뜻하고 '蝙蝠'은 고유어 '붉쥐'와 동의 관계에 있다. '蝙'의 자석이 '붉쥐'이다. '蝠'이 한자어 '蝙蝠'을 뜻하고 '蝙蝠'은 고유어 '붉쥐'와 동의 관계에 있다. 그리고 '蝠'의 자석이 '붉쥐'이고 고유어 '붉쥐'는 한자어 '蝙蝠'과 동의 관계에 있다. 따라서 '붉쥐'와 '蝙蝠'의 동의성은 명백히 입증된다.

(1077) a. 蝙 : 今俗呼蝙蝠 붉쥐 <四解下 3a>

  b. 蝙 : 붉쥐 편 <字會上 12a>

(1077) c. 蝠 : 今俗呼蝙蝠 붉쥐 <四解上 4a>

  d. 蝠 : 붉쥐 복 俗呼蝙蝠 <字會上 12a>

<1078> 비 對 舺船

고유어 '비'와 한자어 '舺船'이 [舭] 즉 '배다리'의 뜻을 가지고 동의 관계에 있다는 것은 다음 예문들에서 잘 확인된다. '舭'가 한자어 '舺船'을 뜻한다. 그리고 '舭'의 자석이 '비'이고 고유어 '비'는 한자어 '舺船'과 동의 관계에 있다. 따라서 '비'와 '舺船'의 동의성은 명백히 입증된다.

(1078) a. 舭 : 舺船 <四解下 29a>

  b. 舭 : 비 파 舺船 <字會中 12b>

<1079> 비 對 居舠船

고유어 '비'와 한자어 '居舠船'이 [舠] 즉 '거룻배'의 뜻을 가지고 동의 관계에 있다는 것은 다음 예문들에서 잘 확인된다. '舠'의 자석이 '비'이고 고유어 '비'는 한자어 '居舠船'과 동의 관계에 있다. 따라서 '비'와 '居舠船'의 동의성은 명백히 입증된다.

(1079) a. 舠 : 小船 <四解下 19a>

  b. 舠 : 비 도 居舠船 <字會中 12b>

<1080> 비 對 梨兒

고유어 '비'와 한자어 '梨兒'가 [梨兒]와 [梨] 즉 '배'의 뜻을 가지고 동의 관계에 있다는 것은 다음 예문들에서 잘 확인된다. 원문 중 '梨兒'가 '비'로 번역되고 '香水梨'가 '뎡향비'로 번역된다. 그리고 '梨'의 자석이 '비'이고 고유어 '비'는 한자어 '梨兒'와 동의 관계에 있다. 따라서 '비'와 '梨兒'의 동의성은 명백히 입증된다.

(1080) a. 셕류 비(石榴 梨兒) <번老下 38b>

  b. 셕류 뎡향비(石榴 香水梨) <번朴上 4b>

(1080) c. 梨 : 果名 <四解上 28b>

d. 梨 : 비 리 俗呼梨兒 <字會上 6a>

<1081> 비 對 腹肚

고유어 ‘비’와 한자어 ‘腹肚’가 [腹肚], [腹] 및 [肚] 즉 ‘배’의 뜻을 가지고 동의 관계에 있다는 것은 다음 예문들에서 잘 확인된다. 원문 중 ‘腹肚疼痛’이 ‘비 알프다’로 번역되고 ‘充腹’이 ‘비 브르다’로 번역되고 ‘肚脹’이 ‘비 탕만ᄒᆞ다’로 번역된다. ‘腹’이 한자어 ‘腹肚’를 뜻하고 ‘腹’의 자석이 ‘비’이다. 그리고 ‘肚’가 한자어 ‘腹肚’를 뜻하고 ‘肚’의 자석이 ‘비’이다. 따라서 ‘비’와 ‘腹肚’의 동의성은 명백히 입증된다.

(1081) a. 혹 입과 혀와 목과 비 알프거나(或爲口舌咽喉腹肚疼痛之狀) <瘡疹 8a>
　　　　b. 바블 비 브를 만호ᄃᆡ(食取充腹ᄒᆞ며) <번小十 34b>
　　　　c. 비 탕만ᄒᆞ고(肚脹) <瘡疹 27a>
　　　　d. 비 ᄀᆞ장 곫프다(肚裏好生飢了) <번老上 39b>

(1081) e. 腹 : 腹肚 <四解上 4a>
　　　　f. 腹 : 비 복 <字會上 14b>

(1081) g. 肚 : 腹肚 <四解上 37a>
　　　　h. 肚 : 비 두 卽胃也 <字會上 14b>

<1082> 비 對 胃

고유어 ‘비’와 한자어 ‘胃’가 [肚] 즉 ‘위, 밥통’의 뜻을 가지고 동의 관계에 있다는 것은 다음 예문들에서 잘 확인된다. 원문 중 ‘肚脹’이 ‘비 탕만ᄒᆞ다’로 번역된다. 그리고 ‘肚’의 자석이 ‘비’이고 고유어 ‘비’는 한자어 ‘胃’와 동의 관계에 있다. 따라서 ‘비’와 ‘胃’의 동의성은 명백히 입증된다.

(1082) a. 비 탕만ᄒᆞ고(肚脹) <瘡疹 27a>
　　　　b. 비 ᄀᆞ장 곫프다(肚裏好生飢了) <번老上 39b>

(1082) c. 肚 : 腹肚 <四解上 37a>
　　　　d. 肚 : 비 두 卽胃也 <字會上 14b>

<1083> 비 對 小船

고유어 ‘비’와 한자어 ‘小船’이 [艇]과 [艒] 즉 ‘거룻배, 작은 배’의 뜻을 가지고 동의 관계에 있다는 것은 다음 예문들에서 잘 확인된다. 원문 중 '漁艇'이 '고기 잡는 비둘ㅎ'로 번역된다. '艇'이 한자어 '小船'을 뜻하고 '艇'의 자석이 '비'이다. 그리고 '䑸'의 자석이 '비'이고 고유어 '비'는 한자어 '小船'과 동의 관계에 있다. 따라서 '비'와 '小船'의 동의성은 명백히 입증된다.

(1083) a. 이 大小 고기 잡는 비둘히오(是大小漁艇) <번朴上 70b>

(1083) b. 艇 : 小船 <四解下 49a>
    c. 船 : 비 뎡 <字會中 12b>

(1083) d. 䑸 : 舟名 <四解下 21b>
    e. 䑸 : 비 조 小船 <字會中 13a>

<1084> 비 對 戰船

고유어 '비'와 한자어 '戰船'이 [艦] 즉 '싸움배, 군함'의 뜻을 가지고 동의 관계에 있다는 것은 다음 예문들에서 잘 확인된다. '艦'이 한자어 '戰船'을 뜻한다. 그리고 '艦'의 자석이 '비'이고 고유어 '비'는 한자어 '戰船'과 동의 관계에 있다. 따라서 '비'와 '戰船'의 동의성은 명백히 입증된다.

(1084) a. 艦 : 戰船 <四解下 80b>
    b. 艦 : 비 함 戰船 <字會中 13a>

<1085> 비 對 艑艖

고유어 '비'와 한자어 '艑艖'가 [艑] 즉 '거룻배, 작은 배'의 뜻을 가지고 동의 관계에 있다는 것은 다음 예문들에서 잘 확인된다. '艑'이 한자어 '艑艖'를 뜻하고 '艑'의 자석이 '비'이다. 따라서 '비'와 '艑艖'의 동의성은 명백히 입증된다.

(1085) a. 艑 : 艑艖 小船 <四解下 3b>
    b. 艑 : 비 편 小船 <字會中 13a>

<1086> 비 對 海中大船

고유어 '비'와 한자어 '海中大船'이 [舶] 즉 '큰 배'의 뜻을 가지고 동의 관계에 있다는 것은 다음 예문들에서 잘 확인된다. '舶'이 한자어 '海中大船'을 뜻한다. 그리고 '舶'의 자석이 '비'이고 고유어 '비'는 한자어 '海中大船'과 동의 관계에 있다. 따라서 '비'와 '海中大船'의 동의성은 명백히 입증된다.

(1086) a. 舶：海中大船 <四解下 59b>

b. 舶：비 빅 海中大船 <字會中 13a>

<1087> 비목 對 鈕鈇

고유어 '비목'과 한자어 '鈕鈇'이 [鈕]과 [鈇] 즉 '배목, 문고리를 거는 쇠'의 뜻을 가지고 동의 관계에 있다는 것은 다음 예문들에서 잘 확인된다. '鈕'이 한자어 '鈕鈇'을 뜻하고 '鈕鈇'은 고유어 '비목'과 동의 관계에 있다. '鈕'의 자석이 '비목'이다. '鈇'이 한자어 '鈕鈇'을 뜻한다. 그리고 '鈇'의 자석이 '비목'이고 고유어 '비목'은 한자어 '鈕鈇'과 동의 관계에 있다. 따라서 '비목'과 '鈕鈇'의 동의성은 명백히 입증된다.

(1087) a. 鈕：鈕鈇 鎖紐也 今俗語 비목 <四解上 67b>

b. 鈕：비목 굴 <字會下 7b>

(1087) c. 鈇：鈕鈇 鎖紐 <四解上 68b>

d. 鈇：비목 술 俗稱鈕鈇 <字會下 7b>

<1088> 비양 對 靑蒿

고유어 '비양'과 한자어 '靑蒿'가 [菣]과 [蒿] 즉 '개사철쑥'의 뜻을 가지고 동의 관계에 있다는 것은 다음 예문들에서 잘 확인된다. '菣'이 한자어 '靑蒿'를 뜻하고 '靑蒿'는 고유어 '비양'과 동의 관계에 있다. 그리고 '蒿'의 자석이 '다복쑥'이고 한자어 '靑蒿'는 고유어 '비양'과 동의 관계에 있다. 따라서 '비양'과 '靑蒿'의 동의성은 명백히 입증된다.

(1088) a. 菣：香蒿　今俗語靑蒿 비양 <四解上 56a>

(1088) b. 蒿：蓬屬 <四解下 22b>

c. 蒿：다복뿍 호 俗呼蒿草　又蓬蒿　又靑蒿 비양 <字會上 5a>

<1089> 비어 對 白鰷

고유어 '비어'와 한자어 '白鰷'가 [鰷] 즉 '뱅어'의 뜻을 가지고 동의 관계에 있다는 것은 다음 예문들에서 잘 확인된다. '鰷'가 한자어 '白鰷'를 뜻한다. 그리고 '鰷'의 자석이 '비어'이다. 따라서 '비어'와 '白鰷'의 동의성은 명백히 입증된다.

(1089) a. 鰷 : 白鰷 魚名 <四解下 14a>

　　　 b. 鰷 : 비어 됴 俗呼麵條魚 <字會上 11a>

<1090> 비치 對 白菜

고유어 '비치'와 한자어 '白菜'가 [菘] 즉 '배추'의 뜻을 가지고 동의 관계에 있다는 것은 다음 예문들에서 잘 확인된다. '菘'이 한자어 '白菜'를 뜻한다. 그리고 '菘'의 자석이 '비치'이고 고유어 '비치'는 한자어 '白菜'와 동의 관계에 있다. 따라서 '비치'와 '白菜'의 동의성은 명백히 입증된다.

(1090) a. 菘 : 菜名 今俗呼白菜 或云蔓菁非 <四解上 8a>

　　　 b. 菘 : 비치 숑 俗呼白菜 <字會上 7b>

<1091> 빗 對 노

고유어 '빗'과 한자어 '노'(櫓)가 [槳]과 [艫] 즉 '노(櫓) , 상앗대'의 뜻을 가지고 동의 관계에 있다는 것은 다음 예문들에서 잘 확인된다. '槳'의 자석이 '빗'이다. '艫'가 한자어 '노'(櫓)를 뜻한다. 그리고 '艫'의 자석이 '노'이다. 따라서 '빗'과 '노'의 동의성은 명백히 입증된다.

(1091) a. 槳 : 所以隱棹 <四解下 41b>

　　　 b. 槳 : 빗 쟝 <字會中 13a>

(1091) c. 艫 : 似槳有柄曰艫…通作櫓 노 <四解上 42a>

　　　 d. 艫 : 놋 노 俗稱…溫槳 通作櫓 <字會中 12b>

<1092> 빗고물 對 船舵尾

고유어 '빗고물'과 한자어 '船舵尾'가 [艄] 즉 '고물, 배의 뒷부분'의 뜻을 가지고 동의 관계에 있다는 것은 다음 예문들에서 잘 확인된다. '艄'가 한자어 '船舵尾'를 뜻한다. 그리고 '艄'의 자석이 '빗고물'이다. 따라서 '빗고물'과 '船舵尾'의 동의성은 명백히 입증된다.

(1092) a. 艄 : 船舵尾曰艄 <四解下 22a>

　　　 b. 艄 : 빗고물 쵸 <字會中 13a>

<1093> 빗고물 對 船後持舵處/船後持柂處

고유어 '빗고물'과 한자어 '船後持舵處/船後持柂處'가 [舳] 즉 '고물, 배의 뒤쪽'의 뜻을 가지고 동의
관계에 있다는 것은 다음 예문들에서 잘 확인된다. '舳'이 '船後持舵處'를 뜻한다. 그리고 '舳'의 자석이
'빗고물'이고 고유어 '빗고물'은 한자어 '船後持柂處'와 동의 관계에 있다. 따라서 '빗고물'과 '船後持舵
處/船後持柂處'의 동의성은 명백히 입증된다. 한자 '舵'와 '柂'는 同字이다.

 (1093) a. 舳 : 船後持舵處 <四解上 9b>
   b. 舳 : 빗고물 튝 船後持柂處 <字會中 13a>

<1094> 빗니물 對 船頭

고유어 '빗니물'과 한자어 '船頭'가 [艫] 즉 '뱃머리'의 뜻을 가지고 동의 관계에 있다는 것은 다음 예
문들에서 잘 확인된다. '艫'가 한자어 '船頭'를 뜻한다. 그리고 '艫'의 자석이 '빗니물'이고 고유어 '빗니
물'은 한자어 '船頭'와 동의 관계에 있다. 따라서 '빗니물'과 '船頭'의 동의성은 명백히 입증된다.

 (1094) a. 艫 : 船頭 <四解上 42a>
   b. 艫 : 빗니물 로 船頭 刺櫂處 <字會中 13a>

<1095> 빗대 對 帆柱

고유어 '빗대'와 한자어 '帆柱'가 [檣] 즉 '돛대, 돛을 달기 위한 기둥'의 뜻을 가지고 동의 관계에 있다
는 것은 다음 예문들에서 잘 확인된다. '檣'이 한자어 '帆柱'를 뜻하고 '帆柱'는 고유어 '빗대'와 동의 관
계에 있다. 그리고 '檣'의 자석이 '빗대'이다. 따라서 '빗대'와 '帆柱'의 동의성은 명백히 입증된다.

 (1095) a. 檣 : 帆柱 今俗呼桅竿 빗대 <四解下 42a>
   b. 檣 : 빗대 쟝 大曰檣 <字會中 12b>

<1096> 빗대 對 桅竿

고유어 '빗대'와 한자어 '桅竿'이 [桅]와 [檣] 즉 '돛대, 돛을 달기 위한 기둥'의 뜻을 가지고 동의 관계
에 있다는 것은 다음 예문들에서 잘 확인된다. '桅'가 한자어 '桅竿'을 뜻하고 '桅竿'은 고유어 '빗대'와
동의 관계에 있다. '桅'의 자석이 '빗대'이고 고유어 '빗대'는 한자어 '桅竿'과 동의 관계에 있다. 그리고
'檣'의 자석이 '빗대'이다. 따라서 '빗대'와 '桅竿'의 동의성은 명백히 입증된다.

 (1096) a. 桅 : 檣也 今俗呼桅竿 빗대 <四解上 49a>

b. 桅 : 빗대 위 小曰桅 俗呼桅竿 <字會中 12b>

(1096) c. 檣 : 帆柱 今俗呼桅竿 빗대 <四解下 42a>

d. 檣 : 빗대 쟝 大曰檣 <字會中 12b>

<1097> 빗복 對 胅朕

고유어 '빗복'과 한자어 '胅朕'이 [朕] 즉 '배꼽'의 뜻을 가지고 동의 관계에 있다는 것은 다음 예문들에서 잘 확인된다. '朕'이 한자어 '胅朕'을 뜻한다. 그리고 '朕'의 자석이 '빗복'이다. 따라서 '빗복'과 '胅朕'의 동의성은 명백히 입증된다.

(1097) a. 朕 : 胅朕 臍也 <四解下 43b>

b. 朕 : 빗복 앙 <字會上 14a>

<1098> 빗복 對 胅臍

고유어 '빗복'과 한자어 '胅臍'가 [胅] 즉 '배꼽'의 뜻을 가지고 동의 관계에 있다는 것은 다음 예문들에서 잘 확인된다. '胅'이 한자어 '胅臍'를 뜻한다. 그리고 '胅'의 자석이 '빗복'이다. 따라서 '빗복'과 '胅臍'의 동의성은 명백히 입증된다.

(1098) a. 胅 : 胅臍 <四解上 64b>

b. 胅 : 빗복 볼 <字會上 14a>

<1099> 빗복 對 臍眼

고유어 '빗복'과 한자어 '臍眼'이 [臍] 즉 '배꼽'의 뜻을 가지고 동의 관계에 있다는 것은 다음 예문들에서 잘 확인된다. '臍'가 한자어 '臍眼'을 뜻하고 '臍眼'은 고유어 '빗복'과 동의 관계에 있다. 그리고 '臍'의 자석이 '빗복'이고 고유어 '빗복'은 한자어 '臍眼'과 동의 관계에 있다. 따라서 '빗복'과 '臍眼'의 동의성은 명백히 입증된다.

(1099) a. 臍 : 肶臍 今俗語臍眼 빗복 <四解上 27a>

b. 臍 : 빗복 졔 俗呼臍眼 <字會上 14a>

<1100> 사돈 對 壻家父

고유어 '사돈'과 한자어 '壻家父'가 [姻] 즉 '사위의 아버지'의 뜻을 가지고 동의 관계에 있다는 것은 다음 예문들에서 잘 확인된다. '姻'의 자석이 '사돈'이고 고유어 '사돈'은 한자어 '壻家父'와 동의 관계에 있다. 따라서 '사돈'과 '壻家父'의 동의성은 명백히 입증된다.

(1100) a. 姻:婚姻 <四解上 60a>
      b. 姻:사돈 인 壻家父曰姻 <字會上 17b>

<1101> 사돈 對 婚姻

고유어 '사돈'과 한자어 '婚姻'이 [婚姻], [昏], [婚] 및 [姻] 즉 '혼인'의 뜻을 가지고 동의 관계에 있다는 것은 다음 예문들에서 잘 확인된다. 원문 중 '昏禮'와 '婚會'가 '사돈 잔치'로 번역된다. '婚姻之始'가 '婚姻의 비르숨'으로 번역되고 '婚姻死喪'이 '혼인이며 상ㅅ'로 번역된다. '昏喪'이 '혼인과 상ㅅ'로 번역되고 '絶昏'이 '혼인을 거절하다'로 번역된다. '婚'이 한자어 '婚姻'을 뜻하고 '婚'의 자석이 '사돈'이다. 그리고 '姻'이 한자어 '婚姻'을 뜻하고 '姻'의 자석이 '사돈'이다. 따라서 '사돈'과 '婚姻'의 동의성은 명백히 입증된다.

(1101) a. 사돈 잔치어든 사돈짓 사름으로 위두손을 사모듸(如昏禮則姻家奴 爲上客乎代) <呂約 24b>
      b. 만이레 사돈 잔치예(若婚會厓) <呂約 25b>

(1101) c. 이는…뼈…婚姻의 비르수믈 重히 하시논 배라(此는…所以…重婚姻之始也ㅣ니라) <번小三 23a>
      d. 혼인이며 상ㅅ애 이우지 서르 도오며(婚姻死喪애 隣保ㅣ 相助하며) <번小六 36b>
      e. 혼인이며 상ㅅ 영장의 쁠 거시(婚姻喪葬所費ㅣ) <번小九 108a>
      f. 처삼 곳갈 스(6a) 는 일와 혼인과 상ㅅ와 졔ㅅ는(冠昏喪祭는) <번小七 6b>
      g. 曹氏(6b) 와 혼인을 거절하고(與曹氏絶昏하고) <번小九 61a>

(1101) h. 婚:婚姻 <四解上 66b>
      i. 婚:사돈 혼 婦家 又婦之父曰婚 <字會上 17b>

(1101) j. 姻:婚姻 <四解上 60a>
      k. 姻:사돈 인 壻家父曰姻 <字會上 17b>

<1102> 사드새 對 鵜鶘

고유어 '사드새'와 한자어 '鵜鶘'가 [鵜]와 [鶘] 즉 '사다새'의 뜻을 가지고 동의 관계에 있다는 것은 다음 예문들에서 잘 확인된다. '鵜'가 한자어 '鵜鶘'를 뜻하고 '鵜鶘'는 고유어 '사드새'와 동의 관계에 있다. '鵜'의 자석이 '사드새'이다. '鶘'가 '鵜鶘'를 뜻한다. 그리고 '鶘'의 자석이 '사드새'이고 고유어 '사드새'는 한자어 '鵜鶘'와 동의 관계에 있다. 따라서 '사드새'와 '鵜鶘'의 동의성은 명백히 입증된다.

(1102) a. 鵜 : 鵜鶘 사드새 <四解上 25b>

　　　　b. 鵜 : 사드새 뎨 <字會上 9a>

(1102) c. 鶘 : 鵜鶘 <四解上 41a>

　　　　d. 鶘 : 사드새 호 鵜鶘 <字會上 9a>

<1103> 사룸 對 빅셩

고유어 '사람'과 한자어 '빅셩'(百姓) 이 [民] 즉 '백성, 사람'의 뜻을 가지고 동의 관계에 있다는 것은 다음 예문들에서 잘 확인된다. 원문 중 '民多'가 '사루미 만ᄒ다'로 번역되고 '此等之民'이 '이런 사람'으로 번역된다. '民安'이 '빅셩이 편안ᄒ다'로 번역되고 '下民'이 '하품엣 빅셩'으로 번역된다. 그리고 '民'의 자석이 '빅셩'이다. 따라서 '사람'과 '빅셩'의 동의성은 명백히 입증된다.

(1103) a. 사루미 즐어 주그리 만ᄒ니라(民多夭ᄒᄂ니라) <번小七 30b>

　　　　b. 이런 사른ᄆ 불회 업슨 남기며(此等之民隱 如無根之木伊㫆) <正俗 22a>

　　　　c. 샹등엣 사룸이오(民之上也ㅣ오) <번小四 9a>

　　　　d. 하둥엣 사룸이오(民之下也ㅣ오) <번小四 9a>

(1103) e. 　나라히 대평ᄒ고 빅셩이 평안흔 저긔(國泰民安) <번朴上 1a>

　　　　f. 　하품엣 빅셩으로 ᄒ가지(12b)라(與下民一致라) <번小八 13a>

　　　　g. 그 빅셩을 ᄀ른쳐 닐오ᄃᆡ 내(36a) 빅셩 두외엿ᄂᄂ 사른ᄆ(敎其民曰爲吾民者ᄂ) <번小六 26b>

　　　　h. 빅셩을 브료ᄃᆡ 큰 졔 ᄒ욤 ᄀ티 ᄒ며(使民호ᄃᆡ 如承大祭ᄒ며) <번小四 4b>

　　　　i. 하ᄂ리 모든 빅셩을 내샤(天生烝民ᄒ샤) <번小六 1b>

(1103) j. 民 : 衆氓 <四解上 57b>

　　　　k. 民 : 빅셩 민 <字會中 1b>

<1104> 사룸 對 最靈者

고유어 '사룸'과 한자어 '最靈者'가 [人] 즉 '사람, 만물의 영장으로서의 인류'의 뜻을 가지고 동의 관계에 있다는 것은 다음 예문들에서 잘 확인된다. 원문 중 '人生'이 '사룸 사라 잇다'로 번역된다. 그리고 '人'이 한자어 '最靈者'를 뜻하고 '人'의 자석이 '사룸'이다. 따라서 '사룸'과 '最靈者'의 동의성은 명백히 입증된다.

(1104) a. 사룸만 일셰만 사라 잇고 프른 흔 ᄀᆞ술석 쟝 사라 잇ᄂᆞ니(人生一世 草生一秋) <번朴上 1a>

(1104) b. 人 : 天地人爲三才 最靈者也 <四解上 61b>
　　　c. 人 : 사룸 신 <字會下 1b>

<1105> 사룸 對 或

고유어 '사룸'과 한자어 '或'이 [或] 즉 '어떤 사람, 어떤 이'의 뜻을 가지고 동의 관계에 있다는 것은 다음 예문들에서 잘 확인된다. 원문 중 '或言'이 '사루미 니르다'로 번역되고 '或戲之曰'이 '或이 부ᄉᆞᄒᆞᆼ야 니르다'로 번역된다. 따라서 '사룸'과 '或'의 동의성은 명백히 입증된다.

(1105) a. 사루미 닐우듸 너무 좁다 ᄒᆞ야늘(或言其太隘ᄒᆞᆫ대) <번小十 29a>

(1105) b. 或이 닐오듸 사룸이 셰샹의 나슈미(或이 謂之曰人生世間이) <번小九 63a>
　　　c. 或이 부ᄉᆞᄒᆞ야 닐오듸 三場애 다 쟝원ᄒᆞ니(或이 戲之曰壯元ᄋᆞ로 試三場ᄒᆞ니) <번小十 19b>
　　　d. 或이 第五倫ᄃᆞ려 무루듸 公도 아름뎟 ᄆᆞᅀᆞ미 잇ᄂᆞᆫ가(或이 問第五倫曰公이 有私乎아) <번小十 1b>
　　　e. 호기 무루듸 홀어미를 겨집 사모미 스리예 올티 아니ᄒᆞᄂᆞᆫ 둣ᄒᆞ니 엇더ᄒᆞᆫ고(或이 問孀婦를 於理예 似不可取니 如何오) <번小七 34b>
　　　f. 혹기 무로듸 主簿ㅣ란 관원ᄂᆞᆫ 縣令을 돕ᄂᆞᆫ 거시니(或이 問簿ᄂᆞᆫ 佐令者也ㅣ니) <번小七 24b>

<1106> 사마괴 對 黑子

고유어 '사마괴'와 한자어 '黑子'가 [痣]와 [黶] 즉 '사마귀, 검정사마귀'의 뜻을 가지고 동의 관계에 있다는 것은 다음 예문들에서 잘 확인된다. '痣'가 한자어 '黑子'를 뜻하고 '黑子'는 고유어 '사마괴'와 동의 관계에 있다. '痣'의 자석이 '사마괴'이다. 그리고 '黶'의 자석이 '사마괴'이고 고유어 '사마괴'는 한자어 '黑子'와 동의 관계에 있다. 따라서 '사마괴'와 '黑子'의 동의성은 명백히 입증된다.

(1106) a. 痣 : 今俗呼黑子 사마괴 <四解上 18b>

b. 痣 : 사마괴 지 <字會中 16b>

(1106) c. 魘 : 驚夢 <四解下 84b>

d. 黶 : 사마괴 염 俗又稱黑子 <字會中 16b>

<1107> 사복 對 鉸刀

고유어 '사복'과 한자어 '鉸刀'가 [鉸] 즉 '가위, 交刀'의 뜻을 가지고 동의 관계에 있다는 것은 다음 예문들에서 잘 확인된다. '鉸'가 한자어 '鉸刀'를 뜻한다. 그리고 '鉸'의 자석이 '사복'이고 고유어 '사복'은 한자어 '鉸刀'와 동의 관계에 있다. 따라서 '사복'과 '鉸刀'의 동의성은 명백히 입증된다.

(1107) a. 鉸 : 鉸刀 <四解下 23a>

b. 鉸 : 사복 교 釘鉸 又鉸刀 <字會下 8a>

<1108> 사복 對 釘鉸

고유어 '사복'과 한자어 '釘鉸'가 [鉸] 즉 '사북, 가위 다리의 교차된 곳에 못과 같이 박아서 돌쩌귀처럼 쓰이는 물건'의 뜻을 가지고 동의 관계에 있다는 것은 다음 예문들에서 잘 확인된다. '鉸'의 자석이 '사복'이고 고유어 '사복'은 한자어 '釘鉸'와 동의 관계에 있다. 따라서 '사복'과 '釘鉸'의 동의성은 명백히 입증된다.

(1108) a. 鉸 : 鉸刀 <四解下 23a>

b. 鉸 : 사복 교 釘鉸 又鉸刀 <字會下 8a>

<1109> 사슬 對 鋃鐺

고유어 '사슬'과 한자어 '鋃鐺'이 [鎖], [鋃] 및 [鐺] 즉 '사슬, 쇠사슬, 철쇄(鐵鎖) '의 뜻을 가지고 동의 관계에 있다는 것은 다음 예문들에서 잘 확인된다. '鎖'가 한자어 '鐵鎖'를 뜻하고 '鐵鎖'는 고유어 '사슬' 및 한자어 '鋃鐺'과 동의 관계에 있다. 그리고 '鋃'과 '鐺'이 한자어 '鋃鐺'을 뜻하고 '鋃鐺'은 한자어 '鐵鎖'와 동의 관계에 있다. 따라서 '사슬'과 '鋃鐺'의 동의성은 명백히 입증된다.

(1109) a. 鎖 : 今俗呼鐵鎖 사슬 鋃鐺也 <四解下 28b>

b. 鎖 : ᄌᆞ물쇠 솨…又獄具 <字會中 8b>

(1109) c. 鋃 : 鋃鐺 鐵鎖 <四解下 40a>

d. 鐺 : 鋃鐺 鐵鎖 <四解下 34b>

<1110> 사슬 對 鐵鎖

고유어 '사슬'과 한자어 '鐵鎖'가 [鎖] 즉 '刑具의 쇠사슬'의 뜻을 가지고 동의 관계에 있다는 것은 다음 예문들에서 잘 확인된다. '鎖'가 한자어 '鐵鎖'를 뜻하고 '鐵鎖'는 고유어 '사슬'과 동의 관계에 있다. 따라서 '사슬'과 '鐵鎖'의 동의성은 명백히 입증된다.

(1110) a. 鎖 : 今俗呼鐵鎖 사슬 鋃鐺也 <四解下 28b>
　　　 b. 鎖 : ᄌᆞ물쇠 솨 俗稱鎖子 又獄具 <字會中 8b>

<1111> 사슬 對 幖識

고유어 '사슬'과 한자어 '幖識'가 [籤] 즉 '포지'의 뜻을 가지고 동의 관계에 있다는 것은 다음 예문들에서 잘 확인된다. '籤'이 한자어 '幖識'를 뜻한다. 그리고 '籤'의 자석이 '사슬'이다. 따라서 '사슬'과 '幖識'의 동의성은 명백히 입증된다.

(1111) a. 籤 : … 幖識也 <四解下 83a>
　　　 b. 籤 : 사슬 쳠 … 幖也 <字會下 10a>

<1112> 사슬 對 壺矢

고유어 '사슬'과 한자어 '壺矢'가 [籌] 즉 '投壺살'의 뜻을 가지고 동의 관계에 있다는 것은 다음 예문들에서 잘 확인된다. '籌'가 한자어 '壺矢'를 뜻한다. 그리고 '籌'의 자석이 '사슬'이고 고유어 '사슬'은 한자어 '壺矢'와 동의 관계에 있다. 따라서 '사슬'과 '壺矢'의 동의성은 명백히 입증된다.

(1112) a. 籌 : 壺矢 <四解下 69b>
　　　 b. 籌 : 사슬 듀 壺矢 <字會下 10a>

<1113> 사슴 對 麋鹿

고유어 '사슴'과 한자어 '麋鹿'이 [麋]와 [麞] 즉 '큰사슴'의 뜻을 가지고 동의 관계에 있다는 것은 다음 예문들에서 잘 확인된다. '麋'의 자석이 '사슴'이고 '사슴'은 '鹿之大者'를 뜻한다. 그리고 '麞'가 한자어 '麋鹿'을 뜻한다. 따라서 '사슴'과 '麋鹿'의 동의성은 명백히 입증된다.

(1113) a. 麎 : 鹿屬 <四解上 16b>

   b. 麎 : 사슴 미 鹿之大者 <字會上 10a>

(1113) c. 麔 : 麇鹿 <四解上 30b>

<1114> 사슴 對 牝鹿

고유어 '사슴'과 한자어 '牝鹿'이 [麀] 즉 '암사슴'의 뜻을 가지고 동의 관계에 있다는 것은 다음 예문들에서 잘 확인된다. '麀'가 한자어 '牝鹿'을 뜻한다. 그리고 '麀'의 자석이 '사슴'이다. 따라서 '사슴'과 '牝鹿'의 동의성은 명백히 입증된다.

(1114) a. 麀 : 牝鹿 <四解下 70a>

   b. 麀 : 사슴 우 牝曰麀 <字會上 10a>

<1115> 사오리 對 坐具

고유어 '사오리'와 한자어 '坐具'가 [橙] 즉 '등상(登床), 발판으로도 쓰고 걸터앉기도 하는 기구'의 뜻을 가지고 동의 관계에 있다는 것은 다음 예문들에서 잘 확인된다. '橙'이 한자어 '坐具'를 뜻하고 '坐具'는 고유어 '사오리'와 동의 관계에 있다. 그리고 '凳'의 자석이 '사오리'이다. 따라서 '사오리'와 '坐具'의 동의성은 명백히 입증된다. 한자 '橙'과 '凳'은 同字이다.

(1115) a. 橙 : 坐具 사오리 <四解下 58b>

   b. 凳 : 同 今俗呼板凳 <四解下 58b>

   c. 凳 : 사오리 등 俗呼板凳 <字會中 6a>

<1116> 사오리 對 板凳

고유어 '사오리'와 한자어 '板凳'이 [凳] 즉 '걸상, 등상(凳床), 발판이나 의자로 쓰는 기구'의 뜻을 가지고 동의 관계에 있다는 것은 다음 예문들에서 잘 확인된다. '凳'이 한자어 '板凳'을 뜻한다. 그리고 '凳'의 자석이 '사오리'이고 고유어 '사오리'는 한자어 '板凳'과 동의 관계에 있다. 따라서 '사오리'와 '板凳'의 동의성은 명백히 입증된다.

(1116) a. 橙 : 坐具 사오리 <四解下 58b>

   b. 凳 : 同 今俗呼板凳 <四解下 58b>

c. 凳 : 사오리 등 俗呼板凳 <字會中 6a>

<1117> 사회 對 女夫

고유어 '사회'와 한자어 '女夫'가 [婿]와 [壻] 즉 '사위'의 뜻을 가지고 동의 관계에 있다는 것은 다음 예문들에서 잘 확인된다. 원문 중 '擇婿'가 '사회를 골오다'로 번역되고 '婿與婦'가 '사회와 며느리'로 번역된다. 그리고 '壻'가 한자어 '女夫'를 뜻하고 '壻'의 자석이 '사회'이다. 따라서 '사회'와 '女夫'의 동의성은 명백히 입증된다. 한자 '婿'와 '壻'는 同字이다.

(1117) a. 사회 진실로 어딜면(婿苟賢矣면) <번小七 32b>
　　　 b. 반ᄃ시 위ᄒᆞ야 사회ᄅᆞᆯ 골와 얼요ᄃᆡ(必爲擇婿ᄒᆞ야 嫁호ᄃᆡ) <번小九 103b>
　　　 c. 다 사회ᄅᆞᆯ 골히오(皆爲選婿ᄒᆞ야) <번小十 15a>
　　　 d. 몬져 그 사회와 며느리의 텬셩과 힝뎍과 가무네 례법이 엇던고 ᄒᆞ야 슬피고(當先察其婿與婦
　　　　　 之性行과 及家法何如ㅣ오) <번小七 32a>

(1117) e. 壻 : 女夫 <四解上 27b>
　　　 f. 壻 : 사회 셔 <字會上 17a>

<1118> 사횟대 對 篙子

고유어 '사횟대'와 한자어 '篙子'가 [篙] 즉 '상앗대, 배를 젓는 긴 막대'의 뜻을 가지고 동의 관계에 있다는 것은 다음 예문들에서 잘 확인된다. '篙'가 고유어 '사횟대'를 뜻한다. 그리고 '篙'의 자석이 '사횟대'이고 고유어 '사횟대'는 한자어 '篙子'와 동의 관계에 있다. 따라서 '사횟대'와 '篙子'의 동의성은 명백히 입증된다.

(1118) a. 篙 : 所以刺船竿 사횟대 <四解下 18b>
　　　 b. 篙 : 사횟대 고 俗呼篙子 <字會中 12b>

<1119> 산막 對 穴居

고유어 '산막'과 한자어 '穴居'가 [窩] 즉 '움집'의 뜻을 가지고 동의 관계에 있다는 것은 다음 예문들에서 잘 확인된다. '窩'가 한자어 '穴居'를 뜻한다. 그리고 '窩'의 자석이 '산막'이다. 따라서 '산막'과 '穴居'의 동의성은 명백히 입증된다.

(1119) a. 窩 : 穴居也 窟也 <四解下 28b>

　　　b. 窩 : 산막 와 又애막曰窩鋪 <字會中 5b>

<1120> 산몈 對 嗉袋/嗉㕱

고유어 ‘산몈’과 한자어 ‘嗉袋/嗉㕱’가 [嗉] 즉 ‘말떠구니, 모이주머니’의 뜻을 가지고 동의 관계에 있다는 것은 다음 예문들에서 잘 확인된다. ‘嗉’는 한자어 ‘嗉袋’를 뜻하고 ‘嗉袋’는 고유어 ‘산몈’과 동의 관계에 있다. 그리고 ‘嗉’의 자석이 ‘산몈’이고 고유어 ‘산몈’은 한자어 ‘嗉㕱’와 동의 관계에 있다. ‘嗉袋/嗉㕱’는 ‘鳥藏食處’이다. 따라서 ‘산몈’과 ‘嗉袋/嗉㕱’의 동의성은 명백히 입증된다. 한자 ‘袋’와 ‘㕱’는 同字이다.

(1120) a. 嗉 : 鳥藏食處 今俗呼嗉袋 산몈 <四解上 40a>

　　　b. 嗉 : 산몈 소 鳥藏食處 俗呼嗉㕱 <字會下 3b>

<1121> 산태 對 盛土器

고유어 ‘산태’와 한자어 ‘盛土器’가 [畚] 즉 ‘삼태기’의 뜻을 가지고 동의 관계에 있다는 것은 다음 예문들에서 잘 확인된다. ‘畚’이 한자어 ‘盛土器’를 뜻한다. 그리고 ‘畚’의 자석이 ‘산태’이다. 따라서 ‘산태’와 ‘盛土器’의 동의성은 명백히 입증된다.

(1121) a. 畚 : 盛土器 <四解上 64a>

　　　b. 畚 : 산태 본 盛土草器 <字會中 10a>

<1122> 산태 對 盛土草器

고유어 ‘산태’와 한자어 ‘盛土草器’가 [畚] 즉 ‘삼태기’의 뜻을 가지고 동의 관계에 있다는 것은 다음 예문들에서 잘 확인된다. ‘畚’의 자석이 ‘산태’이고 고유어 ‘산태’는 한자어 ‘盛土草器’와 동의 관계에 있다. 따라서 ‘산태’와 ‘盛土草器’의 동의성은 명백히 입증된다.

(1122) a. 畚 : 盛土器 <四解上 64a>

　　　b. 畚 : 산태 본 盛土草器 <字會中 10a>

<1123> 산태 對 草器

고유어 ‘산태’와 한자어 ‘草器’가 [蕡] 즉 ‘삼태기’의 뜻을 가지고 동의 관계에 있다는 것은 다음 예문들에서 잘 확인된다. '蕢'가 한자어 '草器'를 뜻한다. 그리고 '蕢'의 자석이 '산태'이다. 따라서 '산태'와 '草器'의 동의성은 명백히 입증된다.

(1123) a. 蕢 : 草器 <四解上 49a>
　　　 b. 蕢 : 산태 궤 俗呼糞斗 <字會中 10a>

<1124> 산 對 竹席

고유어 '산'과 한자어 '竹席'이 [簟] 즉 '삿자리, 댓자리'의 뜻을 가지고 동의 관계에 있다는 것은 다음 예문들에서 잘 확인된다. '簟'이 한자어 '竹席'을 뜻한다. 그리고 '簟'의 자석이 '산'이다. 따라서 '산'과 '竹席'의 동의성은 명백히 입증된다.

(1124) a. 簟 : 竹席 <四解下 82b>
　　　 b. 簟 : 산 뎜 <字會中 6b>

<1125> 삳갇 對 斗篷

고유어 '삳갇'과 한자어 '斗篷'이 [斗篷]과 [笠] 즉 '삿갓'의 뜻을 가지고 동의 관계에 있다는 것은 다음 예문들에서 잘 확인된다. 한자어 '斗篷'이 고유어 '삳갇'과 동의 관계에 있다. 그리고 '笠'이 한자어 '蓑笠'을 뜻하고 '蓑笠'은 고유어 '삳갇' 및 한자어 '斗篷'과 동의 관계에 있다. 따라서 '삳갇'과 '斗篷'의 동의성은 명백히 입증된다.

(1125) a. 篷 : …又斗篷 삳갇 <四解上 3a>

(1125) b. 笠 : 簑笠 <四解下 74b>
　　　 c. 笠 : 갇 립 俗呼蓑笠 삳갇 又曰斗篷 <字會中 8a>

<1126> 삳갇 對 蓑笠

고유어 '삳갇'과 한자어 '蓑笠'이 [笠] 즉 '삿갓'의 뜻을 가지고 동의 관계에 있다는 것은 다음 예문들에서 잘 확인된다. '笠'이 한자어 '蓑笠'을 뜻한다. 그리고 '笠'의 자석이 '갇'이고 '蓑笠'은 고유어 '삳갇'과 동의 관계에 있다. 따라서 '삳갇'과 '蓑笠'의 동의성은 명백히 입증된다.

(1126) a. 笠 : 簑笠 <四解下 74b>
　　　 b. 笠 : 갇 립 俗呼蓑笠 삳갇 <字會中 8a>

<1127> 살 對 弓矢

고유어 '살'과 한자어 '弓矢'가 [矢]와 [箭] 즉 '살, 화살'의 뜻을 가지고 동의 관계에 있다는 것은 다음 예문들에서 잘 확인된다. 원문 중 '約矢'가 '사를 모도잡다'로 번역되고 '一箭'이 '흔 살'로 번역된다. '矢' 가 한자어 '弓矢'를 뜻하고 '矢'의 자석이 '살'이다. 그리고 '箭'이 한자 '矢'와 同義이고 '箭'의 자석이 '살' 이다. 따라서 '살'과 '弓矢'의 동의성은 명백히 입증된다.

(1127) a. 뫼셔 활 솔단댄 사를 모도잡고(侍射則約矢ᄒᆞ고) <번小三 32b>
　　　 b. 흔 사를 쏘니(射了一箭) <번老上 29a>
　　　 c. 잰 ᄆᆞ리 젼혀 뎌 살 ᄀᆞᆮ트니(□的那馬一似那箭) <번朴上 30b>
　　　 d. ᄯᅩ 살 ᄒᆞ나만 더으면(再添一枝箭時) <번老下 37a>

(1127) e. 矢 : 弓矢 <四解上 19b>
　　　 f. 矢 : 살 시 <字會中 14b>

(1127) g. 箭 : 矢也 <四解下 4b>
　　　 h. 箭 : 살 젼 <字會中 14b>

<1128> 살 對 輪轑

고유어 '살'과 한자어 '輪轑'가 [輻]과 [轑] 즉 '바퀴살, 바퀴와 바퀴통 사이를 버티는 살'의 뜻을 가지 고 동의 관계에 있다는 것은 다음 예문들에서 잘 확인된다. '輻'이 한자어 '輪轑'를 뜻하고 '輻'의 자석이 '살'이다. 그리고 '轑'가 한자어 '輻'과 同義이고 '轑'의 자석이 '살'이다. 따라서 '살'과 '輪轑'의 동의성은 명백히 입증된다.

(1128) a. 輻 : 輪轑 <四解上 4a>
　　　 b. 輻 : 살 복 俗稱輻條 <字會中 13b>

(1128) c. 轑 : …輻也 <四解下 23a>
　　　 d. 轑 : 살 료 正音老 <字會中 13b>

<1129> 살 對 輻條

고유어 '살'과 한자어 '輻條'가 [輻條]와 [輻] 즉 '바퀴살'의 뜻을 가지고 동의 관계에 있다는 것은 다음 예문들에서 잘 확인된다. 원문 중 '輻條'가 '살들'로 번역된다. 그리고 '輻'의 자석이 '살'이고 고유어 '살'

은 한자어 '輻條'와 동의 관계에 있다. 따라서 '살'과 '輻條'의 동의성은 명백히 입증된다.

(1129) a. 살들 가져 오라(輻條將來) <번老下 36a>

(1129) b. 輻 : 輻輬 <四解上 4a>

　　　c. 輻 : 살 복 俗稱輻條 <字會中 13b>

<1130> 삽 對 鐵鍫/鐵鍪

고유어 '삽'과 한자어 '鐵鍫/鐵鍪'가 [鍫/鍪]와 [鍤] 즉 '가래'의 뜻을 가지고 동의 관계에 있다는 것은 다음 예문들에서 잘 확인된다. '鍫'가 한자어 '鐵鍫'를 뜻한다. '鍪'의 자석이 '삽'이고 고유어 '삽'은 한자어 '鐵鍪'와 동의 관계에 있다. 그리고 '鍤'이 한자 '鍪'과 同義이고 '鍤'의 자석이 '삽'이다. 따라서 '삽'과 '鐵鍫/鐵鍪'의 동의성은 명백히 입증된다. 한자 '鍫'와 '鍪'는 同字이다.

(1130) a. 鍫 : 田器 俗呼鐵鍫卽臿也 <四解下 15b>

　　　b. 鍪 : 삽 쵸 俗呼鐵鍪 <字會中 9a>

(1130) c. 鍤 : …鍪也 <四解下 78a>

　　　d. 鍤 : 삽 삽 <字會中 9a>

<1131> 삽 對 鐵枚

고유어 '삽'과 한자어 '鐵枚'이 [鐵枚] 즉 '가래'의 뜻을 가지고 동의 관계에 있다는 것은 다음 예문들에서 잘 확인된다. 한자어 '鐵枚'이 고유어 '삽'과 동의 관계에 있다. 따라서 '삽'과 '鐵枚'의 동의성은 명백히 입증된다.

(1131) a. 枚 : …鐵枚 삽 木枚 가래 <四解下 85a>

　　　b. 枚 : 가래 흠 俗呼木枚 又鐵枚 늘가래 <字會中 9a>

<1132> 삼 對 火麻

고유어 '삼'과 한자어 '火麻'가 [麻] 즉 '삼'의 뜻을 가지고 동의 관계에 있다는 것은 다음 예문들에서 잘 확인된다. 원문 중 '麤麻線'이 '굴근 삼실'로 번역된다. 그리고 '麻'의 자석이 '삼'이고 고유어 '삼'은 한자어 '火麻'와 동의 관계에 있다. 따라서 '삼'과 '火麻'의 동의성은 명백히 입증된다.

(1132) a. 쉰 예순 발 굴근 삼실로도 노호매 모ᄌᆞ라 ᄒᆞᄂᆞ니라(五六十托麤麻線也放不句) <번朴上 18a>

(1132) b. 麻 : 枲也 <四解下 29b>
c. 麻 : 삼 마 俗呼火麻 <字會上 4b>

<1133> 삽듀 對 蒼朮菜/蒼茮菜

고유어 '삽듀'와 한자어 '蒼朮菜/蒼茮菜'가 [朮]과 [茮] 즉 '삽주'의 뜻을 가지고 동의 관계에 있다는 것은 다음 예문들에서 잘 확인된다. '朮'이 한자어 '蒼朮菜'를 뜻하고 '蒼朮菜'는 고유어 '삽듀'와 동의 관계에 있다. '茮'의 자석이 '삽듀'이고 고유어 '삽듀'는 '蒼茮菜'와 동의 관계에 있다. 따라서 '삽듀'와 '蒼朮菜/蒼茮菜'의 동의성은 명백히 입증된다.

(1133) a. 朮 : …今俗呼蒼朮菜 삽듀 <四解上 69b>
b. 茮 : 삽듀 튤 俗呼蒼茮菜 或作朮 <字會上 7b>

<1134> 삽살가히 對 絡絲狗

고유어 '삽살가히'와 한자어 '絡絲狗'가 [絡絲狗] 즉 '삽살개, 몸과 얼굴에 긴 털이 많이 나 있는 우리나라 토종 개'의 뜻을 가지고 동의 관계에 있다는 것은 다음 예문들에서 잘 확인된다. '犬'의 자석이 '가히'이고 고유어 '삽살가히'가 한자어 '絡絲狗'와 동의 관계에 있다. 따라서 '살살가히'와 '絡絲狗'의 동의성은 명백히 입증된다.

(1134) a. 犬 : 狗也 <四解下 9a>
b. 犬 : 가히 견 俗呼삽살가히 曰絡絲狗 <字會東中本上 19b>

<1135> 삿기 對 羔兒

고유어 '삿기'와 한자어 '羔兒'가 [羔兒]와 [羔] 즉 '새끼, 새끼양'의 뜻을 가지고 동의 관계에 있다는 것은 다음 예문들에서 잘 확인된다. 원문 중 '羖攊羔兒'가 '염쇠삿기'로 번역된다. 그리고 '羔'의 자석이 '삿기'이고 고유어 '삿기'는 한자어 '羔兒'와 동의 관계에 있다. 따라서 '삿기'와 '羔兒'의 동의성은 명백히 입증된다.

(1135) a. 염쇠삿기 암염쇼(羖攊羔兒 母羖攊) <번老下 22a>

(1135) b. 羔 : 羊之子 <四解下 18b>

c. 羔 : 삿기 고 俗呼羔兒 <字會上 10a>

<1136> 삿기 對 鳥子

고유어 '삿기'와 한자어 '鳥子'가 [雛]와 [鷇] 즉 '새 새끼'의 뜻을 가지고 동의 관계에 있다는 것은 다음 예문들에서 잘 확인된다. '雛'가 한자어 '鳥子'를 뜻한다. '雛'의 자석이 '삿기'이고 고유어 '삿기'는 한자어 '鳥子'와 동의 관계에 있다. 그리고 '鷇'가 한자어 '鳥子'를 뜻하고 '鷇'의 자석이 '삿기'이다. 따라서 '삿기'와 '鳥子'의 동의성은 명백히 입증된다.

(1136) a. 雛 : 鳥子 <四解上 40b>
b. 雛 : 삿기 추 鳥子 <字會下 4a>

(1136) c. 鷇 : 鳥子 <四解下 65a>
d. 鷇 : 삿기 구 <字會下 4a>

<1137> 삿기 對 鹿子

고유어 '삿기'와 한자어 '鹿子'가 [麛] 즉 '사슴의 새끼'의 뜻을 가지고 동의 관계에 있다는 것은 다음 예문들에서 잘 확인된다. '麛'가 한자어 '鹿子'를 뜻한다. 그리고 '麛'의 자석이 '삿기'이고 고유어 '삿기'는 '鹿之子'와 동의 관계에 있다. 따라서 '삿기'와 '鹿子'의 동의성은 명백히 입증된다.

(1137) a. 麛 : 鹿子 <四解上 26a>
b. 麛 : 삿기 기 鹿之子 <字會上 10a>

<1138> 삿기 對 獅之子

고유어 '삿기'와 한자어 '獅之子'가 [猊] 즉 '사자의 새끼'의 뜻을 가지고 동의 관계에 있다는 것은 다음 예문들에서 잘 확인된다. '猊'의 자석이 '삿기'이고 고유어 '삿기'는 한자어 '獅之子'와 동의 관계에 있다. 따라서 '삿기'와 '獅之子'의 동의성은 명백히 입증된다.

(1138) a. 猊 : 狻猊 獅子 <四解上 28a>
b. 猊 : 삿기 예 獅之子 <字會上 10a>

<1139> 삿기 對 小豕

고유어 '삿기'와 한자어 '小豕'가 [豚] 즉 '돼지 새끼'의 뜻을 가지고 동의 관계에 있다는 것은 다음 예문들에서 잘 확인된다. '豚'이 한자어 '小豕'를 뜻한다. 그리고 '豚'의 자석이 '삿기'이고 고유어 '삿기'는 한자어 '猪之子'와 동의 관계에 있다. 따라서 '삿기'와 '小豕'의 동의성은 명백히 입증된다.

(1139) a. 豚 : 小豕 今俗語猪豚 도틔 삿기 <四解上 63b>
b. 豚 : 삿기 돈 猪之子 <字會上 10a>

<1140> 삿기 對 貉之子

고유어 '삿기'와 한자어 '貉之子'가 [貆] 즉 '담비 새끼'의 뜻을 가지고 동의 관계에 있다는 것은 다음 예문들에서 잘 확인된다. '貆'의 자석이 '삿기'이고 고유어 '삿기'는 한자어 '貉之子'와 동의 관계에 있다. 따라서 '삿기'와 '貉之子'의 동의성은 명백히 입증된다.

(1140) a. 貆 : 貉類 <四解上 76a>
b. 貆 : 삿기 훤 貉之子 <字會上 10a>

<1141> 삿대 對 箭簳

고유어 '삿대'와 한자어 '箭簳'이 [箭□]과 [笴] 즉 '화살대, 화살의 몸을 이루는 대'의 뜻을 가지고 동의 관계에 있다는 것은 다음 예문들에서 잘 확인된다. 원문 중 '這箭□'이 '이 삿대'로 번역된다. 그리고 '笴'가 한자어 '箭簳'을 뜻하고 '箭簳'은 고유어 '삿대'와 동의 관계에 있다. 따라서 '삿대'와 '箭簳'의 동의성은 명백히 입증된다. 한자 '簳'과 '□'은 同字이다.

(1141) a. 이 삿대는 대오(這箭□是竹子的) <번老下 32b>

(1141) b. 笴 : 箭簳 삿대 <四解上 71a>
c. 笴 : 삸대 간 亦作簳□ <字會中 14b>

<1142> 상어 對 鯊魚

고유어 '상어'와 한자어 '鯊魚'가 [鯊]와 [鮫] 즉 '상어, 鯊魚'의 뜻을 가지고 동의 관계에 있다는 것은 다음 예문들에서 잘 확인된다. '鯊'가 한자어 '鯊魚'를 뜻하고 '鯊'의 자석이 '상어'이다. 그리고 '鮫'가 한자어 '鯊魚'를 뜻한다. 따라서 '상어'와 '鯊魚'의 동의성은 명백히 입증된다.

(1142) a. 鯊 : 今俗呼鯊魚 <四解下 30a>

b. 鯊 : 상엇 사 <字會上 11a>

(1142) c. 鮫 : 鯊魚 <四解下 23a>

<1143> 상화 對 饅頭

고유어 '상화'와 한자어 '饅頭'가 [饅頭], [饅] 및 [餀] 즉 '만두'의 뜻을 가지고 동의 관계에 있다는 것은 다음 예문들에서 잘 확인된다. 원문 중 '粉湯饅頭'가 '스면과 상화' 그리고 '스면 상화'로 번역된다. '饅頭餡兒'가 '상홧 소ᄒ'로 번역된다. '饅'이 한자어 '饅頭'를 뜻하고 '饅頭'는 고유어 '상화'와 동의 관계에 있다. '饅'의 자석이 '만두'이다. 그리고 '餀'의 자석이 '상화'이고 고유어 '상화'는 한자어 '饅頭'와 동의 관계에 있다. 따라서 '상화'와 '饅頭'의 동의성은 명백히 입증된다.

(1143) a. 닐굽잿 미수앤 스면과 상화(第七道粉湯饅頭) <번朴上 6b>
b. 닐굽재는 스면 상화 각산홀 거시라(第七道粉湯 饅頭 打散) <번老下 37b>
c. 상홧 소해 쓰다(饅頭餡兒裏使了) <번老下 39a>

(1143) d. 饅 : 今俗呼饅頭 상화 <四解上 74b>
e. 饅 : 상화 만 <字會中 10b>

(1143) f. 餀 : 饅頭 食名 <四解下 65a>
g. 餀 : 상화 투 俗呼饅頭 通作頭 <字會中 10b>

<1144> 새 對 鳥雀

고유어 '새'와 한자어 '鳥雀'이 [雀] 즉 '참새'의 뜻을 가지고 동의 관계에 있다는 것은 다음 예문들에서 잘 확인된다. 원문 중 '雀數十'이 '새 스므 나므니'로 번역된다. 그리고 '雀'이 한자어 '鳥雀'을 뜻하고 '雀'의 자석이 '새'이다. 따라서 '새'와 '鳥雀'의 동의성은 명백히 입증된다.

(1144) a. 또 새 스므 나므니 ᄂᆞ라 지븨 들어늘(復有雀數十이 飛入其幕이어늘) <번小九 25a>

(1144) b. 雀 : …鳥雀 <四解下 41b>
c. 雀 : 새 쟉 俗呼黃雀 <字會上 9a>

<1145> 새 對 飛禽

고유어 '새'와 한자어 '飛禽'이 [鳥]와 [禽] 즉 '새, 날짐승'의 뜻을 가지고 동의 관계에 있다는 것은 다음 예문들에서 잘 확인된다. '鳥'가 한자어 '飛禽'을 뜻한다. '鳥'의 자석이 '새'이고 고유어 '새'는 한자어 '飛禽'과 동의 관계에 있다. 그리고 '禽'이 한자어 '飛禽'을 뜻하고 '禽'의 자석이 '새'이다. 따라서 '새'와 '飛禽'의 동의성은 명백히 입증된다.

(1145) a. 鳥 : 飛禽 總名 <四解下 14b>
　　　 b. 鳥 : 새 됴 飛禽 總名 <字會下 2a>

(1145) c. 禽 : 飛禽 <四解下 72b>
　　　 d. 禽 : 새 금 <字會下 2a>

<1146> 새박 對 羅摩/蘿摩

고유어 '새박'과 한자어 '羅摩/蘿摩'가 [芄]과 [蘿摩] 즉 '박주가리'의 뜻을 가지고 동의 관계에 있다는 것은 다음 예문들에서 잘 확인된다. '芄'이 한자어 '羅摩'를 뜻하고 '羅摩'는 고유어 '새박'과 동의 관계에 있다. '芄'의 자석이 '새박'이고 고유어 '새박'은 한자어 '蘿摩'와 동의 관계에 있다. 그리고 '蘿摩'가 고유어 '새박'과 동의 관계에 있다. 따라서 '새박'과 '羅摩/蘿摩'의 동의성은 명백히 입증된다.

(1146) a. 芄 : 羅摩 새박 <四解上 76a>
　　　 b. 芄 : 새박 환 俗呼蘿摩 <字會上 4b>

(1146) c. 蘿 : 莪蒿 <四解下 27a>
　　　 d. 蘿 : 댓무수 라 又蘿摩 새박 <字會上 7b>

<1147> 새박 對 芄蘭

고유어 '새박'과 한자어 '芄蘭'이 [芄] 즉 '왕골, 환란(芄蘭) '의 뜻을 가지고 동의 관계에 있다는 것은 다음 예문들에서 잘 확인된다. '芄'이 한자어 '芄蘭'을 뜻하고 '芄蘭'은 고유어 '새박'과 동의 관계에 있다. 그리고 '芄'의 자석이 '새박'이다. 따라서 '새박'과 '芄蘭'의 동의성은 명백히 입증된다.

(1147) a. 芄 : 芄蘭 새박 <四解上 76a>
　　　 b. 芄 : 새박 환 <字會上 4b>

<1148> 새배 對 昧爽

고유어 '새배'와 한자어 '昧爽'이 [晨] 즉 '새벽, 동틀 무렵'의 뜻을 가지고 동의 관계에 있다는 것은 다음 예문들에서 잘 확인된다. 원문 중 '晨昏'이 '새배며 어슬'으로 번역되고 '晨興'이 '새배 닐다'로 번역된다. '晨'이 한자어 '昧爽'을 뜻한다. 그리고 '晨'의 자석이 '새배'이다. 따라서 '새새'와 '昧爽'의 동의성은 명백히 입증된다.

(1148) a. 새배며 어슬메 어버싀게 문안홈을 마디 아니ᄒ더니(晨昏不廢ᄒ더니) <번小九 22a>
　　　 b. 새배 니러 의식 무덤 앏픠 가 울오(晨興必哭于墳前) <속三孝 6b>
　　　 c. 반ᄃ시 암톨기 새배 우러(必無牝雞晨鳴ᄒ야) <번小七 36b>
　　　 d. 馮球ㅣ 새배 賈餗이를 뵈라 갓거늘(馮이 晨謁賈ㅣ어늘) <번小十 17b>
　　　 e. 아ᄃᆯ 仲郢ᄃᆞᆯ히 다 씌 씌여 새배 듕문 뒤헤 가 문안ᄒ더라(諸子仲郢이 皆束帶ᄒ야 晨省於中門之北ᄒ더라) <번小九 102a>
　　　 f. ᄆᆡ실 이른 새배 니러(每日淸早晨起來) <번老上 2b>

(1148) g. 晨 : 昧爽也 今俗語 早晨 <四解上 60a>
　　　 h. 晨 : 새새 신 <字會上 1b>

<1149> 새배 對 早晨

고유어 '새배'와 한자어 '早晨'이 [晨] 즉 '새벽, 동틀 무렵'의 뜻을 가지고 동의 관계에 있다는 것은 다음 예문들에서 잘 확인된다. 원문 중 '晨昏'이 '새배며 어슬'으로 번역되고 '晨鳴'이 '새배 울다'로 번역된다. 그리고 '晨'이 한자어 '早晨'을 뜻하고 '晨'의 자석이 '새배'이다. 따라서 '새배'와 '早晨'의 동의성은 명백히 입증된다.

(1149) a. 새배며 어슬메 어버싀게 문안홈을 마디 아니ᄒ더니(晨昏不廢ᄒ더니) <번小九 22a>
　　　 b. 새배 니러 의식 무덤 앏픠 가 울오(晨興必哭于墳前) <속三孝 6b>
　　　 c. 반ᄃ시 암톨기 새배 우러(必無牝雞晨鳴ᄒ야) <번小七 36b>
　　　 d. 馮球ㅣ 새배 賈餗이를 뵈라 갓거늘(馮이 晨謁賈ㅣ어늘) <번小十 17b>
　　　 e. 아ᄃᆯ 仲郢ᄃᆞᆯ히 다 씌 씌여 새배 듕문 뒤헤 가 문안ᄒ더라(諸子仲郢이 皆束帶ᄒ야 晨省於中門之北ᄒ더라) <번小九 102a>
　　　 f. ᄆᆡ실 이른 새배 니러(每日淸早晨起來) <번老上 2b>

(1149) g. 晨 : 昧爽也 今俗語早晨 <四解上 60a>
　　　 h. 晨 : 새배 신 <字會上 1b>

<1150> 새삼 對 女蘿

고유어 '새삼'과 한자어 '女蘿'가 [蘿] 즉 '소나무겨우살이, 여라(女蘿)'의 뜻을 가지고 동의 관계에 있다는 것은 다음 예문들에서 잘 확인된다. '蘿'가 한자어 '女蘿'를 뜻한다. 그리고 '女蘿'가 고유어 '새삼'과 동의 관계에 있다. 따라서 '새삼'과 '女蘿'의 동의성은 명백히 입증된다.

(1150) a. 蘿 : 莪蒿又女蘿 <四解下 27a>
　　　 b. 蘿 : 댓무수 라…女蘿 새삼 <字會上 7b>

<1151> 새삼 對 菟絲/菟蕬

고유어 '새삼'과 한자어 '菟絲/菟蕬'가 [菟]와 [蕬] 즉 '새삼, 토사(菟蕬)'의 뜻을 가지고 동의 관계에 있다는 것은 다음 예문들에서 잘 확인된다. '菟'가 한자어 '菟絲'를 뜻하고 '菟'의 자석이 '새삼'이다. 그리고 '蕬'의 자석이 '새삼'이고 고유어 '새삼'은 한자어 '菟蕬'와 동의 관계에 있다. 따라서 '새삼'과 '菟絲/菟蕬'의 동의성은 명백히 입증된다.

(1151) a. 菟 : 菟絲 草名 <四解上 37a>
　　　 b. 菟 : 새삼 토 <字會上 4b>

(1151) c. 蕬 : 새삼 ᄉ 俗呼菟蕬 <字會上 4b>

<1152> 새요 對 蝦兒

고유어 '새요'와 한자어 '蝦兒'가 [蝦]와 [鰕] 즉 '새우'의 뜻을 가지고 동의 관계에 있다는 것은 다음 예문들에서 잘 확인된다. 원문 중 '魚蝦'가 '고기와 새요'로 번역된다. '蝦'가 한자어 '蝦兒'를 뜻하고 '蝦兒'는 고유어 '새요'와 동의 관계에 있다. 그리고 '鰕'의 자석이 '새요'이다. 따라서 '새요'와 '蝦兒'의 동의성은 명백히 입증된다. 한자 '蝦'와 '鰕'는 通字이다.

(1152) a. 이 주글 듸 얻는 고기와 새요왜라(是覓死的魚蝦) <번朴上 70b>

(1152) b. 蝦 : …又蝦兒 새요 或作鰕 <四解下 31a>
　　　 c. 鰕 : 새요 하 通作蝦 <字會上 10b>

<1153> 샤공 對 篙師

고유어 '샤공'과 한자어 '篙師'가 [篙師] 즉 '뱃사공'의 뜻을 가지고 동의 관계에 있다는 것은 다음 예문들에서 잘 확인된다. 한자어 '篙師'가 한자어 '艄子' 및 고유어 '샤공'과 동의 관계에 있다. 따라서 '샤공'과 '篙師'의 동의성은 명백히 입증된다.

    (1153) a. 艄 : 船舵尾曰艄…今俗謂篙師曰艄工 艄子 샤공 <四解下 22a>
          b. 艄 : 빗고물 쵸 <字會中 13a>

<1154> 샤공 對 艄工

    고유어 '샤공'과 한자어 '艄工'이 [篙師] 즉 '뱃사공'의 뜻을 가지고 동의 관계에 있다는 것은 다음 예문들에서 잘 확인된다. 한자어 '篙師'가 한자어 '艄工' 및 고유어 '샤공'과 동의 관계에 있다. 따라서 '샤공'과 '艄工'의 동의성은 명백히 입증된다.

    (1154) a. 艄 : 船舵尾曰艄…今俗謂篙師曰艄工 艄子 샤공 <四解下 22a>
          b. 艄 : 빗고물 쵸 <字會中 13a>

<1155> 샤공 對 梢子

    고유어 '샤공'과 한자어 '梢子'가 [篙師] 즉 '뱃사공'의 뜻을 가지고 동의 관계에 있다는 것은 다음 예문들에서 잘 확인된다. 한자어 '船上篙師'가 한자어 '梢子' 및 고유어 '샤공'과 동의 관계에 있다. 따라서 '샤공'과 '梢子'의 동의성은 명백히 입증된다.

    (1155) a. 梢 : 木枝末 又竿也 <四解下 22a>
          b. 梢 : 긑 쵸 枝末 又俗謂船上篙師曰梢子(2b) 샤공 <字會下 3a>

<1156> 샤라부루 對 苦蘵

    고유어 '샤라부루'와 한자어 '苦蘵'가 [蘵] 즉 '시화'의 뜻을 가지고 동의 관계에 있다는 것은 다음 예문들에서 잘 확인된다. '蘵'가 한자어 '苦蘵'를 뜻한다. 그리고 '蘵'의 자석이 '샤라부루'이다. 따라서 '샤라부루'와 '苦蘵'의 동의성은 명백히 입증된다.

    (1156) a. 蘵 : 苦蘵 今俗呼苦蕒菜 <四解上 30b>
          b. 蘵 : 샤라부루 거 苦蘵菜 江東呼苦蕒 <字會上 8a>

<1157> 샤라부루 對 苦蕒菜

    고유어 '샤라부루'와 한자어 '苦蕒菜'가 [蕒]와 [蘵] 즉 '시화'의 뜻을 가지고 동의 관계에 있다는 것은 다음 예문들에서 잘 확인된다. '蕒'가 한자어 '苦蕒菜'를 뜻하고 '苦蕒菜'는 고유어 '샤라부루'와 동의 관계에 있다. 그리고 '蕒'의 자석이 '샤라부루'이고 고유어 '샤라부루'는 한자어 '苦蕒菜'와 동의 관계에 있다. 그리고 '藚'가 한자어 '苦藚菜'를 뜻하고 '藚'의 자석이 '샤라부루'이다. 따라서 '샤라부루'와 '苦蕒菜'의 동의성은 명백히 입증된다.

> (1157) a. 蕒 : 今俗呼苦蕒菜 샤라부루 <四解上 44a>
> b. 蕒 : 샤라부루 미 一名苦苣 俗呼苦蕒菜 <字會上 8a>

> (1157) c. 藚 : 苦藚 今俗呼苦蕒菜 <四解上 30b>
> d. 藚 : 샤라부루 거 苦藚菜 江東呼苦蕒 <字會上 8a>

<1158> 샤옹 對 丈夫

고유어 '샤옹'과 한자어 '丈夫'가 [夫] 즉 '남편'의 뜻을 가지고 동의 관계에 있다는 것은 다음 예문들에서 잘 확인된다. 원문 중 '二夫'가 '두 샤옹'으로 번역된다. '夫'가 한자어 '丈夫'를 뜻한다. 그리고 '夫'의 자석이 '샤옹'이고 고유어 '샤옹'은 한자어 '丈夫'와 동의 관계에 있다. 따라서 '샤옹'과 '丈夫'의 동의성은 명백히 입증된다.

> (1158) a. 烈女는 두 샤옹을 고텨 ㅎ디 아니ㅎᄂ니라(烈女는 不更二夫ㅣ니라) <번小三 10b>

> (1158) b. 夫 : 妻之配 又丈夫 <四解上 38b>
> c. 夫 : 샤옹 부 妻呼丈夫 <字會上 16a>

<1159> 샹사룸 對 庶人

고유어 '샹사룸'과 한자어 '庶人'이 [庶人] 즉 '아무 벼슬이 없는 일반 평민'의 뜻을 가지고 동의 관계에 있다는 것은 다음 예문들에서 잘 확인된다. 원문 중 '庶人之職'이 '샹사ᄅ믜 일'로 번역된다. 그리고 '庶人耆老'가 '庶人 늘그니'로 번역된다. 따라서 '샹사룸'과 '庶人'의 동의성은 명백히 입증된다.

> (1159) a. 흔 남진 흔 겨집은 샹사ᄅ믜 이리니라(一夫一婦는 庶人之職也ㅣ니라) <번小七 31a>
> b. 벼슬ㅎ던 사람 늘그니는 거러 둔니디 아니ㅎ(33a) 며 庶人 늘그니는 고기 업슨 밥 먹디 아니ㅎ
> ᄂ니라(君子ㅣ 耆老애 不徒行ㅎ고 庶人이 耆老애 不徒食이니라) <번小三 33b>

<1160> 샹투 對 縉髮

고유어 '샹투'와 한자어 '緇髮'이 [髻] 즉 '상투'의 뜻을 가지고 동의 관계에 있다는 것은 다음 예문들에서 잘 확인된다. '髻'가 한자어 '緇髮'을 뜻한다. 그리고 '髻'의 자석이 '샹투'이다. 따라서 '샹투'와 '緇髮'의 동의성은 명백히 입증된다.

(1160) a. 髻 : 緇髮 亦作紒 <四解上 23a>
　　　　 b. 髻 : 샹투 계 <字會中 12b>

<1161> 서김 對 酒酵

고유어 '서김'과 한자어 '酒酵'이 [酵] 즉 '술밑, 고두밥을 누룩과 섞어 버무린 것'의 뜻을 가지고 동의 관계에 있다는 것은 다음 예문들에서 잘 확인된다. '酵'가 한자어 '酒酵'를 뜻하고 '酒酵'는 고유어 '서김'과 동의 관계에 있다. 그리고 '酵'의 자석이 '서김'이고 고유어 '서김'은 한자어 '酒酵'와 동의 관계에 있다. 따라서 '서김'과 '酒酵'의 동의성은 명백히 입증된다.

(1161) a. 酵 : 今俗語酒酵 서김 <四解下 23b>
　　　　 b. 酵 : 서김 교 俗呼酵頭又酒酵 <字會中 11a>

<1162> 서흐레 對 階級

고유어 '서흐레'와 한자어 '階級'이 [階]와 [級] 즉 '섬돌, 층계'의 뜻을 가지고 동의 관계에 있다는 것은 다음 예문들에서 잘 확인된다. '階'가 한자어 '階級'을 뜻한다. '階'의 자석이 '섬'이고 고유어 '섬'은 한자어 '階級' 및 고유어 '서흐레'와 동의 관계에 있다. '級'이 한자어 '階級'을 뜻한다. 그리고 '級'의 자석이 '서흐레'이고 고유어 '서흐레'는 한자어 '階級'과 동의 관계에 있다. 따라서 '서흐레'와 '階級'의 동의성은 명백히 입증된다.

(1162) a. 階 : 砌也 又階級 <四解上 46b>
　　　　 b. 階 : 섬 계 俗呼階級 서흐(3b) 레 <字會中 4a>

(1162) c. 級 : 等級 階級 <四解下 72a>
　　　　 d. 級 : 서흐레 급 階級 <字會下 13b>

<1163> 서흐레 對 農器

고유어 '서흐레'와 한자어 '農器'가 [杷] 즉 '써레, 갈아 놓은 논바닥을 고르는 데 쓰는 농기구'의 뜻을 가지고 동의 관계에 있다는 것은 다음 예문들에서 잘 확인된다. '杷'의 자석이 '서흐레'이고 고유어 '서흐레'는 한자어 '農器'와 동의 관계에 있다. 따라서 '서흐레'와 '農器'의 동의성은 명백히 입증된다.

  (1163) a. 杷 : …又今俗語鐵杷子 쇼시랑 <四解下 29a>
       b. 杷 : 서흐레 파 農器 又俗護鐵杷 쇼시랑 <字會中 9a>

<1164> 설 對 年歲

  고유어 '설'과 한자어 '年歲'가 [歲] 즉 '살'의 뜻을 가지고 동의 관계에 있다는 것은 다음 예문들에서 잘 확인된다. 원문 중 '過十歲'가 '열 설 넘다'로 번역되고 '年數歲'가 '나히 두어 설'로 번역된다. 그리고 '歲'가 한자어 '年歲'를 뜻한다. 따라서 '설'과 '年歲'의 동의성은 명백히 입증된다.

  (1164) a. 열 설 남도록 아히 머리 ᄒᆞ니 져그니(過十歲猶總角者ㅣ 盖鮮矣니) <번小七 9b>
       b. 覽의 나히 두어 설에 祥이 맛거든 보고(覽이 年數歲예 見祥被撻ᄒᆞ고) <번小九 70a>
       c. 小人은 나히 셜흔 다숫 설(小人年紀三十五歲) <번老上 64a>

  (1164) d. 歲 : 年歲 <四解上 52a>
       e. 歲 : 힛셰 <字會上 1b>

<1165> 셝 對 箱篋

  고유어 '셝'과 한자어 '箱篋'이 [篋] 즉 '상자, 좁고 긴 네모난 상자'의 뜻을 가지고 동의 관계에 있다는 것은 다음 예문들에서 잘 확인된다. '篋'이 한자어 '箱篋'을 뜻하고 '篋'의 자석이 '셝'이다. 그리고 '箱'이 한자어 '箱篋'을 뜻한다. 따라서 '셝'과 '箱篋'의 동의성은 명백히 입증된다.

  (1165) a. 篋 : 箱篋 <四解下 81b>
       b. 篋 : 셝 협 <字會中 7a>

  (1165) c. 箱 : …又箱篋 <四解下 42a>
       d. 箱(7a) : 샹즛 샹 俗呼柳箱 <字會中 7b>

<1166> 셝 對 篋笥

  고유어 '셝'과 한자어 '篋笥'가 [笥]와 [篋] 즉 '설기, 싸리채나 버들채 등으로 결어서 만든 상자'의 뜻을 가지고 동의 관계에 있다는 것은 다음 예문들에서 잘 확인된다. '笥'가 한자어 '篋笥'를 뜻하고 '笥'의 자석이 ‘섥’이다. 그리고 ‘篋笥’의 자석이 ‘섥’이다. 따라서 ‘섥’과 ‘篋笥’의 동의성은 명백히 입증된다.

(1166) a. 笥 : 篋笥 <四解上 13b>
   b. 笥 : 섥 ᄉ <字會中 7a>

(1166) c. 篋 : 箱篋 <四解下 81b>
   d. 篋 : 섥 협 <字會中 7a>

<1167> 섬 對 階級

고유어 ‘섬’과 한자어 ‘階級’이 [階] 즉 ‘섬돌, 층계’의 뜻을 가지고 동의 관계에 있다는 것은 다음 예문들에서 잘 확인된다. 원문 중 ‘階下’가 ‘섬 아래’로 번역된다. ‘階’가 한자어 ‘階級’을 뜻한다. 그리고 ‘階’의 자석이 ‘섬’이고 고유어 ‘섬’은 한자어 ‘階級’과 동의 관계에 있다. 따라서 ‘섬’과 ‘階級’의 동의성은 명백히 입증된다.

(1167) a. 아들와 아촌아들 들히 섬 아래 버러 셔더니(子姪이 羅列階下ㅣ러니) <번小九 75b>

(1167) b. 階 : 砌也 又階級 <四解上 46a>
   c. 階 : 섬 계 俗呼階級 <字會中 3b>

<1168> 섬 對 階除

고유어 ‘섬’과 한자어 ‘階除’가 [除]와 [階] 즉 ‘섬돌, 계단’의 뜻을 가지고 동의 관계에 있다는 것은 다음 예문들에서 잘 확인된다. ‘除’가 한자어 ‘階除’를 뜻한다. 그리고 ‘階’의 자석이 ‘섬’이다. 따라서 ‘섬’과 ‘階除’의 동의성은 명백히 입증된다.

(1168) a. 除 : 階除 <四解上 32b>

(1168) b. 階 : 砌也 <四解上 46a>
   c. 階 : 섬 계 <字會中 4a>

<1169> 섬 對 계절

고유어 ‘섬’과 한자어 ‘계절’(階節) 이 [階] 즉 ‘섬돌, 층계’의 뜻을 가지고 동의 관계에 있다는 것은 다음 예문들에서 잘 확인된다. 동일 원문의 번역인 (a) 와 (b) 에서 ‘階下’가 ‘섬 아래’로도 번역되고 ‘계

아래'로도 번역된다. 그리고 '階'의 자석이 '섬'이다. 따라서 '섬'과 '계절'의 동의성은 명백히 입증된다.

(1169) a. 아들와 아촌아들 들히 섬 아래 버러 셔더니(子姪이 羅列階下ㅣ러니) <번小九 75b>

(1169) b. 즈딜들히 계절 아래 버러 셔거든(子姪羅列階下) <二倫 15b>

  c. 계절에 다 누리샤는(沒階ᄒ샤) <번小三 5a>

  d. 쥬신이 나 계절의 누리거든(主人出降階於等) <呂約 21a>

  e. 쥬신이 청ᄒ야 계절의셔 몰 투라 ᄒ라(主人伊 請就階上馬爲羅) <呂約 21b>

  f. 믈러 가거든 계절의 나ᅀᅡ가 몰 투이라(卽則就階上馬爲羅) <呂約 22a>

(1169) g. 階 : 砌也 又階級 等差也 <四解上 46a>

  h. 階 : 섬 계 <字會中 3b>

<1170> 섬 對 階砌

고유어 '섬'과 한자어 '階砌'가 [階]와 [砌] 즉 '섬돌'의 뜻을 가지고 동의 관계에 있다는 것은 다음 예문들에서 잘 확인된다. 원문 중 '階下'가 '섬 아래'로 번역된다. '階'의 자석이 '섬'이다. '砌'가 한자어 '階砌'를 뜻한다. 그리고 '階'가 한자 '砌'과 同義이고 '階'의 자석이 '섬'이다. 따라서 '섬'과 '階砌'의 동의성은 명백히 입증된다.

(1170) a. 아들와 아촌아들 들히 섬 아래 버러 셔더니(子姪이 羅列階下ㅣ러니) <번小九 75b>

(1170) b. 階 : 砌也 <四解上 46a>

  c. 階 : 섬 계 <字會中 3b>

(1170) d. 砌 : 階砌 <四解上 26b>

<1171> 섭나모 對 采薪

고유어 '섭나모'와 한자어 '采薪'이 [蕘] 즉 '섶나무, 땔나무'의 뜻을 가지고 동의 관계에 있다는 것은 다음 예문들에서 잘 확인된다. '蕘'가 한자어 '采薪'을 뜻한다. 그리고 '蕘'의 자석이 '섭나모'이다. 따라서 '섭나모'와 '采薪'의 동의성은 명백히 입증된다.

(1171) a. 蕘 : 采薪 <四解下 18a>

  b. 蕘 : 섭나모 요 薪也 <字會下 2a>

<1172> 셔리 對 外郎

　　고유어 '셔리'와 한자어 '外郎'이 [外郎]과 [吏] 즉 '하급 관리'의 뜻을 가지고 동의 관계에 있다는 것은 다음 예문들에서 잘 확인된다. 원문 중 '崔的外郎'이 '최가읫 셔리'로 번역된다. 그리고 '吏'의 자석이 '셔리'이고 고유어 '셔리'는 한자어 '外郎'과 동의 관계에 있다. 따라서 '셔리'와 '外郎'의 동의성은 명백히 입증된다.

　　(1172) a. 셩이 최가읫 셔리 ᄒᆞ야 어드라 가게 ᄒᆞ져(着姓崔的外郎討去) <번朴上 3a>

　　(1172) b. 吏 : 又府史之屬 <四解上 28b>

　　　　　c. 吏 : 셔릿 리…俗呼外郎 <字會中 1b>

<1173> 셔보조 對 箭鏃

　　고유어 '셔보조'와 한자어 '箭鏃'이 [鈚子]와 [鈚] 즉 '살촉'의 뜻을 가지고 동의 관계에 있다는 것은 다음 예문들에서 잘 확인된다. 원문 중 '這鈚子'가 '이 셔보조'로 번역된다. 그리고 '鈚'가 한자어 '箭鏃'을 뜻한다. 따라서 '셔보조'와 '箭鏃'의 동의성은 명백히 입증된다.

　　(1173) a. 이 셔보조 거리살(這鈚子 虎爪) <번老上 32b>

　　(1173) b. 鈚 : 箭鏃 <四解上 15b>

　　　　　c. 鈚 : 힝그럭 피 箭名 俗呼鈚子箭 <字會中 14b>

<1174> 셕 對 馬韁

　　고유어 '셕'과 한자어 '馬韁'이 [轡] 즉 '고삐'의 뜻을 가지고 동의 관계에 있다는 것은 다음 예문들에서 잘 확인된다. '轡'가 한자어 '馬韁'을 뜻한다. 그리고 '轡'의 자석이 '셕'이다. 따라서 '셕'과 '馬韁'의 동의성은 명백히 입증된다.

　　(1174) a. 轡 : 馬韁 <四解上 15b>

　　　　　b. 轡 : 셕 비 <字會中 13b>

<1175> 셕 對 轡革

　　고유어 '셕'과 한자어 '轡革'이 [靮] 즉 '고삐'의 뜻을 가지고 동의 관계에 있다는 것은 다음 예문들에

서 잘 확인된다. '靮'가 한자어 '轡革'을 뜻한다. 그리고 '靮'의 자석이 '셕'이다. 따라서 '셕'과 '轡革'의 동의성은 명백히 입증된다.

(1175) a. 靮 : 轡革 <四解下 29a>
 b. 靮 : 셕 파 手執處 <字會中 13b>

<1176> 션븨 對 秀才

고유어 '션븨'와 한자어 '秀才'가 [秀才]와 [儒] 즉 '선비'의 뜻을 가지고 동의 관계에 있다는 것은 다음 예문들에서 잘 확인된다. 원문 중 '是秀才'가 '이 션븨'로 번역되고 '秀才哥'가 '션븨 형님'으로 번역된다. 그리고 '儒'의 자석이 '션븨'이고 고유어 '션븨'는 한자어 '秀才'와 동의 관계에 있다. 따라서 '션븨'와 '秀才'의 동의성은 명백히 입증된다.

(1176) a. 네 스승은 엇던 사롬고 이 션븨라(你師傅是甚麼人 是秀才) <번朴上 49a>
 b. 션븨 형님 네 나를 흔 댱 빈 내는 글월 써 다고려(秀才哥 你與我寫一紙借錢文書) <번朴上 60b>

(1176) c. 儒 : 術士之稱 <四解上 35b>
 d. 儒 : 션븨 슈…俗稱秀才 <字會上 18a>

<1177> 션븨 對 術士

고유어 '션븨'와 한자어 '術士'가 [儒] 즉 '선비, 儒學에 능통한 사람'의 뜻을 가지고 동의 관계에 있다는 것은 다음 예문들에서 잘 확인된다. '儒'가 한자어 '術士'를 뜻한다. 그리고 '儒'의 자석이 '션븨'이다. 따라서 '션븨'와 '術士'의 동의성은 명백히 입증된다.

(1177) a. 儒 : 術士之稱 <四解上 35b>
 b. 儒 : 션븨 슈 <字會上 18a>

<1178> 션븨 對 學生

고유어 '션븨'와 한자어 '學生'이 [學生]과 [生] 즉 '학생'의 뜻을 가지고 동의 관계에 있다는 것은 다음 예문들에서 잘 확인된다. 원문 중 '當直的學生'이 '딕실 션븨'로 번역되고 '學生的姓名'이 '션븨 일훔'으로 번역된다. '諸生'이 '모둔 션븨둘ㅎ'로 번역된다. 그리고 '生'이 한자어 '學生'을 뜻한다. 따라서 '션븨'

와 '學生'의 동의성은 명백히 입증된다.

    (1178) a. 딕신 션븨 ᄒᆞ야 어피고(敎當直的學生背起) <번老上 3b>

         b. 딕신 션븨 ᄒᆞ야(敎當直的學生) <번老上 4a>

         c. ᄒᆞᆫ 션븨 일훔 쓰고(寫着一箇學生的姓名) <번老上 4a>

         d. 모든 션븨 일후믈 다 이리 써(衆學生的姓名 都這般寫着) <번老上 4a>

         e. 모든 션븨들홀 블러(引諸生) <번小九 8a>

    (1178) f. 生 : ⋯生長 又出也 産也 <四解下 61b>

         g. 生 : 날 ᄉᆡᆼ⋯又學生 儒生 <字會上 17b>

<1179> 션븨 對 뎨ᄌᆞ

    고유어 '션븨'와 한자어 '뎨ᄌᆞ'(弟子) 가 [生] 즉 '제자'의 뜻을 가지고 동의 관계에 있다는 것은 다음 예문들에서 잘 확인된다. 원문 중 '諸生'이 '션븨들ᄒᆞ'과 '모든 션븨들ᄒᆞ'로 번역된다. 그리고 '諸生'이 '모든 뎨ᄌᆞ들ᄒᆞ'로 번역된다. 따라서 '션븨'와 '뎨ᄌᆞ'의 동의성은 명백히 입증된다.

    (1179) a. ᄀᆞ졀히 션븨들홀 위ᄒᆞ야(爲諸生ᄒᆞ야) <번小九 9b>

         b. 모든 션븨들히 오래 어버시를 아니 가 뵈니 잇ᄂᆞ냐 ᄒᆞ여늘(諸生ᄋᆞᆫ 有久不省親者乎아 ᄒᆞ야늘)
            <번小九 8a>

    (1179) c. 모든 뎨ᄌᆞ들히(4a) 죠고매나 그르 ᄒᆞᄂᆞᆫ 이리 잇거든(諸生ㅣ 小有過差이어든) <번小九 4b>

         d. 모든 뎨ᄌᆞ들히 저허 그르 ᄒᆞ관댜 ᄒᆞ여ᄊᆞ(諸生이 恐懼畏伏이어ᄊᆞ) <번小九 4b>

<1180> 션븨 對 儒生

    고유어 '션븨'와 한자어 '儒生'이 [儒], [儒者] 및 [生] 즉 '선비, 儒生'의 뜻을 가지고 동의 관계에 있다는 것은 다음 예문들에서 잘 확인된다. 원문 중 '諸儒'가 '션븨들ᄒᆞ'로 번역되고 '儒術'이 '션븨이 일'로 번역된다. '文學儒者'가 '글ᄒᆞᄂᆞᆫ 션븨'로 번역되고 '儒者事'가 '션븨이 일'로 번역된다. '諸生'이 '션븨들ᄒᆞ'과 '모든 션븨들ᄒᆞ'로 번역된다. 그리고 '生'이 한자어 '儒生'을 뜻한다. 따라서 '션븨'와 '儒生'의 동의성은 명백히 입증된다.

    (1180) a. 비록 齊며 魯 나랏 션븨들히라두(雖齊魯諸儒ㅣ라두)ㅜ <번小九 84b>

         b. 그 둘흔 션븨이 이룰 아디 몯ᄒᆞ며(其二ᄂᆞᆫ 不知儒術ᄒᆞ며) <번小六 18a>

c. 샹위 뵈야호로 글ᄒᆞᄂᆞᆫ 션비를 블러 쓰시더니(上이 方招文學儒者ㅣ러시니)〈번小九38b〉

d. 션비이 이레 ᄀᆞ장 갓갑건마른(於儒者事애 最近ㅣ언마ᄂᆞᆫ)〈번小六6b〉

e. ᄀᆞ졀히 션비들홀 위ᄒᆞ야(爲諸生ᄒᆞ야)〈번小九9b〉

f. 모든 션비들히 오래 어버ᅀᅵ를 아니 가 뵈니 잇ᄂᆞ냐 ᄒᆞ여ᄂᆞᆯ(諸生ᄋᆞᆫ 有久不省親者乎아 ᄒᆞ야ᄂᆞᆯ)
〈번小九8a〉

(1180)g. 生:…生長 又出也 産也〈四解下61b〉

  h. 生:날 싱…又學生 儒生〈字會上17b〉

15세기 국어에서 '儒生'이 고유어 '션비'로 번역된다는 것은 『龍飛御天歌』(1447)의 다음 예문에서
잘 확인된다. 원문 중 '識儒生'이 '션비를 알다'로 번역된다.

(1180)i. 션비를 아르실ᄊᆡ(且識儒生)〈龍80〉

<1181> 션비 對 學生

고유어 '션비'와 한자어 '學生'이 [學生]과 [生] 즉 '학생' 뜻을 가지고 동의 관계에 있다는 것은 다음
예문들에서 잘 확인된다. 원문 중 '漢兒學生們'이 '漢兒 션비들ᄒᆞ'로 번역되고 '頑學生'이 '글외ᄂᆞᆫ 學生'
으로 번역되므로 '션비'와 '學生'의 동의성은 명백히 입증된다.

(1181)a. 미실 漢兒 션비들콰 ᄒᆞ야(6a) ᄒᆞᆫᄃᆡ셔 글 ᄇᆡ호니(每日和漢兒學生們 一處學文書來)〈번老上
6b〉

  b. 네 모든 션비 듕에 언메나 漢兒人이며 언메나 高麗ㅅ 사름고(你那衆學生內中 多小漢兒人多
少高麗人)〈번老上7a〉

  c. 너희 며치나 ᄒᆞᆫ 션비오 우리 혹댱 위두ᄒᆞ야 만순 다ᄉᆞᆺ 션비라(你幾個學生 咱長學爲頭兒
四十五箇學生)〈번朴上49a〉

  d. 모든 션비들히 오래 어버ᅀᅵ를 아니 가 뵈니 잇ᄂᆞ냐 ᄒᆞ야ᄂᆞᆯ(諸生ᄋᆞᆫ 有久不省親者乎아 ᄒᆞ야ᄂᆞᆯ)
〈번小九8a〉

(1181)e. 미실 學長이 글외ᄂᆞᆫ 學生을 다가 스승님ᄭᅴ 숣고 그리 텨도(每日學長 將那頑學生師傳上稟了
那般打了時)〈번老上7a〉

<1182> 션비 對 學者

고유어 '션비'와 한자어 '學者'가 [學者] 즉 '배울 사람'의 뜻을 가지고 동의 관계에 있다는 것은 다음

예문들에서 잘 확인된다. 원문 중 '其學者'가 '그 션비들ᄒ'로 번역되고 '世之學者'가 '시졀의 學者'로 번역되므로 '션비'와 '學者'의 동의성은 명백히 입증된다.

(1182) a. 그 션비들히 서르 말홀 제 先生이라 일콛거든(其學者ㅣ 相語애 稱先生이어든) <번小九 11b>

b. 시졀의 學者 갓가온 일란 ᄇ리고 먼 일에 혜ᄃ니며(世之學者ㅣ 捨近而趨遠ᄒ며) <번小九 19a>

<1183> 셤 對 水中有山

고유어 '셤'과 한자어 '水中有山'이 [島] 즉 '섬'의 뜻을 가지고 동의 관계에 있다는 것은 다음 예문들에서 잘 확인된다. '島'가 한자어 '水中有山'을 뜻한다. 그리고 '島'의 자석이 '셤'이다. 따라서 '셤'과 '水中有山'의 동의성은 명백히 입증된다.

(1183) a. 島 : 水中有山 <四解下 19a>

b. 島 : 셤 도 <字會上 2b>

<1184> 셩녕 對 生活

고유어 '셩녕'과 한자어 '生活'이 [生活]과 [技能] 즉 '工作品, 技能'의 뜻을 가지고 동의 관계에 있다는 것은 다음 예문들에서 잘 확인된다. 원문 중 '主顧生活'이 '마초온 셩녕'으로 번역되고 '刺繡生活'이 '슈질 치지렛 셩녕'으로 번역된다. '勤於技能'이 '셩녕을 브즈러니 ᄒ다'로 번역된다. 그리고 '生活'의 자석이 '셩녕'이다. 따라서 '셩녕'과 '生活'의 동의성은 명백히 입증된다.

(1184) a. 이ᄂ 마초온 셩녕이오(是主顧生活) <번老下 33b>

b. ᄯ또 사오나온 셩녕 잇다(再有些薄薄的生活) <번老下 33b>

c. 슈질 치지렛 셩녕 잘ᄒ고(好刺繡生活) <번朴上 45b>

d. 공쟝이 셩녕을 브즈러니 ᄒ면 가이 쓸 거슬 ᄆᆡᆼᄀ라 옷바볼 밧고며(工勤於技能則可以作什器 易衣食伊五) <正俗 21b>

(1184) e. 生活 : 셩녕 <老朴 累字解 9b>

<1185> 셰간 對 가산/가산

고유어 '셰간'과 한자어 '가산/가산'(家産) 이 [家産]과 [財産]과 [家計] 그리고 [産業] 즉 '가산, 재산'의 뜻을 가지고 동의 관계에 있다는 것은 다음 예문들에서 잘 확인된다. 원문 중 '破蕩家産'이 '셰간 배아다'로 번역되고 '田産家計'가 '뎐디 가산'으로 번역된다. 따라서 '셰간'과 '가산'의 동의성은 명백히 입증된다.

> (1185) a. 셰간 배아고(破蕩家産爲彌) <正俗 26b>
>
> b. 셰가니 그츨 주리 잇곤(財産有窮盡) <正俗 25a>
>
> c. 셰간늘 세 기제 논화(共割財産 以爲三分) <二倫 4a>

> (1185) d. 뎐디 가산도 이시며(田産家計有來) <번老下 48a>
>
> e. 집 뎐지 가솬 사 주어(買田宅産業) <二倫 35a>

<1186> 셰간 對 싱계

고유어 '셰간'과 한자어 '싱계'(生計)가 [生計]와 [生業] 즉 '재산'의 뜻을 가지고 동의 관계에 있다는 것은 다음 예문들에서 잘 확인된다. 원문 중 '兄之生計'가 '형의 셰간'으로 번역되고 '生計…不足'이 '그 싱계…브족ᄒ다'로 번역된다. 그리고 '生業壞'가 '셰간늘 배다'로 번역되고 '失生業'이 '싱계를 잃다'로 번역된다. 따라서 '셰간'과 '싱계'의 동의성은 명백히 입증된다.

> (1186) a. 형의 셰간니 죄 업고(兄之生計蕩然矣) <二倫 21a>
>
> b. 셰간늘 거싀 배아 가디(生業壞已逾半) <二倫 21a>

> (1186) c. 그 싱계 ᄀ장 브족ᄒ거든(生計大不足者) <呂約 35b>
>
> d. 그 근보늘 힘서 싱계를 일티 아니ᄒ 타시라(由其務本而不失生業故也羅) <正俗 21b>
>
> e. 그 근본늘 힘쁘디 아니ᄒ야 싱계를 일흔 타시라(由其不務本而失生業故也羅) <正俗 22a>

<1187> 셰툐 對 絛兒/條兒

고유어 '셰툐'와 한자어 '絛兒/條兒'가 [絛兒]와 [絛] 즉 '끈, 실을 땋은 납작한 끈'의 뜻을 가지고 동의 관계에 있다는 것은 다음 예문들에서 잘 확인된다. 원문 중 '紫絛兒'가 'ᄌ디 셰툐'로 번역된다. 그리고 '絛'의 자석이 '셰툐'이고 고유어 '셰툐'는 한자어 '絛兒'와 동의 관계에 있다. 따라서 '셰툐'와 '絛兒/條兒'의 동의성은 명백히 입증된다. 한자 '絛'와 '條'는 同字이다.

> (1187) a. ᄌ디 셰툐 일빅 툐(紫絛兒一百條) <번老下 69a>

(1187) b. 條 : 編絲繩 <四解下 19a>

　　　c. 條 : 셰툥 툐 俗呼條兒 <字會中 11b>

<1188> 셰툐 對 編絲繩

　　고유어 '셰툐'와 한자어 '編絲繩'이 [條]와 [條] 즉 '실을 땋은 만든 끈'의 뜻을 가지고 동의 관계에 있다는 것은 다음 예문들에서 잘 확인된다. '條'가 한자어 '編絲繩'을 뜻한다. 그리고 '條'의 자석이 '셰툐'이다. 따라서 '셰툐'와 '編絲繩'의 동의성은 명백히 입증된다. 한자 '條'와 '條'는 同字이다.

　　(1188) a. 條 : 編絲繩 <四解下 19a>

　　　　b. 條 : 셰툥 툐 俗呼條兒 <字會中 11b>

<1189> 소 對 龍所居

　　고유어 '소'와 한자어 '龍所居'가 [湫] 즉 '못, 소'의 뜻을 가지고 동의 관계에 있다는 것은 다음 예문들에서 잘 확인된다. '湫'가 한자어 '龍所居'를 뜻한다. 그리고 '湫'의 자석이 '소'이고 고유어 '소'는 한자어 '龍所居'와 동의 관계에 있다. 따라서 '소'와 '龍所居'의 동의성은 명백히 입증된다.

　　(1189) a. 湫 : … 又北人呼湫泉 龍所居 <四解下 68b>

　　　　b. 湫 : 소 츄 龍所居 <字會上 3a>

<1190> 소 對 水深處

　　고유어 '소'와 한자어 '水深處'가 [潭] 즉 '소, 못, 물이 깊게 괸 곳'의 뜻을 가지고 동의 관계에 있다는 것은 다음 예문들에서 잘 확인된다. '潭'의 자석이 '소'이고 고유어 '소'는 한자어 '水深處'와 동의 관계에 있다. 따라서 '소'와 '水深處'의 동의성은 명백히 입증된다.

　　(1190) a. 潭 : … 又深水曰潭 <四解下 76a>

　　　　b. 潭 : 소 담 水深處爲潭 <字會上 3a>

<1191> 소 對 湫泉

　　고유어 '소'와 한자어 '湫泉'이 [湫] 즉 '소, 못'의 뜻을 가지고 동의 관계에 있다는 것은 다음 예문들에서 잘 확인된다. '湫'가 한자어 '湫泉'을 뜻한다. 그리고 '湫'의 자석이 '소'이다. 따라서 '소'와 '湫泉'의 동의성은 명백히 입증된다.

(1191) a. 湫 : ···又北人呼湫泉 龍所居 <四解下 68b>

　　　b. 湫 : 소 츄 龍所居 <字會上 3a>

<1192> 소ㅎ 對 餡兒

고유어 '소ㅎ'와 한자어 '餡兒'가 [餡兒]와 [餡] 즉 '소, 떡의 소'의 뜻을 가지고 동의 관계에 있다는 것은 다음 예문들에서 잘 확인된다. 원문 중 '饅頭餡兒'가 '상황 소ㅎ'로 번역된다. 그리고 '餡'의 자석이 '쩍소'이고 고유어 '쩍소'는 한자어 '餡兒'와 동의 관계에 있다. 따라서 '소ㅎ'와 '餡兒'의 동의성은 명백히 입증된다.

(1192) a. 상황 소해 쓰다(饅頭餡兒裏使了) <번老下 39a>

(1192) b. 餡 : 今俗呼餕餡 쩍소 <四解下 80b>

　　　c. 餡 : 쩍소 함 俗呼餕餡 又餡兒 <字會中 10a>

<1193> 소곰 對 煮海

고유어 '소금'과 한자어 '煮海'가 [塩], [鹽] 및 [醎] 즉 '소금, 인공으로 만든 소금'의 뜻을 가지고 동의 관계에 있다는 것은 다음 예문들에서 잘 확인된다. 원문 중 '塩菜'가 '소금과 치소'로 번역된다. '鹽'이 한자어 '煮海'를 뜻한다. '鹽'의 자석이 '소곰'이고 고유어 '소곰'은 한자어 '煮海'와 동의 관계에 있다. 그리고 '醎'의 자석이 '소곰'이다. 따라서 '소곰'과 '煮海'의 동의성은 명백히 입증된다. 한자 '塩'은 '鹽'의 속자이다.

(1193) a. 소곰과 치소도 먹디 아니ㅎ더라(不進塩菜ㅎ더라) <번小九 33a>

　　　b. 소곰 두고(着些塩) <번老上 21b>

(1193) c. 鹽 : 鹹也 煮海爲之 <四解下 85a>

　　　d. 塩 : 俗用 <四解下 85a>

　　　e. 鹽 : 소곰 염 煮海爲鹽 人生曰鹽 <字會中 11a>

(1193) f. 醎 : 塩也 <四解下 26a>

　　　g. 醎 : 소곰 자 <字會中 11a>

<1194> 소과리 對 鱖魚

고유어 '소과리'와 한자어 '鱖魚'가 [鱖] 즉 '쏘가리'의 뜻을 가지고 동의 관계에 있다는 것은 다음 예문들에서 잘 확인된다. '鱖'이 魚名으로 '소과리'이다. 그리고 '鱖'의 자석이 '소과리'이고 고유어 '소과리'는 한자어 '鱖魚'와 동의 관계에 있다. 따라서 '소과리'와 '鱖魚'의 동의성은 명백히 입증된다.

> (1194) a. 鱖 : 魚名 소과리 <四解上 48b>
> b. 鱖 : 소과리 궐 俗呼鱖魚 <字會上 11a>

<1195> 소니 對 弓有臂者

고유어 '소니'와 한자어 '弓有臂者'가 [弩] 즉 '쇠뇌, 화살이나 돌을 잇달아 쏠 수 있는 활'의 뜻을 가지고 동의 관계에 있다는 것은 다음 예문들에서 잘 확인된다. '弩'가 한자어 '弓有臂者'를 뜻하고 '弩'의 자석이 '소니'이다. 그리고 원문 중 '樞機'가 '문ㅅ 지도리와 소니옛 술 ᄀᆞ튼 것'으로 번역된다. 따라서 '소니'와 '弓有臂者'의 동의성은 명백히 입증된다.

> (1195) a. 弩 : 弓有臂者 <四解上 37b>
> b. 弩 : 소니 노 <字會中 14a>

> (1195) c. ᄒᆞ물며 이는 문ㅅ 지도리와 소니옛 술 ᄀᆞ튼 거시라 사홈도 닐와ᄃᆞ며 됴ᄒᆞᆫ 일도 내요미ᄯᅡ녀(矧
>   是樞機興戎出好ㅣ ᄯᆞ녀) <번小八 10b>

<1196> 소라 對 鈔鑼

고유어 '소라'와 한자어 '鈔鑼'가 [鈔]와 [鑼] 즉 '구리로 만든 동이'의 뜻을 가지고 동의 관계에 있다는 것은 다음 예문들에서 잘 확인된다. '鈔'가 한자어 '鈔鑼'를 뜻한다. 그리고 '鑼'가 한자어 '鈔鑼'를 뜻하고 '鈔鑼'는 고유어 '소라'와 동의 관계에 있다. 따라서 '소라'와 '鈔鑼'의 동의성은 명백히 입증된다.

> (1196) a. 鈔 : 鈔鑼 銅器 <四解下 26b>
> b. 鑼 : 鈔鑼 銅器 소라 <四解下 27b>

<1197> 소리춤나모 對 靑杠樹

고유어 '소리춤나모'와 한자어 '靑杠樹'가 [槲]과 [櫟] 즉 '떡갈나무, 도토리나무'의 뜻을 가지고 동의 관계에 있다는 것은 다음 예문들에서 잘 확인된다. '槲'이 고유어 '소리춤나모'를 뜻한다. '槲'의 자석이 '소리춤나모'이고 고유어 '소리춤나모'는 한자어 '靑杠樹'와 동의 관계에 있다. 그리고 '櫟'이 고유어 '소리츰나모'를 뜻하고 '소리츰나모'는 한자어 '靑杠樹'와 동의 관계에 있다. 따라서 '소리츰나모'와 '靑杠樹'의 동의성은 명백히 입증된다.

(1197) a. 槲 : 木名 소리츰나모 <四解上 6a>

    b. 槲 : 소리츰나모 곡 俗呼(5b) 靑杠樹 <字會上 6a>

(1197) c. 櫟 : ⋯又有一種鐵櫟木 소리츰나모 又呼靑杠樹 <四解下 57b>

<1198> 소리 對 聲音

고유어 '소리'와 한자어 '聲音'이 [聲]과 [音] 즉 '소리'의 뜻을 가지고 동의 관계에 있다는 것은 다음 예문들에서 잘 확인된다. 원문 중 '聲如雷'가 '울에 ᄀ툰 소리'로 번역되고 '聲容'이 '소리이 양'으로 번역된다. '聲'이 한자어 '聲音'을 뜻하고 '聲'의 자석이 '소리'이다. 그리고 '音'이 한자 '聲'과 同義이고 '音'의 자석이 '소리'이다. 따라서 '소리'와 '聲音'의 동의성은 명백히 입증된다.

(1198) a. 소리를 놋가이 ᄒ며 긔운을 ᄂᄌ기 ᄒ야(怡聲下氣ᄒ야) <번小八 25b>

    b. 소리이 양으란 안졍케 ᄒ며(聲容靜ᄒ며) <번小四 13a>

    c. 울에 ᄀ툰 소리 잇거늘(有聲如雷) <속三孝 11a>

    d. 머기니 먹디 아니ᄒ고 우는 소리 슯프거늘(哺之不食鳴聲悲커늘) <번小九 100a>

(1198) e. 聲 : 聲音 <四解下 54a>

    f. 聲 : 소리 셩 <字會上 15a>

(1198) g. 音 : 聲也 <四解下 74a>

    h. 音 : 소리 음 <字會上 15a>

<1199> 소리 對 聲之外應

고유어 '소리'와 한자어 '聲之外應'이 [響] 즉 '울림, 音響'의 뜻을 가지고 동의 관계에 있다는 것은 다음 예문들에서 잘 확인된다. 원문 중 '響不得'이 '소리 나디 아니ᄒ다'로 번역된다. 그리고 '響'이 한자어 '聲之外應'을 뜻한다. 따라서 '소리'와 '聲之外應'의 동의성은 명백히 입증된다.

(1199) a. ᄒᆫ 소늘 티면 소리 나디 아니ᄒ고(一箇手打時響不得) <번老下 44a>

    b. 響 : 聲之外應曰響 <四解下 44a>

<1200> 소옴 對 緜花

고유어 '소옴'과 한자어 '緜花'가 [緜]과 [緜子] 즉 '솜'의 뜻을 가지고 동의 관계에 있다는 것은 다음 예문들에서 잘 확인된다. 원문 중 '緜絹'이 '소옴과 깁'으로 번역되고 '綾子緜子'가 '고로와 소옴'으로 번역된다. 그리고 '緜'의 자석이 '소옴'이고 고유어 '소옴'은 한자어 '緜花'와 동의 관계에 있다. 따라서 '소옴'과 '緜花'의 동의성은 명백히 입증된다.

(1200) a. 소옴과 깁들 거두워 사(收買些緜絹) <번老上 13a>
b. 쏘 소옴 깁 사(却買緜絹) <번老上 15a>
c. 깁과 고로와 소옴들 거두워 사(收買些絹子綾子緜子) <번老上 13a>
d. 쏘 소옴 미 흔 근에(又緜子每一斤) <번老上 14a>

(1200) e. 緜 : 絮也 <四解下 4a>
f. 緜 : 소옴 면 俗呼緜花 <字會中 12a>

<1201> 소옴 對 細絮

고유어 '소옴'과 한자어 '細絮'가 [纊] 즉 '솜'의 뜻을 가지고 동의 관계에 있다는 것은 다음 예문들에서 잘 확인된다. '纊'이 한자어 '細絮'를 뜻한다. 그리고 '纊'의 자석이 '소옴'이다. 따라서 '소옴'과 '細絮'의 동의성은 명백히 입증된다.

(1201) a. 纊 : 細絮 <四解下 45b>
b. 纊 : 소옴 광 <字會中 12a>

<1202> 소옴 對 敝綿

고유어 '소옴'과 한자어 '敝綿'이 [絮] 즉 '솜, 묵은 솜'의 뜻을 가지고 동의 관계에 있다는 것은 다음 예문들에서 잘 확인된다. '絮'가 한자어 '敝綿'을 뜻하고 '絮'의 자석이 '소옴'이다. 그리고 원문 중 '衣絮'가 '소옴 둔 오슬 닙다'로 번역된다. 따라서 '소옴'과 '敝綿'의 동의성은 명백히 입증된다.

(1202) a. 絮 : 敝綿 <四解上 31b>
b. 絮 : 소옴 셔 <字會中 12a>

(1202) c. 겨슬에도 소옴 둔 오슬 닙디 아(32b) 니ᄒ며(冬不衣絮ᄒ며) <번小九 33a>

<1203> 소지 對 狀子

고유어 '소지'와 한자어 '狀子'가 [狀子] 즉 '訴狀, 고소장'의 뜻을 가지고 동의 관계에 있다는 것은 다음 예문들에서 잘 확인된다. 한자어 '狀子'가 고유어 '소지' 및 한자어 '告狀'과 동의 관계에 있다. 따라서 '소지'와 '狀子'의 동의성은 명백히 입증된다.

(1203) a. 狀 : …牒也 <四解下 39a>
b. 狀 : 얼굴 장…俗稱狀子 소지 又曰告狀 <字會上 18b>

<1204> 손 對 客人

고유어 '손'과 한자어 '客人'이 [客] 즉 '손'의 뜻을 가지고 동의 관계에 있다는 것은 다음 예문들에서 잘 확인된다. 원문 중 '客至'가 '손이 오다'로 번역되고 '速客'이 '손을 쳥ᄒ다'로 번역된다. 그리고 '客'의 자석이 '손'이고 고유어 '손'은 한자어 '客人'과 동의 관계에 있다. 따라서 '손'과 '客人'의 동의성은 명백히 입증된다.

(1204) a. 소니 젓구글 마시거든 쥬ᅀᅵᆫ이 가난호믈 니ᄅᆞ며(客이 醴어든 主人이 辭以裏ᄒ며) <번小四 26b>
b. 손이 오나든(客至어든) <번小十 32a>
c. 손을 쳥티 아니ᄒᆞᆫ 저(28a) 기어든(非速客이어든) <번小十 28b>
d. 저ᄂᆞᆫ 치소로 손과 ᄒᆞᆷᄭᅴ 밥 먹거늘(自以草蔬로 與客同飯ᄒᆞᆫ대) <번小十 28b>
e. 너희 손 도읜 양 말오(你休做客) <번老上 42b>

(1204) f. 客 : 賓客 <四解下 58a>
g. 客 : 손 긱 俗呼客人 <字會中 2a>

<1205> 손 對 賓客

고유어 '손'과 한자어 '賓客'이 [賓客], [賓] 및 [客] 즉 '손'의 뜻을 가지고 동의 관계에 있다는 것은 다음 예문들에서 잘 확인된다. 원문 중 '接賓客'이 '손 ᄃᆡ졉ᄒ다'로 번역되고 '賓客之奉'이 '소니게 받ᄌᆞ올 것'으로 번역된다. '親賓'이 '아ᅀᆞ미며 손'으로 번역되고 '停客'이 '머므런ᄂᆞᆫ 손'으로 번역된다. '賓'의 자석이 '손'이고 고유어 '손'은 한자어 '賓客'과 동의 관계에 있다. '客'이 한자어 '賓客'을 뜻한다. 그리고 '客'의 자석이 '손'이고 고유어 '손'은 한자어 '賓客'과 동의 관계에 있다. 따라서 '손'과 '賓客'의 동의성은

명백히 입증된다.

(1205) a. 지븨 일 분간ᄒ며 손 디졉ᄒ고(決私事ᄒ며 接賓客ᄒ고) <번小九 102a>

b. 손을 디졉ᄒ여셔 말ᄉᄆᆯ 이슥히 호ᄃᆡ(見賓客ᄒ야 談論蹿時호ᄃᆡ) <번小十 26a>

c. 권당과 녯 벋과 손들 홀 쳥ᄒ야(請族人故舊賓客ᄒ야) <번小九 87b>

d. 소ᄂᆡ게 받ᄌᆞ올 거슬 힘ᄭᅥ장 뫼화(3b) 쟝만ᄒ야(賓客之奉을 當極力營辦ᄒ야) <번小七 4a>

e. 아ᅀᆞ미며 소니 술와 차반 가져(親賓則齎酒饌ᄒ야) <번小七 17a>

f. 손 이바드며 군ᄉ 머규믈(宴賓犒軍을) <번小十 14b>

g. 문늬 머므런ᄂ 소니 업더라(門無停客ᄒ더라) <번小十 8b>

h. 소니 졋구글 마시거든 쥬인이 가ᄂ호ᄆᆯ 니르며(客이 醋어든 主人이 辭以褻ᄒ며) <번小四 26b>

i. 손이 오나든(客至어든) <번小十 32a>

j. 소니 가 보와늘(客이 往見之ᄒ야늘) <번小七 20b>

k. 손을 쳥티 아니ᄒ 저(28a) 기어든(非速客이어든) <번小十 28b>

l. 저ᄂ 치소로 손과 홈ᄭᅴ 밥 먹거늘(自以草蔬로 與客同飯ᄒ대) <번小十 28b>

(1205) m. 賓 : 客也 <四解上 56b>

n. 賓 : 손 빙 俗呼賓客 <字會中 2a>

(1205) o. 客 : 賓客 <四解下 58a>

p. 客 : 손 긱 <字會中 2a>

<1206> 솑돕 對 手爪

고유어 '솑돕'과 한자어 '手爪'가 [爪] 즉 '손톱'의 뜻을 가지고 동의 관계에 있다는 것은 다음 예문들에서 잘 확인된다. '爪'의 자석이 '솑돕'이고 고유어 '솑돕'은 한자어 '手爪'와 동의 관계에 있다. 따라서 '솑돕'과 '手爪'의 동의성은 명백히 입증된다.

(1206) a. 爪 : 覆手曰爪 又同下 <四解下 21b>

b. 叉 : 手足甲 俗作爪 <四解下 21b>

c. 爪 : 솑돕 조 手爪 足爪 <字會上 13b>

고유어 '솑돕'은 15세기의 『楞嚴經諺解』(1462) 의 다음 예문들에서 잘 확인된다. 원문 중 '爪之相'이 '솑돕 相'으로 번역되고 '爪形'이 '솑돕 양ᄌ'로 번역된다.

(1206) d. 고깃 양이 두 숏돕 相을 取ᄒ려(爲取肉形雙爪之相가) <楞三 43b>

    e. 숏돕 양ᄌ는 鼻相이오(爪形은 鼻相也ㅣ오) <楞三 43b>

<1207> 솓 對 大鼎

고유어 '솓'과 한자어 '大鼎'이 [鼐] 즉 '큰 솥'의 뜻을 가지고 동의 관계에 있다는 것은 다음 예문들에서 잘 확인된다. '鼐'가 한자어 '大鼎'을 뜻한다. 그리고 '鼐'의 자석이 '솓'이다. 따라서 '솓'과 '大鼎'의 동의성은 명백히 입증된다.

    (1207) a. 鼐 : 大鼎 詩 鼐鼎及鼒 <四解上 43b>

        b. 鼐 : 大鼎 <四解上 43b>

        c. 鼐 : 솓 내 大曰鼐 <字會中 6a>

<1208> 솓 對 小鼎

고유어 '솓'과 한자어 '小鼎'이 [鼒] 즉 '옹달솥, 작은 솥'의 뜻을 가지고 동의 관계에 있다는 것은 다음 예문들에서 잘 확인된다. '鼒'가 한자어 '小鼎'을 뜻한다. 그리고 '鼒'의 자석이 '솓'이다. 따라서 '솓'과 '小鼎'의 동의성은 명백히 입증된다.

    (1208) a. 鼒 : 小鼎 <四解上 12b>

        b. 鼒 : 솓 ᄌ 小曰鼒 <字會中 6a>

<1209> 솓 對 烹飪器

고유어 '솓'과 한자어 '烹飪器'가 [鼎] 즉 '솥, 음식을 익히는 데 쓰는 기구'의 뜻을 가지고 동의 관계에 있다는 것은 다음 예문들에서 잘 확인된다. '鼎'이 한자어 '烹飪器'를 뜻한다. 그리고 '鼎'의 자석이 '솓'이고 고유어 '솓'은 '烹飪之器'를 뜻한다. 따라서 '솓'과 '烹飪器'의 동의성은 명백히 입증된다.

    (1209) a. 鼎 : 烹飪器 <四解下 48a>

        b. 鼎 : 솓 뎡 烹飪之器 <字會中 6a>

<1210> 솔 對 松木

고유어 '솔'과 한자어 '松木'이 [松] 즉 '소나무'의 뜻을 가지고 동의 관계에 있다는 것은 다음 예문들에서 잘 확인된다. 원문 중 '澗畔松'이 '냇 ᄀ싯솔'로 번역된다. 그리고 '松'이 한자어 '松木'을 뜻하고

'松'의 자석이 '솔'이다. 따라서 '솔'과 '松木'의 동의성은 명백히 입증된다.

(1210) a. 더듼 냇 ᄀᆞᆺ소ᄅᆞᆫ(遲遲澗畔松은) <번小六 28a>

b. 솔와 잣 닙피 후에 디ᄂᆞᆫ 주를 아ᄂᆞ니(知松栢之後凋ㅣ니) <번小九 74a>

(1210) c. 松 : …木名…松木 <四解上 8a>

d. 松 : 솔 숑 <字會上 6a>

<1211> 솔 對 布棚

고유어 '솔'과 한자어 '布棚'이 [帿] 즉 '과녁, 활터에 세운 과녁판'의 뜻을 가지고 동의 관계에 있다는 것은 다음 예문들에서 잘 확인된다. '帿'의 자석이 '솔'이고 고유어 '솔'은 한자어 '布棚'과 동의 관계에 있다. 따라서 '솔'과 '布棚'의 동의성은 명백히 입증된다. 한자 '侯'는 '帿'의 本字이다.

(1211) a. 侯 : 射布… <四解下 67b>

b. 帿 : 솔 후 俗呼布棚 <字會中 14a>

<1212> 솔관 對 射的

고유어 '솔관'과 한자어 '射的'이 [帪] 즉 '과녁'의 뜻을 가지고 동의 관계에 있다는 것은 다음 예문들에서 잘 확인된다. '帪'이 한자어 '射的'을 뜻한다. 그리고 '帪'의 자석이 '솔관'이고 고유어 '솔관'은 한자의 '射的'과 동의 관계에 있다. 따라서 '솔관'과 '射的'의 동의성은 명백히 입증된다.

(1212) a. 帪 : 射的 <四解下 53a>

b. 帪 : 솔관 졍 射的 <字會中 14a>

<1213> 솔관 對 侯中鵠

고유어 '솔관'과 한자어 '侯中鵠'이 [弔]과 [帎] 즉 '과녁'의 뜻을 가지고 동의 관계에 있다는 것은 다음 예문들에서 잘 확인된다. '弔'이 한자어 '侯中鵠'을 뜻한다. 그리고 '帎'의 자석이 '솔관'이다. 따라서 '솔관'과 '侯中鵠'의 동의성은 명백히 입증된다. 한자 '帎'과 '弔'은 同字이다.

(1213) a. 弔 : 侯中鵠 <四解下 48b>

b. 帎 : 솔관 뎍 通作的 或作弔 <字會中 14a>

<1214> 솔옷 對 羊蹄菜

고유어 '솔옷'과 한자어 '羊蹄菜'가 [蓫]과 [蕪] 즉 '참소리쟁이, 소루쟁이'의 뜻을 가지고 동의 관계에 있다는 것은 다음 예문들에서 잘 확인된다. '蓫'이 한자어 '羊蹄菜'를 뜻하고 '羊蹄菜'는 고유어 '솔옷'과 동의 관계에 있다. 그리고 '蕪'의 자석이 '솔옷'이고 고유어 '솔옷'은 한자어 '羊蹄菜'와 동의 관계에 있다. 따라서 '솔옷'과 '羊蹄菜'의 동의성은 명백히 입증된다.

　　(1214) a. 蓫 : 牛蘈 今俗呼羊蹄菜 솔옷 <四解上 9a>
　　　　　 b. 蕪 : 솔옷 뎨 俗呼羊蹄菜 <字會上 5a>

<1215> 솔옷 對 牛蘈

고유어 '솔옷'과 한자어 '牛蘈'가 [蓫]과 [蕪] 즉 '참소리쟁이, 소루쟁이'의 뜻을 가지고 동의 관계에 있다는 것은 다음 예문들에서 잘 확인된다. '蓫'이 한자어 '牛蘈'를 뜻하고 '牛蘈'는 한자어 '羊蹄菜' 및 고유어 '솔옷'과 동의 관계에 있다. 따라서 '솔옷'과 '牛蘈'의 동의성은 명백히 입증된다.

　　(1215) a. 蓫 : 牛蘈 今俗呼羊蹄菜 솔옷 <四解上 9a>
　　　　　 b. 蕪 : 솔옷 뎨 俗呼羊蹄菜 <字會上 5a>

<1216> 솔옷 對 錐兒

고유어 '솔옷'과 한자어 '錐兒'가 [錐兒]와 [錐] 즉 '송곳'의 뜻을 가지고 동의 관계에 있다는 것은 다음 예문들에서 잘 확인된다. 원문 중 '錐兒細'가 '솔오즌 ㄱ롤다'로 번역되고 '鑽天錐'가 '하늘 듧는 솔옷'으로 번역된다. 그리고 '錐'의 자석이 '솔옷'이고 고유어 '솔옷'은 한자어 '錐兒'와 동의 관계에 있다. 따라서 '솔옷'과 '錐兒'의 동의성은 명백히 입증된다.

　　(1216) a. 솔오즌 ㄱ롤오 노흔 굴그니(錐兒細線麤) <번老下 53a>
　　　　　 b. 하늘 듧는 솔오재 아래는 큰 므려(鑽天錐下大水) <번朴上 42a>

　　(1216) c. 錐 : 器如鑽者 <四解上 52a>
　　　　　 d. 錐 : 솔옷 쵸 俗呼錐兒 <字會中 7b>

<1217> 솝 對 中

고유어 '솝'과 한자어 '中'이 [衷]과 [裏] 즉 '속, 中央'의 뜻을 가지고 동의 관계에 있다는 것은 다음 예

문들에서 잘 확인된다. '衷'이 한자어 '中'을 뜻한다. '衷'의 자석이 '솝'이고 고유어 '솝'은 한자어 '中'과 동의 관계에 있다. 그리고 '裏'가 한자어 '中'을 뜻하고 '裏'의 자석이 '솝'이다. 따라서 '솝'과 '中'의 동의 성은 명백히 입증된다.

(1217) a. 衷 : …中也 <四解上 8a>
　　　　 b. 衷 : 솝 튱 中也 <字會下 15a>

(1217) c. 裏 : 中也 <四解上 18b>
　　　　 d. 裏 : 솝 리 <字會下 15a>

<1218> 솝 對 衣內

고유어 '솝'과 한자어 '衣內'가 [裏] 즉 '옷안'의 뜻을 가지고 동의 관계에 있다는 것은 다음 예문들에서 잘 확인된다. '裏'가 한자어 '衣內'를 뜻한다. 그리고 '裏'의 자석이 '솝'이다. 따라서 '솝'과 '衣內'의 동의성은 명백히 입증된다.

(1218) a. 裏 : 中也 衣內也 <四解上 28b>
　　　　 b. 裏 : 솝 리 <字會下 15a>

<1219> 솟동 對 繁纓

고유어 '솟동'과 한자어 '繁纓'이 [纓] 즉 '(말의) 가슴걸이'의 뜻을 가지고 동의 관계에 있다는 것은 다음 예문들에서 잘 확인된다. 원문 중 '馬纓'이 '믈 솟동'으로 번역된다. 그리고 '纓'이 한자어 '繁纓'을 뜻하고 '纓'이 고유어 '솟동'을 뜻한다. 따라서 '솟동'과 '繁纓'의 동의성은 명백히 입증된다.

(1219) a. 믈 솟동 일빅 낫과(馬纓一百顆) <번老下 69b>
　　　　 b. 솟동조차 잇고(帶纓筒) <번朴上 28b>

(1219) c. 纓 : …又繁纓 <四解下 55a>
　　　　 d. 纓 : 긴 영…又솟동曰纓 <字會中 12a>

<1220> 송이 對 蓮房

고유어 '송이'와 한자어 '蓮房'이 [蓮房] 즉 '연밥이 든 송이'의 뜻을 가지고 동의 관계에 있다는 것은 다음 예문들에서 잘 확인된다. '蓮'의 자석이 '련'이고 고유어 '송이'가 한자어 '蓮房'과 동의 관계에 있다. 따라서 '송이'와 '蓮房'의 동의성은 명백히 입증된다.

　　(1220) a. 蓮 : 芙蕖實 <四解下 8a>
　　　　　b. 蓮 : 련 련 芙蕖實也 又曰蓮子 송이曰蓮蓬 蓮房 <字會上 4a>

<1221> 쵹불쥐기 對 拿錢

　　고유어 '쵹불쥐기'와 한자어 '拿錢'이 [拿錢] 즉 '먹국놀이, 제비 뽑기'의 뜻을 가지고 동의 관계에 있다는 것은 다음 예문들에서 잘 확인된다. 원문 중 '拿錢'이 '쵹불쥐기 ㅎ다'로 번역된다. 그리고 '拿錢'이 고유어 '쵹불쥐기'를 뜻한다. 따라서 '쵹불쥐기'와 '拿錢'의 동의성은 명백히 입증된다.

　　(1221) a. 혹식 돈더기 ㅎ며 쵹불쥐기 ㅎ며(或是博錢 拿錢) <번朴上 18a>
　　　　　b. 拿錢 : 卽猜拳也 쵹불쥐기 <老朴 朴上 6b>

<1222> 쇠 對 鐵頭

　　고유어 '쇠'와 한자어 '鐵頭'가 [鐵頭]와 [鐵] 즉 '쇠'의 뜻을 가지고 동의 관계에 있다는 것은 다음 예문들에서 잘 확인된다. 원문 중 '甚麼鐵頭'가 '므슴 쇠'로 번역되고 '別樣鐵'이 '녀느 쇠'로 번역된다. 그리고 '鐵'의 자석이 '쇠'이고 고유어 '쇠'는 한자어 '鐵頭'와 동의 관계에 있다. 따라서 '쇠'와 '鐵頭'의 동의성은 명백히 입증된다.

　　(1222) a. 므슴 되로 밍글일다(着甚麼鐵頭打) <번朴上 16a>
　　　　　b. 녀느 쇠 말오(不要別樣鐵) <번朴上 16a>
　　　　　c. 쏘 굴근 무면 일빅 필와…쇠예 입ㅅ혼 토환 일빅 나출 사고(再買些麤木縣一白疋…減鐵條環 一百箇) <번老下 69b>

　　(1222) d. 鐵 : 黑金 <四解下 2b>
　　　　　e. 鐵 : 쇠 텰 俗呼鐵頭 <字會中 15b>

<1223> 쇠 對 五金

　　고유어 '쇠'와 한자어 '五金'이 [金] 즉 '쇠, 다섯 가지 금속'의 뜻을 가지고 동의 관계에 있다는 것은 다음 예문들에서 잘 확인된다. '金'이 한자어 '五金'을 뜻하고 '金'의 자석이 '쇠'이다. 따라서 '쇠'와 '五金'의 동의성은 명백히 입증된다.

(1223) a. 金 : 五金 <四解下 72a>

　　　b. 金 : 쇠금 ㅠ 又黃金 <字會中 15a>

<1224> 쇠 對 黑金

　고유어 '쇠'와 한자어 '黑金'이 [鐵] 즉 '쇠, 철'의 뜻을 가지고 동의 관계에 있다는 것은 다음 예문들에서 잘 확인된다. '鐵'이 한자어 '黑金'을 뜻한다. 그리고 '鐵'의 자석이 '쇠'이다. 따라서 '쇠'와 '黑金'의 동의성은 명백히 입증된다.

(1224) a. 鐵 : 黑金 <四解下 2b>

　　　b. 鐵 : 쇠 텰 俗呼鐵頭 <字會中 15b>

<1225> 쇠나기 對 暴雨

　고유어 '쇠나기'와 한자어 '暴雨'가 [涷] 즉 '소나기'의 뜻을 가지고 동의 관계에 있다는 것은 다음 예문들에서 잘 확인된다. '涷'이 한자어 '暴雨'를 뜻한다. 그리고 '涷'의 자석이 '쇠나기'이다. 따라서 '쇠나기'와 '暴雨'의 동의성은 명백히 입증된다.

(1225) a. 涷 : 暴雨 <四解上 1b>

　　　b. 涷 : 水名 又暴雨 <四解上 1b>

　　　c. 涷 : 쇠나기 동 俗稱驟雨 又曰過路雨 <字會上 2a>

<1226> 쇠로기 對 鵝老翅

　고유어 '쇠로기'와 한자어 '鵝老翅'가 [鵝老翅]와 [鴟] 즉 '솔개'의 뜻을 가지고 동의 관계에 있다는 것은 다음 예문들에서 잘 확인된다. 원문 중 '鵝老翅鶴兒'가 '쇠로기 ᄀ티 ᄒᆞᆫ 연'으로 번역된다. 그리고 '鴟'의 자석이 '쇠로기'이고 '쇠로기'는 한자어 '鵝老翅'와 동의 관계에 있다. 따라서 '쇠로기'와 '鵝老翅'의 동의성은 명백히 입증된다.

(1226) a. 쇠로기 ᄀ티 ᄒᆞᆫ 연 메유기 ᄀ티 ᄒᆞᆫ 연(鵝老翅鶴鴉 鮎魚鶴鴉) <번朴上 17b>

(1226) b. 鴟 : 鳶兒 쇠로기 今俗呼鵝老 <四解上 18b>

　　　c. 鴟 : 쇠로기 치 鵝老翅 <字會上 9b>

<1227> 쇠로기 對 鷂鷹/搖鷹

고유어 '쇠로기'와 한자어 '鴟鷹/搖鷹'이 [鴟]와 [鳶] 즉 '솔개'의 뜻을 가지고 동의 관계에 있다는 것은 다음 예문들에서 잘 확인된다. '鴟'가 고유어 '쇠로기'를 뜻하고 '쇠로기'는 한자어 '鴟鷹'과 동의 관계에 있다. '鴟'의 자석이 '쇠로기'이다. 그리고 '鳶'의 자석이 '쇠로기'이고 고유어 '쇠로기'는 한자어 '搖鷹'과 동의 관계에 있다. 따라서 '쇠로기'와 '鴟鷹/搖鷹'의 동의성은 명백히 입증된다.

(1227) a. 鴟 : 鳶也 쇠로기 今俗呼鵝老 又曰鴟鷹 <四解上 18b>
　　　 b. 鴟 : 쇠로기 치 鵝老趐 <字會上 9b>

(1227) c. 鳶 : 似鴟而小 <四解下 12a>
　　　 d. 鳶 : 쇠로기 연 俗呼搖鷹 <字會上 9b>

<1228> 쇠비름 對 馬齒莧

고유어 '쇠비름'과 한자어 '馬齒莧'이 [馬齒莧] 즉 '쇠비름'의 뜻을 가지고 동의 관계에 있다는 것은 다음 예문들에서 잘 확인된다. 고유어 '쇠비름'이 한자어 '馬齒莧'과 동의 관계에 있다. 따라서 '쇠비름'과 '馬齒莧'의 동의성은 명백히 입증된다.

(1228) a. 莧 : 商陸 易莧陸 쟈리군 <四解下 7b>
　　　 b. 莧 : 비름 현 俗呼莧菜…又쇠비름曰馬齒莧 <字會上 7b>

<1229> 쇠새 對 翡翠

고유어 '쇠새'와 한자어 '翡翠'가 [翡]와 [翠] 즉 '물총새'의 뜻을 가지고 동의 관계에 있다는 것은 다음 예문들에서 잘 확인된다. '翡'가 한자어 '翡翠'를 뜻하고 '翡'의 자석이 '쇠새'이다. '翠'가 한자어 '翡翠'를 뜻한다. 그리고 '翠'의 자석이 '쇠새'이고 고유어 '쇠새'는 한자어 '翡翠'와 동의 관계에 있다. 따라서 '쇠새'와 '翡翠'의 동의성은 명백히 입증된다.

(1229) a. 翡 : 翡翠 <四解上 17a>
　　　 b. 翡 : 쇠새 비 <字會上 9b>

(1229) c. 翠 : 翡翠 靑羽雀 <四解上 51b>
　　　 d. 翠 : 쇠새 취 俗呼翠雀 亦呼翡翠 <字會上 9b>

<1230> 쇠새 對 靑羽雀

고유어 '쇠새'와 한자어 '靑羽雀'이 [翠] 즉 '물총새'의 뜻을 가지고 동의 관계에 있다는 것은 다음 예문들에서 잘 확인된다. '翠'가 한자어 '靑羽雀'을 뜻한다. 그리고 '翠'의 자석이 '쇠새'이다. 따라서 '쇠새'와 '靑羽雀'의 동의성은 명백히 입증된다.

(1230) a. 翠 : 翡翠 靑羽雀 <四解上 51b>
b. 翠 : 쇠새 취 俗呼翠雀 亦呼翡翠 <字會上 9b>

<1231> 쇠야기 對 車軸豈鍵

고유어 '쇠야기'와 한자어 '車軸豈鍵'이 [轄] 즉 '비녀장, 수레바퀴가 빠져 나오지 않도록 굴대 끝에 내리꽂는 쇠못'의 뜻을 가지고 동의 관계에 있다는 것은 다음 예문들에서 잘 확인된다. '轄'이 한자어 '車軸豈鍵'을 뜻한다. 그리고 '轄'의 자석이 '쇠야기'이다. 따라서 '쇠야기'와 '車軸豈鍵'의 동의성은 명백히 입증된다.

(1231) a. 轄 : 車軸豈鍵 <四解上 80a>
b. 轄 : 쇠야기 할 俗呼轄子 <字會中 13a>

<1232> 쇠야기 對 轄子

고유어 '쇠야기'와 한자어 '轄子'가 [轄] 즉 '비녀장, 수레바퀴가 빠져나오지 않도록 굴대 끝에 내리꽂는 쇠못'의 뜻을 가지고 동의 관계에 있다는 것은 다음 예문들에서 잘 확인된다. '轄'의 자석이 '쇠야기'이고 고유어 '쇠야기'는 한자어 '轄子'와 동의 관계에 있다. 따라서 '쇠야기'와 '轄子'의 동의성은 명백히 입증된다.

(1232) a. 轄 : 車軸豈鍵 <四解上 80a>
b. 轄 : 쇠야기 할 俗呼轄子 車軸頭鐵 <字會中 13a>

<1233> 쇠약 對 角錐

고유어 '쇠약'과 한자어 '角錐'가 [觿]와 [觹] 즉 '뿔송곳'의 뜻을 가지고 동의 관계에 있다는 것은 다음 예문들에서 잘 확인된다. '觹'가 한자어 '角錐'를 뜻한다. 그리고 '觿'의 자석이 '쇠약'이다. 따라서 '쇠약'과 '角錐'의 동의성은 명백히 입증된다. 한자 `觹'와 '觿'는 同字이다.

(1233) a. 觹 : 角錐 <四解上 27b>

b. 觿 : 쇠약 휴 <字會中 7b>

<1234> 쇼 對 大牲

고유어 '쇼'와 한자어 '大牲'이 [牛] 즉 '큰 희생물, 통째로 제사에 쓰는 소'의 뜻을 가지고 동의 관계에 있다는 것은 다음 예문들에서 잘 확인된다. '牛'가 한자어 '大牲'을 뜻한다. 그리고 '牛'의 자석이 '쇼'이다. 따라서 '쇼'와 '大牲'의 동의성은 명백히 입증된다.

(1234) a. 牛 : … 大牲 <四解下 68b>
　　　 b. 牛 : 쇼 우 <字會上 10b>

<1235> 쇼경 對 瞍

고유어 '쇼경'과 한자어 '瞍'가 [瞍]와 [瞽] 즉 '소경, 盲人'의 뜻을 가지고 동의 관계에 있다는 것은 다음 예문들에서 잘 확인된다. '瞍'가 한자어 '瞍'를 뜻하고 '瞍'의 자석이 '쇼경'이다. 그리고 '瞽'의 자석이 '쇼경'이다. 따라서 '쇼경'과 '瞍'의 동의성은 명백히 입증된다.

(1235) a. 瞍 : 瞍 <四解下 66b>
　　　 b. 瞍 : 쇼경 수 <字會中 2b>

(1235) c. 瞽 : 無目者 <四解上 36a>
　　　 d. 瞽 : 쇼경 고 <字會中 2b>

<1236> 쇼경 對 靑盲

고유어 '쇼경'과 한자어 '靑盲'이 [矇]과 [盲] 즉 '소경, 청맹과니'의 뜻을 가지고 동의 관계에 있다는 것은 다음 예문들에서 잘 확인된다. '矇'이 한자어 '靑盲'을 뜻하고 '矇'의 자석이 '쇼경'이다. 그리고 '盲'의 자석이 '쇼경'이다. 따라서 '쇼경'과 '靑盲'의 동의성은 명백히 입증된다.

(1236) a. 矇 : 靑盲 <四解上 3a>
　　　 b. 矇 : 쇼경 몽 俗稱矇子 <字會中 2b>

(1236) c. 盲 : … 目無瞳子 <四解下 59b>
　　　 d. 盲 : 쇼경 밍 <字會中 2b>

<1237> 쇼시랑 對 鐵杷子/鐵杷

고유어 '쇼시랑'과 한자어 '鐵杷子/鐵杷'가 [杷] 즉 '쇠스랑'의 뜻을 가지고 동의 관계에 있다는 것은 다음 예문들에서 잘 확인된다. '杷'가 한자어 '鐵杷子'를 뜻하고 '鐵杷子'는 고유어 '쇼시랑'과 동의 관계에 있다. 그리고 '杷'가 한자어 '鐵杷'를 뜻하고 '鐵杷'는 고유어 '쇼시랑'과 동의 관계에 있다. 따라서 '쇼시랑'과 '鐵杷子/鐵杷'의 동의성은 명백히 입증된다.

(1237) a. 杷 : 刀柄…今俗語鐵杷子 쇼시랑 <四解下 29a>
b. 杷 : 서흐레 파 農器 又俗呼鐵杷 쇼시랑 <字會中 9a>

<1238> 숑골 對 海靑

고유어 '숑골'과 한자어 '海靑'이 [海靑] 즉 '송골매, 海東靑'의 뜻을 가지고 동의 관계에 있다는 것은 다음 예문들에서 잘 확인된다. '鷹'의 자석이 '매'이고 한자어 '海靑'이 고유어 '숑골'과 동의 관계에 있다. 따라서 '숑골'과 '海靑'의 동의성은 명백히 입증된다.

(1238) a. 鷹 : 鷙鳥 <四解下 55a>
b. 鷹 : 매 응 海靑 숑골 <字會上 8b>

<1239> 수리 對 大鵰

고유어 '수리'와 한자어 '大鵰'가 [鷲] 즉 '수리, 독수리'의 뜻을 가지고 동의 관계에 있다는 것은 다음 예문들에서 잘 확인된다. '鷲'가 한자어 '大鵰'를 뜻한다. 그리고 '鷲'의 자석이 '수리'이다. 따라서 '수리'와 '大鵰'의 동의성은 명백히 입증된다.

(1239) a. 鷲 : 大鵰 <四解下 69a>
b. 鷲 : 수리 츄 又呼黑鷹 <字會上 8b>

<1240> 수리 對 皂鷹

고유어 '수리'와 한자어 '皂鷹'이 [鵰] 즉 '수리, 독수리'의 뜻을 가지고 동의 관계에 있다는 것은 다음 예문들에서 잘 확인된다. '鵰'가 고유어 '수리'를 뜻하고 '수리'는 한자어 '皂鷹'과 동의 관계에 있다. 그리고 '鵰'의 자석이 '수리'이고 고유어 '수리'는 한자어 '皂鷹'과 동의 관계에 있다. 따라서 '수리'와 '皂鷹'의 동의성은 명백히 입증된다.

(1240) a. 鵰 : 一名鷲 수리 今俗呼皂鵰 皂鷹 <四解下 13b>
　　　 b. 鵰 : 수리 됴 俗呼皂鷹 <字會上 8b>

<1241> 수리 對 黑鷹

고유어 '수리'와 한자어 '黑鷹'이 [鷲] 즉 '수리, 독수리'의 뜻을 가지고 동의 관계에 있다는 것은 다음 예문들에서 잘 확인된다. '鷲'의 자석이 '수리'이고 고유어 '수리'는 한자어 '黑鷹'과 동의 관계에 있다. 따라서 '수리'와 '黑鷹'의 동의성은 명백히 입증된다.

(1241) a. 鷲 : 大鵰 <四解下 69a>
　　　 b. 鷲 : 수리 츄 又呼黑鷹 <字會上 8b>

<1242> 수슈 對 綬兒

고유어 '수슈'와 한자어 '綬兒'가 [綬] 즉 '패물 차는 끈'의 뜻을 가지고 동의 관계에 있다는 것은 다음 예문들에서 잘 확인된다. '綬'의 자석이 '수슈'이고 고유어 '수슈'는 한자어 '綬兒'와 동의 관계에 있다. 따라서 '수슈'와 '綬兒'의 동의성은 명백히 입증된다.

(1242) a. 綬 : 佩玉組 <四解上 52a>
　　　 b. 綬 : 수슈 슈 俗呼綬兒 <字會中 11b>

<1243> 수슈 對 佩玉組

고유어 '수슈'와 한자어 '佩玉組'가 [綬] 즉 '패물 차는 끈'의 뜻을 가지고 동의 관계에 있다는 것은 다음 예문들에서 잘 확인된다. '綬'가 한자어 '佩玉組'를 뜻한다. 그리고 '綬'의 자석이 '수슈'이다. 따라서 '수슈'와 '佩玉組'의 동의성은 명백히 입증된다.

(1243) a. 綬 : 佩玉組 <四解上 52a>
　　　 b. 綬 : 수슈 슈 俗呼綬兒 <字會中 11b>

<1244> 수플 對 木多

고유어 '수플'과 한자어 '木多'가 [林]과 [林子] 즉 '수풀'의 뜻을 가지고 동의 관계에 있다는 것은 다음 예문들에서 잘 확인된다. '林'이 한자어 '木多'를 뜻하고 '林'의 자석이 '수플'이다. 그리고 원문 중 '黑林子'가 '어득흔 수플'로 번역된다. 따라서 '수플'과 '木多'의 동의성은 명백히 입증된다.

(1244) a. 林 : 木多爲林 <四解下 74b>

   b. 林 : 수플 림 <字會上 3b>

(1244) c. 뎌 부라논 어득흔 수프리(那望着的黑林子) <번老上 60a>

<1245> 뿍 對 白蒿

고유어 '뿍'과 한자어 '白蒿'가 [蘩] 즉 '흰쑥'의 뜻을 가지고 동의 관계에 있다는 것은 다음 예문들에서 잘 확인된다. '蘩'이 한자어 '白蒿'를 뜻한다. 그리고 '蘩'의 자석이 '뿍'이고 고유어 '뿍'은 한자어 '白蒿'와 동의 관계에 있다. 따라서 '뿍'과 '白蒿'의 동의성은 명백히 입증된다.

(1245) a. 蘩 : 白蒿 <四解上 81a>

   b. 蘩 : 뿍 번 白蒿 <字會上 5a>

<1246> 뿍 對 艾草

고유어 '뿍'과 한자어 '艾草'가 [艾] 즉 '쑥'의 뜻을 가지고 동의 관계에 있다는 것은 다음 예문들에서 잘 확인된다. '艾'의 자석이 '뿍'이고 고유어 '뿍'은 한자어 '艾草'와 동의 관계에 있다. 따라서 '뿍'과 '艾草'의 동의성은 명백히 입증된다.

(1246) a. 艾 : 草名 一名 醫草 <四解上 43b>

   b. 艾 : 뿍 애 艾草 <字會上 5a>

<1247> 뿍 對 醫草

고유어 '뿍'과 한자어 '醫草'가 [艾] 즉 '쑥'의 뜻을 가지고 동의 관계에 있다는 것은 다음 예문들에서 잘 확인된다. '艾'가 한자어 '醫草'를 뜻한다. 그리고 '艾'의 자석이 '뿍'이다. 따라서 '뿍'과 '醫草'의 동의성은 명백히 입증된다.

(1247) a. 艾 : 草名 一名 醫草 <四解上 43a>

   b. 艾 : 뿍 애 艾草 <字會上 5a>

<1248> 술 對 酒醴

고유어 '술'과 한자어 '酒醴'가 [酒] 즉 '술'의 뜻을 가지고 동의 관계에 있다는 것은 다음 예문들에서 잘 확인된다. 원문 중 '醞酒'가 '술 빚다'로 번역되고 '酒至'가 '수리 오다'로 번역된다. 그리고 '酒'가 한자어 '酒醴'를 뜻하고 '酒'의 자석이 '술'이다. 따라서 '술'과 '酒醴'의 동의성은 명백히 입증된다.

(1248) a. 어미 닐우듸 그러면 비조리라(母曰若然 當醴酒) <二倫 33a>
b. 우리 두서 잔 수를 머거(咱們喫幾盞酒) <번老上 62b>
c. 두어(62b) 잔 술 먹고(喫幾盞酒) <번老上 63a>
d. 수리 오나늘(酒ㅣ 至커늘) <번小七 14a>
e. 사르미 술 머겨늘(人有飲之酒) <속三忠 5b>

(1248) f. 酒 : 酒醴 <四解下 68b>
g. 酒 : 술 쥬 <字會中 10b>

<1249> 술 對 銅匙

고유어 '술'과 한자어 '銅匙'가 [匙]과 [匕] 즉 '숟가락'의 뜻을 가지고 동의 관계에 있다는 것은 다음 예문들에서 잘 확인된다. 원문 중 '匙箸'가 '술와 져'로 번역되고 '匙椀'이 '술와 사발'로 번역된다. 그리고 '匙'의 자석이 '술'이고 고유어 '술'은 한자어 '銅匙'와 동의 관계에 있다. 그리고 '匕'가 한자 '匙'와 同義이고 '匕'의 자석이 '술'이다. 따라서 '술'과 '銅匙'의 동의성은 명백히 입증된다.

(1249) a. 津이 술와 져와를 친히 자바 주며(津이 親授匙箸ᄒ며) <번小九 76b>
b. 술와 사발 다 잇다(匙椀都有) <번老上 57a>
c. 이 블근 칠 흔 술(這紅漆匙) <번老下 33a>

(1249) d. 匙 : 匕也 <四解上 20a>
e. 匙 : 술 시 俗稱銅匙 <字會中 6a>

(1249) f. 匕 : 匙也 <四解上 15a>
g. 匕 : 술 비 <字會中 6a>

<1250> 술위 對 車輅

고유어 '술위'와 한자어 '車輅'가 [車]와 [輅] 즉 '수레, 임금의 수레'의 뜻을 가지고 동의 관계에 있다는 것은 다음 예문들에서 잘 확인된다. 원문 중 '小車'가 '쟈근 술위'로 번역되고 '大車'가 '굴근 술위'로 번역된다. 그리고 '車'가 한자어 '車輅'를 뜻하고 '車'의 자석이 '술위'이다. 그리고 '輅'의 자석이 '술위'이다. 따라서 '술위'와 '車輅'의 동의성은 명백히 입증된다.

(1250) a. 쟈근 술위 말오(不要小車) <번朴上 13a>
b. 굴근 술위예 시러 가져(只着大車上裝去) <번朴上 13a>
c. 그저 이 문 앒 술윗방의(只這門前車房裏) <번老上 47b>
d. 내 술윗방의셔 자마(我只在車房裏宿) <번老上 52b>

(1250) e. 車 : 車輅 <四解上 29a>
f. 車 : 술위 거 又音챠 <字會中 13a>

(1250) g. 輅 : 天子所乘車有五輅 <四解上 42a>
h. 輅 : 술위 로 五輅君用 <字會中 13a>

<1251> 술위 對 車輿

고유어 '술위'와 한자어 '車輿'가 [車]와 [輿] 즉 '수레, 차여(車輿)'의 뜻을 가지고 동의 관계에 있다는 것은 다음 예문들에서 잘 확인된다. 원문 중 '小車'가 '쟈근 술위'로 번역되고 '大車'가 '굴근 술위'로 번역된다. '車'의 자석이 '술위'이다. 그리고 '輿'가 한자어 '車輿'를 뜻하고 '輿'의 자석이 '술위'이다. 따라서 '술위'와 '車輿'의 동의성은 명백히 입증된다.

(1251) a. 쟈근 술위 말오(不要小車) <번朴上 13a>
b. 굴근 술위예 시러 가져(只着大車上裝去) <번朴上 13a>
c. 그저 이 문 앒 술윗방의(只這門前車房裏) <번老上 47b>
d. 내 술윗방의셔 자마(我只在車房裏宿) <번老上 52b>

(1251) e. 車 : 車輅 <四解上 29a>
f. 車 : 술위 거 又音챠 <字會中 13a>

(1251) g. 輿 : 車輿 <四解下 34a>
h. 輿 : 술위 여 <字會中 13a>

<1252> 술위 對 婦人車

고유어 '술위'와 한자어 '婦人車'가 [軿] 즉 '부인(婦人) 이 타는 수레'의 뜻을 가지고 동의 관계에 있다는 것은 다음 예문들에서 잘 확인된다. '軿'이 한자어 '婦人車'를 뜻한다. 그리고 '軿'의 자석이 '술위'

이고 고유어 '술위'는 한자어 '婦人車'와 동의 관계에 있다. 따라서 '술위'와 '婦人車'의 동의성은 명백히
입증된다.

(1252) a. 軒 : 婦人車 <四解下 3b>
　　　　b. 軒 : 술위 병 婦人車 <字會上 13a>

<1253> 술위 對 喪車

고유어 '술위'와 한자어 '喪車'가 [輀] 즉 '상여, 상여차'의 뜻을 가지고 동의 관계에 있다는 것은 다음
예문들에서 잘 확인된다. '輀'가 한자어 '喪車'를 뜻한다. 그리고 '輀'의 자석이 '술위'이고 고유어 '술위'
는 한자어 '喪車'와 동의 관계에 있다. 따라서 '술위'와 '喪車'의 동의성은 명백히 입증된다.

(1253) a. 輀 : 喪車 <四解上 22b>
　　　　b. 輀 : 술위 싀 喪車 <字會中 17a>

<1254> 술위 對 五輅

고유어 '술위'와 한자어 '五輅'가 [輅] 즉 '수레, 임금의 수레'의 뜻을 가지고 동의 관계에 있다는 것은
다음 예문들에서 잘 확인된다. '輅'의 자석이 '술위'이고 고유어 '술위'는 한자어 '五輅'와 동의 관계에
있다. 따라서 '술위'와 '五輅'의 동의성은 명백히 입증된다.

(1254) a. 輅 : 天子所乘車有五輅 <四解上 42a>
　　　　b. 輅 : 술위 로 五輅 君用 <字會中 13a>

<1255> 술위 對 輜軿

고유어 '술위'와 한자어 '輜軿'이 [輜]와 [軿] 즉 '짐수레, 병거(兵車)'의 뜻을 가지고 동의 관계에 있다
는 것은 다음 예문들에서 잘 확인된다. '輜'가 한자어 '輜軿'을 뜻하고 '輜'의 자석이 '술위'이다. 그리고
'軿'이 한자어 '輜軿'을 뜻하고 '軿'의 자석이 '술위'이다. 따라서 '술위'와 '輜軿'의 동의성은 명백히 입증
된다.

(1255) a. 輜 : 輜軿 庫車 <四解上 14a>
　　　　b. 輜 : 술위 치 載物車 <字會中 13a>

(1255) c. 軿 : 輜軿 兵車 <四解下 51a>

d. 軒 : 술위 병 婦人車 <字會中 13a>

<1256> 숩 對 藪澤

고유어 '숩'과 한자어 '藪澤'이 [藪] 즉 '늪, 잡목이나 잡초가 우거진 곳'의 뜻을 가지고 동의 관계에 있다는 것은 다음 예문들에서 잘 확인된다. '藪'가 한자어 '藪澤'을 뜻하고 '藪'의 자석이 '숩'이다. 따라서 '숩'과 '藪澤'의 동의성은 명백히 입증된다.

(1256) a. 藪 : 藪澤 <四解下 66b>
　　　 b. 藪 : 숩 수 <字會上 3b>

<1257> 숫 對 燒木未灰

고유어 '숫'과 한자어 '燒木未灰'가 [炭] 즉 '숯'의 뜻을 가지고 동의 관계에 있다는 것은 다음 예문들에서 잘 확인된다. '炭'이 한자어 '燒木未灰'를 뜻한다. 그리고 '炭'의 자석이 '숫'이다. 따라서 '숫'과 '燒木未灰'의 동의성은 명백히 입증된다.

(1257) a. 炭 : 燒木未灰 <四解上 77a>
　　　 b. 炭 : 숫 탄 <字會中 8a>

<1258> 뿟돌 對 礪石

고유어 '뿟돌'과 한자어 '礪石'이 [砥]와 [碫] 즉 '숫돌'의 뜻을 가지고 동의 관계에 있다는 것은 다음 예문들에서 잘 확인된다. '砥'가 한자어 '礪石'을 뜻하고 '砥'의 자석이 '뿟돌'이다. 그리고 '碫'이 한자어 '礪石'을 뜻하고 '碫'의 자석이 '뿟돌'이다. 따라서 '뿟돌'과 '礪石'의 동의성은 명백히 입증된다.

(1258) a. 砥 : 礪石也 <四解上 18a>
　　　 b. 砥 : 뿟돌 지 <字會中 10a>

(1258) c. 碫 : 礪石 <四解上 73a>
　　　 d. 碫 : 뿟돌 단 <字會中 9b>

<1259> 뿟돌 對 砥石

고유어 '뿟돌'과 한자어 '砥石'이 [礪]와 [硎] 즉 '숫돌'의 뜻을 가지고 동의 관계에 있다는 것은 다음 예문들에서 잘 확인된다. '礪'가 한자어 '砥石'을 뜻하고 '礪'의 자석이 '숫돌'이다. 그리고 '硎'이 한자어 '砥石'을 뜻하고 '硎'의 자석이 '숫돌'이다. 따라서 '숫돌'과 '砥石'의 동의성은 명백히 입증된다.

(1259) a. 礪 : 砥石 <四解上 29a>
　　　 b. 礪(9b) : 숫돌 례 <字會中 10a>

(1259) c. 硎 : 砥石 <四解下 55b>
　　　 d. 硎 : 숫돌 형 <字會中 10a>

<1260> 쉬 對 嘉穀

고유어 '쉬'와 한자어 '嘉穀'이 [禾] 즉 '벼, 경사스러운 곡식'의 뜻을 가지고 동의 관계에 있다는 것은 다음 예문들에서 잘 확인된다. '禾'가 한자어 '嘉穀'을 뜻한다. 그리고 '禾'의 자석이 '쉬'이다. 따라서 '쉬'와 '嘉穀'의 동의성은 명백히 입증된다.

(1260) a. 禾(28b) : 嘉穀 <四解下 29a>
　　　 b. 禾 : 쉬 화 穀之總名 <字會下 2a>

<1261> 쉬궁 對 溝渠

고유어 '쉬궁'과 한자어 '溝渠'가 [溝]와 [渠] 즉 '도랑, 개굴창'의 뜻을 가지고 동의 관계에 있다는 것은 다음 예문들에서 잘 확인된다. '溝'가 한자어 '溝渠'를 뜻하고 '溝'의 자석이 '쉬궁'이다. 그리고 '渠'가 한자어 '溝渠'를 뜻하고 '渠'의 자석이 '쉬궁'이다. 따라서 '쉬궁'과 '溝渠'의 동의성은 명백히 입증된다.

(1261) a. 溝 : 溝渠 <四解下 64b>
　　　 b. 溝 : 쉬궁 구 俗稱溝子 <字會中 3b>

(1261) c. 渠 : 溝渠 <四解上 30a>
　　　 d. 渠 : 쉬궁 거 <字會中 3b>

<1262> 쉬궁 對 溝瀆

고유어 '쉬궁'과 한자어 '溝瀆'이 [瀆]과 [溝] 즉 '도랑, 개굴창'의 뜻을 가지고 동의 관계에 있다는 것은 다음 예문들에서 잘 확인된다. '瀆'이 한자어 '溝瀆'을 뜻하고 '瀆'의 자석이 '쉬궁'이다. 그리고 '溝'의 자석이 '쉬궁'이다. 따라서 '쉬궁'과 '溝瀆'의 동의성은 명백히 입증된다.

(1262) a. 溝 : 溝渠 <四解下 64b>

　　 b. 溝 : 쉬궁 구 俗稱溝子 <字會中 3b>

(1262) c. 瀆 : 溝瀆 <四解上 2b>

　　 d. 瀆 : 쉬궁 독 <字會中 3b>

<1263> 쉰무수 對 蔓菁

　고유어 '쉰무수'와 한자어 '蔓菁'이 [蔓菁]과 [菁] 즉 '순무'의 뜻을 가지고 동의 관계에 있다는 것은 다음 예문들에서 잘 확인된다. 원문 중 '蔓菁'이 '쉰무수'로 번역된다. 그리고 '菁'의 자석이 '쉰무수'이고 고유어 '쉰무수'는 한자어 '蔓菁'과 동의 관계에 있다. 따라서 '쉰무수'와 '蔓菁'의 동의성은 명백히 입증된다.

(1263) a. 쉰무수 시근치(蔓菁 赤根) <번老下 38a>

(1263) b. 菁 : …又蔓菁菜 <四解下 51b>

　　 c. 菁 : 쉰무수 청 俗呼蔓菁 <字會上 7b>

<1264> 쉰무수 對 蔓菁菜

　고유어 '쉰무수'와 한자어 '蔓菁菜'가 [蔓]과 [菁] 즉 '순무'의 뜻을 가지고 동의 관계에 있다는 것은 다음 예문들에서 잘 확인된다. '蔓'이 한자어 '蔓菁菜'를 뜻하고 '蔓菁菜'는 고유어 '쉰무수'와 동의 관계에 있다. 그리고 '菁'이 한자어 '蔓菁菜'를 뜻하고 '菁'의 자석이 '쉰무수'이다. 따라서 '쉰무수'와 '蔓菁菜'의 동의성은 명백히 입증된다.

(1264) a. 蔓 : 今俗呼蔓菁菜 쉰무수 <四解上 74b>

　　 b. 蔓 : 쉰무수 만 <字會上 7b>

(1264) c. 菁 : …又蔓菁菜 <四解下 51b>

　　 d. 菁 : 쉰무수 청 <字會上 7b>

<1265> 쉰무수 對 葑蓯

　고유어 '쉰무수'와 한자어 '葑蓯'가 [蓯] 즉 '순무'의 뜻을 가지고 동의 관계에 있다는 것은 다음 예문들에서 잘 확인된다. '蓯'가 한자어 '葑蓯'를 뜻하고 '葑蓯'는 고유어 '쉰무수'와 동의 관계에 있다. 따라서 '쉿무수'와 '葑蓿'의 동의성은 명백히 입증된다.

> (1265) a. 葑 : 菰根 <四解上 4a>
>
> b. 蓿 : 葑蓿 쉿무수 <四解上 31b>

<1266> 슈박 對 셔과

고유어 '슈박'과 한자어 '셔과'(西瓜) 가 [西瓜] 즉 '수박'의 뜻을 가지고 동의 관계에 있다는 것은 다음 예문들에서 잘 확인된다. 원문 중 '西瓜 甛瓜'가 '슈박 춤외'로 번역된다. 그리고 '西瓜柑'이 '셔과와 감ᄌᆞ'로 번역되고 '셔과 감ᄌᆞ'로도 번역된다. 따라서 '슈박'과 '셔과'의 동의성은 명백히 입증된다.

> (1266) a. 슈박 춤외 감ᄌᆞ(西瓜 甛瓜 柑子) <번老下 38b>

> (1266) b. 홍시ᄌᆞ와 셔과와 감ᄌᆞ와 굴와(紅柿西瓜柑橘) <瘡疹 21a>
>
> c. 홍시ᄌᆞ 셔과 감ᄌᆞ 굴(紅柿西瓜柑橘) <瘡疹 64a>

<1267> 슈슈 對 蜀黍

고유어 '슈슈'와 한자어 '蜀黍'가 [蜀黍] 즉 '수수'의 뜻을 가지고 동의 관계에 있다는 것은 다음 예문들에서 잘 확인된다. '黍'의 자석이 '기장'이고 '슈슈'는 한자어 '蜀黍'와 동의 관계에 있다. 따라서 '슈슈'와 '蜀黍'의 동의성은 명백히 입증된다.

> (1267) a. 黍 : 似稷 粘曰秫 不粘曰黍 <四解上 33a>
>
> b. 黍 : 기장 셔 不(6b) 粘者爲黍 粘者爲秫 又슈슈曰蜀黍 <字會上 7a>

<1268> 슈져비 對 麵飵饉

고유어 '슈져비'와 한자어 '麵飵饉'이 [飵]과 [饉] 즉 '수제비'의 뜻을 가지고 동의 관계에 있다는 것은 다음 예문들에서 잘 확인된다. '飵'과 '饉'이 한자어 '麵飵饉'을 뜻하고 '麵飵饉'은 고유어 '슈져비'와 동의 관계에 있다. 따라서 '슈져비'와 '麵飵饉'의 동의성은 명백히 입증된다.

> (1268) a. 飵 : 今俗語麵飵饉 슈져비 <四解上 61b>
>
> b. 饉 : 麵飵饉 슈져비 <四解上 77a>

<1269> 슈질 對 刺綉

고유어 '슈질'과 한자어 '刺綉'가 [綉]와 [繡] 즉 '수놓기'의 뜻을 가지고 동의 관계에 있다는 것은 다음 예문들에서 잘 확인된다. 원문 중 '刺綉'가 '슈질 치질'로 번역된다. 그리고 '綉'가 한자어 '刺綉'를 뜻하고 '繡'의 자석이 '슈질'이다. 따라서 '슈질'과 '刺綉'의 동의성은 명백히 입증된다. 한자 '繡'와 '綉'는 同字이다.

(1269) a. 슈질 치지렛 셩녕 잘ᄒ고(好刺綉生活) <번朴上 45b>

(1269) b. 綉 : 刺綉 <四解下 69a>
   c. 繡 : 슈질 슈 <字會下 9a>

<1270> 스굴 對 鄕黨

고유어 '스굴'과 한자어 '鄕黨'이 [鄕] 즉 '시골'의 뜻을 가지고 동의 관계에 있다는 것은 다음 예문들에서 잘 확인된다. 원문 중 '鄕人'이 '鄕黨앳 사름'으로 번역된다. 그리고 '鄕'이 한자어 '鄕黨'을 뜻하고 '鄕'의 자석이 '스굴'이다. 따라서 '스굴'과 '鄕黨'의 동의성은 명백히 입증된다.

(1270) a. 鄕黨앳 사름 술 머고매(鄕人飲酒에) <번小三 33b>

(1270) b. 鄕 : 鄕黨 <四解下 44a>
   c. 鄕 : 스굴 향 <字會中 5a>

<1271> 스믈ㅎ 對 싀십

고유어 '스믈ㅎ'과 한자어 '싀십'(二十) 이 [二十] 즉 '스물, 이십'의 뜻을 가지고 동의 관계에 있다는 것은 다음 예문들에서 잘 확인된다. 원문 중 '二十而冠'이 '스믈헤 곳갈 스다'로 번역된다. 그리고 '二十里'가 '싀십리'로 번역된다. 따라서 '스믈ㅎ'와 '싀십'의 동의성은 명백히 입증된다.

(1271) a. 비록 스믈헤 곳갈 스라 ᄒ야도(雖稱二十而冠ᄒ나) <번小七 10b>

(1271) b. 뎌 녀긔 싀십릿 ᄯ해(那邊有二十里地) <번老上 10b>
   c. 거스 싀십릿 ᄯ해(約二十里來地) <번老上 26a>

<1272> 스믜나무 對 刺楡樹

고유어 '스믜나무'와 한자어 '刺楡樹'가 [刺楡樹] 즉 '스무나무'의 뜻을 가지고 동의 관계에 있다는 것은 다음 예문들에서 잘 확인된다. 한자어 '刺楡樹'가 고유어 '스믜나무'와 동의 관계에 있다. 따라서 '스믜나무'와 '刺楡樹'의 동의성은 명백히 입증된다.

> (1272) a. 楡 : 木名 <四解上 34a>
>   b. 楡 : 느릅나모 유 俗呼靑楡樹…刺楡樹 스믜나무 <字會上 5b>

<1273> 스승 對 兵師

고유어 '스승'과 한자어 '兵師'가 [師] 즉 '선생'의 뜻을 가지고 동의 관계에 있다는 것은 다음 예문들에서 잘 확인된다. '師'가 한자어 '兵師'를 뜻한다. 그리고 '師'의 자석이 '스승'이고 고유어 '스승'은 한자어 '兵師'와 동의 관계에 있다. 따라서 '스승'과 '兵師'의 동의성은 명백히 입증된다.

> (1273) a. 師 : 師範…兵師 <四解上 19B>
>   b. 師 : 스승 ᄉ 又兵師 <字會上 17b>

<1274> 스승 對 師範

고유어 '스승'과 한자어 '師範'이 [師] 즉 '학술 및 바둑 등을 지도하는 사람, 선생'의 뜻을 가지고 동의 관계에 있다는 것은 다음 예문들에서 잘 확인된다. '師'가 한자어 '師範'을 뜻하고 '師'의 자석이 '스승'이다. 따라서 '스승'과 '師範'의 동의성은 명백히 입증된다.

> (1274) a. 師 : 師範 <四解上 19b>
>   b. 師 : 스승 ᄉ 又兵師 <字會上 17b>

<1275> 스승 對 師傅

고유어 '스승'과 한자어 '師傅'가 [師傅], [師] 및 [傅] 즉 '스승, 사부(師傅)'의 뜻을 가지고 동의 관계에 있다는 것은 다음 예문들에서 잘 확인된다. 원문 중 '你師傅'가 '네 스승'으로 번역되고 '師傅與'가 '스승이 주다'로 번역된다. '師'의 자석이 '스승'이다. '傅'가 한자어 '師傅'를 뜻한다. 그리고 '傅'의 자석이 '스승'이고 고유어 '스승'은 한자어 '師傅'와 동의 관계에 있다. 따라서 '스승'과 '師傅'의 동의성은 명백히 입증된다.

> (1275) a. 네 스승은 엇던 사룸고(你師傅是甚麼人) <번朴上 49a>
>   b. 스승이 免帖 ᄒ나흘 주ᄂᆞ니(師傅與免帖一箇) <번老上 4b>

c. 스숭이 우희 쳐 두ᄂ니라(師傅上頭畫着花押) <번老上 4b>

d. 스숭님이 免帖 ᄒ나홀 주시고(師傅與免帖一箇) <번老上 3b>

(1275) e. 師 : 師範…兵師 <四解上 19b>

f. 師 : 스숭 ᄉ 又兵師 <字會上 17b>

(1275) g 傅 : 相也 師傅 <四解上 39a>

h. 傅 : 스숭 부 俗呼師傅 <字會上 17b>

<1276> 숭 對 女僧

고유어 '숭'과 한자어 '女僧'이 [尼] 즉 '여승(女僧)'의 뜻을 가지고 동의 관계에 있다는 것은 다음 예 문들에서 잘 확인된다. '尼'가 한자어 '女僧'을 뜻한다. 그리고 '尼'의 자석이 '숭'이다. 따라서 '숭'과 '女僧'의 동의성은 명백히 입증된다.

(1276) a. 尼 : 女僧 <四解上 25b>

b. 尼 : 숭 니 俗呼尼姑 <字會中 2a>

<1277> 숭 對 尼姑

고유어 '숭'과 한자어 '尼姑'가 [尼] 즉 '여자 승려'의 뜻을 가지고 동의 관계에 있다는 것은 다음 예 문들에서 잘 확인된다. '尼'의 자석이 '숭'이고 고유어 '숭'은 한자어 '尼姑'와 동의 관계에 있다. 따라서 '숭'과 '尼姑'의 동의성은 명백히 입증된다.

(1277) a. 尼 : 女僧 <四解上 25b>

b. 尼 : 숭 니 俗呼尼姑 <字會中 2a>

<1278> 숭랑이 對 豺狗

고유어 '숭랑이'와 한자어 '豺狗'가 [豺] 즉 '승냥이'의 뜻을 가지고 동의 관계에 있다는 것은 다음 예 문들에서 잘 확인된다. '豺'의 자석이 '숭랑이'이고 고유어 '숭랑이'는 한자어 '豺狗'와 동의 관계에 있 다. 따라서 '숭랑이'와 '豺狗'의 동의성은 명백히 입증된다.

(1278) a. 豺 : 狼屬 <四解上 45a>

b. 豺 : 숭랑이 싀 俗呼豺狗 <字會上 10a>

<1279> 싀화 對 苦苣

고유어 '싀화'와 한자어 '苦苣'가 [苦苣] 즉 '시화, 고거'의 뜻을 가지고 동의 관계에 있다는 것은 다음 예문들에서 잘 확인된다. 한자어 '苦苣'가 고유어 '싀화'와 동의 관계에 있다. 따라서 '싀화'와 '苦苣'의 동의성은 명백히 입증된다.

(1279) a. 苣 : …又菜名 苦苣 싀화 白苣 흰 부루 萵苣 부루 <四解上 30b>
　　　b. 苣 : 부루 거 俗呼萵苣 <字會上 8a>

<1280> 쉰다리 對 腿子

고유어 '쉰다리'와 한자어 '腿子'가 [腿] 즉 '넓적다리'의 뜻을 가지고 동의 관계에 있다는 것은 다음 예문들에서 잘 확인된다. 원문 중 '是腿上…無氣力'이 '쉰다리예 힘 없다'로 번역된다. '腿'가 고유어 '쉰다리'를 뜻한다. 그리고 '腿'의 자석이 '쉰다리'이고 고유어 '쉰다리'는 한자어 '腿子'와 동의 관계에 있다. 따라서 '쉰다리'와 '腿子'의 동의성은 명백히 입증된다.

(1280) a. 다믄 쉰다리예 ㄱ장 힘 업세라(只是腿上十分無氣力) <번朴上 39a>

(1280) b. 腿 : 股也 쉰다리 <四解上 49b>
　　　c. 腿 : 쉰다리 퇴 俗呼腿子 <字會上 14a>

<1281> 삐 對 穀種

고유어 '삐'와 한자어 '穀種'이 [種] 즉 '씨, 곡식의 씨'의 뜻을 가지고 동의 관계에 있다는 것은 다음 예문들에서 잘 확인된다. '種'이 한자어 '穀種'을 뜻한다. 그리고 '種'의 자석이 '삐'이다. 따라서 '삐'와 '穀種'의 동의성은 명백히 입증된다.

(1281) a. 種 : 穀種 <四解上 8b>
　　　b. 種 : …又上聲 삐 죵 <字會下 3a>

<1282> 삐 對 果中實

고유어 '삐'와 한자어 '果中實'이 [核] 즉 '씨'의 뜻을 가지고 동의 관계에 있다는 것은 다음 예문들에서 잘 확인된다. 원문 중 '有核者'가 '삐 잇ᄂᆞᆫ 것'으로 번역된다. '核'이 한자어 '果中實'을 뜻한다. 그리고 '核'의 자석이 '삐'이고 고유어 '삐'는 한자어 '果中實'과 동의 관계에 있다. 따라서 '삐'와 '果中實'의 동의성은 명백히 입증된다.

(1282) a. 그 삐 잇는 거스란 삐를 푸물디니라(其有核者란 懷其核이니라) <번小三 6a>

(1282) b. 核 : 果中實 <四解上 67a>

    c. 核 : 삐 히ㄱ 果中實 <字會下 3b>

<1283> 삐 對 瓤瓤

고유어 '삐'와 한자어 '瓤瓤'이 [瓤]과 [瓤] 즉 '오이의 박씨'의 뜻을 가지고 동의 관계에 있다는 것은 다음 예문들에서 잘 확인된다. '瓤'이 한자어 '瓤瓤'을 뜻하고 '瓤'의 자석이 '삐'이다. 그리고 '瓤'이 한자어 '瓤瓤'을 뜻한다. 따라서 '삐'와 '瓤瓤'의 동의성은 명백히 입증된다.

(1283) a. 瓤 : 瓤瓤 瓜中犀 <四解下 34b>

    b. 瓤 : 삐 당 瓜實 <字會下 3a>

(1283) c. 瓤 : 瓤瓤 瓜中犀 <四解下 45b>

<1284> 씨 對 織橫絲

고유어 '씨'와 한자어 '織橫絲'가 [緯] 즉 '씨, 씨실'의 뜻을 가지고 동의 관계에 있다는 것은 다음 예문들에서 잘 확인된다. 원문 중 '經緯'가 '늘와 씨'로도 번역되고 '날씨'로도 번역된다. 그리고 '緯'가 한자어 '織橫絲'를 뜻한다. 따라서 '씨'와 '織橫絲'의 동의성은 명백히 입증된다.

(1284) a. 늘와 씨를 실 어울워 짜시니(經緯合線結織) <번朴上 14b>

    b. 杭州 치는 늘씨 흔가지오(杭州的經緯相等) <번老下 25b>

(1284) c. 緯 : 織橫絲 <四解上 55a>

<1285> 시근치 對 赤根菜

고유어 '시근치'와 한자어 '赤根菜'가 [赤根], [菠] 및 [薐] 즉 '시금치'의 뜻을 가지고 동의 관계에 있다는 것은 다음 예문들에서 잘 확인된다. 원문 중 '赤根'이 '시근치'로 번역된다. '菠'가 한자어 '赤根菜'를 뜻하고 '菠'의 자석이 '시근치'이다. '薐'이 한자어 '赤根菜'를 뜻한다. 그리고 '薐'의 자석이 '시근치'이고 고유어 '시근치'는 한자어 '赤根菜'와 동의 관계에 있다. 따라서 '시근치'와 '赤根菜'의 동의성은 명백히 입증된다.

(1285) a. 시근치 다스마(赤根 海帶) <번老下 38a>

(1285) b. 菠 : 菠薐菜 或呼赤根菜 <四解下 28a>
    c. 菠 : 시근치 파 <字會上 8a>

(1285) d. 薐 : 菠薐 菜名…今俗又呼赤根菜 <四解下 57a>
    e. 薐 : 시근치 룽 俗呼菠薐菜 又呼赤根菜 <字會上 8a>

<1286> 시근치 對 菠薐菜

고유어 '시근치'와 한자어 '菠薐菜'가 [菠]와 [薐] 즉 '시금치'의 뜻을 가지고 동의 관계에 있다는 것은 다음 예문들에서 잘 확인된다. '菠'가 한자어 '菠薐菜'를 뜻하고 '菠'의 자석이 '시근치'이다. 그리고 '薐' 의 자석이 '시근치'이고 고유어 '시근치'는 한자어 '菠薐菜'와 동의 관계에 있다. 따라서 '시근치'와 '菠 薐菜'의 동의성은 명백히 입증된다.

(1286) a. 菠 : 菠薐菜 或呼赤根菜 <四解下 57a>
    b. 菠 : 시근치 파 <字會上 8a>

(1286) c. 薐 : 菠薐 菜名…今俗又呼赤根菜 <四解下 57a>
    d. 薐 : 시근치 룽 俗呼菠薐菜 又呼赤根菜 <字會上 8a>

<1287> 시내 對 山夾水

고유어 '시내'와 한자어 '山夾水'가 [澗]과 [溪] 즉 '산골물, 산과 산 사이를 흐르는 내'의 뜻을 가지고 동의 관계에 있다는 것은 다음 예문들에서 잘 확인된다. '澗'이 한자어 '山夾水'를 뜻한다. '澗'의 자석 이 '시내'이고 고유어 '시내'는 한자어 '山夾水'와 동의 관계에 있다. 그리고 '溪'가 한자 '澗'과 同義이고 '溪'의 자석이 '시내'이다. 따라서 '시내'와 '山夾水'의 동의성은 명백히 입증된다.

(1287) a. 澗 : 山夾水曰澗 <四解上 79b>
    b. 澗 : 시내 간 山夾水曰澗 <字會上 2b>

(1287) c. 溪 : 澗也 <四解上 24a>
    d. 溪 : 시내 계 水注川曰溪 小曰溪 大曰澗 <字會上 2b>

<1288> 시내 對 水注川

고유어 '시내'와 한자어 '水注川'이 [溪] 즉 '시내, 내로 흘러 들어가는 산골짜기의 시냇물'의 뜻을 가지고 동의 관계에 있다는 것은 다음 예문들에서 잘 확인된다. '溪'의 자석이 '시내'이고 고유어 '시내'는 한자어 '水注川'과 동의 관계에 있다. 따라서 '시내'와 '水注川'의 동의성은 명백히 입증된다.

(1288) a. 溪 : 澗也 <四解上 24a>
b. 溪 : 시내 계 水注川曰溪 小曰溪 大曰澗 <字會上 2b>

<1289> 시라손 對 土豹

고유어 '시라손'과 한자어 '土豹'가 [土豹] 즉 '스라소니'의 뜻을 가지고 동의 관계에 있다는 것은 다음 예문들에서 잘 확인된다. 고유어 '시라손'이 한자어 '土豹'와 동의 관계에 있다. 따라서 '시라손'과 '土豹'의 동의성은 명백히 입증된다.

(1289) a. 豹(20a) : 獸 一名程 <四解下 20b>
b. 豹 : …又시라손 土豹 <字會上 9a>

<1290> 시르 對 無低甑

고유어 '시르'와 한자어 '無低甑'이 [甑], [甑兒] 및 [甌] 즉 '시루, 밑이 없는 시루'의 뜻을 가지고 동의 관계에 있다는 것은 다음 예문들에서 잘 확인된다. 원문 중 '甑兒'가 '시르'로 번역된다. '甑'이 한자 '甌'과 同義이고 '甌'의 자석이 '시르'이다. 그리고 '甌'이 한자어 '無低甑'을 뜻한다. 따라서 '시르'와 '無低甑'의 동의성은 명백히 입증된다.

(1290) a. 아리쇠 시르(三脚 甑兒) <번老下 33a>

(1290) b. 甑 : 甌也 <四解下 60b>
c. 甑 : 시르 증 <字會中 6a>

(1290) d. 甌 : 無低甑 <四解下 2a>

<1291> 시우쇠 對 熟鐵

고유어 '시우쇠'와 한자어 '熟鐵'이 [熟鐵] 즉 '鑄鐵 중의 不純分을 제거하여 만든 철'의 뜻을 가지고

동의 관계에 있다는 것은 다음 예문들에서 잘 확인된다. '鐵'의 자석이 '쇠'이고 한자어 '熟鐵'이 고유어 '시우쇠'와 동의 관계에 있다. 따라서 '시우쇠'와 '熟鐵'의 동의성은 명백히 입증된다.

(1291) a. 鐵 : 黑金 <四解下 2b>
　　　b. 鐵 : 쇠 텰 俗呼鐵頭…熟鐵 시우쇠 <字會中 15b>

<1292> 시욱 對 毛席

고유어 '시욱'과 한자어 '毛席'이 [氈]과 [毹] 즉 '毛氈, 털로 짠 모직물'의 뜻을 가지고 동의 관계에 있다는 것은 다음 예문들에서 잘 확인된다. 원문 중 '氈襪'이 '시욱 쳥'으로 번역되고 '氈帽兒'가 '시욱 갇'으로 번역된다. 그리고 '氈'이 한자어 '毛席'을 뜻하고 '氈'의 자석이 '시욱'이다. 따라서 '시욱'과 '毛席'의 동의성은 명백히 입증된다. 한자 '氈'과 '毹'은 同字이다.

(1292) a. 흰 깃는 시욱쳥에(白絨氈襪上) <번朴上 26b>
　　　b. 시욱 갇 일뵉 낫(氈帽兒一百箇) <번老下 67b>
　　　c. 벙귄 시우게 벙귄 니브레(□皺氈□皺被) <번朴上 40a>

(1292) d. 氈 : 毛席 <四解下 5b>
　　　e. 氈 : 시욱 젼 俗呼氈條 <字會中 15a>

<1293> 시울 對 弓弦

고유어 '시울'과 한자어 '弓弦'이 [弦] 즉 '시위, 활시위'의 뜻을 가지고 동의 관계에 있다는 것은 다음 예문들에서 잘 확인된다. 원문 중 '弦有'가 '시울 잇다'로 번역되고 '弓和弦'이 '활과 시울'로 번역되고 '上弦'이 '시울 엱다'로 번역된다. 그리고 '弦'이 한자어 '弓弦'을 뜻하고 '弦'의 자석이 '시울'이다. 따라서 '시울'과 '弓弦'의 동의성은 명백히 입증된다.

(1293) a. 시울 잇다(弦有) <번老下 32a>
　　　b. 이 활와 시울와(32a) 다 사다(這弓和弦都買了也) <번老下 32b>
　　　c. 네 이 누른 봇 니핀 활 혼 댱 가져다가 시울 연즈라(你將這一張黃樺弓上弦着) <번老下 30b>

(1293) d. 弦 : 弓弦 <四解下 7b>
　　　e. 弦 : 시울 현 <字會中 14a>

<1294> 시울 對 변슈

고유어 '시울'과 한자어 '변ᅀᅮ'(邊兒)가 [邊兒] 즉 '테두리'의 뜻을 가지고 동의 관계에 있다는 것은 다음 예문들에서 잘 확인된다. 원문 중 '細邊兒'가 'ᄀᆞᄂᆞ 시울 도르다'로도 번역되고 'ᄀᆞᄂᆞ 변ᅀᅮ ᄒᆞ다'로도 번역된다. 그리고 '邊兒的汗替'가 '변ᅀᅮ앳 어치'로 번역된다. 따라서 '시울'과 '변ᅀᅮ'의 동의성은 명백히 입증된다.

(1294) a. 청셔피로 ᄀᆞᄂᆞ 시울 도르고(藍斜皮細邊兒) <번朴上 28a>

(1294) b. 청셔피로 ᄀᆞᄂᆞ 변ᅀᅮ ᄒᆞ고(藍斜皮細邊兒) <번朴上 28a>
      c. 청셔리 변ᅀᅮ앳 어치오(藍斜皮邊兒的皮汗替) <번朴上 28b>
      d. 청셔피 변ᅀᅮ앳 안좌쉬오(藍斜皮邊兒的座兒) <번朴上 30a>

<1295> 시위 對 浲水

고유어 '시위'와 한자어 '浲水'가 [洪]과 [瀇] 즉 '큰물'의 뜻을 가지고 동의 관계에 있다는 것은 다음 예문들에서 잘 확인된다. '洪'이 한자어 '浲水'를 뜻하고 '瀇' 즉 '洪'의 자석이 '시위'이다. 따라서 '시위'와 '浲水'의 동의성은 명백히 입증된다.

(1295) a. 洪 : 浲水…今俗語發洪 시위 나다 <四解上 6a>
      b. 瀇 : 시위 홍 俗作洪 發瀇 시위 나다 <字會上 3a>

<1296> 신 對 禮鞋

고유어 '신'과 한자어 '禮鞋'가 [履]와 [舃] 즉 '신'의 뜻을 가지고 동의 관계에 있다는 것은 다음 예문들에서 잘 확인된다. 원문 중 '踐履'가 '시늘 볿다'로 번역된다. '履'의 자석이 '신'이고 고유어 '신'은 한자어 '禮鞋'와 동의 관계에 있다. 그리고 '舃'이 한자 '履'와 同義이고 '舃'의 자석이 '신'이다. 따라서 '신'과 '禮鞋'의 동의성은 명백히 입증된다.

(1296) a. 履 : …履也 <四解上 28b>
      b. 履 : 신 리 禮服用 俗呼禮鞋 <字會中 11b>

(1296) c. 舃 : 履也 <四解下 53a>
      d. 舃 : 신 셕 禮服用 <字會中 11b>

<1297> 신 對 草履

고유어 '신'과 한자어 '草履'가 [鞋]와 [履] 즉 '신, 짚신'의 뜻을 가지고 동의 관계에 있다는 것은 다음 예문들에서 잘 확인된다. 원문 중 '大鞋'가 '큰 신'으로 번역되고 '二履'가 '둘희 신'으로 번역된다. '履'가 한자어 '草履'를 뜻한다. 그리고 '鞋'가 한자어 '草履'를 뜻하고 '鞋'의 자석이 '신'이다. 따라서 '신'과 '草履'의 동의성은 명백히 입증된다.

(1297) a. 훈 킈 큰 노미 큰 신 쓰스고(一箇長大漢 撒大鞋) <번朴上 40a>
　　　　 b. 방문 밧긔 둘희 시니 바삿거든(戶外예 有二履ㅣ어든) <번小四 11b>

(1297) c. 鞋 : 草履 <四解上 47a>
　　　　 d. 鞋 : 신 혜 <字會中 11b>

(1297) e. 履 : 草履 <四解上 29b>

<1298> 신 對 훠

고유어 '신'과 한자어 '훠'(靴) 가 [靴] 즉 '신'의 뜻을 가지고 동의 관계에 있다는 것은 다음 예문들에서 잘 확인된다. 원문 중 '靴'가 '신 신다'로도 번역되고 '훠 신다'로도 번역된다. 그리고 '靴'의 자석이 '훠'이다. 따라서 '신'과 '훠'의 동의성은 명백히 입증된다.

(1298) a. 신 시느라(繫鞋 : 靴) <呂約 19b>
　　　　 b. 훈 킈 큰 노미 큰 신 쓰스고(一箇長大漢撒大鞋) <번朴上 40>

(1298) c. 훠 신고(靴 : 穿靴) <呂約 19b>

(1298) d. 靴 : 鞮屬 <四解上 33b>
　　　　 e. 靴 : 훠 화 <字會中 11b>

<1299> 싣나모 對 色木

고유어 '싣나모'와 한자어 '色木'이 [楓] 즉 '단풍나무'의 뜻을 가지고 동의 관계에 있다는 것은 다음 예문들에서 잘 확인된다. '楓'의 자석이 '싣나모'이고 고유어 '싣나모'는 한자어 '色木'과 동의 관계에 있다. 따라서 '싣나모'와 '色木'의 동의성은 명백히 입증된다.

(1299) a. 楓 : 木名 <四解上 3b>
　　　　 b. 楓 : 싣나모 풍 俗呼茶條樹 又呼色木 <字會上 5b>

<1300> 실 對 蚕吐

고유어 '실'과 한자어 '蚕吐'가 [絲]와 [絲兒] 즉 '실, 명주실'의 뜻을 가지고 동의 관계에 있다는 것은 다음 예문들에서 잘 확인된다. 원문 중 '細絲'가 '실 ㄱ눌다'로 번역되고 '細絲兒'가 'ㄱ는 실'로 번역된다. 그리고 '絲'의 자석이 '실'이고 고유어 '실'은 한자어 '蚕吐'와 동의 관계에 있다. 따라서 '실'과 '蚕吐'의 동의성은 명백히 입증된다.

(1300) a. 내해 다 실 ㄱ는 구의나깃 은이라(我的都是細絲官銀) <번老下 14a>

b. 내해 다 실 ㄱ는 구의나깃 시푼 은이니(我的都是細絲官銀) <번朴上 32a>

c. ㄱ는 시리 분명이 다 잇ᄂ니(細絲兒分明都有) <번老上 65a>

(1300) d. 絲 : 蚕所吐 <四解上 13b>

e. 絲 : 실 ㅅ 蚕吐爲絲 <字會中 12a>

<1301> 실 對 合絲

고유어 '실'과 한자어 '合絲'가 [線] 즉 '실'의 뜻을 가지고 동의 관계에 있다는 것은 다음 예문들에서 잘 확인된다. 원문 중 '起線'이 '실도 티다'로 번역된다. 그리고 '線'의 자석이 '실'이고 고유어 '실'은 한자어 '合絲'와 동의 관계에 있다. 따라서 '실'과 '合絲'의 동의성은 명백히 입증된다.

(1301) a. 실도 티고(起線) <번朴上 15b>

(1301) b. 線 : 縷也 <四解下 5a>

c. 線 : 실 션 合絲爲線 <字會中 12a>

<1302> 심 對 人蔘

고유어 '심'과 한자어 '人蔘'이 [蔘]과 [人蔘] 즉 '인삼'의 뜻을 가지고 동의 관계에 있다는 것은 『번역노걸대』의 다음 예문들에서 잘 확인된다. 원문 중 '新羅蔘'이 '新羅ㅅ 심'으로도 번역되고 '新羅ㅅ 人蔘'으로도 번역된다. 그리고 '這蔘'이 '이 심'으로 번역되고 '那蔘'이 '그 人蔘'으로 번역된다. 따라서 '심'과 '人蔘'의 동의성은 명백히 입증된다.

(1302) a. 이 심은 新羅ㅅ 심이라(這蔘是新羅蔘也) <번老下 56b>

b. 이 심이 됴ᄒ냐(這蔘是好麽) <번老下 56b>

(1302) c. 내해 新羅ㅅ 人蔘이라(我的是新羅蔘) <번老下 3a>

d. 네 그 人蔘이 어딋 人蔘고(你那蔘那裏蔘) <번老下 2b>

e. 또 人蔘과 모시뵈도 잇다(又有些人蔘毛施布) <번老下 5a>

f. 내 이 신슴 모시뵈 풀면(賣了這人蔘毛施布時) <번老下 56a>

<1303> ㅅ견 對 粧飾鏄件

고유어 'ㅅ견'과 한자어 '粧飾鏄件'이 [事件]과 [鏄] 즉 '새김 장식'의 뜻을 가지고 동의 관계에 있다는 것은 다음 예문들에서 잘 확인된다. 원문 중 '銀絲事件'이 '은 입ㅅ흔 ㅅ견'으로 번역되고 '減銀事件'이 '은 입ㅅ흔욘 ㅅ견'으로 번역된다. 그리고 '鏄'의 자석이 'ㅅ견'이고 고유어 'ㅅ견'은 한자어 '粧飾鏄件' 과 동의 관계에 있다. 따라서 'ㅅ견'과 '粧飾鏄件'의 동의성은 명백히 입증된다.

(1303) a. 은 입ㅅ흔 ㅅ견이오(銀絲事件) <번朴上 30a>

b. 기르마는 시톄옛 은 입ㅅ흔욘 ㅅ견넷 됴흔 기르마 굴에둘히(鞍子是時樣減銀事件的好鞍轡)
    <번老下 49b>

c. 금실로 입ㅅ한 ㅅ견 바갓고(釘着金絲減鐵事件) <번朴上 28a>

(1303) d. 剗 : 挿刀也 <四解上 12b>

e. 鏄 : ㅅ견 ㅅ 粧飾鏄件 <字會下 9a>

<1304> ㅅ나히 對 兒孩兒

고유어 'ㅅ나히'와 한자어 '兒孩兒'가 [兒孩兒] 즉 '사내아이'의 뜻을 가지고 동의 관계에 있다는 것은 다음 예문들에서 잘 확인된다. '孩'의 자석이 '아히'이고 한자어 '兒孩兒'가 고유어 'ㅅ나히'와 동의 관계 에 있다. 따라서 'ㅅ나히'와 '兒孩兒'의 동의성은 명백히 입증된다.

(1304) a. 孩 : 始生小兒 <四解上 45b>

b. 孩 : 아히 히 俗呼兒孩兒 ㅅ나히 女孩兒 간나히 <字會上 17a>

<1305> ㅄ리 對 荊條

고유어 'ㅄ리'와 한자어 '荊條'가 [荊條] 즉 '싸리'의 뜻을 가지고 동의 관계에 있다는 것은 다음 예문 들에서 잘 확인된다. 한자어 '荊條'가 고유어 'ㅄ리'와 동의 관계에 있다. 따라서 'ㅄ리'와 '荊條'의 동의 성은 명백히 입증된다.

(1305) a. 荊 : ⋯今俗呼荊條 ᄲ리 <四解下 48a>

　　　 b. 荊 : 가식 형⋯又荊條 댓ᄲ리 <字會上 5b>

<1306> ᄉ매 對 袖口

　고유어 'ᄉ매'와 한자어 '袖口'가 [袪] 즉 '소맷부리, 옷소매의 아가리'의 뜻을 가지고 동의 관계에 있
다는 것은 다음 예문들에서 잘 확인된다. '袪'가 한자어 '袖口'를 뜻한다. 그리고 '袪'의 자석이 'ᄉ매'이
다. 따라서 'ᄉ매'와 '袖口'의 동의성은 명백히 입증된다.

　　(1306) a. 袪 : 袖口 <四解上 29b>

　　　　 b. 袪 : ᄉ매 거 <字會中 11b>

<1307> 싀 對 듕

　고유어 '싀'와 한자어 '듕'(中) 이 [間] 즉 '사이'의 뜻을 가지고 동의 관계에 있다는 것은 다음 예문
들에서 잘 확인된다. 원문 중 '未愈之間'이 '됴티 몯흔 싀'로 번역되고 '其間'이 '그 듕'으로 번역된다.
따라서 '싀'와 '듕'의 동의성은 명백히 입증된다.

　　(1307) a. 이믜 도다셔 됴티 몯흔 싀예(已出未愈之間) <瘡疹 19b> <瘡疹 20a>

　　　　 b. 나디 몯흔 싀예(未出之間) <瘡疹 19b>

　　(1307) c. 그 듕에 아히 긔운이 본ᄃᆡ 바려ᄒ거나(其間兒氣素怯) <瘡疹 13b>

<1308> ᄉᆞ지 對 狻猊

　고유어 'ᄉᆞ지'와 한자어 '狻猊'가 [師子], [獅] 및 [狻] 즉 '사자(獅子)'의 뜻을 가지고 동의 관계에 있다
는 것은 다음 예문들에서 잘 확인된다. 원문 중 '師子頭'가 'ᄉᆞ지 머리'로 번역된다. '獅'가 한자어 '狻猊'
를 뜻하고 '獅'의 자석이 'ᄉᆞ지'이다. 그리고 '狻'이 한자어 '狻猊'를 뜻하고 '狻'의 자석이 'ᄉᆞ지'이다. 따
라서 'ᄉᆞ지'와 '狻猊'의 동의성은 명백히 입증된다.

　　(1308) a. 므리 蘆溝橋ㅅ 란간앳 ᄉᆞ지 머리를 ᄌᆞ마 너머(水淹過蘆溝橋師子頭) <번朴上 9a>

　　(1308) b. 獅 : 狻猊 <四解上 19b>

　　　　 c. 獅 : ᄉᆞ지 ᄉ <字會上 9b>

(1308) d. 狻: 狻猊 獅子 <四解上 75b>

　　 e. 狻: ᄉ지(9b) 산 <字會上 10a>

<1309> 손 對 民丁

고유어 '손'과 한자어 '民丁'이 [丁] 즉 '젊은 남자, 人民의 壯丁'의 뜻을 가지고 동의 관계에 있다는 것은 다음 예문들에서 잘 확인된다. '丁'이 한자어 '民丁'을 뜻한다. 그리고 '丁'의 자석이 '손'이다. 따라서 '손'과 '民丁'의 동의성은 명백히 입증된다.

(1309) a. 丁: … 又民丁 <四解下 48a>

　　 b. 丁: 손 뎡 <字會中 1b>

<1310> ᄡᆞᆯ 對 穀實

고유어 'ᄡᆞᆯ'과 한자어 '穀實'이 [米] 즉 '쌀, 곡식의 열매'의 뜻을 가지고 동의 관계에 있다는 것은 다음 예문들에서 잘 확인된다. 원문 중 '負米'가 'ᄡᆞᆯ 지다'로 번역되고 '米數合'이 'ᄡᆞᆯ 두서 홉'으로 번역된다. 그리고 '米'가 한자어 '穀實'을 뜻하고 '米'의 자석이 'ᄡᆞᆯ'이다. 따라서 'ᄡᆞᆯ'과 '穀實'의 동의성은 명백히 입증된다.

(1310) a. 子路의 ᄡᆞᆯ 지던 데엿 일들 홀(如…子路의 負米之類ㅣ니) <번小六 5b>

　　 b. ᄡᆞᆯ 두서 홉으로 죽 쑤어 먹고(以米數合으로 爲粥ᄒ고) <번小九 33a>

　　 c. ᄡᆞᆯ 토실가(關米麽) <번朴上 11a>

　　 d. ᄡᆞᆯ와 뵈라도 므던ᄒ니라(用米布) <呂約 27a>

(1310) e. 米: 穀實 <四解上 26a>

　　 f. 米: ᄡᆞᆯ 미 <字會中 10b>

<1311> 술 對 肌膚

고유어 '술'과 한자어 '肌膚'가 [肌]와 [膚] 즉 '살갗, 피부'의 뜻을 가지고 동의 관계에 있다는 것은 다음 예문들에서 잘 확인된다. '肌'가 한자어 '肌膚'를 뜻하고 '肌'의 자석이 '술'이다. 그리고 '膚'가 한자 '肌'와 同義이고 '膚'의 자석이 '술'이다. 따라서 '술'과 '肌膚'의 동의성은 명백히 입증된다.

(1311) a. 肌: 肌膚 <四解上 23a>

b. 肌 : 술 긔 <字會上 14b>

(1311) c. 膚 : 肌也 <四解上 38b>

d. 膚 : 술 부 <字會上 14b>

<1312> 뿔 對 米顆

고유어 '뿔'과 한자어 '米顆'가 [粒] 즉 '쌀알'의 뜻을 가지고 동의 관계에 있다는 것은 다음 예문들에서 잘 확인된다. '粒'이 한자어 '米顆'를 뜻한다. 그리고 '粒'의 자석이 '뿔'이다. 따라서 '뿔'과 '米顆'의 동의성은 명백히 입증된다.

(1312) a. 粒 : 米顆 <四解下 74b>
b. 粒 : 뿔 립 <字會中 10b>

<1313> 술고 對 杏兒

고유어 '술고'와 한자어 '杏兒'가 [杏兒]와 [杏] 즉 '살구'의 뜻을 가지고 동의 관계에 있다는 것은 다음 예문들에서 잘 확인된다. 원문 중 '杏兒櫻桃'가 '술고와 이스랏'으로 번역된다. 그리고 '杏'의 자석이 '술 고'이고 고유어 '술고'는 한자어 '杏兒'와 동의 관계에 있다. 따라서 '술고'와 '杏兒'의 동의성은 명백히 입증된다.

(1313) a. 술고와 이스랏과 여러 가짓 셩훈 과시롤(杏兒櫻桃諸般鮮果) <번朴上 5b>
b. 이스랏 술고(櫻桃 杏子) <번朴上 4b>
c. 술고 슈박 (杏子 西瓜) <번老下 38b>

(1313) d. 杏 : 果名 <四解下 56a>
e. 杏 : 술고 힝 俗呼杏兒 <字會上 6a>

<1314> 숡 對 野貓/野猫

고유어 '숡'과 한자어 '野貓/野猫'가 [狸] 즉 '삵, 살쾡이'의 뜻을 가지고 동의 관계에 있다는 것은 다음 예문들에서 잘 확인된다. '狸'가 한자어 '野貓'를 뜻하고 '野貓'는 고유어 '숡'과 동의 관계에 있다. 그리고 '狸'의 자석이 '숡'이고 고유어 '숡'은 한자어 '野猫'와 동의 관계에 있다. 따라서 '숡'과 '野貓/野猫'의 동의성은 명백히 입증된다. 한자 '貓'와 '猫'는 同字이다.

(1314) a. 狸 : 今俗呼野猫 숡 <四解上 28b>

　　　 b. 狸 : 숡 리 俗呼野猫 <字會上 10a>

<1315> 숡핌 對 勒飾

고유어 '숡핌'과 한자어 '勒飾'이 [珂] 즉 '굴레 장식 자개'의 뜻을 가지고 동의 관계에 있다는 것은 다음 예문들에서 잘 확인된다. '珂'가 한자어 '勒飾'을 뜻한다. 그리고 '珂'의 자석이 '숡핌'이고 고유어 '숡핌'은 한자어 '勒飾'과 동의 관계에 있다. 따라서 '숡핌'과 '勒飾'의 동의성은 명백히 입증된다.

(1315) a. 珂 : 石次玉…又勒飾曰珂 <四解下 24b>

　　　 b. 珂 : 숡핌 가 勒飾曰珂 <字會中 13b>

<1316> 심 對 水源

고유어 '심'과 한자어 '水源'이 [泉] 즉 '샘'의 뜻을 가지고 동의 관계에 있다는 것은 다음 예문들에서 잘 확인된다. '泉'이 한자어 '水源'을 뜻한다. 그리고 '泉'의 자석이 '심'이다. 따라서 '심'과 '水源'의 동의성은 명백히 입증된다.

(1316) a. 泉 : 水源 <四解下 10a>

　　　 b. 泉 : 심 쳔 <字會中 3a>

<1317> 싱동츨 對 靑粱粟

고유어 '싱동츨'과 한자어 '靑粱粟'이 [粱] 즉 '기장'의 뜻을 가지고 동의 관계에 있다는 것은 다음 예문들에서 잘 확인된다. '粱'의 자석이 '싱동츨'이고 고유어 '싱동츨'은 한자어 '靑粱粟'과 동의 관계에 있다. 따라서 '싱동츨'과 '靑粱粟'의 동의성은 명백히 입증된다.

(1317) a. 粱 : 似粟而大 <四解下 45b>

　　　 b. 粱 : 싱동츨 량 靑粱粟 <字會上 7a>

<1318> 싱포 對 鰒魚

고유어 '싱포'와 한자어 '鰒魚'가 [鰒] 즉 '전복(全鰒) '의 뜻을 가지고 동의 관계에 있다는 것은 다음 예문들에서 잘 확인된다. '鰒'이 한자어 '鰒魚'를 뜻하고 '鰒魚'는 고유어 '싱포'와 동의 관계에 있다. 그리고 '鰒'의 자석이 '싱포'이고 고유어 '싱포'는 한자어 '鰒魚'와 동의 관계에 있다. 따라서 '싱포'와 '鰒魚'

의 동의성은 명백히 입증된다.

(1318) a. 鰒 : 石決明 今俗呼鰒魚 싱포 <四解下 37a>
　　　　b. 鰒 : 싱포 박 俗呼鰒魚⋯又呼石決明 <字會上 10b>

<1319> 싱포 對 石決明

고유어 '싱포'와 한자어 '石決明'이 [鰒] 즉 '전복(全鰒)'의 뜻을 가지고 동의 관계에 있다는 것은 다음 예문들에서 잘 확인된다. '鰒'이 한자어 '石決明'을 뜻하고 '石決明'은 고유어 '싱포'와 동의 관계에 있다. 그리고 '鰒'의 자석이 '싱포'이고 고유어 '싱포'는 한자어 '石決明'과 동의 관계에 있다. 따라서 '싱포'와 '石決明'의 동의성은 명백히 입증된다.

(1319) a. 鰒 : 石決明 今俗呼鰒魚 싱포 <四解下 37a>
　　　　b. 鰒 : 싱포 박 俗呼鰒魚⋯又呼石決明 <字會上 10b>

<1320> 슛 對 摴蒱

고유어 '슛'과 한자어 '摴蒱'가 [摴]와 [蒱] 즉 '노름, 도박'의 뜻을 가지고 동의 관계에 있다는 것은 다음 예문들에서 잘 확인된다. '摴'가 한자어 '摴蒱'를 뜻한다. '摴'의 자석이 '슛'이고 고유어 '슛'은 한자어 '摴蒱'와 동의 관계에 있다. 그리고 '蒱'가 한자어 '摴蒱'를 뜻하고 '蒱'의 자석이 '슛'이다. 따라서 '슛'과 '摴蒱'의 동의성은 명백히 입증된다.

(1320) a. 摴 : 摴蒱戲 <四解上 32a>
　　　　b. 摴 : 슛 뎌 摴蒱四數賭博 <字會下 10a>

(1320) c. 蒱 : 摴蒱戲采 <四解上 38a>
　　　　d. 蒱 : 슛 포 <字會下 10a>

<1321> 아가외 對 棠梨/棠棃

고유어 '아가외'와 한자어 '棠梨/棠棃'가 [棠]과 [杜] 즉 '팥배나무, 당리(棠梨)'의 뜻을 가지고 동의 관계에 있다는 것은 다음 예문들에서 잘 확인된다. '棠'이 한자어 '棠梨'를 뜻하고 '棠'의 자석이 '아가외'이다. 그리고 '杜'가 한자어 '棠梨'를 뜻한다. 따라서 '아가외'와 '棠梨/棠棃'의 동의성은 명백히 입증된다.

(1321) a. 棠 : 棠梨 甘棠也 <四解下 35a>

　　　　 b. 棠 : 아가외 당 白曰棠 赤曰棣 <字會上 6b>

(1321) c. 杜 : 甘棠 白者棠 赤者杜 今杜梨 或云棠梨 <四解上 37b>

<1322> 아가외 對 棠棣

고유어 '아가외'와 한자어 '棠棣'가 [栘], [棠] 및 [棣] 즉 '산앵두나무, 아가위나무'의 뜻을 가지고 동의
관계에 있다는 것은 다음 예문들에서 잘 확인된다. '栘'가 한자어 '棠棣'를 뜻한다. 그리고 '棠'과 '棣'의
자석이 '아가외'이다. 따라서 '아가외'와 '棠棣'의 동의성은 명백히 입증된다.

(1322) a. 栘 : …棠棣 <四解上 22a>

(1322) b. 棠 : 棠梨 <四解下 35a>

　　　　 c. 棠 : 아가외 당 白曰棠 赤曰棣 <字會上 6b>

(1322) d. 棣 : …唐棣也 <四解上 25b>

　　　　 e. 棣 : 아가외 톄 俗呼山梨紅 <字會上 6b>

<1323> 아가외 對 山梨紅

고유어 '아가외'와 한자어 '山梨紅'이 [棣] 즉 '산앵두나무'의 뜻을 가지고 동의 관계에 있다는 것은
다음 예문들에서 잘 확인된다. '棣'의 자석이 '아가외'이고 고유어 '아가외'는 한자어 '山梨紅'과 동의 관
계에 있다. 따라서 '아가외'와 '山梨紅'의 동의성은 명백히 입증된다.

(1323) a. 棣 : 白棣 常棣也 赤棣 唐棣也 <四解上 25b>

　　　　 b. 棣 : 아가외 톄 俗呼山梨紅 <字會上 6b>

<1324> 아기 對 ᄌᆞ셕

고유어 '아기'와 한자어 'ᄌᆞ셕'(子息) 이 [孩兒] 즉 '아기, 어린아이'의 뜻을 가지고 동의 관계에 있다
는 것은 다음 예문들에서 잘 확인된다. 원문 중 '孩兒啼哭'이 '아기 울다'로 번역된다. '着孩兒…放着'이
'아기를 놓다'로 번역된다. 그리고 '養孩兒'가 'ᄌᆞ셕 길우다'로 번역된다. 따라서 '아기'와 'ᄌᆞ셕'의 동의
성은 명백히 입증된다.

(1324) a. 아기 울어든 보고(見孩兒啼哭時) <번朴上 56b>

b. 아기를 소랏 므레 노하든(着孩兒盆子水裏放着) <번朴上 56a>

c. 아기를 누이고(着孩兒臥着) <번朴上 56b>

d. ᄀᆞ 아기 싯기기 못고(纔只洗了孩兒) <번朴上 56a>

e. 아기를 다가 들고지예 엿ᄂᆞ니라(把孩兒上搖車) <번朴上 56a>

f. 아기를 다가 ᄯᅩ 머리 갓고 니마 우희 ᄯᅳᄂᆞ니(把孩兒又剃了頭頂上灸) <번朴上 57a>

(1324) h. ᄌᆞ셕 길우미 ᄀᆞ장 어렵도다(養孩兒好難) <번朴上 57b>

<1325> 아기 對 ᄌᆞ식

고유어 '아기'와 한자어 'ᄌᆞ식'(子息) 이 [兒]와 [子] 즉 '아기'의 뜻을 가지고 동의 관계에 있다는 것은 다음 예문들에서 잘 확인된다. 원문 중 '兒亦不知'가 '아기도 모르다'로 번역되고 '己兒'가 '제 ᄌᆞ식'으로 번역된다. 그리고 '其子'가 '아기'로 번역되고 '宗子'가 '승듕 ᄌᆞ식'으로 번역된다. 따라서 '아기'와 'ᄌᆞ식'의 동의성은 명백히 입증된다.

(1325) a. 아기도 아뫼 제 어민 줄 모르더라(兒亦不知孰爲己母也) <二倫 32a>

b. 아기를 두고 가면(留己子) <二倫 32a>

(1325) c. 아모 아기 제 ᄌᆞ식긴 줄 모르며(不問孰爲己兒) <二倫 32a>

d. 네 승듕 ᄌᆞ식기라(姪 宗子也) <二倫 32b>

<1326> 아기플 對 遠志

고유어 '아기플'과 한자어 '遠志'가 [蕀] 즉 '애기풀, 원지(遠志) '의 뜻을 가지고 동의 관계에 있다는 것은 다음 예문들에서 잘 확인된다. '蕀'가 한자어 '遠志'를 뜻하고 '遠志'는 고유어 '아기플'과 동의 관계에 있다. 따라서 '아기플'과 '遠志'의 동의성은 명백히 입증된다.

(1326) a. 蕀：…今遠志 아기플 <四解下 16b>

b. 遠：…又草名 <四解上 53a>

<1327> 아들 對 ᄌᆞ식

고유어 '아들'과 한자어 'ᄌᆞ식'(子息) 이 [子]와 [兒] 즉 '아들, 子息'의 뜻을 가지고 동의 관계에 있다는 것은 다음 예문들에서 잘 확인된다. 원문 중 '子孝'가 '아ᄃᆞ리 효도ᄒᆞ다'로도 번역되고 'ᄌᆞ식은 효도ᄒ

다'로도 번역된다. '吾子'가 '내 아들'로 번역되고 '妻子'가 '쳐 ㅈ식'으로 번역된다. 그리고 '姪兒'가 '동
성 형뎨의 난 아들'로 번역되고 '有兒…長'이 'ㅈ식기 ㅈ라다'로 번역된다. 따라서 '아들'과 'ㅈ식'의 동
의성은 명백히 입증된다.

(1327) a. 아비 어엿비 너교ᄃᆡ ㄱ르치며 아ᄃᆞ리 효도ᄒᆞ고 간ᄒᆞ며(父慈而敎之ᄒᆞ며 子孝而箴ᄒᆞ며) <번小
　　　　三 44b>

　　　b. 내 아ᄃᆞ리 병ᄒᆞ엿거늘(吾子ㅣ有疾이어늘) <번小十 2a>

　　　c. 윗나라 공ᄌᆞ 슈는 션공의 아ᄃᆞ리니(偉公子壽者 宣公之子) <二倫 1a>

　　　d. 아들로 아ᄉᆞᆯ 밧고니(以子易弟) <二倫 12a>

　　　e. 동셩 형뎨의 난 아들(姪兒) <번老下 34a>

　　　f. 아비와 아들왜 親ᄒᆞ며(父子親ᄒᆞ고) <번小三 15a>

(1327) g. 아비ᄂᆞᆫ 어엿비 너기거든 ㅈ식은 효도ᄒᆞ며(父慈子孝ᄒᆞ며) <번小三 43b>

　　　h. 믈읫 ㅈ시기 어버싀 니ᄅᆞ신 이를 듣ㅈ와(凡子ㅣ受父母之命애) <번小七 1b>

　　　i. 루회 울며 쳐 ㅈ식글 칙ᄒᆞ여(護流涕責妻子) <二倫 34a>

　　　j. 양공의 ㅈ식기 ㅈ라거늘 겨집 얼이고(恭之子息長大爲之娶婦) <二倫 35a>

　　　k. 남지니 죽고 ᄯᅩ 子息 업스니(夫今死 又無子女) <속三烈 6a>

　　　l. 나ᄂᆞᆫ ㅈ식기 ㅈ라거니와(吾有兒已長) <二倫 23a>

(1327) m. 子 : 子息 <四解上 12b>

　　　n. 子 : 아들 ㅈ <字會上 16b>

<1328> 아리새 對 鶬鶊

　　고유어 '아리새'와 한자어 '鶬鶊'이 [鶬]과 [鶊] 즉 '꾀꼬리, 黃鳥'의 뜻을 가지고 동의 관계에 있다는
것은 다음 예문들에서 잘 확인된다. '鶬'이 한자어 '鶬鶊'을 뜻하고 '鶬'의 자석이 '아리새'이다. 그리고
'鶊'이 한자어 '鶬鶊'을 뜻하고 '鶊'의 자석이 '아리새'이다. 따라서 '아리새'와 '鶬鶊'의 동의성은 명백히
입증된다.

(1328) a. 鶬 : 鶬鶊 <四解下 38a>

　　　b. 鶬 : 아리새 창 <字會上 9a>

(1328) c. 鶊 : 鶬鶊 卽鸝黃 <四解下 57b>

　　　d. 鶊 : 아리새 경…詩鶬鶊 <字會上 9a>

<1329> 아비 對 爹爹

고유어 '아비'와 한자어 '爹爹'가 [爹] 즉 '아버지'의 뜻을 가지고 동의 관계에 있다는 것은 다음 예문 들에서 잘 확인된다. '爹'가 한자 '父'와 同義이다. 그리고 '爹'의 자석이 '아비'이고 고유어 '아비'는 한자 어 '爹爹'와 동의 관계에 있다. 따라서 '아비'와 '爹爹'의 동의성은 명백히 입증된다.

    (1329) a. 爹 : 今俗呼父 <四解下 32b>
         b. 爹 : 아비 다 俗又呼爹爹 <字會上 16a>

<1330> 아비 對 父歿

고유어 '아비'와 한자어 '父歿'이 [考] 즉 '죽은 아버지'의 뜻을 가지고 동의 관계에 있다는 것은 다음 예문들에서 잘 확인된다. '考'가 한자어 '父歿'을 뜻한다. 그리고 '考'의 자석이 '아비'이다. 따라서 '아비' 와 '父歿'의 동의성은 명백히 입증된다.

    (1330) a. 考 : … 又父歿曰考 <四解下 18b>
         b. 考 : 아비 고 歿曰考 <字會上 16a>

<1331> 아비 對 父親

고유어 '아비'와 한자어 '父親'이 [父]와 [父親] 즉 '아비, 아버지'의 뜻을 가지고 동의 관계에 있다는 것은 다음 예문들에서 잘 확인된다. 원문 중 '父慈'가 '아비는 어엿비 너기다'로 번역되고 '父子'가 '아비 와 아들'로 번역된다. '父親 母親'이 '아비 어미'로 번역된다. 그리고 '父'의 자석이 '아비'이고 고유어 '아 비'는 한자어 '父親'과 동의 관계에 있다. 따라서 '아비'와 '父親'의 동의성은 명백히 입증된다.

    (1331) a. 아비는 어엿비 너기거든 주식은 효도ᄒ며(父慈子孝ᄒ며) <번小三 43b>
         b. 아비와 아들왜 親ᄒ며(父子親ᄒ고) <번小三 15b>
         c. 이러ᄒ모로 아비게 소랑ᄒ이디 몯ᄒ야(由是失愛於父ᄒ야) <번小九 24b>
         d. 아비 어미(父親 母親) <번老下 34a>

    (1331) e. 父 : 父母 <四解上 39a> <四解上 39b>
         f. 父 : 아비 부 俗稱老子 又稱父親 <字會下 16a>

<1332> 아ᅀᆞ 對 兄弟

고유어 '아ᅀᆞ'와 한자어 '兄弟'가 [弟]와 [兄弟] 즉 '아우'의 뜻을 가지고 동의 관계에 있다는 것은 다음 예문들에서 잘 확인된다. 원문 중 '兩姨兄弟'가 '어믜 겨집 동성의게 난 아ᅀᆞ'로 번역되고 '兄弟們'이 '아ᅀᆞ들ㅎ'로 번역된다. '弟'가 한자어 '兄弟'를 뜻한다. 그리고 '弟'의 자석이 '아ᅀᆞ'이고 고유어 '아ᅀᆞ'는 한자어 '兄弟'와 동의 관계에 있다. 따라서 '아ᅀᆞ'와 '兄弟'의 동의성은 명백히 입증된다.

> (1332) a. ᄒᆞ나흔 어믜 겨집 동성의게 난 아ᅀᆞ(一箇是兩姨兄弟) <번老下 5b>
>   b. 이는 우리 어믜 동성의게 난 아ᅀᅵ오(是小人兩姨兄弟) <번老上 16a>
>   c. 아ᅀᆞ들히(兄弟們) <번老下 4a>
>   d. 오나라 아ᅀᅵ여(來麼兄弟) <번朴上 24a>

> (1332) e. 弟 : 兄弟 <四解上 25b>
>   f. 弟 : 아ᅀᆞ 뎨 俗呼兄弟 <字會上 16b>

<1333> 아ᅀᆞᆷ 對 권당

고유어 '아ᅀᆞᆷ'과 한자어 '권당'(眷黨)이 [宗族]과 [族] 즉 '친족, 일가'의 뜻을 가지고 동의 관계에 있다는 것은 다음 예문들에서 잘 확인된다. 원문 중 '吳中宗族'이 '吳中 싸해 아ᅀᆞᆷ'으로 번역되고 '陳氏宗族'이 '陳氏 권당'으로 번역된다. 그리고 '睦族'이 '아ᅀᆞᆷ들와 화동ᄒᆞ다'로도 번역되고 '권당 화동ᄒᆞ다'로도 번역된다. 따라서 '아ᅀᆞᆷ'과 '권당'의 동의성은 명백히 입증된다.

> (1333) a. 내 吳中 싸해 아ᅀᆞ미 ᄀᆞ장 만ᄒᆞ니(吾ㅣ 吳中에 宗族이 甚衆ᄒᆞ니) <번小七 49a>
>   b. 아ᅀᆞᆷ믜 화동티 아니호ᄆᆞᆫ(宗族所以不恊) <二倫 27a>
>   c. 그 아ᅀᆞᆷ들와 화동ᄒᆞᄂᆞᆫ 일 무르신대(問其所以能睦族之道) <二倫 27a>

> (1333) d. 江州 싸 陳氏 권당이 칠ᄇᆡ기러니(江州陳氏宗族이 七百口ㅣ러니) <번小九 107a>
>   e. 즐겨 ᄆᆞ슴 사롬과 권당과로(樂與鄕黨宗族으로) <번小九 90a>
>   f. 권당이 화동티 몯호ᄆᆞᆫ(宗族所以不恊은) <번小九 97a>
>   g. 잘 권당 화동ᄒᆞᄂᆞᆫ 도리를 무른대(問其所以能睦族之道) <번小九 97a>

<1334> 아ᅀᆞᆷ 對 宗族

고유어 '아ᅀᆞᆷ'과 한자어 '宗族'이 [宗族]과 [宗] 즉 '친족, 일가'의 뜻을 가지고 동의 관계에 있다는 것은 다음 예문들에서 잘 확인된다. 원문 중 '吳中宗族'이 '吳中 싸해 아ᅀᆞᆷ'으로 번역되고 '覆宗'이 '宗族을 업더리티다'로 번역된다. 따라서 '아ᅀᆞᆷ'과 '宗族'의 동의성은 명백히 입증된다.

(1334) a. 내 吳中 짜해 아ᅀᆞ미 ᄀᆞ장 만ᄒᆞ니(吳ㅣ 吳中에 宗族이 甚衆ᄒᆞ니) <번小七 49a>

b. 아ᅀᆞ믜 화동티 아니호ᄆᆞᆫ(宗族所以不恊) <二倫 27a>

(1334) c. 크면 宗族을 업더리텨 조샹 니ᅀᅮ믈 긋게 ᄒᆞᄂᆞ니(大則覆宗絶嗣ㅣ니) <번小六 31a>

<1335> 아ᅀᆞᆷ 對 親族

고유어 '아ᅀᆞᆷ'과 한자어 '親族'이 [親族]과 [族] 즉 '친족, 일가'의 뜻을 가지고 동의 관계에 있다는 것은 다음 예문들에서 잘 확인된다. 원문 중 '親族衰'가 '아ᅀᆞ들히 모도다'로 번역된다. 그리고 '族'이 한자어 '親族'을 뜻하고 '族'의 자석이 '아ᅀᆞᆷ'이다. 따라서 '아ᅀᆞᆷ'와 '親族'의 동의성은 명백히 입증된다.

(1335) a. 아ᅀᆞ들히 돈 삼만늘 모도아 주니(親族衰錢三萬遺之) <二倫 40a>

b. 더욱 아ᅀᆞᆷ 향ᄒᆞ야 후히 ᄒᆞ더니(尤厚於族人) <二倫 29a>

(1335) c. 族 : 親族 <社會相 5a>

d. 族 : 아ᅀᆞᆷ 족 <字會上 16a>

<1336> 아ᅀᆞᆷ 對 親戚

고유어 '아ᅀᆞᆷ'과 한자어 '親戚'이 [親戚], [親] 및 [戚] 즉 '친척, 친족과 외척'의 뜻을 가지고 동의 관계에 있다는 것은 다음 예문들에서 잘 확인된다. 원문 중 '親戚們'이 '아ᅀᆞᆷ 들ㅎ'로 번역된다. '親故'가 '아ᅀᆞ미며 벋'으로 번역되고 '親故'는 '親戚故舊'를 뜻한다. '親'이 한자어 '親戚'을 뜻하고 '親'의 자석이 '아ᅀᆞᆷ'이다. '戚'이 한자어 '親戚'을 뜻한다. 그리고 '戚'의 자석이 '아ᅀᆞᆷ'이고 고유어 '아ᅀᆞᆷ'은 한자어 '親戚'과 동의 관계에 있다. 따라서 '아ᅀᆞᆷ'과 '親戚'의 동의성은 명백히 입증된다.

(1336) a. 겨지븨 아ᅀᆞᆷ 들토 다 가 아ᅀᆞᆷ 보기 ᄒᆞᄂᆞ니라(女孩兒家親戚們 都去會親) <번朴上 46a>

b. 무슬 아ᅀᆞᆷ 들히 다 닐오ᄃᆡ 災禍ㅣ 그지 업스리라 ᄒᆞ고(鄕中親戚 皆言禍且不測) <속三孝 34a>

c. 아ᅀᆞᆷ이며 벋과(3b)로 화동ᄒᆞ며(能睦親故爲彌: 與親戚故舊和睦) <呂約 4a>

d. 만이레 아ᅀᆞᆷ이 왯거든 각별이 ᄎᆞ셔ᄒᆞ야 안치고(若有親則別序爲古: 若親戚則別序坐) <呂約 24a>

(1336) e. 親 : … 又親戚 <四解上 58a>

f. 親 : 아ᅀᆞᆷ 친 父母亦曰親 又婚姻家相謂曰親家 <字會上 17a>

(1336) g. 戚 : 親戚 <四解下 52a>

h. 戚 : 아숨 쳑 俗呼親戚 <字會上 17a>

<1337> 아옥 對 葵菜

고유어 '아옥'과 한자어 '葵菜'가 [葵] 즉 '아옥'의 뜻을 가지고 동의 관계에 있다는 것은 다음 예문들에서 잘 확인된다. '葵'의 자석이 '아옥'이고 고유어 '아옥'은 한자어 '葵菜'와 동의 관계에 있다. 따라서 '아옥'과 '葵菜'의 동의성은 명백히 입증된다.

(1337) a. 葵 : …菜名 <四解上 49a>
b. 葵 : 아옥 규 葵菜 <字會上 8a>

<1338> 아자비 對 舅舅

고유어 '아자비'와 한자어 '舅舅'가 [舅] 즉 '외삼촌'의 뜻을 가지고 동의 관계에 있다는 것은 다음 예문들에서 잘 확인된다. '舅'의 자석이 '아자비'이고 고유어 '아자비'는 한자어 '舅舅'와 동의 관계에 있다. 따라서 '아자비'와 '舅舅'의 동의성은 명백히 입증된다.

(1338) a. 舅 : 母之兄弟 <四解下 68b>
b. 舅 : 아자비 구 母之兄弟曰舅舅 <字會上 16b>

<1339> 아질게 呈 對 兒馬

고유어 '아질게 呈'과 한자어 '兒馬'가 [兒馬] 즉 '망아지, 새끼말'의 뜻을 가지고 동의 관계에 있다는 것은 다음 예문들에서 잘 확인된다. 원문 중 '兒馬'가 '아질게 呈'로 번역된다. 그리고 '馬'의 자석이 '呈'이고 한자어 '兒馬'가 고유어 '아질게 呈'과 동의 관계에 있다. 따라서 '아질게 呈'과 '兒馬'의 동의성은 명백히 입증된다.

(1339) a. 이 아질게 呈 (這兒馬) <번老上 8b>

(1339) b. 馬 : 乘畜 <四解下 29b>
c. 馬 : 呈 마 俗呼兒馬 아질게 呈 <字會上 10b>

<1340> 아ᄌᆞ미 對 姑姑

고유어 '아ᄌᆞ미'와 한자어 '姑姑'가 [姑] 즉 '고모'의 뜻을 가지고 동의 관계에 있다는 것은 다음 예문들에서 잘 확인된다. 원문 중 '姑姉'가 '아ᄌᆞ미며 묻누의'로 번역된다. 그리고 '姑'의 자석이 '아ᄌᆞ미'이고 고유어 '아ᄌᆞ미'는 한자어 '姑姑'와 동의 관계에 있다. 따라서 '아ᄌᆞ미'와 '姑姑'의 동의성은 명백히 입증된다.

(1340) a. 아ᄌᆞ미며 묻누의며 아ᅀᅮ누의며 아ᄎᆞᆫ ᄯᆞ리(姑姉妹姪이) <번小九 103b>

(1340) b. 姑 : 婦稱夫母又父(35b) 之姉妹 <四解上 36a>
　　　c. 姑 : 아ᄌᆞ미 고 父之姉妹曰姑姑 <字會上 16b>

<1341> 아ᄌᆞ미 對 妗母

고유어 '아ᄌᆞ미'와 한자어 '妗母'가 [妗] 즉 '외숙모, 어머니 형제의 아내'의 뜻을 가지고 동의 관계에 있다는 것은 다음 예문들에서 잘 확인된다. '妗'이 한자어 '妗母'를 뜻한다. 그리고 '妗'의 자석이 '아ᄌᆞ미'이고 고유어 '아ᄌᆞ미'는 한자어 '妗母'와 동의 관계에 있다. 따라서 '아ᄌᆞ미'와 '妗母'의 동의성은 명백히 입증된다.

(1341) a. 妗 : 俗謂舅母曰妗母 <四解下 72b>
　　　b. 妗 : 아ᄌᆞ미 母之兄弟之妻曰妗母 <字會上 16a>

<1342> 아ᄌᆞ미 對 兩姨

고유어 '아ᄌᆞ미'와 한자어 '兩姨'가 [姨] 즉 '이모'의 뜻을 가지고 동의 관계에 있다는 것은 다음 예문들에서 잘 확인된다. '姨'가 '母之姉妹'를 뜻한다. '姨'의 자석이 '아ᄌᆞ미'이고 고유어 '아ᄌᆞ미'는 '母之姉妹'를 뜻하고 한자어 '兩姨'와 동의 관계에 있다. 따라서 '아ᄌᆞ미'와 '兩姨'의 동의성은 명백히 입증된다.

(1342) a. 姨 : …母之姉妹 <四解上 21b>
　　　b. 姨 : 아ᄌᆞ미 이 母之姉妹 俗呼兩姨 <字會上 16b>

<1343> 아ᄌᆞ미 對 夫母

고유어 '아ᄌᆞ미'와 한자어 '夫母'가 [姑] 즉 '시어머니, 남편의 어머니'의 뜻을 가지고 동의 관계에 있다는 것은 다음 예문들에서 잘 확인된다. '姑'가 '夫母'를 뜻한다. 그리고 '姑'의 자석이 '아ᄌᆞ미'이다. 따라서 '아ᄌᆞ미'와 '夫母'의 동의성은 명백히 입증된다.

(1343) a. 姑 : 婦稱夫母 <四解上 35b>

b. 姑 : 아즈미 고…夫之母曰姑 <字會上 16b>

<1344> 아즈미/아줌이 對 叔母

고유어 '아즈미/아줌이'와 한자어 '叔母'가 [叔母]와 [嬸] 즉 '작은 어머니, 숙모'의 뜻을 가지고 동의 관계에 있다는 것은 다음 예문들에서 잘 확인된다. 원문 중 '叔母李氏'가 '아줌이 李氏'로 번역된다. 그리고 '嬸'이 한자어 '叔母'를 뜻하고 '嬸'의 자석이 '아즈미'이다. 따라서 '아즈미/아줌이'와 '叔母'의 동의성은 명백히 입증된다.

(1344) a. 孝芬이들히 아줌이 李氏를 위와도듸(孝芬等이 承奉叔母李氏호듸) <번小九 94a>

(1344) b. 嬸 : 今俗謂叔母曰嬸娘 <四解下 73b>
    c. 嬸 : 아즈미 심 叔之妻曰嬸娘 <字會上 16b>

<1345> 아즈미 對 兄妻

고유어 '아즈미'와 한자어 '兄妻'가 [嫂] 즉 '형수'의 뜻을 가지고 동의 관계에 있다는 것은 다음 예문들에서 잘 확인된다. '嫂'가 한자어 '兄妻'를 뜻한다. 그리고 '嫂'의 자석이 '아즈미'이다. 따라서 '아즈미'와 '兄妻'의 동의성은 명백히 입증된다.

(1345) a. 嫂 : 兄妻 <四解下 21b>
    b. 嫂 : 아즈미 수 兄之妻曰嫂子 <字會上 16b>

<1346> 아춤 對 日將出

고유어 '아춤'과 한자어 '日將出'이 [昕] 즉 '아침, 해가 돋을 무렵'의 뜻을 가지고 동의 관계에 있다는 것은 다음 예문들에서 잘 확인된다. '昕'이 한자어 '日將出'을 뜻한다. 그리고 '昕'의 자석이 '아춤'이다. 따라서 '아춤'과 '日將出'의 동의성은 명백히 입증된다.

(1346) a. 昕 : 日將出 <四解上 60b>
    b. 昕 : 아춤 흔 朝明日出 <字會下 1b>

<1347> 아춤 對 早晨

고유어 '아춤'과 한자어 '早晨'이 [晨]과 [早晨] 즉 '아침'의 뜻을 가지고 동의 관계에 있다는 것은 다음 예문들에서 잘 확인된다. 원문 중 '晨夕'이 '아춤나죄'로 번역되고 '今日早晨'이 '오늘 아춤'으로 번역된다. 그리고 '晨'이 한자어 '早晨'을 뜻한다. 따라서 '아춤'과 '早晨'의 동의성은 명백히 입증된다.

(1347) a. 아춤나죄 의식 절ㅎ고(晨夕必拜) <속三孝 6b>
　　　　 b. 오늘 아츠믜 굿 죽 머구니(今日早晨 纔喫些粥) <번老下 41a>

(1347) c. 晨 : … 今俗語早晨 <四解上 60a>
　　　　 d. 晨 : 새배 신 <字會上 1b>

<1348> 아히 對 未冠

고유어 '아히'와 한자어 '未冠'이 [童] 즉 '열 대여섯 살 이하의 아이'의 뜻을 가지고 동의 관계에 있다는 것은 다음 예문들에서 잘 확인된다. '童'이 한자어 '未冠'을 뜻한다. 그리고 '童'의 자석이 '아히'이다. 따라서 '아히'와 '未冠'의 동의성은 명백히 입증된다.

(1348) a. 童 : 未冠 <四解上 2a>
　　　　 b. 童 : 아히 동 <字會上 16b>

<1349> 아히 對 小廝

고유어 '아히'와 한자어 '小廝'가 [小廝] 즉 '어린아이'의 뜻을 가지고 동의 관계에 있다는 것은 다음 예문들에서 잘 확인된다. 원문 중 '小廝們'이 '아히들 ㅎ'로 번역된다. 그리고 한자어 '小廝'는 고유어 '아히'와 동의 관계에 있다. 따라서 '아히'와 '小廝'의 동의성은 명백히 입증된다.

(1349) a. 거리예 박픵이 틸 아히들히 ᄀ장 흔ᄒ다(街上放空中的小廝們 好生廣) <번朴上 17a>

(1349) b. 廝 : … 又呼小兒曰小廝 <四解上 13a>
　　　　 c. 廝 : 브릴 싀 俗稱小廝 아히 <字會下 11a>

<1350> 아히 對 小兒

고유어 '아히'와 한자어 '小兒'가 [小兒] 즉 '어린아이'의 뜻을 가지고 동의 관계에 있다는 것은 다음 예문들에서 잘 확인된다. 원문 중 '小兒…發搐'이 '아히 활기 갇힐후다'로 번역되고 '小兒氣實'이 '아히 긔운이 실ᄒ다'로 번역된다. 그리고 한자어 '小兒'가 한자어 '小廝'와 동의 관계에 있고 '小廝'는 고유어 '아히'와 동의 관계에 있다. 따라서 '아히'와 '小兒'의 동의성은 명백히 입증된다.

(1350) a. 아히 몬져 활긔 간힐훈 후에(小兒先發搐而後) <瘡疹 12b>

　　　b. 아히 긔운이 실코(小兒氣實) <瘡疹 10b>

　　　c. 아히 힝역 더데 뻐러듀되(小兒痘瘡收靨者) <瘡疹 41b>

　　　d. 아히를 처서미 편안티 아닌 줄 아라든(小兒初覺不安) <瘡疹 28b>

　　　e. 독훈 긔운이 아히게 흘려 믈에 ᄒ며(流毒於小兒) <瘡疹 11b>

(1350) f. 孩 : …又呼小兒曰小孩 <四解上 13a>

　　　g. 孩 : 브릴 싀 俗稱小孩 아히 <字會下 11a>

<1351> 아히 對 始生小兒

고유어 '아히'와 한자어 '始生小兒'가 [孩] 즉 '어린아이'의 뜻을 가지고 동의 관계에 있다는 것은 다음 예문들에서 잘 확인된다. '孩'가 한자어 '始生小兒'를 뜻한다. 그리고 '孩'의 자석이 '아히'이다. 따라서 '아히'와 始生小兒의 동의성은 명백히 입증된다.

(1351) a. 孩 : 始生小兒 <四解上 45b>

　　　b. 孩 : 아히 히 <字會上 17a>

<1352> 아히 對 嬰兒

고유어 '아히'와 한자어 '嬰兒'가 [兒]와 [嬰] 즉 '갓난아이'의 뜻을 가지고 동의 관계에 있다는 것은 다음 예문들에서 잘 확인된다. '兒'가 한자어 '嬰兒'를 뜻하고 '兒'의 자석이 '아히'이다. 그리고 '嬰'의 자석이 '아히'이다. 따라서 '아히'와 '嬰兒'의 동의성은 명백히 입증된다.

(1352) a. 兒 : 嬰兒 <四解上 22b>

　　　b. 兒 : 아히 ᅀᆞ <字會上 16b>

(1352) c. 嬰 : 嬰孩 <四解下 55a>

　　　d. 嬰 : 아히 영…亦作嬰 <字會上 17a>

<1353> 아히 對 嬰孩

고유어 '아히'와 한자어 '嬰孩'가 [嬰]과 [孩] 즉 '어린아이'의 뜻을 가지고 동의 관계에 있다는 것은 다음 예문들에서 잘 확인된다. '嬰'이 한자어 '嬰孩'를 뜻하고 '嬰'의 자석이 '아히'이다. 그리고 '孩'의 자석이 '아히'이다. 따라서 '아히'와 '嬰孩'의 동의성은 명백히 입증된다.

(1353) a. 孾 : 孾孩 <四解下 55a>

　　b. 孾 : 아히 영 男曰孩 女曰孾 <字會上 17a>

(1353) c. 孩 : 始生小兒 <四解上 45b>

　　d. 孩 : 아히 히 俗呼兒孩兒 ᄉ나히 女孩兒 간나히 <字會上 17a>

<1354> 악대 對 犍犗

고유어 '악대'와 한자어 '犍犗'가 [犗]와 [犍] 즉 '거세한 가축'의 뜻을 가지고 동의 관계에 있다는 것은 다음 예문들에서 잘 확인된다. '犗'의 자석이 '악대'이고 고유어 '악대'는 한자어 '犍犗'와 동의 관계에 있다. 그리고 '犍'의 자석이 '악대'이다. 따라서 '악대'와 '犍犗'의 동의성은 명백히 입증된다.

(1354) a. 犗 : 犍牛 <四解上 46b>

　　b. 犗 : 악대 계 犍犗 去勢畜 <字會下 4a>

(1354) c. 犍 : 犗牛 今俗呼犍牛 <四解下 1a>

　　d. 犍 : 악대 건 <字會下 4a>

<1355> 악대 對 犍牛

고유어 '악대'와 한자어 '犍牛'가 [犍]과 [犗] 즉 '불을 깐 소, 去勢한 소, 犍牛'의 뜻을 가지고 동의 관계에 있다는 것은 다음 예문들에서 잘 확인된다. '犍'이 한자어 '犍牛'를 뜻한다. '犍'의 자석이 '악대'이고 고유어 '악대'는 한자어 '犍牛'와 동의 관계에 있다. '犗'가 한자어 '犍牛'를 뜻한다. 그리고 '犗'의 자석이 '악대'이고 고유어 '악대'는 한자어 '犍牛'와 동의 관계에 있다. 따라서 '악대'와 '犍牛'의 동의성은 명백히 입증된다.

(1355) a. 犍 : 犗牛 今俗呼犍牛 <四解下 1a>

　　b. 犍 : 악대 건 俗稱犍牛 <字會下 4a>

(1355) c. 犗 : 犍牛 <四解上 46b>

　　d. 犗 : 악대 계 犍犗 去勢畜 <字會下 4a>

<1356> 알 對 無乳者

고유어 '알'과 한자어 '無乳者'가 [卵] 즉 '알'의 뜻을 가지고 동의 관계에 있다는 것은 다음 예문들에서 잘 확인된다. '卵'이 한자어 '無乳者'를 뜻한다. 그리고 '卵'의 자석이 '알'이고 고유어 '알'은 한자어 '無乳者'와 동의 관계에 있다. 따라서 '알'과 '無乳者'의 동의성은 명백히 입증된다.

(1356) a. 卵 : 凡物無乳者 卵生 <四解上 76b>
b. 卵 : 알 란 無乳者 胎卵 <字會下 4a>

<1357> 알 對 芋嬭/芋奶

고유어 '알'과 한자어 '芋嬭/芋奶'가 [芋嬭]와 [芋奶] 즉 '작은 토란'의 뜻을 가지고 동의 관계에 있다는 것은 다음 예문들에서 잘 확인된다. '芋'의 자석이 '토란'이고 한자어 '芋嬭'는 고유어 '알'과 동의 관계에 있다. 그리고 '芋'가 고유어 '토란'을 뜻하고 '其卵'이 '芋奶'이다. 따라서 '알'과 '芋嬭/芋奶'의 동의성은 명백히 입증된다. 한자 '芋'와 芋는 同字이다.

(1357) a. 芋 : 菜名 토란 亦作芋 今俗呼芋頭…其卵曰芋奶 <四解上 34b>
b. 芋 : 토란 우 俗稱芋頭 又芋嬭 알 俗作芋 <字會上 7b>

<1358> 알 對 胎卵

고유어 '알'과 한자어 '胎卵'이 [卵] 즉 '알'의 뜻을 가지고 동의 관계에 있다는 것은 다음 예문들에서 잘 확인된다. '卵'의 자석이 '알'이고 고유어 '알'은 한자어 '胎卵'과 동의 관계에 있다. 따라서 '알'과 '胎卵'의 동의성은 명백히 입증된다.

(1358) a. 卵 : 凡物無乳者 卵生 <四解上 76b>
b. 卵 : 알 란 無乳者 胎卵 <字會下 4a>

<1359> 앒 對 남

고유어 '앒'과 한자어 '남'(南) 이 [南] 즉 '남쪽'의 뜻을 가지고 동의 관계에 있다는 것은 『여씨향약언해』의 다음 예문들에서 잘 확인된다. 원문의 '南'이 ≪華山本≫에서는 '앒'으로 번역되고 ≪一石本≫에서는 '남녁'으로 번역된다. 그리고 '南'의 자석이 '앒'이다. 따라서 '앒'과 '남'의 동의성은 명백히 입증된다.

(1359) a. 져기 져믄 사름이 믈러 져기 댱샹애 사룸의 앒픠 가 셔라(稍少者退立于稍長者之南爲羅) <呂約 40a>

b. 져기 져믄 사룸이 믈러 져기 댱샹애 사룸의 남녀킈 가 셔라(稍少者退立于稍長者之南爲羅)
<呂約 40b>

(1359) c. 南 : 火方 <四解下 76b>
d. 南 : 앏 남 <字會中 2b>

한편 '南'이 ≪華山本≫과 ≪一石本≫에서 모두 '남녁'으로 번역된다는 것은 다음 예문에서 잘 확인된다.

(1359) e. 약졍으로 아래 사룸은 무늬 나 션녁을 향ᄒᆞ야 남녁을 우 사마(約正以下隱 出門西向南上爲也)
<呂約 38b>

<1360> 암 對 鳥母

고유어 '암'과 한자어 '鳥母'가 [雌] 즉 '암컷, 새의 암컷'의 뜻을 가지고 동의 관계에 있다는 것은 다음 예문들에서 잘 확인된다. '雌'가 한자어 '鳥母'를 뜻한다. 그리고 '雌'의 자석이 '암'이다. 따라서 '암'과 '鳥母'의 동의성은 명백히 입증된다.

(1360) a. 雌 : 鳥母 <四解上 12b>
b. 雌 : 암 ᄌᆞ <字會下 3b>

<1361> 암 對 牝獸

고유어 '암'과 한자어 '牝獸'가 [䴥] 즉 '암컷'의 뜻을 가지고 동의 관계에 있다는 것은 다음 예문들에서 잘 확인된다. '䴥'가 한자어 '牝獸'를 뜻한다. 그리고 '䴥'의 자석이 '암'이다. 따라서 '암'과 '牝獸'의 동의성은 명백히 입증된다.

(1361) a. 䴥 : 牝獸 <四解下 21a>
b. 䴥 : 암 초 牝也 <字會下 4a>

<1362> 암 對 牝牛

고유어 '암'과 한자어 '牝牛'가 [牸] 즉 '암컷, 암소'의 뜻을 가지고 동의 관계에 있다는 것은 다음 예문들에서 잘 확인된다. '牸'가 한자어 '牝牛'를 뜻한다. 그리고 '牸'의 자석이 '암'이다. 따라서 '암'과 '牝牛'의 동의성은 명백히 입증된다.

(1362) a. 牸 : 牝牛 <四解上 13a>

　　　b. 牸 : 암 ᄌ 牛馬之牝皆曰牸 <字會下 4a>

<1363> 암ᇂ 對 畜母

고유어 '암ᇂ'과 한자어 '畜母'가 [牝]과 [母的] 즉 '암컷'의 뜻을 가지고 동의 관계에 있다는 것은 다음 예문들에서 잘 확인된다. 원문 중 '買母的'이 '암흐란 사다'로 번역된다. 그리고 '牝'이 한자어 '畜母'를 뜻하고 '牝'의 자석이 '암'이다. 따라서 '암ᇂ'과 '畜母'의 동의성은 명백히 입증된다.

(1363) a. 암흐란 사디 말오 다 악대로 ᄒ라(休買母的 都要羯的) <번朴上 2a>

(1363) b. 牝 : 畜母 <四解上 57b>

　　　c. 牝 : 암 빙 <字會下 3b>

<1364> 애갓 對 樽

고유어 '애갓'과 한자어 '樽'이 [樽]과 [尊] 즉 '술통, 술단지'의 뜻을 가지고 동의 관계에 있다는 것은 다음 예문들에서 잘 확인된다. 원문 중 '尊所'가 '애갓 밑'으로 번역되고 『훈몽자회』에서 [樽]을 뜻하는 한자어 '樽'이 발견된다. 따라서 '애갓'과 '樽'의 동의성은 명백히 입증된다.

(1364) a. 수리 나ᅀᅡ오나든 니러 애갓 미틔 절ᄒ야 바도디(酒進則起ᄒ야 拜受於尊所호디) <번小三 30b>

　　　b. 앎픠 ᄒᆞᆫ 옥돌호로 설픠에 사긴 애갓 상 노핫고(前面放一箇玉石玲瓏酒卓兒) <번朴上 69a>

(1364) c. 樽 : 준 준 <字會中 6b>

<1365> 애막 對 窩鋪

고유어 '애막'과 한자어 '窩鋪'가 [窩鋪] 즉 '임시로 만든 가건물'의 뜻을 가지고 동의 관계에 있다는 것은 다음 예문에서 잘 확인된다. '窩'의 자석이 '산막'이고 고유어 '애막'은 한자어 '窩鋪'와 동의 관계에 있다. 따라서 '애막'과 '窩鋪'의 동의성은 명백히 입증된다.

(1365) a. 窩 : 穴居也 窟也 <四解下 28b>

　　　b. 窩 : 산막 와 又애막曰窩鋪 <字會中 5b>

<1366> 약대 對 駱駝

고유어 '약대'와 한자어 '駱駝'가 [駝]와 [駞] 즉 '낙타, 약대'의 뜻을 가지고 동의 관계에 있다는 것은 다음 예문들에서 잘 확인된다. 원문 중 '駝骨'이 '약대 뼈'로 번역되고 '駞毛'가 '약대 터리'로 번역된다. '駝'가 한자어 '駱駝'를 뜻하고 '駱駝'는 고유어 '약대'와 동의 관계에 있다. 그리고 '駞'의 자석이 '약대'이다. 따라서 '약대'와 '駱駝'의 동의성은 명백히 입증된다. 한자 '駝'와 '駞'는 同字이다.

(1366) a. 약대 뼈 마기 흐고(駝骨底子) <번朴上 15b>
   b. 시욱과 약대 터리와논(氈子駞毛) <번朴上 48a>

(1366) c. 駝 : …今俗呼駱駝 약대 <四解下 25b>
   d. 駞 : 약대 타 俗呼騾駝 <字會上 10b>

<1367> 약대 對 騾駝

고유어 '약대'와 한자어 '騾駝'가 [馳], [騾] 및 [駞] 즉 '약대, 낙타'의 뜻을 가지고 동의 관계에 있다는 것은 다음 예문들에서 잘 확인된다. 원문 중 '馳骨'이 '약대 뼈'로 번역된다. '騾'이 한자어 '騾駝'를 뜻하고 '騾駝'는 고유어 '약대'와 동의 관계에 있다. '騾'의 자석이 '약대'이다. 그리고 '駞'의 자석이 '약대'이고 고유어 '약대'는 한자어 '騾駝'는 동의 관계에 있다. 따라서 '약대'와 '騾駝'의 동의성은 명백히 입증된다. 한자 '馳'와 '駞'는 同字이다.

(1367) a. 약대 뼈 마기 흐고(馳骨底子) <번朴上 15b>
   b. 시욱과 약대 터리와논(氈子駞毛) <번朴上 48a>

(1367) c. 騾 : 騾駝 약대 <四解下 35a>
   d. 騾 : 약대(10a) 탁 <字會上 10b>

(1367) e. 駞 : …今俗呼駱駝 약대 <四解下 25b>
   f. 駞 : 약대 타 俗呼騾駝 <字會上 10b>

<1368> 양 對 거동

고유어 '양'과 한자어 '거동'(擧動) 이 [容] 즉 '모습, 모양'의 뜻을 가지고 동의 관계에 있다는 것은 다음 예문들에서 잘 확인된다. 원문 중 '手容'이 '소뇌 양'으로 번역되고 '頭容'이 '머리의 양'으로 번역된

다. 그리고 '君子之容'이 '어딘 사르믜 거동'으로 번역되고 '辭令容止'가 '말슴과 거동'으로 번역된다. 따라서 '양'과 '거동'의 동의성은 명백히 입증된다.

(1368) a. 바릐 양이란 므겁게 ᄒ며 소닉 양이란 공경히 ᄒ며(足容重ᄒ며 手容恭ᄒ며) <번小四 13a>

b. 누닉 양이란 단졍히 ᄒ며 이븨 양이란 ᄀ마니 잇게 ᄒ며(目容端ᄒ며 口容止ᄒ며) <번小四 13a>

c. 머리의 양이란 곧게 ᄒ며(頭容直ᄒ며) <번小四 13a>

(1368) d. 어딘 사르믜 거동은 ᄌ늑ᄌ늑ᄒ니(君子之容은 敍遲니) <번小四 12a>

e. 말슴과 거동이 가비야오며 므거우며 ᄲᆞ르며(14a) 랄호여 호매 유예 볼 거시니(辭令容止輕重疾徐에 足以見之矣니) <번小八 14b>

<1369> 양 對 肚子

고유어 '양'과 한자어 '肚子'가 [胃]와 [肚兒] 즉 '위, 밥통'의 뜻을 가지고 동의 관계에 있다는 것은 다음 예문들에서 잘 확인된다. 원문 중 '肚兒'가 '양'으로 번역된다. '胃'의 자석이 '양'이고 고유어 '양'은 한자어 '肚子'와 동의 관계에 있다. 그리고 '肚'의 자석이 '비'이고 고유어 '비'는 한자어 '胃'와 동의 관계에 있다. 따라서 '양'과 '肚子'의 동의성은 명백히 입증된다.

(1369) a. 양(肚兒) <번老下 38a>

(1369) b. 胃 : 穀府 <四解上 54b>

c. 胃 : 양 위 俗呼肚子 <字會上 14a>

(1369) d. 肚 : 腹肚 <四解上 37a>

e. 肚 : 비 두 卽胃也 <字會上 14b>

<1370> 양 對 胃府

고유어 '양'과 한자어 '胃府'가 [胃]와 [脘] 즉 '밥통, 위'의 뜻을 가지고 동의 관계에 있다는 것은 다음 예문들에서 잘 확인된다. '胃'의 자석이 '양'이다. 그리고 '脘'이 한자어 '胃府'를 뜻한다. 따라서 '양'과 '胃府'의 동의성은 명백히 입증된다.

(1370) a. 胃 : 穀府 <四解上 54b>

b. 胃 : 양 위 俗呼肚子 <字會上 14a>

(1370) c. 脘 : 胃府 <四解上 72a>

<1371> 양 對 톄

고유어 '양'과 한자어 '톄'(體) 가 [容] 즉 '모양'의 뜻을 가지고 동의 관계에 있다는 것은 다음 예문들에서 잘 확인된다. 원문 중 '頭容'이 '머리의 양'으로 번역된다. 그리고 '頭容'이 '머릿톄'와 '머리톄'로 번역된다. 따라서 '양'과 '톄'의 동의성은 명백히 입증된다.

(1371) a. 머리의 양으란 곧게 ᄒᆞ며(頭容直ᄒᆞ며) <번小四 13a>
　　　 b. 바릐 양으란 므겁게 ᄒᆞ며(足容重ᄒᆞ며) <번小四 13a>
　　　 c. 소늬 양으란 공경히 ᄒᆞ며(手容恭ᄒᆞ며) <번小四 13a>
　　　 d. 누늬 양으란 단정히 ᄒᆞ며(目容端ᄒᆞ며) <번小四 13a>
　　　 e. 이븨 양으란 ᄀᆞ무니 잇게 ᄒᆞ며(口容止ᄒᆞ며) <번小四 13a>

(1371) f. 先生이 믄득 소리를 믜이 ᄒᆞ야 니ᄅᆞ샤ᄃᆡ 머릿톄ᄂᆞᆫ 곧게 가질 거시라 ᄒᆞ야시늘(先生이 忽厲聲 云頭容ᄋᆞᆫ 直也ㅣ라 ᄒᆞ야시늘) <번小十 27a>
　　　 g. 내 글로 인ᄒᆞ야 싱각ᄒᆞ니 ᄒᆞᆫ갓 머릿톄를 곧게 홀 ᄲᅮ니 아니라 ᄆᆞ᠎ᄋᆞᆷ도 곧게 홀 거시로다ᄒᆞ야(某ㅣ因自思不獨頭容이 直이라 心亦要直也ㅣ라 ᄒᆞ야) <번小十 27a>
　　　 h. 자내 닐오ᄃᆡ 처엄 胡先生 뵈ᅌᆞᆸ고 믈러날 제 머리톄를 져기 기우시 ᄒᆞ니(自言初見安定先生ᄒᆞ고 退ᄒᆞ야 頭容을 少偏ᄒᆞ다니) <번小十 27a>

<1372> 양ᄌᆞ 對 姿態

고유어 '양ᄌᆞ'와 한자어 '姿態'가 [姿]와 [態] 즉 '모양, 모습'의 뜻을 가지고 동의 관계에 있다는 것은 다음 예문들에서 잘 확인된다. '姿'가 한자어 '姿態'를 뜻하고 '姿'의 자석이 '양ᄌᆞ'이다. 그리고 '態'의 자석이 '양ᄌᆞ'이고 고유어 '양ᄌᆞ'는 한자어 '姿態'와 동의 관계에 있다. 따라서 '양ᄌᆞ'와 '姿態'의 동의성은 명백히 입증된다.

(1372) a. 姿 : 天姿 姿態 <四解上 12a>
　　　 b. 姿 : 양ᄌᆞ ᄌᆞ <字會下 11b>

(1372) c. 態 : 意態 <四解上 43a>
　　　 d. 態 : 양ᄌᆞ 티 又姿態 <字會下 11b>

<1373> 어룽쇼 對 花牛

고유어 '어룽쇼'와 한자어 '花牛'가 [花牛] 즉 '얼룩소'의 뜻을 가지고 동의 관계에 있다는 것은 다음 예문들에서 잘 확인된다. '牛'의 자석이 '쇼'이고 한자어 '花牛'가 고유어 '어룽쇼'와 동의 관계에 있다. 따라서 '어룽쇼'와 '花牛'의 동의성은 명백히 입증된다.

(1373) a. 牛 : …大牲 <四解下 68b>
b. 牛 : 쇼 우 俗呼犅牛 한쇼 花牛 어룽쇼 <字會上 10a>

<1374> 어르 對 籰子

고유어 '어르'와 한자어 '籰子'가 [籰]과 [楥] 즉 '얼레, 실 감는 기구'의 뜻을 가지고 동의 관계에 있다는 것은 다음 예문들에서 잘 확인된다. '籰'은 '收絲具'로 한자어 '籰子'를 뜻하고 '籰子'는 고유어 '어르'와 동의 관계에 있다. '籰'의 자석이 '어르'이고 고유어 '어르'는 한자어 '籰子'와 동의 관계에 있다. 그리고 '楥'이 한자 '籰'과 同義이고 '楥'의 자석이 '어르'이다. 따라서 '어르'와 '籰子'의 동의성은 명백히 입증된다.

(1374) 籰 : 收絲具…今俗呼籰子 어르 <四解下 46a>
b. 籰 : 어르 약 俗稱籰子 어르 <四解下 46a>

(1374) c. 楥(12a) : 籰也 所以絡絲者 <四解下 12b>
d. 楥 : 어르 원 <字會中 9a>

<1375> 어리 對 畜欄

고유어 '어리'와 한자어 '畜欄'이 [圈] 즉 '우리, 짐승을 가두어 기르는 곳'의 뜻을 가지고 동의 관계에 있다는 것은 다음 예문들에서 잘 확인된다. '圈'이 한자어 '畜欄'을 뜻하고 '圈'의 자석이 '어리'이다. 따라서 '어리'와 '畜欄'의 동의성은 명백히 입증된다.

(1375) a. 圈 : 畜欄 書言故事虎圈 <四解下 9b>
b. 圈 : 畜欄 <四解下 9b>
c. 圈 : 어리 권 <字會下 4b>

<1376> 어미 對 孃孃

고유어 '어미'와 한자어 '孃孃'이 [孃] 즉 '어머니'의 뜻을 가지고 동의 관계에 있다는 것은 다음 예문들에서 잘 확인된다. '孃'이 한자 '母'와 同義이다. 그리고 '孃'의 자석이 '어미'이고 고유어 '어미'는 '孃孃'과 동의 관계에 있다. 따라서 '어미'와 '孃孃'의 동의성은 명백히 입증된다.

(1376) a. 孃 : 俗稱母曰孃 <四解下 41b>
　　　 b. 孃 : 어미 냥 尊稱曰孃孃 <字會上 16a>

<1377> 어미 對 母親

고유어 '어미'와 한자어 '母親'이 [母親]과 [母] 즉 '어머니, 모친'의 뜻을 가지고 동의 관계에 있다는 것은 다음 예문들에서 잘 확인된다. 원문 중 '我母親'이 '우리 어미'로 번역되고 '他母親'이 '뎌의 어미'로 번역된다. 그리고 '母'의 자석이 '어미'이고 고유어 '어미'는 한자어 '母親'과 동의 관계에 있다. 따라서 '어미'와 '母親'의 동의성은 명백히 입증된다.

(1377) a. 우리 어미는 형이오(我母親是姐姐) <번老上 16b>
　　　 b. 뎌의 어미는 아ᅀᅵ라(他母親是妹子) <번老上 16b>
　　　 c. 아비 어미(父親 母親) <번老下 4a>

(1377) d. 母 : 父母 <四解上 38b>
　　　 e. 母 : …父母 <四解下 66a>
　　　 f. 母 : 어미 모 俗稱母親 <字會上 16a>

<1378> 어미 對 歿母

고유어 '어미'와 한자어 '歿母'가 [妣] 즉 '죽은 어미'의 뜻을 가지고 동의 관계에 있다는 것은 다음 예문들에서 잘 확인된다. '妣'가 한자어 '歿母'를 뜻하고 '妣'의 자석이 '어미'이다. 따라서 '어미'와 '歿母'의 동의성은 명백히 입증된다.

(1378) a. 妣 : 歿母 <四解上 15a>
　　　 b. 妣 : 어미 비 歿曰妣 <字會上 16a>

<1379> 어버ᅀᅵ 對 父母

고유어 '어버ᅀᅵ'와 한자어 '父母'가 [父母], [爺娘] 및 [爺孃] 즉 '어버이, 부모'의 뜻을 가지고 동의 관계에 있다는 사실은 다음 예문들에서 잘 확인된다. 원문 중 '父母喪'이 '어버싀 거상'으로도 번역되고 '父母의 거상'으로도 번역된다. 그리고 '我爺孃'이 '우리 어버싀'로 번역되고 '爺孃'이 '부모'로 번역된다. 따라서 '어버싀'와 '父母'의 동의성은 명백히 입증된다.

(1379) a. 어버싀 거상을 니서 닙고(連遭父母喪) <속三孝 13a>

　　　 b. 어버싀 샹녜 안썬 듸를 보와둔(見父母平昔之座) <속三孝 6b>

　　　 c. 믈읫 주시기 어버싀 니루신 이를 듣ᄌ와(凡子ㅣ 受父母之命애) <번小七 1b>

　　　 d. 우리 어버싀네 다 모미 편안ᄒ시던가(我父母都身己安樂麼) <번朴上 51a>

　　　 e. 네 어버싀 너를 ᄒ야 비호라 ᄒ시ᄂ녀(你的爺孃敎你學來) <번老上 6a>

　　　 f. 올ᄒ니 우리 어버싀 나를 ᄒ야 비호라 ᄒ시ᄂ다(是我爺孃敎我學來) <번老上 6a>

(1379) g. 父母의 거상 니버(居父母喪) <속三孝 23a>

　　　 h. 父母 위ᄒ야 여슷 히 侍墓ᄒ니라(爲父母廬墓六年) <속三孝 11a>

　　　 i. 부못 일(12a) 훔 드른 둣ᄒ야(如聞父母之名ᄒ야) <번小六 13a>

　　　 j. 녯 사ᄅ미 닐오듸 ᄌ셕 나하ᅀᅡ 곳 부모의 은혜를 안다 ᄒᄂ니라(古人道 養子方知父母恩) <번朴上 58a>

　　　 k. 부뫼 사라 겨신 저긔(父母在生時) <번老下 48a>

　　　 l. 부뫼 업스신 후에(爺孃亡沒之後) <번老下 48b>

<1380> 어스름 對 日冥

고유어 '어스름'과 한자어 '日冥'이 [昏] 즉 '어스름, 저녁의 어스레한 상태'의 뜻을 가지고 동의 관계에 있다는 것은 다음 예문들에서 잘 확인된다. 원문 중 '昏'이 '어스름'으로 번역된다. 그리고 '昏'이 한자어 '日冥'을 뜻하고 '昏'의 자석이 '어스름'이다. 따라서 '어스름'과 '日冥'의 동의성은 명백히 입증된다.

(1380) a. 어스름메 가 보아 줌 재숩고 새배 가 닐어시든 뵈ᅀᅮ오며(昏定晨省爲旀) <正俗 2a>

(1380) b. 昏 : 日冥也 <四解上 66b>

　　　 c. 昏 : 어스름 혼 <字會上 1a>

<1381> 어저귀 對 白麻

고유어 '어저귀'와 한자어 '白麻'가 [檾] 즉 '어저귀'의 뜻을 가지고 동의 관계에 있다는 것은 다음 예문들에서 잘 확인된다. '纇'의 자석이 '어저귀'이고 고유어 '어저귀'는 한자어 '白麻'와 동의 관계에 있다. 따라서 '어저귀'와 '白麻'의 동의성은 명백히 입증된다.

(1381) a. 纇 : 今俗呼纇麻 뭇삼 <四解下 63b>
　　　 b. 纇 : 어저귀 경 俗又呼白麻 <字會上 4b>

<1382> 어치 對 馬汗屉

고유어 '어치'와 한자어 '馬汗屉'가 [皮汗替], [屉] 및 [韀] 즉 '언치, 안장 밑에 까는 물건'의 뜻을 가지고 동의 관계에 있다는 것은 다음 예문들에서 잘 확인된다. 원문 중 '邊兒的皮汗替'가 '변수앳 어치'로 번역된다. '屉'가 한자어 '馬汗屉'를 뜻한다. 그리고 '韀'의 자석이 '어치'이다. 따라서 '어치'와 '馬汗屉'의 동의성은 명백히 입증된다. 한자 '屉'와 '韀'는 한자 '替'와 通字이다.

(1382) a. 뎐피 심수애 쳥셔피 변수앳 어치오(獖皮心兒藍斜皮邊兒的皮汗替) <번朴上 28b>

(1382) b. 屉 : 馬汗屉 通作替 <四解上 25a>
　　　 c. 韀 : 어치 톄 俗呼韀子 通作替 <字會中 13b>

<1383> 언 對 壅水

고유어 '언'과 한자어 '壅水'가 [堰] 즉 '방죽, 둑'의 뜻을 가지고 동의 관계에 있다는 것은 다음 예문들에서 잘 확인된다. '堰'이 한자어 '壅水'를 뜻한다. 그리고 '堰'의 자석이 '언'이다. 따라서 '언'과 '壅水'의 동의성은 명백히 입증된다.

(1383) a. 堰 : 壅水爲堰 <四解下 7a>
　　　 b. 堨 : 壅水爲堨 <四解下 7a>
　　　 c. 堰 : 언 언 <字會上 3b>

<1384> 언 對 障水

고유어 '언'과 한자어 '障水'가 [壩] 즉 '방죽, 둑, 제방'의 뜻을 가지고 동의 관계에 있다는 것은 다음 예문들에서 잘 확인된다. '壩'가 한자어 '障水'를 뜻한다. 그리고 '壩'의 자석이 '언'이고 고유어 '언'은 한자어 '障水'와 동의 관계에 있다. 따라서 '언'과 '障水'의 동의성은 명백히 입증된다.

(1384) a. 壩 : 障水 又堰也 <四解下 29a>

b. 壩 : 언 패 以石作堰障水 <字會上 3b>

<1385> 언덕 對 險崖

고유어 '언덕'과 한자어 '險崖'가 [壩] 즉 '언덕, 낭떠러지'의 뜻을 가지고 동의 관계에 있다는 것은 다음 예문들에서 잘 확인된다. '壩'이 한자어 '險崖'를 뜻한다. 그리고 '壩'의 자석이 '언덕'이다. 따라서 '언덕'과 '險崖'의 동의성은 명백히 입증된다.

(1385) a. 壩 : 險崖 亦作礀 <四解下 75b>
b. 壩 : 언덕 감 險岸 陡峻處 <字會上 2a>

<1386> 얼굴 對 規範

고유어 '얼굴'과 한자어 '規範'이 [模] 즉 '본보기'의 뜻을 가지고 동의 관계에 있다는 것은 다음 예문들에서 잘 확인된다. '模'가 한자어 '規範'을 뜻한다. 그리고 '模'의 자석이 '얼굴'이다. 따라서 '얼굴'과 '規範'의 동의성은 명백히 입증된다.

(1386) a. 模 : 規範 <四解上 38a>
b. 模 : 얼굴 모 模範 <字會下 7b>

<1387> 얼굴 對 法式

고유어 '얼굴'과 한자어 '法式'이 [式] 즉 '표준, 격식'의 뜻을 가지고 동의 관계에 있다는 것은 다음 예문들에서 잘 확인된다. '式'이 한자어 '法式'을 뜻한다. 그리고 '式'의 자석이 '얼굴'이고 고유어 '얼굴'은 한자어 '法式'과 동의 관계에 있다. 따라서 '얼굴'과 '法式'의 동의성은 명백히 입증된다.

(1387) a. 式 : 法式 <四解下 54b>
b. 式 : 얼굴 식 又法式 <字會下 9b>

<1388> 얼굴 對 鑄模

고유어 '얼굴'과 한자어 '鑄模'가 [型] 즉 '거푸집'의 뜻을 가지고 동의 관계에 있다는 것은 다음 예문들에서 잘 확인된다. '型'이 한자어 '鑄模'를 뜻한다. 그리고 '型'의 자석이 '얼굴'이다. 따라서 '얼굴'과 '鑄模'의 동의성은 명백히 입증된다.

(1388) a. 型 : 鑄模 <四解下 55b>

　　　　b. 型 : 얼굴 형 鑄器之範 <字會下 7b>

<1389> 얼굴 對 形狀

　　고유어 '얼굴'과 한자어 '形狀'이 [狀] 즉 '형상, 모양'의 뜻을 가지고 동의 관계에 있다는 것은 다음 예
문들에서 잘 확인된다. '狀'이 한자어 '形狀'을 뜻한다. 그리고 '狀'의 자석이 '얼굴'이다. 따라서 '얼굴'과
'形狀'의 동의성은 명백히 입증된다.

　　(1389) a. 狀 : 形狀 <四解下 39a>

　　　　　b. 狀 : 얼굴 장 <字會上 18b>

<1390> 얼에빗 對 梳箆

　　고유어 '얼에빗'과 한자어 '梳箆'가 [櫛] 즉 '얼레빗'의 뜻을 가지고 동의 관계에 있다는 것은 다음 예
문들에서 잘 확인된다. '櫛'이 한자어 '梳箆'를 뜻한다. 그리고 '櫛'의 자석이 '얼에빗'이다. 따라서 '얼에
빗'과 '梳箆'의 동의성은 명백히 입증된다.

　　(1390) a. 櫛 : 梳箆 <四解上 61b>

　　　　　b. 櫛(7b) : 얼레빗 즐 <字會中 8a>

<1391> 얼에빗 對 梳子

　　고유어 '얼에빗'과 한자어 '梳子'가 [梳子]와 [梳] 즉 '얼레빗'의 뜻을 가지고 동의 관계에 있다는 것은
다음 예문들에서 잘 확인된다. 원문 중 '棗木梳子'가 '대쵸나모 얼에빗'으로 번역된다. 그리고 '梳'의 자
석이 '얼에빗'이고 고유어 '얼에빗'은 한자어 '梳子'와 동의 관계에 있다. 따라서 '얼에빗'과 '梳子'의 동
의성은 명백히 입증된다.

　　(1391) a. 대쵸나모 얼에빗 일빅 낫(棗木梳子一百箇) <번老下 68a>

　　　　　b. 황양목 얼에빗 일빅 낫(黃楊木梳子一百箇) <번老下 68a>

　　　　　c. 머리 헤혀 얼에비소로 비서라(撤開頭髮梳) <번朴上 44a>

　　(1391) d. 梳 : 理髮也 又櫛之疏者曰梳 <四解上 40b>

　　　　　e. 梳 : 얼에빗 소 俗稱梳子 <字會中 8a>

<1392> 얼운 對 尊長

고유어 '얼운'과 한자어 '尊長'이 [長]과 [尊長] 즉 '어른'의 뜻을 가지고 동의 관계에 있다는 것은 다음 예문들에서 잘 확인된다. 원문 중 '長幼'가 '얼운과 아히'로 번역되고 '親長'이 '어버이며 얼운'으로 번역된다. '外姓尊長'이 '外姓 얼운'으로 번역된다. 그리고 '長'이 한자어 '尊長'을 뜻한다. 따라서 '얼운'과 '尊長'의 동의성은 명백히 입증된다.

(1392) a. 얼운과 아히 츠례로 안자 홈의 먹더라(長幼ㅣ 以次坐而共食之ᄒ더라) <번小九 107a>
　　　 b. 어버이며 얼우늘 화열히 셤겨(怡怡奉親長ᄒ야) <번小六 21b>
　　　 c. 모로매 집 얼우늬게 무러 홀 거시니라(必咨稟於家長이니라) <번小七 1a>
　　　 d. 外姓 얼운으란 반드시 닐오ᄃᆡ 아모 셩 현잿 아자비며 형이라 ᄒ고(外姓尊長을 必曰某姓第幾 叔若兄이라 ᄒ며) <번小九 80b>
　　　 e. 얼우니 옷바블 골오 아니ᄒᄂᆞᆫ 주리 이시며(由尊長衣食이 或有不均ᄒ며) <번小九 97a>

(1392) f. 尊 : 高稱 <四解上 66a>
　　　 g. 長 : …尊長 <四解下 42b>

<1393> 엄 對 牡齒

고유어 '엄'과 한자어 '牡齒'가 [牙] 즉 '어금니, 큰 이'의 뜻을 가지고 동의 관계에 있다는 것은 다음 예문들에서 잘 확인된다. '牙'가 한자어 '牡齒'를 뜻한다. 그리고 '牙'의 자석이 '엄'이다. 따라서 '엄'과 '牡齒'의 동의성은 명백히 입증된다.

(1393) a. 牙 : 牡齒 <四解下 30b>
　　　 b. 牙 : 엄 아 <字會上 13b>

<1394> 엄 對 萌芽

고유어 '엄'과 한자어 '萌芽'가 [芽] 즉 '싹'의 뜻을 가지고 동의 관계에 있다는 것은 다음 예문들에서 잘 확인된다. '芽'가 한자어 '萌芽'를 뜻한다. 그리고 '芽'의 자석이 '엄'이다. 따라서 '엄'과 '萌芽'의 동의성은 명백히 입증된다.

(1394) a. 芽 : 萌芽 <四解下 30b>
　　　 b. 芽 : 엄 아 <字會下 2b>

<1395> 엇게 對 肩頭

고유어 '엇게'와 한자어 '肩頭'가 [髆] 즉 '어깨, 어깻죽지'의 뜻을 가지고 동의 관계에 있다는 것은 다음 예문들에서 잘 확인된다. '髆'가 한자어 '肩頭'를 뜻한다. 그리고 '髆'의 자석이 '엇게'이고 고유어 '엇게'가 한자어 '肩頭'와 동의 관계에 있다. 따라서 '엇게'와 '肩頭'의 동의성은 명백히 입증된다.

(1395) a. 髆 : 膊前骨 俗曰肩頭 <四解下 65a>
　　　 b. 髆 : 膊前骨 <四解上 30b> <四解下 65a>
　　　 c. 髆 : 엇게 우 一云肩頭 或云肩骨 <字會上 13a>

<1396> 엇게 對 肩膀

고유어 '엇게'와 한자어 '肩膀'이 [肩]과 [膀] 즉 '어깨'의 뜻을 가지고 동의 관계에 있다는 것은 다음 예문들에서 잘 확인된다. 원문 중 '肩背'가 '엇게와 등'으로 번역되고 '拍肩'이 '엇게 티다'로 번역된다. '肩'의 자석이 '엇게'이고 고유어 '엇게'는 한자어 '肩膀'과 동의 관계에 있다. 그리고 '膀'이 한자어 '肩膀'을 뜻하고 '肩膀'은 고유어 '엇게'와 동의 관계에 있다. 따라서 '엇게'와 '肩膀'의 동의성은 명백히 입증된다.

(1396) a. 엇게와 둥이 고즉ᄒ며(肩背竦直ᄒ며) <번小十 26a>
　　　 b. 엇게 티며 ᄉ매 자바(拍肩執袂ᄒ며) <번小七 45b>

(1396) c. 肩 : 膊上 <四解下 1a>
　　　 d. 肩 : 엇게 견…俗呼肩膀 肩甲 <字會上 13a>

(1396) e. 膀 : …又今俗呼肩曰肩膀 엇게 <四解下 36b>
　　　 f. 膀 : 오좀깨 방…又肩膀 엇게 <字會上 14b>

<1397> 엇게 對 背胛

고유어 '엇게'와 한자어 '背胛'이 [胛] 즉 '어깨, 어깨뼈'의 뜻을 가지고 동의 관계에 있다는 것은 다음 예문들에서 잘 확인된다. '胛'이 한자어 '背胛'을 뜻한다. 그리고 '胛'의 자석이 '엇게'이다. 따라서 '어겟'와 '背胛'의 동의성은 명백히 입증된다.

(1397) a. 胛 : 背胛 <四解下 80a>

b. 胛 : 엇게 갑 肩後背曰胛 <字會上 13a>

<1398> 엇게 對 臂骨

고유어 '엇게'와 한자어 '臂骨'이 [臑] 즉 '어깨'의 뜻을 가지고 동의 관계에 있다는 것은 다음 예문들에서 잘 확인된다. '臑'의 자석이 '엇게'이고 고유어 '엇게'는 한자어 '臂骨'과 동의 관계에 있다. 따라서 '엇게'와 '臂骨'의 동의성은 명백히 입증된다.

　(1398) a. 臑 : 臂也 <四解下 20a>
　　　　 b. 臑 : 엇게 뇨…一云臂骨 <字會上 13a>

<1399> 여름 對 木實

고유어 '여름'과 한자어 '木實'이 [菓] 즉 '나무 열매'의 뜻을 가지고 동의 관계에 있다는 것은 다음 예문들에서 잘 확인된다. '菓'가 한자어 '木實'을 뜻한다. 그리고 '菓'의 자석이 '여름'이고 고유어 '여름'은 한자어 '木實'과 동의 관계에 있다. 따라서 '여름'과 '木實'의 동의성은 명백히 입증된다. 고유어 '여름'은 동작동사 '열다'에서 파생된 명사로 '열+음(명사 형성 접미사)'으로 분석된다.

　(1399) a. 菓 : 木實 <四解下 27b>
　　　　 b. 菓 : 여름 과 木實曰菓 <字會下 2a>

<1400> 여름 對 草實

고유어 '여름'과 한자어 '草實'이 [蓏] 즉 '열매, 덩굴에 있는 열매'의 뜻을 가지고 동의 관계에 있다는 것은 다음 예문들에서 잘 확인된다. '蓏'의 자석이 '여름'이고 고유어 '여름'은 한자어 '草實'과 동의 관계에 있다. 따라서 '여름'과 '草實'의 동의성은 명백히 입증된다.

　(1400) a. 蓏 : 在木曰菓 在地曰蓏 <四解下 27b>
　　　　 b. 蓏 : 여름 라 草實曰蓏 又在地曰蓏 <字會下 2a>

<1401> 여스 對 狐狸

고유어 '여스'와 한자어 '狐狸'가 [狐] 즉 '여우'의 뜻을 가지고 동의 관계에 있다는 것은 다음 예문들에서 잘 확인된다. 원문 중 '狐朋'이 '여스 벗 짓다'로 번역된다. '狐'가 한자어 '狐狸'를 뜻한다. 그리고 '狐'의 자석이 '여스'이고 고유어 '여스'는 한자어 '狐狸'와 동의 관계에 있다. 따라서 '여스'와 '狐狸'의 동의성은 명백히 입증된다.

(1401) a. 여스 번 지스며 가히와 물 지서(狐朋狗黨) <번老下 48b>

(1401) b. 狐 : 今俗呼狐狸 여슈 <四解上 41b>
    c. 狐 : 여스 호 俗呼狐狸 <字會東中本上 19a>

<1402> 여슈 對 狐狸

고유어 '여슈'와 한자어 '狐狸'가 [狐] 즉 '여우'의 뜻을 가지고 동의 관계에 있다는 것은 다음 예문들에서 잘 확인된다. '狐'가 한자어 '狐狸'를 뜻하고 '狐狸'는 고유어 '여슈'와 동의 관계에 있다. 따라서 '여슈'와 '狐狸'의 동의성은 명백히 입증된다.

(1402) a. 狐 : 今俗呼狐狸 여슈 <四解上 41b>
    b. 狐 : 여으 호 俗呼狐狸 >字會上 10a>

<1403> 여즈자기 對 딘

고유어 '여즈자기'와 한자어 '딘'(疹) 이 [疹] 즉 '홍진'의 뜻을 가지고 동의 관계에 있다는 것은 다음 예문들에서 잘 확인된다. 원문 중 '癍疹'이 '도야기와 여즈자기'로 번역되고 '爲疹'이 '딘이다'로 번역된다. 따라서 '여즈자기'와 '딘'의 동의성은 명백히 입증된다.

(1403) a. 도(4a) 야기와 여즈자기와는 다 효ㄱ니라(癍疹皆小) <瘡疹 4b>
    b. 굴근 힝역에 여즈자기조차 나ㄴ닌(瘡夾疹者) <瘡疹 4b>

(1403) c. 비장 딘이니 일후미 여즈자기라(脾爲疹) <瘡疹 4a>

<1404> 여흘 對 水流沙上

고유어 '여흘'과 한자어 '水流沙上'이 [灘]과 [瀨] 즉 '여울, 急流'의 뜻을 가지고 동의 관계에 있다는 것은 다음 예문들에서 잘 확인된다. '灘'이 한자어 '水流沙上'을 뜻한다. '灘'의 자석이 '여흘'이다. 그리고 '瀨'의 자석이 '여흘'이고 고유어 '여흘'은 한자어 '水流沙上'과 동의 관계에 있다. 따라서 '여흘'과 '水流沙上'의 동의성은 명백히 입증된다.

(1404) a. 灘 : 水流沙上 又湍也 <四解上 76b>

b. 灘 : 여흘 탄 瀨(2b) 也 <字會上 3a>

(1404) c. 瀨 : 湍也 疾流也 <四解上 46a>

d. 瀨 : 여흘 뢰 水流沙上 又湍也 <字會上 3a>

<1405> 여흘 對 疾流

고유어 '여흘'과 한자어 '疾流'가 [瀨]와 [灘] 즉 '여울, 急流'의 뜻을 가지고 동의 관계에 있다는 것은 다음 예문들에서 잘 확인된다. '瀨'가 한자어 '疾流'를 뜻하고 '瀨'의 자석이 '여흘'이다. 그리고 '灘'의 자석이 '여흘'이다. 따라서 '여흘'과 '疾流'의 동의성은 명백히 입증된다.

(1405) a. 瀨 : 湍也 疾流也 <四解上 46a>

b. 瀨 : 여흘 뢰 水流沙上 又湍也 <字會上 3a>

(1405) c. 灘 : 水流沙上 又湍也 <四解上 76b>

d. 灘 : 여흘 탄 瀨(2b) 也 水中沙處 <字會上 3a>

<1406> 여희 對 花心鬚

고유어 '여희'와 한자어 '花心鬚'가 [蘂] 즉 '꽃술, 꽃수염'의 뜻을 가지고 동의 관계에 있다는 것은 다음 예문들에서 잘 확인된다. '蘂'가 한자어 '花心鬚'를 뜻한다. 그리고 '蘂'의 자석이 '여희'이고 고유어 '여희'는 한자어 '花心鬚'와 동의 관계에 있다. 따라서 '여희'와 '花心鬚'의 동의성은 명백히 입증된다.

(1406) a. 蘂 : 花心鬚 <四解上 55b>

b. 여희 예 花心鬚 <字會下 2b>

<1407> 연애 對 山氣

고유어 '연애'와 한자어 '山氣'가 [嵐] 즉 '산속에 생기는 아지랑이 같은 기운'의 뜻을 가지고 동의 관계에 있다는 것은 다음 예문들에서 잘 확인된다. '嵐'이 한자어 '山氣'를 뜻한다. 그리고 '嵐'의 자석이 '연애'이다. 따라서 '연애'와 '山氣'의 동의성은 명백히 입증된다.

(1407) a. 嵐 : 山氣 <四解下 79b>

b. 嵐 : 연애 남 山嵐 <字會上 1b>

<1408> 연장 對 器械

고유어 '연장'과 한자어 '器械'가 [器械]와 [械] 즉 '연장, 도구'의 뜻을 가지고 동의 관계에 있다는 것은 다음 예문들에서 잘 확인된다. 원문 중 '弓箭器械'가 '화살 연장'으로 번역된다. 그리고 '械'가 한자어 '器械'를 뜻한다. 따라서 '연장'과 '器械'의 동의성은 명백히 입증된다.

(1408) a. 화살 연장 가지고(將着弓箭器械) <번老上 30a>
    b. 械 : …亦曰器械 <四解上 47a>

<1409> 열흘 對 十日

고유어 '열흘'과 한자어 '十日'이 [旬] 즉 '열흘'의 뜻을 가지고 동의 관계에 있다는 것은 다음 예문들에서 잘 확인된다. '旬'이 한자어 '十日'을 뜻한다. 그리고 '旬'의 자석이 '열흘'이다. 따라서 '열흘'과 '十日'의 동의성은 명백히 입증된다.

(1409) a. 旬 : 十日爲旬 <四解上 68b>
    b. 旬 : 열흘 순 <字會上 1b>

<1410> 염교 對 葷菜

고유어 '염교'와 한자어 '葷菜'가 [韭] 즉 '부추'의 뜻을 가지고 동의 관계에 있다는 것은 다음 예문들에서 잘 확인된다. '韭'가 한자어 '葷菜'를 뜻한다. 그리고 '韭'의 자석이 '염교'이다. 따라서 '염교'와 '葷菜'의 동의성은 명백히 입증된다.

(1410) a. 韭 : 葷菜 <四解下 68a>
    b. 韭 : 염교 구 <字會上 7a>

<1411> 염쇼 對 羖䍽

유어 '염쇼'와 한자어 '羖䍽'이 [羖䍽], [羖] 및 [䍽] 즉 '염소, 산양'의 뜻을 가지고 동의 관계에 있다는 것은 다음 예문들에서 잘 확인된다. 원문 중 '母羖䍽'이 '암염쇼'로 번역된다. '羖'의 자석이 '수양'이고 '수양'은 한자어 '羖䍽' 및 고유어 '염쇼'와 동의 관계에 있다. '䍽'이 한자어 '羖䍽'을 뜻하고 '羖䍽'은 고유어 '염쇼'와 동의 관계에 있다. 그리고 '羖'의 자석이 '염쇼'이다. 따라서 '염쇼'와 '羖䍽'의 동의성은 명백히 입증된다.

(1411) a. 염쇠삿기 암염쇼(羖羈羔兒 母羖羈) <번老下 22a>

(1411) b. 羖 : 夏羊 牡曰羖 <四解上 36a>

　　　 c. 羖 : 수양 고 羖羈 山羊即염쇼 <字會下 4a>

(1411) d. 羈 : 今俗呼羖羈 염쇼 又曰山羊 <四解下 57a>

　　　 e. 羈 : 염쇼 력 <字會上 10a>

<1412> 염쇼 對 羘羈羊

고유어 '염쇼'와 한자어 '羘羈羊'이 [羘]와 [羈] 즉 '염소, 산양'의 뜻을 가지고 동의 관계에 있다는 것은 다음 예문들에서 잘 확인된다. 羘가 한자어 '羘羈羊'을 뜻하고 '羘羈羊'은 고유어 '염쇼'와 동의 관계에 있다. 羘의 자석이 '염쇼'이다. 그리고 '羈'의 자석이 '염쇼'이고 고유어 '염쇼'는 한자어 '羘羈羊'과 동의 관계에 있다. 따라서 '염쇼'와 '羘羈羊'의 동의성은 명백히 입증된다.

(1412) a. 羘 : 今俗呼羘羈羊 염쇼 又曰山羊 <四解上 36a>

　　　 b. 羘 : 염쇼 고 <字會上 10a>

(1412) c. 羈 : 今俗呼羖羈 염쇼 又曰山羊 <四解下 57a>

　　　 d. 羈 : 염쇼 력 俗呼羘羈羊 又曰山羊 <字會上 10a>

<1413> 염쇼 對 山羊

고유어 '염쇼'와 한자어 '山羊'이 [羖]와 [羈] 즉 '염소, 산양'의 뜻을 가지고 동의 관계에 있다는 것은 다음 예문들에서 잘 확인된다. '羖'의 자석이 '수양'이고 '수양'은 한자어 '山羊' 및 고유어 '염쇼'와 동의 관계에 있다. 그리고 '羈'이 한자어 '羖羈'을 뜻하고 '羖羈'은 고유어 '염쇼' 및 한자어 '山羊'과 동의 관계에 있다. 따라서 '염쇼'와 '山羊'의 동의성은 명백히 입증된다.

(1413) a. 羖 : 夏羊 牡曰羖 <四解上 36a>

　　　 b. 羖 : 수양 고 羖羈 山羊即염쇼 <字會下 4a>

(1413) c. 羈 : 今俗呼羖羈 염쇼 又曰山羊 <四解下 57a>

　　　 d. 羈 : 염쇼 력 <字會上 10a>

<1414> 엿 對 糖餹

고유어 '엿'과 한자어 '糖餹'가 [飴] 즉 '엿'의 뜻을 가지고 동의 관계에 있다는 것은 다음 예문들에서 잘 확인된다. '飴'의 자석이 '엿'이고 고유어 '엿'은 한자어 '糖餹'와 동의 관계에 있다. 따라서 '엿'과 '糖餹'의 동의성은 명백히 입증된다.

(1414) a. 飴 : 餳也 <四解上 21b>
　　　　b. 飴 : 엿 이 汎稱糖餹 <字會中 10b>

<1415> 엿 對 粆糖

고유어 '엿'과 한자어 '粆糖'이 [糖] 즉 '엿, 굳힌 엿'의 뜻을 가지고 동의 관계에 있다는 것은 다음 예문들에서 잘 확인된다. '糖'이 고유어 '엿'을 뜻하고 '엿'은 한자어 '粆糖'과 동의 관계에 있다. 그리고 '糖'의 자석이 '엿'이다. 따라서 '엿'과 '粆糖'의 동의성은 명백히 입증된다.

(1415) a. 糖 : 飴也 엿 又粆糖 <四解下 35a>
　　　　b. 糖 : 엿 당 凝者爲糖 <字會中 10b>

<1416> 엿 對 餳餭

고유어 '엿'과 한자어 '餳餭'이 [餳], [餭] 및 [餳] 즉 '엿, 굳힌 엿'의 뜻을 가지고 동의 관계에 있다는 것은 다음 예문들에서 잘 확인된다. '餳'과 '餭'이 한자어 '餳餭'을 뜻한다. 그리고 '餳餭'이 한자 '餳'과 同義이고 '餳'의 자석이 '엿'이다. 따라서 '엿'과 '餳餭'의 동의성은 명백히 입증된다.

(1416) a. 餳 : 餳餭 餳也 <四解下 42b>
　　　　b. 餭 : 餳餭 餳也 <四解下 46b>

(1416) c. 餳 : 飴也 <四解下 53a>
　　　　d. 餳 : 엿 성 稀者爲餳 <字會中 10b>

<1417> 엿귀 對 辛草

고유어 '엿귀'와 한자어 '辛草'가 [蓼] 즉 '여뀌'의 뜻을 가지고 동의 관계에 있다는 것은 다음 예문들에서 잘 확인된다. '蓼'가 한자어 '辛草'를 뜻한다. 그리고 '蓼'의 자석이 '엿귀'이다. 따라서 '엿귀'와 '辛草'의 동의성은 명백히 입증된다.

(1417) a. 蓼 : 辛草 <四解下 18a>

b. 蓼 : 엿귀 료 <字會上 7b>

<1418> 영성 對 薄蘭

고유어 '영성'과 한자어 '薄蘭'가 [薄]와 [蘭] 즉 '영생이, 박하'의 뜻을 가지고 동의 관계에 있다는 것은 다음 예문들에서 잘 확인된다. '薄'가 한자어 '薄蘭'를 뜻하고 고유어 '영성'을 뜻한다. 그리고 '蘭'가 한자어 '薄蘭'를 뜻한다. 따라서 '영성'와 '薄蘭'의 동의성은 명백히 입증된다.

(1418) a. 薄 : 薄蘭 俗書作薄荷 藥草 <四解下 28a>
b. 薄 : 박핫 파 國語 又呼영성 <字會上 8a>

(1418) c. 蘭 : 薄蘭 俗書作薄荷 藥草 영성이 <四解下 27a>
d. 蘭 : 박핫 하 方書薄蘭 亦作薄荷 <字會上 8a>

<1419> 영성이 對 薄荷

고유어 '영성이'와 한자어 '薄荷'가 [蘭]와 [薄] 즉 '영생이, 박하'의 뜻을 가지고 동의 관계에 있다는 것은 다음 예문들에서 잘 확인된다. '蘭'가 한자어 '薄荷'를 뜻하고 '薄荷'는 고유어 '영성이'와 동의 관계에 있다. 그리고 '薄'가 한자어 '薄荷'를 뜻한다. 따라서 '영성이'와 '薄荷'의 동의성은 명백히 입증된다.

(1419) a. 蘭 : 薄蘭 俗書作薄荷 藥草 영성이 <四解下 27a>
b. 蘭 : 박핫 하 方書薄蘭 亦作薄荷 <字會上 8a>

(1419) c. 薄 : 薄蘭 俗書作薄荷 藥草 <四解下 28a>
d. 薄 : 박핫 파 國語 又呼영성 <字會上 8a>

<1420> 예 對 日東國

고유어 '예'와 한자어 '日東國'이 [倭] 즉 '왜국, 일본'의 뜻을 가지고 동의 관계에 있다는 것은 다음 예문들에서 잘 확인된다. 원문 중 '倭絹'이 '예 깁'으로 번역된다. 그리고 '倭'가 한자어 '日東國'을 뜻하고 '倭'의 자석이 '예'이다. 따라서 '예'와 '日東國'의 동의성은 명백히 입증된다.

(1420) a. 예 깁과(倭絹) <번老下 26a>

(1420) b. 倭 : 日東國 <四解下 28b>

    c. 倭 : 예 와 俗稱倭子 卽倭奴 <字會中 2b>

<1421> 오곰 對 䐃䏮

    고유어 '오곰'과 한자어 '䏮'가 [䐃]와 [䏮] 즉 '오곰'의 뜻을 가지고 동의 관계에 있다는 것은 다음 예문들에서 잘 확인된다. '䏮'의 자석이 '오곰'이고 고유어 '오곰'은 한자어 '䏮'와 동의 관계에 있다. 그리고 '䐃'의 자석이 '오곰'이다. 따라서 '오곰'과 '䏮'의 동의성은 명백히 입증된다.

    (1421) a. 䏮 : 股脛間今 俗呼曲膝曰曲䏮 무릎 <四解下 69a>

        b. 䏮 : 오곰 츄 俗呼䏮 <字會上 14b>

    (1421) c. 䐃 : 오곰 곡 <字會上 14b>

<1422> 오래 對 문

    고유어 '오래'와 한자어 '문'(門) 이 [門]과 [門子] 즉 '문'의 뜻을 가지고 동의 관계에 있다는 것은 다음 예문들에서 잘 확인된다. 원문 중 '門庭'이 '오래 뜰'로 번역된다. '門外'가 '문 밧'으로 번역되고 '閉了門子'가 '문 닫다'로 번역된다. 그리고 '門'의 자석이 '문'이고 한자어 '문'은 고유어 '오래'와 동의 관계에 있다. 따라서 '오래'와 '문'의 동의성은 명백히 입증된다. 두 단어의 출현 빈도수를 비교해 보면 한자어 '문'이 압도적으로 많다.

    (1422) a. 오래 뜰 쓰서르믈 게을이 호미오(門庭不潔者: 不掃除門庭) <呂約 9a>

    (1422) b. 문 밧긔 물 브려 밧기셔 기들오고(門外下馬爲也 俟於外次爲古) <呂約 20b>

        c. 문 오래며 과실 남글 반두시 방졍히 줄혀게 ᄒ고(門巷果木을 必方列ᄒ야) <번小九 96a>

        d. 이 뎜에 다 문 다두면(這店裏都閉了門子了) <번老上 33b>

    (1422) e. 門 : …外戶雙扇曰門 <四解上 64b>

        f. 門 : 문 문 俗呼門子 在外爲門 國語 오래 문 <字會中 4a>

<1423> 오미뇌 對 脊梁盡處

    고유어 '오미뇌'와 한자어 '脊梁盡處'가 [尻]와 [脽] 즉 '꽁무니'의 뜻을 가지고 동의 관계에 있다는 것은 다음 예문들에서 잘 확인된다. '尻'가 한자어 '脊梁盡處'를 뜻하고 '尻'의 자석이 '오미뇌'이다. 그리고 '脽'가 한자 '尻'와 同義이고 '脽'의 자석이 '오미뇌'이다. 따라서 '오미뇌'와 '脊梁盡處'의 동의성은 명백히 입증된다.

(1423) a. 尻 : 脽也 脊梁盡處 <四解下 18b>
     b. 尻 : 오미뇌 고 <字會上 14b>

(1423) c. 脽 : 尻也 <四解上 53a>
     d. 脽 : 오미뇌 슈 <字會上 14b>

<1424> 오ᅀᆞ리 對 野豚

고유어 '오ᅀᆞ리'와 한자어 '野豚'이 [貒] 즉 '오소리'의 뜻을 가지고 동의 관계에 있다는 것은 다음 예문들에서 잘 확인된다. '貒'이 한자어 '野豚'을 뜻하고 '貒'의 자석이 '오ᅀᆞ리'이다. 따라서 '오ᅀᆞ리'와 '野豚'의 동의성은 명백히 입증된다.

(1424) a. 貒 : 野豚 <四解上 73a>
     b. 貒 : 오ᅀᆞ리 단 俗呼土猪 <字會上 10b>

<1425> 오ᅀᆞ리 對 土猪

고유어 '오ᅀᆞ리'와 한자어 '土猪'가 [貒] 즉 '오소리'의 뜻을 가지고 동의 관계에 있다는 것은 다음 예문들에서 잘 확인된다. '貒'의 자석이 '오ᅀᆞ리'이고 고유어 '오ᅀᆞ리'는 한자어 '土猪'와 동의 관계에 있다. 따라서 '오ᅀᆞ리'와 '土猪'의 동의성은 명백히 입증된다.

(1425) a. 貒 : 野豚 <四解上 73a>
     b. 貒 : 오ᅀᆞ리 단 俗呼土猪 <字會上 10b>

<1426> 오좀 對 小便

고유어 '오좀'과 한자어 '小便'이 [溺], [尿], [溲] 및 [便] 즉 '오줌'의 뜻을 가지고 동의 관계에 있다는 것은 다음 예문들에서 잘 확인된다. 원문 중 '溺胡蘆'가 '오좀 바들 박'으로 번역된다. '溺'가 한자어 '小便'을 뜻한다. '溺'의 俗子인 '尿'의 자석이 '오좀'이고 고유어 '오좀'은 한자어 '小便'과 동의 관계에 있다. '溲'가 한자어 '小便'을 뜻하고 '溲'의 자석이 '오좀'이다. 그리고 '便'의 자석이 '오좀'이고 고유어 '오좀'은 한자어 '小便'과 동의 관계에 있다. 따라서 '오좀'와 '小便'의 동의성은 명백히 입증된다.

(1426) a. 오좀 바들 박을 그 굼긔 바루 노코(把溺胡蘆正着那窟籠裏放了) <번朴上 56b>

(1426) b. 溺：小便 <四解下 14b>

    c. 尿：俗 <四解下 14b>

    d. 尿：오좀 뇨 俗稱小便 <字會上 14b>

(1426) e. 溲：小便 <四解下 67a>

    f. 溲：오좀 수 <字會上 15b>

(1426) g. 便：⋯溲也 <四解下 3b>

    h. 便：오좀 편 俗稱小便 <字會上 15b>

<1427> 오좀 對 溲便

고유어 '오좀'과 한자어 '溲便'이 [旋], [溲] 및 [便] 즉 '오줌, 소변'의 뜻을 가지고 동의 관계에 있다는 것은 다음 예문들에서 잘 확인된다. '旋'이 한자어 '溲便'을 뜻한다. '溲'가 한자어 '小便'을 뜻하고 '溲'의 자석이 '오좀'이다. 그리고 '便'이 한자 '溲'와 同義이고 '便'의 자석이 '오좀'이고 고유어 '오좀'은 한자어 '小便'과 동의 관계에 있다. 따라서 '오좀'과 '溲便'의 동의성은 명백히 입증된다.

(1427) a. 旋：⋯溲便也 <四解下 10b>

(1427) b. 溲：小便 <四解下 67a>

    c. 溲：오좀 수 <字會上 15b>

(1427) d. 便：⋯溲也 <四解下 3b>

    e. 便：오좀 편 俗稱小便 <字會上 15b>

<1428> 오좀깨 對 尿脬

고유어 '오좀깨'와 한자어 '尿脬'가 [脬] 즉 '오줌통, 방광'의 뜻을 가지고 동의 관계에 있다는 것은 다음 예문들에서 잘 확인된다. '脬'의 자석이 '오좀깨'이고 고유어 '오좀깨'는 한자어 '尿脬'와 동의 관계에 있다. 따라서 '오좀깨'와 '尿脬'의 동의성은 명백히 입증된다.

(1428) a. 脬：膀胱 <四解下 20b>

    b. 脬：오좀깨 포 俗呼尿脬 <字會上 14b>

<1429> 오좀깨 對 膀胱

고유어 '오좀깨'와 한자어 '膀胱'이 [脬], [膀] 및 [胱] 즉 '오줌통, 방광'의 뜻을 가지고 동의 관계에 있다는 것은 다음 예문들에서 잘 확인된다. '脬'가 한자어 '膀胱'을 뜻하고 '脬'의 자석이 '오좀깨'이다. '膀'이 한자어 '膀胱'을 뜻하고 '膀'의 자석이 '오좀깨'이다. '胱'이 한자어 '膀胱'을 뜻한다. 그리고 '胱'의 자석이 '오좀깨'이고 고유어 '오좀깨'는 한자어 '膀胱'과 동의 관계에 있다. 따라서 '오좀깨'와 '膀胱'의 동의성은 명백히 입증된다.

(1429) a. 脬 : 膀胱 <四解下 20b>
b. 脬 : 오좀깨 포 俗呼尿脬 <字會上 14b>

(1429) c. 膀 : 膀胱 <四解下 36b>
d. 膀 : 오좀깨 방 <字會上 14b>

(1429) e. 胱 : 膀胱 水府 <四解下 45b>
f. 胱 : 오좀깨 광 膀胱 水府 <字會上 14b>

<1430> 오중어 對 鰞鰂魚/烏鰂魚

고유어 '오중어'와 한자어 '鰞鰂魚/烏鰂魚'가 [鰞]와 [鰂] 즉 '오징어'의 뜻을 가지고 동의 관계에 있다는 것은 다음 예문들에서 잘 확인된다. '鰞'가 한자어 '鰞鰂魚'를 뜻한다. 그리고 '鰂'이 한자어 '烏鰂魚'를 뜻하고 '烏鰂魚'는 고유어 '오중어'와 동의 관계에 있다. 따라서 '오중어'와 '鰞鰂魚/烏鰂魚'의 동의성은 명백히 입증된다.

(1430) a. 鰞 : 鰞鰂魚 <四解上 41a>
b. 鰂 : 烏鰂魚 오중어 <四解下 60b>

<1431> 오희양 對 馬舍

고유어 '오희양'과 한자어 '馬舍'가 [廐] 즉 '마구간, 외양'의 뜻을 가지고 동의 관계에 있다는 것은 다음 예문들에서 잘 확인된다. 원문 중 '廐無'가 '오희양의…없다'로 번역된다. 그리고 '廐'가 한자어 '馬舍'를 뜻하고 '廐'의 자석이 '오희양'이다. 따라서 '오희양'과 '馬舍'의 동의성은 명백히 입증된다.

(1431) a. 오희양의 됴훈 ᄆᆞ리 업스며(廐無良馬ᄒᆞ며) <번小十 13b>

(1431) b. 廐 : 馬舍 <四解下 68a>

　　　c. 廐 : 오히양 구 俗呼馬房 <字會中 10a>

<1432> 온 對 十十

　고유어 '온'과 한자어 '十十'이 [百] 즉 '일백, 백'의 뜻을 가지고 동의 관계에 있다는 것은 다음 예문들에서 잘 확인된다. 원문 중 '百巧'가 '온 공교'로 번역된다. 그리고 '百'이 한자어 '十十'을 뜻하고 '百'의 자석이 '온'이다. 따라서 '온'과 '十十'의 동의성은 명백히 입증된다.

　　(1432) a. 온 가지로 지조 재오 온 공교 ᄒᆞ더라(百態百巧) <번朴上 45b>

　　(1432) b. 百 : … 十十曰百 <四解下 59a>

　　　　　c. 百 : 온 빅 <字會下 14b>

<1433> 온 對 일빅

　고유어 '온'과 한자어 '일빅'(一百)이 [百] 즉 '일백, 백'의 뜻을 가지고 동의 관계에 있다는 것은 다음 예문들에서 잘 확인된다. 원문 중 '百巧'가 '온 공교'로 번역되고 '犬百'이 '가히 일빅'으로 번역된다. 그리고 '百事'가 '온 가짓 일'로 번역되고 '百行'이 '일빅 힝뎍'으로 번역된다. 그리고 '百'의 자석이 '온'이다. 따라서 '온'과 '일빅'의 동의성은 명백히 입증된다. 그리고 『呂氏鄕約諺解』에서는 '百…事'가 '온빅 가지…일'로 번역된다.

　　(1433) a. 온 가지로 지조 재오 온 공교 ᄒᆞ더라(百態百巧) <번朴上 45b>

　　　　　b. 汪信民이 닐오ᄃᆡ 사ᄅᆞ미 미양 ᄂᆞᄆᆞᆯ ᄲᆞᆯ휘만 머그며도 편안히 너기면 잡 므슴미 업서 온 가짓 이를 다 일오리라 ᄒᆞ야ᄂᆞᆯ(汪信民이 甞言人이 常咬得菜根則百事ᄅᆞᆯ 可做ㅣ라 ᄒᆞ여ᄂᆞᆯ) <번小十 35a>

　　　　　c. ᄌᆞ뎨이 믈읫 온 가짓 맛드(6a)러 ᄒᆞ논 이리(子弟凡百玩好ㅣ) <번小六 6b>

　　　　　d. ᄯᅩ 믈읫 온빅 가(27a)지 이르살믈 이룰 도ᄋᆞ며(且助其凡百經營之事爲彌) <呂約27b>

　　(1433) e. 치는 가히 일빅이 나모ᄃᆡ(有畜犬百餘ᄒᆞᄃᆡ) <번小九 107a>

　　　　　f. 아ᄎᆞ미 벽 일빅을 손소 드러 집 밧긔 옴기고(朝運百甓於齋外ᄒᆞ고) <번小十 7b>

　　　　　g. 일빅 거르미도록 에디 아니ᄒᆞ며(不枉百步ᄒᆞ며) <번小八 2b>

　　　　　h. 이 ᄯᅩ 士大夫의 일빅 힝뎍에셔 ᄒᆞᆫ가짓 이리라(此ㅣ 亦士大夫百行之一也ㅣ 니라) <번小八 38b>

i. 서르 본증을 혀니 일빅이나 ᄒ더니(各相援據ᄒ니 乃至百人이러니) <번小九 69a>

(1433) j. 百 : …十十日百 <四解下 59a>

k. 百 : 온 빅 <字會下 14b>

한편 『번역박통사』에서 '百, 千, 萬'이 모두 '온 가지'로 번역된다는 것은 주목할 만하다. 다시 말하면 '온'이 [百]의 뜻뿐만 아니라 [千]과 [萬]의 뜻도 가진다는 것이다.

(1433) l. 온 가짓 슈고 ᄒ야써(千辛萬苦) <번朴上 57b>

m. 온 가짓 이리 사ᄅᆞ미 계교다이 도의디 아니ᄒᄂ니라(萬事不由人計較) <번朴上 64a>

<1434> 온바미 對 不孝鳥

고유어 '온바미'와 한자어 '不孝鳥'가 [梟] 즉 '올빼미'의 뜻을 가지고 동의 관계에 있다는 것은 다음 예문들에서 잘 확인된다. '梟'가 한자어 '不孝鳥'를 뜻한다. 그리고 '梟'의 자석이 '온바미'이다. 따라서 '온바미'와 '不孝鳥'의 동의성은 명백히 입증된다.

(1434) a. 梟 : 不孝鳥 <四解下 13a>

b. 梟 : 온바미 효 俗呼禿角 又呼夜猫 <字會上 9a>

<1435> 온바미 對 夜猫

고유어 '온바미'와 한자어 '夜猫'가 [梟] 즉 '올빼미'의 뜻을 가지고 동의 관계에 있다는 것은 다음 예문들에서 잘 확인된다. '梟'의 자석이 '온바미'이고 고유어 '온바미'는 한자어 '夜猫'와 동의 관계에 있다. 따라서 '온바미'와 '夜猫'의 동의성은 명백히 입증된다.

(1435) a. 梟 : 不孝鳥 <四解下 13a>

b. 梟 : 온바미 효 俗呼禿角 又呼夜猫 <字會中 9a>

<1436> 올미 對 葧薺

고유어 '올미'와 한자어 '葧薺'가 [芘]와 [薺] 즉 '올방개'의 뜻을 가지고 동의 관계에 있다는 것은 다음 예문들에서 잘 확인된다. '芘'가 한자어 '葧薺'를 뜻하고 '葧薺'는 고유어 '올미'와 동의 관계에 있다. 그리고 '薺'의 자석이 '올미'이고 고유어 '올미'는 한자어 '葧薺'와 동의 관계에 있다. 따라서 '올미'와 '葧薺'의 동의성은 명백히 입증된다.

(1436) a. 茈 : 鳧茈草一名荸薺 올미 <四解上 13a>

(1436) b. 薺 : 올미 제…方書蒻薺 亦作荸薺 <字會上 8a>

    c. 薺 : 올미 불 <字會上 8a>

<1437> 올창이 對 蝌蚪

고유어 '올창이'와 한자어 '蝌蚪'가 [蝌]와 [蚪] 즉 '올챙이'의 뜻을 가지고 동의 관계에 있다는 것은 다음 예문들에서 잘 확인된다. '蝌'가 한자어 '蝌蚪'를 뜻하고 '蝌蚪'는 고유어 '올창이'와 동의 관계에 있다. '蝌'의 자석이 '올창이'이다. 그리고 '蚪'가 한자어 '蝌蚪'를 뜻하고 '蚪'의 자석이 '올창이'이다. 따라서 '올창이'와 '蝌蚪'의 동의성은 명백히 입증된다.

(1437) a. 蝌 : 蝌蚪 蝦蟆子 올창이 <四解下 27b>
    b. 蝌 : 올창이 과 <字會上 12b>

(1437) c. 蚪 : 蝌蚪 <四解下 65a>
    d. 蚪 : 올창이 두 俗呼蝌蚪虫 <字會上 12b>

고유어 '올창이'의 先代形 '올창'이 『解例本 訓民正音』(1446) 의 다음 예문에서 잘 확인된다. 고유어 '올창'과 한자어 '蝌蚪'가 동의 관계에 있다.

(1437) e. 올창 爲蝌蚪 <訓解 用字例>

<1438> 올창이 對 蛞蟇

고유어 '올창이'와 한자어 '蛞蟇'이 [蟇]과 [蛞] 즉 '올챙이'의 뜻을 가지고 동의 관계에 있다는 것은 다음 예문들에서 잘 확인된다. '蟇'이 한자어 '蛞蟇'을 뜻하고 '蛞蟇'은 고유어 '올창이'와 동의 관계에 있다. '蟇'의 자석이 '올창이'이고 고유어 '올창이'가 한자어 '蛞蟇'과 동의 관계에 있다. 그리고 '蛞'이 한자어 '蛞蟇'을 뜻하고 '蛞'의 자석이 '올창이'이다. 따라서 '올창이'와 '蛞蟇'의 동의성은 명백히 입증된다.

(1438) a. 蟇 : 蛞蟇 今俗呼蝌蚪虫 올차。이 <四解上 1b>
    b. 蟇 : 올창이 동 蛞蟇一名活師 <字會上 12b>

(1438) c. 蛞 : 蛞蟇 蝌蚪 <四解下 76a>
    d. 蛞 : 올창이 활 <字會上 12b>

<1439> 올히 對 鴨子

고유어 '올히'와 한자어 '鴨子'가 [鴨] 즉 '오리, 집오리'의 뜻을 가지고 동의 관계에 있다는 것은 다음 예문들에서 잘 확인된다. 원문 중 '鵝鴨'이 '거유 올히'로 번역된다. 그리고 '鴨'의 자석이 '올히'이고 고유어 '올히'는 한자어 '鴨子'와 동의 관계에 있다. 따라서 '올히'와 '鴨子'의 동의성은 명백히 입증된다.

(1439) a. 거유 올히 게 쟈래와(鵝鴨蝦蟹螯) <瘡疹 63b>

(1439) b. 鴨(80a) : 鳥名 <四解下 80b>
     c. 鴨 : 올히 압 俗呼鴨子 <字會上 9a>

<1440> 옴 對 瘡疥/疥瘡

고유어 '옴'과 한자어 '瘡疥/疥瘡'이 [疥] 즉 '옴'의 뜻을 가지고 동의 관계에 있다는 것은 다음 예문들에서 잘 확인된다. '疥'가 '瘡疥'를 뜻한다. 그리고 '疥'의 자석이 '옴'이고 고유어 '옴'은 한자어 '疥瘡'과 동의 관계에 있다. 따라서 '옴'과 '瘡疥/疥瘡'의 동의성은 명백히 입증된다.

(1440) a. 疥 : 瘡疥 <四解上 46b>
     b. 疥 : 옴 개 俗呼疥瘡 <字會中 16a>

<1441> 옴둗거비 對 癩蝦蟆

고유어 '옴둗거비'와 한자어 '癩蝦蟆'가 [蝦] 즉 '옴두꺼비'의 뜻을 가지고 동의 관계에 있다는 것은 다음 예문들에서 잘 확인된다. '蝦'가 한자어 '癩蝦蟆'를 뜻하고 '癩蝦蟆'는 고유어 '옴둗거비'와 동의 관계에 있다. 따라서 '옴둗거비'와 '癩蝦蟆'의 동의성은 명백히 입증된다.

(1441) a. 蝦 : 今俗語癩蝦蟆 옴둗거비 或呼黑蟆 <四解下 31a>
     b. 蝦 : 머구리 하 <字會上 12b>

<1442> 옷 對 衣服

고유어 '옷'과 한자어 '衣服'이 [服]과 [衣服] 즉 '옷, 의복'의 뜻을 가지고 동의 관계에 있다는 것은 다음 예문들에서 잘 확인된다. 원문 중 '華美之服'이 '빗난 옷'으로 번역된다. '粘沾衣服'이 '오새 븥다'로 번역된다. 그리고 '服'이 한자어 '衣服'을 뜻하고 '服'의 자석이 '옷'이다. 따라서 '옷'과 '衣服'의 동의성은 명백히 입증된다.

(1442) a. 얼우니 금은이나 빗난 오슬 모매 니펴든(長者ㅣ 加以金銀華美之服이어든) <번小十 34b>

b. 곰름 므리 긋디 아니ᄒᆞ야 오새 브터(膿水不絶粘沾衣服) <瘡疹 49a>

c. ᄉᆞ시 ᄎᆞ려 뎌를 의복 ᄒᆞ야 주ᄂᆞ니라(按四時與他衣服) <번朴上 53b>

(1442) e. 服 : 衣服 <四解上 4b>

d. 服 : 옷 복 <字會下 8b>

<1443> 옷 對 衣裳

고유어 '옷'과 한자어 '衣裳'이 [衣], [裳] 및 [衣裳] 즉 '옷'의 뜻을 가지고 동의 관계에 있다는 것은 다음 예문들에서 잘 확인된다. 원문 중 '一衣'가 '혼 옷'으로 번역되고 '羅衣裳'이 '로 옷'으로 번역된다. '衣'와 '裳'이 한자어 '衣裳'을 뜻한다. 그리고 '衣'의 자석이 '옷'이다. 따라서 '옷'과 '衣裳'의 동의성은 명백히 입증된다.

(1443) a. 혼 오슬 어드면(得一衣ᄒᆞ면) <번小七 43a>

b. 오슬 치옴 ᄀ리올 만ᄒᆞ며(衣取蔽寒ᄒᆞ고) <번小十 34b>

c. ᄀ슬히 다ᄃᆞᆮ거든 로 오시오(到秋間是羅衣裳) <번老下 52b>

(1443) d. 衣 : 衣裳 <四解上 20b>

e. 衣 : 옷 의 <字會下 8b>

<1444> 옷 對 袍襖

고유어 '옷'과 한자어 '袍襖'가 [襖] 즉 '옷, 속옷과 겉옷이 갖추어진 옷'의 뜻을 가지고 동의 관계에 있다는 것은 다음 예문들에서 잘 확인된다. '襖'가 한자어 '袍襖'를 뜻한다. 그리고 '襖'의 자석이 '옷'이다. 따라서 '옷'과 '袍襖'의 동의성은 명백히 입증된다.

(1444) a. 襖 : 袍襖 <四解下 22a>

b. 襖 : 옷 오 俗總稱男女服曰襖子 <字會中 12a>

<1445> 옷거리 對 椸架

고유어 '옷거리'와 한자어 '椸架'가 [椸]와 [架] 즉 '횃대, 옷걸이'의 뜻을 가지고 동의 관계에 있다는 것은 다음 예문들에서 잘 확인된다. 원문 중 '椸架'가 '옷홰며 옷거리'로 번역된다. 그리고 '椸'가 한자어 '椸架'를 뜻한다. 따라서 '옷거리'와 '椸架'의 동의성은 명백히 입증된다. 한자 '枷'는 '架'와 통한다.

(1445) a. 남진과 겨지비 옷홰며 옷거리를 호딕 아니호며(男女ㅣ 不同椸枷호야) <번小三 17b>

(1445) b. 枷 : …又椸枷 <四解下 30b>

    c. 枷 : 실에 가 <字會中 3b>

<1446> 옷기슭 對 衣下緝

고유어 '옷기슭'과 한자어 '衣下緝'이 [齊]와 [齋] 즉 '옷의 아랫자락, 치마의 끝부분'의 뜻을 가지고 동의 관계에 있다는 것은 다음 예문들에서 잘 확인된다. 원문 중 '攝齊'가 '옷기슬글 거두들다'로 번역되고 '去齊尺'이 '옷기슭기 싸해 흔 자만 쁘게 호다'로 번역된다. 그리고 '齋'가 한자어 '衣下緝'을 뜻한다. 따라서 '옷기슭'과 '衣下緝'의 동의성은 명백히 입증된다. 한자 '齊'와 '齋'는 同義이다.

(1446) a. 옷기슬글 거두드러 堂이 오루실 저긔(攝齊升堂호실싀) <번小三 4b>

    b. 두 소누로 오슬 자바 옷기슭기 싸해 흔 자만 쁘게 호며(兩手로 摳衣호야 去齊尺호며) <번小三 27b>

(1446) c. 齋 : 衣下緝也 …又攝齋 通作齊 <四解上 12a>

<1447> 왜요 對 燒瓦坑

고유어 '왜요'와 한자어 '燒瓦坑'이 [窯] 즉 '기와를 굽는 가마'의 뜻을 가지고 동의 관계에 있다는 것은 다음 예문들에서 잘 확인된다. '窯'가 한자어 '燒瓦坑'을 뜻한다. 그리고 '窯'의 자석이 '왜요'이다. 따라서 '왜요'와 '燒瓦坑'의 동의성은 명백히 입증된다.

(1447) a. 窯 : 燒瓦坑 <四解下 17b>

    b. 窯 : 왜욧 요 俗稱黑窯 <字會中 5b>

<1448> 외 對 葫瓜

고유어 '외'와 한자어 '葫瓜'가 [瓜兒], [葫] 및 [苽] 즉 '외'의 뜻을 가지고 동의 관계에 있다는 것은 다음 예문들에서 잘 확인된다. 원문 중 '塩瓜兒'가 '저린 외'로 번역된다. '葫'가 한자어 '葫瓜'를 뜻하고 '葫瓜'는 고유어 '외'와 동의 관계에 있다. 그리고 '苽菹'가 '외디히'로 번역되고 '苽'의 자석이 '외'이다. 따라서 '외'와 '葫瓜'의 동의성은 명백히 입증된다.

(1448) a. 다믄 저린 외옷 잇다(只有塩瓜兒) <번老上 41a>

b. 군 틴 외 잇ᄂᆞ니(有塩瓜兒) <번老上 63b>

c. 외…마ᄂᆞᆯ(黃瓜…蒜) <번老下 38a>

d. 마와 외디히와(薯蕷 苽葅) <瘡疹 62b>

(1448) e. 葫 : 今俗呼葫瓜 외 <四解上 41a>

f. 瓜 : 蓏也 <四解下 31a>

g. 苽 : 외 과 <字會上 7a>

<1449> 외엿 對 李兒

고유어 ‘외엿’과 한자어 ‘李兒’가 [李] 즉 ‘오얏’의 뜻을 가지고 동의 관계에 있다는 것은 다음 예문들에서 잘 확인된다. ‘李’의 자석이 ‘외엿’이고 고유어 ‘외엿’은 한자어 ‘李兒’와 동의 관계에 있다. 따라서 ‘외엿’과 ‘리아’의 동의성은 명백히 입증된다.

(1449) a. 李 : 果名 <四解上 28b>

b. 李 : 외엿 니 俗呼李兒 <字會上 6a>

<1450> 왼빋 對 賖買

고유어 ‘왼빋’과 한자어 ‘賖買’가 [賖]와 [賈] 즉 ‘외상으로 사는 것’의 뜻을 가지고 동의 관계에 있다는 것은 다음 예문들에서 잘 확인된다. ‘賖’가 한자어 ‘賖買’를 뜻하고 ‘賖’의 자석이 ‘왼빋’이다. 그리고 ‘賈’가 한자 ‘賖’와 同義이고 ‘賈’의 자석이 ‘왼빋’이다. 따라서 ‘왼빋’과 ‘賖買’의 동의성은 명백히 입증된다.

(1450) a. 賖 : 賖買也 <四解下 33a>

b. 賖 : 왼빋 사 <字會下 9b>

(1450) c. 賈 : …賖也 <四解上 19b>

d. 賈 : 왼빋 셰 與賖同意 <字會下 9b>

<1451> 요 對 茵褥

고유어 ‘요’와 한자어 ‘茵褥’이 [褥] 즉 ‘요, 까는 침구’의 뜻을 가지고 동의 관계에 있다는 것은 다음 예문들에서 잘 확인된다. ‘褥’이 한자어 ‘茵褥’을 뜻하고 ‘褥’의 자석이 ‘요’이다. 따라서 ‘요’와 ‘茵褥’의 동의성은 명백히 입증된다.

(1451) a. 褥：藉也 茵褥 <四解上 6b>

   b. 褥：요 욕 <字會中 6b>

　고유어 '요'의 先代形 '숗'가 15세 국어의 『內訓』(1475) 의 다음 예문들에서 잘 확인된다. 원문 중 '巾褥'이 '手巾과 숗'로 번역된다.

(1451) c. 나믄 裁剪을 니서 手巾과 쇼홀 밍그라 니르샤티(餘帛올 絹爲巾褥曰き샤티) <內訓二下 51a>

   d. 帳이며 니블 쇼히 빗난 거슬 거더 아솔디니라(撤去帷帳衾褥華麗之物이니라) <內訓一 61a>

<1452> 요령 對 大鈴

　고유어 '요령'과 한자어 '大鈴'이 [鐸] 즉 '방울, 큰 방울'의 뜻을 가지고 동의 관계에 있다는 것은 다음 예문들에서 잘 확인된다. '鐸'이 한자어 '大鈴'을 뜻한다. 그리고 '鐸'의 자석이 '요령'이다. 따라서 '요령'과 '大鈴'의 동의성은 명백히 입증된다.

(1452) a. 鐸：木鐸 大鈴 <四解下 35b>

   b. 鐸：요령 탁 有柄有舌者 <字會中 8b>

<1453> 요령 對 小鉦

　고유어 '요령'과 한자어 '小鉦'이 [鐃] 즉 '징, 軍中에서 쓰는 작은 징'의 뜻을 가지고 동의 관계에 있다는 것은 다음 예문들에서 잘 확인된다. '鐃'가 한자어 '小鉦'을 뜻한다. 그리고 '鐃'의 자석이 '요령'이다. 따라서 '요령'과 '小鉦'의 동의성은 명백히 입증된다.

(1453) a. 鐃：小鉦 如鈴無舌 <四解下 20a>

   b. 鐃：요령 요 <字會中 8b>

<1454> 요션 對 腰襻

　고유어 '요션'과 한자어 '腰襻'이 [腰襻] 즉 '허리끈, 腰帶'의 뜻을 가지고 동의 관계에 있다는 것은 다음 예문들에서 잘 확인된다. 한자어 '腰襻'이 고유어 '요션'과 동의 관계에 있다. 따라서 '요션'과 '腰襻'의 동의성은 명백히 입증된다.

(1454) a. 襻：…腰襻 요션 <四解上 77b>

   b. 褃：衣襻 빈툐 <四解下 16b>

<1455> 요향 對 莞蒲

고유어 '요향'과 한자어 '莞蒲'가 [莞] 즉 '왕골, 골풀'의 뜻을 가지고 동의 관계에 있다는 것은 다음 예문들에서 잘 확인된다. '莞'의 자석이 '요향'이고 고유어 '요향'은 한자어 '莞蒲'와 동의 관계에 있다. 따라서 '요향'과 '莞蒲'의 동의성은 명백히 입증된다.

(1455) a. 莞 : 小蒲 <四解上 72a>
　　　 b. 莞 : 요향 관 莞(4a) 蒲 一名葱蒲 <字會上 4b>

<1456> 요향 對 葱蒲

고유어 '요향'과 한자어 '葱蒲'가 [莞] 즉 '왕골, 골풀'의 뜻을 가지고 동의 관계에 있다는 것은 다음 예문들에서 잘 확인된다. '莞'이 한자어 '葱蒲'를 뜻한다. 그리고 '莞'의 자석이 '요향'이고 고유어 '요향'은 한자어 '葱蒲'와 동의 관계에 있다. 따라서 '요향'와 '葱蒲'의 동의성은 명백히 입증된다.

(1456) a. 莞 : 小蒲可爲席 一名葱蒲 <四解上 72a>
　　　 b. 莞 : 요향 관 莞(4a) 蒲 一名葱蒲…又呼織席草曰莞 <字會上 4b>

<1457> 우룸 對 鳥聲

고유어 '우룸'과 한자어 '鳥聲'이 [鳴] 즉 '새가 우는 소리'의 뜻을 가지고 동의 관계에 있다는 것은 다음 예문들에서 잘 확인된다. '鳴'이 한자어 '鳥聲'을 뜻한다. 그리고 '鳴'의 자석이 '우룸'이다. 따라서 '우룸'과 '鳥聲'의 동의성은 명백히 입증된다.

(1457) a. 鳴 : 鳥聲 <四解下 51b>
　　　 b. 鳴 : 우룸 禽獸通稱 <字會下 4a>

<1458> 우리 對 羊闌

고유어 '우리'와 한자어 '羊闌'이 [棧] 즉 '우리, 羊의 우리'의 뜻을 가지고 동의 관계에 있다는 것은 다음 예문들에서 잘 확인된다. '棧'의 자석이 '우리'이고 고유어 '우리'는 한자어 '羊闌'과 동의 관계에 있다. 따라서 '우리'와 '羊闌'의 동의성은 명백히 입증된다.

(1458) a. 棧 : 棧道 <四解上 79a>
　　　 b. 棧 : 우리 잔 羊闌 又棚也 棧道 <字會下 4b>

<1459> 우리 對 畜闌

고유어 '우리'와 한자어 '畜闌'이 [笠] 즉 '우리, 가축을 치는 곳'의 뜻을 가지고 동의 관계에 있다는 것은 다음 예문들에서 잘 확인된다. '笠'이 한자어 '畜闌'을 뜻한다. 그리고 '笠'의 자석이 '우리'이다. 따라서 '우리'와 '畜闌'의 동의성은 명백히 입증된다.

(1459) a. 笠 : …畜闌 <四解下 74b>
　　　 b. 笠 : 우리 립 豕圈 <字會下 4b>

<1460> 우슭 對 山獺

고유어 '우슭'과 한자어 '山獺'이 [貉] 즉 '담비'의 뜻을 가지고 동의 관계에 있다는 것은 다음 예문들에서 잘 확인된다. '貉'의 자석이 '우슭'이고 고유어 '우슭'은 한자어 '山獺'과 동의 관계에 있다. 따라서 '우슭'과 '山獺'의 동의성은 명백히 입증된다.

(1460) a. 貉(39b) : 獸似狐善睡 오슭리 <四解下 40a>
　　　 b. 貉 : 우슭 학…俗呼山獺 <字會上 10a>

<1461> 우왕 對 牛蒡菜

고유어 '우왕'과 한자어 '牛蒡菜'가 [蒡] 즉 '우엉'의 뜻을 가지고 동의 관계에 있다는 것은 다음 예문들에서 잘 확인된다. '蒡'이 한자어 '牛蒡菜'를 뜻하고 '牛蒡菜'는 고유어 '우왕'과 동의 관계에 있다. 그리고 '蒡'의 자석이 '우왕'이고 고유어 '우왕'은 한자어 '牛蒡菜'와 동의 관계에 있다. 따라서 '우왕'과 '牛蒡菜'의 동의성은 명백히 입증된다.

(1461) a. 蒡 : 今俗呼牛蒡菜 우왕 <四解下 36a>
　　　 b. 蒡 : 우왕 방 卽牛蒡菜 俗呼芋芳 <字會上 8a>

<1462> 울 對 藩籬

고유어 '울'과 한자어 '藩籬'가 [藩] 즉 '울타리'의 뜻을 가지고 동의 관계에 있다는 것은 다음 예문들에서 잘 확인된다. '藩'이 한자어 '藩籬'를 뜻한다. 그리고 '藩'의 자석이 '울'이다. 따라서 '울'과 '藩籬'의 동의성은 명백히 입증된다.

(1462) a. 藩 : 藩籬 <四解上 80b>

b. 藩 : 울 번 <字會中 4a>

<1463> 움 對 地室

고유어 '움'과 한자어 地室'이 [窨] 즉 '움, 움집'의 뜻을 가지고 동의 관계에 있다는 것은 다음 예문들에서 잘 확인된다. '窨'이 한자어 '地室'을 뜻하고 '地室'은 고유어 '움'과 동의 관계에 있다. 그리고 '窨'의 자석이 '움'이고 고유어 '움'은 한자어 '地室'과 동의 관계에 있다. 따라서 '움'과 '地室'의 동의성은 명백히 입증된다.

(1463) a. 窨 : 地室 今俗語窨子 움 <四解下 74a>
    b. 窨 : 움 음 地室 俗呼窨子 <字會中 5b>

<1464> 움 對 窨子

고유어 '움'과 한자어 '窨子'가 [窨] 즉 '움, 움집'의 뜻을 가지고 동의 관계에 있다는 것은 다음 예문들에서 잘 확인된다. '窨'이 한자어 '窨子'를 뜻하고 '窨子'는 고유어 '움'과 동의 관계에 있다. 그리고 '窨'의 자석이 '움'이고 고유어 '움'은 한자어 '窨子'와 동의 관계에 있다. 따라서 '움'과 '窨子'의 동의성은 명백히 입증된다.

(1464) a. 窨 : 地室 今俗語窨子 움 <四解下 74a>
    b. 窨 : 움 음 地室 俗呼窨子 <字會中 5b>

<1465> 움 對 草芽

고유어 '움'과 한자어 '草芽'가 [萌] 즉 '싹, 풀의 새싹'의 뜻을 가지고 동의 관계에 있다는 것은 다음 예문들에서 잘 확인된다. '萌'이 한자어 '草芽'를 뜻한다. 그리고 '萌'의 자석이 '움'이다. 따라서 '움'과 '草芽'의 동의성은 명백히 입증된다.

(1465) a. 萌 : 草芽 <四解下 60a>
    b. 萌 : 움 밍 單初生 萌芽 <字會下 2b>

<1466> 웅덩이 對 停水

고유어 '웅덩이'와 한자어 '停水'가 [洿] 즉 '웅덩이'의 뜻을 가지고 동의 관계에 있다는 것은 다음 예문들에서 잘 확인된다. '洿'가 한자어 '停水'를 뜻한다. 그리고 '洿'의 자석이 '웅덩이'이고 고유어 '웅덩이’는 한자어 ‘停水’와 동의 관계에 있다. 따라서 ‘웅덩이’와 ‘停水’의 동의성은 명백히 입증된다.

　　(1466) a. 洿 : 停水曰洿 <四解上 40b>
　　　　　b. 洿 : 웅덩이 오 停水 <字會上 3a>

<1467> 웅덩이 對 水所停

　　고유어 ‘웅덩이’와 한자어 ‘水所停’이 [潴] 즉 ‘웅덩이’의 뜻을 가지고 동의 관계에 있다는 것은 다음 예문들에서 잘 확인된다. ‘潴’가 한자어 ‘水所停’을 뜻한다. 그리고 ‘潴’의 자석이 ‘웅덩이’이고 고유어 ‘웅덩이’는 한자어 ‘水所停’과 동의 관계에 있다. 따라서 ‘웅덩이’와 ‘水所停’의 동의성은 명백히 입증된다.

　　(1467) a. 潴 : 水所停曰潴 <四解上 32a>
　　　　　b. 潴 : 웅덩이 뎌 水所停 <字會上 3a>

<1468> 웅덩이 對 積水

　　고유어 ‘웅덩이’와 한자어 ‘積水’가 [潢] 즉 ‘웅덩이’의 뜻을 가지고 동의 관계에 있다는 것은 다음 예문들에서 잘 확인된다. ‘潢’이 한자어 ‘積水’를 뜻한다. 그리고 ‘潢’의 자석이 ‘웅덩이’이다. 따라서 ‘웅덩이’와 ‘積水’의 동의성은 명백히 입증된다.

　　(1468) a. 潢 : 積水 <四解下 46b
　　　　　b. 潢 : 웅덩이 황 洿池 <字會上 3a>

<1469> 웅덩이 對 蓄水

　　고유어 ‘웅덩이’와 한자어 ‘蓄水’가 [陂] 즉 ‘웅덩이’의 뜻을 가지고 동의 관계에 있다는 것은 다음 예문들에서 잘 확인된다. ‘陂’의 자석이 ‘웅덩이’이고 고유어 ‘웅덩이’는 한자어 ‘蓄水’와 동의 관계에 있다. 따라서 ‘웅덩이’와 ‘蓄水’의 동의성은 명백히 입증된다.

　　(1469) a. 陂 : 傾邪 <四解上 15b>
　　　　　b. 陂 : 웅덩이 피 蓄水爲陂 <字會上 3a>

<1470> 웅덩이 對 澤障

고유어 '웅덩이'와 한자어 '澤障'이 [陂] 즉 '웅덩이'의 뜻을 가지고 동의 관계에 있다는 것은 다음 예문들에서 잘 확인된다. '陂'가 한자어 '澤障'을 뜻한다. 그리고 '陂'의 자석이 '웅덩이'이다. 따라서 '웅덩이'와 '澤障'의 동의성은 명백히 입증된다.

  (1470) a. 陂 : …澤障也 <四解上 15a>
     b. 陂 : 웅덩이 피 蓄水爲陂 <字會上 3a>

<1471> 위안 對 苑有垣

 고유어 '위안'과 한자어 '苑有垣'이 [園] 즉 '동산, 울타리를 치고 화훼와 채소와 과일을 가꾸는 곳'의 뜻을 가지고 동의 관계에 있다는 것은 다음 예문들에서 잘 확인된다. '園'이 한자어 '苑有垣'을 뜻한다. 그리고 '園'의 자석이 '위안'이다. 따라서 '위안'과 '苑有垣'의 동의성은 명백히 입증된다.

  (1471) a. 園 : 苑有垣 又菜園 <四解下 12a>
     b. 園 : 위안 원 種果爲園 俗稱果園 <字會上 3b>

<1472> 유무 對 명함

 고유어 '유무'와 한자어 '명함'(名銜)이 [名]과 [名銜] 즉 '명함'의 뜻을 가지고 동의 관계에 있다는 것은 다음 예문들에서 잘 확인된다. 원문 중 '通名'이 '유무 드리다'로 번역되고 '令人名銜'이 '명함 드리다'로 번역된다. '유무 드리다'로 번역되는 '乃通名'의 주석과 부연 설명에서 '乃通名'에 해당되는 것이 '명함 드리고'로 번역되는 '乃令人名銜'이다. 따라서 '유무'와 '명함'의 동의성은 명백히 입증된다.

  (1472) a. 유무 드리라(乃通名爲羅) <呂約 20b>
     b. 사롬으로 유무 드리고(使人通名爲古) <呂約 21b>

  (1472) c. 명함 드리고(乃命展剌 : 乃令人名銜) <呂約 20b>
     d. 다 명함 드리고(具門狀 : 今從使用名銜) <呂約 19b>
     e. 벼슬 업슨 사롬은 명함 드리고(無官具名紙) <呂約 19b>

<1473> 율믜 對 薏苡

 고유어 '율믜'와 한자어 '薏苡'가 [薏]와 [苡] 즉 '율무'의 뜻을 가지고 동의 관계에 있다는 것은 다음 예문들에서 잘 확인된다. '薏'가 한자어 '薏苡'를 뜻하고 '薏'의 자석이 '율믜'이다. '苡'가 한자어 '薏苡'를 뜻한다. 그리고 '苡'의 자석이 '율믜'이고 고유어 '율믜'는 한자어 '薏苡'와 동의 관계에 있다. 따라서 '율믜'와 '薏苡'의 동의성은 명백히 입증된다.

(1473) a. 薏 : 薏苡 <四解上 20b>
　　　 b. 薏 : 율믜 의 <字會上 7a>

(1473) c. 苡 : 薏苡 <四解上 22a>
　　　 d. 苡 : 율믜 이 薏苡 <字會上 7a>

<1474> 읏듬 對 莖幹

고유어 '읏듬'과 한자어 '莖幹'이 [幹] 즉 '줄기'의 뜻을 가지고 동의 관계에 있다는 것은 다음 예문들에서 잘 확인된다. '幹'이 한자어 '莖幹'을 뜻한다. 그리고 '幹'의 자석이 '읏듬'이다. 따라서 '읏듬'과 '莖幹'의 동의성은 명백히 입증된다.

(1474) a. 幹 : 莖幹 <四解上 71a>
　　　 b. 幹 : 읏듬 간 木身 <字會下 2a>

<1475> 읏듬 對 根本

고유어 '읏듬'과 한자어 '根本'이 [本] 즉 '근본'의 뜻을 가지고 동의 관계에 있다는 것은 다음 예문들에서 잘 확인된다. 원문 중 '爲本'이 '읏드믈 삼다'로 번역된다. 그리고 '本'이 한자어 '根本'을 뜻한다. 따라서 '읏듬'과 '根本'의 동의성은 명백히 입증된다.

(1475) a. 글 비호믈 지셩으로 읏드믈 사마(其學이 以至誠으로 爲本ᄒ야) <번小十 27a>
　　　 b. 本 : …根本 <四解上 64a>

<1476> 읏듬 對 근원

고유어 '읏듬'과 한자어 '근원'(根源) 이 [本] 즉 '근원, 근본'의 뜻을 가지고 동의 관계에 있다는 것은 다음 예문들에서 잘 확인된다. 원문 중 '爲本'이 '읏듬을 삼다'로 번역되고 '爲主本'이 '읏듬 근원을 삼다'로 번역되므로 '읏듬'과 '근원'의 동의성은 명백히 입증된다.

(1476) a. ᄆᆞᅀᆞ믈 조케 ᄒᆞ며 속졀업슨 이를 젹게 호모로 읏듬을 사ᄆᆞᆯ 거시니라(要以淸心省事로 爲本이니라) <번小七 27a>

b. 風俗을 졍히 ᄒᆞ며 어딘 사ᄅᆞᆷ 어두모로 읏듬을 사몰디니(以正風俗得賢才로 爲本ㅣ니) <번小九 12a>

c. 지셩으로 읏드믈 사마(以至誠으로 爲本ᄒᆞ야) <번小十 27a>

d. ᄆᆞᅀᆞᆷ 다ᄉᆞ리며 본셩 길우믈 읏듬으로 ᄒᆞ더니(卽以治心養性으로 爲本ᄒᆞ더니) <번小十 23a>

(1476) e. 읏듬 근원을 삼올디니라(爲主本이니라) <번小六 34a>

f. 禮節이 ᄀᆞᄅᆞ치ᄂᆞᆫ 믿 근원이며(禮爲敎本이며) <번小八 27a>

g. 다 믿 근원을 갑폴 이를 알어늘(皆知報本이어늘) <번小七 6b>

<1477> 읏듬 對 木身

고유어 '읏듬'과 한자어 '木身'이 [幹] 즉 '줄기, 나무의 줄기'의 뜻을 가지고 동의 관계에 있다는 것은 다음 예문들에서 잘 확인된다. '幹'의 자석이 '읏듬'이고 고유어 '읏듬'은 한자어 '木身'과 동의 관계에 있다. 따라서 '읏듬'과 '木身'의 동의성은 명백히 입증된다.

(1477) a. 幹 : 莖幹 <四解上 71a>

b. 幹 : 읏듬 간 木身 <字會下 2a>

<1478> 읏듬 對 木入土

고유어 '읏듬'과 한자어 '木入土'가 [株] 즉 '그루, 나무의 줄기 밑둥'의 뜻을 가지고 동의 관계에 있다는 것은 다음 예문들에서 잘 확인된다. '株'가 한자어 '木入土'를 뜻한다. 그리고 '株'의 자석이 '읏듬'이다. 따라서 '읏듬'과 '木入土'의 동의성은 명백히 입증된다.

(1478) a. 株 : 木入土曰根 在土上曰株 <四解上 32a>

b. 株 : 읏듬 듀 木之出土曰株 <字會下 2a>

<1479> 이랑 對 田疇

고유어 '이랑'과 한자어 '田疇'가 [疇] 즉 '밭두둑, 밭의 경계를 이룬 두둑'의 뜻을 가지고 동의 관계에 있다는 것은 다음 예문들에서 잘 확인된다. '疇'가 한자어 '田疇'를 뜻한다. 그리고 '疇'의 자석이 '이랑'이다. 따라서 '이랑'과 '田疇'의 동의성은 명백히 입증된다.

(1479) a. 疇 : 田疇 <四解下 69b>

b. 疇 : 이랑 듀 <字會上 4a>

<1480> 이랑 對 田畝

고유어 '이랑'과 한자어 '田畝'가 [畝] 즉 '이랑'의 뜻을 가지고 동의 관계에 있다는 것은 다음 예문들에서 잘 확인된다. '畝'가 한자어 '田畝'를 뜻한다. 그리고 '畝'의 자석이 '이랑'이다. 따라서 '이랑'과 '田畝'의 동의성은 명백히 입증된다.

    (1480) a. 畝 : 田畝 <四解上 38b> <四解下 66a>
        b. 畝 : 이랑 모 <字會上 4a>

<1481> 이랑 對 菜田

고유어 '이랑'과 한자어 '菜田'이 [畦] 즉 '채마밭'의 뜻을 가지고 동의 관계에 있다는 것은 다음 예문들에서 잘 확인된다. '畦'가 한자어 '菜田'을 뜻한다. 그리고 '畦'의 자석이 '이랑'이고 고유어 '이랑'은 한자어 '菜田'과 동의 관계에 있다. 따라서 '이랑'와 '菜田'의 동의성은 명백히 입증된다.

    (1481) a. 畦 : …今俗謂菜田曰菜畦 <四解上 27b>
        b. 畦 : 이랑 규 俗指菜田曰菜畦 <字會上 4a>

<1482> 이바디 對 筵席

고유어 '이바디'와 한자어 '筵席'이 [筵席]과 [宴] 즉 '잔치'의 뜻을 가지고 동의 관계에 있다는 것은 다음 예문들에서 잘 확인된다. 원문 중 '今日筵席'이 '오늜 이바디'로 번역된다. '宴'이 한자어 '筵席'을 뜻한다. 그리고 '宴'의 자석이 '이바디'이다. 따라서 '이다비'와 '筵席'의 동의성은 명백히 입증된다.

    (1482) a. 우리 오늜 이바디예 언맛 수를 머거뇨(咱們今日筵席 喫了多少酒) <번老下 39a>

    (1482) b. 筵 : 鋪陳曰筵 <四解下 7b>
        c. 筵 : 돗 연 俗謂宴曰筵席 <字會中 6b>

    (1482) d. 宴 : …同下 <四解下 7a>
        e. 醼 : 合飮 <四解下 7a>
        f. 宴 : 이바디 연 亦作醼 <字會下 5b>

<1483> 이바디 對 合飮

고유어 '이바디'와 한자어 '合飮'이 [宴]과 [燕] 즉 '잔치'의 뜻을 가지고 동의 관계에 있다는 것은 다음 예문들에서 잘 확인된다. 원문 중 '宴集'이 '이바디 회집ᄒ다'로 번역되고 '燕集'이 '이바디예 몯다'로 번역된다. '宴'과 '燕'이 한자어 '合飮'을 뜻한다. 그리고 '宴'과 '燕'의 자석이 '이바디'이다. 따라서 '이바디'와 '合飮'의 동의성은 명백히 입증된다. 고유어 '이바디'는 동작동사 '이받다'의 어간 '이받-'과 명사 형성 접미사 '-이'의 결합으로 생긴 파생명사이다.

(1483) a. 또 서르 조차 이바디 회집ᄒ야(又相從宴集ᄒ야) <번小七 16a>

　　　 b. 믈읫 이바디예 모다 처섬 안조매(凡燕集初坐厓) <呂約 24b>

　　　 c. 풍류며 이바디며 바독 쟝긔 됴ᄒ 구경 도인 거세(於…聲伎遊宴ᄋ로 以至博奕奇玩애) <번小 十 23a>

(1483) d. 宴 : …同下 <四解下 7a>

　　　 e. 醼 : 合飮 <四解下 7a>

　　　 f. 燕 : 同上 <四解下 7a>

　　　 g. 宴 : 이바디 연 亦作醼 通作燕 <字會下 5b>

<1484> 이삭 對 禾穗

고유어 '이삭'과 한자어 '禾穗'가 [穎] 즉 '이삭, 벼 이삭'의 뜻을 가지고 동의 관계에 있다는 것은 다음 예문들에서 잘 확인된다. '穎'이 한자어 '禾穗'를 뜻한다. 그리고 '穎'의 자석이 '이삭'이다. 따라서 '이삭'과 '禾穗'의 동의성은 명백히 입증된다.

(1484) a. 穎 : 禾穗 <四解下 56a>

　　　 b. 穎 : 이삭 영 禾末 <字會下 2b>

<1485> 이삭 對 禾穎

고유어 '이삭'과 한자어 '禾穎'이 [穗] 즉 '이삭, 벼 이삭'의 뜻을 가지고 동의 관계에 있다는 것은 다음 예문들에서 잘 확인된다. '穗'가 한자어 '禾穎'을 뜻한다. 그리고 '穗'의 자석이 '이삭'이다. 따라서 '이삭'과 '禾穎'의 동의성은 명백히 입증된다.

(1485) a. 穗 : 禾成秀兒 又禾穎 <四解上 52a>

　　　 b. 穗 : 이삭 슈 禾已成秀者 <字會下 2b>

<1486> 이스랏 對 櫻桃

고유어 '이스랏'과 한자어 '櫻桃'가 [櫻桃]와 [櫻] 즉 '앵두, 앵두나무의 열매'의 뜻을 가지고 동의 관계에 있다는 것은 다음 예문들에서 잘 확인된다. 원문 중 '杏兒櫻桃'가 '솔고와 이스랏'으로 번역된다. '櫻'이 한자어 '櫻桃'를 뜻한다. 그리고 '櫻'의 자석이 '이스랏'이고 고유어 '이스랏'은 한자어 '櫻桃'와 동의 관계에 있다. 따라서 '이스랏'과 '櫻桃'의 동의성은 명백히 입증된다.

(1486) a. 솔고와 이스랏과 여러 가짓 셩흔 과시롤(杏兒櫻桃諸般鮮果) <번朴上 5b>
　　　b. 이스랏 솔고(櫻桃 杏子) <번朴上 4b>

(1486) c. 櫻 : 今俗呼櫻桃 <四解下 55a>
　　　d. 櫻 : 이스랏 잉 卽櫻桃 一名含桃 <字會上 6a>

<1487> 익더귀 對 兎鶻

고유어 '익더귀'와 한자어 '兎鶻'이 [兎鶻] 즉 '익더기, 새매의 암컷'의 뜻을 가지고 동의 관계에 있다는 것은 다음 예문들에서 잘 확인된다. '鶻'의 자석이 '매'이고 한자어 '兎鶻'이 고유어 '익더귀'와 동의 관계에 있다. 따라서 '익더귀'와 '兎鶻'의 동의성은 명백히 입증된다.

(1487) a. 鶻 : 鷹屬 <四解上 67a>
　　　b. 鶻 : 매 골 兎鶻 익더귀 <字會上 8b>

<1488> 인절미 對 餈餻

고유어 '인절미'와 한자어 '餈餻'가 [餈] 즉 '인절미'의 뜻을 가지고 동의 관계에 있다는 것은 다음 예문들에서 잘 확인된다. '餈'가 한자어 '餈餻'를 뜻하고 '餈餻'는 고유어 '인절미'와 동의 관계에 있다. 따라서 '인절미'와 '餈餻'의 동의성은 명백히 입증된다.

(1488) a. 餈 : 飯餅 今俗呼餈餻 인절미 <四解上 13a>
　　　b. 餈 : 츠떡 즈 <字會中 10b>

<1489> 일훔 對 명리

고유어 '일훔'과 한자어 '명리'(名利) 가 [名] 즉 '이름'의 뜻을 가지고 동의 관계에 있다는 것은 『번역소학』의 다음 예문들에서 잘 확인된다. 원문 중 '壞名'이 '일후믈 흐야브리다'로 번역되고 '名勢'가 '명

리며 유셔'로 번역되므로 '일훔'과 '명리'의 동의성은 명백히 입증된다.

(1489) a. 일후믈 ᄒᆞ야ᄇᆞ리며 모믈 해ᄒᆞ며(壞名災己ᄒᆞ며) <번小六 17b>
    b. 머리 움치고 명리며 유셔를 피ᄒᆞ라(縮首避名勢ᄒᆞ라) <번小六 27a>

<1490> 일훔 對 명셩

고유어 '일훔'과 한자어 '명셩'(名聲)이 [名聲] 즉 '명성, 이름과 소리'의 뜻을 가지고 동의 관계에 있다는 것은 다음 예문들에서 잘 확인된다. 원문 중 '聞名聲'이 '일후믈 듣다'로 번역된다. 그리고 '父母的名聲'이 '부못 명셩'으로 번역되고 '法名聲'이 '법령과 명셩'으로 번역된다. 따라서 '일훔'과 '명셩'의 동의성은 명백히 입증된다.

(1490) a. 天子ㅣ 일후믈 듣디 몯ᄒᆞ신다라(天子ㅣ 不聞名聲이라) <번小九 98b>

(1490) b. 부못 명셩을 더러이면(父母的名聲辱磨了時) <번老下 48a>
    c. 내 조샹 명셩을 ᄒᆞ야ᄇᆞ리디 말오(自己祖上的名聲休壞了) <번老下 48a>
    d. 家庭엣 법령과 명셩이 됴ᄒᆞ며ㅣ(家法名聲好來) <번老下 48a>

<1491> 일훔 對 名字

고유어 '일훔'과 한자어 '名字'가 [名字]와 [名] 즉 '이름'의 뜻을 가지고 동의 관계에 있다는 것은 다음 예문들에서 잘 확인된다. 원문 중 '朋友們的名字'가 '벋들히 일훔'으로 번역된다. '슈名'이 '어딘 일훔'으로 번역된다. 그리고 '名'의 자석이 '일훔'이고 고유어 '일훔'은 한자어 '名字'와 동의 관계에 있다. 따라서 '일훔'과 '名字'의 동의성은 명백히 입증된다.

(1491) a. 모든 벋들히 일후믈(衆朋友們的名字) <번朴上 25a>
    b. 어딘 일후미 ᄀᆞᆺ 업더니(슈名이 無窮焉ᄒᆞ더니) <번小八 4b>
    c. 주희의 일후믈 듣고(聞朱熹名) <二倫 48a>
    d. 만리예 일후믈 옴골디니라(萬里要傳名) <번老上 44a>
    e. 쥬의 일후믈 블로ᄃᆡ 보혜라 ᄒᆞᄂᆞ니(法名喚步虛) <번朴上 74b>

(1491) f. 名 : 號也 <四解下 51b>
    g. 名 : 일훔 명 俗稱名字 <字會上 17a>

<1492> 일훔 對 名號

고유어 '일훔'과 한자어 '名號'가 [號]와 [名] 즉 '이름, 名號'의 뜻을 가지고 동의 관계에 있다는 것은 다음 예문들에서 잘 확인된다. 원문 중 '官號'가 '벼슬 일훔'으로 번역된다. '號'가 한자어 '名號'를 뜻하고 '號'의 자석이 '일훔'이다. 그리고 '名'이 한자 '號'와 同義이고 '名'의 자석이 '일훔'이다. 따라서 '일훔'과 '名號'의 동의성은 명백히 입증된다.

(1492) a. 벼슬 일훔 마초고(對官號) <번朴上 12b>

(1492) b. 號 : … 名號 <四解下 22b>
c. 號 : 일훔 호 <字會上 17b>

(1492) d. 名 : 號也 <四解下 51b>
e. 名 : 일훔 명 俗稱名字 <字會上 17b>

<1493> 일히 對 狼狽

고유어 '일히'와 한자어 '狼狽'가 [狽]와 [狼] 즉 '이리'의 뜻을 가지고 동의 관계에 있다는 것은 다음 예문들에서 잘 확인된다. '狽'가 한자어 '狼狽'를 뜻한다. 그리고 '狼'의 자석이 '일히'이다. 따라서 '일히'와 '狼狽'의 동의성은 명백히 입증된다.

(1493) a. 狽 : 狼狽 <四解上 50a>

(1493) b. 狼 : 獸名 <四解下 40a>
c. 狼 : 일히 랑 <字會上 10a>

<1494> 입 對 문

고유어 '입'과 한자어 '문'(門) 이 [戶] 즉 '지게문'의 뜻을 가지고 동의 관계에 있다는 것은 다음 예문들에서 잘 확인된다. 원문 중 '戶開'가 '무니 열다'로 번역되고 '入戶'가 '무늬 들다'로 번역된다. 그리고 '戶'의 자석이 '입'이다. 따라서 '입'과 '문'의 동의성은 명백히 입증된다.

(1494) a. 무니 여렛거든 또 여러 두며 무니 다닷거든 또 다도딕(戶開어든 亦開ᄒ며 戶闔이어든 亦闔호딕) <번小四 12a>
b. 쟝촛 무늬 들 저긔(將入戶홀신) <번小四 12a>
c. 무늬 드러 문허리예 ᄀᆞ로디른 남ᄀᆞᆯ 받드드시 ᄒ며(入戶奉扃ᄒ며) <번小四 12a>

(1494) d. 戶 : 半門 又內日戶 外日門 <四解上 41b>

e. 戶 : 입 호 在內爲戶 在外爲門 <字會中 3b>

<1495> 입 對 半門

고유어 '입'과 한자어 '半門'이 [戶] 즉 '지게문, 외짝문'의 뜻을 가지고 동의 관계에 있다는 것은 다음 예문들에서 잘 확인된다. '戶'가 한자어 '半門'을 뜻한다. 그리고 '戶'의 자석이 '입'이다. 따라서 '입'과 '半門'의 동의성은 명백히 입증된다.

(1495) a. 戶 : 半門 又內日戶 外日門 <四解上 41b>

b. 戶 : 입 호 在內爲戶 在外爲門 <字會中 3b>

<1496> 잇 對 水衣

고유어 '잇'과 한자어 '水衣'가 [苔] 즉 '이끼'의 뜻을 가지고 동의 관계에 있다는 것은 다음 예문들에서 잘 확인된다. '苔'가 한자어 '水衣'를 뜻한다. 그리고 '苔'의 자석이 '잇'이다. 따라서 '잇'과 '水衣'의 동의성은 명백히 입증된다.

(1496) a. 苔 : 水衣 <四解上 43a>

b. 苔 : 잇 틱 <字會上 4b>

<1497> 잇 對 苔蘚

고유어 '잇'과 한자어 '苔蘚'이 [蘚] 즉 '이끼'의 뜻을 가지고 동의 관계에 있다는 것은 다음 예문들에서 잘 확인된다. '蘚'이 한자어 '苔蘚'을 뜻한다. 그리고 '蘚'의 자석이 '잇'이다. 따라서 '잇'과 '苔蘚'의 동의성은 명백히 입증된다.

(1497) a. 蘚 : 苔蘚 <四解下 5a>

b. 蘚 : 잇 견 <字會上 4b>

<1498> 잉아 對 綜線

고유어 '잉아'와 한자어 '綜線'이 [綜線]과 [綜] 즉 '잉아'의 뜻을 가지고 동의 관계에 있다는 것은 다음 예문들에서 잘 확인된다. '綜'이 한자어 '綜線'을 뜻하고 '綜線'은 고유어 '잉아'와 동의 관계에 있다. 그리고 '綜'의 자석이 '잉아'이고 고유어 '잉아'는 한자어 '綜線'과 동의 관계에 있다. 따라서 '잉아'와 '綜

線'의 동의성은 명백히 입증된다.

(1498) a. 綜 : 機縷持經令得開合 今俗呼綜線 잉아 <四解上 4b>

b. 綜 : 잉아 종 俗呼綜線 <字會中 9a>

<1499> 자재 對 蚇蠖

고유어 '자재'와 한자어 '蚇蠖'이 [蠖]과 [蚇] 즉 '자벌레'의 뜻을 가지고 동의 관계에 있다는 것은 다음 예문들에서 잘 확인된다. '蠖'의 자석이 '자재'이고 고유어 '자재'는 한자어 '蚇蠖'과 동의 관계에 있다. 그리고 '蚇'이 '蚇蠖'를 뜻하고 '蚇'의 자석이 '자재'이다. 따라서 '자재'와 '蚇蠖'의 동의성은 명백히 입증된다.

(1499) a. 蠖 : 蚇蠖虫 자재 <四解下 46b>

b. 蠖 : 자재 확 蚇蠖 一名步屈 <字會上 11a>

(1499) c. 蚇 : 蚇蠖 <四解下 53b>

d. 蚇 : 자재 척 <字會上 11a>

<1500> 자최 對 步處

고유어 '자최'와 한자어 '步處'가 [迹]과 [跡] 즉 '자취, 발자취'의 뜻을 가지고 동의 관계에 있다는 것은 다음 예문들에서 잘 확인된다. 원문 중 '無迹'이 '자최 없다'로 번역된다. 그리고 '迹'이 한자어 '步處'를 뜻하고 '跡'의 자석이 '자최'이다. 따라서 '자최'와 '步處'의 동의성은 명백히 입증된다. 한자 '迹'과 '跡'은 同字이다.

(1500) a. 밧긧 거슬 조차 딕답호미 자최 업스니라(應物無迹ᄒᆞ니라) <번小八 9a>

(1500) b. 迹 : 步處 <四解下 52a>

c. 跡 : 자최 젹 亦作迹 <字會下 11a>

<1501> 자최 對 蹤跡

고유어 '자최'와 한자어 '蹤跡'이 [蹤跡], [蹤], [跡] 및 [迹] 즉 '자취, 발자취'의 뜻을 가지고 동의 관계에 있다는 것은 다음 예문들에서 잘 확인된다. 원문 중 '斂蹤跡'이 '자최를 갇다'로 번역된다. '蹤'이 한자어 '蹤跡'을 뜻하고 '蹤'의 자석이 '자최'이다. 그리고 원문 중 '無迹'이 '자최 없다'로 번역되고 '跡'의 자석이 '자최'이다. 따라서 '자최'와 '蹤跡'의 동의성은 명백히 입증된다.

(1501) a. 門 닫고 자최를 가다(閉門斂蹤跡ᄒ야) <번小六 27a>

　　　b. 밧긧 거슬 조차 되답호미 자최 업스니라(應物無迹ᄒ니라) <번小八 9a>

(1501) c. 蹤 : 蹤跡 <四解上 7b>

　　　d. 蹤 : 자최 죵 <字會下 11a>

(1501) e. 迹 : 步處 <四解下 52a>

　　　f. 迹 : 자최 젹 亦作迹蹟 <字會下 11a>

<1502> 잣 對 城

고유어 '잣'과 한자어 '城'이 [城] 즉 '성, 도시를 둘러싼 울타리'의 뜻을 가지고 동의 관계에 있다는 것은 다음 예문들에서 잘 확인된다. 원문 중 '入城'이 '자새 들다'로 번역되고 '城裏'가 '잣 안ᄒ'으로 번역된다. '城中'이 '城 안ᄒ'으로 번역되고 '攻城'이 '성을 티다'로 번역된다. 그리고 '城'의 자석이 '잣'이다. 따라서 '잣'과 '城'의 동의성은 명백히 입증된다.

(1502) a. ᄀ장 졈글어ᅀᅡ 자새 드러 오시리라(盡晩入城來) <번朴上 65a>

　　　b. 小人이 遼東 잣 안해셔 사노니(小人在遼東城裏住) <번老上 48a>

　　　c. 우리 둘흔 자새 가 즉재 오리라(我兩箇到城裏去便來) <번老上 71a>

(1502) d. 城 안해셔 블나 제 지비 니어 븓거늘(城中失火 延及其家) <속三孝 18a>

　　　e. 도ᄌ기 성을 티거늘(賊攻城) <속三忠 2a>

　　　f. 忠이 셩으로 너머 나다가(忠縋城出) <속三忠 3a>

　　　g. 셩 우희셔 브르지지디 말며(城上不呼ᄒ며) <번小四 11a>

　　　h. 龐公이 일즉 셩 안히며 마술애 드러가디 아니ᄒ고(龐公이 未嘗入城府ᄒ고) <번小九 91a>

(1502) i. 城 : 城郭 <四解下 54a>

　　　j. 城 : 잣 셩 俗稱城子 <字會中 5a>

<1503> 잣 對 城郭

고유어 '잣'과 한자어 '城郭'이 [城]과 [郭] 즉 '성곽, 內城과 外城 전부'의 뜻을 가지고 동의 관계에 있다는 것은 다음 예문들에서 잘 확인된다. '城'과 '郭'이 한자어 '城郭'을 뜻한다. 그리고 '城'의 자석이

'잣'이다. 따라서 '잣'과 '城郭'의 동의성은 명백히 입증된다.

   (1503) a. 城 : 城郭 <四解下 54a>
       b. 城 : 잣 셩 俗稱城子 <字會中 5a>

   (1503) c. 郭 : 城郭 <四解下 45b>
       d. 郭 : 밧잣 곽 <字會中 5a>

<1504> 잣 對 松子

   고유어 '잣'과 한자어 '松子'가 [松子] 즉 '잣, 잣나무의 열매'의 뜻을 가지고 동의 관계에 있다는 것은
다음 예문들에서 잘 확인된다. 원문 중 '松子'가 '잣'으로 번역된다. 그리고 '松'의 자석이 '솔'이고 '잣나
모'가 한자어 '果松'을 뜻하고 '果松'의 '子' 즉 '씨'가 '松子'이다. 따라서 '잣'과 '松子'의 동의성은 명백히
입증된다.

   (1504) a. 잣 사탕(松子 粆糖) <번老下 38b>
       b. 잣 ᄆᆞᄅᆞᆫ 보도(松子 乾葡萄) <번朴上 4a>

   (1504) c. 松 : …松木 <四解上 8a>
       d. 松 : 솔 숑…又呼잣나모曰果松 子曰松子 <字會東中本上 11a>

<1505> 재 對 山坡

   고유어 '재'와 한자어 '山坡'가 [嶺] 즉 '재'의 뜻을 가지고 동의 관계에 있다는 것은 다음 예문들에서
잘 확인된다. '嶺'이 한자어 '山坡'를 뜻한다. 그리고 '嶺'의 자석이 '재'이다. 따라서 '재'와 '山坡'의 동의
성은 명백히 입증된다.

   (1505) a. 嶺 : 山坡 <四解下 57a>
       b. 嶺 : 재 령 <字會上 2a>

<1506> 쟈개 對 砑螺

   고유어 '자개'와 한자어 '砑螺'가 [砑螺] 즉 '紫貝의 異名, 껍데기에는 자색 바탕에 아름다운 淡色의
무늬가 있는 것'의 뜻을 가지고 동의 관계에 있다는 것은 다음 예문들에서 잘 확인된다. 한자어 '砑螺'
가 고유어 '쟈개'와 동의 관계에 있다. 따라서 '쟈개'와 '砑螺'의 동의성은 명백히 입증된다.

(1506) a. 螺 : …紫貝斑者曰砑螺 쟈개 <四解下 27b>

　　　b. 螺 : 골왕이 라 <字會上 12a>

<1507> 쟈개 對 海肥

　　고유어 '쟈개'와 한자어 '海肥'가 [肥] 즉 '자개'의 뜻을 가지고 동의 관계에 있다는 것은 다음 예문들에서 잘 확인된다. '肥'가 한자어 '海肥'를 뜻하고 '海肥'는 고유어 '쟈개'와 동의 관계에 있다. '肥'의 자석이 '쟈개'이고 고유어 '쟈개'는 한자어 '海肥'와 동의 관계에 있다. 그리고 '貝'의 자석이 '쟈개'이다. 따라서 '쟈개'와 '海肥'의 동의성은 명백히 입증된다.

　　　(1507) a. 肌 : 螺屬 今俗呼海肥 쟈개 <四解下 29a>

　　　　　　b. 肌 : 쟈개 파 俗呼海肥 亦作肌 <字會上 10b>

　　　(1507) c. 貝 : …海中介虫 <四解上 50a>

　　　　　　d. 貝 : 쟈개 패 即肥子曰海肌 <字會中 15a>

<1508> 쟈개얌 對 胳腋

　　고유어 '쟈개얌'과 한자어 '胳腋'이 [胳]과 [腋] 즉 '겨드랑이'의 뜻을 가지고 동의 관계에 있다는 것은 다음 예문들에서 잘 확인된다. '胳'이 한자어 '胳腋'을 뜻하고 '胳'의 자석이 '쟈개얌'이다. 그리고 '腋'의 자석이 '쟈개얌'이다. 따라서 '쟈개얌'과 '胳腋'의 동의성은 명백히 입증된다.

　　　(1508) a. 胳 : 胳腋 <四解下 34a>

　　　　　　b. 胳 : 쟈개얌 각 <字會上 13a>

　　　(1508) c. 腋 : 肘腋 <四解下 56a>

　　　　　　d. 腋 : 쟈개얌 익 <字會上 13a>

<1509> 쟈래 對 大鼈

　　고유어 '쟈래'와 한자어 '大鼈'이 [鼇] 즉 '큰 자라'의 뜻을 가지고 동의 관계에 있다는 것은 다음 예문들에서 잘 확인된다. '鼇'이 한자어 '大鼈'을 뜻한다. 그리고 '鼇'의 자석이 '쟈래'이다. 따라서 '쟈래'와 '大鼈'의 동의성은 명백히 입증된다.

　　　(1509) a. 鼇 : 大鼈 <四解下 12b>

b. 黿 : 쟈래 원 <字會上 10b>

<1510> 쟈래 對 王八

고유어 '쟈래'와 한자어 '王八'이 [鼈]과 [鱉] 즉 '자라'의 뜻을 가지고 동의 관계에 있다는 것은 다음 예문들에서 잘 확인된다. 원문 중 '蟹鱉'이 '게 쟈래'로 번역된다. 그리고 '鼈'의 자석이 '쟈래'이고 고유 어 '쟈래'는 한자어 '王八'과 동의 관계에 있다. 따라서 '쟈래'와 '王八'의 동의성은 명백히 입증된다. 한 자 '鼈'과 '鱉'은 同字이다.

(1510) a. 거유 올히 사유 게 쟈래와(鵝鴨蝦蟹鱉) <瘡疹 63b>

(1510) b. 鼈 : 甲虫 呼甲曰團板 <四解下 3a>
　　　 c. 鼈 : 쟈래 별 俗呼王八 又呼團魚 <字會上 10b>

<1511> 쟈리군 對 商陸

고유어 '쟈리군'과 한자어 '商陸'이 [莧] 즉 '자리공, 商陸'의 뜻을 가지고 동의 관계에 있다는 것은 다 음 예문들에서 잘 확인된다. '莧'이 한자어 '商陸'을 뜻하고 '商陸'은 고유어 '쟈리군'과 동의 관계에 있 다. 따라서 '쟈리군'과 '商陸'의 동의성은 명백히 입증된다.

(1511) a. 莧 : 商陸 易莧陸 쟈리군 <四解下 7b>
　　　 b. 莧 : 비름 현 俗呼莧菜 <字會上 7b>

<1512> 쟈르 對 口袋

고유어 '쟈르'와 한자어 '口袋'가 [袋] 즉 '자루'의 뜻을 가지고 동의 관계에 있다는 것은 다음 예문들 에서 잘 확인된다. '袋'의 자석이 '쟈르'이고 고유어 '쟈르'는 한자어 '口袋'와 동의 관계에 있다. 따라서 '쟈르'와 '口袋'의 동의성은 명백히 입증된다.

(1512) a. 袋 : 囊也 <四解上 43b>
　　　 b. 袋 : 쟈르 딕 俗呼口袋 <字會中 7b>

<1513> 쟈실 對 帷幕

고유어 '쟈실'과 한자어 '帷幕'이 [幕] 즉 '막, 천막'의 뜻을 가지고 동의 관계에 있다는 것은 다음 예문들에서 잘 확인된다. '幕'이 한자어 '帷幕'을 뜻한다. 그리고 '幕'의 자석이 '쟈실'이다. 따라서 '쟈실'과 '帷幕'의 동의성은 명백히 입증된다.

(1513) a. 幕: 帷幕 <四解下 37a>
　　　 b. 幕: 쟈실 막 在上曰幕 <字會中 7b>

그리고 '쟈실'의 先代形은 『三綱行實圖』(1481) 의 '가줄비건댄 져비 遮日에 삿기 치둧 ᄒ니(譬如燕巢于幕)' <三강孝 15b>에서 발견되는 '遮日'이다. '遮日'은 '幕'의 번역이고 漢字音은 '쟈싫'이다.

<1514> 쟈실 對 帷幄

고유어 '쟈실'과 한자어 '帷幄'이 [幄] 즉 '장막'의 뜻을 가지고 동의 관계에 있다는 것은 다음 예문들에서 잘 확인된다. '幄'이 한자어 '帷幄'을 뜻한다. 그리고 '幄'의 자석이 '쟈실'이다. 따라서 '쟈실'과 '帷幄'의 동의성은 명백히 입증된다.

(1514) a. 幄: 帷幄 <四解下 44a>
　　　 b. 幄: 쟈실 악 上下四方悉周曰幄 <字會中 7b>

<1515> 쟉도 對 鍘刀

고유어 '쟉도'와 한자어 '鍘刀'가 [鍘] 즉 '작도, 여물 등을 가늘게 자르는 器具'의 뜻을 가지고 동의 관계에 있다는 것은 다음 예문들에서 잘 확인된다. '鍘'의 자석이 '쟉도'이고 고유어 '쟉도'는 한자어 '鍘刀'와 동의 관계에 있다. 따라서 '쟉도'와 '鍘刀'의 동의성은 명백히 입증된다.

(1515) a. 鍘: 切草 <四解上 79a>
　　　 b. 鍘: 쟉도 찰 俗呼鍘刀 <字會中 8b>

<1516> 쟉도 對 剗刀

고유어 '쟉도'와 한자어 '剗刀'가 [剗刀]와 [剗] 즉 '작두, 풀을 자르는 칼'의 뜻을 가지고 동의 관계에 있다는 것은 다음 예문들에서 잘 확인된다. 원문 중 '這剗刀'가 '이 쟉도'로 번역되고 '快剗刀'가 '드는 쟉도'로 번역된다. 그리고 '剗'이 한자어 '剗刀'를 뜻하고 '剗刀'는 고유어 '쟉도'와 동의 관계에 있다. 따라서 '쟉도'와 '剗刀'의 동의성은 명백히 입증된다.

(1516) a. 이 쟉되 드디 아니ᄒᆞᄂᆞ다(這刀不快) <번老上 19a>

b. 이 쟉도는 이 우리 아ᅀᅢ믹 짓 거시니(這刀是我親眷家的) <번老上 19a>

c. 다ᄅᆞᆫ 듸 드는 쟉도 ᄒᆞ나 비러 오고려(別處快刀借一箇來) <번老上 19a>

(1516) d. 鍘 : 切草刀 今俗呼鍘刀 쟉도 <四解上 79a>

<1517> 쟉벼리 對 水渚有石處

고유어 '쟉벼리'와 한자어 '水渚有石處'가 [磧] 즉 '서덜, 냇가나 강가의 돌이 많은 곳'의 뜻을 가지고 동의 관계에 있다는 것은 다음 예문들에서 잘 확인된다. '磧'이 한자어 '水渚有石處'를 뜻한다. 그리고 '磧'의 자석이 '쟉벼리'이다. 따라서 '쟉벼리'와 '水渚有石處'의 동의성은 명백히 입증된다.

(1517) a. 磧 : …水渚有石處 <四解下 52a>

b. 磧 : 쟉벼리 젹 水渚有石 <字會上 2b>

<1518> 쟘방이 對 犢鼻褌

고유어 '쟘방이'와 한자어 '犢鼻褌'이 [褌] 즉 '쟘방이, 가랑이가 짧은 홑고의'의 뜻을 가지고 동의 관계에 있다는 것은 다음 예문들에서 잘 확인된다. '褌'이 한자어 '犢鼻褌'을 뜻하고 '犢鼻褌'은 고유어 '쟘방이'와 동의 관계에 있다. 따라서 '쟘방이'와 '犢鼻褌'의 동의성은 명백히 입증된다.

(1518) a. 褌 : 衣 <四解上 62b>

b. 褌 : 고의 군 短者 犢鼻褌 쟘방이 一名窮袴 <字會中 11b>

<1519> 쟝 對 庋閣

고유어 '쟝'과 한자어 '庋閣'이 [庋] 즉 '시렁, 주로 음식물을 올려 놓는 시렁'의 뜻을 가지고 동의 관계에 있다는 것은 다음 예문들에서 잘 확인된다. '庋'가 한자어 '庋閣'을 뜻하고 '庋閣'은 '閣藏食物'이다. 그리고 '庋'의 자석이 '쟝'이다. 따라서 '쟝'과 '庋閣'의 동의성은 명백히 입증된다.

(1519) a. 閣 : 閣藏食物曰庋閣 <四解上 23b>

b. 庋 : 쟝 기 所以藏食 <字會中 6a>

<1520> 쟝군목 對 關戶之木

고유어 '쟝군목'과 한자어 '關戶之木'이 [扃] 즉 '빗장, 문빗장'의 뜻을 가지고 동의 관계에 있다는 것은 다음 예문들에서 잘 확인된다. '扃'이 한자어 '關戶之木'을 뜻한다. 그리고 '扃'의 자석이 '쟝군목'이다. 따라서 '쟝군목'과 '關戶之木'의 동의성은 명백히 입증된다.

    (1520) a. 扃 : …又關戶之木…又車前橫木 <四解下 63a>
          b. 扃 : 쟝군목 경 <字會中 4a>

<1521> 쟝군목 對 門櫳

고유어 '쟝군목'과 한자어 '門櫳'이 [櫳] 즉 '빗장'의 뜻을 가지고 동의 관계에 있다는 것은 다음 예문들에서 잘 확인된다. '櫳'의 자석이 '쟝군목'이고 고유어 '쟝군목'은 한자어 '門櫳'과 동의 관계에 있다. 따라서 '쟝군목'과 '門櫳'의 동의성은 명백히 입증된다.

    (1521) a. 櫳 : 關門機木 <四解上 81a>
          b. 櫳 : 쟝군목 솬 俗稱門櫳 即關也 <字會中 4a>

<1522> 쟝군목 對 扊扂

고유어 '쟝군목'과 한자어 '扊扂'가 [扂]와 [扊] 즉 '빗장, 문빗장'의 뜻을 가지고 동의 관계에 있다는 것은 다음 예문들에서 잘 확인된다. '扂'가 한자어 '扊扂'를 뜻한다. '扂'의 자석이 '쟝군목'이고 고유어 '쟝군목'은 한자어 '扊扂'와 동의 관계에 있다. 그리고 '扊'이 한자어 '扊扂'를 뜻하고 '扊'의 자석이 '쟝군목'이다. 따라서 '쟝군목'과 '扊扂'의 동의성은 명백히 입증된다.

    (1522) a. 扂 : 扊扂 門關 <四解上 21b>
          b. 扂 : 쟝군목 이 扊扂 卽戶扃 <字會中 4b>

    (1522) c. 扊 : 扊扂 戶牡 <四解下 85b>
          d. 扊 : 쟝군목 염 <字會中 4b>

<1523> 쟝긔 對 象棊

고유어 '쟝긔'와 한자어 '象棊'가 [象棊]와 [棊] 즉 '장기'의 뜻을 가지고 동의 관계에 있다는 것은 다음 예문들에서 잘 확인된다. 원문 중 '象棊'가 '쟝긔'로 번역된다. 그리고 '棊'의 자석이 '쟝긔'이고 고유어 '쟝긔'는 한자어 '象棊'와 동의 관계에 있다. 따라서 '쟝긔'와 '象棊'의 동의성은 명백히 입증된다.

    (1523) a. 쟝긔 열 부(象棊十副) <번老下 68b>

(1523) b. 棊 : 奕子 <四解上 14a>

　　　c. 棊 : …又 쟝긔 曰 象棊 <字會中 9b>

<1524> 쟝긔 對 圍碁

　고유어 '쟝긔'와 한자어 '圍碁'가 [弈] 즉 '쟝기'의 뜻을 가지고 동의 관계에 있다는 것은 다음 예문들에서 잘 확인된다. '弈'이 한자어 '圍碁'를 뜻한다. 그리고 '弈'의 자석이 '쟝긔'이고 고유어 '쟝긔'는 한자어 '圍棊'와 동의 관계에 있다. 따라서 '쟝긔'와 '圍碁'의 동의성은 명백히 입증된다. 한자 '棊'와 '碁'는 同字이다.

　　(1524) a. 弈 : 圍碁 <四解下 56b>

　　　　b. 弈 : 쟝긔 혁 一云圍棊 <字會中 9b>

<1525> 쟝셕 對 瘟疾

　고유어 '쟝셕'과 한자어 '瘟疾'이 [瘟] 즉 '염병, 유행병'의 뜻을 가지고 동의 관계에 있다는 것은 다음 예문들에서 잘 확인된다. '瘟'의 자석이 '쟝셕'이고 고유어 '쟝셕'은 한자어 '瘟疾'과 동의 관계에 있다. 따라서 '쟝셕'과 '瘟疾'의 동의성은 명백히 입증된다.

　　(1525) a. 瘟 : 疫也 <四解上 66b>

　　　　b. 瘟 : 쟝셕 온 俗稱瘟疾 <字會中 16b>

<1526> 쟝셕 對 疾疫

　고유어 '쟝셕'과 한자어 '疾疫'이 [疫]과 [瘟] 즉 '염병, 전염병'의 뜻을 가지고 동의 관계에 있다는 것은 다음 예문들에서 잘 확인된다. '疫'이 한자어 '疾疫'을 뜻하고 '疫'의 자석이 '쟝셕'이다. 그리고 '瘟'이 한자 '疫'과 同義이고 '瘟'의 자석이 '쟝셕'이다. 따라서 '쟝셕'과 '疾疫'의 동의성은 명백히 입증된다.

　　(1526) a. 疫 : 疾疫 <四解下 63b>

　　　　b. 疫 : 쟝셕 역 <字會中 16b>

　　(1526) c. 瘟 : 疫也 <四解上 66b>

　　　　d. 瘟 : 쟝셕 온 俗稱瘟疾 <字會中 16b>

<1527> 쟝즈 對 脚鐺

고유어 '쟝ᄌ'와 한자어 '脚鐺'이 [鐺] 즉 '솥, 발 있는 노구솥'의 뜻을 가지고 동의 관계에 있다는 것은 다음 예문들에서 잘 확인된다. '鐺'의 자석이 '쟝ᄌ'이고 고유어 '쟝ᄌ'는 한자어 '脚鐺'과 동의 관계에 있다. 따라서 '쟝ᄌ'와 '脚鐺'의 동의성은 명백히 입증된다.

(1527) a. 鐺 : 三足溫器 쟝ᄌ <四解下 61a>
　　　 b. 鐺 : 쟝ᄌ 팅 俗呼脚鐺 <字會中 6b>

<1528> 쟝ᄌ 對 三足溫器

고유어 '쟝ᄌ'와 한자어 '三足溫器'가 [鐺] 즉 '세 발 달린 솥'의 뜻을 가지고 동의 관계에 있다는 것은 다음 예문들에서 잘 확인된다. '鐺'이 한자어 '三足溫器'를 뜻하고 '三足溫器'는 고유어 '쟝ᄌ'와 동의 관계에 있다. 그리고 '鐺'의 자석이 '쟝ᄌ'이다. 따라서 '쟝ᄌ'와 '三足溫器'의 동의성은 명백히 입증된다.

(1528) a. 鐺 : 三足溫器 쟝ᄌ <四解下 61a>
　　　 b. 鐺 : 쟝ᄌ 팅 俗呼脚鐺 <字會中 6b>

<1529> 저울 對 秤子

고유어 '저울'과 한자어 '秤子'가 [秤] 즉 '저울'의 뜻을 가지고 동의 관계에 있다는 것은 다음 예문들에서 잘 확인된다. 원문 중 '秤鉤子'가 '저우렛 갈궁쇠'로 번역된다. 그리고 '秤'의 자석이 '저울'이고 고유어 '저울'은 한자어 '秤子'와 동의 관계에 있다. 따라서 '저울'과 '秤子'의 동의성은 명백히 입증된다.

(1529) a. 저우렛 갈궁쇠 다 잇다(秤鉤子都有) <번老下 69b>
　　　 b. 이는 저울(這箇是秤) <번朴上 42a>

(1529) c. 秤 : 衡也 <四解下 53b>
　　　 d. 秤 : 저울 칭…俗呼秤子 <字會中 6b>

<1530> 저울 對 衡子

고유어 '저울'과 한자어 '衡子'가 [衡]과 [秤] 즉 '저울'의 뜻을 가지고 동의 관계에 있다는 것은 다음 예문들에서 잘 확인된다. '衡'이 한자어 '衡子'를 뜻하고 '衡子'는 고유어 '저울'과 동의 관계에 있다. 그리고 '秤'이 한자 '衡'과 同義이고 '秤'의 자석이 '저울'이다. 따라서 '저울'과 '衡子'의 동의성은 명백히 입증된다.

　　(1530) a. 衡：…今俗語 衡子 저울 <四解下 55b>
　　　　　 b. 衡：저울대 형 俗呼秤子 <字會中 6b>

　　(1530) c. 秤：衡也 <四解下 53b>
　　　　　 d. 秤：저울 칭 <字會上 6b>

<1531> 적 對 시졀

　　고유어 '적'과 한자어 '시졀'(時節) 이 [時節]과 [時] 즉 '적, 시졀'의 뜻을 가지고 동의 관계에 있다는 것
은 다음 예문들에서 잘 확인된다. 원문 중 '活時節'이 '사라신 적'으로 번역되고 '來時節'이 '올 적'으로
번역된다. '去時節'이 '갈 시졀'로 번역되고 '好時節'이 '됴흔 시졀'로 번역된다. 그리고 '爲…時'가 '흐여
실 적'으로 번역되고 '失時'가 '시졀 잃다'로 번역된다. 따라서 '적'과 '시졀'의 동의성은 명백히 입증된
다.

　　(1531) a. 사라신 저긔(活時節) <번老下 42a>
　　　　　 b. 이 솜이 네 올 저긔 저저 잇다가(這蔘你來時節有些濕) <번老下 58b>
　　　　　 c. 부뫼 사라 겨신 저긔(父母在生時) <번老下 48a>
　　　　　 d. 范文正公이 參知政事ㅅ 벼슬 흐여실 저긔(范文正公이 爲參知政事時예) <번小七 47b>
　　　　　 e. 공순도 몯홀 저기 잇다 흐니(悌有不時) <번小三 46a>

　　(1531) f. 힝혀 유여히 갈 시져리면(若能勾去時節) <번老上 45a>
　　　　　 g. 이 봄 二三月 됴흔 시져를 맛나니(逢着這春二三月好時節) <번朴上 10a>
　　　　　 h. 혼인호믈 시졀 일티 아니홈과 엇더뇨 흐더라(何如嫁不失時오 흐더라) <번小九 104a>
　　　　　 i. 나히 시졀과 다뭇 드라며(年與時馳흐며) <번小六 17a>

　　그리고 '時'가 '시졀'로 번역된다는 것은 다음 예문들에서 잘 확인된다. 원문 중 '趨時'가 '시졀을 좇
다'로 번역된다.

　　(1531) j. 넷재는 벼슬 나솨홈과 시졀을 조차 유셔흔 듸 브터 흐기를 니르디말며(四는 不言仕進官職趨
　　　　　　　時附勢ㅣ오) <번小八 21b>
　　　　　 k. 그 시졀 사룸이 어디리 너겨 슬허(時人이 義而哀之흐야) <번小九 72a>

<1532> 적 對 鹺液

고유어 '적'과 한자어 '鹺液'이 [鹻] 즉 '소금기'의 뜻을 가지고 동의 관계에 있다는 것은 다음 예문들에서 잘 확인된다. '鹻'의 자석이 '적'이고 고유어 '적'은 한자어 '鹺液'과 동의 관계에 있다. 따라서 '적'과 '鹺液'의 동의성은 명백히 입증된다.

(1532) a. 鹻：鹹也 <四解下 80a>
b. 鹻：적 겸 鹺液 <字會中 11a>

<1533> 절 對 首至地

고유어 '절'과 한자어 '首至地'가 [拜] 즉 '절'의 뜻을 가지고 동의 관계에 있다는 것은 다음 예문들에서 잘 확인된다. 원문 중 '許納拜'가 '절을 받게 ᄒ다'로 번역된다. 그리고 '拜'가 한자어 '首至地'를 뜻하고 '拜'의 자석이 '절'이다. 따라서 '절'과 '首至地'의 동의성은 명백히 입증된다.

(1533) a. 다 저을 받게 ᄒ고(皆許納拜ᄒ고) <번小十 12b>
b. 절 아니ᄒ고 읍만 ᄒ더라(未嘗拜ᄒ고 揖之ᄒ더라) <번小九 38a>

(1533) c. 拜：首至地 <四解上 43b>
d. 拜：절 비 <字會下 11b>

<1534> 젋 對 脚手病

고유어 '젋'과 한자어 '脚手病'이 [癱] 즉 '手足病'의 뜻을 가지고 동의 관계에 있다는 것은 다음 예문들에서 잘 확인된다. '癱'가 한자어 '脚手病'을 뜻한다. 그리고 '癱'의 자석이 '젋'이다. 따라서 '젋'과 '脚手病'의 동의성은 명백히 입증된다.

(1534) a. 癱：脚手病 저다 <四解下 33b>
b. 癱：젋 가 俗稱癱子 <字會中 16b>

<1535> 젓 對 魚鮓

고유어 '젓'과 한자어 '魚鮓'가 [鮓] 즉 '젓'의 뜻을 가지고 동의 관계에 있다는 것은 다음 예문들에서 잘 확인된다. 원문 중 '脯鮓'가 '보육과 젓'으로 번역된다. '鮓'가 한자어 '魚鮓'를 뜻하고 '魚鮓'는 고유어 '젓'과 동의 관계에 있다. 그리고 '鮓'의 자석이 '젓'이고 고유어 '젓'은 한자어 '魚鮓'와 동의 관계에 있다.

따라서 '젓'과 '魚鮓'의 동의성은 명백히 입증된다.

(1535) a. 아롭뎌 밧고로 술진 고기와 보육과 젓과를 어드라 ᄒᆞ야(私令外로 取肥肉脯鮓ᄒᆞ야) <번小七 14b>

(1535) b. 鮓 : 以塩不釀魚爲葅 今俗語魚鮓 젓 <四解下 29b>

c. 鮓 : 젓 자 俗呼魚鮓 <字會中 10b>

<1536> 젓 對 肉醬

고유어 '젓'과 한자어 '肉醬'이 [醢] 즉 '젓갈, 쇠고기 장조림'의 뜻을 가지고 동의 관계에 있다는 것은 다음 예문들에서 잘 확인된다. 원문 중 '脯醢'가 '포육과 젓'으로 번역된다. '醢'가 한자어 '肉醬'을 뜻하고 '肉醬'은 고유어 '젓'과 동의 관계에 있다. 그리고 '醢'의 자석이 '젓'이고 고유어 '젓'은 한자어 '肉醬'과 동의 관계에 있다. 따라서 '젓'와 '肉醬'의 동의성은 명백히 입증된다.

(1536) a. 안쥬를 포육과 젓과 ᄂᆞ믈호로 혼 깅과 쓴ᄒᆞ고(肴止脯醢菜羹ᄒᆞ며) <번小十 32b>

(1536) b. 醢 : 肉醬也 塩漬肉…젓 <四解上 45b>

c. 醢 : 젓 히 肉醬 <字會中 10b>

<1537> 젓나모 對 檜松

고유어 '젓나모'와 한자어 '檜松'이 [檜] 즉 '노송나무'의 뜻을 가지고 동의 관계에 있다는 것은 다음 예문들에서 잘 확인된다. '檜'가 한자어 '檜松'을 뜻한다. 그리고 '檜'의 자석이 '젓나모'이고 고유어 '젓나모'는 한자어 '檜松'과 동의 관계에 있다. 따라서 '젓나모'와 '檜松'의 동의성은 명백히 입증된다.

(1537) a. 檜 : …今俗呼檜松 <四解上 48a>

b. 檜 : 젓나모 회 俗呼檜松 <字會上 5b>

<1538> 져 對 快子

고유어 '져'와 한자어 '快子'가 [快子]와 [筯] 즉 '젓가락'의 뜻을 가지고 동의 관계에 있다는 것은 다음 예문들에서 잘 확인된다. 한자어 '快子'가 한자 '筯'와 同義이고 고유어 '져'와 동의 관계에 있다. 그리고 '筯'의 자석이 '져'이다. 따라서 '져'와 '快子'의 동의성은 명백히 입증된다.

(1538) a. 快 : … 又今俗呼筯曰快子 져 <四解上 47b>

(1538) b. 筯 : 梜也 匙筯 <四解上 33a>

c. 筯(6a) : 져 뎌 <字會中 6b>

<1539> 져비 對 燕子

고유어 '져비'와 한자어 '燕子'가 [鳦] 즉 '제비'의 뜻을 가지고 동의 관계에 있다는 것은 다음 예문들에서 잘 확인된다. '鳦'의 자석이 '져비'이고 고유어 '져비'는 한자어 '燕子'와 동의 관계에 있다. 따라서 '져비'와 '燕子'의 동의성은 명백히 입증된다.

(1539) a. 鳦 : 燕也 <四解上 60b>

b. 鳦 : 져비 을 又音軋 俗又呼燕子 <字會上 9a>

<1540> 져비 對 玄鳥

고유어 '져비'와 한자어 '玄鳥'가 [鷰] 즉 '제비, 玄鳥'의 뜻을 가지고 동의 관계에 있다는 것은 다음 예문에서 잘 확인된다. '鷰'이 한자어 '玄鳥'를 뜻한다. 그리고 '鷰'의 자석이 '져비'이다. 따라서 '져비'와 '玄鳥'의 동의성은 명백히 입증된다.

(1540) a. 鷰 : 玄鳥 <四解下 7a>

b. 鷰 : 져비 연 俗呼拙燕 <字會上 9a>

<1541> 뎜제 對 店

고유어 '뎜제'와 한자어 '店'이 [店] 즉 '가게, 물건을 파는 곳'의 뜻을 가지고 동의 관계에 있다는 것은 다음 예문들에서 잘 확인된다. 원문 중 '就店裏尋你'가 '店에 너 춪다'로 번역된다. '這店'이 '이 뎜'으로 번역되고 '別箇店'이 '다른 뎜'으로 번역된다. 그리고 '店'의 자석이 '뎜제'이다. 따라서 '뎜제'와 '店'의 동의성은 명백히 입증된다.

(1541) a. 릭실 店에 너 춫자 가셔(明日就店裏尋你去) <번老下 7a>

b. 네 이 뎜에 콩딥 다 잇ᄂᆞ가 업슨가(你這店裏草料都有阿沒) <번老上 17b>

c. 다른 뎜에 의론ᄒᆞ야 보라 가듸여(別箇店裏試商量去) <번老上 18b>

d. 어느 뎜에 가료(那箇店裏去) <번老上 31a>

e. 조흔 뎜 글히여 브려셔(尋箇好乾淨店裏下去來) <번老上 17a>

(1541) f. 店 : 置貨鬻物舍 <字會中 4b>

g. 店 : 져제 뎜 停商鬻貨之舍 <字會中 4b>

<1542> 져제 對 埠頭

고유어 '져제'와 한자어 '埠頭'가 [埠] 즉 '船艙, 배를 대는 바닷가, 부두'의 뜻을 가지고 동의 관계에 있다는 것은 다음 예문들에서 잘 확인된다. '埠'가 한자어 '埠頭'를 뜻한다. 그리고 '埠'의 자석이 '져제'이고 고유어 '져제'는 한자어 '埠頭'와 동의 관계에 있다. 따라서 '져제'와 '埠頭'의 동의성은 명백히 입증된다.

(1542) a. 埠 : …今俗謂津頭 立市處曰埠頭 <四解上 38a>

b. 埠 : 져제 부 津頭互市處 俗呼埠頭 <字會中 5a>

<1543> 져제 對 市舍

고유어 '져제'와 한자어 '市舍'가 [廛] 즉 '가게, 상점'의 뜻을 가지고 동의 관계에 있다는 것은 다음 예문들에서 잘 확인된다. '廛'이 한자어 '市舍'를 뜻한다. 그리고 '廛'의 자석이 '져제'이다. 따라서 '져제'와 '市舍'의 동의성은 명백히 입증된다.

(1543) a. 廛 : …又市舍曰廛 <四解下 6a>

b. 廛 : 져제 뎐 市中虛地 <字會中 5a>

<1544> 져제 對 市肆

고유어 '져제'와 한자어 '市肆'가 [行] 즉 '가게, 상점'의 뜻을 가지고 동의 관계에 있다는 것은 다음 예문들에서 잘 확인된다. '行'이 한저어 '市肆'를 뜻한다. 그리고 '行'의 자석이 '져제'이다. 따라서 '져제'와 '市肆'의 동의성은 명백히 입증된다.

(1544) a. 行 : …今俗謂市肆曰行 <四解下 39b>

b. 行 : 져제 항 <字會中 5a>

<1545> 져제 對 置貨鬻物舍

고유어 '져제'와 한자어 '置貨鬻物舍'가 [店] 즉 '가게, 물건을 하는 곳'의 뜻을 가지고 동의 관계에 있다는 것은 다음 예문들에서 잘 확인된다. '店'이 한자어 '置貨鬻物舍'를 뜻한다. 그리고 '店'의 자석이 '져제'이다. 따라서 '져제'와 '置貨鬻物舍'의 동의성은 명백히 입증된다.

> (1545) a. 店 : 置貨鬻物舍 <四解下 82a>
> b. 店 : 져제 뎜 停商鬻貨之舍 <字會中 4b>

<1546> 져제 對 行市

고유어 '져제'와 한자어 '行市'가 [市]와 [行] 즉 '저자, 市場'의 뜻을 가지고 동의 관계에 있다는 것은 다음 예문들에서 잘 확인된다. 원문 중 '市童'이 '져젯 아히들ㅎ'로 번역된다. 그리고 '市'의 자석이 '져제'이고 고유어 '져제'는 한자어 '行市'와 동의 관계에 있다. 그리고 '行'의 자석이 '져제'이다. 따라서 '져제'와 '行市'의 동의성은 명백히 입증된다.

> (1546) a. 비록 져젯 아히들히 과ᄒᆞ여 ᄒᆞ나(雖得市童憐이나) <번小六 26a>
> b. 져제 가매 마ᄌᆞᆷ ᄀᆞ티 너기고(若撻于市ᄒᆞ고) <번小八 3a>
> c. 수를 져제 가 사고(酒沽於市ᄒᆞ며) <번小十 32a>

> (1546) d. 市 : 買賣所之 又買也… <四解上 20a>
> e. 市 : 져제 시 俗呼行市 <字會中 5a>

> (1546) f. 行 : …今俗謂市肆曰行 <四解下 39b>
> g. 行 : 져제 항 <字會中 5a>

<1547> 져제 對 鋪行

고유어 '져제'와 한자어 '鋪行'이 [鋪] 즉 '民間의 商店'의 뜻을 가지고 동의 관계에 있다는 것은 다음 예문들에서 잘 확인된다. '鋪'가 고유어 '져제'를 뜻하고 '져제'는 한자어 '鋪行'과 동의 관계에 있다. 따라서 '져제'와 '鋪行'의 동의성은 명백히 입증된다.

> (1547) a. 鋪 : …又賈肆也 <四解上 38a>
> b. 鋪 : …又져제曰鋪行 <字會中 5b>

<1548> 져제 對 푸

고유어 '져제'와 한자어 '푸'(鋪) 가 [鋪] 즉 '가게, 점포'의 뜻을 가지고 동의 관계에 있다는 것은 다음 예문들에서 잘 확인된다. 원문 중 '鋪裏 …去來'가 '푸에…가다'로 번역된다. 그리고 '鋪'가 고유어 '져 제'를 뜻한다. 따라서 '져제'와 '푸'의 동의성은 명백히 입증된다.

(1548) a. 우리 푸에 혜아리라 가져(咱們鋪裏商量去來) <번老下 24a>
   b. 내 오놀 인즈푸에 볼모 드리고 쳔 내라 가노라(我今日印子鋪裏償錢去) <번朴上 19b>

(1548) c. 鋪 : …又賈肆也 <四解上 38a>
   d. 鋪 : …又져제曰鋪行 鋪家 <字會中 5b>

<1549> 젹 對 塩味

고유어 '젹'과 한자어 '塩味'가 [鹻]과 [鹹] 즉 '소금기, 짠맛'의 뜻을 가지고 동의 관계에 있다는 것은 다음 예문들에서 잘 확인된다. '鹻'이 한자 '鹹'과 同義이고 '鹹'은 한자어 '塩味'를 뜻한다. 그리고 '鹻'의 자석이 '젹'이다. 따라서 '젹'과 '塩味'의 동의성은 명백히 입증된다.

(1549) a. 鹻 : 鹹也 鹵也 <四解下 80a>
   b. 鹻 : 젹 겸 鹻液 <字會中 11a>

(1549) c. 鹹 : 塩味 <四解下 80b>
   d. 鹹 : 뿔 함 <字會下 6b>

<1550> 젹 對 鹻液

고유어 '젹'과 한자어 '鹻液'이 [鹻] 즉 '소금기'의 뜻을 가지고 동의 관계에 있다는 것은 다음 예문들 에서 잘 확인된다. '鹻'의 자석이 '젹'이고 고유어 '젹'은 한자어 '鹻液'과 동의 관계에 있다. 따라서 '젹'과 '鹻液'의 동의성은 명백히 입증된다.

(1550) a. 鹻 : 鹹也 鹵也 <四解下 80a>
   b. 鹻 : 젹 겸 鹻液 <字會中 11a>

(1550) c. 鹺 : 塩也 <四解下 26a>
   d. 鹺 : 소곰 자 <字會中 11a>

<1551> 젹삼 對 小襦

고유어 '젹삼'과 한자어 '小襦'가 [衫]과 [衫兒] 즉 '젹삼, 윗도리에 입는 홑옷'의 뜻을 가지고 동의 관계에 있다는 것은 다음 예문들에서 잘 확인된다. 원문 중 '布衫'이 '뵈젹삼'으로 번역되고 '衫兒'가 '젹삼'으로 번역된다. 그리고 '衫'이 한자어 '小襦'를 뜻하고 '衫'의 자석이 '젹삼'이다. 따라서 '젹삼'과 '小襦'의 동의성은 명백히 입증된다.

(1551) a. ᄀ장 ᄀᄂ 모시 뵈젹삼애(好極細的毛施布布衫) <번老下 50a>
  b. 젹삼 고의(衫兒 袴兒) <번朴上 26b>

(1551) c. 衫 : 小襦 <四解下 78b>
  d. 衫 : 젹삼 삼 <字中 11b>

<1552> 젼 對 푸

고유어 '젼'과 한자어 '푸'(鋪) 가 [鋪]와 [鋪兒] 즉 '가게, 점포'의 뜻을 가지고 동의 관계에 있다는 것은 다음 예문들에서 잘 확인된다. 원문 중 '鋪家'가 '젼 사ᄅᆷ'으로 번역되고 '雜貨鋪兒'가 '잡효근것젼'으로 번역된다. 그리고 '鋪裏…去'가 '푸에…가다'로 번역되고 '印子鋪裏…去'가 '인ᄌ푸에…가다'로 번역된다. 따라서 '젼'과 '푸'의 동의성은 명백히 입증된다.

(1552) a. 젼 사ᄅᆷ 여러흘 ᄃ려 오라(引着幾箇鋪家來) <번老下 56a>
  b. 븍녁 고래 거리 향ᄒᆞ야 잡효근것젼 나ᄂ 디 곧 긔라(北巷裏向街開雜貨鋪兒便是) <번老上 48b>
  c. 그 샹자리젼이 네 하가(那雜貨鋪兒是你的那) <번老上 48b>

(1552) d. 우리 푸에 혜아리라 가져(咱們鋪裏商量去來) <번老下 24a>
  e. 내 오늘 인ᄌ푸에 볼모 드리고 쳔 내라 가노라(我今日印子鋪裏償錢去) <번朴上 19b>

<1553> 젼국 對 豆豉

고유어 '젼국'과 한자어 '豆豉'가 [豉] 즉 '메주'의 뜻을 가지고 동의 관계에 있다는 것은 다음 예문들에서 잘 확인된다. '豉'의 자석이 '젼국'이고 고유어 '젼국'은 한자어 '豆豉'와 동의 관계에 있다. 따라서 '젼국'과 '豆豉'의 동의성은 명백히 입증된다.

(1553) a. 豉 : 塩豆 <四解上 20a>
  b. 豉 : 젼국 시 俗呼豆豉 <字會中 10b>

<1554> 젼술 對 醱醅

고유어 '젼술'과 한자어 '醱醅'가 [醱]과 [醅] 즉 '거르지 않은 술, 전내기'의 뜻을 가지고 동의 관계에 있다는 것은 다음 예문들에서 잘 확인된다. '醱'이 한자어 '醱醅'를 뜻하고 '醱'의 자석이 '젼술'이다. 그리고 '醅'의 자석이 '젼술'이고 고유어 '젼술'은 한자어 '醱醅'와 동의 관계에 있다. 따라서 '젼술'과 '醱醅'의 동의성은 명백히 입증된다.

(1554) a. 醱 : 醱醅 酘酒 <四解上 74a>
b. 醱 : 젼술 발 <字會中 10b>

(1554) c. 醅 : 酒未漉 <四解上 50a>
d. 醅 : 젼술 비(10b) … 酒未漉曰醱醅 <字會中 11a>

<1555> 젼술 對 酒未漉

고유어 '젼술'과 한자어 '酒未漉'이 [醅] 즉 '거르지 않은 술, 전내기'의 뜻을 가지고 동의 관계에 있다는 것은 다음 예문들에서 잘 확인된다. '醅'가 한자어 '酒未漉'을 뜻한다. 그리고 '醅'의 자석이 '젼술'이고 고유어 '젼술'은 한자어 '酒未漉'과 동의 관계에 있다. 따라서 '젼술'과 '酒未漉'의 동의성은 명백히 입증된다.

(1555) a. 醅 : 酒未漉 <四解上 50a>
b. 醅 : 젼술 비(10b) … 酒未漉曰醱醅 <字會中 11a>

<1556> 졈불 對 韂泥/障泥

고유어 '졈불'과 한자어 '韂泥/障泥'가 [韂] 즉 '말다래, 말의 배 양쪽에 늘어뜨리어 놓은 물건'의 뜻을 가지고 동의 관계에 있다는 것은 다음 예문들에서 잘 확인된다. '韂'이 한자어 '韂泥'를 뜻한다. 그리고 '韂'의 자석이 '졈불'이고 고유어 '졈불'은 한자어 '障泥'와 동의 관계에 있다. 따라서 '졈불'과 '韂泥/障泥'의 동의성은 명백히 입증된다. 한자 '韂'과 '障'은 通字이다.

(1556) a. 韂 : 韂泥 鞍飾 通作障 <四解下 42b>
b. 韂 : 졈불 쟝 障泥 <字會中 13b>

<1557> 졉동새 對 杜鵑

고유어 '졉동새'와 한자어 '杜鵑'이 [鵑] 즉 '졉동새, 두견이'의 뜻을 가지고 동의 관계에 있다는 것은 다음 예문들에서 잘 확인된다. '鵑'이 한자어 '杜鵑'을 뜻하고 '杜鵑'은 고유어 '졉동새'와 동의 관계에 있다. 그리고 '鵑'의 자석이 '졉동새'이고 고유어 '졉동새'는 한자어 '杜鵑'과 동의 관계에 있다. 따라서 '졉동새'와 '杜鵑'의 동의성은 명백히 입증된다.

> (1557) a. 鵑 : 杜鵑 졉동새 <四解下 8b>
> b. 鵑 : 졉동새 견 俗呼杜鵑 <字會上 9b>

<1558> 졉동새 對 子雟

고유어 '졉동새'와 한자어 '子雟'가 [雟] 즉 '두견새'의 뜻을 가지고 동의 관계에 있다는 것은 다음 예문들에서 잘 확인된다. '雟'가 한자어 '子雟'를 뜻한다. 그리고 '雟'의 자석이 '졉동새'이고 고유어 '졉동새'는 한자어 '子雟'와 동의 관계에 있다. 따라서 '졉동새'와 '子雟'의 동의성은 명백히 입증된다.

> (1558) a. 雟 : 子雟 鳥名 <四解上 47b>
> b. 雟 : 졉동새 규 俗呼子雟 <字會上 9b>

<1559> 졋 對 嬭子

고유어 '졋'과 한자어 '嬭子'가 [嬭]와 [乳] 즉 '졎'의 뜻을 가지고 동의 관계에 있다는 것은 다음 예문들에서 잘 확인된다. '嬭'의 자석이 '졋'이고 고유어 '졋'은 한자어 '嬭子'와 동의 관계에 있다. 그리고 '乳'의 자석이 '졋'이다. 따라서 '졋'과 '嬭子'의 동의성은 명백히 입증된다.

> (1559) a. 嬭 : …乳也 <四解上 43b>
> b. 嬭 : 졋 내 俗呼嬭子 <字會上 14a>

> (1559) c. 乳 : 湩也 <四解上 35b>
> d. 乳 : 졋 슈 <字會上 14a>

<1560> 조 對 穀子

고유어 '조'와 한자어 '穀子'가 [粟] 즉 '조'의 뜻을 가지고 동의 관계에 있다는 것은 다음 예문들에서 잘 확인된다. '粟'이 한자어 '穀子'를 뜻한다. 그리고 '粟'의 자석이 '조'이고 고유어 '조'는 한자어 '穀子'와 동의 관계에 있다. 따라서 '조'와 '穀子'의 동의성은 명백히 입증된다.

(1560) a. 粟 : 今俗呼穀子 <四解上 8a>
b. 粟 : 조 속 俗呼穀子 <字會上 7a>

<1561> 조각 對 幾微

고유어 '조각'과 한자어 '幾微'가 [幾] 즉 '기미, 기틀'의 뜻을 가지고 동의 관계에 있다는 것은 다음 예문들에서 잘 확인된다. 원문 중 '知幾'가 '조각을 알다'로 번역된다. 그리고 '幾'가 한자어 '幾微'를 뜻한다. 따라서 '조각'과 '幾微'의 동의성은 명백히 입증된다.

(1561) a. 어딘 사ᄅᆞ믄 조각을 아라(哲人知幾ᄒᆞ야) <번小八 11b>
b. 幾 : …幾微 <四解上 23b>

<1562> 조것 對 僞物

고유어 '조것'과 한자어 '僞物'이 [贗] 즉 '위조품'의 뜻을 가지고 동의 관계에 있다는 것은 다음 예문들에서 잘 확인된다. '贗'이 한자어 '僞物'을 뜻한다. '贗'이 한자어 '僞物'을 뜻하고 '僞物'은 고유어 '조것'과 동의 관계에 있다. 따라서 '조것'과 '僞物'의 동의성은 명백히 입증된다.

(1562) a. 贗 : 僞物 <四解上 80a>
b. 贗 : 거즛 안 僞物 조것 <字會下 9b>

<1563> 조긔 對 石首魚

고유어 '조긔'와 한자어 '石首魚'가 [鯼] 즉 '조기'의 뜻을 가지고 동의 관계에 있다는 것은 다음 예문들에서 잘 확인된다. '鯼'이 한자어 '石首'를 뜻한다. 그리고 '鯼'의 자석이 '조긔'이고 고유어 '조긔'는 한자어 '石首魚'와 동의 관계에 있다. 따라서 '조긔'와 '石首魚'의 동의성은 명백히 입증된다.

(1563) a. 鯼 : 石首 魚名 <四解上 4b>
b. 鯼 : 조긔 종 俗呼石首魚 <字會上 11a>

<1564> 조방이 對 小薊

고유어 '조방이'와 한자어 '小薊'가 [薊] 즉 '조뱅이'의 뜻을 가지고 동의 관계에 있다는 것은 다음 예문들에서 잘 확인된다. 한자어 '小薊'가 고유어 '조방이'와 동의 관계에 있다. 그리고 '薊'의 자석이 '조방이'이고 고유어 '조방이'는 한자어 '小薊'와 동의 관계에 있다. 따라서 '조방이'와 '小薊'의 동의성은 명백히 입증된다.

(1564) a. 薊 : 草名 大薊 항것괴 小薊 조방이 <四解上 23b>
b. 薊 : 조방이 계 卽小薊 <字會上 4b>

<1565> 조싀 對 葶薺

고유어 '조싀'와 한자어 '葶薺'가 [葶]과 [薺] 즉 '올방개'의 뜻을 가지고 동의 관계에 있다는 것은 다음 예문들에서 잘 확인된다. '葶'이 한자어 '葶薺'를 뜻하고 '葶薺'는 고유어 '조싀'와 동의 관계에 있다. 그리고 '薺'가 한자어 '葶薺'를 뜻하고 '葶薺'는 고유어 '조싀'와 동의 관계에 있다. 따라서 '조싀'와 '葶薺'의 동의성은 명백히 입증된다.

(1565) a. 葶 : 葶薺 藥草 조싀 <四解上 64b>
b. 薺 : 葶薺 조싀 <四解上 27a>

<1566> 조오롬 對 睡眠

고유어 '조오롬'과 한자어 '睡眠'이 [睡]와 [眠] 즉 '조름, 잠'의 뜻을 가지고 동의 관계에 있다는 것은 다음 예문들에서 잘 확인된다. '睡'가 한자어 '睡眠'을 뜻한다. 그리고 '眠'의 자석이 '조오롬'이다. 따라서 '조오롬'과 '睡眠'의 동의성은 명백히 입증된다.

(1566) a. 睡 : 坐眠 今俗睡眠 <四解上 53a>
b. 睡 : 잘 수 <字會上 15b>

(1566) c. 眠 : 翕目 <四解下 4a>
d. 眠 : 조오롬 <字會上 15b>

<1567> 조오롬 對 翕目

고유어 '조오롬'과 한자어 '翕目'이 [眠] 즉 '졸음'의 뜻을 가지고 동의 관계에 있다는 것은 다음 예문들에서 잘 확인된다. '眠'이 한자어 '翕目'을 뜻하고 '眠'의 자석이 '조오롬'이다. 따라서 '조오롬'과 '翕目'의 동의성은 명백히 입증된다.

(1567) a. 眠 : 翕目 <四解下 4a>
b. 眠 : 조오롬 면 <字會上 15b>

<1568> 족 對 蓼藍

고유어 '족'과 한자어 '蓼藍'이 [藍] 즉 '쪽, 청색'의 뜻을 가지고 동의 관계에 있다는 것은 다음 예문들에서 잘 확인된다. '藍'이 한자어 '蓼藍'을 뜻하고 '蓼藍'은 고유어 '족'과 동의 관계에 있다. 그리고 '藍'의 자석이 '족'이고 고유어 '족'은 한자어 '蓼藍'과 동의 관계에 있다. 따라서 '족'과 '蓼藍'의 동의성은 명백히 입증된다.

(1568) a. 藍 : 染靑 草名 蓼藍 족 <四解下 79b>
    b. 藍 : 족 남 俗呼小藍 方書云蓼藍 <字會上 5a>

<1569> 족 對 小藍

고유어 '족'과 한자어 '小藍'이 [藍] 즉 '쪽, 남색'의 뜻을 가지고 동의 관계에 있다는 것은 다음 예문들에서 잘 확인된다. '藍'이 고유어 '족'을 뜻하고 '족'은 한자어 '小藍'과 동의 관계에 있다. 그리고 '藍'의 자석이 '족'이고 고유어 '족'은 한자어 '小藍'과 동의 관계에 있다. 따라서 '족'과 '小藍'의 동의성은 명백히 입증된다.

(1569) a. 藍 : …蓼藍 족 今俗呼小藍 <四解下 79b>
    b. 藍 : 족 남 俗呼小藍 方書云蓼藍 <字會上 5a>

<1570> 똑 對 觚㼯

고유어 '똑'과 한자어 '觚㼯'이 [㼯] 즉 '쪽, 조각'의 뜻을 가지고 동의 관계에 있다는 것은 다음 예문들에서 잘 확인된다. '㼯'이 한자어 '觚㼯'을 뜻한다. 그리고 '㼯'의 자석이 '똑'이다. 따라서 '똑'과 '觚㼯'의 동의성은 명백히 입증된다.

(1570) a. 㼯 : 觚㼯 <四解上 61a>
    b. 㼯 : 똑 린 <字會下 3a>

<1571> 똑 對 瓜之觚

고유어 '똑'과 한자어 '瓜之觚'이 [瓣] 즉 '외씨, 외씨의 核'의 뜻을 가지고 동의 관계에 있다는 것은 다음 예문들에서 잘 확인된다. '瓣'이 한자어 '瓜之觚'를 뜻한다. 그리고 '瓣'의 자석이 '똑'이다. 따라서 '똑'과 '瓜之觚'의 동의성은 명백히 입증된다.

(1571) a. 辧：瓜之瓤 <四解上 77b>

　　　b. 辧：쪽 판 <字會下 3a>

<1572> 좀 對 弓弝

　고유어 '좀'과 한자어 '弓弝'가 [弝]와 [紮] 즉 '줌통, 활의 한가운데의 손으로 쥐는 부분'의 뜻을 가지고 동의 관계에 있다는 것은 다음 예문들에서 잘 확인된다. '弝'가 한자어 '弓弝'를 뜻하고 '弝'의 자석이 '좀'이다. 그리고 '紮'이 한자어 '弓弝'를 뜻한다. 따라서 '좀'과 '弓弝'의 동의성은 명백히 입증된다.

　　(1572) a. 弝：弓弝 <四解下 29a>

　　　　 b. 弝：좀 파 <字會中 14a>

　　(1572) c. 紮：⋯弓弝 <四解上 18b>

<1573> 좀 對 皿蟲

　고유어 '좀'과 한자어 '皿蟲'이 [蠱] 즉 '벌레, 器皿에 생기는 벌레'의 뜻을 가지고 동의 관계에 있다는 것은 다음 예문들에서 잘 확인된다. '蠱'의 자석이 '좀'이고 고유어 '좀'은 한자어 '皿蟲'과 동의 관계에 있다. 따라서 '좀'과 '皿蟲'의 동의성은 명백히 입증된다.

　　(1573) a. 蠱：腹中蠱毒 <四解上 36a>

　　　　 b. 蠱：좀 고 皿蟲 <字會東中本中 33b>

<1574> 좀 對 木中虫

　고유어 '좀'과 한자어 '木中虫'이 [蠹/蠧] 즉 '나무좀, 나무 속에 기생하는 해충'의 뜻을 가지고 동의 관계에 있다는 것은 다음 예문들에서 잘 확인된다. '蠹'가 한자어 '木中虫'을 뜻한다. 그리고 '蠧'의 자석이 '좀'이다. 따라서 '좀'과 '木中虫'의 동의성은 명백히 입증된다. 한자 '蠹'와 '蠧'는 同字이다.

　　(1574) a. 蠹：木中虫 <四解上 37a>

　　　　 b. 蠧：좀 두 <字會上 12b>

<1575> 좀 對 蛀虫

　고유어 '좀'과 한자어 '蛀虫'이 [蛀] 즉 '나무좀'의 뜻을 가지고 동의 관계에 있다는 것은 다음 예문들에서 잘 확인된다. '烓'가 한자어 '蛀虫'을 뜻하고 '蛀虫'은 고유어 '좀'과 동의 관계에 있다. 그리고 '烓'의 자석이 '좀'이고 고유어 '좀'은 한자어 '蛀虫'과 동의 관계에 있다. 따라서 '좀'과 '蛀虫'의 동의성은 명백히 입증된다.

(1575) a. 蛀 : 今俗呼蝕物虫曰蛀虫 좀 <四解上 32a>
b. 蛀 : 좀 쥬 俗呼蛀虫 <字會上 12b>

<1576> 죠개 對 大蛤

고유어 '죠개'와 한자어 '大蛤'이 [蜃] 즉 '무명조개, 대합조개'의 뜻을 가지고 동의 관계에 있다는 것은 다음 예문들에서 잘 확인된다. '蜃'이 한자어 '大蛤'을 뜻한다. 그리고 '蜃'의 자석이 '죠개'이다. 따라서 '죠개'와 '大蛤'의 동의성은 명백히 입증된다.

(1576) a. 蜃 : 大蛤 <四解上 60a>
b. 蜃 : 죠개 슌 大曰蜃 <字會上 10b>

<1577> 죠개 對 蛤蜊

고유어 '죠개'와 한자어 '蛤蜊'가 [蛤]과 [蜊] 즉 '조개'의 뜻을 가지고 동의 관계에 있다는 것은 다음 예문들에서 잘 확인된다. '蛤'이 한자어 '蛤蜊'를 뜻하고 '蛤'의 자석이 '죠개'이다. '蜊'가 한자어 '蛤蜊'를 뜻하고 '蛤蜊'는 고유어 '죠개'와 동의 관계에 있다. 그리고 '蜊'의 자석이 '죠개'이고 고유어 '죠개'는 한자어 '蛤蜊'와 동의 관계에 있다. 따라서 '죠개'와 '蛤蜊'의 동의성은 명백히 입증된다.

(1577) a. 蛤 : 蜄屬 蛤蜊 <四解下 75a>
b. 蛤 : 죠개 합 <字會上 10b>

(1577) c. 蜊 : 今俗呼蛤蜊 죠개 <四解上 28b>
d. 蜊 : 죠개 리 俗呼蛤蜊 <字會上 10b>

<1578> 죠롱 對 瓠瓤

고유어 '죠롱'과 한자어 '瓠瓤'가 [瓤]와 [瓠] 즉 '표주박, 바가지'의 뜻을 가지고 동의 관계에 있다는 것은 다음 예문들에서 잘 확인된다. '瓤'의 자석이 '죠롱'이고 고유어 '죠롱'은 한자어 '瓠瓤'와 동의 관계에 있다. 그리고 '瓠'의 자석이 '죠롱'이다. 따라서 '죠롱'와 '瓠瓤'의 동의성은 명백히 입증된다.

(1578) a. 瓤 : 葫瓤 <四解上 41b>

　　　 b. 瓤 : 죠롱 로 俗呼瓠瓤 <字會上 4b>

(1578) c. 瓠 : 匏也 <四解上 41b>

　　　 d. 瓠 : 죠롱 호 <字會上 4b>

<1579> 죠롱 對 葫

고유어 '죠롱'과 한자어 '葫瓤'가 [瓤] 즉 '표주박, 바가지'의 뜻을 가지고 동의 관계에 있다는 것은 다음 예문들에서 잘 확인된다. '瓤'가 한자어 '葫瓤'를 뜻한다. 그리고 '瓤'의 자석이 '죠롱'이다. 따라서 '죠롱'과 '葫瓤'의 동의성은 명백히 입증된다.

(1579) a. 瓤 : 葫瓤 <四解上 41b>

　　　 b. 瓤 : 죠롱 로 俗呼瓠瓤 <字會上 41b>

<1580> 죠리 對 笊篱

고유어 '죠리'와 한자어 '笊篱'가 [笊]와 [篱] 즉 '조리, 쌀을 이는 데 쓰는 기구'의 뜻을 가지고 동의 관계에 있다는 것은 다음 예문들에서 잘 확인된다. '笊'가 한자어 '笊篱'를 뜻하고 '笊篱'는 고유어 '죠리'와 동의 관계에 있다. '笊'의 자석이 '죠리'이다. '篱'가 한자어 '笊篱'를 뜻하고 '笊篱'는 고유어 '죠리'와 동의 관계에 있다. 그리고 '篱'의 자석이 '죠리'이고 고유어 '죠리'는 한자어 '笊篱'와 동의 관계에 있다. 라서 '죠리'와 '笊篱'의 동의성은 명백히 입증된다.

(1580) a. 笊 : 笊篱(21b) 撈飯編竹杓 죠리 <四解下 22a>

　　　 b. 笊 : 죠리 조 <字會中 7a>

(1580) c. 篱 : 笊篱 通作簁籭 죠리 <四解上 28a>

　　　 d. 篱 : 죠리 리 俗呼笊篱 <字會中 7a>

<1581> 죠피 對 川椒

고유어 '죠피'와 한자어 '川椒'가 [椒]와 [川椒] 즉 '조피, 조피나무의 열매, 川椒'의 뜻을 가지고 동의 관계에 있다는 것은 다음 예문들에서 잘 확인된다. '椒'의 자석이 '고쵸'이고 한자어 '川椒'가 고유어 '죠피'와 동의 관계에 있다. 따라서 '죠피'와 '川椒'의 동의성은 명백히 입증된다.

(1581) a. 椒 : 木名 <四解下 15b>

　　　 b. 椒 : 고쵸 쵸 胡椒 又 川椒…蜀椒 죠피 <字會上 6b>

<1582> 죠희 對 楮皮抄紙

　고유어 '죠희'와 한자어 '楮皮抄紙'가 [紙] 즉 '종이'의 뜻을 가지고 동의 관계에 있다는 것은 다음 예문들에서 잘 확인된다. 원문 중 '紙 墨'이 '죠희 먹'으로 번역되고 '割紙'가 '죠희 버히다'로 번역된다. 그리고 '紙'가 한자어 '楮皮抄紙'를 뜻하고 '紙'의 자석이 '죠희'이다. 따라서 '죠희'와 '楮皮抄紙'의 동의성은 명백히 입증된다.

(1582) a. 죠희 먹 붇 벼루 가져 오라(拿紙墨筆硯來) <번朴上 60b>

　　　 b. 죠희 버힐 ᄀᆞᄂᆞ 갈 열 ᄌᆞᄅᆞ(割紙細刀子一十把) <번老下 68b>

　　　 c. 죠희 ᄒᆞᆫ 댱 가져다가(將一張紙來) <번朴上 24b>

(1582) d. 紙 : …楮皮抄紙 <四解上 18a>

　　　 e. 紙 : 죠희 지 <字會上 18a>

<1583> 죡솨 對 足鎖

　고유어 '죡솨'와 한자어 '足鎖'가 [錠] 즉 '죡쇄(足鎖)'의 뜻을 가지고 동의 관계에 있다는 것은 다음 예문들에서 잘 확인된다. '錠'이 한자어 '足鎖'를 뜻한다. 그리고 '錠'의 자석이 '죡솨'이다. 따라서 '죡솨'와 '足鎖'의 동의성은 명백히 입증된다. 고유어 '죡솨'의 '솨'는 平聲이고 한자어 '足鎖'의 '鎖'는 上聲 '솨'이다.

(1583) a.　錠 : 足鎖 <四解下 39b>

　　　 b. 錠 : 죡솨 착 <字會中 8a>

<1584> 죡솨 對 鐵鉗

　고유어 '죡솨'와 한자어 '鐵鉗'이 [釱]와 [錠] 즉 '차꼬, 죡쇄, 죄인의 발에 묶는 쇠사슬'의 뜻을 가지고 동의 관계에 있다는 것은 다음 예문들에서 잘 확인된다. '釱'가 한자어 '鐵鉗'을 뜻하고 '釱'의 자석이 '죡솨'이다. 그리고 '錠'의 자석이 '죡솨'이다. 따라서 '죡솨'와 '鐵鉗'의 동의성은 명백히 입증된다.

(1584) a. 釱 : 鐵鉗 足械 <四解上 43b>

b. 鈇 : 죡솨 태 <字會中 8a>

(1584) c. 錠 : 足鎖 <四解下 39b>
d. 錠 : 죡솨 착 <字會中 8a>

<1585> 쪽지 對 野蒜

고유어 '쪽지'와 한자어 '野蒜'이 [野蒜] 즉 '달래'의 뜻을 가지고 동의 관계에 있다는 것은 다음 예문들에서 잘 확인된다. '蒜'의 자석이 '마늘'이고 한자어 '野蒜'이 고유어 '쪽지'와 동의 관계에 있다. 따라서 '쪽지'와 '野蒜'의 동의성은 명백히 입증된다.

(1585) a. 蒜 : 葷菜 <四解上 75b>
b. 蒜 : 마늘 쉰 一名葫又…野蒜 쪽지 <字會上 7a>

<1586> 죵 對 奴婢

고유어 '죵'과 한자어 '奴婢'가 [奴婢]와 [臧獲] 즉 '종, 노비'의 뜻을 가지고 동의 관계에 있다는 것은 다음 예문들에서 잘 확인된다. 원문 중 '奴婢强者'가 '됴흔 죵'으로 번역되고 '奴婢'가 '노비'로 번역된다. 그리고 '臧獲'이 '죵'으로 번역되고 '土田臧獲'이 '田地 奴婢'로 번역된다. 그리고 '奴'가 한자어 '奴婢'를 뜻한다. 따라서 '죵'과 '奴婢'의 동의성은 명백히 입증된다.

(1586) a. 됴흔 집 됴흔 받 됴흔 죵을 허뭐 제 다 흐고(武自取肥田廣宅奴婢强者) <二倫 4a>
b. 우리 죵 도의여 잇는 사르믄(咱們做奴婢的人) <번老下 14b>
c. 賈餗은 제 죵이 지븨 드나드는 손 집 담 스이예셔 주규듸 아디 몯ᄒ거니(賈之臧獲이 害門客于 墻廡之間호듸 而不知ᄒ니) <번小十 19a>

(1586) d. 노비를 늘그니를 가지며 닐오듸 날와 혼듸 일ᄒ연 디 오라니(奴婢를 引其老子曰與我共事ㅣ 久ㅣ라) <번小九 23a>
e. 아비 子息의게 田地 奴婢를 ᄂᆞᆫ호아 주려 흐대(父欲分與子女土田臧獲) <속三孝 22a>

(1586) f. 奴 : 奴婢 <四解上 37b>
g. 奴 : 남진죵 노 俗呼奴材 <字會上 17a>

<1587> 죵 對 僮僕

고유어 '죵'과 한자어 '僮僕'이 [僮僕], [僮] 및 [僕] 즉 '죵'의 뜻을 가지고 동의 관계에 있다는 것은 다음 예문들에서 잘 확인된다. 원문 중 '御僮僕'이 '죵을 졔어ᄒᆞ다'로 번역된다. '僮'이 한자어 '僮僕'을 뜻하고 '僮'의 자석이 '죵'이다. 그리고 '僕'이 한자어 '僮僕'를 뜻하고 '僕'의 자석이 '죵'이다. 따라서 '죵'과 '僮僕'의 동의성은 명백히 입증된다.

(1587) a. 죵올 잘 졔어ᄒᆞ며(能御僮僕爲彌 : 能制御奴婢) <呂約 3b>

　　　　 b. 긔믈 시시라도 죵 맛뎌 아니ᄒᆞ더니(雖滌器之微 不委僮僕) <속三孝 32a>

　　　　 c. 죵 ᄀᆞ티 ᄒᆞ더라(如僮僕) <二倫 17a>

(1587) d. 僮 : 僮僕 <四解上 2a>

　　　　 e. 僮 : 죵동 <字會上 17a>

(1587) f. 僕 : 僮僕 <四解上 3a>

　　　　 g. 僕 : 죵복 僕從 傔僕 <字會上 17a>

<1588> 죵 對 僕從

고유어 '죵'과 한자어 '僕從'이 [僕] 즉 '죵'의 뜻을 가지고 동의 관계에 있다는 것은 다음 예문들에서 잘 확인된다. '僕'의 자석이 '죵'이고 고유어 '죵'은 한자어 '僕從'과 동의 관계에 있다. 따라서 '죵'과 '僕從'의 동의성은 명백히 입증된다.

(1588) a. 僕 : 僮僕 <四解上 3a>

　　　　 b. 僕 : 죵 복 僕從 <字會上 17a>

<1589> 주검 對 屍身

고유어 '주검'과 한자어 '屍身'이 [屍] 즉 '주검, 시신(屍身) '의 뜻을 가지고 동의 관계에 있다는 것은 다음 예문들에서 잘 확인된다. 원문 중 '檢了屍'가 '屍身을 검시ᄒᆞ다'로 번역된다. 그리고 '屍'의 자석이 '주검'이다. 따라서 '주검'과 '屍身'의 동의성은 명백히 입증된다.

(1589) a. 구의 屍身을 검시ᄒᆞ고(官司檢了屍) <번老上 28b>

(1589) b. 屍 : 死而在牀曰屍 <四解上 19b>

　　　　 c. 屍 : 주검 시 <字會中 17a>

<1590> 주글 對 秕子

고유어 '주글'과 한자어 '秕子'가 [秕] 즉 '쭉정이'의 뜻을 가지고 동의 관계에 있다는 것은 다음 예문들에서 잘 확인된다. '秕'의 자석이 '주글'이고 고유어 '주글'은 한자어 '秕子'와 동의 관계에 있다. 따라서 '주글'과 '秕子'의 동의성은 명백히 입증된다.

(1590) a. 秕 : 穀不成者 <四解上 15a>
       b. 秕 : 주글 피 俗稱秕子 <字會下 3b>

<1591> 주룸 對 襞襀

고유어 '주룸'과 한자어 '襞襀'이 [襀]과 [襞] 즉 '주름, 옷의 주름'의 뜻을 가지고 동의 관계에 있다는 것은 다음 예문들에서 잘 확인된다. '襀'이 한자어 '襞襀'을 뜻하고 '襀'의 자석이 '주룸'이다. 그리고 '襞'이 한자어 '襞襀'을 뜻하고 '襞'의 자석이 '주룸'이다. 따라서 '주룸'과 '襞襀'의 동의성은 명백히 입증된다.

(1591) a. 襀 : 襞襀 <四解下 52a>
       b. 襀 : 주룸 젹 <字會中 11b>

(1591) c. 襞 : 襞襀 <四解下 50b>
       d. 襞 : 주룸 벽 <字會下 11b>

<1592> 주룸 對 褶兒

고유어 '주룸'과 한자어 '褶兒'가 [襀] 즉 '주룸, 옷의 주름'의 뜻을 가지고 동의 관계에 있다는 것은 다음 예문들에서 잘 확인된다. 원문 중 '細褶兒'가 'ᄀᆞᄂᆞᆫ 주룸'으로 번역된다. '襀'의 細者가 '細褶兒'이고 한자어 '細褶兒'는 고유어 'ᄀᆞᄂᆞᆫ 주룸'과 동의 관계에 있다. 그리고 '襀'의 자석이 '주룸'이다. 따라서 '주룸'과 '褶兒'의 동의성은 명백히 입증된다.

(1592) a. ᄀᆞᄂᆞᆫ 주룸도 유여ᄒᆞ고(細褶兒也儘勾了) <번老下 28b>
       b. 푼류쳥로 ᄀᆞᄂᆞᆫ 주룸 텬릭이오(柳綠羅細褶兒) <번老下 50a>

(1592) c. 襀 : 襞襀…今俗呼細者曰細褶兒 ᄀᆞᄂᆞᆫ 주룸 <四解下 52a>
       d. 襀 : 주룸 젹 <字會中 11b>

<1593> 주머귀 對 屈手

고유어 '주머귀'와 한자어 '屈手'가 [拳] 즉 '주먹'의 뜻을 가지고 동의 관계에 있다는 것은 다음 예문 들에서 잘 확인된다. '拳'이 한자어 '屈手'를 뜻한다. 그리고 '拳'의 자석이 '주머귀'이다. 따라서 '주머귀' 와 '屈手'의 동의성은 명백히 입증된다.

(1593) a. 拳 : 屈手 <四解下 9b>
b. 拳 : 주머(13a)귀 권 <字會上 13b>

<1594> 주머니 對 囊橐

고유어 '주머니'와 한자어 '囊橐'이 [橐] 즉 '전대, 주머니'의 뜻을 가지고 동의 관계에 있다는 것은 다음 예문들에서 잘 확인된다. '橐'이 한자어 '囊橐'을 뜻한다. 그리고 '橐'의 자석이 '주머니'이다. 따라서 '주머니'와 '囊橐'의 동의성은 명백히 입증된다.

(1594) a. 橐 : 囊橐 <四解下 35a>
b. 橐 : 주머니 탁 無底 <字會中 7a>

<1595> 주살 對 矰繳

고유어 '주살'과 한자어 '矰繳'이 [繳]과 [矰] 즉 '주살, 오늬에 줄을 매어 쏘는 화살'의 뜻을 가지고 동의 관계에 있다는 것은 다음 예문들에서 잘 확인된다. '繳'이 한자어 '矰繳'을 뜻하고 '繳'의 자석이 '주살'이다. 그리고 '矰'의 자석이 '주살'이다. 따라서 '주살'과 '矰繳'의 동의성은 명백히 입증된다.

(1595) a. 繳 : 矰繳 <四解下 42b>
b. 繳 : 주살 쟉 <字會中 9a>

(1595) c. 矰 : 箭有繳者 <四解下 60b>
d. 矰 : 주살 증 <字會中 9a>

고유어 '주살'의 先代形 '줄살'이 [矰]과 [矰繳] 즉 '주살'의 뜻을 가지고 있다는 것은 15세기의 『杜詩諺解』(1481) 의 다음 예문들에서 잘 확인된다. 원문 중 '避矰'이 '줄살을 避ᄒ다'로 번역되고 '矰繳'이 '줄살'로 번역된다.

(1595) e. 아ᄉ라히 줄살을 避코져 ᄒ노라(冥冥欲避矰) <杜二十 26a>

f. 히미 져그니 줄사롤 ᄀ장 모로매 막ᄌᆞ르라(力微熠繳絶須防) <杜十七 21b>

<1596> 줄 對 磨鉎銅鐵之器

고유어 '줄'과 한자어 '磨鉎銅鐵之器'가 [鑢] 즉 '줄, 쇠붙이를 쓰는 연장'의 뜻을 가지고 동의 관계에 있다는 것은 다음 예문들에서 잘 확인된다. '鑢'가 한자어 '磨鉎銅鐵之器'를 뜻한다. 그리고 '鑢'의 자석이 '줄'이다. 따라서 '줄'과 '磨鉎銅鐵之器'의 동의성은 명백히 입증된다.

(1596) a. 鑢 : 磨鉎銅鐵之器 <四解上 35a>
b. 鑢 : 줄 려 <字會中 8b>

<1597> 줄 對 연고

고유어 '줄'과 한자어 '연고'(緣故)가 [故] 즉 '연고, 事由'의 뜻을 가지고 동의 관계에 있다는 것은 다음 예문들에서 잘 확인된다. 원문 중 '問其故'가 '그리 ᄒᆞᆫ 주를 묻다'로도 번역되고 '그 연고를 묻다'로도 번역되므로 '줄'과 '연고'의 동의성은 명백히 입증된다.

(1597) a. 사ᄅᆞ미 그리 ᄒᆞᆫ 주를 무러늘(人問其故ᄒᆞᆫ대) <번小十 7b>

(1597) b. 君行이 그 연고를 무른대(君行이 問其故ᄒᆞᆫ대) <번小九 49b>
c. 남지니 연고 업시(男子ㅣ 無故ᄒᆞ야) <번小七 20a>
d. 므슴 연고로 아(66a) 니 온다(何故不來) <번朴上 66b>

<1598> 줄 對 鉎子

고유어 '줄'과 한자어 '鉎子'가 [鉎] 즉 '줄, 쇠를 쓰는 기구'의 뜻을 가지고 동의 관계에 있다는 것은 다음 예문들에서 잘 확인된다. '鉎'의 자석이 '줄'이고 고유어 '줄'은 한자어 '鉎子'와 동의 관계에 있다. 따라서 '줄'과 '鉎子'의 동의성은 명백히 입증된다.

(1598) a. 鉎 : 蜀呼鈷鏿曰鉎 <四解下 26a>
b. 鉎 : 줄 차 俗呼鉎子 <字會中 8b>

<1599> 줄기 對 枝梗

고유어 '줄기'와 한자어 '枝梗'이 [梗] 즉 '줄기, 가지'의 뜻을 가지고 동의 관계에 있다는 것은 다음 예문들에서 잘 확인된다. '梗'이 한자어 '枝梗'을 뜻한다. 그리고 '梗'의 자석이 '줄기'이고 고유어 '줄기'는 한자어 '枝梗'과 동의 관계에 있다. 따라서 '줄기'와 '枝梗'의 동의성은 명백히 입증된다.

  (1599) a. 梗 : 木名…又枝梗 <四解下 57b>
       b. 梗 : 줄기 경 直也 枝梗 <字會下 2b>

<1600> 줄기 對 草木幹

  고유어 '줄기'와 한자어 '草木幹'이 [莖] 즉 '줄기'의 뜻을 가지고 동의 관계에 있다는 것은 다음 예문들에서 잘 확인된다. '莖'이 한자어 '草木幹'을 뜻한다. 그리고 '莖'의 자석이 '줄기'이다. 따라서 '줄기'와 '草木幹'의 동의성은 명백히 입증된다.

  (1600) a. 莖 : 草木幹 <四解下 55b>
       b. 莖 : 줄기 깅 <字會下 2b>

<1601> 줄기 對 禾稈

  고유어 '줄기'와 한자어 '禾稈'이 [稭] 즉 '짚, 고갱이'의 뜻을 가지고 동의 관계에 있다는 것은 다음 예문들에서 잘 확인된다. '稭'가 한자어 '禾稈'을 뜻한다. 그리고 '稭'의 자석이 '줄기'이다. 따라서 '줄기'와 '禾稈'의 동의성은 명백히 입증된다.

  (1601) a. 稭 : 禾稈 <四解上 46a>
       b. 稭 : 줄기 기 禾藁 <字會下 2b>

<1602> 줄기 對 禾莖

  고유어 '줄기'와 한자어 '禾莖'이 [稈] 즉 '벼 줄기'의 뜻을 가지고 동의 관계에 있다는 것은 다음 예문들에서 잘 확인된다. '稈'이 한자어 '禾莖'을 뜻한다. 그리고 '稈'의 자석이 '줄기'이고 고유어 '줄기'는 한자어 '禾莖'과 동의 관계에 있다. 따라서 '줄기'와 '禾莖'의 동의성은 명백히 입증된다.

  (1602) a. 稈 : 禾莖 <四解上 71a>
       b. 稈 : 줄기 간 禾莖 <字會下 2b>

<1603> 줄기 對 禾藁

고유어 '줄기'와 한자어 '禾稾'가 [稭] 즉 '볏짚'의 뜻을 가지고 동의 관계에 있다는 것은 다음 예문들에서 잘 확인된다. '稭'가 한자어 '禾稾'를 뜻한다. 그리고 '稭'의 자석이 '줄기'이고 고유어 '줄기'는 한자어 '禾稾'와 동의 관계에 있다. 따라서 '줄기'와 '禾稾'의 동의성은 명백히 입증된다.

(1603) a. 秸 : 禾稾 <四解上 79b>

b. 稭 : 同 <四解上 79b>

c. 稭 : 줄기 기 禾稾 <字會下 2b>

<1604> 쥐 對 耗子

고유어 '쥐'와 한자어 '耗子'가 [鼠] 즉 '쥐'의 뜻을 가지고 동의 관계에 있다는 것은 다음 예문들에서 잘 확인된다. 원문 중 '蟲鼠'가 '벌어지며 쥐'로 번역된다. '鼠'의 자석이 '쥐'이고 고유어 '쥐'는 한자어 '耗子'와 동의 관계에 있다. 따라서 '쥐'와 '耗子'의 동의성은 명백히 입증된다

(1604) a. ᄇᆞᄅᆞᆷ 비며 벌어지며 쥐의 ᄒᆞ여ᄇᆞ류미 ᄃᆞ외면(風雨蟲鼠의 所毀傷ᄒᆞ면) <번小八 39b>

(1604) b. 鼠 : 穴處小獸 <四解上 33a>

c. 鼠 : 쥐 셔 俗呼耗子 又老鼠 <字會上 10b>

<1605> 쥐 對 穴處小獸

고유어 '쥐'와 한자어 '穴處小獸'가 [鼠] 즉 '쥐'의 뜻을 가지고 동의 관계에 있다는 것은 다음 예문들에서 잘 확인된다. 원문 중 '蟲鼠'가 '벌어지며 쥐'로 번역된다. 그리고 '鼠'가 한자어 '穴處小獸'를 뜻하고 '鼠'의 자석이 '쥐'이다. 따라서 '쥐'와 '穴處小獸'의 동의성은 명백히 입증된다.

(1605) a. ᄇᆞᄅᆞᆷ 비며 벌어지며 쥐의 ᄒᆞ여ᄇᆞ류미 ᄃᆞ외면(風雨蟲鼠의 所毀傷ᄒᆞ면) <번小八 39b>

(1605) b. 鼠 : 穴處小獸 <四解上 33a>

c. 鼠 : 쥐 셔 俗呼耗子 又老鼠 <字會上 10b>

<1606> 쥐여미 對 糟

고유어 '쥐여미'와 한자어 '糟'가 [粕] 즉 '지게미, 술을 거르고 남은 찌꺼기'의 뜻을 가지고 동의 관계에 있다는 것은 다음 예문들에서 잘 확인된다. '粕'이 한자어 '糟'를 뜻한다. 그리고 '粕'의 자석이 '쥐여미'이다. 따라서 '쥐여미'와 '糟'의 동의성은 명백히 입증된다.

(1606) a. 粕 : 糟曰粕 <四解下 36b>

　　　 b. 粕 : 쥐여미 박 <字會中 11a>

<1607> 쥐여미 對 酒糟

　고유어 '쥐여미'와 한자어 '酒糟'가 [糟] 즉 '지게미, 술을 거르고 남은 찌꺼기'의 뜻을 가지고 동의 관계에 있다는 것은 다음 예문들에서 잘 확인된다. '糟'의 자석이 '쥐여미'이고 고유어 '쥐여미'는 한자어 '酒糟'와 동의 관계에 있다. 따라서 '쥐여미'와 '酒糟'의 동의성은 명백히 입증된다.

(1607) a. 糟 : 酒母 <四解下 21a>

　　　 b. 糟 : 쥐여미 조 酒糟 <字會中 11a>

<1608> 쥬리울 對 繮繩

　고유어 '쥬리울'과 한자어 '繮繩'이 [繮]과 [繮繩] 즉 '후릿고삐, 말고삐'의 뜻을 가지고 동의 관계에 있다는 것은 다음 예문들에서 잘 확인된다. 원문 중 '垂繮'이 '쥬리울 드리우다'로 번역되고 '繮繩'이 '쥬리울'로 번역된다. 그리고 '繮'이 한자어 '繮繩'을 뜻하고 '繮繩'은 고유어 '쥬리울'과 동의 관계에 있다. 따라서 '쥬리울'과 '繮繩'의 동의성은 명백히 입증된다.

(1608) a. 무론 쥬리울 드리워 갑던 이리 잇ᄂᆞ니라(馬有垂繮之報) <번朴上 43b>

　　　 b. 다혼 셕 쥬리울 ᄌᆞ가미…다 사다(編繮 繮繩 兜頰…都買了) <번老下 30a>

(1608) c. 繮 : …又俗呼繮繩 쥬리울 <四解下 40b>

　　　 d. 韁 : 쥬리울 강 俗呼韁繩 <字會中 13b>

<1609> 쥬리울 對 韁繩

　고유어 '쥬리울'과 한자어 '韁繩'이 [韁] 즉 '후릿고삐, 말고삐'의 뜻을 가지고 동의 관계에 있다는 것은 다음 예문들에서 잘 확인된다. '韁'이 한자어 '韁繩'을 뜻하고 '韁繩'은 고유어 '쥬리울'과 동의 관계에 있다. 그리고 '韁'의 자석이 '쥬리울'이고 고유어 '쥬리울'은 한자어 '韁繩'과 동의 관계에 있다. 따라서 '쥬리울'과 '韁繩'의 동의성은 명백히 입증된다.

(1609) a. 韁 : …又俗呼韁繩 쥬리울 <四解下 40b>

　　　 b. 韁 : 쥬리울 강 俗呼韁繩 <字會中 13b>

<1610> 쥬리울 對 牽鞚

고유어 '쥬리울'과 한자어 '牽鞚'이 [牽鞚] 즉 '후릿고삐'의 뜻을 가지고 동의 관계에 있다는 것은 다음 예문들에서 잘 확인된다. '鞚'의 자석이 '굴에'이고 한자어 '牽鞚'이 고유어 '쥬리울'과 동의 관계에 있다. 따라서 '쥬리울'과 '牽鞚'의 동의성은 명백히 입증된다.

(1610) a. 鞚 : 馬勒 <四解上 1b>
b. 鞚 : 굴에 공 俗呼牽鞚 쥬리울 <字會中 13b>

<1611> 쥬리울 對 馬韁在手

고유어 '쥬리울'과 한자어 '馬韁在手'가 [靮] 즉 '후릿고삐'의 뜻을 가지고 동의 관계에 있다는 것은 다음 예문들에서 잘 확인된다. '靮'이 한자어 '馬韁在手'를 뜻하고 '靮'의 자석이 '쥬리울'이다. 따라서 '쥬리울'과 '馬韁在手'의 동의성은 명백히 입증된다.

(1611) a. 靮 : 馬韁在手曰靮 <四解下 48b>
b. 靮 : 쥬리울 뎍 <字會中 13a>

<1612> 쥬복 對 面生小瘡

고유어 '쥬복'과 한자어 '面生小瘡'이 [皰] 즉 '여드름, 면종(面腫)'의 뜻을 가지고 동의 관계에 있다는 것은 다음 예문들에서 잘 확인된다. '皰'가 한자어 '面生小瘡'을 뜻한다. 그리고 '皰'의 자석이 '쥬복'이다. 따라서 '쥬복'과 '面生小瘡'의 동의성은 명백히 입증된다.

(1612) a. 皰 : 面生小瘡 <四解下 20b>
b. 皰 : 쥬복 포 面生疱 <字會上 15b>

<1613> 쥬젼〈 對 銅銚

고유어 '쥬젼〈'와 한자어 '銅銚'가 [銚] 즉 '주전자'의 뜻을 가지고 동의 관계에 있다는 것은 다음 예문들에서 잘 확인된다. '銚'는 '銅銚'를 뜻하고 한자어 '銅銚'는 고유어 '쥬젼〈'와 동의 관계에 있다. 그리고 '銚'의 자석이 '쥬젼〈'이고 고유어 '쥬젼〈'는 한자어 '銅銚'와 동의 관계에 있다. 따라서 '쥬젼〈'와 '銅銚'의 동의성은 명백히 입증된다.

(1613) a. 銚 : 燒器無足鐺也 今俗呼銅銚 쥬젼〈 <四解下 14b>

b. 銚 : 쥬젼ᄌ 됴 俗呼銅銚 <字會中 7a>

<1614> 쥬츄 對 柱礎

고유어 '쥬츄'와 한자어 '柱礎'가 [碣] 즉 '주춧돌'의 뜻을 가지고 동의 관계에 있다는 것은 다음 예문들에서 잘 확인된다. '碣'이 한자어 '柱礎'를 뜻한다. 그리고 '碣'의 자석이 '쥬츄'이다. 따라서 '쥬츄'와 '柱礎'의 동의성은 명백히 입증된다.

(1614) a. 碣 : 柱礎 <四解下 53a>
　　　 b. 碣 : 쥬츄 셕 <字會中 4a>

<1615> 쥬츄 對 柱下石

고유어 '쥬츄'와 한자어 '柱下石'이 [礎]와 [礩] 즉 '주춧돌'의 뜻을 가지고 동의 관계에 있다는 것은 다음 예문들에서 잘 확인된다. '礎'와 '礩'이 한자어 '柱下石'을 뜻하고 '礩'의 자석이 '쥬츄'이다. '礩'이 한자어 '柱下石'을 뜻하고 '礩'의 자석이 '쥬츄'이다. 그리고 '礩'이 한자 '礎'와 同義이고 '礩'의 자석이 '쥬츄'이다. 따라서 '쥬츄'와 '柱下石'의 동의성은 명백히 입증된다.

(1615) a. 礎 : 柱下石 <四解上 40b>
　　　 b. 礎 : 쥬츄 초 <字會中 4a>

(1615) c. 礩 : 柱下石 <四解下 38b>
　　　 d. 礩 : 쥬츄 샹 <字會中 4a>

(1615) e. 礩 : 礎也 <四解上 59a>
　　　 f. 礩 : 쥬츄 질 <字會中 4a>

<1616> 쥬츄 對 礎石

고유어 '쥬츄'와 한자어 '礎石'이 [礎] 즉 '주춧돌, 礎石'의 뜻을 가지고 동의 관계에 있다는 것은 다음 예문들에서 잘 확인된다. '礎'의 자석이 '쥬츄'이고 고유어 '쥬츄'는 한자어 '礎石'과 동의 관계에 있다. 따라서 '쥬츄'와 '礎石'의 동의성은 명백히 입증된다.

(1616) a. 礎 : 柱下石 <四解下 38b>
　　　 b. 礎 : 쥬츄 샹 俗稱礎石 <字會中 4a>

<1617> 쥬홍 對 硃砂

고유어 '쥬홍'과 한자어 '硃砂'가 [硃] 즉 '주사(朱砂) '의 뜻을 가지고 동의 관계에 있다는 것은 다음 예문들에서 잘 확인된다. '硃'가 한자어 '硃砂'를 뜻하고 '硃砂'는 고유어 '쥬홍'과 동의 관계에 있다. 따라서 '쥬홍'과 '硃砂'의 동의성은 명백히 입증된다.

(1617) a. 硃 : 硃砂 今俗呼 쥬홍曰銀硃 <四解上 32a>
　　　 b. 砂 : 水散石也 <四解下 30a>

<1618> 쥭쉼 對 米粒和羹

고유어 '쥭쉼'과 한자어 '米粒和羹'이 [糝] 즉 '쌀가루를 국에 넣는 것'의 뜻을 가지고 동의 관계에 있다는 것은 다음 예문들에서 잘 확인된다. '糝'의 자석이 '쥭쉼'이고 고유어 '쥭쉼'은 한자어 '米粒和羹'과 동의 관계에 있다. 따라서 '쥭쉼'과 '米粒和羹'의 동의성은 명백히 입증된다.

(1618) a. 糝 : 以米和羹 亦作糣 <四解下 77b>
　　　 b. 糝 : 쥭쉼 숨 凡米粒和羹皆曰糝 <字會東中本中 22a>

<1619> 쥰쥬봉 對 菴䕡

고유어 '쥰쥬봉'과 한자어 '菴䕡'가 [菴]과 [䕡] 즉 '맑은대쑥, 암여(菴䕡) '의 뜻을 가지고 동의 관계에 있다는 것은 다음 예문들에서 잘 확인된다. '菴'이 한자어 '菴䕡'를 뜻한다. 그리고 '䕡'가 한자어 '菴䕡'를 뜻하고 '菴䕡'는 고유어 '쥰쥬봉'과 동의 관계에 있다. 따라서 '쥰쥬봉'과 '菴䕡'의 동의성은 명백히 입증된다.

(1619) a. 菴 : … 又菴䕡 草名 <四解下 78b>
　　　 b. 䕡 : 菴䕡 藥草 쥰쥬봉 <四解上 35a>

<1620> 쥰티 對 鱒魚

고유어 '쥰티'와 한자어 '鱒魚'가 [鱒] 즉 '준치'의 뜻을 가지고 동의 관계에 있다는 것은 다음 예문들에서 잘 확인된다. '鱒'의 자석이 '쥰티'이고 고유어 '쥰티'는 한자어 '鱒魚'와 동의 관계에 있다. 따라서 '쥰티'와 '鱒魚'의 동의성은 명백히 입증된다.

(1620) a. 鱒 : 魚名 <四解上 20a>

b. 鱮 : 쥰티 륵 俗呼鱮魚 <字會上 11a>

<1621> 즈름 對 牙子

고유어 '즈름'과 한자어 '牙子'가 [牙子], [牙家] 및 [儈] 즉 '거간꾼, 중개인'의 뜻을 가지고 동의 관계에 있다는 것은 다음 예문들에서 잘 확인된다. 원문 중 '牙子說'이 '즈르미 니르다'로 번역된다. '牙家'가 '즈름'으로 번역되고 '牙家說'이 '야지 니르다'로 번역된다. 그리고 '儈'의 자석이 '즈름'이고 고유어 '즈름'은 한자어 '牙子'와 동의 관계에 있다. 따라서 '즈름'과 '牙子'의 동의성은 명백히 입증된다.

(1621) a. 즈르미 닐오딕(牙子說) <번老下 10b>
　　　 b. 나는 즈르미니(我是箇牙家) <번老下 11a>

(1621) c. 야지 닐오딕(牙家說) <번老下 57a>
　　　 d. 내 야ᄌᆞᄃᆞ려 무러 밧고리라(我只問牙家換) <번老下 64b>

(1621) e. 儈 : 牙儈… <四解上 48a>
　　　 f. 儈 : 즈름 회…俗稱牙子… <字會中 2a>

<1622> 즈름 對 牙儈

고유어 '즈름'과 한자어 '牙儈'가 [儈] 즉 '거간꾼, 중개인'의 뜻을 가지고 동의 관계에 있다는 것은 다음 예문들에서 잘 확인된다. '儈'가 한자어 '牙儈'를 뜻한다. 그리고 '儈'의 자석이 '즈름'이다. 따라서 '즈름'과 '牙儈'의 동의성은 명백히 입증된다.

(1622) a. 儈 : 牙儈 會合市人爲市者 <四解上 48a>
　　　 b. 儈 : 즈름 회 卽駔儈俗稱牙子 牙人 <字會中 2a>

<1623> 즈믄 對 十百

고유어 '즈믄'과 한자어 '十百'이 [千] 즉 '천'의 뜻을 가지고 동의 관계에 있다는 것은 다음 예문들에서 잘 확인된다. 원문 중 '千零'이 '즈믄 똔 것'으로 번역된다. 그리고 '千'이 한자어 '十百'을 뜻하고 '千'의 자석이 '즈믄'이다. 따라서 '즈믄'과 '十百'의 동의성은 명백히 입증된다.

(1623) a. 즈믄 똔 거시 혼 무들기만 곧디 몯ᄒ니(千零不如一頓) <번老下 8a>

(1623) b. 千 : 十百 <四解下 4b>

　　　　c. 千 : 즈믄 쳔 <字會下 14b>

<1624> 즈믄 對 일쳔

고유어 '즈믄'과 한자어 '일쳔'(一千) 이 [千] 즉 '일쳔, 쳔'의 뜻을 가지고 동의 관계에 있다는 것은 다음 예문들에서 잘 확인된다. 원문 중 '千零'이 '즈믄 뜬 것'으로도 번역되고 '일쳔 뜬 것'으로도 번역된다. 그리고 '千'의 자석이 '즈믄'이다. 따라서 '즈믄'과 '일쳔'의 동의성은 명백히 입증된다.

(1624) a. 즈믄 뜬 거시 흔 무들기만 곧디 몯ᄒ니(千零不如一頓) <번老下 8a>

(1624) b. 일쳔 뜬 거시 흔 무저비만 ᄀ티니 업스니라(千零不如一頓) <번朴上 13a>

　　　　c. 뵈 일쳔 필 받고(受布千疋ᄒ고) <번小九 43a>

　　　　d. 깁 일쳔 필 받고아 노하 보내려 커ᄂᆞᆯ(必求千縑乃肯贖) <二倫 37a>

　　　　e. 셩현의 일쳔 마리며 일만 마리(聖賢千言萬語ㅣ) <번小八 5a>

(1624) f. 千 : 十百 <四解下 4b>

　　　　g. 千 : 즈믄 쳔 <四解下 14b>

<1625> 즈의 對 藥煎滓

고유어 '즈의'와 한자어 '藥煎滓'가 [渣] 즉 '찌꺼기, 탕약을 짠 찌꺼기'의 뜻을 가지고 동의 관계에 있다는 것은 다음 예문들에서 잘 확인된다. '渣'가 한자어 '藥煎滓'를 뜻한다. 그리고 '渣'의 자석이 '즈의'이다. 따라서 '즈의'와 '藥煎滓'의 동의성은 명백히 입증된다.

(1625) a. 渣 : 藥煎滓 <四解下 29b>

　　　　b. 渣 : 즈의 사 <字會下 5b>

<1626> 즈의 對 滓垠

고유어 '즈의'와 한자어 '滓垠'이 [澱], [滓] 및 [垠] 즉 '찌꺼기, 앙금'의 뜻을 가지고 동의 관계에 있다는 것은 다음 예문들에서 잘 확인된다. '澱'이 한자어 '滓垠'을 뜻하고 '澱'의 자석이 '직의'이다. 그리고 '滓'와 '垠'이 한자 '澱'과 同義이고 '滓'와 '垠'의 자석이 '즈의'이다. 따라서 '즈의'와 '滓垠'의 동의성은 명백히 입증된다.

(1626) a. 澱 : 滓涇 <四解下 2b>

　　　b. 澱 : 즈의 뎐 <字會下 5b>

(1626) c. 滓 : …澱也 濁也 <四解上 12b>

　　　d. 滓 : 즈의 지 <字會下 5b>

(1626) e. 涇 : 澱也 滓也 <四解上 56b>

　　　f. 涇 : 즈의 은 <字會下 5b>

<1627> 즌퍼리 對 淀濼

고유어 '즌퍼리'와 한자어 '淀濼'이 [濼] 즉 '늪, 못'의 뜻을 가지고 동의 관계에 있다는 것은 다음 예문들에서 잘 확인된다. '濼'의 자석이 '즌퍼리'이고 고유어 '즌퍼리'는 한자어 '淀濼'과 동의 관계에 있다. 따라서 '즌퍼리'와 '淀濼'의 동의성은 명백히 입증된다.

(1627) a. 濼 : 陂澤 一名大池 <四解下 36b>

　　　b. 濼 : 즌퍼리 박 淀濼 <字會上 3b>

<1628> 즌퍼리 對 沮洳

고유어 '즌퍼리'와 한자어 '沮洳'가 [沮]와 [洳] 즉 '낮고 습기가 많은 곳'의 뜻을 가지고 동의 관계에 있다는 것은 다음 예문들에서 잘 확인된다. '沮'가 한자어 '沮洳'를 뜻하고 '沮'의 자석이 '즌퍼리'이다. 그리고 '洳'의 자석이 '즌퍼리'이다. 따라서 '즌퍼리'와 '沮洳'의 동의성은 명백히 입증된다.

(1628) a. 沮 : 沮洳 <四解上 31a>

　　　b. 沮 : 즌퍼리 져 <字會上 3a>

(1628) c. 洳 : 詩 汾沮洳 <四解上 35b>

　　　d. 洳 : 즌퍼리 셔 <字會上 3a>

<1629> 즌퍼리 對 淺泉

고유어 '즌퍼리'와 한자어 '淺泉'이 [淀] 즉 '얕은 물'의 뜻을 가지고 동의 관계에 있다는 것은 다음 예문들에서 잘 확인된다. '淀'이 한자어 '淺泉'을 뜻한다. 그리고 '淀'의 자석이 '즌퍼리'이고 고유어 '즌퍼리'는 한자어 '淺泉'과 동의 관계에 있다. 따라서 '즌퍼리'와 '淺泉'의 동의성은 명백히 입증된다.

(1629) a. 淀 : 淺泉 <四解下 2b>

     b. 淀 : 즌퍼리 뎐 淺泉 <字會上 3b>

<1630> 즌퍼리 對 淸水

고유어 '즌퍼리'와 한자어 '淸水'가 [㵎] 즉 '맑은 물'의 뜻을 가지고 동의 관계에 있다는 것은 다음 예문들에서 잘 확인된다. '㵎'가 한자어 '淸水'를 뜻하고 '㵎'의 자석이 '즌퍼리'이다. 따라서 '즌퍼리'와 '淸水'의 동의성은 명백히 입증된다.

(1630) a. 㵎 : 淸水 <四解下 32a>

     b. 㵎 : 즌퍼리 와 <字會上 3a>

<1631> 즌퍼리 對 陂澤

고유어 '즌퍼리'와 한자어 '陂澤'이 [濼] 즉 '늪, 못'의 뜻을 가지고 동의 관계에 있다는 것은 다음 예문들에서 잘 확인된다. '濼'이 한자어 '陂澤'을 뜻한다. 그리고 '濼'의 자석이 '즌퍼리'이다. 따라서 '즌퍼리'와 '陂澤'의 동의성은 명백히 입증된다.

(1631) a. 濼 : 陂澤 一曰大池 <자塞下 36b>

     b. 濼 : 즌퍼리 박 淀濼 <字會上 3b>

<1632> 즘싱 對 四足物

고유어 '즘싱'과 한자어 '四足物'이 [獸] 즉 '짐승'의 뜻을 가지고 동의 관계에 있다는 것은 다음 예문들에서 잘 확인된다. '獸'가 한자어 '四足物'을 뜻한다. 그리고 '獸'의 자석이 '즘싱'이다. 따라서 '즘싱'과 '四足物'의 동의성은 명백히 입증된다.

(1632) a. 獸 : 四足物 <四解下 70a>

     b. 獸 : 즘싱 슈 四足有毛曰獸 <字會下 2a>

<1633> 즛 對 模㨾

고유어 '즛'과 한자어 '模㨾'이 [貌] 즉 '모습, 모양'의 뜻을 가지고 동의 관계에 있다는 것은 다음 예문들에서 잘 확인된다. '貌'의 자석이 '즛'이고 고유어 '즛'은 한자어 '模㨾'과 동의 관계에 있다. 따라서 '즛'과 '模㨾'의 동의성은 명백히 입증된다.

(1633) a. 貊 : 容貊 <四解下 21a>

　　　b. 貌 : 同 <四解下 21a>

　　　c. 貌 : 즛 모 俗稱模樣 又曰撲範 <字會上 12b>

<1634> 즛 對 容貌

고유어 '즛'과 한자어 '容貌'가 [貌]와 [容] 즉 '모양, 모습'의 뜻을 가지고 동의 관계에 있다는 것은 다음 예문들에서 잘 확인된다. '貌'가 한자어 '容貌'를 뜻하고 '貌'의 자석이 '즛'이다. 그리고 '容'이 한자 '貌'와 同義이고 '容'의 자석이 '즛'이다. 따라서 '즛'과 '容貌'의 동의성은 명백히 입증된다.

(1634) a. 貊 : 容貊 <四解下 21a>

　　　b. 貌 : 同 <四解下 21a>

　　　c. 貌 : 즛 모 俗稱模樣 <字會上 12b>

(1634) d. 容 : …貌也 <四解上 10b>

　　　e. 容 : 즛 용 <字會上 13a>

<1635> 즛 對 容儀

고유어 '즛'과 한자어 '容儀'가 [容] 즉 '모양, 모습'의 뜻을 가지고 동의 관계에 있다는 것은 다음 예문들에서 잘 확인된다. '容'이 한자어 '容儀'를 뜻한다. 그리고 '容'의 자석이 '즛'이다. 따라서 '즛'과 '容儀'의 동의성은 명백히 입증된다.

(1635) a. 容 : 容儀也 <四解上 10b>

　　　b. 容 : 즛 용 <字會上 13a>

<1636> 증편 對 餾餅

고유어 '증편'과 한자어 '餾餅'이 [蒸餅]과 [餾] 즉 '찐 떡'의 뜻을 가지고 동의 관계에 있다는 것은 다음 예문들에서 잘 확인된다. 원문 중 '蒸餅'이 '증편'으로 번역된다. 그리고 '餾'가 한자어 '餾餅'을 뜻하고 '餾餅'은 한자어 '蒸餅'과 동의 관계에 있다. 따라서 '증편'과 '餾餅'의 동의성은 명백히 입증된다. '증편'의 '증'은 한자 '蒸'이지만 이 저서에서는 고유어로 다루었다.

(1636) a. 증편(蒸餅) <번老下 37b>

b. 餹 : 餹餅 蒸餅 <四解上 49a>

<1637> 징경이 對 鴡鳩

고유어 '징경이'와 한자어 '鴡鳩'가 [鴡] 즉 '징경이, 물수리'의 뜻을 가지고 동의 관계에 있다는 것은 다음 예문들에서 잘 확인된다. '鴡'가 한자어 '鴡鳩'를 뜻하고 '鴡鳩'는 고유어 '징경이'와 동의 관계에 있다. 그리고 '鴡'의 자석이 '징경이'이고 고유어 '징경이'는 한자어 '鴡鳩'와 동의 관계에 있다. 따라서 '징경이'와 '鴡鳩'의 동의성은 명백히 입증된다.

(1637) a. 鴡 : 鴡鳩 징경이 今俗呼鴛鴦 <四解上 31a>
　　　 b. 鴡 : 징경이 져 鴡鳩 <字會上 9a>

<1638> 지네 對 馬蚿

고유어 '지네'와 한자어 '馬蚿'이 [鬐]와 [駿] 즉 '갈기, 말갈기'의 뜻을 가지고 동의 관계에 있다는 것은 다음 예문들에서 잘 확인된다. '鬐'가 한자어 '馬蚿'을 뜻한다. '鬐'의 자석이 '지네'이고 고유어 '지네'는 한자어 '馬蚿'과 동의 관계에 있다. 그리고 '駿'이 한자어 '馬蚿'을 뜻한다. 따라서 '지네'와 '馬蚿'의 동의성은 명백히 입증된다.

(1638) a. 鬐 : 馬蚿 <四解上 14b>
　　　 b. 鬐 : 지네 기 馬蚿亦曰鬐 <字會下 5a>

(1638) c. 駿 : 馬蚿 <四解上 4b>

<1639> 지네 對 蜈蚣

고유어 '지네'와 한자어 '蜈蚣'이 [蜈]와 [蚣] 즉 '지네'의 뜻을 가지고 동의 관계에 있다는 것은 다음 예문들에서 잘 확인된다. '蜈'가 한자어 '蜈蚣'을 뜻하고 '蜈'의 자석이 '지네'이다. '蚣'이 한자어 '蜈蚣'을 뜻하고 '蜈蚣'은 고유어 '지네'와 동의 관계에 있다. 그리고 '蚣'의 자석이 '지네'이고 고유어 '지네'는 한자어 '蜈蚣'과 동의 관계에 있다. 따라서 '지네'와 '蜈蚣'의 동의성은 명백히 입증된다.

(1639) a. 蜈 : 蜈蚣 <四解上 36b>
　　　 b. 蜈 : 지네 오 <字會上 12a>

(1639) c. 蚣 : 今俗呼蜈蚣 지네 <四解上 1a>

d. 蚣 : 지네 공 俗呼蜈蚣 <字會上 12a>

<1640> 지달 對 馬繫足

고유어 '지달'과 한자어 '馬繫足'이 [絆] 즉 '줄, 말의 발을 잡아매는 줄'의 뜻을 가지고 동의 관계에 있다는 것은 다음 예문들에서 잘 확인된다. 원문 중 '着絆'이 '지달 쓰다'로 번역된다. 그리고 '絆'이 한자어 '馬繫足'을 뜻한다. 따라서 '지달'과 '馬繫足'의 동의성은 명백히 입증된다.

(1640) a. 노의란 지달 쓰라(再來着絆着) <번老上 45b>

　　　　b. 발 지달 쓰고(絆了脚) <번老下 45a>

(1640) c. 絆 : 馬繫足 <四解上 73b>

<1641> 지도리 對 戶樞

고유어 '지도리'와 한자어 '戶樞'가 [樞]와 [椳] 즉 '지도리, 문지도리'의 뜻을 가지고 동의 관계에 있다는 것은 다음 예문들에서 잘 확인된다. 원문 중 '樞機'가 '문읫 지도리와 소니옛 술'로 번역된다. '樞'가 한자어 '戶樞'를 뜻하고 '樞'의 자석이 '지도리'이다. 그리고 '椳'가 한자어 '戶樞'를 뜻하고 '椳'의 자석이 '지도리'이다. 따라서 '지도리'와 '戶樞'의 동의성은 명백히 입증된다.

(1641) a. ㅎ 몰며 이는 문읫 지도리와 소니옛 술 ᄀᆞᄐᆞᆫ 거시라 사홈도 닐와ᄃᆞ며 됴ᄒᆞᆫ 일도 내요미 ᄯᅡ녀(矧是樞機興戎出好ㅣ ᄯᅡ녀) <번小八 10b>

(1641) b. 樞 : 戶樞 <四解上 32a>

　　　　c. 樞 : 지도리 츄 俗呼門斗 <字會中 4a>

(1641) d. 椳 : 戶樞 <四解上 53a>

　　　　e. 椳 : 지도리 외 <字會中 4a>

<1642> 지즑 對 藁薦

고유어 '지즑'과 한자어 '藁薦'이 [藁薦]과 [薦] 즉 '거적, 깔개'의 뜻을 가지고 동의 관계에 있다는 것은 다음 예문들에서 잘 확인된다. 원문 중 '藁薦席子'가 '지즑과 돗'으로 번역되고 '席子藁薦'이 '돗과 지즑'으로 번역된다. '席薦'이 '돗과 지즑'으로 번역된다. '薦'이 한자어 '藁薦'을 뜻하고 '藁薦'은 고유어 '지즑'과 동의 관계에 있다. 그리고 '薦'의 자석이 '지즑'이고 고유어 '지즑'은 한자어 '藁薦'과 동의 관계에 있다. 따라서 '지즑'과 '藁薦'의 동의성은 명백히 입증된다.

(1642) a. 지즑과 돗 가져다가(將藁薦席子來) <번老上 25b>
    b. 여러 돗과 지즑 달라 ᄒᆞ야 가져오라(要幾箇席子藁薦來) <번老上 69a>
    c. 이 세 지즑을 너 주어든 ᄭᆞ라ᄉᆞ라(這的三箇藁薦與你鋪) <번老上 25b>
    d. 돗과 지즑 ᄭᆞ라든 기들워(等鋪了席薦時) <번老上 69a>

(1642) e. 薦 : …今俗呼藁薦 지즑 <四解下 4b>
    f. 薦 : 지즑 천 俗呼藁薦 딥지즑 <字會中 6b>

<1643> 지즑 對 茵褥

고유어 '지즑'과 한자어 '茵褥'이 [茵] 즉 '깔개'의 뜻을 가지고 동의 관계에 있다는 것은 다음 예문들에서 잘 확인된다. '茵'이 한자어 '茵褥'을 뜻한다. 그리고 '茵'의 자석이 '지즑'이다. 따라서 '지즑'과 '茵褥'의 동의성은 명백히 입증된다.

(1643) a. 茵 : 茵褥 <四解上 60a>
    b. 茵 : 지즑 인 <字會中 6b>

<1644> 지지 對 梔子

고유어 '지지'와 한자어 '梔子'가 [梔] 즉 '치자나무의 열매'의 뜻을 가지고 동의 관계에 있다는 것은 다음 예문들에서 잘 확인된다. '梔'가 한자어 '梔子'를 뜻하고 '梔子'는 고유어 '지지'와 동의 관계에 있다. 그리고 '梔'의 자석이 '지지'이고 고유어 '지지'는 한자어 '梔子'와 동의 관계에 있다. 따라서 '지지'와 '梔子'의 동의성은 명백히 입증된다.

(1644) a. 梔 : 梔子 一名木丹 又名越桃 一曰鮮蔔 一名林蘭 지지 <四解上 17b>
    b. 梔 : 지짓 지 俗呼梔子 花名 鮮蔔 <字會上 4a>

<1645> 지차리 對 蚰蜒

고유어 '지차리'와 한자어 '蚰蜒'이 [蚰]와 [蜒] 즉 '그리마'의 뜻을 가지고 동의 관계에 있다는 것은 다음 예문들에서 잘 확인된다. '蚰'가 한자어 '蚰蜒'을 뜻하고 '蚰'의 자석이 '지차리'이다. '蜒'이 한자어 '蚰蜒'을 뜻한다. 그리고 '蜒'의 자석이 '지차리'이고 고유어 '지차리'는 한자어 '蚰蜒'과 동의 관계에 있다. 따라서 '지차리'와 '蚰蜒'의 동의성은 명백히 입증된다.

(1645) a. 蚰 : … 小曰蚰蜒 <四解下 70b>

b. 蚰 : 지차리 유 <字會上 12a>

(1645) c. 蜒 : … 小者蚰蜒 <四解下 7b>

d. 蜒 : 지차리 연 俗呼蚰蜒 <字會上 12a>

<1646> 지취 對 즈초

고유어 '지취'와 한자어 '즈초'(紫草) 가 [紫草] 즉 '지치, 芝草'의 뜻을 가지고 동의 관계에 있다는 것은 다음 예문들에서 잘 확인된다. 원문 중 '紫草能導'가 '지취는 릉히 통케 ᄒᆞ다'로 번역되고 '去紫草'가 '지취란 말다'로 번역되고 '紫草氣'가 '지췻 김'으로 번역된다. 그리고 '紫草木香湯'이 '즈초목향탕'으로 번역된다. 따라서 '지취'와 '즈초'의 동의성은 명백히 입증된다.

(1646) a. 지취는 릉히 대변을 통케 ᄒᆞᄂᆞ니라(紫草能導大便) <瘡疹 29a>

b. 목향을 가입ᄒᆞ고 지취란 말라(可入木香去紫草) <瘡疹 31b>

c. 지췻 기미 나디 아니케 ᄒᆞ야(勿令紫草氣出) <瘡疹 29a>

d. 지췻 움 반 량(紫草茸半兩) <瘡疹 40a>

e. 지취 목향(紫草 木香) <瘡疹 31a>

f. 지취 션각(紫草 蟬殼去足異) <瘡疹 32a>

(1646) h. 자츠목향탕은(紫草木香湯) <瘡疹 31a> <瘡疹 31b>

i. 자츠목향탕을 머기고(服紫草木香湯) <瘡疹 64b>

j. 자츠음즈는(紫草飲子) <瘡疹 28b>

<1647> 진 對 氣液

고유어 '진'과 한자어 '氣液'이 [津] 즉 '진, 인체에서 분비되는 액체'의 뜻을 가지고 동의 관계에 있다는 것은 다음 예문들에서 잘 확인된다. '津'이 한자어 '氣液'을 뜻하고 '氣液'은 고유어 '진'과 동의 관계에 있다. 따라서 '진'과 '氣液'의 동의성은 명백히 입증된다.

(1647) a. 津 : … 又氣液 <四解上 58a>

b. 津 : … 又氣液 진 <字會上 2b>

<1648> 진 對 津液

고유어 '진'과 한자어 '津液'이 [液] 즉 '진, 진액, 인체에서 분비되는 액체 곧 피, 땀, 침, 눈물, 精液'의 뜻을 가지고 동의 관계에 있다는 것은 다음 예문들에서 잘 확인된다. 원문 중 '五臟之液'이 '오장이 진 익'으로 번역된다. 그리고 '液'이 한자어 '津液'을 뜻하고 '液'의 자석이 '진'이다. 따라서 '진'과 '津液'의 동의성은 명백히 입증된다. 고유어 '진'은 '上聲'이고 한자 '津'은 '平聲'이다.

(1648) a. 힝역의 형톄 다 오장이 진익이니(瘡疹之牀皆五臟之液) <瘡疹 3b>

(1648) b. 液 : 津液 <四解下 56a>

c. 液 : 진 익 身有五液 涕淚涎涎汗 <字會上 15b>

고유어 '진'의 先代形 '진'이 15세기의 『月印釋譜』(1459), 『楞嚴經諺解』(1462) 및 『救急簡易方』(1489)의 다음 예문들에서 잘 확인된다. 원문 중 '餘液'이 '나믄 진'으로 번역되고 '汗出'이 '진 나다'로 번역된다.

(1648) d. 버거 너추렛 여르미 나니 버혀든 뿔(43a) フ튼 진 흐르더라(月一 43b>

e. 고롬과 피왜 섯근 나믄 지니니(膿血雜亂餘液이니) <楞六 99a>

f. 비슬 브레 뾔야 진 나거든 울흐라(炙梳汗出熨之) <救간六 51a>

<1649> 진뒤 對 草蟣

고유어 '진뒤'와 한자어 '草蟣'가 [蟣] 즉 '진드기'의 뜻을 가지고 동의 관계에 있다는 것은 다음 예문들에서 잘 확인된다. '蟣'가 한자어 '草蟣'를 뜻하고 '草蟣'는 고유어 '진뒤'와 동의 관계에 있다. 그리고 '蟣'의 자석이 '진뒤'이고 고유어 '진뒤'는 한자어 '草蟣'와 동의 관계에 있다. 따라서 '진뒤'와 '草蟣'의 동의성은 명백히 입증된다.

(1649) a. 蟣 : 牛蝨 俗呼草蟣 진뒤 <四解上 26a>

b. 蟣 : 진뒤 비 俗呼草蟣 又蟣虫 <字會上 12a>

<1650> 진둘위 對 山躑躅

고유어 '진둘위'와 한자어 '山躑躅'이 [山躑躅] 즉 '산철쭉, 야생 철쭉'의 뜻을 가지고 동의 관계에 있다는 것은 다음 예문들에서 잘 확인된다. '躅'의 자석이 '텩튝'이고 고유어 '진둘위'가 한자어 '山躑躅'과 동의 관계에 있다. 따라서 '진돌위'와 '山躑躅'의 동의성은 명백히 입증된다.

(1650) a. 蘭 : 蘭蘭 花名 <四解上 9b>

(1650) b. 蘭 : 뎍툭 툭 蘭蘭 一名羊躑躅 又謂진돌위曰山躑躅 <字會上 4a>

<1651> 짐 對 所負

고유어 '짐'과 한자어 '所負'가 [任] 즉 '짐'의 뜻을 가지고 동의 관계에 있다는 것은 다음 예문들에서 잘 확인된다. 원문 중 '輕任'이 '가빈야온 짐'으로 번역되고 '重任'이 '므거운 짐'으로 번역된다. 그리고 '任'이 한자어 '所負'를 뜻한다. 따라서 '짐'과 '所負'의 동의성은 명백히 입증된다.

(1651) a. 가빈야온 지므란 흔디 뫼호고 므거운 지므란 논호고(輕任을 幷호고 重任을 分호고) <번小三 33a>

    b. 任 : …又指所負也 <四解下 75a>

<1652> 짐 對 行李

고유어 '짐'과 한자어 '行李'가 [行李]와 [李] 즉 '여행용 짐'의 뜻을 가지고 동의 관계에 있다는 것은 다음 예문들에서 잘 확인된다. 원문 중 '收拾了行李'가 '짐들 설엇다'로 번역된다. 그리고 '李'가 한자어 '行李'를 뜻한다. 따라서 '짐'과 '行李'의 동의성은 명백히 입증된다.

(1652) a. 우리 쏼리 짐들 설어즈라(咱急急的收拾了行李) <번老上 38a>

    b. 짐 브리왓다가(卸下行李來) <번老上 62b>

(1652) c. 李 : 行李 <四解上 28b>

<1653> 집 對 家庭

고유어 '집'과 한자어 '家庭'이 [家] 즉 '집, 가정'의 뜻을 가지고 동의 관계에 있다는 것은 다음 예문들에서 잘 확인된다. 원문 중 '家法名聲'이 '家庭엣 법령과 명성'으로 번역된다. 그리고 '家'의 자석이 '집'이다. 따라서 '집'과 '家庭'의 동의성은 명백히 입증된다.

(1653) a. 家庭엣 법령과 명성이 도흐며(家法名聲好來) <번老下 48a>

(1653) b. 家 : 居也 臣呼天子曰大家 宅家 天家 <四解下 30a>

c. 家 : 집 가 俗呼家當 <字會中 3a>

<1654> 집 對 閣

　고유어 '집'과 한자어 '閣'이 [閣] 즉 '누락, 다락집'의 뜻을 가지고 동의 관계에 있다는 것은 다음 예문들에서 잘 확인된다. 원문 중 '城裏閣'이 '잣 안햇 閣'으로 번역되고 '閣後'가 '閣 뒤ㅎ'로 번역된다. 그리고 '閣'의 자석이 '집'이다. 따라서 '집'과 '閣'의 동의성은 명백히 입증된다. 따라서 '집'과 '閣'의 동의성은 명백히 입증된다.

　　(1654) a. 小人이 遼東 잣 안햇 閣으론 븍녀기오 거리론 동녀긔 사노라(小人遼東城裏閣北街東住) <번老上 48b>
　　　　b. 閣애셔 뿌미 언메나 갓가온가 먼가(離閣有多少近遠) <번老上 48b>
　　　　c. 閣애셔 뿌미 일빅보 짜만흔 듸(離閣有一百步地) <번老上 48b>
　　　　d. 殿 앏과 閣 뒤헤(殿前閣後) <번朴上 69b>
　　　　e. 각 앏 믈 우희 제 ᄆᆞᅀᆞ모로셔 즐기는 거슨(閣前水面上自在快活的) <번朴上 70a>

　　(1654) f. 閣 : 樓閣 <四解下 34a>
　　　　g. 閣 : 집 각 <字會中 3b>

<1655> 집 對 匣兒

　고유어 '집'과 한자어 '匣兒'가 [匣] 즉 '갑, 작은 상자'의 뜻을 가지고 동의 관계에 있다는 것은 다음 예문들에서 잘 확인된다. '匣'의 자석이 '집'이고 고유어 '집'은 한자어 '匣兒'와 동의 관계에 있다. 따라서 '집'과 '匣兒'의 동의 성은 명백히 입증된다.

　　(1655) a. 匣 : 匱也 <四解下 80b>
　　　　b. 匣 : 집 갑 俗呼匣兒 <字會中 7b>

<1656> 집 對 居宅

　고유어 '집'과 한자어 '居宅'이 [宅] 즉 '집, 家宅'의 뜻을 가지고 동의 관계에 있다는 것은 다음 예문들에서 잘 확인된다. 원문 중 '田宅'이 '밭과 집'으로 번역되고 '京宅'이 '셔울 집'으로 번역된다. 그리고 '宅'이 한자어 '居宅'을 뜻하고 '宅'의 자석이 '집'이다. 따라서 '집'과 '居宅'의 동의성은 명백히 입증된다.

(1656) a. 받과 집을 위호야 사셔 살이며(爲買田宅居之호며) <번小九 36a>

b. 그 받티며 집이며 쳘량올 다 포라(盡賣其田宅財物호야) <번小九 56b>

c. 쏘 아숨 졔도호는 받과 지블 부러 호여 둣더니라(幷置義田宅云호니라) <번小七 49b>

d. 椿이 셔울 집의 잇더니(椿在京宅호더니) <번小九 76b>

e. 高宗이 泰山의 가 졔호시고 그 집의 가샤(高宗이 封泰山호시고 幸其宅호샤) <번小九 97a>

f. 弘이 (77b) 집의 도라오나놀(弘이 還宅이어놀) <번小九 78a>

(1656) g. 宅 : …居宅 <四解下 61b>

h. 宅 : 집 튁 <字會中 3a>

<1657> 집 對 鏡奩

고유어 '집'과 한자어 '鏡奩'이 [奩] 즉 '경대, 거울을 넣어 두는 그릇'의 뜻을 가지고 동의 관계에 있다는 것은 다음 예문들에서 잘 확인된다. '奩'이 한자어 '鏡奩'을 뜻한다. 그리고 '奩'의 자석이 '집'이고 고유어 '집'은 한자어 '鏡奩'과 동의 관계에 있다. 따라서 '집'과 '鏡奩'의 동의성은 명백히 입증된다.

(1657) a. 奩 : 今俗呼鏡奩 亦作籢 거우룻집 <四解下 86a>

b. 奩 : 집 렴 俗呼鏡奩 <字會中 7b>

<1658> 집 對 公廳

고유어 '집'과 한자어 '公廳'이 [廳] 즉 '관청'의 뜻을 가지고 동의 관계에 있다는 것은 다음 예문들에서 잘 확인된다. '廳'의 자석이 '집'이고 고유어 '집'은 한자어 '公廳'과 동의 관계에 있다. 따라서 '집'과 '公廳'의 동의성은 명백히 입증된다.

(1658) a. 廳 : 屋也 治官處 <四解下 48b>

b. 廳 : 집 텽 俗呼正廳 公廳 <字會中 3a>

<1659> 집 對 館

고유어 '집'과 한자어 '館'이 [館]과 [舘] 즉 '집'의 뜻을 가지고 동의 관계에 있다는 것은 다음 예문들에서 잘 확인된다. 원문 중 '酒館'이 '수울 포는 館'으로 번역된다. 그리고 '舘'의 자석이 '집'이다. 따라서 '집'과 '館'의 동의성은 명백히 입증된다. 한자 '舘'은 '館'의 속자이다.

(1659) a. 그는 劉淸甫의 수울 포는 館이니(那箇是劉淸甫酒館) <번老上 49a>

(1659) b. 館 : 客舍 <四解上 72a>

c. 舘 : 집 관 客舍 亦作館 <字會中 5a>

<1660> 집 對 君居

고유어 '집'과 한자어 '君居'가 [宮], [闕] 및 [殿] 즉 '궁궐, 대궐, 天子의 居所'의 뜻을 가지고 동의 관계에 있다는 것은 다음 예문들에서 잘 확인된다. '宮'의 자석이 '집'이고 고유어 '집'은 한자어 '君居'와 동의 관계에 있다. '闕'의 자석이 '집'이고 고유어 '집'은 한자어 '君居'와 동의 관계에 있다. 그리고 '殿'의 자석이 '집'이고 고유어 '집'은 한자어 '君居'와 동의 관계에 있다. 따라서 '집'과 '君居'의 동의성은 명백히 입증된다.

(1660) a. 宮 : 宮室 <四解上 7a>

b. 宮 : 집 궁 君居 <字會中 3a>

(1660) c. 闕 : …又宮闕 <四解下 9b>

d. 闕 : 집 궐 君居 <字會中 3a>

(1660) e. 殿 : 宮殿 <四解下 2b>

f. 殿 : 집 뎐 君居 <字會中 3a>

<1661> 집 對 宮闕

고유어 '집'과 한자어 '宮闕'이 [闕]과 [宮] 즉 '궁궐, 天子의 居所'의 뜻을 가지고 동의 관계에 있다는 것은 다음 예문들에서 잘 확인된다. '闕'이 한자어 '宮闕'을 뜻하고 '闕'의 자석이 '집'이다. 그리고 '宮'의 자석이 '집'이다. 따라서 '집'과 '宮闕'의 동의성은 명백히 입증된다.

(1661) a. 闕 : 門觀 又宮闕 <四解下 9b>

b. 闕 : 집 궐 君居 <字會中 3a>

(1661) c. 宮 : 宮室 <四解上 7a>

d. 宮 : 집 궁 君居 <字會中 3a>

<1662> 집 對 宮殿

고유어 '집'과 한자어 '宮殿'이 [殿]과 [宮] 즉 '궁궐, 天子의 거처'의 뜻을 가지고 동의 관계에 있다는 것은 다음 예문들에서 잘 확인된다. '殿'이 한자어 '宮殿'을 뜻하고 '殿'의 자석이 '집'이다. 그리고 '宮'의 자석이 '집'이다. 따라서 '집'과 '宮殿'의 동의성은 명백히 입증된다.

(1662) a. 殿 : 宮殿 <四解下 2b>
　　　　b. 殿 : 집 뎐 君居 <字會中 3a>

(1662) c. 宮 : 宮室 <四解上 7a>
　　　　d. 宮 : 집 궁 君居 <字會中 3a>

<1663> 집 對 宮室

고유어 '집'과 한자어 '宮室'이 [宮]과 [宮室] 즉 '집'의 뜻을 가지고 동의 관계에 있다는 것은 다음 예문들에서 잘 확인된다. 원문 중 '宮事'가 '짒 일'로 번역되고 '深宮'이 '집을 기피 ᄒ다'로 번역된다. '爲宮室'이 '宮室을 짓다'로 번역된다. 그리고 '宮'이 한자어 '宮室'을 뜻하고 '宮'의 자석이 '집'이다. 따라서 '집'와 '宮室'의 동의성은 명백히 입증된다.

(1663) a. 짒 이를 어글웃디 말라(無違宮事ᄒ라) <번小三 13a>
　　　　b. 집을 기피 ᄒ며 문을 구디 ᄒ야(深宮固門ᄒ야) <번小三 17a>
　　　　c. 宮室을 짓오ᄃᆡ 안팟글 굴히나게 ᄒ야(爲宮室호ᄃᆡ 辨內外ᄒ야) <번小三 16b>

(1663) d. 宮 : 宮室 <四解上 7a>
　　　　e. 宮 : 집 궁 <字會中 3a>

<1664> 집 對 客舍

고유어 '집'과 한자어 '客舍'가 [館]과 [舘] 즉 '객사, 여관'의 뜻을 가지고 동의 관계에 있다는 것은 다음 예문들에서 잘 확인된다. '館'과 '舘'이 한자어 '客舍'를 뜻한다. 그리고 '舘'의 자석이 '집'이고 고유어 '집'은 한자어 '客舍'와 동의 관계에 있다. 따라서 '집'과 '客舍'의 동의성은 명백히 입증된다. 한자 '館'과 '舘'은 同字이다.

(1664) a. 館 : 客舍 <四解上 72a>
　　　　b. 舘 : 同上 <四解上 72a>
　　　　c. 舘 : 집 관 客舍 亦作館 <字會中 5a>

그리고 '舘'이 '손 드는 집'으로 번역된다는 것은 다음 예문에서 잘 확인된다. 원문 중 '舘傳'이 '손 드는 집과 역'으로 번역된다.

(1664) d. 손 드는 집과 역을 다 됴히 꾸며 두며(舘傳을 必增飾ᄒ며) <번小十 14b>

<1665> 집 對 堂下周廊

고유어 '집'과 한자어 '堂下周廊'이 [廡]와 [厢] 즉 '복도, 거느림채'의 뜻을 가지고 동의 관계에 있다는 것은 다음 예문들에서 잘 확인된다. '廡'가 한자어 '堂下周廊'을 뜻한다. '廡'의 자석이 '집'이고 고유어 '집'은 한자어 '堂下周廊'과 동의 관계에 있다. 그리고 '厢'이 한자 '廡'와 同義이고 '厢'의 자석이 '집'이고 고유어 '집'은 한자어 '堂下周廊'과 동의 관계에 있다. 따라서 '집'과 '堂下周廊'의 동의성은 명백히 입증된다.

(1665) a. 廡 : 堂下周廊 <四解上 39b>
　　　b. 廡 : 집 무 堂下周廊 <字會中 3a>

(1665) c. 厢 : 廡也 <四解下 42a>
　　　d. 厢 : 집 샹 堂下周廊 <字會中 4b>

<1666> 집 對 大屋

고유어 '집'과 한자어 '大屋'이 [廈] 즉 '큰 집, 규모가 큰 집'의 뜻을 가지고 동의 관계에 있다는 것은 다음 예문들에서 잘 확인된다. '廈'가 한자어 '大屋'을 뜻한다. 그리고 '廈'의 자석이 '집'이고 고유어 '집'은 한자어 '大屋'과 동의 관계에 있다. 따라서 '집'과 '大屋'의 동의성은 명백히 입증된다.

(1646) a. 廈 : 大屋 <四解下 31a>
　　　b. 廈 : 집 하 大屋 <字會中 3a>

<1667> 집 對 殿

고유어 '집'과 한자어 '殿'이 [殿] 즉 '큰 집'의 뜻을 가지고 동의 관계에 있다는 것은 다음 예문들에서 잘 확인된다. 원문 중 '碑殿'이 '비 셰욘 집'으로 번역되고 '殿前'이 '殿 앏'으로 번역된다. 그리고 '殿'의 자석이 '집'이다. 따라서 '집'과 '殿'의 동의성은 명백히 입증된다.

(1667) a. 비 셰욘 집과 여러 가짓 집들홀 아직 구틔여 니르디 마셔(碑殿 諸般殿舍 且不索說) <번朴上 69b>

b. 殿 앏과 客 뒤혜(殿前閣後) <번朴上 69b>

(1667) c. 殿 : 宮殿 <四解下 2b>
d. 殿 : 집 뎐 <字會中 3a>

<1668> 집 對 帝居

고유어 '집'과 한자어 '帝居'가 [宸] 즉 '대궐, 궁궐'의 뜻을 가지고 동의 관계에 있다는 것은 다음 예문 들에서 잘 확인된다. '宸'이 한자어 '帝居'를 뜻한다. 그리고 '宸'의 자석이 '집'이다. 따라서 '집'과 '帝居'의 동의성은 명백히 입증된다.

(1668) a. 宸 : 帝居 <四解上 60a>
b. 宸 : 집 신 君居 <字會中 3a>

<1669> 집 對 第宅

고유어 '집'과 한자어 '第宅'이 [苐]와 [第] 즉 '집, 저택'의 뜻을 가지고 동의 관계에 있다는 것은 다음 예문들에서 잘 확인된다. 원문 중 '居苐'가 '살 집'으로 번역된다. 그리고 '第'가 한자어 '第宅'을 뜻한다. 따라서 '집'과 '第宅'의 동의성은 명백히 입증된다. 한자 '第'와 '苐'는 同字이다.

(1669) a. 살 지븐 주손의게 뎐홀 거시니(居第ᄂᆞᆫ 當傳子孫이니) <번小十 29a>
b. 文靖公 李沆이 살 지블 封丘門 밧긔 지수ᄃᆡ(李文靖公이 治居苐於封丘門外호ᄃᆡ) <번小十 29a>

(1669) c. 第 : 次第 又第宅 <四解上 25b>

<1670> 집 對 道宮

고유어 '집'과 한자어 '道宮'이 [觀] 즉 '道宮, 도사가 사는 집'의 뜻을 가지고 동의 관계에 있다는 것은 다음 예문들에서 잘 확인된다. '觀'의 자석이 '집'이고 고유어 '집'은 한자어 '道宮'과 동의 관계에 있다. 따라서 '집'과 '道宮'의 동의성은 명백히 입증된다.

(1670) a. 觀 : …又樓觀 <四解上 72a>
b. 觀 : 집 관 道宮 <字會中 5b>

<1671> 집 對 樓閣

고유어 '집'과 한자어 '樓閣'이 [閣] 즉 '누락, 다락집'의 뜻을 가지고 동의 관계에 있다는 것은 다음 예문들에서 잘 확인된다. '閣'이 한자어 '樓閣'을 뜻한다. 그리고 '閣'의 자석이 '집'이다. 따라서 '집'과 '樓閣'의 동의성은 명백히 입증된다.

(1671) a. 閣 : 樓閣 <四解下 34a>
b. 閣 : 집 각 <字會中 3b>

<1672> 집 對 樓觀

고유어 '집'과 한자어 '樓觀'이 [觀] 즉 '道敎의 사원, 仙人 · 도사가 수도하는 곳'의 뜻을 가지고 동의 관계에 있다는 것은 다음 예문들에서 잘 확인된다. '觀'이 한자어 '樓觀'을 뜻한다. 그리고 '觀'의 자석이 '집'이다. 따라서 '집'과 '樓觀'의 동의성은 명백히 입증된다.

(1672) a. 觀 : …又樓觀 <四解上 72a>
b. 觀 : 집 관 道宮 <字會中 5b>

<1673> 집 對 民居

고유어 '집'과 한자어 '民居'가 [廬] 즉 '백성들의 거처, 民家'의 뜻을 가지고 동의 관계에 있다는 것은 다음 예문들에서 잘 확인된다. 원문 중 '田廬'가 '받과 집'으로 번역되고 '窮廬'가 '궁혼 집'으로 번역된다. 그리고 '廬'의 자석이 '집'이고 고유어 '집'은 한자어 '民居'와 동의 관계에 있다. 따라서 '집'과 '民居'의 동의성은 명백히 입증된다.

(1673) a. 받과 집과를 사오나오니와 기우러디니를 가지며(田廬를 取其荒頓者) <번小九 22b>
b. 내 녜 받티며 집이 이시니(顧自有舊田廬ᄒᆞ니) <번小九 89a>
c. 궁혼 지븨셔 슬허혼ᄃᆞᆯ(悲歎窮廬ㅣᆫᄃᆞᆯ) <번小六 17a>

(1673) d. 廬 : 舍也 <四解上 35a>
e. 廬 : 집 려 民居 <字會中 3a>

<1674> 집 對 방

고유어 '집'과 한자어 '방'(房) 이 [房舍], [房] 및 [舍] 즉 '집'의 뜻을 가지고 동의 관계에 있다는 것은

다음 예문들에서 잘 확인된다. 원문 중 '田産房舍'가 '뎐디며 집'으로 번역되고 '房舍之中'이 '방 싸온
뒤'로 번역된다. '舍後'가 '방 뒤ㅎ'로 번역된다. 그리고 '房'과 '舍'의 자석이 '집'이다. 따라서 '집'과 '방'
의 동의성은 명백히 입증된다.

    (1674) a. 뎐디며 집들 볼모 드리니(田産房舍也典儅了) <번老下 55b>

        b. 가줄비건댄 방 싸온뒤 안자스면 이 다 담이며 브롬이 ㄱ토니(譬如坐於房舍之中ᄒ야 四面이
           皆墻壁也ㅣ니) <번小六 12a>

        c. 방 뒤헤 솓가마 뉴엣 거시 잇거늘 보고(見舍後애 有鍋釜之類ᄒ고) <번小九 7a>

    (1674) d. 房 : 室也 <四解下 37b>

        e. 房 : 집 방 <字會中 3a>

    (1674) f. 舍 : 居也 <四解下 33a>

        g. 舍 : 집 샤 <字會中 3a>

<1675> 집 對 房室

    고유어 '집'과 한자어 '房室'이 [室]과 [房] 즉 '집, 방'의 뜻을 가지고 동의 관계에 있다는 것은 다음 예
문들에서 잘 확인된다. 원문 중 '幽室'이 '기픈 집'으로 번역되고 '入于室'이 '지븨 드리다'로 번역된다.
'室'이 한자어 '房室'을 뜻하고 '室'의 자석이 '집'이다. 그리고 '房'이 한자 '室'과 同義이고 '房'의 자석이
'집'이다. 따라서 '집'과 '房室'의 동의성은 명백히 입증된다.

    (1675) a. 기픈 지븨 이실 제도(居處幽室ᄒ뒤) <번小十 3b>

        b. 모로매 괴오ᄒ 지븨 정다이 안자(須靜室危坐ᄒ야) <번小八 35a>

        c. 깁이며 비단을 지븨 드리디(27b) 아니ᄒ고(綺羅錦繡를 不入于室ᄒ야) <번小十 28a>

    (1675) d. 室 : 房室 <四解上 59b>

        e. 室 : 집 실 後爲室 <字會中 3a>

    (1675) f. 房 : 室也 <四解下 37b>

        g. 房 : 집 방 <字會中 3a>

<1676> 집 對 房屋

고유어 '집'과 한자어 '房屋'이 [屋] 즉 '집, 주거'의 뜻을 가지고 동의 관계에 있다는 것은 다음 예문들

에서 잘 확인된다. 원문 중 '所居屋'이 '사는 집'으로 번역되고 '垣屋'이 '다미며 집'으로 번역된다. 그리고 '屋'의 자석이 '집'이고 고유어 '집'은 한자어 '房屋'과 동의 관계에 있다. 따라서 '집'과 '房屋'의 동의성은 명백히 입증된다.

(1676) a. 사는 집이 허러(所居屋敗ᄒᆞ야) <번小九 33a>
　　　b. 다미며 지비며 쓰는 그릇슬 반ᄃᆞ시 굳고 검박게 ᄒᆞ고(垣屋什物을 必堅朴ᄒᆞ고) <번小九 95b>
　　　c. 집을 니유미 엇디 맛당ᄒᆞ료(屋何宜覆이리오) <번小九 33a>

(1676) d. 屋 : 舍也 <四解上 5b>
　　　e. 屋 : 집 옥 俗呼房屋 <字會中 3a>

<1677> 집 對 房子

고유어 '집'과 한자어 '房子'가 [房子]와 [房] 즉 '집'의 뜻을 가지고 동의 관계에 있다는 것은 다음 예문들에서 잘 확인된다. 원문 중 '房子…窄'이 '지비…좁다'로 번역된다. 그리고 '房'의 자석이 '집'이고 고유어 '집'은 한자어 '房子'와 동의 관계에 있다. 따라서 '집'과 '房子'의 동의성은 명백히 입증된다.

(1677) a. 지비 진실로 조브니(房子委實窄) <번老上 49a>
　　　b. 내 ᄒᆞᆫ 지블 삭 물오 사노라 ᄒᆞ니(我典一箇房子裏) <번朴上 20b>

(1677) c. 房 : 室也 <四解下 37a>
　　　d. 房 : 집 방 俗呼房子 <字會中 3a>

<1678> 집 對 별실

고유어 '집'과 한자어 '별실'(別室)이 [齋]와 [廬] 즉 '집, 燕居하는 곳, 공부하는 곳'의 뜻을 가지고 동의 관계에 있다는 것은 다음 예문들에서 잘 확인된다. 원문 중 '小齋'가 '져근 별실'로 번역된다. 그리고 '廬'의 자석이 '집'이다. 따라서 '집'과 '별실'의 동의성은 명백히 입증된다.

(1678) a. 듕문 동녀긔 져근 별실이 이시니(中門東애 有小齋ᄒᆞ니) <번小九 102a>
　　　b. 그 별실의 ᄠᅥ나디 아니ᄒᆞ더니(不離小齋ᄒᆞ더니) <번小九 102a>

(1678) c. 齋 : …又燕居之室 <四解上 44b>
　　　d. 廬 : 집 지 燕居茅舍 俗通作齋 <字會中 3b>

<1679> 집 對 燕居茅舍

고유어 '집'과 한자어 '燕居茅舍'가 [廬] 즉 '집, 燕居하는 곳'의 뜻을 가지고 동의 관계에 있다는 것은 다음 예문들에서 잘 확인된다. '廬'의 자석이 '집'이고 고유어 '집'은 한자어 '燕居茅舍'와 동의 관계에 있다. 따라서 '집'과 '燕居茅舍'의 동의성은 명백히 입증된다.

　　(1679) a. 齋 : …又燕居之室 <四解上 44b>
　　　　　 b. 廬 : 집 지 燕居茅舍 俗通作齋 <字會中 3a>

<1680> 집 對 宇宙

고유어 '집'과 한자어 '宇宙'가 [宇]와 [宙] 즉 '世界'의 뜻을 가지고 동의 관계에 있다는 것은 다음 예문들에서 잘 확인된다. '宇'가 한자어 '宇宙'를 뜻하고 '宇'의 자석이 '집'이다. 그리고 '宙'가 한자어 '宇宙'를 뜻하고 '宙'의 자석이 '집'이다. 따라서 '집'과 '宇宙'의 동의성은 명백히 입증된다.

　　(1680) a. 宇 : 宇宙 <四解上 34a>
　　　　　 b. 宇 : 집 우 四方上下曰宇 <字會上 1a>

　　(1680) c. 宙 : 宇宙 <四解下 69b>
　　　　　 d. 宙 : 집 듀…往古來今曰宙 <字會上 1a>

<1681> 집 對 垣墻內

고유어 '집'과 한자어 '垣墻內'가 [院] 즉 '집, 담장을 두른 宮室'의 뜻을 가지고 동의 관계에 있다는 것은 다음 예문들에서 잘 확인된다. '院'이 한자어 '垣墻內'를 뜻하고 '院'의 자석이 '집'이다. 따라서 '집'과 '垣墻內'의 동의성은 명백히 입증된다.

　　(1681) a. 院 : 宅也 垣也 <四解下 10a>
　　　　　 b. 院 : 집 원 垣墻內 <字會中 3b>

<1682> 집 對 正寢

고유어 '집'과 한자어 '正寢'이 [堂] 즉 '거실, 正寢'의 뜻을 가지고 동의 관계에 있다는 것은 다음 예문들에서 잘 확인된다. 원문 중 '堂高'가 '지비 높다'로 번역된다. '堂'이 한자어 '正寢'을 뜻한다. 그리고 '堂'의 자석이 '집'이다. 따라서 '집'과 '正寢'의 동의성은 명백히 입증된다.

(1682) a. 지비 ᄀ장 노폼과(堂高數仞과) <번小八 18a>

(1682) b. 堂 : 正寢 又殿也 <四解下 35a>

　　　c. 堂 : 집 당 <字會中 3a>

<1683> 집 對 齋

고유어 '집'과 한자어 '齋'가 [齋]와 [廔] 즉 '집, 연거(燕居)하는 곳'의 뜻을 가지고 동의 관계에 있다는 것은 다음 예문들에서 잘 확인된다. 원문 중 '齋外'가 '집 밧'으로 번역되고 '齋內'가 '집 안ㅎ'으로 번역된다. '經義齋'가 '經義 다ᄉ리ᄂᆞᆫ 齋'로 번역되고 '治事齋'가 '일 다ᄉ리ᄂᆞᆫ 齋'로 번역된다. 그리고 '廔'의 자석이 '집'이다. 따라서 '집'과 '齋'의 동의성은 명백히 입증된다.

(1683) a. 믄(7a) 득 아ᄎᆞ미 벽 일빅을 손소 드러 집 밧긔 옴기고 나조히 도로 드려 집 안해 옴기더니(輒朝運百甓於齋外ᄒᆞ고 莫運於齋內ᄒᆞ더니) <번小十 7b>

　　　b. 經義 다ᄉ리ᄂᆞᆫ 齋와 일 다ᄉ리ᄂᆞᆫ 齋를 셔립ᄒᆞ니(置經義齋治事齋ᄒᆞ니) <번小九 10b>

(1683) c. 齋 : …又燕居之室 <四解上 44b>

　　　d. 廔 : 집 직 燕居茅舍 俗通作齋 <字會中 3a>

<1684> 집 對 廨舍

고유어 '집'과 한자어 '廨舍'가 [廨] 즉 '公館, 官衙의 건물'의 뜻을 가지고 동의 관계에 있다는 것은 다음 예문들에서 잘 확인된다. '廨'의 자석이 '집'이고 고유어 '집'은 한자어 '廨舍'와 동의 관계에 있다. 따라서 '집'과 '廨舍'의 동의성은 명백히 입증된다.

(1684) a. 廨 : 官舍 <四解上 46b>

　　　b. 廨 : 집 히 公廳 俗呼廨舍 <字會中 3a>

<1685> 집게 對 鐵箝

고유어 '집게'와 한자어 '鐵箝'이 [箝]과 [鉗] 즉 '집게'의 뜻을 가지고 동의 관계에 있다는 것은 다음 예문들에서 잘 확인된다. '箝'이 한자어 '鐵箝'을 뜻하고 '鐵箝'은 고유어 '집게'와 동의 관계에 있다. 그리고 '鉗'의 자석이 '집게'이다. 따라서 '집게'와 '鐵箝'의 동의성은 명백히 입증된다.

(1685) a. 箝 : 鐵鑷也 今俗呼鐵箝 집게 亦作鉗 <四解下 81b>

b. 鉗 : 집게 겸 俗呼鉗子 <字會中 8b>

<1686> 짓 對 鳥羽

고유어 '짓'과 한자어 '鳥羽'가 [羽]와 [翰] 즉 '새의 깃, 새의 날개'의 뜻을 가지고 동의 관계에 있다는 것은 다음 예문들에서 잘 확인된다. '羽'가 한자어 '鳥羽'를 뜻하고 '羽'의 자석이 '짓'이다. 그리고 '翰'이 한자어 '鳥羽'를 뜻하고 '翰'의 자석이 '짓'이다. 따라서 '짓'과 '鳥羽'의 동의성은 명백히 입증된다.

(1686) a. 羽 : 鳥羽 <四解上 34b>
　　　　 b. 羽 : 짓 우 <字會下 1b>

(1686) c. 翰 :　…鳥羽也 <四解上 71b>
　　　　 d. 翰 : 짓 한 <字會下 3b>

<1687> 짓 對 鳥之勁羽

고유어 '짓'과 한자어 '鳥之勁羽'가 [翮] 즉 '깃촉, 깃의 아래쪽에 있는 강경한 軸'의 뜻을 가지고 동의 관계에 있다는 것은 다음 예문들에서 잘 확인된다. '翮'이 한자어 '鳥之勁羽'를 뜻한다. 그리고 '翮'의 자석이 '짓'이고 고유어 '짓'은 한자어 '鳥之勁羽'와 동의 관계에 있다. 따라서 '짓'과 '鳥之勁羽'의 동의성은 명백히 입증된다.

(1687) a. 翮 : 鳥之勁羽 <四解下 62a>
　　　　 b. 翮 : 짓 격 鳥之勁羽 又羽莖 <字會下 3b>

<1688> 짓 對 羽翰

고유어 '짓'과 한자어 '羽翰'이 [翰]과 [羽] 즉 '깃, 날개'의 뜻을 가지고 동의 관계에 있다는 것은 다음 예문들에서 잘 확인된다. '翰'이 한자어 '羽翰'을 뜻하고 '翰'의 자석이 '짓'이다. 그리고 '羽'의 자석이 짓이다. 따라서 '짓'과 '羽翰'의 동의성은 명백히 입증된다.

(1688) a. 翰 : 羽翰 <四解上 71b>
　　　　 b. 翰 : 짓 한 <字會下 3b>

(1688) c. 羽 : 鳥羽 <四解上 34b>
　　　　 d. 羽 : 짓 우 <字會下 1b>

<1689> ᄌᆞ디 對 間色

고유어 'ᄌᆞ디'와 한자어 '間色'이 [紫] 즉 '자주빛'의 뜻을 가지고 동의 관계에 있다는 것은 다음 예문들에서 잘 확인된다. 원문 중 '紅紫'가 '분홍 ᄌᆞ디'로 번역되고 '紫條兒'가 'ᄌᆞ디 세됴'로 번역된다. 그리고 '紫'가 한자어 '間色'을 뜻하고 '紫'의 자석이 'ᄌᆞ디'이다. 따라서 'ᄌᆞ디'와 '間色'의 동의성은 명백히 입증된다.

(1689) a. 분홍 ᄌᆞ디로 샹녯 오슬 밍ᄀᆞ디 아니ᄒᆞ더시다(紅紫로 不以爲褻服이러시다) <번小四 24a>
　　　 b. ᄌᆞ디 세됴 일ᄇᆡᆨ 됴(紫條兒一百條) <번老下 69a>

(1689) c. 紫 : 間色 <四解上 12b>
　　　 d. 紫 : ᄌᆞ딜 ᄌᆞ <字會中 15a>

<1690> ᄌᆞᄅᆞ 對 刀柄

고유어 'ᄌᆞᄅᆞ'와 한자어 '刀柄'이 [欛] 즉 '칼자루, 칼의 손잡이'의 뜻을 가지고 동의 관계에 있다는 것은 다음 예문들에서 잘 확인된다. '欛'가 한자어 '刀柄'을 뜻한다. 그리고 '欛'의 자석이 'ᄌᆞᄅᆞ'이다. 따라서 'ᄌᆞᄅᆞ'와 '刀柄'의 동의성은 명백히 입증된다.

(1690) a. 杷 : 刀柄 <四解下 29a>
　　　 b. 欛 : 同 <四解下 29a>
　　　 c. 欛 : ᄌᆞᄅᆞ 파 <字會中 6b>

<1691> ᄌᆞᄅᆞ 對 矛柄

고유어 'ᄌᆞᄅᆞ'와 한자어 '矛柄'이 [柲] 즉 '창의 자루'의 뜻을 가지고 동의 관계에 있다는 것은 다음 예문들에서 잘 확인된다. '柲'가 한자어 '矛柄'을 뜻한다. 그리고 '柲'의 자석이 'ᄌᆞᄅᆞ'이다. 따라서 'ᄌᆞᄅᆞ'와 '矛柄'의 동의성은 명백히 입증된다.

(1691) a. 柲 : 矛柄 <四解上 57a> <四解上 57b>
　　　 b. 鈗 : 矛戟柄 <四解上 15b>

(1691) c. 柲 : ᄌᆞᄅᆞ 필 戈戟柄 亦作鈗 <字會中 6b>

<1692> ᄌᆞᄅᆞ 對 把兒

고유어 'ᄌᆞᄅᆞ'와 한자어 '把兒'가 [把]와 [柄] 즉 '자루, 손잡이'의 뜻을 가지고 동의 관계에 있다는 것은 다음 예문들에서 잘 확인된다. 원문 중 '一把'가 '훈 ᄌᆞᄅᆞ'로 번역된다. 그리고 '柄'의 자석이 'ᄌᆞᄅᆞ'이고 고유어 'ᄌᆞᄅᆞ'는 한자어 '把兒'와 동의 관계에 있다. 따라서 'ᄌᆞᄅᆞ'와 '把兒'의 동의성은 명백히 입증된다.

(1692) a. 큰 갈 훈 ᄌᆞᄅᆞ(大刀子一把) <번朴上 16a>
　　　　b. 쟈근 갈 훈 ᄌᆞᄅᆞ(小刀子一把) <번朴上 16a>

(1692) c. 柄 : 本也 權也 <四解下 50b>
　　　　d. 柄 : ᄌᆞᄅᆞ 병 俗呼把兒 <字會中 6b>

<1693> ᄌᆡ치욤 對 嚔噴

고유어 'ᄌᆡ치욤'과 한자어 '嚔噴'이 [噴]와 [嚔] 즉 '재채기'의 뜻을 가지고 동의 관계에 있다는 것은 다음 예문들에서 잘 확인된다. '噴'이 한자어 '嚔噴'을 뜻하고 '噴'의 자석이 'ᄌᆡ치욤'이다. 그리고 '嚔'의 자석이 'ᄌᆡ치욤'이다. 따라서 'ᄌᆡ치욤'과 '嚔噴'의 동의성은 명백히 입증된다.

(1693) a. 噴 : 嚔噴 <四解上 64a>
　　　　b. 噴 : ᄌᆡ치욤 분 <字會上 15a>

(1693) c. 嚔 : 悟解氣也 <四解上 24b>
　　　　d. 嚔 : ᄌᆡ치욤 톄 俗稱打嚔噴 <字會上 15a>

<1694> 즌자리 對 蜻蛉

고유어 '즌자리'와 한자어 '蜻蛉'이 [蛉]과 [蜻] 즉 '잠자리'의 뜻을 가지고 동의 관계에 있다는 것은 다음 예문들에서 잘 확인된다. '蛉'이 한자어 '蜻蛉'을 뜻한다. '蛉'의 자석이 '즌자리'이고 고유어 '즌자리'는 한자어 '蜻蛉'과 동의 관계에 있다. 그리고 '蜻'의 자석이 '즌자리'이다. 따라서 '즌자리'와 '蜻蛉'의 동의성은 명백히 입증된다.

(1694) a. 蛉 : 蜻蛉 <四解下 57a>
　　　　b. 蛉 : 즌자리 령 俗呼蜻蛉 <字會上 11a>

(1694) c. 蜻 : 蜻蜒 <四解下 51b>

        d. 蜻 : 존자리 쳥 <字會上 11a>

<1695> 존자리 對 蜻蜓

고유어 '존자리'와 한자어 '蜻蜓'이 [蜓]과 [蜻] 즉 '잠자리'의 뜻을 가지고 동의 관계에 있다는 것은 다음 예문들에서 잘 확인된다. '蜓'이 한자어 '蜻蜓'을 뜻하고 '蜻蜓'은 고유어 '존자리'와 동의 관계에 있다. '蜓'의 자석이 '존자리'이고 고유어 '존자리'는 한자어 '蜻蜓'과 동의 관계에 있다. 그리고 '蜻'의 자석이 '존자리'이다. 따라서 '존자리'와 '蜻蜓'의 동의성은 명백히 입증된다.

    (1695) a. 蜓 : 今俗呼蜻蜓 존자리 <四解下 49a>
        b. 蜓 : 존자리 뎡 俗呼蜻蜓 <字會上 11a>

    (1695) c. 蜻 : 蜻蜓 <四解下 51b>
        d. 蜻 : 존자리 쳥 <字會上 11a>

<1696> 졸 對 睡眠

고유어 '졸'과 한자어 '睡眠'이 [睡]와 [寢] 즉 '잠, 수면'의 뜻을 가지고 동의 관계에 있다는 것은 다음 예문들에서 잘 확인된다. 원문 중 '渴睡'가 '졸 낟브다'로 번역되고 '安寢'이 '즈믈 편히 자다'로 번역된다. 그리고 '睡'가 한자어 '睡眠'을 뜻한다. 따라서 '졸'과 '睡眠'의 동의성은 명백히 입증된다.

    (1696) a. 그리면 졸 낟브디 아닐 거시라(那們時不渴睡) <번朴上 21b>
        b. 믈러와는 즈믈 편히 자고(退而安寢) <번小十 2a>

    (1696) c. 睡 : 坐眠 今俗睡眠 <四解上 53a>
        d. 睡 : 잘 슈 <字會上 15b>

    (1696) e. 寢 : 臥也 居室也 <四解下 73a>
        f. 寢 : …又臥也 國語 잘 침 <字會中 3a>

<1697> 지조 對 技藝

고유어 '지조'와 한자어 '技藝'가 [技]와 [藝] 즉 '재주, 재능'의 뜻을 가지고 동의 관계에 있다는 것은 다음 예문들에서 잘 확인된다. '技'가 한자어 '技藝'를 뜻하고 '技'의 자석이 '지조'이다. 그리고 '藝'의 자석이 '지조'이다. 따라서 '지조'와 '技藝'의 동의성은 명백히 입증된다.

(1697) a. 技 : 技藝 <四解上 14b>

　　b. 技 : 지조 기 方術 <字會下 13b>

(1697) c. 藝 : …又才技 <四解上 22b>

　　d. 藝 : 지조 예 才能 <字會下 13b>

<1698> 지조 對 才能

고유어 '지조'와 한자어 '才能'이 [才]와 [藝] 즉 '재주, 재능'의 뜻을 가지고 동의 관계에 있다는 것은 다음 예문들에서 잘 확인된다. '才'가 한자어 '才能'을 뜻하고 '才'의 자석이 '지조'이다. 그리고 '藝'의 자석이 '지조'이고 고유어 '지조'는 한자어 '才能'과 동의 관계에 있다. 따라서 '지조'와 '才能'의 동의성은 명백히 입증된다.

(1698) a. 才 : 才能 <四解上 44b>

　　b. 才 : 지좃 지 <字會下 13b>

(1698) c. 藝 : …又才技 <四解上 22b>

　　d. 藝 : 지조 예 才能 <字會下 13b>

<1699> 징 對 銅鑼

고유어 '징'과 한자어 '銅鑼'가 [鑼] 즉 '징, 동라(銅鑼)'의 뜻을 가지고 동의 관계에 있다는 것은 다음 예문들에서 잘 확인된다. '鑼'가 한자어 '銅鑼'를 뜻한다. 그리고 '鑼'의 자석이 '징'이고 고유어 '징'은 한자어 '銅鑼'와 동의 관계에 있다. 따라서 '징'과 '銅鑼'의 동의성은 명백히 입증된다.

(1699) a. 鑼 : …又銅鑼 鈸也 바라 <四解下 27a>

　　b. 鑼 : 징 라 大曰鑼 俗呼銅鑼 <字會中 14b>

<1700> 차 對 茶

고유어 '차'와 한자어 '茶'가 [茶]와 [茗] 즉 '차'의 뜻을 가지고 동의 관계에 있다는 것은 다음 예문들에서 잘 확인된다. 원문 중 '茶肆'가 '차 프는 뒤'로 번역된다. 그리고 '茶'가 한자 '茗'과 同義이고 '茶'의 자석이 '차'이다. 그리고 '茗'이 한자어 '茶'를 뜻하고 '茗'의 자석이 '차'이다. 따라서 '차'와 '茶'의 동의성은 명백히 입증된다.

(1700) a.　차 푸는 디와 술 푸는 디 드디 아니ᄒ며 ㅣ (無得入茶肆酒肆ᄒ며) <번小九 3a>

(1700) b. 茶 : 茗也 <四解下 30a>
　　　c. 茶 : 차 다 <字會中 11a>

(1700) d. 茗 : 茶也 <四解下 51b>
　　　e. 茗 : 차 명 晩收爲茗 <字會中 11a>

<1701> 차슈 對 饊子

고유어 '차슈'와 한자어 '饊子'가 [饊] 즉 '산자(饊子), 油果'의 뜻을 가지고 동의 관계에 있다는 것은 다음 예문들에서 잘 확인된다. '饊'의 자석이 '차슈'이고 고유어 '차슈'는 한자어 '饊子'와 동의 관계에 있다. 따라서 '차슈'와 '饊子'의 동의성은 명백히 입증된다.

(1701) a. 饊 : 熬稻粻饀 <四解上 78b>
　　　b. 饊 : 차슈 산 俗呼饊子 亦作饊 <字會中 10b>

<1702> 차슈 對 熬稻粻饀

고유어 '차슈'와 한자어 '熬稻粻饀'이 [饊] 즉 '饊子, 油果'의 뜻을 가지고 동의 관계에 있다는 것은 다음 예문들에서 잘 확인된다. '饊'이 한자어 '熬稻粻饀'을 뜻한다. 그리고 '饊'의 자석이 '차슈'이다. 따라서 '차슈'와 '熬稻粻饀'의 동의성은 명백히 입증된다.

(1702) a. 饊 : 熬稻粻饀 <四解上 78b>
　　　b. 饊 : 차슈 산 俗呼饊子 <字會中 10b>

<1703> 차반 對 飮食

고유어 '차반'과 한자어 '飮食'이 [茶飯], [飮食], [羞] 및 [饌] 즉 '음식'의 뜻을 가지고 동의 관계에 있다는 것은 다음 예문들에서 잘 확인된다. 원문 중 '與茶飯'이 '차반 주다'로 번역되고 '茶飯也飽'가 '차반도 비브르다'로 번역된다. '作飮食'이 '飮食을 ᄆᆞᆫ들다'로 번역되고 '甚麼茶飯'이 '므슴 음식'으로 번역된다. 그리고 '珍羞'가 '됴ᄒᆞᆫ 차반'으로 번역되고 '饌'의 자석이 '차반'이다. 따라서 '차반'과 '飮食'의 동의성은 명백히 입증된다.

(1703) a. 큰 형님이 이리 듕ᄒᆞᆫ ᄠᅳ드로 차반 주어 머기시거니(大哥便這般重意 與茶飯喫) <번老上 41b>

b. 이리 차반 주워 머기니(這般與茶飯喫) <번老上 44a>

c. 차반도 비브르디 몯ᄒᆞ샤이다(茶飯也飽不得) <번老下 35a>

d. 차반도 비브르과이다(茶飯也飽了) <번老下 35b>

e. 차반도 비브르다(茶飯也飽了) <번朴上 7a>

(1703) f. 아ᄅᆞᆷ뎟 飲食을 ᄆᆞᆫᄃᆞ라(和作飮食ᄒᆞ야) <번小九 7a>

g. 우리 므슴 음식을 머거ᅀᅡ 됴홀고(咱們喫些甚麽茶飯好) <번老下 60b>

h. 나그내네 므슴 음식 머글고(客人喫些甚麽茶飯) <번老下 61b>

(1703) i. 左右엣 사ᄅᆞᆷ 브려 됴ᄒᆞᆫ 고기 차반을 사다가(使左右로 買魚肉珍羞ᄒᆞ야) <번小七 13b>

j. 됴ᄒᆞᆫ 차바ᄂᆞᆯ 므슴싄쟝 머그며 사ᄅᆞᆷ과 이바디ᄒᆞ며 즐기디 몯홀 거시니(不可恣食珍羞盛饌及與
燕樂이니라) <번小七 18b>

(1703) k. 羞 : ⋯食也 <四解下 69a>

l. 饈 : 차반 슈 通作羞 <字會中 10a>

<1704> 채 對 馬檛

고유어 '채'와 한자어 '馬檛'가 [鞭] 즉 '채찍, 말채찍'의 뜻을 가지고 동의 관계에 있다는 것은 다음 예
문들에서 잘 확인된다. 원문 중 '一 鞭'이 '혼 채'로 번역된다. 그리고 '鞭'이 한자어 '馬檛'를 뜻하고 '鞭'
의 자석이 '채'이다. 따라서 '채'와 '馬檛'의 동의성은 명백히 입증된다.

(1704) a. 잘 ᄃᆞᆮᄂᆞᆫ ᄆᆞ른 혼 채라(快馬一鞭) <번朴上 26a>

(1704) b. 鞭 : 馬檛 <四解下 3a>

c. 鞭 : 채 편 俗呼鞭子 <字會中 13b>

<1705> 채 對 馬箠

고유어 '채'와 한자어 '馬箠'가 [策] 즉 '채찍, 말채찍'의 뜻을 가지고 동의 관계에 있다는 것은 다음 예
문들에서 잘 확인된다. '策'이 한자어 '馬箠'를 뜻한다. 그리고 '策'의 자석이 '채'이다. 따라서 '채'와 '馬
箠'의 동의성은 명백히 입증된다.

(1705) a. 策 : ⋯又馬箠 <四解下 61b>

b. 策 : 채 칙 <字會中 13b>

<1706> 채 對 馬策

고유어 '채'와 한자어 '馬策'이 [箠]와 [檛] 즉 '채찍, 말채찍'의 뜻을 가지고 동의 관계에 있다는 것은 다음 예문들에서 잘 확인된다. '箠'가 한자어 '馬策'를 뜻하고 '箠'의 자석이 '채'이다. 그리고 '檛'가 한자어 '箠'와 同義이고 '檛'의 자석이 '채'이다. 따라서 '채'와 '馬策'의 동의성은 명백히 입증된다.

(1706) a. 箠 : 馬策 <四解上 52b>
　　　 b. 箠 : 채 췌 <字會中 13b>

(1706) c. 檛 : 箠也 <四解下 31b>
　　　 d. 檛 : 채 좌 <字會中 13b>

<1707> 채 對 倉廒

고유어 '채'와 한자어 '倉廒'이 [廒] 즉 '곳간, 米穀 창고'의 뜻을 가지고 동의 관계에 있다는 것은 다음 예문들에서 잘 확인된다. '廒'가 한자어 '倉廒'를 뜻한다. 그리고 '廒'의 자석이 '채'이다. 따라서 '채'와 '倉廒'의 동의성은 명백히 입증된다.

(1707) a. 廒 : 倉廒 <四解下 19a>
　　　 b. 廒 : 채 오 倉一廒 혼 채 <字會中 5b>

<1708> 채롱 對 荊籠

고유어 '채롱'과 한자어 '荊籠'이 [荊籠子]와 [荊籠] 즉 '채롱, 껍질을 벗긴 싸릿개비와 버들가지 따위로 걸어서 만든 채그릇'의 뜻을 가지고 동의 관계에 있다는 것은 다음 예문들에서 잘 확인된다. '兩箇荊籠子'가 '두 채롱'으로 번역된다. 그리고 한자어 '荊籠'이 고유어 '채롱'과 동의 관계에 있다. 따라서 '채롱'과 '荊籠'의 동의성은 명백히 입증된다.

(1708) a. 두 채롱애 대초 다마(着兩箇荊籠子裏 盛着棗兒) <번老上 29a>

(1708) b. 荊 : ···荊籠 채롱 <四解下 47a>
　　　 c. 荊 : 가시 형 <字會上 5b>

<1709> 챵ᄌᆞ 對 大小腸

고유어 '챵ᄌ'와 한자어 '大小腸'이 [腸] 즉 '창자'의 뜻을 가지고 동의 관계에 있다는 것은 다음 예문 들에서 잘 확인된다. 원문 중 '別腸'이 '각별ᄒ 챵ᄌ'로 번역된다. 그리고 '腸'이 한자어 '大小腸'을 뜻한 다. 따라서 '챵ᄌ'와 '大小腸'의 동의성은 명백히 입증된다.

(1709) a. 술 머기ᄂ 챵ᄌ 잇ᄂ니라(飮酒有別腸) <번朴上 55a>
　　　 b. 양의 챵ᄌ(羊雙腸) <번老下 38a>

(1709) c. 腸 : 水穀二道 大小腸 <四解下 43a>
　　　 d. 腸 : 애 댱 <字會上 14a>

<1710> 처엄 對 초

고유어 '처엄'과 한자어 '초'(初)가 [初] 즉 '처음'의 뜻을 가지고 동의 관계에 있다는 것은 다음 예문 들에서 잘 확인된다. 원문 중 '不有初'가 '처서미사 아니 잇다'로 번역되고 '初從'이 '처서믜 가다'로 번 역된다. 그리고 '初一日'이 '초 ᄒ룻날'로 번역되고 '初十日'이 '초 열흘날'로 번역된다. 따라서 '처엄'와 '초'의 동의성은 명백히 입증된다.

(1710) a. 毛詩예 ᄀ로딕 처서미사 아니 이시리 업스나 능히 ᄆ츠며 이시리 져그니라 ᄒ도다(詩曰靡不
　　　　 有初ㅣ나 鮮克有終ㅣ라 ᄒ도다) <번小三 46b>
　　　 b. 처서믜 安定 짜 胡先生의 가 글 비호딕(初從安定胡先生ᄒ야 學호딕) <번小十 26b>
　　　 c. 처서믜 (初에) <번小九 43a>

(1710) d. 내 이 ᄃᆞᆳ 초 ᄒ룻날 王京의셔 ᄠ어니라(我這月初一日離了王京) <번老下 3b>
　　　 e. 이 ᄃᆞᆯ 초 열흘날 혼셔 일우고 례믈 보내오(這月初十日立了婚書下了定禮) <번朴上 46a>

(1710) f. 初 : 始也 <四解上 40b>

<1711> 체 對 籮兒

고유어 '체'와 한자어 '籮兒'가 [籮] 즉 '촘촘한 체'의 뜻을 가지고 동의 관계에 있다는 것은 다음 예문 들에서 잘 확인된다. '籮'의 자석이 '체'이고 고유어 '체'는 한자어 '籮兒'와 동의 관계에 있다. 따라서 '체' 와 '籮兒'의 동의성은 명백히 입증된다.

(1711) a. 籮 : 今俗呼筬籮 체 <四解下 27a>
　　　 b. 籮 : 체 라 密者曰籮兒 <字會中 6a>

<1712> 체 對 篩籮

고유어 '체'와 한자어 '篩籮'가 [篩]와 [籮] 즉 '체'의 뜻을 가지고 동의 관계에 있다는 것은 다음 예문들에서 잘 확인된다. '篩'가 한자어 '篩籮'를 뜻하고 '篩籮'는 고유어 '체'와 동의 관계에 있다. '篩'의 자석이 '체'이다. '籮'가 한자어 '篩籮'를 뜻하고 '篩籮'는 고유어 '체'와 동의 관계에 있다. 그리고 '籮'의 자석이 '체'이다. 따라서 '체'와 '篩籮'의 동의성은 명백히 입증된다.

(1712) a. 篩 : 今俗呼篩籮 체 <四解上 45a>
　　　 b. 篩 : 체 싀 <字會中 6a>

(1712) c. 籮 : 今俗呼篩籮 체 <四解下 27a>
　　　 d. 籮 : 체 라 <字會中 6a>

<1713> 체 對 篩子

고유어 '체'와 한자어 '篩子'가 [篩] 즉 '성긴 체'의 뜻을 가지고 동의 관계에 있다는 것은 다음 예문들에서 잘 확인된다. '篩'의 자석이 '체'이고 고유어 '체'는 '篩子'와 동의 관계에 있다. 따라서 '체'와 '篩子'의 동의성은 명백히 입증된다.

(1713) a. 篩 : 今俗呼篩籮 체 <四解上 45a>
　　　 b. 篩 : 체 싀 稀者曰篩子 <字會中 6a>

<1714> 쳐 對 花押

고유어 '쳐'와 한자어 '花押'이 [花押]과 [署] 즉 '手決, 署名'의 뜻을 가지고 동의 관계에 있다는 것은 다음 예문들에서 잘 확인된다. 원문 중 '畵着花押'이 '쳐 두다'로 번역된다. 그리고 '署'의 자석이 '쳐'이고 고유어 '쳐'는 한자어 '花押'과 동의 관계에 있다. 따라서 '쳐'와 '花押'의 동의성은 명백히 입증된다.

(1714) a. 스승이 우희 쳐 두ᄂᆞ니라(師傅上頭畵着花押) <번老上 4b>
　　　 b. 내 마ᅀᆞ래 가 공좌부에 쳐 두고 즉재 오마(我到衙門 押了公座便來) <번朴上 75b>

(1714) c. 署 : …又書也 又表識也 <四解下 33a>
　　　 d. 署 : …又쳐 셔 花押 <字會中 4b>

<1715> 쳔만 對 哮喘

고유어 '천만'과 한자어 '哮喘'이 [喘] 즉 '천식(喘息)'의 뜻을 가지고 동의 관계에 있다는 것은 다음 예문들에서 잘 확인된다. '喘'의 자석이 '쳔만'이고 고유어 '쳔만'은 한자어 '哮喘'과 동의 관계에 있다. 따라서 '쳔만'과 '哮喘'의 동의성은 명백히 입증된다.

(1715) a. 喘 : 疾息 <四解下 11a>
　　　 b. 喘 : 쳔만 만 俗稱哮喘 <字會中 16a>

<1716> 쳥널 對 欄楯

고유어 '쳥널'과 한자어 '欄楯'이 [楯] 즉 '난간'의 뜻을 가지고 동의 관계에 있다는 것은 다음 예문들에서 잘 확인된다. '楯'이 한자어 '欄楯'을 뜻한다. 그리고 '楯'의 자석이 '쳥널'이다. 따라서 '쳥널'과 '欄楯'의 동의성은 명백히 입증된다.

(1716) a. 楯 : … 又欄楯 <四解上 70b>
　　　 b. 楯 : 쳥널 슌 <字會中 3b>

<1717> 쳥널 對 欄檻

고유어 '쳥널'과 한자어 '欄檻'이 [楯] 즉 '난간(欄干)'의 뜻을 가지고 동의 관계에 있다는 것은 다음 예문들에서 잘 확인된다. '楯'이 한자어 '欄檻'을 뜻한다. 그리고 '楯'의 자석이 '쳥널'이다. 따라서 '쳥널'과 '欄檻'의 동의성은 명백히 입증된다.

(1717) a. 楯 : 欄檻 <四解上 69a>
　　　 b. 楯 : 쳥널 슌 <字會中 3b>

<1718> 쳥명애 對 萆薢

고유어 '쳥명애'와 한자어 '萆薢'가 [萆]와 [薢] 즉 '쓴마, 비해(萆薢)'의 뜻을 가지고 동의 관계에 있다는 것은 다음 예문들에서 잘 확인된다. '萆'가 한자어 '萆薢'를 뜻한다. 그리고 '薢'가 한자어 '萆薢'를 뜻하고 '萆薢'는 고유어 '쳥명애'와 동의 관계에 있다. 따라서 '쳥명애'와 '萆薢'의 동의성은 명백히 입증된다.

(1718) a. 萆 : 萆薢 <四解上 15a>

(1718) b. 薢 : 萆薢 쳥명애 <四解上 46b>

c. 薢 : 草薢 <四解上 47a>

<1719> 초 對 酢/醋

고유어 '초'와 한자어 '酢/醋'가 [醯]와 [醋] 즉 '초'의 뜻을 가지고 동의 관계에 있다는 것은 다음 예문들에서 잘 확인된다. '醯'가 한자어 '酢'를 뜻하고 '酢'는 고유어 '초'와 동의 관계에 있다. '醯'의 자석이 '초'이다. 그리고 '醋'가 한자 '醯'와 同義이고 '醋'의 자석이 '초'이다. 따라서 '초'와 '酢/醋'의 동의성은 명백히 입증된다. 고유어 '초'는 平聲이고 한자어 '초'는 上聲이다. 한자 '醋'와 '酢'는 同字이다.

(1719) a. 醯 : …酢也 초 <四解上 21a>
    b. 醯 : 초 혜 <字會中 10b>

(1719) c. 醋 : 醯也 <四解上 40a>
    d. 酢 : 同 <四解上 40a>
    e. 醋 : 초 초 <字會中 10b>

<1720> 초ᄒᆞ로 對 月一日

고유어 '초ᄒᆞ로'와 한자어 '月一日'이 [朔] 즉 '초하루, 음력 매월 1일'의 뜻을 가지고 동의 관계에 있다는 것은 다음 예문들에서 잘 확인된다. 원문 중 '月朔'이 'ᄃᆞᆯ 초ᄒᆞ로'로 번역되고 '朔日'이 '초ᄒᆞ로 날'로 번역된다. 그리고 '朔'이 한자어 '月一日'을 뜻하고 '朔'의 자석이 '초ᄒᆞ로'이다. 따라서 '초ᄒᆞ로'와 '月一日'의 동의성은 명백히 입증된다.

(1720) a. 믈읫 긔약이 참예ᄒᆞᆫ 사ᄅᆞᆷ이 ᄃᆞᆯ 초ᄒᆞ로마다 몯거든(凡預約者伊 月朔皆會 於等) <呂約 37b>
    b. ᄃᆞᆯ 초ᄒᆞ리어든 의식 수울와 차반 쟝만ᄒᆞ야 이받더라(月朔必具酒饌以奉) <속三孝 28a>

(1720) c. 朔 : …月一日 <四解下 39a>
    d. 朔 : 초ᄒᆞ로 삭 <字會上 1b>

<1721> 棕나모 對 椶櫚

고유어 '棕나모'와 한자어 '椶櫚'가 [椶] 즉 '종려나무'의 뜻을 가지고 동의 관계에 있다는 것은 다음 예문들에서 잘 확인된다. 원문 중 '好纏椶'이 '됴ᄒᆞᆫ 棕나못 실로 밋다'로 번역되고 '結椶'이 '棕나못 거픐 실로 밋다'로 번역된다. 그리고 '椶'이 한자어 '椶櫚'를 뜻한다. 따라서 '棕나모'와 '椶櫚'의 동의성은 명백히 입증된다.

(1721) a. 됴흔 춍나못 실로 뫼고 금뎡ㅈ 브틴 갇이니(好纏椶金頂大帽子) <번老下 52a>

　　　 b. 강셔의셔 난 ㄱ장 샹등 진짓 춍나못 거픐 실로 미즌 갇 우희(江西十分上等眞結椶帽兒上) <번朴上 27b>

(1721) c. 椶 : 椶櫚 木名 <四解下 4b>

<1722> 챵 對 평상

고유어 '챵'과 한자어 '평상'(平床) 이 [床]과 [牀] 즉 '평상'의 뜻을 가지고 동의 관계에 있다는 것은 다음 예문들에서 잘 확인된다. 원문 중 '玲瓏龍床'이 '룡을 섈피에 사긴 챵'으로 번역된다. '床'이 '安身之具'를 뜻한다. 그리고 '牀'의 자석이 '평상'이다. 따라서 '챵'과 '평상'의 동의성은 명백히 입증된다.

(1722) a. 빅옥셕으로 룡을 셜피에 사긴 챵 잇고(白玉石王玲瓏龍床) <번朴上 69a>

(1722) b. 床 : …安身之具 <四解下 39a>

　　　 c. 牀 : 평샀 상 俗稱臥牀 <字會中 6a>

<1723> 쵸 對 燈燭

고유어 '쵸'와 한자어 '燈燭'이 [燭] 즉 '촛불'의 뜻을 가지고 동의 관계에 있다는 것은 다음 예문들에서 잘 확인된다. '燭'이 한자어 '燈燭'을 뜻한다. 그리고 '燭'의 자석이 '쵸'이다. 따라서 '쵸'와 '燈燭'의 동의성은 명백히 입증된다.

(1723) a. 燭 : 燈燭 <四解上 8b>

　　　 b. 燭 : 쵸 쵹 <字會中 8a>

<1724> 쵸롱 對 燈籠

고유어 '쵸롱'과 한자어 '燈籠'이 [籠] 즉 '초롱'의 뜻을 가지고 동의 관계에 있다는 것은 다음 예문들에서 잘 확인된다. '籠'의 자석이 '쵸롱'이고 고유어 '쵸롱'은 한자어 '燈籠'과 동의 관계에 있다. 따라서 '쵸롱'과 '燈籠'의 동의성은 명백히 입증된다.

(1724) a. 籠 : 竹器 <四解下 64b>

b. 籠 : 쵸롱 구 燈籠 亦曰籠 <字會中 8a>

<1725> 춤 對 口液

고유어 '춤'과 한자어 '口液'이 [唾]와 [涎] 즉 '침'의 뜻을 가지고 동의 관계에 있다는 것은 다음 예문들에서 잘 확인된다. '唾'가 한자어 '口液'을 뜻한다. 그리고 '涎'의 자석이 '춤'이다. 따라서 '춤'과 '口液'의 동의성은 명백히 입증된다. 한자 '唾'와 '涎'는 同字이다.

(1725) a. 唾 : 口液 <四解下 25b>
     b. 涎 : 춤 타…亦作唾 <字會上 15b>

<1726> 춤 對 慕慾口液

고유어 '춤'과 한자어 '慕慾口液'이 [涎] 즉 '침'의 뜻을 가지고 동의 관계에 있다는 것은 다음 예문들에서 잘 확인된다. '涎'이 한자어 '慕慾口液'을 뜻한다. 그리고 '涎'의 자석이 '춤'이다. 따라서 '춤'과 '慕慾口液'의 동의성은 명백히 입증된다.

(1726) a. 涎 : 慕慾口液 <四解下 5b>
     b. 涎 : 춤 연 <字會上 15b>

<1727> 춤 對 唾沫/涎沫

고유어 '춤'과 한자어 '唾沫/涎沫'이 [唾沫], [唾] 및 [涎] 즉 '침'의 뜻을 가지고 동의 관계에 있다는 것은 다음 예문들에서 잘 확인된다. 원문 중 '唾沫'이 '춤'으로 번역되고 '要唾'가 '춤 받다'로 번역된다. 그리고 '涎'의 자석이 '춤'이고 고유어 '춤'은 한자어 '涎沫'과 동의 관계에 있다. 따라서 '춤'과 '唾沫/涎沫'의 동의성은 명백히 입증된다. 한자 '唾'와 '涎'는 同字이다.

(1727) a. 추모로 나져 바며 머므디 말고 브르라(着唾沫 白日黑夜不住的搽) <번朴上 13b>
     b. 겨틧사룸이 춤 받고 쑤지즈리라(傍人要唾罵) <번老下 47a>

(1727) c. 唾 : 口液 <四解下 25b>
     d. 涎 : 춤 타 俗呼涎沫…亦作唾 <字會上 15b>

<1728> 춤 對 胸上水病

고유어 '춤'과 한자어 '胸上水病'이 [痰] 즉 '가래'의 뜻을 가지고 동의 관계에 있다는 것은 다음 예문들에서 잘 확인된다. '痰'이 한자어 '胸上水病'을 뜻한다. 그리고 '痰'의 자석이 '춤'이다. 따라서 '춤'과 '胸上水病'의 동의성은 명백히 입증된다.

(1728) a. 痰 : 胸上水病 <四解下 76b>
        b. 痰 : 춤 담 <字會中 16b>

<1729> 츄마 對 下裳

고유어 '츄마'와 한자어 '下裳'이 [裙] 즉 '치마, 여자의 아랫도리에 입는 옷'의 뜻을 가지고 동의 관계에 있다는 것은 다음 예문들에서 잘 확인된다. '裙'이 한자어 '下裳'을 뜻한다. 그리고 '裙'의 자석이 '츄마'이다. 따라서 '츄마'와 '下裳'의 동의성은 명백히 입증된다.

(1729) a. 裙 : 下裳 <四解上 67b>
        b. 裙 : 츄마 군 女服 俗呼裙兒 <字會中 11b>

<1730> 츩 對 葛草

고유어 '츩'과 한자어 '葛草'가 [葛] 즉 '칡'의 뜻을 가지고 동의 관계에 있다는 것은 다음 예문들에서 잘 확인된다. '葛'의 자석이 '츩'이고 고유어 '츩'은 한자어 '葛草'와 동의 관계에 있다. 따라서 '츩'과 '葛草'의 동의성은 명백히 입증된다.

(1730) a. 葛 :   …草名 <四解上 71a>
        b. 葛 : 츩 갈 葛草 <字會上 4b>

<1731> 치 對 止船木

고유어 '치'와 한자어 '止船木'이 [舵] 즉 '키, 배의 키'의 뜻을 가지고 동의 관계에 있다는 것은 다음 예문들에서 잘 확인된다. '舵'가 한자어 '止船木'을 뜻하고 '止船木'은 고유어 '치'와 동의 관계에 있다. 그리고 '舵'의 자석이 '밋'이고 고유어 '밋'은 고유어 '치'와 동의 관계에 있다. 따라서 '치'와 '止船木'의 동의성은 명백히 입증된다.

(1731) a. 舵 : 止船木 치 <四解下 25b>
        b. 舵 : 밋 타 國語 又呼 치 <字會中 12b>

<1732> 치질 對 刺繡

고유어 '치질'과 한자어 '刺繡'가 [刺] 즉 '바느질하기'의 뜻을 가지고 동의 관계에 있다는 것은 다음 예문들에서 잘 확인된다. 원문 중 '刺繡'가 '슈질 치질'로 번역된다. 그리고 '刺'이 한자어 '刺繡'를 뜻하고 '刺'의 자석이 '치질'이다. 따라서 '치질'과 '刺繡'의 동의성은 명백히 입증된다.

(1732) a. 슈질 치지렛 셩녕 잘ᄒ고(好刺綉生活) <번朴上 45b>

(1732) b. 刺 : …又刺繡 <四解下 52a>
     c. 刺 : 치질 쳑 <字會下 9a>

<1733> 츳긔 對 陶器

고유어 '츳긔'와 한자어 '陶器'가 [瓷]와 [甆] 즉 '오지그릇, 陶器'의 뜻을 가지고 동의 관계에 있다는 것은 다음 예문들에서 잘 확인된다. 원문 중 '瓷楪子'가 '츳긔 사뎝시'로 번역된다. '瓷'가 한자어 '陶器'를 뜻한다. 그리고 '甆'의 자석이 '츳긔'이다. 따라서 '츳긔'와 '陶器'의 동의성은 명백히 입증된다.

(1733) a. 츳긔 사뎝시 나모 뎝시 옷칠ᄒ 뎝시(瓷楪子 木楪子 漆楪子) <번老下 33a>

(1733) b. 瓷 : 陶器 <四解上 13a>
     c. 甆 : 츳긔 ᄌ 俗呼瓷器 <字會中 9b>

<1734> 츳썩 對 飯餠

고유어 '츳썩'과 한자어 '飯餠'이 [餈] 즉 '찰떡'의 뜻을 가지고 동의 관계에 있다는 것은 다음 예문들에서 잘 확인된다. '餈'가 한자어 '飯餠'을 뜻한다. 그리고 '餈'의 자석이 '츳썩'이다. 따라서 '츳썩'과 '飯餠'의 동의성은 명백히 입증된다.

(1734) a. 餈 : 飯餠 <四解上 13a>
     b. 餈 : 츳썩 ᄌ <字會中 10b>

<1735> 츳례 對 等列

고유어 '츳례'와 한자어 '等列'이 [品] 즉 '차례, 등급'의 뜻을 가지고 동의 관계에 있다는 것은 다음 예문들에서 잘 확인된다. '品'의 자석이 '츳례'이고 고유어 '츳례'는 한자어 '等列'과 동의 관계에 있다. 따라서 '츠례'와 '等列'의 동의성은 명백히 입증된다.

(1735) a. 品 : … 衆庶也 <四解上 57a>
b. 品 : 츠례 훔 等列也 衆庶也 <字會下 1b>

<1736> 츠례 對 次第

고유어 '츠례'와 한자어 '次第'가 [次第], [次] 및 [第] 즉 '차례, 순서'의 뜻을 가지고 동의 관계에 있다는 것은 다음 예문들에서 잘 확인된다. 원문 중 '爲學次第'가 '글 비홀 츠례'로 번역된다. '次'와 '第'가 한자어 '次第'를 뜻한다. 그리고 '第'의 자석이 '츠례'이다. 따라서 '차례'와 '次第'의 동의성은 명백히 입증된다.

(1736) a. 녯 사루믜 글 비홀 츠례를 보니(何見古人의 爲學次第者ㅣ) <번小八 31a>

(1736) b. 次 : 次第 <四解上 12b>
c. 第 : 次第 <四解上 25b>
d. 第 : 츠례 데 <字會上 18a>

<1737> 츠례 對 次序

고유어 '츠례'와 한자어 '次序'가 [序] 즉 '차례, 長幼의 순서'의 뜻을 가지고 동의 관계에 있다는 것은 다음 예문들에서 잘 확인된다. 원문 중 '長幼之序'가 '얼운 아희 차례'로 번역된다. 그리고 '序'가 한자어 '次序'를 뜻한다. 따라서 '츠례'와 '次序'의 동의성은 명백히 입증된다.

(1737) a. 이 우흔 얼운 아희 츠례를 볼기니라(右는 明長幼之序ᄒ니라) <번小三 33b>
b. 샤(16a) 루미 어버의 ᄀ룹 셔는 츠례싀니라(人之序也ㅣ니라) <번小三 16b>

(1737) c. 序 : … 又次序 <四解上 31b>
d. 序 : … 又次序 <字會上 17b>

<1738> 츠소기 對 紫蘇

고유어 '츠소기'와 한자어 '紫蘇'가 [紫蘇]와 [蘇] 즉 '차조기, 紫蘇'의 뜻을 가지고 동의 관계에 있다는 것은 다음 예문들에서 잘 확인된다. 원문 중 '紫蘇葉數片'이 'ᄌ소엽 두 편'으로 번역된다. '蘇'가 한자어 '紫蘇'를 뜻하고 '紫蘇'는 고유어 '츠소기'와 동의 관계에 있다. 그리고 '蘇'의 자석이 '츠소기'이고 '츠소기'는 한자어 '紫蘇'와 동의 관계에 있다. 따라서 '츳소기'와 '紫蘇'의 동의성은 명백히 입증된다.

(1738) a. 딘피 흔 돈과 즛소엽 두 편을 가입ᄒ야(加陳皮一錢紫蘇葉數片) <瘡疹 53b>
   b. 젼호 신슴 즛소엽(前胡 人參 紫蘇葉) <瘡疹 34a>

(1738) c. 蘇 : ⋯又俗呼紫蘇 츳소기 <四解上 40a>
   d. 蘇 : 츳소기 소 俗呼紫蘇 <字會上 8a>

<1739> 츳뿔 對 粘稻

고유어 '츳뿔'과 한자어 '粘稻'가 [糯米]와 [糯] 즉 '찹쌀'의 뜻을 가지고 동의 관계에 있다는 것은 다음 예문들에서 잘 확인된다. 원문 중 '糯米酒'가 '츳뿔 수울'로 번역되고 '糯米三十粒'이 '츳뿔 셜흔 낫'으로 번역된다. 그리고 '糯'가 한자어 '粘稻'를 뜻하고 '糯'의 자석이 '츳뿔'이다. 따라서 '츳뿔'과 '粘稻'의 동의 성은 명백히 입증된다.

(1739) a. 안해 츳뿔 수울 다맛는 거셔(裏頭盛着糯米酒) <번朴上 41b>
   b. 츳뿔 셜흔 낫 녀허 달혀(糯米三十粒煎) <瘡疹 30a>
   c. 북녕 츳뿔와 다 ᄀ티 ᄂᆞ호고(茯苓 糯米等分) <瘡疹 31b>

(1739) d. 糯 : 粘稻 <四解下 26a>
   e. 糯 : 츳뿔 나 <字會上 7a>

<1740> 출기장 對 黍粘

고유어 '출기장'과 한자어 '黍粘'이 [秫] 즉 '찰기장'의 뜻을 가지고 동의 관계에 있다는 것은 다음 예 문들에서 잘 확인된다. '秫'이 한자어 '黍粘'을 뜻하고 '黍' 중 '粘'이 '秫'이다. 그리고 '秫'의 자석이 '출기 장'이고 '黍' 중 '粘者'가 '秫'이다. 따라서 '출기장'과 '黍粘'의 동의성은 명백히 입증된다.

(1740) a. 秫 : 汎稱粘穀曰秫 又黍粘曰秫 <四解上 69b>
   b. 黍 : 似稷粘曰秫不粘曰黍 <四解上 33a>

(1740) c. 秫 : 출기장 튤 <字會上 7a>
   d. 黍 : 기장 셔 不(6b) 粘者爲黍 粘者爲秫 <字會上 7a>

<1741> 춤째 對 苣藤

고유어 '춤뻬'와 한자어 '苣藤'이 [苣藤] 즉 '참깨'의 뜻을 가지고 동의 관계에 있다는 것은 다음 예문들에서 잘 확인된다. 한자어 '苣藤'이 고유어 '춤뻬'와 동의 관계에 있다. 따라서 '춤뻬'와 '苣藤'의 동의성은 명백히 입증된다.

(1741) a. 苣 : … 又苣藤 胡麻 춤뻬 <四解上 30b>
　　　　 b. 苣 : 부루 거 俗呼萵苣 <字會上 8a>

<1742> 춤깨 對 白荏

고유어 '춤깨'와 한자어 '白荏'이 [白荏] 즉 '참깨'의 뜻을 가지고 동의 관계에 있다는 것은 다음 예문들에서 잘 확인된다. 고유어 '춤깨'가 한자어 '白荏'과 동의 관계에 있다. 따라서 '춤깨'와 '白荏'의 동의성은 명백히 입증된다.

(1742) a. 荏 : 菜名 白蘇曰荏 <四解下 74b>
　　　　 b. 荏 : 듧깨 심 … 又춤깨曰白荏 又曰脂麻 <字會上 7a>

<1743> 춤깨 對 脂麻

고유어 '춤깨'와 한자어 '脂麻'가 [脂麻] 즉 '참깨'의 뜻을 가지고 동의 관계에 있다는 것은 다음 예문들에서 잘 확인된다. 고유어 '춤깨'가 한자어 '脂麻'와 동의 관계에 있다. 따라서 '춤깨'와 '脂麻'의 동의성은 명백히 입증된다.

(1743) a. 荏 : 菜名 白蘇曰荏 <四解下 74b>
　　　　 b. 荏 : 듧깨 심 或呼又蘇子 … 又춤깨曰白荏 又曰脂麻 <字會上 7a>

<1744> 춤뻬 對 胡麻

고유어 '춤뻬'와 한자어 '胡麻'가 [胡麻] 즉 '참깨, 胡麻'의 뜻을 가지고 동의 관계에 있다는 것은 다음 예문들에서 잘 확인된다. '胡麻'가 고유어 '춤뻬'와 동의 관계에 있다. 따라서 '춤뻬'와 '胡麻'의 동의성은 명백히 입증된다.

(1744) a. 苣 : 苣藤 胡麻 춤뻬 <四解上 30b>
　　　　 b. 藤 : 苣藤 胡麻 <四解下 54b>

<1745> 춤기름 對 香油

고유어 '춤기름'과 한자어 '香油'가 [香油] 즉 '참기름'의 뜻을 가지고 동의 관계에 있다는 것은 다음 예문들에서 잘 확인된다. 원문 중 '香油'가 '춤기름'으로 번역된다. 그리고 한자어 '香油'가 고유어 '춤기름'과 동의 관계에 있다. 따라서 '춤기름'과 '香油'의 동의성은 명백히 입증된다.

(1745) a. 반 잔만 춤기름 두워(着上半盞香油) <번老上 21b>

(1745) b. 油：油脂 <四解下 70b>
　　　 d. 油：기름 유 俗稱香油 춤기름 蘇油 들기름 <字會中 10b>

<1746> 춤빗 對 密篦子

고유어 '춤빗'과 한자어 '密篦子'가 [篦]와 [枇] 즉 '참빗'의 뜻을 가지고 동의 관계에 있다는 것은 다음 예문들에서 잘 확인된다. '篦'의 자석이 '춤빗'이고 고유어 '춤빗'은 한자어 '密篦子'와 동의 관계에 있다. 따라서 '춤빗'과 '密篦子'의 동의성은 명백히 입증된다.

(1746) a. 篦：…梳篦 一曰眉篦…亦作笓 <四解上 26a>
　　　 b. 篦：춤빗 비 俗稱密篦子 <字會中 8a>

<1747> 춤빗 對 細櫛

고유어 '춤빗'과 한자어 '細櫛'이 [笓子]와 [笓] 즉 '참빗'의 뜻을 가지고 동의 관계에 있다는 것은 다음 예문들에서 잘 확인된다. 원문 중 '大笓子'가 '굴근 춤빗'으로 번역되고 '密笓子'가 '칙칙흔 춤빗'으로 번역된다. 그리고 '笓'가 한자어 '細櫛'을 뜻하고 '細櫛'은 고유어 '춤빗'과 동의 관계에 있다. 따라서 '춤빗'과 '細櫛'의 동의성은 명백히 입증된다.

(1747) a. 굴근 춤빗 일빅 낫 칙칙(68a) 흔 춤빗 일빅 낫(大笓子一百箇密笓子一百箇) <번老下 68b>
　　　 b. 몬져 얼믠 춤비(44a) 소로 빗기고(先將那稀笓子了) <번朴上 44b>
　　　 c. 빈 춤비소로 뼈 ㄱ장 빗겨(用那密的笓子好生着) <번朴上 44b>

(1747) d. 枇：細櫛 今俗語密枇子 춤빗 <四解上 16b>
　　　 e. 笓：同 <四解上 16b>

<1748> 춤빗 對 梳篦

고유어 '춤빗'과 한자어 '梳篦'가 [篦] 즉 '참빗'의 뜻을 가지고 동의 관계에 있다는 것은 다음 예문들

에서 잘 확인된다. '篦'가 한자어 '梳篦'를 뜻한다. 그리고 '篦'의 자석이 '춤빗'이다. 따라서 '춤빗'과 '梳篦'의 동의성은 명백히 입증된다.

(1748) a. 篦 : 梳篦 一曰眉篦 <四解上 26a>
　　　　b. 篦 : 춤빗 비 <字會中 8a>

<1749> 춤새 對 黃雀

고유어 '춤새'와 한자어 '黃雀'이 [黃雀] 즉 '참새'의 뜻을 가지고 동의 관계에 있다는 것은 다음 예문들에서 잘 확인된다. 원문 중 '黃雀炙'가 '춤새 구우니'로 번역된다. 그리고 '雀'의 자석이 '새'이고 고유어 '새'는 한자어 '黃雀'과 동의 관계에 있다. 따라서 '춤새'와 '黃雀'의 동의성은 명백히 입증된다.

(1749) a. 그 어미 또 춤새 구우니를 먹고져 ᄒᆞ더니(母ㅣ 又思黃雀炙ㅣ러니) <번小九 25a>

(1749) b. 雀 : ⋯鳥雀 <四解下 41b>
　　　　c. 雀 : 새 쟉 俗呼黃雀 <字會上 9a>

<1750> 춧썩 對 餈餻

고유어 '춧썩'과 한자어 '餈餻'가 [餻] 즉 '찰떡'의 뜻을 가지고 동의 관계에 있다는 것은 다음 예문들에서 잘 확인된다. '餻'가 한자어 '餈餻'를 뜻하고 '餈餻'는 고유어 '춧썩'과 동의 관계에 있다. 따라서 '춧썩'과 '餈餻'의 동의성은 명백히 입증된다.

(1750) a. 餻 : 粉餈 <四解下 18b>
　　　　b. 餻 : 썩 고 俗呼餈餻 춧썩 <字會中 10b>

<1751> 콩 對 菽豆

고유어 '콩'과 한자어 '菽豆'가 [菽] 즉 '콩'의 뜻을 가지고 동의 관계에 있다는 것은 다음 예문들에서 잘 확인된다. '菽'이 한자어 '菽豆'를 뜻한다. 그리고 '菽'의 자석이 '콩'이다. 따라서 '콩'과 '菽豆'의 동의성은 명백히 입증된다.

(1751) a. 菽 : 菽豆 揚名 <四解上 9b>
　　　　b. 菽 : 콩 슉 俗呼黃豆 <字會上 7a>

<1752> 콩 對 黃豆

고유어 '콩'과 한자어 '黃豆'가 [菽] 즉 '콩, 大豆'의 뜻을 가지고 동의 관계에 있다는 것은 다음 예문들에서 잘 확인된다. '菽'의 자석이 '콩'이고 고유어 '콩'은 한자어 '黃豆'와 동의 관계에 있다. 따라서 '콩'과 '黃豆'의 동의성은 명백히 입증된다.

(1752) a. 菽 : 衆豆 揚名 <四解上 9b>
　　　b. 菽 : 콩 슉 俗呼黃豆 <字會上 7a>

<1753> 콩팟 對 水臟

고유어 '콩팟'과 한자어 '水臟'이 [腎] 즉 '콩팥'의 뜻을 가지고 동의 관계에 있다는 것은 다음 예문들에서 잘 확인된다. '腎'이 한자어 '水臟'을 뜻하고 '水臟'은 고유어 '콩팟'과 동의 관계에 있다. 그리고 '腎'의 자석이 '콩팟'이다. 따라서 '콩팟'과 '水臟'의 동의성은 명백히 입증된다.

(1753) a. 腎 : 水臟 今俗語腰子 콩팟 <四解上 60a>
　　　b. 腎 : 콩팟 신 位水主多水 <字會上 14a>

<1754> 콩팟 對 腰子

고유어 '콩팟'과 한자어 '腰子'가 [腎] 즉 '콩팥'의 뜻을 가지고 동의 관계에 있다는 것은 다음 예문들에서 잘 확인된다. '腎'이 한자어 '腰子'를 뜻하고 '腰子'는 고유어 '콩팟'과 동의 관계에 있다. 그리고 '腎'의 자석이 '콩팟'이다. 따라서 '콩팟'과 '腰子'의 동의성은 명백히 입증된다.

(1754) a. 腎 : 水臟 今俗語腰子 콩팟 <四解上 60a>
　　　b. 腎 : 콩팟 신 位水主多水 <字會上 14a>

<1755> 키 對 簸箕

고유어 '키'와 한자어 '簸箕'가 [箕] 즉 '키, 곡식을 카부는 데 쓰는 기구'의 뜻을 가지고 동의 관계에 있다는 것은 다음 예문들에서 잘 확인된다. 원문 중 '箕上'이 '키 우ᄒ'로 번역된다. '箕'가 한자어 '簸箕'를 뜻하고 '簸箕'는 고유어 '키'와 동의 관계에 있다. 그리고 '箕'의 자석이 '키'이고 고유어 '키'는 한자어 '簸箕'와 동의 관계에 있다. 따라서 '키'와 '簸箕'의 동의성은 명백히 입증된다.

(1755) a. 모로매 뷔롤 키 우희 연저(必加帚於箕上ᄒ야) <번小三 27a>

b. 안조물 발 버더 키 ᄀ티 말며(坐毋箕ᄒ며) <번小四 10b>

(1755) c. 箕 : 今俗呼籤箕 키 <四解上 23a>
d. 箕 : 키 긔 俗稱籤箕 <字會中 6a>

<1756> 타락 對 乳漿

고유어 '타락'과 한자어 '乳漿'이 [酪]과 [酥] 즉 '진한 乳汁'의 뜻을 가지고 동의 관계에 있다는 것은 다음 예문들에서 잘 확인된다. '酪'이 한자어 '乳漿'을 뜻하고 '酪'의 자석이 '타락'이다. 그리고 '酥'의 자석이 '타락'이다. 따라서 '타락'과 '乳漿'의 동의성은 명백히 입증된다. 15세기 국어의 예문 '酪은 타酪이오' <月十 120a>에서 '타酪'이 발견되지만 대부분의 경우 正音 표기 '타락'이 발견된다. 그래서 '타락'을 고유어로 다루었다.

(1756) a. 酪 : 乳漿 <四解下 40a>
b. 酪 : 타락 락 <字會中 11a>

(1756) c. 酥 : 酪屬 牛羊乳爲之 <四解上 40a>
d. 酥 : 타락 소 酪之精油 <字會中 11a>

<1757> 타락 對 乳汁

고유어 '타락'과 한자어 '乳汁'이 [湩] 즉 '젖, 乳汁'의 뜻을 가지고 동의 관계에 있다는 것은 다음 예문들에서 잘 확인된다. '湩'이 한자어 '乳汁'을 뜻한다. 그리고 '湩'의 자석이 '타락'이다. 따라서 '타락'과 '乳汁'의 동의성은 명백히 입증된다.

(1757) a. 湩 : 乳汁 <四解上 1b>
b. 湩 : 타락 동 <字會中 11a>

<1758> 탓 對 연고

고유어 '탓'과 한자어 '연고'(緣故) 가 [故] 즉 '탓, 까닭'의 뜻을 가지고 동의 관계에 있다는 것은 다음 예문들에서 잘 확인된다. 원문 중 '不失…故'가 '일티 아니ᄒᆞᆫ 탓'으로 번역되고 '其故'가 '그 연고'로 번역된다. 따라서 '탓'과 '연고'의 동의성은 명백히 입증된다.

(1758) a. 그 근본ᄂᆞᆯ 힘서 싱계를 일티 아니ᄒᆞᆫ 타시라(由其務本而不失生業故也羅) <正俗 21b>

b. 그 근보늘 힘쓰디 아니ᄒ야 싱계를 일흔 타시라(由其務本而失生生業故也羅) <正俗 22a>

(1758) c. 君行이 그 연고를 무른대(君行이 問其故ᄒ대) <번小九 49b>

d. 남지니 연고 업시 듕문 안해 드디 말며(男子ㅣ 無故ᄒ얀 不入中門ᄒ며) <번小七 20a>

<1759> 탕 對 熱水

고유어 '탕'과 한자어 '熱水'가 [湯] 즉 '끓인 물, 국'의 뜻을 가지고 동의 관계에 있다는 것은 다음 예문들에서 잘 확인된다. 원문 중 '上湯'이 '탕 받ᄌᆞᆸ다'로 번역되고 '雞兒湯'이 '닭탕'으로 번역된다. 그리고 '湯'이 한자어 '熱水'를 뜻하고 '湯'의 자석이 '탕'이다. 따라서 '탕'과 '熱水'의 동의성은 명백히 입증된다. 고유어 '탕'의 성조는 '上聲'이고 한자 '湯'의 성조는 平聲이다.

(1759) a. 탕 받ᄌᆞ오라 탕 들리 다 오라(上湯着 捧湯的都來) <번朴上 6a>

b. 권ᄌᆞ애 탕 써 가져(罐兒裏將些湯) <번老上 43a>

c. 셋재ᄂᆞᆫ 닭탕(第三道雞兒湯) <번老下 37b>

(1759) d. 湯 : 熱水 <四解下 34b>

e. 湯 : 탕 탕 又더울 탕 <字會中 10b>

<1760> 터 對 朝廷

고유어 '터'와 한자어 '朝廷'이 [朝廷], [朝] 및 [廷] 즉 '조정, 정사를 하는 곳'의 뜻을 가지고 동의 관계에 있다는 것은 다음 예문들에서 잘 확인된다. 원문 중 '若朝廷'이 '朝廷 ᄀᆞᆮᄒ다'로 번역된다. '朝'와 '廷'이 한자어 '朝廷'을 뜻한다. 그리고 '廷'의 자석이 '터'이고 고유어 '터'는 한자어 '朝廷'과 동의 관계에 있다. 따라서 '터'와 '朝廷'의 동의성은 명백히 입증된다.

(1760) a. 제 집 안히 朝廷 ᄀᆞᆮ더라(閨門之內ㅣ 若朝廷焉ᄒ더라) <번小九 95a>

b. 비록 내 몸을 앗긴들 朝廷을 더러유맨 엇(37b) 더뇨(縱愛身이나 奈辱朝廷앤 何오) <번小九 40a>

(1760) c. 朝 : 朝廷 <四解下 16b>

d. 朝 : 됴ᄒᆡᆺ됴 俗稱朝見 朝廷 <字會中 4b>

(1760) e. 廷 : 朝廷 <四解下 49a>

f. 廷 : 터 뎡 朝君之所 又朝廷 <字會中 4b>

<1761> 터럭 對 長銳毛

고유어 '터럭'과 한자어 '長銳毛'가 [毫] 즉 '길고 끝이 뾰족한 가는 털'의 뜻을 가지고 동의 관계에 있다는 것은 다음 예문들에서 잘 확인된다. 원문 중 '毫末'이 '터럭근'으로 번역된다. 그리고 '毫'가 한자어 '長銳毛'를 뜻한다. 따라서 '터럭'과 '長銳毛'의 동의성은 명백히 입증된다.

(1761) a. ㅎ다가 터럭근마나나 지극디 몯호미 이시면(如有毫末不至면) <번小七 24a>
b. 毫 : 長銳毛 <四解下 22b>

<1762> 터럭 對 頭毛

고유어 '터럭'과 한자어 '頭毛'가 [髮] 즉 '머리털'의 뜻을 가지고 동의 관계에 있다는 것은 다음 예문들에서 잘 확인된다. '髮'이 한자어 '頭毛'를 뜻한다. 그리고 '髮'의 자석이 '터럭'이다. 따라서 '터럭'과 '頭毛'의 동의성은 명백히 입증된다.

(1762) a. 髮 : 頭毛 <四解上 80b>
b. 髮 : 터럭 발 俗稱頭髮 <字會上 14b>

<1763> 터럭 對 毫毛

고유어 '터럭'과 한자어 '毫毛'가 [毛] 즉 '털, 가는 털'의 뜻을 가지고 동의 관계에 있다는 것은 다음 예문들에서 잘 확인된다. '毛'의 자석이 '터럭'이고 고유어 '터럭'은 한자어 '毫毛'와 동의 관계에 있다. 따라서 '터럭'과 '毫毛'의 동의성은 명백히 입증된다.

(1763) a. 毛 : 毛髮 <四解下 21a>
b. 毛 : 터럭 모 毫毛 <字會下 1b>

<1764> 텩툑 對 蠸躅

고유어 '텩툑'과 한자어 '蠸躅'이 [蠸]과 [躅] 즉 '철쭉, 진달래'의 뜻을 가지고 동의 관계에 있다는 것은 다음 예문들에서 잘 확인된다. '蠸'이 한자어 '蠸躅'을 뜻하고 '蠸'의 자석이 '텩툑'이다. '躅'이 한자어 '蠸躅'을 뜻한다. 그리고 '躅'의 자석이 '텩툑'이고 고유어 '텩툑'은 한자어 '蠸躅'과 동의 관계에 있다. 따라서 '텩툑'과 '蠸躅'의 동의성은 명백히 입증된다.

(1764) a. 蠸 : 蠸躅 花名 通作躑躅 <四解下 54a>

b. 薚 : 텩튝 텩 亦作□ <字會上 4a>

(1764) c. 薚 : 薚薚 花名 <四解上 9b>
　　　d. 薚 : 텩튝 튝 薚薚 一名羊蹢躅 <字會上 4a>

<1765> 텰쳥춍이 對 靑白馬

고유어 '텰쳥춍이'와 한자어 '靑白馬'가 [騘]과 [靑白馬] 즉 '철쳥춍이, 靑白馬'의 뜻을 가지고 동의 관계에 있다는 것은 다음 예문들에서 잘 확인된다. '騘'이 한자어 '馬靑白色'을 뜻한다. 그리고 '靑白馬'가 '텰쳥춍이'로 번역된다. 따라서 '텰쳥춍이'와 '靑白馬'의 동의성은 명백히 입증된다.

(1765) a. 騘 : 靑白馬 <四解上 58a>
　　　b. 텰쳥춍이(靑白馬) <번老下 9a>

<1766> 토란 對 芋頭/芌頭

고유어 '토란'과 한자어 '芋頭/芌頭'가 [芋/芌] 즉 '토란, 큰 토란'의 뜻을 가지고 동의 관계에 있다는 것은 다음 예문들에서 잘 확인된다. '芋'가 고유어 '토란'을 뜻하고 '토란'은 한자어 '芋頭'와 동의 관계에 있다. 그리고 '芌'의 자석이 '토란'이고 고유어 '토란'은 한자어 '芌頭'와 동의 관계에 있다. 따라서 '토란'과 '芋頭/芌頭'의 동의성은 명백히 입증된다. 한자 '芋'는 '芌'의 속자이다.

(1766) a. 芋 : 菜名 토란 亦作芌 今俗呼芋頭 <四解上 34b>
　　　b. 芌 : 토란 우 俗稱芌頭…俗作芋 <字會上 7b>

<1767> 톱 對 鋸刀

고유어 '톱'과 한자어 '鋸刀'가 [鋸] 즉 '톱'의 뜻을 가지고 동의 관계에 있다는 것은 다음 예문들에서 잘 확인된다. '鋸'가 한자어 '鋸刀'를 뜻한다. 그리고 '鋸'의 자석이 '톱'이다. 따라서 '톱'과 '鋸刀'의 동의성은 명백히 입증된다.

(1767) a. 鋸 : 鋸刀 <四解上 29b>
　　　b. 鋸 : 톱 거 俗呼鋸兒 <字會中 8b>

<1768> 톱 對 鋸兒

고유어 '톱'과 한자어 '鋸兒'가 [鋸兒]와 [鋸] 즉 '톱'의 뜻을 가지고 동의 관계에 있다는 것은 다음 예문들에서 잘 확인된다. 원문 중 '鋸兒上'이 '톱 우ㅎ'로 번역된다. 그리고 '鋸'의 자석이 '톱'이고 고유어 '톱'은 한자어 '鋸兒'와 동의 관계에 있다. 따라서 '톱'과 '鋸兒'의 동의성은 명백히 입증된다.

　　(1768) a. 톱 우(16a) 희(鋸兒上) <번朴上 16b>

　　　　　b. 톱 조츤 갈 ㅎ나 호듸(鋸兒刀子一箇) <번朴上 16a>

　　(1768) c. 鋸 : 鋸刀 <四解上 29b>

　　　　　d. 鋸 : 톱 거 俗呼鋸兒 <字會中 8b>

<1769> 톱 對 雞距/鷄距

고유어 '톱'과 한자어 '雞距/鷄距'가 [距] 즉 '며느리발톱, 닭의 뒷발톱'의 뜻을 가지고 동의 관계에 있다는 것은 다음 예문들에서 잘 확인된다. '距'가 한자어 '雞距'를 뜻한다. 그리고 '距'의 자석이 '톱'이고 고유어 '톱'은 한자어 '鷄距'와 동의 관계에 있다. 따라서 '톱'과 '雞距/鷄距'의 동의성은 명백히 입증된다. 한자 '鷄'와 '雞'는 同字이다.

　　(1769) a. 距 : 雞距 <四解上 30a>

　　　　　b. 距 : 톱 거 鷄距 <字會下 3b>

<1770> 톳기 對 免兒

고유어 '톳기'와 한자어 '免兒'가 [免] 즉 '토끼'의 뜻을 가지고 동의 관계에 있다는 것은 다음 예문들에서 잘 확인된다. 원문 중 '獐免'가 '노로 톳기'로 번역된다. 그리고 '免'의 자석이 '톳기'이고 고유어 '톳기'는 한자어 '免兒'와 동의 관계에 있다. 따라서 '톳기'와 '免兒'의 동의성은 명백히 입증된다.

　　(1770) a. 노로 톳기 돍 가히(獐免雞犬) <瘡疹 64a>

　　(1770) b. 免 : 獸名 <四解上 37a>

　　　　　c. 免 : 톳기 토 俗稱免兒 <字會上 10b>

<1771> 통 對 車軸

고유어 '통'과 한자어 '車軸'이 [軸]과 [轂] 즉 '굴대, 양 바퀴를 꿰뚫는 가로나무'의 뜻을 가지고 동의 관계에 있다는 것은 다음 예문들에서 잘 확인된다. '軸'의 자석이 '통'이고 고유어 '통'은 한자어 '車軸'

과 동의 관계에 있다. 그리고 '轂'의 자석이 '통'이다. 따라서 '통'과 '車軸'의 동의성은 명백히 입증된다.

(1771) a. 軸 : 轂也 <四解上 9b>
　　　b. 軸 : 통 튝 俗呼車軸 <字會中 13a>

(1771) c. 轂 : 輻所湊也 <四解上 1b>
　　　d. 轂 : 통 곡 <字會中 13a>

<1772> 통발 對 魚笱

고유어 '통발'과 한자어 '魚笱'가 [罶] 즉 '통발'의 뜻을 가지고 동의 관계에 있다는 것은 다음 예문들에서 잘 확인된다. '罶'가 한자어 '魚笱'를 뜻한다. 그리고 '罶'의 자석이 '통발'이다. 따라서 '통발'과 '魚笱'의 동의성은 명백히 입증된다.

(1772) a. 罶 : 魚笱 <四解下 71b>
　　　b. 罶 : 통발 류 <字會中 9a>

<1773> 통발 對 取魚竹器

고유어 '통발'과 한자어 '取魚竹器'가 [簄]와 [笱] 즉 '통발, 고기 잡이 도구'의 뜻을 가지고 동의 관계에 있다는 것은 다음 예문들에서 잘 확인된다. '簄'가 한자어 '取魚竹器'를 뜻하고 '取魚竹器'는 고유어 '통발'과 동의 관계에 있다. '簄'의 자석이 '통발'이다. 그리고 '笱'가 한자어 '取魚竹器'를 뜻하고 '笱'의 자석이 '통발'이다. 따라서 '통발'과 '取魚竹器'의 동의성은 명백히 입증된다.

(1773) a. 簄 : 取魚竹器 통발 <四解上 41b>
　　　b. 簄 : 통발 호 <字會中 9a>

(1773) c. 笱 : 取魚竹器 <四解下 64b>
　　　d. 笱 : 통발 구 <字會中 9a>

<1774> 투구 對 兜鍪

고유어 '투구'와 한자어 '兜鍪'이 [鍪]와 [兜] 즉 '투구'의 뜻을 가지고 동의 관계에 있다는 것은 다음 예문들에서 잘 확인된다. '鍪'가 한자어 '兜鍪'를 뜻한다. '鍪'의 자석이 '투구'이고 고유어 '투구'는 한자어 '兜鍪'와 동의 관계에 있다. 그리고 '兜'가 한자어 '兜鍪'를 뜻한다. 따라서 '투구'와 '兜鍪'의 동의성은 명백히 입증된다.

(1774) a. 鍪 : 兜鍪 首鎧 <四解下 66a>

　　　 b. 鍪 : 투구 모 卽兜鍪 <字會中 14a>

(1774) c. 兜 : 兜鍪 首鎧 <四解下 65a>

<1775> 투구 對 頭盔

고유어 '투구'와 한자어 '頭盔'가 [盔]와 [冑] 즉 '투구'의 뜻을 가지고 동의 관계에 있다는 것은 다음 예문들에서 잘 확인된다. '盔'가 한자어 '頭盔'를 뜻하고 '頭盔'는 고유어 '투구'와 동의 관계에 있다. '冑'가 한자어 '頭盔'를 뜻하고 '頭盔'는 고유어 '투구'와 동의 관계에 있다. 그리고 '冑'의 자석이 '투구'이고 고유어 '투구'는 한자어 '頭盔'와 동의 관계에 있다. 따라서 '투구'와 '頭盔'의 동의성은 명백히 입증된다.

(1775) a. 盔 : …今俗呼頭盔 투구 <四解上 48b>

(1775) b. 冑 : 兜鍪同 俗呼頭盔 투구 <四解下 69b>

　　　 c. 冑 : 투구 듀 俗呼頭盔 <字會中 14a>

<1776> 튱나모 對 杶木

고유어 '튱나모'와 한자어 '杶木'이 [椿]과 [杶] 즉 '참죽나무'의 뜻을 가지고 동의 관계에 있다는 것은 다음 예문들에서 잘 확인된다. '椿'이 한자어 '椿木'을 뜻하고 '椿木'은 한자어 '杶木' 및 고유어 '튱나모'와 동의 관계에 있다. 그리고 '杶'이 고유어 '튱나모'를 뜻한다. 따라서 '튱나모'와 '杶木'의 동의성은 명백히 입증된다.

(1776) a. 椿 : …今按本草椿(68b) 木 卽杶木也 튱나모 <四解上 69a>

　　　 b. 椿 : 튱나모 츈 <字會上 5b>

(1776) c. 杶 : 튱나모 <四解上 69a>

<1777> 튱나모 對 椿木

고유어 '튱나모'와 한자어 '椿木'이 [椿] 즉 '참죽나무'의 뜻을 가지고 동의 관계에 있다는 것은 다음 예문들에서 잘 확인된다. '椿'이 한자어 '椿木'을 뜻하고 '椿木'은 고유어 '튱나모'와 동의 관계에 있다.

그리고 '椿'의 자석이 '튱나모'이다. 따라서 '튱나모'와 '椿木/椿樹'의 동의성은 명백히 입증된다.

(1777) a. 椿 : 木槿也…今按本草椿(68b) 木 卽杶木也 튱나모 <四解上 69a>
b. 椿 : 튱나모 츈 俗呼椿樹<字會上 5b>

<1778> 튱나모 對 椿樹

고유어 '튱나모'와 한자어 '椿樹'가 [椿] 즉 '참죽나무'의 뜻을 가지고 동의 관계에 있다는 것은 다음 예문들에서 잘 확인된다. '椿'의 자석이 '튱나모'이고 고유어 '튱나모'는 한자어 '椿樹'와 동의 관계에 있다. 따라서 '튱나모'와 '椿樹'의 동의성은 명백히 입증된다.

(1778) a. 椿 : …今按本草椿(68b) 木 卽杶木也 튱나모 <四解上 69a>
b. 椿 : 튱나모 츈 俗呼椿樹<字會上 5b>

<1779> 틀 對 織具

고유어 '틀'과 한자어 '織具'가 [機] 즉 '베틀'의 뜻을 가지고 동의 관계에 있다는 것은 다음 예문들에서 잘 확인된다. '機'가 한자어 '織具'를 뜻한다. 그리고 '機'의 자석이 '틀'이다. 따라서 '틀'과 '織具'의 동의성은 명백히 입증된다.

(1779) a. 機 : …又織具 <四解上 23b>
b. 機 : 틀 긔 <字會中 9a>

<1780> 특 對 顄頷

고유어 '특'과 한자어 '顄頷'이 [頷] 즉 '턱'의 뜻을 가지고 동의 관계에 있다는 것은 다음 예문들에서 잘 확인된다. '頷'이 한자어 '顄頷'을 뜻한다. 그리고 '頷'의 자석이 '특'이다. 따라서 '특'과 '顄頷'의 동의성은 명백히 입증된다.

(1780) a. 頷 : 顄頷 <四解下 79a>
b. 頷 : 특 함 <字會上 13a>

<1781> 특 對 頤頷

고유어 '특'과 한자어 '頤頷'이 [頥]와 [頤] 즉 '턱'의 뜻을 가지고 동의 관계에 있다는 것은 다음 예문들에서 잘 확인된다. '頯'가 한자어 '頤頷'을 뜻하고 '頤頷'은 고유어 '특'과 동의 관계에 있다. 그리고 '頯'와 '頤'의 자석이 '특'이다. 따라서 '특'과 '頤頷'의 동의성은 명백히 입증된다.

(1781) a. 頯 : 頤頷 今俗呼爲下頯 특 <四解上 45b>
     b. 頯 : 특 희 又頤下曰頯 <字會上 13a>

(1781) c. 頤 : 頷也 <四解上 21b>
     d. 頤 : 특 이 <字會上 13a>

<1782> 특 對 下頯

고유어 '특'과 한자어 '下頯'가 [頯] 즉 '턱'의 뜻을 가지고 동의 관계에 있다는 것은 다음 예문들에서 잘 확인된다. '頯'가 한자어 '頤頷'을 뜻하고 '頤頷'은 한자어 '下頯' 및 고유어 '특'과 동의 관계에 있다. 그리고 '頯'의 자석이 '특'이다. 따라서 '특'과 '下頯'의 동의성은 명백히 입증된다.

(1782) a. 頯 : 頤頷 今俗呼爲下頯 특 <四解上 45b>
     b. 頯 : 특 희 又頤下曰頯 <字會上 13a>

<1783> 팅ᄌ 對 醜橙

고유어 '팅ᄌ'와 한자어 '醜橙'이 [枳]와 [橙] 즉 '탱자'의 뜻을 가지고 동의 관계에 있다는 것은 다음 예문들에서 잘 확인된다. '枳'가 한자어 '醜橙'을 뜻하고 '醜橙'은 고유어 '팅ᄌ'와 동의 관계에 있다. '枳'의 자석이 '팅ᄌ'이다. 그리고 '橙'이 한자어 '醜橙'을 뜻하고 '醜橙'은 고유어 '팅ᄌ'와 동의 관계에 있다. 따라서 '팅ᄌ'와 '醜橙'의 동의성은 명백히 입증된다.

(1783) a. 枳 : 似橘有香木曲多刺 今俗呼醜橙…팅ᄌ <四解上 18a>
     b. 枳 : 팅ᄌ 기 俗呼醜橙樹 <字會上 5b>

(1783) c. 橙 : 似橘多刺 今俗呼醜橙…팅ᄌ <四解下 61b>
     d. 橙 : 효근 귤 둥 俗呼香橙 <字會上 5b>

<1784> 팅ᄌ 對 醜橙樹

고유어 '팅ᄌ'와 한자어 '醜橙樹'가 [枳] 즉 '탱자나무'의 뜻을 가지고 동의 관계에 있다는 것은 다음 예문들에서 잘 확인된다. '枳'의 자석이 '팅ᄌ'이고 고유어 '팅ᄌ'는 한자어 '醜橙樹'와 동의 관계에 있다. 따라서 '팅ㅈ'와 '醜橙樹'의 동의성은 명백히 입증된다.

(1784) a. 枳 : …今俗呼醜橙 卽藥家枳殼 팅ㅈ <四解上 18a>

b. 枳 : 팅ㅈ 기 俗呼醜橙樹 <字會上 5b>

<1785> 파 對 大葱

고유어 '파'와 한자어 '大葱'이 [葱]과 [生葱] 즉 '파'의 뜻을 가지고 동의 관계에 있다는 것은 다음 예문들에서 잘 확인된다. 원문 중 '葱蒜'이 '파 마늘'로 번역되고 '醬水生葱'이 '쟝믈와 파'로 번역된다. 그리고 '葱'의 자석이 '파'이고 고유어 '파'는 한자어 '大葱'과 동의 관계에 있다. 따라서 '파'와 '大葱'의 동의성은 명백히 입증된다.

(1785) a. 파 마늘(葱蒜) <瘡疹 63b>

b. 쟝믈와 파와 약 들 빠 노하 젓고(調上些醬水生葱料物拌了) <번老上 22a>

c. 파(生葱) <번老下 38a>

(1785) d. 葱 : 菫菜 <四解上 5a>

e. 파 총 俗稱大葱 <字會上 7a>

<1786> 판 對 博局

고유어 '판'과 한자어 '博局'이 [枰]과 [局] 즉 '바둑판'의 뜻을 가지고 동의 관계에 있다는 것은 다음 예문들에서 잘 확인된다. '枰'이 한자어 '博局'을 뜻하고 '枰'의 자석이 '판'이다. '局'이 '판'과 한자어 '博局'을 뜻한다. 그리고 원문 중 '一局'이 '흔 판'으로 번역된다. 따라서 '판'과 '博局'의 동의성은 명백히 입증된다. 한자 '博'과 '博'은 同字이다.

(1786) a. 枰 : 博局 <四解下 51a>

b. 枰 : 판 평 棊局也 <字會中 9b>

(1786) c. 局 : …又博局 <四解上 7b>

d. 우리 흔 판 두워(咱們下一局) <번朴上 22b>

<1787> 편풍 對 斧扆

고유어 '편풍'과 한자어 '斧扆'가 [扆] 즉 '병풍'의 뜻을 가지고 동의 관계에 있다는 것은 다음 예문들에서 잘 확인된다. '扆'가 한자어 '斧扆'를 뜻한다. 그리고 '扆'의 자석이 '편풍'이다. 따라서 '편풍'과 '斧扆'의 동의성은 명백히 입증된다.

(1787) a. 扆 : 斧扆如屛 <四解上 20b>
　　　　b. 扆 : 편풍 의 <字會中 7b>

<1788> 표고 對 蘑菇

고유어 '표고'와 한자어 '蘑菇'가 [菇]와 [蘑] 즉 '표고'의 뜻을 가지고 동의 관계에 있다는 것은 다음 예문들에서 잘 확인된다. '菇'의 자석이 '표고'이고 고유어 '표고'는 한자어 '蘑菇'와 동의 관계에 있다. 그리고 '蘑'의 자석이 '표고'이다. 따라서 '표고'와 '蘑菇'의 동의성은 명백히 입증된다.

(1788) a. 菇 : 표곳 고 俗呼蘑菇 <字會上 7b>
　　　　b. 蘑 : 표고 마 <字會上 7b>

<1789> 표고 對 香蕈

고유어 '표고'와 한자어 '香蕈'이 [香蕈]과 [菇] 즉 '표고'의 뜻을 가지고 동의 관계에 있다는 것은 다음 예문들에서 잘 확인된다. 한자어 '香蕈'이 고유어 '표고'와 동의 관계에 있다. 그리고 '菇'의 자석이 '표고'이고 고유어 '표고'는 '香蕈'과 동의 관계에 있다. 따라서 '표고'와 '香蕈'의 동의성은 명백히 입증된다.

(1789) a. 蕈 : 菌也 今俗呼 香蕈 표고 <四解下 73a>
　　　　b. 심 : 버슷 심 在地者 <字會上 7b>

(1789) c. 菇 : 표곳 고 俗呼蘑菇 又香蕈 <字會上 7b>

<1790> 표웜 對 金絲豹

고유어 '표웜'과 한자어 '金絲豹'가 [豹] 즉 '표범'의 뜻을 가지고 동의 관계에 있다는 것은 다음 예문들에서 잘 확인된다. '豹'의 자석이 '표웜'이고 고유어 '표웜'은 한자어 '金絲豹'와 동의 관계에 있다. 따라서 '표웜'과 '金絲豹'의 동의성은 명백히 입증된다.

(1790) a. 豹(20a) : 獸 一名程 <四解下 20b>
　　　　b. 豹 : 표웜 표 俗呼金絲豹 <字會東中本上 18a>

<1791> 플 對 百草

고유어 '플'과 한자어 '百草'가 [卉] 즉 '풀, 풀의 총칭'의 뜻을 가지고 동의 관계에 있다는 것은 다음 예문들에서 잘 확인된다. '卉'의 자석이 '플'이고 고유어 '플'은 한자어 '百草'와 동의 관계에 있다. 따라서 '플'과 '百草'의 동의성은 명백히 입증된다.

(1791) a. 卉 : 草木 總名 <四解上 54a>
　　　　b. 卉 : 플 훼 百草 總名 <字會上 2a>

<1792> 플 對 百卉

고유어 '플'과 한자어 '百卉'가 [草] 즉 '풀'의 뜻을 가지고 동의 관계에 있다는 것은 다음 예문들에서 잘 확인된다. 원문 중 '弱草'가 '보드라온 플'로 번역된다. '草'가 한자어 '百卉'를 뜻한다. 그리고 '草'의 자석이 '플'이고 고유어 '플'은 한자어 '百卉'와 동의 관계에 있다. 따라서 '플'과 '百卉'의 동의성은 명백히 입증된다.

(1792) a. 가븨야온 듣틀이 보드라온 플에 븓터슘 フ투니(如輕塵이 棲弱草耳니) <번小九 63a>
　　　　b. 프른 흔 フ술신장 사라 잇누니(草生一秋) <번朴上 1a>

(1792) c. 草 : 百卉 <四解下 21a>
　　　　d. 草 : 플 초 百卉 <字會下 2a>

<1793> 플 對 초

고유어 '플'과 한자어 '초'(草) 가 [草] 즉 '풀'의 뜻을 가지고 동의 관계에 있다는 것은 다음 예문들에서 잘 확인된다. 원문 중 '弱草'가 '보드라온 플'로 번역되고 '草縛'이 '초로 얽다'로 번역된다. 따라서 '플'와 '초'의 동의성은 명백히 입증된다.

(1793) a. 가븨야온 듣틀이 보드라온 플에 븓터슘 フ투니(如輕塵이 棲弱草耳니) <번小九 63a>
　　　　b. 초로 얼거 미오(用草縛定) <瘡疹 44a>

<1794> 피 對 氣血

고유어 '피'와 한자어 '氣血'이 [血] 즉 '피'의 뜻을 가지고 동의 관계에 있다는 것은 다음 예문들에서 잘 확인된다. 원문 중 '血流'가 '피 흐르다'로 번역되고 '放血'이 '피 내다'로 번역된다. 그리고 '血'이 한자어 '氣血'을 뜻하고 '血'의 자석이 '피'이다. 따라서 '피'와 '氣血'의 동의성은 명백히 입증된다.

(1794) a. 피 흘러 평상이며 돗긔 ᄀᆞ득ᄒᆞ엿거늘(血流滿床席이어ᄂᆞᆯ) <번小九 62a>

　　　　b. 눗치 ᄒᆡ여디여 피 흐르거늘(破面流血이어를) <번小九 66b>

　　　　c. 피 두서 되 나 흐르거늘(出血數升) <二倫 19a>

　　　　d. 이믜셔 발 조쳐 피 내라(就蹄子放血) <번朴上 43a>

　　　　e. 이믜셔 발 조쳐 피 내오려(一發就蹄子放血着) <번朴上 43a>

(1794) f. 血 : 氣血 <四解下 12a>

　　　　g. 血 : 피 혈 <字會上 15b>

<1795> 피 對 稗子

고유어 '피'와 한자어 '稗子'가 [稗]와 [稷] 즉 '피'의 뜻을 가지고 동의 관계에 있다는 것은 다음 예문들에서 잘 확인된다. '稗'가 한자어 '稗子'를 뜻하고 '稗子'는 고유어 '피'와 동의 관계에 있다. '稗'의 자석이 '피'이고 고유어 '피'는 한자어 '稗子'와 동의 관계에 있다. '稷'이 한자어 '稗子'를 뜻한다. 그리고 '稷'의 자석이 '피'이고 고유어 '피'는 한자어 '稗子'와 동의 관계에 있다. 따라서 '피'와 '稗子'의 동의성은 명백히 입증된다.

(1795) a. 稗 : 黍屬 今俗呼稷曰稗子 피 <四解上 44a>

　　　　b. 稗 : 피 패 俗呼稗子 <字會上 7a>

(1795) c. 稷 : …今俗總稱稗子 <四解下 52a>

　　　　d. 稷 : 피 직 俗呼稗子 <字會上 7a>

<1796> 피기 對 氣逆

고유어 '피기'와 한자어 '氣逆'이 [噦] 즉 '딸꾹질'의 뜻을 가지고 동의 관계에 있다는 것은 다음 예문들에서 잘 확인된다. '噦'가 한자어 '氣逆'을 뜻한다. 그리고 '噦'의 자석이 '피기'이다. 따라서 '피기'와 '氣逆'의 동의성은 명백히 입증된다.

(1796) a. 噦 : 嘔也 氣逆也 <四解下 11b>

　　　　b. 噦 : 피기 얼 俗稱打噦 <字會上 15a>

<1797> 피리 對 觱篥

고유어 '피리'와 한자어 '觱篥'이 [觱]과 [篥] 즉 '피리'의 뜻을 가지고 동의 관계에 있다는 것은 다음 예문들에서 잘 확인된다. '觱'이 한자어 '觱篥'을 뜻하고 '觱'의 자석이 '피리'이다. '篥'이 한자어 '觱篥'을 뜻한다. 그리고 '篥'의 자석이 '피리'이고 고유어 '피리'는 한자어 '觱篥'과 동의 관계에 있다. 따라서 '피리'와 '觱篥'의 동의성은 명백히 입증된다.

(1797) a. 觱 : 觱篥 <四解上 57a>
　　　　b. 觱 : 피리 필 <字會中 16a>

(1797) c. 篥 : 觱篥 <四解上 61a>
　　　　d. 篥 : 피리 률 觱篥 <字會中 16a>

<1798> 피마즈 對 蓖麻

고유어 '피마즈'와 한자어 '蓖麻'가 [蓖] 즉 '아주까리. 피마자'의 뜻을 가지고 동의 관계에 있다는 것은 다음 예문들에서 잘 확인된다. '蓖'가 한자어 '蓖麻'를 뜻하고 '蓖麻'는 고유어 '피마즈'와 동의 관계에 있다. 그리고 '蓖'의 자석이 '피마즈'이고 고유어 '피마즈'는 한자어 '蓖麻'돠 동의 관계에 있다. 따라서 '피마즈'와 '蓖麻'의 동의성은 명백히 입증된다.

(1798) a. 蓖 : 蓖麻 피마즈 <四解上 26a>
　　　　b. 蓖 : 피마즈 비 俗呼蓖麻 <字會上 8a>

<1799> 픗개 對 戽斗

고유어 '픗개'와 한자어 '戽斗'가 [戽] 즉 '배에 스며든 물을 퍼내는 기구'의 뜻을 가지고 동의 관계에 있다는 것은 다음 예문들에서 잘 확인된다. '戽'가 한자어 '戽斗'를 뜻하고 '戽斗'는 고유어 '픗개'와 동의 관계에 있다. 그리고 '戽'의 자석이 '픗개'이고 고유어 '픗개'는 한자어 '戽斗'와 동의 관계에 있다. 따라서 '픗개'와 '戽斗'의 동의성은 명백히 입증된다.

(1799) a. 戽 : 抒水器 今俗呼船中所用曰戽斗 픗개 <四解上 41a>
　　　　b. 戽 : 픗개 호 俗呼戽斗 <字會中 12b>

<1800> 픗람 對 蹙口出聲

고유어 '픗람'과 한자어 '蹙口出聲'이 [嘯] 즉 '휘파람'의 뜻을 가지고 동의 관계에 있다는 것은 다음 예문들에서 잘 확인된다. 원문 중 '不嘯'가 '프람 말다'로 번역된다. 그리고 '嘯'가 한자어 '蹙口出聲'을 뜻하고 '嘯'의 자석이 '프람'이다. 따라서 '프람'과 '蹙口出聲'의 동의성은 명백히 입증된다.

(1800) a. 남진이 안해 드러 프람 말며 손으로 ㄱ루치디 말며(男子ㅣ 入內ㅎ야 不嘯不指ㅎ며) <번小三 19b>

(1800) b. 嘯 : 蹙口出聲 <四解下 16a>

　　　　 c. 嘯 : 프람 쇼 <字會下 14a>

고유어 '프람'의 先代形 '딋프람'은 『杜詩諺解』(1481)의 다음 예문들에서 잘 확인된다. 원문 중 '猿嘯'가 '나비 딋프람'으로 번역되고 '蘇門嘯'가 '蘇門엣 딋프람'으로 번역된다.

(1800) d. ㅂ루미 샌루며 하늘히 놉고 나비 딋프라미 슬프니(風急天高猿嘯哀) <杜十 35a>

　　　　 e. 구틔여 蘇門엣 딋프라믈 ㅎ리여(敢爲蘇門嘯) <杜十五 5a>

　　　　 f. 거믄 나비 이비 미조자 能히 딋프람 몯ㅎ고(玄猿口噤不能嘯) <杜十 41b>

<1801> 프리 對 蒼蠅

고유어 '프리'와 한자어 '蒼蠅'이 [蠅] 즉 '파리'의 뜻을 가지고 동의 관계에 있다는 것은 다음 예문들에서 잘 확인된다. '蠅'의 자석이 '프리'이고 고유어 '프리'는 한자어 '蒼蠅'과 동의 관계에 있다. 따라서 '프리'와 '蒼蠅'의 동의성은 명백히 입증된다.

(1801) a. 蠅 : 虫名 <四解下 56a>

　　　　 b. 蠅 : 프리 승 俗呼蒼蠅 <字會上 11b>

고유어 '프리'의 先代形은 '폴'과 '프리'인데 그것들은 『訓民正音 解例本』(1446)과 『杜詩諺解』(1481)의 다음 예문들에서 잘 확인된다. 원문 중 '多蠅'이 '프리 하다'로 번역된다.

(1801) c. 폴 爲蠅 <解例 用字例>

　　　　 d. ㅎ믈며 ㄱ싦 後에 ㄱ장 프리 하도다(況乃秋後轉多蠅) <杜十 28b>

　　　　 e. 足히 프리는 업게 ㅎ리로다(有足除蒼蠅) <杜十六 58a>

<1802> 폴 對 臂膊

고유어 '폴'과 한자어 '臂膊'이 [臂] 즉 '팔'의 뜻을 가지고 동의 관계에 있다는 것은 다음 예문들에서 잘 확인된다. '臂'의 자석이 '풀'이고 고유어 '풀'은 한자어 '臂髆'과 동의 관계에 있다. 따라서 '풀'과 '臂髆'의 동의성은 명백히 입증된다.

(1802) a. 臂 : 肱也 <四解上 15a>
b. 臂 : 풀 비 俗稱臂髆 <字會上 13b>

<1803> 풀구브렁 對 肐肘

고유어 '풀구브렁'과 한자어 '肐肘'가 [肐] 즉 '팔꿈치, 팔의 관절'의 뜻을 가지고 동의 관계에 있다는 것은 다음 예문들에서 잘 확인된다. '肐'이 한자어 '肐肘'를 뜻한다. 그리고 '肘'의 자석이 '풀구브렁'이고 고유어 '풀구브렁'은 한자어 '肐肘'와 동의 관계에 있다. 따라서 '풀구브렁'과 '肐肘'의 동의성은 명백히 입증된다.

(1803) a. 肐 : …又曰肐肘 <四解上 61b>
b. 肐 : 풀 걸 <字會上 13b>

(1803) c. 肘 : 臂節 <四解下 69b>
d. 肘 : 풀구브렁 듀 俗呼肐肘 <字會上 13b>

<1804> 풀구브렁 對 臂節

고유어 '풀구브렁'과 한자어 '臂節'이 [肘] 즉 '팔꿈치, 팔의 관절'의 뜻을 가지고 동의 관계에 있다는 것은 다음 예문들에서 잘 확인된다. '肘'가 한자어 '臂節'을 뜻한다. 그리고 '肘'의 자석이 '풀구브렁'이다. 따라서 '풀구브렁'과 '臂節'의 동의성은 명백히 입증된다.

(1804) a. 肘 : 臂節 <四解下 69b>
b. 肘 : 풀구브렁 듀 俗呼肐肘 <字會上 13b>

<1805> 풀독 對 肐髆

고유어 '풀독'과 한자어 '肐髆'이 [肐髆], [肐] 및 [髆] 즉 '팔뚝'의 뜻을 가지고 동의 관계에 있다는 것은 다음 예문들에서 잘 확인된다. 원문 중 '左肐髆'이 '왼 풀독'으로 번역된다. '肐'이 한자어 '肐髆'을 뜻하고 '肐髆'은 고유어 '풀독'과 동의 관계에 있다. '髆'이 한자어 '肐髆'을 뜻한다. 그리고 '髆'의 자석이 '풀독'이고 고유어 '풀독'은 한자어 '肐髆'과 동의 관계에 있다. 따라서 '풀독'과 '肐髆'의 동의성은 명백히 입증된다.

(1805) a. 그 사르미 왼 풀독에 살 마자 샹ᄒᆞ얏고(邪人左肐膊上射傷) <번老上 30b>

(1805) b. 肐 : 今俗呼肐膊 풀독 <四解上 61b>

    c. 肐 : 풀 걸 <字會上 13b>

(1805) d. 膊 : 肩甲…今俗呼肐膊 <四解下 36a>

    e. 膊 : 풀독 박 俗呼肐膊 <字會上 13b>

<1806> 풀독 對 肩甲

고유어 '풀독'과 한자어 '肩甲'이 [膊] 즉 '팔뚝'의 뜻을 가지고 동의 관계에 있다는 것은 다음 예문들에서 잘 확인된다. '膊'이 한자어 '肩甲'을 뜻한다. 그리고 '膊'의 자석이 '풀독'이다. 따라서 '풀독'과 '肩甲'의 동의성은 명백히 입증된다.

(1806) a. 膊 : 肩甲…今俗呼肐膊 <四解下 36a>

    b. 膊 : 풀독 박 俗呼肐膊 <字會上 13b>

<1807> 풀지 對 射講

고유어 '풀지'와 한자어 '射講'가 [䪠]과 [拾] 즉 '팔찌, 활을 쏠 때에 활을 쥐는 팔의 소매를 걷어 매는 띠'의 뜻을 가지고 동의 관계에 있다는 것은 다음 예문들에서 잘 확인된다. '䪠'이 한자어 '射講'를 뜻하고 '䪠'의 자석이 '풀지'이다. 그리고 '拾'이 한자어 '射講'를 뜻한다. 따라서 '풀지'와 '射講'의 동의성은 명백히 입증된다.

(1807) a. 䪠 : 射講 <四解上 71b>

    b. 䪠 : 풀지 한 <字會中 14a>

(1807) c. 拾 : …又射講 <四解下 74a>

<1808> 풀지 對 射臂決

고유어 '풀지'와 한자어 '射臂決'이 [講] 즉 '활팔찌, 활을 쏠 때에 소매를 걷어 매는 띠'의 뜻을 가지고 동의 관계에 있다는 것은 다음 예문들에서 잘 확인된다. '講'가 한자어 '射臂決'을 뜻하고 '射臂決'은 고유어 '풀지'와 동의 관계에 있다. 그리고 '鞲'의 자석이 '풀지'이다. 따라서 '풀지'와 '射臂決'의 동의성은 명백히 입증된다.

(1808) a. 鞲 : 射臂決 풀지 <四解下 64b>
b. 鞲 : 풀지 구 <字會中 14a>

<1809> 하늘 對 上玄

고유어 '하늘'과 한자어 '上玄'이 [天] 즉 '하늘'의 뜻을 가지고 동의 관계에 있다는 것은 다음 예문들에서 잘 확인된다. 원문 중 '天平'이 '하ᄂᆞ리 편ᄒᆞ다'로 번역되고 '升天'이 '하ᄂᆞ래 오르다'로 번역된다. 그리고 '天'이 한자어 '上玄'을 뜻하고 '天'의 자석이 '하늘'이다. 따라서 '하늘'과 '上玄'의 동의성은 명백히 입증된다.

(1809) a. 하ᄂᆞ(13a) 리 편ᄒᆞ며 ᄯᅡ히 현ᄒᆞᆫ 듯ᄒᆞ도다(天平地平) <번老上 13b>
b. 하ᄂᆞ리 ᄯᅡᄒᆞ록 몬져 ᄒᆞ며(天先乎地ᄒᆞ며) <번小三 15a>
c. 일워 셰유미 어려오ᄆᆞᆫ 하ᄂᆞ래 올옴 곧고(成立之難은 如升天ᄒᆞ고) <번小六 20b>
d. 너브신 복이 하늘와 ᄀᆞ투새(洪福齊天) <번朴上 1a>

(1809) e. 天 : 上玄 <四解下 2b>
f. 天 : 하늘 텬 <字會上 1a>

<1810> 하늘 對 雲霄

고유어 '하늘'과 한자어 '雲霄'가 [霄] 즉 '하늘'의 뜻을 가지고 동의 관계에 있다는 것은 다음 예문들에서 잘 확인된다. '霄'가 한자어 '雲霄'를 뜻한다. 그리고 '霄'의 자석이 '하늘'이다. 따라서 '하늘'과 '雲霄'의 동의성은 명백히 입증된다.

(1810) a. 霄 : 雲霄 <四解下 16a>
b. 霄 : 하늘 쇼 俗稱靑霄 <字會上 1a>

<1811> 하늘 對 靑霄

고유어 '하늘'과 한자어 '靑霄'가 [靑霄]와 [霄] 즉 '하늘'의 뜻을 가지고 동의 관계에 있다는 것은 다음 예문들에서 잘 확인된다. 원문 중 '接靑霄'가 '하늘해 닿다'로 번역된다. 그리고 '霄'의 자석이 '하늘'이고 고유어 '하늘'은 한자어 '靑霄'와 동의 관계에 있다. 따라서 '하늘'과 '靑霄'의 동의성은 명백히 입증된다.

(1811) a. 머리셔 부라매 노피 하늘해 다핫고(遠望高接靑霄) <번朴上 68a>

(1811) b. 霄:雲霄 <四解下 16a>
     c. 霄:하늘 쇼 俗稱靑霄 <字會上 1a>

<1812> 하늘 對 秋天

고유어 '하늘'과 한자어 '秋天'이 [旻] 즉 '하늘, 가을 하늘'의 뜻을 가지고 동의 관계에 있다는 것은 다음 예문들에서 잘 확인된다. '旻'이 한자어 '秋天'을 뜻한다. 그리고 '旻'의 자석이 '하늘'이다. 따라서 '하늘'과 '秋天'의 동의성은 명백히 입증된다.

(1812) a. 旻:秋天 <四解上 57b>
     b. 旻:하늘 민 <字會下 1a>

한자어 '秋天'이 15세기 국어에서 'ᄀᆞᅀᆞᆳ 하늘'로 번역된다는 것은 『蒙山和尙法語略錄諺解』(1472)의 다음 예문에서 잘 확인된다.

(1812) c. ᄀᆞᅀᆞᆳ 하ᄂᆞ리 곧ᄒᆞᆫ ᄢᅴ이 第一 ᄆᆞ디니(如秋天相似時ㅣ 是第一箇程節이니) <蒙法 40b>

<1813> 하늘 對 春天

고유어 '하늘'과 한자어 '春天'이 [昊] 즉 '하늘, 봄의 하늘'의 뜻을 가지고 동의 관계에 있다는 것은 다음 예문들에서 잘 확인된다. '昊'가 한자어 '春天'을 뜻한다. 그리고 '昊'의 자석이 '하늘'이다. 따라서 '하늘'과 '春天'의 동의성은 명백히 입증된다.

(1813) a. 昊:春天 <四解下 22b>
     b. 昊:하늘 호 <字會下 1a>

<1814> 하늘 對 天道

고유어 '하늘'과 한자어 '天道'가 [天]과 [乾] 즉 '하늘'의 뜻을 가지고 동의 관계에 있다는 것은 다음 예문들에서 잘 확인된다. '天'의 자석이 '하늘'이고 고유어 '하늘'은 한자어 '天道'와 동의 관계에 있다.

'乾'이 한자 '天'과 同義이다. 그리고 '乾'의 자석이 '하늘'이고 고유어 '하늘'은 '天道'와 동의 관계에 있다. 따라서 '하늘'과 '天道'의 동의성은 명백히 입증된다.

(1814) a. 天 : 上玄 <四解下 2b>
　　　　b. 天 : 하늘 텬 天道 <字會上 1a>

(1814) c. 乾 : 天也 <四解下 2a>
　　　　d. 乾 : 하늘 건 天道 <字會上 1a>

<1815> 하늘 對 昊天

고유어 '하늘'과 한자어 '昊天'이 [昊] 즉 '하늘, 여름의 하늘'의 뜻을 가지고 동의 관계에 있다는 것은 다음 예문들에서 잘 확인된다. '昊'의 자석이 '하늘'이고 고유어 '하늘'은 한자어 '昊天'과 동의 관계에 있다. 따라서 '하늘'과 '昊天'의 동의성은 명백히 입증된다.

(1815) a. 昊 : 春天 <四解下 22b>
　　　　b. 昊 : 하늘 호 夏曰昊天 <字會下 1a>

<1816> 하야로비 對 鷺鷥

고유어 '하야로비'와 한자어 '鷺鷥'가 [鷺]와 [鷥] 즉 '해오라기'의 뜻을 가지고 동의 관계에 있다는 것은 다음 예문들에서 잘 확인된다. '鷺'가 한자어 '鷺鷥'를 뜻하고 '鷺'의 자석이 '하야로비'이다. '鷺'가 한자어 '鷺鷥'를 뜻하고 '鷺鷥'는 고유어 '하야로비'와 동의 관계에 있다. 그리고 '鷥'의 자석이 '하야로비'이고 고유어 '하야로비'는 한자어 '鷺鷥'와 동의 관계에 있다. 따라서 '하야로비'와 '鷺鷥'의 동의성은 명백히 입증된다.

(1816) a. 鷺 : 鷺鷥 <四解上 42a>
　　　　b. 鷺 : 하야로비 ᄉ 俗呼鷺鷥 <字會上 9b>

(1816) c. 鷥 : 鷺鷥 하야로비 <四解上 13b>
　　　　d. 鷥 : 하야로비 로 <字會上 9b>

<1817> 하외욤 對 呵欠

고유어 '하외욤'과 한자어 '呵欠'이 [欠]과 [呵欠] 즉 '하품'의 뜻을 가지고 동의 관계에 있다는 것은 다음 예문들에서 잘 확인된다. 원문 중 '呵欠'이 '하외욤ᄒ다'로 번역된다. 그리고 '欠'의 자석이 '하외욤'이고 고유어 '하외욤'은 한자어 '呵欠'과 동의 관계에 있다. 따라서 '하외욤'과 '呵欠'의 동의성은 명백히 입증된다.

(1817) a. ᄌ최욤ᄒ며 하외욤ᄒ며(嚏嚏呵欠) <瘡疹 9b>

(1817) b. 欠 : 張口氣悟 又欠申 <四解下 81b>
    c. 欠 : 하외욤 흠 俗稱呵欠 <字會上 15b>

<1818> 한삼 對 勒麻藤草

고유어 '한삼'과 한자어 '勒麻藤草'가 [葎] 즉 '한삼덩굴'의 뜻을 가지고 동의 관계에 있다는 것은 다음 예문들에서 잘 확인된다. '葎'의 자석이 '한삼'이고 고유어 '한삼'은 한자어 '勒麻藤草'와 동의 관계에 있다. 따라서 '한삼'과 '勒麻藤草'의 동의성은 명백히 입증된다.

(1818) a. 葎 : 葎草…한삼너출 <四解上 70b>
    b. 葎 : 한삼 률 俗呼勒麻藤草 <字會上 4b>

<1819> 한새 對 老鸛

고유어 '한새'와 한자어 '老鸛'이 [鸛] 즉 '황새'의 뜻을 가지고 동의 관계에 있다는 것은 다음 예문들에서 잘 확인된다. '鸛'이 한자어 '老鸛'을 뜻하고 '老鸛'은 고유어 '한새'와 동의 관계에 있다. 그리고 '鸛'의 자석이 '한새'이고 고유어 '한새'는 한자어 '老鸛'과 동의 관계에 있다. 따라서 '한새'와 '老鸛'의 동의성은 명백히 입증된다.

(1819) a. 鸛 : 今俗呼老鸛 한(72a) 새 <四解上 72b>
    b. 鸛 : 한새 관 俗呼老鸛 <字會上 8b>

<1820> 한어치 對 替子

고유어 '한어치'와 한자어 '替子'가 [替子] 즉 '솜언치'의 뜻을 가지고 동의 관계에 있다는 것은 다음 예문들에서 잘 확인된다. 원문 중 '替子'가 '한어치'로 번역된다. 그리고 '替子'가 '汗替 皮替의 總名'이다. 따라서 '한어치'와 '替子'의 동의성은 명백히 입증된다.

(1820) a. 솜어치 갓어치 한어치(汗替 皮替 替子) <번老下 30a>

b. 替子 : 音義云汗替皮替之總名 <老朴 老下 2b>

<1821> 핟옷 對 襺袍

고유어 '핟옷'과 한자어 '襺袍'가 [襺] 즉 '솜옷, 핫옷'의 뜻을 가지고 동의 관계에 있다는 것은 다음 예문들에서 잘 확인된다. '襺'이 한자어 '襺袍'를 뜻한다. 그리고 '襺'의 자석이 '핟옷'이고 고유어 '핟옷'은 '襺袍'와 동의 관계에 있다. 따라서 '핟옷'과 '襺袍'의 동의성은 명백히 입증된다.

(1821) a. 襺 : 純着新綿爲襺袍 <四解下 1a>
b. 襺 : 핟옷 견 新綿爲襺袍 <字會中 12a>

<1822> 핟옷 對 襖子

고유어 '핟옷'과 한자어 '襖子'가 [襖子] 즉 '솜을 넣은 무명옷'의 뜻을 가지고 동의 관계에 있다는 것은 다음 예문들에서 잘 확인된다. 원문 중 '紵絲襖子'가 '비단 핟옷'으로 번역되고 '紬襖子'가 '면듀 핟옷'으로 번역된다. 그리고 '男女服'과 '襖子'가 동의 관계에 있다. 따라서 '핟옷'과 '襖子'의 동의성은 명백히 입증된다.

(1822) a. 겨스리 다돋거든 벽드르문엣 비단 핟온과(到冬間 界地紵絲襖子) <번老下 50b>
b. 초록 면듀 핟옷과(綠紬襖子) <번老下 50b>
c. 금으로 짜 시란호 핟옷과(織金膝欄襖子) <번老下 50b>

(1822) d. 襖 : 袍襖 <四解下 22a>
e. 襖 : 옷 오 俗總稱男女服曰襖子 <字會中 12a>

<1823> 할미 對 老嫗

고유어 '할미'와 한자어 '老嫗'가 [嫗] 즉 '늙은 여자'의 뜻을 가지고 동의 관계에 있다는 것은 다음 예문들에서 잘 확인된다. '嫗'의 자석이 '할미'이고 고유어 '할미'는 한자어 '老嫗'와 동의 관계에 있다. 따라서 '할미'와 '老嫗'의 동의성은 명백히 입증된다.

(1823) a. 嫗 : 老婦之稱 <四解上 33b>
b. 嫗 : 할미 구 汎稱老嫗 <字會上 17a>

<1824> 할미 對 老女

고유어 '할미'와 한자어 '老女'가 [姥]와 [媼] 즉 '늙은 여자'의 뜻을 가지고 동의 관계에 있다는 것은 다음 예문들에서 잘 확인된다. '姥'와 '媼'의 자석이 '할미'이고 고유어 '할미'는 한자어 '老女'와 동의 관계에 있다. 따라서 '할미'와 '老女'의 동의성은 명백히 입증된다.

(1824) a. 姥 : 女老之稱 <四解下 38a>

b. 媼 : 女老之稱 <四解下 22a>

(1824) c. 姥 : 할미 모 汎稱老女 <字會上 17a>

d. 媼 : 할미 오 汎稱老女 <字會上 17a>

<1825> 할미/할마님 對 祖母

고유어 '할미/할마님'과 한자어 '祖母'가 [祖母]와 [婆] 즉 '할머니'의 뜻을 가지고 동의 관계에 있다는 것은 다음 예문들에서 잘 확인된다. 원문 중 '祖母唐夫人'이 '할마님 唐夫人'으로 번역된다. 그리고 '婆'의 자석이 '할미'이고 '婆'는 한자어 '祖母'를 뜻한다. 따라서 '할미/할마님'과 '祖母'의 동의성은 명백히 입증된다.

(1825) a. 山南의 할마님 唐夫人이 싀어미 셤교믈 효도로이 ᄒᆞ야(祖母唐夫人이 事姑孝ᄒᆞ야) <번小九 29b>

(1825) b. 婆 : 老女稱 <四解下 28b>

c. 婆 : 할미 파…又祖母曰婆 <字會上 16a>

<1826> 항것괴 對 大薊

고유어 '항것괴'와 한자어 '大薊'가 [大薊] 즉 '엉겅퀴'의 뜻을 가지고 동의 관계에 있다는 것은 다음 예문들에서 잘 확인된다. 한자어 '大薊'가 고유어 '항것괴'와 동의 관계에 있다. 따라서 '항것괴'와 '大薊'의 동의성은 명백히 입증된다.

(1826) a. 薊 : 草名 大薊 항것괴 <四解上 23b>

b. 薊 : 조방이 계 卽小薊 又大薊 항것귀 <字會上 4b>

<1827> 항것귀 對 大薊

고유어 '항것귀'와 한자어 '大薊'이 [大薊] 즉 '엉겅퀴'의 뜻을 가지고 동의 관계에 있다는 것은 다음

예문들에서 잘 확인된다. 한자어 '大薊'가 고유어 '항것귀'와 동의 관계에 있다. 따라서 '항것귀'와 '大薊'의 동의성은 명백히 입증된다.

(1827) a. 薊 : 草名 大薊 항것괴 <四解上 23b>
　　　 b. 薊 : 조방이 계 卽小薊 又大薊 항것귀 <字會上 4b>

<1828> 항괴 對 鏇子

고유어 '항괴'와 한자어 '鏇子'가 [鏇] 즉 '자귀, 나무를 깎아 다듬은 연장'의 뜻을 가지고 동의 관계에 있다는 것은 다음 예문들에서 잘 확인된다. '鏇'의 자석이 '항괴'이고 고유어 '항괴'는 한자어 '鏇子'와 동의 관계에 있다. 따라서 '항괴'와 '鏇子'의 동의성은 명백히 입증된다.

(1828) a. 鏇 : 平木器 항귀 <四解上 63b>
　　　 b. 鏇 : 항괴 분 俗呼鏇子 <字會中 8b>

<1829> 항귀 對 平木器

고유어 '항귀'와 한자어 '平木器'가 [鏇] 즉 '자귀, 나무를 깎아 다듬는 연장'의 뜻을 가지고 동의 관계에 있다는 것은 다음 예문들에서 잘 확인된다. '鏇'이 한자어 '平木器'를 뜻하고 '平木器'는 고유어 '항귀'와 동의 관계에 있다. 따라서 '항귀'와 '平木器'의 동의성은 명백히 입증된다.

(1829) a. 鏇 : 平木器 항귀 <四解上 63b>
　　　 b. 鏇 : 항괴 분 俗呼鏇子 <字會中 8b>

<1830> 허리 對 身中

고유어 '허리'와 한자어 '身中'이 [腰] 즉 '허리'의 뜻을 가지고 동의 관계에 있다는 것은 다음 예문들에서 잘 확인된다. 원문 중 '腰'가 '허리'로 번역된다. 그리고 '腰'가 한자어 '身中'을 뜻하고 '腰'의 자석이 '허리'이다. 따라서 '허리'와 '身中'의 동의성은 명백히 입증된다.

(1830) a. 허리예 미오(腰裏経着) <번老上 27b>
　　　 b. 닐오딕 허리옛 견대에 쳐니라 ᄒᆞ고(只道是腰裏纏帶裏是錢物) <번老上 28a>

(1830) c. 腰 : 身中 <四解下 16b>
　　　 d. 腰 : 허리 요 俗呼腰兒 <字會中 14a>

<1831> 허리 對 脊骨

고유어 '허리'와 한자어 '脊骨'이 [膂] 즉 '등골뼈'의 뜻을 가지고 동의 관계에 있다는 것은 다음 예문들에서 잘 확인된다. '膂'가 한자어 '脊骨'을 뜻한다. 그리고 '膂'의 자석이 '허리'이다. 따라서 '허리'와 '脊骨'의 동의성은 명백히 입증된다.

(1831) a. 膂 : 脊骨 <四解上 35a>
　　　 b. 膂 : 허리 려 <字會上 14a>

<1832> 허믈 對 瘢痕結節病

고유어 '허믈'과 한자어 '瘢痕結節病'이 [疤] 즉 '흉터, 헌데 자국'의 뜻을 가지고 동의 관계에 있다는 것은 다음 예문들에서 잘 확인된다. '疤'가 한자어 '瘢痕結節病'을 뜻하고 '瘢痕結節病'은 고유어 '허믈'과 동의 관계에 있다. 그리고 '疤'의 자석이 '허믈'이다. 따라서 '허믈'과 '瘢痕結節病'의 동의성은 명백히 입증된다.

(1832) a. 疤 : 瘢痕結節病 今俗語疤子 허믈 <四解下 29a>
　　　 b. 疤 : 허믈 파 結凸之形 <字會中 17a>

<1833> 허믈 對 罪

고유어 '허믈'과 한자어 '罪'가 [辠]와 [罪] 즉 '허믈, 죄'의 뜻을 가지고 동의 관계에 있다는 것은 다음 예문들에서 잘 확인된다. 원문 중 '滅罪'가 '죄 업게 ᄒᆞ다'로 번역된다. '辠'가 한자어 '罪'를 뜻하고 '辠'의 자석이 '죄'이다. 그리고 '罪'가 한자 '辠'와 同義이고 '罪'의 자석이 '허믈'이다. 따라서 '허믈'과 '죄'의 동의성은 명백히 입증된다.

(1833) a. 주그니를 위ᄒᆞ야 죄를 업게 ᄒᆞ고 복을 도와(爲死者ᄒᆞ야 滅罪資福ᄒᆞ야) <번小七 22a>

(1833) b. 罪 : 辠也 <四解上 51b>
　　　 c. 罪 : 허믈 죄 <字會下 13a>

(1833) d. 辠 : 罪也 <四解上 35b>
　　　 e. 辠 : 죄 고 <字會下 13a>

<1834> 허믈 對 瘡愈有痕

고유어 '허믈'과 한자어 '瘡愈有痕'이 [瘢] 즉 '흉터, 상처 자국'의 뜻을 가지고 동의 관계에 있다는 것은 다음 예문들에서 잘 확인된다. '瘢'이 한자어 '瘡愈有痕'을 뜻하고 '瘢'의 자석이 '허믈'이다. 그리고 '痕'이 한자 '瘢'과 同義이고 '痕'의 자석이 '허믈'이다. 따라서 '허믈'과 '瘡愈有痕'의 동의성은 명백히 입증된다.

(1834) a. 瘢 : 瘡愈有痕 <四解上 74a>
   b. 瘢 : 허믈 반 <字會中 17a>

(1834) c. 痕 : 瘢也 <四解上 62a>
   d. 痕 : 허믈 흔 <字會中 17a>

<1835> 허믈 對 疤子

고유어 '허믈'과 한자어 '疤子'가 [疤] 즉 '흉터, 헌데 자국'의 뜻을 가지고 동의 관계에 있다는 것은 다음 예문들에서 잘 확인된다. '疤'가 한자어 '疤子'를 뜻하고 '疤子'는 고유어 '허믈'과 동의 관계에 있다. 그리고 '疤'의 자석이 '허믈'이다. 따라서 '허믈'과 '疤子'의 동의성은 명백히 입증된다.

(1835) a. 疤 : 瘢痕結節病 今俗語疤子 허믈 <四解下 29a>
   b. 疤 : 허믈 파 <字會中 17a>

<1836> 헐겁지 對 夬拾/玦拾

고유어 '헐겁지'와 한자어 '夬拾/玦拾'이 [夬]과 [玦] 즉 '깍지, 활을 쏠 때 엄지손가락에 끼워 시위를 당기는 기구'의 뜻을 가지고 동의 관계에 있다는 것은 다음 예문들에서 잘 확인된다. '夬'이 한자어 '夬拾'을 뜻한다. 그리고 '玦'의 자석이 '헐겁지'이다. 따라서 '헐겁지'와 '夬拾/玦拾'의 동의성은 명백히 입증된다. 한자 '夬'과 '玦'은 同字이다.

(1836) a. 夬 : 夬拾…或作玦 <四解下 9a>
   b. 玦 : 헐겁지 결 <字會中 14a>

<1837> 헐겁지 對 射決

고유어 '헐겁지'와 한자어 '射決'이 [韘] 즉 '깍지, 활을 쏠 때 엄지손가락에 끼워 시위를 당기는 기구'의 뜻을 가지고 동의 관계에 있다는 것은 다음 예문들에서 잘 확인된다. '韘'이 한자어 '射決'을 뜻한다.

그리고 '鞨'의 자석이 '헐겁지'이다. 따라서 '헐겁지'와 '射決'의 동의성은 명백히 입증된다.

(1837) a. 鞨 : 射決也 <四解下 84b>
    b. 鞨 : 헐겁지 섭 <字會中 14a>

<1838> 험년 對 歲歉

고유어 '험년'과 한자어 '歲歉'이 [儉] 즉 '凶作, 그 해의 穀物이 부족함'의 뜻을 가지고 동의 관계에 있다는 것은 다음 예문들에서 잘 확인된다. '儉'이 한자어 '歲歉'을 뜻한다. 그리고 '儉'의 자석이 '험년'이고 고유어 '험년'은 한자어 '歲歉'과 동의 관계에 있다. 따라서 '험년'과 '歲歉'의 동의성은 명백히 입증된다.

(1838) a. 儉 : …歲歉也 <四解下 81b>
    b. 儉 : 험년 겸 歲歉 <字會下 8b>

<1839> 험년 對 歲不登

고유어 '험년'과 한자어 '歲不登'이 [歉] 즉 '凶作, 그 해의 穀物이 잘 익지 않음'의 뜻을 가지고 동의 관계에 있다는 것은 다음 예문들에서 잘 확인된다. '歉'이 한자어 '歲不登'을 뜻한다. 그리고 '歉'의 자석이 '험년'이다. 따라서 '험년'과 '歲不登'의 동의성은 명백히 입증된다.

(1839) a. 歉 : 歲不登 <四解下 81a>
    b. 歉 : 험년 겸 一穀不升曰歉 <字會下 8b>

<1840> 헝울 對 蛇蟬易皮

고유어 '헝울'과 한자어 '蛇蟬易皮'가 [蛻] 즉 '허물, 매미·뱀 등의 벗은 허물'의 뜻을 가지고 동의 관계에 있다는 것은 다음 예문들에서 잘 확인된다. 원문 중 '蟬蛻'가 '미얌의 헝울'로 번역된다. 그리고 '蛻'가 한자어 '蛇蟬易皮'를 뜻하고 '蛻'의 자석이 '헝울'이다. 따라서 '헝울'과 '蛇蟬易皮'의 동의성은 명백히 입증된다.

(1840) a. 미얌의 헝울 빅국(44b) 화(蟬蛻 白菊花) <瘡疹 45a>

(1840) b. 蛻 : 蛇蟬易皮 <四解上 49b>
    c. 蛻 : 헝울 예 蛇蟬解退皮 <字會下 5a>

<1841> 헤욤 對 浮行

고유어 '헤욤'과 한자어 '浮行'이 [游] 즉 '헤엄'의 뜻을 가지고 동의 관계에 있다는 것은 다음 예문들에서 잘 확인된다. '游'가 한자어 '浮行'을 뜻한다. 그리고 '游'의 자석이 '헤욤'이다. 따라서 '헤욤'과 '浮行'의 동의성은 명백히 입증된다.

(1841) a. 游 : … 又浮行 <四解下 70b>
　　　 b. 游 : 헤욤 유 <字會中 1b>

<1842> 헤욤 對 泅水

고유어 '헤욤'과 한자어 '泅水'이 [泅] 즉 '헤엄'의 뜻을 가지고 동의 관계에 있다는 것은 다음 예문들에서 잘 확인된다. '泅'의 자석이 '헤욤'이고 고유어 '헤욤'은 한자어 '泅水'와 동의 관계에 있다. 따라서 '헤욤'과 '泅水'의 동의성은 명백히 입증된다.

(1842) a. 泅 : 人浮水上行 又泳也 小兒泅水 <四解下 69a>
　　　 b. 泅 : 헤욤 슈 俗呼泅水 <字會中 1b>

<1843> 헤욤 對 人浮水上行

고유어 '헤욤'과 한자어 '人浮水上行'이 [泅] 즉 '헤엄'의 뜻을 가지고 동의 관계에 있다는 것은 다음 예문들에서 잘 확인된다. '泅'가 한자어 '人浮水上行'을 뜻한다. 그리고 '泅'의 자석이 '헤욤'이다. 따라서 '헤욤'과 '人浮水上行'의 동의성은 명백히 입증된다.

(1843) a. 泅 : 人浮水上行 又泳也 小兒泅水 <四解下 69a>
　　　 b. 泅 : 헤욤 슈 俗呼泅水 <字會中 1b>

<1844> 혀 對 口中舌

고유어 '혀'와 한자어 '口中舌'이 [舌] 즉 '혀'의 뜻을 가지고 동의 관계에 있다는 것은 다음 예문들에서 잘 확인된다. 원문 중 '舌存'이 '부드러운 혀는 잇다'로 번역된다. 그리고 '舌'이 한자어 '口中舌'을 뜻하고 '舌'의 자석이 '혀'이다. 따라서 '혀'와 '口中舌'의 동의성은 명백히 입증된다.

(1844) a. 구든 니는 히여디고 부드러온 혀는 이시며(齒弊舌存ᄒ며) <번小八 28a>

(1844) b. 舌 : 口中舌 <四解下 6b>

　　c. 舌 : 혀 설 <字會上 13b>

<1845> 혀 對 蟣子

고유어 '혀'와 한자어 '蟣子'가 [蟣] 즉 '서캐, 이의 알'의 뜻을 가지고 동의 관계에 있다는 것은 다음 예문들에서 잘 확인된다. '蟣'의 자석이 '혀'이고 고유어 '혀'는 한자어 '蟣子'와 동의 관계에 있다. 따라서 '혀'와 '蟣子'의 동의성은 명백히 입증된다.

(1845) a. 蟣 : 蝨子 <四解上 23b>

　　b. 蟣 : 혀 긔 俗呼蟣子 <字會上 12b>

<1846> 혀 對 蝨子

고유어 '혀'와 한자어 '蝨子'가 [蟣] 즉 '서캐, 이의 알'의 뜻을 가지고 동의 관계에 있다는 것은 다음 예문들에서 잘 확인된다. '蟣'가 한자어 '蝨子'를 뜻한다. 그리고 '蟣'의 자석이 '혀'이다. 따라서 '혀'와 '蝨子'의 동의성은 명백히 입증된다.

(1846) a. 蟣 : 蝨子 <四解上 23b>

　　b. 蟣 : 혀 긔 俗呼蟣子 <字會上 12b>

<1847> 혀후 對 蝘蜓

고유어 '혀후'와 한자어 '蝘蜓'이 [蝘]과 [蜓] 즉 '守宮, 도마뱀 비슷한 파충'의 뜻을 가지고 동의 관계에 있다는 것은 다음 예문들에서 잘 확인된다. '蝘'이 한자어 '蝘蜓'을 뜻하고 '蝘蜓'은 한자어 '守宮' 및 고유어 '혀후'와 동의 관계에 있다. 그리고 '蜓'이 한자어 '蝘蜓'을 뜻하고 '蝘蜓'은 한자어 '守宮' 및 '혀후'와 동의 관계에 있다. 따라서 '혀후'와 '蝘蜓'의 동의성은 명백히 입증된다.

(1847) a. 蝘 : 蝘蜓 守宮 혀후 <四解下 7a>

　　b. 蜓 : …又上聲 在壁曰蝘蜓 卽蝎虎 一名守宮 <字會上 11a>

(1847) c. 蜓 : 蝘蜓 守宮 혀후 <四解下 2b>

<1848> 호미 對 田器

고유어 '호미'와 한자어 '田器'가 [鋤] 즉 '호미'의 뜻을 가지고 동의 관계에 있다는 것은 다음 예문들에서 잘 확인된다. '鋤'가 한자어 '田器'를 뜻한다. 그리고 '鋤'의 자석이 '호미'이다. 따라서 '호미'와 '田器'의 동의성은 명백히 입증된다.

(1848) a. 鋤 : 田器 <四解上 40b>
b. 鋤 : 호미 서 <字會中 8b>

<1849> 호미 對 鎡錤

고유어 '호미'와 한자어 '鎡錤'가 [鎡]와 [錤] 즉 '호미'의 뜻을 가지고 동의 관계에 있다는 것은 다음 예문들에서 잘 확인된다. '鎡'가 한자어 '鎡錤'를 뜻하고 '鎡'의 자석이 '호미'이다. '錤'가 한자어 '鎡錤'를 뜻한다. 그리고 '錤'의 자석이 '호미'이고 고유어 '호미'는 한자어 '鎡錤'와 동의 관계에 있다. 따라서 '호미'와 '鎡錤'의 동의성은 명백히 입증된다.

(1849) a. 鎡 : 鎡錤 鋤也 <四解上 12a>
b. 鎡 : 호미 즈 <字會中 8b>

(1849) c. 錤 : 鎡錤 鋤也 <四解上 23a>
d. 錤 : 호미 긔 孟子鎡錤 <字會中 8b>

<1850> 호왁 對 舂物處

고유어 '호왁'과 한자어 '舂物處'가 [臼] 즉 '절구, 확'의 뜻을 가지고 동의 관계에 있다는 것은 다음 예문들에서 잘 확인된다. '臼'가 한자어 '舂物處'를 뜻한다. 그리고 '臼'의 자석이 '호왁'이다. 따라서 '호왁'과 '舂物處'의 동의성은 명백히 입증된다.

(1850) a. 臼 : 掘木石爲坎以舂物處 <四解下 68b>
b. 臼 : 호왁 구 <字會中 6b>

고유어 '호왁'의 先代形 'ᄒ왁'이 15세기의 『月印釋譜』(1459) 의 다음 예문에서 잘 확인된다.

(1850) c. 南閻浮提옛 衆生이 ᄒ왁 소배 이셔 모딜 즈믄 무저긔 싸ᄒ라 피와 고기왜 너르듣더니 <月 二十三 78b>

<1851> 호을아비 對 老而無妻

고유어 '호을아비'와 한자어 '老而無妻'가 [鰥] 즉 '홀아비'의 뜻을 가지고 동의 관계에 있다는 것은 다음 예문들에서 잘 확인된다. '鰥'이 한자어 '老而無妻'를 뜻한다. 그리고 '鰥'의 자석이 '호을아비'이다. 따라서 '호을아비'와 '老而無妻'의 동의성은 명백히 입증된다. 한자 '矜'은 한자 '鰥'과 同義이다.

(1851) a. 矜 : 老而無妻曰矜 <四解上 80a>
  b. 鰥 : … 又同上 <四解上 80a>
  c. 鰥 : 호을아비 환 <字會上 17a>

<1852> 호을어미 對 寡婦

고유어 '호을어미'와 한자어 '寡婦'가 [嫠]와 [孀] 즉 '홀어미, 과부'의 뜻을 가지고 동의 관계에 있다는 것은 다음 예문들에서 잘 확인된다. '嫠'가 한자어 '寡婦'를 뜻하고 '嫠'의 자석이 '호을어미'이다. 그리고 '孀'이 '寡婦'를 뜻하고 '孀'의 자석이 '호을어미'이다. 따라서 '호을어미'와 '寡婦'의 동의성은 명백히 입증된다.

(1852) a. 嫠 : 寡婦 <四解上 28a>
  b. 嫠 : 호을어미 리 汎稱 <字會上 17a>

(1852) c. 孀 : 寡婦 <四解下 39a>
  d. 孀 : 호을어미 상 <字會上 17a>

<1853> 호을어미 對 老而無夫

고유어 '호을어미'와 한자어 '老而無夫'가 [寡] 즉 '홀어미, 과부'의 뜻을 가지고 동의 관계에 있다는 것은 다음 예문들에서 잘 확인된다. '寡'가 한자어 '老而無夫'를 뜻한다. 그리고 '寡'의 자석이 '호을어미'이고 고유어 '호을어미'는 한자어 '老而無夫'와 동의 관계에 있다. 따라서 '호을어미'와 '老而無夫'의 동의성은 명백히 입증된다.

(1853) a. 寡 : … 老而無夫曰寡 <四解下 31b>
  b. 寡 : 호을어미 과 老而無夫曰寡 <字會上 17a>

<1854> 호윗옷 對 襌衣

고유어 '호윗옷'과 한자어 '襌衣'가 [襌] 즉 '홑옷'의 뜻을 가지고 동의 관계에 있다는 것은 다음 예문

들에서 잘 확인된다. '襌'의 자석이 '호읫옷'이고 고유어 '호읫옷'은 한자어 '襌衣'와 동의 관계에 있다. 따라서 '호읫옷'과 '襌衣'의 동의성은 명백히 입증된다.

(1854) a. 襌 : 衣不重 <四解上 76b>
　　　　 b. 襌 : 호읫옷 단 襌衣 <字會東中本中 24a>

고유어 '호읫옷'의 先代形 'ᄒᆞ옷옷'은 『內訓』(1475) 의 다음 예문들에서 발견된다. 원문 중 '綠襡'가 '프른 襡'로 번역되고 '襡'의 자석이 'ᄒᆞ옷옷'이다.

(1854) c. 倉頭ㅣ 프른 襡를 닙고 (倉頭ㅣ 衣綠襡ᄒᆞ고) <內訓二上 51a>
　　　　 d. 襡ᄂᆞᆫ ᄒᆞ옷오시라 <內訓二上 51a>

<1855> 혹 對 疣子

고유어 '혹'과 한자어 '疣子'가 [疣]와 [贅] 즉 '사마귀'의 뜻을 가지고 동의 관계에 있다는 것은 다음 예문들에서 잘 확인된다. '疣'의 자석이 '혹'이고 고유어 '혹'은 한자어 '疣子'와 동의 관계에 있다. 그리고 '贅'가 한자 '疣'와 同義이고 '贅'의 자석이 '혹'이다. 따라서 '혹'과 '疣子'의 동의성은 명백히 입증된다.

(1855) a. 疣 : 贅也 <四解下 70b>
　　　　 b. 疣 : 혹 우 俗稱疣子 <字會中 16b>

(1855) c. 贅 : 疣也 <四解上 52b>
　　　　 d. 贅 : 혹 췌 <字會中 16a>

<1856> 홈 對 水筧

고유어 '홈'과 한자어 '水筧'이 [筧] 즉 '대 홈통, 대나무 홈'의 뜻을 가지고 동의 관계에 있다는 것은 다음 예문들에서 잘 확인된다. '筧'의 자석이 '홈'이고 고유어 '홈'은 한자어 '水筧'과 동의 관계에 있다. 따라서 '홈'과 '水筧'의 동의성은 명백히 입증된다.

(1856) a. 筧 : 以竹通水 <四解下 1a>
　　　　 b. 筧 : 홈 현 以竹通泉 俗呼水筧 <字會中 8a>

<1857> 화랑이 對 男巫

고유어 '화랑이'와 한자어 '男巫'가 [覡]과 [祝] 즉 '박수, 남자 무당'의 뜻을 가지고 동의 관계에 있다는 것은 다음 예문들에서 잘 확인된다. 원문 중 '巫覡'이 '스승이며 화랑이'로 번역되고 '巫祝'이 '무당과 화랑이'로 번역된다. 그리고 '覡'이 한자어 '男巫'를 뜻하고 '覡'의 자석이 '화랑이'이다. 따라서 '화랑이'와 '男巫'의 동의성은 명백히 입증된다.

(1857) a. 우리 지븨 스승이며 화랑이며 부작ᄒᆞ기를(吾家애 巫覡符章을) <번小七 23a>

b. 무당과 화랑이와 숭과 ᄉᆞ이ᄒᆞᄂᆞᆫ 할미 ᄀᆞ투니를(巫祝尼溫之類를) <번小七 27b>

(1857) c. 覡 : 男巫 <四解下 56a>

d. 覡 : 화랑이 혁 男曰覡 俗呼端公 <字會中 2b>

<1858> 환자 對 공셰

고유어 '환자'와 한자어 '공셰'(貢稅)가 [租] 즉 '세금'의 뜻을 가지고 동의 관계에 있다는 것은 다음 예문들에서 잘 확인된다. 원문 중 '逋租'가 '몯 갑파 잇는 환자'로 번역된다. 그리고 '租'의 자석이 '공셰'이다. 따라서 '환자'와 '공셰'의 동의성은 명백히 입증된다.

(1858) a. 몯 갑파 잇는 환자를 받디 말며(逋租를 必貰免ᄒᆞ며) <번小十 14b>

(1858) b. 租 : 田稅 <四解上 39b>

c. 租 : 공셰 조 <字會下 9b>

<1859> 활 對 木弓

고유어 '활'과 한자어 '木弓'이 [弧] 즉 '활, 나무로 만든 활'의 뜻을 가지고 동의 관계에 있다는 것은 다음 예문들에서 잘 확인된다. '弧'가 한자어 '木弓'을 뜻하고 '弧'의 자석이 '활'이다. 따라서 '활'과 '木弓'의 동의성은 명백히 입증된다.

(1859) a. 弧 : 木弓 <四解上 41b>

b. 弧 : 활 호 木曰弧 <字會中 14a>

<1860> 홰 對 掛衣竹竿

고유어 '홰'와 한자어 '掛衣竹竿'이 [筕] 즉 '옷걸이, 횃대'의 뜻을 가지고 동의 관계에 있다는 것은 다음 예문들에서 잘 확인된다. '筕'이 한자어 '掛衣竹竿'을 뜻한다. 그리고 '筕'의 자석이 '홰'이다. 따라서

'홰'와 '掛衣竹竿'의 동의성은 명백히 입증된다.

(1860) a. 箷 : 掛衣竹竿 <四解下 39b>
b. 箷 : 홰 항 掛衣具 <字會中 7b>

<1861> 홰 對 束葦

고유어 '홰'와 한자어 '束葦'가 [炬] 즉 '횃불, 묶은 갈대'의 뜻을 가지고 동의 관계에 있다는 것은 다음 예문들에서 잘 확인된다. '炬'가 한자어 '束葦'를 뜻한다. 그리고 '炬'의 자석이 '홰'이다. 따라서 '홰'와 '束葦'의 동의성은 명백히 입증된다.

(1861) a. 炬 : 束葦 <四解上 30b>
b. 炬 : 홰 거 <字會中 8b>

<1862> 홰 對 衣架

고유어 '홰'와 한자어 '衣架'가 [椸] 즉 '횃대, 옷걸이'의 뜻을 가지고 동의 관계에 있다는 것은 다음 예문들에서 잘 확인된다. '椸'가 한자어 '衣架'를 뜻한다. 그리고 '椸'의 자석이 '홰'이고 고유어 '홰'는 한자어 '衣架'와 동의 관계에 있다. 따라서 '홰'와 '衣架'의 동의성은 명백히 입증된다.

(1862) a. 椸 : …又衣架 <四解上 21b>
b. 椸 : 홰 이 衣架 <字會中 7b>

<1863> 회초미 對 貫衆菜

고유어 '회초미'와 한자어 '貫衆菜'가 [貫衆菜] 즉 '관중(貫衆)'의 뜻을 가지고 동의 관계에 있다는 것은 다음 예문들에서 잘 확인된다. 한자어 '貫衆菜'가 고유어 '회초미'와 동의 관계에 있다. 그리고 『朴通事諺解』(1765)에서 '貫衆菜'가 '회초미치'로 번역된다. 따라서 '회초미'와 '貫衆菜'의 동의성은 명백히 입증된다.

(1863) a. 衆 : 今俗呼貫衆菜 회초미 <四解上 8a>
b. 회초미 치(貫衆菜) <朴解中 34b>

<1864> 회화 對 槐樹

고유어 '회화'와 한자어 '槐樹'가 [槐] 즉 '홰나무'의 뜻을 가지고 동의 관계에 있다는 것은 다음 예문들에서 잘 확인된다. '槐'의 자석이 '회화'이고 고유어 '회화'는 한자어 '槐樹'와 동의 관계에 있다. 따라서 '회화'와 '槐樹'의 동의성은 명백히 입증된다.

(1864) a. 槐 : 木名 花可染黃 <四解上 47b>
    b. 槐 : 회홧 괴 俗呼槐樹 <字會上 5b>

<1865> 횟돈 對 靴靿

고유어 '횟돈'과 한자어 '靴靿'가 [靿]와 [鞥] 즉 '가죽신'의 뜻을 가지고 동의 관계에 있다는 것은 다음 예문들에서 잘 확인된다. '靿'가 한자어 '靴靿'를 뜻하고 '靴靿'는 고유어 '횟돈'과 동의 관계에 있다. 그리고 '鞥'이 한자어 '靴靿'를 뜻한다. 따라서 '횟돈'과 '靴靿'의 동의성은 명백히 입증된다.

(1865) a. 靿 : 今俗語靴靿 횟돈 <四解下 13b>
    b. 鞥 : 靴靿 <四解上 10a>

<1866> 횟운 對 鞾靿/靴靿

고유어 '횟운'과 한자어 '鞾靿/靴靿'가 [鞥] 즉 '가죽신'의 뜻을 가지고 동의 관계에 있다는 것은 다음 예문들에서 잘 확인된다. '鞥'이 한자어 '鞾靿'를 뜻한다. 그리고 '鞥'이 고유어 '횟운'을 뜻하고 '횟돈'은 한자어 '靴靿'와 동의 관계에 있다. 따라서 '횟운'과 '鞾靿/靴靿'의 동의성은 명백히 입증된다. 한자 '鞾'와 '靴'는 同字이다.

(1866) a. 鞥 : 吳人謂鞾靿 <四解上 5b>
    b. 鞥 : 운혜옹 又횟운 亦曰鞥 俗呼靴靿 <字會中 1b>

<1867> 흘게 對 痎喘

고유어 '흘게'와 한자어 '痎喘'이 [痎]와 [哮] 즉 '천식, 목병'의 뜻을 가지고 동의 관계에 있다는 것은 다음 예문들에서 잘 확인된다. '痎'가 한자어 '痎喘'을 뜻한다. 그리고 '哮'의 자석이 '흘게'이다. 따라서 '흘게'와 '痎喘'의 동의성은 명백히 입증된다. 한자 '痎'와 '哮'는 通字이다.

(1867) a. 痎 : 痎喘 通作哮 <四解下 23b>
    b. 哮 : 흘게 효 <字會中 16a>

<1868> 힘 對 셔

고유어 '힘'과 한자어 '셔'(勢) 가 [勢] 즉 '힘, 위세'의 뜻을 가지고 동의 관계에 있다는 것은 다음 예문
들에서 잘 확인된다. 원문 중 '勢可以聞'이 '내 힘이 가히 닐엄직ᄒ다'로 번역되고 '婦勢'가 '겨지븨 셔'
로 번역된다. 따라서 '힘'과 '셔'의 동의성은 명백히 입증된다.

(1868) a. 내 힘이 가히 그위예 가 닐엄직ᄒ거든 니르고(勢可以聞於官府則爲言之) <呂約 35b>
b. 겨지븨 셔를 의거ᄒ야(依婦勢ᄒ야) <번小七 33b>

<1869> 힝그럭 對 箭鏃

고유어 '힝그럭'과 한자어 '箭鏃'이 [鈚] 즉 '힝그럭, 유엽전(柳葉箭) 의 촉(鏃) '의 뜻을 가지고 동의 관
계에 있다는 것은 다음 예문들에서 잘 확인된다. '鈚'가 한자어 '箭鏃'을 뜻한다. 그리고 '鈚'의 자석이
'힝그럭'이다. 따라서 '힝그럭'과 '箭鏃'의 동의성은 명백히 입증된다.

(1869) a. 鈚 : 箭鏃 廣長者 <四解上 15b>
b. 鈚 : 힝그럭 피 箭名 俗呼鈚子箭 <字會中 14b>

<1870> 흙 對 水和土

고유어 '흙'과 한자어 '水和土'가 [泥] 즉 '진흙'의 뜻을 가지고 동의 관계에 있다는 것은 다음 예문들
에서 잘 확인된다. '泥'가 한자어 '水和土'를 뜻한다. 그리고 '泥'의 자석이 '흙'이고 고유어 '흙'은 한자어
'水和土'와 동의 관계에 있다. 따라서 '흙'과 '水和土'의 동의성은 명백히 입증된다.

(1870) a. 泥 : …水和土 <四解上 25b>
b. 泥 : 흙 니 水和土 <字會上 2a>

<1871> 히 對 년

고유어 '히'와 한자어 '년'(年) 이 [歲] 즉 '해'의 뜻을 가지고 동의 관계에 있다는 것은 다음 예문들에
서 잘 확인된다. 원문 중 '七歲'가 '닐굽 히'로 번역되고 '二十餘歲'가 '스므 나믄 히'로 번역된다. '百歲'
가 '빅 년'으로 번역된다. 그리고 '歲'의 자석이 '히'이다. 따라서 '히'와 '년'의 동의성은 명백히 입증된다.

(1871) a. 朱壽昌이 난 닐굽 히예 아비 雍州 l 원ᄒ야셔(朱壽昌이 生七歲예 父 l 守雍ᄒ야셔) <번小九
34a>

b. 이리 호미 스므 나문 히러라(如此ㅣ 二十餘歲러라) <번小九 94b>

(1871) c. 빅 년 안해 病이 이시며(百歲之中에 有疾病焉ᄒ며) <번小三 45b>

(1871) d. 歲 : 年歲 <四解上 52a>

　　 e. 歲 : 힛셰 <字會上 1b>

<1872> 히 對 年歲

　　고유어 '히'와 한자어 '年歲'가 [年]과 [歲] 즉 '해, 세월'의 뜻을 가지고 동의 관계에 있다는 것은 다음 예문들에서 잘 확인된다. 원문 중 '百餘年'이 '일빅 히 남다'로 번역되고 '十年'이 '열 히'로 번역된다. '生七歲'가 '난 닐굽 히'로 번역되고 '遇饑歲'가 '가난ᄒᆫ 히를 만나다'로 번역된다. '年'의 자석이 '히'이다. 그리고 '歲'가 한자어 '年歲'를 뜻하고 '歲'의 자석이 '히'이다. 따라서 '히'와 '年歲'의 동의성은 명백히 입증된다.

(1872) a. 어딘 덕 모토믈 일빅 히 나마ᅀᅡ 내게 와 브터 나타나(積德百餘年而始發於吾ᄒ야) <번小七 49a>

　　 b. 열 히 무디어든 형으로 셤기고 다ᄉᆞᆺ 히 무디어든 엇게 ᄀᆞᆲ와 가ᄃᆡ 져기 미조차 갈디니라(十年以長則兄事之ᄒ고 五年以長則肩隨之니라) <번小三 25a>

　　 c. 朱壽昌이 난 닐굽 히예 아비 雍州ㅣ 원ᄒ야셔(朱壽昌이 生七歲예 父ㅣ 守雍ᄒ야셔) <번小九 34a>

　　 d. 가난ᄒᆫ 히를 만나셔는 모든 ᄌᆞ식이 다 ᄂᆞᄆᆞ새 ᄒ여 음식을 먹더니(其遇饑歲則諸子ㅣ 皆蔬食ᄒ더니) <번小九 103a>

(1872) e. 年 : 朔數曰年 <四解下 3a>

　　 f. 年 : 히 년 <字會上 1b>

(1872) g. 歲 : 年歲 <四解上 52a>

　　 h. 歲 : 힛셰 <字會上 1b>

<1873> 히 對 大陽精

　　고유어 '히'와 한자어 '大陽精'이 [日]과 [日頭] 즉 '해, 태양'의 뜻을 가지고 동의 관계에 있다는 것은 다음 예문들에서 잘 확인된다. 원문 중 '日斜'가 '히 기울다'로 번역되고 '日頭落'이 '히 디다'로 번역된다. 그리고 '日'이 한자어 '大陽精'을 뜻한다. 따라서 '히'와 '大陽精'의 동의성은 명백히 입증된다.

(1873) a. 혹 히 기우도록 오디 아니ᄒᆞ엿거든(或日斜不至어든) <번小九 76b>

b. 히도 디ᄂᆞ다(日頭落也) <번老上 49b>

c. 히 쏘 이리도록 늣도다(日頭又這早晩了) <번老上 60a>

(1873) d. 日 : 大陽精 <四解上 61b>

e. 日 : 나 싈 衆陽之宗 <字會上 1a>

<1874> 히 對 曜靈

고유어 '히'와 한자어 '曜靈'이 [日], [日頭] 및 [曜] 즉 '해, 태양'의 뜻을 가지고 동의 관계에 있다는 것은 다음 예문들에서 잘 확인된다. 원문 중 '日斜'가 '히 기울다'로 번역되고 '日頭落'이 '히 디다'로 번역된다. 그리고 '曜'가 한자 '日'과 同義이고 한자어 '曜靈'을 뜻한다. 따라서 '히'와 '曜靈'의 동의성은 명백히 입증된다.

(1874) a. 혹 히 기우도록 오디 아니ᄒᆞ엿거든(或日斜不至어든) <번小九 76b>

b. 히도 디ᄂᆞ다(日頭落也) <번老上 49b>

c. 히 쏘 이리도록 늣도다(日頭又這早晩了) <번老上 60a>

(1874) d. 曜 : 光也 又日曰曜 <四解下 17b>

e. 曜 : ᄇᆞ실 요 又日曰曜靈 <字會下 1a>

<1875> 힝역 對 痘子

고유어 '힝역'과 한자어 '痘子'가 [痘] 즉 '천연두, 마마'의 뜻을 가지고 동의 관계에 있다는 것은 다음 예문들에서 잘 확인된다. '痘'가 한자어 '痘子'를 뜻하고 '痘子'는 고유어 '힝역'과 동의 관계에 있다. 그리고 '痘'의 자석이 '힝역'이다. 따라서 '힝역'과 '痘子'의 동의성은 명백히 입증된다.

(1875) a. 痘 : 今俗呼痘子 힝역 <四解下 65b>

b. 痘 : 힝역 두 俗稱痘瘡 <字會中 16a>

<1876> 힝역 對 痘瘡

고유어 '힝역'과 한자어 '痘瘡'이 [痘]와 [痘瘡] 즉 '두창(痘瘡) , 천연두(天然痘) , 마마'의 뜻을 가지고 동의 관계에 있다는 것은 다음 예문들에서 잘 확인된다. 원문 중 '痘'가 '힝역'으로 번역된다. '小兒痘瘡'이 '아히 힝역'으로 번역되고 '解痘瘡'이 '힝역을 헐케 ᄒ다'로 번역된다. 그리고 '痘'의 자석이 '힝역'이고 고유어 '힝역'은 한자어 '痘瘡'과 동의 관계에 있다. 따라서 '힝역'과 '痘瘡'의 동의성은 명백히 입증된다.

> (1876) a. 힝역이 이믜 더데 지서쇼ᄃᆡ(痘已黶) <瘡疹 56a>
> b. 아히 힝역이 뼈디여 드리혀ᄂᆞ(37a) 닐 고티ᄂᆞ니라(能治小兒痘瘡陷入) <瘡疹 37b>
> c. 아히 힝역 더데 뼈러듀ᄃᆡ(小兒痘瘡收黶者) <瘡疹 41b>
> d. 힝역이 나셔 즈칙오(痘瘡已出泄瀉) <瘡疹 59b>
> e. 힝역을 헐케 ᄒᆞᄂᆞᆫ 법은(解痘瘡法) <瘡疹 62a>

> (1876) f. 痘 : 今俗呼痘子 힝역 <四解下 65b>
> g. 痘 : 힝역 두 俗稱痘瘡 <字會中 16a>

<1877> 힝ᄌ 對 抹布

고유어 '힝ᄌ'와 한자어 '抹布'가 [抹布] 즉 '행주'의 뜻을 가지고 동의 관계에 있다는 것은 다음 예문들에서 잘 확인된다. 고유어 '힝ᄌ'가 한자어 '抹布'와 동의 관계에 있다. 따라서 '힝ᄌ'와 '抹布'의 동의성은 명백히 입증된다.

> (1877) a. 抹 : 摩也 塗也 <四解上 75a>
> b. 抹 : 스슬 말 俗稱 힝ᄌ曰抹布 <字會下 9a>

> (1877) c. 布 : 麻苧葛織者皆曰布 <四解上 37b>
> d. 布 : 뵈 포 <字會中 15a>

2. 固有語가 合成名詞와 名詞句인 경우

명사류에서 확인되는 固有語와 漢字語 간의 同義에서 고유어가 合成名詞와 名詞句인 경우에는 [女孩兒] 즉 '계집아이'의 뜻을 가진 '간나희'와 '女孩兒'를 비롯하여 [裘] 즉 '갖옷, 가죽옷'의 뜻을 가진 '갓옷'과 '皮襖', [娣]와 [姒] 즉 '여자 동서, 형제의 아내끼리 서로 상대방을 부르는 말'의 뜻을 가진 '겨집동셰'와 '娣姒', [婢] 즉 '여자 종'의 뜻을 가진 '겨집죵'과 '女奴', [魚白兒] 즉 '물고기의 이리, 물고기 수컷의 배 속에 있는 흰 정액의 덩어리'의 뜻을 가진 '고기의 이루'와 '魚白兒', [涕] 즉 '콧물'의 뜻을 가진 '곳믈'과 '鼻液', [木偶戲] 즉 '꼭두각시놀음, 인형극'의 뜻을 가진 '광대노릇'과 '木偶戲', [綈] 즉 '두텁게 짠 비단'의 뜻을 가진 '굴근 깁'과 '厚繒', [匜] 즉 '대야, 손을 씻는 그릇'의 뜻을 가진 '귀대야'와 '盥器', [魔] 즉 '마귀, 악귀'의 뜻을 가진 '귓것'과 '鬼', [稅錢] 즉 '계약서 쓴 값'의 뜻을 가진 '글윓값'과 '稅錢', [細褶과 [襞] 즉 '가는 주름'의 뜻을 가진 'ㄱ는 주룸'과 '細褶', [屐] 즉 '나막신'의 뜻을 가진 '나모격지'와 '木屐, [釣竿] 즉 '낚싯대'의 뜻을 가진 '낙째'와 '釣竿', [男女] 즉 '男女, 남자와 여자'의 뜻을 가진 '남진 겨집'과 '男女', [奴] 즉 '사내종, 남자 종'의 뜻을 가진 '남진종'과 '奴材', [芙]와 [蓉] 즉 '연꽃, 부용'의 뜻을 가진 '년곳'과 '芙蓉' 그리고 [淚] 즉 '눈물'의 뜻을 가진 '눈믈'과 '肝液' 등 380여 항목이 있다.

<1> 간나히 對 女孩兒

고유어 '간나히'와 한자어 '女孩兒'가 [女孩兒] 즉 '계집아이'의 뜻을 가지고 동의 관계에 있다는 것은 다음 예문들에서 잘 확인된다. 원문 중 '女孩兒'가 '간나히'로 번역된다. 그리고 한자어 '女孩兒'가 고유어 '간나히'와 동의 관계에 있다. 따라서 '간나히'와 '女孩兒'의 동의성은 명백히 입증된다. 고유어 '간나히'의 先代形은 '갓나히'이고 '간나히'는 합성명사로 명사 '갓'[女]과 명사 '아히'[兒]의 合成이다.

(1) a. 스나히가 간나히가(小廝兒那女孩兒) <번朴上 55b>

(1) b. 孩 : 始生小兒 <四解上 45b>
　　 c. 孩 : 아히 히 俗呼兒孩兒 스나히 女孩兒 간나히 <字會上 17a>

<2> 갓옷 對 皮襖

고유어 '갓옷'과 한자어 '皮襖'가 [裘] 즉 '갓옷, 가죽 옷'의 뜻을 가지고 동의 관계에 있다는 것은 다음 예문들에서 잘 확인된다. 원문 중 '羔裘'가 '거믄 여믜 갓옷'으로 번역된다. 그리고 '裘'의 자석이 '갓옷'이고 고유어 '갓옷'은 한자어 '皮襖'와 동의 관계에 있다. 따라서 '갓옷'과 '皮襖'의 동의성은 명백히 입증된다. 고유어 '갓옷'은 합성명사로 명사 '갗'[皮]과 명사 '옷'[衣]의 合成이다.

(2) a. 孔子는 거믄 여믜 갓옷과 거믄 곳갈로 뻐 됴상 아니ᄒ더시다(孔子는 羔裘玄冠으로 不以弔ㅣ러시다) <번小四 24b>
　　 b. 아히는 갓옷 아니 니브며(24b) 깁것 아니 니브며(童子는 不裘不帛ᄒ며) <번小四 25a>

(2) c. 裘 : 皮衣 <四解下 68a>

d. 裘 : 갓옷 구 俗呼皮襖 <字會中 11b>

<3> 갓옷 對 皮衣

고유어 '갓옷'과 한자어 '皮衣'가 [裘] 즉 '갓옷, 가죽옷'의 뜻을 가지고 동의 관계에 있다는 것은 다음 예문들에서 잘 확인된다. 원문 중 '羔裘'가 '거믜 여믜 갓옷'으로 번역된다. 그리고 '裘'가 한자어 '皮衣'를 뜻하고 '裘'의 자석이 '갓옷'이다. 따라서 '갓옷'과 '皮衣'의 동의성은 명백히 입증된다. 고유어 '갓옷'은 합성명사로 명사 '갗'[皮]과 명사 '옷'[衣]의 合成이다.

(3) a. 孔子는 거믄 여믜 갓옷과 거믄 곳갈로 뻐 됴상 아니ㅎ더시다(孔子는 羔裘玄冠으로 不以弔ㅣ러시다) <번小四 24b>

  b. 아히는 갓옷 아니 니브며(24b) 깁것 아니 니브며(童子는 不裘不帛ㅎ며) <번小四 25a>

(3) c. 裘 : 皮衣 <四解下 68a>

  d. 裘 : 갓옷 구 俗呼皮襖 <字會中 11b>

<4> 갯버들 對 赤檉

고유어 '갯버들'과 한자어 '赤檉'이 [檉] 즉 '갯버들'의 뜻을 가지고 동의 관계에 있다는 것은 다음 예문들에서 잘 확인된다. '檉'의 자석이 '갯버들'이고 고유어 '갯버들'은 한자어 '赤檉'과 동의 관계에 있다. 따라서 '갯버들'과 '赤檉'의 동의성은 명백히 입증된다. 고유어 '갯버들'은 합성명사로 명사 '개'와 명사 '버들'[楊]의 合成이다.

(4) a. 檉 : 河旁赤莖小楊 <四解下 53b>

  b. 檉 : 갯버들 뎡 俗呼赤檉 <字會上 5b>

<5> 거우룻집 對 鏡奩

고유어 '거우룻집'과 한자어 '鏡奩'이 [奩] 즉 '경대, 거울을 넣어 두는 그릇'의 뜻을 가지고 동의 관계에 있다는 것은 다음 예문들에서 잘 확인된다. '奩'이 한자어 '鏡奩'을 뜻하고 '鏡奩'은 고유어 '거우룻집'과 동의 관계에 있다. 따라서 '거우룻집'과 '鏡奩'의 동의성은 명백히 입증된다. 고유어 '거우룻집'은 합성명사로 명사 '거우루'[鏡]와 명사 '집'[匣]의 合成이다.

(5) a. 奩 : 今俗呼鏡奩 거우룻집 <四解下 86a>

b. 奩 : 집 렴 俗呼鏡奩 <字會中 7b>

<6> 겨집 동셰 對 娣姒

고유어 '겨집 동셰'와 한자어 '娣姒'가 [娣]와 [姒] 즉 '여자 동서, 형제의 아내끼리 서로 상대방을 부르는 말'의 뜻을 가지고 동의 관계에 있다는 것은 다음 예문들에서 잘 확인된다. '娣'가 한자어 '娣姒'를 뜻하고 '娣'의 자석이 '겨집 동셰'이다. 그리고 '姒'가 한자어 '娣姒'를 뜻하고 '姒'의 자석이 '겨집 동셰'이다. 따라서 '겨집 동셰'와 '娣姒'의 동의성은 명백히 입증된다. 고유어 '겨집 동셰'는 명사구로 명사 '겨집'과 명사 '동셰'의 결합이다.

(6) a. 娣 : 女娣 又娣姒 姒娌也 <四解上 25b>
  b. 娣 : 女弟也 娣姒 姒娌也 <四解上 25b>
  c. 娣 : 겨집 동셰 뎨 又女娣 <字會上 16a>

(6) d. 姒 : 娣姒 <四解上 13b>
  e. 姒 : 겨집 동셰 ㅅ <字會上 16a>

<7> 겨집 동셰 對 姒娌

고유어 '겨집 동셰'와 한자어 '姒娌'가 [姒]과 [娌] 즉 '여자 동서, 형제의 아내끼리 서로 상대방을 부르는 말'의 뜻을 가지고 동의 관계에 있다는 것은 다음 예문들에서 잘 확인된다. '姒'가 한자어 '姒娌'를 뜻하고 '姒'의 자석이 '겨집 동셰'이다. '娌'가 한자어 '姒娌'를 뜻한다. 그리고 '娌'의 자석이 '겨집 동셰'이고 고유어 '겨집 동셰'는 한자어 '姒娌'와 동의 관계에 있다. 따라서 '겨집 동셰'와 '姒娌'의 동의성은 명백히 입증된다. 고유어 '겨집 동셰'는 명사구로 명사 '겨집'과 명사 '동셰'의 결합이다.

(7) a. 姒 : 今俗語姒娌 兄弟之妻相呼 <四解上 9b>
  b. 姒 : 겨집 동셰 튝 兄弟之妻相謂曰姒娌 <字會上 16a>

(7) c. 娌 : 姒娌 <四解上 28b>
  d. 娌 : 겨집 동셰 리 俗語姒娌 <字會上 16a>

<8> 겨집죵 對 女奴

고유어 '겨집죵'과 한자어 '女奴'가 [婢] 즉 '여자 종'의 뜻을 가지고 동의 관계에 있다는 것은 다음 예문들에서 잘 확인된다. 원문 중 '侍婢'가 '뫼션는 겨집죵'으로 번역된다. 그리고 '婢'가 한자어 '女奴'를 뜻하고 '婢'의 자석이 '겨집죵'이다. 따라서 '겨집죵'과 '女奴'의 동의성은 명백히 입증된다. 고유어 '겨집죵'은 합성명사로 명사 '겨집'[女]과 명사 '죵'[奴]의 合成이다.

(8) a. 뫼션는 겨집죵으로 히여 고깃 羹을 드러 가다가(使侍婢로 奉肉羹ᄒ야) <번小十 2b>
   b. 겨집죵 ᄒ야 약 비븨더니(使婢로 丸藥이러니) <번小七 20b>

(8) c. 婢 : 女奴 <四解上 16a>
   d. 婢 : 겨집죵 비 尊人之婢曰女使 <字會上 17a>

<9> 겨집죵 對 妮子

고유어 '겨집죵'과 한자어 '妮子'가 [婢]와 [妮] 즉 '여자 종'의 뜻을 가지고 동의 관계에 있다는 것은 다음 예문들에서 잘 확인된다. '婢'의 자석이 '겨집죵'이고 고유어 '겨집죵'은 한자어 '妮子'와 동의 관계에 있다. 그리고 '婢'가 한자어 '妮子와 동의 관계에 있다. 따라서 '겨집죵'과 '妮子'의 동의성은 명백히 입증된다. 고유어 '겨집죵'은 합성명사로 명사 '겨집'[女]과 명사 '죵'[奴]의 合成이다.

(9) a. 婢 : 女奴 <四解上 16a>
   b. 婢 : 겨집죵 비…汎稱曰妮子 <字會上 17a>

(9) c. 妮 : …俗呼婢(25b) 曰妮子 <四解上 16a>

<10> 겨집죵 對 하뎐

고유어 '겨집죵'과 한자어 '하뎐'(下典) 이 [婢] 즉 '여자 종'의 뜻을 가지고 동의 관계에 있다는 것은 다음 예문들에서 잘 확인된다. 원문 중 '使婢'가 '겨집죵 ᄒ다'로 번역되고 '禮賓寺婢'가 '禮賓寺 하뎐' 으로 번역되므로 '겨집죵'과 '하뎐'의 동의성은 명백히 입증된다. 고유어 '겨집죵'은 '겨집'과 '죵'의 合成이다.

(10) a. 겨집죵 ᄒ야 약 비븨더니(使婢로 丸藥이러니) <번小七 20b>
    b. 仇音方이는 禮賓寺 하뎐이라(仇音方 禮賓寺婢也) <속三烈 16b>

<11> 겹옷 對 裌衣

고유어 '겹옷'과 한자어 '裌衣'가 [裌] 즉 '겹옷, 솜을 두지 않고 거죽과 안을 맞추어 지은 옷'의 뜻을 가지고 동의 관계에 있다는 것은 다음 예문들에서 잘 확인된다. '袷'의 자석이 '겹옷'이고 고유어 '겹옷'은 한자어 '袷衣'와 동의 관계에 있다. 따라서 '겹옷'과 '袷衣'의 동의성은 명백히 입증된다. 고유어 '겹옷'은 합성명사로 명사 '겹'과 명사 '옷'[衣]의 合成이다.

> (11) a. 袷 : 衣無絮 <四解下 80a>
>　　 b. 袷 : 겹옷 협 袷衣 <字會中 12a>

<12> 고기의 이루 對 魚白兒

고유어 '고기의 이루'와 한자어 '魚白兒'가 [魚白兒] 즉 '물고기의 이리, 물고기 수컷의 배 속에 있는 흰 정액의 덩어리'의 뜻을 가지고 동의 관계에 있다는 것은 다음 예문들에서 잘 확인된다. 한자어 '魚白兒'가 고유어 '고기의 이루'와 동의 관계에 있다. 그리고 '魚'의 자석이 '고기'이다. 따라서 '고기의 이루'와 '魚白兒'의 동의성은 명백히 입증된다. 고유어 '고기의 이루'는 명사구로서 명사 '고기'와 명사 '이루'의 결합이다.

> (12) a. 白 : …又今俗語魚白兒 고기의 이루 <四解下 59b>
>　　 b. 白 : 흰 빅 <字會中 14b>

> (12) c. 魚 : 水中鱗物 <四解上 30b>
>　　 d. 魚 : 고기 어 <字會下 2a>

<13> 고기탕 對 肉羹

고유어 '고기탕'과 한자어 '肉羹'이 [臛] 즉 '고깃국'의 뜻을 가지고 동의 관계에 있다는 것은 다음 예문들에서 잘 확인된다. '臛'이 한자어 '肉羹'을 뜻한다. 그리고 '臛'의 자석이 '고기탕'이다. 따라서 '고기탕'과 '肉羹'의 동의성은 명백히 입증된다. '고기탕'은 합성명사로 명사 '고기'[肉]와 고유어 명사 '탕'의 合成이다. 명사 '탕'의 성조는 上聲이다.

> (13) a. 臛 : 肉羹 <四解下 37b>
>　　 b. 臛 : 고기탕 확…臛以肉爲主 <字會中 11a>

<14> 고의밑 對 裩襠

고유어 '고의밑'과 한자어 '裩襠'이 [襠] 즉 '잠방이, 가랑이가 짧은 홑고이'의 뜻을 가지고 동의 관계에 있다는 것은 다음 예문들에서 잘 확인된다. ‘褌’이 한자어 ‘裩襠’을 뜻한다. 그리고 ‘褌’의 자석이 ‘고 의믿’이고 고유어 ‘고의믿’은 한자어 ‘裩襠’과 동의 관계에 있다. 따라서 ‘고의믿’과 ‘裩襠’의 동의성은 명백히 입증된다. 고유어 ‘고의믿’은 합성명사로 명사 ‘고의’와 명사 ‘믿’의 合成이다.

    (14) a. 褌 : 卽裩襠 <字會下 34b>

       b. 褌 : 고의믿 당 俗呼裩襠 <字會中 11b>

<15> 곳믈 對 鼻液

    고유어 ‘곳믈’과 한자어 ‘鼻液’이 [涕] 즉 ‘콧물’의 뜻을 가지고 동의 관계에 있다는 것은 다음 예문들에서 잘 확인된다. 원문 중 ‘主涕’가 ‘곳므를 ㄱ숨알다’로 번역되고 ‘涕稠’가 ‘곳므리 걸다’로 번역된다. 그리고 ‘涕’가 한자어 ‘鼻液’을 뜻하고 ‘涕’의 자석이 ‘곳믈’이다. 따라서 ‘곳믈’과 ‘鼻液’의 동의성은 명백히 입증된다. 고유어 ‘곳믈’은 합성명사로 명사 ‘고’[鼻]와 명사 ‘믈’의 合成으로 ‘고+ㅅ#믈’로 분석된다.

    (15) a. 폐장은 곳므를 ㄱ숨알오(肺主涕) <瘡疹 3b>

       b. 곳므리 걸오 흐리요모로(以涕稠濁) <瘡疹 3b>

    (15) c. 涕 : … 鼻液也 <四解上 25a>

       d. 涕 : … 又鼻液 <四解上 25a>

       e. 涕 : 곳믈 톄 俗稱鼻涕 <字會上 15b>

<16> 곳므ㄹ 對 鼻頭

    고유어 ‘곳므ㄹ’와 한자어 ‘鼻頭’가 [準] 즉 ‘콧마루’의 뜻을 가지고 동의 관계에 있다는 것은 다음 예문들에서 잘 확인된다. ‘準’이 한자어 ‘鼻頭’를 뜻한다. 그리고 ‘準’의 자석이 ‘곳므ㄹ’이다. 따라서 ‘곳 므ㄹ’와 ‘鼻頭’의 동의성은 명백히 입증된다. 고유어 ‘곳므ㄹ’는 합성명사로 명사 ‘고’[鼻]와 명사 ‘므ㄹ’ 의 合成으로 ‘고+ㅅ#므ㄹ’로 분석된다.

    (16) a. 準 : … 鼻頭也 <四解上 68b>

       b. 準 : 곳므ㄹ 준 俗又稱準梁 準脛 <字會上 14a>

<17> 곳므ㄹ 對 隆準

고유어 ‘곳므ㄹ’와 한자어 ‘隆準’이 [準] 즉 ‘콧마루’의 뜻을 가지고 동의 관계에 있다는 것은 다음 예문들에서 잘 확인된다. '準'이 한자어 '隆準'을 뜻한다. 그리고 '準'의 자석이 '곳ᄆᆞᄅ'이다. 따라서 '곳ᄆᆞᄅ'와 '隆準'의 동의성은 명백히 입증된다. 고유어 '곳ᄆᆞᄅ'는 합성명사로 명사 '고'[鼻]와 명사 'ᄆᆞᄅ'의 合成이다.

(17) a. 準 : …隆準 <四解下 11a>
　　 b. 準 : 곳ᄆᆞᄅ 준 俗又稱準梁 準脛 <字會上 14a>

<18> 곳ᄆᆞᄅ 對 準梁

고유어 '곳ᄆᆞᄅ'와 한자어 '準梁'이 [準] 즉 '콧마루'의 뜻을 가지고 동의 관계에 있다는 것은 다음 예문들에서 잘 확인된다. '準'의 자석이 '곳ᄆᆞᄅ'이고 고유어 '곳ᄆᆞᄅ'는 한자어 '準梁'과 동의 관계에 있다. 따라서 '곳ᄆᆞᄅ'와 '準梁'의 동의성은 명백히 입증된다. 고유어 '곳ᄆᆞᄅ'는 합성명사로 명사 '고'[鼻]와 명사 'ᄆᆞᄅ'의 合成이다.

(18) a. 準 : …鼻頭也 <四解上 68b>
　　 b. 準 : 곳ᄆᆞᄅ 준 俗又稱準梁 準脛 <字會上 14a>

<19> 광대노릇 對 木偶戲

고유어 '광대노릇'과 한자어 '木偶戲'가 [木偶戲] 즉 '꼭두각시놀음, 인형극'의 뜻을 가지고 동의 관계에 있다는 것은 다음 예문들에서 잘 확인된다. 한자어 '木偶戲'가 고유어 '광대노릇'과 동의 관계에 있다. 따라서 '광대노릇'과 '木偶戲'의 동의성은 명백히 입증된다. 고유어 '광대노릇'은 합성명사로 명사 '광대'[木偶]와 명사 '노릇'[戲]의 合成이다.

(19) a. 傀 : 傀儡 木偶戲 광대노릇 <四解上 48b>
　　 b. 傀 : 광대 괴 <字會中 2a>

<20> 구믿 對 額旁髮

고유어 '구믿'과 한자어 '額旁髮'이 [鬢] 즉 '귀밑털, 구레나룻'의 뜻을 가지고 동의 관계에 있다는 것은 다음 예문들에서 잘 확인된다. '鬢'이 한자어 '額旁髮'을 뜻한다. 그리고 '鬢'의 자석이 '구믿'이다. 따라서 '구믿'과 '額旁髮'의 동의성은 명백히 입증된다. 고유어 '구믿'은 합성명사로 명사 '귀'와 명사 '밑'의 合成이다.

(20) a. 鬢 : 額旁髮 <四解上 57a>

　　 b. 鬢 : 구믿 빙 <字會上 13a>

　두 명사 '구믿'과 '귀터리'가 [髮] 즉 '귀밑털'의 뜻을 가지고 동의 관계에 있다는 것은 『月印釋譜』
(1459)와 『法華經諺解』(1463)의 다음 예문들에서 잘 확인된다. 원문 중 '至髮際'가 '구믿 니르리'로도
번역되고 '귀터릿 ㄱ새 ㄱ샤미'로도 번역된다. 따라서 '구믿'과 '귀터리'의 동의성은 명백히 입증된다.
'귀터리'는 명사 '귀'와 명사 '터리'의 合成이고 '구믿'은 명사 '귀'와 명사 '믿'의 合成이다.

(20) c. 혀 길오 너브샤 구믿 니르리 ㄴ출 다 두프며 <月二 41a>

　　 d. 舌相이 엷고 조ᄒᆞ시고 넙고 기르샤 能히 ㄴ출 두프샤 귀터릿 ㄱ새 가샤미 二十六이시고(二十七
舌大薄覆面至髮際) <法草二 13b>

<21> 굴근 깁 對 厚繒

　고유어 '굴근 깁'과 한자어 '厚繒'이 [綈] 즉 '두텁게 짠 비단'의 뜻을 가지고 동의 관계에 있다는 것은
다음 예문들에서 잘 확인된다. '綈'가 한자어 '厚繒'을 뜻한다. 그리고 '綈'의 자석이 '굴근 깁'이다. 따라
서 '굴근 깁'과 '厚繒'의 동의성은 명백히 입증된다. 고유어 '굴근 깁'은 명사구로 상태동사 '굵다'의 관
형사형 '굴근'과 명사 '깁'의 결합이다.

(21) a. 綈 : 厚繒 <四解上 25a>

　　 b. 綈 : 굴근 깁 뎨 <字會中 15a>

<22> 굴근 주룸 對 板襵

　고유어 '굴근 주룸'과 한자어 '板襵'이 [板襵] 즉 '굵은 주름'의 뜻을 가지고 동의 관계에 있다는 것은
다음 예문들에서 잘 확인된다. 한자어 '板襵'이 고유어 '굴근 주룸'과 동의 관계에 있다. 따라서 '굴근 주
룸'과 '板襵'의 동의성은 명백히 입증된다. 고유어 '굴근 주룸'은 명사구로 상태동사 '굵다'의 관형사형
'굴근'과 명사 '주룸'[襵]의 결합이다.

(22) a. 襵 : 襞積 <四解下 83b>

　　 b. 襵 : 同上 今俗語板襵 굴근 주룸 <四解下 83b>

<23> 귀대야 對 匜器

고유어 '귀대야'와 한자어 '盥器'가 [匜] 즉 '대야, 손을 씻는 그릇'의 뜻을 가지고 동의 관계에 있다는 것은 다음 예문들에서 잘 확인된다. '匜'가 한자어 '盥器'를 뜻한다. 그리고 '匜'의 자석이 '귀대야'이다. 따라서 '귀대야'와 '盥器'의 동의성은 명백히 입증된다. 고유어 '귀대야'는 합성명사로 명사 '귀'와 명사 '대야'의 合成이다.

(23) a. 匜 : 盥器 又杯匜 <四解上 21b>

　　b. 匜 : 盥器 可以沃水 <四解上 22a>

　　c. 匜 : 귀대야 이 <字會中 7a>

<24> 귀엿골회 對 耳墜兒

고유어 '귀엿골회'와 한자어 '耳墜兒'가 [瑠] 즉 '귀고리'의 뜻을 가지고 동의 관계에 있다는 것은 다음 예문들에서 잘 확인된다. 원문 중 '耳墜兒'가 '귀엿골회'로 번역된다. 그리고 '瑠'의 자석이 '귀엿골회'이고 고유어 '귀엿골회'는 한자어 '耳墜兒'와 동의 관계에 있다. 따라서 '귀엿골회'와 '耳墜兒'의 동의성은 명백히 입증된다. 고유어 '귀엿골회'는 합성명사로 명사 '귀'[耳]와 '골회'[環]의 合成이다.

(24) a. 귀엿골회 흔 쌍과(一對耳墜兒) <번朴上 20b>

(24) b. 瑠 : 充耳珠 <四解下 34b>

　　c. 瑠 : 귀엿골회 당 俗(12a) 呼耳墜兒 又呼耳環 <字會中 12b>

<25> 귀엿골회 對 耳環

고유어 '귀엿골회'와 한자어 '耳環'이 [瑠] 즉 '귀고리'의 뜻을 가지고 동의 관계에 있다는 것은 다음 예문들에서 잘 확인된다. '瑠'의 자석이 '귀엿골회'이고 고유어 '귀엿골회'는 한자어 '耳環'과 동의 관계에 있다. 따라서 '귀엿골회'와 '耳環'의 동의성은 명백히 입증된다. 고유어 '귀엿골회'는 합성명사로 명사 '귀'[耳]와 '골회'[環]의 合成이다.

(25) a. 瑠 : 充耳珠 <四解下 34b>

　　b. 瑠 : 귀엿골회 당 俗(12a) 呼耳墜兒 又呼耳環 <字會中 12b>

<26> 귀엿골회 對 充耳珠

고유어 '귀엿골회'와 한자어 '充耳珠'이 [瑠] 즉 '귀고리, 귀걸이'의 뜻을 가지고 동의 관계에 있다는 것은 다음 예문들에서 잘 확인된다. '璫'이 한자어 '充耳珠'를 뜻한다. 그리고 '璫'의 자석이 '귀엿골회'이다. 따라서 '귀엿골회'와 '充耳珠'의 동의성은 명백히 입증된다. 고유어 '귀엿골회'는 합성명사로 명사 '귀'[耳]와 '골회'[環]의 合成이다.

(26) a. 璫 : 充耳珠 <四解下 34b>
　　 b. 璫 : 귀엿골회 당 <字會中 12b>

<27> 귓것 對 鬼

고유어 '귓것'과 한자어 '鬼'가 [魔] 즉 '마귀, 악귀'의 뜻을 가지고 동의 관계에 있다는 것은 다음 예문들에서 잘 확인된다. '魔'가 한자어 '鬼'를 뜻한다. 그리고 '魔'의 자석이 '귓것'이다. 따라서 '귓것'과 '鬼'의 동의성은 명백히 입증된다. '귓것'은 합성명사로 한자어 '귀'(鬼) 와 고유어 '것'의 合成으로 '귀+ㅅ#것'으로 분석될 수 있는데 이 저서에서는 고유어로 다루었다.

(27) a. 魔 : 鬼也 <四解下 28b>
　　 b. 魔 : 귓것 마 <字會中 2a>

<28> 귓것 對 鬼神

고유어 '귓것'과 한자어 '鬼神'이 [鬼]와 [魔] 즉 '귀신, 죽은 사람의 넋'의 뜻을 가지고 동의 관계에 있다는 것은 다음 예문들에서 잘 확인된다. '鬼'가 한자어 '鬼神'을 뜻한다. 그리고 '鬼'의 자석이 '귓것'이다. 그리고 '魔'가 한자 '鬼'와 同義이고 '魔'의 자석이 '귓것'이다. 따라서 '귓것'과 '鬼神'의 동의성은 명백히 입증된다. '귓것'은 합성명사로 한자어 '귀'(鬼) 와 고유어 '것'의 合成으로 '귀+ㅅ#것'으로 분석될 수 있는데 이 저서에서는 고유어로 다루었다.

(28) a. 鬼 : 鬼神 <四解上 48a>
　　 b. 鬼 : 귓것 귀 陽魂爲神 陰魄爲鬼 <字會中 2a>

(28) c. 魔 : 鬼也 <四解下 28b>
　　 d. 魔 : 귓것 마 <字會中 2a>

<29> 귓구무 對 耳朶/耳睡

고유어 '귓구무'와 한자어 '耳朶/耳睡'가 [耳朶]와 [睡] 즉 '귀가 축 늘어진 것'의 뜻을 가지고 동의 관계에 있다는 것은 다음 예문들에서 잘 확인된다. 원문 중 '耳朵'가 '귓구무'로 번역된다. '聑'가 한자어 '耳聑'를 뜻한다. 그리고 '聑'의 자석이 '귓구무'이고 고유어 '귓구무'는 한자어 '耳聑'와 동의 관계에 있다. 따라서 '귓구무'와 '耳朵/耳聑'의 동의성은 명백히 입증된다. 고유어 '귓구무'는 합성명사로 명사 '귀'[耳]와 명사 '구무'의 合成이다. 한자 '聑'와 '朵'는 通字이다.

(29) a. 귓구무 닷가 틔 업게 ᄒᆞ라(掏一掏耳朵) <번朴上 45a>

(29) b. 聑 : 耳聰也 耳聑 <四解下 24b>
     c. 聑 : 귓구무 타 俗稱耳聑 通作朵 <字會上 13b>

<30> 귓밥 對 耳垂

고유어 '귓밥'과 한자어 '耳垂'가 [耳垂] 즉 '귓밥, 귀불, 귓바퀴의 아래쪽으로 늘어진 살'의 뜻을 가지고 동의 관계에 있다는 것은 다음 예문들에서 잘 확인된다. '耳'의 자석이 '귀'이고 한자어 '耳垂'가 고유어 '귓밥'과 동의 관계에 있다. 따라서 '귓밥'과 '耳垂'의 동의성은 명백히 입증된다. 고유어 '귓밥'은 합성명사로 명사 '귀'와 명사 '밥'의 合成이다.

(30) a. 耳 : 聽官 <四解上 22b>
     b. 耳 : 귀 ᅀᅵ 俗呼耳垂 귓밥 <字會上 13b>

<31> 그르메너흐리 對 蠷螋

고유어 '그르메너흐리'와 한자어 '蠷螋'가 [蠷]와 [螋] 즉 '집게벌레, 구수(蠷螋)'의 뜻을 가지고 동의 관계에 있다는 것은 다음 예문들에서 잘 확인된다. '蠷'가 한자어 '蠷螋'를 뜻하고 '蠷螋'는 고유어 '그르메너흐리'와 동의 관계에 있다. '蠷'의 자석이 '그르메너흐리'이다. 그리고 '螋'가 한자어 '蠷螋'를 뜻한다. 그리고 '螋'의 자석이 '그르메너흐리'이고 고유어 '그르메너흐리'는 한자어 '蠷螋'와 동의 관계에 있다. 따라서 '그르메너흐리'와 '蠷螋'의 동의성은 명백히 입증된다. 고유어 '그르메너흐리'는 합성명사로 [影] 즉 '그림자'의 뜻을 가진 명사 '그르메'와 [瘡] 즉 '상처내다'의 뜻을 가진 '너흐리'의 合成으로 '너흐리'는 다시 '너흐-('너흘-'의 이형태)+ㄹ#이'로 분석될 수 있다.

(31) a. 蠷 : 蠷螋 그르네너흐리 <四解上 30a>
     b. 蠷 : 그르메너흐리 구 <字會上 11b>

(31) c. 螋 : 蠷螋 虫名 <四解下 67a>

d. 螋 : 그르메너흐리 수 蠷螋 尿人影必瘡 <字會上 11b>

<32> 글윓갑 對 稅錢

고유어 '글윓갑'과 한자어 '稅錢'이 [稅錢] 즉 '계약서 쓴 값'의 뜻을 가지고 동의 관계에 있다는 것은 다음 예문들에서 잘 확인된다. 원문 중 '牙稅錢'이 '즈름갑과 글윓갑'으로도 번역되고 '牙錢 稅錢'으로도 번역된다. 따라서 '글윓갑'과 '稅錢'의 동의성은 명백히 입증된다. 고유어 '글윓갑'은 합성명사로 '계약서'를 뜻하는 명사 '글월'과 [錢] 즉 '돈'을 뜻하는 명사 '갑'의 合成으로 '글월+ㅅ#갑'으로 분석될 수 있다.

(32) a. 네 각각 즈름갑과 글윓갑들 혜라(你各自筭將牙稅錢來) <번老下 18a>

(32) b. 牙錢 稅錢이 언메나 ᄒᆞ뇨(該多少牙稅錢) <번老下 18a>
　　c. 牙錢 稅錢을 다 혜어다(牙稅錢都筭了) <번老下 18a>
　　d. 牙錢 稅錢에 석 량 ᄒᆞᆫ 돈 닷 분이 드노소니(牙稅錢該三兩一錢五分) <번老下 18a>

<33> 금실 對 금ᄉᆞ

고유어 '금실'과 한자어 '금ᄉᆞ'(金絲)가 [金絲] 즉 '금실, 금을 가늘게 뽑아 만든 실'의 뜻을 가지고 동의 관계에 있다는 것은 다음 예문들에서 잘 확인된다. 원문 중 '金絲減'이 '금실로 입ᄉᆞᄒᆞ다'로 번역되고 '金絲夾縫'이 '금ᄉᆞ로 갸품 ᄒᆡ이다'로 번역된다. 그리고 '絲'의 자석이 '실'이다. 따라서 '금실'과 '금ᄉᆞ'의 동의성은 명백히 입증된다. '금실'은 한자어 '금'(金)과 고유어 '실'의 合成이지만 이 저서에서는 고유어로 다루었다.

(33) a. 금실로 입ᄉᆞ훈 ᄉᆞ견 바갓고(釘着金絲減鐵事件) <번朴上 28a>
　　b. 금ᄉᆞ로 갸품 ᄒᆡ욘 안좌쉬오(金絲夾縫的鞍座兒) <번朴上 28a>

(33) c. 絲 : 蚕所吐 <四解上 13b>
　　d. 絲 : 실 ᄉᆞ 蚕吐爲絲 <字會中 12a>

<34> 귓발 對 旂旐

고유어 '귓발'과 한자어 '旂旐'가 [旐]와 [斿] 즉 '깃발, 旗脚'의 뜻을 가지고 동의 관계에 있다는 것은 다음 예문들에서 잘 확인된다. '旐'가 한자어 '旂旐'를 뜻하고 '旐'의 자석이 '귓발'이다. 그리고 '斿'가 한자 '㫃'와 同義이고 '斿'의 자석이 '깃발'이다. 따라서 '깃발'과 '旖旎'의 동의성은 명백히 입증된다. '깃발' 은 합성명사로 한자어 '긔'(旗) 와 고유어 '발'[脚]의 合成이지만 이 저서에서는 고유어로 다루었다.

(34) a. 旒 : 旖旎 亦作斿 <四解下 71a>
　　 b. 旒 : 깃발 류 <字會下 7b>

(34) c. 斿 : 旒也 <四解下 70b>
　　 d. 斿 : 깃발 유 <字會下 7b>

<35> 길헤 쓸 것 對 盤纏

고유어 '길헤 쓸 것'과 한자어 '盤纏'이 [盤纏] 즉 '旅費, 盤費'의 뜻을 가지고 동의 관계에 있다는 것은 다음 예문들에서 잘 확인된다. 원문 중 '盤纏'이 '길헤 쓸 것'으로 번역된다. 그리고 '盤纏'의 자석이 '길 헤 여러 가지로 쓰논 것'이다. 따라서 '길헤 쓸 것'와 '盤纏'의 동의성은 명백히 입증된다. 고유어 '길헤 쓸 것'은 명사구로 명사 '길'과 동작동사 '쓰다'의 관형사형 '쓸'과 명사 '것'의 결합이다.

(35) a. 길헤 쓸 것이 그믄텨믄 므드려녀(省多少盤纏) <번朴上 54a>
　　 b. 盤纏 : 길헤 여러 가지로 쓰논 것 <老朴 朴上 13a>

<36> ㄱᄂᆞᆫ 주룸 對 細褶

고유어 'ㄱᄂᆞᆫ 주룸'과 한자어 '細褶'이 [細褶]과 [襞] 즉 '가는 주름'의 뜻을 가지고 동의 관계에 있다 는 것은 다음 예문들에서 잘 확인된다. 한자어 '細褶'이 고유어 'ㄱᄂᆞᆫ 주룸'과 동의 관계에 있다. 그리고 '襞'의 자석이 '주룸'이고 '襞'의 細者가 '細褶'이다. 따라서 'ㄱᄂᆞᆫ 주룸'과 '細褶'의 동의성은 명백히 입증 된다. 고유어 'ㄱᄂᆞᆫ 주룸'은 명사구로 상태동사 'ㄱᄂᆞᆯ다'[細]의 관형사형 'ㄱᄂᆞᆫ'과 명사 '주룸'[褶]의 결합 이다.

(36) a. 襂 : 襞積 <四解下 83b>
　　 b. 褶 : 同上 今俗語…細褶 ㄱᄂᆞᆫ 주(83b) 룸 <四解下 84a>

(36) c. 襞 : 襞積 <四解下 50b>
　　 d. 襞 : 주룸 벽 細者曰細褶 <字會中 11b>

<37> ㄱᄂᆞᆫ 주룸 對 細褶兒

고유어 'ᄀ는 주름'과 한자어 '細褶兒'가 [細褶兒]와 [襀] 즉 '가는 주름'의 뜻을 가지고 동의 관계에 있다는 것은 다음 예문들에서 잘 확인된다. 원문 중 '細褶兒'가 'ᄀ는 주름'으로 번역된다. 그리고 '襀'의 細者가 '細褶兒'이고 한자어 '細褶兒'는 고유어 'ᄀ는 주름'과 동의 관계에 있다. 따라서 'ᄀ는 주름'와 '細褶兒'의 동의성은 명백히 입증된다.

(37) a. ᄀ는 주름도 유여ᄒ고(細褶兒也儘句了) <번老下 28b>

(37) b. 襀 : 襲襀…今俗呼細者曰細褶兒 ᄀ는 주름 <四解下 52a>
    c. 襀 : 주름 젹 <字會中 11b>

<38> ᄀ린 것 對 예막

고유어 'ᄀ린 것'과 한자어 '예막'(瞖膜)이 [瞖膜] 즉 '가린 것, 예막'의 뜻을 가지고 동의 관계에 있다는 것은 다음 예문들에서 잘 확인된다. 원문 중 '瞖膜'이 'ᄀ린 것'으로도 번역되고 '예막'으로도 번역된다. 따라서 'ᄀ린 것'과 '예막'의 동의성은 명백히 입증된다. 고유어 'ᄀ린 것'은 동작동사 'ᄀ리다'의 관형사형 'ᄀ린'과 명사 '것'의 결합이다.

(38) a. 누네 ᄀ린 것 잇ᄂ니ᄅᆞᆯ 고티ᄂ니라(治…目瞖膜) <瘡疹 45b>
    b. 누네 예막이 ᄀ리ᄢᅵ고(眼目瞖膜遮障) <瘡疹 44a>

<39> 글쳥 對 葭中白皮

고유어 '글쳥'와 한자어 '葭中白皮'가 [葶] 즉 '갈대청, 갈대 줄기 속의 얇은 막'의 뜻을 가지고 동의 관계에 있다는 것은 다음 예문들에서 잘 확인된다. '葶'가 한자어 '葭中白皮'를 뜻한다. 그리고 '葶'의 자석이 '글쳥'이고 고유어 '글쳥'은 한자어 '葭中白皮'와 동의 관계에 있다. 따라서 '글쳥'과 '葭中白皮'의 동의성은 명백히 입증된다. 고유어 '글쳥'은 합성명사로 명사 '글'[蘆]과 '쳥'[膜]의 合成이다.

(39) a. 葶 : 葭中白皮 <四解上 38b>
    b. 葶 : 글쳥 부 葭中白皮 <字會下 3b>

<40> 나모격지 對 木屐

고유어 '나모격지'와 한자어 '木屐'이 [屐] 즉 '나막신'의 뜻을 가지고 동의 관계에 있다는 것은 다음 예문들에서 잘 확인된다. '屐'이 한자어 '木屐'을 뜻하고 '木屐'은 고유어 '나모격지'와 동의 관계에 있다. 따라서 '나모격지'와 '木屐'의 동의성은 명백히 입증된다. 고유어 '나모격지'는 합성명사로 명사 '나모'[木]와 명사 '격지'[屐]의 合成이다.

 (40) a. 屐 : 履屐也 木屐 나모격지 <四解下 48a>
   b. 屐 : 격지 극 木屐 <字會中 11b>

<41> 나모 브텻 ㄱ숨 對 木料

 고유어 '나모 브텻 ㄱ숨'과 한자어 '木料'가 [木料] 즉 '집 짓는 材木'의 뜻을 가지고 동의 관계에 있다는 것은 다음 예문들에서 잘 확인된다. 한자어 '木料'가 고유어 '나모 브텻 ㄱ숨'과 동의 관계에 있다. 그리고 '料'가 고유어 'ㄱ숨'을 뜻한다. 따라서 '나모 브텻 ㄱ숨'과 '木料'의 동의성은 명백히 입증된다. 고유어 '나모 브텻 ㄱ숨'은 명사구이다.

 (41) a. 木料 : ···木料 나모 브텻 ㄱ숨 <老朴 朴中 2a>
   b. 料 : ···造屋材 木曰木料 <老朴 單字解 1b>
   c. 料 : ···今俗呼 ㄱ숨 <四解下 18a>

<42> 나죄쌉 對 夕食

 고유어 '나죄쌉'과 한자어 '夕食'이 [夕食]과 [飧] 즉 '저녁밥'의 뜻을 가지고 동의 관계에 있다는 것은 다음 예문들에서 잘 확인된다. 원문 중 '夕食'이 '나죄쌉'으로 번역된다. 그리고 '飧'이 한자어 '夕食'을 뜻한다. 따라서 '나죄쌉'와 '夕食'의 동의성은 명백히 입증된다. 고유어 '나죄쌉'은 합성명사로 명사 '나죄'[夕]와 명사 '밥'[食]의 合成으로 '나죄+ㅅ#밥'으로 분석된다.

 (42) a. 나죄쌔븨눈 무수와 박만 ᄒᆞ야 먹더라(夕食엔 蘆菔匏匏而已러라) <번小十 28b>

 (42) b. 飧 : 夕食 又熟食 <四解上 66a>
   c. 飧 : 믈믄밥 손 水和飯 又夕食 <字會中 10a>

<43> 낙째 對 釣竿

 고유어 '낙째'와 한자어 '釣竿'이 [釣竿] 즉 '낚싯대'의 뜻을 가지고 동의 관계에 있다는 것은 다음 예문들에서 잘 확인된다. '竿'의 자석이 '댓줄기'이다. 그리고 한자어 '釣竿'이 고유어 '낙째'와 동의 관계에 있다. 따라서 '낙째'와 '釣竿'의 동의성은 명백히 입증된다. 고유어 '낙째'는 합성명사로 명사 '낛'[釣]

과 명사 '대'의 合成이다.

(43) a. 竿 : 竹竿 <四解上 71a>
   b. 竿 : 댓줄기 간 釣竿 낙째 <字會下 3a>

<44> 낛밥 對 釣餌

고유어 '낛밥'과 한자어 '釣餌'가 [餌] 즉 '낚싯밥'의 뜻을 가지고 동의 관계에 있다는 것은 다음 예문들에서 잘 확인된다. '餌'가 '釣啗魚 者'를 뜻한다. 그리고 '餌'가 고유어 '낛밥'을 뜻하고 '낛밥'은 한자어 '釣餌'와 동의 관계에 있다. 따라서 '낛밥'과 '釣餌'의 동의성은 명백히 입증된다. 고유어 '낛밥'은 합성 명사로 명사 '낛'과 명사 '밥'의 合成이다.

(44) a. 餌 : 食也…又釣啗魚者 <四解上 23a>
   b. 餌 : …又낛밥曰釣餌 <字會中 10b>

<45> 남진 겨집 對 男女

고유어 '남진 겨집'과 한자어 '男女'가 [男女] 즉 '男女, 남자와 여자'의 뜻을 가지고 동의 관계에 있다는 것은 다음 예문들에서 잘 확인된다. 원문 중 '男女有別'이 '남진 겨집이 굴히요미 잇다'로도 번역되고 '男女 굴히요미 잇다'로 번역된다. 따라서 '남진 겨집'과 '男女'의 동의성은 명백히 입증된다. 고유어 '남진 겨집'은 명사구로 명사 '남진'[男]과 명사 '겨집'[女]의 결합이다.

(45) a. 남진 겨집이 굴히요미 이시며(男女ㅣ 有別ᄒ며) <번小六 36a>
   b. 남진 겨지비 듕미ᄒ디 아니ᄒ야셔는(男女ㅣ 非有行媒어든) <번小三 11a>
   c. 남진 겨지비 옷홰며 옷거리를 ᄒᆞᆫ디 아니ᄒ야(男女ㅣ 不同椸枷ᄒ야) <번小三 17b>
   d. 남진 겨지비 옷 고의를 섯디 마롤디니라(男女ㅣ 不通衣裳이니라) <번小三 19a>
   e. ᄒᆞᆫ 짓 안해 남진 겨집비 일빅귀나 ᄒ여(一家之內 男女百口) <二倫 15b>
   f. 남진 겨지븨 족친이(男女之族이) <번小七 31a>
   g. 뻐 남진 겨지븨 스이를 順케 ᄒ시며(所以順男女之際ᄒ며) <번小三 23a>

(45) h. 男女 굴히요미 이신 後에ᅀᅡ(男女有別然後에) <번小三 15b>

<46> 남진겨집 對 夫婦

고유어 '남진겨집'과 한자어 '夫婦'가 [夫婦] 즉 '남편과 아내, 夫婦'의 뜻을 가지고 동의 관계에 있다는 것은 다음 예문들에서 잘 확인된다. 원문 중 '有夫婦'가 '남진겨지비 잇다'로 번역되고 '夫婦'가 '남진
겨집'으로 번역된다. 그리고 '謹夫婦'가 '夫婦 ᄉ이예 삼가ᄒ다'로 번역된다. 따라서 '남진겨집'과 '夫婦'
의 동의성은 명백히 입증된다. 고유어 '남진겨집'은 합성명사로 명사 '남진'[夫]과 명사 '겨집'[婦]의 合
成이다.

> (46) a. 남진겨지비 잇고 남진겨집 이신 후에(有夫婦ᄒ고 有夫婦而後에) <번小七 38a>
>   b. 남진겨집은 人倫의 큰 믈리오(夫婦는 人倫大綱이며) <번小七 30a>

> (46) c. 禮는 夫婦 ᄉ이예 삼가호매 비릇ᄂ니(禮始於謹夫婦ㅣ니) <번小三 16b>

<47> 남진 동셰 對 連妗

고유어 '남진 동셰'와 한자어 '連妗'이 [妗] 즉 '남자 동서(同壻)'의 뜻을 가지고 동의 관계에 있다는
것은 다음 예문들에서 잘 확인된다. '妗'이 한자어 '連妗'을 뜻하고 '連妗'은 고유어 '남진 동셰'와 동의
관계에 있다. 그리고 '妗'은 '兩壻相謂曰連妗'이다. 따라서 '남진 동셰'와 '連妗'의 동의성은 명백히 입
증된다. 고유어 '남진 동셰'는 명사구로서 명사 '남진'과 명사 '동셰'의 결합이다.

> (47) a. 妗 : ⋯又連妗 남진 동셰 <四解下 72b>
>   b. 妗 : ⋯又兩壻相謂(16a) 曰連妗 <字會上 16b>

<48> 남진 업스니 對 寡婦

고유어 '남진 업스니'와 한자어 '寡婦'가 [嫠] 즉 '과부, 홀어미'의 뜻을 가지고 동의 관계에 있다는 것
은 다음 예문들에서 잘 확인된다. 원문 중 '有⋯嫠者'가 '남진 업스니 잇다'로 번역된다. 그리고 '嫠'가
한자어 '寡婦'를 뜻한다. 따라서 '남진 업스니'와 '寡婦'의 동의성은 명백히 입증된다. 고유어 '남진 업
스니'는 명사구로 명사 '남진'과 상태동사 '없다'의 관형사형 '업슨'과 의존명사 '이'의 결합으로 '남진#
없+은#이'로 분석된다.

> (48) a. 아비 업스니왜 남진 업스니 잇거든(有孤嫠者ㅣ어든) <번小九 103b>

> (48) b. 嫠 : 寡婦 <四解上 28a>
>   c. 嫠 : 호을어미 리 汎稱 <字會上 17a>

<49> 남진죵 對 奴材

고유어 '남진죵'과 한자어 '奴材'가 [奴] 즉 '사내종, 남자 종'의 뜻을 가지고 동의 관계에 있다는 것은 다음 예문들에서 잘 확인된다. '奴'의 자석이 '남진죵'이고 고유어 '남진죵'은 한자어 '奴材'와 동의 관계에 있다. 따라서 '남진죵'과 '奴材'의 동의성은 명백히 입증된다. 고유어 '남진죵'은 합성명사로 명사 '남진'과 명사 '죵'의 合成이다.

(49) a. 奴 : 奴婢 <四解上 37b>
   b. 奴 : 남진죵 노 俗呼奴材 <字會上 17a>

<50> 네 활기 對 스지

고유어 '네 활기'와 한자어 '스지'(四肢) 가 [肢]의 뜻을 가지고 동의 관계에 있다는 것은 다음 예문들에서 잘 확인된다. 원문 중 '四肢亦赤'이 '네 활기도 븕다'로 번역되고 '肢節'이 '스지 무딕'로 번역된다. 따라서 '네 활기'와 '스지'의 동의성은 명백히 입증된다. 고유어 '네 활기'는 명사구로 수사 '네'와 명사 '활기'의 결합이다.

(50) a. 네 활기도 블그며(四肢亦赤) <瘡疹 9b>
   b. 네 활기예 펴디느니(散於四肢) <瘡疹 1b>
   c. 셜흔 독이 네 활기와 온 몸 안밧긔 돈녀(熱毒行於四肢榮衛之中) <瘡疹 2a>

(50) d. 몸과 스지 무디 우희 감챵이 나고(身體及肢節上生疳蝕瘡) <瘡疹 49b>

<51> 년곳 對 芙蓉

고유어 '년곳'과 한자어 '芙蓉'이 [芙]와 [蓉] 즉 '연꽃, 부용'의 뜻을 가지고 동의 관계에 있다는 것은 다음 예문들에서 잘 확인된다. '芙'가 한자어 '芙蓉'을 뜻하고 '芙'의 자석이 '년곳'이다. 그리고 '蓉'이 한자어 '芙蓉'을 뜻한다. 따라서 '년곳'과 '芙蓉'의 동의성은 명백히 입증된다. '년곳'은 합성명사로 한자어 '년'(蓮) 과 고유어 '곳'[花]의 合成이지만 이 저서에서는 고유어로 다루었다.

(51) a. 芙 : 芙蓉 <四解上 19a>
   b. 芙 : 년곳 부 荷花 <字會上 4a>

(51) c. 蓉 : 芙蓉 荷也 <四解上 10b>

<52> 누리 對 小積

고유어 '누리'와 한자어 '小積'이 [種]와 [□] 즉 '낟가리, 벼를 쌓은 작은 더미'의 뜻을 가지고 동의 관계에 있다는 것은 다음 예문들에서 잘 확인된다. '種'가 한자어 '小積'을 뜻한다. 그리고 '□'의 자석이 '누리'이고 고유어 '누리'는 한자어 '小積'과 동의 관계에 있다. 따라서 '누리'와 '小積'의 동의성은 명백히 입증된다.

(52) a. 種 : 小積 <四解下 24b>
　　　b. □ : 누리 타 小積 <字會下 3a>

<53> 눈믈 對 肝液

고유어 '눈믈'과 한자어 '肝液'이 [涙] 즉 '눈물'의 뜻을 가지고 동의 관계에 있다는 것은 다음 예문들에서 잘 확인된다. 원문 중 '主涙'가 '눈므를 ᄀᆞ숨알다'로 번역되고 '涙出'이 '눈믈 나다'로 번역된다. 그리고 '涙'의 자석이 '눈믈'이고 고유어 '눈믈'은 한자어 '肝液'과 동의 관계에 있다. 따라서 '눈믈'과 '肝液'의 동의성은 명백히 입증된다. 고유어 '눈믈'은 합성명사로 명사 '눈'과 명사 '믈'의 合成이다.

(53) a. 간장ᄋᆞᆫ 눈므를 ᄀᆞ숨알오(肝主涙) <瘡疹 3b>
　　　b. 인ᄒᆞ야 눈믈을 흘린대(因而下涙ᄒᆞᆫ대) <번小九 69a>
　　　c. 눈믈 나미 믈 ᄀᆞᄐᆞ요ᄆᆞ로(以涙出如水) <瘡疹 3b>

(53) d. 涙 : 涙涕 <四解上 55b>
　　　e. 涙 : 눈믈 류 肝液也 <字會上 15b>

<54> 눈믈 對 涙涕

고유어 '눈믈'과 한자어 '涙涕'가 [涙]와 [涕] 즉 '눈물'의 뜻을 가지고 동의 관계에 있다는 것은 다음 예문들에서 잘 확인된다. 원문 중 '下涙'가 '눈믈을 흘리다'로 번역되고 '出涕'가 '눈므를 내다'로 번역된다. 그리고 '涙'가 한자어 '涙涕'를 뜻하고 '涙'의 자석이 '눈믈'이다. 따라서 '눈믈'과 '涙涕'의 동의성은 명백히 입증된다. 고유어 '눈믈'은 합성명사로 명사 '눈'[目]과 명사 '믈'[汁]의 合成이다.

(54) a. 인ᄒᆞ야 눈믈을 흘린대(因而下涙ᄒᆞᆫ대) <번小九 69a>
　　　b. 미양 다시곰 닑고 눈믈 아니 흘린 적 업시 ᄒᆞ야(未嘗不三復涙涕ᄒᆞᆫ대) <번小九 27a>
　　　c. 간장ᄋᆞᆫ 눈므를 ᄀᆞ숨알오(肝主涙) <瘡疹 3b>
　　　d. 눈믈 나미 믈 ᄀᆞᄐᆞ요ᄆᆞ로(以涙出如水) <瘡疹 3b>

e. 賈餗이 슬허 눈므를 내요티(賈ㅣ 爲出涕호티) <번小十 17b>

f. 잣남글 집고 슬피 우러 눈므리 남긔 무든대(攀栢悲號ᄒ야 涕淚着樹ᄒ대) <번小七 27a>

(54) g. 淚 : 涙涕 <四解上 55b>

　　h. 涙 : 눈믈 류 肝液也 <字會上 15b>

(54) i. 涕 : 泣也 目汁也 <四解上 25a>

<55> 눈ᄌᅀᆞ 對 目珠子

고유어 '눈ᄌᅀᆞ'와 한자어 '目珠子'가 [睛] 즉 '눈동자, 눈알의 수정체'의 뜻을 가지고 동의 관계에 있다는 것은 다음 예문들에서 잘 확인된다. '睛'이 한자어 '目珠子'를 뜻한다. 그리고 '睛'의 자석이 '눈ᄌᅀᆞ'이다. 따라서 '눈ᄌᅀᆞ'와 '目珠子'의 동의성은 명백히 입증된다. 고유어 '눈ᄌᅀᆞ'는 합성명사로 명사 '눈'과 명사 'ᄌᅀᆞ'의 合成이다.

(55) a. 睛 : 目珠子 今俗呼眼睛 <四解下 51b>

　　b. 睛 : 눈ᄌᅀᆞ 쳥 <字會東中本上 25a>

<56> 눈ᄌᅀᆞ 對 眼睛

고유어 '눈ᄌᅀᆞ'와 한자어 '眼睛'이 [眼睛]과 [睛] 즉 '눈동자'의 뜻을 가지고 동의 관계에 있다는 것은 다음 예문들에서 잘 확인된다. '睛'이 한자어 '眼睛'을 뜻한다. 그리고 '睛'의 자석이 '눈ᄌᅀᆞ'이다. 따라서 '눈ᄌᅀᆞ'와 '眼睛'의 동의성은 명백히 입증된다. 고유어 '눈ᄌᅀᆞ'는 합성명사로 명사 '눈'[眼]과 명사 'ᄌᅀᆞ'의 合成이다.

(56) a. 睛 : 目珠子 今俗呼眼睛 <四解下 51b>

　　b. 睛 : 눈ᄌᅀᆞ 쳥 <字會東中本上 25a>

<57> 눉곱 對 眶眵

고유어 '눉곱'과 한자어 '眶眵'가 [眶]와 [眵] 즉 '눈곱'의 뜻을 가지고 동의 관계에 있다는 것은 다음 예문들에서 잘 확인된다. '眶'가 한자어 '眶眵'를 뜻하고 '眶'의 자석이 '눉곱'이다. 그리고 '眵'의 자석이 '눉곱'이고 고유어 '눉곱'은 한자어 '眼眶眵'와 동의 관계에 있다. 따라서 '눉곱'과 '眶眵'의 동의성은 명백히 입증된다. 고유어 '눉곱'은 합성명사로 명사 '눈'[眼]과 명사 '곱'[脂]의 合成으로 '눈+ㅅ#곱'으로 분석될 수 있다.

(57) a. 眵 : 眵 目汁凝 <四解下 65a>

　　b. 眵 : 눉곱 두 俗稱眼脂兒 <字會上 15a>

(57) c. 眵 : 目汁凝 <四解上 18b>

　　d. 眵 : 눉곱 치 俗稱眼眵眵 <字會上 15a>

<58> 눉곱 對 目汁凝

고유어 '눉곱'과 한자어 '目汁凝'이 [眵]와 [眵] 즉 '눈곱'의 뜻을 가지고 동의 관계에 있다는 것은 다음 예문들에서 잘 확인된다. '眵'가 한자어 '目汁凝'을 뜻하고 '眵'의 자석이 '눉곱'이다. 그리고 '眵'가 한자어 '目汁凝'을 뜻하고 '眵'의 자석이 '눉곱'이다. 따라서 '눉곱'과 '目汁凝'의 동의성은 명백히 입증된다. 고유어 '눉곱'은 합성명사로 명사 '눈'[眼]과 명사 '곱'[脂]의 合成이다.

(58) a. 眵 : 目汁凝 <四解上 18b>

　　b. 眵 : 눉곱 치 俗稱眼眵 <字會上 15a>

(58) c. 眵 : 眵眵 目汁凝 <四解下 65a>

　　d. 眵 : 눉곱 두 俗稱眼脂兒 <字會上 15a>

<59> 눉두에 對 眼胞

고유어 '눉두에'와 한자어 '眼胞'가 [胞]와 [目胞] 즉 '눈꺼풀'의 뜻을 가지고 동의 관계에 있다는 것은 다음 예문들에서 잘 확인된다. 원문 중 '目胞赤'이 '눉두에 붉다'로 번역된다. '胞'가 한자어 '眼胞'를 뜻하고 '眼胞'는 고유어 '눉두에'와 동의 관계에 있다. 그리고 '瞼'의 자석이 '눉두에'이고 고유어 '눉두에'는 한자어 '眼胞'와 동의 관계에 있다. 따라서 '눉두에'와 '眼胞'의 동의성은 명백히 입증된다. 고유어 '눉두에'는 합성명사로 명사 '눈'[眼]과 [蓋] 즉 '덮개, 뚜껑'의 뜻을 가진 명사 '두에'의 合成이다.

(59) a. 눈ㅈ쉬 누르며 눉두에 블그며(眼睛黃目胞赤) <瘡疹 9b>

(59) b. 胞 : 今俗呼眼胞 눉두에 <四解下 20b>

　　c. 瞼 : 目上下瞼 <四解下 81a>

　　d. 瞼 : 눉두에 검 俗稱眼 <字會上 13a>

'눈두에'의 先代形인 '눈두베'는 15세기의 『蒙山和尙法語略錄諺解』(1472) 의 다음 예문에서 잘 확인된다. 원문 중 '眼皮'가 '눈두베'로 번역된다.

(59) e. 곳 눈두베 므거본 둘 아라든(纔覺眼皮重ᄒᆞ야ᄃᆞᆫ) <2b>

<60> 눈부텨 對 目瞳

고유어 '눈부텨'와 한자어 '目瞳'이 [瞳]과 [矑] 즉 '눈동자'의 뜻을 가지고 동의 관계에 있다는 것은 다음 예문들에서 잘 확인된다. '瞳'이 한자어 '目瞳'을 뜻하고 '瞳'의 자석이 '눈부텨'이다. 그리고 '矑'가 한자어 '目瞳'을 뜻한다. 따라서 '눈부텨'와 '目瞳'의 동의성은 명백히 입증된다. 고유어 '눈부텨'는 합성명사로 명사 '눈'과 명사 '부텨'의 合成으로 '눈+ㅅ#부텨'로 분석된다.

(60) a. 瞳 : 目瞳 <四解上 2a>
　　 b. 瞳 : 눈부텨 동 卽瞳仁 <字會上 13a>

(60) c. 矑 : 目瞳 <四解上 42a>

<61> ᄂᆞ롯머리 對 車轅

고유어 'ᄂᆞ롯머리'와 한자어 '車轅'이 [輈] 즉 '끌채, 작은 수레에 메우는 한 개로 된 끌채'의 뜻을 가지고 동의 관계에 있다는 것은 다음 예문들에서 잘 확인된다. '輈'가 한자어 '車轅'을 뜻한다. 그리고 '輈'의 자석이 'ᄂᆞ롯머리'이다. 따라서 'ᄂᆞ롯머리'와 '車轅'의 동의성은 명백히 입증된다. 고유어 'ᄂᆞ롯머리'는 합성명사로 명사 'ᄂᆞ롯'과 명사 '머리'의 合成이다.

(61) a. 輈 : 車轅 <四解下 69a>
　　 b. 輈 : ᄂᆞ롯머리 듀 <字會中 13a>

<62> ᄂᆞ롯머리 對 轅耑橫木

고유어 'ᄂᆞ롯머리'와 한자어 '轅耑橫木'이 [軛] 즉 '멍에, 마소의 목에 얹어 수레나 장기를 끌게 하는 ∧ 모양의 가로나무'의 뜻을 가지고 동의 관계에 있다는 것은 다음 예문들에서 잘 확인된다. '軛'이 한자어 '轅耑橫木'을 뜻한다. 그리고 '軛'의 자석이 'ᄂᆞ롯머리'이다. 따라서 'ᄂᆞ롯머리'와 '轅耑橫木'의 동의성은 명백히 입증된다. 고유어 'ᄂᆞ롯머리'는 합성명사로 명사 'ᄂᆞ롯'과 명사 '머리'의 合成이다.

(62) a. 軛 : 轅耑橫木 <四解下 62a>

b. 軶 : ㄴ룻머리 의 駕項曲處 <字會中 13a>

<63> 늘가래 對 鐵枚

고유어 '늘가래'와 한자어 '鐵枚'이 [鐵枚] 즉 '가래'의 뜻을 가지고 동의 관계에 있다는 것은 다음 예문들에서 잘 확인된다. '枚'의 자석이 '가래'이고 한자어 '鐵枚'이 고유어 '늘가래'와 동의 관계에 있다. 따라서 '늘가래'와 '鐵枚'의 동의성은 명백히 입증된다. 고유어 '늘가래'는 명사 '늘'과 명사 '가래'의 合成이다.

(63) a. 枚 : ⋯鐵枚 삷 木枚 가래 <四解下 85a>

　　b. 枚 : 가래 흠 俗呼木枚 又鐵枚 늘가래 <字會中 9a>

<64> 늘고기 對 生肉

고유어 '늘고기'와 한자어 '生肉'이 [腥] 즉 '날고기'의 뜻을 가지고 동의 관계에 있다는 것은 다음 예문들에서 잘 확인된다. 원문 중 '賜腥'이 '늘고기를 주다'로 번역된다. 그리고 '腥'이 한자어 '生肉'을 뜻한다. 따라서 '늘고기'와 '生肉'의 동의성은 명백히 입증된다. 고유어 '늘고기'는 합성명사로 명사 '늘'[生]과 명사 '고기'[肉]의 合成이다.

(64) a. 님금이 늘고기를 주어시든(君賜腥이어시든) <번小三 6b>

　　b. 腥 : 生肉 亦作胜 <四解下 52b>

<65> 늘근 소옴 對 舊絮

고유어 '늘근 소옴'과 한자어 '舊絮'가 [緼] 즉 '헌솜'의 뜻을 가지고 동의 관계에 있다는 것은 다음 예문들에서 잘 확인된다. '緼'이 한자어 '舊絮'를 뜻한다. 그리고 '緼'의 자석이 '늘근 소옴'이고 고유어 '늘근 소옴'은 한자어 '舊絮'와 동의 관계에 있다. 따라서 '늘근 소옴'과 '舊絮'의 동의성은 명백히 입증된다. 고유어 '늘근 소옴'은 명사구로 [舊] 즉 '오래 되다'의 뜻을 가진 상태동사 'ㄴ‧ㄹ다'의 관형사형 '늘근'과 명사 '소옴'[絮]의 결합이다.

(65) a. 緼 : ⋯又舊絮 <四解上 69b>

　　b. 緼 : 늘근 소옴 舊絮爲緼 <字會中 12a>

<66> 놀디새 對 未燒瓦

고유어 '늘디새'와 한자어 '未燒瓦'가 [坏]와 [坯] 즉 '날기와, 아직 굽지 않은 기와'의 뜻을 가지고 동의 관계에 있다는 것은 다음 예문들에서 잘 확인된다. '坏'가 한자어 '未燒瓦'를 뜻한다. 그리고 '坯'의 자석이 '늘디새'이다. 따라서 '늘디새'와 '未燒瓦'의 동의성은 명백히 입증된다. 고유어 '늘디새'는 합성명사로 명사 '늘'[生]과 명사 '디새'[瓦]의 合成이다. 한자 '坯'와 '坏'는 同字이다.

(66) a. 坏 : 未燒瓦 <四解上 50a>
　　 b. 坯 : 늘디새 비 俗呼瓦未燒者曰坯瓦 <字會中 9b>

<67> 눗빛 對 顔色

고유어 '눗빛'과 한자어 '顔色'이 [色]과 [顔色] 즉 '낯빛, 얼굴빛'의 뜻을 가지고 동의 관계에 있다는 것은 다음 예문들에서 잘 확인된다. 원문 중 '和色'이 '눗비츨 화히 ᄒᆞ다'로 번역되고 '色容'이 '눗비치 양'으로 번역된다. '正顔色'이 '눗비츨 단정히 ᄒᆞ다'로 번역된다. 그리고 '色'이 한자어 '顔色'을 뜻한다. 따라서 '눗빛'과 '顔色'의 동의성은 명백히 입증된다. 고유어 '눗빛'은 합성명사로 명사 '눗'[顔]과 명사 '빛'[色]의 合成이다.

(67) a. 눗비츨 화히 ᄒᆞ며 목소리를 부드러이 ᄒᆞ야(和色柔聲ᄒᆞ야) <번小七 2a>
　　 b. 눗비츨 고텨 가지시며(色勃如也ᄒᆞ시며) <번小三 4b>
　　 c. 눗비치 양으란 싁싁기 홀디니라(色容莊이니라) <번小四 13a>
　　 d. 先生이 그제ᅀᅡ 말ᄉᆞᆷ미며 눗비츨 잠깐 ᄂᆞᆽ기 ᄒᆞ더시다(先生이 方略降辭色ᄒᆞ더시다) <번小九 4b>
　　 e. 눗비ᄎᆞ란 온화히 호ᄆᆞᆯ 싱각ᄒᆞ며(色思溫) <번小四 6a>
　　 f. 눗비츨 단정히 호매(正顔色애) <번小四 7a>
　　 g. 눗비치 ᄀᆞ즉ᄒᆞ며(顔色齊ᄒᆞ며) <번小四 10a>
　　 h. 눗비츨 온화히 ᄒᆞ며(且溫顔色ᄒᆞ며) <번小九 93a>

(67) i. 色 : 顔色 <四解下 61b>

<68> 닉실날 對 닉실

고유어 '닉실날'과 한자어 '닉실'(來日)이 [明日] 즉 '내일'의 뜻을 가지고 동의 관계에 있다는 것은 다음 예문들에서 잘 확인된다. 원문 중 '明日辨'이 '닉실나래…글히집다'로 번역된다. 그리고 '幾箇明日'이 '몃 닉실'로 번역되고 '明日…行'이 '닉실…녀다'로 번역된다. 따라서 '닉실날'과 '닉실'의 동의성은 명백히 입증된다. '닉실날'은 합성명사로 한자어 '닉실'(來日) 과 고유어 '날'의 合成이지만 이 저서에서는 고유어로 다루었다.

(68) a. 오늘나래 흔 스리를 굴히지버 흐고 닉실나래 흔 스리롤 굴히지버 흐면(今日에 辨一理흐고 明日에 辨一理흐면) <번小八 36b>

(68) b. 모로리로다 몃 닉싀린고(知他是幾箇明日) <번朴上 35a>
    c. 닉실 일 녀져(明日早行) <번老上 10b>
    d. 우리 닉실 므슴 노하 가져(我明日早只放心的去也) <번老上 26b>
    e. 우리 닉실 양 푸는 져제 가(我也明日到羊市裏) <번朴上 67a>

한자어 '닉실'의 先代形 '來日'이 15세기의 『月印釋譜』(1459) 와 『三綱行實圖』(1481) 의 다음 예문들에서 잘 확인된다. 원문 중 '明日富貴'가 '來日 富貴흐다'로 번역된다.

(68) f. 對答흐되 來日 보내요리라 <月七 15b>
    g. 쏘 對答흐되 來日사 보내요리라 흐고 <月七 16a>
    h. 오늘 順從흐면 來日 富貴흐리라(今日順從 明日富貴矣) <三강忠 18a>

<69> 닉일날 對 닉일

고유어 '닉일날'과 한자어 '닉일'(來日) 이 [明日] 즉 '내일'의 뜻을 가지고 동의 관계에 있다는 것은 다음 예문들에서 잘 확인된다. 원문 중 '明日記'가 '닉일나래…긔디흐다'로 번역되고 '明日行'이 '닉일나래…힝흐다'로 번역된다. 그리고 '明日後日'이 '닉일 모뢰'로 번역된다. 따라서 '닉일날'과 '닉일'의 동의성은 명백히 입증된다. '닉일날'은 합성명사로 한자어 '닉일'(來日) 과 고유어 '날'의 合成이지만 이 저서에서는 고유어로 다루었다.

(69) a. 오늘나래 흔 이를 긔디흐고 닉일나래 흔 이를 긔디흐면(今日에 記一事흐고 明日에 記一事흐면) <번小八 36b>
    b. 오늘나래 흔 어려온 이를 힝흐고 닉일나래 흔 어려온 이를 힝흐면(今日에 行一難事흐고 明日에 行一難事흐면) <번小八 37a>
    c. 네 닉일날 날 드려 가(你明日領我去) <번朴上 19b>

(69) d. 다하 닉일 모뢰 가포마 니르니(只說明日後日還我) <번朴上 35a>
    e. 닉일 누믜 구지람 든느니라(明日着人罵) <번老上 37b>

<70> 대그릇 對 竹器

고유어 '대그릇'과 한자어 '竹器'가 [篚] 즉 '대그릇, 대광주리'의 뜻을 가지고 동의 관계에 있다는 것은 다음 예문들에서 잘 확인된다. 원문 중 '無篚'가 '대그르시 없다'로 번역되고 '受以篚'가 '대그르스로 받다'로 번역된다. 그리고 '篚'가 한자어 '竹器'를 뜻한다. 따라서 '대그릇'과 '竹器'의 동의성은 명백히 입증된다. 고유어 '대그릇'은 합성명사로 명사 '대'[竹]와 명사 '그릇'[器]의 合成이다.

> (70) a. 대그르시 업거든 다 안자 싸해 노흔 後에아 아술디니라(其無篚則皆坐ㅎ야 奠之而後에 取ㄴ니라) <번小三 18b>
>
> b. 그 서르 줄딘댄 계지비 대그르스로 받고(其相授則女受以篚ㅎ고) <번小三 18b>

> (70) c. 篚 : 竹器 <四解上 17a>
>
> d. 篚 : 광조리 비 <字會中 10a>

<71> 댓겁질 對 竹靑皮

고유어 '댓겁질'과 한자어 '竹靑皮'가 [筠] 즉 '대의 푸른 껍질'의 뜻을 가지고 동의 관계에 있다는 것은 다음 예문들에서 잘 확인된다. '筠'이 한자어 '竹靑皮'를 뜻하고 '筠'의 자석이 '댓겁질'이다. 따라서 '댓겁질'과 '竹靑皮'의 동의성은 명백히 입증된다. 고유어 '댓겁질'은 합성명사로 명사 '대'[竹]와 명사 '겁질'[皮]의 合成이다.

> (71) a. 筠 : 竹靑皮 <四解上 70a>
>
> b. 筠 : 댓겁질 균 <字會下 3a>

<72> 댓줄기 對 竹竿

고유어 '댓줄기'와 한자어 '竹竿'이 [竿] 즉 '댓줄기, 대나무 장대'의 뜻을 가지고 동의 관계에 있다는 것은 다음 예문들에서 잘 확인된다. '竿'이 한자어 '竹竿'을 뜻한다. 그리고 '竿'의 자석이 '댓줄기'이다. 따라서 '댓줄기'와 '竹竿'의 동의성은 명백히 입증된다. 고유어 '댓줄기'는 합성명사로 명사 '대'[竹]와 명사 '줄기'의 合成으로 '대+ㅅ#줄기'로 분석될 수 있다.

> (72) a. 竿 : 竹竿 <四解上 71a>
>
> b. 竿 : 댓줄기 간 <字會下 3a>

<73> 떡소 對 餕餡

고유어 '떡소'와 한자어 '餕餡'이 [餕]과 [餡] 즉 '떡소, 떡의 소'의 뜻을 가지고 동의 관계에 있다는 것은 다음 예문들에서 잘 확인된다. '餕'이 한자어 '餕餡'을 뜻하고 '餕餡'은 고유어 '떡소'와 동의 관계에 있다. '餡'이 한자어 '餕餡'을 뜻하고 '餕餡'은 고유어 '떡소'와 동의 관계에 있다. 그리고 '餡'의 자석이 '떡소'이고 고유어 '떡소'는 한자어 '餕餡'과 동의 관계에 있다. 따라서 '떡소'와 '餕餡'의 동의성은 명백히 입증된다. 고유어 '떡소'는 합성명사로 명사 '떡'[餅]과 명사 '소'[餡]의 合成이다.

(73) a. 餕 : ⋯餕餡 떡소 <四解上 75b>
　　　b. 餕 : 떡소 산 <字會中 10a>

(73) c. 餡 : 今俗呼餕餡 떡소 <四解下 80b>
　　　d. 餡 : 떡소 함 俗呼餕餡 <字會中 10b>

<74> 도틱 고기 對 猪肉

고유어 '도틱 고기'와 한자어 '猪肉'이 [猪肉] 즉 '돼지 고기'의 뜻을 가지고 동의 관계에 있다는 것은 다음 예문들에서 잘 확인된다. 원문 중 '買猪肉'이 '도틱 고기 사다'로 번역되고 '好猪肉'이 '됴흔 도틱 고기'로 번역된다. 그리고 '一斤猪肉'이 '흔 근 猪肉'으로 번역된다. 따라서 '도틱 고기'와 '猪肉'의 동의성은 명백히 입증된다. 고유어 '도틱 고기'는 명사구로 명사 '돋'[猪]과 명사 '고기'[肉]의 결합으로 '돋+의#고기'로 분석된다.

(74) a. 이 부롭 ᄉᆞᆺ 짓 도마 우희 도틱 고기 사라 가마(這間壁內案上買猪肉去) <번老上 20b>
　　　b. 이 오ᄂᆞᆯ 주긴 됴흔 도틱 고기라(是今日殺的好猪肉) <번老上 20b>

(74) c. 사ᄒᆞ로니 흔 근 猪肉에(切了一斤猪肉) <번老上 23a>

<75> 도틱 고기 對 猪肉

고유어 '도틱 고기'와 한자어 '猪肉'이 [猪肉] 즉 '돼지 고기'의 뜻을 가지고 동의 관계에 있다는 것은 다음 예문들에서 잘 확인된다. 원문 중 '五十斤猪肉'이 '도틱 고기 쉰 근'으로 번역되고 '一斤猪肉'이 '흔 근 猪肉'으로 번역된다. 따라서 '도틱 고기'와 '猪肉'의 동의성은 명백히 입증된다. 고유어 '도틱 고기'는 명사구로 명사 '돋'[猪]과 명사 '고기'[肉]의 결합이고 '돋+의#고기'로 분석된다.

(75) a. 도틱 고기 쉰 근만 사며(買五十斤猪肉) <번朴上 2a>

　　　b. 제 므레 쵸흔 도틱 고기와(川炒猪肉) <번朴上 5a>

　　　c. 도틱 고기와 디룡즙과룰 머기니(服猪肉及地龍汁) <瘡疹 66a>

(75) d. 사흐로니 흔 근 猪肉에(切了一斤猪肉) <번老上 23a>

　　　e. 川炒 : 音義云민므레 炒흔 猪肉 <老朴 朴上 2b>

<76> 도틱 삿기 對 猪豚

　고유어 '도틱 삿기'와 한자어 '猪豚'이 [豚] 즉 '돼지 새끼'의 뜻을 가지고 동의 관계에 있다는 것은 다음 예문들에서 잘 확인된다. '豚'이 한자어 '猪豚'을 뜻하고 '猪豚'은 고유어 '도틱 삿기'와 동의 관계에 있다. 그리고 '豚'의 자석이 '삿기'이고 '猪之子'이다. 따라서 '도틱 삿기'와 '猪豚'의 동의성은 명백히 입증된다. 고유어 '도틱 삿기'는 名詞句로서 명사 '돝'[猪]과 명사 '삿기'[子]의 결합이다.

(76) a. 豚 : 小豕 今俗語猪豚 도틱 삿기 <四解上 63b>

　　　b. 豚 : 삿기 돈 猪之子 <字會上 10a>

(76) c. 猪 : 豕也 <四解上 32a>

　　　d. 猪 : 돋 뎌 <字會上 10a>

<77> 돌ᄃ리 對 石橋

　고유어 '돌ᄃ리'와 한자어 '石橋'가 [石橋]와 [矼] 즉 '돌다리'의 뜻을 가지고 동의 관계에 있다는 것은 다음 예문들에서 잘 확인된다. 원문 중 '石橋'가 '돌ᄃ리'로 번역된다. 그리고 '矼'이 한자어 '石橋'를 뜻한다. 따라서 '돌ᄃ리'와 '石橋'의 동의성은 명백히 입증된다. 고유어 '돌ᄃ리'는 합성명사로 명사 '돌'[石]과 명사 'ᄃ리'[橋]의 合成이다.

(77) a. 세 가르 돌ᄃ리 잇ᄂ니(有三叉石橋) <번朴上 68b>

(77) b. 矼 : 石橋 <四解下 34a>

　　　c. 矼 : ᄃ리 강 <字會中 4a>

<78> 동뉴엣 사룸 對 等輩

　고유어 '동뉴엣 사룸'과 한자어 '等輩'가 [等輩]와 [輩] 즉 '同輩, 나이나 신분이 같거나 비슷한 사람'

의 뜻을 가지고 동의 관계에 있다는 것은 다음 예문들에서 잘 확인된다. 원문 중 '等輩'가 '동뉴엣 사룸'으로 번역된다. 그리고 '輩'가 한자어 '等輩'를 뜻한다. 따라서 '동뉴엣 사룸'과 '等輩'의 동의성은 명백히 입증된다. 명사구 '동뉴엣 사룸'은 한자어 '동뉴'(同類)와 고유어 '사룸'의 결합이지만 이 저서에서는 고유어로 다루었다.

(78) a. 茅容이 동뉴엣 사룸과 비룰 피ᄒᆞ야 나못 아래 드럿더니(茅容이 與等輩로 避雨樹下ᄒᆞᆯ시) <번小十 68a>

(78) c. 輩 : 等輩 <四解上 50a>
　　 d. 輩 : 물 비 <字會下 11a>

<79> 두 녁 ᄂᆞ리 지은 집 對 串廊

고유어 '두 녁 ᄂᆞ리 지은 집'과 한자어 '串廊'이 [串廊]과 [廊] 즉 '행랑, 대문간에 붙어 있는 방'의 뜻을 가지고 동의 관계에 있다는 것은 다음 예문들에서 잘 확인된다. 원문 중 '串廊'이 '두 녁 ᄂᆞ리 지은 집'으로 번역된다. 그리고 '廊'의 자석이 '힝랑'이고 한자어 '串廊'과 동의 관계에 있다. 따라서 '두 녁 ᄂᆞ리 지은 집'과 '串廊'의 동의성은 명백히 입증된다. 고유어 '두 녁 ᄂᆞ리 지은 집'은 명사구로 관형사 '두'와 명사 '녁'과 부사 'ᄂᆞ리'와 동작동사 '짓다'의 관형사형 '지은'과 명사 '집'의 결합이다.

(79) a. 두 녁 ᄂᆞ리 지은 집과(串廊) <번朴上 69b>

(79) b. 廊 : 廡也 <四解下 40a>
　　 c. 廊 : 힝랑 랑 堂下周廡 俗稱串廊 <字會中 3a>

<80> 두터븨니블 對 㹃㹰

고유어 '두터븨니블'과 한자어 '㹃㹰'이 [㹰] 즉 '진득찰, 㹃㹰'의 뜻을 가지고 동의 관계에 있다는 것은 다음 예문에서 잘 확인된다. '㹰'이 한자어 '㹃㹰'을 뜻하고 '㹃㹰'은 고유어 '두터븨니블'과 동의 관계에 있다. 따라서 '두터븨니블'과 '㹃㹰'의 동의성은 명백히 입증된다. 고유어 '두터븨니블'은 합성명사로 명사 '두터비'와 명사 '니블'의 合成이다.

(80) a. 㹰 : 㹃㹰 藥 두터븨니블 <四解下 85a>

<81> 두루믜나ᄉᆡ 對 葶藶

고유어 '두루믜나싀'와 한자어 '葶藶'이 [葶]과 [藶] 즉 '두루미냉이'의 뜻을 가지고 동의 관계에 있다는 것은 다음 예문들에서 잘 확인된다. '葶'이 한자어 '葶藶'을 뜻하고 '葶藶'은 고유어 '두루믜나싀'와 동의 관계에 있다. 그리고 '藶'이 한자어 '葶藶'을 뜻한다. 따라서 '두루믜나싀'와 '葶藶'의 동의성은 명백히 입증된다. 고유어 '두루믜나싀'는 합성명사로 명사 '두루미'와 명사 '나싀'[薺]의 合成으로 '두루미+의#나싀'로 분석될 수 있다.

(81) a. 葶 : 葶藶 大薺 두루믜나싀 <四解下 49a>
　　　 b. 藶 : 葶藶 <四解下 57a>

<82> 두 쌸 對 額角

고유어 '두 쌸'과 한자어 '額角'이 [頯] 즉 '관자놀이, 얼굴의 양 옆의 무엇을 씹으면 근육이 움직이는 곳'의 뜻을 가지고 동의 관계에 있다는 것은 다음 예문들에서 잘 확인된다. '頯'이 한자어 '額角'을 뜻하고 '額角'은 고유어 '두 쌸'과 동의 관계에 있다. 따라서 '두 쌸'과 '額角'의 동의성은 명백히 입증된다. 고유어 '두 쌸'은 명사구로 관형사 '두'와 명사 '쌸'[角]의 결합이다.

(82) a. 頯 : 題頯 額也 <四解下 48b>
　　　 b. 頯 : 니마 뎡 俗稱額角 두 쌸 <字會上 13a>

<83> 뛰와 굴조차 난 뒤 對 茅蕩蘆蕩

고유어 '뛰와 굴조차 난 뒤'와 한자어 '茅蕩蘆蕩'이 [茅蕩蘆蕩] 즉 '띠와 갈대조차 난 데'의 뜻을 가지고 동의 관계에 있다는 것은 다음 예문들에서 잘 확인된다. '蕩'의 자석이 '즌퍼리'이고 한자어 '茅蕩蘆蕩'이 고유어 '뛰와 굴조차 난 뒤'와 동의 관계에 있다. 따라서 '뛰와 굴조차 난 뒤'와 '茅蕩蘆蕩'의 동의성은 명백히 입증된다. 고유어 '뛰와 굴조차 난 뒤'는 명사구로 명사 '뛰'[茅]와 명사 '굴'[蘆]과 동작동사 '나다'의 관형사형 '난'과 명사 '뒤'의 결합이다.

(83) a. 蕩 : 大也 廣遠之稱 又流蕩滌蕩 <四解下 35b>
　　　 b. 蕩 : 즌퍼리 탕 俗稱茅蕩蘆蕩 又大也 放蕩滌蕩 <字會上 3b>

<84> 드는 둥주리 對 提籃

고유어 '드는 둥주리'와 한자어 '提籃'이 [提籃] 즉 '손에 드는 바구니'의 뜻을 가지고 동의 관계에 있다는 것은 다음 예문들에서 잘 확인된다. 한자어 '提籃'이 고유어 '드는 둥주리'와 동의 관계에 있다. 따라서 '드는 둥주리'와 '提籃'의 동의성은 명백히 입증된다. 고유어 '드는 둥주리'는 명사구로 동작동사 '들다'[提]의 관형사형 '드는'과 명사 '둥주리'[籃]의 결합이다.

(84) a. 籃 : ⋯今俗語提籃 드는 둥주리 <四解下 79b>
　　b. 籃 : 드라치 람 <字會中 7b>

<85> 드레줄 對 汲綆

고유어 '드레줄'과 한자어 '汲綆'이 [繘]과 [綆] 즉 '두레박줄'의 뜻을 가지고 동의 관계에 있다는 것은 다음 예문들에서 잘 확인된다. '繘'이 한자어 '汲綆'을 뜻하고 '繘'의 자석이 '드레줄'이다. 그리고 '綆'의 자석이 '드레줄'이다. 따라서 '드레줄'과 汲綆의 동의성은 명백히 입증된다. 고유어 '드레줄'은 합성명사로 명사 '드레'와 명사 '줄'의 合成이다.

(85) a. 繘 : 汲綆 <四解上 67b>
　　b. 繘 : 드레줄 휼 <字會中 7b>

(85) c. 綆 : 汲井索 <四解下 58a>
　　d. 綆 : 드레줄 경 俗呼井繩 <字會中 9b>

<86> 드레줄 對 汲水索

고유어 '드레줄'과 한자어 '汲水索'이 [繘] 즉 '두레박줄'의 뜻을 가지고 동의 관계에 있다는 것은 다음 예문들에서 잘 확인된다. '繘'이 한자어 '汲水索'을 뜻한다. 그리고 '繘'의 자석이 '드레줄'이다. 따라서 '드레줄'과 汲水索의 동의성은 명백히 입증된다. 고유어 '드레줄'은 합성명사로 명사 '드레'와 명사 '줄'의 合成이다.

(86) a. 繘 : ⋯汲水索 <四解上 70b>
　　b. 繘 : 드레줄 휼 <字會中 9b>

<87> 드레줄 對 汲井索

고유어 '드레줄'과 한자어 '汲井索'이 [繘]과 [綆] 즉 '두레박줄'의 뜻을 가지고 동의 관계에 있다는 것은 다음 예문들에서 잘 확인된다. '繘'이 한자어 '汲井索'을 뜻하고 '繘'의 자석이 '드레줄'이다. 그리고 '綆'이 한자어 '汲井索'을 뜻하고 '綆'의 자석이 '드레줄'이다. 따라서 '드레줄'과 汲井索의 동의성은 명백히 입증된다. 고유어 '드레줄'은 합성명사로 명사 '드레'와 명사 '줄'의 合成이다.

(87) a. 繘: 汲井索 <四解上 69a>
   b. 繘: 드레줄 휼 <字會中 9b>

(87) c. 綆: 汲井索 <四解下 58a>
   d. 綆: 드레줄 경 俗呼井繩 <字會中 9b>

<88> 드레줄 對 井繩

고유어 '드레줄'과 한자어 '井繩'이 [綆] 즉 '두레박줄'의 뜻을 가지고 동의 관계에 있다는 것은 다음 예문들에서 잘 확인된다. '綆'의 자석이 '드레줄'이고 고유어 '드레줄'은 한자어 '井繩'과 동의 관계에 있다. 따라서 '드레줄'과 '井繩'의 동의성은 명백히 입증된다. 고유어 '드레줄'은 명사 '드레'와 명사 '줄'의 合成이다.

(88) a. 綆: 汲井索 <四解下 58a>
   b. 綆: 드레줄 경 俗呼井繩 <字會中 9b>

<89> 들으믈/들그믈 對 扮罾

고유어 '들으믈/들그믈'과 한자어 '扮罾'이 [扮罾] 즉 '삼태 그물'의 뜻을 가지고 동의 관계에 있다는 것은 다음 예문들에서 잘 확인된다. 한자어 '扮罾'이 고유어 '들으믈'과 동의 관계에 있다. 그리고 '打扮罾'이 '들그믈 티다'로 번역된다. 따라서 '들으믈/들그믈'과 '扮罾'의 동의성은 명백히 입증된다. 명사 '들그믈'은 합성명사로 동작동사 '들다'의 관형사형 '들'과 명사 '그믈'의 合成이다.

(89) a. 罾: 魚網 有機者 今俗呼扮罾 들으믈 <四解下 60b>
   b. 罾(8b): 그믈 증 俗稱打扮罾 들그믈 티다 <字會中 9a>

<90> 둥ᄆᆞᆯ 對 脊梁

고유어 '둥ᄆᆞᆯ'와 한자어 '脊梁'이 [脊] 즉 '등뼈, 등마루'의 뜻을 가지고 동의 관계에 있다는 것은 다음 예문들에서 잘 확인된다. '脊'의 자석이 '둥ᄆᆞᆯ'이고 고유어 '둥ᄆᆞᆯ'는 한자어 '脊梁'과 동의 관계에 있다. 따라서 '둥ᄆᆞᆯ'와 '脊梁'의 동의성은 명백히 입증된다. 고유어 '둥ᄆᆞᆯ'는 합성명사로 명사 '둥'[脊]과 명사 'ᄆᆞᆯ'[梁]의 合成이다.

(90) a. 脊 : 膂也 <四解下 52a>

b. 脊 : 등ᄆᆞᄅᆞ 쳑 俗呼脊梁 <字會上 14a>

<91> 딥과 콩 對 草料

고유어 '딥과 콩'그리고 한자어 '草料'가 [草料] 즉 '짚과 콩'의 뜻을 가지고 동의 관계에 있다는 것은 다음 예문들에서 잘 확인된다. 원문 중 '喫的草料'가 '먹논 딥과 콩'으로 번역된다. 그리고 '馬疋草料'가 'ᄆᆞᆯ 돌ᄒᆡ 草料'로 번역된다. 따라서 '딥과 콩' 그리고 '草料'의 동의성은 명백히 입증된다. 고유어 '딥과 콩'은 명사구로 명사 '딥'[草]과 명사 '콩'[料]의 결합이다.

(91) a. 밤마다 먹논 딥과 콩이(每夜喫的草料) <번老上 11b>

b. 밤마다 먹논 딥과 콩이 ᄒᆞᆫ ᄆᆡ 아니니(每夜喫的草料不等) <번老上 12a>

(91) c. 길헤 머글 거시며 ᄆᆞᆯ 돌ᄒᆡ 草料ㅣ며 하츄돌히(路上喫的馬疋草料幷下處) <번老下 6b>

d. 우리 ᄆᆞᆯ 모라 하츄예 草料 쟝만ᄒᆞ라 가노라(我赶着馬 下處兌付草料去) <번老下 20b>

<92> 딥ᄂᆞᆫ 막대 對 拄杖

고유어 '딥ᄂᆞᆫ 막대'와 한자어 '拄杖'이 [拄杖] 즉 '짚는 막대기'의 뜻을 가지고 동의 관계에 있다는 것은 다음 예문들에서 잘 확인된다. '拄'의 자석이 '바티다'이고 한자어 '拄杖'이 고유어 '딥ᄂᆞᆫ 막대'와 동의 관계에 있다. 따라서 '딥ᄂᆞᆫ 막대'와 '拄杖'의 동의성은 명백히 입증된다. 고유어 '딥ᄂᆞᆫ 막대'는 명사구로 동작동사 '딥다'[拄]의 관형사형 '딥ᄂᆞᆫ'과 명사 '막대'[杖]의 결합이다.

(92) a. 拄 : 撑支 <四解上 32a>

b. 拄 : 바틸 듀 俗稱拄杖 딥ᄂᆞᆫ 막대 <字會下 8a>

그리고 '拄杖'이 '딥퍼 온 막대'로 번역된다는 것은 다음 예문에서 잘 확인된다. 원문 중 '咱們的拄杖'이 '우리 딥퍼 온 막대'로 번역된다.

(92) c. 섈리 우리 딥퍼 온 막대 가져다가(疾快取將咱們拄杖來) <번老上 33a>

<93> ᄃᆞ릿 보 對 橋梁

고유어 'ᄃᆞ릿 보'와 한자어 '橋梁'이 [橋梁]과 [梁] 즉 '다리의 들보'의 뜻을 가지고 동의 관계에 있다는 것은 다음 예문들에서 잘 확인된다. 원문 중 '橋梁'이 'ᄃᆞ릿 보'로 번역된다. 그리고 '梁'이 한자어 '橋梁'

을 뜻한다. 따라서 '드릿 보'와 '橋梁'의 동의성은 명백히 입증된다. 고유어 '드릿 보'는 명사구로 명사 '드리'[橋]와 명사 '보'[梁]의 결합이다.

(93) a. 이 드릿 보와 기동들히(這橋梁橋柱) <번老上 39a>

(93) b. 梁 : 橋梁 <四解下 45a>
    c. 梁 : 돌 량 <字會上 2b>

<94> 쏜리 사회 對 外甥女壻

고유어 '쏜리 사회'와 한자어 '外甥女壻'가 [甥]과 [外甥女壻] 즉 '딸의 사위'의 뜻을 가지고 동의 관계에 있다는 것은 다음 예문들에서 잘 확인된다. '甥'이 한자어 '外甥女壻'를 뜻한다. 그리고 원문 중 '外甥女壻'가 '쏜리 사회'로 번역된다. 따라서 '쏜리 사회'와 '外甥女壻'의 동의성은 명백히 입증된다. 한자 '壻'와 '婿'는 同字이다. 고유어 '쏜리 사회'는 명사구로 명사 '쏟'[女]과 명사 '사회'[壻]의 결합이고 '쏟+이#사회'로 분석된다.

(94) a. 甥 : …又女之壻 外甥女壻 <四解下 61b>
    b. 甥 : 아촌나들 싱 又壻曰甥 <字會東中本上 32a>

(94) c. 쏜리 사회 동셩 스촌 형데(外甥女壻 叔伯哥哥兄弟) <번老下 43b>

<95> 돈술 對 甛酒

고유어 '돈술'과 한자어 '甛酒'가 [醴] 즉 '단술'의 뜻을 가지고 동의 관계에 있다는 것은 다음 예문들에서 잘 확인된다. '醴'가 한자어 '甛酒'를 뜻한다. 그리고 '醴'의 자석이 '돈술'이고 고유어 '돈술'은 한자어 '甛酒'와 동의 관계에 있다. 따라서 '돈술'과 '甛酒'의 동의성은 명백히 입증된다. 고유어 '돈술'은 합성명사로 [甛] 즉 '달다'의 뜻을 가진 상태동사 '돌다'의 관형사형 '돈'과 [酒]의 뜻을 가진 명사 '술'의 合成이다.

(95) a. 醴 : 今甛酒 <四解上 28b>
    b. 醴 : 돈술 俗呼甛酒 <字會中 10b>

<96> 돌모로 對 月暈

고유어 '돌모로'와 한자어 '月暈'이 [月暈] 즉 '달무리'의 뜻을 가지고 동의 관계에 있다는 것은 다음 예문들에서 잘 확인된다. '暈'의 자석이 '모로'이고 한자어 '月暈'은 고유어 '들모로'와 동의 관계에 있다. 따라서 '들모로'와 '月暈'의 동의성은 명백히 입증된다. 고유어 '들모로'는 합성명사로 명사 '들'[月]과 명사 '모로'[暈]의 合成이다.

> (96) a. 暈 : 日月旁氣 <四解上 70a>
> b. 暈 : 모로 운 日暈 힛모로 月暈 들모로 日月旁氣 <字會下 1a>

<97> 쏨어치 對 汗替

고유어 '쏨어치'와 한자어 '汗替'가 [汗替] 즉 '땀받이로 쓰는 언치'의 뜻을 가지고 동의 관계에 있다는 것은 다음 예문들에서 잘 확인된다. 원문 중 '汗替'가 '쏨어치'로 번역된다. 그리고 '汗替'는 '加於馬背以防汗者'이다. 따라서 '쏨어치'와 '汗替'의 동의성은 명백히 입증된다. 고유어 '쏨어치'는 합성명사로 명사 '쏨'[汗]과 명사 '어치'의 合成이다.

> (97) a. 쏨어치 갓어치 할어치(汗替 皮替 替子) <번老下 30a>
> b. 替子 : …蓋汗替卽如本國別造單替加於馬背以防汗者也 <老朴 老下 2a>

<98> 련곳 對 芙蕖

고유어 '련곳'과 한자어 '芙蕖'가 [蕖]와 [荷] 즉 '연꽃, 芙蕖'의 뜻을 가지고 동의 관계에 있다는 것은 다음 예문들에서 잘 확인된다. '蕖'가 한자어 '芙蕖'를 뜻한다. '蕖'의 자석이 '련곳'이고 고유어 '련곳'은 한자어 '芙蕖'와 동의 관계에 있다. 그리고 '荷'가 한자어 '芙蕖'를 뜻한다. 따라서 '련곳'과 '芙蕖'의 동의성은 명백히 입증된다. '련곳'은 한자어 '련(蓮)'과 고유어 '곳'[荷]의 合成이지만 이 저서에서는 고유어로 다루었다.

> (98) a. 蕖 : 芙蕖 荷華 <四解上 30a>
> b. 蕖 : 련곳 거 芙蕖 荷花 <字會上 4a>
>
> (98) c. 荷 : 芙蕖 <四解下 27a>
> d. 荷 : 련 하 蓮葉也 <字會上 4a>

<99> 련곳 對 荷華/荷花

고유어 '련곳'과 한자어 '荷華/荷花'가 [蕖] 즉 '연꽃'의 뜻을 가지고 동의 관계에 있다는 것은 다음 예문들에서 잘 확인된다. '蕖'가 한자어 '荷華'를 뜻한다. 그리고 '蕖'의 자석이 '련곳'이고 '련곳'은 한자어 '荷花'와 동의 관계에 있다. 따라서 '련곳'과 '荷華/荷花'의 동의성은 명백히 입증된다. '련곳'은 한자어 '련'(蓮) 과 고유어 '곳'[花]의 合成이지만 이 저서에서는 고유어로 다루었다. 한자 '華'와 '花'는 同義이 다.

> (99) a. 蕖 : 芙蕖 荷華 <四解上 30a>
>   b. 蕖 : 련곳 거 芙蕖 荷花 <字會上 4a>

<100> 룡의소 對 龍潭

고유어 '룡의소'와 한자어 '龍潭'이 [龍潭] 즉 '깊은 못'의 뜻을 가지고 동의 관계에 있다는 것은 다음 예문들에서 잘 확인된다. 한자어 '龍潭'이 고유어 '룡의소'와 동의 관계에 있고 '潭'의 자석이 '소'이다. 따라서 '룡의소'와 '龍潭'의 동의성은 명백히 입증된다. '룡의소'는 합성명사로 한자어 '룡'(龍) 과 고유어 명사 '소'의 合成이지만 이 저서에서는 고유어로 다루었다.

> (100) a. 潭 : …又深水曰潭 今俗語龍潭 룡의소 <四解下 76a>
>   b. 潭 : 소 담 水深處爲潭 <字會上 3a>

<101> 머구릐밥 對 大萍

고유어 '머구릐밥'과 한자어 '大萍'이 [蘋] 즉 '개구리밥, 부평초'의 뜻을 가지고 동의 관계에 있다는 것은 다음 예문들에서 잘 확인된다. '蘋'이 한자어 '大萍'을 뜻한다. 그리고 '蘋'의 자석이 '머구릐밥'이 고 고유어 '머구릐밥'은 한자어 '大萍'과 동의 관계에 있다. 따라서 '머구릐밥'과 '大萍'의 동의성은 명백히 입증된다. 고유어 '머구릐밥'은 합성명사로 명사 '머구리'[蛙]와 명사 '밥'[飯]의 合成으로 '머구리+의#밥'으로 분석될 수 있다.

> (101) a. 蘋 : 大萍 <四解上 57a>
>   b. 蘋 : 머구릐밥 빙 大(5a) 萍也 <字會上 5b>

<102> 머구릐밥 對 浮萍

고유어 '머구릐밥'과 한자어 '浮萍'이 [浮萍], [萍] 및 [藻] 즉 '개구리밥, 부평초'의 뜻을 가지고 동의 관 계에 있다는 것은 다음 예문들에서 잘 확인된다. 원문 중 '浮萍蒲棒'이 '머구릐밥과 부들 방츄'로 번역 된다. '萍'이 한자어 '浮萍'을 뜻하고 '萍'의 자석이 '머구릿밥'이다. 그리고 '藻'가 한자어 '浮萍'을 뜻하고

'藻'의 자석이 '머구릐밥'이다. 따라서 '머구릐밥'과 '浮萍'의 동의성은 명백히 입증된다. 고유어 '머구릐밥'은 합성명사로 명사 '머구리'[蛙]와 명사 '밥'[飯]의 合成으로 '머구리+의#밥'으로 분석될 수 있다.

(102) a. 굿 업스니는 머구릐밥과 부듨 방취오(無邊無涯的 是浮萍蒲棒) <번朴上 70b>

(102) b. 萍 : 蘋也 又浮萍 <四解下 51a>
　　　 c. 萍 : 머구릐밥 평 <字會上 5a>

(102) d. 藻 : 浮萍 <四解下 15a>
　　　 e. 藻 : 머구릐밥 표 <字會上 5a>

<103> 머리 믠 놈 對 秃厮

　고유어 '머리 믠 놈'과 한자어 '秃厮'가 [秃厮] 즉 '대머리가 된 사람'의 뜻을 가지고 동의 관계에 있다는 것은 다음 예문들에서 잘 확인된다. 한자어 '秃厮'가 고유어 '머리 믠 놈'과 동의 관계에 있다. 그리고 '秃'의 자석이 '믜다'이고 '這厮'가 '이 놈'과 同義이다. 따라서 '머리 믠 놈'과 '秃厮'의 동의성은 명백히 입증된다. 고유어 '머리 믠 놈'은 명사구로 명사 '머리'[髮]와 동작동사 '믜다'[秃]의 관형사형 '믠'과 명사 '놈'[厮]의 결합이다.

(103) a. 秃 : 無髮 <四解上 2a>
　　　 b. 秃 : 밀 독 俗呼秃厮 머리 믠 놈 <字會上 15a>

(103) c. 厮 : … 又呼小兒曰小厮 <四解上 13a>
　　　 d. 厮 : 브릴 싀 俗稱小厮 아히 這厮 이 놈 <字會上 11a>

<104> 머릿듸골 對 髑髏

　고유어 '머릿듸골'과 한자어 '髑髏'가 [髑]과 [髏] 즉 '해골(骸骨), 백골이 된 사람의 머리뼈'의 뜻을 가지고 동의 관계에 있다는 것은 다음 예문들에서 잘 확인된다. '髑'이 한자어 '髑髏'를 뜻하고 '髑'의 자석이 '머릿듸골'이다. '髏'가 한자어 '髑髏'를 뜻한다. 그리고 '髏'의 자석이 '머릿듸골'이고 고유어 '머릿듸골'은 한자어 '髑髏'와 동의 관계에 있다. 따라서 '머릿듸골'과 '髑髏'의 동의성은 명백히 입증된다. 고유어 '머릿듸골'은 합성명사로 명사 '머리'[首]와 [腦] 즉 '대갈, 머리통'의 뜻을 가진 명사 '듸골'의 合成으로 '머리+ㅅ#듸골'로 분석된다.

(104) a. 髑 : 髑髏 <四解上 2b>

　　　b. 髑 : 머릿된골 독 <字會上 14b>

(104) c. 髏 : 髑髏 首骨 <四解下 67b>

　　　d. 髏 : 머릿된골 루…俗稱髑髏 首骨 <字會上 14b>

<105> 먹갈 對 墨篧

고유어 '먹갈'과 한자어 '墨篧'이 [篧] 즉 '먹칼, 먹자, 목수가 금을 긋는 데 쓰는 도구'의 뜻을 가지고 동의 관계에 있다는 것은 다음 예문들에서 잘 확인된다. '篧'이 한자어 '墨篧'을 뜻한다. 그리고 '篧'의 자석이 '먹갈'이고 고유어 '먹갈'은 한자어 '墨篧'과 동의 관계에 있다. 따라서 '먹갈'과 '墨篧'의 동의성은 명백히 입증된다. 고유어 '먹갈'은 합성명사로 명사 '먹'과 명사 '갈'의 合成이다.

(105) a. 篧 : 今俗呼墨篧 工人尺 <四解下 73a>

　　　b. 篧 : 먹갈 침 俗稱墨篧 <字會中 8b>

<106> 모시뵈 對 苧麻布

고유어 '모시뵈'와 한자어 '苧麻布'가 [毛施布] 및 [絁] 즉 '모시베'의 뜻을 가지고 동의 관계에 있다는 것은 다음 예문들에서 잘 확인된다. 원문 중 '這毛施布'가 '이 모시뵈'로 번역되고 '人蔘毛施布'가 '人蔘과 모시뵈'로 번역된다. 그리고 '絁'의 자석이 '모시뵈'이고 고유어 '모시뵈'는 한자어 '苧麻布'와 동의 관계에 있다. 따라서 '모시뵈'와 '苧麻布'의 동의성은 명백히 입증된다. 고유어 '모시뵈'는 합성명사로 명사 '모시'와 명사 '뵈'의 合成이다.

(106) a. 이 모시뵈 됴ᄒᆞ니는 ᄒᆞᆫ 량이오(這毛施布高的一兩) <번老下 60a>

　　　b. 내 쏘 人蔘과 모시뵈 이셰(70a) 라 (我又有人蔘毛施布) <번老上 70b>

　　　c. 샹둥엣 모시뵈 일빅 피론(上等毛施布一百疋) <번老下 63a>

　　　d. 여러 모시뵈 살 나ᄀᆞ내 혀 오라(引將幾箇買毛施布的客人來) <번老下 59a>

　　　e. 그딋 안해 브틴 빅모시뵈 열 필와(貴眷稍的十箇白毛施布) <번朴上 51b>

(106) f. 絁 : 繒似布 <四解上 19b>

　　　g. 絁 : 모시뵈 시 俗呼苧麻布 <字會中 15a>

<107> 목쿠무 對 咽喉

고유어 '목ㅅ구무'와 한자어 '咽喉'가 [咽]과 [喉] 즉 '목구멍'의 뜻을 가지고 동의 관계에 있다는 것은 다음 예문들에서 잘 확인된다. '咽'이 한자어 '咽喉'를 뜻하고 '咽'의 자석이 '목ㅅ구무'이다. '喉'가 한자어 '咽喉'를 뜻한다. 그리고 '喉'의 자석이 '목ㅅ구무'이고 고유어 '목ㅅ구무'는 한자어 '咽喉'와 동의 관계에 있다. 따라서 '목ㅅ구무'와 '咽喉'의 동의성은 명백히 입증된다. 고유어 '목ㅅ구무'는 합성명사로 명사 '목'과 명사 '구무'의 合成으로 '목+ㅅ#구무'로 분석된다.

(107) a. 咽 : 咽喉 <四解下 7a>
b. 咽 : 목ㅅ구무 연 呑物至胃之道 <字會上 13b>

(107) c. 喉 : 咽喉 <四解下 67b>
d. 喉 : 목ㅅ구무 후 咽喉 <字會上 13b>

<108> 목ㅅ구무 對 喉嚨

고유어 '목ㅅ구무'와 한자어 '喉嚨'이 [嚨] 즉 '목구멍'의 뜻을 가지고 동의 관계에 있다는 것은 다음 예문들에서 잘 확인된다. '嚨'이 한자어 '喉嚨'를 뜻한다. '嚨'의 자석이 '목ㅅ구무'이고 고유어 '목ㅅ구무'는 한자어 '喉嚨'과 동의 관계에 있다. 그리고 '喉'의 자석이 '목ㅅ구무'이다. 따라서 '목ㅅ구무'와 '喉嚨'의 동의성은 명백히 입증된다. 고유어 '목ㅅ구무'는 합성명사로 명사 '목'과 명사 '구무'의 合成으로 '목+ㅅ#구무'로 분석된다.

(108) a. 嚨 : 喉嚨 <四解上 11b>
b. 嚨 : 목ㅅ구무 롱 俗呼喉嚨 <字會上 13b>

(108) c. 喉 : 咽喉 <四解下 67b>
d. 喉 : 목ㅅ구무 후 咽喉 <字會上 13b>

<109> 목숨 對 性命

고유어 '목숨'과 한자어 '性命'이 [命] 및 [性命] 즉 '목숨, 생명'의 뜻을 가지고 동의 관계에 있다는 것은 다음 예문들에서 잘 확인된다. 원문 중 '乞命'이 '목숨을 빌다'로 번역되고 '傷了性命'이 '성명은 샹ᄒᆞ다'로 번역된다. 그리고 '命'이 한자어 '性命'을 뜻하고 '命'의 자석이 '목숨'이다. 따라서 '목숨'과 '性命'의 동의성은 명백히 입증된다. 고유어 '목숨'은 '목'과 '숨'의 合成이다.

(109) a. 信之 아나셔 하늘 브르고 목숨을 빈대(信之抱持 號天乞命) <속三孝 12a>

b. 바드라온 주를 보고 내 목수믈 브려 밧조오며(見危授命ᄒᆞ야) <번小八 26a>

(109) c. 셩명은 샹티 아니ᄒᆞ돗더라(不曾傷了性命) <번老上 30b>

(109) d. 命 : 性命 <四解下 51b>
　　　 e. 命 : 목숨 명 <字會上 18a>

<110> 몸얼굴 對 身材

고유어 '몸얼굴'과 한자어 '身材'가 [身材]와 [腔子] 즉 '몸통, 체격'의 뜻을 가지고 동의 관계에 있다는 것은 다음 예문들에서 잘 확인된다. 원문 중 '一般身材'가 'ᄒᆞᆫ 가짓 몸얼굴'로 번역된다. '腔子裏'가 '몸얼굴 안ᄒᆡ'으로 번역된다. 그리고 '身'의 자석이 '몸'이고 한자어 '身材'는 고유어 '얼굴'과 동의 관계에 있다. 따라서 '몸얼굴'과 '身材'의 동의성은 명백히 입증된다. 고유어 '몸얼굴'은 합성명사로 명사 '몸'[身]과 명사 '얼굴'의 合成이다.

(110) a. 너의 ᄒᆞᆫ 가짓 몸얼구레는(你一般身材) <번老下 28b>
　　　 b. 무ᅀᅳᆷ 모로매 몸얼굴 안히 이실 거시니라(心은 要在腔子裏니라) <번小八 5b>

(110) c. 身 : 躬也 親也 <四解上 59b>
　　　 d. 身 : 몸 신 俗呼身材 얼굴 <字會上 12b>

<111> 묏기슭 對 山足

고유어 '묏기슭'과 한자어 '山足'이 [麓] 즉 '산기슭'의 뜻을 가지고 동의 관계에 있다는 것은 다음 예문들에서 잘 확인된다. '麓'이 한자어 '山足'을 뜻하고 '麓'의 자석이 '묏기슭'이다. 따라서 '묏기슭'과 '山足'의 동의성은 명백히 입증된다. 고유어 '묏기슭'은 합성명사로 명사 '뫼'[山]와 명사 '기슭'의 合成이다.

(111) a. 麓 : 山足 <四解上 6b>
　　　 b. 麓 : 묏기슭 록 <字會上 2a>

<112> 묏뽕 對 山桑

고유어 '묏뽕'과 한자어 '山桑'이 [檿]과 [柘] 즉 '산뽕나무'의 뜻을 가지고 동의 관계에 있다는 것은 다음 예문들에서 잘 확인된다. '檿'이 한자어 '山桑'을 뜻하고 '檿'의 자석이 '묏뽕'이다. 그리고 '柘'가 한자어 '山桑'을 뜻하고 '柘'의 자석이 '묏쌍'이다. 따라서 '묏쌍'과 '山桑'의 동의성은 명백히 입증된다. 고유어 '묏쌍'은 합성명사로 [山]의 뜻을 가진 명사 '뫼'와 [桑] 즉 '뽕나무'의 뜻을 가진 '쌍'의 合成이다.

(112) a. 壓 : 山桑 <四解下 84b>
　　　b. 壓 : 묏쌍 염 <字會上 5b>

(112) c. 柘 : 山桑 <四解下 33a>
　　　d. 柘 : 묏쌍 쟈 <字會上 5b>

<113> 묏봉으리 對 山耑

고유어 '묏봉으리'와 한자어 '山耑'이 [峰] 즉 '산봉우리, 산꼭대기'의 뜻을 가지고 동의 관계에 있다는 것은 다음 예문들에서 잘 확인된다. '峯'이 한자어 '山耑'을 뜻하고 '峯'의 자석이 '묏봉으리'이다. 따라서 '묏봉으리'와 '山耑'의 동의성은 명백히 입증된다. 고유어 '묏봉으리'는 합성명사로 명사 '뫼'[山]와 명사 '봉으리'[耑]의 合成이다.

(113) a. 峯 : 山耑 <四解上 3b>
　　　b. 峯 : 묏봉으리 봉 <字會上 2a>

<114> 묏부리 對 山有穴

고유어 '묏부리'와 한자어 '山有穴'이 [岫] 즉 '산굴, 巖穴'의 뜻을 가지고 동의 관계에 있다는 것은 다음 예문들에서 잘 확인된다. '岫'가 한자어 '山有穴'을 뜻한다. 그리고 '岫'의 자석이 '묏부리'이고 고유어 '묏부리'는 한자어 '山有穴'과 동의 관계에 있다. 따라서 '묏부리'와 '山有穴'의 동의성은 명백히 입증된다. 고유어 '묏부리'는 합성명사로 명사 '뫼'[山]와 명사 '부리'의 合成이다.

(114) a. 岫 : 山有穴曰岫 <四解下 69a>
　　　b. 岫 : 묏부리 슈 山有穴曰岫 <字會上 2a>

<115> 묏부리 對 山頂

고유어 '묏부리'와 한자어 '山頂'이 [巓] 즉 '산꼭대기, 山頂'의 뜻을 가지고 동의 관계에 있다는 것은 다음 예문들에서 잘 확인된다. '巓'이 한자어 '山頂'을 뜻하고 '巓'의 자석이 '묏부리'이다. 따라서 '묏부리'와 '山頂'의 동의성은 명백히 입증된다. 고유어 '묏부리'는 합성명사로 명사 '뫼'[山]와 명사 '부리'[頂]

의 合成이다.

　(115) a. 巓 : 山頂 <四解下 2a>
　　　　b. 巓 : 묏부리 뎐 <字會上 2a>

<116> 묏부리 對 山脊

　고유어 '묏부리'와 한자어 '山脊'이 [岡]과 [崗] 즉 '산등성이'의 뜻을 가지고 동의 관계에 있다는 것은
다음 예문들에서 잘 확인된다. '岡'이 한자어 '山脊'을 뜻한다. 그리고 '崗'의 자석이 '묏부리'이다. 따라
서 '묏부리'와 '山脊'의 동의성은 명백히 입증된다. 한자 '岡'과 '崗'은 同字이다. 고유어 '묏부리'는 합성
명사로 명사 '뫼'[山]와 명사 '부리'[脊]의 合成이다.

　(116) a. 岡 : 山脊 俗作崗 <四解下 34a>
　　　　b. 崗 : 묏부리 강 <字會上 2a>

<117> 묏부리 對 五嶽

　고유어 '묏부리'와 한자어 '五嶽'이 [嶽] 즉 '큰 산'의 뜻을 가지고 동의 관계에 있다는 것은 다음 예문
들에서 잘 확인된다. '嶽'이 한자어 '五嶽'을 뜻하고 '嶽'의 자석이 '묏부리'이다. 따라서 '묏부리'와 '五嶽'
의 동의성은 명백히 입증된다. 고유어 '묏부리'는 합성명사로 명사 '뫼'[山]와 명사 '부리'의 合成이다.

　(117) a. 嶽 : …五嶽 <四解下 44b>
　　　　b. 嶽 : 묏부리 악 亦作岳 <字會上 2a>

<118> 묏비두리 對 鴘鳩

　고유어 '묏비두리'와 한자어 '鴘鳩'가 [鴘] 즉 '산비둘기'의 뜻을 가지고 동의 관계에 있다는 것은 다
음 예문들에서 잘 확인된다. '鴘'이 한자어 '鴘鳩'를 뜻하고 '鴘鳩'는 고유어 '묏비두리'와 동의 관계에
있다. 따라서 '묏비두리'와 '鴘鳩'의 동의성은 명백히 입증된다. 고유어 '묏비두리'는 합성명사로 명사
'뫼'[山]와 명사 '비두리'[鳩]의 合成으로 '뫼+ㅅ#비두리'로 분석된다.

　(118) a. 鴘 : 今俗呼鴘鳩 묏비두리 通作斑 <四解上 77b>

　(118) b. 鳩 : 鳥名 <四解下 68a>
　　　　c. 鳩 : 비두리 구 揚名 <字會上 8b>

<119> 묏언덕 對 山岸

고유어 '묏언덕'과 한자어 '山岸'이 [崖] 즉 '산언덕'의 뜻을 가지고 동의 관계에 있다는 것은 다음 예문들에서 잘 확인된다. '崖'가 한자어 '山岸'을 뜻한다. 그리고 '崖'의 자석이 '묏언덕'이다. 따라서 '묏언덕'과 '山岸'의 동의성은 명백히 입증된다. 고유어 '묏언덕'은 합성명사로 명사 '뫼'[山]와 명사 '언덕'[岸]의 合成으로 '뫼+ㅅ#언덕'으로 분석될 수 있다.

(119) a. 崖 : 山岸 <四解上 47a>
　　　b. 崖 : 岸也 <四解上 22a>
　　　c. 崖 : 묏언덕 애 <字會上 2a>

<120> 문돌 對 門中橛

고유어 '문돌'과 한자어 '門中橛'이 [闑] 즉 '문에 세운 말뚝'의 뜻을 가지고 동의 관계에 있다는 것은 다음 예문들에서 잘 확인된다. '闑'이 한자어 '門中橛'을 뜻하고 '闑'의 자석이 '문돌'이다. 따라서 '문돌'과 '門中橛'의 동의성은 명백히 입증된다. '문돌'은 합성명사로 한자어 '문'(門)과 고유어 '돌'[石]의 合成이지만 이 저서에서는 고유어로 다루었다.

(120) a. 闑 : 門中橛 <四解下 2a>
　　　b. 闑 : 문돌 얼 門中立石 <字會中 4a>

<121> 문잇 지도리 對 戶樞

고유어 '문잇 지도리'와 한자어 '戶樞'가 [樞] 즉 '문지도리'의 뜻을 가지고 동의 관계에 있다는 것은 다음 예문들에서 잘 확인된다. 원문 중 '樞機'가 '문잇 지도리와 소니옛 술 ㄱ툰 것'으로 번역된다. 그리고 '樞'가 한자어 '戶樞'를 뜻한다. 따라서 '문잇 지도리'와 '戶樞'의 동의성은 명백히 입증된다. 명사구 '문잇 지도리'는 한자어 명사 '문'(門)과 명사 '지도리'의 결합으로 '문+이+ㅅ#지도리'로 분석된다. '문잇 지도리'는 '문'이 한자어이지만 이 저서에서는 고유어로 다루었다.

(121) a. ㅎ믈며 이눈 문잇 지도리와 소니옛 술 ㄱ툰 거시라 사홈도 닐와두며 됴훈 일도 내요미쏘녀(矧是 樞機興戎出好ㅣ쏘녀) <번小八 10b>

(121) b. 樞 : 戶樞 <四解上 32a>
　　　c. 樞 : 지도리 츄 俗呼門斗 <字會中 4a>

<122> 문짝 對 戶扇

고유어 '문짝'과 한자어 '戶扇'이 [扉] 즉 '문짝'의 뜻을 가지고 동의 관계에 있다는 것은 다음 예문들에서 잘 확인된다. '扉'가 한자어 '戶扇'을 뜻한다. 그리고 '扉'의 자석이 '문짝'이다. 따라서 '문짝'와 '戶扇'의 동의성은 명백히 입증된다. '문짝'은 합성명사로 한자어 '문'[門]과 고유어 '짝'의 合成이지만 이 저서에서는 '문짝'을 고유어로 다루었다.

(122) a. 扉 : 戶扇 <四解上 17a>
b. 扉 : 문짝 비 俗呼門扇 <字會中 4a>

<123> 문젼 對 門闑

고유어 '문젼'과 한자어 '門闑'이 [闑] 즉 '문테'의 뜻을 가지고 동의 관계에 있다는 것은 다음 예문들에서 잘 확인된다. '闑'이 한자어 '門闑'을 뜻한다. 그리고 '闑'의 자석이 '문젼'이고 한자어 '門闑'과 동의 관계에 있다. 따라서 '문젼'과 '門闑'의 동의성은 명백히 입증된다. '문젼'은 합성명사로 한자어 '문'(門)과 고유어 명사 '젼'의 合成이지만 이 저서에서는 고유어로 다루었다.

(123) a. 闑 : 門闑 門周木 <四解下 45b>
b. 闑 : 문젼 광 俗呼門闑 <字會中 4a>
c. 闑 : 문젼 광 俗呼門闑 <字會東中本中 7a>

<124> 문젼 對 挾門短限

고유어 '문젼'과 한자어 '挾門短限'이 [闑] 즉 '문지방'의 뜻을 가지고 동의 관계에 있다는 것은 다음 예문들에서 잘 확인된다. '闑'이 한자어 '挾門短限'을 뜻한다. 그리고 '闑'의 자석이 '문젼'이다. 따라서 '문젼'과 '挾門短限'의 동의성은 명백히 입증된다. '문젼'은 합성명사로 한자어 '문'(門) 과 고유어 명사 '젼'의 合成이지만 이 저서에서는 고유어로 다루었다.

(124) a. 闑 : 挾門短限 <四解上 62b>
b. 闑 : 문젼 곤 俗呼門限 <字會中 4a>

<125> 뭀돌 對 門中橜

고유어 '뭀돌'과 한자어 '門中橜'이 [闑] 즉 '문에 세운 말뚝, 두 문짝이 맞닿은 곳에 세운 짧은 말뚝'의

뜻을 가지고 동의 관계에 있다는 것은 다음 예문들에서 잘 확인된다. '閩'이 한자어 '門中橛'을 뜻한다. 그리고 '閩'의 자석이 '믌돌'이다. 따라서 '믌돌'과 '門中橛'의 동의성은 명백히 입증된다. '믌돌'은 합성 명사로 한자어 명사 '문'(門)과 명사 '돌'[石]의 合成이지만 이 저서에서는 고유어로 다루었다.

(125) a. 閩 : 門中橛 <四解下 2a>
b. 閩 : 믌돌 얼 門中立石 <字會中 4a>

<126> 문ㅅ젼 對 門限

고유어 '문ㅅ젼'과 한자어 '門限'이 [閾] 즉 '문지방'의 뜻을 가지고 동의 관계에 있다는 것은 다음 예 문들에서 잘 확인된다. 원문 중 '履閾'이 '문ㅅ젼을 밟다'로 번역된다. 그리고 '閾'이 한자어 '門限'을 뜻 한다. 따라서 '문ㅅ젼'과 '門限'의 동의성은 명백히 입증된다. '문ㅅ젼'은 합성명사로 한자어 '문'(門)과 고유어 명사 '젼'의 合成이지만 이 저서에서는 고유어로 다루었다.

(126) a. 녀되 문ㅅ젼을 밟디 아니ᄒ더시다(行不履閾이러시다) <번小三 4a>

(126) b. 閾 : …門限 <四解下 63b>
c. 閾 : 문젼 역 <字會中 4a>

<127> 믈믄밥 對 水和飯

고유어 '믈믄밥'과 한자어 '水和飯'이 [飧] 즉 '문만밥, 물에 말아서 풀어 놓은 밥, 물말이'의 뜻을 가지 고 동의 관계에 있다는 것은 다음 예문들에서 잘 확인된다. '飧'의 자석이 '믈믄밥'이고 고유어 '믈믄밥' 은 한자어 '水和飯'과 동의 관계에 있다. 따라서 '믈믄밥'과 '水和飯'의 동의성은 명백히 입증된다. 고유 어 '믈믄밥'은 합성명사로 명사 '믈'[水]과 동작동사 '믈다'[和]의 관형사형 '믄'과 명사 '밥'[飯]의 合成이 다.

(127) a. 飧 : …又水澆飯 <四解上 66a>
b. 飧 : 믈믄밥 손 水和飯 <字會中 10a>

<128> 믈뿍 對 蔞蒿

고유어 '믈뿍'과 한자어 '蔞蒿'가 [蔞] 즉 '물쑥'의 뜻을 가지고 동의 관계에 있다는 것은 다음 예문들 에서 잘 확인된다. '蔞'가 한자어 '蔞蒿'를 뜻하고 '蔞蒿'는 고유어 '믈뿍'과 동의 관계에 있다. 그리고

'蔞'의 자석이 '믈뿍'이다. 따라서 '믈뿍'과 '蔞蒿'의 동의성은 명백히 입증된다. '믈뿍'은 합성명사로 명사 '믈'과 명사 '뿍'의 合成이다.

    (128) a. 蔞 : 蔞蒿 믈뿍 <四解上 35a>
        b. 蔞 : 蔞蒿 믈뿍 <四解下 67b>
        c. 蔞 : 믈뿍 루 俗呼水蒿草 <字會上 8a>

<129> 믈언덕 對 水涯

고유어 '믈언덕'과 한자어 '水涯'가 [岸] 즉 '언덕, 물가의 낭떨어지, 강기슭'의 뜻을 가지고 동의 관계에 있다는 것은 다음 예문들에서 잘 확인된다. '岸'이 한자어 '水涯'를 뜻한다. 그리고 '岸'의 자석이 '믈언덕'이다. 따라서 '믈언덕'과 '水涯'의 동의성은 명백히 입증된다. 고유어 '믈언덕'은 합성명사로 명사 '믈'과 명사 '언덕'의 合成이다.

    (129) a. 岸 : 水涯 <四解上 71b>
        b. 岸 : 믈언덕 안 <字會上 2a>

<130> 믈왕하 對 水蘇

고유어 '믈왕하'와 한자어 '水蘇'가 [水蘇] 즉 '못 가운데 사는 紫蘇'의 뜻을 가지고 동의 관계에 있다는 것은 다음 예문들에서 잘 확인된다. 한자어 '水蘇'가 고유어 '믈왕하'와 동의 관계에 있다. 따라서 '믈왕하'와 '水蘇'의 동의성은 명백히 입증된다. 고유어 '믈왕하'는 합성명사로 명사 '믈'[水]과 [蘇] 즉 '紫蘇'의 뜻을 가진 명사 '왕하'의 合成이다.

    (130) a. 蘇 : …又水蘇 一名鷄蘇 믈왕하 <四解上 40a>
        b. 蘇 : …又水蘇 믈왕하 一名雞蘇 <字會上 8a>

고유어 '믈왕하'의 先代形은 '믌방하'이다. '믌방하'는 『救急簡易方』(1489)의 다음 예문들에서 잘 확인된다. 원문 중 '水蘇煮'가 '믌방하를 달히다'로 번역되고 '水蘇'의 자석이 '믌방하'이다.

    (130) c. 믌방하를 달혀 므를 머그라(水蘇煮取汁服之) <救간三 97a>
        d. 水蘇 : 믌방하 <救간三 97a>

    (130) e. 믌방하 두 량과(鷄蘇二兩) <救간三 115b>

f. 鷄蘇 : 뭀방하 <救간三 115b>

<131> 믈자쇄 對 桔槹

고유어 '믈자쇄'와 한자어 '桔槹'가 [槹]와 [桔] 즉 '두레박틀'의 뜻을 가지고 동의 관계에 있다는 것은 다음 예문들에서 잘 확인된다. '槹'가 한자어 '桔槹'를 뜻한다. '槹'의 자석이 '믈자쇄'이고 고유어 '믈자쇄'는 한자어 '桔槹'와 동의 관계에 있다. 그리고 '桔'의 자석이 '믈자쇄'이다. 따라서 '믈자쇄'와 '桔槹'의 동의성은 명백히 입증된다. 고유어 '믈자쇄'는 합성명사로 명사 '믈'과 명사 '자쇄'의 合成이다.

(131) a. 槹 : 桔槹 汲水機器 <四解下 18b>
　　　 b. 槹 : 믈자쇄 고 桔槹 用於河 <字會中 8a>

(131) c. 桔 : 桔槹 以機汲水具 <四解上 79b>
　　　 d. 桔 : 믈자쇄 길 <字會中 8a>

<132> 믈자쇄 對 轆轤

고유어 '믈자쇄'와 한자어 '轆轤'이 [轤]과 [轆] 즉 '도르레'의 뜻을 가지고 동의 관계에 있다는 것은 다음 예문들에서 잘 확인된다. '轤'가 한자어 '轆轤'를 뜻한다. '轤'의 자석이 '믈자쇄'이고 고유어 '믈자쇄'는 한자어 '轆轤'와 동의 관계에 있다. 그리고 '轆'의 자석이 '믈자쇄'이다. 따라서 '믈자쇄'와 '轆轤'의 동의성은 명백히 입증된다. 고유어 '믈자쇄'는 합성명사로 명사 '믈'과 명사 '자쇄'의 合成이다.

(132) a. 轤 : 轆轤 井上圜 轉汲水機或從木 <四解上 42a>
　　　 b. 轤 : 믈자쇄 로 轆轤 用於井 <字會中 8a>

(132) c. 轆 : 車㡛 <四解上 6b>
　　　 d. 轆 : 믈자쇄 록 <字會中 8a>

<133> 믈집 對 染家

고유어 '믈집'과 한자어 '染家'가 [染家] 즉 '염색 집'의 뜻을 가지고 동의 관계에 있다는 것은 다음 예문들에서 잘 확인된다. '染'의 자석이 '므드리다'이고 한자어 '染家'가 고유어 '믈집'과 동의 관계에 있다. 따라서 '믈집'과 '染家'의 동의성은 명백히 입증된다. 고유어 '믈집'은 합성명사로 명사 '믈'과 명사 '집'의 合成이다.

(133) a. 染 : 染之也 又汚也 <四解下 86a>

　　　b. 染 : 므드릴 셤 俗稱染家 믈집 <字會中 1b>

<134> 믌가ᄅᆞ 對 水支流

　　고유어 '믌가ᄅᆞ'와 한자어 '水支流'가 [派] 즉 '물갈래, 강물이 갈려서 흘러내리는 가닥'의 뜻을 가지고 동의 관계에 있다는 것은 다음 예문들에서 잘 확인된다. '派'의 자석이 '믌가ᄅᆞ'이고 고유어 '믌가ᄅᆞ'는 한자어 '水支流'와 동의 관계에 있다. 따라서 '믌가ᄅᆞ'와 '水支流'의 동의성은 명백히 입증된다. 고유어 '믌가ᄅᆞ'는 합성명사로 명사 '믈'[水]과 명사 '가ᄅᆞ'[支]의 合成으로 '믈+ㅅ#가ᄅᆞ'로 분석된다.

　　　(134) a. 派 : 水支邪流 <四解上 43b>

　　　　　b. 派 : 믌가ᄅᆞ 패 水支流 <字會上 3a>

<135> 믈ᄭᅧᆯ 對 슈파

　　고유어 '믈ᄭᅧᆯ'과 한자어 '슈파'(水波)가 [水波] 즉 '물결'의 뜻을 가지고 동의 관계에 있다는 것은 다음 예문들에서 잘 확인된다. 원문 중 '水波浪'이 '믈ᄭᅧᆯ'로 번역되고 '畫水波'가 '슈파 그리다'로 번역된다. 따라서 '믈ᄭᅧᆯ'과 '슈파'의 동의성은 명백히 입증된다. 고유어 '믈ᄭᅧᆯ'은 합성명사로 명사 '믈'[水]과 명사 '결'[波]의 合成으로 '믈+ㅅ#결'로 분석된다.

　　　(135) a. 감차할 믈ᄭᅧᆯ 바탕애 ᄉ화문훈 비단 할옷과(茶褐水波浪地兒四花襖子) <번老下 50b>

　　　　　b. 유심홍 블근 비체 슈파 그린 면엣 기ᄅᆞᆺ맛 가지예(油心紅畫水波面兒的鞍橋子) <번朴上 28a>

<136> 믓결 對 大波

　　고유어 '믓결'과 한자어 '大波'가 [濤], [瀾] 및 [浪] 즉 '물결, 큰 물결'의 뜻을 가지고 동의 관계에 있다는 것은 다음 예문들에서 잘 확인된다. '濤'가 한자어 '大波'를 뜻한다. '濤'의 자석이 '믓결'이고 고유어 '믓결'은 한자어 '大波'와 동의 관계에 있다. 그리고 '瀾'과 '浪'의 자석이 '믓결'이고 고유어 '믓결'은 한자어 '大波'와 동의 관계에 있다. 따라서 '믓결'과 '大波'의 동의성은 명백히 입증된다. 고유어 '믓결'은 합성명사로 '믈ᄭᅧᆯ'의 자음 'ㄹ'이 탈락된 것으로 '믈ᄭᅧᆯ'은 명사 '믈'과 명사 '결'의 合成이다.

　　　(136) a. 濤 : 大波 亦曰潮頭 <四解下 19b>

　　　　　b. 濤 : 믓결 도 大波 又潮頭 <字會上 2b>

(136) c. 瀾 : 波瀾 <四解上 79a>
　　　 d. 瀾 : 믓결 란 大波 <字會上 2b>

(136) e. 浪 : 波浪 <四解下 40a>
　　　 f. 浪 : 믓결 랑 大波曰浪 <字會上 2b>

<137> 믓결 對 潮頭

　　고유어 '믓결'과 한자어 '潮頭'가 [濤] 즉 '큰 물결'의 뜻을 가지고 동의 관계에 있다는 것은 다음 예문들에서 잘 확인된다. '濤'가 한자어 '潮頭'를 뜻한다. '濤'의 자석이 '믓결'이고 고유어 '믓결'은 한자어 '潮頭'와 동의 관계에 있다. 따라서 '믓결'과 '潮頭'의 동의성은 명백히 입증된다. 고유어 '믓결'은 합성명사로 '믈쎨'의 자음 'ㄹ'이 탈락된 것으로 '믈쎨'은 명사 '믈'과 명사 '결'의 合成이다.

　　　(137) a. 濤 : 大波 亦曰潮頭 <四解下 19b>
　　　　　 b. 濤 : 믓결 도 大波 又潮頭 <字會上 2b>

<138> 믓결 對 波瀾

　　고유어 '믓결'과 한자어 '波瀾'이 [瀾] 즉 '물결, 큰 물결'의 뜻을 가지고 동의 관계에 있다는 것은 다음 예문들에서 잘 확인된다. '瀾'이 한자어 '波瀾'을 뜻하고 '瀾'의 자석이 '믓결'이다. 따라서 '믓결'과 '波瀾'의 동의성은 명백히 입증된다. 고유어 '믓결'은 합성명사로 '믈쎨'의 자음 'ㄹ'이 탈락된 것으로 '믈쎨'은 명사 '믈'과 명사 '결'의 合成이다.

　　　(138) a. 瀾 : 波瀾 <四解上 79a>
　　　　　 b. 瀾 : 믓결 란 大波 <字會上 2b>

<139> 믓결 對 波浪

　　고유어 '믓결'과 한자어 '波浪'이 [波]와 [浪] 즉 '물결'의 뜻을 가지고 동의 관계에 있다는 것은 다음 예문들에서 잘 확인된다. '浪'이 한자어 '波浪'을 뜻하고 '浪'의 자석이 '믓결'이다. 그리고 '波'가 한자어 '浪'과 同義이고 '波'의 자석이 '믓결'이고 고유어 '믓결'은 한자어 '波浪兒'와 동의 관계에 있다. 따라서 '믓결'과 '波浪'의 동의성은 명백히 입증된다. 고유어 '믓결'은 합성명사로 '믈쎨'의 자음 'ㄹ'이 탈락된 것으로 '믈쎨'은 명사 '믈'과 명사 '결'의 合成이다.

(139) a. 浪 : 波浪 <四解下 40a>

　　 b. 浪 : 믓결 랑 大波曰浪 <字會上 2b>

(139) c. 波 : 浪也 <四解下 28a>

　　 d. 波 : 믓결 파 俗稱波浪兒 <字會上 2b>

<140> 믓곳 對 小渚

고유어 '믓곳'과 한자어 '小渚'가 [沚] 즉 '물가'의 뜻을 가지고 동의 관계에 있다는 것은 다음 예문들에서 잘 확인된다. '沚'가 한자어 '小渚'를 뜻한다. 그리고 '沚'의 자석이 '믓곳'이고 고유어 '믓곳'은 한자어 '小渚'와 동의 관계에 있다. 따라서 '믓곳'과 '小渚'의 동의성은 명백히 입증된다. 고유어 '믓곳'은 합성명사로 '믌곳'의 자음 'ㄹ'이 탈락된 것이다. '믌곳'은 명사 '믈'[河]과 '곳'[邊]의 合成으로 '믈+ㅅ#곳'으로 분석될 수 있다.

(140) a. 沚 : 小渚 <四解上 18a>

　　 b. 沚 : 믓곳 지 小渚曰沚 <字會上 2b>

고유어 '믓곳'의 先代形 '믌곳'은 15세기의 『釋譜詳節』(1447) 과 『杜詩諺解』(1481) 의 다음 예문들에서 잘 확인된다. 원문 중 '渚亭'이 '믌곳 亭子'로 번역되고 '洲蘂'가 '믌곳 곳'으로 번역된다.

(140) c. 두 山 쓰싀예 혼 시미 잇고 그 믌ㄱ새 平혼 돌히 잇더라 <釋十一 25a>

　　 d. 아ᄎ미 ᄇᄅᆷ 부는 믌곳 亭子애 모다셔(晨集風渚亭) 　<杜二十二 55a>

　　 e. 霏霏히 블근 거슨 믌곳 고지 어즈럽고(霏紅洲蘂亂) <杜十六 42b>

　　 f. 沙苑은 횟돈 믌ㄱ싀 섯곗도다(沙苑交回汀) <杜六 18b>

<141> 믓곳 對 小洲

고유어 '믓곳'과 한자어 '小洲'가 [渚] 즉 '물가'의 뜻을 가지고 동의 관계에 있다는 것은 다음 예문들에서 잘 확인된다. '渚'가 한자어 '小洲'를 뜻한다. 그리고 '渚'의 자석이 '믓곳'이고 고유어 '믓곳'은 한자어 '小洲'와 동의 관계에 있다. 따라서 '믓곳'과 '小洲'의 동의성은 명백히 입증된다. 고유어 '믓곳'은 합성명사로 '믌곳'의 자음 'ㄹ'이 탈락된 것이다. '믌곳'은 명사 '믈'[河]과 '곳'[邊]의 合成으로 '믈+ㅅ#곳'으로 분석될 수 있다.

(141) a. 渚 : ⋯ 又小洲 <四解上 32a>

b. 渚 : 믓ᄀᆞᆺ 뎌 小洲曰渚 <字會上 2b>

<142> 믓ᄀᆞᆺ 對 水厓

고유어 '믓ᄀᆞᆺ'과 한자어 '水厓'가 [濱] 즉 '물가'의 뜻을 가지고 동의 관계에 있다는 것은 다음 예문들에서 잘 확인된다. 濱이 한자어 '水厓'를 뜻한다. 그리고 濱의 자석이 '믓ᄀᆞᆺ'이고 고유어 '믓ᄀᆞᆺ'은 한자어 '水厓'와 동의 관계에 있다. 따라서 '믓ᄀᆞᆺ'과 '水厓'의 동의성은 명백히 입증된다. 고유어 '믓ᄀᆞᆺ'은 합성명사로 '믌ᄀᆞᆺ'의 자음 'ㄹ'이 탈락된 것이다. '믌ᄀᆞᆺ'은 명사 '믈'[河]과 'ᄀᆞᆺ'[邊]의 合成으로 '믈+ㅅ#ᄀᆞᆺ'으로 분석될 수 있다.

(142) a. 濱 : 水厓 <四解上 65a>
　　　 b. 濱 : 믓ᄀᆞᆺ 분 水厓 <字會上 3a>

<143> 믓ᄀᆞᆺ 對 水際

고유어 '믓ᄀᆞᆺ'과 한자어 '水際'가 [涯] 즉 '물가'의 뜻을 가지고 동의 관계에 있다는 것은 다음 예문들에서 잘 확인된다. 涯가 한자어 '水際'를 뜻한다. 그리고 涯의 자석이 '믓ᄀᆞᆺ'이다. 따라서 '믓ᄀᆞᆺ'과 '水際'의 동의성은 명백히 입증된다. 고유어 '믓ᄀᆞᆺ'은 합성명사로 '믌ᄀᆞᆺ'의 자음 'ㄹ'이 탈락된 것이다. '믌ᄀᆞᆺ'은 명사 '믈'[河]과 'ᄀᆞᆺ'[邊]의 合成으로 '믈+ㅅ#ᄀᆞᆺ'으로 분석될 수 있다.

(143) a. 涯 : 水際 <四解上 22a>
　　　 b. 涯 : …水畔 又際也 <四解上 47a>
　　　 c. 涯 : 믓ᄀᆞᆺ 애 俗稱河沿 <字會上 3a>

<144> 믓ᄀᆞᆺ 對 水際平沙

고유어 '믓ᄀᆞᆺ'과 한자어 '水際平沙'가 [汀] 즉 '물가'의 뜻을 가지고 동의 관계에 있다는 것은 다음 예문들에서 잘 확인된다. '汀'이 한자어 '水際平沙'를 뜻한다. 그리고 '汀'의 자석이 '믓ᄀᆞᆺ'이다. 따라서 '믓ᄀᆞᆺ'과 '水際平沙'의 동의성은 명백히 입증된다. 고유어 '믓ᄀᆞᆺ'은 합성명사로 '믌ᄀᆞᆺ'의 자음 'ㄹ'이 탈락된 것이다.

(144) a. 汀 : 水際平沙 <四解下 48b>
　　　 b. 汀 : 믓ᄀᆞᆺ 뎡 水際平地 <字會上 2b>

<145> 믓곳 對 水草交際處

고유어 '믓곳'과 한자어 '水草交際處'가 [湄] 즉 '물가'의 뜻을 가지고 동의 관계에 있다는 것은 다음 예문들에서 잘 확인된다. '湄'가 한자어 '水草交際處'를 뜻한다. 그리고 '湄'의 자석이 '믓곳'이다. 따라서 '믓곳'과 '水草交際處'의 동의성은 명백히 입증된다. 고유어 '믓곳'은 합성명사로 '믌곳'의 자음 'ㄹ'이 탈락된 것이다.

> (145) a. 湄 : 水草交際處 <四解下 51a>
>   b. 湄 : 믓곳 미 水草交處 <字會上 3b>

<146> 믓곳 對 洲渚

고유어 '믓곳'과 한자어 '洲渚'가 [洲]와 [渚] 즉 '물가'의 뜻을 가지고 동의 관계에 있다는 것은 다음 예문들에서 잘 확인된다. '洲'가 한자어 '洲渚'를 뜻하고 '洲'의 자석이 '믓곳'이다. 그리고 '渚'의 자석이 '믓곳'이다. 따라서 '믓곳'과 '洲渚'의 동의성은 명백히 입증된다. 고유어 '믓곳'은 합성명사로 '믌곳'의 자음 'ㄹ'이 탈락된 것이다. '믌곳'은 명사 '믈'[河]과 '곳'[邊]의 合成으로 '믈+ㅅ#곳'으로 분석될 수 있다.

> (146) a. 洲 : 洲渚 <四解下 69a>
>   b. 洲 : 믓곳 쥬 水中可居處 <字會上 2b>

> (146) c. 渚 : 水名 又小洲 <四解上 32a>
>   d. 渚 : 믓곳 져 小洲曰渚 <字會上 2b>

<147> 믓곳 對 河沿

고유어 '믓곳'과 한자어 '河沿'이 [涯]즉 '물가'의 뜻을 가지고 동의 관계에 있다는 것은 다음 예문들에서 잘 확인된다. '涯'의 자석이 '믓곳'이고 고유어 '믓곳'은 '河沿'과 동의 관계에 있다. 따라서 '믓곳'과 '河沿'의 동의성은 명백히 입증된다. 고유어 '믓곳'은 합성명사로 '믌곳'의 자음 'ㄹ'이 탈락된 것이다. '믌곳'은 명사 '믈'[河]과 '곳'[沿]의 合成이다.

> (147) a. 涯 : 水際 <四解上 22a>
>   b. 涯 : 믓곳 애 俗稱河沿 <字會上 3a>

<148> 믓돍 對 灘鷸

고유어 '믓둙'과 한자어 '鸂鶒'이 [鸂]와 [鶒] 즉 '비오리'의 뜻을 가지고 동의 관계에 있다는 것은 다음 예문들에서 잘 확인된다. '鸂'가 한자어 '鸂鶒'을 뜻하고 '鸂鶒'은 고유어 '믓둙'과 동의 관계에 있다. '鸂'의 자석이 '믓둙'이다. '鶒'이 한자어 '鸂鶒'을 뜻한다. 그리고 '鶒'의 자석이 '믓둙'이고 고유어 '믓둙'은 한자어 '鸂鶒'과 동의 관계에 있다. 한자 '鶒'과 '鶒'은 同字이다. 따라서 '믓둙'과 '鸂鶒'의 동의성은 명백히 입증된다. 고유어 '믓둙'의 先代形은 '믌둙'이고 '믌둙'은 합성명사로 명사 '믈'[水]과 명사 '둙'의 合成으로 '믈+ㅅ#둙'으로 분석될 수 있다.

(148) a. 鸂 : 鸂鶒 믓둙 <四解上 24a>
　　　b. 鸂 : 믓둙 계 <字會上 9b>

(148) c. 鶒 : 鸂鶒 <四解下 54a>
　　　d. 鶒 : 믓둙 틱 鸂鶒 水鳥 <字會上 9b>

고유어 '믓둙'의 先代形 '믌둙'은 15세기 『杜詩諺解』(1481)의 다음 예문들에서 잘 확인된다. 원문 중 '一雙鸂鶒'이 '혼 雙ㅅ 믌둙'으로 번역되고 '鸕鶿鸂鶒'이 '가마오디와 믌둙'으로 번역된다.

(148) e. 혼 雙ㅅ 믌둘고 相對ᄒᆞ야 ᄌᆞᄆᆞ락 ᄠᅳ락 ᄒᆞᄂᆞ다(一雙鸂鶒對沉浮) <杜七 2a>
　　　f. 가마오디와 믌둘가 쇽졀업시 ᄒᆞ오ᅀᅡ 깃디 말라(鸕鶿鸂鶒莫漫喜) <杜十 4a>
　　　g. 믌둘근 雙雙이 춤츠고(鸂鶒雙雙舞) <杜二十 2a>

<149> 믓둙 對 水鳥

고유어 '믓둙'과 한자어 '水鳥'가 [鶒] 즉 '비오리'의 뜻을 가지고 동의 관계에 있다는 것은 다음 예문들에서 잘 확인된다. '鶒'의 자석이 '믓둙'이고 고유어 '믓둙'은 한자어 '鸂鶒' 및 한자어 '水鳥'와 동의 관계에 있다. 따라서 '믓둙'과 '水鳥'의 동의성은 명백히 입증된다. 고유어 '믓둙'의 先代形은 '믌둙'이고 '믌둙'은 합성명사로 명사 '믈'[水]과 명사 '둙'의 合成이다.

(149) a. 鶒 : 鸂鶒 <四解下 54a>
　　　b. 鶒 : 믓둙 틱 鸂鶒 水鳥 <字會上 9b>

<150> 믓올히 對 野鴨/野鴨子

고유어 '믓올히'와 한자어 '野鴨/野鴨子'가 [鳧]와 [□] 즉 '물오리, 집오리'의 뜻을 가지고 동의 관계에 있다는 것은 다음 예문들에서 잘 확인된다. '鳧'가 한자어 '野鴨'을 뜻하고 '鳧'의 자석이 '믓올히'이다.

그리고 '□'의 자석이 '뭇올히'이고 고유어 '뭇올히'는 한자어 '野鴨子'와 동의 관계에 있다. 따라서 '뭇올히'와 '野鴨/野鴨子'의 동의성은 명백히 입증된다. '뭇올히'의 先代形은 '믌올히'이고 '믌올히'는 합성 명사로 명사 '믈'[水]과 명사 '올히'[鴨]의 合成으로 '믈+ㅅ#올히'로 분석될 수 있다.

(150) a. 鳧 : 野鴨 <四解上 39a>

b. 鳧 : 뭇올히 부 <字會上 9a>

(150) c. □ : 似鳧 <四解上 33a>

d. □ : 뭇올히 셔 俗呼野鴨子 <字會上 9a>

<151> 미들 곧 對 의거

고유어 '미들 곧'과 한자어 '의거'(依據)가 [憑] 즉 '의거할 곳'의 뜻을 가지고 동의 관계에 있다는 것은 다음 예문들에서 잘 확인된다. 원문 중 '無憑'이 '미들 고디 없다'로도 번역되고 '의거 없다'로도 번역된다. 따라서 '미들 곧'과 '의거'의 동의성은 명백히 입증된다. 고유어 '미들 곧'은 명사구로 동작동사 '믿다'의 관형사형 '미들'과 명사 '곧'의 결합이다.

(151) a. ᄒᆞ다가 후에 미(17a) 들 고디 업슬가 ᄒᆞ야(恐後無憑) <번老下 17b>

b. 후에 의거 업슬가 저허(恐後無憑) <번朴上 61b>

(151) c. 憑 : 依也 <四解下 51a>

<152> 믿 불휘 對 根本

고유어 '믿 불휘'와 한자어 '根本'이 [本] 즉 '뿌리, 근본'의 뜻을 가지고 동의 관계에 있다는 것은 다음 예문들에서 잘 확인된다. 원문 중 '其本'이 '그 믿 불휘'로 번역된다. 그리고 '本'이 한자어 '根本'을 뜻한다. 따라서 '믿 불휘'와 '根本'의 동의성은 명백히 입증된다. 고유어 '믿 불휘'는 명사구로 명사 '믿'과 명사 '블휘'의 결합이다.

(152) a. 그 믿 불휘ᄅᆞᆯ 傷ᄒᆞ면(傷其本이면) <번小四 2a>

b. 이는 믿(1b) 불휘ᄅᆞᆯ 傷ᄒᆞᄂᆞᆫ 디오(是ᄂᆞᆫ 傷其本이오) <번小四 2a>

(152) c. 本 : 始也…根本 <四解上 64a>

<153> 밀돌 對 碾子

고유어 '밀돌'과 한자어 '碾子'가 [碾]과 [䃅] 즉 '맷돌'의 뜻을 가지고 동의 관계에 있다는 것은 다음 예문들에서 잘 확인된다. '碾'의 자석이 '밀돌'이고 고유어 '밀돌'은 한자어 '碾子'와 동의 관계에 있다. 그리고 '䃅'가 한자 '碾'과 同義이고 '䃅'의 자석이 '밀돌'이다. 따라서 '밀돌'과 '碾子'의 동의성은 명백히 입증된다. 고유어 '밀돌'은 합성명사로 동작동사 '밀다'의 관형사형 '밀'과 명사 '돌'[石]의 合成이다.

(153) a. 碾 : 轢物器 <四解下 3a>
　　　b. 碾 : 밀돌 년 又碾子 <字會中 6b>

(153) c. 䃅 : 碾也 <四解下 31a>
　　　d. 䃅 : 밀돌 아 <字會中 6b>

<154> 밀돌 對 轢物器

　　고유어 '밀돌'과 한자어 '轢物器'가 [碾]과 [䃅] 즉 '맷돌'의 뜻을 가지고 동의 관계에 있다는 것은 다음 예문들에서 잘 확인된다. '碾'이 한자어 '轢物器'를 뜻하고 '碾'의 자석이 '밀돌'이다. 그리고 '䃅'가 한자 '碾'과 同義이고 '䃅'의 자석이 '밀돌'이다. 따라서 '밀돌'과 '轢物器'의 동의성은 명백히 입증된다. 고유어 '밀돌'은 합성명사로 동작동사 '밀다'의 관형사형 '밀'과 명사 '돌'[石]의 合成이다.

(154) a. 碾 : 轢物器 <四解下 3a>
　　　b. 碾 : 밀돌 년 又碾子 <字會中 6b>

(154) c. 䃅 : 碾也 <四解下 31a>
　　　d. 䃅 : 밀돌 아 <字會中 6b>

<155> 밀믈 對 潮汐

　　고유어 '밀믈'과 한자어 '潮汐'이 [汐]과 [潮] 즉 '潮水, 아침과 저녁의 밀물'의 뜻을 가지고 동의 관계에 있다는 것은 다음 예문들에서 잘 확인된다. '汐'이 한자어 '潮汐'을 뜻하고 '汐'의 자석이 '밀믈'이다. 그리고 '潮'의 자석이 '밀믈'이다. 따라서 '밀믈'과 '潮汐'의 동의성은 명백히 입증된다. 고유어 '밀믈'은 합성명사로 동작동사 '밀다'[推]의 관형사형 '밀'과 명사 '믈'[水]의 合成이다.

(155) a. 汐 : 潮汐 <四解下 53a>
　　　b. 汐 : 밀믈 셕 夕曰汐 <字會上 2b>

(155) c. 潮 : 海濤 朝曰潮 夕曰汐 <四解下 16b>

　　　d. 潮 : 밀믈 됴 海水逆上 朝曰潮 <字會上 2b>

<156> 밀믈 對 海濤

고유어 '밀믈'과 한자어 '海濤'가 [潮] 즉 '潮水, 아침 밀물'의 뜻을 가지고 동의 관계에 있다는 것은 다음 예문들에서 잘 확인된다. '潮'가 한자어 '海濤'를 뜻한다. 그리고 '潮'의 자석이 '밀믈'이다. 따라서 '밀믈'과 '海濤'의 동의성은 명백히 입증된다. 고유어 '밀믈'은 합성명사로 동작동사 '밀다'[推]의 관형사형 '밀'과 명사 '믈'[水]의 合成이다.

(156) a. 潮 : 海濤 朝曰潮 夕曰汐 <四解下 16b>

　　　b. 潮 : 밀믈 됴 海水逆上 朝曰潮 <字會上 2b>

<157> 밀믈 對 海水逆上

고유어 '밀믈'과 한자어 '海水逆上'이 [潮] 즉 '潮水, 아침 밀물'의 뜻을 가지고 동의 관계에 있다는 것은 다음 예문들에서 잘 확인된다. '潮'의 자석이 '밀믈'이고 고유어 '밀믈'은 한자어 '海水逆上'과 동의 관계에 있다. 따라서 '밀믈'과 '海水逆上'의 동의성은 명백히 입증된다. 고유어 '밀믈'은 합성명사로 동작동사 '밀다'[推]의 관형사형 '밀'과 명사 '믈'[水]의 合成이다.

(157) a. 潮 : 海濤 朝曰潮 夕曰汐 <四解下 16b>

　　　b. 潮 : 밀믈 됴 海水逆上 朝曰潮 <字會上 2b>

<158> 무른감 對 건시즈

고유어 '무른감'과 한자어 '건시즈'(乾柿子) 가 [乾柿] 즉 '마른 감, 곶감'의 뜻을 가지고 동의 관계에 있다는 것은 다음 예문들에서 잘 확인된다. 원문 중 '乾柿'가 '무른감'으로 번역되고 '乾柿一枚'가 '건시즈 훈 낫'으로 번역된다. 따라서 '무른감'과 '건시즈'의 동의성은 명백히 입증된다. 고유어 '무른감'은 합성명사로 [乾] 즉 '마르다'의 뜻을 가진 동작동사 '무르다'의 관형사형 '무른'과 명사 '감'[柿]의 合成이다.

(158) a. 무른감 당츄즈(乾柿 核桃) <번老下 38b>

　　　b. 미 훈 돈과 건시즈 훈 낫과룰…짓달케 글혀(每服一錢乾柿一枚…同煎候米泔盡) <瘡疹 43b>

<159> 무른 조긔 對 鯗魚

고유어 '무른 조긔'와 한자어 '鮝魚'가 [鮝] 즉 '말린 조기, 굴비'의 뜻을 가지고 동의 관계에 있다는 것은 다음 예문들에서 잘 확인된다. '鮝'은 한자어 '鮝魚'를 뜻하고 '鮝魚'는 '乾石首魚' 즉 '말린 조기'이다. 그리고 '鮝'의 자석이 '무른 조긔'이다. 따라서 '무른 조긔'와 '鮝魚'의 동의성은 명백히 입증된다. 고유어 '무른 조긔'는 명사구로 동작동사 '무르다'의 관형사형 '무른'과 명사 '조긔'의 결합이다.

(159) a. 鮝 : 以魚菱而食之曰鮝魚 今俗謂乾石首魚曰鮝魚 <四解下 42a>
　　　b. 鮝 : 무른 조긔 샹 <字會中 11a>

<160> 믿누의 對 姐姐

고유어 '믿누의'와 한자어 '姐姐'가 [姐姐]와 [姐] 즉 '누나'의 뜻을 가지고 동의 관계에 있다는 것은 다음 예문들에서 잘 확인된다. 원문 중 '姐姐'가 '믿누의'로 번역되고 '姐夫'가 '믿누의남진'으로 번역된다. 그리고 '姐'의 자석이 '믿누의'이고 고유어 '믿누의'는 한자어 '姐姐'와 동의 관계에 있다. 따라서 '믿누의'와 '姐姐'의 동의성은 명백히 입증된다. 고유어 '믿누의'는 합성명사로 명사 '믿'과 명사 '누의'의 合成이다.

(160) a. 믿누의 믿누의남진(姐姐 姐夫) <번老下 4a>
　　　b. 동싱 믿누의(姐姐) <번老下 34a>
　　　c. 믿누의남진(姐夫) <번老下 34b>

(160) d. 她 : …今俗呼姊曰她她 字書作姐 <四解下 32b>
　　　e. 姐 : 믿누의 져 俗呼姐姐 夫曰姐夫 <字會上 16b>

<161> 믿누의남진 對 姐夫

고유어 '믿누의남진'과 한자어 '姐夫'가 [姐夫] 즉 '누나의 남편'의 뜻을 가지고 동의 관계에 있다는 것은 다음 예문들에서 잘 확인된다. 원문 중 '姐夫'가 '믿누의남진'으로 번역된다. 그리고 '姐'의 자석이 '믿누의'이고 '믿누의'는 '夫' 즉 '남편'이 '姐夫'이다. 따라서 '믿누의남진'과 '姐夫'의 동의성은 명백히 입증된다. 고유어 '믿누의남진'은 합성명사로 명사 '믿누의'[姐]와 명사 '남진'[夫]의 合成으로 '믿누의+∅(속격) #남진'으로 분석될 수 있다.

(161) a. 믿누의 믿누의남진(姐姐 姐夫) <번老下 4a>
　　　b. 믿누의남진 아ᅀᆞ누의남진(姐夫 妹夫) <번老下 34a>

(161) c. 姐 : 몬누의 져 俗呼姐姐夫 姐夫 <字會上 16b>

<162> 몯아자븨겨집 對 姆姆

고유어 '몯아자븨겨집'과 한자어 '姆姆'가 [姆] 즉 '큰어머니, 伯母'의 뜻을 가지고 동의 관계에 있다는 것은 다음 예문들에서 잘 확인된다. '姆'가 한자어 '姆姆'를 뜻하고 '姆姆'는 고유어 '몯아자븨겨집'과 동의 관계에 있다. 따라서 '몯아자븨겨집'과 '姆姆'의 동의성은 명백히 입증된다. 고유어 '몯아자븨겨집'은 합성명사로 명사 '몯아자비'와 명사 '겨집'의 合成으로 '몯아자비+의#겨집'으로 분석될 수 있다.

(162) a. 姆 : …又今俗語(38a) 姆姆 몯아자븨겨집 <四解上 38b>

b. 姆 : 졋어미 모 女師 又伯父之妻 亦曰姆姆 <字會上 17a>

<163> 몯아자비 對 伯父

고유어 '몯아자비'와 한자어 '伯父'가 [伯] 즉 '큰아버지, 백부'의 뜻을 가지고 동의 관계에 있다는 것은 다음 예문들에서 잘 확인된다. 원문 중 '伯娘' '몯아자븨겨집'으로 번역된다. 그리고 '伯'의 자석이 '몯아자비'이고 고유어 '몯아자비'는 한자어 '伯父'와 동의 관계에 있다. 따라서 '몯아자비'와 '伯父'의 동의성은 명백히 입증된다. 고유어 '몯아자비'는 합성명사로 명사 '몯'과 명사 '아자비'의 合成이다.

(163) a. 몯아(3b) 자븨겨집(伯娘) <번老下 4a>

(163) b. 伯 : 長也…又兄曰伯氏 <四解下 59a>

c. 伯 : 몯아자비 빅 俗呼伯父 <字會上 16b>

<164> 몯아자븨겨집 對 伯娘

고유어 '몯아자븨겨집'과 한자어 '伯娘'이 [伯娘] 즉 '큰어머니, 伯母'의 뜻을 가지고 동의 관계에 있다는 것은 다음 예문들에서 잘 확인된다. 원문 중 '伯娘'이 '몯아자븨겨집'으로 번역된다. 그리고 '伯父之妻'가 '伯娘'이다. 따라서 '몯아자븨겨집'과 '伯娘'의 동의성은 명백히 입증된다. 고유어 '몯아자븨겨집'은 합성명사로 명사 '몯아자비'[伯]와 명사 '겨집'[娘]의 合成으로 '몯아자비+의#겨집'으로 분석될 수 있다.

(164) a. 몯아(3b) 자븨겨집 아슥아자븨겨집(伯娘 嬸子) <번老下 4a>

(164) b. 娘 : 少女之稱 又今俗謂人妻室曰娘子 <四解下 41b>

c. 娘：…又伯父之妻曰伯娘 又伯母 <字會上 16b>

<165> 물구식 對 馬槽

고유어 '물구식'와 한자어 '馬槽'가 [槽]와 [馬槽] 즉 '말구유'의 뜻을 가지고 동의 관계에 있다는 것은 다음 예문들에서 잘 확인된다. '槽'가 한자어 '馬槽'를 뜻한다. 그리고 '馬槽'가 고유어 '물구식'와 동의 관계에 있다. 따라서 '물구식'와 '馬槽'의 동의성은 명백히 입증된다. 고유어 '물구식'는 합성명사로 명사 '물'[馬]과 명사 '구식'[槽]의 合成이다.

(165) a. 槽：…又馬槽 <四解下 21b>
　　　b. 槽：고조 조…馬槽 물구식 <字會中 7a>

<166> 물굴에 對 轡頭

고유어 '물굴에'와 한자어 '轡頭'가 [轡] 즉 '말굴레'의 뜻을 가지고 동의 관계에 있다는 것은 다음 예문들에서 잘 확인된다. '轡'이 한자어 '轡頭'를 뜻하고 '轡頭'는 고유어 '물굴에'와 동의 관계에 있다. 따라서 '물굴에'와 '轡頭'의 동의성은 명백히 입증된다. 고유어 '물굴에'는 합성명사로 명사 '물'과 명사 '굴에'의 合成이다.

(166) a. 轡：今俗呼轡頭 물 굴에 <四解上 11b>
　　　b. 轡：굴에 롱 俗呼轡頭 <字會中 13b>

<167> 물똥구으리 對 蛣蜋

고유어 '물똥구으리'와 한자어 '蛣蜋'이 [蛣]과 [蜋] 즉 '말똥구리'의 뜻을 가지고 동의 관계에 있다는 것은 다음 예문들에서 잘 확인된다. '蛣'이 한자어 '蛣蜋'을 뜻하고 '蛣'의 자석이 '물똥구으리'이다. '蜋'이 한자어 '蛣蜋'을 뜻한다. 그리고 '蜋'의 자석이 '물똥구으리'이고 고유어 '물똥구으리'는 한자어 '蛣蜋'과 동의 관계에 있다. 따라서 '물똥구으리'와 '蛣蜋'의 동의성은 명백히 입증된다. 고유어 '물똥구으리'는 합성명사로 명사 '물똥'과 명사 '구으리'의 合成이다.

(167) a. 蛣：蛣蜋 一名蛣蜣 <四解下 41a>
　　　b. 蛣：물똥구으리 강 又曰蛣蜣 <字會上 11b>

(167) c. 蜋：蛣蜋 <四解下 45a>

d. 蜋 : 물똥구으리 량 俗呼蜣蜋 <字會上 11b>

<168> 물똥구으리 對 蜣蜋

고유어 '물똥구으리'와 한자어 '蜣蜋'이 [蜣] 즉 '말똥구리'의 뜻을 가지고 동의 관계에 있다는 것은 다음 예문들에서 잘 확인된다. '蜣'이 한자어 '蜣蜋'을 뜻한다. 그리고 '蜣'의 자석이 '물똥구으리'이고 고유어 '물똥구으리'는 한자어 '蜣蜋'과 동의 관계에 있다. 따라서 '물똥구으리'와 '蜣蜋'의 동의성은 명백히 입증된다. 고유어 '물똥구으리'는 합성명사로 명사 '물똥'과 명사 '구으리'의 合成이다.

(168) a. 蜣 : 蜣蜋 一名蜣蜋 <四解下 41a>
　　　 b. 蜣 : 물똥구으리 강 又曰蜣蜋 <字會上 11b>

<169> 물말 對 繫馬柱

고유어 '물말'과 한자어 '繫馬柱'가 [柳] 즉 '말말뚝, 말을 매어 두는 말뚝'의 뜻을 가지고 동의 관계에 있다는 것은 다음 예문들에서 잘 확인된다. '柳'이 한자어 '繫馬柱'를 뜻한다. 그리고 '柳'의 자석이 '물말'이다. 따라서 '물말'과 '繫馬柱'의 동의성은 명백히 입증된다. 고유어 '물말'은 합성명사로 명사 '물'[馬]과 명사 '말'[椿]의 合成이다.

(169) a. 柳 : 繫馬柱 <四解下 34b>
　　　 b. 柳 : 물말 앙 俗呼馬椿 <字會中 10a>

<170> 물말 對 馬椿

고유어 '물말'과 한자어 '馬椿'이 [柳] 즉 '말말뚝, 말을 매어 두는 말뚝'의 뜻을 가지고 동의 관계에 있다는 것은 다음 예문들에서 잘 확인된다. '柳'의 자석이 '물말'이고 고유어 '물말'은 한자어 '馬椿'과 동의 관계에 있다. 따라서 '물말'과 '馬椿'의 동의성은 명백히 입증된다. 고유어 '물말'은 합성명사로 명사 '물'[馬]과 명사 '말'[椿]의 合成이다.

(170) a. 柳 : 繫馬柱 <四解下 34b>
　　　 b. 柳 : 물말 앙 俗呼馬椿 <字會中 10a>

<171> 물셕 對 馬縰

고유어 '물셕'과 한자어 '馬縰'이 [韁] 즉 '말고삐'의 뜻을 가지고 동의 관계에 있다는 것은 다음 예문들에서 잘 확인된다. '韁'이 한자어 '馬紲'을 뜻하고 '馬紲'은 고유어 '물 셕'과 동의 관계에 있다. 따라서 '물 셕'과 '馬紲'의 동의성은 명백히 입증된다. 고유어 '물 셕'은 합성명사로 명사 '말'[馬]과 '셕'[紲]의 合成이다.

(171) a. 韁 : 馬紲 물 셕 <四解下 40b>
b. 韁 : 쥬리울 강 俗呼韁繩 <字會中 13b>

<172> 미얌의 헝울 對 蟬蛻

고유어 '미얌의 헝울'과 한자어 '蟬蛻'가 [蟬蛻]와 [蛻] 즉 '매미 허울'의 뜻을 가지고 동의 관계에 있다는 것은 다음 예문들에서 잘 확인된다. 원문 중 '蟬蛻'가 '미얌의 헝울'로 번역된다. 그리고 '蛻'이 한자어 '蟬蛻'를 뜻한다. 따라서 '미얌의 헝울'과 '蟬蛻'의 동의성은 명백히 입증된다. 고유어 '미얌의 헝울'은 명사구로 명사 '미얌이'[蟬]와 명사 '헝울'[蛻]의 결합으로 '미얌이+의#헝울'로 분석된다.

(172) a. 미얌의 헝울 빅국(44b) 화(蟬蛻 白菊花) <瘡疹 45a>
b. 蛻 : … 又蟬蛻 <四解上 7b>

<173> 받두듥 對 丘壟

고유어 '받두듥'과 한자어 '丘壟'이 [壟] 즉 '밭두둑'의 뜻을 가지고 동의 관계에 있다는 것은 다음 예문들에서 잘 확인된다. '壟'이 한자어 '丘壟'을 뜻한다. 그리고 '壟'의 자석이 '받두듥'이다. 따라서 '받두듥'과 '丘壟'의 동의성은 명백히 입증된다. 고유어 '받두듥'은 합성명사로 명사 '밭'[田]과 명사 '두듥'[陵]의 合成이다.

(173) a. 壟 : 丘壟 一曰田埒 <四解上 11b>
b. 壟 : 받두듥 롱 <字會上 4a>

<174> 받두듥 對 田間道

고유어 '받두듥'과 한자어 '田間道'가 [畛] 즉 '두렁길, 밭 사이의 길'의 뜻을 가지고 동의 관계에 있다는 것은 다음 예문들에서 잘 확인된다. '畛'의 자석이 '받두듥'이고 고유어 '받두듥'은 한자어 '田間道'와 동의 관계에 있다. 따라서 '받두듥'과 '田間道'의 동의성은 명백히 입증된다. 고유어 '받두듥'은 합성명사로 명사 '밭'[田]과 명사 '두듥'[陵]의 合成이다.

(174) a. 畛 : 田界 <四解上 58b>

　　　b. 畛 : 받두듥 딘 田間道 <字會上 4a>

<175> 받두듥 對 田界

고유어 '받두듥'과 한자어 '田界'가 [畛] 즉 '밭두둑, 밭 사이의 길'의 뜻을 가지고 동의 관계에 있다는 것은 다음 예문들에서 잘 확인된다. '畛'이 한자어 '田界'를 뜻한다. 그리고 '畛'의 자석이 '받두듥'이다. 따라서 '받두듥'과 '田界'의 동의성은 명백히 입증된다. 고유어 '받두듥'은 합성명사로 명사 '밭'[田]과 명사 '두듥'[陵]의 合成이다.

(175) a. 畛 : 田界 又溝上塗 <四解上 58b>

　　　b. 畛 : 받두듥 딘 田間道 <字會上 4a>

<176> 받두듥 對 田畈

고유어 '받두듥'과 한자어 '田畈'이 [畈] 즉 '밭두둑'의 뜻을 가지고 동의 관계에 있다는 것은 다음 예문들에서 잘 확인된다. '畈'이 한자어 '田畈'을 뜻하고 '畈'의 자석이 '받두듥'이다. 따라서 '받두듥'과 '田畈'의 동의성은 명백히 입증된다. 고유어 '받두듥'은 합성명사로 명사 '밭'[田]과 명사 '두듥'[陵]의 合成이다.

(176) a. 畈 : 田畈 平疇 <四解上 80b>

　　　b. 畈 : 받두듥 판 平疇 <字會上 4a>

<177> 받두듥 對 平疇

고유어 '받두듥'과 한자어 '平疇'가 [畈] 즉 '평평한 밭두둑'의 뜻을 가지고 동의 관계에 있다는 것은 다음 예문들에서 잘 확인된다. '畈'이 한자어 '平疇'를 뜻한다. 그리고 '畈'의 자석이 '받두듥'이고 고유어 '받두듥'은 한자어 '平疇'와 동의 관계에 있다. 따라서 '받두듥'과 '平疇'의 동의성은 명백히 입증된다. 고유어 '받두듥'은 합성명사로 명사 '밭'[田]과 명사 '두듥'[陵]의 合成이다.

(177) a. 畈 : 田畈 平疇 <四解上 80b>

　　　b. 畈 : 받두듥 판 平疇 <字會上 4a>

<178> 밥고리 對 食籮

고유어 '밥고리'와 한자어 '食籮'가 [食籮] 즉 '밥을 담는 광주리'의 뜻을 가지고 동의 관계에 있다는 것은 다음 예문들에서 잘 확인된다. '籮'의 자석이 '체'이고 한자어 '食籮'가 고유어 '밥고리'와 동의 관계에 있다. 따라서 '밥고리'와 '食籮'의 동의성은 명백히 입증된다. 고유어 '밥고리'는 합성명사로 명사 '밥'[食]과 명사 '고리'[籮]의 合成이다.

> (178) a. 籮 : 除麤取細竹器 今俗呼筶籮 체 又曰…筐也 <四解下 27a>
> b. 籮 : 체 라…又食籮 밥고리 <字會中 6a>

<179> 밥쥭 對 飯莇

고유어 '밥쥭'과 한자어 '飯莇'이 [莇] 즉 '밥주걱'의 뜻을 가지고 동의 관계에 있다는 것은 다음 예문들에서 잘 확인된다. '莇'의 자석이 '밥쥭'이고 고유어 '밥쥭'은 한자어 '飯莇'과 동의 관계에 있다. 따라서 '밥쥭'과 '飯莇'의 동의성은 명백히 입증된다. 고유어 '밥쥭'은 합성명사로 명사 '밥'[飯]과 명사 '쥭'의 合成이다.

> (179) a. 莇 : 抄飯匙 <四解下 15b>
> b. 莇 : 밥쥭 쵸 亦作梟 卽飯莇 <字會中 9b>

고유어 '쥭'의 先代形 '쥭'은 15세기의 『解例本 訓民正音』(1446) 의 다음 예에서 잘 확인된다.

> (179) c. 쥭爲飯 <解例 用字例>

<180> 밥쥭 對 抄飯匙

고유어 '밥쥭'과 한자어 '抄飯匙'가 [莇] 즉 '밥주걱'의 뜻을 가지고 동의 관계에 있다는 것은 다음 예문들에서 잘 확인된다. '莇'가 한자어 '抄飯匙'를 뜻한다. 그리고 '莇'의 자석이 '밥쥭'이다. 따라서 '밥쥭'과 '抄飯匙'의 동의성은 명백히 입증된다. 고유어 '밥쥭'은 합성명사로 명사 '밥'과 명사 '쥭'의 合成이다.

> (180) a. 莇 : 抄飯匙 <四解下 15b>
> b. 莇 : 밥쥭 쵸 亦作梟 卽飯莇 <字會中 9b>

고유어 '쥭'의 先代形 '쥭'은 15세기의 『解例本 訓民正音』(1446) 의 다음 예에서 잘 확인된다.

> (180) c. 쥭爲飯 <解例 用字例>

<181> 밧귀머리 對 外踝

고유어 '밧귀머리'와 한자어 '外踝'가 [外踝] 즉 '밖 복사뼈'의 뜻을 가지고 동의 관계에 있다는 것은 다음 예문들에서 잘 확인된다. '踝'가 한자어 '足踝'를 뜻하고 '踝'의 자석이 '귀머리'이다. 그리고 한자어 '外踝'가 고유어 '밧귀머리'와 동의 관계에 있다. 따라서 '밧귀머리'와 '外踝'의 동의성은 명백히 입증된다. 고유어 '밧귀머리'는 합성명사로 명사 '밧'[外]과 명사 '귀머리'[踝]의 合成이다.

    (181) a. 踝 : 足踝 足骨也 今俗呼…外踝 밧귀머리 <四解下 32a>
       b. 踝 : 귀머리 과 俗呼內踝 外踝 <字會上 15a>

<182> 밧등 對 足背

고유어 '밧등'과 한자어 '足背'가 [跗] 즉 '발등, 발의 위쪽'의 뜻을 가지고 동의 관계에 있다는 것은 다음 예문들에서 잘 확인된다. '跗'가 한자어 '足背'를 뜻한다. 그리고 '跗'의 자석이 '밧등'이다. 따라서 '밧등'과 '足背'의 동의성은 명백히 입증된다. 고유어 '밧등'의 先代形은 '밠등'이고 '밠등'은 명사 '발'[足]과 '등'[背]의 合成으로 '발+ㅅ#등'으로 분석된다. '밠등'의 자음 'ㄹ'이 탈락된 것이 '밧등'이다.

    (182) a. 跗 : 足背 <四解上 38b>
       b. 跗 : 밧등 부 俗稱脚面 脚背 <字會上 15a>

고유어 '밧등'의 先代形인 '밠등'은 15세기의 『月印釋譜』(1459)와 『法華經諺解』(1463)의 다음 예문들에서 잘 확인된다.

    (182) c. 밠드이 노프시며 <月二 40b>
       b. 셜흔 둘 차힌 밠드이 두터보시며 <月二 57a>
       e. 밠등이 길오 노프시고 <法華二 12a>

<183> 밧바당 對 脚心

고유어 '밧바당'과 한자어 '脚心'이 [脚心]과 [脚板] 즉 '발바닥'의 뜻을 가지고 동의 관계에 있다는 것은 다음 예문들에서 잘 확인된다. 한자어 '脚板'이 고유어 '밧바당' 및 한자어 '脚心'과 동의 관계에 있다. 따라서 '밧바당'과 '脚心'의 동의성은 명백히 입증된다. 고유어 '밧바당'의 先代形은 '밠바당'이고 '밠바당'은 명사 '발'[脚]과 명사 '바당'[心]의 合成으로 '발+ㅅ#바당'으로 분석된다. 고유어 '밧바당'은 '밠바당'의 자음 'ㄹ'이 탈락된 것이다.

(183) a. 脚 : 足也 <四解下 41a>

　　　b. 脚 : 발 각 俗稱脚子 又脚板 밧바당 又脚心 <字會上 15a>

고유어 '밧바당'의 先代形 '밠바당'은 15세기의 『月印釋譜』(1459), 『楞嚴經諺解』(1462) 및 『救急方諺解』(1466) 의 다음 예문들에서 잘 확인된다. 원문 중 '足心'이 '밠바당'으로 번역되고 '磨脚心'이 '밠바다애 쎄비다'로 번역된다.

(183) c. 짜해 뼈 虛空애 거르샤디 밠바다ᇇ 千(37b) 輻輪相ㅅ 그미 짜해 分明호미 세히라 <月二 38a>

　　　d. 노폰 빙애 보오몰 ᄉᆞ랑ᄒᆞ면 밠바다이 시자리ᄂᆞ니(思踢懸崖ᄒᆞ면 足心이 酸澁ᄒᆞᄂᆞ니) <楞二 115b>

　　　e. 굴근 마ᄂᆞᆯ 밠바다애 쎄비여 두루 덥게 ᄒᆞ면(用大蒜磨脚心令遍熱) <救方上 32b>

<184> 밧잣 對 羅城

고유어 '밧잣'과 한자어 '羅城'이 [郭] 즉 '성곽'의 뜻을 가지고 동의 관계에 있다는 것은 다음 예문들에서 잘 확인된다. '郭'의 자석이 '밧잣'이고 고유어 '밧잣'은 한자어 '羅城'과 동의 관계에 있다. 따라서 '밧잣'과 '羅城'의 동의성은 명백히 입증된다. 고유어 '밧잣'은 합성명사로 명사 '밧'[外]과 명사 '잣'[城]의 合成이다.

(184) a. 郭 : 城郭 又鼓郭 <四解下 45b>

　　　b. 郭 : 밧잣 곽 俗稱羅城 <字會中 5a>

<185> 밧잣 對 城郭

고유어 '밧잣'과 한자어 '城郭'이 [郭] 즉 '성곽'의 뜻을 가지고 동의 관계에 있다는 것은 다음 예문들에서 잘 확인된다. '郭'이 한자어 '城郭'을 뜻한다. 그리고 '郭'의 자석이 '밧잣'이다. 따라서 '밧잣'과 '城郭'의 동의성은 명백히 입증된다. 고유어 '밧잣'은 합성명사로 명사 '밧'[外]과 명사 '잣'[城]의 合成이다.

(185) a. 郭 : 城郭 又鼓郭 <四解下 45b>

　　　b. 郭 : 밧잣 곽 俗稱羅城 <字會中 5a>

<186> 밧잣 對 城外大郭

고유어 '밧잣'과 한자어 '城外大郭'이 [郭] 즉 '外城'의 뜻을 가지고 동의 관계에 있다는 것은 다음 예문들에서 잘 확인된다. '郭'가 한자어 '城外大郭'을 뜻한다. 그리고 '郭'의 자석이 '밧잣'이다. 따라서 '밧잣'과 '城外大郭'의 동의성은 명백히 입증된다. 고유어 '밧잣'은 합성명사로 명사 '밧'[外]과 명사 '잣'[城]의 合成이다.

(186) a. 郭 : 城外大郭 <四解上 38b>
　　　 b. 郭 : 밧잣 부 郭之別稱 <字會中 5a>

<187> 밧집 對 棺槨

고유어 '밧집'과 한자어 '棺槨'이 [槨] 즉 '덧널, 관을 담는 궤'의 뜻을 가지고 동의 관계에 있다는 것은 다음 예문들에서 잘 확인된다. '槨'이 한자어 '棺槨'을 뜻한다. 그리고 '槨'의 자석이 '밧집'이다. 따라서 '밧집'과 '棺槨'의 동의성은 명백히 입증된다. 고유어 '밧집'은 합성명사로 명사 '밧'[外]과 명사 '집'의 合成이다.

(187) a. 槨 : 棺槨 <四解下 45b>
　　　 b. 槨 : 밧집 곽 <字會中 17a>

<188> 방핫고 對 碓觜

고유어 '방핫고'와 한자어 '碓觜'가 [杵] 즉 '방앗공이, 디딜방아의 공이'의 뜻을 가지고 동의 관계에 있다는 것은 다음 예문들에서 잘 확인된다. '杵'가 한자어 '碓觜'를 뜻하고 '碓觜'는 고유어 '방핫고'와 동의 관계에 있다. 따라서 '방핫고'와 '碓觜'의 동의성은 명백히 입증된다. 고유어 '방핫고'는 합성명사로 명사 '방하'[碓]와 명사 '고'의 合成으로 '방하+ㅅ#고'로 분석된다.

(188) a. 杵 : 春具 <四解上 32b>
　　　 b. 杵 : 고 져 俗稱碓觜 방핫고 <字會中 6b>

<189> 쎠고도리 對 箭骨鏃

고유어 '쎠고도리'와 한자어 '箭骨鏃'이 [骲] 즉 '뼈살촉, 뼈로 만든 살촉'의 뜻을 가지고 동의 관계에 있다는 것은 다음 예문들에서 잘 확인된다. '骲'이 한자어 '箭骨鏃'을 뜻한다. 그리고 '骲'의 자석이 '쎠고도리'이다. 따라서 '쎠고도리'와 '箭骨鏃'의 동의성은 명백히 입증된다. 고유어 '쎠고도리'는 합성명사로 명사 '쎠'와 명사 '고도리'의 合成이다.

(189) a. 骲 : 箭骨鏃 <四解下 37a>

　　 b. 骲 : 쎠고도리 박 <字會中 14b>

<190> 벼슬 노프니 對 大夫

고유어 '벼슬 노프니'와 한자어 '大夫'가 [大夫] 즉 '벼슬 높은 사람'의 뜻을 가지고 동의 관계에 있다는 것은 다음 예문들에서 잘 확인된다. 원문 중 '大夫士'가 '벼슬 노프니와 눗가오니'로 번역된다. 그리고 '大夫'가 '大夫'로 번역된다. 따라서 '벼슬 노프니'와 '大夫'의 동의성은 명백히 입증된다. 고유어 '벼슬 노프니'는 명사구로 명사 '벼슬'과 상태동사 '높다'의 관형사형 '노픈'과 의존명사 '이'의 결합이고 '벼슬#높+은#이'로 분석될 수 있다.

(190) a. 벼슬 노프니와 눗가오니 서르 보매 비록 貴ㅎ며 賤호미 맛디 아니ㅎ나(大夫士ㅣ 相見에 雖貴賤 不敵이라) <번小三 38b>

　　 b. 大夫ㅣ 간홀 신해 세 사ᄅ믈 두면(大夫ㅣ 有爭臣三人이면) <번小三 40b>

<191> 벼슬ㅎ던 사ᄅᆞᆷ 對 君子

고유어 '벼슬ㅎ던 사ᄅᆞᆷ'과 한자어 '君子'가 [君子] 즉 '높은 관직에 있는 사람'의 뜻을 가지고 동의 관계에 있다는 것은 다음 예문들에서 잘 확인된다. 원문 중 '君子'가 '벼슬ㅎ던 사ᄅᆞᆷ'으로 번역되고 '君子事君'이 '君子ㅣ 님금을 셤기다'로 번역된다. 따라서 '벼슬ㅎ던 사ᄅᆞᆷ'과 '君子'의 동의성은 명백히 입증된다. 고유어 '벼슬ㅎ던 사ᄅᆞᆷ'은 명사구로 동작동사 '벼슬ㅎ다'의 관형사형 '벼슬ㅎ던'과 명사 '사ᄅᆞᆷ'의 결합이다.

(191) a. 벼슬ㅎ던 사람 늘그니는 거러 ᄃᆞ니디 아니ㅎ(33a)며(君子ㅣ 耆老애 不徒行ㅎ며) <번小三 34b>

　　 b. 君子ㅣ 님금을 셤교ᄃᆡ 나ᅀᅡ가는 忠誠ᄭᆞ장 홀 이ᄅᆞᆯ 싱각ㅎ고 믈러와는 허믈 깁ᄉᆞ올 이ᄅᆞᆯ 싱각ㅎ야(君子ㅣ 事君호ᄃᆡ 進思盡忠ㅎ며 退思補過ㅎ야) <번小三 8a>

<192> 뽕나모 對 桑樹

고유어 '뽕나모'와 한자어 '桑樹'가 [桑] 즉 '뽕나무'의 뜻을 가지고 동의 관계에 있다는 것은 다음 예문들에서 잘 확인된다. 원문 중 '桑八百株'가 '뽕나모 팔빅 듀'로 번역된다. 그리고 '桑'의 자석이 '뽕나모'이고 고유어 '뽕나모'는 한자어 '桑樹'와 동의 관계에 있다. 따라서 '뽕나모'와 '桑樹'의 동의성은 명백히 입증된다. 고유어 '뽕나모'는 합성명사로 명사 '뽕'과 명사 '나모'[樹]의 合成이다.

(192) a. 쌍나모 팔빅 듀와 사오나온 받티 열 다엿 頃이 이시니(有桑八百株와 薄田十五頃이니) <번小八 20a>

(192) b. 桑 : 木名 <四解下 38b>

　　 c. 桑 : 쌍나모 상 俗呼桑樹 <字會上 5b>

<193> 뵛오리 對 布縷

고유어 '뵛오리'와 한자어 '布縷'가 [繨]와 [縷] 즉 '베올'의 뜻을 가지고 동의 관계에 있다는 것은 다음 예문들에서 잘 확인된다. '繨'가 한자어 '布縷'를 뜻하고 '繨'의 자석이 '뵛오리'이다. 그리고 '縷'의 자석 이 '뵛오리'이고 고유어 '뵛오리'는 한자어 '布縷'와 동의 관계에 있다. 따라서 '뵛오리'와 '布縷'의 동의 성은 명백히 입증된다. 고유어 '뵛오리'는 합성명사로 [布] 즉 '베'의 뜻을 가진 명사 '뵈'와 [條] 즉 '올'의 뜻을 가진 명사 '오리'의 合成으로 '뵈+ㅅ#오리'로 분석된다.

(193) a. 繨 : 布縷 <四解上 42a>

　　 b. 繨 : 뵛오리 로 <字會中 12a>

(193) c. 縷 : 線也 絨線也 <四解上 35a>

　　 d. 縷 : 뵛오리 루 布縷 <字會中 12a>

<194> 불뭇골 對 風箱

고유어 '불뭇골'과 한자어 '風箱'이 [韛] 즉 '풀무'의 뜻을 가지고 동의 관계에 있다는 것은 다음 예문 들에서 잘 확인된다. '韛'의 자석이 '불뭇골'이고 고유어 '불뭇골'은 한자어 '風箱'과 동의 관계에 있다. 따라서 '불뭇골'과 '風箱'의 동의성은 명백히 입증된다. 고유어 '불뭇골'은 합성명사로 명사 '불무'와 명 사 '골'의 合成이다.

(194) a. 韛 : 吹火韋囊 <四解上 44a>

　　 b. 韛 : 불뭇골 패 俗呼風箱 <字會下 7b>

<195> 불휫들궐 對 榾柮

고유어 '불휫들궐'과 한자어 '榾柮'이 [榾]과 [柮] 즉 '뿌리 등걸, 뿌리가 붙어 있는 나무 등궐'의 뜻을 가지고 동의 관계에 있다는 것은 다음 예문들에서 잘 확인된다. '榾'이 한자어 '榾柮'을 뜻하고 '榾'의 자석이 '불휫들귈'이다. '柮'이 한자어 '榾柮'을 뜻한다. 그리고 '柮'의 자석이 '불휫들귈'이고 고유어 '불휫
들귈'은 한자어 '榾柮'과 동의 관계에 있다. 따라서 '불휫들귈'과 '榾柮'의 동의성은 명백히 입증된다. 고
유어 '불휫들귈'은 합성명사로 명사 '불휘'[根]와 명사 '들귈'의 合成이다.

(195) a. 榾 : ⋯又榾柮 木頭也 今俗呼木根老結筋節者曰榾柮 <四解上 62b>
　　　 b. 榾 : 불휫들귈 골 <字會下 3b>

(195) c. 柮 : 榾柮 木頭 <四解上 63a>
　　　 d. 柮 : 불휫들귈 돌 榾柮 木頭 <字會下 3b>

<196> 붑마치 對 鼓槌

고유어 '붑마치'와 한자어 '鼓槌'가 [枹] 즉 '북채'의 뜻을 가지고 동의 관계에 있다는 것은 다음 예문
들에서 잘 확인된다. '枹'가 한자어 '鼓槌'를 뜻한다. 그리고 '枹'의 자석이 '붑마치'이다. 따라서 '붑마치'
와 '鼓槌'의 동의성은 명백히 입증된다. 고유어 '붑마치'는 합성명사로 명사 '붑'[鼓]과 명사 '마치'[槌]의
合成이다

(196) a. 枹 : 鼓槌 亦作枹 <四解下 66b>
　　　 b. 枹 : 붑마치 부 俗作桴 <字會中 6b>

<197> 뷔엿는 따 對 空閑田地

고유어 '뷔엿는 따'와 한자어 '空閑田地'가 [空閑田地] 즉 '비어 있는 땅'의 뜻을 가지고 동의 관계에
있다는 것은 다음 예문들에서 잘 확인된다. 한자어 '空閑田地'의 자석이 '뷔엿는 따'이다. 따라서 '뷔
엿는 따'와 '空閑田地'의 동의성은 명백히 입증된다. 고유어 '뷔엿는 따'는 명사구로 상태동사구 '뷔엿
다'[空閑]의 관형사형 '뷔엿는'과 명사 '따'[田地]의 결합이다.

(197) a. 閑 : 防也 止也 <四解上 80a>
　　　 b. 閑 : 멀험 한⋯又散也 暇也 <字會下 4b>

(197) c. 閑 : ⋯又空也 空閑田地 뷔엿는 따 <老朴 單字解 7b>

<198> 블딛는 구들 對 火炕

고유어 '블딛는 구들'과 한자어 '火炕'이 [火炕] 즉 '불때는 방구들'의 뜻을 가지고 동의 관계에 있다

는 것은 다음 예문들에서 잘 확인된다. '炕'의 자석이 '구들'이고 한자어 '火炕'은 고유어 '블딛ᄂᆞᆫ 구들'과 동의 관계에 있다. 따라서 '블딛ᄂᆞᆫ 구들'과 '火炕'의 동의성은 명백히 입증된다. 고유어 '블딛ᄂᆞᆫ 구들'은 명사구로 합성동작동사 '블딛다'의 관형사형 '블딛ᄂᆞᆫ'과 명사 '구들'의 合成이다.

> (198) a. 炕 : …又今(34a) 俗語土炕 <四解下 34b>
>   b. 炕 : 구들 강 俗呼火炕 블딛ᄂᆞᆫ 구들 <字會中 5b>

<199> 빗믈 對 雨水

고유어 '빗믈'과 한자어 '雨水'가 [潦] 즉 '큰비, 장마'의 뜻을 가지고 동의 관계에 있다는 것은 다음 예문들에서 잘 확인된다. '潦'가 한자어 '雨水'를 뜻한다. 그리고 '潦'의 자석이 '빗믈'이고 고유어 '빗믈'은 한자어 '雨水'와 동의 관계에 있다. 따라서 '빗믈'과 '雨水'의 동의성은 명백히 입증된다. 고유어 '빗믈'은 합성명사로 명사 '비'와 명사 '믈'의 合成이다.

> (199) a. 潦 : 雨水 <四解下 23a>
>   b. 潦 : 빗믈 료 雨水 <字會上 3a>

<200> 빗믈 받는 홈 對 溜槽

고유어 '빗믈 받는 홈'과 한자어 '溜槽'가 [溜槽] 즉 '낙수받이, 낙숫물을 받는 통'의 뜻을 가지고 동의 관계에 있다는 것은 다음 예문들에서 잘 확인된다. '槽'가 한자어 '溜器'를 뜻한다.그리고 '槽'의 자석이 '고조'이고 한자어 '溜槽'가 고유어 '빗믈 받는 홈'과 동의 관계에 있다. 따라서 '빗믈 받는 홈'과 '溜槽'의 동의성은 명백히 입증된다. 고유어 '빗믈 받는 홈'은 명사구로 명사 '빗믈'과 동작동사 '받다'의 관형사형 '받는'과 명사 '홈'의 결합이다.

> (200) a. 槽 : 溜器 <四解下 21b>
>   b. 槽 : 고조 조 俗呼酒槽又…溜槽 빗믈 받는 홈 <字會中 7a>

<201> 빗올히 對 有梳鴨子

고유어 '빗올히'와 한자어 '有梳鴨子'가 [有梳鴨子] 즉 '비오리, 오리과에 속하는 물새'의 뜻을 가지고 동의 관계에 있다는 것은 다음 예문들에서 잘 확인된다. 한자어 '有梳鴨子'가 고유어 '빗올히'와 동의 관계에 있다. 따라서 '빗올히'와 '有梳鴨子'의 동의성은 명백히 입증된다. 고유어 '빗올히'는 합성명사로 명사 '빗'[梳]과 명사 '올히'[鴨]의 合成이다.

(201) a. 鴨(80a) : 鳥名 <四解下 80b>

　　　b. 鴨 : 올히 압 俗呼鴨子 又有桄鴨子 <字會上 9a>

<202> 브틔집 對 筬筐

　고유어 '브틔집'과 한자어 '筬筐'이 [筬筐] 즉 '바디집, 바디틀'의 뜻을 가지고 동의 관계에 있다는 것은 다음 예문들에서 잘 확인된다. 한자어 '筬筐'이 고유어 '브틔집'과 동의 관계에 있다. 그리고 고유어 '브틔집'이 한자어 '筬筐'과 동의 관계에 있다. 따라서 '브틔집'과 '筬筐'의 동의성은 명백히 입증된다. 고유어 '브틔집'은 합성명사로 명사 '브틔'[筬]와 [筐] 즉 '광주리'의 뜻을 가진 명사 '집'의 合成이다.

　　(202) a. 筬 : 筬筐 織具 브틔집 <四解下 54a>
　　　　　b. 筬 : 브틔 셩 俗呼 브틔집曰筬筐 <字會中 9a>

<203> 블근 것 對 靑赤色

　고유어 '블근 것'과 한자어 '靑赤色'이 [綝] 즉 '검붉은 것'의 뜻을 가지고 동의 관계에 있다는 것은 다음 예문들에서 잘 확인된다. 원문 중 '紺綝'가 '너무 프르러 블근 빗 도돈 블근 것'으로 번역된다. 그리고 '綝'가 한자어 '靑赤色'을 뜻한다. 따라서 '블근 것'과 '靑赤色'의 동의성은 명백히 입증된다. 고유어 '블근 것'은 명사구로 상태동사 '붉다'의 관형사형 '블근'과 의존명사 '것'의 결합이다.

　　(203) a. 君子는 너무 프르러 블근 빗 도돈 것과 블근 거스로 동졍을 아니ᄒᆞ시며(君子는 不以紺綝로 飾이러시다) <번小四 24a>

　　(203) b. 綝 : 靑赤色 <四解下 67a>
　　　　　c. 綝 : 블근 츄 <字會下 9a>

<204> 빗돗 對 桅篷

　고유어 '빗돗'과 한자어 '桅篷'이 [篷] 즉 '돛, 바람을 받아 배를 나아가게 하는 베'의 뜻을 가지고 동의 관계에 있다는 것은 다음 예문들에서 잘 확인된다. '篷'이 한자어 '桅篷'을 뜻하고 '桅篷'은 고유어 '빗돗'과 동의 관계에 있다. 그리고 '篷'의 자석이 '빗돗'이고 고유어 '빗돗'은 한자어 '桅篷'과 동의 관계에 있다. 따라서 '빗돗'과 '桅篷'의 동의성은 명백히 입증된다. 고유어 '빗돗'은 합성명사로 명사 '비'[舟]와 명사 '돗'[帆]의 合成으로 '비+ㅅ#돗'으로 분석될 수 있다. '돗'은 '돍'[帆]의 팔종성 표기이다.

(204) a. 篷 : 編竹覆舟車 今俗語桅篷 빗돗 <四解上 3a>

b. 篷 : 빗돗 봉 俗呼桅篷 <字會中 12b>

<205> 빗돗 對 舟上幔

고유어 '빗돗'과 한자어 '舟上幔'이 [帆] 즉 '돗, 바람을 받아 배를 나아가게 하는 베'의 뜻을 가지고 동의 관계에 있다는 것은 다음 예문들에서 잘 확인된다. '帆'이 한자어 '舟上幔'을 뜻하고 '舟上幔'은 고유어 '빗돗'과 동의 관계에 있다. 그리고 '帆'의 자석이 '빗돗'이다. 따라서 '빗돗'과 '舟上幔'의 동의성은 명백히 입증된다. 고유어 '빗돗'은 합성명사로 명사 '부'[舟]와 명사 '돗'[帆]의 合成이다.

(205) a. 帆 : 舟上幔 <四解下 77a>

b. 帆 : 빗돗 범 船上風席 <字會中 12b>

<206> 빗시울 對 船邊

고유어 '빗시울'과 한자어 '船邊'이 [舷] 즉 '뱃전'의 뜻을 가지고 동의 관계에 있다는 것은 다음 예문들에서 잘 확인된다. '舷'이 한자어 '船邊'을 뜻한다. 그리고 '舷'의 자석이 '빗시울'이다. 따라서 '빗시울'과 '船邊'의 동의성은 명백히 입증된다. 고유어 '빗시울'은 합성명사로 명사 '븨'[船]와 명사 '시울'[邊]의 合成이다.

(206) a. 舷 : 船邊 <四解下 7b>

b. 舷 : 빗시울 현 <字會中 13a>

<207> 사돈집 對 親家

고유어 '사돈집'과 한자어 '親家'가 [親家]와 [親] 즉 '친가'의 뜻을 가지고 동의 관계에 있다는 것은 다음 예문들에서 잘 확인된다. 원문 중 '親家公'이 '사돈짓 아비'로 번역되고 '親家母'가 '사돈짓 어미'로 번역된다. 그리고 '親'은 한자어 '親家'를 뜻한다. 따라서 '사돈집'과 '親家'의 동의성은 명백히 입증된다. 고유어 '사돈짓'은 명사 '사돈'과 명사 '집'[家]의 合成으로 '사돈#집+ㅅ'으로 분석될 수 있다.

(207) a. 사돈짓 아비(親家公) <번老下 34b>

b. 사돈짓 어미(親家母) <번老下 34b>

c. 사돈짓 아자비(親家伯伯) <번老下 34b>

d. 사돈짓 아즈미(親家姨姨) <번老下 34b>

(207) e. 親 : 姻家曰親家 <四解上 58a>

f. 親 : 아숨 친…又婚姻家相謂曰親家 <字會上 17a>

<208> 사르미 집 對 人家

고유어 '사르미 집'과 한자어 '人家'가 [人家] 즉 '사람의 집, 人家'의 뜻을 가지고 동의 관계에 있다는 것은 다음 예문들에서 잘 확인된다. 원문 중 '那人家'가 '그 사르미 집'으로 번역되고 '一箇人家'가 '흔 사르미 집'으로 번역된다. 그리고 [帶累人家]가 '人家를 버므리다'로 번역된다. 따라서 '사르미 집'과 '人家'의 동의성은 명백히 입증된다. 고유어 '사르미 집'은 명사구로 명사 '사룸'[人]과 '집'[家]의 결합으로 '사룸+이(속격 조사) #집'으로 분석될 수 있다.

(208) a. 그 사르미 지블 다가 조차 버므러(將那人家連累) <번老上 50b>

b. 요제예 흔 사르미 지븨셔(新近這裏有一箇人家) <번老上 50a>

(208) c. 이리 人家를 버므리ᄂᆞ니(似這般帶累人家) <번老上 50b>

d. 人家들흘 몰외야(省會人家) <번老上 49b>

(208) e. 人 : 天地人爲三才 最靈者也 <四解上 61b>

f. 人 : 사룸 신 <字會下 1b>

<209> 살믿 對 箭末金

고유어 '살믿'과 한자어 '箭末金'이 [鏃] 즉 '살촉, 화살촉'의 뜻을 가지고 동의 관계에 있다는 것은 다음 예문들에서 잘 확인된다. '鏃'이 한자어 '箭末金'을 뜻한다. 그리고 '鏃'의 자석이 '살믿'이다. 따라서 '살믿'과 '箭末金'의 동의성은 명백히 입증된다. 고유어 '살믿'은 합성명사로 명사 '살'과 명사 '믿'의 合成이다.

(209) a. 鏃 : …箭末金 <四解上 5a>

b. 鏃 : 살믿 족 <字會中 14b>

<210> 살믿 對 箭鏃

고유어 '살믿'과 한자어 '箭鏃'이 [鏑] 즉 '살촉, 箭鏃'의 뜻을 가지고 동의 관계에 있다는 것은 다음 예문들에서 잘 확인된다. '鏑'이 한자어 '箭鏃'을 뜻한다. 그리고 '鏑'의 자석이 '살믿'이다. 따라서 '살믿'과

'箭鏃'의 동의성은 명백히 입증된다. 고유어 '살믿'은 합성명사로 명사 '살'과 명사 '믿'의 合成이다.

(210) a. 鏑 : 箭鏃 <四解下 48b>
    b. 鏑 : 살믿 뎍 俗呼울고도리曰鳴鏑 <字會中 14b>

<211> 살오늬 對 箭受絃處

고유어 '살오늬'와 한자어 '箭受絃處'가 [筈] 즉 '화살의 오늬, 오늬, 화살의 머리를 시위에 끼도록 에어낸 부분'의 뜻을 가지고 동의 관계에 있다는 것은 다음 예문들에서 잘 확인된다. '筈'이 한자어 '箭受絃處'를 뜻한다. 그리고 '筈'의 자석이 '살오늬'이다. 따라서 '살오늬'와 '箭受絃處'의 동의성은 명백히 입증된다. 고유어 '살오늬'는 합성명사로 명사 '살'[箭]과 명사 '오늬'의 合成이다.

(211) a. 筈 : 箭受絃處 <四解上 72b>
    b. 筈 : 살오늬 괄 <字會中 14b>

<212> 살짓 對 箭羽

고유어 '살짓'과 한자어 '箭羽'가 [翎] 즉 '화살 깃'의 뜻을 가지고 동의 관계에 있다는 것은 다음 예문들에서 잘 확인된다. '翎'의 자석이 '살짓'이고 고유어 '살짓'은 한자어 '箭羽'와 동의 관계에 있다. 따라서 '살짓'과 '箭羽'의 동의성은 명백히 입증된다. 고유어 '살짓'은 합성명사로 명사 '살'[箭]과 명사 '짓'[羽]의 合成이다.

(212) a. 翎 : 鳥羽 <四解下 56b>
    b. 翎 : 살짓 령 箭羽 又鳥羽 <字會中 14a>

<213> 삸대 對 箭簳

고유어 '삸대'와 한자어 '箭簳'이 [笴] 즉 '화살대, 화살의 몸을 이루는 대'의 뜻을 가지고 동의 관계에 있다는 것은 다음 예문들에서 잘 확인된다. '笴'가 한자어 '箭笴'를 뜻한다. 그리고 '笴'의 자석이 '삸대'이다. 따라서 '삸대'와 '箭簳'의 동의성은 명백히 입증된다. 고유어 '삸대'는 합성명사로 명사 '살'[箭]과 명사 '대'의 合成으로 '살+ㅅ#대'로 분석된다.

(213) a. 笴 : 箭笴 삿대 <四解上 71a>
    b. 笴 : 삸대 간 亦作簳 <字會中 14b>

<214> 삿대 對 箭簳

고유어 '삿대'와 한자어 '箭簳'이 [箭簳]과 [簳] 즉 '화살대, 살대'의 뜻을 가지고 동의 관계에 있다는
것은 다음 예문들에서 잘 확인된다. 원문 중 '這箭簳'이 '이 삿대'로 번역된다. '簳'이 한자어 '箭簳'을 뜻
하고 '箭簳'은 고유어 '삿대'와 동의 관계에 있다. 따라서 '삿대'와 '箭簳'의 동의성은 명백히 입증된다.
고유어 '삿대'는 '삸대'의 자음 'ㄹ'이 탈락된 것이다. 그리고 '삸대'는 명사 '살'[箭]과 명사 '대'의 合成으
로 '살+ㅅ#대'로 분석된다.

(214) a. 이 삿대는 대오(這箭簳是竹子) <번老下 32b>

(214) b. 簳 : 箭簳 삿대 <四解上 71a>

　　　 c. 笴 : 삸대 간 亦作簳 <字會中 14b>

<215> 새매 對 鶙鶥

고유어 '새매'와 한자어 '鶙鶥'이 [鶙], [鶥] 및 [鷂] 즉 '새매'의 뜻을 가지고 동의 관계에 있다는 것은
다음 예문들에서 잘 확인된다. '鶙'와 '鶥'이 한자어 '鶙鶥'을 뜻하고 '鶙鶥'은 한자 '鷂'와 同義이다. 그리
고 '鷂'의 자석이 '새매'이다. 따라서 '새매'와 '鶙鶥'의 동의성은 명백히 입증된다. 고유어 '새매'는 합성
명사로 명사 '새'와 명사 '매'의 合成이다.

(215) a. 鶙 : 鶙鶥 鷂也 <四解上 25a>

　　　 b. 鶥 : 鶙鶥 鷂也 <四解下 1a>

(215) c. 鷂 : 鷙鳥 <四解下 17b>

　　　 d. 鷂 : 새매 요 <字會上 8b>

<216> 새매 對 鷐風

고유어 '새매'와 한자어 '鷐風'이 [鷐] 즉 '새매'의 뜻을 가지고 동의 관계에 있다는 것은 다음 예문들
에서 잘 확인된다. '鷐'이 한자어 '鷐風'을 뜻한다. 그리고 '鷐'의 자석이 '새매'이다. 따라서 '새매'와 '鷐
風'의 동의성은 명백히 입증된다. 고유어 '새매'는 합성명사로 명사 '새'와 명사 '매'의 合成이다.

(216) a. 鷐 : 鷐風 鷐也 <四解上 60a>

　　　 b. 鷐 : 새매 신 <字會上 9a>

<217> 새매 對 鷂子

고유어 '새매'와 한자어 '鷂子'가 [鷂] 즉 '새매의 암컷, 익더기'의 뜻을 가지고 동의 관계에 있다는 것은 다음 예문들에서 잘 확인된다. '鷂'의 자석이 '새매'이고 고유어 '새매'는 한자어 '鷂子'와 동의 관계에 있다. 따라서 '새매'와 '鷂子'의 동의성은 명백히 입증된다. 고유어 '새매'는 합성명사로 명사 '새'와 명사 '매'의 合成이다.

(217) a. 鷂 : 鷙鳥 <四解下 17b>
b. 鷂 : 새매 요 俗呼鷂子 鷂鷹 <字會上 8b>

<218> 새매 對 靑鸇

고유어 '새매'와 한자어 '靑鸇'이 [鸇] 즉 '새매'의 뜻을 가지고 동의 관계에 있다는 것은 다음 예문들에서 잘 확인된다. '鸇'의 자석이 '새매'이고 고유어 '새매'는 한자어 '靑鸇'과 동의 관계에 있다. 따라서 '새매'와 '靑鸇'의 동의성은 명백히 입증된다. 고유어 '새매'는 합성명사로 명사 '새'와 명사 '매'의 合成이다.

(218) a. 鸇 : 鷂也 <四解下 5b>
b. 鸇 : 새매 젼 俗呼靑鸇 <字會上 9a>

<219> 새부리 對 鳥口

고유어 '새부리'와 한자어 '鳥口'가 [嘴] 즉 '새의 주둥이'의 뜻을 가지고 동의 관계에 있다는 것은 다음 예문들에서 잘 확인된다. '嘴'의 자석이 '새부리'이고 고유어 '새부리'는 한자어 '鳥口'와 동의 관계에 있다. 따라서 '새부리'와 '鳥口'의 동의성은 명백히 입증된다. 고유어 '새부리'는 합성명사로 명사 '새'[鳥]와 명사 '부리'[口]의 合成이다.

(219) a. 觜 : 喙也 亦作嘴 <四解上 51a>
b. 嘴 : 새부리 췌 鳥口 <字會下 3b>

<220> 샹녯옷 對 褻衣

고유어 '샹녯옷'과 한자어 '褻衣'가 [褻服]과 [衷] 즉 '평상복'의 뜻을 가지고 동의 관계에 있다는 것은 다음 예문들에서 잘 확인된다. 원문 중 '爲褻服'이 '샹녯오술 밍ᄀᆞᆯ다'로 번역된다. 그리고 '衷'이 한자어

'褻衣'를 뜻한다. 따라서 '샹녯옷'과 '褻衣'의 동의성은 명백히 입증된다. 고유어 '샹녯옷'은 합성명사로 명사 '샹녜'와 명사 '옷'의 合成이다.

(220) a. 분홍 ᄌᆞ디로 샹녜오슬 밍ᄀᆞ디 아니ᄒᆞ더시다(紅紫로 不以爲褻服이러시다) <번小四 24a>

(220) b. 褻 : …褻衣也 <四解上 8a>
     c. 褻 : 솝 튱 <字會下 15a>

<221> 샹사롬 對 庶人

고유어 '샹사롬'과 한자어 '庶人'이 [庶人] 즉 '아무 벼슬이 없는 일반 평민'의 뜻을 가지고 동의 관계에 있다는 것은 다음 예문들에서 잘 확인된다. 원문 중 '庶人之職'이 '샹사ᄅᆞ믜 일'로 번역된다. 그리고 '庶人耆老'가 '庶人 늘그니'로 번역된다. 따라서 '샹사롬'과 '庶人'의 동의성은 명백히 입증된다. '샹사롬'은 합성명사로 [常] 즉 '보통, 예사'의 뜻을 가진 한자어 '샹(常)'과 명사 '사롬'의 합성이지만 이 저서에서는 고유어로 다루었다.

(221) a. ᄒᆞᆫ 남진 ᄒᆞᆫ 겨집은 샹사ᄅᆞ믜 이리니라(一夫一婦ᄂᆞᆫ 庶人之職也ㅣ니라) <번小七 31b>
     b. 庶人 늘그니는 고기 업슨 밥 먹디 아니ᄒᆞᄂᆞ니라(庶人이 耆老애 不徒食이니라) <번小三 33b>

<222> 손 도으리 對 坌工

고유어 '손 도으리'와 한자어 '坌工'이 [坌工] 즉 '조역꾼'의 뜻을 가지고 동의 관계에 있다는 것은 다음 예문들에서 잘 확인된다. 원문 중 '打墻的和坌工'이 '담 ᄉᆞ리와 손 도으리'로 번역된다. 그리고 한자어 '坌工'이 '分工用力之人'을 뜻한다. 따라서 '손 도으리'와 '坌工'의 동의성은 명백히 입증된다. 고유어 '손 도으리'는 명사구로 명사 '손'과 명사구 '도으리'의 결합이다. 명사구 '도으리'는 '돕+을#이'로 분석될 수 있다.

(222) a. 여러 담 ᄉᆞ리와 손 도으리 블러(9b) 다가 담 ᄊᆞ라(叫幾箇打墻的和坌工來築墻) <번朴上 10a>
     b. 坌工 : 分工用力之人 <老朴 朴上 5a>

<223> 손 드는 집 對 客舍

고유어 '손 드는 집'과 한자어 '客舍'가 [舘] 즉 '객사, 여관'의 뜻을 가지고 동의 관계에 있다는 것은 다음 예문들에서 잘 확인된다. 원문 중 '舘傳'이 '손 드는 집과 역'으로 번역된다. 그리고 '舘'이 한자어 '客

舍'를 뜻한다. 따라서 '손 드는 집'과 '客舍'의 동의성은 명백히 입증된다. 고유어 '손 드는 집'은 명사구로 명사 '손'[客]과 동작동사 '들다'의 관형사형 '드는'과 명사 '집'[舍]의 결합이다.

(223) a. 손 드는 집과 역을 다 됴히 꾸며 두며(舘傳을 必增飾ᄒ며) <번小十 14b>

(223) b. 館 : 客舍 <四解上 72a>
    c. 舘 : 同上 <四解上 72a>
    d. 舘 : 집 관 客舍 亦作館 <字會中 5a>

<224> 손목 對 手腕

고유어 '손목'과 한자어 '手腕'이 [腕] 즉 '손목'의 뜻을 가지고 동의 관계에 있다는 것은 다음 예문들에서 잘 확인된다. '腕'이 한자어 '手腕'을 뜻한다. 그리고 '腕'의 자석이 '손목'이고 고유어 '손목'은 한자어 '手腕'과 동의 관계에 있다. 따라서 '손목'과 '手腕'의 동의성은 명백히 입증된다. 고유어 '손목'은 합성명사로 명사 '손'과 명사 '목'의 合成이다.

(224) a. 腕 : 手腕 <四解上 81b>
    b. 腕 : 손목 완 俗稱手腕 <字會上 13b>

<225> 숪가락 對 手指

고유어 '숪가락'과 한자어 '手指'가 [指] 즉 '손가락'의 뜻을 가지고 동의 관계에 있다는 것은 다음 예문들에서 잘 확인된다. '指'가 한자어 '手指'를 뜻한다. 그리고 '指'의 자석이 '숪가락'이고 고유어 '숪가락'은 한자어 '手指'와 동의 관계에 있다. 따라서 '숪가락'과 '手指'의 동의성은 명백히 입증된다. 고유어 '숪가락'은 합성명사로 명사 '손'과 명사 '가락'의 合成으로 '손+ㅅ#가락'으로 분석된다.

(225) a. 指 : 手指 <四解上 18a>
    b. 指 : 숪가락 지 手指 <字會上 13b>

그리고 고유어 '손까락'이 [指頭] 즉 '손가락'의 뜻을 가지고 있다는 것은 『번역박통사』의 다음 예문에서 잘 확인된다. 원문 중 '指頭'가 '손까락'으로 번역된다.

(225) c. 손까라고로 다가…ᄇᄅ라(將指頭…探) <번朴上 13b>

<226> 쇠마치 對 鐵鎚

고유어 '쇠마치'와 한자어 '鐵鎚'가 [鎚] 즉 '쇠망치'의 뜻을 가지고 동의 관계에 있다는 것은 다음 예문들에서 잘 확인된다. '鎚'의 자석이 '쇠마치'이고 고유어 '쇠마치'는 한자어 '鐵鎚'와 동의 관계에 있다. 따라서 '쇠마치'와 '鐵鎚'의 동의성은 명백히 입증된다. 고유어 '쇠마치'는 합성명사로 명사 '쇠'[鐵]와 명사 '마치'의 合成이다.

(226) a. 鎚 : 煅也 <四解上 49a>

　　　b. 鎚 : 쇠마치 퇴 俗呼鐵鎚 <字會中 8b>

<227> 쇠붚 對 鐘

고유어 '쇠붚'과 한자어 '鐘'이 [鐘] 즉 '종, 쇠북'의 뜻을 가지고 동의 관계에 있다는 것은 다음 예문들에서 잘 확인된다. 원문 중 '鐘樓'가 '쇠붚 드론 루로'로 번역된다. 그리고 '鐘'이 樂器이고 '鐘'의 자석이 '쇠붚'이다. 따라서 '쇠붚'과 '鐘'의 동의성은 명백히 입증된다. 고유어 '쇠붚'은 합성명사로 명사 '쇠'와 명사 '붚'의 合成이다.

(227) a. 두 녀긔 쇠붚 드론 루와(兩壁鐘樓) <번朴上 69b>

(227) b. 鐘 : 樂器 <四解上 8b>

　　　c. 鐘 : 쇠붚 죵 <字會中 15b>

<228> 쇠손 對 泥鏝

고유어 '쇠손'과 한자어 '泥鏝'이 [鏝] 즉 '쇠로 만든 흙손'의 뜻을 가지고 동의 관계에 있다는 것은 다음 예문들에서 잘 확인된다. '鏝'이 한자어 '泥鏝'을 뜻하고 '泥鏝'은 고유어 '쇠손'과 동의 관계에 있다. 그리고 '鏝'의 자석이 '쇠손'이고 고유어 '쇠손'은 한자어 '泥鏝'과 동의 관계에 있다. 따라서 '쇠손'과 '泥鏝'의 동의성은 명백히 입증된다. 고유어 '쇠손'은 합성명사로 [鐵] 즉 '쇠'의 뜻을 가진 명사 '쇠'와 [杇] 즉 '흙손'의 뜻을 가진 명사 '손'의 合成이다.

(228) a. 鏝 : 鐵杇 今俗呼泥鏝 쇠손 <四解上 74b>

　　　b. 鏝 : 쇠손 만 俗稱泥鏝 <字會中 8b>

<229> 쇠손 對 鐵杇

고유어 '쇠손'과 한자어 '鐵杇'가 [鏝] 즉 '쇠로 만든 흙손'의 뜻을 가지고 동의 관계에 있다는 것은 다음 예문들에서 잘 확인된다. '鏝'이 한자어 '鐵朽'를 뜻하고 '鐵朽'는 고유어 '쇠손'과 동의 관계에 있다. 그리고 '鏝'의 자석이 '쇠손'이다. 따라서 '쇠손'과 '鐵朽'의 동의성은 명백히 입증된다. 고유어 '쇠손'은 합성명사로 '쇠'[鐵]와 명사 '손'[朽]의 合成이다.

> (229) a. 鏝 : 鐵朽 今俗呼泥鏝 쇠손 <四解上 74b>
> b. 鏝 : 쇠손 만 俗稱泥鏝 <字會中 8b>

<230> 쇳속 對 鎖鬚/鎯鬚

고유어 '쇳속'과 한자어 '鎖鬚/鎯鬚'가 [鍵] 즉 '자물쇠청, 자물쇠에 딸린 날름쇠'의 뜻을 가지고 동의 관계에 있다는 것은 다음 예문들에서 잘 확인된다. '鍵'이 한자어 '鎯鬚'를 뜻한다. 그리고 '鍵'의 자석이 '쇳속'이고 고유어 '쇳속'은 한자어 '鎖鬚'와 동의 관계에 있다. 따라서 '쇳속'과 '鎖鬚/鎯鬚'의 동의성은 명백히 입증된다. 한자 '鎖'와 '鬚'는 同字이다. 고유어 '쇳속'은 합성명사로 명사 '쇠'[鍵]와 '속'[裏]의 合成이다.

> (230) a. 鍵 : …今俗呼鎯鬚 <四解下 2a>
> b. 鍵 : 쇳속 건 俗呼鎖鬚 <字會中 8b>

<231> 숑아지 對 牛子

고유어 '숑아지'와 한자어 '牛子'가 [犢] 즉 '송아지'의 뜻을 가지고 동의 관계에 있다는 것은 다음 예문들에서 잘 확인된다. '犢'이 한자어 '牛子'를 뜻한다. 그리고 '犢'의 자석이 '숑아지'이다. 따라서 '숑아지'와 '牛子'의 동의성은 명백히 입증된다. 고유어 '숑아지'는 합성명사로 [牛] 즉 '소'의 뜻을 가진 명사 '쇼'와 [子] 즉 '새끼'의 뜻을 가진 명사 '아지'의 合成이다.

> (231) a. 犢 : 牛子 <四解上 2b>
> b. 犢 : 숑아지 독 <字會上 10a>

<232> 쇠뿔 對 牛角

고유어 '쇠뿔'과 한자어 '牛角'이 [牛角] 즉 '소뿔'의 뜻을 가지고 동의 관계에 있다는 것은 다음 예문들에서 잘 확인된다. 원문 중 '牛角盒兒'가 '쇠뿔로 혼 뎐합즈'로 번역된다. 그리고 한자어 '牛角哮囉'가 고유어 '쇠뿔 쥬라'와 동의 관계에 있다. 따라서 '쇠뿔'과 '牛角'의 동의성은 명백히 입증된다. 고유어 '쇠뿔'은 합성명사로 명사 '쇼'[牛]와 명사 '뿔'[角]의 合成으로 '쇼+이#뿔'로 분석된다.

(232) a. 쇠쌀로 혼 면합ᄌ 일빅 낫(牛角盒兒一百箇) <번老下 68a>

　　　b. 觜 : 觜篛…今漢俗所吹牛角哮囉 쇠쌀 쥬라 <四解上 57a>

<233> 쇠쌀 쥬라 對 哮囉

　　고유어 '쇠쌀 쥬라'와 한자어 '哮囉'가 [哮]과 [囉] 즉 '군대에서 쓰는 吹奏 악기'의 뜻을 가지고 동의 관계에 있다는 것은 다음 예문들에서 잘 확인된다. '哮'이 한자어 '哮囉'를 뜻하고 '哮囉'는 '軍中所吹角'이다. 그리고 '囉'가 한자어 '哮囉'를 뜻하고 '哮囉'는 고유어 '쇠쌀 쥬라'와 동의 관계에 있다. 따라서 '쇠쌀 쥬라'와 '哮囉'의 동의성은 명백히 입증된다. 고유어 '쇠쌀 쥬라'는 명사구로 합성명사 '쇠쌀'[牛角]과 명사 '쥬라'의 결합이다.

　　(233) a. 哮 : …又今俗謂軍中所吹角曰哮囉 <四解上 64a>

　　　　b. 囉 : …又哮囉 쇠쌀 쥬라 <四解下 27a>

　　　　c. 觜 : …今漢俗所吹牛角哮囉 쇠쌀 쥬라 <四解上 57a>

<234> 수게 對 尖臍

　　고유어 '수게'와 한자어 '尖臍'가 [尖臍] 즉 '수케'의 뜻을 가지고 동의 관계에 있다는 것은 다음 예문들에서 잘 확인된다. '螃'이 한자어 '螃蟹'를 뜻한다. '螃'의 자석이 '게'이고 한자어 '尖臍'가 '수게'이다. 그리고 '蟹'가 한자어 '螃蟹'를 뜻하고 '雄' 즉 '수컷'은 한자어 '尖臍'이다. 따라서 '수게'와 '尖臍'의 동의성은 명백히 입증된다. 고유어 '수게'는 합성명사로 명사 '수'와 명사 '게'의 合成이다.

　　(234) a. 螃 : 螃蟹 <四解下 36b>

　　　　b. 螃 : 게 방 俗呼尖臍 수 團臍 암 <字會上 10b>

　　(234) c. 蟹 : …俗呼爲螃蟹…雄曰尖臍 雌曰團臍 <四解上 47a>

　　　　d. 蟹 : 게 히 俗呼螃蟹 <字會上 10b>

<235> 수노루 對 牙獐

　　고유어 '수노루'와 한자어 '牙獐'이 [牙獐] 즉 '수노루, 노루의 수컷'의 뜻을 가지고 동의 관계에 있다는 것은 다음 예문들에서 잘 확인된다. '獐'의 자석이 '노루'이고 한자어 '牙獐'이 고유어 '수노루'와 동의 관계에 있다. 따라서 '수노루'와 '牙獐'의 동의성은 명백히 입증된다. 고유어 '수노루'는 합성명사로 명사 '수'와 명사 '노루'의 合成이다.

(235) a. 獐 : 麕屬 <四解下 42b>

   b. 獐 : 노루 쟝 牙獐 수 草獐 암 <字會上 10a>

<236> 수디새 對 筒瓦/童瓦

고유어 '수디새'와 한자어 '筒瓦/童瓦'가 [筒瓦]와 [童瓦] 즉 '수키와'의 뜻을 가지고 동의 관계에 있다는 것은 다음 예문들에서 잘 확인된다. 원문 중 '筒瓦'가 '수디새'로 번역된다. 그리고 한자어 '童瓦'가 고유어 '수디새'와 동의 관계에 있다. 따라서 '수디새'와 '筒瓦/童瓦'의 동의성은 명백히 입증된다. 고유어 '수디새'는 합성명사로 명사 '수'[牡]와 명사 '디새'[瓦]의 合成이다.

(236) a. 니여 잇ᄂᆞᆫ 거시 다 룡봉 도틴 막새 수디새 암디새(蓋的都是龍鳳凹面花頭筒瓦和仰瓦) <번朴上 68b>

(236) b. 瓦 : …土器已燒之總名 又屋瓦 <四解下 31b>

   c. 瓦 : 디새 와 仰瓦 암 童瓦 수 <字會中 9b>

<237> 수사슴 對 角鹿

고유어 '수사슴'과 한자어 '角鹿'이 [角鹿] 즉 '수사슴'의 뜻을 가지고 동의 관계에 있다는 것은 다음 예문들에서 잘 확인된다. '鹿'의 자석이 '사슴'이고 한자어 '角鹿'은 고유어 '수사슴'과 동의 관계에 있다. 따라서 '수사슴'과 '角鹿'의 동의성은 명백히 입증된다. 고유어 '수사슴'은 합성명사로 명사 '수'[牡]와 명사 '사슴'[鹿]의 合成이다.

(237) a. 鹿 : 山獸 <四解上 6b>

   b. 鹿 : 사슴 록 角鹿 수 麌鹿 암 <字會上 10a>

<238> 수쇼 對 牡牛

고유어 '수쇼'와 한자어 '牡牛'가 [牯] 즉 '수소'의 뜻을 가지고 동의 관계에 있다는 것은 다음 예문들에서 잘 확인된다. '牯'가 한자어 '牡牛'를 뜻한다. 그리고 '牯'의 자석이 '수쇼'이고 고유어 '수쇼'는 한자어 '牡牛'와 동의 관계에 있다. 따라서 '수쇼'와 '牡牛'의 동의성은 명백히 입증된다. 고유어 '수쇼'는 합성명사로 [牡] 즉 '수컷'을 뜻하는 명사 '수'와 [牛] 즉 '소'를 뜻하는 명사 '쇼'의 合成이다.

(238) a. 牯 : 今俗呼牡牛曰牯牛 <四解上 36a>

b. 牡 : 수쇼고 牡牛 <字會下 4a>

<239> 수티새 對 甋瓦

고유어 '수티새'와 한자어 '甋瓦'가 [甋] 즉 '수키와'의 뜻을 가지고 동의 관계에 있다는 것은 다음 예문들에서 잘 확인된다. '甋'이 한자어 '甋瓦'를 뜻하고 '甋瓦'는 고유어 '수티새'와 동의 관계에 있다. 따라서 '수티새'와 '甋瓦'의 동의성은 명백히 입증된다. 고유어 '수티새'는 합성명사로 명사 '숳'[牡]와 명사 '디새'[瓦]의 合成이다.

(239) a. 甋 : 今俗呼甋瓦 수티새 <四解上 2a>

(239) b. 瓦 : …土器已燒之總名 <四解下 31b>
c. 瓦 : 디새 와…童瓦 수 <字會中 9b>

<240> 술믿 對 酒本

고유어 '술믿'과 한자어 '酒本'이 [酶] 즉 '술밑, 고두밥'의 뜻을 가지고 동의 관계에 있다는 것은 다음 예문들에서 잘 확인된다. '酶'가 한자어 '酒本'을 뜻한다. 그리고 '酶'의 자석이 '술믿'이다. 따라서 '술믿'과 '酒本'의 동의성은 명백히 입증된다. 고유어 '술믿'은 합성명사로 명사 '술'[酒]과 명사 '믿'[本]의 合成이다.

(240) a. 酶 : 酒本也 麴餅酒酵皆曰酶 <四解上 50b>
b. 酶 : 술믿 미 <字會中 11a>

<241> 술윗통 구뭇 시울게 바근 쇠 對 車釧

고유어 '술윗통 구뭇 시울게 바근 쇠'와 한자어 '車釧'이 [車釧] 즉 '수레통 구멍의 가장자리에 박은 쇠'의 뜻을 가지고 동의 관계에 있다는 것은 다음 예문들에서 잘 확인된다. 한자어 '車釧'이 고유어 '술윗통 구뭇 시울게 바근 쇠'와 동의 관계에 있다. 그리고 원문 중 '車釧'이 '술윗통앳 구뭇 부리 돌이로 바가 잇는 쇠'로 번역된다. 따라서 '술윗통 구뭇 시울게 바근 쇠'와 '車釧'의 동의성은 명백히 입증된다. 고유어 '술윗통 구뭇 시울게 바근 쇠'는 명사구로 명사 '술위통'과 명사 '구무'와 명사 '시욹'과 동작동사 '박다'의 관형사형 '바근'과 명사 '쇠'의 결합이다.

(241) a. 釧 : 臂環…今俗呼車釧 술윗통 구뭇 시울게 바근 쇠 <四解下 11a>

b. 釧 : 풀쇠 쳔 俗呼臂釧 <字會中 12b>

(241) c. 술윗통앳 구뭇 부리 돌이로 바가 잇는 쇠(車釧) <번老下 36a>

<242> 술집 對 槽房

고유어 '술집'과 한자어 '槽房'이 [槽房] 즉 '술집'의 뜻을 가지고 동의 관계에 있다는 것은 다음 예문 들에서 잘 확인된다. 원문 중 '京城槽房'이 '셔욼 술집'으로 번역된다. 그리고 한자어 '槽房'이 고유어 '술집'과 동의 관계에 있다. 따라서 '술집'과 '槽房'의 동의성은 명백히 입증된다. 고유어 '술집'은 합성 명사로 명사 '술'과 명사 '집'의 合成이다.

(242) a. 수리 셔욼 술집들해 비록 하나(酒京城槽房雖然多) <번朴上 2a>

(242) b. 槽 : … 又馬槽 酒槽 <四解下 21b>
c. 槽 : 고조 조 俗呼酒槽 又槽房 술집 <字會中 7a>

<243> 슈질 치질 對 刺綉

고유어 '슈질 치질'과 한자어 '刺綉'가 [刺綉] 즉 '수를 놓음'의 뜻을 가지고 동의 관계에 있다는 것은 다음 예문들에서 잘 확인된다. 원문 중 '刺綉'가 '슈질 치질'로 번역된다. '綉'가 한자어 '刺綉'를 뜻하고 '繡'의 자석이 '슈질'이다. 그리고 '刺'이 한자어 '刺繡'를 뜻하고 '刺'의 자석이 '치질'이다. 따라서 '슈질 치질'과 '刺綉'의 동의성은 명백히 입증된다. 고유어 '슈질 치질'은 명사구로 명사 '슈질'과 명사 '치질' 의 결합이다. 한자 '綉'와 '繡'는 同字이다.

(243) a. 슈질 치지렛 셩녕 잘ᄒᆞ고(好刺綉生活) <번朴上 45b>

(243) b. 綉 : 刺綉 <四解下 69a>
c. 繡 : 슈질 슈 <字會下 9a>

(243) d. 刺 : … 又刺繡 <四解下 52a>
e. 刺 : 치질 쳑 <字會下 9a>

<244> 싄대초 對 酸棗

고유어 '싄대초'와 한자어 '酸棗'가 [樲] 즉 '멧대추나무'의 뜻을 가지고 동의 관계에 있다는 것은 다음 예문들에서 잘 확인된다. '樲'가 한자어 '酸棗'를 뜻한다. 그리고 '樲'의 자석이 '쉰대초'이고 고유어 '쉰대초'의 열매는 한자어 '酸棗'이다. 따라서 '쉰대초'와 '酸棗'의 동의성은 명백히 입증된다. 고유어 '쉰대초'는 합성명사로 상태동사 '싀다'[酸]의 관형사형 '쉰'과 명사 '대초'[棗]의 合成이다.

(244) a. 樲 : 酸棗 <四解上 23a>
　　　 b. 樲 : 쉰대초 싀 俗呼實曰酸棗 <字會上 6a>

(244) c. 酸 : 실 산 <字會下 6b>
　　　 d. 棗 : 대추 조 <字會上 6a>

<245> 시르밑 對 甑算兒

고유어 '시르밑'과 한자어 '甑算兒'가 [算] 즉 '시루밑'의 뜻을 가지고 동의 관계에 있다는 것은 다음 예문들에서 잘 확인된다. '算'가 한자어 '甑算兒'를 뜻하고 '甑算兒'는 고유어 '시르밑'과 동의 관계에 있다. 그리고 '算'의 자석이 '시르밑'이고 고유어 '시르밑'은 한자어 '甑算兒'와 동의 관계에 있다. 따라서 '시르밑'과 한자어 '甑算兒'의 동의성은 명백히 입증된다. 고유어 '시르밑'은 합성명사로 명사 '시르'[甑]와 '밑'[底]의 合成이다.

(245) a. 算 : 今俗語甑算兒 시르밑 <四解上 15a>
　　　 b. 算 : 시르밑 비 俗稱甑算兒 <字會中 6a>

<246> 실미듭 對 紇絡

고유어 '실미듭'과 한자어 '紇絡'이 [絡] 즉 '실매듭, 실마디'의 뜻을 가지고 동의 관계에 있다는 것은 다음 예문들에서 잘 확인된다. '絡'이 한자어 '紇絡'을 뜻하고 '紇絡'은 고유어 '실미듭'과 동의 관계에 있다. 따라서 '실미듭'과 '紇絡'의 동의성은 명백히 입증된다. 고유어 '실미듭'은 합성명사로 명사 '실'과 명사 '미듭'의 合成이다.

(246) a. 絡 : 紇絡 실미듭 <四解下 76a>
　　　 b. 紇 : 紇絡 실ᄆ듭 <四解上 61b>

<247> ᄡ눈 對 米雪

고유어 'ᄡ눈'과 한자어 '米雪'이 [霰] 즉 '싸라기눈'의 뜻을 가지고 동의 관계에 있다는 것은 다음 예문들에서 잘 확인된다. '霰'이 한자어 '米雪'을 뜻한다. 그리고 '霰'의 자석이 '뽀눈'이다. 따라서 '뽀눈'과 '米雪'의 동의성은 명백히 입증된다. 고유어 '뽀눈'은 합성명사로 명사 '뽈'[米]과 명사 '눈'[雪]의 合成인 '뽈눈'의 첫 음절의 말음 'ㄹ'이 탈락된 것이다.

(247) a. 霰 : 米雪 <四解下 5a>
b. 霰 : 뽀눈 션 <字會上 1b>

<248> 술쯤 對 膚理

고유어 '술쯤'과 한자어 '膚理'가 [腠] 즉 '살결, 살갗의 결'의 뜻을 가지고 동의 관계에 있다는 것은 다음 예문들에서 잘 확인된다. '腠'가 한자어 '膚理'를 뜻하고 '腠'의 자석이 '술쯤'이다. 따라서 '술쯤'과 '膚理'의 동의성은 명백히 입증된다. 고유어 '술쯤'은 합성명사로 명사 '술'[膚]과 명사 '쯤'[理]의 合成으로 '술+ㅅ#쯤'으로 분석된다.

(248) a. 腠 : 膚理 <四解下 66b>
b. 腠 : 술쯤 주 <字會上 14b>

<249> 술진 놈 對 胖漢子

고유어 '술진 놈'과 한자어 '胖漢子'가 [胖漢子] 즉 '살찐 사람'의 뜻을 가지고 동의 관계에 있다는 것은 다음 예문들에서 잘 확인된다. '胖'의 자석이 '술지다'이고 한자어 '胖漢子'가 고유어 '술진 놈'과 동의 관계에 있다. 따라서 '술진 놈'과 '胖漢子'의 동의성은 명백히 입증된다. 고유어 '술진 놈'은 명사구로 동작동사 '술지다'[胖]의 관형사형 '술진'과 명사 '놈'의 결합이다.

(249) a. 胖 : 腜也 今俗謂人肥腜者曰胖漢子 <四解下 36b>
b. 胖 : 술질 팡 俗呼胖漢子 술진 놈 <字會上 15a>

<250> 뽈플 對 漿糊

고유어 '뽈플'과 한자어 '漿糊'이 [糊] 즉 '쌀풀, 쌀가루로 쑨 풀'의 뜻을 가지고 동의 관계에 있다는 것은 다음 예문들에서 잘 확인된다. '糊'이 한자어 '漿糊'을 뜻하고 '漿糊'은 고유어 '뽈플'과 동의 관계에 있다. 그리고 '糊'의 자석이 '뽈플'이다. 따라서 '뽈플'과 '漿糊'의 동의성은 명백히 입증된다. 고유어 '뽈플'은 합성명사로 명사 '뽈'[米]과 명사 '플'[糊]의 合成이다.

(250) a. 糨 : 漿糨 뿔플 <四解下 41b>

b. 糨 : 뿔플 강 <字會中 6b>

<251> 아니 뷘 니근 실 對 絨線

고유어 '아니 뷘 니근 실'과 한자어 '絨線'이 [縷]와 [絨線] 즉 '비비지 아니한 누인 실'의 뜻을 가지고 동의 관계에 있다는 것은 다음 예문들에서 잘 확인된다. '縷'가 한자어 '絨線'을 뜻한다. 그리고 '絨線'이 고유어 '아니 뷘 니근 실'과 동의 관계에 있다. 따라서 '아니 뷘 니근 실'과 '絨線'의 동의성은 명백히 입증된다. '線'과 '線'은 同字이다. 고유어 '아니 뷘 니근 실'은 명사구로 부사 '아니'와 동작동사 '뷔다'의 관형사형 '뷘'과 동작동사 '닉다'의 관형사형 '니근'과 명사 '실'의 결합이다.

(251) a. 縷 : 線也 絨線也 <四解上 35a>

b. 縷 : 뵛오리 루 布縷 又絨線 아니 뷘 니근 실 <字會中 12a>

<252> 아물 對 牝馬

고유어 '아물'과 한자어 '牝馬'가 [騍馬]와 [騍] 즉 '암말'의 뜻을 가지고 동의 관계에 있다는 것은 다음 예문들에서 잘 확인된다. 원문 중 '騍馬'가 '아물'로 번역된다. '騍'가 한자어 '牝馬'를 뜻한다. 그리고 '騍'의 자석이 '아물'이고 고유어 '아물'은 한자어 '牝馬'와 동의 관계에 있다. 따라서 '아물'과 '牝馬'의 동의성은 명백히 입증된다. 고유어 '아물'은 합성명사로 명사 '암'[牝]과 명사 '물'[馬]의 合成이다.

(252) a. 아물 삿기 빈 물(騍馬 懷駒馬) <번老下 9a>

(252) b. 騍 : 牝馬 <四解下 28a>

c. 騍 : 아물 과 牝馬 <字會下 4a>

<253> 아븨누의 對 姑姑

고유어 '아븨누의'와 한자어 '姑姑'가 [姑姑]와 [姑] 즉 '고모'의 뜻을 가지고 동의 관계에 있다는 것은 다음 예문들에서 잘 확인된다. 원문 중 '姑姑生的'이 '아븨누의게 나니'로 번역된다. 그리고 '姑'가 '아버지의 姉妹'로 한자어 '姑姑'를 뜻한다. 따라서 '아븨누의'와 '姑姑'의 동의성은 명백히 입증된다. 고유어 '아븨누의'는 합성명사로 명사 '아비'[父]와 명사 '누의'[姉妹]의 合成이다.

(253) a. 小人은 아븨누의게 나니오(小人是姑姑生的) <번老上 16a>

b. 누구는 아븨누의게 난 ᄌ식고(誰是姑姑上孩兒) <번老上 16a>

c. 아븨 동ᄉ 누의(姑姑) <번老下 34a>

(253) d. 姑 : 아ᄌ미 고 父之姉妹曰姑姑 <字會上 16b>

<254> 아븨누의 어믜오라비 對 姑舅

고유어 '아븨누의 어믜오라비'와 한자어 '姑舅'가 '고모 외삼촌'의 뜻을 가지고 동의 관계에 있다는 것은 다음 예문들에서 잘 확인된다. 원문 중 '姑舅'가 '아븨누의 어믜오라비'로도 번역되고 '姑舅'로도 번역된다. '姑'의 자석이 '아ᄌ미'이고 '父之姉妹'이다. 그리고 '舅'의 자석이 '아자비'이고 '母之兄弟'이다. 따라서 '아븨누의 어믜오라비'와 '姑舅'의 동의성은 명백히 입증된다. 고유어 '아븨누의 어믜오라비'는 명사구로 명사 '아븨누의'와 명사 '어믜오라비'의 결합이다.

(254) a. 아븨 누의 어믜 오라비게셔 난 형데(姑舅哥哥兄弟) <번老下 34b>

b. 이는 내 아븨 동ᄉ 누의와 어믜 동ᄉ 오라비게 난 형이오(是小人姑舅哥哥) <번老上 15b>

(254) c. 너희 ᄒ마 姑舅 兩姨예셔 난 형데로ᄃᆡ(你旣是姑舅兩姨兄弟) <번老上 16b>

d. 姑舅 兩姨 ᄉᅀᅵ예 ᄯᅩ 어듸 무르료(姑舅兩姨更那裏間) <번老上 17a>

(254) e. 姑 : 아ᄌ미 고 父之姉妹曰姑姑 又姑娘 <字會上 16b>

f. 舅 : 아자비 구 母之兄弟曰舅舅 <字會上 16b>

<255> 아ᅀᆞ누의 對 妹子

고유어 '아ᅀᆞ누의'와 한자어 '妹子'가 [妹子]와 [妹] 즉 '누이동생'의 뜻을 가지고 동의 관계에 있다는 것은 다음 예문들에서 잘 확인된다. 원문 중 '妹子'가 '아ᅀᆞ누의'로 번역되고 '妹夫'가 '아ᅀᆞ누의 남진'으로 번역된다. 그리고 '妹'의 자석이 '아ᅀᆞ누의'이고 고유어 '아ᅀᆞ누의'는 한자어 '妹子'와 동의 관계에 있다. 따라서 '아ᅀᆞ누의'와 '妹子'의 동의성은 명백히 입증된다. 고유어 '아ᅀᆞ누의'는 합성명사로 명사 '아ᅀᆞ'[弟]와 명사 '누의'의 合成이다.

(255) a. 아ᅀᆞ누의(妹子) <번老下 4a>

b. 동ᄉ 아ᅀᆞ누의(妹子) <번老下 34a>

c. 아ᅀᆞ누의 남진(妹夫) <번老下 34b>

(255) d. 妹 : 姉妹 <四解上 51a>

e. 妹 : 아ᅀᅳ누의 미 俗呼妹子 夫曰妹夫 <字會上 16b>

<256> 아ᅀᅳ누의남진 對 妹夫

고유어 '아ᅀᅳ누의남진'과 한자어 '妹夫'가 [妹夫] 즉 '누이동생의 남편'의 뜻을 가지고 동의 관계에 있다는 것은 다음 예문들에서 잘 확인된다. 원문 중 '妹夫'가 '아ᅀᅳ누의남진'으로 번역된다. 그리고 '妹'의 자석이 '아ᅀᅳ누의'이고 '아ᅀᅳ누의'의 '夫' 즉 '남편'이 '妹夫'이다. 따라서 '아ᅀᅳ누의남진'과 '妹夫'의 동의성은 명백히 입증된다. 고유어 '아ᅀᅳ누의남진'은 합성명사로 [妹] 즉 '누이동생'의 뜻을 명사 '아ᅀᅳ누의'와 [夫] 즉 '남편'의 뜻을 가진 명사 '남진'의 合成으로 '아ᅀᅳ누의+∅(속격) #남진'으로 분석될 수 있다.

(256) a. 몯누의남진 아ᅀᅳ누의남진(姐夫 妹夫) <번노炕 34b>

(256) b. 妹 : 姉妹 <四解上 51a>
    c. 妹 : 아ᅀᅳ누의 미 俗呼妹子 夫曰妹夫 <字會上 16b>

<257> 아ᅀᅳ아자비 對 叔父

고유어 '아ᅀᅳ아자비'와 한자어 '叔父'가 [叔] 즉 '작은아버지, 아버지의 아우'의 뜻을 가지고 동의 관계에 있다는 것은 다음 예문들에서 잘 확인된다. '叔'의 자석이 '아ᅀᅳ아자비'이고 고유어 '아ᅀᅳ아자비'는 한자어 '叔父'와 동의 관계에 있다. 따라서 '아ᅀᅳ아자비'와 '叔父'의 동의성은 명백히 입증된다. 고유어 '아ᅀᅳ아자비'는 합성명사로 명사 '아ᅀᅳ'와 명사 '아자비'의 合成이다.

(257) a. 叔 : 季父 <四解上 9b>
    b. 叔 : 아ᅀᅳ아자비 俗呼叔父 <字會上 16b>

그리고 '叔父'가 '아ᅀᅳ아자바님'으로 번역된다는 것은 『번역노걸대』의 '아ᅀᅳ아자바님(叔父)' <번老下 3b>에서 잘 확인된다.

<258> 아ᄎ나ᄃᆞᆯ 對 姪兒

고유어 '아ᄎ나ᄃᆞᆯ'과 한자어 '姪兒'가 [姪] 즉 '조카'의 뜻을 가지고 동의 관계에 있다는 것은 다음 예문들에서 잘 확인된다. '姪'의 자석이 '아ᄎ나ᄃᆞᆯ'이고 고유어 '아ᄎ나ᄃᆞᆯ'은 한자어 '姪兒'와 동의 관계에 있다. 따라서 '아ᄎ나ᄃᆞᆯ'과 '姪兒'의 동의성은 명백히 입증된다.

(258) a. 姪 : 兄弟之子曰姪從子 <四解上 59b>

b. 姪 : 아촌나들 딜 同姓俗呼姪兒 <字會東中本上 32a>

고유어 '아촌나들'은 [從子] 즉 '조카'의 뜻을 가진 '아촌아들'의 連綴形이다. '아촌아들'은 합성명사로 [鮮] 즉 '적다'의 뜻을 가진 상태동사 '앛다'의 관형사형 '아촌'과 명사 '아들'[子]의 合成으로 '앛+온#아들'로 분석될 수 있다.

(258) c. 아촌아들 뫼ㅣ (從子뫼ㅣ) <번小六 21a>

<259> 아촌나들 對 外甥

고유어 '아촌나들'과 한자어 '外甥'이 [甥] 즉 '생질, 자매의 아들'의 뜻을 가지고 동의 관계에 있다는 것은 다음 예문들에서 잘 확인된다. '甥'이 한자어 '外甥'을 뜻한다. 그리고 '甥'의 자석이 '아촌나들'이다. 따라서 '아촌나들'과 '外甥'의 동의성은 명백히 입증된다.

(259) a. 甥 : 今俗呼姉妹之子曰外甥 <四解下 61b>
      b. 甥 : 아촌나들 싱 <字會東中本上 32a>

<260> 아촌나들 對 從子

고유어 '아촌나들'과 한자어 '從子'가 [姪] 즉 '조카'의 뜻을 가지고 동의 관계에 있다는 것은 다음 예문들에서 잘 확인된다. '姪'이 한자어 '從子'를 뜻한다. 그리고 '姪'의 자석이 '아촌나들'이다. 따라서 '아촌나들'과 '從子'의 동의성은 명백히 입증된다.

(260) a. 姪 : 兄弟之子曰姪 從子 <四解上 59b>
      b. 姪 : 아촌나들 딜 同姓 俗呼姪兒 <字會東中本上 32a>

고유어 '아촌나들'은 [從子] 즉 '조카'의 뜻을 가진 '아촌아들'의 連綴形이다. '아촌아들'은 합성명사로 [鮮] 즉 '적다'의 뜻을 가진 상태동사 '앛다'의 관형사형 '아촌'과 명사 '아들'[子]의 合成으로 '앛+온#아들'로 분석될 수 있다.

(260) c. 아촌아들 뫼ㅣ (從子뫼ㅣ) <번小六 21a>

<261> 아촌쭐 對 兄弟之女

고유어 '아촌쭐'과 한자어 '兄弟之女'가 [姪] 즉 '조카딸'의 뜻을 가지고 동의 관계에 있다는 것은 다음 예문들에서 잘 확인된다. 원문 중 '妹姪'이 '아슨누의며 아촌똘'로 번역된다. 그리고 '姪'이 한자어 '兄弟之女'를 뜻한다. 따라서 '아촌똘'과 '兄弟之女'의 동의성은 명백히 입증된다. 고유어 '아촌똘'은 합성명사로 [鮮] 즉 '적다'의 뜻을 가진 상태동사 '앛다'의 관형사형 '아촌'과 명사 '똘'[女]의 合成으로 '앛+ㄴ#똘'로 분석될 수 있다.

(261) a. 아즈미며 믄누의며 아슨누의며 아촌싼리(姑姉妹姪이) <번小九 103b>

(261) b. 姪 : 兄弟之女 <四解下 2b>

　　　 c. 姪 : 아즌아들 딜 同姓 俗呼姪兒 <字會上 16b>

<262> 악대돋 對 去勢猪

고유어 '악대돋'과 한자어 '去勢猪'가 [豶] 즉 '불을 간 돼지, 去勢한 돼지'의 뜻을 가지고 동의 관계에 있다는 것은 다음 예문들에서 잘 확인된다. '豶'이 한자어 '去勢猪'를 뜻한다. 그리고 '豶'의 자석이 '악대돋'이다. 따라서 '악대돋'과 '去勢猪'의 동의성은 명백히 입증된다. 고유어 '악대돋'은 합성명사로 명사 '악대'와 명사 '돋'[猪]의 合成이다.

(262) a. 豶 : 去勢猪 <四解上 65a>

　　　 b. 豶 : 악대돋 분 <字會下 4a>

<263> 악대물 對 騸馬

고유어 '악대물'과 한자어 '騸馬'가 [騸馬]와 [騸] 즉 '去勢한 말'의 뜻을 가지고 동의 관계에 있다는 것은 다음 예문들에서 잘 확인된다. 원문 중 '騸馬'가 '악대물'로 번역된다. 그리고 '騸'이 한자어 '騸馬'를 뜻한다. 따라서 '악대물'과 '騸馬'의 동의성은 명백히 입증된다. 고유어 '악대물'은 합성명사로 명사 '악대'와 명사 '물'[馬]의 合成이다.

(263) a. 악대물 졀다물(騸馬 赤馬) <번老下 8b>

(263) b. 騸 : 去畜勢 <四解下 6b>

　　　 c. 騸 : 불아술 션 騸馬 <字會下 4a>

<264> 악대한쇼 對 犍牛

고유어 '악대한쇼'와 한자어 '犍牛'가 [犍] 즉 '불을 간 소, 去勢한 소'의 뜻을 가지고 동의 관계에 있다는 것은 다음 예문들에서 잘 확인된다. '犍'이 한자어 '犍牛'를 뜻한다. 그리고 '犍'의 자석이 '악대'이고 고유어 '악대'는 한자어 '犍牛' 및 고유어 '악대한쇼'와 동의 관계에 있다. 따라서 '악대한쇼'와 '犍牛'의 동의성은 명백히 입증된다. 고유어 '악대한쇼'는 합성명사로 명사 '악대'와 명사 '한쇼'의 合成이다. 그리고 '한쇼'는 [巨] 즉 '크다'의 뜻을 가진 상태동사 '하다'의 관형사형 '한'과 명사 '쇼'[牛]의 合成이다.

(264) a. 犍 : …今俗呼犍牛 <四解下 1a>
b. 犍 : 악대 건 俗稱犍牛 악대한쇼 <字會下 4a>

<265> 안집 對 空棺

고유어 '안집'과 한자어 '空棺'이 [櫬] 즉 '널, 內棺'의 뜻을 가지고 동의 관계에 있다는 것은 다음 예문들에서 잘 확인된다. '櫬'이 한자어 '空棺'을 뜻한다. 그리고 '櫬'의 자석이 '안집'이다. 따라서 '안집'과 '空棺'의 동의성은 명백히 입증된다. 고유어 '안집'은 합성명사로 명사 '안'[內]과 명사 '집'의 合成이다.

(265) a. 櫬 : 空棺 <四解上 62a>
b. 櫬 : 안집 친 <字會中 17a>

(265) c. 柩 : 棺也 有尸曰柩 空棺曰櫬 <四解下 68b>

<266> 안집 對 棺材

고유어 '안집'과 한자어 '棺材'이 [棺] 즉 '관, 시체를 넣는 속널'의 뜻을 가지고 동의 관계에 있다는 것은 다음 예문들에서 잘 확인된다. '棺'의 자석이 '안집'이고 고유어 '안집'은 한자어 '棺材'와 동의 관계에 있다. 따라서 '안집'과 '棺材'의 동의성은 명백히 입증된다. 고유어 '안집'은 합성명사로 명사 '안'[內]과 명사 '집'의 合成이다.

(266) a. 棺 : 棺槨 <四解上 72a>
b. 棺 : 안집 관 俗呼棺材 <字會中 17a>

<267> 앉귀머리 對 內踝

고유어 '앉귀머리'와 한자어 '內踝'가 [內踝] 즉 '안 복사뼈'의 뜻을 가지고 동의 관계에 있다는 것은 다음 예문들에서 잘 확인된다. 원문 중 '脚內踝'가 '발 앉귀머리'로 번역된다. 그리고 한자어 '踝子骨'이 한자어 '內踝'와 동의 관계에 있다. 따라서 '앉귀머리'와 '內踝'의 동의성은 명백히 입증된다. 고유어

'앉귀머리'는 합성명사로 명사 '안'[內]과 명사 '귀머리'[踝] 合成으로 '안+ㅅ#귀머리'로 분석될 수 있다.

(267) a. 발 앉귀머리예 세 붓 쓰글 쓰니(脚內踝上灸了三壯艾來) <번朴上 38a>

(267) b. 踝 : 足踝 足骨也 今俗呼踝子骨 亦曰內踝 <四解下 32a>
       c. 踝 : 귀머리 과 俗呼內踝 外踝 <字會上 15a>

<268> 앉기슭 對 底襟

고유어 '앉기슭'과 한자어 '底襟'이 [底襟] 즉 '안자락, 안쪽으로 들어가는 옷자락'의 뜻을 가지고 동의 관계에 있다는 것은 다음 예문들에서 잘 확인된다. '襟'의 자석이 '기슭'이고 한자어 '底襟'은 고유어 '앉기슭'과 동의 관계에 있다. 따라서 '앉기슭'과 '底襟'의 동의성은 명백히 입증된다. 고유어 '앉기슭'은 합성명사로 명사 '안'[底]과 명사 '기슭'[襟]의 合成이다.

(268) a. 襟 : 衽也 <四解下 72a>
       b. 襟 : …又기슭 금 俗呼底襟 앉기슭 <字會中 9a>

<269> 암게 對 團臍

고유어 '암게'와 한자어 '團臍'가 [團臍] 즉 '암케'의 뜻을 가지고 동의 관계에 있다는 것은 다음 예문들에서 잘 확인된다. '螃'이 한저어 '螃蟹'를 뜻한다. '螃'의 자석이 '게'이고 한자어 '團臍'가 고유어 '암개'와 동의 관계에 있다. 그리고 '蟹'가 한자어 '螃蟹'를 뜻하고 '雌' 즉 '암컷'은 한자어 '團臍'이다. 따라서 '암게'와 '團臍'의 동의성은 명백히 입증된다. 고유어 '암게'는 합성명사로 명사 '암'과 명사 '게'의 合成이다.

(269) a. 螃 : 螃蟹 <四解下 36b>
       b. 螃 : 게 방 俗呼尖臍 수 團臍 암 <字會上 10b>

(269) c. 蟹 : …俗呼爲螃蟹…雄曰尖臍 雌曰團臍 <四解上 47a>
       d. 蟹 : 게 히 俗呼螃蟹 <字會上 10b>

<270> 암노루 對 草獐

고유어 '암노루'와 한자어 '草獐'이 [草獐] 즉 '암노루, 노루의 암컷'의 뜻을 가지고 동의 관계에 있다는 것은 다음 예문들에서 잘 확인된다. '獐'의 자석이 '노루'이고 한자어 '草獐'이 고유어 '암노루'와 동의 관계에 있다. 따라서 '암노루'와 '草獐'의 동의성은 명백히 입증된다. 고유어 '암노루'는 합성명사로 명사 '암'과 명사 '노루'의 合成이다.

(270) a. 獐: 麞屬 <四解下 42b>
　　 b. 獐: 노루 쟝 牙獐 수 草獐 암 <字會上 10a>

<271> 암디새 對 仰瓦

　고유어 '암디새'와 한자어 '仰瓦'가 [仰瓦]과 [瓯] 즉 '암키와'의 뜻을 가지고 동의 관계에 있다는 것은 다음 예문들에서 잘 확인된다. 원문 중 '筒瓦和仰瓦'가 '수디새 암디새'로 번역된다. '瓦'의 자석이 '디새'이고 한자어 '仰瓦'가 고유어 '암디새'와 동의 관계에 있다. 그리고 '瓯'이 한자어 '仰瓦'를 뜻한다. 따라서 '암디새'와 '仰瓦'의 동의성은 명백히 입증된다. '암디새'는 합성명사로 명사 '암'[牝]과 명사 '디새'[瓦]의 合成이다.

(271) a. 니여 잇는 거시 다 룡봉 도틴 막새 수디새 암디새(蓋的都是龍鳳凹面花頭筒瓦和仰瓦) <번朴上 68b>

(271) b. 瓦 : ⋯土器已燒之總名 又屋瓦 <四解下 31b>
　　 c. 瓦 : 디새 와 仰瓦 암 童瓦 수 <字會中 9b>

(271) d. 瓯 : 瓯瓦⋯今俗又呼仰瓦 <四解上 77b>

<272> 암사슴 對 麋鹿

　고유어 '암사슴'과 한자어 '麋鹿'이 [麋鹿] 즉 '암사슴'의 뜻을 가지고 동의 관계에 있다는 것은 다음 예문들에서 잘 확인된다. '鹿'의 자석이 '사슴'이고 한자어 '麋鹿'이 고유어 '암사슴'과 동의 관계에 있다. 따라서 '암사슴'과 '麋鹿'의 동의성은 명백히 입증된다. 고유어 '암사슴'은 합성명사로 명사 '암'[牝]과 명사 '사슴'[鹿]의 合成이다.

(272) a. 鹿 : 山獸 <四解上 6b>
　　 b. 鹿 : 사슴 록 角鹿 수 麋鹿 암 <字會上 10a>

(272) c. 麋 : 鹿屬 <四解上 16b>
　　 d. 麋 : 사슴 미 鹿之大者 <字會上 10a>

<273> 암염쇼 對 母殺靂

고유어 '암염쇼'와 한자어 '母殺靂'이 [母殺靂] 즉 '암염소'의 뜻을 가지고 동의 관계에 있다는 것은 다음 예문들에서 잘 확인된다. 원문 중 '母殺靂'이 '암염쇼'로 번역된다. 그리고 한자어 '母殺靂'이 한자어 '初生牝羊'을 뜻한다. 따라서 '암염쇼'와 '母殺靂'의 동의성은 명백히 입증된다. 고유어 '암염쇼'는 합성명사로 명사 '암'과 명사 '염쇼'의 合成이다.

(273) a. 염쇠삿기 암염쇼(殺靂羔兒 母殺靂) <번老下 22a>
　　　b. 母殺靂 : 質問云初生牝羊 <老朴 老下1b>

<274> 어딘 사룸 對 君子

고유어 명사구 '어딘 사룸'과 한자어 '君子'가 [君子] 즉 '학식과 덕망이 높은 사람'의 뜻을 가지고 동의 관계에 있다는 것은 다음 예문들에서 잘 확인된다. 원문 중 '君子不入'이 '어딘 사루미 드러가디 아니ᄒ다'로 번역되고 '君子莊敬'이 '君子ㅣ 싁싁ᄒ고 공경ᄒ다'로 번역된다. 그리고 '君子之容'이 '어딘 사루믜 거동'으로 번역되고 '君子之行'이 '君子이 ᄒ힝뎍'으로 번역된다. 따라서 '어딘 사룸'과 '君子'의 동의성은 명백히 입증된다.

(274) a. 어딘 사루미 그 ᄆ술ᄒ히 드러가디 아니ᄒᄂ니라(君子ㅣ 不入其鄕ᄒᄂ니라) <번小七 31a>
　　　b. 뎐셩이 둗터워 녯 일 됴히 너기ᄂ 어딘 사루미(若敦厚好古之君子ㅣ) <번小七 10a>
　　　c. 어딘 사루믄 可히 다시 몯호믈 ᄉ랑ᄒ야 몬져 行(45b)ᄒᄂ니(君子ㅣ 思其不可復者而先施焉ᄒᄂ니) <번小三 46a>
　　　d. 어딘 사루믄 사루미 날 향ᄒ야 깃븐 이를 ᄀ장ᄒ과녀 아니ᄒ며(君子ᄂ 不盡人之歡ᄒ며) <번小三 36b>
　　　e. 어딘 사루믜 거동은 ᄌ눅ᄌ눅ᄒ니(君子之容은 舒遲니) <번小四 12b>
　　　f. 이런 ᄃ로 어딘 사루믜 ᄆᅀᆞ믄 깁고 너버 믈근 믈 ᄀᄐ니라(所以君子心은 汪汪淡如水ㅣ 니라) <번小六 25a>
　　　g. 이러콕 어딘 사룸 도의디 아니ᄒ리 잇디 아니ᄒ며(如此而不爲君子ㅣ 未之有ᄒ며) <번小六 33b>

(274) h. 君子ㅣ 싁싁ᄒ고 공경ᄒ면 나날 어디러 가(6a)고(君子莊敬日彊ᄒ고) <번小八 6b>
　　　i. 君子ㅣ 사룸 ᄀᄅ츄미 ᄎ례 잇ᄂ니(君子ㅣ 敎人有序ᄒ니) <번小八 40a>
　　　j. 君子ᄂ 衣冠을 졍히 ᄒ며(君子ᄂ 當正其衣冠ᄒ며) <번小十 10a>

k. 君子ᄂᆞᆫ(君子ᄂᆞᆫ) <번小四 23b>

l. 君子이 ᄒᆡᆼ뎍은(君子之行은) <번小六 16a>

m. 君子의 어버이 셤교미(君子之事親이) <번小三 39a>

n. ᄒᆞ마 君子를 뫼소와시니(既奉承君子ᄒᆞ란대) <번小九 59a>

o. 君子ᄅᆞᆯ 뫼셔 안자셔(侍坐於君子홀ᄉᆡ) <번小三 29b>

p. 흔갓 君子 小人이 이에 와 갈아날 ᄲᅮᆫ이 아니라(不惟君子小人이 於此焉分이라) <번小八 14b>

<275> 어믜겨집동ᄉᆡᆼ 對 兩姨

고유어 '어믜겨집동ᄉᆡᆼ'과 한자어 '兩姨'가 [兩姨]와 [姨] 즉 '이모'의 뜻을 가지고 동의 관계에 있다는 것은 다음 예문들에서 잘 확인된다. 원문 중 '兩姨'가 '어믜겨집동ᄉᆡᆼ'으로도 번역되고 '兩姨'로도 번역된다. 그리고 '姨'가 '母之姉妹'로 한자어 '兩姨'를 뜻한다. 따라서 '어믜겨집동ᄉᆡᆼ'과 '兩姨'의 동의성은 명백히 입증된다. 고유어 '어믜겨집동ᄉᆡᆼ'은 합성명사로 명사 '어미'와 명사 '겨집동ᄉᆡᆼ'의 合成이다.

(275) a. 어믜겨집동ᄉᆡᆼ의게셔 난 형뎨(兩姨哥哥兄弟) <번老下 34b>

　　　b. ᄒᆞ나흔 어믜겨집동ᄉᆡᆼ의게 난 아ᅀᆞ(一箇是兩姨兄弟) <번老下 5b>

　　　c. 이는 우리 어믜동ᄉᆡᆼ의게 난 아ᅀᅵ오(是小人兩姨兄弟) <번老上 16a>

(275) d. 이 친동ᄉᆡᆼ 兩姨가 (是親兩姨那) <번老上 16b>

　　　e. 이 동ᄉᆡᆼ 륙촌 兩姨가(是房親兩姨) <번老上 16b>

　　　f. 너희 兩姨 예셔 난 형뎨라 ᄒᆞ니(你兩姨弟兄) <번老上 16a>

　　　g. 이 친동ᄉᆡᆼ 兩姨예셔 난 형뎨로니(是親兩姨兄弟) <번老上 16b>

　　　h. 너희 ᄒᆞ마 姑舅 兩姨예셔 난 형뎨로ᄃᆡ(你既是姑舅兩姨弟兄) <번老上 16b>

(275) i. 姨 : ⋯又母之姉妹 <四解上 21b>

　　　j. 姨 : 아ᄌᆞ미 이 母之姉妹 俗呼兩姨 <字會上 16b>

<276> 어믜오라비 對 舅舅

고유어 '어믜오라비'와 한자어 '舅舅'가 [舅舅]와 [舅] 즉 '외삼촌, 외숙'의 뜻을 가지고 동의 관계에 있다는 것은 다음 예문들에서 잘 확인된다. 원문 중 '舅舅'가 '어믜오라비'로 번역된다. 그리고 '舅'가 '어머니의 兄弟'로 한자어 '舅舅'를 뜻한다. 따라서 '어믜오라비'와 '舅舅'의 동의성은 명백히 입증된다. 고유어 '어믜오라비'는 합성명사로 명사 '어미'와 명사 '오라비'의 결합으로 '어미+의#오라비'로 분석된다.

(276) a. 어믜오라비(舅舅) <번老下 34a>

　　　b. 사돈짓 어믜오라비(親家舅舅) <번老下 34b>

　　　c. 뎌는 어믜 라븨게 나니이다(他是舅舅生的) <번老上 16a>

　　　d. 누구는 어믜오라븨게 난 ᄌ식(誰是舅舅上孩兒) <번老上 16a>

(276) e. 舅 : 母之兄弟 <四解下 68b>

　　　f. 舅 : 아자비 구 母之兄弟曰舅舅 <字會上 16b>

<277> 어믜오라븨겨집/어믜오라븨겨집 對 妗子

고유어 '어믜오라븨겨집/어믜오라븨겨집'과 한자어 '妗子'가 [妗] 즉 '외숙모, 어머니 형제의 아내'의 뜻을 가지고 동의 관계에 있다는 것은 다음 예문들에서 잘 확인된다. '妗'이 한자어 '妗母'를 뜻하고 '妗母'는 고유어 '어믜오라븨겨집' 및 한자어 '妗子'와 동의 관계에 있다. 그리고 '妗子'가 '어믜오라븨겨집'으로 번역된다. 따라서 '어믜오라븨겨집/어믜오라븨겨집'과 '妗子'의 동의성은 명백히 입증된다. 고유어 '어믜오라븨겨집'은 합성명사로 명사 '어믜오라비'[舅]와 명사 '겨집'[妻]의 合成으로 '어믜오라비+의#겨집'으로 분석될 수 있다.

(277) a. 妗 : …妗母 어믜오라븨겨집 亦曰妗子 <四解下 72b>

　　　b. 妗 : 아ᄌ미 금…妗母 妗子 <字會上 16a>

(277) c. 사회 어믜오라븨겨집(女婿 妗子) <번老下 34a>

<278> 엄지가락 對 大指

고유어 '엄지가락'과 한자어 '大指'가 [拇] 즉 '엄지손가락, 무지(拇指)'의 뜻을 가지고 동의 관계에 있다는 것은 다음 예문들에서 잘 확인된다. '拇'가 한자어 '大指'를 뜻한다. 그리고 '拇'의 자석이 '엄지가락'이다. 따라서 '엄지가락'과 '大指'의 동의성은 명백히 입증된다. 고유어 '엄지가락'은 합성명사로 명사 '엄지'와 명사 '가락'의 合成이다.

(278) a. 拇 : 大指 <四解上 38b>

　　　b. 拇 : 엄지가락 모 <字會上 15a>

고유어 '엄지가락'의 先代形 '엄짓가락'은 『救急方諺解』(1466) 의 다음 예문에서 잘 확인된다. 원문 중 '大指'가 '엄짓가락'으로 번역된다. '엄짓가락'은 명사 '엄지'와 명사 '가락'의 合成으로 '엄지+ㅅ#가락'으로 분석될 수 있다.

(278) c. 네 활기옛 큰 무딧 우무근 딘와 엄짓가락 미틧 그믈 일후믈 地袖ㅣ 라 ᄒᆞᄂᆞ니 各 닐굽 壯을 ᄡᅳ라
（灸四肢大節陷大指本文名曰地袖各七壯） <救方上 76a>

<279> 여윈 놈 對 瘦子

고유어 '여윈 놈'과 한자어 '瘦子'가 [瘦子] 즉 '여윈 놈'의 뜻을 가지고 동의 관계에 있다는 것은 다음 예문들에서 잘 확인된다. '瘦'의 자석이 '여위다'이고 한자어 '瘦子'가 고유어 '여윈 놈'과 동의 관계에 있다. 그리고 '臞'의 자석이 '여위다'이고 한자어 '瘦子'는 고유어 '여윈 놈'과 동의 관계에 있다. 따라서 '여윈 놈'과 '瘦子'의 동의성은 명백히 입증된다. 고유어 '여윈 놈'은 명사구로 동작동사 '여위다'[瘦]의 관형사형 '여윈'과 명사 '놈'의 결합이다.

(279) a. 瘦 : 臞也 <四解下 67a>
b. 瘦 : 여윌 수 俗稱瘦子 여윈 놈 <字會中 16a>

(279) c. 臞 : 瘠也 <四解上 30a>
d. 臞 : 여윌 구 俗呼瘦子 여윈 놈 <字會上 15a>

<280> 열쇠 對 鑰匙

고유어 '열쇠'와 한자어 '鑰匙'가 [鑰] 즉 '열쇠'의 뜻을 가지고 동의 관계에 있다는 것은 다음 예문들에서 잘 확인된다. '鑰'이 한자어 '鑰匙'를 뜻하고 '鑰匙'는 고유어 '열쇠'와 동의 관계에 있다. 그리고 '鑰'의 자석이 '열쇠'이다. 따라서 '열쇠'와 '鑰匙'의 동의성은 명백히 입증된다. 고유어 '열쇠'는 합성명사로 동작동사 '열다'[開]의 관형사형 '열'과 명사 '쇠'[關鑰]의 合成이다.

(280) a. 鑰 : 今俗呼鑰匙 열쇠 <四解下 44b>
b. 鑰 : 열쇠 약 <字會中 8b>

<281> 열쇠 對 鑰鍉

고유어 '열쇠'와 한자어 '鑰鍉'가 [鍉] 즉 '열쇠'의 뜻을 가지고 동의 관계에 있다는 것은 다음 예문들에서 잘 확인된다. '鍉'가 한자어 '鑰鍉'를 뜻하고 '鑰鍉'는 고유어 '열쇠'와 동의 관계에 있다. 그리고 '鍉'의 자석이 '열쇠'이고 고유어 '열쇠'는 한자어 '鑰鍉'와 동의 관계에 있다. 따라서 '열쇠'와 '鑰鍉'

의 동의성은 명백히 입증된다. 고유어 '열쇠'는 합성명사로 동작동사 '열다'[開]의 관형사형 '열'과 명사 '쇠'[關鑰]의 合成이다.

(281) a. 鍉 : 鑰鍉 열쇠 <四解上 20a>
　　 b. 鍉 : 열쇠 시 俗稱鑰鍉 通作匙 <字會中 8b>

<282> 오란 비 對 久雨

고유어 '오란 비'와 한자어 '久雨'가 [霖] 즉 '장마, 사흘 이상 계속 오는 비'의 뜻을 가지고 동의 관계에 있다는 것은 다음 예문들에서 잘 확인된다. '霖'이 한자어 '久雨'를 뜻한다. 그리고 '霖'의 자석이 '오란 비'이다. 그리고 '濱'가 한자어 '久雨'를 뜻한다. 따라서 '오란 비'와 '久雨'의 동의성은 명백히 입증된다. 고유어 '오란 비'는 명사구로 상태동사 '오라다'[久]의 관형사형 '오란'과 명사 '비'[雨]의 결합이다.

(282) a. 霖 : 久雨 <四解下 74b>
　　 b. 霖 : 오란(1b) 비 림 俗稱淫霖厭之也 或稱甘霖喜之也 <字會上 2a>

(282) c. 濱 : 久雨 <四解上 12a>

<283> 오란 비 對 淫霖

고유어 '오란 비'와 한자어 '淫霖'이 [霖] 즉 '장마, 사흘 이상 계속 오는 비'의 뜻을 가지고 동의 관계에 있다는 것은 다음 예문들에서 잘 확인된다. '霖'의 자석이 '오란 비'이고 '오란 비'는 한자어 '淫霖'과 동의 관계에 있다. 따라서 '오란 비'와 '淫霖'의 동의성은 명백히 입증된다. 고유어 '오란 비'는 명사구로 상태동사 '오라다'[久]의 관형사형 '오란'과 명사 '비'[雨]의 결합이다.

(283) a. 霖 : 久雨 <四解下 74b>
　　 b. 霖 : 오란(1b) 비 림 俗稱淫霖 <字會上 2a>

<284> 올흔 일 對 禮

고유어 '올흔 일'과 한자어 '禮'가 [禮] 즉 '예의, 예절'의 뜻을 가지고 동의 관계에 있다는 것은 다음 예문들에서 잘 확인된다. 원문 중 '非禮'가 '올흔 이리 아니다'로 번역된다. 그리고 '禮始'가 '禮는 비릇다'로 번역되고 '非禮'가 '禮 아니다'와 '례 아니다'로 번역된다. 따라서 '올흔 일'과 '禮'의 동의성은 명백히 입증된다. 고유어 '올흔 일'은 명사구로 상태동사 '올ᄒ다'의 관형사형 '올흔'과 명사 '일'의 결합이다.

(284) a. 올흔 이리 아니어든 보디 말며 올흔 이리 아니어든 듣디 말며 올흔 이리 아니어든 니르디 말며 올흔 이리 아니어든 ᄒ디 마롤디니라(非禮勿視ᄒ며 非禮勿聽ᄒ며 非禮勿言ᄒ며 非禮勿動이니라) <번小四 4b>

(284) b. 禮ᄂᆫ 夫婦 ᄉᆞ이예 삼가호매 비릇ᄂᆞ니(禮始於謹夫婦ㅣ니) <번小三 16b>

c. 吉흔 사ᄅᆞ믄 누네 禮 아닌 비츨 보디 아니ᄒ며 귀예 禮 아닌 소리를 듣디 아니ᄒ며 이베 禮 아닌 마를 니르디 아니ᄒ며(吉也者ᄂᆞ 目不觀非禮之色ᄒ며 耳不聽非禮之聲ᄒ며 口不道非禮之言ᄒ며) <번小六 30a>

d. 례 아니어든 보디 말며 례 아니어든 듣디 말며 례 아니어든 니르디 말며 례 아니어든 닐뮈디 말라(非禮勿視ᄒ며 非禮勿聽ᄒ며 非禮勿言ᄒ며 非禮勿動이라) <번小八 7b>

<285> 옷고홈 對 衣系

고유어 '옷고홈'과 한자어 '衣系'가 [襻] 즉 '옷끈, 중동에 꾀매 단 띠'의 뜻을 가지고 동의 관계에 있다는 것은 다음 예문에서 잘 확인된다. '襻'이 한자어 '衣系'를 뜻하고 '衣系'는 고유어 '옷고홈'과 동의 관계에 있다. 따라서 '옷고홈'과 '衣系'의 동의성은 명백히 입증된다. 고유어 '옷고홈'은 합성명사로 명사 '옷'[衣]과 명사 '고홈'의 合成이다.

(285) a. 襻 : 衣系 옷고홈 <四解上 77b>

<286> 옷깃 對 衣領

고유어 '옷깃'과 한자어 '衣領'이 [領]과 [襋] 즉 '옷깃'의 뜻을 가지고 동의 관계에 있다는 것은 다음 예문들에서 잘 확인된다. '領'이 한자어 '衣領'을 뜻하고 '領'의 자석이 '옷깃'이다. 그리고 '襋'이 한자어 '衣領'을 뜻하고 '襋'의 자석이 '옷깃'이다. 따라서 '옷깃'과 '衣領'의 동의성은 명백히 입증된다. 고유어 '옷깃'은 합성명사로 명사 '옷'[衣]과 명사 '깃'[領]의 合成이다.

(286) a. 領 : …又衣領 <四解下 57a>
b. 領 : 옷깃 령 <字會中 9a>

(286) c. 襋 : 衣領 <四解下 47b>
d. 襋 : 옷깃 극 <字會中 9a>

<287> 왼 일 對 블의

고유어 '왼 일'과 한자어 '블의'(不義)가 [不義] 즉 '옳지 아니한 일'의 뜻을 가지고 동의 관계에 있다는 것은 다음 예문들에서 잘 확인된다. 원문 중 '陷於不義'가 '왼 이레 뼈디다'로 번역되고 '當不義'가 '왼 이레 당ᄒᆞ다'로 번역된다. 그리고 '陷之於不義'가 '블의예 뼈디다'로 번역된다. 따라서 '왼 일'과 '블의'의 동의성은 명백히 입증된다. 고유어 '왼 일'은 명사구로 상태동사 '외다'의 관형사형 '왼'과 명사 '일'의 결합이다.

(287) a. 모미 왼 이레 뼈디디 아니ᄒᆞᄂᆞ니라(身不陷於不義니라) <번小三 40b>

　　　b. 엇디…님굼을 왼 일에 뼈디게 ᄒᆞ신 이리료(寧…陷主於不義乎리오) <번小九 39b>

　　　c. 왼 이레 당ᄒᆞ야는 아두리 가히 아비게 간티 아니티 몯홀 거시며(故로 當不義則子不可以弗爭於父ㅣ며) <번小三 41a>

(287) d. 또 금지ᄒᆞ야 블의예 뼈디디 아니케 ᄒᆞ라(亦防察約束之無令陷之於不義) <呂約 35b>

<288> 윗어월 對 瓜瓤

고유어 '윗어월'과 한자어 '瓜瓤'이 [瓤] 즉 '오이 씨'의 뜻을 가지고 동의 관계에 있다는 것은 다음 예문들에서 잘 확인된다. '瓤'이 한자어 '瓜瓤'을 뜻하고 '瓜瓤'은 고유어 '윗어월'과 동의 관계에 있다. 따라서 '윗어월'과 '瓜瓤'의 동의성은 명백히 입증된다. 고유어 '윗어월'은 합성명사로 명사 '외'[瓜]와 명사 '어월'[瓤]의 合成으로 '외+ㅅ#어월'로 분석될 수 있다.

(288) a. 瓤 : …今俗呼瓜瓤 윗어월 <四解下 45a>

　　　b. 瓤 : 어월 양 又瓜子也 <字會下 3a>

<289> 울고도리 對 鳴鏑

고유어 '울고도리'와 한자어 '鳴鏑'이 [髇] 즉 '우는살, 鳴鏑'의 뜻을 가지고 동의 관계에 있다는 것은 다음 예문들에서 잘 확인된다. '髇'가 한자어 '鳴鏑'을 뜻한다. 그리고 '髇'의 자석이 '울고도리'이다. 따라서 '울고도리'와 '鳴鏑'의 동의성은 명백히 입증된다. 고유어 '울고도리'는 합성명사로 동작동사 '울다'의 관형사형 '울'과 명사 '고도리'의 合成이다.

(289) a. 髇 : 鳴鏑 <四解下 24a>

　　　b. 髇(14a) : 울고도리 호 俗呼響頭 <字會中 14b>

<290> 울고도리 對 響頭

고유어 '울고도리'와 한자어 '響頭'가 [響樸頭]와 [髇] 즉 '우는 뼈 화살'의 뜻을 가지고 동의 관계에 있다는 것은 다음 예문들에서 잘 확인된다. 원문 중 '響樸頭'가 '울고도리'로 번역된다. 그리고 '髇'의 자석이 '울고도리'이고 고유어 '울고도리'는 한자어 '響頭'와 동의 관계에 있다. 따라서 '울고도리'와 '響頭'의 동의성은 명백히 입증된다. 고유어 '울고도리'는 합성명사로 동작동사 '울다'의 관형사형 '울'과 명사 '고도리'의 合成이다.

(290) a. 鹿角오로 밍근 고도리 울고도리(鹿角樸頭 響樸頭) <번老下 32b>

(290) b. 髇 : 鳴鏑 <四解下 24a>

　　　c. 髇(14a) : 울고도리 호 俗呼響頭 <字會中 14b>

<291> 이 놈 對 這廝

고유어 '이 놈'과 한자어 '這廝'가 [這廝] 즉 '이 놈'의 뜻을 가지고 동의 관계에 있다는 것은 다음 예문들에서 잘 확인된다. 한자어 '這廝'가 고유어 '이 놈'과 동의 관계에 있다. 따라서 '이 놈'과 '這廝'의 동의성은 명백히 입증된다. 고유어 '이 놈'은 명사구로 관형사 '이'와 명사 '놈'의 결합이다.

(291) a. 廝 : 取薪者…又呼小兒曰小廝 <四解上 13a>
　　　b. 廝 : 브릴 쉬 俗稱小廝 아히 這廝 이 놈 <字會下 11a>

한자 '廝'가 고유어 '놈'을 뜻한다는 것은 『번역노걸대』의 다음 예문에서 잘 확인된다. 원문 중 '那廝們'이 '그 놈들ㅎ'로 번역된다.

(291) c. 그 놈들히 날 ㅎ야 므슴 ㅎ료(那廝們待要我甚麼) <번老上 17a>

<292> 이 부리 쏘론ᄒᆞᆫ 놈 對 這尖嘴

고유어 '이 부리 쏘론ᄒᆞᆫ 놈'과 한자어 '這尖嘴'가 [這尖嘴] 즉 '이 주둥이 뾰족한 놈'의 뜻을 가지고 동의 관계에 있다는 것은 다음 예문들에서 잘 확인된다. '嘴'의 자석이 '새부리'이고 한자어 '這尖嘴'가 고유어 '이 부리 쏘론ᄒᆞᆫ 놈'과 동의 관계에 있다. 따라서 '이 부리 쏘론ᄒᆞᆫ 놈'과 '這尖嘴'의 동의성은 명백히 입증된다. 고유어 '이 부리 쏘론ᄒᆞᆫ 놈'은 명사구로 관형사 '이'와 명사 '부리'와 상태동사 '쏘론ᄒᆞ다'의 관형사형 '쏘론ᄒᆞᆫ'과 명사 '놈'의 결합이다.

(292) a. 觜 : 喙也 亦作嘴 <四解上 51a>

b. 嘴 : 새부리 췌 鳥口 俗稱這尖嘴 이 부리 쏘롣흔 놈 <字會下 3b>

<293> 이틋날 對 릐실

고유어 '이틋날'과 한자어 '릐실'(來日) 이 [明日] 즉 '이튿날, 내일'의 뜻을 가지고 동의 관계에 있다는 것은 다음 예문들에서 잘 확인된다. 원문 중 '明日…來問'이 '이틋날 와 묻다'로 번역되고 '明日…喫筵席'이 '이틋날…이바디 자시다'로 번역된다. 그리고 '明日…見'이 '릐실 보다'로 번역되고 '明日死'가 '릐실 죽다'로 번역된다. 따라서 '이틋날'과 '릐실'의 동의성은 명백히 입증된다. 고유어 '이틋날'은 '이틀+ㅅ#날'로 분석될 수 있고 '이틀'과 '날'의 合成이다.

(293) a. 이틋날 의원이 와 무로듸(明日太醫來問) <번老下 41a>
b. 이틋날 陽城 더브러 하딕ᄒᆞ고 도라가 효양ᄒᆞ리(明日에 謁城ᄒᆞ고 還養者ㅣ) <번小九 8a>
c. 이틋날 드듸여 게셔 분토애 졔ᄒᆞ시고 이바디 자시고(明日就那裏上了墳喫筵席) <번朴上 65a>

(293) d. 오ᄂᆞ리 밧브니 릐실 다시 서르 보와(今日忙 明日再廝見) <번老下 6b>
e. 우리 사ᄅᆞ미 오ᄂᆞᆯ 주글 동 릐실 주글 동 모ᄅᆞ는 거시니(咱人今日死 的明日死的 不理解得) <번老下 41b>
f. 릐실 갑 듣보라 가고려(明日打聽價錢去來) <번老上 70b>
g. 릐실 우리 훔ᄭᅴ 가져(到明日咱們同去) <번老上 70b>
h. 릐실 병이 다 됴커든(明日病痊疴了時) <번老下 41a>

<294> 읻ᄌᆞᄅ 對 印鼻

고유어 '읻ᄌᆞᄅ'와 한자어 '印鼻'가 [鈕] 즉 '印꼭지, 도장을 손으로 잡는 부분'의 뜻을 가지고 동의 관계에 있다는 것은 다음 예문들에서 잘 확인된다. '鈕'가 한자어 '印鼻'를 뜻한다. 그리고 '鈕'의 자석이 '읻ᄌᆞᄅ'이고 '읻ᄌᆞᄅ'는 한자어 '印鼻'와 동의 관계에 있다. 따라서 '읻ᄌᆞᄅ'와 '印鼻'의 동의성은 명백히 입증된다. '읻ᄌᆞᄅ'는 합성명사로 한자어 명사 '인'(印) 과 고유어 명사 'ᄌᆞᄅ'의 合成이지만 이 저서에서는 고유어로 다루었다.

(294) a. 鈕 : 印鼻 <四解下 68b>
b. 鈕 : 읻ᄌᆞᄅ 뉴 印鼻 <字會下 7b>

<295> 입거웃 對 毛在脣下

고유어 '입거웃'과 한자어 '毛在脣下'가 [鬚] 즉 '수염, 턱수염'의 뜻을 가지고 동의 관계에 있다는 것은 다음 예문들에서 잘 확인된다. '鬚'가 한자어 '毛在脣下'를 뜻한다. 그리고 '鬚'의 자석이 '입거웃'이다. 따라서 '입거웃'과 '毛在脣下'의 동의성은 명백히 입증된다. 고유어 '입거웃'은 합성명사로 명사 '입'과 명사 '거웃'의 合成이다.

(295) a. 鬚 : 毛在脣下 <四解上 31b>
    b. 鬚 : 입거웃 슈 在頤 <字會上 14b>

<296> 입거웃 거츤 놈 對 鬍子

고유어 '입거웃 거츤 놈'과 한자어 '鬍子'가 [鬍子] 즉 '턱수염 거친 남자'의 뜻을 가지고 동의 관계에 있다는 것은 다음 예문들에서 잘 확인된다. 한자어 '鬍子'가 고유어 '입거웃 거츤 놈'과 동의 관계에 있다. 따라서 '입거웃 거츤 놈'과 '鬍子'의 동의성은 명백히 입증된다. 고유어 '입거웃 거츤 놈'은 합성명사로 명사구로 명사 '입거웃'[鬚]과 상태동사 '거칠다'의 관형사형 '거츤'과 명사 '놈'의 결합이다.

(296) a. 鬍 : 거츨 호 俗呼鬍子 입거웃 거츤 놈 <字會上 15a>

(296) b. 鬚 : 毛在脣下曰鬚 <四解上 31b>
    c. 鬚 : 입거웃 슈 在頤 <字會上 14b>

<297> 입아괴 對 口邊

고유어 '입아괴'와 한자어 '口邊'이 [吻] 즉 '입가'의 뜻을 가지고 동의 관계에 있다는 것은 다음 예문들에서 잘 확인된다. '吻'이 한자어 '口邊'을 뜻한다. 그리고 '吻'의 자석이 '입아괴'이다. 따라서 '입아괴'와 '口邊'의 동의성은 명백히 입증된다. 고유어 '입아괴'는 합성명사로 명사 '입'[口]과 명사 '아괴'[邊]의 合成이다.

(297) a. 吻 : 口邊 <四解上 65b>
    b. 吻 : 입아괴 믄 <字會上 13b>

<298> 잣나모 對 果松

고유어 '잣나모'와 한자어 '果松'이 [果松] 즉 '잣나무'의 뜻을 가지고 동의 관계에 있다는 것은 다음 예문들에서 잘 확인된다. '松'의 자석이 '솔'이고 고유어 '잣나모'가 한자어 '果松'과 동의 관계에 있다.

따라서 '잣나모'와 '果松'의 동의성은 명백히 입증된다. 고유어 '잣나모'는 합성명사로 명사 '잣'과 명사 '나모'의 合成이다.

(298) a. 松 : …松木 <四解上 8a>
b. 松 : 솔 숑…又呼잣나모 曰果松 <字會上 6a>

<299> 잣나모 對 즉빅

고유어 '잣나모'와 한자어 '즉빅'(側栢)이 [栢] 즉 '잣나무, 측백나무'의 뜻을 가지고 동의 관계에 있다는 것은 다음 예문들에서 잘 확인된다. 원문 중 '攀栢'이 '잣남글 집다'로 번역된다. 그리고 '栢'의 자석이 '즉빅'이다. 따라서 '잣나모'와 '즉빅'의 동의성은 명백히 입증된다. 고유어 '잣나모'는 합성명사로 명사 '잣'과 명사 '나모'의 合成이다.

(299) a. 잣남글 집고 슬피 우러(攀栢悲號ᄒᆞ야) <번小九 27a>

(299) b. 栢 : 木名 <四解下 59a>
c. 栢 : 즉빅 빅 俗呼匾松 <字會上 5b>

<300> 쟈근 잣 對 小城

고유어 '쟈근 잣'과 한자어 '小城'이 [堡] 즉 '작은 성'의 뜻을 가지고 동의 관계에 있다는 것은 다음 예문들에서 잘 확인된다. '堡'가 한자어 '小城'을 뜻한다. 그리고 '堡'의 자석이 '쟈근 잣'이고 고유어 '쟈근 잣'은 한자어 '小城'과 동의 관계에 있다. 따라서 '쟈근 잣'과 '小城'의 동의성은 명백히 입증된다. 고유어 '쟈근 잣'은 명사구로 상태동사 '쟉다'[小]의 관형사형 '쟈근'과 명사 '잣'[城]의 결합이다.

(300) a. 堡 : …又小城 <四解下 20a>
b. 堡 : 쟈근 잣 보 小城 俗呼堡子 <字會中 5a>

<301> 저욻대 對 權衡

고유어 '저욻대'와 한자어 '權衡'이 [衡] 즉 '저울대'의 뜻을 가지고 동의 관계에 있다는 것은 다음 예문들에서 잘 확인된다. '衡'이 한자어 '權衡'을 뜻한다. 그리고 '衡'의 자석이 '저욻대'이다. 따라서 '저욻대'와 '權衡'의 동의성은 명백히 입증된다. 고유어 '저욻대'는 합성명사로 명사 '저울'[秤]과 명사 '대'[竿]의 合成으로 '저울+ㅅ#대'로 분석된다.

(301) a. 衡 : 權衡 <四解下 55b>

　　 b. 衡 : 저욹대 형 俗呼秤子 <字會中 6b>

<302> 저욹대 對 秤子

고유어 '저욹대'와 한자어 '秤子'가 [衡]과 [秤竿] 즉 '저울대'의 뜻을 가지고 동의 관계에 있다는 것은 다음 예문들에서 잘 확인된다. '衡'의 자석이 '저욹대'이고 고유어 '저욹대'는 한자어 '秤子'와 동의 관계에 있다. 그리고 원문 중 '秤竿'이 '저욹대'로 번역된다. 따라서 '저욹대'와 '秤子'의 동의성은 명백히 입증된다. 고유어 '저욹대'는 합성명사로 명사 '저울'[秤]과 명사 '대'[竿]의 合成으로 '저울+ㅅ#대'로 분석된다.

(302) a. 衡 : 權衡 <四解下 55b>

　　 b. 衡 : 저욹대 형 俗呼秤子 <字會中 6b>

(302) c. 저욹대(69a) 저욹두림(秤竿 秤錘) <번老下 69b>

<303> 제 王 겨신 듸 對 王府

고유어 '제 王 겨신 듸'와 한자어 '王府'가 [王府] 즉 '제 王 계신 데'의 뜻을 가지고 동의 관계에 있다는 것은 다음 예문들에서 잘 확인된다. '府'의 자석이 '마슬'이고 한자어 '王府'는 고유어 '제 王 겨신 듸'와 동의 관계에 있다. 따라서 '제 王 겨신 듸'와 '王府'의 동의성은 명백히 입증된다. 명사구 '제 王 겨신 듸'는 관형사 '제'와 한자어 명사 '王'과 상태동사 '겨시다'의 관형사형 '겨신'과 명사 '듸'의 결합으로 한자어 '王'이 있지만 이 저서에서는 고유어로 다루었다.

(303) a. 府 : …又官府 <四解上 39a>

　　 b. 府 : 마슬 부…又王府 제 王 겨신 듸 <字會東中本中 4b>

<304> 져믄 갓나히 對 丫鬟

고유어 '져믄 갓나히'와 한자어 '丫鬟'이 [丫鬟] 즉 '少女'의 뜻을 가지고 동의 관계에 있다는 것은 다음 예문들에서 잘 확인된다. 한자어 '丫鬟'이 고유어 '져믄 갓나히'와 동의 관계에 있다. 따라서 '져믄 갓나히'와 '丫鬟'의 동의성은 명백히 입증된다. 고유어 '져믄 갓나히'는 명사구로 '졈다'[幼]의 관형사형 '져믄'과 명사 '갓나히'[女]의 결합이다.

(304) a. 髻 : 屈髮爲髻 <四解上 81b>

　　　 b. 髻 : …又丫髻 져믄 갓나히 曰丫頭 <字會東中本中 25b>

<305> 졔터 對 壇壝

　　고유어 '졔터'와 한자어 '壇壝'가 [壝]와 [壇] 즉 '제단, 제사를 지내는 곳'의 뜻을 가지고 동의 관계에 있다는 것은 다음 예문들에서 잘 확인된다. '壝'가 한자어 '壇壝'를 뜻하고 '壝'의 자석이 '졔터'이다. 그리고 '壇'의 자석이 '졔터'이다. 따라서 '졔터'와 '壇壝'의 동의성은 명백히 입증된다. '졔터'는 합성명사로 한자어 명사 '졔'(祭) 와 고유어 명사 '터'의 合成이지만 이 저서에서는 고유어로 다루었다.

　　　 (305) a. 壝 : 壇壝 <四解上 53b> <四解上 54b> <四解上 55a>

　　　　　　 b. 壝 : 졔터 유 <字會中 6a>

　　　 (305) c. 壇 : 祭場 <四解上 77a>

　　　　　　 d. 壇 : 졔터 단 俗呼壇場 又呼祭壇 <字會中 6a>

<306> 졔터 對 祭場

　　고유어 '졔터'와 한자어 '祭場'이 [壇] 즉 '제사를 올리려고 마련하여 놓은 터'의 뜻을 가지고 동의 관계에 있다는 것은 다음 예문들에서 잘 확인된다. '壇'이 한자어 '祭場'을 뜻한다. 그리고 '壇'의 자석이 '졔터'이다. 따라서 '졔터'와 '祭場'의 동의성은 명백히 입증된다. '졔터'는 합성명사로 한자어 명사 '졔'(祭) 와 고유어 명사 '터'의 合成이지만 이 저서에서는 고유어로 다루었다.

　　　 (306) a. 壇 : 祭場 <四解上 77a>

　　　　　　 b. 壇 : 졔터 단 俗呼壇場 又呼祭壇 <字會中 6a>

<307> 졔터 對 土起堳埒

　　고유어 '졔터'와 한자어 '土起堳埒'이 [壝] 즉 '壇의 주위에 둘러친 낮은 담'의 뜻을 가지고 동의 관계에 있다는 것은 다음 예문들에서 잘 확인된다. '壝'의 자석이 '졔터'이고 '졔터'는 한자어 '土起堳埒'과 동의 관계에 있다. 따라서 '졔터'와 '土起堳埒'의 동의성은 명백히 입증된다. '졔터'는 합성명사로 한자어 명사 '졔'(祭) 와 고유어 명사 '터'의 合成이지만 이 저서에서는 고유어로 다루었다.

　　　 (307) a. 壝 : 壇壝 埒也 <四解上 53b>

b. 壇 : 계터 유 土起堳埒 <字會中 6a>

<308> 죠히심 對 紙捻兒

고유어 '죠히심'과 한자어 '紙捻兒'가 [紙捻兒] 즉 '지노, 지승(紙繩), 종이로 꼰 노끈'의 뜻을 가지고 동의 관계에 있다는 것은 다음 예문들에서 잘 확인된다. 한자어 '紙捻兒'가 고유어 '죠히심'과 동의 관계에 있다. 따라서 '죠히심'과 '紙捻兒'의 동의성은 명백히 입증된다. 고유어 '죠히심'은 합성명사로 명사 '죠히'[紙]와 명사 '심'[捻]의 合成이다.

(308) a. 捻 : 捏也⋯又紙捻兒 죠히심 <四解下 82b>
b. 捻 : 뱌빌 념 <字會下 10b>

<309> 쥐며느리 對 鼠婦

고유어 '쥐며느리'와 한자어 '鼠婦'가 [蛜]와 [蟠] 즉 '쥐며느리'의 뜻을 가지고 동의 관계에 있다는 것은 다음 예문들에서 잘 확인된다. '蛜'가 한자어 '鼠婦'를 뜻하고 '蛜'의 자석이 '쥐며느리'이다. 그리고 '蟠'의 자석이 '쥐며느리'이고 고유어 '쥐며느리'는 한자어 '鼠婦'와 동의 관계에 있다. 따라서 '쥐며느리'와 '鼠婦'의 동의성은 명백히 입증된다. 고유어 '쥐며느리'는 합성명사로 명사 '쥐'[鼠]와 명사 '며느리'[婦]의 合成이다.

(309) a. 蛜 : ⋯鼠婦 <四解上 53a>
b. 蛜 : 쥐며느리 위 <字會上 11b>

(309) c. 蟠 : 쥐며느리 부 俗書作鼠婦 <字會上 11b>

<310> 쥐며느리 對 蚜蝛

고유어 '쥐며느리'와 한자어 '蚜蝛'가 [蚜]와 [蝛] 즉 '쥐며느리'의 뜻을 가지고 동의 관계에 있다는 것은 다음 예문들에서 잘 확인된다. '蚜'가 한자어 '蚜蝛'를 뜻하고 '蚜蝛'는 고유어 '쥐며느리'와 동의 관계에 있다. '蚜'의 자석이 '쥐며느리'이다. '蝛'가 한자어 '蚜蝛'를 뜻한다. 그리고 '蝛'의 자석이 '쥐며느리'이고 고유어 '쥐며느리'는 한자어 '蚜蝛'와 동의 관계에 있다. 따라서 '쥐며느리'와 '蚜蝛'의 동의성은 명백히 입증된다. 고유어 '쥐며느리'는 합성명사로 명사 '쥐'[鼠]와 명사 '며느리'[婦]의 合成이다.

(310) a. 蚜 : 蚜蝛 쥐며느리 <四解上 20b>

b. 蚾 : 쥐며느리 이 俗呼濕生虫 <字會上 11b>

(310) c. 蟛 : 蚾蟛 鼠婦 <四解上 53a>

d. 蟛 : 쥐며느리 위 詩蚾蟛 <字會上 11b>

<311> 쥐츠믜 對 小瓜

고유어 '쥐츠믜'와 한자어 '小瓜'가 [瓲] 즉 '작은 오이'의 뜻을 가지고 동의 관계에 있다는 것은 다음 예문들에서 잘 확인된다. '瓲'이 한자어 '小瓜'를 뜻한다. 그리고 '小瓜'가 고유어 '쥐츠믜'와 동의 관계에 있다. 따라서 '쥐츠믜'와 '小瓜'의 동의성은 명백히 입증된다. 고유어 '쥐츠믜'는 합성명사로 명사 '쥐'와 [瓜] 즉 '오이'의 뜻을 가진 명사 '츠믜'의 合成이다.

(311) a. 瓲(36a) : 小瓜 今俗呼 쥐츠믜 曰赤瓲 <四解下 37a>

b. 瓜 : 蓏也 <四解下 31a>

<312> 쥐츠믜 對 土瓜

고유어 '쥐츠믜'와 한자어 '土瓜'가 [芴] 즉 '쥐참외'의 뜻을 가지고 동의 관계에 있다는 것은 다음 예문들에서 잘 확인된다. '芴'이 한자어 '土瓜'를 뜻하고 '土瓜'는 고유어 '쥐츠믜'와 동의 관계에 있다. 따라서 '쥐츠믜'와 '土瓜'의 동의성은 명백히 입증된다. 고유어 '쥐츠믜'는 합성명사로 명사 '쥐'와 [瓜] 즉 '오이'의 뜻을 가진 명사 '츠믜'의 合成이다.

(312) a. 芴 : 菲也 又土瓜 쥐츠믜 <四解上 65b>

b. 瓜 : 蓏也 <四解下 31a>

<313> 쥬복고 對 鼻生疱

고유어 '쥬복고'와 한자어 '鼻生疱'가 [齇] 즉 '주부코, 비사증(鼻齇症) 이 있는 코'의 뜻을 가지고 동의 관계에 있다는 것은 다음 예문들에서 잘 확인된다. '齇'의 자석이 '쥬복고'이고 고유어 '쥬복고'는 한자어 '鼻生疱'와 동의 관계에 있다. 따라서 '쥬복고'와 '鼻生疱'의 동의성은 명백히 입증된다. 고유어 '쥬복고'는 합성명사로 [疱] 즉 '여드름, 面腫'의 뜻을 가진 명사 '쥬복'과 명사 '고'[鼻]의 合成이다.

(313) a. 齇 : 皰鼻 <四解下 29b>

b. 齇 : 쥬복고 차 鼻生疱 俗稱糟鼻子 <字會上 15b>

<314> 쥬복고 對 皰鼻

고유어 '쥬복고'와 한자어 '皰鼻'가 [齇] 즉 '주부코, 비사증(鼻齇症) 이 있는 코'의 뜻을 가지고 동의 관계에 있다는 것은 다음 예문들에서 잘 확인된다. '齇'가 한자어 '皰鼻'를 뜻한다. 그리고 '齇'의 자석이 '쥬복고'이다. 따라서 '쥬복고'와 '皰鼻'의 동의성은 명백히 입증된다. 고유어 '쥬복고'는 합성명사로 [皰] 즉 '여드름, 面腫의 뜻을 가진 명사 '쥬복'과 [鼻] 즉 '코'의 뜻을 가진 명사 '고'의 合成이다.

 (314) a. 齇 : 皰鼻 <四解下 29b>
   b. 齇 : 쥬복고 차 鼻生疱 俗稱糟鼻子 <字會上 15b>

<315> 즈름낄/즈름길 對 抄路

고유어 '즈름낄/즈름길'과 한자어 '抄路'가 [徑] 즉 '지름길'의 뜻을 가지고 동의 관계에 있다는 것은 다음 예문들에서 잘 확인된다. '徑'이 한자어 '抄路'를 뜻하고 '抄路'는 고유어 '즈름길'과 동의 관계에 있다. 그리고 '徑'이 한자어 '抄路'를 뜻하고 '抄路'는 고유어 '즈름낄'과 동의 관계에 있다. 따라서 '즈름낄/즈름길'과 '抄路'의 동의성은 명백히 입증된다. 고유어 '즈름낄/즈름길'은 합성명사로 명사 '즈름'과 명사 '길'[路]의 合成이다.

 (315) a. 徑 : 小道 今俗呼抄路 즈름길 <四解下 47b>
   b. 徑 : 길 경 俗呼抄路 즈름길 <字會上 3b>

<316> 즈릆값/즈름쌉 對 牙錢

고유어 '즈릆값/즈름쌉'과 한자어 '牙錢'이 [牙錢] 즉 '중개료, 口文'의 뜻을 가지고 동의 관계에 있다는 것은 다음 예문들에서 잘 확인된다. 원문 중 '管牙錢'이 '즈릆 갑슬 ᄀᅀᆞ말다'로 번역되고 '牙稅錢'이 '즈름쌉과 글월 벗깁 갑'으로 번역된다. 그리고 '牙稅錢'이 '牙錢 稅錢'으로 번역된다. 따라서 '즈릆값/즈름쌉'과 '牙錢'의 동의성은 명백히 입증된다. 고유어 '즈릆값'은 [牙] 즉 '거간꾼, 중개인'의 뜻을 가진 명사 '즈름'과 [錢] 즉 '돈'의 뜻을 가진 명사 '값'의 合成으로 '즈름+-ㅅ#값'으로 분석될 수 있다.

 (316) a. 풀 님재 즈릆갑슬 ᄀᅀᆞ마ᄂᆞ니(賣主管牙錢) <번老下 17b>
   b. 즈릆갑과 세 무논 겻들 마믈와 혜니 말오 그 외예(除了牙稅繳計外) <번老上 14b>
   c. 우리 즈름쌉 글월 벗깁 갑들 혜져(咱們筭了牙稅錢着) <번老下 17b>

 (316) d. 牙錢 稅錢이 언메나 ᄒᆞ뇨(該多少牙稅錢) <번老下 18a>

e. 牙錢 稅錢을 다 혜어다(牙稅錢都筭了) <번老下 18a>

f. 牙錢 稅錢에 석 량 흔 돈 닷 분이 드노소니(牙稅錢該三兩一錢五分) <번老下 18a>

<317> 지혀실 것 對 궤

고유어 '지혀실 것'과 한자어 '궤'(几)가 [几] 즉 '안석(安席), 앉을 때에 몸을 기대는 기구'의 뜻을 가지고 동의 관계에 있다는 것은 다음 예문들에서 잘 확인된다. 원문 중 '几杖'이 '지혀실 것과 막대'로 번역된다. 그리고 '机案'이 '궤며 셔안'으로 번역된다. 따라서 '지혀실 것'과 '궤'의 동의성은 명백히 입증된다. 고유어 '지혀실 것'은 명사구로 동작동사 '지혀다'의 관형사형 '지혀실'과 명사 '것'의 결합이다.

(317) a. 모로매 지혀실 것과 막대를 자바 졷ᄌᆞ올디니(必操几杖以從之니) <번小三 25b>

(317) b. 或 궤며 셔안의 흐러 이시며(或有狼籍机案ᄒᆞ며) <번小八 39b>

　　　c. 几 : 案也 <四解上 23b>

<318> 짐시리 對 駝馱

고유어 '짐시리'와 한자어 '駝馱'가 [駝馱] 즉 '짐싣기'의 뜻을 가지고 동의 관계에 있다는 것은 다음 예문들에서 잘 확인된다. 원문 중 '駝馱'가 '짐시리'로 번역되고 '打駝馱'가 '짐시리 ᄒᆞ다'로 번역된다. 그리고 '駝'와 '馱'가 한자어 '負荷'를 뜻한다. 따라서 '짐시리'와 '駝馱'의 동의성은 명백히 입증된다. 고유어 '짐시리'는 합성명사로 명사 '짐'과 명사 '시리'의 合成이고 '시리'는 '실-(싣-의 이형태) +-이(명사형성 접미사)'로 분석된다.

(318) a. 짐시리 다 ᄒᆞ야다(駝馱都打了也) <번老上 46a>

　　　b. 자븐것 설어저 짐시리 ᄒᆞ다(收拾行李打駝馱) <번老上 58b>

(318) c. 駝 : 同下 <四解下 25b>

　　　d. 馲 : 負荷 <四解下 25b>

　　　e. 馱 : 同上 <四解下 25b>

　　　f. 駝馱 : 駝以馬負荷也 馱指負載之物) <老朴 老上 2b>

<319> 집비두리 對 鵓鳩

고유어 '집비두리'와 한자어 '鵓鳩'가 [鵓] 즉 '집비둘기'의 뜻을 가지고 동의 관계에 있다는 것은 다음 예문들에서 잘 확인된다. '鵊'이 한자어 '鵊鳩'를 뜻한다. 그리고 '鵊'의 자석이 '집비두리'이고 고유어 '집비두리'는 한자어 '鵊鳩'와 동의 관계에 있다. 따라서 '집비두리'와 '鵊鳩'의 동의성은 명백히 입증된다. 고유어 '집비두리'는 합성명사로 명사 '집'과 [鳩] 즉 '비둘기'의 뜻을 가진 명사 '비두리'의 合成이다.

(319) a. 鵊 : 鶻也 鵊鳩 <四解上 64a>
　　　b. 鵊 : 집비두리 볼 鵊鳩 <字會上 8b>

<320> 집비두리 對 鵊鶻

고유어 '집비두리'와 한자어 '鵊鶻'이 [鶻] 즉 '집비둘기'의 뜻을 가지고 동의 관계에 있다는 것은 다음 예문들에서 잘 확인된다. '鶻'이 한자어 '鵊鶻'을 뜻하고 '鵊鶻'은 고유어 '집비두리'와 동의 관계에 있다. 그리고 '鶻'의 자석이 '집비두리'이고 '집비두리'는 한자어 '鵊鶻'과 동의 관계에 있다. 따라서 '집비두리'와 '鵊鶻'의 동의성은 명백히 입증된다. 고유어 '집비두리'는 합성명사로 명사 '집'과 [鳩] 즉 '비둘기'의 뜻을 가진 명사 '비두리'의 合成이다.

(320) a. 鶻 : 鳩屬 今俗呼鶻子 又曰鵊鶻 집비두리 <四解下 75a>
　　　b. 鶻 : 집비두리 합 俗呼鶻子 又曰鵊鶻 <字會上 8b>

<321> 집비두리 對 鶻子

고유어 '집비두리'와 한자어 '鶻子'가 [鶻] 즉 '집비둘기'의 뜻을 가지고 동의 관계에 있다는 것은 다음 예문들에서 잘 확인된다. '鶻'이 한자어 '鶻子'를 뜻한다. 그리고 '鶻'의 자석이 '집비두리'이고 고유어 '집비두리'는 한자어 '鶻子'와 동의 관계에 있다. 따라서 '집비두리'와 '鶻子'의 동의성은 명백히 입증된다. 고유어 '집비두리'는 합성명사로 명사 '집'과 명사 '비두리'[鳩]의 合成이다.

(321) a. 鶻 : 鳩屬 今俗呼鶻子 <四解下 75a>
　　　b. 鶻 : 집비두리 합 俗呼鶻子 <字會上 8b>

<322> 짓아비 對 가댱

고유어 '짓아비'와 한자어 '가댱'(家長) 이 [家長]의 뜻을 가지고 동의 관계에 있다는 것은 다음 예문들에서 잘 확인된다. 원문 중 '家長'이 '짓아비'로도 번역되고 '가댱'으로도 번역되므로 두 명사 '짓아비'와 '가댱'의 동의성은 명백히 입증된다. 고유어 '짓아비'는 '집+ㅅ#아비'로 분석될 수 있고 '집'과 '아비'의 合成이다.

(322) a. ᄒᆞ나 민 얼운니 짓아비 도이여서(一人最長者爲家長) <二倫 30a>

(322) b. 미 ᄒᆞᆫ 집의셔 가댱 ᄒᆞ나히(每家厓 只家長一人伊) <呂約 26b>

　　　c. 만이레 그 가댱이 연괴 잇거나(若家長有故於那) <呂約 26b>

<323> ᄌᆞ물쇠 對 鎖子

고유어 'ᄌᆞ물쇠'와 한자어 '鎖子'가 [鎖子]와 [鎖] 즉 '자물쇠'의 뜻을 가지고 동의 관계에 있다는 것은 다음 예문들에서 잘 확인된다. 원문 중 '鎖子'가 'ᄌᆞ물쇠'로 번역된다. '鎖'가 한자어 '鎖子'를 뜻하고 '鎖子'는 고유어 'ᄌᆞ물쇠'와 동의 관계에 있다. 그리고 '鎖'의 자석이 'ᄌᆞ물쇠'이고 고유어 'ᄌᆞ물쇠'는 한자어 '鎖子'와 동의 관계에 있다. 따라서 'ᄌᆞ물쇠'와 '鎖子'의 동의성은 명백히 입증된다. 고유어 'ᄌᆞ물쇠'는 합성명사로 동작동사 'ᄌᆞᄆᆞ다'의 관형사형 'ᄌᆞ물'과 명사 '쇠'의 合成이다.

(323) a. 이ᄂᆞᆫ ᄌᆞ물쇠(這箇是鎖子) <번朴上 40b>

(323) b. 鎖 : …又鎖子 ᄌᆞ물쇠 <四解下 28b>

　　　c. 鎖 : ᄌᆞ물쇠 솨 俗稱鎖子 <字會中 8b>

동작동사 'ᄌᆞᄆᆞ다'는 15세기 『釋譜詳節』(1447) 의 다음 예문에서 발견된다.

(323) d. 門을 다 ᄌᆞᄆᆞ고 유무드릃 사ᄅᆞ도 업거늘 <釋六 2b>

<324> 창살 對 窓欄

고유어 '창살'과 한자어 '窓欄'이 [欄] 즉 '우리, 짐승을 가두어 두는 우리'의 뜻을 가지고 동의 관계에 있다는 것은 다음 예문들에서 잘 확인된다. '欄'이 한자어 '窓欄'을 뜻한다. 그리고 '欄'의 자석이 '창살'이고 '창살'은 한자어 '窓欄'과 동의 관계에 있다. 따라서 '창살'과 '窓欄'의 동의성은 명백히 입증된다. '창살'은 합성명사로 한자어 명사 '창'(窓) 과 명사 '살'의 合成이지만 이 저서에서는 고유어로 다루었다.

(324) a. 欄 : 養獸檻 又窓欄 <四解上 11a>

　　　b. 欄 : 창살 롱 俗呼窓欄 <字會中 3b>

<325> 쳔량/쳘량 對 지믈

고유어 '쳔량/쳘량'과 한자어 '지믈'(財物) 이 [財物], [財] 및 [錢物] 즉 '재물'의 뜻을 가지고 동의 관계에 있다는 것은 다음 예문들에서 잘 확인된다. 원문 중 '婦財'가 '겨지븨 쳔량'으로 번역되고 '田宅財物'이 '받티며 집이며 쳘량'으로도 번역되고 '집 뎐디 지믈'로도 번역된다. 그리고 '錢物'이 '쳔량의 것'으로 번역되고 '脫賺錢物'이 '지믈 후려 아이다'로 번역된다. 따라서 '쳔량/쳘량'과 '지믈'의 동의성은 명백히 입증된다. 고유어 '쳔량'은 '쳔'과 '량'의 合成이다.

> (325) a. 가령 겨지븨 쳔량을 가져셔 가ᅀᆞ멸며((借使因婦財ᄒᆞ야 以致富ᄒᆞ며) <번小七 33b>
>
>> b. 쳔량으로 례를 ᄒᆞ디 아니ᄒᆞ더니라(不以財로 爲禮니라) <번小七 31a>
>>
>> c. 그 받티며 집이며 쳘량을 다 ᄑᆞ라(盡賣其田宅財物ᄒᆞ야) <번小九 57a>
>>
>> d. 이 후애는 쳔량이 만히 모다(已後財帛大聚) <번老下 71b>
>>
>> e. 쳔량의 거슬 가져다가(將錢物ᄒᆞ야) <번小九 51b>
>
> (325) f. 집 뎐디 지믈을 다 아ᅀᆞ 주고(田宅財物 盡與弟) <二倫 2a>
>
>> g. 구의죵 닐와다 지믈 후려 아이ᄂᆞ니(起滅詞訟爲旀 脫賺錢物爲飛尼) <正俗 22a>

<326> 草葬ᄒᆞᆫ 듸 對 빙소

고유어 '草葬ᄒᆞᆫ 듸'와 한자어 '빙소'(殯所)가 [殯] 즉 '草葬한 곳, 빈소'의 뜻을 가지고 동의 관계에 있다는 것은 다음 예문들에서 잘 확인된다. 원문 중 '開殯'이 '草葬ᄒᆞᆫ 듸 열다'로 번역된다. 그리고 '殯'의 자석이 '빙소'이다. 따라서 '草葬ᄒᆞᆫ 듸'와 '빙소'의 동의성은 명백히 입증된다. 명사구 '草葬ᄒᆞᆫ 듸'는 한자어 동작동사 '草葬ᄒᆞ다'의 관형사형 '草葬ᄒᆞᆫ'과 명사 '듸'의 결합이지만 이 저서에서는 고유어로 다루었다.

> (326) a. 草葬ᄒᆞᆫ 듸 열오 柩을 안고셔 울여늘(開殯抱棺哭之) <속三烈 18a>
>
> (326) b. 殯:菆塗曰殯殮 <四解上 57a>
>
>> c. 殯:빙소 빈 <字會中 17a>

<327> 츩너출 對 葛藤

고유어 '츩너출'과 한자어 '葛藤'이 [葛藤] 즉 '츩덩굴'의 뜻을 가지고 동의 관계에 있다는 것은 다음 예문들에서 잘 확인된다. 한자어 '葛藤'이 고유어 '츩너출'과 동의 관계에 있다. 따라서 '츩너출'과 '葛藤'의 동의성은 명백히 입증된다. 고유어 '츩너출'은 합성명사로 명사 '츩'[葛]과 명사 '너출'[藤]의 合成이다.

(327) a. 葛 : ⋯草名 <四解上 71a>

　　　b. 葛 : 츩 갈 葛草 又葛藤 츩너출 <字會下 71a>

(327) c. 藤 : ⋯今俗總呼草蔓曰藤 <四解下 58b>

　　　d. 藤 : 너출 둥 俗凡稱蔓皆曰藤 <字會下 2b>

<328> 츩뵈옷 對 絺綌

고유어 '츩뵈옷'과 한자어 '絺綌'이 [絺綌], [絺] 및 [綌] 즉 '칡베옷, 갈포(葛布) 로 만든 옷'의 뜻을 가지고 동의 관계에 있다는 것은 다음 예문들에서 잘 확인된다. 원문 중 '衫絺綌'이 '호옷 츩뵈옷'으로 번역된다. 그리고 '絺'가 한자어 '絺綌'을 뜻하고 '綌'이 한자어 '絺綌'을 뜻한다. 따라서 '츩뵈옷'과 '絺綌'의 동의성은 명백히 입증된다. 고유어 '츩뵈옷'은 합성명사로 명사 '츩뵈'와 명사 '옷'의 合成이다.

(328) a. 더운 적을 당ᄒᆞ야 겨샤 호옷 츩뵈오ᄉᆞᆯ 모로매 밧긔 내여 닙더시다(當暑ᄒᆞ야 衫絺綌을 必表而出
　　　　之러시다) <번小四 24a>

(328) b. 絺 : 絺綌 <四解上 18b>

　　　c. 絺 : ᄀᆞᄂᆞ 뵈 티 葛布細曰絺粗曰綌 <字會中 15a>

(328) d. 綌 : 絺綌 <四解下 48a>

　　　e. 綌 : 굴근 뵈 격 <字會中 15a>

<329> 춘믈 對 닝슈

고유어 '춘믈'과 한자어 '닝슈'(冷水) 가 [冷水] 즉 '찬물, 냉수'의 뜻을 가지고 동의 관계에 있다는 것은 다음 예문들에서 잘 확인된다. 원문 중 '與冷水'가 '춘믈 머기다'로 번역되고 '與⋯冷水'가 '닝슈를 머기다'로 번역된다. 따라서 '춘믈'과 '닝슈'의 동의성은 명백히 입증된다. 고유어 '춘믈'은 상태동사 '츠다'의 관형사형 '춘'과 명사 '믈'의 合成으로 '츠-[冷]+-ㄴ#믈[水]'로 분석된다.

(329) a. 춘믈 머기디 말라(不宜與冷水) <瘡疹 24b>

　　　b. 춘믈 머그며(與冷水) <瘡疹 49a>

(329) c. 믈 ᄩᅳᆫ ᄭᅮᆯ와 닝슈를 머기디 말라(不可與水蜜冷水) <瘡疹 27a>

<330> 치식ᄀᆞ음 對 顏料

고유어 '치ᄉᆡᆨ▽숨'과 한자어 '顏料'가 [顏料] 즉 '물감'의 뜻을 가지고 동의 관계에 있다는 것은 다음 예문들에서 잘 확인된다. 한자어 '顏料'가 고유어 '치ᄉᆡᆨ▽숨'과 동의 관계에 있다. 그리고 '料'가 고유어 '▽숨'을 뜻한다. 따라서 '치ᄉᆡ▽숨'와 '顏料'의 동의성은 명백히 입증된다. '치ᄉᆡᆨ▽숨'은 합성명사로 한 자어 '치ᄉᆡᆨ'(彩色)과 고유어 명사 '▽숨'[料]의 合成이지만 이 저서에서는 고유어로 다루었다.

(330) a. 壁 : 靑白色 <四解下 50b>

b. 壁 : 프를 벽…顏料 치ᄉᆡᆨ ▽숨 <字會中 15a>

(330) c. 料 : …又今俗語 ▽숨 <四解下 18a>

<331> 콧믈 對 齈帶

고유어 '콧믈'과 한자어 '齈帶'가 [齈] 즉 '콧물, 콧물을 많이 흘리는 병'의 뜻을 가지고 동의 관계에 있 다는 것은 다음 예문들에서 잘 확인된다. '齈'이 한자어 '齈帶'를 뜻한다. 그리고 '齈'의 자석이 '콧믈'이 고 고유어 '콧믈'은 한자어 '齈帶'와 동의 관계에 있다. 따라서 '콧믈'과 '齈帶'의 동의성은 명백히 입증 된다. 고유어 '콧믈'은 합성명사로 명사 '코'[鼻]와 명사 '믈'의 合成으로 '코+ㅅ#믈'로 분석된다.

(331) a. 齈 : 多涕鼻病 今俗呼齈帶 고 <四解上 2b>

b. 齈 : 콧믈 농 俗稱齈(15a) 帶 <字會上 15b>

<332> 콩딥 對 草料

고유어 '콩딥'과 한자어 '草料'가 [草料] 즉 '짚과 콩, 마소에 주는 꼴'의 뜻을 가지고 동의 관계에 있다 는 것은 다음 예문들에서 잘 확인된다. 원문 중 '馬的草料'가 '믈 머글 콩딥'으로 번역되고 '草料都有'가 '콩딥 다 잇다'로 번역된다. 그리고 '馬疋草料'가 '믈 둘 히 草料'로 번역된다. 따라서 '콩딥'과 '草料'의 동 의성은 명백히 입증된다. 고유어 '콩딥'은 합성명사로 명사 '콩'[料]과 '딥'(草)의 合成이다.

(332) a. 쏘 어듸 가 믈 머글 콩딥 가져 오료(又那裏將馬的草料來) <번老上 56a>

b. 구틔여 콩딥 밧고디(56a) 말 거시어니ᄯ나(不須糴草料) <번老上 56b>

c. 네 이 뎜에 콩딥 다 잇눈가 업슨가(你這店裏草料都有阿沒) <번老上 17b>

d. 콩딥 다 잇다(草料都有) <번老上 18a>

e. 콩딥 논 딘(草料貴處) <번老上 12a>

f. 콩딥 흔흔 딘(草料賤處) <번老上 12a>

(332) g. 길혜 머글 거시며 물 둘히 草料ㅣ며 하츄돌히(路上喫的馬疋草料幷下處) <번老下 6b>

<333> 큰 가히 對 犬高四尺

고유어 '큰 가히'와 한자어 '犬高四尺'이 [獒] 즉 '키가 四尺인 큰 개'의 뜻을 가지고 동의 관계에 있다는 것은 다음 예문들에서 잘 확인된다. '獒'가 한자어 '犬高四尺'을 뜻한다. 그리고 '獒'의 자석이 '큰 가히'이다. 따라서 '큰 가히'와 '犬高四尺'의 동의성은 명백히 입증된다. 고유어 '큰 가히'는 명사구로 상태동사 '크다'의 관형사형 '큰'과 명사 '가히'의 결합이다.

(333) a. 獒 : 犬高四尺 <四解下 18b>

b. 獒 : 큰 가히 오 六尺爲獒 <字會上 19b>

<334> 큰 구의나깃 깁 對 大官絹

고유어 '큰 구의나깃 깁'과 한자어 '大官絹'이 [大官絹] 즉 '큰 관청에서 만든 비단'의 뜻을 가지고 동의 관계에 있다는 것은 다음 예문들에서 잘 확인된다. 원문 중 '山東大官絹'이 '山東서 난 큰 구의나깃 깁'으로 번역된다. 그리고 '大官絹白絲絹'이 '大官絹과 白絲絹'으로 번역된다. 따라서 '큰 구의나깃 깁'와 '大官絹'의 동의성은 명백히 입증된다. 고유어 '큰 구의나깃 깁'은 명사구로 상태동사 '크다'[大]의 관형사형 '큰'과 명사 '구의나기'와 명사 '깁'[絹]의 결합이다.

(334) a. 내게 됴흔 山東서 난 큰 구의나깃 깁(25b) 과…흰 싱깁과 잇다(我有好山東大官絹…白絲絹) <번老下 26a>

b. 내 다믄 大官絹과 白絲絹과 蘇州絹과 水光絹과을 과흐노라(我只要大官絹白絲絹蘇州絹水光絹) <번老下 26a>

(334) c. 絹 : 繒也 <四解下 9a>

d. 絹 : 깁 견 <字會中 15a>

<335> 큰 띄 對 大帶

고유어 '큰 띄'와 한자어 '大帶'가 [紳] 즉 '큰 띠'의 뜻을 가지고 동의 관계에 있다는 것은 다음 예문들에서 잘 확인된다. 원문 중 '拖紳'이 '큰 띄룰 걸티다'로 번역된다. 그리고 '紳'이 한자어 '大帶'를 뜻한다. 따라서 '큰 띄'와 '大帶'의 동의성은 명백히 입증된다. 고유어 '큰 띄'는 명사구로 상태동사 '크다'의 관형사형 '큰'과 명사 '띄'의 결합이다.

(335) a. 朝服을 몸 우희 덥고 큰 띄를 걸티어시(7a) 다(加朝服拖紳이러시다) <번小三 7b>

(335) b. 紳 : 大帶 <四解上 59b>

    c. 紳 : 띄 신 公服用 <字會中 11b>

<336> 큰 림금 對 檳樓

고유어 '큰 림금'과 한자어 '檳樓'가 [檳]과 [樓] 즉 '큰 능금'의 뜻을 가지고 동의 관계에 있다는 것은 다음 예문들에서 잘 확인된다. '檳'이 한자어 '檳樓'를 뜻하고 '檳'의 자석이 '큰 림금'이다. '樓'가 한자어 '檳樓'를 뜻하고 '樓'의 자석이 '큰 림금'이다. 따라서 '큰 림금'과 '檳樓'의 동의성은 명백히 입증된다. 고유어 '큰 림금'은 명사구로 상태동사 '크다'의 관형사형 '큰'과 명사 '림금'의 결합이다.

(336) a. 檳 : 檳樓 果名 <四解上 57a>
    b. 檳 : 큰 림금 빈 <字會上 6b>

(336) c. 樓 : 檳樓 果名 似林檎而大 <四解下 28a>
    d. 樓 : 큰 림금 파 俗呼檳樓果 似林檎而大 <字會上 6b>

<337> 큰 저울 對 秤子

고유어 '큰 저울'과 한자어 '秤子'가 [秤] 즉 '큰 저울'의 뜻을 가지고 동의 관계에 있다는 것은 다음 예문들에서 잘 확인된다. 원문 중 '秤三十連'이 '큰 저울 셜흔 므르'로 번역되고 '那秤'이 '뎌 큰 저울'로 번역된다. 그리고 '秤'의 자석이 '저울'이고 고유어 '저울'은 한자어 '秤子'와 동의 관계에 있다. 따라서 '큰 저울'과 '秤子'의 동의성은 명백히 입증된다. 고유어 '큰 저울'은 명사구로 상태동사 '크다'의 관형사형 '큰'과 명사 '저울'의 결합이다.

(337) a. 큰 저울 셜흔 므르 햐근 저울 열 므르(秤三十連 等子十連) <번老下 69a>
    b. 뎌 큰 저울 져근 저울돌히 다 구의예셔 밍ᄀ니오(那秤等子都是官做的) <번老下 69a>

(337) c. 秤 : 衡也 <四解下 53b>
    d. 秤 : 저울 칭 通作稱 俗呼秤子 <字會上 6b>

<338> 킈 쟈근 놈 對 矬漢

고유어 '킈 쟈근 놈'과 한자어 '矬漢'이 [矬漢] 즉 '키가 작은 남자'의 뜻을 가지고 동의 관계에 있다는 것은 다음 예문들에서 잘 확인된다. 한자어 '矬漢'이 고유어 '킈 쟈근 놈'과 동의 관계에 있다. 따라서 '킈 쟈근 놈'과 '矬漢'의 동의성은 명백히 입증된다. 고유어 '킈 쟈근 놈'은 명사구로 명사 '킈'와 상태동사 '쟉다'의 관형사형 '쟈근'과 명사 '놈'의 결합이다.

(338) a. 矬 : 短也 <四解下 28b>

b. 矬 : 킈 쟐글 좌 俗呼矬漢 킈 쟈근 놈 <字會上 15b>

<339> 풀쇠 對 臂釧

고유어 '풀쇠'와 한자어 '臂釧'이 [釧兒]와 [釧] 즉 '팔찌'의 뜻을 가지고 동의 관계에 있다는 것은 다음 예문들에서 잘 확인된다. 원문 중 '一對釧兒'가 '흔 쌍 풀쇠'로 번역된다. 그리고 '釧'의 자석이 '풀쇠'이고 고유어 '풀쇠'는 한자어 '臂釧'과 동의 관계에 있다. 따라서 '풀쇠'와 '臂釧'의 동의성은 명백히 입증된다. 고유어 '풀쇠'는 합성명사로 [臂] 즉 '팔'의 뜻을 가진 명사 '풀'과 [鐵]을 뜻하는 명사 '쇠'의 合成이다.

(339) a. 흔 쌍 귀엿골회와 흔 쌍 풀쇠 다가 호리라(把一對八珠環兒一對釧兒) <번朴上 20a>

(339) b. 釧 : 臂環 <四解下 11a>

c. 釧 : 풀쇠 쳔 俗呼臂釧 <字會中 12b>

<340> 풍므렛 것 對 풍믈

고유어 '풍므렛 것'과 한자어 '풍믈'(風物) 이 [琴瑟] 즉 '거문고와 큰 거문고'의 뜻을 가지고 동의 관계에 있다는 것은 다음 예문들에서 잘 확인된다. 원문 중 '書冊琴瑟'이 '書冊과 풍므렛 것'으로 번역되고 '執琴瑟'이 '풍믈을 자바 ㅎ다'로 번역된다. 따라서 '풍므렛 것'과 '풍믈'의 동의성은 명백히 입증된다. 명사구 '풍므렛 것'은 한자어 '풍믈'(風物) 과 고유어 명사 '것'의 결합으로 '풍믈+에+ㅅ#것'으로 분석될 수 있다. 이 저서에서는 '풍므렛 것'을 고유어로 다루었다.

(340) a. 先生ㅅ 書冊과 풍므렛 거시 알픠 잇거든(先生書冊琴瑟이 在前이어든) <번小三 27b>

b. 뫼셔 안자셔 시기디 아니커든 풍믈을 자바 ㅎ디 말며(侍坐애 弗使ㅣ어든 不執琴瑟ㅎ며) <번小三 32a>

<341> 풀쇠 對 臂環

고유어 '폴쇠'와 한자어 '臂環'이 [釧]와 [釧兒] 즉 '팔찌'의 뜻을 가지고 동의 관계에 있다는 것은 다음 예문들에서 잘 확인된다. '釧'이 한자어 '臂環'을 뜻하고 '釧'의 자석이 '폴쇠'이다. 그리고 원문 중 '一對 釧兒'가 '혼 쌍 폴쇠'로 번역된다. 따라서 '폴쇠'와 '臂環'의 동의성은 명백히 입증된다. 고유어 '폴쇠'는 합성명사로 명사 '폴'[臂]과 명사 '쇠'의 合成이다.

> (341) a. 釧 : 臂環 <四解下 11a>
>   b. 釧 : 폴쇠 쳔 俗呼臂釧 <字會中 12b>

> (341) c. 혼 쌍 귀엿골회와 혼 쌍 폴쇠 다가 호리라(把一對八珠環兒一對釧兒) <번朴上 20a>

<342> 핏줄 對 믹

고유어 '핏줄'과 한자어 '믹'(脉) 이 [脉] 즉 '맥, 혈맥'의 뜻을 가지고 동의 관계에 있다는 것은 다음 예 문들에서 잘 확인된다. 원문 중 '紅脉'이 '블근 핏줄'로 번역되고 '脉證'이 '믹과 중'으로 번역된다. 따라 서 '핏줄'과 '믹'의 동의성은 명백히 입증된다. 고유어 '핏줄'은 명사 '피'와 명사 '줄'의 合成이다.

> (342) a. 귀 뒤혜 블근 핏줄 이슈믈 보미사(視其耳後有紅脉赤縷) <瘡疹 8b>
>   b. 믹과 중괘 밧씌 잇고(脉證有表) <瘡疹 17a>

<343> 하나비 對 長老

고유어 '하나비'와 한자어 '長老'가 [叟]와 [翁] 즉 '늙은이, 老人의 존칭'의 뜻을 가지고 동의 관계에 있다는 것은 다음 예문들에서 잘 확인된다. '叟'가 한자어 '長老'를 뜻하고 '叟'의 자석이 '하나비'이다. 그리고 '翁'의 자석이 '하나비'이다. 따라서 '하나비'와 '長老'의 동의성은 명백히 입증된다. 고유어 '하나 비'는 합성명사로 [大] 즉 '크다'의 뜻을 가진 상태동사 '하다'의 관형사형 '한'과 명사 '아비'의 合成으로 '하+ㄴ#아비'로 분석될 수 있다.

> (343) a. 叟 : 長老之稱 <四解下 66b>
>   b. 叟 : 하나비 수 汎稱 <字會上 17a>

> (343) c. 翁 : 老稱 又父也 <四解上 5b>
>   d. 翁 : 하나비옹 汎稱老者 <字會上 17a>

<344> 하나비 對 爺爺

고유어 '하나비'와 한자어 '爺爺'이 [祖]와 [爺爺] 즉 '할아버지, 祖父'의 뜻을 가지고 동의 관계에 있다는 것은 다음 예문들에서 잘 확인된다. '祖'의 자석이 '하나비'이고 고유어 '하나비'는 한자어 '爺爺'와 동의 관계에 있다. 그리고 '祖'가 한자어 '爺爺'를 뜻한다. 따라서 '하나비'와 '爺'의 동의성은 명백히 입증된다. 고유어 '하나비'는 합성명사로 [大] 즉 '크다'의 뜻을 가진 상태동사 '하다'의 관형사형 '한'과 명사 '아비'의 合成으로 '하+ㄴ#아비'로 분석될 수 있다.

(344) a. 祖 : 祖禰 <四解上 39b>
　　　 b. 祖 : 하나비 조…又爺爺 <字會上 16a>

(344) c. 爺 : 今俗呼父曰爺 祖曰爺爺 <四解下 33b>
　　　 d. 爺 : 아비 야 <字會上 16a>

<345> 하나비 對 祖公

　고유어 '하나비'와 한자어 '祖公'이 [祖] 즉 '할아버지'의 뜻을 가지고 동의 관계에 있다는 것은 다음 예문들에서 잘 확인된다. '祖'의 자석이 '하나비'이고 고유어 '하나비'는 한자어 '祖公'과 동의 관계에 있다. 따라서 '하나비'와 '祖公'의 동의성은 명백히 입증된다. 고유어 '하나비'는 합성명사로 [大] 즉 '크다'의 뜻을 가진 상태동사 '하다'의 관형사형 '한'과 명사 '아비'[父]의 合成으로 '하+ㄴ#아비'로 분석될 수 있다.

(345) a. 祖 : 祖禰 <四解上 39b>
　　　 b. 祖 : 하나비 조 祖公又呼爺爺 <字會上 16a>

(345) c. 하나비 할미(公公 婆婆) <번老下 34a>

<346> 하눗ᄃ래 對 菰蔞

　고유어 '하눗ᄃ래'와 한자어 '菰蔞'가 [菰]과 [蔞] 즉 '하눌타리, 괄루'의 뜻을 가지고 동의 관계에 있다는 것은 다음 예문들에서 잘 확인된다. '菰'이 한자어 '菰蔞'를 뜻하고 '菰'의 자석이 '하눗ᄃ래'이다. '蔞'가 한자어 '菰蔞'를 뜻하고 '菰蔞'는 고유어 '하눗ᄃ래'와 동의 관계에 있다. 그리고 '蔞'의 자석이 '하눗ᄃ래'이고 고유어 '하눗ᄃ래'는 한자어 '菰蔞'와 동의 관계에 있다. 따라서 '하눗ᄃ래'와 '菰蔞'의 동의성은 명백히 입증된다. 고유어 '하눗ᄃ래'의 先代形은 '하눐ᄃ래'이고 '하눐ᄃ래'는 합성명사로 '하눌'과 명사 'ᄃ래'의 合成으로 '하눌+ㅅ#ᄃ래'로 분석될 수 있다.

(346) a. 菰 : 菰蓲 天瓜 <四解上 72b>

    b. 菰 : 하놋 드래 괄 <字會上 4b>

(346) c. 蓲 : 菰蓲 天瓜 **하놋 드래** <四解下 67b>

    d. 蓲(4b) : 하놋 드래 루 俗呼 又呼天瓜 <字會上 5a>

고유어 '하놋 드래'의 先代形 '하놄 드래'는 15세기의 『救急簡易方』(1489) 의 다음 예문들에서 잘 확인된다. 원문 중 '蔞'가 '하놄 드래'로 번역된다.

(346) e. 하놄 드래룰 삐와 거플과 앗고(蔞去子皮) <救간一 22a>

    f. 하놄 드래 흔 나출 사흐라 부아(蔞一介切碎) <救간二 33a>

<347> 한쇼 對 䝏牛

고유어 '한쇼'와 한자어 '䝏牛'가 [䝏牛] 즉 '큰 소'의 뜻을 가지고 동의 관계에 있다는 것은 다음 예문들에서 잘 확인된다. '牛'의 자석이 '쇼'이고 한자어 '䝏牛'가 고유어 '한쇼'와 동의 관계에 있다. 따라서 '한쇼'와 '䝏牛'의 동의성은 명백히 입증된다. 고유어 '한쇼'는 합성명사로 상태동사 '하다'[巨]의 관형사형 '한'과 명사 '쇼'[牛]의 合成이다.

(347) a. 牛 : … 大牲 <四解下 68b>

    b. 牛 : 쇼 우 俗呼䝏牛 한쇼 花牛 어룽쇼 <字會上 10b>

고유어 '한쇼'는 15세기의 『龍飛御天歌』와 『月印千江之曲』의 다음 예문들에서 발견된다. 원문 중 '巨牛'가 '한쇼'로 번역된다.

(347) c. 싸호는 한쇼룰 두 소내 자부시며(方鬪巨牛兩手執之) <龍 87>

    d. 한쇼룰 내니 몸 크고 다리 크고 <月曲 59>

<348> 한삼너출 對 葎草

고유어 '한삼너출'과 한자어 '葎草'가 [葎] 즉 '한삼덩굴'의 뜻을 가지고 동의 관계에 있다는 것은 다음 예문들에서 잘 확인된다. '葎'이 한자어 '葎草'를 뜻하고 '葎草'는 고유어 '한삼너출'과 동의 관계에 있다. 따라서 '한삼너출'과 '葎草'의 동의성은 명백히 입증된다. 고유어 '한삼너출'은 합성명사로 명사 '한삼'과 명사 '너출'의 合成이다.

(348) a. 葎 : 葎草…한삼너출 <四解上 70b>

b. 葎 : 한삼 률 俗呼勒麻藤草 <字會上 4b>

고유어 '한삼'은 15세기 『救急簡易方』(1489) 의 다음 예문들에서 잘 확인된다. 원문 중 '葎草'가 '한삼'으로 번역되고 '葎草'의 자석이 '한삼'이다.

(348) c. 한삼 줏디허 뽄 즙과 초와 각 서 홉을(葎草汁 酸各三合) <救간三 118a>

d. 葎草汁 : 한삼 줏디허 뽄 즙 <救간三 117b>

<349> 한할마님 對 曾祖母

고유어 '한할마님'과 한자어 '曾祖母'가 [曾祖王母]와 [婆婆] 즉 '증조모'의 뜻을 가지고 동의 관계에 있다는 것은 다음 예문들에서 잘 확인된다. 원문 중 '曾祖王母長孫夫人'이 '한할마님 長孫夫人'으로 번역된다. 그리고 '婆'의 자석이 '할미'이고 한자어 '曾祖母'가 한자어 '婆婆'와 동의 관계에 있다. 따라서 '한할마님'과 '曾祖母'의 동의성은 명백히 입증된다. 고유어 '한할마님'은 합성명사로 [大] 즉 '크다'의 뜻을 가진 상태동사 '하다'의 관형사형 '한'과 [祖母] 즉 '할머니'의 뜻을 가진 명사 '할마님'의 合成이다.

(349) a. 山南의 한할(29a) 마님 長孫夫人이 하 늘거 니 업서(山南의 曾祖王母長孫夫人이 年高無齒어늘) <번小九 29b>

(349) b. 婆 : 老女稱 <四解下 28a>

c. 婆 : 할미 파…又祖母曰婆 曾祖母曰婆婆 <字會上 16a>

<350> 할미새 對 鶺鴒/鸒鶺

고유어 '할미새'와 한자어 '鶺鴒/鸒鶺'가 [鶺鴒]과 [鸒] 즉 '할미새'의 뜻을 가지고 동의 관계에 있다는 것은 다음 예문들에서 잘 확인된다. '鶺'이 한자어 '鶺鴒'를 뜻하고 '鴒'의 자석이 '할미새'이다. '鸒'가 한자어 '鶺鴒'를 뜻한다. 그리고 '鸒'의 자석이 '할미새'이고 고유어 '할미새'는 한자어 '鸒鶺'와 동의 관계에 있다. 따라서 '할미새'와 '鶺鴒/鸒鶺'의 동의성은 명백히 입증된다. 고유어 '할미새'는 합성명사로 명사 '할미'[姑]와 명사 '새'[鳥]의 合成이다.

(350) a. 鶺 : 鶺渠 鳽鴒 <四解上 10a>

b. 鴒 : 할미새옹 <字會上 8b>

(350) c. 鶺 : 雝 鶺鴒 <四解上 30a>

　　　d. 鶺 : 할미새 거 鷑鶺 <字會上 8b>

<351> 할미새 對 鶺鴒

　고유어 '할미새'와 한자어 '鶺鴒'이 [鶺]과 [鴒] 즉 '할미새'의 뜻을 가지고 동의 관계에 있다는 것은 다음 예문들에서 잘 확인된다. '鶺'이 한자어 '鶺鴒'을 뜻하고 '鶺鴒'은 고유어 '할미새'와 동의 관계에 있다. 그리고 '鴒'이 한자어 '鶺鴒'을 뜻하고 '鴒'의 자석이 '할미새'이다. 따라서 '할미새'와 '鶺鴒'의 동의성은 명백히 입증된다. 고유어 '할미새'는 합성명사로 명사 '할미'[姑]와 명사 '새'[鳥]의 合成이다.

　　(351) a. 鶺 : 鶺鴒 俗呼雪姑兒 할미새 <四解下 52a>

　　　　　b. 鶺 : 할미새 척 <字會上 8b>

　　(351) c. 鴒 : 鶺鴒 <四解下 56b>

　　　　　d. 鴒 : 할미새 령 俗呼鶺鴒鳥…又呼雪姑兒 <字會上 8b>

<352> 햐근 저울 對 等子

　고유어 '햐근 저울'과 한자어 '等子'가 [等子] 즉 '작은 저울'의 뜻을 가지고 동의 관계에 있다는 것은 다음 예문들에서 잘 확인된다. 원문 중 '等子十連'이 '햐근 저울 열 무르'로 번역된다. 그리고 '秤'의 자석이 '저울'이고 '秤'의 작은 것은 한자어 '等子'이다. 따라서 '햐근 저울'과 '等子'의 동의성은 명백히 입증된다. 고유어 '햐근 저울'은 명사구로 상태동사 '햑다'의 관형사형 '햐근'과 명사 '저울'의 결합이다.

　　(352) a. 큰 저울 셜흔 무르 햐근 저울 열 무르(秤三十連 等子十連) <번老下 69a>

　　(352) b. 秤 : 衡也 <四解下 53b>

　　　　　c. 秤 : 저울 칭…小曰等子 <字會上 6b>

<353> 허릿나모 對 關梜子

　고유어 '허릿나모'와 한자어 '關梜子'가 [梜]와 [關] 즉 '허리 나무, 골풀무 드딀 널의 아래쪽에 놓은 나무'의 뜻을 가지고 동의 관계에 있다는 것은 다음 예문들에서 잘 확인된다. '梜'가 한자어 '關梜子'를 뜻한다. '梜'의 자석이 '허릿나모'이고 고유어 '허릿나모'는 한자어 '關梜子'와 동의 관계에 있다. 그리고 '關'이 한자어 '關梜子'를 뜻한다. 따라서 '허릿나모'와 '關梜子'의 동의성은 명백히 입증된다. 고유어

'허릿나모'는 합성명사로 명사 '허리'와 명사 '나모'의 合成이다.

(353) a. 桄 : … 又關桄子 機也 <四解上 29a>

b. 桄 : 허릿나모 례 關桄子 불뭇 드딀 널 아래 노흔 나모 <字會下 7b>

(353) c. 關 : … 又關桄子 機也 <四解上 80a>

d. 關 : 모개 관 <字會上 3b>

<354> 허믈 가진 놈 對 疤子

고유어 '허믈 가진 놈'과 한자어 '疤子'가 [疤] 즉 '흉터 가진 놈'의 뜻을 가지고 동의 관계에 있다는 것은 다음 예문들에서 잘 확인된다. '疤'가 한자어 '疤子'를 뜻하고 '疤子'는 고유어 '허믈 가진 놈'과 동의 관계에 있다. 따라서 '허믈 가진 놈'과 '疤子'의 동의성은 명백히 입증된다. 고유어 '허믈 가진 놈'은 명사구로 명사 '허믈'과 동작동사 '가지다'의 관형사형 '가진'과 명사 '놈'의 결합이다.

(354) a. 疤 : 瘢痕結節 今俗語疤子 허믈 <四解下 29a>

b. 疤 : 허믈 파 … 俗稱疤子 허믈 가진 놈 <字會中 17a>

<355> 허튓비 對 腓腸

고유어 '허튓비'와 한자어 '腓腸'이 [腨] 즉 '장딴지'의 뜻을 가지고 동의 관계에 있다는 것은 다음 예문들에서 잘 확인된다. 원문 중 '腨'이 한자어 '腓腸'을 뜻하고 '腓腸'은 고유어 '허튓비'와 동의 관계에 있다. 따라서 '허튓비'와 '腓腸'의 동의성은 명백히 입증된다. 고유어 '허튓비'는 합성명사로 명사 '허튀'[脚]와 명사 '비'[肚]의 合成이다.

(355) a. 腨 : 腓腸 허튓비 <四解下 11a>

b. 腨 : 허튓비 쳔 俗呼足肚 <字會上 13b>

<356> 허튓녑 對 脛臁

고유어 '허튓녑'과 한자어 '脛臁'이 [臁] 즉 '정강이'의 뜻을 가지고 동의 관계에 있다는 것은 다음 예문에서 잘 확인된다. '臁'이 한자어 '脛臁'을 뜻하고 '脛臁'은 고유어 '허튓녑'과 동의 관계에 있다. 그리고 '臁'의 자석이 '허튓녑'이다. 따라서 '허튓녑'과 '脛臁'의 동의성은 명백히 입증된다. 고유어 '허튓녑'은 합성명사로 명사 '허튀'와 명사 '녑'의 合成이다.

(356) a. 臁 : 脛臁 허튓녑 <四解下 86a>

b. 臁 : 허튓녑 렴 俗呼外臁 裏臁 <字會上 13b>

<357> 허튓무릎 對 脚脛

고유어 '허튓무릎'와 한자어 '脚脛'이 [脛] 즉 '정강이'의 뜻을 가지고 동의 관계에 있다는 것은 다음 예문들에서 잘 확인된다. '脛'이 한자어 '脚脛'을 뜻하고 '脚脛'은 고유어 '허튓무릎'와 동의 관계에 있다. 따라서 '허튓무릎'와 '脚脛'의 동의성은 명백히 입증된다. 고유어 '허튓무릎'는 합성명사로 명사 '허튀'[脚]와 명사 '무릎'[棟]의 合成으로 '허튀+ㅅ#무릎'로 분석된다.

(357) a. 脛 : 脚脛 허튓무릎 <四解下 56a>

b. 脛 : 腓腸前骨 허튓무릎 <四解下 56a>

<358> 허튓쎠 對 脛骨

고유어 '허튓쎠'와 한자어 '脛骨'이 [骭]과 [骹] 즉 '정강이'의 뜻을 가지고 동의 관계에 있다는 것은 다음 예문들에서 잘 확인된다. '骭'이 한자어 '脛骨'을 뜻하고 '骭'의 자석이 '허튓쎠'이다. 그리고 '骹'가 한자어 '脛骨'을 뜻하고 '骹'의 자석이 '허튓쎠'이다. 따라서 '허튓쎠'와 '脛骨'의 동의성은 명백히 입증된다. 고유어 '허튓쎠'는 합성명사로 명사 '허튀'[脚]와 명사 '쎠'[骨]의 合成으로 '허튀+ㅅ#쎠'로 분석될 수 있다.

(358) a. 骭 : 脛骨 <四解上 81b>

b. 骭 : 허튓쎠 한 <字會上 13b>

(358) c. 骹 : 脛骨 <四解下 23b>

d. 骹 : 허튓쎠 교 <字會上 13b>

<359> 허튓비 對 足肚

고유어 '허튓비'와 한자어 '足肚'가 [腓]와 [膞] 즉 '장딴지'의 뜻을 가지고 동의 관계에 있다는 것은 다음 예문들에서 잘 확인된다. '腓'가 한자어 '足肚'를 뜻하고 '足肚'는 고유어 '허튓비'와 동의 관계에 있다. 그리고 '膞'의 자석이 '허튓비'이고 고유어 '허튓비'는 한자어 '足肚'와 동의 관계에 있다. 따라서 '허튓비'와 '足肚'의 동의성은 명백히 입증된다. 고유어 '허튓비'는 합성명사로 명사 '허튀'[脚]와 명사 '비'[肚]의 合成으로 '허튀+ㅅ#비'로 분석될 수 있다.

(359) a. 腓 : 足肚 허튓비 <四解上 17b>

　　　b. 腓 : 허튀 비 <字會上 13b>

(359) c. 腨 : 腓腸 허튓비 <四解下 11a>

　　　b. 腨 : 허튓비 쳔 俗呼足肚 <字會上 13b>

<360> 허튓비 對 腿肚

고유어 '허튓비'와 한자어 '腿肚'이 [腿肚] 즉 '장딴지'의 뜻을 가지고 동의 관계에 있다는 것은 다음 예문들에서 잘 확인된다. '腿'의 자석이 '쉰다리'이고 한자어 '腿肚'가 고유어 '허튓비'와 동의 관계에 있다. 따라서 '허튓비'와 '腿肚'의 동의성은 명백히 입증된다. 고유어 '허튓비'는 합성명사로 [股] 즉 '다리'를 뜻하는 명사 '허튀'와 명사 [肚] 즉 '배'를 뜻하는 명사 '비'의 合成으로 '허튀+ㅅ#비'로 분석될 수 있다.

(360) a. 腿 : 股也 쉰다리 <四解上 49b>

　　　b. 腿 : 쉰다리 퇴 俗呼腿子 又腿肚 허튓비 <字會上 14a>

<361> 헌 허믈 ᄆᆞᄃᆞᆸ 對 疙疸

고유어 '헌 허믈 ᄆᆞᄃᆞᆸ'과 한자어 '疙疸'이 [疸] 즉 '쥐부스럼'의 뜻을 가지고 동의 관계에 있다는 것은 다음 예문들에서 잘 확인된다. '疸'이 고유어 '헌 허믈 ᄆᆞᄃᆞᆸ'을 뜻하고 '헌 허믈 ᄆᆞᄃᆞᆸ'은 한자어 '疙疸'과 동의 관계에 있다. 따라서 '헌 허믈 ᄆᆞᄃᆞᆸ'과 '疙疸'의 동의성은 명백히 입증된다. 고유어 '헌 허믈 ᄆᆞᄃᆞᆸ'은 명사구로 동작동사 '헐다'의 관형사형 '헐'과 명사 '허믈'과 명사 'ᄆᆞᄃᆞᆸ'의 결합이다.

(361) a. 疸 : 헌 허믈 ᄆᆞᄃᆞᆸ 今俗語疙疸 <四解上 76b>

　　　b. 疸 : …又俗稱疙疸 ᄆᆞᄃᆞᆸ <字會中 16a>

<362> 현 블 對 燈火

고유어 '현 블'과 한자어 '燈火'가 [燈] 즉 '등불, 등잔불'의 뜻을 가지고 동의 관계에 있다는 것은 다음 예문들에서 잘 확인된다. '燈'이 한자어 '燈火'를 뜻하고 '燈'의 자석이 '현 블'이다. 따라서 '현 블'과 '燈火'의 동의성은 명백히 입증된다. 고유어 '현 블'은 명사구로 동작동사 '혀다'[點]의 관형사형 '현'과 명사 '블'[火]의 결합이다.

(362) a. 燈 : 燈火 <四解下 58b>

　　b. 燈 : 현 블 둥 <字會中 8a>

<363> 활고재 對 弓末

고유어 '활고재'와 한자어 '弓末'이 [弰] 즉 '활고자, 활의 양끝'의 뜻을 가지고 동의 관계에 있다는 것은 다음 예문들에서 잘 확인된다. '弰'가 한자어 '弓末'을 뜻한다. 그리고 '弰'의 자석이 '활고재'이다. 따라서 '활고재'와 '弓末'의 동의성은 명백히 입증된다. 고유어 '활고재'는 합성명사로 명사 '활'과 명사 '고재'의 合成이다.

(363) a. 弰 : 弓末 <四解下 22a>

　　b. 弰 : 활고재 쇼 <字會中 14a>

<364> 활비븨 對 牽鑽

고유어 '활비븨'와 한자어 '牽鑽'이 [牽鑽] 즉 '활비비'의 뜻을 가지고 동의 관계에 있다는 것은 다음 예문들에서 잘 확인된다. '鑽'의 자석이 '비븨'이고 한자어 '牽鑽'은 고유어 '활비븨'와 동의 관계에 있다. 따라서 '활비븨'와 '牽鑽'의 동의성은 명백히 입증된다. 고유어 '활비븨'는 합성명사로 명사 '활'[弓]과 명사 '비븨'[鑽]의 合成이다.

(364) a. 鑽 : 錐也 <四解上 75a>

　　b. 鑽 : 비븨 찬 俗呼鐵鑽 又牽鑽 활비븨 <字會中 7b>

<365> 활오늬 對 弓弩矞弦所居

고유어 '활오늬'와 한자어 '弓弩矞弦所居'가 [彄] 즉 '활고자, 활집 머리에 있는 시위를 메는 곳'의 뜻을 가지고 동의 관계에 있다는 것은 다음 예문들에서 잘 확인된다. '彄'가 한자어 '弓弩矞弦所居'를 뜻하고 '彄'의 자석이 '활오늬'이다. 따라서 '활오늬'와 '弓弩矞弦所居'의 동의성은 명백히 입증된다. 고유어 '활오늬'는 합성명사로 명사 '활'[弓]과 명사 '오늬'[彄子]의 合成이다.

(365) a. 彄 : 弓弩矞弦所居 <四解下 64b>

　　b. 彄 : 활오늬 구 <字會中 14a>

<366> 효근 상화 對 小饅頭

고유어 '효근 상화'와 한자어 '小饅頭'가 [點心] 즉 '작은 만두'의 뜻을 가지고 동의 관계에 있다는 것은 다음 예문들에서 잘 확인된다. 원문 중 '點心'이 '효근 상화'로 번역된다. 그리고 '點心'이 한자어 '小饅頭'이다. 따라서 '효근 상화'와 '小饅頭'의 동의성은 명백히 입증된다. 고유어 '효근 상화'는 명사구로 상태동사 '횩다'의 관형사형 '효근'과 명사 '상화'의 결합이다.

(366) a. 혹 효근 상화 먹고(喫…或是些點心) <번老下 53b>
    b. 點心 : …今俗謂小饅頭曰點心包兒 <老朴 老下 4a>

<367> 훗어미 對 繼母

고유어 '훗어미'와 한자어 '繼母'가 [繼母]와 [後母] 즉 '계모'의 뜻을 가지고 동의 관계에 있다는 것은 다음 예문들에서 잘 확인된다. 원문 중 '繼母朱氏'가 '훗어미 朱氏'로 번역되고 '父及後母'가 '아비와 훗어미'로 번역된다. 그리고 '省繼母'가 '繼母를 뵈다'로 번역된다. 따라서 '훗어미'와 '繼母'의 동의성은 명백히 입증된다. '훗어미'는 한자어 '후'(後)와 명사 '어미'[母]의 合成이지만 이 저서에서는 고유어로 다루었다.

(367) a. 훗어미 朱氏 ᄉᆞ랑티 아니ᄒᆞ야(繼母朱氏不慈ᄒᆞ야) <번小九 24b>
    b. 아비와 훗어미 셤교ᄃᆡ ᄀᆞ장 효도ᄒᆞ더니(事父及繼母盡孝) <속三孝 21a>

(367) c. 미실 아ᄎᆞᆷ나죄 祭ᄒᆞᆫ 후와 繼母를 뵈오(每朝夕奠罷 來省繼母) <속三孝 21a>

<368> 훠쳥 對 氈韈

고유어 '훠쳥'과 한자어 '氈韈'이 [氈韈] 즉 '버선'의 뜻을 가지고 동의 관계에 있다는 것은 다음 예문들에서 잘 확인된다. 고유어 '훠쳥'이 한자어 '氈韈'과 동의 관계에 있다. 따라서 '훠쳥'과 '氈韈'의 동의성은 명백히 입증된다.

(368) a. 韈 : 足衣…今俗呼韈子 훠쳥 <四解上 81a>
    b. 韈 : 보션 말 又俗呼 훠쳥 氈韈 <字會中 11b>

<369> 홍졍ᄀᆞ숨 對 貨物

고유어 '홍졍ᄀᆞ숨'과 한자어 '貨物'이 [貨物] 즉 '상품, 홍정감'의 뜻을 가지고 동의 관계에 있다는 것은 다음 예문들에서 잘 확인된다. 원문 중 '甚麼貨物'이 'ᄆᆞ슴 홍졍ᄀᆞ숨'으로 번역되고 '識貨物'이 '貨

物 알다'로 번역되므로 '홍졍ㄱ숨'과 '貨物'의 동의성은 명백히 입증된다. 고유어 '홍졍ㄱ숨'은 [買賣]와 [交易] 즉 '장사'의 뜻을 가진 '홍졍'과 '감, 재료'를 뜻하는 'ㄱ숨'의 合成이다.

(369) a. 쏘 므슴 홍졍ㄱ숨 사(却買些甚麽貨物) <번老上 12b>

b. 우리 다티 살 홍졍ㄱ슴ᄅᆞᆯ 의논호ᄃᆡ 엇더ᄒᆞ니오(咱們商量別買貨物 如何) <번老下 21a>

(369) c. 네 닐오ᄃᆡ 내 貨物 아노라 호ᄃᆡ(你說是我識貨物) <번老下 29a>

<370> ᄒᆞ루사리 對 蜉蝣

고유어 'ᄒᆞ루사리'와 한자어 '蜉蝣'가 [蜉]와 [蝣] 즉 '하루살이'의 뜻을 가지고 동의 관계에 있다는 것은 다음 예문들에서 잘 확인된다. '蜉'가 한자어 '蜉蝣'를 뜻하고 '蜉'의 자석이 'ᄒᆞ루사리'이다. 그리고 '蝣'가 한자어 '蜉蝣'를 뜻하고 '蝣'의 자석이 'ᄒᆞ루사리'이다. 따라서 'ᄒᆞ루사리'와 '蜉蝣'의 동의성은 명백히 입증된다. 고유어 'ᄒᆞ루사리'는 합성명사로 명사 'ᄒᆞ루'와 명사 '사리'의 合成이다.

(370) a. 蜉 : … 蜉蝣渠略 <四解下 66b>
b. 蜉 : ᄒᆞ루사리 부 <四解上 12b>

(370) c. 蝣 : 蜉蝣 <四解下 70b>
d. 蝣 : ᄒᆞ루사리 유 詩蜉蝣之羽 <字會上 12b>

<371> ᄒᆞᆫ 번 對 一遍

고유어 'ᄒᆞᆫ 번'과 한자어 '一遍'이 [一遍] 즉 'ᄒᆞᆫ 번'의 뜻을 가지고 동의 관계에 있다는 것은 다음 예문들에서 잘 확인된다. 원문 중 '一遍也'가 'ᄒᆞᆫ 번도'로 번역된다. 그리고 한자어 '一遍'의 자석이 'ᄒᆞᆫ 번'이다. 따라서 'ᄒᆞᆫ 번'과 '一遍'의 동의성은 명백히 입증된다. 고유어 'ᄒᆞᆫ 번'은 명사구로 관형사 'ᄒᆞᆫ'[一]과 명사 '번'[遍]의 결합이다.

(371) a. ᄒᆞᆫ 번도 므슴 아논 말ᄉᆞᆯ 니르디 몯ᄒᆞ야 이시니(一遍也不曾說知心腹的話) <번朴上 72a>

(371) b. 遍 : 次也 一遍 ᄒᆞᆫ 번 <老朴 單字解 3a>
c. 遍 : 周匝 今俗謂一次曰一遍 <四解下 '3a>

<372> ᄒᆞᆰ무디 對 高堆

고유어 '흙무디'와 한자어 '高堆'가 [墩] 즉 '흙무더기'의 뜻을 가지고 동의 관계에 있다는 것은 다음 예문들에서 잘 확인된다. '墩'의 자석이 '흙무디'이고 고유어 '흙무디'는 한자어 '高堆'와 동의 관계에 있다. 따라서 '흙무디'와 '高堆'의 동의성은 명백히 입증된다. 고유어 '흙무디'는 합성명사로 명사 '흙'과 명사 '무디'의 합성이다.

(372) a. 墩 : 平地有堆 <四解上 63a>

　　 b. 墩 : 흙무디 돈 高堆也 <字會中 5a>

<373> 흙무적 對 土塊

고유어 '흙무적'과 한자어 '土塊'가 [塊]와 [墹] 즉 '흙덩이, 土塊'의 뜻을 가지고 동의 관계에 있다는 것은 다음 예문들에서 잘 확인된다. '塊'가 한자어 '土塊'를 뜻하고 '塊'의 자석이 '흙무적'이다. '墹'이 한자어 '土塊'를 뜻한다. 그리고 '墹'의 자석이 '흙무적'이고 고유어 '흙무적'은 한자어 '土塊'와 동의 관계에 있다. 따라서 '흙무적'과 '土塊'의 동의성은 명백히 입증된다. 고유어 '흙무적'은 합성명사로 명사 '흙'[土]과 명사 '무적'[塊]의 合成이다.

(373) a. 塊 : 土塊 <四解上 47b> <四解上 48b>

　　 b. 塊 : 흙무적 괴 <字會下 8b>

(373) c. 墹 : 土塊 <四解下 50b>

　　 d. 墹 : 흙무적 벽 土塊也 <字會下 8b>

<374> 흙벽 對 土墼

고유어 '흙벽'과 한자어 '土墼'이 [墼] 즉 '흙벽돌, 날벽돌'의 뜻을 가지고 동의 관계에 있다는 것은 다음 예문들에서 잘 확인된다. '墼'이 '아직 굽지 아니한 벽돌'[未燒磚]로 한자어 '土墼'을 뜻하고 '土墼'은 고유어 '흙벽'과 동의 관계에 있다. 그리고 '墼'의 자석이 '흙벽'이고 고유어 '흙벽'은 한자어 '土墼'과 동의 관계에 있다. 따라서 '흙벽'과 '土墼'의 동의성은 명백히 입증된다. 고유어 '흙벽'은 합성명사로 명사 '흙'[土]과 명사 '벽'[磚]의 合成이다.

(374) a. 墼 : 未燒磚 今俗呼土墼 흙벽 <四解下 47b>

　　 b. 墼 : 흙벽 격 俗呼土墼 <字會中 9b>

<375> 흙손 對 塗墁

고유어 '흙손'과 한자어 '塗墁'이 [杇]와 [泥] 즉 '흙손, 벽을 바르는 연모'의 뜻을 가지고 동의 관계에 있다는 것은 다음 예문들에서 잘 확인된다. '杇'의 자석이 '흙손'이고 고유어 '흙손'은 한자어 '塗墁'과 동의 관계에 있다. 그리고 '泥'가 한자어 '塗墁'을 뜻한다. 따라서 '흙손'과 '塗墁'의 동의성은 명백히 입증된다. 고유어 '흙손'은 합성명사로 명사 '흙'[土]과 명사 '손'[手]의 合成이다.

> (375) a. 杇 : 塗墁器 <四解上 41a>
>
>   b. 杇 : 흙손 오…又塗墁也 <字會中 8b>

> (375) c. 泥 : …水和土 <四解上 25b>
>
>   d. 泥 : 흙 니 水和土 又塗墁也 <字會上 2a>

<376> 흰 부루 對 白苣

고유어 '흰 부루'와 한자어 '白苣'가 [白苣] 즉 '흰 상추'의 뜻을 가지고 동의 관계에 있다는 것은 다음 예문들에서 잘 확인된다. 한자어 '白苣'가 고유어 '흰 부루'와 동의 관계에 있다. 따라서 '흰 부루'와 '白苣'의 동의성은 명백히 입증된다. 고유어 '흰 부루'는 명사구로 상태동사 '희다'[白]의 관형사형 '흰'과 명사 '부루'의 결합이다.

> (376) a. 苣 : …白苣 흰 부루 萵苣 부루 <四解上 30b>
>
>   b. 苣 : 부루 거 俗呼萵苣 <字會上 8a>

<377> 흰 싱깁 對 白絲絹

고유어 '흰 싱깁'과 한자어 '白絲絹'이 [白絲絹] 즉 '흰 생견(生絹)'의 뜻을 가지고 동의 관계에 있다는 것은 다음 예문들에서 잘 확인된다. 원문 중 '白絲絹'이 '흰 싱깁'으로 번역된다. 그리고 '白絲絹蘇州絹'이 '白絲絹과 蘇州絹'으로 번역된다. 따라서 '흰 싱깁'과 '白絲絹'의 동의성은 명백히 입증된다. '흰 싱깁'은 명사구로 상태동사 '희다'[白]의 관형사형 '흰'과 명사 '싱깁'의 결합이다. '싱'은 한자 '生'이지만 이 저서에서는 고유어로 다루었다.

> (377) a. 내게 됴흔 山東서 난 큰 구의나깃 깁(25b) 과…흰 싱깁과 잇다(我有好山東大官絹…白絲絹) <번老下 26a>
>
>   b. 내 다믄 大官絹과 白絲絹과 蘇州絹과 水光絹과을 과ᄒ노라(我只要大官絹白絲絹蘇州絹水光絹) <번老下 26a>

(377) c. 絹 : 繒也 <四解下 9a>

c. 絹 : 깁 견 <字會中 15a>

<378> 힌 훍 對 白墡土

고유어 '힌 훍'과 한자어 '白墡土'가 [堊] 즉 '白土'의 뜻을 가지고 동의 관계에 있다는 것은 다음 예문들에서 잘 확인된다. '堊'이 한자어 '白墡土'를 뜻하고 '堊'의 자석이 '힌 훍'이다. 따라서 '힌 훍'과 '白墡土'의 동의성은 명백히 입증된다. 고유어 '힌 훍'은 명사구로 상태동사 '히다'[白]의 관형사형 '힌'과 명사 '훍'[土]의 결합이다.

(378) a. 堊 : 白墡土 <四解下 39b>

b. 堊 : 힌 훍 악 <字會中 14b>

(378) c. 墡 : 白土 <四解下 6b>

<379> 힛귀 對 日景

고유어 '힛귀'와 한자어 '日景'이 [晷] 즉 '햇빛'의 뜻을 가지고 동의 관계에 있다는 것은 다음 예문들에서 잘 확인된다. '晷'가 한자어 '日景'을 뜻하고 '晷'의 자석이 '힛귀'이다. 따라서 '힛귀'와 '日景'의 동의성은 명백히 입증된다. 고유어 '힛귀'는 합성명사로 명사 '히'[日]와 명사 '귀'의 合成이다.

(379) a. 晷 : 日景 <四解上 48a>

b. 晷 : 힛귀 구 <字會上 1b>

<380> 힛귀 對 日始出貌

고유어 '힛귀'와 한자어 '日始出貌'가 [暾]과 [旭] 즉 '햇귀, 아침 해가 솟아오르는 모양'의 뜻을 가지고 동의 관계에 있다는 것은 다음 예문들에서 잘 확인된다. '暾'이 한자어 '日始出皃'를 뜻한다. '暾'의 자석이 '힛귀'이고 고유어 '힛귀'는 한자어 '日始出貌'와 동의 관계에 있다. 그리고 '旭'의 자석이 '힛귀'이다. 따라서 '힛귀'와 '日始出貌'의 동의성은 명백히 입증된다. '貌'와 '皃'는 同字이다. 고유어 '힛귀'는 합성명사로 명사 '히'[日]와 '귀'[耳]의 合成이다.

(380) a. 暾 : 日始出皃 <四解上 63a>

b. 暾 : 힛귀 돈 日始出貌 <字會下 1a>

(380) c. 旭 : 힛귀 욱 日始出著明貌 <字會下 1a>

<381> 힛모로 對 日暈

고유어 '힛모로'와 한자어 '日暈'이 [日暈] 즉 '햇무리'의 뜻을 가지고 동의 관계에 있다는 것은 다음 예문들에서 잘 확인된다. '暈'의 자석이 '모로'이고 한자어 '日暈'이 고유어 '힛모로'와 동의 관계에 있다. 따라서 '힛모로'와 '日暈'의 동의성은 명백히 입증된다. 고유어 '힛모로'는 합성명사로 명사 '히'[日]과 명사 '모로'[暈]의 合成으로 '히+ㅅ#모로'로 분석된다.

(381) a. 暈 : 日月旁氣 <四解上 70a>
　　　 b. 暈 : 모로 운 日暈 힛모로 日暈 들모로 日月旁氣 <字會下 1a>

<382> 힝ᄌ쵸마 對 帷裙

고유어 '힝ᄌ쵸마'와 한자어 '帷裙'이 [帍] 즉 '행주치마'의 뜻을 가지고 동의 관계에 있다는 것은 다음 예문들에서 잘 확인된다. '帍'가 한자어 '帷裙'을 뜻한다. 그리고 '帍'의 자석이 '힝ᄌ쵸마'이다. 따라서 '힝ᄌ쵸마'와 '帷裙'의 동의성은 명백히 입증된다. 고유어 '힝ᄌ쵸마'는 합성명사로 명사 '힝ᄌ'[抹布]와 '쵸마'[裙]의 合成이다.

(382) a. 帍 : 今俗呼帷裙曰帍巾 힝ᄌ쵸마 <四解上 41b>
　　　 b. 帍 : 힝ᄌ쵸마 호 俗呼帍裙 <字會中 7b>

3. 固有於가 派生名詞인 경우

명사류에서 확인되는 고유어와 한자어 간의 동의에서 고유어가 派生名詞인 경우에는 [長短] 즉 '길이, 장단'의 뜻을 가진 '기리'와 '댱단'을 비롯하여 [嫁娶]와 [婚娶] 즉 '혼인'의 뜻을 가진 '남진겨집 어리'와 '혼인ᄒ기', [墓], [墓所] 및 [墳] 즉 '무덤'의 뜻을 가진 '무덤'과 '墳土' 그리고 [屍] 즉 '주검, 시체'의 뜻을 가진 '주검'과 '屍體'가 있다.

<1> 기리 對 댱단

고유어 '기리'와 한자어 '댱단'(長短)이 [長短] 즉 '길이, 장단'의 뜻을 가지고 동의 관계에 있다는 것은『번역노걸대』의 동일 원문의 번역인 다음 예문들에서 잘 확인된다. 원문 중 '長短'이 '기리'로도 번역되고 '댱단'으로도 번역되므로 '기리'와 '댱단'의 동의성은 명백히 입증된다. '기리'는 語根 '길-'에 명사 형성 접미사 '-이'가 결합된 것이다.

> (1) a. 기리 곧디 아니타(長短不等) <번老下 61b>
>
> b. 댱단이 곧디 아니ᄒ니(長短不等) <번老下 61b>

<2> 남진 겨집 어리 對 혼인ᄒ기

고유어 '남진 겨집 어리'와 한자어 '혼인(婚姻) ᄒ기'가 [嫁娶] 및 [婚娶] 즉 '혼인, 시집가고 장가드는 일'의 뜻을 가지고 동의 관계에 있다는 것은 다음 예문들에서 잘 확인된다. 원문 중 '嫁娶'가 '남진 겨집 어리'로도 번역되고 '혼인ᄒ기'로도 번역되므로 '남진 겨집 어리'와 '혼인ᄒ기'의 동의성은 명백히 입증된다. 고유어 '남진 겨집 어리'는 동작동사구 '남진 겨집 얼다'에서 파생된 명사로서 '남진#겨집#얼- + -이'로 분석될 수 있다. '혼인ᄒ기'는 동작동사 '婚姻ᄒ다'의 명사형으로 '혼인ᄒ- + -기'로 분석될 수 있다.

> (2) a. 남진 겨집 어리 상ᄉ 장ᄉ애 다 셤죡키 주더라(嫁娶喪事 皆有贍給) <二倫 29a>
>
> (2) b. 혼인ᄒ기를 너무 일 ᄒ야(嫁娶를 太蚤ᄒ야) <번小七 30b>
>
> c. 혼인ᄒ기예 쳔량 하며 져고믈 의론호ᄆᆞᆫ(婚娶而論財ᄂᆞᆫ) <번小七 31a>

<3> 무덤 對 墳土

고유어 '무덤'과 한자어 '墳土'가 [墓]와 [墳] 즉 '무덤'의 뜻을 가지고 동의 관계에 있다는 것은 다음 예문들에서 잘 확인된다. 원문 중 '墓側'이 '무덤 곁'으로 번역되고 '祭墓'가 '그 墳土에 祭ᄒ다'로 번역된다. '墳之側'이 '무덤 곁'으로 번역되고 '夫墳'이 '남진의 墳土'로 번역된다. 그리고 '墓'와 '墳'의 자석이 '무덤'이다. 따라서 '무덤'과 '墳土'의 동의성은 명백히 입증된다. 고유어 '무덤'은 동작동사 '묻다'의 어간 '묻-'에 명사 형성 접미사 '-엄'이 결합된 것이다.

> (3) a. 무덤 겨틔 祠堂 밍ᄀ라 두고(立祠墓側) <속三孝 35a>
>
> b. 무덤 ᄭᅥ틔 막 미야 아ᄎᆷ 나죄로 미양 무덤의 가 졀ᄒ며(廬于墓側ᄒ야 旦夕애 常至墓所ᄒ야) <번小九 27a>
>
> c. ᄯᅩ 나ᄅᆞᆯ 어믜 무덤 겨틔 무드라(且葬我於母墳之側) <속三孝 34b>

(3) d. 康靖大王이 그 墳土애 祭ㅎ라 ㅎ시고 紅門 셰니라(康靖大王三年 命郡 祭墓旌門) <속三烈 15a>

   e. 어미와 남진의 墳土애 親히 祭호ᄃᆡ(親祭母及夫墳) <속三孝 34b>

   f. 金氏 제 남진의 墳土애 ᄃᆞ라가(金氏走至夫墳) <속三烈 15a>

   g. 오ᄂᆞᆯ 분토애 졔ᄒᆞ라 가시리라(今日上墳去) <번朴上 64b>

   h. 분토애 졔ᄒᆞ시고 도라오실가 엇디 ᄒᆞ실고(上了墳廻來怎的) <번朴上 64b>

   i. 이튿날 드듸여 게셔 분토애 졔ᄒᆞ시고 이바디 자시고(明日就那裏上了墳喫筵席) <번朴上 65a>

(3) j. 墓 : 墳墓 <四解上 38b>

   k. 墓 : 무덤 묘 平曰墓 <字會中 17b>

(3) l. 墳 : 墓也 <四解上 65a>

   m. 墳 : 무덤 분 高曰墳 <字會中 17a>

<4> 주검 對 屍體

고유어 '주검'과 한자어 '屍體'가 [屍] 즉 '주검, 屍體'의 뜻을 가지고 동의 관계에 있다는 사실은 다음 예문들에서 잘 확인된다. 원문 중 '負屍'와 '負…屍'가 '주검 지다'로 번역되고 '負…屍'가 '屍體를 지다'로 번역된다. 그리고 '屍'의 자석이 '주검'이다. 따라서 '주검'과 '屍體'의 동의성은 명백히 입증된다. 고유어 '주검'은 동작동사 '죽다'의 어간 '죽―'에 명사 형성 접미사 '―엄'이 결합된 것이다.

(4) a. 버미 ᄇᆞ려늘 朴云이ᄂᆞᆫ 주검 지고(虎乃棄之 云負屍) <속三孝 19a>

   b. 버미 ᄇᆞ리고 니거늘 주거믈 지븨 가져다가 두고(虎乃去 收屍置其家) <속三孝 15a>

   c. 후에 고기 자ᄇᆞᆯ 사ᄅᆞ미 믓ᄀᆞ새 두 주검(8a) 이 ᄒᆞᆫᄃᆡ 잇거늘 어드니(後漁人於河邊得二屍同處) <속三烈 8b>

   d. 주검곳 잇거든(若屍在) <二倫 36b>

   e. 주(1a) 검믈 시러(載其屍) <二倫 1b>

(4) f. 屍體를 지어 와 永葬ᄒᆞ고(負其夫屍還葬) <속三烈 2b>

   g. 남지니 죽거늘 屍體를 안고(夫死 姜抱屍) <속三烈 23a>

   h. 즉재 남지니 ᄲᅡ딘 ᄯᅡ히 가 屍體를 몯 보아(亟趨夫溺處 尋屍不見) <속三烈 8a>

   i. 시톄를 어더 지여(乃得屍負之) <二倫 36b>

   j. 오쟝의 시톄를 안나(收抱章屍) <二倫 44a>

(4) k. 屍 : 死而在牀曰屍 <四解上 19b>

l. 屍 : 주검 시 通作尸 <字會中 17a>

4. 固有語가 名詞形인 경우

명사류에서 확인되는 고유어와 한자어 간의 동의에서 고유어가 名詞形인 경우에는 [聰明] 즉 '듣고 봄, 귀와 눈이 밝음'의 뜻을 가진 '드르며 봄'과 '총명'을 비롯하여 [信] 즉 '미쁨, 믿음성이 있음'의 뜻을 가진 '믿붐'과 '誠信', [信] 즉 '미쁨, 有信함'의 뜻을 가진 '믿붐'과 '유신후욤', [始] 즉 '처음, 시작'의 뜻을 가진 '비르솜/비르숨'과 '시작' 그리고 [直] 즉 '옳음, 정직'의 뜻을 가진 '올홈'과 '正直'이 있다.

<1> 드르며 봄 對 총명

고유어 '드르며 봄'과 한자어 '총명'(聰明)이 [聰明] 즉 '듣고 봄, 귀와 눈이 밝음'의 뜻을 가지고 동의 관계에 있다는 것은 다음 예문들에서 잘 확인된다. 원문 중 '留聰明'이 '드르며 보물 무수매 두다'로 번역된다. 그리고 '有聰明'이 '총명이 잇다'로 번역된다. 따라서 '드르며 봄'과 '총명'의 동의성은 명백히 입증된다. 고유어 '드르며 봄'은 동작동사구 '드르며 보다'의 명사형이다.

(1) a. 君子는 간샤훈 소리(7b) 와 雜亂훈 비츨 드르며 보물 무수매 두디 말며(君子는 姦聲亂色을 不留聰明후며) <번小四 8a>

　　 b. 비록 총명이 이셔도 내 몸 짐쟉후야 보문 아독후니(雖有聰明이나 恕己則昏　후느니) <번小八 13b>

(1) c. 聰 : 能聽 <四解上 5a>

　　 a. 明 : …又視也 <四解下 51a>

<2> 믿붐 對 誠信

고유어 '믿붐'과 한자어 '誠信'이 [信] 즉 '미쁨, 믿음성이 있음'의 뜻을 가지고 동의 관계에 있다는 것은 다음 예문들에서 잘 확인된다. 원문 중 '近信'이 '믿부메 갓가이 후다'로 번역된다. 따라서 '믿붐'과 '誠信'의 동의성은 명백히 입증된다. 고유어 '믿붐'은 상태동사 '믿브다'의 명사형으로 '믿브+움'으로 분석된다.

(2) a. 믿부메 갓가이 후며(斯近信矣며) <번小四 7a>

b. 正直과 誠信으로뻐 ᄒᆞ요ᄆᆞᆫ(告之以直信은) <번小三 14b>

<3> 믿붐 對 유신ᄒᆞ욤

고유어 '믿붐'과 한자어 '유신(有信) ᄒᆞ욤'이 [信] 즉 '미쁨, 有信함'의 뜻을 가지고 동의 관계에 있다는 것은 다음 예문들에서 잘 확인된다. 원문 중 '近信'이 '믿부메 갓가이 ᄒᆞ다'로 번역된다. 그리고 '忠信'이 '졍셩도욤과 유신ᄒᆞ욤'으로 번역된다. 따라서 '믿붐'과 '유신ᄒᆞ욤'의 동의성은 명백히 입증된다. 고유어 '믿붐'은 상태동사 '믿브다'의 명사형으로 '믿브+움'으로 분석된다. 한자어 '유신ᄒᆞ욤'은 상태동사 '유신ᄒᆞ다'의 명사형으로 '유신ᄒᆞ+욤'으로 분석된다.

(3) a. 믿부메 갓가이 ᄒᆞ며(斯近信矣며) <번小四 7a>
　　 b. 효도와 공순과 졍셩도욤과 유신ᄒᆞ욤과 두루힐워 거동ᄒᆞ기와 례악ᄋᆞᆯ 닷게 ᄒᆞᄂᆞ니(脩其孝悌忠信周旋禮樂이니) <번小九 13b>

<4> 비르솜/비르숨 對 시작

고유어 '비르솜/비르숨'과 한자어 '시작'(始作) 이 [始] 즉 '처음, 시작'의 뜻을 가지고 동의 관계에 있다는 것은 다음 예문들에서 잘 확인된다. 원문 중 '萬世之始'가 '萬世의 비르솜'으로 번역되고 '婚姻之始'가 '婚姻의 비르숨'으로 번역된다. 그리고 '正家之始'가 '지블 正히요매 시작'으로 번역된다. 따라서 '비르솜/비르숨'과 '시작'의 동의성은 명백히 입증된다. 고유어 '비르솜/비르숨'은 동작동사 '비릇다'[始]의 명사형으로 '비릇+옴/-움'으로 분석된다.

(4) a. 혼인ᄒᆞᄂᆞᆫ 례ᄂᆞᆫ 萬世의 비르소미니(夫昏禮ᄂᆞᆫ 萬世之始也니) <번小三 14a>
　　 b. 聖人이 남진 겨지비 ᄉᆞ이ᄅᆞᆯ 順케 ᄒᆞ시며 婚姻의 비르수믈 重히 ᄒᆞ시논 배라(聖人이 所以順男女之際ᄒᆞ며 重婚姻之始也ㅣ니라) <번小三 14a>

(4) c. 關雎 ᄀᆞᄐᆞᆫ 거슨 지블 正히요매 시작일ᄉᆡ(如關雎之類ᄂᆞᆫ 正家之始니) <번小六 7b>
　　 d. 始 : 初也 <四解上 19b>

<5> 올홈 對 正直

고유어 '올홈'과 한자어 '正直'이 [直] 즉 '옳음, 정직'의 뜻을 가지고 동의 관계에 있다는 것은 다음 예문들에서 잘 확인된다. 원문 중 '曲直'이 '외며 올홈'으로 번역된다. 그리고 '直信'이 '正直과 誠信'으로 번역된다. 따라서 '올홈'과 '正直'의 동의성은 명백히 입증된다. 고유어 '올홈'은 상태동사 '올ᄒᆞ다'의 명사형으로 '올ᄒᆞ+옴'으로 분석된다.

(5) a. 외며 올홈호믈 숭ᄉᆞᄒᆞ며(爭訟曲直ᄒᆞ며) <번小七 37b>
    b. 正直과 誠信으로ᄡᅥ ᄒᆞ요ᄆᆞᆫ(告之以直信은) <번小三 14b>

제2절
動詞類에서의 同義

동사류에서 확인되는 고유어와 한자어 간의 동의에는 動作動詞에서의 同義와 狀態動詞에서의 同義가 있다.

① 動作動詞에서의 同義

동작동사에서 확인되는 고유어와 한자어 간의 동의에서 고유어가 動作動詞일 수도 있고 合成動作動詞와 動作動詞句일 수도 있다.

1. 固有語가 動作動詞인 경우

동사류에서 확인되는 고유어와 한자어 간의 동의에서 고유어가 動作動詞인 경우에는 [幸] 즉 '임금이 궁궐 밖으로 거동하다'의 뜻을 가진 '가다'와 '히힝ᄒ다'를 비롯하여 [簸] 즉 '까부르다'의 뜻을 가진 '가볼오다'와 '揚米去穅', [取] 즉 '가지다, 취하다'의 뜻을 가진 '가지다'와 '取ᄒ다', [哕]과 [嘔] 즉 '게우다, 토하다'의 뜻을 가진 '개오다'와 '嘔', [濟] 즉 '건지다, 구제하다'의 뜻을 가진 '거느리다'와 '賙救', [收割]과 [收] 즉 '거두다, 수확하다'의 뜻을 가진 '거두다'와 '收割', [滅] 즉 '불이 꺼지다'의 뜻을 가진 '쩌디다'와 '火熄', [醲]와 [醆] 즉 '그르다, 술을 거르다'의 뜻을 가진 '거르다'와 '酒', [撈]와 [攦] 즉 '건지다, 물속에 들어가 잡다'의 뜻을 가진 '건디다'와 '打撈', [敬]과 [恭敬] 즉 '공경하다'의 뜻을 가진 '고마ᄒ다'와 '공경ᄒ다', [醫] 즉 '병을 고치다, 치료하다'의 뜻을 가진 '고티다'와 '治病', [拱] 즉 '두 손을 맞잡다'의 뜻을 가진 '곳다'와 '手抱', [蠕] 즉 '꿈틀거리다'의 뜻을 가진 '구믈어리다'와 '蠢蠕', [訟] 즉 '송사하다, 재물을 다투다'의 뜻을 가진 '구의ᄒ다'와 '爭訟', [讀]과 [誚] 즉 '꾸짖다'의 뜻을 가진 '구짖다'와 '大呼聲', [跽] 즉 '꿇어 앉다'의 뜻을 가진 '꿀다'와 '長跪', [炙] 즉 '고기를 굽다'의 뜻을 가진 '굽다'와 '燔肉', [畫]와 [描] 즉 '그림을 그리다'의 뜻을 가진 '그리다'와 '圖象', [令] 즉 '명하다, 명령하다'의 뜻을 가진 '긔걸ᄒ다'와 '使令', [譽] 즉 '기리다, 칭찬하다'의 뜻을 가진 '기리다'와 '美稱', [代] 즉 '대신하다, 갈음하다'의 뜻을 가진 'ᄀ릇ᄎ다'와 '代身ᄒ다', [擂] 즉 '갈다, 문지르다'의 뜻을 가진 'ᄀᆞᆯ다'와 '硏物', [揀擇], [揀] 및 [擇] 즉 '가리다, 분간하다'의 뜻을 가진 'ᄀᆞᆯ히다'와 '揀擇', [寤]와 [覺] 즉 '잠이 깨다'의 뜻을 가진 'ᄭᆡ다'와 '寐覺', [賭] 즉 '내기하다, 승부에 금품을 거다'의 뜻을 가진 '나기ᄒ다'와 '賭賽', [發] 즉 '나다'의 뜻을 가진 '나다'와 '발ᄒ다', [挽]과 [娩] 즉 '해산하다, 아기를 낳다'의 뜻을 가진 '낳다'와 '生子', [溢] 즉 '넘치다'의 뜻을 가진 '넘다'와 '滿溢' 등 340여 항목이 있다.

<1> 가다 對 히힝ᄒ다

고유어 '가다'와 한자어 '히힝(行幸)ᄒ다'가 [幸] 즉 '임금이 궁궐 밖으로 거동하다'의 뜻을 가지고 동의 관계에 있다는 것은 동일 원문의 번역인 다음 예문들에서 잘 확인된다. 원문 중 '幸其宅'이 '그 집의 가다'로도 번역되고 '그 집븨 히힝ᄒ다'로도 번역된다. 따라서 '가다'와 '히힝ᄒ다'의 동의성은 명백히 입증된다. 한자어 '히힝'은 '힝힝'(行幸)의 첫 음절의 자음 'ㅇ'이 탈락된 것이다.

(1) a. 高宗이 泰山의 가 졔ᄒ시고 그 집의 가샤(高宗이 封泰山ᄒ시고 幸其宅ᄒ샤) <번小九 97a>
   b. 님굼미 비봉 나 겨시다가 그 집븨 히힝ᄒ샤(高宗 封泰山 幸其宅) <二倫 27a>

<2> 가볼오다 對 揚米去穅

고유어 '가볼오다'와 한자어 '揚米去穅'이 [簸] 즉 '까부르다'의 뜻을 가지고 동의 관계에 있다는 것은 다음 예문들에서 잘 확인된다. '簸'가 한자어 '揚米去穅'을 뜻한다. 그리고 '簸'의 자석이 '가볼오다'이다. 따라서 '가볼오다'와 '揚米去穅'의 동의성은 명백히 입증된다.

(2) a. 簸 : 揚米去穅 <四解下 28a>
   b. 簸 : 揚米 <四解下 28a>

c. 簁 : 가볼올 파 <字會下 3a>

<3> 가지다 對 取ᄒ다

고유어 '가지다'와 한자어 '取ᄒ다'가 [取] 즉 '가지다, 취하다'의 뜻을 가지고 동의 관계에 있다는 것은 다음 예문들에서 잘 확인된다. 원문 중 '取⋯可進於善者'가 '어딘 일에 나ᅀᅡ감직ᄒᆫ 사ᄅᆞᆷ을 가지다'로 번역되고 '喪父長子⋯取'가 '아비 주근 ᄆᆞᆮᄌᆞ식을 取ᄒ다'로 번역된다. 따라서 '가지다'와 '取ᄒ다'의 동의성은 명백히 입증된다. '가지다'는 [+인간]인 '사ᄅᆞᆷ'을 목적어로 취하고 '取ᄒ다'는 [+인간]인 'ᄆᆞᆮᄌᆞ식'을 목적어로 취한다.

(3) a. 그 ᄌᆡ질와 디식이 기명ᄒ고 통달ᄒ야 어딘 일에 나ᅀᅡ감직ᄒᆫ 사ᄅᆞᆷ을 가져다가(取材識明達可進於善者ᄒ야) <번小九 14b>

b. 받과 집과ᄅᆞᆯ 사오나오니와 기우러디니ᄅᆞᆯ 가지며 닐오ᄃᆡ(田廬를 取荒頓者曰) <번小九 23a>

c. 器物을 석고 ᄒᆡ여딘 거슬 가지며 닐오ᄃᆡ(器物을 取其朽敗者曰) <번小六 23a>

d. 物이 올ᄒᆫ 거시 아니어든 가지디 아니ᄒ며(物非義不取ᄒ며) <번小九 30a>

(3) e. 아비 주근 ᄆᆞᆮᄌᆞ식을 取티 마롤디니라(喪父長子를 不取ᄂᆞ니라) <번小 三 22a>

f. 叛逆ᄒᆫ 짓 子息을 取티 말며(逆家子를 不取ᄒ며) <번小三 21b>

g. 인륜을 더러인 집 ᄌᆞ식을 取티 말며(亂家子를 不取ᄒ며) <번小三 21b>

h. 겨집을 다ᄉᆞᆺ 가짓 取티 아니호미 잇ᄂᆞ니(女有五不取ᄒ니) <번小三 21b>

i. 取ᄒᆞᆯ 저긔ᄂᆞᆫ 어버이 동ᄉᆡᆼ이 잇고(有所取오) <번小三 22b>

<4> 개오다 對 嘔哕

고유어 '개오다'와 한자어 '嘔哕'이 [哕]과 [嘔] 즉 '게우다, 토하다'의 뜻을 가지고 동의 관계에 있다는 것은 다음 예문들에서 잘 확인된다. '哕'이 한자어 '嘔哕'을 뜻하고 '哕'의 자석이 '게오다'이다. 그리고 '嘔'의 자석이 '개오다'이다. 따라서 '개오다'와 '嘔哕'의 동의성은 명백히 입증된다. 한자 '哕'과 '哕'은 同字이다.

(4) a. 哕 : 嘔哕 通作噦逆 <四解下 56b>

b. 哕 : 개올 역 <字會中 16a>

(4) c. 歐 : 吐也 <四解下 67a>

d. 嘔 : 同 <四解下 67a>

e. 嘔 : 개올 구 <字會中 16a>

<5> 개오다 對 토ᄒ다

고유어 '개오다'와 한자어 '토(吐) ᄒ다'가 [欧]와 [吐] 즉 '게우다, 토하다'의 뜻을 가지고 동의 관계에 있다는 것은 다음 예문들에서 잘 확인된다. '欧'가 한자 '吐'와 同義이고 '嘔'의 자석이 '개오다'이다. 그리고 '吐'가 한자 '欧'와 同義이고 '吐'의 자석이 '토ᄒ다'이다. 따라서 '개오다'와 '토ᄒ다'의 동의성은 명백히 입증된다. 한자 '欧'와 '嘔'는 同字이다.

(5) a. 歐 : 吐也 <四解下 67a>
　　b. 嘔 : 同 <四解下 67a>
　　e. 嘔 : 개올 구 <字會中 16a>

(5) d. 吐 : 歐也 <四解上 37a>
　　e. 吐 : 토홀 토 <字會中 16a>

<6> 거느리다 對 賙救

고유어 '거느리다'와 한자어 '賙救'가 [濟] 즉 '건지다, 구제하다'의 뜻을 가지고 동의 관계에 있다는 것은 다음 예문들에서 잘 확인된다. '濟'가 한자어 '賙救'를 뜻하고 '濟'의 자석이 '거느리다'이다. 따라서 '거느리다'와 '賙救'의 동의성은 명백히 입증된다.

(6) a. 濟 : …賙救也 <四解上 26b>
　　b. 濟 : 거느릴 제 <字會下 14a>

<7> 거느리치다 對 졔도ᄒ다

고유어 '거느리치다'와 한자어 '졔도(濟渡) ᄒ다'가 [濟] 즉 '졔도하다, 구제하다'의 뜻을 가지고 동의 관계에 있다는 것은 다음 예문들에서 잘 확인된다. 원문 중 '財濟之'가 '주워 거느리치다'로도 번역되고 '주워 졔도ᄒ다'로도 번역된다. 그리고 '所濟'가 '거느리칠 줄'로 번역되고 '濟貧'이 '가난ᄒ니를 졔도ᄒ다'로 번역된다. 따라서 '거느리치다'와 '졔도하다'의 동의성은 명백히 입증된다.

(7) a. 그 지비 인ᄒ야 실소ᄒ거든 모든 사ᄅᆞᆷ이 주워 거느리치라(其家因而失所者衆共以財濟之) <呂約 35b>

b. 사르미게 반ᄃᆞ시 거느리칠 주리 이시리라(於人에 必有所濟니라) <번小七 26a>

c. 믄득 다시 주어 거느리치더라(輒復賑給ᄒᆞ니라) <번小九 23b>

(7) d. 그 ᄉᆡᆼ계 ᄀᆞ장 브죡ᄒᆞ거든 모든 사ᄅᆞᆷ이 주워 졔도ᄒᆞ며(生計大不足者衆以財濟之) <呂約 35b>

e. 믈읫 외방 ᄉᆈ올홀 다ᄉᆞ료ᄃᆡ 가난ᄒᆞ니를 졔도ᄒᆞ며 어버ᅀᅵ 업슨 사ᄅᆞᆷ 에엿비 너교믈 시급히 ᄒᆞ며(凡理藩府호ᄃᆡ 急於濟貧郵孤ᄒᆞ며) <번小十 14b>

f. 가난ᄒᆞᆫ 사ᄅᆞᆷ이어든 모다 힘뻐 졔도ᄒᆞ야(貧者協力濟之) <呂約 35b>

<8> 거두다 對 收割

고유어 '거두다'와 한자어 '收割'이 [收割]과 [收] 및 [歛] 즉 '거두다, 거두어들이다'의 뜻을 가지고 동의 관계에 있다는 것은 다음 예문들에서 잘 확인된다. 원문 중 '都收割'이 '다 거두다'로 번역되고 '不收'가 '거두디 몯ᄒᆞ다'로 번역된다. '歛髮'이 '마리를 거두다'로 번역된다. '收'의 자석이 '거두다'이고 고유어 '거두다'는 한자어 '收割'과 동의 관계에 있다. 그리고 '歛'이 한자 '收'와 同義이고 '歛'의 자석이 '거두다'이다. 따라서 '거두다'와 '收割'의 동의성은 명백히 입증된다.

(8) a. 뎐호들 다 거두면(把田禾都收割了時) <번朴上 53b>

b. 뎐회 거두디 몯ᄒᆞ니(田禾不收的) <번老上 53a>

c. 마리를 거두오ᄃᆡ 둘외 드리딘 ᄃᆞᆺ게 말며(歛髮毋髢ᄒᆞ며) <번小四 11a>

(8) d. 收 : 歛也 捕也 <四解下 70a>

e. 收 : 거둘 슈 俗稱收割 <字會下 3a>

(8) f. 歛 : 收也 <四解下 86a>

g. 歛 : 거둘 렴 <字會下 9b>

<9> ᄢᅥ디다 對 火熄

고유어 'ᄢᅥ디다'와 한자어 '火熄'이 [滅] 즉 '불이 꺼지다'의 뜻을 가지고 동의 관계에 있다는 것은 다음 예문들에서 잘 확인된다. '滅'이 한자어 '火熄'을 뜻하고 '滅'의 자석이 'ᄢᅥ디다'이다. 따라서 'ᄢᅥ디다'와 '火熄'의 동의성은 명백히 입증된다.

(9) a. 滅 : …火熄也 <四解下 4a>

b. 滅 : ᄢᅥ딜 멸 <字會下 15b>

<10> 거르다 對 盝酒

고유어 '거르다'와 한자어 '盝酒'가 [釃]와 [盝] 즉 '거르다, 술을 거르다'의 뜻을 가지고 동의 관계에
있다는 것은 다음 예문들에서 잘 확인된다. '釃'가 한자어 '盝酒'를 뜻하고 '釃'의 자석이 '거르다'이다.
그리고 '盝'이 한자어 '盝酒'를 뜻한다. 따라서 '거르다'와 '盝酒'의 동의성은 명백히 입증된다.

(10) a. 釃 : …盝酒 <四解上 19b>
　　 b. 釃 : 거를 싀 <字會下 7a>

(10) c. 盝 : …盝酒 <四解上 6b>
　　 d. 盝 : 바톨 록 <字會下 7a>

<11> 쩌리다 對 忌諱

고유어 '쩌리다'와 한자어 '忌諱'가 [忌] 즉 '쩌리다, 싫어하다'의 뜻을 가지고 동의 관계에 있다는 것
은 다음 예문들에서 잘 확인된다. 원문 중 '所忌'가 '쩌리는 것'으로 번역된다. 그리고 '忌'가 한자어 '忌
諱'를 뜻한다. 따라서 '쩌리다'와 '忌諱'의 동의성은 명백히 입증된다.

(11) a. 말 하미 모든 사롬의 쩌리는 거시라(多言衆所忌라) <번小六 24a>

(11) b. 忌 : 忌諱 <四解上 14b>
　　 c. 諱 : 忌也 <四解上 54a>

<12> 거리다 對 路歧

고유어 '거리다'와 한자어 '路歧'가 [歧] 즉 '갈리다, 길이 갈라지다'의 뜻을 가지고 동의 관계에 있다
는 것은 다음 예문들에서 잘 확인된다. '歧'가 한자어 '路歧'를 뜻한다. 그리고 '歧'의 자석이 '거리다'이
다. 따라서 '거리다'와 '路歧'의 동의성은 명백히 입증된다. 한자 '岐'와 '歧'는 同字이다.

(12) a. 岐 : …又同下 <四解上 14b>
　　 b. 歧 : …又路歧 <四解上 14b>
　　 c. 歧 : 거릴 기 <字會上 3b>

고유어 '거리다'의 先代形 '거리다'가 15세기의 『楞嚴経諺解』(1462) 의 다음 예문에서 잘 확인된다.
원문 중 '歧路'가 '거린 길ㅎ'로 번역된다.

(12) d. 쪼 두 가짓 거린 길히 잇ᄂᆞ니(復有二種歧路ᄒᆞ니) <楞九 24a>

<13> 거리다 對 叉手

고유어 '거리다'와 한자어 '叉手'가 [叉] 즉 '두 손을 어긋맞게 마주 잡다'의 뜻을 가지고 동의 관계에 있다는 것은 다음 예문들에서 잘 확인된다. '叉'가 한자어 '叉手'를 뜻한다. 그리고 '叉'의 자석이 '거리다'이고 고유어 '거리다'는 한자어 '叉手'와 동의 관계에 있다. 따라서 '거리다'와 '叉手'의 동의성은 명백히 입증된다.

(13) a. 叉 : 丫也 今俗呼拱手曰叉手 <四解下 29b>
   b. 叉 : 거릴 차 俗稱拱手曰叉手 <字會下 11b>

<14> 거슯ᄌᆞ다 對 倍畔

고유어 '거슯ᄌᆞ다'와 한자어 '倍畔'이 [倍] 즉 '등지다, 배반하다'의 뜻을 가지고 동의 관계에 있다는 것은 다음 예문들에서 잘 확인된다. 원문 중 '鄙倍'가 '야쇽ᄒᆞ며 거슯ᄌᆞ다'로 번역된다. 그리고 '倍'가 한자어 '倍畔'을 뜻한다. 따라서 '거슯ᄌᆞ다'와 '倍畔'의 동의성은 명백히 입증된다.

(14) a. 야쇽ᄒᆞ며 거슯쥬믈 업게 홀디니라(斯遠鄙倍矣니라) <번小四 7a>

(14) b. 偝 : 棄也 違也 孤負也 反面也 向偝 <四解上 50b>
   c. 倍 : 同上 倍畔 又反也 <四解上 50b>

<15> 건디다 對 打撈

고유어 '건디다'와 한자어 '打撈'가 [撈]와 [漉] 즉 '건지다, 물 속에 들어가 잡다'의 뜻을 가지고 동의 관계에 있다는 것은 다음 예문들에서 잘 확인된다. 원문 중 '撈出'이 '건뎌 내다'로 번역된다. '撈'의 자석이 '건디다'이고 고유어 '건디다'는 한자어 '打撈'와 동의 관계에 있다. 그리고 '漉'이 한자 '撈'와 同義이고 '漉'의 자석이 '건디다'이다. 따라서 '건디다'와 '打撈'의 동의성은 명백히 입증된다.

(15) a. 버다 네 콩을 건뎌 내여다가(火伴你將料撈出來) <번老上 45b>
   b. 고기 닉거든 건뎌 내오(肉熟了 撈出來) <번老下 45b>

(15) c. 撈 : 以手入水(22b) 取物曰撈 <四解下 23a>
   d. 撈 : 건딜 로 俗稱打撈 <字會下 10b>

(15) e. 漉 : … 撈也 <四解上 6b>
f. 漉 : 건딜 록 <字會下 10b>

<16> 건디쥐다 對 拐帶

고유어 '건디쥐다'와 한자어 '拐帶'이 [拐] 즉 '속여서 물건을 가지다'의 뜻을 가지고 동의 관계에 있다는 것은 다음 예문들에서 잘 확인된다. 그리고 '拐'가 한자어 '拐帶'를 뜻한다. 그리고 '拐'의 자석이 '건디쥐다'이다. 따라서 '건디쥐다'와 '拐帶'의 동의성은 명백히 입증된다.

(16) a. 拐 : … 又今俗謂誆人取物曰拐帶 <四解上 47a>
b. 拐 : 건디쥘 괘 <字會下 9b>

<17> 고마ᄒ다 對 공경ᄒ다

고유어 '고마ᄒ다'와 한자어 '공경(恭敬) ᄒ다'가 [敬] 및 [恭敬] 즉 '공경하다'의 뜻을 가지고 동의 관계에 있다는 것은 『번역소학』의 다음 예문들에서 잘 확인된다. 원문 중 '敬礼'가 '고마ᄒ야 례도ᄒ다'로 번역되고 '篤敬'이 '독실코 공경ᄒ다'로 번역되므로 '고마ᄒ다'와 '공경ᄒ다'의 동의성은 명백히 입증된다. 두 동작동사의 빈도수를 비교해 보면 한자어 '공경ᄒ다'가 훨씬 많다.

(17) a. 그 고마ᄒ야 례도ᄒ샤미 이러ᄒ더라(其見敬禮ㅣ 如此ᄒ더라) <번小九 42a>

(17) b. 힝뎍을 모로매 독실코 공경ᄒ며(凡行을 必篤敬ᄒ며) <번小八 16a>
c. 君子ㅣ 싁싁ᄒ고 공경ᄒ면 나날 어디러 가(6a) 고(君子莊敬日疆ᄒ고) <번小八 6b>
d. 다 이 며느리 효도ᄒ며 공경홈 ᄀ트면 최시 가문은(皆得如新婦의 孝敬則崔之門은) <번小九 30a>
e. 모로매 공경ᄒ욜디니(須是恭敬이니) <번小七 45a>

<18> 고티다/곧티다 對 기ᄒ다

고유어 '고티다/곧티다'와 한자어 '기(改) ᄒ다'가 [改] 즉 '고치다'의 뜻을 가지고 동의 관계에 있다는 것은 다음 예문들에서 잘 확인된다. 원문 중 '追改'가 '미조차 고티다'로 번역되고 '改節'이 '절개를 곧티다'로 번역되며 '必改'가 '반ᄃ시 기ᄒ다'로 번역된다. 따라서 '고티다/곧티다'와 '기ᄒ다'의 동의성은 명백히 입증된다.

(18) a. 나두를 미조차 고티며(追改日月ᄒ며) <번小七 29b>

　　b. 죽도록 ᄆᅀᆞᄆᆞᆯ 고티디 아니ᄒ니(終身不改節) <속三烈 3a>

　　c. 가문이 셩ᄒ며 쇠호모로 졀개를 곧티디 아니ᄒ고(不以盛衰로 改節ᄒ고) <번小九 63b>

(18) d. 내 허므를 듣고 반ᄃ시 기ᄒ며(聞過必改爲彌 : 聞自己過失改之勿憚) <呂約 3b>

　　e. 잘 기티 아니ᄒᄂ 사름으란(不能改者羅隱) <呂約 10a>

<19> 고티다 對 治病

고유어 '고티다'와 한자어 '治病'이 [醫] 즉 '병을 고치다, 치료하다'의 뜻을 가지고 동의 관계에 있다는 것은 다음 예문들에서 잘 확인된다. 원문 중 '医他'가 '저를 고티다'로 번역되고 '醫頭口'가 '묘 고티다'로 번역되고 '獸醫'가 'ᄆᆯ 고티다'로 번역된다. 그리고 '醫'가 한자어 '治病'을 뜻한다. 따라서 '고티다'와 '治病'의 동의성은 명백히 입증된다.

(19) a. 쉬이 저를 고틸 거시니(容易醫他) <번朴上 13b>

　　b. 뎨 묘 고티기 잘ᄒᄂ니라(他快醫頭口) <번朴上 42b>

　　c. 여긔 ᄆᆯ 고티ᄂ 사름 잇ᄂ녀(這裏有獸醫家麽) <번朴上 42b>

　　d. ᄒᆫ 댱가윗 ᄆᆯ 고티ᄂ니 잇ᄂ니(有一箇張獸醫) <번朴上 42b>

(19) a. 醫 : 治病 <四解上 20b>

　　b. 醫 : 의원 의 俗呼太醫 <字會中 2b>

<20> 곰퓌다 對 白殕

고유어 '곰퓌다'와 한자어 '白殕'가 [殕] 즉 '썩다, 곰팡이가 피다'의 뜻을 가지고 동의 관계에 있다는 것은 다음 예문들에서 잘 확인된다. '殕'의 자석이 '곰퓌다'이고 고유어 '곰퓌다'는 한자어 '白殕'와 동의 관계에 있다. 따라서 '곰퓌다'와 '白殕'의 동의성은 명백히 입증된다.

(20) a. 殕 : 物敗 又食上白毛 <四解下 66a>

　　b. 殕 : 곰퓔 부 食上生白 俗稱白殕 <字會下 6a>

<21> 곶다 對 手抱

고유어 '곶다'와 한자어 '手抱'가 [拱] 즉 '두 손을 맞잡다'의 뜻을 가지고 동의 관계에 있다는 것은 다음 예문들에서 잘 확인된다. '拱'이 한자어 '手抱'를 뜻한다. 그리고 '拱'의 자석이 '곶다'이다. 따라서 '곶다'와 '手抱'의 동의성은 명백히 입증된다.

    (21) a. 拱 : 手抱 <四解上 1a>
        b. 拱 : 고즐 공 兩手合持爲禮曰拱手 <字會下 11b>

<22> 곶다 對 刺入

    고유어 '곶다'와 한자어 '刺入'이 [挿] 즉 '꽂다, 끼어 넣다'의 뜻을 가지고 동의 관계에 있다는 것은 다음 예문들에서 잘 확인된다. 원문 중 '挿花'가 '곳 곳다'로 번역된다. 그리고 '挿'이 한자어 '刺入'을 뜻하고 '挿'의 자석이 '곶다'이다. 따라서 '곶다'와 '刺入'의 동의성은 명백히 입증된다.

    (22) a. 보뵈로 ᄭᅮ민 수늘 노폰 곳 곳고(寶粧高頂挿花) <번朴上 5a>

    (22) b. 挿 : 刺入也 <四解下 78a>
        c. 挿 : 고즐 삽 <字會下 5a>

<23> 구믈어리다 對 蠢蠕

    고유어 '구믈어리다'와 한자어 '蠢蠕'이 [蠕] 즉 '꿈틀거리다'의 뜻을 가지고 동의 관계에 있다는 것은 다음 예문들에서 잘 확인된다. '蠕'의 자석이 '구믈어리다'이고 고유어 '구믈어리다'는 한자어 '蠢蠕'과 동의 관계에 있다. 따라서 '구믈어리다'와 '蠢蠕'의 동의성은 명백히 입증된다.

    (23) a. 蝡 : 虫動貌 <四解上 70b>
        b. 蝡 : 同 <四解上 70b>
        c. 蠕 : 구믈어릴 션 俗稱蠢蠕 <字會下 4b>

<24> 구믈어리다 對 虫動

    고유어 '구믈어리다'와 한자어 '虫動'이 [蠢]과 [蠕] 즉 '꿈틀거리다, 벌레가 움직이는 모양'의 뜻을 가지고 동의 관계에 있다는 것은 다음 예문들에서 잘 확인된다. '蠢'이 한자어 '虫動'을 뜻한다. '蠢'의 자석이 '구믈어리다'이고 고유어 '구믈어리다'는 한자어 '虫動'과 동의 관계에 있다. 그리고 '蠕'이 한자어 '虫動'을 뜻하고 '蠕'의 자석이 '구믈어리다'이다. 따라서 '구믈어리다'와 '虫動'의 동의성은 명백히 입증된다.

    (24) a. 蠢 : 虫動 <四解上 69b>

b. 蠢 : 구믈어릴 쥰 虫動 <字會下 4b>

(24) c. 蠕 : 虫動 <四解下 12a>

d. 蠕 : 구믈어릴 션 <字會下 4b>

<25> 꾸미다 對 粧扮

고유어 '꾸미다'와 한자어 '粧扮'이 [粧]과 [飾] 즉 '꾸미다, 치장하다'의 뜻을 가지고 동의 관계에 있다는 것은 다음 예문들에서 잘 확인된다. '粧'의 자석이 '꾸미다'이고 고유어 '꾸미다'는 한자어 '粧扮'과 동의 관계에 있다. 그리고 '粧'이 한자 '飾'과 同義이고 '飾'의 자석이 '꾸미다'이다. 따라서 '꾸미다'와 '粧扮'의 동의성은 명백히 입증된다.

(25) a. 粧 : 飾也 <四解下 38b>

b. 粧 : 꾸밀 장 俗稱粧扮 <字會下 9a>

(25) c. 飾 : 裝飾 <四解下 54b>

d. 飾 : 꾸밀 식 <字會下 9b>

<26> 꾸미다 對 裝飾

고유어 '꾸미다'와 한자어 '裝飾'이 [飾]과 [裝] 즉 '꾸미다'의 뜻을 가지고 동의 관계에 있다는 것은 다음 예문들에서 잘 확인된다. 원문 중 '飾金'이 '금 꾸미다'로 번역된다. '飾'이 한자어 '裝飾'을 뜻하고 '飾'의 자석이 '꾸미다'이다. 그리고 '裝'의 자석이 '꾸미다'이다. 따라서 '꾸미다'와 '裝飾'의 동의성은 명백히 입증된다.

(26) a. 류황비체 금 꾸며 ㅅ화문 슈질흔 노더그레오(柳黃飾金綉四花羅搭護) <번朴上 29b>

(26) b. 飾 : 裝飾 <四解下 54b>

c. 飾 : 꾸밀 식 <字會下 9b>

(26) d. 裝 : …治裝 <四解下 38b>

e. 裝 : 꾸밀 장 <字會下 9a>

<27> 구븐ᄒ다 對 揖ᄒ다

고유어 '구븐ᄒ다'와 한자어 '揖ᄒ다'가 [揖]과 [肅] 즉 '읍하다, 선 채로 허리 굽히고 손을 내리다'의 뜻을 가지고 동의 관계에 있다는 것은 다음 예문들에서 잘 확인된다. 원문 중 '揖之'가 '구블ᄒ다'로 번역되고 '相揖'이 '서르 읍ᄒ다'로 번역되고 '肅客'이 '손ᄋᆞᆯ 揖ᄒ다'로 번역된다. 그리고 '揖'의 자석이 '읍ᄒ다'이다. 따라서 '구블ᄒ다'와 '揖ᄒ다'의 동의성은 명백히 입증된다.

(27) a. 나ᅀᅡ갈 저긘 구블ᄒ고(進則揖之ᄒ고) <번小四 20b>

(27) b. 길흘 분ᄒ야 서르 읍ᄒ고 디나가ᄃᆡ(分道相揖而過乎代) <呂約 23a>
    c. 主人이 손ᄋᆞᆯ 揖ᄒ야 드롤디니라(主人이 肅客而入이니라) <번小四 37a>
    d. 절 아니ᄒ고 읍만 ᄒ더라(未嘗拜ᄒ고 揖之ᄒ더라) <번小九 38a>

(27) e. 揖 : 拱揖 <四解下 74a>
    f. 揖 : 읍홀 읍 <字會下 11b>

<28> 구의ᄒ다 對 爭訟

고유어 '구의ᄒ다'와 한자어 '爭訟'이 [訟] 즉 '송사하다, 재물을 다투다'의 뜻을 가지고 동의 관계에 있다는 것은 다음 예문들에서 잘 확인된다. '訟'이 한자어 '爭訟'을 뜻한다. 그리고 '訟'의 자석이 '구의ᄒ다'이다. 따라서 '구의ᄒ다'와 '爭訟'의 동의성은 명백히 입증된다.

(28) a. 訟 : 爭訟 <四解上 8a>
    b. 訟 : 구의홀 숑 爭財爲訟 <字會下 14a>

<29> 구의ᄒ다 對 爭財

고유어 '구의ᄒ다'와 한자어 '爭財'가 [訟] 즉 '재산을 다투다'의 뜻을 가지고 동의 관계에 있다는 것은 다음 예문들에서 잘 확인된다. '訟'의 자석이 '구의ᄒ다'이고 고유어 '구의ᄒ다'는 한자어 '爭財'와 동의 관계에 있다. 따라서 '구의ᄒ다'와 '爭財'의 동의성은 명백히 입증된다.

(29) a. 訟 : 爭訟 <四解上 8a>
    b. 訟 : 구의홀 숑 爭財爲訟 <字會下 14a>

<30> 구짖다 對 大呼聲

고유어 '구짖다'와 한자어 '大呼声'이 [讟]과 [誚] 즉 '꾸짖다'의 뜻을 가지고 동의 관계에 있다는 것은 다음 예문들에서 잘 확인된다. '讟'이 한자어 '大呼声'을 뜻하고 '讟'의 자석이 '구짖다'이다. 그리고 '誚'

의 자석이 '구짖다'이다. 따라서 '구짖다'와 '大呼声'의 동의성은 명백히 입증된다.

(30) a. 讀 : 大呼聲 <四解下 61a>
　　b. 讀 : 구지즐 칙 <字會下 12b>

(30) c. 誚 : 責也 <四解下 16a>
　　d. 誚 : 구지즐 쵸 <字會下 12b>

<31> 구짖다 對 詈罵

고유어 '구짖다'와 한자어 '詈罵'가 [詈]와 [罵] 즉 '꾸짖다'의 뜻을 가지고 동의 관계에 있다는 것은 다음 예문들에서 잘 확인된다. '詈'가 한자어 '詈罵'를 뜻하고 '詈'의 자석이 '구짖다'이다. 그리고 '罵'가 한자 '詈'와 同義이고 '罵'의 자석이 '구짖다'이다. 따라서 '구짖다'와 '詈罵'의 동의성은 명백히 입증된다.

(31) a. 詈 : 詈罵 <四解上 28b>
　　b. 詈 : 구지즐 리 旁及曰詈 <字會下 7a>

(31) c. 罵 : 詈也 <四解下 29b>
　　d. 罵 : 구지즐 마 正斥曰罵 <字會下 7a>

<32> 구짖다 對 旁及

고유어 '구짖다'와 한자어 '旁及'이 [詈] 즉 '빗대어 욕하다'의 뜻을 가지고 동의 관계에 있다는 것은 다음 예문들에서 잘 확인된다. '詈'의 자석이 '구짖다'이고 고유어 '구짖다'는 한자어 '旁及'과 동의 관계에 있다. 따라서 '구짖다'와 '旁及'의 동의성은 명백히 입증된다.

(32) a. 詈 : 詈罵 <四解上 28b>
　　b. 詈 : 구지즐 리 旁及曰詈 <字會下 7a>

<33> 구짖다 對 正斥

고유어 '구짖다'와 한자어 '正斥'이 [罵] 즉 '바로 욕하다'의 뜻을 가지고 동의 관계에 있다는 것은 다음 예문들에서 잘 확인된다. '罵'의 자석이 '구짖다'이고 고유어 '구짖다'는 한자어 '正斥'과 동의 관계에 있다. 따라서 '구짖다'와 '正斥'의 동의성은 명백히 입증된다.

(33) a. 罵 : 詈也 <四解下 29b>
　　 b. 罵 : 구지를 마 正斥曰罵 <字會下 7a>

<34> 쑬다 對 長跪

고유어 '쑬다'와 한자어 '長跪'가 [跽] 즉 '꿇어 앉다'의 뜻을 가지고 동의 관계에 있다는 것은 다음 예문들에서 잘 확인된다. '跽'가 한자어 '長跪'를 뜻한다. 그리고 '跽'의 자석이 '쑬다'이다. 따라서 '쑬다'와 '長跪'의 동의성은 명백히 입증된다.

(34) a. 跽 : 長跪 <四解上 14b>
　　 b. 跽 : 쑬 긔 <字會下 11b>

<35> 쑬다 對 拜跪

고유어 '쑬다'와 한자어 '拜跪'가 [跪] 즉 '꿇어 앉다, 무릎을 꿇고 앉다'의 뜻을 가지고 동의 관계에 있다는 것은 다음 예문들에서 잘 확인된다. '跪'가 한자어 '拜跪'를 뜻한다. 그리고 '跪'의 자석이 '쑬다'이다. 따라서 '쑬다'와 '拜跪'의 동의성은 명백히 입증된다.

(35) a. 跪 : 拜跪 <四解上 49a>
　　 b. 跪 : 쑬 궤 <字會下 11b>

그리고 '拜跪'가 『번역소학』에서 동작동사 '절ᄒᆞ다'로 번역된다는 것은 다음 예문에서 잘 확인된다.

(35) c. 미양 무덤의 가 절ᄒᆞ며(常至墓所ᄒᆞ야 拜跪ᄒᆞ며) <번小九 27a>

<36> 굽다 對 低頭

고유어 '굽다'와 한자어 '低頭'가 [俯]와 [俛] 즉 '구부리다, 머리를 숙이다'의 뜻을 가지고 동의 관계에 있다는 것은 다음 예문들에서 잘 확인된다. '俯'가 한자어 '低頭'를 뜻하고 '俯'의 자석이 '굽다'이다. 그리고 '俛'은 한자 '俯'와 同義이다. 따라서 '굽다'와 '低頭'의 동의성은 명백히 입증된다.

(36) a. 俯 : 低頭 又作俛 <四解上 39a>
　　 b. 俯 : 구블 부 <字會下 12a>

(36) c. 俛 : 俯也 <四解下 4a>

<37> 굽다 對 燔肉

고유어 '굽다'와 한자어 '燔肉'이 [炙] 즉 '고기를 굽다'의 뜻을 가지고 동의 관계에 있다는 것은 다음 예문들에서 잘 확인된다. '炙'가 한자어 '燔肉'을 뜻한다. 그리고 '炙'의 자석이 '굽다'이다. 따라서 '굽다'와 '燔肉'의 동의성은 명백히 입증된다.

(37) a. 炙 : 燔肉 <四解下 33a>
　　 b. 炙 : 구을(6a) 쟈 <字會下 6b>

<38> 굽다 對 炙爤

고유어 '굽다'와 한자어 '炙爤'이 [爤] 즉 '굽다'의 뜻을 가지고 동의 관계에 있다는 것은 다음 예문들에서 잘 확인된다. '爤'의 자석이 '굽다'이고 고유어 '굽다'는 한자어 '炙爤'과 동의 관계에 있다. 따라서 '굽다'와 '炙爤'의 동의성은 명백히 입증된다.

(38) a. 爤 : 也 <四解上 81a>
　　 b. 爤 : 구을 번 炙爤皆曰爤 <字會下 6a>

<39> 굽다 對 合毛炙物

고유어 '굽다'와 한자어 '合毛炙物'이 [炮] 즉 '통째로 굽다'의 뜻을 가지고 동의 관계에 있다는 것은 다음 예문들에서 잘 확인된다. '炮'가 한자어 '合毛炙物'을 뜻하고 '炮'의 자석이 '굽다'이다. 따라서 '굽다'와 '合毛炙物'의 동의성은 명백히 입증된다.

(39) a. 炮 : 合毛炙物 又裹物燒 <四解下 20b>
　　 b. 炮 : 구을 포 <字會下 6b>

<40> 그리다 對 圖象

고유어 '그리다'와 한자어 '圖象'이 [畫]와 [描] 즉 '그림을 그리다'의 뜻을 가지고 동의 관계에 있다는 것은 다음 예문들에서 잘 확인된다. 원문 중 畫虎가 '버믈 그리다'로 번역되고 '畫水波'가 '슈파 그리다'로 번역된다. '畫'가 한자어 '圖象'을 뜻하고 '畫'의 자석이 '그리다'이다. 그리고 '描'가 한자 '畫'와 同義이고 '描'의 자석이 '그리다'이다. 따라서 '그리다'와 '圖象'의 동의성은 명백히 입증된다.

(40) a. 닐온 버믈 그리다가 일오디 몯ᄒ면(所謂畫虎不成이면) <번小六 15a>

b. 딕미 뽀고 유심호 블근 비체 슈파 그린 면엣 기르마 가지예(鞍玳瑁油心紅畫水波面兒的鞍橋子) <번朴上 27b>

(40) c. 畫 : 圖象也 <四解下 32a>

　　 d. 畫 : 그릴 화 <字會中 1b>

(40) e. 描 : 畫也 <四解下 15a>

　　 f. 描 : 그릴 묘 <字會下 9a>

<41> 그리다 對 罨畫

고유어 '그리다'와 한자어 '罨畫'가 [罨] 즉 '그림을 그리다'의 뜻을 가지고 동의 관계에 있다는 것은 다음 예문들에서 잘 확인된다. '罨'이 한자어 '罨畫'를 뜻한다. '罨'의 자석이 '그리다'이고 고유어 '그리다'는 한자어 '罨畫'와 동의 관계에 있다. 그리고 '畫'의 자석이 '그리다'이다. 따라서 '그리다'와 '罨畫'의 동의성은 명백히 입증된다.

(41) a. 罨(78b) : …又罨畫 <四解下 79a>

　　 b. 罨 : 그릴 압 罨畫 <字會下 9a>

(41) c. 畫 : 圖象也 <四解下 32a>

　　 d. 畫 : 그릴 화 <字會中 1a>

<42> 그위죵ᄒ다 對 숑ᄉᄒ다

고유어 '그위죵ᄒ다'와 한자어 '숑ᄉ(訟事) ᄒ다'가 [訟]과 [争訟] 즉 '송사하다, 소송하다'의 뜻을 가지고 동의 관계에 있다는 것은 다음 예문들에서 잘 확인된다. 원문 중 '至鬪訟'이 '사화 그위죵ᄒ다'로 번역되고 '争訟曲直'이 '외며 올호ᄆᆯ 숑ᄉᄒ다'로 번역된다. 그리고 '訟'이 한자어 '争訟'을 뜻한다. 따라서 '그위죵ᄒ다'와 '숑ᄉᄒ다'의 동의성은 명백히 입증된다.

(42) a. 시혹 ᄌᆡ보로 서르 섯거셔 사화 그위죵ᄒ며(或因財物相交而至鬪訟 爲旀) <正俗 13a>

　　 b. 그위죵ᄒ여(訴訟於官爲旀) <正俗 26b>

(42) c. 외며 올호ᄆᆯ 숑ᄉᄒ며(争訟曲直ᄒ며) <번小七 37b>

(42) d. 訟 : 争訟 又責也 <四解上 8a>

e. 訟 : 구의홀 숑 爭財爲訟 <字會下 14a>

<43> 긁다 對 手爬

고유어 '긁다'와 한자어 '手爬'가 [搔]와 [爬] 즉 '긁다, 손톱으로 긁다'의 뜻을 가지고 동의 관계에 있다는 것은 다음 예문들에서 잘 확인된다. '搔'가 한자어 '手爬'를 뜻하고 '搔'의 자석이 '긁다'이다. 그리고 '爬'가 한자 '搔'와 同義이고 '爬'의 자석이 '긁다'이다. 따라서 '긁다'와 '手爬'의 동의성은 명백히 입증된다.

(43) a. 搔 : 手爬 <四解下 21b>
　　b. 搔 : 글글 소 <字會下 10a>

(43) c. 爬 : 搔也 <四解下 29a>
　　d. 爬 : 글글 파 <字會下 10a>

<44> 긇다 對 熱湯涌花

고유어 '긇다'와 한자어 '熱湯涌花'가 [涫]과 [滾] 즉 '끓다, 물이 끓다'의 뜻을 가지고 동의 관계에 있다는 것은 다음 예문들에서 잘 확인된다. '涫'의 자석이 '긇다'이고 고유어 '긇다'는 한자어 '熱湯涌花'와 동의 관계에 있다. 그리고 '滾'의 자석이 '긇다'이고 고유어 '긇다'는 한자어 '熱湯涌花'와 동의 관계에 있다. 따라서 '긇다'와 '熱湯涌花'의 동의성은 명백히 입증된다.

(44) a. 涫 : 沸也 <四解上 72a>
　　b. 涫 : 글흘 관 熱湯涌花 <字會下 5b>

(44) c. 滾 : 大水流皃 又同下 <四解上 62b>
　　d. 混 : 湯沸也 <四解上 62b>
　　e. 滾 : 글흘 곤 熱湯涌花 亦作 <字會下 5b>

<45> 긇다 對 湯沸

고유어 '긇다'와 한자어 '湯沸'가 [沸]와 [滾] 즉 '끓다, 물이 끓다'의 뜻을 가지고 동의 관계에 있다는 것은 다음 예문들에서 잘 확인된다. '沸'가 한자어 '湯沸'를 뜻하고 '湯沸'는 고유어 '글타'와 동의 관계에 있고 '沸'의 자석이 '긇다'이다. 그리고 '滾'이 한자어 '湯沸'를 뜻하고 '滾'의 자석이 '긇다'이다. 따라서 '긇다'와 '湯沸'의 동의성은 명백히 입증된다.

(45) a. 沸 : 涫也 긇타 湯沸 <四解上 17a>
　　 b. 沸 : 글흘 비 湯涌 <字會下 5b>

(45) c. 滾 : 水流皃又同下 <四解上 62b>
　　 d. 濕 : 湯沸也 <四解上 62b>
　　 e. 滾 : 글흘 곤 熱湯涌花 亦作 <字會下 5b>

<46> 금싣다 對 璺了

　　고유어 '금싣다'와 한자어 '璺了'가 [璺] 즉 '금가다, 갈라지다'의 뜻을 가지고 동의 관계에 있다는 것은 다음 예문들에서 잘 확인된다. '璺'이 한자어 '璺了'를 뜻하고 '璺了'는 고유어 '금싣다'와 동의 관계에 있다. 그리고 '璺'의 자석이 '금싣다'이고 고유어 '금싣다'는 한자어 '璺了'와 동의 관계에 있다. 따라서 '금싣다'와 '璺了'의 동의성은 명백히 입증된다.

(46) a. 璺 : 器破而未離 今俗呼璺了 금싣다 <四解上 65b>
　　 b. 璺 : 금시를 문 器破未離 俗稱璺了 <字會下 7b>

<47> 긏다 對 헐ᄒ다

　　고유어 '긏다'와 한자어 '헐(歇) ᄒ다'가 [歇] 즉 '그치다, 없어지다'의 뜻을 가지고 동의 관계에 있다는 것은 동일 원문의 번역인 다음 예문들에서 잘 확인된다. 원문 중 '疫勢…歇'이 '병셔도 긏다'로도 번역되고 '병셰 헐ᄒ다'로도 번역되므로 '긏다'와 '헐ᄒ다'의 동의성은 명백히 입증된다.

(47) a. 병셔도 그츠며(疫勢旣歇) <二倫 11a>
　　 b. 병셰 헐ᄒ거늘(疫勢ㅣ 旣歇이어늘) <번小九 73a>

<48> 긔걸ᄒ다 對 使令

　　고유어 '긔걸ᄒ다'와 한자어 '使令'이 [令] 즉 '명하다, 명령하다'의 뜻을 가지고 동의 관계에 있다는 것은 다음 예문들에서 잘 확인된다. 원문 중 '令其子弟'가 '그 ᄌ데를 긔걸ᄒ다'로 번역된다. 그리고 '令'이 한자어 '使令'을 뜻하고 '令'의 자석이 '긔걸ᄒ다'이다. 따라서 '긔걸ᄒ다'와 '使令'의 동의성은 명백히 입증된다.

(48) a. 부형이 글 짓조로 그 ᄌᆞ뎨를 긔걸ᄒᆞ고(父兄이 以文藝로 令其子弟ᄒᆞ고) <번小八 24b>

(48) b. 令 : 使也 使令 <四解下 56b>

    c. 令 : 긔걸홀 령 號令 <字會上 18b>

<49> 긔ᄒᆞ다 對 起䴷

고유어 '긔ᄒᆞ다'와 한자어 '起䴷'이 [䴷] 즉 '술이 빨리 빚어지다'의 뜻을 가지고 동의 관계에 있다는 것은 다음 예문들에서 잘 확인된다. '䴷'이 한자어 '起䴷'을 뜻한다. 그리고 '䴷'의 자석이 '긔ᄒᆞ다'이고 고유어 '긔ᄒᆞ다'는 한자어 '起䴷'과 동의 관계에 있다. 따라서 '긔ᄒᆞ다'와 '起䴷'의 동의성은 명백히 입증된다.

(49) a. 䴷 : …又今俗謂麪劑起發曰起䴷 <四解上 80b>

    b. 䴷 : 긔홀 번 俗稱起䴷 긔ᄒᆞ다 <字會下 6a>

<50> 기들우다 對 候待

고유어 '기들우다'와 한자어 '候待'가 [等] 즉 '기다리다'의 뜻을 가지고 동의 관계에 있다는 것은 다음 예문들에서 잘 확인된다. 원문 중 '等馬大控'이 '무리…ᄀᆞ장 쉬어든 기들우다'로 번역된다. 그리고 '等' 이 한자어 '候待'를 뜻하고 '候待'는 고유어 '기들우다'와 동의 관계에 있다. 따라서 '기들우다'와 '候待' 의 동의성은 명백히 입증된다.

(50) a. 무리 ᄒᆞᆫ 디위 ᄀᆞ장 쉬어든 기들어(等馬大控一會) <번老上 24a>

    b. ᄒᆞᆫ 번 버므린 딥 머거든 기들워 믈 머기라(等喫一和草時飮) <번老上 24b>

(50) c. 等 : …候待也 <四解下 58b>

    d. 等 : 候待也…기들우다 <老朴 單字解 1a>

<51> 기리다 對 美稱

고유어 '기리다'와 한자어 '美稱'이 [譽] 즉 '기리다, 칭찬하다'의 뜻을 가지고 동의 관계에 있다는 것은 다음 예문들에서 잘 확인된다. 원문 중 '毀譽'가 '할아며 기리다'로 번역된다. 그리고 '譽'의 자석이 '기리다'이고 고유어 '기리다'는 한자어 '美稱'과 동의 관계에 있다. 따라서 '기리다'와 '美稱'의 동의성은 명백히 입증된다.

(51) a. 외니 올ᄒ니 ᄒ며 할아며 기리논 시예(是非毁譽間애) <번小六 24a>

(51) b. 譽 : 稱美之也 <四解上 34a>
　　c. 譽 : 기릴 예 美稱也 <字會下 12b>

<52> 기리다 對 稱美

고유어 '기리다'와 한자어 '稱美'가 [讚] 즉 '기리다, 칭찬하다'의 뜻을 가지고 동의 관계에 있다는 것은 다음 예문들에서 잘 확인된다. '讚'이 한자어 '稱人之美'를 뜻한다. 그리고 '讚'의 자석이 '기리다'이고 고유어 '기리다'는 한자어 '稱美'와 동의 관계에 있다. 따라서 '기리다'와 '稱美'의 동의성은 명백히 입증된다.

(52) a. 讚 : …稱人之美 <四解上 78a>
　　b. 讚 : 기릴 찬 稱美也 <字會下 14a>

<53> 기리다 對 稱述功德

고유어 '기리다'와 한자어 '稱述功德'이 [頌] 즉 '기리다, 칭송하다'의 뜻을 가지고 동의 관계에 있다는 것은 다음 예문들에서 잘 확인된다. '頌'이 한자어 '稱述功德'을 뜻한다. 그리고 '頌'의 자석이 '기리다'이다. 따라서 '기리다'와 '稱述功德'의 동의성은 명백히 입증된다.

(53) a. 頌 : …稱述功德 <四解上 8a>
　　b. 頌 : 기릴 숑 稱述盛德 <字會下 14a>

<54> 기울다 對 不正

고유어 '기울다'와 한자어 '不正'이 [歪]와 [敧] 즉 '기울다, 바르지 아니하다'의 뜻을 가지고 동의 관계에 있다는 것은 다음 예문들에서 잘 확인된다. '歪'가 한자어 '不正'을 뜻하고 '歪'의 자석이 '기울다'이다. 그리고 '敧'가 한자어 '不正'을 뜻하고 '敧'의 자석이 '기울다'이다. 따라서 '기울다'와 '不正'의 동의성은 명백히 입증된다.

(54) a. 歪 : 不正也 <四解上 47b>
　　b. 歪 : 기울 왜 <字會下 8a>

(54) c. 敧 : 不正 <四解上 24a>

d. 旲 : 긔울 긔 <字會下 8a>

<55> 기울다 對 日在西方

고유어 '기울다'와 한자어 '日在西方'이 [昃] 즉 '기울다, 해가 서쪽으로 기울다'의 뜻을 가지고 동의 관계에 있다는 것은 다음 예문들에서 잘 확인된다. '昃'이 한자어 '日在西方'을 뜻한다. 그리고 '昃'의 자석이 '기울다'이다. 따라서 '기울다'와 '日在西方'의 동의성은 명백히 입증된다.

(55) a. 昃 : 日在西方 <四解下 61a>
b. 昃 : 기울 칙 日昳 <字會下 1b>

<56> 기울다 對 橫斜

고유어 '기울다'와 한자어 '橫斜'가 [斜] 즉 '기울다, 해가 기울다'의 뜻을 가지고 동의 관계에 있다는 것은 다음 예문들에서 잘 확인된다. 원문 중 '日斜'가 '히 기울다'로 번역된다. 그리고 '斜'가 한자어 '橫斜'를 뜻한다. 따라서 '기울다'와 '橫斜'의 동의성은 명백히 입증된다.

(56) a. 혹 히 기우도록 오디 아니ᄒ엿거든(或日斜不至어든) <번小九 76b>
b. 斜 : 不正也 橫斜 <四解下 32b>

<57> ᄀᆞ르차다 對 更代

고유어 'ᄀᆞ르차다'와 한자어 '更代'가 [代] 즉 '대신하다, 갈음하다'의 뜻을 가지고 동의 관계에 있다는 것은 다음 예문들에서 잘 확인된다. 원문 중 '代行'이 'ᄀᆞ르차 가다'로 번역되고 '替還'이 'ᄀᆞ르차 갚다'로 번역된다. '代'가 한자어 '更代'를 뜻하고 '代'의 자석이 'ᄀᆞ르차다'이다. 그리고 '替'가 한자 '代'와 同義이다. 따라서 'ᄀᆞ르차다'와 '更代'의 동의성은 명백히 입증된다.

(57) a. ᄌᆞ뎨를 브려 내 일홈 슨 명함 가지고 ᄀᆞ르차 가 답례ᄒ라(令子弟以己名榜子奴 代行爲羅) <呂約 20a>
b. 보인훈 사ᄅᆞ미 호온자 ᄀᆞ르차 가프리라(代保人一面替還) <번朴上 61b>

(57) c. 代 : …更代 <四解上 43b>
d. 代 : ᄀᆞ르츌 ᄃᆡ <字會中 1a>
e. 替 : …代也 <四解上 25a>

<58> ㄱㄹ츠다 對 代身ㅎ다

고유어 'ㄱㄹ츠다'와 한자어 '代身ㅎ다'가 [代] 즉 '대신하다, 갈음하다'의 뜻을 가지고 동의 관계에 있다는 것은 다음 예문들에서 잘 확인된다. 원문 중 '代行'이 'ㄱㄹ차 가다'로 번역되고 '以身代'가 '제 모모로 代身ㅎ다'로 번역된다. 그리고 '代'의 자석이 'ㄱㄹ츠다'이다. 따라서 'ㄱㄹ츠다'와 '代身ㅎ다'의 동의성은 명백히 입증된다.

(58) a. ㅈ뎨를 브려 내 일홈 슨 명함 가지고 ㄱㄹ차 가 답례ㅎ라(令子弟以己名榜子奴 代行爲羅) <呂約 20a>

b. 보인훈 사로미 호온자 ㄱㄹ차 가ㅍ리라(代保人一面替還) <번朴上 61b>

(58) c. 炳이 슬허 하눑긔 비러 제 모모로 代身ㅎ야지라 터러(炳哀號籲天 願以身代) <속三孝 2a>

d. 제 몸으로 아븨 주구믈 딕신ㅎ아지라 비더라(求以身代ㅎ더라) <번小九 31b>

(58) e. 代 : …更代 <四解上 43b>

f. 代 : ㄱㄹ츌 딕 <字會中 1a>

<59> 글다 對 硏物

고유어 '글다'와 한자어 '硏物'이 [擂] 즉 '갈다, 문지르다'의 뜻을 가지고 동의 관계에 있다는 것은 다음 예문들에서 잘 확인된다. '擂'가 한자어 '硏物'을 뜻한다. 그리고 '擂'의 자석이 '글다'이다. 따라서 '글다'와 '硏物'의 동의성은 명백히 입증된다.

(59) a. 擂 : 硏物 <四解上 55a>

b. 擂 : 글 뢰 <字會下 6a>

<60> 글다 對 治石

고유어 '글다'와 한자어 '治石'이 [磨]와 [硏] 즉 '갈다, 돌을 다듬다'의 뜻을 가지고 동의 관계에 있다는 것은 다음 예문들에서 잘 확인된다. 원문 중 '春磨'가 '디흐며 글다'로 번역된다. '磨'가 한자어 '治石'을 뜻한다. 그리고 '硏'이 한자 '磨'와 同義이고 '硏'의 자석이 '글다'이다. 따라서 '글다'와 '治石'의 동의성은 명백히 입증된다.

(60) a. 사홀며 술며 디흐며 글며(剉燒春磨ㅎ야) <번小七 22a>

b. 비록 사홀며 솔며 디흐며 ㄱ(22a) 는 이리 이셔도(雖有到燒舂磨ㅣ라두) <번小七 22b>

(60) c. 磨 : 治石 <四解下 28b>

d. 磨 : 매 마…又平聲治石 <字會中 6b>

(60) e. 硏 : 磨也 <四解下 7b>

f. 硏 : 글 연 <字會下 6a>

<61> 글히다 對 揀擇

고유어 '글히다'와 한자어 '揀擇'이 [揀択], [揀] 및 [択] 즉 '가리다, 분간하다'의 뜻을 가지고 동의 관계에 있다는 것은 다음 예문들에서 잘 확인된다. 원문 중 '揀択去取'가 '글히여 부리며 먹다'로 번역되고 '揀着買'가 '글히예 사다'로 번역되고 '択便利'가 '편안코 리흔 디를 글히다'로 번역된다. 그리고 '択'이 한자어 '揀択'을 뜻한다. 따라서 '글히다'와 '揀択'의 동의성은 명백히 입증된다.

(61) a. 글히여 부리며 머그며 호미 올티 아니흐니라(不可揀択去取니라) <번小八 23a>

b. 네 손조 뭘 졔졔 글히여 사라 가디여(你自馬市裏揀着買去) <번朴上 63a>

c. 스싀로 편안코 리흔 디를 글히요미 올티 아니흐니라(不可自択便利니라) <번小八 23a>

(61) d. 柬 : 分別之 <四解上 79b>

e. 揀 : 同 <四解上 79b>

f. 擇 : 揀擇 <四解下 61b>

<62> 글히다 對 別흐다

고유어 '글히다'와 한자어 '別흐다'가 [別] 즉 '가르다, 분별하다'의 뜻을 가지고 동의 관계에 있다는 것은 다음 예문들에서 잘 확인된다. 원문 중 '有別'이 '글히요미 잇다'로 번역되고 '無別'이 '글히요미 없다'로 번역된다. 그리고 '夫婦之別'이 '남진 계지비 別홈'으로 번역된다. 따라서 '글히다'와 '別흐다'의 동의성은 명백히 입증된다.

(62) a. 男女 글히요미 이신 後에사(男女有別然後에) <번小三 15b>

b. 글히요미 업스며 義 업소문 짐승의 이리라(無別無義ㅣ 禽獸之道也ㅣ니라) <번小三 16a>

c. 뻐 그 글히요믈 둗히 흐노래니라(以厚其別也ㅣ 니라) <번小三 11b>

(62) d. 아비 아두릐 親홈과 남진 계지븨 別홈과논(父子之親과 夫婦之別) <번小三 47b>

<63> 글히다 對 分別

고유어 '글히다'와 한자어 '分別'이 [別] 즉 '가르다, 분별하다'의 뜻을 가지고 동의 관계에 있다는 것은 다음 예문들에서 잘 확인된다. 원문 중 '有別'이 '글히요미 잇다'로 번역되고 '無別'이 '글히요미 없다'로 번역된다. 그리고 '別'이 한자어 '分別'을 뜻한다. 따라서 '글히다'와 '分別'의 동의성은 명백히 입증된다.

(63) a. 男女 글히요미 이신 後에ᅀᅡ(男女有別然後에) <번小三 15b>

　　　 b. 글히요미 업스며 義 업소믄 짐승의 이리라(無別無義ㅣ 禽獸之道也ㅣ니라) <번小三 16a>

(63) c. 別(3a) : …分別 <四解下 3b>

<64> 글히다 對 츄심ᄒ다

고유어 '글히다'와 한자어 '츄심(推尋) ᄒ다'가 [推] 즉 '추천하다'의 뜻을 가지고 동의 관계에 있다는 것은 다음 예문들에서 잘 확인된다. 원문 중 '推…有齒德者'가 '나 하고 덕 잇는 사름을 글히다'로 번역되고 '推擧其能者'가 '그 어딘 사름을 츄심ᄒ야 드러내다'로 번역되므로 '글히다'와 '츄심ᄒ다'의 동의성은 명백히 입증된다.

(64) a. 모다 ᄒᆫ 사름이 나 하고 덕 잇는 사름을 글히야(衆伊 推一人有齒德者爲也) <呂約 1b>

(64) b. 서ᄅᆞ 그 어딘 사름을 츄심ᄒ야 드러내야(相與推擧其能者爲也) <呂約 5a>

　　　 c. 德과 일이 ᄀᆞ자 유여히 ᄂᆞ미 스숭이 도일 사ᄅᆞ믈 ᄆᆞᅀᆞᆷ ᄀᆞ장 무러 츄심ᄒ며(悉心推訪有德業充備ᄒ야 足爲師表者ᄒ며) <번小九 12b>

<65> 씨다 對 寐覺

고유어 '씨다'와 한자어 '寐覺'가 [寤]와 [覺] 즉 '잠이 깨다'의 뜻을 가지고 동의 관계에 있다는 것은 다음 예문들에서 잘 확인된다. '寤'가 한자어 '寐覺'를 뜻하고 '寤'의 자석이 '씨다'이다. 그리고 '覺'가 한자 '寤'와 同義이고 '覺'의 자석이 '씨다'이다. 따라서 '씨다'와 '寐覺'의 동의성은 명백히 입증된다.

(65) a. 寤 : 寐覺 <四解上 36b>
　　　 b. 寤 : 씰 오 <字會上 15b>

(65) c. 覺 : 寤也 <四解下 23b>

　　 d. 覺 : 낄 교 <字會上 15b>

<66> 씌오다 對 醉解

　고유어 '씌오다'와 한자어 '醉解'가 [醒] 즉 '깨우다'의 뜻을 가지고 동의 관계에 있다는 것은 다음 예문들에서 잘 확인된다. 원문 중 '醒酒'가 '술 씌오다'로 번역된다. 그리고 '醒'이 한자어 '醉解'를 뜻한다. 따라서 '씌오다'와 '醉解'의 동의성은 명백히 입증된다.

　　(66) a. 몬져 술 씌오는 약 먹고(先喫些箇醒酒湯) <번老下 53b>

　　　　 b. 醒 : 醉解 又夢覺 <四解下 52b>

<67> 나기ᄒ다 對 賭賽

　고유어 '나기ᄒ다'와 한자어 '賭賽'가 [賭] 즉 '내기하다, 승부에 금품을 걸다'의 뜻을 가지고 동의 관계에 있다는 것은 다음 예문들에서 잘 확인된다. '賭'의 자석이 '나기ᄒ다'이고 고유어 '나기ᄒ다'는 한자어 '賭賽'와 동의 관계에 있다. 따라서 '나기ᄒ다'와 '賭賽'의 동의성은 명백히 입증된다.

　　(67) a. 賭 : 博奕取財 <四解上 37a>

　　　　 b. 賭 : 나기홀 도 俗稱賭賽 <字會下 10a>

<68> 나기ᄒ다 對 博奕取財

　고유어 '나기ᄒ다'와 한자어 '博奕取財'가 [賭] 즉 '내기하다'의 뜻을 가지고 동의 관계에 있다는 것은 다음 예문들에서 잘 확인된다. 원문 중 '賭一箇羊着'이 '흔 양을 나기ᄒ다'로 번역된다. 그리고 '賭'가 한자어 '博奕取財'를 뜻하고 '賭'의 자석이 '나기ᄒ다'이다. 따라서 '나기ᄒ다'와 '博奕取財'의 동의성은 명백히 입증된다.

　　(68) a. 우리 므슴 나기 ᄒ료 흔 양을 나기ᄒ져(咱賭甚麼 咱賭一箇羊着) <번朴上 23a>

　　(68) b. 賭 : 博奕取財 <四解上 37a>

　　　　 c. 賭 : 나기홀 도 <字會下 10a>

<69> 나다 對 발ᄒ다

고유어 '나다'와 한자어 '발(発) ᄒ다'가 [発] 즉 '나다'의 뜻을 가지고 동의 관계에 있다는 것은 다음 예문들에서 잘 확인된다. 원문 중 '発瘡'이 '힝역이 나다'로도 번역되고 '힝역이 발ᄒ다'로도 번역된다. 그리고 '発瘡疹'이 '힝역이 나다'로 번역되고 '瘡疹…発'이 '힝역이 발ᄒ다'로 번역된다. 따라서 '나다' 와 '발ᄒ다'의 동의성은 명백히 입증된다.

(69) a. 힝역이 난 아ᄒ래 열흘마ᄂᆡ(発瘡至九日十日) <瘡疹 68a>

　　　 b. 힝역이 난 열나흘마ᄂᆡ(發瘡疹至十四日) <瘡疹 69a>

　　　 c. 힝역이 난 열사나흘마ᄂᆡ(發瘡疹至十三四日) <瘡疹 69b>

(69) d. 힝역이 발ᄒᄂ니와(発瘡者) <瘡疹 12b>

　　　 e. 힝역이 발ᄒ 후에 즈칙유믈 긋디 아니ᄒᄂ닌 죽고(瘡已發而後泄不止者死) <瘡疹 12b>

　　　 f. 힝역이 다시 발ᄒ리도(瘡亦有再發者) <瘡疹 14b>

　　　 g. 힝역이 훔ᄢᅴ 발ᄒ야(瘡疹一發) <瘡疹 4b>

　　　 h. 힝역이 이믜 발ᄒ거니 몯 발ᄒ 저긔(瘡疹已發未發) <瘡疹 34a>

　　　 i. 안ᄒ로 셜ᄒ 긔(7a) 운이 발ᄒ야(内發熱) <瘡疹 7b>

<70> 낚다 對 鈎魚

고유어 '낚다'와 한자어 '鈎魚'가 [釣] 즉 '낚다, 고기를 낚다'의 뜻을 가지고 동의 관계에 있다는 것은 다음 예문들에서 잘 확인된다. '釣'가 한자어 '鈎魚'를 뜻하고 '釣'의 자석이 '낚다'이다. 따라서 '낚다'와 '鈎魚'의 동의성은 명백히 입증된다.

(70) a. 釣 : 鈎魚 <四解下 13b>

　　　 b. 釣 : 나쓸 됴 <字會下 5a>

<71> 낳다 對 生子

고유어 '낳다'와 한자어 '生子'가 [挽]과 [娩] 즉 '해산하다, 아기를 낳다'의 뜻을 가지고 동의 관계에 있다는 것은 다음 예문들에서 잘 확인된다. '挽'이 한자어 '生子'를 뜻한다. 그리고 '娩'의 자석이 '낳다' 이다. 따라서 '낳다'와 '生子'의 동의성은 명백히 입증된다. 한자 '挽'과 '娩'은 同字이다.

(71) a. 挽 : 生子 亦作娩 <四解下 4a>

　　　 b. 娩 : 나흘 면 俗稱娩臥 <字會上 17b>

<72> 넘다 對 滿溢

고유어 '넘다'와 한자어 '滿溢'이 [溢] 즉 '넘치다'의 뜻을 가지고 동의 관계에 있다는 것은 다음 예문들에서 잘 확인된다. '溢'이 한자어 '滿溢'을 뜻하고 '溢'의 자석이 '넘다'이다. 따라서 '넘다'와 '滿溢'의 동의성은 명백히 입증된다.

(72) a. 溢 : 滿溢 <四解上 61a>
　　 b. 溢 : 너믈 일 <字會下 6a>

<73> 넘씨다 對 器滿水溢

고유어 '넘씨다'와 한자어 '器滿水溢'이 [灊] 즉 '넘치다'의 뜻을 가지고 동의 관계에 있다는 것은 다음 예문들에서 잘 확인된다. '灊'이 한자어 '器滿水溢'을 뜻하고 '灊'의 자석이 '넘씨다'이다. 따라서 '넘씨다'와 '器滿水溢'의 동의성은 명백히 입증된다.

(73) a. 灊 : 器滿水溢 <四解下 1a>
　　 b. 灊 : 넘씰 건 <字會下 6a>

<74> 넘씨다 對 叨濫

고유어 '넘씨다'와 한자어 '叨濫'이 [濫] 즉 '넘치다'의 뜻을 가지고 동의 관계에 있다는 것은 다음 예문들에서 잘 확인된다. '濫'이 한자어 '叨濫'을 뜻하고 '濫'의 자석이 '넘씨다'이다. 따라서 '넘씨다'와 '叨濫'의 동의성은 명백히 입증된다.

(74) a. 濫 : 氾也 叨濫 <四解下 79b>
　　 b. 濫 : 넘씰 람 <字會下 15a>

<75> 노기다 對 鎔鑄

고유어 '노기다'와 한자어 '鎔鑄'가 [鎔]과 [鑄] 즉 '쇠를 녹이다, 주조(鑄造) 하다'의 뜻을 가지고 동의 관계에 있다는 것은 다음 예문들에서 잘 확인된다. '鎔'이 한자어 '鎔鑄'를 뜻하고 '鎔'의 자석이 '노기다'이다. 그리고 '鑄'가 한자어 '鎔鑄'를 뜻한다. 따라서 '노기다'와 '鎔鑄'의 동의성은 명백히 입증된다.

(75) a. 鎔 : 銷也 鎔鑄 <四解上 10b>
　　 b. 鎔 : 노길 용 <字會下 7b>

(75) c. 鑄 : 銷鑄 <四解上 32a>

　　 d. 鑄 : 딤질홀 주 <字會下 7b>

<76> 녹다 對 氷釋

　고유어 '녹다'와 한자어 '氷釋'이 [泮] 즉 '녹다, 얼음이 풀리다'의 뜻을 가지고 동의 관계에 있다는 것은 다음 예문들에서 잘 확인된다. '泮'이 한자어 '氷釋'을 뜻한다. 그리고 '泮'의 자석이 '녹다'이고 고유어 '녹다'는 한자어 '氷釋'과 동의 관계에 있다. 따라서 '녹다'와 '氷釋'의 동의성은 명백히 입증된다.

(76) a. 泮 : 氷釋 <四解上 74a>

　　 b. 泮 : 노글 반 氷釋 <字會下 1b>

<77> 녹다 對 焇烊

　고유어 '녹다'와 한자어 '焇烊'이 [烊]과 [焇] 즉 '녹다, 쇠붙이를 녹이다'의 뜻을 가지고 동의 관계에 있다는 것은 다음 예문들에서 잘 확인된다. '烊'이 한자어 '焇烊'을 뜻한다. '烊'의 자석이 '녹다'이고 고유어 '녹다'는 한자어 '焇烊'과 동의 관계에 있다. 그리고 '焇'의 자석이 '녹다'이다. 따라서 '녹다'와 '焇烊'의 동의성은 명백히 입증된다.

(77) a. 煬 : …焇煬 <四解下 44b>

　　 b. 烊 : 同上 <四解下 44b>

　　 c. 烊 : 노글 양 焇烊 <字會下 7b>

(77) d. 焇 : …又爍也 鎔也 <四解下 16b>

　　 e. 焇 : 노글 쇼 爍也 鎔也 <字會下 7b>

<78> 누리다 對 穀積

　고유어 '누리다'와 한자어 '穀積'이 [穋] 즉 '곡식을 쌓다, 곡식을 저장하다'의 뜻을 가지고 동의 관계에 있다는 것은 다음 예문들에서 잘 확인된다. '穋'가 한자어 '穀積'을 뜻한다. 그리고 '穋'의 자석이 '누리다'이다. 따라서 '누리다'와 '穀積'의 동의성은 명백히 입증된다.

(78) a. 穋 : 穀積 <四解下 27a>

　　 b. 穋 : 누릴 라 俗呼穀穋 <字會下 3a>

<79> 누웃굴다 對 馬臥土中浴

고유어 '누웃굴다'와 한자어 '馬臥土中浴'이 [驟] 즉 '말이 土浴하다, 말이 땅에 뒹굴어 몸을 비벼대다'의 뜻을 가지고 동의 관계에 있다는 것은 다음 예문들에서 잘 확인된다. '驟'이 한자어 '馬臥土中浴'을 뜻하고 '驟'의 자석이 '누웃굴다'이다. 따라서 '누웃굴다'와 '馬臥土中浴'의 동의성은 명백히 입증된다.

(79) a. 驟 : 馬臥土中浴 <四解下 5b>
　　 b. 驟 : 누웃굴 뎐 馬浴土中 <字會下 5a>

<80> 눋다 對 火所傷

고유어 '눋다'와 한자어 '火所傷'이 [焦] 즉 '눋다, 그을리다'의 뜻을 가지고 동의 관계에 있다는 것은 다음 예문들에서 잘 확인된다. '焦'가 한자어 '火所傷'을 뜻한다. 그리고 '焦'의 자석이 '눋다'이다. 따라서 '눋다'와 '火所傷'의 동의성은 명백히 입증된다.

(80) a. 焦 : 火所傷 <四解下 15b>
　　 b. 焦 : 누를 쵸 <字會下 6b>

<81> 니를다 對 지ᄒᆞ다

고유어 '니를다'와 한자어 '지(至)ᄒᆞ다'가 [至] 즉 '이르다'의 뜻을 가지고 동의 관계에 있다는 것은 다음 예문들에서 잘 확인된다. 원문 중 '至于成童'이 'ᄌᆞ라매 니를다'로 번역되고 '至參政'이 '참정 지ᄒᆞ다'로 번역되므로 '니를다'와 '지ᄒᆞ다'의 동의성은 명백히 입증된다.

(81) a. 주구매 니르러도 ᄒᆞᆫ가지라(至死只依舊ㅣ 니라) <번小六 3a>
　　 b. ᄌᆞ라매 니르러(至于成童ᄒᆞ야) <번小九 70a>

(81) c. 벼슬 참정 지ᄒᆞ여(仕皆至參政) <二倫 41a>
　　 d. 밤쓩 지ᄒᆞ더라(每至夜分) <二倫 48b>

<82> 니르다 對 談說

고유어 '니르다'와 한자어 '談說'이 [說] 즉 '이르다, 말하다'의 뜻을 가지고 동의 관계에 있다는 것은 다음 예문들에서 잘 확인된다. '說'이 한자어 '談說'을 뜻한다. 그리고 '說'의 자석이 '니르다'이고 고유

어 '니르다'는 한자어 '談說'과 동의 관계에 있다. 따라서 '니르다'와 '談說'의 동의성은 명백히 입증된다.

(82) a. 說 : 談說 <四解下 11b>

b. 說 : 니를 셜 談說 又與悅同喜也 <字會下 12b>

(82) c. 談 : 語也 <四解下 76b>

<83> 눈호다 對 분ᄒ다

고유어 '눈호다'와 한자어 '분(分) ᄒ다'가 [分] 즉 '나누다'의 뜻을 가지고 동의 관계에 있다는 것은 다음 예문들에서 잘 확인된다. 원문 중 '重任分'이 '무거운 짐으란 눈호다'로 번역되고 '三分'이 '세헤 눈호다'로 번역된다. '分道'가 '길흘 분ᄒ다'로 번역되고 '分東西'가 '동녁 션녁을 분ᄒ다'로 번역된다. 그리고 '分'의 자석이 '눈호다'이다. 따라서 '눈호다'와 '분ᄒ다'의 동의성은 명백히 입증된다.

(83) a. 가벼야온 지므란 흔ᄃᆡ 뫼호고 므거운 지므란 눈호고(輕任을 幷ᄒ고 重任을 分ᄒ고) <번小三 33a>

b. 天下를 세헤 눈호아(三分天下ᄒ야) <번小八 19b>

c. 셰간ᄂᆞᆯ 골오 눈호아 주듸(乃中分其財ᄒ니) <번小九 23a>

d. 소임을 눈호며(分之以職ᄒ며) <번小七 50a>

e. 모다 마조 안자셔 눈화 주더니(聚對分給ᄒ더니) <번小九 54b>

(83) f. 나와 ᄀᆞ튼 사ᄅᆞᆷ이 다 ᄆᆞᆯ 탯거든 길흘 분ᄒ야 서르 읍ᄒ고 디나가듸(遇敵者皆乘馬則分道相揖而過乎代) <呂約 23a>

g. 동녁 션녁을 분ᄒ야 마조 셔셔(分東西向立爲也) <呂約 39a>

h 흔 녀긔 다ᄉᆞᆺ식 분ᄒ여셔 ᄡᅩ져(一邊五箇家分着射) <번朴上 54b>

(83) i. 分 : 別也 判也 <四解上 64b>

j. 分 : 눈홀 분 判也 半也 <字會下 14b>

<84> 다두드리다 對 以手圜之

고유어 '다두드리다'와 한자어 '以手圜之'가 [搏] 즉 '뭉치다, 둥글게 하다'의 뜻을 가지고 동의 관계에 있다는 것은 다음 예문들에서 잘 확인된다. 원문 중 '搏飯'이 '바ᄇᆞᆯ 다두드리다'로 번역된다. 그리고

'搏'이 한자어 '以手圜之'를 뜻한다. 따라서 '다두드리다'와 '以手圜之'의 동의성은 명백히 입증된다.

　　(84) a. 바블 다두드리디 말며(毋搏飯ᄒ며) <번小四 25b>
　　　　　b. 搏 : 以手圜之 <四解上 73a>

<85> 따디다 對 衣縫解

　　고유어 '따디다'와 한자어 '衣縫解'가 [綻] 즉 '옷이 터지다'의 뜻을 가지고 동의 관계에 있다는 것은 다음 예문들에서 잘 확인된다. '綻'이 한자어 '衣縫解'를 뜻한다. 그리고 '綻'의 자석이 '따디다'이다. 따라서 '따디다'와 '衣縫解'의 동의성은 명백히 입증된다.

　　(85) a.　綻 : 衣縫解 <四解上 79a>
　　　　　b.　綻 : 따딜 탄 縫解 <字會下 7b>

<86> 달애다 對 誘訹

　　고유어 '달애다'와 한자어 '誘訹'이 [誘]과 [訹] 즉 '꾀다, 유혹하다, 유혹을 당하다'의 뜻을 가지고 동의 관계에 있다는 것은 다음 예문들에서 잘 확인된다. 원문 중 '誘物'이 '사오나온 이레 달애다'로 번역된다. '誘'의 자석이 '달애다'이다. 그리고 '訹'이 한자어 '誘訹'을 뜻하고 '訹'의 자석이 '달애다'이다. 따라서 '달애다'와 '誘訹'의 동의성은 명백히 입증된다.

　　(86) a. 혜아리는 무ᅀᅮ미 사오나온 이레 달애여 곧텨 도이야(知誘物化ᄒ야) <번小八 9b>

　　(86) b. 誘 : 相訹呼也 <四解下 71a>
　　　　　c. 誘 : 달앨 유 <字會下 12b>

　　(86) d. 訹 : 誘訹 誘也 <四解上 68a>
　　　　　e. 訹 : 달앨 튤 <字會下 12b>

<87> 달히다 對 젼ᄒ다

　　고유어 '달히다'와 한자어 '젼(煎) ᄒ다'가 [煎] 즉 '달이다'의 뜻을 가지고 동의 관계에 있다는 것은 다음 예문들에서 잘 확인된다. 원문 중 '煎湯'이 '탕 달히다'로 번역되고 '煎魚'가 '믓고기 젼ᄒ다'로 번역된다. 따라서 '달히다'와 '젼ᄒ다'의 동의성은 명백히 입증된다.

(87) a. 탕 달히며 믈 더이며(煎湯煮水) <번老下 47a>

   b. 약을 달혀 친히 맛보더라(湯藥必親甞ᄒ더니) <번小九 24b>

   c. 싱앙 달힌 므레 ᄂᆞ리우라(生薑湯送下) <번老下 40b>

(87) d. 이 안쥬는 믓고기 젼ᄒ니 양의 챵ᄌᆞ(這按酒 煎漁 羊雙腸) <번老下 38a>

<88> 담다 對 盛黍稷

고유어 '담다'와 한자어 '盛黍稷'이 [齍] 즉 '서직(黍稷)을 담다'의 뜻을 가지고 동의 관계에 있다는 것은 다음 예문들에서 잘 확인된다. '齍'가 한자어 '盛黍稷'을 뜻한다. 그리고 '齍'의 자석이 '담다'이다. 따라서 '담다'와 '盛黍稷'의 동의성은 명백히 입증된다.

(88) a. 齍 : 祭器 盛黍稷 <四解上 12a>

   b. 齍 : 다믈 지 黍稷在器 <字會下 6a>

<89> 담다 對 容受

고유어 '담다'와 한자어 '容受'가 [盛] 즉 '담다'의 뜻을 가지고 동의 관계에 있다는 것은 다음 예문들에서 잘 확인된다. 원문 중 '盛草'가 '딥 담다'로 번역되고 '盛着糯米酒'가 '춧뿔 수울 담다'로 번역된다. 그리고 '盛'이 한자어 '容受'를 뜻하고 '盛'의 자석이 '담다'이다. 따라서 '담다'와 '容受'의 동의성은 명백히 입증된다.

(89) a. 딥 다믈 광조리도 업다(盛草的筐兒也沒) <번老上 32b>

   b. 안해 춧뿔 수울 다맛는 거셔(裏頭盛着糯米酒) <번朴上 41b>

(89) c. 盛 : 容受也 <四解下 54a>

   d. 盛 : 다믈 셩 <字會下 6a>

<90> 더ᄒ다 對 가ᄒ다

고유어 '더ᄒ다'와 한자어 '가(加)ᄒ다'가 [加] 즉 '더하다'의 뜻을 가지고 동의 관계에 있다는 것은 다음 예문들에서 잘 확인된다. 원문 중 '附子…加'가 '부ᄌᆞ를 더ᄒ다'로 번역되고 '加附子'가 '부ᄌᆞ를 가ᄒ다'로 번역된다. 따라서 '더ᄒ다'와 '가ᄒ다'의 동의성은 명백히 입증된다.

(90) a. 부ᄌᆞ를 져기 더ᄒ라(附子更略加) <瘡疹 55a>

b. 만이레 통티 아니ᄒ거든 반 돈을 더ᄒ라(若未通漸加半錢) <瘡疹 54a>

c. 통티 아니커든 져기 더ᄒ라(若未通更略加之) <瘡疹 54a>

(90) d. 부ᄌᄅᆯ 져기 가ᄒᆞ야 달혀 머기(54a) 라(加附子少許煎与之) <瘡疹 55a>

e. 곽향엽 두어 편과 ᄡᆞᆯ 셜흔 나츨 가ᄒᆞ야(加藿香葉數片及米三十粒) <瘡疹 54b>

f. 긔운이 허ᄒᆞ니어든 싄ᄉᆞᆷ을 가ᄒ라(氣虛者加人蔘) <瘡疹 61b>

<91> 덜다 對 감ᄒ다

고유어 '덜다'와 한자어 '감(減)ᄒ다'가 [減] 즉 '덜다'의 뜻을 가지고 동의 관계에 있다는 것은 다음 예문들에서 잘 확인된다. 원문 중 '加減'이 '더ᄋᆞ며 덜다'로 번역되고 '可減'이 '가히 감ᄒ다'로 번역된다. 따라서 '덜다'와 '감ᄒ다'의 동의성은 명백히 입증된다.

(91) a. 아히 ᄌᆞ라며 져무믈 쟉량ᄒᆞ야 더으며 덜며 ᄒ야(量児大小加減) <瘡疹 57b>

b. 답답흔 긔운을 덜며(除煩) <瘡疹 56a>

(91) c. 힝역이 하리는 가히 감ᄒ고(多者可減) <瘡疹 62a>

<92> 뎌기다 對 爪搯

고유어 '뎌기다'와 한자어 '爪搯'이 [搯] 즉 '따다, 손가락이나 손톱으로 꺾어서 따다'의 뜻을 가지고 동의 관계에 있다는 것은 다음 예문들에서 잘 확인된다. '搯'의 자석이 '뎌기다'이고 고유어 '뎌기다'는 한자어 '爪搯'과 동의 관계에 있다. 따라서 '뎌기다'와 '爪搯'의 동의성은 명백히 입증된다.

(92) a. 搯 : 抓也 爪刺也 <四解下 80a>

b. 搯 : 뎌길 겹 爪搯 <字會下 10a>

<93> 도ᄌᆨᄒ다 對 盜賊ᄒ다

고유어 '도ᄌᆨᄒ다'와 한자어 '盜賊ᄒ다'가 [盜] 즉 '도둑질하다, 도둑질을 하다'의 뜻을 가지고 동의 관계에 있다는 것은 다음 예문들에서 잘 확인된다. 원문 중 '所盜'가 '도ᄌᆨ흔 것'으로 번역되고 '竊盜'가 'ᄀᆞ만흔 盜賊ᄒ다'로 번역된다. 따라서 '도ᄌᆨᄒ다'와 '盜賊ᄒ다'의 동의성은 명백히 입증된다. 한자어 '盜賊ᄒ다'는 동작동사구로 명사 '盜賊'과 동작동사 'ᄒ다'의 결합이다.

(93) a. 아젼의 도ᄌᆨ흔 거슨 젹디 아니ᄒ니(吏人所盜ㅣ 不貲矣니) <번小七 28b>

b. ㄱ믄흔 盜賊 ㅎ거든 내튤디니라(竊盜去ㅣ니라) <번小三 22b>

<94> 되다 對 稱輕重

고유어 '되다'와 한자어 '稱輕重'이 [量] 즉 '재다, 무게를 달다'의 뜻을 가지고 동의 관계에 있다는 것은 다음 예문들에서 잘 확인된다. 원문 중 '斗量'이 '말로 되다'로 번역되고 '不…量'이 '되디 몯ㅎ다'로 번역된다. 그리고 '量'이 한자어 '稱輕重'을 뜻한다. 따라서 '되다'와 '稱輕重'의 동의성은 명백히 입증된다.

(94) a. 말로 되면 브죡ㅎ리라(斗量時不勾) <번朴上 12a>

b. 기픠 여틔 기니 댜르니 되디 몯ㅎ리라(深淺長短不可量) <번朴上 67b>

(94) c. 量 : 稱輕重也 度也 又商量 <四解下 45a>

<95> 둏다 對 퇴ㅎ다

고유어 '둏다'와 한자어 '퇴(退) ㅎ다'가 [退] 즉 '병이 낫다, 좋아지다'의 뜻을 가지고 동의 관계에 있다는 것은 다음 예문들에서 잘 확인된다. 원문 중 '不退'가 '됴티 아니ㅎ다'로도 번역되고 '퇴티 아니ㅎ다'로도 번역된다. 따라서 '둏다'와 '퇴ㅎ다'의 동의성은 명백히 입증된다.

(95) a. 아히 힝역이…오래 됴티 아니ㅎ느닐 고티느니라(治小児痘瘡…久而不退) <瘡疹 44a>

b. 힝(46a) 역이 됴홀 저긔(患慾退時) <瘡疹 46b>

(95) c. 모매 셜흔 긔운이 퇴티 아니ㅎ느닐 고티며(治…身熱不退) <瘡疹 56b>

<96> 둏다 對 헐ㅎ다

고유어 '둏다'와 한자어 '헐(歇) ㅎ다'가 [解] 즉 '없어지다, 좋아지다'의 뜻을 가지고 동의 관계에 있다는 것은 다음 예문들에서 잘 확인된다. 원문 중 '用…蘇合香圓解'가 '소합향원과로 뻐 됴케 ㅎ다'로 번역되고 '汁解'가 '즙으로뻐 헐케 ㅎ다'로 번역된다. 따라서 '둏다'와 '헐ㅎ다'의 동의성은 명백히 입증된다.

(96) a. 초탄과 소합향원과로 뻐 됴케 ㅎ라(可用醋炭蘇合圓解之) <瘡疹 15b>

(96) b. 싱셔각 ㄱ론 즙으로뻐 헐케 ㅎ야(生犀磨汁解之) <瘡疹 7b>

c. 셜흔 긔운이 졈졈 헐흐리라(熱氣漸解也) <瘡疹 2b>

d. 알히던 셜흔 긔운을 헐케 홀 거시어늘(解其敗熱) <瘡疹 2b>

e. 져기 셜흐니란 독흔 긔운을 헐케 흐고(有小熱者宜解毒) <瘡疹 5b>

f. 뼈 독흔 긔운을 헐케 흐며(濟之解毒) <瘡疹 10b>

g. 힝역을 헐케 흐는 법은(解痘瘡法) <瘡疹 62a>

<97> 두르다 對 周旋

고유어 '두르다'와 한자어 '周旋'이 [旋]과 [斡] 즉 '돌다, 회전하다'의 뜻을 가지고 동의 관계에 있다는 것은 다음 예문들에서 잘 확인된다. '旋'이 한자어 '周旋'을 뜻하고 '旋'의 자석이 '두르다'이다. 그리고 '斡'이 한자 '旋'과 同義이고 '斡'의 자석이 '두르다'이다. 따라서 '두르다'와 '周旋'의 동의성은 명백히 입증된다.

(97) a. 旋 : 周旋 <四解下 10b>

　　 b. 旋 : 두를 션 運也 轉也 <字會下 1a>

(97) c. 斡 : …旋也 運也 轉也 <四解上 75b>

　　 d. 斡 : 두를 알 運也 轉也 <字會下 1a>

<98> 두리다 對 恐怖

고유어 '두리다'와 한자어 '恐怖'가 [懼] 즉 '두려워하다'의 뜻을 가지고 동의 관계에 있다는 것은 다음 예문들에서 잘 확인된다. 원문 중 '父母懼'가 '어버이 두리다'로 번역되고 '懼曰'이 '두려 니르다'로 번역된다. 그리고 '懼'가 한자어 '恐怖'를 뜻한다. 따라서 '두리다'와 '恐怖'의 동의성은 명백히 입증된다.

(98) a. 어버이 두려 아니 얼이니라(父母懼而止) <속三烈 20a>

　　 b. 太子ㅣ 두려 닐오듸(太子ㅣ 懼曰) <번小九 40a>

　　 c. 저허 두려흐디 아니흐과두녜니라(不可恐懼也니라) <번小八 29a>

(98) d. 懼 : 恐怖 <四解上 30b>

<99> 뜨다 對 부흐다

고유어 '뜨다'와 한자어 '부(浮) 흐다'가 [浮] 즉 '뜨다'의 뜻을 가지고 동의 관계에 있다는 것은 다음 예문들에서 잘 확인된다. 원문 중 '浮上'이 '뼈 오르다'로 번역된다. 그리고 '浮沉'이 '부흐락 팀흐락 흐다'로 번역된다. 따라서 '쯔다'와 '부ᄒ다'의 동의성은 명백히 입증된다.

(99) a. 믓 가온ᄃᆡ ᄠᅥ 오ᄅ며 ᄠᅥ ᄂᆞ리ᄂᆞ니ᄂ(湖心中浮上浮下的) <번朴上 70a>

　　b. 네 믹이 부ᄒ락 팀ᄒ락 ᄒᆞᄂ다(你脉息浮沉) <번老上 40a>

<100> 쯔다 對 抒臼

고유어 '쯔다'와 한자어 '抒臼'가 [舀] 즉 '퍼내다, 확에서 퍼내다'의 뜻을 가지고 동의 관계에 있다는 것은 다음 예문들에서 잘 확인된다. '舀'가 한자어 '抒臼'를 뜻한다. 그리고 '舀'의 자석이 '쯔다'이다. 따라서 '쯔다'와 '抒臼'의 동의성은 명백히 입증된다.

(100) a. 揄 : 抒臼也 <四解下 70b>

　　b. 舀 : 同上 <四解下 70b>

　　c. 舀 : 쓸 요 <字會下 7a>

<101> 쯔다 對 浚治

고유어 '쯔다'와 한자어 '浚治'가 [抒]와 [挹] 즉 '뜨다, 퍼내다'의 뜻을 가지고 동의 관계에 있다는 것은 다음 예문들에서 잘 확인된다. '抒'가 한자어 '浚治'를 뜻하고 '抒'의 자석이 '쯔다'이다. 한자 '抒'가 한자 '挹'과 同義이고 '挹'의 자석이 '쯔다'이다. 따라서 '쯔다'와 '浚治'의 동의성은 명백히 입증된다.

(101) a. 抒 : …挹也 浚治也 <四解上 33a>

　　b. 抒 : 쓸 셔 <字會下 7a>

(101) c. 挹 : 酌也 <四解下 74a>

　　d. 挹 : 쓸 읍 <字會下 7a>

<102> 드리ᄃᆞᆮ다 對 침노ᄒ다

고유어 '드리ᄃᆞᆮ다'와 한자어 '침노(侵勞) ᄒ다'가 [攻] 즉 '들이닫다, 괴롭히다'의 뜻을 가지고 동의 관계에 있다는 것은 다음 예문들에서 잘 확인된다. 원문 중 '攻心'이 'ᄆᆞᅀᆞ매 드리ᄃᆞᆮ다'로 번역되고 '攻…脣項'이 '입시울과 목이 침노ᄒ다'로 번역된다. 따라서 '드리ᄃᆞᆮ다'와 '침노ᄒ다'의 동의성은 명백히 입증된다.

(102) a. 독긔 ᄆᆞᅀᆞ매 드리ᄃᆞᆮ디 아니ᄒᆞᄂ니라(毒気不能攻心) <瘡疹 37a>

(102) b. 풍긔 특과 입시울와 목이 침노호야(風攻頤頷唇項) <瘡疹 16b>

　　c. 독긔 입과 니예 침노호며(餘毒上攻口齒) <瘡疹 40b>

<103> 들다 對 쾌호다

고유어 '들다'와 한자어 '쾌(快) 호다'가 [快] 즉 '(작도가) 잘 들다'의 뜻을 가지고 동의 관계에 있다는 것은 『번역노걸대』의 다음 예문들에서 잘 확인된다. 원문 중 '刀…快'가 '쟉되 들다'로 번역되고 '刃也似快'가 '늘ㅇ티 쾌호다'로 번역되므로 '들다'와 '쾌호다'의 동의성은 명백히 입증된다.

(103) a. 이 쟉되 드디 아니호ᄂ다(這 刀不快) <번老上 19a>

　　b. 부롬 늘ㅇ티 쾌호니(風刃也似快) <번老上 19b>

<104> 둥굽다 對 蹉跎

고유어 '둥굽다'와 한자어 '蹉跎'가 [跎] 즉 '헛디디다, 비틀거려 넘어지다'의 뜻을 가지고 동의 관계에 있다는 것은 다음 예문들에서 잘 확인된다. '跎'가 한자어 '蹉跎'를 뜻한다. 그리고 '跎'의 자석이 '둥굽다'이다. 따라서 '둥굽다'와 '蹉跎'의 동의성은 명백히 입증된다.

(104) a. 跎 : 蹉跎 <四解下 25b>

　　b. 跎 : 둥구블 타 俗呼跎子 <字會中 16b>

<105> 딤질호다 對 鎔鑄

고유어 '딤질호다'와 한자어 '鎔鑄'가 [鎔]과 [鑄] 즉 '쇠를 부어 만들다, 鑄造하다'의 뜻을 가지고 동의 관계에 있다는 것은 다음 예문들에서 잘 확인된다. '鎔'이 한자어 '鎔鑄'를 뜻한다. 그리고 '鑄'가 한자어 '鎔鑄'를 뜻하고 '鑄'의 자석이 '딤질호다'이다. 따라서 '딤질호다'와 '鎔鑄'의 동의성은 명백히 입증된다.

(105) a. 鎔 : 銷也 鎔鑄 <四解上 10b>

　　b. 鎔 : 노길 용 <字會下 7a>

(105) c. 鑄 : 鎔鑄 <四解上 32a>

　　d. 鑄 : 딤질홀 주 <字會下 7b>

<106> 딯다 對 擣米

고유어 '딯다'와 한자어 '擣米'가 [春]과 [擣] 즉 '찧다'의 뜻을 가지고 동의 관계에 있다는 것은 다음 예문들에서 잘 확인된다. 원문 중 '春磨'가 '디흐며 굴다'로 번역된다. '春'이 한자어 '擣米'를 뜻하고 '春'의 자석이 '딯다'이다. 그리고 '擣'가 '春'과 同義이고 '擣'의 자석이 '딯다'이다. 따라서 '딯다'와 '擣米'의 동의성은 명백히 입증된다.

(106) a. 사흐며 솖며 디흐며 굴며(剉燒春磨ᄒᆞ야) <번小七 22a>
b. 비록 사흐며 솖며 디흐며 ᄀ(22a)ᄂ 이리 이셔도(雖有剉燒春磨ㅣ라두) <번小七 22b>

(106) c. 春 : … 擣米也 <四解上 9b>
d. 春 : 디흘 숑 <字會下 3a>

(106) e. 擣 : … 春也 <四解下 19a>
f. 擣 : 디흘 도 <字會下 3a>

<107> 둘다 對 皸瘃

고유어 '둘다'와 한자어 '皸瘃'이 [瘃] 즉 '얼어서 살갗이 상하다'의 뜻을 가지고 동의 관계에 있다는 것은 다음 예문들에서 잘 확인된다. '瘃'이 한자어 '皸瘃'을 뜻한다. 그리고 '瘃'의 자석이 '둘다'이고 고유어 '둘다'는 한자어 '皸瘃'과 동의 관계에 있다. 따라서 '둘다'와 '皸瘃'의 동의성은 명백히 입증된다.

(107) a. 瘃 : 凍膚 皸瘃 <四解下 46a>
b. 瘃 : 둘 탁 皸瘃(16b) 凍瘡 <字會中 17a>

<108> 둘다 對 凍瘡

고유어 '둘다'와 한자어 '凍瘡'이 [皸]과 [瘃] 즉 '얼어서 살갗이 상하다'의 뜻을 가지고 동의 관계에 있다는 것은 다음 예문들에서 잘 확인된다. '皸'의 자석이 '둘다'이고 고유어 '둘다'는 한자어 '凍瘡'과 동의 관계에 있다. 그리고 '瘃'의 자석이 '둘다'이고 고유어 '둘다'는 한자어 '凍瘡'과 동의 관계에 있다. 따라서 '둘다'와 '凍瘡'의 동의성은 명백히 입증된다.

(108) a. 皸 : 手足凍裂 <四解上 67b>
b. 皸 : 둘 군 凍瘡 <字會中 16b>

(108) c. 瘃 : 凍膚 皸瘃 <四解下 46a>

d. 瘃 : 들 탁 皸瘃(16b) 凍瘡 <字會中 17a>

<109> 들오다 對 貫穿

고유어 '들오다'와 한자어 '貫穿'이 [穿]과 [貫] 즉 '꿰뚫다'의 뜻을 가지고 동의 관계에 있다는 것은 다음 예문들에서 잘 확인된다. '穿'이 한자어 '貫穿'을 뜻하고 '穿'의 자석이 '들오다'이다. 그리고 '貫'이 한자어 '穿'과 同義이다. 따라서 '들오다'와 '貫穿'의 동의성은 명백히 입증된다.

(109) a. 穿 : 貫也 貫穿經傳 <四解下 11a>
　　 b. 穿 : 들올 쳔 又着也 <字會下 9a>

(109) c. 貫 : 穿也 <四解上 72a>

<110> 듐다 對 燒刀刃納水中

고유어 '듐다'와 한자어 '燒刀刃納水中'이 [焠] 즉 '담금질하다, 좋을 칼을 만들기 위하여 담금질하다'의 뜻을 가지고 동의 관계에 있다는 것은 다음 예문들에서 잘 확인된다. '焠'가 '燒刀刃納水中'을 뜻한다. 그리고 '焠'의 자석이 '듐다'이다. 따라서 '듐다'와 '燒刀刃納水中'의 동의성은 명백히 입증된다.

(110) a. 焠 : 燒刀刃納水中以堅之也 <四解上 51b>
　　 b. 焠 : 드믈 슈 燒金納水以堅之也 <字會中 7b>

<111> 마기오다/마긔오다 對 질졍ᄒ다

고유어 '마기오다/마긔오다'와 한자어 '질졍(質正)ᄒ다'가 [質] 즉 '바로잡다, 따지다'의 뜻을 가지고 동의 관계에 있다는 것은 다음 예문들에서 잘 확인된다. 원문 중 '毋質'이 '마기오디 말다'와 '마긔오디 말다'로 번역되고 '質問'이 '질졍ᄒ야 묻다'로 번역된다. 따라서 '마기오다/마긔오다'와 '질졍ᄒ다'의 동의성은 명백히 입증된다.

(111) a. 의심두왼 이를 마기오디 마라(疑事를 毋質ᄒ야) <번小四 4a>
　　 b. 제 말ᄉ믈 올타 ᄒ야 마긔오디 마롤디니라(毋身質言語ㅣ니라) <번小四 14b>

(111) c. 의심도왼 어려온 ᄃᆡ를 질졍ᄒ야 무러(疑難處를 便質問ᄒ야) <번小八 35b>
　　 d. 어딘 사ᄅᆞ믹게 나ᅀᅡ가 왼 올ᄒᆞᆫ 싸홀 질졍ᄒ면(就有道而正焉이면) <번小四 8b>

<112> 마믈오다 對 繳報

고유어 '마믈오다'와 한자어 '繳報'가 [繳]와 [繳報] 즉 '마무르다, 마무리하다'의 뜻을 가지고 동의 관계에 있다는 것은 다음 예문들에서 잘 확인된다. 원문 중 '繳計'가 '마믈와 혜다'로 번역된다. 그리고 한자어 '繳報'가 고유어 '마믈오다'와 동의 관계에 있다. 따라서 '마믈오다'와 '繳報'의 동의성은 명백히 입증된다.

(112) a. 즈릆갑과 세 무논 것들 마믈와 혜니 말오 그 외예(除了牙稅繳計外) <번老上 14b>

(112) b. 繳 : 纏也 <四解下 13a>
　　　　c. 繳 : 주살 쟉 又上聲音皎 紩衣也 吏語繳報 마믈오다 <字會中 9a>

<113> 마시다 對 大飮

고유어 '마시다'와 한자어 '大飮'이 [歠] 즉 '마시다'의 뜻을 가지고 동의 관계에 있다는 것은 다음 예문들에서 잘 확인된다. 원문 중 '歠醢'가 '젓국 마시다'로 번역되고 '流歠'이 '만히 마시다'로 번역된다. '歠'이 한자어 '大飮'을 뜻한다. 그리고 '啜'의 자석이 '마시다'이다. 따라서 '마시다'와 '大飮'의 동의성은 명백히 입증된다. 한자 '歠'과 '啜'은 同字이다.

(113) a. 젓국 마시디 마롤디니(毋歠醢니) <번小四 26b>
　　　　b. 만히 마시디 말며(毋流歠ᄒ며) <번小四 27b>
　　　　c. 소리 내 마시디 말며(毋流歠ᄒ며) <번小四 25b>

(113) d. 歠 : 大飮 <四解下 11a>
　　　　e. 啜 : 同上 <四解下 11a>
　　　　f. 啜 : 마실 텰 <字會下 7a>

<114> 마시다 對 飮食

고유어 '마시다'와 한자어 '飮食'이 [飮] 즉 '마시다'의 뜻을 가지고 동의 관계에 있다는 것은 다음 예문들에서 잘 확인된다. '飮'이 한자어 '飮食'을 뜻하고 '飮'의 자석이 '마시다'이다. 따라서 '마시다'와 '飮食'의 동의성은 명백히 입증된다.

(114) a. 飮 : 歠也 飮食 <四解下 74a>

b. 飮 : 마실 음 <字會下 7a>

<115> 막다 對 방챠ᄒ다

고유어 '막다'와 한자어 '챠(防遮) ᄒ다'가 [防] 즉 '막다'의 뜻을 가지고 동의 관계에 있다는 것은 다음 예문들에서 잘 확인된다. 원문 중 '預防'이 '미리 막다'로 번역되고 '防眼'이 '누늘 방챠ᄒ다'로 번역된다. 따라서 '막다'와 '방챠ᄒ다'의 동의성은 명백히 입증된다.

(115) a. 미리 마ㄱ면 뎐염티 아니ᄒᄂ니라(預防之則不染) <瘡疹 29b>

b. 숯브레 초ᄅᆯ ᄢ텨 마ㄱ라(打醋炭以防之) <瘡疹 63b>

(115) c. 누늘 방챠ᄒ라(防眼) <瘡疹 43a>

<116> 막다 對 牖河

고유어 '막다'와 한자어 '牖河'가 [牖] 즉 '널빤지로 물을 막다'의 뜻을 가지고 동의 관계에 있다는 것은 다음 예문들에서 잘 확인된다. '牖'이 한자어 '牖河'를 뜻한다. 그리고 '牖'의 자석이 '막다'이고 고유어 '막다'는 한자어 '牖河'와 동의 관계에 있다. 따라서 '막다'와 '牖河'의 동의성은 명백히 입증된다.

(116) a. 牖 : …今俗謂投板堰水曰牖河 <四解下 78a>

b. 牖 : 마글 잡 以板防河蓄水通舟 俗稱牖河 <字會上 3b>

<117> 막다 對 鑄金塞隙

고유어 '막다'와 한자어 '鑄金塞隙'이 [鈷] 즉 '땜질하다'의 뜻을 가지고 동의 관계에 있다는 것은 다음 예문들에서 잘 확인된다. '鈷'의 자석이 '막다'이고 고유어 '막다'는 한자어 '鑄金塞隙'과 동의 관계에 있다. 따라서 '막다'와 '鑄金塞隙'의 동의성은 명백히 입증된다.

(117) a. 鈷 : 鑄塞之也 <四解上 36a>

b. 鈷 : 마글 고 鑄金塞隙 <字會下 7b>

<118> 말구디ᄒ다 對 言難

고유어 '말구디ᄒ다'와 한자어 '言難'이 [訥] 즉 '말을 더듬다'의 뜻을 가지고 동의 관계에 있다는 것은 다음 예문들에서 잘 확인된다. '訥'이 한자어 '言難'을 뜻한다. 그리고 '訥'의 자석이 '말구디ᄒ다'이고 한자어 '言難'과 동의 관계에 있다. 따라서 '말구디ᄒ다'와 '言難'의 동의성은 명백히 입증된다.

(118) a. 訥 : 言難 <四解上 63b>

b. 訥 : 말구디홀 눌 言難 <字會下 12b>

<119> 머기다 對 口飼

고유어 '머기다'와 한자어 '口飼'가 [哺] 즉 '먹이다, 먹여 기르다'의 뜻을 가지고 동의 관계에 있다는 것은 다음 예문들에서 잘 확인된다. 원문 중 '乳哺'가 '졋 머기다'로 번역된다. 그리고 '哺'가 한자어 '口飼'를 뜻하고 '哺'의 자석이 '머기다'이다. 따라서 '머기다'와 '口飼'의 동의성은 명백히 입증된다.

(119) a. 졋 머기노라 삼년 ᄉᆡ예(乳哺三年) <번朴上 57b>

(119) b. 哺 : …又口飼 <四解上 38a>

c. 哺 : 머길 포 口飤 <字會下 4a>

<120> 머기다 對 以食食之

고유어 '머기다'와 한자어 '以食食之'가 [飼]와 [食] 즉 '먹이다, 기르다'의 뜻을 가지고 동의 관계에 있다는 것은 다음 예문들에서 잘 확인된다. '飼'가 한자어 '以食食之'를 뜻하고 '飼'의 자석이 '머기다'이다. 그리고 '食'의 音이 '四'이고 '食'가 한자어 '以食食人'을 뜻한다. 따라서 '머기다'와 '以食食之'의 동의성은 명백히 입증된다.

(120) a. 飼 : 以食食之 <四解上 13b>

b. 飼 : 머길 ᄉ 通作食 <字會下 4b>

(120) c. 食 : 飮食 <四解下 55a>

d. 食 : …又音四…以食食人也 <字會中 10a>

<121> 머기다 對 以草飼畜

고유어 '머기다'와 한자어 '以草飼畜'이 [餧] 즉 '먹이다, 기르다'의 뜻을 가지고 동의 관계에 있다는 것은 다음 예문들에서 잘 확인된다. '餧'가 한자어 '以草飼畜'을 뜻한다. 그리고 '餧'의 자석이 '머기다'이다. 따라서 '머기다'와 '以草飼畜'의 동의성은 명백히 입증된다.

(121) a. 餧 : 以草飼畜 <四解上 53b>

　　　 b. 餵 : 同上 <四解上 53b>

　　　 c. 餵 : 머길 위 正作餧 <字會下 4b>

<122> 메다 對 擔荷

고유어 '메다'와 한자어 '擔荷'가 [擴]과 [擔] 즉 '메다'의 뜻을 가지고 동의 관계에 있다는 것은 다음 예문들에서 잘 확인된다. '擴'이 한자어 '擔荷'를 뜻하고 '擴'의 자석이 '메다'이다. 그리고 '擔'의 자석이 '메다'이다. 따라서 '메다'와 '擔荷'의 동의성은 명백히 입증된다.

(122) a. 擴 : 擔荷 <四解下 44a>

　　　 b. 擴 : 멜향 <字會下 10b>

(122) c. 擔 : 荷也 <四解下 44a>

　　　 d. 擔 : 멜 담 <字會下 10b>

<123> 메왓다 對 露一肩

고유어 '메왓다'와 한자어 '露一肩'이 [袒] 즉 '왼쪽 어깨를 벗다'의 뜻을 가지고 동의 관계에 있다는 것은 다음 예문들에서 잘 확인된다. '袒'의 자석이 '메왓다'이고 고유어 '메왓다'는 한자어 '露一肩'과 동의 관계에 있다. 따라서 '메왓다'와 '露一肩'의 동의성은 명백히 입증된다.

(123) a. 袒 : 偏脫衣袖 <四解上 77a>

　　　 b. 袒 : 메와슬 탄 露一肩 <字會下 9a>

<124> 메왓다 對 偏脫衣袖

고유어 '메왓다'와 한자어 '偏脫衣袖'가 [袒] 즉 '웃통을 벗다'의 뜻을 가지고 동의 관계에 있다는 것은 다음 예문들에서 잘 확인된다. '袒'이 한자어 '偏脫衣袖'를 뜻하고 '袒'의 자석이 '메왓다'이다. 그리고 원문 중 '肉袒'이 '옷 메왓다'로 번역된다. 따라서 '메왓다'와 '偏脫衣袖'의 동의성은 명백히 입증된다.

(124) a. 袒 : 偏脫衣袖 <四解上 77a>

　　　 b. 袒 : 메와슬 탄 露一肩 <字會下 9a>

(124) c. 慶이 저허 옷 메왓고 사죄ᄒ대(慶이 恐ᄒ야 肉袒謝罪ᄒ대) <번小九 86b>

d. 모든 권당과 제 형 建괘 옷 메와손대(擧宗及兄建괘 肉袒ᄒ대) <번小九 86b>

<125> 모ᅵ다 對 放牧

고유어 '모ᅵ다'와 한자어 '放牧'이 [牧] 즉 '마소를 놓아 기르다'의 뜻을 가지고 동의 관계에 있다는 것은 다음 예문들에서 잘 확인된다. '牧'의 자석이 '모ᅵ다'이고 고유어 '모ᅵ다'는 한자어 '放牧'과 동의 관계에 있다. 따라서 '모ᅵ다'와 '放牧'의 동의성은 명백히 입증된다.

(125) a. 牧 : …又養也 <四解上 3b>

b. 牧 : 모실 목…俗稱放牧 <字會中 1b>

<126> 몯ᄀ지ᄒ다 對 회ᄎ다

고유어 '몯ᄀ지ᄒ다'와 한자어 '회ᄎ(会次) ᄒ다'가 [聚会]와 [会] 즉 '모임하다'의 뜻을 가지고 동의 관계에 있다는 것은 다음 예문들에서 잘 확인된다. 원문 중 '凡聚会'가 '믈윗 몯ᄀ지ᄒ다'로 번역되고 '一会'가 'ᄒ 번 회ᄎᄒ다'로 번역되므로 '몯ᄀ지ᄒ다'와 '회ᄎᄒ다'의 동의성은 명백히 입증된다.

(126) a. 믈읫 몯ᄀ지호매 다 동향 사ᄅᆷ이어든 나 ᄎ례로 앉고(曰凡聚會厓 皆鄉人則坐以齒爲古) <呂約 24a>

b. 면과 밥과 ᄒ야 ᄒ 번 회ᄎᄒ고(麵飯一會 : 卽一次) <呂約 37b>

<127> 몯다 對 회집하다

고유어 '몯다'와 한자어 '회집(会集) ᄒ다'가 [会集]과 [集] 즉 '모이다'의 뜻을 가지고 동의 관계에 있다는 것은 다음 예문들에서 잘 확인된다. 원문 중 '会集'이 '몯다'로도 번역되고 '회집ᄒ다'로도 번역된다. 그리고 '燕集'이 '이바디에 몯다'로 번역되고 '宴集'이 '이바디 회집ᄒ다'로 번역된다. 따라서 '몯다'와 '회집ᄒ다'의 동의성은 명백히 입증된다.

(127) a. 모든 나래(會集之日厓) <呂約 9b>

b. 믈읫 이바디에 모다 처섬 안조매(凡燕集初坐厓) <呂約 24b>

(127) c. 회집홀 나래(會集之日厓) <呂約 5a>

d. ᄯᅩ 서르 조차 이바디 회집ᄒ야(又相從宴集ᄒ야) <번小七 16a>

<128> 몯다 對 策馬

고유어 '몯다'와 한자어 '策馬'가 [驅] 즉 '몰다, 말을 채찍질하여 달리게 한다'의 뜻을 가지고 동의 관계에 있다는 것은 다음 예문들에서 잘 확인된다. '驅'가 한자어 '策馬'를 뜻한다. 그리고 '驅'의 자석이 '몰다'이다. 따라서 '몯다'와 '策馬'의 동의성은 명백히 입증된다.

(128) a. 驅 : 策馬曰驅 <四解上 30a>
　　　b. 驅 : 몰 구 策馬求行 <字會下 4b>

<129> 무스다 對 結砌

고유어 '무스다'와 한자어 '結砌'가 [砌]와 [甃] 즉 '쌓다'의 뜻을 가지고 동의 관계에 있다는 것은 다음 예문들에서 잘 확인된다. 원문 중 '砌山子'가 '귀여ㅿ 무스다'로 번역된다. '甃'가 한자어 '結砌'를 뜻하고 '甃'의 자석이 '무스다'이다. 그리고 '砌'가 한자 '甃'와 同義이고 '砌'의 자석이 '무스다'이다. 따라서 '무스다'와 '結砌'의 동의성은 명백히 입증된다.

(129) a. 귀여ㅿ 무스며 진쥬 들 굴근 흰 뷔윤 실와(砌山子弔珠兒的麤白線) <번朴上 47b>

(129) b. 甃 : 結砌 <四解下 67b>
　　　c. 甃 : 무슬 츄 <字會下 8a>

(129) d. 砌 : 階砌 又同下 <四解上 26b>
　　　e. 甎 : 甃也…通作砌 <四解上 26b>
　　　f. 砌 : 무슬 쳬 <字會下 8a>

<130> 무스다 對 重疊

고유어 '무스다'와 한자어 '重疊'이 [壘] 즉 '쌓다, 포개다'의 뜻을 가지고 동의 관계에 있다는 것은 다음 예문들에서 잘 확인된다. '壘'가 한자어 '重疊'을 뜻하고 '壘'의 자석이 '무스다'이다. 따라서 '무스다'와 '重疊'의 동의성은 명백히 입증된다.

(130) a. 壘 : 軍壁 又重疊 <四解上 55a>
　　　b. 壘 : 무슬 류 又軍壁 <字會下 8a>

<131> 묻다 對 送葬ᄒ다

고유어 '묻다'와 한자어 '送葬ᄒ다'가 [葬] 즉 '매장하다, 장사지내다'의 뜻을 가지고 동의 관계에 있다는 것은 다음 예문들에서 잘 확인된다. 원문 중 '合葬'이 'ᄒ듸 묻다'로 번역되고 '禮葬'이 '禮다비 送葬ᄒ다'로 번역된다. 그리고 '葬'의 자석이 '묻다'이다. 따라서 '묻다'와 '送葬ᄒ다'의 동의성은 명백히 입증된다.

(131) a. 아비와 ᄒ듸 묻고(合葬父墓) <속三孝 7a>

b. 오ᄉ를 ᄑ라 棺 사 무드니(賣衣買棺而葬) <속三孝 15a>

c. 親히 ᄒ 지여 집 뒤헤다가 묻고(親自負土 葬於家北) <속三孝 19a>

(131) d. 남진의 屍體 오나ᄃ 보아 送葬ᄒ고(待夫骸還葬) <속三烈 27a>

e. 싀어미 죽거늘 禮다비 送葬ᄒ니(姑卒 以禮葬之) <속三烈 2b>

f. 내 아모 날 주거 아모 삐 송장ᄒᄂ니(吾以某日死 某時葬) <二倫 33b>

(131) g. 葬:埋葬 <四解下 38a>

h. 葬: 무들 장 <字會中 17a>

<132> 물이다 對 以財拔罪

고유어 '물이다'와 한자어 '以財拔罪'가 [贖] 즉 '재물을 바치고 죄를 면제받다'의 뜻을 가지고 동의 관계에 있다는 것은 다음 예문들에서 잘 확인된다. '贖'이 한자어 '以財拔罪'를 뜻한다. 그리고 '贖'의 자석이 '물이다'이다. 따라서 '물이다'와 '以財拔罪'의 동의성은 명백히 입증된다.

(132) a. 贖:…以財拔罪 <四解上 5b>

b. 贖: 물일 쇽 又納財免罪 <字會下 10a>

<133> 물이다 對 追陪

고유어 '물이다'와 한자어 '追陪'가 [追陪]와 [陪] 즉 '물리다, 배상하다'의 뜻을 가지고 동의 관계에 있다는 것은 다음 예문들에서 잘 확인된다. 고유어 '물이다'가 한자어 '追陪'와 동의 관계에 있다. 그리고 '陪'의 자석이 '물이다'이다. 따라서 '물이다'와 '追陪'의 동의성은 명백히 입증된다.

(133) a. 陪:…今俗謂償還官私欠負之物曰陪 물이다 吏語曰(50a) 追陪 <四解上 50b>

b. 陪: 물일 비 <字會下 10a>

<134> 뮈다 對 거동ᄒ다

고유어 '뮈다'와 한자어 '거동(擧動)ᄒ다'가 [動] 즉 '움직이다, 거동하다'의 뜻을 가지고 동의 관계에 있다는 것은 다음 예문들에서 잘 확인된다. 원문 중 '心之動'이 'ᄆᆞᅀᆞᆷ 뮈다'로 번역되고 '後動'이 '후에ᅀᅡ 거동ᄒ다'로 번역된다. 따라서 '뮈다'와 '거동ᄒ다'의 동의성은 명백히 입증된다.

(134) a. 사ᄅᆞᄆᆡ ᄆᆞᅀᆞᆷ 뮈유미(人心之動이) <번小八 10b>

(134) b. 누미 參예ᄒ야 알에 ᄒᆞᆫ 후에ᅀᅡ 거동ᄒ며(參知而後에 動ᄒ며) <번小三 21a>
　　　c. 그 말ᄉᆞᆷᄒ며 거동ᄒ요매(其言談擧止를) <번小九 11b>

<135> 뮈다 對 동ᄒ다

고유어 '뮈다'와 한자어 '동(動)ᄒ다'가 [動] 즉 '움직이다'의 뜻을 가지고 동의 관계에 있다는 것은 다음 예문들에서 잘 확인된다. 원문 중 '心之動'이 'ᄆᆞᅀᆞᆷ 뮈다'로 번역되고 '動臟腑'가 '쟝뷔 동ᄒ다'로 번역된다. 따라서 '뮈다'와 '동ᄒ다'의 동의성은 명백히 입증된다. 고유어 '뮈다'의 주어는 'ᄆᆞᅀᆞᆷ'이고 한자어 '동ᄒ다'의 주어는 '쟝부'이다.

(135) a. 사ᄅᆞᄆᆡ ᄆᆞᅀᆞᆷ 뮈유미(人心之動이) <번小八 10b>
　　　b. 쟝뷔 동ᄒ야(40b) ᄒᆞᆫ두 번 동ᄒ면(動臟腑 動一兩次時) <번老下 41a>

<136> 뮈다 對 物自動

고유어 '뮈다'와 한자어 '物自動'이 [動] 즉 '움직이다'의 뜻을 가지고 동의 관계에 있다는 것은 다음 예문들에서 잘 확인된다. 원문 중 '心之動'이 'ᄆᆞᅀᆞᆷ 뮈다'로 번역된다. 그리고 '動'이 한자어 '物自動'을 뜻하고 '動'의 자석이 '뮈다'이다. 따라서 '뮈다'와 '物自動'의 동의성은 명백히 입증된다.

(136) a. 사ᄅᆞᆷ의 ᄆᆞᅀᆞᆷ 뮈유미(人心之動이) <번小八 10b>

(136) b. 動(2a) : 動靜 凡物自動也 <四解上 2b>
　　　c. 動 : 뮐 동 <字會下 2a>

<137> 뮈우다 對 手動物

고유어 '뮈우다'와 한자어 '手動物'이 [揝] 즉 '움직이다'의 뜻을 가지고 동의 관계에 있다는 것은 다음 예문들에서 잘 확인된다. '揝'이 한자어 '手動物'을 뜻한다. 그리고 '揝'의 자석이 '뮈우다'이다. 따라서 '뮈우다'와 '手動物'의 동의성은 명백히 입증된다.

(137) a. 揝 : 手動物 <四解下 77a>

b. 揝 : 뮈울 잠 動也 <字會下 8a>

<138> 뮈우다 對 搖動

고유어 '뮈우다'와 한자어 '搖動'이 [撼] 즉 '흔들다'의 뜻을 가지고 동의 관계에 있다는 것은 다음 예문들에서 잘 확인된다. '撼'의 자석이 '뮈우다'이고 고유어 '뮈우다'는 한자어 '搖動'과 동의 관계에 있다. 따라서 '뮈우다'와 '搖動'의 동의성은 명백히 입증된다.

(138) a. 撼 : 搖也 <四解下 79a>

b. 撼 : 뮈울 함 搖動 <字會下 8a>

<139> 믈ᄭᅳ이다 對 水澇

고유어 '믈ᄭᅳ이다'와 한자어 '水澇'가 [澇] 즉 '물에 잠기다'의 뜻을 가지고 동의 관계에 있다는 것은 다음 예문들에서 잘 확인된다. '澇'의 자석이 '믈ᄭᅳ이다'이고 고유어 '믈ᄭᅳ이다'는 한자어 '水澇'와 동의 관계에 있다. 따라서 '믈ᄭᅳ이다'와 '水澇'의 동의성은 명백히 입증된다.

(139) a. 澇 : 淹沒也 <四解下 23a>

b. 澇 : 믈ᄭᅳ일 로 俗稱水澇 <字會上 2a>

<140> 믈ᄭᅳ이다 對 淹沒

고유어 '믈ᄭᅳ이다'와 한자어 '淹沒'이 [澇] 즉 '물에 잠기다'의 뜻을 가지고 동의 관계에 있다는 것은 다음 예문들에서 잘 확인된다. '澇'가 한자어 '淹沒'을 뜻한다. 그리고 '澇'의 자석이 '믈ᄭᅳ이다'이다. 따라서 '믈ᄭᅳ이다'와 '淹沒'의 동의성은 명백히 입증된다.

(140) a. 澇 : 淹沒也 <四解下 23a>

b. 澇 : 믈ᄭᅳ일 로 俗稱水澇 <字會上 2a>

<141> 믈다 對 入口

고유어 '믈다'와 한자어 '入口'가 [咂] 즉 '마시다, 먹다'의 뜻을 가지고 동의 관계에 있다는 것은 다음 예문들에서 잘 확인된다. '咂'이 한자어 '入口'를 뜻한다. 그리고 '咂'의 자석이 '믈다'이다. 따라서 '믈다'와 '入口'의 동의성은 명백히 입증된다.

(141) a. 唈 : 入口 <四解下 72a>

　　　 b. 唈 : 믈 잡 <字會下 4b>

<142> 믈어디다 對 坍塌

　　고유어 '믈어디다'와 한자어 '坍塌'이 [塌] 즉 '무너지다'의 뜻을 가지고 동의 관계에 있다는 것은 다음 예문들에서 잘 확인된다. '塌'의 자석이 '믈어디다'이고 고유어 '믈어디다'는 한자어 '坍塌'과 동의 관계에 있다. 따라서 '믈어디다'와 '坍塌'의 동의성은 명백히 입증된다.

　　(142) a. 塌 : 地低下 <四解下 76a>

　　　　　 b. 塌 : 믈어딜 탑 吏語坍塌 <字會下 8a>

　　(142) c. 坍 : 崩坍 <四解上 77a>

　　　　　 d. 坍 : 믈어딜 단 <字會下 8a>

<143> 믈어디다 對 崩坍

　　고유어 '믈어디다'와 한자어 '崩坍'이 [坍] 즉 '무너지다'의 뜻을 가지고 동의 관계에 있다는 것은 다음 예문들에서 잘 확인된다. '坍'이 한자어 '崩坍'을 뜻한다. 그리고 '坍'의 자석이 '믈어디다'이다. 따라서 '믈어디다'와 '崩坍'의 동의성은 명백히 입증된다.

　　(143) a. 坍 : 崩坍 <四解上 77a>

　　　　　 b. 坍 : 믈어딜 단 <字會下 8a>

<144> 믈어디다 對 下墜

　　고유어 '믈어디다'와 한자어 '下墜'가 [頹] 즉 '무너지다'의 뜻을 가지고 동의 관계에 있다는 것은 다음 예문들에서 잘 확인된다. '頹'가 한자어 '下墜'를 뜻한다. 그리고 '頹'의 자석이 '믈어디다'이다. 따라서 '믈어디다'와 '下墜'의 동의성은 명백히 입증된다.

　　(144) a. 頹 : 下墜 <四解上 49b>

　　　　　 b. 頹 : 믈어딜 퇴 <字會下 8a>

<145> 믈허디다 對 帝歿

고유어 '믈허디다'와 한자어 '帝殂'이 [崩] 즉 '죽다, 天子가 죽다'의 뜻을 가지고 동의 관계에 있다는 것은 다음 예문들에서 잘 확인된다. '崩'이 한자어 '王者死'를 뜻한다. 그리고 '崩'의 자석이 '믈허디다' 이고 고유어 '믈허디다'는 한자어 '帝殂'과 동의 관계에 있다. 따라서 '믈허디다'와 '帝殂'의 동의성은 명백히 입증된다.

(145) a. 崩 : ⋯又王者死曰崩 <四解下 59a>
　　　 b. 崩 : 믈허딜 붕 帝殂曰崩 <字會中 17a>

<146> 믜다 對 無髮

고유어 '믜다'와 한자어 '無髮'이 [禿] 즉 '믜다, 대머리가 되다'의 뜻을 가지고 동의 관계에 있다는 것은 다음 예문들에서 잘 확인된다. '禿'이 한자어 '無髮'을 뜻한다. 그리고 '禿'의 자석이 '믜다'이다. 따라서 '믜다'와 '無髮'의 동의성은 명백히 입증된다.

(146) a. 禿 : 無髮 <四解上 2a>
　　　 b. 禿 : 밀 독 俗呼禿廝 머리 믠 놈 <字會上 15a>

<147> 믜다 對 猜賊

고유어 '믜다'와 한자어 '猜賊'이 [猜] 즉 '시새우다, 미워하다'의 뜻을 가지고 동의 관계에 있다는 것은 다음 예문들에서 잘 확인된다. 원문 중 '群猜'가 '믌 사르미 믜다'로 번역된다. 그리고 '猜'가 한자어 '猜賊'을 뜻한다. 따라서 '믜다'와 '猜賊'의 동의성은 명백히 입증된다.

(147) a. 모든 사르미 로ᄒᆞ며 믌 사르미 믜여(衆怒群猜ᄒᆞ야) <번小六 20a>
　　　 b. 猜 : 猜賊也 <四解上 44b>

<148> 미치다 對 癲狂

고유어 '미치다'와 한자어 '癲狂'이 [狂]과 [癲] 즉 '미치다'의 뜻을 가지고 동의 관계에 있다는 것은 다음 예문들에서 잘 확인된다. '狂'이 한자어 '癲狂'을 뜻하고 '狂'의 자석이 '미치다'이다. 그리고 '癲'이 한자 '狂'과 同義이고 '癲'의 자석이 '미치다'이다. 따라서 '미치다'와 '癲狂'의 동의성은 명백히 입증된다.

(148) a. 狂 : 癲狂 <四解下 46a>
　　　 b. 狂 : 미칠 광 <字會中 16b>

(148) c. 癲 : 狂也 <四解下 2a>

　　　d. 癲 : 미칠 뎐 <字會中 16b>

<149> 믿다 對 不疑

　고유어 '믿다'와 한자어 '不疑'가 [信] 즉 '믿다, 의심하지 않다'의 뜻을 가지고 동의 관계에 있다는 것은 다음 예문들에서 잘 확인된다. 원문 중 '信…說'이 '마를 믿다'로 번역되고 '不信'이 '믿디 아니ᄒᆞ다'로 번역된다. 그리고 '信'이 '不疑'를 뜻하고 '信'의 자석이 '믿다'이다. 따라서 '믿다'와 '不疑'의 동의성은 명백히 입증된다.

　　(149) a. 스승의 마를 미더(信其師說ᄒᆞ야) <번小九 10a>

　　　　　b. 나는 믿디 아니호리라(則吾不信也호리라) <번小六 31a>

　　　　　c. 너옷 믿디 몯ᄒᆞ야 ᄒᆞ거든(怕你不信時) <번老上 18b>

　　(149) d. 信 : …不疑也 <四解上 58b>

　　　　　e. 信 : 미들 신 <字會下 11a>

<150> 무디다 對 貯待

　고유어 '무디다'와 한자어 '貯待'가 [儲] 즉 '비축하다, 저축하다'의 뜻을 가지고 동의 관계에 있다는 것은 다음 예문들에서 잘 확인된다. '儲'의 자석이 '무디다'이고 고유어 '무디다'는 한자어 '貯待'와 동의 관계에 있다. 따라서 '무디다'와 '貯待'의 동의성은 명백히 입증된다.

　　(150) a. 儲 : 貯也 副也 <四解上 32b>

　　　　　b. 儲 : 여툴 뎌 又 무딜 뎌 貯待也 <字會中 1a>

<151> ᄆᆞᄅᆞ다 對 制衣

　고유어 'ᄆᆞᄅᆞ다'와 한자어 '制衣'가 [裁] 즉 '마르다, 옷을 짓다'의 뜻을 가지고 동의 관계에 있다는 것은 다음 예문들에서 잘 확인된다. '裁'가 한자어 '制衣'를 뜻한다. 그리고 '裁'의 자석이 'ᄆᆞᄅᆞ다'이다. 따라서 'ᄆᆞᄅᆞ다'와 '制衣'의 동의성은 명백히 입증된다.

　　(151) a. 裁 : 制衣 <四解上 44b>

　　　　　b. 裁 : ᄆᆞ를 지 <字會下 9a>

<152> 바티다 對 위호다

고유어 '바티다'와 한자어 '위(爲) 호다'가 [奉] 즉 '위하다, 받들다'의 뜻을 가지고 동의 관계에 있다는
것은 다음 예문들에서 잘 확인된다. 원문 중 '自奉'이 '몸 바티다'로 번역되고 '奉身'이 '내 몸 위호다'로
번역된다. 따라서 '바티다'와 '위호다'의 동의성은 명백히 입증된다.

(152) a. 公이 록을 져기 아니 투샤딕 몸 바티유믈 사오나이 호시니(公이 受俸不少而自奉이 若此호니)
       <번小十 30b>
     b. 자내 몸 받티유믈 아래 하양 고올 掌書記ㅅ 벼슬 호여 이신 젹 フ티 호더니(自奉이 如河陽掌書
       記時러니) <번小十 30a>

(152) c. 사르미 밧귓 거스로 내 몸 위호매(人於外物奉身者애) <번小八 7a>
     d. 내 몸 위호되 빗나며 샤치호믈 됴히 너겨(奉身好華事) <번小六 26a>

<153> 받다 對 容納

고유어 '받다'와 한자어 '容納'이 [受] 즉 '받다, 받아들이다'의 뜻을 가지고 동의 관계에 있다는 것은
다음 예문들에서 잘 확인된다. 원문 중 '受布千疋'이 '뵈 일쳔 필 받다'로 번역된다. 그리고 '受'가 한자
어 '容納'을 뜻하고 '受'의 자석이 '받다'이다. 따라서 '받다'와 '容納'의 동의성은 명백히 입증된다.

(153) a. 뵈 일쳔 필 받고(受布千疋호고) <번小九 43a>
     b. 여러 가짓 フ장 즐거운 이룰 받게 호고(受諸快樂이라 호고) <번小七 22a>

(153) c. 受：…容納也 <四解下 70a>
     d. 受：바들 슈 <字會下 1b>

<154> 받들다 對 兩手承

고유어 '받들다'와 한자어 '兩手承'이 [捧] 즉 '받들다, 두 손으로 받들다'의 뜻을 가지고 동의 관계에
있다는 것은 다음 예문들에서 잘 확인된다. '捧'이 한자어 '兩手承'을 뜻한다. 그리고 '捧'의 자석이 '받
들다'이고 고유어 '받들다'는 한자어 '兩手拱承'과 동의 관계에 있다. 따라서 '받들다'와 '兩手承'의 동의
성은 명백히 입증된다.

(154) a. 捧：…兩手承 <四解上 4a>

b. 捧 : …又받들 봉 兩手拱承 <字會下 10a>

<155> 발뵈다 對 賣物出手

고유어 '발뵈다'와 한자어 '売物出手'가 [售] 즉 '팔다'의 뜻을 가지고 동의 관계에 있다는 것은 다음 예문들에서 잘 확인된다. '售'가 한자어 '売物出手'을 뜻한다. 그리고 '售'의 자석이 '발뵈다'이다. 따라서 '발뵈다'와 '売物出手'의 동의성은 명백히 입증된다.

(155) a. 售 : 賣物出手 <四解下 70a>
　　　b. 售 : 발뷜 슈 賣物去手 <字會下 9b>

<156> 밧고다 對 博易

고유어 '밧고다'와 한자어 '博易'이 [博]과 [換] 즉 '바꾸다, 貿易하다'의 뜻을 가지고 동의 관계에 있다는 것은 다음 예문들에서 잘 확인된다. '博'의 자석이 '밧고다'이고 고유어 '밧고다'는 한자어 '博易'과 동의 관계에 있다. 그리고 '換'이 한자 '易'과 同義이고 '換'의 자석이 '밧고다'이다. 따라서 '밧고다'와 '博易'의 동의성은 명백히 입증된다.

(156) a. 博 : …又貿易 <四解下 36a>
　　　b. 博 : 밧골 박 俗稱博易 <字會下 9b>

(156) c. 換 : 易也 <四解上 76a>
　　　d. 換 : 밧골 환 <字會下 9b>

<157> 밧고다 對 交易

고유어 '밧고다'와 한자어 '交易'이 [易] 즉 '물건과 물건을 서로 바꾸다, 무역하다'의 뜻을 가지고 동의 관계에 있다는 것은 다음 예문들에서 잘 확인된다. '易'이 한자어 '交易'을 뜻한다. 그리고 '易'의 자석이 '밧고다'이고 고유어 '밧고다'는 한자어 '交易'과 동의 관계에 있다. 따라서 '밧고다'와 '交易'의 동의성은 명백히 입증된다.

(157) a. 易 : …又交易 <四解下 56b>
　　　b. 易 : 밧쏠 역 交易 <字會上 18a>

<158> 밧다 對 裸裎

고유어 '밧다'와 한자어 '裸裎'이 [裎]과 [裸] 즉 '벌거벗다'의 뜻을 가지고 동의 관계에 있다는 것은 다음 예문들에서 잘 확인된다. '裎'의 자석이 '밧다'이고 고유어 '밧다'는 한자어 '裸裎'과 동의 관계에 있다. 그리고 '裸'의 자석이 '밧다'이다. 따라서 '밧다'와 '裸裎'의 동의성은 명백히 입증된다.

(158) a. 裎 : 倮體 <四解下 54a>
　　　b. 裎 : 바슬 뎡 裸裎 脫衣露體 <字會下 9a>

(158) c. 裸 : 袒也 赤體 <四解下 27b>
　　　d. 裸 : 바슬 라 <字會下 9a>

<159> 밧다 對 赤體

고유어 '밧다'와 한자어 '赤体'가 [裸] 즉 '벌거벗다'의 뜻을 가지고 동의 관계에 있다는 것은 다음 예문들에서 잘 확인된다. '裸'가 '赤体'를 뜻한다. 그리고 '裸'의 자석이 '밧다'이다. 따라서 '밧다'와 '赤体'의 동의성은 명백히 입증된다.

(159) a. 裸 : 袒也 赤體 <四解下 27b>
　　　b. 裸 : 바슬 라 <字會下 9a>

<160> 밧다 對 袒裼

고유어 '밧다'와 한자어 '袒裼'이 [裼] 즉 '웃통을 벗어 어깨를 드러내다'의 뜻을 가지고 동의 관계에 있다는 것은 다음 예문들에서 잘 확인된다. '裼'이 한자어 '袒裼'을 뜻한다. 그리고 '裼'의 자석이 '밧다'이다. 따라서 '밧다'와 '袒裼'의 동의성은 명백히 입증된다.

(160) a. 裼 : …又袒裼 <四解下 53a>
　　　b. 裼 : 바슬 텩 去上衣 <字會下 9a>

(160) c. 袒 : 偏脫衣袖 <四解上 77a>
　　　d. 袒 : 메외슬 탄 露一肩 <字會下 9a>

<161> 방긔ᄒ다 對 放糞

고유어 '방긔ᄒ다'와 한자어 '放糞'가 [糞] 즉 '방귀를 뀌다'의 뜻을 가지고 동의 관계에 있다는 것은 다음 예문들에서 잘 확인된다. '糞'가 한자어 '放糞'를 뜻하고 '放糞'는 고유어 '방긔ᄒ다'와 동의 관계에 있다. 따라서 '방긔ᄒ다'와 '放糞'의 동의성은 명백히 입증된다.

(161) a. 糞 : 氣下泄 今俗語放糞 방긔ᄒ다 <四解上 16a>
　　　b. 糞 : 방귀 비 俗稱放糞 <字會上 15b>

<162> 방법ᄒ다 對 양지ᄒ다

　고유어 '방법ᄒ다'와 한자어 '양지(禳災) ᄒ다'가 [禰]과 [禳] 즉 '액막이하다, 푸닥거리하다'의 뜻을 가지고 동의 관계에 있다는 것은 다음 예문들에서 잘 확인된다. '禰'이 한자 '禳'과 同義이고 '禰'의 자석이 '방법ᄒ다'이다. 그리고 '禳'의 자석이 '양지ᄒ다'이다. 따라서 '방법ᄒ다'와 '양지ᄒ다'의 동의성은 명백히 입증된다.

(162) a. 禰 : 禳也 <四解下 84b>
　　　b. 禰 : 방법홀 염 <字會下 14a>

(162) c. 禳 : 除殃祭 <四解下 45a>
　　　d. 禳 : 양지홀 양 禰禳 <字會下 14a>

<163> 밫다 對 心迫

　고유어 '밫다'와 한자어 '心迫'이 [忙] 즉 '바빠하다'의 뜻을 가지고 동의 관계에 있다는 것은 다음 예문들에서 잘 확인된다. 원문 중 '忙怎麼'가 '바차 므슴 홀다'로 번역되고 '不要忙'이 '바차 말다'로 번역된다. 그리고 '忙'이 한자어 '心迫'을 뜻한다. 따라서 '밫다'와 '心迫'의 동의성은 명백히 입증된다.

(163) a. 네 안직 ᄆᆞᆯ ᄐᆞ디 말라 바차 므슴 홀다(你且休上馬 忙怎麼) <번朴上 39a>
　　　b. 바차 말오(不要忙) <번朴上 10b>

(163) c. 忙 : 心迫也 <四解下 37a>

<164> 뱌븨다 對 捻聚

　고유어 '뱌븨다'와 한자어 '捻聚'가 [捏]과 [捻] 즉 '비틀다'의 뜻을 가지고 동의 관계에 있다는 것은 다음 예문들에서 잘 확인된다. '捏'이 한자어 '捻聚'를 뜻하고 '捏'의 자석이 '뱌븨다'이다. 그리고 '捻'이 한자 '捏'과 同義이고 '捻'의 자석이 '뱌븨다'이다. 따라서 '뱌븨다'와 '捻聚'의 동의성은 명백히 입증된다. 한자 '捏'과 '捏'은 同字이다.

(164) a. 捏 : 捻聚 <四解下 3a>

　　 b. 捏 : 뱌빌 녈 亦作捏 <字會下 10b>

(164) c. 捻 : 捏也 <四解下 82b>

　　 d. 捻 : 뱌빌 념 <字會下 10b>

<165> 뱌븨다 對 手拔

고유어 '뱌븨다'와 한자어 '手拔'이 [撉] 즉 '비비다'의 뜻을 가지고 동의 관계에 있다는 것은 다음 예문들에서 잘 확인된다. '撉'이 한자어 '手拔'을 뜻하고 '撉'의 자석이 '뱌븨다'이다. 따라서 '뱌븨다'와 '手拔'의 동의성은 명백히 입증된다.

(165) a. 撉 : 手拔也 <四解下 4a>

　　 b. 撉 : 뱌빌 멸 <字會下 10b>

<166> 뱌븨다 對 以指撉物

고유어 '뱌븨다'와 한자어 '以指撉物'이 [撚]과 [撉] 즉 '비틀다, 비비다'의 뜻을 가지고 동의 관계에 있다는 것은 다음 예문들에서 잘 확인된다. '撚'이 한자어 '以指撉物'을 뜻하고 '撚'의 자석이 '뱌븨다'이다. 그리고 '撉'이 한자 '撚'과 同義이고 '撉'의 자석이 '뱌븨다'이다. 따라서 '뱌븨다'와 '以指撉物'의 동의성은 명백히 입증된다.

(166) a. 撚 : 以指撉物 <四解下 3a>

　　 b. 撚 : 뱌빌 년 <字會下 10b>

(166) c. 撉 : …撚也 <四解下 4a>

　　 b. 撉 : 뱌빌 멸 <字會下 10b>

<167> 버히다 對 裁物使截

고유어 '버히다'와 한자어 '裁物使截'이 [斷] 즉 '끊다, 베다'의 뜻을 가지고 동의 관계에 있다는 것은 다음 예문들에서 잘 확인된다. 원문 중 '斷髮'이 '머리 버히다'로 번역되고 '斷鼻'가 '고흘 버히다'로 번역된다. 그리고 '斷'이 한자어 '裁物使截'을 뜻한다. 따라서 '버히다'와 '裁物使截'의 동의성은 명백히 입증된다.

(167) a. 白氏 머리 버히고(白氏斷髮) <속三烈 1a>

　　　b. 머리 버히고(斷髮) <속三烈 14a>

　　　c. 머리터리를 버혀 밍셔를 삼더니(乃斷髮爲信ᄒ더니) <번小九 60b>

　　　d. 갈호로 고흘 버히고(以刀斷鼻ᄒ고) <번小九 62a>

(167) e. 斷 : 裁物使截 <四解上 73a>

<168> 버히다 對 濟斷

　고유어 '버히다'와 한자어 '濟斷'이 [剪] 즉 '자르다, 끊다'의 뜻을 가지고 동의 관계에 있다는 것은 다음 예문들에서 잘 확인된다. 원문 중 '剪髮'이 '머리와를 버히다'로 번역된다. 그리고 '剪'이 한자어 '濟斷'을 뜻한다. 따라서 '버히다'와 '濟斷'의 동의성은 명백히 입증된다.

(168) a. 즉재 귀와 머리와를 버혀 盟誓ᄒ고(卽割耳剪髮爲誓ᄒ고) <속三烈 3a>

(168) b. 翦 : 濟斷 <四解下 4b>

　　　c. 剪 : 同 又剪刀 <四解下 4b>

<169> 벗다 對 면ᄒ다

　고유어 '벗다'와 한자어 '면(免) ᄒ다'가 [免] 즉 '면하다'의 뜻을 가지고 동의 관계에 있다는 것은 다음 예문들에서 잘 확인된다. 원문 중 '可免'이 '벗다'로 번역되고 '不可免'이 '몯 면ᄒ다'로 번역된다. 따라서 '벗다'와 '면ᄒ다'의 동의성은 명백히 입증된다.

(169) a. 누미 닐오ᄃᆡ 네 항것과 닫 살어니 몰래라 ᄒ면 버스리라 ᄒ야ᄂᆞᆯ(或謂曰 汝與主異居 若云不知可免) <속三忠 5a>

　　　b. 내 버스면 항거시 죄를 니브리니(奴若免 主必陷罪) <속三忠 5a>

(169) c. 玉今이 면티 몯홀 주를 알오 목 ᄆᆡ야 ᄃᆞ라 주그니라(玉今知不免縊死) <속三烈 25a>

　　　d. 몯 면홀 줄 알오(知不可免) <속三烈 26a>

<170> 벙그다 對 衣卸

　고유어 '벙그다'와 한자어 '衣卸'가 [褪] 즉 '벗다, 옷을 벗다'의 뜻을 가지고 동의 관계에 있다는 것은 다음 예문들에서 잘 확인된다. '褪'이 한자어 '衣卸'를 뜻한다. 그리고 '褪'의 자석이 '벙그다'이다. 따라서 '벙그다'와 '衣卸'의 동의성은 명백히 입증된다.

(170) a. 褪 : 衣卸 <四解上 63a>

b. 褪 : 벙글 돈 俗稱衣褪了 옷 벙으다 <字會下 9a>

<171> 벼슬ᄒ이다 對 拜官

고유어 '벼슬ᄒ이다'와 한자어 '拜官'이 [除] 즉 '벼슬을 주다, 벼슬을 내리다'의 뜻을 가지고 동의 관계에 있다는 것은 다음 예문들에서 잘 확인된다. 원문 중 '差除'가 '관원 브르며 벼슬ᄒ이는 일들 ᄒ'로 번역된다. 그리고 '除'가 한자어 '拜官'을 뜻한다. 따라서 '벼슬ᄒ이다'와 '拜官'의 동의성은 명백히 입증된다.

(171) a. 뎨일에는 朝廷의 리ᄒ 일이며 해로온 일와 변방의셔 알외는 긔별와 관원 브르며 벼슬ᄒ이는 일들홀 니르디 말며(一은 不言朝廷利害와 邊報差除ㅣ오) <번小八 21a>

b. 除 : …又拜官也 <四解上 32b>

<172> 보내다 對 젼송ᄒ다

고유어 '보내다'와 한자어 '젼송(餞送)ᄒ다'가 [送] 즉 '(사람을) 보내다, 전송하다'의 뜻을 가지고 동의 관계에 있다는 것은 다음 예문들에서 잘 확인된다. 원문 중 '迎送'이 '마ᄌ며 보내다'로 번역되고 '送迎'이 '젼송ᄒ며 마지ᄒ다'로 번역된다. 따라서 '보내다'와 '젼송ᄒ다'의 동의성은 명백히 입증된다.

(172) a. 셋재 ᄀ론 손을 쳥ᄒ며 마ᄌ며 보내요미(三曰請召迎送伊) <呂約 23b>

b. 쥬신이 집 기슭 아래 가 보내욜디니(主人送于廉下伊尼) <呂約 21a>

(172) c. 믈읫 머리 나(25a) 가며 머리셔 도라온 사롬이 잇거든 젼송ᄒ며 마지호ᄃᆡ(凡有遠出遠歸者則送迎之乎代) <呂約 26a>

<173> 보다 對 俯視

고유어 '보다'와 한자어 '俯視'가 [瞰] 즉 '내려다보다'의 뜻을 가지고 동의 관계에 있다는 것은 다음 예문들에서 잘 확인된다. '瞰'이 한자어 '俯視'를 뜻하고 '瞰'의 자석이 '보다'이다. 따라서 '보다'와 '俯視'의 동의성은 명백히 입증된다.

(173) a. 瞰 : 俯視 <四解下 75b>

b. 瞰 : 볼 감 <字會下 12a>

<174> 보다 對 遇見

고유어 '보다'와 한자어 '遇見'이 [覯] 즉 '우연히 만나다'의 뜻을 가지고 동의 관계에 있다는 것은 다음 예문들에서 잘 확인된다. '覯'가 한자어 '遇見'을 뜻하고 '覯'의 자석이 '보다'이다. 따라서 '보다'와 '遇見'의 동의성은 명백히 입증된다.

(174) a. 覯 : 遇見 <四解下 64b>
b. 覯 : 볼 구 <字會下 12a>

<175> 보다 對 諦視

고유어 '보다'와 한자어 '諦視'가 [観]과 [覽] 즉 '보다, 살펴보다'의 뜻을 가지고 동의 관계에 있다는 것은 다음 예문들에서 잘 확인된다. '観'이 한자어 '諦視'를 뜻하고 '観'의 자석이 '보다'이다. 그리고 '覽'이 한자 '観'과 同義이고 '覽'의 자석이 '보다'이다. 따라서 '보다'와 '諦視'의 동의성은 명백히 입증된다.

(175) a. 觀 : 諦視 <四解上 72a>
b. 観 : 볼 관 <字會下 12a>

(175) c. 覽 : 觀也 <四解下 79b>
d. 覽 : 볼 람 <字會下 12a>

<176> 보다 對 통ᄒ다

고유어 '보다'와 한자어 '통(通)ᄒ다'가 [通] 즉 '통하다'의 뜻을 가지고 동의 관계에 있다는 것은 다음 예문들에서 잘 확인된다. 원문 중 '一次通'이 'ᄒᆞᆫ 번곰 보다'로 번역되고 '大便不通'이 '대변이 통티 몯ᄒ다'로 번역된다. 따라서 '보다'와 '통ᄒ다'의 동의성은 명백히 입증된다.

(176) a. 혹 대변이 ᄒᆞ루 ᄒᆞᆫ 번이며 이트레 ᄒᆞᆫ 번곰 보ᄂᆞ닌(若…或一日一次兩日一次通者) <瘡疹 53a>

(176) b. ᄒ다가 대변이 마가 사흘 지히 통티 아니ᄒᆞ거든(若大便閉至三日不通者) <瘡疹 53b>
c. 대변이 통티 몯ᄒ며(大便不通) <瘡疹 9b>
d. 대쇼변이 해 구더 통티 아니ᄒᆞᄂᆞ니(大小便多秘不通) <瘡疹 2b>
e. 대쇼변이 통티 몯ᄒᆞᄂᆞ닌(大小便不通者) <瘡疹 4b>

f. 나리 디나도록 통티 아니커든(過日不通者) <瘡疹 53b>

g. 만이레 통티 아니ᄒ거든(若未通) <瘡疹 54a>

<177> 봇다 對 乾煎

고유어 '봇다'와 한자어 '乾煎'이 [熬] 즉 '봇다'의 뜻을 가지고 동의 관계에 있다는 것은 다음 예문들에서 잘 확인된다. '熬'가 한자어 '乾煎'을 뜻한다. 그리고 '熬'의 자석이 '봇다'이다. 따라서 '봇다'와 '乾煎'의 동의성은 명백히 입증된다.

(177) a. 熬 : 乾煎 <四解下 19a>

b. 熬 : 봇글 오 以火而乾之不用水 <字會下 6b>

<178> 봇다 對 火乾

고유어 '봇다'와 한자어 '火乾'이 [炒] 즉 '봇다'의 뜻을 가지고 동의 관계에 있다는 것은 다음 예문들에서 잘 확인된다. 원문 중 '炒肉'이 '고기 봇다'로 번역되고 '炒将来'가 '봇가 오다'로 번역된다. 그리고 '炒'가 한자어 '火乾'을 뜻하고 '炒'의 자석이 '봇다'이다. 따라서 '봇다'와 '火乾'의 동의성은 명백히 입증된다.

(178) a. 다 고기 봇기 모로노라(都不會炒肉) <번老上 21b>

b. ᄒ나 ᄒ야 고기 봇게 ᄒ라(敎一箇自炒肉) <번老上 21a>

c. 봇가 오라(炒将來着) <번老上 21a>

(178) d. 炒 : 火乾 <四解下 22a>

e. 炒 : 봇글 쵸 <字會下 6b>

<179> 봄놀다 對 翱翔

고유어 '봄놀다'와 한자어 '翱翔'이 [翱]와 [翔] 즉 '날다, 날아다니다'의 뜻을 가지고 동의 관계에 있다는 것은 다음 예문들에서 잘 확인된다. '翱'가 한자어 '翱翔'을 뜻하고 '翱'의 자석이 '봄놀다'이다. '翔'이 한자어 '翱翔'을 뜻한다. 그리고 '翔'의 자석이 '봄놀다'이고 고유어 '봄놀다'는 한자어 '翱翔'과 동의 관계에 있다. 따라서 '봄놀다'와 '翱翔'의 동의성은 명백히 입증된다.

(179) a. 翱 : 翱翔 <四解下 19a>

b. 翺 : 봄놀 고 <字會下 3b>

(179) c. 翔 : 翺翔 <四解下 42a>

d. 翔 : 봄놀 샹 詩翺翔 <字會下 3b>

<180> 봄놀다 對 騰驤

고유어 '봄놀다'와 한자어 '騰驤'이 [騰]과 [驤] 즉 '뛰다, 뛰어오르다'의 뜻을 가지고 동의 관계에 있다는 것은 다음 예문들에서 잘 확인된다. '騰'의 자석이 '봄놀다'이다. 그리고 '驤'이 한자어 '騰驤'을 뜻하고 '驤'의 자석이 '봄놀다'이다. 따라서 '봄놀다'와 '騰驤'의 동의성은 명백히 입증된다.

(180) a. 騰 : …馳也 升也…躍也 <四解下 58b>
b. 騰 : 봄놀 등 躍也 <字會下 5a>

(180) c. 驤 : 騰驤 <四解下 42a>
d. 驤 : 봄놀 양 <字會下 5a>

<181> 부루트다 對 手足皮起

고유어 '부루트다'와 한자어 '手足皮起'가 [趼] 즉 '부르트다, 살갗이 트다'의 뜻을 가지고 동의 관계에 있다는 것은 다음 예문들에서 잘 확인된다. '趼'이 한자어 '手足皮起'를 뜻한다. 그리고 '趼'의 자석이 '부루트다'이다. 따라서 '부루트다'와 '手足皮起'의 동의성은 명백히 입증된다.

(181) a. 趼 : 手足皮起 <四解下 1a>
b. 趼 : 부루틀 견 <字會中 16b>

<182> 쑉븨다 對 捼挱

고유어 '쑉븨다'와 한자어 '捼挱'가 [挱] 즉 '주무르다, 만지다'의 뜻을 가지고 동의 관계에 있다는 것은 다음 예문들에서 잘 확인된다. '挱'가 한자어 '捼挱'를 뜻한다. 그리고 '挱'의 자석이 '쑉븨다'이고 고유어 '쑉븨다'는 한자어 '捼挱'와 동의 관계에 있다. 따라서 '쑉븨다'와 '捼挱'의 동의성은 명백히 입증된다.

(182) a. 挱 : …又捼挱 <四解下 26b>
b. 挱 : 쑉빌 사 俗稱捼挱 手捼物 <字會下 10b>

<183> 싑븨다 對 摩抄

고유어 '싑븨다'와 한자어 '摩抄'가 [抄] 즉 '만지다, 주무르다'의 뜻을 가지고 동의 관계에 있다는 것
은 다음 예문들에서 잘 확인된다. '抄'가 한자어 '摩抄'를 뜻한다. 그리고 '抄'의 자석이 '싑븨다'이다. 따
라서 '싑븨다'와 '摩抄'의 동의성은 명백히 입증된다.

(183) a. 抄 : 摩抄 又挼抄 <四解下 26b>
　　　b. 抄 : 싑빌 사 俗稱挼抄 <字會下 10b>

<184> 싑븨다 對 撋摑

고유어 '싑븨다'와 한자어 '撋摑'이 [撋]과 [摑] 즉 '비비다, 문지르다'의 뜻을 가지고 동의 관계에 있다
는 것은 다음 예문들에서 잘 확인된다. '撋'이 한자어 '撋摑'을 뜻하고 '撋'의 자석이 '싑븨다'이다. 그리
고 '摑'이 한자어 '撋摑'을 뜻하고 '摑'의 자석이 '싑븨다'이다. 따라서 '싑븨다'와 '撋摑'의 동의성은 명백
히 입증된다.

(184) a. 撋 : 撋摑 挼抄 <四解上 80b>
　　　b. 撋 : 싑빌 번 <字會下 10b>

(184) c. 摑 : 撋摑 <四解下 12b>
　　　d. 摑 : 싑빌 션 <字會下 10b>

<185> 싑븨다 對 手摩物

고유어 '싑븨다'와 한자어 '手摩物'이 [按]와 [挼] 즉 '주무르다, 비비다'의 뜻을 가지고 동의 관계에 있
다는 것은 다음 예문들에서 잘 확인된다. '按'가 한자어 '手摩物'을 뜻한다. 그리고 '挼'의 자석이 '싑븨
다'이다. 따라서 '싑븨다'와 '手摩物'의 동의성은 명백히 입증된다. 한자 '按'와 '挼'는 同字이다.

(185) a. 按 : 手摩物 <四解上 49b>
　　　b. 挼 : 同 <四解上 49b>
　　　c. 挼 : 싑빌 나 <字會下 10b>

<186> 붓그리다 對 慚愧

고유어 '붓그리다'와 한자어 '慚愧'가 [愧]와 [慙] 즉 '부끄러워하다'의 뜻을 가지고 동의 관계에 있다

는 것은 다음 예문들에서 잘 확인된다. 원문 중 '愧而去'가 '붓그려 가다'로 번역되고 '憋懼'가 '붓그리며 젛다'로 번역된다. '愧'가 한자어 '慚愧'를 뜻한다. 그리고 '憋'이 한자 '愧'와 同義이다. 따라서 '붓그리다'와 '慚愧'의 동의성은 명백히 입증된다. 한자 '慚'과 '憋'은 同字이다.

(186) a. 密이 붓그려 가니라(密이 愧而去ᄒ니라) <번小十 5b>
　　　b. 놀라이 붓그리며 저허(惕然憋懼ᄒ야) <번小八 25b>c

(186) c. 愧 : 慚愧 <四解上 48b>
　　　d. 憋 : …愧也 <四解下 78a>

<187> 붓도도다 對 加培

고유어 '붓도도다'와 한자어 '加培'가 [壅], [壅] 및 [培] 즉 '북돋우다'의 뜻을 가지고 동의 관계에 있다는 것은 다음 예문들에서 잘 확인된다. '壅'이 한자어 '加培'를 뜻하고 '壅'의 자석이 '붓도도다'이다. 그리고 '培'의 자석이 '붓도도다'이다. 따라서 '붓도도다'와 '加培'의 동의성은 명백히 입증된다. 한자 '壅'과 '壅'은 同字이다.

(187) a. 壅 : 塞也 又加培也 壅田 <四解上 10a>
　　　b. 壅 : 붓도돌 옹 <字會下 3a>

(187) c. 培 : 增也 <四解上 50a>
　　　d. 培 : 붓도돌 ᄇᆡ <字會下 3a>

<188> 붓도도다 對 壅禾根

고유어 '붓도도다'와 한자어 '壅禾根'이 [耔] 즉 '북돋우다, 벼의 뿌리를 북돋우다'의 뜻을 가지고 동의 관계에 있다는 것은 다음 예문들에서 잘 확인된다. '耔'가 한자어 '壅禾根'을 뜻한다. 그리고 '耔'의 자석이 '붓도도다'이다. 따라서 '붓도도다'와 '壅禾根'의 동의성은 명백히 입증된다.

(188) a. 耔 : 壅禾根 <四解上 12b>
　　　b. 耔 : 붓도돌 ᄌᆞ 壅禾本 <字會下 3a>

<189> 뷔다 對 兩手相摩

고유어 '뷔다'와 한자어 '兩手相摩'가 [挪] 즉 '비비다, 손으로 비비다'의 뜻을 가지고 동의 관계에 있다는 것은 다음 예문들에서 잘 확인된다. '挪'의 자석이 '뷔다'이고 고유어 '뷔다'는 한자어 '両手相摩'와 동의 관계에 있다. 따라서 '뷔다'와 '両手相摩'의 동의성은 명백히 입증된다.

(189) a. 挪(25b) : 搓挪 <四解下 26a>
　　 b. 挪 : 뷜 나 両手相摩 <字會下 10b>

<190> 뷔다 對 艾草

고유어 '뷔다'와 한자어 '艾草'가 [刈] 즉 '베다, 풀을 베다'의 뜻을 가지고 동의 관계에 있다는 것은 다음 예문들에서 잘 확인된다. '刈'가 한자어 '艾草'를 뜻하고 '刈'의 자석이 '뷔다'이다. 따라서 '뷔다'와 '艾草'의 동의성은 명백히 입증된다.

(190) a. 刈 : 艾草 <四解上 22b>
　　 b. 刈 : 뷜 애 <字會下 3a>

<191> 뷔다 對 刈禾

고유어 '뷔다'와 한자어 '刈禾'가 [穫] 즉 '베다, 벼을 베다'의 뜻을 가지고 동의 관계에 있다는 것은 다음 예문들에서 잘 확인된다. '穫'이 한자어 '刈禾'를 뜻한다. 그리고 '穫'의 자석이 '뷔다'이고 고유어 '뷔다'는 한자어 '刈禾'와 동의 관계에 있다. 따라서 '뷔다'와 '刈禾'의 동의성은 명백히 입증된다.

(191) a. 穫 : 刈禾 <四解下 46b>
　　 b. 穫 : 뷜 확 刈禾 <字會下 3a>

<192> 뷔다 對 搓挪

고유어 '뷔다'와 한자어 '搓挪'가 [搓]와 [挪] 즉 '비비다, 손으로 비비다'의 뜻을 가지고 동의 관계에 있다는 것은 다음 예문들에서 잘 확인된다. '搓'가 한자어 '搓挪'를 뜻하고 '搓'의 자석이 '뷔다'이다. 그리고 '挪'가 한자어 '搓挪'를 뜻하고 '挪'의 자석이 '뷔다'이다. 따라서 '뷔다'와 '搓挪'의 동의성은 명백히 입증된다.

(192) a. 搓 : 搓挪 <四解下 26a>
　　 b. 搓 : 뷜 차 <字會下 10b>

(192) c. 挪(15b) : 搓挪 <四解下 28a>

d. 挪 : 뷜 나 兩手相摩 <字會下 10b>

<193> 브르다 對 發歌

고유어 '브르다'와 한자어 '發歌'가 [唱] 즉 '부르다, 노래를 부르다'의 뜻을 가지고 동의 관계에 있다는 것은 다음 예문들에서 잘 확인된다. 원문 중 '唱…曲兒'가 '놀애 브르다'로 번역된다. '唱'이 한자어 '發歌'를 뜻한다. 그리고 '唱'의 자석이 '브르다'이고 고유어 '브르다'는 한자어 '發歌'와 동의 관계에 있다. 따라서 '브르다'와 '發歌'의 동의성은 명백히 입증된다.

(193) a. 이제 다대 놀애 브르며(如今唱達達曲兒) <번朴上 7a>

(193) b. 唱 : 發歌 <四解下 43a>

　　　　c. 唱 : 브를 챵 發歌 <字會下 7a>

<194> 브르지지다 對 號呼

고유어 '브르지지다'와 한자어 '号呼'가 [呼] 즉 '부르짖다, 소리 내어 외치다'의 뜻을 가지고 동의 관계에 있다는 것은 다음 예문들에서 잘 확인된다. 원문 중 '城上…呼'가 '셩 우희셔 브르지지다'로 번역되고 '大呼'가 'ᄀ장 브르지지다'로 번역된다. 그리고 '呼'가 한자어 '号呼'를 뜻한다. 따라서 '브르지지다'와 '号呼'의 동의성은 명백히 입증된다.

(194) a. 셩 우희셔 브르지지디 말며(城上不呼ᄒ며) <번小四 11a>

　　　　b. 今之 ᄒᆞᆫ 소노로 호믜 자바 버믈 티며 ᄀ장 브르지지고(今之 一手執鋤 撲虎大呼) <속三孝 15a>

(194) c. 呼 : 號呼 大叫 <四解上 41a>

　　　　d. 呼 : 숨내쉴 호 又喚也 <字會上 14b>

<195> 브리다 對 使令

고유어 '브리다'와 한자어 '使令'이 [使]와 [令] 즉 '부리다'의 뜻을 가지고 동의 관계에 있다는 것은 다음 예문들에서 잘 확인된다. 원문 중 '使民'이 '빅셩을 브리다'로 번역된다. 그리고 한자 '使'가 한자 '令'과 同義이고 '令'은 한자어 '使令'을 뜻한다. 따라서 '브리다'와 '使令'의 동의성은 명백히 입증된다.

(195) a. 빅셩을 브료ᄃᆡ 큰 졔 ᄒᆞ욤 ᄀᄐᆡ ᄒ며(使民호ᄃᆡ 如承大祭ᄒ며) <번小四 4b>

(195) b. 使 : 役也 令也 <四解上 19b>

c. 令 : 使也 使令 <四解下 50b>

<196> 브리다 對 역스ᄒᆞ다

고유어 '브리다'와 한자어 '역스(役使) ᄒᆞ다'가 [役]과 [廝] 즉 '부리다, 시키다'의 뜻을 가지고 동의 관계에 있다는 것은 다음 예문들에서 잘 확인된다. 원문 중 '役夫'가 '역스ᄒᆞᄂᆞᆫ 사ᄅᆞᆷ'으로 번역된다. '役'의 자석이 '브리다'이다. 그리고 '廝'가 '役'과 同義이고 '廝'의 자석이 '브리다'이다. 따라서 '브리다'와 '역스ᄒᆞ다'의 동의성은 명백히 입증된다.

(196) a. 혹 수울와 밥과 가지고 그 역스ᄒᆞᄂᆞᆫ 사ᄅᆞᆷ을 이바ᄃᆞ며(或以酒食犒其役夫) <呂約 28a>

(196) b. 役 : …行也 使也 <四解下 63b>

c. 役 : 브릴 역 <字會中 1b>

(196) d. 廝 : …又役也 <四解上 13a>

e. 廝 : 브릴 싀 <字會下 11a>

<197> 브리우다 對 卸下

고유어 '브리우다'와 한자어 '卸下'가 [卸下]와 [卸] 즉 '부리다, 내리다'의 뜻을 가지고 동의 관계에 있다는 것은 다음 예문들에서 잘 확인된다. 원문 중 '卸下行李'가 '짐 브리우다'로 번역되고 '弓卸下'가 '활 브리우다'로 번역된다. 그리고 '卸'의 자석이 '브리우다'이고 고유어 '브리우다'는 한자어 '卸下'와 동의 관계에 있다. 따라서 '브리우다'와 '卸下'의 동의성은 명백히 입증된다.

(197) a. 이 ᄆᆞᆯ둘 짐 브리우고(這馬都卸下行李) <번老上 39b>

b. 이 활 브리우라(這弓卸下) <번老下 31b>

(197) c. 卸 : 今俗謂舟車出裁 解馬鞍皆曰卸 <四解下 32b>

d. 卸 : 브리울 샤 俗稱卸下 <字會下 9a>

<198> 븟다 對 灌注

고유어 '븟다'와 한자어 '灌注'가 [注] 즉 '물을 대다'의 뜻을 가지고 동의 관계에 있다는 것은 다음 예문들에서 잘 확인된다. '注'가 한자어 '灌注'를 뜻한다. 그리고 '注'의 자석이 '븟다'이고 고유어 '븟다'는 한자어 '灌注'와 동의 관계에 있다. 따라서 '붓다'와 '灌注'의 동의성은 명백히 입증된다.

(198) a. 注 : … 又灌注 <四解上 32a>
　　　 b. 注 : 브슬 주 灌注 <字會下 5b>

<199> 붓다 對 斟酌

고유어 '붓다'와 한자어 '斟酌'이 [斟] 즉 '술을 따르다, 술잔을 주고받다'의 뜻을 가지고 동의 관계에 있다는 것은 다음 예문들에서 잘 확인된다. 원문 중 '執酒斟'이 '수울 자바 붓다'로 번역된다. '斟'이 한자어 '斟酌'을 뜻하고 '斟'의 자석이 '붓다'이다. 그리고 酌의 자석이 '붓다'이다. 따라서 '붓다'와 '斟酌'의 동의성은 명백히 입증된다.

(199) a. 친히 수울 자바 붓고(親執酒斟之爲古) <呂約 25a>

(199) b. 斟 : 斟酌 <四解下 73a>
　　　 c. 斟 : 브슬 짐 <字會下 7a>

(199) d. 酌 : 挹也 <四解下 42b>
　　　 e. 酌 : 브슬 쟉 <字會下 7a>

<200> 붓다 對 釃酒

고유어 '붓다'와 한자어 '釃酒'가 [釃] 즉 '술을 거르다'의 뜻을 가지고 동의 관계에 있다는 것은 다음 예문들에서 잘 확인된다. 釃가 한자어 '釃酒'를 뜻한다. 그리고 釃의 자석이 '붓다'이다. 따라서 '붓다'와 釃酒의 동의성은 명백히 입증된다.

(200) a. 釃 : 斟也 今俗釃酒 <四解上 45b>
　　　 b. 釃 : 브슬 채 <字會下 7a>

<201> 비스다 對 茂盛

고유어 '비스다'와 한자어 '茂盛'이 [榮] 즉 '풀이 우거지다'의 뜻을 가지고 동의 관계에 있다는 것은 다음 예문들에서 잘 확인된다. '榮'의 자석이 '비스다'이고 고유어 '비스다'는 한자어 '茂盛'과 동의 관계에 있다. 따라서 '비스다'와 '茂盛'의 동의성은 명백히 입증된다.

(201) a. 榮 : …草華 <四解下 64a>

　　　b. 榮 : 비슬 영 茂盛也 木曰華 草曰榮 <字會下 2b>

<202> 비스다 對 打扮

　　고유어 '비스다'와 한자어 '打扮'이 [打扮]과 [扮] 즉 '꾸미다'의 뜻을 가지고 동의 관계에 있다는 것은 다음 예문들에서 잘 확인된다. 원문 중 '打扮'이 '비서 잇다'로 번역된다. '扮'이 한자어 '打扮'을 뜻하고 '打扮'은 고유어 '비스다'와 동의 관계에 있다. 그리고 '扮'의 자석이 '비스다'이고 고유어 '비스다'는 한자어 '打扮'과 동의 관계에 있다. 따라서 '비스다'와 '打扮'의 동의성은 명백히 입증된다.

　　　(202) a. 흔 舍人이 비서 쇼딕(一箇舍人打扮的) <번朴上 26a>

　　　(202) b. 扮 : 打扮 비스다 <四解上 77b>

　　　　　c. 扮 : 비슬 반 俗稱打扮 <字會下 9a>

<203> 비취다 對 日光

　　고유어 '비취다'와 한자어 '日光'이 [暉] 즉 '빛나다'의 뜻을 가지고 동의 관계에 있다는 것은 다음 예문들에서 잘 확인된다. '暉'가 한자어 '日光'을 뜻한다. 그리고 '暉'의 자석이 '비취다'이고 고유어 '비취다'는 한자어 '日光'과 동의 관계에 있다. 따라서 '비취다'와 '日光'의 동의성은 명백히 입증된다.

　　　(203) a. 暉 : …日光 <四解上 53b>

　　　　　b. 暉 : 비췰 휘 日光 亦作輝 <字會下 1a>

<204> 빌다 對 假借

　　고유어 '빌다'와 한자어 '假借'가 [借]와 [仮] 즉 '빌리다'의 뜻을 가지고 동의 관계에 있다는 것은 다음 예문들에서 잘 확인된다. '借'가 한자어 '假借'를 뜻하고 '借'의 자석이 '빌다'이다. 그리고 '仮'가 한자어 '借'와 同義이고 '仮'의 자석이 '빌다'이다. 따라서 '빌다'와 '假借'의 동의성은 명백히 입증된다.

　　　(204) a. 借 : 假借 <四解下 32a>

　　　　　b. 借 : 빌 챠 <字會下 10a>

　　　(204) c. 假 : …借也 <四解下 30b>

　　　　　d. 假 : 빌 가 <字會下 10a>

<205> 빌다 對 求福

고유어 '빌다'와 한자어 '求福'이 [禱] 즉 '빌다, 神明에게 일을 고하고 그 일이 성취되기를 기원하다'의 뜻을 가지고 동의 관계에 있다는 것은 다음 예문들에서 잘 확인된다. '禱'가 한자어 '求福'을 뜻한다. 그리고 '禱'의 자석이 '빌다'이고 고유어 '빌다'는 한자어 '求福'과 동의 관계에 있다. 따라서 '빌다'와 '求福'의 동의성은 명백히 입증된다.

(205) a. 禱 : …求福也 <四解下 19a>
　　　 b. 禱 : 빌 도 求福曰禱 <字會下 14a>

<206> 빌다 對 叫呼請事

고유어 '빌다'와 한자어 '叫呼請事'가 [祈] 즉 '빌다, 신에게 빌다'의 뜻을 가지고 동의 관계에 있다는 것은 다음 예문들에서 잘 확인된다. '祈'의 자석이 '빌다'이고 고유어 '빌다'는 한자어 '叫呼請事'와 동의 관계에 있다. 따라서 '빌다'와 '叫呼請事'의 동의성은 명백히 입증된다.

(206) a. 祈 : 求也…叫也 <四解上 14a>
　　　 b. 祈 : 빌 긔 叫呼請事 <字會下 14a>

<207> 빗다 對 理髮

고유어 '빗다'와 한자어 '理髮'이 [梳] 즉 '빗다, 머리를 빗다'의 뜻을 가지고 동의 관계에 있다는 것은 다음 예문들에서 잘 확인된다. 원문 중 '梳頭'가 '머리 빗다'로 번역된다. 그리고 '梳'가 한자어 '理髮'을 뜻한다. 따라서 '빗다'와 '理髮'의 동의성은 명백히 입증된다.

(207) a. 머리 빗고 눗 싯고(梳頭洗面了) <번老下 33b>
　　　 b. 어미 오래 病ᄒᆞ야 머리 빗디 몯ᄒᆞ니(母病沉綿久廢梳櫛) <속三孝 8a>

(207) c. 梳 : 理髮也 <四解上 40b>
　　　 d. 梳 : 얼에빗 소 俗稱梳子 <字會中 8a>

<208> 브ᄅᆞ다 對 塗飾

고유어 '브ᄅᆞ다'와 한자어 '塗飾'이 [搽] 즉 '바르다, 칠하여 꾸미다'의 뜻을 가지고 동의 관계에 있다는 것은 다음 예문들에서 잘 확인된다. '搽'가 한자어 '塗飾'을 뜻한다. 그리고 '搽'의 자석이 '브ᄅᆞ다'이다. 따라서 '브르다'와 '塗飾'의 동의성은 명백히 입증된다.

> (208) a. 搽 : 塗飾 今俗謂塗粉曰搽粉 <四解下 30a>
>
> b. 搽 : 브룰 차 俗稱搽粉 분 브르다 <字會下 9a>

<209> 브쇠다 對 明相照

고유어 '브쇠다'와 한자어 '明相照'가 [暎] 즉 '비치다'의 뜻을 가지고 동의 관계에 있다는 것은 다음 예문들에서 잘 확인된다. '暎'이 한자어 '明相照'를 뜻한다. 그리고 '暎'의 자석이 '브쇠다'이고 고유어 '브쇠다'는 한자어 '明相照'와 동의 관계에 있다. 따라서 '브쇠다'와 '明相照'의 동의성은 명백히 입증된다.

> (209) a. 暎 : 明相照 <四解下 55a>
>
> b. 暎 : 브쇨 영 俗作映 明相照也 <字會下 1a>

<210> 쌜다 對 含吸

고유어 '쌜다'와 한자어 '含吸'이 [嗽]과 [吮] 즉 '빨다, 빨아들이다'의 뜻을 가지고 동의 관계에 있다는 것은 다음 예문들에서 잘 확인된다. 원문 중 '龜孫吮'이 '龜孫이 쌜다'로 번역된다. '嗽'이 한자 '吮'과 同義이고 한자어 '含吸'을 뜻한다. '嗽'의 자석이 '쌜다'이다. 그리고 '吮'의 자석이 '쌜다'이다. 따라서 '쌜다'와 '含吸'의 동의성은 명백히 입증된다.

> (210) a. 아비 죵긔를 내여 ᄀ장 셜워커늘 龜孫이 쌘니 됴ᄒ니라(父嘗患腫 龜孫吮之 得愈) <속三孝 21a>

> (210) b. 嗽 : 吮也 含吸也 <四解下 39a>
>
> c. 嗽 : 同上 <四解下 39a>
>
> d. 嗽 : 쌜 삭 <字會下 10a>

> (210) e. 吮 : 吸也 吮疽 <四解下 10a>
>
> f. 吮 : 쌜 연 <字會下 7a>

<211> 비호다 對 講論ᄒ다

고유어 '비호다'와 한자어 '講論ᄒ다'가 [講] 즉 '배우다, 연구하다'의 뜻을 가지고 동의 관계에 있다는 것은 다음 예문들에서 잘 확인된다. 원문 중 '講学'이 '글 비호다'로 번역되고 '講…正学'이 '正ᄒ 学業

을 講論ㅎ다'로 번역된다. 따라서 '비호다'와 '講論ㅎ다'의 동의성은 명백히 입증된다.

(211) a. 正獻公 呂公著ㅣ 져믄 제브터 글 비호딕(呂正獻公이 自少로 講學ㅎ딕) <번小十 23a>

(211) b. 서르 正호 學業을 講論ㅎ야 볼골디니라(相與講明正學이니라) <번小九 13a>
      c. 즈손애 니르러 셰셰로 강논ㅎ니(至其子孫ㅎ야 亦世講之ㅎ니) <번小七 46b>

<212> 비호다 對 受敎

고유어 '비호다'와 한자어 '受敎'가 [学] 즉 '배우다'의 뜻을 가지고 동의 관계에 있다는 것은 다음 예문들에서 잘 확인된다. 원문 중 '我…学'이 '나도 비호다'로 번역되고 '学甚麽文書'가 '므슴 그를 비호다'로 번역되고 '学者'가 '비홀 사룸'으로 번역된다. 그리고 '学'이 한자어 '受敎'를 뜻하고 '学'의 자석이 '비호다'이다. 따라서 '비호다'와 '受敎'의 동의성은 명백히 입증된다.

(212) a. 나도 또 가히 비호리라(我亦可學이니라) <번小六 9a>
      b. 네 이제 므슴 그를 비호는다(你如今學甚麽文書) <번朴上 49b>
      c. 비호다가 비록 다듣디 몯ㅎ야도(學之雖未至ㅎ나) <번小六 9a>
      d. 이제 비홀 사루미(今學者ㅣ) <번小六 9a>

(212) e. 學 : 受敎 <四解下 44a>
      f. 學 : 비홀 혹 <字會下 13b>

<213> 비호다 對 學習

고유어 '비호다'와 한자어 '學習'이 [習]과 [学] 즉 '배우다, 가르침을 받다'의 뜻을 가지고 동의 관계에 있다는 것은 다음 예문들에서 잘 확인된다. '習'의 자석이 '비호다'이고 고유어 '비호다'는 한자어 '學習'과 동의 관계에 있다. 그리고 '学'의 자석이 '비호다'이다. 따라서 '비호다'와 '學習'의 동의성은 명백히 입증된다.

(213) a. 習 : 學也 <四解下 73a>
      b. 習 : 비홀 습 學習 <字會下 14a>

(213) c. 學 : 受敎 <四解下 44a>
      d. 學 : 비홀 혹 <字會下 13b>

<214> 사기다 對 雕鏤

고유어 '사기다'와 한자어 '雕鏤'가 [鏤]와 [刻] 즉 '새기다, 파다'의 뜻을 가지고 동의 관계에 있다는
것은 다음 예문들에서 잘 확인된다. 원문 중 '刻鵠'이 '곤이를 사기다'로 번역되고 '刻木'이 '남그로 사기
다'로 번역된다. 그리고 '鏤'가 한자어 '雕鏤'를 뜻하고 '鏤'의 자석이 '사기다'이다. 따라서 '사기다'와 '雕
鏤'의 동의성은 명백히 입증된다.

(214) a. 녜 닐온 곤이를 사기다가 이디 몯ᄒᆞ야도(所謂刻鵠不成이라두) <번小六 15a>
      b. 다(103b) 남그로 사긴 거우로집과 사오나이 믈들 깁으로 결속ᄒᆞ더니(皆用刻木粧奩ᄒᆞ며 繡文絹
         으로 爲資裝ᄒᆞ더니) <번小九 104a>

(214) c. 鏤 : 雕鏤 <四解下 68a>
      d. 鏤 : 사길 루 <字會下 7b>

<215> 사다 對 交易

고유어 '사다'와 한자어 '交易'이 [貿]와 [易] 즉 '사다, 무역하다'의 뜻을 가지고 동의 관계에 있다는
것은 다음 예문들에서 잘 확인된다. '貿'가 한자어 '交易'을 뜻하고 '貿'의 자석이 '사다'이다. 그리고 '易'
이 한자어 '交易'을 뜻한다. 따라서 '사다'와 '交易'의 동의성은 명백히 입증된다.

(215) a. 貿 : 交易 <四解下 66a>
      b. 貿 : 살 무 <字會下 9b>

(215) c. 易 : ⋯又交易 <四解下 56b>

<216> 사홀다 對 削切

고유어 '사홀다'와 한자어 '削切'이 [切] 즉 '자르다, 잘라내다'의 뜻을 가지고 동의 관계에 있다는 것
은 다음 예문들에서 잘 확인된다. 원문 중 '細細削切'이 'ᄀᆞ느리 사홀다'로 번역되고 '切的草'가 '사ᄒᆞ논
딥ㅍ'으로 번역된다. 그리고 '切'이 한자어 '削切'을 뜻한다. 따라서 '사홀다'와 '削切'의 동의성은 명백
히 입증된다.

(216) a. ᄀᆞ장 ᄀᆞ느리 사홀라(好生細細的切着) <번老上 19b>
      b. 편 굵게 사ᄒᆞ라 봇가 오라(大片兒切着 炒將來着) <번老上 21a>

c. 이 버다 네 사ᄒᆞ논 딥피 너므 굵다(這火伴你切的草忒麤) <번老上 19b>

(216) d. 切∶…削切 <四解下 4b>

<217> 사홀다 對 剉斫

고유어 '사홀다'와 한자어 '剉斫'이 [剉] 즉 '자르다'의 뜻을 가지고 동의 관계에 있다는 것은 다음 예문들에서 잘 확인된다. 원문 중 '剉燒'가 '사홀며 ᄉᆞᆯ다'로 번역된다. 그리고 '剉'가 한자어 '剉斫'을 뜻한다. 따라서 '사홀다'와 '剉斫'의 동의성은 명백히 입증된다.

(217) a. 사홀며 ᄉᆞᆯ며 디흐며 ᄀᆞᆯ며(剉燒舂磨ᄒᆞ야) <번小七 22a>

　　 b. 비록 사홀며 ᄉᆞᆯ며 디흐며 ᄀᆞ(22a)ᄂᆞᆫ 이리 이도(雖有剉燒舂磨ㅣ라두) <번小七 22b>

(217) c. 剉∶…剉斫也 <四解下 26b>

<218> 새옴ᄒᆞ다 對 嫉妬

고유어 '새옴ᄒᆞ다'와 한자어 '嫉妬'가 [妬] 즉 '시새우다, 투기하다'의 뜻을 가지고 동의 관계에 있다는 것은 다음 예문들에서 잘 확인된다. 원문 중 '驕妬'가 '교만ᄒᆞ며 새옴ᄒᆞ다'로 번역되고 '妬去'가 '새옴ᄒᆞ거든 내티다'로 번역된다. 그리고 '妬'가 한자어 '嫉妬'를 뜻한다. 따라서 '새옴ᄒᆞ다'와 '嫉妬'의 동의성은 명백히 입증된다.

(218) a. 교만ᄒᆞ며 새옴ᄒᆞᄂᆞᆫ 셩을 길워 일우리니(養成驕妬之性ᄒᆞ리니) <번小七 33a>

　　 b. 淫亂커든 내티며 새옴ᄒᆞ거든 내티(22a)며(淫去ᄒᆞ며 妬去ᄒᆞ며) <번小三 22b>

(218) c. 妬∶…嫉妬 <四解上 37a>

<219> 설엊다 對 收拾

고유어 '설엊다'와 한자어 '收拾'이 [收拾] 즉 '치우다, 정리하다, 챙기다'의 뜻을 가지고 동의 관계에 있다는 것은 다음 예문들에서 잘 확인된다. 원문 중 '收拾椀楪'이 '사발 뎝시 설엊다'로 번역되고 '收拾行李'가 '자븐 것 설엊다'로 번역된다. 그리고 '收拾'의 자석이 '설엊다'이다. 따라서 '설엊다'와 '收拾'의 동의성은 명백히 입증된다.

(219) a. 사발 뎝시 설어즈라(收拾椀楪) <번老上 43a>

b. 쏘 그릇들 설어저 오라(却收拾家事來) <번老上 43a>

c. 자븐 것 설어저 짐시리 ㅎ라(收拾行李打駝駅) <번老上 58b>

d. 우리 셸리 짐들 설어즈라(咱急急的收拾了行李) <번老上 38a>

(219) e. 收拾 : … 又설엇다 <老朴 累字解1a>

<220> 소기다 對 간곡ㅎ다

고유어 '소기다'와 한자어 '간곡(奸曲) ㅎ다'가 [誆], [詐] 및 [欺] 즉 '속이다'의 뜻을 가지고 동의 관계에 있다는 것은 다음 예문들에서 잘 확인된다. '誆'이 한자 '欺'와 同義이고 '誆'의 자석이 '소기다'이다. '詐'가 한자 '欺'와 同義이고 자석이 '간곡ㅎ다'이다. 그리고 '欺'가 한자 '詐'와 同義이다. 따라서 '소기다'와 '간곡ㅎ다'의 동의성은 명백히 입증된다.

(220) a. 誆 : 欺也 亦作誆 <四解下 45b>

b. 誆 : 소길 광 <字會下 9b>

(220) c. 詐 : 欺也 <四解下 29b>

d. 詐 : 간곡홀 사 <字會下 13a>

(220) e. 欺 : 詐也 <四解上 24a>

<221> 소기다 對 拐賺

고유어 '소기다'와 한자어 '拐賺'이 [賺] 즉 '속이다, 속여서 비싸게 팔다'의 뜻을 가지고 동의 관계에 있다는 것은 다음 예문들에서 잘 확인된다. '賺'이 한자어 '拐賺'을 뜻한다. 그리고 '賺'의 자석이 '소기다'이다. 따라서 '소기다'와 '拐賺'의 동의성은 명백히 입증된다.

(221) a. 賺 : 重賣物 又市物失實 <四解下 78a>

b. 賺 : 同 又錯也 又拐賺 <四解下 78a>

c. 賺 : 소길 담 錯也 <字會下 9b>

d. 賺 : 소길 잠 <字會東中本下 20b>

<222> 소기다 對 謬言

고유어 '소기다'와 한자어 '謬言'이 [誆]과 [誣] 즉 '속이다, 기만하다'의 뜻을 가지고 동의 관계에 있다는 것은 다음 예문들에서 잘 확인된다. 원문 중 '誆誘'가 '소기며 달애다'로 번역된다. '誆'이 한자 '誑'과 同義이다. 그리고 '誑'이 한자어 '謬言'을 뜻하고 '誆'의 자석이 '소기다'이다. 따라서 '소기다'와 '謬言'의 동의성은 명백히 입증된다.

(222) a. 世俗이 중의 소기며 달애유믈 미더(世俗이 信浮屠誆誘ᄒᆞ야) <번小七 22a>

(222) b. 誑 : 謬言 一曰狂言 <四解下 46a>
　　　c. 誑 : 소길 광 <字會下 9b>

(222) d. 誆 : 欺也 亦作誑 <四解下 45b>

<223> 뽀다 對 射物

고유어 '뽀다'와 한자어 '射物'이 [射] 즉 '쏘다'의 뜻을 가지고 동의 관계에 있다는 것은 다음 예문들에서 잘 확인된다. 원문 중 '垜子…射'가 '솔…뽀다'로 번역되고 '儘気力射'가 '힘써 뽀다'로 번역된다. 그리고 '射'의 자석이 '뽀다'이고 고유어 '뽀다'는 한자어 '射物'과 동의 관계에 있다. 따라서 '뽀다'와 '射物'의 동의성은 명백히 입증된다.

(223) a. 우리 먼 솔 노하 두고 뽀아(咱們遠垜子放着射) <번老下 36b>
　　　b. 유여히 뽀리로다(勾射了) <번老下 36b>
　　　c. 우리 각각 용심ᄒᆞ야 힘써 뽀져(咱各自用心儘氣力射) <번朴上 55a>

(223) d. 射 : 弓努矢射物 <四解下 55a>
　　　e. 射 : 뽈 샤…射物則入聲 <字會下 5a>

<224> 솟다 對 泉溢

고유어 '솟다'와 한자어 '泉溢'이 [涌] 즉 '샘 솟다, 물이 솟구치다'의 뜻을 가지고 동의 관계에 있다는 것은 다음 예문들에서 잘 확인된다. '涌'이 한자어 '泉溢'을 뜻한다. 그리고 '涌'의 자석이 '솟다'이다. 따라서 '솟다'와 '泉溢'의 동의성은 명백히 입증된다.

(224) a. 涌 : 泉溢 <四解上 10b>
　　　b. 涌 : 소슬 용 泉上溢 <字會下 5b>

<225> 뽕불쥐다 對 拈鬮

고유어 '쌍불쥐다'와 한자어 '拈鬮'가 [鬮] 즉 '제비 뽑다, 추첨(抽籤) 하다'의 뜻을 가지고 동의 관계에 있다는 것은 다음 예문들에서 잘 확인된다. '鬮'의 자석이 '쌍불쥐다'이고 고유어 '쌍불쥐다'는 한자어 '拈鬮'와 동의 관계에 있다. 따라서 '쌍불쥐다'와 '拈鬮'의 동의성은 명백히 입증된다.

(225) a. 鬮 : 鬭取 <四解下 68a>
　　 b. 鬮 : 쌍불쥘 구 俗稱拈鬮 <字會下 10a>

<226> 쉬다 對 歇息

고유어 '쉬다'와 한자어 '歇息'이 [控] 즉 '쉬다, 휴식하다'의 뜻을 가지고 동의 관계에 있다는 것은 다음 예문들에서 잘 확인된다. 원문 중 '大控'이 'ᄀ장 쉬다'로 번역된다. 그리고 '控'이 한자어 '歇息'을 뜻한다. 따라서 '쉬다'와 '歇息'의 동의성은 명백히 입증된다.

(226) a. 무리 흔 디위 ᄀ장 쉬어든 기들워(等馬大控一會) <번老上 24a>
　　 b. 控 : …又今俗謂歇息曰控 <四解上 1b>

<227> 쉬다 對 休息

고유어 '쉬다'와 한자어 '休息'이 [歇] 즉 '쉬다, 휴식하다'의 뜻을 가지고 동의 관계에 있다는 것은 다음 예문들에서 잘 확인된다. 원문 중 '歇'이 '쉬다'로 번역된다. 그리고 '歇'이 한자어 '休息'을 뜻한다. 따라서 '쉬다'와 '休息'의 동의성은 명백히 입증된다.

(227) a. 흔 디위 쉬오(歇一會兒) <번朴上 53a>
　　 b. 歇 : 休息 <四解下 7b>

<228> 슈질ᄒ다 對 刺繡

고유어 '슈질ᄒ다'와 한자어 '刺繡'가 [繡] 즉 '수놓다'의 뜻을 가지고 동의 관계에 있다는 것은 다음 예문들에서 잘 확인된다. 원문 중 '繡四花'가 'ᄉ화문 슈질ᄒ다'로 번역되고 '繡四季花'가 'ᄉ곗곳 슈질ᄒ다'로 번역되고 '你的繡'가 '네 슈질ᄒ다'로 번역된다. 그리고 '繡'가 한자어 '刺繡'를 뜻한다. 따라서 '슈질ᄒ다'와 '刺繡'의 동의성은 명백히 입증된다.

(228) a. 야청비체 ᄉ화문 슈질ᄒ고 금 드려 ᄲᆫ 로더(27a) 그레예(鴉青繡四花織金羅搭護) <번朴上 27b>
　　 b. 류황비체 금 ᄲᅮ며 ᄉ화문 슈질흔 노더그레오(柳黃飾金繡四花羅搭護) <번朴上 29b>

c. 흔 쌍 명록비쳇 비단으로 스겟곳 슈질흔 후시를 미엿고(絰着一對明綠綉四季花護膝) <번朴上 29a>

d. 이 다홍비쳬 다숫 밧ㄱ락 가진 쁠 업슨 룡 슈질ᄒ니는(這的大紅綉五爪蟒龍) <번朴上 14b>

e. 내 텰리기 어느 네 슈질흔 텰리(72a) 게 미츠료(我的帖裏怎麽赶上你的綉帖裏) <번朴上 72b>

f. 내 향촛비쳇 ᄉ미예 통ᄒ야 무룹 둘와 오쳐실로 슈질흔 텰릭과(我的串香褐通袖膝襴五彩綉帖裏) <번朴上 72a>

(228) g. 綉 : 刺綉 <四解下 69a>

　　　h. 繡 : 슈질 슈 <字會下 9a>

<229> 스다 對 긔디ᄒ다

고유어 '스다'와 한자어 '긔디(記知) ᄒ다'가 [記] 즉 '쓰다, 기록하다'의 뜻을 가지고 동의 관계에 있다는 것은 다음 예문들에서 잘 확인된다. 원문 중 '籍記'가 '글워릐 스다'로 번역되고 '記故事'가 '넷 이를 긔디ᄒ다'로 번역된다. 따라서 '스다'와 '긔디ᄒ다'의 동의성은 명백히 입증된다.

(229) a. 모로매 글워릐 서 모매 가져 ᄒ니며(必籍記而佩之ᄒ며) <번小七 1b>

(229) b. 날마다 녯 이를 긔디ᄒ야(日記故事ᄒ야) <번小六 5a>

　　　c. 오늘나래 흔 이를 긔디ᄒ고 ᄂ|일 나래 흔 이를 긔디ᄒ면(今日에 記一事ᄒ고 明日에 記一事ᄒ면) <번小八 36b>

　　　d. 歷歷히 혀여 다 긔디홀 거시니라(歷歷皆可記니라) <번小六 23b>

　　　e. 기피 긔디홀디니라(宜深誌之ᄒ라) <번小六 17b>

<230> 쓰다 對 摹畫

고유어 '쓰다'와 한자어 '摹畫'가 [写] 즉 '베끼다'의 뜻을 가지고 동의 관계에 있다는 것은 다음 예문들에서 잘 확인된다. 원문 중 '就写'가 '즉재 쓰다'로 번역되고 '這契写'가 '이 글워를 쓰다'로 번역된다. 그리고 '写'가 한자어 '摹畫'를 뜻하고 '写'의 자석이 '쓰다'이다. 따라서 '쓰다'와 '摹畫'의 동의성은 명백히 입증된다.

(230) a. 즈르미 즉재 쓰라(牙家就写) <번老下 15a>

　　　b. 흔듸 쓸가(總写麽) <번老下 15a>

　　　c. 이 글워를 쓰면(這契写時) <번老下 15a>

(230) d. 寫 : 摹畫也 <四解下 32b>

　　　e. 寫 : 쓸 샤 亦畫也 <字會下 9a>

<231> 쓸다 對 掃除

　　고유어 '쓸다'와 한자어 '掃除'가 [掃]와 [払] 즉 '쓿다'의 뜻을 가지고 동의 관계에 있다는 것은 다음 예문들에서 잘 확인된다. 원문 중 '掃地'가 '싸 쓸다'로 번역된다. '掃'가 한자어 '掃除'를 뜻한다. 그리고 '払'이 한자 '除'와 同義이고 '払'의 자석이 '쓸다'이다. 따라서 '쓸다'와 '掃除'의 동의성은 명백히 입증된다.

　　(231) a. 이미셔 밋뷔 조쳐 가져다가 싸 쓸라(就拿苕箒來掃地) <번老上 69a>

　　　　b. 掃 : 掃除 <四解下 21b>

　　(231) c. 払 : …除也 <四解上 64b>

　　　　d. 払 : 쓸 블 <字會下 10b>

<232> 슳다 對 重舂

　　고유어 '슳다'와 한자어 '重舂'이 [䊷] 즉 '쓿다, 거친 쌀을 찧어 깨끗하게 하다'의 뜻을 가지고 동의 관계에 있다는 것은 다음 예문들에서 잘 확인된다. '䊷'의 자석이 '슳다'이고 고유어 '슳다'는 한자어 '重舂'과 동의 관계에 있다. 따라서 '슳다'와 '重舂'의 동의성은 명백히 입증된다.

　　(232) a. 䊷 : 今俗呼 舂米曰䊷米 <四解上 81a>

　　　　b. 䊷 : 슬흘 벌 重舂 <字會下 3a>

<233> 슳다 對 舂米

　　고유어 '슳다'와 한자어 '舂米'가 [䊷] 즉 '쓿다, 거친 쌀을 찧어 깨끗하게 하다'의 뜻을 가지고 동의 관계에 있다는 것은 다음 예문들에서 잘 확인된다. '䊷'이 한자어 '舂米'를 뜻한다. 그리고 '䊷'의 자석이 '슳다'이다. 따라서 '슳다'와 '舂米'의 동의성은 명백히 입증된다.

　　(233) a. 䊷 : 今俗呼舂米曰䊷米 <四解上 81a>

　　　　b. 䊷 : 슬흘 벌 重舂 <字會下 3a>

<234> 슷다 對 摩拭

고유어 '슷다'와 한자어 '摩拭'이 [揩] 즉 '닦다, 문지르다'의 뜻을 가지고 동의 관계에 있다는 것은 다음 예문들에서 잘 확인된다. '揩'가 한자어 '摩拭'을 뜻한다. 그리고 '揩'의 자석이 '슷다'이다. 따라서 '슷다'와 '摩拭'의 동의성은 명백히 입증된다.

(234) a. 揩 : …摩拭也 <四解上 46b>

b. 揩 : 스슬 ᄀᆡ <字會東中本下 23b>

고유어 '슷다'는 '슺다'의 八終声表記이다. '슺다'의 用例는 15세기의 『杜詩諺解』(1481) 와 『六祖法宝壇経諺解』(1496) 의 다음 예문들에서 잘 확인된다. 원문 중 '拭涙'가 '눉므를 슺다'로 번역된다.

(234) c. 눉므를 스주니 옷기제 젓ᄂᆞᆫ 피오(拭涙霑襟血) <杜八 28b>

d. 時時예 브즈러니 스저(時時예 拂拭ᄒᆞ야) <六祖上 15b>

<235> 시기다 對 命ᄒᆞ다

고유어 '시기다'와 한자어 '命ᄒᆞ다'가 [命] 즉 '시키다, 명하다'의 뜻을 가지고 동의 관계에 있다는 것은 다음 예문들에서 잘 확인된다. 원문 중 '命子弟'가 'ᄌᆞ뎨ᄅᆞᆯ 시기다'로 번역되고 '命…百執事'가 '모ᄃᆞᆫ 관원ᄃᆞᆯ ᄒᆞᆯ 命ᄒᆞ다'로 번역되므로 '시기다'와 '命ᄒᆞ다'의 동의성은 명백히 입증된다.

(235) a. 블 혀 오나ᄃᆞᆫ ᄒᆞᆫ ᄌᆞ뎨ᄅᆞᆯ 시겨(燭至則命一人子弟ᄒᆞ야) <번小九 102b>

b. ᄌᆞ뎨ᄅᆞᆯ ᄂᆞᆫ화 시겨(分命子弟ᄒᆞ야) <번小九 108a>

c. 或 시기신 이리 ᄒᆞ요매 올티 아니ᄒᆞ거든(或所命이 有不可行者ㅣ어든) <번小七 2a>

(235) d. 맛당이 몬져 님금 갓가이 뫼ᅀᆞ와 잇ᄂᆞᆫ 어딘 션비옛 관원과 모ᄃᆞᆫ 각ᄉᆞ 관원ᄃᆞᆯ ᄒᆞᆯ녜로 命ᄒᆞ야(宜先禮命近侍賢儒及百執事ᄒᆞ야) <번小九 12b>

e. 님금이 命ᄒᆞ샤 블리거시든(君이 命召ㅣ어시든) <번小三 7b>

<236> 시므다 對 種田

고유어 '시므다'와 한자어 '種田'이 [種], [栽] 및 [植] 즉 '심다'의 뜻을 가지고 동의 관계에 있다는 것은 다음 예문들에서 잘 확인된다. '種'의 자석이 '시므다'이고 고유어 '시므다'는 한자어 '種田'과 동의 관계에 있다. '栽'가 한자 '種'과 同義이고 '栽'의 자석이 '시므다'이다. 그리고 '植'이 한자 '栽'와 同義이고 '植'의 자석이 '시므다'이다. 따라서 '시므다'와 '種田'의 동의성은 명백히 입증된다.

(236) a. 種 : 植也 <四解上 8b>

　　　b. 種 : 시믈 죵 俗稱種田 <字會下 3a>

(236) c. 栽 : 種也 <四解上 44a>

　　　d. 栽 : 시믈 지 <字會下 3a>

(236) e. 植 : 栽也 <四解下 55a>

　　　f. 植 : 시믈 식 <字會下 2a>

<237> 싣다 對 負馱

고유어 '싣다'와 한자어 '負馱'가 [馱]와 [載] 즉 '싣다'의 뜻을 가지고 동의 관계에 있다는 것은 다음 예문들에서 잘 확인된다. '馱'가 한자어 '負馱'를 뜻하고 '馱'의 자석이 '싣다'이다. 원문 중 '用船載'가 '비로사 싣다'로 번역되고 '要車子載'가 '술위로 싣다'로 번역된다. 그리고 '載'의 자석이 '싣다'이다. 따라서 '싣다'와 '負馱'의 동의성은 명백히 입증된다.

(237) a. 馱 : 負馱 <四解下 25b>

　　　b. 馱 : 시를 타 <字會下 10b>

(237) c. 모로매 비로사 싣ᄂ니라(須用船裏載着) <번老下 44a>

　　　d. 모로매 술위로 시르며(須要車子載着) <번老下 44a>

　　　e. 술위 가져다가 시르라(將車子來載) <번朴上 12b>

(237) d. 載 : 乘也 <四解上 44a>

　　　e. 載 : 시를 지 <字會下 10b>

<238> 씹다 對 呑化

고유어 '씹다'와 한자어 '呑化'가 [嚼] 즉 '씹다'의 뜻을 가지고 동의 관계에 있다는 것은 다음 예문들에서 잘 확인된다. '嚼'이 한자어 '呑化'를 뜻한다. 그리고 '嚼'의 자석이 '씹다'이다. 따라서 '씹다'와 '呑化'의 동의성은 명백히 입증된다.

(238) a. 嚼 : 呑化 <四解下 72b>

　　　b. 嚼 : 씨블 쟉 <字會下 6b>

<239> 십두드리다 對 咀嚼

고유어 '십두드리다'와 한자어 '咀嚼'이 [咀]와 [嚼] 즉 '씹다, 음식물을 씹다'의 뜻을 가지고 동의 관계에 있다는 것은 다음 예문들에서 잘 확인된다. '咀'가 한자어 '咀嚼'을 뜻한다. '嚼'이 한자어 '咀嚼'을 뜻한다. 그리고 '嚼'의 자석이 '십두드리다'이고 고유어 '십두드리다'는 한자어 '咀嚼'과 동의 관계에 있다. 따라서 '십두드리다'와 '咀嚼'의 동의성은 명백히 입증된다.

(239) a. 咀 : 咀嚼 <四解上 31a>

(239) b. 嚼 : 咀嚼 <四解下 42a>
　　　c. 嚼 : 십두드릴 쟉 咀嚼 <字會下 7a>

<240> 싯구다 對 以事爭高

고유어 '싯구다'와 한자어 '以事爭高'가 [賽]와 [爭] 즉 '다투다, 시끄럽게 굴다'의 뜻을 가지고 동의 관계에 있다는 것은 다음 예문들에서 잘 확인된다. '賽'가 한자어 '以事爭高'를 뜻하고 '賽'의 자석이 '싯구다'이다. 그리고 원문 중 '休爭'이 '싯구디 말다'로 번역된다. 따라서 '싯구다'와 '以事爭高'의 동의성은 명백히 입증된다.

(240) a. 賽 : …又今俗謂以事爭高曰賽 <四解上 44b>
　　　b. 賽 : 싯굴 시 <字會下 10a>

(240) c. 너희 둘히 싯구디 말오(你兩家休爭) <번老下 58a>
　　　d. 이리도록 만흔 흥졍애 므스므려 싯구ㄴ뇨(這偌多交易要甚麼爭競) <번老下 64a>

<241> 싯다 對 洗滌

고유어 '싯다'와 한자어 '洗滌'이 [洗]와 [滌] 즉 '씻다'의 뜻을 가지고 동의 관계에 있다는 것은 다음 예문들에서 잘 확인된다. 원문 중 '洗面'이 '눗 싯다'로 번역된다. '洗'의 자석이 '싯다'이다. 그리고 '滌'가 한자 '洗'와 同義이고 '滌'의 자석이 '싯다'이고 고유어 '싯다'는 한자어 '洗滌'과 동의 관계에 있다. 따라서 '싯다'와 '洗滌'의 동의성은 명백히 입증된다.

(241) a. 내 눗 시서지라(我洗面) <번老上 61a>
　　　b. 머리 빗고 눗 싯고(梳頭洗面了) <번老下 53b>

(241) c. 洗 : 滌也 <四解上 27a>

　　d. 洗 : 시슬 셰 <字會下 5b>

(241) e. 澡 : 洗也 浴也 <四解下 21a>

　　f. 澡 : 시슬 조 洗滌 <字會下 5b>

<242> 삥긔다 對 面皺

　고유어 '삥긔다'와 한자어 '面皺'이 [皺] 즉 '찡그리다, 얼굴을 찡그리다'의 뜻을 가지고 동의 관계에 있다는 것은 다음 예문들에서 잘 확인된다. '皺'가 한자어 '面皺'을 뜻한다. 그리고 '皺'의 자석이 '삥긔다'이다. 따라서 '삥긔다'와 '面皺'의 동의성은 명백히 입증된다.

(242) a. 皺 : …又面皺 <四解下 67a>

　　b. 皺 : 삥길 추 <字會下 14b>

(242) c. 皺 : 皮皺 <四解下 42a>

<243> 삥긔다 對 皮細起

　고유어 '삥긔다'와 한자어 '皮細起'가 [皴] 즉 '찡그리다'의 뜻을 가지고 동의 관계에 있다는 것은 다음 예문들에서 잘 확인된다. '皴'이 한자어 '皮細起'를 뜻한다. 그리고 '皴'의 자석이 '삥긔다'이다. 따라서 '삥긔다'와 '皮細起'의 동의성은 명백히 입증된다.

(243) a. 皴 : 皮細起 <四解上 68b>

　　b. 皴 : 삥길 쥰 <字會下 14b>

<244> 쁘다 對 包裹

　고유어 '쁘다'와 한자어 '包裹'가 [裹] 즉 '싸다, 보자기 같은 것으로 싸다'의 뜻을 가지고 동의 관계에 있다는 것은 다음 예문들에서 잘 확인된다. 원문 중 '布裹'가 '뵈로…쁘다'로 번역된다. 그리고 '裹'가 한자어 '包裹'를 뜻한다. 따라서 '쁘다'와 '包裹'의 동의성은 명백히 입증된다.

(244) a. 뵈로 기르마와 석술 뿔디니라(布裹鞍轡니라) <번小七 21a>

　　b. 裹 : 包裹 <四解下 27b>

<245> 슬피다 對 검찰ᄒ다

고유어 '슬피다'와 한자어 '검찰(檢察) ᄒ다'가 [檢] 즉 '살피다, 검찰하다'의 뜻을 가지고 동의 관계에 있다는 것은 다음 예문들에서 잘 확익된다. 원문 중 '点檢'이 '혜아려 슬피다'로도 번역되고 '혜아려 검찰ᄒ다'로도 번역된다. 그리고 '檢'의 자석이 '검찰ᄒ다'이다. 따라서 '슬피다'와 '검찰ᄒ다'의 동의성은 명백히 입증된다.

(245) a. 제 사오나올 이를 고텨 나져 바며 혜아려 슬펴(盖自攻其惡ᄒ야 日夜의 且自點檢ᄒ야) <번小八 15a>

b. 엇디 다ᄅᆫ 사ᄅᆷ 혜아려 검찰홀 공뷔 이시리오(豈有工夫ㅣ 點檢他人耶ㅣ 리오) <번小八 15a>

(245) c. 檢 : 書檢印 窠封題 <四解下 81a>

d. 檢 : 검찰홀 검 書檢(10a) 印 窠封題也 <字會下 10b>

한자어 '檢察ᄒ다'는 15세기 『杜詩諺解』(1481) 의 다음 예문들에서 잘 확인된다. 원문 중 '檢身'이 '모ᄆᆯ 檢察ᄒ다'로 번역되고 '檢書'가 '書冊올 檢察ᄒ다'로 번역된다.

(245) e. 모ᄆᆯ 檢察ᄒ야 苟且히 求ᄒ디 아니ᄒ놋다(檢身非苟求) <杜十 22a>

f. 書冊올 檢察ᄒ노라 ᄒ야 燭올 ᄉ라 뎌르게 ᄒ고(檢書燒燭短) <杜十五 55a>

<246> 아당ᄒ다 對 諂諛

고유어 '아당ᄒ다'와 한자어 '諂諛'가 [諛]와 [諂] 즉 '아첨하다, 아유하다'의 뜻을 가지고 동의 관계에 있다는 것은 다음 예문들에서 잘 확인된다. '諛'가 '諂諛'를 뜻하고 '諛'의 자석이 '아당ᄒ다'이다. 그리고 '諂'이 한자 '諛'와 同義이고 '諂'의 자석이 '아당ᄒ다'이다. 따라서 '아당ᄒ다'와 '諂諛'의 동의성은 명백히 입증된다.

(246) a. 諛 : 諂諛 <四解上 34b>

b. 諛 : 아당홀 유 面從曰諛 <字會下 12b>

(246) c. 諂 : 諛也 <四解下 84a>

d. 諂 : 아당홀 텸 佞言曰諂 <字會下 12b>

<247> 앉다 對 行坐

고유어 '앉다'와 한자어 '行坐'가 [坐] 즉 '앉다'의 뜻을 가지고 동의 관계에 있다는 것은 다음 예문들에서 잘 확인된다. 원문 중 '侍坐'가 '뫼셔 앉다'로 번역되고 '端坐'가 '단정히 앉다'로 번역되고 '危坐'가 '수러 앉다'로 번역된다. '坐'가 한자어 '行坐'를 뜻한다. 그리고 '坐'의 자석이 '앉다'이고 고유어 '앉다'는 한자어 '行坐'와 동의 관계에 있다. 따라서 '앉다'와 '行坐'의 동의성은 명백히 입증된다.

(247) a. 先生의 뫼셔 안자셔(侍坐於先生홀식) <번小三 28b>
b. 君子를 뫼셔 안자셔(侍坐於君子홀식) <번小三 29b>
c. 先生이 단졍히 안자(先生이 端坐ᄒ야) <번小九 4b>
d. 容이는 혼자 수러 안자(容이 獨危坐ᄒ야) <번小十 6a>

(247) e. 坐 : 止也 行坐 <四解下 28b>
f. 坐 : 안줄 좌 止也 行坐 <四解下 12a>

<248> 알외다 對 告諭

고유어 '알외다'와 한자어 '告諭'가 [諭] 즉 '알리다'의 뜻을 가지고 동의 관계에 있다는 것은 다음 예문들에서 잘 확인된다. '諭'가 한자어 '告諭'를 뜻한다. 그리고 '諭'의 자석이 '알외다'이다. 따라서 '알외다'와 '告諭'의 동의성은 명백히 입증된다.

(248) a. 諭 : 譬諭 告諭 <四解上 34b>
b. 諭 : 알욀 유 宣諭 <字會上 18a>

<249> 알외다 對 고ᄒ다

고유어 '알외다'와 한자어 '고(告) ᄒ다'가 [誥]와 [告] 즉 '알리다, 고하다'의 뜻을 가지고 동의 관계에 있다는 것은 다음 예문들에서 잘 확인된다. '誥'가 한자 '告'와 同義이고 '誥'의 자석이 '알외다'이다. 원문 중 '就告'가 '즉제 고ᄒ다'로 번역된다. 그리고 '告'의 자석이 '고ᄒ다'이다. 따라서 '알외다'와 '고ᄒ다'의 동의성은 명백히 입증된다.

(249) a. 誥 : 告也 <四解下 18b>
b. 誥 : 알욀 고 <字會上 18b>

(249) c. 그 나그내 즉제 고ᄒ니(那客人就告了) <번老上 29b>

(249) d. 告 : 報也 啓也 <四解下 18b>

　　 e. 告 : 고홀 고 啓也 報也 <字會下 12b>

<250> 알외다 對 宣諭

　고유어 '알외다'와 한자어 '宣諭'가 [諭] 즉 '알리다, 임금의 訓諭를 백성에게 널리 알리다'의 뜻을 가지고 동의 관계에 있다는 것은 다음 예문들에서 잘 확인된다. '諭'의 자석이 '알외다'이고 고유어 '알외다'는 한자어 '宣諭'와 동의 관계에 있다. 따라서 '알외다'와 '宣諭'의 동의성은 명백히 입증된다.

　　(250) a. 諭 : 譬諭 告諭 <四解上 34b>

　　　　 b. 諭 : 알외 유 宣諭 皇帝親諭 <字會上 18a>

<251> 앗기다 對 斬惜悔恨

　고유어 '앗기다'와 한자어 '斬惜悔恨'이 [恪], [吝] 및 [惜] 즉 '아끼다'의 뜻을 가지고 동의 관계에 있다는 것은 다음 예문들에서 잘 확인된다. 원문 중 '惜醉人'이 '취흔 사르믈 앗기다'로 번역된다. '吝'이 한자 '惜'과 同義이다. 그리고 '吝'과 同字인 한자 '恪'의 자석이 '앗기다'이고 고유어 '앗기다'는 한자어 '斬惜悔恨'과 동의 관계에 있다. 따라서 '앗기다'와 '斬惜悔恨'의 동의성은 명백히 입증된다.

　　(251) a. 나옷 수울 탐흐면 취흔 사르믈 앗기느니라(自己貪盃惜醉人) <번老上 42a>

　　　　 b. 엇디 네게 앗기리오마는(豈於女惜이리오) <번小十 16a>

　　(251) c. 吝 : 惜也 <四解上 61a>

　　　　 d. 恪 : … 又慳也 <四解上 61a>

　　　　 e. 恪 : 앗길 린 斬惜悔恨之意 亦作吝 <字會下 13a>

　　(251) f. 惜 : 恪也 <四解下 53a>

<252> 앗다 對 攘取

　고유어 '앗다'와 한자어 '攘取'가 [奪] 즉 '빼앗다'의 뜻을 가지고 동의 관계에 있다는 것은 다음 예문들에서 잘 확인된다. 원문 중 '能奪'이 '잘 앗다'로 번역된다. 그리고 '奪'이 한자어 '攘取'를 뜻하고 '奪'의 자석이 '앗다'이다. 따라서 '앗다'와 '攘取'의 동의성은 명백히 입증된다.

　　(252) a. 비록 賁育 곧티 힘(40b) 세유라 흐여도 잘 앗디 몯흐리이다(雖自謂賁育이라도 弗能奪也ㅣ리이

다) <번小九 41a>

(252) b. 奪 : 攘取 <四解上 73b>

c. 奪 : 아울 탈 <字會下 11a>

<253> 애ᄃᆞ다 對 氣不噴

고유어 '애ᄃᆞ다'와 한자어 '気不噴'이 [噴] 즉 '원망스럽게 생각하다'의 뜻을 가지고 동의 관계에 있다는 것은 다음 예문들에서 잘 확인된다. '噴'이 한자어 '気不噴'을 뜻하고 '気不噴'은 고유어 '애ᄃᆞ다'와 동의 관계에 있다. 따라서 '애ᄃᆞ다'와 '気不噴'의 동의성은 명백히 입증된다.

(253) a. 噴 : …又吐氣也 噀也 <四解上 64a>

b. 噴 : ᄌᆞ치욤 분 又噀也 吐也 俗稱氣不噴 애ᄃᆞ다 <字會上 15a>

<254> 어르다 對 取婦

고유어 '어르다'와 한자어 '取婦'가 [娶]와 [娵] 즉 '장가들다, 아내를 맞다'의 뜻을 가지고 동의 관계에 있다는 것은 다음 예문들에서 잘 확인된다. '娶'가 한자어 '取婦'를 뜻한다. 그리고 '娵'의 자석이 '어르다'이다. 따라서 '어르다'와 '取婦'의 동의성은 명백히 입증된다.

(254) a. 娶 : 取婦 <四解上 31a>

b. 娵 : 어를 취 男曰娵 <字會上 17b>

<255> 얻다 對 得ᄒᆞ다

고유어 '얻다'와 한자어 '得ᄒᆞ다'가 [得] 즉 '얻다'의 뜻을 가지고 동의 관계에 있다는 것은 다음 예문들에서 잘 확인된다. 원문 중 '得一食'이 'ᄒᆞᆫ 바볼 얻다'로 번역되고 '患得之'가 '得디 몯ᄒᆞᆯ가 알하 ᄒᆞ다'로 번역되므로 '얻다'와 '得ᄒᆞ다'의 동의성은 명백히 입증된다.

(255) a. ᄒᆞᆫ 바볼 어ᄃᆞ면(得一食ᄒᆞ면) <번小七 43a>

b. 제곰 사ᄅᆞᆷ 쳐소ᄅᆞᆯ 얻디 몯ᄒᆞ엿거든(不得其所ㅣ 어든) <번小八 3a>

c. 구ᄒᆞ면 므스거슬 얻디 몯ᄒᆞ며(亦何求不得이며) <번小八 20a>

d. ᄒᆞᆫ 가지나 반 ᄃᆞ리나 비록 어더도(一資半級을 雖或得之라두) <번小六 20a>

(255) e. 그 벼슬 득디 몯ᄒᆞ야셔ᄂᆞᆫ 得디 몯ᄒᆞᆯ가 알하 ᄒᆞ고(其未得之也앤 患得之ᄒᆞ고) <번小三 9b>

f. ᄒ마 득ᄒ얀(既得之ᄒ얀) <번小三 9b>

g. 비록 긔명코져 ᄒ야도 득디 몯ᄒ리라(雖欲開明이나 不可得矣니라) <번小六 12a>

h. 오라면 스싀로 득홀 거시라(久自得之라) <번小八 37a>

i. 가히 득ᄒ랴(其可得乎아) <번小十 19a>

<256> 얻다 對 取ᄒ다

고유어 '얻다'와 한자어 '取ᄒ다'가 [取] 즉 '취하다, 장가들다'의 뜻을 가지고 동의 관계에 있다는 것은 다음 예문들에서 잘 확인된다. 원문 중 '取婦'가 '겨집 얻다'로 번역되고 '取同姓'이 '동성을 取ᄒ다'로 번역되므로 '얻다'와 '取ᄒ다'의 동의성은 명백히 입증된다.

(256) a. 겨집 어든 지비(取婦之家ㅣ) <번小三 16a>

b. 姓 다ᄅᆞᆫ 사ᄅᆞᆯ 어두면(取於異姓은) <번小三 14a>

(256) c. 계집을 어두ᄃᆡ 동셩을 取티 마롤디니 이런ᄃᆞ로(娶妻ᄒᆞᄃᆡ 不取同姓故로) <번小三 12a>

<257> 얼다 對 冰凍

고유어 '얼다'와 한자어 '冰凍'이 [凍] 즉 '얼다'의 뜻을 가지고 동의 관계에 있다는 것은 다음 예문들에서 잘 확인된다. '凍'의 자석이 '얼다'이고 고유어 '얼다'는 한자어 '冰凍'과 동의 관계에 있다. 따라서 '얼다'와 '冰凍'의 동의성은 명백히 입증된다.

(257) a. 凍 : 冰壯曰凍 <四解上 1b>

b. 凍 : 얼 동 冰凍爲多 <字會下 1b>

(257) c. 冰 : 凍也 <四解下 50a>

<258> 얼의다 對 渾淪

고유어 '얼의다'와 한자어 '渾淪'이 [渾]과 [淪] 즉 '엉기다, 어리다'의 뜻을 가지고 동의 관계에 있다는 것은 다음 예문들에서 잘 확인된다. '渾'이 한자어 '渾淪'을 뜻하고 '渾'의 자석이 '얼의다'이다. 그리고 '淪'이 한자어 '渾淪'을 뜻하고 '淪'의 자석이 '얼의다'이다. 따라서 '얼의다'와 '渾淪'의 동의성은 명백히 입증된다.

(258) a. 渾 : …又渾淪 胚渾 未分也… <四解上 66b>

b. 渾 : 얼읠(15a) 혼 <字會下 15b>

(258) c. 淪 : 渾淪 未相離貌… <四解上 67a>
   d. 淪 : 얼읠 륜 <字會下 15b>

<259> 얼이다 對 女適人

고유어 '얼이다'와 한자어 '女適人'이 [嫁] 즉 '시집보내다'의 뜻을 가지고 동의 관계에 있다는 것은 다음 예문들에서 잘 확인된다. 원문 중 '欲嫁'가 '얼이고져 ᄒ다'로 번역된다. 그리고 '嫁'가 한자어 '女適人'을 뜻하고 '嫁'의 자석이 '얼이다'이다. 따라서 '얼이다'와 '女適人'의 동의성은 명백히 입증된다.

(259) a. 제 집이 과연 얼이고져 ᄒ대(家ㅣ 果欲嫁之ᄒ대) <번小九 60b>
   b. 그 어버ᅀᅵ 저허 구틔여 얼이디 아니ᄒ야(其父母ㅣ 懼而不敢嫁之ᄒ야) <번小九 57a>

(259) c. 嫁 : 女適人也 <四解下 30b>
   d. 嫁 : 얼일 가 女曰嫁 <字會上 17b>

15세기의 『內訓』(1475)에서 한자 '嫁'의 자석이 발견된다. '嫁'의 자석은 '겨자비 남진 어르다'이다.

(259) e. 音樂 드르며 嫁娶ᄒ린(聽樂及嫁娶者ᄂᆞᆫ) <內訓一 70b>
   f. 嫁ᄂᆞᆫ 겨지비 남진 어를 시오 娶ᄂᆞᆫ 남진이 겨집 어를 시라(內訓一 70b)

<260> 에돌다 對 회피ᄒ다

고유어 '에돌다'와 한자어 '회피(廻避) ᄒ다'가 [廻避] 즉 '피하다'의 뜻을 가지고 동의 관계에 있다는 것은 『번역노걸대』의 다음 예문들에서 잘 확인된다. 원문 중 '休廻避'가 '에도디 말다'로 번역되고 '不廻避'가 '회피티 아니ᄒ다'로 번역되므로 '에돌다'와 '회피ᄒ다'의 동의성은 명백히 입증된다.

(260) a. 병ᄒ야 잇거든 에도디 말오(有些病疾時 休廻避) <번老下 47a>
   b. 엇디 길 조차셔 더러운 말소믈 회피티 아니ᄒᄂᆞᆫ다(怎麼沿路穢語不廻避) <번老上 16b>

<261> 여투다 對 貯偫

고유어 '여투다'와 한자어 '貯偫'가 [儲] 즉 '쌓다, 저축하다'의 뜻을 가지고 동의 관계에 있다는 것은 다음 예문들에서 잘 확인된다. '儲'의 자석이 '여투다'이고 고유어 '여투다'는 한자어 '貯偫'와 동의 관계에 있다. 따라서 '여투다'와 '貯偫'의 동의성은 명백히 입증된다.

(261) a. 儲 : 貯也 <四解上 32b>
　　　b. 儲 : 여툴 뎌 又 무딜 뎌 貯偫也 <字會中 1a>

(261) c. 오늘 차반 여투워(今日備辦了些箇茶飯) <번老下 33b>

<262> 여히다 對 하딕ᄒ다

고유어 '여히다'와 한자어 '하딕(下直) ᄒ다'가 [辭別] 즉 '이별하다, 하직하다'의 뜻을 가지고 동의 관계에 있다는 것은 『번역노걸대』의 다음 예문들에서 잘 확인된다. 원문 중 '今辭別'이 '이제 여히다'로 번역되고 '辭別…火伴'이 '동모의게 하딕ᄒ다'로 번역되므로 '여히다'와 '하딕ᄒ다'의 동의성은 명백히 입증된다.

(262) a. 이제 여히여 가노니(如今辭別了) <번老下 73a>
　　　b. 뎌 강남 동모의게 하딕ᄒ져(辭別那漢兒火伴) <번老下 72b>

<263> 엳줍다 對 進言於君

고유어 '엳줍다'와 한자어 '進言於君'이 [奏] 즉 '여쭈다, 임금께 여쭈다'의 뜻을 가지고 동의 관계에 있다는 것은 다음 예문들에서 잘 확인된다. 원문 중 '奏事'가 '공ᄉ를 엳줍다'로 번역되고 '奏祥瑞'가 '祥瑞로온 거슬 님금씌 엳줍다'로 번역된다. 그리고 '奏'가 한자어 '進言於君'을 뜻하고 '奏'의 자석이 '엳줍다'이다. 따라서 '엳줍다'와 '進言於君'의 동의성은 명백히 입증된다.

(263) a. 黯이 나ᅀᅡ가 공ᄉ를 엳ᄌ오려 ᄒ더니(黯ㅣ 前奏事ㅣ러니) <번小九 41b>
　　　b. 祥瑞로온 거슬 님금씌 엳줍디 말며(不奏祥瑞ᄒ며) <번小十 14a>

(263) c. 奏 : 進也 凡進言於君曰奏 <四解下 66b>
　　　d. 奏 : 엳ᄌ올 주 皇帝前奏事 <字會上 18b>

<264> 엳ᄐ다 對 啓事

고유어 '엳ᄐ다'와 한자어 '啓事'가 [啓] 즉 '여쭈다, 아뢰다'의 뜻을 가지고 동의 관계에 있다는 것은 다음 예문들에서 잘 확인된다. '啓'의 자석이 '엳ᄐ다'이고 고유어 '엳ᄐ다'는 한자어 '啓事'와 동의 관계에 있다. 따라서 '엳ᄐ다'와 '啓事'의 동의성은 명백히 입증된다.

(264) a. 啓 : 開也 <四解上 24a>

　　　b. 啓 : 열톨 계 太子前啓事 <字會上 18b>

<265> 옮다 對 遷轉

고유어 '옮다'와 한자어 '遷轉'이 [遷]과 [転] 즉 '옮다'의 뜻을 가지고 동의 관계에 있다는 것은 다음
예문들에서 잘 확인된다. 원문 중 '至於三遷'이 '세 고대 니르히 옮다'로 번역된다. 그리고 '転'이 한자어
'遷轉'을 뜻하고 '転'의 자석이 '옮다'이다. 따라서 '옮다'와 '遷轉'의 동의성은 명백히 입증된다.

(265) a. 세 고대 니르히 올모시던 주를 싱각ᄒᆞ야(念…至於三遷ᄒᆞ야) <번小六 10b>

　　　b. 그 안 ᄆᆞᅀᆞ미 조차 옮ᄂᆞ니(其中則遷ᄒᆞᄂᆞ니) <번小八 9a>

(265) c. 轉 : 流轉 遷轉 <四解下 10b>

　　　d. 轉 : 올믈 뎐 <字會下 1a>

(265) e. 遷 : 移也 <四解下 4b>

<266> 옴기다 對 輸送

고유어 '옴기다'와 한자어 '輸送'이 [輸] 즉 '나르다'의 뜻을 가지고 동의 관계에 있다는 것은 다음 예
문들에서 잘 확인된다. '輸'가 한자어 '輸送'을 뜻한다. 그리고 '輸'의 자석이 '옴기다'이다. 따라서 '옴기
다'와 '輸送'의 동의성은 명백히 입증된다.

(266) a. 輸 : …輸送 <四解上 33b>

　　　b. 輸 : 옴길 수 <字會下 10a>

<267> 옷칠ᄒᆞ다 對 칠ᄒᆞ다

고유어 '옷칠ᄒᆞ다'와 한자어 '칠(漆) ᄒᆞ다'가 [漆] 즉 '옻칠하다'의 뜻을 가지고 동의 관계에 있다는 것
은 다음 예문들에서 잘 확인된다. 원문 중 '漆楪子'가 '옷칠ᄒᆞᆫ 뎝시'로 번역되고 '這漆器'가 '이 칠ᄒᆞᆫ 그
릇'으로 번역된다. 따라서 '옷칠ᄒᆞ다'와 '칠ᄒᆞ다'의 동의성은 명백히 입증된다. '옷칠ᄒᆞ다'의 '칠'이 한자
'漆'이지만 '옷칠ᄒᆞ다'를 고유어 범주에 넣었다.

(267) a. 옷칠ᄒᆞᆫ 뎝시(漆楪子) <번老下 33a>

　　　b. 그르슨 사긔와 옷칠ᄒᆞᆫ 것ᄲᅮᆫ 뿌듸(器用瓷漆ᄒᆞ듸) <번小十 32a>

(267) c. 이 칠흔 그릇 연장들(這漆器家火) <번老下 33a>

　　　d. 칠흔 사발(漆椀) <번老下 33a>

　　　e. 이 블근 칠흔 술(這紅漆匙) <번老下 33a>

<268> 외프다 對 雕鏤

　　고유어 '외프다'와 한자어 '雕鏤'가 [刻] 즉 '새기다, 파다'의 뜻을 가지고 동의 관계에 있다는 것은 다음 예문들에서 잘 확인된다. '刻'이 한자어 '雕鏤'를 뜻하고 '刻'의 자석이 '외프다'이다. 따라서 '외프다'와 '雕鏤'의 동의성은 명백히 입증된다.

　　(268) a. 刻 : 雕鏤也 <四解下 58a>

　　　 b. 刻 : 외풀 극 <字會上 1b>

<269> 우르다 對 牛鳴

　　고유어 '우르다'와 한자어 '牛鳴'이 [吼] 즉 '으르렁거리다'의 뜻을 가지고 동의 관계에 있다는 것은 다음 예문들에서 잘 확인된다. '吼'가 한자어 '牛鳴'을 뜻한다. 그리고 '吼'의 자석이 '우르다'이다. 따라서 '우르다'와 '牛鳴'의 동의성은 명백히 입증된다.

　　(269) a. 吼 : 牛鳴 亦作吽 <四解下 67b>

　　　 b. 吼 : 우를 후 <字會下 4b>

<270> 우르다 對 咆哮

　　고유어 '우르다'와 한자어 '咆哮'가 [哮]와 [咆] 즉 '으르렁거리다, 짐승이 울다'의 뜻을 가지고 동의 관계에 있다는 것은 다음 예문들에서 잘 확인된다. '哮'의 자석이 '우르다'이고 고유어 '우르다'는 한자어 '咆哮'와 동의 관계에 있다. 그리고 '咆'의 자석이 '우르다'이다. 따라서 '우르다'와 '咆哮'의 동의성은 명백히 입증된다.

　　(270) a. 哮 : 熊虎聲 <四解下 20b>

　　　 b. 虎 : 우를 호 俗稱咆哮 <字會下 4b>

　　(270) c. 咆 : 虎聲 <四解下 20b>

　　　 d. 咆 : 우를 포 哮哮也 <字會下 4b>

<271> 우르다 對 哮嘷

고유어 '우르다'와 한자어 '哮嘷'가 [咆] 즉 '으르렁거리다, 짐승이 울다'의 뜻을 가지고 동의 관계에 있다는 것은 다음 예문들에서 잘 확인된다. '咆'의 자석이 '우르다'이고 고유어 '우르다'는 한자어 '哮嘷'와 동의 관계에 있다. 따라서 '우르다'와 '哮嘷'의 동의성은 명백히 입증된다.

(271) a. 咆 : 虎聲 <四解下 20b>
　　　 b. 咆 : 우를 포 哮嘷也 <字會下 4b>

<272> 우지지다 對 鳥群鳴

고유어 '우지지다'와 한자어 '鳥群鳴'이 [噪] 즉 '새가 떼지어 지저귀다'의 뜻을 가지고 동의 관계에 있다는 것은 다음 예문들에서 잘 확인된다. 원문 중 '鬪且鳴'이 '사화 우지지다'로 번역된다. 그리고 '噪'가 한자어 '鳥群鳴'을 뜻한다. 그리고 '噪'의 자석이 '우지지다'이고 고유어 '우지지다'는 한자어 '鳥群鳴'과 동의 관계에 있다. 따라서 '우지지다'와 '鳥群鳴'의 동의성은 명백히 입증된다.

(272) a. 뜰헷 남긧 새 삿길 자리 밧고아 노하 사화 우지지거늘(乃易置庭樹烏雛 令鬪且鳴 <二倫 26a>

(272) b. 噪 : 鳥群鳴 <四解下 21b>
　　　 c. 噪 : 우지질 조 鳥群鳴 <字會下 4b>

<273> 우희다 對 手掬物

고유어 '우희다'와 한자어 '手掬物'이 [抔]와 [掬] 즉 '움키다, 두 손으로 움켜쥐다'의 뜻을 가지고 동의 관계에 있다는 것은 다음 예문들에서 잘 확인된다. '抔'가 한자어 '手掬物'을 뜻하고 '抔'의 자석이 '우희다'이다. 그리고 '掬'의 자석이 '우희다'이다. 따라서 '우희다'와 '手掬物'의 동의성은 명백히 입증된다.

(273) a. 抔 : 手掬物也 <四解下 65b>
　　　 b. 抔 : 우흴 부 抔飮 우희여 먹다 <字會下 10b>

(273) c. 掬 : 撮也 <四解上 7a>
　　　 d. 掬 : 우흴 국 <字會下 10a>

<274> 울다 對 大聲泣

고유어 '울다'와 한자어 '大声泣'이 [哭] 즉 '울다, 큰 소리를 내며 울다'의 뜻을 가지고 동의 관계에 있다는 것은 다음 예문들에서 잘 확인된다. '哭'이 한자어 '大声泣'을 뜻한다. 그리고 '哭'의 자석이 '울다'이다. 따라서 '울다'와 '大声泣'의 동의성은 명백히 입증된다.

(274) a. 哭:大聲泣 <四解上 1b>
　　　b. 哭:울 곡 大聲曰哭 俗稱啼哭 <字會上 15a>

<275> 울다 對 啼哭

고유어 '울다'와 한자어 '啼哭'이 [啼哭], [哭] 및 [啼] 즉 '울다, 큰 소리를 내며 울다'의 뜻을 가지고 동의 관계에 있다는 것은 다음 예문들에서 잘 확인된다. 원문 중 '孩兒啼哭'이 '아기 울다'로 번역된다. '哭'의 자석이 '울다'이고 고유어 '울다'는 한자어 '啼哭'과 동의 관계에 있다. 그리고 '啼'의 자석이 '울다'이다. 따라서 '울다'와 '啼哭'의 동의성은 명백히 입증된다.

(275) a. 아기 울어든 보고(見孩兒啼哭時) <번朴上 56b>

(275) b. 哭:大聲泣 <四解上 1b>
　　　c. 哭:울 곡 大聲曰哭 俗稱啼哭 <字會上 15a>

(275) d. 啼:泣也 鳴也 <四解上 25a>
　　　e. 啼:울 데 禽獸通稱 <字會下 4a>

<276> 울다 對 林鳥朝嘲

고유어 '울다'와 한자어 '林鳥朝嘲'가 [嘲] 즉 '새가 지저귀다'의 뜻을 가지고 동의 관계에 있다는 것은 다음 예문들에서 잘 확인된다. '嘲'의 자석이 '울다'이고 고유어 '울다'는 한자어 '林鳥朝嘲'와 동의 관계에 있다. 따라서 '울다'와 '林鳥朝嘲'의 동의성은 명백히 입증된다.

(276) a. 嘲:言相調 <四解下 21b>
　　　b. 嘲:울 됴 林鳥朝嘲 <字會下 4a>

<277> 울다 對 馬鳴

고유어 '울다'와 한자어 '馬鳴'이 [嘶] 즉 '울다, 말이 울다'의 뜻을 가지고 동의 관계에 있다는 것은 다음 예문들에서 잘 확인된다. '嘶'가 한자어 '馬鳴'을 뜻한다. 그리고 '嘶'의 자석이 '울다'이고 고유어 '울

다'는 한자어 '馬鳴'과 동의 관계에 있다. 따라서 '울다'와 '馬鳴'의 동의성은 명백히 입증된다.

(277) a. 嘶 : 馬鳴 <四解上 27a>
　　　b. 嘶 : 울 싀 馬鳴 <字會下 4a>

<278> 울다 對 無聲出涕

고유어 '울다'와 한자어 '無聲出涕'가 [泣] 즉 '울다, 소리 없이 눈물을 흘리다'의 뜻을 가지고 동의 관계에 있다는 것은 다음 예문들에서 잘 확인된다. '泣'이 한자어 '無聲出涕'를 뜻한다. 그리고 '泣'의 자석이 '울다'이다. 따라서 '울다'와 '無聲出涕'의 동의성은 명백히 입증된다.

(278) a. 泣 : 無聲出涕 <四解下 72b>
　　　b. 泣 : 울 읍 小聲有涕曰泣 <字會上 15a>

<279> 울다 對 水禽夕哆

고유어 '울다'와 한자어 '水禽夕哆'이 [哆] 즉 '울다'의 뜻을 가지고 동의 관계에 있다는 것은 다음 예문들에서 잘 확인된다. '哆'이 한자어 '水禽夕哆'을 뜻한다. 그리고 '哆'의 자석이 '울다'이고 고유어 '울다'는 한자어 '水禽夕哆'과 동의 관계에 있다. 따라서 '울다'와 '水禽夕哆'의 동의성은 명백히 입증된다.

(279) a. 哆 : 鳴也 水禽夕哆 <四解下 53a>
　　　b. 哆 : 울 셕 水禽夕哆 <字會下 4a>

<280> 울다 對 雊鳴

고유어 '울다'와 한자어 '雊鳴'이 [雊] 즉 '꿩이 울다'의 뜻을 가지고 동의 관계에 있다는 것은 다음 예문들에서 잘 확인된다. '雊'의 자석이 '울다'이고 고유어 '울다'는 한자어 '雊鳴'과 동의 관계에 있다. 따라서 '울다'와 '雊鳴'의 동의성은 명백히 입증된다.

(280) a. 雊 : 雌雊鳴也 <四解下 64b>
　　　b. 雊 : 울 구 雊鳴 <字會下 4b>

<281> 울월다 對 瞻仰

고유어 '울월다'와 한자어 '瞻仰'이 [仰] 즉 '우러르다, 우러러보다'의 뜻을 가지고 동의 관계에 있다는 것은 다음 예문들에서 잘 확인된다. '仰'이 한자어 '瞻仰'을 뜻한다. 그리고 '仰'의 자석이 '울월다'이다. 따라서 '울월다'와 '瞻仰'의 동의성은 명백히 입증된다.

(281) a. 仰 : … 瞻仰 <四解下 34b>
　　　b. 仰 : 울월 앙 俯仰 <字會下 12a>

<282> 웃다 對 微哂

고유어 '웃다'와 한자어 '微哂'가 [哂] 즉 '웃다, 미소짓다'의 뜻을 가지고 동의 관계에 있다는 것은 다음 예문들에서 잘 확인된다. '哂'의 자석이 '웃다'이고 고유어 '웃다'는 한자어 '微哂'와 동의 관계에 있다. 따라서 '웃다'와 '微哂'의 동의성은 명백히 입증된다.

(282) a. 哂 : 笑不壞顔 <四解上 59b>
　　　b. 哂 : 우슬 신 微哂也 <字會上 15a>

<283> 유무ᄒ다 對 편지ᄒ다

고유어 '유무ᄒ다'와 한자어 '편지(片紙)ᄒ다'가 [書] 즉 '편지하다'의 뜻을 가지고 동의 관계에 있다는 것은 다음 예문들에서 잘 확인된다. 원문 중 '書訃告'가 '유무ᄒ여 알리다'로 번역되고 '書問'이 '편지ᄒ야 묻다'로 번역되므로 '유무ᄒ다'와 '편지ᄒ다'의 동의성은 명백히 입증된다.

(283) a. ᄒᆞᄃᆡ 비ᄒᆞ던 사ᄅᆞᆷ믜게 유무ᄒ여 알외니라(以書訃告同學者) <二倫 47a>
　　　b. 겨집비 유무ᄒ여 녀름옷 ᄒ여지라 ᄒᆞᆫ대(妻柳氏 書求夏服) <二倫 13a>

(283) c. 편지ᄒ야 무를 저긔도 ᄯ오ᄀ 곧티 ᄒ라(其書問乙 亦如之爲羅) <呂約 26b>
　　　d. 나와 ᄀᆞᄐᆞᆫ 사ᄅᆞᆷ으란 편지ᄒ야 쳥ᄒ고(召敵者以書簡爲古 : 今用片紙) <呂約 23b>

<284> 웃듬ᄒ다 對 젼쥬ᄒ다

고유어 '웃듬ᄒ다'와 한자어 '젼쥬(專主)ᄒ다'가 [幹] 및 [主] 즉 '주관하다'의 뜻을 가지고 동의 관계에 있다는 것은 『번역소학』의 다음 예문들에서 잘 확인된다. 원문 중 '幹蠱'가 '이를 웃듬ᄒ다'로 번역되고 '主饋'가 '음식ᄒ기를 젼쥬ᄒ다'로 번역된다. 따라서 '웃듬ᄒ다'와 '젼쥬ᄒ다'의 동의성은 명백히 입증된다.

(284) a. 지븨셔는 이(36a) 를 웃듬ᄒ여 몯ᄒ게 홀 거시니(家不可使幹蠱ㅣ니) <번小七 37b>

b. 겨지븐 집 안해셔 음식ᄒᆞ기를 젼쥬ᄒᆞ야(婦ᄂᆞᆫ 主中饋ᄒᆞ야) <번小七 36a>

<285> 이다 對 頂荷

고유어 '이다'와 한자어 '頂荷'가 [戴] 즉 '이다, 머리 위에 얹다'의 뜻을 가지고 동의 관계에 있다는 것은 다음 예문들에서 잘 확인된다. 원문 중 '負戴'가 '지며 이다'로 번역된다. 그리고 '戴'가 한자어 '頂荷'를 뜻하고 '戴'의 자석이 '이다'이다. 따라서 '이다'와 '頂荷'의 동의성은 명백히 입증된다.

(285) a. 머리 반만 셴 사ᄅᆞ미 길헤 지며 이디 아니ᄒᆞ면 례의옛 풍속이 ᄃᆞ외리라(斑白者ㅣ 不負戴於道路
   則爲禮義之俗矣니라) <번小六 37a>

(285) b. 戴 : 頂荷 <四解上 43a>
   c. 戴 : 일 ᄃᆡ <字會下 10b>

<286> 이받다 對 犒榜

고유어 '이받다'와 한자어 '犒榜'가 [犒]와 [榜] 즉 '호궤하다, 음식을 보내어 군사를 위로하다'의 뜻을 가지고 동의 관계에 있다는 것은 다음 예문들에서 잘 확인된다. 원문 중 '犒其役夫'가 '그 역수ᄒᆞᄂᆞᆫ 사ᄅᆞᆷ을 이받다'로 번역된다. '犒'의 자석이 '이받다'이다. 그리고 '榜'의 자석이 '이받다'이고 고유어 '이받다'는 한자어 '犒榜'와 동의 관계에 있다. 따라서 '이받다'와 '犒榜'의 동의성은 명백히 입증된다.

(286) a. 혹 수울와 밥과 가지고 그 역ᄉᆞᄒᆞᄂᆞᆫ 사ᄅᆞᆷ을 이바ᄃᆞ며(或以酒食犒其役夫) <呂約 28a>

(286) b. 犒 : 餉軍也 <四解下 18b>
   c. 犒 : 이바돌 고 <字會下 5b>

(286) d. 榜 : 이바돌 로 犒榜 餉軍 <字會下 5b>

<287> 이받다 對 野饋

고유어 '이받다'와 한자어 '野饋'가 [饁], [餉] 및 [餽] 즉 '들일하는 사람에게 음식을 대접하다'의 뜻을 가지고 동의 관계에 있다는 것은 다음 예문들에서 잘 확인된다. '饁'이 한자어 '野饋'를 뜻한다. '饁'의 자석이 '이받다'이고 고유어 '이받다'는 한자어 '野饋'와 동의 관계에 있다. '餉'의 자석이 '이받다'이고 고유어 '이받다'는 한자어 '野饋'와 동의 관계에 있다. 그리고 '餽'이 한자어 '野饋'를 뜻하고 '餽'의 자석이 '이받다'이다. 따라서 '이받다'와 '野饋'의 동의성은 명백히 입증된다.

(287) a. 餪：野饋 <四解上 70a>

　　　b. 餪：이바돌 운 野饋 <字會下 5b>

(287) c. 餉：饋也 饁也 <四解下 43b>

　　　d. 餉：이바돌 향 野饋 <字會下 5b>

(287) e. 饁：野饋 <四解下 85b>

　　　f. 饁：이바돌 녑 餉田 <字會下 5b>

<288> 이받다 對 聚飲

고유어 '이받다'와 한자어 '聚飲'이 [酺] 즉 '天子가 음식을 하사하고 백성이 술을 마시고 즐기다'의 뜻을 가지고 동의 관계에 있다는 것은 다음 예문들에서 잘 확인된다. '酺'가 한자어 '聚飲'을 뜻한다. 그리고 '酺'의 자석이 '이받다'이고 고유어 '이받다'는 '王賜酺会衆飲食'과 同義이다. 따라서 '이받다'와 '聚飲'의 동의성은 명백히 입증된다.

(288) a. 酺：聚飲 <四解上 38a>

　　　b. 酺：祭名 又聚飲 <四解上 38a>

　　　b. 酺：이바돌 포 王賜酺會衆飲食 <字會下 5b>

<289> 이받다 對 餉軍

고유어 '이받다'와 한자어 '餉軍'이 [犒] 즉 '호궤하다, 음식을 보내어 군사를 위로하다'의 뜻을 가지고 동의 관계에 있다는 것은 다음 예문들에서 잘 확인된다. 원문 중 '犒其役夫'가 '그 역ᄉᆞᄒᆞᄂᆞᆫ 사ᄅᆞᆷ을 이받다'로 번역된다. 그리고 '犒'가 한자어 '餉軍'을 뜻하고 '犒'의 자석이 '이받다'이다. 따라서 '이받다'와 '餉軍'의 동의성은 명백히 입증된다.

(289) a. 혹 수울와 밥과 가지고 그 역ᄉᆞᄒᆞᄂᆞᆫ 사ᄅᆞᆷ을 이바ᄃᆞ며(或以酒食犒其役夫) <呂約 28a>

(289) b. 犒：餉軍也 <四解下 18b>

　　　c. 犒：이바돌 고 <字會下 5b>

<290> 일다 對 沙汰

고유어 '일다'와 한자어 '沙汰'가 [汰]와 [沙] 즉 '일다'의 뜻을 가지고 동의 관계에 있다는 것은 다음 예문들에서 잘 확인된다. '汰'가 한자어 '沙汰'를 뜻한다. '汰'의 자석이 '일다'이고 고유어 '일다'는 한자어 '沙汰'와 동의 관계에 있다. 그리고 '沙'가 한자어 '汰'와 同義이고 '沙'의 자석이 '일다'이다. 따라서 '일다'와 '沙汰'의 동의성은 명백히 입증된다.

(290) a. 汰 : 沙汰 <四解上 43a>
    b. 汰 : 일 태 沙汰 <字會下 5b>

(290) c. 沙 : …又汰也 <四解下 30a>
    d. 沙 : 일 사 <字會下 5b>

<291> 일다 對 洗米

고유어 '일다'와 한자어 '洗米'가 [淘] 즉 '일다'의 뜻을 가지고 동의 관계에 있다는 것은 다음 예문들에서 잘 확인된다. '淘'의 자석이 '일다'이고 고유어 '일다'는 한자어 '洗米'와 동의 관계에 있다. 따라서 '일다'와 '洗米'의 동의성은 명백히 입증된다.

(291) a. 淘 : …又澄汰也 今俗語洗米 쌀 이다 <四解下 19b>
    b. 淘 : 일 도 洗米 <字會下 5b>

<292> 일다 對 汰米

고유어 '일다'와 한자어 '汰米'가 [淅] 즉 '일다, 쌀을 일다'의 뜻을 가지고 동의 관계에 있다는 것은 다음 예문들에서 잘 확인된다. '淅'이 한자어 '汰米'를 뜻한다. 그리고 '淅'의 자석이 '일다'이다. 따라서 '일다'와 '汰米'의 동의성은 명백히 입증된다.

(292) a. 淅 : 汰米 <四解下 53a>
    b. 淅 : 일 석 <字會下 5b>

<293> 자다 對 睡眠

고유어 '자다'와 한자어 '睡眠'이 [睡]와 [眠] 즉 '자다'의 뜻을 가지고 동의 관계에 있다는 것은 다음 예문들에서 잘 확인된다. 원문 중 '好睡'가 '됴히 자다'로 번역되고 '不眠'이 '자디 몯ᄒ다'로 번역된다. 그리고 '睡'가 한자어 '睡眠'을 뜻하고 '睡'의 자석이 '자다'이다. 따라서 '자다'와 '睡眠'의 동의성은 명백히 입증된다.

(293) a. 나그내네 됴히 자쇼셔(客人們好睡着) <번老上 31a>

b. 우리 각각 져그나 자고(咱們各自睡些箇) <번老上 25a>

c. 노인들히 자거든(官人們睡了時) <번老下 46a>

d. 새도록 자디 몯호니(而竟夕不眠하니) <번小十 2a>

(293) e. 睡 : 坐眠 今俗睡眠同稱 <四解上 53a>

f. 睡 : 잘 슈 <字會上 15b>

<294> 자시다 對 歆饗

고유어 '자시다'와 한자어 '歆饗'이 [饗]과 [歆] 즉 '흠향(歆饗) 하다, 신이 제사를 받아들이다'의 뜻을 가지고 동의 관계에 있다는 것은 다음 예문들에서 잘 확인된다. '饗'이 한자어 '歆饗'을 뜻하고 '饗'의 자석이 '자시다'이다. 그리고 '歆'의 자석이 '자시다'이다. 따라서 '자시다'와 '歆饗'의 동의성은 명백히 입증된다.

(294) a. 饗 : 歆饗 <四解下 44a>

b. 饗 : 자실 향 <字會下 5b>

(294) c. 歆 : …神饗氣 <四解下 74b>

d. 歆 : 자실 흠 <字會下 5b>

<295> 자피다 對 候脉

고유어 '자피다'와 한자어 '候脉'이 [診候]와 [診] 즉 '맥을 짚다, 진찰하다'의 뜻을 가지고 동의 관계에 있다는 것은 다음 예문들에서 잘 확인된다. 원문 중 '診候脉息'이 '믹 자펴 보다'로 번역된다. 그리고 '診'이 한자어 '候脉'을 뜻한다. 따라서 '자피다'와 '候脉'의 동의성은 명백히 입증된다.

(295) a. 의원 쳥ㅎ야다가 믹 자펴 보아지라(請太醫來診候脉息) <번老下 39b>

b. 診 : …候脉 <四解上 59b>

<296> 잡다 對 以指取物

고유어 '잡다'와 한자어 '以指取物'이 [拈] 즉 '집다, 손가락으로 집다'의 뜻을 가지고 동의 관계에 있다는 것은 다음 예문들에서 잘 확인된다. '拈'이 한자어 '以指取物'을 뜻한다. 그리고 '拈'의 자석이 '잡다'이다. 따라서 '잡다'와 '以指取物'의 동의성은 명백히 입증된다.

(296) a. 拈 : 以指取物 <四解下 82b>

b. 拈 : 자볼 졈 <字會下 10a>

<297> 재다 對 馬善行

고유어 '재다'와 한자어 '馬善行'이 [驟] 즉 '말이 잘 가다'의 뜻을 가지고 동의 관계에 있다는 것은 다음 예문들에서 잘 확인된다. 원문 중 '驟的那馬'가 '잰 물'로 번역된다. 그리고 '驟'이 한자어 '馬善行'을 뜻한다. 따라서 '재다'와 '馬善行'의 동의성은 명백히 입증된다.

(297) a. 잰 무리 젼혀 뎌 살 곧투니(驟的那馬一似那箭) <번朴上 30b>

(297) b. 驟 : 馬善行 <四解上 75b>

c. 驟 : 잰 물 챤 馬善行 <字會下 5a>

<298> 저리다 對 겁틱ㅎ다

고유어 '저리다'와 한자어 '겁틱(劫勅) ㅎ다'가 [劫] 및 [脅] 즉 '위협하다'의 뜻을 가지고 동의 관계에 있다는 것은 다음 예문들에서 잘 확인된다. 원문 중 '劫虎'가 '버믈 저리다'로 번역되고 '或劫'이 '혹 겁틱ㅎ다'로 번역되므로 '저리다'와 '겁틱ㅎ다'의 동의성은 명백히 입증된다.

(298) a. 올흔 소누로 나들 횟두르며 버믈 저리고 미조차 씌이여(右手揮鎌 劫虎追曳) <속三孝 9a>

(298) b. ᄌᆞ조 도죽을 맛나 혹 겁틱ㅎ여 자바 가려 ㅎ거든(數遇賊ㅎ야 或劫欲將去ㅣ어든) <번小九 20b>

c. 도ᄌᆞ긔게 자피여 항ᄒᆞ라 겁틱ㅎ거늘(爲賊所執 脅使降) <속三忠 1a>

<299> 젖다 對 不乾

고유어 '젖다'와 한자어 '不乾'이 [濡] 즉 '젖다'의 뜻을 가지고 동의 관계에 있다는 것은 다음 예문들에서 잘 확인된다. 원문 중 '濡肉'이 '저즌 고기'로 번역된다. 그리고 한자 '濡'가 '濕'과 同義이고 '濕'이 한자어 '不乾'을 뜻한다. 따라서 '젖다'와 '不乾'의 동의성은 명백히 입증된다.

(299) a. 저즌 고기란 니로 버혀 먹고(濡肉으란 齒決ㅎ고) <번小四 27a>

(299) b. 濡 : … 濕也 <四解上 35b>

c. 濕 : 不乾 <四解下 74a>

<300> 조으다 對 打盹

고유어 '조으다'와 한자어 '打盹'이 [盹] 즉 '졸다'의 뜻을 가지고 동의 관계에 있다는 것은 다음 예문에서 잘 확인된다. '盹'이 한자어 '打盹'을 뜻하고 '打盹'은 고유어 '조으다'와 동의 관계에 있다. 따라서 '조으다'와 '打盹'의 동의성은 명백히 입증된다.

(300) a. 盹 : 朦朧欲睡之皃 今俗語打盹 조으다 <四解上 63a>

<301> 주다 對 給與

고유어 '주다'와 한자어 '給与'가 [給] 즉 '주다'의 뜻을 가지고 동의 관계에 있다는 것은 다음 예문들에서 잘 확인된다. '給'이 한자어 '給与'를 뜻한다. 그리고 '給'의 자석이 '주다'이다. 따라서 '주다'와 '給与'의 동의성은 명백히 입증된다.

(301) a. 給 : 給與 <四解下 72a>
　　　 b. 給 : 줄 급 <字會下 10a>

<302> 주다 對 自上與之

고유어 '주다'와 한자어 '自上与之'가 [賜] 즉 '주다, 하사하다'의 뜻을 가지고 동의 관계에 있다는 것은 다음 예문들에서 잘 확인된다. '賜'의 자석이 '주다'이고 고유어 '주다'는 한자어 '自上与之'와 동의 관계에 있다. 따라서 '주다'와 '自上与之'의 동의성은 명백히 입증된다.

(302) a. 賜 : 與也 <四解上 13b>
　　　 b. 賜 : 줄 ᄉ 自上與之 <字會下 10a>

<303> 죽다 對 公侯卒

고유어 '죽다'와 한자어 '公侯卒'이 [薨] 즉 '죽다, 諸侯가 죽다'의 뜻을 가지고 동의 관계에 있다는 것은 다음 예문들에서 잘 확인된다. '薨'이 한자어 '公侯卒'을 뜻한다. 그리고 '薨'의 자석이 '죽다'이다. 따라서 '죽다'와 '公侯卒'의 동의성은 명백히 입증된다.

(303) a. 薨 : 公侯卒曰薨 <四解下 62b>
　　　 b. 薨 : 주글 훙 侯歿曰薨 <字會中 17a>

<304> 죽다 對 大夫死

고유어 '죽다'와 한자어 '大夫死'가 [□]과 [殍] 즉 '죽다, 大夫가 죽다'의 뜻을 가지고 동의 관계에 있다는 것은 다음 예문들에서 잘 확인된다. '□'이 한자어 '大夫死'를 뜻한다. 그리고 '殍'의 자석이 '죽다'이다. 따라서 '죽다'와 '大夫死'의 동의성은 명백히 입증된다. '□'과 '殍'은 同字이다.

(304) a. □ : 大夫死曰□ <四解上 68a>
　　　b. 殍 : 주글 졸 卿相殁曰殍 <字會中 17a>

<305> 죽다 對 少殁

고유어 '죽다'와 한자어 '少殁'이 [殀]와 [夭] 즉 '일찍 죽다, 젊은 나이로 죽다'의 뜻을 가지고 동의 관계에 있다는 것은 다음 예문들에서 잘 확인된다. '殀'가 한자어 '少殁'을 뜻한다. 그리고 '夭'의 자석이 '죽다'이고 고유어 '죽다'는 한자어 '少殁' 과 동의 관계에 있다. 따라서 '죽다'와 '少殁'의 동의성은 명백히 입증된다.

(305) a. 殀 : 少殁也 通作夭 <四解下 17a>
　　　b. 夭 : 주글 요 少殁 <字會下 11b>

<306> 죽다 對 士庶殁

고유어 '죽다'와 한자어 '士庶殁'이 [死] 즉 '죽다, 사대부와 서민이 죽다'의 뜻을 가지고 동의 관계에 있다는 것은 다음 예문들에서 잘 확인된다. 원문 중 '今日死'가 '오늘 죽다'로 번역된다. 그리고 '死'의 자석이 '죽다'이고 고유어 '죽다'는 한자어 '士庶殁'과 동의 관계에 있다. 따라서 '죽다'와 '士庶殁'의 동의성은 명백히 입증된다.

(306) a. 우리 사루미 오늘 주글 동 리실 주글 동 모루는 거시니(咱人今日死的明日死的不理會得) <번老下 41b>
　　　b. 텨늘 반만 죽다가 사라나니(打的半死刺活的) <번朴上 36a>

(306) c. 死 : 殁也 <四解上 13b>
　　　d. 死 : 주글 ᄉ 士庶殁 <字會中 17a>

<307> 죽다 對 終身ᄒ다

고유어 '죽다'와 한자어 '終身ᄒ다'가 [終]과 [終身] 즉 '죽다, 終身하다'의 뜻을 가지고 동의 관계에 있다는 것은 다음 예문들에서 잘 확인된다. 원문 중 '以天年終'이 '삼긴 나호로 죽다'로 번역되고 '從一而終'이 'ᄒ난욀 조차 終身ᄒ다'로 번역된다. 그리고 '終身守節'이 '죽도록 남진 아니ᄒ다'로 번역된다. 따라서 '죽다'와 '終身ᄒ다'의 동의성은 명백히 입증된다.

(307) a. 싀어미 여ᄃ 나마 삼긴 나호로 죽거늘(姑ㅣ 八十餘ㅣ라 以天年으로 終커늘) <번소九 57a>

　　　b. 馮球ㅣ…밥 머글 더든 ᄒ여셔 죽거늘(馮이…食頃而終커늘) <번소十 17b>

　　　c. 崔氏 죽도록 남진 아니ᄒ니라(崔終身守節) <속三烈 11a>

　　　d. 죽도록 ᄆᆞ슈ᄆᆞᆯ 고티디 아니ᄒ니(終身不改節) <속三烈 3a>

　　　e. 죽도록 게을이(32a) 아니ᄒ더니(終身不怠) <속三孝 32b>

　　　f. 祠堂애 아ᄎᆞᆷ 나죄 飯祭호ᄃᆡ 죽도록 ᄒ니(家廟朝夕上食 終其身) <속三孝 14a>

(307) g. 겨지비 ᄒ난욀 조차 終身홀 거시니(婦人從一而終) <속三烈 28a>

<308> 줏구리다 對 蹲踞

고유어 '줏구리다'와 한자어 '蹲踞'가 [踞], [蹲] 및 [夷踞] 즉 '웅크리고 앉다, 무릎을 세우고 앉다'의 뜻을 가지고 동의 관계에 있다는 것은 다음 예문들에서 잘 확인된다. '踞'가 한자어 '蹲踞'를 뜻하고 '踞'의 자석이 '줏구리다'이다. '蹲'이 한자 '踞'와 同義이고 '蹲'의 자석이 '줏구리다'이다. 그리고 원문 중 '夷踞'가 '줏구리다'로 번역된다. 따라서 '줏구리다'와 '蹲踞'의 동의성은 명백히 입증된다.

(308) a. 踞 : 蹲踞 <四解上 29b>

　　　b. 踞 : 줏구릴 거 <字會下 12a>

(308) c. 蹲 : 踞也 <四解上 66a>

　　　d. 蹲 : 줏구릴 준 <字會下 12a>

(308) e. 모든 사ᄅᆞ미 다 줏구려 서르 마조 안자 잇거늘(衆皆夷踞相對어늘) <번소十 6a>

<309> 쥐치다 對 賑贍

고유어 '쥐치다'와 한자어 '賑贍'이 [賙]과 [賑] 즉 '賑恤하다, 救恤하다, 어려운 사람에게 널리 물건을 나누어 주다'의 뜻을 가지고 동의 관계에 있다는 것은 다음 예문들에서 잘 확인된다. '賙'가 한자어 '賑贍'을 뜻한다. 그리고 '賑'이 한자 '賙'와 同義이고 '賑'의 자석이 '쥐치다'이다. 따라서 '쥐치다'와 '賑贍'

의 동의성은 명백히 입증된다.

(309) a. 賙 : 賑贍 <四解下 69a>
   b. 贍 : 賙也 <四解下 84a>

(309) c. 賑 : 賙也 <四解上 59a>
   d. 賑 : 쥐칠 진 賙也 <字會下 14a>

<310> 쥬졍ᄒ다 對 酒失

고유어 '쥬졍ᄒ다'와 한자어 '酒失'이 [酗] 즉 '주정하다, 술에 취하여 실수를 저지르다'의 뜻을 가지고 동의 관계에 있다는 것은 다음 예문들에서 잘 확인된다. 원문 중 '好酒而酗'가 '술 즐기며 쥬졍ᄒ다'로 번역된다. 그리고 '酗'의 자석이 '쥬졍ᄒ다'이고 고유어 '쥬졍ᄒ다'는 한자어 '酒失'과 동의 관계에 있다. 따라서 '쥬졍ᄒ다'와 '酒失'의 동의성은 명백히 입증된다.

(310) a. 牛弘의 아ᅀᆞ 弼이 술 즐기며 쥬졍ᄒ더니 일즉 취ᄒ야(牛弘弟弼이 好酒而酗ᄒ더니 嘗醉ᄒ야)
   <번小九 77b>
   b. 酗 : 쥬졍홀 후 酒失 <字會下 7a>

<311> 즈츼다 對 泄痢

고유어 '즈츼다'와 한자어 '泄痢'가 [痢]와 [泄痢] 즉 '설사하다'의 뜻을 가지고 동의 관계에 있다는 것은 다음 예문들에서 잘 확인된다. '痢'가 한자어 '泄痢'를 뜻하고 '痢'의 자석이 '즈츼다'이다. 그리고 원문 중 '得泄痢'가 '즈츼율 얻다'로 번역된다. 따라서 '즈츼다'와 '泄痢'의 동의성은 명백히 입증된다.

(311) a. 痢 : 泄痢 通作利 <四解上 28b>
   b. 利 : 즈칠 리 <字會中 16b>

(311) c. 나히 아홉 서래 아비 즈츼율 어더늘(年九歲父得泄痢) <속三孝 16a>

<312> 즈츼다 對 疿痢

고유어 '즈츼다'와 한자어 '疿痢'가 [疿] 즉 '설사하다'의 뜻을 가지고 동의 관계에 있다는 것은 다음 예문들에서 잘 확인된다. '疿'이 한자어 '疿痢'를 뜻하고 '疿'의 자석이 '즈츼다'이다. 따라서 '즈츼다'와 '泄痢'의 동의성은 명백히 입증된다.

(312) a. 疿 : 疿痢 <四解下 5b>

　　 b. 疿 : 즈칄 셜 <字會中 16b>

<313> 즞다 對 犬鳴

　고유어 '즞다'와 한자어 '犬鳴'이 [吠] 즉 '짖다, 개가 짖다'의 뜻을 가지고 동의 관계에 있다는 것은 다음 예문들에서 잘 확인된다. '吠'가 한자어 '犬鳴'을 뜻한다. 그리고 '吠'의 자석이 '즞다'이고 고유어 '즞다'는 한자어 '犬鳴'과 동의 관계에 있다. 따라서 '즞다'와 '犬鳴'의 동의성은 명백히 입증된다.

(313) a. 吠 : 犬鳴 <四解上 17a>

　　 b. 吠 : 즈즐 폐 犬鳴 <字會下 4b>

<314> 뜾다 對 撕碎

　고유어 '뜾다'와 한자어 '撕碎'가 [撕] 즉 '찢다'의 뜻을 가지고 동의 관계에 있다는 것은 다음 예문들에서 잘 확인된다. '撕'의 자석이 '뜾다'이고 고유어 '뜾다'는 한자어 '撕碎'와 동의 관계에 있다. 따라서 '뜾다'와 '撕碎'의 동의성은 명백히 입증된다.

(314) a. 撕 : 析也 <四解上 13a>

　　 b. 撕 : 쁘즐 ᄉ 俗稱撕碎 又撕開 <字會下 6a>

<315> 지다 對 負荷

　고유어 '지다'와 한자어 '負荷'가 [負]와 [荷] 즉 '지다, 짐을 지다'의 뜻을 가지고 동의 관계에 있다는 것은 다음 예문들에서 잘 확인된다. 원문 중 '負米'가 '뿔 지다'로 번역되고 '負版'이 '호적 지다'로 번역되고 '負戴'가 '지며 이다'로 번역된다. '負'가 한자어 '負荷'를 뜻하고 '負'의 자석이 '지다'이다. 그리고 '荷'가 한자어 '負荷'를 뜻한다. 따라서 '지다'와 '負荷'의 동의성은 명백히 입증된다.

(315) a. 子路의 뿔 지던 톄옛 일둘 홀(子路의 負米之類ㅣ 니) <번小六 5b>

　　 b. 호젹 진 사ᄅᆞᆯ 맛나셔도 그리 구브시더라(式負版者ㅣ러시다) <번小四 18b>

　　 c. 머리 반만 셴 사ᄅᆞ미 길헤 지며 이디 아니ᄒᆞ면 례의옛 풍속이 두외리라(斑白者ㅣ 不負戴於道路則爲禮義之俗矣니라) <번小六 37a>

(315) d. 負 : 負荷 <四解下 66b>

e. 負 : 질 부 <字會下 10b>

(315) f. 荷 : 負荷 <四解下 27a>

<316> 지지다 對 젼ᄒ다

고유어 '지지다'와 한자어 '젼(煎)ᄒ다'가 [煎] 즉 '지지다'의 뜻을 가지고 동의 관계에 있다는 것은 다음 예문들에서 잘 확인된다. 원문 중 '煎魚'가 '믓고기 젼ᄒ다'로 번역된다. 그리고 '煎'의 자석이 '지지다'이다. 따라서 '지지다'와 '젼ᄒ다'의 동의성은 명백히 입증된다.

(316) a. 이 안쥬는 믓고기 젼ᄒ니(這按酒煎魚) <번老下 38a>

(316) b. 煎 : 減也 又煎鐾 <四解下 4b>
c. 煎 : 지질 젼 熟煮 <字會下 6b>

<317> 짓글히다 對 鬭聲

고유어 '짓글히다'와 한자어 '鬭声'이 [閧] 즉 '들에다, 시끄럽게 떠들다'의 뜻을 가지고 동의 관계에 있다는 것은 다음 예문들에서 잘 확인된다. '閧'이 한자어 '鬭声'을 뜻한다. 그리고 '閧'의 자석이 '짓글히다'이고 고유어 '짓글히다'는 한자어 '鬭声'과 동의 관계에 있다. 따라서 '짓글히다'와 '鬭声'의 동의성은 명백히 입증된다.

(317) a. 閧 : 鬭聲 <四解上 6a>
b. 閧 : 짓글힐 홍 鬭聲 <字會下 7a>

<318> 짓글히다 對 喧囂

고유어 '짓글히다'와 한자어 '喧囂'가 [鬧] 즉 '들레다, 시끄럽게 떠들다'의 뜻을 가지고 동의 관계에 있다는 것은 다음 예문들에서 잘 확인된다. '鬧'의 자석이 '짓글히다'이고 고유어 '짓글히다'는 한자어 '喧囂'와 동의 관계에 있다. 따라서 '짓글히다'와 '喧囂'의 동의성은 명백히 입증된다.

(318) a. 鬧 : 喧也 <四解下 20a>
b. 鬧 : 짓글힐 뇨 喧囂 <字會下 7a>

<319> 좁다 對 팀ᄒ다

고유어 '좀다'와 한자어 '팀(沉)ㅎ다'가 [沉]과 [溺] 즉 '잠기다'의 뜻을 가지고 동의 관계에 있다는 것은 다음 예문들에서 잘 확인된다. 원문 중 '沉水'가 '믈 좀다'로 번역되고 '浮沉'이 '부ᄒᆞ락 팀ᄒᆞ락 ᄒᆞ다'로 번역된다. 그리고 '沉'이 한자아 '溺'과 同義이고 '溺'의 자석이 '좀다'이다. 따라서 '좀다'와 '팀ᄒᆞ다'의 동의성은 명백히 입증된다.

(319) a. 그 드레 믈 좀디 아니ᄒᆞᄂᆞ니(那洒子不沉水) <번老上 32a>

b. 네 믹이 부ᄒᆞ락 팀ᄒᆞ락 ᄒᆞ다(你脉息浮沉) <번老上 40a>

(319) c. 沉 : 溺也 <四解下 73b>

d. 溺 : 沒也 <四解下 50a>

e. 溺 : ᄌᆞ믈 닉 <字會下 15a>

<320> 추들다 對 挾持

고유어 '추들다'와 한자어 '挾持'가 [掖] 즉 '추켜들다'의 뜻을 가지고 동의 관계에 있다는 것은 다음 예문들에서 잘 확인된다. 원문 중 '誘掖'이 '달애며 추들다'로 번역된다. 그리고 '掖'이 한자어 '挾持'를 뜻한다. 따라서 '추들다'와 '挾持'의 동의성은 명백히 입증된다.

(320) a. 그 달애며 추들(13b)며 닐와ᄃᆞ며 힘싁우며(其所以誘掖激勵ᄒᆞ야) <번小九 14a>

b. 掖 : 挾持 <四解下 56a>

<321> 치다 對 以穀飤獸

고유어 '치다'와 한자어 '以穀飤獸'가 [豢] 즉 '기르다, 곡식으로 가축을 기르다'의 뜻을 가지고 동의 관계에 있다는 것은 다음 예문들에서 잘 확인된다. '豢'이 한자어 '以穀飤獸'를 뜻한다. 그리고 '豢'의 자석이 '치다'이고 고유어 '치다'는 한자어 '以穀飤獸'와 동의 관계에 있다. 따라서 '치다'와 '以穀飤獸'의 동의성은 명백히 입증된다.

(321) a. 豢 : 以穀飤獸 <四解上 81b>

b. 豢 : 칠 환 以穀養獸 <字會下 4b>

<322> 치다 對 下奉上

고유어 '치다'와 한자어 '下奉上'이 [養] 즉 '봉양하다, 부모나 높은 사람을 받을어 모시다'의 뜻을 가지고 동의 관계에 있다는 것은 다음 예문들에서 잘 확인된다. '養'이 한자어 '下奉上'을 뜻한다. 그리고 '養'의 자석이 '치다'이다. 따라서 '치다'와 '下奉上'의 동의성은 명백히 입증된다.

(322) a. 養 : 下奉上曰養 <四解下 44b>

b. 養 : 칠 양 人物通稱 又去聲養父母 <字會下 4b>

<323> 치다 對 孝養ᄒ다

고유어 '치다'와 한자어 '孝養ᄒ다'가 [養] 및 [奉養] 즉 '봉양하다, 받들어 모시다'의 뜻을 가지고 동의 관계에 있다는 것은 다음 예문들에서 잘 확인된다. 원문 중 '養…老母'가 '늘근 어미를 치다'로 번역되고 '養母'가 '어미 孝養ᄒ다'로 번역되며 '奉養其母'가 '어미를 孝養ᄒ다'로 번역된다. 따라서 '치다'와 '孝養ᄒ다'의 동의성은 명백히 입증된다.

(323) a. 사ᄅᆞᆷ의 늘근(56b) 어미를 치다가 내죵내 아니ᄒ며(夫養人老母而不能卒ᄒ며) <번小九 57a>

(323) b. 지비 艱難ᄒ디 어미 孝養호ᄆᆞᆯ 지그기 ᄒ더니(家貧養母至孝) <속三孝 24a>

c. 수머 살며셔 어버이를 효양ᄒ더니(隱居養親ᄒ더니) <번小八 2a>

d. 인ᄒ여 싀어미를 효양케 ᄒ니(遂使養其姑ᄒ니) <번小九 57a>

e. 벼슬 말오 本鄕의 가 어미를 孝養ᄒ더니(棄官歸鄕里奉養其母) <속三孝 14a>

<324> 티다 對 打擊

고유어 '티다'와 한자어 '打擊'이 [撻] 즉 '매질하다'의 뜻을 가지고 동의 관계에 있다는 것은 다음 예문들에서 잘 확인된다. '撻'이 한자어 '打擊'을 뜻한다. 그리고 '撻'의 자석이 '티다'이다. 따라서 '티다'와 '打擊'의 동의성은 명백히 입증된다.

(324) a. 撻 : 打擊 <四解上 77a>

b. 撻 : 틸 달 <字會下 13a>

<325> ᄩ다 對 鼓爪

고유어 'ᄩ다'와 한자어 '鼓爪'가 [彈] 즉 '타다, 손가락으로 튀기다'의 뜻을 가지고 동의 관계에 있다는 것은 다음 예문들에서 잘 확인된다. '彈'이 한자어 '鼓爪'를 뜻한다. 그리고 '彈'의 자석이 'ᄩ다'이고 고유어 'ᄩ다'는 한자어 '鼓爪'와 동의 관계에 있다. 따라서 'ᄩ다'와 '鼓爪'의 동의성은 명백히 입증된다.

(325) a. 彈 : ⋯鼓爪曰彈 <四解上 77a>
　　　b. 彈 : 뜰 탄 鼓爪 <字會中 9a>

<326> 펴다 對 手布

고유어 '펴다'와 한자어 '手布'가 [攤] 즉 '펴다, 펼치다'의 뜻을 가지고 동의 관계에 있다는 것은 다음 예문들에서 잘 확인된다. '攤'이 한자어 '手布'를 뜻한다. 그리고 '攤'의 자석이 '펴다'이고 고유어 '펴다'는 한자어 '手布'와 동의 관계에 있다. 따라서 '펴다'와 '手布'의 동의성은 명백히 입증된다.

(326) a. 攤 : 手布也 <四解上 76a>
　　　b. 攤 : 펼 탄 手布 <字會下 6a>

<327> 퍼디다 對 셩ᄒ다

고유어 '퍼디다'와 한자어 '셩(盛) ᄒ다'가 [熾] 즉 '셩하다, 기세가 세다'의 뜻을 가지고 동의 관계에 있다는 것은 동일 원문의 번역인 다음 예문들에서 잘 확인된다. 원문 중 '方熾'가 '보야호로 퍼디다'로도 번역되고 '뵈야호로 셩ᄒ다'로도 번역되므로 '퍼디다'와 '셩ᄒ다'의 동의성은 명백히 입증된다.

(327) a. 병긔 보야호로 퍼디여(癘氣方熾) <二倫 11a>
　　　b. 병긔운이 뵈야호로 셩홀시(癘氣ㅣ 方熾홀시) <번小九 73a>

<328> 퍼디다 對 瀰漫

고유어 '퍼디다'와 한자어 '瀰漫'이 [漫] 즉 '널리 퍼지다'의 뜻을 가지고 동의 관계에 있다는 것은 다음 예문들에서 잘 확인된다. '漫'의 자석이 '펴디다'이고 고유어 '펴디다'는 한자어 '瀰漫'과 동의 관계에 있다. 따라서 '펴디다'와 '瀰漫'의 동의성은 명백히 입증된다.

(328) a. 漫 : ⋯又大水汗漫 <四解上 75a>
　　　b. 漫 : 펴딜 만 瀰漫 大水漫貌 <字會下 15a>

<329> 풀다 對 鬻物

고유어 '풀다'와 한자어 '鬻物'이 [売]와 [鬻] 즉 '팔다, 값을 받고 물건을 주다'의 뜻을 가지고 동의 관계에 있다는 것은 다음 예문들에서 잘 확인된다. 원문 중 '尽売'가 '다 풀다'로 번역되고 '売去'가 '포라 가다'로 번역되고 '売毛施布'가 '모시뵈 풀다'로 번역된다. '売'가 한자어 '鬻物'을 뜻하고 '売'의 자석이

'풀다'이다. 그리고 '鬻'이 한자 '売'와 同義이고 '売'의 자석이 '풀다'이다. 따라서 '풀다'와 '鬻物'의 동의성은 명백히 입증된다.

(329) a. 그 받티며 집이며 쳘량올 다 푸라(盡賣其田宅財物ᄒᆞ야) <번小九 57a>
   b. 샐리 푸라 차반을(87a) ᄀᆞ초라 ᄒᆞ더라(趣賣ᄒᆞ야 以供具ᄒᆞ라 ᄒᆞ더라) <번小九 88a>
   c. 내 아니 여러 ᄆᆞᆯ 가져 풀라 가노라(我將這幾箇馬賣去) <번老上 8a>
   d. 이 뎜에 모시뵈 풀 高麗人 나그내 李개 잇ᄂᆞ녀(這店裏賣毛施布的高麗客人李舍有麼) <번老下 1a>
   e. 뎌 금으로 흉븨 쁜 비단 풀리여(那賣織金胸背段子的) <번朴上 73a>

(329) f. 賣 : 鬻物 <四解上 44a>
   g. 賣 : 풀 매 <字會下 9b>

(329) h. 鬻 : 賣也 <四解上 11a>
   i. 鬻 : 풀 육 <字會下 9b>

<330> 풀다 對 行且賣

고유어 '풀다'와 한자어 '行且売'가 [衒] 즉 '돌아다니면서 팔다'의 뜻을 가지고 동의 관계에 있다는 것은 다음 예문들에서 잘 확인된다. '衒'의 자석이 '풀다'이고 고유어 '풀다'는 한자어 '行且売'와 동의 관계에 있다. 따라서 '풀다'와 '行且売'의 동의성은 명백히 입증된다.

(330) a. 衒 : …鬻 <四解下 12a>
   b. 衒 : 풀 현…又行且賣也 <字會下 9b>

<331> 할아다 對 훼ᄒᆞ다

고유어 '할아다'와 한자어 '훼(毁) ᄒᆞ다'가 [毁] 즉 '헐뜯다'의 뜻을 가지고 동의 관계에 있다는 것은 다음 예문들에서 잘 확인된다. 원문 중 '毁譽'가 '할아며 기리다'로 번역되고 '誣毁'가 '소겨 훼ᄒᆞ다'로 번역되므로 '할아다'와 '훼ᄒᆞ다'의 동의성은 명백히 입증된다.

(331) a. 외니 올ᄒᆞ니 ᄒᆞ며 할아며 기리논 ᄉᆞᅀᅵ예(是非毁譽間애) <번小六 24a>
   b. 거즛 말ᄉᆞᆷ 지서 사ᄅᆞᆷ을 소겨 훼호미오(造言誣毁伊五) <呂約 7a>

<332> 핧다 對 以舌取食

고유어 '핥다'와 한자어 '以舌取食'이 [舐]와 [餂] 즉 '핥다, 빨다'의 뜻을 가지고 동의 관계에 있다는 것은 다음 예문들에서 잘 확인된다. '舐'가 한자어 '以舌取食'을 뜻하고 '舐'의 자석이 '핥다'이다. 그리고 '餂'의 자석이 '핥다'이다. 따라서 '핥다'와 '以舌取食'의 동의성은 명백히 입증된다.

(332) a. 舐 : … 以舌取食 <四解上 20a>

　　 b. 舐 : 할홀 데 亦作餂 以舌取物 <字會下 7a>

(332) c. 餂 : 할홀 텸 <字會下 7a>

<333> 함담ᄒ다 對 調羹

고유어 '함담ᄒ다'와 한자어 '調羹'이 [絮] 즉 '간을 맞추다'의 뜻을 가지고 동의 관계에 있다는 것은 다음 예문들에서 잘 확인된다. 원문 중 '絮羹'이 '깅을 먹는 그르세셔 함담ᄒ다'로 번역된다. 그리고 '絮'가 한자어 '調羹'을 뜻한다. 따라서 '혐담ᄒ다'와 '調羹'의 동의성은 명백히 입증된다.

(333) a. 소니 깅을 먹는 그르세셔 함담ᄒ거든(客이 絮羹이어든) <번小四 26b>

　　 b. 깅 먹는 그르세셔 함담ᄒ디 말며(毋絮羹ᄒ며) <번小四 26b>

(333) c. 絮 : 調羹 <四解上 32b>

<334> 헐쓰리다 對 謗訕

고유어 '헐쓰리다'와 한자어 '謗訕'이 [訕]과 [謗] 즉 '헐뜯다, 비방하다'의 뜻을 가지고 동의 관계에 있다는 것은 다음 예문들에서 잘 확인된다. '訕'이 한자어 '謗訕'을 뜻한다. '訕'의 자석이 '헐쓰리다'이고 고유어 '헐쓰리다'는 한자어 '謗訕'과 동의 관계에 있다. 그리고 '謗'의 자석이 '헐쓰리다'이다. 따라서 '헐쓰리다'와 '謗訕'의 동의성은 명백히 입증된다.

(334) a. 訕 : 謗訕 <四解上 79a>

　　 b. 訕 : 헐쓰릴 산 謗訕 <字會下 12b>

(334) c. 謗 : 誹謗 <四解下 36a>

　　 d. 謗 : 헐쓰릴 방 <字會下 12b>

<335> 헐쓰리다 對 誹謗

고유어 '헐쓰리다'와 한자어 '誹謗'이 [謗]과 [誹] 즉 '헐뜯다, 비방하다'의 뜻을 가지고 동의 관계에 있다는 것은 다음 예문들에서 잘 확인된다. '謗'이 한자어 '誹謗'을 뜻하고 '謗'의 자석이 '헐쓰리다'이다. 그리고 '誹'가 한자어 '誹謗'을 뜻한다. 따라서 '헐쓰리다'와 '誹謗'의 동의성은 명백히 입증된다.

(335) a. 謗 : 誹謗 <四解下 36a>
　　　b. 謗 : 헐쓰릴 방 <字會下 12b>

(335) c. 誹 : 誹謗 <四解上 17a>
　　　d. 誹 : 謗也 <四解上 17a>

<336> 헤펄러ᄒ다 對 倨傲

고유어 '헤펄러ᄒ다'와 한자어 '倨傲'가 [慢]과 [倨] 즉 '업신여기다, 뽐내다'의 뜻을 가지고 동의 관계에 있다는 것은 다음 예문들에서 잘 확인된다. 원문 중 '遠暴慢'이 '아니완츨ᄒ며 허펄러ᄒ돌 머리 ᄒ다'로 번역된다. 그리고 '慢'이 한자 '倨'와 同義이고 '倨'는 한자어 '倨傲'를 뜻한다. 따라서 '헤펄러ᄒ다'와 '倨傲'의 동의성은 명백히 입증된다.

(336) a. 얼굴 가죠매 아니(6b) 완츨ᄒ며 헤펄러ᄒ돌 머리 ᄒ며(動容貌애 斯遠暴慢矣며) <번小四 7a>

(336) b. 慢 : … 倨也 <四解上 76a>
　　　c. 倨 : 倨傲 <四解上 29b>

<337> 혀다 對 開弓

고유어 '혀다'와 한자어 '開弓'이 [引] 즉 '활을 쏘다'의 뜻을 가지고 동의 관계에 있다는 것은 다음 예문들에서 잘 확인된다. '引'이 한자어 '開弓'을 뜻한다. 그리고 '引'의 자석이 '혀다'이다. 따라서 '혀다'와 '開弓'의 동의성은 명백히 입증된다.

(337) a. 引 : 開弓也 <四解上 60b>
　　　b. 引 : 혈 인 <字會上 18b>

<338> 혀다 對 導引

고유어 '혀다'와 한자어 '導引'이 [引]과 [導] 즉 '인도하다'의 뜻을 가지고 동의 관계에 있다는 것은 다음 예문들에서 잘 확인된다. 원문 중 '引導者'가 '존훈 사룸을 혀다'로 번역되고 '引長者'가 '댱샹앳 사룸을 혀다'로 번역된다. '引'이 한자 '導'와 同義이고 '導'는 한자어 '導引'을 뜻한다. 그리고 '引'의 자석이 '혀다'이다. 따라서 '혀다'와 '導引'의 동의성은 명백히 입증된다.

(338) a. 딕월이 존흔 사름을 혀(直月引尊者爲也) <呂約 39a>
　　　b. 딕월이 댱상앳 사름을 혀(直月引長者爲也) <呂約 39b>
　　　c. 딕월이 쏘 져기 져믄 사름을 혀(直月又引稍少者爲也) <呂約 40a>

(338) d. 引 : … 導也 <四解上 60b>
　　　e. 引 : 혈 인 <字會上 18b>

(338) f. 導 : 導引 又治也 又啓迪也 <四解下 19b>

<339> 혜아리다 對 의론ᄒ다

고유어 '혜아리다'와 한자어 '의론(議論) ᄒ다'가 [商量] 즉 '흥정하다, 의논하다'의 뜻을 가지고 동의 관계에 있다는 것은 다음 예문들에서 잘 확인된다. 원문 중 '商量去来'가 '혜아리라 기다'로 번역되고 '一發商量'이 'ᄒᄃᆡ 혜아리다'로 번역된다. 그리고 '商量去'가 '의론ᄒ라 가다'로 번역되고 '商量人蔘価錢'이 '신슴 쌉 의론ᄒ다'로 번역된다. 따라서 '혜아리다'와 '의론ᄒ다'의 동의성은 명백히 입증된다.

(339) a. 우리 푸에 혜아리라 가져(咱們鋪裏商量去來) <번老下 24a>
　　　b. 이 됴ᄒ니 사오나오니 다 ᄒᄃᆡ 혜아리져(這好的歹的 都一發商量) <번老下 8b>
　　　c. 우리 혜아리져(咱們商量) <번老下 8a>
　　　d. 내 너므 혜아리디 아니ᄒ노라(我不是矯商量的) <번老下 10b>

(339) e. 즐기디 아니커든 내 다른 ᄃᆡ 의론ᄒ라 가리라(不肯時我別處商量去) <번老下 28a>
　　　f. 다른 뎜에 의론ᄒ야 보라 가듸여(別箇店裏試商量去) <번老上 18b>
　　　g. 신슴쌉 의론ᄒ져(商量人蔘價錢) <번老下 56b>
　　　h. 네 쏘 다시 져ᄃᆞ려 의론호ᄃᆡ(你再和他商量) <번朴上 10b>
　　　i. 모든 형뎨들히 의론ᄒ져라(衆弟兄們商量了) <번朴上 1b>

<340> 혜아리다 對 쟉량ᄒ다

고유어 '혜아리다'와 한자어 '쟉량(酌量) ᄒ다'가 [量] 즉 '혜아리다'의 뜻을 가지고 동의 관계에 있다는 것은 다음 예문들에서 잘 확인된다. 원문 중 '量児大小'가 '아ᄒᆡ 크니 져그니 혜아리다'로도 번역되고 '아히 ᄌ라며 져무믈 쟉량ᄒ다'로도 번역된다. 따라서 '혜아리다'와 '쟉량ᄒ다'의 동의성은 명백히 입증된다.

(340) a. 아히 크니 져그니 혜아려 ᄃ스니 반 홉 ᄒ 홉곰 머기면(量児大小温服半合至一合) <瘡疹 29a>

(340) b. 아히 ᄌ라며 져무믈 쟉량ᄒ야 머기라(量児大小与之) <瘡疹 45a>

c. 아히 ᄌ라며 져무믈 쟉량ᄒ야 져지나 바비나 머근 후에 머기라(量兒大小服之乳食後服) <瘡疹 45b>

<341> 호다 對 以鍼紩衣

고유어 '호다'와 한자어 '以鍼紩衣'가 [縫] 즉 '꿰매다'의 뜻을 가지고 동의 관계에 있다는 것은 다음 예문들에서 잘 확인된다. 원문 중 '縫着'이 '호와 잇다'로 번역된다. 그리고 '縫'이 한자어 '以鍼紩衣'를 뜻하고 '縫'의 자석이 '호다'이다. 따라서 '호다'와 '以鍼紩衣'의 동의성은 명백히 입증된다.

(341) a. 우희 구룸 갓고로 드리옛게 호와 잇고(上頭縫着倒提雲) <번老下 52a>

(341) b. 縫 : 以鍼紩衣 <四解上 4a>

c. 縫 : 홀 봉 <字會下 9a>

<342> 후리다 對 强取

고유어 '후리다'와 한자어 '强取'가 [劫] 즉 '빼앗다, 폭력으로 빼앗다'의 뜻을 가지고 동의 관계에 있다는 것은 다음 예문들에서 잘 확인된다. '劫'이 한자어 '强取'를 뜻한다. 그리고 '劫'의 자석이 '후리다'이다. 따라서 '후리다'와 '强取'의 동의성은 명백히 입증된다.

(342) a. 劫 : 强取 <四解下 81a>

b. 劫 : 후릴 겁 俗呼强盜 <字會中 2b>

<343> 후리다 對 爭取

고유어 '후리다'와 한자어 '爭取'가 [搶] 즉 '빼앗다, 약탈하다'의 뜻을 가지고 동의 관계에 있다는 것은 다음 예문들에서 잘 확인된다. '搶'이 한자어 '爭取'를 뜻한다. 그리고 '搶'의 자석이 '후리다'이다. 따라서 '후리다'와 '爭取'의 동의성은 명백히 입증된다.

(343) a. 搶 : 突也(41b) 爭取也 <四解下 42a>

    b. 搶 : 후릴 창 又突也 著也 <字會下 11a>

<344> 후리다 對 奪取

고유어 '후리다'와 한자어 '奪取'가 [掠] 즉 '탈취하다'의 뜻을 가지고 동의 관계에 있다는 것은 다음 예문들에서 잘 확인된다. '掠'이 한자어 '奪取'를 뜻한다. 그리고 '掠'의 자석이 '후리다'이다. 따라서 '후리다'와 '奪取'의 동의성은 명백히 입증된다.

(344) a. 掠 : 奪取也 抄掠 <四解下 45a>

    b. 掠 : 후릴 략 <字會下 11a>

<345> 흐르다 對 水行

고유어 '흐르다'와 한자어 '水行'이 [流] 즉 '흐르다'의 뜻을 가지고 동의 관계에 있다는 것은 다음 예문들에서 잘 확인된다. 원문 중 '流齈'이 '고 흐르다'로 번역된다. '流'가 한자어 '水行'을 뜻한다. 그리고 '流'의 자석이 '흐르다'이다. 고유어 '흐르다'는 한자어 '水行'과 동의 관계에 있다. 따라서 '흐르다'와 '水行'의 동의성은 명백히 입증된다.

(345) a. 뎌 고해 고 흐르ᄂᆞ니(那鼻子裏流齈) <번老下 19a>

    b. 피 두서 되 나 흐르거늘(出血數升) <二倫 19a>

(345) c. 流 : 水行 <四解下 71a>

    d. 流 : 흐를 류 水行 <字會下 1a>

<346> 흥졍ᄒ다 對 商賈

고유어 '흥졍ᄒ다'와 한자어 '商賈'가 [賈] 즉 '장사하다'의 뜻을 가지고 동의 관계에 있다는 것은 다음 예문들에서 잘 확인된다. '賈'가 한자어 '商賈'를 뜻한다. 그리고 '賈'의 자석이 '흥졍ᄒ다'이다. 따라서 '흥졍ᄒ다'와 '商賈'의 동의성은 명백히 입증된다.

(346) a. 賈 : 商賈 <四解上 36a>

    b. 賈 : 흥졍홀 고 坐者曰賈 <字會中 2b>

<347> 흥졍ᄒ다 對 行賈

고유어 '흥졍ᄒ다'와 한자어 '行賈'가 [商]과 [做買売] 즉 '장사하다, 상품을 매매하다'의 뜻을 가지고 동의 관계에 있다는 것은 다음 예문들에서 잘 확인된다. 원문 중 '做買売去'가 '흥졍ᄒ라 가다'로 번역된다. 그리고 '商'이 한자어 '行賈'를 뜻하고 '商'의 자석이 '흥졍ᄒ다'이다. 따라서 '흥졍ᄒ다'와 '行賈'의 동의성은 명백히 입증된다.

(347) a. 북경 셔울로 흥졍ᄒ라 가ᄂᆞ니(往北京做買賣去) <번老上 51b>

(347) b. 商 : …行賈也 <四解下 43b>

　　　 c. 商 : 흥졍홀 샹(2a) 行者曰商 <字會中 2b>

2. 固有語가 合成動作動詞와 動作動詞句인 경우

동사류에서 확인되는 고유어와 한자어 간의 동의에서 고유어가 合成動作動詞와 動作動詞句인 경우에는 [褰]과 [攘] 즉 '추어 올리다'의 뜻을 가진 '거두들다'와 '摳衣'를 비롯하여 [撾] 즉 '꺾어 꽂다'의 뜻을 가진 '것곶다'와 '擺捕', [漁] 즉 '고기를 잡다, 물고기를 잡다'의 뜻을 가진 '고기 잡다'와 '捕魚', [鼾] 즉 '코를 골다'의 뜻을 가진 '고 코으다'와 '睡中鼻息', [冠] 즉 '갓을 쓰다'의 뜻을 가진 '곳갈 스다'와 '加冠於首', [屯] 즉 '진치다, 군대를 일정한 곳에 모아 수비하다'의 뜻을 가진 '군 몯다'와 '勒兵而守', [馘] 즉 '귀를 베다, 전장에서 적의 귀를 베다'의 뜻을 가진 '귀버히다'와 '獲敵截耳', [抓] 즉 '움켜쥐다'의 뜻을 가진 '긁쥐다'와 '覆手取物', [鞁] 즉 '말 수레에 메우다'의 뜻을 가진 '기르마짇다'와 '鞁馬', [耨] 즉 '김 매다'의 뜻을 가진 '기슴미다'와 '除田穢', [牮屋] 즉 '기운 집을 버티다'의 뜻을 가진 '기운 집 니르다'와 '牮屋', [醃] 즉 '절이다, 소금에 담그다'의 뜻을 가진 '근 저리다'와 '塩漬藏物', [樵] 즉 '나무하다, 땔나무를 마련하다'의 뜻을 가진 '나모 뷔다'와 '取薪', [黜] 즉 '벼슬을 떨어뜨리어 물리치다'의 뜻을 가진 '내좇다'와 '貶斥', [農] 즉 '농사짓다'의 뜻을 가진 '녀름짓다'와 '田農', [鎔] 즉 '녹여 붓다'의 뜻을 가진 '노겨 붓다'와 '鑄鎔', [瞑] 즉 '눈을 감다'의 뜻을 가진 '눈금다'와 '翕目' 등 120여 항목이 있다.

<1> 거두들다 對 摳衣

고유어 '거두들다'와 한자어 '摳衣'가 [褰]과 [攘] 즉 '추어 올리다'의 뜻을 가지고 동의 관계에 있다는 것은 다음 예문들에서 잘 확인된다. 원문 중 '褰裳'이 '아랫오ᄉᆞᆯ 거두들다'로 번역된다. 그리고 '攘'이 한 자어 '摳衣'를 뜻하고 '攘'의 자석이 '거두들다'이다. 따라서 '거두들다'와 '摳衣'의 동의성은 명백히 입증된다. 한자 '襄'과 '攘'은 同義이다. 고유어 '거두들다'는 합성동작동사로 동작동사 '거두다'의 어간 '거두-'와 동작동사 '들다'의 비통사적 합성이다.

(1) a. 더워도 아랫오술 거두드지 마롤디니라(暑毋褰裳이니라) <번小四 11a>

(1) b. 攘 : 摳衣 詩作襄 <四解下 1a>
  c. 攘 : 거두들 건 <字會下 9a>

<2> 것곶다 對 撋揷

고유어 '것곶다'와 한자어 '撋揷'이 [撋] 즉 '꺾어 꽂다'의 뜻을 가지고 동의 관계에 있다는 것은 다음 예문들에서 잘 확인된다. '撋'이 한자어 '撋揷'을 뜻한다. 그리고 '撋'의 자석이 '것곶다'이다. 따라서 '것곶다'와 '撋揷'의 동의성은 명백히 입증된다. 고유어 '것곶다'는 합성동작동사로 동작동사 '젓다'의 어간 '젓-'과 동작동사 '곶다'의 비통사적 합성이다.

(2) a. 撋 : 揷也 今俗謂折生樹栽植曰撋揷 <四解下 4b>
  b. 撋 : 것고즐 천 <字會下 3a>

<3> 고기 잡다 對 捕魚

고유어 '고기 잡다'와 한자어 '捕魚'가 [漁] 즉 '고기를 잡다, 물고기를 잡다'의 뜻을 가지고 동의 관계에 있다는 것은 다음 예문들에서 잘 확인된다. 원문 중 '水而漁'가 '므레 가 고기 잡다'로 번역된다. 그리고 '漁'가 한자어 '捕魚'를 뜻하고 '漁'의 자석이 '고기 잡다'이다. 따라서 '고기 잡다'와 '捕魚'의 동의성은 명백히 입증된다. 고유어 '고기 잡다'는 동작동사구로 명사 '고기'[魚]와 동작동사 '잡다'[捕]의 결합이다.

(3) a. 혹 므레 가 고기 자바(或水而漁ᄒ야) <번小九 99a>

(3) b. 漁 : 捕魚 <四解上 30b>
  c. 漁 : 고기 자블 어 <字會中 1b>

<4> 고 코으다 對 睡中鼻息

고유어 '고 코으다'와 한자어 '睡中鼻息'이 [鼾] 즉 '코를 골다'의 뜻을 가지고 동의 관계에 있다는 것은 다음 예문들에서 잘 확인된다. '鼾'이 한자어 '睡中鼻息'을 뜻한다. 그리고 '鼾'의 자석이 '고 코으다'

이다. 따라서 '고 코으다'와 '睡中鼻息'의 동의성은 명백히 입증된다.

(4) a. 鼾 : 睡中鼻息 <四解上 72a>

　　 b. 鼾 : 고 코을 한 俗稱打鼾睡 <字會上 15b>

<5> 곳갈 스다 對 加冠於首

고유어 '곳갈 스다'와 한자어 '加冠於首'가 [冠] 즉 '갓을 쓰다'의 뜻을 가지고 동의 관계에 있다는 것은 다음 예문들에서 잘 확인된다. 원문 중 '衣服冠'이 '옷 닙고 곳갈 스다'로 번역되고 '二十而冠'이 '스믈헤 곳갈 스다'로 번역되고 '冠礼'가 '곳갈 스는 례'로 번역된다. 그리고 '冠'의 자석이 '곳갈'이고 '冠'은 한자어 '加冠於首'를 뜻한다. 따라서 '곳갈 스다'와 '加冠於首'의 동의성은 명백히 입증된다. 고유어 '곳갈 스다'는 동작동사구로 명사 '곳갈'과 동작동사 '스다'의 결합이다.

(5) a. 옷 닙고 곳갈(18a) 서 안줄디니라(衣服冠而坐ㅣ니라) <번小四 18b>

　　 b. 넷 례도애 비록 스믈헤 곳갈 스라 흐여도(古禮예 雖稱二十而冠흐나) <번小七 9b>

　　 c. 곳갈 스는 례도 아니흐연 디 오라니(冠禮之廢久矣니) <번小七 9a>

(5) d. 冠 : 戴也 <四解上 72a>

　　 e. 冠 : 곳갈 관 又去聲加冠於首曰冠 <字會中 11a>

<6> 군 몯다 對 勒兵而守

고유어 '군 몯다'와 한자어 '勒兵而守'가 [屯] 즉 '진치다, 군대를 일정한 곳에 모아 수비하다'의 뜻을 가지고 동의 관계에 있다는 것은 다음 예문들에서 잘 확인된다. '屯'이 한자어 '勒兵而守'를 뜻한다. 그리고 '屯'의 자석이 '군 몯다'이고 고유어 '군 몯다'는 한자어 '勒兵而守'와 동의 관계에 있다. 따라서 '군 몯다'와 '勒兵而守'의 동의성은 명백히 입증된다. 고유어 '군 몯다'는 동작동사구로 한자어 '군'(軍) 과 동작동사 '몯다'의 결합이지만 이 저서에서는 고유어로 다루었다.

(6) a. 屯 : … 又勒兵而守曰屯 <四解上 63b>

　　 b. 屯 : 군 모들 둔 勒兵而守曰屯 <字會中 3a>

<7> 귀버히다 對 獲敵截耳

고유어 '귀버히다'와 한자어 '獲敵截耳'가 [馘] 즉 '귀를 베다, 전장에서 적의 귀를 베다'의 뜻을 가지고 동의 관계에 있다는 것은 다음 예문들에서 잘 확인된다. '馘'이 한자어 '獲敵截耳'를 뜻한다. 그리고 '馘'의 자석이 '귀버히다'이다. 따라서 '귀버히다'와 '獲敵截耳'의 동의성은 명백히 입증된다. 고유어 '귀버히다'는 합성동작동사로 명사 '귀'와 동작동사 '버히다'의 合成이다.

    (7) a. 馘 : 獲敵截耳 <四解下 62b>
      b. 馘 : 귀버힐 괵 獲敵截耳爲馘 <字會下 11a>

<8> 긁쥐다 對 覆手取物

    고유어 '긁쥐다'와 한자어 '覆手取物'이 [抓] 즉 '움켜쥐다'의 뜻을 가지고 동의 관계에 있다는 것은 다음 예문들에서 잘 확인된다. '抓'가 한자어 '覆手取物'을 뜻한다. 그리고 '抓'의 자석이 '긁쥐다'이다. 따라서 '긁쥐다'와 '覆手取物'의 동의성은 명백히 입증된다. 고유어 '긁쥐다'는 합성동작동사로 동작동사 '긁다'의 어간 '긁'과 동작동사 '쥐다'의 비통사적 合成이다.

    (8) a. 抓 : 爪剌 又覆手取物 <四解下 22a>
      b. 抓 : 긁쥘 좌 <字會下 10a>

<9> 긁쥐다 對 爪剌

    고유어 '긁쥐다'와 한자어 '爪剌'가 [抓] 즉 '움켜쥐다'의 뜻을 가지고 동의 관계에 있다는 것은 다음 예문들에서 잘 확인된다. '抓'가 한자어 '爪剌'을 뜻한다. 그리고 '抓'의 자석이 '긁쥐다'이다. 따라서 '긁쥐다'와 '爪剌'의 동의성은 명백히 입증된다. 고유어 '긁쥐다'는 합성동작동사로 동작동사 '긁다'의 어간 '긁'과 동작동사 '쥐다'의 비통사적 합성이다.

    (9) a. 抓 : 爪剌 <四解下 22a>
      b. 抓 : 긁쥘 좌 <字會東中本下 22b>

<10> 기르마짛다 對 鞁馬

    고유어 '기르마짛다'와 한자어 '鞁馬'가 [鞁] 즉 '말 수레에 메우다'의 뜻을 가지고 동의 관계에 있다는 것은 다음 예문들에서 잘 확인된다. '鞁'가 한자어 '鞁馬'를 뜻한다. 그리고 '鞁'의 자석이 '기르마짛다'이고 고유어 '기르마짛다'는 한자어 '鞁馬'와 동의 관계에 있다. 따라서 '기르마짛다'와 '鞁馬'의 동의성은 명백히 입증된다. 고유어 '기르마짛다'는 합성동작동사로 명사 '기르마'와 동작동사 '짛다'의 合成이다.

(10) a. 鞁 : ‥‥今俗謂以鞍裝馬曰鞁馬 鞁鞍子 <四解上 16a>

　　b. 鞁 : 기르마지홀 피 俗稱鞁馬 鞁鞍子 <字會下 9a>

<11> 기슴미다 對 除田穢

고유어 '기슴미다'와 한자어 '除田穢'가 [䅺] 즉 '김매다'의 뜻을 가지고 동의 관계에 있다는 것은 다음 예문들에서 잘 확인된다. '䅺'가 한자어 '除田穢'를 뜻하고 '䅺'의 자석이 '기슴미다'이다. 따라서 '기슴미다'와 '除田穢'의 동의성은 명백히 입증된다. 고유어 '기슴미다'는 합성동작동사로 명사 '김'과 동작동사 '미다'의 合成이다.

(11) a. 䅺 : 除田穢 <四解下 14b>

　　b. 䅺 : 기슴밀 표 <字會下 3b>

<12> 기슴미다 對 除苗閒穢

고유어 '기슴미다'와 한자어 '除苗閒穢'가 [耘] 즉 '김매다'의 뜻을 가지고 동의 관계에 있다는 것은 다음 예문들에서 잘 확인된다. 원문 중 '耘於前'이 '앎픠셔 기슴미다'로 번역된다. '耘'이 한자어 '除苗閒穢'를 뜻한다. 그리고 '耘'의 자석이 '기슴미다'이고 고유어 '기슴미다'는 한자어 '除苗間穢'와 동의 관계에 있다. 따라서 '기슴미다'와 '除苗閒穢'의 동의성은 명백히 입증된다. 고유어 '기슴미다'는 합성동작동사로 명사 '김'과 동작동사 '미다'의 合成이다. 한자 '間'은 '閒'의 속자이다.

(12) a. 겨집과 ᄌᆞ식은 앎픠셔 기슴미더니(妻子ㅣ 耘於前ᄒᆞ더니) <번小九 91a>

(12) b. 耘 : 除苗閒穢 <四解上 70a>

　　c. 耘 : 기슴밀 운 除苗間穢 <字會下 3b>

<13> 기슴미다 對 蔪草

고유어 '기슴미다'와 한자어 '蔪草'가 [蔪] 즉 '김매다, 除草하다'의 뜻을 가지고 동의 관계에 있다는 것은 다음 예문들에서 잘 확인된다. '蔪'가 한자어 '蔪草'를 뜻한다. 그리고 '蔪'의 자석이 '기슴미다'이고 고유어 '기슴미다'는 한자어 '蔪草'와 동의 관계에 있다. 따라서 '기슴미다'와 '蔪草'의 동의성은 명백히 입증된다. 고유어 '기슴미다'는 합성동작동사로 명사 '기슴'과 동작동사 '미다'의 合成이다.

(13) a. 蔪 : 拔去田草 今俗云蔪草 <四解下 22b>

b. 薅 : 기슴밀 호 俗稱薅草 기슴믜다 <字會下 3a>

<14> 기운 집 니르다 對 牮屋

고유어 '기운 집 니르다'와 한자어 '牮屋'이 [牮屋] 즉 '기운 집을 버티다'의 뜻을 가지고 동의 관계에 있다는 것은 다음 예문들에서 잘 확인된다. 한자어 '牮屋'이 고유어 '기운 집 니르다'와 동의 관계에 있다. 그리고 '牮'의 자석이 '니르다'이다. 따라서 '기운 집 니르다'와 '牮屋'의 동의성은 명백히 입증된다. 고유어 '기운 집 니르다'는 동작동사구로 동작동사 '기울다'의 관형사형 '기운'과 명사 '집'과 동작동사 '니르다'의 결합이다.

(14) a. 牮 : 今俗謂整頓傾危之屋曰牮屋 기운 집 니르다 <四解下 4b>
　　 b. 牮 : 니를 젼 俗稱牮屋 집 니르다 <字會下 8a>

<15> 근 저리다 對 塩漬藏物

고유어 '근 저리다'와 한자어 '塩漬藏物'이 [醃] 즉 '절이다, 소금에 담그다'의 뜻을 가지고 동의 관계에 있다는 것은 다음 예문들에서 잘 확인된다. '醃'이 한자어 '塩漬藏物'을 뜻한다. 그리고 '醃'의 자석이 '근 저리다'이다. 따라서 '근 저리다'와 '塩漬藏物'의 동의성은 명백히 입증된다. 고유어 '근 저리다'는 동작동사구로 명사 '근'과 동작동사 '저리다'의 결합이다.

(15) a. 醃 : 塩漬藏物也 又菹也 <四解下 84b>
　　 b. 醃 : 근 저릴 엄 鹽漬物以藏 <四解下 6a>

<16> 나모 뷔다 對 取薪

고유어 '나모 뷔다'와 한자어 '取薪'이 [樵] 즉 '나무하다, 땔나무를 마련하다'의 뜻을 가지고 동의 관계에 있다는 것은 다음 예문들에서 잘 확인된다. '樵'가 한자어 '取薪'을 뜻한다. 그리고 '樵'의 자석이 '나모 뷔다'이다. 따라서 '나모 뷔다'와 '取薪'의 동의성은 명백히 입증된다. 고유어 '나모 뷔다'는 동작동사구로 명사 '나모'와 동작동사 '뷔다'의 결합이다.

(16) a. 樵 : 取薪 <四解下 15b>
　　 b. 樵 : 나모 뷜 쵸 俗呼樵夫 <字會中 1b>

<17> 내좇다 對 貶斥

고유어 '내좇다'와 한자어 '貶斥'이 [黜] 즉 '벼슬을 떨어뜨리어 물리치다'의 뜻을 가지고 동의 관계에 있다는 것은 다음 예문들에서 잘 확인된다. '黜'이 한자어 '貶斥'을 뜻하고 '黜'의 자석이 '내좇다'이다. 따라서 '내좇다'와 '貶斥'의 동의성은 명백히 입증된다. 고유어 '내좇다'는 합성동작동사로 동작동사 '내다'의 어간 '내-'와 동작동사 '좇다'의 비동사적 합성이다.

(17) a. 黜 : 貶斥 <四解上 69a>
    b. 黜 : 내조츨 튤 <字會下 13a>

<18> 녀름짓다 對 田農

고유어 '녀름짓다'와 한자어 '田農'이 [農] 즉 '농사짓다'의 뜻을 가지고 동의 관계에 있다는 것은 다음 예문들에서 잘 확인된다. '農'이 한자어 '田農'을 뜻한다. 그리고 '農'의 자석이 '녀름짓다'이다. 따라서 '녀름짓다'와 '田農'의 동의성은 명백히 입증된다. 고유어 '녀름짓다'는 합성동작동사로 명사 '녀름'과 동작동사 '짓다'의 合成이다.

(18) a. 農 : 田農 <四解上 2b>
    b. 農 : 녀름지슬 농 <字會中 2b>

<19> 노겨 븟다 對 鑄鎬

고유어 '노겨 븟다'와 한자어 '鑄鎬'가 [鎬] 즉 '녹여 붓다'의 뜻을 가지고 동의 관계에 있다는 것은 다음 예문들에서 잘 확인된다. '鎬'가 한자어 '鑄鎬'를 뜻하고 '鎬'의 자석이 '노겨 븟다'이다. 따라서 '노겨 븟다'와 '鑄鎬'의 동의성은 명백히 입증된다. 고유어 '노셔 븟다'는 동작동사구로 동작동사 '노기다'의 부사형 '노겨'와 동작동사 '븟다'의 결합이다.

(19) a. 鎬 : 鑄鎬 <四解下 32b>
    b. 鎬 : 노겨 브슬 샤 <字會下 7b>

<20> 눈곰다 對 翕目

고유어 '눈곰다'와 한자어 '翕目'이 [瞑] 즉 '눈을 감다'의 뜻을 가지고 동의 관계에 있다는 것은 다음 예문들에서 잘 확인된다. '瞑'이 한자어 '翕目'을 뜻한다. 그리고 '瞑'의 자석이 '눈곰다'이다. 따라서 '눈곰다'와 '翕目'의 동의성은 명백히 입증된다. 고유어 '눈곰다'는 합성동작동사로 명사 '눈'[目]과 동작동사 '곰다'의 合成이다.

(20) a. 瞑 : 翕目 <四解下 51b>

　　b. 瞑 : 눈ㄱ물 명 <字會下 12a>

<21> 눈곰ᄌ기다 對 動目

고유어 '눈곰ᄌ기다'와 한자어 '動目'이 [瞬] 즉 '눈을 깜작이다'의 뜻을 가지고 동의 관계에 있다는 것은 다음 예문들에서 잘 확인된다. '瞬'이 한자어 '動目'을 뜻한다. 그리고 '瞬'의 자석이 '눈곰ᄌ기다'이다. 따라서 '눈곰ᄌ기다'와 '動目'의 동의성은 명백히 입증된다. 고유어 '눈곰ᄌ기다'는 명사 '눈'[目]과 동작동사 '곰ᄌ기다'의 合成이다.

(21) a. 瞬 : …又動目 <四解上 69a>

　　b. 瞬 : 눈곰ᄌ길 순 <字會下 12a>

<22> 눈멀다 對 目盲

고유어 '눈멀다'와 한자어 '目盲'이 [瞎] 즉 '눈멀다'의 뜻을 가지고 동의 관계에 있다는 것은 다음 예문들에서 잘 확인된다. '瞎'이 한자어 '目盲'을 뜻하고 '瞎'의 자석이 '눈멀다'이다. 따라서 '눈멀다'와 '目盲'의 동의성은 명백히 입증된다. 고유어 '눈멀다'는 동작동사구로 명사 '눈'[目]과 동작동사 '멀다'[盲]의 合成이다.

(22) a. 瞎 : 目盲 <四解上 80a>

　　b. 瞎 : 눈먼 할 <字會上 15b>

<23> 니벋다 對 齙牙

고유어 '니벋다'와 한자어 '齙牙'가 [齙] 즉 '이가 드러나다'의 뜻을 가지고 동의 관계에 있다는 것은 다음 예문들에서 잘 확인된다. '齙'가 한자어 '齙牙'를 뜻한다. 그리고 '齙'의 자석이 '니벋다'이다. 따라서 '니벋다'와 '齙牙'의 동의성은 명백히 입증된다. 고유어 '니벋다'는 합성동작동사로 명사 '니'와 동작동사 '벋다'의 合成이다.

(23) a. 齙 : 今俗謂牙齒外出者曰齙牙 <四解下 20a>

　　b. 齙 : 니버들 호 俗呼齙牙的 <字會上 15b>

<24> 느라오르다 對 上飛

고유어 '노라오루다'와 한자어 '上飛'가 [翀] 즉 '높이 날다'의 뜻을 가지고 동의 관계에 있다는 것은 다음 예문들에서 잘 확인된다. '翀'이 한자어 '上飛'를 뜻하고 '翀'의 자석이 '노라오루다'이다. 따라서 '노라오루다'와 '上飛'의 동의성은 명백히 입증된다. 고유어 '노라오루다'는 합성동작동사로 동작동사 '늘다'[飛]의 부사형 '노라'와 동작동사 '오루다'[上]의 合成이다.

(24) a. 翀 : 上飛 通作冲 <四解上 9a>

　　b. 翀 : 노라오롤 튱 通作冲 <字會下 4b>

<25> 놏 블기다 對 面慙而赤

고유어 '놏 블기다'와 한자어 '面慙而赤'이 [赧]과 [面赤] 즉 '얼굴을 붉히다'의 뜻을 가지고 동의 관계에 있다는 것은 다음 예문들에서 잘 확인된다. 원문 중 '赧然悔恥'가 '놏 블겨 뉘읏고 붓그리다'로 번역되고 '面赤'이 '놏 블기다'로 번역된다. 그리고 '赧'이 한자어 '面慙而赤'을 뜻한다. 따라서 '놏 블기다'와 '面慙而赤'의 동의성은 명백히 입증된다. 고유어 '놏 블기다'는 동작동사구로 명사 '놏'[面]과 동작동사 '블기다'의 결합이다.

(25) a. 놏 블겨 뉘읏고 붓그려 만히 사하 둧는 거슬 능히 흘과드녜니라(赧然悔恥ᄒ야 積而能散也ㅣ니라) <번小八 27b>

　　b. 놏 블기디 아니ᄒ고 이제 여희여 가노니(不曾面赤 如今辭別了) <번老下 73a>

(25) c. 赧 : 面慙而赤 <四解上 77a>

<26> 놏 싯다 對 澡水

고유어 '놏 싯다'와 한자어 '澡水'가 [盥]과 [洗面] 즉 '낯 씻다'의 뜻을 가지고 동의 관계에 있다는 것은 다음 예문들에서 잘 확인된다. '盥'이 한자어 '澡水'를 뜻하고 '盥'의 자석이 '놏 싯다'이다. 그리고 원문 중 '洗面'이 '놏 싯다'로 번역된다. 따라서 '놏 싯다'와 '澡水'의 동의성은 명백히 입증된다. 고유어 '놏 싯다'는 동작동사구로 명사 '놏'[面]과 동작동사 '싯다'[洗]의 결합이다.

(26) a. 盥 : 澡水 <四解上 72a>

　　b. 盥 : 놏 시슬 관 <字會下 5b>

(26) c. 내 놏 시서지라(我洗面) <번老上 61a>

　　d. 나그내네 놏 시서다(客人們洗面了) <번老上 61a>

e. 머리 빗고 눗 싯고(梳頭洗面了) <번老下 53b>

<27> 다 주기다 對 망멸ᄒ다

고유어 '다 주기다'와 한자어 '망멸(亡滅) ᄒ다'가 [滅] 즉 '다 죽이다, 잃다'의 뜻을 가지고 동의 관계에 있다는 것은 다음 예문들에서 잘 확인된다. 원문 중 '滅族'이 '가문을 다 주기다'로 번역된다. 그리고 '滅性'이 '목수믈 망멸ᄒ다'로 번역된다. 따라서 '다 주기다'와 '망멸ᄒ다'의 동의성은 명백히 입증된다. 고유어 '다 주기다'는 동작동사구로 부사 '다'와 동작동사 '주기다'의 결합이다.

(27) a. 듸답ᄒ야 닐호듸 내 죄ᄂ 가문을 다 주기샤도 맛당ᄒ니(對曰臣罪當滅族이라) <번小九 46b>

　　 b. 져그면 모믈 배아 목수믈 망멸ᄒ고(小則隕身滅性ᄒ고) <번小六 31a>

(27) c. 滅 : 盡也 火熄也 絶也 沒也 <四解下 4a>

<28> 더 녛다 對 가ᄒ다

고유어 '더 녛다'와 한자어 '가(加) ᄒ다'가 [加] 즉 '더 넣다, 가하다'의 뜻을 가지고 동의 관계에 있다는 것은 다음 예문들에서 잘 확인된다. 원문 중 '加木香当歸'가 '목향 당귀 더 녛다'로 번역되고 '加木香一錢'이 '목향 ᄒ 돈을 가ᄒ야 쓰다'로 번역된다. 따라서 '더 녛다'와 '가ᄒ다'의 동의성은 명백히 입증된다. 고유어 '더 녛다'는 동작동사구로 부사 '더'와 동작동사 '녛다'의 결합이다.

(28) a. 섈리 십이(23b) 미 이공산애 ᄯ 목향 당귀 더 녀허 달혀 머겨 음양표리를 구ᄒ라(急煎十二味異功散更加木香當歸以救陰陽表裏) <瘡疹 24a>

(28) b. 목향 ᄒ 돈을 가ᄒ야 쓰라(加木香一錢) <瘡疹 38b>

　　 c. 뎡향과 계피와 가ᄒ야 머기라(加丁香肉桂) <瘡疹 26a>

　　 d. 뎡향과 계피와 가ᄒ야 머교듸(加丁香肉桂) <瘡疹 26b>

<29> 쫑 누다 對 屙屎

고유어 '쫑 누다'와 한자어 '屙屎'가 [屙屎] 즉 '똥 누다'의 뜻을 가지고 동의 관계에 있다는 것은 다음 예문들에서 잘 확인된다. '屎'의 자석이 '쫑'이고 한자어 '屙屎'가 고유어 '쫑 누다'와 동의 관계에 있다. 따라서 '쫑 누다'와 '屙屎'의 동의성은 명백히 입증된다. 고유어 '쫑 누다'는 동작동사구로 명사 '쫑'과 동작동사 '누다'의 결합이다.

(29) a. 屎 : 糞也 <四解上 19b>

　　b. 屎 : 똥 시 俗稱屙屎똥 누다 通作矢 <字會上 15b>

(29) c. 屙 : 上廁下矢 <四解下 26b>

<30> 들그믈 티다 對 打扮罾

고유어 '들그믈 티다'와 한자어 '打扮罾'이 [打扮罾] 즉 '삼태 그물 치다'의 뜻을 가지고 동의 관계에 있다는 것은 다음 예문들에서 잘 확인된다. '罾'의 자석이 '그믈'이고 한자어 '打扮罾'이 고유어 '들그믈 티다'와 동의 관계에 있다. 따라서 '들그믈 티다'와 '打扮罾'의 동의성은 명백히 입증된다. 고유어 '들그믈 티다'는 동작동사구로 명사 '들그믈'과 동작동사 '티다'의 결합이다.

(30) a. 罾 : 魚網…今俗呼扮罾 들으믈 <四解下 60b>

　　b. 罾(8b) : 그믈 증 俗稱打扮罾 들그믈 티다 <字會中 9a>

<31> 씌 씌다 對 품디ᄒᆞ다

고유어 '씌 씌다'와 한자어 '품디(品帶) ᄒᆞ다'가 [腰帶] 즉 '띠 두르다'의 뜻을 가지고 동의 관계에 있다는 것은 다음 예문들에서 잘 확인된다. 원문 중 '腰帶'가 '씌 씌다'로도 번역되고 '품디ᄒᆞ다'로도 번역된다. 따라서 '씌 씌다'와 '품디ᄒᆞ다'의 동의성은 명백히 입증된다. 고유어 '씌 씌다'는 동작동사구로 명사 '씌'와 동작동사 '씌다'의 결합이다.

(31) a. 씌 씌오(腰帶 : 條帶) <呂約 19b>

　　b. 품디ᄒᆞ고(腰帶 : 品帶) <呂約 19b>

<32> 디새 니다 對 甋

고유어 '디새 니다'와 한자어 '甋瓦'가 [甋] 즉 '기와 이다'의 뜻을 가지고 동의 관계에 있다는 것은 다음 예문들에서 잘 확인된다. '甋'가 한자어 '甋瓦'를 뜻하고 '甋瓦'는 고유어 '디새 니다'와 동의 관계에 있다. 그리고 '甋'의 자석이 '디새 니다'이다. 따라서 '디새 니다'와 '甋瓦'의 동의성은 명백히 입증된다. 고유어 '디새 니다'는 동작동사구로 명사 '디새'[瓦]와 동작동사 '니다'의 결합이다.

(32) a. 甋 : 泥甋屋 今俗語 甋瓦 디새 니다 <四解下 31b>

　　b. 甋 : 디새 닐 와 <字會下 8a>

<33> 말구디ᄒ다 對 言難

고유어 '말구디ᄒ다'와 한자어 '言難'이 [訥] 즉 '말을 더듬다'의 뜻을 가지고 동의 관계에 있다는 것은 다음 예문들에서 잘 확인된다. '訥'이 한자어 '言難'을 뜻한다. 그리고 '訥'의 자석이 '말구디ᄒ다'이고 고유어 '말구디ᄒ다'는 한자어 '言難'과 동의 관계에 있다. 따라서 '말구디ᄒ다'와 '言難'의 동의성은 명백히 입증된다. 고유어 '말구디ᄒ다'는 합성동작동사로 명사 '말'과 동작동사 '구디ᄒ다'의 合成이다.

(33) a. 訥 : 言難 <四解上 63b>
　　 b. 訥 : 말구디ᄒ홀 눌 言難 <字會下 12b>

<34> 말굳다 對 言難

고유어 '말굳다'와 한자어 '言難'이 [訒] 즉 '말을 더듬다'의 뜻을 가지고 동의 관계에 있다는 것은 다음 예문들에서 잘 확인된다. '訒'이 한자어 '言難'을 뜻한다. 그리고 '訒'의 자석이 '말굳다'이다. 따라서 '말굳다'와 '言難'의 동의성은 명백히 입증된다. 고유어 '말굳다'는 합성동작동사로 명사 '말'과 동작동사 '굳다'의 合成이다.

(34) a. 訒 : 言難 <四解上 61b>
　　 b. 訒 : 말구들 신 <字會下 12b>

<35> 말ᄉᆞᆷ 엳줍다 對 고ᄒ다

고유어 '말ᄉᆞᆷ 엳줍다'와 한자어 '고(告) ᄒ다'가 [告] 즉 '말ᄊᆞᆷ 여쭙다, 고하다'의 뜻을 가지고 동의 관계에 있다는 것은 다음 예문들에서 잘 확인된다. 원문 중 '告者'가 '말ᄉᆞᆷ 엳ᄌᆞ올 사ᄅᆞᆷ'으로 번역된다. 원문 중 '就告'가 '즉제 고ᄒ다'로 번역된다. 그리고 '告'의 자석이 '고ᄒ다'이다. 따라서 '말ᄉᆞᆷ 엳줍다'와 '고ᄒ다'의 동의성은 명백히 입증된다. 고유어 '말ᄉᆞᆷ 엳줍다'는 동작동사구로 명사 '말ᄉᆞᆷ'과 동작동사 '엳줍다'의 결합이다.

(35) a. 말ᄉᆞᆷ 엳ᄌᆞ올 사ᄅᆞ미 닐오ᄃᆡ(若有告者ㅣ 曰) <번小三 30a>
　　 b. 그 나그내 즉제 고ᄒ니(那客人就告了) <번老上 29b>

(35) c. 告 : 報也 啓也 <四解下 18b>
　　 d. 告 : 고ᄒ홀 고 啓也 報也 <字會下 12b>

<36> 말 잘ᄒ다 對 巧諂

고유어 '말 잘ᄒ다'와 한자어 '巧諂'이 [佞] 즉 '말을 잘하다, 아첨하다'의 뜻을 가지고 동의 관계에 있다는 것은 다음 예문들에서 잘 확인된다. 원문 중 '諂佞'이 '아당도의고 말 잘ᄒ다'로 번역된다. 그리고 '佞'이 한자어 '巧諂'을 뜻하고 '佞'의 자석이 '말 잘ᄒ다'이다. 따라서 '말 잘ᄒ다'와 '巧諂'의 동의성은 명백히 입증된다. 고유어 '말 잘ᄒ다'는 동작동사구로 명사 '말'과 동작동사 '잘ᄒ다'의 결합이다.

(36) a. 말ᄒᄂ 이비 아당도의고 말 잘ᄒ고(說口諂佞) <번朴上 25a>

(36) b. 佞 : 巧諂 <四解下 50a>
　　　c. 佞 : 말 잘ᄒᆯ 녕 有口才 <字會下 12b>

<37> 말 잘ᄒ다 對 有口才

고유어 '말 잘ᄒ다'와 한자어 '有口才'가 [佞] 즉 '말을 잘하다'의 뜻을 가지고 동의 관계에 있다는 것은 다음 예문들에서 잘 확인된다. 원문 중 '諂佞'이 '아당도의고 말 잘ᄒ다'로 번역된다. 그리고 '佞'의 자석이 '말 잘ᄒ다'이고 고유어 '말 잘ᄒ다'는 한자어 '有口才'와 동의 관계에 있다. 따라서 '말 잘ᄒ다'와 '有口才'의 동의성은 명백히 입증된다. 고유어 '말 잘ᄒ다'는 동작동사구로 명사 '말'과 동작동사 '잘ᄒ다'의 결합이다.

(37) a. 말ᄒᄂ 이비 아당도의고 말 잘ᄒ고(說口諂佞) <번朴上 25a>

(37) b. 佞 : 巧諂 <四解下 50a>
　　　c. 佞 : 말 잘ᄒᆯ 녕 有口才 <字會下 12b>

<38> 머리 ᄀᆷ다 對 濯髮

고유어 '머리 ᄀᆷ다'와 한자어 '濯髮'이 [沐] 즉 '머리를 감다'의 뜻을 가지고 동의 관계에 있다는 것은 다음 예문들에서 잘 확인된다. '沐'이 한자어 '濯髮'을 뜻하고 '沐'의 자석이 '머리 ᄀᆷ다'이다. 따라서 '머리 ᄀᆷ다'와 '濯髮'의 동의성은 명백히 입증된다. 고유어 '머리 ᄀᆷ다'는 동작동사구로 명사 '머리'[髮]와 동작동사 'ᄀᆷ다'[濯]의 결합이다.

(38) a. 沐 : 濯髮 <四解上 3a>
　　　b. 沐 : 머리 ᄀᆷ일 목 <字會下 5b>

<39> 목 쏘다 對 草菜辛毒戟喉

　고유어 '목 쏘다'와 한자어 '草菜辛毒戟喉'가 [蔽] 즉 '목 쏘다'의 뜻을 가지고 동의 관계에 있다는 것은 다음 예문들에서 잘 확인된다. '蔽'의 자석이 '목 쏘다'이고 고유어 '목 쏘다'는 한자어 '草菜辛毒戟喉'와 동의 관계에 있다. 따라서 '목 쏘다'와 '草菜辛毒戟喉'의 동의성은 명백히 입증된다. 고유어 '목 쏘다'는 동작동사구로 명사 '목'과 동작동사 '쏘다'의 결합이다.

　　(39) a. 蔽 : 草味辛毒 <四解下 85a>
　　　　 b. 蔽 : 목 쏠 험 草菜辛毒戟喉曰蔽 <字會下 5a>

<40> 몯 갚다 對 逋懸

　고유어 '몯 갚다'와 한자어 '逋懸'이 [逋] 즉 '세금을 내지 않다'의 뜻을 가지고 동의 관계에 있다는 것은 다음 예문들에서 잘 확인된다. 원문 중 '逋租'가 '몯 갑파 잇는 환자'로 번역된다. 그리고 '逋'가 한자어 '逋懸'을 뜻한다. 따라서 '몯 갚다'와 '逋懸'의 동의성은 명백히 입증된다. 고유어 '몯 갚다'는 동작동사구로 부사 '몯'과 동작동사 '갚다'의 결합이다.

　　(40) a. 몯 갑파 잇는 환자를 받디 말며(逋租를 必貫免ᄒ며) <번小十 14b>
　　　　 b. 逋 : …逋懸也 <四解上 37b>

<41> 믈ᄭ이다 對 淹沒

　고유어 '믈ᄭ이다'와 한자어 '淹沒'이 [澇] 즉 '물에 잠기다'의 뜻을 가지고 동의 관계에 있다는 것은 다음 예문들에서 잘 확인된다. '澇'가 한자어 '淹沒'을 뜻한다. 그리고 '澇'의 자석이 '믈ᄭ이다'이다. 따라서 '믈ᄭ이다'와 '淹沒'의 동의성은 명백히 입증된다. 고유어 '믈ᄭ이다'는 합성동작동사로 명사 '믈'과 동작동사 'ᄭ이다'의 合成이다.

　　(41) a. 澇 : 淹沒也 <四解下 23a>
　　　　 b. 澇 : 믈ᄭ일 로 俗稱水澇 <字會上 2b>

<42> 믈 긷다 對 引水於井

　고유어 '믈 긷다'와 한자어 '引水於井'이 [汲] 즉 '물 긷다'의 뜻을 가지고 동의 관계에 있다는 것은 다음 예문들에서 잘 확인된다. 원문 중 '出汲'이 '나 믈 긷다'로 번역된다. 그리고 '汲'이 한자어 '引水於井'

을 뜻하고 '汲'의 자석이 '긷다'이다. 따라서 '믈 긷다'와 '引水於井'의 동의성은 명백히 입증된다. 고유어 '믈 긷다'는 동작동사구로 명사 '믈'과 동작동사 '긷다'의 결합이다.

(42) a. 독을 드러 나 믈 기러(提甕出汲ᄒ야) <번小九 59b>

(42) b. 汲(72a) : 引水於井 <四解下 72b>
    c. 汲 : 기를 급 <字會下 5b>

<43> 믈 긷다 對 打水

고유어 '믈 긷다'와 한자어 '打水'가 [打水] 즉 '물 긷다'의 뜻을 가지고 동의 관계에 있다는 것은 다음 예문들에서 잘 확인된다. 원문 중 '打水去'가 '믈 기르라 가다'로 번역된다. 그리고 '打水'의 자석이 '믈 긷다'이다. 따라서 '믈 긷다'와 '打水'의 동의성은 명백히 입증된다. 고유어 '믈 긷다'는 동작동사구로 명사 '믈'과 동작동사 '긷다'의 결합이다.

(43) a. 네 몬져 믈 기르라 가라(你先打水去) <번老上 43b>
    b. 나는 믈 기르라 가노라(我打水去) <번老上 35a>

(43) c. 打水 : 믈 긷다 <老朴 單字解 4a>

<44> 믈 줌다 對 水淹了

고유어 '믈 줌다'와 한자어 '水淹了'가 [淹] 즉 '물에 잠기다'의 뜻을 가지고 동의 관계에 있다는 것은 다음 예문들에서 잘 확인된다. '淹'이 한자어 '水淹了'를 뜻하고 '水淹了'는 고유어 '믈 줌다'와 동의 관계에 있다. 따라서 '믈 줌다'와 '水淹了'의 동의성은 명백히 입증된다. 고유어 '믈 줌다'는 동작동사구로 명사 '믈'과 동작동사 '줌다'의 결합이다.

(44) a. 淹 : 沒也 今俗語水淹了 믈 줌다 <四解下 84b>
    b. 淹 : ᄌᆞᄆᆞᆯ 엄 通作渰 <字會下 15a>

<45> 몰거티다 對 馬足跌

고유어 '몰거티다'와 한자어 '馬足跌'이 [蹶] 즉 '말발이 구부러지다'의 뜻을 가지고 동의 관계에 있다는 것은 다음 예문들에서 잘 확인된다. '蹶'이 한자어 '馬足跌'을 뜻한다. 그리고 '蹶'의 자석이 '몰거티다'이고 고유어 '몰거티다'는 한자어 '馬足跌'과 동의 관계에 있다. 따라서 '몰거티다'와 '馬足跌'의 동의성은 명백히 입증된다. 고유어 '몰거티다'는 합성동작동사로 명사 '물'[馬]과 동작동사 '거티다'의 合成이다.

(45) a. 駈 : 屈也 馬足跌也 <四解下 11b>
　　b. 駈 : 몰거틸 완 馬足跌 又曲脚 <字會下 4a>

<46> 몰 달호다 對 使馬

고유어 '몰 달호다'와 한자어 '使馬'가 [馭] 즉 '말을 부리다'의 뜻을 가지고 동의 관계에 있다는 것은 다음 예문들에서 잘 확인된다. '馭'가 한자어 '使馬'를 뜻하고 '馭'의 자석이 '몰 달호다'이다. 따라서 '몰 달호다'와 '使馬'의 동의성은 명백히 입증된다. 고유어 '몰 달호다'는 동작동사구로 명사 '몰'과 동작동사 '달호다'의 결합이다.

(46) a. 馭 : 使馬 <四解上 31a>
　　b. 馭 : 몰 달홀 어 <字會下 4a>

<47> 바팃곡식 뷔다 對 割田

고유어 '바팃곡식 뷔다'와 한자어 '割田'이 [割田] 즉 '밭에 있는 곡식 베다'의 뜻을 가지고 동의 관계에 있다는 것은 다음 예문들에서 잘 확인된다. '割'의 자석이 '버히다'이고 한자어 '割田'이 고유어 '바팃곡식 뷔다'와 동의 관계에 있다. 따라서 '바팃곡식 뷔다'와 '割田'의 동의성은 명백히 입증된다. 고유어 '바팃곡식 뷔다'는 동작동사구로 명사 '밭'과 명사 '곡식'과 동작동사 '뷔다'의 결합이고 '밭[田]+이+ㅅ#곡식#뷔+다'로 분석될 수 있다.

(47) a. 割 : 剝也 截也 <四解上 71a>
　　b. 割 : 버힐 할 俗呼割田 바팃곡식 뷔다 <字會下 3a>

(47) c. 剝 : 割也 <四解下 36a>

<48> 발 밧다 對 徒足履地

고유어 '발 밧다'와 한자어 '徒足履地'가 [跣] 즉 '발을 벗다'의 뜻을 가지고 동의 관계에 있다는 것은 다음 예문들에서 잘 확인된다. '跣'이 한자어 '徒足履地'를 뜻하고 '跣'의 자석이 '발 밧다'이다. 따라서 '발 밧다'와 '徒足履地'의 동의성은 명백히 입증된다. 고유어 '발 밧다'는 동작동사구로 명사 '발'과 동작동사 '밧다'의 결합이다.

(48) a. 跣 : 徒足履地 <四解下 5a>
　　b. 跣 : 발 바술 션 <字會下 12a>

<49> 발 버히다 對 斷足

고유어 '발 버히다'와 한자어 '斷足'이 [刖] 즉 '발꿈치를 자르다, 발꿈치를 베다'의 뜻을 가지고 동의 관계에 있다는 것은 다음 예문들에서 잘 확인된다. '刖'의 자석이 '발 버히다'이고 고유어 '발 버히다'는 한자어 '斷足'과 동의 관계에 있다. 따라서 '발 버히다'와 '斷足'의 동의성은 명백히 입증된다. 고유어 '발 버히다'는 동작동사구로 명사 '발'[足]과 동작동사 '버히다'[斷]의 결합이다.

(49) a. 刖 : 斷足刑 <四解下 10a>
　　b. 刖 : 발 버힐 월 斷足 <字會下 13a>

<50> 발 버히다 對 刖足

고유어 '발 버히다'와 한자어 '刖足'이 [剕] 즉 '발을 베다, 발꿈치를 자르다'의 뜻을 가지고 동의 관계에 있다는 것은 다음 예문들에서 잘 확인된다. '剕'가 한자어 '刖足'을 뜻한다. 그리고 '剕'의 자석이 '발 버히다'이다. 따라서 '발 버히다'와 '刖足'의 동의성은 명백히 입증된다. 고유어 '발 버히다'는 동작동사구로 명사 '발'[足]과 동작동사 '버히다'의 결합이다.

(50) a. 剕 : 刖足 <四解上 17a>
　　b. 剕 : 발 버힐 비 刖足之刑 <字會下 13a>

<51> 버서나다 對 면ᄒ다

고유어 '버서나다'와 한자어 '면(免)ᄒ다'가 [免] 즉 '벗어나다, 면하다'의 뜻을 가지고 동의 관계에 있다는 것은 다음 예문들에서 잘 확인된다. 원문 중 '苟免'이 '구챠히 버서나다'로 번역된다. 그리고 '不可免'이 '몯 면ᄒ다'로 번역된다. 따라서 '버서나다'와 '면ᄒ다'의 동의성은 명백히 입증된다. 고유어 '버서나다'는 동작동사 '벗다'의 부사형 '버서'와 동작동사 '나다'의 合成이다.

(51) a. 환란의 다ᄃᆞ라셔 구챠히 버서나려 말며(臨難ᄒ야 毋苟免ᄒ며) <번小四 3b>

(51) b. 玉今이 면티 몯홀 주를 알오 목 미야 ᄃᆞ라 주그니라(玉今知不免縊死) <속三烈 25a>

c. 몯 면홀 줄 알오(知不可免) <속三烈 26a>

<52> 벌 쏘다 對 虫行毒

고유어 '벌 쏘다'와 한자어 '虫行毒'이 [蟚] 즉 '벌레가 쏘다'의 뜻을 가지고 동의 관계에 있다는 것은 다음 예문들에서 잘 확인된다. '蟚'이 한자어 '虫行毒'을 뜻하고 '蟚'의 자석이 '벌 쏘다'이다. 따라서 '벌 쏘다'와 '虫行毒'의 동의성은 명백히 입증된다. 고유어 '벌 쏘다'는 동작동사구로 명사 '벌'과 동작동사 '쏘다'의 결합이다.

(52) a. 蟚 : 虫行毒 <四解下 53b>
b. 蟚 : 벌 쏠 셕 <字會下 5a>

<53> 보슐피다 對 照管

고유어 '보슐피다'와 한자어 '照管'이 [照管] 즉 '보살피다'의 뜻을 가지고 동의 관계에 있다는 것은 다음 예문들에서 잘 확인된다. 원문 중 '容易照管'이 '쉬이 보슐피다'로 번역된다. 그리고 '照管'의 자석이 '보슐피다'이다. 따라서 '보슐피다'와 '照管'의 동의성은 명백히 입증된다. 고유어 '보슐피다'는 합성동작동사로 동작동사 '보다'의 어간 '보-'와 동작동사 '슐피다'의 비통사적 合成이다.

(53) a. 수이 보슐필 거시라(容易照管) <번老上 58a>
b. 照管 : 보슐피다 <老朴 累字解 9a>

<54> 보슐피다 對 照覷

고유어 '보슐피다'와 한자어 '照覷'가 [照覷] 즉 '보살피다'의 뜻을 가지고 동의 관계에 있다는 것은 다음 예문들에서 잘 확인된다. 원문 중 '照覷我'가 '나를 보슐피다'로 번역되고 '照覷了門戶'가 '문들 보슐피다'로 번역된다. 그리고 '照覷'의 자석이 '보슐피다'이다. 따라서 '보슐피다'와 '照覷'의 동의성은 명백히 입증된다. 고유어 '보슐피다'는 합성동작동사로 동작동사 '보다'의 어간 '보-'와 동작동사 '슐피다'의 비통사적 合成이다.

(54) a. ᄀ장 나를 보슐피쇼셔(好生照覷我) <번朴上 9a>
b. 내 문들 보슐피고 자리라(我照覷了門戶睡也) <번老上 26a>

(54) c. 照管 : 보슐피다 <老朴 累字解 9a>

d. 照覷 : 同上 <老朴 累字解 9a>

<55> 분 ᄇᄅ다 對 搽粉

고유어 '분 ᄇᄅ다'와 한자어 '搽粉'가 [搽粉] 즉 '분 바르다'의 뜻을 가지고 동의 관계에 있다는 것은 다음 예문들에서 잘 확인된다. '搽'의 자석이 'ᄇᄅ다'이고 한자어 '搽粉'이 '분 ᄇᄅ다'와 동의 관계에 있다. 따라서 '분 ᄇᄅ다'와 '搽粉'의 동의성은 명백히 입증된다. '분 ᄇᄅ다'는 동작동사구로 한자어 '분'(粉)과 동작동사 'ᄇᄅ다'의 결합이지만 이 저서에서는 고유어로 다루었다.

(55) a. 搽 : 塗飾 今俗謂塗粉曰搽粉 <四解下 30a>
　　 b. 搽 : ᄇᄅᆯ 차 俗稱搽粉 분 ᄇᄅ다 <字會下 9a>

<56> 불앗다 對 去畜勢

고유어 '불앗다'와 한자어 '去畜勢'가 [騸]과 [騘] 즉 '去勢하다, 불을 까다'의 뜻을 가지고 동의 관계에 있다는 것은 다음 예문들에서 잘 확인된다. '騘'이 한자어 '去畜勢'를 뜻한다. '騘'의 자석이 '불앗다'이고 고유어 '불앗다'는 한자어 '去畜勢'와 동의 관계에 있다. 그리고 '騸'이 한자어 '去畜勢'를 뜻하고 '騸'의 자석이 '불앗다'이다. 따라서 '불앗다'와 '去畜勢'의 동의성은 명백히 입증된다. 고유어 '불앗다'는 합성동작동사로 명사 '불'과 동작동사 '앗다'의 合成이다.

(56) a. 騘 : 去畜勢 <四解上 63a>
　　 b. 騘 : 불아쇼 돈 騸騘 謂去畜勢 <字會下 4a>

(56) c. 騸 : 去畜勢 <四解下 6b>
　　 d. 騸 : 불아쇼 션 騸馬 <字會下 4a>

<57> 불앗다 對 騸騘

고유어 '불앗다'와 한자어 '騸騘'이 [騘] 즉 '去勢하다, 불을 까다'의 뜻을 가지고 동의 관계에 있다는 것은 다음 예문들에서 잘 확인된다. '騘'의 자석이 '불앗다'이고 고유어 '불앗다'는 한자어 '騸騘'과 동의 관계에 있다. 따라서 '불앗다'와 '騸騘'의 동의성은 명백히 입증된다. 고유어 '불앗다'는 합성동작동사로 명사 '불'과 동작동사 '앗다'의 合成이다.

(57) a. 騘 : 去畜勢 <四解上 63a>

b. 豚 : 불아솔 돈 騸豚 謂去畜勢 <字會下 4a>

<58> 불앗다 對 션ᄒ다

고유어 '불앗다'와 한자어 '션(騸) ᄒ다'가 [騸]과 [騸了] 즉 '불을 까다, 去勢하다'의 뜻을 가지고 동의 관계에 있다는 것은 다음 예문들에서 잘 확인된다. 원문 중 '新騸了'가 '새로 션ᄒ다'로 번역된다. 그리고 '騸'의 자석이 '불앗다'이다. 따라서 '불앗다'와 '션ᄒ다'의 동의성은 명백히 입증된다. '불앗다'는 명사 '불'과 동작동사 '앗다'의 合成이다.

(58) a. 옰 보믹 새로 션ᄒ ᄀ장 장실ᄒ ᄆ리라(今春新騸了的十分壯的馬) <번老下 8b>

(58) b. 騸 : 去畜勢 <四解下 6b>
　　 c. 騸 : 불아솔 션 <字會下 4a>

<59> 붑 메우다 對 鞔鼓

고유어 '붑 메우다'와 한자어 '鞔鼓'가 [鞔] 즉 '북을 가죽을 씌워서 만들다'의 뜻을 가지고 동의 관계에 있다는 것은 다음 예문들에서 잘 확인된다. '鞔'의 자석이 '붑 메우다'이고 고유어 '붑 메우다'는 한자어 '鞔鼓'와 동의 관계에 있다. 따라서 '붑 메우다'와 '鞔鼓'의 동의성은 명백히 입증된다. 고유어 '붑 메우다'는 동작동사구로 명사 '붑'과 동작동사 '메우다'의 결합이다.

(59) a. 鞔 : 覆也 又履殼也 今俗謂以皮或布覆冒物上爲飾皆曰鞔 <四解上 74b>
　　 b. 鞔 : 붑 메울 만 俗稱鞔鼓 <字會下 9a>

<60> 붑 티다 對 攂鼓/擂鼓

고유어 '붑 티다'와 한자어 '攂鼓/擂鼓'가 [擂鼓] 즉 '북 치다'의 뜻을 가지고 동의 관계에 있다는 것은 다음 예문들에서 잘 확인된다. '攂'가 한자어 '攂鼓'를 뜻한다. 그리고 '擂'가 한자어 '擂鼓'를 뜻하고 '擂鼓'는 고유어 '붑 티다'와 동의 관계에 있다. 따라서 '붑 티다'와 '攂鼓/擂鼓'의 동의성은 명백히 입증된다. 고유어 '붑 티다'는 동작동사구로 명사 '붑'[鼓]과 동작동사 '티다'[擂]의 결합이다. 한자 '攂'와 '擂'는 同字이다.

(60) a. 攂 : 攂鼓 <四解上 55b>
　　 b. 擂 : 同上 <四解上 55b>

c. 擂 : 굴 뢰 又去聲 俗稱擂鼓 붑 티다 <字會下 6a>

<61> 븓들다 對 扶持

고유어 '븓들다'와 한자어 '扶持'가 [扶持]와 [扶] 즉 '붙들다'의 뜻을 가지고 동의 관계에 있다는 것은 다음 예문들에서 잘 확인된다. 원문 중 '扶持'가 '븓들다'로 번역된다. '父母扶'가 '어버이 븓들다'로 번역된다. 그리고 '扶'가 한자어 '扶持'를 뜻한다. 따라서 '븓들다'와 '扶持'의 동의성은 명백히 입증된다. 고유어 '븓들다'는 합성동사로 어간 '븓'과 동작동사 '들다'의 비통사적 合成이다.

(61) a. 津이 븓드러 방의 드리고 (津이 扶持還室ᄒ야) <번小九 75a>

    b. 진니 븓드러 집븨 드리고 (津 扶持還室) <二倫 15a>

    c. 어버이 븓드러 드려 오더니 (父母扶以歸) <속三烈 18a>

(61) d. 扶 : 扶持 <四解上 39a>

<62> 블 딛다 對 炊爨

고유어 '블 딛다'와 한자어 '炊爨'이 [爨] 즉 '밥을 짓다, 불 때다'의 뜻을 가지고 동의 관계에 있다는 것은 다음 예문들에서 잘 확인된다. '爨'이 한자어 '炊爨'을 뜻하고 '爨'의 자석이 '블딛다'이다. 따라서 '블딛다'와 '炊爨'의 동의성은 명백히 입증된다. 고유어 '블딛다'는 합성동작동사로 명사 '블'[火]과 동작동사 '딛다'의 合成이다.

(62) a. 네 어미 손소 블디더 반봉ᄒ야도 내 어버이 둘오 맛난 거슬 비브르 몯 자시더니 (汝母ㅣ 躬執爨而 晋ㅣ 親甘旨를 未嘗充也ㅣ러시니) <번小七 47b>

(62) b. 爨 : 炊爨 <四解上 75a>

    c. 爨 : 블디들 찬 <字會下 6a>

<63> 블븥다 對 放火

고유어 '블븥다'와 한자어 '放火'가 [燎] 즉 '불을 놓다'의 뜻을 가지고 동의 관계에 있다는 것은 다음 예문들에서 잘 확인된다. '燎'가 한자어 '放火'를 뜻하고 '燎'의 자석이 '블븥다'이다. 따라서 '블븥다'와 '放火'의 동의성은 명백히 입증된다. 고유어 '블븥다'는 합성동작동사로 명사 '블'과 동작동사 '븥다'의 合成이다.

(63) a. 燎 : 放火 <四解下 18a>

　　b. 燎 : 블브틀 료 <字會下 15a>

<64> 블븥다 對 逆燒

고유어 '블븥다'와 한자어 '逆燒'가 [爇] 즉 '맛불 놓다'의 뜻을 가지고 동의 관계에 있다는 것은 다음 예문들에서 잘 확인된다. '爇'이 한자어 '逆燒'를 뜻한다. 그리고 '爇'의 자석이 '블븥다'이다. 따라서 '블븥다'와 '逆燒'의 동의성은 명백히 입증된다. 고유어 '블븥다'는 합성동작동사로 명사 '블'과 동작동사 '븥다'의 合成이다.

(64) a. 爇 : 野火 一云逆燒 <四解下 5a>

　　b. 爇 : 블브틀 셜 <字會下 15a>

<65> 블쬐다 對 火乾

고유어 '블쬐다'와 한자어 '火乾'이 [烘], [焙] 및 [爒] 즉 '불에 쬐다, 불에 쬐어 말리다'의 뜻을 가지고 동의 관계에 있다는 것은 다음 예문들에서 잘 확인된다. '烘'의 자석이 '블쬐다'이고 고유어 '블쬐다'가 한자어 '火乾'과 동의 관계에 있다. '焙'가 한자어 '火乾'을 뜻하고 '焙'의 자석이 '블쬐다'이다. 그리고 '爒'가 한자어 '火乾'을 뜻하고 '爒'의 자석이 '블쬐다'이다. 따라서 '블쬐다'와 '火乾'의 동의성은 명백히 입증된다. 고유어 '블쬐다'는 합성동작동사로 명사 '블'과 동작동사 '쬐다'의 合成이다.

(65) a. 烘 : …火乾 <四解上 6a>

　　b. 烘 : 블뙬 홍 火乾 <字會下 6a>

(65) c. 焙 : …火乾 <四解上 50b>

　　d. 焙 : 블뙬 븨 火乾 <字會下 6a>

(65) e. 爒 : 火乾 <四解下 18b>

　　f. 爒 : 블뙬 고 火乾 <字會下 6a>

<66> 볼텽 곶다 對 拱手

고유어 '볼텽 곶다'와 한자어 '拱手'가 [拱手] 즉 '두 손을 마주 잡고 절하다'의 뜻을 가지고 동의 관계에 있다는 것은 다음 예문들에서 잘 확인된다. 원문 중 '拱手'가 '볼텽 곶다'로 번역된다. 그리고 '兩手

合持為礼'가 '拱手'이다. 따라서 '불텽 곶다'와 '拱手'의 동의성은 명백히 입증된다. 고유어 '불텽 곶다'는 동작동사구로 명사 '불텽'과 동작동사 '곶다'의 결합이다.

(66) a. 졍다이 셔셔 불텽 고자(正立拱手ᄒᆞ야) <번小三 26a>

   b. 졍다이 안자 불텽 곳고(端坐拱手ᄒᆞ며) <번小十 13a>

(66) c. 供 : 手抱 <四解上 1a>

   d. 供 : 고즐 공 兩手合持爲禮曰拱手 <字會下 11b>

<67> 비 달호다 對 使船

고유어 '비 달호다'와 한자어 '使船'이 [使船] 즉 '배를 몰다'의 뜻을 가지고 동의 관계에 있다는 것은 다음 예문들에서 잘 확인된다. 한자어 '使船'이 고유어 '비 달호다'와 동의 관계에 있다. 따라서 '비 달호다'와 '使船'의 동의성은 명백히 입증된다. 고유어 '비 달호다'는 동작동사구로 명사 '비'[船]와 동작동사 '달호다'[使]의 결합이다.

(67) a. 使 : 役也 令也 <四解上 19b>

   b. 使 : 上聲 差也 役也(5b) … 又使船 비 달호다 <老朴 單字解 6a>

<68> 비브르다 對 食多

고유어 '비브르다'와 한자어 '食多'가 [飽] 즉 '배부르다'의 뜻을 가지고 동의 관계에 있다는 것은 다음 예문들에서 잘 확인된다. 원문 중 '不飽'가 '비브르게 말다'로 번역되고 '醉飽'가 '취ᄒᆞ며 비브르다'로 번역되고 '求飽'가 '비블오믈 구ᄒᆞ다'로 번역된다. 그리고 '飽'가 한자어 '食多'를 뜻하고 '飽'의 자석이 '비브르다'이다. 따라서 '비브르다'와 '食多'의 동의성은 명백히 입증된다. 고유어 '비브르다'는 합성동작동사로 명사 '비'와 동작동사 '브르다'의 合成이다.

(68) a. 모다 차반 머글 저긔 비브르게 말며(共食不飽ᄒᆞ며) <번小四 25b>

   b. 취ᄒᆞ며 비블로믈 날포 ᄒᆞ야(醉飽連日ᄒᆞ야) <번小七 17a>

   c. 내의 平生 ᄠᅳ든 더이 닙고 비블오매 잇디 아니ᄒᆞ니라(曾은 平生之志ㅣ 不在溫飽ᄒᆞ니라) <번小十 20a>

   d. 君子ᄂᆞᆫ 밥 머그매 비블오믈 구티 말며(君子ᄂᆞᆫ 食無求飽ᄒᆞ며) <번小四 8b>

(68) e. 飽 : 食多也 厭飫也 <四解下 20a>

f. 飽 : 빅브를 포 <字會下 8b>

<69> 빅브르다 對 厭飫

고유어 '빅브르다'와 한자어 '厭飫'가 [飽]와 [飫] 즉 '배부르다'의 뜻을 가지고 동의 관계에 있다는 것은 다음 예문들에서 잘 확인된다. 원문 중 '不飽'가 '빅브르게 말다'로 번역되고 '醉飽'가 '취호며 빅브르다'로 번역되고 '求飽'가 '빅블오믈 구호다'로 번역된다. '飽'가 한자어 '厭飫'를 뜻하고 '飽'의 자석이 '빅브르다'이다. 그리고 '飫'가 한자 '飽'와 同義이고 '飫'의 자석이 '빅브르다'이다. 따라서 '빅브르다'와 '厭飫'의 동의성은 명백히 입증된다. 고유어 '빅브르다'는 합성동작동사로 명사 '빅'와 동작동사 '브르다'의 合成이다.

(69) a. 모다 차반 머글 저긔 빅브르게 말며(共食不飽호며) <번小四 25b>

  b. 취호며 빅블로믈 날포 호야(醉飽連日호야) <번小七 17a>

  c. 내의 平生 쁘든 더이 닙고 빅블오매 잇디 아니호니라(曾은 平生之志ㅣ 不在溫飽호니라) <번小十 20a>

  d. 君子는 밥 머그매 빅블오믈 구티 말며(君子는 食無求飽호며) <번小四 8b>

(69) e. 飽 : 食多也 厭飫也 <四解下 20a>

  f. 飽 : 빅브를 포 <字會下 8b>

(69) g. 飫 : 飽也 <四解上 33b>

  h. 飫 : 빅브를 어 <字會下 8b>

<70> 사르잡다 對 軍所擄獲

고유어 '사르잡다'와 한자어 '軍所擄獲'이 [俘] 즉 '사로잡다, 적을 산 채로 붙잡다'의 뜻을 가지고 동의 관계에 있다는 것은 다음 예문들에서 잘 확인된다. '俘'가 한자어 '軍所擄獲'을 뜻하고 '俘'의 자석이 '사르잡다'이다. 따라서 '사르잡다'와 '軍所擄獲'의 동의성은 명백히 입증된다. 고유어 '사르잡다'는 합성동작동사로 동작동사 '사르다'의 어간 '사르-'와 동작동사 '잡다'의 비통사적 合成이다.

(70) a. 俘 : ⋯軍所擄獲曰俘 <四解上 38b>

  b. 俘 : 사르자볼 부 軍所虜獲之人 <字會下 11a>

  <71> 삭 받다 對 役賃

고유어 '삭 받다'와 한자어 '役賃'이 [傭]과 [雇] 즉 '품삯 받다'의 뜻을 가지고 동의 관계에 있다는 것은 다음 예문들에서 잘 확인된다. '傭'이 한자어 '役賃'을 뜻한다. '傭'의 자석이 '삭 받다'이고 고유어 '삭 받다'는 한자어 '役賃'과 동의 관계에 있다. 그리고 '雇'가 한자 '傭'과 同義이고 '雇'의 자석이 '삭 받다'이다. 따라서 '삭 받다'와 '役賃'의 동의성은 명백히 입증된다. 고유어 '삭 받다'는 동작동사구로 명사 '삯'과 동작동사 '받다'의 결합이다.

(71) a. 傭 : … 役賃 <四解上 10b>
　　　b. 傭 : 삭 바들 용 役賃謂雇作者 <字會中 1b>

(71) c. 雇 : 傭也 <四解下 36a>
　　　d. 雇 : 삭 바들 고 客作者 <字會中 1b>

<72> 새 니다 對 編茅蓋屋

고유어 '새 니다'와 한자어 '編茅蓋屋'이 [苫] 즉 '뜸으로 지붕을 이다'의 뜻을 가지고 동의 관계에 있다는 것은 다음 예문들에서 잘 확인된다. '苫'이 한자어 '編茅蓋屋'을 뜻한다. 그리고 '苫'의 자석이 '새 니다'이다. 따라서 '새 니다'와 '編茅蓋屋'의 동의성은 명백히 입증된다. 고유어 '새 니다'는 동작동사구로 명사 '새'와 동작동사 '니다'의 결합이다.

(72) a. 苫 : 編茅蓋屋 <四解下 84a>
　　　b. 苫 : 蓋屋 <四解下 84a>
　　　c. 苫 : 새 닐 셤 <字會下 8a>

<73> 소겨 앗다 對 誆騙

고유어 '소겨 앗다'와 한자어 '誆騙'이 [騙]과 [騙] 즉 '속여서 빼앗다'의 뜻을 가지고 동의 관계에 있다는 것은 다음 예문들에서 잘 확인된다. '騙'이 한자어 '誆騙'을 뜻한다. 그리고 '騙'의 자석이 '소겨 앗다'이다. 따라서 '소겨 앗다'와 '誆騙'의 동의성은 명백히 입증된다. 고유어 '소겨 앗다'는 동작동사구로 동작동사 '소기다'의 부사형 '소겨'와 동작동사 '앗다'의 결합이다. 한자 '騙'과 '騙'은 同字이다.

(73) a. 騙 : … 又吏語謂誆取人財物曰誆騙 <四解下 3b>
　　　b. 騙 : 소겨 아올 편 <字會下 9b>
　　　c. 騙 : 소겨 아슬 편 <字會東中本下 20b>

<74> 숤ㄱ라고로 뱌븨다 對 指捻

고유어 '숤ㄱ라고로 뱌븨다'와 한자어 '指捻'이 [指捻] 즉 '손가락으로 비틀다'의 뜻을 가지고 동의 관계에 있다는 것은 다음 예문들에서 잘 확인된다. 한자어 '指捻'이 고유어 '숤ㄱ라고로 뱌븨다'와 동의 관계에 있다. 따라서 '숤ㄱ라고로 뱌븨다'와 '指捻'의 동의성은 명백히 입증된다. 고유어 '숤ㄱ라고로 뱌븨다'는 동작동사구로 명사 '숤ㄱ락'[指]과 동작동사 '뱌븨다'[捻]의 결합이고 '숤ㄱ락+오로#뱌븨다'로 분석된다.

(74) a. 捻 : 捏也 今俗語指捻 숤ㄱ라고로 뱌븨다 <四解下 82b>
    b. 捻 : 뱌빌 념 <字會下 10b>

<75> 쇠니기다 對 鍛鍊

고유어 '쇠니기다'와 한자어 '鍛鍊'이 [鍛]과 [鍊] 즉 '쇠를 불리다, 쇠붙이를 달구어 두드리다'의 뜻을 가지고 동의 관계에 있다는 것은 다음 예문들에서 잘 확인된다. '鍊'이 한자어 '鍛鍊'을 뜻하고 '鍊'의 자석이 '쇠니기다'이다. 그리고 '鍛'의 자석이 '쇠니기다'이다. 따라서 '쇠니기다'와 '鍛鍊'의 동의성은 명백히 입증된다. 고유어 '쇠니기다'는 합성동작동사로 명사 '쇠'와 동작동사 '니기다'의 合成이다.

(75) a. 鍊 : …又精鍊 鍛鍊 <四解下 8b>
    b. 鍊 : 쇠니길 련 <字會下 7b>

(75) c. 鍛 : 打鐵 <四解上 73a>
    d. 鍛 : 쇠니길 단 <字會下 7b>

<76> 쇠니기다 對 冶金

고유어 '쇠니기다'와 한자어 '冶金'이 [鍊] 즉 '쇠붙이를 불에 달구어서 精鍊하다'의 뜻을 가지고 동의 관계에 있다는 것은 다음 예문들에서 잘 확인된다. '鍊'이 한자어 '冶金'을 뜻한다. 그리고 '鍊'의 자석이 '쇠니기다'이다. 따라서 '쇠니기다'와 '冶金'의 동의성은 명백히 입증된다. 고유어 '쇠니기다'는 합성동작동사로 명사 '쇠'와 동작동사 '니기다'의 合成이다.

(76) a. 鍊 : 冶金 <四解下 8b>
    b. 鍊 : 쇠니길 련 <字會下 7b>

<77> 쇠니기다 對 打鐵

고유어 '쇠니기다'와 한자어 '打鐵'이 [鍜] 즉 '쇠를 불리다, 쇠를 단련하다'의 뜻을 가지고 동의 관계에 있다는 것은 다음 예문들에서 잘 확인된다. '鍜'이 한자어 '打鐵'을 뜻한다. 그리고 '鍜'의 자석이 '쇠니기다'이다. 따라서 '쇠니기다'와 '打鐵'의 동의성은 명백히 입증된다. 고유어 '쇠니기다'는 합성동작동사로 명사 '쇠'와 동작동사 '니기다'의 合成이다.

(77) a. 鍜 : 打鐵 <四解上 73a>
   b. 鍜 : 쇠니길 단 <字會下 7b>

<78> 쇠 보민다 對 上銹

고유어 '쇠 보민다'와 한자어 '上銹'가 [銹] 즉 '녹슬다'의 뜻을 가지고 동의 관계에 있다는 것은 다음 예문들에서 잘 확인된다. '銹'가 한자어 '上銹'를 뜻한다. 그리고 '銹'의 자석이 '쇠 보민다'이고 고유어 '쇠 보민다'는 한자어 '上銹'와 동의 관계에 있다. 따라서 '쇠 보민다'와 '上銹'의 동의성은 명백히 입증된다. 고유어 '쇠 보민다'는 동작동사구로 명사 '쇠'와 동작동사 '보민다'의 결합이다.

(78) a. 銹 : 鐵上生衣 今俗語上銹 보민다 <四解下 69a>
   b. 銹 : 쇠 보밀 슈 俗稱上銹 <字會下7b>

<79> 술위 우희 ᄀ리우다 對 打篷

고유어 '술위 우희 ᄀ리우다'와 한자어 '打篷'이 [打篷] 즉 '수레 위에 가리다'의 뜻을 가지고 동의 관계에 있다는 것은 다음 예문들에서 잘 확인된다. 한자어 '打篷'이 고유어 '술위 우희 ᄀ리우다'와 동의 관계에 있다. 따라서 '술위 우희 ᄀ리우다'와 '打篷'의 동의성은 명백히 입증된다. 고유어 '술위 우희 ᄀ리우다'는 동작동사구로서 명사 '술위'와 명사 '우ㅎ'와 동작동사 'ᄀ리우다'의 결합이다.

(79) a. 篷 : …打篷 술위 우희 ᄀ리우다 <四解上 3a>
   b. 篷 : 빗돗 봉 <字會中 12b>

<80> 숨 드리쉬다 對 內息

고유어 '숨 드리쉬다'와 한자어 '內息'이 [吸] 즉 '숨을 들이쉬다'의 뜻을 가지고 동의 관계에 있다는 것은 다음 예문들에서 잘 확인된다. '吸'이 한자어 '內息'을 뜻한다. 그리고 '吸'의 자석이 '숨 드리쉬다'

이다. 따라서 '숨 드리쉬다'와 '內息'의 동의성은 명백히 입증된다. 고유어 '숨 드리쉬다'는 동작동사구로 명사 '숨'[息]과 동작동사 '드리쉬다'의 결합이다.

(80) a. 吸 : 內息 又飲也 <四解下 74b>

　　 b. 吸 : 숨 드리쉴 흡 又歃也 <字會上 14b>

<81> 숨틔오다 對 活套

고유어 '숨틔오다'와 한자어 活套가 [活套] 즉 '숨쉬게 하다'의 뜻을 가지고 동의 관계에 있다는 것은 다음 예문들에서 잘 확인된다. '套'의 자석이 '끼다'이고 한자어 活套가 고유어 '숨틔오다'와 동의 관계에 있다. 따라서 '숨틔오다'와 活套의 동의성은 명백히 입증된다. 고유어 '숨틔오다'는 합성동작동사로 명사 '숨'과 동작동사 '틔오다'의 合成이다.

(81) a. 套 : 長也…韜也 <四解下 19b>

　　 b. 套 : 씰 토…又活套 숨틔오다 <字會下 9a>

<82> 삐 셸다 對 撒種

고유어 '삐 셸다'와 한자어 '撒種'이 [撒種] 즉 '씨 뿌리다'의 뜻을 가지고 동의 관계에 있다는 것은 다음 예문들에서 잘 확인된다. '種'의 자석이 '삐'이고 한자어 '撒種'이 고유어 '삐 셸다'와 동의 관계에 있다. 따라서 '삐 셸다'와 '撒種'의 동의성은 명백히 입증된다. 고유어 '삐 셸다'는 동작동사구로서 명사 '삐'[種]와 동작동사 '셸다'[撒]의 결합이다.

(82) a. 種 : 類也 穀種 <四解上 8b>

　　 b. 種 : …又上聲 삐 죵 俗稱撒種 삐 쎄타 <字會下 3a>

<83> 시위 나다 對 發洪

고유어 '시위 나다'와 한자어 '発洪'이 [発洪] 즉 '홍수가 나다'의 뜻을 가지고 동의 관계에 있다는 것은 다음 예문들에서 잘 확인된다. '洪'이 한자어 '洚水'를 뜻하고 한자어 '発洪'은 고유어 '시위 나다'와 동의 관계에 있다. 따라서 '시위 나다'와 '発洪'의 동의성은 명백히 입증된다. 고유어 '시위 나다'는 동작동사구로 명사 '시위'와 동작동사 '나다'의 결합이다.

(83) a. 洪 : 洚水…今俗語発洪 시위 나다 <四解上 6a>

b. 灘 : 시위 홍 俗作洪 發灘 시위 나다 <字會上 3a>

<84> 신 ㄱ못 받다 對 鞋

고유어 '신 ㄱ못 받다'와 한자어 '鞋'가 [鞋] 즉 '신골 받다'의 뜻을 가지고 동의 관계에 있다는 것은 다음 예문들에서 잘 확인된다. 한자어 '鞋'가 고유어 '신 ㄱ못 받다'와 동의 관계에 있다. 그리고 '楦'의 자석이 'ㄱ못'이다. 따라서 '신 ㄱ못 받다'와 '鞋'의 동의성은 명백히 입증된다. 고유어 '신 ㄱ못 받다'는 동작동사구로 명사 '신'과 명사 'ㄱ못'과 동작동사 '받다'의 결합이다.

(84) a. 楦 : 織履模範 亦作楥免疑作 音宣 鞋 신 ㄱ못 받다 <四解下 12a>
    b. 楦 : ㄱ못 훤 俗呼楦頭 <字會中 11b>

<85> 실 혀다 對 抽繭爲絲

고유어 '실 혀다'와 한자어 '抽繭爲絲'가 [繅] 즉 '고치에서 실을 뽑다'의 뜻을 가지고 동의 관계에 있다는 것은 다음 예문들에서 잘 확인된다. '繅'의 자석이 '실 혀다'이고 고유어 '실 혀다'는 한자어 '抽繭爲絲'와 동의 관계에 있다. 따라서 '실 혀다'와 '抽繭爲絲'의 동의성은 명백히 입증된다. 고유어 '실 혀다'는 동작동사구로 명사 '실'과 동작동사 '혀다'의 결합이다.

(85) a. 繅 : 彩絲爲繩 <四解下 21a>
    b. 繅 : 실혈 소 抽繭爲絲 <字會下 8b>

<86> 실 혀다 對 抽絲

고유어 '실 혀다'와 한자어 '抽絲'가 [繹] 즉 '실을 뽑아내다'의 뜻을 가지고 동의 관계에 있다는 것은 다음 예문들에서 잘 확인된다. '繹'이 한자어 '抽絲'를 뜻한다. 그리고 '繹'의 자석이 '실 혀다'이다. 따라서 '실 혀다'와 '抽絲'의 동의성은 명백히 입증된다. 고유어 '실 혀다'는 동작동사구로 명사 '실'과 동작동사 '혀다'의 결합이다.

(86) a. 繹 : 抽絲 <四解下 56a>
    b. 繹 : 실 혈 역 <字會下 8b>

<87> 뿔 사다 對 買米

고유어 '뿔 사다'와 한자어 '買米'가 [糴] 즉 '쌀을 사들이다'의 뜻을 가지고 동의 관계에 있다는 것은 다음 예문들에서 잘 확인된다. '糴'이 한자어 '買米'를 뜻한다. 그리고 '糴'의 자석이 '쌀 사다'이다. 따라서 '쌀 사다'와 '買米'의 동의성은 명백히 입증된다. 고유어 '쌀 사다'는 동작동사구로 명사 '쌀'[米]과 동작동사 '사다'[買]의 결합이다.

(87) a. 糴 : 買米 <四解下 49b>
　　 b. 糴 : 쌀 살 뎍 <字會下 9b>

<88> 쌀 이다 對 淘米

고유어 '쌀 이다'와 한자어 '淘米'가 [淘米] 즉 '쌀을 일다'의 뜻을 가지고 동의 관계에 있다는 것은 다음 예문들에서 잘 확인된다. 한자어 '淘米'가 고유어 '쌀 이다'와 동의 관계에 있다. 따라서 '쌀 이다'와 '淘米'의 동의성은 명백히 입증된다. 고유어 '쌀 이다'는 동작동사구로 명사 '쌀'[米]과 동작동사 '이다'[淘]의 결합이다.

(88) a. 淘 : …今俗語淘米 쌀 이다 <四解下 19b>
　　 b. 淘 : 일 도 洗米 <字會下 5b>

<89> 쌀 이다 對 沙米

고유어 '쌀 이다'와 한자어 '沙米'가 [沙米] 즉 '쌀을 일다'의 뜻을 가지고 동의 관계에 있다는 것은 다음 예문들에서 잘 확인된다. 한자어 '沙米'가 고유어 '쌀 이다'와 동의 관계에 있다. 따라서 '쌀 이다'와 '沙米'의 동의성은 명백히 입증된다.

(89) a. 沙 : …又今俗語沙米 쌀 이다 <四解下 30a>
　　 b. 沙 : 일 사 <字會下 5b>

<90> 슬지다 對 多肉

고유어 '슬지다'와 한자어 '多肉'이 [肥] 즉 '살찌다'의 뜻을 가지고 동의 관계에 있다는 것은 다음 예문들에서 잘 확인된다. 원문 중 '不肥'가 '슬지디 아니ᄒᆞ다'로 번역되고 '肥馬'가 '슬진 ᄆᆞᆯ'로 번역된다. 그리고 '肥'가 한자어 '多肉'을 뜻하고 '肥'의 자석이 '슬지다'이다. 따라서 '슬지다'와 '多肉'의 동의성은 명백히 입증된다. 고유어 '슬지다'는 합성동작동사로 명사 '슬'[肉]과 동작동사 '지다'[肥]의 合成이다.

(90) a. ᄆᆞ리 밤플 몯 머그면 슬지디 아니ᄒᆞ고(馬不得夜草不肥) <번老上 32b>

b. 술진 물란 서늘케 ᄒ고(肥馬涼着) <번老下 45a>

c. 술진 물 ᄐᆞ고 가비야온 오슬 니버(肥馬衣輕裘ᄒ야) <번小六 26a>

(90) d. 肥 : 腯也 多肉也 <四解上 17b>

　　 e. 肥 : 술질 비 <字會下 4a>

<91> 술지다 對 馬肥

고유어 '술지다'와 한자어 '馬肥'가 [腜] 즉 '살찌다'의 뜻을 가지고 동의 관계에 있다는 것은 다음 예문들에서 잘 확인된다. '腜'의 자석이 '술지다'이고 고유어 '술지다'는 한자어 '馬肥'와 동의 관계에 있다. 따라서 '술지다'와 '馬肥'의 동의성은 명백히 입증된다. 고유어 '술지다'는 합성동작동사로 명사 '술'[肉]과 동작동사 '지다'[肥]의 合成이다.

(91) a. 臕 : 脂臕 肥貌 <四解下 14b>

　　 b. 腜 : 술질 표 馬肥也正作臕 <字會下 4a>

<92> 술지다 對 膃肭

고유어 '술지다'와 한자어 '膃肭'이 [膃], [肭] 및 [肥] 즉 '살찌다'의 뜻을 가지고 동의 관계에 있다는 것은 다음 예문들에서 잘 확인된다. '膃'과 '肭'이 한자어 '膃肭'을 뜻하고 '膃肭'은 한자어 '肥'와 동의 관계에 있다. 원문 중 '不肥'가 '술지디 아니ᄒ다'로 번역되고 '肥馬'가 '술진 물'로 번역된다. 그리고 '肥'의 자석이 '술지다'이다. 따라서 '술지다'와 '膃肭'의 동의성은 명백히 입증된다. 고유어 '술지다'는 합성동작동사로 명사 '술'[肉]과 동작동사 '지다'[肥]의 合成이다.

(92) a. 膃 : 膃肭 肥也 <四解上 66b>

　　 b. 肭 : 膃肭 肥也 <四解上 63b>

(92) c. 무리 밤플 몯 머그면 술지디 아니ᄒ고(馬不得夜草不肥) <번老上 32b>

　　 d. 술진 물란 서늘케 ᄒ고(肥馬涼着) <번老下 45a>

(92) e. 肥 : 腯也 多肉 <四解上 17b>

　　 f. 肥 : 술질 비 <字會下 4a>

<93> 뿔 풀다 對 賣米穀

고유어 '뽈 풀다'와 한자어 '売米穀'이 [糶] 즉 '쌀을 내어 팔다'의 뜻을 가지고 동의 관계에 있다는 것은 다음 예문들에서 잘 확인된다. '糶'가 한자어 '売米穀'을 뜻한다. 그리고 '糶'의 자석이 '뽈 풀다'이다. 따라서 '뽈 풀다'와 '売米穀'의 동의성은 명백히 입증된다. 고유어 '뽈 풀다'는 동작동사구로 명사 '뽈'[米穀]과 동작동사 '풀다'[売]의 결합이다.

(93) a. 糶 : 賣米穀 <四解下 14a>
　　　 b. 糶 : 뽈 풀 됴 <字會下 9b>

<94> 슛놀다 對 攤蒲/攤蒲

고유어 '슛놀다'와 한자어 '攤蒲/攤蒲'가 [攤] 즉 '윷놀다'의 뜻을 가지고 동의 관계에 있다는 것은 다음 예문들에서 잘 확인된다. '攤'이 한자어 '攤蒲'를 뜻한다. 그리고 '攤'의 자석이 '슛놀다'이고 고유어 '슛놀다'는 한자어 '攤蒲'와 동의 관계에 있다. 따라서 '슛놀다'와 '攤蒲/攤蒲'의 동의성은 명백히 입증된다. 고유어 '슛놀다'는 합성동작동사로 명사 '슛'과 동작동사 '놀다'의 合成이다. 한자 '蒲'와 '蒲'는 通字이다.

(94) a. 攤 : 攤蒲 四數也 賭博 <四解上 76a>
　　　 b. 攤 : 슛놀 탄 攤蒲 賭博 <字會下 10a>

<95> 아기 디다 對 半産

고유어 '아기 디다'와 한자어 '半産'이 [半産] 즉 '유산되다'의 뜻을 가지고 동의 관계에 있다는 것은 다음 예문들에서 잘 확인된다. 한자어 '半産'이 고유어 '아기 디다'와 동의 관계에 있다. 따라서 '아기 디다'와 '半産'의 동의성은 명백히 입증된다. 고유어 '아기 디다'는 동작동사구로 명사 '아기'와 동작동사 '디다'의 결합이다.

(95) a. 産 : …生也 <四解上 78b>
　　　 b. 産 : 나흘 산 俗又稱 半産 아기 디다 <字會上 17b>

<96> 알 안다 對 鳥伏卵

고유어 '알 안다'와 한자어 '鳥伏卵'이 [菢] 즉 '새가 알을 안다'의 뜻을 가지고 동의 관계에 있다는 것은 다음 예문들에서 잘 확인된다. '菢'가 한자어 '鳥伏卵'을 뜻한다. 그리고 '菢'의 자석이 '알 안다'이고 고유어 '알 안다'는 한자어 '鳥伏卵'과 동의 관계에 있다. 따라서 '알 안다'와 '鳥伏卵'의 동의성은 명백히 입증된다. 고유어 '알 안다'는 동작동사구로 명사 '알'[卵]과 동작동사 '안다'의 결합이다.

(96) a. 菢: 鳥伏卵 <四解下 20b>

　　 b. 菢 : 알 아늘 포 鳥伏卵 <字會下 4a>

<97> 엿보다 對 小視

고유어 '엿보다'와 한자어 '小視'가 [窺] 즉 '엿보다'의 뜻을 가지고 동의 관계에 있다는 것은 다음 예문들에서 잘 확인된다. 원문 중 '窺密'이 '누믜 그슥흔 이룰 엿보다'로 번역된다. 그리고 '窺'가 한자어 '小視'를 뜻하고 '窺'의 자석이 '엿보다'이다. 따라서 '엿보다'와 '小視'의 동의성은 명백히 입증된다. 고유어 '엿보다'는 합성동작동사로 동작동사 '엿다'의 어간 '엿-'과 동작동사 '보다'의 비통사적 합성이다.

(97) a. 누믜 그슥흔 이룰 엿보디 말며(不窺密ᄒ며) <번小四 13b>

(97) b. 窺 : …小視也 <四解上 48b>

　　 c. 窺 : 엿볼 규 <字會下 12a>

<98> 엿보다 對 窈視

고유어 '엿보다'와 한자어 '窈視'가 [覘] 즉 '엿보다, 몰래 보다'의 뜻을 가지고 동의 관계에 있다는 것은 다음 예문들에서 잘 확인된다. '覘'이 한자어 '窈視'를 뜻하고 '覘'의 자석이 '엿보다'이다. 따라서 '엿보다'와 '窈視'의 동의성은 명백히 입증된다. 고유어 '엿보다'는 합성동작동사로 동작동사 '엿다'의 어간 '엿-'과 동작동사 '보다'의 비통사적 합성이다.

(98) a. 覘 : 窈視也 <四解下 84a>

　　 b. 覘 : 엿볼 뎜 <字會下 12a>

<99> 오래 살다 對 댱슈ᄒ다

고유어 '오래 살다'와 한자어 '댱슈(長壽) ᄒ다'가 [壽] 즉 '오래 살다, 장수하다'의 뜻을 가지고 동의 관계에 있다는 것은 다음 예문들에서 잘 확인된다. 원문 중 '夭壽'가 '일 주그며 오래 살다'로 번역되고 '壽夭'가 '댱슈ᄒ며 단명ᄒ다'로 번역된다. 따라서 '오래 살다'와 '댱슈ᄒ다'의 동의성은 명백히 입증된다. 고유어 '오래 살다'는 동작동사구로 부사 '오래'와 동작동사 '살다'의 결합이다.

(99) a. 일 주그며 오래 사롤(30a) 밍되니(夭壽之萌也ㅣ라) <번小七 30b>

(99) b. 또 귀ᄒᆞ며 쳔ᄒᆞ며 댱슈ᄒᆞ며 단명호미 일로브터 일뎡ᄒᆞᄂᆞ니라(亦貴賤壽夭之所由定也ㅣ니라)
<번小八 14b>

　　c. 댱슈홀 샹셰 이셔(壽考維祺ᄒᆞ야) <번小四 22a>

<100> 옴겨 심다 對 更別種

고유어 '옴겨 심다'와 한자어 '更別種'이 [蒔] 즉 '옮겨 심다, 모종을 내다'의 뜻을 가지고 동의 관계에 있다는 것은 다음 예문들에서 잘 확인된다. '蒔'가 한자어 '更別種'을 뜻하고 '蒔'의 자석이 '옴겨 심다' 이다. 따라서 '옴겨 심다'와 '更別種'의 동의성은 명백히 입증된다. 고유어 '옴겨 심다'는 동작동사구로 동작동사 '옴기다'의 부사형 '옴겨'와 동작동사 '심다'의 결합이다.

　　(100) a. 蒔 : 更別種 <四解上 20a>

　　　　b. 蒔 : 옴겨 시믈 시 更種 <字會下 3a>

<101> 옷 벙으다 對 衣褪了

고유어 '옷 벙으다'와 한자어 '衣褪了'가 [褪] 즉 '옷을 벗다'의 뜻을 가지고 동의 관계에 있다는 것은 다음 예문들에서 잘 확인된다. '褪'의 자석이 '벙그다'이고 한자어 '衣褪了'가 고유어 '옷 벙으다'와 동의 관계에 있다. 따라서 '옷 벙으다'와 '衣褪了'의 동의성은 명백히 입증된다. 고유어 '옷 벙으다'는 동작동 사구로 명사 '옷'[衣]과 동작동사 '벙으다'의 결합이다.

　　(101) a. 褪 : 衣卸 <四解上 63a>

　　　　b. 褪 : 벙글 돈 俗稱衣褪了 옷 벙으다 <字會下 9a>

<102> 외다 ᄒᆞ다 對 질졍ᄒᆞ다

고유어 '외다 ᄒᆞ다'와 한자어 '질졍(質正) ᄒᆞ다'가 [質] 즉 '그르다 하다, 따지다'의 뜻을 가지고 동의 관계에 있다는 것은 다음 예문들에서 잘 확인된다. 원문 중 '面質籍'을 '阮籍이를 ᄂᆞᆺ 보아셔 외다 ᄒᆞ다' 로 번역된다. 그리고 '質問'이 '질졍ᄒᆞ야 묻다'로 번역된다. 따라서 '외다 ᄒᆞ다'와 '질졍ᄒᆞ다'의 동의성은 명백히 입증된다. 고유어 '외다 ᄒᆞ다'는 동작동사구로 상태동사 '외다'와 동작동사 'ᄒᆞ다'의 결합이다.

　　(102) a. 何曾이 文帝 안ᄌᆞ신 ᄃᆡ셔 阮籍이를 ᄂᆞᆺ 보아셔 외다 ᄒᆞ야 닐오ᄃᆡ 그듸는 풍쇽을 허러 ᄇᆞ리는 사
　　　　　ᄅᆞ미라(何曾이 面質籍於文帝坐曰卿은 敗俗之人이라) <번小七 12b>

　　　　b. 의심도왼 어려온 ᄃᆡ를 질졍ᄒᆞ야 무러(疑難處를 便質問ᄒᆞ야) <번小八 35a>

<103> 우희여 먹다 對 抔飲

고유어 '우희여 먹다'와 한자어 '抔飲'이 [抔飲] 즉 '손으로 움켜서 마시다'의 뜻을 가지고 동의 관계
에 있다는 것은 다음 예문들에서 잘 확인된다. '抔'의 자석이 '우희다'이고 한자어 '抔飲'이 고유어 '우희
여 먹다'와 동의 관계에 있다. 따라서 '우희여 먹다'와 '抔飲'의 동의성은 명백히 입증된다. 고유어 '우희
여 먹다'는 동작동사구로 동작동사 '우희다'[抔]의 부사형 '우희여'와 동작동사 '먹다'[飲]의 결합이다.

    (103) a. 抔 : 手掬物也 <四解下 65b>
        b. 抔 : 우휠 부 抔飲 우희여 먹다 <字會下 10a>

<104> 일 죽다 對 단명ᄒ다

고유어 '일 죽다'와 한자어 '단명(短命) ᄒ다'가 [夭] 즉 '젊어서 죽다, 단명하다'의 뜻을 가지고 동의
관계에 있다는 것은 다음 예문들에서 잘 확인된다. 원문 중 '夭壽'가 '일 주그며 오래 살다'로 번역되고
'壽夭'가 '댱슈ᄒ며 단명ᄒ다'로 번역된다. 따라서 '일 죽다'와 '단명ᄒ다'의 동의성은 명백히 입증된다.
고유어 '일 죽다'는 동작동사구로 부사 '일'과 동작동사 '죽다'의 결합이다.

    (104) a. 일 주그며 오래 사롬(30a) 밍되니(夭壽之萠也ㅣ라) <번小七 30b>
        b. 쏘 귀ᄒ며 쳔ᄒ며 댱슈ᄒ며 단명호미 일로브터 일뎡ᄒᄂ니라(亦貴賤壽夭之所由定也ㅣ니라)
          <번小八 14b>

<105> 일 죽다 對 少歿

고유어 '일 죽다'와 한자어 '少歿'이 [夭]와 [歿] 즉 '젊어서 죽다'의 뜻을 가지고 동의 관계에 있다는
것은 다음 예문들에서 잘 확인된다. 원문 중 '夭壽'가 '일 주그며 오래 살다'로 번역된다. '歿'가 한자어
'少歿'을 뜻한다. 그리고 '夭'의 자석이 '죽다'이고 고유어 '죽다'는 한자어 '少歿'과 동의 관계에 있다. 따
라서 '일 죽다'와 '少歿'의 동의성은 명백히 입증된다. 고유어 '일 죽다'는 동작동사구로 부사 '일'과 동
작동사 '죽다'의 결합이다.

    (105) a. 일 주그며 오래 사롬(30a) 밍되니(夭壽之萠也ㅣ라) <번小七 30b>

    (105) b. 歿 : 少歿也 通作夭 <四解下 17a>
        c. 夭 : 주글 요 少歿 <字會東中本下 26a>
        d. 夭 : 주글 요 橫夭 少歿 <字會下 11b>

<106> 젼 메우다 對 金飾器口

고유어 '젼 메우다'와 한자어 '金飾器口'가 [釦] 즉 '금테를 두르다'의 뜻을 가지고 동의 관계에 있다는 것은 다음 예문들에서 잘 확인된다. '釦'가 한자어 '金飾器口'를 뜻한다. 그리고 '釦'의 자석이 '젼 메우다'이고 고유어 '젼 메우다'는 한자어 '金飾器口'와 동의 관계에 있다. 따라서 '젼 메우다'와 '金飾器口'의 동의성은 명백히 입증된다. 고유어 '젼 메우다'는 동작동사구로 명사 '젼'과 동작동사 '메우다'의 결합이다.

> (106) a. 釦 : 金飾(64b) 器口 <四解下 65a>
> b. 釦 : 젼 메울 구 金飾器口 <字會下 7b>

<107> 졋 머기다 對 乳哺

고유어 '졋 머기다'와 한자어 '乳哺'가 [乳哺] 즉 '젖을 먹이다, 아이에게 젖을 먹여 기르다'의 뜻을 가지고 동의 관계에 있다는 것은 다음 예문들에서 잘 확인된다. '乳'의 자석이 '졋'이고 한자어 '乳哺'가 고유어 '졋 머기다'와 동의 관계에 있다. 따라서 '졋 머기다'와 '乳哺'의 동의성은 명백히 입증된다. 고유어 '졋 머기다'는 동작동사구로 명사 '졋'과 동작동사 '머기다'의 결합이다.

> (107) a. 乳 : 潼也 <四解上 35b>
> b. 乳 : 졋 슈 俗稱乳哺 졋 머기다 <字會上 14a>

<108> 죄주다 對 擧罪降黜

고유어 '죄주다'와 한자어 '擧罪降黜'이 [謫]과 [罰] 즉 '귀양 가다, 벌주다'의 뜻을 가지고 동의 관계에 있다는 것은 다음 예문들에서 잘 확인된다. '謫'의 자석이 '죄주다'이고 고유어 '죄주다'는 한자어 '擧罪降黜'과 동의 관계에 있다. 그리고 '謫'이 한자 '罰'과 同義이고 '罰'의 자석이 '죄주다'이다. 따라서 '죄주다'와 '擧罪降黜'의 동의성은 명백히 입증된다. '죄주다'는 합성동작동사로 한자어 명사 '죄'(罪) 와 동작동사 '주다'의 合成이지만 이 저서에서는 고유어로 다루었다.

> (108) a. 謫 : … 罰也 <四解下 61a>
> b. 謫 : 죄줄 뎍 擧罪降黜 <字會下 13a>

> (108) c. 罪 : 罪之小者 <四解上 81a>
> d. 罪 : 죄줄 벌 罪罰 <字會下 13a>

<109> 주려 죽다 對 餓死

고유어 '주려 죽다'와 한자어 '餓死'가 [餓死]와 [殍] 즉 '주려 죽다, 굶주려 죽다'의 뜻을 가지고 동의 관계에 있다는 것은 다음 예문들에서 잘 확인된다. 원문 중 '餓死'가 '주려 죽다'로 번역된다. 그리고 '殍'가 한자어 '餓死'를 뜻한다. 따라서 '주려 죽다'와 '餓死'의 동의성은 명백히 입증된다. 고유어 '주려 죽다'는 동작동사구로 동작동사 '주리다'[餓]의 부사형 '주려'와 동작동사 '죽다'[死]의 결합이다.

(109) a. 주려 주글 이른 フ장 젹고(餓死事는 極小ᄒ고) <번小七 35b>
　　　 b. 치우며 주려 주구믈 저허호모로(怕寒餓死故로) <번小七 35b>

(109) c. 殍 : 餓死 <四解下 15a>

<110> 지서 두다 對 셔립ᄒ다

고유어 '지서 두다'와 한자어 '셔립(序立) ᄒ다'가 [置] 즉 '세우다'의 뜻을 가지고 동의 관계에 있다는 것은 다음 예문들에서 잘 확인된다. 원문 중 '置…吏師齋'가 '吏師齋랏 지블 지서 두다'로 번역되고 '置…治事齋'가 '일 다스리는 齋를 셔립ᄒ다'로 번역된다. 따라서 '지서 두다'와 '셔립ᄒ다'의 동의성은 명백히 입증된다. 고유어 '지서 두다'는 동작동사구로 동작동사 '짓다'의 부사형 '지서'와 동작동사 '두다'의 결합이다.

(110) a. 待賓齋며 吏事齋랏 지블 지서 두며(置待賓吏師齋ᄒ며) <번小九 17b>
　　　 b. 經義 다ᄉ리ᄂᆞᆫ 齋와 일 다ᄉ리는 齋를 셔립ᄒ니(置經義齋治事齋ᄒ니) <번小九 10b>

<111> 지여ᄇ리다 對 孤負

고유어 '지여ᄇ리다'와 한자어 '孤負'가 [負] 즉 '저버리다, 은덕을 배반하다'의 뜻을 가지고 동의 관계에 있다는 것은 다음 예문들에서 잘 확인된다. 원문 중 '負翟黑子'가 '翟黑子를 지여ᄇ리다'로 번역되고 '負國'이 '나라홀 지여ᄇ리다'로 번역된다. 그리고 '負'가 한자어 '孤負'를 뜻한다. 따라서 '지여ᄇ리다'와 '孤負'의 동의성은 명백히 입증된다. 고유어 '지여ᄇ리다'는 합성동작동사로 동작동사 '지다'의 부사형 '지여'와 동작동사 'ᄇ리다'의 合成이다.

(111) a. 내 太子 フᄅ치ᄉᆞ샤믈 받ᄌᆞ와 ᄒ디 아니호ᄆᆞᆫ 翟黑子를 지여ᄇ릴가 제혜니라(我不奉東宮指導者는 恐負翟黑子故也ㅣ니라) <번小九 48b>
　　　 b. 그ᄃᆡ 양림하(39a)를 지여ᄇ리디 아니커니 나라홀 지여ᄇ릴다(君不負楊臨賀 肯負國乎) <二倫

39b>

(111) c. 負 : ⋯又孤負 <四解上 39b>

　　　 d. 負 : 질 부⋯又背恩 <字會下 10b>

<112> 천량 주다 對 贈送布帛

　고유어 '천량 주다'와 한자어 '贈送布帛'이 [賄] 즉 '예물을 주다, 뇌물을 주다'의 뜻을 가지고 동의 관계에 있다는 것은 다음 예문들에서 잘 확인된다. '賄'가 한자어 '贈送布帛'을 뜻한다. 그리고 '賄'의 자석이 '천량 주다'이다. 따라서 '천량 주다'와 '贈送布帛'의 동의성은 명백히 입증된다. 고유어 '천량 주다'는 동작동사구로 명사 '천량'과 동작동사 '주다'의 결합이다.

(112) a. 賄 : ⋯又贈送布帛曰賄 <四解上 54a>

　　　 b. 賄 : 천량 줄 회 <字會下 9b>

<113> 천량 주다 對 賄賂

　고유어 '천량 주다'와 한자어 '賄賂'가 [賂]와 [賄] 즉 '뇌물 주다, 재물을 주다'의 뜻을 가지고 동의 관계에 있다는 것은 다음 예문들에서 잘 확인된다. '賂'의 자석이 '천량 주다'이고 고유어 '천량 주다'는 한자어 '賄賂'와 동의 관계에 있다. 그리고 '賄'의 자석이 '천량 주다'이다. 따라서 '천량 주다'와 '賄賂'의 동의성은 명백히 입증된다. 고유어 '천량 주다'는 동작동사구로 명사 '천량'과 동작동사 '주다'의 결합이다.

(113) a. 賂 : 以財與人 <四解上 42a>

　　　 b. 賂 : 천량 줄 회 送物說事曰賄賂 <字會下 9b>

(113) c. 賄 : ⋯又贈送布帛曰賄 <四解上 54a>

　　　 d. 賄 : 천량 줄 회 <字會下 9b>

<114> 털 뜯다 對 擽毛

　고유어 '털 뜯다'와 한자어 '擽毛'가 [擽毛] 즉 '털 뜯다'의 뜻을 가지고 동의 관계에 있다는 것은 다음 예문에서 잘 확인된다. '擽'의 자석이 '뜯다'이고 한자어 '擽毛'가 고유어 '털 뜯다'와 동의 관계에 있다. 따라서 '털 뜯다'와 '擽毛'의 동의성은 명백히 입증된다. 고유어 '털 뜯다'는 동작동사구로 명사 '털'[毛]

과 동작동사 '뜯다'의 결합이다.

(114) a. 擼 : 쁘들 셤 俗稱擼毛 털 뜯다 又귀모 뜯다 <字會下 6a>

<115> 테 메우다 對 篾束

고유어 '테 메우다'와 한자어 '篾束'이 [箍] 즉 '테를 메우다'의 뜻을 가지고 동의 관계에 있다는 것은
다음 예문에서 잘 확인된다. '箍'가 한자어 '篾束'을 뜻한다. 그리고 '箍'의 자석이 '테 메우다'이다. 따라
서 '테 메우다'와 '篾束'의 동의성은 명백히 입증된다. 고유어 '테 메우다'는 동작동사구로 명사 '테'와
동작동사 '메우다'의 결합이다.

(115) a. 箍 : 以篾束物 今俗呼篾束曰篾箍 <四解上 36a>
    b. 箍 : 테 메울 고 或竹或鐵束物皆曰箍 <字會下 8a>

<116> 피좃다 對 刺字在面

고유어 '피좃다'와 한자어 '刺字在面'이 [黥] 즉 '얼굴에 罪名을 刺字하다'의 뜻을 가지고 동의 관계에
있다는 것은 다음 예문들에서 잘 확인된다. '黥'의 자석이 '피좃다'이고 고유어 '피좃다'는 한자어 '刺字
在面'과 동의 관계에 있다. 따라서 '피좃다'와 '刺字在面'의 동의성은 명백히 입증된다. 고유어 '피좃다'
는 합성동작동사로 명사 '피'와 동작동사 '좃다'의 合成이다.

(116) a. 黥 : 墨刑 <四解下 48a>
    b. 黥 : 피조술 경 刺字在面 <字會下 13a>

<117> 혀더틀다 對 口不便言

고유어 '혀더틀다'와 한자어 '口不便言'이 [吃] 즉 '말을 더듬다'의 뜻을 가지고 동의 관계에 있다는
것은 다음 예문들에서 잘 확인된다. '吃'이 한자어 '口不便言'을 뜻한다. 그리고 '吃'의 자석이 '혀더틀
다'이고 고유어 '혀더틀다'는 한자어 '口不便言'과 동의 관계에 있다. 따라서 '혀더틀다'와 '口不便言'의
동의성은 명백히 입증된다. 고유어 '혀더틀다'는 합성동작동사로 명사 '혀'와 동작동사 '더틀다'의 合成
이다.

(117) a. 吃 : 口不便言 <四解上 56a>
    b. 吃 : 혀더틀 걸 口不便言 <字會下 12b>

<118> 홀어미 도이다 對 老而無夫

고유어 '홀어미 도이다'와 한자어 '老而無夫'가 [寡] 즉 '홀어미 되다'의 뜻을 가지고 동의 관계에 있
다는 것은 다음 예문들에서 잘 확인된다. '寡'가 한자어 '老而無夫'를 뜻한다. 그리고 원문 중 '早寡'가
'일 홀어미 도이다'로 번역된다. 따라서 '홀어미 도이다'와 '老而無夫'의 동의성은 명백히 입증된다. 고
유어 '홀어미 도이다'는 동작동사구로 명사 '홀어미'와 동작동사 '도이다'의 결합이다.

> (118) a. 寡 : … 又老而無夫曰寡 <四解下 31b>
>
> b. 寡 : 호올어미 과 老而無夫曰寡 <字會上 17a>

> (118) c. 그 어버싀 졈고 주식 업시 일 홀어미 도인 주를 에엿비 너겨(父母ㅣ 哀其少無子而早寡ᄒ야) <번
> 小九 56a>

<119> 활 브리우다 對 弓弛

고유어 '활 브리우다'와 한자어 '弓弛'가 [弨] 즉 '활부리다, 활시위를 벗기다'의 뜻을 가지고 동의 관
계에 있다는 것은 다음 예문들에서 잘 확인된다. '弨'가 한자어 '弓弛'를 뜻한다. 그리고 '弨'의 자석이
'활 브리우다'이다. 따라서 '활 브리우다'와 '弓弛'의 동의성은 명백히 입증된다. 고유어 '활 브리우다'는
동작동사구로 명사 '활'[弓]과 동작동사 '브리우다'의 결합이다.

> (119) a. 弨 : 弓弛 <四解下 16b>
>
> b. 弨 : 활 브리울 툐 <字會下 5a>

<120> 활 브리우다 對 弓解

고유어 '활 브리우다'와 한자어 '弓解'가 [弛] 즉 '활부리다, 활시위를 벗기다'의 뜻을 가지고 동의 관
계에 있다는 것은 다음 예문들에서 잘 확인된다. '弛'가 한자어 '弓解'를 뜻한다. 그리고 '弛'의 자석이
'활 브리우다'이다. 따라서 '활 브리우다'와 '弓解'의 동의성은 명백히 입증된다. 고유어 '활 브리우다'는
동작동사구로 명사 '활'[弓]과 동작동사 '브리우다'의 결합이다.

> (120) a. 弛 : 弓解 <四解上 19b>
>
> b. 弛 : 활 브리울 이 <字會下 5a>

<121> 활짛다 對 張弦

고유어 '활짛다'와 한자어 '張弦'이 [張] 즉 '활시위를 메다'의 뜻을 가지고 동의 관계에 있다는 것은 다음 예문들에서 잘 확인된다. '張'이 한자어 '張弦'을 뜻하고 '張'의 자석이 '활짛다'이다. 따라서 '활짛다'와 '張弦'의 동의성은 명백히 입증된다. 고유어 '활짛다'는 합성동작동사로 명사 '활'과 동작동사 '짛다'의 合成이다.

(121) a. 張 : …又張弦曰張 <四解下 42b>
　　　 b. 張 : 활지흘 댱 <字會下 5b>

<122> 활 혀다 對 弓引滿

고유어 '활 혀다'와 한자어 '弓引滿'이 [彍] 즉 '활시위를 당기다'의 뜻을 가지고 동의 관계에 있다는 것은 다음 예문들에서 잘 확인된다. '彍'이 한자어 '弓引滿'을 뜻한다. 그리고 '彍'의 자석이 '활 혀다'이다. 따라서 '활 혀다'와 '弓引滿'의 동의성은 명백히 입증된다. 고유어 '활 혀다'는 동작동사구로 명사 '활'과 동작동사 '혀다'의 결합이다.

(122) a. 彍 : 弓引滿曰彍 <四解下 45b>
　　　 b. 彍 : 활 혈 곽 引滿 <字會下 5a>

<123> 활 혀다 對 張弩

고유어 '활 혀다'와 한자어 '張弩'가 [彀] 즉 '화살을 쏘기 위해 세게 잡아당기다'의 뜻을 가지고 동의 관계에 있다는 것은 다음 예문들에서 잘 확인된다. '彀'가 한자어 '張弩'를 뜻하고 '彀'의 자석이 '활 혀다'이다. 따라서 '활 혀다'와 '張弩'의 동의성은 명백히 입증된다. 고유어 '활 혀다'는 동작동사구로 명사 '활'과 동작동사 '혀다'의 결합이다.

(123) a. 彀 : 張弩 <四解下 64b>
　　　 b. 彀 : 활 혈 구 引滿 <字會下 5a>

<124> 활 혀다 對 持弓關矢

고유어 '활 혀다'와 한자어 '持弓關矢'가 [彎] 즉 '활시위를 힘껏 잡아당기다'의 뜻을 가지고 동의 관계에 있다는 것은 다음 예문들에서 잘 확인된다. '彎'이 한자어 '持弓關矢'를 뜻하고 '彎'의 자석이 '활 혀다'이다. 따라서 '활 혀다'와 '持弓關矢'의 동의성은 명백히 입증된다. 고유어 '활 혀다'는 동작동사구로 명사 '활'과 동작동사 '혀다'의 결합이다.

(124) a. 彎 : 持弓關矢 <四解上 81b>

　　　b. 彎 : 활 혈(5a) 만 引滿 <字會下 5b>

<125> 활 혀다 對 引滿

고유어 '활 혀다'와 한자어 '引滿'이 [彎], [彍] 및 [彀] 즉 '활시위를 힘껏 잡아당기다'의 뜻을 가지고 동의 관계에 있다는 것은 다음 예문들에서 잘 확인된다. '彎'의 자석이 '활 혀다'이고 고유어 '활 혀다'는 한자어 '引滿'과 동의 관계에 있다. '彍'의 자석이 '활 혀다'이고 고유어 '활 혀다'는 한자어 '引滿'과 동의 관계에 있다. 그리고 '彀'의 자석이 '활 혀다'이고 고유어 '활 혀다'는 한자어 '引滿'과 동의 관계에 있다. 따라서 '활 혀다'와 '引滿'의 동의성은 명백히 입증된다. 고유어 '활 혀다'는 동작동사구로 명사 '활'과 동작동사 '혀다'의 결합이다.

(125) a. 彎 : 持弓關矢 <四解上 81b>

　　　b. 彎 : 활 혈(5a) 만 引滿 <字會下 5b>

(125) c. 彍 : 弓引滿曰彍 <四解下 45b>

　　　d. 彍 : 활 혈 곽 引滿 <字會下 5a>

(125) e. 彀 : 張弩 <四解下 64b>

　　　f. 彀 : 활 혈 구 引滿 <字會下 5a>

<126> 힘싀우다 對 勸勉

고유어 '힘싀우다'와 한자어 '勸勉'이 [励] 즉 '힘쓰게 하다'의 뜻을 가지고 동의 관계에 있다는 것은 다음 예문들에서 잘 확인된다. 원문 중 '激励'가 '닐와드며 힘싀우다'로 번역된다. 그리고 '励'가 한자어 '勸勉'을 뜻한다. 따라서 '힘싀우다'와 '勸勉'의 동의성은 명백히 입증된다. 고유어 '힘싀우다'는 합성동작동사로 명사 '힘'과 동작동사 '싀우다'의 合成이다.

(126) a. 그 달애며 추들(13b)며 닐와드며 힘싀우며(其所以誘掖激勵ᄒᆞ야) <번小九 14a>

　　　b. 勵 : 勸勉 <四解上 19a>

<127> 혼 발 들다 對 揭足

고유어 '흔 발 들다'와 한자어 '揭足'이 [蹻] 즉 '발돋움하다, 발돋움하여 서다'의 뜻을 가지고 동의 관계에 있다는 것은 다음 예문들에서 잘 확인된다. '蹻'가 한자어 '揭足'을 뜻한다. 그리고 '蹻'의 자석이 '흔 발 들다'이고 고유어 '흔 발 들다'는 한자어 '揭足'과 동의 관계에 있다. 따라서 '흔 발 들다'와 '揭足'의 동의성은 명백히 입증된다. 고유어 '흔 발 들다'는 동작동사구로 관형사 '흔'과 명사 '발'과 동작동사 '들다'의 결합이다.

(127) a. 蹻 : 揭足 <四解下 13b>
　　　 b. 蹻 : 흔 발 들 교 揭足而立 <字會下 12a>

<128> 흔 발 옴기다 對 一擧足

고유어 '흔 발 옴기다'와 한자어 '一擧足'이 [跬] 즉 '한 발만 내디디다'의 뜻을 가지고 동의 관계에 있다는 것은 다음 예문들에서 잘 확인된다. '跬'가 한자어 '一擧足'을 뜻한다. 그리고 '跬'의 자석이 '흔 발 옴기다'이다. 따라서 '흔 발 옴기다'와 '一擧足'의 동의성은 명백히 입증된다. 고유어 '흔 발 옴기다'는 동작동사구로 관형사 '흔'과 명사 '발'[足]과 동작동사 '옴기다'의 결합이다.

(128) a. 跬 : 一擧足曰跬 <四解上 48b>
　　　 b. 跬 : 흔 발 옴길 규 一擧足間 <字會下 12a>

② 狀態動詞에서의 同義

상태동사에서 확인되는 고유어와 한자어 간의 동의에서 고유어가 狀態動詞일 수도 있고 合成狀態動詞와 狀態動詞句일 수도 있다.

1. 固有語가 狀態動詞인 경우

동사류에서 확인되는 고유어와 한자어 간의 동의에서 고유어가 狀態動詞인 경우에는 [貧], [貧窮] 및 [艱難] 즉 '가난하다'의 뜻을 가진 '가난ᄒ다'와 '艱難ᄒ다'를 비롯하여 [富] 즉 '가멸다, 재물이 많고 넉넉하다'의 뜻을 가진 '가ᅀᆞ멸다'와 '豊財', [玄] 즉 '검다'의 뜻을 가진 '감다'와 '赤黑色', [皁]와 [黑] 즉 '검다'의 뜻을 가진 '검다'와 '黑色', [惰]와 [嬾] 즉 '게으르다'의 뜻을 가진 '게으르다'와 '懶惰', [尊] 즉 '지위가 높다'의 뜻을 가진 '고맙다'와 '尊ㅎ다', [直] 즉 '곧다, 굽지 아니하다'의 뜻을 가진 '곧다'와 '不曲', [香]과 [芳] 즉 '꽃답다, 향기롭다'의 뜻을 가진 '곳답다'와 '芬香', [枉]과 [曲] 즉 '굽다, 바르지 않다'의 뜻을 가진 '굽다'와 '不直', [清] 즉 '맑다, 깨끗하다'의 뜻을 가진 '굿굿ㅎ다'와 '청쇄ㅎ다', [博] 즉 '넓다'의 뜻을 가진 '넙다'와 '溥博', [羶] 즉 '노리다, 양고기 냄새가 나다'의 뜻을 가진 '노리다'와 '羊臭', [貴] 즉 '드물어서 귀하다'의 뜻을 가진 '놀다'와 '귀ㅎ다', [臊] 즉 '누리다, 누린내 나다'의 뜻을 가진 '누리다'와 '犬腥臭', [老]와 [耆] 즉 '늙다, 나이가 많이 먹다'의 뜻을 가진 '늙다'와 '年高', [晩]과 [旰] 즉 '저물어서 때가 늦다, 때에 늦다'의 뜻을 가진 '늦다'와 '日晩', [賤] 즉 '천하다'의 뜻을 가진 '눗갑다'와 '賤ㅎ다', [別] 즉 '다르다, 각별하다'의 뜻을 가진 '다르다'와 '각별ㅎ다', [常] 즉 '떳떳하다, 일정하다'의 뜻을 가진 '덛덛ㅎ다'와 '일뎡ㅎ다' 그리고 [熱] 즉 '뜨겁게'의 뜻을 가진 '덥다'와 '셜ㅎ다' 등 90여 항목이 있다.

<1> 가난ㅎ다 對 艱難ㅎ다

고유어 '가난ㅎ다'와 한자어 '艱難ㅎ다'가 [貧], [貧窮] 및 [艱難] 즉 '가난하다'의 뜻을 가지고 동의 관계에 있다는 것은 다음 예문들에서 잘 확인된다. 원문 중 '家貧'이 '지비 가난ㅎ다'로도 번역되고 '지비 艱難ㅎ다'로도 번역된다. '貧窮'이 '가난ㅎ다'로도 번역되고 '간난ㅎ다'로도 번역된다. 그리고 '貧'의 자석이 '가난ㅎ다'이다. 따라서 '가난ㅎ다'와 '艱難ㅎ다'의 동의성은 명백히 입증된다.

(1) a. 니츙이 지비 가난ㅎ여(李充家貧) <二倫 8a>

    b. 집비 가난ㅎ야 친히 받 가로듸(家貧窮耕ㅎ야) <번小九 59a>

    c. 그 도죽 마존 집이 가난ㅎ거든 모다 부조ㅎ야 샹급 주고 자바라(其家貧則爲之助出募賞 : 助出賞錢物募人追捕) <呂約 35a>

    d. 모든 아숨믜 가난ㅎ닐 이받더니(以養群從之貧者) <二倫 29a>

    e. 가난ㅎ고 의탁홀 듸 업스니 잇거든(貧窮無託者ㅣ 어든) <번小七 35b>

(1) f. 지비 艱難ㅎ듸 어미 孝養ㅎ몰 지그기 ㅎ더니(家貧養母至孝) <속三孝 24a>

    g. 집 간난ㅎ미 간난이 아니라(家貧不是貧) <번朴上 54a>

    h. 간난ㅎ며 어려운 이레 아숨미 서르 구ㅎ며(貧窮患難애 親戚이 相救ㅎ며) <번小六 36b>

    i. 올힌 쳔량이 간난ㅎ고(今年錢鈔艱難) <번朴上 53b>

(1) j. 貧 : 財小也 乏也 <四解上 57b>

    k. 貧 : 가난홀 빈 <字會下 11b>

<2> 가난ㅎ다 對 財少

고유어 '가난ᄒ다'와 한자어 '財少'가 [貧] 즉 '가난하다'의 뜻을 가지고 동의 관계에 있다는 것은 다음 예문들에서 잘 확인된다. 원문 중 '家貧'이 '지비 가난ᄒ다'로 번역되고 '貧者'가 '가난ᄒ니'로 번역된다. 그리고 '貧'이 한자어 '財少'를 뜻하고 '貧'의 자석이 '가난ᄒ다'이다. 따라서 '가난ᄒ다'와 '財少'의 동의 성은 명백히 입증된다.

(2) a. 니충이 지비 가난ᄒ여(李充家貧) <二倫 8a>

　　b. 집비 가난ᄒ야 친히 받 가로디(家貧窮耕ᄒ야) <번小九 59a>

　　c. 그 도족 마즌 집이 가난ᄒ거든 모다 부조ᄒ야 샹급 주고 자부라(其家貧則爲之助出募賞 : 助出賞錢物募人追捕) <呂約 35a>

　　d. 모둔 아ᅀᆞᆷ의 가난ᄒ닐 이받더니(以養群從之貧者) <二倫 29a>

(2) e. 貧 : 財少也 乏也 <四解上 57b>

　　f. 貧 : 가난홀 빈 <字會下 11b>

<3> 가ᅀᆞ멸다 對 豊財

고유어 '가ᅀᆞ멸다'와 한자어 '豊財'가 [富] 즉 '가멸다, 재물이 많고 넉넉하다'의 뜻을 가지고 동의 관계에 있다는 것은 다음 예문들에서 잘 확인된다. 원문 중 '求富'가 '가ᅀᆞ며로믈 구ᄒ다'로 번역된다. 그리고 '富'가 한자어 '豊財'를 뜻하고 '富'의 자석이 '가ᅀᆞ멸다'이다. 따라서 '가ᅀᆞ멸다'와 '　'의 동의성은 명백히 입증된다.

(3) a. 가ᅀᆞ며로믈 구호믈 니르디 말며(不言…求富ㅣ오) <번小八 21b>

(3) b. 富 : 豊財 <四解下 66a>

　　c. 富 : 가ᅀᆞ멸 부 <字會下 11b>

<4> 감다 對 赤黑色

고유어 '감다'와 한자어 '赤黑色'이 [玄] 즉 '검다'의 뜻을 가지고 동의 관계에 있다는 것은 다음 예문들에서 잘 확인된다. '玄'이 한자어 '赤黑色'을 뜻하고 '玄'의 자석이 '감다'이다. 따라서 '감다'와 '赤黑色'의 동의성은 명백히 입증된다.

(4) a. 玄 : 赤黑色 <四解下 12a>

　　b. 玄 : 가몰 현 <字會中 14b>

<5> 검다 對 黑色

고유어 '검다'와 한자어 '黑色'이 [皁]와 [黑] 즉 '검다'의 뜻을 가지고 동의 관계에 있다는 것은 다음 예문들에서 잘 확인된다. '皁'가 한자어 '黑色'을 뜻하고 '皁'의 자석이 '검다'이다. 그리고 '黑'의 자석이 '검다'이다. 따라서 '검다'와 '黑色'의 동의성은 명백히 입증된다. 한자 '皁'는 '皁'의 속자이다.

(5) a. 皁 : 黑色 <四解下 21b>
    b. 皁 : 거믈 조 <字會中 14b>

(5) c. 黑 : 北方色 <四解下 63a>
    d. 黑 : 거믈 흑 <字會中 14b>

<6> 게으르다 對 懶惰

고유어 '게으르다'와 한자어 '懶惰'가 [惰]와 [嬾] 즉 '게으르다'의 뜻을 가지고 동의 관계에 있다는 것은 다음 예문들에서 잘 확인된다. '惰'의 자석이 '게으르다'이고 고유어 '게으르다'는 한자어 '懶惰'와 동의 관계에 있다. 그리고 '嬾'이 한자 '惰'와 同義이고 '嬾'의 자석이 '게으르다'이다. 따라서 '게으르다'와 '懶惰'의 동의성은 명백히 입증된다.

(6) a. 惰 : 怠也 不敬也 <四解下 25a>
    b. 惰 : 게으를 타 俗稱懶惰 <字會下 13a>

(6) c. 嬾 : 惰也 <四解上 79a>
    d. 嬾 : 게으를 란 亦作懶 <字會下 13a>

<7> 고맙다 對 尊ㅎ다

고유어 '고맙다'와 한자어 '尊ㅎ다'가 [尊] 즉 '지위가 높다'의 뜻을 가지고 동의 관계에 있다는 것은 다음 예문들에서 잘 확인된다. 원문 중 '尊客'이 '고마온 손'으로 번역되고 '尊長'이 '尊ㅎ신 얼운'으로 번역된다. 그리고 '尊'의 자석이 '존ㅎ다'이다. 따라서 '고맙다'와 '尊ㅎ다'의 동의성은 명백히 입증된다.

(7) a. 고마온 손 앏픠는 가히도 구짓디 말며(尊客之前에 不叱狗ㅎ며) <번小三 29a>
    b. 고마온 사르믈 보고 공경ㅎ야 조심ㅎᄂ니라(見所尊者ㅎ고 齊遬이니라) <번小四 12b>

(7) c. 尊ㅎ신 얼우니 제 둥에 넘거든(尊長이 於己예 踰等이어든) <번小三 31b>

d. 딕월이 존훈 사름을 혀(直月引尊者爲也) <呂約 39a>

(7) e. 尊 : 高稱又重也 敬也 貴也 <四解上 66a>

　　　 f. 尊 : 존훌 존 <字會下 11b>

<8> 곧다 對 不曲

고유어 '곧다'와 한자어 '不曲'이 [直] 즉 '곧다, 굽지 아니하다'의 뜻을 가지고 동의 관계에 있다는 것은 다음 예문들에서 잘 확인된다. 원문 중 '正直'이 '올코 곧다'로 번역되고 '直諫'이 '고돈 말 ᄒᆞ다'로 번역된다. 그리고 '直'이 한자어 '不曲'을 뜻하고 '直'의 자석이 '곧다'이다. 따라서 '곧다'와 '不曲'의 동의성은 명백히 입증된다.

(8) a. 강강ᄒᆞ고 질긔우더 올코 고다(强毅正直ᄒᆞ야) <번小八 28b>

　　　 b. ᄌᆞ조 고죤 말 ᄒᆞ요모로(以數直諫으로) <번小九 38a>

(8) c. 直 : 不曲 <四解下 54a>

　　　 d. 直 : 고둘 딕 <字會下 12b>

<9> 곳답다 對 芬芳

고유어 '곳답다'와 한자어 '芬芳'이 [香]과 [芳] 즉 '꽃답다, 향기롭다'의 뜻을 가지고 동의 관계에 있다는 것은 다음 예문들에서 잘 확인된다. '香'의 자석이 '곳답다'이다. 그리고 '香'이 한자 '芳'과 同義이고 '芳'은 한자어 '芬芳'을 뜻한다. 따라서 '곳답다'와 '芬芳'의 동의성은 명백히 입증된다.

(9) a. 香 : 芳也 <四解下 44a>

　　　 b. 香 : 곳다올 향 <字會下 6b>

(9) c. 芳 : 芬芳 <四解下 37b>

　　　 d. 扮 : …芬芳 <四解上 64b>

<10> 굽다 對 不直

고유어 '굽다'와 한자어 '不直'이 [枉]과 [曲] 즉 '굽다, 바르지 않다'의 뜻을 가지고 동의 관계에 있다는 것은 다음 예문들에서 잘 확인된다. '枉'이 한자 '曲'과 同義이고 '枉'의 자석이 '굽다'이다. 그리고 '曲'이 한자어 '不直'을 뜻한다. 따라서 '굽다'와 '不直'의 동의성은 명백히 입증된다.

(10) a. 枉 : 曲也 <四解下 46a>

　　　b. 枉 : 구블 왕 <字會下 12b>

(10) c. 曲 : 不直 <四解上 7a>

　　　d. 曲 : 놀애 곡 又阿也 不直也 <字會下 15a>

<11> 굽다 對 低頭

　고유어 ‘굽다’와 한자어 ‘低頭’가 [俯]와 [俛] 즉 ‘구부리다, 머리를 숙이다’의 뜻을 가지고 동의 관계에 있다는 것은 다음 예문들에서 잘 확인된다. ‘俯’가 한자어 ‘低頭’를 뜻하고 ‘俯’의 자석이 ‘굽다’이다. 그리고 ‘俛’이 한자 ‘俯’와 同義이다. 따라서 ‘굽다’와 ‘低頭’의 동의성은 명백히 입증된다.

(11) a. 俯 : 低頭 又作俛 <四解上 39a>

　　　b. 俯 : 구블 부 <字會下 12a>

(11) c. 俛 : 俯也 <四解下 4a>

<12> ᄭᅩᆺᄭᅩᆺᄒᆞ다 對 청쇄ᄒᆞ다

　고유어 ‘ᄭᅩᆺᄭᅩᆺᄒᆞ다’와 한자어 ‘청쇄(淸灑)ᄒᆞ다’가 [淸] 즉 ‘맑다, 깨끗하다’의 뜻을 가지고 동의 관계에 있다는 것은 다음 예문들에서 잘 확인된다. 원문 중 ‘淸濁’이 ‘ᄭᅩᆺᄭᅩᆺᄒᆞ나 흐리다’로 번역되고 ‘淸素’가 ‘청쇄코 닝담ᄒᆞ다’로 번역되므로 ‘ᄭᅩᆺᄭᅩᆺᄒᆞ다’와 ‘청쇄ᄒᆞ다’의 동의성은 명백히 입증된다. 고유어 ‘ᄭᅩᆺᄭᅩᆺᄒᆞ다’는 [濁]의 뜻을 가진 ‘흐리다’와 대립 관계에 있다.

(12) a. 사ᄅᆞ미 ᄭᅩᆺᄭᅩᆺᄒᆞ나 흐리나 다 일티 아녀(淸濁無所失ᄒᆞ야) <번小六 14b>

　　　b. 정신을 ᄭᅩᆺᄭᅩᆺ게 ᄒᆞ며(淸神) <瘡疹 56b>

(12) c. 셰속이 다 청쇄코 닝담ᄒᆞ니를 쳔히 너겨(擧世賤淸素ㅣ라) <번小六 26a>

<13> 넙다 對 溥博

　고유어 ‘넙다’와 한자어 ‘溥博’이 [博] 즉 ‘넓다’의 뜻을 가지고 동의 관계에 있다는 것은 다음 예문들에서 잘 확인된다. ‘博’의 자석이 ‘넙다’이고 고유어 ‘넙다’는 한자어 ‘溥博’과 동의 관계에 있다. 따라서 ‘넙다’와 ‘溥博’의 동의성은 명백히 입증된다.

(13) a. 博：廣也 通也 普也 <四解下 36a>
　　 b. 博：…又너블 박 溥博 <字會下 9b>

(13) c. 溥：廣也 <四解上 38a>

<14> 노리다 對 羊臭

　고유어 '노리다'와 한자어 '羊臭'가 [羶] 즉 '노리다, 양고기 냄새가 나다'의 뜻을 가지고 동의 관계에 있다는 것은 다음 예문들에서 잘 확인된다. '羶'이 '羊臭'를 뜻한다. 그리고 '羶'의 자석이 '노리다'이고 고유어 '노리다'는 한자어 '羊臭'와 동의 관계에 있다. 따라서 '노리다'와 '羊臭'의 동의성은 명백히 입증된다.

　　(14) a. 羶：羊臭 <四解下 6b>
　　　 b. 羶：노릴 젼 羊臭 <字會下 6b>

<15> 놀다 對 귀ᄒ다

　고유어 '놀다'와 한자어 '귀(貴)ᄒ다'가 [貴] 즉 '드물어서 귀ᄒ다'의 뜻을 가지고 동의 관계에 있다는 것은 『번역노걸대』의 다음 예문들에서 잘 확인된다. 원문 중 '喫食貴'가 '머글 거슨 놀다'로 번역되고 '黃金貴'가 '황금이 귀ᄒ다'로 번역된다. 그리고 '貴'의 자석이 '귀ᄒ다'이다. 따라서 '놀다'와 '귀ᄒ다'의 동의성은 명백히 입증된다. 상태동사 '놀다'는 [賤]의 뜻을 가진 '흔ᄒ다'와 의미상 대립 관계에 있다.

　　(15) a. 셔울 머글 거슨 노던가 흔턴가(京裏喫食貴賤) <번老上 9a>
　　　 b. 콩닙 논 딘(草料貴處) <번老上 12a>

　　(15) c. 황금이 귀ᄒ다 니ᄅ디 말라(休爲黃金貴) <번老下 4a>

　　(15) d. 貴 (48a)：尊也 又物不賤也 <四解上 48b>
　　　 e. 貴：귀할 귀 位高也 又物不賤也 <字會下 11b>

<16> 누리다 對 犬腥臭

　고유어 '누리다'와 한자어 '犬腥臭'가 [臊] 즉 '누리다, 누린내 나다'의 뜻을 가지고 동의 관계에 있다는 것은 다음 예문들에서 잘 확인된다. '臊'가 한자어 '犬腥臭'를 뜻하고 '臊'의 자석이 '누리다'이다. 따라서 '누리다'와 '犬腥臭'의 동의성은 명백히 입증된다.

(16) a. 臊 : 犬腥臭 <四解下 21b>

　　b. 臊 : 누릴 조 豕臭 <字會下 6b>

<17> 누리다 對 臭菜

　고유어 '누리다'와 한자어 '臭菜'가 [葷] 즉 '채소 냄새 나다'의 뜻을 가지고 동의 관계에 있다는 것은 다음 예문들에서 잘 확인된다. 원문 중 '醒葷等物'이 '비린 것 누린 것 들'로 번역된다. 그리고 '葷'이 한자어 '臭菜'를 뜻하고 '葷'의 자석이 '누리다'이다. 따라서 '누리다'와 '臭菜'의 동의성은 명백히 입증된다.

　　(17) a. 쉰 것 둔 것 비린 것 누린 것 들 먹디 말오(休喫酸甛醒葷等物) <번朴上 55b>

　　(17) b. 葷 : 臭菜 <四解上 70a>

　　　b. 葷 : 누릴 훈 葱蒜魚肉之臭皆曰葷 <字會下 6b>

<18> 늙다 對 年高

　고유어 '늙다'와 한자어 '年高'가 [老]와 [耆] 즉 '늙다, 나이를 많이 먹다'의 뜻을 가지고 동의 관계에 있다는 것은 다음 예문들에서 잘 확인된다. 원문 중 '建老'가 '建이 늙다'로 번역되고 '老悖'가 '늙고 망녕도이다'로 번역되고 '年老'가 '나히 늙다'로 번역된다. '老'가 한자어 '年高'를 뜻하고 '老'의 자석이 '늙다'이다. 그리고 '耆'가 한자 '老'와 同義이고 '耆'의 자석이 '늙다'이다. 따라서 '늙다'와 '年高'의 동의성은 명백히 입증된다.

　　(18) a. 建이 늘거 머리 셰요딕(建老白首호딕) <번小九 85b>

　　　b. 廣이 닐오딕 내 엇디 늙고 망녕도이여 ᄌ손을 혜아리디 아니ᄒ리오(廣이 日吾豈老悖ᄒ야 不念子孫哉리오) <번小九 89a>

　　　c. 이제 누의 나히 늙고 나도 늙그니(顧今姉ㅣ 年老ᄒ며 勛亦老호니) <번小九 79a>

　　　d. 아히 시절브터 늘고매 니르히(自幼至老히) <번小六 10a>

　　(18) e. 老 : 年高 <四解下 23a>

　　　f. 老 : 늘글 로 年七十曰老 <字會上 17b>

　　(18) g. 耆 : 老也 <四解上 14b>

　　　h. 耆 : 늘글 기 年六十曰耆 <字會上 17a>

<19> 늦다 對 日晩

고유어 '늦다'와 한자어 '日晩'이 [晩]과 [旰] 즉 '저물어서 때가 늦다, 때에 늦다'의 뜻을 가지고 동의 관계에 있다는 것은 다음 예문들에서 잘 확인된다. 원문 중 '或晩'이 '혹 늦다'로 번역되고 '晩'의 자석이 '늦다'이다. 그리고 '旰'이 한자어 '日晩'을 뜻하고 '旰'의 자석이 '늦다'이다. 따라서 '늦다'와 '日晩'의 동의성은 명백히 입증된다.

(19) a. 혹 이르거나 혹 늦거낫 듕에(或早或晩) <번老上 10a>

(19) b. 晩 : …暮也 <四解上 81a>
　　　 c. 晩 : 느즐 만 <字會上 1a>

(19) d. 旰 : 日晩 <四解上 71a>
　　　 e. 旰 : 느즐 한 <字會下 1b>

<20> 늦다 對 日晏

고유어 '늦다'와 한자어 '日晏'이 [旰]과 [晏] 즉 '늦다, 해가 저물다'의 뜻을 가지고 동의 관계에 있다는 것은 다음 예문들에서 잘 확인된다. '旰'의 자석이 '늦다'이고 고유어 '늦다'는 한자어 '日晏'과 동의 관계에 있다. 그리고 '晏'의 자석이 '늦다'이고 '晏'은 한자 '旰'과 同義이다. 따라서 '늦다'와 '日晏'의 동의성은 명백히 입증된다.

(20) a. 旰 : 日晩 <四解上 71a>
　　　 b. 旰 : 느즐 한 日晏 <字會下 1b>

(20) c. 晏 : …晩也 <四解上 80a>
　　　 d. 晏 : 느즐 안 旰也 晩也 <字會下 1b>

<21> 눗갑다 對 賤ᄒ다

고유어 '눗갑다'와 한자어 '賤ᄒ다'가 [賤] 즉 '천하다'의 뜻을 가지고 동의 관계에 있다는 것은 다음 예문들에서 잘 확인된다. 원문 중 '賤事貴'가 '눗가오니 貴ᄒ니 섬기다'로 번역되고 '賤而…事貴'가 '賤ᄒ고 貴ᄒ니 섬기다'로 번역되며 '貴賤'이 '귀ᄒ며 쳔ᄒ다'로 번역된다. 따라서 두 상태동사 '눗갑다'와 '賤ᄒ다'의 동의성은 명백히 입증된다. 두 상태동사는 [貴]의 뜻을 가진 '貴ᄒ다'와 의미상 대립 관계에

있다.

(21) a. 늦가오니 貴ᄒ니 셤교ᄆᆯ 다 이리 홀디니라(賤事貴예 咸如之니라) <번小三 17b>

(21) b. 賤ᄒ고 貴ᄒ니 셤교ᄆᆯ 슬히 너기며(賤而不肯事貴ᄒ며) <번小三 47a>

　　c. ᄯᅩ 귀ᄒᆫ 사ᄅᆞᆷ과 쳔ᄒᆫ 사ᄅᆞ미 제 등이 잇ᄂᆞ니(且貴賤이 有等ᄒ니) <번小七 31b>

　　d. ᄯᅩ 귀ᄒ며 쳔ᄒ며 댱슈ᄒ며 단명호미 일로브터 일뎡ᄒᆞᄂᆞ니라(亦貴賤壽夭之所由定也ㅣ니라) <번小八 14b>

<22> 다ᄅᆞ다 對 각별ᄒ다

고유어 '다ᄅᆞ다'와 한자어 '각별(各別) ᄒ다'가 [別] 즉 '다르다, 각별하다'의 뜻을 가지고 동의 관계에 있다는 것은 다음 예문들에서 잘 확인된다. 원문 중 '別処'가 '다른 ᄃᆡ'로 번역된다. 그리고 '別腸'이 '각별ᄒᆫ 챵ᄌᆞ'로 번역된다. 따라서 '다ᄅᆞ다'와 '각별ᄒ다'의 동의성은 명백히 입증된다.

(22) a. 다ᄅᆞᆫ 사ᄅᆞ미 우리를 다가(別人將咱們) <번老上 5b>

　　b. 다ᄅᆞᆫ 사ᄅᆞᆷ 가져 가게 말라(休敎別人將去了) <번老下 35b>

　　c. 다ᄅᆞᆫ 사ᄅᆞ미 거슬 ᄉᆞ랑티 말며(別人東西休愛) <번老下 43a>

　　d. 후에 다ᄅᆞᆫ 딋 마ᄉᆞ리(後頭別處官司) <번朴上 55a>

(22) e. ᄯᅩ 본 거시 각별ᄒ리라(又見得이 別ᄒ리라) <번小八 33a>

　　f. 술 머기ᄂᆞᆫ 각별ᄒᆫ 챵지 잇ᄂᆞ니라(飮酒有別腸) <번朴上 55a>

　　g. 활 혀기ᄂᆞᆫ 각별ᄒᆫ 히미 잇고(張弓有別力) <번朴上 55a>

<23> 덛덛ᄒ다 對 일뎡ᄒ다

고유어 '덛덛하다'와 한자어 '일뎡(一定) ᄒ다'가 [常] 즉 '떳떳하다, 일정하다'의 뜻을 가지고 동의 관계에 있다는 것은 다음 예문들에서 잘 확인된다. 원문 중 '常德'이 '덛덛ᄒᆫ 덕'으로 번역되고 '常処'가 '일뎡ᄒᆫ 싸ᅙᅩ'로 번역된다. 따라서 '덛덛ᄒ다'와 '일뎡ᄒ다'의 동의성은 명백히 입증된다.

(23) a. 덛덛ᄒᆫ 덕글 모로매 구디 자브며(常德을 必固持ᄒ며) <번小八 17a>

(23) b. 나ᅀᅮ며 그츄믈 일뎡ᄒᆫ 싸히 잇더니(進止有常處ᄒ더니) <번小九 37a>

　　c. 다 일뎡한 쉬 이시며(皆有常數ᄒ며) <번小九 108a>

<24> 덥다 對 셜ᄒ다

고유어 '덥다'와 한자어 '셜(熱)ᄒ다'가 [熱] 즉 '뜨겁다'의 뜻을 가지고 동의 관계에 있다는 것은 다음 예문들에서 잘 확인된다. 원문 중 '反熱者'가 '도ᄅ혀 더우니'로 번역되고 '有大熱者'가 'ᄀ장 셜ᄒ니'로 번역된다. '熱乳'가 '더운 졋'으로 번역되고 '熱毒'이 '셜ᄒᆫ 독'으로 번역된다. 그리고 '乍熱'이 '잠깐 덥다'로 번역되고 '熱極'이 'ᄀ장 셜ᄒ다'로 번역된다. 따라서 '덥다'와 '셜ᄒ다'의 동의성은 명백히 입증된다.

(24) a. 귀와 귀 뒤헷 쎄 도ᄅ혀 더우닌(6b) 죽고(耳骬反熱者死) <瘡疹 7a>

　　　b. 모미 덥고 긔운이 돗ᄒ야 믈 먹고져 ᄒᄂ닌 고티리라(身熱氣溫欲飲水者可治) <瘡疹 7a>

　　　c. 모미 덥고 답답고 갈ᄒ며(身熱煩渴) <瘡疹 7a>

　　　d. 몸 더우니와(身熱者) <瘡疹 28a>

　　　e. 더운 져즐 머겨(飲啜熱乳) <瘡疹 1b>

　　　f. 잠깐 치우락 잠깐 더우락 ᄒ며(乍寒乍熱) <瘡疹 9b>

(24) g. ᄀ장 셜ᄒ니란 쇼변을 훤훤케 ᄒ고 져기 셜ᄒ니란 독ᄒᆫ 긔운을 헐케 ᄒ고(有大熱者当利小便有小熱者宜解毒) <瘡疹 5b>

　　　h. 셜ᄒᆫ 독이 네 활기와 온 몸 안밧긔 ᄃ녀(熱毒行於四肢榮衛之中) <瘡疹 2a>

　　　i. 셜ᄒᆫ 독이 간장애 뾔여(熱毒薰於肝膈) <瘡疹 24b>

　　　j. 셜ᄒᆫ 약을 쓰ᄂ니(便投熱藥) <瘡疹 27b>

　　　k. 셜ᄒᆫ 약을 그르 머겨(誤服熱藥) <瘡疹 36a>

　　　l. ᄒ다가 다시 셜ᄒ고 유독ᄒᆫ 거슬 머겨(或者更與熱毒之物) <瘡疹 14a>

　　　m. 셜ᄒᆫ 긔운이 졈졈 헐ᄒ리라(卽熱氣漸解也) <瘡疹 2b>

　　　n. 셜ᄒᆫ 긔운이 스믜여 나ᄂ니라(熱氣有所滲而出) <瘡疹 11a>

　　　o. ᄀ장 셜ᄒ야 이 병이 도의ᄂ니(由…熱極方成此疾) <瘡疹 1b>

<25> 덥다 對 日暖

고유어 '덥다'와 한자어 '日暖'이 [暄] 즉 '따뜻하다, 온난하다'의 뜻을 가지고 동의 관계에 있다는 것은 다음 예문들에서 잘 확인된다. '暄'이 한자어 '日暖'을 뜻한다. 그리고 '暄'의 자석이 '덥다'이다. 따라서 '덥다'와 '日暖'의 동의성은 명백히 입증된다.

(25) a. 暄 : 日暖 <四解下 11b>

b. 暄 : 더울 훤 <字會下 1b>

<26> 덥다 對 炎燠

고유어 '덥다'와 한자어 '炎燠'이 [燠]과 [炎] 즉 '덥다'의 뜻을 가지고 동의 관계에 있다는 것은 다음 예문들에서 잘 확인된다. '燠'의 자석이 '덥다'이고 고유어 '덥다'는 한자어 '炎燠'과 동의 관계에 있다. 그리고 '炎'의 자석이 '덥다'이다. 따라서 '덥다'와 '炎燠'의 동의성은 명백히 입증된다.

(26) a. 燠 : 熱也 <四解上 10a>

b. 燠 : 더울 욱 炎燠爲夏 <字會下 1b>

(26) c. 炎 : 熱也 熾也 <四解下 85a>

d. 炎 : 더울 염 <字會下 1b>

<27> 덥다 對 온ᄒ다

고유어 '덥다'와 한자어 '온(溫) ᄒ다'가 [溫] 즉 '따뜻하다'의 뜻을 가지고 동의 관계에 있다는 것은 다음 예문들에서 잘 확인된다. 원문 중 '身溫'이 '모미 덥다'로 번역되고 '溫涼'이 '온ᄒ고 량ᄒ다'로 번역된다. 따라서 '덥다'와 '온ᄒ다'의 동의성은 명백히 입증된다.

(27) a. 몸 덥고…머리 덥고(身溫…頭溫) <瘡疹 22b>

b. 모미 덥고(身溫) <瘡疹 26a>

(27) c. 오직 온ᄒ고 량ᄒ 약을 겸ᄒ야(但溫涼之劑兼) <瘡疹 10b>

<28> 덥다 對 暄暖

고유어 '덥다'와 한자어 '暄暖'이 [暖]과 [暄] 즉 '따뜻하다'의 뜻을 가지고 동의 관계에 있다는 것은 다음 예문들에서 잘 확인된다. '暖'의 자석이 '덥다'이고 고유어 '덥다'는 한자어 暄暖과 동의 관계에 있다. 그리고 '暄'의 자석이 '덥다'이다. 따라서 '덥다'와 '暄暖'의 동의성은 명백히 입증된다.

(28) a. 暖 : …溫也 <四解上 73b>

b. 暖 : 더울 난 暄暖爲春 <字會下 1b>

(28) c. 暄 : 日暖 <四解下 11b>

d. 暄 : 더울 훤 <字會下 1b>

<29> 뎌르다 對 不長

고유어 '뎌르다'와 한자어 '不長'이 [短] 즉 '짧다'의 뜻을 가지고 동의 관계에 있다는 것은 다음 예문들에서 잘 확인된다. '短'이 한자어 '不長'을 뜻한다. 그리고 원문 중 '短襖子'가 '뎌른 햣져구리'로 번역되고 '長的短的'이 '기니 뎌르니'로 번역된다. 따라서 '뎌르다'와 '不長'의 동의성은 명백히 입증된다.

(29) a. 短 : 不長 <四解上 73a>

  b. 短 : 不長也 <老朴集 單字解 6b>

(29) c. 뎌른 햣져구리와(短襖子) <번老下 51a>

  d. 열 숤가락도 쪼 기니 뎌르니 잇느니(十箇指頭 也有長的短的) <번朴上 32a>

  e. 네 나를 나쇼와 뎌르게 ᄒᆞ야 다고려(你饋我趙短些) <번朴上 18b>

<30> 되다 對 실ᄒᆞ다

고유어 '되다'와 한자어 '실(実) ᄒᆞ다'가 [実] 즉 '되다'의 뜻을 가지고 동의 관계에 있다는 것은 다음 예문들에서 잘 확인된다. 원문 중 '喘実'이 '숨쎨 되다'로 번역되고 '気実'이 '긔운이 실ᄒᆞ다'로 번역된다. 따라서 '되다'와 '실ᄒᆞ다'의 동의성은 명백히 입증된다.

(30) a. 숨쎨 되니란 가히 즈칠 거시오(喘実者可下之) <瘡疹 7a>

(30) b. 아히 긔운이 실코(小児気実) <瘡疹 10b>

  c. 비블어 긔운이 실케도 말며(勿令飽而氣實) <瘡疹 12a>

  d. 허커나 실커나 ᄒᆞᆫ 증을(虛實之證) <瘡疹 27b>

  e. 남녀의 타 난 긔운이 허ᄒᆞ며 실호믈 의론티 아니ᄒᆞ고(不論男女稟受虛實) <瘡疹 13a>

  f. 몸 안밧 긔운이 다 실ᄒᆞ니(是表裏俱實) <瘡疹 20b>

  g. 밧ᄀᆞᆫ 실ᄒᆞ고 안히 허ᄒᆞ닌(如表實裏虛者) <瘡疹 19a>

<31> 둏다 對 가ᄒᆞ다

고유어 '둏다'와 한자어 '가(可) ᄒᆞ다'가 [可] 즉 '좋다, 가하다'의 뜻을 가지고 동의 관계에 있다는 것은 다음 예문들에서 잘 확인된다. 원문 중 '用之…可'가 '뿌미 둏다'로 번역되고 '傳之亦可'가 '브튬도 쪼 가ᄒᆞ다'로 번역된다. 따라서 '둏다'와 '가ᄒᆞ다'의 동의성은 명백히 입증된다.

(31) a. 창튤 강진도 뿌며 됴ᄒ니라(蒼朮降真用之亦可) <瘡疹 14b>

(31) b. 연지를 브튬도 쏘 가ᄒ니라(臙脂傅之亦可) <瘡疹 43a>

   c. 두서 둘을 마라ᅀᅡ 가ᄒ니라(믌二三月方可) <瘡疹 46a>

<32> 두텁다 對 味厚

  고유어 '두텁다'와 한자어 '味厚'가 [醲]과 [醇] 즉 '진하다'의 뜻을 가지고 동의 관계에 있다는 것은 다음 예문들에서 잘 확인된다. '醲'의 자석이 '두텁다'이고 고유어 '두텁다'는 한자어 '味厚'와 동의 관계에 있다. 그리고 '醇'의 자석이 '두텁다'이고 고유어 '두텁다'는 한자어 '酒醋味厚'와 동의 관계에 있다. 따라서 '두텁다'와 '味厚'의 동의성은 명백히 입증된다.

   (32) a. 醲: 厚酒 <四解上 2b>
      b. 醲: 두터울 농 味厚 <字會東中本 13b>

   (32) c. 醇: 不澆酒也 醲也 <四解上 69a>
      d. 醇: 두터울 슌 酒醋味厚 <字會下 6b>

<33> 두텁다/둗텁다 對 후ᄒ다

  고유어 '두텁다/둗텁다'와 한자어 '후(厚)ᄒ다'가 [厚] 즉 '두텁다, 후하다'의 뜻을 가지고 동의 관계에 있다는 것은 다음 예문들에서 잘 확인된다. 원문 중 '敦厚'가 '긔운이 두텁다'와 '텬셩이 둗텁다'로 번역되고 '情厚'가 '정은 후ᄒ다'로 번역된다. 따라서 '두텁다/둗텁다'와 '후ᄒ다'의 동의성은 명백히 입증된다.

   (33) a. 긔운이 두터오며 쥬밀ᄒ며 삼가(敦厚周愼ᄒ야) <번小六 13b>
      b. 텬셩이 둗터워 녯 일 됴히 너기는 사ᄅ미(若敦厚好古之君子ㅣ) <번小七 10a>

   (33) c. 차반는 사오나오ᄃᆡ 정은 후(32a)ᄒ더니(物薄而情厚ᄒ더니) <번小十 32b>
      d. 풍속기 이러ᄒ면 엇디 시러 후티 아니ᄒ리오(風俗이 如此ㅣ면 安得不厚乎리오) <번小七 47a>

<34> 돗ᄒ다 對 온ᄒ다

  고유어 '돗ᄒ다'와 한자어 '온(溫)ᄒ다'가 [溫] 즉 '따뜻하다'의 뜻을 가지고 동의 관계에 있다는 것은 다음 예문에서 잘 확인된다. 원문 중 '気溫'이 '긔운이 돗ᄒ다'로 번역되고 '溫涼之劑'가 '온ᄒ고 량ᄒ 약'으로 번역된다. 따라서 '돗ᄒ다'와 '온ᄒ다'의 동의성은 명백히 입증된다.

(34) a. 모미 덥고 긔운이 둣ᄒ야(身熱気温) <瘡疹 7a>

(34) b. 오직 온ᄒ고 량ᄒᆫ 약을 겸ᄒ야 뻐(但温涼之剤兼済之) <瘡疹 10b>

    c. 온ᄒᆫ 약지로 져(11b) ᄌᆞ로 내야 머기며(以温散湯剤饟乳) <瘡疹 12a>

    d. 복듕을 온케 ᄒ며(温中) <瘡疹 58a>

<35> 모딜다 對 독ᄒ다

고유어 '모딜다'와 한자어 '독(毒) ᄒ다'가 [毒] 즉 '독하다'의 뜻을 가지고 동의 관계에 있다는 것은 다음 예문들에서 잘 확인된다. 원문 중 '毒薬'이 '모딘 약'으로 번역되고 '毒物'이 '독ᄒᆫ 것'으로 번역된다. 따라서 '모딜다'와 '독ᄒ다'의 동의성은 명백히 입증된다.

(35) a. 모딘 약 내와(毒薬気) <瘡疹 63b>

(35) b. 독ᄒᆫ 거슬 머기디 말라(服忌…毒物) <瘡疹 46a>

    c. 술와 진ᄀᆞᄅ 엇과 독ᄒᆫ 거슬 머기고셔(酒麵毒物以充其腹) <瘡疹 13b>

    d. 독ᄒᆫ 긔운이 ᄆᆞᅀᆞ매 들어든(毒氣入心) <瘡疹 63b>

    e. 독ᄒᆫ 셜긔 모다셔(蘊積毒熱) <瘡疹 40b>

<36> 모딜다 對 不善

고유어 '모딜다'와 한자어 '不善'이 [惡] 즉 '악하다, 모질고 사납다'의 뜻을 가지고 동의 관계에 있다는 것은 다음 예문들에서 잘 확인된다. '惡'이 한자어 '不善'을 뜻한다. 그리고 '惡'의 자석이 '모딜다'이다. 따라서 '모딜다'와 '不善'의 동의성은 명백히 입증된다.

(36) a. 惡 : 不善 <四解下 39b>

    b. 惡 : 모딜 악 <字會下 13b>

<37> 미혹ᄒ다 對 愚鈍

고유어 '미혹ᄒ다'와 한자어 '愚鈍'이 [魯] 즉 '우둔하다'의 뜻을 가지고 동의 관계에 있다는 것은 다음 예문들에서 잘 확인된다. 원문 중 '愚魯'가 '어리고 미혹ᄒ다'로 번역된다. 그리고 '魯'가 한자어 '愚鈍'을 뜻한다. 따라서 '미혹ᄒ다'와 '愚鈍'의 동의성은 명백히 입증된다.

(37) a. 나는 어리고 미혹ᄒᆫ 사ᄅᆞ미라(我是愚魯之人) <번朴上 9a>

b. 魯 : 愚鈍也 <四解上 42a>

<38> 믿브다 對 유신ᄒ다

고유어 '믿브다'와 한자어 '유신(有信) ᄒ다'가 [信] 즉 '미쁘다, 믿음직하다, 유신하다'의 뜻을 가지고 동의 관계에 있다는 것은 다음 예문들에서 잘 확인된다. 원문 중 '忠信'이 '졍셩ᄃᆞ외며 믿브다'로도 번역되고 '졍셩ᄒ고 유신ᄒ다'와 '튱심ᄃᆞ외며 유신ᄒ다'로도 번역된다. 그리고 '信士'가 '유신ᄒᆫ 사룸'으로 번역된다. 따라서 '믿브다'와 '유신ᄒ다'의 동의성은 명백히 입증된다.

(38) a. 말ᄊᆞᆷ이 졍셩ᄃᆞ외며 믿브디 아니ᄒᆞ미오(言不忠信伊五) <呂約 7a>
   b. 이런 이리 업스니 즁의 마리 믿브디 아니ᄒᆞ미 명빅ᄒᆞ니라(此其無有而不足信也ㅣ 明矣니) <번小 七 22b>

(38) c. 므슴 머구믈 졍셩ᄒ고 유신ᄒ야 소기디 아니호ᄆᆞ로ᄡᅥ(立心을 以忠 信不欺로) <번小六 34a>
   d. 모로매 효도ᄒ며 공슌ᄒ며 튱심ᄃᆞ외며(5a) 유신ᄒ며 례되며 올ᄒᆞᆫ 이리며 쳥념ᄒ며 붓그리ᄂᆞᆫ 일들 ᄒᆞᆯ 몬져 ᄡᅥ ᄒᆞᆯ디니(必先以孝弟忠信禮義廉耻等事ㅣ니) <번小六 5b>
   e. 효도와 공슌과 졍셩도옴과 유신ᄒᆞᆷ과 두루 힐훠 거동ᄒ기와 례악올 닷게 ᄒᆞᄂᆞ니(脩其孝悌忠信周旋禮樂이니) <번小九 13b>
   f. 닐우듸 거경은 유신ᄒᆞᆫ 사ᄅᆞ미라(對曰巨卿信士) <二倫 33a>

<39> ᄆᆞᄃᆞ다 對 省略

고유어 'ᄆᆞᄃᆞ다'와 한자어 '省略'이 [省] 즉 '적다'의 뜻을 가지고 동의 관계에 있다는 것은 다음 예문들에서 잘 확인된다. 원문 중 '省気力'이 '힘 ᄆᆞᄃᆞ다'로 번역되고 '省多少'가 '그믄뎌믄 ᄆᆞᄃᆞ다'로 번역된다. 그리고 '省'이 한자어 '省略'을 뜻한다. 따라서 'ᄆᆞᄃᆞ다'와 '省略'의 동의성은 명백히 입증된다.

(39) a. 그리 ᄒᆞ면 힘 ᄆᆞᄃᆞ리라(那般時省氣力) <번朴上 66a>
   b. 길헤 쁠 거시 그믄뎌믄 ᄆᆞᄃᆞ려니(省多少盤纏) <번朴上 54a>

(39) c. 省 : …少也 省略 <四解下 61b>

<40> ᄆᆞᆫᄆᆞᆫᄒ다 對 연약ᄒ다

고유어 'ᄆᆞᆫᄆᆞᆫᄒ다'와 한자어 '연약(軟弱) ᄒ다'가 [嫩]과 [嫩弱] 즉 '연하고 부드럽다'의 뜻을 가지고 동의 관계에 있다는 것은 다음 예문들에서 잘 확인된다. 원문 중 '肥嫩'이 '솔지고 ᄆᆞᆫᄆᆞᆫᄒ다'로 번역되고 '肌肉…嫩'이 '슬히 연약호다'로 번역되고 '皮肉嫩弱'이 '갓과 슬쾌 연약호다'로 번역된다. 따라서 '믄믄호다'와 '연약호다'의 동의성은 명백히 입증된다.

(40) a. 슬지고 믄믄흔 도틔 기름진 고기 흔 무저글(可用肥嫩猪?一塊) <瘡疹 21b>

(40) b. 슬히 연약호니(肌肉猶嫩) <瘡疹 48b>
　　 c. 슬히 연약흔 저기라(肌肉尙嫩) <瘡疹 24a>
　　 d. 갓과 슬쾌 연약호모로 해 이 병이 도외ᄂᆞ니(皮肉嫩弱多成此病) <瘡疹 1b>

<41> 몱다 對 澄潔

고유어 '몱다'와 한자어 '澄潔'이 [淸] 즉 '맑다'의 뜻을 가지고 동의 관계에 있다는 것은 다음 예문들에서 잘 확인된다. '淸'이 한자어 '澄潔'을 뜻하고 '淸'의 자석이 '몱다'이다. 따라서 '몱다'와 '澄潔'의 동의성은 명백히 입증된다.

(41) a. 淸 : 澄潔 <四解下 52a>
　　 b. 淸 : 몰굴 쳥 <字會下 1a>

<42> 밉다 對 味辛甚

고유어 '밉다'와 한자어 '味辛甚'이 [辢]과 [辣] 즉 '맵다, 몹시 맵다'의 뜻을 가지고 동의 관계에 있다는 것은 다음 예문들에서 잘 확인된다. '辢'이 한자어 '味辛甚'을 뜻하고 '辣'의 자석이 '밉다'이다. 따라서 '밉다'와 '味辛甚'의 동의성은 명백히 입증된다. 한자 '辢'과 '辣'은 同字이다.

(42) a. 辢 : 味辛甚 <四解上 79a>
　　 b. 辣 : 미올 랄 辛味 <字會下 6b>

<43> 밉다 對 酒醋味厚

고유어 '밉다'와 한자어 '酒醋味厚'가 [釅] 즉 '酒醋의 맛이 진하다'의 뜻을 가지고 동의 관계에 있다는 것은 다음 예문들에서 잘 확인된다. '釅'이 한자어 '酒醋味厚'를 뜻한다. 그리고 '釅'의 자석이 '밉다'이고 고유어 '밉다'는 한자어 '酒醋味美厚'와 동의 관계에 있다. 따라서 '밉다'와 '酒醋味厚'의 동의성은 명백히 입증된다.

(43) a. 釅 : … 又酒醋味厚 <四解下 81b>

b. 釅 : 미울 엄 酒醋味美厚 <字會下 6b>

<44> 밉다 對 火猛

고유어 '밉다'와 한자어 '火猛'이 [烈] 즉 '불길이 세다'의 뜻을 가지고 동의 관계에 있다는 것은 다음 예문들에서 잘 확인된다. '烈'의 자석이 '밉다'이고 고유어 '밉다'는 한자어 '火猛'과 동의 관계에 있다. 따라서 '밉다'와 '火猛'의 동의성은 명백히 입증된다.

(44) a. 烈 : 火盛 <四解下 8b>
b. 烈 : 미울 렬 火猛 <字會下 11b>

<45> 밉다 對 火盛

고유어 '밉다'와 한자어 '火盛'이 [烈] 즉 '불길이 세다, 세차다'의 뜻을 가지고 동의 관계에 있다는 것은 다음 예문들에서 잘 확인된다. '烈'이 한자어 '火盛'을 뜻한다. 그리고 '烈'의 자석이 '밉다'이다. 따라서 '밉다'와 '火盛'의 동의성은 명백히 입증된다.

(45) a. 烈 : 火盛 又功烈 <四解下 8b>
b. 烈 : 미울 렬 火猛 又功烈 <字會下 11b>

<46> 바려ᄒ다 對 약ᄒ다

고유어 '바려ᄒ다'와 한자어 '약(弱) ᄒ다'가 [怯] 즉 '약하다'의 뜻을 가지고 동의 관계에 있다는 것은 다음 예문들에서 잘 확인된다. 원문 중 '児気…怯'이 '아히 긔운이 바려ᄒ다'로 번역되고 '気怯'이 '긔운이 약ᄒ다'로 번역된다. 따라서 '바려ᄒ다'와 '약ᄒ다'의 동의성은 명백히 입증된다.

(46) a. 그 듕에 아히 긔운이 본듸 바려ᄒ거나(其間児気素怯) <瘡疹 13a>
b. 긔운이 약거든 목향 ᄒ 돈을 가ᄒ야 쓰라(氣怯者加木香一錢) <瘡疹 38b>

<47> 쏘롣ᄒ다 對 末銳

고유어 '쏘롣ᄒ다'와 한자어 '末銳'가 [尖] 즉 '끝이 날카롭다, 뾰족하다'의 뜻을 가지고 동의 관계에 있다는 것은 다음 예문들에서 잘 확인된다. 원문 중 '尖骨'이 '쏘롣ᄒ 쎠'로 번역된다. 그리고 '尖'이 한자어 '末銳'를 뜻한다. 따라서 '쏘롣ᄒ다'와 '末銳'의 동의성은 명백히 입증된다.

(47) a. 발 앉 귀머리 쏠롣흔 쎠 우희 노코(放在脚內踝尖骨頭上) <번朴上 38b>

　　　b. 尖 : 末銳 <四解下 83a>

<48> 븓질긔다 對 吝嗇

고유어 '븓질긔다'와 한자어 '吝嗇'이 [嗇]과 [斳] 즉 '인색하다'의 뜻을 가지고 동의 관계에 있다는 것은 다음 예문들에서 잘 확인된다. '嗇'의 자석이 '븓질긔다'이고 고유어 '븓질긔다'는 한자어 '吝嗇'과 동의 관계에 있다. 그리고 '斳'이 한자 '吝'과 同義이고 '斳'의 자석이 '븓질긔다'이다. 따라서 '븓질긔다'와 '吝嗇'의 동의성은 명백히 입증된다.

(48) a. 嗇 : …慳也 <四解下 61b>

　　　b. 嗇 : 븓질길 식…吝嗇 <字會下 13a>

(48) c. 斳 : …吝也 <四解上 56a>

　　　d. 斳 : 븓딜길 근…吝也 <字會下 13a>

<49> 븕다 對 絳色

고유어 '븕다'와 한자어 '絳色'이 [緋]와 [絳] 즉 '븕다'의 뜻을 가지고 동의 관계에 있다는 것은 다음 예문들에서 잘 확인된다. '緋'가 한자어 '絳色'을 뜻하고 '緋'의 자석이 '븕다'이다. 그리고 '絳'의 자석이 '븕다'이다. 따라서 '븕다'와 '絳色'의 동의성은 명백히 입증된다.

(49) a. 緋 : 絳色 <四解上 17a>

　　　b. 緋 : 블글 비 <字會中 15a>

(49) c. 絳 : 赤也 <四解下 40b>

　　　d. 絳 : 블글 강 <字會中 15a>

<50> 븕다 對 南方色

고유어 '븕다'와 한자어 '南方色'이 [赤]과 [朱] 즉 '븕다'의 뜻을 가지고 동의 관계에 있다는 것은 다음 예문들에서 잘 확인된다. '赤'이 한자어 '南方色'을 뜻하고 '赤'의 자석이 '븕다'이다. 그리고 '朱'가 한자 '赤'과 同義이고 '朱'의 자석이 '븕다'이다. 따라서 '븕다'와 '南方色'의 동의성은 명백히 입증된다.

(50) a. 赤 : 南方色 <四解下 53b>

b. 赤 : 블글 젹 <字會中 14b>

(50) c. 朱 : 赤也 <社會相 32a>

d. 朱 : 블글 쥬 <字會中 15a>

<51> 붉다 對 丹雘

고유어 '붉다'와 한자어 '丹雘'이 [雘]과 [丹] 즉 '붉다'의 뜻을 가지고 동의 관계에 있다는 것은 다음 예문들에서 잘 확인된다. '雘'이 한자어 '丹雘'을 뜻하고 '雘'의 자석이 '붉다'이다. 그리고 '丹'의 자석이 '붉다'이다. 따라서 '붉다'와 '丹雘'의 동의성은 명백히 입증된다.

(51) a. 雘 : 丹雘 <四解下 46a>

b. 雘 : 블글 확 <字會中 14b>

(51) c. 丹 : …又赤色 <四解上 76b>

d. 丹 : 블글 丹 <字會中 14b>

<52> 붉다 對 赤色

고유어 '붉다'와 한자어 '赤色'이 [彤], [赭] 및 [赬] 즉 '붉다, 붉은빛'의 뜻을 가지고 동의 관계에 있다는 것은 다음 예문들에서 잘 확인된다. '彤'이 한자어 '赤色'을 뜻하고 '彤'의 자석이 '붉다'이다. '赭'가 한자어 '赤色'을 뜻하고 '赭'의 자석이 '붉다'이다. 그리고 '赬'이 한자어 '赤色'을 뜻하고 '赬'의 자석이 '붉다'이다. 따라서 '붉다'와 '赤色'의 동의성은 명백히 입증된다.

(52) a. 彤 : 赤色 <四解上 2a>

b. 彤 : 블글 동 <字會中 14b>

(52) c. 赭 : 赤色 <四解下 33a>

d. 赭 : 블글 쟈 <字會中 14b>

(52) e. 赬 : 赤色 <四解下 53b>

f. 赬 : 블글 뎡 <字會中 14b>

<53> 붉다 對 淺絳色

고유어 '붉다'와 한자어 '淺絳色'이 [纁] 즉 '분홍빛'의 뜻을 가지고 동의 관계에 있다는 것은 다음 예문들에서 잘 확인된다. '纁'이 한자어 '淺絳色'을 뜻한다. 그리고 '纁'의 자석이 '븕다'이다. 따라서 '븕다'와 '淺絳色'의 동의성은 명백히 입증된다.

(53) a. 纁 : 淺絳色 <四解上 70a>
b. 纁 : 블글 훈 <字會下 9a>

<54> 붉다 對 淺赤色

고유어 '붉다'와 한자어 '浅赤色'이 [紅] 즉 '붉다, 붉은빛'의 뜻을 가지고 동의 관계에 있다는 것은 다음 예문들에서 잘 확인된다. '紅'이 한자어 '浅赤色'을 뜻한다. 그리고 '紅'의 자석이 '붉다'이다. 따라서 '붉다'와 '浅赤色'의 동의성은 명백히 입증된다.

(54) a. 紅 : 淺赤色 <四解上 6a>
b. 紅 : 블글 홍 <字會中 15a>

<55> 붉다 對 靑赤色

고유어 '붉다'와 한자어 '靑赤色'이 [緅]와 [紺] 즉 '검붉다'의 뜻을 가지고 동의 관계에 있다는 것은 다음 예문들에서 잘 확인된다. '緅'가 한자어 '靑赤色'을 뜻하고 '緅'의 자석이 '붉다'이다. 그리고 '紺'이 한자어 '深靑揚赤色'을 뜻하고 '紺'의 자석이 '붉다'이다. 따라서 '붉다'와 '靑赤色'의 동의성은 명백히 입증된다.

(55) a. 緅 : 靑赤色 語紺緅 <四解下 67a>
b. 緅 : 블글 츄 <字會下 9a>

(55) c. 紺 : 深靑揚赤色 <四解下 67a>
d. 紺 : 블글 감 <字會下 8b>

<56> 비리다 對 魚臭

고유어 '비리다'와 한자어 '魚臭'가 [鯹] 즉 '비리다'의 뜻을 가지고 동의 관계에 있다는 것은 다음 예문들에서 잘 확인된다. '鯹'이 한자어 '魚臭'를 뜻한다. 그리고 '鯹'의 자석이 '비리다'이고 고유어 '비리다'는 한자어 '魚臭'와 동의 관계에 있다. 따라서 '비리다'와 '魚臭'의 동의성은 명백히 입증된다.

(56) a. 鯹 : 魚臭 <四解下 52b>

b. 鯹 : 비릴 셩 魚臭 通作腥 <字會下 6b>

<57> 빗그다 對 橫斜

고유어 '빗그다'와 한자어 '橫斜'가 [斜]와 [橫] 즉 '비스듬하다'의 뜻을 가지고 동의 관계에 있다는 것은 다음 예문들에서 잘 확인된다. '斜'가 한자어 '橫斜'를 뜻하고 '斜'의 자석이 '빗그다'이다. 그리고 '橫'의 자석이 '빗그다'이다. 따라서 '빗그다'와 '橫斜'의 동의성은 명백히 입증된다.

(57) a. 斜 : 不正也 橫斜 <四解下 32b>
　　 b. 斜 : 빗글 샤 <字會下 8a>

(57) c. 橫 : …縱橫之對 <四解下 63a>
　　 d. 橫 : 빗글 횡 縱橫 <字會下 8a>

<58> 붉다 對 기명ᄒ다

고유어 '붉다'와 한자어 '기명(開明) ᄒ다'가 [明] 즉 '밝다'의 뜻을 가지고 동의 관계에 있다는 것은 다음 예문들에서 잘 확인된다. 원문 중 '学明'이 '비혼 이리 붉다'로 번역되고 '材識明'이 '지질와 디식이 기명ᄒ다'로 번역된다. 따라서 '붉다'와 '기명ᄒ다'의 동의성은 명백히 입증된다.

(58) a. 그 듕에 비혼 이리 볼그며 덕이 노프니ᄂᆞᆯ ᄀᆞᆯ히여(擇其學明德尊者ᄒᆞ야) <번小九 14b>
　　 b. ᄀᆞᄅᆞ쳐 어딜에 두외ᄂᆞᆫ 풍속이 붉디 몯ᄒ고 사ᄅᆞ미 즐어 주그리 만ᄒᆞ니라(敎化ㅣ 不明而民多夭ᄒᆞᄂᆞ니라) <번小七 30b>
　　 c. 道의 붉디(40b) 아니호믄(道之不明은) <번小八 41a>
　　 d. 비록 노픈 지죄며 볼곤 디혜엿 사ᄅᆞ미라도(雖高才明智라도) <번小八 42b>

(58) e. 그 지질와 디식이 기명하고 통달ᄒᆞ야 어딘 일에 나ᅀᅡ감직흔 사ᄅᆞᆷ을 가져다가(取材識明達可進於善者ᄒᆞ야) <번小九 14b>
　　 f. 비혼 이리 통달ᄒ고 기명ᄒ며(通明學業ᄒᆞ며) <번小九 15b>

<59> 붉다 對 昭晣

고유어 '붉다'와 한자어 '昭晣'이 [晣]과 [明] 즉 '밝다'의 뜻을 가지고 동의 관계에 있다는 것은 다음 예문들에서 잘 확인된다. '晣'이 한자어 '昭晣'을 뜻하고 한자어 '昭晣'은 한자 '明'과 同義이다. 그리고 '明'의 자석이 '붉다'이다. 따라서 '붉다'와 '昭晣'의 동의성은 명백히 입증된다.

(59) a. 晰 : 昭晰 明也 <四解下 5b>

(59) b. 明 : 光也 <四解下 51a>

    c. 明 : 불 글 명 <字會下 1a>

<60> 서느럽다 對 량ᄒ다

고유어 '서느럽다'와 한자어 '량(涼) ᄒ다'가 [涼] 즉 '서늘하다'의 뜻을 가지고 동의 관계에 있다는 것은 다음 예문들에서 잘 확인된다. 원문 중 '涼処'가 '서느러운 ᄃᆡ'로 번역되고 '溫涼'이 '온ᄒ고 량ᄒ다'로 번역된다. 따라서 '서느럽다'와 '량ᄒ다'의 동의성은 명백히 입증된다.

(60) a. 그늘 서느러운 ᄃᆡ 미여 두고(絟在陰涼處) <번朴上 21a>

    b. 오직 온ᄒ고 량ᄒᆫ 약을 겸ᄒ야(但溫涼之劑兼) <瘡疹 10b>

<61> 셩가시다 對 顦悴

고유어 '셩가시다'와 한자어 '顦悴'가 [悴]와 [顦] 즉 '파리하다, 여위어 수척하다'의 뜻을 가지고 동의 관계에 있다는 것은 다음 예문들에서 잘 확인된다. '悴'가 한자 '頼'와 同義이고 '頼'는 한자어 '顦頼'를 뜻하고 '顦頼'는 '顦悴'와 同義이다. '悴'의 자석이 '셩가시다'이다. 그리고 '顦'가 한자어 '顦悴'를 뜻하고 '顦'의 자석이 '셩가시다'이다. 따라서 '셩가시다'와 '顦悴'의 동의성은 명백히 입증된다. 한자 '顦'와 '顦'는 同義이다.

(61) a. 悴 : 愛也 又同下 <四解上 51b>

    b. 頼 : 顦頼…亦作顦悴 <四解上 51b>

    c. 悴 : 셩가실 췌 <字會中 16a>

(61) d. 顦 : 顦悴 <四解下 16a>

    e. 顦 : 셩가실 쵸 <字會中 16a>

<62> 쉬다 對 飯傷熱濕

고유어 '쉬다'와 한자어 '飯傷熱濕'이 [饐] 즉 '쉬다, 음식이 썩다'의 뜻을 가지고 동의 관계에 있다는 것은 다음 예문들에서 잘 확인된다. '饐'가 한자어 '飯傷熱濕'을 뜻한다. 그리고 '饐'의 자석이 '쉬다'이고 고유어 '쉬다'는 한자어 '飯傷熱濕'과 동의 관계에 있다. 따라서 '쉬다'와 '飯傷熱濕'의 동의성은 명백히 입증된다.

(62) a. 饐 : 飯傷熱濕 <四解上 21a>

b. 饐 : 쉴 에 飯傷熱濕 <字會下 6a>

<63> 쉬다 對 食敗

고유어 '쉬다'와 한자어 '食敗'가 [餲] 즉 '쉬다, 음식 맛이 변하다'의 뜻을 가지고 동의 관계에 있다는 것은 다음 예문들에서 잘 확인된다. 원문 중 '食饐而餲'가 '바비 즛믈어 쉬니'로 번역된다. '餲'가 한자어 '食敗'를 뜻한다. 그리고 '餲'의 자석이 '쉬다'이고 고유어 '쉬다'는 한자어 '食敗'와 동의 관계에 있다. 따라서 '쉬다'와 '食敗'의 동의성은 명백히 입증된다.

(63) a. 바비 즛믈어 쉬니와 믓고기 므르니와 묻고기 서그니를 먹디 아니ᄒ시며(食饐而餲와 魚餒而肉敗를 不食ᄒ시며) <번小四 28a>

(63) b. 餲 : 食敗 <四解上 45b>

c. 餲 : 쉴 애 食敗 <字會下 6a>

<64> 싀다 對 辛酸

고유어 '싀다'와 한자어 '辛酸'이 [酸] 즉 '시다'의 뜻을 가지고 동의 관계에 있다는 것은 다음 예문들에서 잘 확인된다. 원문 중 '酸…葷等物'이 '싄 것…누린 것 들'로 번역된다. 그리고 '酸'이 한자어 '辛酸'을 뜻하고 '酸'의 자석이 '싀다'이다. 따라서 '싀다'와 '辛酸'의 동의성은 명백히 입증된다.

(64) a. 싄 것 둔 것 비린 것 누린 것들 먹디 말오(休喫酸甛醒葷等物) <번朴上 55b>

(64) b. 酸 : …酢也 辛酸 <四解上 75b>

c. 酸 : 실 산 <字會下 6b>

<65> 싁싁ᄒ다 對 엄정ᄒ다

고유어 '싁싁ᄒ다'와 한자어 '엄정(嚴正)ᄒ다'가 [嚴]과 [莊] 즉 '엄숙하다, 엄하다'의 뜻을 가지고 동의 관계에 있다는 것은 다음 예문들에서 잘 확인된다. 원문 중 '嚴師友'가 '싁싁한 스승과 벋'으로 번역되고 '家法嚴肅'이 '가문 예법이 엄정ᄒ고 싁싁ᄒ다'로 번역되므로 '싁싁ᄒ다'와 '엄정ᄒ다'의 동의성은 명백히 입증된다.

(65) a. 밧고론 싁싁한 스승과 벋이 업고(外無嚴師友ㅣ오) <번小九 5b>

b. 焦先生의 일후믄 千之오 주는 伯强이랏 사루미…싁싁고 거여우며 方正ᄒᆞ거늘(焦先生千之伯强이…嚴毅方正이어시늘) <번小九 4a>

c. 오직 정졔ᄒᆞ(5b) 싁싁ᄒᆞ면 ᄆᆞᅀᆞ미 믄득 젼일ᄒᆞ고(只整齊嚴肅則心便一ᄒᆞ고) <번小八 6a>

d. 君子ㅣ 싁싁ᄒᆞ고 공경ᄒᆞ면 나날 어디러 가(6a) 고(君子莊敬日彊ᄒᆞ고) <번小八 6b>

(65) e. 가문 녜법이 엄졍ᄒᆞ고 싁싁ᄒᆞ며 검박ᄒᆞ고 간략ᄒᆞ야(家法이 嚴肅儉約ᄒᆞ야) <번小九 106a>

f. 中國夫人이 셩이 엄졍ᄒᆞ고(中國夫人이 性이 嚴ᄒᆞ고) <번小九 2a>

g. 안희셔는 正獻公과 申國夫人괘 ᄀᆞᄅᆞ츄미 이러트시 엄졍ᄒᆞ고(內則正獻公申國夫人敎訓이 如此之嚴ᄒᆞ고) <번小九 5a>

h. 엄졍호모로 님금쯰 쩌리이더니(以嚴으로 見憚ᄒᆞ니) <번小九 38a>

i. 더욱 엄졍코 은혜 이셔(益嚴而有恩) <二倫 31a>

j. 우리예 ᄒᆞᆫ가지로 엄졍ᄒᆞ야(比咱們這裏一般嚴) <번老上 51a>

<66> 아ᅀᅮ로의다 對 愷悌

고유어 '아ᅀᅮ로의다'와 한자어 '愷悌'가 [悌]와 [愷] 즉 '화락하다, 마음이 누그러져 화락하다'의 뜻을 가지고 동의 관계에 있다는 것은 다음 예문들에서 잘 확인된다. '悌'가 한자어 '愷悌'를 뜻한다. '悌'의 자석이 '아ᅀᅮ로의다'이고 고유어 '아ᅀᅮ로의다'는 한자어 '愷悌'와 동의 관계에 있다. 그리고 '愷'가 한자어 '愷悌'를 뜻한다. 따라서 '아ᅀᅮ로의다'와 '愷悌'의 동의성은 명백히 입증된다.

(66) a. 悌 : 愷悌 <四解上 25b>

b. 悌 : 아ᅀᅮ로욀 뎨 愷悌 <字會下 11a>

(66) c. 愷 : … 愷悌 <四解上 42b>

고유어 '아ᅀᅮ로의다'의 先代形 '아ᅀᆞᄅᆞ외다'는 15세기의 『內訓』(1475)의 다음 예문들에서 잘 확인된다. 원문 중 '欲悌'가 '아ᅀᆞᄅᆞ외오져 ᄒᆞ다'로 번역된다.

(66) d. 나히 ᄒᆞ마 늘그면 비록 아ᅀᆞᄅᆞ외오져 ᄒᆞᆫ들 누를 爲ᄒᆞ야 아ᅀᆞᄅᆞ외리오(年旣耆艾면 雖欲悌ㄴ들 誰爲悌리오) <內訓三 42b>

e. 孝道ㅣ 몯 미추며 이시며 아ᅀᆞᄅᆞ외요미 시절 아니로미 잇다 호미 이룰 닐오닌뎌(孝有不及ᄒᆞ며 悌有不時라 호미 其此之謂歟ㄴ뎌) <內訓三 42b>

<67> 아ᅀᅮ로의다 對 공슌ᄒᆞ다

고유어 '아ᅀᆞ로의다'와 한자어 '공순(恭順) ᄒᆞ다'가 [悌] 즉 '공순하다'의 뜻을 가지고 동의 관계에 있다는 것은 다음 예문들에서 잘 확인된다. 원문 중 '欲悌'가 '공순코겨 ᄒᆞ다'로 번역되고 '爲悌'가 '위ᄒᆞ야 공순ᄒᆞ다'로 번역된다. 그리고 '悌'의 자석이 '아ᅀᆞ로의다'이다. 따라서 '아ᅀᆞ로의다'와 '공순ᄒᆞ다'의 동의성은 명백히 입증된다.

(67) a. 나히 ᄒᆞ마 늘그면 비록 공순코겨 ᄒᆞᆫ들 누를 위ᄒᆞ야 공순ᄒᆞ리오(年旣耆老면 雖欲悌나 誰爲悌리오) <번小三 46a>

(67) b. 悌 : 愷悌 <四解上 25b>
c. 悌 : 아ᅀᆞ로윌 뎨 愷悌 <字會下 11a>

<68> 어딜다 對 多才

고유어 '어딜다'와 한자어 '多才'가 [賢] 즉 '어질다, 聖人 다음갈 만한 才德이 있다'의 뜻을 가지고 동의 관계에 있다는 것은 다음 예문들에서 잘 확인된다. 원문 중 '賢者'가 '어딘 사ᄅᆞᆷ'으로 번역된다. 그리고 '賢'이 한자어 '多才'를 뜻하고 '賢'의 자석이 '어딜다'이다. 따라서 '어딜다'와 '多才'의 동의성은 명백히 입증된다.

(68) a. 어딘 사ᄅᆞ믄 조라이 ᄒᆞᆯ ᄃᆡ도 공경ᄒᆞ며(賢者ᄂᆞᆫ 狎而敬之ᄒᆞ고) <번小三 3a>

(68) b. 賢 : 多才 <四解下 7b>
c. 賢 : 어딜 현 <字會下 11b>

<69> 어딜다 對 智過百人

고유어 '어딜다'와 한자어 '智過百人'이 [豪] 즉 '빼어나다, 뛰어나다'의 뜻을 가지고 동의 관계에 있다는 것은 다음 예문들에서 잘 확인된다. '豪'가 한자어 '智過百人'을 뜻한다. 그리고 '豪'의 자석이 '어딜다'이고 고유어 '어딜다'는 '智過百人'과 동의 관계에 있다. 따라서 '어딜다'와 '智過百人'의 동의성은 명백히 입증된다.

(69) a. 豪 : …又智過百人爲豪 <四解下 22b>
b. 豪 : 어딜 호 智過百人謂之豪 <字會下 11a>

<70> 어딜다 對 智過千人

고유어 '어딜다'와 한자어 '智過千人'이 [俊] 즉 '뛰어나다, 재주와 지혜가 뛰어나다'의 뜻을 가지고 동의 관계에 있다는 것은 다음 예문들에서 잘 확인된다. '俊'이 한자어 '智過千人'을 뜻한다. 그리고 '俊'의 자석이 '어딜다'이고 고유어 '어딜다'는 한자어 '智過千人'과 동의 관계에 있다. 따라서 '어딜다' 와 '智過千人'의 동의성은 명백히 입증된다.

(70) a. 俊 : 智過千人 <四解上 67b>
　　　b. 俊 : 어딜 쥰 智過千人謂之俊 <字會下 11a>

<71> 어딜다 對 仁ᄒ다

고유어 '어딜다'와 한자어 '仁ᄒ다'이 [仁] 즉 '어질다, 인자하다'의 뜻을 가지고 동의 관계에 있다는 것은 다음 예문들에서 잘 확인된다. 원문 중 '士之仁者'가 '士이 어딘 다ᄅᆞᆷ'으로 번역된다. 그리고 '仁者'가 '仁홀 사ᄅᆞᆷ'으로 번역되고 '仁人'이 '仁ᄒᄂᆞᆫ 사ᄅᆞᆷ'으로 번역된다. 따라서 '어딜다'와 '仁ᄒ다'의 동의성은 명백히 입증된다.

(71) a. 士이 어딘 사ᄅᆞᄆᆞᆯ 벋 사몰디니라(友其士之仁者ㅣ니라) <번小三 35a>

(71) b. 仁홀 사ᄅᆞᆷ은 가문이 셩ᄒ며 쇠호모로 졀개를 고티디 아니ᄒ고(仁者ᄂᆞᆫ 不以盛衰로 改節ᄒ고) <번 小九 63a>
　　　c. 仁ᄒᄂᆞᆫ 사ᄅᆞᆷ믄 올ᄒᆞᆫ 이를 졍다이 ᄒ고 리케 ᄒ요ᄆᆞᆯ 쇠ᄒᆞ디 아니ᄒ며(仁人者ᄂᆞᆫ 正其誼不謀利ᄒ 며) <번小八 1a>

<72> 어렵다 對 艱難

고유어 '어렵다'와 한자어 '艱難'이 [難] 즉 '어렵다'의 뜻을 가지고 동의 관계에 있다는 것은 다음 예문들에서 잘 확인된다. 원문 중 '難去'가 '가미 어렵다'로 번역되고 '難見'이 '보미 어렵다'로 번역된다. '難処'가 '어려운 곧'으로 번역된다. 그리고 '難'이 한자 '艱'과 同義이고 '艱'은 한자어 '艱難'을 뜻한다. 따라서 '어렵다'와 '艱難'의 동의성은 명백히 입증된다.

(72) a. 뒷간의 가미 어렵다(東廁裏難去) <번老上 37a>
　　　b. 해 귀ᄒᆞᆫ 사ᄅᆞ믄 보미 어렵도다(咳貴人難見) <번朴上 37b>
　　　c. 닐우미 어려우며 닐우미 어려우니라(難道難道) <번朴上 55a>
　　　d. 므슴 어려운 고디 이시리오(有甚麼難處) <번老上 21b>

e. 일워 셰유미 어려오믄 하ᄂᆞ래 올음 곧고(成立之難은 如升天ᄒᆞ고) <번小六 20b>

(72) f. 難 : 艱也 <四解上 77a>

g. 艱 : 艱難 <四解上 79b>

<73> 어리다 對 憨頭

고유어 '어리다'와 한자어 '憨頭'가 [憨] 즉 '어리석다'의 뜻을 가지고 동의 관계에 있다는 것은 다음 예문들에서 잘 확인된다. '憨'의 자석이 '어리다'이고 고유어 '어리다'는 한자어 '憨頭'와 동의 관계에 있다. 라서 '어리다'와 '憨頭'의 동의성은 명백히 입증된다.

(73) a. 憨 : 癡也 今俗謂愚者曰憨頭 <四解下 79a>

b. 憨 : 어릴 함 愚也 俗稱憨頭 <字會下 13b>

<74> 어리다 對 不慧

고유어 '어리다'와 한자어 '不慧'가 [痴] 즉 '어리석다, 슬기롭지 아니하다'의 뜻을 가지고 동의 관계에 있다는 것은 다음 예문들에서 잘 확인된다. '痴'가 한자어 '不慧'를 뜻한다. 그리고 '痴'의 자석이 '어리다'이고 '어리다'는 한자어 '不慧'와 동의 관계에 있다. 따라서 '어리다'와 '不慧'의 동의성은 명백히 입증된다.

(74) a. 癡 : 不慧 <四解上 18b>

b. 癡(13b) : 어릴 티 不慧 <字會下 13b>

<75> 어즈럽다 對 雜亂ᄒᆞ다

고유어 '어즈럽다'와 한자어 '雜亂ᄒᆞ다'가 [乱] 즉 '어지럽다'의 뜻을 가지고 동의 관계에 있다는 것은 다음 예문들에서 잘 확인된다. 원문 중 '無乱'이 '어즈럽게 아니다'로 번역된다. 그리고 '乱色'이 '雜亂ᄒᆞᆫ 빛'으로 번역된다. 따라서 '어즈럽다'와 '雜亂ᄒᆞ다'의 동의성은 명백히 입증된다.

(75) a. 닐오ᄃᆡ 구챠히 어즈럽게 아닐 거시라 ᄒᆞ더라(曰無苟亂也ㅣ라 ᄒᆞ더라) <번小九 86a>

b. 天下ㅣ 어즈러운 저글 만나(遭天下亂ᄒᆞ야) <번小九 20a>

(75) c. 君子ᄂᆞᆫ 간샤ᄒᆞᆫ 소리(7b)와 雜亂ᄒᆞᆫ 비츨 드르며 보몰 ᄆᆞᅀᆞ매 두디 말며(君子ᄂᆞᆫ 姦聲亂色을 不留聰明ᄒᆞ며) <번小四 8a>

<76> 얼우다 對 女態

고유어 '얼우다'와 한자어 '女態'가 [嬌] 즉 '아리땁다, 예쁘다'의 뜻을 가지고 동의 관계에 있다는 것은 다음 예문들에서 잘 확인된다. '嬌'가 한자어 '女態'를 뜻한다. 그리고 '嬌'의 자석이 '얼우다'이다. 따라서 '얼우다'와 '女態'의 동의성은 명백히 입증된다.

(76) a. 嬌 : 女態 <四解下 13a>
　　 b. 嬌 : 얼울 교 <字會下 14b>

<77> 옅갑다 對 不深

고유어 '옅갑다'와 한자어 '不深'이 [淺] 즉 '얕다, 깊지 아니하다'의 뜻을 가지고 동의 관계에 있다는 것은 다음 예문들에서 잘 확인된다. 원문 중 '淺見'이 '보미 옅갑다'로 번역된다. 그리고 '淺'이 한자어 '不深'을 뜻한다. 따라서 '옅갑다'와 '不深'의 동의성은 명백히 입증된다.

(77) a. 너 흔 가짓 보미 옅갑고 아논 일 져근 사르미(你一般淺見薄識的人) <번朴上 23a>
　　 b. 옅가온 우므레(淺淺的井兒) <번老上 31b>

(77) c. 淺 : 不深 <四解下 4b>

<78> 영노ᄒᆞ다 對 智慧

고유어 '영노ᄒᆞ다'와 한자어 '智慧'가 [慧] 즉 '슬기롭다, 지혜롭다'의 뜻을 가지고 동의 관계에 있다는 것은 다음 예문들에서 잘 확인된다. '慧'의 자석이 '영노ᄒᆞ다'이고 고유어 '영노ᄒᆞ다'는 한자어 '智慧'와 동의 관계에 있다. 따라서 '영노ᄒᆞ다'와 '智慧'의 동의성은 명백히 입증된다.

(78) a. 慧 : …性通解也 儇敏也 <四解上 54b>
　　 b. 慧 : 영노홀 혜 智慧 <字會下 11b>

(78) c. 智 : 心有所知 <四解上 18a>
　　 d. 智 : 디헷 디 <字會下 11b>

<79> 영노ᄒᆞ다 對 儇敏

고유어 '영노ᄒᆞ다'와 한자어 '儇敏'이 [慧] 즉 '지혜롭다'의 뜻을 가지고 동의 관계에 있다는 것은 다

음 예문들에서 잘 확인된다. '慧'가 한자어 '儇敏'을 뜻한다. 그리고 '慧'의 자석이 '영노ᄒᆞ다'이고 고유어 '영노ᄒᆞ다'는 한자어 '智慧'와 동의 관계에 있다. 따라서 '영노ᄒᆞ다'와 '儇敏'의 동의성은 명백히 입증된다.

(79) a. 慧 : …儇敏也 <四解上 54b>
　　 b. 慧 : 영노홀 혜 智慧 <字會下 11b>

(79) c. 儇 : 慧也 <四解下 11b>
　　 d. 敏 : …聰也 <四解上 57b>

<80> 올ᄒᆞ다 對 가ᄒᆞ다

고유어 '올ᄒᆞ다'와 한자어 '가(可) ᄒᆞ다'가 [可] 즉 '옳다, 가하다'의 뜻을 가지고 동의 관계에 있다는 것은 다음 예문들에서 잘 확인된다. 원문 중 '不可'가 '올티 아니ᄒᆞ다'로 번역되고 '亦可'가 '쏘 가하다'로 번역된다. 따라서 '올ᄒᆞ다'와 '가ᄒᆞ다'의 동의성은 명백히 입증된다.

(80) a. ᄯᆞᆷ 내며 즈칙유미 다 올티 아니ᄒᆞ니(俱不可汗下) <瘡疹 10b>

(80) b. 연지를 브튬도 쏘 가ᄒᆞ니라(臙脂傅亦可) <瘡疹 43a>
　　 c. 건갈ᄌᆞ소를 ᄲᅮ미 가ᄒᆞ니라(乾渴紫蘇可也) <瘡疹 10b>
　　 d. 두서 ᄃᆞᆯ을 마라ᅀᅡ 가ᄒᆞ니라(믄二三月方可) <瘡疹 46a>

<81> 올ᄒᆞ다 對 정ᄒᆞ다

고유어 '올ᄒᆞ다'와 한자어 '정(正) ᄒᆞ다'가 [正]과 [是] 즉 '옳다, 바르다'의 뜻을 가지고 동의 관계에 있다는 것은 다음 예문들에서 잘 확인된다. 원문 중 '正直'이 '올코 곧다'로 번역되고 '內志正'이 '안햇 ᄆᆞᅀᆞ미 정ᄒᆞ다'로 번역된다. 그리고 '是'가 한자 '正'과 同義이고 '是'의 자석이 '올ᄒᆞ다'이다. 따라서 '올ᄒᆞ다'와 '정ᄒᆞ다'의 동의성은 명백히 입증된다.

(81) a. 강강ᄒᆞ고 질긔우더 올코 고다(强毅正直ᄒᆞ야) <번小八 28b>
　　 b. 안햇 ᄆᆞᅀᆞ미 정ᄒᆞ며 밧긔 얼구리 고즉ᄒᆞᆫ 후에ᅀᅡ(內志正ᄒᆞ고 外體直然後에ᅀᅡ) <번小四 21b>

(81) c. 是 : 正也 <四解上 20a>
　　 d. 是 : 올홀 시 又이 시 <子壺하 12b>

<82> 외다 對 不是

고유어 '외다'와 한자어 '不是'가 [非] 즉 '그르다, 옳지 않다'의 뜻을 가지고 동의 관계에 있다는 것은
다음 예문들에서 잘 확인된다. 원문 중 '非辟之心'이 '왼 샤벽흔 무숨'으로 번역된다. 그리고 '非'가 한자
어 '不是'를 뜻하고 '非'의 자석이 '외다'이다. 따라서 '외다'와 '不是'의 동의성은 명백히 입증된다.

(82) a. 이런두로 왼 샤벽흔 무수미 브터 드롤 디 업스니라(是以로 非辟之心이 無自入也흐느니라) <번
    小四 21a>
  b. 니미 올흐며 왼 이를 잘 결단흐며(能決是非爲彌) <呂約 4a>

(82) c. 非 : 不是 <四解上 17a>
  d. 非 : 욀 비 <字會下 12b>

<83> 우묵흐다 對 地不平

고유어 '우묵흐다'와 한자어 '地不平'이 [坳] 즉 '우묵하다'의 뜻을 가지고 동의 관계에 있다는 것은
다음 예문들에서 잘 확인된다. '坳'가 한자어 '地不平'을 뜻하고 '坳'의 자석이 '우묵흐다'이다. 따라서
'우묵흐다'와 '地不平'의 동의성은 명백히 입증된다.

(83) a. 坳 : 地不平 <四解下 23b>
  b. 坳 : 우묵홀 요 <字會下 8a>

<84> 잇브다 對 勞力

고유어 '잇브다'와 한자어 '勞力'이 [勤] 즉 '수고롭다'의 뜻을 가지고 동의 관계에 있다는 것은 다음
예문들에서 잘 확인된다. '勤'의 자석이 '잇브다'이고 고유어 '잇브다'는 한자어 '勞力'과 동의 관계에 있
다. 따라서 '잇브다'와 '勞力'의 동의성은 명백히 입증된다.

(84) a. 勤 : 勞也 <四解上 22a>
  b. 勤 : 잇블 예 勞力爲勤 <字會下 13b>

<85> 재다 對 馬善行

고유어 '재다'와 한자어 '馬善行'이 [驪] 즉 '재다, 발의 움직임이 빠르다'의 뜻을 가지고 동의 관계에
있다는 것은 다음 예문들에서 잘 확인된다. 원문 중 '驪的那馬'가 '잰 몰'로 번역된다. '驪'이 한자어 '馬

善行'을 뜻한다. 그리고 '驟'의 자석이 '잰 물'이고 고유어 '잰 물'은 한자어 '馬善行'과 동의 관계에 있다. 따라서 '재다'와 '馬善行'의 동의성은 명백히 입증된다.

(85) a. 잰 무리 젼혀 뎌 사 곧ᄐᆞ니(驟的那馬一似那箭) <번朴上 30b>>

(85) b. 驟 : 馬善行 <四解上 75b>
    c. 驟 : 잰 물 찬 馬善行 <字會下 5a>

<86> 젹다 對 不多

고유어 '젹다'와 한자어 '不多'가 [少] 즉 '적다, 많지 않다'의 뜻을 가지고 동의 관계에 있다는 것은 다음 예문들에서 잘 확인된다. 원문 중 '多少'가 '하며 젹다'로 번역된다. 그리고 '少'가 한자어 '不多'를 뜻한다. 따라서 '젹다'와 '不多'의 동의성은 명백히 입증된다.

(86) a. 다ᄉᆞᆺ재는 쳔량 하며 져곰과 가난호믈 앗첫고 가ᅀᆞ며루믈 구호믈 니ᄅᆞ디 말며(五ᄂᆞᆫ 不言財利多少厭貧求富ㅣ오) <번小八 21b>
    b. 이제 사ᄅᆞ믄 알리 져그니라(今人이 知之者ㅣ 盖少矣니라) <번小七 66a>

(86) c. 少 : 不多也 <四解下 16b>

<87> 졈다 對 幼少

고유어 '졈다'와 한자어 '幼少'가 [稚]와 [孺] 즉 '어리다'의 뜻을 가지고 동의 관계에 있다는 것은 다음 예문들에서 잘 확인된다. '稚'가 한자어 '幼少'를 뜻하고 '稚'의 자석이 '졈다'이다. 그리고 '孺'가 한자 '稚'와 同義이고 '孺'의 자석이 '졈다'이다. 따라서 '졈다'와 '幼少'의 동의성은 명백히 입증된다.

(87) a. 稚 : 幼少 <四解上 19a>
    b. 稚 : 져믈 티 <字會上 17a>

(87) c. 孺 : 稚也 <四解上 35b>
    d. 孺 : 져믈 슈 <字會上 17a>

<88> 조너르다 對 오만ᄒᆞ다

고유어 '조너르다'와 한자어 '오만(傲慢) ᄒᆞ다'가 [敖]와 [傲] 즉 '거만하다, 오만하다'의 뜻을 가지고 동의 관계에 있다는 것은 다음 예문들에서 잘 확인된다. 원문 중 '上…則敖'가 '오르면 조너르다'로 번역되고 '敖…長'이 '오만호 모슨물 길우다'로 번역되므로 두 상태동사 '조너르다'와 '오만호다'의 동의성은 명백히 입증된다.

(88) a. 믈읫 보물 누미 눗 우희 오르면 조너르고(凡視를 上於面則敖호고) <번小四 15a>

(88) b. 오만호 모슨물 길우미 몯홀 거시며(敖不可長호며) <번小四 3a>

　　c. 조손이 모딜며 경박호며 샤치호며 오만호모로(由子孫의 頑率奢傲호야) <번小六 20b>

<89> 좋다 對 청쇄호다

고유어 '좋다'와 한자어 '청쇄(淸灑)호다'가 [淸] 즉 '맑고 깨끗하다'의 뜻을 가지고 동의 관계에 있다는 것은 다음 예문들에서 잘 확익된다. 원문 중 '淸苦'가 '므슴 조코 勤苦호다'로 의역되고 '淸素'가 '청쇄코 닝담호다'로 번역된다. 따라서 '좋다'와 '청쇄호다'의 동의성은 명백히 입증된다.

(89) a. 아비 그 므슴 조코 勤苦호 주를 긔이히 너겨(父ㅣ 奇其淸苦故로) <번小九 58b>

　　b. 다 조호 벼슬 호야 이쇼딕(俱居淸列호딕) <번小十 28a>

　　c. 므슨물 조케 호며 속졀업슨 이를 젹게 호모로 웃듬을 사물 거시니라(要以淸心省事로 爲本이니
　　　라) <번小七 27a>

(89) d. 세속이 다 청쇄코 닝담호니를 쳔히 너겨(擧世賤淸素ㅣ라) <번小六 26a>

<90> 질긔옫다 對 果敢

고유어 '질긔옫다'와 한자어 '果敢'이 [毅] 즉 '굳세다'의 뜻을 가지고 동의 관계에 있다는 것은 다음 예문들에서 잘 확인된다. 원문 중 '强毅'가 '강강호고 질긔옫다'로 번역된다. 그리고 '毅'가 한자어 '果敢'을 뜻한다. 따라서 '질긔옫다'와 '果敢'의 동의성은 명백히 입증된다.

(90) a. 강강호고 질긔우더 올코 고다(强毅正直호야) <번小八 28b>

　　b. 毅 : 果敢 <四解上 22b>

고유어 '질긔옫다'의 先代形인 '질긔굳다'가 15세기의 『內訓』(1475)의 다음 예문들에서 확인된다. 원문 중 '嚴毅'가 '싁싁호며 질긔굳다'로 번역된다.

(90) c. 싁싁호며 길긔구드며 方正홀시(嚴毅方正홀시) <內訓三 17b>

<91> 츠다 對 닝ᄒ다

고유어 '츠다'와 한자어 '닝(冷)ᄒ다'가 [冷] 즉 '차다'의 뜻을 가지고 동의 관계에 있다는 것은 다음 예문들에서 잘 확인된다. 원문 중 '足冷'이 '바리 츠다'로 번역되고 '不冷'이 '닝 토 아니다'로 번역된다. 따라서 '츠다'와 '닝ᄒ다'의 동의성은 명백히 입증된다.

(91) a. 귀 츠며 귀 뒷 쎼 츠며 바리 츠모로(以耳冷骹冷足冷) <瘡疹 8b>
   b. 바리 츠니라(足冷) <瘡疹 22b>
   c. 바리 무릎 지히 츠니와(脚冷至膝者) <瘡疹 16b>
   d. 소니 츠며(手冷) <瘡疹 56a>
   e. 모미 츠고(身冷) <瘡疹 6b>
   f. 손바리 츠며 귀 웃 그티 츠며 귀 뒷 쎼 츠며 고히 츠며(手足冷耳尖冷骹冷鼻冷) <瘡疹 9b>
   g. ᄒ다가 모미 덥고 … 발까라기 츠닌(如身溫…足指冷者) <瘡疹 26a>

(91) h. 약을 머굴딘댄 평화ᄒ고 닝토 아니며 셜토 아니ᄒ니로 머기라(如要服藥只平和不冷不熱) <瘡疹 53a>

<92> 흐리다 對 不淸

고유어 '흐리다'와 한자어 '不淸'이 [濁] 즉 '흐리다, 맑지 않다'의 뜻을 가지고 동의 관계에 있다는 것은 다음 예문들에서 잘 확인된다. '濁'이 한자어 '不淸'을 뜻한다. 그리고 '濁'의 자석이 '흐리다'이다. 따라서 '흐리다'와 '不淸'의 동의성은 명백히 입증된다.

(92) a. 濁 : 不淸 <四解下 46a>
   b. 濁 : 흐릴 탁 <字會下 1a>

<93> 희다 對 西方色

고유어 '희다'와 한자어 '西方色'이 [白]과 [素] 즉 '희다'의 뜻을 가지고 동의 관계에 있다는 것은 다음 예문들에서 잘 확인된다. '白'이 한자어 '西方色'을 뜻하고 '白'의 자석이 '희다'이다. 그리고 '素'의 자석이 '희다'이다. 따라서 '희다'와 '西方色'의 동의성은 명백히 입증된다.

(93) a. 白 : …素也 西方色 <四解下 59b>
   b. 白 : 흰 빅 <字會中 14b>

(93) c. 素 : 白質 <四解上 40a>
　　　d. 素 : 힐소 <字會中 14b>

2. 固有語가 合成狀態動詞와 狀態動詞句인 경우

동사류에서 확인되는 고유어와 한자어 간의 동의에서 고유어가 合成狀態動詞와 狀態動詞句인 경우에는 [豊]과 [豊] 즉 '농사가 잘 되다, 풍년 들다'의 뜻을 가진 '녀름둏다'와 '豊年'을 비롯하여 [渴] 즉 '목마르다'의 뜻을 가진 '목무르다'와 '갈ᄒ다', [汪] 즉 '깊고 넓다'의 뜻을 가진 '믈넙다'와 '深広', [瀎]와 [汪] 즉 '물이 깊고 넓다'의 뜻을 가진 '믈넙다'와 '汪瀎', [賤] 즉 '값이 싸다'의 뜻을 가진 '빋디다'와 '価少', [賤] 즉 '값이 싸다'의 뜻을 가진 '빋디다'와 '쳔ᄒ다', [酒釀了] 즉 '술이 진하다'의 뜻을 가진 '술 밉다'와 '酒釀了', [安樂] 즉 '잘 있다, 편안하다'의 뜻을 가진 '이대 잇다'와 '편안ᄒ다', [傑] 즉 '뛰어나다, 傑出하다'의 뜻을 가진 '지조 높다'와 '英傑' 그리고 [孑] 즉 '한 팔 없다'의 뜻을 가진 'ᄒᆞᆫ 풀 없다'와 '無右臂'가 있다.

<1> 녀름둏다 對 豊年

고유어 '녀름둏다'와 한자어 '豊年'이 [豊]과 [豊] 즉 '농사가 잘 되다, 풍년 들다'의 뜻을 가지고 동의 관계에 있다는 것은 다음 예문들에서 잘 확인된다. '豊'이 한자어 '豊年'을 뜻한다. 그리고 '豊'의 자석이 '녀름둏다'이다. 따라서 '녀름둏다'와 '豊年'의 동의성은 명백히 입증된다. 고유어 '녀름둏다'는 합성상태동사로 명사 '녀름'과 상태동사 '둏다'의 合成이다. 한자 '豊'은 '豊'의 속자이다.

(1) a. 豊 : …豊年 <四解上 3b>
　　 b. 豊 : 녀름됴홀 풍 <字會下 8b>

<2> 목무르다 對 갈ᄒ다

고유어 '목무르다'와 한자어 '갈(渴) 하다'가 [渴] 즉 '목마르다'의 뜻을 가지고 동의 관계에 있다는 것은 다음 예문들에서 잘 확인된다. 원문 중 '煩渴'이 '답답하고 목무르다'로도 번역되고 '답답ᄒ고 갈ᄒ다'로도 번역된다. 그리고 '瀉渴'이 '즈츼오 목무르다'로도 번역되고 '즈츼오 갈ᄒ다'로도 번역된다. 따라서 '목무르다'와 '갈ᄒ다'의 동의성은 명백히 입증된다.

(2) a. 답답고 목무르며(煩渴) <瘡疹 40b>

　　b. 혹 즈칙오 목무르거나(或瀉渴) <瘡疹 20a>

　　c. 즈칙오 목무르거나(或瀉渴) <瘡疹 19b>

　　d. 덥다라 목무르며(燥渴) <瘡疹 16a>

(2) e. 답답고 갈호미 긋디 아니ᄒᆞᄂᆞ닌(煩渴不止者) <瘡疹 21a>

　　f. 답답ᄒᆞ고 갈커든(煩渴) <瘡疹 27a>

　　g. 답답ᄒᆞ고 갈ᄒᆞ며(煩渴) <瘡疹 7a>

　　h. ᄆᆞᅀᆞ미 어즈러우며 갈ᄒᆞ고(煩渴) <瘡疹 23b>

　　i. ᄆᆞᅀᆞ미 어즈럽고 갈ᄒᆞ며(煩渴) <瘡疹 26b>

　　j. 답답고 갈ᄒᆞ니를 고티ᄂᆞ니라(治…煩燥而渴者) <瘡疹 61b>

　　k. 답답ᄒᆞ고 덥다라 갈ᄒᆞ며(煩燥熱渴) <瘡疹 5a>

　　l. 즈칙오 갈ᄒᆞ닐 고티ᄂᆞ니라(治…瀉渴) <瘡疹 56a>

　　m. 즈칙오 갈커든(瀉渴者) <瘡疹 25b>

　　n. 즈칙오 갈ᄒᆞ며(瀉渴) <瘡疹 22b>

　　o. 갈ᄒᆞ야 믈 ᄉᆞ랑ᄒᆞ니와를 보고(見…渴思飲者) <瘡疹 28a>

　　p. 갈ᄒᆞ야 죽ᄂᆞ니(渴而死) <瘡疹 27a>

<3> 믈넙다 對 深廣

　　고유어 '믈넙다'와 한자어 '深広'이 [汪] 즉 '깊고 넓다'의 뜻을 가지고 동의 관계에 있다는 것은 다음 예문들에서 잘 확인된다. '汪'이 한자어 '深広'을 뜻한다. 그리고 '汪'의 자석이 '믈넙다'이다. 따라서 '믈넙다'와 '深広'의 동의성은 명백히 입증된다. 고유어 '믈넙다'는 합성상태동사로 명사 '믈'과 상태동사 '넙다'의 合成이다.

　　(3) a. 汪 : 深廣也 <四解下 46a>
　　　　b. 汪 : 믈너블 왕 <字會下 15b>

<4> 믈넙다 對 汪瀩

　　고유어 '믈넙다'와 한자어 '汪瀩'이 [瀩]와 [汪] 즉 '물이 깊고 넓다'의 뜻을 가지고 동의 관계에 있다는 것은 다음 예문들에서 잘 확인된다. '瀩'가 한자어 '汪瀩'를 뜻한다. '瀩'의 자석이 '믈넙다'이고 고유어 '믈넙다'는 한자어 '汪瀩'와 동의 관계에 있다. 그리고 '汪'의 자석이 '믈넙다'이다. 따라서 '믈넙다'와 '汪

瀇'의 동의성은 명백히 입증된다. 고유어 '믈넙다'는 합성상태동사로 명사 '믈'과 상태동사 '넙다'의 合成이다.

(4) a. 瀇 : 汪瀇 深廣皃 <四解上 53b>
　　b. 瀇 : 믈너블 예 汪瀇 大水貌 <字會下 15a>

(4) c. 汪 : 深廣也 <四解下 46a>
　　d. 汪 : 믈너블 왕 <字會下 15b>

<5> 빋다다 對 價少

고유어 '빋다다'와 한자어 '價少'가 [賤] 즉 '값이 싸다'의 뜻을 가지고 동의 관계에 있다는 것은 다음 예문들에서 잘 확인된다. 원문 중 '不賤'이 '빋디디 아니다'로 번역된다. 그리고 '賤'이 한자어 '價少'를 뜻한다. 따라서 '빋다다'와 '價少'의 동의성은 명백히 입증된다. 고유어 '빋다다'는 합성상태동사로 명사 '빋'[価]과 상태동사 '다다'의 合成이다.

(5) a. 됴흔 거시 빋디디 아니코 빋딘 거시 됴티 아니니라(好物不賤 賤物不好) <번朴上 15a>
　　b. 올힌 져기 빋다다(今年較賤些箇) <번朴上 51b>

(5) c. 賤 : …又價少也 <四解下 5a>
　　d. 賤 : 쳔홀 쳔…又價少也 <字會下 11b>

<6> 빋다다 對 쳔ᄒ다

고유어 '빋다다'와 한자어 '쳔(賤) ᄒ다'가 [賤] 즉 '값이 싸다'의 뜻을 가지고 동의 관계에 있다는 것은 다음 예문들에서 잘 확인된다. 원문 중 '賤物'이 '빋딘 것'으로 번역되고 '賤的'이 '쳔흔 것'으로 번역된다. 그리고 '賤'의 자석이 '쳔ᄒ다'이다. 따라서 '빋다다'와 '쳔ᄒ다'의 동의성은 명백히 입증된다. 고유어 '빋다다'는 '값'을 뜻하는 '빋'과 '떨어지다'의 뜻을 가진 '다다'의 合成이다.

(6) a. 됴흔 거시 빋디디 아니코 빋딘 거시 됴티 아니니라(好物不賤 賤物不好) <번朴上 15a>
　　b. 올힌 져기 빋다다(今年較賤些箇) <번朴上 51b>

(6) c. 다믄 쳔흔 거슬(66b) 골와 사ᄂ니(只揀賤的買) <번老下 67a>

(6) d. 賤 : 卑賤 又價少也 <四解下 4b>

e. 賤 : 쳔홀 쳔 卑賤 又價少也 <字會下 11b>

<7> 술 믭다 對 酒釅了

고유어 '술 믭다'와 한자어 '酒釅了'가 [酒釅了] 즉 '술이 진하다'의 뜻을 가지고 동의 관계에 있다는 것은 다음 예문들에서 잘 확인된다. 한자어 '酒釅了'가 고유어 '술 믭다'와 동의 관계에 있다. 따라서 '술 믭다'와 '酒釅了'의 동의성은 명백히 입증된다. 고유어 '술 믭다'는 상태동사구로 명사 '술'[酒]과 상태동사 '믭다'[釅]의 결합이다.

(7) a. 釅 : …今俗語酒釅了 술 믭다 <四解下 81b>
    b. 釅 : 미울 엄 <字會下 6b>

<8> 이대 잇다 對 편안ᄒ다

고유어 '이대 잇다'와 한자어 '편안(便安) ᄒ다'가 [安樂] 즉 '잘 있다, 편안하다'의 뜻을 가지고 동의 관계에 있다는 것은 다음 예문들에서 잘 확인된다. 원문 중 '都安樂'이 '다 이대 잇다'로도 번역되고 '다 편안ᄒ다'로도 번역된다. 따라서 '이대 잇다'와 '편안ᄒ다'의 동의성은 명백히 입증된다. 고유어 '이대 잇다'는 상태동사구로 부사 '이대'와 상태동사 '잇다'의 결합니다.

(8) a. 小人의 겨집과 아ᄒ들히 다 이대 잇던가(小人拙婦和小孩兒們 都安樂麽) <번老下 4b>
    b. 다 편안ᄒ더라(都安樂) <번老下 4b>

<9> 지조 높다 對 英傑

고유어 '지조 높다'와 한자어 '英傑'이 [傑] 즉 '뛰어나다, 傑出하다'의 뜻을 가지고 동의 관계에 있다는 것은 다음 예문들에서 잘 확인된다. '傑'이 한자어 '英傑'을 뜻하고 '傑'의 자석이 '지조 높다'이다. 따라서 '지조 높다'와 '英傑'의 동의성은 명백히 입증된다. 고유어 '지조 높다'는 상태동사구로 명사 '지조'와 상태동사 '높다'의 결합이다.

(9) a. 傑 : 英傑 <四解下 2a>
    b. 傑 : 지조 노폴 걸 才過萬人謂之傑 <字會下 11a>

(9) c. 英 : …俊也 <四解下 55a>

<10> ᄒ 풀 없다 對 無右臂

고유어 '흔 풀 없다'와 한자어 '無右臂'가 [孑] 즉 '한 팔 없다'의 뜻을 가지고 동의 관계에 있다는 것은 다음 예문들에서 잘 확인된다. '孑'이 한자어 '人無右臂'를 뜻한다. 그리고 '孑'의 자석이 '흔 풀 없다'이고 고유어 '흔 풀 없다'는 한자어 '無右臂'와 동의 관계에 있다. 따라서 '흔 풀 없다'와 '無右臂'의 동의성은 명백히 입증된다. 고유어 '흔 풀 없다'는 상태동사구로 관형사 '흔'과 명사 '풀'[臂]과 상태동사 '없다'[無]의 결합이다.

　　(10) a. 孑 : … 人無右臂 <四解下 1b>
　　　　　b. 孑 : 흔 풀 업슬 혈 無右臂

제3절
副詞類에서의 同義

부사류에서 확인되는 固有語와 漢字語 간의 동의에서 첫째로 한자어가 副詞일 수도 있고 둘째로 한자어와 고유어가 副詞語일 수도 있다.

1. 漢字語가 副詞인 경우

부사류에서 확인되는 고유어와 한자어 간의 동의에서 한자어가 副詞인 경우에는 [輕] 즉 '가벼이, 가볍게'의 뜻을 가진 '가비야이'와 '경히'를 비롯하여 [永] 즉 '길이'의 뜻을 가진 '기리'와 '영히', [別]과 [自別] 즉 '따로, 각별히'의 뜻을 가진 '다티/ 닫티'와 '각벼리/ 각별이', [必] 즉 '반드시'의 뜻을 가진 '모로매'와 '졍다이', [甚] 즉 '몹시, 심히'의 뜻을 가진 '쇠'와 '심히', [苟] 즉 '구차히'의 뜻을 가진 '안즉/안죽'과 '구차히' 그리고 [狎] 즉 '친압히, 너무 지나칠 정도로 가깝게'의 뜻을 가진 '조라이'와 '친압히' 등 20여 항목이 있다.

<1> 가비야이 對 경히

고유어 '가비야이'와 한자어 '경(輕) 히'가 [輕] 즉 '가벼이, 가볍게'의 뜻을 가지고 동의 관계에 있다는 것은 다음 예문들에서 잘 확인된다. 원문 중 '輕自大'가 '가비야이 제 몸을 쿠라 ᄒᆞ다'로 번역되고 '輕於

己之子'가 '내 주식두곤 경히 한다'로 번역된다. 따라서 '가비야이'와 '경히'의 동의성은 명백히 입증된다.

(1) a. 가비야이 제 몸을 쿠라 한야 내종애 어든 거슨 업슨 주를 병도이 너기시더라(病…所以輕自大而卒無得也ㅣ러시다) <번小九 19b>

　　b. 쳔량을 가비야이 너기며(輕財한며) <번小八 27b>

(1) c. 독혀 어버싀 주식 소랑호믈 내 주식두곤 경히 한야(獨愛父母之子를 却輕於己之子한야) <번小七 43b>

<2> 기리 對 영히

고유어 '기리'와 한자어 '영(永)히'가 [永] 즉 '길이'의 뜻을 가지고 동의 관계에 있다는 것은 다음 예문들에서 잘 확인된다. 원문 중 '永受'가 '기리 받다'로 번역되고 '永蠲'이 '영히 덜다'로 번역된다. 따라서 '기리'와 '영히'의 동의성은 명백히 입증된다.

(2) a. 먼 복을 기리 바드리라(永受胡福한리라) <번小四 22b>

　　b. 그 집 구실을 영히 덜라 한시니라(永蠲其家丁役한시다) <번小九 67a>

<3> 그장 對 지극이/지그기

고유어 '그장'과 한자어 '지극(至極)이/지그기'(至極이)가 [至] 즉 '지극히'의 뜻을 가지고 동의 관계에 있다는 것은 다음 예문들에서 잘 확인된다. 원문 중 '至孝'가 '그장 효도한다'로도 번역되고 '지극이 효도한다'와 '지그기 효도한다'로도 번역된다. 따라서 '그장'과 '지극이/지그기'의 동의성은 명백히 입증된다. 한자어 '지극이/지그기'는 어근 '지극(至極)'과 부사 형성 접미사 '-이'의 결합에서 생긴 것이다.

(3) a. 王中이는…性이 그장 효도롭더니(王中…性至孝) <속三孝 1a>

　　b. 로죄 계모 댱시를 셤교되 그장 효도한더니(盧操 事繼母張氏至孝) <二倫 17a>

(3) c. 徐積의 주는 仲車ㅣ니 (26b) …어미 셤규믈 지극이 효도한더니(徐積仲車ㅣ니…事母至孝한더니) <번小十 27a>

　　d. 周炳이는…어미 焦氏를 셤교되 지그기 효도한야(周炳…事母焦氏至孝) <속三孝 2a>

　　e. 사모미 비록 지그기 어려도(人雖至愚ㅣ나) <번小八 13b>

　　f. 손극기 어미 셤교물 지극기 효도한더니(孫棘 事母至孝) <二倫 14a>

<4> 다티/닫티 對 각벼리/각별이

고유어 '다티/닫티'와 한자어 '각벼리(各別)이/각별이'가 [別]과 [自別] 즉 '따로, 각별히'의 뜻을 가지고 동의 관계에 있다는 것은 다음 예문들에서 잘 확인된다. 원문 중 '別处'가 '다티 살다'로 번역되고 '別居'가 '닫티 살다'로 번역된다. 그리고 '別有'가 '각벼리 잇다'로 번역되고 '別設'이 '각별이 비셜ᄒ다'로 번역된다. 따라서 '다티/닫티'와 '각벼리/각별이'의 동의성은 명백히 입증된다. '다티'는 어근 '닫'과 부사 형성 접미사 '히'의 결합이고 한자어 '각벼리'는 '各別'과 부사 형성 접미사 '-이'의 결합이다.

(4) a. 우리 형뎨 다티 사란 디 여나믄 히니(吾兄弟別處 十餘年矣) <二倫 25a>

    b. 우리 다티 살 흥졍ᄀᆞ슴 믈 의논ᄒ니오(咱們商量別買貨物如何) <번老下 21a>

    c. 집 닫티 살 거시라(家有別居之道) <二倫 4a>

    d. 닫티 가 자디 몯ᄒ여(不能別寢) <二倫 9a>

    e. 네 닫티 ᄒ 사발만 밥 담고(你另盛一椀飯) <번老上 43a>

(4) f. 졍신도 각벼리 잇ᄂ니라(精神便別有) <번朴上 53a>

    g. 네 각벼리 닷 분만 됴흔 은을 밧고와 주면 곧 올커니ᄯᆞ나(你自別換與五分好的銀子便是) <번老上 65b>

    h. 각별이 탁ᄌᆞᆯ 두 기동 ᄉ이예 비셜ᄒ고(別設卓子於兩楹間) <呂約 24b>

    i. 만이레 아슴이 왯거든 각별이 ᄎ셔ᄒ야 안치고(若有親則別序爲古○若親戚則各別序坐) <呂約 24a>

    j. 져믄 아히런 각별리 돗 ᄀ라(未成人者 別爲一席) <二倫 28a>

<5> 대되 對 통히

고유어 '대되'와 한자어 '통(通)히'가 [通], [通該] 및 [共通] 즉 '모두, 통틀어'의 뜻을 가지고 동의 관계에 있다는 것은 다음 예문들에서 잘 확인된다. 원문 중 '通計'가 '대되 혜다'로 번역되고 '通算'이 '통히 혜다'로 번역되므로 '대되'와 '통히'의 동의성은 명백히 입증된다. 두 부사 '대되'와 '통히'의 빈도수를 비교해 보면 '대되'가 압도적으로 많고 '통히'는 『번역노걸대』에 한 번 나타난다.

(5) a. 대되 혜니 쉰 량이로다(通計五十兩) <번老下 59a>

    b. 너희 대되 몃 사ᄅ매 몃 ᄆᆞᆯ오(你通幾箇人幾箇馬) <번老上 67a>

    c. 대되 언머고(通該多少) <번老上 62a>

    d. 대되 마슨 량이오(通該四十兩) <번老下 12a>

e. 우리 대되 네 사르매 열 무리라(我共通四箇人 十箇馬) <번老上 67a>

f. 쏘 三年 侍墓 ᄒ니 대되 거상을 아홉 ᄒ를 ᄒ니라(又居三年 前後居喪九年) <속三孝 24a>

(5) g. 통히 혜요니(通算過來) <번老上 12a>

<6> 모로매 對 의식 對 必然

고유어 '모로매'와 '의식' 그리고 한자어 '必然'이 [必] 즉 '반드시'의 뜻을 가지고 동의 관계에 있다는 것은 『속삼강행실도』의 다음 예문들에서 잘 확인된다. 원문 중 '必有'가 '모로매 잇다'로 번역되고 '必 告'가 '의식 고ᄒ다'로 번역되며 '必爲…所汚'가 '必然 더러요미 ᄃ외다'로 번역된다. 따라서 '모로매'와 '의식' 그리고 '必然'의 동의성은 명백히 입증된다.

(6) a. 모로매 맛난 거시 잇게 ᄒ더니(必有甘旨) <속三孝 27a>

(6) b. 일 잇거든 의식 고ᄒ 후에ᅀᅡ ᄒ더라(有事必告而後行) <속三孝 6b>

c. 의식 무덤 알피 가 울오(必哭于墳前) <속三孝 6b>

d. 아ᄎᆷ 나죄 의식 절ᄒ고(晨夕必拜) <속三孝 6b>

e. 아ᄎᆷ나죄 의식 祭ᄒ 후에ᅀᅡ 밥 먹더니(朝夕必先祭夫 然後乃食) <속三烈 17b>

(6) f. 必然 ᄃ려 갈 사ᄅᆷ의게 더러요미 ᄃ외리니(必爲押去者所汚) <속三烈 13a>

<7> 믄득 對 忽然히

고유어 '믄득'과 한자어 '忽然히'가 [忽] 즉 '믄득, 갑자기'의 뜻을 가지고 동의 관계에 있다는 것은 다음 예문들에서 잘 확인된다. 원문 중 '忽厲声'이 '소리를 ᄆᆡ이 ᄒ다'로 번역되고 '忽…入'이 '믄득 드러오다'로 번역된다. 따라서 '믄득'과 '忽然히'의 동의성은 명백히 입증된다.

(7) a. 先生이 믄득 소리를 ᄆᆡ이 ᄒ야 니ᄅᆞ샤ᄃᆡ(安定이 忽厲聲云) <번小九 27a>

b. 黔婁ㅣ 믄득 ᄆᆞ含미 놀라와(黔婁ㅣ 忽心驚ᄒ야) <번小九 31a>

c. 어름이 믄득 절로 헤여뎌(冰忽自解ᄒ야) <번小九 25a>

(7) d. 나조히 忽然히 놀이 제 지븨 드러오나ᄂᆞᆯ(忽有獐入其室) <속三孝 2a>

<8> 믿비 對 유신히

고유어 '믿비'와 한자어 '유신(有信) 히'가 [信] 즉 '믿음직하게, 유신히'의 뜻을 가지고 동의 관계에 있다는 것은 다음 예문들에서 잘 확인된다. 원문 중 '忠信'이 '졍셩두외오 믿비 ᄒ다'로도 번역되고 '졍셩되오 유신히 ᄒ다'로도 번역되므로 '믿비'와 '유신히'의 동의성은 명백히 입증된다. '믿비'는 '믿브다'에서 파생된 부사이고 '유신히'는 '유신ᄒ다'에서 파생된 부사이다.

(8) a. 말ᄉᄆᆯ 졍셩두외오 믿비 ᄒ며(言忠信ᄒ며) <번小四 5b>
   b. 말ᄉᄆᆯ 졍셩도이며 믿비 아니ᄒ고(言不忠信ᄒ며) <번小四 5b>

(8) c. 말ᄉᄆᆯ 졍셩되오 유신히 아니홈이(言不忠信이) <번小六 11b>

<9> 바ᄅ 對 졍다이

고유어 '바ᄅ'와 한자어 '졍(正) 다이'가 [正] 즉 '바르게'의 뜻을 가지고 동의 관계에 있다는 것은 다음 예문들에서 잘 확인된다. 원문 중 '正席'이 '돗ᄀᆯ 바ᄅ ᄒ다'로 번역되고 '正立'이 '졍다이 셔다'로 번역되므로 '바ᄅ'와 '졍다이'의 동의성은 명백히 입증된다.

(9) a. 모로매 돗ᄀᆯ 바ᄅ ᄒ고 몬져 맛보시며(必正席先嘗之ᄒ시고) <번小三 6b>

(9) b. 졍다이 셔셔 불뎡 고자(正立拱手ᄒ야) <번小三 26a>
   c. 잇는 싸홀 모로매 졍다이 ᄒ며 젹졍히 ᄒ며(居處를 必正靜ᄒ며) <번小八 16b>
   d. 말ᄉ미 ᄌ셔ᄒ고 양ᄌᄅᆯ 졍다이 ᄒ니(詳言正色ᄒᆫ대) <번小十 3b>

<10> 부조로 對 셰셰로

고유어 '부조로'와 한자어 '셰셰(世世) 로'가 [世] 즉 '대대로, 여러 대를 계속해서'의 뜻을 가지고 동의 관계에 있다는 것은 다음 예문들에서 잘 확인된다. 원문 중 '世…相承'이 '부조로 니서 오다'로 번역되고 '世純厚'가 '셰셰로 순후ᄒ다'로 번역되므로 '부조로'와 '셰셰로'의 동의성은 명백히 입증된다. 부사 '부조로'는 『번역소학』에 처음으로 등장한다.

(10) a. 우리 지비 본ᄃᆡ 가난ᄒᆫ(34a) 가문이라 부조로 쳥빅호믈 니서 오고(吾 家ㅣ 本寒族이라 世以淸白相承ᄒ고) <번小十 34b>

(10) b. 楊播의 가문이 셰셰로 순후ᄒ야(楊播의 家世純厚ᄒ야) <번小九 74b>
   c. ᄌ손애 니르러 ᄯᅩ 셰셰로 강논ᄒ니(至其子子孫ᄒ여 亦世講之ᄒ니) <번小七 46b>

<11> 부질업시 對 無賴

고유어 '부질업시'와 한자어 '無賴'가 [無賴] 즉 '부질없이, 공연히'의 뜻을 가지고 동의 관계에 있다는 것은 다음 예문들에서 잘 확인된다. 한자어 '無賴'가 고유어 '부질업시'와 동의 관계에 있다. 그리고 '無賴'의 자석이 '부질업시'이다. 따라서 '부질업시'와 '無賴'의 동의성은 명백히 입증된다. '頼'는 '賴'의 속자이다.

(11) a. 賴 : …詩詞用無賴字謂 부질업시 <四解上 46a>
　　　b. 無賴 : 힘히미 又 부질업시 <老朴 累字解 9b>

<12> 샐리 對 시급히

고유어 '샐리'와 한자어 '시급(時急) 히'가 [速]과 [急] 즉 '빨리, 시급히'의 뜻을 가지고 동의 관계에 있다는 것은 다음 예문들에서 잘 확인된다. 원문 중 '速行'이 '샐리 힝ᄒ다'로 번역되고 '急於名宦'이 '명리 구시레 시급히 ᄒ다'로 번역된다. 따라서 '샐리'와 '시급히'의 동의성은 명백히 입증된다.

(12) a. 시시예 ᄎ려 샐리 힝ᄒ고(時省而速行之ᄒ고) <번小七 1b>
　　　b. 샐리 일면 굳디 몯ᄒ고(速成不堅牢오) <번小六 28a>
　　　c. 샐리 ᄃᄅ면 업드로미 하ᄂ니라(亟走多顚躓니라) <번小六 28a>

(12) d. 명리 구시레 시급히 ᄒ야(急於名宦ᄒ야) <번小六 19b>

<13> 서르 對 交相

고유어 '서르'와 한자어 '交相'이 [相] 즉 '서로'의 뜻을 가지고 동의 관계에 있다는 것은 다음 예문들에서 잘 확인된다. 원문 중 '相勸'이 '서르 권ᄒ다'로 번역되고 '相交'가 '서르 사괴다'로 번역되고 '相愛'가 '서르 ᄉ랑ᄒ다'로 번역된다. 그리고 '相'이 한자어 '交相'을 뜻하고 '相'의 자석이 '서르'이다. 따라서 '서르'와 '交相'의 동의성은 명백히 입증된다.

(13) a. 서르 권ᄒ며…서르 경계ᄒ며…서르 사괴며…서르 구홀디니(相勸ᄒ 며…相規ᄒ며…相交ᄒ며 …相恤이니) <번小九 18a>
　　　b. 서르 ᄉ랑티 아니리 업스니라(不能不相愛也ㅣ니라) <번小七 39a>
　　　c. 벼슬 노푸니와 ᄂ가오니 서르 보매(大夫士ㅣ 相見에) <번小三 38b>
　　　d. 남진 겨지비…서르 일후믈 아디 아니ᄒ며(男女ㅣ…不相知名ᄒ며) <번小三 11a>
　　　e. 다 서르 되졉호미 맛당티 아니ᄒ니(皆不宜與之相接이니) <번小七 27b>
　　　f. 모든 사ᄅ문 다 쫏구려 서르 마조 안자 잇거늘(衆皆夷踞相對어늘) <번小十 6a>

g. 안팟기 서르 마자(表裏相應ᄒᆞ야) <번小十 25b>

h. 서르 여희여 나니라(相別散了) <번老下 20b>

(13) i. 相 : 交相也 <四解下 42a>

j. 相 : 서르 샹 <字會中 1a>

<14> 손소 對 親히

고유어 '손소'와 한자어 '親히'가 [躬]과 [親] 즉 '손수, 친히'의 뜻을 가지고 동의 관계에 있다는 것은 다음 예문들에서 잘 확인된다. 원문 중 '躬執'이 '손소 밍글다'로 번역되고 '躬爨'이 '손소 블딛다'와 '親히 밥짓다'로 번역된다. 그리고 '親執'이 '親히 밍글다'로 번역된다. 따라서 '손소'와 '親히'의 동의성은 명백히 입증된다.

(14) a. 손소 祭奠의 차반 밍글며(躬執奠饌) <속三孝 7a>

b. 손소 祭를 밍글오(躬具奠饌) <속三孝 28a>

c. 손소 블디더 반봉ᄒᆞ야도 내 어버ᅀᅵ 들오 맛난 거슬 비브루 몯 자시더니(躬執爨而吾ㅣ 親甘旨를 未嘗充也ㅣ러시니) <번小七 47b>

(14) d. 親히 밥 지서 이바두며(必躬爨以供) <속三孝 33a>

e. 아춤나죄 親히 祭ᄒᆞ더니(躬奠朝夕) <속三烈 17a>

f. 親히 飮食을 밍ᄀᆞ로ᄃᆡ(親執饌) <속三孝 27a>

g. 이튼날 친히 가 사례ᄒᆞ라(明日親往謝之爲羅) <呂約 26a>

h. 반ᄃᆞ시 친히 블디더 죽을 글히더니(必親爲然火ᄒᆞ야 煮粥ᄒᆞ더니) <번小九 79a>

<15> 쇠 對 심히

고유어 '쇠'와 한자어 '심(甚) 히'가 [甚] 즉 '몹시, 심히'의 뜻을 가지고 동의 관계에 있다는 것은 다음 예문들에서 잘 확인된다. 원문 중 '甚病'이 '쇠 병ᄒᆞ다'로 번역되고 '甚少'가 '심히 젹다'로 번역되므로 '쇠'와 '심히'의 동의성은 명백히 입증된다.

(15) a. 쇠 병ᄒᆞᆫ 저기 아니어든(非甚病이어든) <번小九 104b>

b. 계오 열 설 머거셔 쇠 치운 저기며 덥고 비오는 저긔도 뫼수와 져므도록 셔셔(甫十歲祁寒暑雨侍立終日ᄒᆞ야) <번小九 2b>

(15) c. 제 어든 거슨 심히 젹고 아젼의 도죽흔 거슨 젹디 아니ᄒᆞ니(所得이 甚少而吏人所盜ㅣ 不貲矣니) <번小七 28b>

d. 비록 심히 呂滎公을 ᄉᆞ랑ᄒᆞ(1b) 야도(雖甚愛公ᄒᆞ나) <번小九 2a>

e. 심히 에엿비 너기며 과호이 너겨(甚加矜賞ᄒᆞ야) <번小九 33b>

f. 뒤졉호믈 심히 위곡고 례대ᄒᆞ더라(待遇甚有恩禮) <二倫 19a>

<16> 싁싁기/싁싁기 對 嚴肅히 對 엄졍히

고유어 '싁싁기/싁싁기' 그리고 한자어 '嚴肅히'와 '엄졍(嚴正) 히'가 [肅]과 [莊] 즉 '엄숙히, 엄졍히'의 뜻을 가지고 동의 관계에 있다는 것은 다음 예문들에서 잘 확인된다. 원문 중 '肅敬'이 '싁싁기 공경ᄒᆞ 다'로 번역되고 '容肅'이 '양으란 嚴肅히 ᄒᆞ다'로 번역된다. 그리고 '容莊'이 '양으란 싁싁기 ᄒᆞ다'로 번역되고 '容貌…莊'이 '양ᄌᆞᆺ 고를…엄졍히 ᄒᆞ다'로 번역된다. 따라서 '싁싁기/싁싁기', '嚴肅히' 및 '엄졍히'의 동의성은 명백히 입증된다.

(16) a. 싁싁기 공경ᄒᆞ야 마조 안씨 아니흔 저기 업스며(未嘗不肅敬對之ᄒᆞ며) <번小八 39b>

b. 놋 비쳐 양으란 싁싁기 홀디니라(色容莊이니라) <번小四 13a>

(16) c. 긔우늬 양으란 嚴肅히 ᄒᆞ며(氣容肅ᄒᆞ며) <번小四 13a>

d. 양ᄌᆞᆺ 고를 모로매 단졍ᄒᆞ고 엄졍히 ᄒᆞ며(容貌를 必端莊ᄒᆞ며) <번小八 16b>

<17> 안즉/안죽 對 구챠히

고유어 '안즉/안죽'과 한자어 '구챠(苟且) 히'가 [苟] 즉 '구챠히'의 뜻을 가지고 동의 관계에 있다는 것은 다음 예문들에서 잘 확인된다. 원문 중 '苟免'이 '안즉 면ᄒᆞ다'로도 번역되고 '구챠히 버서나다'로도 번역되므로 '안즉'과 '구챠히'의 동의성은 명백히 입증된다.

(17) a. 내 ᄆᆞᅀᆞᆷ(48a) 과 달이 ᄒᆞ야 죄를 안즉 면호ᄆᆞᆫ 내 ᄒᆞ고져 호미 아니이다(違心苟免은 非臣所願也ㅣ니이다) <번小九 48b>

b. 벼슬홀 사ᄅᆞ미 안즉 祿 타 머그며 利흔 이레 나(9a) ᅀᅡ가ᄂᆞᆫ 주를 분별ᄒᆞ더니(患…仕進이…苟趨祿利ᄒᆞ더니) <번小九 9b>

(17) c. 환란의 다ᄃᆞ라셔 구챠히 버서나려 말며(臨難ᄒᆞ야 毋苟免ᄒᆞ며) <번小四 3b>

d. 구챠히 허비티 아닐(95b) 거시라 ᄒᆞ며(無苟費也ㅣ라 ᄒᆞ며) <번小九 96a>

e. 구챠히 어즈럽게 아닐 거시라 ᄒᆞ더라(無苟亂也ㅣ라 ᄒᆞ더라) <번小九 96a>

<18> 어루 對 가히

고유어 '어루'와 한자어 '가(可) 히'가 [可] 즉 '가히'의 뜻을 가지고 동의 관계에 있다는 것은 다음 예문들에서 잘 확인된다. 원문 중 '可措手'가 '어루 손을 딯다'로 번역되고 '可減'이 '가히 감호다'로 번역된다. 따라서 '어루'와 '가히'의 동의성은 명백히 입증된다.

(18) a. 어루 손을 디호려니와(猶可措手) <瘡疹 14a>

(18) b. 힝역이 하리는 가히 감호고 져그리는 가히 업게 호느니라(多者可減少者可無) <瘡疹 62a>
　　 c. 숨셜 되니란 가히 즈칠 거시오(喘實者可下之) <瘡疹 7a>
　　 d. 가히 졈졈 례의를 알게 호라(可使漸知禮義니라) <번小七 8a>
　　 e. 가히 聖人 도리예 니를 거시니라(可至於聖人之道ㅣ니라) <번小九 14a>
　　 f. 또 가히 賢人이 두외리니(亦可爲賢人이니) <번小六 9a>
　　 g. 可食 : 가히 머글 거시라 <瘡疹 62a>

<19> 언메나 對 多少

고유어 '언메나'와 한자어 '多少'가 [多少] 즉 '얼마나'의 뜻을 가지고 동의 관계에 있다는 것은 다음 예문들에서 잘 확인된다. 원문 중 '与多少'가 '언메나 주다'로 번역되고 '要多少'가 '언메나 받다'로 번역되고 '多少漢児人'이 '언메나 漢児人이다'로 번역된다. 그리고 한자어 '多少'가 고유어 '언메나'와 동의 관계에 있다. 따라서 '언메나'와 '多少'의 동의성은 명백히 입증된다.

(19) a. 네 삭슬 언메나 줄다(你與多少脚錢) <번朴上 11b>
　　 b. 제 슈공을 언메나 받더뇨(他要多少工錢) <번朴上 19b>
　　 c. 은 언메나 바도려 호더뇨(討多少銀子) <번朴上 63b>
　　 d. 언메나 漢兒人이며 언메나 高麗人 사롬고(多少漢兒人多少高麗人) <번老上 7a>
　　 e. 혹당의 드리는 쳔이 언메나 호뇨(多少學課錢) <번朴上 49b>

(19) f. 多 : 多少 언메나 <老朴 單字解 6a>

<20> 이러투시 對 如此

고유어 '이러투시'와 한자어 '如此'가 [如此]와 [恁] 즉 '이와 같이'의 뜻을 가지고 동의 관계에 있다는 것은 다음 예문들에서 잘 확인된다. 원문 중 '如此之嚴'이 '이러투시 엄졍호다'로 번역된다. 그리고 '恁'

이 한자어 '如此'를 뜻한다. 따라서 '이러투시'와 '如此'의 동의성은 명백히 입증된다.

(20) a. 正獻公과 申國夫人괘 フ르쵸미 이러투시 엄졍ᄒ고(正獻公與申 國夫人敎訓이 如此之嚴ᄒ고) <번小九 5a>

b. 이러투시 서르 간슈ᄒ면(若這般相看時) <번老下 47b>

(20) c. 恁 : 如此 <四解下 72b>

d. 恁 : 너 님 又恁地猶言如(14b) 此 <字會下 11a>

<21> 잇다감 對 시시예

고유어 '잇다감'과 한자어 '시시(時時) 예'가 [時] 즉 '時時로, 때때로'의 뜻을 가지고 동의 관계에 있다는 것은 다음 예문들에서 잘 확인된다. 원문 중 '時就'가 '잇다감 가다'로도 번역되고 '시시예 게 들다'로도 번역된다. 그리고 '時不冠'이 '잇다감 관뒤 아니ᄒ다'로 번역되고 '時省'이 '시시예 ᄎ리다'로 번역된다. 따라서 '잇다감'과 '시시예'의 동의성은 명백히 입증된다.

(21) a. 잇다감 가 쉬오(時就休偃) <二倫 15a>

b. 혹 잇다감 관뒤 아니ᄒ더시니(或時不冠이러시니) <번小九 41b>

c. 샹위 잇다감 음식을 집의 주어시든(上이 時예 賜食於家ㅣ어시든) <번小九 84b>

(21) d. 시시예 게 드러 누워 쉬오(時就休偃ᄒ고) <번小九 75a>

e. 시시예 ᄎ려 ᄲᆞ리 힝ᄒ고(時省而速行之ᄒ고) <번小七 1b>

<22> 잘 對 능히

고유어 '잘'과 한자어 '능(能) 히'가 [能] 즉 '잘, 능히'의 뜻을 가지고 동의 관계에 있다는 것은 다음 예문들에서 잘 확인된다. 원문 중 '能知'가 '잘 알다'로도 번역되고 '능히 알다'로도 번역되므로 '잘'과 '능히'의 동의성은 명백히 입증된다.

(22) a. 엇디 잘 알료(豈能知之리오) <번小七 9b>

b. 이러툰혼 여러 가짓 이를 잘 두어 ᄒ면(能存得此等事數件ᄒ면) <번小七 8a>

c. 니광진니 어버ᅀᅵ 잘 셤기더니(李光進 事親有至性) <二倫 18a>

(22) d. 만이레 능히 이리 홀 주룰 알면(若能知此則) <번小六 9a>

e. 버들 뒤뎝호뒤 버듸게 능히 ᄂᆞᆨ죽디 아니ᄒ고(接朋友則不能下朋友ᄒ고) <번小六 3b>

f. 엇디 능히 여긔 오료(怎生能勾到這裏來) <번老上 51b>

<23> 조라이 對 친압히

고유어 '조라이'와 한자어 '친압(親狎) 히'가 [狎] 즉 '친압히, 너무 지나칠 정도로 가깝게'의 뜻을 가지고 동의 관계에 있다는 것은 다음 예문들에서 잘 확인된다. 원문 중 '好狎'이 '조라이 호물 즐기다'로 번역되고 '歡狎'이 '즐겨 친압히 ᄒ다'로 번역되므로 '조라이'와 '친압히'의 동의성은 명백히 입증된다. '조라이'의 前代形은 15세기 국어의 'ᄌᆞ올아뵈'와 '조올아이'이고 'ᄌᆞ올아뵈'는 상태동사 'ᄌᆞ올압다'에서 파생된 부사이다. '친압히'는 상태동사 '친압ᄒ다'에서 파생된 부사이다.

(23) a. 조라이 호믈 즐기디 아니ᄒᆞᄂᆞ니(不好狎이니) <번小四 7a>
 b. 어딘 사ᄅᆞ믄 조라이 홀 듸도 공경ᄒ며(賢者는 狎而敬之ᄒ고) <번小四 3a>

(23) c. 서ᄅᆞ 즐겨 친압히 호ᄆᆞ로(以相歡狎으로) <번小七 45a>

고유어 '조라이'의 先代形인 'ᄌᆞ올아뵈'와 'ᄌᆞ올아이'는 15세기의 『釈譜詳節』(1447) 과 『内訓』(1475)의 다음 예문들에서 잘 확인된다.

(23) d. 부텨 ᄃᆞ외야 나라해 도라오샤도 ᄌᆞ올아뵈 아니ᄒᆞ샤 아랫 恩惠를 니져 ᄇᆞ리샤 <釋六 4b>
 e. 太子ㅣ 妃子를 드리샤(14b) 도 ᄌᆞ올아뵈 아니ᄒᆞ더시니 <釋三 15a>
 f. 어딘 사ᄅᆞ믄 ᄌᆞ올아이 호ᄃᆡ 恭敬ᄒ며(賢者는 狎而敬之ᄒᆞ며) <内訓一 7b>

<24> 즉재 對 즉시예

고유어 '즉재'와 한자어 '즉시(即時) 예'가 [即]과 [就] 즉 '곧, 즉시'의 뜻을 가지고 동의 관계에 있다는 것은 다음 예문들에서 잘 확인된다. 원문 중 '即复…栽'가 '즉재 다시…버히다'로 번역되고 '就…拿起'가 '즉재 가지다'로 번역되고 '就爲補'가 '즉시예 슈보ᄒ다'로 번역된다. 따라서 '즉재'와 '즉시예'의 동의성은 명백히 입증된다.

(24) a. 令女ㅣ 즉재 다시 갈호로 두 귀를 버히고(令女ㅣ 聞ᄒ고 即復以刀   로 栽兩耳ᄒ고) <번小九 60b>
 b. 즉재 빙애 아래 ᄠᅥ디여 죽거늘(即投崖下而死커늘) <번小九 66b>
 c. 즉재 게셔 ᄒᆞᆫ 무적 큰 돌 가져다가(就那裏拿起一塊大石頭) <번老上 28a>
 d. 즉재 게셔 ᄇᆞ리고 도망커늘(就那裏撇下走了) <번老上 28a>

e. 이제 즉재 가져 오마(如今便将來) <번老上 63b>

(24) f. 즉시예 슈보ᄒᆞ야 고틸 거시니(就爲補治니) <번小八 38b>

　　 g. ᄇᆞ룸앳 믓겨리 ᄀᆞᄐᆞ야 즉시(24b)예 니러나ᄂᆞ니(風波當時起라) <번小六 25a>

<25> 힘히미 對 等閑

고유어 '힘히미'와 한자어 '等閑'이 [等閑]과 [閑] 즉 '부질없이, 공연히'의 뜻을 가지고 동의 관계에 있다는 것은 다음 예문들에서 잘 확인된다. 한자어 '等閑'이 고유어 '힘히미'와 동의 관계에 있다. 그리고 원문 중 '閑放着'이 '힘히미 두다'로 번역된다. 따라서 '힘히미'와 '等閑'의 동의성은 명백히 입증된다.

(25) a. 閑 : …又等閑 부절업다 <字會下 4b>

　　 b. 閑 : …又等閑 부질업시 又 힘히미 <老朴 單字解 7b>

(25) c. 　힘히미 두워 므슴ᄒᆞ료(閑放着怎麼) <번老下 23b>

<26> ᄒᆞ다가 對 만이레

고유어 'ᄒᆞ다가'와 한자어 '만이레(万一에)'가 [若] 및 [万一] 즉 '만일, 만약'의 뜻을 가지고 동의 관계에 있다는 것은 다음 예문들에서 잘 확인된다. 원문 중 '若有病'이 'ᄒᆞ다가 병ᄒᆞ다'로 번역되고 '若素食 …下'가 '만이레 소음시기 ᄂᆞ리다'로 번역되며 '万一敗露'가 '만이레 패ᄒᆞ여 나다'로 번역된다. 따라서 'ᄒᆞ다가'와 '만이레'의 동의성은 명백히 입증된다. 한자어 '만이레'는 명사 '万一'과 조사 '에'의 결합이다.

(26) a. ᄒᆞ다가 병ᄒᆞ야든 잠깐 먹고(若有病이어든 暫須食飮) <번小七 18a>

　　 b. ᄒᆞ다가 상ᄉᆞ ㅣ어나 다ᄅᆞᆫ 연고ᄅᆞᆯ 위ᄒᆞ야(若爲喪事及有故ᄒᆞ야) <번小七 21a>

　　 c. ᄒᆞ다가 몬져 콩을 주면(若是先與料時) <번老上 24b>

　　 d. 네 이 아ᄒᆡ 들히 ᄒᆞ다가 사ᄅᆞᆷ곳 도외면(你這小孩兒 若成人時) <번老下 42b>

(26) e. 만이레 소음시기 모(18a)긔 ᄂᆞ리디 아니ᄒᆞ야(必若素食이 不能下咽ᄒᆞ야) <번小七 18b>

　　 f. 만이레 이리 조심ᄒᆞ야 ᄃᆞ니면(若這般謹愼行時) <번老下 46a>

　　 g. 만이레 아ᄉᆞᆷ이 왯거든 각별이 ᄎᆞ셔ᄒᆞ야 안치고(若有親則別序坐爲古) <呂約 24a>

　　 h. 만이레 패ᄒᆞ여 나면(萬一敗露ᄒᆞ면) <번小七 29b>

　　 i. ᄒᆞ다가 만일에 바ᄃᆞ리온 활란이 이시면(若萬一危禍ㅣ면) <번小九 65b>

<27> 힝혀 對 或

고유어 '힝혀'와 한자어 '或'이 [或] 즉 '혹, 혹은'의 뜻을 가지고 동의 관계에 있다는 것은 다음 예문들에서 잘 확인된다. 원문 중 '或有'가 '힝혀 잇다'로도 번역되고 '或 잇다'로도 번역된다. 그리고 '或未寄'가 '힝혀 보내디 몯ᄒᆞᆫ다'로 번역되고 '或論文'이 '혹 글 의론ᄒᆞᆫ다'로 번역된다. 따라서 '힝혀'와 '或'의 동의성은 명백히 입증된다.

(27) a. 힝혀 어버ᅀᅵ 업고 홀어미 도외여 가난ᄒᆞ고 의탁ᄒᆞᆯ ᄃᆡ 업스니 잇거든(或有孤孀貧窮無托者ㅣ어든) <번小七 35b>

　　 b. 힝혀 보내디 몯ᄒᆞᆫ 저기어든 몬져 입에 녀티 아니ᄒᆞ더라(若或未寄어든 不先入口ᄒᆞ더라) <번小九 77a>

　　 c. 죄 잇거든 몬져 올ᄒᆞᆫ 대로 엳ᄌᆞ오면 힝혀 죄를 아니 주시려니와(有罪首實이면 庶或見原이어니와) <번小九 43a>

(27) d. 或 궤며 셔안의 흐러 이시며(或有狼籍几案ᄒᆞ며) <번小八 39b>

　　 e. 혹 글 의론ᄒᆞ며 혹 거믄고 듣다가(或論文ᄒᆞ며 或聽琴ᄒᆞ다가) <번小九 102b>

　　 f. 혹 뫼헤 가 나모 뷔며 혹 므레 가 고기 자바(或山而樵ᄒᆞ며 或水而漁ᄒᆞ야) <번小九 99a>

　　 g. 혹 세 번식 돌이며 혹 다ᄉᆞᆺ 번식 돌여 닐굽 번의 너므디 아니ᄒᆞ며(或三行或五行이오 不過七行ᄒᆞ며) <번小十 32a>

　　 h. 혹 이르거나 혹 늣거낫 듕에(或早或晚) <번老上 10a>

　　 i. 혹 잇다감 관ᄃᆡ 아니ᄒᆞ더시니(或時不冠이러시니) <번小九 41b>

　　 j. 벼슬 잇ᄂᆞᆫ 사ᄅᆞᆷ 혹 公服 지어 니펴 희롱ᄒᆞᄂᆞᆫ디라(有官者ᄂᆞᆫ 或爲之製公服而弄之라) <번小七 9b>

　　 k. 혹 ᄀᆞ로ᄃᆡ 흉ᄒᆞᆫ 사ᄅᆞ미 아니라 ᄒᆞ야도(或曰不謂之凶人이라두) <번小六 31a>

　　 l. 혹 그위예 알외며(或聞于官司) <呂約 35a>

2. 漢字語와 固有語가 副詞語인 경우

부사류에서 확인되는 고유어와 한자어 간의 동의에서 漢字語와 고유어가 副詞語인 경우에는 [五更頭] 즉 '새벽에, 오경 쯤'의 뜻을 가진 '새배'와 '오경두에' 그리고 [終身] 즉 '죽을 때까지, 평생토록'의 뜻을 가진 '죽도록'과 '終身토록/終身도록'이 있다.

<1> 새배 對 오경두에

고유어 '새배'와 한자어 '오경두(五更頭) 에'가 [五更頭] 즉 '새벽에, 오경 쯤'의 뜻을 가지고 동의 관계에 있다는 것은 『번역노걸대』의 다음 예문들에서 잘 확인된다. 원문 중 '五更頭'가 '새배'로도 번역되고 '오경두에'로도 번역되므로 '새배'와 '오경두에'의 동의성은 명백히 입증된다. 한자어 '오경두에'는 명사 '오경두'와 조사 '에'의 결합으로 부사어이다.

(1) a. 새배 정히 들 볼ㄱ리로다(五更頭 正有月明) <번老上 25a>
   b. 내 니실 오경두에 일 가리라(我明日五更頭早行) <번老上 22b>

<2> 죽도록 對 終身토록/終身도록

고유어 동사 '죽다'의 부사형인 '죽도록'과 한자어 부사 '終身토록/終身도록'이 [終身] 즉 '죽을 때까지, 평생토록'의 뜻을 가지고 동의 관계에 있다는 것은 다음 예문들에서 잘 확인된다. 원문 중 '終身養'이 '죽도록 섬기다'로 번역되고 '哀慕終身'이 '終身토록 슬허ㅎ다'로 번역되고 '終身孝養'이 '終身도록 효도ㅎ다'로 번역된다. 따라서 '죽도록'과 '終身토록/終身도록'의 동의성은 명백히 입증된다.

(2) a. 죽도록 싀어미를 섬기더니(終身養姑) <속三烈 2b>
   b. 죽도록 흰 옷 니브니라(素服終身) <속三烈 14a>
   c. 죽도록 祭ㅎ니라(祀之終身) <속三烈 1a>

(2) d. 終身토록 슬허터니(哀慕終身) <속三孝 12a>
   e. 싀어버이 다 늙더니 終身도록 효도ㅎ더라(姑舅俱年老 終身孝養) <속三烈 28b>

제4절
冠形詞에서의 同義

관형사에서 확인되는 固有語와 漢字語 간의 동의에는 [橫] 즉 '뜻밖의'라는 뜻을 가진 '뜬'과 '공흔'
이 있다.

<1> 뜬 對 공흔

고유어 '뜬'과 한자어 '공(空) 흔'이 [橫] 즉 '뜻밖의'라는 뜻을 가지고 동의 관계에 있다는 것은 동일
원문의 번역인 다음 예문들에서 잘 확인된다. 원문 중 '橫財'가 '뜬 쳔'으로도 번역되고 '공흔 쳔'으로도
번역되므로 '뜬'과 '공흔'의 동의성은 명백히 입증된다.

⑴ a. 사른미 뜬 쳔곳 몯 어드면 가수며디 몯호느니라(人不得橫財不富) <번老上 32b>
   b. 사룸도 공흔 쳔 몯 어드면 가수며디 몯호고(人不得橫財不富) <번朴上 22b>

漢字語간의 同義

1510년대 국어에서 漢字語들이 어떤 양상의 동의 관계를 형성하고 있는지를
名詞, 動詞類 및 副詞에서 고찰해 보고자 한다.

제1절
名詞에서의 同義

　명사에서 확인되는 漢字語간의 동의에는 [族] 즉 '친족'의 뜻을 가진 '가문'과 '親族'을 비롯하여 [跏]와 [趺] 즉 '한 다리를 다른 다리와 맞걸어 앉는 자세'의 뜻을 가진 '跏趺'과 '大坐', [芡]과 [茦] 즉 '가시연, 가시가 있는 연'의 뜻을 가진 '가시련'과 '雞頭', [茄] 즉 '가지'의 뜻을 가진 '茄子'와 '落蘇', [榎] 즉 '매, 회초리'의 뜻을 가진 '榎楚'와 '学罰', [蚾] 즉 '두꺼비'의 뜻을 가진 '蚵蚾'와 '蟾蜍', [瘸] 즉 '手足病'의 뜻을 가진 '脚手病'과 '瘸子', [脚心]과 [脚板] 즉 '발바닥'의 뜻을 가진 '脚心'과 '脚板', [牒] 즉 '편지'의 뜻을 가진 '簡牒'과 '文牒', [諜]과 [遉] 즉 '염탐꾼, 간첩'의 뜻을 가진 '間諜'과 '細作', [碣] 즉 '비석'의 뜻을 가진 '갈석'과 '短碑', [堝] 즉 '도가니, 쇠붙이를 녹이는 데 쓰는 흙으로 만든 그릇'의 뜻을 가진 '坩堝'와 '燒鍊金銀土器', [牢] 즉 '옥, 감옥'의 뜻을 가진 '監房'과 '牢房', [鎧]와 [甲] 즉 '갑옷'의 뜻을 가진 '갑'과 '衣甲', [龜] 즉 '거북'의 뜻을 가진 '甲虫'과 '烏龜', [紀]와 [綱] 즉 '벼리'의 뜻을 가진 '綱紀'와 '紀綱', [豇] 즉 '광저기, 豇豆'의 뜻을 가진 '豇豆'와 '長豇', [蜣], [蜋] 및 [蛣] 즉 '말똥구리'의 뜻을 가진 '蜣蜋'과 '蛣蜣', [礓] 즉 '자갈, 조약돌'의 뜻을 가진 '礓石'과 '礫石', [降誕] 즉 '天子生日'의 뜻을 가진 '降誕'과 '天子生日', [粞]과 [䵂] 즉 '싸라기'의 뜻을 가진 '糠粞'과 '穀糠不破者', [蘚]와 [茖] 즉 '초결명, 결명초'의 뜻을 가진 '蘚茖'과 '草決明', [鋸] 즉 '톱'의 뜻을 가진 '鋸刀'와 '搶唐', [容]과 [容止] 즉 '용모, 몸가짐'의 뜻을 가진 '거동'과 '신용', [容]과 [儀] 즉 '거동, 모습, 모양'의 뜻을 가진 '거동'과 '容儀', [蜻]와 [蜉] 즉 '하루살이'의 뜻을 가진 '蜻'과 '蜉蝣', [蘧]와 [蘧麦] 즉 '패랭이꽃'의 뜻을 가진 '蘧麦'과 '瞿麦', [居喪], [喪事] 및 [喪] 즉 '喪事'의 뜻을 가진 '거상'과 '상ᄉᆞ'와 '蒙喪', [苣]와 [膲] 즉 '참깨, 胡麻'의 뜻을 가진 '苣膲'과 '胡麻', [寢]

즉 '居室, 正寢'의 뜻을 가진 '居室'과 '正寢', [粗]와 [粆] 즉 '중배끼, 油蜜果의 한 가지'의 뜻을 가진 '粗粆'와 '蜜餌', [籧]와 [篨] 즉 '대자리, 발이 거친 대자리'의 뜻을 가진 '籧篨'와 '粗竹席', [騸]과 [獡] 즉 '畜類를 去勢하는 것'의 뜻을 가진 '去畜勢'와 '騸獡', [犗] 즉 '거세한 畜類'의 뜻을 가진 '犍犗'와 '去勢畜', [乾枾]와 [枾乾者] 즉 '곶감'의 뜻을 가진 '건시ᄌ'과 '枾餅', [謇]과 [謣] 즉 '거리낌없이 바른 말을 함'의 뜻을 가진 '謇謣'과 '直言', [犕]와 [犍] 즉 '불을 깐 소, 去勢한 소'의 뜻을 가진 '犍牛'와 '犕牛', [肬]과 [肘] 즉 '팔꿈치, 팔의 관절'의 뜻을 가진 '肬肘'와 '臂節', [肬]과 [膊] 즉 '팔뚝'의 뜻을 가진 '肬膊'과 '肩甲' 그리고 [牽彊] 즉 '도리에 맞지 않는 일을 도리인 것처럼 말함'의 뜻을 가진 '牽彊'과 '仮合' 등 1150여 항목이 있다.

<1> 가문 對 親族

두 명사 '가문'(家門)과 '親族'이 [族] 즉 '친족'의 뜻을 가지고 동의 관계에 있다는 것은 다음 예문들에서 잘 확인된다. 원문 중 '寒族'이 '가난한 가문'으로 번역되고 '滅族'이 '가문을 다 주기다'로 번역된다. 그리고 '族'이 한자어 '親族'을 뜻한다. 따라서 '가문'과 '親族'의 동의성은 명백히 입증된다.

(1) a. 우리 지비 본딕 가난흔(34a) 가문이라(吾家ㅣ 本寒族이라) <번小十 34b>
   b. 딕답ᄒ야 닐오딕 내 죄는 가문을 다 주기샤도 맛당ᄒ니(對曰臣罪當滅族이라) <번小九 46b>

(1) c. 族 : 親族 <四解上 5a>

<2> 跏趺 對 大坐

두 명사가 [趺]와 [跏] 즉 '한 다리를 다른 다리와 맞걸어 앉는 자세'의 뜻을 가지고 동의 관계에 있다는 것은 다음 예문들에서 잘 확인된다. '趺'가 한자어 '跏趺'를 뜻하고 '跏趺'는 한자어 '大坐'와 동의 관계에 있다. 그리고 '跏'가 한자어 '跏趺'를 뜻한다. 따라서 '跏趺'과 '大坐'의 동의성은 명백히 입증된다.

(2) a. 趺 : 跏趺 大坐 <四解上 38b>
   b. 跏 : 跏趺 <四解下 30b>

<3> 가시련 對 雞頭

합성명사 '가시련'과 명사 '雞頭'가 [芡]과 [萐] 즉 '가시연, 가시가 있는 연'의 뜻을 가지고 동의 관계에 있다는 것은 다음 예문들에서 잘 확인된다. '芡'이 한자어 '雞頭'를 뜻한다. '芡'의 자석이 '가시련'이고 '가시련'은 한자어 '雞頭'와 동의 관계에 있다. 그리고 '荄'이 한자 '茨'과 동의이고 '荄'의 자석이 '가시련'이다. 따라서 '가시련'과 '雞頭'의 동의성은 명백히 입증된다. '가시련'은 합성명사로 고유어 명사 '가시'와 한자어 명사 '련'(蓮) 의 合成이지만 이 저서에서는 한자어로 다루었다.

(3) a. 茨 : 雞頭 가시련 여름 <四解下 81b>
   b. 茨 : 가시려ᇇ 감 俗呼雞頭 <字會東中本上 12a>

(3) c. 荄 : 茨也 <四解上 53b>
   d. 荄 : 가시련 역 <字會上 6b>

<4> 가시련 對 鷄壅

합성명사 '가시련'과 명사 '鷄壅'이 [鷄壅]과 [茨] 즉 '가시연, 가시가 있는 연'의 뜻을 가지고 동의 관계에 있다는 것은 다음 예문들에서 잘 확인된다. 한자어 '鷄壅'이 한자 '茨'과 동의이다. 그리고 '茨'의 자석이 '가시련'이다. 따라서 '가시련'과 '鷄壅'의 동의성은 명백히 입증된다. '가시련'은 합성명사로 고유어 명사 '가시'와 한자어 '련'(蓮) 의 合成이지만 이 저서에서는 한자어로 다루었다.

(4) a. 壅 : …又鷄壅 茨也 <四解上 10a>

(4) b. 茨 : 雞頭 가시련 여름 <四解下 81b>
   c. 茨 : 가시려ᇇ 감 俗呼雞頭 <字會東中本上 12a>

<5> 茄子 對 落蘇

두 명사가 [茄] 즉 '가지'의 뜻을 가지고 동의 관계에 있다는 것은 다음 예문들에서 잘 확인된다. '茄'가 한자어 '茄子'를 뜻하고 '茄子'는 한자어 '落蘇'와 동의 관계에 있다. 그리고 '茄'의 자석이 '가지'이고 고유어 '가지'는 한자어 '茄子' 및 한자어 '落蘇'와 동의 관계에 있다. 따라서 '茄子'와 '落蘇'의 동의성은 명백히 입증된다.

(5) a. 茄 : 菜名 今俗呼茄子 又呼落蘇 <四解下 32b>
   b. 茄 : 가지 가 俗呼茄子 又呼落蘇 <字會東中本上 13a>
   c. 茄 : 가지 가 俗呼茄子 又呼落酥 <字會上 7a>

<6> 가지 對 가산/가솬

두 명사 '가지'(家財) 와 '가산/가쇼'(家産) 이 [家財], [家計] 및 [産業] 즉 '재산'의 뜻을 가지고 동의 관계에 있다는 것은 다음 예문들에서 잘 확인된다. 원문 중 '家財金銀'이 '가지 금은'으로 번역되고 '田産家計'가 '뎐디 가산'으로 번역된다. 따라서 '가지'와 '가산'의 동의성은 명백히 입증된다.

(6) a. 사롬 모쇼 가지 금은 긔명을 다 푸누외며(人口頭疋家財金銀器皿 都盡賣了) <번老下 55a>

b. 닐우디 가지 논하 집 달티 살 거시라 ᄒᆞ고(乃謂之曰 禮有分異之義 家有別居之道) <二倫 4a>

(6) c. 뎐디 가산도 이시며(田産家計有來) <번老下 48a>

d. 집 뎐디 가쇼 사 주어(買田宅産業) <二倫 35a>

<7> 榎楚 對 學罰

두 명사가 [榎] 즉 '매, 회초리'의 뜻을 가지고 동의 관계에 있다는 것은 다음 예문들에서 잘 확인된다. '榎'가 한자어 '榎楚'를 뜻하고 '榎楚'는 한자어 '學罰'과 동의 관계에 있다. 따라서 '榎楚'와 '學罰'의 동의성은 명백히 입증된다.

(7) a. 榎 : 山楸 <四解下 30b>

b. 榎 : 同 又榎楚 學罰 <四解下 30b>

(7) c. 楚 : 荊也 <四解上 40b>

<8> 蚵蚾 對 蟾蜍

두 명사가 [蚾] 즉 '두꺼비'의 뜻을 가지고 동의 관계에 있다는 것은 다음 예문에서 잘 확인된다. '蚾'가 한자어 '蚵蚾'를 뜻하고 '蚵蚾'는 한자어 '蟾蜍'와 동의 관계에 있다. 따라서 '蚵蚾'와 '蟾蜍'의 동의성은 명백히 입증된다.

(8) a. 蚾 : 蚵蚾 蟾蜍 <四解下 28a>

<9> 脚手病 對 癃子

두 명사가 [癃] 즉 '手足病'의 뜻을 가지고 동의 관계에 있다는 것은 다음 예문들에서 잘 확인된다. '癃'가 한자어 '脚手病'을 뜻한다. 그리고 '癃'의 자석이 '젊'이고 고유어 '젊'은 한자어 '癃子'와 동의 관계에 있다. 따라서 '脚手病'과 '癃子'의 동의성은 명백히 입증된다.

(9) a. 瘸 : 脚手病 저다 <四解下 33b>

　　b. 瘸 : 졂 가 俗稱瘸子 <字會中 16b>

<10> 脚心 對 脚板

　　두 명사가 [脚心]과 [脚板] 즉 '발바닥'의 뜻을 가지고 동의 관계에 있다는 것은 다음 예문들에서 잘 확인된다. '脚'의 자석이 '발'이다. 그리고 한자어 '脚板'이 고유어 '밧바당' 및 한자어 '脚心'과 동의 관계에 있다. 따라서 '脚心'과 '脚板'의 동의성은 명백히 입증된다.

　　(10) a. 脚 : 足也 <四解下 41a>

　　　　b. 脚 : 발 각 俗稱脚子 又脚板 밧바당 又脚心 <字會上 15a>

<11> 簡牒 對 文牒

　　두 명사가 [牒] 즉 '편지'의 뜻을 가지고 동의 관계에 있다는 것은 다음 예문들에서 잘 확인된다. '牒'이 한잔어 '簡牒'을 뜻한다. 그리고 '牒'의 자석이 '글월'이고 고유어 '글월'은 한자어 '文牒'과 동의 관계에 있다. 따라서 '簡牒'과 '文牒'의 동의성은 명백히 입증된다.

　　(11) a. 牒 : 簡牒 <四解下 82a>

　　　　b. 牒 : 글월 텹 俗稱文牒 <字會上 19a>

<12> 間諜 對 細作

　　두 명사가 [諜]과 [遉] 즉 '염탐꾼, 간첩'의 뜻을 가지고 동의 관계에 있다는 것은 다음 예문들에서 잘 확인된다. '諜'이 한자어 '間諜'을 뜻하고 '間諜'은 한자어 '細作'과 동의 관계에 있다. 그리고 '遉'이 한자어 '游遉'을 뜻하고 '游遉'은 한자어 '細作' 및 한자어 '間諜'과 동의 관계에 있다. 따라서 '間諜'과 '細作'의 동의성은 명백히 입증된다.

　　(12) a. 諜 : …又間諜 今之細作 亦曰遊偵 <四解下 82a>

　　　　b. 遉 : …游遉 謂之細作 或謂間諜 <四解下 53b>

<13> 間諜 對 遊偵/游遉

　　두 명사가 [諜]과 [遉] 즉 '염탐꾼, 간첩'의 뜻을 가지고 동의 관계에 있다는 것은 다음 예문들에서 잘 확인된다. '諜'이 한자어 '間諜'을 뜻하고 '間諜'은 한자어 '遊偵'과 동의 관계에 있다. 그리고 '遉'이 한자어 '游遉'을 뜻하고 '游遉'은 한자어 '間諜'과 동의 관계에 있다. 따라서 '間諜'과 '遊偵/游遉'의 동의성은 명백히 입증된다. 한자 '遊'와 '游'가 同字이고 한자 '偵'과 '遉'이 同字이다.

(13) a. 諜 : … 又間諜 今之細作 亦曰遊偵 <四解下 82a>

(13) b. 遉 : … 游遉 謂之細作 或謂間諜 <四解下 53b>
　　　c. 偵 : 同上 <四解下 53b>

<14> 갈셕 對 短碑

두 명사 '갈셕'(碣石) 과 '短碑'가 [碣] 즉 '비석'의 뜻을 가지고 동의 관계에 있다는 것은 다음 예문들에서 잘 확인된다. '碣'의 자석이 '갈셕'이고 '갈셕'은 한자어 '短碑'와 동의 관계에 있다. 따라서 '갈셕'과 '短碑'의 동의성은 명백히 입증된다.

(14) a. 碣 : 立石 <四解下 2a>
　　　b. 碣 : 갈셕 갈 短碑曰碣 <字會中 17a>

<15> 坎坷 對 地不平貌

두 명사가 [坎坷] 즉 '땅이 평탄하지 않은 모양'의 뜻을 가지고 동의 관계에 있다는 것은 다음 예문들에서 잘 확인된다. '坷'가 한자어 '坎坷'를 뜻하고 '坎坷'는 한자어 '地不平貌'와 동의 관계에 있다. 따라서 '坎坷'과 '地不平貌'의 동의성은 명백히 입증된다.

(15) a. 坷 : 　坎坷　地不平貌　<四解下 24b>

(15) b. 坎 : 陷也 險也 <四解下 75b>
　　　c. 굳 감 <字會下 8a>

<16> 轗軻 對 不得志

두 명사가 [轗軻] 즉 '일이 뜻대로 되지 않는 모양'의 뜻을 가지고 동의 관계에 있다는 것은 다음 예문들에서 잘 확인된다. '轗'이 한자어 '轗軻'를 뜻하고 '轗軻'는 한자어 '不得志'와 동의 관계에 있다. 그리고 '軻'가 한자어 '轗軻'를 뜻하고 '轗軻'는 한자어 '不得志'와 동의 관계에 있다. 따라서 '轗軻'와 '不得志'의 동의성은 명백히 입증된다.

(16) a. 轗 : 轗軻 不得志 亦作坎坷 <四解下 75b>

　　b. 軻 : 車接軸 又轗軻 不得志 <四解下 24b>

동작동사 '轗軻ᄒᆞ다'가 15세기의 『杜詩諺解』(1481) 의 다음 예문들에서 잘 확인된다. 원문 중 '轗軻'가 '轗軻ᄒᆞ다'로 번역되고 '轗軻'는 한자어 '不得志'와 한자어 '失志'를 뜻한다.

(16) c. 轗軻ᄒᆞ야 下杜ᄅᆞᆯ 말오(轗軻辭下杜) <杜六 20a>

　　d. 德이 一代예 尊ᄒᆞ되 샹녜 轗軻ᄒᆞ니(德尊一代常轗軻) <杜十五 37a>

(16) e. 轗軻ᄂᆞᆫ 不得志也ㅣ라 <杜六 22a>

　　f. 轗軻ᄂᆞᆫ 失志也ㅣ라 <杜十五 37a>

<17> 坩堝 對 燒鍊金銀土器

두 명사가 [堝] 즉 '도가니, 쇠붙이를 녹이는 데 쓰는 흙으로 만든 그릇'의 뜻을 가지고 동의 관계에 있다는 것은 다음 예문들에서 잘 확인된다. '堝'가 한자어 '坩堝'를 뜻하고 '坩堝'는 한자어 '燒鍊金銀土器'와 동의 관계에 있다. 그리고 '堝'의 자석이 '도관'이고 고유어 '도관'은 한자어 '坩堝' 및 한자어 '燒鍊金銀土器'와 동의 관계에 있다. 따라서 '坩堝'와 '燒鍊金銀土器'의 동의성은 명백히 입증된다.

(17) a. 堝 : 坩堝 燒鍊金銀土器 <四解下 27b>
　　b. 堝 : 도관 과 坩堝 燒鍊金銀土器 <字會中 8b>

<18> 憨頭 對 愚者

두 명사가 [憨頭] 즉 '어리석은 사람'의 뜻을 가지고 동의 관계에 있다는 것은 다음 예문들에서 잘 확인된다. 한자어 '愚者'가 '憨頭'와 동의 관계에 있다. 따라서 '憨頭'과 '愚者'의 동의성은 명백히 입증된다.

(18) a. 憨 : 癡也 今俗謂愚者曰憨頭 <四解下 79a>
　　b. 憨 : 어릴 함 愚也 俗稱憨頭

<19> 監房 對 牢房

두 명사가 [牢] 즉 '옥, 감옥'의 뜻을 가지고 동의 관계에 있다는 것은 다음 예문들에서 잘 확인된다. '牢'의 자석이 '옥'이고 '옥'은 한자어 '監房' 및 한자어 '牢房'과 동의 관계에 있다. 따라서 '監房'과 '牢房'

의 동의성은 명백히 입증된다.

(19) a. 牢 : …獄也 <四解下 23a>
　　b. 牢 : 옥 뢰 俗稱監房曰牢房 <字會中 5b>

<20> 갑 對 衣甲

두 명사 '갑'(甲)과 '衣甲'이 [鎧]와 [甲] 즉 '갑옷'의 뜻을 가지고 동의 관계에 있다는 것은 다음 예문들에서 잘 확인된다. '鎧'가 한자어 '衣甲'을 뜻하고 '鎧'의 자석이 '갑'이다. 그리고 '甲'의 자석이 '갑'이고 '갑'은 한자어 '衣甲'과 동의 관계에 있다. 따라서 '갑'과 '衣甲'의 동의성은 명백히 입증된다.

(20) a. 鎧 : 甲也 今俗呼衣甲 <四解上 42b>
　　b. 鎧 : 갑 개 <字會中 14a>

(20) c. 甲 : 鎧也 <四解下 80>
　　d. 甲 : 갑 갑…汎稱衣甲 <字會中 14a>

<21> 甲虫 對 烏龜

두 명사가 [龜] 즉 '거북'의 뜻을 가지고 동의 관계에 있다는 것은 다음 예문들에서 잘 확인된다. '龜'가 한자어 '甲虫'을 뜻한다. 그리고 '龜'의 자석이 '거붑'이고 '거붑'은 한자어 '烏龜'와 동의 관계에 있다. 따라서 '甲虫'과 '烏龜'의 동의성은 명백히 입증된다.

(21) a. 龜 : 甲虫 <四解上 48a>
　　b. 龜 : 거붑 귀 俗稱烏龜 <字會上 10b>

<22> 綱紀 對 紀綱

두 명사가 [紀]와 [綱] 즉 '벼리'의 뜻을 가지고 동의 관계에 있다는 것은 다음 예문들에서 잘 확인된다. '紀'가 한자어 '綱紀'를 뜻한다. 그리고 '綱'이 한자어 '紀綱'을 뜻하고 '綱'의 자석이 '벼리'이다. 따라서 '綱紀'와 '紀綱'의 동의성은 명백히 입증된다.

(22) a. 紀 : 綱紀 <四解上 23b>

(22) b. 綱 : …紀綱 <四解下 34a>

c. 綱 : 벼리 강 俗呼綱繩 <字會中 8a>

<23> 豇豆 對 長豇

두 명사가 [豇] 즉 '광저기, 豇豆'의 뜻을 가지고 동의 관계에 있다는 것은 다음 예문들에서 잘 확인된다. '豇'이 한자어 '豇豆'를 뜻하고 '豇豆'는 한자어 '長豇'과 동의 관계에 있다. 그리고 '豇'의 자석이 '광쟝이'이고 고유어 '광쟝이'는 한자어 '豇豆' 및 한자어 '長豇'과 동의 관계에 있다. 따라서 '豇豆'와 '長豇'의 동의성은 명백히 입증된다.

(23) a. 豇 : 豇豆 今俗呼長豇 광쟝이 <四解下 40b>
b. 豇 : 광쟝이 강 俗呼豇豆 又長豇 <字會下 7a>

<24> 蜣蜋 對 蛞蜣

두 명사가 [蜣], [蜋] 및 [蛞] 즉 '말똥구리'의 뜻을 가지고 동의 관계에 있다는 것은 다음 예문들에서 잘 확인된다. '蜣'이 한자어 '蜣蜋'을 뜻하고 '蜣蜋'은 한자어 '蛞蜣'과 동의 관계에 있다. '蜣'의 자석이 '믈쑝구으리'이고 고유어 '믈쑝구으리'는 한자어 '蛞蜣'과 동의 관계에 있다. '蜋'이 한자어 '蜣蜋'을 뜻한다. 그리고 '蛞'이 한자어 '蛞蜣'을 뜻하고 '蛞蜣'은 한자어 '蜣蜋'과 동의 관계에 있다. 따라서 '蜣蜋'과 '蛞蜣'의 동의성은 명백히 입증된다.

(24) a. 蜣 : 蜣蜋 一名蛞蜣 <四解下 41a>
b. 蜣 : 믈쑝구으리 강 又曰蛞蜣 <字會上 11b>

(24) c. 蜋 : 蜣蜋 <四解下 45a>
d. 蜋 : 믈쑝구으리 량 俗呼蜣蜋 <字會上 11b>

(24) e. 蛞 : 蛞蜣 蜣蜋也 <四解上 56a>

<25> 礓石 對 礫石

두 명사가 [礓] 즉 '자갈, 조약돌'의 뜻을 가지고 동의 관계에 있다는 것은 다음 예문들에서 잘 확인된다. '礓'이 한자어 '礓石'을 뜻하고 '礓石'은 한자어 '礫石'과 동의 관계에 있다. 따라서 '礓石'과 '礫石'의 동의성은 명백히 입증된다.

(25) a. 礓 : 礓石 玉篇 礫石 <四解下 40b>

b. 礓 : 므ᅌ으리돌 강 <字會上 2b>

<26> 降誕 對 天子生日

두 명사가 [降誕] 즉 '天子生日'의 뜻을 가지고 동의 관계에 있다는 것은 다음 예문들에서 잘 확인된다. 한자어 '降誕'이 한자어 '天子生日'과 동의 관계에 있다. 따라서 '降誕'과 '天子生日'의 동의성은 명백히 입증된다.

(26) a. 誕 : …天子生日曰降誕 <四解上 77a>
　　 b. 降 : 下也 <四解下 40b>

<27> 糠粃 對 穀糠不破者

두 명사가 [粃]과 [覈] '싸라기'의 뜻을 가지고 동의 관계에 있다는 것은 다음 예문들에서 잘 확인된다. '粃'이 한자어 '糠粃'을 뜻한다. 그리고 '覈'이 한자어 '糠覈'을 뜻하고 '糠覈'은 '穀糠不破者'와 동의 관계에 있다. 따라서 '糠粃'과 '穀糠不破者'의 동의성은 명백히 입증된다. 한자 '粃'은 '覈'과 同義이다.

(27) a. 粃 : …又鹿屑也 糠粃 通作覈 <四解上 62a>
　　 b. 粃 : 겨 흘 米䴝屑 <字會下 3b>

(27) c. 覈 : …又糠覈 <四解下 62a>
　　 d. 覈 : 마촐 힉…又糠覈 卽■糠不破者 <字會下 13a>

15세기 국어에서 한자어 '糠粃'이 고유어 '스라기 밥'으로 번역된다는 것은 『杜詩諺解』(1481) 의 다음 예문에서 잘 확인된다.

(27) e. 스라기 바ᄇ로 아ᄒᆡᄅᆞᆯ 對ᄒᆞ얫노라(糠粃對童孺) <杜十二.20b>

<28> 糠麩 對 米䴝屑

두 명사가 [麩] 즉 '겨'의 뜻을 가지고 동의 관계에 있다는 것은 다음 예문들에서 잘 확인된다. '麩'이 한자어 '糠麩'을 뜻한다. 그리고 '麩'의 자석이 '겨'이고 고유어 '겨'는 한자어 '米䴝屑'과 동의 관계에 있다. 따라서 '糠麩'과 '米䴝屑'의 동의성은 명백히 입증된다.

(28) a. 麩 : …糠麩 <四解上 62a>

b. 麧 : 겨 흘 米麤屑 <字會下 3b>

<29> 蘭莒 對 草決明

두 명사가 [蘭]와 [莒] 즉 '초결명, 결명초'의 뜻을 가지고 동의 관계에 있다는 것은 다음 예문들에서 잘 확인된다. '蘭'가 한자어 '蘭莒'를 뜻한다. 그리고 '莒'가 한자어 '蘭莒'를 뜻하고 '蘭莒'는 한자어 '草決明'과 동의 관계에 있다. 따라서 '蘭莒'과 '草決明'의 동의성은 명백히 입증된다.

(29) a. 蘭 : …又蘭莒 決明菜 <四解上 46b>

　　 b. 蘭 : …蘭莒 <四解上 47a>

　　 c. 莒 : 蘭莒 草決明也 <四解下 64b>

<30> 鋸刀 對 搶唐

두 명사가 [鋸] 즉 '톱'의 뜻을 가지고 동의 관계에 있다는 것은 다음 예문들에서 잘 확인된다. '鋸'가 한자어 '鋸刀'를 뜻하고 '鋸刀'는 한자어 '搶唐'과 동의 관계에 있다. '鋸'의 자석이 '톱'이다. 그리고 '搶'이 한자어 '搶搪'을 뜻하고 '搶搪'은 '鋸'를 뜻한다. 따라서 '鋸刀'와 '搶唐'의 동의성은 명백히 입증된다.

(30) a. 鋸 : 鋸刀一名搶唐 <四解上 29b>

　　 b. 鋸 : 톱 거 俗呼鋸兒 <字會中 8b>

(30) c. 搪 : …又搶搪 鋸也 <四解下 35b>

<31> 거동 對 신용

두 명사 '거동'(擧動) 과 '신용'(身容) 이 [容]과 [容止] 즉 '용모, 몸가짐'의 뜻을 가지고 동의 관계에 있다는 것은 다음 예문들에서 잘 확인된다. 원문 중 '容毋怍'이 '거동을 붓그럽게 말다'로 번역되고 '正…容'이 '신용을 졍히 ᄒ다'로 번역되므로 '거동'과 '신용'의 동의성은 명백히 입증된다.

(31) a. 거동을 붓그럽게 말며(容毋怍ᄒ며) <번小三 27b>

　　 b. 말ᄉᆞᆷ과 거동이 가비야오며 므거우며 ᄲᆞ르며(14a) 랄ᄒᆞ여 호매(辭令容止輕重疾徐예) <번小八 14b>

　　 c. 거동이 법(3a) 다와(動止有則ᄒ야) <번小十 3b>

(31) d. 네 신용을 졍히 ᄒ며(正爾容ᄒ며) <번小三 28a>

<32> 거동 對 容儀

두 명사 '거동'(擧動)과 '容儀'가 [容]과 [儀] 즉 '거동, 모습, 모양'의 뜻을 가지고 동의 관계에 있다는
것은 다음 예문들에서 잘 확인된다. 원문 중 '君子之容'이 '어딘 사루미 거동'으로 번역된다. '容'이 한
자어 '容儀'를 뜻한다. 그리고 '儀'의 자석이 '거동'이고 한자어 '거동'(擧動)은 한자어 '容儀'와 동의 관
계에 있다. 따라서 '거동'과 '容儀'의 동의성은 명백히 입증된다.

(32) a. 어딘 사루미 거동은 즈늑즈늑ᄒ니(君子之容은 舒遲니) <번小四 12a>
    b. 말ᄉᆞᆷ과 거동이 가ᄇᆡ야오며 므거우며 ᄲᆞᆯ르며(14a) 랄호여 호매 유예 볼 거시니(辭令容止輕重疾徐
       에 足以見之矣니) <번小八 14b>

(32) c. 容 : 容儀也 <四解上 10b>
    d. 容 : 즛 용 <字會上 13a>

(32) e. 儀 : 容也 <四解上 22a>
    f. 儀 : 거동 의 容儀 <字會下 11b>

<33> 蜉蝣 對 蜉蝣

두 명사가 [蜉]와 [蜉] 즉 '하루살이'의 뜻을 가지고 동의 관계에 있다는 것은 다음 예문들에서 잘 확
인된다. '蜉'가 한자어 '蜉蝣'을 뜻하고 '蜉蝣'은 한자어 '蜉'와 동의 관계에 있다. 그리고 '蜉'가 한자어
'蜉蝣'를 뜻하고 '蜉'의 자석이 'ᄒ르사리'이다. 따라서 '蜉蝣'과 '蜉蝣'의 동의성은 명백히 입증된다.

(33) a. 蜉 : 蜉蝣 蜉蝣 <四解上 30a>
    b. 蝣 : 蜉蝣虫 <四解下 45a>

(33) c. 蜉 : …蜉蝣 渠畧 <四解下 66b>
    d. 蜉 : ᄒ르사리 부 <字會上 12b>

<34> 蘧麥 對 瞿麥

두 명사가 [蘧]와 [蘧麦] 즉 '패랭이꽃'의 뜻을 가지고 동의 관계에 있다는 것은 다음 예문들에서 잘
확인된다. '蘧'가 한자어 '蘧麦'을 뜻하고 '蘧麦'은 한자어 '瞿麦'과 동의 관계에 있다. 그리고 '麦'의 자석
이 '밀'이고 '麦'은 한자어 '蘧麦'을 뜻한다. 따라서 '蘧麦'과 '瞿麦'의 동의성은 명백히 입증된다.

(34) a. 蘧 : 蘧麥 今俗呼瞿麥 <四解上 30a>

(34) b. 麥 : 來牟隔歲種號宿麥 <四解下 60a>

   c. 麥 : 밀 믹…又石竹花曰蘧麥 <字會上 6b>

<35> 蘧麥 對 石竹花

두 명사가 [蘧]와 [蘧麦] 즉 '패랭이꽃'의 뜻을 가지고 동의 관계에 있다는 것은 다음 예문들에서 잘 확인된다. '蘧'가 한자어 '蘧麦'을 뜻한다. 그리고 '麦'의 자석이 '밀'이고 한자어 '蘧麦'은 한자어 '石竹花'와 동의 관계에 있다. 따라서 '蘧麦'과 '石竹花'의 동의성은 명백히 입증된다.

(35) a. 蘧 : 蘧麥 今俗呼瞿麥 <四解上 30a>

(35) b. 麥 : 來牟隔歲種號宿麥 <四解下 60a>

   c. 麥 : 밀 믹 俗呼小麥 又石竹花曰蘧麥 <字會上 6b>

<36> 거상 對 상ᄉᆞ 對 蒙喪

세 명사 '거상'(居喪), '상ᄉᆞ'(喪事) 및 '蒙喪'이 [居喪], [喪事] 및 [喪] 즉 '喪事'의 뜻을 가지고 동의 관계에 있다는 것은 다음 예문들에서 잘 확인된다. 원문 중 '父喪'이 '아븨 거상'으로 번역되고 '三喪'이 '세 상ᄉᆞ'로 번역되고 '父母喪'이 '어버의 蒙喪'으로 번역된다. 따라서 '거상', '상ᄉᆞ' 및 '蒙喪'의 동의성은 명백히 입증된다.

(36) a. 거상애 고기 먹ᄂᆞ니를 사ᄅᆞ미 오히려 고이훈 이리라 ᄒᆞ니(居喪食肉者를 人이 猶以爲異事ㅣ라 ᄒᆞ더니) <번小七 16a>
   b. 나히 아홉인 제 아븨 거상 니버(年九歲遭父喪) <속三孝 4a>

(36) c. ᄒᆞ다가 상ᄉᆞ어나 다른 연고를 위ᄒᆞ야(若爲喪事及有故ᄒᆞ야) <번小七 21a>
   d. 남진겨집 어리 상ᄉᆞ 장ᄉᆞ애 다 셤족키 주더라(嫁娶喪葬 皆有贍給) <二倫 29a>
   e. 세 상ᄉᆞ 송장 몯ᄒᆞ여(爲三喪未擧) <二倫 42a>

(36) f. 어버의 蒙喪애 다 侍墓를 三年곰 ᄒᆞ고(父母喪 皆廬墓三年) <속三孝 35a>
   g. 믈읫 아는 사룸의 몽상 듣고(凡聞所知之喪爲古) <呂約 28a>
   h. 누미 몽상 듣고(聞其初喪爲古) <呂約 27b>

<37> 苣蕂 對 胡麻

두 명사가 [苣]와 [蕂] 즉 '참깨, 胡麻'의 뜻을 가지고 동의 관계에 있다는 것은 다음 예문들에서 잘 확인된다. '苣'와 '蕂'이 한자어 '苣蕂'을 뜻하고 '苣蕂'은 한자어 '胡麻'와 동의 관계에 있다. 따라서 '苣蕂'과 '胡麻'의 동의성은 명백히 입증된다.

(37) a. 苣 : 苣蕂 胡麻 춤뻬 <四解上 30b>
    b. 蕂 : 苣蕂 胡麻 <四解下 54b>

<38> 居室 對 正寢

두 명사가 [寢] 즉 '居室, 正寢'의 뜻을 가지고 동의 관계에 있다는 것은 다음 예문들에서 잘 확인된다. '寢'이 한자어 '居室'을 뜻한다. 그리고 '寢'의 자석이 '몸채'이고 고유어 '몸채'는 한자어 '正寢'과 동의 관계에 있다. 따라서 '居室'과 '正寢'의 동의성은 명백히 입증된다.

(38) a. 寢 : 臥也 居室也 <四解下 73a>
    b. 寢 : 몸채 침 正寢 又臥也 <字會中 5a>

<39> 粗粏 對 蜜餌

두 명사가 [粗]와 [粏] 즉 '중배끼, 油蜜果의 한 가지'의 뜻을 가지고 동의 관계에 있다는 것은 다음 예문들에서 잘 확인된다. '粗'가 한자어 '粗粏'를 뜻한다. 그리고 '粏'가 한자어 '粗粏'를 뜻하고 '粗粏'는 한자어 '蜜餌'와 동의 관계에 있다. 따라서 '粗粏'와 '蜜餌'의 동의성은 명백히 입증된다.

(39) a. 粗 : 粗粏 <四解上 30b>
    b. 粏 : 粗粏 蜜餌 <四解上 35b>

<40> 簾簁 對 粗竹席

두 명사가 [簾]와 [簁] 즉 '대자리, 발이 거친 대자리'의 뜻을 가지고 동의 관계에 있다는 것은 다음 예문들에서 잘 확인된다. '簾'가 한자어 '簾簁'를 뜻하고 '簾簁'는 한자어 '粗竹席'과 동의 관계에 있다. 그리고 '簁'가 한자어 '簾簁'를 뜻한다. 따라서 '簾簁'과 '粗竹席'의 동의성은 명백히 입증된다.

(40) a. 簾 : 簾簁 粗竹席 <四解上 30a>
    b. 簁 : 簾簁 <四解上 32b>

<41> 去畜勢 對 騸騬

두 명사가 [騸]과 [騬] 즉 '畜類를 去勢하는 것'의 뜻을 가지고 동의 관계에 있다는 것은 다음 예문들에서 잘 확인된다. '騸'과 '騬'이 한자어 '去畜勢'를 뜻한다. 그리고 '騬'의 자석이 '불앗다'이고 고유어 '불앗다'는 한자어 '騸騬' 및 한자어 '去畜勢'와 동의 관계에 있다. 따라서 '去畜勢'와 '騸騬'의 동의성은 명백히 입증된다.

> (41) a. 騸 : 去畜勢 <四解下 6b>
>   b. 騸 : 불아술 션 騸馬 <字會下 4a>
>
> (41) c. 騬 : 去畜勢 <四解上 63a>
>   d. 騬 : 불아술 돈 騸騬謂去畜勢 <字會下 4a>

<42> 犍犠 對 去勢畜

두 명사가 [犠] 즉 '거세한 畜類의 뜻을 가지고 동의 관계에 있다는 것은 다음 예문들에서 잘 확인된다. '犠'의 자석이 '악대'이고 고유어 '악대'는 한자어 '犍犠' 및 한자어 '去勢畜'과 동의 관계에 있다. 따라서 '犍犠'와 '去勢畜'의 동의성은 명백히 입증된다.

> (42) a. 犠 : 犠牛 <四解上 46b>
>   b. 犠 : 악대 계 犍犠 去勢畜 <字會下 4a>

<43> 건시ᄌ 對 柿餠

두 명사 '건시ᄌ'(乾柿子)와 '柿餠'이 [乾柿]와 [柿乾者] 즉 '곶감'의 뜻을 가지고 동의 관계에 있다는 것은 다음 예문들에서 잘 확인된다. 원문 '乾柿一枚'가 '건시ᄌ 흔 낫'으로 번역된다. 그리고 '柿'의 자석이 '감'이고 '감'의 '乾者'가 '柿餠'이다. 따라서 '건시ᄌ'과 '柿餠'의 동의성은 명백히 입증된다.

> (43) a. 미 흔 돈과 건시ᄌ 흔 낫과롤…짓달케 글혀(每服一錢乾柿一枚…同煎候米泔盡) <瘡疹 43b>
>   b. 柿 : 감 시 俗呼乾者曰柿餠 <字會上 6b>

<44> 謇諤 對 直言

두 명사가 [謇]과 [諤] 즉 '거리낌없이 바른 말을 함'의 뜻을 가지고 동의 관계에 있다는 것은 다음 예문들에서 잘 확인된다. '謇'이 한자어 '謇諤'을 뜻하고 '謇諤'은 한자어 '直言'과 동의 관계에 있다. 그리고 '謇'이 한자어 '直言'을 뜻한다. 따라서 '謇謣'과 '直言'의 동의성은 명백히 입증된다.

(44) a. 謇 : 吃也 又謇謣 直言 <四解下 1a>

b. 謇 : 말구들 건 又謇謣 直言貌 <字會下 12b>

(44) c. 謣 : 直言 <四解下 40a>

<45> 犍牛 對 犗牛

두 명사가 [犗]와 [犍] 즉 '불을 깐 소, 去勢한 소'의 뜻을 가지고 동의 관계에 있다는 것은 다음 예문들에서 잘 확인된다. '犗'가 한자어 '犍牛'를 뜻하고 '犗'의 자석이 '악대'이다. '犍'이 한자어 '犗牛'를 뜻하고 '犗牛'는 한자어 '犍牛'와 동의 관계에 있다. 그리고 '犍'의 자석이 '악대'이고 고유어 '악대'는 한자어 '犗牛'와 동의 관계에 있다. 따라서 '犍牛'와 '犗牛'의 동의성은 명백히 입증된다.

(45) a. 犗 : 犍牛 <四解上 46b>

b. 犗 : 악대 계 <字會下 4a>

(45) c. 犍 : 犗牛 今俗呼犍牛 <四解下 1a>

d. 犍 : 악대 건 俗稱犍牛 <字會下 4a>

<46> 肱肘 對 臂節

두 명사가 [肱]과 [肘] 즉 '팔꿈치, 팔의 관절'의 뜻을 가지고 동의 관계에 있다는 것은 다음 예문들에서 잘 확인된다. '肱'이 한자어 '肱肘'를 뜻한다. '肘'가 한자어 '臂節'을 뜻한다. 그리고 '肘'의 자석이 '폴구브렁'이고 고유어 '폴구브렁'은 한자어 '肱肘'와 동의 관계에 있다. 따라서 '肱肘'와 '臂節'의 동의성은 명백히 입증된다.

(46) a. 肱 : …又曰肱肘 <四解上 61b>

(46) b. 肘 : 臂節 <四解下 69b>

c. 肘 : 폴구브렁 듀 俗呼肱肘 <字會上 13b>

<47> 肱膊 對 肩甲

두 명사가 [肱]과 [膊] 즉 '팔뚝'의 뜻을 가지고 동의 관계에 있다는 것은 다음 예문들에서 잘 확인된다. '肐'이 한자어 '肐膊'을 뜻하고 '肐膊'은 고유어 '풀독'과 동의 관계에 있다. '膊'이 한자어 '肩甲'을 뜻하고 '肩甲'은 한자어 '肐膊'과 동의 관계에 있다. 그리고 '膊'의 자석이 '풀독'이고 고유어 '풀독'은 한자어 '肐膊'과 동의 관계에 있다. 따라서 '肐膊'과 '肩甲'의 동의성은 명백히 입증된다.

(47) a. 肐 : 今俗呼肐膊 풀독 <四解上 61b>
b. 肐 : 풀 걸 <字會上 13b>

(47) c. 膊 : 肩甲…今俗呼肐膊 <四解下 36a>
d. 膊 : 풀독 박 俗呼肐膊 <字會上 13b>

<48> 牽彊 對 假合

두 명사가 [牽彊] 즉 '도리에 맞지 않는 일을 도리인 것처럼 말함'의 뜻을 가지고 동의 관계에 있다는 것은 다음 예문들에서 잘 확인된다. '彊'이 한자어 '牽彊'을 뜻하고 '牽彊'은 한자어 '假合'과 동의 관계에 있다. 따라서 '牽彊'과 '假合'의 동의성은 명백히 입증된다. '牽彊'과 '牽强'은 同義이다.

(48) a. 彊 : …牽彊 假合也 <四解下 41b>
b. 强 : 同 <四解下 41b>
c. 强 : …牽强 <四解下 41b>

(48) d. 牽 : 挽舟車索 <四解下 1b>

<49> 繾綣 對 不已之意

두 명사가 [繾綣] 즉 '그리는 정이 두터워 못내 이기지 못하는 모양'의 뜻을 가지고 동의 관계에 있다는 것은 다음 예문들에서 잘 확인된다. '繾'이 한자어 '繾綣'을 뜻하고 '繾綣'은 한자어 '不已之意'와 동의 관계에 있다. 그리고 '綣'이 한자어 '繾綣'을 뜻한다. 따라서 '繾綣'과 '不已之意'의 동의성은 명백히 입증된다.

(49) a. 繾 : 繾綣 不已之意 <四解下 1b>
b. 繾 : 繾綣 <四解下 1b>

(49) c. 綣 : 繾綣 <四解下 9a> <四解下 9b>

<50> 肩膀 對 肩甲

두 명사가 [肩], [髈] 및 [髆] 즉 '어깨, 어깨뼈'의 뜻을 가지고 동의 관계에 있다는 것은 다음 예문들에서 잘 확인된다. '肩'의 자석이 '엇게'이고 고유어 '엇게'는 한자어 '肩髈' 및 한자어 '肩甲'과 동의 관계에 있다. '髈'이 한자어 '肩髈'을 뜻하고 '肩髈'은 고유어 '엇게'와 동의 관계에 있다. 그리고 '髆'이 한자어 '肩甲'을 뜻한다. 따라서 '肩髈'과 '肩甲'의 동의성은 명백히 입증된다.

(50) a. 肩 : 髆上 <四解下 1a>
　　　b. 肩 : 엇게 견 總稱 俗呼肩髈 肩甲 <字會上 13a>

(50) c. 髈 : …又今俗呼肩髈曰肩髈 엇게 <四解下 36b>
　　　d. 髈 : 오좀깨 방…又肩髈 엇게 <字會上 14b>

(50) e. 髆 : 肩甲…俗呼肐髆 볼독 <四解下 36a>
　　　f. 髆 : 同 <四解下 36a>
　　　g. 髆 : 풀독 박 俗呼 肐髆 <字會上 13b>

<51> 駃騠 對 良馬

두 명사가 [騠]와 [駃] 즉 '良馬'의 뜻을 가지고 동의 관계에 있다는 것은 다음 예문들에서 잘 확인된다. '騠'가 한자어 '駃騠'를 뜻하고 '駃騠'는 한자어 '良馬'와 동의 관계에 있다. 그리고 '駃'이 한자어 '良馬'를 뜻한다. 따라서 '駃騠'과 '良馬'의 동의성은 명백히 입증된다.

(51) a. 騠 : 駃騠 良馬 <四解上 25a>
　　　b. 駃 : 騠駃 良馬 <四解下 9a>

<52> 駃馬 對 騠駃

두 명사가 [駃] 즉 '良馬'의 뜻을 가지고 동의 관계에 있다는 것은 다음 예문들에서 잘 확인된다. '駃'이 한자어 '駃馬'를 뜻한다. 그리고 '駃'이 한자어 '騠駃'을 뜻한다. 따라서 '駃馬'와 '騠駃'의 동의성은 명백히 입증된다.

(52) a. 駃 : 駃馬 行千里 <四解上 47b>
　　　b. 駃 : 騠駃 良馬 <四解下 9a>

<53> 莖幹 對 木身

두 명사가 [幹] 즉 '줄기'의 뜻을 가지고 동의 관계에 있다는 것은 다음 예문들에서 잘 확인된다. '幹'이 한자어 '莖幹'을 뜻한다. 그리고 '幹'의 자석이 '읏듬'이고 고유어 '읏듬'은 한자어 '木身'과 동의 관계에 있다. 따라서 '莖幹'과 '木身'의 동의성은 명백히 입증된다.

> (53) a. 幹 : 莖幹 <四解上 71a>
> b. 幹 : 읏듬 간 木身 <字會下 2a>

<54> 瓊瑰 對 石次玉

두 명사가 [瑰] 즉 '옥 버금가는 돌, 경괴'의 뜻을 가지고 동의 관계에 있다는 것은 다음 예문들에서 잘 확인된다. '瑰'가 한자어 '瓊瑰'를 뜻하고 '瓊瑰'는 한자어 '石次玉'과 동의 관계에 있다. 따라서 '瓊瑰'과 '石次玉'의 동의성은 명백히 입증된다.

> (54) a. 瑰 : 瓊瑰 石次玉 <四解上 47b>
> b. 瓊 : 玉名 <四解下 63b>
> c. 瓊 : 구슬 경 <字會中 15b>

<55> 檠枇 對 正弓弩之器

두 명사가 [枇]과 [檠] 즉 '도지개, 뒤틀린 활을 바로잡는 틀'의 뜻을 가지고 동의 관계에 있다는 것은 다음 예문들에서 잘 확인된다. '枇'이 한자어 '檠枇'을 뜻하고 '檠枇'은 한자어 '正弓弩之器'와 동의 관계에 있다. 그리고 '檠'이 한자어 '正弓弩之器'를 뜻하고 '弯'의 자석이 '도지게'이다. 따라서 '檠枇'과 '正弓弩之器'의 동의성은 명백히 입증된다. '檠'과 '弯'은 同字이다.

> (55) a. 枇 : 檠枇 正弓弩之器 <四解下 5b>
>
> (55) b. 檠 : …又正弓弩器 <四解下 48a>
> c. 弯 : 도지게 경 通作檠 <字會下 5a>

<56> 哽咽 對 悲塞

두 명사가 [哽]과 [咽] 즉 '목메어 욺'의 뜻을 가지고 동의 관계에 있다는 것은 다음 예문들에서 잘 확인된다. '哽'이 한자어 '哽咽'을 뜻하고 '哽咽'은 한자어 '悲塞'과 동의 관계에 있다. 그리고 '咽'이 한자어 '哽咽'을 뜻하고 '哽咽'은 한자어 '悲塞'과 동의 관계에 있다. 따라서 '哽咽'과 '悲塞'의 동의성은 명백히 입증된다.

　　(56) a. 哽 : …又哽咽 悲塞也 <四解下 58a>

　　(56) b. 咽 : 哽咽 悲塞也 <四解下 7a>
　　　　　 c. 咽 : 목쇄무 연…又音噎 憂甚氣窒曰哽咽 <字會下 13b>

<57> 雞頭 對 雞壅

　　두 명사가 [芡]과 [壅] 즉 '가시연'의 뜻을 가지고 동의 관계에 있다는 것은 다음 예문들에서 잘 확인된다. '芡'이 한자어 '雞頭'를 뜻하고 고유어 '가시련 여름'과 동의 관계에 있다. '芡'의 자석이 '가시련'이고 고유어 '가시련'은 한자어 '雞頭'와 동의 관계에 있다. 그리고 '壅'이 한자어 '雞壅'을 뜻하고 '雞壅'은 '芡'의 異名이다. 따라서 '雞頭'와 '雞壅'의 동의성은 명백히 입증된다.

　　(57) a. 芡 : 雞頭 가시련 여름 <四解下 81b>
　　　　　 b. 芡 : 가시려ᇇ 감 俗呼雞頭 <字會東中本上 12a>

　　(57) c. 壅 : …又雞壅 芡也 <四解上 10a>

<58> 階除木 對 拘欄

　　두 명사가 [欄] 즉 '난간'의 뜻을 가지고 동의 관계에 있다는 것은 다음 예문들에서 잘 확인된다. '欄'이 한자어 '階除木'을 뜻한다. 그리고 '欄'의 자석이 '란간'이고 '란간'은 한자어 '拘欄'과 동의 관계에 있다. 따라서 '階除木'과 '拘欄'의 동의성은 명백히 입증된다.

　　(58) a. 欄 : 階除木 勾欄 <四解上 79a>
　　　　　 b. 欄 : 란간 간…拘欄 <字會中 3b>

<59> 鸂鶒 對 水鳥

　　두 명사가 [鸂]와 [鶒] 즉 '비오리'의 뜻을 가지고 동의 관계에 있다는 것은 다음 예문들에서 잘 확인된다. '鸂'가 한자어 '鸂鶒'을 뜻하고 '鸂鶒'은 고유어 '믓둙'과 동의 관계에 있다. '鶒'이 한자어 '鸂鶒'을 뜻한다. 그리고 '鶒'의 자석이 '믓둙'이고 고유어 '믓둙'은 한자어 '鸂鶒' 및 한자어 '水鳥'와 동의 관계에 있다. 따라서 '鸂鶒'과 '水鳥'의 동의성은 명백히 입증된다.

(59) a. 鸂 : 鸂鶒 믓돍 <四解上 24a>

　　　b. 鸂 : 믓돍 계 <字會上 9b>

(59) c. 鶒 : 鸂鶒 <四解下 54a>

　　　d. 鶒 : 믓돍 틱 鸂鶒 水鳥 <字會上 9b>

<60> 고 對 米藏

두 명사 '고'(庫) 와 '米藏'이 [廩] 즉 '곳집, 쌀광'의 뜻을 가지고 동의 관계에 있다는 것은 다음 예문들에서 잘 확인된다. '廩'이 한자어 '米藏'을 뜻한다. 그리고 '廩'의 자석이 '고'이다. 따라서 '고'와 '米藏'의 동의성은 명백히 입증된다.

(60) a. 廩 : 米藏 <四解下 74b>

　　　b. 廩 : 고 름 倉有屋曰廩 <字會中 5b>

<61> 고 對 貯物舍

두 명사 '고'(庫) 와 '貯物舍'가 [庫] 즉 '곳집, 여러 가지 물건을 넣어 두는 곳집'의 뜻을 가지고 동의 관계에 있다는 것은 다음 예문들에서 잘 확인된다. 원문 중 '李之庫'가 '李氏의 고'로 번역되고 '一庫'가 '흔 고'로 번역된다. 그리고 '庫'가 한자어 '貯物舍'를 뜻하고 '庫'의 자석이 '고'이다. 따라서 '고'와 '貯物舍'의 동의성은 명백히 입증된다.

(61) a. 다 李氏의 고애 드리며(皆入李之庫ᄒ며) <번小九 94b>

　　　b. 다 흔 고애 뫼화(皆聚之一庫ᄒ야) <번小九 108a>

　　　c. 고애 나몬 쳔량을 두어(庫有餘財ᄒ야) <번小八 20a>

(61) d. 庫 : 貯物舍 <四解上 36b>

　　　e. 庫 : 곳 고 貯物貨曰庫 <字會中 5b>

<62> 告假對告休

두 명사가 [告仮] 즉 '휴가를 얻음'의 뜻을 가지고 동의 관계에 있다는 것은 다음 예문들에서 잘 확인된다. '仮'의 자석이 '빌다'이고 한자어 '告休'가 한자어 '告仮'와 동의 관계에 있다. 따라서 '告仮'와 '告休'의 동의성은 명백히 입증된다.

(62) a. 假 : 休假 <四解下 30b>

b. 假 : 빌 가···又告休 沐也 俗稱告假 <字會下 10a>

<63> 苦蘵 對 苦蕒菜

두 명사가 [蘵] 즉 '시화'의 뜻을 가지고 동의 관계에 있다는 것은 다음 예문들에서 잘 확인된다. '蘵'가 한자어 '苦蘵'를 뜻하고 '苦蘵'는 한자어 '苦蕒菜'와 동의 관계에 있다. 따라서 '苦蘵'와 '苦蕒菜'의 동의성은 명백히 입증된다.

(63) a. 蘵 : 苦蘵 今俗呼苦蕒菜 <四解上 30b>

b. 蘵 : 샤라부루 거 苦蕒菜 江東呼苦蕒 <字會上 8a>

<64> 姑舅 對 異姓 四寸

두 명사가 [姑舅] 즉 '異姓 四寸'의 뜻을 가지고 동의 관계에 있다는 것은 다음 예문들에서 잘 확인된다. 원문 중 '姑舅兩姨'가 '姑舅 両姨'로 번역된다. 그리고 '姑舅弟兄'이 '異姓 四寸 兄弟'로 번역되고 '姑舅哥哥'가 '이성 수촌 형'으로 번역된다. 따라서 '姑舅'과 '異姓 四寸'의 동의성은 명백히 입증된다.

(64) a. 너희 ㅎ마 姑舅 兩姨예셔 난 형뎨로딕(你既是姑舅兩姨弟兄) <번老上 16b>

b. 姑舅 兩姨 ㅅ싀예 쏘 어듸 무르료(姑舅兩姨更那裏問) <번老上 17a>

(64) c. 네 異姓 四寸 兄弟어시니(你是姑舅弟兄) <번老上 16a>

d. ㅎ나흔 이성 수촌 형이오(一箇是姑舅哥哥) <번老下 5b>

<65> 고깃羹 對 肉羹

합성명사 '고깃羹'과 명사 '肉羹'이 [肉羹]과 [腫] 즉 '고깃국'의 뜻을 가지고 동의 관계에 있다는 것은 다음 예문들에서 잘 확인된다. 원문 중 '肉羹'이 '고깃羹'으로 번역된다. 그리고 '腫'이 한자어 '肉羹'을 뜻한다. 따라서 '고깃羹'과 '肉羹'의 동의성은 명백히 입증된다. '고깃羹'은 합성명사로 고유어 '고기'[肉]와 한자어 '羹'의 合成이지만 이 저서에서는 한자어로 다루었다.

(65) a. 뫼션는 겨집죵으로 ᄒ여 고깃羹을 드러 가다가 관딋 옷새 업텨 더러이고(使侍婢로 奉肉羹ᄒ야 飜泠朝衣ᄒ고) <번小十 2b>

(65) b. 腫 : 肉羹 <四解下 39b>

c. 臛 : 고기탕 확 <字會中 11a>

<66> 胍肫 對 大腹

두 명사가 [胍]와 [肫] 즉 '큰 배'의 뜻을 가지고 동의 관계에 있다는 것은 다음 예문들에서 잘 확인된다. '胍'와 '肫'가 한자어 '胍肫'를 뜻하고 '胍肫'는 한자어 '大腹'과 동의 관계에 있다. 따라서 '胍肫'와 '大腹'의 동의성은 명백히 입증된다.

(66) a. 胍 : 胍肫 大腹 <四解上 35b>
　　b. 肫 : 胍肫 大腹 <四解上 37a>

<67> 羖䍽 對 山羊

두 명사가 [䍽]와 [羖] 즉 '염소, 山羊'의 뜻을 가지고 동의 관계에 있다는 것은 다음 예문들에서 잘 확인된다. '䍽'이 한자어 '羖䍽'을 뜻하고 '羖䍽'은 고유어 '염쇼' 및 한자어 '山羊'과 동의 관계에 있다. 그리고 '羖'의 자석이 '수양'이고 '수양'은 한자어 '羖䍽' 및 한자어 '山羊'과 동의 관계에 있다. 따라서 '羖䍽'과 '山羊'의 동의성은 명백히 입증된다.

(67) a. 䍽 : 今俗呼羖䍽 염쇼 又曰山羊 <四解下 57a>
　　b. 䍽 : 염쇼 력 俗呼羖䍽羊 又呼山羊 <字會上 10a>

(67) c. 羖 : 夏羊 牡曰羖 <四解上 36a>
　　d. 羖 : 수양 고 羖䍽 山羊 即 염쇼 <字會下 4a>

<68> 羘䍽羊 對 山羊

두 명사가 [羘]와 [䍽] 즉 '염소, 山羊'의 뜻을 가지고 동의 관계에 있다는 것은 다음 예문들에서 잘 확인된다. '羘'가 한자어 '羘䍽羊'을 뜻하고 '羘䍽羊'은 고유어 '염쇼' 및 한자어 '山羊'과 동의 관계에 있다. 그리고 '䍽'의 자석이 '염쇼'이고 고유어 '염쇼'는 한자어 '羘䍽羊' 및 한자어 '山羊'과 동의 관계에 있다. 따라서 '羘䍽羊'과 '山羊'의 동의성은 명백히 입증된다.

(68) a. 羘 : …今俗呼羘䍽羊 염쇼 又曰山羊 <四解上 36a>
　　b. 羘 : 염쇼 고 <字會上 10a>

(68) c. 䍽 : 今俗呼羖䍽 염쇼 又曰山羊 <四解下 57a>

d. 羬 : 염쇼 력 俗呼 羻羬羊 又呼山羊 <字會上 10a>

<69> 篝筶 對 屈柳爲器

두 명사가 [筶] 즉 '대고리'의 뜻을 가지고 동의 관계에 있다는 것은 다음 예문들에서 잘 확인된다. '筶'가 한자어 '篝筶'를 뜻하고 '篝筶'는 한자어 '屈柳爲器' 및 고유어 '고리'와 동의 관계에 있다. 따라서 '篝筶'와 '屈柳爲器'의 동의성은 명백히 입증된다.

(69) a. 筶 : 篝筶 屈柳爲器 고리 <四解下 18b>
b. 筶 : 고리 고 <字會中 7a>

<70> 篝筶 對 柳器

두 명사가 [筶] 즉 '고리, 버들고리, 柳器'의 뜻을 가지고 동의 관계에 있다는 것은 다음 예문들에서 잘 확인된다. '筶'의 자석이 '고리'이고 고유어 '고리'는 한자어 '篝筶' 및 한자어 '柳器'와 동의 관계에 있다. 따라서 '篝筶'과 '柳器'의 동의성은 명백히 입증된다.

(70) a. 栳 : 栲栳 柳器 고리 <四解下 23a>
b. 筶 : 고리 로 篝筶 柳器 <字會中 7a>

<71> 栲栳 對 柳器

두 명사가 [栳] 즉 '고리, 버들고리, 柳器'의 뜻을 가지고 동의 관계에 있다는 것은 다음 예문들에서 잘 확인된다. '栳'가 한자어 '栲栳'를 뜻하고 '栲栳'는 한자어 '柳器' 및 고유어 '고리'와 동의 관계에 있다. 따라서 '栲栳'와 '柳器'의 동의성은 명백히 입증된다.

(71) a. 栳 : 栲栳 柳器 고리 <四解下 23a>
b. 筶 : 고리 로 篝筶 柳器 <字會中 7a>

<72> 鉆鏟 對 温器

두 명사가 [鉆]와 [鏟] 즉 '다리미, 熨斗'의 뜻을 가지고 동의 관계에 있다는 것은 다음 예문들에서 잘 확인된다. '鉆'와 '鏟'가 한자어 '鉆鏟'를 뜻하고 '鉆鏟'는 한자어 '温器'와 동의 관계에 있다. 따라서 '鉆鏟'와 '温器'의 동의성은 명백히 입 증된다.

(72) a. 鈷：鈷鏻 溫器 <四解上 36a>

　　 b. 鏻：鈷鏻 溫器 <四解上 38b>

<73> 苦蕒菜 對 苦苣

두 명사가 [蕒] 즉 '시화'의 뜻을 가지고 동의 관계에 있다는 것은 다음 예문들에서 잘 확인된다. '蕒'가 한자어 '苦蕒菜'를 뜻하고 '苦蕒菜'는 고유어 '샤라부루'와 동의 관계에 있다. 그리고 '蕒'의 자석이 '샤라부루'이고 고유어 '샤라부루'는 한자어 '苦苣' 및 '苦蕒菜'와 동의 관계에 있다. 따라서 '苦蕒菜'와 '苦苣'의 동의성은 명백히 입증된다.

(73) a. 蕒：今俗呼苦蕒菜 샤라부루 <四解上 49a>

　　 b. 蕒：샤라부루 미 一名苦苣 俗呼苦蕒菜 <字會上 8a>

<74> 篙師 對 艄工

두 명사가 [篙師] 즉 '사공, 뱃사람'의 뜻을 가지고 동의 관계에 있다는 것은 다음 예문들에서 잘 확인된다. 한자어 '篙師'가 한자어 '艄工' 및 고유어 '샤공'과 동의 관계에 있다. 따라서 '篙師'과 '艄工'의 동의성은 명백히 입증된다.

(74) a. 艄：船舵尾曰艄…今俗謂篙師曰艄工 艄子 샤공 <四解下 22a>

　　 b. 艄：…又俗謂船上篙師曰艄子(2b) 샤공 <字會下 3a>

<75> 賈肆 對 鋪行

두 명사가 [鋪] 즉 '가게, 민간의 商店'의 뜻을 가지고 동의 관계에 있다는 것은 다음 예문들에서 잘 확인된다. '鋪'가 한자어 '賈肆'를 뜻한다. 그리고 '鋪'가 고유어 '뎌제'를 뜻하고 '뎌제'는 한자어 '鋪行'과 동의 관계에 있다. 따라서 '賈肆'와 '鋪行'의 동의성은 명백히 입증된다.

(75) a. 鋪：…又賈肆也 <四解上 38a>

　　 b. 鋪：…又뎌제 曰鋪行 <字會中 5b>

<76> 瞽瞍 對 瞎廝

두 명사가 [瞍] 즉 '소경, 봉사'의 뜻을 가지고 동의 관계에 있다는 것은 다음 예문들에서 잘 확인된다. '瞍'가 한자어 '瞽瞍'를 뜻한다. 그리고 '瞍'의 자석이 '쇼경'이고 고유어 '쇼경'은 한자어 '瞎廝'와 동의 관계에 있다. 따라서 '瞽瞍'와 '瞎厮'의 동의성은 명백히 입증된다.

(76) a. 瞍 : 瞽瞍 <四解下 66b>

   b. 瞍 : 쇼경 수 俗稱瞎厮 <字會中 2b>

<77> 苦窳 對 器病

두 명사가 [窳]와 [苦] 즉 '그릇이 비뚤어지고 단단하지 못함'의 뜻을 가지고 동의 관계에 있다는 것은 다음 예문들에서 잘 확인된다. '窳'가 한자어 '苦窳'를 뜻하고 '苦窳'는 한자어 '器病'과 동의 관계에 있다. 그리고 '苦'가 한자어 '器病'을 뜻하고 '器病'은 한자어 '苦窳'와 동의 관계에 있다. 따라서 '苦窳'와 '器病'의 동의성은 명백히 입증된다.

(77) a. 窳 : 苦窳 器病 <四解上 34b>

   b. 苦 : …又器病曰苦窳 <四解上 36a>

<78> 膏糫 對 粗粆

두 명사가 [糫]과 [粗] 즉 '중배끼, 油蜜果'의 뜻을 가지고 동의 관계에 있다는 것은 다음 예문들에서 잘 확인된다. '糫'이 한자어 '膏糫'을 뜻하고 '膏糫'은 한자어 '粗粆'와 동의 관계에 있다. 그리고 '粗'와 '粆'가 한자어 '粗粆'를 뜻한다. 따라서 '膏糫'과 '粗粆'의 동의성은 명백히 입증된다.

(78) a. 糫 : 膏糫 粗粆 <四解上 81b>

(78) b. 粗 : 粗粆 <四解上 30b>

   c. 粆 : 粗粆 <四解上 35b>

<79> 轂耑冒鐵 對 車釧

두 명사가 [輨] 즉 '줏대, 바퀴통의 바깥 끝을 덮어 싸는 휘갑쇠'의 뜻을 가지고 동의 관계에 있다는 것은 다음 예문들에서 잘 확인된다. '輨'이 한자어 '轂耑冒鐵'을 뜻한다. 그리고 '輨'의 자석이 '갈모'이고 고유어 '갈모'는 한자어 '車釧'과 동의 관계에 있다. 따라서 '轂耑冒鐵'과 '車釧'의 동의성은 명백히 입증된다.

(79) a. 輨 : 轂耑冒鐵 <四解上 72a>

   b. 輨 : 갈모 관 俗呼車釧 轂耑鐵 <字會中 13a>

<80> 曲膝 對 曲䏶

두 명사가 [䏶]와 [膕] 즉 '무릎'의 뜻을 가지고 동의 관계에 있다는 것은 다음 예문들에서 잘 확인된다. '䏶'가 한자어 '曲膝'을 뜻하고 '曲膝'은 한자어 '曲䏶' 및 고유어 '무릎'과 동의 관계에 있다. '䏶'의 자석이 '오금'이고 고유어 '오금'은 한자어 '曲䏶'와 동의 관계에 있다. 그리고 '膕'의 자석이 '무릎'이고 고유어 '무릎'은 한자어 '曲膝'과 동의 관계에 있다. 따라서 '曲膝'과 '曲䏶'의 동의성은 명백히 입증된다.

(80) a. 䏶 : 股脛間 今俗呼曲膝曰曲䏶 무릎 <四解下 69b>
　　　b. 䏶 : 오금 츄 俗呼曲䏶 <字會上 14b>

(80) c. 膕 : 曲膝中 <四解下 62b>
　　　d. 膕 : 무픔 국 俗呼曲膝 <字會上 14b>

<81> 곡식 對 곡셕

두 명사 '곡식'(穀食) 과 '곡셕'(穀食) 이 [穀]과 [粟] 그리고 [粟穀] 즉 '곡식'의 뜻을 가지고 동의 관계에 있다는 것은 다음 예문들에서 잘 확인된다. 원문 중 '貸穀'이 '곡식글 쑤이다'로 번역되고 '有余粟'이 '나믄 곡식이 잇다'로 번역되고 '豊粟穀'이 '곡셕을 마니 두다'로 번역된다. 따라서 '곡식'과 '곡셕'의 동의성은 명백히 입증된다.

(81) a. 베 닉디 아닌 제 곡식글 쑤이고 기리롤 쟉기 바드며(禾未熟也厓 貸穀以輕其息爲古) <正俗 23b>
　　　b. 창애 나믄 곡식이 이시며 고애 나믄 쳔량을 두어 님금을 소기디 아니호리이다 ᄒ(20a) 더니(不使廩有餘粟ᄒ며 庫有餘財ᄒ야 以負陛下ㅣ 라 ᄒ더니) <번小八 20b>

(81) c. 녀름 지ᅀᅮ리 밭 가리를 브즈러니 ᄒ면 가이 곡셕글 마니 두어 주으리며 치위를 면ᄒ며(農勤於耕稼則可以豊粟穀免飢寒伊五) <正俗 21b>

<82> 穀皮 對 米殼

두 명사가 [稃] 즉 '왕겨, 벼의 겉껍질'의 뜻을 가지고 동의 관계에 있다는 것은 다음 예문들에서 잘 확인된다. '稃'가 한자어 '穀皮'를 뜻한다. 그리고 '稃'의 자석이 '거플'이고 고유어 '거플'은 한자어 '米殼'과 동의 관계에 있다. 따라서 '穀皮'과 '米殼'의 동의성은 명백히 입증된다.

(82) a. 稃 : 穀皮 <四解上 38b>

b. 秚 : 거플 부 米(3a)殼 <字會下 3b>

<83> 昆侖 對 天形

두 명사가 [昆], [侖] 및 [昆侖] 즉 '하늘처럼 둥글게 생긴 것, 물건에 구별이 없어 확실하지 아니한 모양'의 뜻을 가지고 동의 관계에 있다는 것은 다음 예문들에서 잘 확인된다. '昆'이 한자어 '昆侖'을 뜻하고 '昆侖'은 한자어 '天形'과 동의 관계에 있다. 그리고 '侖'이 한자어 '昆侖'을 뜻하고 '昆侖'은 한자어 '天形'과 동의 관계에 있다. 따라서 '昆侖'과 '天形'의 동의성은 명백히 입증된다.

(83) a. 昆 : 昆侖 天形 <四解上 67a>
　　 b. 侖 : 昆侖 天形 <四解上 67a>

<84> 琨瑢 對 美石

두 명사가 [琨]과 [瑢] 즉 '옥돌, 아름다운 돌'의 뜻을 가지고 동의 관계에 있다는 것은 다음 예문들에서 잘 확인된다. '琨'과 '瑢'가 한자어 '琨瑢'를 뜻하고 '琨瑢'는 한자어 '美石'과 동의 관계에 있다. 따라서 '琨瑢'와 '美石'의 동의성은 명백히 입증된다.

(84) a. 琨 : 琨瑢 美石 <四解上 62b>
　　 b. 瑢 : 琨瑢 美石 <四解上 36b>

<85> 棍子 對 棒杖

두 명사가 [棍] 즉 '막대기'의 뜻을 가지고 동의 관계에 있다는 것은 다음 예문들에서 잘 확인된다. '棍'이 한자어 '棒杖'을 뜻하고 '棒杖'은 한자어 '棍子'와 동의 관계에 있다. 그리고 '棍'의 자석이 '막대'이고 고유어 '막대'는 한자어 '棍子'와 동의 관계에 있다. 따라서 '棍子'와 '棒杖'의 동의성은 명백히 입증된다.

(85) a. 棍 : …呼棒杖曰棍子 <四解上 67a>
　　 b. 棍 : 막대 곤 俗呼棍子 <字會中 9b>

<86> 滑稽 對 詼諧

두 명사가 [滑稽] 즉 '익살, 농담'의 뜻을 가지고 동의 관계에 있다는 것은 다음 예문들에서 잘 확인된다. '滑'이 한자어 '滑稽'를 뜻하고 '滑稽'는 한자어 '詼諧'와 동의 관계에 있다. 그리고 '稽'가 한자어 '滑

稽를 뜻한다. 따라서 '滑稽'와 '詼諧'의 동의성은 명백히 입증된다.

(86) a. 滑 : …又滑稽 詼諧也 <四解上 62b>
　　　b. 稽 : …又滑稽 <四解上 23a>

<87> 楇柮 對 木頭

두 명사가 [楇]과 [柮] 즉 '등걸, 그루터기'의 뜻을 가지고 동의 관계에 있다는 것은 다음 예문들에서 잘 확인된다. '楇'과 '柮'이 한자어 '楇柮'을 뜻하고 '楇柮'은 한자어 '木頭'와 동의 관계에 있다. 따라서 '楇柮'과 '木頭'의 동의성은 명백히 입증된다.

(87) a. 楇 : …又楇柮 木頭也 <四解上 62a>
　　　b. 柮 : 楇柮 木頭 <四解上 63a>

<88> 공경 對 온공

두 명사가 '공경'(恭敬) 과 '온공'(溫恭) 이 [敬]과 [恭] 즉 '공경'의 뜻을 가지고 동의 관계에 있다는 것은 다음 예문들에서 잘 확인된다. '敬'이 한자 '恭'과 同義이고 '敬'의 자석이 '공경'이다. 그리고 '恭'의 자석이 '온공'이다. 따라서 '공경'과 '온공'의 동의성은 명백히 입증된다.

(88) a. 敬 : 恭也 肅也 <四解下 47a>
　　　b. 敬 : 공졍 경 <字會下 11b>

(88) c. 恭 : 肅也 <四解上 7a>
　　　d. 恭 : 온공 공 <字會下 11b>

<89> 栱枓 對 柱頭方木

두 명사가 [栱]과 [枓] 즉 '두공(枓栱) , 들보 위에 지붕을 받치는 짧은 기둥'의 뜻을 가지고 동의 관계에 있다는 것은 다음 예문들에서 잘 확인된다. '栱'이 한자어 '栱枓'를 뜻한다. 그리고 '枓'가 한자어 '栱枓'를 뜻하고 '栱枓'는 한자어 '柱頭方木'을 뜻한다. 따라서 '栱枓'와 '柱頭方木'의 동의성은 명백히 입증된다.

(89) a. 栱 : …又栱枓 <四解上 1a>
　　　b. 枓 : 栱枓 柱頭方木 <四解下 65a>

<90> 簧籠 對 竹車軬

두 명사가 [簧]과 [籠] 즉 '수레 덮개'의 뜻을 가지고 동의 관계에 있다는 것은 다음 예문들에서 잘 확인된다. '簧'이 한자어 '簧籠'을 뜻한다. 그리고 '籠'이 한자어 '簧籠'을 뜻하고 '簧籠'은 한자어 '竹車軬'과 동의 관계에 있다. 따라서 '簧籠'과 '竹車軬'의 동의성은 명백히 입증된다.

(90) a. 簧 : 簧籠 車弓 <四解上 7a>

(90) b. 籠 : …又簧籠 竹車軬 <四解上 11a>
　　　c. 籠 : 롱 롱 箱籠 <字會中 7a>

<91> 涳濛 對 小雨

두 명사가 [涳]과 [濛] 즉 '가랑비, 細雨'의 뜻을 가지고 동의 관계에 있다는 것은 다음 예문들에서 잘 확인된다. '涳'이 한자어 '涳濛'을 뜻하고 '涳濛'은 한자어 '小雨'와 동의 관계에 있다. 그리고 '濛'이 한자어 '涳濛'을 뜻한다. 따라서 '涳濛'과 '小雨'의 동의성은 명백히 입증된다.

(91) a. 涳 : 涳濛 小雨 <四解上 1b>
　　　b. 濛 : 涳濛 細雨 <四解上 3a>

<92> 公服 對 관디

두 명사 '公服'과 '관디'(冠帶)가 [公服] 즉 '옛날 大小 官員의 制服, 조정에 나아가는 데 입는 예복'의 뜻을 가지고 동의 관계에 있다는 것은 다음 예문들에서 잘 확인된다. 원문 중 '製公服'이 '公服 짓다'로 번역되고 '非公服'이 '관디 아니ᄒᆞ다'로 번역된다. 따라서 '公服'과 '관디'의 동의성은 명백히 입증된다.

(92) a. 혹 公服 지서 니펴 희롱ᄒᆞᄂᆞᆫ디라(或爲之製公服而弄之라) <번小七 9b>
　　　b. 聖人ᄂᆡ 글월와 공복과 졔긔를 서르 비디 아니ᄒᆞ며(聖人之書及公服禮器를 不假ᄒᆞ며) <번小九 95b>

(92) c. ᄌᆞ손이(94b) 관디 아니ᄒᆞ야ᄂᆞᆫ(子孫이 非公服이어든) <번小九 95a>
　　　d. 모로매 져므도록 관디ᄒᆞ야(必公服終日ᄒᆞ야) <번小九 9b>

<93> 공부 對 功

두 명사 '공부'(功夫)와 '功'이 [功夫]와 [功] 즉 '공'의 뜻을 가지고 동의 관계에 있다는 것은 다음 예문들에서 잘 확인된다. 원문 중 '下功夫'가 '공부 드리다'로 번역된다. 그리고 '功'의 자석이 '공부'이다. 따라서 '功夫'와 '功'의 동의성은 명백히 입증된다.

(93) a. 네 용심ᄒᆞ야 공부 드려 ᄇᆞ │ ᇰ ᄀᆞ라(你用心下功夫打) <번朴上 17a>

　　 b. 저 히야 공부 드려 다ᄋᆞ게 ᄒᆞ라(着他下功夫他) <번朴上 10b>

(93) c. 功 : 勳也 <四解上 1a>

　　 d. 功 : 공붓 공 <字會下 13b>

<94> 貢賦 對 공셰

두 명사 '貢賦'와 '공셰'(貢稅)가 [賦] 즉 '공세, 租稅'의 뜻을 가지고 동의 관계에 있다는 것은 다음 예문들에서 잘 확인된다. '賦'가 한자어 '貢賦'를 뜻한다. 그리고 '賦'의 자석이 '공셰'이고 '공셰'는 한자어 '貢賦'와 동의 관계에 있다. 따라서 '貢賦'와 '공셰'의 동의성은 명백히 입증된다.

(94) a. 賦 : 貢賦 <四解上 39a>

　　 b. 賦 : 공셰 부 貢賦 <字會下 1b>

<95> 貢稅 對 곡식

두 명사 '貢稅'와 '곡식'(穀食)이 [租] 즉 '貢稅, 租稅'의 뜻을 가지고 동의 관계에 있다는 것은 다음 예문들에서 잘 확인된다. 원문 중 '輸租'가 '貢稅 바티다'로 번역되고 '徵租'가 '곡식을 물이다'로 번역된다. 따라서 '貢稅'와 '곡식'의 동의성은 명백히 입증된다.

(95) a. 받 갈 사ᄅᆞ미 조셰와 님자히 귀시리(佃租主役伊) <正俗 23a>

　　 b. 가ᅀᆞ면 히옌 느믜 공셰 바티고(豊年樂歲余伊 輸租以取嬴爲古) <正俗 27b>

　　 c. 공셰옷 이시면 그우일리 잇고(夫有稅則有役爲古) <正俗 23a>

　　 d. 믈읫 뎐디예 공셰 내드리기 음식 밍ᄀᆞ라 손 ᄃᆡ졉ᄒᆞ길 각각 ᄀᆞᅀᆞ마니 잇더니 (凡田疇租稅 出納庖爨賓客之事 各有主者) <二倫 30a>

(95) e. 오직 구윗 치시 나날 와 곡식을 물이며 ᄯᅩ 돈을 내라 ᄒᆞ놋다(惟有吏 │ 日來徵租ᄒᆞ며 更索錢ᄒᆞ놋다) <번小九 98b>

<96> 공셰 對 田稅

두 명사 '공셰'(貢稅) 와 '田稅'가 [租], [稅] 및 [租稅] 즉 '세금, 조세'의 뜻을 가지고 동의 관계에 있다는 것은 다음 예문들에서 잘 확인된다. 원문 중 '佃之憂租'가 '어우리의 공셰 근심ᄒ다'로 번역되고 '輪稅'가 '貢稅 바티라 가다'로 번역되고 '租稅出納'이 '공셰 내드리다'로 번역된다. '租'가 한자어 '田稅'를 뜻하고 '租'의 자석이 '공셰'이다. 그리고 '稅'가 한자 '租'와 同義이고 '租'의 자석이 '공셰'이다. 따라서 '공셰'와 '田稅'의 동의성은 명백히 입증된다.

(96) a. 받 님재 그우일 근심호미 곧 어우리의 공셰 근심호미라(主之憂役伊 卽佃之憂租伊羅) <正俗 23a>

b. 어우리 ᄒ린 공셰 너므 되요ᄆᆯ 근심ᄒᄂ니(爲佃者隱 苦其租之大重爲飛尼) <正俗 23a>

c. 七保ㅣ 開封 ᄯᅡ해 貢稅 바티라 가다가(七保輪稅於開封) <속三烈 2a>

d. 믈읫 ᄃᆟᆫ디예 공셰 내드리기 음식 밍ᄀ라 손 ᄃᆡ접ᄒ길 각각 ᄀ슈마니 잇더니(凡田疇租稅出納庖爨賓客之事 各有主者) <二倫 30a>

(96) e. 租 : 田稅 <四解上 39b>

f. 租 : 공셰 조 <字會下 9b>

(96) g. 稅 : 租也 <四解上 53a>

h. 稅 : 공셋 셰 <字會下 9b>

<97> 공셰 對 조세

두 명사 '공셰'(貢稅) 와 '조세'(租稅) 가 [租], [稅] 및 [租稅]의 뜻을 가지고 동의 관계에 있다는 것은 다음 예문들에서 잘 확인된다. 원문 중 '佃之憂租'가 '어우리의 공셰 근심ᄒ다'로 번역되고 '輪稅'가 '貢稅 바티라 가다'로 번역되고 '租稅出納'이 '공셰 내드리다'로 번역된다. '佃租'가 '받 갈 사ᄅᆞᄆᆡ 조세'로 번역되고 '租賦'가 '죠세와 공부'로 번역된다. 그리고 '租'와 '稅'의 자석이 '공셰'이다. 따라서 '공셰'와 '조세'의 동의성은 명백히 입증된다.

(97) a. 받 님재 그우일 근심호미 곧 어우리의 공셰 근심호미라(主之憂役伊 卽佃之憂租伊羅) <正俗 23a>

b. 어우리 ᄒ린 공셰 너므 되요ᄆᆯ 근심ᄒᄂ니(爲佃者隱 苦其租之大重爲飛尼) <正俗 23a>

c. 七保ㅣ 開封 ᄯᅡ해 貢稅 바티라 가다가(七保輪稅於開封) <속三烈 2a>

d. 믈읫 ᄃᆟᆫ디예 공셰 내드리기 음식 밍ᄀ라 손 ᄃᆡ접ᄒ길 각각 ᄀ슈마니 잇더니(凡田疇租稅出納庖爨賓客之事 各有主者) <二倫 30a>

(97) e. 받 갈 사르미 조셰와 넘자히 귀시리(佃租主役伊) <正俗 23a>

　　f. 조셰(4b)와 공부를 삼가ᄒ며(勤租賦爲彌) <呂約 5a>

(97) g. 租 : 田稅 <四解上 39b>

　　h. 租 : 공셰 조 <字會下 9b>

(97) i. 稅 : 租也 <四解上 53a>

　　j. 稅 : 공셋 셰 <字會下 9b>

　한자어 명사 '환자'(還子)도 [租] 즉 '貢稅'의 뜻을 가진다는 것은 다음 예문들에서 잘 확인된다. 동일 원문의 '逋租'가 『번역소학』에서는 '몯 갑파 잇ᄂᆞᆫ 환자'로 번역되고 『소학언해』(1588)에서는 '몯 바틴 공셰'로 번역되므로 '환자'와 '공셰'의 동의성은 명백히 입증된다.

(97) k. 몯 갑파 잇ᄂᆞᆫ 환자를 받디 말며(逋稅를 必貰免ᄒ며) <번小十 14b>

　　l. 몯 바틴 공셰를 반ᄃᆞ시 덜며(逋稅를 必貰免ᄒ며) <小言六 113b>

<98> 拱手 對 兩手合持爲禮

　두 명사가 [拱手] 즉 '두 손을 마주 잡아 행하는 절'의 뜻을 가지고 동의 관계에 있다는 것은 다음 예문들에서 잘 확인된다. 한자어 '両手合持為礼'가 한자어 '拱手'와 동의 관계에 있다. 따라서 '拱手'와 '両手合持為礼'의 동의성은 명백히 입증된다.

(98) a. 拱 : 手抱 <四解上 1a>

　　b. 拱 : 고줄 공 兩手合持爲禮曰拱手 <字會下 11b>

<99> 공쟝 對 공쟝와치

　두 명사 '공쟝(工匠)'과 '공쟝(工匠)와치'가 [工] 즉 '工匠, 물품 만드는 것을 업으로 삼는 사람'의 뜻을 가지고 동의 관계에 있다는 것은 다음 예문들에서 잘 확인된다. 원문 중 '工勤'이 '공쟝이 브즈러니 ᄒ다'로 번역되고 '工商'이 '공쟝와치와 흥졍와치'로 번역되므로 '공쟝'과 '공쟝와치'의 동의성은 명백히 입증된다. '공쟝와치'는 '공쟝(工匠)'과 접미사 '—와치'의 결합으로 생긴 명사이다.

(99) a. 공쟝이 셩녕을 브즈러니 ᄒ면 가이 ᄡᆞᆯ 거슬 ᄆᆡᆼᄀᆞ라 옷 바볼 밧고며(工勤於技能則可以作代器易
　　　衣食伊五) <正俗 21b>

　　b. 녜 빅셩 도의리 네 가지니 냥반과 녀름지스리와 공쟝와치와 흥졍와치라(古之爲民伊 四尼士農

工商伊 是也羅) <正俗 21b>

그리고 『훈몽자회』의 '工 : 공쟝바치 공 俗稱作工的又巧也' <中 2b>에서 [工] 즉 '工匠'의 뜻을 가진 한자어가 '공쟝바치'라는 것을 알 수 있다.

<100> 科頭 對 露髮

두 명사가 [科] 즉 '민머리, 관이나 두건을 쓰지 않은 머리'의 뜻을 가지고 동의 관계에 있다는 것은 다음 예문들에서 잘 확인된다. '科'가 한자어 '科頭'를 뜻하고 '科頭'는 한자어 '露髮'과 동의 관계에 있다. 따라서 '科頭'와 '露髮'의 동의성은 명백히 입증된다.

(100) a. 科 : …又科頭 露髮也 <四解下 27b>
      b. 科 : 무들기 과 <字會上 18a>

<101> 蝌蚪 對 蝦蟆子

두 명사가 [蝌]와 [蚪] 즉 '올챙이'의 뜻을 가지고 동의 관계에 있다는 것은 다음 예문들에서 잘 확인된다. '蝌'가 한자어 '蝌蚪'를 뜻하고 '蝌蚪'는 한자어 '蝦蟆子' 및 고유어 '올챙이'와 동의 관계에 있다. 그리고 '蚪'가 한자어 '蝌蚪'를 뜻하고 '蚪'의 자석이 '올챙이'이다. 따라서 '蝌蚪'와 '蝦蟆子'의 동의성은 명백히 입증된다.

(101) a. 蝌 : 蝌蚪 蝦蟆子 올챙이 <四解下 27b>
      b. 蝌 : 올챙이 과 <字會上 12b>

(101) c. 蚪 : 蝌蚪 <四解下 65a>
      d. 蚪 : 올챙이 두 俗呼蝌蚪虫 <字會上 12b>

<102> 螺蠃 對 細腰蜂

두 명사가 [蠃]와 [螺] 즉 '나나니벌, 土蜂'의 뜻을 가지고 동의 관계에 있다는 것은 다음 예문들에서 잘 확인된다. '蠃'가 한자어 '螺蠃'를 뜻하고 '螺蠃'는 한자어 '細腰蜂'과 동의 관계에 있다. 그리고 '螺'가 한자어 '螺蠃'를 뜻한다. 따라서 '螺蠃'와 '細腰蜂'의 동의성은 명백히 입증된다.

(102) a. 蠃 : 螺蠃 細腰蜂 俗呼蠮螉 <四解下 27b>
      b. 螺 : 螺蠃 <四解下 27b>

<103> 骻䏢 對 體柔

두 명사가 [骻]와 [䏢] 즉 '숙부드러운 모양'의 뜻을 가지고 동의 관계에 있다는 것은 다음 예문들에서 잘 확인된다. '骻'가 한자어 '骻䏢'를 뜻하고 '骻䏢'는 한자어 '体柔'와 동의 관계에 있다. 그리고 '䏢'가 한자어 '骻䏢'를 뜻하고 '骻䏢'는 한자어 '體柔'와 동의 관계에 있다. 따라서 '骻䏢'와 '體柔'의 동의성은 명백히 입증된다. 한자 '体'는 한자 '體'의 속자이다.

(103) a. 骻 : 骻䏢 体柔 <四解下 31b>
　　　b. 䏢 : 骻䏢 體柔 <四解上 16a>

<104> 과실 對 실과

두 명사 '과실'(果实) 과 '실과'(实果) 가 [果] 즉 '열매, 과실'의 뜻을 가지고 동의 관계에 있다는 것은 다음 예문들에서 잘 확인된다. 원문 중 '食…果'가 '과실 먹다'로 번역되고 '賜果'가 '실과를 주다'로 번역되므로 '과실'과 '실과'의 동의성은 명백히 입증된다.

(104) a. ᄂᆞ물와 과실 머그며(食菜果ᄒᆞ며) <번小七 11a>
　　　b. 문 오래며 과실 남글 반ᄃᆞ시 방정히 줄 혀게 ᄒᆞ고(門巷果木을 必 方列ᄒᆞ고) <번小九 96a>
　　　c. 과실이 먼 ᄃᆡ셔 온 귀훈 거시 아니어나(果非遠方珍異며) <번小十 33a>

(104) d. 님금 알ᄑᆡ셔 실과를 주어시든(賜果於君前이어시든) <번小三 6a>

<105> 寡人 對 人君

두 명사가 [寡] 즉 '나, 임금이 자기 자신을 일컫는 謙称'의 뜻을 가지고 동의 관계에 있다는 것은 다음 예문들에서 잘 확인된다. '寡'가 한자어 '人君'을 뜻하고 '人君'은 '寡人'과 동의 관계에 있다. 따라서 '寡人'과 '人君'의 동의성은 명백히 입증된다.

(105) a. 寡 : 少也 孤特也 <四解下 31b>
　　　b. 寡 : …又人君自謙曰寡人 <字會上 17a>

<106> 蝸牛 對 草螺子

두 명사가 [蝸] 즉 '달팽이'의 뜻을 가지고 동의 관계에 있다는 것은 다음 예문들에서 잘 확인된다. '蝸'가 한자어 '蝸牛'를 뜻하고 '蝸牛'는 고유어 '들팡이' 및 한자어 '草螺子'와 동의 관계에 있다. 그리고

'蝸'의 자석이 '들팡이'이고 고유어 '들팡이'는 한자어 '蝸牛' 및 한자어 '草螺子'와 동의 관계에 있다. 따라서 '蝸牛'와 '草螺子'의 동의성은 명백히 입증된다.

(106) a. 蝸 : 俗音과 今俗呼蝸牛 들팡이 亦曰草螺子 <四解下 31b>
　　　b. 蝸 : 들팡이 과 俗呼蝸牛 又呼草螺子 <字會上 11b>

<107> 棺對槨

두 명사가 [棺]과 [槨] 즉 '관, 널'의 뜻을 가지고 동의 관계에 있다는 것은 다음 예문들에서 잘 확인된다. 원문 중 '買棺'이 '棺 사다'로 번역되고 '抱棺'이 '槨을 안다'로 번역된다. 그리고 '柩'가 한자어 '棺'을 뜻하고 '柩'의 자석이 '곽'이다. 따라서 '棺'과 '槨'의 동의성은 명백히 입증된다.

(107) a. 즉재 귀와 머리와룰 버혀 盟誓ᄒ고 남지니 죽거늘 귀와 머리와룰 棺 안해 녀코(卽割耳剪髮爲誓 夫死 納之棺中) <속三烈 3a>
　　　b. 오솔 ᄑ라 棺 사 무드니(賣衣買棺而葬) <속三孝 15a>

(107) c. 草葬ᄒ 딕 열오 槨을 안고셔 울어늘(開殯抱棺而哭) <속三烈 18a>
　　　d. 도죽기 과글 헤텨 몯 내여 쓰러 커늘(賊欲斫棺取釘) <二倫 46a>
　　　e. ᄯᅩ 주근 형의 곽을 ᄆᆞ지며 슬허 우루믈 그치디 아니ᄒ더라(復撫柩ᄒ야 哀臨不輟ᄒ더니) <번小 九 72b>
　　　f. 그 어미 디퍼 곽글 머물위 두고(其母撫之遂停柩移時) <二倫 33b>

(107) g. 棺 : 棺槨 <四解上 72a>
　　　h. 棺 : 안집 관 俗呼棺材 <字會中 17a>

(107) i. 槨 : 棺槨 <四解下 45b>
　　　j. 槨 : 밧집 곽 <字會中 17a>

(107) k. 柩 : 棺也 有尸曰柩 空棺曰櫬 <四解下 68b>
　　　l. 柩 : 곽 구 有屍曰柩 <字會中 17a>

<108> 館對客舍

두 명사가 [館] 즉 '객사, 여관'의 뜻을 가지고 동의 관계에 있다는 것은 다음 예문들에서 잘 확인된다. 원문 중 '酒館'이 '수울 ᄑᆞ는 館'으로 번역된다. 그리고 '館'이 한자어 '客舍'를 뜻한다. 따라서 '館'과

'客舍'의 동의성은 명백히 입증된다.

(108) a. 그는 劉淸甫의 수울 프는 館이니(那箇是劉淸甫酒館) <번老上 49a>

(108) b. 館 : 客舍 <四解上 72a>
c. 舘 : 客舍 <四解上 72b>

<109> 關栻子 對 機

두 명사가 [栻]와 [機] 즉 '쇠뇌의 방아쇠'의 뜻을 가지고 동의 관계에 있다는 것은 다음 예문들에서 잘 확인된다. '栻'가 한자어 '關栻子'를 뜻하고 '關栻子'는 한자어 '機'와 동의 관계에 있다. '機'의 자석이 '틀'이다. 그리고 원문 중 '枢機'가 '문잇 지도리와 소니옛 술'로 번역된다. 따라서 '關栻子'과 '機'의 동의성은 명백히 입증된다.

(109) a. 栻 : … 又關栻子 機也 <四解上 29a>
b. 關 : … 又關栻子 機也 <四解上 80a>

(109) c. 機 : 樞機 <四解上 23b>
d. 機 : 틀 긔 <字會中 9a>

(109) e. ᄒᆞ믈며 이는 문잇 지도리와 소니옛 술 ᄀᆞᄐᆞᆫ 거시라 사홈도 닐와ᄃᆞ며 됴ᄒᆞᆫ 일도 내요미ᄯᆞ녀(矧是 樞機興戎出好ㅣᄯᆞ녀) <번小八 10b>

<110> 冠冕 對 王冠

두 명사가 [冕] 즉 '면류관, 큰 의식의 제사 때 天子가 쓰는 관'의 뜻을 가지고 동의 관계에 있다는 것은 다음 예문들에서 잘 확인된다. '冕'이 '冠冕'을 뜻한다. 그리고 '冕'의 자석이 '곳갈'이고 고유어 '곳갈'은 한자어 '王冠'과 동의 관계에 있다. 따라서 '冠冕'과 '王冠'의 동의성은 명백히 입증된다.

(110) a. 冕 : 冠冕 <四解下 4a>
b. 冕 : 곳갈 면 王冠 <字會中 11a>

<111> 官府 對 衙門

두 명사가 [衙]와 [府] 즉 '관청'의 뜻을 가지고 동의 관계에 있다는 것은 다음 예문들에서 잘 확인된다. '衙'가 한자어 '官府'를 뜻하고 '官府'는 한자어 '衙門'과 동의 관계에 있다. '衙'의 자석이 '마술'이고 고유어 '마술'은 한자어 '衙門'과 동의 관계에 있다. 그리고 '府'가 한자어 '官府'를 뜻한다. 따라서 '官府'와 '衙門'의 동의성은 명백히 입증된다.

(111) a. 衙 : 官府 今俗呼衙門 <四解下 30b>
　　　b. 衙 : 마술 아 俗呼衙門 <字會中 4b>

(111) c. 府 : ⋯又官府 <四解上 39a>
　　　d. 府 : 마슬 부 <字會中 4b>

<112> 官舍 對 廨舍

두 명사가 [廨] 즉 '官衙의 건물'의 뜻을 가지고 동의 관계에 있다는 것은 다음 예문들에서 잘 확인된다. '廨'가 한자어 '官舍'를 뜻한다. 그리고 '廨'의 자석이 '집'이고 고유어 '집'은 한자어 '廨舍'와 동의 관계에 있다. 따라서 '官舍'과 '廨舍'의 동의성은 명백히 입증된다.

(112) a. 廨 : 官舍 <四解上 46b>
　　　b. 廨 : 집 히 公廳 俗呼廨舍 <字會中 3a>

<113> 關塞 對 要會処

두 명사가 [關] 즉 '변경의 要塞'의 뜻을 가지고 동의 관계에 있다는 것은 다음 예문들에서 잘 확인된다. '關'이 한자어 '關塞'를 뜻하고 '關塞'는 한자어 '要会處'와 동의 관계에 있다. 따라서 '關塞'와 '要会處'의 동의성은 명백히 입증된다.

(113) a. 關 : ⋯關塞 要會處 <四解上 80a>
　　　b. 關 : 모개 관 <字會上 3b>

<114> 官人 對 有職者

두 명사가 [官]과 [官人] 즉 '벼슬아치, 벼슬에 있는 사람'의 뜻을 가지고 동의 관계에 있다는 것은 다음 예문들에서 잘 확인된다. 원문 중 '這官人'이 '官人'으로 번역되고 '官人們'이 '관신들ㅎ'로 번역된다. 그리고 '官'의 자석이 '구의'이고 '官'이 한자어 '有職者'를 뜻하고 '有職者'는 한자어 '官人'과 동의 관계에 있다. 따라서 '官人'과 '有職者'의 동의성은 명백히 입증된다.

(114) a. 우리 官人이 ᄒᆞᆫ 붓 갈흘 밍ᄀᆞᆯ오져 ᄒᆞ노니(咱這官人 要打一副刀子) <번朴上 16b>

　　　b. 관신둘히 ᄒᆞ마 각산ᄒᆞ리로소니(官人們待散也) <번朴上 7a>

(114) c. 官 : … 吏也 又官司 <四解上 72a>

　　　d. 官 : 구의 관 又有職者曰官人 <字會中 4b>

<115> 관원 對 官人

두 명사 '관원'(官員) 과 '官人'이 [官員], [官人], [員] 및 [官] 즉 '벼슬아치, 관원'의 뜻을 가지고 동의 관계에 있다는 것은 다음 예문들에서 잘 확인된다. 원문 중 '州縣官員'이 '고욼 관원'으로 번역된다. '咱 官人'이 '우리 관원'으로 번역되고 '這官人'이 '이 관원'으로 번역되고 '衙門官人們'이 '마욼 관원둘 ᄒᆞ'로 번역된다. '員'이 한자어 '官員'을 뜻한다. '這官人'이 '이 官人'으로 번역되고 '官人們'이 '관신둘 ᄒᆞ'로 번 역된다. 그리고 '署官'이 '마욺 관원'으로 번역되고 '官'이 한자어 '官人'과 동의 관계에 있다. 따라서 '관 원'과 '官人'의 동의성은 명백히 입증된다.

(115) a. 둘재는 고욼 관원이 어딜며 사오나오며 잘 혼(21a) 이리며 그르 혼 이를 니ᄅᆞ디 말며(二ᄂᆞᆫ 不言 州縣官員長短得失이오) <번小八 21b>

　　　b. 우리 관원이 어듸 겨시더뇨(咱官人在那裏) <번朴上 64b>

　　　c. 해 이 관원(23b) 이 ᄀᆞ장 츤츠니 ᄉᆞ랑ᄒᆞ며 계피 크다(咳這官人好尋思計量大) <번朴上 24a>

　　　d. 관원도 도외리라(官人也做了) <번老下 42b>

　　　e. 여러 마욼 관원들 홀(各衙門官人們) <번朴上 65a>

　　　f. 관원둘히 글워를 수울 ᄀᆞᅀᆞ만 마욹 관원손ᄃᆡ 맛뎌(官人們 文書分付管酒的署官根底) <번朴上 3b>

(115) g. 우리 이 官人이 ᄒᆞᆫ 붓 갈흘 밍ᄀᆞᆯ오져 ᄒᆞ노니(咱這官人 要打一副刀子) <번朴上 16b>

　　　h. 관신둘히 ᄒᆞ마 각산ᄒᆞ리로소니(官人們待散也) <번朴上 7a>

(115) i. 員 : 官數 <四解下 12a>

　　　j. 員(1a) : 관원 원 官員 <字會中 1b>

(115) k. 官 : … 公也吏也 <四解上 72a>

　　　l. 官 : 구의 관 又有職者曰官人 <字會中 4b>

그리고 명사 '官員'은 15세기의 『釈譜詳節』(1449) 과 『三綱行実図』(1481) 의 다음 예문들에서 잘 확

인된다. 원문 중 '屠殺之人'이 '사룸 주긿 官員'으로 번역되고 '官人妻'가 '그윗 官員의 겨집'으로 번역된다.

(115) m. 阿㝹樓陁ㅣ 닐오뒤 王이 엇뎨 사루믈 손소 주기시누니잇고 사룸주긿 官員을 定ᄒᆞ야 두쇼셔(阿㝹樓陁大臣白王言 王云何以手 自殺諸臣綵女. 王今當立屠殺之人) <釋二十四 13b>

n. 左右ㅣ 닐오뒤 비록 드러도 그윗 官員의 겨집 두외요미사 일티 아니ᄒᆞ리어니 엇뎨 우는다(左右曰雖沒入 將不失爲官人妻 何泣也) <三강烈 19b>

<116> 官銜 對 官吏階級

두 명사가 [銜] 즉 '관리의 位階'의 뜻을 가지고 동의 관계에 있다는 것은 다음 예문들에서 잘 확인된다. '銜'이 한자어 '官銜'을 뜻한다. 그리고 '銜'의 자석이 '마함'이고 '銜'이 한자어 '官吏階級'을 뜻한다. 따라서 '官銜'과 '官吏階級'의 동의성은 명백히 입증된다.

(116) a. 銜 : …又官銜 <四解下 80b>
b. 銜 : 마함 함…又官吏階級 <字會中 13b>

<117> 菰蓏 對 天瓜

두 명사가 [菰]과 [蓏] 즉 '하눌타리, 괄루'의 뜻을 가지고 동의 관계에 있다는 것은 다음 예문들에서 잘 확인된다. '菰'이 한자어 '菰蓏'를 뜻하고 '菰蓏'는 한자어 '天瓜'와 동의 관계에 있다. '蓏'가 한자어 '菰蓏'를 뜻하고 '菰蓏'는 한자어 '天瓜'와 동의 관계에 있다. 그리고 '蓏'의 자석이 '하ᄂᆞᆺ 드래'이고 고유어 '하ᄂᆞᆺ 드래'는 한자어 '菰蓏' 및 한자어 '天瓜'와 동의 관계에 있다. 따라서 '菰蓏'와 '天瓜'의 동의성은 명백히 입증된다.

(117) a. 菰 : 菰蓏 天瓜 <四解上 72b>
b. 菰 : 하ᄂᆞᆺ 드래 괄 <字會上 4b>

(117) c. 蓏 : 菰蓏 天瓜 하ᄂᆞᆺ 드래 <四解下 67b>
d. 蓏(4b) : 하ᄂᆞᆺ 드래 루 俗呼菰蓏 又呼天瓜 <字會上 5a>

<118> 傀儡 對 木偶

두 명사가 [儡] 즉 '꼭두각시, 나무 人形'의 뜻을 가지고 동의 관계에 있다는 것은 다음 예문들에서 잘 확인된다. '傀'가 한자어 '傀儡'를 뜻하고 '傀儡'는 한자어 '木偶'와 동의 관계에 있다. 그리고 '偶'의 자석이 '광대'이고 고유어 '광대'는 한자어 '傀儡'와 동의 관계에 있다. 따라서 '傀儡'와 '木偶'의 동의성은 명백히 입증된다.

(118) a. 偶 : 傀儡 木偶 <四解上 55a>
b. 傀 : 광대 뢰 傀儡 <字會中 2a>

<119> 魁壘 對 壯貌

두 명사가 [壘] 즉 '뛰어나고 건장함'의 뜻을 가지고 동의 관계에 있다는 것은 다음 예문들에서 잘 확인된다. '魁'가 한자어 '魁壘'를 뜻하고 '魁壘'는 한자어 '壯貌'와 동의 관계에 있다. 그리고 '壘'가 한자어 '魁壘'를 뜻하고 '魁壘'는 한자어 '壯兒'와 동의 관계에 있다. 따라서 '魁壘'와 '壯貌'의 동의성은 명백히 입증된다. 한자 '貌'와 '兒'는 同字이다.

(119) a. 魁 : 魁壘 壯貌 <四解上 48b>

(119) b. 壘 : 軍壁···又 魁壘 壯兒 <四解上 55a>
c. 壘 : 무슬 류 又軍壁 <字會下 8a>

<120> 轇轕 對 雜亂貌

두 명사가 [轇]와 [轕] 즉 '뒤섞여 혼란한 모양'의 뜻을 가지고 동의 관계에 있다는 것은 다음 예문들에서 잘 확인된다. '轇'가 한자어 '轇轕'을 뜻하고 '轇轕'은 한자어 '雜乱貌'와 동의 관계에 있다. 그리고 '轕'은 한자어 '轇轕'을 뜻한다. 따라서 '轇轕'과 '雜乱貌'의 동의성은 명백히 입증된다.

(120) a. 轇 : 轇轕 雜亂貌 <四解下 23a>
b. 轕 : 轇轕 喧雜兒 <四解上 71a>

<121> 橋梁 對 水橋

두 명사가 [梁] 즉 '다리, 교량'의 뜻을 가지고 동의 관계에 있다는 것은 다음 예문들에서 잘 확인된다. '梁'이 한자어 '橋梁'을 뜻한다. 그리고 '梁'의 자석이 '돌'이고 고유어 '돌'은 한자어 '水橋'와 동의 관계에 있다. 따라서 '橋梁'과 '水橋'의 동의성은 명백히 입증된다.

(121) a. 梁 : 橋梁 <四解下 45a>

b. 梁 : 돌 량 水橋也 <字會上 2b>

<122> 交牀 對 胡牀

두 명사가 [牀] 즉 '의자, 坐具'의 뜻을 가지고 동의 관계에 있다는 것은 다음 예문들에서 잘 확인된다. '牀'의 자석이 '평상'이고 '牀'이 한자어 '交牀'을 뜻하고 '交牀'은 한자어 '胡牀'과 동의 관계에 있다. 따라서 '交牀'과 '胡牀'의 동의성은 명백히 입증된다.

(122) a. 牀 : …安身之具 <四解下 39a>
　　　b. 牀 : 평삸 상 俗稱臥牀 又교샹曰交牀…胡牀 <字會中 6a>

<123> 郊野 對 郊外

두 명사가 [野] 즉 '들, 성 밖의 들'의 뜻을 가지고 동의 관계에 있다는 것은 다음 예문들에서 잘 확인된다. '野'가 한자어 '郊野'를 뜻한다. 그리고 '野'의 자석이 '미'이고 고유어 '미'는 한자어 '郊外'와 동의 관계에 있다. 따라서 '郊野'와 '郊外'의 동의성은 명백히 입증된다.

(123) a. 野 : 郊野 <四解下 33b>
　　　b. 野 : 미 야 郊外曰野 <字會上 2b>

<124> 교ᄌᆞ 對 竹輿

두 명사 '교ᄌᆞ'(轎子) 와 '竹輿'가 [轎]와 [兜子] 즉 '가마, 두 사람이 앞뒤에서 메는 가마'의 뜻을 가지고 동의 관계에 있다는 것은 다음 예문들에서 잘 확인된다. '轎'가 한자어 '竹輿'를 뜻하고 '轎'의 자석이 '교ᄌᆞ'이다. 그리고 원문 중 '竹兜子'가 '대로 혼 교ᄌᆞ'로 번역된다. 따라서 '교ᄌᆞ'과 '竹輿'의 동의성은 명백히 입증된다.

(124) a. 轎 : 竹輿 <四解下 13b>
　　　b. 轎 : 교ᄌᆞ 교 有屋者 又藍與肩行者曰轎 <字會中 13a>

(124) c. 오직 대로 혼 교ᄌᆞ를 타(祗乘竹兜子ᄒᆞ야) <번小九 106b>

한자어 '교ᄌᆞ'의 先代形 '轎子'가 15세기의 『三綱行実図』(1481) 에서 발견된다. 원문 중 '臥轎中'이 '轎子애 눕다'로 번역된다.

(124) d. 坙 다시 먹고 轎子애 누버(乃復食遂臥轎中) <三강孝 25a>

<125> 礧确 對 石地

두 명사가 [确]과 [礧] 즉 '돌이 많은 땅'의 뜻을 가지고 동의 관계에 있다는 것은 다음 예문들에서 잘 확인된다. '确'이 한자어 '礧确'을 뜻하고 '礧确'은 한자어 '石地'와 동의 관계에 있다. 그리고 '礧'가 한자어 '石地'를 뜻한다. 따라서 '礧确'과 '石地'의 동의성은 명백히 입증된다.

(125) a. 确 : 礧确 石地 <四解下 44a>
　　　 b. 确 : 마ᄆᆞ롤 각 <字會下 8a>

(125) c. 礧 : 石地 <四解下 23b>
　　　 d. 礧 : 마ᄆᆞ릴 교 <字會下 8a>

<126> 丘壟 對 田埒

두 명사가 [壟] 즉 '밭두둑'의 뜻을 가지고 동의 관계에 있다는 것은 다음 예문들에서 잘 확인된다. '壟'이 한자어 '丘壟'을 뜻하고 '丘壟'은 한자어 '田埒'과 동의 관계에 있다. 따라서 '丘壟'과 '田埒'의 동의성은 명백히 입증된다.

(126) a. 壟 : 丘壟 一日田埒 <四解上 11b>
　　　 b. 壟 : 받두듥 롱 <字會上 4a>

<127> 口液 對 涶沫

두 명사가 [涶] 즉 '침'의 뜻을 가지고 동의 관계에 있다는 것은 다음 예문들에서 잘 확인된다. '涶'가 한자어 '口液'을 뜻한다. 그리고 '涶'의 자석이 '춤'이고 고유어 '춤'은 한자어 '涶沫'과 동의 관계에 있다. 따라서 '口液'과 '涶沫'의 동의성은 명백히 입증된다.

(127) a. 涶 : 口液 <四解下 25b>
　　　 b. 涶 : 춤 타 俗呼涶沫 <字會上 15b>

<128> 久雨 對 淫霖

두 명사가 [霖] 즉 '장마, 사흘 이상 계속 오는 비'의 뜻을 가지고 동의 관계에 있다는 것은 다음 예문들에서 잘 확인된다. '霖'이 한자어 '久雨'를 뜻한다. 그리고 '霖'의 자석이 '오란 비'이고 고유어 '오란 비'는 한자어 '淫霖'과 동의 관계에 있다. 따라서 '久雨'와 '淫霖'의 동의성은 명백히 입증된다.

(128) a. 霖: 久雨 <四解下 74b>

b. 霖: 오란(1b) 비 림 俗稱淫霖 <字會上 2a>

<129> 氍毹/罽毹 對 毛席

두 명사 '氍毹/罽毹'와 '毛席'이 [氍]와 [毹] 즉 '毛氈, 털로 짠 모직물'의 뜻을 가지고 동의 관계에 있다는 것은 다음 예문들에서 잘 확인된다. '氍'가 한자어 '氍毹'를 뜻하고 '氍毹'는 한자어 '毛席'과 동의 관계에 있다. 그리고 '毹'가 한자어 '罽毹'를 뜻하고 '罽毹'는 한자어 '毛席'과 동의 관계에 있다. 따라서 '氍毹/罽毹'와 '毛席'의 동의성은 명백히 입증된다.

(129) a. 氍: 氍毹 毛席 <四解上 30a>

b. 毹: 罽毹 毛席 <四解上 33a>

<130> 蚯蚓 對 蜿蟮/蜿蟺

두 명사가 [蜿]과 [蟺] 즉 '지렁이'의 뜻을 가지고 동의 관계에 있다는 것은 다음 예문들에서 잘 확인된다. '蜿'이 한자어 '蜿蟮'을 뜻하고 '蜿蟮'은 한자어 '蚯蚓'과 동의 관계에 있다. 그리고 '蟺'이 한자어 '蜿蟺'을 뜻하고 '蜿蟺'은 한자어 '蚯蚓'과 동의 관계에 있다. 따라서 '蚯蚓'과 '蜿蟮/蜿蟺'의 동의성은 명백히 입증된다.

(130) a. 蜿: 蜿蟮 蚯蚓 <四解下 11b>

(130) b. 蟺: 蜿蟺 蚯蚓 <四解下 6b>

c. 蟮: 同上 <四解下 6b>

<131> 蚯蚓 對 土龍

두 명사가 [蚓] 즉 '지렁이'의 뜻을 가지고 동의 관계에 있다는 것은 다음 예문들에서 잘 확인된다. '蚓'이 한자어 '蚯蚓'을 뜻하고 '蚯蚓'은 한자어 '土竜'과 동의 관계에 있다. 그리고 '蚓'의 자석이 '거쉬'이고 고유어 '거쉬'는 한자어 '蚯蚓'과 동의 관계에 있다. 따라서 '蚯蚓'과 '土竜'의 동의성은 명백히 입증된다.

(131) a. 蚓 : 蚯蚓 又名蜿蟺 土龍 <四解上 60b>

　　　b. 蚓 : 거쉬 인 俗呼蚯蚓 <字會上 11b>

<132> 甌脫 對 土室

두 명사가 [甌脫] 즉 '胡人이 국경에 敵情 정찰을 위해 세운 土室'의 뜻을 가지고 동의 관계에 있다는 것은 다음 예문들에서 잘 확인된다. 한자어 '甌脫'이 한자어 '土室'과 동의 관계에 있다. 따라서 '甌脫'과 '土室'의 동의성은 명백히 입증된다.

(132) a. 脫 : … 又甌脫 土室 <四解上 73a>

(132) b. 甌 : 瓦器 <四解下 67a>

　　　c. 甌 : 보ᅀᅳ 구 <字會中 7a>

<133> 皸瘃 對 凍瘡

두 명사가 [瘃]과 [皸] 즉 '凍傷'의 뜻을 가지고 동의 관계에 있다는 것은 다음 예문들에서 잘 확인된다. '瘃'이 한자어 '皸瘃'을 뜻한다. '瘃'의 자석이 '돌다'이고 고유어 '돌다'는 한자어 '皸瘃' 및 한자어 '凍瘡'과 동의 관계에 있다. 그리고 '皸'의 자석이 '돌다'이고 고유어 '돌다'는 한자어 '凍瘡'과 동의 관계에 있다. 따라서 '皸瘃'과 '凍瘡'의 동의성은 명백히 입증된다.

(133) a. 瘃 : … 皸瘃 <四解下 46a>

　　　b. 瘃 : 돌 탁 皸瘃(16b) 凍瘡 <字會中 17a>

(133) c. 皸 : 手足凍裂 <四解上 67b>

　　　d. 皸 : 돌 군 凍瘡 <字會中 16b>

<134> 皸瘃 對 凍瘡

두 명사가 [瘃] 즉 '凍傷'의 뜻을 가지고 동의 관계에 있다는 것은 다음 예문들에서 잘 확인된다. '瘃'이 한자어 '皸瘃'을 뜻한다. 그리고 '瘃'의 자석이 '돌다'이고 고유어 '돌다'는 한자어 '皸瘃' 및 한자어 '凍瘡'과 동의 관계에 있다. 따라서 '皸瘃'과 '凍瘡'의 동의성은 명백히 입증된다.

(134) a. 瘃 : 凍膚 皸瘃 <四解下 46a>

　　　b. 瘃 : 돌 탁 皸瘃(16b) 凍瘡 <字會中 17a>

<135> 湦灘 對 太歲在申

두 명사가 [湦]과 [灘] 즉 '十二支의 申의 딴 이름'의 뜻을 가지고 동의 관계에 있다는 것은 다음 예문들에서 잘 확인된다. '湦'이 한자어 '太歲在申'을 뜻하고 '太歲在申'은 한자어 '湦灘'과 동의 관계에 있다. 그리고 '灘'이 한자어 '太歲在申'을 뜻하고 '太歲在申'은 한자어 '湦灘'과 동의 관계에 있다. 따라서 '湦灘'과 '太歲在申'의 동의성은 명백히 입증된다.

(135) a. 湦 : 太歲在申曰湦灘 <四解上 63a>
　　　b. 灘 : 太歲在申曰湦灘 <四解上 77a>

<136> 錋鉞 對 鎖紐

두 명사가 [錋]과 [鉞] 즉 '배목, 문고리를 거는 쇠'의 뜻을 가지고 동의 관계에 있다는 것은 다음 예문들에서 잘 확인된다. '錋'이 한자어 '錋鉞'을 뜻하고 '錋鉞'은 한자어 '鎖紐' 및 고유어 '비목'과 동의 관계에 있다. 그리고 '鉞'이 한자어 '錋鉞'을 뜻하고 '錋鉞'은 한자어 '鎖紐'와 동의 관계에 있다. 따라서 '錋鉞'과 '鎖紐'의 동의성은 명백히 입증된다.

(136) a. 錋 : 錋鉞 鎖紐也 今俗語 비목 <四解上 67b>
　　　b. 鉞 : 錋鉞 鎖紐 <四解上 68b>

<137> 芎藭 對 蘼蕪根

두 명사가 [芎]과 [藭] 즉 '川芎, 궁궁이'의 뜻을 가지고 동의 관계에 있다는 것은 다음 예문들에서 잘 확인된다. '芎'이 한자어 '芎藭'을 뜻하고 '芎藭'은 한자어 '蘼蕪根'과 동의 관계에 있다. 따라서 '芎藭'과 '蘼蕪根'의 동의성은 명백히 입증된다.

(137) a. 芎 : 芎藭 蘼蕪根 <四解上 7a>
　　　b. 藭 : 芎藭 <四解上 7a>

(137) c. 蘼 : 蘼蕪 <四解上 16b>

<138> 宮闕 對 君居

두 명사가 [闕] 즉 '궁궐, 天子의 居所'의 뜻을 가지고 동의 관계에 있다는 것은 다음 예문들에서 잘 확인된다. '闕'이 한자어 '宮闕'을 뜻한다. 그리고 '闕'의 자석이 '집'이고 고유어 '집'은 한자어 '君居'와

동의 관계에 있다. 따라서 '宮闕'과 '君居'의 동의성은 명백히 입증된다.

(138) a. 闕 : … 又宮闕 <四解下 9b>
　　　 b. 闕 : 집 궐 君居 <字會中 3a>

<139> 宮中小門 對 문

두 명사 '宮中小門'과 '문'(門) 이 [閨]와 [闈] 즉 '궁중 안의 작은 문'의 뜻을 가지고 동의 관계에 있다는 것은 다음 예문들에서 잘 확인된다. '閨'가 한자어 '宮中小門'을 뜻한다. '閨'의 자석이 '문'이고 '문'은 한자어 '宮中小門'과 동의 관계에 있다. '闈'이 한자어 '宮中小門'을 뜻한다. 그리고 '闈'의 자석이 '문'이고 '문'은 한자어 '宮中小門'과 동의 관계에 있다. 따라서 '宮中小門'과 '문'의 동의성은 명백히 입증된다.

(139) a. 閨 : 宮中小門 <四解上 54b>
　　　 b. 閨 : 문 위 宮中小門 <字會中 3a>

(139) c. 闈 : 宮中小門 <四解上 77a>
　　　 d. 闈 : 문 달 宮中小門 <字會中 3a>

<140> 궁틱 對 弓衣

두 명사 '궁틱'(弓袋) 와 '弓衣'가 [韣], [韔] 및 [韝] 즉 '활집, 활을 넣어 두는 자루'의 뜻을 가지고 동의 관계에 있다는 것은 다음 예문들에서 잘 확인된다. '韣'이 한자어 '弓衣'를 뜻하고 '韣'의 자석이 '궁틱'이다. '韔'이 한자어 '弓衣'를 뜻하고 '韔'의 자석이 '궁틱'이다. 그리고 '韝'이 한자어 '弓袋' 및 한자어 '弓衣'를 뜻하고 '韝'의 자석이 '궁틱'이다. 따라서 '궁틱'와 '弓衣'의 동의성은 명백히 입증된다.

(140) a. 韣 : 弓衣 <四解上 2b>
　　　 b. 韣 : 弓衣 <四解上 5b>
　　　 c. 韣 : 궁틱 독 <字會中 14b>

(140) d. 韔 : 弓衣 <四解下 43a>
　　　 e. 韔 : 궁틱 턍 <字會中 14b>

(140) f. 韝 : … 今俗謂弓袋 又弓衣也 <四解下 1a>
　　　 g. 韝 : 궁틱 건 <字會中 14b>

<141> 궁딕 對 馬上盛弓器

두 명사 '궁딕'(弓袋)와 '馬上盛弓器'가 [鞬] 즉 '활집, 활을 넣어 두는 자루'의 뜻을 가지고 동의 관계에 있다는 것은 다음 예문들에서 잘 확인된다. '鞬'이 한자어 '馬上盛弓器' 및 한자어 '弓袋'를 뜻한다. 그리고 '鞬'의 자석이 '궁딕'이다. 따라서 '궁딕'와 '馬上盛弓器'의 동의성은 명백히 입증된다.

(141) a. 鞬 : 馬上盛弓器 今俗謂弓袋 <四解下 1a>
　　　b. 鞬 : 궁딕 건 <字會中 14b>

<142> 穹窿 對 天形

두 명사가 [窿] 즉 '하늘의 형상'의 뜻을 가지고 동의 관계에 있다는 것은 다음 예문들에서 잘 확인된다. '窿'이 한자어 '穹窿'을 뜻하고 '穹窿'은 '天形'과 동의 관계에 있다. 그리고 '窿'의 자석이 '구븓ᄒ다'이고 '窿'은 한자어 '穹窿'을 뜻한다. 따라서 '穹窿'과 '天形'의 동의성은 명백히 입증된다.

(142) a. 窿 : 穹窿 天形 <四解上 11a>
　　　b. 窿 : 구븓홀 룽 穹窿 天勢 <字會下 1a>

(142) c. 穹 : 구븓홀 궁 <字會下 1a>

<143> 宮刑 對 犗刑

두 명사가 [犗刑] 즉 '宮刑, 생식 기능을 제거하는 형'의 뜻을 가지고 동의 관계에 있다는 것은 다음 예문들에서 잘 확인된다. 한자어 '宮刑'이 한자어 '犗刑'과 동의 관계에 있다. 따라서 '宮刑'과 '犗刑'의 동의성은 명백히 입증된다.

(143) a. 犗 : 犍牛…又宮刑曰犗刑 <四解上 46b>
　　　b. 犗 : 악대 계 犍犗 去勢畜 <字會下 4a>

<144> 拳頭菜 對 莽芽

두 명사가 [蕨] 즉 '고사리'의 뜻을 가지고 동의 관계에 있다는 것은 다음 예문들에서 잘 확인된다. '蕨'이 한자어 '拳頭菜'를 뜻하고 '拳頭菜'는 고유어 '고사리' 및 한자어 '莽芽'와 동의 관계에 있다. 그리고 '蕨'의 자석이 '고사리'이고 고유어 '고사리'는 '拳頭菜'와 동의 관계에 있다. 따라서 '拳頭菜'과 '莽芽'의 동의성은 명백히 입증된다.

(144) a. 蕨 : …今俗呼拳頭菜 고사리 一曰荄芽 <四解下 9a>

　　　b. 蕨 : 고사리 궐 俗呼拳頭菜 <字會上 8a>

<145> 權衡 對 秤子

두 명사가 [衡] 즉 '저울대'의 뜻을 가지고 동의 관계에 있다는 것은 다음 예문들에서 잘 확인된다. '衡'이 한자어 '權衡'을 뜻한다. 그리고 '衡'의 자석이 '저울대'이고 고유어 '저울대'는 한자어 '秤子'와 동의 관계에 있다. 따라서 '權衡'과 '秤子'의 동의성은 명백히 입증된다.

(145) a. 衡 : 權衡 <四解下 55b>

　　　b. 衡 : 저울대 형 俗呼秤子 <字會中 6b>

<146> 蹶踖 對 跳踉貌

두 명사가 [踖]과 [踉] 즉 '뛰는 모양'의 뜻을 가지고 동의 관계에 있다는 것은 다음 예문들에서 잘 확인된다. '踖'이 한자어 '蹶踖'을 뜻하고 '蹶踖'은 한자어 '跳踉貌'와 동의 관계에 있다. 그리고 '踉'이 한자어 '跳踉'을 뜻한다. 따라서 '蹶踖'과 '跳踉貌'의 동의성은 명백히 입증된다.

(146) a. 踖 : 蹶踖 跳踉貌 <四解下 12b>

　　　b. 踉 : 跳踉 <四解下 45a>

<147> 궤 對 櫃子

두 명사 '궤'(櫃)와 '櫃子'가 [櫃] 즉 '궤, 함'의 뜻을 가지고 동의 관계에 있다는 것은 다음 예문들에서 잘 확인된다. 원문 중 '這櫃'가 '이 궤'로 번역된다. 그리고 '櫃'의 자석이 '궤'이고 '궤'는 한자어 '櫃子'와 동의 관계에 있다. 따라서 '궤'와 '櫃子'의 동의성은 명백히 입증된다.

(147) a. 다 이 궤 안해 노하 두어(都放在這櫃裏頭) <번朴上 52b>

(147) b. 櫃 : 匣也 <四解上 49a>

　　　c. 櫃 : 궷 궤 櫃子 亦作櫃 <字會中 6a>

<148> 귀신 對 신령

두 명사 '귀신'(鬼神)과 '신령'(神靈)이 [神]과 [靈] 즉 '귀신, 신령'의 뜻을 가지고 동의 관계에 있다는 것은 다음 예문들에서 잘 확인된다. 원문 중 '神知'가 '귀신이 알다'로 번역되고 '瀆神'이 '귀신을 므던히 너기다'로 번역된다. '神'이 한자어 '鬼神'을 뜻하고 '神'의 자석이 '신령'이다. 그리고 '靈'이 한자 '神'과 同義이고 '靈'의 자석이 '신령'이다. 따라서 '귀신'과 '신령'의 동의성은 명백히 입증된다.

(148) a. 震이 닐오디 하늘히 알오 귀신이 알오 내 알오 그디 알어니 엇디 알리 업다 니르료 ᄒᆞ여늘(震이 曰天知神知我知子知니 何謂無知오) <번小十 6a>

b. 귀신을 므던히 너기디 말며(毋瀆神ᄒᆞ며) <번小四 14a>

(148) c. 神 : …靈也 精神 鬼神 <四解上 60a>

d. 神 : 신령 신…又鬼之靈者 <字會中 2a>

(148) e. 靈 : 神也 <四解下 57a>

f. 靈 : 신령 령 神靈 <字會中 17a>

<149> 귀향 對 구향

두 명사 '귀향'(帰鄕) 과 '구향'이 [謫], [配] 및 [斥] 즉 '귀양, 流配'의 뜻을 가지고 동의 관계에 있다는 것은 다음 예문들에서 잘 확인된다. 원문 중 '遠謫'과 '配遠方'이 '머리 귀향 가다'로 번역되고 '同斥'이 '홈의 구향 가다'로 번역된다. 따라서 '귀향'과 '구향'의 동의성은 명백히 입증된다. 명사 '구향'은 '귀향'의 첫 음절의 반모음 [y]가 탈락된 것이다.

(149) a. 내 항거시 어려이 머리 귀향 가거늘(吾主間關遠謫) <속三忠 5a>

b. 내 머리 귀향 갈 거시니(我應例配遠方) <속三忠 13a>

c. 오직 내 항거시 죄 업시 매 마자 귀향 가는 주를 셜워ᄒᆞ노라(只傷吾主無罪杖配耳) <속三忠 5a>

(149) d. 람녀긔 구향 가더니 홈의 구향 가며 사괴ᄂᆞ니(徒嶺表有同斥相善者) <二倫 36a>

<150> 規範 對 模範

두 명사가 [模] 즉 '본보기'의 뜻을 가지고 동의 관계에 있다는 것은 다음 예문들에서 잘 확인된다. '模'가 한자어 '規範'을 뜻한다. 그리고 '模'의 자석이 '얼굴'이고 고유어 '얼굴'은 한자어 '模範'과 동의 관계에 있다. 따라서 '規範'과 '模範'의 동의성은 명백히 입증된다.

(150) a. 模 : 規範 <四解上 38a>

b. 模 : 얼굴 모 模範 <字會下 7b>

<151> 圭璧 對 瑞玉

두 명사가 [璧]과 [圭] 즉 '아름다운 옥'의 뜻을 가지고 동의 관계에 있다는 것은 다음 예문들에서 잘 확인된다. '璧'이 한자어 '圭璧'을 뜻한다. '璧'의 자석이 '구슬'이고 고유어 '구슬'은 한자어 '圭璧' 및 한자어 '瑞玉'과 동의 관계에 있다. 그리고 '圭'가 한자어 '瑞玉'을 뜻한다. 따라서 '圭璧'과 '瑞玉'의 동의성은 명백히 입증된다.

(151) a. 璧 : 圭璧 <四解下 50b>
   b. 璧 : 구슬 벽 圭璧 瑞玉圓者 <字會中 15b>

(151) c. 圭 : …又同下 <四解上 48a>
   d. 珪 : 瑞玉 <四解上 48a>

<152> 橘 對 金橘

두 명사가 [橘] 즉 '귤'의 뜻을 가지고 동의 관계에 있다는 것은 다음 예문들에서 잘 확인된다. 원문 중 '懷橘'이 '귤 품다'로 번역된다. 그리고 '橘'의 자석이 '귤'이고 '귤'은 한자어 '金橘'과 동의 관계에 있다. 따라서 '橘'과 '金橘'의 동의성은 명백히 입증된다.

(152) a. 黃香의 어버싀 벼개 부춤과 陸績의 橘 푸몸과 …子路의 뿔 지던 데엣 일들홀 셰쇽애 샹녯 말 ㄱ티 ᄒ면(如黃香의 扇枕과 陸績의 懷橘과…子路의 負米之類ㅣ니 只如俗說이면) <번小六 5a>

(152) b. 橘 : …果名 <四解上 67b>
   c. 橘 : 귨 귤 俗呼金橘 <字會上 6b>

<153> 斤 對 十六兩

두 명사가 [斤] 즉 '무게의 단위인 근(斤)'의 뜻을 가지고 동의 관계에 있다는 것은 다음 예문들에서 잘 확인된다. 원문 중 '一斤'이 '흔 근'으로 번역되고 '十斤'이 '열 근'으로 번역된다. 그리고 '斤'이 한자어 '十六兩'을 뜻하고 '十六兩'은 '一斤'이다. 따라서 '斤'과 '十六兩'의 동의성은 명백히 입증된다.

(153) a. 일즉 닐오듸(9a) …두 푼 은에 흔 근 양육이라 ᄒ더라(曾說…二分銀子一斤羊肉) <번老上 9b>
   b. 아뤼는 그저 세 돈애 흔 근 시기러니(往來便只是三錢一斤) <번老下 2b>
   c. 이제 시개 닷 도내 흔 근 시기니(如今時價五錢一斤) <번老下 57a>

d. 흔 돈 은에 열 근 굴이오(一錢銀子十斤麵) <번老上 9b>

e. 도틱 고기 쉰 근만 사매買五十斤猪肉) <번朴上 3a>

(153) f. 斤 : 十六兩 <四解上 55b>

g. 斤 : 늘 근 又十六兩爲一斤 <字會下 14b>

<154> 瑾瑜 對 美玉

두 명사가 [瑜]와 [瑾] 즉 '아름다운 옥'의 뜻을 가지고 동의 관계에 있다는 것은 다음 예문들에서 잘 확인된다. '瑜'가 한자어 '瑾瑜'를 뜻하고 '瑾瑜'는 한자어 '美玉'과 동의 관계에 있다. 그리고 '瑾'이 한자어 '美玉'을 뜻한다. 따라서 '瑾瑜'와 '美玉'의 동의성은 명백히 입증된다.

(154) a. 瑜 : 瑾瑜 美玉 <四解上 34a>

b. 瑾 : 美玉 <四解上 56a>

<155> 금 對 紋錦

두 명사 '금'(錦) 과 '紋錦'이 [錦] 즉 '비단, 여러 가지 색채로 무늬를 넣어 찐 비단'의 뜻을 가지고 동의 관계에 있다는 것은 다음 예문들에서 잘 확인된다. '錦'의 자석이 '금'이고 한자어 '금'(錦) 은 한자어 '紋錦'과 동의 관계에 있다. 따라서 '금'과 '紋錦'의 동의성은 명백히 입증된다.

(155) a. 錦 : 織文 <四解下 72a>

b. 錦 : 금 금 俗呼紋錦 <字會中 15a>

<156> 금 對 織文

두 명사 '금'(錦) 과 '織文'이 [錦] 즉 '비단, 여러 가지 색채로 무늬를 넣어 짠 비단'의 뜻을 가지고 동의 관계에 있다는 것은 다음 예문들에서 잘 확인된다. '錦'이 한자어 '織文'을 뜻하고 '綿'의 자석이 '금'이다. 따라서 '금'과 '織文'의 동의성은 명백히 입증된다.

(156) a. 錦 : 織文 <四解下 72a>

b. 錦 : 금 금 俗呼紋錦 <字會中 15a>

<157> 금 對 황금

두 명사 '금'(金)과 '황금'(黃金)이 [金]과 [黃金] 즉 '금, 황금'의 뜻을 가지고 동의 관계에 있다는 것은 다음 예문들에서 잘 확인된다. 원문 중 '俸金'이 '녹 튼 금'으로 번역되고 '金頂子'가 '금뎡즛'로 번역된다. '黃金二十斤'이 '황금 스므 근'으로 번역되고 '黃金貴'가 '황금이 귀ᄒ다'로 번역된다. 그리고 '金'이 한자어 '黃金'을 뜻한다. 따라서 '금'과 '황금'의 동의성은 명백히 입증된다.

(157) a. 다 사회를 ᄀᆞᆯ히오 녹 튼 그믈 주어 결속ᄒ야 셔방ᄒ게 ᄒ더라(皆爲選婿ᄒ야 出俸金ᄒ야 爲資裝ᄒ야 嫁之ᄒ더라) <번小十 15a>

b. 우희 다 금뎡즛 잇더라(上頭都有金頂子) <번老下 52b>

c. ᄀᆞ술히ᄂᆞᆫ 금으로 입ᄉᆞ히욘 구ᄌᆞ씌 씌ᄂᆞ니(秋裏繫減金鉤子) <번老下 51b>

(157) d. 황금 스므 그늘 더 주시고(加賜黃金二十斤ᄒ시고) <번小九 87b>

e. 황금이 귀ᄒ다 니ᄅᆞ니 말라(休道黃金貴) <번老下 4a>

(157) f. 金 : 五金 <四解下 72a>

g. 金 : 쇠 금 又黃金 <字會中 15a>

<158> 妗母 對 舅母

두 명사가 [妗] 즉 '외숙모, 어머니 형제의 아내'의 뜻을 가지고 동의 관계에 있다는 것은 다음 예문들에서 잘 확인된다. '妗'이 한자어 '舅母'를 뜻하고 '舅母'는 한자어 '妗母'와 동의 관계에 있다. 그리고 '妗'의 자석이 '아ᄌᆞ미'이고 고유어 '아ᄌᆞ미'는 한자어 '妗母' 및 한자어 '舅母'와 동의 관계에 있다. 따라서 '妗母'와 '舅母'의 동의성은 명백히 입증된다.

(158) a. 妗 : 俗謂舅母曰妗母 <四解下 72b>

b. 妗 : 아ᄌᆞ미 금 兄弟之妻曰妗母…舅母 <字會上 16a>

<159> 금읏고 對 金銀所藏舍

두 명사 '금읏고'(金銀ㅅ庫)와 '金銀所藏舍'가 [帑] 즉 '금고'의 뜻을 가지고 동의 관계에 있다는 것은 다음 예문들에서 잘 확인된다. '帑'의 자석이 '금읏고'이고 '금읏고'는 한자어 '金銀所藏舍'와 동의 관계에 있다. 따라서 '금읏고'과 '金銀所藏舍'의 동의성은 명백히 입증된다.

(159) a. 帑 : 金帛所藏舍 <四解下 35a>

b. 帑 : 금읏고 탕 金銀所藏舍 <字會中 5b>

<160> 汲綆 對 汲井索

두 명사가 [綆] 즉 '두레박줄'의 뜻을 가지고 동의 관계에 있다는 것은 다음 예문들에서 잘 확인된다.
'綆'이 한자어 汲綆을 뜻하고 '繘'이 한자어 汲井索'을 뜻한다. 그리고 '繘'의 자석이 '두레즐'이다. 따라서 '汲綆'과 '汲井索'의 동의성은 명백히 입증된다.

(160) a. 綆 : 汲綆 <四解上 67b>
b. 繘 : 汲井索 <四解上 69a>
c. 繘 : 드레줄 휼 <字會中 9b>

<161> 汲水器 對 汲瓶

두 명사가 [瓶]과 [罌] 즉 '두레박'의 뜻을 가지고 동의 관계에 있다는 것은 다음 예문들에서 잘 확인된다. '瓶'이 한자어 汲水器'를 뜻한다. 그리고 '罌'이 한자어 汲瓶'을 뜻한다. 따라서 '汲水器'과 '汲瓶'의 동의성은 명백히 입증된다.

(161) a. 瓶 : 罌也…又汲水器 <四解下 51a>
b. 瓶 : 빙병 大曰瓶 <字會中 7b>

(161) c. 罌 : 甖也 又汲瓶 <四解上 5b>
d. 瓮 : 독옹 小曰瓮 <字會中 7a>

<162> 汲井索 對 汲水索

두 명사가 [繘]과 [綆] 즉 '두레박줄'의 뜻을 가지고 동의 관계에 있다는 것은 다음 예문들에서 잘 확인된다. '繘'이 한자어 汲井索'을 뜻하기도 하고 한자어 汲水索'을 뜻하기도 한다. '繘'의 자석이 '드레줄'이다. 그리고 '綆'이 한자어 汲井索'을 뜻하고 '綆'의 자석이 '드레줄'이다. 따라서 '汲井索'과 '汲水索'의 동의성은 명백히 입증된다.

(162) a. 繘 : 汲井索 <四解上 69a>
b. 繘 : 汲水索 <四解上 70b>
c. 繘 : 드레줄 휼 <字會中 9b>

(162) d. 綆 : 汲井索 <四解下 58a>

e. 綆 : 드레줄 경 俗呼井繩 <字會中 9b>

<163> 汲井索 對 井繩

두 명사가 [綆] 즉 '두레박줄'의 뜻을 가지고 동의 관계에 있다는 것은 다음 예문들에서 잘 확인된다. '綆'이 한자어 '汲井索'을 뜻한다. 그리고 '綆'의 자석이 '드레줄'이고 고유어 '드레줄'은 한자어 '井繩'과 동의 관계에 있다. 따라서 '汲井索'과 '井繩'의 동의성은 명백히 입증된다. 고유어 '드레줄'은 명사 '드레'와 명사 '줄'의 합성이다.

(163) a. 綆 : 汲井索 <四解下 58a>
b. 綆 : 드레줄 경 俗呼井繩 <字會中 9b>

<164> 矜莊 對 自負貌

두 명사가 [矜莊] 즉 '謹嚴하고 莊重함'의 뜻을 가지고 동의 관계에 있다는 것은 다음 예문들에서 잘 확인된다. 한자어 '矜莊'이 한자어 '自負貌'와 동의 관계에 있다. 따라서 '矜莊'과 '自負貌'의 동의성은 명백히 입증된다.

(164) a. 矜 : …又矜莊 自負貌 <四解下 47a>
b. 矜 : 에엿블 궁 <字會下 14b>

<165> 긔약 對 언약

두 명사 '긔약'(期約) 과 '언약'(言約) 이 [約] 즉 '약속'의 뜻을 가지고 동의 관계에 있다는 것은 다음 예문들에서 잘 확인된다. 원문 중 '鄕之約'이 '향듕엣 긔약'으로 번역되고 '鄕約'이 'ᄆᆞᄉᆞᆯ 사ᄅᆞᆷ과 ᄒᆞᆫ 언약'으로 번역되므로 '긔약'과 '언약'의 동의성은 명백히 입증된다.

(165) a. 믈윗 향듕엣 긔약이 네 가지니(凡鄕之約四伊尼) <呂約 1b>
b. 믈윗 긔약이 들오져 ᄒᆞᄂᆞᆫ 사ᄅᆞᆷ을 ᄒᆞᆫ 최이 서셔(凡願入約者乙 書于一籍爲古) <呂約 2a>
c. 法條와 긔약을 엄졍히 ᄒᆞ야(嚴條約ᄒᆞ야) <번小九 9b>
d. 아ᄅᆞ매ᄂᆞᆫ 긔약을 미들 거시니(私憑要約) <번老下 19b>
e. 다ᄅᆞᆫ 남진 얼요려 中媒ᄒᆞ야 期約을 一定ᄒᆞ야ᄂᆞᆯ(欲改嫁媒的已定) <속三烈 26a>

(165) f. 藍田 짜 呂氏 ᄆᆞᄉᆞᆯ 사ᄅᆞᆷ과 ᄒᆞᆫ 언약애(藍田呂氏鄕約애) <번小九 17b>

g. 허믈 잇거나 쏘 언약올 어그릇치 ᄒᆞ리를 쏘 글월의 서(有過若違約者를 亦書之ᄒᆞ야) <번小九 18a>

<166> 긔운 對 긔

두 명사 '긔운'(氣韻)과 '긔'(氣)가 [氣] 즉 '기운'의 뜻을 가지고 동의 관계에 있다는 것은 다음 예문들에서 잘 확인된다. 원문 중 '癘氣'가 '병쯰운'으로도 번역되고 '병긔'로도 번역된다. 그리고 '氣'의 자석이 '긔운'이다. 따라서 '긔운'과 '긔'의 동의성은 명백히 입증된다.

(166) a. 병쯰운이 뵈야호로 셩ᄒᆞᆯ시(癘氣ㅣ 方熾ᄒᆞᆯ시) <번小九 73a>

b. 氣韻을 갈마(屛氣ᄒᆞ샤) <번小三 4b>

c. 소리를 ᄂᆞᆺ가이 ᄒᆞ며 긔운을 ᄂᆞᄌ기 ᄒᆞ야(怡聲下氣ᄒᆞ야) <번小八 25b>

d. 말ᄉᆞᆷ과 긔운 내요매(出辭氣예) <번小四 7a>

e. 로ᄒᆞᆫ 긔운을 서ᄅᆞ 더ᐂᄂᆞ니(怒氣相加ᄒᆞᄂᆞ니) <번小七 46a>

(166) f. 병긔 보야호로 퍼디여(癘氣方熾) <二倫 11a>

g. 뻐 긔 합다 ᄒᆞ고(以爲氣合ᄒᆞ고) <번小七 45b>

(166) h. 氣 : 氣息 元氣 <四解上 24b>

i. 氣 : 긔운 씨 又憤不泄曰氣了 <字會上 17b>

<167> 긔운 對 元氣

두 명사 '긔운'(氣運)과 '元氣'가 [氣] 즉 '기운, 원기'의 뜻을 가지고 동의 관계에 있다는 것은 다음 예문들에서 잘 확인된다. 원문 중 '辭氣'가 '말ᄉᆞᆷ과 긔운'으로 번역되고 '小兒氣'가 '아ᄒᆡ 기운'으로 번역된다. 그리고 '氣'가 한자어 '元氣'를 뜻하고 '氣'의 자석이 '긔운'이다. 따라서 '긔운'과 '元氣'의 동의성은 명백히 입증된다.

(167) a. 말ᄉᆞᆷ과 긔운 내요매(出辭氣예) <번小四 7a>

b. 혹 아ᄒᆡ 긔운이 실코(其或小兒其實) <瘡疹 10b>

c. 오장륙부 음양 긔운이 슌티 아니ᄒᆞ야(臟腑陰陽氣逆) <瘡疹 2b>

(167) c. 氣 : … 元氣 <四解上 24b>

d. 氣 : 긔운 긔 <字會上 17b>

<168> 氣液 對 진익

두 명사 '氣液'과 '진익'(津液) 이 [津] 즉 '진, 인체에서 분비되는 액체 곧 피, 땀, 침, 눈물, 精液'의 뜻을 가지고 동의 관계에 있다는 것은 다음 예문들에서 잘 확인된다. '津'이 한자어 '氣液'을 뜻한다. 그리고 원문 중 '生津'이 '진익을 나게 ㅎ다'로 번역된다. 따라서 '氣液'과 '진익'의 동의성은 명백히 입증된다.

(168) a. 津 : …又氣液 <四解上 58a>
　　　 b. 津 : …又氣液 진 <字會上 15b>

(168) c. 진익을 나게 ᄒ며 답답ᄒ 긔운을 덜며(生津除煩) <瘡疹 56b>

<169> 庋閣 對 食閣

두 명사가 [庋] 즉 '시렁, 주로 음식물을 올려 놓는 시렁'의 뜻을 가지고 동의 관계에 있다는 것은 다음 예문들에서 잘 확인된다. '庋'가 한자어 '庋閣'을 뜻한다. 그리고 '庋'가 한자어 '食閣'을 뜻한다. 따라서 '庋閣'과 '食閣'의 동의성은 명백히 입증된다.

(169) a. 庋 : 閣藏食物曰庋閣 <四解上 23b>
　　　 b. 庋 : 食閣 <四解上 48a>
　　　 c. 庋 : 쟝 기 所以藏食 <字會中 6a>

<170> 騎鼓 對 馬上鼓

두 명사가 [鼙] 즉 '馬上鼓, 騎兵이 馬上에서 공격의 신호로 울리던 북'의 뜻을 가지고 동의 관계에 있다는 것은 다음 예문들에서 잘 확인된다. '鼙'가 한자어 '騎鼓'를 뜻한다. 그리고 '鼙'의 자석이 '붑'이고 고유어 '붑'은 한자어 '馬上鼓'와 동의 관계에 있다. 따라서 '騎鼓'와 '馬上鼓'의 동의성은 명백히 입증된다.

(170) a. 鼙 : 騎鼓 <四解上 16a>
　　　 b. 鼙 : 붑 비 馬上鼓 <字會上 14a>

<171> 騏驥 對 千里馬

두 명사가 [騏]와 [驥] 즉 '천리마(千里馬)'의 뜻을 가지고 동의 관계에 있다는 것은 다음 예문들에서 잘 확인된다. '騏'와 '驥'가 한자어 '騏驥'를 뜻하고 '騏驥'는 한자어 '千里馬'와 동의 관계에 있다. 따라서

'騏驥'와 '千里馬'의 동의성은 명백히 입증된다.

    (171) a. 騏 : 騏驥 <四解上 14a>
        b. 驥 : 騏驥 千里馬 <四解上 23b>

<172> 伎倆 對 智計

두 명사가 [伎]와 [倆] 즉 '재주, 기량(伎倆) '의 뜻을 가지고 동의 관계에 있다는 것은 다음 예문들에서 잘 확인된다. '伎'와 '倆'이 한자어 '伎倆'을 뜻하고 '伎倆'이 한자어 '智計'와 동의 관계에 있다. 따라서 '伎倆'과 '智計'의 동의성은 명백히 입증된다.

    (172) a. 伎 : …又伎倆 智計也 <四解上 14b>
        b. 倆 : 伎倆 智計也 <四解下 45a>

<173> 寄生草 對 免絲

두 명사가 [蔦] 즉 '겨우살이'의 뜻을 가지고 동의 관계에 있다는 것은 다음 예문들에서 잘 확인된다. '蔦'가 한자어 '寄生草'를 뜻하고 '寄生草'는 한자어 '免糸'와 동의 관계에 있다. 그리고 '蔦'가 한자어 '寄生草'를 뜻하고 '寄生草'는 고유어 '겨스사리'와 동의 관계에 있다. 따라서 '寄生草'와 '免糸'의 동의성은 명백히 입증된다.

    (173) a. 蔦 : 寄生草 一名免絲 <四解下 14b>
        b. 蔦 : 寄生草 겨스사리 <四解下 13b>

<174> 袛裋 對 袈裟

두 명사가 [裋], [袛] 및 [袈] 즉 '가사, 승려의 法服'의 뜻을 가지고 동의 관계에 있다는 것은 다음 예문들에서 잘 확인된다. '裋'가 한자어 '袛裋'를 뜻하고 '袛裋'는 '袈裟'와 동의 관계에 있다. 그리고 '袈'가 '袈裟'를 뜻한다. 따라서 '袛裋'와 '袈裟'의 동의성은 명백히 입증된다. '袈裟'는 산스크리트어 'kāṣāya 또는 kaṣāya의 음역이지만 漢字語로 다루었다.

    (174) a. 裋 : 袛裋 袈裟 又尼法衣 <四解上 18a>
        b. 袛 : 袛裋 袈裟 又尼法衣 <四解上 14b>

    (174) c. 袈 : 袈裟 <四解下 30b>

d. 妥 : 袈娑 <四解下 30a>

<175> 夔魖 對 木石之怪

두 명사가 [夔]와 [魖] 즉 '木石의 도깨비'의 뜻을 가지고 동의 관계에 있다는 것은 다음 예문들에서 잘 확인된다. '夔'와 '魖'가 한자어 '夔魖'를 뜻하고 '夔魖'는 한자어 '木石之怪'와 동의 관계에 있다. 따라서 '夔魖'와 '木石之怪'의 동의성은 명백히 입증된다.

(175) a. 夔 : 夔魖 木石之怪 <四解上 48b>
　　　b. 魖 : 夔魖 罔象木石之怪 <四解上 33b>

<176> 긴 창 對 長槍

명사구 '긴 창'과 명사 '長槍'이 [槊]과 [槍] 즉 '긴 창'의 뜻을 가지고 동의 관계에 있다는 것은 다음 예문들에서 잘 확인된다. '槊'의 자석이 '긴 창'이다. 그리고 '槍'의 자석이 '창'이고 '창'은 한자어 '長槍'과 동의 관계에 있다. 따라서 '긴 창'과 '長槍'의 동의성은 명백히 입증된다. '긴 창'은 명사구로 상태동사 '길다'[長]의 관형사형 '긴'과 한자어 '창'(槍) 의 合成이지만 이 저서에서는 한자어로 다루었다.

(176) a. 槊 : 矛名 <四解下 38a>
　　　b. 槊 : 긴 창 삭 <字會中 14a>

(176) c. 槍 : 矟也 <四解下 41b>
　　　c. 槍 : 창 창 俗呼長槍 <字會中 14a>

<177> 苦葽 對 桔梗

두 명사가 [苦]과 [葽] 즉 '도라지'의 뜻을 가지고 동의 관계에 있다는 것은 다음 예문들에서 잘 확인된다. '苦'이 한자어 '苦葽'을 뜻하고 '苦葽'은 한자어 '桔梗'과 동의 관계에 있다. '葽'이 한자어 '苦葽'을 뜻한다. 그리고 '葽'의 자석이 '도랏'이고 고유어 '도랏'은 '苦葽'과 동의 관계에 있다. '따라서 '苦葽'과 '桔梗'의 동의성은 명백히 입증된다.

(177) a. 苦 : 苦葽 藥草 亦作桔梗 <四解下 1b>
　　　b. 桔 : 同 <四解下 1b>
　　　c. 苦 : 도랏 길 <字會上 7b>

(177) d. 蓳 : 苦蓳 藥草 <四解下 57b>

　　　e. 蓳 : 도랏 경 俗呼苦蓳 <字會上 7b>

<178> 樏橰 對 汲水具

　　두 명사가 [樏] 즉 '두레박틀'의 뜻을 가지고 동의 관계에 있다는 것은 다음 예문들에서 잘 확인된다. '樏'이 한자어 '樏橰'를 뜻하고 '樏橰'는 한자어 '汲水具'와 동의 관계에 있다. 따라서 '樏橰'와 '汲水具'의 동의성은 명백히 입증된다.

　　　(178) a. 樏 : 樏橰 汲水具 <四解下 1b>

　　　　　b. 桔 : 同 <四解下 1b>

　　　　　c. 桔 : 믈자쇄 길 <字會中 8a>

<179> 桔橰 對 汲水機器

　　두 명사가 [橰] 즉 '두레박틀'의 뜻을 가지고 동의 관계에 있다는 것은 다음 예문들에서 잘 확인된다. '橰'가 한자어 '桔橰'를 뜻하고 '桔橰'는 한자어 '汲水機器'와 동의 관계에 있다. 그리고 '橰'의 자석이 '믈자쇄'이고 고유어 '믈자쇄'는 한자어 '桔橰'와 동의 관계에 있다. 따라서 '桔橰'와 '汲水機器'의 동의성은 명백히 입증된다.

　　　(179) a. 橰 : 桔橰 汲水機器 <四解下 18b>

　　　　　b. 橰 : 믈자쇄 고 桔橰 <字會中 8a>

<180> 桔橰 對 水車

　　두 명사가 [橰] 즉 '두레박틀, 무자위'의 뜻을 가지고 동의 관계에 있다는 것은 다음 예문들에서 잘 확인된다. '橰'가 한자어 '桔橰'를 뜻한다. 그리고 '橰'의 자석이 '믈자쇄'이고 고유어 '믈자쇄'는 한자어 '桔橰' 및 한자어 '水車'와 동의 관계에 있다. 따라서 '桔橰'와 '水車'의 동의성은 명백히 입증된다.

　　　(180) a. 橰 : 桔橰 汲水機器 <四解下 18b>

　　　　　b. 橰 : 믈자쇄 고 桔橰用於河 俗稱水車 <字會中 8a>

<181> 蛣蝠 對 木蠹

　　두 명사가 [蛣]과 [蝠] 즉 '나무좀'의 뜻을 가지고 동의 관계에 있다는 것은 다음 예문들에서 잘 확인된다. '蛄'과 '蝛'이 한자어 '蛄蝛'을 뜻하고 '蛄蝛'은 한자어 '木蠹'와 동의 관계에 있다. 따라서 '蛄蝛'과 '木蠹'의 동의성은 명백히 입증된다.

(181) a. 蛄 : 蛄蝛 木蠹也 <四解上 56a>
　　　 b. 蝛 : 蛄蝛 虫名 <四解上 67b>

(181) c. 蠹 : 木中虫 <四解上 37a>
　　　 d. 蠹 : 좀 두 <字會上 12b>

<182> 곤슈 對 滷水

　합성명사 '곤슈'와 명사 '滷水'가 [滷] 즉 '간수, 짠물'의 뜻을 가지고 동의 관계에 있다는 것은 다음 예문들에서 잘 확인된다. '滷'의 자석이 '곤슈'이고 '곤슈'는 한자어 '滷水'와 동의 관계에 있다. 따라서 '곤슈'와 '滷水'의 동의성은 명백히 입증된다. '곤슈'는 고유어 '곤'[塩]과 한자 '水'의 合成이지만 이 저서에서는 한자어로 다루었다.

(182) a. 滷 : 醎液 天生日滷 <四解上 42a>
　　　 b. 滷 : 곤슈 로 俗呼滷水 天生日滷 <字會中 11a>

<183> 곤슈 對 醎液

　합성명사 '곤슈'와 명사 '醎液'이 [滷] 즉 '간수, 짠물'의 뜻을 가지고 동의 관계에 있다는 것은 다음 예문들에서 잘 확인된다. '滷'가 한자어 '醎液'을 뜻한다. 그리고 '滷'의 자석이 '곤슈'이다. 따라서 '곤슈'와 '醎液'의 동의성은 명백히 입증된다. '곤슈'는 명사 곤[塩]과 한자 '水'의 合成이지만 이 저서에서는 한자어로 다루었다.

(183) a. 滷 : 醎液 天生日滷 <四解上 42a>
　　　 b. 滷 : 곤슈 로 俗呼滷水 天生日滷 <字會中 11a>

<184> 곤쟝 對 醬油

　합성명사 '곤쟝'과 명사 '醬油'가 [醬油] 즉 '간장'의 뜻을 가지고 동의 관계에 있다는 것은 다음 예문들에서 잘 확인된다. '醬'의 자석이 '쟝'이고 한자어 '醬油'가 '곤쟝'과 동의 관계에 있다. 따라서 '곤쟝'과 '醬油'의 동의성은 명백히 입증된다. 합성명사 '곤쟝'은 고유어 '곤'과 한자어 '쟝'(醬) 의 합성이지만 이

저서에서는 한자어로 다루었다.

(184) a. 醬 : 豉醬 <四解下 41b>
　　　b. 醬 : 쟝 쟝 俗呼牴醬 돈쟝 醬油 ᄀ쟝 <字會中 10b>

<185> 깅 對 肉羹

두 명사 '깅'(羹)과 '肉羹'이 [羹]과 [膲] 즉 '국, 고깃국'의 뜻을 가지고 동의 관계에 있다는 것은 다음 예문들에서 잘 확인된다. 원문 중 '羹胾'가 '깅과 고기'로 번역된다. '羹'의 자석이 '깅'이다. 그리고 '羹'이 한자 '膲'과 同義이고 '膲'이 한자어 '肉羹'을 뜻한다. 따라서 '깅'과 '肉羹'의 동의성은 명백히 입증된다.

(185) a. 깅과 고기와 두 가짓 거슬 ᄀ초 아니ᄒ고(不二羹胾ᄒ며) <번小十 28b>
　　　b. 누믈 깅도 먹디 아니ᄒ며(不茹蔬歠羹) <속三烈 14a>

(185) c. 羹 : 膲也 <四解下 57b>
　　　d. 羹 : 깅 깅 <字會東中本中 21a>
　　　e. 膲 : 肉羹 <四解下 39b>

<186> 男巫 對 端公

두 명사가 [覡] 즉 '박수, 남자 무당'의 뜻을 가지고 동의 관계에 있다는 것은 다음 예문들에서 잘 확인된다. '覡'이 한자어 '男巫'를 뜻한다. 그리고 '覡'의 자석이 '화랑이'이고 고유어 '화랑이'는 한자어 '端公'과 동의 관계에 있다. 따라서 '男巫'와 '端公'의 동의성은 명백히 입증된다.

(186) a. 覡 : 男巫 <四解下 56a>
　　　b. 覡 : 화랑이 혁 男曰覡 俗呼端公 <字會中 2b>

<187> 襬襰 對 不曉事

두 명사가 [襬]와 [襰] 즉 '어리석음, 사리에 어두움'의 뜻을 가지고 동의 관계에 있다는 것은 다음 예문들에서 잘 확인된다. '襬'와 '襰'가 한자어 '襬襰'를 뜻하고 '襬襰'는 한자어 '不曉事'와 동의 관계에 있다. 따라서 '襬襰'와 '不曉事'의 동의성은 명백히 입증된다.

(187) a. 襬 : 襬襰 不曉事 <四解上 43b>

b. 㦲 : 㦲㦲 不曉事 <四解上 43a>

<188> 女奴 對 妮子

두 명사가 [婢]와 [妮] 즉 '여자 종'의 뜻을 가지고 동의 관계에 있다는 것은 다음 예문들에서 잘 확인된다. '婢'가 한자어 '女奴'를 뜻한다. '婢'의 자석이 '겨집죵'이고 고유어 '겨집죵'은 한자어 '妮子'와 동의 관계에 있다. 그리고 '妮'가 한자 '婢'와 同義이고 '婢'가 한자어 '妮子'와 동의 관계에 있다. 따라서 '女奴'와 '妮子'의 동의성은 명백히 입증된다.

(188) a. 婢 : 女奴 <四解上 16a>
　　　b. 婢 : 겨집죵 비⋯汎稱曰妮子 <字會上 17a>

(188) c. 妮 : ⋯俗呼婢(25b) 曰妮子 <四解上 26a>

<189> 女巫 對 甖婆

두 명사가 [甖]와 [巫] 즉 '무당, 여자 무당'의 뜻을 가지고 동의 관계에 있다는 것은 다음 예문들에서 잘 확인된다. '甖'가 한자어 '女巫'를 뜻하고 '女巫'는 한자어 '甖婆'와 동의 관계에 있다. 그리고 '巫'의 자석이 '무당'이고 고유어 '무당'은 한자어 '甖婆'와 동의 관계에 있다. 따라서 '女巫'와 '甖婆'의 동의성은 명백히 입증된다.

(189) a. 甖 : 女巫 今俗呼甖婆 <四解上 19b>

(189) b. 巫 : 巫覡 <四解上 39b>
　　　c. 巫 : 무당 무 女曰巫 俗呼甖婆 <字會中 2b

<190> 女僧 對 尼姑

두 명사가 [尼] 즉 '여승(女僧)'의 뜻을 가지고 동의 관계에 있다는 것은 다음 예문들에서 잘 확인된다. '尼'가 한자어 '女僧'을 뜻한다. 그리고 '尼'의 자석이 '즁'이고 고유어 '즁'은 한자어 '尼姑'와 동의 관계에 있다. 따라서 '女僧'과 '尼姑'의 동의성은 명백히 입증된다.

(190) a. 尼 : 女僧 <四解上 25b>
　　　b. 尼 : 즁 니 俗呼尼姑 <字會中 2a>

<191> 노 對 搖艣

두 명사 '노'(櫓)와 '搖艣'가 [艣] 즉 '노'의 뜻을 가지고 동의 관계에 있다는 것은 다음 예문들에서 잘 확인된다. '艣'의 자석이 '노'이고 한자어 '노'(櫓)는 한자어 '搖艣'와 동의 관계에 있다. 따라서 '노'와 '搖艣'의 동의성은 명백히 입증된다.

(191) a. 艣 : 似槳有柄曰艣 所以進船具 通作櫓 노 <四解上 42a>
　　　b. 艣 : 놋 노 俗稱搖艣 通作櫓 <字會中 12b>

<192> 노 對 瀪檥

두 명사 '노'(櫓)와 '瀪檥'이 [艣] 즉 '노, 상앗대'의 뜻을 가지고 동의 관계에 있다는 것은 다음 예문들에서 잘 확인된다. '艣'가 한자어 '노'(櫓)를 뜻한다. 그리고 '艣'의 자석이 '노'이고 '노'는 한자어 '瀪檥'과 동의 관계에 있다. 따라서 '노'와 '瀪檥'의 동의성은 명백히 입증된다.

(192) a. 艣 : 似槳有柄曰艣…通作櫓 노 <四解上 42a>
　　　b. 艣 : 놋 노 俗稱搖艣 瀪檥 通作櫓 <字會中 12b>

<193> 奴婢 對 驅口

두 명사가 [奴] 즉 '종'의 뜻을 가지고 동의 관계에 있다는 것은 다음 예문들에서 잘 확인된다. '奴'가 한자어 '奴婢'를 뜻한다. 그리고 '奴'의 자석이 '남진종'이고 고유어 '남진종'은 한자어 '驅口'와 동의 관계에 있다. 따라서 '奴婢'와 '驅口'의 동의성은 명백히 입증된다.

(193) a. 奴 : 奴婢 <四解上 37b>
　　　b. 奴 : 남진종 노…又驅男驅女 又總稱驅口 <四解上 17a>

<194> 老人拄杖 對 栁棒

두 명사가 [栁] 즉 '지팡이, 노인이 짚은 지팡이'의 뜻을 가지고 동의 관계에 있다는 것은 다음 예문들에서 잘 확인된다. '栁'가 한자어 '老人拄杖'을 뜻한다. 그리고 '栁'의 자석이 '갈공막대'이고 고유어 '갈공막대'는 한자어 '栁棒'과 동의 관계에 있다. 따라서 '老人拄杖'과 '栁棒'의 동의성은 명백히 입증된다.

(194) a. 栁 : 老人拄杖 <四解上 47a>
　　　b. 栁 : 갈공막대 괘 俗呼栁棒 老者所持 <字會中 9b>

<195> 駕駘 對 下乘

두 명사가 [駕]와 [駘] 즉 '駑馬, 걸음이 느린 말, 鈍馬'의 뜻을 가지고 동의 관계에 있다는 것은 다음 예문들에서 잘 확인된다. '駕'가 한자어 '駕駘'를 뜻하고 '駕駘'는 한자어 '下乘'과 동의 관계에 있다. 그리고 '駘'가 한자어 '駕駘'를 뜻한다. 따라서 '駕駘'와 '下乘'의 동의성은 명백히 입증된다.

(195) a. 駕 : 駕駘 下乘 <四解上 37b>
　　　b. 駘 : 駕駘 <四解上 43a>

<196> 齈帶 對 多涕鼻病

두 명사가 [齈] 즉 '콧물을 많이 흘리는 병'의 뜻을 가지고 동의 관계에 있다는 것은 다음 예문들에서 잘 확인된다. '齈'이 한자어 '多涕鼻病'을 뜻하고 '多涕鼻病'은 한자어 '齈帶'와 동의 관계에 있다. 그리고 '齈'의 자석이 '곳믈'이고 고유어 '곳믈'은 한자어 '齈帶'와 동의 관계에 있다. 따라서 '齈帶'와 '多涕鼻病'의 동의성은 명백히 입증된다.

(196) a. 齈 : 多涕鼻病 今俗呼齈帶 고 <四解上 2b>
　　　b. 齈 : 곳믈 농 俗稱齈帶 <字會東中本上 29b>

<197> 닉실 對 翌日

두 명사 '닉실'(来日) 과 '翌日'이 [明日]과 [明] 즉 '내일, 익일'의 뜻을 가지고 동의 관계에 있다는 것은 다음 예문들에서 잘 확인된다. 원문 중 '幾箇明日'이 '몃 닉실'로 번역되고 '明日…行'이 '닉실 녀다'로 번역되고 '明日'이 '닉실날'로 번역된다. 그리고 '明'이 한자어 '翌日'을 뜻한다. 따라서 '닉실'과 '翌日'의 동의성은 명백히 입증된다.

(197) a. 모로기로다 몃 닉싀린고(知他是幾箇明日) <번朴上 35a>
　　　b. 닉실 일 녀져(明日早行) <번老上 10b>
　　　c. 우리 닉실 무숨 노하 가져(我明日早只放心的去也) <번老上 26b>
　　　d. 나도 닉실 양 푸는 져제 가(我也明日到羊市裏) <번朴上 67a>
　　　e. 닉실나래 흔 수리를 굴히지버 흐면(明日에 辨一理흐면) <번小八 36b>

(197) f. 明 : 光也 <四解下 51a>
　　　g. 明 : 불굴 명…又翌日也 <字會下 1a>

<198> 닉일 對 明日

두 명사 '닉일'(来日)과 '明日'이 [明日]과 [翌] 즉 '내일'의 뜻을 가지고 동의 관계에 있다는 것은 다음 예문들에서 잘 확인된다. 원문 중 '明日後日'이 '닉일 모릭'로 번역된다. '翌'이 한자어 '明日'을 뜻한다. 그리고 '翌'의 자석이 '닉일'이고 한자어 '닉일'은 한자어 '明日'과 동의 관계에 있다. 따라서 '닉일'과 '明日'의 동의성은 명백히 입증된다.

> (198) a. 다하 닉일 모릭 가포마 니르니(只說明日後日還我) <번朴上 35a>
> b. 닉일 누미 구지람 든느니라(明日着人罵) <번老上 37b>

> (198) c. 翌 : 明日 <四解下 56b>
> d. 翌 : 닉일 익 明日 本作翌 <字會下 1b>

<199> 丹縠衣 對 后服

두 명사가 [襃] 즉 '붉은 비단 옷, 王后가 입던 옷'의 뜻을 가지고 동의 관계에 있다는 것은 다음 예문에서 잘 확인된다. '襃'이 한자어 '丹縠衣'를 뜻하고 '丹縠衣'는 한자어 '后服'과 동의 관계에 있다. 따라서 '丹縠衣'와 '后服'의 동의성은 명백히 입증된다.

> (199) a. 襃 : 丹縠衣 后服 <四解下 5b>

<200> 丹墀 對 闕庭

두 명사가 [墀] 즉 '天子의 뜰, 宮庭'의 뜻을 가지고 동의 관계에 있다는 것은 다음 예문들에서 잘 확인된다. '墀'가 한자어 '丹墀'를 뜻한다. '丹墀'는 '天子赤墀' 즉 '天子의 뜰'이다. 그리고 '墀'의 자석이 '뜰'이고 고유어 '뜰'은 한자어 '闕庭' 및 한자어 '丹墀'와 동의 관계에 있다. 따라서 '丹墀'와 '闕庭'의 동의성은 명백히 입증된다.

> (200) a. 墀 : 階上地 天子赤地 今俗呼丹墀 <四解上 19a>
> b. 墀 : 뜰 디 闕庭曰丹墀 <字會中 3b>

<201> 壇墠 對 土起壝埒

두 명사가 [壝] 즉 '壇의 주위에 둘러친 낮은 담'의 뜻을 가지고 동의 관계에 있다는 것은 다음 예문들에서 잘 확인된다. '壝'가 한자어 '壇墠'를 뜻한다. 그리고 '壝'의 자석이 '졔터'이고 '졔터'는 한자어 '土

起堳垺'과 동의 관계에 있다. 따라서 '壇壝'와 '土起堳垺'의 동의성은 명백히 입증된다.

(201) a. 壝 : 壇壝 垺也 <四解上 53b>

b. 壝 : 졔터 유 土起堳垺 <字會中 6a>

<202> 短衣 對 袛裯

두 명사가 [襦]와 [裯] 즉 '속옷, 땀받이로 속에 입는 짧은 옷'의 뜻을 가지고 동의 관계에 있다는 것은 다음 예문들에서 잘 확인된다. '襦'가 한자어 '短衣'를 뜻하고 '短衣'는 한자어 '袛裯'와 동의 관계에 있다. 그리고 '裯'가 한자어 '袛裯'를 뜻한다. 따라서 '短衣'와 '袛裯'의 동의성은 명백히 입증된다.

(202) a. 襦 : 短衣…或爲袛裯 <四解上 35b>

b. 裯 : 袛裯 汗襦 <四解下 19a>

<203> 段子 對 紵絲

두 명사가 [紵], [段], [段子] 및 [紵糸] 즉 '비단'의 뜻을 가지고 동의 관계에 있다는 것은 다음 예문들에서 잘 확인된다. '紵'가 한자어 '段子'를 뜻하고 '段子'는 한자어 '紵糸'와 동의 관계에 있다. '段'의 자석이 '비단'이고 '비단'은 한자어 '紵糸'와 동의 관계에 있다. 원문 중 '這段子'가 '이 비단'으로 번역되고 '買段子'가 '비단 사다'로 번역된다. 그리고 원문 중 '明綠紵糸'가 '명록비쳇 비단'으로 번역된다. 따라서 '段子'와 '紵糸'의 동의성은 명백히 입증된다.

(203) a. 紵 : …又今俗呼段子曰紵絲 <四解上 32b>

(203) b. 段 : 片段 <四解上 73a>

c. 段 : 비단 단 俗呼紵絲 <字會中 15a>

(203) d. 이 비단은 南京 치오(這段子是南京的) <번老下 29b>

e. 비단 사라 녀러 오노이다(買段子去來) <번朴上 14a>

(203) f. 이 명록비쳇 비단이 잇다(我有明綠紵絲) <번朴上 47a>

<204> 毯 對 毛席

두 명사가 [毯] 즉 '담요, 모포, 털로 짠 깔개'의 뜻을 가지고 동의 관계에 있다는 것은 다음 예문들에서 잘 확인된다. '毯'이 한자어 '毛席'을 뜻한다. 그리고 '毯'의 자석이 '담'이다. 따라서 '毯'과 '毛席'의 동의성은 명백히 입증된다.

(204) a. 毯 : 毛席 <四解下 76a>
      b. 毯 : 닶 담 俗呼花毯 <字會中 15a>

<205> 薝蔔 對 梔子花

두 명사가 [薝蔔] 즉 '치자나무의 꽃'의 뜻을 가지고 동의 관계에 있다는 것은 다음 예문들에서 잘 확인된다. '蔔'이 한자어 '薝蔔'을 뜻하고 '薝蔔'은 한자어 '梔子花'와 동의 관계에 있다. 그리고 '蔔'의 자석이 '댓무수'이고 고유어 '댓무수'는 한자어 '薝蔔' 및 한자어 '梔子花'와 동의 관계에 있다. 따라서 '薝蔔'과 '梔子花'의 동의성은 명백히 입증된다.

(205) a. 蔔 : 蘿蔔菜…又薝蔔 梔子花 <四解下 59b>
      b. 蔔 : 댓무수 복 俗呼蘿蔔 又薝蔔 梔子花 <字會上 7b>

<206> 瓝瓟 對 瓜中犀

두 명사가 [瓝]과 [瓟] 즉 '오이의 박씨'의 뜻을 가지고 동의 관계에 있다는 것은 다음 예문들에서 잘 확인된다. '瓝'과 '瓟'이 한자어 '瓝瓟'을 뜻하고 '瓝瓟'은 한자어 '瓜中犀'와 동의 관계에 있다. 따라서 '瓝瓟'과 '瓜中犀'의 동의성은 명백히 입증된다.

(206) a. 瓝 : 瓝瓟 瓜中犀 <四解下 34b>
      b. 瓝 : 삐 당 瓜實 <字會下 3a>

(206) c. 瓟 : 瓝瓟 瓜中犀 <四解下 45b>

<207> 煻煨 對 灰火

두 명사가 [煨] 즉 '잿불'의 뜻을 가지고 동의 관계에 있다는 것은 다음 예문들에서 잘 확인된다. '煨'가 한자어 '煻煨'를 뜻하고 '煻煨'는 한자어 '灰火'와 동의 관계에 있다. 따라서 '煻煨'와 '灰火'의 동의성은 명백히 입증된다.

(207) a. 煨 : …又煻煨 灰火也 <四解上 53a>
      b. 煨 : 노을압 외 <字會下 15a>

\<208\> 당츄ᄌ 對 核桃

두 명사 '당츄ᄌ'(唐楸子) 와 '核桃'가 [核桃] 즉 '호두'의 뜻을 가지고 동의 관계에 있다는 것은 다음 예문들에서 잘 확인된다. 원문 중 '核桃'가 '당츄ᄌ'로 번역된다. 그리고 '楸'의 자석이 'ᄀ래'이고 열매 가 '唐楸子'이고 한자어 '唐楸子'는 한자어 '核桃'와 동의 관계에 있다. 따라서 '당츄ᄌ'와 '核桃'의 동의 성은 명백히 입증된다.

(208) a. ᄆᆞᄅᆞᆫ 감 당츄ᄌ(乾柿 核桃) \<번老下 38b\>
　　　b. 룡안 당츄ᄌ(龍眼 核桃) \<번朴上 4b\>

(208) c. 楸：梓屬 \<四解下 69a\>
　　　d. 楸：ᄀ래 츄 實曰山核桃 又唐楸子曰核桃 \<字會上 6a\>

\<209\> 唐楸子 對 胡桃

두 명사가 [胡桃] 즉 '호두'의 뜻을 가지고 동의 관계에 있다는 것은 다음 예문들에서 잘 확인된다. 원 문 중 '胡桃'가 '당츄ᄌ'로 번역된다. 그리고 '桃'가 한자어 '唐楸子'를 뜻하고 '唐楸子'는 한자어 '胡桃' 와 동의 관계에 있다. 따라서 '唐楸子'와 '胡桃'의 동의성은 명백히 입증된다.

(209) a. 당츄ᄌ ᄒᆞᆫ 나츨 우여니 ᄉᆞ라(胡桃一箇燒存性) \<瘡疹 39a\>

(209) b. 桃：果名 \<四解下 19b\>
　　　c. 桃：복셩화 도…又唐楸子曰胡桃 \<字會中 6a\>

\<210\> 大槩 對 梗槩

두 명사가 [槩] 즉 '대부분, 대체의 줄거리'의 뜻을 가지고 동의 관계에 있다는 것은 다음 예문들에서 잘 확인된다. '槩'가 한자어 '大槩'를 뜻하고 '大槩'는 한자어 '梗槩'와 동의 관계에 있다. 따라서 '大槩' 와 '梗槩'의 동의성은 명백히 입증된다.

(210) a. 槩：平斗斛木 평목 又大槩 梗槩 大率也 \<四解上 42b\>
　　　b. 槩：평목 개…又大槩 梗槩 大率也 \<字會中 6b\>

\<211\> 大槩 對 大率

두 명사가 [檗] 즉 '대략, 대충'의 뜻을 가지고 동의 관계에 있다는 것은 다음 예문들에서 잘 확인된다. '檗'가 한자어 '大檗'를 뜻하고 '大檗'는 한자어 '大率'과 동의 관계에 있다. 따라서 '大檗'와 '大率'의 동의성은 명백히 입증된다.

(211) a. 檗 : 平斗斛木 평목 又大檗 梗檗 大率也 <四解上 42b>
　　　b. 檗 : 평목 개⋯又大檗 梗檗 大率也 <字會中 6b>

<212> 대궐 對 內府

두 명사 '대궐'(大闕)과 '內府'가 [內府]와 [府] 즉 '대궐'의 뜻을 가지고 동의 관계에 있다는 것은 다음 예문들에서 잘 확인된다. 원문 중 '內府'가 '대궐'로 번역된다. 그리고 '府'의 자석이 '마슬'이고 고유어 '마슬'은 한자어 '內府' 및 한자어 '대궐'과 동의 관계에 있다. 따라서 '대궐'과 '內府'의 동의성은 명백히 입증된다.

(212) a. 대궐릐 수울 근만 관원들 히 밍근 교훈 수울(內府管酒的官人們造的好酒) <번朴上 2b>

(212) b. 府 : ⋯又官府 <四解上 39a>
　　　c. 府 : 마슬 부 在京外大邑 俗稱內府 대궐 <字會中 4b>

<213> 大鵰 對 黑鷹

두 명사가 [鷲] 즉 '수리, 독수리'의 뜻을 가지고 동의 관계에 있다는 것은 다음 예문들에서 잘 확인된다. '鷲'가 한자어 '大鵰'를 뜻한다. 그리고 '鷲'의 자석이 '수리'이고 고유어 '수리'는 한자어 '黑鷹'과 동의 관계에 있다. 따라서 '大鵰'와 '黑鷹'의 동의성은 명백히 입증된다.

(213) a. 鷲 : 大鵰 <四解下 69a>
　　　b. 鷲 : 수리 츄 又呼黑鷹 <字會上 8b>

<214> 大池 對 大海

두 명사가 [海] 즉 '바다'의 뜻을 가지고 동의 관계에 있다는 것은 다음 예문들에서 잘 확인된다. '海'가 한자어 '大池'를 뜻한다. 그리고 '海'의 자석이 '바다'이고 고유어 '바다'는 한자어 '大海'와 동의 관계에 있다. 따라서 '大池'와 '大海'의 동의성은 명백히 입증된다.

(214) a. 海 : 大池 <四解上 45b>

b. 海 : 바다 히 大海 <字會上 2b>

<215> 대변 對 다변

두 명사 '대변'(大便)과 '다변'(大便)이 [大便] 즉 '대변'의 뜻을 가지고 동의 관계에 있다는 것은 다음 예문들에서 잘 확인된다. 원문 중 '大便稠'가 '대변이 되다'로 번역되고 '大便黃稠'가 '다변이 누르고 되다'로 번역된다. 그리고 '大便利者'가 '대변 즈칙다'로 번역되고 '大便泄瀉'가 '대변 즈츠다'로 번역된다. 따라서 '대변'과 '다변'의 동의성은 명백히 입증된다.

(215) a. 대변이 되며(大便稠) <瘡疹 23a>
　　　 b. 대변이 굳거든(大便秘結) <瘡疹 10b>
　　　 c. 대변이 굳고(大便秘堅) <瘡疹 14a>
　　　 d. 대변이 구드며(大便堅?) <瘡疹 41b>
　　　 e. 안히 허손ᄒᆞ야 대변 즈칙어든(內虛大便利者) <瘡疹 31b>
　　　 f. 대변 통티 몯ᄒᆞ며(大便不通) <瘡疹 9b>

(215) g. 다변이 누르고 되면(大便黃稠) <瘡疹 20b>
　　　 h. 다변 즈칙어늘(大便泄瀉) <瘡疹 64b>

<216> 大斧 對 鉞斧

두 명사가 [鉞] 즉 '큰 도끼'의 뜻을 가지고 동의 관계에 있다는 것은 다음 예문들에서 잘 확인된다. '鉞'이 한자어 '大斧'를 뜻한다. 그리고 '鉞'의 자석이 '도최'이고 고유어 '도최'는 한자어 '鉞斧'와 동의 관계에 있다. 따라서 '大斧'와 '鉞斧'의 동의성은 명백히 입증된다.

(216) a. 鉞 : 大斧 <四解下 10a>
　　　 b. 鉞 : 도최 월 俗呼鉞斧 <字會中 14a>

<217> 大蟬 對 秋涼兒

두 명사가 [蝒] 즉 '매미'의 뜻을 가지고 동의 관계에 있다는 것은 다음 예문들에서 잘 확인된다. '蝒'가 한자어 '大蟬'을 뜻한다. 그리고 '蝒'의 자석이 '미야미'이고 고유어 '미야미'는 한자어 '秋涼兒'와 동의 관계에 있다. 따라서 '大蟬'과 '秋涼兒'의 동의성은 명백히 입증된다.

(217) a. 蜩 : 大蟬 <四解下 14a>

b. 蜩 : 미야미 됴 俗呼秋涼兒 <字會上 12a>

<218> 大蟲 對 老虎

두 명사가 [虎] 즉 '범'의 뜻을 가지고 동의 관계에 있다는 것은 다음 예문들에서 잘 확인된다. '虎'가 한자어 '大虫'을 뜻한다. 그리고 '虎'의 자석이 '갈웜'이고 고유어 '갈웜'은 한자어 '老虎' 및 한자어 '大 虫'과 동의 관계에 있다. 따라서 '大虫'과 '老虎'의 동의성은 명백히 입증된다. 한자 '蟲'과 '虫'은 同字이다.

(218) a. 虎 : 今俗呼大蟲 <四解上 41a>

b. 虎 : 갈웜 호 俗呼老虎 又呼大虫 <字會上 9b>

<219> 大鍼 對 鈹針

두 명사가 [鈹] 즉 '大鍼, 넓직한 침'의 뜻을 가지고 동의 관계에 있다는 것은 다음 예문들에서 잘 확인된다. '鈹'는 한자어 '大鍼'을 뜻한다. 그리고 '鈹'의 자석이 '돗바늘'이고 고유어 '돗바늘'은 한자어 '鈹 針'과 동의 관계에 있다. 따라서 '大鍼'과 '鈹針'의 동의성은 명백히 입증된다. 한자 '鍼'과 '針'은 同字이다.

(219) a. 鈹 : 大鍼 <四解上 15b>

b. 鈹 : 돗바늘 피 俗稱鈹針 <字會中 8b>

<220> 대텽 對 正寢

두 명사 '대텽'(大厅)과 '正寢'이 [正寢]과 [寢] 즉 '대청, 정침, 몸채'의 뜻을 가지고 동의 관계에 있다는 것은 다음 예문들에서 잘 확인된다. 원문 중 '祭於正寢'이 '대텽에 졔ᄒᆞ다'로 번역된다. 그리고 '寢'의 자석이 '몸채'이고 고유어 '몸채'는 한자어 '正寢'과 동의 관계에 있다. 따라서 '대텽'과 '鈹針'의 동의성은 명백히 입증된다.

(220) a. 긔일에 신쥬를 옴겨 대텽에 졔홀디니(忌日앤 遷主ᄒᆞ야 祭於正寢이니) <번小七 7b>

(220) b. 寢 : 臥也 居室也 <四解下 73a>

c. 寢 : 몸채 침 正寢 又臥也 <字會中 5a>

<221> 大波 對 潮頭

두 명사가 [濤] 즉 '큰 물결'의 뜻을 가지고 동의 관계에 있다는 것은 다음 예문들에서 잘 확인된다. '濤'가 한자어 '大波'를 뜻하고 '大波'는 한자어 潮頭와 동의 관계에 있다. 그리고 '濤'의 자석이 '믓결'이고 고유어 '믓결'은 한자어 '大波' 및 潮頭와 동의 관계에 있다. 따라서 '大波'와 潮頭의 동의성은 명백히 입증된다.

(221) a. 濤 : 大波 亦曰潮頭 <四解下 19b>
     b. 濤 : 믓결 도 大波 又潮頭 <字會上 2b>

<222> 댱 對 單帳

두 명사 '댱'(帳) 과 '單帳'이 [幃]와 [幬] 즉 '휘장'의 뜻을 가지고 동의 관계에 있다는 것은 다음 예문들에서 잘 확인된다. '幃'가 한자어 '單帳'을 뜻한다. '幃'의 자석이 '댱'이고 '댱'은 한자어 '單帳'과 동의 관계에 있다. 그리고 '幬'가 한자어 '單帳'을 뜻한다. 따라서 '댱'과 '單帳'의 동의성은 명백히 입증된다.

(222) a. 幃 : …又單帳 <四解上 54b>
     b. 幃 : 댱 위 單帳 <字會中 7b>

(222) c. 帳 : 幬也 <四解下 42b>
     d. 幬 : 單帳 <四解下 69b>

<223> 댱 對 幕

두 명사 '댱'(帳) 과 '幕'이 [幔]과 [帳] 즉 '장막, 휘장'의 뜻을 가지고 동의 관계에 있다는 것은 다음 예문들에서 잘 확인된다. '幔'이 한자어 '幕'을 뜻하고 '幔'의 자석이 '댱'이다. 그리고 '帳'의 자석이 '댱'이다. 따라서 '댱'과 '幕'의 동의성은 명백히 입증된다.

(223) a. 幔 : 幕也 <四解上 75a>
     b. 幔 : 댱 만 帳也 <字會中 7b>

(223) c. 帳 : 幬也 <四解下 42b>
     d. 帳 : 댱 댱 總名 <字會中 7b>

<224> 댱 對 문댱

두 명사 '댱'(帳) 과 '문댱'(門帳) 이 [幔]과 [帷] 즉 '문장, 문에 쳐서 늘어뜨리는 휘장'의 뜻을 가지고 동의 관계에 있다는 것은 다음 예문들에서 잘 확인된다. '幔'의 자석이 '댱'이고 한자어 '帳'과 同義이다. '幔'의 자석이 '문댱'이다. 그리고 '帷'가 한자 '幔'과 同義이고 '帷'의 자석이 '댱'이다. 따라서 '댱'과 '문댱'의 동의성은 명백히 입증된다.

(224) a. 幔 : …帷也 <四解上 75a>
　　　 b. 幔 : 댱 만 帳也 又문댱 만 <字會東中本中 13a>

(224) c. 帷 : …又幔也 <四解上 54b>
　　　 d. 帷 : 댱 유 <字會中 7b>

<225> 댱 對 牀帳

두 명사 '댱'(帳) 과 '牀帳'이 [幬]와 [帳] 즉 '휘장(揮帳)'의 뜻을 가지고 동의 관계에 있다는 것은 다음 예문들에서 잘 확인된다. '幬'가 한자어 '牀帳'을 뜻한다. '幬'의 자석이 '댱'이고 '댱'은 한자어 '牀帳'과 동의 관계에 있다. 그리고 '帳'의 자석이 '댱'이다. 따라서 '댱'과 '牀帳'의 동의성은 명백히 입증된다.

(225) a. 裯 : 牀帳 <四解上 32b>
　　　 b. 幬 : 同 <四解上 32b>
　　　 c. 幬 : 댱 듀 牀帳 <字會中 7b>

(225) d. 帳 : 幬也 <四解下 42b>
　　　 e. 帳 : 댱 댱 總名 <字會中 7b>

<226> 댱 對 帷幔

두 명사 '댱'(帳) 과 '帷幔'이 [幌]고 [帳] 즉 '휘장'의 뜻을 가지고 동의 관계에 있다는 것은 다음 예문들에서 잘 확인된다. '幌'이 한자어 '帷幔'을 뜻하고 '幌'의 자석이 '댱'이다. 그리고 '帳'의 자석이 '댱'이다. 따라서 '댱'과 '帷幔'의 동의성은 명백히 입증된다.

(226) a. 幌 : 帷幔 <四解下 46b>
　　　 b. 幌 : 댱 황 <字會中 7b>

(226) c. 帳 : 幬也 <四解下 42b>
　　　 d. 帳 : 댯 댱 總名 <字會中 7b>

<227> 댱 對 즘댱

두 명사 '댱'(帳) 과 '즘댱'(繒帳) 이 [幃幔]과 [帳] 즉 '揮帳'의 뜻을 가지고 동의 관계에 있다는 것은 다음 예문들에서 잘 확인된다. 원문 중 '幃幔隔障'이 '댱으로 그리오다'로도 번역되고 '즘댱 지허 그리오다'로도 번역된다. 그리고 '帳'의 자석이 '댱'이다. 따라서 '댱'과 '즘댱'의 동의성은 명백히 입증된다.

(227) a. 잇다감 댱으로 그리와(往往幃幔隔障ᄒ야) <번小九 75a>
        b. 술위예 댱 두르고 ᄉ매예 갈 녀허(乃幃車袖劍) <속三孝 3a>

(227) c. 즘댱 지허 그리워 두고(幃幔隔障) <二倫 15a>

(227) d. 帳 : 幬也 <四解下 42b>
        e. 帳 : 댯댱 總名 <字會中 7b>

<228> 長蚑 對 蠨蛸

두 명사가 [蚑]와 [蛸] 즉 '갈거미'의 뜻을 가지고 동의 관계에 있다는 것은 다음 예문들에서 잘 확인된다. '蚑'가 한자어 '長蚑'를 뜻하고 '長蚑'는 한자어 '蠨蛸'와 동의 관계에 있다. 그리고 '蛸'의 자석이 '굴거믜'이고 고유어 '굴거믜'는 한자어 '長蚑' 및 한자어 '蠨蛸'와 동의 관계에 있다. 따라서 '長蚑'와 '蠨蛸'의 동의성은 명백히 입증된다.

(228) a. 蚑 : …又長蚑 蠨蛸也 <四解上 14b>
        b. 蛸 : 굴거(11a)믜 쇼 一名長蚑 詩蠨蛸 <字會上 11b>

<229> 張王 對 增盛

두 명사가 [張王] 즉 '세력이 왕성함'의 뜻을 가지고 동의 관계에 있다는 것은 다음 예문들에서 잘 확인된다. 한자어 '張王'이 한자어 '增盛'과 동의 관계에 있다. 따라서 '張王'과 '增盛'의 동의성은 명백히 입증된다.

(229) a. 張 : …又張王 增盛也 <四解下 42b>
        b. 張 : 활지흘 댱 <字會下 5b>

<230> 萇楚 對 羊桃

두 명사가 [莨]과 [楚] 즉 '장초나무, 羊桃'의 뜻을 가지고 동의 관계에 있다는 것은 다음 예문들에서 잘 확인된다. '莨'이 한자어 '莨楚'를 뜻하고 '莨楚'는 한자어 '羊桃'와 동의 관계에 있다. 그리고 '楚'가 한자어 '莨楚'를 뜻한다. 따라서 '莨楚'와 '羊桃'의 동의성은 명백히 입증된다.

(230) a. 莨 : 莨楚 羊桃 <四解下 43a>
b. 楚 : 荊也 莨楚 <四解上 40b>

<231> 苧麻布 對 木絲布

두 명사가 [絁] 즉 '모시베'의 뜻을 가지고 동의 관계에 있다는 것은 다음 예문들에서 잘 확인된다. '絁'의 자석이 '모시뵈'이고 고유어 '모시뵈'는 한자어 '苧麻布' 및 한자어 '木糸布'와 동의 관계에 있다. 그리고 '漢人'은 '苧麻布'를 '木糸布'라고 한다. 따라서 '苧麻布'와 '木糸布'의 동의성은 명백히 입증된다.

(231) a. 絁 : 繪似布 <四解上 19b>
b. 絁 : 모시뵈 시 俗呼苧麻布 又曰木絲布 <字會中 15a>

(231) c. 毛施布 : 此卽本國人呼苧麻布之稱 漢人皆呼苧麻布亦曰麻布曰木絲布 <老朴 朴上 13a>

<232> 儲副 對 太子

두 명사가 [儲副] 즉 '太子, 世子'의 뜻을 가지고 동의 관계에 있다는 것은 다음 예문들에서 잘 확인된다. '副'의 자석이 '벅다'이고 한자어 '儲副'가 한자어 '太子'와 동의 관계에 있다. 따라서 '儲副'와 '太子'의 동의성은 명백히 입증된다.

(232) a. 副 : 貳也 佐也 <四解上 39a> <四解下 66a>
b. 副 : 버글 부 儲副謂太子也 <字會中 1a>

(232) c. 儲 : 貯也 副也 <四解上 32b>
d. 貯 : 여툴 뎌…又副也 <字會中 1a>

<233> 摴蒱 對 賭博

두 명사가 [摴]와 [蒱] 즉 '노름, 도박'의 뜻을 가지고 동의 관계에 있다는 것은 다음 예문들에서 잘 확인된다. '摴'가 한자어 '摴蒱'를 뜻한다. '摴'의 자석이 '슛'이고 '摴'는 한자어 '摴蒱'를 뜻하고 '摴蒱'는 한자어 '賭博'과 동의 관계에 있다. '捕'와 '蒲'는 同字이다. 그리고 '捕'는 한자어 '摴捕'를 뜻한다. 따라서 '摴捕'와 '賭博'의 동의성은 명백히 입증된다.

(233) a. 摴 : 摴捕 <四解上 32a>
　　　b. 摴 : 슛 뎌 摴蒲 四數 賭博 <字會下 10a>

(233) c. 蒲 : 摴捕 <四解上 38a>
　　　d. 蒲 : 슛 포 <字會下 10a>

<234> 田界 對 田間道

두 명사가 [畛] 즉 '밭두둑, 밭 사이의 길'의 뜻을 가지고 동의 관계에 있다는 것은 다음 예문들에서 잘 확인된다. '畛'이 한자어 '田界'를 뜻한다. 그리고 '畛'의 자석이 '밭두둑'이고 고유어 '밭두둑'은 한자어 '田間道'와 동의 관계에 있다. 따라서 '田界'와 '田間道'의 동의성은 명백히 입증된다.

(234) a. 畛 : 田界 又溝上塗 <四解上 58b>
　　　b. 畛 : 밭두둑 딘 田間道 <字會上 4a>

<235> 田螺 對 蚶螺

두 명사가 [蝲] 즉 '우렁이, 다슬기'의 뜻을 가지고 동의 관계에 있다는 것은 다음 예문들에서 잘 확인된다. '蝲'의 자석이 '골왕이'이고 고유어 '골왕이'는 한자어 '田螺' 및 한자어 '蚶螺'와 동의 관계에 있다. 따라서 '田螺'와 '蚶螺'의 동의성은 명백히 입증된다.

(235) a. 蝲 : 今俗呼螺蝲 골왕이 <四解上 19b>
　　　b. 蝲 : 골왕이 ㅅ 又呼(12a) 田螺 又呼蚶螺 <字會上 12b>

<236> 田稅 對 곡식

두 명사 '田稅'와 '곡식'(穀食) 이 [租] 즉 '租稅, 세금'의 뜻을 가지고 동의 관계에 있다는 것은 다음 예문에서 잘 확인된다. 원문 중 '徵租'가 '곡식을 물이다'로 번역된다. 그리고 '租'가 한자어 '田稅'를 뜻한다. 따라서 '田稅'와 '곡식'의 동의성은 명백히 입증된다.

(236) a. 오직 구윗 치셔 나날 와 곡식을 물이며 또 돈을 내라 ᄒ놋다(惟有吏ㅣ 日來徵租ᄒ며 更索錢ᄒ놋다) <번小九 98b>

(236) b. 租 : 田稅 <四解上 39b>

　　 c. 租 : 공세 조 <字會下 9b>

<237> 佃戶 對 治田者

　두 명사가 [佃] 즉 '小作人'의 뜻을 가지고 동의 관계에 있다는 것은 다음 예문들에서 잘 확인된다. '佃'이 한자어 '治田者'를 뜻하고 '治田者'는 한자어 '佃戶'와 동의 관계에 있다. 따라서 '佃戶'와 '治田者'의 동의성은 명백히 입증된다.

(237) a. 佃 : 治田 又治田者 佃戶 <四解下 2b>

(237) b. 農 : 田農 <四解上 2b>

　　 c. 農 : 녀름지슬 농 俗稱佃戶謂治人之田者 <字會中 2b>

<238> 丁璫 對 珮聲

　두 명사가 [璫] 즉 '佩玉이 울리는 소리'의 뜻을 가지고 동의 관계에 있다는 것은 다음 예문들에서 잘 확인된다. '璫'이 한자어 '丁璫'을 뜻하고 '丁璫'은 한자어 '珮声'과 동의 관계에 있다. 따라서 '丁璫'과 '珮声'의 동의성은 명백히 입증된다.

(238) a. 璫 : …又丁璫 珮聲 亦作東 <四解下 34b>

　　 b. 璫 : 귀엿골회 당 <字會中 12a>

<239> 飣餖 對 貯食

　두 명사가 [飣]과 [餖] 즉 '음식물을 저장함'의 뜻을 가지고 동의 관계에 있다는 것은 다음 예문들에서 잘 확인된다. '飣'이 한자어 '飣餖'를 뜻하고 '飣餖'는 한자어 '貯食'과 동의 관계에 있다. 그리고 '餖'가 한자어 '飣餖'를 뜻하고 '飣餖'는 한자어 '貯食貌'와 동의 관계에 있다. 따라서 '飣餖'와 '貯食'의 동의성은 명백히 입증된다.

(239) a. 飣 : 飣餖 貯食 <四解下 48b>

　　 b. 餖 : 飣餖 貯食貌 <四解下 65b>

<240> 鶗鴂 對 子規

두 명사가 [鶗]와 [鴂] 즉 '접동새, 두견이'의 뜻을 가지고 동의 관계에 있다는 것은 다음 예문들에서 잘 확인된다. '鶗'가 한자어 '鶗鴂'을 뜻하고 '鶗鴂'은 한자어 '子規'와 동의 관계에 있다. 그리고 '鴂'이 한자어 '鶗鴂'을 뜻하고 '鶗鴂'은 한자어 '子規'와 동의 관계에 있다. 따라서 '鶗鴂'과 '子規'의 동의성은 명백히 입증된다.

(240) a. 鶗：鶗鴂 子規 <四解上 25a>
　　　 b. 鴂：⋯又鶗鴂 子規也 <四解下 9a>

<241> 衼裯 對 單衫

두 명사가 [裯] 즉 '속적삼'의 뜻을 가지고 동의 관계에 있다는 것은 다음 예문들에서 잘 확인된다. '裯'가 한자어 '衼裯'를 뜻하고 '衼裯'는 한자어 '單衫'과 동의 관계에 있다. 따라서 '衼裯'와 '単衫'의 동의성은 명백히 입증된다.

(241) a. 裯：衼裯 單衫 <四解下 13b>

(241) b. 衫：小襦 <四解下 78b>
　　　 c. 衫：젹삼 삼 <字會中 11b>

<242> 衼裯 對 汗襦

두 명사가 [裯]와 [襦] 즉 '속옷, 땀받이로 입는 속옷'의 뜻을 가지고 동의 관계에 있다는 것은 다음 예문들에서 잘 확인된다. '裯'가 한자어 '衼裯'를 뜻하고 '衼裯'는 한자어 '汗襦'와 동의 관계에 있다. 그리고 '襦'가 한자어 '衼裯'를 뜻한다. 따라서 '衼裯'와 '汗襦'의 동의성은 명백히 입증된다.

(242) a. 裯：衼裯 汗襦 <四解下 19a>
　　　 b. 襦：短衣⋯或爲衼裯 <四解上 35b>

<243> 底簿 對 公文本簿

두 명사가 [底] 즉 '公文本簿'의 뜻을 가지고 동의 관계에 있다는 것은 다음 예문에서 잘 확인된다. '底'가 한자어 '公文本簿'를 뜻하고 '公文本簿'는 한자어 '底簿'와 동의 관계에 있다. 따라서 '底簿'와 '公文本簿'의 동의성은 명백히 입증된다.

(243) a. 底：⋯凡公文本簿曰底簿 <四解上 24b>

<244> 娣姒 對 妯娌

두 명사가 [娣] 즉 '여자 동서, 형제의 아내'의 뜻을 가지고 동의 관계에 있다는 것은 다음 예문들에서 잘 확인된다. '娣'가 한자어 '娣姒'를 뜻하고 '娣姒'는 한자어 '妯娌'와 동의 관계에 있다. 그리고 '娣'의 자석이 '겨집 동셰'이다. 따라서 '娣姒'와 '妯娌'의 동의성은 명백히 입증된다.

(244) a. 娣 : …又娣姒 妯娌也 <四解上 25b>
      b. 娣 : 겨집 동셰 뎨 <字會上 16a>

<245> 弟子 對 徒弟

두 명사가 [弟子]와 [徒] 즉 '제자, 門人'의 뜻을 가지고 동의 관계에 있다는 것은 다음 예문들에서 잘 확인된다. 원문 중 '其弟子'가 '그 弟子'로 번역되고 '師弟子'가 '스승 뎨ᄌ'로 번역되고 '仏家弟子'가 '부텻 뎨ᄌ'로 번역된다. 그리고 '徒'가 한자어 '徒弟'를 뜻하고 '徒弟'는 한자어 '뎨ᄌ'와 동의 관계에 있다. 따라서 '弟子'와 '徒弟'의 동의성은 명백히 입증된다.

(245) a. 그 弟子ㅣ ᄉ방이 흐러 이셔(其弟子ㅣ 散在四方ᄒᆞ야) <번小九 11b>
      b. 胡先生의 弟子ㄴ 주를 알며(可知爲先生弟子ㅣ며) <번小九 11b>
      c. 모든 션븨를 보와 스승 뎨ᄌ의 례도를 엄졍히 ᄒᆞ며(以見諸生ᄒᆞ야 嚴師弟子之禮ᄒᆞ며) <번小九 9b>
      d. 너는 부텻 뎨ᄌ로(你是佛家弟子) <번老上 36a>

(245) e. 徒 : 黨也 衆也 <四解上 37a>
      f. 徒 : 물 도 衆也…又生徒 徒弟 뎨ᄌ <字會上 17b>

<246> 뎨ᄌ 對 문ᄉᆡᆼ

두 명사 '뎨ᄌ'(弟子) 와 '문ᄉᆡᆼ'(門生) 이 [弟子], [門人] 및 [門生] 즉 '제자, 문하생'의 뜻을 가지고 동의 관계에 있다는 것은 다음 예문들에서 잘 확인된다. 원문 중 '吳章弟子'가 '오쟝의 뎨ᄌ'로 번역되고 '門人受業者'가 '글 비홀 뎨ᄌ들ᄒ'로 번역되고 '隱門生'이 '악은늬 문ᄉᆡᆼ'으로 번역된다. 따라서 '뎨ᄌ'와 '문ᄉᆡᆼ'의 동의성은 명백히 입증된다.

(246) a. 오쟝의 뎨ᄌ 일쳔 나므닐 흔 당이라 ᄒᆞ여(章弟子千餘人 莽以爲惡党) <二倫 44a>
      b. 운챵이 제 벼슬 말오 내 오쟝의 뎨지로라 ᄒᆞ고(敞…自劾吳章弟子) <二倫 44a>

c. 뎨쯧의 류에 두디 몯ᄒ리로다(不當在弟子列) <二倫 48a>

d. 너는 부텻 뎨쯧로(你是佛家弟子) <번朴上 36a>

e. 글 ᄇᆡ홀 뎨쯧ᄃᆞᆯ히(門人受業者ㅣ) <번小九 27a>

(246) f. 견퇴 악은늬 문ᄉᆡᆼ ᄉᆞ로와로 갈ᄂᆞᆯ 드듸오 드러가(招興隱門生史路等觸蹈鋒刃) <二倫 46a>

<247> 鵜鶘 對 陶河

두 명사가 [鵜]와 [鶘] 즉 '사다새'의 뜻을 가지고 동의 관계에 있다는 것은 다음 예문들에서 잘 확인된다. '鵜'가 한자어 '鵜鶘'를 뜻하고 '鵜鶘'는 고유어 '사ᄃᆞ새' 및 한자어 '陶河'와 동의 관계에 있다. '鶘'가 한자어 '鵜鶘'를 뜻한다. 그리고 '鶘'의 자석이 '사ᄃᆞ새'이고 고유어 '사ᄃᆞ새'는 한자어 '鵜鶘' 및 한자어 '陶河'와 동의 관계에 있다. 따라서 '鵜鶘'와 '陶河'의 동의성은 명백히 입증된다.

(247) a. 鵜 : 鵜鶘 사다새 今俗呼陶河 <四解上 25b>

　　　 b. 鵜 : 사ᄃᆞ새 뎨 <字會上 9a>

(247) c. 鶘 : 鵜鶘 <四解上 41a>

　　　 d. 鶘 : 사ᄃᆞ새 호 鵜鶘…俗呼陶河 <字會上 9a>

<248> 道 對 道理

두 명사 '道'와 '道理'가 [道] 즉 '도, 도리'의 뜻을 가지고 동의 관계에 있다는 것은 다음 예문들에서 잘 확인된다. 원문 중 '聖人之道'가 '셩신의 도'로도 번역되고 '聖人 도리'로도 번역된다. '婦道'가 '며늘의 도'로도 번역되고 '며느리의 도리'로도 번역된다. 그리고 '古道'가 '녯 도'로도 번역되고 '녯 도리'로도 번역된다. 따라서 '道'와 '道理'의 동의성은 명백히 입증된다.

(248) a. 道의 ᄇᆞᆰ디(40b) 아니호믄(道之不明) <번小八 41a>

　　　 b. 어딘 일 ᄒ라 ᄒ야 責ᄒ요믄 버듸 道ㅣ라(責善은 朋友之道也ㅣ니라) <번小三 34b>

　　　 c. 셩신의 도논(聖人之道논) <번小八 4a>

　　　 d. 며늘의 도를 닷곤대(脩行婦道ᄒ대) <번小九 59b>

　　　 e. 녯 도를 즐기디 아니ᄒ야(不悅古道ᄒ야) <번小六 18a>

(248) f. 君子ㅣ 道理예 귀히 너기논 거시(君子ㅣ 所貴乎道者ㅣ) <번小四 6b>

　　　 g. 士ㅣ 道理예 ᄠᅳᆮ 두고 구즌 옷과 구즌 바ᄇᆞᆯ 붓그리ᄂᆞ니는(士ㅣ 志於道而恥惡衣惡食者는) <번小

四 25a>

h. 졍혼 도리 붉디 아니호모로브터(自道之不明으로) <번小八 42b>

i. 므슬 샹해 사름으로블터 가히 聖人 도리예 니를 거시니라(自鄕人而可至於聖人之道ㅣ니라)
    <번小九 14a>

j. 반ᄃ시 며느리의 도리로 ᄒ리라(必執婦道ᄒ리라) <번小七 34b>

k. 녯 도리 ᄉ랑호믈 아니ᄒ야(莫思古道ᄒ야) <번小六 19a>

<249> 徒歌 對 無章曲

두 명사가 [謠] 즉 '노래, 악기 반주 없이 육성으로 부르는 노래'의 뜻을 가지고 동의 관계에 있다는
것은 다음 예문들에서 잘 확인된다. '謠'가 한자어 '徒歌'를 뜻한다. 그리고 '謠'의 자석이 '놀애'이고 고
유어 '놀애'는 한자어 '無章曲'과 동의 관계에 있다. 따라서 '徒歌'와 '無章曲'의 동의성은 명백히 입증된
다.

(249) a. 謠 : 徒歌 <四解下 17a>

b. 謠 : 노래 요 無章曲曰謠 <字會下 14a>

<250> 陶器 對 瓷器

두 명사가 [瓷] 즉 '오지그릇, 陶器'의 뜻을 가지고 동의 관계에 있다는 것은 다음 예문들에서 잘 확인
된다. '瓷'가 한자어 '陶器'를 뜻한다. 그리고 '瓷'의 자석이 '츳긔'이고 고유어 '츳긔'는 한자어 '陶器'와
동의 관계에 있다. 따라서 '陶器'와 '瓷器'의 동의성은 명백히 입증된다.

(250) a. 瓷 : 陶器 <四解上 13a>

b. 瓷 : 츳긔 ᄌ 俗呼瓷器 <字會中 9b>

<251> 酴醾 對 重釀酒

두 명사가 [酴]와 [醾] 즉 '거듭 빚은 술, 찌꺼기를 거르지 않은 보리술'의 뜻을 가지고 동의 관계에 있
다는 것은 다음 예문들에서 잘 확인된다. '酴'가 한자어 '酴醾'를 뜻한다. 그리고 '醾'가 한자어 '酴醾'를
뜻하고 '酴醾'는 한자어 '重釀酒'와 동의 관계에 있다. 따라서 '酴醾'와 '重釀酒'의 동의성은 명백히 입
증된다.

(251) a. 酴 : 酴醾 <四解上 37a>

b. 釀 : 酴醾 重釀酒一曰麥酒 <四解上 16b>

<252> 酴醾 對 麥酒

두 명사가 [酴]와 [醾] 즉 '거듭 빚은 술, 찌꺼기를 거르지 않은 보리술'의 뜻을 가지고 동의 관계에 있다는 것은 다음 예문들에서 잘 확인된다. '酴'가 한자어 '酴醾'를 뜻한다. 그리고 '醾'가 한자어 '酴醾'를 뜻하고 '酴醾'는 한자어 '麥酒'와 동의 관계에 있다. 따라서 '酴醾'와 '麥酒'의 동의성은 명백히 입증된다.

(252) a. 酴 : 酴醾 <四解上 37a>
b. 醾 : 酴醾 重釀酒一曰麥酒 <四解上 16b>

<253> 導賓 對 儐介

두 명사가 [儐] 즉 '손을 안내하는 사람'의 뜻을 가지고 동의 관계에 있다는 것은 다음 예문들에서 잘 확인된다. '儐'이 한자어 '導賓'을 뜻하고 '導賓'은 한자어 '儐介'와 동의 관계에 있다. 따라서 '導賓'과 '儐介'의 동의성은 명백히 입증된다.

(253) a. 儐 : 導賓曰儐介 <四解上 57a>
b. 介 : 助也 副也 <四解上 46b>

<254> 庸麻/屠麻 對 小庵

두 명사가 [庸]와 [麻] 즉 '암자, 초암(草菴)'의 뜻을 가지고 동의 관계에 있다는 것은 다음 예문들에서 잘 확인된다. '庸'가 한자어 '庸麻'를 뜻하고 '庸麻'는 한자어 '小庵'과 동의 관예에 있다. 그리고 '麻'는 한자어 '庸麻'를 뜻하고 '庸麻'는 한자어 '小庵'과 동의 관계에 있다. 따라서 '庸麻/屠麻'와 '小庵'의 동의성은 명백히 입증된다.

(254) a. 庸 : 庸麻 小庵 <四解上 37a>
b. 屠 : 屠麻 小庵 <四解上 40a>

<255> 刀魚 對 列刀魚

두 명사가 [鮆] 즉 '갈치'의 뜻을 가지고 동의 관계에 있다는 것은 다음 예문들에서 잘 확인된다. '鮆'가 한자어 '刀魚'를 뜻한다. 그리고 '鮆'가 한자어 '列刀魚'를 뜻한다. 따라서 '刀魚'와 '列刀魚'의 동의성은 명백히 입증된다.

 (255) a. 鱴 : 刀魚 <四解上 27a>

 (255) b. 鱴 : 列刀魚 <四解上 12a>
   c. 鱴 : 列刀魚 <四解上 27a>

<256> 刀魚 對 鱴魚

 두 명사가 [劉]과 [鱴] 즉 '갈치'의 뜻을 가지고 동의 관계에 있다는 것은 다음 예문들에서 잘 확인된다. '劉'이 한자어 '刀魚'를 뜻하고 '刀魚'는 한자어 '鱴魚'와 동의 관계에 있다. 그리고 '鱴'가 한자어 '刀魚'를 뜻한다. 따라서 '刀魚'와 '鱴魚'의 동의성은 명백히 입증된다.

 (256) a. 劉 : 刀魚 一名 鱴刀 今鱴魚 <四解下 8b>
   b. 鱴 : 刀魚 <四解上 27a>

<257> 도읍 對 國都

 두 명사 '도읍'(都邑) 과 '国都'가 [都] 즉 '도읍, 서울'의 뜻을 가지고 동의 관계에 있다는 것은 다음 예문들에서 잘 확인된다. '都'가 한자어 '国都'를 뜻한다. 그리고 '都'의 자석이 '도읍'이다. 따라서 '도읍'과 '国都'의 동의성은 명백히 입증된다.

 (257) a. 都 : 國都 <四解上 37a>
   b. 都 : 도읍 도 <字會中 4b>

<258> 髑髏 對 首骨

 두 명사가 [髏]와 [髑] 즉 '해골(骸骨), 백골이 된 사람의 머리뼈'의 뜻을 가지고 동의 관계에 있다는 것은 다음 예문들에서 잘 확인된다. '髏'가 한자어 '髑髏'를 뜻하고 '髑髏'는 한자어 '首骨'과 동의 관계에 있다. 그리고 '髏'의 자석이 '머릿ᄃᆡ골'이고 고유어 '머릿ᄃᆡ골'은 한자어 '髑髏' 및 '首骨'과 동의 관계에 있다. 그리고 '髑'이 한자어 '髑髏'를 뜻한다. 따라서 '髑髏'와 '首骨'의 동의성은 명백히 입증된다.

 (258) a. 髏 : 髑髏 首骨 <四解下 67b>
   c. 髏 : 머릿ᄃᆡ골 루…俗稱髑髏 首骨 <字會上 14b>

(258) c. 髑 : 髑髏 <四解上 2b>

<259> 獨木橋 對 略彴

두 명사가 [橋]와 [彴] 즉 '외나무다리'의 뜻을 가지고 동의 관계에 있다는 것은 다음 예문들에서 잘 확인된다. '橋'의 자석이 '드리'이고 한자어 '独木橋'가 한자어 '略彴'과 동의 관계에 있다. 그리고 '彴'이 한자어 '略彴'을 뜻한다. 따라서 '独木橋'와 '略彴'의 동의성은 명백히 입증된다.

(259) a. 橋 : 水梁 <四解下 13b>
b. 橋 : 드리 교…又獨木橋曰略彴 卽水梁也 <字會中 4a>

(259) c. 彴 : 橫木渡水者曰略彴 <四解下 42b>

<260> 獨木橋 對 水梁

두 명사가 [橋] 즉 '외나무다리'의 뜻을 가지고 동의 관계에 있다는 것은 다음 예문들에서 잘 확인된다. '橋'가 한자어 '水梁'을 뜻한다. 그리고 '橋'의 자석이 '드리'이고 한자어 '独木橋'가 한자어 '水梁'과 동의 관계에 있다. 따라서 '独木橋'와 '水梁'의 동의성은 명백히 입증된다.

(260) a. 橋 : 水梁 <四解下 13b>
b. 橋 : 드리 교…又獨木橋曰略彴 卽水梁也 <字會中 4a>

<261> 犢鼻褌 對 窮袴

두 명사가 [褌] 즉 '잠방이, 가랑이가 짧은 홑고의'의 뜻을 가지고 동의 관계에 있다는 것은 다음 예문들에서 잘 확인된다. '褌'이 한자어 '犢鼻褌'을 뜻하고 '犢鼻褌'은 고유어 '쟘방이' 및 한자어 '窮袴'와 동의 관계에 있다. 따라서 '犢鼻褌'과 '弓衣'의 동의성은 명백히 입증된다.

(261) a. 褌 : 褻衣 <四解上 62b>
b. 褌 : 고의 군 短者 犢鼻褌 쟘방이 一名窮袴 <字會中 11b>

<262> 독샤 對 蝮蛇

두 명사 '독샤(毒蛇) 와 '蝮蛇'가 [蝮] 즉 '독사, 살무사'의 뜻을 가지고 동의 관계에 있다는 것은 다음 예문들에서 잘 확인된다. '蝮'이 한자어 '蝮蛇'를 뜻하고 '蝮蛇'는 한자어 '독샤(毒蛇) 와 동의 관계에 있다. 그리고 '蝮'의 자석이 '독샤'이다. 따라서 '독샤'와 '蝮蛇'의 동의성은 명백히 입증된다.

(262) a. 蝮 : … 又蝮蛇 독샤 <四解上 4a>
　　　b. 蝮 : 독샤 복 折母腹胎生 <字會上 11b>

<263> 독샤 對 蝮虺

두 명사 '독샤'(毒蛇)와 '蝮虺'가 [虺] 즉 '독사, 살무사'의 뜻을 가지고 동의 관계에 있다는 것은 다음 예문들에서 잘 확인된다. '虺'가 한자어 '蝮虺'를 뜻한다. 그리고 '虺'의 자석이 '독샤'이다. 따라서 '독샤'와 '蝮虺'의 동의성은 명백히 입증된다.

(263) a. 虺 : 蝮虺 <四解上 54a>
　　　b. 虺 : 독샤 훼 <字會上 11b>

<264> 鶷鶿 對 扶老

두 명사가 [鶷]과 [鶿] 즉 '무수리'의 뜻을 가지고 동의 관계에 있다는 것은 다음 예문들에서 잘 확인된다. '鶷'이 한자어 '鶷鶿'를 뜻한다. 그리고 '鶿'가 한자어 '鶷鶿'를 뜻하고 '鶷鶿'는 한자어 '扶老'와 동의 관계에 있다. 따라서 '鶷鶿'와 '扶老'의 동의성은 명백히 입증된다.

(264) a. 鶷 : 鶷鶿 <四解上 2a>
　　　b. 鶿 : 鶷鶿 一名扶老 <四解下 69a>

<265> 獨豹 對 鴇子

두 명사가 [鴇]와 [鴇] 즉 '너새, 능에'의 뜻을 가지고 동의 관계에 있다는 것은 다음 예문들에서 잘 확인된다. '鴇'가 한자어 '獨豹'를 뜻하고 '獨豹'는 한자어 '鴇子' 및 고유어 '너시'와 동의 관계에 있다. 그리고 '鴇'의 자석이 '너시'이고 고유어 '너시'는 한자어 '鴇子'와 동의 관계에 있다. 따라서 '獨豹'와 '鴇子'의 동의성은 명백히 입증된다.

(265) a. 鴇 : 鳥名 俗呼獨豹 今俗呼鴇子 너시 <四解下 20a>
　　　b. 鴇 : 너시 부 一名鴇 俗呼鴇子 <字會上 8b>

<266> 頓首 對 拜頭叩地

두 명사가 [頓] 즉 '조아림, 머리를 숙여 이마가 땅에 닿도록 절을 함'의 뜻을 가지고 동의 관계에 있다는 것은 다음 예문들에서 잘 확인된다. '頓'이 한자어 '頓首'를 뜻한다. 그리고 '頓'의 자석이 '니마 좃다'이고 고유어 '니마 좃다'는 한자어 '拜頭叩地'와 동의 관계에 있다. 따라서 '頓首'와 '拜頭叩地'의 동의성은 명백히 입증된다.

(266) a. 頓 : 頓首 <四解上 63a>
b. 頓 : 니마 조슬 돈 拜頭叩地 <字會下 11b>

<267> 鮐魚 對 河鮐/魺鮐

두 명사가 [鮐] 즉 '복, 복어'의 뜻을 가지고 동의 관계에 있다는 것은 다음 예문들에서 잘 확인된다. '鮐'이 한자어 '鮐魚'를 뜻하고 '鮐魚'는 한자어 '河鮐' 및 고유어 '복'과 동의 관계에 있다. 그리고 '鮐'의 자석이 '복'이고 고유어 '복'은 한자어 '鮐魚' 및 한자어 '魺鮐'과 동의 관계에 있다. 따라서 '鮐魚'와 '河鮐/魺鮐'의 동의성은 명백히 입증된다.

(267) a. 鮐 : 今俗呼鮐魚 又名河鮐 복 <四解上 63b>
b. 鮐 : 복 돈 俗呼鮐魚 又呼魺鮐 本作河豚 <字會上 11a>

<268> 동관 對 僚寀

두 명사 '동관'(同官) 과 한자어 '僚寀'가 [同僚], [僚] 및 [寀] 즉 '같은 등급의 관리, 동료의 관리'의 뜻을 가지고 동의 관계에 있다는 것은 다음 예문들에서 잘 확인된다. 원문 중 '与同僚'가 '동관 향ᄒᆞ야 ᄒᆞ다'로 번역된다. '僚'가 한자어 '同官'을 뜻하고 '僚'의 자석이 '동관'이다. 그리고 '寀'가 한자어 '僚寀'를 뜻한다. 따라서 '동관'과 '僚寀'의 동의성은 명백히 입증된다.

(268) a. 동관 향ᄒᆞ야 호믈 집사롬 ᄀᆞ티 ᄒᆞ며(與同僚如家人ᄒᆞ며) <번小七 24a>

(268) b. 僚 : 同官爲僚 <四解下 17b>
c. 僚 : 동관 同官爲僚 <字會中 1a>

(268) d. 寀 : 僚寀 <四解上 44b>

<269> 同官 對 朋僚

두 명사가 [同僚]와 [僚] 즉 '동료'의 뜻을 가지고 동의 관계에 있다는 것은 다음 예문들에서 잘 확인된다. 원문 중 '与同僚'가 '동관 향ᄒᆞ야 ᄒᆞ다'로 번역된다. '僚'가 한자어 '同官'을 뜻하고 '同官'은 한자어 '朋僚'와 동의 관계에 있다. 그리고 '僚'의 자석이 '동관'이다. 따라서 '同官'과 '朋僚'의 동의성은 명백히 입증된다.

(269) a. 동관 향ᄒᆞ야 호믈 집사ᄅᆞᆷ ᄀᆞ티 ᄒᆞ며(與同僚如家人ᄒᆞ며) <번小七 24a>

　　　 b. 동관 ᄉᆞ이와 교디 ᄉᆞ이(同僚之契와 交承之分이) <번小七 46b>

(269) c. 寮 : 同官爲寮 又朋寮 <四解下 17b>

　　　 d. 僚 : 同上 <四解下 17b>

　　　 e. 僚 : 동관 료 同官爲僚 <字會中 1a>

<270> 동당 對 방

두 명사 '동당'(東堂)과 '방'(榜)이 [舉] 즉 '과거 시험, 과거 시험장'의 뜻을 가지고 동의 관계에 있다는 것은 다음 예문들에서 잘 확인된다. 원문 중 '赴舉'가 '동당 가다'로 번역되고 '後舉'가 '훗방'으로 번역된다. 따라서 '동당'과 '방'의 동의성은 명백히 입증된다. 諸橋轍次(1960 : 권6 p.189)에 의하면 東堂은 晉의 宮殿인데 晉의 郄詵이 東堂에서 시험을 본 故事에서 유래하여 '試驗場'을 뜻한다.

(270) a. 송 시절 차되 동당 갈 제(査道 淳化中 初赴舉) <二倫 40a>

　　　 b. 흠믜 셔울 동당 가셔(同試京師) <二倫 41a>

　　　 c. 동당이 갓가오니(科場이 近홀ᄉᆡ) <번小九 49b>

(270) d. 훗방애 한억기도 급뎨ᄒᆞ여(後舉 韓亦登第) <二倫 41a>

<271> 同門 對 朋友

두 명사가 [朋] 즉 '벗, 同師同門의 사람'의 뜻을 가지고 동의 관계에 있다는 것은 다음 예문들에서 잘 확인된다. '朋'이 한자어 '同門'을 뜻한다. 그리고 '朋'의 자석이 '벋'이고 고유어 '벋'은 한자어 '朋友'와 동의 관계에 있다. 따라서 '同門'과 '朋友'의 동의성은 명백히 입증된다.

(271) a. 朋 : …同門曰朋 <四解下 59b>

　　　 b. 朋 : 벋 붕 俗呼朋友 <字會中 2a>

<272> 僮僕 對 僕從

두 명사가 [僕] 즉 '종, 하인'의 뜻을 가지고 동의 관계에 있다는 것은 다음 예문들에서 잘 확인된다. '僕'이 한자어 '僮僕'을 뜻한다. 그리고 '僕'의 자석이 '종'이고 고유어 '종'은 한자어 '僕從'과 동의 관계에 있다. 따라서 '僮僕'과 '僕從'의 동의성은 명백히 입증된다.

(272) a. 僕 : 僮僕 <四解上 3a>
b. 僕 : 종 복 僕從 傔僕 <字會上 17a>

<273> 동산 對 苑囿

두 명사 '동산'(東山)과 '苑囿'가 [苑]과 [囿] 즉 '동산, 초목을 심는 동산과 금수(禽獸) 를 기르는 동산'의 뜻을 가지고 동의 관계에 있다는 것은 다음 예문들에서 잘 확인된다. '苑'이 한자어 '苑囿'를 뜻하고 '苑'의 자석이 '동산'이다. 그리고 '囿'가 한자어 '苑囿'를 뜻하고 '囿'의 자석이 '동산'이다. 따라서 '동산'과 '苑囿'의 동의성은 명백히 입증된다.

(273) a. 苑 : 苑囿 <四解下 11b>
b. 苑 : 동산 원 植花木處 <字會上 3b>

(273) c. 囿 : 苑囿 <四解下 71a>
d. 囿 : 동산 유 或養禽獸處 <字會上 3b>

<274> 鳥雀 對 黃雀

두 명사가 [雀] 즉 '새, 참새'의 뜻을 가지고 동의 관계에 있다는 것은 다음 예문들에서 잘 확인된다. '雀'이 한자어 '鳥雀'을 뜻한다. 그리고 '雀'의 자석이 '새'이고 고유어 '새'는 한자어 '黃雀'과 동의 관계에 있다. 따라서 '鳥雀'과 '黃雀'의 동의성은 명백히 입증된다.

(274) a. 雀 : …鳥雀 <四解下 41b>
b. 雀 : 새 쟉 俗呼黃雀 <字會上 9a>

<275> 朝廷 對 國家

두 명사가 [朝廷], [廷] 및 [朝] 즉 '국가'의 뜻을 가지고 동의 관계에 있다는 것은 다음 예문들에서 잘 확인된다. 원문 중 '朝廷一統'이 '됴뎡이 一統ᄒᆞ다'로 번역된다. '廷'이 한자어 '朝廷'을 뜻한다. '廷'의 자석이 '터'이고 고유어 '터'는 한자어 '朝廷' 및 한자어 '國家'와 동의 관계에 있다. 그리고 '朝'가 한자어

'朝廷'을 뜻한다. 따라서 '朝廷'과 '国家'의 동의성은 명백히 입증된다.

(275) a. 이제 됴뎡이 텬하를 一統ᄒᆞ야 겨시니(如今朝廷一統天下) <번老上 5a>

(275) b. 廷 : 朝廷 <四解下 49a>
　　　c. 廷 : 터 뎡 朝君之所 又朝廷謂國家也 <字會 4b>

(275) d. 朝 : 朝廷 <四解下 16b>
　　　e. 朝 : 됴횟 됴 俗稱朝廷 <字會中 4b>

<276> 됴회 對 朝見

　두 명사 '됴회'(朝会) 와 '朝見'이 [朝] 즉 '朝会'의 뜻을 가지고 동의 관계에 있다는 것은 다음 예문들에서 잘 확인된다. '朝'의 자석이 '됴회'이고 한자어 '됴회'는 한자어 '朝見'과 동의 관계에 있다. 따라서 '됴회'과 '朝見'의 동의성은 명백히 입증된다.

(276) a. 朝 : 朝廷 又覲君之稱 <四解下 16b>
　　　b. 朝 : 됴횟 됴 俗稱朝見 <字會中 4b>

<277> 兆詛 對 不靜

　두 명사가 [不靜] 즉 '고요하지 않음, 조용하지 않음'의 뜻을 가지고 동의 관계에 있다는 것은 다음 예문들에서 잘 확인된다. '兆'가 한자어 '兆詛'을 뜻하고 '兆詛'은 한자어 '不靜'과 동의 관계에 있다. 그리고 '詛'이 한자어 '兆詛'을 뜻하고 한자어 '不靜'과 동의 관계에 있다. 따라서 '兆詛'과 '不靜'의 동의성은 명백히 입증된다.

(277) a. 兆 : …又兆詛 不靜也 <四解下 65a>
　　　b. 詛 : 兆詛 不靜也 <四解上 76b>

<278> 頭毛 對 頭髮

　두 명사가 [髮] 즉 '머리털'의 뜻을 가지고 동의 관계에 있다는 것은 다음 예문들에서 잘 확인된다. '髮'이 한자어 '頭毛'를 뜻한다. 그리고 '髮'의 자석이 '터럭'이고 고유어 '터럭'은 한자어 '頭髮'과 동의 관계에 있다. 따라서 '頭毛'와 '頭髮'의 동의성은 명백히 입증된다.

(278) a. 髮 : 頭毛 <四解上 80b>

　　　b. 髮 : 터럭 발 俗稱頭髮 <字會上 14b>

<279> 兜鍪 對 首鎧

　　두 명사가 [兜]와 [鍪] 즉 '투구'의 뜻을 가지고 동의 관계에 있다는 것은 다음 예문들에서 잘 확인된다. '兜'와 '鍪'가 한자어 '兜鍪'를 뜻하고 '兜鍪'는 한자어 '首鎧'와 동의 관계에 있다. 그리고 '鍪'의 자석이 '투구'이고 고유어 '투구'는 한자어 '兜鍪'와 동의 관계에 있다. 따라서 '兜鍪'와 '首鎧'의 동의성은 명백히 입증된다.

　　(279) a. 兜 : 兜鍪 首鎧 <四解下 65a>

　　(279) b. 鍪 : 兜鍪 首鎧 <四解下 66a>

　　　　　c. 鍪 : 투구 무 即兜鍪 <字會中 14a>

<280> 頭髓 對 頭腦

　　두 명사가 [腦] 즉 '머리, 머리통'의 뜻을 가지고 동의 관계에 있다는 것은 다음 예문들에서 잘 확인된다. '腦'가 한자어 '頭髓'를 뜻한다. 그리고 '腦'의 자석이 '골치'이고 고유어 '골치'는 한자어 '頭腦'와 동의 관계에 있다. 따라서 '頭髓'와 '頭腦'의 동의성은 명백히 입증된다.

　　(280) a. 腦 : 頭髓 <四解下 20a>

　　　　　b. 腦 : 골치 노 俗稱頭腦 <字會上 14b>

<281> 酘酒 對 重釀酒

　　두 명사가 [釀]과 [酘] 즉 '두 번 빚은 술'의 뜻을 가지고 동의 관계에 있다는 것은 다음 예문들에서 잘 확인된다. '釀'이 한자어 '酘酒'를 뜻한다. 그리고 '酘'가 한자어 '重釀酒'를 뜻한다. 따라서 '酘酒'와 '重釀酒'의 동의성은 명백히 입증된다.

　　(281) a. 釀 : 酘酒 <四解上 74a>

　　　　　b. 釀 : 견술 발 <字會中 10b>

　　(281) c. 酘 : 重釀酒 <四解下 65b>

<282> 痘瘡 對 痘子

두 명사가 [痘] 즉 '두창(痘瘡), 천연두(天然痘), 마마'의 뜻을 가지고 동의 관계에 있다는 것은 다음 예문들에서 잘 확인된다. '痘'가 한자어 '痘子'를 뜻하고 '痘子'는 고유어 '힝역'과 동의 관계에 있다. 그리고 '痘'의 자석이 '힝역'이고 고유어 '힝역'은 한자어 '痘瘡'과 동의 관계에 있다. 따라서 '痘瘡'과 '痘子'의 동의성은 명백히 입증된다.

> (282) a. 痘 : 今俗呼痘子 힝역 <四解下 65b>
>   b. 痘 : 힝역 두 俗稱痘瘡 <字會中 16a>

<283> 眶眵 對 目汁凝

두 명사가 [眶]와 [眵] 즉 '눈곱'의 뜻을 가지고 동의 관계에 있다는 것은 다음 예문들에서 잘 확인된다. '眶'가 한자어 '眶眵'와 한자어 '目汁凝'을 뜻한다. '眶'의 자석이 '누ㅅ곱'이다. 그리고 '眵'가 한자어 '目汁凝'을 뜻하고 '眵'의 자석이 '눉곱'이다. 따라서 '眶眵'와 '目汁凝'의 동의성은 명백히 입증된다.

> (283) a. 眶 : 眶眵 目汁凝 <四解下 65a>
>   b. 眶 : 눉곱 두 俗稱眼脂兒 <字會上 15a>

> (283) c. 眵 : 目汁凝 <四解上 18b>
>   d. 眵 : 눉곱 치 俗稱眼眶眵 <字會上 15a>

<284> 眶眵 對 眼脂兒

두 명사가 [眶] 즉 '눈곱'의 뜻을 가지고 동의 관계에 있다는 것은 다음 예문들에서 잘 확인된다. '眶'가 한자어 '眶眵'를 뜻한다. 그리고 '眶'의 자석이 '눉곱'이고 고유어 '눉곱'은 한자어 '眼脂兒'와 동의 관계에 있다. 따라서 '眶眵'와 '眼脂兒'의 동의성은 명백히 입증된다.

> (284) a. 眶 : 眶眵 目汁凝 <四解下 65a>
>   b. 眶 : 눉곱 두 俗稱眼脂兒 <字會上 15a>

<285> 肚肱 對 牛百葉

두 명사가 [肱] 즉 '소의 胃, 처녑'의 뜻을 가지고 동의 관계에 있다는 것은 다음 예문들에서 잘 확인된다. '肱'이 한자어 '肚肱'을 뜻하고 '肚肱'은 한자어 '牛百葉'과 동의 관계에 있다. 그리고 '肚'의 자석이

'비'이고 고유어 '비'는 한자어 '胃'와 同義이다. 따라서 '肚胘'과 '牛百葉'의 동의성은 명백히 입증된다.

(285) a. 胘 : 肚胘 牛百葉 <四解下 7b>

(285) b. 肚 : 腹肚 <四解上 37a>
　　　　c. 肚 : 비 두 卽胃也 <字會上 14b>

<286> 頭盔 對 兜鍪

두 명사가 [盔]와 [胄] 즉 '투구'의 뜻을 가지고 동의 관계에 있다는 것은 다음 예문들에서 잘 확인된다. '盔'가 한자어 '頭盔'를 뜻하고 '頭盔'는 고유어 '투구'와 동의 관계에 있다. 그리고 '胄'가 한자어 '兜鍪'를 뜻하고 '兜鍪'는 한자어 '頭盔' 및 고유어 '투구'와 동의 관계에 있다. 따라서 '頭盔'와 '兜鍪'의 동의성은 명백히 입증된다.

(286) a. 盔 : …今俗呼頭盔 투구 <四解上 48b>

(286) b. 胄 : 兜鍪同 俗呼頭盔 투구 <四解下 69b>
　　　　c. 胄 : 투구 듀 俗呼頭盔 <字會中 14a>

<287> 窀穸 對 墓穴

두 명사가 [穸] 즉 '무덤의 구덩이'의 뜻을 가지고 동의 관계에 있다는 것은 다음 예문들에서 잘 확인된다. '穸'이 한자어 '窀穸'을 뜻하고 '窀穸'은 한자어 '墓穴'과 동의 관계에 있다. 따라서 '窀穸'과 '墓穴'의 동의성은 명백히 입증된다.

(287) a. 穸 : 窀穸 墓穴 <四解下 53a>
　　　　b. 穸 : 무덤 셕 <字會中 17a>

<288> 迍邅 對 不進貌/不進皃

두 명사가 [迍]과 [邅] 즉 '나아가지 못하는 모양'의 뜻을 가지고 동의 관계에 있다는 것은 다음 예문들에서 잘 확인된다. '迍'이 한자어 '迍邅'을 뜻하고 '迍邅'은 한자어 '不進皃'와 동의 관계에 있다. 그리고 '邅'이 한자어 '迍邅'을 뜻하고 '迍邅'은 한자어 '不進貌'와 동의 관계에 있다. 따라서 '迍邅'과 '不進貌/不進皃'의 동의성은 명백히 입증된다. 한자 '貌'와 '皃'는 同字이다.

(288) a. 迍 : 迍邅 難行 不進皃 <四解上 68b>

　　b. 邅 : 迍邅 難行 不進貌 <四解下 5b>

<289> 鍮鉐 對 黃銅

두 명사가 [鉐]과 [黃銅] 즉 '놋쇠, 구리와 아연과의 합금'의 뜻을 가지고 동의 관계에 있다는 것은 다음 예문들에서 잘 확인된다. '鉐'이 한자어 '鍮鉐'을 뜻한다. '鉐'의 자석이 '듀셕'이고 고유어 '듀셕'은 한자어 '鍮鉐' 및 '黃銅'과 동의 관계에 있다. 그리고 '黃銅'이 '듀셕'과 동의 관계에 잇다. 따라서 '鍮鉐'과 '黃銅'의 동의성은 명백히 입증된다.

(289) a. 鉐(54b) : 鍮鉐 <四解下 55a>

　　b. 鉐 : 듀셕 셕 鍮鉐 卽黃銅 <字會中 15a>

(289) c. 銅(15a) : …黃銅 듀셕 <字會中 15b>

<290> 侏儒 對 短人

두 명사가 [侏] 즉 '난쟁이'의 뜻을 가지고 동의 관계에 있다는 것은 다음 예문들에서 잘 확인된다. '侏'가 한자어 '侏儒'를 뜻하고 '侏儒'는 한자어 '短人'과 동의 관계에 있다. 그리고 '儒'가 한자어 '侏儒'를 뜻한다. 따라서 '侏儒'와 '短人'의 동의성은 명백히 입증된다.

(290) a. 侏 : 侏儒 短人 <四解上 32a>

　　b. 儒 : …又侏儒 <四解上 35b>

<291> 柱下石 對 礎石

두 명사가 [礎] 즉 '주춧돌'의 뜻을 가지고 동의 관계에 있다는 것은 다음 예문들에서 잘 확인된다. '礎'이 한자어 '柱下石'을 뜻한다. 그리고 '礎'의 자석이 '쥬츄'이고 고유어 '쥬츄'는 한자어 '礎石'과 동의 관계에 있다. 따라서 '柱下石'과 '礎石'의 동의성은 명백히 입증된다.

(291) a. 礎 : 柱下石 <四解下 38b>

　　b. 礎 : 쥬츄 상 俗稱礎石 <字會中 4a>

<292> 듁슌 對 竹萌

두 명사 '듁슌'(竹筍) 과 '竹萌'이 [笋]과 [筍] 즉 '竹筍, 대나무의 어린 싹'의 뜻을 가지고 동의 관계에 있다는 것은 다음 예문들에서 잘 확인된다. '笋'이 한자어 '竹萌'을 뜻한다. 그리고 '筍'의 자석이 '듁슌' 이다. 따라서 '듁슌'과 '竹萌'의 동의성은 명백히 입증된다.

(292) a. 笋 : …竹萌 <四解上 68a>

　　 b. 筍 : 同上 <四解上 68a>

　　 c. 筍 : 듁슌 슌 今作笋 <字會東中本上 13a>

<293> 竹輿 對 藍輿

두 명사가 [轎] 즉 '가마, 두 사람이 앞뒤에서 메는 가마'의 뜻을 가지고 동의 관계에 있다는 것은 다음 예문들에서 잘 확인된다. '轎'가 한자어 '竹輿'를 뜻한다. 그리고 '轎'의 자석이 '교존'이고 '교존'는 한자어 '藍輿'와 동의 관계에 있다. 따라서 '竹輿'와 '藍輿'의 동의성은 명백히 입증된다.

(293) a. 轎 : 竹輿 <四解下 13b>

　　 b. 轎 : 교존 교 有屋者 又藍輿肩行者曰轎 <字會下 13a>

<294> 듕궁 對 后妃

두 명사 '듕궁'(中宮) 과 '后妃'가 [后]와 [妃] 즉 '왕비(王妃) , 황후(皇后) '의 뜻을 가지고 동의 관계에 있다는 것은 다음 예문들에서 잘 확인된다. '后'가 한자어 '后妃'를 뜻하고 '后'의 자석이 '듕궁'이다. 그리고 '妃'가 한자어 '后妃'를 뜻하고 '妃'의 자석이 '듕궁'이다. 따라서 '듕궁'과 '后妃'의 동의성은 명백히 입증된다.

(294) a. 后 : 君也 又后妃 <四解下 67b>

　　 b. 后 : 듕궁 후 <字會中 1a>

(294) c. 妃 : 后妃 <四解上 17a>

　　 d. 妃 : 듕궁 비 <字會中 1a>

<295> 듕신 對 媒人

두 명사 '듕신'(中人) 과 '媒人'이 [媒人]과 [媒] 즉 '仲媒人'의 뜻을 가지고 동의 관계에 있다는 것은 다음 예문들에서 잘 확인된다. 원문 중 '媒人'이 '듕신'으로 번역된다. 그리고 '媒'의 자석이 '듕신'이고 '듕신'은 한자어 '媒人'과 동의 관계에 있다. 따라서 '듕신'과 '媒人'의 동의성은 명백히 입증된다.

(295) a. 듕신도 유복ᄒ도다(媒人也有福) <번朴上 46b>

(295) b. 媒 : 謀合二姓者 <四解上 50b>
c. 媒 : 듕신 미 俗呼男曰媒人 <字會中 2b>

<296> 듕신 對 媒妁

고유어 '듕신'(中人) 과 '媒妁'이 [妁] 즉 '媒妁'의 뜻을 가지고 동의 관계에 있다는 것은 다음 예문들에서 잘 확인된다. '妁'이 한자어 '媒妁'을 뜻한다. 그리고 '妁'의 자석이 '듕신'이다. 따라서 '듕신'과 '媒妁'의 동의성은 명백히 입증된다.

(296) a. 妁 : 媒妁 <四解下 42b>
b. 妁 : 듕신 쟉 女曰媒婆 總稱中人 <字會中 2b>

<297> 듕신 對 媒婆

고유어 '듕신'(中人) 과 한자어 '媒婆'가 [妁] 즉 '여자 仲媒人'의 뜻을 가지고 동의 관계에 있다는 것은 다음 예문들에서 잘 확인된다. '妁'의 자석이 '듕신'이고 '듕신'은 한자어 '媒婆'와 동의 관계에 있다. 따라서 '듕신'과 '媒婆'의 동의성은 명백히 입증된다.

(297) a. 妁 : 媒妁 <四解下 42b>
b. 妁 : 듕신 쟉 女曰媒婆 總稱中人 <字會中 2b>

<298> 등 對 계졀

두 명사 '등'(等) 과 '계졀'(階節) 이 [等] 즉 '층'의 뜻을 가지고 동의 관계에 있다는 것은 다음 예문들에서 잘 확인된다. 원문 중 '踰等'이 '등에 넘다'로 번역되고 '降一等'이 '한 계졀을 ᄂ리다'로 번역되므로 '등'과 '계졀'의 동의성은 명백히 입증된다.

(298) a. 尊ᄒ신 얼우니 제 등에 넘거든(尊長이 於己예 踰等이어든) <번小三 31b>
b. 나 ᄒ 계졀을 ᄂ리샤는(出降一等ᄒ샤) <번小三 5a>

<299> 등 對 等級

두 명사 '둥'(等)과 '等級'이 [等] 즉 '등급, 차등'의 뜻을 가지고 동의 관계에 있다는 것은 다음 예문들에서 잘 확인된다. 원문 중 '踰等'이 '둥에 넘다'로 번역된다. 그리고 '等'이 한자어 '等級'을 뜻한다. 따라서 '둥'과 '等級'의 동의성은 명백히 입증된다.

(299) a. 尊ᄒᆞ신 얼우니 제 둥에 넘거든 잠깐도 그 나ᄒᆞᆯ 묻디 말며(尊長이 於己예 踰等이어든 不敢問其年ᄒᆞ며) <번小三 31b>
　　　b. ᄯᅩ 귀ᄒᆞᆫ 사ᄅᆞᆷ과 쳔ᄒᆞᆫ 사ᄅᆞ미 제 둥이 잇ᄂᆞ니(且貴賤이 有等ᄒᆞ니) <번小七 31b>

(299) c. 等 : …等級也 <四解下 58b>

<300> 둥ᄌᆞ 對 鞍鐙

두 명사 '둥ᄌᆞ'(鐙子)와 '鞍鐙'이 [鐙] 즉 '鐙子, 말을 탈 때 두 발로 디디는 제구'의 뜻을 가지고 동의 관계에 있다는 것은 다음 예문들에서 잘 확인된다. 원문 중 '花鐙'이 '섭 둥ᄌᆞ'로 번역된다. '鐙'이 한자어 '鞍鐙'을 뜻하고 '鞍鐙'은 한자어 '둥ᄌᆞ'와 동의 관계에 있다. 그리고 '鐙'의 자석이 '둥ᄌᆞ'이고 '둥ᄌᆞ'는 한자어 '鞍鐙'과 동의 관계에 있다. 따라서 '둥ᄌᆞ'와 '鞍鐙'의 동의성은 명백히 입증된다.

(300) a. 은ᄉᆞ로 입ᄉᆞ혼 ᄉᆞ지 머리옛 섭 둥지오(銀絲兒獅子頭的花鐙) <번朴上 28b>

(300) b. 鐙 : 鞍鐙 둥ᄌᆞ <四解下 58b>
　　　c. 鐙 : 둥ᄌᆞ 둥 俗呼鐙子 又曰鞍鐙 <字會中 13b>

<301> 池塘 對 池沼

두 명사가 [塘]과 [池] 즉 '못'의 뜻을 가지고 동의 관계에 있다는 것은 다음 예문들에서 잘 확인된다. '塘'이 한자어 '池塘'을 뜻한다. '塘'의 자석이 '못'이고 고유어 '못'은 '池塘'과 동의 관계에 있다. 그리고 '池'가 한자어 '池沼'를 뜻하고 '池'의 자석이 '못'이다. 따라서 '池塘'과 '池沼'의 동의성은 명백히 입증된다.

(301) a. 塘 : 池塘 <四解下 35a>
　　　b. 塘 : 못 당 池塘 <字會上 3a>

(301) c. 池 : 池沼 <四解上 19a>
　　　d. 池 : 못 디…又池塘 <字會中 5a>

<302> 地中行鼠 對 田蚡

두 명사가 [鼢]과 [蚡] 즉 '두더지'의 뜻을 가지고 동의 관계에 있다는 것은 다음 예문들에서 잘 확인
된다. '鼢'이 한자어 '地中行鼠'를 뜻한다. 그리고 '蚡'이 '鼢'과 同字이고 한자어 '田蚡'을 뜻한다. 따라서
'地中行鼠'와 '田蚡'의 동의성은 명백히 입증된다.

(302) a. 鼢 : 地中行鼠 <四解上 65a>
      b. 蚡 : 同 漢田蚡 <四解上 65a>
      c. 鼢 : 두디쥐 분 <字會上 10b>

<303> 地膚 對 荊條

두 명사가 [膚]와 [荊] 즉 '댑싸리'의 뜻을 가지고 동의 관계에 있다는 것은 다음 예문들에서 잘 확인
된다. '膚'가 한자어 '地膚'를 뜻하고 '地膚'는 고유어 '댓뿌리'와 동의 관계에 있다. 그리고 '荊'이 한자어
'荊條'를 뜻하고 '荊條'는 고유어 '댓뿌리'와 동의 관계에 있다. 따라서 '地膚'와 '荊條'의 동의성은 명백
히 입증된다.

(303) a. 膚 : 地膚 藥草 댓뿌리 <四解上 38b>

(303) b. 荊 : …又木名 今俗呼荊條 뿌리 <四解下 47a>
      c. 荊 : …又荊條 댓뿌리 <字會上 5b>

<304> 地室 對 窨子

두 명사가 [窨] 즉 '움, 움집'의 뜻을 가지고 동의 관계에 있다는 것은 다음 예문들에서 잘 확인된다.
'窨'이 한자어 '地室'을 뜻하고 '地室'은 한자어 '窨子'와 동의 관계에 있다. 그리고 '窨'의 자석이 '움'이
고 고유어 '움'은 한자어 '地室' 및 한자어 '窨子'와 동의 관계에 있다. 따라서 '地室'과 '窨子'의 동의성은
명백히 입증된다.

(304) a. 窨 : 地室 今俗語窨子 움 <四解下 74a>
      b. 窨 : 움 음 地室 俗呼窨子 <字會中 5b>

<305> 돈쟝 對 䜷醬

합성명사 '돈쟝'과 명사 '䜷醬'이 [䜷醬] 즉 '진간장(陳艮醬), 진감장(陳甘醬)'의 뜻을 가지고 동의 관

계에 있다는 것은 다음 예문들에서 잘 확인된다. '醬'의 자석이 '쟝'이고 한자어 '甜醬'이 '둔쟝'과 동의 관계에 있다. 따라서 '둔쟝'과 '甜醬'의 동의성은 명백히 입증된다. 합성명사 '둔쟝'은 상태동사 '둘다'의 관형사형 '둔'과 한자어 '쟝'(醬)의 合成이지만 이 저서에서는 한자어로 다루었다.

(305) a. 醬 : 豉醬 <四解下 41b>
　　　b. 醬 : 쟝 쟝 俗呼甛醬 둔쟝 醬油 ᄀ쟝 <字會東中本中 21a>

<306> 臺 對 四方高

두 명사가 [台] 즉 '돈대(墩台), 높고 평평한 곳'의 뜻을 가지고 동의 관계에 있다는 것은 다음 예문들에서 잘 확인된다. 한자어 '台'가 한자어 '四方高'를 뜻한다. 그리고 '台'의 자석이 '딕'이다. 따라서 '딕'와 '四方高'의 동의성은 명백히 입증된다.

(306) a. 臺 : 四方高曰臺 <四解上 43a>
　　　b. 臺 : 딧 딕 <字會中 3a>

<307> 貸錢 對 逋財

두 명사가 [債] 즉 '빚, 빌린 돈'의 뜻을 가지고 동의 관계에 있다는 것은 다음 예문들에서 잘 확인된다. '債'가 한자어 '貸錢'을 뜻한다. 그리고 '債'의 자석이 '빋'이고 고유어 '빋'은 한자어 '逋財'와 동의 관계에 있다. 따라서 '貸錢'과 '逋財'의 동의성은 명백히 입증된다.

(307) a. 債 : 貸錢生子 <四解上 44b>
　　　b. 債 : 빋 채 逋財 <字會下 10a>

<308> 螺鈿 對 鈿贏

두 명사가 [鈿]과 [贏] 즉 '나전(螺鈿), 자개 조각을 칠기나 木地에 여러 가지 형상으로 박아 붙이어 장식한 공예품'의 뜻을 가지고 동의 관계에 있다는 것은 다음 예문들에서 잘 확인된다. '鈿'이 한자어 '螺鈿'을 뜻한다. 그리고 '贏'가 한자어 '鈿贏'를 뜻하고 '鈿贏'는 한자어 '라뎐'(螺鈿)과 동의 관계에 있다. 따라서 '螺鈿'과 '鈿贏'의 동의성은 명백히 입증된다.

(308) a. 鈿 : 金華飾又陷蚌曰螺鈿 <四解下 2b>
　　　b. 贏 : …飾器者曰鈿贏 라뎐 <四解下 27b>

<309> 欚落 對 籬落

두 명사가 [欚]와 [籬] 즉 '울타리'의 뜻을 가지고 동의 관계에 있다는 것은 다음 예문들에서 잘 확인된다. '欚'가 한자어 '欚落'을 뜻하고 '欚落'은 한자어 '籬落'과 동의 관계에 있다. 그리고 '籬'의 자석이 '바조'이다. 따라서 '欚落'과 '籬落'의 동의성은 명백히 입증된다.

(309) a. 欚 : 欚落 籬落 <四解下 27a>

(309) b. 籬 : 藩也 今俗呼笆籬 <四解上 28a>
   c. 籬 : 바조 리 <字會中 4a>

<310> 覼縷 對 委曲兒

두 명사가 [覼]와 [謰] 즉 '찬찬하고 자상한 모양'의 뜻을 가지고 동의 관계에 있다는 것은 다음 예문들에서 잘 확인된다. '覼'가 한자어 '覼縷'를 뜻하고 '覼縷'는 한자어 '委曲兒'와 동의 관계에 있다. 따라서 '覼縷'와 '委曲兒'의 동의성은 명백히 입증된다. 한자 '謰'와 '縷'는 通字이다.

(310) a. 覼 : …又覼縷 委曲兒 <四解下 27b>
   b. 謰 : 覼謰 委曲 通作縷 <四解上 35a>

<311> 螺螄 對 田螺

두 명사가 [螄], [蠃] 및 [螺] 즉 '우렁이, 다슬기'의 뜻을 가지고 동의 관계에 있다는 것은 다음 예문들에서 잘 확인된다. '螄'가 한자어 '螺螄'를 뜻하고 '螺螄'는 고유어 '골왕이'와 동의 관계에 있다. '螄'의 자석이 '골왕이'이고 고유어 '골왕이'는 한자어 '田螺'와 동의 관계에 있다. '蠃'가 한자어 '蠃螄'를 뜻하고 '蠃螄'는 한자어 '田螺' 및 고유어 '골왕이'와 동의 관계에 있다. 그리고 '螺'의 자석이 '골왕이'이고 고유어 '골왕이'는 한자어 '螺螄'와 동의 관계에 있다. 따라서 '螺螄'와 '田螺'의 동의성은 명백히 입증된다. 한자 '蠃'와 '螺'는 同字이다.

(311) a. 螄 : 今俗呼螺螄 골왕이 <四解上 19b>
   b. 螄 : 골왕이 ᄉ 又呼(12a) 田螺 <字會上 12b>

(311) c. 蠃 : 蚌屬今俗呼蠃螄 在田者曰田螺 골왕이 <四解下 27b>
   d. 螺 : 俗 <四解下 27b>

e. 螺 : 골왕이 라 俗呼螺螄 <字會上 12a>

<312> 邏卒 對 巡兵

두 명사가 [邏]와 [卒] 즉 '巡邏하는 兵卒'의 뜻을 가지고 동의 관계에 있다는 것은 다음 예문들에서 잘 확인된다. '邏'가 한자어 '邏卒'을 뜻한다. 그리고 '卒'의 자석이 '군ᄉᆞ'이고 '군ᄉᆞ'는 한자어 '巡兵' 및 한자어 '邏卒'과 동의 관계에 있다. 따라서 '邏卒'과 '巡兵'의 동의성은 명백히 입증된다.

(312) a. 邏 : …今俗呼邏卒 <四解下 27b>

(312) b. 卒 : 兵卒 <四解上 66a>
c. 卒 : 군ᄉᆞ 졸 俗呼巡兵 邏卒 <字會中 1b>

<313> 癩蝦蟆 對 黑蟇

두 명사가 [癩蝦蟆] 즉 '옴두꺼비'의 뜻을 가지고 동의 관계에 있다는 것은 다음 예문들에서 잘 확인된다. 한자어 '癩蝦蟆'가 고유어 '옴둗거비' 및 한자어 '黑蟇'와 동의 관계에 있다. 따라서 '癩蝦蟆'와 '黑蟇'의 동의성은 명백히 입증된다.

(313) a. 蝦 : 今俗語癩蝦蟆 옴둗거비 音혀 或呼黑蟇 <四解下 31a>
b. 蝦 : 머구리 하 <字會上 12b>

<314> 落藜 對 藜藋

두 명사가 [藜] 즉 '명아주'의 뜻을 가지고 동의 관계에 있다는 것은 다음 예문들에서 잘 확인된다. '藜'의 자석이 '도ᄐᆞ랏'이고 고유어 '도ᄐᆞ랏'은 한자어 '落藜' 및 한자어 '藜藋'와 동의 관계에 있다. 따라서 '落藜'와 '藜藋'의 동의성은 명백히 입증된다.

(314) a. 藜 : 落藜草 도ᄐᆞ랏 可爲杖 <四解上 28b>
b. 藜 : 도ᄐᆞ랏 례 俗呼落藜 又藜藋 <字會上 7b>

<315> 欄干 對 階除木

두 명사가 [干]과 [欄] 즉 '난간'의 뜻을 가지고 동의 관계에 있다는 것은 다음 예문들에서 잘 확인된다. '干'이 한자어 '欄干'을 뜻한다. 그리고 '欄'이 한자어 '階除木'을 뜻하고 '欄'의 자석이 '란간'이다. 따라서 '欄干'과 '階除木'의 동의성은 명백히 입증된다.

(315) a. 干 : … 又欄干 <四解上 71a>

(315) b. 欄 : 階除木 句欄 <四解上 79a>
      c. 欄 : 란간 란 遮欄 拘欄 <字會中 3b>

<316> 란간 對 句欄

두 명사 '란간'(欄干) 과 '句欄'이 [欄] 즉 '난간'의 뜻을 가지고 동의 관계에 있다는 것은 다음 예문들에서 잘 확인된다. '欄'이 한자어 '句欄'을 뜻한다. 그리고 '欄'의 자석이 '란간'이다. 따라서 '란간'과 '句欄'의 동의성은 명백히 입증된다.

(316) a. 欄 : 階除木 句欄 <四解上 79a>
      b. 欄 : 란간 란 … 拘欄 <字會中 3b>

<317> 란됴 對 彩鸞

두 명사 '란됴'(鸞鳥) 와 '彩鸞'이 [鸞] 즉 '난새, 전설상의 靈鳥'의 뜻을 가지고 동의 관계에 있다는 것은 다음 예문들에서 잘 확인된다. '鸞'의 자석이 '란됴'이고 '란됴'는 한자어 '彩鸞'과 동의 관계에 있다. 따라서 '란됴'과 '彩鸞'의 동의성은 명백히 입증된다.

(317) a. 鸞 : … 鳥名 <四解上 76a>
      b. 鸞 : 란됴 란 俗呼彩鸞 神鳥 <字會上 8a>
      c. 鸞 : 란됴 란 俗呼彩鸞 <字會東中本上 15a>

<318> 鬖 對 髮垂貌

두 명사가 [鬖]과 [鬙] 즉 '머리털이 늘어진 모양'의 뜻을 가지고 동의 관계에 있다는 것은 다음 예문들에서 잘 확인된다. '鬖'이 한자어 '鬖鬙'을 뜻하고 '鬖鬙'은 한자어 '髮垂貌'와 동의 관계에 있다. 그리고 '鬙'이 한자어 '鬖鬙'을 뜻한다. 따라서 '鬖鬙'과 '髮垂貌'의 동의성은 명백히 입증된다.

(318) a. 鬖 : 鬖鬙 髮垂貌 <四解下 77b>
      b. 鬙 : 鬖鬙 <四解下 79b>

<319> 랍 對 錫鑞

두 명사 '랍'(鑞) 과 '錫鑞'이 [鑞] 즉 '땜납, 납과 주석의 合金'의 뜻을 가지고 동의 관계에 있다는 것은 다음 예문들에서 잘 확인된다. '鑞'이 한자어 '錫鑞'을 뜻하고 '錫鑞'은 '랍'(鑞) 과 동의 관계에 있다. 따라서 '랍'과 '錫鑞'의 동의성은 명백히 입증된다.

　　(319) a. 鑞 : 今俗呼錫鑞 랍 <四解下 79b>
　　　　　b. 鑞 : 납 랍 俗呼錫鑞 <字會中 15b>

명사 '랍'의 先代形인 '鑞'은 15세기의 『釈譜詳節』(1447) 과 『法華経諺解』(1463) 의 다음 예문들에서 잘 확인된다. 원문 중 '白鑞及鈗錫'이 '鑞과 鈗과 錫'으로 번역된다.

　　(319) c. 구리어나 鑞이어나 鐵이어나 남기어나 흘기어나(釋十三 52a>
　　　　　d. 鍮鉐과 赤白銅과‥鑞과 鈗과 錫과‥鐵와 나모와 흘ㄱ로 ᄒᆞ며(鍮鉐赤白銅과 白鑞及鈗錫과 鐵木及與泥ᄒᆞ며) <法華一 219a>

<320> 琅玕 對 似珠

두 명사가 [玕]과 [琅] 즉 '구슬 비슷한 돌'의 뜻을 가지고 동의 관계에 있다는 것은 다음 예문들에서 잘 확인된다. '玕'이 한자어 '琅玕'을 뜻한다. 그리고 '琅'이 한자어 '琅玕'을 뜻하고 '琅玕'은 한자어 '似珠'와 동의 관계에 있다. 따라서 '琅玕'과 '似珠'의 동의성은 명백히 입증된다.

　　(320) a. 玕 : 琅玕 <四解上 71a>
　　　　　b. 琅 : 琅玕 似珠 <四解下 40a>

<321> 鋃鐺 對 鐵鎖

두 명사가 [鋃], [鐺] 및 [鎖] 즉 '刑具의 쇠사슬, 鐵鎖'의 뜻을 가지고 동의 관계에 있다는 것은 다음 예문들에서 잘 확인된다. '鋃'과 '鐺'이 한자어 '鋃鐺'을 뜻하고 '鋃鐺'은 한자어 '鉄鎖'와 동의 관계에 있다. 그리고 '鎖'가 한자어 '鉄鎖'를 뜻하고 '鉄鎖'는 고유어 '사슬' 및 한자어 '鋃鐺'과 동의 관계에 있다. 따라서 '鋃鐺'과 '鉄鎖'의 동의성은 명백히 입증된다.

　　(321) a. 鋃 : 鋃鐺 鐵鎖 <四解下 40a>
　　　　　b. 鐺 : 鋃鐺 鐵鎖 <四解下 34b>

(321) c. 鎖 : 今俗呼鐵鎖 사슬 鎖鐺也 <四解下 28b>

   d. 鎖 : … 又獄具 <字會中 8b>

<322> 狼藉 對 雜亂貌

두 명사가 [狼藉] 즉 '흩어져 어지러운 모양, 散亂한 모양'의 뜻을 가지고 동의 관계에 있다는 것은 다음 예문들에서 잘 확인된다. '藉'가 한자어 '狼藉'를 뜻하고 '狼藉'는 한자어 '雜亂貌'와 동의 관계에 있다. 따라서 '狼藉'와 '雜亂貌'의 동의성은 명백히 입증된다.

(322) a. 狼 : 獸名 <四解下 40a>

   b. 狼 : 일히 랑 <字會上 10a>

(322) c. 藉 : 狼藉 雜亂貌 <四解下 52a>

<323> 裲襠 對 裩襠

두 명사가 [裲]과 [襠] 즉 '배자, 저고리 위에 덧입는 소매 없는 옷'의 뜻을 가지고 동의 관계에 있다는 것은 다음 예문들에서 잘 확인된다. '裲'이 한자어 '裲襠'을 뜻한다. '襠'이 한자어 '裲襠'을 뜻하고 '裲襠'은 한자어 '裩襠'과 동의 관계에 있다. 그리고 '襠'의 자석이 '고의민'이고 '고의민'은 한자어 '裩襠'과 동의 관계에 있다. 따라서 '裲襠'과 '裩襠'의 동의성은 명백히 입증된다.

(323) a. 裲 : 衣名 裲襠 <四解下 45a>

(323) b. 襠 : 裲襠 … 卽今俗裩襠 <四解下 34b>

   c. 襠 : 고의민 당 俗呼裩襠 <字會中 11b>

<324> 梁上短柱 對 侏儒柱

두 명사가 [梲]과 [窠] 즉 '쪼구미, 동자기둥'의 뜻을 가지고 동의 관계에 있다는 것은 다음 예문들에서 잘 확인된다. '梲'의 자석이 '대공'이고 고유어 '대공'은 한자어 '梁上短柱' 및 한자어 '侏儒柱'와 동의 관계에 있다. 그리고 '窠'이 한자어 '梁上短柱'를 뜻한다. 따라서 '梁上短柱'와 '侏儒柱'의 동의성은 명백히 입증된다.

(324) a. 梲 : 梁上楹 <四解下 11a>

   b. 梲 : 대공 졀 梁上短柱 卽侏儒柱 <字會中 4a>

(324) c. 棳 : 梁上短柱 <四解下 4b>

<325> 梁上柱 對 梲栭

두 명사가 [栭]와 [梲] 즉 '두공, 기둥 위에 짜 놓은 구조'의 뜻을 가지고 동의 관계에 있다는 것은 다음 예문들에서 잘 확인된다. '栭'가 한자어 '梁上柱'를 뜻한다. 그리고 '梲'이 한자어 '梲栭'를 뜻하고 '梲栭'는 한자어 '梁上柱'와 동의 관계에 있다. 따라서 '梁上柱'와 '梲栭'의 동의성은 명백히 입증된다.

(325) a. 栭 : 梁上柱 又櫨也 <四解上 22b>
   b. 栭 : 도토리 싀 又梁上柱 <字會上 6a>

(325) c. 梲 : 梲栭 梁上柱 <四解上 29a>

<326> 輾物器 對 碾子

두 명사가 [碾] 즉 '맷돌'의 뜻을 가지고 동의 관계에 있다는 것은 다음 예문들에서 잘 확인된다. '碾'이 한자어 '輾物器'를 뜻한다. 그리고 '碾'의 자석이 '밀돌'이고 고유어 '밀돌'은 '碾子'와 동의 관계에 있다. 따라서 '輾物器'와 '碾子'의 동의성은 명백히 입증된다.

(326) a. 碾 : 輾物器 <四解下 3a>
   b. 碾 : 밀돌 년 又碾子 卽磨也 <字會中 6b>

<327> 련 對 芙蕖

두 명사 '련'(蓮) 과 '芙蕖'가 [荷] 즉 '연'의 뜻을 가지고 동의 관계에 있다는 것은 다음 예문들에서 잘 확인된다. '荷'가 한자어 '芙蕖'를 뜻한다. 그리고 '荷'의 자석이 '련'이다. 따라서 '련'과 '芙蕖'의 동의성은 명백히 입증된다.

(327) a. 荷 : 芙蕖 <四解下 27a>
   b. 荷 : 련 하 蓮葉也 <字會上 4a>

<328> 련 對 芙渠實

두 명사 '련'(蓮) 과 '芙渠実'이 [蓮] 즉 '연밥, 蓮実'의 뜻을 가지고 동의 관계에 있다는 것은 다음 예문들에서 잘 확인된다. '蓮'이 한자어 '芙渠実'을 뜻한다. 그리고 '蓮'의 자석이 '련'이다. 따라서 '련'과 '芙

渠実'의 동의성은 명백히 입증된다.

(328) a. 蓮 : 芙渠實 <四解下 8a>
　　　b. 蓮 : 련 련 芙藁實也 <字會上 4a>

<329> 連耞 對 打穀具

두 명사가 [耞] 즉 '도리깨, 곡식의 낟알을 떠는 기구'의 뜻을 가지고 동의 관계에 있다는 것은 다음 예문들에서 잘 확인된다. '耞'가 한자어 '打穀具'를 뜻하고 '打穀具'는 한자어 '連耞' 및 고유어 '도리채' 와 동의 관계에 있다. 그리고 '耞'의 자석이 '도리채'이고 고유어 '도리채'는 한자어 '連耞'와 동의 관계 에 있다. 따라서 '連耞'과 '打穀具'의 동의성은 명백히 입증된다.

(329) a. 耞 : 打穀具 今俗呼 連耞 도리해 <四解下 30b>
　　　b. 耞 : 도리채 가 俗呼連耞 <字會中 9a>

<330> 漣漪 對 水紋

두 명사가 [漣]과 [漪] 즉 '잔물결'의 뜻을 가지고 동의 관계에 있다는 것은 다음 예문들에서 잘 확인 된다. '漣'이 한자어 '漣漪'를 뜻한다. 그리고 '漪'가 한자어 '水紋'을 뜻한다. 따라서 '漣漪'와 '水紋'의 동 의성은 명백히 입증된다.

(330) a. 漣 : 漣漪 <四解下 8b>
　　　b. 漪 : 水紋 <四解上 20b>

<331> 蓮心 對 蓮實

두 명사가 [薏]와 [苡] 즉 '연밥, 蓮心, 蓮実'의 뜻을 가지고 동의 관계에 있다는 것은 다음 예문들에서 잘 확인된다. '薏'가 한자어 '蓮心'을 뜻한다. 그리고 '苡'가 한자어 '蓮実'을 뜻한다. 따라서 '蓮心'과 '蓮 実'의 동의성은 명백히 입증된다.

(331) a. 薏 : 薏苡 又蓮心 <四解上 20b>
　　　b. 薏 : 율믜 의 <字會上 7a>

(331) c. 苡 : …又薏苡 珠 又蓮實 <四解上 22a>
　　　d. 苡 : 율믜 이 <字會上 7a>

<332> 련쥬창 對 瘰癧

두 명사 '련쥬창'(連珠瘡) 과 '瘰癧'이 [瘰]와 [癧] 즉 '연주창, 甲状腺腫이 헐어서 터진 부스럼'의 뜻을 가지고 동의 관계에 있다는 것은 다음 예문들에서 잘 확인된다. '瘰'가 한자어 '瘰癧'을 뜻하고 '瘰'의 자석이 '련쥬창'이다. 그리고 '癧'이 한자어 '瘰癧'을 뜻하고 '癧'의 자석이 '련쥬창'이다. 따라서 '련쥬창'과 '瘰癧'의 동의성은 명백히 입증된다.

(332) a. 蠡 : …又蠡癧 <四解下 27b>
b. 瘰 : 同上 <四解下 27b>
c. 瘰 : 련쥬창 라 <字會中 16a>

(332) d. 癧 : 瘰癧 <四解下 57a>
e. 癧 : 련쥬창 력 <字會中 16a>

<333> 伶官 對 樂官

두 명사가 [伶] 즉 '音楽師, 음악을 연주하는 벼슬아치'의 뜻을 가지고 동의 관계에 있다는 것은 다음 예문들에서 잘 확인된다. '伶'이 한자어 '伶官'을 뜻한다. 그리고 '伶'의 자석이 '노롯바치'이고 고유어 '노롯바치'는 한자어 '楽官' 및 한자어 '伶官'과 동의 관계에 있다. 따라서 '伶官'과 '楽官'의 동의성은 명백히 입증된다.

(333) a. 伶 : 伶官 <四解下 56b>
b. 伶 : 노롯바치 령…又樂官曰伶官 <字會中 2a>

<334> 醁 對 美酒

두 명사가 [醁] 즉 '美酒, 좋은 술'의 뜻을 가지고 동의 관계에 있다는 것은 다음 예문들에서 잘 확인된다. '醁'이 한자어 '醁'을 뜻하고 '醁'은 한자어 '美酒'와 동의 관계에 있다. 따라서 '醁'과 '美酒'의 동의성은 명백히 입증된다.

(334) a. 醁 : 醁 美酒 <四解上 6b>
b. 醽 : 醁酒 又美酒 <四解下 67a>

<335> 零陵香 對 蕙草

두 명사가 [蕙]와 [薰] 즉 '혜초, 영릉향(零陵香)'의 뜻을 가지고 동의 관계에 있다는 것은 다음 예문들에서 잘 확인된다. '蕙'가 한자어 '零陵香'을 뜻한다. 그리고 '薰'가 한자어 '蕙草'를 뜻한다. 따라서 '零陵香'과 '蕙草'의 동의성은 명백히 입증된다.

(335) a. 蕙 : 零陵香 <四解上 54b>

　　　 b. 薰 : 蕙草 卽零陵 <四解上 69b>

<336> 靈芝草 對 지초

두 명사 '靈芝草'와 '지초'(芝草) 가 [靈芝草]와 [芝] 즉 '영지초, 지초'의 뜻을 가지고 동의 관계에 있다는 것은 다음 예문들에서 잘 확인된다. 원문 중 '刺靈芝草'가 '령지초 치질ᄒ다'로 번역된다. 그리고 '芝'의 자석이 '지초'이고 '지초'는 한자어 '靈芝草'와 동의 관계에 있다. 따라서 '靈芝草'와 '지초'의 동의성은 명백히 입증된다.

(336) a. 쳥셔피로 ᄀ는 변ᄉ ᄒ고 령지초 치질ᄒ얏고(藍斜皮細邊兒刺靈芝草) <번朴上 28a>

　　　 b. 芝 : 지촛 지 俗稱靈芝草 <字會上 4a>

<337> 례 對 禮度 對 禮節 對 례법

네 개의 명사 '례'(礼) 와 '禮度'와 '礼節' 그리고 '례법'(禮法) 이 [禮]의 뜻을 가지고 동의 관계에 있다는 것은 다음 예문들에서 잘 확인된다. 원문 중 '其礼'가 '그 례'로 번역되고 '礼'가 '禮度'와 '礼節'로 번역되고 '有礼'가 '례법 잇다'로 번역된다. 따라서 '례', '禮度', '礼節' 그리고 '례법'의 동의성은 명백히 입증된다.

(337) a. 그 례를 둂히 아니 ᄒ염직ᄒ랴(其禮를 不可重與아) <번小七 8b>

(337) b. 禮度는 제여곰 ᄒ욜 ᄆ듸를 넘디 아니하며(禮는 不踰節ᄒ며) <번小四 7a>

　　　 c. 스승 뎨ᄌ의 례도를 엄졍히 ᄒ며(嚴師弟之禮ᄒ며) <번小九 9b>

　　　 d. 음란ᄒ 풍류와 샤특ᄒ 례도를 ᄆᄉ매 브티디 아니ᄒ며(淫樂慝禮를 不接心術ᄒ며) <번小四 8a>

　　　 e. 곳갈 스는 례도 아니ᄒ연 디 오라니(冠禮之廢久矣니) <번小七 9a>

　　　 f. 유덕ᄒ 일와 례도로 슝샹ᄒ니(專尙德禮) <속三忠 3a>

　　　 g. 처엄 ᄒ던 례도 ᄀ티 ᄒ고(如初禮爲古) <呂約 39b>

(337) h. ᄉ양 아니코 즉재 되답호미 례겨리 아니라(不辭讓而對ㅣ 非禮也ㅣ 니라) <번小三 25b>

i. 禮節이 ᄀᆞᄅ치ᄂᆞᆫ 밀 근원이며(禮爲敎本이며) <번小八 27a>

(337) j. 무슬히 례법 이시며(鄕閭ㅣ 有禮ᄒᆞ며) <번小九 6a>

<338> 禮 對 禮義

두 명사가 [礼] 즉 '예의, 예절'의 뜻을 가지고 동의 관계에 있다는 것은 다음 예문들에서 잘 확인된다. 원문 중 '礼始'가 '礼ᄂᆞᆫ 비릇다'로 번역된다. '非礼'가 '礼 아니다'와 '례 아니다'로 번역된다. 그리고 '礼'가 한자어 '礼義'를 뜻한다. 따라서 '礼'와 '礼義'의 동의성은 명백히 입증된다.

(338) a. 禮ᄂᆞᆫ 夫婦 ᄉᆞ이예 삼가호매 비릇ᄂᆞ니(禮始於謹夫婦ㅣ니) <번小三 16b>

b. 吉ᄒᆞᆫ 사ᄅᆞᄆᆞᆫ 누네 禮 아닌 비츨 보디 아니ᄒᆞ며 귀예 禮 아닌 소리ᄅᆞᆯ 듣디 아니ᄒᆞ며 이베 禮 아닌 마ᄅᆞᆯ 니ᄅᆞ디 아니ᄒᆞ며(吉也者ᄂᆞᆫ 目不觀非禮之色ᄒᆞ며 耳不聽非禮之聲ᄒᆞ며 口不道非禮之言ᄒᆞ며) <번小六 30a>

c. 례 아니어든 보디 말며 례 아니어든 듣디 말며 례 아니어든 니ᄅᆞ디 말며 례 아니어든 닐뮈디 말라(非禮勿視ᄒᆞ며 非禮勿聽ᄒᆞ며 非禮勿言ᄒᆞ며 非禮勿動이라) <번小八 7b>

(338) d. 禮 : 禮義 <四解上 28b>

<339> 礪石 對 磨石

두 명사가 [磨]와 [砺] 즉 '숫돌'의 뜻을 가지고 동의 관계에 있다는 것은 다음 예문들에서 잘 확인된다. '磨'가 한자어 '砺石'을 뜻하고 '砺石'은 한자어 '磨石'과 동의 관계에 있다. 그리고 '砺'의 자석이 '슷돌'이고 고유어 '슷돌'은 한자어 '磨石'과 동의 관계에 있다. 따라서 '砺石'과 '磨石'의 동의성은 명백히 입증된다.

(339) a. 磨 : 石磑 <四解下 28b>

b. 磨 : 매 마 又礪石曰磨石 <字會中 6b>

(339) c. 砺 : 砥石 <四解下 55b>

d. 砺 : 슷돌 형 俗呼磨石 <字會中 10a>

<340> 례수 對 禮儀

두 명사 '례수'(礼数)와 '礼儀'가 [礼] 즉 '예도, 예절'의 뜻을 가지고 동의 관계에 있다는 것은 다음 예문들에서 잘 확인된다. '礼'가 한자어 '礼儀'를 뜻한다. 그리고 '礼'의 자석이 '례수'이다. 따라서 '례수'와 '礼儀'의 동의성은 명백히 입증된다.

(340) a. 禮 : 禮儀 <四解上 28b>
　　　 b. 禮 : 례수 례 又절 례 <字會上 18a>

<341> 례지 對 有南果

두 명사 '례지'(荔支)와 '有南果'가 [荔支]와 [荔] 즉 '여주'의 뜻을 가지고 동의 관계에 있다는 것은 다음 예문들에서 잘 확인된다. 원문 중 '荔支'가 '례지'로 번역된다. 그리고 '荔'가 한자어 '荔支'를 뜻한다. 그리고 '荔'의 자석이 '담쟝이'이고 한자어 '有南果'가 한자어 '荔支'와 동의 관계에 있다. 따라서 '례지'와 '有南果'의 동의성은 명백히 입증된다.

(341) a. 례지 솔고 (荔支 杏子) <번老下 38b>
　　　 b. 당츄ㅈ 례지 (核桃 荔支) <번朴上 4b>

(341) c. 荔 : 荔支 <四解上 28b>
　　　 d. 荔 : 담쟝이 례…又有南果呼荔支 <字會上 5a>

<342> 蘆菔 對 蘿蔔

두 명사가 [蘆], [菔] 및 [蔔] 즉 '무'의 뜻을 가지고 동의 관계에 있다는 것은 다음 예문들에서 잘 확인된다. '蘆'와 '菔'이 한자어 '蘆菔'을 뜻하고 '蘆菔'은 한자어 '蘿蔔' 및 고유어 '댓무수'와 동의 관계에 있다. '蔔'이 한자어 '蘿蔔菜'를 뜻한다. 그리고 '蔔'의 자석이 '댓무수'이고 고유어 '댓무수'는 한자어 '蘿蔔'과 동의 관계에 있다. 따라서 '蘆菔'과 '蘿蔔'의 동의성은 명백히 입증된다.

(342) a. 蘆 : 蘆菔 蘿蔔也 <四解上 41b>
　　　 b. 菔 : 蘆菔…今俗呼蘿蔔 댓무수 <四解上 4b>

(342) c. 蔔 : 蘿蔔菜 亦作菔 <四解下 59b>
　　　 d. 蔔 : 댓무수 복 俗呼蘿蔔 <字會上 7b>

<343> 蘆葩 對 溫菘

두 명사가 [蘆] 즉 '무'의 뜻을 가지고 동의 관계에 있다는 것은 다음 예문들에서 잘 확인된다. '蘆'가 한자어 '蘆萉'를 뜻하고 '蘆萉'는 한자어 '溫菘'과 동의 관계에 있다. 따라서 '蘆萉'와 '溫菘'의 동의성은 명백히 입증된다.

(343) a. 蘆 : 蘆萉 溫菘也…今俗書作蘿蔔 <四解下 27a>

(343) b. 蘆 : 枲實 <四解上 17a>
　　 c. 萉 : 同上 <四解上 17a>

<344> 滷水 對 곤슈

명사 '滷水'와 합성명사 '곤슈'가 [滷] 즉 '간수, 짠물'의 뜻을 가지고 동의 관계에 있다는 것은 다음 예문들에서 잘 확인된다. '滷'의 자석이 '곤슈'이고 '곤슈'는 한자어 '滷水'와 동의 관계에 있다. 따라서 '滷水'와 '곤슈'의 동의성은 명백히 입증된다. '곤슈'는 합성명사로 '塩分'을 뜻하는 고유어 '곤'과 한자어 '슈'(水) 의 合成이다.

(344) a. 滷 : 醝液 天生曰滷 <四解上 42a>
　　 b. 滷 : 곤슈 로 俗呼滷水 天生曰滷 <字會中 11a>

<345> 老人拄杖 對 枴棒

두 명사가 [枴] 즉 '지팡이, 노인이 짚는 지팡이'의 뜻을 가지고 동의 관계에 있다는 것은 다음 예문들에서 잘 확인된다. '枴'가 한자어 '老人拄杖'을 뜻한다. 그리고 '枴'의 자석이 '갈공막대'이고 고유어 '갈공막대'는 한자어 '枴棒'과 동의 관계에 있다. 따라서 '老人拄杖'과 '枴棒'의 동의성은 명백히 입증된다.

(345) a. 枴 : 老人拄杖 <四解上 47a>
　　 b. 枴 : 갈공막대 괘 俗呼枴棒 老者所持 <字會中 9b>

<346> 鸕鷀 對 烏鬼

두 명사가 [鷀] 즉 '가마우지'의 뜻을 가지고 동의 관계에 있다는 것은 다음 예문들에서 잘 확인된다. '鷀'가 한자어 '鸕鷀'를 뜻하고 '鸕鷀'는 한자어 '烏鬼' 및 고유어 '가마오디'와 동의 관계에 있다. 그리고 '鷀'의 자석이 '가마오디'이고 고유어 '가마오디'는 한자어 '鸕鷀'와 동의 관계에 있다. 따라서 '鸕鷀'과 '烏鬼'의 동의성은 명백히 입증된다.

(346) a. 鷀 : 鸕鷀…一名烏鬼 가마오디 <四解上 13a>

b. 鷀 : 가마오디 즈…亦呼鸕鷀 峽中呼烏鬼 <字會上 9b>

<347> 磟碡 對 平田器

두 명사가 [磟]과 [碡] 즉 '번지, 돌 고무래, 밭의 흙을 평평하게 고르기 위해 사용하는 농기구'의 뜻을 가지고 동의 관계에 있다는 것은 다음 예문들에서 잘 확인된다. '磟'이 한자어 '磟碡'을 뜻하고 '磟碡'은 한자어 '平田器'와 동의 관계에 있다. 그리고 '碡'이 한자어 '磟碡'을 뜻하고 '磟碡'은 한자어 '平田器'와 동의 관계에 있다. 따라서 '磟碡'과 '平田器'의 동의성은 명백히 입증된다.

(347) a. 磟 : 磟碡 平(6a) 田器 <四解上 6b>
b. 磟 : 번디 록 以石爲之 <字會中 9a>

(347) c. 碡 : 磟碡 平田器 <四解上 2b>
d. 碡 : 以石爲之 俗呼碌碡 <字會中 9a>

<348> 롱 對 箱籠

두 명사 '롱'(籠) 과 '箱籠'이 [籠] 즉 '바구니, 상자'의 뜻을 가지고 동의 관계에 있다는 것은 다음 예문들에서 잘 확인된다. '籠'이 한자어 '箱籠'을 뜻한다. 그리고 '籠'의 자석이 '롱'이고 '롱'은 한자어 '箱籠'과 동의 관계에 있다. 따라서 '롱'과 '箱籠'의 동의성은 명백히 입증된다.

(348) a. 籠 : 箱籠 <四解上 11b>
b. 籠 : 롱 롱 箱籠 竹器 <字會中 7a>

한자어 '籠'은 15세기의 『楞嚴経諺解』(1462) 의 다음 예문에서 잘 확인된다. 원문 중 '出籠'이 '籠이 나다'로 번역된다.

(348) c. ᄆᆞᅀᆞ미 그 얼굴 여희요미 새 籠이 나ᄃᆞᆺ ᄒᆞ야(心離其形호미 如鳥ㅣ 出籠ᄐᆞᆺ ᄒᆞ야) <楞九 84a>

<349> 료화 對 水葒草

두 명사 '료화'(蓼花) 와 '水葒草'가 [葒] 즉 '여뀌, 요화'의 뜻을 가지고 동의 관계에 있다는 것은 다음 예문들에서 잘 확인된다. '葒'이 한자어 '水葒草'를 뜻하고 '水葒草'는 '료화'와 동의 관계에 있다. 그리고 '葒'의 자석이 '료화'이다. 따라서 '료화'와 '水葒草'의 동의성은 명백히 입증된다.

(349) a. 葒 : …今俗謂水蓼曰水葒草 一云 료화 <四解上 6a>
　　　b. 葒 : 료화 홍 俗呼水葒草 <字會上 5a>

<350> 료화 對 水葒花

두 명사 '료화'(蓼花)와 '水葒花'가 [葒] 즉 '여뀌, 요화'의 뜻을 가지고 동의 관계에 있다는 것은 다음 예문들에서 잘 확인된다. '葒'의 자석이 '료화'이고 '료화'는 한자어 '水葒花'와 동의 관계에 있다. 따라서 '료화'과 '水葒花'의 동의성은 명백히 입증된다.

(350) a. 葒 : …今俗謂水蓼曰水紅草 一云료화 <四解上 6a>
　　　b. 葒 : 료화 홍 俗呼水葒花 <字會上 5a>

<351> 룡 對 鱗虫之長

두 명사 '룡'(竜)과 '鱗虫之長'이 [竜] 즉 '용'의 뜻을 가지고 동의 관계에 있다는 것은 다음 예문들에서 잘 확인된다. 원문 중 '蟒竜'이 '쓸 업슨 룡'으로 번역된다. 그리고 '竜'이 한자어 '鱗虫之長'을 뜻한다. 따라서 '룡'과 '鱗虫之長'의 동의성은 명백히 입증된다.

(351) a. 이 다홍비체 다숫 밧ㄱ락 가진 쓸 업슨 룡을 슈질ᄒᆞ니ᄂᆞᆫ(這的大紅綉五爪蟒龍) <번朴上 14b>
　　　b. 빅옥셕으로 룡 셜픠에 사진 챵 잇고(白玉石玲瓏龍床) <번朴上 69a>

(351) c. 龍 : …鱗虫之長 <四解上 11a>
　　　d. 龍 : 미르 룡 <字會上 10b>

<352> 龍鼓 對 葒草

두 명사가 [蘢]과 [鼓] 즉 '개여뀌'의 뜻을 가지고 동의 관계에 있다는 것은 다음 예문들에서 잘 확인된다. '蘢'이 한자어 '葒草'를 뜻한다. 그리고 '鼓'가 한자어 '龍鼓'를 뜻하고 '龍鼓'는 한자어 '葒草'와 동의 관계에 있다. 따라서 '龍鼓'와 '葒草'의 동의성은 명백히 입증된다.

(352) a. 蘢 : 葒草 <四解上 11b>
　　　b. 鼓 : 龍鼓 葒草 <四解上 36a>

<353> 龍鍾 對 潦倒皃

두 명사가 [竜鍾] 즉 '늙고 병든 모양, 노쇠하여 아무것도 못하는 모양'의 뜻을 가지고 동의 관계에 있다는 것은 다음 예문들에서 잘 확인된다. '躘'이 한자어 '竜鍾'을 뜻하고 '竜鍾'은 한자어 '潦倒皃'와 동의 관계에 있다. 따라서 '竜鍾'과 '潦倒皃'의 동의성은 명백히 입증된다.

(353) a. 躘 : 躘踵 行不進皃 又作龍鍾 潦倒皃 <四解上 11a>
　　　 b. 踵 : 躘踵 行不進皃 <四解上 8b>

<354> 躘踵/躘蹱 對 行不進皃

두 명사가 [躘踵/躘蹱] 즉 '나아가지 않는 모양'의 뜻을 가지고 동의 관계에 있다는 것은 다음 예문들에서 잘 확인된다. '躘'이 한자어 '躘踵'을 뜻하고 '躘踵'은 한자어 '行不進皃'와 동의 관계에 있다. 그리고 '蹱'이 한자어 '躘蹱'을 뜻하고 '躘蹱'은 한자어 '行不進皃'와 동의 관계에 있다. 따라서 '躘踵/躘蹱'과 '行不進皃'의 동의성은 명백히 입증된다.

(354) a. 躘 : 躘踵 行不進皃 <四解上 11a>
　　　 b. 踵 : 躘踵 行不進皃 <四解上 8b>

<355> 螻姑 對 土狗

두 명사가 [螻]와 [姑] 즉 '땅강아지'의 뜻을 가지고 동의 관계에 있다는 것은 다음 예문들에서 잘 확인된다. '螻'가 한자어 '螻姑'를 뜻한다. '姑'가 한자어 '螻姑'를 뜻하고 '螻姑'는 고유어 '도로래' 및 한자어 '土狗'와 동의 관계에 있다. 그리고 '姑'의 자석이 '도로래'이고 고유어 '도로래'는 한자어 '螻姑' 및 한자어 '土狗'와 동의 관계에 있다. 따라서 '螻姑'와 '土狗'의 동의성은 명백히 입증된다.

(355) a. 螻 : 螻姑 <四解下 67b>
　　　 b. 螻 : 도로래 루 <字會上 12a>

(355) c. 姑 : …螻姑…도로래 今俗呼土狗 <四解上 36a>
　　　 d. 姑 : 도로래 고 俗呼螻姑…又呼土狗 <字會上 12a>

<356> 礨空 對 小穴

두 명사가 [礨] 즉 '작은 구멍'의 뜻을 가지고 동의 관계에 있다는 것은 다음 예문들에서 잘 확인된다. '礨'가 한자어 '礨空'을 뜻하고 '礨空'은 한자어 '小穴'과 동의 관계에 있다. 그리고 '空'이 '穴'과 同義이고 '穴'의 자석이 '구무'이다. 따라서 '䆘空'과 '小穴'의 동의성은 명백히 입증된다.

(356) a. 䆘 : … 又䆘空 小穴 <四解上 55a>
   b. 空 : 穴也 <四解上 1b>

(356) c. 穴 : 窟也 <四解下 12a>
   d. 穴 : 구무 혈 <字會下 8b>

<357> 樓觀 對 道宮

두 명사가 [觀] 즉 '道教의 寺院, 道士가 사는 집'의 뜻을 가지고 동의 관계에 있다는 것은 다음 예문들에서 잘 확인된다. '觀'이 한자어 '樓觀'을 뜻한다. 그리고 '觀'의 자석이 '집'이고 고유어 '집'은 한자어 '道宮'과 동의 관계에 있다. 따라서 '樓觀'과 '道宮'의 동의성은 명백히 입증된다.

(357) a. 觀 : … 又樓觀 <四解上 72a>
   b. 觀 : 집 관 道宮 <字會中 5b>

<358> 螻蟈 對 鼃黽

두 명사가 [蟈]과 [鼃] 즉 '청개구리, 개구리'의 뜻을 가지고 동의 관계에 있다는 것은 다음 예문들에서 잘 확인된다. '蟈'이 한자어 '螻蟈'을 뜻하고 '螻蟈'은 한자어 '鼃黽'과 동의 관계에 있다. '蟈'의 자석이 '머구리'이다. 그리고 '蛙'의 자석이 '머구리'이다. 따라서 '螻蟈'과 '鼃黽'의 동의성은 명백히 입증된다. 한자 '鼃'와 '蛙'는 同字이다.

(358) a. 蟈 : 螻蟈 鼃黽也 水居蝦蟆 <四解下 62b>
   b. 蟈 : 머구리 국 <字會上 12a>

(358) c. 鼃 : 蝦蟆 <四解下 32a>
   d. 蛙 : 머구리 와 俗呼水蛙 <字會上 12a>

<359> 蔞蒿 對 水蒿草

두 명사가 [蔞] 즉 '물쑥'의 뜻을 가지고 동의 관계에 있다는 것은 다음 예문들에서 잘 확인된다. '蔞'가 한자어 '蔞蒿'를 뜻하고 '蔞蒿'는 고유어 '믈쑥'과 동의 관계에 있다. 그리고 '蔞'의 자석이 '믈뽁'이고 고유어 '믈뽁'은 한자어 '水蒿草'와 동의 관계에 있다. 따라서 '蔞蒿'과 '水蒿草'의 동의성은 명백히 입증된다.

(359) a. 蔞 : 蔞蒿 믈뽁 <四解上 35a>

　　 b. 蔞 : 蔞蒿 믈뽁 <四解下 67b>

　　 c. 蔞 : 믈뽁 루 俗呼水蒿草 <字會上 8a>

<360> 柳絮 對 柳花

두 명사가 [絮] 즉 '버들개지, 봄날에 날리는 버드나무의 꽃'의 뜻을 가지고 동의 관계에 있다는 것은 다음 예문들에서 잘 확인된다. '絮'가 한자어 '柳花'를 뜻하고 '柳花'는 한자어 '柳絮'와 동의 관계에 있다. 따라서 '柳絮'와 '柳花'의 동의성은 명백히 입증된다.

(360) a. 絮 : 敝綿 又冒絮 頭上巾 <四解上 31b>

　　 b. 絮 : 소옴 셔 又柳花 亦曰柳絮 <字會中 12a>

한자어 '柳絮'와 동의 관계에 있는 고유어 '버듨가야지'가 15세기의 『杜詩諺解』(1481) 에서 발견된다. 원문 중 '輕輕柳絮'가 '가비야온 버듨가야지'로 번역된다.

(360) c. 가비야온 버듨가야지는 사르미 오새 버렛도다(輕輕柳絮點人衣) <杜十 48b>

　　 d. 업드러 미친 버듨가야지는 브루믈 조차 가고(顚狂柳絮隨風去) <杜十 8a>

<361> 流蘇 對 絛頭

두 명사가 [流蘇] 즉 '매듭, 끈'의 뜻을 가지고 동의 관계에 있다는 것은 다음 예문들에서 잘 확인된다. 한자어 '流蘇'가 고유어 '미줍'과 동의 관계에 있다. 그리고 '미줍'은 한자어 '絛頭'와 동의 관계에 있다. 따라서 '流蘇'와 '絛頭'의 동의성은 명백히 입증된다.

(361) a. 蘇 : …又流蘇 미줍 同心結也 又謂絛頭 <四解上 40a>

　　 b. 蘇 : 챗소기 소 俗呼紫蘇 <字會上 8a>

<362> 鶷鶛 對 黃鳥

두 명사가 [鶷]과 [鶛] 즉 '올빼미'의 뜻을 가지고 동의 관계에 있다는 것은 다음 예문들에서 잘 확인된다. '鶷'이 한자어 '鶷鶛'를 뜻하고 '鶷鶛'는 한자어 '黃鳥'와 동의 관계에 있다. 그리고 '鶛'가 한자어 '鶷鶛'를 뜻하고 '鶷鶛'는 한자어 '黃鳥'와 동의 관계에 있다. 따라서 '鶷鶛'와 '黃鳥'의 동의성은 명백히 입증된다.

(362) a. 鶏 : 鶷鶚 黃鳥 <四解上 61a>

(362) b. 鶚 : … 又 鶷鶚 黃鳥 <四解下 71a>
    c. 鶚 : 부형이 류 <字會上 8b>

<363> 陵苕 對 凌霄花

두 명사가 [苕] 즉 '능소화(凌霄花)'의 뜻을 가지고 동의 관계에 있다는 것은 다음 예문들에서 잘 확인된다. '苕'가 한자어 '陵苕'를 뜻하고 '陵苕'는 한자어 '凌霄花'와 동의 관계에 있다. 따라서 '陵苕'과 '凌霄花'의 동의성은 명백히 입증된다.

(363) a. 苕 : … 又 陵苕 凌霄花也 <四解下 14a>
    b. 陵 : 大阜 <四解下 57a>

<364> 邐迤 對 連接邪行

두 명사가 [邐]와 [迤] 즉 '줄지어 이어 가는 모양, 잇닿은 모양'의 뜻을 가지고 동의 관계에 있다는 것은 다음 예문들에서 잘 확인된다. '邐'가 한자어 '邐迤'를 뜻한다. 그리고 '迤'가 한자어 '邐迤'를 뜻하고 '邐迤'는 한자어 '連接邪行'과 동의 관계에 있다. 따라서 '邐迤'와 '連接邪行'의 동의성은 명백히 입증된다.

(364) a. 邐 : 邐迤 旁行連接也 <四解上 28b>

(364) b. 迤 : 邐迤 連接邪行 <四解上 22a>
    c. 迤 : 同 <四解上 22a>

<365> 邐迤 對 旁行連接

두 명사가 [邐]와 [迤] 즉 '줄지어 이어진 모양, 잇닿은 모양'의 뜻을 가지고 동의 관계에 있다는 것은 다음 예문들에서 잘 확인된다. '邐'가 한자어 '邐迤'를 뜻하고 '邐迤'는 한자어 '旁行連接'과 동의 관계에 있다. 그리고 '迤'가 한자어 '邐迤'를 뜻하고 '邐迤'는 한자어 '連接邪行'과 동의 관계에 있다. 따라서 '邐迤'와 '旁行連接'의 동의성은 명백히 입증된다.

(365) a. 邐 : 邐迤 旁行連接也 <四解上 28b>

(365) b. 迤 : 邐迤 連接邪行 <四解上 22a>

    c. 迆 : 同 <四解上 22a>

<366> 籬柵 對 墙榨

두 명사가 [墙榨] 즉 '울타리'의 뜻을 가지고 동의 관계에 있다는 것은 다음 예문들에서 잘 확인된다. 한자어 '籬柵'이 한자어 '墙榨'와 동의 관계에 있다. 따라서 '籬柵'과 '墙榨'의 동의성은 명백히 입증된다.

(366) a. 榨 : 俗謂打油者曰油榨 <四解下 29b>

    b. 榨 : 고조 쟈 俗稱油榨…又籬柵 亦曰墙榨 <字會中 7a>

<367> 藺石 對 城上戰用擂石

두 명사가 [藺石] 즉 '성 위에서 던져 적을 방어하는 데 쓰는 돌, 팔맷돌'의 뜻을 가지고 동의 관계에 있다는 것은 다음 예문에서 잘 확인된다. 한자어 '藺石'이 한자어 '城上戰用擂石'와 동의 관계에 있다. 따라서 '藺石'과 '城上戰用擂石'의 동의성은 명백히 입증된다.

(367) a. 藺 : …又藺石 城上戰用擂石 <四解上 61a>

<368> 嶙峋 對 山崖皃

두 명사가 [嶙]과 [峋] 즉 '산이 겹겹이 싸여 깊은 모양'의 뜻을 가지고 동의 관계에 있다는 것은 다음 예문들에서 잘 확인된다. '嶙'이 한자어 '嶙峋'을 뜻하고 '嶙峋'은 한자어 '山崖皃'와 동의 관계에 있다. 그리고 '峋'이 한자어 '嶙峋'을 뜻한다. 따라서 '嶙峋'과 '山崖皃'의 동의성은 명백히 입증된다.

(368) a. 嶙 : 嶙峋 山崖皃 <四解上 61a>

    b. 峋 : 嶙峋 <四解上 68a>

<369> 林檎 對 沙果

두 명사가 [檎] 즉 '능금'의 뜻을 가지고 동의 관계에 있다는 것은 다음 예문들에서 잘 확인된다. '檎'이 한자어 '林檎'을 뜻하고 '林檎'은 한자어 '沙果'와 동의 관계에 있다. 그리고 '檎'의 자석이 '닝금'이고 고유어 '닝금'은 한자어 '沙果'와 동의 관계에 있다. 따라서 '林檎'과 '沙果'의 동의성은 명백히 입증된다.

(369) a. 檎 : 林檎 今俗呼沙果 <四解下 72b>

　　　b. 檎 : 닝금 금 俗呼沙果 <字會上 6a>

<370> 霖霪 對 淫霖

두 명사가 [霪]와 [霖] 즉 '장마'의 뜻을 가지고 동의 관계에 있다는 것은 다음 예문들에서 잘 확인된다. '霪'가 한자어 '霖霪'를 뜻한다. 그리고 '霖'의 자석이 '오란 비'이고 고유어 '오란 비'는 한자어 '淫霖'과 동의 관계에 있다. 따라서 '霖霪'와 '淫霖'의 동의성은 명백히 입증된다.

(370) a. 霪 : 霖霪 <四解上 32a>

(370) b. 霖 : 久雨 <四解下 74b>

　　　c. 霖 : 오란(1b) 비 림 俗稱淫霖 <字會上 2a>

<371> 릭실 對 닉실

두 명사 '릭실'(来日)과 '닉실'(来日)이 [明日] 즉 '내일'의 뜻을 가지고 동의 관계에 있다는 것은 다음 예문들에서 잘 확인된다. 원문 중 '明日…見'이 '릭실…보다'로 번역되고 '明日死'가 '릭실 죽다'로 번역된다. 그리고 '幾箇明日'이 '몃 닉실'로 번역되고 '明日…行'이 '닉실…녀다'로 번역된다. 따라서 두 명사 '릭실'과 '닉실'의 동의성은 명백히 입증된다. 두 명사는 첫 음절에서 자음 'ㄹ~ㄴ'의 교체를 보여 준다.

(371) a. 오ᄂ리 밧브니 릭실 다시 서르 보와(今日忙 明日再廝見) <번老下 6b>

　　　b. 우리 사ᄅ미 오늘 주글 동 릭실 주글 동 모ᄅ는 거시니(咱人今日死的 明日死的 不理解得) <번老下 41b>

　　　c. 릭실 갑 듣보라 가고려(明日打聽價錢去來) <번老上 70b>

　　　d. 릭실 우리 홈ᄭ의 가져(到明日咱們同去) <번老上 70b>

　　　e. 릭실 병이 다 됴커든(明日病痊疴了時) <번老下 41a>

　　　f. 릭실 우리 하츄로 보내여라(到明日 我下處送來) <번老下 20b>

(371) g. 모로리로다 몃 닉시린고(知他是幾箇明日) <번朴上 35a>

h. 닉실 일 녀져(明日早行) <번老上 10b>

i. 우리 닉실 므슴 노하 가져(我明日早只放心的去也) <번老上 26b>

j. 나도 닉실 양 푸는 져제 가(我也明日到羊市裏) <번朴上 67a>

<372> 蘑菰 對 香蕈

두 명사가 [菰]와 [香蕈] 즉 '표고'의 뜻을 가지고 동의 관계에 있다는 것은 다음 예문들에서 잘 확인된다. '菰'의 자석이 '표고'이고 고유어 '표고'는 한자어 '蘑菰' 및 한자어'香蕈'과 동의 관계에 있다. 그리고 한자어 '香蕈'이 고유어 '표고'와 동의 관계에 있다. 따라서 '蘑菰'와 '香蕈'의 동의성은 명백히 입증된다.

(372) a. 菰 : 표곳 고 俗呼蘑菰 又香蕈 <字會上 7b>
　　　b. 蘑 : 표고 마 <字會上 7b>

(372) c. 蕈 : 菌也 今俗呼香蕈 표고 <四解下 73a>
　　　d. 蕈 : 버슷 심 在地者 <字會上 7b>

<373> 馬樋 對 鞭子

두 명사가 [鞭] 즉 '채찍, 말채찍'의 뜻을 가지고 동의 관계에 있다는 것은 다음 예문들에서 잘 확인된다. '鞭'이 한자어 '馬樋'를 뜻한다. 그리고 '鞭'의 자석이 '채'이고 고유어 '채'는 한자어 '鞭子'와 동의 관계에 있다. 따라서 '馬樋'와 '鞭子'의 동의성은 명백히 입증된다.

(373) a. 鞭 : 馬樋 <四解下 3a>
　　　b. 鞭 : 채 편 俗呼鞭子 <字會中 13b>

<374> 馬闌 對 養馬所

두 명사가 [闲] 즉 '마구간'의 뜻을 가지고 동의 관계에 있다는 것은 다음 예문들에서 잘 확인된다. '闲'이 한자어 '馬闌'을 뜻한다. 그리고 '闲'의 자석이 '멀험'이고 고유어 '멀험'은 한자어 '馬闌' 및 한자어 '養馬所'와 동의 관계에 있다. 따라서 '馬闌'과 '養馬所'의 동의성은 명백히 입증된다.

(374) a. 闲 : … 又馬闌也 <四解上 80a>
　　　b. 闲 : 멀험 한 馬闌 養馬所 <字會下 4b>

<375> 馬櫪 對 馬皁

두 명사가 [皁]와 [櫪] 즉 '말구유'의 뜻을 가지고 동의 관계에 있다는 것은 다음 예문들에서 잘 확인된다. '皁'가 한자어 '馬櫪'을 뜻한다. 그리고 '櫪'이 한자어 '馬皁'를 뜻한다. 따라서 '馬櫪'과 '馬皁'의 동의성은 명백히 입증된다.

(375) a. 皁 : … 又馬櫪 <四解下 21b>
     b. 皁 : 거믈 조 又馬槽 <字會中 14b>

(375) c. 櫪 : … 又馬皁 <四解下 57a>

<376> 馬勒 對 口中金

두 명사가 [銜]과 [勒] 즉 '재갈'의 뜻을 가지고 동의 관계에 있다는 것은 다음 예문들에서 잘 확인된다. '銜'이 한자어 '馬勒'을 뜻하고 '馬勒'은 한자어 '口中金'과 동의 관계에 있다. 그리고 '勒'이 한자어 '馬勒'을 뜻한다. 따라서 '馬勒'과 '口中金'의 동의성은 명백히 입증된다.

(376) a. 銜 : 馬勒 口中金 <四解下 80b>
     b. 勒 : 馬勒 <四解下 42a>

<377> 嬷嬷 對 母親

두 명사가 [嬷] 즉 '엄마'의 뜻을 가지고 동의 관계에 있다는 것은 다음 예문에서 잘 확인된다. '嬷'가 한자어 '母親'을 뜻하고 '母親'은 한자어 '嬷嬷'와 동의 관계에 있다. 따라서 '嬷嬷'와 '母親'의 동의성은 명백히 입증된다.

(377) a. 嬷 : 俗呼母親爲嬷嬷 <四解下 28b>

<378> 馬舍 對 馬房

두 명사가 [厩] 즉 '마구간, 외양'의 뜻을 가지고 동의 관계에 있다는 것은 다음 예문들에서 잘 확인된다. '厩'가 한자어 '馬舍'를 뜻한다. 그리고 '厩'의 자석이 '오히양'이고 고유어 '오히양'은 한자어 '馬房'과 동의 관계에 있다. 따라서 '馬舍'와 '馬房'의 동의성은 명백히 입증된다.

(378) a. 厩 : 馬舍 <四解下 68a>

b. 廐 : 오히양 구 俗呼馬房 <字會中 10a>

<379> 馬杌 對 上馬磕

두 명사가 [杌] 즉 '坐具'의 뜻을 가지고 동의 관계에 있다는 것은 다음 예문들에서 잘 확인된다. '杌'이 한자어 '馬杌'을 뜻한다. 그리고 '杌'의 자석이 '방사오리'이고 고유어 '방사오리'는 한자어 '上馬磕'와 동의 관계에 있다. 따라서 '馬杌'과 '上馬磕'의 동의성은 명백히 입증된다.

(379) a. 杌 : …又今俗語馬杌 샹마딍 <四解上 63a>
　　　b. 杌 : 방사오리 올 上馬磕 <字會中 6b>

<380> 馬槽 對 馬櫪

두 명사가 [櫪]과 [皁] 즉 '말구유'의 뜻을 가지고 동의 관계에 있다는 것은 다음 예문들에서 잘 확인된다. '櫪'의 자석이 '구시'이고 고유어 '구시'는 한자어 '馬槽'와 동의 관계에 있다. 그리고 '皁'가 한자어 '馬櫪'을 뜻하기도 하고 한자어 '馬槽'를 뜻하기도 한다. 따라서 '馬槽'와 '馬櫪'의 동의성은 명백히 입증된다.

(380) a. 櫪 : 馬皁 <四解下 57a>
　　　b. 櫪 : 구시 력 俗呼馬槽 <字會中 10a>

(380) c. 皁 : …又馬櫪 <四解上 26b>
　　　d. 皁 : 거믈 조 又馬槽 <字會中 14b>

<381> 馬皁 對 馬槽

두 명사가 [櫪] 즉 '말구유, 말의 먹이를 담는 그릇'의 뜻을 가지고 동의 관계에 있다는 것은 다음 예문들에서 잘 확인된다. '櫪'이 한자어 '馬皁'를 뜻한다. 그리고 '櫪'의 자석이 '구시'이고 고유어 '구시'는 한자어 '馬櫪'과 동의 관계에 있다. 따라서 '馬皁'와 '馬槽'의 동의성은 명백히 입증된다.

(381) a. 櫪 : 馬皁 <四解下 57a>
　　　b. 櫪 : 구시 력 俗呼馬槽 <字會中 10a>

<382> 馬鞁具 對 鞍子

두 명사가 [鞍]과 [鞍子] 즉 '길마, 안장(鞍裝)'의 뜻을 가지고 동의 관계에 있다는 것은 다음 예문들에서 잘 확인된다. '鞍'이 한자어 '馬鞍具'를 뜻한다. '鞍'의 자석이 '기르마'이고 고유어 '기르마'는 한자어 '鞍子'와 동의 관계에 있다. 그리고 원문 중 '摘了鞍子'가 '기르마 벗기다'로 번역된다. 따라서 '馬鞍具'와 '鞍子'의 동의성은 명백히 입증된다.

(382) a. 鞍 : 馬鞍具 <四解上 71b>
　　　 b. 鞍 : 기르마 안 俗呼鞍子 <字會中 13b>

(382) c. 물 들(68b) 다 오랑 서우니 ᄒ고 안직 기르마 벗기디 말라(把馬們都鬆了 且休摘了鞍子) <번老上 69a>
　　　 d. 여윈 ᄆᆞᆯ란 기르마 밧기고(瘦馬鞍子摘了) <번老下 45a>

<383> 鰻鱺 對 黃鱔

두 명사가 [鱺] 즉 '뱀장어'의 뜻을 가지고 동의 관계에 있다는 것은 다음 예문들에서 잘 확인된다. '鱺'가 한자어 '鰻鱺'를 뜻하고 '鰻鱺'는 '비얌댱어' 및 한자어 '黃鱔'과 동의 관계에 있다. 그리고 '鱺'의 자석이 '비얌댱어'이고 '비얌댱어'는 한자어 '黃鱔'과 동의 관계에 있다. 따라서 '鰻鱺'와 '黃鱔'의 동의성은 명백히 입증된다.

(383) a. 鱺 : 鰻鱺 비얌댱어 今俗黃鱔 <四解上 28b>
　　　 b. 鱺 : 비얌댱어 리 俗呼黃鱔 又曰鰻鱺魚 <字會上 11a>

<384> 曼澷 對 不分別皃

두 명사가 [曼]과 [澷] 즉 '분명하지 않은 모양'의 뜻을 가지고 동의 관계에 있다는 것은 다음 예문들에서 잘 확인된다. '曼'이 한자어 '曼澷'을 뜻하고 '曼澷'은 한자어 '不分別皃'와 동의 관계에 있다. 그리고 '澷'이 한자어 '漫澷'을 뜻하고 '漫澷'은 한자어 '不分別皃'와 동의 관계에 있다. 따라서 '曼澷'과 '不分別皃'의 동의성은 명백히 입증된다. 한자 '曼'과 '漫'은 同義이다.

(384) a. 曼 : 曼澷 不分別皃 又難測也 通作漫 <四解上 74b>
　　　 b. 澷 : 漫澷(75b) 不分別皃 又難測 <四解上 76a>

<385> 靺鞨 對 北夷

두 명사가 [靺]과 [鞨] 즉 '말갈, 중국 북방 종족의 이름'의 뜻을 가지고 동의 관계에 있다는 것은 다음 예문들에서 잘 확인된다. '靺'이 한자어 '靺鞨'을 뜻하고 '靺鞨'은 한자어 '北夷'와 동의 관계에 있다. 그리고 '鞨'이 한자어 '靺鞨'을 뜻한다. 따라서 '靺鞨'과 '北夷'의 동의성은 명백히 입증된다.

(385) a. 靺 : 靺鞨 北夷 <四解下 75a>
　　　b. 鞨 : ···又靺鞨 北狄種 <四解上 72a>

<386> 망 對 網罟

두 명사가 망(網) 과 '網罟'가 [網] 즉 '그물'의 뜻을 가지고 동의 관계에 있다는 것은 다음 예문들에서 잘 확인된다. 원문 중 '網蓋児'가 '망 미자 씨다'로 번역된다. 그리고 '網'이 한자어 '網罟'를 뜻한다. 따라서 '망'과 '網罟'의 동의성은 명백히 입증된다.

(386) a. 혼 구슬로 망 미자 씬 간다개 드리웟고(滴留着一箇珠兒網蓋兒罕荅合) <번朴上 29a>

(386) b. 網 : 網罟 <四解下 38a>
　　　c. 網 : 그믈 망 <字會中 8b>

<387> 芒莿 對 棘芒

두 명사가 [莿] 즉 '가시'의 뜻을 가지고 동의 관계에 있다는 것은 다음 예문들에서 잘 확인된다. '莿'가 한자어 '芒莿'를 뜻한다. 그리고 '莿'의 자석이 '가시'이고 고유어 '가시'는 한자어 '棘芒'과 동의 관계에 있다. 따라서 '芒莿'와 '棘芒'의 동의성은 명백히 입증된다.

(387) a. 莿 : 芒荊 <四解上 13a>
　　　b. 莿 : 가시 ᄌᆞ 棘芒 <字會下 2b>

<388> 玫瑰 對 火齊珠

두 명사가 [玫]와 [瑰] 즉 '붉은 옥'의 뜻을 가지고 동의 관계에 있다는 것은 다음 예문들에서 잘 확인된다. '玫'와 '瑰'가 한자어 '玫瑰'를 뜻하고 '玫瑰'는 한자어 '火齊珠'와 동의 관계에 있다. 따라서 '玫瑰'와 '火齊珠'의 동의성은 명백히 입증된다.

(388) a. 玫 : 玫瑰 火齊珠 <四解上 50b>
　　　b. 瑰 : 玫瑰 火齊珠 <四解上 54a>

c. 瑰 : … 又玫瑰 火齊珠 <四解上 47b>

<389> 茅蒐 對 茹藘

두 명사가 [茜]과 [蒨] 즉 '꼭두서니'의 뜻을 가지고 동의 관계에 있다는 것은 다음 예문들에서 잘 확인된다. '茜'이 한자어 '茅蒐'를 뜻하고 고유어 '곡도숑'과 동의 관계에 있다. 그리고 '蒨'의 자석이 '곡도숑'이고 고유어 '곡도숑'은 한자어 '茅蒐' 및 한자어 '茹藘'와 동의 관계에 있다. 따라서 '茅蒐'와 '茹藘'의 동의성은 명백히 입증된다.

(389) a. 茜 : 茅蒐 今俗呼 곡도숑 <四解下 4b>
b. 蒨 : 곡도숑 쳔 亦作茜 一名 茅蒐 又茹藘 <字會東中本上 9b>

<390> 茅蒐 對 茜草/蒨草

두 명사가 [蒐], [茜] 및 [蒨] 즉 '꼭두서니'의 뜻을 가지고 동의 관계에 있다는 것은 다음 예문들에서 잘 확인된다. '蒐'가 한자어 '茅蒐'를 뜻하고 '茅蒐'는 한자어 '茜草'와 동의 관계에 있다. '茜'이 한자어 '茅蒐'를 뜻하고 '茅蒐'는 고유어 '곡도숑'과 동의 관계에 있다. 그리고 '蒨'의 자석이 '곡도숑'이고 고유어 '곡도숑'은 한자어 '茅蒐' 및 '蒨草'와 동의 관계에 있다. 따라서 '茅蒐'와 '茜草/蒨草'의 동의성은 명백히 입증된다. 한자 '蒨'과 '茜'은 同字이다.

(390) a. 蒐 : 茅蒐 茜草 <四解下 67a>
b. 茜 : 茅蒐 今俗呼 곡도숑 <四解下 4b>

(390) c. 蒨 : 곡도숑 쳔 亦作茜 一名茅蒐 … 俗呼蒨草 <字會東中本上 9b>

<391> 머리톄 對 머릿톄

두 합성명사가 [頭容] 즉 '머리 모양'의 뜻을 가지고 동의 관계에 있다는 것은 다음 예문들에서 잘 확인된다. 원문 중 '頭容'이 '머리톄'로도 번역되고 '머릿톄'로도 번역된다. 따라서 '머리톄'와 '머릿톄'의 동의성은 명백히 입증된다. '머리톄'는 고유어 명사 '머리'와 한자어 명사 '톄'(体) 의 合成이고 '머릿톄'는 고유어 명사 '머리'와 한자어 명사 '톄'(体) 의 합성이지만 이 저서에서는 고유어로 다루었다. '머리톄'는 '머리#톄'로 분석되고 '머릿톄'는 '머리+ㅅ#톄'로 분석될 수 있다.

(391) a. 자내 닐오딕 처섬 胡先生 뵈숩고 믈러날 제 머리톄를 져기 기우시 호니(自言初見安定先生ᄒᆞ고

退ᄒᆞ야 頭容을 少偏ᄒᆞ다니) <번小十 27a>

(391) b. 先生이 믄득 소리를 ᄆᆞ이 ᄒᆞ야 니ᄅᆞ샤ᄃᆡ 머릿톄ᄂᆞᆫ 곧게 가질 거시라 ᄒᆞ야시ᄂᆞᆯ(安定이 忽厲聲云 頭容은 直也ㅣ라 ᄒᆞ야시ᄂᆞᆯ) <번小十 27a>

c. 내 글로 인ᄒᆞ야셔 싱각호니 ᄒᆞᆫ갓 머릿톄를 곧게 홀 ᄯᅳ니 아니라 ᄆᆞᅀᅮᆷ도 곧게 홀 거시로다 ᄒᆞ야 (某ㅣ 因自思不獨頭容이 直이라 心亦要直也ㅣ라 ᄒᆞ야) <번小十 27a>

<392> 勉强 對 力行

두 명사가 [勉强] 즉 '힘씀, 노력함'의 뜻을 가지고 동의 관계에 있다는 것은 다음 예문들에서 잘 확인된다. '勉'이 한자어 '勉强'을 뜻한다. 그리고 '强'이 한자어 '勉强'을 뜻하고 '勉强'은 한자어 '力行'과 동의 관계에 있다. 따라서 '勉强'과 '力行'의 동의성은 명백히 입증된다.

(392) a. 勉 : … 勉强 <四解下 4a>

(392) b. 彊 : 勉彊 力行(41a) 也 <四解下 41b>

c. 强 : 同 <四解下 41a>

<393> 綿絮衣 對 胖襖

두 명사가 [胖襖] 즉 '솜옷'의 뜻을 가지고 동의 관계에 있다는 것은 다음 예문들에서 잘 확인된다. 한자어 '綿絮衣'가 한자어 '胖襖'와 동의 관계에 있다. 그리고 '綿'과 '絮'의 자석이 '소옴'이다. 따라서 '綿絮衣'와 '胖襖'의 동의성은 명백히 입증된다.

(393) a. 胖 : 腸也 … 又謂綿絮衣曰胖襖 <四解下 36b>
b. 胖 : 슬질 팡 <字會上 15a>

(393) c. 綿 : 絮也 <四解下 4a>
d. 綿 : 소옴 면 <字會中 12a>

(393) e. 絮 : 敝綿 <四解上 31b>
f. 絮 : 소옴 셔 <字會中 12a>

<394> 面生小瘡 對 面生疱

두 명사가 [疱] 즉 '여드름, 면종(面腫) '의 뜻을 가지고 동의 관계에 있다는 것은 다음 예문들에서 잘 확인된다. '皰'가 한자어 '面生小瘡'을 뜻한다. 그리고 '皰'의 자석이 '쥬복'이고 고유어 '쥬복'은 한자어 '面生疱'와 동의 관계에 있다. 따라서 '面生小瘡'과 '面生疱'의 동의성은 명백히 입증된다.

(394) a. 皰 : 面生小瘡 <四解下 20b>
　　　b. 皰 : 쥬복 포 面生疱 <字會上 15b>

<395> 蟓蛉/蟓蠔 對 桑虫

두 명사가 [蟓], [蛉], [蠔] 및 [蝎] 즉 '뽕나무 벌레'의 뜻을 가지고 동의 관계에 있다는 것은 다음 예문들에서 잘 확인된다. '蟓'과 '蛉'이 한자어 '蟓蛉'을 뜻하고 '蟓蛉'은 한자어 '桑虫'과 동의 관계에 있다. '蠔'이 한자어 '蟓蠔'을 뜻한다. 그리고 '蝎'이 한자어 '桑虫'을 뜻한다. 따라서 '蟓蛉/蟓蠔'과 '桑虫'의 동의성은 명백히 입증된다.

(395) a. 蟓 : …又蟓蛉 <四解下 51b>

(395) b. 蛉 : …又同下 <四解下 57a>
　　　c. 蠔 : 蟓蠔 <四解下 57a>
　　　d. 蛉 : …又蟓蛉 桑虫 <字會上 11a>

(395) e. 蝎 : …桑虫 <四解上 72a>

<396> 明日 對 뇌일

두 명사 '明日'과 '뇌일'(来日) 이 [翌]과 [明日] 즉 '다음 날, 이튿날'의 뜻을 가지고 동의 관계에 있다는 것은 다음 예문들에서 잘 확인된다. '翌'이 한자어 '明日'을 뜻한다. '翌'의 자석이 '뇌일'이고 한자어 '뇌일'(来日) 은 한자어 '明日'과 동의 관계에 있다. 그리고 원문 중 '明日'이 '뇌일'로 번역된다. 따라서 '明日'과 '뇌일'의 동의성은 명백히 입증된다.

(396) a. 翌 : 明日 <四解下 56b>
　　　b. 翌 : 뇌일 익 明日 <字會下 1a>

(396) c. 뇌일 누미 구지람 든ᄂ니라(明日着人罵) <번老上 37b>
　　　d. 뇌일 나래 ᄒᆞᆫ 어려온 이를 힝ᄒᆞ면(明日에 行一難事ᄒᆞ면) <번小八 37a>

<397> 明日 對 翌日

두 명사가 [翊]과 [明] 즉 '다음 날, 이튿날'의 뜻을 가지고 동의 관계에 있다는 것은 다음 예문들에서 잘 확인된다. '翊'이 한자어 '明日'을 뜻한다. '翊'의 자석이 '뇌일'이고 '뇌일'은 한자어 '明日'과 동의 관계에 있다. 그리고 '明'이 한자어 '翊日'을 뜻한다. 따라서 '明日'과 '翊日'의 동의성은 명백히 입증된다.

(397) a. 翊 : 明日 <四解下 56b>
　　　 b. 翊 : 뇌일 익 明日 <字會下 1b>

(397) c. 明 : 光也 <四解下 51a>
　　　 d. 明 : 볼글 명…又翊日也 <字會下 1a>

<398> 鳴鏑 對 響頭

두 명사가 [髇] 즉 '우는살, 鳴鏑'의 뜻을 가지고 동의 관계에 있다는 것은 다음 예문들에서 잘 확인된다. '髇'가 한자어 '鳴鏑'을 뜻한다. 그리고 '髇'의 자석이 '울고도리'이고 고유어 '울고도리'는 한자어 '響頭'와 동의 관계에 있다. 따라서 '鳴鏑'과 '響頭'의 동의성은 명백히 입증된다.

(398) a. 髇 : 鳴鏑 <四解下 24a>
　　　 b. 髇 : 울고도리 호 俗呼響頭 <字會中 14b>

<399> 酕醄 對 醉貌

두 명사가 [酕]와 [醄] 즉 '술에 취한 모양, 술에 곤드레만드레가 된 모양'의 뜻을 가지고 동의 관계에 있다는 것은 다음 예문들에서 잘 확인된다. '酕'가 한자어 '酕醄'를 뜻하고 '酕醄'는 한자어 '醉貌'와 동의 관계에 있다. 그리고 '醄'가 한자어 '酕醄'를 뜻하고 '酕醄'는 한자어 '醉貌'와 동의 관계에 있다. 따라서 '酕醄'와 '醉貌'의 동의성은 명백히 입증된다.

(399) a. 酕 : 酕醄 醉貌 <四解下 21a>
　　　 b. 醄 : 酕醄 醉貌 <四解下 19b>

<400> 牡蠣 對 蠣房

두 명사가 [蛎]와 [蠔] 즉 '굴, 굴조개'의 뜻을 가지고 동의 관계에 있다는 것은 다음 예문들에서 잘 확인된다. '蛎'가 한자어 '牡蛎'를 뜻하고 '牡蛎'는 한자어 '蛎房' 및 고유어 '굴'과 동의 관계에 있다. '蛎'의 자석이 '굴'이고 고유어 '굴'은 한자어 '蛎房' 및 한자어 '牡蛎'와 동의 관계에 있다. 그리고 '蠔'가 한자어

'蠣房'을 뜻하고 '蠣房'은 고유어 '굴'과 동의 관계에 있다. 따라서 '牡蠣'와 '蠣房'의 동의성은 명백히 입증된다.

(400) a. 蠣 : 蚌屬 牡蠣 今俗呼蠣房 굴 <四解上 29a>
　　　 b. 蠣 : 굴 려 俗呼蠣房 牡蠣 <字會上 10b>

(400) c. 蠔 : 今俗呼蠣房 굴 <四解下 22b>

<401> 牡馬 對 馼馬

두 명사가 [馼]와 [騭] 즉 '수말, 말의 수컷'의 뜻을 가지고 동의 관계에 있다는 것은 다음 예문들에서 잘 확인된다. '馼'가 한자어 '牡馬'를 뜻한다. 그리고 '騭'이 한자어 '馼馬'를 뜻한다. 따라서 '牡馬'와 '馼馬'의 동의성은 명백히 입증된다.

(401) a. 馼 : 牝馬 <四解上 39a>
　　　 b. 騭 : 馼馬 <四解上 59a>

<402> 矛柄 對 戈戟柄

두 명사가 [柲] 즉 '창의 자루'의 뜻을 가지고 동의 관계에 있다는 것은 다음 예문들에서 잘 확인된다. '柲'가 한자어 '矛柄'을 뜻한다. 그리고 '柲'의 자석이 '즈르'이고 고유어 '즈르'는 한자어 '戈戟柄'과 동의 관계에 있다. 따라서 '矛柄'과 '戈戟柄'의 동의성은 명백히 입증된다.

(402) a. 柲 : 矛柄 <四解上 57a> <四解上 57b>
　　　 b. 柲 : 즈르 필 戈戟柄 <字會中 6b>

<403> 冒絮 對 頭上巾

두 명사가 [絮] 즉 '두건'의 뜻을 가지고 동의 관계에 있다는 것은 다음 예문들에서 잘 확인된다. '絮'가 한자어 '冒絮'를 뜻하고 '冒絮'는 한자어 '頭上巾'과 동의 관계에 있다. 따라서 '冒絮'와 '頭上巾'의 동의성은 명백히 입증된다.

(403) a. 絮 : …又冒絮 頭上巾 <四解上 31b>
　　　 b. 絮 : 소옴 셔 <字會中 12a>

<404> 毛席 對 氈條

두 명사가 [氈]과 [氊] 즉 '모전(毛氈), 털로 짠모직물'의 뜻을 가지고 동의 관계에 있다는 것은 다음 예문들에서 잘 확인된다. '氈'이 한자어 '毛席'을 뜻한다. 그리고 '氊'의 자석이 '시욱'이고 고유어 '시욱'은 한자어 '氈条'와 동의 관계에 있다. 따라서 '毛席'과 '氈条'의 동의성은 명백히 입증된다. 한자 '氈'과 '氊'은 同字이다.

    (404) a. 氈 : 毛席 <四解下 5b>

        b. 氊 : 시욱 젼 俗呼氈條 <字會中 15a>

<405> 모욕탕ᄌ 對 탕ᄌ

두 명사 '모욕탕ᄌ'(——湯子)와 '탕ᄌ'(湯子)가 [混堂] 즉 '목욕탕, 浴室'의 뜻을 가지고 동의 관계에 있다는 것은 다음 예문들에서 잘 확인된다. 원문 중 '混堂裏'가 '모욕탕ᄌ애'로 번역되고 '管混堂'이 '탕ᄌ 맏다'로 번역된다. 그리고 '混堂'이 '湯子'를 뜻한다. 따라서 '모욕탕ᄌ'와 '탕ᄌ'의 동의성은 명백히 입증된다. '모욕탕ᄌ'는 '합성명사'로 명사 '모욕'과 한자어 '탕ᄌ'의 合成이다.

    (405) a. 모욕탕ᄌ애 모욕ᄒ라 가져(混堂裏洗澡去來) <번朴上 52a>

        b. 탕ᄌ 맏든 사ᄅᆷ 맏뎌 보라 ᄒ고(分付這管混堂的看着) <번朴上 52b>

    (405) c. 混堂 : 人家設溫湯浴室…或稱堂子 舊本作湯子 <老朴 朴上13a>

<406> 木槿 對 蕣英

두 명사가 [蕣] 즉 '무궁화'의 뜻을 가지고 동의 관계에 있다는 것은 다음 예문들에서 잘 확인된다. '蕣'이 한자어 '木槿'을 뜻한다. 그리고 '蕣'의 자석이 '무궁화'이고 고유어 '무궁화'는 한자어 '蕣英'과 동의 관계에 있다. 따라서 '木槿'과 '蕣英'의 동의성은 명백히 입증된다.

    (406) a. 蕣 : 木槿 <四解上 69a>

        b. 蕣 : 무궁화 슌 詩蕣英 <字會上 4a>

<407> 目瞳 對 瞳仁

두 명사가 [瞳] 즉 '눈동자'의 뜻을 가지고 동의 관계에 있다는 것은 다음 예문들에서 잘 확인된다. '瞳'이 한자어 '目瞳'을 뜻한다. 그리고 '瞳'의 자석이 '눗부텨'이고 고유어 '눗부텨'는 한자어 '瞳仁'과 동

의 관계에 있다. 따라서 '目瞳'과 '瞳仁'의 동의성은 명백히 입증된다.

(407) a. 瞳 : 目瞳 <四解上 2a>
b. 瞳 : 눈부텨 동 卽瞳仁 <字會上 13a>

<408> 木末 對 木杪

두 명사가 [標]와 [杪] 즉 '나뭇가지의 끝, 우듬지'의 뜻을 가지고 동의 관계에 있다는 것은 다음 예문들에서 잘 확인된다. '標'가 한자어 '木末'과 한자어 '木杪'를 뜻한다. 그리고 '杪'가 한자어 '木末'을 뜻한다. 따라서 '木末'과 '木杪'의 동의성은 명백히 입증된다.

(408) a. 標 : 木末 <四解下 15a>
b. 標 : 木杪 <四解下 14b>

(408) c. 杪 : 木末 <四解下 15b>

<409> 目傍毛 對 睫毛

두 명사가 [睫] 즉 '속눈썹'의 뜻을 가지고 동의 관계에 있다는 것은 다음 예문들에서 잘 확인된다. '睫'이 한자어 '目傍毛'를 뜻한다. 그리고 '睫'의 자석이 '눈시올'이고 고유어 '눈시올'은 한자어 '睫毛'와 동의 관계에 있다. 따라서 '目傍毛'와 '睫毛'의 동의성은 명백히 입증된다.

(409) a. 睫 : 目傍毛 <四解下 83a>
b. 睫 : 눈시올 쳡 呼毛曰睫毛 <字會上 13a>

<410> 木植 對 材木

두 명사가 [植] 즉 '材木'의 뜻을 가지고 동의 관계에 있다는 것은 다음 예문들에서 잘 확인된다. '植'의 자석이 '시므다'이고 한자어 '木植'은 한자어 '材木'과 동의 관계에 있다. 따라서 '木植'과 '材木'의 동의성은 명백히 입증된다.

(410) a. 植 : 栽也…又今俗謂作室材木曰木植 <四解下 55a>
b. 植 : 시믈 식 又俗謂材木曰木植 <字會下 2a>

<411> 目珠子 對 眼睛

두 명사가 [睛] 즉 '눈동자, 눈알의 수정체'의 뜻을 가지고 동의 관계에 있다는 것은 다음 예문들에서 잘 확인된다. '睛'이 한자어 '目珠子'를 뜻하고 '目珠子'는 한자어 '眼睛'과 동의 관계에 있다. 따라서 '目珠子'와 '眼睛'의 동의성은 명백히 입증된다.

(411) a. 睛 : 目珠子 今俗呼眼睛 <四解下 51b>
    b. 睛 : 눈즛슈 쳥 <字會東中本上 25a>

<412> 猫頭 對 花頭

두 명사가 [猫頭]와 [花頭] 즉 '막새, 처마 끝에 나온 암키와나 수키와'의 뜻을 가지고 동의 관계에 있다는 것은 다음 예문들에서 잘 확인된다. 한자어 '猫頭'가 고유어 '마고리'와 동의 관계에 있고 고유어 '마고리'는 한자어 '花頭'와 동의 관계에 있다. 따라서 '猫頭'와 '花頭'의 동의성은 명백히 입증된다.

(412) a. 瓦 : …土器已燒之總名 <四解下 31b>
    b. 瓦 : 디새 화…猫頭 마고리 又花頭 <字會中 9b>

<413> 墨刑 對 黥刑

두 명사가 [黥]과 [天] 즉 '묵형, 얼굴에 죄명을 자자(刺字) 하던 옛 형벌'의 뜻을 가지고 동의 관계에 있다는 것은 다음 예문들에서 잘 확인된다. '黥'이 한자어 '墨刑'을 뜻한다. 그리고 '天'이 한자어 '黥刑'을 뜻한다. 따라서 '墨刑'과 '黥刑'의 동의성은 명백히 입증된다.

(413) a. 黥 : 墨刑 <四解下 48a>
    b. 黥 : 피조술 경…所謂墨刑 <字會下 13a>
    c. 墨 : …又刑名 <四解下 60a>

(413) d. 天 : …又黥刑 <四解下 2b>

<414> 門 對 門子

두 명사가 [門]과 [門子] 즉 '문(門) '의 뜻을 가지고 동의 관계에 있다는 것은 다음 예문들에서 잘 확인된다. 원문 중 '出門'이 '門의 나다'로 번역되고 '門外'가 '문 밧'으로 번역된다. '閉了門子'가 '문 닫다'로 번역된다. 그리고 '門'의 자석이 '문'이고 '문'은 한자 '門子'와 동의 관계에 있다. 따라서 '門'과 '門子'의 동의성은 명백히 입증된다.

(414) a. 겨지비 門의 나(女子ㅣ 出門ᄒ야) <번小三 19b>

　　　b. 집을 기피 ᄒ며 문을 구디 ᄒ야(深官固門ᄒ야) <번小三 17a>

　　　c. 문 밧긔 ᄆᆞᆯ 브려(門外下馬爲也) <呂約 20b>

　　　d. 이 뎜에 다 문 다ᄃᆞ면(這店裏都閉了門子了) <번老上 33b>

(414) e. 門 : 外戶 雙扇曰門 <四解上 64b>

　　　f. 門 : 문 문 俗呼門子 在外爲門 <字會中 4a>

<415> 문 對 방문

두 명사 '문'(門)과 '방문'(房門)이 [戶] 즉 '지게문'의 뜻을 가지고 동의 관계에 있다는 것은 다음 예
문들에서 잘 확인된다. 원문 중 '戶開'가 '무늬 열다'로 번역되고 '入戶'가 '무늬 들다'로 번역된다. 그리
고 '戶外'가 '방문 밧'으로 번역된다. 따라서 '문'과 '방문'의 동의성은 명백히 입증된다.

(415) a. 무늬 여렛거든 ᄯᅩ 여러 두며 무늬 다닷거든 ᄯᅩ 다도ᄃᆡ(戶開어든 亦開ᄒ며 戶闔이어든 亦闔ᄒ
　　　　ᄃᆡ) <번小四 12a>

　　　b. 쟝찻 무늬 들 저긔(將入戶ᄒᆞᆯ시) <번小四 12a>

　　　c. 무늬 드러 문허리예 ᄀ르디른 남ᄀᆞᆯ 받드ᄃᆞ시 ᄒ며 (入戶奉扃ᄒ며) <번小四 12a>

(415) d. 방문 밧긔 둘희 시니 바삿거든(戶外예 有二屨ㅣ어든) <번小四 11b>

<416> 문 對 外戶

두 명사 '문'(門)과 '外戶'가 [門] 즉 '문(門)'의 뜻을 가지고 동의 관계에 있다는 것은 다음 예문들에
서 잘 확인된다. 원문 중 '笆籬門'이 '바ᄌ문'으로 번역된다. '門'이 한자어 '外戶'를 뜻한다. 그리고 '門'
의 자석이 '문'이다. 따라서 '문'과 '外戶'의 동의성은 명백히 입증된다.

(416) a. 바ᄌ문 남녁(笆籬門南邊) <번老下 1b>

(416) b. 門 : 外戶 雙扇曰門 <四解上 64b>

　　　c. 門 : 문 문 俗呼門子 在外爲門 <字會中 4a>

(416) d. 戶 : 半門 又內曰戶 外曰門 <四解上 41b>

　　　e. 戶 : 입 在內者爲戶在外者爲門 <字會中 3b>

<417> 門闉 對 門周木

두 명사가 [闉] 즉 '문테, 문 주위의 나무'의 뜻을 가지고 동의 관계에 있다는 것은 다음 예문들에서
잘 확인된다. '闉'이 한자어 '門闉'을 뜻하고 '門闉'은 한자어 '門周木'과 동의 관계에 있다. 그리고 '闉'의
자석이 '문젼'이고 '문젼'은 한자어 '門闉'과 동의 관계에 있다. 따라서 '門闉'과 '門周木'의 동의성은 명
백히 입증된다.

    (417) a. 闉 : 門闉 門周木 <四解下 45b>
         b. 闉 : 문젼 광 俗呼門闉 <字會中 4a>

<418> 門中橛 對 門中立石

두 명사가 [闑] 즉 '문에 세운 말뚝'의 뜻을 가지고 동의 관계에 있다는 것은 다음 예문들에서 잘 확인
된다. '闑'이 한자어 '門中橛'을 뜻한다. 그리고 '闑'의 자석이 '뮰돌'이고 '뮰돌'은 한자어 '門中立石'과
동의 관계에 있다. 따라서 '門中橛'과 '門中立石'의 동의성은 명백히 입증된다.

    (418) a. 闑 : 門中橛 <四解下 2a>
         b. 闑 : 뮰돌 門中立石 <字會中 4a>

<419> 汶汶 對 玷辱

두 명사가 [汶] 즉 '수치, 치욕'의 뜻을 가지고 동의 관계에 있다는 것은 다음 예문들에서 잘 확인된
다. '汶'이 한자어 '汶汶'을 뜻하고 '汶汶'은 한자어 '玷辱'과 동의 관계에 있다. 따라서 '汶汶'과 '玷辱'의
동의성은 명백히 입증된다.

    (419) a. 汶 : 汶汶 玷辱也 <四解上 64b>
         b. 玷 : 玉病 又缺也 <四解下 82a>
         c. 辱 : 恥也 汚也 惡也 <四解上 6b>

<420> 門棖 對 門兩旁木柣

두 명사가 [楔] 즉 '문설주'의 뜻을 가지고 동의 관계에 있다는 것은 다음 예문들에서 잘 확인된다.
'楔'이 한자어 '門兩旁木柣'을 뜻한다. 그리고 '楔'의 자석이 '쇠야기'이고 '楔'이 한자어 '門棖'을 뜻한다.
따라서 '門棖'과 '門兩旁木柣'의 동의성은 명백히 입증된다.

(420) a. 楔 : …又門兩旁木柣 <四解下 5b>

　　b. 楔 : 쇠야기 셜 又門根 <字會中 9b>

<421> 믌댱 對 문댱

두 명사가 [幔] 즉 '문장(門帳)'의 뜻을 가지고 동의 관계에 있다는 것은 다음 예문들에서 잘 확인된다. '幔'의 자석이 '믌댱'이기도 하고 '문댱'이기도 한다. 따라서 '믌댱'과 '문댱'의 동의성은 명백히 입증된다. '믌댱'은 한자어 '문'(門)과 한자어 '댱'(帳)의 合成으로 '문+ㅅ#댱'으로 분석될 수 있고 '믌댱'의 자음 'ㅅ'이 탈락된 것이 '문댱'이다.

(421) a. 幔 : 幕也 帷也 <四解上 75a>

　　b. 幔 : 댱 만 帳也 又믌댱 만 <字會中 7b>

　　c. 幔 : 댱 만 帳也 又문댱 만 <字會東中本中 13a>

<422> 沕穆 對 深微皃

두 명사가 [沕]과 [穆] 즉 '깊고 아득한 모양'의 뜻을 가지고 동의 관계에 있다는 것은 다음 예문들에서 잘 확인된다. '沕'이 한자어 '沕穆'을 뜻하고 '沕穆'은 한자어 '深微皃'와 동의 관계에 있다. 그리고 '穆'이 '深遠'을 뜻한다. 따라서 '沕穆'과 '深微皃'의 동의성은 명백히 입증된다.

(422) a. 沕 : 沕穆(65b) 深微皃 <四解上 66a>

　　b. 穆 : …深遠也 <四解上 3b>

<423> 未嫁 對 處女

두 명사가 [女] 즉 '여자, 숙성한 미혼녀'의 뜻을 가지고 동의 관계에 있다는 것은 다음 예문들에서 잘 확인된다. '女'가 한자어 '未嫁'를 뜻한다. 그리고 '女'의 자석이 '겨집'이고 고유어 '겨집'은 한자어 '處女'와 동의 관계에 있다. 따라서 '未嫁'와 '處女'의 동의성은 명백히 입증된다.

(423) a. 女 : 未嫁曰女 <四解上 31a>

　　b. 女 : 겨집 녀 俗呼女兒 處女 <字會上 16a>

<424> 麋鹿 對 牝鹿

두 명사가 [麋鹿]과 [麌] 즉 '암사슴'의 뜻을 가지고 동의 관계에 있다는 것은 다음 예문들에서 잘 확인된다. '鹿'의 자석이 '사슴'이고 한자어 '麋鹿'이 고유어 '암사슴'과 동의 관계에 있다. 그리고 '麚'가 한자어 '牝鹿'을 뜻하고 '麚'의 자석이 '사슴'이다. 따라서 '麋鹿'과 '牝鹿'의 동의성은 명백히 입증된다.

    (424) a. 鹿 : 山獸 <四解上 6b>
        b. 鹿 : 사슴 록 角鹿 수 麋鹿 암 <字會上 10a>

    (424) c. 麚 : 牝鹿 <四解下 70a>
        d. 麚 : 사슴 우 牝曰麚 <字會上 10a>

<425> 米潘 對 洗米汁

두 명사가 [泔] 즉 '뜨물, 쌀뜨물'의 뜻을 가지고 동의 관계에 있다는 것은 다음 예문들에서 잘 확인된다. '泔'이 한자어 '米潘'을 뜻한다. 그리고 '泔'의 자석이 '쁘물'이고 고유어 '쁘물'은 한자어 '洗米汁'과 동의 관계에 있다. 따라서 '米潘'과 '洗米汁'의 동의성은 명백히 입증된다.

    (425) a. 泔 : 米潘 <四解下 75a>
        b. 泔 : 쁘물 감 洗米汁 <字會下 5b>

<426> 未燒瓦 對 坏瓦

두 명사가 [坏]와 [坯] 즉 '날기와, 아직 굽지 않은 기와'의 뜻을 가지고 동의 관계에 있다는 것은 다음 예문들에서 잘 확인된다. '坏'가 한자어 '未燒瓦'를 뜻한다. 그리고 '坯'의 자석이 '늘디새'이고 고유어 '늘디새'는 한자어 '坯瓦'와 동의 관계에 있다. 따라서 '未燒瓦'과 '坯瓦'의 동의성은 명백히 입증된다. 한자 '坏'와 '坯'는 同字이다.

    (426) a. 坏 : 未燒瓦 <四解上 50a>
        b. 坯 : 늘디새 비 俗呼瓦未燒者曰坏瓦 <字會中 9b>

<427> 미화 對 隱語

두 명사 '미화'(謎話) 와 '隱語'가 [謎] 즉 '수수께끼, 은어(隱語) '의 뜻을 가지고 동의 관계에 있다는 것은 다음 예문들에서 잘 확인된다. 원문 중 '幾箇謎'가 '여러 미화'로 번역된다. 그리고 '謎'가 한자어 '隱語'를 뜻한다. 따라서 '미화'와 '隱語'의 동의성은 명백히 입증된다.

    (427) a. 내 여러 미화를 닐오리니(我說幾箇謎) <번朴上 39a>

b. 謎 : 隱語 <四解上 26b>

<428> 獼猴 對 猴兒

두 명사가 [猴] 즉 '원숭이'의 뜻을 가지고 동의 관계에 있다는 것은 다음 예문들에서 잘 확인된다.
'猴'가 한자어 '獼猴'를 뜻한다. 그리고 '猴'의 자석이 '납'이고 고유어 '납'은 한자어 '猴兒'와 동의 관계에
있다. 따라서 '獼猴'와 '猴兒'의 동의성은 명백히 입증된다.

(428) a. 猴 : 獼猴 <四解上 26a>

b. 猴 : 납 후 俗呼猴兒 <字會上 10a>

<429> 獼猴桃 對 藤梨

두 명사가 [梗] 즉 '다래'의 뜻을 가지고 동의 관계에 있다는 것은 다음 예문들에서 잘 확인된다. '梗'
이 한자어 '獼猴桃'를 뜻하고 '獼猴桃'는 고유어 '드래'와 동의 관계에 있다. 그리고 '梗'의 자석이 '드래'
이고 고유어 '드래'는 한자어 '獼猴桃' 및 한자어 '藤梨'와 동의 관계에 있다. 따라서 '獼猴桃'과 '藤梨'의
동의성은 명백히 입증된다.

(429) a. 梗 : 俗呼獼猴桃曰梗棗 드래 <四解下 13a>

b. 梗 : 드래 션 卽獼猴桃…又名藤梨 <字會上 6b>

<430> 黽勉 對 勉强

두 명사가 [勉]과 [俛] 즉 '힘씀, 노력함'의 뜻을 가지고 동의 관계에 있다는 것은 다음 예문들에서 잘
확인된다. 勉'이 한자어 '黽勉'을 뜻하고 '黽勉'은 한자어 '勉强'과 동의 관계에 있다. 그리고 '俛'이 한자
어 '俛勉'을 뜻한다. 따라서 '黽勉'과 '勉强'의 동의성은 명백히 입증된다. 한자 '黽'과 '俛'은 同義이다.

(430) a. 勉 : 黽勉 勉强 <四解下 4a>

(430) b. 俛 : 强爲也 俛勉 <四解上 57b>

c. 黽 : 同上 <四解上 57b>

<431> 昧爽 對 早晨

두 명사가 [晨] 즉 '새벽, 동틀 무렵'의 뜻을 가지고 동의 관계에 있다는 것은 다음 예문들에서 잘 확

인된다. 원문 중 '晨昏'이 '새배며 어슬'으로 번역된다. '晨'이 한자어 '昧爽'을 뜻하고 '昧爽'은 한자어 '早晨'과 동의 관계에 있다. 그리고 '晨'의 자석이 '새배'이다. 따라서 '昧爽'과 '早晨'의 동의성은 명백히 입증된다.

(431) a. 새배며 어슬메 어버싀게 문안홈을 마디 아니ᄒᆞ더니(晨昏不廢ᄒᆞ더니) <번小九 22a>

　　　b. 새배 니러 의식 무덤 앏픠 가 울오(晨興必哭于墳前) <속三孝 6b>

　　　c. 반ᄃᆞ시 암ᄐᆞᆰ기 새배 우러(必無牝雞晨鳴ᄒᆞ야) <번小七 36b>

　　　d. 馮球ㅣ 새배 賈餗이를 뵈라 갓거늘(馮이 晨謁賈ㅣ 어늘) <번小十 17b>

　　　e. 아들 仲郢들히 다 ᄯᅴ ᄯᅴ여 새배 듕문 뒤혜 가 문안ᄒᆞ더라(諸子仲郢이 皆束帶ᄒᆞ야 晨省於中門之北ᄒᆞ더라) <번小九 102a>

　　　f. 미실 이른 새배 니러(每日淸早晨起來) <번老上 2b>

(431) g. 晨 : 昧爽也 今俗語早晨 <四解上 60a>

　　　h. 晨 : 새배 신 <字會上 1b>

<432> 미실 對 梅子

　두 명사 '미실'(梅実) 과 '梅子'가 [梅] 즉 '매실, 매화나무의 열매'의 뜻을 가지고 동의 관계에 있다는 것은 다음 예문들에서 잘 확인된다. '梅'이 한자 '梅'와 同義이다. 그리고 '梅'의 자석이 '미실'이고 '미실'은 한자어 '梅子'와 동의 관계에 있다. 따라서 '미실'과 '梅子'의 동의성은 명백히 입증된다.

(432) a. 梅 : 梅 一名名梅 <四解下 86a>

　　　b. 梅 : 미실 셤 卽梅子 <字會上 6b>

<433> 媒妁 對 듕ᅀᅵᆫ

　두 명사 '媒妁'과 '듕신'(中人) 이 [妁]와 [媒] 즉 '男女의 緣을 중개하는 사람'의 뜻을 가지고 동의 관계에 있다는 것은 다음 예문들에서 잘 확인된다. '妁'이 한자어 '媒妁'을 뜻하고 '妁'의 자석이 '듕신'이다. 그리고 '媒'의 자석이 '듕신'이다. 따라서 '媒妁'과 '듕신'의 동의성은 명백히 입증된다.

(433) a. 妁 : 媒妁 <四解下 42b>

　　　b. 妁 : 듕신 쟉 女曰媒婆 總稱中人 <字會中 2b>

(433) c. 媒 : 謀合二姓者 入媒衒也 <四解上 50b>

d.媒 : 듕신 미 俗呼男曰媒人 <字會中 2b>

<434> 믹 對 믹도

두 명사 '믹'(脉) 과 '믹도'(脉道) 가 [脉] 즉 '맥'의 뜻을 가지고 동의 관계에 있다는 것은 다음 예문들에서 잘 확인된다. 원문 중 '脉証'이 '믹과 증'으로 번역되고 '脉洪數'이 '믹되 굵고 즛다'로 번역된다. 따라서 '믹'과 '믹도'의 동의성은 명백히 입증된다.

(434) a. 믹과 중괘 밧씌 잇고 소배 업수모로(脉証有表而無裏故) <瘡疹 17a>
b. 믹되 다 굵고 즛자(三廓脉洪數) <瘡疹 10a>

<435> 믹 對 脉息

두 명사 '믹'(脉) 과 '脉息'이 [脉息]과 [脉] 즉 '맥'의 뜻을 가지고 동의 관계에 있다는 것은 다음 예문들에서 잘 확인된다. 원문 중 '你脉息'이 '네 믹'으로 번역되고 '氣脉'이 '긔믹'으로 번역된다. 그리고 '脉'의 자석이 '믹'이고 '믹'은 한자어 '脉息'과 동의 관계에 있다. 따라서 '믹'과 '脉息'의 동의성은 명백히 입증된다.

(435) a. 네 믹이 부ㅎ락 팀ㅎ락 ㅎㄴ다(你脉息浮沉) <번老下 40a>
b. 의원 쳥ㅎ야다가 믹 자펴 보아지라(請太醫來診候脉息) <번老下 39b>
c. 긔믹이 통힝ㅎ야(氣脉通) <번朴上 39a>

(435) d. 脉 : 血脉 <四解下 60a>
e. 脉 : 믹 믹 俗稱脉息 <字會上 14b>

<436> 믹 對 血脉

두 명사 '믹'(脉) 과 '血脉'이 [脉] 즉 '맥, 혈맥'의 뜻을 가지고 동의 관계에 있다는 것은 다음 예문들에서 잘 확인된다. '脉'이 한자어 '血脉'을 뜻한다. 그리고 '脉'의 자석이 '믹'이다. 따라서 '믹'과 '血脉'의 동의성은 명백히 입증된다.

(436) a. 脉 : 血脉 <四解下 60a>
b. 脉 : 믹 믹 <字會上 14b>

<437> 博局 對 棊局

두 명사가 [枰] 즉 '바둑판'의 뜻을 가지고 동의 관계에 있다는 것은 다음 예문들에서 잘 확인된다. '枰'이 한자어 '博局'을 뜻한다. 그리고 '枰'의 자석이 '판'이고 고유어 '판'은 한자어 '棊局'과 동의 관계에 있다. 따라서 '博局'과 '棊局'의 동의성은 명백히 입증된다.

(437) a. 枰 : 博局 <四解下 51a>
　　　b. 枰 : 판 평 棊局也 <字會中 9b>

<438> 欂櫨 對 柱上斗

두 명사가 [櫨]와 [欂] 즉 '枓栱, 들보 위에 지붕을 받치는 짧은 기둥'의 뜻을 가지고 동의 관계에 있다는 것은 다음 예문들에서 잘 확인된다. '櫨'가 한자어 '欂櫨'를 뜻하고 '欂櫨'는 한자어 '柱上斗'와 동의 관계에 있다. 그리고 '欂'이 한자어 '欂櫨'를 뜻한다. 따라서 '欂櫨'와 '柱上斗'의 동의성은 명백히 입증된다.

(438) a. 櫨 : 欂櫨 柱上斗也 <四解上 42a>
　　　b. 欂 : 欂櫨…一云柱上枡 <四解下 36a>

<439> 欂櫨 對 柱上枡

두 명사가 [欂]과 [櫨] 즉 '枓栱, 들보 위에 지붕을 받치는 짧은 기둥'의 뜻을 가지고 동의 관계에 있다는 것은 다음 예문들에서 잘 확인된다. '欂'이 한자어 '欂櫨'를 뜻하고 '欂櫨'는 한자어 '柱上枡'와 동의 관계에 있다. 그리고 '櫨'가 한자어 '欂櫨'를 뜻한다. 따라서 '欂櫨'과 '柱上枡'의 동의성은 명백히 입증된다.

(439) a. 欂 : 欂櫨…一云柱上枡 <四解下 36a>
　　　b. 櫨 : 欂櫨 柱上斗也 <四解上 42a>

<440> 欂櫨 對 屋櫨

두 명사가 [欂], [櫨] 및 [枡] 즉 '두공(枓栱), 들보 위에 지붕을 받치는 짧은 기둥, 동자기둥'의 뜻을 가지고 동의 관계에 있다는 것은 다음 예문들에서 잘 확인된다. '欂'과 '櫨'는 한자어 '欂櫨'를 뜻한다. 그리고 '枡'가 한자어 '屋櫨'를 뜻한다. 따라서 '欂櫨'와 '屋櫨'의 동의성은 명백히 입증된다.

(440) a. 欂 : 欂櫨 枡也 <四解下 36a>

b. 櫨 : 欂櫨 柱上斗也 <四解上 42a>

(440) c. 枡 : 屋櫨 <四解上 23a>

d. 枡 : 屋櫨 <四解下 1a>

<441> 鰒魚 對 石決明

두 명사가 [鰒] 즉 '전복'의 뜻을 가지고 동의 관계에 있다는 것은 다음 예문들에서 잘 확인된다. '鰒'이 한자어 '石決明'을 뜻하고 '石決明'은 한자어 '鰒魚'와 동의 관계에 있다. 그리고 '鰒'의 자석이 '싱포'이고 고유어 '싱포'는 한자어 '鰒魚' 및 한자어 '石決明'과 동의 관계에 있다. 따라서 '鰒魚'와 '石決明'의 동의성은 명백히 입증된다.

(441) a. 鰒 : 石決明 今俗呼鰒魚 싱포 <四解下 37a>

b. 鰒 : 싱포 박 俗呼鰒魚…又呼石決明 <字會上 10b>

<442> 瘢耆 對 馬脊瘡瘢

두 명사가 [瘢耆] 즉 '말의 등마루의 흉터'의 뜻을 가지고 동의 관계에 있다는 것은 다음 예문들에서 잘 확인된다. 한자어 '瘢耆'가 한자어 '馬脊瘡瘢'과 동의 관계에 있다. 따라서 '瘢耆'와 '馬脊瘡瘢'의 동의성은 명백히 입증된다.

(442) a. 耆 : 老也…又瘢耆 馬脊瘡瘢 <四解上 14b>

b. 耆 : 늘글 기 年六十曰耆 <字會上 17a>

<443> 潘瀾 對 米泔

두 명사가 [瀾]과 [潘] 즉 '뜨물, 쌀을 씻어 낸 물'의 뜻을 가지고 동의 관계에 있다는 것은 다음 예문들에서 잘 확인된다. '瀾'이 한자어 '潘瀾'을 뜻하고 '潘瀾'은 한자어 '米泔'과 동의 관계에 있다. 그리고 '潘'이 한자어 '米泔'을 뜻한다. 따라서 '潘瀾'과 '米泔'의 동의성은 명백히 입증된다.

(443) a. 瀾 : 潘瀾 米泔 <四解上 79a>

(443) b. 潘 : 米泔 <四解上 80b>

c. 潘 : 쓰믈 번 <字會下 5b>

<444> 姃斕 對 雜色

두 명사가 [牖]과 [爛] 즉 '色이 純一하지 않음'의 뜻을 가지고 동의 관계에 있다는 것은 다음 예문들에서 잘 확인된다. '牖'이 한자어 '牖爛'을 뜻한다. 그리고 '爛'이 한자어 '牖爛'을 뜻하고 '牖爛'은 한자어 '雜色'과 동의 관계에 있다. 따라서 '牖爛'과 '雜色'의 동의성은 명백히 입증된다.

(444) a. 牖 : 牖爛 <四解上 73b>
　　　 b. 爛 : 牖爛 雜色 <四解上 79a>

<445> 蝥蝥 對 斑猫

두 명사가 [蝥]과 [蝥] 즉 '가뢰, 반묘(斑猫)'의 뜻을 가지고 동의 관계에 있다는 것은 다음 예문들에서 잘 확인된다. '蝥'이 한자어 '蝥蝥'를 뜻하고 '蝥蝥'는 한자어 '斑猫'와 동의 관계에 있다. '蝥'는 한자어 '蝥蝥虫'을 뜻하고 '蝥蝥虫'은 한자어 '斑猫'와 동의 관계에 있다. 그리고 '蝥'의 자석이 '갈외'이고 고유어 '갈외'는 한자어 '蝥蝥' 및 한자어 '斑猫'와 동의 관계에 있다. 따라서 '蝥蝥'와 '斑猫'의 동의성은 명백히 입증된다.

(445) a. 蝥 : 蝥蝥 毒虫 方書作斑猫 <四解上 77b>
　　　 b. 蝥 : 갈외 반 <字會上 12b>

(445) c. 蝥 : 蝥蝥虫 俗書作斑猫 <四解下 20b>
　　　 d. 蝥 : 갈외 모 俗呼蝥蝥 書作斑猫 <字會上 12b>

<446> 盤礴 對 閑定貌

두 명사가 [礴]과 [盤] 즉 '광대한 모양'의 뜻을 가지고 동의 관계에 있다는 것은 다음 예문들에서 잘 확인된다. '礴'이 한자어 '盤礴'을 뜻하고 '盤礴'은 한자어 '閑定貌'와 동의 관계에 있다. 그리고 '盤'이 한자어 '盤礴'을 뜻한다. 따라서 '盤礴'과 '閑定貌'의 동의성은 명백히 입증된다.

(446) a. 盤 : … 又盤桓 盤礴 <四解上 74a>
　　　 b. 盤 : 반 쌘 <字會中 6a>

(446) c. 礴 : … 又盤礴 閑定貌 <四解下 37a>

<447> 飯餅 對 餈餻

두 명사가 [餈] 즉 '인절미'의 뜻을 가지고 동의 관계에 있다는 것은 다음 예문들에서 잘 확인된다.

'餈'가 한자어 '飯餅'을 뜻하고 '飯餅'은 한자어 '餈餻' 및 고유어 '인절미'와 동의 관계에 있다. 따라서 '飯餅'과 '餈餻'의 동의성은 명백히 입증된다.

(447) a. 餈 : 飯餅 今俗呼餈餻 인절미 <四解上 13a>
b. 餈 : 초쎡 즈 <字會中 10b>

<448> 蹣跚 對 跛行兒

두 명사가 [蹣]과 [跚] 즉 '비틀거리며 가는 모양'의 뜻을 가지고 동의 관계에 있다는 것은 다음 예문들에서 잘 확인된다. '蹣'이 한자어 '蹣跚'을 뜻하고 '蹣跚'은 한자어 '跛行兒'와 동의 관계에 있다. 그리고 '跚'이 한자어 '蹣跚'을 뜻하고 '蹣跚'은 한자어 '跛行兒'와 동의 관계에 있다. 따라서 '蹣跚'과 '跛行兒'의 동의성은 명백히 입증된다.

(448) a. 蹣 : 蹣跚 跛行兒 <四解上 74b>
b. 跚 : 蹣跚 跛行兒 <四解上 78a>

<449> 瘢痕結節病 對 結凸之形

두 명사가 [疤] 즉 '흉터, 헌데 자국'의 뜻을 가지고 동의 관계에 있다는 것은 다음 예문들에서 잘 확인된다. '疤'가 한자어 '瘢痕結節病'을 뜻하고 '瘢痕結節病'은 고유어 '허믈'과 동의 관계에 있다. 그리고 '疤'의 자석이 '허믈'이고 고유어 '허믈'은 한자어 '結凸之形과 동의 관계에 있다. 따라서 '瘢痕結節病'과 '結凸之形'의 동의성은 명백히 입증된다.

(449) a. 疤 : 瘢痕結節病 今俗語疤子 허믈 <四解下 29a>
b. 病 : 허믈 파 結凸之形 俗稱疤子 허믈 가진 놈 <字會中 17a>

<450> 菝葜 對 王瓜

두 명사가 [菝]과 [葜] 즉 '청미래 덩굴'의 뜻을 가지고 동의 관계에 있다는 것은 다음 예문들에서 잘 확인된다. '菝'이 한자어 '菝葜'을 뜻하고 '菝葜'은 한자어 '王瓜'와 동의 관계에 있다. 그리고 '葜'이 한자어 '菝葜'을 뜻하고 '菝葜'은 한자어 '王瓜'와 동의 관계에 있다. 따라서 '菝葜'과 '王瓜'의 동의성은 명백히 입증된다.

(450) a. 菝 : 菝葜 王瓜 亦作茇 <四解上 77b>

b. 蒮 : 菝葜 王瓜 <四解上 79b>

<451> 醱醅 對 酘酒

두 명사가 [醱] 즉 '거르지 않은 술, 두 번 빚은 술'의 뜻을 가지고 동의 관계에 있다는 것은 다음 예문들에서 잘 확인된다. '醱'이 한자어 '醱醅'를 뜻하고 '醱醅'는 한자어 '酘酒'와 동의 관계에 있다. 따라서 '醱醅'와 '酘酒'의 동의성은 명백히 입증된다.

(451) a. 醱 : 醱醅 酘酒 <四解上 74a>
    b. 醱 : 젼술 발 <字會中 10b>

(451) c. 酘 : 重釀酒 <四解下 65b>

<452> 醱醅 對 酒未漉

두 명사가 [醱]과 [醅] 즉 '거르지 않은 술, 전내기'의 뜻을 가지고 동의 관계에 있다는 것은 다음 예문들에서 잘 확인된다. '醱'이 한자어 '醱醅'를 뜻하고 '醱'의 자석이 '젼술'이다. '醅'가 한자어 '酒未漉'을 뜻한다. 그리고 '醅'의 자석이 '젼술'이고 고유어 '젼술'은 한자어 '酒未漉' 및 한자어 '醱醅'와 동의 관계에 있다. 따라서 '醱醅'와 '酒未漉'의 동의성은 명백히 입증된다.

(452) a. 醱 : 醱醅 酘酒 <四解上 74a>
    b. 醱 : 젼술 발 <字會中 10b>

(452) c. 醅 : 酒未漉 <四解上 50a>
    d. 醅 : 젼술 비(10a) … 酒未漉曰醱醅 <字會中 11a>

<453> 襏襫 對 雨衣

두 명사가 [襏]과 [襫] 즉 '비옷, 雨衣'의 뜻을 가지고 동의 관계에 있다는 것은 다음 예문들에서 잘 확인된다. '襏'이 한자어 '襏襫'을 뜻하고 '襏襫'은 한자어 '雨衣'와 동의 관계에 있다. 그리고 '襫'이 한자어 '襏襫'을 뜻한다. 따라서 '襏襫'과 '雨衣'의 동의성은 명백히 입증된다.

(453) a. 襏 : 襏襫 雨衣 <四解上 74a>
    b. 襫 : 襏襫 蓑衣 <四解下 54b>

<454> 鉢盂 對 僧家食器

두 명사가 [鉢] 즉 '바리때, 승려의 食器'의 뜻을 가지고 동의 관계에 있다는 것은 다음 예문들에서 잘 확인된다. '鉢'이 한자어 '僧家食器'를 뜻하고 '僧家食器'는 한자어 '鉢盂'와 동의 관계에 있다. 그리고 '鉢'의 자석이 '바리'이고 고유어 '바리'는 한자어 '僧家食器' 및 한자어 '鉢盂'와 동의 관계에 있다. 따라서 '鉢盂'와 '僧家食器'의 동의성은 명백히 입증된다.

(454) a. 鉢 : 今俗呼僧家食器曰鉢盂 바리 <四解上 74a>
　　　 b. 鉢 : 바리 발 俗呼僧家食器曰鉢盂 <字會中 10a>

<455> 頸項 對 頸子

두 명사가 [頸項]과 [頸] 즉 '목'의 뜻을 가지고 동의 관계에 있다는 것은 다음 예문들에서 잘 확인된다. 원문 중 '頸項骨'이 '목쎠'로 번역된다. '頸'이 한자어 '頸項'을 뜻하고 '頸項'은 고유어 '목'과 동의 관계에 있다. 그리고 '頸'의 자석이 '목'이고 고유어 '목'은 한자어 '頸項' 및 한자어 '頸子'와 동의 관계에 있다. 따라서 '頸項'과 '頸子'의 동의성은 명백히 입증된다.

(455) a. 목쎠 븨피(頸項骨 背皮) <번老下 38b>

(455) b. 頸 : 今俗語頸項 목 <四解上 64a>
　　　 c. 頸 : 목 볼 俗呼頸項 又稱頸子 <字會上 13a>

<456> 跋扈 對 畔援

두 명사가 [畔援]과 [跋扈] 즉 '세력이 강대하여 제멋대로 행함'의 뜻을 가지고 동의 관계에 있다는 것은 다음 예문들에서 잘 확인된다. '援'이 한자어 '畔援'을 뜻하고 '畔援'은 한자어 '跋扈'와 동의 관계에 있다. 그리고 '扈'가 한자어 '跋扈'를 뜻한다. 따라서 '跋扈'와 '畔援'의 동의성은 명백히 입증된다.

(456) a. 援 : …又畔援 跋扈也 <四解下 10a>
　　　 b. 叛 : 背叛 通作畔 <四解上 74b>

(456) c. 扈 : … 跋扈 <四解上 41b>

<457> 榜 對 牌牓

두 명사가 [牌]와 [榜] 즉 '방(榜), 내거는 표찰(標札)'의 뜻을 가지고 동의 관계에 있다는 것은 다음 예문들에서 잘 확인된다. '牌'가 한자어 '牌榜'을 뜻하고 '牌榜'은 한자어 '방'과 동의 관계에 있다. 그리고 '榜'의 자석이 '방'이다. 따라서 '榜'과 '牌榜'의 동의성은 명백히 입증된다.

(457) a. 牌 : 牌榜 <四解上 44a>

b. 牌 : 글월 패 又牌榜 방 <字會上 18b>

(457) c. 榜 : 木片 又標榜 <四解下 36a>

d. 牓 : 同上 <四解下 36a>

e. 榜 : 밝 방 大曰榜 <字會上 18b>

<458> 膀胱 對 尿脬

두 명사가 [脬] 즉 '오줌통, 방광'의 뜻을 가지고 동의 관계에 있다는 것은 다음 예문들에서 잘 확인된다. '脬'가 한자어 '膀胱'을 뜻한다. 그리고 '脬'의 자석이 '오좀깨'이고 고유어 '오좀깨'는 한자어 '尿脬'와 동의 관계에 있다. 따라서 '膀胱'과 '尿脬'의 동의성은 명백히 입증된다.

(458) a. 脬 : 膀胱 <四解下 20b>

b. 脬 : 오좀깨 포 俗呼尿脬 <字會上 14b>

<459> 膀胱 對 水府

두 명사가 [胱] 즉 '오줌통, 방광'의 뜻을 가지고 동의 관계에 있다는 것은 다음 예문들에서 잘 확인된다. '胱'이 한자어 '膀胱'을 뜻하고 '膀胱'은 한자어 '水府'와 동의 관계에 있다. 그리고 '胱'의 자석이 '오좀깨'이고 고유어 '오좀깨'는 한자어 '膀胱' 및 한자어 '水府'와 동의 관계에 있다. 따라서 '膀胱'과 '水府'의 동의성은 명백히 입증된다.

(459) a. 胱 : 膀胱 水府 <四解下 45b>

b. 胱 : 오좀깨 광 膀胱 水府 <字會上 14b>

<460> 棒杖 對 棍子

두 명사가 [棍] 즉 '지팡이'의 뜻을 가지고 동의 관계에 있다는 것은 다음 예문들에서 잘 확인된다. '棍'이 한자어 '棒杖'을 뜻하고 '棒杖'은 한자어 '棍子'와 동의 관계에 있다. 그리고 '棍'의 자석이 '막대'

이고 고유어 '막대'는 한자어 '棍子'와 동의 관계에 있다. 따라서 '棒杖'과 '棍子'의 동의성은 명백히 입증된다.

(460) a. 棍 : …呼棒杖曰棍子 <四解上 67a>
　　　 b. 棍 : 막대 곤 俗呼棍子 <字會中 9b>

<461> 仿佛 對 相似

두 명사가 [仿] 즉 '비슷함'의 뜻을 가지고 동의 관계에 있다는 것은 다음 예문들에서 잘 확인된다. '仿'이 한자어 '仿仏'을 뜻하고 '仿仏'은 한자어 '相似'와 동의 관계에 있다. 따라서 '仿仏'과 '仿仏'의 동의성은 명백히 입증된다.

(461) a. 仿 : 仿佛 相似也 <四解下 37b>
　　　 b. 佛 : 西方神名 大也 <四解上 65b>

그리고 한자어 '髣髴'이 한자어 '仿仏'과 동의 관계에 있다는 것은 다음 예문들에서 잘 확인된다. '髴'이 한자어 '髣髴'을 뜻하고 '髣髴'은 한자어 '仿仏'과 동의 관계에 있다.

(461) c. 髴 : 髣髴 亦作仿佛 <四解上 64b>
　　　 d. 仿 : 仿佛 相似也 <四解下 37b>

<462> 髣髴 對 依俙

두 명사가 [髴] 즉 '매우 비슷한 모양'의 뜻을 가지고 동의 관계에 있다는 것은 다음 예문들에서 잘 확인된다. '髴'이 한자어 '髣髴'을 뜻하고 '髣髴'은 한자어 '依俙'와 동의 관계에 있다. 따라서 '髣髴'과 '依俙'의 동의성은 명백히 입증된다.

(462) a. 髴 : 髣髴 亦作仿佛…依俙也 <四解上 64b>
　　　 b. 仿 : 仿佛 相似也 <四解下 37b>

<463> 滂沱 對 水廣及貌

두 명사가 [滂]과 [沱] 즉 '물이 질펀하게 흐르는 모양'의 뜻을 가지고 동의 관계에 있다는 것은 다음 예문들에서 잘 확인된다. '滂'이 한자어 '滂沱'를 뜻하고 '滂沱'는 한자어 '水広及貌'와 동의 관계에 있다. 그리고 '沱'가 한자어 '滂沱'를 뜻한다. 따라서 '滂沱'와 '水広及貌'의 동의성은 명백히 입증된다.

(463) a. 澎 : 澎沱 水廣及貌 <四解下 36a>

　　　b. 沱 : ⋯澎沱 <四解下 25b>

<464> 방패 對 干盾

　　두 명사 '방패'(防牌)와 '干盾'이 [干]과 [盾] 즉 '방패'의 뜻을 가지고 동의 관계에 있다는 것은 다음 예문들에서 잘 확인된다. '盾'이 한자어 '干盾'을 뜻하고 '盾'의 자석이 '방패'이다. 그리고 '干'의 자석이 '방패'이다. 따라서 '방패'와 '干盾'의 동의성은 명백히 입증된다.

　　(464) a. 盾 : ⋯干盾 <四解上 70b>

　　　　b. 盾 : 방패(13b) 슌 俗呼團牌 <字會中 13b>

　　(464) c. 干 : ⋯又同下 <四解上 71a>

　　　　d. 戦 : 盾也 <四解上 71a>

　　　　e. 干 : 방패 간 俗呼旁牌 <字會中 13b>

<465> 방패 對 大盾

　　두 명사 '방패'(防牌)와 '大盾'이 [櫓]와 [樐] 즉 '큰 방패'의 뜻을 가지고 동의 관계에 있다는 것은 다음 예문들에서 잘 확인된다. '樐'가 한자어 '大盾'을 뜻한다. 그리고 '櫓'의 자석이 '방패'이다. 따라서 '방패'와 '大盾'의 동의성은 명백히 입증된다. 한자 '櫓'와 '樐'는 同字이다.

　　(465) a. 櫓 : 城上望樓 <四解上 42a>

　　　　b. 樐 : 大盾⋯又同上 <四解上 42a>

　　　　c. 櫓 : 방패 로 <字會中 13b>

<466> 霧霂 對 大雨

　　두 명사가 [霧]과 [霂] 즉 '큰비'의 뜻을 가지고 동의 관계에 있다는 것은 다음 예문들에서 잘 확인된다. '霧'이 한자어 '霧霂'를 뜻하고 '霧霂'는 한자어 '大雨'와 동의 관계에 있다. 그리고 '霂'가 한자어 '霧霂'를 뜻한다. 따라서 '霧霂'와 '大雨'의 동의성은 명백히 입증된다.

　　(466) a. 霧 : 霧霂 大雨 <四解下 36a>

　　　　b. 霂 : ⋯又霧霂 <四解上 50a>

<467> 방패 對 旁牌

두 명사 '방패'(防牌) 와 '旁牌'가 [干] 즉 '방패'의 뜻을 가지고 동의 관계에 있다는 것은 다음 예문들에서 잘 확인된다. '干'의 자석이 '방패'이고 '방패'는 한자어 '旁牌'와 동의 관계에 있다. 따라서 '방패'와 '旁牌'의 동의성은 명백히 입증된다.

(467) a. 干 : … 又欄干 又同下 <四解上 71a>
    b. 戢 : 盾也 <四解上 71a>
    c. 干 : 방패 간 俗呼旁牌 <字會中 13b>

<468> 방패 對 挨牌

두 명사 '방패'(防牌) 와 '挨牌'가 [瞂] 즉 '방패'의 뜻을 가지고 동의 관계에 있다는 것은 다음 예문들에서 잘 확인된다. '瞂'의 자석이 '방패'이고 '방패'는 한자어 '挨牌'와 동의 관계에 있다. 따라서 '방패'와 '挨牌'의 동의성은 명백히 입증된다.

(468) a. 瞂 : 盾也 <四解上 81a>
    b. 瞂 : 방패 벌 俗呼挨牌 <字會中 14a>

<469> 胖漢子 對 人肥脹者

두 명사가 [胖漢子] 즉 '몸에 살이 많은 사람'의 뜻을 가지고 동의 관계에 있다는 것은 다음 예문들에서 잘 확인된다. 한자어 '人肥脹者'가 한자어 '胖漢子'와 동의 관계에 있다. 그리고 한자어 '胖漢子'가 고유어 '솔진 놈'과 동의 관계에 있다. 따라서 '胖漢子'와 '人肥脹者'의 동의성은 명백히 입증된다.

(469) a. 胖 : 脹也 今俗謂人肥脹者曰胖漢子 <四解下 36b>
    b. 胖 : 솔진 팡 俗呼胖漢子 솔진 놈 <字會上 15a>

<470> 번당 對 번신

두 명사 '번당'(伴当) 과 '번신'(伴人) 이 [伴当]과 [伴儅] 즉 '하인'의 뜻을 가지고 동의 관계에 있다는 것은 다음 예문들에서 잘 확인된다. 원문 중 '下頭伴当們'이 '아랫 번당'으로 번역되고 '引着伴当'이 '번당 드리다'로 번역된다. 그리고 '官人們伴当'이 '관원들 히 번신'으로 번역된다. 따라서 '번당'과 '번신'의 동의성은 명백히 입증된다.

(470) a. 아랫 번당은 독벼리 머그려(下頭伴當們偏不喫) <번老下 39b>

　　　　b. 번당 드리고(引着伴儅) <번老下 53b>

(470) c. 관원들히 번신손딕(官人們伴當處) <번朴上 66a>

<471> 法 對 刑法

　두 명사가 [法] 즉 '법, 형법'의 뜻을 가지고 동의 관계에 있다는 것은 다음 예문들에서 잘 확인된다. '法'이 한자어 '刑法'을 뜻한다. 그리고 '法'의 자석이 '법'이다. 따라서 '法'과 '刑法'의 동의성은 명백히 입증된다.

(471) a. 法 : 刑法 <四解下 77a>

　　　　b. 法 : 법 법 <字會上 18b>

<472> 法條 對 法

　두 명사가 [法]과 [条] 즉 '법'의 뜻을 가지고 동의 관계에 있다는 것은 다음 예문들에서 잘 확인된다. '法'의 자석이 '법'이고 '법'은 한자어 '法条'와 동의 관계에 있다. 그리고 '条約'이 '法条와 긔약'으로 번역된다. 따라서 '法条'와 '法'의 동의성은 명백히 입증된다.

(472) a. 法 : 刑法 <四解下 77a>

　　　　b. 法 : 법 법 俗稱法條 <字會上 18b>

(472) c. 法條와 긔약을 엄정히 ᄒᆞ야(嚴條約ᄒᆞ야) <번小九 9b>

<473> 甓 對 瓴甓

　두 명사가 [甓]과 [瓴] 즉 '벽돌'의 뜻을 가지고 동의 관계에 있다는 것은 다음 예문들에서 잘 확인된다. 원문 중 '百甓'이 '벽 일빅'으로 번역된다. '甓'이 한자어 '瓴甓'을 뜻하고 '甓'의 자석이 '벽'이다. 그리고 '瓴'이 한자 '甓'과 同義이고 '瓴'의 자석이 '벽'이다. 따라서 '甓'과 '瓴甓'의 동의성은 명백히 입증된다.

(473) a. 믿(7a) 득 아ᄎᆞ미 벽 일빅을 손소 드러 집 밧긔 옴기고(輒朝運百甓於齋外ᄒᆞ고) <번小十 7b>

　　　　b. 드레 우희 흔 무식 벽을 ᄆᆡ라(洒子上経着一塊塼頭着) <번老上 32a>

(473) c. 甓 : 瓴甓 <四解下 51a>

d. 甓 : 벽 벽 <字會中 9b>

(473) e. 甎 : 甓也 <四解下 10b>

f. 甎 : 벽 전 <字會中 9b>

<474> 벽 對 瓴甓

두 명사 '벽'(甓)과 '瓴甓'이 [瓴]과 [甓] 즉 '벽돌'의 뜻을 가지고 동의 관계에 있다는 것은 다음 예문들에서 잘 확인된다. '甓'이 한자어 '瓴甓'을 뜻하고 '瓴'의 자석이 '벽'이다. 그리고 '甓'이 한자어 '瓴甓'을 뜻한다. 따라서 '벽'과 '瓴甓'의 동의성은 명백히 입증된다.

(474) a. 甓 : 瓴甓 甓也 <四解下 56b>

b. 甓 : 벽 령 <字會中 9b>

(474) c. 甓 : 瓴甓 磚也 <四解下 48b>

<475> 霹靂車 對 拋車

두 명사가 [砲] 즉 '돌쇠뇌, 拋車'의 뜻을 가지고 동의 관계에 있다는 것은 다음 예문들에서 잘 확인된다. '砲'가 한자어 '霹靂車'를 뜻하고 '霹靂車'는 한자어 '拋車'와 동의 관계에 있다. 따라서 '霹靂車'와 '拋車'의 동의성은 명백히 입증된다.

(475) a. 砲 : 軍中以機發石呼爲霹靂車今呼拋車 <四解下 20b>

b. 砲 : 셕탄ㅅ 포 俗呼放砲 <字會中 14a>

<476> 변두 對 沿籬豆

두 명사 '변두'(藊豆)와 '沿籬豆'가 [藊]과 [藊] 즉 '변두(藊豆)'의 뜻을 가지고 동의 관계에 있다는 것은 다음 예문들에서 잘 확인된다. '藊'이 한자어 '藊豆'를 뜻하고 '藊豆'는 한자어 '沿籬豆'와 동의 관계에 있다. 그리고 '藊'의 자석이 '변두'이고 '변두'는 '沿籬豆'와 동의 관계에 있다. 따라서 '변두'와 '沿籬豆'의 동의성은 명백히 입증된다.

(476) a. 藊 : 藊豆 俗呼沿籬豆 或作藊 <四解下 3a>

b. 藊 : 변두 변 白藊豆 黑藊豆 俗又呼沿籬豆 <字會上 7a>

<477> 籩筥 對 祭器

두 명사가 [筥] 즉 '祭器'의 뜻을 가지고 동의 관계에 있다는 것은 다음 예문들에서 잘 확인된다. '筥'가 한자어 '籩筥'를 뜻하고 '籩筥'는 한자어 '祭器'와 동의 관계에 있다. 따라서 '籩筥'과 '祭器'의 동의성은 명백히 입증된다.

(477) a. 籩 : 竹筥 <四解下 3a>
　　　b. 筥 : 籩筥 祭器 <四解下 65b>

<478> 邊鄙 對 下邑

두 명사가 [鄙] 즉 '국토의 끝, 변경의 부락'의 뜻을 가지고 동의 관계에 있다는 것은 다음 예문들에서 잘 확인된다. '鄙'가 한자어 '邊鄙'를 뜻한다. 그리고 '鄙'의 자석이 'ㄱㅅ'이고 고유어 'ㄱㅅ'은 한자어 '下邑'과 동의 관계에 있다. 따라서 '邊鄙'과 '下邑'의 동의성은 명백히 입증된다.

(478) a. 鄙 : …又邊鄙 <四解上 15a>
　　　b. 鄙 : ㄱㅅ 비 下邑 <字會中 4b>

<479> 邊陲 對 邊塞

두 명사가 [邊]과 [陲] 즉 '국토의 끝'의 뜻을 가지고 동의 관계에 있다는 것은 다음 예문들에서 잘 확인된다. '邊'이 한자어 '邊陲'를 뜻한다. '邊'의 자석이 'ㄱㅅ'이고 고유어 'ㄱㅅ'은 한자어 '邊塞'와 동의 관계에 있다. 그리고 '陲'가 한자어 '邊陲'를 뜻한다. 따라서 '邊陲'와 '邊塞'의 동의성은 명백히 입증된다.

(479) a. 邊 : 邊陲 <四解下 3a>
　　　b. 邊 : ㄱㅅ 변 又邊塞 <字會中 4b>

(479) c. 陲 : 邊陲 <四解上 52a>

<480> 邊塞 對 邊界

두 명사가 [塞] 즉 '가장자리, 변방'의 뜻을 가지고 동의 관계에 있다는 것은 다음 예문들에서 잘 확인된다. '塞'가 한자어 '邊塞'를 뜻한다. 그리고 '塞'의 자석이 'ㄱㅅ'이고 고유어 'ㄱㅅ'은 한자어 '邊界'와 동의 관계에 있다. 따라서 '邊塞'와 '邊界'의 동의성은 명백히 입증된다.

(480) a. 塞 : 邊塞 <四解上 44b>

b. 塞 : 긋 시 邊界 <字會上 3b>

<481> 胼胝 對 皮堅

두 명사가 [胼胝] 즉 '추위 따위로 튼 살갗'의 뜻을 가지고 동의 관계에 있다는 것은 다음 예문들에서 잘 확인된다. '胼'이 한자어 '胼胝'를 뜻하고 '胼胝'는 한자어 '皮堅'와 동의 관계에 있다. 그리고 '胝'가 한자어 '胼胝'를 뜻한다. 따라서 '胼胝'와 '皮堅'의 동의성은 명백히 입증된다.

(481) a. 胼 : 胼胝 皮堅 <四解下 3b>

b. 胝 : 胼胝 <四解上 18b>

<482> 병 對 疾甚

두 명사 '병'(病)과 '疾甚'이 [病] 즉 '병, 질병'의 뜻을 가지고 동의 관계에 있다는 것은 다음 예문들에서 잘 확인된다. 원문 중 '病痊疴'가 '병이 다 둏다'로 번역되고 '病源'이 '병의 근원'으로 번역된다. '病'이 한자어 '疾甚'을 뜻한다. 그리고 '病'의 자석이 '병'이고 '병'은 한자어 '疾甚'과 동의 관계에 있다. 따라서 '병'과 '疾甚'의 동의성은 명백히 입증된다.

(482) a. 뉘실 병이 다 됴커든(明日病痊疴了時) <번老下 41a>

b. 그 병의 근원을 고티디(1b) 아니호야(不…療其病源) <瘡疹 2a>

(482) c. 病 : 疾甚 <四解下 51a>

b. 病 : 벴 병 疾甚曰病 <字會中 16a>

<483> 栟櫚 對 椶木

두 명사가 [栟]과 [櫚] 즉 '종려나무'의 뜻을 가지고 동의 관계에 있다는 것은 다음 예문들에서 잘 확인된다. '栟'이 한자어 '栟櫚'를 뜻한다. 그리고 '櫚'가 한자어 '栟櫚'를 뜻하고 '栟櫚'는 한자어 '椶木'과 동의 관계에 있다. 따라서 '栟櫚'와 '椶木'의 동의성은 명백히 입증된다.

(483) a. 栟 : 栟櫚 椶也 <四解下 50a>

b. 櫚 : 栟櫚 椶木 <四解上 35a>

<484> 餠鏊 對 鏊子

두 명사가 [鏊] 즉 '번철, 냄비'의 뜻을 가지고 동의 관계에 있다는 것은 다음 예문들에서 잘 확인된다. '鏊'가 한자어 '餠鏊'를 뜻한다. 그리고 '鏊'의 자석이 '노고'이고 고유어 '노고'는 한자어 '鏊子'와 동의 관계에 있다. 따라서 '餠鏊'와 '鏊子'의 동의성은 명백히 입증된다.

(484) a. 鏊 : 餠鏊 卽烙熟燒餠器 <四解下 19a>

　　　b. 鏊 : 노고 오 俗呼鏊子 燒餠烙熟之器 <字會中 6a>

<485> 簠簋 對 祭器

두 명사가 [簋]와 [簠] 즉 '祭器, 祭享 때 稻粱과 黍稷을 담는 그릇'의 뜻을 가지고 동의 관계에 있다는 것은 다음 예문들에서 잘 확인된다. '簠'와 '簋'가 한자어 '簠簋'를 뜻하고 '簠簋'는 한자어 '祭器'와 동의 관계에 있다. 그리고 '簋'가 한자어 '簠簋' 및 한자어 '祭器'를 뜻한다. 따라서 '簠簋'와 '祭器'의 동의성은 명백히 입증된다.

(485) a. 簠 : 簠簋 <四解上 39a>

　　　b. 簠 : 祭器 <四解上 39a>

(485) c. 簋 : 簠簋 祭器 <四解上 48a>

<486> 圃田 對 菜園

두 명사가 [圃] 즉 '圃田, 채소와 과실 나무를 심어 가꾸는 밭'의 뜻을 가지고 동의 관계에 있다는 것은 다음 예문들에서 잘 확인된다. '圃'가 한자어 '圃田'을 뜻한다. 그리고 '圃'의 자석이 '맡'이고 고유어 '맡'은 한자어 '菜園'과 동의 관계에 있다. 따라서 '圃田'과 '菜園'의 동의성은 명백히 입증된다.

(486) a. 圃 : …又圃田 <四解上 37b>

　　　b. 圃 : 맡 보…俗稱菜園 <字會上 3b>

<487> 黼黻 對 繡斧形白黑紋

두 명사가 [黻]와 [黼] 즉 '임금이 입던 예복의 치마같이 만든 자락에 수놓은 무늬'의 뜻을 가지고 동의 관계에 있다는 것은 다음 예문들에서 잘 확인된다. '黻'이 한자어 '黼黻'을 뜻한다. 그리고 '黼'가 한자어 '繡斧形白黑紋'을 뜻한다. 따라서 '黼黻'과 '繡斧形白黑紋'의 동의성은 명백히 입증된다.

(487) a. 黻 : 黼黻 <四解上 65a>

b. 黼 : 繡斧形白黑紋 <四解上 39a>

<488> 韇鞁 對 盛箭器

두 명사가 [韇]와 [鞁] 즉 '전동, 화살통'의 뜻을 가지고 동의 관계에 있다는 것은 다음 예문들에서 잘 확인된다. '韇'가 한자어 '韇鞁'를 뜻하고 '韇鞁'는 한자어 '盛箭器'와 동의 관계에 있다. 그리고 '鞁'가 한자어 '韇鞁'를 뜻한다. 따라서 '韇鞁'와 '盛箭器'의 동의성은 명백히 입증된다.

(488) a. 韇 : 韇鞁 盛箭器 <四解上 38a>

(488) b. 鞁 : 韇鞁 箭室 <四解下 29b>
     c. 鞁 : 동개 차 <字會中 14b>

<489> 韇鞁 對 箭室

두 명사가 [鞁]와 [韇] 즉 '전동(箭筒), 화살을 넣는 통'의 뜻을 가지고 동의 관계에 있다는 것은 다음 예문들에서 잘 확인된다. '鞁'가 한자어 '韇鞁'를 뜻하고 '韇鞁'는 한자어 '箭室'과 동의 관계에 있다. 그리고 '韇'가 한자어 '韇鞁'를 뜻한다. 따라서 '韇鞁'와 '箭室'의 동의성은 명백히 입증된다.

(489) a. 鞁 : 韇鞁 箭室 <四解下 29b>
     b. 鞁 : 동개 차 <字會中 14b>

(489) c. 韇 : 韇鞁 <四解上 38a>

<490> 보화 對 財貨

두 명사 '보화'(宝貨)와 '財貨'가 [財] 즉 '재물'의 뜻을 가지고 동의 관계에 있다는 것은 다음 예문들에서 잘 확인된다. 원문 중 '臨財'가 '보화의 다듣다'로 번역된다. '財'가 한자 '貨'와 同義이고 '貨'가 한자어 '財貨'를 뜻한다. 그리고 '財'와 '貨'의 자석이 '지화'이다. 따라서 '보화'과 '財貨'의 동의성은 명백히 입증된다.

(490) a. 보화의 다드라셔 비변도이 가쥬려 말며(臨財ᄒ야 毋苟得ᄒ며) <번小四 3b>

(490) b. 財 : 貨也 <四解上 44b>
     c. 財 : 지홧 ᄌᆡ <字會下 8b>

(490) c. 財 : 財貨 <四解下 28b>

　　 d. 貨 : 지황 화 <字會下 8b>

<491> 복도 對 사모

두 명사 '복도'(幞頭) 와 '사모'(紗帽) 가 [幞頭]와 [紗帽]의 뜻을 가지고 동의 관계에 있다는 것은 다음 예문들에서 잘 확인된다. 원문 중 '素幞頭'가 '흰 복도'로 번역되고 '用幞頭'가 '사모 스다'로 번역되므로 '복도'와 '사모'의 동의성은 명백히 입증된다.

(491) a. 서르 거느려 흰 복도와 흰 옷 니브며 흰 씌 씌고(相率素幞頭素襴衫素帶爲古) <呂約 27b>

　　 b. 사모 스고(用幞頭 : 從便代以紗帽) <呂約 19b>

<492> 蝮蜪 對 蝗子

두 명사가 [蜪] 즉 '벼메뚜기 새끼'의 뜻을 가지고 동의 관계에 있다는 것은 다음 예문들에서 잘 확인된다. '蜪'가 한자어 '蝮蜪'를 뜻하고 '蝮蜪'는 한자어 '蝗子'와 동의 관계에 있다. 그리고 '蝗'의 자석이 '뫼도기'이고 고유어 '뫼도기'는 한자어 '蝗虫'과 동의 관계에 있다. 따라서 '蝮蜪'와 '蝗子'의 동의성은 명백히 입증된다.

(492) a. 蜪 : 蝮蜪 蝗子 <四解下 19b>

　　 b. 蝮 : 蝗類 <四解上 4a>

(492) c. 蝗 : 螽蝗 <四解下 46b>

　　 d. 蝗 : 뫼도기 황 食禾者 俗呼蝗虫 <字會上 12a>

<493> 腹滿 對 탕만

두 명사 '腹滿'과 '탕만'(脹滿) 이 [脹] 즉 '배가 불룩해짐, 복창증(腹脹症) '의 뜻을 가지고 동의 관계에 있다는 것은 다음 예문들에서 잘 확인된다. '脹'이 한자어 '腹滿'을 뜻한다. 그리고 '脹'의 자석이 '탕만' 이다. 따라서 '腹滿'과 '탕만'의 동의성은 명백히 입증된다.

(493) a. 脹 : 腹滿 <四解下 42b>

　　 b. 脹 : 탕만 탕 俗稱膨脹 <字會中 16a>

<494> 僕僕 對 煩猥兒

두 명사가 [僕僕] 즉 '번거로운 모양, 귀찮은 모양'의 뜻을 가지고 동의 관계에 있다는 것은 다음 예문들에서 잘 확인된다. 한자어 '僕僕'이 한자어 '煩猥皃'와 동의 관계에 있다. 따라서 '僕僕'과 '煩猥皃'의 동의성은 명백히 입증된다.

(494) a. 僕 : 僮僕…又附也…僕僕 煩猥皃 <四解上 3a>
　　　 b. 僕 : 죵 복 僮僕 僸僕 <字會上 17a>

<495> 蝮蛇 對 독샤

두 명사 '蝮蛇'와 '독샤'(毒蛇) 가 [蝮] 즉 '독사, 살무사'의 뜻을 가지고 동의 관계에 있다는 것은 다음 예문들에서 잘 확인된다. '蝮'이 한자어 '蝮蛇'를 뜻하고 '蝮蛇'는 '독샤'와 동의 관계에 있다. 그리고 '蝮'의 자석이 '독샤'이다. 따라서 '蝮蛇'와 '독샤'의 동의성은 명백히 입증된다.

(495) a. 蝮 : 蝗類 又蝮蛇 독샤 <四解上 4a>
　　　 b. 蝮 : 독샤 折母腹胎生 <字會上 11b>

15세기의 『救急方諺解』(1466) 와 『救急簡易方』(1489) 에서 '蝮蛇'가 '毒蛇'로도 번역되고 '독샤'로도 번역된다는 것은 다음 예문들에서 잘 확인된다.

(495) c. 毒蛇 쉰 둘 고툐딕(治蝮蛇螫) <救方下 76a>
　　　 d. 독샤 믈인 딕(蝮蛇螫) <救간六 54b>

<496> 樸樕 對 小木

두 명사가 [樕]과 [樸] 즉 '총생(叢生) 하는 작은 나무'의 뜻을 가지고 동의 관계에 있다는 것은 다음 예문들에서 잘 확인된다. '樕'이 한자어 '樸樕'을 뜻하고 '樸樕'은 한자어 '小木'과 동의 관계에 있다. 그리고 '樸'이 한자어 '樸樕'을 뜻한다. 따라서 '樸樕'과 '小木'의 동의성은 명백히 입증된다. 따라서 '樸樕'과 '小木'의 동의성은 명백히 입증된다.

(496) a. 樕 : 樸樕 小木 <四解上 5a>
　　　 b. 樸(2b) : 詩棫樸 又樸樕 <四解上 3a>

<497> 僕隸 對 皂隸

두 명사가 [隸] 즉 '下人, 종'의 뜻을 가지고 동의 관계에 있다는 것은 다음 예문들에서 잘 확인된다.

'隸'가 한자어 '僕隸'를 뜻한다. 그리고 '隸'의 자석이 '거러치'이고 고유어 '거러치'는 한자어 '皂隸'와 동의 관계에 있다. 따라서 '僕隸'와 '皂隸'의 동의성은 명백히 입증된다.

(497) a. 隸 : … 僕隸 <四解上 28b>
　　　b. 隸 : 거러치 예 俗呼皂隸 <字會中 1b>

<498> 蜂飴 對 蜂蜜

두 명사가 [蜜] 즉 '꿀, 벌꿀'의 뜻을 가지고 동의 관계에 있다는 것은 다음 예문들에서 잘 확인된다. '蜜'이 한자어 '蜂飴'를 뜻한다. 그리고 '蜜'의 자석이 '꿀'이고 고유어 '꿀'은 한자어 '蜂蜜'과 동의 관계에 있다. 따라서 '蜂飴'와 '蜂蜜'의 동의성은 명백히 입증된다.

(498) a. 蜜 : 蜂飴 <四解上 57b>
　　　b. 蜜 : 꿀 밀 俗呼蜂蜜 <字會中 11a>

<499> 縫袘 對 大衣

두 명사가 [縫袘] 즉 '소매 아래에서 두 겨드랑이를 꿰매 맞춘 옷'의 뜻을 가지고 동의 관계에 있다는 것은 다음 예문들에서 잘 확인된다. '袘'이 한자어 '縫袘'을 뜻하고 '縫袘'은 한자어 '大衣'와 동의 관계에 있다. 따라서 '縫袘'과 '大衣'의 동의성은 명백히 입증된다.

(499) a. 袘 : 縫袘 大衣 <四解下 56a>
　　　b. 袘 : ᄉ매 익 <字會中 11b>

(499) c. 縫 : 以鍼絍衣 <四解上 4a>
　　　d. 縫 : 홀 봉 <字會下 9a>

<500> 葑蓯 對 蕪菁

두 명사가 [蓯]과 [蕪] 즉 '순무'의 뜻을 가지고 동의 관계에 있다는 것은 다음 예문들에서 잘 확인된다. '蓯'이 한자어 '葑蓯'을 뜻하고 '葑蓯'은 '蕪菁'과 동의 관계에 있다. 그리고 '蕪'가 한자어 '蕪菁菜'를 뜻한다. 따라서 '葑蓯'과 '蕪菁'의 동의성은 명백히 입증된다.

(500) a. 蓯 : 葑蓯 蕪菁也 <四解上 4b>
　　　b. 葑 : 蕪菁苗 <四解上 3b>

(500) c. 蕉 : 荒蕉 又蕉菁菜 <四解上 39b>

<501> 芙蕖 對 荷華/荷花

두 명사가 [蕖]와 [荷] 즉 '연꽃, 芙蕖'의 뜻을 가지고 동의 관계에 있다는 것은 다음 예문들에서 잘 확인된다. '蕖'가 한자어 '芙蕖'와 한자어 '荷華'를 뜻한다. '蕖'의 자석이 '련곳'이고 '련곳'은 한자어 '芙蕖' 및 한자어 '荷花'와 동의 관계에 있다. 그리고 '荷'가 한자어 '芙蕖'를 뜻한다. 따라서 '芙蕖'와 '荷華/荷花'의 동의성은 명백히 입증된다. 한자 '華'와 '花'는 同義이다.

(501) a. 蕖 : 芙蕖 荷華 <四解上 30a>
　　　b. 蕖 : 련곳 거 芙蕖 荷花 <字會上 4a>

(501) c. 荷 : 芙蕖 <四解下 27a>
　　　d. 荷 : 련 하 蓮葉也 <字會上 4a>

<502> 芙蕖實 對 蓮子

두 명사가 [蓮] 즉 '연밥. 蓮実'의 뜻을 가지고 동의 관계에 있다는 것은 다음 예문들에서 잘 확인된다. '蓮'의 자석이 '련'이고 '련'은 한자어 '芙蕖実' 및 한자어 '蓮子'와 동의 관계에 있다. 따라서 '芙蕖実'과 '蓮子'의 동의성은 명백히 입증된다.

(502) a. 蓮 : 芙蕖實 <四解下 8a>
　　　b. 蓮 : 련 련 芙蕖實也 又曰蓮子 <字會上 4a>

<503> 浮漚 對 水泡

두 명사가 [泡]와 [漚] 즉 '거품, 물거품'의 뜻을 가지고 동의 관계에 있다는 것은 다음 예문들에서 잘 확인된다. '泡'가 한자어 '浮漚'를 뜻한다. 그리고 '泡'의 자석이 '거품'이고 고유어 '거품'은 한자어 '水泡'와 동의 관계에 있다. 그리고 '漚'의 자석이 '거픔'이고 고유어 '거픔'은 한자어 '浮漚'와 동의 관계에 있다. 따라서 '浮漚'와 '水泡'의 동의성은 명백히 입증된다.

(503) a. 泡 : 浮漚 <四解下 20b>
　　　b. 泡 : 거품 포 俗稱水泡 <字會上 3a>

(503) c. 漚 : 水上泡 <四解下 67a>

d.漚 : 거폼 구 俗稱浮漚 <字會上 3a>

<504> 鳧葵 對 蓴菜

두 명사가 [茆] 즉 '순채(蓴菜), 부규(鳧葵)'의 뜻을 가지고 동의 관계에 있다는 것은 다음 예문들에서 잘 확인된다. '茆'가 한자어 '鳧葵'를 뜻하고 '鳧葵'는 한자어 '蓴菜'와 동의 관계에 있다. 따라서 '鳧葵'와 '蓴菜'의 동의성은 명백히 입증된다.

(504) a. 茆 : 鳧葵卽蓴菜 <四解下 21a>

(504) b. 蒓 : 水葵 <四解上 69a>
　　　c. 蓴 : 同 又蒲叢 <四解上 69a>

<505> 埠頭 對 津頭

두 명사가 [埠] 즉 '선창, 부두'의 뜻을 가지고 동의 관계에 있다는 것은 다음 예문들에서 잘 확인된다. '埠'가 한자어 '津頭'를 뜻하고 '津頭'는 한자어 '埠頭'와 동의 관계에 있다. 그리고 '埠'의 자석이 '져제'이고 고유어 '져제'는 한자어 '津頭' 및 한자어 '埠頭'와 동의 관계에 있다. 따라서 '埠頭'와 '津頭'의 동의성은 명백히 입증된다.

(505) a. 埠 : …今俗謂津頭 市立處曰埠頭 <四解上 38a>
　　　b. 埠 : 져제 부 津頭 互市處 俗呼埠頭 <字會中 5a>

<506> 鵁鶄 對 鵊鳩

명사가 [鵁]와 [鶄] 즉 '오디새, 후투티'의 뜻을 가지고 동의 관계에 있다는 것은 다음 예문들에서 잘 확인된다. '鵁'가 한자어 '鵁鶄'를 뜻한다. 그리고 '鶄'가 한자어 '鵁鶄'를 뜻하고 '鵁鶄'는 한자어 '鵊鳩'와 동의 관계에 있다. 따라서 '鵁鶄'와 '鵊鳩'의 동의성은 명백히 입증된다.

(506) a. 鵁 : 鵁鶄 隹也 <四解上 38b>
　　　b. 鶄 : 鵁鶄 隹也 一名鵊鳩 <四解下 66a>

<507> 부어 對 鯽魚

두 명사 '부어'(鮒魚) 와 '鯽魚'가 [鮒]와 [鯽] 즉 '붕어'의 뜻을 가지고 동의 관계에 있다는 것은 다음 예문들에서 잘 확인된다. '鮒'가 한자어 '부어'를 뜻하고 '부어'는 한자어 '鯽魚'와 동의 관계에 있다. '鮒'의 자석이 '부어'이다. 그리고 '鯽'이 한자 '鮒'와 同義이고 한자어 '鯽魚'를 뜻하고 '鯽'의 자석이 '부어'이다. 따라서 '부어'와 '鯽魚'의 동의성은 명백히 입증된다. 鯽

(507) a. 鮒 : 부어 今俗(39a) 呼鯽魚 <四解上 39b>
    b. 鮒 : 부어 부 鮒魚 <字會上 11a>

(507) c. 鯽 : 鮒也 今俗呼鯽魚 붕어 <四解下 52a>
    d. 鯽 : 부어 즉 <字會上 11a>

<508> 扶搖風 對 旋風

두 명사가 [飆]와 [飄] 즉 '회오리바람, 旋風'의 뜻을 가지고 동의 관계에 있다는 것은 다음 예문들에서 잘 확인된다. '飆'가 한자어 '扶搖風'을 뜻한다. 그리고 '飄'가 한자어 '旋風'을 뜻한다. 따라서 '扶搖風'과 '旋風'의 동의성은 명백히 입증된다. 한자 '飆'와 '飄'는 同字이다.

(508) a. 飆 : 扶搖風 <四解下 14a>
    b. 飄 : 旋風 同上 本作飆 詩作飄 <四解下 14b>

<509> 芣苢 對 車前草

두 명사가 [芣]와 [苢] 즉 '질경이'의 뜻을 가지고 동의 관계에 있다는 것은 다음 예문들에서 잘 확인된다. '芣'가 한자어 '芣苢'를 뜻하고 '芣'의 자석이 '뵈빵이'이다. '苢'가 한자어 '芣苢'를 뜻하고 '芣苢'는 한자어 '車前草'와 동의 관계에 있다. 그리고 '苢'의 자석이 '뵈빵이'이고 고유어 '뵈빵이'는 한자어 '芣苢'와 동의 관계에 있다. 따라서 '芣苢'와 '車前草'의 동의성은 명백히 입증된다.

(509) a. 芣 : 芣苢 <四解下 66b>
    b. 芣 : 뵈빵이 부 <字會上 8a>

(509) c. 苢 : 芣苢 車前草 <四解上 22a>
    d. 苢 : 뵈빵이 이 又呼車過路草 詩芣苢 <字會上 8a>

<510> 芣苡 對 車前草

두 명사가 [苡] 즉 '질경이'의 뜻을 가지고 동의 관계에 있다는 것은 다음 예문들에서 잘 확인된다.

'苡'가 한자어 '車前草'를 뜻하고 '車前草'는 한자어 '茉苡'와 동의 관계에 있다. 따라서 '茉苡'와 '車前草'의 동의성은 명백히 입증된다.

(510) a. 苡 : 茉苣 車前草 <四解上 22a>

b. 苡 : … 又車前草曰茉苡 亦作苣 <字會下 7a>

<511> 夫妻 對 夫婦

두 명사가 [夫妻]와 [夫婦] 즉 '남편과 아내'의 뜻을 가지고 동의 관계에 있다는 것은 다음 예문들에서 잘 확인된다. 원문 중 '夫妻相敬'이 '夫婦ㅣ 서르 공경ᄒᆞ다'로 번역되고 '夫婦'가 '부쳐'로 번역된다. '夫婦有恩'이 '부쳐는 은혜 잇다'로 번역된다. 그리고 '謹夫婦'가 '夫婦 ᄉᆞ이예 삼가ᄒᆞ다'로 번역된다. 따라서 '夫妻'와 '夫婦'의 동의성은 명백히 입증된다.

(511) a. 夫妻ㅣ 서르 공경호ᄆᆞᆯ 손 ᄀᆞ티 ᄒᆞ더니(夫妻ㅣ 相敬호ᄃᆡ 如賓ᄒᆞ더니) <번小九 91a>

b. 이 두 사ᄅᆞᆷ 부쳬 ᄀᆞ장 영노ᄉᆞᆯ갑다(這兩口兒夫妻好爽利) <번朴上 47a>

c. 샹녯 말ᄉᆞ매 닐오ᄃᆡ ᄒᆞ룻밤 부쳬 일ᄇᆡᆨ 밤 은혜라 ᄒᆞᄂᆞ니라(常言道一夜夫妻百夜恩) <번朴上 47a>

d. 부쳐는 은혜 이시며(夫婦ㅣ 有恩ᄒᆞ며) <번小六 36b>

(511) e. 禮ᄂᆞᆫ 夫婦 ᄉᆞ이예 삼가호매 비릇ᄂᆞ니(禮始於謹夫婦ㅣ 니) <번小三 16b>

<512> 北辰 對 北極

두 명사가 [北辰]과 [辰] 즉 '北辰, 北極星'의 뜻을 가지고 동의 관계에 있다는 것은 다음 예문들에서 잘 확인된다. 원문 중 '稽顙北辰'이 '하ᄂᆞᆳ 北辰 향ᄒᆞ야 머리를 좃다'로 번역된다. 그리고 '辰'의 자석이 '별'이고 고유어 '별'은 한자어 '北辰' 및 한자어 '北極'과 동의 관계에 있다. 따라서 '北辰'과 '北極'의 동의성은 명백히 입증된다.

(512) a. 미양 하ᄂᆞᆳ 北辰 향ᄒᆞ야 머리를 조ᅀᅡ(每稽顙北辰ᄒᆞ야) <번小九 31b>

(512) b. 辰 : … 又星名 <四解上 60a>

c. 辰 : 별 신 … 又北辰 北極也 <字會上 1a>

<513> 분 對 燒鉛

두 명사 '분'(粉) 과 '燒鉛'이 [粉] 즉 '분, 화장품의 한 가지'의 뜻을 가지고 동의 관계에 있다는 것은 다음 예문들에서 잘 확인된다. '粉'이 한자어 '燒鉛'을 뜻하고 '粉'의 자석이 '분'이다. 그리고 '搽'의 자석이 'ᄇᆞ르다'이고 한자어 '搽粉'이 고유어 '분 ᄇᆞ르다'와 동의 관계에 있다. 따라서 '분'과 '燒鉛'의 동의성은 명백히 입증된다.

(513) a. 粉 : 燒鉛爲粉 <四解上 64b>

   b. 粉 : 부ᇰ 분 <字會中 14b>

(513) c. 搽 : 塗飾 今俗謂塗粉曰搽粉 <四解下 30a>

   d. 搽 : ᄇᆞ를 차 俗稱搽粉 분 ᄇᆞ르다 <字會下 9a>

<514> 粉糫 對 粉餌

두 명사가 [糫]과 [餌] 즉 '경단, 떡의 한 가지'의 뜻을 가지고 동의 관계에 있다는 것은 다음 예문들에서 잘 확인된다. '糫'이 한자어 '粉糫'을 뜻하고 '粉糫'은 한자 '餌'와 同義이다. 그리고 '餌'가 한자어 '粉餌'을 뜻한다. 따라서 '粉糫'과 '粉餌'의 동의성은 명백히 입증된다.

(514) a. 糫 : 粉糫 餌也 <四解上 73a>

(514) b. 餌 : 食也 又粉餌 <四解上 23a>

   c. 餌 : 쩍 ᅀᅵ <字會中 10b>

<515> 墳土 對 墳墓

두 명사가 [墓] 즉 '무덤'의 뜻을 가지고 동의 관계에 있다는 것은 다음 예문들에서 잘 확인된다. 원문 중 '祭墓'가 '그 墳土애 祭ᄒᆞ다'로 번역된다. 그리고 '墓'가 한자어 '墳墓'를 뜻하고 '墓'의 자석이 '무덤'이다. 따라서 '墳土'와 '墳墓'의 동의성은 명백히 입증된다.

(515) a. 康靖大王이 그 墳墓애 祭ᄒᆞ라 ᄒᆞ시고 紅門 셰니라(康靖大王三年 命郡 祭墓旌門) <속三烈 15a>

(515) b. 墓 : 墳墓 <四解上 38b>

   c. 墓 : 무덤 묘 平曰墓 <字會中 17b>

<516> 분홍 對 淺赤色

두 명사 '분홍'(粉紅) 과 '浅赤色'이 [紅] 즉 '분홍색, 엷게 붉은 빛깔'의 뜻을 가지고 동의 관계에 있다는 것은 다음 예문들에서 잘 확인된다. 원문 중 '紅紫'가 '분홍 즈디'로 번역된다. 그리고 '紅'이 한자어 '浅赤色'을 뜻한다. 따라서 '분홍'과 '浅赤色'의 동의성은 명백히 입증된다.

(516) a. 분홍 즈디로 샹녯오술 밍ᄀ디 아니ᄒ더시다(紅紫로 不以爲褻服이러시다) <번小四 24a>

(516) b. 紅 : 淺赤色 <四解上 6a>
　　　c. 紅 : 블글 홍 <字會中 15a>

<517> 祓禳 對 除殃祭

두 명사가 [祓]과 [禳] 즉 '푸닥거리, 희생을 잡아 사방의 신에게 빌어 돌림병이나 악귀를 물리치는 제사'의 뜻을 가지고 동의 관계에 있다는 것은 다음 예문들에서 잘 확인된다. '祓'이 한자어 '祓禳'을 뜻한다. 그리고 '禳'이 '除殃祭'를 뜻한다. 따라서 '祓禳'과 '除殃祭'의 동의성은 명백히 입증된다.

(517) a. 祓 : 祓禳謂除災求福也 <四解上 65a>

(517) b. 禳 : 除殃祭 <四解下 405a>
　　　c. 禳 : 양지홀 양 禓禳 <字會下 14a>

<518> 비 對 立石紀功

두 명사 '비'(碑) 와 '立石紀功'이 [碑] 즉 '비석(碑石) '의 뜻을 가지고 동의 관계에 있다는 것은 다음 예문들에서 잘 확인된다. 원문 중 '碑殿'이 '비 셰욘 집'으로 번역된다. 그리고 '碑'가 '立石紀功'을 뜻하고 '碑'의 자석이 '비'이다. 따라서 '비'과 '立石紀功'의 동의성은 명백히 입증된다.

(518) a. 비 셰욘 집과 여러 가짓 집들 홀(碑殿 諸般殿舍) <번朴上 69b>

(518) b. 碑 : 立石紀功 <四解上 15a>
　　　c. 碑 : 빗 비 竪石紀功 <字會中 17a>

<519> 痱瘤 對 皮外小起

두 명사가 [痱]와 [瘤] 즉 '뾰루지, 뾰족하게 돋은 작은 부스럼'의 뜻을 가지고 동의 관계에 있다는 것은 다음 예문들에서 잘 확인된다. '痱'가 한자어 '痱瘤'를 뜻하고 '痱瘤'는 한자어 '皮外小起'와 동의 관계에 있다. 그리고 '瘋'가 한자어 '皮外小起'와 동의 관계에 있다. 따라서 '痱瘋'와 '皮外小起'의 동의성은 명백히 입증된다.

(519) a. 痱 : …又痱瘋 皮外小起 <四解上 50b>
　　　b. 痦 : 同上 <四解上 50b>
　　　c. 瘋 : 痦瘋 皮外小起 <四解上 55b>

<520> 鼻頭 對 準梁

두 명사가 [準] 즉 '콧마루'의 뜻을 가지고 동의 관계에 있다는 것은 다음 예문들에서 잘 확인된다. '準'이 한자어 '鼻頭'를 뜻한다. 그리고 '準'의 자석이 '곳ᄆᆞ른'이고 고유어 '곳ᄆᆞ른'는 한자어 '準梁'과 동의 관계에 있다. 따라서 '鼻頭'와 '準梁'의 동의성은 명백히 입증된다.

(520) a. 準 : …鼻頭也 <四解上 68b>
　　　b. 準 : 곳ᄆᆞ른 준 俗又稱準梁 準脛 <字會上 14a>

<521> 誹謗 對 謗訕

두 명사가 [誹], [謗] 및 [訕] 즉 '헐뜯음, 비방함'의 뜻을 가지고 동의 관계에 있다는 것은 다음 예문들에서 잘 확인된다. '誹'와 '謗'이 한자어 '誹謗'을 뜻하고 '謗'의 자석이 '헐쓰리다'이다. 그리고 '訕'이 한자어 '謗訕'을 뜻하고 '訕'의 자석이 '헐쓰리다'이다. 따라서 '誹謗'과 '謗訕'의 동의성은 명백히 입증된다.

(521) a. 誹 : 誹謗 <四解上 17a>
　　　b. 謗 : 誹謗 <四解下 36a>
　　　c. 謗 : 헐쓰릴 방 <字會下 12b>

(521) d. 訕 : 謗訕 <四解上 79a>
　　　e. 訕 : 헐쓰릴 산 謗訕 <字會下 12b>

<522> 蚍蜉 對 大蟻

두 명사가 [蚍]와 [蜉] 즉 '왕개미'의 뜻을 가지고 동의 관계에 있다는 것은 다음 예문들에서 잘 확인된다. '蚍'와 '蜉'가 한자어 '蚍蜉'를 뜻하고 '蚍蜉'는 한자어 '大蟻'와 동의 관계에 있다. 따라서 '蚍蜉'와

'大蟻'의 동의성은 명백히 입증된다.

(522) a. 蚍 : 蚍蜉 大蟻 <四解上 16a>
　　　 b. 蜉 : 蚍蜉 大蟻 <四解下 66b>

<523> 芘芣 對 蜀葵

두 명사가 [芘], [芣] 및 [苃] 즉 '당아욱, 금규(錦葵)'의 뜻을 가지고 동의 관계에 있다는 것은 다음 예문들에서 잘 확인된다. '芘'와 '芣'가 한자어 '芘芣'를 뜻하고 '芘芣'는 한자어 '蜀葵'와 동의 관계에 있다. 그리고 '苃'가 한자어 '芘芣'를 뜻하고 '芘芣'는 한자어 '蜀葵'와 동의 관계에 있다. 따라서 '芘芣'와 '蜀葵'의 동의성은 명백히 입증된다.

(523) a. 芘 : 芘芣 苃也 今蜀葵花 <四解上 15b>
　　　 b. 芣 : 芘芣 苃也 今蜀葵 <四解下 66a>

(523) c. 苃 : 草名芘芣 又名蜀葵 ··· 錦葵 <四解下 13b>

<524> 飛生鼠 對 山鼠

두 명사가 [鼺] 즉 '날다람쥐, 鼺鼠'의 뜻을 가지고 동의 관계에 있다는 것은 다음 예문들에서 잘 확인된다. '鼺'가 고유어 '드라미'를 뜻하고 '드라미'는 한자어 '飛生鼠'와 동의 관계에 있다. 그리고 '鼺'의 자석이 '드라미'이고 고유어 '드라미'는 한자어 '山鼠'와 동의 관계에 있다. 따라서 '飛生鼠'와 '山鼠'의 동의성은 명백히 입증된다.

(524) a. 鼺 : 似鼠 드라미 一名飛生鼠 <四解上 36b>
　　　 b. 鼺 : 드라미 오 俗呼山鼠 又松鼠 <字會上 10b>

<525> 痹癗 對 脚冷濕病

두 명사가 [癗]과 [痹] 즉 '脚冷濕病'의 뜻을 가지고 동의 관계에 있다는 것은 다음 예문들에서 잘 확인된다. '癗'이 한자어 '痹癗'을 뜻한다. 그리고 '痹'가 한자어 '脚冷濕病'을 뜻한다. 따라서 '痹癗'과 '脚冷濕病'의 동의성은 명백히 입증된다.

(525) a. 癗 : 痹癗 病也 <四解上 80a>
　　　 b. 痹 : 脚冷濕病 <四解上 15a>

<526> 鼻液 對 鼻涕

두 명사가 [涕] 즉 '콧물'의 뜻을 가지고 동의 관계에 있다는 것은 다음 예문들에서 잘 확인된다. '涕'
가 한자어 '鼻液'을 뜻한다. 그리고 '涕'의 자석이 '곳믈'이고 고유어 '곳믈'은 한자어 '鼻涕'와 동의 관계
에 있다. 따라서 '鼻液'과 '鼻涕'의 동의성은 명백히 입증된다.

    (526) a. 涕 : ⋯鼻液也 <四解上 25a>
        b. 涕 : ⋯又鼻液 <四解上 25a>
        c. 涕 : 곳믈 톄 俗稱鼻涕 <字會上 15b>

<527> 腓腸 對 足肚

두 명사가 [腨] 즉 '장딴지'의 뜻을 가지고 동의 관계에 있다는 것은 다음 예문들에서 잘 확인된다.
'腨'이 한자어 '腓腸'을 뜻한다. 그리고 '腨'의 자석이 '허튓비'이고 고유어 '허튓비'는 한자어 '足肚'와 동
의 관계에 있다. 따라서 '腓腸'과 '足肚'의 동의성은 명백히 입증된다.

    (527) a. 腨 : 腓腸 허튓비 <四解下 11a>
        b. 腨 : 허튓비 쳔 俗呼足肚 <字會上 13b>

<528> 屄屎 對 女人陰

두 명사가 [屄]와 [屎] 즉 '보지, 여자의 음부'의 뜻을 가지고 동의 관계에 있다는 것은 다음 예문들에
서 잘 확인된다. '屄'가 한자어 '屄屎'를 뜻하고 '屄屎'는 한자어 '女人陰'과 동의 관계에 있다. 그리고
'屎'의 자석이 '구무'이고 고유어 '구무'는 한자어 '女人陰' 및 한자어 '屄屎'와 동의 관계에 있다. 따라서
'屄屎'와 '女人陰'의 동의성은 명백히 입증된다.

    (528) a. 屄 : 屄屎 女人陰名 <四解上 26a>
        b. 屄 : 구무 비 <字會上 15b>

    (528) c. 屎 : 屄屎 女人陰名 <四解上 31b>
        d. 屎 : 구무 쥬 俗稱戀女人陰曰屄屎 <字會上 15b>

<529> 翡翠 對 翠雀

두 명사가 [翠] 즉 '물총새'의 뜻을 가지고 동의 관계에 있다는 것은 다음 예문들에서 잘 확인된다.

'翠'가 한자어 '翡翠'를 뜻한다. 그리고 '翠'의 자석이 '쇠새'이고 고유어 '쇠새'는 한자어 '翠雀' 및 한자어 '翡翠'와 동의 관계에 있다. 따라서 '翡翠'와 '翠雀'의 동의성은 명백히 입증된다.

    (529) a. 翠 : 翡翠 靑羽雀 <四解上 51b>
       b. 翠 : 쇠새 취 俗呼翠雀亦呼翡翠 <字會上 9b>

<530> 腺胵 對 鳥臟

    두 명사가 [腺]와 [胵] 즉 '새의 밥통'의 뜻을 가지고 동의 관계에 있다는 것은 다음 예문들에서 잘 확인된다. '腺'가 한자어 '腺胵'를 뜻하고 '腺胵'는 한자어 '鳥臟'과 동의 관계에 있다. 그리고 '胵'가 한자어 '腺胵'를 뜻하고 '腺胵'는 한자어 '鳥臟'과 동의 관계에 있다. 따라서 '腺胵'와 '鳥臟'의 동의성은 명백히 입증된다.

    (530) a. 腺 : …腺胵 鳥臟 <四解上 16a>
       b. 腺 : 멀더건 비 又總稱 鳥臟 <字會下 3b>

    (530) c. 胵 : 腺胵 鳥臟 <四解上 18b>

<531> 飛鴻 對 蠛蠓

    두 명사가 [鴻]과 [蠛] 즉 '눈에놀이'의 뜻을 가지고 동의 관계에 있다는 것은 다음 예문들에서 잘 확인된다. '鴻'이 한자어 '飛鴻'을 뜻하고 '飛鴻'은 한자어 '蠛蠓'과 동의 관계에 있다. 그리고 '蠛'이 한자어 '蠛蠓'을 뜻하고 '蠛'의 자석이 '누네노리'이다. 따라서 '飛鴻'과 '蠛蠓'의 동의성은 명백히 입증된다.

    (531) a. 鴻 : 鴻鴈 又飛鴻 蠛蠓 <四解上 6a>
       b. 鴻 : 긔려기 홍 大曰鴻 <字會上 8b>

    (531) c. 蠛 : 蠛蠓 細虫 <四解下 4a>
       d. 蠛 : 누네노리 멸 <字會上 12b>

<532> 嬪 對 女官

    두 명사가 [嬪] 즉 '女官, 宮中에서 봉사하는 여자'의 뜻을 가지고 동의 관계에 있다는 것은 다음 예문들에서 잘 확인된다. '嬪'의 자석이 '빙'이고 '빙'은 한자어 '女官'과 동의 관계에 있다. 따라서 '嬪'과 '女官'의 동의성은 명백히 입증된다.

(532) a. 嬪 : 婦官 <四解上 57b>

　　　b. 嬪 : 비ᇰ 빙 女官 次於妃 <字會中 1a>

<533> 賓客 對 客人

두 명사가 [客]과 [賓] 즉 '손'의 뜻을 가지고 동의 관계에 있다는 것은 다음 예문들에서 잘 확인된다. '客'이 한자어 '賓客'을 뜻한다. '客'의 자석이 '손'이고 고유어 '손'은 한자어 '客人'과 동의 관계에 있다. 그리고 '賓'의 자석이 '손'이고 고유어 '손'은 한자어 '賓客'과 동의 관계에 있다. 따라서 '賓客'과 '客人'의 동의성은 명백히 입증된다.

(533) a. 客 : 賓客 <四解下 58a>

　　　b. 客 : 손 긱 俗呼客人 <字會中 2a>

(533) c. 賓 : 客也 <四解上 56b>

　　　d. 賓 : 손 빈 俗呼賓客 <字會中 2a>

<534> 殯殮 對 빙소

두 명사 '殯殮'과 '빙소'(殯所) 가 [殯]과 [殮] 즉 '초빈(草殯) 하는 일, 빙소'의 뜻을 가지고 동의 관계에 있다는 것은 다음 예문들에서 잘 확인된다. '殯'이 한자어 '殯殮'을 뜻하고 '殮'의 자석이 '빙소'이다. 그리고 '殮'이 한자어 '殯殮'을 뜻한다. 따라서 '殯殮'과 '빙소'의 동의성은 명백히 입증된다.

(534) a. 殯 : …殯殮 <四解上 57a>

　　　b. 殯 : 빙솟 빈 <字會中 17a>

(534) c. 殮 : 殯殮 <四解下 86a>

　　　d. 殮 : 갈몰 렴 大小斂 <字會中 17a>

<535> 殯殮 對 菆塗

두 명사가 [殯]과 [殮] 즉 '草殯하는 일'의 뜻을 가지고 동의 관계에 있다는 것은 다음 예문들에서 잘 확인된다. '殯'이 한자어 '菆塗'를 뜻하고 '菆塗'는 한자어 '殯殮'을 뜻한다. 그리고 '殮'이 한자어 '殯殮'을 뜻한다. 따라서 '殯殮'과 '菆塗'의 동의성은 명백히 입증된다.

(535) a. 殯 : 菆塗曰殯殮 <四解上 57a>

b. 殯 : 빙소 빈 <字會中 17a>

(535) c. 殪 : 殯殪 <四解下 86b>

<536> 牝馬 對 課馬

두 명사가 [騍] 즉 '암말'의 뜻을 가지고 동의 관계에 있다는 것은 다음 예문들에서 잘 확인된다. '騍'가 한자어 '牝馬'를 뜻한다. 그리고 '騍'의 자석이 '아물'이고 고유어 '아물'은 한자어 '牝馬' 및 한자어 '課馬'와 동의 관계에 있다. 따라서 '牝馬'와 '課馬'의 동의성은 명백히 입증된다.

(536) a. 騍 : 牝馬 <四解下 28a>
　　　 b. 騍 : 아물 과 牝馬 歲課生駒故曰課馬 <字會下 4a>

<537> 蓓蕾 對 華始綻兒

두 명사가 [蓓]와 [蕾] 즉 '꽃봉오리, 꽃망울'의 뜻을 가지고 동의 관계에 있다는 것은 다음 예문들에서 잘 확인된다. '蓓'가 한자어 '蓓蕾'를 뜻하고 '蓓蕾'는 한자어 '華始綻兒'와 동의 관계에 있다. 그리고 '蕾'가 한자어 '蓓蕾'를 뜻하고 '蓓蕾'는 한자어 '花始綻兒'와 동의 관계에 있다. 따라서 '蓓蕾'와 '華始綻兒'의 동의성은 명백히 입증된다. 한자 '華'와 '花'는 同字이다.

(537) a. 蓓 : 蓓蕾 華始綻兒 <四解上 50b>
　　　 b. 蕾 : 蓓蕾 花始(55a) 綻兒 <四解上 55b>

<538> 髵髫 對 多鬚

두 명사가 [髫]와 [髵] 즉 '덥석부리, 수염이 많은 모양' 뜻을 가지고 동의 관계에 있다는 것은 다음 예문들에서 잘 확인된다. '髫'가 한자어 '髵髫'를 뜻하고 '髵髫'는 한자어 '多鬚'와 동의 관계에 있다. 그리고 '髵'가 한자어 '髵髫'를 뜻한다. 따라서 '髵髫'와 '多鬚'의 동의성은 명백히 입증된다.

(538) a. 髫 : 髵髫 多鬚 <四解上 44b>
　　　 b. 髵 : 髵髫 多須兒 <四解上 50a>

<539> 蹩躠 對 鳳舞

두 명사가 [蹩]와 [躠] 즉 '봉이 춤추는 모양'의 뜻을 가지고 동의 관계에 있다는 것은 다음 예문들에서 잘 확인된다. '琶'가 한자어 '琵琶'를 뜻하고 '琵琶'는 한자어 '鳳舞'와 동의 관계에 있다. 그리고 '琵'가 한자어 '琵琶'를 뜻한다. 따라서 '琵琶'과 '鳳舞'의 동의성은 명백히 입증된다.

(539) a. 琶 : 琵琶 鳳舞 <四解上 50b>
　　　 b. 琵 : 琵琶 <四解上 44b>

<540> 빈얌댱어 對 鰻鱺/鰻鱺

합성명사 '빈얌댱어'와 명사 '鰻鱺/鰻鱺'가 [鱺]와 [鰻] 즉 '뱀장어'의 뜻을 가지고 동의 관계에 있다는 것은 다음 예문들에서 잘 확인된다. '鱺'가 한자어 '鰻鱺'를 뜻하고 '鰻鱺'는 '빈얌댱어'와 동의 관계에 있다. '鱺'의 자석이 '빈얌댱어'이다. '鰻'이 한자어 '鰻鱺'를 뜻하고 '鰻鱺'는 '빈얌댱어'와 동의 관계에 있다. 그리고 '鰻'의 자석이 '빈얌댱어'이다. 따라서 '빈얌댱어'와 '鰻鱺/鰻鱺'의 동의성은 명백히 입증된다. '빈얌댱어'는 [蛇] 즉 '뱀'의 뜻을 가진 고유명사 '빈얌'과 [長魚]의 뜻을 가진 한자어 '댱어'의 合成이지만 이 저서에서는 한자어로 다루었다. 한자 '鱺'와 '鱺'는 通字이다.

(540) a. 鱺 : 鰻鱺 빈얌댱어 <四解上 28b>
　　　 b. 鱺 : 빈얌댱어 리 <字會上 11a>

(540) c. 鰻 : 鰻鱺 빈얌댱어 <四解上 74b>
　　　 d. 鰻 : 빈얌댱어 만 <字會上 11a>

<541> 빈얌댱어 對 黃鱔

합성명사 '빈얌댱어'와 명사 '黃鱔'이 [鱺] 즉 '뱀장어'의 뜻을 가지고 동의 관계에 있다는 것은 다음 예문들에서 잘 확인된다. '鱺'가 한자어 '鰻鱺'를 뜻하고 '鰻鱺'는 '빈얌댱어' 및 한자어 '黃鱔'과 동의 관계에 있다. 그리고 '鱺'의 자석이 '빈얌댱어'이고 '빈얌댱어'는 한자어 '黃鱔'과 동의 관계에 있다. 따라서 '빈얌댱어'와 '黃鱔'의 동의성은 명백히 입증된다. '빈얌댱어'는 고유어 명사 '빈얌'[蛇]과 한자어 '댱어'(長魚) 의 合成이지만 이 저서에서는 한자어로 다루었다.

(541) a. 鱺 : 鰻鱺 빈얌댱어 俗呼黃鱔 <四解上 28b>
　　　 b. 鱺 : 빈얌댱어 리 俗呼黃鱔 <字會上 11a>

<542> 徘徊 對 便旋

두 명사가 [徘]와 [徊] 즉 '어정거림, 하릴없이 이리저리 다님'의 뜻을 가지고 동의 관계에 있다는 것은 다음 예문들에서 잘 확인된다. '徘'가 한자어 '徘徊'를 뜻하고 '徘徊'는 한자어 '便旋'과 동의 관계에 있다. 그리고 '徊'가 한자어 '徘徊'를 뜻한다. 따라서 '徘徊'와 '便旋'의 동의성은 명백히 입증된다.

　　(542) a. 徘 : 徘徊 便旋也 <四解上 50a>
　　　　　b. 徊 : 徘徊 <四解上 54b>

<543> 白鰷 對 麵條魚

두 명사가 [鰷] 즉 '뱅어'의 뜻을 가지고 동의 관계에 있다는 것은 다음 예문들에서 잘 확인된다. '鰷'가 한자어 '白鰷'를 뜻한다. 그리고 '鰷'의 자석이 '빈어'이고 고유어 '빈어'는 한자어 '麵条魚'와 동의 관계에 있다. 따라서 '白鰷'와 '麵条魚'의 동의성은 명백히 입증된다.

　　(543) a. 鰷 : 白鰷 魚名 <四解下 14a>
　　　　　b. 鰷 : 빈어 됴 俗呼麵條魚 <字會上 11a>

<544> 白芷 對 白芷

두 명사가 [芷]과 [芷] 즉 '구리때'의 뜻을 가지고 동의 관계에 있다는 것은 다음 예문들에서 잘 확인된다. '芷'이 한자어 '白芷'을 뜻하고 '白芷'은 한자어 '白芷'와 동의 관계에 있다. 그리고 '芷'가 한자어 '白芷'를 뜻한다. 따라서 '白芷'과 '白芷'의 동의성은 명백히 입증된다.

　　(544) a. 芷 : … 又白芷 白芷也 <四解下 74b>
　　　　　b. 芷 : … 又白芷 藥名 <字會上 4b>

　　(544) c. 芷 : 白芷 藥草 구리대 <四解上 18a>

<545> 伯父 對 伯伯

두 명사가 [伯] 즉 '伯父, 큰아버지'의 뜻을 가지고 동의 관계에 있다는 것은 다음 예문들에서 잘 확인된다. '伯'의 자석이 '묻아자비'이고 고유어 '묻아자비'는 한자어 '伯父' 및 '伯伯'과 동의 관계에 있다. 따라서 '伯父'와 '伯伯'의 동의성은 명백히 입증된다.

　　(545) a. 伯 : 長也 候伯 又兄曰伯氏 <四解下 59a>
　　　　　b. 伯 : 묻아자비 빅 俗呼伯父 又云伯伯 <字會上 16b>

<544> 빅셩 對 衆氓

두 명사 '빅셩'(百姓)과 '衆氓'이 [民]과 [氓] 즉 '백성'의 뜻을 가지고 동의 관계에 있다는 것은 다음 예문들에서 잘 확인된다. 원문 중 '民安'이 '빅셩이 편안ᄒᆞ다'로 번역되고 '其民'이 '그 빅셩'으로 번역되고 '下民'이 '하품엣 빅셩'으로 번역된다. '民'이 한자어 '衆氓'을 뜻하고 '民'의 자석이 '빅셩'이다. 그리고 '氓'이 한자 '民'과 同義이고 '氓'의 자석이 '빅셩'이다. 따라서 '빅셩'과 '衆氓'의 동의성은 명백히 입증된다.

(546) a. 나라히 대평ᄒᆞ고 빅셩이 편안ᄒᆞᆫ 저긔(國泰民安) <번朴上 1a>
　　 b. 그 빅셩을 ᄀᆞᄅᆞ쳐 닐오ᄃᆡ 내(36a) 빅셩 ᄃᆞ외엿는 사ᄅᆞ믄(敎其民曰爲吾民者ᄂᆞᆫ) <번小六 26b>
　　 c. 하품엣 빅셩으로 ᄒᆞᆫ가지라(與下民一致라) <번小八 13a>
　　 d. 빅셩을 브료ᄃᆡ 큰 졔 ᄒᆞ욤 ᄀᆞ티 ᄒᆞ며(使民호ᄃᆡ 如乘大祭ᄒᆞ며) <번小四 4b>

(546) e. 民 : 衆氓 <四解上 57b>
　　 f. 民 : 빅셩 민 <字會中 1b>

(546) g. 氓 : 民也 <四解下 60a>
　　 h. 氓 : 빅셩 ᄆᆡᆼ <字會中 1b>

<547> 白荏 對 脂麻

두 명사가 [白荏] 즉 '참깨'의 뜻을 가지고 동의 관계에 있다는 것은 다음 예문들에서 잘 확인된다. 고유어 '춤깨'가 한자어 '白荏' 및 한자어 '脂麻'와 동의 관계에 있다. 따라서 '白荏'과 '脂麻'의 동의성은 명백히 입증된다.

(547) a. 荏 : 菜名 白蘇曰荏 紫蘇曰桂荏 <四解下 74b>
　　 b. 荏 : 듧깨 ᅀᅵᆷ 或呼蘇子…又춤깨曰白荏 又曰脂麻 <字會上 7a>

<548> 사 對 輕絹夏服

두 명사 '사'(紗)와 '輕絹夏服'이 [紗] 즉 '얇은 명주, 엷고 가는 견직물'의 뜻을 가지고 동의 관계에 있다는 것은 다음 예문들에서 잘 확인된다. 원문 중 '紗羅'가 '사와 로'로 번역된다. 그리고 '紗'가 한자어 '輕絹夏服'을 뜻하고 '紗'의 자석이 '사'이다. 따라서 '사'와 '輕絹夏服'의 동의성은 명백히 입증된다.

(548) a. 이런 비단과 사와 로왜 다 잇ᄂ녀(這們的紵絲和紗羅都有麼) <번老下 25a>

　　b. 이 비단과 고로와 깁과 사와 오둘ᄒᆡ 것들 호(這段疋綾絹紗羅等項) <번老下 26b>

(548) c. 紗: 輕綃夏服 <四解下 30a>

　　d. 紗: 삿 사 <字會中 15a>

<549> 鈔鑼 對 銅器

두 명사가 [鈔]와 [鑼] 즉 '구리로 만든 동이'의 뜻을 가지고 동의 관계에 있다는 것은 다음 예문들에서 잘 확인된다. '鈔'가 한자어 '鈔鑼'를 뜻하고 '鈔鑼'는 한자어 '銅器'와 동의 관계에 있다. 그리고 '鑼'가 한자어 '鈔鑼'를 뜻하고 '鈔鑼'는 한자어 '銅器'와 동의 관계에 있다. 따라서 '鈔鑼'와 '銅器'의 동의성은 명백히 입증된다.

(549) a. 鈔: 鈔鑼 銅器 <四解下 26b>

　　b. 鑼: 鈔鑼 銅器 소라 <四解下 27a>

<550> 사발 對 椀子

두 명사 '사발'(沙鉢)과 '椀子'가 [椀子], [椀] 및 [盌] 즉 '주발'의 뜻을 가지고 동의 관계에 있다는 것은 다음 예문들에서 잘 확인된다. 원문 중 '椀子家具'가 '사발와 그릇벼'로 번역된다. '有椀'이 '사발 잇다'로 번역된다. '椀'이 '椀子'를 뜻하고 한자어 '椀子'는 '사발'과 동의 관계에 있다. 그리고 '盌'의 자석이 '사발'이다. 따라서 '사발'과 '椀子'의 동의성은 명백히 입증된다. 한자 '盌'과 '椀'은 同字이다.

(550) a. 차반 머거든 사발(45b)와 그릇벼를 간슈ᄒᆞ고(茶飯喫了時 椀子家具收拾了) <번老下 46a>

　　b. 쏘 사(32b) 발와 그릇벼들 사져(再買些椀子什物) <번老下 33a>

　　c. 사발 잇거든(有椀) <번老上 42a>

　　d. 사발 뎝시 설어즈라(收拾椀楪着) <번老上 43a>

　　e. 네 닫티 ᄒᆞᆫ 사발만 밥 담고(你另盛一椀飯) <번老上 43a>

(550) f. 椀: 小盂…今俗呼椀子 사발 <四解上 75b>

　　h. 盌: 사발 원 亦作椀 <字會中 6a>

<551> 䠶珊 對 陳堆

두 명사가 [垛]와 [陳] 즉 '살받이, 과녁의 앞뒤와 양쪽에 화살이 날아와서 꽂히도록 쌓은 것'의 뜻을 가지고 동의 관계에 있다는 것은 다음 예문들에서 잘 확인된다. '垛'가 한자어 '射堋'을 뜻한다. 그리고 '𢵧'가 한자어 '𢵧堆'를 뜻한다. 따라서 '射堋'과 '𢵧堆'의 동의성은 명백히 입증된다. 한자 '垛'와 '𢵧'는 同字이다.

> (551) a. 垛 : ⋯又射堋 亦作𢵧 <四解下 25b>
> b. 𢵧 : 𢵧堆 <四解下 24b>

<552> 梭兒 對 織具

두 명사가 [梭] 즉 '북, 베틀의 북'의 뜻을 가지고 동의 관계에 있다는 것은 다음 예문들에서 잘 확인된다. '梭'가 한자어 '織具'를 뜻하고 '織具'는 고유어 '북'과 동의 관계에 있다. 그리고 '梭'의 자석이 '북'이고 고유어 '북'은 한자어 '梭兒'와 동의 관계에 있다. 따라서 '梭兒'와 '織具'의 동의성은 명백히 입증된다.

> (552) a. 梭 : 織具 북 <四解下 26b>
> b. 梭 : 북 사 今呼梭兒 <字會中 9a>

<553> 邪斫木 對 水中浮木

두 명사가 [槎]와 [楂] 즉 '떼, 뗏목'의 뜻을 가지고 동의 관계에 있다는 것은 다음 예문들에서 잘 확인된다. '槎'가 한자어 '邪斫木'을 뜻한다. 그리고 '楂'가 한자어 '水中浮木'을 뜻한다. 따라서 '邪斫木'과 '水中浮木'의 동의성은 명백히 입증된다. 한자 '槎'와 '楂'는 通字이다.

> (553) a. 槎 : 邪斫木 <四解下 30a>
> b. 槎 : 들궐 사 邪斫木⋯亦作楂 <字會下 2a>

> (553) c. 楂 : 水中浮木 通作槎 <四解下 30a>

<554> 山蘄 對 當歸

두 명사가 [蘄] 즉 '승검초, 当歸'의 뜻을 가지고 동의 관계에 있다는 것은 다음 예문들에서 잘 확인된다. '蘄'가 한자어 '山蘄'를 뜻하고 '山蘄'는 한자어 '当歸'와 동의 관계에 있다. 따라서 '山蘄'와 '当歸'의 동의성은 명백히 입증된다.

> (554) a. 蘄 : 山蘄 當歸也 <四解上 56a>

b. 蘱 : ⋯盂當蘱也 藥名 <四解上 48b>

<555> 山臺 對 鼇棚

두 명사가 [棚]과 [山臺] 즉 '山中의 전망이 좋은 높은 殿閣'의 뜻을 가지고 동의 관계에 있다는 것은
다음 예문들에서 잘 확인된다. '棚'이 한자어 '山臺'를 뜻하고 '山臺'는 한자어 '鼇棚'과 동의 관계에 있
다. 따라서 '山臺'와 '鼇棚'의 동의성은 명백히 입증된다.

(555) a. 棚 : 棧也 閣也 今俗語凉棚 가개 <四解下 59b>
b. 棚 : 가개 붕⋯又山臺曰鼇棚 <字會中 3b>

<556> 潸然 對 淚下皃

두 명사가 [潸] 즉 '눈물이 흐르는 모양'의 뜻을 가지고 동의 관계에 있다는 것은 다음 예문들에서 잘
확인된다. '潸'이 한자어 '淚下皃'를 뜻하고 '淚下皃'는 한자어 '潸然'과 동의 관계에 있다. 따라서 '潸然'
과 '淚下皃'의 동의성은 명백히 입증된다.

(556) a. 潸 : 淚下皃 詩潸然 出涕 <四解上 79a>
b. 潸 : 淚下皃 <四解上 79a>

<557> 狻猊 對 獅子

두 명사가 [獅], [狻] 및 [猊] 즉 '사자'의 뜻을 가지고 동의 관계에 있다는 것은 다음 예문들에서 잘 확
인된다. '獅'가 한자어 '狻猊'를 뜻한다. '狻'이 한자어 '狻猊'를 뜻하고 '狻猊'는 한자어 '獅子'와 동의 관
계에 있다. 그리고 '猊'가 한자어 '狻猊'를 뜻하고 '狻猊'는 한자어 '獅子'와 동의 관계에 있다. 따라서 '狻
猊'과 '獅子'의 동의성은 명백히 입증된다.

(557) a. 獅 : 狻猊 <四解上 19b>
b. 獅 : 수지 ᄉ <字會上 9b>

(557) c. 狻 : 狻猊 獅子 <四解上 75b>
d. 狻 : 수지(9b) 산 <字會上 10a>

(557) e. 猊 : 狻猊 獅子 <四解上 28a>

<558> 酸棗 對 山裏棗

두 명사가 [梂] 즉 '멧대추'의 뜻을 가지고 동의 관계에 있다는 것은 다음 예문들에서 잘 확인된다. '梂'가 한자어 '酸棗'를 뜻한다. 그리고 '梂'가 한자어 '酸棗'를 뜻하고 '酸棗'는 한자어 '山裏棗'와 동의 관계에 있다. 따라서 '酸棗'와 '山裏棗'의 동의성은 명백히 입증된다.

　　(558) a. 梂 : 酸棗 <四解上 23a>
　　　　 b. 梂 : 쉰대초 싀 俗呼實曰酸棗…又曰山裏棗 <字會上 6a>

<559> 산힝 對 冬獵

두 명사 '산힝'(山行) 과 '冬猟'이 [狩] 즉 '사냥, 겨울 사냥'의 뜻을 가지고 동의 관계에 있다는 것은 다음 예문들에서 잘 확인된다. '狩'가 한자어 '冬猟'을 뜻한다. 그리고 '狩'의 자석이 '산힝'이고 '산힝'은 한자어 '冬猟'과 동의 관계에 있다. 따라서 '산힝'과 '冬猟'의 동의성은 명백히 입증된다.

　　(559) a. 狩 : 冬獵 <四解下 70a>
　　　　 b. 狩 : 산힝 슈 冬獵 <字會下 4b>

<560> 산힝 對 秋獵

두 명사 '산힝'(山行) 과 '秋猟'이 [獮] 즉 '가을 사냥'의 뜻을 가지고 동의 관계에 있다는 것은 다음 예문들에서 잘 확인된다. '獮'이 한자어 '秋猟'을 뜻한다. 그리고 '獮'의 자석이 '산힝'이고 '산힝'은 한자어 '秋猟'과 동의 관계에 있다. 따라서 '산힝'과 '秋猟'의 동의성은 명백히 입증된다.

　　(560) a. 獮 : 秋獵 <四解下 5a>
　　　　 b. 獮 : 산힝 션 秋獵 <字會下 4b>

<561> 산힝 對 春獵

두 명사 '산힝'(山行) 과 '春猟'이 [蒐]와 [獀] 즉 '봄 사냥'의 뜻을 가지고 동의 관계에 있다는 것은 다음 예문들에서 잘 확인된다. '獀'가 한자어 '春猟'을 뜻한다. 그리고 '蒐'의 자석이 '산힝'이고 '산힝'은 한자어 '春猟'과 동의 관계에 있다. 따라서 '산힝'과 '春猟'의 동의성은 명백히 입증된다. 한자 '蒐'와 '獀'는 同義이다.

　　(561) a. 蒐 : …又同下 <四解下 67a>

b. 獀 : 春獵曰獀 <四解下 67a>

c. 蒐 : 산힝 수 春獵 <字會下 4b>

<562> 살문 對 桯柘

합성명사 '살문'과 명사 '桯柘'가 [桯]와 [柘] 즉 '울짝, 목책(木柵)'의 뜻을 가지고 동의 관계에 있다는 것은 다음 예문들에서 잘 확인된다. 원문 중 '戟門外'가 '살문 밧'으로 번역된다. '桯'가 한자어 '桯柘'를 뜻하고 '桯'의 자석이 '살문'이다. '柘'가 한자어 '桯柘'를 뜻한다. 그리고 '柘'의 자석이 '살문'이고 '살문'은 한자어 '桯柘'와 동의 관계에 있다. 따라서 '살문'과 '桯柘'의 동의성은 명백히 입증된다. '살문'은 명사 '살'과 한자어 '문'(門)의 合成이지만 이 저서에서는 한자어로 다루었다.

(562) a. 미양 나들 저긔 살문 밧긔셔 물 브리며(每出入에 常於戟門外예 下馬ㅎ며) <번小十 12b>

(562) b. 桯 : 桯柘 行馬 <四解上 16a>

　　　 c. 桯 : 살문 폐 <字會中 3b>

(562) d. 柘 : 桯柘 行馬 <四解上 41b>

　　　 e. 柘 : 살문 호 桯柘 俗呼行馬 <字會中 3b>

<563> 萐莆 對 瑞草

두 명사가 [萐]과 [莆] 즉 '瑞草, 堯 임금 때 부엌에 나서 스스로 움직여 시원한 바람을 일으켜 음식물이 상하는 것을 막았다는 풀'의 뜻을 가지고 동의 관계에 있다는 것은 다음 예문들에서 잘 확인된다. '萐'과 '莆'가 한자어 '萐莆'를 뜻하고 '萐莆'는 한자어 '瑞草'와 동의 관계에 있다. 따라서 '萐莆'와 '瑞草'의 동의성은 명백히 입증된다.

(563) a. 萐 : 萐莆 瑞草 <四解下 78b>

　　　 b. 莆 : 萐莆 瑞草 <四解上 39a>

<564> 상 對 食案

두 명사 '상'(牀)과 '食案'이 [卓児]와 [卓] 즉 '食事를 하는 책상'의 뜻을 가지고 동의 관계에 있다는 것은 다음 예문들에서 잘 확인된다. 원문 중 '放卓児'가 '상 놓다'로 번역되고 '擺卓児'가 '상 펴다'로 번역된다. 그리고 '卓'이 한자어 '食案'을 뜻한다. 따라서 '상'과 '食案'의 동의성은 명백히 입증된다.

(564) a. 네 샹 노코 몬져 머그라(你放卓兒先喫) <번老上 22b>

　　　b. 샹 가져 오라(將卓兒來) <번老上 40b>

　　　c. 흔 녀고론 샹 펴라(一邊擺卓兒) <번朴上 4a>

(564) d. 卓 : ⋯又今俗呼食案曰卓 <四解下 46a>

　　　e. 卓 : 교죡샹 탁 <字會中 6a>

<565> 상예 對 喪車

두 명사 '상예'(喪輿)와 '喪車'가 [輬車]와 [輴] 즉 '상여, 棺을 싣는 수레'의 뜻을 가지고 동의 관계에 있다는 것은 다음 예문들에서 잘 확인된다. 원문 중 '以楽導輴車'가 '상옛 알픽 풍류ᄒᆞ다'로 의역된다. '輴'가 한자어 '喪車'를 뜻한다. 그리고 '輴'의 자석이 '술위'이고 고유어 '술위'는 한자어 '喪車'와 동의 관계에 있다. 따라서 '상예'와 '喪車'의 동의성은 명백히 입증된다.

(565) a. 무드라 갈 제도 상옛 알픽 풍류ᄒᆞ고 우러 조차 가며(及殯葬則以楽으로 導車而號泣隨之ᄒᆞ며)
　　　　　<번小七 17a>

(565) b. 輴 : 喪車 <四解上 22b>

　　　c. 輴 : 술위 쉬 喪車 <字會中 17a>

<566> 篩簿 對 竹器

두 명사가 [篩] 즉 '죵다래끼, 작은 대바구니'의 뜻을 가지고 동의 관계에 있다는 것은 다음 예문들에서 잘 확인된다. '篩'가 한자어 '篩簿'를 뜻하고 '篩簿'는 한자어 '竹器'와 동의 관계에 있다. 따라서 '篩簿'와 '竹器'의 동의성은 명백히 입증된다.

(566) a. 篩 : 篩簿 竹器 <四解上 27b>

　　　b. 篩 : 除粗取細竹器 音 새 <四解上 19b>

<567> 射的 對 侯中鵠

두 명사가 [埻]과 [的] 즉 '과녁'의 뜻을 가지고 동의 관계에 있다는 것은 다음 예문들에서 잘 확인된다. '埻'이 한자어 '射的'을 뜻한다. 그리고 '的'이 '侯中鵠'을 뜻한다. 따라서 '射的'과 '侯中鵠'의 동의성은 명백히 입증된다.

(567) a. 埻 : 射的 <四解上 68b>

(567) b. 的 : …又同下 <四解下 48b>

　　　c. 豹 : 侯中鵠 <四解下 48b>

<568> 샹공 對 령공

두 명사 '샹공'(相公)과 '령공'(令公)이 [相公] 즉 '재상'의 뜻을 가지고 동의 관계에 있다는 것은 다음 예문들에서 잘 확인된다. 원문 중 '不敢相公'의 '相公'이 '샹공하'로도 번역되고 '령공하'로도 번역되므로 '샹공'과 '령공'의 동의성은 명백히 입증된다.

(568) a. 엇던 말소미어시뇨 샹공하(不敢相公) <번朴上 38a>

　　　b. 샹공하 이제 다 됴ᄒ야 겨신가 몯ᄒ야 겨신가(相公如今都好了不尊) <번朴上 38a>

(568) c. 엇던 말소미어시뇨 령공하(不敢相公) <번朴上 60a>

　　　d. 령공하 므슴 마리 겨신고(相公有甚麼話) <번朴上 59a>

　　　e. 령공하(相公) <번朴上 59a>

<569> 箱籠 對 竹器

두 명사가 [籠] 즉 '대그릇, 물건을 담는 대그릇'의 뜻을 가지고 동의 관계에 있다는 것은 다음 예문들에서 잘 확인된다. '籠'이 한자어 '箱籠'을 뜻한다. 그리고 '籠'의 자석이 '롱'이고 '롱'은 한자어 '箱籠' 및 한자어 '竹器'와 동의 관계에 있다. 따라서 '箱籠'과 '竹器'의 동의성은 명백히 입증된다.

(569) a. 籠 : 箱籠 <四解上 11b>

　　　b. 籠 : 롱 롱 箱籠 竹器 <字會中 7a>

<570> 商陸 對 莧陸

두 명사가 [莧] 즉 '자리공, 商陸'의 뜻을 가지고 동의 관계에 있다는 것은 다음 예문들에서 잘 확인된다. '莧'이 한자어 '商陸'을 뜻하고 '商陸'은 한자어 '莧陸' 및 고유어 '쟈리군'과 동의 관계에 있다. 따라서 '商陸'과 '莧陸'의 동의성은 명백히 입증된다.

(570) a. 莧 : 商陸 易莧陸 쟈리군 <四解下 7b>

　　　b. 莧 : 비름 현 俗呼莧菜 <字會上 7b>

<571> 尙書 對 書經

두 명사가 [書] 즉 '서경, 尙書'의 뜻을 가지고 동의 관계에 있다는 것은 다음 예문들에서 잘 확인된다. '書'의 자석이 '글월'이고 고유어 '글월'은 한자어 '尙書' 및 한자어 '書経'과 동의 관계에 있다. 따라서 '尙書'와 '書経'의 동의성은 명백히 입증된다.

(571) a. 書 : 寫言如其意著於紙求不滅 <四解上 33a>
　　　b. 書 : 글월 셔 尙書 俗(17b) 稱書經 <字會上 18a>

<572> 橡實 對 芧栗

두 명사가 [芧] 즉 '도토리'의 뜻을 가지고 동의 관계에 있다는 것은 다음 예문들에서 잘 확인된다. '芧'가 한자어 '橡実'을 뜻하고 '橡実'은 한자어 '芧栗'과 동의 관계에 있다. '芧'의 자석이 '도토리'이고 고유어 '도토리'는 한자어 '芧栗'과 동의 관계에 있다. 그리고 '橡'의 자석이 '도토리'이다. 따라서 '橡実'과 '芧栗'의 동의성은 명백히 입증된다.

(572) a. 芧 : 橡實曰芧栗 <四解上 31b>
　　　b. 芧 : 도토리 셔 芧栗 <字會上 6a>

(572) c. 橡 : 櫟實 <四解下 42a>
　　　d. 橡 : 도토리 샹 <字會上 6a>

<573> 샹ᄌ 對 車箱

두 명사 '샹ᄌ'(箱子)와 '車箱'이 [箱] 즉 '상자, 수레 위에 짐을 싣거나 사람이 타는 곳'의 뜻을 가지고 동의 관계에 있다는 것은 다음 예문들에서 잘 확인된다. '箱'이 한자어 '車箱'을 뜻하고 '箱'의 자석이 '샹ᄌ'이다. 따라서 '샹ᄌ'와 '車箱'의 동의성은 명백히 입증된다.

(573) a. 箱 : 車箱 <四解下 42a>
　　　b. 箱 : 샹ᄌ 샹 <字會中 7b>

<574> 箱篋 對 柳箱

두 명사가 [箱] 즉 '상자, 좁고 긴 네모난 상자'의 뜻을 가지고 동의 관계에 있다는 것은 다음 예문들에서 잘 확인된다. '箱'이 한자어 '箱篋'을 뜻한다. 그리고 '箱'의 자석이 '샹ᄌ'이고 '샹ᄌ'는 한자어 '柳

箱과 동의 관계에 있다. 따라서 '箱篋'과 '柳箱'의 동의성은 명백히 입증된다.

(574) a. 箱 : …又箱篋 <四解下 42a>
　　　b. 箱 : 샹즈 샹 俗呼柳箱 <字會中 7b>

<575> 箱篋 對 샹즈

두 명사 '箱篋'과 '샹즈'(箱子) 가 [箱]과 [篋] 즉 '상자, 대오리로 결어 만든 네모난 상자'의 뜻을 가지고 동의 관계에 있다는 것은 다음 예문들에서 잘 확인된다. '箱'이 한자어 '箱篋'을 뜻하고 '箱'의 자석이 '샹즈'이다. 그리고 '篋'이 한자어 '箱篋'을 뜻한다. 따라서 '箱篋'과 '샹즈'의 동의성은 명백히 입증된다.

(575) a. 箱 : …又箱篋 <四解下 42a>
　　　b. 箱 : 샹즈 샹 <字會中 7b>

(575) c. 篋 : 箱篋 <四解下 81b>
　　　d. 篋 : 섥 협 <字會中 7a>

<576> 셔 對 유셔 對 권셔

세 명사 '셔'(勢) 와 '유셔'(有勢) 그리고 '권셔'(権勢) 가 [勢] 즉 '위세, 권세'의 뜻을 가지고 동의 관계에 있다는 것은 『번역소학』의 다음 예문들에서 잘 확인된다. 원문 중 '婦勢'가 '겨지븨 셔'로 번역되고 '名勢'가 '명리며 유셔'로 번역되고 '席父兄之勢'가 '부형의 권셔를 의거ᄒ다'로 번역된다. 따라서 '셔'와 '유셔' 그리고 '권셔'의 동의성은 명백히 입증된다.

(576) a. 겨지븨 셔를 의거ᄒ야(依婦勢ᄒ야) <번小七 33b>
　　　b. 머리 움치고 명리며 유셔를 피ᄒ라(縮首避名勢ᄒ라) <번小六 27a>
　　　c. 부형의 권셔를 의거ᄒ야 됴ᄒᆫ 벼슬 호미(席父兄之勢ᄒ야 爲美官이) <번小八 12a>

<577> 셔리 對 外郎

두 명사 '셔리'(胥吏) 와 '外郎'이 [外郎]과 [吏] 즉 '하급 관리'의 뜻을 가지고 동의 관계에 있다는 것은 다음 예문들에서 잘 확인된다. 원문 중 '崔的外郎'이 '최가의 셔리'로 번역되고 '当該的外郎'이 '빗 셔리'로 번역된다. 그리고 '吏'의 자석이 '셔리'이고 '셔리'는 한자어 '外郎'과 동의 관계에 있다. 따라서 '셔리'와 '外郎'의 동의성은 명백히 입증된다.

(577) a. 셩이 최가읫 셔리 ᄒᆞ야 어드라 가게 ᄒᆞ져(着姓崔的外郞討去) <번朴上 3a>
　　　 b. 즉재 빗 셔리 블러(便叫將該的外郞來) <번朴上 3b>

(577) c. 吏 : 受命爲官治人者 又府史之屬 <四解上 28b>
　　　 d. 吏 : 셔릿 리…俗呼外郞 <字會中 1b>

<578> 셔얼 對 庶子

두 명사 '셔얼'(庶孼) 과 '庶子'가 [孼] 즉 '서자'의 뜻을 가지고 동의 관계에 있다는 것은 다음 예문들에서 잘 확인된다. '孼'이 한자어 '庶子'를 뜻한다. 그리고 '孼'의 자석이 '셔얼'이다. 따라서 '셔얼'과 '庶子'의 동의성은 명백히 입증된다.

(578) a. 孼 : 庶子 <四解下 2a>
　　　 b. 孼 : 셔얼 얼 <字會下 6a>

<579> 藷藇 對 薯蕷

두 명사가 [藷], [薯] 및 [蕷] 즉 '마, 참마'의 뜻을 가지고 동의 관계에 있다는 것은 다음 예문들에서 잘 확인된다. '藷'가 한자어 '藷藇'를 뜻하고 '藷藇'는 한자어 '薯蕷'와 동의 관계에 있다. 그리고 '薯'와 '蕷'가 한자어 '薯蕷'를 뜻한다. 따라서 '藷藇'와 '薯蕷'의 동의성은 명백히 입증된다.

(579) a. 藷 : 藷藇 薯蕷也 <四解上 32a>
　　　 b. 藇 : 薯蕷 <四解上 34b>

(579) c. 薯 : 薯蕷 今俗呼山藥 마 <四解上 33a>
　　　 d. 蕷 : 薯蕷 <四解上 34b>

<580> 薯蕷 對 山藥

두 명사가 [薯]와 [蕷] 즉 '마, 참마'의 뜻을 가지고 동의 관계에 있다는 것은 다음 예문들에서 잘 확인된다. '薯'가 한자어 '薯蕷'를 뜻하고 '薯蕷'는 한자어 '山藥' 및 고유어 '마'와 동의 관계에 있다. 그리고 '蕷'의 자석이 '마'이고 고유어 '마'는 한자어 '薯蕷'와 동의 관계에 있고 '薯蕷'는 한자어 '山藥'과 동의 관계에 있다. 따라서 '薯蕷'와 '山藥'의 동의성은 명백히 입증된다.

(580) a. 薯 : 薯蕷 今俗呼山藥 마 <四解上 33a>

b. 薯 : 마 셔 <字會上 7b>

(580) c. 蕷 : 薯蕷 <四解上 34b>

d. 蕷 : 마 여 薯蕷 俗呼山藥 <字會上 7b>

<581> 芧栗 對 橡實

두 명사가 [芧]와 [橡] 즉 '도토리'의 뜻을 가지고 동의 관계에 있다는 것은 다음 예문들에서 잘 확인 된다. '芧'가 한자어 '橡実'을 뜻하고 '橡実'은 한자어 '芧栗'과 동의 관계에 있다. '芧'의 자석이 '도토리' 이고 고유어 '도토리'는 한자어 '芧栗'과 동의 관계에 있다. 그리고 '橡'의 자석이 '도토리'이다. 따라서 '芧栗'과 '橡実'의 동의성은 명백히 입증된다.

(581) a. 芧 : 橡實曰芧栗 亦作杼 <四解上 31b>

b. 芧 : 도토리 셔 芧栗 <字會上 6a>

(581) c. 橡 : 櫟實 <四解下 42a>

d. 橡 : 도토리 샹 <字會上 6a>

<582> 書衣 對 칙의

두 명사 '書衣'와 '칙의'(冊衣) 가 [帙] 즉 '책의 표지'의 뜻을 가지고 동의 관계에 있다는 것은 다음 예 문들에서 잘 확인된다. '帙'이 한자어 '書衣'를 뜻한다. 그리고 '帙'의 자석이 '칙의'이다. 따라서 '書衣'와 '칙의'의 동의성은 명백히 입증된다.

(582) a. 帙 : 書衣 <四解上 59b>

b. 帙 : 칙읫 딜 <字會上 18a>

<583> 石決明 對 九孔螺

두 명사가 [鰒] 즉 '전복'의 뜻을 가지고 동의 관계에 있다는 것은 다음 예문들에서 잘 확인된다. '鰒' 의 자석이 '싱포'이고 고유어 '싱포'는 한자어 '石決明' 및 한자어 '九孔螺'와 동의 관계에 있다. 따라서 '石決明'과 '九孔螺'의 동의성은 명백히 입증된다.

(583) a. 鰒 : 石決明 今俗呼鰒魚 싱포 <四解下 37a>

b. 鰒 : 싱포 박 俗呼鰒魚…又呼石決明 又呼九孔螺 <字會上 10b>

<584> 石決明 對 鰒魚

　두 명사가 [鰒] 즉 '전복'의 뜻을 가지고 동의 관계에 있다는 것은 다음 예문들에서 잘 확인된다. '鰒'이 한자어 '石決明'을 뜻하고 '石決明'은 한자어 '鰒魚'와 동의 관계에 있다. 그리고 '鰒'의 자석이 '싱포'이고 고유어 '싱포'는 한자어 '鰒魚' 및 한자어 '石決明'과 동의 관계에 있다. 따라서 '石決明'과 '鰒魚'의 동의성은 명백히 입증된다.

　　(584) a. 鰒 : 石決明 今俗呼鰒魚 싱포 <四解下 37a>
　　　　 b. 鰒 : 싱포 박 俗呼鰒魚…又呼石決明 <字會上 10b>

<585> 石螯 對 剌古

　두 명사가 [螯] 즉 '가재'의 뜻을 가지고 동의 관계에 있다는 것은 다음 예문들에서 잘 확인된다. '螯'가 한자어 '石螯'를 뜻하고 고유어 '가재' 및 한자어 '剌古'와 동의 관계에 있다. 그리고 '螯'의 자석이 '가재'이고 고유어 '가재'는 한자어 '石螯' 및 한자어 '剌古'와 동의 관계에 있다. 따라서 '石螯'와 '剌古'의 동의성은 명백히 입증된다.

　　(585) a. 螯 : … 今俗呼石螯 가재 或呼剌古 <四解下 19a>
　　　　 b. 螯 : 가재 오 俗呼石螯 又呼剌古 <字會上 11a>

<586> 셕탄주 對 拋車

　두 명사 '셕탄주'(石弹子)와 '拋車'가 [砲] 즉 '돌쇠뇌, 돌을 쏘는 기구, 포거(拋車)'의 뜻을 가지고 동의 관계에 있다는 것은 다음 예문들에서 잘 확인된다. '砲'가 한자어 '拋車'를 뜻한다. 그리고 '砲'의 자석이 '셕탄주'이다. 따라서 '셕탄주'와 '拋車'의 동의성은 명백히 입증된다.

　　(586) a. 砲 : … 今俗呼拋車 又呼將軍礮 <四解下 20b>
　　　　 b. 砲 : 셕탄주 포 <字會中 14a>

<587> 蜥蜴 對 蜓蚚

　두 명사가 [蚖]와 [蜥] 즉 '도마뱀'의 뜻을 가지고 동의 관계에 있다는 것은 다음 예문들에서 잘 확인된다. '蚖'가 한자어 '蜓蚚'을 뜻하고 '蜓蚚'은 한자어 '蜥蜴'과 동의 관계에 있다. 그리고 '蜥'이 한자어 '蜥蜴'을 뜻하고 '蜥'의 자석이 '되롱'이다. 따라서 '蜥蜴'과 '蜓蚚'의 동의성은 명백히 입증된다.

(587) a. 蚵 : 蜉蝓 一曰蜥蜴 <四解下 27a>

(587) b. 蜥 : 蜥蜴 셕텩 <四解下 53a>

　　　c. 蜥 : 되룡 셕 <字會上 12a>

<588> 션신 對 神仙

두 명사 '션신'(仙人)과 '神仙'이 [仙] 즉 '선인, 신선'의 뜻을 가지고 동의 관계에 있다는 것은 다음 예문들에서 잘 확인된다. 원문 중 '獅仙糖'이 '션신이 수지 탓게 밍근 사탕'으로 번역된다. 그리고 '仙'이 한자어 '神仙'을 뜻하고 '仙'의 자석이 '션신'이다. 따라서 '션신'과 '神仙'의 동의성은 명백히 입증된다.

(588) a. 션신이 수지 탓게 밍근 사탕을 노코(放…或是獅仙糖) <번朴上 4b>
　　　 b. 獅仙糖 : 以糖印做騎獅仙人之形也 <老朴 朴上2b>

(588) c. 仙 : 神仙 <四解下 5a>
　　　 d. 仙 : 션신 션 <字會中 2a>

<589> 旋風 對 回風

두 명사가 [飄] 즉 '회오리바람, 旋風'의 뜻을 가지고 동의 관계에 있다는 것은 다음 예문들에서 잘 확인된다. '飄'가 한자어 '旋風'을 뜻한다. 그리고 '飄'가 한자어 '回風'을 뜻한다. 따라서 '旋風'과 '回風'의 동의성은 명백히 입증된다.

(589) a. 飄 : 旋風… <四解下 14b>
　　　 b. 飄 : 回風… <四解下 15a>

<590> 薛莎 對 藾蒿

두 명사가 [薛]과 [藾] 즉 '맑은대쑥'의 뜻을 가지고 동의 관계에 있다는 것은 다음 예문들에서 잘 확인된다. '薛'이 한자어 '薛莎'를 뜻하고 '薛莎'는 한자어 '藾蒿'와 동의 관계에 있다. 그리고 '藾'가 한자어 '藾蒿'를 뜻한다. 따라서 '薛莎'와 '藾蒿'의 동의성은 명백히 입증된다.

(590) a. 薛 : 薛莎 藾蒿也 <字會下 5a>
　　　 b. 藾 : 藾蒿 <四解上 46a>

<591> 褻衣 對 衷衣

두 명사가 [衷]과 [褻] 즉 '속옷'의 뜻을 가지고 동의 관계에 있다는 것은 다음 예문들에서 잘 확인된다. '衷'이 한자어 '褻衣'를 뜻한다. 그리고 '褻'이 한자어 '衷衣'를 뜻한다. 따라서 '褻衣'와 '衷衣'의 동의성은 명백히 입증된다.

(591) a. 衷 : …褻衣也 <四解上 8a>
　　　 b. 衷 : 솝 듕 中也 <字會下 15a>

(591) c. 褻 : 衷衣 <四解下 5b>

<592> 齧人跳虫 對 虼蚤

두 명사가 [蚤] 즉 '벼룩'의 뜻을 가지고 동의 관계에 있다는 것은 다음 예문들에서 잘 확인된다. '蚤'가 한자어 '齧人跳虫'을 뜻한다. 그리고 '蚤'의 자석이 '벼룩'이고 고유어 '벼룩'은 한자어 '虼蚤'와 동의 관계에 있다. 따라서 '齧人跳虫'과 '虼蚤'의 동의성은 명백히 입증된다.

(592) a. 蚤 : 齧人跳虫 <四解下 21a>
　　　 b. 蚤 : 벼룩 조 俗呼虼蚤 <字會上 12b>

<593> 蟾蜍 對 黑蟆

두 명사가 [蜍] 즉 '두꺼비'의 뜻을 가지고 동의 관계에 있다는 것은 다음 예문들에서 잘 확인된다. '蜍'가 한자어 '蟾蜍'를 뜻하고 '蟾蜍'는 고유어 '둗거비' 및 한자어 '黑蟆'와 동의 관계에 있다. 따라서 '蟾蜍'와 '黑蟆'의 동의성은 명백히 입증된다.

(593) a. 蜍 : …蟾蜍 둗거비 今俗呼黑蟆 <四解上 32b>
　　　 b. 蜍 : 두터비 여 俗呼蟾蜍 <字會上 12b>

<594> 囁嚅 對 多言

두 명사가 [嚅]와 [囁] 즉 '말이 많음'의 뜻을 가지고 동의 관계에 있다는 것은 다음 예문들에서 잘 확인된다. '嚅'가 한자어 '囁嚅'를 뜻하고 '囁嚅'는 한자어 '多言'과 동의 관계에 있다. 그리고 '囁'이 한자어 '多言'을 뜻한다. 따라서 '囁嚅'와 '多言'의 동의성은 명백히 입증된다.

(594) a. 嘮 : 嘮嘮 多言 <四解上 35b>

　　　b. 囁 : 多言 <四解下 82b>

<595> 性 對 본셩

두 명사 '性'과 '본셩'(本性) 이 [性] 즉 '성품, 본성'의 뜻을 가지고 동의 관계에 있다는 것은 다음 예문들에서 잘 확인된다. 원문 중 '性至孝'가 '性이 ᄀ장 효도롭다'로 번역되고 '性孝'가 '본셩이 효도롭다'로 번역된다. '性度'가 '性과 도량'으로 번역되고 '性行'이 '본셩과 힝뎍'으로 번역된다. 그리고 '養…性'이 '성을 길우다'로 번역되고 '養性'이 '본셩 길우다'로 번역된다. 따라서 '性'과 '본셩'의 동의성은 명백히 입증된다.

(595) a. 王中이ᄂᆞᆫ 登封 사ᄅᆞ미라…性이 ᄀ장 효도롭더니(王中登封人…性至孝) <속三孝 1a>

　　　b. 내 셩이 호화코 빗난 이를 즐기디 아니호모로(吾性이 不喜華靡라) <번小十 34b>

　　　c. 그 性과 도량이 이러틋 ᄒᆞ더라(其性度ㅣ 如此ᄒᆞ더라) <번小十 3a>

　　　d. 어딘 性을 옮겨 고텨(能移謹厚性ᄒᆞ야) <번小六 23b>

　　　e. 어딘 셩이 ᄌᆞ연ᄒᆞᆫ 돗ᄒᆞ니라(德性이 若自然矣리라) <번小六 5b>

　　　f. 하ᄂᆞᆯ 삼긴 셩으로 브터 나니(本乎天性ᄒᆞ니) <번小八 9b>

　　　g. 교만ᄒᆞ며 새옴ᄒᆞᄂᆞᆫ 셩을 길워 일우리니(養成驕妬之性ᄒᆞ리니) <번小七 33a>

(595) h. 王祥이 본셩이 효도로이더니(王祥이 性孝ᄒᆞ더니) <번小九 34b>

　　　i. 侃의 본셩이 총명ᄒᆞ고 민달ᄒᆞ야(侃이 性聰敏ᄒᆞ야) <번小十 8a>

　　　j. 본셩과 힝뎍이 단졍ᄒᆞ고 조하(性行端潔ᄒᆞ야) <번小九 15b>

　　　k. 正獻公 呂公著ㅣ…ᄆᆞ솜 다ᄉᆞ리며 본셩 길우믈 읏듬으로 ᄒᆞ더니(呂正獻公이…卽以治心養性ᄋᆞ로 爲本ᄒᆞ더니) <번小十 23a>

그리고 명사 '텬셩'이 [性]의 뜻을 가지고 있다는 것은 다음 예문들에서 잘 확인된다.

(595) l. 험ᄒᆞ고 망령두외면 텬셩을 다ᄉᆞ리디 몯ᄒᆞ리니(險躁則不能理性이니) <번小六 17a>

　　　m. ᄉᆞ리를 궁구ᄒᆞ며 텬셩다이 다ᄒᆞ오매 니르러(至於窮理盡性ᄒᆞ샤) <번小九 19a>

<596> 城 對 城郭

두 명사가 [城] 즉 '성, 도시를 둘러싼 울타리'의 뜻을 가지고 동의 관계에 있다는 것은 다음 예문들에서 잘 확인된다. 원문 중 '城中'이 '城 안ᄒᆞ'으로 번역되고 '攻城'이 '셩을 티다'로 번역된다. 그리고 '城

이 한자어 '城郭'을 뜻한다. 따라서 '城'과 '城郭'의 동의성은 명백히 입증된다.

(596) a. 城 안해셔 블나 제 지비 니어 븓거늘(城中失火 延及其家) <속三孝 18a>

　　　 b. 도즈기 성을 티거늘(賊攻城) <속三忠 2a>

　　　 c. 忠이 셩으로 너머 나다가(忠縋城出) <속三忠 3a>

　　　 d. 셩 우희셔 브르지지디 말며(城上不呼ᄒ며) <번小四 11a>

　　　 e. 龐公이 일즛 셩 안히며 마ᄉ래 드러가디 아니ᄒ고(龐公이 未嘗入城府ᄒ고) <번小九 91a>

(596) f. 城 : 城郭 <四解下 54a>

　　　 g. 城 : 잣 셩 俗稱城子 <字會中 5a>

<597> 姓 對 姓氏

　두 명사가 [姓]과 [氏] 즉 '姓, 姓氏'의 뜻을 가지고 동의 관계에 있다는 것은 다음 예문들에서 잘 확인된다. 원문 중 '聖賢姓名'이 '셩현의 셩과 일훔'으로 번역되고 '知其姓'이 '제 셩을 알다'로 번역된다. '姓'이 한자어 '姓氏'를 뜻하고 '姓'의 자석이 '셩'이다. 그리고 '氏'가 한자어 '姓氏'를 뜻한다. 따라서 '姓'과 '姓氏'의 동의성은 명백히 입증된다.

(597) a. 五經읫 글뜯과 셩현의 셩과 일후미 잇거든(有五經詞義와 及聖賢姓名이어든) <번小八 39b>

　　　 b. 제 셩을 아디 몯ᄒ거든 占卜홀디니라(不知其姓則卜之니라) <번小三 12a>

　　　 c. 姓 다른 사ᄅᆞᆯ 어두믄(取於異姓은) <번小三 14a>

　　　 d. 셩이 므스기신고(姓甚麼) <번老下 15b>

(597) e. 姓 : 姓氏 <四解下 52b>

　　　 f. 姓 : 셩 셩 <字會上 17a>

(597) g. 氏 : 姓氏 <四解上 20a>

　　　 h. 氏 : 각시 시 <字會上 17a>

<598> 城郭 對 羅城

　두 명사가 [郭] 즉 '성곽, 큰 城의 외곽'의 뜻을 가지고 동의 관계에 있다는 것은 다음 예문들에서 잘 확인된다. '郭'이 한자어 '城郭'을 뜻한다. 그리고 '郭'의 자석이 '밧잣'이고 고유어 '밧잣'은 한자어 '羅城'과 동의 관계에 있다. 따라서 '城郭'과 '羅城'의 동의성은 명백히 입증된다.

(598) a. 郭 : 城郭 又鼓郭 <四解下 45b>

　　b. 郭 : 밧잣 곽 俗稱羅城 <字會中 5a>

<599> 城郭 對 城子

두 명사가 [城] 즉 '성곽'의 뜻을 가지고 동의 관계에 있다는 것은 다음 예문들에서 잘 확인된다. '城'이 한자어 '城郭'을 뜻한다. 그리고 '城'의 자석이 '잣'이고 고유어 '잣'은 한자어 '城子'와 동의 관계에 있다. 따라서 '城郭'과 '城子'의 동의성은 명백히 입증된다.

(599) a. 城 : 城郭 <四解下 54a>

　　b. 城 : 잣 셩 俗稱城子 <字會中 5a>

<600> 筬筐 對 織具

두 명사가 [筬]과 [筬筐] 즉 '베틀의 북, 바디집'의 뜻을 가지고 동의 관계에 있다는 것은 다음 예문들에서 잘 확인된다. '筬'이 한자어 '筬筐'을 뜻하고 '筬筐'은 한자어 '織具' 및 고유어 'ㅂ딧집'과 동의 관계에 있다. 그리고 고유어 'ㅂ딧집'은 한자어 '筬筐'과 동의 관계에 있다. 따라서 '筬筐'과 '織具'의 동의성은 명백히 입증된다.

(600) a. 筬 : 筬筐 織具 ㅂ딧집 <四解下 54a>

　　b. 筬 : ㅂ딧 셩 俗呼ㅂ딧집 曰筬筐 <字會中 9a>

<601> 셩 믿 히즈 對 繞城水坑

명사구 '셩 믿 히즈'와 명사 '繞城水坑'이 [塹] 즉 '해자, 성 밑 못'의 뜻을 가지고 동의 관계에 있다는 것은 다음 예문에서 잘 확인된다. '塹'이 한자어 '繞城水坑'을 뜻하고 '繞城水坑'은 명사구 '셩 믿 히즈'와 동의 관계에 있다. 따라서 '셩 믿 히즈'와 '繞城水坑'의 동의성은 명백히 입증된다. 명사구 '셩 믿 히즈'는 한자어 '셩'(城) 과 고유어 '믿'과 한자어 '히즈'(海子) 의 결합이다.

(601) a. 塹 : 繞城水坑 셩 믿 히즈 <四解下 83a>

<602> 셰간 對 세상

두 명사 '셰간'(世間) 과 '셰샹'(世上) 이 [世間]과 [世] 즉 '세상'의 뜻을 가지고 동의 관계에 있다는 것은 다음 예문들에서 잘 확인된다. 원문 중 '世間甚事'가 '셰간이 므스 일'로 번역되고 '人生世間'이 '사룜이 셰샹의 나다'로 번역된다. 그리고 '下世去'가 '셰간 브리고 가다'로 번역되고 '立於世'가 '셰샹의 살다'로 번역된다. 따라서 '셰간'과 '세샹'의 동의성은 명백히 입증된다.

(602) a. 또 니르건댄 셰간이 므스 일이 밧비 ㅎ다가 그르 아니ㅎᄂ뇨(且道世間甚事ㅣ 不因忙後錯了오) <번小九 53a>

b. 셰간애 쓰노니 漢人의 마리니(世間用着的是漢兒言語) <번老上 5b>

c. 셰간 브리고 가리도 여긔 잇ᄂ니라(下世去的也有的是裏) <번朴上 76a>

(602) d. 사룸이 셰샹의 나슈미 가븨야온 듣틀이 보드라온 플에 븥터슘 ᄀ투니(人生世間이 如輕塵이 棲弱草耳니) <번小九 63a>

e. 엇디 셰샹의 사라 이시료 ㅎ고(將何以立於셰리오 ㅎ고) <번小九 57a>

f. 우리 세샹앳 사르미(咱們世上人) <번老下 47b>

<603> 世系 對 宗派

두 명사가 [系] 즉 '계보'의 뜻을 가지고 동의 관계에 있다는 것은 다음 예문들에서 잘 확인된다. '系'가 한자어 '世系'를 뜻한다. 그리고 '系'의 자석이 '긴'이고 고유어 '긴'은 한자어 '宗派'와 동의 관계에 있다. 따라서 '世系'와 '宗派'의 동의성은 명백히 입증된다.

(603) a. 系 : …世系 <四解上 27b>

b. 系 : 긴 계 宗派也 <字會上 17a>

<604> 셰쇽 對 시쇽

두 명사 '셰쇽'(世俗)과 '시쇽'(時俗)이 [俗] 즉 '세속, 세상'의 뜻을 가지고 동의 관계에 있다는 것은 다음 예문들에서 잘 확인된다. 원문 중 '隨俗'이 '셰쇽의 ㅎᄂ 이를 좇다'로 번역되고 '矯俗'이 '시쇽을 고티다'로 번역된다. 따라서 '셰쇽'과 '시쇽'의 동의성은 명백히 입증된다.

(604) a. 셰쇽의 ㅎᄂ 이를 조차 샤치티 아니ㅎ리(不隨俗奢靡者ㅣ) <번小十 33a>

b. 시쇽을 고텨 일홈 어두문 아니ㅎ고(不…以矯俗干名이오) <번小十 35a>

<605> 洗浴 對 澡身

두 명사가 [浴] 즉 '목욕'의 뜻을 가지고 동의 관계에 있다는 것은 다음 예문들에서 잘 확인된다. '浴'이 한자어 '洗浴'을 뜻한다. 그리고 '浴'의 자석이 '모욕'이고 '모욕'은 한자어 '澡身'과 동의 관계에 있다.

따라서 '洗浴'과 '澡身'의 동의성은 명백히 입증된다.

(605) a. 浴 : 洗浴 <四解上 11a>
　　　b. 浴 : 모욕 욕 澡身 <字會下 5b>

<606> 細櫛 對 密枇子

두 명사가 [枇] 즉 '참빗'의 뜻을 가지고 동의 관계에 있다는 것은 다음 예문들에서 잘 확인된다. '枇'가 한자어 '細櫛'을 뜻하고 '細櫛'은 한자어 '密枇子' 및 고유어 '춤빗'과 동의 관계에 있다. 따라서 '細櫛'과 '密枇子'의 동의성은 명백히 입증된다.

(606) a. 枇 : 細櫛 今俗語密枇子 춤빗 <四解上 16b>
　　　b. 笓 : 同 <四解上 16b>

<607> 櫯木/蘇木 對 櫯枋木/蘇枋木

두 명사가 [櫯]와 [枋] 즉 '다목'의 뜻을 가지고 동의 관계에 있다는 것은 다음 예문들에서 잘 확인된다. '櫯'가 한자어 '櫯木'을 뜻하고 '櫯木'은 고유어 '다목' 및 한자어 '櫯枋木'과 동의 관계에 있다. '櫯'의 자석이 '다목'이고 고유어 '다목'은 한자어 '蘇枋木' 및 한자어 '櫯木'과 동의 관계에 있다. 그리고 '枋'이 한자어 '櫯枋木'을 뜻하고 '櫯枋木'은 한자어 '蘇木' 및 고유어 '다목'과 동의 관계에 있다. 따라서 '櫯木/蘇木'과 '櫯枋木/蘇枋木'의 동의성은 명백히 입증된다.

(607) a. 櫯 : 櫯木 다목…一名櫯枋木 <四解上 40a>
　　　b. 櫯 : 다목 소 方書稱蘇枋木 俗稱櫯木 <字會上 6a>

(607) c. 枋 : 櫯枋木…今俗稱蘇木 다목 <四解下 37b>

<608> 素食 對 茱食無肉

두 명사가 [素食] 즉 '고기 반찬이 없는 밥'의 뜻을 가지고 동의 관계에 있다는 것은 다음 예문들에서 잘 확인된다. '素'가 한자어 '茱食無肉'을 뜻한다. 그리고 '素'가 한자어 '素食'을 뜻한다. 따라서 '素食'과 '茱食無肉'의 동의성은 명백히 입증된다.

(608) a. 素 : …又茱食無肉曰素 <四解上 40a>
　　　b. 素 : 힐 소 又…素食 <字會中 14b>

<609> 소임 對 직임

두 명사 '소임'(所任) 과 '직임'(職任) 이 [職] 즉 '임무, 직분'의 뜻을 가지고 동의 관계에 있다는 것은 다음 예문들에서 잘 확인된다. 원문 중 '分之以職'이 '소임을 눈호다'로 번역되고 '擧職'이 '직임을 거힝ᄒ다'로 번역되므로 '소임'과 '직임'의 동의성은 명백히 입증된다.

(609) a. 소임을 눈호며(分之以職ᄒ며) <번小七 50a>
    b. 소임을 브즈러니 ᄒ며(勤於吏職ᄒ며) <번小十 8a>

(609) c. 마ᄉ래 거ᄒ야셔 그 직임을 잘 거힝호미오(能居官擧職伊五) <呂約 4b>

<610> 遡洄 對 逆流向上

두 명사가 [洄]와 [遡] 즉 '물을 거슬러 올라감'의 뜻을 가지고 동의 관계에 있다는 것은 다음 예문들에서 잘 확인된다. '洄'가 한자어 '遡洄'를 뜻하고 '遡洄'는 한자어 '逆流向上'과 동의 관계에 있다. 그리고 '遡'가 한자어 '遡洄'를 뜻한다. 따라서 '遡洄'와 '逆流向上'의 동의성은 명백히 입증된다.

(610) a. 洄 : 遡洄 逆流向上 <四解上 54b>
    b. 遡 : 逆流而上曰遡洄 <四解上 40a>

<611> 손ᄌ 對 子之子

두 명사 '손ᄌ'(孫子) 와 '子之子'가 [孫] 즉 '손자'의 뜻을 가지고 동의 관계에 있다는 것은 다음 예문들에서 잘 확인된다. 원문 중 '無孫'이 '손지 없다'로 번역된다. 그리고 '孫'이 한자어 '子之子'를 뜻하고 '孫'의 자석이 '손ᄌ'이다. 따라서 '손ᄌ'와 '子之子'의 동의성은 명백히 입증된다.

(611) a. ᄌ셕 업고 손지 업스면(無子無孫) <번朴上 7b>

(611) b. 孫 : 子之子 <四解上 66a>
    c. 孫 : 손ᄌ 손 <字會上 16b>

<612> 艸勿 對 驅塵

두 명사가 [艸]과 [勿] 즉 '먼지를 터는 것'의 뜻을 가지고 동의 관계에 있다는 것은 다음 예문들에서 잘 확인된다. '艸'이 한자어 '艸勿'을 뜻하고 '艸勿'은 한자어 '驅塵'과 동의 관계에 있다. 그리고 '勿'이

한자어 '卹勿'을 뜻하고 '卹勿'은 한자어 '驅塵'과 동의 관계에 있다. 따라서 '卹勿'과 '驅塵'의 동의성은 명백히 입증된다.

(612) a. 卹 : 卹勿…又驅塵也 <四解上 66b>
b. 勿 : 卹勿 驅塵也 <四解上 64b>

<613> 帥師 對 領兵

두 명사가 [帥] 즉 '군대를 통솔함'의 뜻을 가지고 동의 관계에 있다는 것은 다음 예문들에서 잘 확인된다. '帥'이 한자어 '領兵'을 뜻하고 '領兵'은 한자어 '帥師'와 동의 관계에 있다. 따라서 '帥師'와 '領兵'의 동의성은 명백히 입증된다.

(613) a. 帥 : 領兵曰帥師 <四解上 66b>
b. 帥 : 쟝슈 슈 又音率 領也 <字會中 1a>

<614> 送葬 對 쟝亽

두 명사 '送葬'과 '쟝亽'(葬事)가 [葬] 즉 '葬事'의 뜻을 가지고 동의 관계에 있다는 것은 다음 예문들에서 잘 확인된다. 원문 중 '葬祭'가 '送葬과 祭奠'으로 번역되고 '喪葬'이 '상亽 쟝亽'로 번역된다. 따라서 '送葬'과 '쟝亽'의 동의성은 명백히 입증된다.

(614) a. 送葬과 祭奠을 禮다이 ᄒᆞ니라(葬祭以禮) <속三烈 22b>
b. 남진겨집 어리 상亽 쟝亽애 다 셤죡키 주더라(嫁娶喪葬 皆有瞻給) <二倫 29a>

<615> 솨亽 對 帽刷

두 명사 '솨亽'(刷子)와 '帽刷'가 [刷] 즉 '刷子, 솔'의 뜻을 가지고 동의 관계에 있다는 것은 다음 예문들에서 잘 확인된다. '刷'의 자석이 '솨亽'이고 '솨亽'는 한자어 '帽刷'와 동의 관계에 있다. 따라서 '솨亽'와 '帽刷'의 동의성은 명백히 입증된다.

(615) a. 刷 : 刮也 尋究也…拭也 <四解上 81a>
b. 刷 : 솨亽 솨 俗呼帽刷 靴刷 <字會中 7b>

<616> 쇼 對 參差管

두 명사 '쇼'(簫) 와 '參差管'이 [퉁소] 즉 ' '의 뜻을 가지고 동의 관계에 있다는 것은 다음 예문들에서
잘 확인된다. '簫'가 한자어 '參差管'을 뜻한다. 그리고 '簫'의 자석이 '쇼'이다. 따라서 '쇼'와 '參差管'의
동의성은 명백히 입증된다.

(616) a. 簫 : 參差管 <四解下 16a>
b. 簫 : 슛 쇼(15b) 十七管 又洞簫 <字會中 16a>

<617> 쇼 對 洞簫

두 명사 '쇼'(簫) 와 '洞簫'가 [簫] 즉 '퉁소'의 뜻을 가지고 동의 관계에 있다는 것은 다음 예문들에서
잘 확인된다. '簫'의 자석이 '쇼'이고 한자어 '쇼'는 한자어 '洞簫'와 동의 관계에 있다. 따라서 '쇼'와 '洞
簫'의 동의성은 명백히 입증된다.

(617) a. 簫 : 參差管 <四解下 16a>
b. 簫 : 슛 쇼(15b) 十七管 又洞簫 無底者 <字會中 16a>

<618> 小薊 對 野紅花

두 명사가 [小薊]와 [薊] 즉 '조뱅이, 조방가새'의 뜻을 가지고 동의 관계에 있다는 것은 다음 예문들
에서 잘 확인된다. 한자어 '小薊'가 고유어 '조방이' 및 한자어 '野紅花'와 동의 관계에 있다. 그리고 '薊'
의 자석이 '조방이'이고 고유어 '조방이'는 한자어 '小薊' 및 한자어 '野紅花'와 동의 관계에 있다. 따라
서 '小薊'와 '野紅花'의 동의성은 명백히 입증된다.

(618) a. 薊 : 草名 大薊 항것괴 小薊 조방이 今俗呼 野紅花 <四解上 23b>
b. 薊 : 조방이 계 卽小薊 俗呼野紅花 <字會東中本上 8b>

<619> 小瓜 對 赤瓲

두 명사가 [瓲] 즉 '작은 오이'의 뜻을 가지고 동의 관계에 있다는 것은 다음 예문들에서 잘 확인된다.
'瓲'이 한자어 '小瓜'를 뜻한다. 그리고 '小瓜'가 고유어 '쥐추미' 및 한자어 '赤瓲'과 동의 관계에 있다.
따라서 '小瓜'와 '赤瓲'의 동의성은 명백히 입증된다.

(619) a. 瓲(36a) : 小瓜 今俗呼 쥐추미 曰赤瓲 <四解下 37a>
b. 瓜 : 蓏也 <四解下 31a>

<620> 笒箕 對 통

두 명사 '笒箕'와 '통'(桶) 이 [笒] 즉 '竹製의 飯器'의 뜻을 가지고 동의 관계에 있다는 것은 다음 예문들에서 잘 확인된다. '笒'가 한자어 '笒箕'를 뜻한다. 그리고 '笒'의 자석이 '통'이다. 따라서 '笒箕'와 '통'의 동의성은 명백히 입증된다.

(620) a. 笒 : 飯器 又笒箕 又笒桶 <四解下 22a>
  b. 笒 : 통 쇼 <字會中 9b>

<621> 佋穆/昭穆 對 經傳

두 명사가 [佋], [昭] 및 [穆] 즉 '종묘나 사당에 神主를 모시는 차례'의 뜻을 가지고 동의 관계에 있다는 것은 다음 예문들에서 잘 확인된다. '佋'가 한자어 '佋穆'을 뜻하고 '佋穆'은 한자어 '經傳'와 동의 관계에 있다. 그리고 '穆'이 한자어 '昭穆'을 뜻한다. 따라서 '佋穆/昭穆'과 '經傳'의 동의성은 명백히 입증된다. 한자 '佋'와 '昭'는 同義이다.

(621) a. 佋 : 佋穆 經傳 作昭 <四解下 16b>
  b. 昭 : 同 <四解下 16b>

(621) c. 穆 : … 又昭穆 <四解上 3b>

<622> 小城 對 堡子

두 명사가 [堡] 즉 '작은 성'의 뜻을 가지고 동의 관계에 있다는 것은 다음 예문들에서 잘 확인된다. '堡'가 한자어 '小城'을 뜻한다. 그리고 '堡'의 자석이 '쟈근 잣'이고 고유어 '쟈근 잣'은 한자어 '小城' 및 한자어 '堡子'와 동의 관계에 있다. 따라서 '小城'과 '堡子'의 동의성은 명백히 입증된다.

(622) a. 堡 : … 又小城 <四解下 20a>
  b. 堡 : 쟈근 잣 보 小城 俗呼堡子 <字會中 5a>

<623> 蠨蛸 對 長足蜘蛛

두 명사가 [蛸]와 [蠨] 즉 '갈거미'의 뜻을 가지고 동의 관계에 있다는 것은 다음 예문들에서 잘 확인된다. '蛸'가 한자어 '蠨蛸'를 뜻하고 '蠨蛸'는 한자어 '長足蜘蛛'와 동의 관계에 있다. '蛸'의 자석이 '굴거믜'이고 고유어 '굴거믜'는 한자어 '蠨蛸'와 동의 관계에 있다. 그리고 '蠨'가 한자어 '蠨蛸'를 뜻하고

'蠦'의 자석이 '글거믜'이다. 따라서 '蠦蛸'와 '長足蜘蛛'의 동의성은 명백히 입증된다.

(623) a. 蛸 : 蠦蛸 長足蜘蛛 <四解下 22a>
　　　b. 蛸 : 글거(11a)믜 쇼 一名長蚑 詩蠦蛸 <字會上 11a>

(623) c. 蠦 : 蠦蛸 長股蜘蛛 <四解下 16a>
　　　d. 蠦 : 글거믜 쇼 <字會上 11a>

<624> 小豕 對 猪豚

두 명사가 [豚] 즉 '돼지 새끼'의 뜻을 가지고 동의 관계에 있다는 것은 다음 예문들에서 잘 확인된다. '豚'이 한자어 '小豕'를 뜻하고 '小豕'는 한자어 '猪豚' 및 고유어 '도틱 삿기'와 동의 관계에 있다. 따라서 '小豕'와 '猪豚'의 동의성은 명백히 입증된다.

(624) a. 豚 : 小豕 今俗語猪豚 도틱 삿기 <四解上 63b>
　　　b. 豚 : 삿기 돈 猪之子 <字會上 10a>

<625> 小廝 對 小兒

두 명사가 [小廝] 즉 '어린아이'의 뜻을 가지고 동의 관계에 있다는 것은 다음 예문들에서 잘 확인된다. 한자어 '小兒'가 한자어 '小廝'와 동의 관계에 있다. 그리고 한자어 '小廝'가 고유어 '아히'와 동의 관계에 있다. 따라서 '小廝'와 '小兒'의 동의성은 명백히 입증된다.

(625) a. 廝 : …又呼小兒曰小廝 <四解上 13a>
　　　b. 廝 : 브릴 싀 俗稱小廝 아히 <字會下 11a>

<626> 小盂 對 사발

두 명사 '小盂'와 '사발'(沙鉢)이 [盌] 즉 '사발, 주발'의 뜻을 가지고 동의 관계에 있다는 것은 다음 예문들에서 잘 확인된다. '盌'이 한자어 '小盂'를 뜻하고 '盌'의 자석이 '사발'이다. 따라서 '小盂'와 '사발'의 동의성은 명백히 입증된다.

(626) a. 盌 : 小盂 <四解上 75b>
　　　b. 盌 : 사발 원 <字會中 6a>

<627> 小棗 對 酸棗

두 명사가 [棘]과 [樲] 즉 '멧대추나무'의 뜻을 가지고 동의 관계에 있다는 것은 다음 예문들에서 잘 확인된다. '棘'이 한자어 '小棗'를 뜻한다. '棘'의 자석이 '가싀'이고 고유어 '가싀'는 한자어 '酸棗'와 동의 관계에 있다. 그리고 '樲'가 한자어 '酸棗'를 뜻한다. 따라서 '小棗'와 '酸棗'의 동의성은 명백히 입증된다.

(627) a. 棘 : 小棗 <四解下 47b>
    b. 棘 : 가싀 극 卽酸棗也 一名樲 <字會上 5b>

(627) c. 樲 : 酸棗 <四解上 23a>

<628> 松木 對 油松

두 명사가 [松] 즉 '소나무'의 뜻을 가지고 동의 관계에 있다는 것은 다음 예문들에서 잘 확인된다. '松'이 한자어 '松木'을 뜻한다. 그리고 '松'의 자석이 '솔'이고 고유어 '솔'은 한자어 '油松'과 동의 관계에 있다. 따라서 '松木'과 '油松'의 동의성은 명백히 입증된다.

(628) a. 松 : …松木 <四解上 8a>
    b. 松 : 솔 숑 俗呼油松 <字會上 6a>

<629> 蜙蝑 對 斯螽

두 명사가 [蝑]와 [蜙] 즉 '베짱이'의 뜻을 가지고 동의 관계에 있다는 것은 다음 예문들에서 잘 확인된다. '蝑'가 한자어 '蜙蝑'를 뜻하고 '蜙蝑'는 한자어 '斯螽'과 동의 관계에 있다. 그리고 '蜙'이 한자어 '蜙蝑'를 뜻한다. 따라서 '蜙蝑'와 '斯螽'의 동의성은 명백히 입증된다.

(629) a. 蝑 : 蜙蝑 斯螽 <四解上 31b>
    b. 蜙 : 蜙蝑 虫名 <四解上 8a>

<630> 鵙兒 對 弄鬪兒

두 명사가 [鵙] 즉 '새매'의 뜻을 가지고 동의 관계에 있다는 것은 다음 예문들에서 잘 확인된다. '鵙'이 한자어 '鵙兒'를 뜻하고 '鵙兒'는 한자어 '弄鬪兒' 및 고유어 '도롱태'와 동의 관계에 있다. 그리고 '鵙'의 자석이 '도롱태'이고 고유어 '도롱태'는 한자어 '鵙兒' 및 한자어 '弄鬪兒'와 동의 관계에 있다. 따라

서 '鯢兒'와 '弄鬪兒'의 동의성은 명백히 입증된다.

(630) a. 鯢 : 今俗呼鯢兒 又曰弄鬪兒 도롱태 <四解上 8a>
b. 鯢 : 도롱태 숑 俗呼鯢兒 又呼弄鬪兒 <字會上 8b>

<631> 松子 對 海松子

두 명사가 [松子]와 [海松子] 즉 '잣'의 뜻을 가지고 동의 관계에 있다는 것은 다음 예문들에서 잘 확인된다. 원문 중 '松子'가 '잣'으로 번역된다. '松'의 자석이 '솔'이고 고유어 '잣나모'가 한자어 '果松'과 동의 관계에 있고 '果松'의 '子' 즉 '씨'가 '松子'이다. 그리고 '松'의 자석이 '솔'이고 고유어 '잣나모'가 한자어 '果松'과 동의 관계에 있고 '果松'의 '子' 즉 '씨'가 '海松子'이다. 따라서 '松子'와 '海松子'의 동의성은 명백히 입증된다.

(631) a. 잣 사탕(松子 沙糖) <번老下 38b>
b. 잣 무른 보도(松子 乾葡萄) <번朴上 4a>

(631) c. 松 : …松木 <四解上 8a>
d. 松 : 솔 숑…又呼잣나모曰果松 子曰松子 <字會東中本上 11a>
e. 松 : 솔 숑…又呼잣나모曰果松 子曰海松子 <字會上 6a>

<632> 수양 對 羖羘

합성명사 '수양'(羊) 과 명사 '羖羘'이 [羖]와 [羖羘] 즉 '숫양, 양의 수컷'의 뜻을 가지고 동의 관계에 있다는 것은 다음 예문들에서 잘 확인된다. '羖'의 자석이 '수양'이고 '수양'은 한자어 '羖羘'과 동의 관계에 있다. 따라서 '수양'과 '羖羘'의 동의성은 명백히 입증된다. '수양'은 합성명사로 고유어 '수'와 한자어 '양'(羊) 의 合成이지만 이 저서에서는 한자어로 다루었다.

(632) a. 羖 : 夏羊 牡曰羖 <四解上 36a>
b. 羖 : 수양 고 羖羘 <字會下 4a>

<633> 수양 對 羊牡

합성명사 '수양'(羊) 과 명사 '羊牡'가 [羝羊]과 [羝] 즉 '숫양, 양의 수컷'의 뜻을 가지고 동의 관계에 있다는 것은 다음 예문들에서 잘 확인된다. 원문 중 '羝羊'이 '수양'으로 번역된다. '羝'가 한자어 '羊牡'

를 뜻한다. 그리고 '羝'의 자석이 '수양'이고 '수양'은 한자어 '羊牡'와 동의 관계에 있다. 따라서 '수양'과 '羊牡'의 동의성은 명백히 입증된다. '수양'은 합성명사로 고유어 '수'와 한자어 '양'(羊) 의 合成이지만 이 저서에서는 한자어로 다루었다.

(633) a. 이 수양(這箇羝羊) <번老下 21b>

(633) b. 羝 : 羊牡   <四解上 24b>
　　　c. 羝 : 수양 뎨 羊牡 好抵觸者 <字會下 4a>

<634> 술윗란간 對 車箱

합성명사 '술윗란간'과 명사 '車箱'이 [轓]과 [箱] 즉 '수레에 얹는 상자, 수레의 사람이나 물건을 넣는 곳'의 뜻을 가지고 동의 관계에 있다는 것은 다음 예문들에서 잘 확인된다. '轓'이 한자어 '車箱'을 뜻한다. '轓'의 자석이 '술윗란간'이고 '술윗란간'은 한자어 '車箱'과 동의 관계에 있다. 그리고 '箱'이 한자어 '車箱'을 뜻한다. 따라서 '술윗란간'과 '車箱'의 동의성은 명백히 입증된다. '술윗란간'은 합성명사로 명사 '술위'[車]와 한자어 '란간'(欄干) 의 合成이지만 이 저서에서는 한자어로 다루었다.

(634) a. 轓 : 車箱 <四解上 80b>
　　　b. 轓 : 술윗란간 번 俗呼車箱 <字會中 13a>

(634) c. 箱 : 車箱 <四解下 42a>
　　　d. 箱(7a) : 샹즛 샹 <字會中 7b>

<635> 晬時 對 周時

두 명사가 [晬] 즉 '돐, 처음 맞는 生日, 一周年'의 뜻을 가지고 동의 관계에 있다는 것은 다음 예문들에서 잘 확인된다. '晬'가 한자어 '晬時'를 뜻하고 '晬時'는 한자어 '周時'와 동의 관계에 있다. 따라서 '晬時'와 '周時'의 동의성은 명백히 입증된다.

(635) a. 晬 : 子生一歲 又晬時 周時也 <四解上 52a>
　　　b. 週 : 匝也 廻也 通作周 <四解下 69a>

<636> 슈건 對 幧頭

두 명사 '슈건'(手巾) 과 '幧頭'가 [帕]와 [手帕] 즉 '머리띠'의 뜻을 가지고 동의 관계에 있다는 것은 다음 예문들에서 잘 확인된다. 원문 중 '遞了手帕'가 '슈건 받ᄌᆞ다'로 번역된다. '帕'가 한자어 '幧頭'를 뜻한다. 그리고 '帕'의 자석이 '슈건'이고 '슈건'은 한자어 '幧頭'와 동의 관계에 있다. 따라서 '슈건'과 '幧頭'의 동의성은 명백히 입증된다.

(636) a. 나도 그날 슈건 받ᄌᆞ온 후에(我也那一日遞了手帕之後) <번朴上 66b>

(636) b. 帕 : 幧頭 <四解下 29a>

　　　 c. 帕 : 슈건 파 一云首飾 卽幧頭也 <字會中 11b>

<637> 슈건 對 佩巾

두 명사 '슈건'(手巾)과 '佩巾'이 [帨] 즉 '슈건, 허리에 차는 수건'의 뜻을 가지고 동의 관계에 있다는 것은 다음 예문들에서 잘 확인된다. 원문 중 '結帨'가 '슈건 ᄆᆡ다'로 번역된다. 그리고 '帨'가 한자어 '佩巾'을 뜻하고 '帨'의 자석이 '슈건'이다. 따라서 '슈건'과 '佩巾'의 동의성은 명백히 입증된다.

(637) a. 어미ᄂᆞᆫ 씌 ᄆᆡ오 슈건 ᄆᆡ오 ᄀᆞ로ᄃᆡ(母ㅣ 施衿結帨曰) <번小三 13a>

(637) b. 帨 : 佩巾 <四解上 53a>

　　　 c. 帨 : 슈건 셰 <字會中 11b>

<638> 首骨 對 腦骹

두 명사가 [顱] 즉 '머리뼈, 두개골'의 뜻을 가지고 동의 관계에 있다는 것은 다음 예문들에서 잘 확인된다. '顱'가 한자어 '首骨'을 뜻한다. 그리고 '顱'의 자석이 '되골'이고 고유어 '되골'은 한자어 '腦骹'와 동의 관계에 있다. 따라서 '首骨'과 '腦骹'의 동의성은 명백히 입증된다.

(638) a. 顱 : 首骨 <四解上 42a>

　　　 b. 顱 : 되골 로 俗稱腦骹 <字會上 13a>

<639> 綉褊 對 褊被

두 명사가 [綉褊] 즉 '수놓은 半臂의 短衣'의 뜻을 가지고 동의 관계에 있다는 것은 다음 예문들에서 잘 확인된다. '褊'이 한자어 '綉褊'을 뜻하고 '綉褊'은 한자어 '褊被'과 동의 관계에 있다. 따라서 '綉褊'과 '褊被'의 동의성은 명백히 입증된다.

(639) a. 襀 : 綉襀 俗名襀被 <四解上 67b>

　　　b. 綉 : 刺綉 <四解下 69a>

<640> 水岐流 對 港汊

두 명사가 [汊] 즉 '물 갈래지는 곳'의 뜻을 가지고 동의 관계에 있다는 것은 다음 예문들에서 잘 확인된다. '汊'가 한자어 '水岐流'를 뜻하고 '水岐流'는 한자어 '港汊' 및 고유어 '개'와 동의 관계에 있다. 그리고 '汊'의 자석이 '개'이고 고유어 '개'는 한자어 '水岐流'와 동의 관계에 있다. 따라서 '水岐流'와 '港汊'의 동의성은 명백히 입증된다.

　　(640) a. 汊 : 水岐流也 港汊 개 <四解下 30a>

　　　　b. 汊 : 개 차 水岐流 <字會上 3a>

<641> 水獺 對 水狗

두 명사가 [獺] 즉 '수달'의 뜻을 가지고 동의 관계에 있다는 것은 다음 예문들에서 잘 확인된다. '獺'이 한자어 '水狗'를 뜻한다. '獺'의 자석이 '넝우리'이고 고유어 '넝우리'는 한자어 '水獺'과 동의 관계에 있다. 그리고 원문 중 '獺'이 '슈달이란 거슨…'으로 번역된다. 따라서 '水獺'과 '水狗'의 동의성은 명백히 입증된다.

　　(641) a. 獺 : 水狗 <四解上 77a>

　　　　b. 獺 : 넝우리 달 俗呼水獺 <字會上 10a>

　　(641) c. 일히란 거슨 즘승을 자바 졔ᄒ고 슈달이란 거슨 고기ᄅᆞᆯ 자바 졔ᄒ야뎌(豺獺이) <번小七 6b>

<642> 水鳥 對 黃鵠

두 명사가 [鵠] 즉 '고니, 黃鵠'의 뜻을 가지고 동의 관계에 있다는 것은 다음 예문들에서 잘 확인된다. '鵠'이 한자어 '水鳥'를 뜻한다. 그리고 '鵠'의 자석이 '고해'이고 고유어 '고해'는 한자어 '水鳥' 및 한자어 '黃鵠'과 동의 관계에 있다. 따라서 '水鳥'와 '黃鵠'의 동의성은 명백히 입증된다.

　　(642) a. 鵠 : 水鳥 又射鵠 <四解上 6a>

　　　　b. 鵠 : 고해 곡 水鳥 黃鵠 <字會上 8b>

<643> 水蛭 對 馬蟥

두 명사가 [蛭]과 [蟥] 즉 '거머리'의 뜻을 가지고 동의 관계에 있다는 것은 다음 예문들에서 잘 확인 된다. '蛭'이 한자어 '水蛭'을 뜻하고 '水蛭'은 한자어 '馬蟥' 및 고유어 '거머리'와 동의 관계에 있다. 그 리고 '蟥'이 한자어 '馬蟥'을 뜻하고 '馬蟥'은 고유어 '거머리'와 동의 관계에 있다. 따라서 '水蛭'과 '馬 蟥'의 동의성은 명백히 입증된다.

(643) a. 蛭 : 水蛭 今俗呼馬蟥 거머리 <四解上 59a>
     b. 蛭 : 거머리 딜 小曰蛭 <字會上 12a>

(643) c. 蟥 : …又今俗呼馬蟥 거머리 <四解下 46b>
     d. 蟥 : 거머리 황 大曰蟥 俗呼馬蟥 <字會上 12a>

<644> 守門者 對 閽人

두 명사가 [閽] 즉 '문지기'의 뜻을 가지고 동의 관계에 있다는 것은 다음 예문들에서 잘 확인된다. '閽'의 자석이 '고쟈'이고 고유어 '고쟈'는 한자어 '守門者' 및 한자어 '閽人'과 동의 관계에 있다. 따라서 '守門者'와 '閽人'의 동의성은 명백히 입증된다.

(644) a. 閽 : 守門人 <四解上 66b>
     b. 閽 : 고쟈 혼 又守門者 亦曰閽人 <字會中 1b>

<645> 水紋 對 淪漪

두 명사가 [漪]와 [淪] 즉 '잔물결'의 뜻을 가지고 동의 관계에 있다는 것은 다음 예문들에서 잘 확인 된다. '漪'가 한자어 '水紋'을 뜻한다. 그리고 '淪'이 한자어 '淪漪'를 뜻한다. 따라서 '水紋'과 '淪漪'의 동 의성은 명백히 입증된다.

(645) a. 漪 : 水紋 <四解上 20b>

(645) b. 淪 : …又水波 <四解上 70b>
     c. 淪 : 얼일 륜 又水成文曰淪漪 <字會下 15b>

<646> 溞溦 對 小雨

두 명사가 [溞]와 [溦] 즉 '가랑비, 小雨'의 뜻을 가지고 동의 관계에 있다는 것은 다음 예문들에서 잘 확인된다. '溞'와 '溦'가 한자어 '溞溦'를 뜻하고 '溞溦'는 한자어 '小雨'와 동의 관계에 있다. 따라서 '溞

瀓와 '小雨'의 동의성은 명백히 입증된다.

(646) a. 浽 : 浽瀓 小雨 <四解上 51b>
　　　 b. 瀓 : 浽瀓 小雨 <四解上 17b>

<647> 水上泡 對 浮漚

두 명사가 [漚] 즉 '거품, 물거품'의 뜻을 가지고 동의 관계에 있다는 것은 다음 예문들에서 잘 확인된다. '漚'가 한자어 '水上泡'를 뜻한다. 그리고 '漚'의 자석이 '거품'이고 고유어 '거품'은 한자어 '浮漚'와 동의 관계에 있다. 따라서 '水上泡'와 '浮漚'의 동의성은 명백히 입증된다.

(647) a. 漚 : 水上泡 <四解下 67a>
　　　 b. 漚 : 거품 구 俗稱浮漚 <字會上 3b>

<648> 水蘇 對 鷄蘇/雞蘇

두 명사가 [水蘇] 즉 '못 가운데 사는 紫蘇'의 뜻을 가지고 동의 관계에 있다는 것은 다음 예문들에서 잘 확인된다. 한자어 '水蘇'가 한자어 '鷄蘇' 및 고유어 '믈왕하'와 동의 관계에 있다. 그리고 '水蘇'가 고유어 '믈왕하' 및 한자어 '雞蘇'와 동의 관계에 있다. 따라서 '水蘇'와 '鷄蘇/雞蘇'의 동의성은 명백히 입증된다. 한자 '鷄'와 '雞'는 同字이다.

(648) a. 蘇 : 荏也⋯又水蘇 一名鷄蘇 믈왕하 <四解上 40a>
　　　 b. 蘇 : 초소기 소⋯又水蘇 믈왕하 一名雞蘇 <字會上 8a>

<649> 슈어 對 梭魚

두 명사 '슈어'(秀魚) 와 '梭魚'가 [鯔] 즉 '숭어, 치어(鯔魚) '의 뜻을 가지고 동의 관계에 있다는 것은 다음 예문들에서 잘 확인된다. '鯔'가 한자어 '梭魚'를 뜻하고 '梭魚'는 '슈어'와 동의 관계에 있다. 그리고 '鯔'의 자석이 '슈어'이고 한자어 '梭魚'와 동의 관계에 있다. 따라서 '슈어'와 '梭魚'의 동의성은 명백히 입증된다.

(649) a. 鯔 : 魚名 今俗呼梭魚 슈어 <四解上 14a>
　　　 b. 鯔 : 슈어 칙 俗呼梭魚 <字會上 11a>

<650> 水臟 對 신장

제4장 漢字語간의 同義　**1549**

두 명사 '水臟'과 '신장'(腎臟) 이 [腎] 즉 '콩팥, 신장'의 뜻을 가지고 동의 관계에 있다는 것은 다음 예문들에서 잘 확인된다. '腎'이 한자어 '水臟'을 뜻한다. 그리고 원문 중 '帰於腎'이 '신장애 가다'로 번역된다. 따라서 '水臟'과 '신장'의 동의성은 명백히 입증된다.

(650) a. 腎 : 水臟…콩팟 <四解上 60a>
　　　b. 腎 : 콩팟 신 位水主多水 <字會上 14a>

(650) c. 춘 긔운이 구디 얼의여 그르 도의여 신장애 가ᄂᆞ니(冰硬變壞而歸於腎) <瘡疹 11b>

<651> 水臟 對 腰子

두 명사가 [腎] 즉 '콩팥'의 뜻을 가지고 동의 관계에 있다는 것은 다음 예문들에서 잘 확인된다. '腎'이 한자어 '水臟'을 뜻하고 '水臟'은 한자어 '腰子' 및 고유어 '콩팟'과 동의 관계에 있다. 따라서 '水臟'과 '腰子'의 동의성은 명백히 입증된다.

(651) a. 腎 : 水臟 今俗語腰子 콩팟 <四解上 60a>
　　　b. 腎 : 콩팟 신 位水主多水 <字會上 14a>

<652> 水際 對 河沿

두 명사가 [涯] 즉 '물가'의 뜻을 가지고 동의 관계에 있다는 것은 다음 예문들에서 잘 확인된다. '涯'가 한자어 '水際'를 뜻한다. 그리고 '涯'의 자석이 '믓ᄀᆞᆺ'이고 고유어 '믓ᄀᆞᆺ'은 한자어 '河沿'과 동의 관계에 있다. 따라서 '水際'와 '河沿'의 동의성은 명백히 입증된다.

(652) a. 涯 : 水際 <四解上 22a>
　　　b. 涯 : 믓ᄀᆞᆺ 俗稱河沿 <字會上 3a>

<653> 水草 對 海藻

두 명사가 [藻] 즉 '말, 바닷말'의 뜻을 가지고 동의 관계에 있다는 것은 다음 예문들에서 잘 확인된다. '藻'가 한자어 '水草'를 뜻한다. 그리고 '藻'의 자석이 '믈'이고 고유어 '믈'은 한자어 '海藻' 및 한자어 '水草'와 동의 관계에 있다. 따라서 '水草'와 '海藻'의 동의성은 명백히 입증된다.

(653) a. 藻 : 水草 俗呼爪菜 <四解下 21a>
　　　b. 藻 : 믈 조 海藻 又水草 <字會上 5a>

<654> 壽誕 對 父母生辰

두 명사가 [壽誕] 즉 '父母生辰, 경사스러운 탄생일'의 뜻을 가지고 동의 관계에 있다는 것은 다음 예문들에서 잘 확인된다. 한자어 '壽誕'이 한자어 '父母生辰'과 동의 관계에 있다. 따라서 '壽誕'과 '父母生辰'의 동의성은 명백히 입증된다.

(654) a. 誕 : …今俗呼父母生辰曰壽誕 <四解上 77a>

(654) b. 壽 : 壽考 <四解下 70a>
    c. 壽 : 목숨 슈 <字會下 11b>

<655> 水波 對 淪漪

두 명사가 [淪] 즉 '잔물결'의 뜻을 가지고 동의 관계에 있다는 것은 다음 예문들에서 잘 확인된다. '淪'이 한자어 '水波'를 뜻한다. 그리고 '淪'이 한자어 '淪漪'를 뜻한다. 따라서 '水波'와 '淪漪'의 동의성은 명백히 입증된다.

(655) a. 淪 : …又水波 <四解上 70b>
    b. 淪 : 얼일 륜 又水成文曰淪漪 <字會下 15b>

<656> 水鴞 對 江鷹

두 명사가 [鷗]와 [鷿] 즉 '갈매기'의 뜻을 가지고 동의 관계에 있다는 것은 다음 예문들에서 잘 확인된다. '鷗'가 한자어 '水鴞'를 뜻하고 '水鴞'는 한자어 '江鷹' 및 고유어 '굴며기'와 동의 관계에 있다. '鷗'의 자석이 '굴며기'이고 고유어 '굴며기'는 한자어 '江鷹'과 동의 관계에 있다. 그리고 '鷿'가 한자 '鷗'와 同義이고 '鷗'는 한자어 '水鴞'를 뜻한다. 따라서 '水鴞'와 '江鷹'의 동의성은 명백히 입증된다.

(656) a. 鷗 : 水鴞 今俗呼江鷹 굴며기 <四解下 67a>
    b. 鷗 : 굴며기 구 俗呼江鷹 <字會上 9a>

(656) c. 鷿 : 鳥屬 鷗也 一日水鴞 <四解上 20a>

<657> 叔母 對 嬸娘

두 명사가 [嬸] 즉 '숙모, 작은어머니'의 뜻을 가지고 동의 관계에 있다는 것은 다음 예문들에서 잘 확인된다. '孏'이 한자어 '叔母'를 뜻하고 '叔母'는 한자어 '孏娘'과 동의 관계에 있다. 그리고 '孏'의 자석이 '아ᄌ미'이고 고유어 '아ᄌ미'는 한자어 '孏娘'과 동의 관계에 있다. 따라서 '叔母'와 '孏娘'의 동의성은 명백히 입증된다.

(657) a. 孏 : 今俗謂叔母曰孏娘 又曰孏孏 <四解下 73b>
　　　b. 孏 : 아ᄌ미 심 叔之妻曰孏娘 <字會上 16b>

<658> 叔父 對 叔叔

　두 명사가 [叔] 즉 '숙부, 작은아버지'의 뜻을 가지고 동의 관계에 있다는 것은 다음 예문들에서 잘 확인된다. '叔'의 자석이 '아ᅀᆞ아자비'이고 고유어 '아ᅀᆞ아자비'는 한자어 '叔父' 및 한자어 '叔叔'과 동의 관계에 있다. 따라서 '叔父'와 '叔叔'의 동의성은 명백히 입증된다.

(658) a. 叔 : …叔父 <四解上 9b>
　　　b. 叔 : 아ᅀᆞ아자비 슉 俗呼叔父 又稱叔叔 <字會上 16b>

<659> 슌 對 水葵

　두 명사 '슌'(蓴) 과 '水葵'가 [蓴] 즉 '순채(蓴菜) '의 뜻을 가지고 동의 관계에 있다는 것은 다음 예문들에서 잘 확인된다. '蓴'이 한자어 '水葵'를 뜻한다. 그리고 '蓴'의 자석이 '슌'이다. 따라서 '슌'과 '水葵'의 동의성은 명백히 입증된다.

(659) a. 蒓 : 水葵 <四解上 69a>
　　　b. 蓴 : 同 <四解上 69a>
　　　c. 蓴 : 슌 쓘 <字會上 7b>

　명사 '蓴'은 15세기의 『杜詩諺解』(1481) 의 다음 예문에서 잘 확인된다. 원문 중 '細蓴'이 'ᄀᆞᄂᆞᆫ 蓴'으로 번역된다.

　　　d. 시리 하니 ᄀᆞᄂᆞᆫ 蓴을 글히놋다(絲繁煮細蓴) <杜二十 30a>

<660> 簨簴 對 鍾鼓栿

　두 명사가 [簨]과 [簴] 즉 '악기를 다는 틀, 종 · 경쇠 · 북 따위를 다는 틀의 기둥'의 뜻을 가지고 동의 관계에 있다는 것은 다음 예문들에서 잘 확인된다. '箕'이 한자어 '箕簾'를 뜻한다. 그리고 '簾'가 한자어 '鍾鼓拊'를 뜻한다. 따라서 '箕簾'과 '鍾鼓拊'의 동의성은 명백히 입증된다.

> (660) a. 箕 : 箕簾 <四解上 68a>
> b. 簾 : 鍾鼓拊 <四解上 30b>

<661> 鵔鸃 對 赤雉

두 명사가 [鵔]과 [鸃] 즉 '금계(錦鷄), 꿩과 비슷하며 찬란한 털 무늬가 있는 새'의 뜻을 가지고 동의 관계에 있다는 것은 다음 예문들에서 잘 확인된다. '鵔'이 한자어 '鵔鸃'를 뜻하고 한자 '鸃'과 동의 관계에 있다. 그리고 '鸃'이 한자어 '赤雉'를 뜻한다. 따라서 '鵔鸃'와 '赤雉'의 동의성은 명백히 입증된다.

> (661) a. 鵔 : 鵔鸃 鸃也 <四解上 68a>
> b. 鸃 : 鵕鸃似山鷄 <四解上 22a>

> (661) c. 鸃 : 赤雉 <四解下 3a>

<662> 欐佹 對 支柱

두 명사가 [欐]와 [佹] 즉 '支柱'의 뜻을 가지고 동의 관계에 있다는 것은 다음 예문들에서 잘 확인된다. '佹'가 한자어 '欐佹'를 뜻하고 '欐佹'는 한자어 '支柱'와 동의 관계에 있다. 따라서 '欐佹'와 '支柱'의 동의성은 명백히 입증된다.

> (662) a. 欐 : …棟名 <四解上 29a>
> b. 佹 : 欐佹 支柱也 <四解上 48a>

<663> 蒔蘿 對 大茴香

두 명사가 [蒔] 즉 '小茴香'의 뜻을 가지고 동의 관계에 있다는 것은 다음 예문들에서 잘 확인된다. '蒔'가 한자어 '蒔蘿'를 뜻하고 '蒔蘿'는 한자어 '大茴香'과 동의 관계에 있다. 그리고 '茴'가 한자어 '茴香'을 뜻하고 '茴'의 자석이 '회향'이다. 따라서 '蒔蘿'와 '大茴香'의 동의성은 명백히 입증된다.

> (663) a. 蒔 : 蒔蘿菜 <四解上 201a>
> b. 蒔 : …又蒔蘿 卽本國大茴香 <字會下 3a>

(663) c. 茴 : 茴香 <四解上 54b>

d. 茴 : 회향 회 <字會上 7b>

<664> 時病 對 시긧병 對 역질

세 명사 '時病', '시긧병'(時気病) 및 '역질'(疫疾) 이 [疫] 즉 '전염병, 돌림병'의 뜻을 가지고 동의 관계에 있다는 것은 다음 예문들에서 잘 확인된다. 원문 중 '大疫'이 '큰 時病'으로도 번역되고 '시긧병이 하다'로도 번역되고 '역질 들다'로도 번역된다. 따라서 '時病', '시긧병' 및 '역질'의 동의성은 명백히 입증된다.

(664) a. 큰 時病에 어미 病이 되어늘(嘗大疫母疾篤) <속三孝 22a>

b. 시긧병이 하더니(大疫이러니) <번小九 72b>

c. 시긧병 뎐염을 인ᄒᆞ야셔 어드리도 이시며(有因時氣傳染而得者) <瘡疹 8a>

d. 역질 드러(大疫) <二倫 11a>

<665> 寺人 對 火者

두 명사가 [閹]과 [寺] 즉 '환관, 去勢된 남자'의 뜻을 가지고 동의 관계에 있다는 것은 다음 예문들에서 잘 확인된다. '閹'이 한자어 '寺人'을 뜻한다. '閹'의 자석이 '고쟈'이고 고유어 '고쟈'는 한자어 '火者'와 동의 관계에 있다. 그리고 '寺'의 자석이 '고쟈'이고 고유어 '고쟈'는 한자어 '寺人'과 동의 관계에 있다. 따라서 '寺人'과 '火者'의 동의성은 명백히 입증된다.

(665) a. 閹 : 寺人 通作奄 <四解下 84b>

(665) b. 閹 : 고쟈 엄 俗呼火者 <字會中 1b>

c. 寺 : 고쟈 시…詩寺人 <字會中 1b>

<666> 屍體 對 屍身

두 명사가 [屍] 즉 '屍体, 屍身'의 뜻을 가지고 동의 관계에 있다는 것은 다음 예문들에서 잘 확인된다. 원문 중 '抱屍'가 '屍体를 안다'로 번역되고 '檢了屍'가 '屍身을 검시ᄒᆞ다'로 번역되므로 '屍体'와 '屍身'의 동의성은 명백히 입증된다.

(666) a. 남지니 죽거늘 屍體를 안고(夫死 姜抱屍) <속三烈 23a>

b. 屍體를 지어 와 永葬ᄒ고(負其夫屍還葬) <속三烈 2b>

c. 즉재 남지늬 ᄲᅡ딘 ᄯᅡ히 가 屍體를 몯 보아(亟趨夫溺處 尋屍不見) <속三烈 8a>

(666) d. 구의 屍身을 검시ᄒ고(官司檢了屍) <번老上 28b>

<667> 神 對 신령

두 명사 '神'과 '신령'(神靈) 이 [靈]과 [神] 즉 '신, 신령'의 뜻을 가지고 동의 관계에 있다는 것은 다음 예문들에서 잘 확인된다. '靈'이 한자어 '神'을 뜻한다. '靈'의 자석이 '신령'이다. 그리고 '神'이 한자 '靈'과 同義이고 '神'의 자석이 '신령'이다. 따라서 '神'과 '신령'의 동의성은 명백히 입증된다.

(667) a. 靈 : 神也 <四解下 57a>

b. 靈 : 신령 령 神靈 <字會中 17a>

(667) c. 神 : …靈也 精神 <四解上 60a>

d. 神 : 신령 신 <字會中 2a>

<668> 身中 對 腰兒

두 명사가 [腰] 즉 '허리'의 뜻을 가지고 동의 관계에 있다는 것은 다음 예문들에서 잘 확인된다. '腰'가 한자어 '身中'을 뜻한다. 그리고 '腰'의 자석이 '허리'이고 고유어 '허리'는 한자어 '腰兒'와 동의 관계에 있다. 따라서 '身中'과 '腰兒'의 동의성은 명백히 입증된다.

(668) a. 腰 : 身中 <四解下 16b>

b. 腰 : 허리 요 俗呼腰兒 <字會上 14a>

<669> 身北 對 脊背

두 명사가 [背] 즉 '등'의 뜻을 가지고 동의 관계에 있다는 것은 다음 예문들에서 잘 확인된다. '背'가 한자어 '身北'을 뜻한다. 그리고 '背'의 자석이 '등'이고 고유어 '등'은 한자어 '脊背'와 동의 관계에 있다. 따라서 '身北'과 '脊背'의 동의성은 명백히 입증된다.

(669) a. 背 : 身北曰背 <四解上 50a>

b. 背 : 등 비 俗呼背子 又脊背 <字會上 14a>

<670> 信宿 對 再宿

두 명사가 [信] 즉 '이틀 밤을 묵음'의 뜻을 가지고 동의 관계에 있다는 것은 다음 예문들에서 잘 확인된다. '信'이 한자어 '信宿'을 뜻한다. 그리고 '信'의 자석이 '믿다'이고 '信'이 한자어 '再宿'을 뜻한다. 따라서 '信宿'과 '再宿'의 동의성은 명백히 입증된다.

(670) a. 信 : …重也 信宿 <四解上 58b>
　　　b. 信 : 미들 신 又再宿曰信 <字會下 11a>

<671> 信息 對 긔별

두 명사 '信息'과 '긔별'(奇別) 이 [息] 즉 '소식'의 뜻을 가지고 동의 관계에 있다는 것은 다음 예문들에서 잘 확인된다. '息'이 한자어 '信息'을 뜻한다. 그리고 '息'이 한자어 '信息'을 뜻하고 '信息'은 한자어 '긔별'과 동의 관계에 있다. 따라서 '信息'과 '긔별'의 동의성은 명백히 입증된다.

(671) a. 息 : …消息 信息 <四解下 53a>
　　　b. 息 : 숨 식 又…信息 聲息 긔별 <字會上 14b>

<672> 辛菜 對 芥菜

두 명사가 [芥] 즉 '겨자'의 뜻을 가지고 동의 관계에 있다는 것은 다음 예문들에서 잘 확인된다. '芥'가 한자어 '辛菜'를 뜻한다. 그리고 '芥'의 자석이 '계즛'이고 고유어 '계즛'는 한자어 '芥菜'와 동의 관계에 있다. 따라서 '辛菜'와 '芥菜'의 동의성은 명백히 입증된다.

(672) a. 芥 : 辛菜 <四解上 46b>
　　　b. 芥 : 계즛 개 俗稱芥菜 <字會上 7b>

<673> 蟋蟀 對 促織兒

두 명사가 [蟀]과 [蟋] 즉 '귀뚜라미'의 뜻을 가지고 동의 관계에 있다는 것은 다음 예문들에서 잘 확인된다. '蟀'이 한자어 '蟋蟀'을 뜻한다. '蟀'의 자석이 '귓도라미'이고 고유어 '귓도라미'는 한자어 '促織兒' 및 한자어 '蟋蟀'과 동의 관계에 있다. 그리고 '蟋'이 한자어 '蟋蟀'을 뜻하고 '蟋'의 자석이 '귓도라미'이다. 따라서 '蟋蟀'과 '促織兒'의 동의성은 명백히 입증된다.

(673) a. 蟀 : 蟋蟀 <四解上 66b>

b. 蟀 : 귓도라미 솔 俗呼促織兒 詩蟋蟀 <字會上 12b>

(673) c. 蟋 : 蟋蟀 <四解上 58b>

d. 蟋 : 귓도라미 실 <字會上 12b>

<674> 祠堂 對 祭所

두 명사가 [祠] 즉 '祠堂'의 뜻을 가지고 동의 관계에 있다는 것은 다음 예문들에서 잘 확인된다. '祠'의 자석이 '亽당'이고 '亽당'은 한자어 '祭所' 및 한자어 '祠堂'과 동의 관계에 있다. 따라서 '祠堂'과 '祭所'의 동의성은 명백히 입증된다.

(674) a. 祠 : 祭也 <四解上 13b>

b. 祠 : 亽당(5b) 亽 祭也 又祭所 俗稱祠堂 <字會中 6a>

<675> 亽당 對 宗廟

두 명사 '亽당'(祠堂) 과 '宗廟'가 [廟] 즉 '사당, 조상의 신주를 모셔 놓고 제사 지내는 곳'의 뜻을 가지고 동의 관계에 있다는 것은 다음 예문들에서 잘 확인된다. 원문 중 '有廟'가 '亽당을 두다'로 번역된다. 그리고 '廟'가 한자어 '宗廟'를 뜻하고 '廟'의 자석이 '종묘'이다. 따라서 '亽당'과 '宗廟'의 동의성은 명백히 입증된다.

(675) a. 지븨 모로매 亽당을 두며 亽당애 모로매 신쥬를(7a) 두며(家必有廟ᄒ고 廟必有主ᄒ야) <번小七 7b>

(675) b. 廟 : 宗廟 <四解下 15b>

c. 廟 : 종묫 묘 <字會中 6a>

<676> 士大夫 對 됴亽

두 명사 '士大夫'와 '됴亽'(朝士) 가 [士大夫] 즉 '士大夫, 朝士'의 뜻을 가지고 동의 관계에 있다는 것은 다음 예문들에서 잘 확인된다. 원문 중 '今之士大夫'가 '이제 士大夫'로 번역되고 '当時士大夫'가 '그 시절 됴亽들ᄒ'로 번역된다. 그리고 '士大夫家'가 '士大夫의 집'으로도 번역되고 '됴亽의 집'으로도 번역된다. 따라서 '士大夫'와 '됴亽'의 동의성은 명백히 입증된다. '士大夫'의 독음은 '亽태우'로 표기되어 있고 원문의 '士大夫'의 독음은 '亽대부'와 '亽태우'로 표기되어 있다.

(676) a. 이제 士大夫ㅣ 거상애 고기와 술 머고물 샹해와 달이 아니ᄒ고(今之士大夫ㅣ 居喪ᄒ야 食肉飮
酒를 無異平日ᄒ고) <번小七 16a>

b. 이제 士大夫의 지비 모다 이를 므더니 너겨(今士大夫家ㅣ 多忽此ᄒ야) <번小七 6b>

c. ᄯᅩ 士大夫의 일빅 힝뎍에셔 ᄒᆞᆫ 가짓 이리라(亦士大夫百行之一也ㅣ니라) <번小八 38b>

(676) d. 그 시졀 됴ᄉᆞ들히 다 그리 호모로(當時士大夫ㅣ 皆然이라) <번小十 32a>

e. 요ᄉᆞ이 됴ᄉᆞ의 지븨셔 술이 대궐의셔 빗ᄃᆞ시 아니ᄒ거나(近日士大夫家ᄂᆞᆫ 酒非內法이며) <번小
十 33a>

<677> 絲綸 對 綸綍

두 명사가 [綸]과 [綍] 즉 '天子의 詔勅, 임금의 명령'의 뜻을 가지고 동의 관계에 있다는 것은 다음 예
문들에서 잘 확인된다. '綸'이 한자어 '絲綸'을 뜻한다. 그리고 '綍'이 '綸綍'을 뜻한다. 따라서 '絲綸'과
'綸綍'의 동의성은 명백히 입증된다.

(677) a. 綸 : 絲綸 <四解上 70b>

b. 綍 : ⋯綸綍 <四解上 65a>

<678> 事業 對 공로

두 명사 '事業'과 '공로'(功勞) 가 [勳] 즉 '공, 업적'의 뜻을 가지고 동의 관계에 있다는 것은 다음 예
문들에서 잘 확인된다. '勳'이 한자어 '事業'을 뜻한다. 그리고 '勳'의 자석이 '공로'이고 '공로'는 한자어
'事業'과 동의 관계에 있다. 따라서 '事業'과 '공로'의 동의성은 명백히 입증된다.

(678) a. 勳 : 功也 事業也 <四解下 52a>

b. 勳 : 공로 젹 事業也 <字會東中本下 31b>

15세기 국어의 한자어 '功勞'는 『內訓』(1475) 에서 발견된다. 원문 중 '錄勤勞'가 '功勞를 記錄ᄒ다'
로 번역된다.

(678) c. ᄯᅩ 功勞를 記錄디 아니ᄒ샤미 아니 너므니잇가(又不錄勤勞ᄒ샤미 無乃過乎ㅣ잇가) <內訓二上
48b>

<679> 伺候 對 窺覘

두 명사가 [伺候] 즉 '動静을 엿봄, 탐색함'의 뜻을 가지고 동의 관계에 있다는 것은 다음 예문들에서 잘 확인된다. '伺'가 한자어 '伺候'를 뜻하고 '伺候'는 한자어 '窺覘'과 동의 관계에 있다. 따라서 '伺候'와 '窺覘'의 동의성은 명백히 입증된다.

(679) a. 伺 : 伺候 窺覘也 <四解上 13b>
　　　 b. 候 : 伺望也 <四解下 67b>

(679) c. 窺 : …小視也 <四解上 48b>
　　　 d. 窺 : 엿볼 규 <字會下 12a>

(679) e. 覘 : 窺也 候也 <四解下 84a>
　　　 f. 覘 : 엿볼 뎜 <字會下 12a>

<680> 生帛 對 練素

두 명사가 [素] 즉 '생명주, 누인 白絹'의 뜻을 가지고 동의 관계에 있다는 것은 다음 예문들에서 잘 확인된다. '素'가 한자어 '生帛'을 뜻한다. 그리고 '素'의 자석이 '히다'이고 한자어 '練素'를 뜻한다. 따라서 '生帛'과 '練素'의 동의성은 명백히 입증된다.

(680) a. 素 : …又生帛也 <四解上 40a>
　　　 b. 素 : 힐 소…練素 <字會中 14b>

<681> 싱션 對 腥魚

두 명사 '싱션'(生鮮) 과 '腥魚'가 [鮮魚]와 [鮮] 즉 '생선, 신선한 물고기'의 뜻을 가지고 동의 관계에 있다는 것은 다음 예문들에서 잘 확인된다. 원문 중 '蒸鮮魚'가 '싱션 떠니'로 번역되고 '鮮魚湯'이 '싱션 탕'으로 번역된다. 그리고 '鮮'이 한자어 '腥魚'를 뜻한다. 따라서 '싱션'과 '腥魚'의 동의성은 명백히 입증된다.

(681) a. 싱션 떠니와(蒸鮮魚) <번朴上 5a>
　　　 b. 둘지는 싱션탕(第二道鮮魚湯) <번老下 37b>

(681) c. 鮮 : 腥魚 <四解下 5a>

<682> 篛笠 對 斗篷

두 명사가 [簑笠]과 [斗篷] 즉 '삿갓'의 뜻을 가지고 동의 관계에 있다는 것은 다음 예문들에서 잘 확인된다. 한자어 '簑笠'이 고유어 '산갇' 및 한자어 '斗篷'과 동의 관계에 있다. 그리고 한자어 '斗篷'이 고유어 '산갇'과 동의 관계에 있다. 따라서 '簑笠'과 '斗篷'의 동의성은 명백히 입증된다.

(682) a. 笠 : 簑笠 <四解下 74b>
　　　 b. 笠 : 갇 립 俗呼簑笠 산간 又曰斗篷 <字會中 8a>

(682) c. 篷 : 編竹覆舟車 今俗語桅篷…又斗篷 산간 <四解上 3a>
　　　 d. 篷 : 빗돗 봉 俗呼桅篷 <字會中 12b>

<683> 人液 對 心液

두 명사가 [汗] 즉 '땀'의 뜻을 가지고 동의 관계에 있다는 것은 다음 예문들에서 잘 확인된다. '汗'이 한자어 '人液'을 뜻한다. 그리고 '汗'의 자석이 '씀'이고 고유어 '씀'은 한자어 '心液'과 동의 관계에 있다. 따라서 '人液'과 '心液'의 동의성은 명백히 입증된다.

(683) a. 汗 : 人液 <四解上 72a>
　　　 b. 汗 : 씀 한 心液也 <字會上 15b>

<684> 荏菽 對 胡豆

두 명사가 [荏菽] 즉 '잠두콩, 누에콩'의 뜻을 가지고 동의 관계에 있다는 것은 다음 예문들에서 잘 확인된다. 한자어 '荏菽'이 한자어 '胡豆'와 동의 관계에 있다. 따라서 '荏菽'과 '胡豆'의 동의성은 명백히 입증된다.

(684) a. 荏 : …又荏菽 胡豆 <四解下 74b>
　　　 b. 荏 : 듧 깨 심 或呼蘇子 <字會上 7a>

(684) c. 菽 : 衆豆揚名 <四解上 9b>

<685> 荏苒 對 柔弱貌

두 명사가 [荏]과 [苒] 즉 '부드러운 모양, 연약한 모양'의 뜻을 가지고 동의 관계에 있다는 것은 다음 예문들에서 잘 확인된다. '荏'이 한자어 '荏苒'을 뜻한다. 그리고 '苒'이 한자어 '荏苒'을 뜻하고 '荏苒'은 한자어 '柔弱貌'와 동의 관계에 있다. 따라서 '荏苒'과 '柔弱貌'의 동의성은 명백히 입증된다.

(685) a. 荏 : …又荏苒 <四解下 74b>

b. 苒 : 荏苒…柔弱貌 <四解下 86a>

<686> 日暈 對 日旁氣

두 명사가 [日暈]과 [褹] 즉 '햇무리'의 뜻을 가지고 동의 관계에 있다는 것은 다음 예문들에서 잘 확인된다. '暈'의 자석이 '모로'이고 고유어 '모로'는 한자어 '日月旁氣'와 동의 관계에 있다. 한자어 '日暈'이 고유어 '힛모로'와 동의 관계에 있다. 그리고 '褹'이 한자어 '日旁氣'를 뜻한다. 따라서 '日暈'과 '日旁氣'의 동의성은 명백히 입증된다.

(686) a. 暈 : 日月旁氣 <四解上 70a>

b. 暈 : 모로 운 日暈 힛모로 日暈 들모로 日月旁氣 <字會下 1a>

(686) c. 褹 : …日旁氣 又精氣感祥 <四解下 73a>

<687> 婀娜/嫋娜 對 美貌

두 명사가 [婀娜]과 [嫋娜] 즉 '아름다운 모양'의 뜻을 가지고 동의 관계에 있다는 것은 다음 예문들에서 잘 확인된다. '娜'가 한자어 '婀娜'를 뜻하고 '婀娜'는 한자어 '美貌'와 동의 관계에 있다. 그리고 '嫋'가 한자어 '嫋娜'를 뜻한다. 따라서 '婀娜/嫋娜'와 '美貌'의 동의성은 명백히 입증된다. '婀'와 '嫋'는 同字이다.

(687) a. 娜 : 婀娜 美貌 <四解下 26a>

b. 嫋 : 嫋娜 弱態 <四解下 26b>

<688> 裒褻 對 衣服長好皃

두 명사가 [裒]와 [褻] 즉 '옷이 치렁치렁한 모양'의 뜻을 가지고 동의 관계에 있다는 것은 다음 예문들에서 잘 확인된다. '裒'가 한자어 '裒褻'를 뜻하고 '裒褻'는 한자어 '衣服長好皃'와 동의 관계에 있다. 그리고 '褻'가 한자어 '裒褻'를 뜻하고 '裒褻'는 한자어 '衣服長好皃'와 동의 관계에 있다. 따라서 '裒褻'와 '衣服長好皃'의 동의성은 명백히 입증된다. '婀'와 '嫋'는 同字이다.

(688) a. 裒 : 裒褻 衣服長好皃 <四解下 26b>

b. 褻 : 裒褻 衣服長好皃 <四解下 26b>

<690> 旖旎 對 旌旗皃

두 명사가 [旖旎] 즉 '깃발의 모양, 깃발이 나부끼는 모양'의 뜻을 가지고 동의 관계에 있다는 것은 다음 예문들에서 잘 확인된다. '旖'가 한자어 '旖旎'를 뜻하고 '旖旎'는 한자어 '旌旗皃'와 동의 관계에 있다. 그리고 '旎'가 한자어 '旖旎'를 뜻하고 '旖旎'는 한자어 '旌旗皃'와 동의 관계에 있다. 따라서 '旖旎'와 '旌旗皃'의 동의성은 명백히 입증된다.

(689) a. 旖 : 旖旎 旌旗皃 <四解下 26b>
b. 旎 : 旖旎 旌旗皃 <四解下 26a>

<690> 아비 ᄉᆞ당 對 父廟

명사구 '아비 ᄉᆞ당(祠堂)'과 명사 '父廟'가 [禰] 즉 '아비 사당'의 뜻을 가지고 동의 관계에 있다는 것은 다음 예문들에서 잘 확인된다. 원문 중 '祭禰'가 '아비 ᄉᆞ당애 졔ᄒᆞ다'로 번역된다. 그리고 '禰'가 한자어 '父廟'를 뜻한다. 따라서 '아비 ᄉᆞ당'과 '父廟'의 동의성은 명백히 입증된다. 명사구 '아비 ᄉᆞ당'은 고유어 '아비'와 한자어 'ᄉᆞ당'의 결합이지만 이 저서에서는 한자어로 다루었다.

(690) a. ᄀᆞ술 못초매 아비 ᄉᆞ당애 졔ᄒᆞ며(季秋애 祭禰ᄒᆞ며) <번小七 7a>
b. 禰 : 父廟 <四解上 26a>

<691> 아젼 對 구읫 치ᄉᆞ

명사 '아젼'(衙前)과 명사구 '구읫 치ᄉᆞ(差使)'가 [吏] 즉 '아젼, 하급 관리'의 뜻을 가지고 동의 관계에 있다는 것은 다음 예문들에서 잘 확인된다. 원문 중 '吏將'이 '아젼과 군ᄉᆞ돌 ᄒᆞ'로 번역되고 '群吏'가 '모든 아젼'으로 번역되고 '猾吏'가 '간활ᄒᆞᆫ 아젼'으로 번역된다. 그리고 '惟有吏'의 '吏'가 '구읫 치ᄉᆞ'로 번역된다. 따라서 '아젼'과 '구읫 치ᄉᆞ'의 동의성은 명백히 입증된다. 명사구 '구읫 치ᄉᆞ'는 명사 '구의'와 명사 '치ᄉᆞ'(差使)의 결합이다. 그리고 명사 '아젼'은 1510년 국어에 처음으로 등장한다.

(691) a. 아젼과 군ᄉᆞ돌히 그리 ᄒᆞ더니란 티고(吏將則加鞭朴ᄒᆞ고) <번小十 10a>
b. 모든 아젼 디졉호믈 내 죵 ᄀᆞ티 ᄒᆞ며(待群吏如奴僕ᄒᆞ며) <번小七 24a>
c. 간활ᄒᆞᆫ 아져늬게 고기 잣는 바비 두외여(多爲猾吏의 所餌ᄒᆞ야) <번小七 28a>
d. 아젼 다ᄉᆞ릴 이를(26a) 무른대(問御吏ᄒᆞᆫ대) <번小七 26b>
e. 제 어든 거슨 심히 젹고 아젼의 도족ᄒᆞᆫ 거슨 젹디 아니ᄒᆞ니(所得이 甚少而吏人所盜ㅣ 不貲ᄒᆞ

니) <번小七 28b>

(691) f. 문 밧긔 오직 구윗 치서 나날 와 곡식을 물이며 또 돈을 내라 ㅎ놋다(門外예 惟有吏ㅣ 日來徵租ㅎ며 更索錢ㅎ놋다) <번小九 98b>

명사구 '구윗 치ㅅ'의 先代形인 '그윗 差使'와 '그윗 치ㅅ'가 15세기의 『法華経諺解』(1463) 와 『内訓』 (1475) 의 다음 예문들에서 잘 확인된다. '吏'의 자석이 '그윗 치ㅅ'이다.

(691) g. 世間ㅅ 그윗 差使ㅣ 罪人 조차 ᄃᆞ니ᄃᆞᆺ 홀씨 일후미 使ㅣ 라(法華一 25a>
h. 二子ㅣ ᄀᆞ새 셧다가 吏 무러늘(二子ㅣ 立其傍ㅎ얫다가 吏問之커늘) <內訓三 20a>
i. 吏ᄂᆞᆫ 그윗 치서라 <內訓三 20a>

<692> 아젼 對 셔리

두 명사 '아젼'(衙前) 과 '셔리'(胥吏) 가 [吏] 즉 '아전, 하급 관리'의 뜻을 가지고 동의 관계에 있다는 것은 다음 예문들에서 잘 확인된다. 원문 중 '吏将'이 '아젼과 군ᄉᆞᄃᆞᆯㅎ'로 번역되고 '群吏'가 '모든 아젼'으로 번역되고 '猾吏'가 '간활ᄒᆞᆫ 아젼'으로 번역된다. 그리고 '吏'의 자석이 '셔리'이다. 따라서 '아젼'과 '서리'의 동의성은 명백히 입증된다.

(692) a. 아젼과 군ᄉᆞᄃᆞᆯ히 그리 ᄒᆞ더니란 티고(吏將則加鞭朴ᄒᆞ고) <번小十 10a>
b. 모든 아젼 ᄃᆡ졉호ᄆᆞᆯ 내 죵 ᄀᆞ티 ᄒᆞ며(待群吏如奴僕ᄒᆞ며) <번小七 24a>
c. 간활ᄒᆞᆫ 아젼늬게 고기 잣ᄂᆞᆫ 바비 ᄃᆞ외여(多爲猾吏의 所餌ᄒᆞ야) <번小七 28a>
d. 아젼 다ᄉᆞ릴 이ᄅᆞᆯ(26a) 무른대(問御吏ᄒᆞᆫ대) <번小七 26b>
e. 제 어든 거슨 심히 젹고 아젼의 도죽ᄒᆞᆫ 거슨 젹디 아니ᄒᆞ니(所得이 甚少而吏人所盜ㅣ 不貲ᄒᆞ니) <번小七 28b>

(692) f. 吏 : 受命爲官治人者又府史之屬 <四解上 28b>
g. 吏 : 셔릿 리 㨿史 <字會中 1b>

<693> 아질게양 對 䍃胡羊

두 명사가 [䍃胡羊] 즉 '有角公羊'의 뜻을 가지고 동의 관계에 있다는 것은 다음 예문들에서 잘 확인된다. 원문 중 '䍃胡羊'이 '아질게양'으로 번역된다. 그리고 '䍃胡羊'이 한자어 '有角公羊'을 뜻한다. 따라서 '아질게양'과 '䍃胡羊'의 동의성은 명백히 입증된다.

(693) a. 아질게양(騲胡羊) <번老下 21b>

　　　b. 騲胡羊(1a) : 質問云有角公羊未割腎子 方言謂之 騲胡羊 <老朴 老下1b>

<694> 鉔鍜 對 頸鎧

두 명사가 [鉔鍜] 즉 '목투구, 鉔鍜'의 뜻을 가지고 동의 관계에 있다는 것은 다음 예문들에서 잘 확인된다. '鉔'가 한자어 '鉔鍜'를 뜻하고 '鉔鍜'는 한자어 '頸鎧'와 동의 관계에 있다. 그리고 '鍜'가 한자어 '鉔鍜'를 뜻하고 '鉔鍜'는 한자어 '頸鎧'와 동의 관계에 있다. 따라서 '鉔鍜'와 '頸鎧'의 동의성은 명백히 입증된다.

(694) a. 鉔 : 　鉔鍜　頸鎧　<四解下 31a>

　　　b. 鍜 : 鉔鍜 頸鎧 <四解下 31a>

<695> 莪蒿 對 蘿蒿

두 명사가 [蘿]와 [莪] 즉 '지칭개, 莪蒿'의 뜻을 가지고 동의 관계에 있다는 것은 다음 예문들에서 잘 확인된다. '蘿'가 한자어 '莪蒿'를 뜻한다. 그리고 '莪'가 한자어 '蘿蒿'를 뜻한다. 따라서 '莪蒿'와 '蘿蒿'의 동의성은 명백히 입증된다.

(695) a. 蘿 : 莪蒿 <四解下 27a>

　　　b. 蘿 : 댓무수 라 <字會上 7b>

(695) c. 莪 : 蘿蒿 一名角蒿 卽繁也 <四解下 24b>

<696> 牙儈 對 駔儈

두 명사가 [儈] 즉 '거간꾼, 중개인'의 뜻을 가지고 동의 관계에 있다는 것은 다음 예문들에서 잘 확인된다. '儈'가 한자어 '牙儈'를 뜻한다. 그리고 '儈'의 자석이 '즈름'이고 고유어 '즈름'은 한자어 '駔儈'와 동의 관계에 있다. 따라서 '牙儈'와 '駔儈'의 동의성은 명백히 입증된다.

(696) a. 儈 : 牙儈 會合市人爲市者 <四解上 48a>

　　　b. 儈 : 즈름 회 卽駔儈 俗稱牙子 牙人 <字會中 2a>

<697> 악대양 對 羊羖犗

합성명사 '악대양'과 명사 '羊羖犗'가 [羯] 즉 '불간 흑양'의 뜻을 가지고 동의 관계에 있다는 것은 다음 예문들에서 잘 확인된다. '羯'이 한자어 '羊羖犗'를 뜻한다. 그리고 '羯'의 자석이 '악대양'이다. 따라서 '악대양'과 '羊羖犗'의 동의성은 명백히 입증된다. '악대양'은 합성명사로 명사 '악대'와 한자어 '양'(羊)의 合成이지만 이 저서에서는 한자어로 다루었다.

(697) a. 羯 : 羊羖犗 <四解下 1b>
      b. 羯 : 악대양 갈 <字會下 4b>

<698> 握槊 對 双陸

두 명사가 [槊] 즉 '双六'의 뜻을 가지고 동의 관계에 있다는 것은 다음 예문들에서 잘 확인된다. '槊'이 한자어 '握槊'을 뜻하고 '握槊'은 한자어 '双陸'과 동의 관계에 있다. 따라서 '握槊'과 '双陸'의 동의성은 명백히 입증된다.

(698) a. 槊 : … 又握槊 双陸也 <四解下 39a>
      b. 槊 : 긴창 삭 <字會中 14a>

<699> 按酒 對 餚饌

두 명사가 [按酒], [肴] 및 [餚] 즉 '안주, 술안주'의 뜻을 가지고 동의 관계에 있다는 것은 다음 예문들에서 잘 확인된다. 원문 중 '乾按酒'가 'ᄆᆞᄅᆞᆫ 안쥬'로 번역되고 '這按酒'가 '이 안쥬'로 번역되고 '肴'가 '안쥬'로 번역된다. '餚'의 자석이 '안쥬'이다. 그리고 '按酒'가 한자어 '餚饌'과 동의 관계에 있다. 따라서 '按酒'와 '餚饌'의 동의성은 명백히 입증된다.

(699) a. 다ᄉᆞᆺ재ᄂᆞᆫ ᄆᆞᄅᆞᆫ 안쥬(第五道乾按酒) <번老下 37b>
      b. 이 안쥬ᄂᆞᆫ 믓고기 젼ᄒᆞ니(這按酒煎魚) <번老下 38a>
      c. 안쥬를 포육과 젓과 ᄂᆞ믈호로 ᄒᆞᆫ 킹과 쑨ᄒᆞ고(肴止脯醢菜羹ᄒᆞ며) <번小十 32a>

(699) d. 餚 : 凡非穀而食者曰餚 <四解下 24a>
      e. 餚 : 안쥬 효 <字會中 10a>

(699) f. 按酒 : … 按酒猶言餚饌 <老朴 累字解 8a>

<700> 贋天子 對 廢帝

두 명사가 [贋天子] 즉 '가짜 天子'의 뜻을 가지고 동의 관계에 있다는 것은 다음 예문들에서 잘 확인된다. '贋'의 자석이 '거즛'이고 한자어 '廢帝'와 한자어 '贋天子'가 동의 관계에 있다. 따라서 '贋天子'와 '廢帝'의 동의성은 명백히 입증된다.

(700) a. 贋 : 僞物 <四解上 80a>
b. 贋 : 거즛 안…古稱廢帝爲贋天子 <字會下 9b>

<701> 眼睛 對 目珠子

두 명사가 [眼睛]과 [睛] 즉 '눈동자'의 뜻을 가지고 동의 관계에 있다는 것은 다음 예문들에서 잘 확인된다. 원문 중 '眼睛黃'이 '눈ᄌᆞᅀᅵ 누르다'로 번역된다. '睛'이 한자어 '目珠子'를 뜻하고 '目珠子'는 한자어 '眼睛'과 동의 관계에 있다. 그리고 '睛'의 자석이 '눈ᄌᆞᅀᅵ'이다. 따라서 '眼睛'과 '目珠子'의 동의성은 명백히 입증된다.

(701) a. 눈ᄌᆞᅀᅵ 누르며 눖두에 블그며(眼睛黃目胞赤) <瘡疹 9b>

(701) b. 睛 : 目珠子 今俗呼眼睛 <四解下 51b>
c. 睛 : 눈ᄌᆞᅀᅵ 청 <字會上 13a>

<702> 鵠鵴 對 鳲鳩

두 명사가 [鵴]과 [鳲] 즉 '뻐꾸기'의 뜻을 가지고 동의 관계에 있다는 것은 다음 예문들에서 잘 확인된다. '鵴'이 한자어 '鵠鵴'을 뜻하고 '鵠鵴'은 한자어 '鳲鳩'와 동의 관계에 있다. '鵴'의 자석이 '버국새'이다. '鳲'가 한자어 '鳲鳩'를 뜻한다. 그리고 '鳲'의 자석이 '버국새'이고 고유어 '버국새'는 한자어 '鳲鳩'와 동의 관계에 있다. 따라서 '鵠鵴'와 '鳲鳩'의 동의성은 명백히 입증된다.

(702) a. 鵴 : 鵠鵴 鳲鳩 即布穀也 <四解上 7a>
b. 鵴 : 버국새 국…詩注鵠鵴 <字會上 9b>

(702) c. 鳲 : 鳲鳩 <四解上 19b>
d. 鳲 : 버국새 시 鳲鳩 <字會上 9a>

<703> 鵠鵴 對 布穀

두 명사가 [鵠]과 [鵴] 즉 '뻐꾸기'의 뜻을 가지고 동의 관계에 있다는 것은 다음 예문들에서 잘 확인

된다. '鵠'이 한자어 '鵠鵴'을 뜻한다. '鵠'의 자석이 '버국새'이고 고유어 '버국새'는 한자어 '布穀'과 동의 관계에 있다. 그리고 '鵴'이 한자어 '鵠鵴'을 뜻하고 '鵠鵴'은 한자어 '布穀'과 동의 관계에 있다. 따라서 '鵠鵴'과 '布穀'의 동의성은 명백히 입증된다.

(703) a. 鵠 : 鵠鵴 <四解上 79b>
　　　 b. 鵠 : 버국새 알 一名布穀 <字會上 9b>

(703) c. 鵴 : 鵠鵴…即布穀也 <四解上 7a>
　　　 d. 鵴 : 버국새 국…詩注鵠鵴 <字會上 9b>

<704> 馣馤 對 香氣

두 명사가 [馤] 즉 '향기'의 뜻을 가지고 동의 관계에 있다는 것은 다음 예문들에서 잘 확인된다. '馤'가 한자어 '馣馤'를 뜻하고 '馣馤'는 한자어 '香氣'와 동의 관계에 있다. 따라서 '馣馤'와 '香氣'의 동의성은 명백히 입증된다.

(704) a. 馤 : 馣馤 香氣 <四解上 45b>
　　　 b. 馣 : 馣馤 香也 <四解下 78b>

<705> 坱圠 對 無垠

두 명사가 [坱圠] 즉 '끝이 없는 모양'의 뜻을 가지고 동의 관계에 있다는 것은 다음 예문들에서 잘 확인된다. '圠'이 한자어 '坱圠'을 뜻하고 '坱圠'은 한자어 '無垠'과 동의 관계에 있다. 그리고 '坱'이 한자어 '坱圠'을 뜻한다. 따라서 '坱圠'과 '無垠'의 동의성은 명백히 입증된다.

(705) a. 圠 : … 又坱圠 無垠 <四解上 80a>
　　　 b. 坱 : … 又坱圠 <四解下 39b>

<706> 仰瓦 對 牝瓦

두 명사가 [仰瓦]와 [瓪] 즉 '암키와'의 뜻을 가지고 동의 관계에 있다는 것은 다음 예문들에서 잘 확인된다. 원문 중 '筒瓦和仰瓦'가 '수디새 암디새'로 번역된다. 그리고 '瓪'이 한자어 '牝瓦'를 뜻하고 '牝瓦'는 한자어 '仰瓦'와 동의 관계에 있다. 따라서 '仰瓦'와 '牝瓦'의 동의성은 명백히 입증된다.

(706) a. 니여 잇ᄂᆞᆫ 거시 다 룡봉 도틴 막새 수디새 암디새(蓋的都是龍鳳凹面花頭筒瓦和仰瓦) <번朴上

68b>

  b. 甂: 甂瓦牝瓦也…今俗又呼仰瓦 <四解上 77b>

<707> 睚眦 對 目際

두 명사가 [睚]와 [眥] 즉 '눈가, 눈언저리'의 뜻을 가지고 동의 관계에 있다는 것은 다음 예문들에서 잘 확인된다. '睚'가 한자어 '睚眦'를 뜻하고 '睚眦'는 한자어 '目際'와 동의 관계에 있다. '眦'와 同字인 '眥'가 한자어 '目際'를 뜻한다. 따라서 '睚眦'와 '目際'의 동의성은 명백히 입증된다.

  (707) a. 睚: 睚眦 目際 <四解上 47a>

  (707) b. 眥: 目際 <四解上 12b>
    c. 眥: 睚眥 <四解上 45a>

<708> 靉靆 對 雲盛

두 명사가 [靉]와 [靆] 즉 '구름이 성한 모양'의 뜻을 가지고 동의 관계에 있다는 것은 다음 예문들에서 잘 확인된다. '靉'가 한자어 '靉靆'를 뜻하고 '靉靆'는 한자어 '雲盛'과 동의 관계에 있다. 그리고 '靆'가 한자어 '靉靆'를 뜻한다. 따라서 '靉靆'와 '雲盛'의 동의성은 명백히 입증된다.

  (708) a. 靉: 靉靆 雲盛 <四解上 46b>
    b. 靆: 靉靆 雲皃 <四解上 43b>

<709> 僾俙 對 仿佛

두 명사가 [僾]와 [俙] 즉 '아득히 보이는 모양, 비슷함'의 뜻을 가지고 동의 관계에 있다는 것은 다음 예문들에서 잘 확인된다. '僾'가 한자어 '僾俙'를 뜻하고 '僾俙'는 한자어 '仿佛'과 동의 관계에 있다. 그리고 '俙'가 한자어 '僾俙'를 뜻한다. 따라서 '僾俙'와 '仿仏'의 동의성은 명백히 입증된다.

  (709) a. 僾: 僾俙 仿佛也 <四解上 45b>
    b. 僾: 僾俙 看不了皃 <四解上 20b>

  (709) c. 俙: 僾俙 見不了皃 <四解上 21a>

<710> 野饋 對 餉田

두 명사가 [饁]과 [餉] 즉 '들밥, 들에서 일하는 사람에게 보내는 음식'의 뜻을 가지고 동의 관계에 있다는 것은 다음 예문들에서 잘 확인된다. '饁'이 한자어 '野饋'를 뜻한다. '饁'의 자석이 '이받다'이고 고유어 '이받다'는 한자어 '餉田'과 동의 관계에 있다. 그리고 '餉'의 자석이 '이받다'이고 '이받다'는 한자어 '野饋'와 동의 관계에 있다. 따라서 '野饋'와 '餉田'의 동의성은 명백히 입증된다.

(710) a. 饁 : 野饋 <四解下 85b>
　　　 b. 饁 : 이바들 녑 餉田 <字會下 5b>

(710) c. 餉 : 饋野 饁野 <四解下 43b>
　　　 d. 餉 : 이바들 향 野饋 <字會下 5b>

<711> 野豚 對 土猪

두 명사가 [猯] 즉 '오소리'의 뜻을 가지고 동의 관계에 있다는 것은 다음 예문들에서 잘 확인된다. '猯'이 한자어 '野豚'을 뜻한다. 그리고 '猯'의 자석이 '오스리'이고 고유어 '오스리'는 한자어 '土猪'와 동의 관계에 있다. 따라서 '野豚'과 '土猪'의 동의성은 명백히 입증된다.

(711) a. 猯 : 野豚 <四解上 73a>
　　　 b. 猯 : 오스리 단 俗呼土猪 <字會上 10b>

<712> 약 對 藥餌

두 명사 '약(藥) 과 '藥餌'가 [藥餌]와 [餌] 즉 '약'의 뜻을 가지고 동의 관계에 있다는 것은 다음 예문들에서 잘 확인된다. 원문 중 '剋化的藥餌'가 '쇼화홀 약'으로 번역된다. 그리고 '餌'가 한자어 '藥餌'를 뜻한다. 따라서 '약'과 '藥餌'의 동의성은 명백히 입증된다.

(712) a. 너를 쇼화홀 약을 주리니(與你些剋化的藥餌) <번老下 40a>

(712) b. 餌 : …又藥餌 <四解上 23a>
　　　 c. 餌 : 썩 싀 又藥餌 <字會中 10b>

<713> 約束 對 期約

두 명사가 [約] 즉 '약속, 기약'의 뜻을 가지고 동의 관계에 있다는 것은 다음 예문들에서 잘 확인된다. '約'이 한자어 '約束'을 뜻하고 '約束'은 한자어 '期約'과 동의 관계에 있다. 그리고 '条約'이 '法条와 긔약'으로 번역된다. 따라서 '約束'과 '期約'의 동의성은 명백히 입증된다.

(713) a. 約 : 約束也···又···期約 <四解下 44a>

(713) b. 法條와 긔약을 엄정히 ᄒᆞ야(嚴條約ᄒᆞ야) <번小九 9b>
　　　c. 아르매ᄂᆞᆫ 긔약을 미들 거시니(私憑要約) <번老下 19b>

<714> 羊 對 柔毛畜

두 명사가 [羊] 즉 '양'의 뜻을 가지고 동의 관계에 있다는 것은 다음 예문들에서 잘 확인된다. 원문 중 '羊市'가 '羊 져제'로 번역되고 '好肥羊'이 '됴ᄒᆞᆫ 양'으로 번역된다. 그리고 '羊'이 한자어 '柔毛畜'을 뜻하고 '羊'의 자석이 '양'이다. 따라서 '羊'과 '柔毛畜'의 동의성은 명백히 입증된다.

(714) a. 羊 져제 가니라(往羊市角頭去了) <번老下 1a>
　　　b. 스므 낫 됴ᄒᆞᆫ 양을 사게 ᄒᆞ라(買二十箇好肥羊) <번朴上 2a>
　　　c. 돈 셜흔 나챗 양의 고기 봇고(炒着三十箇錢的羊肉) <번老上 61b>

(714) d. 羊 : 柔毛畜 <四解下 44b>
　　　e. 羊 : 양 양 <字會上 10a>

<715> 羊矢棗 對 丁香柿

두 명사가 [樗] 즉 '고욤'의 뜻을 가지고 동의 관계에 있다는 것은 다음 예문들에서 잘 확인된다. '樗'이 한자어 '丁香柿' 및 한자어 '羊矢棗'를 뜻하고 '丁香柿'와 '羊矢棗'는 고유어 '고욤'과 동의 관계에 있다. 그리고 '樗'의 자석이 '고욤'이고 고유어 '고욤'은 한자어 '羊矢棗'와 동의 관계에 있다. 따라서 '羊矢棗'와 '丁香柿'의 동의성은 명백히 입증된다.

(715) a. 樗 : ···名丁香柿···一名羊矢棗···고욤 <四解下 55a>
　　　b. 樗 : 고욤 빙 俗呼羊矢棗 <字會上 6b>

<716> 養牛人 對 牧童

두 명사가 [牧] 즉 '마소를 치는 사람'의 뜻을 가지고 동의 관계에 있다는 것은 다음 예문들에서 잘 확인된다. '牧'이 한자어 '養牛人'을 뜻한다. 그리고 '牧'의 자석이 '모싀다'이고 '牧'이 한자어 '牧童'을 뜻한다. 따라서 '養牛人'과 '牧童'의 동의성은 명백히 입증된다.

(716) a. 牧 : 養牛人 <四解上 3b>

　　　b. 牧 : 모실 목 指牧童 <字會中 1b>

<717> 언약 對 約束

두 명사 '언약'(言約)과 '約束'이 [約] 즉 '언약, 약속'의 뜻을 가지고 동의 관계에 있다는 것은 다음 예문들에서 잘 확인된다. 원문 중 '違約'이 '언약을 어그릇치 ᄒ다'로 번역되고 '郷約'이 'ᄆᆞ술 사룸과 ᄒᆞᆫ 언약'으로 번역된다. 그리고 '約'이 한자어 '約束'을 뜻한다. 따라서 '언약'과 '約束'의 동의성은 명백히 입증된다.

(717) a. 허믈 잇거나 ᄯ쏘 언약을 어그릇치 ᄒ리를 ᄯ또 글월의 서(有過若違約者를 亦書之ᄒᆞ야) <번小九 18a>

　　　b. 藍田 ᄯᅡ 呂氏 ᄆᆞ술 사룸과 ᄒᆞᆫ 언약애(藍田呂氏郷約애) <번小九 17b>

(717) c. 約 : 約束也 <四解下 44a>

<718> 蝘蜓 對 守宮

두 명사가 [蝘]과 [蜓] 즉 '守宮, 도마뱀 비슷한 파충류'의 뜻을 가지고 동의 관계에 있다는 것은 다음 예문들에서 잘 확인된다. '蝘'이 한자어 '蝘蜓'을 뜻하고 '蝘蜓'은 한자어 '守宮' 및 고유어 '혀후'와 동의 관계에 있다. 그리고 '蜓'이 한자어 '蝘蜓'을 뜻하고 '蝘蜓'은 한자어 '守宮' 및 고유어 '혀후'와 동의 관계에 있다. 따라서 '蝘蜓'과 '守宮'의 동의성은 명백히 입증된다.

(718) a. 蝘 : 蝘蜓 守宮 혀후 <四解下 7a>

(718) b. 蜓 : 蝘蜓 守宮 혀후 <字會下 2b>

　　　c. 蜓 : … 又上聲 在壁曰蝘蜓 卽蝎虎 一名守宮 <字會上 11a>

<719> 醃鱲 對 醃肉

두 명사가 [醃]과 [鱲] 즉 '소금에 절인 고기'의 뜻을 가지고 동의 관계에 있다는 것은 다음 예문들에서 잘 확인된다. '鱲'이 한자어 '醃鱲'을 뜻하고 '醃鱲'은 한자어 '醃肉'과 동의 관계에 있다. 따라서 '醃鱲'과 '醃肉'의 동의성은 명백히 입증된다.

(719) a. 醃 : 埯漬 藏物也 <四解下 84b>

b.鱁 : 今俗呼醃鱁謂埯肉也 <四解下 79b>

<720> 閹宦 對 內官

두 명사가 [宦] 즉 '내시, 환관'의 뜻을 가지고 동의 관계에 있다는 것은 다음 예문들에서 잘 확인된다. '宦'이 한자어 '閹宦'을 뜻한다. 그리고 '宦'의 자석이 '고쟈'이고 고유어 '고쟈'는 한자어 '內官'과 동의 관계에 있다. 따라서 '閹宦'과 '內官'의 동의성은 명백히 입증된다.

(720) a. 宦 : …又閹宦 <四解上 81b>
b. 宦 : 고쟈 환 或呼內官 <字會中 1b>

<721> 茹藘 對 蒨草

두 명사가 [藘]와 [蒨] 즉 '꼭두서니'의 뜻을 가지고 동의 관계에 있다는 것은 다음 예문들에서 잘 확인된다. '藘'가 한자어 '茹藘'를 뜻하고 '茹藘'는 한자어 '蒨草' 및 고유어 '곡도숑'과 동의 관계에 있다. 그리고 '蒨'의 자석이 '곡도숑'이고 고유어 '곡도숑'은 한자어 '茹藘' 및 한자어 '蒨草'와 동의 관계에 있다. 따라서 '茹藘'와 '蒨草'의 동의성은 명백히 입증된다.

(721) a. 藘 : 茹藘 蒨草 곡도숑 <四解上 35a>

(721) b. 蒨 : …又同下 <四解下 4b>
c. 茜 : 茅蒐 今俗呼 곡도숑 <四解下 4b>
d. 蒨 : 곡도숑 쳔 亦作茜 一名茅蒐 又茹藘 俗呼蒨草 <字會東中本上 9b>

<722> 藘藘 對 茜草

두 명사가 [藘] 즉 '꼭두서니'의 뜻을 가지고 동의 관계에 있다는 것은 다음 예문들에서 잘 확인된다. '藘'가 한자어 '藘藘'를 뜻하고 '藘藘'는 한자어 '茜草'와 동의 관계에 있다. 따라서 '藘藘'와 '茜草'의 동의성은 명백히 입증된다.

(722) a. 藘 : 藘藘 茜草 <四解上 35b>
b. 藘 : 茹藘 蒨草 곡도숑 <四解上 35a>

<723> 鷽鵯 對 雅烏

두 명사가 [鵃]와 [鸒] 즉 '갈가마귀'의 뜻을 가지고 동의 관계에 있다는 것은 다음 예문들에서 잘 확인된다. '鵃'가 한자어 '鸒鵃'를 뜻하고 '鸒鵃'는 한자어 '雅烏'와 동의 관계에 있다. '鵃'의 자석이 '글가마괴'이고 고유어 '글가마괴'는 한자어 '鸒鵃'와 동의 관계에 있다. 그리고 '鸒'가 한자어 '雅烏'를 뜻한다. 따라서 '鸒鵃'와 '雅烏'의 동의성은 명백히 입증된다.

(723) a. 鵃 : 鸒鵃 雅烏也 <四解上 13a>
　　　 b. 鵃 : 골가마괴 ㅅ 詩鸒鵃 <字會上 9a>

(723) c. 鸒 : 雅烏 <四解上 34a>

<724> 역 對 馬驛

두 명사 '역'(驛) 과 '馬驛'이 [驛]과 [站] 즉 '驛站, 역말을 갈아타는 곳'의 뜻을 가지고 동의 관계에 있다는 것은 다음 예문들에서 잘 확인된다. '驛'의 자석이 '역'이고 '역'은 한자어 '馬驛'과 동의 관계에 있다. '站'이 '驛'을 뜻한다. 그리고 '站'의 자석이 '역'이고 '역'은 한자어 '馬驛'과 동의 관계에 있다. 따라서 '역'과 '馬驛'의 동의성은 명백히 입증된다.

(724) a. 驛 : 傳舍也 <四解下 56a>
　　　 b. 驛 : 역 역 俗呼馬驛 <字會中 5a>

(724) c. 站 : …又今俗謂驛曰站 <四解下 77b>
　　　 d. 站 : 역 참…馬驛曰站 <字會中 5b>

<725> 역 對 驛傳

두 명사 '역'(驛) 과 '驛伝'이 [伝] 즉 '驛站, 역말을 갈아타는 곳'의 뜻을 가지고 동의 관계에 있다는 것은 다음 예문들에서 잘 확인된다. 원문 중 '舘伝'이 '손 드는 집과 역'으로 번역된다. 그리고 '伝'이 한자어 '驛伝'을 뜻한다. 따라서 '역'과 '驛伝'의 동의성은 명백히 입증된다.

(725) a. 손 드는 집과 역을 다 됴히 ᄭᅮ며 두며(舘傳을 必增飾ᄒ며) <번小十 14b>
　　　 b. 傳 : 驛傳 <四解下 10b>

<726> 역 對 驛遞

두 명사 '역'(驛) 과 '驛遞'가 [鋪]와 [驛] 즉 '驛站, 역말을 갈아타는 곳'의 뜻을 가지고 동의 관계에 있다는 것은 다음 예문들에서 잘 확인된다. '鋪'가 한자어 '驛遞'를 뜻하고 '鋪'의 자석이 '역'이다. 그리고 '驛'의 자석이 '역'이다. 따라서 '역'과 '驛遞'의 동의성은 명백히 입증된다.

(726) a. 鋪 : … 驛遞也 <四解上 38a>
　　　b. 鋪 : 역 포 俗呼鋪舍 <字會中 5b>

(726) c. 驛 : 傳舍也 <四解下 56a>
　　　d. 驛 : 역 역 俗呼馬驛 <字會中 5a>

<727> 역 對 鋪舍

두 명사 '역'(驛) 과 '鋪舍'가 [鋪]와 [驛] 즉 '驛站, 역말을 갈아타는 곳'의 뜻을 가지고 동의 관계에 있다는 것은 다음 예문들에서 잘 확인된다. '鋪'의 자석이 '역'이고 '역'은 한자어 '鋪舍'와 동의 관계에 있다. 그리고 '驛'의 자석이 '역'이다. 따라서 '역'과 '鋪舍'의 동의성은 명백히 입증된다.

(727) a. 鋪 : … 驛遞也 <四解上 38a>
　　　b. 鋪 : 역 포 俗呼鋪舍 <字會中 5b>

(727) c. 驛 : 傳舍也 <四解下 56a>
　　　d. 驛 : 역 역 俗呼馬驛 <字會中 5a>

<728> 驛馬 對 驛傳遞馬

두 명사가 [驛]과 [馹] 즉 '역말, 역마(驛馬) , 역참에 비치한 말'의 뜻을 가지고 동의 관계에 있다는 것은 다음 예문들에서 잘 확인된다. 원문 중 '驛召'가 '驛馬로 블리다'로 번역된다. 그리고 '馹'이 한자어 '驛伝遞馬'를 뜻한다. 따라서 '驛馬'와 '驛伝遞馬'의 동의성은 명백히 입증된다.

(728) a. 康靖大王이 드르시고 驛馬로 블려 보시(26a) 고(康靖大王驛召 引見於宣政殿) <속三孝 26b>
　　　b. 驛 : 傳舍也 <四解下 56a>

(728) c. 馹 : 驛傳遞馬 <四解上 61b>

<729> 驛遞 對 鋪舍

두 명사가 [鋪] 즉 '驛站, 역말을 갈아타는 곳'의 뜻을 가지고 동의 관계에 있다는 것은 다음 예문들에서 잘 확인된다. '鋪'가 한자어 '驛遞'를 뜻한다. 그리고 '鋪'의 자석이 '역'이고 '역'은 한자어 '鋪舍'와 동의 관계에 있다. 따라서 '驛遞'와 '鋪舍'의 동의성은 명백히 입증된다.

(729) a. 鋪 : …驛遞也 <四解上 38a>
b. 鋪 : 역 포 俗呼鋪舍 <字會中 5b>

<730> 연 對 黑錫

두 명사가 '연'(鉛) 과 '黑錫'이 [鉛] 즉 '납'의 뜻을 가지고 동의 관계에 있다는 것은 다음 예문들에서 잘 확인된다. '鉛'이 한자어 '黑錫'을 뜻한다. 그리고 '鉛'의 자석이 '연'이다. 따라서 '연'과 '黑錫'의 동의성은 명백히 입증된다.

(730) a. 鉛 : 黑錫 <四解下 8a>
b. 鉛 : 연 연 俗呼黑鉛 <字會中 15b>

<731> 烟墩 對 烟臺

두 명사가 [墩]과 [烟墩] 즉 '봉화대'의 뜻을 가지고 동의 관계에 있다는 것은 다음 예문들에서 잘 확인된다. '墩'이 한자어 '烟台'를 뜻하고 '烟台'는 한자어 '烟墩'과 동의 관계에 있다. 그리고 '墩'의 자석이 '흙무디'이고 한자어 '烟台'가 한자어 '烟墩'과 동의 관계에 있다. 따라서 '烟墩'과 '烟台'의 동의성은 명백히 입증된다.

(731) a. 墩 : 平地有堆 今俗呼烟臺曰烟墩 <四解上 63a>
b. 墩 : 흙무디 돈 高堆也 俗呼烟臺曰烟墩 <字會中 5a>

<732> 蜒蚰 對 無殼蝸

두 명사가 [蜒蚰] 즉 '알달팽이, 括胎虫'의 뜻을 가지고 동의 관계에 있다는 것은 다음 예문들에서 잘 확인된다. 한자어 '無殼蝸'가 한자어 '蜒蚰'와 동의 관계에 있다. 따라서 '蜒蚰'와 '無殼蝸'의 동의성은 명백히 입증된다.

(732) a. 蜒 : …小者 蚰蜒 又無殼蝸曰蜒蚰 <四解下 7b>
b. 蜒 : 지차리 연 俗呼蚰蜒 <字會上 12a>

<733> 楔棗 對 獼猴桃

두 명사가 [楑] 즉 '다래'의 뜻을 가지고 동의 관계에 있다는 것은 다음 예문들에서 잘 확인된다. '楑'이 한자어 '獼猴桃' 및 한자어 '楑棗'를 뜻하고 '獼猴桃'와 '楑棗'는 고유어 '드래'와 동의 관계에 있다. 그리고 '楑'의 자석이 '드래'이고 고유어 '드래'는 한자어 '獼猴桃' 및 한자어 '楑棗'와 동의 관계에 있다. 따라서 '楑棗'와 '獼猴桃'의 동의성은 명백히 입증된다.

> (733) a. 楑 : 俗呼獼猴桃曰楑棗 드래 <四解下 13a>
>
> b. 楑 : 드래 션 卽獼猴桃 漢呼楑棗 <字會上 6b>

<734> 胭脂 對 婦人面飾

두 명사가 [胭]과 [脂] 즉 '연지(臙脂), 여자가 화장할 때 양쪽 뺨에 찍는 붉은 顔料'의 뜻을 가지고 동의 관계에 있다는 것은 다음 예문들에서 잘 확인된다. '胭'이 한자어 '胭脂'를 뜻하고 '胭脂'는 한자어 '婦人面飾'과 동의 관계에 있다. 그리고 '脂'가 한자어 '胭脂'를 뜻한다. 따라서 '胭脂'와 '婦人面飾'의 동의성은 명백히 입증된다.

> (734) a. 胭 : … 又胭脂 婦人面飾 亦作臙 <四解下 7a>
>
> b. 脂 : … 又胭脂 <四解上 18a>

<735> 蜎蠉 對 蛣蟩

두 명사가 [蜎], [蠉] 및 [蟩] 즉 '장구벌레, 모기의 애벌레'의 뜻을 가지고 동의 관계에 있다는 것은 다음 예문들에서 잘 확인된다. '蜎'과 '蠉'이 한자어 '蜎蠉'을 뜻한다. 그리고 '蟩'이 한자어 '蜎蠉'을 뜻하고 '蜎蠉'은 한자어 '蛣蟩'과 동의 관계에 있다. 따라서 '蜎蠉'과 '蛣蟩'의 동의성은 명백히 입증된다.

> (735) a. 蜎 : 蜎蠉 <四解下 9b>
>
> b. 蠉 : … 又蜎蠉 <四解下 12a>

> (735) c. 蟩 : … 又井中小赤虫曰蜎蠉 一名蛣蟩 <四解下 9a>

<736> 蜎蠉 對 井中小赤虫

두 명사가 [蠉], [蜎] 및 [蟩] 즉 '장구벌레, 모기의 애벌레'의 뜻을 가지고 동의 관계에 있다는 것은 다음 예문들에서 잘 확인된다. '蠉'이 한자어 '蜎蠉'을 뜻하고 '蜎蠉'은 한자어 '井中小赤虫'과 동의 관계에 있다. 그리고 '蟩'이 한자어 '井中小赤虫'을 뜻하고 '井中小赤虫'은 한자어 '蜎蠉'과 동의 관계에 있다. 따라서 '蜎蠉'과 '井中小赤虫'의 동의성은 명백히 입증된다.

 (736) a. 蠉 : … 又蜎蠉 井中小赤虫 <四解下 12a>
   b. 蜎 : 蜎蠉 <四解下 9b>

 (736) c. 蟍 : … 又井中小赤虫曰蜎蠉 <四解下 9a>

<737> 蠮螉 對 蜾蠃

 두 명사가 [螉] 즉 '나나니벌'의 뜻을 가지고 동의 관계에 있다는 것은 다음 예문들에서 잘 확인된다. '螉'이 '蠮螉'을 뜻하고 고유어 '바두리벌'과 동의 관계에 있다. 그리고 '螉'의 자석이 '바두리'이고 '바두리'는 한자어 '蜾蠃'와 동의 관계에 있다. 따라서 '蠮螉'과 '蜾蠃'의 동의성은 명백히 입증된다.

 (737) a. 螉 : 蠮螉 細腰蜂 바두리벌 <四解上 5b>
   b. 螉 : 바두리옹 亦名蜾蠃 俗呼蠮螉兒 <字會上 12b>

<738> 蠮螉 對 細腰蜂

 두 명사가 [蠮]과 [螉] 즉 '나나니벌'의 뜻을 가지고 동의 관계에 있다는 것은 다음 예문들에서 잘 확인된다. '蠮'이 한자어 '蠮螉'을 뜻한다. '螉'의 자석이 '바두리'이고 고유어 '바두리'는 한자어 '細腰蜂'과 동의 관계에 있다. 그리고 '螉'이 한자어 '蠮螉'과 한자어 '細腰蜂'을 뜻한다. 따라서 '蠮螉'과 '細腰蜂'의 동의성은 명백히 입증된다.

 (738) a. 蠮 : 蠮螉 土蜂 <四解下 7a>
   b. 蠮 : 바두리 예 卽細腰蜂 <字會上 12b>

 (738) c. 螉 : 蠮螉 細腰蜂 바두리벌 <四解上 5b>
   d. 螉 : 바두리옹 … 俗呼蠮螉兒 <字會上 12b>

<739> 蠮螉 對 土蜂

 두 명사가 [蠮] 즉 '나나니벌, 土蜂'의 뜻을 가지고 동의 관계에 있다는 것은 다음 예문들에서 잘 확인된다. '蠮'이 한자어 '蠮螉'을 뜻하고 '蠮螉'은 한자어 '土蜂'과 동의 관계에 있다. 따라서 '蠮螉'과 '土蜂'의 동의성은 명백히 입증된다.

(739) a. 蠮 : 蠮螉 土蜂 <四解下 7a>

　　　b. 蠮 : 바드리 예 卽細腰蜂 <字會上 12b>

<740> 庲庨 對 門關

두 명사가 [庨] 즉 '빗장, 문빗장'의 뜻을 가지고 동의 관계에 있다는 것은 다음 예문들에서 잘 확인된다. '庨'가 한자어 '庲庨'를 뜻하고 '庲庨'는 한자어 '門關'과 동의 관계에 있다. 그리고 '庨'의 자석이 '쟝군목'이고 고유어 '쟝군목'은 한자어 '庲庨'와 동의 관계에 있다. 따라서 '庲庨'과 '門關'의 동의성은 명백히 입증된다.

(740) a. 庨 : 庲庨 門關 <四解上 21b>

　　　b. 庨 : 쟝군목 이 庲庨 卽戶扃 <字會中 4a>

<741> 扊扅 對 戶扃

두 명사가 [扅] 즉 '빗장, 문빗장'의 뜻을 가지고 동의 관계에 있다는 것은 다음 예문들에서 잘 확인된다. '扅'가 한자어 '扊扅'를 뜻한다. 그리고 '扅'의 자석이 '쟝군목'이고 고유어 '쟝군목'은 한자어 '扊扅' 및 한자어 '戶扃'과 동의 관계에 있다. 따라서 '扊扅'와 '戶扃'의 동의성은 명백히 입증된다.

(741) a. 扅 : 扊扅 門關 <四解上 21b>

　　　b. 扅 : 쟝군목 이 扊扅 卽戶扃 <字會中 4b>

<742> 罌缸 對 備火長頸甁

두 명사가 [罌]과 [缸] 즉 '항아리'의 뜻을 가지고 동의 관계에 있다는 것은 다음 예문들에서 잘 확인된다. '罌'이 한자어 '備火長頸甁'을 뜻하고 '備火長頸甁'은 한자어 '罌缸'과 동의 관계에 있다. 그리고 '缸'이 한자어 '罌缸'을 뜻한다. 따라서 '罌缸'과 '備火長頸甁'의 동의성은 명백히 입증된다.

(742) a. 罌 : 備火長頸甁 今俗呼罌缸 <四解下 55a>

　　　b. 罌 : 대항 영 <字會中 7a>

(742) c. 缸 : 今俗語罌缸 <四解下 34a>

　　　d. 缸 : 항 항 <字會中 7a>

<743> 蠑螈 對 蝘蜒

두 명사가 [蠑] 즉 '도마뱀'의 뜻을 가지고 동의 관계에 있다는 것은 다음 예문들에서 잘 확인된다. '蠑'이 한자어 '蠑螈'을 뜻하고 '蠑螈'은 고유어 '도마비얌'과 동의 관계에 있다. 그리고 '蠑'의 자석이 '도마비얌'이고 고유어 '도마비얌'은 한자어 '蝘蜓'과 동의 관계에 있다. 따라서 '蠑螈'과 '蝘蜓'의 동의성은 명백히 입증된다.

> (743) a. 蠑 : 蠑螈 도마비얌 <四解下 64a>
>   b. 蠑 : 도마비얌 영 在壁曰蝘蜓 <字會上 12a>

<744> 熬稻粻餭 對 饊子

두 명사가 [饊] 즉 '饊子, 油果'의 뜻을 가지고 동의 관계에 있다는 것은 다음 예문들에서 잘 확인된다. '饊'이 한자어 '熬稻粻餭'을 뜻한다. 그리고 '饊'의 자석이 '차슈'이고 고유어 '차슈'는 한자어 '饊子'와 동의 관계에 있다. 따라서 '熬稻粻餭'과 '饊子'의 동의성은 명백히 입증된다.

> (744) a. 饊 : 熬稻粻餭 <四解上 78b>
>   b. 饊 : 차슈 산 俗呼饊子 亦作饊 <字會中 10b>

<745> 五輅 對 天子所乘車

두 명사가 [輅] 즉 '임금의 수레'의 뜻을 가지고 동의 관계에 있다는 것은 다음 예문들에서 잘 확인된다. '輅'가 한자어 '天子所乘車'를 뜻한다. 그리고 '輅'의 자석이 '술위'이고 고유어 '술위'는 한자어 '五輅'와 동의 관계에 있다. 따라서 '五輅'와 '天子所乘車'의 동의성은 명백히 입증된다.

> (745) a. 輅 : 天子所乘車有五輅 <四解上 42a>
>   b. 輅 : 술위 로 五輅 君用 <字會中 13a>

<746> 獄 對 監房

두 명사가 [牢]와 [獄] 즉 '옥, 감옥'의 뜻을 가지고 동의 관계에 있다는 것은 다음 예문들에서 잘 확인된다. 원문 중 '牢裏死'가 '옥애서 죽다'로 번역된다. '牢'가 한자어 '獄'을 뜻한다. '牢'의 자석이 '옥'이고 한자어 '옥'은 한자어 '監房'과 동의 관계에 있다. 그리고 '獄'의 자석이 '옥'이다. 따라서 '獄'과 '監房'의 동의성은 명백히 입증된다.

> (746) a. 올히 옥애셔 주그니라(今年就牢裏死了) <번老上 28b>

(746) b. 牢 : … 獄也 <四解下 23a>

　　　　c. 牢 : 옥 뢰 俗稱監房曰牢房 <字會中 5b>

(746) d. 獄 : 牢室 繫囚處 <四解上 7b>

　　　　e. 獄 : 옥 옥 總稱 <字會中 5b>

<747> 獄 對 囹圄

　두 명사가 [獄], [囹] 및 [圄] 즉 '옥, 감옥'의 뜻을 가지고 동의 관계에 있다는 것은 다음 예문들에서 잘 확인된다. '獄'의 자석이 '옥'이다. '囹'이 한자어 '囹圄'를 뜻하고 '囹圄'는 한자어 '獄'과 동의 관계에 있다. '囹'의 자석이 '옥'이다. '圄'가 한자어 '囹圄'를 뜻한다. 그리고 '圄'의 자석이 '옥'이고 '옥'은 한자어 '囹圄'와 동의 관계에 있다. 따라서 '獄'과 '囹圄'의 동의성은 명백히 입증된다.

(747) a. 獄 : 牢室 繫囚處 <四解上 7b>

　　　　b. 獄 : 옥 옥 總稱 <字會中 5b>

(747) c. 囹 : 囹圄 獄也 <四解下 56b>

　　　　d. 囹 : 옥 령 <字會中 5b>

(747) e. 圄 : 囹圄 <四解上 30b>

　　　　f. 圄 : 옥 어 拘罪人舍 秦曰囹圄 <字會中 5b>

<748> 獄 對 牢室

　두 명사가 [獄] 즉 '옥, 감옥'의 뜻을 가지고 동의 관계에 있다는 것은 다음 예문들에서 잘 확인된다. '獄'이 한자어 '牢室'을 뜻한다. 그리고 '獄'의 자석이 '옥'이다. 따라서 '獄'과 '牢室'의 동의성은 명백히 입증된다.

(748) a. 獄 : 牢室 繫囚處 <四解上 7b>

　　　　b. 獄 : 옥 옥 總稱 <字會中 5b>

<749> 玉病 對 玉玷

　두 명사가 [瑕]와 [玷] 즉 '옥의 티, 옥의 흠'의 뜻을 가지고 동의 관계에 있다는 것은 다음 예문들에서 잘 확인된다. '瑕'가 한자어 '玉病'을 뜻한다. '瑕'의 자석이 '기믜'이고 고유어 '기믜'는 한자어 '玉玷'과 동의 관계에 있다. 그리고 '玷'이 한자어 '玉病'을 뜻한다. 따라서 '玉病'과 '玉玷'의 동의성은 명백히 입증된다.

　(749) a. 瑕 : 玉病 <四解下 31a>
　　　　b. 瑕 : 기믜 하 玉玷 <字會下 7b>

　(749) c. 玷 : 玉病 <四解下 82a>

<750> 玉板魚 對 黃魚

　두 명사가 [鱣] 즉 '철갑상어, 黃魚'의 뜻을 가지고 동의 관계에 있다는 것은 다음 예문에서 잘 확인된다. '鱣'이 한자어 '玉板魚'를 뜻하고 '玉板魚'는 한자어 '黃魚'와 동의 관계에 있다. 따라서 '玉板魚'와 '黃魚'의 동의성은 명백히 입증된다.

　(750) a. 鱣 : 俗呼玉板魚 江東呼黃魚 <四解下 5b>

<751> 輼輬 對 喪車

　두 명사가 [輼]과 [輬] 즉 '喪輿'의 뜻을 가지고 동의 관계에 있다는 것은 다음 예문들에서 잘 확인된다. '輼'이 한자어 '輼輬'을 뜻하고 '輼輬'은 한자어 '喪車'와 동의 관계에 있다. 그리고 '輬'이 한자어 '輼輬'을 뜻하고 '輼輬'은 한자어 '喪車'와 동의 관계에 있다. 따라서 '輼輬'과 '喪車'의 동의성은 명백히 입증된다.

　(751) a. 輼 : 輼輬…今爲喪車 <四解上 66b>
　　　　b. 輬 : 輼輬…今爲喪車 <四解下 45a>

<752> 輼輬 對 臥車

　두 명사가 [輼]과 [輬] 즉 '臥車(와거), 누워서 쉬며 갈 수 있게 만든 수레'의 뜻을 가지고 동의 관계에 있다는 것은 다음 예문들에서 잘 확인된다. '輼'이 한자어 '輼輬'을 뜻하고 '輼輬'은 한자어 '臥車'와 동의 관계에 있다. 그리고 '輬'이 한자어 '輼輬'을 뜻하고 '輼輬'은 한자어 '臥車'와 동의 관계에 있다. 따라서 '輼輬'과 '臥車'의 동의성은 명백히 입증된다.

　(752) a. 輼 : 輼輬 臥車 <四解上 66b>
　　　　b. 輬 : 輼輬 臥車 <四解下 45a>

<753> 溫菘 對 蘿蔔

두 명사가 [蘆]와 [葵] 즉 '무'의 뜻을 가지고 동의 관계에 있다는 것은 다음 예문들에서 잘 확인된다. '蘆'가 한자어 '溫菘'을 뜻하고 '溫菘'은 한자어 '蘿蔔'과 동의 관계에 있다. 그리고 '葵'이 한자어 '溫菘'을 뜻하고 '溫菘'은 한자어 '蘿蔔'과 동의 관계에 있다. 따라서 '溫菘'과 '蘿蔔'의 동의성은 명백히 입증된다.

(753) a. 蘆 : …溫菘也…今俗書作蘿蔔 <四解下 27a>
b. 葵 : …又名…溫菘…今俗呼蘿蔔 <四解上 63b>

<754> 脆臲 對 不安貌

두 명사가 [脆] 즉 '불안한 모양'의 뜻을 가지고 동의 관계에 있다는 것은 다음 예문들에서 잘 확인된다. '脆'이 한자어 '脆臲'을 뜻하고 '脆臲'은 한자어 '不安貌'와 동의 관계에 있다. 따라서 '脆臲'과 '不安貌'의 동의성은 명백히 입증된다. 한자 '臲'과 '臬'은 同字이다.

(754) a. 脆 : 脆臲 不安貌 <四解上 63a>
b. 臲 : 危也 <四解下 2a>

<755> 萵苣 對 生菜

두 명사가 [苣] 즉 '상추'의 뜻을 가지고 동의 관계에 있다는 것은 다음 예문들에서 잘 확인된다. '苣'가 한자어 '萵苣'를 뜻하고 '萵苣'는 고유어 '부루'와 동의 관계에 있다. 그리고 '苣'의 자석이 '부루'이고 고유어 '부루'는 한자어 '萵苣' 및 한자어 '生菜'와 동의 관계에 있다. 따라서 '萵苣'와 '生菜'의 동의성은 명백히 입증된다.

(755) a. 苣 : …白苣 흰 부루 萵苣 부루 <四解上 30b>
b. 苣 : 부루 거 俗呼萵苣…或呼生菜 <字會上 8a>

한자어 '生菜'가 15세기의 『救急方諺解』(1466) 와 『杜詩諺解』(1481) 의 다음 예문들에서 잘 확인된다. 원문 중 '魚肉生菜'가 '믌고기와 生菜'로 번역되고 '細生菜'가 'ᄀᆞᄂᆞᆫ 生菜'로 번역된다.

(755) c. 이 다 술와 도틱 고기와 믌고기와 生菜를 禁止홀디니라(此皆禁酒猪肉魚肉生菜) <救方下 67a>
d. 봄 낤 봄 盤잇 ᄀᆞᄂᆞᆫ 生菜를(春日春盤細生菜) <杜十一 2a>

e. 보ᄃ라온 生菜ㅣ 됴ᄒ니ᄅᆞᆯ 더 이받ᄂᆞ니(脆添生菜美) <杜十五 9b>

<756> 萵苣 對 靑菜

두 명사가 [苣] 즉 '상추'의 뜻을 가지고 동의 관계에 있다는 것은 다음 예문들에서 잘 확인된다. '苣'가 한자어 '萵苣'를 뜻하고 '萵苣'는 고유어 '부루'와 동의 관계에 있다. 그리고 '苣'의 자석이 '부루'이고 고유어 '부루'는 한자어 '萵苣' 및 한자어 '靑菜'와 동의 관계에 있다. 따라서 '萵苣'와 '靑菜'의 동의성은 명백히 입증된다.

(756) a. 苣 : … 萵苣 부루 <四解上 30b>
　　　b. 苣 : 부루 거 俗呼萵苣 或呼靑菜 <字會上 8a>

<757> 婑媠/婑媠 對 身弱好貌

두 명사가 [媠]와 [婑] 즉 '날씬하고 아리따운 모양'의 뜻을 가지고 동의 관계에 있다는 것은 다음 예문들에서 잘 확인된다. '媠'가 한자어 '婑媠'를 뜻하고 '婑媠'는 한자어 '身弱好貌'와 동의 관계에 있다. 그리고 '婑'가 한자어 '婑媠'를 뜻하고 '婑媠'는 한자어 '身弱好貌'와 동의 관계에 있다. 따라서 '婑媠/婑媠'와 '身弱好貌'의 동의성은 명백히 입증된다. 한자 '婑'는 '媠'의 俗字이다.

(757) a. 媠 : 婑媠 身弱好貌 <四解下 28a>
　　　b. 婑 : 婑媠 身弱好貌 <四解下 28a>

<758> 倭子 對 倭奴

두 명사가 [倭] 즉 '日本人'의 뜻을 가지고 동의 관계에 있다는 것은 다음 예문들에서 잘 확인된다. '倭'의 자석이 '예'이고 고유어 '예'는 한자어 '倭子' 및 한자어 '倭奴'와 동의 관계에 있다. 따라서 '倭子'와 '倭奴'의 동의성은 명백히 입증된다.

(758) a. 倭 : … 又(詩) 倭遲 <四解上 53a>
　　　b. 倭 : 예 와 俗稱倭子 卽倭奴 有日本琉球等國 <字會中 2b>

<759> 莞蒲 對 葱蒲

두 명사가 [莞] 즉 '왕골, 골풀'의 뜻을 가지고 동의 관계에 있다는 것은 다음 예문들에서 잘 확인된다. '莞'이 한자어 '葱蒲'를 뜻한다. 그리고 '莞'의 자석이 '요향'이고 고유어 '요향'은 한자어 '莞蒲'와 동의 관계에 있고 '莞蒲'는 한자어 '葱蒲'와 동의 관계에 있다. 따라서 '莞蒲'와 '葱蒲'의 동의성은 명백히 입증된다.

(759) a. 莞 : ⋯一名葱蒲 <四解上 72a>
　　　b. 莞 : 요향 관 莞蒲 一名葱蒲 <字會上 4b>

<760> 王功 對 공로

두 명사 '王功'과 '공로'(功勞) 가 [勳] 즉 '王業을 輔成하는 勳功'의 뜻을 가지고 동의 관계에 있다는 것은 다음 예문들에서 잘 확인된다. '勳'이 한자어 '能成王功'을 뜻한다. 그리고 '勳'의 자석이 '공로'이고 한자어 '공로'는 한자어 '王功'과 동의 관계에 있다. 따라서 '王功'과 '공로'의 동의성은 명백히 입증된다.

(760) a. 勳 : 能成王功曰勳 <四解上 70a>
　　　b. 勳 : 공로 훈 王功曰勳<字會東中本下 31b>

<761> 王畿 對 邦畿

두 명사가 [畿] 즉 '경기, 方千里가 되는 땅'의 뜻을 가지고 동의 관계에 있다는 것은 다음 예문들에서 잘 확인된다. '畿'가 한자어 '王畿'를 뜻한다. 그리고 '畿'의 자석이 '경긔'이고 '경긔'는 한자어 '邦畿'와 동의 관계에 있다. 따라서 '王畿'와 '邦畿'의 동의성은 명백히 입증된다.

(761) a. 畿 : 王畿 <四解上 14b>
　　　b. 畿 : 경긧 긔 寰內地也 俗稱邦畿 <字會中 4b>

<762> 王畿 對 京畿

두 명사가 [畿] 즉 '京畿, 王城을 중심으로 한 千里 사방의 땅'의 뜻을 가지고 동의 관계에 있다는 것은 다음 예문들에서 잘 확인된다. '畿'가 한자어 '王畿'를 뜻한다. 그리고 '畿'의 자석이 '경긔'이고 '경긔'는 한자어 '京畿'와 동의 관계에 있다. 따라서 '王畿'와 '京畿'의 동의성은 명백히 입증된다.

(762) a. 畿 : 王畿 <四解上 14b>
　　　b. 畿 : 경긧 긔 寰內地也 俗稱邦畿 京畿 <字會中 4b>

<763> 蚅蝚/蚅孫 對 蜻蜊

두 명사가 [蟋]과 [蛬] 즉 '귀뚜라미'의 뜻을 가지고 동의 관계에 있다는 것은 다음 예문들에서 잘 확인된다. '蟋'이 한자어 '蛬蟋'을 뜻하고 '蛬孫'은 한자어 '蟋蟀' 및 고유어 '귀돌와미'와 동의 관계에 있다. 그리고 '蛬'은 한자어 '蛬孫'을 뜻하고 '蛬孫'은 한자어 '蟋蟀'과 동의 관계에 있다. 따라서 '蛬蟋/蛬孫'과 '蟋蟀'의 동의성은 명백히 입증된다.

(763) a. 蟋 : 蛬蟋 蟋蟀也 귀돌와미 <四解上 66a>

b. 蛬 : 蛬孫 蟋蟀即今促織 <四解下 46b>

<764> 汪濊 對 深廣皃

두 명사가 [濊]과 [汪] 즉 '깊고 넓은 모양'의 뜻을 가지고 동의 관계에 있다는 것은 다음 예문들에서 잘 확인된다. '濊'가 한자어 '汪濊'를 뜻하고 '汪濊'는 한자어 '深広皃'와 동의 관계에 있다. '濊'의 자석이 '믈 넙다'이고 '믈 넙다'는 한자어 '汪濊'와 동의 관계에 있다. '汪'이 한자어 '深広'을 뜻한다. 따라서 '汪濊'와 '深広皃'의 동의성은 명백히 입증된다.

(764) a. 濊 : 汪濊 深廣皃 <四解上 53b>

b. 濊 : 믈 너블 예 汪濊 大水貌 <字會下 15b>

(764) c. 汪 : 深廣也 <四解下 46a>

d. 汪 : 믈 너블 왕 <字會下 15b>

<765> 王八 對 團魚

두 명사가 [鼈] 즉 '자라'의 뜻을 가지고 동의 관계에 있다는 것은 다음 예문들에서 잘 확인된다. '鼈'의 자석이 '쟈래'이고 고유어 '쟈래'는 한자어 '王八' 및 한자어 '団魚'와 동의 관계에 있다. 따라서 '王八'과 '団魚'의 동의성은 명백히 입증된다.

(765) a. 鼈 : 甲虫 <四解下 3a>

b. 鼈 : 쟈래 별 俗呼王 八又呼團魚 <字會上 10b>

<766> 外舅 對 妻之父

두 명사가 [舅] 즉 '장인'의 뜻을 가지고 동의 관계에 있다는 것은 다음 예문들에서 잘 확인된다. '舅'가 한자어 '妻之父'를 뜻하고 '妻之父'는 한자어 '外舅'와 동의 관계에 있다. 따라서 '外舅'와 '妻之父'의 동의성은 명백히 입증된다.

(766) a. 舅 : …又妻之父爲外舅 <四解下 68b>
　　　b. 舅 : …又妻之父曰舅 <字會上 16b>

<767> 外郞 對 掾史

두 명사가 [吏]와 [外郞] 즉 '하급 관리'의 뜻을 가지고 동의 관계에 있다는 것은 다음 예문들에서 잘 확인된다. '吏'의 자석이 '셔리'이고 고유어 '셔리'는 한자어 '掾史' 및 한자어 '外郞'과 동의 관계에 있다. 그리고 원문 중 '崔的外郞'이 '최가읫 셔리'로 번역된다. 따라서 '外郞'과 '掾史'의 동의성은 명백히 입증된다.

(767) a. 吏 : 受命爲官治人者 又府史之屬 <四解上 28b>
　　　b. 吏 : 셔릿 리 掾史 吏屬 俗呼外郞 <字會中 1b>

(767) c. 셩이 최가읫 셔리 ᄒᆞ야 어드라 가게 ᄒᆞ져(着姓崔的外郞討去) <번朴上 3a>

<768> 외방 對 藩屛

두 명사 '외방'(外方) 과 '藩屛'이 [藩] 즉 '王侯의 영토, 변방을 지키는 王家의 附庸国'의 뜻을 가지고 동의 관계에 있다는 것은 다음 예문들에서 잘 확인된다. 원문 중 '藩府'가 '외방 ᄉᆞ올ᄒᆞ'로 번역된다. 그리고 '藩'이 한자어 '藩屛'을 뜻한다. 따라서 '외방'과 '藩屛'의 동의성은 명백히 입증된다.

(768) a. 믈읫 외방 ᄉᆞ올홀 다ᄉᆞ료ᄃᆡ 가난ᄒᆞ니를 졔도ᄒᆞ며 어버ᅀᅵ 업슨 사ᄅᆞᆷ 에엿비 너규믈 시급히 ᄒᆞ며
　　　(凡理藩府호ᄃᆡ 急於濟貧卹孤ᄒᆞ며) <번小十 14b>
　　　b. 藩 : …藩屛 <四解上 80b>

<769> 外甥 對 女壻

두 명사가 [甥] 즉 '사위'의 뜻을 가지고 동의 관계에 있다는 것은 다음 예문들에서 잘 확인된다. 한자어 '外甥'이 한자어 '女壻'와 동의 관계에 있다. 따라서 '外甥'과 '女壻'의 동의성은 명백히 입증된다.

(769) a. 甥 : …又女之壻曰外甥 女壻 <四解下 61b>
　　　b. 甥 : 아ᄎᆞ아들 싱 又壻曰甥 <字會上 16b>

<770> 外甥 對 姉妹之子

두 명사가 [甥] 즉 '생질, 시집간 자매가 낳은 男兒'의 뜻을 가지고 동의 관계에 있다는 것은 다음 예문들에서 잘 확인된다. '甥'이 한자어 '姉妹之子'를 뜻하고 '姉妹之子'는 한자어 '外甥'과 동의 관계에 있다. 따라서 '外甥'과 '姉妹之子'의 동의성은 명백히 입증된다.

(770) a. 甥 : 今俗呼姉妹之子曰外甥 姪兒 <四解下 61b>
　　　 b. 甥 : 아추아들 싱…又女之子曰外甥 <字會上 16b>

<771> 撩罟 對 抄網

두 명사가 [翼]와 [罾] 즉 '산대, 물고기를 떠올려 잡는 그물'의 뜻을 가지고 동의 관계에 있다는 것은 다음 예문들에서 잘 확인된다. '翼'가 한자어 '撩罟'를 뜻하고 '撩罟'는 한자어 '抄網'과 동의 관계에 있다. 그리고 '翼'가 한자 '罾'과 同義이고 '罾'의 자석이 '그믈'이다. 따라서 '撩罟'와 '抄網'의 동의성은 명백히 입증된다.

(771) a. 翼 : 撩罟 一名抄網…卽罾也 <四解下 21b>

(771) b. 罾 : 魚網有機者 今俗呼扮罾 들으믈 <四解下 60b>
　　　 c. 罾(8b) : 그믈 증 俗稱打扮罾 들그믈 티다 <字會中 9a>

<772> 偠㒟 對 細腰貌

두 명사가 [偠㒟] 즉 '허리가 가느다란 모양'의 뜻을 가지고 동의 관계에 있다는 것은 다음 예문들에서 잘 확인된다. '偠'와 '㒟'가 한자어 '偠㒟'를 뜻하고 '偠㒟'는 한자어 '細腰貌'와 동의 관계에 있다. 따라서 '偠㒟'과 '細腰貌'의 동의성은 명백히 입증된다.

(772) a. 偠 : 偠㒟…又細腰貌 <四解下 17a>
　　　 b. 㒟 : 偠㒟 細腰貌 <四解下 14b>

<773> 騕褭 對 神馬

두 명사가 [騕]와 [褭] 즉 '良馬 이름, 하루에 천리를 달린다는 神馬'의 뜻을 가지고 동의 관계에 있다는 것은 다음 예문들에서 잘 확인된다. '騕'가 한자어 '騕褭'를 뜻하고 '騕褭'는 한자어 '神馬'와 동의 관계에 있다. 그리고 '褭'가 한자어 '騕褭'를 뜻한다. 따라서 '騕褭'와 '神馬'의 동의성은 명백히 입증된다.

(773) a. 騕 : 騕褭 神馬 <四解下 17a>

　　b. 褭 : 騕褭 馬名 <四解下 14b>

<774> 褕翟 對 后服

　두 명사가 [褕]와 [翟] 즉 '황후의 옷, 꿩을 그린 황후의 옷'의 뜻을 가지고 동의 관계에 있다는 것은 다음 예문들에서 잘 확인된다. '褕'가 한자어 '褕翟'을 뜻하고 '褕翟'은 한자어 '后服'과 동의 관계에 있다. 그리고 '翟'이 한자어 '后服'을 뜻한다. 따라서 '褕翟'과 '后服'의 동의성은 명백히 입증된다.

(774) a. 褕 : 褕翟 后服 <四解下 17b>

　　b. 翟 : 雉也 又后服 <四解下 49b>

<775> 腰刀 對 環刀

　두 명사가 [劍] 즉 '칼'의 뜻을 가지고 동의 관계에 있다는 것은 다음 예문들에서 잘 확인된다. '劍'의 자석이 '환도'이고 '환도'는 한자어 '腰刀' 및 한자어 '環刀'와 동의 관계에 있다. 따라서 '腰刀'와 '環刀'의 동의성은 명백히 입증된다.

(775) a. 劍 : 兵器 <四解下 81a>

　　b. 劍 : 환도 검 俗呼腰刀 又曰環刀 <字會中 14a>

<776> 요령 對 木鐸

　두 명사 '요령'(鐃鈴) 과 '木鐸'이 [鐸] 즉 '방울, 큰 방울'의 뜻을 가지고 동의 관계에 있다는 것은 다음 예문들에서 잘 확인된다. '鐸'이 한자어 '木鐸'을 뜻한다. 그리고 '鐸'의 자석이 '요령'이다. 따라서 따라서 '요령'과 '木鐸'의 동의성은 명백히 입증된다.

(776) a. 鐸 : 木鐸 大鈴 <四解下 35b>

　　b. 鐸 : 요령 탁 有柄有舌者 <字會中 8b>

<777> 요령 對 小鉦如鈴

　두 명사 '요령'(鐃鈴) 과 '小鉦如鈴'이 [鐃] 즉 '징, 軍中에서 쓰는 작은 징'의 뜻을 가지고 동의 관계에 있다는 것은 다음 예문들에서 잘 확인된다. '鐃'가 한자어 '小鉦如鈴'을 뜻한다. 그리고 '鐃'의 자석이 '요령'이다. 따라서 '요령'과 '木鐸'의 동의성은 명백히 입증된다.

(777) a. 鐃 : 小鉦如鈴 無舌 <四解下 20a>
　　　b. 鐃 : 요령 요 <字會中 8b>

<778> 夭夭 對 少好貌

　두 명사가 [夭夭] 즉 '젊고 용모가 아름다움'의 뜻을 가지고 동의 관계에 있다는 것은 다음 예문들에서 잘 확인된다. '夭'의 자석이 '죽다'이고 한자어 '夭夭'가 한자어 '少好貌'와 동의 관계에 있다. 따라서 '夭夭'와 '少好貌'의 동의성은 명백히 입증된다.

　(778) a. 殀 : 少殁也 通作夭 <四解下 17a>
　　　b. 夭 : 주글 요 橫夭 少殁 又平聲 夭夭 少好貌 <字會下 11b>

<779> 容貌 對 模樣

　두 명사가 [貌] 즉 '모양, 모습'의 뜻을 가지고 동의 관계에 있다는 것은 다음 예문들에서 잘 확인된다. '貌'가 한자어 '容貌'를 뜻한다. 그리고 '貌'의 자석이 '즛'이고 고유어 '즛'은 한자어 '模樣'과 동의 관계에 있다. 따라서 '容貌'와 '模樣'의 동의성은 명백히 입증된다. 한자 '皃'는 '貌'의 古字이다.

　(779) a. 皃 : 容貌 <四解下 21a>
　　　b. 貌 : 同 <四解下 21a>
　　　c. 貌 : 즛 모 俗稱模樣 <字會上 12a>

<780> 芋頭 對 芋魁

　두 명사가 [芋] 즉 '큰 토란'의 뜻을 가지고 동의 관계에 있다는 것은 다음 예문들에서 잘 확인된다. '芋'가 고유어 '토란'을 뜻하고 '토란'은 한자어 '芋頭' 및 한자어 '芋魁'와 동의 관계에 있다. 따라서 '芋頭'와 '芋魁'의 동의성은 명백히 입증된다.

　(780) a. 芋 : 菜名 토란 亦作芌 今俗呼芋頭 又曰芋魁 <四解上 34b>
　　　b. 芌 : 토란 우 俗稱芌頭…俗作芋 <字會上 7b>

<781> 牛蝨 對 草蟲

　두 명사가 [蟲] 즉 '진드기'의 뜻을 가지고 동의 관계에 있다는 것은 다음 예문들에서 잘 확인된다. '蟲'가 한자어 '牛蝨'을 뜻하고 '牛蝨'은 한자어 '草蟲' 및 고유어 '진뒤'와 동의 관계에 있다. 그리고 '蟲'

의 자석이 '진뒤'이고 고유어 '진뒤'는 한자어 '草螆'와 동의 관계에 있다. 따라서 '牛螆'과 '草螆'의 동의성은 명백히 입증된다.

(781) a. 螆 : 牛螆 今俗呼草螆 진뒤 <字會上 26a>
　　　b. 螆 : 진뒤 비 俗呼草螆 <字會上 12a>

<782> 游徼 對 邏卒

두 명사가 [徼] 즉 '순라군, 순라하는 병졸'의 뜻을 가지고 동의 관계에 있다는 것은 다음 예문들에서 잘 확인된다. '徼'가 한자어 '游徼'를 뜻하고 '游徼'는 한자어 '邏卒'과 동의 관계에 있다. 그리고 '徼'가 한자어 '邏卒'을 뜻하고 '邏卒'은 한자어 '游徼'와 동의 관계에 있다. 따라서 '游徼'와 '邏卒'의 동의성은 명백히 입증된다.

(782) a. 徼 : 境界也…又游徼 邏卒也 <四解下 13a>
　　　b. 徼 : ᄀᆞᆺ 교 邊也 又邏卒曰游徼 <字會上 3b>

<783> 優游 對 自如貌

두 명사가 [優游] 즉 '悠悠自適하는 모양'의 뜻을 가지고 동의 관계에 있다는 것은 다음 예문들에서 잘 확인된다. '游'가 한자어 '優游'를 뜻하고 '優游'는 한자어 '自如貌'와 동의 관계에 있다. 그리고 '優'가 한자어 '優游'를 뜻한다. 따라서 '優游'와 '自如貌'의 동의성은 명백히 입증된다.

(783) a. 游 : 優游 又浮行 <四解下 70b>
　　　b. 游 : 헤욤 유…又優游 自如貌 <字會中 1b>

(783) c. 優 : 和也…又同下 <四解下 70a>
　　　d. 優 : 游 <四解下 70a>

<784> 雨衣 對 蓑衣

두 명사가 [襏]과 [襫] 즉 '도롱이, 雨衣'의 뜻을 가지고 동의 관계에 있다는 것은 다음 예문들에서 잘 확인된다. '襏'이 한자어 '襏襫'을 뜻하고 '襏襫'은 한자어 '雨衣'와 동의 관계에 있다. 그리고 '襫'이 한자어 '襏襫'을 뜻하고 '襏襫'은 한자어 '蓑衣'와 동의 관계에 있다. 따라서 '雨衣'과 '蓑衣'의 동의성은 명백히 입증된다.

(784) a. 襏 : 襏襫 雨衣 <四解上 74a>

　　　b. 襫 : 襏襫 蓑衣 <四解下 54b>

<785> 愚芚 對 無知皃

두 명사가 [芚] 즉 '어리석은 모양'의 뜻을 가지고 동의 관계에 있다는 것은 다음 예문들에서 잘 확인된다. '芚'이 한자어 '愚芚'을 뜻하고 '愚芚'은 한자어 '無知皃'와 동의 관계에 있다. 따라서 '愚芚'과 '無知皃'의 동의성은 명백히 입증된다.

(785) a. 芚 : … 又愚芚 無知皃 <四解上 63b>

(785) b. 愚 : 戇也 <四解上 30b>

　　　c. 愚 : 어릴 우 <字會下 13a>

<786> 牛蘈 對 羊蹄菜

두 명사가 [蓫]과 [蓨] 즉 '참소리쟁이, 소루쟁이'의 뜻을 가지고 동의 관계에 있다는 것은 다음 예문들에서 잘 확인된다. '蓫'이 한자어 '牛蘈'를 뜻하고 '牛蘈'는 한자어 '羊蹄菜' 및 고유어 '솔옷'과 동의 관계에 있다. 그리고 '蓨'의 자석이 '솔옷'이고 고유어 '솔옷'은 한자어 '羊蹄菜'와 동의 관계에 있다. 따라서 '牛蘈'와 '羊蹄菜'의 동의성은 명백히 입증된다.

(786) a. 蓫 : 牛蘈 今俗呼羊蹄菜 솔옷 <四解上 9a>

　　　b. 蓨 : 솔옷 뎨 俗呼羊蹄菜 <字會上 5a>

<787> 雲霄 對 靑霄

두 명사가 [霄] 즉 '하늘'의 뜻을 가지고 동의 관계에 있다는 것은 다음 예문들에서 잘 확인된다. '霄'가 한자어 '雲霄'를 뜻한다. 그리고 '霄'의 자석이 '하늘'이고 고유어 '하늘'은 '靑霄'와 동의 관계에 있다. 따라서 '雲霄'와 '靑霄'의 동의성은 명백히 입증된다.

(787) a. 霄 : 雲霄 <四解下 16a>

　　　b. 霄 : 하늘 쇼 俗稱靑霄 <字會上 1a>

<788> 熨斗 對 運斗

두 명사가 [熨]과 [運斗] 즉 '다리미'의 뜻을 가지고 동의 관계에 있다는 것은 다음 예문들에서 잘 확인된다. '熨'이 한자어 '熨斗'를 뜻한다. '熨'의 자석이 '다리우리'이고 고유어 '다리우리'는 한자어 '熨斗' 및 한자어 '運斗'와 동의 관계에 있다. 그리고 원문 중 '運斗'가 '다리우리'로 번역된다. 따라서 '熨斗'와 '運斗'의 동의성은 명백히 입증된다.

> (788) a. 熨 : …又火斗 今俗呼爲熨斗 <四解上 69b>
> b. 熨 : 다리우리 울 俗呼熨斗 又曰運斗 <字會中 7b>

> (788) c. 둘잿 형은 다리우리오(二哥是運斗) <번朴上 39b>

<789> 熨斗 對 火斗

두 명사가 [熨] 즉 '다리미'의 뜻을 가지고 동의 관계에 있다는 것은 다음 예문들에서 잘 확인된다. '熨'이 한자어 '火斗'를 뜻하고 '火斗'는 한자어 '熨斗'와 동의 관계에 있다. 그리고 '熨'의 자석이 '다리우리'이고 고유어 '다리우리'는 한자어 '熨斗'와 동의 관계에 있다. 따라서 '熨斗'와 '火斗'의 동의성은 명백히 입증된다.

> (789) a. 熨 : …又火斗 今俗呼爲熨斗 <四解上 69b>
> b. 熨 : 다리우리 울 俗呼熨斗 <字會中 7b>

<790> 鶈鶋 對 海鳥

두 명사가 [鶈]과 [鶋] 즉 '봉새 비슷한 海鳥'의 뜻을 가지고 동의 관계에 있다는 것은 다음 예문들에서 잘 확인된다. '鶈'과 '鶋'가 한자어 '鶈鶋'를 뜻하고 '鶈鶋'는 한자어 '海鳥'와 동의 관계에 있다. 따라서 '鶈鶋'와 '海鳥'의 동의성은 명백히 입증된다.

> (790) a. 鶈 : 鶈鶋 海鳥 <四解下 12a>
> b. 鶋 : 鶈鶋 海鳥 <四解上 29a>

<791> 蜿蟮 對 蚯蚓

두 명사가 [蜿]과 [蟮] 즉 '지렁이'의 뜻을 가지고 동의 관계에 있다는 것은 다음 예문들에서 잘 확인된다. '蜿'이 한자어 '蜿蟮'을 뜻하고 '蜿蟮'은 한자어 '蚯蚓'과 동의 관계에 있다. 그리고 '蟮'의 자석이 '거위'이고 고유어 '거위'는 한자어 '蚯蚓'과 동의 관계에 있다. 따라서 '蜿蟮'과 '蚯蚓'의 동의성은 명백히 입증된다.

    (791) a. 蜿 : 蜿蟺 蚯蚓 <四解下 11b>

    (791) b. 蟺 : 蜿蟺 蚯蚓 <四解下 6b>

        c. 蟺 : 同上 <四解下 6b>

        d. 蟺 : 거쉬 션…蚯蚓 <字會上 11b>

<792> 蜿蜿 對 龍升貌

    두 명사가 [蜿蜿] 즉 '용이 구불구불 기어 가는 모양'의 뜻을 가지고 동의 관계에 있다는 것은 다음 예 문들에서 잘 확인된다. '蜿'이 한자어 '蜿蜿'을 뜻하고 '蜿蜿'은 한자어 '竜升貌'와 동의 관계에 있다. 따라서 '蜿蜿'과 '竜升貌'의 동의성은 명백히 입증된다.

    (792) a. 蜿 : …又蜿蜿 龍升貌 <四解下 11b>
        b. 蜿 : 蟠蜿 龍兒 <四解上 75b>

<793> 원슈 對 仇讎

    두 명사 '원슈'(怨讎) 와 '仇讎'가 [讎]와 [仇] 즉 '원수'의 뜻을 가지고 동의 관계에 있다는 것은 다음 예문들에서 잘 확인된다. 원문 중 '賊讎'가 '도즉과 원슈'로 번역되고 '為讎'가 '원수 되다'로 번역된다. '讎'가 한자어 '仇讎'를 뜻하고 '讎'의 자석이 '원슈'이다. 그리고 '仇'가 한자어 '仇讎'를 뜻하고 '仇'의 자 석이 '원슈'이다. 따라서 '원슈'와 仇讎의 동의성은 명백히 입증된다.

    (793) a. 아쳐려 호믄 도즉(41b) 과 원슈 ᄀᆞ티 너기ᄂᆞ니(患若賊讎ᄒᆞᄂᆞ니) <번小七 42a>
        b. 사ᄅᆞ미 믜유믈 원슈와 피뎍 ᄀᆞ티 너기며(人이 疾之如讎敵ᄒᆞ며) <번小八 30a>
        c. 형뎨 원슈 되어(兄弟爲讎ᄒᆞ야) <번小九 100b>
        d. 은덕이며 원슈를 분명히 ᄒᆞ라 ᄒᆞᄂᆞ 네 지(恩讎分明此四字ㅣ) <번小八 15b>
        e. 심흔 사ᄅᆞ믄 원슈 ᄀᆞᆮ티 ᄒᆞ야(甚者ᄂᆞ 至若仇敵ᄒᆞ야) <번小七 43b>

    (793) f. 讎 : 仇讎 <四解下 69b>
        g. 讎 : 원슛 슈 <字會下 11a>

    (793) h. 仇 : 仇讎 又匹也 傲也 <四解下 68a>
        i. 仇 : 원슈 구 又匹也 <字會下 11a>

<794> 遠志 對 小草

두 명사가 [蒬] 즉 '애기풀, 원지'의 뜻을 가지고 동의 관계에 있다는 것은 다음 예문들에서 잘 확인된다. '蒬'가 한자어 '小草'를 뜻하고 '小草'는 한자어 '遠志' 및 고유어 '아기플'과 동의 관계에 있다. 따라서 '遠志'와 '小草'의 동의성은 명백히 입증된다.

(794) a. 蒬 : 小草…今遠志 아기플 <四解下 16b>
b. 薳 : …又草名 <四解上 53a>

<795> 桅竿 對 帆柱

두 명사가 [桅]와 [檣] 즉 '돛대, 돛을 달기 위한 기둥'의 뜻을 가지고 동의 관계에 있다는 것은 다음 예문들에서 잘 확인된다. '桅'가 한자어 '桅竿'을 뜻하고 '桅竿'은 고유어 '빗대'와 동의 관계에 있다. '桅'의 자석이 '빗대'이고 고유어 '빗대'는 한자어 '桅竿'과 동의 관계에 있다. 그리고 '檣'이 한자어 '帆柱'를 뜻하고 '帆柱'는 한자어 '桅竿' 및 고유어 '빗대'와 동의 관계에 있다. 따라서 '桅竿'과 '帆柱'의 동의성은 명백히 입증된다.

(795) a. 桅 : 檣也 今俗呼桅竿 빗대 <四解上 49a>
b. 桅 : 빗대 위 小曰桅 俗呼桅竿 <字會中 12b>

(795) c. 檣 : 帆柱 今俗呼桅竿 빗대 <四解下 42a>
d. 檣 : 빗대 쟝 大曰檣 <字會中 12b>

<796> 萎腇 對 㜇弱

두 명사가 [萎]와 [腇] 즉 '연약함, 약함'의 뜻을 가지고 동의 관계에 있다는 것은 다음 예문들에서 잘 확인된다. '萎'와 '腇'가 한자어 '萎腇'를 뜻하고 '萎腇'는 한자어 '㜇弱'과 동의 관계에 있다. 따라서 '萎腇'와 '㜇弱'의 동의성은 명백히 입증된다.

(796) a. 萎 : 萎腇 㜇弱 <四解上 53a>
b. 腇 : …又萎腇 㜇弱也 <四解上 49b>

(796) c. 㜇 : 柔也 <四解下 12b>
d. 弱 : 劣弱 <四解下 45b>

<797> 楲竇 對 糞槽

　두 명사가 [楲]와 [竇] 즉 '요강, 변기'의 뜻을 가지고 동의 관계에 있다는 것은 다음 예문들에서 잘 확인된다. '楲'가 한자어 '楲竇'를 뜻한다. 그리고 '竇'이 한자어 '楲竇'를 뜻하고 '楲竇'는 한자어 '糞槽'와 동의 관계에 있다. 따라서 '楲竇'와 '糞槽'의 동의성은 명백히 입증된다.

　(797) a. 楲：楲竇 行圊 <四解上 53a>
　　　　b. 竇：穴也 <四解下 65b>

　(797) c. 圊：行圊 楲竇也 即糞槽也 <四解下 52a>
　　　　d. 圊：뒷간 청 <字會中 3b>

<798> 楲竇 對 褻器

　두 명사가 [楲] 즉 '요강, 변기'의 뜻을 가지고 동의 관계에 있다는 것은 다음 예문들에서 잘 확인된다. '楲'가 한자어 '楲竇'를 뜻하고 '楲竇'는 한자어 '褻器'와 동의 관계에 있다. 따라서 '楲竇'와 '褻器'의 동의성은 명백히 입증된다.

　(798) a. 楲：楲竇 行圊 褻器 <四解上 53a>
　　　　b. 竇：穴也 <四解下 65b>

<799> 楲竇 對 行圊

　두 명사가 [楲]와 [圊] 즉 '요강, 변기'의 뜻을 가지고 동의 관계에 있다는 것은 다음 예문들에서 잘 확인된다. '楲'가 한자어 '楲竇'를 뜻하고 '楲竇'는 한자어 '行圊'과 동의 관계에 있다. 그리고 '圊'이 한자어 '行圊'을 뜻하고 '行圊'은 한자어 '楲竇'와 동의 관계에 있다. 따라서 '楲竇'와 '行圊'의 동의성은 명백히 입증된다.

　(799) a. 楲：楲竇 行圊 褻器 <四解上 53a>
　　　　b. 竇：穴也 <四解下 65b>

　(799) c. 圊：行圊 楲竇也 即糞槽也 <四解下 52a>
　　　　d. 圊：뒷간 청 <字會中 3b>

<800> 위엄 對 威儀

두 명사 '위엄'(威嚴) 과 '威儀'가 [威]와 [威嚴] 즉 '위엄, 존엄'의 뜻을 가지고 동의 관계에 있다는 것은 다음 예문들에서 잘 확인된다. 원문 중 '有威'가 '위엄이 잇다'로 번역되고 '天威嚴'이 '샹위 위엄'으로 번역된다. 그리고 '威'가 한자어 '威儀'를 뜻하고 '威'의 자석이 '위엄'이다. 따라서 '위엄'과 '威儀'의 동의성은 명백히 입증된다.

(800) a. 쳥념ᄒ고 공변ᄒ고 위엄이 잇더니(廉公有威ᄒ더니) <번小六 13b>
　　　　b. 샹위 위엄이 듕ᄒ실시(天威嚴重ᄒ실시) <번小九 46a>

(800) c. 威 : 威儀 <四解上 53a>
　　　　d. 威 : 위엄 위 尊嚴可畏 <字會下 13b>

<801> 觓骳 對 屈曲

두 명사가 [觓]와 [骳] 즉 '구부러짐'의 뜻을 가지고 동의 관계에 있다는 것은 다음 예문들에서 잘 확인된다. '觓'가 한자어 '觓骳'를 뜻하고 '觓骳'는 한자어 '屈曲'과 동의 관계에 있다. 그리고 '骳'가 한자어 '觓骳'를 뜻한다. 따라서 '觓骳'와 '屈曲'의 동의성은 명백히 입증된다.

(801) a. 觓 : 觓骳 屈曲也 <四解上 53a>
　　　　b. 觓 : 觓骳 <四解上 54b>

(801) c. 骳 : 觓骳 屈曲貌 <四解上 16a> <四解上 16b>

<802> 帷幔 對 床帳

두 명사가 [幌] 즉 '휘장'의 뜻을 가지고 동의 관계에 있다는 것은 다음 예문들에서 잘 확인된다. '幌'이 한자어 '帷幔'을 뜻한다. 그리고 '幌'의 자석이 '댱'이고 '댱'은 한자어 '床帳'과 동의 관계에 있다. 따라서 '帷幔'과 '床帳'의 동의성은 명백히 입증된다.

(802) a. 幌 : 帷幔 <四解下 46a>
　　　　b. 幌 : 댱 황 床帳 <字會中 7b>

<803> 鼬鼠 對 鼠郎

두 명사가 [鼪]과 [鼬] 즉 '족제비'의 뜻을 가지고 동의 관계에 있다는 것은 다음 예문들에서 잘 확인된다. '鼪'이 한자어 '鼬鼠'를 뜻하고 '鼬鼠'는 한자어 '鼠郎'과 동의 관계에 있다. 그리고 '鼬'가 한자어

'鼠郎'을 뜻한다. 따라서 '鼪鼠'와 '鼠郎'의 동의성은 명백히 입증된다.

(803) a. 鼪 : 鼪鼠 俗呼鼠郎 <四解下 61b>
　　　b. 鼪 : 드라미 싱 <字會上 10b>

(803) c. 鼬 : 如貂 俗謂鼠郎 一名鼪 <四解下 71a>

<804> 游徼 對 邏卒

두 명사가 [徼] 즉 '순라군(巡邏軍), 순찰하는 사람'의 뜻을 가지고 동의 관계에 있다는 것은 다음 예 문들에서 잘 확인된다. '徼'가 한자어 '游徼'를 뜻하고 '游徼'는 한자어 '邏卒'을 뜻한다. 그리고 '徼'가 한 자어 '邏卒'을 뜻하고 '邏卒'은 한자어 '游徼'와 동의 관계에 있다. 따라서 '游徼'와 '邏卒'의 동의성은 명 백히 입증된다.

(804) a. 徼 : …又游徼 邏卒也 <四解下 13a>
　　　b. 徼 : …又邏卒 曰游徼 <字會上 3b>

<805> 油榨 對 壓油者

두 명사가 [油榨] 즉 '기름틀, 기름을 짜는 틀'의 뜻을 가지고 동의 관계에 있다는 것은 다음 예문들에 서 잘 확인된다. 한자어 '壓油者'가 한자어 '油榨'와 동의 관계에 있다. 따라서 '油榨'와 '壓油者'의 동의 성은 명백히 입증된다.

(805) a. 榨 : 俗謂打油者 曰油榨 <四解下 29b>
　　　b. 榨 : 고죠 쟈 俗稱酒榨 又壓油者 曰油榨 <字會中 7a>

<806> 肉羹 對 고깃羹

명사 '肉羹'과 합성명사 '고깃羹'이 [肉羹]과 [腌] 즉 '고깃국'의 뜻을 가지고 동의 관계에 있다는 것은 다음 예문들에서 잘 확인된다. 원문 중 '肉羹'이 '고깃羹'으로 번역된다. 그리고 '腌'의 자석이 '肉羹'이 다. 따라서 '肉羹'과 '고깃羹'의 동의성은 명백히 입증된다. '고깃羹'은 합성명사로 고유어 '고기'와 한자 어 '羹'의 合成이다.

(806) a. 뫼셧는 겨집죵으로 히여 고깃羹을 드러 가다가 관딧옷새 업텨 더러이고(使侍婢로 奉肉羹ᄒ야
　　　　翻汚朝衣ᄒ고) <번小十 3a>

(806) b. 腹 : 肉羹 <四解下 39b>

　　　　c. 腹 : 고기탕 확 <字會中 11a>

<807> 은 對 白金

　　두 명사 '은'(銀) 과 '白金'이 [銀]과 [銀子] 즉 '은'의 뜻을 가지고 동의 관계에 있다는 것은 다음 예
문들에서 잘 확인된다. 원문 중 '好銀'이 '됴훈 은'으로 번역되고 '低銀'이 '눗가온 은'으로 번역된다.
'一百四十兩銀子'가 '一百 四十兩 銀'으로 번역되고 '好銀子'가 '됴훈 은'으로 번역된다. 그리고 '銀'은
한자어 '白金'을 뜻하고 '銀'의 자석이 '은'이다. 따라서 '은'과 '白金'의 동의성은 명백히 입증된다.

　　(807) a. 호마 은이라 호거니(既是好銀時) <번老下 14a>

　　　　b. 해 눗가온 은이 나도 업다(咳低銀我也沒) <번老下 14a>

　　　　c. 내해 다 실 ᄀᆞᆫ 구의 나깃 은이라(我的都是細絲官銀) <번老下 14a>

　　　　d. 대되 一百 四十兩 銀을 바도리라(通要一百四十兩銀子) <번老下 10a>

　　　　e. 네 一百四十兩 銀을 바도려 호거시니(你要一百四十兩銀子時) <번老下 11a>

　　　　f. 됴훈 을을 날 고려(好銀子與我些) <번老下 14a>

　　　　g. 훈 돈 은에 열 근 ᄀᆞᆯ이오(一錢銀子十斤麵) <번老上 9b>

　　　　h. 열두 량 은(14b) 곳 아니면(不着十二兩銀子) <번朴上 15a>

　　(807) i. 銀 : …白金 <四解上 56b>

　　　　j. 銀 : 은 은 <字會中 15a>

<808> 嶙嶙 對 山峻貌

　　두 명사가 [嶙]과 [嶙] 즉 '산이 높은 모양'의 뜻을 가지고 동의 관계에 있다는 것은 다음 예문들에서
잘 확인된다. '嶙'이 한자어 '嶙嶙'을 뜻하고 '嶙嶙'은 한자어 '山峻貌'와 동의 관계에 있다. 그리고 '嶙'이
한자어 '嶙嶙'을 뜻하고 '嶙嶙'은 한자어 '山峻貌'와 동의 관계에 있다. 따라서 '嶙嶙'과 '山峻貌'의 동의
성은 명백히 입증된다.

　　(808) a. 嶙 : 嶙嶙 山峻貌 <四解上 60a>

　　　　b. 嶙 : 嶙嶙 山峻貌 <四解上 61a>

<809> 垠堮 對 崖岸

두 명사가 [垠]과 [㟪] 즉 '벼랑, 낭떠러지'의 뜻을 가지고 동의 관계에 있다는 것은 다음 예문들에서 잘 확인된다. '垠'이 한자어 '垠㟪'을 뜻한다. 그리고 '㟪'이 한자 '垠'과 同義이고 한자어 '崖岸'을 뜻한다. 따라서 '垠㟪'과 '崖岸'의 동의성은 명백히 입증된다.

(809) a. 垠 : …崖也 垠㟪 <四解上 61b>

b. 㟪 : 垠也 崖岸也 <四解下 40a>

<810> 癮瘮 對 皮外小起

두 명사가 [癮]과 [瘮] 즉 '두드러기'의 뜻을 가지고 동의 관계에 있다는 것은 다음 예문들에서 잘 확인된다. '癮'이 한자어 '癮瘮'을 뜻하고 '癮瘮'은 한자어 '皮外小起'와 동의 관계에 있다. 그리고 '疹'이 한자 '瘮'과 同字이고 한자어 '癮疹'을 뜻하고 '癮疹'은 한자어 '皮外小起'와 동의 관계에 있다. 따라서 '癮瘮'과 '皮外小起'의 동의성은 명백히 입증된다.

(810) a. 癮 : 癮瘮 皮外小起 <四解上 60a>

b. 癮 : 두드러기 은 <字會中 16a>

(810) c. 疹 : …又(58b)癮疹 皮外小起 <四解上 59a>

d. 瘮 : 同上 <四解上 59a>

e. 瘮(16a) : 두드러기 딘 <字會中 16b>

<811> 은혜 對 은덕

두 명사 '은혜'(恩惠) 와 '은덕'(恩德) 이 [恩] 즉 '은혜, 은덕'의 뜻을 가지고 동의 관계에 있다는 것은 다음 예문들에서 잘 확인된다. 원문 중 '有恩'이 '은혜 잇다'로 번역되고 '新婦恩'이 '이 며느리 은혜'로 번역된다. '恩讎'가 '은덕이며 원슈'로 번역된다. 그리고 '恩'의 자석이 '은혜'이다. 따라서 '은혜'와 '은덕'의 동의성은 명백히 입증된다.

(811) a. 부쳐는 은혜 이시며(夫婦ㅣ 有恩ᄒᆞ며) <번小六 36b>

b. 가히는 프레 믈 쓰리던 은혜 잇고(狗有灑草之恩) <번朴上 43b>

c. 이 며느릿 은혜를 갑디 몯ᄒᆞ리로소니(無以報新婦恩이로소니) <번小九 30a>

d. 은혜를 ᄆᆞ춤내 몯ᄒᆞᄂᆞ니(恩은 不能終ᄒᆞᄂᆞ니) <번小七 44b>

(811) e. 은덕이며 원슈를 분명히 ᄒᆞ라 ᄒᆞᄂᆞ 이 네 지(恩讎分明此四字ㅣ) <번小八 15b>

(811) f. 恩 : 惠也 <四解上 62a>

   g. 恩 : 은혯 은 <字會下 13b>

<812> 飮食 對 차반

두 명사 '飮食'과 '차반'(茶飯)이 [飮食], [饌] 및 [茶飯] 즉 '음식'의 뜻을 가지고 동의 관계에 있다는 것은 다음 예문들에서 잘 확인된다. 원문 중 '執饌'이 '飮食을 밍글다'로 번역되고 '執奠饌'이 '祭奠의 차반 밍글다'로 번역된다. 그리고 '甚麼茶飯'이 '므슴 음식'으로 번역되고 '甚麼好茶飯'이 '아무란 됴흔 차반'으로 번역된다. 따라서 '飮食'과 '차반'의 동의성은 명백히 입증된다.

(812) a. 飮食을 의식 親히 이받더니(飮食必親奉) <속三孝 31a>

   b. 아룸뎟 飮食을 믄도라 먹게 ᄒᆞ야(私作飮食ᄒᆞ야) <번小九 7a>

   c. 飮食에 술 고기를 드므리 머그며(飮食에 罕御酒肉ᄒᆞ고) <번小九 34a>

   d. 음식 잇거든 모다 머그라(有飮食則就飮食之爲羅) <呂約 26a>

   e. 음식 ᄉᆞ랑 아니ᄒᆞ오니라(不思飮食) <번老下 40a>

   f. 우리 므슴 음식을 머거ᅀᅡ 됴홀고(咱們喫些甚麼茶飯好) <번老上 60b>

   g. ᄯᅩ다 음식 주워 머길 거시라(也都與茶飯喫) <번老上 54b>

   h. 親히 飮食을 밍ᄀᆞ로ᄃᆡ(親執食饌具) <속三孝 27a>

   i. 어미 왕샹일 음식 주어든(朱賜祥饌) <二倫 10b>

(812) j. ᄯᅩ 아무란 됴흔 차반도 업더니(又沒甚麼好茶飯) <번老上 43b>

   k. 漢兒의 차반 ᄒᆞ져(咱們做漢兒茶飯着) <번老下 37b>

   l. 차반도 비브르다(茶飯也飽了) <번朴上 7a>

   m. 손소 祭奠의 차반 밍글며(躬執奠饌) <속三孝 7a>

   n. 의식 수울와 차반 쟝만ᄒᆞ야 이받더라(必具酒饌以奉) <속三孝 28a>

   o. 쥬신도 ᄯᅩ 술와 차반 ᄀᆞ초와(主人이 亦自備酒饌ᄒᆞ야) <번小七 17a>

   p. 원빅기 차반 밍ᄀᆞ라지라 ᄒᆞ대(元伯請設饌以候) <二倫 33a>

<813> 음양 對 易卦

두 명사 '음양'(陰陽)과 '易卦'가 [卦] 즉 '점'의 뜻을 가지고 동의 관계에 있다는 것은 다음 예문들에서 잘 확인된다. 원문 중 '卦錢'이 '음양 값'으로 번역된다. 그리고 '卦'가 한자어 '易卦'를 뜻한다. 따라서 '음양'과 '易卦'의 동의성은 명백히 입증된다.

(813) a. 음양 갑슬 은 닷 분만 두라(五分卦錢留下着) <번老下 72a>

　　　b. 卦 : 筮也 易卦 <四解下 72a>

<814> 衣架 對 椸架

두 명사가 [椸]와 [架] 즉 '옷걸이, 횃대'의 뜻을 가지고 동의 관계에 있다는 것은 다음 예문들에서 잘 확인된다. '椸'가 한자어 '衣架'를 뜻한다. '椸'의 자석이 '홰'이고 고유어 '홰'는 한자어 '衣架'와 동의 관계에 있다. 그리고 '架'가 한자어 '椸架'를 뜻한다. 따라서 '衣架'와 '椸架'의 동의성은 명백히 입증된다.

(814) a. 椸 : …又衣架 <四解上 21b>

　　　b. 椸 : 홰 이 衣架 <字會中 7b>

(814) c. 架 : …又椸架 <四解下 30b>

<815> 旖旎 對 旗舒皃

두 명사가 [旖]와 [旎] 즉 '깃발이 펄럭이는 모양'의 뜻을 가지고 동의 관계에 있다는 것은 다음 예문들에서 잘 확인된다. '旖'가 한자어 '旖旎'를 뜻하고 '旖旎'는 한자어 '旗舒皃'와 동의 관계에 있다. 그리고 '旎'가 한자어 '旖旎'를 뜻한다. 따라서 '旖旎'와 '旗舒皃'의 동의성은 명백히 입증된다.

(815) a. 旖 : 旖旎 旗舒皃 <四解上 20b>

　　　b. 旎 : 旖旎 <四解上 25b>

<816> 椅柅 對 木弱貌/木弱皃

두 명사가 [椅柅] 즉 '나뭇가지가 휜 모양'의 뜻을 가지고 동의 관계에 있다는 것은 다음 예문들에서 잘 확인된다. '椅'가 한자어 '椅柅'를 뜻하고 '椅柅'는 한자어 '木弱皃'와 동의 관계에 있다. 그리고 '柅'가 한자어 '椅柅'를 뜻하고 '椅柅'는 한자어 '木弱貌'와 동의 관계에 있다. 따라서 '椅柅'와 '木弱貌/木弱皃'의 동의성은 명백히 입증된다. 한자 '貌'와 '皃'는 同字이다.

(816) a. 椅 : 椅柅 木弱皃…又今俗呼坐具曰椅子 교의 <四解上 20b>

　　　b. 椅 : 교의 의 俗稱椅子 <字會中 6a>

(816) c. 柅 : …又椅柅 木弱貌 <四解上 26a>

<817> 倚廬 對 喪居

두 명사가 [倚廬] 즉 '부모의 喪中에 상주가 거처하던 집'의 뜻을 가지고 동의 관계에 있다는 것은 다음 예문들에서 잘 확인된다. '廬'의 자석이 '집'이고 한자어 '倚廬'가 한자어 '喪居'와 동의 관계에 있다. 따라서 '倚廬'와 '喪居'의 동의성은 명백히 입증된다.

(817) a. 廬 : 舍也 <四解上 35a>
　　　b. 廬 : 집 려 民居 又喪居曰倚廬 <字會中 3a>

<818> 衣無絮 對 袷衣

두 명사가 [袷] 즉 '겹옷, 솜을 두지 않고 거죽과 안을 맞추어 지은 옷'의 뜻을 가지고 동의 관계에 있다는 것은 다음 예문들에서 잘 확인된다. '袷'이 한자어 '衣無絮'를 뜻한다. 그리고 '袷'의 자석이 '겹옷'이고 고유어 '겹옷'은 한자어 '袷衣'와 동의 관계에 있다. 따라서 '衣無絮'와 '袷衣'의 동의성은 명백히 입증된다.

(818) a. 袷 : 衣無絮 <四解下 80a>
　　　b. 袷 : 겹옷 협 袷衣 <字會中 12a>

<819> 의원 對 太醫

두 명사 '의원'(医員) 과 '太医'가 [太医]와 [医] 즉 '의원, 의사'의 뜻을 가지고 동의 관계에 있다는 것은 다음 예문들에서 잘 확인된다. 원문 중 '太医説'이 '의원이 니르다'로 번역되고 '請太医'가 '의원 청ᄒᆞ다'로 번역된다. 그리고 '医'의 자석이 '의원'이고 '의원'은 한자어 '太医'와 동의 관계에 있다. 따라서 '의원'과 '太医'의 동의성은 명백히 입증된다.

(819) a. 의원이 닐오듸(39b) 네 믹이 부ᄒᆞ락 팀ᄒᆞ락 ᄒᆞᄂᆞ다(太醫說 你脈息浮沉) <번老下 40a>
　　　b. 의원 쳥ᄒᆞ야다가 믹 자펴 보아지라(請太醫來診候脉息) <번老下 39b>
　　　c. 의원 형님하(太醫哥) <번朴上 13b>

(819) d. 醫 : 治病 <四解上 20b>
　　　b. 醫 : 의원 의 俗呼太醫 <字會中 2b>

<820> 薏苡 對 玉蜀黍

두 명사가 [薏]와 [苡] 즉 '율무, 薏苡'의 뜻을 가지고 동의 관계에 있다는 것은 다음 예문들에서 잘 확인된다. '薏'가 한자어 '薏苡'를 뜻하고 '薏'의 자석이 '율믜'이다. '苡'가 한자어 '薏苡'를 뜻한다. 그리고 '苡'의 자석이 '율믜'이고 고유어 '율믜'는 한자어 '薏苡' 및 한자어 '玉蜀黍'와 동의 관계에 있다. 따라서 '薏苡'와 '玉蜀黍'의 동의성은 명백히 입증된다.

(820) a. 薏 : 薏苡 <四解上 20b>
　　　 b. 薏 : 율믜 의 <字會上 7a>

(820) c. 苡 : …又薏苡 珠 <四解上 22a>
　　　 d. 苡 : 율믜 이 薏苡 禁俗呼玉蜀黍 <字會上 7a>

<821> 鷾鴯 對 玄鳥

두 명사가 [鷾]와 [鴯] 즉 '제비'의 뜻을 가지고 동의 관계에 있다는 것은 다음 예문들에서 잘 확인된다. '鷾'와 '鴯'가 한자어 '鷾鴯'를 뜻하고 '鷾鴯'는 한자어 '玄鳥'와 동의 관계에 있다. 따라서 '鷾鴯'와 '玄鳥'의 동의성은 명백히 입증된다.

(821) a. 鷾 : 鷾鴯 玄鳥 <四解上 21a>
　　　 b. 鴯 : 鷾鴯 玄鳥 <四解上 22b>

<822> 椅子 對 坐具

두 명사가 [椅] 즉 '걸상, 의자'의 뜻을 가지고 동의 관계에 있다는 것은 다음 예문들에서 잘 확인된다. '椅'가 한자어 '坐具'를 뜻하고 '坐具'는 한자어 '椅子' 및 고유어 '교의'와 동의 관계에 있다. 그리고 '椅'의 자석이 '교의'이고 고유어 '교의'는 한자어 '椅子'와 동의 관계에 있다. 따라서 '椅子'와 '坐具'의 동의성은 명백히 입증된다.

(822) a. 椅 : …今俗呼坐具曰椅子 교의 <四解上 20b>
　　　 b. 椅 : 교의 의 俗稱椅子 <字會中 6a>

<823> 醫草 對 艾草

두 명사가 [艾] 즉 '쑥'의 뜻을 가지고 동의 관계에 있다는 것은 다음 예문들에서 잘 확인된다. '艾'가 한자어 '医草'를 뜻한다. 그리고 '艾'의 자석이 '뿍'이고 고유어 '뿍'은 한자어 '艾草'와 동의 관계에 있다.

따라서 '医草'와 '艾草'의 동의성은 명백히 입증된다.

(823) a. 艾 : 草名 一名醫草 <四解上 43a>
b. 艾 : 쑥 애 艾草 <字會上 5a>

<824> 蚒蝛 對 鼠婦

두 명사가 [蚒], [蝛] 및 [蝹] 즉 '쥐며느리, 鼠婦'의 뜻을 가지고 동의 관계에 있다는 것은 다음 예문들에서 잘 확인된다. '蚒'가 한자어 '蚒蝛'를 뜻하고 '蚒蝛'는 고유어 '쥐며느리'와 동의 관계에 있다. '蝛'가 한자어 '蚒蝛'를 뜻하고 '蚒蝛'는 한자어 '鼠婦'와 동의 관계에 있다. 그리고 '蝹'의 자석이 '쥐며느리'이고 고유어 '쥐며느리'는 한자어 '鼠婦'와 동의 관계에 있다. 따라서 '蚒蝛'와 '鼠婦'의 동의성은 명백히 입증된다.

(824) a. 蚒 : 蚒蝛 쥐며느리 <四解上 20b>
b. 蚒 : 쥐며느리 이 <字會上 11b>

(824) c. 蝛 : 蚒蝛 鼠婦 <四解上 53a>
d. 蝛 : 쥐며느리 위 詩蚒蝛 <字會上 11b>

(824) e. 蝹 : 쥐며느리 부 俗書作鼠婦 <字會上 11b>

<825> 蚒蝛 對 濕生虫

두 명사가 [蚒] 즉 '쥐며느리'의 뜻을 가지고 동의 관계에 있다는 것은 다음 예문들에서 잘 확인된다. '蚒'가 한자어 '蚒蝛'를 뜻하고 '蚒蝛'는 고유어 '쥐며느리'와 동의 관계에 있다. 그리고 '蚒'의 자석이 '쥐며느리'이고 고유어 '쥐며느리'는 한자어 '濕生虫'와 동의 관계에 있다. 따라서 '蚒蝛'와 '濕生虫'의 동의성은 명백히 입증된다.

(825) a. 蚒 : 蚒蝛 쥐며느리 <四解上 20b>
b. 蚒 : 쥐며느리 이 俗呼濕生虫 <字會上 11b>

<826> 蛞蝓 對 無殼蝸牛

두 명사가 [蛞]와 [蝓] 즉 '달팽이, 蝸牛'의 뜻을 가지고 동의 관계에 있다는 것은 다음 예문들에서 잘 확인된다. '蛞'와 '蝓'가 한자어 '蛞蝓'를 뜻하고 '蛞蝓'는 한자어 '無殼蝸牛'와 동의 관계에 있다. 따라서

'蛞蝓'와 '無殼蝸牛'의 동의성은 명백히 입증된다.

(826) a. 蛞 : 蛞蝓 無殼蝸牛 <四解上 21b>
　　　 b. 蝓 : 蛞蝓 無殼蝸牛 <四解上 34a>

<827> 耳瞤 對 耳凹

두 명사가 [瞤] 즉 '귓구멍'의 뜻을 가지고 동의 관계에 있다는 것은 다음 예문들에서 잘 확인된다. '瞤'가 한자어 '耳瞤'를 뜻한다. 그리고 '瞤'의 자석이 '귓구무'이고 고유어 '귓구무'는 한자어 '耳瞤' 및 한자어 '耳凹'와 동의 관계에 있다. 따라서 '耳瞤'와 '耳凹'의 동의성은 명백히 입증된다.

(827) a. 瞤 : 耳聰也 耳瞤 <四解下 24b>
　　　 b. 瞤 : 귓구무 타 俗稱耳瞤 … 又耳凹 <字會上 13b>

<828> 益母草 對 地麻

두 명사가 [蓷] 즉 '익모초, 눈비앗'의 뜻을 가지고 동의 관계에 있다는 것은 다음 예문들에서 잘 확인된다. '蓷'가 한자어 '益母草'를 뜻한다. 그리고 '蓷'의 자석이 '눈비얏'이고 고유어 '눈비얏'은 한자어 '地麻'와 동의 관계에 있다. 따라서 '益母草'와 '地麻'의 동의성은 명백히 입증된다.

(828) a. 蓷 : 萑也 益母草 <四解上 49b>
　　　 b. 蓷 : 눈비얏 퇴 又呼地麻 <字會上 5a>

<829> 인 對 王者印

두 명사 '인'(印) 과 '王者印'이 [璽] 즉 '도장, 天子의 도장'의 뜻을 가지고 동의 관계에 있다는 것은 다음 예문들에서 잘 확인된다. '璽'가 한자어 '王者印'을 뜻한다. 그리고 '璽'의 자석이 '인'이고 '인'은 한자어 '王者印'과 동의 관계에 있다. 따라서 '인'과 '王者印'의 동의성은 명백히 입증된다.

(829) a. 璽 : 王者印 <四解上 27a>
　　　 b. 璽 : 인 ᄉ 王者印曰璽 <字會上 18b>

<830> 인 對 印信

두 명사 '인'(印) 과 '印信'이 [印과 [印信] 즉 '도장'의 뜻을 가지고 동의 관계에 있다는 것은 다음 예문들에서 잘 확인된다. '印'이 한자어 '印信'을 뜻한다. '印'의 자석이 '인'이고 '인'은 한자어 '印信'과 동의 관계에 있다. 그리고 원문 중 '憑印信'이 '인을 믿다'로 번역되고 '印信文'이 '인 틴 글월'로 번역된다. 따라서 '인'과 '印信'의 동의성은 명백히 입증된다.

(830) a. 印 : 印信 <四解上 60a>
b. 印 : 인 인 汎稱印信 <字會上 18b>

(830) c. 구의옌 인을 믿고 아루매는 긔약을 미들 거시니(官憑印信 私憑要約) <번老下 19b>
d. 인 틴 글워를 번드기 가져 잇노라(現將印信文引) <번老上 18a>
e. 즉재 인 텨(就使印信) <번朴上 3b>

<831> 刀耑 對 劍鍔

두 명사가 [鍔] 즉 '칼날, 칼끝'의 뜻을 가지고 동의 관계에 있다는 것은 다음 예문들에서 잘 확인된다. '鍔'이 한자어 '刀耑'을 뜻한다. 그리고 '鍔'의 자석이 '늘'이고 고유어 '늘'은 한자어 '劍鍔'과 동의 관계에 있다. 따라서 '刀耑'과 '劍鍔'의 동의성은 명백히 입증된다.

(831) a. 鍔 : 刀耑 <四解下 40a>
b. 鍔 : 늘 악 俗稱劍鍔 <字會中 14a>

<832> 氤氲 對 氣兒

두 명사가 [氤]과 [氲] 즉 '기운이 성한 모양'의 뜻을 가지고 동의 관계에 있다는 것은 다음 예문들에서 잘 확인된다. '氤'이 한자어 '氤氲'을 뜻하고 '氤氲'은 한자어 '気兒'와 동의 관계에 있다. 그리고 '氲'이 한자어 '氤氲'을 뜻하고 '氤氲'은 한자어 '気兒'와 동의 관계에 있다. 따라서 '氤氲'과 '気兒'의 동의성은 명백히 입증된다.

(832) a. 氤 : 氤氲 氣兒 <四解上 60a>
b. 氲 : 氤氲 氣兒 又元氣也 <四解上 69b>

<833> 絪縕 對 麻枲

두 명사가 [絪] 즉 '삼'의 뜻을 가지고 동의 관계에 있다는 것은 다음 예문들에서 잘 확인된다. '絪'이 한자어 '絪縕'을 뜻하고 '絪縕'은 한자어 '麻枲'와 동의 관계에 있다. 따라서 '絪縕'과 '麻枲'의 동의성은

명백히 입증된다.

(833) a. 絅 : 絅縕 麻枲 <四解上 60a>
b. 縕 : 枲也 <四解上 69b>

<834> 일만 對 十千

두 명사 '일만'(一万) 과 '十千'이 [万] 즉 '일만, 1000의 10배'의 뜻을 가지고 동의 관계에 있다는 것은 다음 예문들에서 잘 확인된다. 원문 중 '万語'가 '일만 말'로 번역된다. 그리고 '万'이 한자어 '十千'을 뜻한다. 그리고 '万'의 자석이 '일만'이고 한자어 '일만'은 한자어 '十千'과 동의 관계에 있다. 따라서 '일만'과 '十千'의 동의성은 명백히 입증된다.

(834) a. 성현의 일쳔 마리며 일만 마리(聖賢千言萬語ㅣ) <번小八 5a>

(834) b. 萬 : … 又同下 <四解上 81a>
c. 万 : 十千 <四解上 81a>
d. 萬 : 일만 만 十千 <字會下 14b>

<835> 一切 對 大凡

두 명사가 [切] 즉 '온갖 것, 모두'의 뜻을 가지고 동의 관계에 있다는 것은 다음 예문들에서 잘 확인된다. '切'가 한자어 '一切'를 뜻하고 '一切'는 한자어 '大凡'과 동의 관계에 있다. 따라서 '一切'와 '大凡'의 동의성은 명백히 입증된다.

(835) a. 切 : … 又一切 大凡也 <四解上 26b>
b. 切 : … 又大槩苟且皆曰一切 <四解下 4b>
c. 凡 : 非一也 揚計也 <四解下 77a>

<836> 一遍 對 一次

두 명사가 [一遍] 즉 '한 번'의 뜻을 가지고 동의 관계에 있다는 것은 다음 예문들에서 잘 확인된다. 한자어 '一次'가 한자어 '一遍'과 동의 관계에 있다. 그리고 '遍'이 한자 '次'와 同義이고 한자어 '一遍'이 고유어 '혼 번'과 동의 관계에 있다. 따라서 '一遍'과 '一次'의 동의성은 명백히 입증된다.

(836) a. 遍 : 周匝 今俗謂一次曰一遍 <四解下 3a>

b.遍 : 次也 一遍 흔 번 <老朴 單字解 3a>

<837> 額顱 對 頭顱

두 명사가 [額]과 [頭顱] 즉 '아마'의 뜻을 가지고 동의 관계에 있다는 것은 다음 예문들에서 잘 확인된다. '額'의 자석이 '니마'이고 고유어 '니마'는 한자어 '額顱'와 동의 관계에 있다. 그리고 '額顱'가 한자어 '額顱' 및 고유어 '니마'와 동의 관계에 있다. 따라서 '額顱'와 '頭顱'의 동의성은 명백히 입증된다.

(837) a. 額 : …顙也 <四解下 62a>
　　　 b.額 : 니마 익 俗稱額顱 <字會上 13a>

(837) c. 顱 : …今俗語 額顱 頭顱 니마 <四解上 42a>
　　　 d. 顱 : 딕골 로…又曰頭顱 <字會上 13a>

<838> 鸚鵡 對 鸚哥

두 명사가 [鸚]과 [鵡] 즉 '앵무새'의 뜻을 가지고 동의 관계에 있다는 것은 다음 예문들에서 잘 확인된다. '鸚'과 '鵡'가 한자어 '鸚鵡'를 뜻하고 '鸚鵡'는 한자어 '鸚哥'와 동의 관계에 있다. 그리고 '鸚'과 '鵡'의 자석이 '잉무'이고 '잉무'는 한자어 '鸚哥'와 동의 관계에 있다. 따라서 '鸚鵡'와 '鸚哥'의 동의성은 명백히 입증된다.

(838) a. 鸚 : 鸚鵡 今俗呼鸚哥 <四解下 55a>
　　　 b.鵡 : 鸚鵡 今俗呼鸚哥 <四解上 39b>

(838) c. 鸚 : 잉무 잉 俗呼鸚哥 <字會上 9b>
　　　 d. 鵡 : 잉뭇 무…亦作呼鸚鵡 <字會上 9b>

<839> 잉무비 對 鸚鵡蠃

두 명사 '잉무비'(鸚鵡杯) 와 '鸚鵡蠃'가 [鸚鵡蠃] 즉 '앵무배'의 뜻을 가지고 동의 관계에 있다는 것은 다음 예문들에서 잘 확인된다. 한자어 '鸚鵡蠃'가 한자어 '잉무비'와 동의 관계에 있다. 따라서 '잉무비'와 '鸚鵡蠃'의 동의성은 명백히 입증된다.

(839) a. 蠃 : 蚌屬…又作杯者曰鸚鵡蠃 잉무비 <四解下 27b>
　　　 b.螺 : 俗 <四解下 27b>

c. 螺 : 골왕이 라 俗呼螺螄 <字會上 12b>

<840> 蚱蜢 對 螞蚱

두 명사가 [蚱] 즉 '벼메뚜기'의 뜻을 가지고 동의 관계에 있다는 것은 다음 예문들에서 잘 확인된다. '蚱'이 한자어 '蚱蜢'을 뜻한다. 그리고 '蚱'의 자석이 '묏도기'이고 고유어 '묏도기'는 한자어 '螞蚱'과 동의 관계에 있다. 따라서 '蚱蜢'과 '螞蚱'의 동의성은 명백히 입증된다.

(840) a. 蚱 : 蚱蜢 <四解下 61a>

b. 蚱 : 묏도기 자 俗呼螞蚱 <字會上 12a>

<841> 잔 對 禮器

두 명사 '잔'(盞) 과 '礼器'가 [爵]과 [盞] 즉 '잔'의 뜻을 가지고 동의 관계에 있다는 것은 다음 예문들에서 잘 확인된다. '爵'이 한자어 '礼器'를 뜻한다. 그리고 '盞'이 한자 '爵'과 同義이고 '盞'의 자석이 '잔'이다. 따라서 '잔'과 '礼器'의 동의성은 명백히 입증된다.

(841) a. 爵 : 禮器 <四解下 41b>

(841) b. 盞 : 爵也 <四解上 78b>

c. 盞 : 잔 잔 <字會中 7a>

<842> 잔 對 사발

두 명사 '잔'(盞) 과 '사발'(沙鉢) 이 [盞] 즉 '잔, 사발'의 뜻을 가지고 동의 관계에 있다는 것은 다음 예문들에서 잘 확인된다. 원문 중 '水一盞'이 '믈 흔 잔'으로 번역되고 '믈 흔 사발'로도 번역된다. 따라서 '잔'과 '사발'의 동의성은 명백히 입증된다.

(842) a. 산 쥐 술믄 믈 한 잔을 머기니(生鼠烹水一盞与之) <瘡疹 65b>

b. 으늘 フ라 정화슈 흔 잔애 프러 머기니(磨銀井花水一盞調服) <瘡疹 67b>

(842) c. 믈 흔 사발로 달히니 여듧 분만 커든(水一盞煎至八分) <瘡疹 61b>

d. 믈 흔 사발 반으로 달히니 듕사발로 흐나히어든(水一盞煎取一中盞) <瘡疹 60b>

e. 믈 흔 사발애(水一盞) <瘡疹 58b> <瘡疹 61a> <瘡疹 31a> <瘡疹 32a>

f. 믈 두 사발로 달히니 흔 사바리어든(水二盞煎一盞) <瘡疹 52a>

g. 일빅 소솜 글흔 믈 큰 흔 사발(28b) 을 브서(以百沸湯一大盞沃) <瘡疹 29a>

h.조볼 쓰믈 흔 사발로(粟米泔一盞) <瘡疹 43b>

i. 술 두 사발 글혀(以酒二大盞煎一盞) <瘡疹 30b>

<843> 잔 對 小杯

두 명사 '잔'(盞) 과 '小杯'가 [盞]과 [斝] 즉 '잔, 술잔의 뜻을 가지고 동의 관계에 있다는 것은 다음 예문들에서 잘 확인된다. 원문 중 '幾盞酒'가 '두서 잔 술'로 번역되고 '半盞'이 '반 잔'으로 번역된다. 그리고 '盞'과 '斝'의 자석이 '잔'이고 한자어 '盞'은 한자어 '小杯'와 동의 관계에 있다. 따라서 '잔'과 '小杯'의 동의성은 명백히 입증된다.

(843) a. 우리 두서 잔 수를 머거(咱們喫幾盞酒) <번老上 62b>

b.반 잔만 춤기를 두워(着上半盞香油) <번老上 21b>

c. 날회여 잔 자바 나소마(慢慢的把盞) <번朴上 48b>

d.잔 머구모로 노픈 이롤 삼고(以啣杯로 爲高致ᄒ고) <번小六 19b>

(843) e. 盞 : 爵也 <四解上 78b>

f. 盞 : 잔 잔 小杯 <字會中 7a>

(843) g. 斝 : 玉爵 <四解下 30b>

h.斝 : 잔 가 小杯 <字會中 7a>

<844> 잔 對 玉爵

두 명사 '잔(盞) 과 '玉爵'이 [斝] 즉 '술잔, 玉으로 만든 술잔의 뜻을 가지고 동의 관계에 있다는 것은 다음 예문들에서 잘 확인된다. '斝'가 한자어 '玉爵'을 뜻한다. 그리고 '斝'의 자석이 '잔'이다. 따라서 '잔'과 '玉爵'의 동의성은 명백히 입증된다.

(844) a. 斝 : 玉爵 <四解下 30b>

b.斝 : 잔 가 小杯 <字會中 7a>

<845> 잔 對 飮器

두 명사 '잔(盞) 과 '飮器'가 [盞]과 [杯] 즉 '잔, 술잔의 뜻을 가지고 동의 관계에 있다는 것은 다음 예문들에서 잘 확인된다. 원문 중 '幾盞酒'가 '두서 잔 술'로 번역되고 '啣杯'가 '잔 머굼다'로 번역된다.

'盞'의 자석이 '잔'이다. 그리고 '杯'가 한자어 '飮器'를 뜻하고 '杯'의 자석이 '잔'이다. 따라서 '잔'과 '飮器'의 동의성은 명백히 입증된다.

(845) a. 우리 두서 잔 수를 머거(咱們喫幾盞酒) <번老上 62b>

　　　b. 반 잔만 춤기를 두워(着上半盞香油) <번老上 21b>

　　　c. 날회여 잔 자바 나소마(慢慢的把盞) <번朴上 48b>

　　　d. 잔 머구므로 노폰 이를 삼고(以啣杯로 爲高致ㅎ고) <번小六 19b>

(845) e. 盞 : 爵也 <四解上 78b>

　　　f. 盞 : 잔 잔 小杯 <字會中 7a>

(845) g. 杯 : 飮器 <四解上 49b>

　　　h. 杯 : 잔 빈 <字會中 7a>

<846> 잔 對 酒器

두 명사 '잔'(盞) 과 '酒器'가 [觴] 즉 '잔, 술잔'의 뜻을 가지고 동의 관계에 있다는 것은 다음 예문들에서 잘 확인된다. '觴'이 한자어 '酒器'를 뜻한다. 그리고 '觴'의 자석이 '잔'이다. 따라서 '잔'과 '酒器'의 동의성은 명백히 입증된다.

(846) a. 觴 : 酒器 <四解下 43b>

　　　b. 觴 : 잔 샹 酒卮 總名 <字會中 7a>

<847> 潺湲 對 水流貌

두 명사가 [潺]과 [湲] 즉 '물이 흐르는 모양'의 뜻을 가지고 동의 관계에 있다는 것은 다음 예문들에서 잘 확인된다. '潺'이 한자어 '潺湲'을 뜻하고 '潺湲'은 한자어 '水流貌'와 동의 관계에 있다. 그리고 '湲'이 한자어 '潺湲'을 뜻한다. 따라서 '潺湲'과 '水流貌'의 동의성은 명백히 입증된다.

(847) a. 潺 : 潺湲 水流貌 一曰水聲 <四解下 6a>

　　　b. 潺 : 潺湲 <四解上 78b>

(847) c. 湲 : 潺湲 <四解下 12a>

<848> 箚子 對 奏牘

두 명사가 [箚] 즉 '상소문, 임금에게 올리는 簡札'의 뜻을 가지고 동의 관계에 있다는 것은 다음 예문들에서 잘 확인된다. '箚'가 한자어 '箚子'를 뜻하고 '箚子'는 한자어 '奏牘'과 동의 관계에 있다. 따라서 '箚子'와 '奏牘'의 동의성은 명백히 입증된다.

(848) a. 箚 : …又箚子 奏牘也 <四解下 77b>
b. 箚 : 글월 잡 奏事書名 <字會上 18b>

<849> 牂牁 對 係船杙

두 명사가 [牁]와 [杙] 즉 '배말뚝, 배를 매는 말뚝'의 뜻을 가지고 동의 관계에 있다는 것은 다음 예문들에서 잘 확인된다. '杙'가 한자어 '係船杙'을 뜻한다. 그리고 '牁'가 한자 '杙'와 同義이고 한자어 '牂牁'를 뜻한다. 따라서 '牂牁'와 '係船杙'의 동의성은 명백히 입증된다.

(849) a. 杙 : 係船杙 <四解下 24a>
b. 牁 : 同 又牂牁 <四解下 24a>

<850> 쟈실 對 帷幕

두 명사 '쟈실'(遮日)과 '帷幕'이 [幕] 즉 '막, 장막'의 뜻을 가지고 동의 관계에 있다는 것은 다음 예문들에서 잘 확인된다. '幕'이 한자어 '帷幕'을 뜻한다. 그리고 '幕'의 자석이 '쟈실'이다. 따라서 '쟈실'과 '帷幕'의 동의성은 명백히 입증된다.

(850) a. 幕 : 帷幕 <四解下 37b>
b. 幕 : 쟈실 막 在上曰幕 <字會中 7b>

<851> 쟈실 對 帷幄

두 명사 '쟈실'(遮日)과 '帷幄'이 [幄] 즉 '천막, 軍幕'의 뜻을 가지고 동의 관계에 있다는 것은 다음 예문들에서 잘 확인된다. '幄'이 한자어 '帷幄'을 뜻한다. 그리고 '幄'의 자석이 '쟈실'이다. 따라서 '쟈실'과 '帷幄'의 동의성은 명백히 입증된다.

(851) a. 幄 : 帷幄 <四解下 44a>
b. 幄 : 쟈실 幄 <字會中 7b>

<852> 쟝 對 豉醬

두 명사 '쟝'(醬)과 '豉醬'이 [醬] 즉 '장, 간장·된장·고추장의 총칭'의 뜻을 가지고 동의 관계에 있다는 것은 다음 예문들에서 잘 확인된다. 원문 중 '醯醬'이 '초와 쟝'으로 번역되고 '醬菜'가 '쟝 ᄂ 몰'로 번역되고 '醬水'가 '쟝믈'로 번역된다. 그리고 '醬'이 한자어 '豉醬'을 뜻하고 '醬'의 자석이 '쟝'이다. 따라서 '쟝'과 '豉醬'의 동의성은 명백히 입증된다.

(852) a. 또 돌새 大祥ᄒᆞ고는 초와 쟝과 먹ᄂ느니라(又期而大祥앤 食醯醬이니라) <번小七 11a>

　　　 b. 소곰 쟝 ᄂ 몰 果實 먹디 아니터라(不食塩醬菜菓) <속三孝 33a>

　　　 c. 제여곰 마존 쟝을 얻디 몯거든(不得其醬이어든) <번小四 28b>

　　　 d. 쟝믈와 파와 약돌 ᄲᅡ 노하 젓고(調上些醬水生葱料物拌了) <번老上 22a>

(852) e. 醬：豉醬 <四解下 41b>

　　　 f. 醬：쟝 쟝 俗呼恬醬 돈쟝 醬油 ᄀ쟝 <字會中 10b>

<853> 獐羔 對 獐之子

두 명사가 [獐羔] 즉 '노루 새끼'의 뜻을 가지고 동의 관계에 있다는 것은 다음 예문들에서 잘 확인된다. '羔'의 자석이 '삿기'이고 한자어 '獐羔'가 한자어 '獐之子'와 동의 관계에 있다. 그리고 '獐'의 자석이 '노로'이다. 따라서 '獐羔'와 '獐之子'의 동의성은 명백히 입증된다.

(853) a. 羔：羊之子 <四解下 18b>

　　　 b. 羔：삿기 고 俗呼羔兒 又獐之子 亦曰獐羔 <字會上 10a>

(853) c. 獐：麋屬 <四解下 42b>

　　　 d. 獐：노루 쟝 <字會上 10a>

<854> 쟝신 對 工匠

두 명사 '쟝신'(匠人)과 '工匠'이 [匠人]과 [匠] 즉 '장인(匠人)'의 뜻을 가지고 동의 관계에 있다는 것은 다음 예문들에서 잘 확인된다. 원문 중 '打刀子的匠人'이 '갈 밍글 쟝신'으로 번역된다. 그리고 '匠'이 한자어 '工匠'을 뜻하고 '匠'의 자석이 '쟝신'이다. 따라서 '쟝신'과 '工匠'의 동의성은 명백히 입증된다.

(854) a. 갈 잘 밍글 쟝신이 어디 잇ᄂ뇨(快打刀子的匠人 那裏有) <번朴上 15a>

(854) b. 匠 : 工匠 <四解下 42a>

c. 匠 : 쟝신 쟝 <字會中 1b>

<855> 蔏楚 對 羊桃

두 명사가 [蔏]과 [楚] 즉 '쟝초나무, 양도(羊桃)'의 뜻을 가지고 동의 관계에 있다는 것은 다음 예문들에서 잘 확인된다. '蔏'이 한자어 '蔏楚'를 뜻하고 '蔏楚'는 한자어 '羊桃'와 동의 관계에 있다. 그리고 '楚'가 한자어 '蔏楚'를 뜻한다. 따라서 '蔏楚'와 '羊桃'의 동의성은 명백히 입증된다.

(855) a. 蔏 : 蔏楚 羊桃 <四解下 43a>

b. 楚 : 荊也 蔏楚 <四解上 40b>

<856> 積水 對 汚池

두 명사가 [潢] 즉 '웅덩이'의 뜻을 가지고 동의 관계에 있다는 것은 다음 예문들에서 잘 확인된다. '潢'이 한자어 '積水'를 뜻한다. 그리고 '潢'의 자석이 '웅덩이'이고 고유어 '웅덩이'는 한자어 '汚池'와 동의 관계에 있다. 따라서 '積水'와 '汚池'의 동의성은 명백히 입증된다.

(856) a. 潢 : 積水 <四解下 46b>

b. 潢 : 웅덩이 황 汚池 <字會上 3a>

<857> 赤體 對 倮體

두 명사가 [裸]와 [裎] 즉 '벌거숭이, 알몸'의 뜻을 가지고 동의 관계에 있다는 것은 다음 예문들에서 잘 확인된다. '裸'가 한자어 '赤体'를 뜻하고 '裸'의 자석이 '밧다'이다. 그리고 '裎'이 한자어 '倮体'를 뜻하고 '裎'의 자석이 '밧다'이다. 따라서 '赤体'와 '倮体'의 동의성은 명백히 입증된다.

(857) a. 裸 : ⋯赤體 <四解下 27b>

b. 倮 : 同 <四解下 27b>

c. 裸 : 바슬 라 <字會下 9a>

(857) d. 裎 : 倮體 <四解下 54a>

e. 裎 : 바슬 뎡 裸裎 <字會下 9a>

<858> 全蠍 對 蠍子

두 명사가 [蠍] 즉 '전갈'의 뜻을 가지고 동의 관계에 있다는 것은 다음 예문들에서 잘 확인된다. 원문 중 '蛇蠍'이 '비얌'과 '全蠍'로 번역된다. '蠍'이 한자어 '蠍子'를 뜻하고 '蠍子'는 한자어 '全蠍'과 동의 관계에 있다. 그리고 '蠍'의 자석이 '젼갈'이고 '젼갈'은 한자어 '蠍子'와 동의 관계에 있다. 따라서 '全蠍'과 '蠍子'의 동의성은 명백히 입증된다.

(858) a. 사오나온 사ᄅᆞᆯ 避호ᄃᆡ 비얌과 全蠍 저홈 ᄀᆞ티 ᄒᆞ느니(避惡如畏蛇蠍ㅣ니) <번小六 30a>

(858) b. 蠍 : 今俗呼蠍子 卽全蠍 <四解下 7b>
　　　c. 蠍 : 젼갈 헐 短尾爲蠍 俗呼蠍子 <字會上 11b>

<859> 剪刀 對 剪子

두 명사가 [剪] 즉 '가위'의 뜻을 가지고 동의 관계에 있다는 것은 다음 예문들에서 잘 확인된다. '剪'이 한자어 '剪刀'를 뜻한다. 그리고 '剪'의 자석이 'ᄀᆞ새'이고 고유어 'ᄀᆞ새'는 한자어 '剪子'와 동의 관계에 있다. 따라서 '剪刀'과 '剪子'의 동의성은 명백히 입증된다.

(859) a. 剪 : … 又剪刀 <四解下 4b>
　　　b. 剪 : ᄀᆞ새 젼 俗呼剪子 <字會中 7b>

<860> 젼송 對 酒食送行

두 명사 '젼송'(餞送) 과 '酒食送行'이 [餞] 즉 '酒食을 대접하여 보냄'의 뜻을 가지고 동의 관계에 있다는 것은 다음 예문들에서 잘 확인된다. '餞'이 한자어 '酒食送行'을 뜻하고 '餞'의 자석이 '젼송'이다. 따라서 '젼송'과 '酒食送行'의 동의성은 명백히 입증된다.

(860) a. 餞 : 酒食送行 <四解下 5a>
　　　b. 餞 : 젼송 젼 酒食送人遠行 <字會下 5b>

<861> 節檠 對 操介

두 명사가 [檠]와 [節] 즉 '절개, 절조'의 뜻을 가지고 동의 관계에 있다는 것은 다음 예문들에서 잘 확인된다. '檠'가 한자어 '節檠'를 뜻하고 '節檠'는 한자어 '操介'와 동의 관계에 있다. 그리고 원문 중 '改節'이 '절개를 곧티다'로 번역된다. 따라서 '節檠'와 '操介'의 동의성은 명백히 입증된다.

(861) a. 檠 : 平斗斛木 평목 … 又節檠 操介也 <四解上 42b>

b. 檕 : 평목 개 又節檕 操介也 <字會中 6b>

(861) c. 仁홀 사룸은 가문이 셩ᄒ며 쇠호모로 절개를 곧티디 아니ᄒ고(仁者ᄂᆫ 不以盛衰로 改節ᄒ고)
<번小九 63a>

<862> 切草刀 對 劀刀

두 명사가 [劀] 즉 '풀을 자르는 칼'의 뜻을 가지고 동의 관계에 있다는 것은 다음 예문에서 잘 확인
된다. '劀'이 한자어 '切草刀'를 뜻하고 '切草刀'는 한자어 '劀刀'와 동의 관계에 있다. 따라서 '切草刀'와
'劀刀'의 동의성은 명백히 입증된다.

(862) a. 劀 : 切草刀 今俗呼劀刀 쟉도 <四解上 79a>

<863> 졈복 對 卜筮

두 명사 '졈복'(占卜)과 '卜筮'가 [筮], [卜] 및 [占] 즉 '졈대, 점을 침'의 뜻을 가지고 동의 관계에 있다
는 것은 다음 예문들에서 잘 확인된다. '筮'가 한자어 '卜筮'를 뜻하고 '筮'의 자석이 '졈복'이다. '卜'이
한자 '筮'와 同義이고 '卜'의 자석이 '졈복'이다. 그리고 '占'의 자석이 '졈복'이고 '占'이 한자 '卜'과 同義
이다. 따라서 '졈복'과 '卜筮'의 동의성은 명백히 입증된다.

(863) a. 筮 : 卜筮 <四解上 20a>
b. 筮 : 졈복 셔 <字會上 10a>

(863) c. 卜 : 筮也 <四解上 2b>
d. 卜 : 졈복 복 <字會中 2a>

(863) e. 占 : 視兆問 <四解下 83b>
f. 占 : 졈복 졈 卜也 <字會下 10a>

<864> 졍 對 졍실

두 명사 '졍'(情)과 '졍실'(情実)이 [情] 즉 '졍, 졍실'의 뜻을 가지고 동의 관계에 있다는 것은 다음 예
문들에서 잘 확인된다. 원문 중 '情厚'가 '졍은 후ᄒ다'로 번역되고 '其情'이 '제 졍실'로 번역된다. 따라
서 '졍'과 '졍실'의 동의성은 명백히 입증된다.

(864) a. 차반는 사오나오ᄃᆡ 졍은 후(32a) ᄒᆞ더니(物薄而情厚ᄒᆞ더니) <번小十 32b>

　　　b. 각각 제 졍실을 다 니르게 홀디니라(各得輸其情이니라) <번小七 26a>

<865> 楨榦/楨幹 對 築垣旁木

두 명사가 [榦]과 [楨] 즉 '기둥, 담을 쌓을 때 양쪽에 세우는 나무 기둥'의 뜻을 가지고 동의 관계에 있다는 것은 다음 예문들에서 잘 확인된다. '榦'이 한자어 '楨榦'을 뜻하고 '楨榦'은 한자어 '築垣旁木'과 동의 관계에 있다. 그리고 '楨'이 한자어 '楨幹'을 뜻한다. 따라서 '楨榦/楨幹'과 '築垣旁木'의 동의성은 명백히 입증된다. '幹'의 본자가 '榦'이다.

(865) a. 幹 : 莖幹 <四解上 71a>

　　　b. 榦 : 楨榦 築垣旁木 <四解上 71a>

　　　c. 幹 : 읏듬 간 木身…通作榦 <字會下 2a>

(865) d. 楨 : 楨幹 <四解下 53a>

<866> 旌旗 對 긔

두 명사 '旌旗'와 '긔'(旗)가 [旌]과 [旗] 즉 '기(旗)'의 뜻을 가지고 동의 관계에 있다는 것은 다음 예문들에서 잘 확인된다. '旌'이 한자어 '旌旗'를 뜻한다. 그리고 '旗'가 한자어 '旌旗'를 뜻하고 '旗'의 자석이 '긔'이다. 따라서 '旌旗'와 '긔'의 동의성은 명백히 입증된다.

(866) a. 旌 : 旌旗 <四解下 51b>

(866) b. 旗 : 旌旗 <四解上 14a>

　　　c. 旗 : 긧 긔 <字會中 14b>

<867> 祭祀 對 祭奠

두 명사 '祭祀'와 '祭奠'이 [祭]와 [祭祀] 즉 '제사'의 뜻을 가지고 동의 관계에 있다는 것은 다음 예문들에서 잘 확인된다. 원문 중 '葬祭'가 '送葬'이며 祭祀'로도 번역되고 '送葬과 祭奠'으로도 번역되고 '送葬 祭奠'으로도 번역된다. 그리고 '奉祭祀'가 '祭祀를 ᄒᆞ다'로도 번역되고 '祭奠ᄒᆞ다'로도 번역된다. 따라서 '祭祀'와 '祭奠'의 동의성은 명백히 입증된다.

(867) a. 送葬이며 祭祀를 禮다이 ᄒᆞ며(葬祭以禮) <속三孝 14a>

b. 祭祀를 家禮다이 ᄒ며(奉祭祀 依家禮) <속三孝 26a>

c. 졔ᄉᆞ를 내죵내 ᄒᆞ니라(終奉祭祀ᄒᆞ더니) <번小九 57a>

(867) d. 送葬과 祭奠을 禮다이 ᄒᆞ니라(葬祭以禮) <속三烈 22b>

e. 送葬 祭奠을 精誠으로 ᄒᆞ야(葬祭盡誠) <속三孝 12a>

f. 손소 祭奠의 차반 밍ᄀᆞ며(躬執奠饌) <속三孝 7a>

g. 金氏 죽도록 힌 옷 니버셔 祭奠ᄒᆞ고(金終身衣白 奉祭祀) <속三孝 20a>

<868> 祭場 對 祭壇

두 명사가 [壇] 즉 '제사를 지내는 곳'의 뜻을 가지고 동의 관계에 있다는 것은 다음 예문들에서 잘 확인된다. '壇'이 한자어 '祭場'을 뜻한다. 그리고 '壇'의 자석이 '졔터'이고 '졔터'는 한자어 '祭壇'과 동의 관계에 있다. 따라서 '祭場'과 '祭壇'의 동의성은 명백히 입증된다.

(868) a. 壇 : 祭場 <四解上 77a>

b. 壇 : 졔터 단 俗呼壇場 又呼祭壇 <字會中 6a>

<869> 濟濟 對 盛貌

두 명사가 [濟濟] 즉 '많고 성한 모양'의 뜻을 가지고 동의 관계에 있다는 것은 다음 예문들에서 잘 확인된다. 한자어 濟濟가 한자어 '盛貌'와 동의 관계에 있다. 따라서 '濟濟'와 '盛貌'의 동의성은 명백히 입증된다.

(869) a. 濟 : …又濟濟 盛貌 <四解上 26b>

b. 濟 : 거느릴 졔…濟濟 盛貌 <字會下 14a>

<870> 薺菜 對 靡草

두 명사가 [薺] 즉 '냉이'의 뜻을 가지고 동의 관계에 있다는 것은 다음 예문들에서 잘 확인된다. '薺'가 한자어 '薺菜'를 뜻하고 '薺菜'는 고유어 '나싀' 및 한자어 '靡草'와 동의 관계에 있다. 그리고 '薺'의 자석이 '나싀'이고 고유어 '나싀'는 한자어 '薺菜'와 동의 관계에 있다. 따라서 '薺菜'와 '靡草'의 동의성은 명백히 입증된다.

(870) a. 薺 : 今俗語薺菜 나싀 一名靡草 <四解上 27a>

b. 薺 : 나시 졔 俗呼薺菜 <字會上 7b>

<871> 竈堗 對 烟囱

두 명사가 [堗]과 [囱] 즉 '굴뚝'의 뜻을 가지고 동의 관계에 있다는 것은 다음 예문들에서 잘 확인된다. '堗'이 한자어 '竈堗'을 뜻하고 '竈堗'은 한자어 '烟囱' 및 고유어 '굴'과 동의 관계에 있다. 그리고 '堗'과 '囱'의 자석이 '굴'이고 고유어 '굴'은 한자어 '烟囱'과 동의 관계에 있다. 따라서 '竈堗'과 '烟囱'의 동의성은 명백히 입증된다.

(871) a. 堗 : 竈堗 通作突 今俗呼烟囱 굴 <四解上 63b>
　　　b. 堗 : 굴 돌 漢書 曲堗 卽烟囱也 <字會中 5b>

(871) c. 囱 : 竈突 <四解上 5a>
　　　d. 囱 : 굴 총 俗呼烟囱 <字會中 5b>

<872> 皁斗 對 橡實

두 명사가 [皁斗]와 [橡] 즉 '도토리'의 뜻을 가지고 동의 관계에 있다는 것은 다음 예문들에서 잘 확인된다. 한자어 '皁斗'가 한자어 '橡実'과 동의 관계에 있다. 그리고 '橡'의 자석이 '도토리'이다. 따라서 '皁斗'와 '橡実'의 동의성은 명백히 입증된다.

(872) a. 皁 : …又皁斗 橡實也 <四解下 21b>
　　　b. 皂 : 거믈 조…又 皂斗 柞實 <字會中 14b>

(872) c. 橡 : 櫟實 <四解下 42a>
　　　d. 橡 : 도토리 샹 <字會上 6a>

<873> 殂殁 對 人死

두 명사가 [殁]과 [殂] 즉 '죽음'의 뜻을 가지고 동의 관계에 있다는 것은 다음 예문들에서 잘 확인된다. '殁'이 한자어 '人死'를 뜻하고 '人死'는 한자어 '殂殁'과 동의 관계에 있다. 그리고 '殂'가 한자 '死'와 同義이다. 따라서 '殂殁'과 '人死'의 동의성은 명백히 입증된다.

(873) a. 殁 : 人死曰殂(40a)殁 <四解下 40b>
　　　b. 殂 : 死也 <四解上 40a>

<874> 족속 對 족친

두 명사 '족속'(族属) 과 '족친'(族親) 이 [族] 즉 '친척'의 뜻을 가지고 동의 관계에 있다는 것은 다음 예문들에서 잘 확인된다. 원문 중 '右族'이 '노푼 족속'으로 번역되고 '男女之族'이 '남진 겨지븨 족친'으로 번역된다. 따라서 '족속'과 '족친'의 동의성은 명백히 입증된다.

(874) a. 내 보니 일훔난 가문과 노푼 족속이(余見名門右族이) <번小六 20b>

(874) b. 남진 겨지븨 족친이 각각 어딘 덕을 글히오(男女之族이 各擇德焉이오) <번小七31a>
　　　c. 만이레 족친 모도오ᄆᆞ란 말오(若會族乙良 罷爲古) <呂約 38a>

<875> 尊人之婢 對 女使

두 명사가 [婢] 즉 '尊人의 계집종'의 뜻을 가지고 동의 관계에 있다는 것은 다음 예문들에서 잘 확인된다. '婢'의 자석이 '겨집종'이고 고유어 '겨집종'은 한자어 '尊人之婢' 및 한자어 '女使'와 동의 관계에 있다. 따라서 '尊人之婢'와 '女使'의 동의성은 명백히 입증된다.

(875) a. 婢 : 女奴 <四解上 16a>
　　　b. 婢 : 겨집죵 비 尊人之婢曰女使 <字會上 17a>

<876> 宗廟 對 太廟

두 명사가 [廟] 즉 '종묘, 天子의 朝廟'의 뜻을 가지고 동의 관계에 있다는 것은 다음 예문들에서 잘 확인된다. '廟'가 한자어 '宗廟'를 뜻한다. 그리고 '廟'의 자석이 '종묘'이고 '종묘'는 한자어 '太廟'와 동의 관계에 있다. 따라서 '宗廟'와 '太廟'의 동의성은 명백히 입증된다.

(876) a. 廟 : 宗廟 <四解下 15b>
　　　b. 廟 : 죵묫 묘 俗呼太廟 <字會中 6a>

<877> 銼鑼 對 小釜

두 명사가 [銼]와 [鑼] 즉 '가마, 작은 가마솥'의 뜻을 가지고 동의 관계에 있다는 것은 다음 예문들에서 잘 확인된다. '銼'가 한자어 '銼鑼'를 뜻하고 '銼鑼'는 한자어 '小釜'와 동의 관계에 있다. 그리고 '鑼'가 한자어 '銼鑼'를 뜻하고 '銼鑼'는 한자어 '小釜'와 동의 관계에 있다. 따라서 '銼鑼'와 '小釜'의 동의성은 명백히 입증된다.

(877) a. 銼：銼鑼 小釜 <四解下 28b>

　　　b. 鑼：銼鑼(27a) 小釜 <四解下 27b>

<878> 座主 對 行頭

두 명사가 [行頭] 즉 '가게 주인'의 뜻을 가지고 동의 관계에 있다는 것은 다음 예문들에서 잘 확인된다. 한자어 '座主'가 한자어 '行頭'와 동의 관계에 있다. 따라서 '座主'와 '行頭'의 동의성은 명백히 입증된다.

(878) a. 行：…又禮肆 夏注一肆立一長 若今行頭 <四解下 39b>

　　　b. 行：져제 항 俗呼座主曰行頭 <字會中 5b>

<879> 죠셔 對 上命

두 명사 '죠셔'(詔書) 와 '上命'이 [詔書]와 [詔] 즉 '조서, 조칙, 임금의 명령을 국민에게 알리고자 적은 문서'의 뜻을 가지고 동의 관계에 있다는 것은 다음 예문들에서 잘 확인된다. 원문 중 '詔書'가 '죠셔'로 번역되고 '開詔'가 죠셔 'ㄱ독ᄒ다'로 번역된다. '詔'가 한자어 '上命'을 뜻한다. 그리고 '詔'의 자석이 '죠셔'이고 '죠셔'는 한자어 '上命'과 동의 관계에 있다. 따라서 '죠셔'와 '上命'의 동의성은 명백히 입증된다.

(879) a. 도당과 총병관의 가는 죠셰시니라(都當總兵官的詔書) <번朴上 8a>

　　　b. 죠셔 ᄀ독ᄒ라 가노라(開詔去) <번朴上 8a>

　　　c. 죠셔 ᄀ독혼 후에 고렷 ᄊᆞ호로 가노이다(開詔後頭高麗地面裏去麼) <번朴上 8b>

(879) d. 詔：上命 <四解下 16a>

　　　e. 詔：죠셧 죠 上命 <字會上 18a>

<880> 足踝 對 足骨

두 명사가 [踝] 즉 '복사뼈'의 뜻을 가지고 동의 관계에 있다는 것은 다음 예문들에서 잘 확인된다. '踝'가 한자어 '足踝'를 뜻하고 '足踝'는 한자어 '足骨'과 동의 관계에 있다. 그리고 '踝'의 자석이 '귀머리'이다. 따라서 '足踝'와 '足骨'의 동의성은 명백히 입증된다.

(880) a. 踝：足踝 足骨也 <四解下 32a>

b. 踝 : 귀머리 과 <字會上 15a>

<881> 足肚 對 腓腸

두 명사가 [腓]와 [腨] 즉 '장딴지'의 뜻을 가지고 동의 관계에 있다는 것은 다음 예문들에서 잘 확인
된다. '腓'가 한자어 '足肚'를 뜻하고 '足肚'는 고유어 '허튓비'와 동의 관계에 있다. '腨'이 한자어 '腓腸'
을 뜻하고 '腓腸'은 고유어 '허튓비'와 동의 관계에 있다. 그리고 '腨'의 자석이 '허튓비'이고 고유어 '허
튓비'는 한자어 '足肚'와 동의 관계에 있다. 따라서 '足肚'와 '腓腸'의 동의성은 명백히 입증된다.

(881) a. 腓 : 足肚 허튓비 <四解上 17b>
b. 腓 : 허튀 비 <字會上 13b>

(881) c. 腨 : 腓腸 허튓비 <四解下 11a>
d. 腨 : 허튓비 쳔 俗呼足肚 <字會上 13b>

<882> 足背 對 脚面

두 명사가 [跗] 즉 '발등'의 뜻을 가지고 동의 관계에 있다는 것은 다음 예문들에서 잘 확인된다. '跗'
가 한자어 '足背'를 뜻한다. 그리고 '跗'의 자석이 '밧등'이고 고유어 '밧등'은 한자어 '脚面'과 동의 관계
에 있다. 따라서 '足背'와 '脚面'의 동의성은 명백히 입증된다.

(882) a. 跗 : 足背 <四解上 38b>
b. 跗 : 밧등 부 俗稱脚面 脚背 <字會上 15a>

<883> 죵 對 酒器

두 명사 '죵'(鍾) 과 '酒器'가 [鍾] 즉 '술병'의 뜻을 가지고 동의 관계에 있다는 것은 다음 예문들에서
잘 확인된다. '鍾'이 한자어 '酒器'를 뜻한다. 그리고 '鍾'의 자석이 '죵'이다. 따라서 '죵'과 '酒器'의 동의
성은 명백히 입증된다.

(883) a. 鍾 : 酒器 <四解上 8b>
b. 鍾 : 죵 죵 <字會中 7a>

<884> 種種 對 髮短皃

두 명사가 [種種] 즉 '머리털이 짧게 자란 모양'의 뜻을 가지고 동의 관계에 있다는 것은 다음 예문들에서 잘 확인된다. 한자어 '種種'이 한자어 '髮短兒'와 동의 관계에 있다. 따라서 '種種'과 '髮短兒'의 동의성은 명백히 입증된다.

(884) a. 種 : … 又種種猶物物也 又髮短兒 <四解上 8b>
   b. 種 : … 又上聲 삐 죵 <字會下 3a>

<885> 螽蝗 對 蝗虫

두 명사가 [蝗] 즉 '벼메뚜기, 누리'의 뜻을 가지고 동의 관계에 있다는 것은 다음 예문들에서 잘 확인된다. '蝗'이 한자어 '螽蝗'을 뜻한다. 그리고 '蝗'의 자석이 '묏도기'이고 고유어 '묏도기'는 한자어 '蝗虫'과 동의 관계에 있다. 따라서 '螽蝗'과 '蝗虫'의 동의성은 명백히 입증된다.

(885) a. 蝗 : 螽蝗 <四解下 46b>
   b. 蝗 : 묏도기 황 食禾者 俗呼蝗虫 <字會上 12a>

<886> 侏儒 對 短人

두 명사가 [侏]와 [儒] 즉 '난쟁이'의 뜻을 가지고 동의 관계에 있다는 것은 다음 예문들에서 잘 확인된다. '侏'가 한자어 '侏儒'를 뜻하고 '侏儒'는 한자어 '短人'과 동의 관계에 있다. 그리고 '儒'가 한자어 '侏儒'를 뜻한다. 따라서 '侏儒'와 '短人'의 동의성은 명백히 입증된다.

(886) a. 侏 : 侏儒 短人 <四解上 32a>
   b. 儒 : … 又侏儒 <四解上 35b>

<887> 罇 對 酒器

두 명사가 [罇] 즉 '술통, 술단지'의 뜻을 가지고 동의 관계에 있다는 것은 다음 예문들에서 잘 확인된다. '罇'이 한자 '罇'과 同義이고 한자어 '酒器'를 뜻한다. 그리고 '罇'의 자석이 '준'이다. 따라서 '罇'과 '酒器'의 동의성은 명백히 입증된다.

(887) a. 罇 : 酒器 <四解上 66a>
   b. 罇 : 同 <四解上 66a>
   c. 罇 : 줆 준 <字會中 6b>

<888> 噂沓 對 聚語

두 명사가 [噂沓] 즉 '여러 사람이 모여서 하는 이야기가 차례가 없이 서로 얽힘'의 뜻을 가지고 동의 관계에 있다는 것은 다음 예문들에서 잘 확인된다. '噂'이 한자어 '噂沓'을 뜻하고 '噂沓'은 한자어 '聚語'와 동의 관계에 있다. 따라서 '噂沓'과 '聚語'의 동의성은 명백히 입증된다.

(888) a. 噂 : 噂沓 聚語 <四解上 66a>
　　　 b. 沓 : 重也 合也…又同下 <四解下 76b>
　　　 c. 諮 : 多言 <四解下 76b>

<889> 鱒魪 對 赤眼魚

두 명사가 [鱒] 즉 '松魚, 鱒魚'의 뜻을 가지고 동의 관계에 있다는 것은 다음 예문들에서 잘 확인된다. '鱒'이 한자어 '赤眼魚'를 뜻하고 '赤眼魚'는 한자어 '鱒魪'과 동의 관계에 있다. 따라서 '鱒魪'과 '赤眼魚'의 동의성은 명백히 입증된다.

(889) a. 鱒 : 赤眼魚 詩鱒魪 <四解上 66a>
　　　 b. 鱒 : 魚名 又魚入泥 詩鱒魪 <四解上 66a>

<890> 酒器 對 酒卮

두 명사가 [觴] 즉 '잔, 술잔'의 뜻을 가지고 동의 관계에 있다는 것은 다음 예문들에서 잘 확인된다. '觴'이 한자어 '酒器'를 뜻한다. 그리고 '觴'의 자석이 '잔'이고 '잔'은 한자어 '酒卮'와 동의 관계에 있다. 그리고 '卮'가 한자어 '酒卮'를 뜻한다. 따라서 '酒器'과 '酒卮'의 동의성은 명백히 입증된다.

(890) a. 觴 : 酒器 <四解下 43b>
　　　 b. 觴 : 잔 샹 酒卮總名 <字會中 7a>

(890) c. 卮 : 酒卮 <四解上 17b>
　　　 d. 卮 : 대야 치 <字會中 7a>

<891> 酒媒 對 酒麴

두 명사가 [麴] 즉 '누룩'의 뜻을 가지고 동의 관계에 있다는 것은 다음 예문들에서 잘 확인된다. '麴'이 한자어 '酒媒'를 뜻한다. 그리고 '麴'의 자석이 '누룩'이고 고유어 '누룩'은 한자어 '酒麴'과 동의 관계

에 있다. 따라서 '酒媒'와 '酒麴'의 동의성은 명백히 입증된다.

(891) a. 麴 : 酒媒 <四解上 7a>
　　　b. 麴 : 누룩 국 俗呼酒麴 <字會中 11a>

<892> 酒樽 對 준

두 명사 '酒樽'과 '준'(樽) 이 [罍] 즉 '술독, 구름과 우레의 무늬를 새긴 술통'의 뜻을 가지고 동의 관계에 있다는 것은 다음 예문들에서 잘 확인된다. '罍'가 한자어 '酒樽'을 뜻한다. 그리고 '罍'의 자석이 '준'이다. 따라서 '酒樽'과 '준'의 동의성은 명백히 입증된다.

(892) a. 罍 : 酒樽 <四解上 55a>
　　　b. 罍 : 준 회 <字會中 6b>

<893> 蛀虫 對 蝕物虫

두 명사가 [蛀] 즉 '좀'의 뜻을 가지고 동의 관계에 있다는 것은 다음 예문들에서 잘 확인된다. '蛀'가 한자어 '蝕物虫'을 뜻하고 '蝕物虫'은 한자어 '蛀虫'과 동의 관계에 있다. 그리고 '蛀'의 자석이 '좀'이고 고유어 '좀'은 한자어 '蛀虫'과 동의 관계에 있다. 따라서 '蛀虫'과 '蝕物虫'의 동의성은 명백히 입증된다.

(893) a. 蛀 : 今俗呼蝕物虫 曰蛀虫 좀 <四解上 32a>
　　　b. 蛀 : 좀 쥬 俗呼蛀虫 <字會上 12b>

<894> 쥭 對 稀饘

두 명사 '쥭'(粥) 과 '稀饘'이 [粥] 즉 '죽, 묽은 죽'의 뜻을 가지고 동의 관계에 있다는 것은 다음 예문들에서 잘 확인된다. 원문 중 '薄粥'이 '믈근 죽'으로 번역되고 '煮粥'이 '쥭 쑤우다'로 번역되고 '喫粥'이 '쥭 먹다'로 번역된다. 그리고 '粥'이 한자어 '稀饘'을 뜻하고 '粥'의 자석이 '쥭'이다. 따라서 '쥭'과 '稀饘'의 동의성은 명백히 입증된다.

(894) a. 몬져 믈근 죽 머거 보긔혼 후에 음식 머그라(先喫些薄粥補一補然後喫茶飯) <번老下 41a>
　　　b. 죽 쑤워 아무라나 마나 골폰 뒤 머그라(煮粥胡亂充飢) <번老上 54a>
　　　c. 우리 져기 죽을 쑤워 머기지라(我只熬些粥喫) <번老上 53b>

d. 일즉 언제우터 죽 먹ᄂᆞᄂᆈ(曾幾時喫粥來) <번朴上 55a>

(894) e. 粥 : 稀饘 <四解上 8b>

　　 f. 粥 : 죽 죽 稀曰粥 <字會中 10b>

<895> 俊窠子 對 娼妓

두 명사가 [俊窠子] 즉 '창기, 기생'의 뜻을 가지고 동의 관계에 있다는 것은 다음 예문들에서 잘 확인된다. '窠'의 자석이 '깃'이고 한자어 '俊窠子'가 한자어 '娼妓'와 동의 관계에 있다. 따라서 '俊窠子'와 '娼妓'의 동의성은 명백히 입증된다.

(895) a. 窠 : 空也 一曰鳥巢在穴曰窠…又今俗鄙語美女 曰俊窠子 <四解下 28a>

　　 b. 窠 : 깃 과 鳥巢在穴曰窠 又俗戲稱娼妓 曰俊窠子 <字會下 4a>

<896> 浚巡 對 却退皃

두 명사가 [浚巡] 즉 '조금씩 뒤로 물러섬'의 뜻을 가지고 동의 관계에 있다는 것은 다음 예문들에서 잘 확인된다. '逡'이 한자어 '浚巡'을 뜻한다. 그리고 '巡'이 한자어 '浚巡'을 뜻하고 '浚巡'은 한자어 '却退皃'와 동의 관계에 있다. 따라서 '浚巡'과 '却退皃'의 동의성은 명백히 입증된다.

(896) a. 逡 : 浚巡 <四解上 68a>

　　 b. 巡 : …浚巡 却退皃 <四解上 68b>

<897> 俊乂 對 才乂

두 명사가 [俊乂] 즉 '뛰어나게 어진 사람, 賢才'의 뜻을 가지고 동의 관계에 있다는 것은 다음 예문들에서 잘 확인된다. 한자어 '俊乂'가 한자어 '才乂'와 동의 관계에 있다. 따라서 '俊乂'와 '才乂'의 동의성은 명백히 입증된다.

(897) a. 乂 : 治也 通作艾 又俊乂 才乂 <四解上 22b>

　　 b. 乂 : 다ᄉᆞᆯ 예 又俊乂 <字會下 11a>

<898> 崒嵂 對 山高

두 명사가 [嵂]과 [崒] 즉 '산이 높고 험한 모양'의 뜻을 가지고 동의 관계에 있다는 것은 다음 예문들에서 잘 확인된다. '崒'이 한자어 '崒崒'을 뜻하고 '崒崒'은 한자어 '山高'와 동의 관계에 있다. 그리고 '崒'이 한자어 '山高'를 뜻한다. 따라서 '崒崒'과 '山高'의 동의성은 명백히 입증된다.

(898) a. 崒 : 崒崒 山高 <四解上 70b>
　　　 b. 崒 : 山高 <四解上 68a>

<899> 蝍蛆 對 蜈蚣

두 명사가 [蝍], [蛆], [蜈] 및 [蚣] 즉 '지네'의 뜻을 가지고 동의 관계에 있다는 것은 다음 예문들에서 잘 확인된다. '蝍'과 '蛆'가 한자어 '蝍蛆'를 뜻하고 '蝍蛆'는 한자어 '蜈蚣'과 동의 관계에 있다. 그리고 '蜈'와 '蚣'이 한자어 '蜈蚣'을 뜻하고 '蜈蚣'은 고유어 '지네'와 동의 관계에 있다. 따라서 '蝍蛆'와 '蜈蚣'의 동의성은 명백히 입증된다.

(899) a. 蝍 : 蝍蛆 蜈蚣 <四解下 52a>
　　　 b. 蛆 : 蝍蛆 蜈蚣 <四解上 31a>

(899) c. 蜈 : 蜈蚣 <四解上 36b>
　　　 d. 蚣 : 今俗呼蜈蚣 지네 <四解上 1a>

<900> 중 對 중후

두 명사 '중'(証) 과 '중후'(証候) 가 [証] 즉 '증후'의 뜻을 가지고 동의 관계에 있다는 것은 다음 예문들에서 잘 확인된다. 원문 중 '有此証'이 '이 중 잇다'로 번역되고 '証在'가 '증휘 잇다'로 번역된다. 따라서 '중'과 '중후'의 동의성은 명백히 입증된다.

(900) a. 무슬히 이 중 잇는 줄 아라든(覺鄕井有此證) <瘡疹 29b>
　　　 b. 세 가짓 중이 잇ᄂᆞ니(有三證) <瘡疹 52b>
　　　 c. 힝역 아니완ᄒᆞᆫ 중이라(瘡疹惡證) <瘡疹 16a>
　　　 d. 허커나 실커나 ᄒᆞᆫ 중을(虛?之證) <瘡疹 27b>
　　　 e. 만이레 대도ᄒᆞᆫ 앉 중이 이시며 대변이 구드면(若有一切裏證及大便?者) <瘡疹 18b>
　　　 f. 대도ᄒᆞᆫ 안 중이 업거든(無一切裏證) <瘡疹 17b>

(900) g. 만이레 중휘 녀름에 이시면(若證在夏時) <瘡疹 18b>
　　　 h. 힝역 증후는(瘡疹證候) <瘡疹 9a>

i. 증휘 ° ᅥ러 가지라(證候多端) <瘡疹 8b>

j. 증후를 골히리 힝역즁이 이쇼딕(辯證候有瘡疹證) <瘡疹 29a>

<901> 曾祖母 對 婆婆

두 명사가 [婆婆] 즉 '증조모'의 뜻을 가지고 동의 관계에 있다는 것은 다음 예문들에서 잘 확인된다. '婆'의 자석이 '할미'이고 한자어 '曾祖母'가 한자어 '婆婆'와 동의 관계에 있다. 따라서 '曾祖母'와 '婆婆'의 동의성은 명백히 입증된다.

(901) a. 婆 : 老女稱 <四解下 28a>

b. 婆 : 할미 파 尊之日婆 又祖母日婆 曾祖母日婆婆 <字會下 28b>

<902> 枝柯 對 斧柄

두 명사가 [柯] 즉 '도낏자루'의 뜻을 가지고 동의 관계에 있다는 것은 다음 예문들에서 잘 확인된다. '柯'가 한자어 '枝柯'를 뜻하고 '枝柯'는 한자어 '斧柄'과 동의 관계에 있다. 그리고 '柯'의 자석이 '가지'이고 고유어 '가지'는 한자어 '枝柯' 및 한자어 '斧柄'과 동의 관계에 있다. 따라서 '枝柯'와 '枝柯'의 동의성은 명백히 입증된다.

(902) a. 柯 : 枝柯 又斧柄 <四解下 24a>

b. 柯 : 가지 가 枝柯 又斧柄 <字會下 2b>

<903> 砥石 對 磨石

두 명사가 [礪]와 [硎] 즉 '숫돌'의 뜻을 가지고 동의 관계에 있다는 것은 다음 예문들에서 잘 확인된다. '礪'가 한자어 '砥石'을 뜻하고 '礪'의 자석이 '슛돌'이다. '硎'이 한자어 '砥石'을 뜻한다. 그리고 '硎'의 자석이 '슛돌'이고 고유어 '슛돌'은 한자어 '磨石'과 동의 관계에 있다. 따라서 '砥石'과 '磨石'의 동의성은 명백히 입증된다.

(903) a. 礪 : 砥石 又磨也 <四解上 29a>

b. 礪 : 슛돌 례 <字會中 10a>

(903) c. 硎 : 砥石 <四解下 55b>

d. 硎 : 슛돌 형 俗稱磨石 <字會中 10a>

<904> 지초 對 령지초

두 명사 '지초'(芝草)와 '령지초'(靈芝草)가 [靈芝草]와 [芝] 즉 '지초, 영지초'의 뜻을 가지고 동의 관계에 있다는 것은 다음 예문들에서 잘 확인된다. 원문 중 '刺靈芝草'가 '령지초 치질ᄒᆞ다'로 번역된다. 그리고 '芝'의 자석이 '지초'이고 '지초'는 한자어 '靈芝草'와 동의 관계에 있다. 따라서 '지초'와 '령지초'의 동의성은 명백히 입증된다.

(904) a. 청셔피로 ᄀᆞ는 변ᄉᆞ ᄒᆞ고 령지초 치질ᄒᆞ얏고(藍斜皮細邊兒刺靈芝草) <번朴上 28a>

b. 芝 : 지촛 지 俗稱靈芝草 <字會上 4a>

<905> 楉楛 對 相營救

두 명사가 [楉楛] 즉 '넘어지지 않게 떠받침'의 뜻을 가지고 동의 관계에 있다는 것은 다음 예문들에서 잘 확인된다. 한자어 '相營救'가 한자어 '楉楛'를 뜻한다. 따라서 '楉楛'와 '相營救'의 동의성은 명백히 입증된다.

(905) a. 楉 : 柱下石…又相營救曰楉楛 <四解上 18b>

(905) b. 楛 : 梧桐…又營救 <四解上 36b>

c. 梧 : 머귀 오 <字會上 5b>

<906> 지초 對 瑞草

두 명사 '지초'(芝草)와 '瑞草'가 [芝] 즉 '지초(芝草), 瑞兆로 보는 神草'의 뜻을 가지고 동의 관계에 있다는 것은 다음 예문들에서 잘 확인된다. '芝'가 한자어 '瑞草'를 뜻한다. 그리고 '芝'의 자석이 '지초'이다. 따라서 '지초'와 '瑞草'의 동의성은 명백히 입증된다.

(906) a. 芝 : 瑞草 <四解上 18a>

b. 芝 : 지촛 지 俗稱靈芝草 <字會上 4a>

<907> 脂臕 對 肥貌

두 명사가 [臕] 즉 '살찐 모양'의 뜻을 가지고 동의 관계에 있다는 것은 다음 예문들에서 잘 확인된다. '臕'가 한자어 '脂臕'를 뜻하고 '脂臕'는 한자어 '肥貌'와 동의 관계에 있다. 그리고 '臕'가 한자어 '脂臕'를 뜻하고 '脂臕'는 한자 '肥'와 同義이다. 따라서 '脂臕'와 '肥貌'의 동의성은 명백히 입증된다.

(907) a. 臕 : 脂臕 肥貌 <四解下 14b>

　　b. 臕 : 술질 표 馬肥也 正作臕 脂臕 肥也 <字會下 4a>

<908> 梭兒 對 織具

두 명사가 [梭] 즉 '북, 베짜는 북'의 뜻을 가지고 동의 관계에 있다는 것은 다음 예문들에서 잘 확인된다. '梭'가 한자어 '織具'를 뜻하고 '織具'는 고유어 '북'과 동의 관계에 있다. 그리고 '梭'의 자석이 '북'이고 고유어 '북'은 한자어 '梭兒'와 동의 관계에 있다. 따라서 '織具'와 '梭兒'의 동의성은 명백히 입증된다.

(908) a. 梭 : 織具 북 <四解下 26b>

　　b. 梭 : 북 사 今呼梭兒 <字會中 9a>

<909> 織履模範 對 楦頭

두 명사가 [楦] 즉 '신골, 신을 만드는 데 쓰는 골'의 뜻을 가지고 동의 관계에 있다는 것은 다음 예문들에서 잘 확인된다. '楦'이 한자어 '織履模範'을 뜻한다. 그리고 '楦'의 자석이 'ㄱ못'이고 고유어 'ㄱ못'은 한자어 '楦頭'와 동의 관계에 있다. 따라서 '織履模範'과 '楦頭'의 동의성은 명백히 입증된다.

(909) a. 楦 : 織履模範 亦作楥 <四解下 12a>

　　b. 楦 : ㄱ못 훤 俗呼楦頭 <字會中 11b>

<910> 嫉妬 對 爭色

두 명사가 [妬]와 [嫉妬] 즉 '샘, 강샘, 시기'의 뜻을 가지고 동의 관계에 있다는 것은 다음 예문들에서 잘 확인된다. '妬'가 한자어 '爭色'을 뜻하고 '爭色'은 한자어 '嫉妬'와 동의 관계에 있다. 따라서 '嫉妬'와 '爭色'의 동의성은 명백히 입증된다.

(910) a. 妬 : 爭色 嫉妬 <四解上 37a>

　　b. 嫉 : 妬也 <四解上 58a>

<911> 紫蘇 對 桂荏

두 명사가 [紫蘇], [蘇] 및 [荏] 즉 '차조기, 자소'의 뜻을 가지고 동의 관계에 있다는 것은 다음 예문들에서 잘 확인된다. 원문 중 '紫蘇葉'이 'ᄌᆞ소엽'으로 번역된다. '蘇'가 한자어 '紫蘇'를 뜻하고 '紫蘇'는 고유어 '초소기'와 동의 관계에 있다. 그리고 '荏'이 한자어 '紫蘇'를 뜻하고 '紫蘇'는 한자어 '桂荏'과 동의 관계에 있다. 따라서 '紫蘇'와 '桂荏'의 동의성은 명백히 입증된다.

(911) a. 딘피 흔 돈과 ᄌ소엽 두 편을 가입ᄒ야(加陳皮一錢紫蘇葉數片) <瘡疹 53b>
   b. 전호 신ᄉᆞᆷ ᄌ소엽(前胡 人參 紫蘇葉) <瘡疹 34a>

(911) c. 蘇 : …又俗呼紫蘇 초소기 <四解上 40a>
   d. 蘇 : 초소기 소 俗呼紫蘇 <字會上 8a>

(911) e. 荏 : …紫蘇曰桂荏 <四解下 74b>
   f. 荏 : 듧깨 ᅀᅵᆷ 或呼蘇子 <字會上 7a>

<912> 子息 對 兒子

두 명사가 [子] 즉 '아들, 자식'의 뜻을 가지고 동의 관계에 있다는 것은 다음 예문들에서 잘 확인된다. '子'가 한자어 '子息'을 뜻한다. 그리고 '子'의 자석이 '아들'이고 고유어 '아들'은 한자어 '兒子'와 동의 관계에 있다. 따라서 '子息'과 '兒子'의 동의성은 명백히 입증된다.

(912) a. 子 : 子息 <四解上 12b>
   b. 子 : 아들 ᄌ 俗呼兒子 <字會上 16a>

<913> ᄌ식 對 ᄌ셕

두 명사 'ᄌ식'(子息) 과 'ᄌ셕'(子息) 이 [子] 즉 '자식'의 뜻을 가지고 동의 관계에 있다는 것은 다음 예문들에서 잘 확인된다. 원문 중 '妻子'가 '쳐 ᄌ식'으로도 번역되고 '쳐 ᄌ셕'으로도 번역된다. 그리고 '無子'가 'ᄌ셕 없다'로 번역된다. 따라서 'ᄌ식'과 'ᄌ셕'의 동의성은 명백히 입증된다.

(913) a. 어버이 형뎨 쳐 ᄌ식의 일 다흔 훼싸(能盡父母妻子之道而後) <正俗 8b>

(913) b. 시혹 쳐 ᄌ셕긔 입힐호모로 불로히여 가(或因妻子脣吻而至忿爭爲也) <正俗 13a>
   c. ᄌ셕 업고 손지 업스면 다 ᄂᆞᄆᆡ 거시 도의리니(無子無孫盡是他人之物) <번朴上 7b>
   d. 녯 사ᄅᆞ미 닐오듸 ᄌ셕 나하ᅀᅡ 곳 부모의 은혜를 안다 ᄒᆞᄂᆞ니라(古人道 養子方知父母恩) <번朴上 58a>

<914> 雌雄 對 牝牡

두 명사 [雌雄]과 [牝牡] 즉 '암컷과 수컷'의 뜻을 가지고 동의 관계에 있다는 것은 다음 예문들에서 잘 확인된다. '雌'가 '鳥母'를 뜻하고 '雌'의 자석이 '암'이다. '雄'의 자석이 '수'이다. '牝'이 '畜母'를 뜻하고 '牝'의 자석이 '암'이다. '牡'의 자석이 '수'이다. 그리고 새[禽]의 '암컷과 수컷'이 '雌雄'이고 짐승[獸] 의 '암컷과 수컷'이 '牝牡'인데 '雌雄'과 '牝牡'가 금수(禽獸)를 서로 일컫는다. 따라서 '雌雄'과 '牝牡'의 동의성은 명백히 입증된다.

(914) a. 雌 : 鳥母 雌雄 <四解上 12b>

　　　 b. 雄 : 雌雄 <四解上 10b>

　　　 c. 雌 : 암 ᄌᆞ <字會下 3b>

　　　 d. 雄 : 수웅 <字會下 3b>

(914) e. 牝 : 畜母 牝牡 <四解上 57b>

　　　 f. 牡 : 牝牡 <四解下 66a>

　　　 g. 牝 : 암 빙 <字會下 3b>

　　　 h. 牡 : 수 모 禽曰雌雄 獸曰牝牡 或禽獸互稱 <字會下 3b>

<915> 蠵蠵 對 大龜

두 명사가 [蠵]와 [蠵] 즉 '바다거북, 푸른 거북'의 뜻을 가지고 동의 관계에 있다는 것은 다음 예문 들에서 잘 확인된다. '蠵'가 한자어 '蠵蠵'를 뜻하고 '蠵蠵'는 한자어 '大龜'와 동의 관계에 있다. 그리고 '蠵'가 한자어 '蠵蠵'를 뜻한다. 따라서 '蠵蠵'와 '大龜'의 동의성은 명백히 입증된다.

(915) a. 蠵 : 蠵蠵 大龜 <四解上 27b>

　　　 b. 蠵 : 雄曰瑇瑁 雌曰蠵蠵 <四解上 12a>

<916> 蚕衣 對 蚕繭

두 명사가 [繭] 즉 '고치, 누에고치'의 뜻을 가지고 동의 관계에 있다는 것은 다음 예문들에서 잘 확인 된다. '繭'이 한자어 '蚕衣'를 뜻한다. 그리고 '繭'의 자석이 '고티'이고 고유어 '고티'는 한자어 '蚕繭'과 동의 관계에 있다. 따라서 '蚕衣'와 '蚕繭'의 동의성은 명백히 입증된다.

(916) a. 繭 : 蚕衣 <四解下 1a>

　　　 b. 繭 : 고티 견 俗呼蚕繭 <字會中 12a>

<917> 齋 對 별실

두 명사 '齋'와 '별실'(別室) 이 [齋]와 [別室] 즉 '燕居하는 곳, 공부하는 곳'의 뜻을 가지고 동의 관계에 있다는 것은 다음 예문들에서 잘 확인된다. 원문 중 '經義齋'가 '経義 다스리는 齋'로 번역되고 '治事齋'가 '일 다스리는 齋'로 번역된다. '小齋'가 '져근 별실'로 번역된다. 그리고 '中門之內別室'이 '듕문 안 별실'로 번역된다. 따라서 '齋'와 '별실'의 동의성은 명백히 입증된다.

(917) a. 經義 다스리는 齋와 일 다스리는 齋롤 셔립ㅎ니(置經義齋治事齋ㅎ니) <번小九 10b>
　　　 b. 齋 : … 又燕居之室 <四解上 44b>

(917) c. 듕문 동녀긔 져근 별실이 이시니(中門東애 有小齋ㅎ니) <번小九 102a>
　　　 d. 믄득 별실에 가더니(輒出至小齋ㅎ더니) <번小九 102a>
　　　 e. 겨지븐 듕문 안 별시레 이셔(婦人은 次於中門之內別室ㅎ야) <번小七 19b>

<918> 지믈 對 지보 對 보화

세 명사 '지믈'(財物) 과 '지보'(財宝) 그리고 '보화'(宝貨) 가 [財物] 및 [財] 즉 '재물'의 뜻을 가지고 동의 관계에 있다는 것은 다음 예문들에서 잘 확인된다. 원문 중 '田宅財物'이 '집 뎐지 지믈'로 번역되고 '有財物'이 '지보롤 두다'로 번역되므로 '지믈'과 '지보'의 동의성은 명백히 입증된다. 그리고 '輕財'가 '지보롤 앗기디 아니ㅎ다'로 번역되고 '臨財'가 '보화의 다돋다'로 번역되므로 '지보'와 '보화'의 동의성은 명백히 입증된다.

(918) a. 집 뎐디 지믈을 다 아ᅀᅳ 주고(田宅財物 盡與弟) <二倫 2a>
　　　 b. 구의종 닐와다 지믈 후려 아이ᄂᆞ니(起滅詞訟爲㫆 脫賺錢物爲飛尼) <正俗 22a>

(918) c. 아ᅀᅳ미 지보롤 둣거든 후리텨 앗고져 너기며(族有財物則思攫攘之爲㫆) <正俗 10a>
　　　 d. 시혹 지보로 서르 섯거셔 사화 그위종ㅎ며(或因財物相交而至鬪訟爲㫆) <正俗 13a>
　　　 e. 가이 지보롤 사하 두어 이신 것 업슨 것 샹통ㅎ리니(可以積貨財通有無尼) <正俗 21b>
　　　 f. 범듕엄미 지보롤 앗기디 아니ㅎ여(范仲淹輕財) <二倫 29a>

(918) g. 보화의 다ᄃᆞ라셔 비변도이 가주려 말며(臨財ㅎ야 毋苟得ㅎ며) <번小四 3b>

<919> 지보 對 財貨

두 명사 '지보'(財宝) 와 '財貨'가 [財物], [財] 및 [貨財] 즉 '재물, 재화'의 뜻을 가지고 동의 관계에 있

다는 것은 다음 예문들에서 잘 확인된다. 원문 중 '有財物'이 '지보롤 두다'로 번역되고 '輕財'가 '지보롤 앗기디 아니ᄒᆞ다'로 번역되고 '積貨財'가 '지보롤 사화 두다'로 번역된다. '貨'가 한자어 '財貨'를 뜻하고 '貨'의 자석이 '지화'이다. 그리고 '財'가 한자 '貨'와 同義이고 '財'의 자석이 '지화'이다. 따라서 '지보'와 '財貨'의 동의성은 명백히 입증된다.

(919) a. 아ᅀᆞ미 지보롤 둣거든 후리텨 앗고져 너기며(族有財物則思攫攘之爲㫆) <正俗 10a>

   b. 시혹 지보로 서르 섯거셔 사화 그위종ᄒᆞ며(或因財物相交而至鬪訟爲㫆) <正俗 13a>

   c. 범듕엄미 지보롤 앗기디 아니ᄒᆞ여(范仲淹輕財) <二倫 29a>

   d. 가이 지보롤 사하 두어 이신 것 업슨 것 샹통ᄒᆞ리니(可以積貨財通有無尼) <正俗 21b>

(919) e. 貨 : 財貨 <四解下 28b>

   f. 貨 : 지홧 화 <字會下 8b>

(919) g. 財 : 貨也 <四解下 44b>

   h. 財 : 지홧 지 <字會下 8b>

<920> 宰相 對 丞相

두 명사가 [宰相], [相] 및 [宰] 즉 '재상, 정승'의 뜻을 가지고 동의 관계에 있다는 것은 다음 예문들에서 잘 확인된다. 원문 중 '爲宰相'이 '宰相이 두외다'로 번역되고 '宰相們'이 '지샹네'로 번역된다. '相'이 한자어 '丞相'을 뜻한다. '相'의 자석이 '지샹'이다. 그리고 '宰'의 자석이 '지샹'이다. 따라서 '宰相'과 '丞相'의 동의성은 명백히 입증된다.

(920) a. 范魯公質이 宰相이 두외옛거늘(范魯公質이 爲宰相홀시) <번小六 21a>

   b. 뎌 노미 고려 ᄯᅡ해셔 온 지샹네손ᄃᆡ 가 즈름아비 도의엿ᄂᆞ니(那廝高麗地面來的宰相們上 做牙子) <번朴上 33b>

(920) c. 相 : … 又丞相 <四解下 42a>

   d. 相 : 지샹 샹 <字會中 1b>

(920) e. 宰 : … 又官名 <四解上 44a>

   f. 宰 : 지샹 지 周官 <字會中 1a>

<921> 載籍 對 典籍

두 명사가 [載] 즉 '책, 서적, 典籍'의 뜻을 가지고 동의 관계에 있다는 것은 다음 예문들에서 잘 확인된다. '載'가 한자어 '典籍'를 뜻하고 '典籍'은 한자어 '載籍'과 동의 관계에 있다. 따라서 '載籍'과 '典籍'의 동의성은 명백히 입증된다.

(921) a. 載 : …又典籍曰載籍 <四解上 44a>
     b. 載 : 시를 지 <字會下 10b>

(921) c. 籍 : 簿籍 <四解下 52b>

<922> 齋衰 對 母服

두 명사가 [齋] 즉 '거친 삼베로 지은 아랫단을 혼 喪服'의 뜻을 가지고 동의 관계에 있다는 것은 다음 예문들에서 잘 확인된다. '齋'가 한자어 '齋衰'를 뜻하고 '齋衰'는 한자어 '母服'과 동의 관계에 있다. 따라서 '齋衰'와 '母服'의 동의성은 명백히 입증된다.

(922) a. 齋 : …齋衰 母服…通作齊 <四解上 12a>
     b. 옷기슬글 거두드러 堂이 오루실 저긔(攝齊升堂ᄒᆞ실셔) <번小三 4b>

<923> 지화 對 화란

두 명사 '지화'(災禍)와 '화란'(禍乱)이 [禍] 즉 '재화, 화란'의 뜻을 가지고 동의 관계에 있다는 것은 다음 예문들에서 잘 확인된다. 원문 중 '致禍'가 '지화를 닐위다'로 번역되고 '樂禍'가 '지화를 즐기다'로 번역된다. 그리고 '遘禍'가 '화란 만나 주기다'로 번역된다. 따라서 '지화'와 '화란'의 동의성은 명백히 입증된다.

(923) a. 반ᄃᆞ시 암톨기 새배 울어 지화를 닐위유미 업스리라(必無牝鷄晨鳴ᄒᆞ야 以致禍也ㅣ리라) <번小七 36b>
     b. 음란ᄒᆞᆫ 이를 탐ᄒᆞ고 지화를 즐기며(貪淫樂禍ᄒᆞ야) <번小六 31a>

(923) c. 王涯와 賈餗이 다 화란 만나 주그니라(王賈ㅣ 皆遘禍ᄒᆞ니라) <번小十 18b>

<924> 醢液 對 滷水

두 명사가 [滷] 즉 '간수, 짠물'의 뜻을 가지고 동의 관계에 있다는 것은 다음 예문들에서 잘 확인된다. '滷'가 한자어 '醢液'을 뜻한다. 그리고 '滷'의 자석이 '근슈'는 한자어 '滷水'와 동의 관계에 있다. 따라서 '醴液'과 '滷水'의 동의성은 명백히 입증된다.

(924) a. 滷 : 醴液 天生曰滷 <四解上 42a>
　　　 b. 滷 : 근슈 로 俗呼滷水 <字會中 11a>

<925> 苴葅 對 査滓

두 명사가 [葅]와 [苴] 즉 '쓰레기, 찌꺼기'의 뜻을 가지고 동의 관계에 있다는 것은 다음 예문들에서 잘 확인된다. '葅'가 한자어 '苴葅'를 뜻하고 '苴葅'는 한자어 '査滓'와 동의 관계에 있다. 그리고 '苴'가 한자어 '苴葅'를 뜻한다. 따라서 '苴葅'과 '査滓'의 동의성은 명백히 입증된다.

(925) a. 葅 : 苴葅…又査滓也…又糟粕 <四解下 29b>
　　　 b. 苴 : 苴葅 <四解下 29b>

<926> 佗傺 對 失志貌

두 명사가 [佗]와 [佗傺] 즉 '失意한 모양'의 뜻을 가지고 동의 관계에 있다는 것은 다음 예문들에서 잘 확인된다. '佗'가 한자어 '佗傺'를 뜻하고 '佗傺'는 한자어 '失志貌'와 동의 관계에 있다. 그리고 '傺'가 한자어 '佗傺'를 뜻한다. 따라서 '佗傺'와 '失志貌'의 동의성은 명백히 입증된다.

(926) a. 佗 : 佗傺 失志貌 <四解下 29b>
　　　 b. 傺 : …又佗傺 失意貌 <四解上 19a>

<927> 撰述 對 著述

두 명사가 [撰述]과 [著述] 즉 '책이나 글을 지음'의 뜻을 가지고 동의 관계에 있다는 것은 다음 예문들에서 잘 확인된다. '撰'이 한자어 '撰述'을 뜻한다. 그리고 '述'이 한자어 '著述'을 뜻한다. 따라서 '撰述'과 '著述'의 동의성은 명백히 입증된다.

(927) a. 撰 : 撰述 <四解下 11b>
　　　 b. 述 : …著述 <四解上 69a>

<928> 창 對 鉤兵

두 명사 '창'(槍)과 '鉤兵'이 [矛] 즉 '창, 끝이 꼬부라진 창'의 뜻을 가지고 동의 관계에 있다는 것은 다음 예문들에서 잘 확인된다. '矛'가 한자어 '鈎兵'을 뜻한다. 그리고 '矛'의 자석이 '창'이다. 따라서 '창' 과 '鈎兵'의 동의성은 명백히 입증된다.

(928) a. 矛 : 鈎兵 <四解下 65b>
　　　b. 矛 : 창 모 尖頭曲者 <字會中 14a>

<929> 창 對 戟偏距

두 명사 '창'(槍)과 '戟偏距'가 [戈] 즉 '창, 한쪽 옆에만 날이 덧붙은 창'의 뜻을 가지고 동의 관계에 있다는 것은 다음 예문들에서 잘 확인된다. '戈'가 한자어 '戟偏距'를 뜻한다. 그리고 '戈'의 자석이 '창'이다. 따라서 '창'과 '戟偏距'의 동의성은 명백히 입증된다.

(929) a. 戈 : 戟偏距 <四解下 27b>
　　　b. 戈 : 창 과 單枝者 <字會中 14a>

<930> 창 對 米藏

두 명사 '창'(槍)과 '米藏'이 [廩] 즉 '곳집, 쌀광'의 뜻을 가지고 동의 관계에 있다는 것은 다음 예문들에서 잘 확인된다. 원문 중 '廩有余粟'이 '창애 나믄 곡식이 잇다'로 번역된다. 그리고 '廩'이 한자어 '米藏'을 뜻한다. 따라서 '창'과 '米藏'의 동의성은 명백히 입증된다.

(930) a. 죽은 나래 창애 나믄 곡식이 이시며 고애 나믄 쳔량을 두어 님금을 소기디 아니호리이다 ᄒ(20a)
　　　　더니(若死之日에 不使廩有餘粟ᄒ며 庫有餘財ᄒ야 以負階下ㅣ라 ᄒ더니) <번小八 20b>

(930) b. 廩 : 米藏 <四解下 74b>
　　　c. 廩 : 고 름 倉有屋曰廩 <字會中 5b>

<931> 창 對 有枝兵

두 명사 '창'(槍)과 '有枝兵'이 [戟] 즉 '창, 창 끝이 두 가닥인 창'의 뜻을 가지고 동의 관계에 있다는 것은 다음 예문들에서 잘 확인된다. '戟'이 한자어 '有枝兵'을 뜻한다. '戟'의 자석이 '창'이다. 그리고 '槍'의 자석이 '창'이다. 따라서 '창'과 '有枝兵'의 동의성은 명백히 입증된다.

(931) a. 戟 : 有枝兵 <四解下 47b>
　　　b. 戟 : 창 극 雙枝者 <字會中 14a>

(931) c. 槍 : 稍也 <四解下 41b>

　　　d. 槍 : 창 창 <字會中 14a>

<932> 倉 對 倉廩

두 명사가 [倉]과 [廩] 즉 '곳집, 곡물 창고'의 뜻을 가지고 동의 관계에 있다는 것은 다음 예문들에서 잘 확인된다. 원문 중 '開倉'이 '창 열다'로 번역되고 '廩有余粟'이 '창애 나믄 곡식이 잇다'로 번역된다. 그리고 '倉'이 한자어 '倉廩'을 뜻하고 '倉'의 자석이 '창'이다. 따라서 '倉'과 '倉廩'의 동의성은 명백히 입증된다.

(932) a. 뎌 삭 바둘 사르마 오늘 창 여더녀(那挑脚的 今日開倉麽) <번朴上 11a>

　　　b. 죽은 나래 창애 나믄 곡식이 이시며 고애 나믄 쳔량을 두어 님금을 소기디 아니호리이다 ᄒ(20a)더니(若死之日에 不使廩有餘粟ᄒ며 庫有餘財ᄒ야 以負階下ㅣ라 ᄒ더니) <번小八 20b>

(932) c. 倉 : 倉廩 <四解下 38a>

　　　d. 倉 : 창 창 貯米穀曰倉 <字會中 5b>

<933> 鶬鶊 對 鸝黃

두 명사가 [鶬]과 [鶊] 즉 '꾀꼬리, 창경(鶬鶊)'의 뜻을 가지고 동의 관계에 있다는 것은 다음 예문들에서 잘 확인된다. '鶬'이 한자어 '鶬鶊'을 뜻하고 '鶬'의 자석이 '아리새'이다. '鶊'이 한자어 '鶬鶊'을 뜻하고 '鶬鶊'은 한자어 '鸝黃'과 동의 관계에 있다. 그리고 '鶊'의 자석이 '아리새'이고 고유어 '아리새'는 한자어 '鶬鶊'과 동의 관계에 있다. 따라서 '鶬鶊'과 '鸝黃'의 동의성은 명백히 입증된다.

(933) a. 鶬 : 鶬鶊 <四解下 38a>

　　　b. 鶬 : 아리새 창 <字會上 9a>

(933) c. 鶊 : 鶬鶊 卽鸝黃 <四解下 57b>

　　　d. 鶊 : 아리새 경…詩鶬鶊 <字會上 9a>

<934> 傖囊 對 煩擾

두 명사가 [傖]과 [傖囊] 즉 '문란한 모양, 사물이 혼잡한 모양'의 뜻을 가지고 동의 관계에 있다는 것은 다음 예문들에서 잘 확인된다. '傖'이 한자어 '傖囊'을 뜻한다. 그리고 '囊'이 한자어 '傖囊'을 뜻하고

'傖囊'은 한자어 '煩擾'와 동의 관계에 있다. 따라서 '傖囊'과 '煩擾'의 동의성은 명백히 입증된다.

(934) a. 傖 : 傖囊 亂貌 <四解下 38a>

(934) b. 囊 : 佇也 又傖囊 煩擾也 <四解下 35b>
     c. 囊 : 누못 낭 有底 <字會中 7a>

<935> 倉篅 對 囤倉

두 명사가 [囤]과 [篅] 즉 '곳집, 규모가 작은 米倉'의 뜻을 가지고 동의 관계에 있다는 것은 다음 예문들에서 잘 확인된다. '囤'이 한자어 '倉篅'을 뜻한다. '囤'의 자석이 '노적'이고 고유어 '노적'은 한자어 '囤倉'과 동의 관계에 있다. '篅'이 한자어 '倉篅'을 뜻한다. 그리고 '篅'의 자석이 '노적'이고 고유어 '노적'은 한자어 '囤倉'과 동의 관계에 있다. 따라서 '倉篅'과 '囤倉'의 동의성은 명백히 입증된다.

(935) a. 囤 : 廩也 倉篅 <四解上 63b>
     b. 囤 : 노적 돈…俗呼囤倉 <字會中 5b>

(935) c. 篅 : …俗呼倉篅 <四解下 11a>
     d. 篅 : 노적 쳔 即囤倉 <字會中 5b>

<936> 車輪 對 輞子

두 명사가 [輪] 즉 '바퀴, 수레바퀴'의 뜻을 가지고 동의 관계에 있다는 것은 다음 예문들에서 잘 확인된다. '輪'이 한자어 '車輪'을 뜻한다. 그리고 '輪'의 자석이 '바회'이고 고유어 '바회'는 한자어 '輞子'와 동의 관계에 있다. 따라서 '車輪'과 '輞子'의 동의성은 명백히 입증된다.

(936) a. 輪 : 車輪 <四解上 70b>
     b. 輪 : 바회 륜 俗呼輞子 <字會中 13a>

<937> 憿惘 對 失意貌

두 명사가 [憿] 즉 '놀라서 멍한 모양'의 뜻을 가지고 동의 관계에 있다는 것은 다음 예문들에서 잘 확인된다. '憿'이 한자어 '憿惘'을 뜻하고 '憿惘'은 한자어 '失意貌'와 동의 관계에 있다. 따라서 '憿惘'과 '失意貌'의 동의성은 명백히 입증된다.

(937) a. 憫 : ⋯又憫惘 失意貌 <四解下 43a>

　　b. 惘 : 惘然 失志貌 <四解下 38a>

<938> 챵죵 對 瘡癤

　　두 명사 '챵죵'(瘡腫) 과 '瘡癤'이 [瘡癤]과 [癤] 즉 '부스럼'의 뜻을 가지고 동의 관계에 있다는 것은 다음 예문들에서 잘 확인된다. 원문 중 '多生瘡癤'이 '챵죵이 해 나다'로 번역된다. 그리고 '癤'이 한자어 '瘡癤'을 뜻한다. 따라서 '챵죵'과 '瘡癤'의 동의성은 명백히 입증된다.

　　(938) a. 머(40b) 리와 눗과 모매 챵죵이 해 나며(頭面身體多生瘡癤) <瘡疹 41a>

　　　(938) b. 癤 : 瘡癤 브스름 <四解下 4b>

　　　　c. 癤 : 브스름 졀 <字會上 16b>

<939> 챵포 對 石菖蒲

　　두 명사 '챵포'(菖蒲) 와 '石菖蒲'가 [菖]과 [蒲] 즉 '창포, 석창포'의 뜻을 가지고 동의 관계에 있다는 것은 다음 예문들에서 잘 확인된다. '菖'이 한자어 '菖蒲'를 뜻하고 '菖'의 자석이 '챵포'이다. 그리고 '蒲'의 자석이 '챵포'이고 '챵포'는 한자어 '石菖蒲'와 동의 관계에 있다. 따라서 '챵포'와 '石菖蒲'의 동의성은 명백히 입증된다.

　　(939) a. 菖 : 菖蒲 <四解下 43a>

　　　　b. 菖 : 챵포 챵 又부들 亦曰菖蒲 <字會上 4b>

　　(939) c. 蒲 : 水草 蒲蒻 菖蒲 <四解上 38a>

　　　　d. 蒲 : 챵포 포 石菖蒲 <字會上 4b>

<940> 裼披 對 衣披不帶

　　두 명사가 [裼披]와 [裼] 즉 '창피함, 옷을 풀어헤치고 띠를 매지 않음'의 뜻을 가지고 동의 관계에 있다는 것은 다음 예문들에서 잘 확인된다. '裼披'가 '衣而不帶'를 뜻하고 '裼'이 '衣披不帶'를 뜻한다. 따라서 '裼披'와 '衣披不帶'의 동의성은 명백히 입증된다.

　　(940) a. 披 : ⋯又裼披 衣而不帶 <四解上 15b>

　　　　b. 裼 : 衣披不帶 <四解下 43a>

<941> 閶闔 對 天門

두 명사가 [閶]과 [闔] 즉 '天門'의 뜻을 가지고 동의 관계에 있다는 것은 다음 예문들에서 잘 확인된다. '閶'이 한자어 '閶闔'을 뜻하고 '閶闔'은 한자어 '天門'과 동의 관계에 있다. 그리고 '闔'이 한자어 '閶闔'을 뜻한다. 따라서 '閶闔'과 '天門'의 동의성은 명백히 입증된다.

(941) a. 閶 : 閶闔 天門 <四解下 42b>
　　　 b. 闔 : 閶闔 <四解下 79a>

<942> 憿悅 對 驚貌

두 명사가 [憿]과 [悅] 즉 '놀라는 모양'의 뜻을 가지고 동의 관계에 있다는 것은 다음 예문들에서 잘 확인된다. '憿'이 한자어 '憿悅'을 뜻하고 '憿悅'은 한자어 '驚貌'와 동의 관계에 있다. 그리고 '悅'이 한자어 '憿悅'을 뜻하고 '憿悅'은 한자어 '驚貌'와 동의 관계에 있다. 따라서 '憿悅'과 '驚貌'의 동의성은 명백히 입증된다.

(942) a. 憿 : 憿悅 驚貌 <四解下 43a>
　　　 b. 悅 : …又憿悅 驚貌 <四解下 46a>

<943> 刺探 對 偵伺

두 명사가 [刺探] 즉 '몰래 적의 형편을 살핌, 상황을 정탐함'의 뜻을 가지고 동의 관계에 있다는 것은 다음 예문들에서 잘 확인된다. '刺'이 한자어 '刺探'을 뜻하고 '刺探'은 한자어 '偵伺'와 동의 관계에 있다. 따라서 '刺探'과 '偵伺'의 동의성은 명백히 입증된다.

(943) a. 刺 : …伺也 <四解下 52a>
　　　 b. 刺 : 치질 척…又刺探 偵伺也 <字會下 9a>

(943) c. 偵 : …探伺也 <四解下 53b>
　　　 d. 伺 : 伺候 窺覘也 <四解上 13b>

<944> 虸蠖 對 蜎蠋

두 명사가 [虸]과 [蠋] 즉 '자벌레'의 뜻을 가지고 동의 관계에 있다는 것은 다음 예문들에서 잘 확인된다. '虸'이 한자어 '虸蠖'을 뜻한다. 그리고 '蠋'이 한자어 '蜎蠋'을 뜻하고 '蜎蠋'은 한자어 '虸蠖'과 동

의 관계에 있다. 따라서 '蚈蠖'과 '蜘蝛'의 동의성은 명백히 입증된다.

> (944) a. 蚈 : 蚈蠖 <四解下 53b>
>> b. 蠖 : 尺蠖虫 자재 <四解下 46b>

> (944) c. 蝛 : 蜘蝛 蚈蠖 <四解上 7b>

<945> 阡陌 對 田間道

두 명사가 [陌] 즉 '두렁, 논이나 밭에 낸 길'의 뜻을 가지고 동의 관계에 있다는 것은 다음 예문들에서 잘 확인된다. '陌'이 한자어 '阡陌'을 뜻한다. 그리고 '陌'의 자석이 '거리'이고 고유어 '거리'는 한자어 '阡陌' 및 한자어 '田間道'와 동의 관계에 있다. 따라서 '阡陌'과 '田間道'의 동의성은 명백히 입증된다.

> (945) a. 陌 : 阡陌 <四解下 60a>
>> b. 陌 : 거리 및 市中街 又阡陌 卽田間道 <字會上 3b>

<946> 淺泉 對 陂淀

두 명사가 [淀] 즉 '얕은 물'의 뜻을 가지고 동의 관계에 있다는 것은 다음 예문들에서 잘 확인된다. '淀'이 한자어 '淺泉'을 뜻하고 '淺泉'은 한자어 '陂淀'과 동의 관계에 있다. 그리고 '淀'의 자석이 '즌퍼리'이고 고유어 '즌퍼리'는 한자어 '淺泉'과 동의 관계에 있다. 따라서 '淺泉'과 '陂淀'의 동의성은 명백히 입증된다.

> (946) a. 淀 : 淺泉 又陂淀 <四解下 2b>
>> b. 淀 : 즌퍼리 뎐 淺泉 <字會上 3b>

<947> 川椒 對 蜀椒

두 명사가 [椒] 즉 '川椒'의 뜻을 가지고 동의 관계에 있다는 것은 다음 예문들에서 잘 확인된다. '椒'가 한자어 '川椒'를 뜻하고 '川椒'는 한자어 '蜀椒' 및 고유어 '쵸피'와 동의 관계에 있다. 따라서 '川椒'와 '蜀椒'의 동의성은 명백히 입증된다.

> (947) a. 椒 : 木名 <四解下 15b>
>> b. 椒 : … 又川椒 … 蜀椒 쵸피 <字會上 6b>

<948> 婕妤 對 女官

두 명사가 [婕]과 [妤] 즉 '漢代의 女官'의 뜻을 가지고 동의 관계에 있다는 것은 다음 예문들에서 잘 확인된다. '婕'이 한자어 '婕妤'를 뜻한다. 그리고 '妤'가 한자어 '婕妤'를 뜻하고 '婕妤'는 한자어 '女官' 과 동의 관계에 있다. 따라서 '婕妤'와 '女官'의 동의성은 명백히 입증된다.

(948) a. 婕 : 婕妤 <四解下 83a>
b. 妤 : 婕妤 女官 <四解上 34a>

<949> 청ᄃᆡ 對 大藍

두 명사 '청ᄃᆡ'(靑黛)와 '大藍'이 [大藍]과 [靝] 즉 '눈썹먹'의 뜻을 가지고 동의 관계에 있다는 것은 다음 예문들에서 잘 확인된다. '藍'이 한자어 '청ᄃᆡ'를 뜻하고 '청ᄃᆡ'는 한자어 '大藍'과 동의 관계에 있다. '靝'이 한자어 '청ᄃᆡ'를 뜻한다. 그리고 '靝'의 자석이 '청ᄃᆡ'이고 '청ᄃᆡ'는 '大藍'과 동의 관계에 있다. 따라서 '청ᄃᆡ'와 '大藍'의 동의성은 명백히 입증된다.

(949) a. 藍 : …馬藍 청ᄃᆡ 今俗呼大藍 <四解下 79b>
b. 藍 : …又청ᄃᆡ 曰大藍 <字會上 5a>

(949) c. 靝 : 藍靝 청ᄃᆡ <四解下 2b>
d. 靝 : 청ᄃᆡ 뎐 大藍 <字會中 14b>

<950> 청ᄃᆡ 對 藍靝

두 명사 '청ᄃᆡ'(靑黛)와 '藍靝'이 [靝]과 [澱] 즉 '눈썹먹'의 뜻을 가지고 동의 관계에 있다는 것은 다음 예문들에서 잘 확인된다. '靝'이 한자어 '藍靝'을 뜻하고 한자어 '청ᄃᆡ'와 동의 관계에 있다. '靝'의 자석이 '청ᄃᆡ'이다. 그리고 '澱'이 한자어 '靑黛'를 뜻한다. 따라서 '청ᄃᆡ'와 '藍靝'의 동의성은 명백히 입증된다.

(950) a. 靝 : 藍靝 청ᄃᆡ <四解下 2b>
b. 靝 : 청ᄃᆡ 뎐 <字會中 14b>

(950) c. 澱 : 滓垽 <四解下 2b>
d. 澱 : 즈싀 뎐 又靑黛 亦曰澱 <字會下 5b>

<951> 쳥딕 對 畫眉墨

두 명사 '쳥딕'(靑黛) 와 '画眉墨'이 [黛] 즉 '눈썹먹'의 뜻을 가지고 동의 관계에 있다는 것은 다음 예
문들에서 잘 확인된다. '黛'가 한자어 '画眉墨'을 뜻한다. 그리고 '黛'의 자석이 '쳥딕'이다. 따라서 '쳥딕'
와 '画眉墨'의 동의성은 명백히 입증된다.

(951) a. 黛 : 畫眉墨 <四解上 43b>
    b. 黛 : 쳥딧 딕 <字會中 14b>

<952> 蜻蜓 對 蟋蟀

두 명사가 [蜻]과 [蜓] 즉 '귀뚜라미, 청렬(蜻蜓)'의 뜻을 가지고 동의 관계에 있다는 것은 다음 예문
들에서 잘 확인된다. '蜓'이 한자어 '蜻蜓'을 뜻하고 '蜻蜓'은 한자어 '蟋蟀'과 동의 관계에 있다. 그리고
'蜻'이 한자어 '蜻蜓'을 뜻하고 '蜻蜓'은 고유어 '귓도라미'와 동의 관계에 있다. 따라서 '蜻蜓'과 '蟋蟀'의
동의성은 명백히 입증된다.

(952) a. 蜓 : 蜻蜓 蟋蟀 <四解下 8b>
    b. 蜓 : 즌자리 렬 蟋蟀 亦曰蜻蜓 <字會上 11a>

(952) c. 蜻 : 蜻蜓 今俗呼促織兒 귓도라미 <四解下 51b>
    d. 蜻 : 즌자리 쳥 <字會上 11a>

<953> 蜻蜓 對 促織兒

두 명사가 [蜻] 즉 '귀뚜라미'의 뜻을 가지고 동의 관계에 있다는 것은 다음 예문들에서 잘 확인된다.
'蜻'이 한자어 '蜻蜓'를 뜻하고 '蜻蜓'은 한자어 '促織兒' 및 고유어 '귓도라미'와 동의 관계에 있다. 따라
서 '蜻蜓'과 '促織兒'의 동의성은 명백히 입증된다.

(953) a. 蜻 : 蜻蜓 今俗呼促織兒 귓도라미 <四解下 51b>
    b. 蜻 : 즌자리 쳥 <字會上 11a>

<954> 青盲 對 矇子

두 명사가 [矇] 즉 '청맹과니'의 뜻을 가지고 동의 관계에 있다는 것은 다음 예문들에서 잘 확인된다.
'矇'이 한자어 '青盲'을 뜻한다. 그리고 '矇'의 자석이 '쇼경'이고 고유어 '쇼경'은 한자어 '矇子'와 동의

관계에 있다. 따라서 '青盲'과 '矇子'의 동의성은 명백히 입증된다.

(954) a. 矇 : 靑盲 <四解上 3a>
b. 矇 : 쇼경 몽 俗稱矇子 <字會中 2b>

<955> 靑赤色 對 紺緅

두 명사가 [緅]와 [紺] 즉 '검붉은 빛'의 뜻을 가지고 동의 관계에 있다는 것은 다음 예문들에서 잘 확인된다. '緅'가 한자어 '靑赤色'을 뜻하고 '靑赤色'은 한자어 '紺緅'와 동의 관계에 있다. 따라서 '靑赤色'과 '紺緅'의 동의성은 명백히 입증된다.

(955) a. 緅 : 靑赤色 語紺緅 <四解下 67a>
b. 緅 : 블글 츄 <字會下 9a>

(955) c. 紺 : 深靑揚赤色 <四解下 75a>
d. 紺 : 블글 츄 <字會下 8b>

<956> 초뎍 對 胡笳

두 명사 '초뎍'(草笛)과 '胡笳'가 [笳] 즉 '胡人의 악기인 갈잎 피리'의 뜻을 가지고 동의 관계에 있다는 것은 다음 예문들에서 잘 확인된다. '笳'의 자석이 '초뎍'이고 한자어 '초뎍'은 한자어 '胡笳'와 동의 관계에 있다. 따라서 '초뎍'과 '胡笳'의 동의성은 명백히 입증된다.

(956) a. 笳 : 胡人捲蘆葉吹之 <四解下 30b>
b. 笳 : 초뎍 가 胡笳 <字會中 15b>

<957> 草雨衣 對 蓑衣

두 명사가 [蓑] 즉 '도롱이, 띠풀로 엮어 만든 우장'의 뜻을 가지고 동의 관계에 있다는 것은 다음 예문들에서 잘 확인된다. '蓑'가 한자어 '草雨衣'를 뜻한다. 그리고 '蓑'의 자석이 '누역'이고 고유어 '누역'은 한자어 '蓑衣'와 동의 관계에 있다. 따라서 '草雨衣'와 '蓑衣'의 동의성은 명백히 입증된다.

(957) a. 蓑 : 草雨衣 <四解下 26b>
b. 蓑 : 누역 사 俗稱蓑衣 <字會中 8a>

<958> 蜀葵 對 규화

두 명사 '蜀葵'와 '규화'(葵花)가 [蜀]과 [葵] 즉 '촉규화, 접시꽃'의 뜻을 가지고 동의 관계에 있다는 것은 다음 예문들에서 잘 확인된다. '蜀'이 한자어 '蜀葵'를 뜻하고 '葵'의 자석이 '규화'이다. 따라서 '蜀葵'와 '규화'의 동의성은 명백히 입증된다.

(958) a. 蜀 : 蜀葵 花名 <四解上 5b>
　　　b. 葵 : 규황 규 <字會上 4a>

<959> 葱蒲 對 莞蒲

두 명사가 [莞] 즉 '왕골, 골풀'의 뜻을 가지고 동의 관계에 있다는 것은 다음 예문들에서 잘 확인된다. '莞'이 한자어 '葱蒲'를 뜻한다. 그리고 '莞'의 자석이 '요향'이고 고유어 '요향'은 한자어 '莞蒲' 및 한자어 '葱蒲'와 동의 관계에 있다. 따라서 '葱蒲'와 '莞蒲'의 동의성은 명백히 입증된다.

(959) a. 莞 : 小蒲可爲席 一名葱蒲 <四解上 72a>
　　　b. 莞 : 요향 관 莞(4a) 蒲 一名葱蒲 <字會上 4b>

<960> 崔嵬 對 山高

두 명사가 [崔]와 [嵬] 즉 '산이 높고 험한 모양'의 뜻을 가지고 동의 관계에 있다는 것은 다음 예문들에서 잘 확인된다. '崔'가 한자어 '崔嵬'를 뜻하고 '崔嵬'는 한자어 '山高'와 동의 관계에 있다. 그리고 '嵬'가 한자어 '崔嵬'를 뜻한다. 따라서 '崔嵬'와 '山高'의 동의성은 명백히 입증된다.

(960) a. 崔 : 崔嵬 山高 <四解上 51b>
　　　b. 嵬 : 崔嵬 高峻貌 <四解上 49a>

<961> 崔嵬 對 石山戴土

두 명사가 [嵬]와 [崔] 즉 '꼭대기가 흙으로 덮인 산'의 뜻을 가지고 동의 관계에 있다는 것은 다음 예문들에서 잘 확인된다. '嵬'가 한자어 '石山戴土'를 뜻하고 '石山戴土'는 한자어 '崔嵬'와 동의 관계에 있다. 그리고 '崔'가 한자어 '崔嵬'를 뜻한다. 따라서 '崔嵬'와 '石山戴土'의 동의성은 명백히 입증된다.

(961) a. 嵬 : 崔嵬…又石山戴土 曰崔嵬 <四解上 49a>
　　　b. 崔 : 崔嵬 山高 <四解上 51b>

<962> 縗絰 對 喪衣

두 명사가 [縗]와 [縗絰] 즉 '상복(喪服)'의 뜻을 가지고 동의 관계에 있다는 것은 다음 예문들에서 잘 확인된다. '縗'가 한자어 '喪衣'를 뜻한다. 그리고 '絰'이 한자어 '縗絰'을 뜻한다. 따라서 '縗絰'과 '喪衣'의 동의성은 명백히 입증된다.

　(962) a. 縗 : 喪衣 <四解上 51b>
　　　　b. 絰 : 縗絰 <四解下 2b>

<963> 璀璨 對 玉光

두 명사가 [璀]와 [璨] 즉 '옥의 빛, 옥의 광채'의 뜻을 가지고 동의 관계에 있다는 것은 다음 예문들에서 잘 확인된다. '璀'가 한자어 '璀璨'을 뜻하고 '璀璨'은 한자어 '玉光'과 동의 관계에 있다. 그리고 '璨'이 한자어 '璀璨'을 뜻한다. 따라서 '璀璨'과 '玉光'의 동의성은 명백히 입증된다.

　(963) a. 璀 : 璀璨 玉光 <四解上 51b>
　　　　b. 璨 : 璀璨 <四解上 78a>

<964> 鈔 對 楮幣

두 명사가 [鈔] 즉 '종이돈, 고려 말과 조선 초에 쓰던 종이돈'의 뜻을 가지고 동의 관계에 있다는 것은 다음 예문들에서 잘 확인된다. '鈔'가 한자어 '楮幣'를 뜻한다. 그리고 '鈔'의 자석이 '쵸'이다. 따라서 '鈔'와 '楮幣'의 동의성은 명백히 입증된다.

　(964) a. 鈔 : …又楮幣曰鈔 <四解下 22a>
　　　　b. 鈔 : 돈 쵸 卽楮貨 <字會中 15a>

<965> 쵸 對 楮貨

두 명사 '쵸'(鈔) 와 '楮貨'가 [鈔] 즉 '종이돈, 고려 말과 조선 초에 쓰던 종이돈'의 뜻을 가지고 동의 관계에 있다는 것은 다음 예문들에서 잘 확인된다. '鈔'의 자석이 '쵸'이고 '쵸'는 한자어 '楮貨'와 동의 관계에 있다. 따라서 '쵸'와 '楮貨'의 동의성은 명백히 입증된다.

　(965) a. 鈔 : 略取也…又楮幣曰鈔 <四解下 22a>
　　　　b. 鈔 : 돈 쵸 卽楮貨 <字會中 15a>

<966> 鴝鵒 對 剖葦

두 명사가 [鵒] 즉 '개개비, 휘파람새과의 작은 새'의 뜻을 가지고 동의 관계에 있다는 것은 다음 예문들에서 잘 확인된다. '鵒'가 한자어 '鴝鵒'를 뜻하고 '鴝鵒'는 한자어 '剖葦'와 동의 관계에 있다. 따라서 '鴝鵒'와 '剖葦'의 동의성은 명백히 입증된다.

(966) a. 鵒 : …又鴝鵒 剖葦也 一名蘆虎 <四解下 17b>
　　　 b. 鵒 : 볍새 료 <字會上 9a>

<967> 鷦鷯 對 小鳥

두 명사가 [鷦]와 [鷯] 즉 '뱁새'의 뜻을 가지고 동의 관계에 있다는 것은 다음 예문들에서 잘 확인된다. '鷦'가 한자어 '鷦鷯'를 뜻하고 '鷦鷯'는 한자어 '小鳥'와 동의 관계에 있다. '鷦'의 자석이 '볍새'이다. 그리고 '鷯'가 한자어 '鷦鷯'를 뜻하고 '鷯'의 자석이 '볍새'이다. 따라서 '鷦鷯'와 '小鳥'의 동의성은 명백히 입증된다.

(967) a. 鷦 : …又鷦鷯 小鳥 <四解下 15b>
　　　 b. 鷦 : 볍새 쵸 <字會上 9a>

(967) c. 鷯 : 鷦鷯 <四解下 17b>
　　　 d. 鷯 : 볍새 료 俗呼鷦鷯 <字會上 9a>

<968> 抄飯匙 對 飯舀

두 명사가 [橐] 즉 '밥주걱'의 뜻을 가지고 동의 관계에 있다는 것은 다음 예문들에서 잘 확인된다. '橐'가 한자어 '抄飯匙'를 뜻한다. 그리고 '橐'의 자석이 '밥죽'이고 고유어 '밥죽'은 한자어 '飯舀'과 동의 관계에 있다. 따라서 '抄飯匙'와 '飯舀'의 동의성은 명백히 입증된다.

(968) a. 橐 : 抄飯匙 <四解下 15b>
　　　 b. 橐 : 밥죽 쵸 亦作槈 即飯舀 <字會中 9b>

<969> 鷦鵬 對 神鳥

두 명사가 [鷦鵬] 즉 '남방의 神鳥'의 뜻을 가지고 동의 관계에 있다는 것은 다음 예문들에서 잘 확인된다. 한자어 '鷦鵬'이 한자어 '神鳥'와 동의 관계에 있다. 따라서 '鷦鵬'과 '神鳥'의 동의성은 명백히 입

증된다.

　(969) a. 鶺 : 鶺鵬 神鳥 <四解下 15b>
　　　b. 鶺 : 볍새 쵸 <字會上 9a>

<970> 湫隘 對 沮洳

　두 명사가 [湫隘]와 [沮洳] 즉 '낮고 습기가 있는 땅'의 뜻을 가지고 동의 관계에 있다는 것은 다음 예문
들에서 잘 확인된다. '湫'가 한자어 '湫隘'를 뜻하고 '湫隘'는 한자어 '沮洳'와 동의 관계에 있다. 그리고
'沮'가 한자어 '汾沮洳'를 뜻한다. 따라서 '湫隘'과 '沮洳'의 동의성은 명백히 입증된다.

　(970) a. 湫 : 湫隘 沮洳 <四解下 15b>

　(970) b. 沮 : (詩) 汾沮洳 <四解上 31a>
　　　c. 沮 : 즌퍼리 져 <字會上 3a>

<971> 僬僥 對 短人

　두 명사가 [僬僥]와 [短人] 즉 '난쟁이'의 뜻을 가지고 동의 관계에 있다는 것은 다음 예문들에서 잘
확인된다. '僬'와 '僥'가 한자어 '僬僥'를 뜻하고 '僬僥'는 한자어 '短人'과 동의 관계에 있다. 따라서 '僬
僥'와 '短人'의 동의성은 명백히 입증된다.

　(971) a. 僬 : … 又僬僥 短人 <四解下 15b>
　　　b. 僥 : 僬僥 短人 <四解下 17a>

<972> 嶕嶢 對 山高

　두 명사가 [嶢]와 [嶕] 즉 '산이 높은 모양'의 뜻을 가지고 동의 관계에 있다는 것은 다음 예문들에서
잘 확인된다. '嶢'가 한자어 '嶕嶢'를 뜻하고 '嶕嶢'는 한자어 '山高'와 동의 관계에 있다. 그리고 '嶕'가
한자어 '嶕嶢'를 뜻한다. 따라서 '嶕嶢'와 '山高'의 동의성은 명백히 입증된다. 한자 '嶢'와 '嶢'는 同字이
다.

　(972) a. 嶢 : 嶕嶢 山高 <四解下 17a>
　　　b. 嶕 : 嶕嶢 <四解下 15b>

<973> 蕉布 對 績絲爲布

두 명사가 [蕉布] 즉 '蕉麻의 섬유로 짠 베'의 뜻을 가지고 동의 관계에 있다는 것은 다음 예문들에서 잘 확인된다. '蕉'의 자석이 '반쵸'이고 한자어 '蕉布'는 한자어 '績絲為布'와 동의 관계에 있다. 따라서 '蕉布'와 '績糸為布'의 동의성은 명백히 입증된다.

(973) a. 蕉 : 芭蕉 <四解下 15b>
   b. 蕉 : 반쵸 쵸 俗呼芭蕉 南人績絲爲布曰蕉布 <字會上 4b>

<974> 縐紗 對 羅縠

두 명사가 [縠]과 [縐] 즉 '주름 비단'의 뜻을 가지고 동의 관계에 있다는 것은 다음 예문들에서 잘 확인된다. '縠'이 한자어 '縐紗'와 한자어 '羅縠'을 뜻하고 '縠'의 자석이 '무뤼'이다. 그리고 '縐'의 자석이 '무뤼'이고 고유어 '무뤼'는 한자어 '縐紗'와 동의 관계에 있다. 따라서 '縐紗'와 '羅縠'의 동의성은 명백히 입증된다.

(974) a. 縠 : 羅縠 又縐紗 <四解上 6a>
   b. 縠 : 무뤼 곡 <字會中 15a>

(974) c. 縐 : 絺之細而蹙 <四解下 67a>
   d. 縐 : 무뤼 추 俗呼縐紗 <字會中 15a>

<975> 秋蟬 對 秋涼兒

두 명사가 [蟬]과 [蜩] 즉 '매미'의 뜻을 가지고 동의 관계에 있다는 것은 다음 예문들에서 잘 확인된다. '蟬'이 한자어 '秋涼児'를 뜻하고 '秋涼児'는 한자어 '秋蟬'과 동의 관계에 있다. 그리고 '蜩'의 자석이 '미야미'이고 고유어 '미야미'는 한자어 '秋涼児'와 동의 관계에 있다. 따라서 '秋蟬'과 '秋涼児'의 동의성은 명백히 입증된다.

(975) a. 蟬 : 蜩也 今俗呼秋涼児 又曰秋蟬 <四解下 6a>
   b. 蟬 : 미야미 션 俗呼秋蟬兒 <字會上 12a>

(975) c. 蜩 : 大蟬 <四解下 14a>
   d. 蜩 : 미야미 됴 俗呼秋涼兒 <字會上 12a>

<976> 啾喞 對 衆聲

두 명사가 [啾]와 [喞] 즉 '여럿의 소리'의 뜻을 가지고 동의 관계에 있다는 것은 다음 예문들에서 잘 확인된다. '啾'가 한자어 '啾喞'을 뜻한다. 그리고 '喞'이 한자어 '啾喞'을 뜻하고 '啾喞'은 한자어 '衆声'과 동의 관계에 있다. 따라서 '啾喞'과 '衆声'의 동의성은 명백히 입증된다.

(976) a. 啾 : 啾喞 小聲 <四解下 68b>

(976) b. 喞 : 啾喞 衆聲 <四解上 58a>
　　　 c. 喞 : … 又啾喞 多聲 <四解下 52a>

<977> 湫泉 對 龍所居

두 명사가 [湫] 즉 '소, 못'의 뜻을 가지고 동의 관계에 있다는 것은 다음 예문들에서 잘 확인된다. '湫'가 한자어 '湫泉'을 뜻하고 '湫泉'은 한자어 '竜所居'와 동의 관계에 있다. 그리고 '湫'의 자석이 '소'이고 고유어 '소'는 한자어 '竜所居'와 동의 관계에 있다. 따라서 '湫泉'과 '竜所居'의 동의성은 명백히 입증된다.

(977) a. 湫 : … 又北人呼湫泉 龍所居 <四解下 68b>
　　　 b. 湫 : 소 츄 龍所居 <字會上 3a>

<978> 鞦韆 對 繩戲

두 명사가 [鞦] 즉 '그네'의 뜻을 가지고 동의 관계에 있다는 것은 다음 예문들에서 잘 확인된다. '鞦'가 한자어 '鞦韆'을 뜻하고 '鞦韆'은 한자어 '繩戲'와 동의 관계에 있다. 따라서 '鞦韆'과 '繩戲'의 동의성은 명백히 입증된다.

(978) a. 鞦 : 鞦韆 繩戲 <四解下 68b>
　　　 b. 鞦 : 글위 츄 <字會中 10a>

<979> 鞦韆 對 遊仙戲

두 명사가 [韆] 즉 '그네'의 뜻을 가지고 동의 관계에 있다는 것은 다음 예문들에서 잘 확인된다. '韆'이 한자어 '鞦韆'을 뜻하고 '鞦韆'은 한자어 '遊仙戲'와 동의 관계에 있다. 그리고 '韆'의 자석이 '글위'이고 고유어 '글위'는 한자어 '鞦韆' 및 한자어 '遊仙戲'와 동의 관계에 있다. 따라서 '鞦韆'과 '遊仙戲'의 동

의성은 명백히 입증된다.

(979) a. 鞦 : 鞦韆 今俗稱遊仙戲 <四解下 4b>
b. 鞦 : 글위 쳔 俗呼鞦韆 又呼…遊仙戲 <字會中 10a>

<980> 秋天 對 旻天

두 명사가 [旻] 즉 '가을 하늘'의 뜻을 가지고 동의 관계에 있다는 것은 다음 예문들에서 잘 확인된다. '旻'이 한자어 '秋天'을 뜻한다. 그리고 '旻'의 자석이 '하늘'이고 고유어 '하늘'은 한자어 '旻天'과 동의 관계에 있다. 따라서 '秋天'과 '旻天'의 동의성은 명백히 입증된다.

(980) a. 旻 : 秋天 <四解上 57b>
b. 旻 : 하늘 민 秋日旻天 <字會下 1a>

<981> 踧踖 對 恭謹皃

두 명사가 [踖]과 [踧] 즉 '공경하는 모양'의 뜻을 가지고 동의 관계에 있다는 것은 다음 예문들에서 잘 확인된다. '踖'이 한자어 '踧踖'을 뜻한다. 그리고 '踧'이 한자어 '恭謹皃'를 뜻한다. 따라서 '踧踖'과 '恭謹皃'의 동의성은 명백히 입증된다.

(981) a. 踖 : 踧踖 恭而不安貌 <四解下 52a>
b. 踧 : 語踧…恭謹皃 <四解上 7b>

<982> 茺蔚 對 野蘇子草

두 명사가 [茺] 즉 '충울, 눈비앗, 익모초'의 뜻을 가지고 동의 관계에 있다는 것은 다음 예문들에서 잘 확인된다. '茺'이 한자어 '茺蔚'을 뜻하고 '茺蔚'은 고유어 '눈비얏' 및 한자어 '野蘇子草'와 동의 관계에 있다. 그리고 '茺'의 자석이 '눈비얏'이고 고유어 '눈비얏'은 한자어 '野蘇子草'와 동의 관계에 있다. 따라서 '茺蔚'과 '野蘇子草'의 동의성은 명백히 입증된다.

(982) a. 茺 : 茺蔚 눈비얏 今俗呼野蘇子草 <四解上 9a>
b. 茺 : 눈비얏 츙 俗呼野蘇子草 <字會上 5a>

<983> 茺蔚 對 野天麻

두 명사가 [崔] 즉 '충울, 눈비앗, 익모초'의 뜻을 가지고 동의 관계에 있다는 것은 다음 예문들에서 잘 확인된다. '崔'가 한자어 '茺蔚'을 뜻한다. 그리고 '崔'의 자석이 '눈비얏'이고 고유어 '눈비얏'은 한자어 '野天麻'와 동의 관계에 있다. 따라서 '茺蔚'과 '野天麻'의 동의성은 명백히 입증된다.

(983) a. 崔 : 茺蔚 <四解上 52a>

b. 崔 : 눈비얏 츄 或呼野天麻 <字會上 5a>

<984> 茺蔚 對 益母草

두 명사가 [茺]과 [蔚] 즉 '익모초, 충울, 눈비앗'의 뜻을 가지고 동의 관계에 있다는 것은 다음 예문들에서 잘 확인된다. '茺'이 한자어 '茺蔚'을 뜻한다. '蔚'이 한자어 '茺蔚'을 뜻하고 '茺蔚'은 한자어 '益母草'와 동의 관계에 있다. 그리고 '蔚'의 자석이 '눈비얏'이고 고유어 '눈비얏'은 한자어 '益母' 및 한자어 '茺蔚'과 동의 관계에 있다. 따라서 '茺蔚'과 '益母草'의 동의성은 명백히 입증된다.

(984) a. 茺 : 茺蔚 눈비얏 <四解上 9a>

b. 茺 : 눈비얏 츙 <字會上 5a>

(984) c. 蔚 : 茺蔚 益母草 <四解上 69b>

d. 蔚 : 눈비얏 울 一名益母 方書名茺蔚 <字會上 5a>

<985> 醜橙 對 枳殼

두 명사가 [枳]와 [橙] 즉 '탱자'의 뜻을 가지고 동의 관계에 있다는 것은 다음 예문들에서 잘 확인된다. '枳'가 한자어 '醜橙'을 뜻하고 '醜橙'은 한자어 '枳殼' 및 고유어 '팅즈'와 동의 관계에 있다. 그리고 '橙'이 한자어 '醜橙'을 뜻하고 '醜橙'은 고유어 '팅즈'와 동의 관계에 있다. 따라서 '醜橙'과 '枳殼'의 동의성은 명백히 입증된다.

(985) a. 枳 : …今俗呼醜橙 卽藥家枳殼 팅즈 <四解上 18a>

b. 枳 : 팅즈 기 俗呼醜橙樹 <四解上 5b>

(985) c. 橙 : …今俗呼醜橙 팅즈 <四解下 61a>

d. 橙 : 효근귨 둥 俗呼香橙 <字會上 6b>

<986> 菜田 對 菜畦

두 명사가 [畦]와 [疄] 즉 '채마밭, 남새밭'의 뜻을 가지고 동의 관계에 있다는 것은 다음 예문들에서 잘 확인된다. '畦'가 한자어 '菜田'을 뜻하고 '菜田'은 한자어 '菜畦'와 동의 관계에 있다. '畦'의 자석이 '이랑'이고 고유어 '이랑'은 한자어 '菜田' 및 한자어 '菜畦'와 동의 관계에 있다. 그리고 '疄'이 한자어 '菜畦'를 뜻한다. 따라서 '菜田'과 '菜畦'의 동의성은 명백히 입증된다.

(986) a. 畦 : … 今俗謂菜田曰菜畦 <四解上 27b>
　　　b. 畦 : 이랑 규 俗指菜田曰菜畦 <字會上 4a>

(986) c. 疄 : … 又菜畦 <四解上 61a>

<987> 큰형님 對 大哥

합성명사 '큰형님'과 명사 '大哥'가 [大哥] 즉 '큰형님'의 뜻을 가지고 동의 관계에 있다는 것은 다음 예문들에서 잘 확인된다. 원문 중 '大哥'가 '큰형님'으로 번역된다. 그리고 '哥'의 자석이 '묻'이고 고유어 '묻'은 한자어 '大哥'와 동의 관계에 있다. 따라서 '큰형님'과 '大哥'의 동의성은 명백히 입증된다. '큰형님'은 합성명사로 상태동사 '크다'의 관형사형 '큰'과 한자어 명사 '형'(兄)과 접미사 '님'의 合成이지만 이 저서에서는 한자어로 다루었다.

(987) a. 읍ᄒᆞ노이다 큰형님(拜揖大哥) <번老下 1a>
　　　b. 큰형님(大哥) <번老上 1a>

(987) c. 哥 : … 又今俗呼兄 <四解下 24a>
　　　d. 哥 : 묻 가 俗呼哥哥 大哥 <字會上 16b>

<988> 濁酒 對 渾酒

두 명사가 [醪] 즉 '탁주, 막걸리'의 뜻을 가지고 동의 관계에 있다는 것은 다음 예문들에서 잘 확인된다. '醪'가 한자어 '濁酒'를 뜻한다. 그리고 '醪'의 자석이 '탁쥬'이고 한자어 '탁쥬'는 한자어 渾酒와 동의 관계에 있다. 따라서 '濁酒'와 '渾酒'의 동의성은 명백히 입증된다.

(988) a. 醪 : 汁滓合之爲濁酒也 <四解下 23a>
　　　b. 醪 : 탁쥬 료 俗呼渾酒 亦作 <字會中 11a>

명사 '濁酒'는 15세기의 『救急方諺解』(1466)와 『救急簡易方』(1489)의 다음 예문들에서 잘 확인된

다. 원문 중 '淳酒二升'이 '濁酒 두 되'로 번역되고 '白酒四椀'이 '탁쥬 네 사발'로 번역된다.

(988) c. 濁酒 두 되와 흰 뿔와(淳酒二升白蜜) <救方上 87a>
　　 d. 탁쥬 네 사바래 감초와 하눐 드래와(29a)룰 글혀(白酒四椀煮甘草栝蔞煎) <救간三 29b>

<989> 駱駝/橐駝 對 駱駝

두 명사가 [駱]과 [駝] 즉 '약대, 낙타'의 뜻을 가지고 동의 관계에 있다는 것은 다음 예문들에서 잘 확인된다. '駱'이 한자어 '駱駝'를 뜻하고 '駱駝'는 고유어 '약대'와 동의 관계에 있다. '駝'가 한자어 '橐駝'를 뜻하고 '橐駝'는 한자어 '駱駝' 및 고유어 '약대'와 동의 관계에 있다. 그리고 '駝'의 자석이 '약대'이고 고유어 '약대'는 한자어 '駱駝'와 동의 관계에 있다. 따라서 '駱駝/橐駝'와 '駱駝'의 동의성은 명백히 입증된다. 한자어 '駱駝'와 '橐駝'는 同義이다.

(989) a. 駱 : 駱駝 약대 亦作駝橐 <四解下 35a>
　　 b. 駱 : 약대(10a) 탁 <字會上 10b>

(989) c. 駝 : 橐駝 今俗呼駱駝 약대 <四解下 25b>
　　 d. 駝 : 약대 타 俗呼駱駝 <字會上 10b>

<990> 㪘飯 對 晝睡

두 명사가 [㪘飯] 즉 '낮잠, 食後에 조금 자는 것'의 뜻을 가지고 동의 관계에 있다는 것은 다음 예문들에서 잘 확인된다. 한자어 '㪘飯'이 한자어 '晝睡'와 동의 관계에 있다. 따라서 '㪘飯'과 '晝睡'의 동의성은 명백히 입증된다.

(990) a. 㪘 : …又㪘飯 晝睡也 <四解上 76a>
　　 b. 㪘 : 슷놀 탄 㪘蒲 賭博 <字會下 10a>

<991> 㪘蒱 對 賭博

두 명사가 [㪘] 즉 '노름, 도박'의 뜻을 가지고 동의 관계에 있다는 것은 다음 예문들에서 잘 확인된다. '㪘'이 한자어 '㪘蒱'를 뜻하고 '㪘蒱'는 한자어 '賭博'과 동의 관계에 있다. 그리고 '㪘'의 자석이 '슷놀다'이고 '㪘'은 한자어 '㪘蒲'를 뜻하고 '㪘蒲'는 한자어 '賭博'과 동의 관계에 있다. 따라서 '㪘蒱'와 '賭博'의 동의성은 명백히 입증된다. 한자 '蒱'와 '蒲'는 同字이다.

(991) a. 攤 : 攤蒲 四數也 賭博也 <四解上 76b>

  b. 攤 : 슷놀 탄 攤蒲 賭博 <字會下 10a>

<992> 털 긴 양 對 緜羊

명사구 '털 긴 양'과 명사 '緜羊'이 [緜羊] 즉 '털이 긴 양'의 뜻을 가지고 동의 관계에 있다는 것은 다음 예문들에서 잘 확인된다. 원문 중 '緜羊'이 '털 긴 양'으로 번역된다. 그리고 '緜羊'이 '터리 긴 양'과 동의 관계에 있다. 따라서 '털 긴 양'과 '緜羊'의 동의성은 명백히 입증된다. 명사구 '털 긴 양'은 명사 '털'과 상태동사 '길다'의 관형사형 '긴'과 한자어 '양'(羊)의 결합이다.

(992) a. 됴훈 털 긴 양으란 또 언메예 풀고(好緜羊却賣多少) <번老下 22a>

  b. 緜羊 : 音義云 터리 긴 양 <老朴 老下1b>

<993> 偶儻 對 卓異

두 명사가 [偶]과 [儻] 즉 '뛰어남, 出衆함'의 뜻을 가지고 동의 관계에 있다는 것은 다음 예문들에서 잘 확인된다. '偶'이 한자어 '偶儻'을 뜻하고 '偶儻'은 한자어 '卓異'와 동의 관계에 있다. 그리고 '儻'이 한자어 '偶儻'을 뜻한다. 따라서 '偶儻'과 '卓異'의 동의성은 명백히 입증된다.

(993) a. 偶 : 偶儻 卓異也 <四解下 48b>

(993) b. 儻 : 偶儻 又或然之辭 <四解下 35a>

  c. 儻 : 偶儻 又希望也 <四解下 35a>

<994> 蔋躅 對 羊蹢躅

두 명사가 [蔋] 즉 '연화 진달래'의 뜻을 가지고 동의 관계에 있다는 것은 다음 예문들에서 잘 확인된다. '蔋'이 한자어 '蔋躅'을 뜻한다. 그리고 '蔋'의 자석이 '텩툑'이고 고유어 '텩툑'은 한자어 '蔋躅' 및 한자어 '羊蹢躅'과 동의 관계에 있다. 따라서 '蔋躅'과 '羊蹢躅'의 동의성은 명백히 입증된다.

(994) a. 蔋 : 蔋躅 花名 <四解上 9b>

  b. 蔋 : 텩툑 툑 蔋躅 一名羊蹢躅 <字會上 4a>

<995> 蹢躅 對 住足

두 명사가 [躑躅] 즉 '왔다 갔다 함, 배회함'의 뜻을 가지고 동의 관계에 있다는 것은 다음 예문들에서 잘 확인된다. '躑'이 한자어 '躑躅'을 뜻하고 '躑躅'은 한자어 '住足'과 동의 관계에 있다. 그리고 '躅'이 한자어 '躑躅'을 뜻하고 '躑躅'은 한자어 '住足'과 동의 관계에 있다. 따라서 '躑躅'과 '住足'의 동의성은 명백히 입증된다.

(995) a. 躑 : 躑躅 住足也 <四解下 54a>
　　　b. 躅 : 躑躅 住足也 <四解上 9b>

<996> 湅涊 對 垢濁

두 명사가 [湅]과 [涊] 즉 '때가 묻어 더러워짐'의 뜻을 가지고 동의 관계에 있다는 것은 다음 예문들에서 잘 확인된다. '湅'이 한자어 '湅涊'을 뜻하고 '湅涊'은 한자어 '垢濁'과 동의 관계에 있다. 그리고 '涊'이 한자어 '湅涊'을 뜻하고 '湅涊'은 한자어 '垢濁'과 동의 관계에 있다. 따라서 '湅涊'과 '垢濁'의 동의성은 명백히 입증된다.

(996) a. 湅 : 湅涊 垢濁 <四解下 2b>
　　　b. 涊 : 湅涊 垢濁 <四解下 3a>

<997> 天子 對 大家

두 명사가 [天子]와 [大家] 즉 '天子, 임금'의 뜻을 가지고 동의 관계에 있다는 것은 다음 예문들에서 잘 확인된다. 원문 중 '天子'가 '天子'로 번역된다. 그리고 신하가 '天子'를 '大家'라고 부른다. 따라서 '天子'와 '大家'의 동의성은 명백히 입증된다.

(997) a. 天子ㅣ 일후믈 듣디 몯ᄒ신디라(天子ㅣ 不聞名聲이라) <번小九 98b>
　　　b. 天子ㅣ 간ᄒᄂᆫ 臣下 닐굽 사ᄅᆞᆷ올 두(40a) 시면 (天子ㅣ 有爭臣七人이면) <번小三 40b>
　　　c. 天子ㅣ 지샹ᄒ며 도올 신하ᄅᆞᆯ 두샤ᄆᆞᆫ(天子ㅣ 置公卿輔弼之臣ᄒᆞ샨ᄃᆞᆫ) <번小九 39b>

(997) d. 家 : 居也 臣呼天子曰大家 宅家 天家 <四解下 30a>
　　　e. 家 : 집 가 俗呼家當 <字會中 3a>

<998> 天竺 對 浮屠胡

두 명사가 [竺] 즉 '天竺, 지금의 인도'의 뜻을 가지고 동의 관계에 있다는 것은 다음 예문에서 잘 확인된다. '竺'이 한자어 '天竺'을 뜻하고 '天竺'은 한자어 '浮屠胡'와 동의 관계에 있다. 따라서 '天竺'과 '浮屠胡'의 동의성은 명백히 입증된다.

(998) a. 竺 : 天竺 浮屠胡 <四解上 8b>

<999> 天河 對 銀河

두 명사가 [潢] 즉 '은하수'의 뜻을 가지고 동의 관계에 있다는 것은 다음 예문들에서 잘 확인된다. '潢'이 한자어 '天河'를 뜻한다. 그리고 '潢'이 한자어 '天河'를 뜻하고 '天河'는 한자어 '銀河'와 동의 관계에 있다. 따라서 '天河'와 '銀河'의 동의성은 명백히 입증된다.

(999) a. 潢 : 積水 又天河 <四解下 46b>
　　　b. 潢 : 웅덩이 황 汚池 又天河 亦呼銀河 <字會上 3a>

<1000> 鐵鉗 對 足械

두 명사가 [釱] 즉 '차꼬, 足枷, 죄인의 발목에 채우는 형구'의 뜻을 가지고 동의 관계에 있다는 것은 다음 예문들에서 잘 확인된다. '釱'가 한자어 '鐵鉗'을 뜻하고 '鐵鉗'은 한자어 '足械'와 동의 관계에 있다. 따라서 '鐵鉗'과 '足械'의 동의성은 명백히 입증된다.

(1000) a. 釱 : 鐵鉗 足械 <四解上 43b>
　　　 b. 釱 : 죡솨 태 <字會中 8a>

<1001> 鐵鎖 對 鋃鐺

두 명사가 [鎖], [鋃] 및 [鐺] 즉 '사슬, 쇠사슬, 철쇄(鉄鎖)'의 뜻을 가지고 동의 관계에 있다는 것은 다음 예문들에서 잘 확인된다. '鎖'가 한자어 '鉄鎖'를 뜻하고 '鉄鎖'는 고유어 '사슬' 및 한자어 '鋃鐺'과 동의 관계에 있다. 그리고 '鋃'과 '鐺'이 한자어 '鋃鐺'를 뜻하고 '鋃鐺'은 한자어 '鉄鎖'와 동의 관계에 있다. 따라서 '鉄鎖'과 '鋃鐺'의 동의성은 명백히 입증된다.

(1001) a. 鎖 : 今俗呼 鐵鎖 사슬 鋃鐺也 <四解下 28b>
　　　 b. 鎖 : ᄌᆞ물쇠 솨 俗稱鎖子 又獄具 <字會中 8b>

(1001) c. 鋃 : 鋃鐺 鐵鎖 <四解下 40a>
　　　 d. 鐺 : 鋃鐺 鐵鎖 <四解下 34b>

<1002> 鐵杴 對 泥鏝

두 명사가 [鏝] 즉 '쇠로 만든 흙손'의 뜻을 가지고 동의 관계에 있다는 것은 다음 예문들에서 잘 확인된다. '鏝'이 한자어 '鐵杴'를 뜻하고 '鐵杴'는 한자어 '泥鏝'과 동의 관계에 있다. 따라서 '鐵杴'와 '泥鏝'의 동의성은 명백히 입증된다.

(1002) a. 鏝 : 鐵杴 今俗呼泥鏝 쇠손 <四解上 74b>
b. 鏝 : 쇠손 만 俗稱泥鏝 <字會中 8b>

<1003> 텽 對 대텽

두 명사 '텽'(庁)과 '대텽'(大庁) 이 [庁堂]과 [庁] 즉 '대청, 마루'의 뜻을 가지고 동의 관계에 있다는 것은 다음 예문들에서 잘 확인된다. 원문 중 '聚於庁堂'이 '텽에 몯다'로도 번역되고 '대텽의 몯다'로도 번역된다. 그리고 '庁堂間'이 '텽 ᄉᆞ이'로도 번역되고 '대텽 ᄉᆞᅵ'로도 번역된다. 따라서 '텽'과 '대텽'의 동의성은 명백히 입증된다.

(1003) a. 형뎨 아춤이어든 텽에 모다(兄弟ㅣ 旦則聚於廳堂ᄒᆞ야) <번小九 4b>
b. 텽 ᄉᆞ이예(廳堂間애) <번小九 75a>
c. 집 기슭 아래어나 혹 텽 ᄀᆞᅵ어나 셔셔 기들울디니(俟于庑下於那 或廳側伊尼) <呂約 21b>

(1003) d. 형뎨 아ᄎᆞ미어든 대텽의 모다(兄弟 旦則聚於廳堂) <二倫 15a>
e. 대텽 ᄉᆞᅵ예(廳堂間) <二倫 15a>

<1004> 兔網 對 兔罝

두 명사가 [罝] 즉 '토끼 그물'의 뜻을 가지고 동의 관계에 있다는 것은 다음 예문들에서 잘 확인된다. '罝'가 한자어 '兔網'을 뜻한다. 그리고 '罝'의 자석이 '그믈'이고 고유어 '그믈'은 한자어 '兔罝'와 동의 관계에 있다. 따라서 '兔網'과 '兔罝'의 동의성은 명백히 입증된다.

(1004) a. 罝 : 兔網 <四解下 32b>
b. 罝 : 그믈 져 詩兔罝 <字會中 9a>

<1005> 桶 對 水桶

두 명사가 [桶] 즉 '통, 물을 담는 그릇'의 뜻을 가지고 동의 관계에 있다는 것은 다음 예문들에서 잘 확인된다. '桶'의 자석이 '통'이고 한자어 '통'(桶)은 한자어 '水桶'과 동의 관계에 있다. 따라서 '桶'과 '水桶'의 동의성은 명백히 입증된다.

(1005) a. 桶 : 木器 <四解上 2a>
   b. 桶 : 통 통 俗稱水桶 <字會中 9b>

<1006> 妯娌 對 娣姒

두 명사가 [妯]과 [娣] 즉 '여자 동서, 형제의 아내끼리 서로 상대방을 부르는 말'의 뜻을 가지고 동의 관계에 있다는 것은 다음 예문들에서 잘 확인된다. '妯'이 한자어 '妯娌'를 뜻한다. '妯'의 자석이 '겨집 동셰'이고 겨집 동셰 한자어 '妯娌' 및 한자어 '娣姒'와 동의 관계에 있다. '娣'가 한자어 '娣姒'를 뜻하고 '娣姒'는 한자어 '妯娌'와 동의 관계에 있다. 그리고 '姒'가 한자어 '娣姒'를 뜻하고 '姒'의 자석이 '겨집 동셰'이다. 따라서 '妯娌'와 '娣姒'의 동의성은 명백히 입증된다.

(1006) a. 妯 : 今俗語妯娌 <四解上 9b>
   b. 妯 : 겨집 동셰 튝 兄弟之妻相謂曰妯娌 又曰娣姒 <字會上 16b>

(1006) c. 娣 : 女弟也 娣姒 妯娌也 <四解上 25b>
   d. 娣 : 겨집 동셰 데 <字會上 16a>

(1006) e. 姒 : 娣姒 <四解上 13b>
   f. 姒 : 겨집 동셰 ᄉ <字會上 16a>

<1007> 忠誠 對 튱뎡

두 명사 '忠誠'과 '튱뎡'(忠貞)이 [忠] 즉 '충성, 정성을 다함'의 뜻을 가지고 동의 관계에 있다는 것은 다음 예문들에서 잘 확인된다. 원문 중 '盡忠'이 '忠誠ᄭ쟝 홀 일'로 번역된다. 그리고 '忠'의 자석이 '튱뎡'이다. 따라서 '忠誠'과 '튱뎡'의 동의성은 명백히 입증된다.

(1007) a. 君子ㅣ 님금을 셤교ᄃᆡ 나ᅀᅡ가는 忠誠ᄭ쟝 홀 이를 싱각ᄒᆞ고(君子ㅣ 事君호ᄃᆡ 進思盡忠ᄒᆞ며) <번小三 8a>
   b. 臣下ㅣ 님금을 셤교ᄃᆡ 忠셩으로 홀디니라(臣事君以忠이니라) <번小三 8b>
   c. 忠臣은 셩 다ᄅᆞᆫ 두 님금을 셤기디 아니ᄒᆞ고(忠臣은 不事二君이오) <번小三 10b>

(1007) d. 忠 : 盡已之謂 <四解上 8a>

e. 忠 : 튱뎡 튱 忠臣 <字會下 11a>

<1008> 衷衣 對 褻衣

두 명사가 [褻]과 [衷] 즉 '속옷'의 뜻을 가지고 동의 관계에 있다는 것은 다음 예문들에서 잘 확인된다. '褻'이 한자어 '衷衣'를 뜻한다. 그리고 '衷'이 한자어 '褻衣'를 뜻한다. 따라서 '衷衣'와 '褻衣'의 동의성은 명백히 입증된다.

(1008) a. 褻 : 衷衣 <四解下 5b>

(1008) b. 衷 : …褻衣也…中也 <四解上 8a>

　　　 c. 衷 : 솝 튱 中也 <字會下 15a>

<1009> 絺綌 對 葛布

두 명사가 [絺]와 [綌] 즉 '칡베, 葛布'의 뜻을 가지고 동의 관계에 있다는 것은 다음 예문들에서 잘 확인된다. '絺'가 한자어 '絺綌'을 뜻한다. 그리고 '絺'의 자석이 'ㄱ는 뵈'이고 고유어 'ㄱ는 뵈'는 한자어 '葛布'와 동의 관계에 있다. 그리고 '綌'이 한자어 '絺綌'을 뜻한다. 따라서 '絺綌'과 '葛布'의 동의성은 명백히 입증된다.

(1009) a. 絺 : 絺綌 <四解上 18b>

　　　 b. 絺 : ㄱ는 뵈 티 葛布 細曰絺 粗曰綌 <字會中 15b>

(1009) c. 綌 : 絺綌 <四解下 48a>

　　　 d. 綌 : 굴근 뵈 격 <字會中 15a>

<1010> 癡獃 對 不慧

두 명사가 [獃]와 [痴] 즉 '어리석음'의 뜻을 가지고 동의 관계에 있다는 것은 다음 예문들에서 잘 확인된다. '獃'가 한자어 '痴獃'를 뜻한다. 그리고 '痴'가 한자어 '不慧'를 뜻한다. 따라서 '痴獃'와 '不慧'의 동의성은 명백히 입증된다.

(1010) a. 獃 : 癡獃 <四解上 43a>

(1010) b. 癡 : 不慧 <四解上 18b>

c. 癡(13a) : 어릴 티 不慧 <字會下 13b>

<1011> 痔瘡 對 後病

두 명사가 [痔] 즉 '痔疾'의 뜻을 가지고 동의 관계에 있다는 것은 다음 예문들에서 잘 확인된다. '痔'가 한자어 '後病'을 뜻한다. 그리고 '痔'의 자석이 '디딜'이고 고유어 '디딜'은 한자어 '痔瘡'과 동의 관계에 있다. 따라서 '痔瘡'과 '後病'의 동의성은 명백히 입증된다.

(1011) a. 痔 : 後病 <四解上 19a>
b. 痔 : 디딜 티 俗稱痔瘡 <字會中 16b>

<1012> 炱煤/炲煤 對 烟煤

두 명사가 [炱]와 [煤] 즉 '그을음, 철매'의 뜻을 가지고 동의 관계에 있다는 것은 다음 예문들에서 잘 확인된다. '炱'가 한자어 '炱煤'를 뜻한다. '煤'가 한자어 '炱煤'를 뜻한다. 그리고 '煤'의 자석이 '돌숫'이고 고유어 '돌숫'은 한자어 '炲煤' 및 한자어 '烟煤'와 동의 관계에 있다. 따라서 '炱煤/炲煤'와 '烟煤'의 동의성은 명백히 입증된다. 한자 '炱'와 '炲'는 同字이다

(1012) a. 炱 : 炱煤 <四解上 43a>
b. 炲 : 그스름 틔 <자회하 15a>

(1012) c. 煤 : 炱煤 <四解上 50b>
d. 煤 : 돌숫 미 又…炲煤 烟煤 <字會中 8a>

<1013> 波瀾 對 大波

두 명사가 [瀾] 즉 '물결, 큰 물결'의 뜻을 가지고 동의 관계에 있다는 것은 다음 예문들에서 잘 확인된다. '瀾'이 한자어 '波瀾'을 뜻한다. 그리고 '瀾'의 자석이 '믓결'이고 고유어 '믓결'은 한자어 '大波'와 동의 관계에 있다. 따라서 '波瀾'과 '大波'의 동의성은 명백히 입증된다.

(1013) a. 瀾 : 波瀾 <四解上 79a>
b. 瀾 : 믓결 란 大波 <字會上 2b>

<1014> 菠陵菜 對 赤根菜

두 명사가 [菠]와 [蔆] 즉 '시금치'의 뜻을 가지고 동의 관계에 있다는 것은 다음 예문들에서 잘 확인된다. '菠'가 한자어 '菠蔆菜'를 뜻하고 '菠蔆菜'는 한자어 '赤根菜'와 동의 관계에 있다. '蔆'이 한자어 '菠蔆菜'를 뜻한다. 그리고 '蔆'의 자석이 '시근치'이고 고유어 '시근치'는 한자어 '菠蔆菜' 및 한자어 '赤根菜'와 동의 관계에 있다. 따라서 '菠蔆菜'와 '赤根菜'의 동의성은 명백히 입증된다.

> (1014) a. 菠 : 菠蔆菜 或呼赤根菜 <四解下 28a>
>
> b. 菠 : 시근치 파 <字會上 8a>

> (1014) c. 蔆 : 菠蔆 菜名…今俗又呼赤根菜 <四解下 57a>
>
> d. 蔆 : 시근치 룽 俗呼菠蔆菜 又呼赤根菜 <字會上 8a>

<1015> 皉皻 對 鼻病

두 명사가 [皉]와 [皻] 즉 '주부코, 비사증(鼻皻症)'의 뜻을 가지고 동의 관계에 있다는 것은 다음 예문들에서 잘 확인된다. '皉'가 한자어 '皉皻'를 뜻하고 '皉皻'는 한자어 '鼻病'와 동의 관계에 있다. 그리고 '皻'가 한자어 '皰鼻'를 뜻하고 '皻'의 자석이 '쥬복고'이다. 따라서 '皉皻'와 '鼻病'의 동의성은 명백히 입증된다. 한자 '皻'와 '皻'는 同字이다.

> (1015) a. 皉 : 皉皻 鼻病 <四解下 29a>

> (1015) b. 皻 皻 : 皰鼻 <四解下 29b>
>
> c. 皻 : 쥬부고 차 鼻生疱 <字會上 15b>

<1016> 秠稢 對 禾名

두 명사가 [秠]와 [稢] 즉 '벼 이름'의 뜻을 가지고 동의 관계에 있다는 것은 다음 예문들에서 잘 확인된다. '秠'가 한자어 '秠稢'를 뜻하고 '秠稢'는 한자어 '禾名'과 동의 관계에 있다. 그리고 '稢'가 한자어 '秠稢'를 뜻하고 '秠稢'는 한자어 '禾名'과 동의 관계에 있다. 따라서 '秠稢'와 '禾名'의 동의성은 명백히 입증된다.

> (1016) a. 秠 : 秠稢 禾名 <四解下 29b>
>
> b. 稢 : 秠稢 禾名 <四解下 31a>

<1017> 陂陁 對 不平

두 명사가 [陂]와 [陁] 즉 '평탄하지 않음'의 뜻을 가지고 동의 관계에 있다는 것은 다음 예문들에서
잘 확인된다. '陂'가 한자어 '陂陁'를 뜻하고 '陂陁'는 한자어 '不平'과 동의 관계에 있다. 그리고 '陁'가
한자어 '陂陁'를 뜻하고 '陂陁'는 한자어 '不平'과 동의 관계에 있다. 따라서 '陂陁'과 '不平'의 동의성은
명백히 입증된다.

(1017) a. 陂 : 陂陁 不平 <四解下 18a>
        b. 陁 : 陂陁 不平 <四解下 25b>

<1018> 蔢蘭 對 薄荷

두 명사가 [蔢]와 [蘭] 즉 '영생이, 박하'의 뜻을 가지고 동의 관계에 있다는 것은 다음 예문들에서 잘
확인된다. '蔢'가 한자어 '蔢蘭'를 뜻하고 '蔢蘭'는 한자어 '薄荷'와 동의 관계에 있다. '蘭'가 한자어 '蔢
蘭'를 뜻하고 '蔢蘭'는 한자어 '薄荷'와 동의 관계에 있다. 그리고 '蘭'의 자석이 '박하'이고 '박하'는 한자
어 '蔢蘭'와 동의 관계에 있다. 따라서 '蔢蘭'와 '薄荷'의 동의성은 명백히 입증된다.

(1018) a. 蔢 : 蔢蘭 俗書作薄荷 藥草 <四解下 28a>
        b. 蔢 : 박핫 파 國語又呼 영싱 <字會上 8a>

(1018) c. 蘭 : 蔢蘭 俗書作薄荷 藥草 영싱이 <四解下 27a>
        d. 蘭 : 박핫 하 方書蔢蘭 亦作薄荷 <字會上 8a>

<1019> 牌牓 對 방

두 명사 '牌牓'과 '방'(榜) 이 [牌]와 [牓] 즉 '패, 방(榜) , 간판'의 뜻을 가지고 동의 관계에 있다는 것은
다음 예문들에서 잘 확인된다. '牌'가 한자어 '牌牓'을 뜻한다. 한자어 '牌牓'이 '방'과 동의 관계에 있다.
그리고 '牓'의 자석이 '방'이다. 따라서 '牌牓'과 '방'의 동의성은 명백히 입증된다.

(1019) a. 牌 : 牌牓 標額也 <四解上 44a>
        b. 牌 : 글월 패 又牌牓 방 <字會上 18b>

(1019) c. 牓 : 木片 又標牓 <四解下 36a>
        d. 牓 : 밧 방 大曰牓 <字會上 18b>

<1020> 膨脝 對 脹貌

두 명사가 [膖]과 [脖] 즉 '배가 불룩해짐, 배가 불룩한 모양'의 뜻을 가지고 동의 관계에 있다는 것은 다음 예문들에서 잘 확인된다. '膖'과 '脖'이 한자어 '膖脖'을 뜻하고 '膖脖'은 한자어 '脹貌'와 동의 관계에 있다. 따라서 '膖脖'과 '脹貌'의 동의성은 명백히 입증된다.

(1020) a. 膖 : 膖脖 脹貌 <四解下 59b>
　　　b. 脖 : 膖脖 脹貌 <四解下 62a>

<1021> 蟛蜎 對 蟛蟛

두 명사가 [蟛]과 [蟛] 즉 '방게'의 뜻을 가지고 동의 관계에 있다는 것은 다음 예문들에서 잘 확인된다. '蟛'이 한자어 '蟛蜎'을 뜻한다. 그리고 '蟛'이 한자어 '蟛蟛'을 뜻한다. 따라서 '蟛蜎'과 '蟛蟛'의 동의성은 명백히 입증된다.

(1021) a. 蟛 : 蟛蜎 似蟹而小 <四解下 59a>
　　　b. 蜎 : 蟛蜎 似蟹而小 <四解上 81b>

(1021) c. 蟛 : 蟛蟛 似蟹而小 <四解下 10a>

<1022> 編絲繩 對 絛兒

두 명사가 [糸]와 [絛] 즉 '실을 땋아 만든 끈'의 뜻을 가지고 동의 관계에 있다는 것은 다음 예문들에서 잘 확인된다. '糸'가 한자어 '編糸繩'을 뜻한다. 그리고 '絛'의 자석이 '셰툐'이고 고유어 '셰툐'는 한자어 '絛兒'와 동의 관계에 있다. 따라서 '編糸繩'과 '絛兒'의 동의성은 명백히 입증된다. 한자 '糸'와 '絛'는 同字이다.

(1022) a. 絛 : 編絲繩 <四解下 19a>
　　　b. 絛 : 셰툣 툐 俗呼絛兒 <字會中 11a>

<1023> 蹁躚 對 旋行貌

두 명사가 [蹁躚] 즉 '빙 돌아서 가는 모양'의 뜻을 가지고 동의 관계에 있다는 것은 다음 예문들에서 잘 확인된다. '躚'이 한자어 '蹁躚'을 뜻하고 '蹁躚'은 한자어 '旋行貌'와 동의 관계에 있다. 따라서 '蹁躚'과 '旋行貌'의 동의성은 명백히 입증된다.

(1023) a. 躚 : 蹁躚 旋行貌 <四解下 5a>

b. 蹁: 行不正 <四解下 3b>

<1024> 褊襬 對 衣貌

두 명사가 [褊]과 [襬] 즉 '옷의 모양, 옷이 펄렁펄렁 날리는 모양'의 뜻을 가지고 동의 관계에 있다는 것은 다음 예문들에서 잘 확인된다. '褊'이 한자어 '褊襬'을 뜻하고 '褊襬'은 한자어 '衣貌'와 동의 관계에 있다. 그리고 '襬'이 한자어 '褊襬'을 뜻하고 '褊襬'은 한자어 '衣貌'와 동의 관계에 있다. 따라서 '褊襬'과 '衣貌'의 동의성은 명백히 입증된다.

(1024) a. 褊: 褊襬 衣貌 <四解下 3b>
b. 襬: 褊襬 衣貌 <四解下 5a>

<1025> 艑艖 對 小船

두 명사가 [艑]과 [艖] 즉 '작은 배'의 뜻을 가지고 동의 관계에 있다는 것은 다음 예문들에서 잘 확인된다. '艑'이 한자어 '艑艖'를 뜻하고 '艑艖'는 한자어 '小船'과 동의 관계에 있다. '艑'의 자석이 '비'이고 고유어 '비'는 한자어 '小船'과 동의 관계에 있다. 그리고 '艖'가 한자어 '小船'을 뜻한다. 따라서 '艑艖'와 '小船'의 동의성은 명백히 입증된다.

(1025) a. 艑: 艑艖 小船 <四解下 2b>
b. 艑: 비 편 小船 <字會中 13a>

(1025) c. 艖: 小船 <四解下 29b>

<1026> 平疇 對 田畈

두 명사가 [畈] 즉 '평평한 밭두둑'의 뜻을 가지고 동의 관계에 있다는 것은 다음 예문들에서 잘 확인된다. '畈'이 한자어 '田畈'을 뜻하고 '田畈'은 한자어 '平疇'와 동의 관계에 있다. 그리고 '畈'의 자석이 '밭두듥'이고 고유어 '밭두듥'은 한자어 '平疇'와 동의 관계에 있다. 따라서 '平疇'와 '田畈'의 동의성은 명백히 입증된다.

(1026) a. 畈: 田畈 平疇 <四解上 80b>
b. 畈: 밭두듥 판 平疇 <字會上 4a>

<1027> 평목 對 平斗斛木

두 명사 '평목'(平木) 과 '平斗斛木'이 [槩] 즉 '평미레, 平木, 곡식 될 때 쓰는 방망이'의 뜻을 가지고 동의 관계에 있다는 것은 다음 예문들에서 잘 확인된다. '槩'가 한자어 '平斗斛木'을 뜻하고 한자어 '평목'과 동의 관계에 있다. 그리고 '槩'의 자석이 '평목'이다. 따라서 '평목'과 '平斗斛木'의 동의성은 명백히 입증된다.

(1027) a. 槩 : 平斗斛木 평목 <四解上 42b>
　　　 b. 槩 : 평목 개 <字會中 6b>

<1028> 평상 對 牀簀

두 명사 '평상'(平牀) 과 '牀簀'이 [牀]과 [笮] 즉 '평상, 나무로 만든 평평한 寢床'의 뜻을 가지고 동의 관계에 있다는 것은 다음 예문들에서 잘 확인된다. '牀'의 자석이 '평상'이고 '牀'은 '安身之具'이다. 그리고 '笮'가 한자어 '牀簀'을 뜻한다. 따라서 '평상'과 '牀簀'의 동의성은 명백히 입증된다.

(1028) a. 牀 : …安身之具 <四解下 39a>
　　　 b. 牀 : 평상 상 俗稱臥牀 <字會中 6a>

(1028) c. 笮 : 牀簀 <四解上 12b>

<1029> 평상 對 臥牀

두 명사 '평상'(平牀) 과 '臥牀'이 [牀] 즉 '평상, 나무로 만든 평평한 寢床'의 뜻을 가지고 동의 관계에 있다는 것은 다음 예문들에서 잘 확인된다. '牀'의 자석이 '평상'이고 '평상'은 한자어 '臥牀'과 동의 관계에 있다. 따라서 '평상'과 '臥牀'의 동의성은 명백히 입증된다.

(1029) a. 牀 : …安身之具 <四解下 39a>
　　　 b. 牀 : 평상 상 俗稱臥牀 <字會中 6a>

<1030> 埤堄 對 女墻

두 명사가 [堄]와 [堞] 즉 '성가퀴, 성 위에 쌓은 낮은 담'의 뜻을 가지고 동의 관계에 있다는 것은 다음 예문들에서 잘 확인된다. '堄'가 한자어 '埤堄'를 뜻하고 '埤堄'는 한자어 '女墻'과 동의 관계에 있다. 그리고 '堞'이 한자어 '女墻'을 뜻한다. 따라서 '埤堄'와 '女墻'의 동의성은 명백히 입증된다.

(1030) a. 堄 : 埤堄 女墻 <四解上 22b>

b. 堞 : 女墻 <四解下 82a>

<1031> 壀垸 對 城上女墻

두 명사가 [壀]와 [陴] 즉 '성가퀴, 성 위에 쌓은 낮은 담'의 뜻을 가지고 동의 관계에 있다는 것은 다음 예문들에서 잘 확인된다. '壀'가 한자어 '壀垸'를 뜻하고 '壀垸'는 한자어 '城上女墻'과 동의 관계에 있다. 그리고 '陴'가 한자어 '城上女墻'을 뜻한다. 따라서 '壀垸'와 '城上女墻'의 동의성은 명백히 입증된다.

(1031) a. 壀 : 壀垸 城上女墻 <四解上 16a>
 b. 陴 : 城上女墻 <四解上 22b>

<1032> 폐장 對 金臟

두 명사 '폐장'(肺臟) 과 '金臟'이 [肺] 즉 '허파, 폐장'의 뜻을 가지고 동의 관계에 있다는 것은 다음 예문들에서 잘 확인된다. 원문 중 '脾肺'가 '비장과 폐장'으로 번역된다. 그리고 '肺'가 한자어 '金臟'을 뜻한다. 따라서 '폐장'과 '金臟'의 동의성은 명백히 입증된다.

(1032) a. 폐장은 곳모를 ㄱ숨알오(肺主涕) <瘡疹 3b>
 b. 폐장앤 롱포이니(肺爲膿疱) <瘡疹 4a>
 c. 오란 셜흔 긔운이 비장과 폐장 ㅅ이예 드러 잇는 다시니(由積熱伏在於脾肺之間) <瘡疹 1b>

(1032) d. 肺 : 金臟 부화 <四解上 17a>
 e. 肺 : 부화 폐 <字會上 14a>

<1033> 椔柘 對 行馬

두 명사가 [椔]와 [柘] 즉 '울짱, 목책(木柵)'의 뜻을 가지고 동의 관계에 있다는 것은 다음 예문들에서 잘 확인된다. '椔'가 한자어 '椔柘'를 뜻하고 '椔柘'는 한자어 '行馬'와 동의 관계에 있다. '柘'가 한자어 '椔柘'를 뜻하고 '椔柘'는 한자어 '行馬'와 동의 관계에 있다. 그리고 '柘'의 자석이 '살문'이고 '살문'은 한자어 '椔柘' 및 한자어 '行馬'와 동의 관계에 있다. 따라서 '椔柘'과 '行馬'의 동의성은 명백히 입증된다.

(1033) a. 椔 : 椔柘 行馬 <四解上 16a>
 b. 椔 : 살문 폐 <字會中 3b>

(1033) c. 柂 : 椹柂 行馬 <四解上 41b>

    d. 柂 : 살문 호 椹柂 俗呼行馬 <字會中 3b>

<1034> 抛車 對 將軍礮

두 명사가 [砲] 즉 '돌쇠뇌, 돌을 쏘는 기구'의 뜻을 가지고 동의 관계에 있다는 것은 다음 예문들에서 잘 확인된다. '砲'가 한자어 '抛車'를 뜻하고 '抛車'는 한자어 '將軍礮'와 동의 관계에 있다. 따라서 '抛車'와 '將軍礮'의 동의성은 명백히 입증된다.

(1034) a. 砲 : 軍中以機發石呼爲霹靂車 今呼抛車 又呼將軍礮 <四解下 20b>

    b. 砲 : 셕탄즈 포 俗呼放砲 <字會中 14a>

<1035> 鉋刀 對 治木器

두 명사가 [鉋] 즉 '대패'의 뜻을 가지고 동의 관계에 있다는 것은 다음 예문들에서 잘 확인된다. '鉋'가 한자어 '鉋刀'를 뜻하고 '鉋刀'는 한자어 '治木器'와 동의 관계에 있다. 따라서 '鉋刀'와 '治木器'의 동의성은 명백히 입증된다.

(1035) a. 鉋 : 鉋刀 治木器 <四解下 20b>

    b. 鉋 : 글게 포 俗呼鉋子 又딋파曰推鉋 <字會中 8b>

<1036> 鉋刀 對 鉋子

두 명사가 [鉋] 즉 '대패'의 뜻을 가지고 동의 관계에 있다는 것은 다음 예문들에서 잘 확인된다. '鉋'가 한자어 '鉋刀'를 뜻한다. 그리고 '鉋'의 자석이 '글게'이고 고유어 '글게'는 한자어 '鉋子'와 동의 관계에 있다. 따라서 '鉋刀'와 '鉋子'의 동의성은 명백히 입증된다.

(1036) a. 鉋 : 鉋刀 治木器 <四解下 20b>

    b. 鉋 : 글게 포 俗呼鉋子 <字會中 8b>

<1037> 布縷 對 絨線

두 명사가 [縷]와 [縺] 즉 '베올'의 뜻을 가지고 동의 관계에 있다는 것은 다음 예문들에서 잘 확인된다. '縷'의 자석이 '뵛오리'이고 고유어 '뵛오리'는 한자어 '布縷' 및 한자어 '絨線'과 동의 관계에 있다. 그리고 '縺'가 한자어 '布縷'를 뜻하고 '縺'의 자석이 '뵛오리'이다. 따라서 '布縷'와 '絨線'의 동의성은 명백히 입증된다.

(1037) a. 縷 : 線也 絨線也 <四解上 35a>
b. 縷 : 빗오리 루 布縷 又絨線 <字會中 12a>

(1037) c. 纑 : 布縷 <四解上 42a>
d. 纑 : 빗오리 로 <字會中 12a>

<1038> 皰鼻 對 鼻生疱

두 명사가 [齇] 즉 '주부코'의 뜻을 가지고 동의 관계에 있다는 것은 다음 예문들에서 잘 확인된다. '齇'가 한자어 '皰鼻'를 뜻한다. 그리고 '齇'의 자석이 '쥬복고'이고 고유어 '쥬복고'는 한자어 '鼻生疱'와 동의 관계에 있다. 따라서 '皰鼻'와 '鼻生疱'의 동의성은 명백히 입증된다.

(1038) a. 齇 : 皰鼻 <四解下 29b>
b. 齇 : 쥬복고 차 鼻生疱 俗稱糟鼻子 <字會上 15b>

<1039> 㷀㷀 對 氣健自矜皃

두 명사가 [㷀㷀]와 [㷀] 즉 '거만하고 기세가 당당한 모양'의 뜻을 가지고 동의 관계에 있다는 것은 다음 예문들에서 잘 확인된다. '㷀'가 한자어 '㷀㷀'를 뜻하고 '㷀㷀'는 한자어 '気健自矜皃'와 동의 관계에 있다. 그리고 '㷀'가 한자어 '㷀㷀'를 뜻한다. 따라서 '㷀㷀'와 '気健自矜皃'의 동의성은 명백히 입증된다.

(1039) a. 㷀 : … 又㷀㷀 氣健自矜皃 <四解下 20b>
b. 㷀 : 㷀㷀 <四解下 24a>

<1040> 暴雨 對 骤雨

두 명사가 [涷] 즉 '소나기'의 뜻을 가지고 동의 관계에 있다는 것은 다음 예문들에서 잘 확인된다. '涷'이 한자어 '暴雨'를 뜻한다. 그리고 '涷'의 자석이 '쇠나기'이고 고유어 '쇠나기'는 한자어 '骤雨'와 동의 관계에 있다. 따라서 '暴雨'와 '骤雨'의 동의성은 명백히 입증된다.

(1040) a. 涷 : 暴雨 <四解上 1b>
b. 涷 : 쇠나기 동 俗稱骤雨 又曰過路雨 <字會上 2a>

<1041> 螵蛸 對 螳蜋子

두 명사가 [蛸] 즉 '사마귀의 알'의 뜻을 가지고 동의 관계에 있다는 것은 다음 예문들에서 잘 확인된다. '蛸'가 한자어 '螵蛸'를 뜻하고 '螵蛸'는 한자어 '螳蜋子'와 동의 관계에 있다. 따라서 '螵蛸'와 '螳蜋子'의 동의성은 명백히 입증된다.

(1041) a. 蛸 : 螵蛸 螳蜋子 <四解下 16a>
　　　 b. 蛸 : 글거(11a) 믹쇼 一名長崎 <字會上 11b>

<1042> 嫖姚 對 校尉

두 명사가 [嫖姚] 즉 '漢代의 武官 벼슬'의 뜻을 가지고 동의 관계에 있다는 것은 다음 예문들에서 잘 확인된다. '嫖'가 한자어 '嫖姚'를 뜻하고 '嫖姚'는 한자어 '校尉'와 동의 관계에 있다. 그리고 '姚'가 한자어 '嫖姚'를 뜻한다. 따라서 '嫖姚'와 '校尉'의 동의성은 명백히 입증된다.

(1042) a. 嫖 : 嫖姚 校尉 官名 <四解下 15a>
　　　 b. 姚 : 嫖姚 官名 杜詩作平聲押 <四解下 17b>

<1043> 풍류 對 音樂

두 명사 '풍류'(風流) 와 '音樂'이 [樂] 즉 '풍류, 음악'의 뜻을 가지고 동의 관계에 있다는 것은 다음 예문들에서 잘 확인된다. 원문 중 '滛樂'이 '음란한 풍류'로 번역되고 '聽樂'이 '풍류 듣다'로 번역된다. 그리고 '樂'이 한자어 '音樂'을 뜻하고 '樂'의 자석이 '음악'이다. 따라서 '풍류'와 '音樂'의 동의성은 명백히 입증된다.

(1043) a. 음란흔 풍류와 샤특흔 례도를 모음매 브티디 아니ᄒ며(滛樂慝禮를 不接心術ᄒ며) <번小四 8a>
　　　 b. 그 거상애 풍류 드르며 혼인ᄒᄂ니는 나라희 정흔 버비 잇ᄂᆫ디라(其居喪애 聽樂及嫁娶者ᄂᆫ 國有正法이라) <번小七 19a>
　　　 c. ᄒ근 풍류와 굴근 풍뉴들 다 히이시며(動細樂大樂) <번朴上 71a>

(1043) d. 樂 : 音樂 <四解下 44b>
　　　 e. 樂 : 음악 악 <字會下 7a>

명사 '풍류'의 先代形 '風流'가 15세기의 『釈譜詳節』(1447), 『月印釈譜』(1459), 『法華経諺解』(1463) 및 『金剛経三家解』(1482) 의 다음 예문들에서 잘 확인된다. 원문 중 '献楽'이 '풍류 받줍다'로 번역되고 '風流出'이 '풍류ㅣ 나다'로 번역된다.

(1043) f. 하ᄂᆞᆳ 풍뤼 虛空애 ᄀᆞ득ᄒᆞ야 <釋十一 13a>

　　 g. 하ᄂᆞᆳ 風流ㅣ 그츨 숫 업스니 <月七 58a> <月曲 205>

　　 h. 풍류 받ᄌᆞ오며 바리 받ᄌᆞ오샤(献楽奉鉢ᄒᆞ샤) <法華七 2b>

　　 i. 모로매 風流ㅣ 當ᄒᆞᆫ 지븨셔 나는 ᄃᆞᆯ 아롤디니라(須信風流ㅣ 出當家ㅣ니라) <金삼四 10b>

<1044> 䨘䨴 對 雨師

두 명사가 [䨘]과 [䨴] 즉 '雷師, 雷公'의 뜻을 가지고 동의 관계에 있다는 것은 다음 예문들에서 잘 확인된다. '䨘'이 한자어 '䨘䨴'을 뜻하고 '䨘䨴'은 한자어 '雨師'와 동의 관계에 있다. 그리고 '䨴'이 한자어 '䨘䨴'을 뜻하고 '䨘䨴'은 한자어 '雨師'와 동의 관계에 있다. 따라서 '䨘䨴'과 '雨師'의 동의성은 명백히 입증된다.

(1044) a. 䨘 : 䨘䨴 雨師 <四解上 3b>

　　 b. 䨴 : 䨘䨴 雨師 <四解上 11a>

<1045> 풍류 對 풍뉴

두 명사 '풍류'(風流) 와 '풍뉴'(風流) 가 [楽] 즉 '풍류, 음악'의 뜻을 가지고 동의 관계에 있다는 것은 다음 예문들에서 잘 확인된다. 원문 중 '淫楽'이 '음안ᄒᆞᆫ 풍류'로 번역되고 '聴楽'이 '풍류 듣다'로 번역된다. 그리고 '大楽'이 '굴근 풍뉴'로 번역된다. 따라서 '풍류'와 '풍뉴'의 동의성은 명백히 입증된다. 두 명사는 제2 음절에서 자음 'ㄹ~ㄴ'의 교체를 보여 준다.

(1045) a. 음란ᄒᆞᆫ 풍류와 샤특ᄒᆞᆫ 례도를 ᄆᆞᅀᆞ매 브티디 아니ᄒᆞ며(淫楽慝禮를 不接心術ᄒᆞ며) <번小四 8a>

　　 b. 그 거상애 풍류 드르며 혼인ᄒᆞᄂᆞ니는(其居喪애 聴楽及嫁娶者ᄂᆞᆫ) <번小七 19a>

(1045) c. 효근 풍류 굴근 풍뉴들 다 ᄒᆡ이시며(動細楽大楽) <번朴上 71a>

<1046> 風子 對 風漢

두 명사가 [風子]와 [風漢] 즉 '미친 사람, 미치광이'의 뜻을 가지고 동의 관계에 있다는 것은 다음 예
문들에서 잘 확인된다. '狂'의 자석이 '미치다'이고 한자어 '風子'와 한자어 '風漢'이 동의 관계에 있다.
따라서 '風子'와 '風漢'의 동의성은 명백히 입증된다.

> (1046) a. 狂 : 癲狂 <四解下 40a>
>   b. 狂 : 미칠 광 俗呼風子 又曰風漢 <字會中 16b>

<1047> 皮衣 對 皮襖

두 명사가 [裘] 즉 '갓옷, 가죽 옷'의 뜻을 가지고 동의 관계에 있다는 것은 다음 예문들에서 잘 확인
된다. '裘'가 한자어 '皮衣'를 뜻한다. 그리고 '裘'의 자석이 '갓옷'이고 고유어 '갓옷'은 한자어 '皮襖'와
동의 관계에 있다. 따라서 '皮衣'와 '皮襖'의 동의성은 명백히 입증된다.

> (1047) a. 裘 : 皮衣 <四解下 68a>
>   b. 裘 : 갓옷 구 俗呼皮襖 <字會中 11b>

<1048> 陂澤 對 淀濼

두 명사가 [濼] 즉 '늪, 못'의 뜻을 가지고 동의 관계에 있다는 것은 다음 예문들에서 잘 확인된다. '濼'
이 한자어 '陂沢'을 뜻한다. 그리고 '濼'의 자석이 '즌퍼리'이고 고유어 '즌퍼리'는 한자어 '淀濼'과 동의
관계에 있다. 따라서 '陂沢'과 '淀濼'의 동의성은 명백히 입증된다.

> (1048) a. 濼 : 陂澤 一曰大池 <四解下 306b>
>   b. 濼 : 즌퍼리 박 淀濼 <字會上 3b>

<1049> 披廈 對 협실

두 명사 '披廈'와 '협실'(夾室) 이 [披廈] 즉 '당의 안방 양쪽에 있는 방'의 뜻을 가지고 동의 관계에 있
다는 것은 다음 예문들에서 잘 확인된다. 한자어 '披廈'가 한자어 '협실'과 동의 관계에 있다. 그리고
'廈'의 자석이 '집'이고 한자어 '披廈'가 한자어 '東西夾室'과 동의 관계에 있다. 따라서 '披廈'와 '협실'의
동의성은 명백히 입증된다.

> (1049) a. 廈 : 旁屋 今俗呼披廈 협실 <四解下 30a>
>   b. 廈 : 집 하 大屋…俗稱披廈 東西夾室 <字會中 3a>

<1050> 腷臆 對 意不泄

두 명사가 [腷]과 [臆] 즉 '가슴이 답답함, 가슴이 막힘'의 뜻을 가지고 동의 관계에 있다는 것은 다음 예문들에서 잘 확인된다. '腷'이 한자어 '腷臆'을 뜻하고 '腷臆'은 한자어 '意不泄'과 동의 관계에 있다. 그리고 '臆'이 한자어 '腷臆'을 뜻하고 '腷臆'은 한자어 '意不泄'과 동의 관계에 있다. 따라서 '腷臆'과 '意不泄'의 동의성은 명백히 입증된다.

(1050) a. 腷 : 腷臆 意不泄 <四解下 51a>

(1050) b. 臆 : …腷臆 <四解下 55b>
c. 臆 : …又腷臆 意不泄也 <字會上 14a>

<1051> 鵯鶋 對 雅烏

두 명사가 [鵯]와 [鶋] 즉 '갈가마귀'의 뜻을 가지고 동의 관계에 있다는 것은 다음 예문들에서 잘 확인된다. '鵯'이 한자어 '鵯鶋'를 뜻하고 '鵯鶋'는 한자어 '雅烏'와 동의 관계에 있다. 그리고 '鶋'가 한자어 '鵯鶋'를 뜻하고 '鵯鶋'는 한자어 '雅烏'와 동의 관계에 있다. 따라서 '鵯鶋'와 '雅烏'의 동의성은 명백히 입증된다.

(1051) a. 鵯 : 鵯鶋 雅烏 <四解上 57a>
b. 鶋 : …又鵯鶋 雅烏 今俗呼寒雅 갈아마괴 <四解上 29a>

<1052> 筆管菜 對 龍鬚菜

두 명사가 [蕺] 즉 '三白草'의 뜻을 가지고 동의 관계에 있다는 것은 다음 예문들에서 잘 확인된다. '蕺'이 한자어 '筆管菜'를 뜻하고 '筆管菜'는 고유어 '멸' 및 한자어 '竜鬚菜'와 동의 관계에 있다. 그리고 '蕺'의 자석이 '멸'이고 고유어 '멸'은 한자어 '筆管菜' 및 한자어 '竜鬚菜'와 동의 관계에 있다. 따라서 '筆管菜'와 '竜鬚菜'의 동의성은 명백히 입증된다.

(1052) a. 蕺 : 今俗呼筆管菜 멸 又呼龍鬚菜 <四解下 73b>
b. 蕺 : 멸 즙 俗呼筆管菜 又龍鬚菜 <字會上 7a>

<1053> 澤汶 對 寒冰皃

두 명사가 [汶]과 [澤] 즉 '얼어 붙은 모양'의 뜻을 가지고 동의 관계에 있다는 것은 다음 예문들에서

잘 확인된다. '冹'이 한자어 '渾冹'을 뜻하고 '渾冹'은 한자어 '寒冰皃'와 동의 관계에 있다. 따라서 '渾冹'과 '寒冰皃'의 동의성은 명백히 입증된다.

(1053) a. 冹 : 渾冹 寒冰皃 <四解上 80b>
　　　 b. 渾 : 風寒 <四解上 57a>

<1054> 渾沸 對 泉出貌/泉出皃

두 명사가 [沸]과 [渾] 즉 '샘솟는 모양, 물이 솟아오르는 모양'의 뜻을 가지고 동의 관계에 있다는 것은 다음 예문들에서 잘 확인된다. '沸'이 한자어 '渾沸'을 뜻하고 '渾沸'은 한자어 '泉出貌'와 동의 관계에 있다. 그리고 '渾'은 한자어 '泉出皃'를 뜻하고 '泉出皃'는 한자어 '渾沸'과 동의 관계에 있다. 따라서 '渾沸'과 '泉出貌/泉出皃'의 동의성은 명백히 입증된다. 한자 '貌'와 '皃'는 同字이다.

(1054) a. 沸 : 渾沸 泉出貌 <四解上 65a>
　　　 b. 渾 : 泉出皃 渾沸 <四解上 57a>

<1055> 下裳 對 裙兒

두 명사가 [裙] 즉 '치마, 여자 아랫도리에 입는 겉옷'의 뜻을 가지고 동의 관계에 있다는 것은 다음 예문들에서 잘 확인된다. '裙'이 한자어 '下裳'을 뜻한다. 그리고 '裙'의 자석이 '츄마'이고 '츄마'는 한자어 '裙兒'와 동의 관계에 있다. 따라서 '下裳'과 '裙兒'의 동의성은 명백히 입증된다.

(1055) a. 裙 : 下裳 <四解上 67b>
　　　 b. 裙 : 츄마 군 女服 俗呼裙兒 <字會中 11b>

<1056> 荷花 對 藕花

두 명사가 [芙] 즉 '연꽃'의 뜻을 가지고 동의 관계에 있다는 것은 다음 예문들에서 잘 확인된다. '芙'의 자석이 '년곳'이고 '년곳'은 한자어 '荷花' 및 한자어 '藕花'와 동의 관계에 있다. 따라서 '荷花'와 '藕花'의 동의성은 명백히 입증된다.

(1056) a. 芙 : 芙蓉 <四解上 39b>
　　　 b. 芙 : 년곳 부 荷花又 藕花 <字會上 4a>

(1056) c. 藕: 蓮根 <四解下 65a>

<1057> 鶴 對 仙鶴

두 명사가 [鶴] 즉 '학'의 뜻을 가지고 동의 관계에 있다는 것은 다음 예문들에서 잘 확인된다. '鶴'이 한자어 '仙鶴'을 뜻한다. 그리고 '鶴'의 자석이 '학'이고 '학'은 한자어 '仙鶴'과 동의 관계에 있다. 따라서 '鶴'과 '仙鶴'의 동의성은 명백히 입증된다.

(1057) a. 鶴: 今俗呼仙鶴 <四解下 39b>
b. 鶴: 학 학 俗呼仙鶴 <字會上 8a>

<1058> 漢兒 對 한 對 中朝 對 강남

네 명사 '漢兒', '한'(漢) , '中朝' 그리고 '강남'(江南) 이 [漢兒] 즉 '중국'의 뜻을 가지고 동의 관계에 있다는 것은 다음 예문들에서 잘 확인된다. 원문 중 '漢兒學生'이 '漢兒 션비'로 번역되고 '漢兒地面'이 '한 싸ㅎ'와 '中朝 싸ㅎ'로 번역되고 '漢兒火伴'이 '강남 동모'로 번역된다. 그리고 '漢兒言語'가 '漢兒의 말'로도 번역되고 '漢語'로도 번역된다. 따라서 '漢兒', '한', '中朝' 그리고 '강남'의 동의성은 명백히 입증된다.

(1058) a. 미실 漢兒 션비들콰 ᄒ야(6a) 혼ᄃᆡ셔 글 비호니(每日和漢兒學生們 一處學文書來) <번老上 6b>

b. 漢兒 아히돌히 ᄀᆞ장 굴외거니와(漢兒小厮們 十分元負) <번老上 7b>

c. 漢兒의 차반 ᄒ져(咱們做漢兒茶飯着) <번老下 37b>

d. 나는 漢兒의 마를 모ᄅᆞ모로(我漢兒言語 不理會的) <번老下 6a>

(1058) e. 한 싸해 니기 ᄃᆞ니다 몯ᄒ야 잇노니(漢兒地面裏不慣行) <번老上 7b>

f. 쪼 엇디 漢語 닐오미 잘 ᄒᆞ노뇨(却甚麼漢兒言語說的好) <번老上 2a>

g. 제 漢語를 니ᄅᆞ디 몯홀쉬(他漢兒言語說不得的) <번老上 51b>

(1058) h. 中朝 싸해 오면 다 漢語 ᄒᆞ노니(漢兒地面來 都是漢兒言語) <번老上 5b>

(1058) i. 뎌 강남 동모의게 하딕ᄒ져(辭別那漢兒火伴) <번老下 72b>

<1059> 轄子 對 車軸頭鐵

두 명사가 [轄] 즉 '비녀장, 수레바퀴가 빠져 나오지 않도록 굴대 끝에 내리꽂는 쇠못'의 뜻을 가지고 동의 관계에 있다는 것은 다음 예문들에서 잘 확인된다. '轄'의 자석이 '쇠야기'이고 고유어 '쇠야기'는 한자어 '轄子' 및 한자어 '車軸頭鉄'과 동의 관계에 있다. 따라서 '轄子'와 '車軸頭鉄'의 동의성은 명백히 입증된다.

(1059) a. 轄 : 車軸端鍵 <四解上 80a>
　　　 b. 轄 : 쇠야기 할 俗呼轄子 車軸頭鐵 <字會中 13a>

<1060> 菡萏 對 荷花未開者

두 명사가 [菡萏] 즉 '연꽃 봉오리가 아직 피지 아니한 것'의 뜻을 가지고 동의 관계에 있다는 것은 다음 예문들에서 잘 확인된다. '菡'이 한자어 '菡萏'을 뜻하고 '萏'이 한자어 '菡萏'을 뜻한다. 그리고 '芙'가 한자어 '荷花'를 뜻하고 '荷花'의 '未開者'가 '菡萏'이다. 따라서 '菡萏'과 '荷花未開者'의 동의성은 명백히 입증된다.

(1060) a. 菡 : 菡萏 <四解下 79a>
　　　 b. 萏 : 菡萏 <四解下 76a>

(1060) c. 芙 : 芙蓉 <四解上 39a>
　　　 d. 芙 : 년곳 부 荷花…又未開者曰菡萏 <字會上 4a>

<1061> 嵢谺 對 谷中大空貌

두 명사가 [谺]와 [嵢] 즉 '골짜기가 깊고 넓어 텅 빈 모양'의 뜻을 가지고 동의 관계에 있다는 것은 다음 예문들에서 잘 확인된다. '谺'가 한자어 '嵢谺'를 뜻하고 '嵢谺'는 한자어 '谷中大空貌'와 동의 관계에 있다. 그리고 '嵢'이 한자어 '嵢谺'를 뜻한다. 따라서 '嵢谺'와 '谷中大空貌'의 동의성은 명백히 입증된다.

(1061) a. 谺 : 嵢谺 谷中大空貌 <四解下 31a>
　　　 b. 嵢 : 嵢谺 澗空 <四解下 79a>

<1062> 哈呀 對 張口貌

두 명사가 [呀] 즉 '입을 크게 벌린 모양'의 뜻을 가지고 동의 관계에 있다는 것은 다음 예문들에서 잘 확인된다. '呀'가 한자어 '唅呀'를 뜻하고 '唅呀'는 한자어 '張口貌'와 동의 관계에 있다. 따라서 '唅呀'와 '張口貌'의 동의성은 명백히 입증된다.

(1062) a. 呀 : 唅呀 張口貌 又呀呷 <四解下 31a>
　　　b. 唅 : 唵也 又哺也 <四解下 79a>

<1063> 顑頷 對 不飽貌

두 명사가 [顑]과 [頷] 즉 '굶주려서 얼굴빛이 누렇게 뜬 모양'의 뜻을 가지고 동의 관계에 있다는 것은 다음 예문들에서 잘 확인된다. '顑'이 한자어 '顑頷'을 뜻하고 '顑頷'은 한자어 '不飽貌'와 동의 관계에 있다. 그리고 '頷'이 한자어 '顑頷'을 뜻하고 '顑頷'은 한자어 '不飽貌'와 동의 관계에 있다. 따라서 '顑頷'과 '不飽貌'의 동의성은 명백히 입증된다.

(1063) a. 顑 : 顑頷 不飽貌 <四解下 80b>
　　　b. 頷 : … 又顑頷 不飽貌 又面黃 <四解下 79a>

<1064> 鴿子 對 鵓鴿

두 명사가 [鴿] 즉 '집비둘기'의 뜻을 가지고 동의 관계에 있다는 것은 다음 예문들에서 잘 확인된다. '鴿'이 한자어 '鴿子'를 뜻하고 '鴿子'는 한자어 '鵓鴿' 및 고유어 '집비두리'와 동의 관계에 있다. 그리고 '鴿'의 자석이 '집비두리'이고 고유어 '집비두리'는 한자어 '鴿子' 및 '鵓鴿'과 동의 관계에 있다. 따라서 '鴿子'와 '鵓鴿'의 동의성은 명백히 입증된다.

(1064) a. 鴿 : 鳩屬 今俗呼鴿子 又曰鵓鴿 집비두리 <四解下 75a>
　　　b. 鴿 : 집비두리 합 俗呼鴿子 又曰鵓鴿 <字會上 8b>

<1065> 항 對 甖缸

두 명사 '항'(缸)과 '甖缸'이 [缸] 즉 '항아리'의 뜻을 가지고 동의 관계에 있다는 것은 다음 예문들에서 잘 확인된다. '缸'이 한자어 '甖缸'을 뜻하고 '缸'의 자석이 '항'이다. 따라서 '항'과 '甖缸'의 동의성은 명백히 입증된다.

(1065) a. 缸 : 今俗語甖缸 <四解下 34a>
　　　b. 缸 : 항 항 <字會中 7a>

명사 '항'의 先代形 '缸'이 15세기의 『杜詩諺解』(1481) 와 『救急簡易方』(1489) 의 다음 예문들에서 잘 확인된다. 원문 중 '玉爲缸'이 '玉ᄋ로 밍ᄀ론 缸'으로 번역되고 '入缸內'가 '항의 녛다'로 번역된다.

(1065) c. 구운 그르시 玉ᄋ로 밍ᄀ론 缸애셔 디디 아니토다(瓷甖無謝玉爲缸) <杜十五 32b>

d. 하나 져(112a) 그나 항의 녀코(不以多少入缸內) <救간一 112b>

<1066> 伉儷 對 夫妻

두 명사가 [儷] 즉 '부부, 배필'의 뜻을 가지고 동의 관계에 있다는 것은 다음 예문들에서 잘 확인된다. '儷'가 한자어 '伉儷'를 뜻한다. 그리고 '儷'가 한자어 '夫妻'를 뜻하고 '夫妻'는 한자어 '伉儷'와 동의 관계에 있다. 따라서 '伉儷'와 '夫妻'의 동의성은 명백히 입증된다.

(1066) a. 儷 : 偶也 伉儷 <四解上 29a>

b. 儷 : 골올 례 夫妻曰伉儷 <字會下 14b>

(1066) c. 伉 : 匹也 <四解下 34b>

<1067> 沆瀣 對 北方夜半氣

두 명사가 [沆]과 [瀣] 즉 '北方의 깊은 밤중의 공기, 이슬 기운'의 뜻을 가지고 동의 관계에 있다는 것은 다음 예문들에서 잘 확인된다. '沆'이 한자어 '沆瀣'를 뜻한다. 그리고 '瀣'가 한자어 '沆瀣'를 뜻하고 '沆瀣'는 한자어 '北方夜半気'와 동의 관계에 있다. 따라서 '沆瀣'와 '北方夜半気'의 동의성은 명백히 입증된다.

(1067) a. 沆 : 沆瀣 <四解下 39b>

b. 瀣 : 沆瀣 北方夜半氣 <四解上 47a>

<1068> 膎腜 對 腌魚

두 명사가 [膎]와 [腜] 즉 '절인 생선'의 뜻을 가지고 동의 관계에 있다는 것은 다음 예문들에서 잘 확인된다. '膎'가 한자어 '腌魚'를 뜻하고 '腌魚'는 한자어 '膎腜'과 동의 관계에 있다. 그리고 '腜'이 한자어 '腌魚'를 뜻하고 '腌魚'는 한자어 '膎腜'과 동의 관계에 있다. 따라서 '膎腜'과 '腌魚'의 동의성은 명백히 입증된다.

(1068) a. 膎 : …又腌魚爲膎腜 <四解上 47a>

b. 腒 : 腌魚 肉爲肴曰腶腒 <四解下 45a>

<1069> 薝草 對 菖草

두 명사가 [蒱] 즉 '창포'의 뜻을 가지고 동의 관계에 있다는 것은 다음 예문들에서 잘 확인된다. '蒱'이 한자어 '香草'를 뜻한다. 그리고 '蒱'의 자석이 '부들'이고 고유어 '부들'은 한자어 '菖草'와 동의 관계에 있다. 따라서 '香草'와 '菖草'의 동의성은 명백히 입증된다.

(1069) a. 蒱 : 香草 <四解上 66a>
　　　 b. 蒱 : 부들 손 一名菖草 <字會上 4b>

<1070> 險崖 對 險岸

두 명사가 [壩] 즉 '언덕, 낭떠러지'의 뜻을 가지고 동의 관계에 있다는 것은 다음 예문들에서 잘 확인된다. '壩'이 한자어 '險崖'를 뜻한다. 그리고 '壩'의 자석이 '언덕'이고 고유어 '언덕'은 한자어 '險岸'과 동의 관계에 있다. 따라서 '險崖'와 '險岸'의 동의성은 명백히 입증된다.

(1070) a. 壩 : 險崖 亦作壩 <四解下 75b>
　　　 b. 壩 : 엄덕 감 險岸 陡峻處 <字會上 2a>

<1071> 痃癖 對 腹病

두 명사가 [痃]과 [癖] 즉 '積聚, 오랜 체증으로 배 안에 덩어리가 생기는 병'의 뜻을 가지고 동의 관계에 있다는 것은 다음 예문들에서 잘 확인된다. '痃'이 한자 '痃癖'을 뜻한다. 그리고 '癖'이 한자어 '腹病'을 뜻하고 '腹病'은 한자어 '痃癖'과 동의 관계에 있다. 따라서 '痃癖'과 '腹病'의 동의성은 명백히 입증된다.

(1071) a. 痃 : 痃癖病 <四解下 7b>
　　　 b. 癖 : 腹病 痃癖 <四解下 50b>

<1072> 莧菜 對 芒行

두 명사가 [莧]과 [芒] 즉 '비름'의 뜻을 가지고 동의 관계에 있다는 것은 다음 예문들에서 잘 확인된다. '莧'의 자석이 '비릅'이고 고유어 '비릅'은 한자어 '莧菜' 및 한자어 '芒行'과 동의 관계에 있다. 그리고 '芒'이 한자어 '芒行'을 뜻하고 '芒行'은 한자어 '莧菜'와 동의 관계에 있다. 따라서 '莧菜'와 '芒行'의 동의성은 명백히 입증된다.

> (1072) a. 莧 : 菜名 人常食 <四解上 80a>
>
>> b. 莧 : 비름 현 俗呼莧菜 又稱芢行 <字會上 7b>
>
> (1072) c. 芢 : 芢行 莧菜 <四解上 61b>

<1073> 穴居 對 窟

두 명사가 [窩] 즉 '움집'의 뜻을 가지고 동의 관계에 있다는 것은 다음 예문들에서 잘 확인된다. '窩' 가 한자어 '穴居'를 뜻하고 '穴居'는 한자어 '窟'과 동의 관계에 있다. 따라서 '穴居'과 '窟'의 동의성은 명 백히 입증된다.

> (1073) a. 窩 : 穴居也 窟也 <四解下 28b>
>
>> b. 窩 : 산막 와 <字會中 5b>

<1074> 穴處小獸 對 耗子

두 명사가 [鼠] 즉 '쥐'의 뜻을 가지고 동의 관계에 있다는 것은 다음 예문들에서 잘 확인된다. '鼠'가 한자어 '穴处小獸'를 뜻한다. 그리고 '鼠'의 자석이 '쥐'이고 고유어 '쥐'는 한자어 '耗子'와 동의 관계에 있다. 따라서 '穴处小獸'와 '耗子'의 동의성은 명백히 입증된다.

> (1074) a. 鼠 : 穴處小獸 <四解上 33a>
>
>> b. 鼠 : 쥐 셔 俗呼耗子 又老鼠 <字會上 10b>

<1075> 玁狁 對 匈奴

두 명사가 [玁]과 [狁] 즉 '오랑캐 이름, 흉노'의 뜻을 가지고 동의 관계에 있다는 것은 다음 예문들에 서 잘 확인된다. '玁'이 한자어 '玁狁'을 뜻한다. 그리고 '狁'이 한자어 '玁狁'을 뜻하고 '玁狁'은 한자어 '匈奴'와 동의 관계에 있다. 따라서 '玁狁'과 '匈奴'의 동의성은 명백히 입증된다.

> (1075) a. 玁 : 玁狁 北夷 <四解下 85a>
>
>> b. 狁 : 玁狁 匈奴 <四解上 70a>

<1076> 脇骨 對 肋骨

두 명사가 [肋] 즉 '갈빗대'의 뜻을 가지고 동의 관계에 있다는 것은 다음 예문들에서 잘 확인된다. '肋'이 한자어 '脇骨'을 뜻한다. 그리고 '肋'의 자석이 '녑발치'이고 고유어 '녑발치'는 한자어 '肋骨'과 동의 관계에 있다. 따라서 '脇骨'과 '肋骨'의 동의성은 명백히 입증된다.

(1076) a. 肋 : 脇骨 <四解下 62a>
    b. 肋 : 녑발치 륵 俗稱…肋骨 <四解上 13a>

<1077> 蛺蝶 對 蝴蝶

두 명사가 [蛺]과 [蝶] 즉 '나비'의 뜻을 가지고 동의 관계에 있다는 것은 다음 예문들에서 잘 확인된다. '蛺'이 한자어 '蛺蝶'을 뜻하고 '蛺'의 자석이 '나비'이다. '蝶'이 한자어 '蛺蝶'을 뜻하고 '蛺蝶'은 한자어 '蝴蝶'과 동의 관계에 있다. 그리고 '蝶'의 자석이 '나비'이고 고유어 '나비'는 한자어 '蛺蝶'과 동의 관계에 있다. 따라서 '蛺蝶'과 '蝴蝶'의 동의성은 명백히 입증된다.

(1077) a. 蛺 : 蛺蝶 <四解下 81a>
    b. 蛺 : 나비 협 <字會上 11b>

(1077) c. 蝶 : 蛺蝶 亦曰蝴蝶 一四解下 82a>
    d. 蝶 : 나비 뎝…亦呼蛺蝶 <字會上 11b>

<1078> 兄 對 哥哥

두 명사가 [哥]와 [哥哥] 즉 '兄'의 뜻을 가지고 동의 관계에 있다는 것은 다음 예문들에서 잘 확인된다. '哥'가 한자어 '兄'을 뜻한다. '哥'의 자석이 '몯'이고 고유어 '몯'은 한자어 '哥哥'와 동의 관계에 있다. 그리고 '二哥'가 '둘잿 형'으로 번역되고 '姑舅哥哥'가 '이셩 스촌 형'으로 번역된다. 따라서 '兄'과 '哥哥'의 동의성은 명백히 입증된다.

(1078) a. 哥 : 今俗呼兄 <四解下 24a>
    b. 哥 : 몯 가 俗呼哥哥 <字會上 16b>

(1078) c. 둘잿 형 셋잿 형(二哥 三哥) <번老下 4a>
    d. 흐나흔 이셩 스촌 형이오(一箇是姑舅哥哥) <번老下 5b>
    e. 이는 내 아븨 동싱 누의와 어믜 동싱 오라븨게 난 형이오(是小人姑舅哥哥) <번老上 15b>

<1079> 兄 對 男子先生

두 명사가 [兄] 즉 '형, 먼저 태어난 남자'의 뜻을 가지고 동의 관계에 있다는 것은 다음 예문들에서 잘 확인된다. 원문 중 '兄愛'가 '兄은 ᄉᆞ랑ᄒᆞ다'로 번역되고 '其兄'이 '제 兄'으로 번역된다. '父兄'이 '아비와 형'으로 번역되고 '吾兄'이 '내 형'으로 번역된다. 그리고 '兄'이 한자어 '男子先生'으로 번역된다. 따라서 '兄'과 '男子先生'의 동의성은 명백히 입증된다.

(1079) a. 兄은 ᄉᆞ랑커든 아ᅀᆞᆫ 공경ᄒᆞ며(兄愛弟敬ᄒᆞ며) <번小三 43b>
b. 兄이 ᄉᆞ랑ᄒᆞᄃᆡ 벋 ᄀᆞ티 ᄒᆞ며(兄愛而友ᄒᆞ며) <번小三 44b>
c. 제 兄 공경호ᄆᆞᆯ 아디 몯ᄒᆞ리 업스니라(無不知敬其兄也ㅣ니라) <번小三 25a>
d. 아비와 형과 아ᅀᆞ 들흔 다 避接ᄒᆞ고(父兄諸弟皆避) <속三孝 22a>
e. 사ᄅᆞ미 나셔 안호로 어딘 아비와 형과 업스며(人生애 內無賢父兄ᄒᆞ며) <번小九 5b>
f. 내 형의 아ᄃᆞ리 병ᄒᆞ엿거늘(吾兄子ㅣ 嘗病이어늘) <번小九 73a>

(1079) g. 兄 : …男子先生爲兄 <四解下 63b>
h. 兄 : 맏 형 <字會上 16b>

<1080> 荊芥 對 假蘇

두 명사가 [荊芥] 즉 '정가, 형개'의 뜻을 가지고 동의 관계에 있다는 것은 다음 예문들에서 잘 확인된다. 고유어 '뎡가'가 한자어 '荊芥'와 동의 관계에 있다. 그리고 '荊芥'가 한자어 '假蘇'와 동의 관계에 있다. 따라서 '荊芥'와 '假蘇'의 동의성은 명백히 입증된다.

(1080) a. 芥 : 辛菜 <四解上 46b>
b. 芥 : 계ᄌᆞᆺ 개…又뎡가曰荊芥 一名假蘇 <字會上 7b>

<1081> 兄妻 對 娌子

두 명사가 [娌] 즉 '형수'의 뜻을 가지고 동의 관계에 있다는 것은 다음 예문들에서 잘 확인된다. '娌'가 한자어 '兄妻'를 뜻한다. 그리고 '娌'의 자석이 '아ᄌᆞ미'이고 고유어 '아ᄌᆞ미'는 '娌子'와 동의 관계에 있다. 따라서 '兄妻'와 '娌子'의 동의성은 명백히 입증된다.

(1081) a. 娌 : 兄妻 <四解下 21b>
b. 娌 : 아ᄌᆞ미 수 兄之妻曰娌子 <字會上 16b>

<1082> 螢火虫 對 明火虫

두 명사가 [螢] 즉 '반디, 개똥벌레'의 뜻을 가지고 동의 관계에 있다는 것은 다음 예문들에서 잘 확인된다. '螢'이 한자어 '螢火虫'을 뜻한다. 그리고 '螢'의 자석이 '반도'이고 고유어 '반도'는 한자어 '螢火虫' 및 한자어 '明火虫'과 동의 관계에 있다. 따라서 '螢火虫'과 '明火虫'의 동의성은 명백히 입증된다.

(1082) a. 螢 : 螢火虫 <四解下 64a>
　　　　b. 螢 : 반도 형 俗呼螢火虫 又呼明火虫 <字會上 11b>

<1083> 薤菜 對 鴻薈

두 명사가 [薤] 즉 '부추'의 뜻을 가지고 동의 관계에 있다는 것은 다음 예문들에서 잘 확인된다. '薤'가 한자어 '薤菜'를 뜻하고 '薤菜'는 고유어 '부치' 및 한자어 '鴻薈'와 동의 관계에 있다. 따라서 '薤菜'와 '鴻薈'의 동의성은 명백히 입증된다.

(1083) a. 薤 : 今俗呼薤菜 부치 一名鴻薈 <四解上 47a>
　　　　b. 薤 : 부치 혜 <字會上 7a>

<1084> 蝴蝶 對 蝶蝴

두 명사가 [蝶]과 [蝴] 즉 '나비'의 뜻을 가지고 동의 관계에 있다는 것은 다음 예문들에서 잘 확인된다. '蝶'이 한자어 '蝴蝶'을 뜻한다. 그리고 '蝴'가 한자어 '蝶蝴'를 뜻한다. 따라서 '蝴蝶'과 '蝶蝴'의 동의성은 명백히 입증된다.

(1084) a. 蝶 : 蛺蝶 亦曰蝴蝶 <四解下 82a>
　　　　b. 蝶 : 나비 뎝 蝴蝶 <字會上 11b>

(1084) c. 蝴 : 蝶蝴 <四解上 41a>

<1085> 豪猪 對 狟猪

두 명사가 [豪] 즉 '호저(豪猪) '의 뜻을 가지고 동의 관계에 있다는 것은 다음 예문들에서 잘 확인된다. '豪'가 한자어 '豪猪'를 뜻하고 '豪猪'는 한자어 '狟猪'와 동의 관계에 있다. 따라서 '豪猪'와 '狟猪'의 동의성은 명백히 입증된다.

(1085) a. 豪 : 豪猪 貆猪也 又智過百人爲豪 <四解下 22b>

　　　b. 豪 : 어딜 호 智過百人謂之豪 <字會下 11a>

(1085) c. 貆 : 貉類 <四解上 76a>

<1086> 胡虜 對 戎虜

두 명사가 [虜] 즉 '오랑캐'의 뜻을 가지고 동의 관계에 있다는 것은 다음 예문들에서 잘 확인된다.
'虜'가 한자어 '胡虜'를 뜻한다. 그리고 '虜'의 자석이 '되'이고 고유어 '되'는 한자어 '戎虜'와 동의 관계에
있다. 따라서 '胡虜'와 '戎虜'의 동의성은 명백히 입증된다.

(1086) a. 虜 : 胡虜 <四解上 42a>

　　　b. 虜 : 되 로 夷狄 戎虜 <字會中 2b>

<1087> 箶簏 對 箭室

두 명사가 [箶] 즉 '전동(箭筒), 화살을 담아 두는 통'의 뜻을 가지고 동의 관계에 있다는 것은 다음
예문들에서 잘 확인된다. '箶'가 한자어 '箶簏'을 뜻하고 '箶簏'은 한자어 '箭室'과 동의 관계에 있다. 따
라서 '箶簏'과 '箭室'의 동의성은 명백히 입증된다.

(1087) a. 箶 : 箶簏 箭室 <四解上 41a>

　　　b. 箶 : 동개 호 <字會中 14b>

<1088> 虎目樹 對 臭椿

두 명사가 [樗] 즉 '가죽나무'의 뜻을 가지고 동의 관계에 있다는 것은 다음 예문들에서 잘 확인된다.
'樗'가 한자어 '虎目樹'를 뜻하고 '虎目樹'는 고유어 '개듐나모' 및 한자어 '臭椿'과 동의 관계에 있다. 그
리고 '樗'의 자석이 '개듐나모'이고 고유어 '개듐나모'는 한자어 '虎目樹' 및 '臭椿'과 동의 관계에 있다.
따라서 '虎目樹'와 '臭椿'의 동의성은 명백히 입증된다.

(1088) a. 樗 : 北人呼山椿 江東呼虎目樹 개듐나모 今俗呼臭椿 <四解上 32a>

　　　b. 樗 : 개듐나모 뎌 俗呼虎目樹 又曰臭椿 <字會上 5b>

<1089> 호병 對 酒器

두 명사 '호병'(壺瓶)과 '酒器'가 [壺] 즉 '酒器'의 뜻을 가지고 동의 관계에 있다는 것은 다음 예문들에서 잘 확인된다. '壺'가 한자어 '酒器'를 뜻한다. 그리고 '壺'의 자석이 '호병'이다. 따라서 '호병'과 '酒器'의 동의성은 명백히 입증된다.

(1089) a. 壺 : 酒器 <四解上 41b>
b. 壺 : 호병 호 小曰壺 <字會中 7a>

(1089) c. 瓶 : 罃也 <四解下 51a>
d. 瓶 : 뵜 병 大曰瓶 <字會中 7a>

<1090> 戶扇 對 門扇

두 명사가 [扉] 즉 '문짝'의 뜻을 가지고 동의 관계에 있다는 것은 다음 예문들에서 잘 확인된다. '扉'가 한자어 '戶扇'을 뜻한다. 그리고 '扉'의 자석이 '문짝'이고 '문짝'은 한자어 '門扇'과 동의 관계에 있다. 따라서 '戶扇'과 '門扇'의 동의성은 명백히 입증된다.

(1090) a. 扉 : 戶扇 <四解上 17a>
b. 扉 : 문짝 비 俗呼門扇 <字會中 4a>

<1091> 胡荽 對 芫荽

두 명사가 [荽] 즉 '고수, 고수풀'의 뜻을 가지고 동의 관계에 있다는 것은 다음 예문들에서 잘 확인된다. '荽'가 한자어 '胡荽'를 뜻하고 '胡荽'는 한자어 '芫荽' 및 고유어 '고싀'와 동의 관계에 있다. 그리고 '荽'의 자석이 '고싀'이고 고유어 '고싀'는 한자어 '芫荽'와 동의 관계에 있다. 따라서 '胡荽'와 '芫荽'의 동의성은 명백히 입증된다.

(1091) a. 荽 : 胡荽 今俗呼芫荽 고싀 <四解上 51b>
b. 荽 : 고싀 슈 俗呼芫荽 <字會上 7b>

<1092> 胡蠑 對 大蠅

두 명사가 [蠑] 즉 '큰 파리'의 뜻을 가지고 동의 관계에 있다는 것은 다음 예문들에서 잘 확인된다. '蠑'이 한자어 '大蠅'을 뜻하고 '大蠅'은 한자어 '胡蠑'과 동의 관계에 있다. 따라서 '胡蠑'과 '大蠅'의 동의성은 명백히 입증된다.

(1092) a. 蟬：…又大蠅曰胡蟬 <四解上 58a>

b. 蟬：미야미 진 <字會上 12a>

<1093> 虎子 對 溺器

두 명사가 [虎子] 즉 '요강, 尿器'의 뜻을 가지고 동의 관계에 있다는 것은 다음 예문들에서 잘 확인된다. 한자어 '虎子'가 한자어 '溺器'와 동의 관계에 있다. 따라서 '虎子'와 '溺器'의 동의성은 명백히 입증된다.

(1093) a. 虎：今俗呼大蟲 又虎子 溺器 <四解上 41a>

b. 溺：小便 <四解下 14b>

<1094> 蒿草 對 蓬蒿

두 명사가 [蒿] 즉 '쑥, 다북쑥'의 뜻을 가지고 동의 관계에 있다는 것은 다음 예문들에서 잘 확인된다. '蒿'의 자석이 '다북쑥'이고 고유어 '다북쑥'은 한자어 '蒿草' 및 한자어 '蓬蒿'와 동의 관계에 있다. 따라서 '蒿草'과 '蓬蒿'의 동의성은 명백히 입증된다.

(1094) a. 蒿：蓬屬 <四解下 22b>

b. 蒿：다북쑥 호 俗呼蒿草 又蓬蒿 <字會上 5a>

<1095> 戶樞 對 門斗

두 명사가 [樞] 즉 '문지도리'의 뜻을 가지고 동의 관계에 있다는 것은 다음 예문들에서 잘 확인된다. '樞'가 한자어 '戶樞'를 뜻한다. 그리고 '樞'의 자석이 '지도리'이고 고유어 '지도리'는 한자어 '門斗'와 동의 관계에 있다. 따라서 '戶樞'와 '門斗'의 동의성은 명백히 입증된다.

(1095) a. 樞：戶樞 <四解上 32a>

b. 樞：지도리 츄 俗呼門斗 <字會中 4a>

<1096> 渾沌 對 元氣未判

두 명사가 [沌]과 [渾] 즉 '만물 生成의 根氣가 아직 나누어지지 않은 모양'의 뜻을 가지고 동의 관계에 있다는 것은 다음 예문들에서 잘 확인된다. '沌'이 한자어 '渾沌'을 뜻하고 '渾沌'은 한자어 '元氣未判'과 동의 관계에 있다. '沌'의 자석이 '얼의다'이고 한자어 '混沌'이 '한자어 '元氣未判'과 동의 관계에 있다. 그리고 '渾'이 한자어 '渾沌'을 뜻한다. 따라서 '渾沌'과 '元気未判'의 동의성은 명백히 입증된다. 한자어 '渾沌'과 한자어 '混沌'은 同義이다.

(1096) a. 沌 : 渾沌 元氣未判 <四解上 63b>
      b. 沌 : 얼일 돈 混沌 元氣未判 陰陽未分之時 <字會下 1a>

(1096) c. 渾 : … 渾沌 <四解上 67a>
      d. 渾 : 얼일(15a) 혼 又濁也 <字會下 15b>

<1097> 渾淪 對 未相離貌

두 명사가 [淪]과 [渾] 즉 '분리하지 않은 모양'의 뜻을 가지고 동의 관계에 있다는 것은 다음 예문들에서 잘 확인된다. '淪'이 한자어 '渾淪'을 뜻하고 '渾淪'은 한자어 '未相離貌'와 동의 관계에 있다. 그리고 '渾'이 한자어 '渾淪'을 뜻한다. 따라서 '渾淪'과 '未相離貌'의 동의성은 명백히 입증된다.

(1097) a. 淪 : 渾淪 未詳離貌 <四解上 67a>
      b. 淪 : 얼일 륜 <字會下 15b>

(1097) c. 渾 : … 又渾淪 胚渾 未分也 <四解上 66b>
      d. 渾 : 얼일(15a) 혼 <字會下 15b>

<1098> 渾淪 對 胚混

두 명사가 [渾淪] 즉 '분리되지 않은 모양'의 뜻을 가지고 동의 관계에 있다는 것은 다음 예문들에서 잘 확인된다. '渾'이 한자어 '渾淪'을 뜻하고 '渾淪'은 한자어 '胚混'과 동의 관계에 있다. 따라서 '渾淪'과 '胚混'의 동의성은 명백히 입증된다.

(1098) a. 渾 : … 又渾淪 胚渾 未分也 <四解上 67a>
      b. 渾 : 얼일(15a) 혼 <字會下 15b>

<1099> 揮掄 對 圂圇

두 명사가 [揮]과 [掄] 즉 '완전하여 해지지 아니함'의 뜻을 가지고 동의 관계에 있다는 것은 다음 예문들에서 잘 확인된다. '揮'이 한자어 '揮掄'을 뜻한다. 그리고 '掄'이 한자어 '揮掄'을 뜻하고 '揮掄'은 한자어 '圂圇'과 동의 관계에 있다. 따라서 '揮掄'과 '圂圇'의 동의성은 명백히 입증된다.

(1099) a. 揮 : 揮掄 <四解上 67a>

   b. 掄 : 今俗語謂全而不破曰揮掄 亦作囹圖 <四解上 67a>

   c. 圖 : 同 <四解上 67a>

<1100> 焜煌 對 火光

두 명사가 [焜] 즉 '빛남, 焜煌함'의 뜻을 가지고 동의 관계에 있다는 것은 다음 예문들에서 잘 확인된다. '焜'이 한사어 '焜煌'을 뜻하고 '焜煌'은 한자어 '火光'과 동의 관계에 있다. 따라서 '焜煌'과 '火光'의 동의성은 명백히 입증된다.

(1100) a. 焜 : 焜煌 火光 <四解上 67a>
      b. 煌 : 光輝 <四解下 46b>

<1101> 홀 對 手版

두 명사 '홀'(笏) 과 '手版'이 [笏] 즉 '홀, 관원이 御前에서 備忘으로 적기 위하여 지니던 작은 판자'의 뜻을 가지고 동의 관계에 있다는 것은 다음 예문들에서 잘 확인된다. 원문 중 '端笏'이 '홀 받다'로 번역된다. 그리고 '笏'이 한자어 '手版'을 뜻하고 '笏'의 자석이 '홀'이다. 따라서 '홀'과 '手版'의 동의성은 명백히 입증된다.

(1101) a. 물 브려 홀 받고 셔셔(必下馬端笏立ᄒᆞ야) <번小九 105a>

(1101) b. 笏 : 今俗呼手版 <四解上 66b>
      c. 笏 : 홀 홀 <字會中 11b>

<1102> 荏藤 對 胡麻

두 명사가 [藤] 즉 '참깨'의 뜻을 가지고 동의 관계에 있다는 것은 다음 예문들에서 잘 확인된다. '藤'이 한자어 '荏藤'을 뜻하고 '荏藤'은 한자어 '胡麻'와 동의 관계에 있다. 따라서 '荏藤'과 '胡麻'의 동의성은 명백히 입증된다.

(1102) a. 藤 : 荏藤 胡麻也 <四解下 58b>
      b. 藤 : 너출 등 俗凡稱蔓皆曰藤 <字會下 2b>

<1103> 澒濛 對 大水

두 명사가 [澒濛] 즉 '큰물'의 뜻을 가지고 동의 관계에 있다는 것은 다음 예문들에서 잘 확인된다. '澒'이 한자어 '澒濛'을 뜻하고 '澒濛'은 한자어 '大水'와 동의 관계에 있다. 그리고 '濛'이 한자어 '澒濛'을 뜻하고 '澒濛'은 한자어 '大水'와 동의 관계에 있다. 따라서 '澒濛'과 '大水'의 동의성은 명백히 입증된다.

(1103) a. 澒 : 澒濛 大水 又未分之象 <四解上 6a>
　　　　b. 濛 : 澒濛 大水 又未分之象 <四解上 3b>

<1104> 澒濛 對 未分之象

두 명사가 [澒濛] 즉 '천지가 나누어지기 이전의 상태'의 뜻을 가지고 동의 관계에 있다는 것은 다음 예문들에서 잘 확인된다. '澒'이 한자어 '澒濛'을 뜻하고 '澒濛'은 한자어 '未分之象'과 동의 관계에 있다. 그리고 '濛'이 한자어 '澒濛'을 뜻하고 '澒濛'은 한자어 '未分之象'과 동의 관계에 있다. 따라서 '澒濛'과 '未分之象'의 동의성은 명백히 입증된다.

(1104) a. 澒 : 澒濛 大水 又未分之象 <四解上 6b>
　　　　b. 濛 : 澒濛 大水 又未分之象 <四解上 3b>

<1105> 鴻蒙 對 自然元氣

두 명사가 [鴻蒙] 즉 '천지 자연의 원리'의 뜻을 가지고 동의 관계에 있다는 것은 다음 예문에서 잘 확인된다. '蒙'이 한자어 '鴻蒙'을 뜻하고 '鴻蒙'은 한자어 '自然元気'를 뜻한다. 따라서 '鴻蒙'과 '自然元気'의 동의성은 명백히 입증된다.

(1105) a. 蒙 : …又鴻蒙 自然元氣 <四解上 3a>

<1106> 華蓋 對 개

두 명사 '華蓋'와 '개'(蓋)가 [蓋] 즉 '天子의 日傘'의 뜻을 가지고 동의 관계에 있다는 것은 다음 예문들에서 잘 확인된다. '蓋'가 한자어 '華蓋'를 뜻하고 '蓋'의 자석이 '개'이다. 따라서 '華蓋'와 '개'의 동의성은 명백히 입증된다.

(1106) a. 蓋 : …又華蓋 <四解上 42b>
　　　　b. 蓋 : 갯 개 君用 <字會中 7b>

<1107> 火鏡 對 陽鑒/陽燧

두 명사가 [鑒]와 [燧] 즉 '太陽에서 불을 취하는 銅製의 거울'의 뜻을 가지고 동의 관계에 있다는 것
은 다음 예문들에서 잘 확인된다. '鑒'가 한자어 '火鏡'을 뜻하고 '火鏡'은 한자어 '陽鑒'와 동의 관계에
있다. 그리고 '燧'가 한자어 '陽燧'를 뜻한다. 따라서 '火鏡'과 '陽鑒/陽燧'의 동의성은 명백히 입증된다.
한자 '鑒'와 '燧'는 通字이다.

 (1107) a. 鑒 : 火鏡 陽鑒 <四解上 52a>

   b. 燧 : 同 又烽燧 <四解上 52a>

   c. 燧 : 봉호 슈 又陽燧 取火於日 <字會中 5a>

<1108> 火爐 對 火牀

두 명사가 [炉] 즉 '화로'의 뜻을 가지고 동의 관계에 있다는 것은 다음 예문들에서 잘 확인된다. 원문
중 '炉裏熱着'이 '화로애 데우다'로 번역된다. '炉'가 한자어 '火炉'를 뜻하고 '火炉'는 한자어 '火牀'과 동
의 관계에 있다. 그리고 '炉'의 자석이 '화로'이고 '화로'는 한자어 '火牀'과 동의 관계에 있다. 따라서 '火
炉'와 '火牀'의 동의성은 명백히 입증된다.

 (1108) a. 화로애 데워 오라(爐裏熱着來) <번老上 62a>

 (1108) b. 爐 : 火爐 今俗呼火牀 <四解上 41b>

   c. 盧 : 화롯 로 俗呼火牀 <字會中 8a>

<1109> 驊騮 對 駿馬

두 명사가 [驊] 즉 '좋은 말, 준마'의 뜻을 가지고 동의 관계에 있다는 것은 다음 예문들에서 잘 확인
된다. '驊'가 한자어 '驊騮'를 뜻하고 '驊騮'는 한자어 '駿馬'와 동의 관계에 있다. 따라서 '驊騮'와 '駿馬'
의 동의성은 명백히 입증된다.

 (1109) a. 驊 : 驊騮 駿馬 <四解下 32a>

   b. 騮 : 赤馬黑鬣 <四解下 71a>

명사 '驊騮'는 15세기 『杜詩諺解』(1481) 의 다음 예문들에서 잘 확인된다. 원문 중 '驊騮'가 '驊騮'로
번역된다.

(1109) c. 驊騮는 삿(30a) 기 두외야실 저긔 ᄒ마 피ᄯ 몰 내오(驊騮作駒已汗血) <杜八 30b>

　　　 d. 驊騮는 良馬ㅣ라 <杜八 30a>

<1110> 貨物 對 황호 對 포믈

세 명사 '貨物', '황호'(荒貨) 및 '포믈'(鋪物) 이 [貨物] 즉 '상품, 물건'의 뜻을 가지고 동의 관계에 있다는 것은 『번역노걸대』의 다음 예문들에서 잘 확인된다. 원문 중 '識貨物'이 '貨物 알다'로 번역되고 '買貨物'이 '황호 사다'로 번역된다. 그리고 '貨物都売了'가 '황호 다 풀다'로도 번역되고 '포믈들 다 풀다'로도 번역된다. 따라서 세 명사 '貨物', '황호' 및 '포믈'의 동의성은 명백히 입증된다. 『번역노걸대』에서 세 명사의 빈도수를 보면 '황호'가 10여 회로 제일 많다.

(1110) a. 네 닐오ᄃᆡ 내 貨物 아노라 호ᄃᆡ(你說是我識貨物) <번老下 29a>

(1110) b. 황호 살 사ᄅᆞ미(買貨物的) <번老下 57b>

　　　 c. 졍히 도라갈 황호 사려 ᄒᆞ야(正要買廻去的貨物) <번老下 66a>

　　　 d. 우리 황호 다 풀오(我貨物都賣了) <번老下 66a>

　　　 e. 황호 폴오 즉재 오마(賣了貨物便來) <번老下 66a>

　　　 f. 高麗 싸해 ᄑᆞ는 황회(高麗地面裏賣的貨物) <번老下 66b>

(1110) g. 포믈들 다 풀오(貨物都賣了) <번老上 15b>

<1111> 禾穗 對 禾末

두 명사가 [穎] 즉 '이삭, 벼이삭'의 뜻을 가지고 동의 관계에 있다는 것은 다음 예문들에서 잘 확인된다. '穎'이 한자어 '禾穗'를 뜻한다. 그리고 '穎'의 자석이 '이삭'이고 고유어 '이삭'은 한자어 '禾末'과 동의 관계에 있다. 따라서 '禾穗'와 '禾末'의 동의성은 명백히 입증된다.

(1111) a. 穎 : 禾穗 <四解下 56a>

　　　 b. 穎 : 이삭 영 禾末 <字會下 2b>

<1112> 華夏 對 中夏

두 명사가 [華] 즉 '중국인이 자기 나라를 일컫는 말'의 뜻을 가지고 동의 관계에 있다는 것은 다음 예문들에서 잘 확인된다. '華'가 한자어 '華夏'를 뜻한다. 그리고 '華'의 자석이 '빛나다'이고 '華'는 한자어

'中夏'를 뜻한다. 따라서 '華夏'와 '中夏'의 동의성은 명백히 입증된다.

(1112) a. 華 : … 又華夏 <四解上 32a>
　　　 b. 華 : 빗날 화 … 又中夏曰華 <字會下 2b>

<1113> 茾蘭 對 羅麻/蘿藦

두 명사가 [茾] 즉 '왕골, 茾蘭'의 뜻을 가지고 동의 관계에 있다는 것은 다음 예문들에서 잘 확인된다. '茾'이 한자어 '茾蘭'을 뜻하고 '茾蘭'은 한자어 '羅麻' 및 고유어 '새박'과 동의 관계에 있다. 그리고 '茾'의 자석이 '새박'이고 고유어 '새박'은 한자어 '蘿藦'와 동의 관계에 있다. 따라서 '茾蘭'과 '羅麻/蘿藦'의 동의성은 명백히 입증된다.

(1113) a. 茾 : 茾蘭 羅麻 새박 <四解上 76a>
　　　 b. 茾 : 새박 환 俗呼蘿藦 <字會上 4b>

<1114> 汍瀾 對 泣皃

두 명사가 [汍]과 [瀾] 즉 '눈물이 흐르는 모양'의 뜻을 가지고 동의 관계에 있다는 것은 다음 예문들에서 잘 확인된다. '汍'이 한자어 '汍瀾'을 뜻하고 '汍瀾'은 한자어 '泣皃'와 동의 관계에 있다. 그리고 '瀾'이 한자어 '汍瀾'을 뜻한다. 따라서 '汍瀾'과 '泣皃'의 동의성은 명백히 입증된다.

(1114) a. 汍 : 汍瀾 泣皃 <四解上 76a>
　　　 b. 瀾 : … 又汍瀾 涕瀾干皃 <四解上 79a>

<1115> 宦人 對 火者

두 명사가 [閹] 즉 '내시, 환관, 거세된 남자'의 뜻을 가지고 동의 관계에 있다는 것은 다음 예문들에서 잘 확인된다. '閹'이 한자어 '宦人'을 뜻한다. 그리고 '閹'의 자석이 '고쟈'이고 고유어 '고쟈'는 한자어 '火者'와 동의 관계에 있다. 따라서 '宦人'과 '火者'의 동의성은 명백히 입증된다.

(1115) a. 閹 : 宦人 通作奄 <四解下 84b>
　　　 b. 奄 : 고쟈 엄 俗呼火者 <字會中 1b>

<1116> 麴子 對 女麴

두 명사가 [麱] 즉 '누룩, 밀의 누룩'의 뜻을 가지고 동의 관계에 있다는 것은 다음 예문들에서 잘 확인된다. '麱'이 한자어 '麱子'를 뜻하고 '麱子'는 한자어 '女麴'과 동의 관계에 있다. 따라서 '麱子'와 '女麴'의 동의성은 명백히 입증된다.

(1116) a. 麱 : 麱子 女麴 小麥爲之 <四解上 76a>

(1116) b. 麴 : 酒媒 <四解上 7a>
     c. 麴 : 누룩 국 酒麴 <字會中 11a>

<1117> 蛞蟇 對 蝌蚪

두 명사가 [蛞]과 [蟇] 즉 '올챙이'의 뜻을 가지고 동의 관계에 있다는 것은 다음 예문들에서 잘 확인된다. '蛞'이 한자어 '蛞蟇'을 뜻하고 '蛞蟇'은 한자어 '蝌蚪'와 동의 관계에 있다. '蛞'의 자석이 '올챙이'이다. 그리고 '蟇'이 한자어 '蛞蟇'을 뜻하고 '蟇'의 자석이 '올챙이'이다. 따라서 '蛞蟇'과 '蝌蚪'의 동의성은 명백히 입증된다.

(1117) a. 蛞 : 蛞蟇 蝌蚪 <四解下 76a>
     b. 蛞 : 올챙이 활 <字會上 12b>

(1117) c. 蟇 : 蛞蟇 今俗呼蝌蚪虫 올챙이 <四解上 1b>
     d. 蟇 : 올챙이 동 蛞蟇 <字會上 12b>

<1118> 黃嬭 對 晝睡

두 명사가 [嬭] 즉 '낮잠'의 뜻을 가지고 동의 관계에 있다는 것은 다음 예문들에서 잘 확인된다. '嬭'가 한자어 '晝睡'를 뜻하고 '晝睡'는 한자어 '黃嬭'와 동의 관계에 있다. 따라서 '黃嬭'와 '晝睡'의 동의성은 명백히 입증된다.

(1118) a. 嬭 : …又乳也 晝睡曰黃嬭 <四解上 43b>
     b. 嬭 : 졋 내 <字會上 14a>

<1119> 황달 對 黃病

두 명사 '황달'(黃疸) 과 '黃病'이 [疸] 즉 '황달'의 뜻을 가지고 동의 관계에 있다는 것은 다음 예문들에서 잘 확인된다. '疸'이 한자어 '黃病'을 뜻한다. 그리고 '疸'의 자석이 '황달'이다. 따라서 '황달'과 '黃

疸'의 동의성은 명백히 입증된다.

> (1119) a. 疸 : 黃病 <四解上 76b>
> b. 疸 : 황달 단 <字會中 16a>

<1120> 黃鳥 對 黃鸎

두 명사가 [鸎] 즉 '꾀꼬리'의 뜻을 가지고 동의 관계에 있다는 것은 다음 예문들에서 잘 확인된다. '鸎'이 한자어 '黃鳥'를 뜻하고 '黃鳥'는 한자어 '黃鸎児'와 동의 관계에 있다. 그리고 '鸎'의 자석이 '곳고리'이고 고유어 '곳고리'는 한자어 '黃鸎' 및 '黃鳥'와 동의 관계에 있다. 따라서 '黃鳥'와 '黃鸎'의 동의성은 명백히 입증된다.

> (1120) a. 鸎 : 黃鳥 今俗呼黃鸎兒 <四解下 55a>
> b. 鸎 : 곳소리 잉 俗呼黃鸎 黃鳥 <字會上 9a>

<1121> 黃鸝 對 黃鳥

두 명사가 [鸝] 즉 '꾀꼬리'의 뜻을 가지고 동의 관계에 있다는 것은 다음 예문들에서 잘 확인된다. '鸝'가 한자어 '黃鸝'를 뜻하고 '黃鸝'는 한자어 '黃鳥'와 동의 관계에 있다. 그리고 '鸝'의 자석이 '곳고리'이고 고유어 '곳고리'는 한자어 '黃鸝'와 동의 관계에 있다. 따라서 '黃鸝'와 '黃鳥'의 동의성은 명백히 입증된다.

> (1121) a. 鸝 : 黃鸝 黃鳥 <四解上 28a>
> b. 鸝 : 곳고리 례…俗又呼黃鸝 <字會上 9a>

<1122> 蟥蚄 對 甲虫

두 명사가 [蟥] 즉 '풍뎅이'의 뜻을 가지고 동의 관계에 있다는 것은 다음 예문들에서 잘 확인된다. '蟥'이 한자어 '蟥蚄'을 뜻하고 '蟥蚄'은 한자어 '甲虫'과 동의 관계에 있다. 따라서 '蟥蚄'과 '甲虫'의 동의성은 명백히 입증된다.

> (1122) a. 蟥 : 蟥蚄 甲虫 又今俗呼馬蟥 거머리 <四解下 46b>
> b. 蟥 : 거머리 황 大曰蟥 <字會上 12a>

<1123> 怳惚 對 不明貌

두 명사가 [悗]과 [惚] 즉 '분명하지 않은 모양'의 뜻을 가지고 동의 관계에 있다는 것은 다음 예문들에서 잘 확인된다. '悗'이 한자어 '悗惚'을 뜻하고 '悗惚'은 한자어 '不明貌'와 동의 관계에 있다. 그리고 '惚'이 한자어 '悗惚'을 뜻한다. 따라서 '悗惚'과 '不明貌'의 동의성은 명백히 입증된다.

(1123) a. 悗 : …又悗惚 不明貌 亦作慌 <四解下 46a>
　　　 b. 慌 : 悗惚 <四解上 66b>

<1124> 慌惚 對 不分明貌

두 명사가 [慌] 즉 '분명하지 않은 모양'의 뜻을 가지고 동의 관계에 있다는 것은 다음 예문들에서 잘 확인된다. '慌'이 한자어 '慌惚'을 뜻하고 '慌惚'은 한자어 '不分明貌'과 동의 관계에 있다. 따라서 '慌惚'과 '不分明貌'의 동의성은 명백히 입증된다.

(1124) a. 慌 : …慌惚 不分明貌 亦作悗 <四解下 46b>
　　　 b. 惚 : 悗惚 <四解上 66b>

<1125> 黃花菜 對 鹿葱

두 명사가 [萱] 즉 '넘나물'의 뜻을 가지고 동의 관계에 있다는 것은 다음 예문들에서 잘 확인된다. '萱'이 한자어 '黃花菜'를 뜻하고 '黃花菜'는 한자어 '鹿葱' 및 고유어 '넘ㄴ물'과 동의 관계에 있다. 그리고 '萱'의 자석이 '넘ㄴ물'이고 고유어 '넘ㄴ물'은 한자어 '鹿葱' 및 '黃花菜'와 동의 관계에 있다. 따라서 '黃花菜'와 '鹿葱'의 동의성은 명백히 입증된다.

(1125) a. 萱 : …今俗呼黃花菜 一名鹿葱 넘ㄴ물 <四解下 11b>
　　　 b. 萱 : 넘ㄴ물 亦名鹿葱 俗呼黃花菜 <字會上 5a>

<1126> 膾 對 打生

두 명사가 [膾] 즉 '회, 잘게 저민 날고기'의 뜻을 가지고 동의 관계에 있다는 것은 다음 예문들에서 잘 확인된다. 원문 중 '膾不厭'이 '회를 아쳗티 아니ᄒ다'로 번역된다. '膾'가 한자어 '打生'을 뜻한다. 그리고 '膾'의 자석이 '회'이고 '회'는 한자어 '打生'과 동의 관계에 있다. 따라서 '膾'와 '打生'의 동의성은 명백히 입증된다.

(1126) a. 회를 ᄀᄂ로믈 아쳗티 아니ᄒ시며(膾不厭細ᄒ시며) <번小四 27b>

(1126) b. 膾 : …今俗語打生 <四解上 48a>

b. 膾 : 횟 회 俗呼打生 <字會中 10b>

<1127> 檜松 對 圓栢

두 명사가 [檜] 즉 '노송나무'의 뜻을 가지고 동의 관계에 있다는 것은 다음 예문들에서 잘 확인된다. '檜'가 한자어 '檜松'을 뜻한다. 그리고 '檜'의 자석이 '젓나모'이고 고유어 '젓나모'는 한자어 '檜松' 및 한자어 '圓栢'과 동의 관계에 있다. 따라서 '檜松'과 '圓栢'의 동의성은 명백히 입증된다.

(1127) a. 檜 : …今俗呼檜松 <四解上 48a>

b. 檜 : 젓나모 회 俗呼檜松 又呼圓栢 <字會上 5b>

<1128> 薈蔚 對 草盛皃

두 명사가 [薈]와 [蔚] 즉 '초목이 무성한 모양'의 뜻을 가지고 동의 관계에 있다는 것은 다음 예문들에서 잘 확인된다. '薈'가 '草盛皃'를 뜻하고 '草盛皃'는 한자어 '薈蔚'과 동의 관계에 있다. 그리고 '蔚'이 한자어 '薈蔚'을 뜻한다. 따라서 '薈蔚'과 '草盛皃'의 동의성은 명백히 입증된다.

(1128) a. 薈 : 草盛皃 (詩) 薈蔚 <四解上 53b>

b. 蔚 : 茂也 (詩) 薈蔚 <四解上 53b>

<1129> 懷胎 對 懷姙

두 명사가 [孕]과 [姙] 즉 '임신(姙娠)'의 뜻을 가지고 동의 관계에 있다는 것은 다음 예문들에서 잘 확인된다. '孕'이 한자어 '懷胎'와 한자어 '懷姙'을 뜻하고 '懷胎'와 '懷姙'은 고유어 '비다'와 동의 관계에 있다. 그리고 '姙'의 자석이 '비다'이고 고유어 '비다'는 한자어 '懷胎'와 동의 관계에 있다. 따라서 '懷胎'와 '懷姙'의 동의성은 명백히 입증된다.

(1129) a. 孕 : 懷胎 <四解上 60b>

b. 孕 : 懷姙 <四解下 56a>

c. 孕 : 빌 잉 <字會上 17b>

(1129) d. 姙 : 孕也 <四解下 75a>

e. 姙 : 빌 심 俗稱懷胎 <字會上 17b>

<1130> 효근귤 對 香橙

합성명사 '효근귤'과 명사 '香橙'이 [橙] 즉 '등자(橙子), 등자나무의열매'의 뜻을 가지고 동의 관계에 있다는 것은 다음 예문들에서 잘 확인된다. '橙'의 자석이 '효근귤'이고 '효근귤'은 한자어 '香橙'과 동의 관계에 있다. 따라서 '효근귤'과 '香橙'의 동의성은 명백히 입증된다. '효근귤'은 합성명사로 상태동사 '횩다'의 관형사형 '효근'과 한자어 '귤'(橘)의 合成이지만 이 저서에서는 한자어로 다루었다.

(1130) a. 橙 : …今俗呼醜橙 팅ᄌ <四解下 61b>
　　　b. 橙 : 효근귨 등 俗呼香橙 <字會上 6b>

<1131> 효도 對 善事父母

두 명사 '효도'(孝道)와 '善事父母'가 [孝] 즉 '효도, 부모를 잘 섬기는 일'의 뜻을 가지고 동의 관계에 있다는 것은 다음 예문들에서 잘 확인된다. 원문 중 '孝衰'가 '효도는…衰ᄒ다'로 번역되고 '篤孝'가 '독실호 효도'로 번역되고 '孝悌'가 '효도와 공순'으로 번역된다. 그리고 '孝'가 한자어 '善事父母'를 뜻하고 '孝'의 자석이 '효도'이다. 따라서 '효도'와 '善事父母'의 동의성은 명백히 입증된다.

(1131) a. 효도는 妻子식 두메 衰ᄒᄂ니(孝衰於妻子ᄒᄂ니) <번小三 46b>
　　　b. 효도는 몯 미초미 이시며(孝有不及ᄒ며) <번小三 46a>
　　　c. 그 독실호 효되 호글 온티 지극호미 이러터라(其篤孝純至ㅣ 如此ᄒ더라) <번小九 24b>
　　　d. 효도와 공순을 몬져 홈만 ᄀᆞ투니 업스니(莫若先孝悌라) <번小六 21b>

(1131) e. 孝 : 善事父母 <四解下 24a>
　　　f. 孝 : 효도 효 孝子 <字會下 11a>

<1132> 梟盧 對 摴蒱

두 명사가 [梟]와 [蒱] 즉 '도박, 노름'의 뜻을 가지고 동의 관계에 있다는 것은 다음 예문들에서 잘 확인된다. '梟'가 한자어 '梟盧'를 뜻하고 '梟盧'는 한자어 '摴蒱'와 동의 관계에 있다. 그리고 '蒱'가 한자어 '摴蒱'를 뜻한다. 따라서 '梟盧'와 '摴蒱'의 동의성은 명백히 입증된다.

(1132) a. 梟 : …又梟盧 摴蒱 <四解下 13a>

(1132) b. 蒱 : 摴蒱 <四解上 38a>

c. 蒱 : 숫 포 初學字會 摴蒱 숫 <字會下 10a>

<1133> 滈漾 對 大水貌

두 명사가 [滈]와 [漾] 즉 '水面이 끝없이 넓은 모양'의 뜻을 가지고 동의 관계에 있다는 것은 다음 예문들에서 잘 확인된다. '滈'가 한자어 '滈漾'를 뜻하고 '滈漾'는 한자어 '大水貌'와 동의 관계에 있다. 그리고 '漾'가 한자어 '滈漾'를 뜻하고 '滈漾'는 한자어 '大水貌'와 동의 관계에 있다. 따라서 '滈漾'과 '大水貌'의 동의성은 명백히 입증된다.

(1133) a. 滈 : 滈漾 大水貌 <四解下 17a>
b. 漾 : 滈漾 大水貌 <四解下 17a>

<1134> 糗粮 對 량식

두 명사 '糗粮'과 한자어 '량식'이 [粮] 즉 '양식'의 뜻을 가지고 동의 관계에 있다는 것은 다음 예문들에서 잘 확인된다. '粮'이 한자어 '糗粮'을 뜻한다. 그리고 '粮'의 자석이 '량식'이다. 따라서 '糗粮'과 '량식'의 동의성은 명백히 입증된다.

(1134) a. 粮 : 糗粮 <四解下 45a>
b. 粮 : 량식 량 穀食 <字會中 10b>

<1135> 厚酒 對 味厚酒

두 명사가 [醲] 즉 '진한 술'의 뜻을 가지고 동의 관계에 있다는 것은 다음 예문들에서 잘 확인된다. '醲'이 한자어 '厚酒'를 뜻한다. 그리고 '醲'의 자석이 '두텁다'이고 '醲'이 한자어 '味厚酒'를 뜻한다. 따라서 '厚酒'과 '味厚酒'의 동의성은 명백히 입증된다.

(1135) a. 醲 : 厚酒 <四解上 2b>
b. 醲 : 두터울 농 味厚酒 <字會上 6b>

<1136> 厚酒 對 不澆酒

두 명사가 [醲]과 [醇] 즉 '진한 술'의 뜻을 가지고 동의 관계에 있다는 것은 다음 예문들에서 잘 확인된다. '醲'이 한자어 '厚酒'를 뜻한다. 그리고 '醇'이 한자 '醲'과 同義이고 한자어 '不澆酒'를 뜻한다. 따라서 '厚酒'과 '不澆酒'의 동의성은 명백히 입증된다.

(1136) a. 醲 : 厚酒 <四解上 2b>

b. 醲 : 두터울 눙 味厚酒 <字會下 6b>

(1136) c. 醇 : 不撓酒也 醲也 <四解上 69a>

d. 醇 : 두터울 슌 酒醋味厚 <字會下 6b>

<1137> 後妻 對 塡房

두 명사가 [後妻] 즉 '後妻, 나중에 맞은 아내'의 뜻을 가지고 동의 관계에 있다는 것은 다음 예문들에서 잘 확인된다. 한자어 '後妻'가 한자어 '塡房'과 동의 관계에 있다. 따라서 '後妻'와 '塡房'의 동의성은 명백히 입증된다.

(1137) a. 妻 : 以女嫁人 <四解上 26b>

b. 妻 : 겨집 쳐…後妻曰塡房 <字會上 16a>

<1138> 楎椸 對 衣架

두 명사가 [楎] 즉 '옷걸이, 횃대'의 뜻을 가지고 동의 관계에 있다는 것은 다음 예문들에서 잘 확인된다. '楎'가 한자어 '楎椸'를 뜻하고 '楎椸'는 한자어 '衣架'와 동의 관계에 있다. 따라서 '楎椸'와 '衣架'의 동의성은 명백히 입증된다.

(1138) a. 楎 : 楎椸 衣架 <四解上 53b>

b. 楎 : 걸말 휘 <字會中 7b>

<1139> 鵂鶹 對 角鴟

두 명사가 [鵂] 즉 '수리부엉이'의 뜻을 가지고 동의 관계에 있다는 것은 다음 예문들에서 잘 확인된다. '鵂'가 한자어 '鵂鶹'를 뜻하고 '鵂鶹'는 한자어 '角鴟'와 동의 관계에 있다. 그리고 '鵂'의 자석이 '부훵이'이고 고유어 '부훵이'는 한자어 '鵂鶹'와 동의 관계에 있다. 따라서 '鵂鶹'와 '角鴟'의 동의성은 명백히 입증 된다.

(11.39) a. 鵂 : 鵂鶹 角鴟 <四解下 71a>

b. 鵂 : 부훵이 류 方書鵂鶹 <字會上 8b>

<1140> 鵂鶹 對 訓狐

두 명사가 [鵂] 즉 '수리부엉이'의 뜻을 가지고 동의 관계에 있다는 것은 다음 예문들에서 잘 확인된다. '鵂'가 한자어 '鵂鶹'를 뜻한다. 그리고 '鵂'의 자석이 '부횡이'이고 고유어 '부횡이'는 한자어 '鵂鶹'와 동의 관계에 있고 '鵂鶹'는 한자어 '訓狐'와 동의 관계에 있다. 따라서 '鵂鶹'와 '訓狐'의 동의성은 명백히 입증된다.

(1140) a. 鵂 : 鵂鶹 <四解下 71a>
　　　 b. 鵂 : 부횡이 류 方書鵂鶹 一名訓狐 <字會上 8b>

<1141> 黑鯉魚 對 烏魚

두 명사가 [鱧] 즉 '가물치'의 뜻을 가지고 동의 관계에 있다는 것은 다음 예문들에서 잘 확인된다. '鱧'가 한자어 '黑鯉魚'를 뜻하고 '黑鯉魚'는 고유어 '가모티'와 동의 관계에 있다. 그리고 '鱧'의 자석이 '가모티'이고 고유어 '가모티'는 한자어 '烏魚'와 동의 관계에 있다. 따라서 '黑鯉魚'와 '烏魚'의 동의성은 명백히 입증된다.

(1141) a. 鱧 : 今黑鯉魚…가모티 <四解上 28b>
　　　 b. 鱧 : 가모티 례…俗呼烏魚 <字會上 11a>

<1142> 黑色 對 北方色

두 명사가 [皁]와 [黑] 즉 '검은빛, 흑색'의 뜻을 가지고 동의 관계에 있다는 것은 다음 예문들에서 잘 확인된다. '皁'가 한자어 '黑色'을 뜻하고 '皁'의 자석이 '검다'이다. 그리고 '黑'이 한자어 '北方色'을 뜻하고 '黑'의 자석이 '검다'이다. 따라서 '黑色'과 '北方色'의 동의성은 명백히 입증된다.

(1142) a. 皁 : 黑色 <四解下 21b>
　　　 b. 皁 : 거믈 조 <字會中 14b>

(1142) c. 黑 : 北方色 <四解下 63a>
　　　 d. 黑 : 거믈 흑 <字會中 14b>

<1143> 黑色小蛤 對 蠯子

두 명사가 [蠯] 즉 '가막조개, 바지라기'의 뜻을 가지고 동의 관계에 있다는 것은 다음 예문들에서 잘 확인된다. '蠯'이 한자어 '黑色小蛤'을 뜻한다. 그리고 '蠯'의 자석이 '가막죠개'이고 고유어 '가막죠개'

는 한자어 '蠟子'와 동의 관계에 있다. 따라서 '黑色小蛤'과 '蠟子'의 동의성은 명백히 입증된다.

(1143) a. 蠟 : 黑色小蛤 <四解下 7a>
b. 蠟 : 가막죠개 현 俗呼蠟子 <字會上 10b>

<1144> 詰旦 對 平旦

두 명사가 [詰] 즉 '새벽, 아침'의 뜻을 가지고 동의 관계에 있다는 것은 다음 예문들에서 잘 확인된다. '詰'이 한자어 '詰旦'을 뜻하고 '詰旦'은 한자어 '平旦'과 동의 관계에 있다. 그리고 '旦'의 자석이 '아침'이다. 따라서 '詰旦'과 '平旦'의 동의성은 명백히 입증된다.

(1144) a. 詰 : …又詰旦 平旦也 <四解上 56a>

(1144) b. 旦 : 明也 早也 <四解上 76b>
c. 旦 : 아침 단 <字會上 1b>

<1145> 翓翂 對 鳥飛上下貌

두 명사가 [翓翂] 즉 '오르락내리락 나는 모양'의 뜻을 가지고 동의 관계에 있다는 것은 다음 예문들에서 잘 확인된다. '翓'이 한자어 '翓翂'을 뜻하고 '翓翂'은 한자어 '鳥飛上下貌'와 동의 관계에 있다. 그리고 '翂'이 한자어 '翓翂'을 뜻한다. 따라서 '翓翂'과 '鳥飛上下貌'의 동의성은 명백히 입증된다.

(1145) a. 翓 : 翓翂 鳥飛上下貌 <四解下 7b>
b. 翓 : ᄂᆞ라오를 힐 飛而上曰翓 <字會下 3b>

(1145) c. 翂 : 翓翂 <四解下 39b>
d. 翂 : ᄂᆞ라ᄂᆞ릴 항 飛而下曰翂 <字會下 3b>

<1146> 肦蠻 對 響布

두 명사가 [肦] 즉 '울림이 사방으로 퍼지는 일'의 뜻을 가지고 동의 관계에 있다는 것은 다음 예문들에서 잘 확인된다. '肦'이 한자어 '肦蠻'을 뜻하고 '肦蠻'은 한자어 '響布'와 동의 관계에 있다. 따라서 '肦蠻'과 '響布'의 동의성은 명백히 입증된다.

(1146) a. 肦 : 肦蠻 響布 <四解上 60b>

b. 響 : 聲之外應曰響 <四解下 44a>

<1147> 學 對 學問 對 學業

세 명사가 [学] 즉 '학, 학문'의 뜻을 가지고 동의 관계에 있다는 것은 다음 예문들에서 잘 확인된다. 원문 중 '入学'이 '学애 들다'로 번역되고 '好学'이 '学問을 즐기다'로 번역되고 '講···学'이 '学業을 講論ᄒᆞ다'로 번역된다. 따라서 '学', '学問' 및 '学業'의 동의성은 명백히 입증된다.

(1147) a. 士를 ᄀᆞᆯᄒᆡ여 學애 드료ᄃᆡ(擇士入學호ᄃᆡ) <번小九 15a>

(1147) b. 學問을 講論 아니ᄒᆞᆯ시(學不講ᄒᆞ야) <번小六 3a>

　　　c. 닙지를 篤實히 ᄒᆞ며 學問을 즐기며 지(12b) 죄 어딜며 ᄒᆡᆼ뎍이 닷곤 사ᄅᆞᆷ이 잇거든(有篤志好學 材良脩者어든) <번小九 13a>

(1147) d. 서ᄅᆞ 正ᄒᆞᆫ 學業을 講論ᄒᆞ야 ᄇᆞᆯ골디니라(相與講明正學이니라) <번小九 13a>

<1148> 혹당 對 庠序

두 명사 '혹당'(学堂) 과 '庠序'가 [学堂], [庠] 및 [序] 즉 '중국 고대의 鄕学, 지방의 학교'의 뜻을 가지고 동의 관계에 있다는 것은 다음 예문들에서 잘 확인된다. 원문 중 '漢児学堂'이 '되 혹당'으로 번역된다. '庠'이 한자어 '庠序'를 뜻하고 '庠'의 자석이 '혹당'이다. 그리고 '序'의 자석이 '혹당'이다. 따라서 '혹당'과 '庠序'의 동의성은 명백히 입증된다.

(1148) a. 내 되 혹당의셔 글 비호라(我在漢我學堂裏學文書來) <번老上 2b>
　　　b. 혹당의 가(到學裏) <번朴上 49b>

(1148) c. 庠 : 庠序 <四解下 42a>
　　　d. 庠 : 혹당 샹 商學名 <字會上 17b>

(1148) e. 序 : 堂廡 又商學名 <四解上 31b>
　　　f. 序 : 혹당 셔 周學名 <字會上 17b>

<1149> 혹당 對 學校

두 명사 '혹당'(学堂) 과 '学校'가 [学堂]과 [校] 즉 '학교'의 뜻을 가지고 동의 관계에 있다는 것은 다음 예문들에서 잘 확인된다. 원문 중 '漢児学堂'이 '되 혹당'으로 번역된다. 그리고 '校'가 한자어 '学校'를 뜻하고 '校'의 자석이 '훅당'이다. 따라서 '훅당'과 '学校'의 동의성은 명백히 입증된다.

(1149) a. 내 되 훅당의셔 글 비호라(我在漢我學堂裏學文書來) <번老上 2b>

　　　 b. 훅당의 가(到學裏) <번朴上 49b>

(1149) c. 校 : 學校 <四解下 24a>

　　　 d. 校 : 훅당 교 夏學名 <字會上 17b>

<1150> 學生 對 生徒

두 명사가 [生]과 [徒] 즉 '학생'의 뜻을 가지고 동의 관계에 있다는 것은 다음 예문들에서 잘 확인된다. '生'이 한자어 '学生'을 뜻한다. 그리고 '徒'가 한자어 '生徒'를 뜻한다. 따라서 '学生'과 '生徒'의 동의성은 명백히 입증된다.

(1150) a. 生 : … 又出也 産也 <四解下 61b>

　　　 b. 生 : 늘 싱 … 又學生 儒生 <字會上 17b>

(1150) c. 徒 : 黨也 <四解上 37a>

　　　 d. 徒 : 물 도 衆生 … 又生徒 徒弟 데ᄌ <字會上 17b>

<1151> 海中石 對 暗礁

두 명사가 [礁] 즉 '물에 잠긴 바위, 暗礁'의 뜻을 가지고 동의 관계에 있다는 것은 다음 예문들에서 잘 확인된다. '礁'가 한자어 '海中石'을 뜻한다. 그리고 '礁'의 자석이 '돌'이고 고유어 '돌'은 한자어 '暗礁'와 동의 관계에 있다. 따라서 '海中石'과 '暗礁'의 동의성은 명백히 입증된다.

(1151) a. 礁 : 海中石 <四解下 15b>

　　　 b. 礁 : 돌 쵸 … 俗稱暗礁 <字會上 2b>

<1152> 海藻 對 水草

두 명사가 [藻] 즉 '말, 아름다운 水草'의 뜻을 가지고 동의 관계에 있다는 것은 다음 예문들에서 잘 확인된다. '藻'가 한자어 '水草'를 뜻한다. 그리고 '藻'의 자석이 '몰'이고 고유어 '몰'은 한자어 '海藻' 및 한자어 '水草'와 동의 관계에 있다. 따라서 '海藻'와 '水草'의 동의성은 명백히 입증된다.

(1152) a. 藻 : 水草 俗呼爪菜 <四解下 21a>

　　　b. 藻 : 믈 조 海藻 又水草 <字會上 5a>

<1153> 히ᄌ 對 城下池

두 명사 '히ᄌ'(海子)와 '城下池'가 [壕]와 [隍] 즉 '해자'의 뜻을 가지고 동의 관계에 있다는 것은 다음 예문들에서 잘 확인된다. '壕'가 한자어 '城下池'를 뜻하고 '壕'의 자석이 '히ᄌ'이다. 그리고 '隍'이 한자어 '城下池'를 뜻하고 '隍'의 자석이 '히ᄌ'이다. 따라서 '히ᄌ'와 '城下池'의 동의성은 명백히 입증된다.

(1153) a. 壕 : 城下池 <四解下 22b>

　　　b. 壕 : 히ᄌ 호 城底海子有水曰壕 <字會中 5a>

(1153) c. 隍 : 城下池 <四解下 46a>

　　　d. 隍 : 히ᄌ 황 城底海子無水曰隍 <字會中 5a>

<1154> 海肥 對 砑蠃

두 명사가 [肥]와 [砑蠃] 즉 '자개'의 뜻을 가지고 동의 관계에 있다는 것은 다음 예문들에서 잘 확인된다. '肥'가 한자어 '海肥'를 뜻하고 '海肥'는 고유어 '쟈개'와 동의 관계에 있다. '肥'의 자석이 '쟈개'이고 고유어 '쟈개'는 한자어 '海肥'와 동의 관계에 있다. 그리고 한자어 '砑蠃'가 고유어 '쟈개'와 동의 관계에 있다. 따라서 '海肥'와 '砑蠃'의 동의성은 명백히 입증된다.

(1154) a. 肥 : 螺屬 今俗呼海肥 쟈개 <四解下 29a>

　　　b. 肥 : 쟈개 파 俗呼海肥亦 作肍 <字會上 10b>

(1154) c. 蠃 : …紫貝斑文者曰砑蠃 쟈개 <四解下 27b>

<1155> 海肍/海肥 對 肥子

두 명사가 [貝]와 [肥] 즉 '자개'의 뜻을 가지고 동의 관계에 있다는 것은 다음 예문들에서 잘 확인된다. '貝'의 자석이 '쟈개'이고 고유어 '쟈개'는 한자어 '肥子' 및 한자어 '海肍'와 동의 관계에 있다. 그리고 '肥'의 자석이 '쟈개'이고 고유어 '쟈개'는 '海肥'와 동의 관계에 있다. 따라서 '海肍/海肥'와 '肥子'의 동의성은 명백히 입증된다. 한자 '肥'와 '肍'는 同字이다.

(1155) a. 貝 : …海中介虫 <四解上 50a>

b. 貝 : 쟈개 패 即 蚆子 又曰海蚆

(1155) c. 蚆 : 螺屬 今俗呼海蚆 쟈개 <四解下 29a>
d. 蚆 : 쟈개 파 俗呼海蚆 亦作𧍧 <字會上 10b>

<1156> 海螵蛸 對 烏賊魚骨

두 명사가 [海螵蛸] 즉 '갑오징어의 뼈'의 뜻을 가지고 동의 관계에 있다는 것은 다음 예문들에서 잘 확인된다. '海螵蛸'가 한자어 '烏賊魚骨'과 동의 관계에 있다. 따라서 '海螵蛸'과 '烏賊魚骨'의 동의성은 명백히 입증된다.

(1156) a. 蛸 : …又海螵蛸 烏賊魚骨 <四解下 16a>
b. 蛸 : 글거(11a) 믜 쇼 一名長蛸 <字會上 11b>

<1157> 힝랑 對 堂下周廂

두 명사 '힝랑'(行廊) 과 '堂下周廂'이 [廊] 즉 '행랑, 대문간에 붙어 있는 방'의 뜻을 가지고 동의 관계에 있다는 것은 다음 예문들에서 잘 확인된다. '廊'의 자석이 '힝랑'이고 '힝랑'은 한자어 '堂下周廂'과 동의 관계에 있다. 따라서 '힝랑'과 '堂下周廂'의 동의성은 명백히 입증된다.

(1157) a. 廊 : 廡也 <四解下 40a>
b. 廊 : 힝랑 랑 堂下周廂 <字會中 3a>

<1158> 行房 對 耍子

두 명사가 [耍] 즉 '남녀가 잠자리를 같이 함'의 뜻을 가지고 동의 관계에 있다는 것은 다음 예문들에서 잘 확인된다. '耍'가 한자어 '行房'을 뜻하고 '行房'은 한자어 '耍子'와 동의 관계에 있다. 그리고 '耍'의 자석이 '노릇'이고 고유어 '노릇'은 한자어 '行房' 및 한자어 '耍子'와 동의 관계에 있다. 따라서 '行房'과 '耍子'의 동의성은 명백히 입증된다.

(1158) a. 耍 : 俊利也 今俗謂…行房 亦曰耍子 <四解下 31b>
b. 耍 : 노릇 솨 俗謂行房 耍子 <字會下 7a>

<1159> 行圍 對 械簪

두 명사가 [圂]과 [椷] 즉 '변기'의 뜻을 가지고 동의 관계에 있다는 것은 다음 예문들에서 잘 확인된다. '圂'이 한자어 '行圊'을 뜻하고 '行圊'은 한자어 '椷簀'와 동의 관계에 있다. 그리고 '椷'가 한자어 '椷簀'를 뜻하고 '椷簀'는 한자어 '行圊'과 동의 관계에 있다. 따라서 '行圊'과 '椷簀'의 동의성은 명백히 입증된다.

> (1159) a. 圂 : 行圊 椷簀也 即糞槽也 <四解下 52a>
>
> b. 圊 : 뒷간 쳥 俗又呼東司 <字會中 3b>

> (1159) c. 椷 : 椷簀 行圊 <四解上 53a>

<1160> 苲荣 對 猪蕁

두 명사가 [苲] 즉 '마름'의 뜻을 가지고 동의 관계에 있다는 것은 다음 예문에서 잘 확인된다. '苲'이 한자어 '苲荣'를 뜻하고 '苲荣'는 한자어 '猪蕁'과 동의 관계에 있다. 따라서 '苲荣'와 '猪蕁'의 동의성은 명백히 입증된다.

> (1160) a. 苲 : 苲荣 猪蕁 <四解下 56a>

<1161> 行行 對 剛健貌

두 명사가 [行] 즉 '굳센 모양'의 뜻을 가지고 동의 관계에 있다는 것은 다음 예문들에서 잘 확인된다. '行'이 한자어 '行行'을 뜻하고 '行行'은 한자어 '剛健貌'와 동의 관계에 있다. 따라서 '行行'과 '剛健貌'의 동의성은 명백히 입증된다.

> (1161) a. 行 : 行行 剛健貌 <四解下 39b>
>
> b. 行 : 져제 항 俗呼座主曰行頭 <字會中 5a>

제2절
動詞類에서의 同義

동사류에서 확인되는 漢字語간의 동의는 動作動詞간의 동의와 狀態動詞간의 동의로 나누어 고찰할 수 있다.

1. 動作動詞간의 同義

동작동사간의 同義에는 [呰] 즉 '헐뜯다, 비방하다'의 뜻을 가진 '苛呰'와 '口毀'를 비롯하여 [加] 즉 '가하다'의 뜻을 가진 '가ᄒ다'와 '가입ᄒ다', [詐]와 [詭] 즉 '속이다, 거짓말하다'의 뜻을 가진 '간곡ᄒ다'와 '詭詐', [諫]과 [諍] 즉 '간하다, 直言하여 바로잡다'의 뜻을 가진 '간ᄒ다'와 '諫諍', [犗]과 [騸] 즉 '去勢하다, 불을 까다'의 뜻을 가진 '去畜勢'와 '騸驏', [決]과 [斷] 즉 '결단하다, 결정하다'의 뜻을 가진 '결ᄒ다'와 '결단ᄒ다', [陂] 즉 '기울다'의 뜻을 가진 '傾邪'와 '陂陁', [稸] 즉 '곡식을 쌓다, 곡식을 저장하다'의 뜻을 가진 '穀積'과 '穀稸', [叉] 즉 '두 손을 맞잡다'의 뜻을 가진 '拱手'와 '叉手', [悾]과 [偬] 즉 '바쁘다, 일에 몰리다'의 뜻을 가진 '悾偬'과 '事多', [薨] 즉 '죽다, 諸侯가 죽다'의 뜻을 가진 '公侯卒'과 '侯殁', [夸]와 [奢] 즉 '자랑하다, 뽐내다'의 뜻을 가진 '夸奢'와 '自大' 그리고 [救] 즉 '구하다'의 뜻을 가진 '구ᄒ다'와 '구료ᄒ다' 등 70여 항목이 있다.

<1> 苛呰 對 口毀

두 동작동사가 [呰] 즉 '헐뜯다, 비방하다'의 뜻을 가지고 동의 관계에 있다는 것은 다음 예문들에서 잘 확인된다. '呰'가 한자어 '苛呰'를 뜻하고 '苛呰'는 한자어 '口毀'와 동의 관계에 있다. 따라서 '苛呰'와 '口毀'의 동의성은 명백히 입증된다.

(1) a. 呰 : …苛呰 口毀 <四解上 12b>
   b. 苛 : …責也 <四解下 27a>

<2> 가ᄒ다 對 가입ᄒ다

두 동작동사 '가(加) ᄒ다'와 '가입(加入) ᄒ다'가 [加] 즉 '가하다'의 뜻을 가지고 동의 관계에 있다는 것은 다음 예문들에서 잘 확인된다. 원문 중 '加木香一錢'이 '목향 ᄒᆞᆫ 돈을 가ᄒ다'로 번역되고 '加…木香陳末'가 '목향 무근 ᄡᆞᆯ 가입ᄒ다'로 번역된다. 따라서 '가ᄒ다'와 '가입ᄒ다'의 동의성은 명백히 입증된다.

(2) a. 긔운이 약거든 목향 ᄒᆞᆫ 돈을 가ᄒ야 ᄡᅳ라(気怯者加木香一銭) <瘡疹 38b>
   b. 뎡향과 계피와 가ᄒ야 머기라(加丁香肉桂) <瘡疹 26a>
   c. 뎡향과 계피와 가ᄒ야 머교ᄃᆡ(加丁香肉桂) <瘡疹 26b>

(2) d. 후박 목향 무근 ᄡᆞᆯ 가입ᄒ야 달혀 머겨(加厚朴木香陳米湯服) <瘡疹 38b>
   e. 딘피 ᄒᆞᆫ 돈과 ᄌ소엽 두 편을 가입ᄒ야(加陳皮一錢紫蘇葉數片) <瘡疹 53b>

<3> 간곡ᄒ다 對 詭詐

두 동작동사 '간곡(奸曲) ᄒ다'와 '詭詐'가 [詐]와 [詭] 즉 '속이다, 거짓말하다'의 뜻을 가지고 동의 관계에 있다는 것은 다음 예문들에서 잘 확인된다. '詐'가 한자어 '詭詐'를 뜻하고 '詐'의 자석이 '간곡ᄒ다'이다. 그리고 '詭'가 한자 '詐'와 同義이다. 따라서 '간곡ᄒ다'와 '詭詐'의 동의성은 명백히 입증된다.

(3) a. 詐 : 欺也 詭詐 <四解下 29b>
   b. 詐 : 간곡ᄒᆞᆯ 사 <字會下 13a>

(3) c. 詭 : 詐也 <四解上 48a>

<4> 간곡ᄒ다 對 犯淫

두 동작동사 '간곡(奸曲) ᄒ다'와 '犯淫'이 [奸] 즉 '간통하다, 간음의 죄를 범하다'의 뜻을 가지고 동의 관계에 있다는 것은 다음 예문들에서 잘 확인된다. '奸'이 한자어 '犯淫'을 뜻하고 '奸'의 자석이 '간곡ᄒ다'이다. 따라서 '간곡ᄒ다'와 '犯淫'의 동의성은 명백히 입증된다.

    (4) a. 奸 : 犯淫 <四解上 71a>

       b. 奸 : 간곡홀 간 <字會下 13a>

<5> 간ᄒ다 對 諫諍

    두 동작동사 '간(諫) ᄒ다'와 '諫諍'이 [諫]과 [諍] 즉 '간하다, 直言하여 바로잡다'의 뜻을 가지고 동의 관계에 있다는 것은 다음 예문들에서 잘 확인된다. 원문 중 '誠諫'이 '졍셩도이 간ᄒ다'로 번역된다. '諫'이 한자어 '諫諍'을 뜻하고 '諫'의 자석이 '간ᄒ다'이다. 그리고 '諍'이 한자어 '諫諍'을 뜻하고 '諍'의 자석이 '간ᄒ다'이다. 따라서 '간ᄒ다'와 '諫諍'의 동의성은 명백히 입증된다.

    (5) a. 졍셩도이 간호믈 닛디 아니ᄒ여(不忘誠諫ᄒ야) <번小八 26a>

    (5) b. 諫 : 諫諍 <四解上 79b>

       c. 諫 : 간홀 간 直言以正人之失 <字會下 12b>

    (5) d. 諍 : 諫諍 <四解下 61a>

       e. 諍 : 간홀 징 救止其失 <字會下 12b>

<6> 去畜勢 對 騸驐

    두 동작동사가 [驐]과 [騸] 즉 '去勢하다, 불을 까다'의 뜻을 가지고 동의 관계에 있다는 것은 다음 예문에서 잘 확인된다. '驐'이 한자어 '去畜勢'를 뜻한다. '驐'의 자석이 '불앗다'이고 고유어 '불앗다'는 한자어 '騸驐' 및 한자어 '去畜勢'와 동의 관계에 있다. 그리고 '騸'이 한자어 '去畜勢'를 뜻하고 '騸'의 자석이 '불앗다'이다. 따라서 '去畜勢'와 '騸驐'의 동의성은 명백히 입증된다.

    (6) a. 驐 : 去畜勢 <四解上 63a>

       b. 驐 : 불아술 돈 騸驐 謂去畜勢 <字會下 4a>

    (6) c. 騸 : 去畜勢 <四解下 6b>

       d. 騸 : 불아술 션 騸馬 <字會下 4a>

<7> 결속ᄒ다 對 티장ᄒ다

두 동작동사 '결속(結束) ᄒ다'와 '티장(治裝) ᄒ다'가 [為資裝]과 [裝] 즉 '혼수를 마련하다'의 뜻을 가지고 동의 관계에 있다는 것은 다음 예문들에서 잘 확인된다. 원문 중 '為資裝'이 '결속ᄒ다'로 번역되고 '裝送'이 '티장ᄒ야 주어 보내다'로 번역된다. 따라서 '결속ᄒ다'와 '티장ᄒ다'의 동의성은 명백히 입증된다.

(7) a. 다(103b) 남그로 사긴 거우로 집과 사오나이 믈들 집으로 결속ᄒ더니(皆用刻木粧䈢ᄒ며 纁文絹으로 為資裝ᄒ더니) <번小九 104a>

    b. 녹 튼 그믈 주어 결속ᄒ야 셔방ᄒ게 ᄒ더라(出俸金ᄒ야 為資裝ᄒ야 嫁之ᄒ더라) <번小十 15a>

    c. 졋집이 ᄃ려 간 사ᄅᆞᆷᄒ며 결속ᄒᆫ 것ᄃᆞᆯᄒᆞᆯ 다 도로 보내오(妻ㅣ 乃悉歸侍御服飾ᄒ고) <번小九 59b>

    d. 은 주리 잇더니 신안니 누의 쳐녀로 잇ᄂᆞᆫ 줄 보고 그 은늘 주어 결속ᄒ(43a)라 ᄒᆞ니라 (有饋百金者 顧顔之妹處室 舉以佐其奩具) <二倫 43b>

(7) e. 티장ᄒ(58b)야 주어 보내ᄂᆞᆫ 거시 ᄀᆞ장 만ᄒ더니(裝送資賄ㅣ 甚盛ᄒ더니) <번小九 59a>

<8> 결ᄒ다 對 결단ᄒ다

두 동작동사 '결(決) ᄒ다'와 '결단(決斷) ᄒ다'가 [決]과 [斷] 즉 '결단하다, 결정하다'의 뜻을 가지고 동의 관계에 있다는 것은 다음 예문들에서 잘 확인된다. 원문 중 '咨決'이 '무러 결ᄒ다'로 번역되고 '不斷'이 '결티 몯ᄒ다'로 번역된다. 그리고 '能決'이 '잘 결단ᄒ다'로 번역된다. 따라서 '결ᄒ다'와 '결단ᄒ다'의 동의성은 명백히 입증된다.

(8) a. 집의 크며 져(94a) 근 이를 다 무러 결ᄒ며(家事巨細를 一以咨決ᄒ며) <번小九 94b>

    b. 乙並明 형뎨 받틀 ᄃᆞ토아 여러 히(68b)를 결티 몯ᄒ야(乙並明兄弟ㅣ 爭田ᄒ되 積年不斷ᄒ야) <번小九 69a>

(8) c. ᄂᆞ미 올ᄒ며 왼 이를 잘 결단ᄒ며(能決是非為彌) <呂約 4a>

(8) d. 決 : … 又斷也 <四解下 9a>

    e. 斷 : 決也 <四解上 73a>

<9> 傾邪 對 陂陁

두 동작동사가 [陂] 즉 '기울다'의 뜻을 가지고 동의 관계에 있다는 것은 다음 예문들에서 잘 확인된다. '陂'가 한자어 '傾邪'를 뜻한다. 그리고 '陂'가 한자어 '陂陁'를 뜻한다. 따라서 '傾邪'와 '陂陁'의 동의성은 명백히 입증된다.

(9) a. 陂 : 傾邪 <四解上 15a>

(9) b. 陂 : 陂陁 不平 <四解下 28a>
    c. 陂 : 웅·덩이 피 蓄水爲陂 又音坡 不平也 <字會上 3a>

<10> 穀積 對 穀穋

두 동작동사가 [穋] 즉 '곡식을 쌓다, 곡식을 저장하다'의 뜻을 가지고 동의 관계에 있다는 것은 다음 예문들에서 잘 확인된다. '穋'가 한자어 '穀積'을 뜻한다. 그리고 '穋'의 자석이 '누리다'이고 고유어 '누리다'는 한자어 '穀穋'와 동의 관계에 있다. 따라서 '穀積'과 '穀穋'의 동의성은 명백히 입증된다.

(10) a. 穋 : 穀積 <四解下 27a>
    b. 穋 : 누릴 라 俗呼穀穋 <字會下 3a>

<11> 拱手 對 叉手

두 동작동사가 [叉] 즉 '두 손을 맞잡다'의 뜻을 가지고 동의 관계에 있다는 것은 다음 예문들에서 잘 확인된다. '叉'가 한자어 '拱手'를 뜻하고 '拱手'는 한자어 '叉手'와 동의 관계에 있다. 그리고 '叉'의 자석이 '거리다'이고 고유어 '거리다'는 한자어 '拱手' 및 한자어 '叉手'와 동의 관계에 있다. 따라서 '拱手'와 '叉手'의 동의성은 명백히 입증된다.

(11) a. 叉 : ···今俗呼拱手曰叉手 <四解下 29b>
    b. 叉 : 거릴 차 又俗稱拱手曰叉手 <字會下 11b>

<12> 侄偬 對 事多

두 동작동사가 [侄]과 [偬] 즉 '바쁘다, 일에 몰리다'의 뜻을 가지고 동의 관계에 있다는 것은 다음 예문들에서 잘 확인된다. '侄'이 한자어 '侄偬'을 뜻하고 '侄偬'은 한자어 '事多'와 동의 관계에 있다. 그리고 '偬'이 한자어 '侄偬'을 뜻하고 '侄偬'은 한자어 '事多'와 동의 관계에 있다. 따라서 '侄偬'과 '事多'의 동의성은 명백히 입증된다.

(12) a. 侄 : 侄偬 事多 <四解上 1b>

b. 偬 : 倥偬 事多 <四解上 4b>

<13> 公侯卒 對 侯歿

두 동작동사가 [薨] 즉 '죽다, 諸侯가 죽다'의 뜻을 가지고 동의 관계에 있다는 것은 다음 예문들에서 잘 확인된다. '薨'이 한자어 '公侯卒'을 뜻한다. 그리고 '薨'의 자석이 '죽다'이고 고유어 '죽다'는 한자어 '侯歿'과 동의 관계에 있다. 따라서 '公侯卒'과 '侯歿'의 동의성은 명백히 입증된다.

(13) a. 薨 : 公侯卒曰薨 <四解下 62b>
b. 薨 : 주글 훙 侯歿曰薨 <字會中 17a>

<14> 夸奪 對 自大

두 동작동사가 [夸]와 [奪] 즉 '자랑하다, 뽐내다'의 뜻을 가지고 동의 관계에 있다는 것은 다음 예문들에서 잘 확인된다. '夸'가 한자어 '夸奪'를 뜻하고 '夸奪'는 한자어 '自大'와 동의 관계에 있다. 그리고 '奪'가 한자어 '夸奪'를 뜻하고 '夸奪'는 한자어 '自大'와 동의 관계에 있다. 따라서 '夸奪'와 '自大'의 동의성은 명백히 입증된다.

(14) a. 夸 : 夸奪 自大也 <四解下 31b>
b. 奪 : 夸奪 自大 <四解下 30b>

<15> 구휼ᄒᆞ다 對 구ᄒᆞ다

두 동작동사 '구휼(救恤)ᄒᆞ다'와 '구(救)ᄒᆞ다'가 [恤] 즉 '구휼하다, 금품을 주어 구제하다'의 뜻을 가지고 동의 관계에 있다는 것은 동일 원문의 번역인 다음 예문들에서 잘 확인된다. 원문 중 '相恤'이 '서르 구휼ᄒᆞ다'로도 번역되고 '서르 구ᄒᆞ다'로도 번역되므로 '구휼ᄒᆞ다'와 '구ᄒᆞ다'의 동의성은 명백히 입증된다.

(15) a. 어려온 이레 서르 구휼ᄒᆞ미라(患亂相恤伊羅) <呂約 1b>
b. 어려온 이레 서르 구홀디니(患亂相恤이니) <번小九 18a>

<16> 구ᄒᆞ다 對 구료ᄒᆞ다

두 동작동사 '구(救)ᄒᆞ다'와 '구료(救療)ᄒᆞ다'가 [救] 즉 '구하다'의 뜻을 가지고 동의 관계에 있다는 것은 다음 예문들에서 잘 확인된다. 원문 중 '煎…救'가 '달혀 머겨…구ᄒᆞ다'로도 번역되고 '달혀 머겨

…구료ᄒᆞ다'로도 번역된다. 따라서 '구ᄒᆞ다'와 '구료ᄒᆞ다'의 동의성은 명백히 입증된다.

(16) a. 샐리 십이(23b) 미 이공산애 ᄯ또 목향 당귀 더 녀허 달혀 머겨 음양표리를 구ᄒᆞ라(急煎十二味異功散更加木香当帰以救陰陽表裏) <瘡疹 24a>

(16) b. 샐리 십이미 이공산 달혀 머겨 구료ᄒᆞ라(急煎十二味異功散救之) <瘡疹 26b>
c. 샐리 목향산을 달혀 머겨 구료ᄒᆞ라(急煎木香散救之) <瘡疹 27a>

<17> 구ᄒᆞ다 對 구완ᄒᆞ다

두 동작동사 '구(救) ᄒᆞ다'와 '구완(救援) ᄒᆞ다'가 [救] 즉 '구하다, 구원하다'의 뜻을 가지고 동의 관계에 있다는 것은 다음 예문들에서 잘 확인된다. 원문 중 '救患難'이 'ᄂᆞ미 어려온 이를 구ᄒᆞ다'로 번역되고 '遣人救之'가 '사ᄅᆞᆷ 보내야 구완ᄒᆞ다'로 번역된다. 따라서 '구ᄒᆞ다'와 '구완ᄒᆞ다'의 동의성은 명백히 입증된다.

(17) a. ᄂᆞ미 어려온 이를 구ᄒᆞ며(能救患難爲彌) <呂約 4a>
b. ᄒᆞ다가 구티 아니ᄒᆞ면(若不救時) <번老下 47a>

(17) c. 져근 이리어든 사ᄅᆞᆷ 보내야 구완ᄒᆞ고(小則遣人救之) <呂約 34a>

<18> 踡跼 對 不伸

두 동작동사가 [踡]과 [跼] 즉 '몸이 오그라져 펴지 못하다. 펴지 않다, 굽다'의 뜻을 가지고 동의 관계에 있다는 것은 다음 예문들에서 잘 확인된다. '踡'이 한자어 '踡跼'을 뜻하고 '踡跼'은 한자어 '不伸'과 동의 관계에 있다. 그리고 '跼'이 한자어 '踡跼'을 뜻하고 '踡跼'은 한자어 '不伸'과 동의 관계에 있다. 따라서 '踡跼'과 '不伸'의 동의성은 명백히 입증된다.

(18) a. 踡 : 踡跼 不伸 <四解下 9b>
b. 跼 : 踡跼 不伸 <四解上 7b>

<19> 矜誇 對 大言

두 동작동사가 [誇]와 [矜] 즉 '자랑하다, 자만하다'의 뜻을 가지고 동의 관계에 있다는 것은 다음 예문들에서 잘 확인된다. '誇'가 한자어 '大言'을 뜻하고 '大言'은 한자어 '矜誇'와 동의 관계에 있다. 그리고 '矜'이 한자어 '矜負貌'를 뜻하고 한자 '誇'와 同義이다. 따라서 '矜誇'와 '大言'의 동의성은 명백히 입증된다.

(19) a. 誇 : 大言 矜誇 <四解下 31b>

(19) b. 矜 : … 又矜負貌 <四解下 47a>
    c. 矜 : 에엿블 궁 又誇也 驕矜 <字會下 14b>

<20> 긔록ᄒ다 對 긔디ᄒ다

두 동작동사 '긔록(記錄) ᄒ다'와 '긔디(記知) ᄒ다'가 [記] 즉 '기록하다'의 뜻을 가지고 동의 관계에 있다는 것은 다음 예문들에서 잘 확인된다. 원문 중 '記善籍'이 '어딘 일 긔록ᄒ 칙'으로 번역되고 '記故事'가 '녯 이를 긔디ᄒ다'로 번역된다. 따라서 '긔록ᄒ다'와 '긔디ᄒ다'의 동의성은 명백히 입증된다.

(20) a. 딕월이 쏘 어딘 일 긔록ᄒ 칙을 ᄒ 번 내 니르고(直月遂讀記善籍一過爲古) <呂約 41b>
    b. 어딘 ᄒᆡᆼ뎍을 긔록ᄒ야(紀善行ᄒ야) <번小六 2a>

(20) c. 날마다 녯 이를 긔디ᄒ야(日記故事ᄒ야) <번小六 5a>
    d. 오늘 ᄂᆞ래 ᄒ 이를 긔디ᄒ고 ᄂᆡ일 ᄂᆞ래 ᄒ 이를 긔디ᄒ면(今日에 記一事ᄒ고 明日에 記一事ᄒ면) <번小八 36b>
    e. 歷歷히 혀여 다 긔디홀 거시니라(歷歷皆可記니라) <번小六 23b>
    f. 기피 긔디홀디니라(宜深誌之ᄒ라) <번小六 17b>

<21> 긔약ᄒ다 對 언약ᄒ다

두 동작동사 '긔약(期約) ᄒ다'와 '언약(言約) ᄒ다'가 [約] 즉 '약속하다'의 뜻을 가지고 동의 관계에 있다는 것은 다음 예문들에서 잘 확인된다. 원문 중 '約中'이 '긔약ᄒ 사ᄅᆞᆷ 듕'으로 번역되고 '同約'이 'ᄒᆞᆫ가지로 언약ᄒ다'로 번역되므로 '긔약ᄒ다'와 '언약ᄒ다'의 동의성은 명백히 입증된다.

(21) a. 긔약ᄒ 사ᄅᆞᆷ 듕에(約中厓) <呂約 2a>
    b. 明道 先生과 范希文과로 뻐 모ᄆᆞᆯ 긔약ᄒ야 ᄀᆞ티 되오려 홀디니라(以明道希文으로 自期待니라) <번小六 34a>

(21) c. 믈읫 우리 ᄒᆞᆫ가지로 언약ᄒ 사ᄅᆞᆷ 들ᄒ(凡同約者ᄂᆞᆫ) <번小九 18a>

<22> 覬覬 對 希望

두 동작동사가 [覬]와 [覦] 즉 '바라다, 분에 넘치는 일을 바라다'의 뜻을 가지고 동의 관계에 있다는 것은 다음 예문들에서 잘 확인된다. '覬'가 한자어 '覬覦'를 뜻하고 '覬覦'는 한자어 '希望'과 동의 관계에 있다. 그리고 '覦'가 한자어 '覬覦'를 뜻한다. 따라서 '覬覦'와 '希望'의 동의성은 명백히 입증된다.

(22) a. 覬 : 覬覦 希望也 <四解上 23b>
　　 b. 覦 : 覬覦 欲得 <四解上 34a>

<23> 긔휘ᄒ다 對 금긔ᄒ다

두 동작동사 '긔휘(忌諱) ᄒ다'와 '금긔(禁忌) ᄒ다'가 [忌] 즉 '꺼리다'의 뜻을 가지고 동의 관계에 있다는 것은 다음 예문들에서 잘 확인된다. 원문 중 '忌外人'이 '밧 사룸 긔휘ᄒ다'로도 번역되고 '밧씻 사루믈 금긔ᄒ다'로도 번역된다. 따라서 '긔휘ᄒ다'와 '금긔ᄒ다'의 동의성은 명백히 입증된다.

(23) a. 밧 사룸 긔휘ᄒ야(忌外人) <瘡疹 23b>

(23) b. 밧씻 사루믈 금긔ᄒ라(当忌外人) <瘡疹 64a>
　　 c. 감ᄌ귤 츤 것 뿔와룰 금긔ᄒ라(柑橘冷密) <瘡疹 64a>

<24> 拮据 對 手口共作

두 동작동사가 拮과 据 즉 '손과 입을 함께 놀리며 일하다'의 뜻을 가지고 동의 관계에 있다는 것은 다음 예문들에서 잘 확인된다. '拮'이 한자어 '拮据'를 뜻하고 '拮据'는 한자어 '手口共作'과 동의 관계에 있다. 그리고 '拮'이 한자어 '拮据'를 뜻하고 '据'가 한자어 '拮据'를 뜻한다. 따라서 '拮据'와 '手口共作'의 동의성은 명백히 입증된다.

(24) a. 拮 : 拮据 手口共作 <四解下 1b>
　　 b. 拮 : 詩 拮据 <四解上 56a>
　　 c. 据 : (詩) 拮据 <四解上 29a>

<25> 捼挱 對 摩挱

두 동작동사가 [挱] 즉 '만지다, 문지르다'의 뜻을 가지고 동의 관계에 있다는 것은 다음 예문들에서 잘 확인된다. '挱'가 한자어 '摩挱'와 한자어 '捼挱'를 뜻한다. 그리고 '挱'의 자석이 '쌕븨다'이고 고유어 '쌕븨다'는 한자어 '捼挱'와 동의 관계에 있다. 따라서 '捼挱'와 '摩挱'의 동의성은 명백히 입증된다.

(25) a. 抄 : 摩抄 又捼抄 <四解下 26b>

　　　b. 抄 : 쏵빌 사 俗稱捼抄 <字會下 10b>

<26> 捼抄 對 手捼物

두 동작동사가 [抄] 즉 '주무르다, 만지다'의 뜻을 가지고 동의 관계에 있다는 것은 다음 예문들에서 잘 확인된다. '抄'가 한자어 '捼抄'를 뜻한다. 그리고 '抄'의 자석이 '쏵븨다'이고 고유어 '쏵븨다'는 한자어 '捼抄' 및 한자어 '手捼物'과 동의 관계에 있다. 따라서 '捼抄'와 '手捼物'의 동의성은 명백히 입증된다.

(26) a. 抄 : …又捼抄 <四解下 26b>

　　　b. 抄 : 쏵빌 사 俗稱捼抄 手捼物 <字會下 10b>

<27> 祖裼 對 去上衣

두 동작동사가 [裼] 즉 '웃옷을 벗어 어깨를 드러내다, 웃통을 벗다'의 뜻을 가지고 동의 관계에 있다는 것은 다음 예문들에서 잘 확인된다. '裼'이 한자어 '祖裼'을 뜻한다. 그리고 '裼'의 자석이 '밧다'이고 고유어 '밧다'는 한자어 '去上衣'와 동의 관계에 있다. 따라서 '祖裼'과 '去上衣'의 동의성은 명백히 입증된다.

(27) a. 裼 : …又祖裼 <四解下 53a>

　　　b. 裼 : 바슬 텩 去上衣 <字會下 53a>

<28> 大夫死 對 卿相歿

두 동작동사가 [崒]과 [猝] 즉 '죽다, 大夫가 죽다, 卿相이 죽다'의 뜻을 가지고 동의 관계에 있다는 것은 다음 예문들에서 잘 확인된다. '崒'이 한자어 '大夫死'를 뜻한다. 그리고 '猝'의 자석이 '죽다'이고 고유어 '죽다'는 한자어 '卿相歿'과 동의 관계에 있다. 따라서 '大夫死'와 '卿相歿'의 동의성은 명백히 입증된다. '崒'과 '猝'은 同字이다.

(28) a. 崒 : 大夫死曰□ <四解上 68a>

　　　b. 崒 : 주글 졸 卿相歿曰猝 <字會中 17a>

<29> 渧涩 對 垢濁

두 동작동사가 [涁]과 [涩] 즉 '때 묻다, 때가 묻어 더러워지다'의 뜻을 가지고 동의 관계에 있다는 것은 다음 예문들에서 잘 확인된다. '涁'이 한자어 '涁涩'을 뜻하고 '涁涩'은 한자어 '垢濁'과 동의 관계에 있다. 그리고 '涩'이 한자어 '涁涩'을 뜻하고 '涁涩'은 한자어 '垢濁'과 동의 관계에 있다. 따라서 '涁涩'과 '垢濁'의 동의성은 명백히 입증된다.

(29) a. 涁 : 涁涩 垢濁 <四解下 2b>
    b. 涩 : 涁涩 垢濁 <四解下 3a>

<30> 㪿㪿 對 知輕重

두 동작동사가 [㪿]과 [㪿] 즉 '달다, 손으로 무게를 헤아리다'의 뜻을 가지고 동의 관계에 있다는 것은 다음 예문들에서 잘 확인된다. '㪿'이 한자어 '㪿㪿'을 뜻하고 '㪿㪿'은 한자어 '知輕重'과 동의 관계에 있다. 그리고 '㪿'이 한자어 '㪿㪿'을 뜻하고 '㪿㪿'은 한자어 '知輕重'과 동의 관계에 있다. 따라서 '㪿㪿'과 '知輕重'의 동의성은 명백히 입증된다.

(30) a. 㪿 : 㪿㪿 稱量 知輕重也 <四解下 82a>
    b. 㪿 : 㪿㪿 知輕重 <四解上 73a>

<31> 詆譋 對 誣言相被

두 동작동사가 [譋] 즉 '헐뜯다, 서로 모함하여 헐뜯다'의 뜻을 가지고 동의 관계에 있다는 것은 다음 예문들에서 잘 확인된다. '譋'이 한자어 '詆譋'을 뜻하고 '詆譋'은 한자어 '誣言相被'와 동의 관계에 있다. 따라서 '詆譋'와 '誣言相被'의 동의성은 명백히 입증된다.

(31) a. 譋 : 詆譋 誣言相被 <四解上 79a>
    b. 詆 : 呵也 訾也 <四解上 24b>

<32> 調習ᄒ다 對 練習

두 동작동사가 [操] 즉 '부리다, 조련하다'의 뜻을 가지고 동의 관계에 있다는 것은 다음 예문들에서 잘 확인된다. 원문 중 '操馬'가 'ᄆᆞᆯ 調習ᄒ다'로 번역된다. 그리고 '操'가 한자어 '練習'을 뜻한다. 따라서 '調習ᄒ다'와 '練習'의 동의성은 명백히 입증된다.

(32) a. 두 舍人이 ᄆᆞᆯ 調習ᄒ더니(兩箇舍人操馬) <번朴上 26a>

    b. 물 調習ᄒᄂ는 일 보라 가져(看操馬居) <번朴上 26a>

(32) c. 操：練習也 <老朴 朴上 8a>

<33> 裸裎 對 脫衣露體

두 동작동사가 [裎] 즉 '벌거벗다'의 뜻을 가지고 동의 관계에 있다는 것은 다음 예문들에서 잘 확인
된다. '裎'의 자석이 '밧다'이고 고유어 '밧다'는 한자어 '裸裎' 및 한자어 '脫衣露体'와 동의 관계에 있다.
따라서 '裸裎'과 '脫衣露体'의 동의성은 명백히 입증된다.

(33) a. 裎：倮體 <四解下 54a>
    b. 裎：바슬 뎡 裸裎 脫衣露體 <字會下 9a>

<34> 로ᄒ다 對 恨怒

두 동작동사 '로(怒)ᄒ다'와 '恨怒'가 [怒]와 [恚] 즉 '성내다, 화내다'의 뜻을 가지고 동의 관계에 있다
는 것은 다음 예문들에서 잘 확인된다. 원문 중 '帝怒'가 '님금이 로ᄒ다'로 번역되고 '父怒'가 '아비 로
ᄒ다'로 번역된다. '暴怒'가 '과글이 로ᄒ다'로 번역되고 '怒気'가 '로ᄒᆫ 긔운'으로 번역된다. 그리고 '怒'
가 한자 '恚'와 同義이고 '恚'가 한자어 '恨怒'를 뜻한다. 따라서 '로ᄒ다'와 '恨怒'의 동의성은 명백히 입
증된다.

(34) a. 님금이 로ᄒ샤 니ᄅ샤ᄃᆡ(帝怒曰) <번小九 46a>
    b. 아비 로ᄒ여 ᄯ 내조차ᄂᆞᆯ(父ㅣ 怒ᄒ야 又逐之ᄒᆫ대) <번小九 22a>
    c. 만이레 몬져 과글이 로ᄒ면(若先暴怒ᄒ면) <번小七 29a>
    d. 로ᄒᆫ 긔운을 서르 더으ᄂᆞ니(怒氣相加ᄒᆞ니) <번小七 46a>
    e. 夫人이 寬을 ᄒᆞ여곰 로커든 보리라 ᄒᆞ야(夫人이 欲試寬令恚ᄒᆞ야) <번小十 2b>

(34) f. 怒：恚也 <四解上 37b>
    g. 恚：…恨怒 <四解上 54b>

<35> 沐浴ᄒ다 對 沐浴 ᄀᆞᆷ다

동작동사 '沐浴ᄒ다'와 동작동사구 '沐浴 ᄀᆞᆷ다'가 [浴] 즉 '목욕하다'의 뜻을 가지고 동의 관계에 있다
는 것은 다음 예문들에서 잘 확인된다. 원문 중 '共湢浴'이 'ᄒᆞᆫ디셔 沐浴ᄒ다'로도 번역되고 'ᄒᆞᆫ디셔 沐

浴 곰다'로도 번역된다. 따라서 '沐浴ᄒ다'와 '沐浴 곰다'의 동의성은 명백히 입증된다. 동작동사구 '沐浴 곰다'는 명사 '沐浴'과 동작동사 '곰다'의 결합이다.

(35) a. 잢간도 ᄒᆞᆫ듸셔 沐浴ᄒ디 아니ᄒ며(不敢共湢浴ᄒ며) <번小三 17b>

　　 b. ᄒᆞᆫ듸셔 沐浴 곰디 말며(不共湢浴ᄒ며) <번小三 19a>

<36> 沐浴ᄒ다 對 洗浴

두 동작동사가 [浴] 즉 '목욕하다'의 뜻을 가지고 동의 관계에 있다는 것은 다음 예문들에서 잘 확인된다. 원문 중 '共湢浴'이 'ᄒᆞᆫ듸셔 沐浴ᄒ다'로 번역된다. 그리고 '浴'이 한자어 '洗浴'을 뜻한다. 따라서 '沐浴ᄒ다'와 '洗浴'의 동의성은 명백히 입증된다.

(36) a. 잢간도 ᄒᆞᆫ듸셔 沐浴ᄒ디 아니ᄒ며(不敢共湢浴ᄒ며) <번小三 17b>

(36) b. 浴 : 洗浴 <四解上 11a>

　　 c. 浴 : 모욕 욕 <字會下 5b>

<37> 貿易 對 博易

두 동작동사가 [博] 즉 '바꾸다, 貿易하다'의 뜻을 가지고 동의 관계에 있다는 것은 다음 예문들에서 잘 확인된다. '博'이 한자어 '貿易'을 뜻한다. 그리고 '博'의 자석이 '밧고다'이고 고유어 '밧고다'는 한자어 '博易'과 동의 관계에 있다. 따라서 '貿易'과 '博易'의 동의성은 명백히 입증된다.

(37) a. 博 : … 又貿易 <四解下 36a>

　　 b. 博 : 밧골 박 俗稱博易 <字會下 9b>

<38> 璺了 對 器破未離

두 동작동사가 [璺] 즉 '금가다, 갈라지다'의 뜻을 가지고 동의 관계에 있다는 것은 다음 예문들에서 잘 확인된다. '璺'이 한자어 '璺了'를 뜻하고 '璺了'는 고유어 '금싣다'와 동의 관계에 있다. 그리고 '璺'의 자석이 '금싣다'이고 고유어 '금싣다'는 한자어 '器破未離' 및 한자어 '璺了'와 동의 관계에 있다. 따라서 '璺了'와 '器破未離'의 동의성은 명백히 입증된다.

(38) a. 璺 : 器破而未離 今俗呼璺了 금싣다 <四解上 65b>

　　 b. 璺 : 금시를 믄 器破未離 俗稱璺了 <字會下 7b>

<39> 叛逆ᄒ다 對 不順

두 동작동사가 [逆] 즉 '반역하다'의 뜻을 가지고 동의 관계에 있다는 것은 다음 예문들에서 잘 확인된다. 원문 중 '逆家子'가 '叛逆ᄒ 짓 子息'으로 번역된다. 그리고 '逆'이 한자어 '不順'을 뜻한다. 따라서 '叛逆ᄒ다'와 '不順'의 동의성은 명백히 입증된다.

(39) a. 叛逆ᄒ 짓 子息을 取티 말며(逆家子를 不取ᄒ며) <번小三 21b>
  b. 逆 : … 不順也 <四解下 56b>

<40> 撋擩 對 捼挱

두 동작동사가 [撋]과 [擩] 즉 '비비다, 문지르다'의 뜻을 가지고 동의 관계에 있다는 것은 다음 예문들에서 잘 확인된다. '撋'이 한자어 '撋擩'과 한자어 '捼挱'를 뜻하고 '撋'의 자석이 '쑤븨다'이다. 그리고 '擩'이 한자어 '撋擩'을 뜻하고 '擩'의 자석이 '쑤븨다'이다. 따라서 '撋擩'과 '捼挱'의 동의성은 명백히 입증된다

(40) a. 撋 : 撋擩 捼挱 <四解上 80b>
  b. 撋 : 쑤빌 번 <字會下 10b>

(40) c. 擩 : 撋擩 <四解下 12b>
  d. 擩 : 쑤빌 션 <字會下 10b

<41> 撋擩 對 摧物

두 동작동사가 [擩] 즉 '비비다, 문지르다'의 뜻을 가지고 동의 관계에 있다는 것은 다음 예문들에서 잘 확인된다. '擩'이 한자어 '擩'을 뜻하고 '擩'은 한자어 '摧物'과 동의 관계에 있다. 따라서 '擩'과 '摧物'의 동의성은 명백히 입증된다.

(41) a. 擩 : 擩 摧物 <四解下 12b>
  b. 擩 : 쑤빌 션 <字會下 10b>

<42> 噴水 對 吐氣

두 동작동사가 [噴]과 [嘆] 즉 '뿜다, 물을 뿜다'의 뜻을 가지고 동의 관계에 있다는 것은 다음 예문들에서 잘 확인된다. '噴'이 한자어 '吐気'를 뜻한다. 그리고 '嘆'이 한자어 '噴水'를 뜻한다. 따라서 '噴水'

와 '吐気'의 동의성은 명백히 입증된다.

(42) a. 噴 : … 又吐氣 噀也 <四解上 64a>
   b. 噴 : 즈치욤 분 又噀也 吐也 <字會上 15a>

(42) c. 噀 : 噴水 <四解上 66a>

<43> 祓禳 對 禬禳

두 동작동사가 [祓]과 [禳] 즉 '재액을 막기 위해 푸닥거리하다'의 뜻을 가지고 동의 관계에 있다는 것은 다음 예문들에서 잘 확인된다. '祓'이 한자어 '祓禳'을 뜻한다. 그리고 '禳'의 자석이 '양지ᄒᆞ다'이고 '양지ᄒᆞ다'는 한자어 '禬禳'과 동의 관계에 있다. 따라서 '祓禳'과 '禬禳'의 동의성은 명백히 입증된다.

(43) a. 祓 : 祓禳 謂除災求福也 <四解上 65a>

(43) b. 禳 : 除殃祭 <四解下 45a>
   c. 禳 : 양지훌 양 禳 祀除殃也 <字會下 14a>

<44> 祓禳 對 除災求福

두 동작동사가 [祓]과 [祓禳] 즉 '재앙을 막기 위해 푸닥거리하다, 재앙을 없애고 복을 구하다'의 뜻을 가지고 동의 관계에 있다는 것은 다음 예문들에서 잘 확인된다. '祓'이 한자어 '祓禳'을 뜻하고 '祓禳'은 한자어 '除災求福'과 동의 관계에 있다. 따라서 '祓禳'와 '除災求福'의 동의성은 명백히 입증된다.

(44) a. 祓 : 祓禳 謂除災求福也 <四解上 65a>

(44) b. 禳 : 除殃祭 <四解下 45a>
   c. 禳 : 양지훌 양 禳 祀除殃也 <字會下 14a>

<45> 비ᄒᆞ다 對 物價子本等

두 동작동사 '비(倍) ᄒᆞ다'와 '物価子本等'이 [倍] 즉 '갑절이 되다'의 뜻을 가지고 동의 관계에 있다는 것은 다음 예문들에서 잘 확인된다. 원문 중 '年…倍'가 '나히…비ᄒᆞ다'로 번역된다. 그리고 '倍'가 '物価子本等'을 뜻한다. 따라서 '비ᄒᆞ다'와 '物価子本等'의 동의성은 명백히 입증된다.

(45) a. 나히 ᄌᆞ라미 내게셔 비ᄒᆞ거든 아비로 셤기고(年長以倍則父事ᄒᆞ고) <번小三 25a>

b. 倍 : 物價子本等曰倍 <四解上 50b>

<46> 산힝ᄒ다 對 田狩

두 동작동사 '산힝(山行)ᄒ다'와 '田狩'가 [打圍]과 [獵] 즉 '사냥하다'의 뜻을 가지고 동의 관계에 있다는 것은 다음 예문들에서 잘 확인된다. 원문 중 '打圍処'가 '산힝홀 ᄃᆡ'로 번역된다. 그리고 '獵'이 한자어 '田狩'를 뜻하고 '獵'의 자석이 '산힝ᄒ다'이다. 따라서 '산힝ᄒ다'와 '田狩'의 동의성은 명백히 입증된다.

(46) a. 내 산힝홀 ᄃᆡ ᄐᆞᆯ 잘 ᄃᆞᄂᆞᆫ ᄆᆞᆯ 사고져 ᄒ노라(我要打圍処騎的快的馬) <번朴上 62b>

(46) b. 獵 : 田狩 <四解下 86a>
   c. 獵 : 산힝홀 렵 <字會中 1b>

<47> 芟草 對 刈草

두 동작동사가 [刈]와 [芟] 즉 '베다, 풀을 베다'의 뜻을 가지고 동의 관계에 있다는 것은 다음 예문들에서 잘 확인된다. '刈'가 한자어 '芟草'를 뜻하고 '刈'의 자석이 '뷔다'이다. 그리고 '芟'이 한자어 '刈草'를 뜻한다. 따라서 '芟草'와 '刈草'의 동의성은 명백히 입증된다.

(47) a. 刈 : 芟草 <四解上 22b>
   b. 刈 : 뷜 애 <字會下 3a>

(47) c. 芟 : 刈草 <四解下 78b>

<48> 騸馬 對 犗馬

두 동작동사가 [騸]과 [騰] 즉 '말을 去勢하다'의 뜻을 가지고 동의 관계에 있다는 것은 다음 예문들에서 잘 확인된다. '騸'의 자석이 '불앗다'이고 고유어 '불앗다'는 한자어 '騸馬'와 동의 관계에 있다. 그리고 '騰'이 한자어 '犗馬'를 뜻한다. 따라서 '騸馬'와 '犗馬'의 동의성은 명백히 입증된다.

(48) a. 騸 : 去畜勢 <四解下 6b>
   b. 騸 : 불아슬 션 騸馬 <字會下 4a>

(48) c. 騰 : …犗馬也…躍也 <四解下 58b>

d. 騰 : 봄놀 등 躍也 一曰犗馬 <字會下 5a>

<49> 泄痢 對 瘌下

두 동작동사가 [痢] 즉 '설사하다'의 뜻을 가지고 동의 관계에 있다는 것은 다음 예문들에서 잘 확인된다. '痢'가 한자어 '泄痢'를 뜻한다. 그리고 '痢'의 자석이 '즈칙다'이고 고유어 '즈칙다'는 한자어 '瘌下'와 동의 관계에 있다. 따라서 '泄痢'와 '瘌下'의 동의성은 명백히 입증된다.

(49) a. 痢 : 泄痢 <四解上 28b>
　　 b. 痢 : 즈칠 리…又稱瘌下 <字會中 16b>

<50> 稅駕 對 脫駕憩息

두 동작동사가 [稅駕]와 [稅] 즉 '수레에 맨 말을 풀어 놓다'의 뜻을 가지고 동의 관계에 있다는 것은 다음 예문들에서 잘 확인된다. '稅'의 자석이 '공셰'이고 한자어 '脫駕憩息'이 한자어 '稅駕'와 동의 관계에 있다. 그리고 '稅'가 한자어 '稅駕'를 뜻한다. 따라서 '稅駕'와 '脫駕憩息'의 동의성은 명백히 입증된다.

(50) a. 稅 : 租也…又稅駕 <四解上 53a>
　　 b. 稅 : 공셋 셰 又脫駕憩息曰稅駕 <字會下 9b>

<51> 送葬ᄒ다 對 永葬ᄒ다

두 동작동사가 [葬] 즉 '매장하다, 장사지내다'의 뜻을 가지고 동의 관계에 있다는 것은 다음 예문들에서 잘 확인된다. 원문 중 '以礼葬之'가 '礼다비 送葬ᄒ다'로 번역되고 '還葬'이 '와 永葬ᄒ다'로 번역된다. 따라서 '送葬ᄒ다'와 '永葬ᄒ다'의 동의성은 명백히 입증된다.

(51) a. 남진의 屍體 오나든 보아 送葬ᄒ고(待夫骸還葬) <속三烈 27a>
　　 b. 싀어미 죽거늘 禮다비 送葬ᄒ니(姑卒 以禮葬之) <속三烈 2b>
　　 c. 힘을 다 드려 送葬ᄒ고(竭力營葬) <속三烈 1a>
　　 d. 입관ᄒ야 송장ᄒ대(歸棺歛葬之) <二倫 44a>

(51) e. 屍體를 지여 와 永葬ᄒ고(負其夫屍還葬) <속三烈 2b>
　　 f. 그 바티며 집이며 쳘량올 다 ᄑ라 영장ᄒ고(盡賣其田宅財物ᄒ야 以葬之ᄒ고) <번小九 57a>

g. 내죵내 영장ᄒ니라(卒葬之) <二倫 43a>

h. 영장홀 저기어든(及葬於等) <呂約 27b>

<52> 少殁 對 橫夭

두 동작동사가 [夭]와 [夭] 즉 '젊어서 죽다'의 뜻을 가지고 동의 관계에 있다는 것은 다음 예문들에서 잘 확인된다. '夭'가 한자어 '少殁'을 뜻한다. 그리고 '夭'의 자석이 '죽다'이고 고유어 '죽다'는 한자어 '橫夭' 및 한자어 '少殁'과 동의 관계에 있다. 따라서 '少殁'과 '橫夭'의 동의성은 명백히 입증된다. 한자 '夭'와 '夭'는 同字이다.

(52) a. 夭 : 少殁也 通作夭 <四解下 17a>

b. 夭 : 주글 요 橫夭 少殁 <字會下 11b>

<53> 順ᄒ다 對 不逆

두 동작동사가 [順] 즉 '좇다, 거스르지 않다'의 뜻을 가지고 동의 관계에 있다는 것은 다음 예문들에서 잘 확인된다. 원문 중 '順父母'가 '父母ᄋᆡ 順ᄒ다'로 번역된다. 그리고 '順'이 한자어 '不逆'을 뜻한다. 따라서 '順ᄒ다'와 '不逆'의 동의성은 명백히 입증된다.

(53) a. 父母ᄋᆡ 順티 아니커든 내티며 (不順父母去ᄒ며) <번小三 22a>

b. 順 : 不逆也 <四解上 69a>

<54> 日在西方 對 日昳

두 동작동사가 [昃] 즉 '기울다, 해가 서쪽으로 기울다'의 뜻을 가지고 동의 관계에 있다는 것은 다음 예문들에서 잘 확인된다. '昃'이 한자어 '日在西方'을 뜻하다. 그리고 '昃'의 자석이 '기울다'이고 고유어 '기울다'는 한자어 '日昳'과 동의 관계에 있다. 따라서 '日在西方'와 '日昳'의 동의성은 명백히 입증된다.

(54) a. 昃 : 日在西方 <四解下 61a>

b. 昃 : 기울 칙 日昳 <字會下 1b>

<55> 日昃 對 日昳

두 동작동사가 [昳]과 [昃] 즉 '기울다, 해가 서쪽으로 기울다'의 뜻을 가지고 동의 관계에 있다는 것은 다음 예문들에서 잘 확인된다. '昳'이 한자어 '日昃'을 뜻한다. 그리고 '昃'의 자석이 '기울다'이고 고유어 '기울다'는 한자어 '日昃'과 동의 관계에 있다. 따라서 '日昃'과 '日昳'의 동의성은 명백히 입증된다.

(55) a. 昳 : 日昃 <四解下 2a>

(55) b. 昃 : 日在西方 <四解下 61a>
　　　c. 昃 : 기울 칙 日昳 <字會下 1b>

<56> 野饋 對 餉田

두 동작동사가 [餉]과 [饁] 즉 '들일하는 사람에게 음식을 대접하다'의 뜻을 가지고 동의 관계에 있다는 것은 다음 예문들에서 잘 확인된다. '餉'의 자석이 '이받다'이고 고유어 '이받다'는 한자어 '野饋'와 동의 관계에 있다. '饁'이 한자어 '野饋'를 뜻한다. 그리고 '饁'의 자석이 '이받다'이고 고유어 '이받다'는 한자어 '餉田'과 동의 관계에 있다. 따라서 '野饋'와 '餉田'의 동의성은 명백히 입증된다.

(56) a. 餉 : 饋野 饁也 <四解下 43b>
　　　b. 餉 : 이바들 향 野饋 <字會下 5b>

(56) c. 饁 : 野饋 <四解下 85b>
　　　d. 饁 : 이바들 녑 餉田 <字會下 5b>

<57> 양지ᄒ다 對 禰禳

두 동작동사 '양지(禳災) ᄒ다'와 '禰禳'이 [禳] 즉 '액막이하다, 푸닥거리하다'의 뜻을 가지고 동의 관계에 있다는 것은 다음 예문들에서 잘 확인된다. '禳'의 자석이 '양지ᄒ다'이고 '양지ᄒ다'는 한자어 '禰禳'과 동의 관계에 있다. 따라서 '양지ᄒ다'와 '禰禳'의 동의성은 명백히 입증된다.

(57) a. 禳 : 除殃祭 <四解下 45a>
　　　b. 禳 : 양지ᄒᆞᆯ 양 禰禳 <字會下 14a>

(57) c. 禰 : 禳也 <四解下 84b>
　　　d. 禰 : 방법ᄒᆞᆯ 염 <字會下 14a>

<58> 원ᄒ다 對 覘望

두 동작동사 '원(願) ᄒ다'와 '覬望'이 [願] 즉 '원하다, 바라다'의 뜻을 가지고 동의 관계에 있다는 것은 다음 예문들에서 잘 확인된다. 원문 중 '願的…射着'이 '뽀시과뎌 원ᄒ다'로 번역된다. 그리고 '願'이 한자어 '覬望'을 뜻한다. 따라서 '원ᄒ다'와 '覬望'의 동의성은 명백히 입증된다.

(58) a. 오직 위두로 뽀시과뎌 원ᄒ노이다(只願的爲頭兒射着) <번朴上 60a>
　　 b. 願 : 覬望也 又欲也 <四解下 9b>

<59> 拗折 對 屈曲

두 동작동사가 [折] 즉 '굽히다'의 뜻을 가지고 동의 관계에 있다는 것은 다음 예문들에서 잘 확인된다. '折'이 한자어 '拗折'을 뜻하고 '拗折'은 한자어 '屈曲'과 동의 관계에 있다. 따라서 '拗折'과 '屈曲'의 동의성은 명백히 입증된다.

(59) a. 折 : … 拗折 一曰屈曲也 <四解下 6a>
　　 b. 拗 : 手拉也 折也 <四解下 23b>

<60> 음양ᄒ다 對 츄명ᄒ다

두 동작동사 '음양(陰陽) ᄒ다'와 '츄명(推命) ᄒ다'가 [算一卦]와 [卦] 즉 '점치다'의 뜻을 가지고 동의 관계에 있다는 것은 다음 예문들에서 잘 확인된다. 원문 중 '算一卦'가 '음양ᄒ다'로 번역된다. 그리고 '卦鋪'가 '츄명ᄒᄂ 져재'로 번역된다. 따라서 '음양ᄒ다'와 '츄명ᄒ다'의 동의성은 명백히 입증된다.

(60) a. 내 이믜셔 음양ᄒ야 가고져 ᄒ노라(我一發待算一卦去) <번老下 70b>
　　 b. 뎌 츄명ᄒᄂ 져재 가 안자셔(到那卦鋪裏坐定) <번老下 70b>

<61> 읍ᄒ다 對 拱揖

두 동작동사 '읍(揖) ᄒ다'와 '拱揖'이 [揖]과 [拜揖] 즉 '읍하다, 두 손을 마주 잡고 가볍게 머리 숙여 인사하다'의 뜻을 가지고 동의 관계에 있다는 것은 다음 예문들에서 잘 확인된다. 원문 중 '三揖'이 '세 번 읍ᄒ다'로 번역되고 '相揖'이 '서ᄅ 읍ᄒ다'로 번역된다. '拜揖大哥'가 '읍ᄒ노이다 큰 형님'으로 번역된다. 그리고 '揖'이 한자어 '拱揖'을 뜻하고 '揖'의 자석이 '읍ᄒ다'이다. 따라서 '읍ᄒ다'와 '拱揖'의 동의성은 명백히 입증된다.

(61) a. 약정이 세 번 읍ᄒ야든(約正三揖於等) <呂約 39a>

b. 길홀 분ᄒᆞ야 서르 읍ᄒᆞ고 디나가ᄃᆡ(分道相揖而過呼代) <呂約 23a>

c. 읍ᄒᆞ고 동녁 션녁을 분ᄒᆞ야 마조 셔셔(揖爲古 分東西向立爲也) <呂約 39a>

d. 읍ᄒᆞ노이다 큰 형님(拜揖大哥) <번老下 1a>

e. 읍ᄒᆞ노이다 형님(拜揖哥哥) <번朴上 14a>

f. 읍ᄒᆞ노이다 쥬신 형님(拜揖主人家哥) <번老上 17a>

(61) g. 揖 : 拱揖 <四解下 74a>

h. 揖 : 읍홀 읍 <字會下 11b>

<62> 浙米 對 淘米

두 동작동사가 [浙]과 [淘米] 즉 '쌀을 일다'의 뜻을 가지고 동의 관계에 있다는 것은 다음 예문들에서 잘 확인된다. 浙이 한자어 '浙米'를 뜻하고 '浙米'는 한자어 '淘米'와 동의 관계에 있다. 그리고 '淘米'가 고유어 '쁠 이다'와 동의 관계에 있다. 따라서 '浙米'와 '淘米'의 동의성은 명백히 입증된다.

(62) a. 浙 : …又浙米 淘米也 <四解下 5b>

(62) b. 淘 : …今俗語淘米 쁠 이다 <四解下 19b>

c. 淘 : 일 도 洗米 <字會下 5b>

<63> 졔도ᄒᆞ다 對 구졔ᄒᆞ다

두 동작동사 '졔도(濟渡) ᄒᆞ다'와 '구졔(救濟) ᄒᆞ다'가 [濟] 즉 '제도하다, 구제하다'의 뜻을 가지고 동의 관계에 있다는 것은 다음 예문들에서 잘 확인된다. 원문 중 '財濟之'가 '주워 졔도ᄒᆞ다'로 번역되고 '濟物'이 '신므롤 구졔ᄒᆞ다'로 번역된다. 따라서 '졔도ᄒᆞ다'와 '구졔ᄒᆞ다'의 동의성은 명백히 입증된다.

(63) a. 그 ᄉᆡᆼ계 ᄀᆞ장 브죡ᄒᆞ거든 모든 사ᄅᆞᆷ이 주워 졔도ᄒᆞ며(生計大不足者衆以財濟之) <呂約 35b>

b. 가난ᄒᆞᆫ 사ᄅᆞᆷ이어든 모다 힘뻐 졔도ᄒᆞ야(貧者協力濟之) <呂約 35b>

(63) c. 집을 이르살ᄆᆞ며 신므롤 구졔ᄒᆞ며(營家濟物爲彌 : 經營家事 救濟人物) <呂約 4b>

d. 모ᄃᆞᆫ 벋들히 나ᅀᅡ가 구졔ᄒᆞ라(衆朋友們向前救濟着) <번老下 47a>

<64> 졔ᄒᆞ다 對 祭祀

두 동작동사 '졔(祭) ᄒᆞ다'와 '祭祀'가 [祭]와 [祀] 즉 '제사 지내다'의 뜻을 가지고 동의 관계에 있다는 것은 다음 예문들에서 잘 확인된다. 원문 중 '祭先祖'가 '조샹을 졔ᄒᆞ다'로 번역되고 '祭禰'가 '아비 ᄉ 당애 졔ᄒᆞ다'로 번역된다. '祭'가 한자어 '祭祀'를 뜻하고 '祭'의 자석이 '졔ᄒᆞ다'이다. 그리고 '祀'가 한자 어 '祭祀'를 뜻하고 '祀'의 자석이 '졔ᄒᆞ다'이다. 따라서 '졔ᄒᆞ다'와 '祭祀'의 동의성은 명백히 입증된다.

(64) a. 동지예 처섬 비르서 난 조샹을 쳬ᄒᆞ며 닙춘에 조샹을 졔ᄒᆞ며 ᄀᆞ슬 못초매 아비 ᄉ 당애 졔ᄒᆞ며(冬 至예 祭始祖ᄒᆞ며 立春애 祭先祖ᄒᆞ며 季秋애 祭禰ᄒᆞ며) <번小七 7b>

(64) b. 祭 : 祭祀 <四解上 26b>
    c. 祭 : 졔ᄒᆞᆯ 졔 <字會下 5b>

(64) d. 祀 : 祭祀 <四解上 13b>
    e. 祀 : 졔ᄒᆞᆯ ᄉᆞ <字會下 5b>

<65> 搓挪 對 兩手相摩

두 동작동사가 [挪] 즉 '비비다, 손으로 비비다'의 뜻을 가지고 동의 관계에 있다는 것은 다음 예문들 에서 잘 확인된다. '挪'가 한자어 '搓挪'를 뜻한다. 그리고 '挪'의 자석이 '뷔다'이고 고유어 '뷔다'는 한자 어 '兩手相摩'와 동의 관계에 있다. 따라서 '搓挪'와 '兩手相摩'의 동의성은 명백히 입증된다.

(65) a. 挪(25b) : 搓挪 <四解下 26a>
    b. 挪 : 뷜 나 兩手相摩 <字會下 10b>

<66> 搽粉 對 塗粉

두 동작동사가 [搽粉]과 [塗粉] 즉 '분 바르다'의 뜻을 가지고 동의 관계에 있다는 것은 다음 예문들 에서 잘 확인된다. '搽'의 자석이 'ᄇᆞᄅᆞ다'이고 한자어 '搽粉'이 '분 ᄇᆞᄅᆞ다'와 동의 관계에 있다. 그리고 한자어 '塗粉'이 한자어 '搽粉'과 동의 관계에 있다. 따라서 '搽粉'과 '塗粉'의 동의성은 명백히 입증된 다.

(66) a. 搽 : 塗飾 今俗謂塗粉曰搽粉 <四解下 30a>
    b. 搽 : ᄇᆞᄅᆞᆯ 차 俗稱搽粉 분 ᄇᆞᄅᆞ다 <字會下 9a>

<67> 緄衣 對 縺衣

두 동작동사가 [縺]과 [緄] 즉 '꿰매다'의 뜻을 가지고 동의 관계에 있다는 것은 다음 예문들에서 잘 확인된다. '緄'이 한자어 '緁衣'를 뜻한다. 그리고 '緁'이 한자어 '緄衣'를 뜻한다. 따라서 '緁衣'와 '緄衣' 의 동의성은 명백히 입증된다.

(67) a. 緄 : 交枲也 一曰緁衣 <四解下 3b>

b. 緁 : 緄衣 <四解下 83a>

<68> 諂諛 對 佞言

두 동작동사가 [諛]와 [諂] 즉 '아첨함'의 뜻을 가지고 동의 관계에 있다는 것은 다음 예문들에서 잘 확인된다. '諛'가 한자어 '諂諛'를 뜻하고 '諛'의 자석이 '아당ᄒᆞ다'이다. 그리고 '諂'의 자석이 '아당ᄒᆞ다' 이고 고유어 '아당ᄒᆞ다'는 한자어 '佞言'과 동의 관계에 있다. 따라서 '諂諛'와 '佞言'의 동의성은 명백히 입증된다.

(68) a. 諛 : 諂諛 <四解上 34b>

b. 諛 : 아당ᄒᆞᆯ 유 <字會下 12b>

(68) c. 諂 : 諛也 <四解下 84a>

d. 諂 : 아당ᄒᆞᆯ 텸 佞言曰諂 <字會下 12b>

<69> 出氣 對 噓氣

두 동작동사가 [噓]와 [呵] 즉 '불다, 숨을 밖으로 내보내다'의 뜻을 가지고 동의 관계에 있다는 것은 다음 예문들에서 잘 확인된다. '噓'가 한자어 '出気'를 뜻한다. 그리고 '呵'가 한자어 '噓気'를 뜻한다. 따라서 '出気'와 '噓気'의 동의성은 명백히 입증된다.

(69) a. 噓 : 出氣 急曰吹 緩曰噓 <四解上 33b>

(69) b. 呵 : …一(26b) 曰氣出 <四解下 27a>

c. 呵 : 噓氣 <四解下 27a>

<70> 패ᄒᆞ다 對 敗亡ᄒᆞ다

두 동작동사 '패(敗) ᄒᆞ다'와 '敗亡ᄒᆞ다'가 [敗]와 [破] 즉 '패하다, 패망하다'의 뜻을 가지고 동의 관계 에 있다는 것은 『번역소학』의 다음 예문들에서 잘 확인된다. 원문 중 '敗露'가 '패ᄒᆞ여 나다'로 번역되 고 '破者'가 '敗亡ᄒᆞᆫ 사ᄅᆞᆷ'으로 번역된다. 따라서 '패ᄒᆞ다'와 '敗亡ᄒᆞ다'의 동의성은 명백히 입증된다.

(70) a. 만이레 패ᄒ여 나면(萬一敗露ᄒ면) <번小七 29b>

　　b. 녜며 이제 술로 敗亡ᄒᆞᆫ 사ᄅᆞᆷ을(古今傾破者ᄅᆞᆯ) <번小六 23b>

한편 (b) 의 원문과 『소학언해』의 원문에 차이가 있음을 발견할 수 있다. 『번역소학』에서는 '破'가 『소학언해』(1588) 에서는 '敗'이다. 『소학언해』에서 '敗'는 '敗ᄒ다'로 번역된다.

(70) c. 녜며 이제 기우러 敗ᄒ니ᄅᆞᆯ(古今傾敗者ᄅᆞᆯ) <小언五 22a>

<71> 閒闊 對 久不見

두 동작동사가 [闊] 즉 '오래 만나지 못하다'의 뜻을 가지고 동의 관계에 있다는 것은 다음 예문들에서 잘 확인된다. '闊'이 한자어 '久不見'을 뜻하고 '久不見'은 한자어 '閒闊'과 동의 관계에 있다. 따라서 '閒闊'과 '久不見'의 동의성은 명백히 입증된다.

(71) a. 闊 : … 又久不見曰閒闊 <四解上 72b>

　　b. 閒 : 安也 暇也 <四解上 80a>

<72> 餉軍 對 犒犒

두 동작동사가 [犒]와 [犒] 즉 '호궤하다, 음식을 보내어 군사를 위로하다'의 뜻을 가지고 동의 관계에 있다는 것은 다음 예문들에서 잘 확인된다. '犒'가 한자어 '餉軍'을 뜻하고 '犒'의 자석이 '이받다'이다. 그리고 '犒'의 자석이 '이받다'이고 고유어 '이받다'는 한자어 '犒犒' 및 한자어 '餉軍'과 동의 관계에 있다. 따라서 '餉軍'와 '犒犒'의 동의성은 명백히 입증된다.

(72) a. 犒 : 餉軍也 <四解下 18b>

　　b. 犒 : 이바들 고 <字會下 5b>

(72) c. 犒 : 이바들 로 犒犒 餉軍 <字會下 5b>

<73> 薅草 對 鋤田

두 동작동사가 [薅] 즉 '김매다'의 뜻을 가지고 동의 관계에 있다는 것은 다음 예문들에서 잘 확인된다. '薅'가 한자어 '薅草'를 뜻한다. 그리고 '薅'의 자석이 '기슴미다'이고 고유어 '기슴미다'는 한자어 '薅草'와 동의 관계에 있고 '薅草'는 한자어 '鋤田'과 동의 관계에 있다. 따라서 '薅草'와 '鋤田'의 동의성은 명백히 입증된다.

(73) a. 薅 : 拔去田草 今俗云薅草 <四解下 22b>

　　 b. 薅 : 기슴밀 호 俗稱薅草 기슴미다 又稱鋤田 <字會下 3a>

<74> 渾淪 對 胚渾

　두 동작동사가 [渾] 즉 '엉기다, 어리다'의 뜻을 가지고 동의 관계에 있다는 것은 다음 예문들에서 잘 확인된다. '渾'이 한자어 '渾淪'을 뜻하고 '渾淪'은 한자어 '胚渾'과 동의 관계에 있다. 그리고 '渾'의 자석이 '얼의다'이다. 따라서 '渾淪'과 '胚渾'의 동의성은 명백히 입증된다.

(74) a. 渾 : …又渾淪 胚渾 未分也… <四解上 66b>

　　 b. 渾 : 얼윌(15a) 혼 <字會下 15b>

<75> 揮掄 對 全而不破

　두 동작동사가 [揮]과 [掄] 즉 '완전하여 해지지 아니하다'의 뜻을 가지고 동의 관계에 있다는 것은 다음 예문들에서 잘 확인된다. '揮'이 한자어 '揮掄'을 뜻한다. 그리고 '掄'이 한자어 '揮掄'을 뜻하고 '揮掄'은 한자어 '全而不破'와 동의 관계에 있다. 따라서 '揮掄'과 '全而不破'의 동의성은 명백히 입증된다.

(75) a. 揮 : 揮掄 <四解上 67a>

　　 b. 掄 : 今俗語謂全而不破曰揮掄 亦作囫圇 <四解上 67a>

<76> 효도ᄒ다 對 善事父母

　두 동작동사 '효도(孝道)ᄒ다'와 '善事父母'가 [孝] 즉 '효도하다, 부모를 잘 섬기다'의 뜻을 가지고 동의 관계에 있다는 것은 다음 예문들에서 잘 확인된다. 원문 중 '子孝'가 '아ᄃ리 효도ᄒ다'로 번역되고 '孝敬'이 '효도ᄒ며 공경ᄒ다'로 번역된다. 그리고 '孝'가 한자어 '善事父母'를 뜻한다. 따라서 '효도ᄒ다'와 '善事父母'의 동의성은 명백히 입증된다.

(76) a. 아ᄃ리 효도ᄒ고 간ᄒ며(子孝而箴ᄒ며) <번小三 44b>

　　 b. ᄌ식은 효도ᄒ며(子孝ᄒ며) <번小三 36b>

　　 c. 다 이 며느릿 효도ᄒ며 공경홈 ᄀᄐ면 최시 가문은(皆得如新婦의 孝敬則崔之門은) <번小九 30a>

　　 d. 아비와 훗어미 셤교ᄃᆡ ᄀ장 효도ᄒ더니(事父及後母盡孝) <속三孝 21a>

(76) e. 孝 : 善事父母 <四解下 24a>

    f. 孝 : 효도 효 孝子 <字會下 11a>

<77> 揮攉 對 手反覆

두 동작동사가 [攉] 즉 '손을 뒤집다'의 뜻을 가지고 동의 관계에 있다는 것은 다음 예문들에서 잘 확인된다. '攉'이 한자어 '揮攉'을 뜻하고 '揮攉'은 한자어 '手反覆'과 동의 관계에 있다. 따라서 '揮攉'와 '手反覆'의 동의성은 명백히 입증된다.

    (77) a. 攉 : 揮攉 手反覆也 <四解下 46b>

       b. 揮 : 揮霍 <四解上 53b>

2. 狀態動詞간의 同義

상태동사간의 同義에는 [可] 즉 '가하다'의 뜻을 가진 '가ㅎ다'와 '가다ᇰ하다'를 비롯하여 [猾] 즉 '교활하다'의 뜻을 가진 '간곡ㅎ다'와 '간활하다', [姦]과 [奸] 즉 '姦邪하다'의 뜻을 가진 '간샤ㅎ다'와 '간곡ㅎ다', [懦] 즉 '나약하다, 무기력하다'의 뜻을 가진 '겁나ㅎ다'와 '劣弱', [毒] 즉 '독하다, 유독하다'의 뜻을 가진 '독ㅎ다'와 '유독ㅎ다', [涼] 즉 '서늘하다'의 뜻을 가진 '랑ㅎ다'와 '량ᄂᆡᆼ하다', [攲]과 [㪺] 즉 '바르지 아니하다, 비뚤다'의 뜻을 가진 '攲㪺'과 '不方正', [邪] 즉 '사곡하다, 奸邪하다'의 뜻을 가진 '샤곡ㅎ다'와 '샤특ㅎ다' 그리고 [急]과 [迅] 즉 '급하다'의 뜻을 가진 '시급ㅎ다'와 '급ㅎ다' 등 30여 항목이 있다.

<1> 가ㅎ다 對 가당ㅎ다

두 상태동사 '가(可)ㅎ다'와 '가당(可当)ㅎ다'가 [可] 즉 '가하다'의 뜻을 가지고 동의 관계에 있다는 것은 다음 예문들에서 잘 확인된다. 원문 중 '亦可'가 '쏘 가ㅎ다'로 번역되고 '其所可者'가 '그 가당ㅎ 일'로 번역된다. 따라서 '가ㅎ다'와 '가당ㅎ다'의 동의성은 명백히 입증된다.

    (1) a. 연지를 브틈도 쏘 가ㅎ니라(臙脂傅亦可) <瘡疹 43a>

       b. 두어 둘을 마라사 가ㅎ니라(믄二三月方可) <瘡疹 46a>

    (1) c. 져녯 사름의 말솜믄 시졀의 변호믈 조차 그 가당ㅎ 일로 닐엇거늘(前人之言應變以其所可者而言

之) <瘡疹 18a>

<2> 간곡ᄒ다 對 간활ᄒ다

두 상태동사 '간곡(奸曲) ᄒ다'와 '간활(奸猾) ᄒ다'가 [猾] 즉 '교활하다'의 뜻을 가지고 동의 관계에 있다는 것은 다음 예문들에서 잘 확인된다. '猾'이 한자어 '狡猾'을 뜻하고 '猾'의 자석이 '간곡ᄒ다'이다. 그리고 원문 중 '猾吏'가 '간활훈 아전'으로 번역된다. 따라서 '간곡ᄒ다'와 '간활ᄒ다'의 동의성은 명백히 입증된다.

(2) a. 猾 : … 狡猾 <四解上 81b>
　　b. 猾 : 간곡훌 활 黠惡也 <字會下 13a>

(2) c. 간활훈 아져ᄂᆡ게 고기 낫ᄂᆞᆫ 나비 두외여(多爲猾吏의 所餌ᄒᆞ야) <번小七 28a>

<3> 간곡ᄒ다 對 狡獪

두 상태동사 '간곡(奸曲) ᄒ다'와 '狡獪'가 [狡]와 [獪] 즉 '교활하다, 간교하다'의 뜻을 가지고 동의 관계에 있다는 것은 다음 예문들에서 잘 확인된다. '狡'가 한자어 '狡獪'를 뜻하고 '狡'의 자석이 '간곡ᄒ다'이다. 그리고 '獪'가 한자 '狡'와 同義이다. 따라서 '간곡ᄒ다'와 '狡獪'의 동의성은 명백히 입증된다.

(3) a. 狡 : 狡獪 <四解下 23a>
　　b. 狡 : 간곡훌 교 <字會下 13a>

(3) c. 獪 : 狡也 <四解下 48a>

<4> 간곡ᄒ다 對 狡猾

두 상태동사 '간곡(奸曲) ᄒ다'와 '狡猾'이 [猾]과 [狡] 즉 '교활하다'의 뜻을 가지고 동의 관계에 있다는 것은 다음 예문들에서 잘 확인된다. '猾'이 한자어 '狡猾'을 뜻하고 '猾'의 자석이 '간곡ᄒ다'이다. 그리고 '狡'의 자석이 '간곡ᄒ다'이다. 따라서 '간곡ᄒ다'와 '狡猾'의 동의성은 명백히 입증된다.

(4) a. 猾 : … 狡猾 <四解上 81b>
　　b. 猾 : 간곡훌 활 <字會下 13a>

(4) c. 狡 : 狡獪 <四解下 23a>

d. 狡 : 간곡홀 교 <字會下 13a>

<5> 간곡ᄒ다 對 黠惡

두 상태동사 '간곡(奸曲) ᄒ다'와 '黠惡'이 [猾] 즉 '교활하다'의 뜻을 가지고 동의 관계에 있다는 것은 다음 예문들에서 잘 확인된다. '猾'의 자석이 '간곡ᄒ다'이고 '간곡ᄒ다'는 한자어 '黠惡'과 동의 관계에 있다. 따라서 '간곡ᄒ다'와 '黠惡'의 동의성은 명백히 입증된다.

(5) a. 猾 : … 狡猾 <四解上 81b>
　　b. 猾 : 간곡홀 활 黠惡也 <字會下 13a>

<6> 간샤ᄒ다 對 간곡ᄒ다

두 상태동사 '간샤(姦邪) ᄒ다'와 '간곡(奸曲) ᄒ다'가 [姦]과 [奸] 즉 '姦邪하다'의 뜻을 가지고 동의 관계에 있다는 것은 다음 예문들에서 잘 확인된다. 원문 중 '姦声'이 '간샤흔 소리'로 번역된다. 그리고 '奸'의 자석이 '간곡ᄒ다'이다. 따라서 '간샤ᄒ다'와 '간곡ᄒ다'의 동의성은 명백히 입증된다. 한자 '姦'과 '奸'은 通字이다.

(6) a. 君子ᄂᆞᆫ 간샤흔 소리(7b) 와 雜亂흔 비출 드르며 보몰 ᄆᆞᅀᆞ매 두디 말며(君子ᄂᆞᆫ 姦聲亂色을 不留聰明ᄒ며) <번小四 8a>
　　b. 기우리면 간샤흔 ᄆᆞᅀᆞᆯ 뒷ᄂᆞᆫ 거시라(傾則姦이니라) <번小四 15a>

(6) c. 姦 : 私也 爲也 姦尤 通作奸 <四解上 79b>
　　d. 奸 : 간곡홀 간 <字會下 13a>

<7> 겁나ᄒ다 對 劣弱

두 상태동사 '겁나(怯懦) ᄒ다'와 '劣弱'이 [懦] 즉 '나약하다, 무기력하다'의 뜻을 가지고 동의 관계에 있다는 것은 다음 예문들에서 잘 확인된다. '懦'가 한자어 '劣弱'을 뜻한다. 그리고 '懦'의 자석이 '겁나ᄒ다'이다. 따라서 '겁나ᄒ다'와 '劣弱'의 동의성은 명백히 입증된다.

(7) a. 懦 : 劣弱 <四解下 26a>
　　b. 懦 : 겁나홀 나 <字會下 13a>

<8> 독ᄒ다 對 유독ᄒ다

두 상태동사 '독(毒) ᄒᆞ다'와 '유독(有毒) ᄒᆞ다'가 [毒] 즉 '독하다, 유독하다'의 뜻을 가지고 동의 관계에 있다는 것은 다음 예문들에서 잘 확인된다. 원문 중 '毒物'이 '독ᄒᆞᆫ 것'으로 번역되고 '毒之物'이 '유독ᄒᆞᆫ 것'으로 번역된다. 따라서 '독ᄒᆞ다'와 '유독ᄒᆞ다'의 동의성은 명백히 입증된다.

(8) a. 술와 진ᄀᆞ르엇과 독ᄒᆞᆫ 거슬 머기고셔(酒麴毒物以充其服) <瘡疹 13b>
    b. 비위 덥다라 독ᄒᆞᆫ 긔운이 모ᄃᆞ며(胃中熾熱毒蓄) <瘡疹 14a>
    c. 나믄 독ᄒᆞᆫ 긔운을 쇼케 호미 맛당ᄒᆞ니(宜詗解餘毒) <瘡疹 15a>

(8) d. ᄒᆞ다가 다시 셜ᄒᆞ고 유독ᄒᆞᆫ 거슬 머겨(或者更與熱毒之物) <瘡疹 14a>
    e. 유독ᄒᆞᆫ 거슬 머기디 말라(不宜食…有毒之物) <瘡疹 24b>

<9> 량ᄒᆞ다 對 량닝ᄒᆞ다

두 상태동사 '량(涼) ᄒᆞ다'와 '량닝(涼冷) ᄒᆞ다'가 [涼] 즉 '서늘하다'의 뜻을 가지고 동의 관계에 있다는 것은 다음 예문들에서 잘 확인된다. 원문 중 '溫涼'이 '온ᄒᆞ고 량ᄒᆞ다'로 번역되고 '涼藥'이 '량닝ᄒᆞᆫ 약'으로 번역된다. 따라서 '량ᄒᆞ다'와 '량닝ᄒᆞ다'의 동의성은 명백히 입증된다.

(9) a. 오직 온ᄒᆞ고 량ᄒᆞᆫ 약을 겸ᄒᆞ야(但溫涼之劑兼) <瘡疹 10b>
    b. 량닝ᄒᆞᆫ 약 머그며(餌涼藥) <瘡疹 23a>

<10> 攲揳 對 不方正

두 상태동사가 [攲]과 [揳] 즉 '바르지 아니하다, 비뚤다'의 뜻을 가지고 동의 관계에 있다는 것은 다음 예문들에서 잘 확인된다. '攲'이 한자어 '攲揳'을 뜻하고 '攲揳'은 한자어 '不方正'과 동의 관계에 있다. 그리고 '揳'이 한자어 '攲揳'을 뜻하고 '攲揳'은 한자어 '不方正'과 동의 관계에 있다. 따라서 '攲揳'과 '不方正'의 동의성은 명백히 입증된다.

(10) a. 攲 : 攲揳 不方正也 <四解下 4a>
    b. 揳 : 攲揳 不方正 又拭滅也 <四解下 5b>

<11> 샤곡ᄒᆞ다 對 샤특ᄒᆞ다

두 상태동사 '샤곡(邪曲) ᄒᆞ다'와 '샤특(邪慝) ᄒᆞ다'가 [邪] 즉 '사곡하다, 奸邪하다'의 뜻을 가지고 동의 관계에 있다는 것은 다음 예문들에서 잘 확인된다. 원문 중 '邪心'이 '샤곡ᄒᆞᆫ ᄆᆞᅀᆞᆷ'으로 번역되고 '邪

誕'이 '샤특ᄒ며 허탄ᄒ다'로 번역되므로 '샤곡ᄒ다'와 '샤특ᄒ다'의 동의성은 명백히 입증된다.

(11) a. 샤곡한 ᄆᄉ믈 먹디 아니호라 하더니(不敢有邪心호라) <번小十 27a>

b. 어딘 이를 베퍼 열ᄌ와 샤곡ᄒᆫ ᄆ슴 마고믈 닐오ᄃᆡ 敬이라 ᄒ고(陳善閉邪를 謂之敬이오) <번小三 10a>

(11) c. 샤특ᄒ며 허탄ᄒ며 요괴로이며 망녕도인 말ᄉ미 ᄃ토와 니러나(邪誕妖妄之說이 競起ᄒ야) <번小八 42b>

d. 샤특ᄒᆫ 이를 막ᄌᄅ고 셩실ᄒᆫ 이를 두어(閑邪存誠ᄒ야) <번小八 10a>

<12> 시급ᄒ다 對 급ᄒ다

두 상태동사 '시급(時急) ᄒ다'와 '급(急) ᄒ다'가 [急]과 [迅] 즉 '급하다'의 뜻을 가지고 동의 관계에 있다는 것은 다음 예문들에서 잘 확인된다. 원문 중 '不急'이 '시급디 아니ᄒᆫ 일'로 의역되고 '迅雷'가 '시급ᄒᆫ 울에'로 번역된다. 그리고 '有急'이 '급ᄒᆫ 일이 잇다'로 의역된다. 따라서 '시급ᄒ다'와 '급ᄒ다'의 동의성은 명백히 입증된다.

(12) a. ᄡᆯ ᄃᆡ 업슨 말 글히내 홈과 시급디 아니ᄒᆫ 일 슬표믈 ᄇᆞ려 다ᄉ리디 아니홀디니(無用之辯과 不急之察을 棄而不治니) <번小三 47b>

b. 만이레 ᄲᆞ론 ᄇᆞ룸과 시급ᄒᆫ 울에와 심히 오ᄂᆞᆫ 비 잇거든(若有疾風迅雷甚雨ㅣ 어든) <번小四 18a>

(12) c. ᄆᆞ술히 급ᄒᆫ 일이 이셔도 오히려 서르 가 구홀 거시니(鄰里有急이라두 尙相赴救ㅣ 온) <번小九 65a>

<13> 약ᄒ다 對 겁나ᄒ다

두 상태동사 '약(弱) ᄒ다'와 '겁나(怯懦) ᄒ다'가 [弱], [懦] 및 [劣弱] 즉 '약하다, 나약하다'의 뜻을 가지고 동의 관계에 있다는 것은 다음 예문들에서 잘 확인된다. '弱'이 한자어 '劣弱'을 뜻하고 '弱'의 자석이 '약ᄒ다'이다. 그리고 '懦'가 한자어 '劣弱'을 뜻하고 '懦'의 자석이 '겁나ᄒ다'이다. 따라서 '약ᄒ다'와 '겁나ᄒ다'의 동의성은 명백히 입증된다.

(13) a. 弱 : 劣弱 <四解下 45b>

b. 弱 : 약홀 약 <字會下 13a>

c. 弱 : 약홀 샥 <字會東中本下 30b>

(13) d. 懦：劣弱 <四解下 26a>

　　　e. 懦：겁나홀 나 <字會下 13a>

<14> 약ᄒ다 對 劣弱

　　두 상태동사 '약(弱) ᄒ다'와 '劣弱'이 [弱]과 [劣] 즉 '약하다'의 뜻을 가지고 동의 관계에 있다는 것은 다음 예문들에서 잘 확인된다. '弱'이 한자어 '劣弱'을 뜻하고 '弱'의 자석이 '약ᄒ다'이다. 그리고 '劣'이 한자 '弱'과 同義이다. 따라서 '약ᄒ다'와 '劣弱'의 동의성은 명백히 입증된다.

　　(14) a. 弱：劣弱 <四解下 45b>

　　　　b. 弱：약홀 약 <字會下 13a>

　　　　c. 弱：약홀 약 <字會東中本下 30b>

　　(14) d. 劣：弱也 <四解下 12b>

<15> 嚴嚴ᄒ다 對 莊毅

　　두 상태동사가 [嚴] 즉 '엄하다, 엄격하다'의 뜻을 가지고 동의 관계에 있다는 것은 다음 예문들에서 잘 확인된다. 원문 중 '短喪法嚴'이 '短喪홀 法이 嚴嚴ᄒ다'로 번역된다. 그리고 '嚴'의 자석이 '엄엄ᄒ다'이고 '엄엄ᄒ다'는 한자어 '莊毅'와 동의 관계에 있다. 따라서 '嚴嚴ᄒ다'와 '莊毅'의 동의성은 명백히 입증된다.

　　(15) a. 그 제 短喪홀 法이 嚴嚴ᄒ니(時短喪法嚴) <속三孝 34a>

　　(15) b. 嚴：威也 毅也 莊也 <四解下 85b>

　　　　c. 嚴：엄엄홀 엄 莊毅也 <字會下 13b>

<16> 엄정ᄒ다 對 嚴嚴ᄒ다

　　두 상태동사 '엄정(嚴正) ᄒ다'와 '嚴嚴ᄒ다'가 [嚴] 즉 '엄하다, 엄격하다'의 뜻을 가지고 동의 관계에 있다는 것은 다음 예문들에서 잘 확인된다. 원문 중 '家法嚴肅'이 '가문 녜법이 엄정ᄒ고 싁싁ᄒ다'로 번역되고 '短喪法嚴'이 '短喪홀 法이 嚴嚴ᄒ다'로 번역된다. 그리고 '嚴'의 자석이 '엄엄ᄒ다'이다. 따라서 '엄정ᄒ다'와 '嚴嚴ᄒ다'의 동의성은 명백히 입증된다.

　　(16) a. 가문 녜법이 엄정ᄒ고 싁싁ᄒ며 검박ᄒ고 간략ᄒ야(家法이 嚴肅儉約ᄒ야) <번小九 106a>

b. 正獻公과 申國夫人괘 ᄀᆞᄅ쵸미 이러투시 엄정ᄒ고(正獻公與申國夫人教訓이 如此之嚴ᄒ고)
<번小九 5a>

c. 엄정ᄒ모로 님금씌 ᄡᅥ리이더니(以嚴으로 見憚ᄒ니) <번小九 38a>

d. 더욱 엄정코 은혜 이셔(益嚴而有恩) <二倫 31a>

(16) e. 그 제 短喪ᄒᆞᆯ 法이 嚴嚴ᄒ니(時短喪法嚴) <속三孝 34a>

(16) f. 嚴 : 威也 毅也 莊也 <四解下 85b>

g. 嚴 : 엄엄ᄒᆞᆯ 엄 莊毅也 <字會下 13b>

<17> 么麼 對 細小

두 상태동사가 [麼] 즉 '작다, 細小하다'의 뜻을 가지고 동의 관계에 있다는 것은 다음 예문들에서 잘 확인된다. '麼'가 한자어 '么麼'를 뜻하고 '么麼'는 한자어 '細小'와 동의 관계에 있다. 그리고 '么'가 한자 '小'와 同義이다. 따라서 '么麼'와 '細小'의 동의성은 명백히 입증된다. 한자 '么'는 한자 '幺'의 속자이다.

(17) a. 麼 : 俗音마 么麼 細小 <四解下 28a>

b. 幺 : 小也 俗作么 <四解下 16b>

<18> 窈窱 對 深遠

두 상태동사가 [窱]와 [窈] 즉 '깊다, 深遠하다'의 뜻을 가지고 동의 관계에 있다는 것은 다음 예문들에서 잘 확인된다. '窱'가 한자어 '窈窱'를 뜻한다. 그리고 '窈'가 한자어 '深遠'을 뜻한다. 따라서 '窈窱'와 '深遠'의 동의성은 명백히 입증된다.

(18) a. 窱 : 窈窱 深也 <四解下 14a>

b. 窈 : 深遠 <四解下 17a>

<19> 유익ᄒ다 對 익ᄒ다

두 상태동사 '유익(有益) ᄒ다'와 '익(益) ᄒ다'가 [益] 즉 '유익하다'의 뜻을 가지고 동의 관계에 있다는 것은 다음 예문들에서 잘 확인된다. 원문 중 '求益'이 '유익호믈 구ᄒ다'로 번역되고 '無益'이 '익호미 없다'로 번역되므로 '유익ᄒ다'와 '익ᄒ다'의 동의성은 명백히 입증된다.

(19) a. 글 비호모로 뻐 유익호믈 구ᄒ다가(以學求益이로ᄃᆡ) <번小八 30a>

b. 드론 일 하니를 벋사므면 유익호고(友多聞이면 益矣오) <번小三 35b>

c. 유익흔 버디 세히오(益者ㅣ 三友ㅣ오) <번小三 35b>

(19) d. 다 익호미 업스미(皆爲無益伊尼) <呂約 5a>

<20> 유해ᄒ다 對 해롭다

두 상태동사 '유해(有害) ᄒ다'와 '해(害) 롭다'가 [害] 즉 '유해하다, 해롭다'의 뜻을 가지고 동의 관계에 있다는 것은 다음 예문들에서 잘 확인된다. 원문 중 '害理'가 'ᄉ리예 유해ᄒ다'로 번역된다. 그리고 '利害'가 '리ᄒ며 해롭다'로 번역되고 '有所害'가 '해로오미 잇다'로 번역된다. 따라서 '유해ᄒ다'와 '해롭다'의 동의성은 명백히 입증된다.

(20) a. ᄉ리예 유해호미 업거든 모로매 안즉 좃졸디니라(若無害理어든 必姑順之니라) <번小七 3a>

(20) b. 올ᄒ며 외며 리ᄒ며 해로오ᄆᆯ 다 솔와(具是非利害而白之ᄒ야) <번小七 2a>

c. 무슴 머그(23b)며 몸 닷고매 크게 해로오미 이실시(於存心修身에 大有所害ᄒᆯ시) <번小八 24a>

d. 朝廷의 리흔 일이며 해로온 일와(朝廷利害와) <번小八 21a>

<21> 유해ᄒ다 對 해롭다

두 상태동사 '유해(有害) ᄒ다'와 '해(害) 롭다'가 [損] 즉 '유해하다, 해롭다'의 뜻을 가지고 동의 관계에 있다는 것은 다음 예문들에서 잘 확인된다. 원문 중 '友…損'이 '벋 사므면 유해ᄒ다'로 번역된다. 그리고 '損者三友'가 '해로윈 버디 세히다'로 번역된다. 따라서 '유해ᄒ다'와 '해롭다'의 동의성은 명백히 입증된다.

(21) a. 말 재오 아당ᄃ외니를 벋 사므면 유해ᄒᄂ니라(友便佞이면 損矣니라) <번小三 35b>

(21) b. 유익흔 버디 세히오 해로윈 버디 세히니(益者ㅣ 三友ㅣ오 損者ㅣ 三友ㅣ니) <번小三 35b>

c. 됴(4a)흔 일란 닐왇고 해로온 일란 업게 호ᄆᆯ 잘ᄒ며(能興利除害爲彌) <呂約 4b>

<22> 儘儸 對 健而不德

두 상태동사가 [儘]와 [儸] 즉 '强健하나 德이 없다'의 뜻을 가지고 동의 관계에 있다는 것은 다음 예문들에서 잘 확인된다. '儘'가 한자어 '儘儸'를 뜻하고 '儘儸'는 한자어 '健而不德'과 동의 관계에 있다. 그리고 '儸'가 한자어 '儘儸'를 뜻하고 '儘儸'는 한자어 '健而不德'과 동의 관계에 있다. 따라서 '儘儸'와

'健而不德'의 동의성은 명백히 입증된다.

(22) a. 僷 : 僷儸 健而不德 <四解下 33a>

b. 儸 : 僷儸 健而不德 <四解下 27a>

<23> 졍셩두외다 對 졍셩도이다

두 상태동사 '졍셩(精誠) 두외다'와 '졍셩(精誠) 도이다'가 [忠] 즉 '졍셩스럽다'의 뜻을 가지고 동의 관계에 있다는 것은 다음 예문들에서 잘 확인된다. 원문 중 '忠信'이 '졍셩두외오 믿비 하다'로 번역되고 '不忠信'이 '졍셩도이며 믿비 아니하다'로 번역된다. 따라서 두 상태동사 '졍셩두외다'와 '졍셩도이다'의 동의성은 명백히 입증된다. 두 상태동사는 제3 음절에서 모음 'ᄋ~오'의 교체를 보여 주고 제4 음절에서 모음 '오~ᄋ'의 교체를 보여 준다.

(23) a. 말ᄉᆞᄆᆞᆯ 졍셩두외오 믿비 하며(言忠信하며) <번小四 5b>

b. 말ᄉᆞ미 졍셩두외며 믿브디 아니호미오(言不忠信伊五) <呂約 7a>

(23) c. 말ᄉᆞᄆᆞᆯ 졍셩도이며 믿비 아니하고(言不忠信하며) <번小四 5b>

<24> 졍셩하다 對 졍셩두외다

두 상태동사 '졍셩(精誠) 하다'와 '졍셩(精誠) 두외다'가 [忠] 즉 '졍셩스럽다, 졍셩을 다하다'의 뜻을 가지고 동의 관계에 있다는 것은 다음 예문들에서 잘 확인된다. 원문 중 '忠信'이 '졍셩하고 유신하다'로도 번역되고 '졍셩두외며 믿브다'로도 번역된다. 따라서 '졍셩하다'와 '졍셩두외다'의 동의성은 명백히 입증된다.

(24) a. ᄆᆞᅀᆞᆷ 머구믈 졍셩하고 유신하야 소기디 아니호ᄆᆞ로써(立心을 以忠信不欺로) <번小六 34a>

(24) b. 말ᄉᆞ미 졍셩두외며 믿브디 아니호미오(言不忠信伊五) <呂約 7a>

c. 말ᄉᆞᄆᆞᆯ 졍셩두외오 믿비 하며(言忠信하며) <번小四 5b>

두 상태동사 '졍셩도이다'와 '졍셩되다'가 [忠] 즉 '졍셩스럽다'의 뜻을 가지고 있다는 것은 다음 예문들에서 잘 확인된다. 원문 중 '忠信'의 '忠'이 '졍셩도이다'와 '졍셩되다'로 번역된다.

(24) d. 말ᄉᆞᄆᆞᆯ 졍셩도이며 믿비 아니하고(言不忠信하며) <번小四 5b>

e. 말ᄉᆞᄆᆞᆯ 졍셩되오 유신히 아니홈이(言不忠信이) <번小六 11b>

<25> 졍셩ᄒ다 對 튱심ᄃ외다

두 상태동사 '졍셩(精誠)ᄒ다'와 '튱심(忠心)ᄃ외다'가 [忠] 즉 '졍셩스럽다, 졍셩을 다하다'의 뜻을 가지고 동의 관계에 있다는 것은 다음 예문들에서 잘 확인된다. 원문 중 '忠信'이 '졍셩ᄒ고 유신ᄒ다'로도 번역되고 '튱심ᄃ외며 유신ᄒ다'로도 번역되므로 '졍셩ᄒ다'와 '튱심ᄃ외다'의 동의성은 명백히 입증된다.

(25) a. 무솜 머구믈 졍셩ᄒ고 유신ᄒ야 소기디 아니호ᄆ로써(立心을 以忠信不欺로) <번小六 34a>
    b. 튱심ᄃ외며(5a) 유신ᄒ며(忠信) <번小六 5b>

<26> 졍ᄒ다 對 방졍ᄒ다

두 상태동사 '졍(正)ᄒ다'와 '방졍(方正)ᄒ다'가 [正] 즉 '바르다'의 뜻을 가지고 동의 관계에 있다는 것은 다음 예문들에서 잘 확인된다. 원문 중 '內志正'이 '안햇 ᄆ슨미 졍ᄒ다'로 번역되고 '割…正'이 '버효미 방졍ᄒ다'로 번역된다. 따라서 '졍ᄒ다'와 '방졍ᄒ다'와 동의성은 명백히 입증된다.

(26) a. 안햇 ᄆ슨미 졍ᄒ며 밧긔 얼구리 고죽ᄒ 후에사(內志正ᄒ고 外體直然後에) <번小四 21b>
    b. 모미 졍ᄒ며(容體正ᄒ며) <번小四 10a>
    c. 몸미 졍ᄒ면 한 짓 안히 졍ᄒ고(身正則一家伊 無不正爲古) <正俗 5b>

(26) d. 버효미 방졍티 아니커든(割不正이어든) <번小四 28b>

<27> 쳔ᄒ다 對 價少

두 상태동사 '쳔(賤)ᄒ다'와 '價少'가 [賤] 즉 '값이 싸다'의 뜻을 가지고 동의 관계에 있다는 것은 다음 예문들에서 잘 확인된다. 원문 중 '賤的'이 '쳔ᄒ 것'으로 번역된다. '賤'이 한자어 '價少'를 뜻한다. 그리고 '賤'의 자석이 '쳔ᄒ다'이고 '쳔ᄒ다'는 한자어 '價少'와 동의 관계에 있다. 따라서 '쳔ᄒ다'와 '價少'의 동의성은 명백히 입증된다.

(27) a. 다믄 쳔ᄒ 거슬(66b) 골와 사ᄂ니(只揀賤的買) <번老下 67a>

(27) b. 賤 : …又價少也 <四解下 5a>
    c. 賤 : 쳔홀 쳔…又價少也 <字會下 11b>

<28> 賤ᄒ다 對 미쳔ᄒ다

두 상태동사 '賤ㅎ다'와 '미천(微賤) ㅎ다'가 [賤] 즉 '천하다, 미천하다'의 뜻을 가지고 동의 관계에 있다는 것은 다음 예문들에서 잘 확인된다. 원문 중 '賤而…事貴'가 '賤ㅎ고 貴ㅎ니 셤기다'로 번역되고 '貧賤'이 '가난ㅎ며 천ㅎ다'로도 번역되고 '가난ㅎ고 미천ㅎ다'로도 번역된다. 따라서 '천ㅎ다'와 '미천ㅎ다'의 동의성은 명백히 입증된다. 상태동사 '賤ㅎ다'는 '貴ㅎ다'와 의미상 대립 관계에 있다.

(28) a. 賤ㅎ고 貴ㅎ니 셤교믈 슬히 너기며(賤而不肯事貴ㅎ며) <번小三 47a>

　　　b. 또 귀ㅎ며 천ㅎ며 댱슈ㅎ며 단명호미 일로브터 일뎡ㅎㄴ니라(亦貴賤壽夭之所由定也ㅣ니라) <번小八 14b>

　　　c. 또 귀혼 사름과 천혼 사르미 제 둥이 잇ㄴ니(且貴賤이 有等ㅎ니) <번小七 31b>

　　　d. 나는 진실로 가난ㅎ고 천호니(吾ㅣ 實貧賤이라) <번小九 59a>

　　　e. 가ᅀᆞ멸며 귀ㅎ며 가난ㅎ며 천ㅎ며 나므라며 기리며 깃븐 이리며 측혼 이레(其於富貴貧賤과 毁譽歡戚애) <번小十 20b>

　　　f. 엇디 다른 시져레 가난ㅎ며 쳔티 아니홀 주를 알리오(安知異時예 不貧賤乎ㅣ리오) <번小七 32b>

(28) g. 비록 가난ㅎ고 미쳔ㅎ야도(今雖貧賤ㅎ나) <번小七 32b>

　　　h. 져믄 사름과 미쳔혼 사르미(少者賤者ㅣ) <번小三 31a>

<29> 쳔ㅎ다 對 卑賤

두 상태동사 '쳔(賤) ㅎ다'와 '卑賤'이 [賤] 즉 '천하다'의 뜻을 가지고 동의 관계에 있다는 것은 다음 예문들에서 잘 확인된다. 원문 중 '貴賤'이 '귀ㅎ며 천ㅎ다'로 번역되고 '貧賤'이 '가난ㅎ고 쳔ㅎ다'로 번역된다. 그리고 '賤'이 한자어 '卑賤'을 뜻하고 '賤'의 자석이 '쳔ㅎ다'이다. 따라서 '쳔ㅎ다'와 '卑賤'의 동의성은 명백히 입증된다.

(29) a. 또 귀ㅎ며 쳔ㅎ며 댱슈ㅎ며 단명호미 일로브터 일뎡ㅎㄴ니라(亦貴賤壽夭之所由定也ㅣ니라) <번小八 14b>

　　　b. 나는 진실로 사난ㅎ고 쳔호니(吾ㅣ 實貧賤이라) <번小九 59a>

(29) c. 賤 : 卑賤 <四解下 5a>

　　　d. 賤 : 쳔홀 쳔 卑賤 <字會下 11b>

<30> 悼怛 對 怛悼

두 상태동사가 [恅]와 [悼] 즉 '심란하다'의 뜻을 가지고 동의 관계에 있다는 것은 다음 예문들에서 잘 확인된다. '恅'가 한자어 '悼恅'를 뜻하고 '悼恅'는 한자어 '心亂'과 동의 관계에 있다. 그리고 '悼'가 한자어 '恅悼'를 뜻하고 '恅悼'는 한자어 '心亂'과 동의 관계에 있다. 따라서 '悼恅'와 '恅悼'의 동의성은 명백히 입증된다.

(30) a. 恅 : 悼恅 心亂 <四解下 23a>
　　 b. 悼 : 恅悼 心亂 <四解下 21a>

<31> 튱심ᄃᆞ외다 對 정셩ᄃᆞ외다

두 상태동사 '튱심(忠心) ᄃᆞ외다'와 '정셩(精誠) ᄃᆞ외다'가 [忠] 즉 '정성스럽다, 정성을 다하다'의 뜻을 가지고 동의 관계에 있다는 것은 다음 예문들에서 잘 확인된다. 원문 중 '忠信'이 '튱심ᄃᆞ외며 유신ᄒᆞ다'로도 번역되고 '정셩ᄃᆞ외며 믿브다'로도 번역된다. 따라서 '튱심ᄃᆞ외다'와 '정셩ᄃᆞ외다'의 동의성은 명백히 입증된다.

(31) a. 모로매 효되며 공순ᄒᆞ며 튱심ᄃᆞ외며(5a) 유신ᄒᆞ며 례되며 올흔 이리며 쳥념ᄒᆞ며 붓그리ᄂᆞᆫ 일들 홀 몬져 뻐 ᄒᆞᆯ디니(必先以孝弟忠信禮義廉恥等事ㅣ니) <번小六 5b>

(31) b. 말ᄊᆞ믈 정셩ᄃᆞ외오 믿비 ᄒᆞ며(言忠信ᄒᆞ며) <번小四 5b>
　　 c. 말ᄊᆞ미 정셩ᄃᆞ외며 믿브디 아니ᄒᆞ미오(言不忠信伊五) <呂約 7a>

<32> 튱심ᄃᆞ외다 對 튱심ᄒᆞ다

두 상태동사 '튱심(忠心) ᄃᆞ외다'와 '튱심(忠心) ᄒᆞ다'가 [忠] 즉 '정성스럽다, 정성을 다하다'의 뜻을 가지고 동의 관계에 있다는 것은 다음 예들에서 잘 확인된다. 원문 중 '忠信'이 '튱심ᄃᆞ외며 유신ᄒᆞ다'로 번역되고 '忠孝'가 '튱심ᄒᆞ며 효도ᄒᆞ다'로 번역되므로 '튱심ᄃᆞ외다'와 '튱심ᄒᆞ다'의 동의성은 명백히 입증된다.

(32) a. 튱심ᄃᆞ외며(5a) 유신ᄒᆞ며(忠信) <번小六 5b>
　　 b. 조샹이 튱심ᄒᆞ며 효도ᄒᆞ며 브즈러니ᄒᆞ며 검박ᄒᆞ모로(由祖先의 忠孝勤儉ᄒᆞ야) <번小六 20b>

<33> 偏頗 對 不正

두 상태동사가 [頗]와 [偏] 즉 '바르지 못하다, 不正하다'의 뜻을 가지고 동의 관계에 있다는 것은 다음 예들에서 잘 확인된다. '頗'가 한자어 '偏頗'를 뜻하고 '偏頗'는 한자어 '不正'과 동의 관계에 있다. 그리고 '偏'이 한자어 '不正'을 뜻한다. 따라서 '偏頗'와 '不正'의 동의성은 명백히 입증된다.

(33) a. 頗 : 偏頗 不正 <四解下 28a>

　　 b. 偏 : 不正也 <四解下 3a>

<34> 허ᄒ다 對 허손ᄒ다

두 상태동사 '허(虛) ᄒ다'와 '허손(虛損) ᄒ다'가 [虛] 즉 '허하다, 약하다'의 뜻을 가지고 동의 관계에 있다는 것은 다음 예문들에서 잘 확인된다. 원문 중 '裏虛'가 '안히 허ᄒ다'로 번역되고 '內虛'가 '안히 허손ᄒ다'로 번역된다. 따라서 '허ᄒ다'와 '허손ᄒ다'의 동의성은 명백히 입증된다.

(34) a. 신장이 허ᄒ야(腎虛) <瘡疹 38a>

　　 b. 닐오듸 안히 허타 ᄒᄂ니(謂之裏虛) <瘡疹 19b>

　　 c. 밧ᄀ 실ᄒ고 안히 허ᄒ닌(如表實裏虛者) <瘡疹 19a>

　　 d. 이는 안밧기 다 허ᄒ니(是表裏俱虛也) <瘡疹 20a>

　　 e. 닐오듸 밧기 허타 ᄒᄂ니(謂之表虛也) <瘡疹 19b>

　　 f. 긔운이 허ᄒ니어든 신슴을 가ᄒ라(氣虛者加人參) <瘡疹 61b>

　　 g. 남녀의 타 난 긔운이 허ᄒ며 실호ᄆᆯ 의론티 아니ᄒ고(不論男子稟受虛實) <瘡疹 13a>

　　 h. 허커나 실커나 ᄒᆫ 증을(虛實之證) <瘡疹 27b>

(34) i. 안히 허손ᄒ야 대변 즈츼어든(內虛大便利者) <瘡疹 31b>

　　 j. 안히 허손ᄒ면(內虛) <瘡疹 22a>

　　 k. 비골하 안히 허손케도 마라싸(勿令…飢而內虛) <瘡疹 12a>

제3절
副詞에서의 同義

부사에서 확인되는 漢字語간의 동의에는 相異型, 音韻 脫落型 및 派生型이 있다.

相異型에는 [別]과 [各別] 즉 '따로, 각별히'의 뜻을 가진 '각벼리/각별이'와 '별히'를 비롯하여 [苟] 즉 '구차히'의 뜻을 가진 '구챠히'와 '비변도이', [偏] 즉 '유달리, 특별히'의 뜻을 가진 '독벼리'와 '별히', [安] 즉 '편안하게, 유화롭게'의 뜻을 가진 '안셔히'와 '유화로이', [嚴] 즉 '엄정히, 엄엄하게'의 뜻을 가진 '엄정히'와 '엄엄히/엄엄이', [足] 즉 '족히'의 뜻을 가진 '죡히'와 '유여히' 그리고 [特] 즉 '특별히'의 뜻을 가진 '특별이'와 '각벼리'가 있다.

音韻 脫落型에는 [足] 즉 '족히, 넉넉히'의 뜻을 가진 '유여히'와 '유예'가 있다.

派生型에는 [果然]과 [果] 즉 '과연, 정말로'의 뜻을 가진 '과션'과 '과션히' 그리고 [至] 즉 '지극히'의 뜻을 가진 '지극'과 '지그기/지극이'가 있다.

<1> 각벼리/각별이 對 각별히

두 부사 '각벼리(各別이) /각별(各別) 이'와 '각별(各別) 히'가 [別] 즉 '각별히'의 뜻을 가지고 동의 관계에 있다는 것은 다음 예문들에서 잘 확인된다. 원문 중 '別有'가 '각벼리 잇다'로 번역되고 '別設'이 '각별이 비셜ᄒ다'로 번역되며 '別無'가 '각별히 없다'로 번역된다. 따라서 '각벼리/각별이'와 '각별히'의 동의성은 명백히 입증된다.

(1) a. 정신도 각벼리 잇ᄂᆞ니라(精神便別有) <번朴上 53a>

　b. 각벼리 네 加資 ᄒᆡ여(特陞四資) <속三烈 26b>

　c. 각별이 탁ᄌᆞ를 두 기동 ᄉᆞ이예 비셜ᄒᆞ고(別設卓子於兩楹間) <呂約 24b>

(1) d. 내 모미 밧긔 이셔 각별히 보티홈도 업스며 각별히 사롤 일 다ᄉᆞ려 죠고맛 일도 더으디 아니ᄒᆞ노니
　　(臣身在外ᄒᆞ야 別無調度ᄒᆞ며 不別 治生ᄒᆞ야 以長尺寸이라) <번小八 20a>

<2> 각벼리/각별이 對 별히

두 부사 '각벼리(各別이) /각별(各別) 이'와 '별(別) 히'가 [別]과 [各別] 즉 '따로, 각별히'의 뜻을 가지고 동의 관계에 있다는 것은 다음 예문들에서 잘 확인된다. 원문 중 '別有'가 '각벼리 잇다'로 번역되고 '別設'이 '각별이 비셜ᄒᆞ다'로 번역되며 '別沒'이 '별히 없다'로 번역된다. 따라서 '각벼리/각별이'와 '별히'의 동의성은 명백히 입증된다.

(2) a. 정신도 각벼리 잇ᄂᆞ니라(精神便別有) <번朴上 53a>

　b. 각벼리 네 加資 ᄒᆡ여(特陞四資) <속三烈 26b>

　c. 각별이 탁ᄌᆞ를 두 기동 ᄉᆞ이예 비셜ᄒᆞ고(別設卓子於兩楹間) <呂約 24b>

　d. 만이레 아ᅀᆞ미 왯거든 각별이 ᄎᆞ셔ᄒᆞ야 안치고(若有親則別序爲古○ 若親戚則各別序坐) <呂約
　　24a>

　e. 져믄 아ᄒᆞ런 각별리 돗 ᄀᆞ라(未成年者 別爲一席) <二倫 28a>

(2) f. 내 별히 아ᄆᆞ란 흥졍 업스니(我別沒甚賣買) <번老下 21a>

　g. 별히 아못것도 업거니와(別沒甚麼) <번老下 2a>

<3> 과션 對 과션히

두 부사 '과션'(果然) 과 '과션(果然) 히'가 [果然]과 [果] 즉 '과연, 정말로'의 뜻을 가지고 동의 관계에 있다는 것은 다음 예문들에서 잘 확인된다. 원문 중 '果然'이 '과션'으로 번역되고 '果是奇'가 '과션 긔이ᄒᆞ다'로 번역된다. '果如'가 '과션히 ᄀᆞᆮ다'로 번역된다. 그리고 '果'가 한자어 '果然'을 뜻한다. 따라서 '과션'과 '과션히'의 동의성은 명백히 입증된다.

(3) a. 과션 아ᅀᆞ미 오고(果然有親眷來) <번老下 4b>

　b. 나쟈 바먀 셔긔 니ᄂᆞ니 과션 긔이ᄒᆞ도다(白日黑夜瑞雲生 果是奇哉) <번朴上 68a>

(3) c. 과션히 둘 나마 그 브스르미 절로 쇼산ᄒᆞ니라(果然逾月而其腫白消) <瘡疹 69a>

    d. 그 주구매 미처는 과션히 그 말와 ᄀᆞ투니(及卒ᄒᆞ야는 果如其言ᄒᆞ니) <번小八 20b>

(3) e. 果 : …又果然 <四解下 27b>

부사 '과연(果然)'이 [果] 즉 '과연, 정말로'의 뜻을 가지고 있다는 것은 다음 예문들에서 잘 확인된다. 원문 중 '果死'가 '과연 죽다'로 번역되고 '果欲嫁'가 '과연 얼이고져 ᄒᆞ다'로 번역된다. '과연'은 부사 '과션'의 'ㅿ'이 탈락된 것이다.

(3) f. 남진이 과연 주거 도라오디 몯ᄒᆞ여늘(夫ㅣ 果死不還이어늘) <번小九 55b>

    g. 제 집이 과연 얼이고져 ᄒᆞᆫ대(家ㅣ 果欲嫁之ᄒᆞᆫ대) <번小九 60b>

<4> 구챠히 對 비변도이

두 부사 '구챠(苟且) 히'와 '비변(鄙邊) 도이'가 [苟] 즉 '구차히'의 뜻을 가지고 동의 관계에 있다는 것은 다음 예문들에서 잘 확인된다. 원문 중 '苟免'이 '구챠히 버서나다'로 번역되고 '苟得'이 '비변도이 가지다'로 번역되므로 '구챠히'와 '비변도이'의 동의성을 명백히 입증된다.

(4) a. 환란의 다ᄃᆞ라셔 구챠히 버서나려 말며(臨難ᄒᆞ야 毋苟免ᄒᆞ며) <번小四 3b>

    b. 구챠히 허비티 아닐(95b) 거시라 ᄒᆞ며(無苟費也ㅣ라 ᄒᆞ며) <번小九 96a>

    c. 구챠히 어즈럽게 아닐 거시라 ᄒᆞ더라(無苟亂也ㅣ라 ᄒᆞ더라) <번小九 96a>

(4) d. 보화의 다ᄃᆞ라셔 비변도이 가쥬려 말며(臨財ᄒᆞ야 毋苟得ᄒᆞ며) <번小四 3b>

<5> 독벼리 對 별히

두 부사 '독벼리'(独別이)와 '별(別) 히'가 [偏] 즉 '유달리, 특별히'의 뜻을 가지고 동의 관계에 있다는 것은 다음 예문들에서 잘 확인된다. 원문 중 '我偏'이 '내라 독벼리'로 번역되고 '偏我'가 '독벼리 내라 ᄒᆞ야'와 '별히 내라'로 번역된다. 따라서 '독벼리'와 '별히'의 동의성은 명백히 입증된다. '독벼리'는 '独別'과 부사 형성 접미사 '-이'의 결합이다.

(5) a. 내라 독벼리 너를 ᄇᆞ리려(我偏背你) <번老上 45a>

    b. 독벼리 내라 ᄒᆞ야 외방의 나ᄃᆞ리 아니홀가(偏我不出外) <번老上 41b>

    c. 네 독벼리 모ᄅᆞᄂᆞ고나(你偏不理會的) <번老上 27a>

(5) d. 별히 내라 외방의 나가면(偏我出外時) <번老上 44a>

    e. 조분둘 별히 므스거시 뼈디료(窄時偏爭甚麼) <번老下 62b>

<6> 안셔히 對 유화로이

두 부사 '안셔(安徐) 히'와 '유화(柔和) 로이'가 [安] 즉 '편안하게, 유화롭게'의 뜻을 가지고 동의 관계에 있다는 것은 다음 예문들에서 잘 확인된다. 원문 중 '申申如'가 '안셔히 ᄒ다'로도 번역되고 '유화로이 ᄒ다'로도 번역되므로 '안셔히'와 '유화로이'의 동의성은 명백히 입증된다.

(6) a. 몸 가져 겨(18b) 샤믈 안셔히 ᄒ시며(申申如也ᄒ시며) <번小四 19a>

    b. 넓드듸기를 모로매 안셔히 샹심ᄒ야 ᄒ며(步履ᄅ 必安詳ᄒ며) <번小八 16b>

(6) c. 반ᄃ시 관ᄃᆡᄒ야 유화로이 ᄒ며(必冠ᄒ야 申申如也ᄒ며) <번小九 84a>

<7> 엄졍히 對 엄엄히/엄엄이

두 부사 '엄졍(嚴正) 히'와 '엄엄(嚴嚴) 히/엄엄(嚴嚴) 이'가 [嚴] 즉 '엄졍히, 엄엄하게'의 뜻을 가지고 동의 관계에 있다는 것은 다음 예문들에서 잘 확인된다. 원문 중 '嚴立'이 '엄졍히 셰다'로 번역되고 '嚴條約'이 '法條와 긔약을 엄졍히 ᄒ다'로 번역되며 '孝且嚴'이 '효도롭고 엄엄히 ᄒ다'로 번역된다. 따라서 '엄졍히'와 '엄엄히'의 동의성은 명백히 입증된다.

(7) a. 글 비호기를 모로매 일과ᄒᄂᆫ 법을 엄졍히 셰오(學業則順是嚴立課程이오) <번小八 34b>

    b. 法條와 긔약을 엄졍히 ᄒ야(嚴條約ᄒ야) <번小九 9b>

    c. 스승 뎨ᄌᆞ의 례도ᄅᆞᆯ 엄졍히 ᄒ며(嚴師弟子之禮ᄒ며) <번小九 9b>

(7) d. 아바님이 집 다ᄉᆞ리샤ᄃᆡ 효도롭고 엄엄히 ᄒ더시니(皇考ㅣ 治家ᄒ샤ᄃᆡ 孝且嚴이러시니) <번小七 41a>

    e. 공ᄉᆞᄅᆞᆯ 엄엄이 잘ᄒ며(能肅政教爲彌：出言施令嚴肅整濟) <呂約 3b>

<8> 如此 對 恁地

두 부사가 [恁] 즉 '이같이, 이와 같이'의 뜻을 가지고 동의 관계에 있다는 것은 다음 예문들에서 잘 확인된다. '恁'이 한자어 '如此'를 뜻한다. 그리고 '恁'이 한자어 '恁地'를 뜻하고 '恁地'는 한자어 '如此'와 동의 관계에 있다. 따라서 '如此'와 '恁地'의 동의성은 명백히 입증된다.

(8) a. 恁 : 如此 <四解下 72b>

　　b. 恁 : 너 님 又恁地 猶言如(14b) 此 <字會下 11a>

<9> 유여히 對 유예

두 부사 '유여(有余) 히'와 '유예'(有余ㅣ) 가 [足] 즉 '족히, 넉넉히'의 뜻을 가지고 동의 관계에 있다는 것은 다음 예문들에서 잘 확인된다. 원문 중 '足爲'가 '유여히 도이다'로 번역되고 '足…共'이 '유예 쟝만ᄒ다'로 번역되므로 '유여히'와 '유예'의 동의성은 명백히 입증된다. '유예'는 '유여히'의 자음 'ㅎ'의 탈락으로 생긴 것이다.

(9) a. 德과 일이 ᄀ자 유여히 ᄂ믜 스승이 도일 사ᄅᆞᆯ ᄆᆞᄋᆞᆷ씬장 무러 츄심ᄒ며(悉心推訪有德業充備ᄒ야 足爲師表者ᄒ며) <번小九 12b>

　　b. 유여히 ᄡᅩ리로다(勾射了) <번老下 36b>

(9) c. 유예 옷밥을 쟝만ᄒ야(足以共衣食ᄒ야) <번小九 89a>

　　d. 유예 사ᄅᆞᆯ 감동케 홀시(有足感動人者ㅣ실) <번小九 20b>

　　e. 말슴과 거동이 가ᄇᆡ야오며 므거우며 ᄲᆞ르며(14a) 랄ᄒᆞ여 호매 유예 볼 거시니(辭令容止輕重疾徐예 足以見之矣니) <번小八 14b>

<10> 족히 對 유여히

두 부사 '족(足) 히'와 '유여(有余) 히'가 [足] 즉 '족히'의 뜻을 가지고 동의 관계에 있다는 것은 다음 예문들에서 잘 확인된다. 원문 중 '足恃'가 '족히 믿다'로 번역되고 '足爲'가 '유여히 도이다'로 번역되므로 '족히'와 '유여히'의 동의성은 명백히 입증된다.

(10) a. ᄆᆞᄎᆞᆯ 엇디(27a) 족히 미드리오(畢竟何足恃리오) <번小六 27b>

　　b. 이ᄂᆞᆫ ᄯᅩ 족히 니르디 몯ᄒ리어니와(斯亦不足言矣어니와) <번小十 19a>

(10) c. 德과 일이 ᄀ자 유여히 ᄂ믜 스승이 도일 사ᄅᆞᆯ ᄆᆞᄋᆞᆷ씬장 무러 츄심ᄒ며(悉心推訪有德業充備ᄒ야 足爲師表者ᄒ며) <번小九 12b>

　　d. 유여히 ᄡᅩ리로다(勾射了) <번老下 36b>

<11> 지극 對 지그기/지극이

두 부사 '지극'(至極) 과 '지그기(至極이) /지극(至極) 이'가 [至] 즉 '지극히'의 뜻을 가지고 동의 관계에 있다는 것은 다음 예문들에서 잘 확인된다. 원문 중 '至孝'가 '지극 효도롭다'로도 번역되고 '지그기 효도ᄒᆞ다'로도 번역되고 '지극이 효도ᄒᆞ다'로도 번역된다. 따라서 '지극'과 '지그기/지극이'의 동의성은 명백히 입증된다.

(11) a. 慶延이ᄂᆞᆫ…性이 지극 효도롭더니(慶延…性至孝) <속三孝 26a>

(11) b. 周炳이ᄂᆞᆫ…어미 焦氏를 셤교ᄃᆡ 지그기 효도ᄒᆞ여(周炳…事母焦氏至孝) <속三孝 2a>

　　　c. 徐積의 ᄌᆞᄂᆞᆫ 仲車ㅣ니(26b) …어미 셤규믈 지극이 효도ᄒᆞ더니(徐積仲車ㅣ니…事母至孝ᄒᆞ더니) <번小十 27a>

　　　d. 손극기 어미 셤교믈 지극기 효도ᄒᆞ더니(孫棘 事母至孝) <二倫 14a>

<12> 특별이 對 각벼리

　두 부사 '특별(特別)이'와 '각벼리'(各別이) 가 [特] 즉 '특별히'의 뜻을 가지고 동의 관계에 있다는 것은 다음 예문들에서 잘 확인된다. 원문 중 '特獻'이 '특별이 받ᄌᆞᆸ다'로 번역되고 '特陞'이 '각벼리 ᄒᆡ다'로 번역되므로 '특별이'와 '각벼리'의 동의성은 명백히 입증된다.

(12) a. 만이레 특별이 쳥ᄒᆞ야 이바디ᄒᆞ거나 혹 마지어나 위뢰어(24a) 나 젼송이어든(若特請召於乃 或迎勞出餞於等) <呂約 24b>

　　　b. 특별이 받ᄌᆞ오믈 위두 손긔 받ᄌᆞᄲᆞ시 호ᄃᆡ(特獻如上客之儀 : 各別行再拜獻禮如初上客之儀) <呂約 25a>

(12) c. 각벼리 네 加資 ᄒᆡ여(特陞四資) <속三孝 26b>

제5장

結 論

지금까지 1510年代 国語의 同義 관계를 크게 셋으로 나누어 고찰해 왔다. 첫째는 固有語간의 동의 관계이고 둘째는 固有語와 漢字語간의 동의 관계이며 셋째는 漢字語간의 동의 관계이다.

제2장은 固有語간의 동의 관계가 名詞類, 動詞類, 副詞類 및 冠形詞類에서 어떤 양상으로 형성되고 있는지를 고찰한다.

첫째로 固有語의 名詞類에서 성립되는 동의 관계는 크게 두 개의 관점에서 고찰할 수 있다. 첫째는 形式的 観点이고 둘째는 内容的 観点이다. 形式的 관점에서 동의 관계를 가지는 고유어들이 相異한지 아니면 相似한지를 판별할 수 있고 内容的 관점에서 동의 관계에 있는 고유어들이 完全 同義인지 部分 同義인지를 확인할 수 있다.

形式的 관점에서 동의어들은 크게 相異型과 相似形으로 나누어지는데 음운론적 관점에 따르면 音韻 交替, 音韻 脱落 및 音韻 添加가 있고 형태론적 관점에 의하면 合成과 派生이 있다. 명사류에서의 동의는 서술의 편의상 다음과 같이 네 개의 유형으로 분류하여 고찰하려고 한다 : 第Ⅰ型 相異型, 第Ⅱ型 音韻 交替型, 第Ⅲ型 音韻 脱落型 및 音韻 添加型 그리고 第Ⅳ型 合成型 및 派生型.

서로 다른 形式을 가진 둘 또는 그 이상의 名詞類들이 동의 관계를 가질 수 있다. 이 경우가 곧 相異型이다.

相異型에는 [五明馬] 즉 '五明馬'의 뜻을 가진 '가라간쟈ᄉ죡빅'과 '가라간쟈ᄉ죡빅앳ᄆᆞᆯ'을 비롯하여 [櫟]과 [柞] 즉 '상수리나무, 떡갈나무'의 뜻을 가진 '가랍나모'와 '덥갈나모', [黄布] 즉 '누른 빛깔의 布木'의 뜻을 가진 '가믄뵈'와 '황뵈', [中] 즉 '가운데'의 뜻을 가진 '가온듸'와 '안ㅎ', [妻] 즉 '아내'의 뜻을 가진 '겨집'과 '안해', [齈]과 [涕] 즉 '콧물'의 뜻을 가진 '고'와 '곳물', [勺]과 [杓] 즉 '구기, 술 따위 뜨는 기구'의 뜻을 가진 '구기'와 '나므쥭', [官], [官司], [官府] 및 [司] 즉 '관청'의 뜻을 가진 '그위'와 '마술', [帛] 즉 '비단'의 뜻을 가진 '깁'과 '비단', [客人]과 [客] 즉 '나그네'의 뜻을 가진 '나그내'와 '손', [荣]와 [蔬] 즉 '나물'의 뜻을 가진 'ᄂᆞ물'과 'ᄂᆞ무새', [継母]와 [後母] 즉 '계모'의 뜻을 가진 '다슴어미'와 '훗어미', [梂]와 [橡] 즉 '도토리, 상수리'의 뜻을 가진 '도토리'와 '댱아리', [菹] 즉 '절인 채소, 김치'의 뜻을 가진 '디히'와 '딤치', [羅] 즉 '얇은 비단'의 뜻을 가진 '로'와 '솔기', [髮] 즉 '머리털'의 뜻을 가진 '마리'와 '머리터리', [代] 즉 '대신'의 뜻을 가진 '목'과 '값', [海] 즉 '바다, 바닷물'의 뜻을 가진 '바다'와 '바룻믈', [宦] 즉 '벼슬'의 뜻을 가진 '벼슬'과 '구실', [人]과 [夫] 즉 '사람'의 뜻을 가진 '사룸'과 '놈', [階]와 [級] 즉 '섬돌, 층계'의 뜻을 가진 '섬'과 '서흐레', [声] 즉 '소리, 목소리'의 뜻을 가진 '소리'와 '목소리', [林]과 [林子] 즉 '수풀'의 뜻을 가진 '수ㅎ'와 '수플', [郷] 즉 '시골'의 뜻을 가진 '스골'과 'ᄀᆞ올', [間] 즉 '사이'의 뜻을 가진 'ᄉᆞ싀'와 '슷', [裳] 즉 '치마, 아랫도리에 입는 옷'의 뜻을 가진 '아랫옷'과 '츄마', [形]과 [像] 즉 '形体, 모습'의 뜻을 가진 '얼굴'과 '양ᄌᆞ', [今日] 즉 '오늘'의 뜻을 가진 '오늘날'과 '이제', [豺] 즉 '이리, 승냥이'의 뜻을 가진 '일히'와 '승량이', [栢]과 [果松] 즉 '잣나무'의 뜻을 가진 '잣'과 '잣나모', [粟] 즉 '조'의 뜻을 가진 '조'와 '것조', [接]과 [接絡] 즉 '고삐, 말고삐'의 뜻을 가진 '쥬리울'과 '셕', [貌] 즉 '모양'의 뜻을 가진 '즛'과 '골', [寝] 즉 '잠'의 뜻을 가진 '줌'과 '잠', [茶飯], [飯], [饌] 및 [膳] 즉 '반찬'의 뜻을 가진 '챤반'과 '반찬', [財]와 [財物] 즉 '財物'의 뜻을 가진 '쳔량'과 '셰간', [洚]과 [洪] 즉 '큰물, 홍수'의 뜻을 가진 '큰믈'과 '시위', [毛] 즉 '털'의 뜻을 가진 '터럭'과 '털', [叢] 즉 '떨기, 풀·나무 등의 무더기'의 뜻을 가진 '퍼기'와 '뻘기', [脚] 즉 '다리, 정강이'의 뜻을 가진 '허튀'와 '발' 등 310여 항목이 있다.

音韻의 交替를 보여 주는 명사들이 동의 관계를 가질 수 있다. 이 경우가 음운 교체형이다. 음운 교체에는 母音 交替와 子音 交替가 있다. 통계상 모음 교체가 자음 교체보다 많다.

동의 관계가 모음 교체를 보여 주는 명사들 사이에 성립된다. 모음 교체에는 陽母音과 陰母音 간의 교체가 있고 陰母音과 陽母音 간의 교체가 있고 양모음간의 교체와 음모음간의 교체가 있다. 그리고 中立 母音이 양모음과 교체되기도 하고 음모음과 교체되기도 하고 중립 모음과 교체되기도 한다.

陽母音과 陰母音 간의 교체에는 'ᄋᆞ~으'의 교체, '아~어'의 교체 및 '오~우'의 교체가 있다.

모음 'ᄋᆞ~으'의 교체를 보여 주는 명사에는 [鞘児]와 [鞘] 즉 '칼집'의 뜻을 가진 '가풀'과 '가플'을 비롯하여 [郡]과 [県] 즉 '고을'의 뜻을 가진 '고ᄋᆞᆯㅎ'과 '고을ㅎ', [鞍子]와 [鞍] 즉 '길마, 鞍裝의 뜻을 가진 '기ᄅᆞ마'와 '기르마', [客人]과 [旅] 즉 '나그네'의 뜻을 가진 '나ᄀᆞ내'와 '나그내', [賊] 즉 '도둑'의 뜻을 가진

'도즉'과 '도즉', [処]와 [所] 즉 '곳, 데'의 뜻을 가진 '듸'와 '듸', [府]와 [衙] 즉 '관청'의 뜻을 가진 '마슬'과 '마슬', [儒]와 [生] 즉 '선비'의 뜻을 가진 '션비'와 '션비', [学生]과 [生] 즉 '학생'의 뜻을 가진 '션비'와 '션븨', [繉]와 [條児] 즉 '끈'의 뜻을 가진 '수숑'와 '수스', [宗族] 즉 '친척, 일가'의 뜻을 가진 '아숌'과 '아슴' 그리고 [狐] 즉 '여우'의 뜻을 가진 '여숭'와 '여스'가 있다.

모음 '아~어'의 교체를 보여 주는 명사에는 [皮] 즉 '껍질'의 뜻을 가진 '갓'과 '겇'을 비롯하여 [閽]과 [閽寺] 즉 '문지기'의 뜻을 가진 '고쟈'와 '고져', [髪] 즉 '머리털'의 뜻을 가진 '마리'와 '머리', [父] 즉 '아버지'의 뜻을 가진 '아비'와 '어비' 그리고 [多少] 즉 '얼마'의 뜻을 가진 '언마'와 '언머'가 있다.

모음 '오~우'의 교체를 보여 주는 명사에는 [耳墜児]와 [珥] 즉 '귀고리, 귀걸이'의 뜻을 가진 '귀엿골회'와 '귀엿골휘'를 비롯하여 [驢] 즉 '나귀, 당나귀'의 뜻을 가진 '나괴'와 '나귀', [硯] 즉 '벼루'의 뜻을 가진 '벼로'와 '벼루', [槽疥] 즉 '비루, 비루병'의 뜻을 가진 '비로'와 '비루', [郷], [郷里] 및 [草野] 즉 '시골'의 뜻을 가진 '스골'과 '스굴' 그리고 [大薊] 즉 '엉겅퀴'의 뜻을 가진 '항것괴'와 '항것귀'가 있다.

陰母音과 陽母音 간의 교체에는 '으~ᄋ'의 교체, '어~아'의 교체, '우~오' 교체 및 '우~ᄋ'의 교체가 있다.

모음 '으~ᄋ'의 교체를 보여 주는 명사에는 [胡荽]와 [荽] 즉 '고수, 고수풀'의 뜻을 가진 '고싀'와 '고ᄉᆡ'를 비롯하여 [農] 즉 '농사'의 뜻을 가진 '녀름'과 '녀ᄅᆞᆷ'과 [位] 즉 '벼슬, 직위'의 뜻을 가진 '벼슬'과 '벼ᄉᆞᆯ'이 있다.

모음 '어~아'의 교체를 보여 주는 명사에는 [壑谷], [溝壑] 및 [壑] 즉 '골짜기'의 뜻을 가진 '굴헝'과 '굴항'을 비롯하여 [首]와 [頭] 즉 '머리'의 뜻을 가진 '머리'와 '마리' 그리고 [始]와 [初] 즉 '처음'의 뜻을 가진 '처섬'과 '처삼'이 있다.

모음 '우~오'의 교체를 보여 주는 명사에는 [鏡] 즉 '거울'의 뜻을 가진 '거우루'와 '거우로'를 비롯하여 [奩]과 [粧奩] 즉 '경대, 거울을 넣어 두는 그릇'의 뜻을 가진 '거우룻집'과 '거우로집', [鶬鴰], [鶬] 및 [鴰] 즉 '두루미'의 뜻을 가진 '두루미'와 '두로미', [根] 즉 '뿌리'의 뜻을 가진 '불휘'와 '불회', [名] 즉 '이름'의 뜻을 가진 '일훔'과 '일홈', [繮繩]과 [韁] 즉 '후릿고삐'의 뜻을 가진 '쥬리울'과 '쥬리올', [鉋] 즉 '대패, 자귀'의 뜻을 가진 '항귀'와 '항괴' 그리고 [腓]와 [腨] 즉 '장딴지'의 뜻을 가진 '허튓비'와 '허튓비'가 있다.

모음 '우~ᄋ'의 교체를 보여 주는 명사에는 [泡]와 [漚] 즉 '거품'의 뜻을 가진 '거품'과 '거폼' 그리고 [雲] 즉 '구름'의 뜻을 가진 '구룸'과 '구름'이 있다.

陽母音간의 교체에는 'ᄋ~아'의 교체, 'ᄋ~오'의 교체, '오~ᄋ'의 교체 및 '오~외'의 교체가 있다.

모음 'ᄋ~아'의 교체를 보여 주는 명사에는 [中] 즉 '가운데'의 뜻을 가진 '가온ᄃᆡ'와 '가온대'가 있다.

모음 'ᄋ~오'의 교체를 보여 주는 명사에는 [郡]과 [郡邑] 즉 '고을'의 뜻을 가진 'ᄀᆞ올ㅎ'과 '고올ㅎ'을 비롯하여 [裳] 즉 '치마'의 뜻을 가진 'ㄱ외'와 '고외' 그리고 [言], [語] 및 [言語] 즉 '말'의 뜻을 가진 '말솜' 과 '말솜'이 있다.

모음 '오~ᄋ'의 교체를 보여 주는 명사에는 [獐] 즉 '노루'의 뜻을 가진 '노로'와 '노ᄅ'가 있다.

모음 '오~외'의 교체를 보여 주는 명사에는 [夕], [暮] 및 [晡] 즉 '저녁'의 뜻을 가진 '나조ㅎ'와 '나죄/나 죄ㅎ'가 있다.

陰母音간의 교체에는 '으~우'의 교체, '으~어'의 교체, '우~으'의 교체 및 '유~으'의 교체가 있다.

모음 '으~우'의 교체를 보여 주는 명사에는 [官]과 [官司] 즉 '관청'의 뜻을 가진 '그위'와 '구위'를 비롯 하여 [君]과 [至尊] 즉 '임금'의 뜻을 가진 '님금'과 '님굼', [帝] 즉 '임금'의 뜻을 가진 '님금'과 '님굼', [生] 과 [儒] 즉 '선비'의 뜻을 가진 '션븨'와 '션뷔' 그리고 [酒] 즉 '술'의 뜻을 가진 '수을'과 '수울'이 있다.

모음 '으~어'의 교체를 보여 주는 명사에는 [疽]와 [癗] 즉 '부스럼'의 뜻을 가진 '브스름'과 '브스럼'이 있다.

모음 '우~으'의 교체를 보여 주는 명사에는 [官]과 [官司] 즉 '관청'의 뜻을 가진 '구위'와 '구의'를 비 롯하여 [官司] 즉 '송사'의 뜻을 가진 '구위종'과 '구의종', [酒] 즉 '술'의 뜻을 가진 '수울'과 '스울' 그리고 [車] 즉 '수레'의 뜻을 가진 '술위'와 '술의'가 있다.

모음 '우~어'의 교체를 보여 주는 명사에는 [盖]와 [盖兒] 즉 '덮개'의 뜻을 가진 '둡게'와 '덥게'가 있 다.

모음 '유~으'의 교체를 보여 주는 명사에는 [生], [畜] 및 [獸] 즉 '짐승'의 뜻을 가진 '즁싱', '즁싱' 및 '즘 승'이 있다.

中立 母音간의 교체에는 모음 '이~이'의 교체와 '요~이'의 교체가 있다. 中立 母音과 陰母音 간의 교 체에는 '이~으'의 교체가 있다.

모음 '이~이'의 교체를 보여 주는 명사에는 [声]과 [音] 즉 '소리'의 뜻을 가진 '소리'와 '소리'가 있다.

모음 '요~이'의 교체를 보여 주는 명사에는 [[嚏], [噎] 및 [嚔嚏] 즉 '재채기'의 뜻을 가진 'ᄌ치욤'과 'ᄌ치임'이 있다.

모음 '이~으'의 교체를 보여 주는 명사에는 [頭口] 즉 '짐승'의 뜻을 가진 '즘싱'과 '즘승'이 있다.

동의 관계가 자음 교체를 보여 주는 명사들 사이에 성립된다. 자음 교체에는 'ㄱ~ㅇ'의 교체, 'ㄱ~ㅋ' 의 교체, 'ㄱㅅ~ㄱ'의 교체, 'ㄷ~ㅈ'의 교체, 'ㅂ~ㄱ'의 교체, 'ㅂ~ㅍ'의 교체, 'ㅅ~ㅈ'의 교체, 'ㅅ~ㄴ'의 교 체, 'ㅿ~ㅅ'의 교체, 'ㄹ~ㄴ'의 교체, 'ㅽ~ㅅ'의 교체 그리고 'ㅅ~ㅽ'의 교체가 있다.

자음 'ㄱ~ㅇ'의 교체를 보여 주는 명사에는 [鵯], [鴉] 및 [鷗] 즉 '갈가마귀'의 뜻을 가진 '글가마괴'와 '글아마괴' 그리고 [扮罾] 즉 '삼태 그물'의 뜻을 가진 '들그믈'과 '들으믈'이 있다.

자음 'ㄱ~ㅋ'의 교체를 보여 주는 명사에는 [鼽] 즉 '콧물'의 뜻을 가진 '곳믈'과 '콧믈'이 있다.

자음 'ㄱㅅ~ㄱ'의 교체를 보여 주는 명사에는 [轡] 즉 '고삐'의 뜻을 가진 '셗'과 '셕'이 있다.

자음 'ㄷ~ㅈ'의 교체를 보여 주는 명사에는 [痔] 즉 '치질(痔疾)'의 뜻을 가진 '디딜'과 '디질'이 있다.

자음 'ㅂ~ㄱ'의 교체를 보여 주는 명사에는 [瘧], [痁] 및 [痎] 즉 '고곰, 학질'의 뜻을 가진 '고봄'과 '고곰' 그리고 [中]과 [裏] 즉 '속'의 뜻을 가진 'ᄉᆞᆸ'과 '속'이 있다.

자음 'ㅂ~ㅍ'의 교체를 보여 주는 명사에는 [膊], [肐] 및 [肐膊] 즉 '팔뚝'의 뜻을 가진 '볼독'과 '폴독'이 있다.

자음 'ㅅ~ㅈ'의 교체를 보여 주는 명사에는 [錐]와 [錐兒] 즉 '송곳'의 뜻을 가진 '솔옷'과 '솔옺'이 있다.

자음 'ㅅ~ㄴ'의 교체를 보여 주는 명사에는 [女孩兒] 즉 '계집 아이'의 뜻을 가진 '갓나ᄒᆡ'와 '간나ᄒᆡ' 그리고 [明日] 즉 '이튿날'의 뜻을 가진 '이틋날'과 '이튼날'이 있다.

자음 'ㅿ~ㅅ'의 교체를 보여 주는 명사에는 [邊]과 [邊頭] 즉 '가, 가장자리'의 뜻을 가진 'ᄀᆞᇫ'과 'ᄀᆞᆺ' 그리고 [間] 즉 '사이'의 뜻을 가진 'ᄉᆞᅀᅵ'와 'ᄉᆞ시'가 있다.

자음 'ㄹ~ㄴ'의 교체를 보여 주는 명사에는 [驢] 즉 '나귀, 당나귀'의 뜻을 가진 '라괴'와 '나괴' 그리고 [蕖]와 [芙] 즉 '연꽃'의 뜻을 가진 '련곳'과 '년곳'이 있다.

자음군 'ㅴ~ㅺ'의 교체를 보여 주는 명사에는 [蜜] 즉 '꿀, 벌꿀'의 뜻을 가진 'ᄢᅮᆯ'과 'ᄭᅮᆯ'이 있다.

자음군 'ㅺ~ㅴ'의 교체를 보여 주는 명사에는 [荏]과 [苣] 즉 '깨'의 뜻을 가진 'ᄭᅢ'와 'ᄢᅢ'를 비롯하여 [荏]과 [蘇] 즉 '들깨'의 뜻을 가진 '듧ᄭᅢ'와 '듧ᄢᅢ' 그리고 [荏]과 [苣] 즉 '참깨'의 뜻을 가진 'ᄎᆞᆷᄭᅢ'와 'ᄎᆞᆷᄢᅢ'가 있다.

어떤 명사가 그것 중의 한 음운의 탈락으로 생긴 명사와 동의 관계를 가질 수 있다. 이 경우가 音韻脫落型이다. 음운 탈락에는 모음 탈락과 자음 탈락이 있다.

母音 脫落에는 'ᄋᆞ' 탈락, '으' 탈락, '우' 탈락, '이' 탈락 그리고 半母音 [y] 탈락이 있다.

모음 'ᄋᆞ'의 탈락을 보며 주는 명사에는 [州] 즉 '고을'의 뜻을 가진 '고ᄋᆞᆯ'과 '골ㅎ'이 있다.

모음 '으'의 탈락을 보여 주는 명사에는 [酒] 즉 '술'의 뜻을 가진 '수을'과 '술'을 비롯하여 [昏] 즉 '어스름'의 뜻을 가진 '어스름'과 '어슮' 그리고 [孀], [孀婦], [寡] 및 [寡婦] 즉 '홀어미, 과부'의 뜻을 가진 '호을어미'와 '홀어미'가 있다.

모음 '우'의 탈락을 보여 주는 명사에는 [官] 즉 '관청'의 뜻을 가진 '구위'와 '귀'가 있다.

모음 '이' 탈락을 보여 주는 명사에는 [婦] 즉 '며느리'의 뜻을 가진 '며느리'와 '며늘'이 있다.

半母音 [y]의 탈락을 보여 주는 명사에는 [蟻] 즉 '개미'의 뜻을 가진 '개야미'와 '가야미'를 비롯하여

[茜]과 [蒨] 즉 '꼭두서니'의 뜻을 가진 '곡도숑'과 '곡도손', [終], [卒] 및 [晚] 즉 '나중'의 뜻을 가진 '내종'과 '나죵', [鷸] 즉 '도요새'의 뜻을 가진 '되요'와 '도요', [篘] 즉 '용수'의 뜻을 가진 '룡수'와 '룽수', [鮎魚]와 [鮎] 즉 '메기'의 뜻을 가진 '메유기'와 '머유기', [摴]와 [蒱] 즉 '노름, 도박'의 뜻을 가진 '슛'과 '숫' 그리고 [裩] 즉 '잠방이, 가랑이가 짧은 홑고의'의 뜻을 가진 '쟘방이'와 '잠방이'가 있다.

子音 脫落에는 'ㄴ' 탈락, 'ㄹ' 탈락, 'ㅂ' 탈락, 'ㅅ' 탈락, 'ㅿ' 탈락 그리고 'ㅎ' 탈락이 있다.

자음 'ㄴ'의 탈락을 보여 주는 명사에는 [醅] 즉 '거르지 않은 술, 전내기'의 뜻을 가진 '디믈긴술'과 '디믈기술' 그리고 [姪]과 [從子] 즉 '조카, 형제의 아들'의 뜻을 가진 '아춘아들'과 '아추아들'이 있다.

자음 'ㄹ'의 탈락을 보여 주는 명사에는 [冬] 즉 '겨울'의 뜻을 가진 '겨슬'과 '겨스'를 비롯하여 [帶子] 즉 '띠'의 뜻을 가진 '골홈'과 '고홈', [八珠環児], [瑯] 및 [珥] 즉 '귀고리, 귓불에 장식으로 다는 고리'의 뜻을 가진 '귀엸골회'와 '귀엿골회', [水波浪], [波] 및 [浪] 즉 '물결'의 뜻을 가진 '믈껼'과 '믓결', [魚] 즉 '물고기'의 뜻을 가진 '믌고기'와 '믓고기' 그리고 [䉾], [笴] 및 [箭榦] 즉 '화살대, 살대'의 뜻을 가진 '삸대'와 '삿대'가 있다.

자음 'ㅂ'의 탈락을 보여 주는 명사에는 [蘇]와 [蘇子] 즉 '들깨'의 뜻을 가진 '듧뻬'와 '들뻬' 그리고 [毛施布] 즉 '모시베'의 뜻을 가진 '모시뵈'와 '모시외'가 있다.

자음 'ㅅ'의 탈락을 보여 주는 명사에는 [謊] 즉 '거짓말'의 뜻을 가진 '거즛말'과 '거즈말'을 비롯하여 [窮]과 [邊] 즉 '가, 가장자리'의 뜻을 가진 '굿'과 'ㄱ', [井繩]과 [綆] 즉 '두레박줄'의 뜻을 가진 '드렛줄'과 '드레줄', [閾]과 [閫] 즉 '문지방'의 뜻을 가진 '문ㅅ젼'과 '문젼', [牙錢] 즉 '중계료, 口文'의 뜻을 가진 '즈릆값'과 '즈름값' 그리고 [徑] 즉 '지름길'의 뜻을 가진 '즈름셀'과 '즈름길'이 있다.

자음 'ㅿ'의 탈락을 보여 주는 명사에는 [邊] 즉 '가, 가장자리'의 뜻을 가진 'ㄱ'과 'ㄱ'가 있다.

자음 'ㅎ'의 탈락을 보여 주는 명사에는 [狗]와 [犬] 즉 '개'의 뜻을 가진 '가히'와 '개' 그리고 [甂瓦], [筒瓦] 및 [童瓦] 즉 '수키와'의 뜻을 가진 '수티새'와 '수디새'가 있다.

어떤 명사가 그것 중에 한 음운이 첨가되어 만들어진 명사와 동의 관계를 가질 수 있다. 이 경우가 음운 첨가형이다. 음운 첨가에는 母音 첨가와 子音 첨가가 있다.

母音 添加에는 '으' 첨가, '이' 첨가, '半母音 [y] 첨가 그리고 半母音 [w] 첨가가 있다.

모음 '으'의 첨가를 보여 주는 수사에는 [二]와 [第二] 즉 '둘째'의 뜻을 가진 '둘재'와 '두을재'가 있다.

모음 '이'의 첨가를 보여 주는 명사에는 [糸] 즉 '올, 실의 가닥'의 뜻을 가진 '올'과 '오리'가 있다.

半母音 [y]의 첨가를 보여 주는 명사에는 [鵝] 즉 '거위'의 뜻을 가진 '거유'와 '게유'를 비롯하여 [女]와 [女子] 즉 '계집, 여자'의 뜻을 가진 '겨집'과 '계집'. [妻]와 [婦] 즉 '아내'의 뜻을 가진 '겨집'과 '계집', [蟒] 즉 '구렁이'의 뜻을 가진 '구렁이'와 '구령이', [鞍子] 즉 '길마, 안장(鞍裝)'의 뜻을 가진 '기르마'와 '기르

매', [誰] 즉 '누구'의 뜻을 가진 '누'와 '뉘', [棗]와 [棗兒] 즉 '대추'의 뜻을 가진 '대초'와 '대쵸', [痱] 즉 '땀띠'의 뜻을 가진 '뚬도야기'와 '뚬되야기' 그리고 [多少] 즉 '얼마'의 뜻을 가진 '언머'와 '언메'가 있다.

半母音 [w]의 첨가를 보여 주는 명사에는 [春鳥] 즉 '백로(白鷺)'의 뜻을 가진 '오가리'와 '오과리'가 있다.

子音 添加에는 'ㄱ' 첨가, 'ㄴ' 첨가, 'ㅂ' 첨가, 'ㅅ' 첨가 그리고 'ㅎ' 첨가가 있다.

자음 'ㄱ'의 첨가를 보여 주는 명사에는 [塵]과 [坋] 즉 '티끌'의 뜻을 가진 '드틀/듣틀'과 '듣글'이 있다.

자음 'ㄴ'의 첨가를 보여 주는 명사에는 [一箇] 즉 '하나'의 뜻을 가진 '호나ㅎ'와 '혼나ㅎ'가 있다.

자음 'ㅂ'의 첨가를 보여 주는 명사에는 [蘇] 즉 '들깨'의 뜻을 가진 '들뻬'와 '듧뻬'가 있다.

자음 'ㅅ'의 첨가를 보여 주는 명사에는 [綆]과 [井繩] 즉 '드레줄'과 '드렛줄'이 있다.

자음 'ㅎ'의 첨가를 보여 주는 명사에는 [髆], [肱] 및 [肱髆] 즉 '팔뚝'의 뜻을 가진 '볼둑'과 '풀둑'이 있다.

單一語인 명사가 合成에 의한 명사와 동의 관계를 가질 수 있다. 이 경우가 合成이다.

合成에는 [輨]과 [車釧] 즉 '줏대, 바퀴 통의 바깥 끝을 덮어 싸는 휘갑쇠'의 뜻을 가진 '갈모'와 '술윗 갈모'를 비롯하여 [奩] 즉 '화장 상자, 부인들의 화장용 제구를 담는 그릇'의 뜻을 가진 '거우룻집'과 '집', [婢] 즉 '여자 종'의 뜻을 가진 '겨집죵'과 '죵', [履] 즉 '나막신'의 뜻을 가진 '격지'와 '나모격지', [肉] 즉 '고기, 뭍짐승의 고기'의 뜻을 가진 '고기'와 '묻고기', [姉]와 [姐姐] 즉 '누나'의 뜻을 가진 '누의'와 '묻누의', [妹]와 [妹子] 즉 '누이동생'의 뜻을 가진 '누의'와 '아ᅀᅳ누의', [餡]와 [餡兒] 즉 '떡의 소'의 뜻을 가진 '쩍소'와 '소ㅎ', [石橋]와 [矼] 즉 '돌다리'의 뜻을 가진 '돌ᄃ리'와 'ᄃ리', [綆]과 [井繩] 즉 '두레박줄'의 뜻을 가진 '드레줄'과 '줄', [身材] 즉 '몸통, 체격'의 뜻을 가진 '몸얼굴'과 '얼굴', [塊] 즉 '덩어리, 흙덩이'의 뜻을 가진 '무적'과 '흙무적' 그리고 [財]와 [財物] 즉 '재물'의 뜻을 가진 '쳔'과 '쳔량' 등 30여 항목이 있다.

基語인 명사가 그것에서 파생된 명사와 동의 관계를 가질 수 있다. 이 경우가 派生이다.

파생에는 [書] 즉 '책, 文書'의 뜻을 가진 '글'과 '글월' 그리고 [言], [語] 및 [話] 즉 '말'의 뜻을 가진 '말'과 '말씀'이 있다.

둘째로 고유어의 動詞類에서 확인되는 동의 관계에는 動作動詞간의 同義와 狀態動詞간의 同義 그리고 動作動詞와 狀態動詞 간의 同義가 있다.

固有語의 動作動詞에서 확인되는 同義 關係는 크게 두 개의 觀点에서 고찰될 수 있다. 첫째는 形式的 觀点이고 둘째는 內容的 觀点이다. 形式的 觀点에서 동의 관계에 있는 動作動詞들이 相異한지 아니면 相似한지를 判別할 수 있고 內容的 觀点에서 동의 관계를 가지는 동작동사들이 完全 同義인지

部分 同義인지 확인할 수 있다.

形式的 觀點에서 동의 관계를 가지는 動作動詞들은 크게 相異型과 相似型으로 나누어질 수 있다. 相似型은 音韻論的 觀点과 形式論的 觀点으로 分類될 수 있는데 음운론적 관점에 따르면 音韻 交替, 音韻 脱落 및 音韻 添加가 있고 형태론적 관점에 따르면 合成과 派生이 있다. 論述의 편의상 다음과 같이 네 유형으로 나누고자 한다: 第Ⅰ型 相異型, 第Ⅱ型 音韻 交替型, 第Ⅲ型 音韻 脱落型 및 音韻 添加型 그리고 第Ⅳ型 合成型 및 派生型.

서로 다른 形式을 가진 둘 또는 그 이상의 動作動詞들이 동의 관계를 가질 수 있다. 이 경우가 곧 相異型이다.

相異型에는 [行] 즉 '가다'의 뜻을 가진 '가다'와 '녀다'를 비롯하여 [蔵] 즉 '간직하다, 넣다'의 뜻을 가진 '간슈ᄒ다'와 '넣다', [率]과 [帥] 즉 '거느리다'의 뜻을 가진 '거느리다'와 'ᄃ리다', [釃]와 [漉] 즉 '거르다, 술을 거르다'의 뜻을 가진 '거르다'와 '밭다', [易] 즉 '고치다, 바꾸다'의 뜻을 가진 '곧티다'와 '밧쏘다', [令]과 [命] 즉 '명하다, 명령하다'의 뜻을 가진 '긔걸ᄒ다'와 '시기다', [悦] 즉 '기뻐하다'의 뜻을 가진 '깃다'와 '즐기다', [発]과 [出] 즉 '나다'의 뜻을 가진 '나다'와 '돋다', [齧]과 [齦] 즉 '물다, 깨물다'의 뜻을 가진 '너흐다'와 '믈다', [言] 즉 '이르다, 말하다'의 뜻을 가진 '니ᄅ다'와 '말ᄉᆞᆷᄒ다', [尽] 즉 '다하다'의 뜻을 가진 '다ᄒ다'와 '다ᄋᆞ다', [覆]와 [蓋] 즉 '덮다, 이다'의 뜻을 가진 '둪다'와 '이다', [凋] '시들어 떨어지다'의 뜻을 가진 '디다'와 '뻐러디다', [飲] 즉 '마시다, 먹다'의 뜻을 가진 '마시다'와 '먹다', [喂] 즉 '먹이다, 기르다'의 뜻을 가진 '머기다'와 '치다', [会] 즉 '모으다'의 뜻을 가진 '모도다'와 '뫼호다', [成], [為], [営], [作] 및 [制] 즉 '만들다'의 뜻을 가진 '밍ᄀᆞᆯ다'와 '민들다', [受] 즉 '받다'의 뜻을 가진 '받다'와 '맜다', [仕]와 [仕官] 즉 '벼슬하다'의 뜻을 가진 '벼슬ᄒ다'와 '구실ᄒ다', [攻] 즉 '괴롭히다, 들이닥다'의 뜻을 가진 '보차다'와 '드리돋다', [使] 즉 '부리다, 시키다'의 뜻을 가진 '브리다'와 '시기다', [刻]과 [鏤] 즉 '새기다, 파다'의 뜻을 가진 '사기다'와 '외프다', [收拾] 즉 '치우다, 정리하다'의 뜻을 가진 '설엊다'와 '간슈ᄒ다', [愛], [慕], [寵] 및 [偲] 즉 '사랑하다'의 뜻을 가진 'ᄉᆞ랑ᄒ다'와 '닷다', [奪] 즉 '빼앗다'의 뜻을 가진 '앗다'와 '애혀이다', [得] 즉 '얻다'의 뜻을 가진 '얻다'와 '싣다', [鳴]과 [噪] 즉 '(새가) 울다, 우짖다'의 뜻을 가진 '울다'와 '우지지다', [献] 즉 '음식을 권하다'의 뜻을 가진 '이받다'와 '받줍다', [睡] 즉 '자다, 졸다'의 뜻을 가진 '자다'와 '조으다', [殺] 즉 '죽이다'의 뜻을 가진 '주기다'와 '잡다', [終]과 [卒] 즉 '죽다'의 뜻을 가진 '죽다'와 '없다', [養] 즉 '봉양하다, 받들어 모시다'의 뜻을 가진 '치다'와 '셤기다'와 '이받다', [攤] 즉 '펴다, 펼치다'의 뜻을 가진 '펴다'와 '혜다' 그리고 [毀], [譖] 및 [破別] 즉 '헐뜯다'의 뜻을 가진 '할아다'와 '할와티다'와 '헐쓰리다' 등 170여 항목이 있다.

音韻의 교체를 보여 주는 동작동사들이 동의 관계를 가질 수 있다. 이 경우가 음운 교체형이다. 음운 교체에는 母音 交替와 子音 交替가 있다.

동의 관계가 모음 교체를 보여 주는 동작동사들 사이에 성립된다. 모음 교체에는 陽母音과 陰母音 간의 교체, 陰母音과 陽母音 간의 교체, 양모음간의 교체 및 음모음간의 교체가 있다. 그리고 中立 母音이 양모음과 교체되기도 하고 음모음과 교체되기도 한다.

陽母音과 陰母音 간의 교체에는 'ᄋ~으'의 교체, '아~어'의 교체 및 '오~으'의 교체가 있다.

모음 'ᄋ~으'의 교체를 보여 주는 동작동사에는 [爲] 즉 '되다'의 뜻을 가진 '도이다'와 '도으다' 그리고 [盜]와 [做賊] 즉 '도둑질하다'의 뜻을 가진 '도죽ᄒ다'와 '도즉ᄒ다'가 있다.

모음 '아~어'의 교체를 보여 주는 동작동사에는 [過] 즉 '넘다'의 뜻을 가진 '남다'와 '넘다', [摘] 즉 '벗기다'의 뜻을 가진 '밧기다'와 '벗기다' 그리고 [壞], [破] 및 [敗] 즉 '해어지다, 파괴되다'의 뜻을 가진 '히야다다'와 '히여디다'가 있다.

모음 '오~으'의 교체를 보여 주는 동작동사에는 [成] 즉 '되다'의 뜻을 가진 '도외다'와 '도의다'가 있다.

陰母音과 陽母音 간의 교체에는 '어~아'의 교체, '우~오'의 교체 및 '으~오'의 교체가 있다.

모음 '어~아'의 교체를 보여 주는 동작동사에는 [収]와 [收] 즉 '거두다, 거두어들이다'의 뜻을 가진 '거두다'와 '가두다'가 있다.

모음 우~오'의 교체를 보여 주는 동작동사에는 [卸下]와 [卸] 즉 '부리다, 내리다'의 뜻을 가진 '브리우다'와 '브리오다' 그리고 [纏]과 [爭] 즉 '다투다, 시끄럽게 굴다'의 뜻을 가진 '싯구다'와 '싯고다'가 있다.

모음 '으~오'의 교체를 보여 주는 동작동사에는 [始] 즉 '비롯하다, 시작되다'의 뜻을 가진 '비릇다'와 '비롯다'가 있다.

陽母音간의 교체에는 'ᄋ~오'의 교체가 있다. 모음 'ᄋ~오'의 교체를 보여 주는 동작동사에는 [分] 즉 '나누다'의 뜻을 가진 'ᄂ호다'와 '논호다' 그리고 [爲] 즉 '되다'의 뜻을 가진 'ᄃ외다'와 '도외다'가 있다.

陰母音간의 교체에는 '우~으'의 교체가 있다. 모음 '우~으'의 교체를 보여 주는 동작동사에는 [趨] 즉 '달려들다, 달려가다'의 뜻을 가진 'ᄃ주우리다'와 'ᄃ즈우리다', [追陪]와 [陪] 즉 '물리다, 배상하다'의 뜻을 가진 '물이다'와 '믈이다' 그리고 [踞]와 [蹲] 즉 '웅크리고 앉다'의 뜻을 가진 '줏구리다'와 '줏그리다'가 있다.

中立 母音이 양모음과 음모음과 교체되는 것에는 '이~오~우'의 교체가 있다. 모음 '이~오~우'의 교체를 보여 주는 동작동사에는 [俟]와 [待] 즉 '기다리다'의 뜻을 가진 '기드리다'와 '기들오다'와 '기들우다'가 있다.

子音 交替에는 'ㄷ~ㅅ'의 교체, 'ㅅ~ㅆ'의 교체 및 'ㅅ~ㅄ'의 교체가 있다.

자음 'ㄷ~ㅅ'의 교체를 보여 주는 동작동사에는 [奏] 즉 '여쭈다, 임금께 여쭈다'의 뜻을 가진 '엳줍다'와 '엿줍다'가 있다.

자음 'ㅅ~ㅆ'의 교체를 보여 주는 동작동사에는 [揩]와 [搵] 즉 '닦다, 문지르다'의 뜻을 가진 '슷다'와 '쑷다'가 있다.

자음 'ㅅ~ㅄ'의 교체를 보여 주는 동작동사에는 [拿錢]과 [鬮] 즉 '먹국하다, 주먹 속에 쥔 물건의 수효를 알아 맞추다'의 뜻을 가진 '솽불쥐다'와 '쌍불쥐다'가 있다.

어떤 동작동사가 그것 중의 한 音韻의 탈락에 의해 생긴 동작동사와 동의 관계를 가질 수 있다. 이 경우가 음운 탈락형이다. 음운 탈락에는 母音 탈락과 子音 탈락이 있다.

모음 탈락에는 '으' 탈락과 반모음 [y] 탈락이 있다. 모음 '으' 탈락을 보여 주는 동작동사에는 [饑], [飢] 및 [餓] 즉 '주리다, 굶주리다'의 뜻을 가진 '주리다'와 '주리다'가 있다. 반모음 [y]의 탈락을 보여 주는 동작동사에는 [択]과 [辨] 즉 '가리다, 고르다'의 뜻을 가진 '글히다'와 '글ᄒ다', [侍]와 [与] 즉 '모시다'의 뜻을 가진 '뫼시다'와 '모시다' 그리고 [作], [営], [制], [為] 및 [修] 즉 '만들다'의 뜻을 가진 '민들다'와 'ᄆ들다'가 있다.

자음 탈락에는 'ㄹ' 탈락이 있다. 자음 'ㄹ'의 탈락을 보여 주는 동작동사에는 [至] 즉 '이르다'의 뜻을 가진 '니를다'와 '니르다' 그리고 [移], [遷] 및 [運] 즉 '옮기다'의 뜻을 가진 '옮기다'와 '옴기다'가 있다.

어떤 동작동사가 그것 중에 한 음운이 첨가되어 만들어진 동작동사와 동의 관계를 가질 수 있다. 이 경우가 음운 첨가형이다. 음운 첨가에는 母音 첨가와 子音 첨가가 있다.

모음 첨가에는 '오' 첨가와 반모음 [y] 첨가가 있다. 모음 '오'의 첨가를 보여 주는 동작동사에는 [會] 즉 '모으다'의 뜻을 가진 '모도다'와 '모도오다'가 있다. 반모음 [y]의 첨가를 보여 주는 동작동사에는 [割] 즉 '베다'의 뜻을 가진 '버히다'와 '볘히다', [壊]와 [破] 즉 '무너뜨리다, 헐어 버리다'의 뜻을 가진 'ᄒ야ᄇ리다'와 '히야ᄇ리다' 그리고 [欠壊], [破] 및 [敗] 즉 '해지다, 파괴되다'의 뜻을 가진 'ᄒ여디다'와 '히여디다'가 있다.

자음 첨가에는 'ㄱ' 첨가, 'ㄴ' 첨가, 'ㄹ' 첨가 및 유기음화가 있다. 자음 'ㄱ'의 첨가를 보여 주는 동작동사에는 [守] 즉 '지키다'의 뜻을 가진 '디킈다', '딕킈다' 그리고 [終日] 즉 '저물다'의 뜻을 가진 '져믈다'와 '졈글다'가 있다. 자음 'ㄴ'의 첨가를 보여 주는 동작동사에는 [盛衣冠]과 [装厳] 즉 '옷차림을 엄정하게 하다'의 뜻을 가진 '믜뭇다'와 '민뭇다'가 있다. 자음 'ㄹ'의 첨가를 보여 주는 동작동사에는 [牽] 즉 '끌다'의 뜻을 가진 '잇그다'와 '잇글다'가 있다. 유기음화를 보여 주는 동작동사에는 [明] 즉 '밝히다'의 뜻을 가진 '볼기다'와 '붉키다'가 있다.

단일어인 動作動詞가 合成에 의한 동작동사 및 동작동사구와 동의 관계를 가질 수 있다. 이 경우가

合成이다. 합성에는 統辞的 합성과 非統辞的 합성이 있고 名詞와 동작동사의 합성이 있다.

통사적 합성에는 [起] 즉 '일어나다'의 뜻을 가진 '닐다'와 '니러나다' 그리고 [散] 즉 '흩어지다'의 뜻을 가진 '흐르다'와 '흐러디다'가 있다.

비통사적 합성에는 [進] 즉 '나아가다'의 뜻을 가진 '낫다'와 '낫돋다', [摳] 즉 '추어올리다'의 뜻을 가진 '들다'와 '거두들다', [閉], [閑] 및 [防] 즉 '막다'의 뜻을 가진 '막다'와 '막ㅈㄹ다' 그리고 [窺] 즉 '엿보다'의 뜻을 가진 '엿다'와 '엿보다'가 있다.

명사와 동작동사의 합성에는 [肥] 즉 '(살이) 찌다'의 뜻을 가진 '지다'와 '살지다'가 있다.

동작동사구에는 [銹] 즉 '녹슬다'의 뜻을 가진 '보믜다'와 '쇠 보믜다'가 있다.

基語인 동작동사가 그것에서 파생된 동작동사와 동의 관계를 가질 수도 있고 파생된 동작동사들이 동의 관계를 가질 수도 있다. 이 경우가 파생이다.

[入] 즉 '들이다, 들게 하다'의 뜻을 가진 동작동사 '드리다'와 동작동사구 '들에 ᄒ다'가 동의 관계에 있다.

固有語의 狀態動詞에서 확인되는 同義 関係는 크게 네 유형으로 나누어 고찰할 수 있다: 第Ⅰ型 相異型, 第Ⅱ型 音韻 交替型, 第Ⅲ型 音韻 脫落型 및 音韻 添加型 그리고 第Ⅳ型 合成型 및 派生型.

서로 다른 形式을 가진 둘 또는 그 이상의 狀態動詞들이 동의 관계를 가질 수 있다. 이 경우가 相異型이다.

相異型에는 [毅] 즉 '굳세다, 의지가 강하다'의 뜻을 가진 '거엽다'와 '질긔운다'를 비롯하여 [老實] 즉 '실제의, 적절하다'의 뜻을 가진 '곧다, 고디식다', [硬] 즉 '굳다, 단단하다'의 뜻을 가진 '굳다'와 '돋돋ᄒ다', [惡]과 [歹] 즉 '나쁘다'의 뜻을 가진 '궂다'와 '모딜다'와 '사오납다'와 '몹쓰다', [寬] 즉 '넓다'의 뜻을 가진 '넙다'와 '너르다', [黃] 즉 '누르다'의 뜻을 가진 '누르다'와 '감다', [熱] 즉 '뜨겁다'의 뜻을 가진 '덥다'와 '덥달다', [溫] 즉 '따뜻하다'의 뜻을 가진 '덥다'와 'ᄃᄉ다', [暴]와 [猛] 즉 '사납다'의 뜻을 가진 '모딜다'와 '밉다', [等閑] 즉 '부질없다, 쓸데없고 공연하다'의 뜻을 가진 '부질업다'와 '간대롭다', [涼快]와 [涼] 즉 '서늘하다'의 뜻을 가진 '서늘ᄒ다'와 '서느럽다', [善] 즉 '착하다, 언행이 바르고 어질다'의 뜻을 가진 '어딜다'와 '둏다', [淸] 즉 '맑고 깨끗하다'의 뜻을 가진 '좋다'와 'ᄀᆺᄀᆺᄒ다', [大] 즉 '크다'의 뜻을 가진 '크다'와 '굵다' 그리고 [多]와 [衆] 즉 '많다'의 뜻을 가진 '하다'와 '만ᄒ다' 등 30여 항목이 있다.

音韻의 交替를 보여 주는 상태동사들이 동의 관계를 가질 수 있다. 이 경우가 音韻 交替型이다. 음운 교체에는 母音 交替가 있다.

동의 관계가 모음 교체를 보여 주는 상태동사들 사이에 성립된다. 모음 교체에는 陽母音과 陰母音 간의 교체, 陰母音과 陽母音 간의 교체 그리고 陽母音간의 교체가 있다.

陽母音과 陰母音 간의 교체에는 '♀~으'의 교체, '아~어'의 교체 그리고 '오~어~아'의 교체가 있다.

모음 '♀~으'의 교체를 보여 주는 상태동사에는 [輕] 즉 '가볍다'의 뜻을 가진 '가비얍다'와 '가븨얍다' 그리고 [忙] 즉 '바쁘다'의 뜻을 가진 '밧ᄇ다'와 '밧브다'가 있다.

모음 '아~어'의 교체를 보여 주는 상태동사에는 [小] 즉 '작다'의 뜻을 가진 '작다'와 '젹다'가 있다.

모음 '오~어~아'의 교체를 보여 주는 상태동사에는 [小]와 [細] 즉 '작다'의 뜻을 가진 '횩다'와 '혁다'와 '햑다'가 있다.

陰母音과 陽母音 간의 교체에는 '어~아'의 교체 그리고 '우~오'의 교체가 있다.

모음 '어~아'의 교체를 보여 주는 상태동사에는 [短] 즉 '짧다'의 뜻을 가진 '뎌르다'와 '댜르다'가 있다.

모음 '우~오'의 교체를 보여 주는 상태동사에는 [黃] 즉 '누르다'의 뜻을 가진 '누르다'와 '노르다'가 있다.

陽母音간의 교체에는 '오~♀'의 교체가 있다. 모음 '오~♀'의 교체를 보여 주는 상태동사에는 [尖] 즉 '뾰족하다, 끝이 날카롭다'의 뜻을 가진 '쏘롣ᄒ다'와 '쏘를ᄒ다'가 있다.

어떤 상태동사가 그것 중의 한 音韻의 탈락에 의해 생긴 상태동사와 동의 관계를 가질 수 있다. 음운 탈락에는 母音 脫落이 있다.

모음 탈락에는 '♀' 탈락이 있다. 모음 '♀'의 탈락을 보여 주는 상태동사에는 [如] 즉 '같다'의 뜻을 가진 'ᄀᆮᄒ다'와 'ᄀᇀ다'가 있다.

어떤 상태동사가 그것 중에 한 음운이 첨가되어 만들어진 상태동사와 동의 관계를 가질 수 있다. 이 경우가 음운 첨가형이다. 음운 첨가에는 母音 添加와 子音 添加가 있다.

모음 첨가에는 半母音 [y] 첨가가 있다. 반모음 [y]의 첨가를 보여 주는 상태동사에는 [如] 즉 '같다'의 뜻을 가진 'ᄀᇀ다'와 'ᄀᆡᇀ다' 그리고 [恤], [憐] 및 [矜] 즉 '불쌍하다, 가엾다'의 뜻을 가진 '어엿브다'와 '에엿브다'가 있다.

자음 첨가에는 'ㄹ' 첨가가 있다. 자음 'ㄹ'의 첨가를 보여 주는 상태동사에는 [少] 즉 '젊다'와 [幼] 즉 '어리다'의 뜻을 가진 '졈다'와 '졂다'가 있다.

단일어인 狀態動詞가 合成에 의한 상태동사와 동의 관계를 가질 수 있다. 이 경우가 合成이다.

合成을 보여 주는 상태동사에는 [直] 즉 '비싸다'의 뜻을 가진 '싸다'와 '빋싸다/빋ᄉ다'가 있다.

基語인 동사가 그것에서 파생된 동사와 동의 관계를 가질 수도 있고 파생된 동사들이 동의 관계를 가질 수 있다. 이 경우가 파생이다. 파생된 두 상태동사 '엳갑다'와 '엳탑다'는 [浅] 즉 '얕다'의 뜻을 가진 동의어이다.

동작동사와 상태동사가 동의 관계를 가질 수 있다. [暮]와 [晚] 즉 '저물다, 늦다'의 뜻을 가진 동작동사 '져믈다'와 상태동사 '늦다'가 동의 관계에 있다. 그리고 [滿]과 [瀾] 즉 '가득하다, 차다'의 뜻을 가진 상태동사 'ᄀᆞ독ᄒᆞ다'와 동작동사 'ᄎᆞ다'가 동의 관계에 있다.

셋째로 固有語의 부사류에서 발견되는 동의 관계는 크게 두 개의 観点에서 고찰될 수 있다. 첫째는 形式的 관점이고 둘째는 内容的 관점이다. 形式的 관점에서 동의 관계에 있는 副詞類가 相異한지 아니면 相似한지를 판별할 수 있고 内容的 観点에서 동의 관계에 있는 부사류가 完全 同義인지 部分 同義인지를 확인할 수 있다.

형식적 관점에서 同義 관계에 있는 副詞類들은 相異型과 相似型으로 크게 나누어질 수 있다. 相似型은 音韻論的 観点과 形態論的 관점에서 분류될 수 있는데 음운론적 관점에 따르면 音韻 交替, 音韻 脫落 및 音韻 添加가 있고 형태론적 관점에 따르면 派生이 있다. 서술의 편의상 다음과 같이 네 유형으로 나누고자 한다 : 第Ⅰ型 相異型, 第Ⅱ型 音韻 交替型, 第Ⅲ型 音韻 脫落型 및 音韻 添加型 그리고 第Ⅳ型 派生型.

서로 다른 形式을 가진 둘 또 그 이상의 副詞類들이 동의 관계를 가질 수 있다. 이 경우가 곧 相異型이다.

相異型에는 [便] 즉 '곧, 즉시'의 뜻을 가진 '곧'과 '즉재'를 비롯하여 [最] 즉 '가장'의 뜻을 가진 'ᄀᆞ쟝'과 '못', [日] 즉 '나날이, 날마다'의 뜻을 가진 '나날'과 '날마다', [再]와 [更] 즉 '다시'의 뜻을 가진 '노의여'와 '옅', [並]과 [咸] 즉 '다, 모두'의 뜻을 가진 '다'와 '모다', [但], [唯] 및 [只] 즉 '다만, 오직'의 뜻을 가진 '다만'과 '오직', [好] 즉 '좋게'의 뜻을 가진 '됴히'와 '이대', [共] 즉 '함께'의 뜻을 가진 '모다'와 'ᄒᆞᆫ가지로', [必] 즉 '반드시'의 뜻을 가진 '모로매'와 '반ᄃᆞ시'와 '의식'과 '긋드리', [速]과 [疾快] 즉 '빨리, 어서'의 뜻을 가진 '샐리'와 '어셔', [常] 즉 '항상, 늘'의 뜻을 가진 '샹녜'와 '샹해', [自]와 [躬] 즉 '스스로'의 뜻을 가진 '손소'와 '몸소', [嘗]과 [曾] 즉 '예전에, 일찍이'의 뜻을 가진 '아리'와 '일즉', [專] 즉 '오로지'의 뜻을 가진 '오로'와 '젼혀', [多] 즉 '많이'의 뜻을 가진 '해'와 '만히' 그리고 [独] 즉 '혼자'의 뜻을 가진 '호ᅀᅡ'와 '홀로' 등 40여 항목이 있다.

音韻의 교체를 보여 주는 부사들이 동의 관계를 가질 수 있다. 이 경우가 음운 교체형이다. 음운 교체에는 母音 交替와 子音 交替가 있다.

동의 관계가 모음 교체를 보여 주는 부사들 사이에 성립된다. 모음 교체에는 陽母音과 陰母音 간의 교체가 있고 陰母音과 陽母音 간의 교체가 있다. 그리고 양모음간의 교체와 음모음간의 교체가 있다.

양모음과 음모음 간의 교체에는 'ᄋᆞ~으'의 교체와 '아~어'의 교체가 있다.

모음 'ᄋᆞ~으'의 교체를 보여 주는 부사에는 [必] 즉 '반드시'의 뜻을 가진 '반ᄃᆞ시'와 '반드시', [痛] 즉

'몹시'의 뜻을 가진 '소이'와 '소의' 그리고 [如此] 즉 '이와 같이'의 뜻을 가진 '이러트시'와 '이러트시'가 있다.

모음 '아~어'의 교체를 보여 주는 부사에는 [輕] 즉 '가벼이, 가볍게'의 뜻을 가진 '가비야이 対 가비여이', [多少] 즉 '얼마나'의 뜻을 가진 '언매나'와 '언메나' 그리고 [即] 즉 '곧, 즉시'의 뜻을 가진 '즉재'와 '즉제'가 있다.

음모음과 양모음 간의 교체에는 '으~ᄋ'의 교체와 '우~오'의 교체가 있다.

모음 '으~ᄋ'의 교체를 보여 주는 부사에는 [相] 즉 '서로'의 뜻을 가진 '서르'와 '서ᄅ'가 있다. 모음 '우~오'의 교체를 보여 주는 부사에는 [可] 즉 '가히'의 뜻을 가진 '어루'와 '어로'가 있다.

양모음간의 교체에는 'ᄋ~오'의 교체가 있다. 모음 'ᄋ~오'의 교체를 보여 주는 부사에는 [反] 즉 '도리어'의 뜻을 가진 '도ᄅ혀'와 '도로혀'가 있다.

음모음간의 교체에는 '으~우'의 교체가 있다. 모음 '으~우'의 교체를 보여 주는 부사에는 [始] 즉 '비로소, 처음으로'의 뜻을 가진 '비르소'와 '비루소'가 있다.

동의 관계가 자음 교체를 보여 주는 부사들 사이에 성립된다. 자음 교체에는 'ᄀ~ᄉ'의 교체, 'ᄡ~ᄊ'의 교체 'ᅀ~ᄌ'의 교체 그리고 'ᄇ~ᄀ'의 교체가 있다.

자음 'ᄀ~ᄉ'의 교체를 보여 주는 부사에는 [嘗] 즉 '일찍이'의 뜻을 가진 '일즉'와 '일즛'이 있다.

자음군 'ᄡ~ᄊ'의 교체를 보여 주는 부사에는 [同] 즉 '함께'의 뜻을 가진 '홈ᄢ'와 '홈ᄶ'가 있다.

자음 'ᅀ~ᄌ'의 교체를 보여 주는 부사에는 [自] 즉 '스스로, 몸소'의 뜻을 가진 '손ᅀᅩ'와 '손조'가 있다.

자음 'ᄇ~ᄀ'의 교체를 보여 주는 부사에는 [一] 즉 '한결같이'의 뜻을 가진 '훈ᄀᆯᅌᆞ티'와 '훈ᄀᆯ가티'가 있다.

어떤 부사가 그것 중의 한 음운의 탈락으로 생긴 부사와 동의 관계를 가질 수 있는데 이 경우가 音韻脫落型이다. 음운 탈락에는 모음 탈락과 자음 탈락이 있다.

母音 脫落에는 '여' 탈락과 반모음 [y] 탈락이 있다. 모음 '여'의 탈락을 보여 주는 부사에는 [何]와 [豈] 즉 '어찌, 어째서'의 뜻을 가진 '엇뎨'와 '엇디'가 있다. 반모음 [y]의 탈락을 보여 주는 부사에는 [自] 즉 '스스로'의 뜻을 가진 '스싀로'와 '스스로'가 있다.

子音 脫落에는 'ㅎ' 탈락이 있다. 자음 'ㅎ'의 탈락을 보여 주는 부사에는 [共通]과 [通該] 즉 '모두, 통틀어'의 뜻을 가진 '대도히'와 '대되'가 있다.

어떤 부사가 그것 중에 한 음운을 첨가하여 만들어진 부사와 동의 관계를 가질 수 있다. 이 경우가 음운 첨가형이다. 음운 첨가에는 모음 첨가와 자음 첨가가 있다.

모음 첨가에는 반모음 [y] 첨가가 있다. 반모음 [y]의 첨가를 보여 주는 부사에는 [方] 즉 '바야흐로,

이제 막'의 뜻을 가진 '보야호로'와 '뵈야호로', [易]와 [容易] 즉 '쉬이, 쉽게'의 뜻을 가진 '수이'와 '쉬이' 그리고 [今] 즉 '이제, 지금'의 뜻을 가진 '이제'와 '이졔'가 있다.

자음 첨가에는 'ㄴ' 첨가가 있다. 자음 'ㄴ'의 첨가를 보여 주는 부사에는 [且] 즉 '잠시, 당분간, 아직'의 뜻을 가진 '아직'과 '안직'이 있다.

동일한 語根에서 파생된 두 부사가 동의 관계를 가질 수 있다. 이 경우가 파생형이다. 파생에는 [私]와 [燕] 즉 '사사로이, 사사롭게'의 뜻을 가진 '아룸뎌'와 '아룸도이' 그리고 [薄] 즉 '엷게'의 뜻을 가진 '열이'와 '엷게'가 있다.

넷째로 고유어의 관형사류에서 확인되는 동의 관계는 크게 둘로 나누어 고찰할 수 있다. 첫째는 冠形詞간의 동의이고 둘째는 冠形詞와 冠形語 간의 동의이다.

고유어 관형사 사이에 성립되는 동의에는 [何], [甚] 및 [甚麼] 즉 '무슨'의 뜻을 가진 '므스'와 '므슴', [幾] 즉 '어느, 아무'의 뜻을 가진 '어느'와 '아모' 그리고 [幾] 즉 '몇'의 뜻을 가진 '현'과 '몃'이 있다.

고유어 관형사와 관형어 사이에서 확인되는 동의에는 [他] 즉 '다른'의 뜻을 가진 '녀느'와 '다른', [別] 즉 '다른, 딴'의 뜻을 가진 '다룬'과 '뜬', [五] 즉 '다섯, 닷'의 뜻을 가진 '닷'과 '다숫' 그리고 [甚麼] 즉 '무슨'의 뜻을 가진 '므슴'과 '아므란'이 있다.

제3장에서는 固有語와 漢字語가 어떤 양상의 동의 관계를 형성하고 있는지를 名詞類, 動詞類, 副詞類 및 冠形詞에서 고찰하고 있다.

첫째로 명사류에서 확인되는 고유어와 한자어의 동의에서 고유어가 첫째로 單一語 명사이고 둘째로 合成名詞와 名詞句이고 셋째로 派生名詞이다.

명사류에서 확인되는 고유어와 한자어 간의 동의에서 고유어가 單一語 명사인 경우에는 [棚] 즉 '시렁, 선반'의 뜻을 가진 '가개'와 '涼棚'을 비롯하여 [驪] 즉 '가라말, 털빛이 검은 말'의 뜻을 가진 '가라물'과 '黑馬', [指環] 즉 '가락지'의 뜻을 가진 '가락지'와 '指環', [枚] 즉 '가래, 農具의 한 가지'의 뜻을 가진 '가래'와 '木枚', [鍋], [鍋兒] 및 [釜] 즉 '가마, 가마솥'의 뜻을 가진 '가마'와 '鍋兒', [烏]와 [鴉] 즉 '까마귀'의 뜻을 가진 '가마괴'와 '老鴉', [膈]과 [胸] 즉 '흉격(胸膈), 심장과 비장 사이의 가슴 부분'의 뜻을 가진 '가슴'과 '胸膈' [莿] 즉 '풀의 가시'의 뜻을 가진 '가시'와 '芒莿', [茄子]와 [茄] 즉 '가지'의 뜻을 가진 '가지'와 '茄子', [狗]와 [犬] 즉 '개'의 뜻을 가진 '가히'와 '狗兒', [女孩兒] 즉 '계집아이'의 뜻을 가진 '간나히'와 '女孩兒', [帽], [帽兒] 및 [帽子] 즉 '모자, 頭巾'의 뜻을 가진 '갇'과 '頭衣', [汊] 즉 '물 갈래지는 곳'의 뜻을 가진 '개'와 '水岐流', [衢]와 [街] 즉 '네거리, 大路'의 뜻을 가진 '거리'와 '街衢', [蛭] 즉 '거머리, 水蛭'의 뜻을 가진 '거머리'와 '水蛭', [龜] 즉 '거북'의 뜻을 가진 '거붑'와 '甲虫', [漚]와 [泡] 즉 '거품, 물거품'의 뜻을 가진 '거품'과 '浮漚', [娘]과 [娘子] 즉 '아내'의 뜻을 가진 '겨집'과 '娘子', [鼻子]와 [鼻] 즉 '코'의 뜻을 가진 '고ㅎ'와 '鼻子', [峴] 즉 '고개'의 뜻을 가진 '고개'와 '峻嶺', [鯨]과 [鯢] 즉 '고래'의 뜻을 가진 '고래'와 '鯨鯢', [妾]의 뜻을 가진 '고마'와 '妾', [鵠] 즉 '고니'의 뜻을 가진 '곤이'와 '水鳥', [谷] 즉 '골, 골짜기'의 뜻을 가진 '골'과 '水谷', [冠] 즉 '갓, 관'의 뜻을 가진 '곳갈'과 '冠', [傀]와 [儡] 즉 '꼭두서니, 傀儡, 꼭두각시 놀음에 나오는 여러 가지 人形'의 뜻을 가진 '광대'와 '傀儡', [炕] 즉 '구들, 방구들'의 뜻을 가진 '구들'과 '土炕', [官]과 [官司] 즉 '관청'의 뜻을 가진 '구위'와 '官司', [卒] 즉 '군사, 병졸'의 뜻을 가진 '군ㅅ'와 '兵卒', [鞿]과 [勒] 즉 '재갈, 굴레'의 뜻을 가진 '굴에'와 '馬勒', [耳] 즉 '귀, 청각 기관'의 뜻을 가진 '귀'와 '聽官', [器皿], [皿] 및 [器] 즉 '그릇'의 뜻을 가진 '그릇'와 '器皿', [網] 즉 '그물'의 뜻을 가진 '그믈'과 '網', [梢] 즉 '나무 끝, 나무 가지의 끝'의 뜻을 가진 '귿'과 '枝末', [典]과 [経] 즉 '유교의 교리를 적은 책, 불교의 교리를 적은 책'의 뜻을 가진 '글월'과 '経典', [時]와 [刻] 즉 '때, 時刻'의 뜻을 가진 '끼니'와 '時刻', [鞍] 즉 '鞍裝'의 뜻을 가진 '기르마'와 '馬鞍具', [纓] 즉 '갓끈'의 뜻을 가진 '긴'과 '冠系', [路]와 [道] 즉 '길, 도로'의 뜻을 가진 '길'과 '道路', [巣] 즉 '새의 보금자리'의 뜻을 가진 '깃'과 '鳥棲', [河] 즉 '강'의 뜻을 가진 'ㄱ룸'과 '流水', [徼]와 [畍] 즉 '가, 경계'의 뜻을 가진 'ㄱ'과 '境界', [小人] 즉 '나, 저'의 뜻을 가진 '나'와 '小人', [客人]과 [客] 즉 '나그네'의 뜻을 가진 '나그내'와 '客人', [蛺]과 [蝶] 즉 '나비, 호랑나비'의 뜻을 가진 '나비'와 '蛺蝶', [鉤] 즉 '갈고랑이, 낚싯바늘'의 뜻을 가진 '낛'과 '釣鈎', [男子] 즉 '남자, 사나이'의 뜻을 가진 '남진'과 '男子', [魂]과 [魄] 즉 '넋'의 뜻을 가진 '넋'과 '魂魄' 그리고 [板] 즉 '널빤지'의 뜻을 가진 '널'과 '木片' 등 1870여 항목이 있다.

명사류에서 확인되는 固有語와 漢字語 간의 同義에서 고유어가 合成名詞와 名詞句인 경우에는 [女孩児] 즉 '계집아이'의 뜻을 가진 '간나히'와 '女孩児'를 비롯하여 [裘] 즉 '갖옷, 가죽옷'의 뜻을 가진 '갓옷'과 '皮襖', [娣]와 [姒] 즉 '여자 동서, 형제의 아내끼리 서로 상대방을 부르는 말'의 뜻을 가진 '겨집동세'와 '娣姒', [婢] 즉 '여자 종'의 뜻을 가진 '겨집죵'과 '女奴', [魚白児] 즉 '물고기의 이리, 물고기 수컷의 배 속에 있는 흰 정액의 덩어리'의 뜻을 가진 '고기의 이루'와 '魚白児', [涕] 즉 '콧물'의 뜻을 가진 '곳믈'과 '鼻液', [木偶戯] 즉 '꼭두각시놀음, 인형극'의 뜻을 가진 '광대노룻'과 '木偶戯', [綈] 즉 '두텁게 짠 비단'의 뜻을 가진 '굴근 깁'과 '厚繒', [匜] 즉 '대야, 손을 씻는 그릇'의 뜻을 가진 '귀대야'와 '盥器', [魔] 즉 '마귀, 악귀'의 뜻을 가진 '귓것'과 '鬼', [税銭] 즉 '계약서 쓴 값'의 뜻을 가진 '글읽값'과 '税銭', [細褶]과 [襞] 즉 '가는 주름'의 뜻을 가진 'ㄱ는 주름'과 '細褶', [屐] 즉 '나막신'의 뜻을 가진 '나모격지'와 '木屐', [釣竿] 즉 '낚싯대'의 뜻을 가진 '낙째'와 '釣竿', [男女] 즉 '男女, 남자와 여자'의 뜻을 가진 '남진 겨집'과 '男女', [奴] 즉 '사내종, 남자 종'의 뜻을 가진 '남진종'과 '奴材', [芙]와 [蓉] 즉 '연꽃, 부용'의 뜻을 가진 '년곳'과 '芙蓉' 그리고 [涙] 즉 '눈물'의 뜻을 가진 '눈믈'과 '肝液' 등 380여 항목이 있다.

명사류에서 확인되는 고유어와 한자어 간의 동의에서 고유어가 派生名詞인 경우에는 [長短] 즉 '길이, 장단'의 뜻을 가진 '기리'와 '댱단'을 비롯하여 [嫁娶]와 [婚娶] 즉 '혼인'의 뜻을 가진 '남진겨집 어리'와 '혼인ᄒ기', [墓], [墓所] 및 [墳] 즉 '무덤'의 뜻을 가진 '무덤'과 '墳土' 그리고 [屍] 즉 '주검, 시체'의 뜻을 가진 '주검'과 '屍体'가 있다.

명사류에서 확인되는 고유어와 한자어 간의 동의에서 고유어가 名詞形인 경우에는 [聰明] 즉 '듣고 봄, 귀와 눈이 밝음'의 뜻을 가진 '드르며 봄'과 '총명'을 비롯하여 [信] 즉 '미쁨, 믿음성이 있음'의 뜻을 가진 믿븜과 '誠信', [信] 즉 '미쁨, 有信함'의 뜻을 가진 '믿븜'과 '유신ᄒ욤', [始] 즉 '처음, 시작'의 뜻을 가진 '비르솜/비르숨'과 '시작' 그리고 [直] 즉 '옳음, 정직'의 뜻을 가진 '올홈'과 '正直'이 있다.

둘째로 동사류에서 확인되는 고유어와 한자어 간의 동의에는 動作動詞에서의 同義와 状態動詞에서의 同義가 있다.

동작동사에서 확인되는 고유어와 한자어 간의 동의에서 고유어가 動作動詞일 수도 있고 合成動作動詞와 動作動詞句일 수도 있다.

동사류에서 확인되는 고유어와 한자어 간의 동의에서 고유어가 動作動詞인 경우에는 [幸] 즉 '임금이 궁궐 밖으로 거동하다'의 뜻을 가진 '가다'와 '히힝ᄒ다'를 비롯하여 [簸] 즉 '까부르다'의 뜻을 가진 '가볼오다'와 '揚米去糠', [取] 즉 '가지다, 취하다'의 뜻을 가진 '가지다'와 '取ᄒ다', [哕]과 [嘔] 즉 '게우다, 토하다'의 뜻을 가진 '개오다'와 '嘔', [濟] 즉 '건지다, 구제하다'의 뜻을 가진 '거느리다'와 '賙救', [收割]과 [収] 즉 '거두다, 수확하다'의 뜻을 가진 '거두다'와 '収割', [滅] 즉 '불이 꺼지다'의 뜻을 가진 '뻐디다'와 '火熄', [釃]와 [盞] 즉 '그르다, 술을 거르다'의 뜻을 가진 '거르다'와 '酒', [撈]와 [漉] 즉 '건지다, 물 속에 들어가 잡다'의 뜻을 가진 '건디다'와 '打撈', [敬]과 [恭敬] 즉 '공경하다'의 뜻을 가진 '고마ᄒ다'와 '공경ᄒ다', [医] 즉 '병을 고치다, 치료하다'의 뜻을 가진 '고티다'와 '治病', [拱] 즉 '두 손을 맞잡다'의 뜻을 가진 '곳다'와 '手抱', [蠕] 즉 '꿈틀거리다'의 뜻을 가진 '구믈어리다'와 '蠢蠕', [訟] 즉 '송사하다, 재물을 다투다'의 뜻을 가진 '구의ᄒ다'와 '争訟', [讀]과 [誚] 즉 '꾸짖다'의 뜻을 가진 '구짖다'와 '大呼声', [跪] 즉 '꿇어 앉다'의 뜻을 가진 'ᄭᅮᆯ다'와 '長跪', [炙] 즉 '고기를 굽다'의 뜻을 가진 '굽다'와 '燔肉', [畫]와 [描] 즉 '그림을 그리다'의 뜻을 가진 '그리다'와 '図象', [令] 즉 '명하다, 명령하다'의 뜻을 가진 '긔걸ᄒ다'와 '使令', [譽] 즉 '기리다, 칭찬하다'의 뜻을 가진 '기리다'와 '美称', [代] 즉 '대신하다, 갈음하다'의 뜻을 가진 'ᄀᆞ르추다'와 '代身ᄒ다', [擂] 즉 '갈다, 문지르다'의 뜻을 가진 'ᄀᆞᆯ다'와 '研物', [揀択], [揀] 및 [択] 즉 '가리다, 분간하다'의 뜻을 가진 'ᄀᆞᆯ히다'와 '揀択', [寤]와 [覚] 즉 '잠이 깨다'의 뜻을 가진 'ᄭᅢ다'와 '寐覚', [賭] 즉 '내기하다, 승부에 금품을 거다'의 뜻을 가진 '나기ᄒ다'와 '賭賽', [発] 즉 '나다'의 뜻을 가진 '나다'와 '발ᄒ다', [兔]과 [娩] 즉 '해산하다, 아기를 낳다'의 뜻을 가진 '낳다'와 '生子', [溢] 즉 '넘치다'의 뜻을 가진 '넘다'와 '滿溢' 등 340여 항목이 있다.

동사류에서 확인되는 고유어와 한자어 간의 동의에서 고유어가 合成動作動詞와 動作動詞句인 경우에는 [褰]과 [攘] 즉 '추어 올리다'의 뜻을 가진 '거두들다'와 '摳衣'를 비롯하여 [攏] 즉 '꺾어 꽂다'의 뜻을 가진 '것곶다'와 '挿', [漁] 즉 '고기를 잡다, 물고기를 잡다'의 뜻을 가진 '고기 잡다'와 '捕魚', [鼾] 즉 '코를 골다'의 뜻을 가진 '고 코으다'와 '睡中鼻息', [冠] 즉 '갓을 쓰다'의 뜻을 가진 '곳갈 스다'와 '加冠於首', [屯] 즉 '진치다, 군대를 일정한 곳에 모아 수비하다'의 뜻을 가진 '군 몯다'와 '勒兵而守', [馘] 즉 '귀를 베다, 전장에서 적의 귀를 베다'의 뜻을 가진 '귀버히다'와 '獲敵截耳', [抓] 즉 '움켜쥐다'의 뜻을 가진 '긁쥐다'와 '覆手取物', [鞁] 즉 '말 수레에 메우다'의 뜻을 가진 '기르마짛다'와 '鞁馬', [耰] 즉 '김매다'의 뜻을 가진 '기슴미다'와 '除田穢', [牚屋] 즉 '기운 집을 버티다'의 뜻을 가진 '기운 집 니르다'와 '牚屋', [醃] 즉 '절이다, 소금에 담그다'의 뜻을 가진 '고 저리다'와 '塩漬蔵物', [樵] 즉 '나무하다, 땔나무를 마련하다'의 뜻을 가진 '나모 뷔다'와 '取薪', [黜] 즉 '벼슬을 떨어뜨리어 물리치다'의 뜻을 가진 '내좇다'와 '貶斥', [農] 즉 '농사짓다'의 뜻을 가진 '녀름짓다'와 '田農', [鎔] 즉 '녹여 붓다'의 뜻을 가진 '노겨 붓다'와 '鑄鎔', [瞑] 즉 '눈을 감다'의 뜻을 가진 '눈금다'와 '翕目' 등 120여 항목이 있다.

상태동사에서 확인되는 고유어와 한자어 간의 동의에서 고유어가 狀態動詞일 수도 있고 合成狀態動詞와 狀態動詞句일 수도 있다.

동사류에서 확인되는 고유어와 한자어 간의 동의에서 고유어가 狀態動詞인 경우에는 [貧], [貧窮] 및 [艱難] 즉 '가난하다'의 뜻을 가진 '가난ᄒᆞ다'와 '艱難ᄒᆞ다'를 비롯하여 [富] 즉 '가멸다, 재물이 많고 넉넉하다'의 뜻을 가진 '가ᅀᅧ멸다'와 '豊財', [玄] 즉 '검다'의 뜻을 가진 '감다'와 '赤黒色', [皁]와 [黒] 즉 '검다'의 뜻을 가진 '검다'와 '黒色', [惰]와 [懶] 즉 '게으르다'의 뜻을 가진 '게으르다'와 '懶惰', [尊] 즉 '지위가 높다'의 뜻을 가진 '고맙다'와 '尊ᄒᆞ다', [直] 즉 '곧다, 굽지 아니하다'의 뜻을 가진 '곧다'와 '不曲', [香]과 [芳] 즉 '꽃답다, 향기롭다'의 뜻을 가진 '곳답다'와 '芬香', [枉]과 [曲] 즉 '굽다, 바르지 않다'의 뜻을 가진 '굽다'와 '不直', [清] 즉 '맑다, 깨끗하다'의 뜻을 가진 'ᄀᆞᆺᄀᆞᆺᄒᆞ다'와 '청쇄ᄒᆞ다', [博] 즉 '넓다'의 뜻을 가진 '넙다'와 '溥博', [羶] 즉 '노리다, 양고기 냄새가 나다'의 뜻을 가진 '노리다'와 '羊臭', [貴] 즉 '드물어서 귀하다'의 뜻을 가진 '놀다'와 '귀ᄒᆞ다', [臊] 즉 '누리다, 누린내 나다'의 뜻을 가진 '누리다'와 '犬腥臭', [老]와 [耆] 즉 '늙다, 나이가 많이 먹다'의 뜻을 가진 '늙다'와 '年高', [晩]과 [旰] 즉 '저물어서 때가 늦다, 때에 늦다'의 뜻을 가진 '늦다'와 '日晩', [賤] 즉 '천하다'의 뜻을 가진 'ᄂᆞᆺ갑다'와 '賤ᄒᆞ다', [別] 즉 '다르다, 각별하다'의 뜻을 가진 '다ᄅᆞ다'와 '각별하다', [常] 즉 '떳떳하다, 일정하다'의 뜻을 가진 '덛덛ᄒᆞ다'와 '일뎡ᄒᆞ다' 그리고 [熱] 즉 '뜨겁게'의 뜻을 가진 '덥다'와 '셜ᄒᆞ다' 등 90여 항목이 있다.

동사류에서 확인되는 고유어와 한자어 간의 동의에서 고유어가 合成狀態動詞와 狀態動詞句인 경우에는 [豐]과 [豊] 즉 '농사가 잘 되다, 풍년 들다'의 뜻을 가진 '녀름둏다'와 '豊年'을 비롯하여 [渴] 즉 '목마르다'의 뜻을 가진 '목ᄆᆞ르다'와 '갈ᄒᆞ다', [汪] 즉 '깊고 넓다'의 뜻을 가진 '믈넙다'와 '深広', [滅]와 [汪] 즉 '물이 깊고 넓다'의 뜻을 가진 '믈넙다'와 '汪滅', [賤] 즉 '값이 싸다'의 뜻을 가진 '빋다'와 '価少', [賤] 즉 '값이 싸다'의 뜻을 가진 '빋다'와 '쳔ᄒᆞ다', [酒釅了] 즉 '술이 진하다'의 뜻을 가진 '술 밉다'와 '酒釅了', [安樂] 즉 '잘 있다, 편안하다'의 뜻을 가진 '이대 잇다'와 '편안ᄒᆞ다', [傑] 즉 '뛰어나다, 傑出하다'의 뜻을 가진 '지조 높다'와 '英傑' 그리고 [孑] 즉 '한 팔 없다'의 뜻을 가진 'ᄒᆞᆫ 풀 없다'와 '無右臂'가 있다.

셋째로 부사류에서 확인되는 固有語와 漢字語 간의 동의에서 한자어가 副詞일 수도 있고 한자어와 고유어가 副詞語일 수도 있다.

부사류에서 확인되는 고유어와 한자어 간의 동의에서 한자어가 副詞인 경우에는 [軽] 즉 '가벼이, 가볍게'의 뜻을 가진 '가ᄇᆡ야이'와 '경히'를 비롯하여 [永] 즉 '길이'의 뜻을 가진 '기리'와 '영히', [別]과 [自別] 즉 '따로, 각별히'의 뜻을 가진 '다티/ 닫티'와 '각벼리/ 각별이', [必] 즉 '반드시'의 뜻을 가진 '모로매'와 '졍다이', [甚] 즉 '몹시, 심히'의 뜻을 가진 '쇠'와 '심히', [苟] 즉 '구차히'의 뜻을 가진 '안즉/안족'과 '구챠히' 그리고 [狎] 즉 '친압히, 너무 지나칠 정도로 가깝게'의 뜻을 가진 '조라이'와 '친압히' 등 20여 항목이 있다.

부사류에서 확인되는 고유어와 한자어 간의 동의에서 漢字語와 고유어가 副詞語인 경우에는 [五更頭] 즉 '새벽에, 오경 쯤'의 뜻을 가진 '새배'와 '오경두에' 그리고 [終身] 즉 '죽을 때까지, 평생토록'의 뜻을 가진 '죽도록'과 '終身토록/ 終身도록'이 있다.

넷째로 관형사에서 확인되는 固有語와 漢字語 간의 동의에는 [橫] 즉 '뜻밖의'라는 뜻을 가진 '쁜'과 '공ᄒᆞᆫ'이 있다.

제4장은 漢字語들이 어떤 양상의 동의 관계를 형성하고 있는지를 名詞, 動詞類 및 副詞에서 고찰하고 있다.

첫째로 명사에서 확인되는 漢字語간의 동의에는 [族] 즉 '친족'의 뜻을 가진 '가문'과 '親族'을 비롯하여 [跏]와 [趺] 즉 '한 다리를 다른 다리와 맞걸어 앉는 자세'의 뜻을 가진 '跏趺'과 '大坐', [芡]과 [茇] 즉 '가시연, 가시가 있는 연'의 뜻을 가진 '가서련'과 '雞頭', [茄] 즉 '가지'의 뜻을 가진 '茄子'와 '落蘇', [榎] 즉 '매, 회초리'의 뜻을 가진 '榎楚'와 '学罰', [蚾] 즉 '두꺼비'의 뜻을 가진 '蚵蚾'와 '蟾蜍', [瘓] 즉 '手足病'의 뜻을 가진 '脚手病'과 '瘓子', [脚心]과 [脚板] 즉 '발바닥'의 뜻을 가진 '脚心'과 '脚板', [牒] 즉 '편지'의 뜻을 가진 '簡牒'과 '文牒', [諜]과 [逪] 즉 '염탐꾼, 간첩'의 뜻을 가진 '間諜'과 '細作', [碣] 즉 '비석'

의 뜻을 가진 '갈셕'과 '短碑', [堝] 즉 '도가니, 쇠붙이를 녹이는 데 쓰는 흙으로 만든 그릇'의 뜻을 가진 '坩堝'와 '燒鍊金銀土器', [牢] 즉 '옥, 감옥'의 뜻을 가진 '監房'과 '牢房', [鎧]와 [甲] 즉 '갑옷'의 뜻을 가진 '갑'과 '衣甲', [龜] 즉 '거북'의 뜻을 가진 '甲虫'과 '烏龜', [紀]와 [綱] 즉 '벼리'의 뜻을 가진 '綱紀'와 '紀綱', [豇] 즉 '광저기, 豇豆'의 뜻을 가진 '豇豆'와 '長豇', [蜣], [蜋] 및 [蛣] 즉 '말똥구리'의 뜻을 가진 '蜣蜋'과 '蛣蜣', [礓] 즉 '자갈, 조약돌'의 뜻을 가진 '礓石'과 '礫石', [降誕] 즉 '天子生日'의 뜻을 가진 '降誕'과 '天子生日', [粃]과 [穀] 즉 '싸라기'의 뜻을 가진 '糠粃'과 '穀糠不破者', [薢]와 [茩] 즉 '초결명, 결명초'의 뜻을 가진 '薢茩'과 '草決明', [鋸] 즉 '톱'의 뜻을 가진 '鋸刀'와 '鎗唐', [容]과 [容止] 즉 '용모, 몸가짐'의 뜻을 가진 '거동'과 '신용', [容]과 [儀] 즉 '거동, 모습, 모양'의 뜻을 가진 '거동'과 '容儀', [蜉]와 [蝣] 즉 '하루살이'의 뜻을 가진 '蜉'과 '蜉蝣', [蓬]와 [蓬麦] 즉 '패랭이꽃'의 뜻을 가진 '蓬麦'과 '瞿麦', [居喪], [喪事] 및 [喪] 즉 '喪事'의 뜻을 가진 '거상'과 '상亽'와 '蒙喪', [苣]와 [蕂] 즉 '참깨, 胡麻'의 뜻을 가진 '苣蕂'과 '胡麻', [寢] 즉 '居室, 正寢'의 뜻을 가진 '居室'과 '正寢', [粗]와 [粆] 즉 '중배끼, 油蜜果의 한 가지'의 뜻을 가진 '粗粆'와 '蜜餌', [簰]와 [篨] 즉 '대자리, 발이 거친 대자리'의 뜻을 가진 '簰篨'과 '粗竹席', [騸]과 [犍] 즉 '畜類를 去勢하는 것'의 뜻을 가진 '去畜勢'와 '騸犍', [犗] 즉 '거세한 畜類'의 뜻을 가진 '犍犗'와 '去勢畜', [乾柿]와 [柿乾者] 즉 '곶감'의 뜻을 가진 '건시亽'과 '柿餠', [謇]과 [諤] 즉 '거리낌없이 바른 말을 함'의 뜻을 가진 '謇諤'과 '直言', [犗]와 [犍] 즉 '불을 간 소, 去勢한 소'의 뜻을 가진 '犍牛'와 '犗牛', [肱]과 [肘] 즉 '팔꿈치, 팔의 관절'의 뜻을 가진 '肱肘'와 '臂節', [肱]과 [膊] 즉 '팔뚝'의 뜻을 가진 '肱膊'과 '肩甲' 그리고 [牽彊] 즉 '도리에 맞지 않는 일을 도리인 것처럼 말함'의 뜻을 가진 '牽彊'과 '仮合' 등 1150여 항목이 있다.

둘째로 동사류에서 확인되는 漢字語간의 동의는 動作動詞간의 동의와 狀態動詞간의 동의로 나누어 고찰할 수 있다.

동작동사간의 同義에는 [呰] 즉 '헐뜯다, 비방하다'의 뜻을 가진 '苛呰'를 비롯하여 [加] 즉 '가하다'의 뜻을 가진 '가ᄒᆞ다'와 '가입ᄒᆞ다', [詐]와 [詭] 즉 '속이다, 거짓말하다'의 뜻을 가진 '간곡ᄒᆞ다'와 '詭詐', [諫]과 [諍] 즉 '간하다, 直言하여 바로잡다'의 뜻을 가진 '간ᄒᆞ다'와 '諫諍', [犍]과 [騸] 즉 '去勢하다, 불을 까다'의 뜻을 가진 '去畜勢'와 '騸犍', [決]과 [斷] 즉 '결단하다, 결정하다'의 뜻을 가진 '결ᄒᆞ다'와 '결단ᄒᆞ다', [陂] 즉 '기울다'의 뜻을 가진 '傾邪'와 '陂陁', [稞] 즉 '곡식을 쌓다, 곡식을 저장하다'의 뜻을 가진 '穀積'과 '穀稞', [叉] 즉 '두 손을 맞잡다'의 뜻을 가진 '拱手'와 '叉手', [倥]과 [傯] 즉 '바쁘다, 일에 몰리다'의 뜻을 가진 '倥傯'과 '事多', [薨] 즉 '죽다, 諸候가 죽다'의 뜻을 가진 '公侯卒'과 '侯歿', [夸]와 [奔] 즉 '자랑하다, 뽐내다'의 뜻을 가진 '夸'와 '自大' 그리고 [救] 즉 '구하다'의 뜻을 가진 '구ᄒᆞ다'와 '구료ᄒᆞ다' 등 70여 항목이 있다.

상태동사간의 同義에는 [可] 즉 '가하다'의 뜻을 가진 '가ᄒ다'와 '가당ᄒ다'를 비롯하여 [猾] 즉 '교활하다'의 뜻을 가진 '간곡ᄒ다'와 '간활ᄒ다', [姦]과 [奸] 즉 '姦邪하다'의 뜻을 가진 '간샤ᄒ다'와 '간곡ᄒ다', [懦] 즉 '나약하다, 무기력하다'의 뜻을 가진 '겁나ᄒ다'와 '劣弱', [毒] 즉 '독하다, 유독하다'의 뜻을 가진 '독ᄒ다'와 '유독ᄒ다', [涼] 즉 '서늘하다'의 뜻을 가진 '량ᄒ다'와 '량닝ᄒ다', [攦]과 [揆] 즉 '바르지 아니하다, 비뚤다'의 뜻을 가진 '攦揆'과 '不方正', [邪] 즉 '사곡하다, 奸邪하다'의 뜻을 가진 '샤곡ᄒ다'와 '샤특ᄒ다' 그리고 [急]과 [迅] 즉 '급하다'의 뜻을 가진 '시급ᄒ다'와 '급ᄒ다' 등 30여 항목이 있다.

셋째로 부사에서 확인되는 漢字語간의 동의에는 相異型, 音韻 脫落型 및 派生型이 있다.

相異型에는 [別]과 [各別] 즉 '따로, 각별히'의 뜻을 가진 '각벼리/각별이'와 '별히'를 비롯하여 [苟] 즉 '구차히'의 뜻을 가진 '구챠히'와 '비변도이', [偏] 즉 '유달리, 특별히'의 뜻을 가진 '독벼리'와 '별히', [安] 즉 '편안하게, 유화롭게'의 뜻을 가진 '안셔히'와 '유화로이', [嚴] 즉 '엄정히, 엄엄하게'의 뜻을 가진 '엄정히'와 '엄엄히/엄엄이', [足] 즉 '족히'의 뜻을 가진 '쥭히'와 '유여히' 그리고 [特] 즉 '특별히'의 뜻을 가진 '특별이'와 '각벼리'가 있다.

音韻 脫落型에는 [足] 즉 '죡히, 넉넉히'의 뜻을 가진 '유여히'와 '유예'가 있다.

派生型에는 [果然]과 [果] 즉 '과연, 정말로'의 뜻을 가진 '과션'과 '과션히' 그리고 [至] 즉 '지극히'의 뜻을 가진 '지극'과 '지그기/지극이'가 있다.

参/考/文献

구본관(1998), 『15세기 국어 파생법에 대한 연구』, 国語学叢書 30, 태학사.

金鎭奎(1993), 『訓蒙字会 語彙 研究』, 螢雪出版社.

南広祐(1997), 『教学 古語辞典』, 教学社.

南星祐(1986), 『十五世紀 国語의 同義語 研究』, 塔出版社.

_____(1996), "1510年代 国語의 同義語 研究", 『언어와 언어학』제21집, 한국외국어대학교 언어연
　　　　구소.

_____(2001), 『月印釈譜와 法華経諺解의 同義語 研究』, 태학사.

_____(2006), 『16세기 국어의 동의어 연구』, 박이정.

南豊鉉(1968), "十五世紀 諺解文献에 나타난 正音表記의 中国系 借用語辞 考察", 『국어국문학』
　　　　39~40.

박진호(2003), "중세국어의 부사 파생 접미사 '-뎌/려/다/라'에 대하여", 『형태론』5-1.

徐尚揆(1991), "16세기의 국어의 말재어찌씨의 통어론적 연구", 연세대학교 대학원 박사논문.

_____(1997), 『飜訳老乞大 語彙索引』, 박이정.

安秉禧(1978), "解題", 『二倫行実図 警民篇』, 檀大出版部.

_____(1979), "中世語의 한글 資料에 대한 綜合的인 考察", 『奎章閣』3, 서울大学校 図書館.

李基文(1978), 『十六世紀 国語의 研究』, 塔出版社.

李相度(1995), "崔世珍의 漢語教学에 대한 研究", 韓国外国語大学校 大学院 博士論文.

李崇寧(1967), "韓国語 発達史 下 : 語彙史", 『韓国文化史大系』V, 高麗大 民族文化研究所.

李英愛(1986), "飜訳小学과 小学諺解의 比較 研究", 효성여대 대학원 석사학위 논문.

林旻奎(1987), "『小学諺解』의 国語学的 考察", 고려대 대학원 석사학위 논문.

鄭光 監修(1995), 『訳註 飜訳老乞大』, 太学社.

허웅(1992), 『16세기 우리 옛말본』, 샘문화사.

Lyons, J.(1968), *Introduction to Theoretical Linguistics*, Cambridge: Cambridge University Press.

_____(1977), *Semantics* I , Cambridge : Cambridge University Press.

　　　Nida, E.(1975), *Componential Analysis of Meaning*, The Hague : Mouton.

　　　Ullmann, S.(1957), *The Principles of Semantics*, Glasgow: Jackson & Oxford: Basil Blackwell.

_____(1962) , *Semantics* : An Introduction to the Science of Meaning, Oxford: Basil Blackwell.

諸橋轍次(1960) ,『大漢和辞典』, 東京 : 大修館書店.

同義語 찾아보기

ㅁ

ㅂ

ㅇ

ㅊ

ㅍ

저자 | 南星祐

1963년 서울대학교 문리과대학 국어국문학과 졸업
1969년 서울대학교 대학원 국어국문학과 문학석사
1986년 서울대학교 대학원 국어국문학과 문학박사
1975년~2006년 한국외국어대학교 사범대학 한국어교육과 교수 역임
現 한국외국어대학교 사범대학 한국어교육과 명예교수

- **저서** 『國語意味論』,『十五世紀 國語의 同義語 研究』,
  『月印釋譜와 法華經諺解의 同義語 研究』,『16세기 국어의 동의어 연구』,
  『中世國語 文獻의 飜譯 研究』,『救急方諺解와 救急簡易方의 同義語 研究』
  『釋譜詳節과 月印釋譜의 同義語 研究』
- **역서** 『意味論의 原理』,『意味論: 意味科學 入門』

1510年代 國語의 同義語 研究

초 판 인 쇄 | 2022년 9월 15일
초 판 발 행 | 2022년 9월 15일
지 은 이 南星祐
책 임 편 집 李貞愛
발 행 처 도서출판 지식과교양
등 록 번 호 제2010-19호
주 소 서울시 강북구 우이동108-13, 힐파크103호
전 화 (02) 900-4520 (대표) / 편집부 (02) 996-0041
팩 스 (02) 996-0043
전 자 우 편 kncbook@hanmail.net

ISBN 978-89-6764-187-0 93700   정가 150,000원